COLL

PUBLIÉ AVEC LE CONCOURS DU
CENTRE NATIONAL DES LETTRES

MORALISTES DU XVIIe SIÈCLE

ÉDITION ÉTABLIE SOUS LA DIRECTION
DE JEAN LAFOND

ROBERT LAFFONT

Chacune des œuvres publiées dans « Bouquins » est
reproduite dans son intégralité.

© Éditions Robert Laffont, S.A., Paris, 1992

ISBN : 2-221-06557-3

Ce volume contient :

PRÉFACE
NOTE SUR LA PRÉSENTE ÉDITION ET CHRONOLOGIE
par Jean LAFOND

Première partie
LE CHAMP LITTÉRAIRE DES FORMES BRÈVES
textes établis, présentés et annotés par Jean LAFOND

Deuxième partie
LA ROCHEFOUCAULD, MADAME DE SABLÉ
textes établis, présentés et annotés par André-Alain MORELLO

ABBÉ D'AILLY, ÉTIENNE-FRANÇOIS DE VERNAGE
textes établis, présentés et annotés par Jean LAFOND

Troisième partie
PASCAL
texte établi, présenté et annoté par Philippe SELLIER

JEAN DOMAT
texte établi, présenté et annoté par Jean LAFOND

DISCOURS SUR LES PASSIONS DE L'AMOUR
texte établi, présenté et annoté par Jean LAFOND

Quatrième partie
LA BRUYÈRE
texte établi, présenté et annoté par Patrice SOLER

DUFRESNY
texte établi, présenté et annoté par Jacques CHUPEAU

BIBLIOGRAPHIE
établie par Jean LAFOND

LEXIQUE
établi par Jacques CHUPEAU

INDEX

PRÉFACE
par Jean Lafond

La littérature dit trop ou trop peu.
Francis PONGE

L'aphorisme ne coïncide jamais avec la vérité : il est soit une demi-vérité soit une vérité et demie.
Karl KRAUS

C'est devenu un truisme que de dire de la littérature française qu'elle est, depuis Montaigne pour le moins, une littérature de moralistes. Les moralistes du XVIIᵉ siècle ne se savaient pourtant pas plus « moralistes » que « classiques ». La première édition du *Dictionnaire* de l'Académie, publiée en 1694, ignore le mot et, si Furetière lui accorde une entrée en 1690, c'est pour définir le moraliste comme un auteur traitant de « la morale », au sens normatif et didactique du terme : la morale « enseigne à conduire sa vie, ses actions ». Sens qui ne disparaît qu'assez tard dans le XVIIIᵉ siècle, puisque c'est en 1762 seulement que le *Dictionnaire* de l'Académie fait du moraliste un écrivain « qui traite des mœurs ». Cette définition, Littré la reprendra en ne retenant pour exemples ni Montaigne, ni Pascal, mais La Rochefoucauld, La Bruyère et Vauvenargues. L'Académie gardera la formule en citant cette fois Montaigne, Pascal, La Rochefoucauld et La Bruyère. Et le *Dictionnaire* de Robert se contentera de préciser qu'il s'agit d'« un auteur de réflexions sur les mœurs de l'homme et, en général, sur la nature et la condition humaine », le sens d'auteur qui traite de la morale étant indiqué comme peu usité. Les noms des grands moralistes sont ceux du *Dictionnaire* de l'Académie. Ce choix, à peu près invariable depuis Littré, fait du XVIIᵉ siècle l'âge d'or du moraliste français, dont la spécificité est de ne s'attacher ni à l'éthique, qui relève de la philosophie proprement dite, ni à la forme prescriptive de la morale, qui ferait de lui un moralisateur. Le moraliste classique est l'homme d'une morale qui est d'abord et essentiellement descriptive [1].

La Renaissance italienne, et, à sa suite, la Renaissance française, avaient ouvert un champ neuf à la littérature morale en alliant la

---

1. Sur les problèmes posés, voir *Les Formes brèves de la prose et le discours discontinu (XVIᵉ - XVIIᵉ siècles),* dans la bibliographie de cette Préface, où sont également répertoriés les ouvrages désignés ici, entre parenthèses, par le nom de leur auteur et leur date de publication. Nos références bibliographiques ne portent pas le lieu de l'édition quand ce lieu est Paris.

passion du beau, et tout spécialement des belles-lettres, à un intérêt renouvelé pour la connaissance de l'homme. Montaigne est l'adepte d'un humanisme vivant, qui ne retourne pas à Sénèque et Plutarque pour le seul plaisir de la découverte des grands textes grecs et latins, mais pour constituer, à partir d'œuvres qui témoignent déjà d'une écriture très remarquable, une œuvre qui développe, dans un style personnel, une anthropologie moderne. L'humanisme rejette la scolastique, son abstraction et son incapacité à répondre aux questions que pose la situation d'un individu prenant conscience de soi, à l'épreuve d'un monde qui vient de s'ouvrir sur la double perspective du temps et de l'espace. Du temps, par le retour à une Antiquité rénovée. De l'espace, par la découverte d'un Nouveau Monde. La littérature morale est dorénavant inséparable du contact avec la vie et la société contemporaine, et les moralistes du XVIIe siècle sont, à cet égard, les héritiers directs de Montaigne, dont ils sont d'ailleurs nourris. Comme lui, ils n'imaginent pas une vue générale de l'homme où ne soient pas accordées une démarche intellectuelle et une écriture, le style étant la marque personnelle qui authentifie l'une et l'autre. On comprend par là même que les moralistes qui ont dominé la masse relativement importante de la production du temps aient été ceux dont l'œuvre se signale par la qualité et l'originalité d'un style. Ce sont, sans conteste, ceux qui ont usé d'une forme brève et discontinue : sentence, maxime, réflexion, caractère, par eux présentés dans l'indépendance de « pièces détachées », en phrases ou paragraphes distincts, séparés à l'impression selon des modalités diverses, allant du simple signe typographique, chez Pascal et La Bruyère, aux blancs qui constituent la maxime en isolat indépendant chez La Rochefoucauld. Il n'y a pas de liaison rigoureusement organique entre cette forme et les morales du temps, puisque quelques bons écrivains — Méré, Nicole et surtout Saint-Évremond — n'y recourent pas. Mais, outre qu'ils sont peu nombreux et qu'ils n'atteignent pas à la notoriété des précédents, on verra que Méré et Nicole avaient de bonnes raisons de ne pas adopter la forme de la maxime. Quant à Saint-Évremond, il est souvent assez proche de l'essai, mais son rapport à la littérature est d'un dilettante qui se soucie peu de s'attacher à telle forme ou tel genre déterminé. Des traités, la plupart consacrés aux passions, ont été également composés par des hommes d'Église, des clercs, rompus aux méthodes de l'École : ceux de Charron, de J.-P. Camus, de Coëffeteau, du P. Le Moyne et de Senault ont eu un public et ne sont pas négligeables. Néanmoins leur appareil technique, l'inféodation à l'aristotélisme thomiste de nombre d'entre eux, le verbalisme trop fréquent du commentaire ne leur ont jamais permis de connaître auprès du grand public le succès des moralistes laïques. La même remarque vaut pour les œuvres verbeuses du médecin Cureau de la Chambre. Le traité des *Passions de l'âme* de Descartes et le *Traité de morale* de Malebranche rencontreront sans doute une audience, mais la philosophie qui les sous-tend fut-elle vraiment comprise du grand public ?

Le succès des moralistes tient en effet d'abord à la rupture qu'ils consomment, après Montaigne, avec la tradition multiséculaire du traité en forme. Dans un fragment devant s'intégrer à la préface de la première partie de son apologie, Pascal projette de « parler de ceux qui ont traité de la connaissance de soi-même », donc « des divisions de Charron, qui attristent et ennuient » (fr. 664). Et il reconnaissait à Montaigne d'avoir « bien senti le défaut d'une droite méthode », et d'avoir cherché à l'éviter « en sautant de sujet en sujet », et en cherchant par là « le bon air ». Les exposés linéaires et méthodiques ne sont en effet pas du « bon air », ils sentent l'École et le pédant. Quiconque écrit pour le public des honnêtes gens doit ainsi trouver sa voie entre ce que Pascal appelle « la confusion » de Montaigne et l'ordre tout extérieur et ennuyeux de Charron. Pascal verra dans l'opposition de l'ordre de l'esprit, « qui est par principe et démonstration », et de l'ordre du cœur, qui est, avec le Christ, saint Paul et saint Augustin, celui de la charité, le moyen d'éviter la contrainte du discours argumenté selon les règles : l'ordre pascalien, consistant « à la digression sur chaque point qui a rapport à la fin, pour la montrer toujours » (fr. 329), aboutit à un discours non linéaire, où, comme disait Montaigne de ses essais, les idées « se suivent, mais parfois c'est de loin, et se regardent, mais d'une vue oblique ». L'auteur n'en oublie pas pour autant son thème ou le rapport à sa fin. A l'enchaînement par mots de liaison et transitions qu'exigeait la « disposition » (*dispositio*) rhétorique, Montaigne substitue la liberté du développement et cette logique interne qui lui fait dire de ses digressions que, s'il paraît s'égarer, c'est « plutôt par licence que par mégarde » : « J'entends que la matière se distingue soi-même. Elle montre assez où elle se change, où elle conclut, où elle commence, où elle se reprend, sans l'entrelacer de paroles de liaison et de couture introduites pour le service des oreilles faibles ou nonchalantes » (*Essais*, III, IX).

Dans la première édition de ses *Essais de morale* (1671), le port-royaliste et ami de Pascal, Pierre Nicole, explique le titre de son livre par le même refus de suivre « un ordre méthodique ». « Les livres méthodiques » sont en effet remplis de quantité de choses inutiles, par simple souci de respecter l'ordre. « La nécessité que l'on s'impose de lier les pensées les unes aux autres produit celle d'y en admettre beaucoup de communes [...], qui n'ont d'autre fin que de remplir de certains vides et de joindre les diverses parties du discours. » On ne saurait mieux dire les défauts des traités qui restent assujettis à la méthode traditionnelle. Faisant allusion aux succès récents des *Maximes* et des *Pensées,* dont il entend manifestement suivre le modèle, Nicole ajoute : « L'expérience de divers écrits de ce genre qui ont eu beaucoup de cours fait assez voir la vérité de ce que je dis. » Et, mettant en pratique sa théorie, il présente chacun des cinq traités du livre en une suite de réflexions précédées d'un chiffre romain, à la façon des *Maximes*. En fait, la construction trahit bien plus l'ambition de donner au texte l'apparence du discontinu qu'elle ne correspond à son esprit. Dès la seconde édition, Nicole en revient à une architecture par chapitres, qu'il justifie ainsi : « D'abord on n'avait distingué ces traités que par des nombres, comme si c'eût été des amas de pensées détachées. » Mais comme « il y avait néanmoins un véritable ordre entre ces pensées » et que « cette multitude de nombres produisait quelque confusion, on a cru les devoir diviser en chapitres et réunir ainsi diverses pensées sous un même titre, ce qui fait mieux voir la suite et l'ordre du traité ». La tentative de Nicole et son échec sont également éloquents : la forme discontinue avait séduit un auteur que sa formation thomiste rendait impropre à ce type d'écriture. L'exemple réfute par avance l'argument, qui sera si souvent employé, de l'incapacité où serait le moraliste de forme brève de construire un texte suivi. L'auteur d'un article du *Mercure* d'avril 1760 pose fort bien le problème : « Si Montaigne, La Bruyère, M. de La Rochefoucauld, M. de Vauvenargues [...] ont choisi cette manière d'écrire connue sous le nom de réflexions, de maximes, de pensées détachées, je ne saurais croire que c'est par impuissance de les lier. Charron vaut-il mieux que Montaigne ? » La difficulté est tout aussi grande pour Nicole de ne pas lier ses « diverses pensées » que pour Charron de renoncer au développement scolastique. Pensées détachées et discours suivi relèvent de deux techniques différentes, correspondant à des finalités différentes, et qui ne peuvent être jugées à la seule mesure du discours linéaire qu'on enseigne alors dans les collèges.

LA LITTÉRATURE GNOMIQUE

Ce n'est pas qu'on exclue du collège les formes brèves, qui, en vers et en prose, constituent la base même de l'enseignement de la morale. Les enfants y apprennent très tôt les *Distiques* de Caton dans leur version latine, parue en 1475, ou dans leur adaptation en français, le distique latin y devenant quatrain. La strophe de quatre vers s'impose dorénavant à la poésie gnomique, et le succès scolaire des *Quatrains* de Pibrac (1574) et des *Tablettes* de Matthieu (1610) se maintient pendant toute la première moitié du XVIIe siècle (voir p. 3). Tous nos moralistes ont dans leur enfance lu, sinon appris par cœur, les *Quatrains* de Pibrac, même ceux qui, comme La Rochefoucauld et Pascal, n'ont pas fréquenté le collège. Pour la prose, la production gnomique est plus abondante encore, puisque les recueils de sentences fleurissent dès le Moyen Age sous des titres divers, mais particulièrement ceux de *Proverbia Senecae* ou de *Proverbes Seneke*. Sous le terme de « proverbe », le Moyen Age entend indistinctement la sentence et le proverbe, comme il en est encore lorsqu'on parle des *Proverbes* de Salomon : à l'entrée *Sentence* de son Dictionnaire, Furetière rappellera que « les Proverbes de Salomon sont toutes sentences ». L'œuvre de Sénèque est mise en coupe réglée, mais le nom de l'auteur des *Lettres à Lucilius* ne sert bien souvent que de couverture à des emprunts divers. Le développement de l'imprimerie joue un rôle considérable dans la diffusion de ces recueils de sentences. Il en est de même pour celle des florilèges, dont le plus répandu est le *Florilegium* du grec Stobée (Ve siècle apr. J.-C.) à partir de l'édition vénitienne de 1535. La *Gnomologia* de Michaël Neander et l'*Épitome* des sentences de Stobée établi par l'Alsacien Conrad Wolffhart, plus connu sous le nom hellénisé de Lycosthène, sont tous deux publiés à Bâle en 1557. Plus d'un siècle plus tard, Furetière fait encore allusion à l'ouvrage de Lycosthène, en parlant, à l'occasion de la sentence, d'« un gros recueil des Anciens en forme de lieux communs ». A l'entrée *Lieu,* il écrit : « Lieu, se dit aussi des sentences et dits notables des Anciens, et des choses les plus remarquables qu'on extrait des livres : et c'est en ce sens qu'on appelle *lieux communs* les recueils qu'on fait des plus beaux passages des Auteurs » ; et, cette fois, Furetière cite le plus célèbre de ces recueils d'*excerpta*, la *Polyanthea* de l'humaniste italien Nani Mirabelli (Nanus Mirabellius), qui, parue en 1503, n'a cessé de grossir dans les différentes éditions du XVIe siècle. En 1621, elle présente une masse considérable de sentences, apophtegmes, adages et autres formes brèves (B. Beugnot, 1977).

De tels livres jouent le rôle de répertoires, mais la masse même des extraits répertoriés en latin et l'absence de réflexion critique sur la matière engrangée la destinent plus aux érudits, aux doctes, qu'au public lettré. Dans la même visée, mais avec un sens littéraire infiniment plus subtil, Érasme publie des recueils d'un intérêt bien supérieur. Le grand humaniste hollandais produit, avec les *Adages* parus à Paris en 1500, une somme de la sagesse antique. Ces phrases proverbiales, un commentaire personnel, direct et sans pédantisme en développe la portée actuelle. Le proverbe-sentence et l'essai ainsi associés deviennent, dans leur brièveté, l'arme intellectuelle d'un humanisme chrétien qui entend concilier la raison et la foi, Socrate et le Christ, dans l'esprit d'un libéralisme très neuf. L'ouvrage connut une diffusion considérable et fut le plus grand succès de librairie du XVIe siècle, avec 132 éditions de 1508 à la fin du siècle. Le nombre des adages était passé entre temps de 800 à plus de 4 000. Le même esprit préside à la collection d'*Apophtegmes,* ou dits remarquables des Anciens, parue en 1531. Dans la préface des deux recueils, Érasme avait fait la théorie des formes brèves — proverbe, adage, sentence, apophtegme — dont la qualité première est de suggérer un sens beaucoup plus riche que n'est leur sens immédiat.

Florilèges et *Polyanthea* en latin supposent, est-il besoin de le rappeler, un lecteur latiniste, celui même que forment les collèges du temps, et cette production éditoriale répond à la demande des maîtres et de leurs élèves, qui, devenus adultes, auront besoin d'enrichir de sentences leurs discours et de les orner de fleurs de rhétorique. L'enseignement des collèges préparait du reste le futur orateur à se constituer lui-même son propre répertoire, et Tabourot des Accords n'est pas le seul, dans ses *Bigarrures* (1588), à préférer la collecte personnelle aux « lieux communs qui sont colligés par d'autres et imprimés », et qui ne peuvent rendre l'enfant que « paresseux et âne enfin ». Dès la classe de troisième, on impose à l'élève de constituer trois cahiers : le premier, *liber styli* ou *liber argumentorum* rassemblera les sujets dictés par le régent, avec leurs corrigés ; le second, *loci communes sermonis seu phraseon*, servira à consigner les tours élégants que l'élève rencontre dans ses lectures ; le troisième, *liber locorum sententiarum* (ou *rerum*) est destiné aux histoires, fables, exemples et sentences que l'enfant a notés pendant la semaine et qu'il reportera généralement en fin de semaine sur ce cahier, en les répartissant selon diverses rubriques [1]. Dans la *Suite des Diversités* de 1618 (livre LXXV), le disciple de François de Sales et évêque de Belley, Jean-Pierre Camus, qui fut un grand admirateur de Montaigne, réprouve la pratique des résumés, des épitomés, mais conseille vivement celle des « collections ». Il nous apprend qu'il a constitué les siennes entre dix-huit et vingt-quatre ans et il conseille au lecteur de faire de même : prenez « franchement pour vôtre tout ce qui sera beau, partout où vous le rencontrerez. Vous en ressentirez le fruit tout le reste de vos jours. » La méthode se maintiendra en s'assouplissant au XVIIe siècle et nous en avons un bon témoignage dans les cahiers de notes de Racine, où des extraits des tragiques grecs avoisinent des listes de sentences tirées de Ménandre.

L'influence de ces « lieux » sur l'écriture des œuvres de Guez de Balzac et de Bouhours est bien établie. Contre ceux qui accusent Balzac d'avoir tiré « ses plus belles pensées » de divers ouvrages, dont la *Polyanthea* et les marges de l'historien P. Matthieu, l'auteur de son *Apologie* retourne l'argument en affirmant que l'on peut constituer à partir de Balzac une foule de lieux communs et « en tirer plus d'apophtegmes et de sentences que de tous les *Dits notables des Lacédémoniens* et des *Hommes illustres* de Plutarque [2] ». Critique et contre-critique se rencontrent sur un point essentiel : la beauté d'une œuvre tient à sa productivité en formes brèves susceptibles de retenir l'attention. Mais la richesse même des répertoires rend étroite la marge qui sépare la redite, sinon le plagiat, de l'invention littéraire. Le problème ne se pose pas moins pour les moralistes : si l'on admet que l'ensemble des thèmes par eux exploités fait système, ont-ils d'autre liberté que de jouer d'une combinatoire à l'intérieur de ce système ?

La *Polyanthea* n'est plus éditée après 1669, mais des recueils français en ont pris, au moins partiellement, le relais. Ainsi en est-il des *Marguerites françaises* (1595) de François des Rues et de leur *Suite* (1612), maintes fois republiées, dont on lira plus loin des extraits (p. 15), ou des *Fleurs des secrets moraux* (1614) du P. François Loryot. Mais ce n'est pas seulement à ces ouvrages qu'a maintenant recours le public. Les œuvres de Sénèque et de Tacite, où la *sententia* abonde, ont été proposées à la fin du XVIe siècle, en particulier par le Flamand Juste Lipse, comme des modèles susceptibles de ruiner le culte par trop exclusif de Cicéron. L'essai montaignien s'inscrit dans ce courant d'atticisme

---

1. Voir Paul Porteau, *Montaigne et la vie pédagogique de son temps*, Droz, 1935, ouvrage toujours utile, auquel nous empruntons les renseignements fournis par son étude des cahiers de lieux communs.
2. *Apologie pour Monsieur de Balzac*, 1627. Une édition en fac-similé due à Jean Jehasse a paru dans les publications de l'Université de Saint-Étienne en 1977, précédée d'une copieuse introduction.

hostile à l'abondance cicéronienne et à la phrase périodique. Les *Essais* sont eux-mêmes assez riches de sentences pour qu'un Étienne Pasquier écrive, dans une lettre de 1619, qu'il les apprécie pour être « un vrai séminaire de belles et notables sentences », « les unes courtes, les autres plus longues, mais toutes en général pleines de moëlle [1] ». De Montaigne à Pascal, mais également à La Rochefoucauld et à La Bruyère, cet atticisme, qui privilégie la forme brève, marque la revanche des « choses » (*res*), idées et réflexions personnelles, sur les « mots » (*verba*). L'usure d'une éloquence fondée sur le développement de lieux communs, sur une rhétorique plaquée de l'extérieur, n'apparaît que trop évidente à des écrivains qui, comme Érasme et Montaigne, aspirent à affirmer ces valeurs neuves dont sont porteuses la vie intérieure et la vie personnelle. Montaigne a reconnu sa dette envers Sénèque et Plutarque. Mais ce n'est pas en les imitant servilement qu'il pouvait se dire, et c'est donc aussi contre Sénèque et Plutarque qu'il invente l'essai. Il en sera de même de la maxime au XVIIe siècle : c'est dans la mouvance de la sentence, mais contre la profusion et l'anonymat des « amas de sentences » que sont pour Sorel les florilèges, que s'invente la maxime. Ceux qui restent par trop soumis à l'imitation de Sénèque et de Tacite, Cerisiers et La Serre, font fausse route : s'il est utile de donner des extraits de leur œuvre (voir p. 55), c'est qu'elle marque une limite. A la différence de l'Italie, où Malvezzi fait école, et de l'Espagne, où Gracián est reconnu pour un grand écrivain, il n'y aura pas de place en France pour un hyperatticisme.

DE LA SENTENCE A LA MAXIME

Aristote, traitant dans sa *Rhétorique* de l'argumentation, distingue des lieux communs deux types de preuve qui, à ses yeux, sont communs à tous les genres du discours : l'exemple et l'enthymème. L'enthymème, où le syllogisme s'allège de l'un de ses termes, s'appuie sur la sentence (*gnômè*), qui est définie « une manière de voir portant sur le général », la généralité se limitant dans ce cas à l'action humaine. L'exemple est un récit, que l'on peut tirer d'un événement historique ou, dans la parabole et la fable, d'un fait anhistorique. La généralité de la sentence et la singularité de l'exemple couvrent donc, en complémentarité, le champ de la preuve. Et la rhétorique n'est pas, en l'occurrence, seule en cause. Le couple sentence/exemple renvoie à une structure du discours plus fondamentale, puisqu'il correspond à l'opposition que Benveniste a établie entre les assertions de valeur permanente et celles qui concernent des situations exceptionnelles. L'indo-européen ancien use pour les premières de la phrase nominale, pour les secondes, d'une phrase

---

1. Lettre citée dans l'édition Villey-Saulnier des *Essais* de Montaigne, P.U.F., 1965, p. 1206-1210. Sur l'atticisme, on consultera : *Critique et création littéraires en France au XVIIe siècle*, C.N.R.S., 1977 (index) ; R. Zuber, *Les Belles Infidèles et la formation du goût classique. Perrot d'Ablancourt et Guez de Balzac*, Colin, 1968, p. 391-400 ; M. Fumaroli, *L'Age de l'éloquence*, Genève, Droz, 1980 (Index).

particularisée par la présence d'un verbe. Cette opposition ferait le départ entre « la poésie sentencieuse » et « la prose narrative », ou, selon une partition dont on sait l'importance chez Benveniste, le discours, qui « pose un absolu », et le récit, qui « décrit une situation ».

Cet éclairage n'est pas inutile pour comprendre la relation qui, dans le texte continu (histoire ou roman), unit et différencie à la fois la sentence et la narration. L'étude des fonctions de la sentence dans le roman reste à faire, mais il est fréquent qu'elle serve à introduire la narration. Les histoires intercalées de l'*Astrée* fourniraient de cet usage d'excellents exemples. La sentence énonce dans ce cas la loi d'une aventure, d'une histoire, que le récit a pour finalité d'illustrer. Mais il est non moins intéressant de voir se manifester, à travers la sentence, la contrainte d'une forme très typée dans sa densité (la phrase nominale étant toujours son horizon), une forme que sa différence et sa clôture prédisposent à se détacher du discours continu. Car le cas des *Essais* spontanément envisagés par un contemporain de Montaigne comme un séminaire de sentences n'a rien d'exceptionnel. Sénèque déjà se plaint de ceux qui réduisent la doctrine stoïcienne à ces « fleurettes » (*flosculi*) que rassemblent ce qu'on nomme précisément des florilèges. La lettre 33 à Lucilius serait ici à citer en entier pour le double mouvement qu'on y décèle. Mouvement de refus de la sentence détachée, dans un système comme le stoïcisme, qu'on ne saurait embrasser que dans sa totalité. Mouvement d'accueil néanmoins aux sentences qui peuvent apporter « beaucoup de profit aux âmes encore novices, aux auditeurs du dehors. Se fixent en effet plus facilement dans l'esprit les formules isolées, concises et closes sur elles-mêmes comme des vers. » Cette dernière comparaison montre assez combien il serait factice de distinguer prose et poésie gnomique. Dans la lettre 108, Sénèque citera le stoïcien Cléanthe faisant l'éloge du vers pour l'éclat que sa densité apporte à la sentence et, cette citation, Montaigne la reprendra à son tour dans le chapitre *De l'institution des enfants* (*Essais*, I, XXVI) : « Car, comme disait Cléanthe, tout ainsi que la voix [= le son], contrainte dans l'étroit canal d'une trompette, sort plus aiguë et plus forte, ainsi me semble il [= semble-t-il] que la sentence, pressée aux pieds nombreux [= rythmés] de la poésie, s'élance bien plus brusquement et me fiert [= frappe] d'une plus vive secousse. » La différence pour Sénèque n'est que de degré : le vers, comme le montrent pour lui les applaudissements qui saluent au théâtre certains passages particulièrement bien frappés, agit plus efficacement que la prose sur « les âmes peu éclairées », et la sentence en prose n'est bonne que si elle se détache comme fait le vers. Le mètre poétique doit donc, en prose, trouver son équivalent dans le jeu d'un rythme, d'une prosodie, qui rende la phrase amie de la mémoire, en la fixant fortement dans l'esprit. Cette poétique de la sentence demeure parfaitement valide au XVIIe siècle. Lorsque La Serre met Sénèque à contribution, il ne prétend à d'autre originalité que celle d'avoir cherché à donner un rythme à ses sentences (p. 60). Guez de Balzac avait été sensible à la force du style et au nombre de la phrase, mais ses effets, souvent trop appuyés, ne répondent plus, après 1660, à l'attente du public. De cet effort il demeure l'attention à l'équilibre régulier ou brisé de la phrase, et particulièrement de la sentence-maxime. C'est un aspect des *Maximes* de La Rochefoucauld qui, malgré les études de A.-H. Fink et de M.-F. Zeller, n'a pas toujours été suffisamment mis en valeur [1]. Comment pourtant ne pas voir, à la lecture de la maxime 19 — « Nous avons tous assez de force pour supporter les maux d'autrui » — la recherche d'un effet de surprise dans la régularité d'un rythme que la clausule « les maux d'autrui » vient, par l'inattendu de la chute, conclure ironiquement ?

Dans la continuité du XVIe siècle, les premières décennies du XVIIe siècle ont été très favorables à l'usage de la sentence, qu'on justifie par sa valeur morale : l'histoire, la poésie, le théâtre, le roman la prodiguent à l'envi. On en charge le texte, parfois les marges, et, pour les rendre plus notables (aux deux sens du terme), on les signale à l'attention par différents procédés typographiques : caractères gras, guillemets marginaux, majuscule à l'initiale. Dans son étude de l'écriture théâtrale, Jacques Scherer note que les guillemets qui la signalent apparaissent pour la dernière fois dans la *Silvanire* de Mairet, en 1631. « On s'est ingénié, écrit J. Scherer, à la rendre remarquable jusqu'au jour où l'on s'est fatigué de la trop remarquer [2]. »

Le décri de la sentence est en effet lié à la désinflation du style à laquelle on assiste vers 1650. Le grand style périodique et volontiers sentencieux de Guez de Balzac passe de mode auprès des mondains que la légèreté brillante et l'esprit de Voiture ont conquis. Balzac lui-même adopte dans ses derniers ouvrages le style coupé, dont l'utilisation exemplaire dans les premières *Provinciales* de 1656 fait le succès auprès du grand public. Les grands genres sont en crise : le roman héroïque où s'était illustrée Mlle de Scudéry va céder bientôt la place à la nouvelle. La Fontaine constate dans sa *Clymène* (1658) que la poésie, tant lyrique qu'épique, est morte et il tire la conclusion pratique de ce constat en se tournant vers la fable. La fable ne connaissait jusqu'alors d'autre fonction que didactique et n'avait, comme la littérature gnomique, d'autre destinataire que l'enfant. Un petit genre, la fable, se trouve donc investi par La Fontaine des ambitions des genres traditionnellement considérés comme de grands genres, puisque le poète fera passer dans des pièces de dimension réduite les mouvements lyriques ou épiques attachés avant lui à des œuvres de longue haleine. Or, dans les mêmes années, la sentence, dont l'école était la première destinataire, est également réinvestie par le cercle, auquel participe La Rochefoucauld, de la janséniste Mme de Sablé, et elle devient œuvre littéraire au même titre que la fable. Conscient du changement opéré, le même milieu ne

---

1. A.-H. Fink, *Maxime und Fragment. Grenzmöglichkeiten einer Kunstform* [...], Munich, 1934 (cité par C. Rosso, 1968, p. 40, 130). M.-F. Zeller, *New Aspects of Style in the Maxims of La Rochefoucauld*, Washington D.C., 1954.
2. Jacques Scherer, *La Dramaturgie classique en France*, Nizet, 1962, p. 333.

parlera bientôt plus de *sentence* et utilisera le mot *maxime,* que retiendra seul l'usage courant.

Ce qui nous reste de la correspondance de La Rochefoucauld éclaire l'origine de la maxime, qui n'a jamais été l'objet d'un jeu de salon, comme le pensait la critique du XIXe siècle. L'idée a séduit et elle se rencontre encore parfois, malgré les preuves produites par H. Grubbs et M. Kruse, qui contredisent cette légende [1]. La sentence ne se conçoit du reste pas sans le travail du style, et il n'est pas crédible qu'elle soit le produit improvisé de la conversation. L'échange actif dont témoignent les lettres prouve qu'on a pu parler de sentences déjà rédigées, mais il n'y eut ni réunions régulières, ni improvisations à partir de thèmes qui eussent été, pour employer l'expression d'époque, « mis sur le tapis ». On constate aussi que La Rochefoucauld sollicite des avis, avec toute la courtoisie qui lui était propre, mais qu'il est très rare qu'il les suive. Même si le projet initial fut effectivement de faire œuvre collective, La Rochefoucauld est, à partir de 1663, reconnu pour le seul auteur du livre qui sera publié deux ans plus tard.

Le titre de ce livre associera les mots *sentence* et *maxime,* bien que, après 1661 environ, la correspondance ne parle plus que de « maximes ». Le Discours préliminaire de La Chapelle-Bessé réfère les deux mots au vocabulaire de la société mondaine, alors que *réflexions* relève très vraisemblablement du lexique des doctes. L'Avis au lecteur élimine *sentence,* au profit de *maxime,* qui est en fait équivoque puisqu'il a couramment le sens normatif, impératif, de « règle de conduite ». Bossuet dit, dans l'oraison funèbre de Condé : « C'est la maxime qui fait les grands hommes », la maxime de Condé étant : « Dans les grandes actions, il faut uniquement penser à bien faire. » La maxime comme règle d'action n'a rien de commun avec la maxime telle qu'on l'entend dans le milieu de Mme de Sablé. C'est du reste en cela que La Rochefoucauld n'a que peu à voir avec Gracián, dont l'*Oráculo manual* est un art de parvenir, visée pragmatique qui n'est guère celle de l'auteur des *Maximes.*

La maxime est bien, comme la sentence, et dans sa continuité, l'énoncé d'une vérité générale d'ordre psychologique et moral. Néanmoins la sentence garde de sa définition médiévale — *dictum impersonale* — ce caractère impersonnel que va perdre la maxime. Descartes nous apprend, dans les *Olympica* qu'il rédige alors qu'il a vingt-trois ans, qu'il a rencontré, à la lecture des poètes latins, des sentences lourdes de sens *(graves sententiæ)* et qu'il en admire la profondeur [2]. Il y a en effet un poids de la sentence, qui rappelle ce qu'était à l'origine la *sententia* latine : une assertion à prendre au pied de la lettre. Quand La Rochefoucauld écrit : « Notre humeur met le prix à tout ce qui nous vient de la fortune » (max. 47), il est beaucoup plus proche de la sentence que de la maxime, le seul effet littéraire ne portant que sur l'expression « mettre le prix ».

---

1. Voir la bibliographie de La Rochefoucauld, p. 128.
2. Descartes, *Œuvres philosophiques,* p.p. F. Alquié, Garnier, 1963, t. I, p. 61. Voir J. Lafond, « Discours et essai [...] », 1990.

La maxime est plus subtile : dans la généralité de l'assertion, l'énoncé n'est pas assez impersonnel pour que ne demeure sensible l'énonciation d'un sujet, et d'un sujet qui cherche la surprise, le paradoxe, la pointe où se manifeste, comme dans la maxime 19 citée plus haut, une ironie discrète et d'un effet littéraire d'autant plus efficace. Le P. Bouhours tente en 1687 de faire la théorie de cette forme brève où le trait d'esprit joue un rôle déterminant. *La Manière de bien penser dans les ouvrages d'esprit* traite en effet, sous la fiction d'un dialogue entre deux personnages, de ce qu'il appelle « pensées » ou « jugements ingénieux ». Ainsi la sentence est assimilée à un proverbe qui ne serait pas populaire, « bas ». Il en prend pour exemples : « Un homme de bien n'est étranger nulle part. C'est être heureux que d'être content de sa fortune. La bonne fortune est plus difficile à partager que la mauvaise. » Les sentences sont donc « les proverbes des honnêtes gens, comme les proverbes sont les sentences du peuple ». Bouhours est trop attaché au naturel et au vrai pour ne pas insister sur le danger des faux brillants, et il fait à cet égard l'éloge du « feu duc de La Rochefoucauld, qui pensait si juste et qui jugeait si sainement [1] ». La vérité seule ne suffit toutefois pas : il faut y joindre l'agrément, la délicatesse, et « cet ornement » qui « n'est quelquefois qu'un tour nouveau qu'on donne aux choses ». A côté des « pensées fortes », des « pensées mâles et concises », dont Tacite est particulièrement riche, les « pensées agréables » ont une grâce indéfinissable et elles surprennent parfois tout autant que les pensées nobles ou pénétrantes. Mais ce sont les « pensées délicates » qui sont les plus originales. Leur charme tient au fait que le sens n'y est qu'entrevu, toute beauté gagnant beaucoup à se montrer voilée. Ce sont elles, dit Bouhours, que, dans sa lettre 114 à Lucilius, « Sénèque nomme coupées et mystérieuses, où l'on entend [= comprend] plus qu'on ne voit ». C'est la surprise ou la suspension du sens qui font ici le plaisir du lecteur, sous la réserve que la pensée ne donne pas lieu à une subtilité excessive et n'en devienne obscure. Et Bouhours prend l'exemple de plusieurs maximes de La Rochefoucauld, qu'il loue ou critique sous ce rapport [2]. La maxime est bien loin ici de la banalité de la sentence : son seul défaut serait de tendre à s'éloigner par trop de la simplicité du vrai. Le caractère littéraire de la maxime, la part qui y est accordée aux traits où se manifestent la personnalité de son auteur et le rapport particulier qu'il y établit avec son lecteur la différencient nettement de la sentence. Cette différence, Corrado Rosso la traduit par l'opposition du caractère extérieur et rhétorique de la sentence et du caractère intérieur et socratique de la maxime [3]. Des prémisses distinctes aboutissent à la même conclusion : la sentence, en se donnant pour

---

1. Il s'agit, bien entendu, du moraliste, mort en 1680.
2. Les maximes citées, de mémoire, par Bouhours, p. 513-517 de l'édition de 1688, sont les maximes 257, 249, 258, 379.
3. C. Rosso, *La « maxime ». Saggi per una tipologia critica*, Naples, E.S.I., 1968.

assertion et réponse définitive, absolue, s'impose au lecteur, la maxime se fait agréer, veut plaire, ironise, et, à la bien prendre, pose question.

La personnalité de l'auteur est d'autant plus sensible dans les *Maximes* que le volume n'est pas livré au hasard, comme le sont les recueils de lieux communs où la seule organisation est celle, alphabétique, des différents thèmes. L'Avis au lecteur de 1665 (voir p. 232) évoque le problème : n'aurait-il pas fallu observer quelque « méthode » et donner « un titre du sujet qu'elle traite » à « chaque maxime » ? La Chapelle-Bessé répond à l'objection que « ce désordre a [...] ses grâces, et des grâces que l'art ne peut imiter » (voir p. 233). L'auteur étant un homme du monde, sa négligence est de beaucoup préférable à « la régularité gênée d'un docteur qui n'a jamais rien vu que ses livres ». L'argument n'est pas seulement de circonstance. Le moraliste classique n'a rien du savant, du docte, dont c'est la profession de lire et d'écrire. Son livre n'est pas d'un spécialiste, puisque l'honnête homme « ne se pique de rien » (max. 203), mais d'un homme qui s'est formé dans le grand livre du monde, que Descartes opposait déjà, dans le *Discours de la Méthode*, aux livres et au savoir livresque. Faire allusion, comme le fait La Chapelle, au grand seigneur que cache à peine l'anonymat sous lequel paraissaient les *Maximes* ne ressortit pas seulement à une technique de publicité indirecte, mais présente l'avantage de rendre plus licite encore le mépris des conventions et d'abord celle du discours continu. La Rochefoucauld renouvelait en cela l'attitude d'un Montaigne, « personnage hardi, nous dit Étienne Pasquier, qui se croyait, et, comme tel, se laissait aisément emporter à la beauté de son esprit ». La Chapelle parlera dans le même esprit des « pensées élevées et hardies » de son auteur, et de « cet air de qualité » que n'ont pas « tous ceux qui se mêlent d'écrire ». Le désordre du livre n'est cependant pas tel qu'il n'autorise une construction discrète autour du thème de l'amour-propre et des fausses vertus qu'il engendre. Le grand seigneur n'a pas ici dédaigné de se faire auteur pour constituer en un livre ce qui aurait pu n'être qu'un recueil totalement inorganisé.

Si l'auteur est plus présent dans les *Maximes* qu'on ne serait à première vue tenté de le penser, le lecteur reçoit de la forme brève un nouveau statut. Aucun écrivain n'a jamais souhaité un lecteur passif. Le développement du thème dans le discours tel que l'entendent les cicéroniens, un P. Le Moyne par exemple, ne laisse cependant que peu d'initiative à un lecteur constamment guidé par la logique très apparente du texte. La condensation qu'implique la recherche de la densité (*brevitas*) tend à supprimer, avec une partie de l'appareil logique, ce que Montesquieu appellera « les idées intermédiaires ». L'auteur des *Lettres persanes* avait suffisamment conscience du problème posé par le développement du discours continu pour écrire : « Ce qui manque aux orateurs en profondeur, ils vous le donnent en longueur. » Le retournement qui s'opère avec les adeptes de la forme brève tient à la même constatation et au désir par conséquent de renoncer à la longueur pour la profondeur, de dire moins pour dire plus. Réagissant contre

Cicéron et ses émules, Montaigne déjà refusait l'éloquence trop souvent creuse du discours continu, qui implique la passivité d'un lecteur se laissant porter par le texte. Il préférerait n'être pas lu plutôt que de l'être dans la paresse et l'inattention. Les moralistes favorables à la forme brève ne peuvent de même qu'appeler le lecteur à prendre une part active à la production du sens. La compréhension « achève » le sens, pour reprendre une expression de Mme de Sablé louant Mme de Schomberg d'avoir dans le commentaire qu'elle en a fait, « admirablement achevé la maxime », la maxime 102 en l'occurrence. La Chapelle emploie l'image de l'esquisse : « les premiers traits du tableau » demandent que l'on se donne « le loisir de pénétrer le sens et la force des paroles », le « style serré » de la sentence ne permettant pas « de donner aux choses toute la clarté qui serait à désirer ». L'évêque de Comminges, Gilbert de Choiseul, écrit de même, dans l'approbation qu'il donne à la publication des *Pensées :* « L'on achève naturellement ce que ce savant homme avait dessein de composer, et les lecteurs deviennent eux-mêmes auteurs en un moment pour peu d'application qu'ils en aient. » L'auteur des *Belles Infidèles,* Perrot d'Ablancourt, présentant en 1663 son livre d'apophtegmes, écrit « qu'il faut laisser faire quelque chose à celui qui lit ou qui écoute pour lui donner sa part de plaisir ». Cinq ans plus tard, La Fontaine dédie à La Rochefoucauld l'une de ses fables, « L'homme et son image » (livre I, XI), qui est tout à l'éloge du « livre des *Maximes* ». Et dans le second recueil des *Fables* de 1678, son « Discours à Monsieur le duc de La Rochefoucauld » (livre X, XIV) confirme son refus du développement diffus et son accord avec une poétique de la brièveté : il préfère, avec « tous les maîtres de l'art », « les ouvrages les plus courts », et tient

« [...] qu'il faut laisser
Dans les plus beaux sujets quelque chose à penser. »

En 1687, lorsque Bouhours publie sa *Manière de bien penser dans les ouvrages d'esprit,* l'idée est admise que l'un « des plus sûrs moyens de plaire n'est pas tant de dire et de penser que de faire penser et de faire dire. Ne faisant qu'ouvrir l'esprit du lecteur, vous lui donnez lieu de le faire agir, et il attribue ce qu'il pense et ce qu'il produit à un effet de son génie et de son habileté, bien que ce ne soit qu'une suite de l'adresse de l'auteur [...]. Que si au contraire on veut dire tout, non seulement on lui ôte un plaisir qui le charme et qui l'attire : mais on fait naître dans son cœur une indignation secrète, lui donnant sujet de croire qu'on se défie de sa capacité...[1] » L'explication par l'amour-propre est d'époque, mais le point de vue d'une rhétorique de la lecture a gardé toute son actualité. Et, comme on le voit par ces diverses analyses, on aurait tort de croire que l'idée d'un lecteur co-auteur du livre est un produit de la modernité. Sous-jacente dans les *Essais,* elle est thématisée dès le XVIIe siècle, et c'est aux moralistes de forme brève que nous devons

---

1. Bouhours, *op. cit.,* p. 534-535.

cette prise de conscience. Il va de soi que, dans ce qu'elle met en jeu, telle formulation de Maurice Blanchot — « l'œuvre est œuvre seulement quand elle devient l'intimité ouverte de quelqu'un qui l'écrit et de quelqu'un qui la lit [1] » — n'est pas celle des classiques. L'essentiel est néanmoins acquis dès qu'apparaît le besoin de prendre en compte l'écriture de la brièveté, où l'inachèvement concerté est jugé d'une rhétorique plus subtile et plus efficace que le « tout dire ».

MORALE ET MORALISME

Le moraliste a pâti et continue de pâtir de l'ambiguïté de son nom. On le croit volontiers professeur de morale et, s'agissant du XVIIe siècle, auquel s'attache une réputation d'étroit dogmatisme, on s'imagine trop souvent que le moraliste classique conseille et prescrit, joue les prédicateurs laïques, en un mot moralise. Si cette attitude se rencontre encore dans la première moitié du siècle, elle est pratiquement absente de la littérature d'après 1660. Ni l'œuvre de Molière, ni celle de La Fontaine ne sont moralisatrices, et la moralité de certaines fables a parfois été mise en doute. Le rapport du moraliste à son public lui interdit en fait de donner dans le moralisme. Au lecteur d'accepter et de récuser les vues qui lui sont proposées, et, s'il convient de leur justesse, d'en tirer les conclusions.

Selon l'Avis au lecteur de l'édition de 1665, les *Maximes* sont un « portrait du cœur de l'homme », une représentation exacte, sans fard, de ce qui le motive au plus profond de lui-même. Un tel projet « court fortune de ne pas plaire à tout le monde » : « certaines personnes [...] ne peuvent souffrir que l'on se mêle de pénétrer dans le fond de leur cœur » et « ne veulent pas se connaître elles-mêmes ». La connaissance de soi, entendue comme la connaissance d'un moi qui est la victime de cet amour de soi permanent, et toujours excessif, qu'on appelle l'amour-propre, est nécessairement ici la condition première de toute morale. Et l'œuvre appartient en cela à la grande tradition augustinienne du socratisme chrétien. Montaigne avait conduit la première expérience, le premier grand essai moderne de se tourner vers soi pour se connaître dans toute la complexité de son être : car pour lui déjà, « l'être vrai est le commencement d'une grande vertu ». La Rochefoucauld tend au lecteur un miroir : l'image, lancée par La Chapelle, reprise par La Fontaine en fait le motif de la fable composée en faveur des *Maximes* (livre I, XI), porte en elle le retournement du mythe de Narcisse. Narcisse s'était perdu pour avoir trop aimé son image ; le miroir des *Maximes* contraint le nouveau Narcisse — en fait chacun de nous — à se voir tel qu'il est, non plus aimable mais détestable, et à s'arracher ainsi à une fascination mortelle. Si le lecteur se reconnaît donc dans le portrait critique que La Rochefoucauld fait de l'homme, il pourra échapper à l'idolâtrie de soi et, comme chez Montaigne, être enfin vrai — expression

---

[1]. M. Blanchot, *L'Espace littéraire*, Gallimard, Idées, 1968, p. 31 (et p. 11).

qui sous-tend la première des *Réflexions diverses*. L'attaque des fausses vertus, des « vertus apparentes », ne vise qu'à éveiller le lecteur à la conscience de l'opinion trop favorable qu'il a de lui-même et de ses vertus, à la critique de la confusion, trop intéressée pour être honnête, du paraître et de l'être. Cette démolition rondement menée, qui va bien au-delà de celle du héros, fait de l'auteur des *Maximes,* selon le mot de Nietzsche, « le chef de chœur de ces grands moralistes français qui déniaient l'humanité [1] ».

Ce faisant, La Rochefoucauld n'entend pas excéder le rôle qu'il s'est assigné de susciter une prise de conscience salutaire. Il s'interdit de conclure par le prolongement ouvertement chrétien que l'on était, semble-t-il, en droit d'attendre à partir d'analyses si nettement commandées par la pensée augustinienne. Interpréter ce refus de conclure comme la preuve d'une mise à distance, donc d'un rejet, de la solution chrétienne, c'est ne pas accorder tout l'intérêt qu'elle mérite à la position volontairement en retrait du moraliste : faire le portrait du cœur de l'homme est une tâche assez neuve et importante, à elle seule, pour un livre destiné, de par l'usage même de la maxime, à jouer sur l'effet littéraire bien plutôt qu'à verser dans le dogmatisme moralisant ou le style parénétique, sinon même dans l'ennui pavé de bonnes intentions de *La Fausseté des vertus humaines,* que publie en 1677-1678 Jacques Esprit, son ami et son associé dans le dessein qu'ils eurent d'abord de constituer un ouvrage commun.

Le projet pascalien est à première vue assez différent, puisqu'il s'agit pour Pascal de proposer, après bien d'autres, une apologie de la religion chrétienne. La finalité de toute apologie étant la conversion de l'incrédule, l'auteur, qui détient la Vérité et entend la faire partager, semble ne pouvoir que se placer en situation d'autorité et de supériorité à l'égard d'un lecteur censé ne pas savoir, ou savoir mal, où est et ce qu'est la Vérité. Or l'originalité de Pascal est de refuser ce type de discours qui, dans la tradition de la *Somme théologique* de saint Thomas, va des preuves métaphysiques de l'existence de Dieu à la conclusion que la foi chrétienne seule connaît Dieu et répond à son attente. Pascal a, le premier sans doute, compris qu'une telle argumentation ne pouvait emporter la conviction de l'incroyant, puisqu'elle présuppose ce qu'elle est censée démontrer et n'aboutit du reste qu'à prouver la validité de toute reconnaissance d'un Être suprême, fût-il celui du déisme. Ainsi l'argument de la beauté de l'univers et du finalisme qui le gouvernerait n'est convaincant que si l'on admet que l'univers est harmonieux et organisé selon une finalité supérieure. De tels présupposés, le lecteur peut ne les pas partager et rien ne peut le contraindre à les accepter. Pour éviter la pétition de principe, Pascal partira donc de vérités

---

1. Cité, sans référence, par F. Strowski, *La Sagesse française*, 1925, p. 179. Sur Nietzsche, et le moraliste français, voir M. Kruse, « La Rochefoucauld en Allemagne. Sa réception par Schopenhauer et Nietzsche », in *Images de La Rochefoucauld*, p.p. J. Lafond et J. Mesnard, P.U.F., 1984, p. 109-122.

auxquelles le libertin puisse adhérer. Il s'appuiera ainsi non sur la théologie, mais sur une description purement anthropologique de la condition humaine. Et c'est cette position de départ qui scandalisera certains théologiens, pour qui, en cela, Pascal se place dangereusement sur le terrain de l'adversaire, de l'incrédule. Dans un *Traité de la délicatesse* (1671) qui porte la première attaque contre les *Pensées,* Henri de Montfaucon, abbé de Villars, n'accepte pas que soient rejetées les preuves métaphysiques, qui sont de tradition [1]. C'est là « renverser les bancs de la Sorbonne et démolir les Universités », et « faire des athées au lieu de les combattre ». C'est aller contre « cette lumière si naturelle et si claire » qui nous fait voir Dieu « dans le livre de la Nature ». Le postulat de l'abbé est en effet que notre âme est « naturellement chrétienne » et qu'elle n'a qu'à se tourner vers la Nature pour entendre d'elle la « démonstration si facile » de l'existence de Dieu. Donner aux impies tant de gages, c'est faire « plus de pyrrhoniens que de chrétiens, et plus de libertins que de dévots ». La réaction de Villars est significative : à la méthode d'autorité, Pascal substitue l'adhésion à une anthropologie où misère et grandeur de l'homme, qui ont fondé les morales opposées du pyrrhonisme sceptique et du stoïcisme, ne rendent compte de l'être humain que si elles sont conçues comme conjointes et inséparables. Toute solution morale au problème de la condition humaine est par là même jugée intenable. La seule solution est celle que propose le christianisme lorsqu'il reconnaît à la fois la grandeur d'un être humain fait à l'image de Dieu et sa corruption par le péché originel. Tenant les deux bouts de la chaîne, associant grandeur et misère, le christianisme est ainsi seul à rendre compte des contradictions de notre nature. Au fragment 19, où « l'homme ne sait à quel rang se mettre », répond le fragment 36 : « Hors de Jésus-Christ, nous ne savons ce que c'est ni que notre vie, ni que notre mort, ni que Dieu, ni que nous-mêmes. » Nos « contrariétés », entendues dialectiquement, font en creux apparaître la justesse et la profondeur d'une doctrine où le péché originel et le Dieu caché, inintelligibles en eux-mêmes, deviennent principes d'intelligibilité et porteurs de sens. L'homme enfin comprend sa nature et sa condition dans un univers dont, sans le Christ, la signification lui échappait. On voit assez combien cette méthode, qui rompt avec l'apologétique traditionnelle, est éloignée de tout moralisme. En quoi Pascal est cohérent avec les réflexions des fragments 568 et 617 : « Ce n'est pas dans Montaigne, mais dans moi que je trouve tout ce que j'y vois » (fr. 568), « On se persuade mieux, pour l'ordinaire, par les raisons qu'on a soi-même trouvées que par celles qui sont venues dans l'esprit des autres » (fr. 617). Le lecteur doit être traité en sujet majeur, qui ne reçoit d'autres vérités que celles auxquelles il est capable d'adhérer. L'apologétique ne peut être d'abord qu'une maïeutique.

---

1. Le cinquième dialogue du *Traité de la délicatesse* a été republié avec un commentaire par Dominique Descotes, sous le titre *La Première Critique des « Pensées »,* C.N.R.S., 1980.

La Rochefoucauld et Pascal ont en commun d'avoir scandalisé une part non négligeable de leur lectorat par l'originalité même de leur méthode. L'augustinisme dont ils se réclament n'est pas étranger à cette originalité, qui demeure encore pour nous très étonnante. Les *Maximes* ne se contentent pas de ruiner la confiance que les moralistes accordaient jusqu'alors aux vertus, elles ouvrent la voie à la découverte de l'inconscient, et Lacan ne se fera pas faute de s'y référer. De telles explorations de la psyché et de la condition humaine ne pouvaient pas ne pas mettre en difficulté La Bruyère. Comment se situer, quand « tout est dit », ou du moins l'essentiel, sur quoi il s'accorde ? « *L'on* vient trop tard » porte un implicite « *je* viens trop tard ». Et le « Discours sur Théophraste » dit assez clairement le malaise d'un tard-venu, dont, pour un public qui n'aime que la nouveauté (voir l'Introduction), l'ouvrage risque de n'être que celui d'un épigone. L'humeur ombrageuse de La Bruyère le portera à marquer avec précision son terrain. On a prospecté l'homme, les *Caractères* décriront « les mœurs de ce siècle », les hommes saisis « d'après nature », et, quand La Rochefoucauld s'est fait l'anatomiste du cœur humain, il reste à décrire, à fixer, les divers types humains comme l'entomologiste fixe les insectes et les met en place dans une taxinomie. L'attitude est celle, scientifique, d'une mise à distance et d'un classement, d'une typologie, dont les caractéristiques s'ordonnent selon le rapport variable de l'individu et du groupe social auquel il appartient. Si, selon le mot de Vauvenargues, La Rochefoucauld est philosophe, La Bruyère est peintre. Et son ambition est de « peindre », de décrire un univers, dans la multiplication inépuisable des angles de vue. La Bruyère compense en effet les déficiences que lui impose sa situation par un sens aigu des différences, en particulier des temps et des lieux. De là cette exploitation des rapports de distance, qui lui permet de porter un regard dépaysant, ethnologique, sur le monde qui l'entoure. Dufresny (voir p. 977) et Montesquieu retiendront la leçon, en réalisant, dans la fiction du Siamois et du Persan, le personnage de l'observateur-narrateur. Il n'est pas jusqu'à l'onomastique, grecque ou latine, qui ne serve La Bruyère dans son dessein de jouer sur la rencontre de l'antique et du moderne. Le travail de la forme est un moyen très visible, affiché, de se démarquer. La moindre notation y devient l'objet d'une recherche, d'un effet, et cette écriture très littéraire est déjà une écriture « artiste ». Flaubert, qui s'est toujours senti beaucoup d'affinités avec La Bruyère, tiendra, dans ses lettres de 1852 à Louise Colet, des propos qui rappellent très exactement le problème qui s'est posé à La Bruyère : Balzac romancier écrit mal, mais c'est un génie ; que reste-t-il à faire dès lors que « les formes plastiques » ont, « toutes », été exploitées ? « Ce qui nous reste, c'est l'extérieur [*sic*] de l'homme, plus complexe, mais qui échappe bien davantage aux conditions de la *forme* » (17 décembre 1852). Or « l'art de la forme » ne se rencontre pas chez « les très grands hommes », mais chez « les petits », Horace, La Bruyère et lui-même (25 septembre 1852).

Le tableau des mœurs se suffisait à soi-même et le lecteur pouvait en tirer l'échelle des valeurs qu'impliquent la critique de la cour, des grands et des puissances d'argent, l'attention portée aux humbles et au peuple, la condamnation érasmienne de la guerre, les propos favorables au cœur et à la compassion, l'espérance, ou le vœu pieux, d'une compensation des fortunes dans ce monde et dans l'autre. On voit mal ce qui a conduit La Bruyère à moraliser dans le chapitre ultime des « Esprits forts ». Est-ce là, comme le supposait Sainte-Beuve, façon de couvrir « ses attaques contre la fausse dévotion alors régnante [1] » ? Ou l'expression d'un christianisme sincère, mais maladroit, porté par l'inquiétude d'une montée de l'incroyance ? La démonstration, peu probante en elle-même, trouve, logiquement en quelque sorte, sa condamnation dans une écriture continue que cache imparfaitement un découpage factice en réflexions détachées. Infidèle à la forme brève, à la distance comique ou ironique qu'elle requiert, le vif et nerveux La Bruyère se fait prédicateur, et médiocre prédicateur. C'est oublier la vocation du moraliste, qui n'a pas à dicter sa conduite au lecteur en jouant d'une autorité usurpée, mais à lui « laisser à penser » par la seule analyse ou la représentation fidèle de la réalité. L'auteur des dernières lignes de la Préface se plaçait dans une perspective beaucoup plus ouverte : s'il s'était refusé à pratiquer la maxime, c'est que ceux « qui font des maximes veulent être crus » — crus sur parole, une parole qui relève du discours d'autorité. Or le moraliste ne s'accordait pas alors le privilège de détenir la vérité : « Je consens, au contraire, qu'on dise de moi que je n'ai pas quelquefois bien remarqué, pourvu que l'on remarque mieux. »

LE MORALISTE EN QUESTION

Si La Bruyère n'entend pas passer pour un auteur de maximes, c'est, dit-il dans la même Préface, qu'il ne se reconnaît « ni assez d'autorité ni assez de génie pour faire le législateur ». « Courtes et concises », elles rappellent « la manière des oracles », ce qu'il n'apprécie guère. Et il n'est pas le seul à porter ce jugement critique. Du chevalier de Méré nous savons qu'il n'aimait pas l'œuvre de La Rochefoucauld, quelques flatteries qu'il prodigue au duc dans sa correspondance [2]. Il condamne l'usage des maximes dans l'entretien : « Elles me semblent plus propres pour les réponses des oracles que pour se communiquer humainement. » Il raconte à l'une de ses correspondantes que la femme d'un conseiller au Parlement avait quitté son mari, « parce qu'il ne l'entretenait que par maximes ». Il refuse personnellement de se « vouloir expliquer en sibylle ou en oracle », et porte la même condamnation contre

---

1. Sainte-Beuve, « La Bruyère », in *Portraits littéraires* (*Œuvres*, p.p. M. Leroy, Pléiade, 1949, t. I, p. 1012).
2. Sur Méré, la maxime et les *Maximes*, on se reportera à notre article « Mentalité et discours de maîtrise, ou le moraliste en question », in *Romanistische Zeitschrift für Literatur Geschichte*, 3/4, 1988, p. 313-326.

le discours d'autorité. Il suspecte ainsi Aristote de s'être montré dogmatique, « affirmatif », et d'avoir tranché en « législateur » à seule fin de « se faire admirer de la multitude ». Car l'admiration en elle-même est une contrainte : or, « naturellement on craint les maîtres ».

Il est remarquable que Pascal ait été l'objet d'une critique très comparable de la part de l'un des Pascalins qui l'ont fréquenté et qui ont participé activement à l'édition des *Pensées* de 1670. Pierre Nicole avait eu communication par Charles de Sévigné, fils de la marquise, d'un jugement de Mme de Lafayette sur les *Pensées* : « C'est méchant signe, disait-elle, pour ceux qui ne goûteront pas ce livre. » Nicole se plaint au marquis d'une condamnation aussi péremptoire : « Nous voilà réduits à n'en oser dire notre sentiment et à faire semblant de trouver admirable ce que nous n'entendons pas [1]. » Il poursuit : « Pour vous dire la vérité, j'ai eu jusques ici quelque chose de ce *méchant signe*. J'y ai trouvé un grand nombre de pierres assez bien taillées et capables d'orner un grand bâtiment, mais le reste m'a paru que des matériaux confus, sans que je visse assez l'usage qu'il en voulait faire. Il y a même quelques sentiments qui ne me paraissent pas tout à fait exacts [...]. » Nicole en prend pour exemples les pensées 62, 158, et l'ensemble des « discours du divertissement et de la misère de l'homme ». La conclusion rejoint l'entrée en matière : « Je pourrais faire plusieurs autres objections sur ces *Pensées*, qui me semblent quelquefois un peu trop dogmatiques et qui incommodent ainsi mon amour-propre, qui n'aime pas à être régenté si fièrement. » La réaction d'animosité, sinon d'hostilité, de Nicole à l'égard de Pascal et des *Pensées* rejoint celle de Méré à l'égard de La Rochefoucauld et des *Maximes*.

Plus généralement, les moralistes ont été l'objet de critiques que résume assez bien un passage de l'introduction que Léon Brunschvicg donnait en 1897 à son édition de Pascal. Constatant que « les littérateurs [...] ont fait rentrer l'auteur des *Pensées* dans la classe des moralistes », il reconnaît qu'ils n'ont pas eu tort dans la mesure où La Rochefoucauld, La Bruyère et Pascal conduisent la même enquête sur l'homme et en attendent un même profit moral. Pourtant, « Pascal n'est pas proprement un moraliste ». Car la spécificité du moraliste tient à « ce souci du style, cette recherche des pointes et des mots d'auteur, cette affectation de raffinement psychologique, ce goût du paradoxe et de la satire, cette apparence perpétuelle de supériorité sur le lecteur, qui rendent tout à la fois charmante et stérile l'œuvre des moralistes français [2] ». Le propos est significatif de la distance prise par la philosophie universitaire du temps à l'endroit de ce métis d'écrivain et de philosophe qu'est le moraliste. Conclure cependant, comme le fait Brunschvicg, en opposant à un certain mensonge littéraire la sincérité de Pascal (« Tout est sincère en Pascal, tout est intérieur »), c'est ne tenir aucun compte de la

---
1. P. Nicole, *Essais de morale*, t. VIII, 1715, lettre 88, p. 179-182.
2. L. Brunschvicg, Introduction à Pascal, *Pensées et opuscules*, Hachette, 1897, p. 291-292.

rhétorique à l'œuvre dans les *Pensées*. Et, nous venons de le voir, Nicole était loin de penser que Pascal ne fît valoir aucune supériorité intellectuelle à l'égard de son lecteur.

Le problème posé n'en est pas moins intéressant, puisque la critique se retrouve de nos jours chez Francis Jeanson et Serge Doubrovsky. Pour F. Jeanson, « le moraliste, tôt ou tard, se situe en marge des hommes : il n'est plus que regard jeté sur leurs agitations, et peut les condamner sans courir lui-même aucun péril [1] ». Montaigne avait montré que toute entreprise d'instruction était vaine : les moralistes, dans leur désir de lucidité, s'engagent dans une « entreprise de *destruction* » qui n'est pas moins vaine. La Rochefoucauld, malgré une exceptionnelle puissance d'analyse, se croit investi, par droit divin, d'une sorte de transcendance par rapport au chaos des illusions communes. « Quand tout homme est faux », le moraliste est vrai par la conscience qu'il prend de sa fausseté, mais cette morale de la sincérité n'est qu'une « méthode parfaite pour se débarrasser d'autrui ». Cette sincérité « n'est que mauvaise foi », puisqu'elle n'est qu'un moyen de se faire insaisissable, et de se donner aux yeux du lecteur pour supérieur à lui, parce que d'une autre essence que lui. Les *Caractères* de La Bruyère présentent au moins, selon F. Jeanson, une ouverture aux hommes, puisque y est dénoncée l'inégalité sociale, mais ils s'en tiennent à décrire des individus, devenus des cas, sans atteindre à leur subjectivité. Seul Chamfort échapperait à la malédiction du moraliste classique, qui est « de trouver le contentement de soi dans le mécontentement des hommes », en d'autres termes, de jouir d'une supériorité fictive, ne fût-ce qu'intellectuelle, au détriment du lecteur, jugé infirme et prisonnier de déterminismes qui l'aliènent. On peut sans doute accorder à F. Jeanson que La Rochefoucauld, et avec lui les moralistes classiques, tirent un plaisir personnel de la conscience qu'ils ont de dire une certaine vérité sur l'homme et de la dire de façon remarquable. Mais en quoi cette jouissance est-elle incompatible avec le désir de libérer le lecteur de certaines illusions qui, pensent-ils, l'aveuglent et l'empêchent d'être libre et vrai ?

Dans ses « Vingt propositions sur l'amour-propre » [2], S. Doubrovsky porte la critique sur un autre plan. Dans le discours aphoristique, l'auteur s'efface, mais, dans le plaisir qu'il prend à piéger le lecteur, sa relation à autrui devient relation d'agressivité : « La Rochefoucauld pose, bien avant Lacan et avec Pascal, le principe simultané de la constitution du moi comme idole (image) et d'une agressivité corrélative envers autrui. » L'écriture du moraliste n'aurait en fait d'autre finalité que de préserver une position de maîtrise, ne serait-ce que par le fait d'« en savoir plus

---

1. F. Jeanson, « Le moraliste grandeur nature », in *Les Temps Modernes*, 54, 1950, p. 1764-1796. Repris dans *Lignes de départ*, Le Seuil, 1963, p. 71-107.
2. S. Doubrovsky, « Vingt propositions sur l'amour-propre : de Lacan à La Rochefoucauld », *Cahiers Confrontation*, 3, janvier 1980. Repris dans *Parcours critique*, Éd. Galilée, 1980, p. 203-234. Voir, sur ces « propositions », notre article « La Rochefoucauld et les enjeux de l'écriture », in *P.F.S.C.L.*, X, 19, 1983, p. 711-731.

que les autres ». En réalité, « la maxime est un faux oracle et son auteur un faux dieu ».

Les critiques de F. Jeanson et S. Doubrovsky se rejoignent pour mettre en accusation la mauvaise foi du moraliste, qui ne constitue pas l'autre comme être libre (Jeanson) ou comme être égal à soi (Doubrovsky). Une même philosophie, l'existentialisme sartrien, soutient les deux positions, mais de telles analyses ne sont possibles qu'à condition de faire des moralistes une lecture de premier degré. Prendre l'absolu de l'assertion pour l'énoncé de la Vérité, qui s'exprimerait de façon oraculaire à travers la maxime, c'est accepter d'être la dupe de la rhétorique du genre. La Chapelle prévenait le lecteur, en lui rappelant, à propos des « termes que l'on trouve trop généreux, qu'il est difficile de les restreindre dans les sentences sans leur ôter tout le sel et toute la force ». Ainsi dans l'usage de l'hyperbole, « l'esprit ne laisse pas de sous-entendre de lui-même des restrictions ». Chamfort reviendra sur le thème, dès l'incipit de ses « maximes générales » : « Les maximes, les axiomes, sont, ainsi que les abrégés, l'ouvrage des gens d'esprit, qui ont travaillé, ce semble, à l'usage des esprits médiocres et paresseux [...]. Le paresseux et l'homme médiocre [...] donnent à la maxime une généralité que l'auteur, à moins qu'il ne soit lui-même médiocre, ce qui arrive parfois, n'a pas prétendu lui donner. » F. Jeanson et S. Doubrovsky pratiqueraient-ils une lecture paresseuse ? Le commentaire qu'ils font de certaines maximes prouve surtout qu'ils appliquent de l'extérieur une grille de lecture qui n'est pas nécessairement la mieux adaptée à un texte classique. S. Doubrovsky voit ainsi dans l'épigraphe, « Nos vertus ne sont, le plus souvent, que des vices déguisés », la structure énonciatrice-type des *Maximes*. Ici, « la vérité s'énonce d'elle-même », dans un « discours sans origine », et moi, qui suis lecteur, cette « vérité cachée éclate soudain et me foudroie » : à un auteur dont l'agressivité est sadique répond un lecteur masochiste. Mais comment parler d'un « discours sans origine » quand l'emploi des restrictifs *ne... que* et *le plus souvent* implique un sujet de l'énonciation qui module lui-même la vérité qu'il énonce ? Le *ne... que* en particulier n'a de sens que « dans les limites d'une action humaine », pour emprunter à Sartre sa formule de *L'Être et le Néant*[1] : l'auteur de l'épigraphe est homme et parle à des hommes, et il faut beaucoup donner du sien aux *Maximes* pour n'y lire que le rapport d'un écrivain sadique à un lecteur masochiste. Lorsque, de son côté, F. Jeanson estime que la maxime 26 — « Le soleil ni la mort ne se peuvent regarder fixement » — n'est vraie que pour les autres, et non pour l'auteur, qui s'en dissocierait, on aimerait que la phrase trahît par une marque stylistique ce traitement inégal des autres et de soi. Jacques Truchet, remarquant l'importance du pronom *nous* dans les énoncés, écrit judicieusement : « C'est le [La Rochefoucauld] mésestimer gravement que de voir en ses *Maximes* un perpétuel réglement de comptes à l'égard d'autrui, comme s'il avait la sottise de

---

1. J.-P. Sartre, *L'Être et le Néant*, Gallimard, « Tel », 1960, p. 41.

se mettre à part du reste des hommes [1]. » La seule supériorité tangible est ici celle d'une prise de conscience individuelle, qui n'est dite, même si l'auteur en tire un bénéfice narcissique, que pour être partagée par le lecteur. Libre à lui de récuser la maxime, comme le fait Gide dans son *Journal,* à la date du 10 janvier 1925, ou de la faire sienne. Mais impossible dès lors de parler, comme le fait F. Jeanson, « de dépréciation d'autrui et de récupération de soi ». La critique est en fait tributaire d'une idéologie des Lumières qui entend dénoncer le pessimisme aristocratique des *Maximes.* C'est cet aspect des moralistes du XVIIe siècle que Vauvenargues, cité par F. Jeanson, condamnait déjà : « L'homme est maintenant en disgrâce chez tous ceux qui pensent, et c'est à qui le chargera de plus de vices. Mais peut-être est-il sur le point de se relever et de se faire restituer ses vertus » (maxime 219). Roland Barthes porte sur le pessimisme classique un jugement moins négatif. Il y décèle « un mouvement positif de rationalisation » : « La vision de La Rochefoucauld, écrit-il, n'est pas dialectique, et c'est en cela qu'elle est désespérée ; mais elle est rationnelle, et c'est en cela, comme toute philosophie de la clarté, qu'elle est progressive [2]. » L'auteur des *Maximes* — et la remarque pourrait s'étendre à Pascal et à La Bruyère — préfigure ainsi, pour R. Barthes, l'intellectuel, dont « la tâche est contestatrice ». Et il est de fait que l'augustinisme du XVIIe siècle a joué un rôle critique, en portant les moralistes à remettre en question les certitudes morales qui avaient cours depuis le milieu du XVIe, qu'il s'agisse du néo-stoïcisme de Du Vair et Malherbe, ou de l'éthique aristotélicienne du magnanime, qu'enseignaient les jésuites et qu'on retrouve chez Corneille et Descartes, leurs élèves. Dans les milieux influencés par l'augustinisme, l'heure n'est plus à exalter la montre et le paraître. Paraître dont, à l'inverse, F. Jeanson s'accorde avec Alain pour dire qu'il est « un chemin vers être et peut-être le seul ». Vers 1660, le public mondain est las de la pose héroïque, dont l'échec de la Fronde a précipité la ruine, et auquel on oppose à présent l'être et sa vérité.

C'est typiquement une morale de l'intention que développe l'augustinisme. Se trouve ainsi ouvert aux moralistes le champ d'une analyse infinie des mobiles de tout acte, de toute vertu. Cette analyse régressive tend en particulier à établir qu'il est rare que la vertu soit poursuivie pour elle-même : l'intention désintéressée s'accompagne le plus souvent, sinon toujours, d'un mobile personnel qui n'a rien à voir avec la vertu. Kant, que son éducation piétiste a imprégné de la condamnation augustinienne de l'amour-propre, a consacré quelques pages remarquables à ce problème de l'action vertueuse : « Quand il s'agit de valeur morale, l'essentiel n'est point dans les actions que l'on voit, mais dans ces principes intérieurs des actions que l'on ne voit pas [...]. Je veux bien, par amour de l'humanité, accorder que la plupart de nos actions soient conformes au devoir : mais si l'on en examine de plus près l'objet

---

1. J. Truchet, Introduction à l'édition des *Maximes,* Garnier, 1967, p. XXXVI.
2. R. Barthes, Introduction à l'édition des *Maximes,* Club français du livre, 1961, p. XLIII.

et la fin, on se heurte partout au cher moi, qui toujours finit par ressortir [1]. » Et ce n'est pas là « être un ennemi de la vertu » — accusation qui fut lancée contre La Rochefoucauld —, « il suffit d'être un observateur de sang-froid, qui ne prend pas immédiatement pour le bien même le vif désir de voir le bien réalisé, pour qu'à certains moments [...] on doute que quelque vertu véritable se rencontre généralement dans le monde ». Dans son style, le philosophe allemand ne dit rien à quoi ne pourraient souscrire nos moralistes qui ont tant fait pour dénoncer le « cher moi ». Preuve, s'il en était besoin, que le problème n'est pas lié à une mode passagère : avec les moralistes du XVIIe siècle, l'éthique entre dans cette ère du soupçon qui conduit à Nietzsche et à Freud.

Nietzsche a reconnu sa dette à l'égard du XVIIe siècle français, et particulièrement de La Rochefoucauld, qu'il n'accuse que de demeurer prisonnier de la tristesse chrétienne. Freud ne s'est guère soucié de se chercher des précurseurs. Jacques Lacan, en revanche, a mis en lumière l'importance de la tradition des moralistes, qui, par *La Généalogie de la morale* de Nietzsche, conduit à donner du comportement humain cette vue négative d'où, avec Freud, la psychanalyse prendra son départ (*Séminaire II, Écrits*). La reconnaissance par Lacan de la place occupée par la tradition des moralistes n'est interprétée par S. Doubrovsky que comme une façon de faire retour, non à Freud, mais aux moralistes français et à la position de maîtrise qui est la leur. Ce procès d'intention, on pourrait en fait le retourner contre son auteur, dont on voit mal en quoi il évite lui-même le discours de maîtrise qu'il dénonce : la dénégation ne suffit pas et l'analyse va trop souvent au-delà de son objet pour convaincre pleinement. L'objection pourrait se situer dans le prolongement de celle que Sartre dirige contre la doctrine de l'amour-propre et la recherche qu'elle suscite des motivations cachées. Pour Sartre, c'est le point de vue pris après coup sur l'acte vertueux qui le fait paraître intéressé, et ce type de psychologie crée son objet bien plus qu'il ne le découvre. Ici de même, la dialectique sado-masochiste qui fonderait le rapport de l'auteur au lecteur est moins découverte qu'imposée au texte, et ses qualités de grille de lecture sont sans doute moins évidentes que celles d'instrument polémique et d'arme idéologique.

Il n'en reste pas moins que toute morale de l'intention rencontre sa limite lorsque se pose le problème de l'insertion individuelle dans une pratique sociale. Le « connais-toi toi-même » ne suffit pas alors à assurer l'équité des rapports interindividuels. La Bruyère évite la difficulté en partant d'emblée de l'homme en société, c'est-à-dire de cette réalité extérieure que La Rochefoucauld et Pascal ne pouvaient aborder prioritairement, puisque leur regard, cette « anatomie du cœur humain » qu'ils conduisaient, portait sur les profondeurs du moi. On en a parfois conclu que ni La Rochefoucauld ni Pascal n'avaient pu prendre en

---

1. E. Kant, *Fondements de la métaphysique des mœurs*, deuxième section, in *Œuvres philosophiques*, Gallimard, Pléiade, t. II, p. 267-268.

compte la réalité sociale, ou ne l'auraient fait qu'en contrevenant à leur propre système de pensée.

Lucien Goldmann estimait ainsi que « le caractère vain et déchu de toute vie intramondaine » interdit à Pascal d'admettre que les hommes puissent « réaliser une vie sociale ou établir une autorité politique valables » : il y a trop loin de cette Babylone terrestre qu'est le monde à la Jérusalem céleste qu'est la cité de Dieu pour qu'on puisse espérer réformer un monde livré à l'injustice et au désordre. Toute « vision tragique » ignore du reste l'avenir, puisqu'elle « ne connaît que le présent et l'éternité ». Contre Goldmann, Gérard Ferreyrolles a montré que Pascal a, bien au contraire, le souci de la cité juste : « Il y a un réformisme pascalien », où la loi humaine, si arbitraire et imparfaite qu'elle soit, « participe de l'authentique justice [1] ». On verra de même, à la lecture de Ph. Sellier (p. 300), la place que Pascal accordait à la notion d'honnêteté, dont il avait fréquenté les deux meilleurs théoriciens, le chevalier de Méré et Mitton (voir p. 82).

La même préoccupation se rencontre chez La Rochefoucauld, qui a proposé dans les maximes 202 et 203 les formules les plus synthétiques qu'on puisse donner de l'honnête homme, cependant que plusieurs de ses *Réflexions diverses* sont précisément consacrées à l'homme en société. Dans la *Réflexion diverse II,* il affirme à la fois le besoin naturel à l'homme de la vie sociale et l'exigence que « chacun y conserve sa liberté ». Car la société ne s'accomplit que dans la différence et le respect de l'intimité personnelle. La pratique de la civilité ne serait que politesse superficielle si la première tâche n'était pas d'être *vrai,* c'est-à-dire authentique. Mais c'est la *Réflexion diverse I* qui définit le plus nettement ce qu'est, dans la réalité sociale, le rapport des individus à l'égard de la morale. Si la suprématie de l'authenticité personnelle y est affirmée, c'est contre ou en dehors de la hiérarchie sociale. Quand Alexandre et César « donnent des royaumes », leur générosité n'est pas supérieure à celle de la veuve de l'Évangile, qui « donne une pite ». Cette égalité dans le don renvoie à une qualité, celle des âmes d'élite, qui ne se confond pas avec le point de vue de l'honnêteté mondaine. Toutefois, même s'il réserve la meilleure part à une éthique de l'intention, La Rochefoucauld a eu conscience qu'elle ne saurait suffire à tous et à tout. Il admet ainsi dans la maxime 150 que « le désir de mériter les louanges qu'on nous donne fortifie notre vertu ». Dans le même esprit, Mme de Sablé écrit : « Quand les Grands espèrent de faire croire qu'ils ont quelque bonne qualité qu'ils n'ont pas, il est dangereux de montrer qu'on en doute. Car en leur ôtant l'espérance de pouvoir tromper les yeux du monde, on leur ôte aussi le désir de faire les bonnes actions qui sont conformes à ce qu'ils affectent » (max. 75). On a cru voir dans cette réflexion « une réfutation

---

1. G. Ferreyrolles, *Pascal et la raison du politique,* P.U.F., Épiméthée, p. 194 (sur Goldmann, *Le Dieu caché,* Gallimard, Bibl. des Idées, 1955, p. 306-307 et 312).

générale des *Maximes* de La Rochefoucauld [1] » : à tort, puisqu'elle consiste seulement, comme la maxime 150 plus haut citée, à faire une place, fût-ce avec quelque mépris pour ceux qui n'ont de vertu que par vanité, à la positivité de l'acte objectivement vertueux, bien que la motivation lui en soit imposée de l'extérieur. La Chapelle prévenait le lecteur : les vertus impures « ne laissent pas d'avoir leur mérite et d'être dignes en quelque sorte de notre estime, étant très difficile d'en avoir humainement de meilleures ». Dans le latin de l'École, ce ne sont pas là vertus *secundum finem,* selon leur finalité, mais selon le résultat heureux que la moralité publique en retire, des vertus *secundum officium* [2] : Ainsi en est-il également de la maxime 182, où « les vices entrent dans la composition des vertus comme les poisons entrent dans la composition des remèdes ». Contrairement à ce qu'on croit parfois pouvoir en conclure, La Rochefoucauld ne prétend pas donner une recette pour fabriquer des vertus avec des vices, le Bien avec le Mal. Outre que le paradoxe se rencontre déjà chez Montaigne et le P. Senault, il tient à la prise en compte des deux niveaux de la morale : ce qui est en soi un mal — vanité, goût de paraître dans les exemples précédents — ne produira jamais une pure et parfaite vertu, mais, au plan de l'efficacité, dans le monde déchu qui est le nôtre, un tel mal peut avoir son utilité et se montrer bénéfique. Il devient ainsi possible de dire que la prudence « s'en sert utilement contre les maux de la vie ». La fonction accordée ici à la prudence, partout ailleurs condamnée, et l'emploi d'*utilement,* suffisent à indiquer que le point de vue adopté n'est pas celui de l'intention, mais celui, inférieur, de l'acte. Et comme chez Mme de Sablé, un tel énoncé ne va pas sans quelque amertume touchant les ressorts de l'action, et par là même la condition humaine.

Ce rapport paradoxal entre le bien et le mal n'est du reste pas le seul fait de Mme de Sablé et de La Rochefoucauld. Pascal connaît la double fonction de l'amour-propre : « rien n'est si semblable à la charité que la cupidité », même si, en elle-même, « rien n'est si contraire » (fr. 508) et Nicole thématisera longuement cette ressemblance-différence dans son traité « De la charité et de l'amour-propre ». Mais c'est en cela peut-être que les moralistes augustiniens ont fait à leurs lecteurs une confiance qui s'est retournée contre eux. Tout dualisme tend à se réduire : la pure vertu étant si difficile d'accès qu'il n'a peut-être jamais existé d'acte vertueux, le plan de l'efficacité, de l'utilité sociale est apparu aux penseurs des Lumières comme le seul finalement dont on doive tenir compte. La prise en considération de l'homme en société les a ainsi conduits à adopter un utilitarisme d'où se trouve complètement évacuée toute

---

1. P. Bénichou, *Morales du Grand Siècle*, Gallimard, Bibl. des Idées, 1948, p. 111. Cette réserve n'entame pas l'intelligence des analyses de P. Bénichou, en particulier dans le chapitre « L'intention des *Maximes* », in *L'Écrivain et ses travaux*, José Corti, 1967.

2. La distinction d'une morale de l'intention et d'une morale de l'acte se retrouve chez Kant, dans le passage cité *supra* (p. XII-XIII), note 24, p. 266. Elle est celle de l'action réalisée « par devoir » et de l'action réalisée « conformément au devoir », la première seule ayant « valeur morale ».

morale de l'intention : faire le bien, quelle qu'en soit la motivation, devient la règle la plus universelle de la morale. Helvétius trahit La Rochefoucauld lorsqu'il prétend qu'on a mal compris le moraliste et que l'amour-propre est chez lui une force positive, d'où naissent toutes les vertus [1]. L'augustinisme mutilé de ce qui en faisait la spécificité sert ainsi à autoriser un système totalement opposé, et, dans ce dernier avatar, le moraliste classique n'a plus même à être mis en question, puisque son œuvre, détournée de son sens originaire, est mise au service d'une morale de la seule efficacité dans le monde.

HEURS ET MALHEURS DE LA FORME BRÈVE

Les formes brèves en prose, de l'essai à la maxime, ne se sont pas imposées sans réticence de la part des tenants de la tradition du discours suivi. Charles Sorel défend encore en 1671, dans son traité *De la connaissance des bons livres,* les traités méthodiques, telle la *Science universelle,* qu'il avait fait paraître trente ans plus tôt. A ses yeux, les recueils de sentences, les « livres mêlés » dont la matière a été empruntée à Plutarque ou à Sénèque, ne sont pas dignes de la publication. Il ne cite aucun titre et ne consent à ne faire d'exception que pour les auteurs « assez adroits pour mettre une excellente liaison à leurs discours » et pour ajouter à leurs emprunts « de nouvelles réflexions de leur invention propre. » A une date où les *Maximes* et les *Pensées* connaissent les faveurs de l'opinion, l'embarras qu'éprouve Sorel à se prononcer clairement prouve qu'il ne partage pas le goût du public pour les œuvres constituées de sentences, maximes ou pensées. Le traité en forme connaît pourtant alors une désaffection manifeste, que La Bruyère constate avec humour quelques années plus tard : « Vous écrivez si bien *Antisthène,* [...] ne verrons-nous point de vous un *in-folio* ? traitez de toutes les vertus et de tous les vices dans un ouvrage suivi, méthodique, qui n'ait point de fin ; ils devraient ajouter : et nul cours » (XII, 21).

Le poids de la tradition n'en vaudra pas moins à La Bruyère une critique d'autant plus vive que les *Caractères* seront aussi bien reçus du public que l'avaient été les *Maximes* et les *Pensées*. Boileau, qui estimait l'auteur, lui reprochait de s'être épargné le travail difficile des transitions. Et le clan des Modernes fera campagne sur le thème de l'impuissance de l'auteur à donner un ouvrage construit. En juin 1693, le *Mercure Galant* se venge des remarques désobligeantes dont il était l'objet dans les *Caractères* en écrivant : « L'ouvrage de M. de La Bruyère ne peut être appelé livre que parce qu'il a une couverture et qu'il est relié comme les autres livres. Ce n'est qu'un amas de pièces détachées, qui ne peut faire connaître si celui qui les a faites aurait assez de génie et de lumières pour bien conduire un ouvrage qui serait suivi. » Dans la préface de son discours à l'Académie française, La Bruyère fait allusion à ces critiques et en souligne l'absurdité : « Ils prononcèrent aussi que je n'étais

---

1. Sur l'interprétation d'Helvétius, voir notre *La Rochefoucauld. Augustinisme et littérature,* Klincksieck, 3ᵉ édition, 1986.

pas capable de faire rien de suivi, pas même la moindre préface ; tant ils estimaient impraticable à un homme même qui est dans l'habitude de penser, et d'écrire ce qu'il pense, l'art de lier ses pensées et de faire des transitions. »

La première attaque contre les livres méthodiques qui prétendent épuiser le savoir dans un discours continu date pourtant du début du siècle. Elle avait été portée par Francis Bacon qui, dans son traité en latin, *De la dignité et de l'accroissement des sciences,* paru en 1605, prolonge le courant anti-cicéronien dont, dans les dernières décennies du XVIe siècle, Montaigne et Juste Lipse avaient été les meilleurs représentants. La position de Bacon, grand admirateur au demeurant de Sénèque et de Tacite, est moins littéraire que philosophique. L'aphorisme et l'essai tiennent pour lui leur supériorité du fait qu'ils donnent un savoir fragmenté, inachevé, et qu'ils incitent par là les lecteurs à chercher, à penser par eux-mêmes, alors que les méthodes « font croire aux hommes qu'ils ont atteint le sommet du savoir ». Le traité méthodique et le discours continu se trouvent ainsi associés dans la même critique, et pour des raisons plus fortes que celles qui pouvaient conduire les amateurs du style sénéquien à condamner les longueurs des cicéroniens.

Pascal avance des motivations d'ordre psychologique et rhétorique lorsqu'il défend, dans le fragment 618, « la manière d'écrire d'Épictète, de Montaigne et de Salomon de Tultie », ce Salomon de Tultie n'étant autre que lui-même. Cette écriture coupée « est la plus d'usage », sans doute parce que la période oratoire n'est bonne que pour l'éloquence de la chaire ou du barreau. Elle « s'insinue le mieux », « demeure plus dans la mémoire » et « se fait le plus citer, par ce qu'elle est toute composée de pensées nées sur les entretiens ordinaires de la vie ». On retrouve là les qualités qui ont toujours été accordées à la forme brève, en prose ou poésie indifféremment, mais articulées autour de l'idée que les pensées qui se font agréer, citer, sont celles qui naissent de la conversation la plus quotidienne. Ces pensées tirent donc leur pouvoir de séduction, leur vitalité, d'un rapport direct au vécu : elles en viennent et y retournent, selon un cercle qui témoigne du souci d'échapper à la pure abstraction des idées. Le Pascal philosophe de Brunschvicg se montre ici bien davantage, selon la définition donnée par Dilthey, un philosophe de la vie, c'est-à-dire un moraliste.

Si La Rochefoucauld et Pascal ne furent pas victimes des attaques qu'eut à subir La Bruyère, bien que leurs œuvres se fussent déjà présentées comme « ces amas de sentences » qui indisposent Sorel, c'est aux circonstances particulières de la publication des *Maximes* et des *Pensées* qu'ils le doivent vraisemblablement. En sa qualité de duc et pair, La Rochefoucauld jouit d'un statut social qui le met à l'abri de la polémique. L'auteur, théoriquement anonyme, mais dont le Discours de La Chapelle apprenait au public qu'il avait avec succès publié des *Mémoires,* était présenté comme un homme de cour « qui n'écrit que pour soi et pour délasser son esprit ». Ces réflexions, l'auteur se contente de les noter « à mesure qu'elles lui viennent dans la pensée ». Un grand seigneur, ne faisant pas métier d'écrire, ne saurait être soumis aux mêmes contraintes d'ordre et de régularité que « celui qui écrit de profession, qui s'en fait une affaire, et qui songe à s'en faire honneur ». Les *Maximes* échappent par là même aux jugements que la critique serait en droit de porter si leur auteur était homme de lettres. Le cas des *Pensées* est plus simple encore. L'ouvrage n'attente pas au modèle du discours continu, la discontinuité n'étant ici qu'accidentelle, puisqu'elle tient à la mort prématurée de Pascal et relève de la catégorie des *opera interrupta*. Un seul passage de la préface du « recueil des pensées de Monsieur Pascal sur la religion et sur quelques autres sujets » fait référence à l'esthétique de la brièveté. Étienne Périer admet que certaines pensées obscures auraient pu, développées, en devenir plus claires, mais il eût été fâcheux de le faire, car ce ne sont pas « les moins belles » : les expliciter n'aurait « servi qu'à les rendre traînantes et languissantes » et « en aurait ôté une des principales beautés, qui consiste à dire beaucoup de choses en peu de mots ». A cette exception près, l'accent était à plusieurs reprises porté sur l'ordre que Pascal n'aurait pas manqué d'imposer à ces fragments, qu'en raison de sa maladie « il n'avait écrits que pour lui seul », à la hâte, « sur le premier morceau de papier qu'il trouvait sous sa main ». Autant de raisons, sinon d'excuses, destinées à faire passer l'aspect discontinu des *Pensées*.

Ces précautions oratoires laissaient à penser que la brèche ouverte dans la tradition du discours continu par les *Maximes*, puis à leur suite par les *Pensées*, l'avait été involontairement ou par accident. La Bruyère n'avait aucune de ces bonnes raisons et les *Caractères* sont bien, comme le dit Pascal Quignard, le premier « livre fragmentaire » de notre littérature. La réunion de pièces détachées — réflexions, « remarques » et caractères — est cette fois systématique et l'organisation du livre en chapitres n'est qu'un palliatif à l'éclatement généralisé du discours. Le travail stylistique de chaque fragment est si manifeste, si visible, que la rupture avec le discours suivi n'en est que plus forte. Quintilien avait en effet déjà remarqué que l'usage des sentences dans un texte continu oblige le lecteur, après chaque sentence, à repartir sur de nouveaux frais : en raison de sa complétude, de sa *rotunditas*, « toute sentence renferme un sens plein, après quoi recommence nécessairement un autre sens : le discours en paraît décousu [...], n'ayant ni liaison, ni structure » (*L'Institution oratoire*, VIII, V, 27). L'idée sera reprise par tous ceux qui condamnent la trop grande abondance de citations ou de sentences dans un discours dont elles ne peuvent que couper le mouvement et la continuité. Ainsi en est-il chez Du Vair et Charron [1]. Richelet parlera de la sentence comme d'une phrase en saillie, en relief, dans ce tissu que nous appelons à présent le texte. Tout un débat a eu lieu sur ce thème à l'occasion de ce que Marc Fumaroli appelle « la rhétorique

---

1. Voir sur « la rhétorique des citations », Du Vair et Charron, M. Fumaroli, *op. cit.*, p. 464-466, 473, 492 *sq.*, 685-705.

des citations », et l'art classique le conclura par le respect de « la règle la plus étroite que nous ayons », celle de « l'uniformité de style » (La Fontaine, Préface des *Amours de Psyché*). Chaque fragment étant traité, dans les *Caractères,* comme un bel objet autonome, la difficulté signalée par Quintilien et les cicéroniens n'en est que plus grande. La lecture, comme l'écriture, ne peut plus être que discontinue. Dans la nécessité où il est néanmoins de donner au lecteur le désir de reprendre et continuer sa lecture, l'auteur n'a d'autre recours que de renouveler sans cesse l'approche du texte, de varier donc sans cesse les attaques. La diversité des incipit serait ainsi moins à considérer comme l'un des bénéfices de la forme discontinue, ainsi que le suggère P. Quignard[1], que comme une contrainte rhétorique appelée à corriger, à compenser, l'effet de « rotondité » de toute maxime, de tout « caractère » trop bien fermés sur eux-mêmes. Et si bénéfice il y a, il ne saurait être qu'induit par cette nécessité, qui relève d'une rhétorique de la lecture.

Des *Essais* de Montaigne aux *Caractères,* on ne peut de toute façon que constater la diversité des formules adoptées par les moralistes de forme brève dans le refus qu'ils opposent au développement soumis aux pratiques traditionnelles de la *dispositio* rhétorique. Indice significatif de cette diversité : chaque auteur a désigné d'un nom qui lui est propre la forme qu'il a élue. Montaigne, qui se souvient de l'épître sénéquienne et de la dissertation de Plutarque, invente l'*essai,* le mot et la chose tout à la fois. La Rochefoucauld et ses amis ne s'en tiennent pas au mot de *sentence* et lui préfèrent bientôt le mot *maxime*. Malgré Huet qui en critique l'emploi[2], critique qui portera à introduire *réflexion* au titre de 1665, la maxime restera définitivement attachée à l'œuvre. Ce qu'on appellera bien plus tard les *Réflexions diverses* rappelle l'essai montaignien, mais plus encore la « dissertation » balzacienne. Les éditeurs des *Pensées* reprendront le terme dont Pascal lui-même se servait lorsqu'ils adopteront *pensée*. Dans son désir de n'être pas confondu avec ses devanciers (et modèles, quoi qu'il en dise), La Bruyère tentera d'acclimater *remarque*. Le mot a toutefois si peu réussi à s'imposer que Vauvenargues, déjà, parle de *fragments* dans le bel et intelligent éloge qu'il fait des *Caractères*. Le choix n'est pas affaire de simple vocabulaire. Il signale la conscience qu'eut chaque auteur d'avoir son mode particulier d'expression, le nom retenu étant une manière de marquer son territoire propre. Le terme générique qui fut adopté ne doit pas pour autant masquer la liberté que les moralistes ont tous gardée de faire plus ou moins bref. La « maxime » 504 de La Rochefoucauld n'a rien de la maxime typique, qui tient dans les limites de la phrase. Certaines « pensées » de Pascal ne renoncent nullement au style oratoire des meilleures pages de Du Vair. Et La Bruyère prend un tel soin de diversifier sa manière qu'il multiplie à plaisir toutes les formes de la

---

1. P. Quignard, *Une gêne technique à l'égard des fragments*, Fata Morgana, 1986, p. 53 *sq.*
2. Voir J. Lafond, *La Rochefoucauld* [...], 1986, p. 138, note 90.

prose, du pastiche à la scène de comédie, du fragment, pris au sens étroit du mot, à la dissertation, de la pointe satirique à la confidence, ou pseudo-confidence... L'œuvre exhibe ainsi tous les types d'écriture et tous les sous-genres qui peuvent ressortir à la forme brève. Par jeu sans doute, mais aussi par exigence artisanale de bon « ouvrier littéraire », comme disait Baudelaire, il entend user de toutes les ressources de la variation sur les formes brèves, puisque aucun moraliste ne l'avait fait avant lui.

Le désir des moralistes d'afficher leur différence a peut-être été d'autant plus vif qu'ils travaillent une matière commune à tous. Non qu'il faille réduire leur œuvre à la pure et simple exploitation d'une topique universelle, dont l'origine serait à chercher non dans la seule culture antique, mais dans les livres sapientiaux de l'Orient, de la Mésopotamie et de l'Égypte à Israël. Si le lieu commun fait partie du fonds culturel des XVIᵉ et XVIIᵉ siècles, en particulier dans l'espace des morales du temps — et on en verra de bons exemples chez Pibrac ou F. des Rues —, la réaction aux lieux communs est nette dès la publication des *Lettres* de Balzac en 1627 (B. Beugnot, 1977). Et les plus conscients des moralistes ont effectivement évité la banalité du déjà dit, qu'ils aient un système de pensée original ou qu'ils se portent sur des espaces nouveaux, à la découverte de ces terres inconnues qu'évoque la maxime 3 de La Rochefoucauld. Ce qu'ils ont en commun de plus fondamental est ailleurs. Il est dans la conception de la nature humaine à laquelle ils souscrivent tous. Une nature fixe, un état, qui, quelle que soit sa diversité, renvoie à une essence qu'on peut définir et qu'on peut expliquer par le rapport des causes, fussent-elles complexes, aux effets. Et l'instrument littéraire par excellence de cette investigation, de cette « sonde de la conscience », est la maxime, dont le sort s'est trouvé par là même attaché à l'essentialisme classique. Le rejet de l'essentialisme et du déterminisme psychologique ne pouvait que porter atteinte à une forme marquée et jugée obsolète. Elle n'en demeure pas moins, mais l'auteur qui l'emploie se sent tenu de prendre distance à l'égard de cette faiblesse qui le porte à la forme sentencieuse. Roland Barthes conclut ainsi l'étude qu'il a consacrée à lui-même par une autocritique : « Il rôde dans ce livre un ton d'aphorisme (*nous, on, toujours*). Or la maxime est compromise dans une idée essentialiste de la nature humaine, elle est liée à l'idéologie classique : c'est la plus arrogante (souvent la plus bête) des formes du langage [1]. » Comme, pour Barthes, « toute œuvre est dogmatique » et le langage « toujours assertif » et « terroriste », on peut se demander si la maxime n'est pas simplement le lieu où, sans chercher à jouer l'innocence, le langage s'affirme comme tel, avec cet impérialisme apparent qui ne serait alors que l'une des conditions de l'écriture littéraire. Barthes ne voit du reste pas que des inconvénients à l'emploi de la formule brève. Elle lui apporte son secours « lorsqu'un

---

1. *Roland Barthes* par R. Barthes, Le Seuil, 1975, p. 181. Voir également « Le cercle des fragments », p. 96 *sq.*, le fragment étant ici le nom générique du haïku, de la maxime, etc., ce qui nous paraît pour le moins discutable.

trouble survient : je l'atténue en m'en remettant à une fixité qui me dépasse : au fond c'est toujours comme ça, et la maxime est née. La maxime est une sorte de phrase-nom, et nommer, c'est apaiser. » La justification avancée n'est pas sans intérêt, et l'aveu d'une inconséquence, d'un hiatus entre une position de principe et une pratique, n'est pas si courant qu'il ne doive être mis à l'actif de R. Barthes. Corrado Rosso cite un certain nombre d'auteurs qui condamnent la maxime et ne s'interdisent pas pour autant de l'utiliser (C. Rosso, 1968). Ainsi en est-il de B. Constant, Vigny, A. Camus. Alain approuve et désapprouve son emploi selon la perspective où il se place, et cette incertitude paraît être le signe que, dans la culture française du moins, la forme sentencieuse irrite et séduit à la fois. Et il est relativement difficile, dans bien des cas, de dissocier la critique de la maxime de celle de son auteur, et de savoir laquelle a motivé l'autre. Le problème n'est pas nouveau puisque, dès le XVIIIe siècle, le moraliste n'est pas tendre pour une certaine littérature morale.

Vauvenargues s'en prend aux « faux philosophes » qui prétendent découvrir en l'homme « des contrariétés et des difficultés qu'ils forment eux-mêmes » : « Ceux qui nouent ainsi les choses, pour avoir le mérite de les dénoncer, sont les charlatans de la morale » (max. 288). L'image ne sera pas perdue pour Chamfort, qui attaque l'abus de la généralisation chez les philosophes systématiques et les moralistes : ils « ont trop généralisé, ont trop multiplié les maximes » et, sur un exemple qui dément la validité d'une sentence de Tacite, il conclut : « Ces exemples sont d'une morale dangereuse à établir dans les livres. Il faut seulement les observer, afin de n'être pas dupe de la charlatanerie des moralistes » (pensée 213). L'abondance d'une littérature sans originalité explique l'irritation d'un Chamfort et ce rejet, qui n'a jamais empêché Chamfort lui-même de composer des « maximes et pensées » et de laisser une œuvre qui, par les Schlegel et le cercle d'Iéna, aura, dans l'Allemagne des années 1800, la vertu séminale de produire toute une littérature de l'aphorisme et du fragment [1].

La proposition universelle qu'est la maxime est plus généralement condamnée pour son inadaptation à la complexité du réel. Dans son *Précieux Giraudoux,* Claude-Edmonde Magny appelait l'attention sur l'aristotélisme, « traditionnel, des moralistes français, de La Rochefoucauld à Vauvenargues, et qui fait la faiblesse de la plupart de leurs *Maximes* : on ne peut se défendre, en les lisant, de l'impression que le contraire pourrait bien être aussi vrai [2] ». Cette dernière remarque, Mme de Sévigné l'avait déjà faite à propos de la maxime 42 de La Rochefoucauld, que Mme de Grignan vient de « retourner » sous

---

[1]. Sur ce passage de Chamfort au cercle d'Iéna qui se constitue autour des Schlegel, on se référera à Ph. Lacoue-Labarthe et J.-L. Nancy, *L'Absolu littéraire,* Le Seuil, 1978, p. 58 *sq.*, et à notre article « Des formes brèves [...] », 1984.
[2]. C.-E. Magny, *Précieux Giraudoux,* Le Seuil, 1945, p. 29. La même critique se retrouve chez Albert Camus, dans la préface aux *Maximes et Anecdotes* de Chamfort, Monaco, 1944 (cité dans notre *La Rochefoucauld,* 1986, p. 134, note 77).

la forme : « Nous n'avons pas assez de raison pour employer toute notre force » (lettre du 14 juillet 1680). Et Mme de Sévigné ajoute : « Il serait honteux, ou du moins il l'aurait dû être, de voir qu'il n'y avait qu'à retourner sa maxime pour la faire beaucoup plus vraie. » Est-ce flatterie pour une fille trop aimée ou absence de rigueur philosophique ? La marquise semble ne pas voir ce qui est en jeu dans l'une et l'autre formulation. La Rochefoucauld, fidèle à sa conception d'une nature déchue, impute à la faiblesse humaine ce que la cartésienne Mme de Grignan attribue à l'insuffisance, non de notre volonté, mais de nos facultés intellectuelles, rationnelles. Le retournement d'une analyse qui met en cause le système moral qui la fondait n'est donc pas un acte sans conséquence, qui permettrait indifféremment de dire tout et le contraire de tout. Pour ce qui ne touche pas à l'essentiel en revanche, le moraliste lui-même peut hésiter. Mme de Lafayette écrit ainsi à Mme de Sévigné, le 14 juillet 1673 : « Voici une question entre deux maximes : On pardonne les infidélités, mais on ne les oublie point. On oublie les infidélités, mais on ne les pardonne point. » Caractéristique de ces « questions d'amour » auxquelles répondent des « maximes d'amour » (voir p. 49), la discussion fut sans doute de celles dont, le 4 septembre de la même année, Mme de Lafayette pouvait dire : « Nous nous jetâmes dans des subtilités où nous n'entendions plus rien. » La Bruyère n'hésite pas davantage à corriger dans une réflexion de la sixième édition (XI, 23) le point de vue qui était le sien dans un autre fragment de la première (V, 61). Il récrit une pensée de Pascal (XII, 105) et signale en note qu'il en prend le contre-pied. Le jeu n'a rien d'arbitraire ni de gratuit : qui ne partage pas les présupposés du moraliste prend éventuellement appui sur lui pour lui donner un démenti, qui pourra être lui-même dénoncé par tel autre lecteur. C'est le mauvais lecteur qui sacralise la forme brève et s'interdit d'avoir avec l'auteur d'autre rapport que celui de disciple soumis à maître incontestable. Or, cette sacralisation a sans doute trop souvent été le fait de l'institution scolaire. Il y a un demi-siècle encore, l'école avait recours à la discussion de la maxime comme à l'un de ses exercices les plus formateurs. Il est probable que tel était déjà le cas lorsque Lautréamont subissait, entre 1859 et 1865, l'internat des lycées de Tarbes et de Pau. Le traitement qu'il inflige, dans ses *Poésies* (1870), aux pensées les plus connues des moralistes classiques, de La Rochefoucauld à Vauvenargues, suppose l'exaspération devant des textes présentés comme nécessairement admirables. Le peu conformiste Lautréamont ne pouvait qu'être tenté de démolir ces phrases devenues canoniques. Démolition radicale, qui a peu de chance, note Marguerite Bonnet [1], d'exprimer ce « conformisme sans nuances » qu'y lisait Albert Camus, décidément aussi mal inspiré ici que lorsqu'il juge La Rochefoucauld dans sa préface à l'œuvre de Chamfort. M. Bonnet propose des éléments d'interprétation, dont je ne retiens qu'une suggestion,

---

1. M. Bonnet, Introduction à Lautréamont, *Œuvres complètes*, Garnier-Flammarion, 1969, p. 30-31.

valable, me semble-t-il, pour toute lecture des œuvres de forme brève : c'est de « lire les *Poésies* comme des questions plutôt que comme des réponses ». La maxime redevient dès lors ce qu'elle était pour son auteur, une forme dont la clôture n'est que de style, apte à provoquer la réflexion et la contestation, et non à les bloquer dans l'absolu d'une formule définitive.

En 1885, quinze ans après la publication des *Poésies*, les recueils de pensée sont l'objet d'une critique beaucoup plus académique, mais non moins caractéristique du rejet de la maxime. Jules Lemaitre saisit l'occasion d'un livret de *Maximes de la vie,* publié sous le pseudonyme de « la comtesse Diane » par un éditeur spécialisé dans ce type de littérature, Ollendorff [1]. Lemaitre dénonce une mode insupportable, qu'il impute à l'habileté de ses contemporains, plus propres à utiliser les moules laissés par les moralistes qu'à réinventer des formes neuves. L'article ne manque pas de piquant, Lemaitre donnant, avant le Lanson de l'*Art de la prose* (1902), les recettes qui, à son avis, permettent « d'écrire des pensées sans en avoir » : le rapport proportionnel du type a est à b ce que c est à d, l'antithèse, le paradoxe, qui relèvent du « genre tranchant » et pessimiste, la définition, le pittoresque, le truisme (à la Royer-Collard !), « le genre suave, poétique, idéaliste », à la Vauvenargues ou Joubert. Pour conclure, les « pensées et maximes » sont « un genre épuisé et un genre futile », puisque tout a été dit et qu'il n'y a pas, en psychologie, de loi universelle. A ce genre périmé Lemaitre oppose la nouvelle, le roman, la comédie... Les grands auteurs seuls sortent indemnes de l'éreintage : ce sont Pascal, La Rochefoucauld, La Bruyère et Joubert, qui ont eu une philosophie propre ou une personnalité assez originale pour que nous ayons plaisir à les rencontrer. La comtesse Diane, que Lemaître feint d'épargner, ne l'est guère, et les pensées retenues donnent surtout une idée de la médiocrité du livre. Ne citons, pour le plaisir, que celle-ci, où s'exprime sans doute l'intéressante personnalité de la comtesse Diane : « Les belles dents rendent gaie. »

Le XXe siècle ne reviendra pas sur la condamnation d'une telle littérature, qui est, pour une bonne part, responsable du décri de la maxime. En revanche, l'intérêt porté à l'œuvre de Nietzsche, puis aux présocratiques, a donné un prestige particulier à l'aphorisme. Nietzsche, qui s'en déclarait le maître, le définissait par sa condensation (qui n'est autre que la *brevitas* des Latins) : « Mon ambition est de dire en dix phrases ce que cet autre dit en un livre — ne dit pas en un livre [2] », et il y voyait une « forme d'éternité ». Dans un article sur Nietzsche, Maurice Blanchot condamne « la maxime, cette sentence à l'usage du beau monde et polie jusqu'à devenir lapidaire », et exalte l'aphorisme « forme qui est en forme d'horizon, son propre horizon », « toujours retirée en elle-même, avec quelque chose de sombre, de concentré, d'obscurément violent », et le fragment, fondamentalement inachevé.

---

1. J. Lemaitre, « La comtesse Diane », in *Les Contemporains,* deuxième série, s.d., p. 189-202. L'article est daté de 1885.
2. Cité par M. Blanchot, *L'Entretien infini,* Gallimard, 1969, p. 228-229.

Jean Onimus en vient à opposer si radicalement maxime et aphorisme qu'il s'interdit de comprendre ce que fut au XVIIᵉ siècle la nouveauté de la maxime, qui fit son succès. Jugée « irrémédiablement usée et abstraite », la maxime ne serait que « la version académique du véritable mode aphoristique qui, lui, est de style oraculaire [1] ». L'aphorisme, ouvert, « suscite des pensées, tandis que la maxime, étant pensée parfaite, met un point final à la réflexion ». « D'un côté, une graine vivante, de l'autre une structure ; d'un côté la polysémie de l'implicite, de l'autre la clarté sèche d'un signifiant définitif. » De telles simplifications supposent une conception aussi manichéenne qu'anachronique de la littérature. Pour faire éclater l'originalité de René Char, puisque tel est le propos de cet article, il a sans doute paru nécessaire à son auteur de déprécier la maxime pour magnifier d'autant l'aphorisme. René Char n'en demandait sans doute pas tant, lui qui envoyait à Édith Mora en 1965 une lettre qui constituera la préface du *François de La Rochefoucauld* des « Écrivains d'hier et d'aujourd'hui [2] ». Le poète y faisait un bel éloge, héraclitéen par le verbe, de celui qu'il appelle « ce grand Ouvert », cet « admirable coursier », « avec sa régularité, sa frappe de Jacquemart, son aile newtonienne ». Il n'est donc pas question pour Char d'opposer régularité, dont celle du rythme, et coup d'aile, clôture de la maxime et ouverture de l'aphorisme.

Qu'entend-on du reste par *aphorisme* ? Le mot grec signifie « délimitation », et chez Aristote, Hippocrate et Galien, « définition ». La charge oraculaire ou métaphysique qu'on prête au mot est totalement absente du sens originaire. Furetière le définit comme « maxime ou règle générale, principe d'une science » et ajoute qu'« il ne se dit guère qu'en médecine et en jurisprudence ». Le *Grand Larousse de la langue française* rappelle qu'il s'est d'abord appliqué aux *Aphorismes* d'Hippocrate et lui attribue deux sens. Le premier : « Phrase d'allure sentencieuse, qui résume en quelques mots une vérité fondamentale », avec, pour exemples : « Rien n'est beau que le vrai », « En matière de meubles, possession vaut titre ». Le second : « Énoncé succinct d'une vérité banale de la vie courante. » Si on se reporte à l'œuvre d'Hippocrate, on voit à quel point l'aphorisme a peu à voir avec le style oraculaire ou la profondeur philosophique. Voici le premier, dans une traduction qui semble avoir fait autorité au XVIIᵉ siècle : « La vie est brève, mais l'art est long, l'occasion est soudaine et légèrement passe, l'expérience périlleuse et dangereuse, le jugement difficile [3]. » Le même emploi du mot se rencontre dans le *Traité de l'amour de Dieu* de François de Sales : « En somme l'aphorisme des médecins est vrai, que ce qui est savouré nourrit, et celui des philosophes, ce qui plaît, paît [4]. » Chez Hippocrate

---

[1]. J. Onimus, « Poétique de l'aphorisme. En marge de René Char », in *Revue d'esthétique*, 2, 1969, p. 113-114.
[2]. É. Mora, *François de La Rochefoucauld*, Seghers, 1973, p. 83.
[3]. I. Breche, *Les Aphorismes d'Hippocrate* [...], Lyon, 1605, f° 3.
[4]. F. de Sales, *Œuvres*, Gallimard, Pléiade, 1969, p. 569. Le même ouvrage donne, p. 1322-1328, une liste de sentences de F. de Sales d'après un manuscrit du Mans.

comme chez F. de Sales, l'aphorisme énonce une vérité d'ordre pratique, fondée sur l'expérience. Et c'est bien plus le proverbe et le dicton qu'il rappelle que la parole inspirée, le verbe oraculaire. Faut-il se tourner vers les présocratiques, dont les textes qui nous sont parvenus sont brefs, volontiers elliptiques et pour certains d'entre eux, ceux d'Héraclite tout spécialement, souvent obscurs ? Nous n'avons en réalité d'eux, comme le prouve leur récente édition dans la Bibliothèque de la Pléiade, que les fragments que les doxographes ont bien voulu retenir. Or, le principe de la doxographie est de ne garder, extraites de tout contexte, que les phrases qui condensent une pensée. Rien dès lors ne nous prouve que l'œuvre des présocratiques se soit limitée aux phrases sentencieuses que nous lisons à présent. Quand M. Blanchot et J. Onimus parlent donc de « l'aphorisme », en tant que tel, ils ne désignent en fait par là que l'aphorisme nietzschéen. Le philologue Nietzsche connaissait fort bien les phrases fulgurantes d'Héraclite et les vers « inspirés » de poètes-philosophes grecs comme Empédocle. Mais il n'ignorait pas davantage les analyses théoriques des Schlegel sur les formes brèves et le renouveau qu'ils en attendaient pour la littérature allemande. Le terme noble de fragment est par eux conçu comme porteur de la « génialité romantique » et F. Schlegel voit dans les aphorismes « des fragments cohérents [1] ». Nietzsche reprend le mot dans la perspective ouverte par les présocratiques et les Schlegel, et confère à l'aphorisme un statut tout autre que celui qui était le sien jusqu'alors. Comme le groupe d'Iéna, Nietzsche n'en demeure pas moins l'héritier des moralistes français du XVIIe siècle (il n'aime ni Vauvenargues ni Chamfort), mais, selon le procès habituel, la métamorphose qu'il fait subir à la *gnômè* devenue maxime lui imposait de donner à ses « fragments » un nom nouveau pour désigner une réalité effectivement nouvelle. On ne saurait pour autant projeter sur l'aphorisme traditionnel le statut que F. Schlegel et Nietzsche confèrent au tout nouvel objet littéraire. Ni davantage en tirer la conclusion que l'aphorisme antique est la forme originaire de la sentence, puis de la maxime, qui n'en serait que la forme dégénérée et purement mondaine. La proposition est bien plutôt à retourner, si douloureux qu'il soit peut-être pour le romantisme rémanent de certaine critique de voir l'aphorisme perdre son aura de phrase oraculaire, où parlerait l'Esprit. Quelque distance qu'il ait prise avec sa lointaine origine, l'aphorisme de Nietzsche n'est que le dernier avatar de la *gnômè* grecque, cependant que le « fragment » est traité par les Schlegel comme Montaigne faisait l'essai, en morceau plus long, plus divers et plus capricieux, moins cohérent et moins achevé que l'aphorisme, dont il est cependant voisin. Essai-fragment et maxime-aphorisme, ce sont là deux types de forme brève, dont la littérature du XVIIe siècle, pour le moins, fournit la preuve qu'ils sont anciens et qu'ils ont pu cohabiter sans disparate dans les

---

1. *L'Absolu littéraire, op.cit.,* p. 63. Le fragment, dans la littérature allemande du XVIIIe siècle, est comparable à l'essai montaignien (p. 62). Le fragment romantique est essentiellement inachevé, et cependant « clos sur lui-même comme un hérisson » (p. 63).

mêmes recueils. Ce qui, bien entendu, laisse entier aux Schlegel et à Nietzsche le mérite d'avoir inventé une version neuve et moderne des archétypes que leur fournissait la littérature morale. Tous les écrivains qui constituent, entre 1880 et 1930, ce qu'on a appelé l'école viennoise des aphoristes, et tout particulièrement Karl Kraus et Arthur Schnitzler, leur en sont directement redevables.

La vitalité de ces formes est inscrite dans leur aptitude à réapparaître, différentes et semblables, après toute remise en question. D'où, on l'a vu, l'ambiguïté de ces condamnations qui sont sans appel et n'en sont pas moins sans effet. La maxime est proscrite, et on continue d'en produire, fût-elle considérée comme aphorisme. Serait-elle la forme nécessaire, inévitable, d'un certain type de discours ? Joubert, qui se disait impropre, comme Montaigne, au discours continu, écrit à ce sujet : « Remarquez comme, dans les disputes, chacun donne à son opinion un tour sentencieux. C'est que, de toutes les formes de discours, c'est la plus solide. Elle répond à la forme carrée en architecture. Et comme chacun, dans la dispute, cherche à se fortifier, chacun assoit son opinion de la manière que l'instinct lui indique être la plus propre à résister à l'attaque. » Les vérités reconnues elles-mêmes gagnent à avoir « une certaine rondeur, une expression à contour, forme qui réunit la grâce à la solidité et la simplicité à la richesse. Or dans le style il faut établir les vérités comme si elles étaient universellement reconnues [1] ». Joubert n'oublie pas les enseignements d'Aristote et de Quintilien, mais il est plus curieux de constater qu'on peut lire chez Francis Ponge un développement (oral) très comparable : « Je crois que si l'on écrit, même quand on ne fait qu'un article de journal, on tend au proverbe (à la limite bien sûr). On veut que [...] cela gagne le coup quand ce sera bien placé dans une discussion. Même dans un marché, celui qui sort un proverbe (quand deux personnes discutent), celui qui sort un proverbe au bon moment a gagné [...]. Quand on écrit, il semble que ce soit au fond pour cela, qu'on s'en rende compte ou non. Ainsi tend-on à une espèce de qualité oraculaire [2]. » Le proverbe relève ici du même champ sémantique que ce que Ponge désigne par le terme de « formule (ou maxime concrète) », à quoi tend pour lui l'écriture poétique [3]. L'auteur du *Grand Recueil* ironise, à la même époque, sur les écrivains de l'absurde, qui sont « un peu tristes, mais fiers quand même et ma foi capables encore de quelques sentences par jour [4] ». Formule et proverbe sont donc actifs et vivants, au rebours de la sentence, qui ne l'est décidément plus. Bien que Ponge ne soit plus depuis longtemps concerné par le surréalisme, ces textes de 1946-1947, comme celui où il conseille d'adopter « le dispositif Maldoror-Poésies », sont dans la continuité de

---

1. Joubert, *Pensées*, choix et introduction par Georges Poulet, 10/18, U.G.E., 1966, p. 78.
2. F. Ponge, *Le Grand Recueil*, « Tentative orale » [1947], Gallimard, 1961, p. 238-239.
3. *Ibid.*, « My creative method », p. 20. De *formule* et *formulations*, plusieurs occurrences, dont p. 8 et p. 198.
4. *Ibid.*, p. 190-191. Pour « Le dispositif Maldoror-Poésies », voir p. 203-205.

l'action poétique qui, en 1920-1921, suscita la création de la revue *Proverbe*. Dans la lettre qu'André Breton envoie en 1922 à Jacques Doucet, pour répondre à sa demande d'un projet de bibliothèque, l'achat des *Pensées* et des *Maximes* est vivement conseillé, malgré les réserves qui sont faites sur la personnalité de La Rochefoucauld et la véritable paternité de son œuvre. A. Breton écrit : « A notre époque, où des jeunes gens ont pu choisir le mot *Proverbe* pour qualifier une revue et ont cru pouvoir donner ce mot pour le symbole de toute activité, où le genre de la maxime qui semblerait tout à fait discrédité apparaît plus que jamais en honneur, La Rochefoucauld [...] mérite aujourd'hui discussion [1]. » L'assimilation du proverbe à la maxime est d'autant plus logique qu'ils furent longtemps indistincts. Et Montesquieu encore n'oubliera pas la formule de Bouhours que nous citions plus haut : pour l'auteur des *Lettres persanes,* les « *Maximes* de M. de La Rochefoucauld sont les proverbes des gens d'esprit ». Le propos d'A. Breton n'en est pas moins surprenant : à un moment où l'on ne parle que de la mort de la maxime, cette même maxime se trouve réhabilitée dans son usage de proverbe. Chez F. Ponge, le proverbe est en permanence d'actualité, puisque « c'est toujours au proverbe que tout langage tend [2] » : forme minimale du discours, il en est aussi, par sa condensation, l'essence.

Il peut paraître paradoxal qu'on puisse recourir à A. Breton et à F. Ponge pour rencontrer des textes favorables au proverbe-maxime. Beaucoup d'auteurs contemporains, de Paul Valéry à Jabès et Cioran, pourraient être, en réalité, comptés parmi les utilisateurs de ce que René Char appelle « la parole en archipel ». Sans doute le terme de maxime, trop marqué par l'usage classique, est-il très généralement écarté. Char prévient ainsi son lecteur dès l'avant-propos des *Feuillets d'Hypnos* : « Ces notes n'empruntent rien à l'amour de soi, à la nouvelle, à la maxime et au roman. » Lui-même parle ailleurs de « vers aphoristiques », mais il est caractéristique que Jean Beaufret, parlant de l'œuvre du poète, entend *aphorisme* au sens héraclitéen du terme. « L'aphorisme, écrit J. Beaufret, se retient de trop parler et, sans philosopher, donne d'autant plus à penser [3] », ce qui rappelle très directement la théorie classique de la sentence-maxime. Sans doute ajoute-t-il, faisant allusion à une charge poétique que ne connaît pas la sentence : « Il délimite d'un trait l'espace respirable. Il est une reprise de souffle. Qui n'a pas le souffle coupé ne peut rien en apprendre. » Le grand lyrisme est sans doute absent de la littérature morale du XVIIe siècle. La maxime 26 de La Rochefoucauld — « Le soleil ni la mort ne se peuvent regarder fixement » — ne mériterait-elle pas cependant de passer pour un superbe

---

1. A. Breton, *Œuvres complètes,* Gallimard, Pléiade, p.p. Marguerite Bonnet, t. I, 1988, p. 634.
2. F. Ponge, *op. cit.,* p. 38.
3. R. Char, *Œuvres complètes,* p.p. Jean Roudaut, Gallimard, Pléiade, 1983, p. 173 (Avant-propos), p. 1141 (étude de J. Beaufret).

aphorisme, auquel, à trois siècles de distance, ferait écho : « La lucidité est la blessure la plus rapprochée du soleil [1] » ?

*
* *

Par abandon d'un discours continu qui consonait avec un univers également continu, l'heure est à la littérature fragmentaire. Des œuvres entières sont fragmentaires, comme celle de Cioran, ou dans un autre registre, celle de Malcolm de Chazal. Et P. Quignard a exprimé récemment le sentiment mêlé, fascination et gêne, qu'il éprouve à l'égard de cette littérature : « Rien de plus continu, de plus mécanique, de plus obsessionnel, de plus rabâchant que la plupart des livres qui paraissent de nos jours et qui affectent une apparence fragmentée [2]. » Les apories soulevées par le fragment — impossible d'adhérer pleinement au discours continu, ni au discours discontinu — n'empêchent pas que la fascination l'emporte sur la gêne, et les *Caractères,* « œuvre exclusivement littéraire », ne sont peut-être qu'un prétexte à proposer une version heureuse de la littérature fragmentaire.

A l'aube de ce mouvement qui affecte les formes brèves, les moralistes du XVIIe siècle ont en effet moins d'états d'âme que les modernes. Trouvaient-ils, à leur insu, dans la maxime et dans la psychologie classique, le retrait, le refuge, que le discours continu et une psychologie moins mécaniste ne leur auraient pas procuré ? Ce que R. Barthes disait de l'apaisement que peut apporter la forme de la maxime, Sartre le dit du déterminisme des moralistes qui serait, en lui-même, « rassurant [3] ». Cioran voit un autre avantage à l'écriture du moraliste : elle serait un signe de civilisation, si l'on admet que « s'appesantir, s'expliquer, démontrer — autant de formes de vulgarité. Qui prétend à un minimum de tenue, loin de craindre la stérilité, doit s'y appliquer au contraire [...]. La maxime, qui relève d'un genre discutable, n'en constitue pas moins un exercice de pudeur, puisqu'elle permet que l'on s'arrache à l'inconvenance de la pléthore verbale [4] ». On voit l'objection qu'on serait en droit de faire à ces conclusions : s'expliquer, démontrer, ne serait-ce pas prêter attention au lecteur, le placer sur un pied d'égalité, le développement étant alors moins une vulgarité qu'une politesse ? Nous avons rencontré cet argument chez les détracteurs de la maxime, qu'ils conçoivent comme l'instrument d'une maîtrise arrogante. Le point de vue de Cioran est en réalité conforme à l'esprit classique : le moraliste, et Montaigne tout le premier, craint à ce point le pédantisme et l'écriture pédante, qu'il préfère ne pas convaincre plutôt que d'étaler ses preuves. Plus profondément encore, il joue, nous l'avons dit, sur un nouveau

---
1. R. Char, *op. cit.,* p. 216 (*Feuillets d'Hypnos*).
2. P. Quignard, *op. cit.,* p. 60.
3. J.-P. Sartre, *Baudelaire,* Gallimard, Idées, 1967, p. 48.
4. E.M. Cioran, *Écartèlement,* Gallimard, les Essais, 1979, p. 23.

rapport au lecteur et à la littérature. *Intelligenti pauca :* il suffit de peu de mots pour que comprenne celui qui, assez averti pour comprendre, souhaite qu'on lui épargne les développements superflus. Il est admis que la forme brève, pour être excellente — tout à la fois stimulante et belle — doit se passer de commentaire, et la correspondance de La Rochefoucauld prouve qu'il choisit de ne pas publier une maxime plutôt que de l'expliciter. Sainte-Beuve dira « que les *Maximes* sont de ces choses qui ne s'enseignent pas », mais il est douteux qu'on puisse en conclure avec lui qu'il s'agit d'une « causerie à mi-voix [1] ». Communication à mi-mot, oui. Causerie, non. Les auteurs qui ont choisi la tension de la forme brève ne peuvent, comme le fait explicitement F. Ponge, qu'opposer l'écrit à la parole. Référer l'écriture de la maxime à la conversation serait négliger un aspect auquel les contemporains étaient plus sensibles que nous : c'est le style soutenu de la maxime, et parfois le grand style (dont B. d'Argonne faisait du reste grief à La Bruyère), plus proche du sublime de Longin que de l'entretien entre gens de bonne compagnie. Boileau, traduisant Longin, semble du reste rejoindre la théorie de la sentence-maxime lorsqu'il écrit : « La marque infaillible du Sublime, c'est quand nous sentons qu'un discours nous laisse beaucoup à penser, qu'il fait d'abord un effet sur nous auquel il est bien difficile, pour ne pas dire impossible, de résister, et qu'ensuite le souvenir nous en dure, et ne s'efface qu'avec peine [2]. » Cette grandeur dans la simplicité qu'atteint le sublime suppose l'intensité de la forme brève, et d'une brièveté qui confine souvent au laconisme.

A cet égard, l'écriture discontinue du moraliste est plus proche de l'écriture poétique que de la prose du discours continu (selon M.-T. Biason, 1990). A l'occasion d'un débat qui s'émut, dans les années 1930, sur le rapport de la maxime au roman, Gide, contre la prolixité de certains auteurs, écrit à la date du 2 janvier 1931 : « La Rochefoucauld eût sans doute été bien malavisé, en délayant en romans ses *Maximes*. » Pierre Reverdy, qui fut l'un des maîtres reconnus de la poésie moderne, va dans le même sens lorsque, dans *Le Livre de mon bord,* il juge très positif l'apport des moralistes : « Les moralistes ne créent rien de bien séduisant et ils sont, à les lire à forte dose, prodigieusement ennuyeux. Mais en accumulant toutes ces feuilles mortes qui filent dans les autres esprits à la dérive, ils ont plus fait pour grandir et éclairer l'esprit des hommes que les plus passionnants romanciers [3]. » Pour excessive que soit la conclusion, il n'est pas inintéressant de voir un poète prendre aussi nettement parti en faveur d'une littérature jugée, à la date où ce texte est écrit, passablement inactuelle. Car ce jugement n'est pas de circonstance. L'opposition du poète et du romancier étant assimilée par P. Reverdy à celle du discontinu, dans sa densité, et du continu, dans

---

1. Sainte-Beuve, « M. de La Rochefoucauld », in *Portraits de femmes (Œuvres,* p.p. M. Leroy, Gallimard, Pléiade, t. II, 1951, p. 1251).
2. Boileau, *Traité du sublime,* chap. v, in *Œuvres complètes,* p.p. A. Adam et F. Escal, Gallimard, Pléiade, 1966, p. 348-349.
3. P. Reverdy, *Le Livre de mon bord, 1930-1936,* Mercure de France, 1948, p. 96.

son cours au fil du texte, le moraliste de forme brève ne peut qu'être associé au poète. Comme le moraliste, « le poète pense en pièces détachées, idées séparées », et « juxtapose », là où le prosateur développe « une succession d'idées qui sont déjà en lui et qui restent logiquement liées ». Le premier « est maçon, il ajuste des pierres », le second « cimentier, il coule du béton [1] ». Qu'il y ait une poésie dans la forme brève, Joubert le pensait déjà, qui parle d'une « poésie de pensée », et on sait que Barthes fait de la maxime, « parole serrée entre deux silences », un « poème avant l'heure ». Le seul philosophe, à l'exception de Nietzsche, qui ait accordé une réelle attention à la littérature morale, Wilhelm Dilthey, attend des œuvres conjointes des moralistes et des poètes qu'elles contribuent à nourrir cette psychologie descriptive qu'il appelle de ses vœux. Depuis la Renaissance en effet, depuis Montaigne spécialement, ces « philosophes de la vie » (*Lebensphilosophen*) que sont les moralistes ont conçu le projet « d'interpréter la vie à l'aide d'elle-même », et cette « grande pensée » les attache tout à la fois « à l'expérience du monde et à la poésie [2] ».

Le thème de W. Dilthey ressurgirait-il aujourd'hui sur un arrière-plan philosophique différent ? Dans son dernier ouvrage, *Le Tiers-Instruit*, Michel Serres, exaltant les vertus de l'exploration stylistique, ne semble pas loin de redonner une place à la littérature morale. A la tradition académique et universitaire s'oppose « une autre lignée, moins stable, plus rare, peu professionnalisée, parce que liée à quelques talents individuels inimitables, et parce qu'inimitables sans école ni disciples, ligne sans doute apparue en France, de Montaigne au XVIIIe siècle, mais aussi en Allemagne, de Goethe à Nietzsche [3] ». Ce sont là deux moitiés, deux versants de la philosophie — académique et non-académique, scientifique et littéraire — qui rivalisent, se déchirent et se rencontrent néanmoins parfois. Au philosophe d'aujourd'hui reviendrait la tâche d'accorder le scientifique et le styliste, en devenant ce philosophe-écrivain qui éprouve, expérimente, essaie. Le geste de M. Serres est bien dans la continuité de cette philosophie de la vie qu'a cherché à élaborer Nietzsche lorsque, dans son retour aux présocratiques, il remonte du concept à la métaphore [4], en faisant au passage un bout de chemin avec les moralistes.

Le moraliste du XVIIe siècle, cet auteur sans mandat, dont l'audience a tôt fait de reléguer dans les oubliettes de l'histoire les pesants traités de morale qui faisaient autorité jusqu'alors, serait plutôt un écrivain philosophe, et nos épigraphes sont destinées à rappeler ce primat de la littérature. Mais quel philosophe pourrait encore penser que son écriture « coïncide avec la vérité » ? Par plus d'un aspect, le retour à

---
1. *Ibid.*, p. 91, 130-133, sur le poète et le romancier.
2. W. Dilthey, *Le Monde de l'Esprit*, Aubier, 1947, t. I, p. 370-371. Sur les écrivains et la psychologie, voir p. 158-159.
3. M. Serres, *Le Tiers-Instruit*, François Bourin, 1991, p. 122 *sq.*
4. Sarah Kofman, *Nietzsche et la métaphore*, Payot, 1972.

la littérature morale est un retour aux sources de notre modernité. Je n'en retiens qu'un : en tant que parole essentielle, la maxime est déjà sur la voie de ce que, sur la trace de Mallarmé, rêvait d'entreprendre le jeune Paul Valéry et qu'il évoque avec humour dans une lettre à Valéry Larbaud [1] :

> [...] on aurait pu réaliser ce que j'avais *ideato* quand j'avais vingt-trois ans et la phobie du porte-plume.
> Je voulais faire une revue de 2 à 4 pages. Titre : l'*Essentiel*.
> Et rien que des *idées,* en 2 ou 3 lignes.
> Rien que du maigre...
> On aurait signé en initiales, par économie.

J.L.

---

[1]. P. Valéry, *Lettres à quelques-uns,* Gallimard, 1952. Lettre citée dans *L'Épreuve du temps, Nouvelle Revue de Psychanalyse,* 41, 1990, p. 326.

NOTE SUR LA PRÉSENTE ÉDITION

Ce livre fait retour à une pratique éditoriale ancienne, qui consiste à regrouper certains moralistes en un seul volume. Dès 1705, un libraire d'Amsterdam, Pierre Mortier, réunit les œuvres de La Rochefoucauld, Mme de Sablé, l'abbé d'Ailly et Mme de la Sablière. Cet ensemble, réédité en 1715, est publié à Lausanne en 1750 et 1760, à Paris en 1797. Au XIXe siècle, des maisons d'édition tournées vers le grand public publient ainsi les moralistes classiques. Du XVIIe siècle ne sont alors retenues que trois œuvres : les *Maximes* de La Rochefoucauld, les *Pensées* de Pascal et les *Caractères* de La Bruyère. Une sorte de vulgate des œuvres majeures se constitue par là même, sans qu'on croie nécessaire de prêter une grande attention à la validité du texte, peu et mal vérifiée, et pas davantage à la présentation et à l'annotation.

Les travaux de recherche ont depuis lors beaucoup amélioré l'établissement des textes, en particulier dans les dernières décennies, et la présente édition ne pouvait que tenir compte de ces progrès. L'exemple le plus remarquable de l'intérêt que présente un bon établissement du texte est celui des *Pensées* de Pascal. Le retour aux copies, qui sont les témoins fidèles du dernier classement opéré par Pascal avant sa mort, apporte, comme le montre Philippe Sellier dans son Introduction, un éclairage irremplaçable sur l'organisation, et donc le sens, du projet apologétique. Pour les *Maximes*, c'est à la cinquième édition de 1678, la dernière qui soit parue du vivant de La Rochefoucauld, que s'en est tenu strictement André Alain Morello : les quelques rares variantes (max. 413, 415, 453) ont été signalées en note. Les maximes supprimées après publication ou non publiées ont été données dans l'ordre chronologique de leur élimination. Patrice Soler a repris la version de la neuvième édition des *Caractères*, que La Bruyère avait relue et corrigée avant sa mort. Faute d'achevé d'imprimer, on ne sait pas la date exacte de sa publication, mais les témoignages du temps la font paraître « quelques jours », ou « trois semaines à un mois » après la mort de l'auteur. Dans la mesure du possible, la ponctuation de 1696 a été respectée : elle multiplie les coupes de la phrase et semble donner raison à Cioran, pour qui La Bruyère a « la ponctuation dans l'âme ». P. Soler a tenu par ailleurs à présenter chacun des seize chapitres du livre — ce qui n'avait jamais été fait — dans une notice qui en dégage les principaux thèmes et en souligne l'intérêt. On lira les *Amusements sérieux et comiques* de Dufresny, que nous devons à Jacques Chupeau, dans leur seconde édition, de 1707, plus aboutie et plus intéressante que la première, de 1699. Dans tous les textes enfin que nous avons cités en première partie, la même attention a été portée au choix des éditions ou des manuscrits, et au respect de l'état le plus autorisé.

Les trois œuvres majeures que sont les *Maximes,* les *Pensées* et les *Caractères* n'ont pas été séparées des œuvres moins connues qui s'inscrivent dans leur mouvance. Les *Maximes* appelaient la publication de celles, parallèles bien souvent, qu'avait laissées Mme de Sablé et qu'un de ses derniers protégés, l'abbé d'Ailly, publie en 1678, avec ses propres *Pensées diverses*. Ainsi se trouve réunie, comme elle l'avait été en 1705, la production gnomique du cercle de Mme de Sablé. Car, en dépit d'une légende tenace qu'on doit à l'ambiguïté de certaines affirmations de Victor Cousin dans son étude sur *Mme de Sablé* (1869, p. 119), le traité de Jacques Esprit, *La Fausseté des vertus humaines* (1677-1678), n'est nullement composé de maximes détachées. J. Esprit est un adepte du discours continu et ce serait une raison supplémentaire de le soupçonner, comme le fait avec raison Jacques Truchet (*Maximes,* p. 578, note 2), d'avoir été à l'origine de la « mauvaise copie » qui donne lieu en 1664 à l'édition subreptice de Hollande : les maximes portant sur un même thème y ont été réunies en paragraphes dont on a conclu trop rapidement qu'on était là en présence d'un texte primitif. La preuve a été administrée qu'il n'en était rien : chez tous nos auteurs, les sentences, pensées ou maximes ne se présentent jamais, dès l'origine, que détachées. Ce qui n'est pas contradictoire avec une pratique éditoriale très ancienne, nous le verrons, qui consiste à extraire d'un texte continu (traités de Sénèque ou lettres de Saint-Cyran par exemple), des sentences-maximes plus ou moins réécrites, qu'on publie en recueils. Les *Nouvelles Réflexions* de Vernage (1690), que nous donnons très partiellement, se situent explicitement dans la filiation des *Maximes* de La Rochefoucauld et de Mme de Sablé. Nous ne les avons retenues que parce qu'elles témoignent de la productivité des formes brèves et du procès de vulgarisation, au double sens du terme, que représentent ces réécritures sans grande originalité. A cet égard, de telles œuvres-relais concernent moins la littérature proprement dite que la sociologie littéraire.

Les *Pensées* sont suivies de deux œuvres qui ont, avec elles-mêmes et leur auteur, un rapport étroit. Du mathématicien et juriste Jean Domat, qui fut un grand et fidèle ami de Pascal, nous avons retenu un certain nombre de pensées qui n'étaient pas destinées à la publication et que nous empruntons à un manuscrit de la Bibliothèque Nationale. Comme chez Pascal et La Rochefoucauld, on y verra combien l'augustinisme de Domat favorise la liberté d'un jugement sur le monde sans complaisance. Nous donnons également, dans son intégralité, le *Discours sur les passions de l'amour*. Pour n'être pas de Pascal, comme on s'est longtemps plu à le croire, il n'en porte pas moins la trace d'une bonne lecture des *Pensées* dans la version donnée par Port-Royal en 1670. Il date de la fin du XVIIe siècle et ces propos, ces « discours » ont été tenus dans un milieu mondain qu'il a malheureusement été jusqu'ici impossible d'identifier. Mais, outre le rapport fécond qu'il suppose, ici encore, entre la littérature et la société du temps, le fait même qu'on ait cru pouvoir y reconnaître la main de Pascal plaide, à soi seul, en faveur de sa qualité littéraire.

Plus qu'aucun des grands textes précédents, les *Caractères* de La Bruyère ont été l'objet de très nombreuses imitations, dont Gustave Servois établit la liste au tome III, première partie, de son édition des Grands Écrivains de la France (1878). Cette liste, qui serait à revoir, compte 52 titres d'ouvrages parus jusqu'en 1870, mais G. Servois ne se fait guère d'illusions sur la valeur de cette production dont les auteurs « n'ont été, en général, écrit-il, que de médiocres copistes ». A ces imitations sans grand intérêt, J. Chupeau a préféré une œuvre encore trop méconnue, les *Amusements sérieux et comiques* de Dufresny, dont il a mis en lumière le brio, la verve et le style personnel. De surcroît, par la mise en scène d'un Siamois qui porte un regard ethnologique sur la France, l'œuvre représente un passage obligé entre les *Caractères* et les *Lettres persanes* de Montesquieu (qui n'en avait pas pour autant oublié les *Caractères*, comme l'a montré Antoine Adam dans son édition des *Lettres persanes*, Droz, 1954).

Il ne nous a pas paru suffisant de donner une idée des alentours et de la réception prochaine des *Maximes*, des *Pensées* et des *Caractères*. La production morale de forme brève ne prend pas son départ en 1665, et pour en avoir une image satisfaisante, il nous a semblé nécessaire de constituer un premier ensemble, destiné à cerner le champ littéraire de cette production, à la fois dans son histoire et dans sa topographie. La carte des différents sous-genres, des diverses tentatives heureuses ou malheureuses qui s'y sont donné cours, devrait permettre de mieux comprendre la relation qu'entretiennent entre elles comme avec le discours continu les formes du discours discontinu et fragmentaire.

A travers, pour le moins, Érasme et Montaigne, le XVIe siècle s'était vivement intéressé à la littérature parémiologique et gnomique. Le proverbe (*paroïmia* en grec) et la sentence (*gnômè*) font l'objet de la part d'Érasme de florilèges qui résument toute la sagesse antique, et Montaigne invente, avec l'essai, un type de développement qui échappe aux contraintes les plus pesantes du discours continu. Dans l'ordre de la réflexion morale, le legs du XVIe siècle au XVIIe siècle est double. En poésie, les recueils de quatrains moraux de Pibrac (1574) et de Matthieu (1610) sont les manuels pour la jeunesse les plus répandus pendant tout le premier XVIIe siècle : quelque jugement que nous portions à présent sur cette poésie didactique, elle a joué un rôle trop important dans l'éducation de nos moralistes pour que nous n'en donnions pas des extraits. En prose, les recueils du type des *Marguerites françaises* (1595) de des Rues, prennent alors le relais des *Polyantheae* en latin. Les *Marguerites* ne sont pas seulement ce répertoire de fleurs du bien dire à la mode dans les romans du temps à quoi on les réduit souvent. On est surpris d'y rencontrer des exemples de ce que sera en littérature la sentence-maxime, une phrase rythmée, facile à mémoriser, et porteuse d'un « grand sens ». En 1641-1642, le satirique normand Garaby de la Luzerne associe le quatrain et la sentence, et il ne sera pas le seul. Son écriture est celle d'un provincial attardé, mais la préface de ses *Sentiments chrétiens, politiques et moraux,* dont nous donnons les passages principaux, définit assez bien la théorie littéraire des formes brèves.

Les *Characters* de l'évêque d'Exeter, Joseph Hall, parus en 1608, furent, en Angleterre, à l'origine d'une mode littéraire des « caractères ». Traduite en français par Tourval en 1610, l'œuvre de J. Hall fournit à Urbain Chevreau la matière de son *École du Sage* (1646), et c'est à lui, bien plus qu'au Père Le Moyne, qu'on doit, en France, les premiers « caractères ». Le genre sera référé au philosophe grec Théophraste par le partisan des Anciens qu'était La Bruyère, qui ne pouvait cependant pas ignorer cette *École du Sage*, dont on lira quelques pièces.

Histoire également, et de longue durée, puisqu'elle remonte aux jeux-partis et à la casuistique amoureuse du Moyen Age, que celle des questions et maximes d'amour. Mlle de Scudéry publie, dans la troisième partie de *Clélie* (1658), les premières maximes d'amour en prose et, en 1663, Bussy-Rabutin donne à l'impression les plus célèbres qui aient été composées en vers au XVIIe siècle. La mode s'empare du genre, qui se développe et prolifère dans le milieu mondain. Une jeune fille, Marie Linage, constitue, dans un manuscrit daté de 1661, la liste de questions d'amour la plus intéressante qui nous soit parvenue. Un ecclésiastique bel esprit, Charles Jaulnay, y apporte ses réponses dix ans plus tard : elles n'échappent pas à la banalité, mais l'ensemble, qu'on a récemment exhumé, est très représentatif de ce genre de littérature, dont on retrouve la trace chez les moralistes, dans les débats du *Discours sur les passions de l'amour*, et dans le roman. Des organes de presse, qui s'adressent aux mondains et plus particulièrement aux femmes, comme *Le Mercure galant,* et l'œuvre romanesque d'une Mme de Villedieu, qui use et abuse des maximes en vers, diffusent largement ces exercices de style sur les passions et créent le public averti qui, dans sa passion de l'analyse et la quête des infiniment petits du sentiment, fera le succès du roman classique, jusqu'à et y compris Marivaux.

La sentence, forme brève par excellence de la prose, occupe un champ beaucoup plus diversifié. La question se posait déjà chez les Latins, de savoir jusqu'à quel point la *sententia* devait intervenir dans le discours. Quintilien critique dans l'œuvre de Sénèque l'excès des *novae sententiae,* des sentences fortes ou pointues. En France, les dernières générations de la Renaissance mettent à l'honneur, contre Cicéron, le style sentencieux de Tacite et de Sénèque. Cependant les tentatives qui seront faites au XVIIe siècle pour reprendre et imiter systématiquement ce style se solderont par un échec. L'ambition de rivaliser avec Tacite ne fera pas de Cerisiers, auteur des *Réflexions chrétiennes et politiques* (1641) un Gracián français. La Serre échouera de même à imposer les sentences qu'il extrait de Sénèque et de Tacite pour en faire deux recueils, *L'Esprit de Sénèque* (1657-1660) et les *Maximes politiques de Tacite* (1664). L'enflure du style de Cerisiers et l'absence, chez La Serre, de toute réflexion personnelle condamnaient ces entreprises à demeurer sans lendemain. La Serre, on le constatera, n'est cependant pas incapable de quelques réussites ponctuelles.

La sentence jouera en revanche, tout au long du siècle, un rôle relativement important dans la vie spirituelle. Elle provoque et nourrit la méditation, grâce aux florilèges qui sont alors constitués à partir de la *Bible* et des Pères de l'Église, mais aussi des lettres de direction, comme feront les jansénistes pour celles de Saint-Cyran. On lira quelques-unes de ces sentences d'origine saint-cyranienne, qui ne sont pas négligeables. Le discours continu préexistant sert ici, comme c'était le cas pour Sénèque et Tacite, à produire le discontinu de sentences religieuses détachées qui deviennent autant de motifs de réflexion et de méditation. Les *Réflexions pour tous les jours du mois* impliquent une méthode beaucoup plus directive, mais des différences de traitement sont sensibles lorsqu'on consulte le P. Bouhours ou Fénelon. Des laïques, des femmes en l'occurrence, utilisent aussi la réflexion brève pour communiquer une expérience morale et religieuse. Ainsi en est-il de Geneviève Forest, dont le *Phantome du Sage* de 1676 part de l'éloge des moralistes contemporains pour leur préférer, en conclusion, « la morale de l'Évangile ». De même, l'une des femmes les plus cultivées du temps, Mme de la Sablière, a laissé des *Maximes chrétiennes* qui seront publiées, sous l'anonymat, après sa mort. On y retrouve la personnalité d'une femme un peu trop oubliée, puisqu'on ne la connaît plus que comme la protectrice de La Fontaine et la dédicataire du *Discours* philosophique qui fait le finale du livre IX des *Fables*.

Trois « originaux » sont appelés à clore cette anthologie des textes les plus significatifs de la littérature gnomique. « Original » est ici à prendre d'abord dans le sens que le dictionnaire de Richelet donne au mot de « premier par excellence » en son genre. Mais ces œuvres originales le sont aussi pour nous : deux d'entre elles n'ont jamais été republiées depuis le XVIIe siècle et le texte de Mitton n'a été repris que dans un petit livre de H.A. Grubbs sur Mitton, de 1932, qui ne se trouve pas dans toutes les bibliothèques.

De l'usage de la sentence dans l'éducation, ce sont dix maximes dues à un enfant de sept ans, le jeune duc du Maine, fils de Louis XIV et de Mme de Montespan, qui ont été retenues. Sa gouvernante, Mme de Maintenon, aimait les *Maximes* de La Rochefoucauld et elle ne pouvait qu'inciter l'enfant princier à s'exprimer dans une forme où pouvaient être conjugués apprentissage d'une morale de l'honnêteté et formation du goût.

Comme le chevalier de Méré, le « bourgeois de la cour » Damien Mitton a été l'un des grands théoriciens de l'honnête homme. L'œuvre est assez courte pour pouvoir être donnée ici intégralement. Si la théorie est trop bien établie pour apporter des idées vraiment neuves dans les « Pensées » et la « Description de l'honnête homme », en revanche les « Avis et pensées sur divers sujets » surprennent par la référence implicite à une échelle de valeurs morales dont on a pu dire qu'elle faisait pressentir le XVIIIe siècle. Il y a là une sensibilité aux autres, en particulier aux victimes d'une société dure et sans pitié, qui prend une expression qu'on peut juger naïve, mais qui n'en est pas moins trop rare à l'époque pour qu'on ne s'y arrête pas.

Troisième original, et non le moindre, le chartreux Bonaventure d'Argonne, dont les *Maximes et Réflexions de Monsieur de Moncade* paraissent en 1691. Ces 356 maximes sont d'un auteur qui a le sens de la formule, du trait et de la pointe. L'atticisme des meilleures va jusqu'à la condensation de la phrase nominale, et on s'étonne que la modernité du tour n'ait pas davantage attiré l'attention sur une œuvre qui parvient, ici et là, à une frappe aussi remarquable que celle des grands recueils du siècle. Après La Fontaine, qui se plaisait, dit-on, à demander à ses amis : « Avez-vous lu Baruch ? » — propos que Gide reprendra à l'occasion de Michaux — on ne peut que poser au lecteur curieux du XVIIe siècle la question : « Avez-vous lu Bonaventure d'Argonne ? »

Un dernier mot. Dans l'esprit de la collection et comme la très grande majorité de nos prédécesseurs, nous avons modernisé l'orthographe et la ponctuation. Nous avons introduit une numérotation des maximes dans les œuvres qui n'en comportaient pas au XVIIe siècle, comme le font les éditeurs des *Pensées* et des *Caractères*. Elle se présente sans crochets dans les textes où il est de tradition de la donner, et partout ailleurs entre crochets. Nous avons de même suivi l'usage, assez courant aujourd'hui, de séparer les fragments des *Caractères* par un blanc et d'en numéroter les chapitres en chiffres romains.

En fait, la mise en page des éditions originales ressortit, à s'en tenir à l'essentiel, à deux modèles bien distincts. Le premier se rencontre, par exemple, dans les *Maximes* de La Rochefoucauld ou de Mme de Sablé. Chaque réflexion ou maxime est détachée entre deux blancs et précédée d'un chiffre romain en milieu de page. Nous n'avons modifié cette présentation que pour substituer, selon l'usage actuel, des chiffres arabes aux romains. Le second parti est celui qu'ont pris les port-royalistes responsables de l'édition des *Pensées* (1670) et — à leur imitation ? — La Bruyère dans *Les Caractères*. Pensées et « remarques » y sont données sans numérotation, en alinéas successifs précédés de ce que l'Avertissement de 1670 appelle une « marque » et l'éditeur des *Caractères* un « pied de mouche ». Ce pied de mouche se rencontre couramment dans les Mélanges et dans ces recueils de bons mots et d'anecdotes que sont les ana. Les différents « articles » (1690) ou fragments sont groupés en chapitres portant un titre. Chaque pensée ou fragment ne prend ainsi tout son sens que dans le cadre que lui impose le chapitre, qui, pour la construction du livre, fait fonction d'unité de base.

En revanche, dans le cas des œuvres soumises au premier modèle, l'unité de construction n'est autre que la maxime, la réflexion brève, dont l'autonomie est assurée, visuellement par l'usage des blancs qui l'entourent. La maxime s'en trouve valorisée, puisqu'elle est constituée comme forme absolue, détachée en isolat clos sur lui-même, et atteinte sans intermédiaire. C'est alors qu'il paraît le plus légitime d'évoquer les effets du vers ou de la « phrase » poétique, telle que la pratique Rimbaud dans les *Illuminations.* La tradition mallarméenne a beaucoup insisté sur cette « ressource particulière de la poésie » qu'est le « rapport entre la parole et le silence, entre l'écriture et le blanc » (Claudel, *La Philosophie du livre,* in *Œuvres en prose,* Pléiade, 1965, p. 76-77). La première des *Réflexions et propositions sur le vers français* s'ouvre du reste sur l'affirmation du discontinu, jugé fondamental dans la pensée, la sensibilité et la vie, pour conclure par une définition du vers qui vaudrait tout autant pour la maxime : « le vers essentiel et primordial » est « une idée isolée par du blanc » (*ibid.,* Pléiade, p. 3).

Est-il nécessaire de préciser que, si la conception d'ensemble est de notre fait, chacun des coauteurs du volume garde la responsabilité de ses présentations, notes et commentaires ? Le lexique a été constitué par J. Chupeau et l'établissement de l'Index est œuvre collective.

J.L.

NOTE SUR LA PRÉSENTE ÉDITION   XLIX

En revanche, dans le cas des œuvres soumises au premier modèle,
l'unité de construction n'est autre que la maxime, la réflexion brève,
dont l'autonomie est assurée, visuellement, par l'usage des blancs qui
l'entourent. La maxime s'en trouve valorisée, puisqu'elle est constituée
comme forme absolue, détachée, en isolat clos sur lui-même, et atteinte
sans intermédiaire. C'est alors qu'il paraît le plus légitime d'évoquer les
effets du vers ou de la « phrase » précieuse, telle que la pratique Rimbaud
dans les *Illuminations*. La tradition mallarméenne a beaucoup insisté sur
cette « ressource particulière de la poésie » qu'est le « rapport entre
la parole et le silence, entre l'écriture et le blanc » (Claudel, *Au Philosophe
du livre*, in *Œuvres en prose*, Pléiade, 1965, p. 76-77). La première des
Réflexions et propositions sur le vers français s'ouvre du reste sur
l'affirmation du découpage, fait fondamental dans la poésie, la sensibilité
et la vie, pour conclure par une définition du vers qui vaudrait tout autant
pour la maxime : « le vers essentiel et primordial » est « une idée isolée
par du blanc » (*Ibid.*, Pléiade, p. 3).

Essai nécessaire, de préciser que, si la conception d'ensemble est de
notre fait, chacun des coauteurs du volume garde la responsabilité de
ses présentations, notes et commentaires. Le lexique a été constitué
par J. Chupeau, et l'établissement de l'Index est œuvre collective.

J.L.

SIGLES ET ABRÉVIATIONS

Académie, 1694 : dictionnaire de l'Académie, 1re édition, 1694.
C.A.I.E.F. : *Cahiers de l'Association internationale des études françaises.*
C.N.R.S. : Centre national de la recherche scientifique.
D.D.B. : éditions Desclée de Brouwer, Paris.
Furetière : dictionnaire de Furetière, 1690.
G.E.F. : collection « Les Grands Écrivains de la France », Paris, Hachette.
G.F. : éditions Garnier-Flammarion, Paris.
Pléiade : « Bibliothèque de la Pléiade », Gallimard.
P.F.S.C.L. : *Papers on French Seventeenth Century Literature.*
P.M.L.A. : *Publications of the Modern Language Association.*
P.U. (Grenoble) : éditions Presses universitaires (de Grenoble).
P.U.F. : éditions Presses universitaires de France, Paris.
R.H.L.F. : *Revue d'histoire littéraire de la France.*
Richelet : dictionnaire de Richelet, 1679.
R.S.H. : *Revue des sciences humaines.*
(Princeton) U.P. : (Princeton) University Press.
Z.R.Ph. : *Zeitschrift für romanische Philologie.*

fr. : fragment (pour les *Pensées* de Pascal).
max. : maxime.
M.N.P. : maxime non publiée (pour La Rochefoucauld, présente édition).
M. S. : maxime supprimée (pour La Rochefoucauld, présente édition).

SIGLES ET ABRÉVIATIONS

Académie, 1694 : dictionnaire de l'Académie, 1re édition, 1694.
C.I.E.F. : Cahiers de l'Association internationale des études françaises.
C.N.R.S. : Centre national de la recherche scientifique.
D.D.B. : éditions Desclée de Brouwer, Paris.
Furetière : dictionnaire de Furetière, 1690.
G.E.F. : collection « Les Grands Écrivains de la France », Paris, Hachette.
G.F. : éditions Garnier-Flammarion, Paris.
Pléiade : « Bibliothèque de la Pléiade », Gallimard.
P.F.S.C.L. : Papers on French Seventeenth Century Literature.
P.M.L.A. : Publications of the Modern Language Association.
P.U. (Grenoble) : Éditions Presses universitaires (de Grenoble).
P.U.F. : éditions Presses universitaires de France, Paris.
R.H.L.F. : Revue d'histoire littéraire de la France.
Richelet : dictionnaire de Richelet, 1679.
R.S.H. : Revue des sciences humaines.
(Princeton) U.P. : (Princeton) University Press.
Z.R.Ph. : Zeitschrift für romanische Philologie.

fr.t. : fragment (pour les *Pensées* de Pascal).
max. : maxime.
M.N.P. : maxime non publiée (pour La Rochefoucauld, présent édition).
M. S. : maxime supprimée (pour La Rochefoucauld, présent édition).

CHRONOLOGIE

CHRONOLOGIE

CHRONOLOGIE LV

Dates	Politique et société	Lettres, sciences et arts
1574	Mort de Charles IX. Règne marqué par huit guerres de religion (1572 : massacre de la Saint-Barthélemy). Henri III lui succède.	Pibrac, *Quatrains moraux* (1re éd.). Ronsard, *Sonnets pour Hélène* (in *Les Œuvres de Pierre Ronsard*, de 1578).
1576	Réunions au Louvre de l'Académie du Palais. Discours moraux de Desportes, Du Perron, Ronsard, Pibrac. Création de la Ligue, ultra-catholique.	J. Bodin, *Les Six Livres de la République*. Baïf, *Mimes, Enseignements et Proverbes*.
1577		Naissance de Rubens.
1580		Montaigne, *Essais*, livres I et III. Guarini, *Il Pastor fido*. Le Tasse, *La Jérusalem délivrée*. Naissance de Franz Hals.
1583		Juste Lipse, *De constantia*.
1585	Publication de la *Ratio studiorum* des jésuites (programme des études).	Du Vair, *La Philosophie morale des stoïques*. Mort de Ronsard.
1588	Violences de la Ligue à Paris. Assassinat de son chef, Henri de Guise.	Montaigne, *Essais*, livre III et additions aux livres I et II.
1589	Assassinat d'Henri III, Henri IV lui succède : protestant, il doit s'imposer par les armes.	
1590		Naissance de Simon Vouet et de Théophile de Viau.
1592		Mort de Montaigne. Naissance de J. Callot et de Gassendi.
1593	Henri IV se convertit au catholicisme.	Shakespeare, *Richard III*.
1594	Henri IV entre à Paris. Le Parlement de Paris bannit les jésuites.	Naissance de Poussin et de Saint-Amant.
1595		F. des Rues, *Les Marguerites françaises*.
1596		Naissance de Descartes. Kepler, *Mysterium cosmographicum*.

Dates	Politique et société	Lettres, sciences et arts
1597		Naissance de Guez de Balzac et de Voiture.
1598	Édit de Nantes : fin des guerres de religion. Paix de Vervins : fin de la guerre d'Espagne.	Honoré d'Urfé, *Épîtres morales*, livre I.
1599		Naissance de Vélasquez.
1600	Giordano Bruno, anti-aristotélicien et copernicien, arrêté en 1593 par l'Inquisition, est brûlé à Rome.	Du Vair, *La Sainte Philosophie* (et plusieurs autres œuvres, dont les traités de piété).
1601	Naissance du futur Louis XIII.	Charron, *De la sagesse*.
1602		Shakespeare, *Hamlet*. Naissance de Philippe de Champaigne.
1603	Retour en France des jésuites.	
1604		Juste Lipse, *Manuductio ad stoïcam philosophiam*.
1605		Malherbe est appelé à la cour.
1606		Naissance de Corneille et de Rembrandt.
1607		H. d'Urfé, *L'Astrée* (1re part.).
1608		H. d'Urfé *Épîtres morales*, livres I à III.
1609	Réforme de Port-Royal : « Journée du guichet ».	F. de Sales, *Introduction à la vie dévote*. Régnier, *Les Satires*. J.-P. Camus, *Les Diversités*, t. I. Kepler, *Astronomia nova* (lois de Kepler).
1610	Assassinat d'Henri IV : Marie de Médicis est régente au nom de son fils, Louis XIII. Gouvernement de Concini.	Galilée invente le télescope. P. Matthieu, *Tablettes de la vie et de la mort*.
1613		Naissance de La Rochefoucauld et du futur cardinal de Retz.
1614	Réunion des États généraux, la dernière avant 1789.	J.-P. Camus, *Les Diversités*, t. IX (traité des passions). Naissance de Saint-Évremond.

CHRONOLOGIE

Dates	Politique et société	Lettres, sciences et arts
1616	Richelieu, secrétaire d'État.	Agrippa d'Aubigné, *Les Tragiques*. Mort de Shakespeare.
1617	Louis XIII fait assassiner Concini et exile Richelieu et Marie de Médicis.	
1618	Début de la guerre de Trente Ans.	Naissance de Bussy-Rabutin.
1619		Naissance de Le Brun et de Cyrano de Bergerac. Vanini est brûlé à Toulouse.
1620	Conflit armé entre Marie de Médicis et Louis XIII.	Nicolas Coëffeteau, *Tableau des passions humaines*. Bacon, *Novum Organon*. Activité et influence du salon de la marquise de Rambouillet jusqu'en 1648.
1621		Naissance de La Fontaine.
1622		Naissance de Molière.
1623		Naissance de Pascal. Charles Sorel, *Histoire comique de Francion* (1re éd. ; 2e éd. augmentée, 1626). Théophile de Viau est emprisonné. Condamné au bannissement (1625), il meurt en 1626.
1624	Richelieu entre au Conseil et en devient le chef.	Guez de Balzac, *Lettres* : publication qui fait date par la nouveauté du style. Garasse (le P.), *La Doctrine curieuse des beaux esprits de ce temps* (contre les libertins, dont Théophile). Mersenne (le P.), *De l'impiété des déistes*.
1625		Naissance de P. Nicole.
1626		Naissance de la marquise de Sévigné.
1627	Reprise de la guerre avec les protestants : siège de La Rochelle, qui capitule en 1628.	Naissance de Bossuet.
1628		W. Harvey, *Les Mouvements du cœur*. Mort de Malherbe.
1629	Paix d'Alais (« Édit de grâce ») accordée aux protestants.	Naissance de C. Huygens.

Dates	Politique et société	Lettres, sciences et arts
1630	Journée des Dupes : Marie de Médicis tente de faire renvoyer Richelieu, à qui Louis XIII maintient sa confiance.	Nicolas Faret, *L'Honnête Homme ou l'Art de plaire à la Cour.*
1631	Théophraste Renaudot fonde *La Gazette de France*, organe du pouvoir. Révolte de Gaston d'Orléans.	
1632		Galilée, *Dialogue sur les deux principaux systèmes du monde.* Naissance de Vermeer de Delft et de Spinoza.
1633		Galilée, contraint par l'Inquisition à abjurer l'héliocentrisme, est condamné à la réclusion dans sa maison d'Arcetri. La Mothe Le Vayer, *Dialogues* : « Sceptique chrétienne » (1630-1633).
1634	Urbain Grandier brûlé à Loudun pour crime de sorcellerie.	Naissance de Mme de Lafayette.
1635	Déclaration de guerre à l'Espagne.	Fondation de l'Académie française. Mort de J. Callot.
1636	Complot de Gaston d'Orléans. Émeutes urbaines. Invasion du nord de la France par les Espagnols.	Naissance de Boileau.
1637	Révolte, contre la fiscalité, des « Croquants » du Limousin.	Corneille, *Le Cid.* Descartes, *Discours de la méthode.*
1638	Naissance du futur Louis XIV.	Naissance de Malebranche. Installation des premiers Solitaires à Port-Royal.
1639	Révolte, contre la gabelle, des « Va-nu-pieds » de Normandie.	Naissance de Racine. G. Naudé, *Considérations politiques sur les coups d'État.*
1640		Les jésuites interdisent l'enseignement du cartésianisme dans leurs collèges. Jansénius, *Augustinus*, à Louvain. Querelle du Pur Amour (J.-P. Camus ; A. Sirmond). Le Moyne (le P.), *Les Peintures morales*, 3 vol. (1640-1643). Cureau de la Chambre, *Les Caractères des passions*, vol. 1 (vol. 5 en 1662). Mort de Rubens.

Dates	Politique et société	Lettres, sciences et arts
1641		Descartes, *Méditations* (en latin). J.-F. Senault, *De l'usage des passions*. Édition parisienne de l'*Augustinus*.
1642	Mort de Richelieu.	La Mothe Le Vayer, *De la vertu des païens* (contre le jansénisme). Naissance de Newton.
1643	Mort de Louis XIII. Régence d'Anne d'Autriche. Mazarin succède à Richelieu. Condamnation de l'*Augustinus* de Jansénius par la bulle *In Eminenti*. Victoire de Condé sur les Espagnols à Rocroi.	A. Arnauld, *La Fréquente Communion*. Mort de Saint-Cyran.
1644	1644-1648, négociations et traités de Westphalie, à Münster et Osnabrück, qui entérinent la défaite des Habsbourg d'Autriche.	La Mothe Le Vayer, *Opuscules*, 2 vol.
1645		Naissance de La Bruyère.
1646		Urbain Chevreau, *L'École du sage* (1re éd. ; 2e éd., 1652).
1647		Naissance de P. Bayle. Vaugelas, *Remarques sur la langue française*. B. Gracián, *Oraculo manual*.
1648	Début de la Fronde parlementaire.	Mort de Voiture.
1649	Exécution du roi d'Angleterre, Charles Ier, et proclamation de la République.	Descartes, *Les Passions de l'âme*.
1650	Fronde des Princes.	Mort de Descartes à Stockholm.
1651		Naissance de Fénelon. Scarron, *Le Roman comique* (2e part. : 1657).
1652		Mort de G. de La Tour.
1653	Fin de la Fronde. Dictature de Cromwell, jusqu'à sa mort en 1658.	

Dates	Politique et société	Lettres, sciences et arts
1654		L'Académie de peinture et de sculpture devient Académie royale. Mlle de Scudéry, *Clélie, histoire romaine* (1re part.). Roman achevé en 1660 (10 vol.). Mode de la préciosité. Mort de Guez de Balzac.
1655		Mort de Cyrano de Bergerac.
1656	Fondation de l'Hôpital général de Paris (la Salpêtrière) pour l'enfermement des mendiants, des asociaux, des prostituées, des aliénés. Nombreuses fondations en province jusqu'en 1690.	Pascal, *Les Provinciales* (1656-1657).
1657		Naissance de Dufresny et de Fontenelle. Cyrano de Bergerac, *Histoire comique des États et Empires de la Lune*.
1658	Soulèvement des sabotiers de Sologne.	
1659	Paix des Pyrénées, entre la France et l'Espagne, qui entérine la défaite des Habsbourg d'Espagne.	Molière, *Les Précieuses ridicules*. Mode du portrait littéraire : *Divers Portraits* et *Recueils des portraits et éloges* (recueil collectif). Gassendi, *Syntagma philosophiae Epicuri*.
1660	Restauration en Angleterre des Stuarts : Charles II. Formulaire imposé aux jansénistes. *Les Provinciales* sont condamnées et brûlées.	Mort de Vélasquez.
1661	Mort de Mazarin. Début du pouvoir personnel de Louis XIV. Disgrâce et arrestation de Fouquet. Colbert entre au Conseil.	Début des travaux du château de Versailles (dirigés par Le Vau). Mort de Saint-Amant.
1662		A. Arnauld et P. Nicole, *La Logique ou l'Art de penser*. Mort de Pascal. La Rochefoucauld, *Mémoires* (édition subreptice de Leyde). Borromini, façade de Saint-Charles-aux-Quatre-Fontaines à Rome.

Dates	Politique et société	Lettres, sciences et arts
1663		Fondation de l'Académie des Inscriptions et Médailles.
1664	Dispersion des religieuses de Port-Royal. Condamnation de Fouquet à la prison à vie.	A Versailles, fêtes des « Plaisirs de l'île enchantée ». Molière, *Tartuffe* : représentations rapidement interdites. Édition subreptice des *Maximes* de La Rochefoucauld. Saint-Évremond, *Jugement sur Sénèque, Plutarque et Pétrone*.
1665		Molière, *Dom Juan*. La Rochefoucauld, *Réflexions ou Sentences et maximes morales* (1re éd. ; 5e éd. en 1678). Mort de Poussin. 1665-1667 : le Bernin à Paris. Son projet pour le Louvre est refusé.
1666	Colbert réunit un conseil de police : réduction du nombre des imprimeurs, censure renforcée, répression des éditions clandestines, surveillance de la presse périodique.	Fondation de l'Académie des Sciences. Mort de Franz Hals. Molière, *Le Misanthrope*.
1667	Guerre de dévolution contre l'Espagne.	Racine, *Andromaque*.
1668	« Paix de l'Église » : arrêt de la répression du jansénisme. Traité d'Aix-la-Chapelle : la France restitue la Franche-Comté et garde la Flandre.	La Fontaine, *Fables*, livres I à VI. Méré (le chevalier de), *Les Conversations*. Saint-Évremond, *Œuvres mêlées*, 2 vol.
1669		Guilleragues, *Lettres portugaises*. *Tartuffe* (nouvelle version) autorisé et publié.
1670		Pascal, *Pensées sur la religion et autres sujets*. Bossuet, *Oraison funèbre d'Henriette d'Angleterre*.
1671		Nicole, *Essais de morale* (1er vol., les suivants paraîtront jusqu'en 1700). Bouhours, *Entretiens d'Ariste et d'Eugène*.
1672	Guerre de Hollande.	Donneau de Visé fonde *Le Mercure galant*. Fondation de l'Académie royale de musique.

Dates	Politique et société	Lettres, sciences et arts
1673	Guillaume d'Orange réunit une coalition contre la France.	M.-A. Charpentier, *Les Arts florissants*. Mort de Molière au cours d'une représentation du *Malade imaginaire*.
1674		Malebranche, *La Recherche de la vérité*. Boileau, *L'Art poétique, Épîtres* (I à IV). *Traité du Sublime* (traduction du Pseudo-Longin). Mort de Vermeer de Delft.
1675	Révolte en Bretagne contre l'impôt. Répression sanglante.	Naissance de Saint-Simon.
1676		Lulli, *Atys*.
1677		Mort de Spinoza et publication de *L'Éthique*. Racine, *Phèdre*. Méré, *Les Agréments, De la conversation, De l'esprit*.
1678	Paix de Nimègue. L'Espagne cède la Franche-Comté. Apogée de la puissance militaire de Louis XIV.	La Fontaine, *Fables* (livres VII et VIII). Mme de Lafayette, *La Princesse de Clèves*. Naissance de Vivaldi.
1679	Premiers édits contre les protestants. La Chambre des communes anglaise vote le bill d'*Habeas Corpus*. La mort de la duchesse de Longueville, qui protégeait Port-Royal, entraîne de nouvelles mesures contre les Solitaires. A. Arnauld se réfugie à l'étranger.	Mort du cardinal de Retz. La Fontaine, *Fables* (livres IX à XI).
1680	Début des « dragonnades » contre les protestants.	Richelet, *Dictionnaire français*, publié à Genève. Mort de La Rochefoucauld. Mort du Bernin.
1681	Annexion de Strasbourg.	
1682	La cour s'installe à Versailles. Édit de Colbert contre les abus des procès de sorcellerie.	
1683	Trêve de Ratisbonne. Mort de la reine Marie-Thérèse. Mariage secret de Louis XIV avec Mme de Maintenon.	Bayle, *Pensées diverses sur la comète*.

CHRONOLOGIE

Dates	Politique et société	Lettres, sciences et arts
1684		Début de la publication par Bayle des *Nouvelles de la République des lettres*. Mort de Corneille. Naissance de Watteau. 1684-1686 : Leibniz fonde le calcul différentiel et intégral.
1685	Révocation de l'édit de Nantes (1598) par l'édit de Fontainebleau : conversions forcées, déportation aux galères, exode des protestants.	Naissance de Haendel et de J.-S. Bach.
1686	Ligue d'Augsbourg contre Louis XIV : la guerre durera jusqu'en 1697.	Fontenelle, *Entretiens sur la pluralité des mondes*.
1687		Début de la querelle des Anciens et des Modernes. Interventions et publications dans cette période de Perrault, Fontenelle, Boileau, La Fontaine, Saint-Évremond. Bouhours (le P.), *La Manière de bien penser dans les ouvrages d'esprit*. Newton, *Philosophiae naturalis principia mathematica* (loi de l'attraction universelle).
1688	La « glorieuse révolution » : Guillaume d'Orange devient roi d'Angleterre (Guillaume III).	Naissance de Marivaux. La Bruyère, *Les Caractères* (1re éd. ; 9e éd. en 1696).
1689	Campagne du Palatinat, dévasté par ordre de Louis XIV et Louvois. « Déclaration des Droits » adoptée par le Parlement anglais.	Naissance de Montesquieu. Saint-Évremond, *Œuvres mêlées* (dont « Sur la morale d'Épicure »). Racine, *Esther*. Purcell, *Didon et Énée*. Locke, *Lettres sur la tolérance*.
1690		Locke, *Essai sur l'entendement humain*. Furetière, *Dictionnaire universel*, La Haye. Huygens, *Traité de la lumière*.
1691		Racine, *Athalie*.
1692		Saint-Évremond, *Œuvres mêlées*, dont plusieurs essais sur la morale.

Dates	Politique et société	Lettres, sciences et arts
1693		Purcell, *The Fairy Queen*.
1694		La Fontaine, *Fables* (livre XII). *Dictionnaire de l'Académie.* Début de la Querelle du quiétisme (contre Mme Guyon et Fénelon, consigné dans son diocèse en 1697). Naissance de Voltaire.
1696		Mort de La Bruyère et de la marquise de Sévigné. Regnard, *Le Joueur*, comédie.
1697	Paix de Ryswick. Restitution par Louis XIV des conquêtes faites depuis 1678, sauf Strasbourg.	Perrault, *Histoires ou Contes du temps passé.* P. Bayle, *Dictionnaire historique et critique*, 2 vol. (1695-1697).
1699		Mort de Racine. Naissance de Chardin. Fénelon, *Les Aventures de Télémaque* (éd. subreptice). Dufresny, *Amusements sérieux et comiques* (1re éd.).
1701	1701-1714. Guerre de la Succession d'Espagne.	
1702	Soulèvement des camisards des Cévennes : opérations militaires jusqu'en 1705.	
1703		Leibniz, *Nouveaux Essais sur l'entendement humain.*
1704		Newton, *Traité d'optique.* 1704-1717 : traduction par Galland des *Mille et Une Nuits.*
1705		*Œuvres mêlées* de Saint-Évremond publiées à Londres par P. Desmaizeaux, 2 vol.
1706		Mort de Bayle.
1707		Vauban, *La Dîme royale*, condamnée au pilon.
1708		Regnard, *Le Légataire universel*, comédie.
1709	Emeutes à Paris et à Versailles.	Le Sage, *Turcaret*, comédie.
1710	Destruction, par arrêt du Conseil, de Port-Royal des Champs. Naissance du futur Louis XV.	

Dates	Politique et société	Lettres, sciences et arts
1711	« *Tables de Chaulnes* » de Fénelon, plan de gouvernement par l'aristocratie.	
1712		Naissance de J.-J. Rousseau.
1713	Bulle *Unigenitus* contre le jansénisme. Crise en France, le clergé refusant de recevoir la bulle. 1713-1714. Traités d'Utrecht et de Rastatt. L'Angleterre devient l'arbitre de l'Europe occidentale.	Robert Challe, *Les Illustres Françaises*. Naissance de Diderot.
1714		Leibniz, *Monadologie*. *Lettre à l'Académie* de Fénelon (publiée en 1716). Naissance de Gluck.
1715	Mort de Louis XIV. Manifestations de joie populaire : Paris et la province « respirèrent » (Saint-Simon).	Mort de Fénelon. Naissance de Vauvenargues et d'Helvétius. Le Sage, *Histoire de Gil Blas de Santillane*.

AVERTISSEMENT DE L'ÉDITEUR

Pour rendre plus aisée la lecture des textes de cet ouvrage, nous avons renvoyé les notes en fin de volume. Elles se rapportent soit à un chiffre accolé à un mot, soit au numéro d'une maxime, d'un fragment ou d'une pensée.

Seules ont été conservées en bas de page les variantes et les notes d'auteur qui exigent une proximité immédiate du texte ; ces notes sont appelées par une lettre de l'alphabet.

Première partie

LE CHAMP LITTÉRAIRE
DES FORMES BRÈVES

*Textes établis, présentés et annotés
par Jean Lafond*

Le legs du XVIe siècle

LA POÉSIE GNOMIQUE
PIBRAC ET MATTHIEU

La poésie morale et sentencieuse est sans doute l'une des formes les plus anciennes et les plus traditionnelles de la poésie. On sait que la Bible hébraïque a réuni, sous le titre de Proverbes de Salomon, plusieurs centaines de sentences en versets de provenance et de date diverses, dont certaines sont probablement inspirées de modèles antérieurs, égyptiens et assyriens. L'ensemble aurait été compilé au début du Vᵉ siècle avant notre ère [a]. Un siècle plus tôt, la Grèce développe avec l'élégie un type de littérature tout à fait comparable. Car ce qui définit alors l'élégie, ce n'est pas le sentiment que nous appelons élégiaque, mais l'emploi du distique, qui est constitué de deux vers, un hexamètre et un pentamètre. Les productions hébraïques et grecques ont du reste un point commun, l'usage d'une construction duelle, deux éléments, vers ou versets, se trouvant très généralement mis en rapport d'opposition ou de complémentarité.

Solon, Théognis, Phocylide sont les plus célèbres représentants de l'élégie grecque, que, dans leur enthousiasme pour la littérature antique, les humanistes de la Renaissance se font un devoir de publier. En 1512, Jérôme Aléandre en édite à Paris le texte grec et, en 1543, Élie Vinet donne de Théognis une version latine annotée. Du côté de la littérature gnomique proprement latine, le succès le plus spectaculaire est celui des *Disticha de moribus* ou *Disticha Catonis,* composés, ou plus vraisemblablement regroupés à la fin du IIIᵉ siècle de notre ère, par un certain Dionysius Cato et publiés pour la première fois en 1475. Du recueil de ce Denis Caton, qui sera parfois confondu avec son homonyme plus prestigieux, Caton le Censeur, on compte pour le moins vingt-cinq éditions entre 1500 et 1590. L'œuvre est en effet utilisée dans les écoles comme manuel de morale pratique, mais elle n'était pas si médiocre qu'elle ne retînt l'attention d'un Érasme, qui en fit une édition commentée. En 1538, Étienne Dolet l'édite à son tour et, preuve de la vitalité du modèle,

---

a. *La Bible, Ancien Testament,* II, éd. E. Dhorme, Pléiade, 1959, p. CXXXIV, CXLII et 1349.

compose un petit livre de piété chrétienne qu'il intitule *Cato christianus*. En 1578, François Habert donne la cinquième édition d'un Caton en vers français, où les distiques de Caton sont traduits en quatrains [a].

Cette littérature gnomique a partout et toujours la même visée : mettre en formules frappantes et faciles à mémoriser les préceptes ou conseils d'une morale marquée au coin de la traditionnelle sagesse des nations. Sagesse qui représente la vulgate de la morale en une société donnée et qui en a toutes les limites : la misogynie est ainsi une des constantes des modèles antiques.

Le renouveau de la poésie française auquel on assiste avec Clément Marot et les jeunes turcs de la Pléiade se manifesta dans ce domaine grâce à Baïf. Condisciple de Ronsard et Du Bellay au collège de Coqueret, Jean-Antoine de Baïf (1542-1589) publia une première édition de ses *Mimes, Enseignements et Proverbes* en 1576. D'autres éditions, augmentées, parurent en 1581 et 1597. Le mime est dans la Rome classique une comédie bouffonne qui allie la vulgarité et l'obscénité destinées au public populaire à des sentences morales d'une certaine tenue destinées aux lettrés. Ces farces, partiellement improvisées, n'ont pas toujours été conservées par écrit. Ainsi, des pièces d'un affranchi du temps de César, Publilius Syrus, ne furent retenues, dès l'Antiquité, que les sentences, qui, réunies en recueils, ont connu une vaste audience. Sénèque les cite volontiers et estime qu'elles mériteraient une meilleure appréciation [b]. Les humanistes les éditent à plusieurs reprises, en les associant, comme fait Érasme, aux distiques grecs ou à des sentences tirées de Sénèque. Des éditions savantes de ces sentences en latin paraîtront ainsi jusqu'au XVIII[e] siècle : celle de Janus Gruterus paraît à Leyde en 1708.

En une sorte d'hommage à Publilius, Baïf appelle donc « mimes » les sizains d'octosyllabes qu'il compose de sentences et proverbes, de ces « fleurs du savoir » qu'il lie, dit-il lui-même, « sans ordre ». Dans l'esprit encyclopédique de l'humanisme, c'est donc un « trésor » de formes sentencieuses puisées à diverses sources, y compris celles du dicton populaire, qu'il donne là. Mais l'obscurité de certaines de ces locutions proverbiales et une recherche parfois abusive de la densité ont assez tôt rendu l'œuvre difficile d'accès. On peut ainsi comparer le résumé qu'il propose des dits des sept Sages de la Grèce aux quatrains de Pibrac qui y correspondent et qui sont nettement plus lisibles :

> Suis Dieu, sers Dieu. Crains père et mère.
> Fais joug au droit. Sachant, va faire.
> Commande-toi. Fuis le serment.
> Choi[e] l'ami, l'ennemi repousse.
> Fais-toi bien. Soit ta façon douce.
> Donne tôt, acquiers justement.

a. On se reportera à l'article d'Henri Chamard sur la poésie gnomique dans le *Dictionnaire des Lettres françaises*, XVIe siècle, Paris, 1951, et pour les distiques de Caton au même *Dictionnaire*, Moyen Age, Paris, 1964 (Caton, p. 154).
b. Sénèque fait ainsi l'éloge des vers de mimes dans la *Lettre à Lucilius*, 8, 8-9, et en cite un de Publilius, « qui concerne la philosophie ».

L'œuvre de Baïf ne connut pas, on le conçoit aisément, le succès de celle de Pibrac, auquel il revient d'avoir imposé le quatrain comme la forme canonique en français de la poésie gnomique, ce qu'avait été le distique en Grèce et à Rome. Bien d'autres reprendront la formule, avec plus ou moins de bonheur, tout au long du XVIIᵉ siècle.

Pibrac (1529-1584)

Guy du Faur de Pibrac, fils d'un président du Parlement de Toulouse, fait, après de solides études à Paris, le voyage d'Italie, classique alors pour les jeunes gens fortunés. Il est juge au même Parlement que son père, et sa réputation d'orateur ne tarde pas à lui valoir les faveurs de la cour. Il est appelé à Paris et devient l'un des ambassadeurs de Charles IX auprès du Concile de Trente (1545-1563), où, du fait de son gallicanisme, les ultramontains le suspectent de sympathies protestantes. Sur l'avis du chancelier Michel de l'Hospital, il est nommé avocat général au Parlement de Paris en 1565 et conseiller du roi. Quand le duc d'Anjou, en 1572, est élu roi de Pologne, Pibrac est chargé de l'accompagner. La mort de Charles IX (1574) rappelle en France le duc d'Anjou, qui succède à son frère sous le nom d'Henri III. Pibrac participe alors aux côtés de Ronsard, Desportes, Pontus de Tyard et Du Perron à l'Académie du Palais qui se tient au Louvre en présence d'Henri III. Il est nommé Président à mortier en 1577, et meurt en 1584. Honoré de ses pairs comme le restaurateur de la grande éloquence parlementaire, il est également très estimé d'un Montaigne qui déplore sa perte récente, et cite le quatrain 109, dont il approuve la teneur. L'auteur des *Essais* regrette l'homme politique, le conseiller du roi dont l'honnêteté et le talent vont faire cruellement défaut à la royauté [a].

La première édition des *Quatrains* date de 1574. Ils sont dits composés à l'imitation de Phocylide, d'Épicharme et autres anciens poètes grecs. Référence obligée pour un humaniste que cette allusion aux poètes gnomiques de la Grèce antique. Le livre rassemble cinquante quatrains de décasyllabes et, le succès aidant, en comptera cent-vingt-six en 1576. Le style en fut admiré pour sa netteté et sa vigueur. Le vers est pourtant bien prosaïque et la pensée n'est pas d'une très grande originalité : l'éclectisme qui est dans l'air du temps y associe des vues stoïciennes à des notions héritées de Platon et d'Aristote. En revanche, tous les témoignages sont concordants : les *Quatrains* de Pibrac furent le traité de morale pratique le plus souvent édité, le plus répandu en France, et hors de France même, jusqu'au milieu du XVIIᵉ siècle. En 1660, il faut être un barbon pour condamner, comme le fait Gorgibus dans le *Sganarelle* de Molière [b], les romans à la mode et conseiller à une jeune fille les *Quatrains* de Pibrac et les *Tablettes* de Matthieu. Ils sont pourtant toujours édités à Paris en 1660 et 1667. Vers 1675, Méré dira, par provocation, qu'il préfère les *Quatrains* de Pibrac aux *Maximes* de La

---

a. Montaigne, *Essais*, III, 9 (éd. Villey-Saulnier, p. 957).
b. Molière, *Sganarelle*, acte I, scène 1, vers 33-36.

Rochefoucauld, qu'il traite avec un mépris énergique, et fort suspect [a]. Mais, au XVIIIe siècle encore, le *Dictionnaire* de Moreri sait reconnaître les mérites des *Quatrains,* ouvrage qui « a été le maître commun de la jeunesse du royaume jusqu'au temps de nos pères, c'est-à-dire, jusqu'au milieu du XVIIe siècle, qu'il s'est vu relégué à la campagne par les réformateurs de notre langue ». Il est probable en effet que, dans leur enfance, ceux de nos moralistes qui ont reçu l'enseignement de l'école ou d'un percepteur ont lu, sinon appris par cœur, les vers de Pibrac. Ce qui en tiendra lieu après 1670, ce sont les *Maximes* de La Rochefoucauld et les *Fables* de La Fontaine [b].

Matthieu (1563-1621)

Pierre Matthieu, né en Franche-Comté d'une famille d'artisans, fut, après d'excellentes études chez les jésuites, principal de collège, puis avocat au Présidial de Lyon. Partisan de la Ligue et des Guises, il se rallie à la cause royale et prête serment d'allégeance en 1594, en qualité de député de la ville de Lyon. Grâce à la protection du président Jeannin, il est nommé historiographe du roi, cet Henri IV auquel il voue désormais un profond attachement. Historien, Matthieu orne son texte, et remplit ses marges, de sentences. « On disait même, écrit Sorel en 1664, que dans les seules marges de Matthieu, on se pouvait rendre savant [c]. » Dans son *Histoire de Louis XI* (1610), il fait suivre la narration d'une longue liste de sentences extraites des *Mémoires* de Commynes et classées par thèmes. Il adopte un style fort, imité de Tacite, et ce néo-atticisme lui suscita, en France et en Italie, des adversaires et des émules. Matthieu est ainsi l'un des principaux initiateurs du courant tacitiste et sénéquien qui conduit en France à Cerisiers et La Serre, et en Italie à Malvezzi. Après un décri manifeste à l'époque classique, Victor Hugo redécouvrira la force et l'expressivité de sa prose [d].

Les *Tablettes de la vie et de la mort,* dont la première édition paraît à Lyon en 1610, sont très représentatives du style sentencieux de Matthieu. Les quatrains d'alexandrins y sont groupés par centuries, selon une formule courante alors dans les recueils de sentences. Quand il n'est pas gâté par certaines facilités rhétoriques, le style des *Tablettes* est d'une force et d'une qualité poétique que les *Quatrains* de Pibrac n'ont jamais atteintes. Matthieu est un baroque, et le contemporain d'un Jean-Baptiste Chassignet, dont il partage le sens de la dynamique du vers et de la

---

a. Ch.-H. Boudhors, « Divers propos du chevalier de Méré en 1674-1675 », *RHLF,* 1922, p. 74 (et p. 89, pour le jugement sur La Rochefoucauld).

b. Mme de Sévigné apprend par cœur des fables de La Fontaine et dit des *Instructions chrétiennes* d'Arnauld d'Andilly qu'elles sont « si bien tournées qu'on les retient par cœur, comme celles de M. de La Rochefoucauld ». (*Correspondance,* p.p. R. Duchêne, Pléiade, 1972, t. I, p. 318.)

c. Charles Sorel, *La Bibliothèque française,* Paris, 1664, p. 316, où Sorel dit encore qu'on s'est servi de son livre « pour dresser des lieux communs », entendons des recueils de lieux communs.

d. Sur ce point, voir *infra,* « Sénèque et Tacite, modèles sans lendemain », notice, p. 55, et en particulier la note a, p. 56.

strophe et l'intérêt pour la méditation philosophique, en particulier sur le thème de la vie et de la mort [a]. L'un et l'autre sont, à cet égard, pour la France, ce que sont à la même époque les poètes métaphysiques anglais.

Comme le fait Molière dans *Sganarelle,* le public et les éditeurs ont associé les quatrains de Matthieu et ceux de Pibrac, et l'édition dont nous nous sommes servi joint à ces deux noms celui du juriste et magistrat Antoine Favre, père du législateur de la langue classique, Vaugelas. Parue à Paris en 1640, elle est dédiée au Dauphin, le futur Louis XIV, né en 1638, dont, dit l'Épître, la « naissance miraculeuse a semblé renouveler toute la France ». Lui est donc offerte « cette ancienne production », qui « a toujours eu de la vogue dans le monde depuis sa première conception », n'étant « qu'un abrégé de tous les devoirs de la Justice... »

BIBLIOGRAPHIE

Les Quatrains des Sieurs Pibrac, Favre et Matthieu [...] Dédiés à Monseigneur le Dauphin, Paris, Antoine Robinot, 1640. Privilège du 15 avril 1640. Achevé d'imprimer du 25 mai 1640.

Première édition : *Cinquante quatrains,* contenant préceptes et enseignements utiles pour la vie de l'homme, composés à l'imitation de Phocylides, d'Epicharmus et autres anciens poètes grecs, par le S. de Pyb. [sic], Paris, G. Gorbin, 1574. Autres éditions en 1575, 1576 (première éd. complète), et beaucoup d'autres jusqu'en 1667. Incorporés dans plusieurs éditions de *La Civilité puérile et honnête pour l'instruction des enfants,* dont celle de Troyes, 1649. Traduits en latin (1585), grec (1641), allemand (1642). Le *Dictionnaire* de Moreri ajoute : en turc, arabe et persan.

P. MATTHIEU, *Tablettes de la vie et de la mort,* Lyon, 1610 (selon V.-L. Saulnier, in *Dictionnaire des Lettres françaises,* XVIe siècle, 1951, Paris, qui signale également une éd. de 1612). A. Cioranesco, dans sa *Bibliographie* du XVIe siècle, et le catalogue de la Bibliothèque nationale n'indiquent comme première édition que celle de Paris de 1613, in-16, 56 folios.

G. COLLETET, *Traité de la poésie morale et sentencieuse,* Paris, A. de Sommaville et L. Chamhoudry, 1658. Étude précise qui dresse la liste des auteurs de quatrains moraux. Colletet est lui-même l'auteur d'un petit recueil de quatrains « moraux et sentencieux », *La Nouvelle Morale,* publié en 1658.

*

Dictionnaire des Lettres françaises, XVIe siècle, p.p. le cardinal Grente, Paris, Fayard, 1951, articles *Gnomique (poésie),* par H. Chamard, et *Matthieu (Pierre),* par V.-L. Saulnier.

---

a. *Le Mépris de la vie et consolation contre la mort* de J.-B. Chassignet parut en 1594. On en lira des extraits remarquables dans l'*Anthologie de la poésie baroque française* de Jean Rousset, Colin, 1968.

LES QUATRAINS DU SEIGNEUR DE PIBRAC

1

Dieu tout premier, puis père et mère honore.
Sois juste et droit, et, en toute saison,
De l'innocent prends en main la raison.
Car Dieu te doit là-haut juger encore.

6

Tout l'univers n'est qu'une cité ronde.
Chacun a droit de s'en dire bourgeois,
Le Scythe et More autant que le Grégeois [1],
Le plus petit que le plus grand du monde.

7

Dans le pourpris [2] de cette cité belle,
Dieu a logé l'homme comme en lieu saint,
Comme en un temple où lui-même s'est peint
En mille endroits de couleur immortelle.

8

Il n'y a coin si petit dans ce temple
Où la grandeur n'apparaisse de Dieu.
L'homme est planté justement au milieu,
Afin que mieux partout il la contemple.

9

Il ne saurait ailleurs mieux la connaître
Que dedans soi, où, comme en un miroir,
La terre il peut et le ciel même voir,
Car tout le monde est compris en son être [3].

10

Qui a de soi parfaite connaissance
N'ignore rien de ce qu'il faut savoir,
Mais le moyen assuré de l'avoir
Est se mirer dedans la sapience [4].

11

Ce que tu vois de l'homme n'est pas l'homme,
C'est la prison où il est enserré,
C'est le tombeau où il est enterré,
Le lit branlant où il dort un court somme [5].

26

Vertu qui gît entre les deux extrêmes,
Entre le plus et le moins qu'il ne faut,
N'excède en rien et rien ne lui defaut,
D'autrui n'emprunte et suffit à soi-même [6].

33

Aime l'honneur plus que ta propre vie,
J'entends l'honneur qui consiste au devoir
Que rendre on doit (selon l'humain pouvoir)
A Dieu, au roi, aux lois, à sa patrie.

37

Ne mets ton pied au travers de la voie
Du pauvre aveugle, et d'un piquant propos
De l'homme mort ne trouble le repos,
Et du malheur d'autrui ne fais ta joie.

51

Cacher son vice est une peine extrême,
Et peine en vain. Fais ce que tu voudras,
A toi au moins cacher ne te pourras,
Car nul ne peut se cacher à soi-même.

53

Point ne te chaille être bon d'apparence,
Mais bien de l'être à preuve et par effet [7].
Contre un faux bruit que le vulgaire fait,
Il n'est rempart tel que la conscience.

54

A l'indigent montre-toi secourable,
Lui faisant part de tes biens à foison,
Car Dieu bénit et accroît la maison
Qui a pitié du pauvre misérable.

55

Las ! que te sert tant d'or dedans ta bourse,
Au cabinet, maint riche vêtement,
Dans tes greniers, tant d'orge et de froment,
Et de bon vin dans ta cave une source.

56

Si cependant le pauvre nu frissonne
Devant ton huis, et languissant de faim,
Pour tout enfin n'a qu'un morceau de pain,
Ou s'en reva sans que rien on lui donne.

59

Le sage est libre, enferré de cent chaînes,
Il est seul riche, et jamais étranger,
Seul assuré au milieu du danger,
Et le vrai roi des fortunes humaines [8].

63

Maint l'un pouvait par temps devenir sage
S'il n'eût cuidé l'être jà tout à fait [9].
Quel artisan fut onc maître parfait
Du premier jour de son apprentissage ?

74

Parler beaucoup on ne peut sans mensonge,
Ou pour le moins sans quelque vanité.
Le parler bref convient à vérité,
Et l'autre est propre à la fable et au songe.

93

Je hais ces mots de puissance absolue,
De plein pouvoir, de propre mouvement.
Aux saints décrets ils ont, premièrement,
Puis à nos lois, la puissance tollue [10].

95

Dissimuler est un vice servile,
Vice suivi de la déloyauté,
D'où sourd, ès cœurs des grands, la cruauté,
Qui aboutit à la guerre civile.

98

Ris si tu veux un ris de Démocrite,
Puisque le monde est pure vanité,
Mais quelquefois, touché d'humanité,
Pleure nos maux des larmes d'Héraclite [11].

100

Je t'apprendrai, si tu veux, en peu d'heure
Le beau secret du breuvage amoureux.
Aime les tiens, tu seras aimé d'eux [12],
Il n'y a point de recette meilleure.

104

Je ne vis onc prudence avec jeunesse,
Bien commander sans avoir obéi,
Être fort craint et n'être point haï,
Être tyran et mourir de vieillesse.

109

Aime l'État tel que tu le vois être.
S'il est royal, aime la royauté.
S'il est de peu ou bien communauté,
Aime-le aussi, quand Dieu t'y a fait naître [13].

123

Nous mêlons tout, le vrai parler se change,
Souvent le vice est du nom revêtu
De la prochaine opposite vertu.
Le los est blâme et le blâme est louange.

125

Cil qui se pense et se dit être sage,
Tiens-le pour fol et celui qui savant
Se fait nommer, sonde-le bien avant,
Tu trouveras que ce n'est que langage.

126

Plus on est docte et plus on se défie
D'être savant, et l'homme vertueux
Jamais n'est vu être présomptueux.
Voilà des fruits de ma philosophie [14].

TABLETTES OU QUATRAINS DE LA VIE ET DE LA MORT
Pierre Matthieu

Première partie

11

Le fruit sur l'arbre prend sa fleur, et puis se noue,
Se nourrit, se mûrit, et se pourrit enfin.
L'homme naît, vit et meurt, voilà sur quelle roue [1]
Le temps conduit son corps au pouvoir du destin.

12

Cette vie est un arbre, et les fruits sont les hommes.
L'un tombe de soi-même et l'autre est abattu.
Il se dépouille enfin des feuilles et des pommes
Avec le même temps qui l'en a revêtu.

13

La vie est une table où, pour jouer ensemble,
On voit quatre joueurs. Le Temps tient le haut bout
Et dit « passe », l'Amour fait de son reste [2] et tremble,
L'Homme fait bonne mine et la Mort tire tout.

14

La vie que tu vois n'est qu'une comédie
Où l'un fait le César, et l'autre l'Arlequin.
Mais la Mort la finit toujours en tragédie
Et ne distingue point l'empereur du faquin [3].

15

La vie est une guerre étrangère et civile,
L'homme a ses ennemis et dedans et dehors.
Pour conserver le fort, la Mort abat la ville,
Et pour sauver l'esprit, elle détruit le corps.

16

Le monde est une mer, la galère est la vie,
Le Temps est le nocher, l'espérance le nord,
La Fortune le vent, les orages l'envie,
Et l'homme le forçat qui n'a port que la Mort.

100

D'un éternel repos ta fatigue est suivie.
Ta servitude aura une ample liberté.
Où se couche la mort, là se lève la vie,
Et où le temps n'est plus, là est l'éternité.

Seconde partie

1

Cette grandeur des rois, qui nous semble un colosse,
N'est qu'ombre, poudre et vent. L'unique honneur des rois,
D'une exécrable main, meurt dedans son carrosse
Au temps que l'univers tremblait dessous ses lois [4].

2

Hier tout était triomphe, aujourd'hui chacun pleure.
La beauté du matin n'a duré jusqu'au soir.
On a vu vif et mort ce Prince en moins d'une heure,
Ayant bu le hanap de la mort sans le voir.

6

On meurt le même jour que l'on commence à naître,
On s'oblige au naufrage, entrant en ce bateau.
Naître et mourir n'est qu'un, l'être n'est qu'un non-être.
Il n'y a qu'un soupir de la table au tombeau.

7

La vie est un éclair, une fable, un mensonge,
Le souffle d'un enfant, une peinture en l'eau,
Le songe d'un qui veille, et l'ombre encor d'un songe,
Qui de vaines vapeurs lui brouille le cerveau.

100

Le bonheur, la faveur, le travail, le courage,
Aux biens et aux honneurs font l'homme parvenir,
Mais le chemin est long. C'est un grand avantage
Naître grand et n'avoir peine à le devenir.

FRANÇOIS DES RUES
ET « LES MARGUERITES FRANÇAISES »

    L'auteur ne tarda guère à être oublié, l'œuvre connut en revanche une diffusion et une notoriété assez grandes pour demeurer dans les esprits un modèle du genre. Le poète Brébeuf y renvoie encore un ami en peine d'excuses [a]. Né dans la Manche vers 1575 et mort en 1633, François des Rues eut la bonne fortune de répondre à l'attente du public dans deux ouvrages qui furent des succès de librairie. Sous le titre d'*Antiquités, fondations et singularités du royaume,* il publie en 1605 un guide touristique consacré à différentes villes de France. Dix ans auparavant, en 1595, il avait donné une anthologie de « fleurs du bien dire », qui sera rééditée jusqu'en 1625 pour le moins, dans des versions successivement augmentées. Le livre relève en fait de cette infra-littérature que la Renaissance avait constituée et développée dans le dessein de mettre à la disposition d'un lectorat en expansion des collections d'aphorismes, sentences, apophtegmes grecs et latins. Mais la conception des *Marguerites françaises* n'est pas celle des ouvrages courants du XVIe siècle. Leur originalité est double : ces fleurs, classées par rubriques, sont « françaises » et elles prétendent à être « de ce temps », c'est-à-dire au goût du temps. Dans la première édition, l'accent porte même, au titre, sur l'expression des « passions amoureuses » : le lecteur trouvera là « la manière de traiter et discourir parfaitement sur divers sujets, tant d'amour qu'autres ».

    Le recueil se présente donc comme un « trésor », un magasin de phrases pouvant servir à briller dans la conversation et dans la correspondance. Il fait partie de ces manuels qui fournissent aux lecteurs des modèles correspondant aux normes de la civilité à la mode. On y rencontre parfois même des emprunts à la littérature contemporaine dont l'usage pratique nous échappe. Sans doute des Rues n'entend-il alors

---

    a. *Les Œuvres de Monsieur de Brébeuf,* Première partie, Paris, 1664, p. 151, lettre LI (de 1640 au plus tôt) : « Vous épargnerez vos Marguerites françaises pour une meilleure occasion quand vous saurez le sujet qui m'a empêché de vous écrire. » Pour ironique que soit l'allusion, elle n'en atteste pas moins qu'on sait encore l'usage qu'on pouvait faire du recueil.

que faire montre de sa modernité. Au mot *Jour,* on lit ainsi l'incipit d'un roman écrit dans le style grimpé du temps : « Déjà l'Aurore, ennuyée des froides caresses de son mari grison, était sortie de sa couche pour tirer les rideaux de ce jour [a]. » Très datés à cet égard par les traits maniéristes qui caractérisent le style des années 1590-1620, les choix de des Rues ne sont pas toujours aussi douteux. S'agissant de la sentence, une écriture est déjà trouvée, qui se montrera beaucoup moins sensible aux variations du goût que l'écriture de la lettre et du roman. Mais, curieusement, c'est dans la *Suite des Marguerites françaises,* où sont ramassées de « belles et rares sentences morales, recueillies des plus excellents et graves auteurs [b] », que le tour est souvent le plus conventionnel.

Comme celles de Pibrac et de Matthieu, l'œuvre de des Rues nous est un précieux répertoire des lieux communs, de la topique dans laquelle s'inscriront longtemps encore les moralistes français. Et par le traitement stylistique de ces lieux qui la caractérise déjà — tours de phrase, effets de rythme —, elle constitue un document qui n'est pas négligeable pour l'étude de la forme gnomique en prose.

BIBLIOGRAPHIE

Les Fleurs du bien dire. Première partie. Recueillies ès cabinets des plus rares esprits de ce temps, pour exprimer les passions amoureuses, tant de l'un que de l'autre sexe, Lyon, 1595.

Les Marguerites françaises, ou Seconde partie des Fleurs du bien dire. Recueillies des plus beaux discours de ce temps, et mises selon l'ordre alphabétique, par F. des Rues, Lyon, 1595, in-12 (1re et 2e parties : 418 p.).

Les Marguerites françaises, ou Trésor des fleurs du bien dire. Contenant la manière de traiter et discourir parfaitement sur divers sujets, tant d'amour, qu'autres. Recueillies des plus beaux et rares discours de ce temps [...], par François Des-rues, C. Corrigées et augmentées par l'auteur à la dernière fois. Dernière édition, Rouen, 1608, in-12. Privilège du 6 mars 1606, 556 p.

La Suite des Marguerites françaises, ou Second Trésor du bien dire. Contenant plusieurs belles et rares sentences morales. Recueillie de plusieurs excellents et graves auteurs [...], par Fr. Des-rues, P. Coutançais, Rouen, 1612, 248 p. Privilège du 27 mai 1611 pour « les Marguerites françaises, avec la Suite d'icelles ». Achevé d'imprimer du 7 décembre 1611. Les Marguerites et leur Suite font un ensemble de 804 p. (B.N. cote X.18.756).

L'ouvrage a connu beaucoup d'autres éditions : en 1598, en 1606 vraisemblablement, en 1608, 1609, 1611, 1614, 1624, 1625.

*

---

a. On connaît la parodie que Scarron fera de ce style dans l'incipit de son *Roman comique* (1651).
b. On apprend, dans l'Avis aux lecteurs, que ces sentences sont extraites « de Démosthène, Cicéron, Plutarque, Sénèque, Guevara », et d'autres auteurs anciens et modernes, qui ne sont pas nommés.

Dictionnaire des Lettres françaises, XVIIe siècle, dirigé par Mgr Grente, Paris, 1954, article de René Herval, p. 349-350. La bibliographie est à compléter par le recours à la *Bibliographie* du XVIe siècle d'A. Cioranesco.

LES MARGUERITES FRANÇAISES
François des Rues

Absence
　Nous portons bien aisément l'absence de ceux desquels nous sommes absents en présence.
　L'absence d'un grand bien est la présence d'un grand mal.

Accidents
　Craindre ce qui doit arriver, c'est aller au-devant de la douleur.
　Les grands et importants accidents qui tiennent tout le monde aux écoutes ne se cachent pas longtemps.

Affections
　L'homme vraiment vertueux ne se doit jamais perdre dans l'abîme de ses affections.

Afflictions
　L'affliction est le vrai affinage de l'amitié, et les vrais amis se reconnaissent en l'adversité.

Ambition
　L'ambition est l'honorable tourment des grands.
　Il n'y a vice qui ne donne, avec l'âge, trêve à ceux qui en sont entachés, fors l'ambition, qui ne vieillit jamais en l'homme.

Amour et amitié
　Aussitôt que l'amour s'est rendu maître de notre âme, il ferme la porte à la raison et ne la veut plus ni écouter ni reconnaître.
　L'amour est une vivante mort et une vie mourante.
　L'amour naît de la mémoire, vit de l'intelligence et meurt par l'oubliance.
　A l'amour ne fut jamais voisine aucune mesure.

Assurance
　Ce serait bâtir sur le sable de vouloir fonder une assurance sur l'état périssable des affaires du monde.
　Il n'est point moins raisonnable de se défier des méchants que de se fier aux gens de bien.

Beauté
　La beauté est une éloquence muette.

Bonté
　Toute autre science est dommageable à celui qui n'a la science de bonté.

Connaître soi-même
La plus belle connaissance que nous puissions acquérir, c'est de nous connaître.

Conscience
Science sans conscience est vanité [1].

Plusieurs craignent la renommée, mais peu d'hommes craignent la conscience.

Conseil
Il n'y a point de mauvais conseil [2] que celui qui ne peut être changé.

Destin
On ne peut mieux braver le destin que de vouloir ce qu'il veut.

Le destin nous a tous attachés à une même chaîne et nous entraîne tous comme des forçats au monument [3].

De Dieu
Il nous faut parler à Dieu comme les hommes nous voyant, et vivre avec les hommes comme Dieu nous parlant et nous voyant [4].

Discours et propos
Comme le miroir représente la forme du visage, la parole représente celle de l'âme [5].

Doctrine et savoir
C'est une espèce d'intempérance de vouloir plus savoir qu'il n'est besoin.

Tout ainsi que la santé est la conservation du corps, ainsi la doctrine est la garde de l'âme.

L'homme acquiert sagesse par son bon esprit, et non par son âge.

Espérance
L'espérance vaine est un désespoir continuel.

L'espérance et la peur sont les deux tourments des choses à venir.

Tant que nos espérances durent, nous ne voulons point quitter nos désirs.

Exemples
Le chemin est long par les préceptes et court par les exemples.

Folie
Il n'y a rien de sage en la folie, sinon qu'elle empêche de craindre la mort.

Les sages apprennent plus des fols que les fols des sages, car ceux-ci considèrent leur folie et ceux-là n'imitent pas leur sagesse.

Force
La force combat, mais il faut que le bon droit soit victorieux.

Grandeur de courage
Il n'appartient qu'aux grands d'exécuter les choses grandes promptement et facilement.

Celui est appelé magnanime, lequel est digne et s'estime digne de grandes choses.

Misères
On n'est jamais si misérable que quand on ne le pense plus être [6].

Mort
Le plus grand bien de l'homme, c'est de bien mourir.

Nécessité
C'est une grande peine de vivre en nécessité, mais il n'y a nulle nécessité d'y vivre [7].

Noblesse
La noblesse du sang d'autrui ne te fait point noble si tu ne l'acquiers toi-même [8].

Opinion
La plupart des biens et des maux que nous avons dépend plus de l'opinion que de la chose même.
Il est impossible que nous ne soyons possédés de quelque passion durant la fureur de notre jeunesse.

Prudence
Il n'y a rien si sujet à être trompé que la prudence humaine.

Raison
La fantaisie fait souvent la loi à la raison.
Celui commande à tout qui obéit à la raison.

Sagesse
Il n'y a pas une plus grande sagesse, ni plus utile, au monde que d'endurer la folie d'autrui.
Le vrai moyen de se faire sage est de reprendre en soi-même ce qu'on trouve de mauvais en autrui.
Le sage ne peut vivre ni en espérance, ni en crainte, car rien ne se peut ni ôter ni ajouter à sa félicité.

Silence
Savoir se taire est un grand avantage à bien parler.

Tromper
C'est enseigner à tromper que se défier d'être trompé.
Il y a des choses où il vaut mieux être trompé que de se défier.

Vertu
Il n'y a que la seule vertu qui rende un homme noble.
La vertu, qui est l'âme de l'honneur, veut ce qui est propre à l'âme, et non au corps.
La grande vie et la grande vertu ne se rencontrent guère ensemble.

Vice
Il n'y a point de cachette pour le méchant (disait Épicurus) que sa conscience ne le découvre partout [9].

Vie
Le vivre longtemps gît en la destinée et le vivre assez en la sagesse.
La vie est une comédie, laquelle il n'importe combien elle soit longue, mais qu'elle soit bien jouée [10].

LA SUITE DES MARGUERITES FRANÇAISES

Amitié
Les plus haut élevés du monde et qui ont tout à souhait ont faute d'un ami qui leur dise vérité.
Avoir même vouloir, ou non vouloir, c'est où se fait paraître la vraie amitié.

Bonté
Si tu veux devenir bon, crois premièrement que tu es mauvais [11].
Tant plus un homme a l'âme bonne, et moins il soupçonne les autres de méchanceté.
Nul ne doit être méprisé auquel on peut remarquer quelque apparence de vertu.

Conscience
La honte est le vrai sentiment de la conscience, et la conscience celui de l'âme.
Il n'y a théâtre quelconque qui fasse mieux paraître la vertu que la conscience.
C'est une grande consolation en nos adversités que d'avoir la conscience assurée de notre bonne volonté.

Conseil
A nul n'abonde tant de son propre conseil qu'il n'ait métier [12] et nécessité de celui d'autrui.

Donner
C'est donner tard, si l'on est prié de donner.

Envie
L'envie est du tout un indice de méchanceté et mauvais naturel et n'y a excuse qui puisse sauver celui qui est entaché de ce vice.

Étude des lettres [13]
En vain celui acquiert des richesses qui est sans la possession des vrais biens de l'âme.

Honnêteté
Le prix des choses honnêtes est enclos en elles-mêmes.
Le vrai honneur ne consiste pas en la dignité en laquelle l'homme est constitué, ains [14] en la bonne vie qu'il mène.

Liberté
Le plus haut point de sagesse et bonheur d'un prince est de savoir tempérer la souveraineté de sa puissance avec la liberté de ses sujets.
C'est un bien inestimable d'être à soi.
Il n'y a plaisir si agréable aux hommes généreux [15] que la liberté.

Lois
Ès républiques ceux qui font les lois en sont les simples ouvriers, mais d'un grand prince elles procèdent comme les rayons du soleil, sans en être séparées [16].
Les républiques n'ont autre moyen pour se maintenir en grandeur qu'en laissant aux lois leur entière autorité.
Où les lois ont souveraine puissance, là aussi la tyrannie a moins de pouvoir.

Nature
Les inclinations naturelles en l'âme ou au corps ne peuvent être du tout effacées par industrie [17] quelconque.
C'est un grand bien de vivre selon nature, laquelle nous a produits au monde pour la contemplation de l'action.
Nature a ses bornes, mais les choses vaines et voluptueuses n'ont ni fond ni rive.

Passions
Les plus sages sont exempts de la maladie de l'âme, mais non pas de passions, parce que leur mouvement est naturel [18].

Prudence
La prudence conduit les grandes affaires aux portes de l'utilité et honnêteté, mais il est quelquefois besoin de ruses pour se démêler des fraudes d'autrui, et cela n'est qu'une pratique de la prudence.

Raison
La raison est l'arbitre des biens et des maux. Elle ne tient compte des choses extérieures, tout son bien est en l'entendement.

Secret
Rien ne sert tant que de demeurer coi, communiquer peu avec autrui et beaucoup avec soi-même.
Celui auquel on découvre le secret gagne la liberté de l'autre.

Vengeance
Le désir de vengeance, qu'on estime tant [19], est une chose brutale, qui ne diffère en rien d'avec l'outrage, sinon que l'un marche devant et l'autre derrière.

Vérité
L'inquisition et recherche [20] de la vérité est le propre devoir de l'homme.
La vérité n'a point besoin de grands discours, et de fait nous retenons mieux les choses qui sont contenues en peu de paroles [21].

Vertu

Le désir de louange et la crainte de blâme nous aiguillonnent à la vertu [22].

Vice

Les vices souvent s'insinuent en nous sous l'ombre de la vertu [23].

GARABY DE LA LUZERNE

La production de quatrains moraux ne disparaît pas totalement au XVIIᵉ siècle, l'œuvre d'Antoine Garaby de la Luzerne (1617-1679) est là pour nous le rappeler. Plus connu, et encore apprécié de nos jours, comme poète satirique (la Normandie du XVIIᵉ siècle s'illustra dans le genre), La Luzerne est né au château dont il porte le nom, à Monchaton dans la Manche, en 1617. Il reçut une excellente culture humaniste, si l'on en juge par les pièces latines qu'il composa et publia, au nombre desquelles un éloge funèbre de Richelieu. Il fit partie de l'Académie de Caen, qui fut fondée en 1652, aux côtés de Daniel Huet et de Moisant de Brieux. Ce contemporain de La Fontaine et de La Rochefoucauld est resté l'homme de sa province et pratique des formes et un style relativement archaïques. Et il est significatif que son recueil de quatrains, les *Sentiments chrétiens, politiques et moraux*, publiés à Paris en 1641 et en 1642, soit republié, mais à Caen, en 1654.

Son vers n'est pas sans fermeté. Le livre cependant n'aurait guère de titre à nous retenir longuement s'il n'était précédé d'une Préface au lecteur qui présente un excellent condensé de la théorie des formes brèves. Le choix du quatrain y est référé aux maîtres du genre, Pibrac et Matthieu, et à une esthétique de la densité (*brevitas*) et du « solide », au mépris de la « crème fouettée » du style périodique et redondant. La Luzerne y reprend le point de vue de Juste Lipse : Cicéron peut être bon pour la formation des jeunes gens, des « principiants », disait Montaigne, Sénèque et Tacite sont, pour les adultes, de bien meilleurs modèles. La maxime, prose ou vers indifféremment, suppose un lecteur qui entend « à demi mot », sur un texte ouvert à la réflexion et semence d'un plus vaste discours. L'absence de liaison entre les quatrains est la marque d'une énergie qui ne peut que se refuser au développement oratoire. Dans son style « impérieux et magistral » — traduction de l'*imperatoria brevitas* des Latins — la sentence, délivrée *« ex abrupto »*, tient de la forme oraculaire. Cette poétique du genre vaut, comme on le voit, tout autant pour la prose que pour la poésie. La forme brève a ses constantes, dont l'auteur des *Sentiments chrétiens, politiques et moraux* a eu parfaitement conscience.

BIBLIOGRAPHIE

Sentiments chrestiens, politiques et moraux. Maximes d'Estat, et de Religion. Illustrées de paragraphes selon l'ordre des quatrains, par le sieur de la Luzerne-Garaby, Caen, Marin Yvon, 1654, in-12, 207 p. (1re édition, Paris, 1641, in-12, 92 p.).

Les Satires françaises du XVIIe siècle, p.p. Fleuret et Perceau, Paris, 1923, 2 vol., t. I, p. 252-253.

SENTIMENTS CHRÉTIENS, POLITIQUES ET MORAUX.
MAXIMES D'ÉTAT ET DE RELIGION
Préface au lecteur
Garaby de la Luzerne

[...] Mon premier dessein n'était que de former quelques maximes pour ma conduite particulière. Et parce que la mesure et cadence des vers les pouvaient rendre plus agréables à lire, et plus faciles à retrouver en ma mémoire, je pensai dès lors qu'il serait à propos de les raccourcir dans les limites de quatrains, ayant en cela pour exemples les auteurs du petit livre tout d'or de l'École de Salerne [1], un Matthieu, un Pibrac et plusieurs autres. Je ne doute point qu'il n'y en ait à qui un style tranché de si court ne plaise pas [...]. En cela j'ai suivi mon goût particulier, que je ne crois pas fort éloigné de raison. J'imite les Chimiques [2] qui cherchent l'esprit et l'essence, non la quantité des choses [...]. Il me faut du solide, non de la crème fouettée, ou du galimatias, qui en est presque inséparable. *Discentibus convenit prolixior oratio, scientibus brevior. Illa docet, haec monet* [3]. [De son ouvrage, l'auteur dit :] Qui n'entend à demi-mot n'y entendra rien du tout. Sa profession est de vous montrer le chemin au doigt, mais c'est à vous de poursuivre, cela s'entend qu'il en faut penser plus qu'il n'en dit et qu'il n'y a maxime seule qui ne puisse exercer un bon esprit une journée entière [4] ; ouverture de raisonnement, semence de discours plus ample, doctrine semblable aux métaux les plus excellents qui contiennent plus grande valeur sous moindre quantité.

Que si elle ne se suit pas, et semble que chaque quatrain tranché de court n'ait rien de commun avec son suivant, ne vous en étonnez point. Ce sont sentences prononcées en forme d'oracles *ex abrupto* et dont le style impérieux et magistral n'a que faire de la liaison et enchaînement d'un discours plus oratoire et moins énergique [...].

La naturalisation en France du « caractère »

DU « CARACTÈRE » ANGLAIS
A URBAIN CHEVREAU

La Bruyère n'est ni le premier ni le seul écrivain du XVIIe siècle à se tourner vers Théophraste. Avant la France, l'Angleterre a connu la renaissance du genre pratiqué par l'un des meilleurs disciples d'Aristote, Théophraste d'Érèse (372-288 av. J.-C.). Auteur d'études botaniques et de monographies physiques, Théophraste traite l'espèce humaine selon des catégories qui permettent de comprendre, par le général, le particulier. Ses *Caractères* constituent une suite d'études sur divers types humains. La description y joue le même rôle que celle que pratiquent le botaniste ou l'entomologiste : il s'agit de fixer chaque type en le situant dans une taxinomie qui rende intelligible à la fois le type et l'ensemble dont il est partie intégrante. Le livre sera lu à la Renaissance dans diverses traductions latines, la plus célèbre étant celle de Casaubon, qui paraît en 1592 et qu'utilisera encore La Bruyère.

Un écrivain anglais qui s'était illustré, à la suite d'Horace et de Juvénal, dans la poésie satirique, Joseph Hall (1574-1656) reprend, le premier, la formule de la description en prose de tel ou tel type d'individu. Ses *Characters of Vertues and Vices*, parus à Londres en 1608, réunissent ainsi vingt-quatre caractères, du sage au bon magistrat pour les vertus, de l'hypocrite à l'envieux pour les vices. Hall respecte la technique de description par énoncés successifs qu'avait codifiée la *Rhétorique à Hérennius* sous le nom de *notatio*[a]. Mais il fait œuvre originale par son goût du détail concret, du vécu contemporain, et par un style serré, où l'usage de l'antithèse et de la pointe signale le disciple de Sénèque et de Juste Lipse[b]. Ouvrage séminal de par son originalité, le livre de Hall déclenche une mode du « caractère » qui aboutira à

---

a. La *Rhétorique à Hérennius*, in *Œuvres complètes* de Cicéron, p.p. Nisard, Paris, 1848, t. I, p. 79-80 : la *notatio*, ou éthopée, décrit « les traits distinctifs de chaque caractère » (le glorieux, l'envieux, le lâche, l'avare...) alors que l'*effictio*, ou portrait, décrit l'individu par ses traits propres. La *Rhétorique à Hérennius* date de l'époque de Cicéron, à qui elle fut à tort longtemps attribuée.

b. Sur l'influence de Sénèque et de Juste Lipse, voir *infra* I, 4 « Sénèque et Tacite, modèles sans lendemain », p. 55.

la production de plus de deux cents recueils dans l'Angleterre du XVIIᵉ siècle [a]. C'est ainsi qu'en 1614 sont publiés d'excellents *Characters or Witty Descriptions of the Properties of Sundry Persons* d'un courtisan mort l'année précédente, sir Thomas Overbury : l'ouvrage connut dix-sept éditions de 1614 à 1700. En 1615, un certain John Stephens donne des *Satirical Essays, Characters and others* et, en 1628, John Earle, qui sera chapelain de Charles II pendant son exil et évêque de Worcester, puis de Salisbury, après la Restauration (1660), publie sa *Microcosmographie*. Un protestant français, appartenant à une famille qui avait eu de nombreux contacts avec l'Angleterre, Louis Du Moulin, s'en inspire pour publier, en latin, à Leyde, un recueil de cinquante-deux caractères groupés sous le titre de *Ludovici Molinei morum exemplar seu Caracteres* (1654). R. Jasinski a attiré l'attention sur cette imitation libre du livre de J. Earle, jusqu'alors à peu près ignorée, et il cite le portrait du *Bellus homo*, qu'il rapproche de l'Iphis de La Bruyère (XII, 14). Il en retient également un *Garrulus* (le bavard), un *Melancholicus*, un *Antiquarius* (le passionné de l'antiquité) [b].

C'est cependant l'initiateur de la littérature du caractère, Joseph Hall, qui fut le plus souvent traduit en français. Dès 1610, un Français résidant en Angleterre, Jean Loiseau de Tourval, donne à Paris une traduction des *Characters of Vertues and Vices* parus à peine deux ans plus tôt. L'épître dédicatoire de ces *Caractères de vertus et vices* veut que l'ouvrage soit « la première traduction de l'anglais jamais imprimée en aucun vulgaire », en aucune langue vernaculaire. Et il semble que ce soit en effet la première œuvre traduite de l'anglais en français, avec un succès que confirment les rééditions de 1612, 1619, 1628, 1634... En 1629, toujours à Paris, paraît sous le voile de l'anonymat un *Tableau des affections humaines*, dont les troisième et quatrième parties donnent de nouveau, mais sans le signaler, une traduction des mêmes *Characters* [c]. Cette version fut-elle faite sur l'original ou sur la traduction de Loiseau de Tourval ? On ne le sait pas, et pas davantage pour l'édition qu'Urbain Chevreau publie en 1646, sous le titre d'*École du Sage*. Chevreau reconnaît sa dette envers Hall : « Je l'ai traduit en certains endroits et paraphrasé en d'autres » et il assure son lecteur que le moraliste

---

a. Sur ce courant littéraire, voir G. Murphy, *A Bibliography of English Character-Books, 1608-1700*, Oxford U.P., 1925, B. Boyce, *The Theophrastan Character in England to 1642*, Harvard U.P., 1947 (2ᵉ éd., Londres, 1967), J.W. Smeed, *The Theophrastan Character. The History of a Literary Genre*, Oxford, Clarendon Press, 1985. Il y a, selon Boyce, concomitance de l'apparition en Angleterre du caractère et de l'essai, sous l'influence de Plutarque, Sénèque et Montaigne, ce dernier traduit par John Florio en 1603 (Bacon et Shakespeare en seront de bons lecteurs).
b. René Jasinski, « Influence sur La Bruyère », in *Revue d'Histoire de la Philosophie* [...], fasc. 31, juillet-sept. 1942, p. 193-229, et fasc. 32, oct.-déc. 1942, p. 289-328. Version plus récente : *Deux Accès à La Bruyère*, Minard, 1971.
c. R. Jasinski, dans l'article signalé à la note précédente, attribue l'ouvrage à Coëffeteau. En fait l'auteur, qui signe « A.E. » l'épître dédicatoire, exploite le récent *Tableau des Passions humaines*, Paris, 1620, de Coëffeteau et le dit au titre : « suivant les Passions humaines de Monsieur Coëffeteau ». Le privilège date du 26 avril 1626 ; éditeur, André Soubron, Paris 1629.

anglais, alors évêque d'Exeter, a approuvé sa traduction [a]. A en juger par le grand nombre de rééditions, le livre de Chevreau connut « un prodigieux succès » [b] et il est fort peu vraisemblable que La Bruyère ne l'ait pas pratiqué.

L'auteur des *Caractères* a très probablement lu aussi le traité du P. Le Moyne, *Les Peintures morales, où les passions sont représentées par tableaux, par caractères et par questions nouvelles et curieuses* (Paris, 1640-1643, 2 vol.). En réalité, bien qu'il l'annonce au titre, le jésuite utilise très peu la formule du « caractère » selon Théophraste. Dans le second volume, il donne pour « caractère moral » un portrait de l'amour spirituel, et dans le premier, il traite de l'homme insensible à tout sentiment, qu'il appelle « le sauvage » (p. 620-628) et de « l'esprit faible » (p. 654-664) en des développements diffus, bavards, d'un métaphorisme surabondant. Ce ne sont du reste pas, l'auteur le précise, les individus concrets qui sont à l'origine du « caractère », mais « le vice abstrait et pris en soi-même » (I, p. 628). La réalité échappe par là même à Le Moyne, qu'on ne saurait comparer à J. Hall ou à Chevreau. Outre les fautes de goût relevées par Pascal dans sa neuvième *Provinciale*, *Les Peintures morales* ne pouvaient apporter que l'exemple de ce que le « caractère » ne devait pas être.

Urbain Chevreau (1613-1701)

Urbain Chevreau bénéficia en son temps d'une excellente réputation et d'une certaine notoriété. Auteur de poèmes, de pièces de théâtre, de romans et d'œuvres morales, grand ami de Saint-Amant, Chevreau voyagea à travers l'Europe, gagna la Suède, appelé par la reine Christine, fréquenta diverses cours allemandes, en particulier celle de l'électeur palatin de Heidelberg, avant de devenir, en 1678, précepteur du duc du Maine [c]. Très apprécié des cercles mondains, dont vers 1660 celui de la comtesse de La Suze, Chevreau n'en finira pas moins ses jours dans sa ville natale, Loudun, où il se consacre à l'érudition et aux œuvres pieuses.

L'École du sage ou le Caractère des vertus et des vices reprend le classement institué par J. Hall et repris par Tourval en vingt-quatre caractères, huit relevant des vertus et seize des vices. Disparité numérique que souligne encore la meilleure qualité des analyses attachées aux vices. Le moralisme de Hall et de Chevreau n'y peut rien : les portraits du sage et de l'homme de bien sont moins intéressants que ceux de l'hypocrite, du curieux et du profane, que nous avons retenus [d].

---

a. Pour Georges Ascoli, *La Grande-Bretagne devant l'opinion française au XVIIe siècle*, Paris, 1930, 2 vol. (thèse), Chevreau ne s'est servi que de la traduction de Tourval (p. 99-100).
b. L'expression est de R. Jasinski, dans l'article signalé à la note b, p. 24. On compte une dizaine d'éditions pour le moins jusqu'en 1667.
c. Sur le duc du Maine, voir *infra*, p. 79.
d. Ces caractères constituent les chapitres X (« L'Hypocrite »), XI (« Le Curieux ») et XIII (« Le Profane »).

Le traitement du caractère est ici beaucoup plus proche de La Bruyère que de Théophraste et l'écriture beaucoup plus moderne que celle de Loiseau de Tourval. L'Hypocrite est un type d'époque. La Macette que Mathurin Régnier avait mise en scène dans sa satire XIII est célèbre, comme le sera le Tartuffe de Molière, dont le personnage de Chevreau n'est pas si éloigné. La Bruyère, qui corrige Tartuffe en Onuphre (XIII, 24), n'a sans doute pas apprécié certains traits appuyés de l'Hypocrite de Chevreau. Dans leur réalisme de « chose vue », certains passages n'y sont pourtant pas inférieurs, nous semble-t-il, aux développements dont Onuphre est l'objet. Nous sommes de toute façon, chez l'un comme chez l'autre, bien loin de « l'homme dissimulé » de Théophraste. L'image du Curieux est plus stable, du philosophe grec à La Bruyère, qui, comme Chevreau, en traite sous l'angle du nouvelliste. Hall et Chevreau donnent cependant à la condamnation morale du Curieux une importance qui trahit le moralisme délibéré de leur propos. Il en va de même pour le Profane, dont le caractère vise moins à présenter un portrait vraisemblable du libertin qu'à accumuler tous les traits caractéristiques de la mécréance. L'image est composite par l'accumulation des traits, et simplificatrice par la condamnation systématique du personnage. Au moins nous propose-t-elle différents aspects qui font le mécréant aux yeux de l'opinion : s'y rencontrent une philosophie où la Fortune joue le rôle dévolu dans le christianisme à la Providence divine, une morale dominée par la quête du plaisir des sens, le mépris des autres par égoïsme, amour exclusif de soi, et absence de toute conscience morale. Sous la caricature passe peut-être quelque chose du libertin, que La Bruyère, traitant des esprits forts, n'aura pas souci ou envie de redire.

BIBLIOGRAPHIE

URBAIN CHEVREAU, *L'Escole du sage, où il est traicté des vertus et des vices*, Paris, 1646. Pas d'exemplaire de cette édition à la Bibliothèque nationale. L'édition utilisée est celle de 1652 : *L'Escole du sage*. Par Mr. Chevreau. Revue, corrigée et augmentée par l'auteur. Dédiée à Madame la Comtesse de La Suze, Paris, Charles de Sercy, 1652. Privilège du 20 décembre 1651.

Les éditions de 1659 et de 1664 portent au titre *L'Escole du sage, ou le Caractère des Vertus et des Vices*. Autres éditions en 1660, 1661, 1667.

JOSEPH HALL, *Characters of Vertues and Vices,* Londres, 1608.

[JEAN LOISEAU DE TOURVAL], *Caractères de vertus et de vices.* Tirés de l'anglais de M. Joseph Hall, Paris, 1610. Privilège au Sr. de Tourval du 28 février 1610.

JOHN EARLE, *Micro-cosmographie, or A Piece of the World Discovered, in Essays and Characters,* Londres, 6e éd. augmentée, 1630. La première édition serait de 1628. Rééd. par G. Murphy, Golden Cockerel Press, 1928.

LOUIS DU MOULIN, *Lud. Molinei morum exemplar seu characteres,* Lugduni Batavorum [Leyde], Elsevier, 1654.

*

LOUIS VAN DELFT, « Littérature et anthropologie : le *caractère* à l'âge classique », in *Le Statut de la littérature*, Mélanges P. Bénichou, p.p. Marc Fumaroli, Genève, Droz, 1982, p. 97-115.

L'ÉCOLE DU SAGE
Urbain Chevreau

L'HYPOCRITE
Chapitre X

Il a toujours deux visages et souvent deux cœurs, et, dans la pièce qu'il joue, il est d'autant plus méchant acteur qu'il en joue le plus beau rôle. Il semble qu'il tienne à gage [1] la tristesse et la gravité. Toutes deux paraissent en même temps sur son visage, cependant que la galanterie et la joie occupent toute sa pensée, et de cet état il rit en lui-même, lorsqu'il songe qu'il a l'art de tromper de si bonne grâce les personnes qui le regardent ou qui l'entendent. Toutes les marques de la religion sont imprimées sur son front : c'est un loup au-dedans et une brebis au-dehors. Il n'est simple qu'en ses vêtements, et son cœur n'a point de plus infidèle interprète que sa langue [2].

S'il sort le matin et qu'il entre dans un temple, il en salue les piliers avec une révérence aussi basse que s'il devait se laisser tomber. Il adore le Dieu qu'il méprise quand il est chez lui et cependant ses yeux ne sont arrêtés que sur les vitres, sur la voûte ou sur les passants, et son âme ne peut savoir où peuvent aller ses lèvres. Lorsqu'il se lève, il regarde autour de lui avec un étonnement d'ardeur et de zèle. Il se plaint de la charité du temps, qu'il trouve refroidie ou tout à fait morte, et n'a des louanges et des admirations que pour celle des premiers siècles. Il veut toujours être assis dans un lieu d'où le monde ne puisse détourner sa vue, pour s'y rendre le sujet de leur [3] entretien. A la moitié du sermon il tire ses tablettes comme s'il appréhendait la perte d'un texte pressant ou de quelque méditation chrétienne, et toutefois il y écrit quelque autre chose, et le plus souvent rien du tout. Il cherche avec beaucoup de bruit dans sa Bible le premier passage qu'on allègue, comme s'il en avait perdu la mémoire ; il plie le feuillet comme s'il l'avait heureusement rencontré. Il demande hautement le nom du prédicateur et le répète, il le salue lorsqu'il le trouve, il le remercie, il demande sa conversation et l'entretien de discours qui seraient à louer sans doute s'ils sortaient d'une bouche qui fût plus honnête.

Lorsqu'il parle de sa jeunesse et qu'il en rapporte tous les excès dont la mémoire dure encore, il ne peut se défendre de pousser de longs soupirs et de répandre beaucoup de larmes, mais plus pour le regret qu'il a de ne la pouvoir plus rappeler que pour le repentir de ses infamies. Si vous le voulez croire, il vous assurera qu'il a maintenant des inclinations plus belles et des sentiments plus religieux, quoique le temps ait changé de mal en pis. Il n'osera presque mettre ses mains sur les plaies d'autrui de peur de les en rapporter plus vilaines, et détestera les fautes de son voisin cependant qu'en son âme il ne méditera que des sacrilèges et des incestes. De tout ce qu'il dit il en tire une histoire à son avantage. Ses aumônes et ses prières demandent toujours des témoins et peut-être de peur que Dieu ne s'en ressouvienne ; et dans l'appréhension qu'il a que ses amis les ignorent, il est le premier à les en instruire. De la superfluité de son usure il en bâtit quelquefois un hôpital. Il loge ceux qu'il a dépouillés par son avarice et, de cette sorte, il fait plusieurs mendiants cependant qu'il en entretient quelques autres.

Il croirait manquer d'invention s'il ne donnait à toutes les choses plus de poids qu'elles n'en ont. Il trouble chaque particulier pour la moindre circonstance. Il souffrirait aussi peu de la chair sur sa table le vendredi que la femme de son voisin dans son lit ; il ferait autant de scrupule d'en manger que de débaucher une religieuse et sera plutôt scandalisé de voir qu'on ne se découvre pas au nom de Jésus que d'entendre renier le nom de Dieu. Si quelqu'un lui récite de ses vers ou de sa prose, il en demande aussitôt une copie, il en persuade l'impression, il admire son ouvrage en sa présence jusques aux plus grandes bassesses et le condamne quand il l'a perdu de vue jusques aux pensées les plus délicates et les plus fortes. S'il rencontre un ami dans la rue, il lui serre aussitôt la main, il l'embrasse, il le baise, il le conjure de le venir voir et, quand il l'a quitté, il est ravi de s'être défait si heureusement de sa compagnie. Mais, si le même le visite sans l'avoir averti de son dessein, il contrefait un visage ouvert, il le reçoit avec une franchise qui lui semble être naturelle [4], il s'excuse de la mauvaise chère qu'il lui fait et regarde en même temps sa femme avec quelque sorte d'horreur pour avoir apprêté quelque chose de plus que son ordinaire.

Il ne manque ni de belles paroles ni de bonne mine. C'est un orateur qui n'ignore rien de tout ce qu'on doit savoir. Il sait dire les choses avec grâce et les faire avec adresse, et la plus mauvaise de toutes les qualités qu'il a, c'est lui-même. Enfin, c'est le saint des étrangers, l'incommodité de ses voisins, le corrupteur de la bonté, un diable chez lui, un ange partout ailleurs, et plus dangereux encore quand il est ange que quand il est diable [5].

LE CURIEUX
Chapitre XI

Sa condition est toujours trop resserrée pour son humeur et c'est pour cette raison qu'il se mêle des affaires d'autrui, quoique la charité lui serve toujours de premier prétexte. C'est de lui qu'on apprend toutes les nouvelles qu'il ne veut savoir que pour les redire. Il sait infailliblement ce que chaque particulier peut avoir hasardé cette année aux Indes [6], le profit qu'il en peut tirer, si la paix sera le dernier fruit de la guerre des Hollandais [7], sous quelles conditions on pourra les accorder, et vous en raconte les particularités avec autant d'intelligence que s'il en devait être l'arbitre. Jamais un courrier ne passe qu'il ne le persécute de mille questions différentes ; quoiqu'il se détourne de son chemin, il le suivra tant que l'autre aura de quoi l'instruire et ne l'a pas plutôt quitté qu'il arrête le premier qui se rencontre devant lui, charge son esprit et sa mémoire de cent contes vains et ridicules, les récite avec autant de facilité que s'il avait employé beaucoup de temps à les apprendre et avec autant de chaleur que s'ils leur découvraient [8] leur bonne ou leur mauvaise fortune. Il les examine avec un soin incroyable, il supplée à tous les défauts [9] du courrier et parle enfin si mal à propos et si longtemps que le malheureux qui l'écoute est contraint de l'abandonner et de lui faire voir encore, quoiqu'il ne soit pas venu au bout de son discours, qu'il ne laisse pas d'être venu à bout de sa patience. Son raisonnement est coupé d'ordinaire de parenthèses, qu'il promet toujours de remplir, et peut-être qu'il ne manquerait pas à sa promesse si les oreilles de l'autre étaient infatigables comme sa langue. S'il voit seulement deux personnes qui s'entretiennent ou qui lisent quelque lettre, il s'enquiert si un troisième ne pourrait être de leur conférence, et, s'il n'y peut pas entrer, il promet de leur dire des merveilles et leur parle alors des mines d'Écosse [10], des neiges du dernier hiver, du débordement de quelque rivière, d'un monstre de mer qu'on a pris sur certaines côtes. Et quoiqu'ils aient beaucoup de peine à l'écouter, il en a plus encore à se taire.

Il entreprend tout et n'achève rien. Il s'offre pour guide dans des chemins qui ne lui sont pas connus, il crie aux fenêtres de son voisin et veut savoir pourquoi l'oisiveté leur est une habitude si agréable. Et l'on ne trouve point de commodités dans les halles ni dans les marchés dont il ne sache le nom et dont il ne débite le prix à la première table qu'il rencontre. Sa langue, comme la queue des renards de Samson [11], porte des tisons embrasés. Elle n'est pas seulement capable de mettre en combustion des familles particulières, mais encore des villes, des provinces, des royaumes et tout un monde. Il commence quelquefois un repas chez son voisin par le mauvais discours d'un autre, il lui en rapporte incontinent la nouvelle et, le conjurant de rendre l'avis aussi secret que s'il était devenu son confesseur, il revient chez son premier hôte avec une réponse de ressentiment et de colère, qu'il enchérit autant qu'il le peut, pour rendre leur combat plus prompt, plus sanglant et plus funeste. Toutes ses paroles et toutes ses actions reçoivent de lui quelque commentaire. Il n'est pas moins effronté que défiant. Il entend de loin. Ses yeux ne s'arrêtent jamais en aucun lieu et, comme il remarque aisément les imperfections, pource qu'il s'y attache avec le plus d'opiniâtreté, il est ingénieux à les faire considérer au travers de ces lunettes qui font paraître les moindres choses extrêmement grandes. Il loge le valet pour savoir adroitement de lui les occupations, les divertissements et l'humeur de son maître et, s'il n'a plus rien à lui dire, il le renvoie et se met dès l'heure en peine d'en chercher un autre.

Il abhorre la constance comme une stupidité qui ne s'élève jamais et dont l'usage est capable de ruiner la réputation d'un honnête homme et, quoi qu'il fasse, il ne peut être sitôt lassé de l'un et de l'autre que les deux ne soient encore plus tôt lassés de lui. La haine publique est le fruit de toutes ses œuvres. Il est assuré d'avoir autant d'ennemis qu'il a de maîtres [12] et de n'avoir pour amis que ceux qui n'ont pas eu le temps de le bien connaître. Il travaille sans récompense, il parle sans être cru, il vit sans se faire aimer, il meurt sans être regretté, si peut-être on ne dit que c'est dommage qu'il n'est pas plus tôt mort.

LE PROFANE
Chapitre XIII

Le superstitieux a toujours des dieux en grand nombre [13] et le profane n'en peut concevoir aucun si, peut-être, le monde n'est son Paradis et s'il n'est lui-même son dieu. Dans tout ce qui regarde la religion, son cœur est un morceau de chair morte, qui ne ressent ni les craintes, ni les soins, ni les remords de sa conscience. Par un usage long et maudit il est devenu tellement stupide qu'il semble avoir perdu tout sentiment, et s'est fait une telle habitude de ses crimes qu'il ne saurait plus faire autre chose. Quoique le péché soit attaché à notre nature et qu'il naisse avec nous, il s'est rendu toutefois opiniâtre en lui par certains degrés. Il est devenu profane quelque temps après impie [14]. Il pécha d'abord sans repentir et pèche maintenant sans connaissance.

Il n'a point d'autre souverain que son appétit, la raison est sa sujette, la religion sa bouffonne, le sens [15] son Écriture et la règle de sa créance, et, quand la piété lui doit être heureuse, il peut tout ensemble la mépriser et la contrefaire. S'il a fait quelque souhait inutile, toutes ses injures sont contre le destin et contre celui dont il ne veut point relever. Si quelque succès n'a point trompé son attente, il ne l'attribue qu'à son bonheur ou à sa prudence. Ses plus beaux sacrifices sont pour la fortune [16], c'est ainsi qu'il trouve beaucoup plus d'apparence de s'imaginer un faux dieu que de reconnaître le véritable.

Sa conscience pourrait bien l'entretenir de son infamie, mais il ne la veut point écouter. Il fait autant de défauts qu'elle lui donne d'assignations [17] ou la condamne autant de fois qu'elle lui demande audience. Le nom de Dieu ne sort de sa bouche qu'avec un blasphème. S'il songe en lui, c'est quand il n'a plus personne à réclamer et que toutes choses lui manquent, et c'est alors aussi qu'il ne sait pas la manière de le prier parce que cette reconnaissance est alors seulement son apprentissage et son chef-d'œuvre [18]. Il le querelle quand il considère que la volupté a des conditions trop dures et que la douleur est de trop près jointe au plaisir. Il vomit autant d'injures contre lui qu'il a de pensées s'il juge que sa damnation éternelle ne viendra que de quelques heures qu'il a passées dans les débauches et, tirant de son immuable décret des excuses à sa malice, il veut que l'auteur de son être le soit aussi de toutes ses fautes [19]. La nécessité inévitable du conseil de Dieu fait son désespoir et sa négligence et c'est de là qu'il s'empoisonne lui-même des meilleures viandes [20]. La probité n'est entretenue chez lui que pour lui servir de sujet de rire. Il déguise tous les vices, il attaque toutes les vertus, il n'est vain que des péchés de sa jeunesse, qu'il rend bien souvent plus horribles pour se rendre plus honnête homme, et trouve de la consolation à les raconter quand il n'est plus en puissance de les commettre.

Il ne songe point à la mort sans impatience [21] et sans horreur et la craint beaucoup plus qu'il ne craint l'Enfer pource qu'il est assuré de l'une et qu'il est encore en doute de l'autre. S'il fréquente les églises, c'est de la même sorte qu'il fréquente le théâtre, hormis qu'il les visite avec plus de crainte. Il n'y va que par divertissement ou par coutume et peut-être pour y chercher le sommeil ou pour y trouver de quoi contenter à loisir et ses yeux et ses oreilles. Il n'aime que lui-même, quoique le vrai bien ne soit pas le fondement ni l'objet de cette amour. Il ne regarde pas quelles personnes il peut fouler, pourvu qu'il s'élève. Sa conversation n'est qu'un outrage, sa vie n'est qu'une licence de crimes. Il est autant haï de Dieu qu'il hait sa crainte et, s'il n'avait point de corps, il ne serait point différent du Diable.

s'il juge que sa damnation attendra neuf mois que de quelques heures qu'il a passées dans les débauches et jurant de son immuable décret, des excuses à sa malice, il vaut mieux que l'autour de son être le soit déboursé à se magnificence et c'est de là qu'il s'empoisonne lui-même des meilleures viandes.[20] La prolixité n'est nulle-part chez lui que pour lui servir de sujet de rire. Il déplaise tous les vices, il afflige toutes les vertus. Il n'est vain que des péchés de sa jeunesse, qu'il rend bien souvent plus honorables pour se rendre plus honnête homme, et trouve de la consolation à les raconter quand il n'est plus en puissance de les commettre.

Il ne songe point à la mort sans impatience et sans horreur et, le craint beaucoup plus qu'il ne craint l'Enfer, parce qu'il est assuré de l'une et qu'il est encore en doute de l'autre. S'il fréquente les églises, c'est de la même sorte qu'il fréquente le théâtre, hormis qu'il y visite avec plus de crainte. Il n'y va que par divertissement, ou par coutume, et peut-être pour s'exempter le soupçon, ou pour y trouver de quoi contenter à loisir et ses yeux et ses oreilles. Il n'aime que lui-même, quoique je crois bien ne soit pas le fondement ni l'objet de cette amour, il ne regarde pas quelles personnes il peut flatter, pourvu qu'il s'élève. Sa conversation n'est qu'un outrage, sa vie n'est qu'une licence de crimes. Il est autant hai de Dieu qu'il hait sa crainte et, s'il n'avait point de corps, il ne serait point différent du Diable.

Questions et maximes d'amour

MADELEINE DE SCUDÉRY

Les romans-fleuves que sont *Artamène ou le Grand Cyrus* (1649-1653) et *Clélie, histoire romaine* (1654-1661) connurent en leur temps un succès considérable. Ce succès n'est pas dû seulement à l'art de la romancière. Mlle de Scudéry y fournit à une société mondaine en mal de divertissement des modèles littéraires, dans *Clélie* tout particulièrement. On a montré que la vogue du portrait littéraire autour de 1660 avait été suscitée par les portraits de la *Clélie*[a]. De même les conversations et débats « mis sur le tapis » envahissent peu à peu le roman, au détriment de l'histoire. Or les débats sur l'amour sont particulièrement appréciés dans les milieux où se rencontrent ces oisifs, hommes et femmes, qui peuplent les salons d'après la Fronde. Toute une littérature était déjà consacrée à ces discussions, de *L'Heptaméron* de Marguerite de Navarre à *L'Astrée* d'Honoré d'Urfé, et Mlle de Scudéry ne fait, au total, que remettre à l'honneur la casuistique amoureuse que les genres médiévaux des tensons et des jeux-partis avaient élaborée et développée[b]. A un cas, posé sous forme de question, des réponses sont apportées, en prose ou en vers, qu'on lit et dont on débat. La « question d'amour » donne donc lieu à une réponse, qui prend la forme d'une « maxime d'amour ». Mlle de Scudéry reprend, sans la question, la formule ancienne dans la Troisième partie de *Clélie*, qui paraît en 1658.

L'auteur introduit le personnage de Térame qui est, il va de soi, un « homme de haute naissance [...] d'un mérite extraordinaire ». Térame a fait « une étude particulière du monde en général » et il s'est constitué, à partir de cette expérience, une philosophie galante dont il s'est plu, pour un ami, à formuler les conclusions en une suite de quatorze

---

a. J. Plantié, *La Mode du portrait littéraire en France dans la société mondaine (1641-1681)*, thèse de Paris-Sorbonne, 1975. Université de Lille III, microfiches, 1984.
b. J. Laffitte-Houssat, *Troubadours et cours d'amour*, Paris, P.U.F., « Que sais-je ? », 1966 et l'ouvrage de C. Schlumbohm, *Jocus und Amor*, cité dans la bibliographie de Bussy-Rabutin.

maximes. Ces maximes en prose sont autant de règles à respecter par l'amant qui entend connaître le bonheur de satisfaire son désir. Car « le plaisir est l'âme de l'amour », et non pas, comme le veut la tradition courtoise, le sacrifice, les soupirs et les larmes [a].

La position n'est pas neuve, qui fait prévaloir la galanterie sur l'amour : c'est celle, dans *L'Astrée*, d'Hylas, le doctrinaire de l'inconstance, qui sert de joyeux contradicteur aux doctrines éthérées de Céladon et des bergers de la pastorale. Et c'est en effet sur le modèle des douze tables des « lois d'amour » de *L'Astrée* qu'est construit le passage [b]. A Céladon qui avait gravé, en douze sizains, les lois du parfait amour, Hylas avait opposé une version falsifiée, où l'inconstance était jugée de beaucoup préférable à la fidélité. Mlle de Scudéry oppose de même à Térame les vues d'un « fort honnête homme », qui, en quatorze maximes comme avait fait Térame, rétablit dans ses droits la véritable morale : l'amour unique et le service de l'aimée en commandent tous les articles.

C'est donc à la morale la plus traditionnelle qu'est laissé le dernier mot. Mais Térame attire la même sympathie qu'Hylas [c] et il y a dans sa position une part importante de provocation et de jeu. Il est du reste aussi cultivé que séduisant et il fait appel, en conclusion, à la thèse des deux Vénus et des deux Amours soutenue par Pausanias dans *Le Banquet* de Platon. A la Vénus céleste et à son fils grondeur et chagrin, il n'hésite pas à préférer la Vénus chypriote et l'Amour « qui se joue, qui rit, qui danse, qui badine ». Cette prédilection marquée pour le plaisir annonce l'épicurisme facile et la liberté des mœurs qui prévaudront dans certains salons de la fin du siècle et se donneront libre cours sous la Régence.

BIBLIOGRAPHIE

MLLE DE SCUDÉRY, *Clélie, histoire romaine* [...], Troisième partie, Paris, Augustin Courbé, 1658, p. 1360-1378. Il faut ajouter que chaque série de quatorze maximes est précédée d'un assez long discours où Térame et son adversaire justifient leur propos. Cet avant-propos fait en réalité double emploi avec les maximes : Mlle de Scudéry a toujours ignoré l'art de faire court.

MORALE GALANTE DE TÉRAME
Madeleine de Scudéry

[*Térame justifie la thèse qu'il est « plus nécessaire, pour être bien parmi les dames, d'être fort galant que d'être fort amoureux » et conclut :*] C'est

---

a. M. Cuénin, *L'Idéologie amoureuse en France (1540-1627)*, Paris, Aux Amateurs de Livres, 1987.
b. H. d'Urfé, *L'Astrée*, p. p. J. Lafond, Gallimard, Folio, 2ᵉ éd., 1990, p. 136-139 (tables des lois d'amour de Céladon), et p. 154-157 (tables falsifiées par Hylas).
c. On se souvient que dans *Les Amours de Psyché*, La Fontaine fait dire à Gélaste : Hylas, « c'est le véritable héros d'*Astrée* : c'est un homme plus nécessaire dans le roman qu'une douzaine de Céladons », in *Oeuvres diverses*, p.p. P. Clarac, Pléiade, 1958, p. 177.

pourquoi je soutiens qu'il faut suivre exactement les maximes que vous allez entendre et dont je me suis assez bien trouvé pour vous conseiller de vous en servir. Voici donc à peu près ce qu'une assez longue expérience m'a enseigné.

1

Il faut aimer tout ce qui paraît aimable, pourvu qu'il y ait quelque apparence de trouver plus de plaisir que de peine à la conquête que l'on veut faire.

2

Il se faut bien garder parmi les femmes de faire l'inconstant de profession, mais il ne faut pourtant jamais être trop scrupuleusement fidèle, car il vaudrait mieux avoir mille amours que de n'en avoir qu'une qui durât toute sa vie.

3

Au reste, quoiqu'il ne faille pas faire de scrupule de changer de maîtresse dès que la peine passe le plaisir, il ne faut jamais être indiscret à pas une, car non seulement l'honneur et la générosité ne le veulent pas, mais une raison d'intérêt ne le veut pas aussi, n'y ayant rien de si propre à faire perdre mille faveurs qu'une indiscrétion [1].

4

Sur toutes choses un amant doit songer à divertir et à plaire ; mais à plaire par lui-même et à divertir sans faire le plaisant ; car encore qu'il ne parle point ouvertement d'amour à la dame qu'il sert, s'il vient à être nécessaire à son plaisir, il la met en état d'être aisément persuadée.

5

Il se faut bien garder de dire ses véritables secrets à sa maîtresse, car, comme un homme qui sait bien le monde [2] n'en doit jamais avoir aucune sans prévoir qu'il ne l'aimera plus dans peu de temps, il doit donner sa confidence à ses amis et à ses amies ; et donner seulement ses soins, sa belle humeur et ses chansons à ses maîtresses. Pour de petits secrets qui ne sont rien, quand on n'en a point, il en faut faire, car il est assez à propos d'accoutumer les dames à parler bas, quoiqu'il ne s'agisse que de bagatelles inutiles.

6

S'il est possible, il faut qu'un homme se mette en état de plaire sans se ruiner et qu'il sache si bien choisir celles qu'il aime qu'elles se contentent de lui voir l'esprit beau, divertissant et agréable, car il n'est pas glorieux de devoir la conquête du cœur d'une belle à la multitude de ses esclaves seulement.

7

Il faut principalement se garder d'être livré à ses rivaux et il faut au contraire agir si adroitement qu'on vous livre ceux qui sont les vôtres.

8

Il est encore bon que la dame que l'on aime croie que votre cœur n'est pas si fort à elle qu'elle ne le pût perdre si elle vous maltraitait, et qu'elle croie aussi que, si elle le refusait, il y en aurait quelque autre qui ne le refuserait pas.

9

De plus il faut, autant qu'on le peut, être instruit de toutes les galanteries du lieu où l'on est, car l'exemple sert quelquefois autant que les raisons à persuader une belle.

10

Pour de la jalousie, il faut bien s'empêcher d'en avoir trop, ni d'en avoir longtemps ; car il vaut bien mieux haïr sa maîtresse que de s'amuser à haïr ses rivaux inutilement.

11

Il ne faut pas faire profession publique de dire des douceurs à toutes les belles, mais il n'y a pas grand danger d'agir de façon avec toutes les jolies femmes qu'on leur donne lieu de croire que, si on ne les aime, on les peut aimer.

12

Il est même assez bon d'être capable d'une certaine malice galante qui vous rende redoutable à ceux qui vous peuvent nuire, de se savoir servir d'une espèce de raillerie ingénieuse, qui oblige votre maîtresse à rire d'intelligence avec vous.

13

Il faut bien se garder d'avoir d'une certaine obéissance aveugle, qui n'est bonne qu'à incommoder un pauvre amant, et il faut se contenter d'obéir exactement lorsqu'on commande des choses agréables où il n'y a ni caprice, ni tyrannie, ni injustice.

14

Mais, sur toutes choses, il faut se souvenir que, s'il est bon d'instruire en divertissant, il est encore meilleur de se divertir en persuadant, car il n'y a rien de plus injuste que de faire l'amour[3] pour se rendre malheureux et que d'aimer si fort qu'on cesse d'être aimable et qu'on ne puisse jamais se faire aimer.

Vous pouvez ce me semble juger aisément après ce que je viens de vous dire que Térame est infiniment agréable...

[*Une conversation s'ensuit : la belle Artélise propose de lire la réponse qu'un « fort honnête homme » a faite à la morale galante de Térame. La proposition est acceptée.*] Après cela, Artélise tira des tablettes qu'elle avait et y lut à peu près ce que vous allez entendre, qui répond article pour article à tout ce que Térame avait dit.

MAXIMES OPPOSÉES A CELLES DE TÉRAME

1

Pour la multitude des maîtresses, elle ne se peut endurer, car, à parler véritablement, quiconque en a deux n'en a point.

2

Pour la constance, qui la veut bannir de l'empire de l'amour détruit l'amour même, car, dès qu'on peut penser qu'on n'aimera plus un jour, on cesse d'aimer au même instant, ou, pour mieux dire, on a déjà cessé d'avoir de l'amour, n'étant pas possible à un cœur véritablement amoureux d'imaginer qu'on puisse n'aimer plus ce que l'on trouve seul aimable pour soi en toute la terre. Au contraire, à dire la vérité, une des plus grandes douceurs de cette passion est de s'imaginer une éternité d'amour, s'il faut ainsi dire, et de voir à l'avenir une multitude de plaisirs dont on se peut tenir assuré.

3

Pour la discrétion, les constants et les inconstants qui sont gens d'honneur en conviennent, c'est pourquoi je n'ai rien à en dire, si ce n'est qu'il est bien difficile d'être toujours discret quand on a une si grande diversité d'intérêts.

4

Il faut sans doute plaire et divertir, comme je l'ai déjà dit, mais on ne saurait dire si c'est précisément en raillant qu'il le faut faire, car la règle générale est de s'accommoder à l'humeur de la personne aimée.

5

Quiconque peut cacher son secret à sa maîtresse ne lui a pas donné son cœur, car il est tellement impossible de s'aimer sans se dire jusques à ses moindres pensées qu'on peut assurer que c'est se faire un outrage que de cacher un de ses sentiments à la personne que l'on aime, et que c'est se priver du plus sensible plaisir de l'amour que de n'être pas capable de cet échange de secrets qui est si agréable à faire. En effet, on se les donne de part et d'autre comme des otages de cette paix éternelle qui doit être entre deux cœurs amoureux, et comme une preuve infaillible de l'amour qu'on a dans l'âme et qu'on y veut toujours avoir. Pour les petits secrets qui ne sont rien, on n'a que faire d'en inventer quand on aime avec tendresse, car il en naît à tous les moments dans l'esprit de toutes les personnes qui savent aimer.

6

Pour la magnificence excessive, on la doit toujours blâmer, quand elle ruine celui qui s'en sert ; il est pourtant vrai que rien ne la rend plus excusable que l'amour, et j'ose même assurer que c'est lui qui l'a inventée ; mais, après tout, je tombe pourtant d'accord qu'il faut que celui qui est magnifique en train et en habillements compte cela pour rien et puisse se faire aimer sans le secours de choses qui ne lui appartiennent pas.

7

Quand on a des rivaux, le plus grand secret pour leur nuire et pour faire qu'on vous les livre, c'est d'être plus honnête homme qu'eux, plus brave et plus amoureux, et, si après cela la dame est injuste et choisit mal, l'on peut changer si l'on veut sans être inconstant.

8

Il est sans doute plus avantageux que la dame qu'on aime croie que celui qu'elle aime peut être aimé, mais il faut qu'elle ait cette pensée par le grand mérite de celui qui la sert, et non pas par les soins qu'il apporte à le lui faire croire.

9

Pour les nouvelles du monde, je doute si un homme fort amoureux peut se donner la peine de s'en informer exactement, car une véritable amour est une si grande affaire qu'elle occupe un cœur tout entier.

10

Quant à la jalousie, il est tellement impossible d'aimer sans en avoir que quiconque la peut régler en son cœur est maître de son affection et n'aime guère sa maîtresse.

11

Au reste, je tombe d'accord qu'il ne faut pas faire profession de dire des douceurs à toutes les belles, car, lorsque l'on en aime une, il faut presque retrancher une partie de sa civilité pour toutes les autres. Du moins faut-il la régler de façon qu'elle ne soit pas excessive et qu'elle ne puisse pas être dangereusement expliquée par la personne qu'on aime.

12

Quant à cette galante malice qui plaît à quelques-uns et qui se fait craindre par quelques autres, il est si difficile d'en avoir précisément de celle qui tient le milieu entre la dangereuse raillerie et le simple enjouement que je ne voudrais pas la conseiller à ceux à qui la nature n'a point donné, comme à Térame, cet agréable talent qui fait en un même instant craindre et aimer ceux qui le possèdent.

13

Pour l'obéissance, si on la veut ôter à l'amour, il faut renverser son empire, car qui peut désobéir à la personne aimée n'aime point et ne mérite pas de porter la qualité d'amant.

14

Pour le dernier article, je confesse que qui pourrait toujours être heureux en aimant mériterait de passer pour un insensé s'il ne l'était pas, mais, l'amour n'étant pas volontaire, les supplices qui le suivent ne le sont non plus que lui. Aussi suis-je persuadé que Térame n'a songé qu'à instruire un galant agréable et non pas un véritable amant [4].

BUSSY-RABUTIN

Roger de Rabutin, comte de Bussy (1618-1693), est l'auteur des maximes d'amour les plus célèbres du XVIIe siècle. Si l'on en croit ses *Mémoires*, il compose les premières en juin-juillet 1660 pour distraire, à Lyon où il l'a rejointe, sa maîtresse, Mme de Montglas, convalescente de la variole. Le cinquième et dernier volume du *Recueil de Sercy (prose)*, qui paraît en 1663, en donne, sous l'anonymat, cinquante et une. Pièces courtes, en vers irréguliers, elles traitent de l'amour sur le mode léger de la poésie mondaine. Sans éviter toujours les banalités ni les prosaïsmes, Bussy joue son personnage d'homme d'esprit, et une ironie parfois piquante relève cette leçon d'amour dans un salon. Les conventions du genre sont respectées, et certains lieux communs (max. 2, 6, 14, 26, 28...), mais les remarques et les conseils ne manquent pas où l'amour est traité avec plus de désinvolture et d'impertinence que de sentimentalité (max. 12, 17, 22, 29, 38, 42...).

Louis XIV fait part à son frère, Monsieur, de son désir de connaître ces maximes. Monsieur demande à Bussy de venir les lui dire en présence de Mme de Montausier et de Mme de Montespan. Les maximes se présentent alors à la suite de questions, que Bussy introduit sans doute pour la circonstance selon la formule très ancienne des questions-réponses destinées à débattre de points de casuistique amoureuse. « Je lisais d'abord la question, écrit Bussy, et, avant de passer outre, Monsieur et puis ces dames les résolvaient selon leurs sentiments ; après cela, je lisais la maxime. Mais je remarquai que Mme de Montespan, toute jeune qu'elle était, avait déjà un bon sens sur l'amour, et bien droit, qui lui faisait toujours décider la question comme je l'avais décidée, moi qui y avais longtemps pensé [a]. »

Ces questions sont cependant absentes des éditions de 1663 et 1666, où paraissent des maximes [b]. Elles figurent en revanche dans l'édition

---

[a]. Bussy-Rabutin, *Mémoires*, p.p. L. Lalanne, Paris, 1857, t. II, p. 160. Mme de Montespan avait alors 24 ans.
[b]. Voir, sur le détail des éditions, notre bibliographie.

Barbin de 1669, qui, à côté des *Valantins* de Guilleragues, donne soixante-dix questions et maximes. Lorsque après le scandale causé par l'*Histoire amoureuse des Gaules*, Bussy sort de la Bastille pour un exil dans ses terres de Bourgogne qui durera dix-sept ans, il trompera le temps en composant d'autres pièces. Il élimine, corrige, remanie et retient finalement cent cinquante-sept maximes, précédées de leur question. Voici les cinq premières : « Savoir ce que c'est que l'amour », « Savoir de quelle manière il faut que les dames se conduisent pour ne pas se perdre de réputation en aimant » (suivie de la maxime 1 de 1663), « Savoir s'il y a des secrets pour être aimé » (maxime 2), « Savoir si l'on peut espérer à la fin de se faire aimer d'une coquette », « Savoir quel est l'effet des larmes en amour » (maxime 48, qui fournira la matière des maximes 5 et 6 dans les *Mémoires*). Cet ensemble de cent cinquante-sept maximes est donné dans les *Mémoires* à l'année 1664. La place ainsi accordée à cette production montre assez que Bussy ne la considérait pas seulement comme une œuvre de circonstance.

Les cinquante et une maximes de 1663 qu'on va lire présentent pour le moins l'intérêt d'être à l'origine d'une mode de la maxime d'amour en vers qui occupera les salons, et leurs poètes, pendant plusieurs décennies.

BIBLIOGRAPHIE

Recueil de pièces en prose, les plus agréables de ce temps. Composées par divers Autheurs. Cinquiesme partie, Paris, Charles de Sercy, 1663, p. 387-406.

Poésies de madame la Comtesse de La Suze, Paris, Charles de Sercy, 1666, p. 63-80.

Valantins, Questions d'amour, et autres pièces galantes, Paris, Claude Barbin, 1669, p. 81-125.

Recueil de pièces galantes en prose et en vers de Madame la Comtesse de La Suze et de Monsieur Pellisson, Paris, Gabriel Quinet, 1684, t. IV, p. 156-188.

Mémoires de Roger de Rabutin [...], p.p. L. Lalanne, Paris, 1857, t. II, p. 160-202.

MAXIMES D'AMOUR
Bussy-Rabutin

POUR LES FEMMES [1]
[1]   Aimez, mais d'un amour couvert [2]
       Qui ne soit jamais sans mystère.
       Ce n'est pas l'amour qui vous perd,
       C'est la manière de le faire.

POUR LES HOMMES
[2]   Si vous voulez rendre sensible
       L'objet dont vous êtes charmé,

Pourvu que dans le cœur il n'ait rien d'imprimé,
La recette en est infaillible :
Aimez et vous serez aimé.

[3] Sylvandre dans l'incertitude
Quelle il aimerait mieux, la coquette ou la prude,
Et ne pouvant enfin se résoudre à choisir,
Me demanda quelle victoire
Serait plus selon son désir.
Voulez-vous, lui dis-je, me croire ?
La prude donne plus de gloire,
La coquette plus de plaisir.

[4] L'hyperbole plaît aux amants,
Tout est siècle pour eux, ou bien tout est moment,
Et jamais au milieu leur calcul ne demeure.
Ils vont tous dans l'extrémité,
Ils disent que leur bien ne dure qu'un quart d'heure
Et leur mal une éternité.

[5] Quand vous aimez passablement,
On vous accuse de folie.
Quand vous aimez infiniment,
Iris, on en parle autrement.
Le seul excès vous justifie.

[6] Pour être une maîtresse aimable
Il faut que votre flamme augmente nuit et jour,
Et l'excès ailleurs condamnable
Est la mesure raisonnable
Que l'on doit donner à l'amour.

[7] Vous me dites que votre feu
Est assez [3] grand, belle Climène.
Vous ignorez donc, inhumaine,
Qu'en amour assez est trop peu.
Cependant la chose est certaine,
Et si, sur ce chapitre, on croit les mieux sensés,
Quand on n'aime pas trop, on n'aime pas assez.

[8] Une maîtresse à son amant,
Encor que quelques-uns en parlent autrement,
Doit de tous ses secrets un entier sacrifice.
Et lorsqu'un de ses amis sait
Qu'elle a découvert son secret,
Il faut qu'il se fasse justice.
Quand on se donne, il doit juger
Qu'on n'a plus rien à ménager.

[9] Amants qui prenez mes leçons,
Ne vous donnez jamais ni craintes ni soupçons :

On n'aime pas longtemps alors qu'on se défie.
Mais si l'un de vous deux vous semblait moins aimer,
Quittez-le plutôt là que par sa jalousie
　　　Vouloir le renflammer.

[10]　　S'il arrive dans vos absences
　　　Des sujets d'éclaircissement,
　　　Amants, faites vos diligences [4]
　　　A vous éclaircir promptement.
Mais si vous n'osez pas librement vous écrire,
Jusqu'à votre retour il faut là tout laisser
　　　Plutôt que de ne pas tout dire
　　　Et par là vous embarrasser [5].

[11]　　Alors qu'un commerce amoureux
　　　Finit enfin avec rudesse,
　　　Si l'amant, du temps de ses feux,
　　　A fait des dons à sa maîtresse,
　　　Il ne doit rien redemander,
　　　Ni la maîtresse rien garder.

[12]　　L'amant qui quitte sans raison
　　　Doit le secret à sa maîtresse.
　　　Elle aussi lui doit du poison.
　　　Mais si c'est elle qui le laisse,
　　　Il peut tout dire et tout montrer,
　　　En un mot la déshonorer [6].

[13] C'est vouloir, pour parler en langue un peu commune,
　　　Prendre la lune avec les dents
　　　Que de vouloir en même temps
　　　Faire l'amour et sa fortune.

[14]　　C'est tout ce que l'amour peut faire,
De durer pour Iris quand il est bien conduit,
Mais bien que quelques-uns nous disent le contraire,
　　　Qui le partage le détruit.

[15] L'incertitude est le plus grand des maux.
　　　Quand vous aurez sur votre affaire
　　　Un éclaircissement à faire,
Jusqu'à ce qu'il soit fait n'ayez point de repos.

[16]　　Encor qu'il soit presque impossible
D'être d'un même objet toujours fort amoureux,
　　　Il faut pourtant, pour être heureux,
　　　Alors que l'on devient sensible,
　　　Il faut, et c'est un grand secours,
　　　Croire qu'on aimera toujours.

[17]　　Quand un rival nous presse
　　　Et nous fait trop de mal,

C'est contre une maîtresse
Qu'il faut être brutal,
Et non contre un rival.

[18] Pour moi, je veux en ma maîtresse
La dernière délicatesse.
Je suis sur ce sujet de l'avis de César [7],
Et ce n'est pas assez, Tirsis, à mon égard,
Qu'elle soit bien morigénée,
Je ne veux pas encor qu'elle soit soupçonnée.

[19] Il faut qu'une maîtresse honnête
Ait, pour être selon mon cœur,
De l'emportement tête à tête,
Partout ailleurs de la pudeur,
Que les apparences soient belles,
Car on ne juge que par elles.

[20] Qui me vendra la dernière faveur
N'aura jamais mon cœur.
Mais, après avoir eu des faveurs de Carite
Par la force de mon mérite,
Si cette belle avait besoin
Ou de mon bien ou de ma vie,
Je n'aurais pas de plus grands soins
Que de contenter son envie.
Les amants sur le bien sont comme les chartreux,
Tout doit être commun entre eux.

[21] Quand de m'écrire je vous presse
Qu'Amour en ma faveur vous retient sous ses lois,
Vous me dites avec rudesse
Que vous m'avez dit mille fois
Tout ce que dit une maîtresse
Que l'amour a mise aux abois.
Mais ne savez-vous pas, Comtesse,
Que dans les billets doux on trouve une tendresse
Qu'on ne trouve point dans la voix.

[22] Vous devez à votre conduite
Des soins qui me sont superflus.
Quand on dit que j'aime Carite,
Je vous guéris l'esprit en ne la voyant plus.
Mais quand le monde dit que vous aimez Timante,
Vous me montrez en vain que vous êtes innocente [8].
Si le monde n'en voit autant,
Je ne puis pas être content.

[23] Tant que sans être aimés nous ne sommes qu'amants,
C'est à nous à souffrir mille et mille tourments.

>   Mais après que notre maîtresse
>   A pris pour nous de la tendresse,
>   Tous les soins doivent être égaux.
> De même que les biens, on partage les maux.

[24] Je suis surpris, je le confesse,
>   Alors que je vois un amant
>   S'appliquer aussi fortement
>   A ses chevaux qu'à sa maîtresse
>   Et les aimer également.
> On est bien ridicule, alors qu'on se propose
> D'avoir le jeu, l'amour et la guerre en l'esprit.
> Je sais bien qu'en aimant il faut faire autre chose,
> Mais tout (hormis l'amour) par manière d'acquit [9].

[25] A son amant accorder la requête
>   Est une chose fort honnête.
>   Mais pour augmenter son plaisir,
>   Il faut souvent le prévenir [10].
> Car je soutiens devant toute la terre
>   Que l'on ne se fait point valoir
>   En amour, non plus qu'à la guerre,
>   Quand on ne fait que son devoir.

[26] Alors que vous vous parlerez,
>   Dans tout ce que vous vous direz,
>   Amants, pas un mot de rudesse,
>   Ni dans votre ton point d'aigreur.
>   L'amour subsiste par tendresse,
>   L'amour s'entretient par douceur.

[27] Si vous voulez, Iris, que votre affaire dure,
> Ne vous relâchez point dans sa prospérité,
>   Et, pour amuser la nature,
>   Qui se plaît à la nouveauté,
> Recommencez vos soins, jusques aux bagatelles.
>   En amour (c'est la vérité)
> Les recommencements valent choses nouvelles.

[28] L'amour ne perd rien de ses droits,
> On lui doit, aux adieux, des soupirs et des larmes.
> Et quand deux amants quelquefois
> Se sont, en se quittant, déguisé leurs alarmes,
> Il tire [11], en redoublant leurs mortels déplaisirs,
> Un tribut plus amer de pleurs et de soupirs.

[29] Je ne dis pas, Iris, qu'un amant délicat
>   Rompe avec sa maîtresse, et même avec éclat,
> Lorsque pour un rival l'infidèle soupire,
>   Cela va sans dire.

Mais si sans fondement tout le monde en médit,
    Encor que son amant connaisse
    L'injustice de ce faux bruit
Qui ne vient que de l'air dont elle se conduit,
    Il sent que sa délicatesse
    Le force à quitter sa maîtresse.

[30] Je ne veux pas, amants, que sans cesse on soupire.
Mais lorsqu'un grand amour a bien surpris un cœur,
L'air brusque lui déplaît, et les éclats de rire,
Et son véritable air est celui de langueur.

[31] Tous les tempéraments sont propres à l'amour,
Mais à la vérité les uns plus que les autres.
Amants pleins de langueur, ne changez pas les vôtres,
Avec les gens de feu, vous perdriez [12] au retour.
De ceux-ci la chaleur a plus de violence,
Mais d'ordinaire ils ont moins de persévérance,
Et, quand ils aimeraient aussi fidèlement,
Toujours font-ils l'amour moins agréablement.
Si bien qu'ils tâcheront de changer leur nature,
Et prendre, afin de plaire, en de certains moments,
De la langueur au moins le ton et la figure,
Alors que tête à tête ils feront les amants.

[32] Une honnête maîtresse, et qui tâche de plaire,
    Est sur toutes choses sincère.
    Elle craint plus, lorsqu'elle ment,
    D'être soi-même sa partie [13]
    Que de déplaire à son amant
    S'il la prenait en menterie.

[33] Qui ment à ce qu'il aime est fort mal à son aise
S'il n'a point à l'honneur encor tourné le dos.
Les vrais amants qui font chose mal à propos
    Sont sujets à la syndérèse [14]
    Aussi bien que les vrais dévots.

[34] Une honnête maîtresse aime la vérité
Et prend toujours plaisir à la sincérité.
Mais si, pour s'excuser auprès de ce qu'elle aime,
    Elle parle une fois moins véritablement,
        Elle craint plus en ce moment
        Ce qu'elle se dit à soi-même
    Que ce que lui dit son amant.

[35]   Je suis contre ce sentiment
    Qu'on ne voit point de sage amant.
    On peut fort bien, alors qu'on aime,
    Avoir encor de la raison.

Mais, alors qu'en tous lieux et en toute saison
>La prudence est extrême,
>L'amour n'est pas de même.

[36] La longue absence en amour ne vaut rien,
Mais, si tu veux que ton feu s'éternise,
Il faut se voir et quitter par reprise.
>Un peu d'absence fait grand bien.

[37] >L'amour égale sous sa loi
>La bergère avec le roi.
>Si tôt qu'il en fait sa maîtresse
>Si tôt qu'il se peut engager,
>La bergère devient princesse
>Ou le roi devient berger.

[38] >Il faut voir souvent sa maîtresse
>Loin des témoins, hors de la presse,
>Mais en public fort rarement,
>Et voici mon raisonnement :
>Si sa flamme a trop de lumière,
>Le mari la voit, ou la mère,
>Et ce malheur peut être grand.
>Si son air est indifférent,
>On croit toujours qu'en cette belle
>L'indifférence est naturelle.

[39] >Je consentirais qu'une dame
>Dont le cœur serait plein d'amour
>Fît des avances de sa flamme,
>Pourvu qu'elle eût jusqu'à ce jour
>Eté fière à toute la cour.
>Mais je la tiendrais pour infâme
Si d'autres gens avaient déjà touché son âme.

[40] >Alors que tu viens voir Caliste,
>Tu lui parais toujours content.
>Cependant il est tout constant
>Que qui dit amoureux dit triste.
>Prends donc un air plus sérieux,
>Fais voir ton amour dans tes yeux,
>Car, tant que l'on te verra rire,
>On ne croira jamais que tu désires.

[41] >Vous voulez qu'on vous trouve belle,
>Cependant que vous êtes cruelle.
>On ne saurait vous enflammer,
>Je ne vous crois pas trop sincère,
>Car enfin lorsque l'on veut plaire,
>C'est signe qu'on veut aimer.

[42] Si vous voulez rompre vos chaînes,
D'accord avecque votre amant,
Vous le pouvez fort aisément
Sans souffrir ni donner de peines.
Mais si vous seule avez dessein,
Par dépit ou par lassitude,
De vous tirer l'amour du sein,
Iris, il y faut de l'étude.
Faites naître quelque embarras,
Changez-vous, de peur de fracas,
En diseuse de patenôtres,
Mais surtout qu'il ne pense pas
Que vous l'abandonniez pour d'autres.

[43] Iris, les honnêtes maîtresses
Traitent d'un plus grand sérieux
Ceux qui leur ont offert des vœux
Que ceux qui n'ont point eu pour elles de tendresses.
Car des civilités pour les indifférents
Sont des faveurs, pour les amants.

[44] Alors qu'un amant vous écrit,
Dont vous méprisez la conquête,
Vous croyez être fort honnête
De lui mander que ce qu'il dit
Ne fait que vous rompre la tête.
Apprenez que c'est une erreur
Et qu'en de telles conjonctures,
Iris, c'est faire une faveur
Que de répondre des injures.

[45] Je craindrais fort une maîtresse
Dont la fausse délicatesse
Et le cœur trop rempli d'amour
Me tourmenteraient nuit et jour.
C'est un grand bourreau de la vie
Que l'excès de la jalousie,
Mais je tiens qu'on serait encor plus tourmenté
De l'extrême tranquillité.

[46] Chacun aime à sa guise,
Adorable Bélise,
L'un veut aimer, mais chastement,
L'autre sans s'attacher veut de l'emportement.
Tous ces gens-là prennent l'amour à gauche
Et lui donnent un méchant tour.
On se lasse à la fin d'espérer nuit et jour.
Il ne faut pas aimer pour la seule débauche [15]
Bélise, il faut mêler la débauche à l'amour.

[47] Si vous voulez nos cœurs jusqu'à l'éternité,
Et ne trouver jamais la fin de nos tendresses,
Faites-vous bien valoir par la difficulté.
Car ce qui fait durer nos feux pour nos maîtresses,
C'est la peine et le temps qu'elles nous ont coûtés.

[48] Amants qui n'avez pas de charmes.
Alors qu'il vous faut exprimer,
Si vous voulez vous faire aimer,
Apprenez à verser des larmes.
Qui pleure quand il faut des pleurs
En amour est maître des cœurs.

[49] Lorsque deux vrais amants se sont trouvés aimables,
Rien de leur passion ne les peut affranchir.
Devenir laids, Iris, devenir misérables,
Tout cela ne fait que blanchir [16].

[50] Soit en amour, ou bien en mariage,
Alors que l'on s'est rapproché
Après quelque petit voyage,
Le cœur n'en est pas plus touché,
Mais les sens le sont davantage.

[51] Lorsqu'un amant, au bout de quelque temps,
Revoit l'objet qui rend ses vœux contents,
Je vous apprends, Iris, mais qu'il ne vous déplaise,
Qu'il n'a pas dans le cœur de plus fortes amours,
Mais qu'il est mille fois plus aise
Que s'il le voyait tous les jours.

LA MODE DES QUESTIONS ET MAXIMES D'AMOUR

D'une production abondante, mais trop souvent répétitive, qui est le fait des décennies 1660-1680, nous ne retiendrons que les exemples les plus significatifs. Les questions et maximes ont très généralement circulé en manuscrit avant, dans le meilleur des cas, d'être recueillies par un libraire et éditées. On publie ainsi à Leyde, en 1666, des *Lettres et poésies* de Mme de Brégy, nièce du critique Saumaise. L'ouvrage présente *Cinq questions d'amour* en prose, du type : « Savoir si la présence de ce que l'on aime cause plus de joie que les marques de son indifférence ne donnent de peine [a]. » Trois séries de réponses sont données à ces questions. L'une d'elles est « faite en vers par M. Quinault par l'ordre du Roi ». Louis XIV joue donc ici, comme dans le cas de Bussy [b], un rôle de premier plan. Il suscite l'émulation en favorisant ce qui est d'abord un jeu littéraire et mondain dans cette jeune cour toute acquise aux plaisirs de l'amour. Les questions de Mme de Brégy se lisent également dans les *Portefeuilles* de Vallant, médecin de Mme de Sablé, et s'y rencontrent avec celles qu'un autre familier de ce milieu, le marquis de Sourdis, compose en 1664 [c].

Marie Linage et Charles Jaulnay

La plus curieuse des listes manuscrites est celle qu'une jeune femme de vingt ans, Marie Linage, adresse en 1661 au chancelier Séguier, dont son père était le bibliothécaire [d]. Elle compte environ deux cent cinquante

---

  a. Dans *Un prétendu traité de Pascal, Le Discours sur les passions de l'amour*, Paris, Éd. de Minuit, 1959, p. 201-228, G. Brunet a rassemblé un dossier intéressant sur les questions d'amour. Celles de Mme de Brégy sont aux pages 204-206. Des extraits de Cramail sont données p. 209-210, de Marie Linage, p. 211-213, du *Mercure Galant*, entre 1678 et 1688, p. 213-217, de Moreri, Saint-Bremond, Mlle de Scudéry, Sourdis, l'abbé de Torche, p. 217-228.
  b. Voir *supra*, p. 39.
  c. Voir la note a. La date souvent donnée de 1667 est une erreur : il faut lire 1664. Les maximes de Mme de Brégy et du marquis de Sourdis sont dans le t. XIII des *Portefeuilles* de Vallant (Bibliothèque nationale, Ms. f. fr. 17056).
  d. Les questions de Marie Linage ont été publiées en totalité par Liane Ansmann dans sa thèse *Die Maximen von La Rochefoucauld*, Munich, W. Fink, 1972, p. 288-300. Sur le rapport de cette littérature à la littérature morale, voir les p. 99-138.

questions, qui sont classées en trois parties, elles-mêmes subdivisées en chapitres. Le champ ainsi couvert va de « la définition d'amour » aux « amours d'estime, de reconnaissance et d'inclination », des preuves et des plaisirs d'amour à la « délicatesse du cœur », à la fidélité et à la jalousie, pour conclure sur la colère et « la rupture des amants ». Marie Linage a de la lecture : elle connaît les romans et poèmes en vogue, Corneille, Le Tasse, Marino et Guarini. Elle connaît l'italien et l'espagnol. Mais si sa personnalité a certainement été déterminante dans la rédaction du manuscrit, ce n'est pas sa seule expérience sentimentale et intellectuelle que nous rencontrons là. Elle n'a composé ce recueil, nous dit-elle dans sa dédicace à Séguier, qu'à la suite de discussions avec un groupe d'amis, où prédominaient les femmes. Par ces échanges préalables comme par sa dimension, c'est donc à une sorte de topique des thèmes qui sous-tendent alors la réflexion sur l'amour que renvoient ces questions dont voici quelques exemples :

F° 21 : Si l'amour d'inclination n'est au fond que l'amour-propre ?
    Si le véritable amour peut être tout désintéressé et tout platonique ?

F° 22 : Qui va le premier, l'agrément de l'objet aimé ou l'amour de celui qui aime ? et si l'on doit juger ainsi : il aime parce qu'elle lui plaît, ou bien elle lui plaît parce qu'il l'aime ?
    Si l'amour d'inclination occupe tout le cœur et s'il n'y laisse plus de place pour le reste des choses ?

F° 23 : Si les véritables amours se peuvent trouver à la cour, et où elles se rencontrent plus souvent, à la ville ou à la campagne ?

F° 24 : Si l'amour peut demeurer longtemps dans un tempérament enjoué sans le rendre mélancolique à la fin ? Je ne dis pas sans le rendre triste, la différence est grande.
    Si l'amour, dans un pas difficile, ôte les lumières et le jugement, ou s'il en donne ?

F° 27 : Si notre préoccupation après la possession est un effet de l'amour-propre, qui nous fait encore admirer ce que nous avons aimé parce que nous l'avons aimé ?

F° 29 : Si les désirs peuvent être aussi violents après la possession qu'avant ? Qu'est-ce qui donne la foi, c'est-à-dire du poids, aux paroles des amants, si c'est la vérité apparente ou l'amour de la personne qui écoute les protestations et les serments ?

F° 32 : Si une honnête femme peut avoir de l'amour ?

F° 36 : Lequel des deux choisirait une honnête maîtresse, ou que son amant se réduisît à un médiocre respect et conservât une extrême tendresse, ou qu'il se réduisît à une médiocre tendresse et conservât un extrême respect ?

F° 39 : Si un amant est véritablement amoureux, qui consent qu'on ne lui écrive pas des lettres passionnées ?
    Lequel des deux choisirait un véritable amant, ou la dernière faveur et point de lettres passionnées, ou des lettres passionnées et point de faveurs ?

F° 42 : S'il est plus fâcheux de ne jouir pas encore que de ne jouir plus ?
    Qu'est-ce qui nous fait agir comme de véritables amants quand nous n'aimons plus, quoique nous croyions aimer encore ? Et si la comparaison du branle de la corde et de l'agitation de la mer après que les vents ont cessé est bonne en cette rencontre ?

F° 45 : S'il est plus doux d'aimer une personne aujourd'hui extraordinairement tendre et demain extrêmement froide que d'en aimer une médiocrement touchée, mais toujours égale ?

F° 51 : Si le cœur peut être fidèle quand les sens ne le sont pas ; et si, en ce cas, l'on est seulement fidèle d'estime et d'habitude et non pas d'amour d'inclination ?

F° 53 : Lequel des deux amants aime plus, ou celui qui rompt à la fin parce que l'on ne l'aime plus tant, ou celui qui ne peut rompre pour cela ?

F° 55 : Si une même personne peut avoir deux amours en sa vie ?

F° 58 : S'il est plus doux de se souvenir des plaisirs passés que d'appréhender ceux qui vont arriver ; et quel est le moment le plus doux, ou celui qui précède ou celui qui suit la possession ?

F° 60 : Qui aime davantage, ou celui qui pardonne, ou celui qui ne peut pardonner ?

F° 64 : Qui est le plus amoureux, ou celui qui veut être éclairci, au hasard de rompre, ou celui qui ne le veut point être, de peur d'avoir à rompre ?

F° 73 : Si l'on peut rompre tout à fait avec une personne que l'on a véritablement aimée ?

F° 75 : Lequel des deux sexes se console le plus vite et le plus aisément de l'infidélité de l'objet aimé, ou si cela est égal dans les deux sexes ?

Dans quels milieux cette liste a-t-elle circulé ? On l'ignore, mais elle a été connue, Christa Schlumbohm l'a découvert naguère, d'un prêtre de Senlis, Charles Jaulnay, qui la publie en 1671 avec les réponses qu'il croit bon de lui donner. Jaulnay est l'auteur d'un *Enfer burlesque* (1668) en vers, qu'il réédite en 1671 sous le titre *Les Horreurs sans horreur, poème comique* (fait d'une suite de visions à la manière de Quevedo). La même année il publie ces *Questions d'amour ou Conversations galantes,* qu'il dédie « aux belles [a] ». Notre abbé connaît Molière (p. 22) et La Rochefoucauld, dont il retient, p. 3, la définition de l'amour et dont il adopte les conclusions touchant l'amour-propre. Il n'aime guère les romans de Mlle de Scudéry et, dans un conflit entre amant et maîtresse, il dit se fier à Bussy plutôt qu'à *Clélie* et à *Cyrus* (p. 60). Et s'il loue la sincérité des amours de *L'Astrée* (p. 18), le romanesque n'est pas son fort. Il critique « les romans qui font voir de ces amours éternelles qui naissent à la première vue » (p. 100) et, réaliste, il ne reconnaît pour seul but à l'amour que la possession de l'objet aimé. A Marie Linage qui demandait « quelle est la véritable définition de l'amour ? », il répond : « C'est le désir de plaire à ce que nous aimons afin de le posséder » (p. 2) ; conclusion qu'il reprend à deux reprises (p. 51 et 57). Dans l'échec, les hommes peuvent se consoler avec le jeu, la chasse, les armes, les plaisirs ; les femmes ne peuvent que souffrir de leur « manque d'occupation » (p. 129-130). Le bon sens de Jaulnay n'est pas, on le voit, sans intérêt, mais il demeure un peu court. Marie Linage se montrait plus subtile et manifestait cette finesse d'analyse très caractéristique des qualités que développent alors les débats propres au milieu mondain.

---

a. Voir, à la bibliographie, les références à Marie Linage et C. Jaulnay, et aux études de C. Rosso et C. Schlumbohm.

Le *Mercure galant* et Madame de Villedieu

C'est à ce milieu, dans sa double composante parisienne et provinciale, que s'adressa le *Mercure galant*[a]. Donneau de Visé, qui le lance au début de 1672, le conçoit habilement en fonction d'un lectorat majoritairement féminin : à l'information sur l'actualité, mondaine au premier chef, la revue associait des poèmes, des chansons, des nouvelles et des comptes rendus sur « tous les livres de galanterie ». La livraison devait en être trimestrielle, avant de devenir mensuelle à partir de 1678, et chaque numéro constitue un petit in-12 de plus de 300 pages. Dans la relation épistolaire qu'il entretient avec ses lecteurs, Donneau ne pouvait que suivre la mode pour répondre à leur attente et c'est dans cet esprit qu'il accueille les maximes et questions d'amour. D'une production qui s'étend assez tard dans le siècle, nous ne retiendrons qu'un échantillon, tiré de la livraison d'août 1677[b]. Sur un prétexte très mince — quelle est la passion la plus forte, de la recherche de la gloire ou de l'amour ? — un récit historique est interrompu pour faire place, après un bandeau et l'inscription MAXIMES D'AMOUR, à neuf maximes, dont l'auteur n'est pas nommé. Voici les trois premières et la neuvième et dernière :

> Nous voulons qu'un amant se déclare lui-même,
> Et que, sans trop contester,
> Dès qu'il a juré qu'il aime,
> On n'en puisse plus douter.
> Par une injuste défiance
> Et sur un doute mal fondé,
> Qui lassent d'un amant toute la patience,
> On perd souvent un cœur qu'on aurait possédé.
>
> La déclaration une fois étant faite,
> Chacun de son côté la doit tenir secrète ;
> Plus l'amour est caché, plus il a de douceur.
> Il faut aimer et se taire.
> Une flamme sans mystère
> Ne chatouille point un cœur.
>
> Alors qu'on s'est promis les plus tendres amours,
> On doit vivre en paisible et douce intelligence.
> Et s'il arrive que l'absence
> Vienne de ce repos interrompre le cours,
> Il n'en faut pas aimer avec moins de constance,
> Mais il est bon qu'on se dispense
> De ces tristes langueurs où l'on passe ses jours
> Lorsque de se revoir on meurt d'impatience.
> Car enfin à quoi bon gémir jusqu'au retour ?
> En aura-t-on eu moins d'amour
> Pour n'avoir pas poussé des soupirs dans les nues ?
> Non, aimer de la sorte est du style ancien,
> A de plus douces lois nos mœurs sont descendues,

---

a. Voir, à la bibliographie, la thèse de M. Vincent.
b. *Le Mercure galant*, août 1677, t. VI, p. 219-226.

> Et je tiens qu'à le prendre bien,
> Les peines en amour sont des peines perdues
> Dès que la belle n'en voit rien.
>
> Enfin de nos amours nouvelles
> Bannissons les transports jaloux.
> On a tant de plaisir à se croire fidèles,
> A quoi bon se vouloir priver d'un bien si doux ?
> Est-il sottise égale à la faiblesse extrême
> D'un amant toujours alarmé,
> Qui, malgré les serments de la belle qu'il aime,
> Cherche à se convaincre lui-même
> De n'être point assez aimé ?

Il faut enfin s'arrêter sur le cas d'un écrivain dont l'œuvre romanesque connut une notoriété certaine, Mme de Villedieu (1631-1683)[a]. L'auteur des *Annales galantes* (1670) s'est fait une spécialité de l'emploi de la maxime d'amour dans la nouvelle[b]. Les maximes en vers dont le récit est régulièrement entrecoupé y remplissent, à bien des égards, la fonction classique de la sentence dans le récit historique et le roman : éclairer l'action et la psychologie des personnages en énonçant la loi générale qui les commande. Le poème qu'est la maxime d'amour n'est pas non plus sans rappeler les pièces en vers qu'Honoré d'Urfé aimait à insérer dans sa narration. Mais, en cela, Mme de Villedieu sert surtout l'idéal de « galanterie », entendue comme grâce élégante et jeu d'esprit, qui est dans l'air du temps vers 1670 : la nouvelle dont elle impose le modèle est « galante », comme l'est également le *Mercure* de Donneau. Et, à cet égard, la maxime d'amour constitue l'une des formes emblématiques de la « galanterie ».

La Bruyère note en 1688 le recul de la mode des questions d'amour, lorsqu'il évoque cette « conversation fade et puérile qui roulait sur des questions frivoles qui avaient relation au cœur et à ce qu'on appelle passion ou tendresse » (V, 68). « Les plus honnêtes gens de la Ville et de la Cour » avaient fait leur succès, puis s'en sont dépris. Les questions — et sans doute les maximes qui leur répondent — ne sont reçues désormais que dans une bourgeoisie qui, par sottise et mauvais goût, a pris le relais. La Bruyère viserait-il les lecteurs du *Mercure galant*, gazette à ses yeux « immédiatement au-dessous de rien » (I, 46) ? Pour fondé qu'il soit, le constat ne peut faire oublier que la mode des questions et maximes d'amour n'a sans doute pas été étrangère à l'importance prise en France par le roman d'analyse, dont la structure semble souvent imposée par une question dont l'œuvre ne ferait, à tout prendre, que développer la ou les réponses. Et plus généralement la quête des

---

[a]. Mme de Villedieu a été rétablie à sa juste place par la thèse de Micheline Cuénin, *Roman et société sous Louis XIV. Madame de Villedieu* [...], Atelier de Lille III, diffusion Champion, 1979, 2 vol.

[b]. Dans la seule Première partie des *Annales galantes*, on compte neuf maximes (et deux poèmes) et six dans la Cinquième partie. Je dois à J. Chupeau d'avoir attiré mon attention sur ces maximes.

infiniment petits du sentiment ne pouvait qu'ouvrir la voie aux œuvres singulières, et singulièrement subtiles, qui seront celles d'un Marivaux, d'un Proust et d'une Nathalie Sarraute.

BIBLIOGRAPHIE

BRÉGY (Mme de), *Lettres et poésies de Madame la comtesse de B.*, Leyde, 1666, p. 102 sq.

CHARLES JAULNAY, *Les Horreurs sans horreur. Poème comique*, Paris, J.-B. Loyson, 1671. Sous ce titre général, l'exemplaire de la Bibliothèque nationale (Réserve Y2 4177-4179) groupe trois textes : le poème qui donne son titre à l'ensemble, des « Satires et pièces galantes » et les « Questions d'amour ou Conversations galantes », avec une pagination distincte pour chacun d'eux.

MARIE LINAGE, *Questions d'amour*, in Ms. f. fr. 19132 de la Bibliothèque nationale, 76 f[os].

*

MARGOT KRUSE, *Die Maxime in der französischen Literatur*, Hamburg, 1960, p. 103-128 (thèse).

MARGOT KRUSE, « Le Banquet des sept Sages. Mlle de Scudéry, Plutarch und die "questioni d'amore" », *Romanistisches Jahrbuch*, 1960, p. 204-226.

CORRADO ROSSO, « I "Quiz" di Marie Linage. Un processo al amore nel Seicento », in *Mélanges G. Macchia*, Milan, Mondadori, 1983.

CORRADO ROSSO, « Un giallo-gallante nel seicento francese : da Marie Linage a Charles Jaulnay » in *Mélanges L. Maranini*, Fasano di Puglia, Schena, 1983, p. 251-265.

CORRADO ROSSO, « Le chancelier Séguier et Marie Linage. Autour des Questions d'amour », in *L'Age d'or du mécénat*, p. p. R. Mousnier et J. Mesnard, Paris, éd. du C.N.R.S., 1985, p. 219-230.

C. ROUBEN, « Un jeu de société au Grand Siècle : les *Questions* et *Maximes d'amour*. Inventaire chronologique », *XVIIe siècle*, 1972, n° 97, p. 85-104.

C. SCHLUMBOHM, *Jocus und Amor. Liebesdiskussionen vom mittelalterlichen « joc partit » bis zu den preziösen « questions d'amour »*, Hamburg, 1974. Étude importante sur le sujet.

MONIQUE VINCENT, *Donneau de Visé et le Mercure Galant*, Atelier de Lille III et Aux Amateurs de Livres, Paris, 1987, 2 vol.

Exercice de la maxime morale et religieuse

SÉNÈQUE ET TACITE, MODÈLES SANS LENDEMAIN CERISIERS ET LA SERRE

Dans ses *Entretiens d'Ariste et d'Eugène* (1671), le P. Bouhours accorde à la langue française le sens de la brièveté : « Il n'y a peut-être rien qui soit moins à son goût que le style asiatique. Elle prend plaisir à renfermer beaucoup de sens en peu de mots. La brièveté lui plaît... » De là pour lui l'emploi habituel aux écrivains de son temps du « style coupé ». Le latin en revanche s'en accommode beaucoup moins bien : « Sénèque et Tacite, qui donnent dans ce style-là [...], n'ont pas toute la pureté ni toutes les grâces de leur langue [a]. » En fait, c'est moins le génie d'une langue qui est ici en cause qu'une écriture. Et l'opposition se constitue ainsi à double étage. Au style périodique, abondant et foncièrement oratoire, des écrivains que, dès l'antiquité grecque, on appelait « asianistes », s'oppose avec l'atticisme un style où prédomine la phrase brève [b]. Mais l'atticisme de Thucydide n'est pas celui d'Isocrate ou de Cicéron. A Rome, Sénèque et Tacite reprennent, après Salluste, la tradition de Thucydide : leur brièveté vise à la densité, et la recherche des effets de sens casse la phrase de façon plus ou moins abrupte. Cultivant l'ellipse et la profondeur, ils acceptent le risque d'être obscurs pour atteindre au style « fort », qu'ils privilégient au détriment de l'harmonie équilibrée, de l'euphorie de la « douceur ». Ils deviennent par là les modèles dont se réclame dès la Renaissance le courant anti-cicéronien, dont le Flamand Juste Lipse se fera, plus encore qu'Érasme et Montaigne, le théoricien [c].

---

a. Dominique Bouhours, *Les Entretiens d'Ariste et d'Eugène*, Paris, 1671, rééd. A. Colin, 1962, p. 40-41.
b. L'importance de Juste Lipse dans la valorisation des styles de Sénèque et de Tacite a été remarquablement étudiée par Morris W. Croll dans les cinq premiers essais du livre *Style, Rhetoric, and Rhythm*, Princeton UP, 1966. Ces cinq essais ont été repris en livre de poche (*paper back*) par le même éditeur en 1969.
c. Sur l'asianisme et l'atticisme à la Renaissance et au XVIIe siècle, voir M. Fumaroli, *L'Age de l'éloquence*, Genève, Droz, 1980 (à l'index) et R. Zuber, « Atticisme et classicisme », in *Critique et création littéraires en France au XVIIe siècle*, Paris, C.N.R.S., 1977, p. 375-389.

C'est, en France, ce style sénéquien et tacitiste que Pierre Matthieu, l'auteur de célèbres quatrains moraux [a], s'est employé à promouvoir dans plusieurs ouvrages historiques, dont il remplit les marges de sentences. A son exemple, l'Italien Virgilio Malvezzi attirera l'attention par la recherche des mêmes effets d'expressivité, dans une structure phrastique volontiers tendue ou brisée [b]. A en croire Charles Sorel, excellent témoin des mouvements littéraires des années 1640-1660, Malvezzi influença en retour la littérature française [c]. Sorel range un auteur de *Réflexions morales et politiques*, qu'il ne nomme pas parmi ces « nouveaux écrivains [...] qui veulent inventer de nouvelles manières d'écrire », en se détournant du « langage aisé et naturel, sans aucune affectation » des orateurs attiques et de Cicéron. Ces auteurs font usage de « figures extraordinaires » et d'une phrase en « périodes courtes, où le sens est soudain coupé, avec des pointes peu acérées ». Ce style leur vient de « quelques Italiens », dont le plus connu est naturellement Malvezzi. L'écrivain auquel pense Sorel est sans doute Cerisiers, mais il pourrait, à bien des égards, être également La Serre, qui a pratiqué, avant Cerisiers même, un style tout aussi sentencieux.

Plus explicite que Sorel, Bouhours, parlant des tacitistes, associe Malvezzi et Cerisiers, dont le style surenchérit sur celui même de Tacite : « Il y a des Malvezzi et des Cerisiers qui sophistiquent leurs pensées, et qui nous diront que ceux qui ont recours à l'épée que la justice tient d'une main prennent rarement la balance qu'elle tient de l'autre ; que la beauté est le plus puissant et le plus faible ennemi de l'homme ; qu'il ne faut que ne pas la regarder pour triompher d'elle [d]. » Toutes pensées qui, commente Bouhours, peuvent être justes mais qui, alambiquées, quintessenciées, passent finalement leur but et frisent le ridicule. Et il est de fait que Cerisiers ne l'évite pas toujours.

Il ne fera du reste pas école, et La Serre pas davantage. La culture française se montra réfractaire à une esthétique de l'*imperatoria brevitas* par trop éloignée du goût de la civilisation de cour et de salon qui se développe alors. En revanche il n'est pas inintéressant de noter que Malvezzi et ceux qui pratiquent un style voisin du sien, un Loredano, un Asserino, ont connu une certaine notoriété en Italie et que l'Espagne

---

a. *Supra*, p. 6. Sur P. Matthieu, son influence en Italie et les retombées en France de Malvezzi, voir notre article « L'esthétique du *dir moderno* dans l'historiographie de P. Matthieu et de ses imitateurs », in *Mélanges Franco Simone*, Genève, Slatkine, 1981, t. II, p. 135-148 : on corrigera la note 51, sur Cerisiers, en fonction des précisions apportées ici.

b. Le marquis Virgilio Malvezzi (1599-1654) est l'auteur d'un *Tarquin le Superbe* et d'un *Romulus* que Vion d'Alibray traduit en français en 1644 et 1645. Dans les deux cas, ces biographies sont dites accompagnées de « considérations politiques et morales ».

c. Charles Sorel, *De la connaissance des bons livres*, Paris, 1671, rééd. de L. Moretti Cenerivi, Rome, Bulzoni, 1974, p. 303-304 (Traité 4, chap. 4).

d. D. Bouhours, *La Manière de bien penser dans les ouvrages d'esprit*, Paris, 1688, 2e éd., p. 425. Bouhours critique, p. 422-423, Tacite et « les singes de Tacite » comme il avait critiqué Sénèque et « les singes de Sénèque », « ces Mancini, ces Malvezzi et ces Loredano », dans le quatrième des *Entretiens d'Ariste et d'Eugène, op. cit.*, p. 121.

eut en Baltasar Gracián un remarquable disciple de Malvezzi dont il admirait, disait-il lui-même, la profondeur et la concision [a].

René de Cerisiers (1603-1662)

Cerisiers (ou Ceriziers) fera toute sa carrière dans l'Eglise, et d'abord comme jésuite et professeur de collège. Il quitte la Compagnie en 1641 pour recevoir la charge d'aumônier du roi. Ses publications sont nombreuses et diverses : traductions de saint Augustin et de Boèce, traités théologiques, éloges, dont celui d'Anne d'Autriche, quelques romans très moraux, dont l'histoire, célèbre encore au temps du jeune Proust, de Geneviève de Brabant, œuvres philosophiques et morales. C'est au nombre de celles-ci qu'il faut ranger les *Réflexions chrétiennes et politiques sur la vie des rois de France*, publiées à Paris en 1641. Le style dithyrambique de l'épître dédicatoire adressée au duc d'Enghien, le futur Condé, donne le ton général, et la même emphase marque la fin du livre avec l'éloge obligé de Louis XIII.

Du mythique Pharamond au prince régnant, Cerisiers ne traite des rois de France que pour avoir l'occasion de présenter ses réflexions morales et politiques. La pensée, toujours grimpée sur le grand style, mais fort peu originale, est commandée par l'idéologie aristocratique la plus étroite et par une visée religieuse omniprésente qui soumet morale et politique au respect de la loi divine. Nous nous contenterons de donner, à titre d'exemple, l'ouverture du texte :

On tient Pharamond le premier monarque de la France, que jamais il n'a vue : c'est assez pour soutenir cet auguste titre d'avoir projeté sa conquête. Une si grande pensée vaut un empire.

Celui qui porte une couronne n'est pas roi, mais bien celui qui le mérite. La grandeur de cœur marque mieux la dignité des souverains que l'immensité de leurs domaines.

L'homme ne touche la terre que de la plus basse partie de soi-même. Le prince ne doit la toucher que du bout de son sceptre.

Pour régner, il faut commander à des peuples qui sachent obéir, et, pour régner noblement, il faut être obéi par des personnes libres. Autrement, un pirate est roi dans sa flotte et un comite dans sa galère.

Le nom de Français est de société, non pas de nation. La seule franchise nous le donne et le conserve. Sa véritable origine se trouve dans le premier rayon de liberté qui se forma dans l'Allemagne [...]

Et ce paragraphe en italique lance une nouvelle série de réflexions sur les devoirs des rois envers ce peuple « franc », c'est-à-dire libre.

Tacite est, bien entendu, le modèle dont Cerisiers se réclame. Il déclare ainsi dans l'Avant-propos du premier volume : « On ne me doit point reprocher le titre de mon livre, puisque je tâche seulement d'imiter la brièveté de Tacite. » Le style qui est le sien « est bien peu de l'Asie », mais il est contraint de reconnaître que ce « style concis et serré » n'a

---

a. Voir notre article cité *supra*, note c, p. 55, aux pages 146 (notes 31, 32, 34, 36) et 147 (note 57).

pas eu l'heur de plaire à tous les lecteurs. Les femmes en particulier l'accusent d'être obscur. Peu importe : « Si je n'ai pas l'approbation de toutes les ruelles, celle de Monsieur le cardinal de Richelieu me console », qui a loué publiquement le livre, et même « l'a corrigé ». Au reste, « tout ce qu'ont écrit Sénèque et Tacite, pour ne rien dire de Tertullien, n'est pas de l'intelligence de tout le monde. »

Cerisiers était sans doute assez satisfait de ce qu'il appelle sa « manière » pour rééditer son œuvre quelque dix-sept ans plus tard sous un nouveau titre : *Le Tacite français ou le sommaire de l'histoire de France. Avec les réflexions chrétiennes et politiques* [...] (1658-1659). Il est douteux que l'œuvre ait alors rencontré un accueil plus favorable qu'en 1641. A cette date le grand style de Guez de Balzac est passé de mode, celui de Cerisiers, qui force encore la tension balzacienne, ne pouvait que paraître suranné. Et Bouhours associera bientôt dans une même condamnation Malvezzi, Cerisiers et Gracián. Le baroquisme d'un style qui affecte la grandeur et l'obscurité lui paraît insupportable et il exclut « du nombre des beaux esprits ces diseurs éternels de beaux mots et de belles sentences ; ces copistes et ces singes de Sénèque [a]. » Car le sénéquisme, et Sénèque lui-même, ne valent pas mieux que Tacite et le tacitisme de Malvezzi et Cerisiers. C'est pourtant dans un retour à Sénèque et à Tacite que La Serre va tenter sa chance en 1657.

La Serre (vers 1593-1665)

Jean Puget de La Serre est le type même de l'homme de lettres et du polygraphe. Ses contemporains lui reprochèrent sa prolixité — il n'a pas laissé moins de soixante-dix livres — et son style. Boileau en fit l'une de ses têtes de Turc. Guéret et Tallemant des Réaux ne lui sont pas plus favorables [b]. Il connut pourtant quelques succès au théâtre entre 1630 et 1645 : Richelieu se fit jouer plusieurs fois son *Thomas Morus*, et La Serre innove en lançant la première tragédie en prose. Mais il pratique également le récit historique, le traité épistolaire et de civilité mondaine, la littérature morale et religieuse. Romancier, il rejoint Nervèze et des Escuteaux dans l'usage d'un style amphigourique et fleuri qui passera dès 1640 pour le comble du mauvais goût, et, plus sommairement et non sans injustice, pour un « galimatias ».

Il a plus de soixante ans en 1657 quand il tente une nouvelle expérience littéraire. Il publie alors un recueil des « plus belles pensées » de Sénèque. En réalité, La Serre ne fait que reprendre sur nouveaux frais un traitement de la sentence qu'il avait déjà maintes fois pratiqué. Dans *Le Miroir qui ne flatte point*, publié à Bruxelles en 1632 et « dédié à leurs Majestés de la Grande-Bretagne », il emprunte à Pierre Matthieu la technique du discours suivi dont des sentences placées dans les marges,

---

a. D. Bouhours, *Les Entretiens d'Ariste et d'Eugène, op. cit.,* p. 121.
b. Boileau, *Satires* III, IX ; *Epître* IX ; *Lutrin*, chant V ; *Chapelain décoiffé*, Pléiade, p. 24, 50, 133, 215, 287 sq., 528. Gabriel Guéret, *Le Parnasse réformé*, Paris, 1669, 2e éd., p. 32-35. Tallemant des Réaux, *Historiettes*, p.p. A. Adam, Paris, Pléiade, t. II, p. 542-544.

en manchettes, synthétisent les idées successivement abordées [a]. Un livre d'environ deux cent soixante pages est ainsi l'occasion de trois cent cinquante sentences, dont certaines ont déjà la frappe de la maxime classique : « La volupté tire toujours sa force de notre faiblesse volontaire », « La mesure de l'humilité est celle-là même de la grandeur », « Le cœur de l'homme est si vaste et si spacieux que Dieu seul le peut remplir », « L'homme est un trésor caché dont Dieu seul sait le prix », « Le repos de l'âme et la santé du corps sont les seules richesses du monde », « Les grands hommes ne sauraient commettre de petites fautes [b]. » Ce sont là sans doute des lieux communs, mais leur traitement situe ces sentences entre celles dont des Rues a constitué son recueil de *Marguerites* [c] et la sentence des moralistes classiques.

La Serre a-t-il cherché, « sur [ses] derniers jours, une manière de composer toute nouvelle et qui [le] pût élever au-dessus des écrivains de [son] siècle », comme le prétend Gabriel Guéret ? Dans la préface de *L'Esprit de Sénèque ou les plus belles pensées de ce grand philosophe*, l'auteur ne prétend modestement qu'à l'originalité de la forme. Louant le philosophe stoïcien pour sa morale et sa politique, il a cru nécessaire, dit-il, de « mettre en préceptes » ses pensées « pour joindre le profit de l'instruction qu'on en peut tirer au plaisir de la lecture qu'on en doit faire. Je n'y ai rien contribué que le langage, avec le tour des périodes, sachant que leur mesure fait de certains tons pour l'oreille d'autant plus admirables en leur douceur que la musique ne les connaît pas. » Pour être valide, la sentence exige ainsi que la phrase développe un rythme, un nombre qui lui soit propre, et, comme on le voit, elle vise moins à la tension chère à Cerisiers qu'à une certaine harmonie, qu'il appelle judicieusement la « douceur ». La leçon est sans doute sénéquienne, elle est aussi dans la droite ligne de Guez de Balzac. Et ce n'est pas un hasard si l'attaque de Sorel contre les « nouvelles manières d'écrire » et les « nouveaux écrivains » se situe dans la mouvance des « imitations de M. de Balzac [d]. »

En 1664, La Serre exploite la même veine en constituant cette fois un recueil des *Maximes politiques de Tacite*. En fait il s'astreint beaucoup moins ici à la lettre de Tacite qu'il n'était fidèle à Sénèque dans *L'Esprit de Sénèque*. Il ne se fait pas scrupule de traiter de thèmes contemporains, dont celui de l'honnête homme, et il n'hésite pas davantage à reprendre des sentences de Sénèque. Tacite n'est plus qu'un alibi et l'œuvre est, comme chez Cerisiers, un « à la manière de Tacite ».

Dans les deux recueils de 1657-1660 et de 1664, les noms de Sénèque et de Tacite servent en réalité d'abord à couvrir une opération éditoriale dont La Serre espère toucher les dividendes, tout en faisant passer sous le couvert d'auteurs prestigieux certaines de ses propres productions.

---

a. La Serre, *Le Miroir qui ne flatte point*, Bruxelles, 1632. Rééd. Paris, 1636.
b. Pour les trois dernières sentences, voir La Rochefoucauld, max. 368, MP 43, 190.
c. Voir, *supra*, p. 13, des Rues et les *Marguerites françaises*.
d. Ch. Sorel, *op. cit.*, p. 303.

Les lecteurs attentifs, un Guéret par exemple, n'ont pas été dupes du procédé. Mais la stratégie d'un auteur en mal de succès laisse supposer qu'il y a un public pour ce genre d'ouvrages et que La Serre répond à une attente et à une demande. Et c'est bien en effet dans les mêmes années, autour de 1658, que Mme de Sablé, La Rochefoucauld et Jacques Esprit se prennent de passion pour l'écriture de la sentence-maxime.

BIBLIOGRAPHIE

CERISIERS (René de), *Réflections* [sic] *Chrestiennes et Politiques sur la vie des Roys de France,* Paris, Veuve Jean Camusat, 1641, 2 vol.

CERISIERS (le sieur de), *Le Tacite françois ou le sommaire de l'histoire de France. Avec les Réflexions chrestiennes et politiques sur la vie des Rois de France,* Paris, Charles Angot, 1658-1659, 2 vol. Privilège du 25 mai 1657. Achevé d'imprimer du 25 octobre 1658.

LA SERRE, *L'Esprit de Sénèque ou les plus belles pensées de ce grand philosophe* [...], Paris, André Soubron, 1657, 288 p. Seconde éd. revue, corrigée et augmentée, 1660, 288 p. Privilège de « juillet 1654 » [*sic*], registré le 9 août 1659. Achevé d'imprimer pour la première fois avec l'augmentation le 30 octobre 1659. — C'est de cette édition, rigoureusement identique à celle de 1657, que nous avons tiré cinquante maximes, qui, non numérotées, se lisent p. 150-159 et sont extraites des *Lettres à Lucilius.*

Deux volumes constituant une seconde et une troisième partie portent également la date de 1660.

LA SERRE, *Les Maximes politiques de Tacite ou la conduite des gens de cour* [...], Paris, 1664, 2 vol. in-12.

L'ESPRIT DE SÉNÈQUE *
Jean Puget de La Serre

[1] Tout le temps qu'on employe à faire tout autre chose que son devoir est perdu.

[2] De tous les biens que la nature nous a donnés, elle ne nous a laissé la disposition que de celui du temps, pour en user comme il nous plaît.

[3] Celui qui a peu de bien n'est pas pauvre à l'égal de celui qui en désire avec passion beaucoup plus qu'il n'en a.

[4] Les amis de table s'évanouissent au dessert.

[5] On connaît le jugement d'un homme au choix de ses amis.

[6] Quelque ami qu'on ait, il ne lui faut jamais confier un secret où il y va de l'honneur ou de la vie, parce que le dommage de son infidélité ne se peut réparer.

[7] Comme la mort ne fait que passer, elle ne se peut faire craindre qu'en passant.

[8] Une vie malheureuse est plus insupportable que la mort.

[9] Celui qui méprise sa vie est maître de celle d'autrui.

[10] La vie exemplaire est la plus belle de toutes.

[11] Quelque superbe que soit le lieu de notre demeure, il faut donner ordre qu'on ait plus de curiosité de nous voir que le palais où nous logeons.

[12] C'est un caprice de nature d'avoir donné plus de créance aux yeux qu'aux oreilles.

[13] Les exemples instruisent plus que les préceptes.

[14] Les mœurs de Socrate persuadent plus que ses enseignements.

[15] L'on se rendait plus savant en la compagnie d'Épicure que dans son école.

[16] Les hommes cruels font souvent à leur dommage des disciples qui les surpassent.

[17] La compagnie des méchants est plus dangereuse que la contagion, parce qu'on peut guérir de celle-ci et on emporte souvent le venin de l'autre dans le tombeau.

[18] Un grand esprit ne trouve rien de sa mesure, puisqu'il s'élève toujours au-dessus.

[19] Celui-là se peut dire heureux qui n'a jamais d'autre maître que son devoir.

[20] La fortune se réserve toujours la disposition des biens qu'elle donne.

[21] Le sage ne trouve point à dire ce qui lui défaut quand il s'agit des biens de la fortune, puisqu'elle lui peut ôter demain ce qu'elle lui aura donné aujourd'hui.

[22] Celui qui cherche quelque bien hors de soi relève de la fortune.

[23] Ceux qui croient être pauvres le sont en effet, quoiqu'ils soient comblés des biens.

[24] L'espérance est le nom d'une chose qui ne subsiste qu'en imagination.

[25] Un homme doit justifier ses désirs quand il les rend publics.

[26] Les maladies de l'esprit sont plus difficiles à guérir que celles du corps.

[27] Puisque les biens de l'espérance et le mal de la crainte regardent l'avenir, il faut jouir des biens que le présent nous donne.

[28] La philosophie a cela de bon qu'elle ne se mêle jamais des affaires d'autrui.

[29] L'étude de la sagesse sert au repos de l'esprit.

[30] Celui qui suit le conseil de la Nature n'est jamais pauvre.

[31] La sagesse ne s'émeut de rien ; si elle entend sonner la trompette ou battre le tambour, elle sait bien qu'on ne la cherche pas.

[32] La sobriété est une pauvreté volontaire.

[33] La sagesse stoïque élevait ses disciples à ce degré de bonheur qu'ils n'appréhendaient ni les dieux ni les hommes.

[34] La joie de l'âme fait le beau jour de la vie, en quelque saison que l'on soit.

[35] Les bienfaits font des ingrats aussi bien que des amis.

[36] Il faut feindre d'être pauvre pour connaître les vrais amis.

[37] Le plus riche du monde ne saurait éviter la pauvreté de sa mort.

[38] Il n'est rien de plus effroyable que le temps, quand on considère qu'il ensevelit dans un nouveau tombeau les plus célèbres de la terre, puisqu'on cherche leur place inutilement.

[39] Encore que le ventre n'entende pas raison, il se contente de ce qu'on lui donne ; l'habitude qu'on lui fait prendre lui sert de loi.

[40] Il est honteux de succomber sous le faix dont on s'est chargé.

[41] On ne sait jamais le prix des faveurs que la fortune donne que quand elle les ôte, puisque le regret qu'on a fait connaître leur valeur.

[42] Personne ne se soucie de vivre, mais de longuement vivre.

[43] L'on ne songe jamais à ce qu'on doit faire dans le monde que sur le point de le quitter.

[44] Il faut savoir en quoi consiste le repos de la vie avant que de le chercher.

[45] La joie étrangère ne fait que passer, celle qui vient de nous-mêmes dure toujours.

[46] C'est une grande honte de changer tous les jours de manière de vivre et d'encourir les mêmes reproches.

[47] Ceux-là vivent mal qui apprennent à vivre tous les jours.

[48] Il y en a beaucoup qui achèvent de vivre avant que d'avoir commencé.

[49] C'est être bien malheureux de faire avancer par la crainte les malheurs qui nous doivent arriver.

[50] La fortune se prête, mais elle ne se donne point.

LA MAXIME RELIGIEUSE

La maxime religieuse ne pose de problèmes spécifiques que lorsqu'elle ressortit à la littérature de spiritualité proprement dite [a]. Entre la maxime religieuse et la maxime morale, il n'y a en effet d'autre différence que celle du point de vue. Depuis le Moyen Age, est « morale » toute réflexion qui entre dans le champ de l'*ethica,* de la philosophie morale ; est « religieuse » toute réflexion relevant de la *theologia moralis* et entrant, d'origine, dans le champ du religieux. En un temps où la philosophie est la servante de la théologie (*ancilla theologiæ*), les deux perspectives n'ont rien d'antinomique, et il en est encore ainsi chez la plupart de nos moralistes, même si l'autonomie de la morale tend à s'affirmer de plus en plus nettement. Certains auteurs occupent du reste à cet égard une position médiane, le versant moral n'étant là que pour permettre d'accéder au versant religieux de leur œuvre.

Geneviève Forest, de la morale à la religion

Ainsi en est-il de l'œuvre de Geneviève Forest, dont nous ne savons rien, mais qu'Henri Busson a cru bon d'exhumer dans *La Religion des classiques*. A en croire Busson, son *Phantome du Sage* « a polarisé en 1676 le mouvement de conversion du *Manuel* [d'Épictète] à l'Évangile [b] ». C'est faire beaucoup d'honneur à un ouvrage dont l'originalité n'est pas éclatante. Dédié au Premier Président Lamoignon, le livre part d'une morale éclairée par les « lumières de la nature » pour atteindre à la sagesse chrétienne, éclairée par les « lumières de la grâce ». L'auteur est en fait une bonne élève des moralistes contemporains et les maximes en prose qu'elle réunit dans une première partie s'inscrivent en marge

---

a. Voir sur le sujet notre article « La pensée religieuse et la rhétorique de la sentence maxime [...] » in *Wolfenbütteler Forschungen*, Band 13, 1981, p. 115-128.
b. H. Busson, *La Religion des classiques (1660-1685)*, P.U.F., 1948, p. 207-210. Le livre de G. Forest s'intitule *Le Phantome du sage, ou la Morale de la grâce et la science de la Croix*, Paris, 1676. L'éditeur doit être ce Jean Besnard auquel est accordé le privilège du 11 août 1675.

de celles de La Rochefoucauld et de Pascal, dont elle fait l'éloge (p. 16). « Les *Réflexions morales* », écrit-elle page 27 à propos des *Maximes* de La Rochefoucauld, « ont grande raison, il y a toujours de l'orgueil caché dans les replis du cœur, d'où il faut que l'humilité le fasse sortir comme les pieds nus, et nu en chemise. » Plus loin encore, p. 59, elle estime que ces mêmes *Maximes* sont « comme des pierres de prix : tout le monde en voit le brillant et l'éclat, mais tout le monde n'en voit pas la finesse et les propriétés secrètes ». Elle reprend au passage l'image d'un livre qui est le miroir de nos défauts, un miroir que voudraient briser l'amour-propre et l'orgueil. Mais elle a lu également Montaigne, Guez de Balzac, les *Satires* de Boileau, et elle peut alléguer saint Augustin et Boèce. Elle attaque les épicuriens et la philosophie stoïcienne, encore que, comme beaucoup d'auteurs du temps, à commencer par le P. Senault, elle garde une sorte de nostalgie de la grandeur du sage selon Sénèque, Épictète et Marc Aurèle. Ces attaques s'expriment de préférence dans le quatrain ou le huitain. En philosophie, « les grands noms » sont pour elle ceux de « Pascal, Gassendi, Descartes », mais — leitmotiv de l'œuvre — « il y en a un bien plus grand », celui du Christ.

Le livre a-t-il l'importance que lui accorde Busson ? On peut en douter. Il est bien tard, après Senault, La Rochefoucauld et Pascal, pour dénoncer le stoïcisme, et les qualités du style, qu'il s'agisse de prose ou de vers, ne sont pas de nature à sauver l'ouvrage de l'oubli. Il semble du reste qu'il n'ait pas connu un succès considérable. En 1682, un privilège est accordé à G. Forest pour une réédition [a]. Au titre, l'auteur prétend attaquer « les philosophes en général et les cartésiens en particulier ». Or, avec un texte rigoureusement identique, l'emploi de la même composition, des mêmes feuillets et signatures, laisse à penser que ce sont les invendus de 1676 qui sont ainsi écoulés en 1682, la seule page de titre étant réactualisée par l'annonce, fallacieuse, d'une critique des cartésiens. L'ouvrage, incontestablement chrétien, se situe littérairement dans la mouvance des grands modèles. Il n'a rien pour autant qui lui permette de faire date.

Les florilèges spirituels

Plus représentatifs du genre sont les recueils composés de sentences religieuses ou à dominante religieuse, dont le genre est très ancien, puisque la littérature des *sententiæ* est déjà codifiée par Isidore de Séville (mort en 636). Isidore lui-même a fourni l'un des modèles du genre avec ses *Sententiarum libri tres*. L'article très informé d'Henri-Marie Rochais sur les « florilèges spirituels » dans le *Dictionnaire de spiritualité* (t. V, 1964, col. 435-512) montre que les vertus accordées au XVIIe siècle à la forme brève — brièveté dense et facilité de mémorisation — sont déjà celles des florilèges antérieurs.

---

[a]. *Le Phantome du sage, ou Remarques sur les philosophes en général, et sur les cartésiens en particulier*, Paris, Jean l'Espicier, 1682. Privilège du 12 novembre 1681 à Geneviève Forest, qui cède son droit à Jean l'Espicier.

Nous n'entrerons pas dans le détail de cette masse d'ouvrages qui se révèlent d'un intérêt très variable selon les auteurs. Certains, tels Charles Sorel dans ses *Pensées chrétiennes* (1634) et le mystique Jean de Bernières (*Œuvres spirituelles,* 1670), se montrent peu enclins à la brièveté. En revanche, un prêtre, Boussar, donne en 1657 des *Maximes et affections chrétiennes* très typées. Le jésuite François Guilloré expose dans la préface de ses *Maximes spirituelles* (1670) les mérites du genre : tout a été dit dans l'ordre de la vie intérieure, mais « l'esprit humain aime la nouveauté ». Ainsi l'écriture de la maxime représente « la manière [...] la plus commode » pour insinuer les choses et intéresser le lecteur. En cela, elle peut opérer des « effets très considérables dans les âmes ». L'éditeur des *Réflexions chrétiennes* (1684) du P. La Colombière insiste, lui, sur une forme « qui empêche qu'on ne languisse », et le P. de Villers, auteur de *Pensées et réflexions sur les égarements des hommes dans la voie du salut* (1693), dit avoir voulu satisfaire un public qui refuse à présent les livres de piété renfermant « de longs discours et un grand nombre d'autorités et de passages » : la vérité gagne à être « renfermée en moins de paroles et exprimée d'une manière plus vive et plus naturelle ».

Certains de ces recueils, qui demanderaient une étude systématique, s'ouvrent à la réflexion personnelle et disent une expérience spirituelle particulière. Le futur Général de l'Oratoire, Condren, a composé, vers 1615 selon H. Bremond, des maximes qui sont essentiellement un témoignage sur sa vie intérieure [a]. On a attribué à Louise de La Vallière, abandonnée par Louis XIV pour Mme de Montespan et devenue carmélite en 1674, des *Réflexions sur la miséricorde de Dieu, par une dame pénitente* (1680) qui seront abondamment republiées aux XVIIIe et XIXe siècles.

De cette production nous ne retiendrons que les *Maximes chrétiennes* de Mme de la Sablière : sa personnalité très remarquable, le rôle qui fut le sien dans les milieux littéraire et scientifique, les conditions mêmes d'une édition qui associe ces maximes aux maximes de La Rochefoucauld et de Mme de Sablé méritaient que son œuvre fût ici représentée.

Madame de la Sablière

Issue du milieu de la banque protestante, Marguerite Hessein (1640-1693) est, dès 1654, mariée au fils d'un financier, Antoine de Rambouillet, sieur de la Sablière. Son mari, bel esprit volage, la maltraite et la séparation de corps et de biens est prononcée en 1668. Le salon qu'elle tient alors rue Neuve-des-Petits-Champs n'est pas seulement ouvert à l'aristocratie, il accueille des hommes de lettres et, ce qui est neuf, des savants. Elle-même avait, sans aucun pédantisme, une vaste et solide culture. Elle lisait le grec et le latin et elle s'intéressait à

---

[a]. H. Bremond, *Histoire littéraire du sentiment religieux,* A. Colin, 1967, t. III, 2, p. 36.

l'astronomie, à la physique et à l'anatomie. Quand La Fontaine perd sa charge et sa dernière protectrice, elle lui offre généreusement l'hospitalité. Le fabuliste la remerciera en lui dédiant certaines œuvres, et surtout en lui adressant l'un de ses poèmes les plus importants, le *Discours* philosophique qui clôt le livre IX des *Fables*. En 1676, elle s'éprend du marquis de la Fare, qui l'abandonne quatre ans plus tard. Profondément affectée, elle se retire à l'hospice des Incurables, où elle se consacre aux soins des malades. Sous l'influence du P. Rapin, elle se convertit au catholicisme et fait de l'abbé de la Trappe, Rancé, son directeur. Elle en viendra à faire retraite dans l'une de ses maisons, où elle observera à la rigueur les obligations de la vie monastique. Sa vie s'achève par une mort édifiante en 1693.

Un éditeur hollandais publie d'elle, en 1705, cent *Maximes chrétiennes* [a], qu'il place à la suite des *Maximes* de La Rochefoucauld, de Mme de Sablé, et des *Pensées diverses* de l'abbé d'Ailly. Cette pratique sera reprise par divers éditeurs du XVIIIe siècle et elle est significative de l'opinion qui prévaut alors touchant l'œuvre de La Rochefoucauld, qu'on ne soupçonne aucunement, comme on pourra le faire plus tard, de couvrir une pensée libertine.

Sans être toujours très originales, les *Maximes chrétiennes* sont un bon exemple de l'intérêt qu'a pu porter à la forme brève une femme du monde cultivée, qui, dans la distance qu'elle prend avec sa vie passée, croit bon, et possible, de s'exprimer selon des modèles littéraires qu'elle prolonge sans les plagier.

BIBLIOGRAPHIE

Réflexions ou Sentences et Maximes morales de Monsieur de La Rochefoucauld, *Maximes* de Madame la marquise de Sablé, *Pensées diverses* de M.L.D. et les *Maximes chrétiennes* de M**** [Mme de la Sablière], Amsterdam, Pierre Mortier, 1705 (p. 277-310). La table des *Maximes chrétiennes* est donnée à la dernière page du livre.

Rééditions du même ensemble à Amsterdam (1715, 1765), à Paris (1725, 1754, 1777), à Lausanne (1750).

*

S. MENJOT D'ELBENNE, *Madame de la Sablière, ses pensées chrétiennes et ses lettres à l'abbé de Rancé*, Paris, 1923, 417 p. L'auteur donne, p. 251-276, le texte des *Maximes chrétiennes*, mais sans respecter exactement l'édition de 1705, qu'il dit suivre. Étude historique bien informée.

---

a. Ces cent maximes comprennent quatre-vingt-dix-neuf maximes numérotées et une, la première, qui ne l'est pas. Elle commande en effet l'ensemble et authentifie en quelque sorte la conversion d'une femme qui connut une brillante réussite mondaine : « La naissance que nous recevons dans le baptême, et qui nous fait chrétiens, nous élève bien au-dessus de tout ce que nous sommes, et par la nature, et par la fortune. »

MAXIMES CHRÉTIENNES
Madame de la Sablière

1

La prière a pour fin l'accomplissement de la Loi. Ainsi, qui s'acquitte de quelque devoir prescrit par la Loi fait quelque chose de plus agréable à Dieu que de prier.

2

Le culte sans morale fait des hypocrites ou des superstitieux. La morale sans culte fait des philosophes et des sages mondains. Pour être chrétien il faut joindre ensemble ces deux choses.

3

Les grands vivent presque toujours sans réflexion. Cependant ils sont plus obligés que les autres de rentrer souvent en eux-mêmes pour se dire de certaines vérités qu'ils ne doivent pas espérer apprendre d'ailleurs.

5

Quand les grands, en donnant lieu de croire qu'ils veulent être flattés, empêchent qu'on ne leur découvre les vérités qui pourraient les instruire, l'ignorance dans laquelle ils vivent est en quelque façon volontaire et ne les exempte point de péché.

15

Il n'y a point de créature qui ne devienne le supplice du cœur qui cherche son repos en elle [1].

20

Les habitudes dans la vieillesse ne sont pas de moindres obstacles pour le salut que les passions dans la jeunesse [2].

35

Il est difficile de vaincre ses passions, mais il est impossible de les satisfaire.

45

L'amour que Dieu demande de nous n'est pas un amour sensible, mais un amour de préférence qui nous engage à sacrifier toutes choses plutôt que de lui déplaire.

59

La tranquillité du pécheur au milieu de ses crimes est une léthargie spirituelle.

68

L'hypocrisie est une espèce de sacrilège qui fait servir au crime les apparences de la vertu [3].

69

Dans le commerce le plus innocent entre des personnes de différent sexe, il y a toujours une espèce de sensualité spirituelle qui affaiblit la vertu, si elle ne la détruit pas entièrement [4].

81

Si les libertins, qui ne veulent croire que ce qu'ils peuvent comprendre, ne conviennent point de leur extravagance et de leur folie, qu'ils sentent au moins leur présomption et leur témérité.

99

Il y a des justes que Dieu retient dans le commerce du monde pour éclairer et pour condamner les pécheurs [5].

La sentence spirituelle

En mars 1649, Pascal écrit à sa sœur Gilberte : on m'a donné « un petit livre où j'ai trouvé cette sentence écrite à la main ». Le manuscrit de cette lettre, aujourd'hui perdu, ne portait pas la sentence, mais Pascal ajoutait : « Je ne sais si elle est dans le petit livre des sentences, mais elle est belle [a]. » De la sentence écrite à la main au recueil de sentences la circulation est constante, et Jean Mesnard rappelle l'usage qui est fait chaque mois à Port-Royal de billets adressés à la communauté et aux amis de la maison [b]. La même Gilberte Pascal écrit dans sa *Vie de Pascal* : « Lorsqu'on lui envoyait des billets tous les mois, comme l'on fait en beaucoup de lieux, il les recevait avec un respect admirable et il en lisait tous les jours la sentence [c]. » L'usage n'est donc pas particulier aux gens de Port-Royal et beaucoup de couvents et de cercles religieux l'ont pratiqué. Il est à mettre en relation avec cet « épanouissement de la spiritualité française » qui a marqué le premier dix-septième siècle, sous l'influence des mystiques méditerranéens, puis de la *Devotio moderna*, nourrie des mystiques rhéno-flamands [d]. Toute une production consacrée à l'oraison mentale et à la méditation se développe alors, où la sentence joue un rôle non négligeable, puisqu'elle fait fonction, comme telle, de condensé de la méditation. Elle se rencontre en gros dans deux types d'ouvrages : les recueils de réflexions détachées, extraites de ces ouvrages de longue haleine qu'on appelle alors des « discours de suite », et les recueils organisés de façon systématique dans le cadre de méditations « pour tous les jours du mois ». Dans le premier cas, la méditation est libre, n'étant soumise qu'au hasard de la lecture, dans le second elle est commandée par les contraintes d'une lecture quotidienne, dont l'auteur du recueil organise et dirige les moments.

---

a. Pascal, *Œuvres complètes*, p.p. J. Mesnard, Desclée de Brouwer, t. II, p. 706.
b. Pascal, *Ibid.*, t. II, p. 746, et note 1.
c. Pascal, *Ibid.*, t. I, p. 596 (1re version) et 637 (2e version).
d. Voir, à cet égard, R. Sauzet, in *Histoire de la France religieuse*, Le Seuil, 1988, t. II, p. 342-349.

Discours continu et discontinu

Il en est de la production de sentences extraites de « discours de suite » religieux comme de celle qui, en morale, utilise des sentences tirées de Sénèque et Tacite, ou, pour jouer la difficulté, Tite-Live (Corbinelli, *Tite-Live réduit en maximes,* 1695). La majeure partie de ces recueils exploite les Proverbes de Salomon, l'Évangile et les Pères de l'Église, et leur diffusion la plus importante correspond à la seconde moitié du siècle, où la sentence-maxime est à la mode. Ainsi des *Sentences et maximes chrétiennes tirées de l'Écriture Sainte* publiées anonymement en 1670 et qui ne comptent pas moins de 498 sentences. Des auteurs se sont en quelque sorte spécialisés dans ce travail d'édition. Le janséniste duc de Luynes fut assez bon latiniste pour traduire plusieurs auteurs anciens et les *Méditations* de Descartes publiées en latin en 1641, avant de donner successivement six recueils de « sentences et instructions chrétiennes ». Sont mis par lui à contribution l'Ancien et le Nouveau Testament (1676), saint Augustin (1677), les Pères de l'Église (1680), saint Jean Chrysostome (1682) et, en publications posthumes (le duc meurt en 1690), Grégoire le Grand, saint Paulin (1701) et saint Bernard (1709). Pour Luynes, la justification littéraire de ces recueils est dans la diversité : « La variété des matières lasse moins [que celle des œuvres données dans leur intégralité], la nouveauté des choses réveille notre attention » (Avis au lecteur, 1677).

Les spirituels contemporains ne sont pas pour autant négligés. Des recueils de maximes sont constitués à partir de l'œuvre de François de Sales[a], comme celui du biographe et ami de Vincent de Paul, Louis Abelly, en réponse à un recueil semblable, jugé par lui infidèle à l'esprit de l'évêque de Genève[b] : ces *Sentiments et maximes du Bienheureux François de Sales* (1653) sont, dans le style salésien, comparés à un « bouquet composé des plus belles et odorantes fleurs de ces sacrés parterres ». Les sentences empruntées à F. de Sales sont réparties en soixante-quinze rubriques. Une seconde édition, augmentée d'un « Exercice de la journée du chrétien », sera publiée en 1662. La conclusion du livre demeure celle de 1653 : douze « belles pensées sur l'éternité ».

Des lettres de direction de Jean Duverger de Hauranne, abbé de Saint-Cyran, on tirera de même deux recueils distincts, l'un, en 1648, de *Maximes saintes et chrétiennes,* l'autre, en 1672, d'*Instructions chrétiennes,* qui est l'œuvre de cet amateur de sentences que fut toute sa vie Arnauld d'Andilly. L'œuvre de Saint-Cyran s'y prêtait d'autant mieux que le maître spirituel du jansénisme français ponctue volontiers ses textes de maximes, dont certaines, on le verra par les exemples que nous en proposons, sont loin d'être inintéressantes.

---

a. On lit dans l'édition de la Pléiade de F. de Sales, *Œuvres,* p.p. A. Ravier et R. Devos, p. 1322-1328, un ensemble de « très belles et admirables sentences » appartenant à un manuscrit du Mans.

b. L. Abelly étant hostile aux jansénistes, l'ouvrage visé a quelque chance d'avoir été inspiré par l'augustinisme janséniste.

Il est de plus remarquable que les préfaces des deux livres conseillent au lecteur de recourir aux lettres elles-mêmes, parues en 1645-1647, afin de mieux comprendre les maximes qu'on en a tirées. C'est avouer l'insuffisance de tout extrait. Si la forme brève et discontinue a ses vertus, elle suppose un contexte où sa réinsertion lui restitue les relations qu'elle entretient implicitement avec l'ensemble d'une œuvre, d'un système de pensée. Le continu et le discontinu sont ainsi placés dans un rapport nécessaire d'interdépendance.

Saint-Cyran

On eût beaucoup étonné l'abbé de Saint-Cyran si on l'avait traité d'auteur. Étonné et scandalisé, le souci de faire œuvre littéraire lui ayant toujours paru plus dangereux qu'utile au salut du chrétien. Ce n'est du reste pas à lui qu'on doit la publication posthume, en 1645 et 1647, de ses lettres de direction, d'où seront tirés, les recueils des *Maximes saintes et chrétiennes* (1648, rééditées en 1653 et 1657) et des *Instructions chrétiennes* (1672).

Né à Bayonne en 1581 dans un milieu de bonne bourgeoisie, Jean-Ambroise Duverger de Hauranne fut l'élève du très réputé collège des jésuites d'Agen, puis de la Faculté des arts de Paris. Il étudie la théologie à Louvain, où il soutient avec éclat ses thèses et, après un passage à la Sorbonne, il est de retour à Bayonne à la fin de 1606. Il rencontre trois ans plus tard le Flamand Corneille Jansen, plus connu sous le nom de Jansénius, avec qui il travaille sur les Pères de l'Église. L'évêque de Poitiers lui résigne en 1620 l'abbaye de Saint-Cyran-en-Brenne, mais c'est Paris qu'il regagne à la fin de 1621. Il y fréquente assidûment l'oratorien Bérulle, dont la rencontre exerça sur lui une influence beaucoup plus décisive que celle de Jansénius. Il en partage la spiritualité, qu'il défendra contre les attaques des carmes et des jésuites. Robert Arnauld d'Andilly, devenu l'un de ses admirateurs et amis, le met en contact avec Port-Royal, réformé dès 1609 par Angélique Arnauld. Sa rigueur morale et sa prédication font de lui l'âme et le guide spirituel de ce milieu très remarquable. De Jansénius est publié, en 1640, un *Augustinus,* dont Rome condamne les thèses. Le Grand Arnauld et Port-Royal prennent fait et cause pour le livre et seront par là-même persécutés pour « jansénisme ». Mais déjà en 1638, Saint-Cyran avait été arrêté sur ordre de Richelieu, en raison d'importantes divergences politiques et religieuses. Enfermé dans ce mouroir qu'était le donjon de Vincennes, la disparition de Richelieu, en décembre 1642, ne lui permit d'en sortir que pour mourir quelques mois plus tard, en octobre 1643.

Les réflexions que nous avons retenues proviennent de deux sources. Les trois premières sont tirées d'un manuscrit dont Jean Orcibal a donné des extraits dans son livre sur *Saint-Cyran et le jansénisme,* p. 131-134. Les suivantes se lisent dans l'édition, attribuée à l'un des maîtres des petites écoles de Port-Royal, Wallon de Beaupuis, des *Maximes saintes et chrétiennes.* Des lettres de Saint-Cyran, publiées en 1645 et 1647 par Arnauld d'Andilly, l'éditeur de 1653 a extrait 991 maximes. Le succès auprès du public mondain des œuvres de La Rochefoucauld et de Pascal conduit Arnauld d'Andilly lui-même en 1672 sous le titre d'*Instructions chrétiennes* une édition qui comptera cette fois 1163 maximes, où se trouvent accentués les caractères de densité et de rythme propres à la forme brève. C'est donc à un travail de réécriture délibérément littéraire que se livre Arnauld d'Andilly qui, du reste, ne s'en cache pas. « J'ai changé », écrit-il, « quelques mots de ces Instructions où je l'ai jugé à propos sans rien altérer néanmoins du sens, afin de les rendre si brèves et si claires que, quelque élevées qu'elles soient en plusieurs endroits, on les puisse très facilement comprendre et retenir [a]. » Il rappelle, comme le faisait déjà l'éditeur des *Maximes saintes et chrétiennes,* qu'il est bon néanmoins de recourir au texte complet des lettres pour mieux comprendre et « graver plus fortement dans l'esprit » les vérités dont ces maximes sont porteuses. « A quoi j'ajouterai, continue Arnauld d'Andilly, pour ceux qui ne se trouvent pas seulement engagés dans le monde, mais dans le grand monde, que, s'ils joignent à la lecture de ces Instructions chrétiennes celle des *Réflexions ou Sentences et maximes morales,* que l'on ne doute point avoir été faites par un homme de grande qualité, dont le jugement n'est pas moins grand et solide que l'esprit pénétrant et élevé, et qui sont d'autant plus excellentes qu'elles renferment en très peu de paroles des sens admirables, ils en pourront tirer un grand avantage, parce que, faisant connaître d'une manière très évidente la profondeur des plaies causées par le péché dans le cœur de l'homme, elles le préparent à mieux comprendre le besoin des remèdes nécessaires pour les guérir, qui sont si fortement proposés dans ces Instructions chrétiennes. » Propos qui rejoint celui d'un des participants aux réunions qui se sont tenues chez les Liancourt, aux alentours de 1670 : Goibaud du Bois, ami de Pascal, estime que les *Maximes* de La Rochefoucauld « sont une préparation à l'Évangile, comme autrefois la Loi [b] ». Le même rapprochement est fait par Mme de Sévigné, qui s'en tient aux qualités mnémoniques des deux œuvres, les *Instructions chrétiennes* sont « si bien tournées qu'on les retient par cœur comme celles de M. de La Rochefoucauld [c] ».

---

a. *Instructions chrétiennes,* Avertissement, non paginé. Dans les *Maximes saintes et chrétiennes,* on lit : « Ceux qui sont de grande naissance, ou qui possèdent de grands biens, ont de grands empêchements à une parfaite conversion » (max. 1, p. 1), et dans les *Instructions chrétiennes :* « La grande naissance et les grands biens sont de grands empêchements, selon l'Évangile, à une parfaite conversion » (max. 2, p. 1). La réécriture peut prendre parfois plus de distance à l'égard du texte initial et justifierait qu'on en fasse une étude particulière.

b. *Recueil de choses diverses,* Bibliothèque nationale, Ms., n.a.fr. 4333, f° 116. Sur ce *Recueil,* on consultera la thèse de Jean Lesaulnier qui lui est consacrée, Paris, Sorbonne, 1990. Goibaud du Bois, qui fait partie du groupe des Pascalins, participa activement à l'édition des *Pensées.*

c. Mme de Sévigné, lettre du 9 août 1671.

Dans la perspective historique qui est la nôtre, nous ne pouvions que privilégier les *Maximes saintes et chrétiennes,* dans leur version de 1653 et 1657. Avant que ne s'imposent les grands modèles que seront La Rochefoucauld et Pascal, Saint-Cyran a, dans des lettres qui ne visent qu'à l'édification, le sens de la formule et du trait paradoxal. Il affirmait ainsi que « les méchants sont plus à craindre que les faibles », ou que « l'âme ne monte qu'en descendant et ne descend qu'en montant : on eût été perdu si on n'eût été perdu, l'orgueil [...] étant souvent plus ruiné par nos péchés que par nos vertus [a] ». Le jeu verbal n'est qu'apparent, le paradoxe se justifiant par une conception du monde et de Dieu où la sagesse est folie, et la folie sagesse. Mais les réflexions que Wallon de Beaupuis tire de la correspondance ne proposent pas seulement un condensé du saint-cyranisme, elles ont pu appeler l'attention sur l'intérêt rhétorique de la forme brève. L'un des meilleurs lecteurs de Saint-Cyran, Pascal, en tirera sans doute la leçon. On constate en effet qu'une même attitude spirituelle trouve à s'exprimer chez l'un et l'autre dans des tours et des images voisines, et il serait simpliste de croire que, chez Pascal, la pensée brève n'est le fait que de l'inachèvement de l'œuvre.

Quant à l'intérêt porté aux « mouvements secrets », aux « passions imperceptibles » du cœur humain (max. 872), c'est là un des apports les plus originaux de l'augustinisme à l'anthropologie classique. Dans son *Traité de la grâce* (1715), Nicole développera la théorie des « pensées imperceptibles », dont Gilbert Chinard disait à juste titre qu'elle était l'esquisse d'un « véritable petit traité de la psychologie du subconscient [b] ».

BIBLIOGRAPHIE

Manuscrit 31, Bibliothèque de Port-Royal : manuscrit inédit, dont J. Orcibal a publié dix-huit maximes dans *Saint-Cyran et le jansénisme* (voir *infra*), p. 131-134.

Maximes saintes et chrestiennes tirées des lettres de Messire Jean du Verger de Hauranne, Abbé de Saint-Cyran, Paris, Jean Le Mire, 3e éd., 1657. Le privilège du 14 décembre 1648 et l'achevé d'imprimer pour la première fois, du 18 août 1648, permettent de supposer que la première édition, que nous n'avons pas rencontrée en bibliothèque, a paru en 1648. La seconde, de 1653, et la troisième, de 1657, sont dites « augmentées de plus de six cents maximes ».

Instructions chrestiennes tirées par Monsieur Arnauld d'Andilly, des deux volumes de lettres de Mre Jean Duverger de Hauranne, abbé de Saint-Cyran, Paris, P. Le Petit, 1672.

*

JEAN ORCIBAL, *Saint-Cyran et le jansénisme,* Paris, Éd. du Seuil, « Les maîtres spirituels », 1961.
JEAN ORCIBAL, *Saint-Cyran et son temps (1581-1638),* Paris, Vrin, 1948.

a. J. Orcibal, *Saint-Cyran et le jansénisme,* p. 84.
b. *En lisant Pascal,* Lille-Genève, Giard-Droz, 1948, p. 121 *sq.,* où on lira les pages les plus caractéristiques du *Traité de la grâce.*

MAXIMES EXTRAITES DU MANUSCRIT 31
Saint-Cyran

[1] Tout le monde, à le bien prendre, n'est qu'un hôpital de malades et, pour la plus grande partie, de malheureux [1].

[2] Les hommes, étant charnels, ont eu plus d'horreur des péchés charnels, et Dieu, étant esprit, a eu plus d'horreur des péchés de l'esprit. Ce qui fait que Jésus-Christ ne reproche aux Juifs que les péchés spirituels, et non les charnels. Et ceux qui ne sont pas portés aux péchés charnels se portent d'ordinaire aux péchés spirituels, parce que la concupiscence, se retirant d'un côté, se jette de l'autre.

[3] Les vertus morales sont d'ordinaire la nourriture de l'amour-propre par la complaisance et l'estime de nous-mêmes dans laquelle il nous fait entrer, et l'amour-propre est le plus grand de tous les maux, puisqu'il est comme un anti-Dieu, car il n'appartient qu'à Dieu de s'aimer soi-même, et par notre amour-propre nous devenons pires que les païens qui, adorant leurs idoles, adoraient le démon qui les animait, lequel, étant un ange, quoique réprouvé, était d'un ordre supérieur aux hommes, au lieu qu'en faisant un Dieu de nous par notre amour-propre, nous nous adorons nous-mêmes [2].

MAXIMES EXTRAITES DE MAXIMES SAINTES ET CHRÉTIENNES
Saint-Cyran

1. Ceux qui sont de grande naissance, ou qui possèdent de grands biens, ont de grands empêchements à une parfaite conversion.

60. L'éloignement du commerce du monde est la règle principale de ceux qui veulent vivre en chrétiens.

117. [Selon saint Jérôme], il n'y a point de plus grande tentation que de n'être pas tenté.

292. L'orgueil, dit saint Augustin, est le ver des riches du monde [3], et l'humilité au contraire l'esprit intérieur et comme le cœur des pauvres du Ciel, que le Fils de Dieu nomme pauvres d'esprit [4].

313. [...] Les efforts que nous faisons de l'esprit en la prière et les sensibilités que nous y cherchons sont plutôt des marques de notre amour-propre que de celui que nous portons à Dieu.

327. Le monde est ennemi de toute bonne œuvre et surtout des grands changements que la grâce fait dans les âmes.

336. Il y a un combat entre Dieu et le monde à qui sera aimé de nous.

391. Il n'y a dans le monde presque autre chose que corruption et que misère. C'est pourquoi il faut être dans une joie perpétuelle lorsque, par une grâce extraordinaire de Dieu, on s'en est détaché entièrement.

471. Il n'arrive aucun mal au corps qui n'ait pris son origine de l'âme [5] [...].

529. Les philosophes païens ont bien connu que l'homme était un abrégé du grand monde et de toutes les beautés qu'il contient, mais ils ont ignoré que chaque homme fût un grand monde de corruption [6] [...].

539. Il est très difficile de rendre raison des troubles qui se forment dans notre esprit, dont le fond est plus profond et plus impénétrable que celui de la mer [...].

616. Dieu n'a donné à l'homme un cœur si vaste et si amoureux du bien que pour être rempli de lui seul et de son amour [...].

654. Il y a quelquefois des choses cachées dans notre âme sans que nous le croyions, qui sont comme cette ivraie que le diable jette en secret au milieu de nos meilleures pensées, comme parmi le meilleur grain [7]. C'est pourquoi il faut prier Dieu sans cesse et se souvenir toujours de la prière que David nous apprend [...] : « Mon Dieu, lavez-moi des taches secrètes et invisibles qui sont en moi et que personne ne connaît mieux que vous, qui voyez clairement toutes les ruses de l'amour-propre et de la malice de l'ennemi qui s'enfuit et se cache après avoir semé l'ivraie parmi la bonne semence. »

704. Il y a cette différence entre la vertu des philosophes et celle des chrétiens que celle-là naissait de la grande connaissance et se terminait à quelques actions extérieures de vertu. Mais celle-ci commence par les actions intérieures du cœur et se termine à la connaissance, qui doit être le fruit de son travail et la récompense de la fidélité qu'elle a témoignée dans ses exercices précédents [8].

872. [...] C'est de cette triple charité bien liée et bien réglée par laquelle on aime Dieu, soi-même et le prochain, que naissent les grands effets de la satisfaction que Dieu demande de nous. Mais la vraie règle de l'amour que nous nous portons est l'amour que nous portons à Dieu, et la règle de l'amour que nous portons au prochain et que nous lui témoignons par de bonnes œuvres est l'amour et la charité que nous nous portons à nous-mêmes. Car Dieu n'aime pas tant nos œuvres que nos personnes, et il prend plus de plaisir à regarder nos âmes que nos actions, qui ne lui agréent qu'à l'égal de la satisfaction qu'il a de nous et du plaisir qu'il prend à nous considérer tels que nous sommes dans le cœur, et dans le règlement de notre vie intérieure, c'est-à-dire dans nos mouvements secrets, dans nos intentions cachées, et dans nos passions imperceptibles [...] [9].

902. Il n'y a rien de si fort que les paroles fondées sur la vérité. Ce sont des éclairs qui éblouissent les yeux des hommes et les empêchent de répliquer [10].

Les recueils « pour tous les jours du mois »

La structure de ces recueils destinés à la méditation quotidienne s'impose d'elle-même. A chaque jour son thème : chaque auteur règle à sa manière la progression des trente et un jours du mois, mais les thèmes majeurs étant à peu près toujours les mêmes, des modèles ont pu se constituer qui ont été assez largement repris. Le schéma général des *Pensées chrétiennes pour tous les jours du mois* (1670) de P. Bouhours se rencontre ainsi, avec quelques variations sans grande importance, dans plusieurs recueils postérieurs.

Le dessein est ici encore de faciliter la lecture aux « gens d'affaires », aux « personnes engagées dans le monde ou dans les emplois publics », à qui le temps fait défaut : à cette fin, l'abbé Morvan de Bellegarde, dont les *Pensées édifiantes et chrétiennes pour tous les jours du mois* paraissent en 1715, a retranché « les discours embarrassés, les longs raisonnements, les pensées abstraites pour ne dire que des choses palpables, intelligibles et qui sont à la portée de tout le monde ». Son but : permettre aux « personnes les plus engagées dans le monde de faire l'oraison mentale et de méditer sur les points les plus importants et les plus essentiels de la religion chrétienne ».

Bouhours n'est pas moins précis dans l'Avertissement qu'il a placé en tête de ses *Pensées chrétiennes pour tous les jours du mois* (1670) et que nous avons retenu pour sa grande clarté. Le volume présente la même construction pour chacun des trente et un thèmes. Trois réflexions détachées, que Bouhours appelle les « pensées », sont suivies d'une « pratique » — exhortation ou prière — à laquelle succèdent deux sentences, toutes deux en latin et en français. Ainsi le troisième jour, consacré à la méditation sur « le mépris du monde », rassemble des pensées sur la vanité du monde, une prière pour demander à Dieu la mort de « l'esprit du monde », et « les passages » ou citations, qui sont « comme l'abrégé et l'extrait des pensées du jour » (Avertissement), sont tirés de Luc, XVI : « *Ce qui est grand aux yeux des hommes est abominable devant Dieu* » et d'Augustin : « *Malheur à ceux qui s'attachent à des choses passagères parce qu'ils passent avec elles.* » L'italique marque assez l'importance qu'on doit accorder à ces « grains d'essence », doués d'une « grande vertu dans une petite masse ». Grains ou graines, puisque ces maximes spirituelles sont aussi comparables à des semences qui, lues et relues, fructifient dans le cœur, étant paroles de vie, de cette vie intérieure qu'elles suscitent et fécondent.

AVERTISSEMENT
DES « PENSÉES CHRÉTIENNES POUR TOUS LES JOURS DU MOIS »
Bouhours

Ce ne sont pas ici des discours dont la lecture demande beaucoup d'application et beaucoup de temps. Ce sont de simples pensées, courtes et faciles, qui s'entendent sans peine et qui se peuvent lire en moins de rien. Ce ne sont pas des pensées purement morales, qui ne regardent que les devoirs de l'honnêteté naturelle, comme celles d'Épictète et de Sénèque : ce sont des pensées chrétiennes, qui ont pour objet les plus importantes vérités de la foi, et les plus hautes maximes de l'Évangile.

Ces pensées sont propres non seulement pour les âmes qui vivent dans la retraite et qui ont un grand usage de l'oraison, mais aussi pour celles qui sont engagées dans le monde, et qui ont peu d'ouverture pour les choses de Dieu. Car enfin les personnes les plus attachées à la terre sont capables de lever quelquefois les yeux au Ciel : quelque occupation et quelque embarras qu'on ait, on a toujours assez de loisir pour une lecture d'un moment ; et si les affaires ne permettent pas qu'on fasse des méditations réglées, on peut au moins prendre tous les jours une bonne pensée, avant de s'appliquer aux affaires [1].

Le dessein de ce petit livre est de fournir des pensées pour tous les jours du mois. Pour se bien servir de ces pensées, voici la méthode qu'on doit garder.

Le matin, après avoir adoré Dieu et vous être mis en sa présence, lisez les pensées du jour, mais lisez-les lentement, pour les bien comprendre. Si vous avez un peu de loisir, arrêtez-vous au premier article, devant que de passer au second. Ne vous contentez pas de concevoir la vérité, ou la maxime que vous aurez lue ; pénétrez-la, goûtez-la [2], faites-vous en l'application. Usez-en ainsi à chaque article. Si vous êtes trop occupé, contentez-vous d'une simple lecture. Les pensées chrétiennes font sur les âmes ce que le cachet fait sur la cire : pour peu qu'elles entrent dans notre esprit, elles ne manquent pas d'y faire quelque impression. Si vous ne pouvez pas lire ces pensées le matin, ni pendant la journée, lisez-les le soir avant que de vous coucher.

La pratique qui suit immédiatement les pensées est importante et facile, il ne faut pas l'omettre. On a bientôt fait un acte [3] de vertu et une petite réflexion.

Les passages [4] qui sont à la fin sont comme l'abrégé et l'extrait des pensées du jour : ils en ramassent tout le sens et toute la force en deux mots. Ils sont courts, et aisés à retenir : ils sont touchants, et tout propres à exciter, à soutenir, et à nourrir l'âme pendant la journée. Ce sont des grains d'essence, qui contiennent une grande vertu sous une petite masse, et qui font beaucoup d'effet en peu de temps. Quand vous aurez lu les pensées de tous les jours du mois, il faut les relire tout de nouveau, pour les concevoir parfaitement et pour en tirer le fruit nécessaire. Il y a toujours quelque chose à découvrir dans les vérités de l'Évangile ; ce sont des mines qu'on ne saurait trop creuser. Ce sont aussi des semences qui ne fructifient point dans les cœurs si elles n'y jettent de profondes racines.

Fénelon

Tout autre est le traitement auquel Fénelon soumet ses *Réflexions saintes pour tous les jours du mois*. Fénelon ou ses éditeurs ?

Datée de 1704, l'œuvre [a] paraît anonyme, et, si l'authenticité du texte est hors de question, on peut se demander avec Jacques Le Brun si les méditations qui se trouvent ici réunies ont bien été composées pour ce livre. Peu importe en vérité : les fragments qui sont à l'origine de nos textes se prêtaient si bien au dessein éditorial, que nous avons là un cas exemplaire de la plasticité de la formule d'œuvre spirituelle « pour tous les jours du mois ».

La démarche est inverse de celle de Bouhours. Fénelon ne parvient pas à la citation, il en part, et cette maxime-citation commande deux paragraphes, numérotés I et II. Le style de ces courtes méditations est d'une grande simplicité, mais la présence discrète d'une voix, d'une sensibilité, y est à peu près constante. Ce refus des effets faciles fait encore le prix de ces morceaux, qui sont à la fois réflexions et fragments.

RÉFLEXIONS SAINTES POUR TOUS LES JOURS DU MOIS
Fénelon

IIe Jour. *Sur l'unique chemin du ciel*

I

Efforcez-vous d'entrer par la porte étroite [1]. Ce n'est que par violence qu'on entre dans le Royaume de Dieu [2]. Il faut l'emporter d'assaut comme une place assiégée. La porte en est étroite. Il faut mettre à la gêne [3] le corps du péché. Il faut s'abaisser, se plier, se traîner, se faire petit. La grande porte où passe la foule, et qui se présente toute ouverte, mène à la perdition. Tous les chemins larges et unis doivent nous faire peur. Tandis que le monde nous rit, et que notre voie nous semble douce, malheur à nous ! Jamais nous ne sommes mieux pour l'autre vie que quand nous sommes mal pour celle-ci. Gardons-nous bien de suivre la multitude qui marche par une voie large et commode. Il faut chercher les traces du petit nombre, les pas des saints, le sentier [4] escarpé de la pénitence ; grimper sur les rochers, gagner les lieux sûrs à la sueur de son visage [5], et s'attendre que le dernier pas de la vie sera encore un violent effort pour entrer dans la porte étroite de l'éternité.

II

Nous ne sommes prédestinés de Dieu que pour être conformes à l'image de son Fils, attachés comme lui sur une croix, renonçant comme lui aux plaisirs sensibles, contents comme lui dans les douleurs. Mais quel est notre aveuglement ! Nous voudrions nous détacher de cette croix qui nous unit à notre Maître. Nous ne pouvons quitter JÉSUS-CHRIST crucifié. La croix et lui sont inséparables. Vivons donc et mourons avec celui qui nous est venu montrer le véritable chemin du Ciel. Et ne

---

a. Fénelon, *Œuvres*, p.p. J. Le Brun, Pléiade, 1983, t. I, p. 1469. La date de 1704 à la page de titre du livre édité à Paris, par J.-B. Delépine, ne s'accorde pas avec celle du privilège et de son enregistrement, qui est de 1707.

craignons rien, sinon de ne pas finir notre sacrifice sur le même autel où il a consommé le sien. Hélas ! tous les efforts que nous tâchons de faire en cette vie ne sont que pour nous mettre plus au large et pour nous éloigner de l'unique chemin du Ciel [6]. Nous ne savons ce que nous faisons. Nous ne comprenons pas que le mystère de la grâce joint la béatitude avec les larmes. Tout chemin qui mène à un trône est délicieux, fût-il hérissé d'épines. Tout chemin qui conduit à un précipice est effroyable, fût-il tout couvert de roses. On souffre dans la voie étroite, mais on espère ; on souffre, mais on voit les cieux ouverts ; on souffre, mais on aime Dieu, et on en est aimé.

Ve Jour. *Sur le bon esprit*

I

Votre Père céleste donnera son bon esprit à ceux qui le lui demanderont [7]. Il n'y a de bon esprit que celui de Dieu. L'esprit qui nous éloigne du vrai bien, quelque pénétrant, quelque agréable, quelque habile qu'il soit pour nous procurer des biens corruptibles, n'est qu'un esprit d'illusion et d'égarement. Voudrait-on être porté sur un char brillant et magnifique qui mènerait dans un abîme ? L'esprit n'est fait que pour conduire à la vérité et au souverain bien. Il n'y a donc de bon esprit que celui de Dieu, parce qu'il n'y a que son esprit qui mène à lui. Renonçons au nôtre si nous voulons avoir le sien. Heureux l'homme qui se dépouille pour être revêtu, qui foule aux pieds sa vaine sagesse pour posséder celle de Dieu !

II

Il y a bien de la différence entre un bel esprit, un grand esprit et un bon esprit [8]. Le bel esprit paraît par son agrément. Le grand esprit excite l'admiration par sa profondeur, mais il n'y a que le bon esprit qui sauve et qui rende heureux par sa solidité et par sa droiture. Ne conformez pas vos idées à celles du monde. Méprisez l'esprit autant que le monde l'estime. Ce qu'on appelle esprit est une certaine affectation de pensées brillantes. Rien n'est plus vain. On se fait une idole de son esprit, comme une femme qui croit avoir de la beauté s'en fait une de son visage. On se mire dans ses pensées. Il faut rejeter non seulement ce faux éclat de l'esprit, mais encore la prudence humaine qui paraît la plus sérieuse et la plus utile, pour entrer comme de petits enfants dans la simplicité de la foi [9], dans la candeur et dans l'innocence des mœurs, dans l'horreur du péché, dans l'humiliation et dans la sainte folie de la Croix.

TROIS « ORIGINAUX »

Un enfant de sept ans : le duc du Maine

La future Mme de Maintenon n'est encore que la veuve du poète et romancier Scarron lorsqu'elle est chargée de l'éducation du duc du Maine, fils légitimé de Louis XIV et de Mme de Montespan, né en 1670. A ce titre elle publie le livret des *Œuvres diverses d'un auteur de sept ans,* dont l'épître dédicatoire est adressée à Mme de Montespan et signée de sa « très humble et très obéissante servante [a] ». Devenue la confidente de Louis XIV, sa favorite, puis son épouse après la mort de la reine, la marquise de Maintenon garda la passion de l'éducation. Elle était, a-t-on dit, née institutrice, et plusieurs recueils de lettres et d'entretiens lui conféreront, lorsque la troisième République mettra en place un enseignement féminin, un prestige assez considérable. Elle fonde, en 1686, à Saint-Cyr, près de Versailles, une communauté religieuse chargée de l'éducation de deux cent cinquante jeunes filles nobles, et pauvres, et rédige à leur intention des « maximes ». Le mot est cependant à prendre dans le sens traditionnel et normatif de vérités générales appuyant des préceptes à respecter. Leur publication n'est pas le fait de l'auteur, mais d'un prêtre qui, dans l'Avis au lecteur, nous apprend qu'« ayant été enlevées aussitôt qu'elles ont paru dans une feuille volante », il a cru nécessaire d'en donner cette seconde édition, l'ouvrage étant « propre à inspirer l'esprit du christianisme aux personnes qui sont destinées à vivre dans le commerce du monde [b] ».

L'ensemble regroupe, selon la pratique très ancienne et alors archaïque des recueils de sentences, cent maximes, soit une centurie. Même si quelques rares formules peuvent faire penser à Montaigne (max. 10 : « Rendez-vous à la raison aussitôt que vous la voyez »), la banalité de la très grande majorité rappelle les traités de morale du temps à destination des enfants. C'est à un public de très jeunes filles que s'adresse

---

a. *Œuvres diverses d'un auteur de sept ans* (s.l.n.d.), in-4º (B.N., Rés. Z.1159).
b. *Maximes de Madame de Maintenon.* Recueillies pour une Dame de qualité, par Monsieur Richard, curé de Grimouville. Seconde édition, plus ample que la première, Paris, Jacques Grou, 1686, in-16, 19 p. (B.N., Rés. p. Z.106).

en effet Mme de Maintenon en cette année 1686, qui est celle de l'ouverture de Saint-Cyr. Voici les quatre premières :

1. Ne vous plaignez pas, car vous avez tout ce qui vous est nécessaire, et mille personnes manquent de tout.
2. Nous parvenons souvent à ce que nous avons désiré et nous n'en sommes pas plus heureux.
3. On n'est jamais heureux quand on ne met point de bornes à ses désirs.
4. Pensez souvent à ce que vous devez à Dieu et de quel état il vous a tirées.

Plus curieux est le petit volume que la gouvernante du duc du Maine a publié en 1678 sous le couvert d'un anonymat facile à percer. Outre quelques pages de narrations historiques et quelques lettres signées « Le Mignon » et adressées au roi, son père, ces *Œuvres diverses* présentent, p. 31-35, dix maximes. Elles auraient été suscitées par la lecture qu'avait faite l'enfant de maximes composées par « Mr... » et « M... ». Le premier de ces auteurs a toute chance d'être La Rochefoucauld, dont nous savons qu'il avait fait imprimer une dédicace particulière au prince pour l'exemplaire de la quatrième édition (1675) des *Maximes* qu'il lui destinait [a]. La même année La Rochefoucauld fait partie de la coterie du Sublime, dont les membres sont représentés en figurines de cire dans cette Chambre du Sublime donnée en étrenne au jeune duc par sa tante, Mme de Thianges, sœur aînée de Mme de Montespan. Dans l'alcôve figure, assis dans un fauteuil, le prince, entouré de Marcillac, fils de La Rochefoucauld, de Bossuet et de Mme Scarron : le prince montre des vers à l'auteur des *Maximes*, cependant qu'un peu plus loin Mme de Thianges et Mme de Lafayette en lisent d'autres [b]. Boileau, qui a publié en 1674 la traduction du Traité du Sublime, Racine et La Fontaine, sont à quelque distance. Les relations privilégiées des La Rochefoucauld avec Mme de Montespan et sa sœur, qui appartiennent à la famille des Mortemart, célèbre par son esprit, et l'intérêt qu'a toujours porté aux *Maximes* la future Mme de Maintenon [c], suffiraient à retenir l'œuvre de La Rochefoucauld pour point de départ à ces dix maximes.

Pour la seconde œuvre qu'aurait pratiquée le duc du Maine, on peut songer aux *Pensées* de Pascal, parues en 1670, ou aux *Maximes* de Mme de Sablé, parues cette même année 1678, mais dont La Rochefoucauld devait de toute façon avoir la version manuscrite.

---

a. Jean Marchand, *Bibliographie [...] de La Rochefoucauld,* Paris, Giraud-Badin, 1948, p. 158 : l'exemplaire en question a été vendu lors de la vente Rahir. La reliure était aux armes du duc du Maine, avec dos et coins ornés de fleurs de lys.
b. Voir sur cette Chambre la description de Bussy-Rabutin, dans le *Supplément aux mémoires et lettres de M. le Comte de Bussy-Rabutin,* Dijon, 1740, 2 vol., t. I, p. 181-182, signalé par J.-P. Collinet, *Le Monde littéraire de La Fontaine,* P.U.F., 1970, p. 592, note 25.
c. Dans une lettre qu'elle adresse en 1666 à Ninon de Lenclos, elle écrit : « Le livre de Job et le livre des *Maximes* sont mes seules lectures » (*Lettres,* p.p. La Beaumelle, Amsterdam, 1756, t. I, p. 39).

L'allusion renvoie plus vraisemblablement à Mme de Sablé qu'à Pascal, dont l'œuvre paraît d'un accès difficile à un enfant, fût-il d'origine royale.

On ne saurait attendre de cette œuvre d'un auteur de sept ans qu'elle témoigne d'une parfaite maîtrise de la forme brève. Au moins doit-on reconnaître que les modèles ne sont pas purement et simplement démarqués et plagiés. La forme propre à la sentence se retrouve dans les maximes 3, 5, 6, mais ce sont, non sans humour, les retours sur soi qui sont privilégiés (max. 1, 7, 9, 10) et l'expression d'une morale de l'honnêteté, où une place est faite à l'amour de la liberté individuelle (max. 2, 4, 6, 9, 10). Dans cette connaissance et culture de soi que vise à développer l'éducation du jeune prince, on retrouve, fût-ce sous sa forme élémentaire, l'une des dominantes de la morale classique.

BIBLIOGRAPHIE

JACQUES PRÉVOT, *La Première Institutrice de France, Madame de Maintenon*, éd. Belin, 1981. Ses « maximes ou notes sur l'éducation » sont données p. 95-97, et les maximes qu'elle écrivait elle-même « à la tête des cahiers des jeunes Demoiselles de Saint-Cyr, pour leur servir d'exemples d'écriture », p. 246-249. Bonne bibliographie, p. 284-285.

MAXIMES DU DUC DU MAINE

Monsieur le duc du Maine, ayant lu les maximes de Mr... et de M... fit les maximes suivantes :

1

Je ne trouve rien de si triste que la solitude, parce que je m'ennuie quand je ne suis pas avec d'honnêtes gens. Vous m'en demanderez peut-être la raison. C'est que j'aime à causer et surtout avec les personnes de mérite et de grand esprit.

2

Les princes doivent être plus cléments que les autres hommes, parce que leur grandeur leur attire plus d'ennemis.

3

Jusque dans la vertu l'excès est un mal.

4

Lorsque quelqu'un nous confie son secret, il ne le faut dire à personne. Mais nous pouvons confier le nôtre à qui il nous plaît. Si nous choisissons mal, nous faisons une imprudence, mais si nous disons le secret d'un autre, nous faisons une infamie.

5

Il n'y a rien qui évite tant de peine que la prévoyance.

6

Il n'y a personne qui n'ait quelque défaut et quelque bonne qualité, et les honnêtes gens sont ceux qui ont plus de vertus que de vices.

7

Quand je devrais parler contre moi-même, il faut avouer que les princes sont ravis quand on leur fait des présents, et qu'ils ne sont pas si aises quand ils en font.

8

Tous ceux qui savent le latin se moquent de ceux qui l'apprennent.

9

Je ne trouve rien de si aimable que la liberté, et rien de plus doux que d'être à l'abandon avec ses amis. On aime à agir par soi-même et à suivre son goût, et on a mille fois plus de plaisir à faire tout ce qu'on imagine que ce qui vient des autres.

10

Je ne trouve rien de si beau que de faire qu'on soit cru de tous ceux à qui l'on parle dès qu'on dit un seul mot, dans l'assurance d'être inviolable à sa parole.

Damien Mitton (1618-1690) et l'honnêteté

Deux hommes ont joué auprès de Pascal le rôle du libertin : le chevalier de Méré et Damien Mitton. Pascal les a tous deux fréquentés et, tout spécialement, à l'occasion d'un voyage en Poitou avec le duc de Roannez, vers 1653, dont Méré nous a laissé une curieuse relation [a]. Ce sont des mondains et, dans la voie ouverte par Castiglione et Faret [b], des théoriciens de l'honnêteté. Le premier, Méré, a connu une certaine notoriété grâce aux divers traités qu'il a publiés entre 1668 et 1684, date de sa mort. Et cette œuvre a eu la chance de trouver en Charles H. Boudhors un éditeur aussi scrupuleux qu'érudit. Rien de tel pour Mitton, qui, par modestie ou indifférence d'honnête homme à l'égard de ses propres productions littéraires, n'a rien donné à l'impression. Pascal ne cite pas Méré dans les *Pensées,* mais à trois reprises Mitton. Le fragment 529 lui accorde d'avoir bien vu « que la nature est corrompue et que les hommes sont contraires à l'honnêteté ». Les fragments 433 et 494 impliquent un rapport plus direct et plus personnel encore. Il faut « reprocher à Mitton de ne point se remuer » (fr. 433) et, dans la pensée bien connue sur le moi haïssable, Pascal s'adresse à lui et dialogue avec lui (fr. 494). Nous y reviendrons.

---

[a]. Méré, *Œuvres complètes,* p.p. Ch.-H. Boudhors, Éd. Fernand Roches, Paris, 1930, t. II, p. 86-88. Sur ce voyage en Poitou, voir J. Mesnard, *Pascal,* Connaissance des lettres, Hatier, 1962, p. 52-53.

[b]. B. Castiglione, *Il Cortegiano,* Venise, 1528, et N. Faret, *L'Honnête Homme ou l'Art de plaire à la Cour,* 1630, rééd. par M. Magendie, 1932.

Né vraisemblablement à Paris en 1618, d'un père d'origine picarde, maître-barbier et chirurgien installé dans la capitale en 1612, Damien Mitton est un bourgeois qui connut très vraisemblablement une période libertine, puisqu'on l'associe à une « débauche » qui eut lieu au cours de la semaine sainte de 1659[a]. Il n'en est pas moins lié à la meilleure société et Méré parle de lui comme d'un « bourgeois de la cour ». Il a de l'esprit et il est, selon Tallemant, « grand joueur ». Il est assez fortuné pour acquérir, au prix de 141 000 livres, une charge de trésorier provincial de l'extraordinaire des guerres pour la Picardie, l'Artois, le Boulonnais, etc. Il se marie en 1653 et reçoit des joueurs et des gens d'esprit, dont Bussy-Rabutin. Il est et restera très lié à deux poëtes, Benserade et La Fontaine. Il est alors considéré comme l'un des arbitres du goût et peut-être même fut-il l'un des premiers lecteurs des *Provinciales,* avant leur publication. Le libertin s'est assagi avec l'âge et, à en croire le P. Rapin, Mitton serait revenu à des sentiments religieux sous l'influence de Pascal. Les bons mots de ce parfait homme du monde seront recueillis et publiés après sa mort[b], qui survient en 1690.

Nous devons à la sagacité du critique Henry A. Grubbs d'avoir retrouvé le texte que nous donnons ici, et qu'il avait lui-même publié dans l'étude qu'il consacre à Mitton. Ce texte est loin d'être sans intérêt, et il est curieux qu'il soit encore à présent si peu et si mal connu. Dans une de ses lettres à Mitton, lettre qui n'est pas datée mais qui est postérieure au 16 mai 1680[c], Méré écrit : « Je fus, il y a quelques jours, surpris de trouver ce que vous m'aviez montré sur l'honnêteté et sur d'autres sujets dans un petit livre (je crois que c'est un sixième tome des *Œuvres mêlées* de Saint-Évremond). Je ne sais par quelle aventure ce petit traité, qui ferait de l'honneur à Socrate, paraît sous un autre nom que le vôtre. Jamais rien ne fut mieux pensé ni mieux écrit. Et, sans mentir, vous êtes si modeste que vous en devenez insupportable à vos vrais amis qui s'intéressent dans votre réputation. » H. A. Grubbs, se reportant aux *Œuvres mêlées, Sixième partie,* parues en 1680, jugea que « le petit traité » en question ne pouvait être que l'ensemble ouvert par la mention « Pensées sur l'honnêteté » et clos par celle de « Fin des pensées sur l'honnêteté ». Quand Méré parle de réflexions « sur l'honnêteté et sur d'autres sujets », il ne fait là que condenser les titres

---

a. Nous renvoyons, une fois pour toutes, à l'étude fondamentale de Henry A. Grubbs signalée dans la bibliographie. La graphie *Mitton* paraît à H.A. Grubbs préférable à celle de *Miton,* qui est celle de Pascal. Voir également A. Adam, *Histoire de la littérature française au XVII*[e] *siècle,* Paris, 1962, t. II, p. 232, note 1.

b. « Bons mots de feu M.M. », in *Le Portefeuille de Monsieur D.F.,* Carpentras, 1694, p. 9-16. La publication dans les *Œuvres mêlées* de 1680 ne fut sans doute pas la seule. *Le Portefeuille,* p. 10, rapporte le bon mot suivant : « On lisait devant lui un livre excellent, dans lequel il y avait quelqu'une de ses pensées. Il dit : "Voilà un de mes enfants qui a fait fortune." » Le sort des *Pensées sur l'honnêteté* de Mitton, que Barbin publie comme étant de Saint-Évremond, n'a rien d'étonnant : les opuscules de Saint-Évremond étant de bonne vente, Barbin a constitué des recueils d'*Œuvres mêlées* de manuscrits plus ou moins anonymes, qu'il n'a d'autorité attribués à « M. de S.E. », où le public était amené à lire « M. de Saint-Évremond ». Le sixième tome est, dans son intégralité, tout à fait suspect.

c. Date de l'achevé d'imprimer du tome VI des *Œuvres mêlées.* Le passage cité se lit dans la lettre 174, p. 604 de l'édition des *Lettres* de Méré signalée dans la bibliographie.

des trois textes qui constituent cet ensemble : les deux premiers portent sur l'honnêteté en général et sur l'honnête homme, le troisième réunit des « avis et pensées sur plusieurs sujets », qui sont d'authentiques maximes.

Dans sa théorie de l'honnêteté sont repris bon nombre de lieux communs, qui sont alors des lieux traditionnels et, en quelque sorte, obligés. Elle n'en a pas moins retenu l'attention de Pascal. Mis en scène dans le dialogue du fragment 494, Mitton récuse l'idée que l'honnête homme soit haïssable : « Car en agissant, comme nous faisons, obligeamment pour tout le monde, on n'a plus sujet de nous haïr. » Cet argument résume la position de Mitton dans notre premier texte, et semble faire écho aux alinéas 2 et 3. Méré avait lu ces pages en manuscrit, pourquoi Pascal ne les aurait-il pas également connues ? Mitton ne se fait pas plus d'illusions que Pascal sur la bonté naturelle de l'homme : « les hommes se haïssent » et, dans l'état actuel du monde, « tout est presque en désordre, l'honnêteté n'y tient aucun rang... » Pascal traduit en son langage ce genre de propos dans le fragment 529 : « Mitton voit bien que la nature est corrompue et que les hommes sont contraires à l'honnêteté. » Mais, ajoute-t-il, « il ne sait pas pourquoi ils ne peuvent voler plus haut ». Et il ne cherche pas à le savoir, en quoi il est coupable « de ne point se remuer » (fr. 433). En d'autres termes, Mitton, plus agnostique ou indifférent en matière religieuse qu'athée ou déiste, voit les « effets » (les faits), il ne voit pas « la raison des effets », et c'est à l'un des grands thèmes de l'apologie de Pascal que l'exemple et la pensée de Mitton se trouvent ainsi attachés.

L'aspect le plus inattendu, et le plus original, de la réflexion conduite par Mitton sur l'honnêteté est l'intérêt, si rare au XVIIe siècle, qui est porté au sort des humbles (pensées [14] à [20]). Il n'y a rien là qui remette en question un ordre social jugé très nécessaire ([12]), mais il est peu commun que l'honnête homme idéal soit dit « indulgent, humain, secourable et sensible aux malheurs des autres ». Sa condition de bourgeois fortuné n'empêche pas Mitton de regretter l'injustice du sort qui accable « ceux qui sont nés bassement » et qui se double de l'injustice du mépris où on les tient ([14], [16]). Les formes subtiles de la violence dans les rapports sociaux sont dénoncées avec une grande finesse, le langage lui-même étant vu comme l'un des vecteurs de cette violence masquée ([17], [18]).

Attendre d'une honnêteté conforme à la raison, à la justice et à l'humanité, qu'elle se substitue à des relations actuellement sous-tendues par l'agressivité ([20], [5]) est dans la logique des morales du temps et ressemble pour nous à un vœu pieux. Au regard du comportement individuel du moins, l'attitude de l'honnête homme est ici faite de modestie et de refus de toute ambition des places ou des honneurs. Ce retrait sur les valeurs de la vie privée rappelle Montaigne, dont les *Essais* sont l'un des livres majeurs des moralistes et fécondent la réflexion sur l'homme et la condition humaine. Il n'exclut ni l'attention aux autres ni les plaisirs de la vie sociale, et les agréments des femmes ne sont pas évoqués sans intention dans la toute dernière des pensées. Il n'est pas surprenant que ce goût des plaisirs de l'esprit et du cœur, Mitton l'ait partagé avec un homme de la même génération et le plus grand de ses amis, le très fidèle La Fontaine.

BIBLIOGRAPHIE

[SAINT-ÉVREMOND], *Œuvres meslées [...] Sixiesme partie,* Paris, Claude Barbin, 1680, in-12. Privilège du 5 août 1668 [*sic*], achevé d'imprimer du 16 mai 1680.

Les *Pensées sur l'honnêteté* occupent les pages 1 à 44. H.A. Grubbs remarque que le petit traité « De l'amitié » qui occupe les pages 59 à 83 pourrait par le style et les idées être également de Mitton, mais il reste à juste titre très prudent.

Dans son édition des *Œuvres en prose* de Saint-Évremond, t. II, p. 188-190, René Ternois traite de cette édition. Son ignorance du livre de H.A. Grubbs et certains a priori rendent caduques ses conclusions.

Lettres de Monsieur le Chevalier de Méré, Denis Thierry et Claude Barbin, Paris, 1682, 2 vol. Privilège du 28 août 1681, achevé d'imprimer du 4 décembre 1681.

*

HENRY A. GRUBBS, *Damien Mitton (1618-1690), Bourgeois honnête homme,* Princeton U.P. et P.U.F., Princeton/Paris, 1932.

PENSÉES SUR L'HONNÊTETÉ
Damien Mitton

Tous les hommes veulent être heureux. Ce désir ne nous quitte point pendant tout le cours de la vie. C'est une vérité dont tout le monde demeure d'accord [1].

Mais pour se rendre heureux avec moins de peine, et pour l'être avec sûreté, sans crainte d'être troublé dans son bonheur, il faut faire en sorte que les autres le soient avec nous. Car si l'on prétend songer seulement à soi, on trouve des oppositions continuelles, et quand nous ne voulons être heureux qu'à condition que les autres le soient en même temps, tous les obstacles sont levés et tout le monde nous prête la main. C'est ce ménagement de bonheur pour nous et pour les autres que l'on doit appeler l'honnêteté, qui n'est, à le bien prendre, que l'amour-propre bien réglé [2].

L'honnêteté donc doit être considérée comme le désir d'être heureux, mais de manière que les autres le soient aussi. Qu'on regarde, qu'on examine toutes les actions honnêtes, on trouvera qu'elles sont toutes de cette nature et qu'elles roulent toutes sur ce principe.

Pour avoir cette honnêteté au plus haut degré, il faut avoir l'esprit excellent et le cœur bien fait, et qu'ils soient tous deux de concert ensemble [3]. Par la grandeur de l'esprit, on connaît ce qu'il y a de plus juste et de plus raisonnable à dire et à faire et, par la bonté du cœur, on ne manque jamais de vouloir faire et de vouloir dire ce qu'il y a de plus raisonnable et de plus juste.

Quand on n'a qu'une de ces deux parties, on ne saurait prétendre à la parfaite honnêteté. Car la grandeur de l'esprit a beau connaître la raison et la justice, si la droiture du cœur n'est pas de la partie, rien ne s'exécute ni ne s'achève et, pareillement, si la droiture du cœur est toute seule et que le secours de l'esprit lui manque pour la conduire et pour la mettre dans la bonne voie, elle marchera toujours à tâtons, sans savoir précisément le parti qu'elle devra prendre.

Ces deux pièces sont donc essentielles pour faire un honnête homme. Mais, si même c'est une chose bien rare de les voir séparément, combien doit-il être encore plus rare de les voir toutes deux ensemble !

DESCRIPTION DE L'HONNÊTE HOMME

L'honnête homme remplit tous les devoirs. Il est bon sujet, bon mari, bon père, bon ami, bon citoyen, bon maître. Il est indulgent, humain, secourable et sensible aux malheurs des autres [4].

Il est circonspect, il est modeste, il ne fait point l'homme de conséquence ni le précieux. Il est discret, il remarque les défauts d'autrui, mais il n'en parle jamais et ne fait pas semblant de les voir.

Il n'est point intéressé, mais, comme il connaît les besoins de la vie, sa conduite est toujours réglée et jamais il ne vit dans le désordre.

Il n'est touché que du vrai mérite. Ce que l'on appelle grandeur, autorité, fortune, richesse, tout cela ne l'enchante point, il en démêle parfaitement les plaisirs et les peines. C'est ce qui l'empêche quelquefois de prendre le chemin qui mène à la fortune.

Quoiqu'il soit agréable et de bonne compagnie, il ne se fait pas de fête [5]. Il est assez retiré et n'aime pas le grand jour. Aussi voit-on rarement qu'il cherche à monter sur le théâtre du monde. Mais, si la naissance ou la fortune veulent l'y placer, comme il a l'esprit vaste [6], qu'il est intelligent, pénétrant, habile, il joue parfaitement bien son rôle.

L'honnête homme fait grand cas de l'esprit, mais il fait encore plus de cas de la raison. Il aime la vérité sur toute chose. Il veut savoir tout et ne se pique point de rien savoir [7]. Il prend garde à tout, il examine tout, connaît le prix, le fort et le faible de tout. Il n'estime les choses que selon leur véritable valeur. Les erreurs et les préventions les plus cachées ne lui imposent pas et ne font aucune impression sur son esprit.

L'honnête homme enfin ne dit et ne fait rien qui ne soit agréable, juste, raisonnable, et qui ne tende à faire que tous les hommes soient heureux.

AVIS ET PENSÉES SUR PLUSIEURS SUJETS

[1] Pour faire que le monde fût plus heureux et pour en chasser beaucoup de maux dont il est affligé, il faudrait rétablir l'honnêteté, et, pour cela, il ne suffirait pas de le connaître en l'état qu'il est, il serait encore nécessaire de savoir comme il devrait être et comme il serait effectivement si tous les hommes étaient raisonnables.

[2] En l'état qu'il est, tout est presque en désordre, l'honnêteté n'y tient aucun rang, et les honnêtes gens y sont en quelque façon comme dans un pays étranger.

[3] La condition des rois a quelque chose de divin. C'est à eux seuls à qui la gloire appartient de rétablir la raison, la justice et l'honnêteté entre les hommes. Ils n'ont pour achever un si grand ouvrage qu'à rendre les honnêtes gens heureux et les méchants malheureux.

[4] Si tous les hommes étaient raisonnables, il n'y aurait parmi eux que les maux naturels et inévitables, comme les maladies, la vieillesse et la mort.

[5] Les hommes se haïssent et se méprisent les uns les autres. Si au contraire ils songeaient à se servir et à s'aimer, ils en seraient bien plus heureux [8].

[6] Il ne devrait y avoir parmi les hommes que les méchants de malheureux.

[7] Il n'y a que la grande naissance et que la gloire de la guerre qui attirent les yeux et l'estime des hommes. Tout autre mérite, s'il faut ainsi dire, est morne et languissant, à peine y prend-on garde [9].

[8] Il est bien juste que le mérite de la guerre marche le premier ; les fatigues, les blessures et la mort même, à quoi les braves gens sont si souvent exposés, méritent bien qu'on leur cède le pas.

[9] Le métier de la guerre est le plus glorieux de tous. C'est aussi le plus dangereux, et la gloire qui le suit ne s'acquiert pas à bon marché, la valeur l'achète bien cher.

[10] Il y a cela de malheureux dans le mérite de l'esprit que peu de gens s'y connaissent et que, dans le petit nombre même, il s'en trouve qui n'en font pas grand cas. Il n'en est pas de même des richesses, tout le monde les estime, les pauvres aussi bien que les riches. Les autres biens de la fortune ont le même avantage : les petits compagnons [10] estiment la grandeur et font ce qu'ils peuvent pour s'élever.

[11] Les hommes ne louent jamais gratuitement et sans intérêt. Il faut que quelque bien leur en revienne ou qu'il en coûte quelque chose à celui qu'ils veulent bien louer.

[12] Il faut respecter la subordination qui est entre les hommes, sans cela on ne verrait que confusion et que désordre.

[13] Ceux qui sont de très grande naissance sont incessamment respectés, leur nom seul est un grand éloge. Il n'y a point de plus grand privilège parmi les hommes.

[14] Il faut bien se garder de mépriser ceux qui sont nés bassement (c'est le mot dont tout le monde se sert), on ne saurait le faire sans injustice. Quand ils ont reçu leur naissance, on ne leur a pas demandé leur avis, ce n'est pas leur faute [11].

[15] Il ne faut pas s'affliger de n'être pas né dans une condition plus élevée que celle où on se trouve. Toutes les conditions ont leurs amertumes et leurs peines. Ce que l'on voit de la grandeur donne dans la vue et paraît charmant. Si l'on en voyait le dedans et le fond, peut-être n'en serait-on pas si touché.

[16] Les conditions les plus malheureuses sont les plus méprisées. Ce n'est pas assez de leurs misères effectives, on y a encore attaché la honte et le mépris. Les hommes sont en vérité bien cruels [12].

[17] Il ne faut jamais dire hobereau, gentillâtre [13], bourgeois provincial, campagnard. Tous ces noms sont injurieux et des noms de mépris, il faut tâcher de les abolir, ils ne font qu'entretenir la haine entre les hommes. Mais il faut bien conserver les noms de fourbe, traître, ingrat et les autres de cette nature, pour faire toujours honte à ceux qui les méritent.

[18] Ce qui fait que les hommes haïssent si fort à être méprisés, c'est qu'il y a toujours quelque sorte de menace sourde et cachée dans le mépris.

[19] Il ne faut pas mépriser ceux qui sont en nécessité, il faut au contraire leur donner des marques d'estime. Et comme le mépris est peut-être un des plus grands malheurs de la pauvreté, on adoucira en quelque façon leur déplaisir en témoignant sans affectation qu'on en fait cas. Je ne parle pas de leur faire part des biens que la fortune donne et de les soulager dans leur misère. C'est un devoir si établi dans le christianisme et par l'honnêteté qu'il faut avoir perdu la raison pour s'en dispenser [14].

[20] Il faut être doux et humain à ses domestiques et les consoler par cette douceur du malheur de leur condition. C'est un effet de la fortune qu'ils soient en cet état et qu'on se trouve au-dessus d'eux.

[21] Il ne faut pas être rigoureux dans ses intérêts. Rien ne sied mieux que de relâcher un peu de ses droits.

[22] Il faut éviter le grand jeu, c'est un divertissement trop dangereux. La colère, l'emportement, les querelles l'accompagnent ordinairement. Il donne souvent de méchantes nuits et à la longue il incommode toujours. D'ailleurs il faut être toujours sur ses gardes pour s'empêcher d'être trompé, et c'est une chose bien fâcheuse que de marcher toujours comme en pays ennemi.

[23] La religion et la piété rendent heureux, et c'est la base la plus solide et la plus sûre de l'honnêteté.

[24] Il faut tutoyer rarement, et surtout il ne faut pas tomber dans le ridicule de ceux qui tutoient des gens qui sont beaucoup au-dessus d'eux.

[25] Il ne faut avoir rien de remarquable ni de trop brillant dans ses habits, dans ses discours et dans ses manières. Il me semble que l'air modeste sied aussi bien que ce qu'on nomme le bel air.

[26] Il est beau d'avoir dans l'air quelque chose de grand. Cela attire de l'estime et du respect, mais l'air doux et favorable ne fait pas de moins bons effets. C'est par là qu'on se fait aimer. Pour l'air fier que l'on approuve tant, il me semble qu'il n'est bon que dans les occasions de la guerre.

[27] On doit apprendre à ne se point ennuyer et bien étudier cette leçon, on est bien heureux de trouver son compte avec soi-même, car on se trouve quand on veut [15].

[28] La Cour est, s'il faut ainsi dire, un extrait de tout le royaume. Ce qu'il y a de plus fin et de plus pur s'y rencontre. Les façons de parler, les modes, l'air et les manières y sont excellentes. La plupart de ces choses ne s'apprennent que par le succès, comme la médecine s'est apprise par l'expérience. Il me semble pourtant qu'on devrait songer à les connaître par leurs causes, ce serait bien le meilleur et le plus sûr. Il faudrait pour cela connaître la nature des choses qui doivent plaire et connaître le cœur des hommes.

[29] On ne s'étudie qu'à plaire dans les Cours des rois parce qu'on y fait sa fortune en se rendant agréable. De là vient que les courtisans sont plus polis. Dans les villes au contraire et dans les républiques, comme les hommes ne font leurs affaires qu'en travaillant, le dernier de leurs soins est de plaire, et c'est ce qui les rend plus grossiers.

[30] Ce que l'on appelle le goût dans un sens figuré est une chose bien rare et qui se trouve en peu de personnes. On ne saurait presque ni l'apprendre ni l'enseigner, il faut qu'il soit né avec nous. La haute intelligence semble être bien au-dessus et paraît avoir plus d'étendue, mais, en vérité, pour le commerce du monde et de la vie, le goût vaut son prix et tient bien son rang. Quand on a cet avantage, il ne faut pas traiter de haut en bas ceux qui ne l'ont point. On n'a pas de pièces en main pour les convaincre et pour leur faire voir qu'ils ont tort, on les ramène bien plutôt qu'on ne les persuade [16].

[31] Pour être agréable et de bonne compagnie, il faut penser finement, et dans le moment, sur tout ce qui se dit dans la conversation, et cela ne se peut faire si l'on n'a l'esprit excellent, beaucoup de mémoire et d'imagination. Il faut aussi savoir bien sa langue, en connaître toutes les finesses, tous les biais et toutes les délicatesses. Sans cela, quand on penserait le mieux du monde, on ne doit point s'attendre de dire les choses avec le dernier agrément.

[32] Il faut s'accommoder à la portée de ceux avec qui l'on est et prendre en quelque façon le point et le degré de leur esprit. On doit bien se garder d'affecter de vouloir toujours être le maître de la conversation.

On se rend agréable quand on écoute volontiers et sans jalousie et qu'on laisse avoir de l'esprit aux autres [17].

[33] Il n'y a point de sujet si stérile sur lequel on ne puisse trouver quelque chose de bien pris et de bien imaginé ; mais, quand le sujet ne présenterait rien, on a toujours à coup sûr les façons de parler agréables dont on est le maître et qui ne peuvent jamais manquer.

[34] Les bons mots sont rares et dépendent de l'occasion et de la fortune.

[35] Les récits et les contes ne réussissent pas toujours, il ne faut pas en faire souvent et, quand on s'y trouve engagé, il faut prendre garde qu'ils ne soient pas longs et qu'il y ait toujours quelque chose de particulier et de piquant dont on soit surpris.

[36] Il faut éviter les redites. On ne veut point entendre ce qu'on sait déjà, on n'y a plus d'intérêt.

[37] Les choses nouvelles, grandes, universelles et celles qui ont l'air du grand monde sont toujours agréables, parce que les hommes sont curieux, parce qu'ils méprisent les choses bornées et de petite conséquence, et qu'ils sont ordinairement fort touchés de la grandeur.

[38] C'est par cette raison que ce qui sent les provinces, les petites villes et les quartiers particuliers est de méchant goût. On s'imagine que la politesse et le bon air ne s'y trouvent pas.

[39] La même raison fait encore que les figures tirées de la guerre, de la chasse et de la marine, sont si bien reçues et qu'on ne veut point entendre parler de celles qu'on pourrait tirer des professions basses et dont on ne fait point de cas.

[40] Il ne faut pas s'attendre que les conversations soient toujours égales. Elles sont journalières et dépendent de la fortune, aussi bien que le reste des choses.

[41] On ne saurait devenir habile ni agréable si l'on n'aime la lecture. Sans cela, le plus beau naturel est ordinairement sec et stérile.

[42] Il faut faire en sorte qu'il y ait toujours dans les actions, dans les discours et dans les manières, un certain air de politesse qui ne les quitte point. Rien n'est plus honteux que d'être grossier.

[43] La politesse est un mélange de discrétion, de civilité, de complaisance et de circonspection, accompagnée d'un air galant [18] répandu sur tout ce qu'on dit et ce qu'on fait. Et comme tant de choses sont essentiellement nécessaires pour avoir de la politesse, il ne faut pas s'étonner si elle est si rare.

[44] Soit que les femmes soient naturellement plus polies et plus galantes, ou que, pour leur plaisir, l'esprit s'élève et s'embellisse, c'est principalement auprès d'elles qu'on apprend à être agréable [19].

Fin des pensées sur l'honnêteté

Bonaventure d'Argonne

On connaît peu de chose de la vie de Noël d'Argonne (1634 ?-1704). Né à Paris, très vraisemblablement vers 1634, il exerça le métier d'avocat jusqu'à l'âge de vingt-huit ans, où il quitte le monde pour entrer en religion. Il prononce ses vœux en 1663 à la chartreuse de Gaillon, dans le diocèse de Rouen, et, sous le nom de Dom Bonaventure d'Argonne, il y demeurera jusqu'à sa mort en juillet 1704.

Son premier livre est un ouvrage de patristique, publié à Paris en 1688, le *Traité de la lecture des Pères de l'Église,* qui fut, semble-t-il, estimé en son temps. En 1691, il donne à un libraire de Rouen *L'Éducation. Maximes et Réflexions de Monsieur de Moncade,* et la même maison publie en 1699-1700 deux volumes de notes et remarques, les *Mélanges d'histoire et de littérature,* sous le pseudonyme de M. de Vigneul-Marville. L'ouvrage est inégal, et ressortit au genre des ana, où se rencontrent trop souvent le bon et le médiocre. Il aura néanmoins assez de succès pour qu'une « seconde et nouvelle édition » en trois volumes en soit publiée à Rouen et à Paris en 1700-1701. Il a, entre temps, publié, sous le couvert de l'anonymat, des *Sentiments critiques sur les Caractères de La Bruyère*[a]. Une analyse longue et vétilleuse dit surtout son inaptitude à accepter ce qu'il y a de très neuf dans le style de La Bruyère. L'attitude de l'auteur, son orgueil d'écrivain l'irritent et, pour lui, cette prose qui vise au « style relevé » accumule les « expressions forcées, impropres et peu naturelles qu'on veut faire passer pour des beautés et des raffinements de langage » (*Mélanges,* t. I, p. 347). Ses auteurs de prédilection sont Bussy-Rabutin, Saint-Évremond et La Rochefoucauld, qu'il réunit dans un même éloge : ils sont « tous trois originaux en leur genre d'écrire, tous trois hommes de qualité, tous trois braves, et tous trois [...] ont eu des disgrâces » (*Mélanges,* t. I, p. 269 sq.). Des *Maximes* de La Rochefoucauld, qu'il admire, il écrit que « tout y est original, la matière et la forme » et il sait dire l'importance qu'y occupe le « système de l'amour-propre » (*ibid.,* p. 271-272).

Manifestement, ce chartreux a gardé de nombreux contacts avec le milieu des lettrés et de l'édition, et il se montre relativement bien informé des modes littéraires qui ont cours alors. On peut être également surpris de sa liberté de jugement : son état ne lui interdit pas d'apprécier un Saint-Évremond, dont il sait pourtant la philosophie bien peu chrétienne.

Son ouvrage le plus personnel demeure celui qu'il attribue à un certain M. de Moncade, dont il ne serait, à l'en croire, que l'interprète.

Les Maximes et Réflexions de Monsieur de Moncade

La fiction du livre consiste à attribuer à un jeune noble castillan, Alvare Sanchez de Moncade, qui est cultivé et acquis à la philosophie de

---

a. Les *Sentiments critiques* sont publiés à Paris, par Michel Brunet, en 1701. Privilège du 13 mars 1700, achevé d'imprimer pour la première fois le 24 décembre 1700. Firent-ils l'objet d'une édition antérieure ? Il est curieux de constater que dans le tome I des *Mélanges,* paru en 1699, l'auteur regrette, parlant de La Bruyère, d'avoir fait « la Critique de son livre, que je supprime », s'il avait su « que M. de La Bruyère était déjà mort ».

Gassendi, un récit de sa jeunesse, son « Éducation » (p. 11-130), puis des « Maximes et Réflexions » (p. 131-279). L'ouvrage s'achève par un « Discours du sel dans les ouvrages d'esprit », qui occupe, avec une nouvelle pagination, les pages 3 à 37, et traite de l'urbanité.

Les 356 maximes se présentent, comme celles de La Rochefoucauld, sous un chiffre romain, et l'Avis au lecteur réitère les réserves que faisait l'auteur des *Maximes* en 1665 : le désordre de leur présentation, compensé par l'existence d'une table des matières, est en réalité « le meilleur ordre où l'on puisse mettre ces sortes de pensées qui, étant détachées les unes des autres, ne doivent faire aucune symétrie dans ce recueil ». Bonaventure d'Argonne n'oublie pas les grands modèles, et on retrouve ici exploités les thèmes classiques de La Rochefoucauld, Pascal et La Bruyère : l'amour-propre (max. 1, 9, 17, 34), le cœur et l'esprit (max. 2, 4, 68, 85), les limites de la sagesse païenne (max. 33, 89, 226), l'homme en société (max. 25, 41, 72, 285, 347). Il s'efforce toutefois de les renouveler, ne fût-ce que dans la forme : ainsi en est-il de l'amour-propre dans la réflexion 1, où la métaphore continuée de la « république » — entendons « l'État » — aboutit à une réécriture intéressante de la maxime supprimée 1 de La Rochefoucauld. Il a le sens du mot d'esprit, dans les maximes 21 et 328, et certaines de ses vues ne manquent pas d'intérêt à leur date : ainsi lorsque la part prise par le progrès technique lui paraît annoncer des temps où l'homme « deviendra immense par machine » (max. 332). Il n'est pas non plus aussi prisonnier de la culture des doctes qu'on pourrait l'imaginer : dans *L'Éducation* (p. 185 *sq.*) il critique ceux qui ont abusivement recours aux autorités et aux sentences des Anciens et il prend nettement distance à l'égard de l'éducation humaniste (max. 42), de la rhétorique (max. 141), et des cuistres (max. 286). Il juge en honnête homme des auteurs latins et français. Il a parfois des trouvailles de style qui étonnent : ainsi de l'usage de la phrase nominale dans la maxime 158, d'une écriture si moderne, et dans la dernière de ses réflexions. Le livre qui s'ouvrait, comme l'édition de 1665 des *Maximes,* sur l'amour-propre, ne se ferme pas sur la perspective de la mort comme chez La Rochefoucauld, mais sur le rêve d'une vie heureuse, dans un coin de nature proche d'un bord de mer. La reprise d'un thème emprunté à Horace n'est pas sans préfigurer l'image du bonheur que Rousseau imposera soixante-dix ans plus tard. Le personnage de Lucile est l'un des masques d'un auteur qui, chartreux et écrivain, présente aussi cette particularité de s'être manifestement plu à jouer avec les pseudonymes [a].

BIBLIOGRAPHIE

[BONAVENTURE D'ARGONNE], *L'Éducation, Maximes et Réflexions de Monsieur de Moncade. Avec un Discours du Sel dans les Ouvrages d'Esprit,* Rouen, Veuve d'Antoine Maurry, 1691, 280-38 p.

a. Sur les problèmes du masque et du pseudonyme en littérature, on se reportera à l'étude suggestive de Maurice Laugaa, *La Pensée du pseudonyme,* P.U.F., coll. « P.U.F. écriture », 1986.

MAXIMES ET RÉFLEXIONS DE MONSIEUR DE MONCADE

1

Nous avons au-dedans de nous-mêmes une petite république qui a ses lois, sa politique et ses intérêts, comme les plus grandes républiques du monde. L'amour-propre est le génie et le premier ministre de cet État. Rien ne s'y fait que par ses insinuations et ses conseils. Il assujettit les puissances de l'âme et donne le branle aux passions. Tout plie sous son empire. L'esprit et le cœur lui obéissent. Son autorité n'a point de bornes. Il tire tribut des vertus et des vices, et sous prétexte du bien public, il fait revenir à soi le profit des services qu'il rend aux particuliers.

2

Le cœur de l'homme est une grande énigme que les plus habiles gens du monde n'ont point encore expliquée.

3

Nous ne saurions cacher notre physionomie. Ses traits sautent aux yeux et parlent un langage que toute notre industrie ne saurait étouffer.

4

La Nature, qui n'a point fait d'ouverture pour laisser voir le cœur de l'homme [1], a peint quelque chose sur son front qui nous dit bien de ses nouvelles.

5

Il faut longtemps tourner autour de l'homme avant que d'en trouver le bon côté.

6

Toute notre vie sur la terre n'est qu'une fièvre continue, qui a ses redoublements et ses crises à mesure que nos passions s'irritent et s'enflamment.

9

L'amour-propre, dans les gens spirituels [2], a des délicatesses inconcevables, des recherches sans nombre et des ressources infinies.

12

L'exemple de la folie des pères ne sert point à corriger les enfants. Chacun veut faire le fou à son tour.

17

L'amour-propre ne veut jamais rien perdre. Si on entreprend sur lui par des avis et des corrections, il faut aussitôt le dédommager par des flatteries et des caresses.

18

Il ne faut prendre de la conversation des honnêtes gens que ce qui est nécessaire pour se rendre plus capable de converser avec soi-même.

20

Les hommes n'ont feint une mauvaise fortune que pour avoir un fantôme sur lequel ils pussent rejeter impunément tout le blâme de leur mauvaise conduite.

21

Si l'on ne disait que des choses utiles, il se ferait un grand silence dans le monde.

22

Nos propres défauts nous font moins de peine que les défauts d'autrui ne nous donnent de plaisir.

25

Il ne faut compter nos amis que du jour de leur mort.

33

La sagesse ne suffit pas toute seule au sage. Il lui faut encore des bagatelles pour l'aider à passer chaque jour de certains vides que la sagesse ne saurait remplir.

34

Il y a un amour-propre très délicat qui est la dupe de soi-même.

41

L'homme est bien malheureux d'être obligé de chercher sa vie dans des métiers où il n'y a que des occasions de la perdre.

42

Presque toute notre science ne consiste qu'à avoir la tête chargée des sottises et des rêveries des Anciens.

45

Les Muses sont pauvres et glorieuses.

47

L'amitié des grands n'est pour les petits qu'un titre d'honneur et de parade.

48

Nos pensées les plus vives et les plus agréables ne sont que des pensées tristes et languissantes quand nous n'avons pas le plaisir d'en faire part à nos amis.

58

Le mérite des courtisans croît à mesure que la faveur du prince s'augmente.

62

Les soupirs et les larmes sont les ornements et la parure de nos douleurs.

68

L'homme est encore plus imparfait du côté du cœur que du côté de l'esprit.

72

On n'avance guère dans le monde quand on n'a que du mérite.

85

C'est au cœur à fournir les sentiments, mais c'est à l'esprit de les agencer.

89

Toute la sagesse des païens ne consistait qu'à savoir couvrir les vices les plus honteux du manteau de la vertu.

91

On ne confierait jamais son secret à personne si on avait assez de force pour le garder.

93

C'est un effet de la débauche de notre esprit de ce que nous cherchons dans les tableaux les copies des choses dont nous avons les originaux dans les ouvrages de la Nature [3].

102

On veut être Grand Vizir. Mais il en coûtera la vie. Il n'importe, c'est un droit que l'ambition s'est acquis sur la crainte de la mort de le faire céder au plaisir d'être premier ministre, quand ce ne serait que pour un moment.

141

La rhétorique est l'art de dire peu de choses de bien des façons.

148

S'il n'y avait point de fourbes au monde, il n'y aurait plus guère de sorciers.

158

Jeune poète et vieil historien. Orateur entre les deux âges.

161

Le génie de Montaigne est de tout risquer, bon sens, religion, conscience, doctrine, pour faire valoir une pensée forte et une expression hardie [4].

186

Le sel des ouvrages d'esprit n'est autre chose que l'esprit même, qui se fait sentir par des impressions vives qui marquent ses caractères [5].

189

C'est peut-être pour se dédommager de ce que coûtent les grands voyages que ceux qui viennent de loin mentent avec si peu de retenue.

205

Tout est dit, mais toutes les manières de dire ne sont pas épuisées [6].

214

Plaute est le poète du peuple, Horace et Térence sont les poètes des honnêtes gens, Virgile est le poète de tout le monde.

218

Si l'on ne s'aimait guère, on ne se soucierait guère d'être aimé.

221

Tite-Live a toutes les parties d'un excellent historien, Tacite en a toute la sagesse et la pénétration, Salluste en a toutes les grâces.

226

Au pays des sages on parle peu, et on écrit encore moins.

235

Commynes a écrit ses *Mémoires* avec une candeur et une simplicité qui font un merveilleux contraste avec la finesse et la dissimulation de son héros [7].

247

Les pensées naissent avec des ailes : quand on croit les tenir, elles s'envolent et s'échappent. L'art a trouvé le secret de les arrêter sur le papier. Heureux celui qui sait bien user d'un si grand charme.

271

Les esprits pénétrants voient tous les objets doubles. Ils voient la superficie des choses avec tout le monde, et le fond des choses avec peu de personnes.

274

Martial a fait douze livres d'épigrammes [8]. C'est trop, douze bonnes épigrammes auraient suffi pour sa gloire et pour la délicatesse de notre goût.

285
On choisit plutôt de s'ennuyer avec les autres que de s'ennuyer avec soi-même.

286
Il y a une espèce de stupidité qui suit de près une grande érudition.

310
Plus nous devenons spirituels, et plus nos passions se raffinent.

323
La mode de faire le portrait de soi-même est le plus grand service qu'on ait rendu de nos jours à l'amour-propre [9].

328
Qu'une grande couronne est peu de chose sur une petite tête.

331
Quand la mort vient d'emporter un million d'hommes, il n'y paraît non plus au monde que si un million de grains de sable détaché du rivage s'était perdu dans l'Océan.

332
On a trouvé en ce siècle les télescopes, les microscopes et les trompettes parlantes [10] pour augmenter notre vue et notre ouïe. Si l'on continue ainsi à augmenter nos sens, l'homme à la fin deviendra immense par machine.

337
Les Muses sans les Grâces n'auraient jamais trouvé les belles-lettres.

340
Les esprits du premier ordre n'ont point de maître.

347
Dès que l'on est riche, il semble qu'on ne pense plus qu'à s'appauvrir et à enrichir les autres. On va de porte en porte et dans les lieux les plus obscurs semer l'or et l'argent pour faire naître dans la lie du peuple des fortunes nouvelles, qui absorbent et engloutissent les anciennes [11].

349
Ceux qui veulent mettre leurs ouvrages dans une grande perfection les touchent et les retouchent à plusieurs fois, sont à la fin obligés, s'ils veulent plaire, de leur donner un air de naïveté et de simplicité naturelle qui dérobe aux yeux du public la sueur et le travail de leurs ébauches.

356
Des livres choisis et des amis qui le soient encore davantage. Plus de bon sens que de science et d'érudition, et, pour toute philosophie,

beaucoup de christianisme. Une maison propre [12] et commode dans un lieu sain et agréable. Un revenu médiocre [13], mais assuré. Point de maître et peu de valets. Assez d'occupation pour n'être jamais oisif. Assez d'oisiveté pour n'être jamais trop occupé. Nulle ambition, nul procès, nulle envie, nulle avarice. Conserver sa santé par la sobriété et par le travail plutôt que par les remèdes. Garder la foi à qui on la doit. Ne haïr que ce qui est haïssable, n'aimer que ce qu'il est juste d'aimer. Laisser couler sans inquiétude ce qui ne doit pas toujours durer, attendre avec confiance ce qui durera toujours. C'est la vie heureuse que mène Lucile dans un petit coin du monde, au bord d'une mer qui n'a point d'orages qui le troublent, ni de calme qui ne lui apprenne à chérir et à conserver le sien [14].

Deuxième partie

# LA ROCHEFOUCAULD

RÉFLEXIONS OU SENTENCES ET MAXIMES MORALES

ET

RÉFLEXIONS DIVERSES

Textes établis, présentés et annotés par André-Alain Morello

Réflexions ou Sentences et maximes morales

ACTUALITÉ DE LA ROCHEFOUCAULD
par André-Alain Morello

« Quelle misère de pensée dans les maximes de La Rochefoucauld ! » s'écriait Alain au début du siècle [a]. Si on doit donner raison à Alain, on peut se demander s'il vaut encore la peine de lire ces *Réflexions ou Sentences et maximes morales* en cette fin de siècle. En lisant La Rochefoucauld, sommes-nous confrontés à une pensée vraiment « misérable », qui ressasserait tristement les mêmes idées, ou à une pensée qui ne serait plus de mise, qui n'aurait plus de prise sur notre époque ? De quoi La Rochefoucauld parle-t-il, sinon des « faussetés déguisées », de la haine pour les favoris, de la tyrannie des humeurs ? A l'ère de l'atome, de l'écran roi et du bébé éprouvette, ce petit livre ne risque-t-il pas d'apparaître, comme tant d'autres, paré d'un exotisme désuet ? Fi des courtisans et des duchesses — les dernières de l'espèce se sont éteintes chez Proust — notre monde n'est-il pas devenu un monde de citoyens planétaires ? Voilà beau temps que les humeurs de l'atrabilaire et du sanguin ne font plus recette, désormais nous avons stress, dépressions et névroses. Et que peut bien signifier l'expression *honnête homme* dans l'univers des chaînes privées et du marché mondial ? Pensée périmée, œuvre démodée, texte devenu étranger ? Peut-être le lecteur moderne est-il davantage sensible à la manière, à la voix de La Rochefoucauld ; on sait la fortune, au XXe siècle, de l'écriture fragmentaire, de la « parole en archipel ». Faudrait-il donc célébrer la richesse de la forme pour mieux dénigrer la pauvreté du fond, et opposer ainsi un style du présent à une pensée du passé ? Nous voulons faire le pari qu'en dépit de la distance qui s'est creusée entre nous et cette œuvre, le livre de La Rochefoucauld n'a pas cessé de nous concerner, que ces *Maximes* ont conservé toute leur beauté, que ce livre demeure un livre actuel.

---

a. Alain, *Propos*, Pléiade, 1956, p. 1034.

François VI. Les aventures d'un duc et pair de France

Et pourtant, quoi de plus inactuel qu'un duc qui se met à la littérature et qui publie des maximes en 1665, l'année du *Dom Juan* de Molière ? En fait, il s'agit même d'une « première », car « c'est la première fois qu'un aussi grand seigneur se mêle de publier [a] ». Qui est donc ce duc et pair de France qui se pique ainsi d'éditer un livre, à l'aube du règne du Roi Soleil ? On a beaucoup écrit sur la vie de La Rochefoucauld, et on s'est souvent plu à la présenter comme un diptyque. Homme d'action, puis homme de salon ; homme de la Fronde, puis homme du monde ; homme d'épée, puis homme de plume ; quelqu'un qui a « commencé à vivre comme d'Artagnan », et qui « finit par penser comme Alceste [b] », bref un mousquetaire devenu misanthrope. On a parlé d'une vie divisée « entre l'époque des luttes et des froissements, période d'action, et celle des apaisantes intimités, période mondaine [c] ». Il y aurait donc deux La Rochefoucauld, un peu comme il y a deux Victor Hugo (celui d'avant, et celui d'après l'exil) ou deux Jean Giono (le « rustique », puis l'ironique). Jean Starobinski ne manque pas de fustiger une telle idéalisation : « il est aisé de construire une image de sa vie, où l'échec de la Fronde et le combat du faubourg Saint-Antoine marqueraient la *séparation* entre le temps de l'illusion et le temps de la désillusion, entre le temps où La Rochefoucauld s'attache à la morale féodale de la gloire et le moment où il en découvre systématiquement l'inanité. On aurait là une belle symétrie. Deux versants d'une existence : l'action d'abord, puis, faute de mieux, la réflexion et la littérature [d] ». S'il est en effet légitime de distinguer deux parties dans la vie de La Rochefoucauld, il l'est beaucoup moins de vouloir scinder en deux cette existence pour opposer deux moitiés que tout séparerait, à l'image du vicomte pourfendu — *dimezzato* — d'Italo Calvino. Édith Mora a aussi ironisé sur ce « dessin par trop simpliste » d'une « vie coupée en deux volets » : pour elle, La Rochefoucauld ne se voulut jamais « homme de lettres », et quand il publie ses *Maximes,* il « reste homme d'épée et insurgé, non plus contre la tyrannie des cardinaux-ministres, mais contre celle des masques [e] ». Il ne s'agirait donc pas, pour ce grand seigneur de la littérature française, de troquer l'épée contre la plume, ni de choisir entre deux modes d'expression différents, mais bel et bien d'écrire avec son épée, d'utiliser une « écriture-lame [f] », aussi tranchante, aussi transperçante que possible. Ainsi, l'aventure de l'écriture prolonge-t-elle l'aventure de la vie.

---

a. Édith Mora, *François de La Rochefoucauld,* Seghers, 1965, p. 63.
b. Robert Kanters, Introduction aux *Œuvres complètes de La Rochefoucauld,* Pléiade, 1964, p. XVI.
c. R. Grandsaignes d'Hauterive, *Le Pessimisme de La Rochefoucauld,* Armand Colin, 1914, p. 7.
d. Jean Starobinski, Introduction aux *Maximes,* cité par Corrado Rosso, *Procès à La Rochefoucauld et à la maxime,* Pise, Goliardica et Paris, Nizet, 1986
e. É. Mora, *op. cit.,* p. 39.
f. *Ibid,* p. 68.

Car le début de la vie de La Rochefoucauld n'est rien moins qu'un roman d'aventure : né à Paris, mais élevé à la campagne, nourri de *L'Astrée* et des *Amadis de Gaule,* le jeune Marcillac ne rêve que de bravoure militaire. A seize ans, il fait sa campagne d'Italie, dans la grande tradition des chevaliers de François Ier partis guerroyer au pays de l'Arioste ; il fait ainsi ses premières armes au sein de l'armée lancée par Louis XIII et Richelieu contre les Espagnols. A son retour, le fougueux chevalier entre à la cour et offre ses services à la reine, Anne d'Autriche, « cette belle reine que Richelieu, impuissant à la circonvenir, persécutait, souhaitant la réduire à merci [a] ». Richelieu soupçonne en effet la reine d'entretenir des intelligences avec l'Espagne, peut-être entraînée par Mme de Chevreuse, « farouche amazone [b] ». En 1637, le complot monté par la duchesse de Chevreuse ayant été découvert, le jeune Marcillac songe à un enlèvement de la reine, qu'il croit menacée : « Quelque difficulté et quelque péril qui me parussent dans un tel projet, je puis dire qu'il me donna plus de joie que je n'en avais eu de ma vie : j'étais en un âge où l'on aime à faire des choses extraordinaires et éclatantes, et je ne trouvais pas que rien le fût davantage que d'enlever en même temps la reine au roi, son mari, et au cardinal de Richelieu, qui en était jaloux [c] ». Ce sens du « romanesque » vaut à Marcillac d'être embastillé une semaine par Richelieu, puis envoyé en exil dans le château familial de Verteuil. A la mort du cardinal en 1642, Marcillac, débarrassé du « despote », regagne Paris et la cour, mais pour commencer « d'y jouer son rôle de dupe : il croyait ingénument porter l'auréole du martyre [d] ». En effet, après la mort de Louis XIII l'année suivante, la reine, devenue régente, nomme Mazarin premier ministre — un cardinal peut en cacher un autre —, et n'accorde à Marcillac aucune des charges importantes qu'elle lui avait promises. Désormais attaché à une nouvelle amazone, Mme de Longueville, sœur de Condé, et poussé par le dépit, La Rochefoucauld se jette dans la Fronde par vengeance : « Je me vis en état de faire sentir à la reine et à Mazarin qu'il leur eût été utile de m'avoir ménagé », écrit-il dans ses *Mémoires,* — et expose ses griefs d'ambitieux déçu dans un texte éclatant, l'*Apologie de M. le prince de Marcillac.* En 1650, résolument engagé dans la Fronde des Princes, et peu après être devenu duc de La Rochefoucauld par la mort de son père, Marcillac voit son château de Verteuil rasé par les troupes royales. Et c'est l'année suivante, après que les Princes (Condé, Conti) furent triomphalement entrés dans Paris, qu'eut lieu, le 21 août, une extraordinaire séance du Parlement, où s'opposent les deux partis, celui des Princes et celui de la régente, à la tête duquel se trouvait Retz, et au cours de laquelle La Rochefoucauld faillit étrangler le cardinal de Retz, dans un dramatique tête-à-tête. Il faut citer le passage des *Mémoires* qui relate la scène : « Le coadjuteur (Retz), voyant un

---

a. Émile Magne, *Le Vrai Visage de La Rochefoucauld,* Ollendorff, 1923, p. 36-37.
b. *Ibid.,* p. 37.
c. La Rochefoucauld, *Mémoires, Oeuvres complètes,* Pléiade, 1964, p. 50.
d. É. Magne, *op. cit.,* p. 61.

si grand désordre, connut le péril où il était et voulut, pour s'en tirer, retourner dans la grand-chambre ; mais, en arrivant à la porte de la salle par où il était sorti, il trouva que le duc de La Rochefoucauld s'en était rendu le maître. Il essaya de l'ouvrir avec effort, mais, comme elle ne s'ouvrait que par la moitié, et que le duc de La Rochefoucauld la tenait, il la referma en sorte, dans le temps que le coadjuteur rentrait, qu'il l'arrêta ayant la tête passée du côté du parquet des huissiers et le corps dans la grand-salle [a] ». Celui que Brichot surnommera « ce boulangiste de Marcillac [b] » n'a donc rien d'un mousquetaire d'opérette ; devenu lieutenant général de l'armée rebelle, il va combattre vaillamment aux côtés de Condé, et recevra une grave blessure. Après la victoire de Mazarin et le triomphe de la monarchie, c'est par fierté qu'il refuse l'amnistie proposée et se retire dans ses terres pour écrire ses *Mémoires*. L'orgueilleux duc, qui écrira que « l'art de la guerre est plus étendu, plus noble et plus brillant que celui de la poésie [c] », choisit pourtant, à l'âge de quarante et un ans, la littérature. Quand il retourne à Paris, ce n'est plus pour combattre la royauté, mais pour accueillir Christine de Suède. De sorte que si les femmes avaient guidé La Rochefoucauld pendant la première partie de sa vie, comme ces amazones dignes du Tasse que sont Mme de Chevreuse ou Mme de Longueville, ce sont encore elles qui vont l'entourer dans la seconde moitié de sa vie, à commencer par Mme de Sablé et Mme de La Fayette. « Son rôle pendant la Fronde lui avait valu un prestige auprès des femmes, dont beaucoup avaient participé aux cabales [d] ». Après la Fronde, La Rochefoucauld va devenir un fidèle des cénacles organisés par de grandes dames, en particulier Mme de Sablé dont le salon verra naître les *Maximes*. Mme de Sablé, amie de Mme de Longueville, deviendra même la confidente de prédilection du duc vieillissant, et la liaison avec Mme de La Fayette viendra éclairer les dernières années de la vie de La Rochefoucauld.

Personnage complexe que ce frondeur disgracié devenu écrivain. Il s'est présenté lui-même comme mélancolique — « J'ai de l'esprit, mais un esprit que la mélancolie gâte », dit-il dans son portrait — une mélancolie naturelle, mais qui affecte peut-être un certain air « romantique ». « On se console souvent d'être malheureux par un certain plaisir qu'on trouve à le paraître » (maxime supprimée 10) — et qui ne peut être que consolidée par les déceptions et les échecs. Pourtant, l'amertume de La Rochefoucauld ne ressemble en rien à l'aigreur d'un La Bruyère que Pascal Quignard se plaît à imaginer : « Sans trêve il avait l'âme déchiquetée par le sentiment de l'envie. Il avait cette conviction naïve de ne pas avoir trouvé dans la société la place qu'il se sentait digne d'y occuper. Dans une sorte de minuscule basse-cour au fond de son cerveau il engraissait un petit troupeau de rancunes que le temps

---

a. La Rochefoucauld, *Mémoires, Œuvres complètes*, Pléiade, 1964, p. 150-151.
b. Proust, *Sodome et Gomorrhe*, coll. « Bouquins », 1987, t.II, p. 708.
c. *Réflexions diverses*, I.
d. É. Magne, *op. cit.*, p. 125.

accroissait [a] ». Chez La Rochefoucauld, l'orgueil aristocratique l'emporte de loin sur la rancœur et la jalousie. Sans doute peut-on percevoir un certain désarroi dans plus d'une phrase de La Rochefoucauld, mais ce désarroi a partie liée avec cette irrésolution, cette indécision du grand seigneur qu'avait largement stigmatisée le cardinal de Retz. Ainsi, pour Paul Bénichou, « La Rochefoucauld ne savait pas décider de sa vie : décalé en tout, guerrier à moitié, courtisan sans l'être, impatient de se dégager après s'être engagé [b] ». Ni pleinement guerrier, ni pleinement mondain ; on se doit d'ajouter ni pleinement écrivain, ou plus exactement écrivain amateur, et non professionnel de l'écriture : « rien moins qu'un nigaud d'homme de lettres [c] », dit de lui Stendhal. Au reste, ne partage-t-il pas le destin d'autres grands « amateurs » de l'écriture ? En premier lieu, Machiavel, « lui aussi homme d'action déçu, trouvant dans la méditation et dans l'écriture le baume à ses désillusions [d] ». Comme La Rochefoucauld, le secrétaire florentin n'est-il pas un disgracié et un démystificateur ? Force est de constater aussi que même le grand ennemi de La Rochefoucauld, le cardinal de Retz, a un destin analogue à l'auteur des *Maximes* : « Retz, obligé de donner sa démission d'archevêque de Paris, s'est retiré [en 1662] en exil, dans sa seigneurie de Commercy. Comme La Rochefoucauld, n'ayant pu être homme d'État, il deviendra, par pis aller, un grand écrivain [e] ». Par ailleurs, si « La Franchise » (pseudonyme de La Rochefoucauld pendant la Fronde) ne fut pas un brillant comploteur, fut-il au moins un brillant séducteur ? Ne vécut-il pas entouré de femmes ? Malheureux en affaires, heureux en amour ? Rien n'est moins sûr, pourtant, car que de blessures infligées par l'ingratitude d'Anne d'Autriche, ou par la trahison de Mme de Longueville. Plutôt heureux dans l'action, et dans l'écriture — nous avons vu que l'une était le prolongement de l'autre ; heureux en littérature, comme Stendhal [f] !

Aux sources de l'œuvre

Provenant de la Fronde et de son échec, les *Maximes* de La Rochefoucauld sont profondément enracinées dans l'expérience personnelle de leur auteur, et loin de le renier, le livre prolonge à sa manière un combat : « Les *Maximes*, c'est encore la Fronde, mais la Fronde poursuivie par d'autres moyens [g] ». Mais une fois entré en

---

a. Pascal Quignard, *Une gêne technique à l'égard des fragments*, Fata Morgana, 1986, p. 10
b. Paul Bénichou, « L'intention des Maximes », in *L'Écrivain et ses travaux*, José Corti, 1967, p. 18.
c. Stendhal, *De l'Amour*, livre II, chap. LIX.
d. Corrado Rosso, *Procès à La Rochefoucauld et à la maxime*, Pise, Goliardica et Paris, Nizet, 1986, p. 106. Sur le parallèle entre La Rochefoucauld et Machiavel, voir aussi l'étude de Jean Lafond, « La Rochefoucauld et les enjeux de l'écriture », *P.F.S.C.L.*, 1983, p. 718-719.
e. Gourdault, *Notice biographique sur La Rochefoucauld*, édition G.E.F., t. I. p. LXIV.
f. Sur le parallèle entre La Rochefoucauld et Stendhal, voir le brillant article de Pierre Laurens, « Fragments d'un possible face à face La Rochefoucauld/Stendhal », in *L'Intelligence du passé, les faits, l'écriture et le sens*, Mélanges offerts à Jean Lafond par ses amis, Publications de l'université de Tours, 1988, p. 489-508.
g. J. Lafond, Préface aux *Maximes*, Gallimard, Folio, 1976, p. 9.

littérature, et dans les cénacles parisiens, La Rochefoucauld va être traversé par toute la culture de l'époque (faut-il dire des cultures ?), culture janséniste et culture mondaine, culture d'une société et culture d'un salon, celui de la marquise de Sablé. Au tournant du XVIIe siècle, à la suite de l'échec de la Fronde, et après la publication de l'*Augustinus* de Jansénius (en 1640), le jansénisme se propage et pénètre dans les salons. Lorsque La Rochefoucauld rentre à Paris, au terme de son exil à Verteuil, il peut ainsi observer cette transformation dans les esprits : la « société frivole et tapageuse de la Fronde » semble désormais « endoctrinée par le jansénisme [a] ». Un critique essaie de comprendre cet « endoctrinement » : « Le jansénisme attira à soi les Grands déçus dans leurs ambitions, restés frondeurs quand même et remplis d'orgueil, par ce qu'il avait de pessimiste, de frondeur et de flatteur pour l'orgueil [...]. Pour tous ces grands seigneurs, être du côté de Port-Royal, c'est encore un peu être frondeur. La secte est indépendante et, pour ce fait, mal vue de l'État [b]. »

Malgré tout, la « mode » du jansénisme n'efface pas complètement les autres courants d'idées, en particulier le courant épicurien qui, grâce à Gassendi ou La Mothe Le Vayer, séduit aussi de grands noms de l'époque, comme Saint-Évremond, Méré, Bussy-Rabutin ou Ninon de Lenclos. Dans son *Port-Royal*, Sainte-Beuve rappelle que « la Fronde lègue au règne de Louis XIV un essaim de libres esprits émancipés, épicuriens ardents et habiles [c] ». Et La Rochefoucauld lui-même, bien que fidèle du salon « janséniste » de Mme de Sablé, ne manque pas de fréquenter ces épicuriens. Loin d'ailleurs de s'exclure, le jansénisme et l'épicurisme peuvent se côtoyer, au sein de cette culture mondaine dont parle Louis Van Delft et qui se définit avant tout par l'ouverture d'esprit et la curiosité. L'une des marques les plus évidentes de cette culture mondaine est bien le « syncrétisme » et la « coexistence des contraires [d] ». C'est pourquoi La Rochefoucauld « intègre » sans difficulté des œuvres aussi différentes d'inspiration que *De l'usage des passions* (1641) du père Senault, le *Traité des passions de l'âme* (1649) de Descartes, le *Traité de la paix de l'âme* (1660) du pasteur Du Moulin, ou l'*Art de connaître les hommes* (1659) du vitaliste Cureau de la Chambre ; et l'on retrouve dans les *Maximes* des traces bien visibles de ces influences divergentes. Traversé et imprégné par toute la culture de son époque, le livre de La Rochefoucauld est aussi souvent présenté comme le produit le plus achevé du salon de Mme de Sablé. On sait en effet, grâce à la correspondance de Mme de Sablé et de La Rochefoucauld, que l'œuvre de La Rochefoucauld naît en partie d'une collaboration active entre trois personnes : le duc, la marquise, et Jacques Esprit. On

---

a. R. Grandsaignes d'Hauterive, *op. cit.*, p.116.
b. *Ibid.*, p. 117.
c. Sainte-Beuve, *Port-Royal*, t. III, chap. XVI.
d. Louis van Delft, *Le Moraliste classique*, Essai de définition et de typologie, Droz, 1982. Voir le chap. V, « Réflexion morale et histoire culturelle », et en particulier les p. 153 à 158.

sait aussi que seront publiées après sa mort en 1678, par l'abbé d'Ailly, des *Maximes* de Mme de Sablé, et que Jacques Esprit fait paraître, à la veille de sa mort, son traité sur *La Fausseté des vertus humaines* (1677-1678) : les deux « collaborateurs » de La Rochefoucauld surent donc faire une œuvre personnelle. Aussi faut-il se garder de présenter les *Maximes* de La Rochefoucauld comme une œuvre collective [a], même si Mme de Sablé ou Jacques Esprit purent chacun commenter, critiquer, ou suggérer telle ou telle modification. La décision finale appartint toujours au duc, et les rapprochements que l'on peut faire entre les trois œuvres doivent être interprétés davantage comme le résultat de « variations individuelles sur un thème commun [b] », que comme des emprunts de l'un à l'autre. Au reste, les différences de ton apparaissent nettement entre les trois « auteurs » : on ne retrouve pas chez La Rochefoucauld le « didactisme chrétien » de Jacques Esprit ou de Mme de Sablé.

Fruit d'une riche expérience personnelle mais aussi synthèse de toute la culture d'une société, les *Maximes* de La Rochefoucauld furent enfin influencées par de grands auteurs que le duc a pu méditer pendant sa retraite forcée. Car La Rochefoucauld a beau ne pas avoir fréquenté le collège dans sa jeunesse, il avoue cependant, dans son portrait, son goût pour la lecture : « J'aime la lecture en général ; celle où il se trouve quelque chose qui peut façonner l'esprit et fortifier l'âme est celle que j'aime le plus. » Ainsi, de nombreuses maximes s'inspirent assez directement de Sénèque (voir, par exemple, la maxime 148 et notre note) et surtout de Montaigne (voir les maximes 10, 135, 182, 200, 218, la maxime supprimée 23, et nos commentaires [c]). Certaines phrases sont aussi dirigées contre Sénèque (maximes 16 et 20), contre Machiavel (maxime 157 : « La gloire des grands hommes se doit toujours mesurer aux moyens dont ils se sont servis pour l'acquérir. »), contre Corneille (maxime 15). Moins directe, l'influence de Gracián, cet autre impitoyable démystificateur d'une société d'illusions ; c'est surtout Mme de Sablé qui appréciait l'œuvre du jésuite espagnol, et cela avant Amelot de la Houssaye, qui proposa une traduction de l'*Oráculo manual* en 1684. Faut-il rappeler que les principaux livres de Gracián, *El Heroe (Le Héros), El Discreto (L'Homme universel), El Oráculo manual (L'Homme de cour),* sont publiés en Espagne entre 1630 et 1650. Gracián et La Rochefoucauld se retrouvent dans un de leurs modèles avoués, Castiglione, l'auteur du *Cortegiano*. Dans le discours XLIII de l'*Agudeza y Arte de ingenio,* Gracián célèbre les « précieux conseils qu'en son raffiné

---

a. Voir Jean Lafond, « Mme de Sablé et son salon », in *Images de La Rochefoucauld,* P. U. F., 1984, p. 208-210.
b. J. Lafond, « Dix ans d'études sur les Maximes de La Rochefoucauld » (1976-1986), in *L'Information littéraire,* janvier-février 1987, p. 11-12.
c. « Il semble que La Rochefoucauld ait été formé par deux livres : d'abord par *L'Astrée* qu'il avait beaucoup lu dès sa jeunesse et qui a nourri en lui la tendance néo-stoïcienne ; puis les *Essais* de Montaigne le tirèrent dans un sens opposé et finirent par l'emporter. » (Louis Hippeau, *Essai sur la morale de La Rochefoucauld,* Nizet, 1967, p. 72-73.) Voir tout le chapitre intitulé « Des *Essais* aux *Maximes* ».

Courtisan propose le comte Baldassare Castiglione » ; La Rochefoucauld a toujours admiré Castiglione : dans la préface de sa traduction du *Cortegiano* (Paris, Loyson, 1690), l'abbé Duhamel écrit : « Car, pour me borner à un seul témoignage, mais qui est d'un poids à l'emporter sur mille autres, feu M. le duc de La Rochefoucauld [...] rendait ce témoignage à ce livre, qu'il ne s'en trouvait point sur ces sortes de sujets qui fût comparable à celui-ci ; aussi ce grand homme n'en parlait-il jamais que comme d'un chef-d'œuvre accompli [a] ». Un siècle avant les traités de Gracián, le *Courtisan,* imprimé en 1528, fut déjà un manuel de savoir-vivre et contribua à fixer la notion de l'« honnête homme » que La Rochefoucauld va proposer pour idéal.

Comme La Fontaine qui, pour ses *Fables,* emprunte tout, ou presque, à Ésope, Phèdre, aux poètes indiens et aux poètes baroques, ou comme Montaigne lui-même dont la réflexion « s'est développée à partir de lectures dont la trace demeure dans les *Essais* sous la forme de citations [b] », La Rochefoucauld s'est lui aussi nourri de livres ; il lit et intègre Montaigne, Machiavel ou Senault et il les assimile et les dépasse, va au-delà. Jean Lafond rappelle à juste titre que « l'originalité classique ne se mesure pas à l'inédit du propos. L'intégration dans une œuvre d'apports étrangers est admise dès lors que l'appropriation intelligente et valorisante qui en est faite leur confère le prestige d'une forme remarquable. La problématique de la collaboration et de l'originalité n'est de ce fait pas recevable. Et il en est ici comme il en fut parfois de l'utilisation des sources : l'originalité n'est pas ce qui reste quand on a d'un texte retranché les emprunts [c] ». La recherche des sources, des grandes influences n'a, dès lors, d'intérêt que lorsqu'elle permet d'éclairer le processus qui mène à la création d'une œuvre nouvelle. Comme le dit un peu sévèrement une critique, « cette question des sources possibles de notre auteur est véritablement sans intérêt, et d'ailleurs insoluble. Il importe bien davantage de rechercher ce qui fait de ce mince volume des *Réflexions ou Sentences et Maximes morales* non pas un simple recueil d'aphorismes, comme il y en a eu, comme il y en a alors, comme il y en aura cent et plus, mais un livre [d] ». Quelque réserve qu'on puisse faire sur cette opinion, on ne peut que s'efforcer de répondre à la question qu'elle soulève.

Il était une fois la maxime

Maxime et mondanité

Dans le salon de Mme de Sablé, la mode des maximes semblait être devenue une manie contagieuse : La Rochefoucauld lui-même reconnaît dans une lettre que « l'envie des sentences se gagne comme le rhume ».

---

a. Texte cité par L. van Delft, *op. cit.*, p. 86. Voir aussi, sur le rapport entre La Rochefoucauld et Castiglione, C. Rosso, *op. cit.*, p. 84.
b. Jacques Truchet, Introduction aux *Maximes,* Garnier, 1967, p. XLIV.
c. J. Lafond, article cité, *L'Information littéraire,* janvier-février 1987, p. 12.
d. É. Mora, *op. cit.*, p. 72.

Ce qui avait tendance à n'être qu'une activité de salon, une « mode » parmi d'autres, au milieu des proverbes et des questions d'amour, La Rochefoucauld entend le perfectionner, peut-être pour l'émanciper de ce milieu aristocratique. Sans doute La Rochefoucauld n'a-t-il pas inventé la maxime — l'Antiquité connaissait déjà aphorismes, adages, épigrammes — mais peut-être a-t-il voulu la constituer en genre littéraire autonome. Car est-elle nécessairement liée au milieu aristocratique, cette maxime présentée comme une « maladie mondaine » ? En est-elle vraiment la nécessaire expression ? Pour Louis van Delft, aucun doute n'est possible : la maxime « qui provoque, appelle la contradiction, la riposte, les applaudissements, le commentaire même indigné, est organiquement liée à la vie de société, qu'elle nourrit et stimule [a] ». Le milieu mondain « informe » la réflexion du moraliste, la maxime serait donc bel et bien un art de salon. La Rochefoucauld lui-même semble revendiquer cette « domiciliation » aristocratique et mondaine de la maxime. Ainsi, dans la maxime 142, il associe la « forme brève » — ce pourrait être la maxime — aux « grands esprits » : « Comme c'est le caractère des grands esprits de faire entendre en peu de paroles beaucoup de choses, les petits esprits au contraire ont le don de beaucoup parler, et de ne rien dire. » Mais aussi bien, cette maxime pourrait être aussi une critique de la mondanité, si on opposait le « peu de paroles » à la conversation mondaine, souvent caractérisée par l'étendue et la vacuité. A moins qu'elle ne suggère un art de la conversation, comme celui qui est proposé dans le quatrième texte des *Réflexions diverses* intitulé « De la conversation », où La Rochefoucauld insiste sur les infinies précautions qu'il faut prendre pour ne pas heurter l'amour-propre d'autrui : « Il faut écouter [...] il faut éviter [...] on doit dire [...] on ne doit jamais [...] Il est nécessaire [...]. » En fait, La Rochefoucauld plaide pour une parole retenue, la seule qui sache ménager l'interlocuteur. La parole abondante est l'expression de la vanité : « On parle peu quand la vanité ne fait pas parler » (maxime 137). Comme le disait Gracián dans *L'Homme de cour,* la conversation, « c'est par où l'homme montre ce qu'il vaut. Dans toutes les actions de l'homme rien ne demande plus de circonspection [b]. » Le salon, le « monde », est une arène où se livrent de terribles joutes, celles de la parole. L'art aristocratique de la pointe, de l'« *agudeza* », l'art du génie (« *arte de ingenio* »), « est un sport intellectuel qui, comme celui du toréro, tient tout entier dans le style et accepte de payer de la mort la moindre erreur, le moindre retard, le moindre superflu [c]. » — Ne peut-on pas jouer parfois sa carrière, sa vie, sur un mot ? — A la différence de l'idéaliste Castiglione, pour La Rochefoucauld comme pour Gracián, le « monde » est moins une école de courtoisie qu'un lieu d'affrontement, où la parole peut devenir

---

a. L. van Delft, *op. cit.,* p. 158.
b. Gracián, *L'Homme de cour,* trad. Amelot de la Houssaye, maxime 158, « Avoir l'art de converser ».
c. Marc Fumaroli, Préface à *La Pointe ou l'Art du génie* de Baltasar Gracián, L'Age d'homme, 1983, p. 11.

une arme destinée à se protéger de la duperie universelle en la révélant : « Les hommes ne vivraient pas longtemps en société s'ils n'étaient les dupes les uns des autres » (maxime 87[a]). La maxime peut donc être générée par la conversation, et pourtant elle la conteste. « Perle de culture », selon l'expression de Jean Lafond, discours « poli » par excellence, elle vient agressivement critiquer l'hypocrisie du code mondain. On pourrait alors parler de « traîtrise » de la part de l'auteur des *Maximes*, en qui Roland Barthes voit une préfiguration de l'intellectuel : « L'intellectuel est tout entier défini par un statut contradictoire ; nul doute qu'il ne soit délégué par son groupe (ici la société mondaine) à une tâche précise, mais cette tâche est contestatrice ; en d'autres termes, la société charge un homme, un rhéteur, de se retourner contre elle et de la contester. Tel est le lien ambigu qui semble unir La Rochefoucauld à sa caste ; la maxime est directement issue des Salons, mille témoignages historiques le disent ; et pourtant la maxime ne cesse de contester la mondanité ; tout se passe comme si la société mondaine s'octroyait à travers La Rochefoucauld le spectacle de sa propre contestation [b]. »

Maxime et autorité

« On ne doit jamais parler avec des airs d'autorité », écrit La Rochefoucauld dans ses *Réflexions diverses* (IV, « De la conversation »). Pourtant, c'est précisément ce qu'on a reproché à la maxime : Roland Barthes, par exemple, n'hésite pas à voir dans la maxime « la plus arrogante [...] des formes de langage[c] ». Serge Doubrovsky considère également la maxime comme le moyen par lequel s'exprimerait un pouvoir, le pouvoir d'un locuteur anonyme qui déciderait des valeurs dont il se donne pour le porte-parole ; dans la maxime s'exprimerait alors la vérité en personne. On serait donc en droit d'accuser la maxime d'être « un faux oracle et son auteur un faux dieu[d] ». Le grief était déjà celui de La Bruyère, formulé dans sa préface aux *Caractères ;* le débat est donc ancien. En fait, il faut se demander si la maxime, en particulier chez La Rochefoucauld, est *d'abord* un précepte ou une loi. Jacques Truchet distingue huit préceptes dans les *Maximes* de La Rochefoucauld (maximes 66, 106, 174, 343, 392, 418, 434, 453) : c'est peu, et cela suffit pour affirmer que La Rochefoucauld « ne prend pas volontiers le ton d'un mentor[e] ». La maxime contient donc « un taux d'impérativité fort réduit[f] » : elle n'énonce que rarement des

---

a. Voir, dans l'Introduction de Pierre Laurens et de Michèle Gendreau-Massaloux à *La Pointe ou l'Art du génie*, la rapide comparaison établie entre Castiglione et Gracián, p. 30.
b. Roland Barthes, *La Rochefoucauld*, « *Réflexions ou Sentences et maximes* », repris dans *Le Degré zéro de l'écriture*, suivi de *Nouveaux Essais critiques*, Le Seuil, p. 86-87.
c. R. Barthes, *Roland Barthes par...*, Le Seuil, 1975, p. 181.
d. Serge Doubrovsky, « Vingt propositions sur l'amour-propre : de Lacan à La Rochefoucauld », in *Parcours critique*, Galilée, 1980, p. 221.
e. J. Truchet, *op. cit.*, p. XLV.
f. C. Rosso, *op. cit.*, p. 136.

lois ou des règles, elle cherche plutôt à définir. Barthes ne manque de faire observer qu' « un recueil de maximes est toujours plus ou moins (et cela est flagrant pour La Rochefoucauld) un dictionnaire, non un livre de recettes [a] ». Au reste La Rochefoucauld publie ses *Maximes* à l'époque où Furetière achève son *Dictionnaire* (publié en 1690). Et l'épigraphe choisie par La Rochefoucauld pour la quatrième édition de son livre — « Nos vertus ne sont, le plus souvent, que des vices déguisés » — est une maxime-définition, caractérisée par ce que Barthes appelle la « relation d'identité déceptive » — exprimée par la locution restrictive « ne...que » — qui s'offre ainsi comme un des modèles de la maxime selon La Rochefoucauld. Or, la structure même de cette définition provoque, comme l'a montré Jean-Pierre Beaujot, un effet de lecture fort différent de celui du dictionnaire : « Alors que toute définition banale vise le mot à définir, la définition-maxime vaut pour elle-même : le mouvement s'inverse, l'attention se déplace du défini (VERTUS) au définisseur (VICES), et s'y fixe : la réversibilité n'est guère concevable [...] A partir de la définition VICES DÉGUISÉS, on ne retrouve pas aisément VERTUS. Ce qui est ainsi mis en cause, c'est moins la possibilité d'un va-et-vient entre défini et définisseur, que son utilité : l'un des pôles de l'antonymie reconnue se voit frappé de vanité [...] ; défini par son contraire, le mot défini cesse d'être un signe pour n'être plus qu'un leurre [b]. » Ce qui conduit l'auteur de cette étude à opposer la maxime-définition et la définition lexicographique : « A la différence du discours lexicographique [...], la maxime est insulaire ; alors que la définition permet d'aller du connu au non-connu (ou mal connu), la maxime-définition est *surprenante* et *suffisante*. » A l'instar du langage poétique, la maxime serait véritablement « langage dans un langage », pour reprendre la formule de Valéry, idiolecte ou création proprement *artistique*.

Maxime et obscurité

« Nouvel idiome », la maxime présente donc naturellement les difficultés d'approche de tout langage obéissant à des lois différentes de celles du langage courant. L'auteur de maximes est à cet égard bien proche du poète « qui rompt pour nous l'accoutumance [c] » : avec la maxime, l'esprit est frappé par un discours inhabituel, l'oreille est surprise par une musique nouvelle. Barthes avait déjà attiré l'attention sur la parenté entre maxime et poésie, sur « l'affinité particulière entre le vers et la maxime, la communication aphoristique et la communication divinatoire » ; Barthes parle même d'une « économie métrique de la pensée », au sein de la maxime, économie qui s'appuie sur la distribution

---

a. R. Barthes, *La Rochefoucauld*, « *Réflexions...* », Le Seuil, p. 74.
b. Jean-Pierre Beaujot, « Le travail de la définition dans quelques maximes de La Rochefoucauld », in *Les Formes brèves de la prose et le discours discontinu*, Études réunies et présentées par Jean Lafond, Vrin, 1984, p. 98-99.
c. Saint-John Perse, *Poésie*, discours de Stockholm, *Œuvres complètes*, Pléiade, p. 446.

en « temps forts » et « temps faibles [a] ». Ce rythme particulier peut-il, à lui seul, conférer à la maxime cette obscurité dont on l'accuse ? Ne serait-ce pas, bien davantage, l'élimination de l'énonciation, qui vient créer cette impression d'une voix mystérieuse, venue d'ailleurs : « La pensée se donne à voir comme objet, et non plus comme produit d'une subjectivité [b]. » On retrouve ici ce que Barthes appelle « la communication divinatoire », et du même coup, le reproche qu'un Méré adressait déjà aux maximes « plus propres pour les réponses des Oracles, que pour se communiquer humainement [c] ». Énoncé sans énonciateur, la maxime a aussi de la formule oraculaire la brièveté, autre élément jugé responsable de l'obscurité. « *Dum brevis esse volo, obscurus fio* », écrivait Horace dans son *Art poétique* ; le P. Bouhours reprenait l'argument au XVII[e] siècle : « Il arrive d'ordinaire qu'à force de serrer les choses, on les étrangle, et on les étouffe pour ainsi dire : si bien qu'une pensée est confuse dès qu'elle n'a pas l'étendue qu'elle doit avoir [d]. » Il faut savoir parfois se justifier longuement, si l'on veut être compris. Ce que le P. Bouhours ne se demande pas, c'est si La Rochefoucauld ne recherche pas précisément l'obscurité pour ce qu'elle offre, à savoir un défi qui présente le sens comme une tâche à accomplir. Comme le note Jean Lafond, « l'obscurité de la maxime est [...] moins l'obscurité toute négative d'un auteur incapable d'assurer, dans la transparence, une communication sans défaut, qu'une obscurité qui appelle le sens et se résout dans le travail qu'il est nécessaire de faire pour y atteindre [e] ». Aussi faut-il parler, à propos de la maxime, d'une « esthétique de l'inachèvement volontaire », plutôt que de l'échec d'une communication. Rythme singulier, absence d'énonciateur, brièveté énigmatique, la maxime ajoute enfin à ces éléments déjà perturbateurs de la communication le travail de l'ironie, de la satire, du paradoxe, qui entraîne une ambiguïté généralisée. L'ironie, qui consiste à dire le contraire de ce que l'on pense, est ici un masque utilisé pour faire tomber d'autres masques. L'ironie, que Jankélévitch définit comme « la mauvaise conscience de l'hypocrisie [f] », se dresse face à cette hypocrisie générale, principale cible des *Maximes* ; de sorte que, dans ce *duel* fondamental entre l'ironie et l'hypocrisie, on doit voir avant tout le face-à-face de deux masques [g]. Dès lors, on comprend mieux la prétendue obscurité de la maxime : un mode d'expression indirect comme l'ironie est bien l'arme appropriée pour lutter contre la société des masques. Aussi faut-il accepter l'obscurité de la maxime comme une conséquence

---

a. R. Barthes, *La Rochefoucauld, « Réflexions... »*, Le Seuil, p. 72.
b. J. Lafond, « Des formes brèves de la littérature morale aux XVIe et XVIIe siècles », in *Les Formes brèves de la prose et le discours discontinu*, Vrin, 1984, p. 112.
c. Méré, *De la conversation*, in *Œuvres complètes*, éd. Boudhors, F. Roches, 1930, t. II, p. 120.
d. Le P. Bouhours, *La Manière de bien penser dans les ouvrages d'esprit*, 1688, p. 513-519.
e. J. Lafond, *La Rochefoucauld. Augustinisme et littérature*, Klincksieck, 1977, p. 122-123.
f. W. Jankélévitch, *L'Ironie*, F. Alcan, 1936, p. 78.
g. Rappelons qu'en grec *hupokrisis* signifie jeu de l'acteur.

de l'obscurité des consciences, et sur ce point, à nouveau, la maxime pourrait laisser le poète prendre sa défense : « L'obscurité qu'on lui [la poésie] reproche ne tient pas à sa nature propre, qui est d'éclairer, mais à la nuit même qu'elle explore et qu'elle se doit d'explorer : celle de l'âme elle-même et du mystère où baigne l'être humain [a]. »

Ordre et désordre : le livre
Succession, construction, composition

« Des fragments, des chapiteaux de colonne ne sont pas des monuments réguliers. Il est trop commode de passer pour architecte parce qu'on laisse ce fouillis de pierres dans un chantier pêle-mêle et sans ordre [b] » : c'est ce que Vigny écrit, à propos de Pascal et de La Rochefoucauld, dans son *Journal d'un poète*. La sévérité de Vigny prend sans doute appui sur le jugement célèbre de Voltaire sur les *Maximes* : « C'est moins un livre que des matériaux pour orner un livre [c]. » Davantage un chaos qu'une architecture, plus un chantier qu'un palais, cette accusation portée contre les *Maximes* est fréquente : l'œuvre manquerait à la fois d'ordre et d'achèvement. Pascal Quignard retrouve le même grief quand il rappelle la manière dont on présente généralement l'écriture fragmentaire, telle qu'elle s'est manifestée au XVIIe siècle : « Provocation de pensée et non pensée achevée, c'est-à-dire espèce de petite convulsion poétique ou linguistique liée au scepticisme, à la conversation, au jeu brillant [...] ; enfin liée au refus aristocratique du travail et de l'apparence de l'œuvre [d]. » L'esthétique du discontinu obéirait-elle donc, dans le cas de La Rochefoucauld, à un refus de l'apparence d'une œuvre ? Et pourquoi l'œuvre ne devrait-elle pas avoir l'apparence d'une œuvre ? Ce « parti-pris » esthétique peut se justifier par le souci de laisser du « travail » au lecteur, de solliciter son active collaboration — l'esthétique du fragment est une esthétique de l'inachèvement volontaire —, mais aussi par le rejet de l'œuvre close, du traité systématique, de l'essai philosophique. Si La Rochefoucauld ne tient pas à donner à son œuvre une construction systématique, c'est parce qu'une telle structure manquerait, à ses yeux, à la fois de liberté et d'élégance. Pourtant, à la lecture des *Maximes,* un ordre paraît s'imposer naturellement au lecteur : c'est celui de la succession, de la juxtaposition ; faut-il alors se borner à considérer la juxtaposition des maximes, « tels les livres eux-mêmes s'accumulant sur les rayonnages des bibliothèques ou les pots de fleurs sur les rebords des fenêtres [e] », ce qui aurait finalement pour résultat de nier l'apparente discontinuité de l'œuvre, en lui conférant l'unité d'une *collection* ? Par ailleurs, croire que les maximes sont placées les unes à côté des autres sans rapport,

---
a. Saint-John Perse, *Poésie, op. cit.*, p. 445-446.
b. Vigny, *Journal d'un poète, Œuvres complètes*, Pléiade, t. II, p. 1279.
c. Voltaire, *Le Siècle de Louis XIV,* chap. XXXII, in *Œuvres historiques,* Pléiade, p. 1004.
d. P. Quignard, *op. cit.*, p. 36-37.
e. *Ibid.*, p. 53.

« c'est nier la lecture, son temps, la succession des pièces linguistiques fragmentées, l'ordre qui en résulte. Une succession d'irréconciliables fait un ordre. » L'auteur, comme le lecteur, des *Maximes*, peut-il vraiment échapper à la fatalité de la succession ? « L'ordre de la succession bâtit une architecture qui aussitôt subjugue [a]. » Mais l'architecture qui se dégage ainsi spontanément de la succession diffère en fonction de l'homogénéité des « pièces » juxtaposées ou « assemblées ». De sorte que les *Maximes* de La Rochefoucauld, en rassemblant avant tout des « maximes », auraient une cohésion qui s'opposerait aux *Caractères* de La Bruyère qui rassemblent des maximes, mais aussi des portraits et des récits. Quignard voit dans l'œuvre de La Bruyère un modèle presque unique de l'œuvre résolument fragmentaire, « une suite décousue de lambeaux de texte moins appariés au bout du compte que contrastants [b] ». Fidèle en cela à l'étymologie de fragment (qui vient de *frango*, signifiant briser, rompre, mettre en pièces), l'œuvre de La Bruyère s'offre telle une suite marquée par l'hétérogénéité : « Il n'en résulte que des lambeaux, des tessons, de courts éclats, de courtes scènes qui s'interrompent tout à coup sur le vide. Et d'autant plus hallucinantes qu'elles semblent nées de rien, durer dix lignes, et ne déboucher sur rien. Pures attaques de prose intense [c]. » Si le génie de La Bruyère est peut-être d'avoir « associé » et « mêlé » des « lambeaux », on comprend qu'il n'y ait dans ces *Caractères* aucun « noyau », aucun « centre », comme on a pu le dire de l'amour-propre à propos des *Maximes*. C'est le reproche que fait Philippe Sellier à La Bruyère, « qui flotte à tous les vents de l'esprit [...]. Comme il n'a pas assimilé l'augustinisme, sa conception du monde est sans unité [d]. » Collection de pièces relativement homogènes dans la nature, le livre de La Rochefoucauld tirerait aussi sa cohésion de sa référence à l'augustinisme. Écriture fragmentaire, mais ici l'homogénéité des fragments — et du propos — ainsi que la recherche du style viennent édulcorer les ruptures provoquées par la discontinuité du texte. Mais plus encore qu'à un substrat idéologique précis, les *Maximes* doivent leur cohésion à la nature même des pièces rassemblées : les différentes maximes sont des éléments à la fois *solitaires* et *solidaires* les uns des autres. C'est dans cette dynamique propre à l'œuvre qu'il faut d'abord rechercher la cohésion du recueil. Comme l'écrit Louis van Delft : « Chaque fragment contribue à façonner l'unité du recueil, est orienté selon une direction *centripète*. Mais d'autre part, l'œuvre a sans cesse tendance à se décomposer, à voler en éclats, à perdre son unité dans un mouvement *centrifuge*. En fait ces deux mouvements sont étroitement complémentaires. C'est dans ce double mouvement de construction et de déconstruction que ces écrits retrouvent leur unité profonde [e]. » Les *Maximes* de La Rochefoucauld ne se réduisent pas

---

a. *Ibid.*, p. 55-56.
b. *Ibid.*, p. 15.
c. *Ibid.*, p. 68.
d. Philippe Sellier, « La Rochefoucauld, Pascal, Saint-Augustin », in *R.H.L.F.*, mai-août 1969, p. 574.
e. L. van Delft, *op. cit.*, p. 243.

à un « *Précis de décomposition* » ; ce serait oublier la « composition » qui y règne, et qui les porte.

Architecture, séries, cycles

Dans une lettre au P. Thomas Esprit, datée du 6 février 1664, La Rochefoucauld déplore la publication de ses *Maximes* par un libraire de La Haye (l'édition dite de Hollande) dans la mesure où il s'agit d'une contrefaçon qui méconnaît les véritables intentions de l'auteur : « C'est un malheur qu'elles aient paru sans être achevées et sans l'ordre qu'elles devaient avoir. » La Rochefoucauld associe donc l'idée d'achèvement de son texte à l'ordre des maximes. S'agit-il de l'« ordre de bataille, pour triompher des résistances de l'ennemi [a] », ou d'un simple souci de cohérence destiné à conférer plus d'efficacité à son texte ? En fait, dans le même temps, La Rochefoucauld cherche aussi à dissimuler la véritable architecture de son livre ; celle-ci ne doit pas apparaître de manière trop nette. On se rappelle que Proust s'était plaint de la méconnaissance, par « certaines personnes même très lettrées », de « la composition rigoureuse bien que voilée » de *Du côté de chez Swann* [b] ; La Rochefoucauld manifeste le même souci de « dosage » entre une apparence de « désordre » — faut-il dire de « naturel » —, et la réalité d'une construction qui est loin d'être fortuite. Corrado Rosso parle ainsi, à juste titre, d'un « ordre [...] souple, dispersé, et finalement occulte [c] » des *Maximes*. Ce désir d'une composition « voilée » maintient la possibilité d'une lecture « passive » s'abandonnant à la succession (qui, à elle seule, « subjugue », si l'on en croit Quignard). De même que le roman de Proust peut, *à première vue*, apparaître comme « une sorte de recueil de souvenirs, s'enchaînant selon les lois fortuites de l'association des idées [d] », les *Maximes* peuvent aussi être appréhendées, par un lecteur naïf, et grâce à la « discrétion » de l'architecture, comme un *recueil* de réflexions brillantes et paradoxales, sans ordre particulier. Il reste que cette architecture, discrète mais réelle, souple mais certaine, fait aussi la part de la discontinuité, de la rupture, de manière à ce que le lecteur soit aussi « appelé à la construction d'un sens [e] ».

En vertu de cette architecture concertée, il apparaît ainsi que l'ouverture et la clôture du livre se répondent, dans la mesure où elles sont toutes deux consacrées à l'amour-propre et à sa principale conséquence : la fausseté des vertus. Sans doute, dans la première édition, le livre s'ouvrait-il sur le long « portrait » de l'amour-propre, qui fut supprimé par la suite (voir la maxime supprimée 1) ; mais, dans les éditions successives, l'epigraphe et les premières maximes, consacrées aux fausses vertus, préservent cette « ouverture » sur l'amour-propre. Quant

---

a. Dreyfus-Brisac, *La Clef des « Maximes » de La Rochefoucauld,* Paris, 1904, p. 28-29.
b. Proust, « A propos du style de Flaubert », in *Contre Sainte-Beuve,* suivi d'*Essais et articles*, Pléiade, p. 598.
c. C. Rosso, *op. cit.,* p. 91.
d. Proust, *op. cit.,* p. 598.
e. J. Lafond, « Mentalité et discours de maîtrise, ou le moraliste en question », Université de la Sarre, Saarbrücken, 1985. Actes publiés par B. Bray, p. 323.

à la dernière maxime (maxime 504), elle commence par un rappel du thème des fausses vertus, résumant ainsi l'ensemble du livre — « Après avoir parlé de la fausseté de tant de vertus... » —, et développe la suprême illusion engendrée par l'amour-propre, qui est « de penser qu'il puisse vous aider à compter pour rien ce qui le doit nécessairement détruire ». Le texte est donc délibérément encadré, littéralement « encerclé » par l'amour-propre. Deux parties du livre apparaissent ensuite de manière assez distincte : une première dans laquelle les maximes sont regroupées en séries thématiques (par exemple, les maximes 5 à 12 sur les passions, 33 à 37 sur l'orgueil, 68 à 78 sur l'amour, 80 à 88 sur l'amitié, 97 à 106 sur l'esprit et le jugement, 114 à 129 sur la tromperie, 143 à 150 sur les louanges, etc.) ; une seconde partie du livre que l'auteur n'a, semble-t-il, pas voulu organiser, et dans laquelle les maximes ne se trouvent plus disposées en séries. Pour Jean Lafond, ce sont en général des « maximes d'intérêt moindre » qui sont ainsi « rejetées » vers la fin [a]. Par ailleurs, l'organisation de la première partie du livre ne se limite pas à la disposition des maximes en groupes homogènes, en « massifs » cohérents : à l'intérieur de chacune de ces séries, une maxime semble jouer un rôle de catalyseur, de centre de gravité : ainsi, la maxime 102 — « l'esprit est toujours la dupe du cœur » — pour la série sur l'esprit et le jugement, ou encore la maxime 81 qui propose, à l'intérieur de la série sur l'amitié, « une synthèse de la critique et de la réponse positive qu'on peut lui opposer pour assurer, malgré l'amour-propre, une amitié "vraie et parfaite [b]". A côté de ces groupes homogènes et parallèlement à eux, les maximes se distribuent aussi en cycles : ainsi, le « cycle » de l'amour ne recoupe-t-il que très partiellement la « série » (68 à 78) : de nombreuses maximes, situées en dehors de la série, viennent répondre à celles de la série en question (par exemple, la maxime 136 développe la maxime 76, la maxime 349 — « Le plus grand miracle de l'amour, c'est de guérir de la coquetterie. » — répond à la maxime 69 qui évoque « un amour pur et exempt du mélange de nos autres passions ») ; un cycle de la folie se dessine également, sans doute placé sous le patronage d'Érasme, et regroupant les maximes 207, 209, 210, 231, 300, 318. A l'intérieur de ce cycle, la maxime 231, reprise de Gracián, semble jouer le rôle de l'axe autour duquel gravitent les autres maximes, dans la mesure où elle renvoie à l'auteur de maximes : « vouloir être sage tout seul » pourrait figurer l'objectif du moraliste, mais révéler seul la folie du monde est une folie.

Résultat d'un ordre encore plus subtil, certaines maximes d'une série ou d'un cycle semblent avoir une fonction de contradiction au sein du groupe. Ainsi la maxime 150 accorde une positivité aux « louanges » que leur refuse l'ensemble des six maximes qui la précède (143-149) ; ou encore la maxime 229 sur la reconnaissance qui rectifie les maximes 223-226, fort sévères (trop sévères ?). Dans cette même perspective, Louis van

---

a. J. Lafond, « Dit et non-dit dans les Maximes », in Actes de Wake Forest University, *P.F.S.C.L.*, 1988, p. 197.
b. *Ibid.*, p. 197-198.

Delft fait observer l'apparente contradiction entre la maxime 435 : « La fortune et l'humeur gouvernent le monde », et la maxime 436 : « Il est plus aisé de connaître l'homme en général que de connaître un homme en particulier. »[a]

Loin d'être une simple collection de pensées, un recueil de sentences, les *Maximes* forment vraiment un *livre*, avec un début, une fin, un ordre même, qui tire peut-être sa force de la place qu'il octroie au désordre. Ainsi C. Rosso parle-t-il de « constellations erratiques de significations non définitivement arrêtées[b] ». Il faut admettre que l'œuvre de La Rochefoucauld, si elle refuse d'être une construction systématique, si elle rejette même une structure trop nette comme une faute de goût, n'en est pas pour autant ce « fouillis de pierres » sur lequel ironise le poète des *Destinées*. Malgré tout, le problème de la liberté du lecteur, comme celui de l'unité et de la diversité au sein de l'œuvre, restent posés. Le livre est-il, entre les mains du lecteur, « en devenir[c] », comme le croit Louis van Delft, ou ces maximes, « qui paraissent éparses[d] », n'agissent-elles pas sur lui « avec la force atroce et *concertée* des tentacules d'une pieuvre[d] » ?

Unité et diversité : les thèmes

L'amour-propre, « cœur du système »

Alain a accusé La Rochefoucauld d'être un auteur qui « s'étudie à répéter la même chanson[e] ». L'argument n'est pas neuf : déjà La Bruyère faisait observer qu'on ne trouvait, dans les *Maximes*, qu'une « unique pensée, comme multipliée en mille manières différentes ». A sa manière, La Bruyère mettait ainsi l'accent sur la problématique de l'unité et de la diversité, au sein des *Maximes*. C'est également l'idée que retenait Voltaire quand, à propos des *Maximes*, il écrivait : « Quoiqu'il n'y ait presque qu'une vérité dans ce livre, qui est que l'amour-propre est le mobile de tout, cependant cette pensée se présente sous tant d'aspects variés, qu'elle est presque toujours piquante[f]. » Si l'on peut reprocher à La Rochefoucauld de ressasser la même idée, de faire entendre les « litanies » de l'amour-propre, il faut aussi reconnaître, comme le font La Bruyère et Voltaire, que les *Maximes* sont aussi de brillantes « variations » autour d'un « motif » central. Ainsi, n'en déplaise à Alain, la chanson a beau toujours avoir le même thème, elle peut être à chaque fois — à chaque maxime — différente, nouvelle, à l'image de cet amour-propre Protée qui peut prendre mille apparences. C'est sans doute parce que cet amour-propre est omniprésent et multiforme qu'on a surtout retenu des *Maximes* la dénonciation de ses manifestations. A

---
a. L. van Delft, *op. cit.*, p. 165.
b. C. Rosso, *op. cit.*, p. 146.
c. L. van Delft, *op. cit.*, p. 244.
d. C. Rosso, *op. cit.*, p. 93.
e. Alain, *Propos*, Pléiade, 1956, p. 258.
f. Voltaire, *op. cit.*, p. 1004.

défaut d'être le « centre de gravité », pour les cinq cent quatre maximes de l'édition de 1678, l'amour-propre pourrait bien être le « noyau indestructible », le cœur du livre, comme il est le « cœur » de l'homme. Car l'amour-propre se tapit dans le « cœur » de l'homme, ce cœur toujours victorieux de la raison — « l'esprit est toujours la dupe du cœur » (maxime 102) —, ce cœur qui a ses propres raisons « que la raison ne connaît point », et qui est « creux et plein d'ordure », comme l'écrit Pascal [a]. Telle une puissance démoniaque, l'amour-propre est aussi le signe même de l'humanité déchue, la rançon de la faute : « Dieu a permis, pour punir l'homme du péché originel, qu'il se fît un dieu de son amour-propre pour en être tourmenté dans toutes les actions de sa vie » (maxime non publiée, 20). Puissance du mal, l'amour-propre est volonté de puissance, volonté hégémonique, qui pousse chaque *moi* à s'affirmer au détriment des autres *moi*, qui transforme la société humaine en un état de guerre permanent : « Chaque moi est l'ennemi et voudrait être le tyran de tous les autres [b]. » Dans cette perspective, le monde de La Rochefoucauld est fort proche de celui de Machiavel et de Hobbes : chaque *moi* est un « prince » en puissance, et la société est une jungle où se livre une « lutte pour la vie ». L'amour-propre est cet instinct vital qui pousse chaque *moi* à se défendre contre les autres, à faire triompher son intérêt, à marquer sa supériorité par la force ou par la ruse. Instinct qui condamne l'homme à ne pouvoir sortir de lui-même : en fait, il s'agit bien d'une malédiction qui enferme l'homme dans la prison du moi. Comme l'écrit Robert Kanters, « l'enfer pour lui, ce n'est pas les autres, mais leur absence, pour l'homme qui se livre à la puissance vertigineuse de son désert intérieur. Chacun est le prince despotique de sa propre solitude [...]. C'est bien pour le roi de la jungle, la solitude de la jungle ; pour l'homme, la prison de son égoïsme, sans espoir d'une communication avec autrui [c]. » Cette source de tous les maux est enfin une puissance de l'irrationnel, travaillée par la négativité, comme l'est la volonté de puissance chez Nietzsche ; en effet, l'amour-propre « est capricieux, et on le voit quelquefois travailler [...] à obtenir des choses qui ne lui sont point avantageuses, et qui même lui sont nuisibles [...]. Il travaille même à sa ruine (maxime supprimée 1). De sorte qu'à l'intérieur de cet instinct vital, pourrait bien se cacher aussi une pulsion de mort, d'autodestruction.

La fausseté des vertus et les passions

« Premier ressort des actions humaines [d] », l'amour-propre se manifeste à travers toute la gamme des vices et des passions. C'est lui qui est responsable du travestissement général des vices en vertus, du

---

a. Pascal, *Pensées* (voir ci-dessous, p. 361), 171.
b. Pascal, *op. cit.* (voir ci-dessous, p. 462), 494.
c. Robert Kanters, Introduction aux *Œuvres complètes* de La Rochefoucauld, Pléiade, p. VII et p. XI. Sur l'amour-propre, voir aussi notre commentaire de la maxime supprimée 1, ainsi que Corrado Rosso, *op. cit.*, p. 190-195 et Jean Lafond, *La Rochefoucauld. Augustinisme et littérature*, p. 26-32.
d. J. Truchet, *op. cit.*, p. LXI.

camouflage systématique de l'intérêt, de la duperie universelle (voir la maxime 87). Il prend le masque de la vertu, de toutes les vertus, il est cause de leur fausseté. Sur le *theatrum mundi*, l'amour-propre est le véritable metteur en scène, et le seul meneur de jeu. Les hommes sont des comédiens qui tâchent toujours de donner le change, avec le risque de ne plus pouvoir rentrer dans les coulisses, de rester à jamais sur scène : « Nous sommes si accoutumés à nous déguiser aux autres qu'enfin nous nous déguisons à nous-mêmes » (maxime 119). L'hypocrisie, le jeu, devenus habitudes, constituent une seconde nature pour l'homme ; le masque s'est comme incrusté dans le visage. Le masque se fait « mine » : « Dans toutes les professions chacun affecte une mine et un extérieur pour paraître ce qu'il veut qu'on le croie. Ainsi on peut dire que le monde n'est composé que de mines » (maxime 256). Dès lors, la vertu n'est qu'une imposture de l'orgueil ; elle « n'irait pas si loin si la vanité ne lui tenait compagnie » (maxime 200). Quant aux passions, une maxime non publiée les réduit à n'être que « les divers goûts de l'amour-propre » (maxime non publiée 28). Elles en ont souvent les mêmes caractéristiques : ainsi, comme c'est le cas pour l'amour-propre, elles peuvent contenir en elles-mêmes leur propre négation : « Les passions en engendrent souvent qui leur sont contraires » (maxime 11). Pourtant, face à ces « brèches de l'esprit », comme les baptise Gracián[a], face à ces blessures de la raison, La Rochefoucauld ne manifeste pas toujours la même sévérité. C'est même parfois une secrète indulgence pour les passions qu'on peut deviner au détour d'une maxime : « Il semble que la nature ait caché dans le fond de notre esprit des talents et une habileté que nous ne connaissons pas ; les passions seules ont le droit de les mettre au jour, et de nous donner quelquefois des vues plus certaines et plus achevées que l'art ne saurait faire » (maxime 404). De même, parmi les passions « violentes » qui intéressent particulièrement La Rochefoucauld et auxquelles un grand nombre de maximes est consacré, il en est une, la passion amoureuse, que le moraliste essaiera de sauver, afin d'en extirper la positivité. Sans doute certaines maximes consacrées à l'amour le présentent-elles comme une force de destruction, une « envie [...] de posséder » (maxime 68), qui « ressemble plus à la haine qu'à l'amitié » (maxime 72). Pourtant, le discours « racinien » s'efface parfois pour laisser place à l'apologie d'un véritable amour, « pur et exempt du mélange de nos autres passions » (maxime 69), capable de produire des « miracles » (maxime 349) et « dont l'excès empêche la jalousie » (maxime 336). Une phrase des *Réflexions diverses* exprime parfaitement la coexistence chez La Rochefoucauld des deux discours sur l'amour : « L'amour, lui seul, a fait plus de maux que tout le reste ensemble, et personne ne doit entreprendre de les exprimer ; mais comme il fait aussi les plus grands biens de la vie, au lieu de médire de lui, on doit se taire ; on doit le craindre et le respecter toujours » (« De l'origine des maladies »). Faut-il en conclure, avec Corrado Rosso, que le « système »

---

a. Gracián, *L'Homme de cour*, XCVIII.

de La Rochefoucauld est à cet égard héritier, voire prisonnier, des « apories de la doctrine chrétienne de l'amour [a] », apories que Valéry résume en une phrase : « Que si le *moi* est haïssable, aimer son prochain *comme soi-même* devient une atroce ironie [b] » ?

Les humeurs et la fortune

Occupé par l'amour-propre, et possédé par les passions, le *moi* est aussi soumis à la pression des humeurs et doit céder aux caprices de la fortune. L'influence des humeurs, le déterminisme du corps, la domination du tempérament, avaient déjà été soulignés par Descartes et Cureau de la Chambre. La Rochefoucauld ne fait que reprendre leurs idées, lorsqu'il écrit notamment que « les humeurs du corps [...] ont une part considérable à toutes nos actions sans que nous le puissions connaître » (maxime 297). La Rochefoucauld va jusqu'à suggérer l'étroite dépendance de l'esprit vis-à-vis du corps ; il n'est même plus question d'influence, mais d'équivalence : l'esprit, c'est du corps. « La force et la faiblesse de l'esprit sont mal nommées ; elles ne sont en effet que la bonne et la mauvaise disposition des organes du corps » (maxime 44). Si l'on ajoute à cela l'inconstance irrationnelle de la fortune, on est en droit de se demander ce qu'il peut rester à l'homme de liberté et de responsabilité. N'est-ce pas alors à une véritable dissolution du *moi* que l'on peut aboutir, si toute autonomie lui est refusée ? L'amour-propre agissait déjà en l'homme comme une sorte de surconscience, les passions échappaient aussi au contrôle de la volonté ; avec les humeurs, La Rochefoucauld « nie la consistance même du moi humain, à la place duquel il ne voit qu'un chaos inconséquent de goûts, d'impulsions et d'actes [c] ». Aussi, dans cette « anthropologie » des *Maximes*, retrouvons-nous l'unité et la diversité : « Les deux points de vue — unité, multiplicité — s'articulent parfaitement, puisque les hommes, au regard de l'amour-propre, de l'humeur et de la fortune, sont à la fois tous semblables et tous différents [d]. »

Lecture des Maximes : le sens

Comment lire les *Maximes* ? Roland Barthes, pour sa part, distinguait deux manières de les lire : « Par citations ou de suite. Dans le premier cas, j'ouvre de temps en temps le livre, j'y cueille une pensée, j'en savoure la convenance, je me l'approprie, je fais de cette forme anonyme la voix même de ma situation ou de mon humeur ; dans le second cas, je lis les maximes pas à pas, comme un récit ou un essai ; mais du coup, le livre me concerne à peine ; les maximes de La Rochefoucauld disent à tel point les mêmes choses, que c'est leur auteur, ses obsessions, son temps, qu'elles nous livrent, non nous-mêmes [e]. » A une première lecture

---

a. C. Rosso, *op. cit.*, p. 113.
b. Paul Valéry, *Tel quel*, Œuvres, Pléiade, t. II, p. 489.
c. P. Bénichou, *op. cit.*, p. 8.
d. J. Lafond, *La Rochefoucauld. Augustinisme et littérature*, p. 49.
e. R. Barthes, *op. cit.*, p. 69.

assimilée à une « cueillette », et motivée par la recherche du plaisir, s'opposerait une autre lecture acceptant de s'astreindre à la discipline de la succession des maximes. Opposition d'une lecture « ludique », qui correspond à la part du jeu dans la production de la maxime et dans l'orchestration *des* maximes, et d'une lecture « sérieuse », qui cherche à dégager la structure idéologique de l'œuvre à partir du « monologue obsédé » de l'auteur. Dès lors on est en droit de se demander laquelle de ces deux approches est à même de répondre à la problématique de l'interprétation, à la question du sens de l'œuvre. En fait, la distinction opérée par Barthes est fort artificielle : les deux démarches se complètent, s'appellent, et permettent une lecture vraiment « active », celle d'un critique qui classe, regroupe, déplace, reclasse les maximes afin de découvrir les ordres cachés, les structures secrètes de l'œuvre. Et cette démarche — qui n'est pas incompatible avec le plaisir du texte, loin de là — peut faire apparaître, par-delà la diversité des thèmes et l'apparence du désordre, la véritable intention de l'œuvre.

De son côté, La Rochefoucauld lui-même a suggéré un autre « mode d'emploi » des *Maximes* dans son « Avis au lecteur » de la première édition : « En un mot, le meilleur parti que le lecteur ait à prendre est de se mettre d'abord dans l'esprit qu'il n'y a aucune de ces maximes qui le regarde en particulier, et qu'il en est le seul excepté, bien qu'elles paraissent générales ; après cela, je lui réponds qu'il sera le premier à y souscrire, et qu'il croira qu'elles font encore grâce au cœur humain. » Alors que Barthes distingue une « double lecture », La Rochefoucauld, curieusement, préconise une lecture en deux temps : une première lecture qui viserait à exclure le lecteur du « message » de l'œuvre, une seconde qui le conduirait à l'accepter. D'abord une œuvre qui ne le concerne pas, ensuite une œuvre à laquelle il adhère. Détachement, distance, puis acquiescement, adhésion. Dans ce double mouvement de la lecture, dans cette étrange pulsation recommandée par La Rochefoucauld pour l'approche de son œuvre, on peut être tenté de retrouver ce que certains critiques ont identifié comme le double mouvement de l'œuvre elle-même, son oscillation entre la destruction d'une image illusoire de l'homme, et la construction d'une image idéale, le passage de la « démolition du héros » à l'apologie de l'honnête homme, comme a pu le dire Paul Bénichou. Aux deux temps de la lecture répondraient alors les deux prétendus « versants » de l'œuvre, le négatif et le positif.

Sans doute les lecteurs convaincus de l'augustinisme des *Maximes* n'ont-ils retenu que le « versant » négatif : c'est le cas de Philippe Sellier qui rappelle les arguments du *Discours* de La Chapelle-Bessé, qui accompagnait la première édition du texte : l'homme dont les *Maximes* brossent le portrait serait en fait l'homme abandonné par Dieu. « Pour La Chapelle-Bessé, La Rochefoucauld fait abstraction de l'univers de la grâce : il s'attache à dépeindre les mouvements de l'humanité corrompue. Les personnages des *Maximes* sont donc l'humanité sans les saints, c'est-à-dire une sorte d'enfer [a]. » Dès lors, le souci de l'auteur

---
a. P. Sellier, *op. cit.*, p. 556.

d'éliminer toute réflexion religieuse de ses *Maximes* pourrait s'expliquer par le fait que « La Rochefoucauld a eu l'idée de développer ce qui, dans le projet pascalien, se présente comme un "négatif" — au sens photographique — de la théologie augustinienne [a] ». Les *Maximes* ne présenteraient donc qu'un seul versant, qu'une seule couleur, la couleur sombre de la cité terrestre, sans la lumière de la *Cité de Dieu*. C'est précisément sur ce point crucial que prennent appui les tenants d'une interprétation « mondaine » de La Rochefoucauld, les critiques qui veulent discerner dans les *Maximes* une doctrine de l'honnêteté. C'est le cas de Paul Bénichou qui, rappelant que « ce n'est pas seulement l'ordre de la grâce et de la sainteté, c'est Dieu lui-même que l'auteur des *Maximes* a jugé bon d'expulser de son texte [b] », estime que cette « omission de l'ordre surnaturel change tout le sens d'un livre bâti avec les thèmes du pessimisme chrétien, et ordonne dans une direction étrangère les pensées mêmes des Pères de l'Église [c] ». Paul Bénichou fait ainsi observer qu'on trouve dans les *Maximes* bon nombre de « réflexions positives, qui suggèrent un art de vivre profane [d] ». Dès lors, les *Maximes* ne proposeraient pas une « doctrine de salut », mais une « civilisation », et la « démolition du héros », caractéristique du jansénisme, se trouverait ainsi contrebalancée par une « sagesse positive » à laquelle aboutiraient les *Maximes*. En définitive, Paul Bénichou considère les deux versants de l'œuvre de La Rochefoucauld comme une alliance, une jonction entre Pascal et Voltaire : « Il faut tenir La Rochefoucauld comme un des théoriciens de l'honnêteté. Son originalité est qu'il sent, plus qu'aucun autre, sur quelles ruines elle se bâtit. Cette position particulière fait qu'il est à la fois Pascal, par le sentiment de la misère, et Voltaire, par le refus de s'y arrêter [e]. » Les conclusions de Paul Bénichou trouvent un prolongement dans la lecture de Louis van Delft qui estime que le « La Rochefoucauld *mondain* et le La Rochefoucauld *augustinien* ne sont pas antinomiques [f] », dans la mesure où cette œuvre serait dominée par « l'esthétique mondaine », caractérisée par l'éclectisme. Dans son étude sur *Le moraliste mondain*, L. van Delft va même jusqu'à parler de « syncrétisme » à propos de la culture mondaine [g]. Aussi, dans cette perspective, faudrait-il également admettre une interprétation épicuriste de La Rochefoucauld, comme celle de Louis Hippeau. Ce dernier s'appuie essentiellement sur la maxime 182 qui célèbre la Prudence, vertu suprême des épicuriens, et sur la maxime 168 qui ferait de l'espérance la clef de la morale de La Rochefoucauld. « Cette espérance qui est à la fois trompeuse et utile n'est-elle pas [...] une fausseté déguisée à laquelle il est bon de se laisser prendre ? Le dernier mot de

---

a. *Ibid.*, p. 560.
b. P. Bénichou, *op. cit.*, p. 27.
c. *Ibid.*, p. 28.
d. *Ibid.*, p. 29.
e. *Ibid.*, p. 36.
f. L. van Delft, « Pour une lecture mondaine de La Rochefoucauld », in *Images de L.R.*, p. p. J. Lafond et J. Mesnard, P.U.F., 1984, p. 163.
g. L. van Delft, *Le Moraliste classique*, Droz, 1982.

la sagesse serait donc cette naïveté voulue [...] et le thème des faussetés déguisées dominerait toute la philosophie des *Maximes*[a]. »

Faut-il conclure, au regard de toutes ces interprétations, à l'ambiguïté, — voire à la « duplicité » — de cette œuvre qui appellerait tant de « doubles lectures » ? Corrado Rosso n'est pas loin d'arriver à cette conclusion, lorsqu'il juge qu'« apparemment il n'existe pas de substrat idéologique préalable, ni de cadre où les maximes s'enchâssent, ni de message définitif dont les maximes auraient été des repères avant-coureurs[b] ». Mais n'est-ce pas se résigner un peu vite à cette ambiguïté, et ne faut-il pas chercher à interpréter cette ambiguïté elle-même ?

Sans doute le « discours » de La Rochefoucauld est-il composé de différentes couches, ou strates, et l'ambiguïté des *Maximes* semble provenir de la rencontre de ces différentes nappes. L'auteur, en vertu de cette esthétique de la négligence qui est la sienne, esthétique toute aristocratique, il est vrai, ne se pose peut-être même pas le problème de savoir si ces discours sont cohérents entre eux. Ainsi, le propos « anti-héros » ne l'empêche nullement de garder beaucoup de l'idéologie aristocratique (beaucoup plus que Mme de Sablé, en particulier). Comme le fait remarquer Édith Mora, La Rochefoucauld « veut non pas "tuer" le héros, mais le débarrasser de cet or d'idole dont on l'a colorié[c] ». La maxime 217, consacrée à l'intrépidité, fait bel et bien un éloge de l'héroïsme ; La Rochefoucauld cherche davantage à « épurer » l'héroïsme de ses faux-semblants, de ses imitations frauduleuses, qu'à le « démolir », comme le prétend Paul Bénichou[d]. Quant à « l'honnêteté », elle va peut-être, chez La Rochefoucauld, au-delà de la notion sociale et mondaine. La Rochefoucauld est « honnête » dans sa position morale : n'en pas dire plus qu'on ne sait, ou qu'on ne doit en dire, tel est peut-être le fin mot de la morale des *Maximes*. Se trouverait ainsi justifié le silence de La Rochefoucauld sur Dieu. « Ne pas tout dire, ou dire en deçà, c'est dire davantage et mieux[e] », et la maxime, ce discours volontairement inachevé, « préserve un non-dit que le lecteur actif se doit de charger de sens[f] ». En définitive, l'ambiguïté véritable de l'œuvre viendrait davantage du type d'écriture choisi que de la coexistence, en son sein, de discours apparemment contradictoires.

Modernité de La Rochefoucauld

Notre époque a vu se développer la réflexion sur le mystère de la survie de l'œuvre littéraire. Paul Valéry, en particulier, donnait cette interprétation de la survie de l'œuvre : « L'œuvre dure en tant qu'elle est capable de paraître tout autre que son auteur l'avait faite. Elle dure pour s'être transformée, et pour autant qu'elle était capable de mille

---

a. Louis Hippeau, *Essai sur la morale de La Rochefoucauld*, Nizet, 1967, p. 95.
b. C. Rosso, *op. cit.*, p. 146.
c. É. Mora, *op. cit.*, p. 43.
d. Voir J. Lafond, *op. cit.*, p. 203-204.
e. J. Lafond, Préface aux *Maximes*, Folio, p. 19.
f. J. Lafond, « Dit et non-dit dans les *Maximes* », *op. cit.*, p. 205.

transformations et interprétations [a]. » Nous nous demandions si La Rochefoucauld était encore d'actualité. A cet égard, il nous semble l'être à plus d'un titre. En premier lieu, l'ambiguïté même de son œuvre suscite ces nouvelles approches et fait qu'il est réinterprétable à notre époque. Œuvre complexe qui échappe à toute interprétation définitive, et dans laquelle on peut déceler le pessimisme le plus profond, et en même temps, une grande confiance dans les pouvoirs de l'esprit humain : « Jamais personne ne s'est donné la peine d'étendre et de conduire son esprit aussi loin qu'il pourrait aller » (maxime 482). Œuvre polysémique, qui rassemble des discours venus d'horizons différents et qui les transpose dans le code éminemment énigmatique de la maxime. Ce « grand obscur » de notre XVIIe siècle, celui que René Char nomme « ce grand Ouvert [b] », est aussi un grand précurseur de notre modernité. On l'a dit, La Rochefoucauld, « c'est Freud en dentelles [c] » : l'amour-propre agit en l'homme tel l'inconscient freudien, et plusieurs maximes évoquent cette vie inconsciente des désirs, cause de l'opacité de notre *moi* : « Il s'en faut bien que nous ne connaissions toutes nos volontés » (maxime 295), ou encore : « Il s'en faut bien que nous connaissions tout ce que nos passions nous font faire » (maxime 460). Précurseur de Freud [d], La Rochefoucauld est tout aussi bien précurseur de Proust : la maxime 32 sur la vie et la mort de la jalousie résume *Un Amour de Swann*, de même que la maxime 51, qui stigmatise l'inconstance de l'homme — « nous désapprouvons dans un temps ce que nous approuvons dans un autre » — annonce une des lois de la psychologie proustienne, la discontinuité du *moi*. Quant à la maxime 175, démasquant la constance amoureuse, qui n'est qu'« une inconstance perpétuelle », Proust semble bien s'en être inspiré lorsqu'il a écrit que « ce que nous croyons notre amour, notre jalousie, n'est pas une même passion continue, indivisible. Ils se composent d'une infinité d'amours successifs, de jalousies différentes et qui sont éphémères, mais par leur multitude ininterrompue donnent l'impression de la continuité, l'illusion de l'unité [e]. » L'œuvre d'un La Rochefoucauld est proche aussi de celle de Proust dans la mesure où elle « fait très étroitement corps avec la vie et la personnalité intégrale de son auteur [f] ». Nous l'avons vu, lorsque nous avons évoqué la double aventure du duc, d'abord dans les armes, puis dans l'écriture. Aussi cette œuvre est-elle moderne, parce qu'elle vient également d'une blessure, d'un échec, d'un désastre intérieur. Et Cioran est peut-être le plus à même d'exprimer cette secrète défaite du moraliste : « Les propos amers émanent d'une sensibilité ulcérée, d'une délicatesse meurtrie. Le venin d'un La Rochefoucauld, d'un Chamfort, fut la revanche qu'ils prirent

---

a. P. Valéry, *Œuvres*, Pléiade, t. II, p. 561.
b. R. Char, Lettre à É. Mora, reproduite dans le livre d'É. Mora, *op. cit.*, p. 83.
c. Pierre Sipriot, préface aux *Caractères* de La Bruyère, Le Livre de Poche, 1985, p. x.
d. Lacan fait l'éloge de la maxime supprimée 1 (sur l'amour-propre) dans le *Séminaire* de 1954.
e. Proust, *Du côté de chez Swann*, coll. « Bouquins », 1987, t. I, p. 308.
f. É. Mora, *op. cit.*, p. 58.

contre un monde taillé par les brutes. Toute amertume cache une vengeance et se traduit en système : le pessimisme, — cette *cruauté des vaincus* qui ne sauraient pardonner à la vie d'avoir trompé leur attente [a]. » La Rochefoucauld serait-il donc ce vaincu de l'existence, vaincu parce qu'ayant refusé de jouer son rôle dans la comédie humaine ? « Placé à l'antipode de la naïveté, de l'existence intégrale et authentique, le moraliste s'épuise dans un *vis-à-vis* de soi-même et des autres [...]. Tout lui paraît convention : il divulgue les mobiles des sentiments et des actes, il démasque les simulacres de la civilisation : c'est qu'il souffre de les avoir entrevus et dépassés ; car ces simulacres font vivre, sont la vie [b]. » Ainsi le moraliste démystificateur est peut-être tout simplement inapte à la vie même, à sa « spontanéité » inextricablement mêlée de convention, à ses lois naturelles. Plus exactement, sa souffrance provient d'un « dépassement », de la connaissance d'un secret. C'est parce qu'il a percé à jour les vrais mobiles, parce qu'il a fait tomber les masques avantageux, qu'il est passé de l'autre côté, du côté des « vaincus », et du côté des « modernes » — « La défaite rend moderne », écrivait Giono [c]. Moins inapte à la vie, en définitive, que convaincu, après coup, c'est-à-dire après l'expérience, des insuffisances de la vie, comme Proust. Aussi cherche-t-il, comme les grands écrivains de la modernité, non pas tant à transformer une amertume en vengeance, mais plutôt à transposer une défaite apparente en une victoire esthétique, la seule victoire possible. Victoire artistique de La Rochefoucauld, saluée par le plus proche de nos poètes : « La Rochefoucauld, avec sa régularité, sa frappe de Jacquemart, son aile newtonienne, est un admirable coursier ; nous l'entendons jaillir du lointain, nous l'entendons se perdre en nous [d]. » Comme Proust, La Rochefoucauld a trouvé dans la littérature la seule issue possible ; comme Flaubert, il a rencontré, dans l'écriture, « le seul suzerain auquel se soumettre [e] ». Œuvre moderne, mais aussi de tous temps, — parce qu'elle exprime, avec cette souffrance transfigurée en style éclatant, un manque essentiel, une quête de l'inaccessible, une perpétuelle « nostalgie de l'être vrai [f] » — les *Maximes* sont traversées par l'intuition d'une vérité, d'une pureté que l'homme est inapte à rejoindre, à atteindre : « S'il y a un amour pur et exempt du mélange de nos autres passions, c'est celui qui est caché au fond du cœur, et que nous ignorons nous-mêmes » (maxime 69). Œuvre actuelle enfin, peut-être parce qu'en apparence parfaitement anachronique ; car il faut bien le reconnaître, « la haute morale de la lucidité, de la politesse et surtout de l'authenticité intérieure que La Rochefoucauld oppose seule à la violence de l'amour-propre est devenue de plus en plus difficile, de

---

a. Cioran, *Précis de décomposition,* Gallimard, 1949, réédité dans la coll. Tel, en 1980, p. 227. Cette section du texte est intitulée : « Dans le secret des moralistes ».
b. *Ibid.,* p. 229.
c. Giono, *Le Désastre de Pavie,* Gallimard, 1963, p. 119.
d. R. Char, cité par É. Mora, *op. cit.,* p. 83.
e. É. Mora, *op. cit.,* p. 73.
f. Voir J. Lafond, *L.R. Augustinisme...,* p. 194, et « L.R. et les enjeux de l'écriture », p. 721-722.

plus en plus anachronique, de plus en plus dérisoire même [a] ». Loin d'avoir disparu, les « cours », les favoris, les masques prolifèrent, et avec eux, ce que M. Leuwen appellerait la « coquinerie ». Aussi la voix de La Rochefoucauld, et le défi qu'elle nous lance, n'en a-t-elle que plus de prix. *Nécessité* de La Rochefoucauld, du plus moderne des classiques.

BIBLIOGRAPHIE

I. ÉDITIONS DES MAXIMES

Œuvres de La Rochefoucauld, collection des Grands Écrivains de la France, Hachette, 1868-1883, 4 volumes. Les *Maximes* sont dans le tome I (1868, Gilbert). Édition désormais dépassée.

Œuvres complètes de La Rochefoucauld, Gallimard, Bibliothèque de la Pléiade, 1964, édition établie par J. Marchand, introduction de Robert Kanters. Édition utile pour les *Mémoires* de La Rochefoucauld.

La Rochefoucauld, *Maximes* suivies des *Réflexions diverses*, édition établie par J. Truchet, Garnier, 1967, 3e édition, 1983.

La Rochefoucauld, *Maximes et Réflexions diverses,* édition établie par J. Lafond, Gallimard, Folio, 1976, 2e édition, 1990.

II. OUVRAGES ANCIENS

SAINT AUGUSTIN, *La Cité de Dieu,* trad. par P. de Labriolle et J. Perret, Garnier, 1957, 2 vol.

DESCARTES, *Les Passions de l'Ame,* édition établie par G. Rodis-Lewis, Vrin, 1966.

JACQUES ESPRIT, *La Fausseté des vertus humaines,* Paris, G. Desprez, 1677-1678, 2 vol.

LA BRUYÈRE, *Les Caractères,* édition établie par Gaston Cayrou, Paris, Didier, 1950.

MÉRÉ, Antoine Gombaud, chevalier de, *Œuvres complètes,* édition établie par Boudhors, Paris, F. Roches, 1930, 3 vol.

MONTAIGNE, *Œuvres complètes,* Gallimard, Pléiade, textes établis par Albert Thibaudet et Maurice Rat, 1962.

MONTAIGNE, *Essais,* p.p. P. Villey et L.-V. Saulnier, P.U.F., 1965.

PASCAL, *Pensées,* édition de Léon Brunschvicg, Classiques Hachette.

PASCAL, *Pensées,* édition de Philippe Sellier, Mercure de France, 1976.

SAINT-ÉVREMOND, *Œuvres en prose,* édition de René Ternois, Paris, Didier, Société des Textes français modernes, 1962-1969, 4 vol.

III. TRAVAUX D'ENSEMBLE

Les formes brèves de la prose et le discours discontinu, études réunies et publiées par J. Lafond, Paris, Vrin, 1984.

Images de La Rochefoucauld, Actes du Tricentenaire, 1680-1980, études réunies et publiées par J. Lafond et J. Mesnard, Paris, P.U.F. 1984.

---

a. R. Kanters, *op. cit.,* p. XVI.

IV. ÉTUDES

ÉNEA BALMAS, « La Bibliothèque du duc de La Rochefoucauld », in *De Jean Lemaire de Belges à Jean Giraudoux*, Mélanges d'histoire et de critique littéraire offerts à Pierre Jourda, Paris, Nizet, 1970, p. 179-201.

ROLAND BARTHES, « La Rochefoucauld, Réflexions ou Sentences et Maximes », in *Le Degré zéro de l'écriture*, suivi de *Nouveaux Essais critiques*, Paris, Le Seuil, 1972, p. 69-88. Une brillante présentation des *Maximes*.

JEAN-PIERRE BEAUJOT, « Le travail de la définition dans quelques maximes de La Rochefoucauld », in *Les Formes brèves de la prose*, p. 95-100. Intéressante analyse du statut de la définition chez L.R.

PAUL BÉNICHOU, *Morales du Grand Siècle*, Paris, Gallimard, 1948 ; voir, en particulier, le chapitre intitulé « La démolition du héros ».

— « L'intention des *Maximes* », in *L'Écrivain et ses travaux*, Paris, José Corti, 1967, p. 3-37. L.R. comme théoricien de l'honnêteté.

ANDRÉ BERTIÈRE, « A propos du portrait du cardinal de Retz par La Rochefoucauld », *R.H.L.F.* 1959, p. 313-341.

SERGE DOUBROVSKY, « Vingt propositions sur l'amour-propre : de Lacan à La Rochefoucauld », in *Parcours critique*, Paris, Galilée, 1980.

R. GRANDSAIGNES D'HAUTERIVE, *Le Pessimisme de La Rochefoucauld*, Paris, Colin, 1914.

H.A. GRUBBS, « The Originality of La Rochefoucauld », in *R.H.L.F.*, janvier-mars 1929, p. 18-59.

LOUIS HIPPEAU, *Essai sur la morale de La Rochefoucauld*, Paris, Nizet, 1967. D'utiles rapprochements avec Montaigne et une analyse de la lettre de Méré.

FRANCIS JEANSON, « Le moraliste grandeur nature », in *Lignes de départ*, Paris, Le Seuil, 1963, p. 71-107.

ROBERT KANTERS, Introduction aux *Œuvres complètes* de L.R., Gallimard, Pléiade, 1964. Un texte brillant, avec d'heureuses formules.

MARGOT KRUSE, *Die Maxime in der Französischen Literatur. Studien zum Werk La Rochefoucaulds und seiner Nachfolger*, Hambourg, 1960.

JEAN LAFOND, *La Rochefoucauld. Augustinisme et littérature*, Paris, Klincksieck, 1977, 3ᵉ édition, 1986. Une étude irremplaçable.

— « L.R. et les enjeux de l'écriture », *P.F.S.C.L.*, 1983, p. 711-731.

— « Avatars de l'humanisme chrétien (1590-1710), Amour de soi et amour-propre », in *Leibniz et la Renaissance*, Colloque du C.N.R.S., du Centre d'études supérieures de la Renaissance (Tours) et de la G.W. Leibniz-Gesellschaft, Hanovre, publié par Albert Heinekamp, Franz Steiner Verlag, Wiesbaden, 1983, p. 76-89.

— « Des formes brèves de la littérature morale aux XVIᵉ et XVIIᵉ siècles » in *Les Formes brèves de la prose*, Vrin, 1984.

— « Mentalité et discours de maîtrise, ou le moraliste en question », in *Romanistische Zeitschrift für Literaturgeschichte*, Heft 3/4, 1988, p. 314-326.

— « Dix ans d'études sur les *Maximes* de La Rochefoucauld » (1976-1986), in *L'Information littéraire*, janvier-février 1987.

— « Dit et non-dit dans les *Maximes* », in Actes de Wake Forest University, *P.F.S.C.L.*, 1987, p. 193-214.

— « Mandeville et La Rochefoucauld, ou des avatars de l'augustinisme », in *Gestaltung-Umgestaltung, Beiträge zur Geschichte der Romanischen Literaturen,* Festschrift Margot Kruse, Gunter Narr Verlag, Tübingen, 1990.

GIOVANNI MACCHIA, « Il dramma di un moralista », in *Il paradiso della ragione,* Bari, Laterza, 1960.

ÉMILE MAGNE, *Le Vrai Visage de La Rochefoucauld,* Paris, Ollendorff, 1923.

JEAN-MAURICE MARTIN et JEAN MOLINO, « Introduction à l'analyse sémiologique des *Maximes* », in *La Logique du plausible,* Paris, Maison des Sciences de l'Homme, 1981, p. 147-238.

ÉDITH MORA, *François de La Rochefoucauld,* Paris, Seghers, 1965. Une introduction intéressante, suivie d'une anthologie.

PAUL MORAND, « La Rochefoucauld », in *Mon plaisir... en littérature,* Gallimard, Idées, 1967, p. 63-69.

MONIQUE NEMER, « Les intermittences de la vérité. Maxime, sentence ou aphorisme... », in *Studi francesi,* 78, Turin, septembre-décembre 1982, p. 484-493.

JACQUELINE PLANTIÉ, « L'Amour-propre au Carmel : petite histoire d'une grande maxime de L.R. », in *R.H.L.F.,* 1971, p. 561-573.

PASCAL QUIGNARD, *Une gêne technique à l'égard des fragments,* Montpellier, Fata Morgana, 1986.

CORRADO ROSSO, *Virtù e critica della virtù nei moralisti francesi,* Turin, Edizioni di « Filosofia », 1964.

— *La « maxime » : saggi per una tipologia critica,* Naples, E.S.I., 1968.

— *Procès à La Rochefoucauld et à la maxime,* Pise, Libreria Goliardica, et Paris, Nizet, 1986. Contient une bibliographie assez complète.

PHILIPPE SELLIER, *Pascal et saint Augustin,* Paris, Colin, 1970.

— « La Rochefoucauld, Pascal, saint Augustin », in *R.H.L.F.,* mai-août 1969, p. 551-575. Une magistrale étude sur l'augustinisme de L.R.

JEAN STAROBINSKI, « L.R. et les morales substitutives », in *N.R.F.,* 1966, p. 16-34 et 211-229.

JACQUES TRUCHET, « Le succès des Maximes de L.R. au XVIIe siècle », *C.A.I.E.F.,* 1966, p. 125-137.

LOUIS VAN DELFT, *Le Moraliste classique. Essai de définition et de typologie,* Genève, Droz, 1982. Synthèse remarquable sur les thèmes et la culture des **moralistes**.

— « Pour une lecture mondaine de L.R. La caractérologie d'un moraliste pair **de France** », in *Images de L.R.,* p. 145-157.

A.-A.M.

NOTE SUR LA PRÉSENTE ÉDITION

MAXIMES (1678)

Nous avons suivi *strictement* le texte de l'édition de 1678 : il s'agit de la cinquième édition des *Maximes,* la dernière publiée du vivant de l'auteur. Le livre, publié par l'éditeur Claude Barbin, est intitulé *Réflexions ou Sentences et maximes morales,* et comprend cinq cent quatre maximes. Quelques semaines plus tard, le même éditeur publiait un complément à la quatrième édition, qui comprenait cent sept maximes : il s'agissait des nouvelles maximes que comportait la cinquième édition, pour les lecteurs qui possédaient déjà la quatrième. Dans ce complément, intitulé : *Nouvelles Réflexions ou Sentences et maximes morales. Seconde partie,* six maximes présentaient de légères variantes par rapport au texte de la cinquième édition (les maximes 227, 413, 415, 453, 466 et 503). Nous avons estimé préférable de nous en tenir scrupuleusement au texte de la cinquième édition.

MAXIMES SUPPRIMÉES

C'est l'abbé Brotier, en 1789, qui rassembla pour la première fois les maximes que La Rochefoucauld avait successivement retranchées des diverses éditions de son œuvre. Nous donnons ces maximes selon l'ordre chronologique de leur élimination ; ainsi, les maximes 1 à 59 ont été supprimées après la première édition, la maxime 60 après la seconde édition, les maximes 61 à 74 après la quatrième édition.

MAXIMES NON PUBLIÉES

Dans ce troisième groupe, ont été rassemblées des maximes que La Rochefoucauld a délibérément refusé de publier. Jacques Truchet, dans l'édition Garnier, les appelle « maximes posthumes », Jean Lafond, dans l'édition Gallimard « Folio », les « maximes écartées ». En fait, à la différence des maximes supprimées après publication (2ᵉ groupe), il s'agit très exactement de maximes non publiées par l'auteur. Les maximes 1 à 27 proviennent d'états du texte antérieurs à la première édition (manuscrits, et édition dite de Hollande), les maximes 28 à 57 proviennent de lettres, d'un manuscrit, et du *Supplément* de 1693 (publié par Claude Barbin, après la mort de l'auteur). Notre note relative à la maxime 57 renvoie à trois maximes non publiées, que donne J. Truchet dans son édition, et que retranche J. Lafond, dans la mesure où il s'agit de propos tenus par La Rochefoucauld, d'apophtegmes rapportés, et non pas véritablement de maximes.

A.-A.M.

TABLE DE CONCORDANCE DES MAXIMES SUPPRIMÉES

Édition Truchet	Édition Lafond	Présente édition	Édition Truchet	Édition Lafond	Présente édition
1	1	1	41	41	41
2	2	2	42	42	42
3	3	3	43	43	43
4	4	4	44	44	44
5	5	5	45	45	45
6	6	6	46	46	46
7	7	7	47	47	47
8	8	8	48	48	48
9	9	9	49	49	49
10	10	10	50	50	50
11	11	11	51	51	51
12	12	12	52	52	52
13	13	13	54	53	53
14	14	14	55	54	54
15	15	15	56	55	55
16	16	16	57	56	56
17	17	17	58	57	57
18	18	18	59	58	58
19	19	19	60	59	59
20	20	20	61	60	60
21	21	21	62	61	61
22	22	22	63	62	62
23	23	23	64	63	63
24	24	24	65	64	64
25	25	25	66	65	65
26	26	26	67	66	66
27	27	27	(IV 172)	67	67
28	28	28	68	68	68
29	29	29	69	69	69
30	30	30	70	70	70
31	31	31	71	71	71
32	32	32	72	72	72
33	33	33	73	73	73
34	34	34	74	74	74
35	35	35	(I 293)	(*V 1)	–
36	36	36	(I 104)	(*V 92)	–
37	37	37	(I 155)	(*V 150)	–
38	38	38	(I 156)	(*V 150)	–
39	39	39	(I 257 et 288)	(*V 265)	–
40	40	40			

TABLE DE CONCORDANCE DES MAXIMES NON PUBLIÉES

Édition Truchet	Édition Lafond	Présente édition	Édition Truchet	Édition Lafond	Présente édition
1	1	1	36	35	35
2	2	2	37	36	36
3	3	3	38	37	37
4	4	4	39	38	38
6	5	5	40	39	39
7	6	6	41	40	40
8	7	7	42	41	41
10	8	8	43	42	42
11	9	9	44	43	43
13	10	10	45	44	44
14	11	11	46	45	45
15	12	12	47	46	46
16	13	13	48	47	47
17	14	14	49	48	48
18	15	15	50	49	49
19	16	16	51	50	50
20	17	17	52	51	51
–	18	18	53	52	52
21	19	19	54	53	53
22	20	20	55	54	54
23	21	21	56	55	55
24	22	22	57	56	56
25	23	23	58	57	57
26	24	24	59	note 69	57, note
(*MP 32)	25	25	60	note 69	57, note
33	26	26	61	note 69	57, note
34	27	27	9	(*MS 25)	–
28	28	28	(L 121)	(*MS 5)	–
29	29	29	(G 261)	(*V 261)	–
30	30	30	27	(*V 146)	–
–	31	31	(suppl. 1693)	(*V 368)	–
–	32	32	(suppl. 1693)	(*V 371)	–
31	33	33	(suppl. 1693)	(*V 352)	–
35	34	34			

MS : maxime supprimée. — **MP** : maxime posthume dans l'édition Truchet. — **I** : première édition de 1665. — **IV** : quatrième édition de 1675. — **V** : cinquième édition de 1678. — **Suppl. 1693** : supplément de la sixième édition (1693). — **L** : manuscrit de Liancourt. — **G** : manuscrit Gilbert.

Les astérisques dans le texte renvoient au choix de variantes de l'édition Lafond.

RÉFLEXIONS OU
SENTENCES ET MAXIMES MORALES

LE LIBRAIRE AU LECTEUR

Cette cinquième édition des Réflexions morales est augmentée de plus de cent nouvelles maximes, et plus exacte que les quatre premières. L'approbation que le public leur a donnée est au-dessus de ce que je puis dire en leur faveur. Et si elles sont telles que je les crois, comme j'ai sujet d'en être persuadé, on ne pourrait leur faire plus de tort que de s'imaginer qu'elles eussent besoin d'apologie. Je me contenterai de vous avertir de deux choses : l'une, que par le mot d'*Intérêt,* on n'entend pas toujours un intérêt de bien, mais le plus souvent un intérêt d'honneur ou de gloire ; et l'autre (qui est comme le fondement de toutes ces réflexions), que celui qui les a faites n'a considéré les hommes que dans cet état déplorable de la nature corrompue par le péché ; et qu'ainsi la manière dont il parle de ce nombre infini de défauts qui se rencontrent dans leurs vertus apparentes ne regarde point ceux que Dieu en préserve par une grâce particulière.

Pour ce qui est de l'ordre de ces réflexions, on n'aura pas de peine à juger que comme elles sont toutes sur des matières différentes, il était difficile d'y en observer. Et bien qu'il y en ait plusieurs sur un même sujet, on n'a pas cru les devoir toujours mettre de suite, de crainte d'ennuyer le lecteur ; mais on les trouvera dans la table.

RÉFLEXIONS MORALES

Nos vertus ne sont, le plus souvent,
que des vices déguisés.

1

Ce que nous prenons pour des vertus n'est souvent qu'un assemblage de diverses actions et de divers intérêts, que la fortune ou notre industrie savent arranger ; et ce n'est pas toujours par valeur et par chasteté que les hommes sont vaillants, et que les femmes sont chastes.

2

L'amour-propre est le plus grand de tous les flatteurs.

3

Quelque découverte que l'on ait faite dans le pays de l'amour-propre, il y reste encore bien des terres inconnues.

4

L'amour-propre est plus habile que le plus habile homme du monde.

5

La durée de nos passions ne dépend pas plus de nous que la durée de notre vie.

6

La passion fait souvent un fou du plus habile homme, et rend souvent les plus sots habiles.

7

Ces grandes et éclatantes actions qui éblouissent les yeux sont représentées par les politiques comme les effets des grands desseins, au lieu que ce sont d'ordinaire les effets de l'humeur et des passions. Ainsi la guerre d'Auguste et d'Antoine, qu'on rapporte à l'ambition qu'ils avaient de se rendre maîtres du monde, n'était peut-être qu'un effet de jalousie.

8

Les passions sont les seuls orateurs qui persuadent toujours. Elles sont comme un art de la nature dont les règles sont infaillibles ; et l'homme le plus simple qui a de la passion persuade mieux que le plus éloquent qui n'en a point.

9

Les passions ont une injustice et un propre intérêt qui fait qu'il est dangereux de les suivre, et qu'on s'en doit défier lors même qu'elles paraissent les plus raisonnables.

10

Il y a dans le cœur humain une génération perpétuelle de passions, en sorte que la ruine de l'une est presque toujours l'établissement d'une autre.

11

Les passions en engendrent souvent qui leur sont contraires. L'avarice produit quelquefois la prodigalité, et la prodigalité l'avarice ; on est souvent ferme par faiblesse, et audacieux par timidité.

12

Quelque soin que l'on prenne de couvrir ses passions par des apparences de piété et d'honneur, elles paraissent toujours au travers de ces voiles.

13

Notre amour-propre souffre plus impatiemment la condamnation de nos goûts que de nos opinions.

14

Les hommes ne sont pas seulement sujets à perdre le souvenir des bienfaits et des injures ; ils haïssent même ceux qui les ont obligés, et cessent de haïr même ceux qui leur ont fait des outrages. L'application à récompenser le bien, et à se venger du mal, leur paraît une servitude à laquelle ils ont peine de se soumettre.

15

La clémence des princes n'est souvent qu'une politique pour gagner l'affection des peuples.

16

Cette clémence dont on fait une vertu se pratique tantôt par vanité, quelquefois par paresse, souvent par crainte, et presque toujours par tous les trois ensemble.

17

La modération des personnes heureuses vient du calme que la bonne fortune donne à leur humeur.

18

La modération est une crainte de tomber dans l'envie et dans le mépris que méritent ceux qui s'enivrent de leur bonheur ; c'est une vaine ostentation de la force de notre esprit ; et enfin la modération des hommes dans leur plus haute élévation est un désir de paraître plus grands que leur fortune.

19

Nous avons tous assez de force pour supporter les maux d'autrui.

20

La constance des sages n'est que l'art de renfermer leur agitation dans le cœur.

21

Ceux qu'on condamne au supplice affectent quelquefois une constance et un mépris de la mort qui n'est en effet que la crainte de l'envisager. De sorte qu'on peut dire que cette constance et ce mépris sont à leur esprit ce que le bandeau est à leurs yeux.

22

La philosophie triomphe aisément des maux passés et des maux à venir. Mais les maux présents triomphent d'elle.

23

Peu de gens connaissent la mort. On ne la souffre pas ordinairement par résolution, mais par stupidité et par coutume ; et la plupart des hommes meurent parce qu'on ne peut s'empêcher de mourir.

24

Lorsque les grands hommes se laissent abattre par la longueur de leurs infortunes, ils font voir qu'ils ne les soutenaient que par la force de leur ambition, et non par celle de leur âme, et qu'à une grande vanité près les héros sont faits comme les autres hommes.

25

Il faut de plus grandes vertus pour soutenir la bonne fortune que la mauvaise.

26

Le soleil ni la mort ne se peuvent regarder fixement.

27

On fait souvent vanité des passions même les plus criminelles ; mais l'envie est une passion timide et honteuse que l'on n'ose jamais avouer.

28

La jalousie est en quelque manière juste et raisonnable, puisqu'elle ne tend qu'à conserver un bien qui nous appartient, ou que nous croyons nous appartenir ; au lieu que l'envie est une fureur qui ne peut souffrir le bien des autres.

29

Le mal que nous faisons ne nous attire pas tant de persécution et de haine que nos bonnes qualités.

30

Nous avons plus de force que de volonté ; et c'est souvent pour nous excuser à nous-mêmes que nous nous imaginons que les choses sont impossibles.

31

Si nous n'avions point de défauts, nous ne prendrions pas tant de plaisir à en remarquer dans les autres.

32

La jalousie se nourrit dans les doutes, et elle devient fureur, ou elle finit, sitôt qu'on passe du doute à la certitude.

33

L'orgueil se dédommage toujours et ne perd rien lors même qu'il renonce à la vanité.

34

Si nous n'avions point d'orgueil, nous ne nous plaindrions pas de celui des autres.

35

L'orgueil est égal dans tous les hommes, et il n'y a de différence qu'aux moyens et à la manière de le mettre au jour.

36

Il semble que la nature, qui a si sagement disposé les organes de notre corps pour nous rendre heureux, nous ait aussi donné l'orgueil pour nous épargner la douleur de connaître nos imperfections.

37

L'orgueil a plus de part que la bonté aux remontrances que nous faisons à ceux qui commettent des fautes ; et nous ne les reprenons pas tant pour les en corriger que pour leur persuader que nous en sommes exempts.

38

Nous promettons selon nos espérances, et nous tenons selon nos craintes.

39

L'intérêt parle toutes sortes de langues, et joue toutes sortes de personnages, même celui de désintéressé.

40

L'intérêt, qui aveugle les uns, fait la lumière des autres.

41

Ceux qui s'appliquent trop aux petites choses deviennent ordinairement incapables des grandes.

42

Nous n'avons pas assez de force pour suivre toute notre raison.

43

L'homme croit souvent se conduire lorsqu'il est conduit ; et pendant que par son esprit il tend à un but, son cœur l'entraîne insensiblement à un autre.

44

La force et la faiblesse de l'esprit sont mal nommées ; elles ne sont en effet que la bonne ou la mauvaise disposition des organes du corps.

45

Le caprice de notre humeur est encore plus bizarre que celui de la fortune.

46

L'attachement ou l'indifférence que les philosophes avaient pour la vie n'était qu'un goût de leur amour-propre, dont on ne doit non plus disputer que du goût de la langue ou du choix des couleurs.

47

Notre humeur met le prix à tout ce qui nous vient de la fortune.

48

La félicité est dans le goût et non pas dans les choses ; et c'est par avoir ce qu'on aime qu'on est heureux, et non par avoir ce que les autres trouvent aimable.

49

On n'est jamais si heureux ni si malheureux qu'on s'imagine.

50

Ceux qui croient avoir du mérite se font un honneur d'être malheureux, pour persuader aux autres et à eux-mêmes qu'ils sont dignes d'être en butte à la fortune.

51

Rien ne doit tant diminuer la satisfaction que nous avons de nous-mêmes, que de voir que nous désapprouvons dans un temps ce que nous approuvions dans un autre.

52

Quelque différence qui paraisse entre les fortunes, il y a néanmoins une certaine compensation de biens et de maux qui les rend égales.

53

Quelques grands avantages que la nature donne, ce n'est pas elle seule, mais la fortune avec elle qui fait les héros.

54

Le mépris des richesses était dans les philosophes un désir caché de venger leur mérite de l'injustice de la fortune par le mépris des mêmes biens dont elle les privait ; c'était un secret pour se garantir de l'avilissement de la pauvreté ; c'était un chemin détourné pour aller à la considération qu'ils ne pouvaient avoir par les richesses.

55

La haine pour les favoris n'est autre chose que l'amour de la faveur. Le dépit de ne la pas posséder se console et s'adoucit par le mépris que l'on témoigne de ceux qui la possèdent ; et nous leur refusons nos hommages, ne pouvant pas leur ôter ce qui leur attire ceux de tout le monde.

56

Pour s'établir dans le monde, on fait tout ce que l'on peut pour y paraître établi.

57

Quoique les hommes se flattent de leurs grandes actions, elles ne sont pas souvent les effets d'un grand dessein, mais des effets du hasard.

58

Il semble que nos actions aient des étoiles heureuses ou malheureuses à qui elles doivent une grande partie de la louange et du blâme qu'on leur donne.

59

Il n'y a point d'accidents si malheureux dont les habiles gens ne tirent quelque avantage, ni de si heureux que les imprudents ne puissent tourner à leur préjudice.

60

La fortune tourne tout à l'avantage de ceux qu'elle favorise.

61

Le bonheur et le malheur des hommes ne dépend pas moins de leur humeur que de la fortune.

62

La sincérité est une ouverture de cœur. On la trouve en fort peu de gens ; et celle que l'on voit d'ordinaire n'est qu'une fine dissimulation pour attirer la confiance des autres.

63

L'aversion du mensonge est souvent une imperceptible ambition de rendre nos témoignages considérables, et d'attirer à nos paroles un respect de religion.

64

La vérité ne fait pas tant de bien dans le monde que ses apparences y font de mal.

65

Il n'y a point d'éloges qu'on ne donne à la prudence. Cependant elle ne saurait nous assurer du moindre événement.

66

Un habile homme doit régler le rang de ses intérêts et les conduire chacun dans son ordre. Notre avidité le trouble souvent en nous faisant courir à tant de choses à la fois que, pour désirer trop les moins importantes, on manque les plus considérables.

67

La bonne grâce est au corps ce que le bon sens est à l'esprit.

68

Il est difficile de définir l'amour. Ce qu'on en peut dire est que dans l'âme c'est une passion de régner, dans les esprits c'est une sympathie, et dans le corps ce n'est qu'une envie cachée et délicate de posséder ce que l'on aime après beaucoup de mystères.

69

S'il y a un amour pur et exempt du mélange de nos autres passions, c'est celui qui est caché au fond du cœur, et que nous ignorons nous-mêmes.

70

Il n'y a point de déguisement qui puisse longtemps cacher l'amour où il est, ni le feindre où il n'est pas.

71

Il n'y a guère de gens qui ne soient honteux de s'être aimés quand ils ne s'aiment plus.

72

Si on juge de l'amour par la plupart de ses effets, il ressemble plus à la haine qu'à l'amitié.

73

On peut trouver des femmes qui n'ont jamais eu de galanterie ; mais il est rare d'en trouver qui n'en aient jamais eu qu'une.

74

Il n'y a que d'une sorte d'amour, mais il y en a mille différentes copies.

75

L'amour aussi bien que le feu ne peut subsister sans un mouvement continuel ; et il cesse de vivre dès qu'il cesse d'espérer ou de craindre.

76

Il est du véritable amour comme de l'apparition des esprits : tout le monde en parle, mais peu de gens en ont vu.

77

L'amour prête son nom à un nombre infini de commerces qu'on lui attribue, et où il n'a non plus de part que le Doge à ce qui se fait à Venise.

78

L'amour de la justice n'est en la plupart des hommes que la crainte de souffrir l'injustice.

79

Le silence est le parti le plus sûr de celui qui se défie de soi-même.

80

Ce qui nous rend si changeants dans nos amitiés, c'est qu'il est difficile de connaître les qualités de l'âme, et facile de connaître celles de l'esprit.

81

Nous ne pouvons rien aimer que par rapport à nous, et nous ne faisons que suivre notre goût et notre plaisir quand nous préférons nos amis à nous-mêmes ; c'est néanmoins par cette préférence seule que l'amitié peut être vraie et parfaite.

82

La réconciliation avec nos ennemis n'est qu'un désir de rendre notre condition meilleure, une lassitude de la guerre, et une crainte de quelque mauvais événement.

83

Ce que les hommes ont nommé amitié n'est qu'une société, qu'un ménagement réciproque d'intérêts, et qu'un échange de bons offices ; ce n'est enfin qu'un commerce où l'amour-propre se propose toujours quelque chose à gagner.

84

Il est plus honteux de se défier de ses amis que d'en être trompé.

85

Nous nous persuadons souvent d'aimer les gens plus puissants que nous ; et néanmoins c'est l'intérêt seul qui produit notre amitié. Nous ne nous donnons pas à eux pour le bien que nous leur voulons faire, mais pour celui que nous en voulons recevoir.

86

Notre défiance justifie la tromperie d'autrui.

87

Les hommes ne vivraient pas longtemps en société s'ils n'étaient les dupes les uns des autres.

88

L'amour-propre nous augmente ou nous diminue les bonnes qualités de nos amis à proportion de la satisfaction que nous avons d'eux ; et nous jugeons de leur mérite par la manière dont ils vivent avec nous.

89

Tout le monde se plaint de sa mémoire, et personne ne se plaint de son jugement.

90

Nous plaisons plus souvent dans le commerce de la vie par nos défauts que par nos bonnes qualités.

91

La plus grande ambition n'en a pas la moindre apparence lorsqu'elle se rencontre dans une impossibilité absolue d'arriver où elle aspire.

92

Détromper un homme préoccupé de son mérite est lui rendre un aussi mauvais office que celui que l'on rendit à ce fou d'Athènes, qui croyait que tous les vaisseaux qui arrivaient dans le port étaient à lui.

93

Les vieillards aiment à donner de bons préceptes, pour se consoler de n'être plus en état de donner de mauvais exemples.

94

Les grands noms abaissent, au lieu d'élever, ceux qui ne les savent pas soutenir.

95

La marque d'un mérite extraordinaire est de voir que ceux qui l'envient le plus sont contraints de le louer.

96

Tel homme est ingrat, qui est moins coupable de son ingratitude que celui qui lui a fait du bien.

97

On s'est trompé lorsqu'on a cru que l'esprit et le jugement étaient deux choses différentes. Le jugement n'est que la grandeur de la lumière de l'esprit ; cette lumière pénètre le fond des choses ; elle y remarque tout ce qu'il faut remarquer et aperçoit celles qui semblent imperceptibles. Ainsi il faut demeurer d'accord que c'est l'étendue de la lumière de l'esprit qui produit tous les effets qu'on attribue au jugement.

98

Chacun dit du bien de son cœur, et personne n'en ose dire de son esprit.

99

La politesse de l'esprit consiste à penser des choses honnêtes et délicates.

100

La galanterie de l'esprit est de dire des choses flatteuses d'une manière agréable.

101

Il arrive souvent que des choses se présentent plus achevées à notre esprit qu'il ne les pourrait faire avec beaucoup d'art.

102

L'esprit est toujours la dupe du cœur.

103

Tous ceux qui connaissent leur esprit ne connaissent pas leur cœur.

104

Les hommes et les affaires ont leur point de perspective. Il y en a qu'il faut voir de près pour en bien juger, et d'autres dont on ne juge jamais si bien que quand on en est éloigné.

105

Celui-là n'est pas raisonnable à qui le hasard fait trouver la raison, mais celui qui la connaît, qui la discerne, et qui la goûte.

106

Pour bien savoir les choses, il en faut savoir le détail ; et comme il est presque infini, nos connaissances sont toujours superficielles et imparfaites.

107

C'est une espèce de coquetterie de faire remarquer qu'on n'en fait jamais.

108

L'esprit ne saurait jouer longtemps le personnage du cœur.

109

La jeunesse change ses goûts par l'ardeur du sang, et la vieillesse conserve les siens par l'accoutumance.

110

On ne donne rien si libéralement que ses conseils.

111

Plus on aime une maîtresse, et plus on est près de la haïr.

112

Les défauts de l'esprit augmentent en vieillissant comme ceux du visage.

113

Il y a de bons mariages, mais il n'y en a point de délicieux.

114

On ne se peut consoler d'être trompé par ses ennemis, et trahi par ses amis ; et l'on est souvent satisfait de l'être par soi-même.

115

Il est aussi facile de se tromper soi-même sans s'en apercevoir qu'il est difficile de tromper les autres sans qu'ils s'en aperçoivent.

116

Rien n'est moins sincère que la manière de demander et de donner des conseils. Celui qui en demande paraît avoir une déférence respectueuse pour les sentiments de son ami, bien qu'il ne pense qu'à lui faire approuver les siens, et à le rendre garant de sa conduite. Et celui qui conseille paye la confiance qu'on lui témoigne d'un zèle ardent et désintéressé, quoiqu'il ne cherche le plus souvent dans les conseils qu'il donne que son propre intérêt ou sa gloire.

117

La plus subtile de toutes les finesses est de savoir bien feindre de tomber dans les pièges que l'on nous tend, et on n'est jamais si aisément trompé que quand on songe à tromper les autres.

118

L'intention de ne jamais tromper nous expose à être souvent trompés.

119

Nous sommes si accoutumés à nous déguiser aux autres qu'enfin nous nous déguisons à nous-mêmes.

120

L'on fait plus souvent des trahisons par faiblesse que par un dessein formé de trahir.

121

On fait souvent du bien pour pouvoir impunément faire du mal.

122

Si nous résistons à nos passions, c'est plus par leur faiblesse que par notre force.

123

On n'aurait guère de plaisir si on ne se flattait jamais.

124

Les plus habiles affectent toute leur vie de blâmer les finesses pour s'en servir en quelque grande occasion et pour quelque grand intérêt.

125

L'usage ordinaire de la finesse est la marque d'un petit esprit, et il arrive presque toujours que celui qui s'en sert pour se couvrir en un endroit, se découvre en un autre.

126

Les finesses et les trahisons ne viennent que de manque d'habileté.

127
Le vrai moyen d'être trompé, c'est de se croire plus fin que les autres.

128
La trop grande subtilité est une fausse délicatesse, et la véritable délicatesse est une solide subtilité.

129
Il suffit quelquefois d'être grossier pour n'être pas trompé par un habile homme.

130
La faiblesse est le seul défaut que l'on ne saurait corriger.

131
Le moindre défaut des femmes qui se sont abandonnées à faire l'amour, c'est de faire l'amour.

132
Il est plus aisé d'être sage pour les autres que de l'être pour soi-même.

133
Les seules bonnes copies sont celles qui nous font voir le ridicule des méchants originaux.

134
On n'est jamais si ridicule par les qualités que l'on a que par celles que l'on affecte d'avoir.

135
On est quelquefois aussi différent de soi-même que des autres.

136
Il y a des gens qui n'auraient jamais été amoureux s'ils n'avaient jamais entendu parler de l'amour.

137
On parle peu quand la vanité ne fait pas parler.

138
On aime mieux dire du mal de soi-même que de n'en point parler.

139
Une des choses qui fait que l'on trouve si peu de gens qui paraissent raisonnables et agréables dans la conservation, c'est qu'il n'y a presque personne qui ne pense plutôt à ce qu'il veut dire qu'à répondre précisément à ce qu'on lui dit. Les plus habiles et les plus complaisants se contentent de montrer seulement une mine attentive, au même temps que l'on voit dans leurs yeux et dans leur esprit un égarement pour ce qu'on leur dit, et une précipitation pour retourner à ce qu'ils veulent

dire ; au lieu de considérer que c'est un mauvais moyen de plaire aux autres ou de les persuader, que de chercher si fort à se plaire à soi-même, et que bien écouter et bien répondre est une des plus grandes perfections qu'on puisse avoir dans la conversation.

140

Un homme d'esprit serait souvent bien embarrassé sans la compagnie des sots.

141

Nous nous vantons souvent de ne nous point ennuyer ; et nous sommes si glorieux que nous ne voulons pas nous trouver de mauvaise compagnie.

142

Comme c'est le caractère des grands esprits de faire entendre en peu de paroles beaucoup de choses, les petits esprits au contraire ont le don de beaucoup parler, et de ne rien dire.

143

C'est plutôt par l'estime de nos propres sentiments que nous exagérons les bonnes qualités des autres, que par l'estime de leur mérite ; et nous voulons nous attirer des louanges, lorsqu'il semble que nous leur en donnons.

144

On n'aime point à louer, et on ne loue jamais personne sans intérêt. La louange est une flatterie habile, cachée, et délicate, qui satisfait différemment celui qui la donne, et celui qui la reçoit. L'un la prend comme une récompense de son mérite ; l'autre la donne pour faire remarquer son équité et son discernement.

145

Nous choisissons souvent des louanges empoisonnées qui font voir par contrecoup en ceux que nous louons des défauts que nous n'osons découvrir d'une autre sorte.

146

On ne loue d'ordinaire que pour être loué.

147

Peu de gens sont assez sages pour préférer le blâme qui leur est utile à la louange qui les trahit.

148

Il y a des reproches qui louent, et des louanges qui médisent.

149

Le refus des louanges est un désir d'être loué deux fois.

150

Le désir de mériter les louanges qu'on nous donne fortifie notre vertu ; et celles que l'on donne à l'esprit, à la valeur, et à la beauté contribuent à les augmenter.

151

Il est plus difficile de s'empêcher d'être gouverné que de gouverner les autres.

152

Si nous ne nous flattions point nous-mêmes, la flatterie des autres ne nous pourrait nuire.

153

La nature fait le mérite, et la fortune le met en œuvre.

154

La fortune nous corrige de plusieurs défauts que la raison ne saurait corriger.

155

Il y a des gens dégoûtants avec du mérite, et d'autres qui plaisent avec des défauts.

156

Il y a des gens dont tout le mérite consiste à dire et à faire des sottises utilement, et qui gâteraient tout s'ils changeaient de conduite.

157

La gloire des grands hommes se doit toujours mesurer aux moyens dont ils se sont servis pour l'acquérir.

158

La flatterie est une fausse monnaie qui n'a de cours que par notre vanité.

159

Ce n'est pas assez d'avoir de grandes qualités ; il en faut avoir l'économie.

160

Quelque éclatante que soit une action, elle ne doit pas passer pour grande lorsqu'elle n'est pas l'effet d'un grand dessein.

161

Il doit y avoir une certaine proportion entre les actions et les desseins si on en veut tirer tous les effets qu'elles peuvent produire.

162

L'art de savoir bien mettre en œuvre de médiocres qualités dérobe l'estime et donne souvent plus de réputation que le véritable mérite.

163

Il y a une infinité de conduites qui paraissent ridicules, et dont les raisons cachées sont très sages et très solides.

164

Il est plus facile de paraître digne des emplois qu'on n'a pas que de ceux que l'on exerce.

165

Notre mérite nous attire l'estime des honnêtes gens, et notre étoile celle du public.

166

Le monde récompense plus souvent les apparences du mérite que le mérite même.

167

L'avarice est plus opposée à l'économie que la libéralité.

168

L'espérance, toute trompeuse qu'elle est, sert au moins à nous mener à la fin de la vie par un chemin agréable.

169

Pendant que la paresse et la timidité nous retiennent dans notre devoir, notre vertu en a souvent tout l'honneur.

170

Il est difficile de juger si un procédé net, sincère et honnête est un effet de probité ou d'habileté.

171

Les vertus se perdent dans l'intérêt, comme les fleuves se perdent dans la mer.

172

Si on examine bien les divers effets de l'ennui, on trouvera qu'il fait manquer à plus de devoirs que l'intérêt.

173

Il y a diverses sortes de curiosité : l'une d'intérêt, qui nous porte à désirer d'apprendre ce qui nous peut être utile, et l'autre d'orgueil, qui vient du désir de savoir ce que les autres ignorent.

174

Il vaut mieux employer notre esprit à supporter les infortunes qui nous arrivent qu'à prévoir celles qui nous peuvent arriver.

175

La constance en amour est une inconstance perpétuelle, qui fait que notre cœur s'attache successivement à toutes les qualités de la personne que nous aimons, donnant tantôt la préférence à l'une, tantôt à l'autre ; de sorte que cette constance n'est qu'une inconstance arrêtée et renfermée dans un même sujet.

176

Il y a deux sortes de constance en amour : l'une vient de ce que l'on trouve sans cesse dans la personne que l'on aime de nouveaux sujets d'aimer, et l'autre vient de ce que l'on se fait un honneur d'être constant.

177

La persévérance n'est digne ni de blâme ni de louange, parce qu'elle n'est que la durée des goûts et des sentiments, qu'on ne s'ôte et qu'on ne se donne point.

178

Ce qui nous fait aimer les nouvelles connaissances n'est pas tant la lassitude que nous avons des vieilles ou le plaisir de changer, que le dégoût de n'être pas assez admirés de ceux qui nous connaissent trop, et l'espérance de l'être davantage de ceux qui ne nous connaissent pas tant.

179

Nous nous plaignons quelquefois légèrement de nos amis pour justifier par avance notre légèreté.

180

Notre repentir n'est pas tant un regret du mal que nous avons fait, qu'une crainte de celui qui nous en peut arriver.

181

Il y a une inconstance qui vient de la légèreté de l'esprit ou de sa faiblesse, qui lui fait recevoir toutes les opinions d'autrui, et il y en a une autre, qui est plus excusable, qui vient du dégoût des choses.

182

Les vices entrent dans la composition des vertus comme les poisons entrent dans la composition des remèdes. La prudence les assemble et les tempère, et elle s'en sert utilement contre les maux de la vie.

183

Il faut demeurer d'accord à l'honneur de la vertu que les plus grands malheurs des hommes sont ceux où ils tombent par les crimes.

184

Nous avouons nos défauts pour réparer par notre sincérité le tort qu'ils nous font dans l'esprit des autres.

185

Il y a des héros en mal comme en bien.

186

On ne méprise pas tous ceux qui ont des vices ; mais on méprise tous ceux qui n'ont aucune vertu.

187

Le nom de la vertu sert à l'intérêt aussi utilement que les vices.

188

La santé de l'âme n'est pas plus assurée que celle du corps ; et quoique l'on paraisse éloigné des passions, on n'est pas moins en danger de s'y laisser emporter que de tomber malade quand on se porte bien.

189

Il semble que la nature ait prescrit à chaque homme dès sa naissance des bornes pour les vertus et pour les vices.

190

Il n'appartient qu'aux grands hommes d'avoir de grands défauts.

191

On peut dire que les vices nous attendent dans le cours de la vie comme des hôtes chez qui il faut successivement loger ; et je doute que l'expérience nous les fît éviter s'il nous était permis de faire deux fois le même chemin.

192

Quand les vices nous quittent, nous nous flattons de la créance que c'est nous qui les quittons.

193

Il y a des rechutes dans les maladies de l'âme, comme dans celles du corps. Ce que nous prenons pour notre guérison n'est le plus souvent qu'un relâche ou un changement de mal.

194

Les défauts de l'âme sont comme les blessures du corps : quelque soin qu'on prenne de les guérir, la cicatrice paraît toujours, et elles sont à tout moment en danger de se rouvrir.

195

Ce qui nous empêche souvent de nous abandonner à un seul vice est que nous en avons plusieurs.

196

Nous oublions aisément nos fautes lorsqu'elles ne sont sues que de nous.

197

Il y a des gens de qui l'on peut ne jamais croire du mal sans l'avoir vu ; mais il n'y en a point en qui il nous doive surprendre en le voyant.

198

Nous élevons la gloire des uns pour abaisser celle des autres. Et quelquefois on louerait moins Monsieur le Prince et M. de Turenne si on ne les voulait point blâmer tous deux.

199

Le désir de paraître habile empêche souvent de le devenir.

200

La vertu n'irait pas si loin si la vanité ne lui tenait compagnie.

201

Celui qui croit pouvoir trouver en soi-même de quoi se passer de tout le monde se trompe fort ; mais celui qui croit qu'on ne peut se passer de lui se trompe encore davantage.

202

Les faux honnêtes gens sont ceux qui déguisent leurs défauts aux autres et à eux-mêmes. Les vrais honnêtes gens sont ceux qui les connaissent parfaitement et les confessent.

203

Le vrai honnête homme est celui qui ne se pique de rien.

204

La sévérité des femmes est un ajustement et un fard qu'elles ajoutent à leur beauté.

205

L'honnêteté des femmes est souvent l'amour de leur réputation et de leur repos.

206

C'est être véritablement honnête homme que de vouloir être toujours exposé à la vue des honnêtes gens.

207

La folie nous suit dans tous les temps de la vie. Si quelqu'un paraît sage, c'est seulement parce que ses folies sont proportionnées à son âge et à sa fortune.

208

Il y a des gens niais qui se connaissent, et qui emploient habilement leur niaiserie.

209

Qui vit sans folie n'est pas si sage qu'il croit.

210

En vieillissant on devient plus fou, et plus sage.

211

Il y a des gens qui ressemblent aux vaudevilles, qu'on ne chante qu'un certain temps.

212

La plupart des gens ne jugent des hommes que par la vogue qu'ils ont, ou par leur fortune.

213

L'amour de la gloire, la crainte de la honte, le dessein de faire fortune, le désir de rendre notre vie commode et agréable, et l'envie d'abaisser les autres, sont souvent les causes de cette valeur si célèbre parmi les hommes.

214

La valeur est dans les simples soldats un métier périlleux qu'ils ont pris pour gagner leur vie.

215

La parfaite valeur et la poltronnerie complète sont deux extrémités où l'on arrive rarement. L'espace qui est entre-deux est vaste, et contient toutes les autres espèces de courage : il n'y a pas moins de différence entre elles qu'entre les visages et les humeurs. Il y a des hommes qui s'exposent volontiers au commencement d'une action, et qui se relâchent et se rebutent aisément par sa durée. Il y en a qui sont contents quand ils ont satisfait à l'honneur du monde, et qui font fort peu de chose au-delà. On en voit qui ne sont pas toujours également maîtres de leur peur. D'autres se laissent quelquefois entraîner à des terreurs générales. D'autres vont à la charge parce qu'ils n'osent demeurer dans leurs postes. Il s'en trouve à qui l'habitude des moindres périls affermit le courage et les prépare à s'exposer à de plus grands. Il y en a qui sont braves à coups d'épée, et qui craignent les coups de mousquet ; d'autres sont assurés aux coups de mousquet, et appréhendent de se battre à coups d'épée. Tous ces courages de différentes espèces conviennent en ce que la nuit augmentant la crainte et cachant les bonnes et les mauvaises actions, elle donne la liberté de se ménager. Il y a encore un autre ménagement plus général ; car on ne voit point d'homme qui fasse tout ce qu'il serait capable de faire dans une occasion s'il était assuré d'en revenir. De sorte qu'il est visible que la crainte de la mort ôte quelque chose de la valeur.

216

La parfaite valeur est de faire sans témoins ce qu'on serait capable de faire devant tout le monde.

217

L'intrépidité est une force extraordinaire de l'âme qui l'élève au-dessus des troubles, des désordres et des émotions que la vue des grands périls pourrait exciter en elle ; et c'est par cette force que les héros se maintiennent en un état paisible, et conservent l'usage libre de leur raison dans les accidents les plus surprenants et les plus terribles.

218

L'hypocrisie est un hommage que le vice rend à la vertu.

219

La plupart des hommes s'exposent assez dans la guerre pour sauver leur honneur. Mais peu se veulent toujours exposer autant qu'il est nécessaire pour faire réussir le dessein pour lequel ils s'exposent.

220

La vanité, la honte, et surtout le tempérament, font souvent la valeur des hommes, et la vertu des femmes.

221

On ne veut point perdre la vie, et on veut acquérir de la gloire ; ce qui fait que les braves ont plus d'adresse et d'esprit pour éviter la mort que les gens de chicane n'en ont pour conserver leur bien.

222

Il n'y a guère de personnes qui dans le premier penchant de l'âge ne fassent connaître par où leur corps et leur esprit doivent défaillir.

223

Il est de la reconnaissance comme de la bonne foi des marchands : elle entretient le commerce ; et nous ne payons pas parce qu'il est juste de nous acquitter, mais pour trouver plus facilement des gens qui nous prêtent.

224

Tous ceux qui s'acquittent des devoirs de la reconnaissance ne peuvent pas pour cela se flatter d'être reconnaissants.

225

Ce qui fait le mécompte dans la reconnaissance qu'on attend des grâces que l'on a faites, c'est que l'orgueil de celui qui donne, et l'orgueil de celui qui reçoit, ne peuvent convenir du prix du bienfait.

226

Le trop grand empressement qu'on a de s'acquitter d'une obligation est une espèce d'ingratitude.

227

Les gens heureux ne se corrigent guère ; ils croient toujours avoir raison quand la fortune soutient leur mauvaise conduite.

228

L'orgueil ne veut pas devoir, et l'amour-propre ne veut pas payer.

229

Le bien que nous avons reçu de quelqu'un veut que nous respections le mal qu'il nous fait.

230

Rien n'est si contagieux que l'exemple, et nous ne faisons jamais de grands biens ni de grands maux qui n'en produisent de semblables. Nous imitons les bonnes actions par émulation, et les mauvaises par la malignité de notre nature que la honte retenait prisonnière, et que l'exemple met en liberté.

231

C'est une grande folie de vouloir être sage tout seul.

232

Quelque prétexte que nous donnions à nos afflictions, ce n'est souvent que l'intérêt et la vanité qui les causent.

233

Il y a dans les afflictions diverses sortes d'hypocrisie. Dans l'une, sous prétexte de pleurer la perte d'une personne qui nous est chère, nous nous pleurons nous-mêmes ; nous regrettons la bonne opinion qu'il avait de nous ; nous pleurons la diminution de notre bien, de notre plaisir, de notre considération. Ainsi les morts ont l'honneur des larmes qui ne coulent que pour les vivants. Je dis que c'est une espèce d'hypocrisie, à cause que dans ces sortes d'afflictions on se trompe soi-même. Il y a une autre hypocrisie qui n'est pas si innocente, parce qu'elle impose à tout le monde : c'est l'affliction de certaines personnes qui aspirent à la gloire d'une belle et immortelle douleur. Après que le temps qui consume tout a fait cesser celle qu'elles avaient en effet, elles ne laissent pas d'opiniâtrer leurs pleurs, leurs plaintes, et leurs soupirs ; elles prennent un personnage lugubre, et travaillent à persuader par toutes leurs actions que leur déplaisir ne finira qu'avec leur vie. Cette triste et fatigante vanité se trouve d'ordinaire dans les femmes ambitieuses. Comme leur sexe leur ferme tous les chemins qui mènent à la gloire, elles s'efforcent de se rendre célèbres par la montre d'une inconsolable affliction. Il y a encore une autre espèce de larmes qui n'ont que de petites sources qui coulent et se tarissent facilement : on pleure pour avoir la réputation d'être tendre, on pleure pour être plaint, on pleure pour être pleuré ; enfin on pleure pour éviter la honte de ne pleurer pas.

234

C'est plus souvent par orgueil que par défaut de lumières qu'on s'oppose avec tant d'opiniâtreté aux opinions les plus suivies : on trouve les premières places prises dans le bon parti, et on ne veut point des dernières.

235

Nous nous consolons aisément des disgrâces de nos amis lorsqu'elles servent à signaler notre tendresse pour eux.

236

Il semble que l'amour-propre soit la dupe de la bonté, et qu'il s'oublie lui-même lorsque nous travaillons pour l'avantage des autres. Cependant c'est prendre le chemin le plus assuré pour arriver à ses fins ; c'est prêter à usure sous prétexte de donner ; c'est enfin s'acquérir tout le monde par un moyen subtil et délicat.

237

Nul ne mérite d'être loué de bonté, s'il n'a pas la force d'être méchant : toute autre bonté n'est le plus souvent qu'une paresse ou une impuissance de la volonté.

238

Il n'est pas si dangereux de faire du mal à la plupart des hommes que de leur faire trop de bien.

239

Rien ne flatte plus notre orgueil que la confiance des grands, parce que nous la regardons comme un effet de notre mérite, sans considérer qu'elle ne vient le plus souvent que de vanité, ou d'impuissance de garder le secret.

240

On peut dire de l'agrément séparé de la beauté que c'est une symétrie dont on ne sait point les règles, et un rapport secret des traits ensemble, et des traits avec les couleurs et avec l'air de la personne.

241

La coquetterie est le fond de l'humeur des femmes. Mais toutes ne la mettent pas en pratique, parce que la coquetterie de quelques-unes est retenue par la crainte ou par la raison.

242

On incommode souvent les autres quand on croit ne les pouvoir jamais incommoder.

243

Il y a peu de choses impossibles d'elles-mêmes ; et l'application pour les faire réussir nous manque plus que les moyens.

244
La souveraine habileté consiste à bien connaître le prix des choses.

245
C'est une grande habileté que de savoir cacher son habileté.

246
Ce qui paraît générosité n'est souvent qu'une ambition déguisée qui méprise de petits intérêts, pour aller à de plus grands.

247
La fidélité qui paraît en la plupart des hommes n'est qu'une invention de l'amour-propre pour attirer la confiance. C'est un moyen de nous élever au-dessus des autres, et de nous rendre dépositaires des choses les plus importantes.

248
La magnanimité méprise tout pour avoir tout.

249
Il n'y a pas moins d'éloquence dans le ton de la voix, dans les yeux et dans l'air de la personne, que dans le choix des paroles.

250
La véritable éloquence consiste à dire tout ce qu'il faut, et à ne dire que ce qu'il faut.

251
Il y a des personnes à qui les défauts siéent bien, et d'autres qui sont disgraciées avec leurs bonnes qualités.

252
Il est aussi ordinaire de voir changer les goûts qu'il est extraordinaire de voir changer les inclinations.

253
L'intérêt met en œuvre toutes sortes de vertus et de vices.

254
L'humilité n'est souvent qu'une feinte soumission, dont on se sert pour soumettre les autres ; c'est un artifice de l'orgueil qui s'abaisse pour s'élever ; et bien qu'il se transforme en mille manières, il n'est jamais mieux déguisé et plus capable de tromper que lorsqu'il se cache sous la figure de l'humilité.

255
Tous les sentiments ont chacun un ton de voix, des gestes et des mines qui leur sont propres. Et ce rapport bon ou mauvais, agréable ou désagréable, est ce qui fait que les personnes plaisent ou déplaisent.

256

Dans toutes les professions chacun affecte une mine et un extérieur pour paraître ce qu'il veut qu'on le croie. Ainsi on peut dire que le monde n'est composé que de mines.

257

La gravité est un mystère du corps inventé pour cacher les défauts de l'esprit.

258

Le bon goût vient plus du jugement que de l'esprit.

259

Le plaisir de l'amour est d'aimer ; et l'on est plus heureux par la passion que l'on a que par celle que l'on donne.

260

La civilité est un désir d'en recevoir, et d'être estimé poli.

261

L'éducation que l'on donne d'ordinaire aux jeunes gens est un second amour-propre qu'on leur inspire.

262

Il n'y a point de passion où l'amour de soi-même règne si puissamment que dans l'amour ; et on est toujours plus disposé à sacrifier le repos de ce qu'on aime qu'à perdre le sien.

263

Ce qu'on nomme libéralité n'est le plus souvent que la vanité de donner, que nous aimons mieux que ce que nous donnons.

264

La pitié est souvent un sentiment de nos propres maux dans les maux d'autrui. C'est une habile prévoyance des malheurs où nous pouvons tomber ; nous donnons du secours aux autres pour les engager à nous en donner en de semblables occasions ; et ces services que nous leur rendons sont à proprement parler des biens que nous nous faisons à nous-mêmes par avance.

265

La petitesse de l'esprit fait l'opiniâtreté ; et nous ne croyons pas aisément ce qui est au-delà de ce que nous voyons.

266

C'est se tromper que de croire qu'il n'y ait que les violentes passions, comme l'ambition et l'amour, qui puissent triompher des autres. La paresse, toute languissante qu'elle est, ne laisse pas d'en être souvent la maîtresse ; elle usurpe sur tous les desseins et sur toutes les actions de la vie ; elle y détruit et y consume insensiblement les passions et les vertus.

267

La promptitude à croire le mal sans l'avoir assez examiné est un effet de l'orgueil et de la paresse. On veut trouver des coupables ; et on ne veut pas se donner la peine d'examiner les crimes.

268

Nous récusons des juges pour les plus petits intérêts, et nous voulons bien que notre réputation et notre gloire dépendent du jugement des hommes, qui nous sont tout contraires, ou par leur jalousie, ou par leur préoccupation, ou par leur peu de lumière ; et ce n'est que pour les faire prononcer en notre faveur que nous exposons en tant de manières notre repos et notre vie.

269

Il n'y a guère d'homme assez habile pour connaître tout le mal qu'il fait.

270

L'honneur acquis est caution de celui qu'on doit acquérir.

271

La jeunesse est une ivresse continuelle : c'est la fièvre de la raison.

272

Rien ne devrait plus humilier les hommes qui ont mérité de grandes louanges, que le soin qu'ils prennent encore de se faire valoir par de petites choses.

273

Il y a des gens qu'on approuve dans le monde, qui n'ont pour tout mérite que les vices qui servent au commerce de la vie.

274

La grâce de la nouveauté est à l'amour ce que la fleur est sur les fruits ; elle y donne un lustre qui s'efface aisément, et qui ne revient jamais.

275

Le bon naturel, qui se vante d'être si sensible, est souvent étouffé par le moindre intérêt.

276

L'absence diminue les médiocres passions, et augmente les grandes, comme le vent éteint les bougies et allume le feu.

277

Les femmes croient souvent aimer encore qu'elles n'aiment pas. L'occupation d'une intrigue, l'émotion d'esprit que donne la galanterie, la pente naturelle au plaisir d'être aimées, et la peine de refuser, leur persuadent qu'elles ont de la passion lorsqu'elles n'ont que de la coquetterie.

278

Ce qui fait que l'on est souvent mécontent de ceux qui négocient, est qu'ils abandonnent presque toujours l'intérêt de leurs amis pour l'intérêt du succès de la négociation, qui devient le leur par l'honneur d'avoir réussi à ce qu'ils avaient entrepris.

279

Quand nous exagérons la tendresse que nos amis ont pour nous, c'est souvent moins par reconnaissance que par le désir de faire juger de notre mérite.

280

L'approbation que l'on donne à ceux qui entrent dans le monde vient souvent de l'envie secrète que l'on porte à ceux qui y sont établis.

281

L'orgueil qui nous inspire tant d'envie nous sert souvent aussi à la modérer.

282

Il y a des faussetés déguisées qui représentent si bien la vérité que ce serait mal juger que de ne s'y pas laisser tromper.

283

Il n'y a pas quelquefois moins d'habileté à savoir profiter d'un bon conseil qu'à se bien conseiller soi-même.

284

Il y a des méchants qui seraient moins dangereux s'ils n'avaient aucune bonté.

285

La magnanimité est assez définie par son nom ; néanmoins on pourrait dire que c'est le bon sens de l'orgueil, et la voie la plus noble pour recevoir des louanges.

286

Il est impossible d'aimer une seconde fois ce qu'on a véritablement cessé d'aimer.

287

Ce n'est pas tant la fertilité de l'esprit qui nous fait trouver plusieurs expédients sur une même affaire, que c'est le défaut de lumière qui nous fait arrêter à tout ce qui se présente à notre imagination, et qui nous empêche de discerner d'abord ce qui est le meilleur.

288

Il y a des affaires et des maladies que les remèdes aigrissent en certains temps ; et la grande habileté consiste à connaître quand il est dangereux d'en user.

289
La simplicité affectée est une imposture délicate.

290
Il y a plus de défauts dans l'humeur que dans l'esprit.

291
Le mérite des hommes a sa saison aussi bien que les fruits.

292
On peut dire de l'humeur des hommes, comme de la plupart des bâtiments, qu'elle a diverses faces, les unes agréables, et les autres désagréables.

293
La modération ne peut avoir le mérite de combattre l'ambition et de la soumettre : elles ne se trouvent jamais ensemble. La modération est la langueur et la paresse de l'âme, comme l'ambition en est l'activité et l'ardeur.

294
Nous aimons toujours ceux qui nous admirent ; et nous n'aimons pas toujours ceux que nous admirons.

295
Il s'en faut bien que nous ne connaissions toutes nos volontés.

296
Il est difficile d'aimer ceux que nous n'estimons point ; mais il ne l'est pas moins d'aimer ceux que nous estimons beaucoup plus que nous.

297
Les humeurs du corps ont un cours ordinaire et réglé, qui meut et qui tourne imperceptiblement notre volonté ; elles roulent ensemble et exercent successivement un empire secret en nous : de sorte qu'elles ont une part considérable à toutes nos actions, sans que nous le puissions connaître.

298
La reconnaissance de la plupart des hommes n'est qu'une secrète envie de recevoir de plus grands bienfaits.

299
Presque tout le monde prend plaisir à s'acquitter des petites obligations ; beaucoup de gens ont de la reconnaissance pour les médiocres ; mais il n'y a quasi personne qui n'ait de l'ingratitude pour les grandes.

300
Il y a des folies qui se prennent comme les maladies contagieuses.

301
Assez de gens méprisent le bien, mais peu savent le donner.

302
Ce n'est d'ordinaire que dans de petits intérêts où nous prenons le hasard de ne pas croire aux apparences.

303
Quelque bien qu'on nous dise de nous, on ne nous apprend rien de nouveau.

304
Nous pardonnons souvent à ceux qui nous ennuient, mais nous ne pouvons pardonner à ceux que nous ennuyons.

305
L'intérêt que l'on accuse de tous nos crimes mérite souvent d'être loué de nos bonnes actions.

306
On ne trouve guère d'ingrats tant qu'on est en état de faire du bien.

307
Il est aussi honnête d'être glorieux avec soi-même qu'il est ridicule de l'être avec les autres.

308
On a fait une vertu de la modération pour borner l'ambition des grands hommes, et pour consoler les gens médiocres de leur peu de fortune, et de leur peu de mérite.

309
Il y a des gens destinés à être sots, qui ne font pas seulement des sottises par leur choix, mais que la fortune même contraint d'en faire.

310
Il arrive quelquefois des accidents dans la vie, d'où il faut être un peu fou pour se bien tirer.

311
S'il y a des hommes dont le ridicule n'ait jamais paru, c'est qu'on ne l'a pas bien cherché.

312
Ce qui fait que les amants et les maîtresses ne s'ennuient point d'être ensemble, c'est qu'ils parlent toujours d'eux-mêmes.

313
Pourquoi faut-il que nous ayons assez de mémoire pour retenir jusqu'aux moindres particularités de ce qui nous est arrivé, et que nous

n'en ayons pas assez pour nous souvenir combien de fois nous les avons contées à une même personne ?

314
L'extrême plaisir que nous prenons à parler de nous-mêmes nous doit faire craindre de n'en donner guère à ceux qui nous écoutent.

315
Ce qui nous empêche d'ordinaire de faire voir le fond de notre cœur à nos amis, n'est pas tant la défiance que nous avons d'eux, que celle que nous avons de nous-mêmes.

316
Les personnes faibles ne peuvent être sincères.

317
Ce n'est pas un grand malheur d'obliger des ingrats, mais c'en est un insupportable d'être obligé à un malhonnête homme.

318
On trouve des moyens pour guérir de la folie, mais on n'en trouve point pour redresser un esprit de travers.

319
On ne saurait conserver longtemps les sentiments qu'on doit avoir pour ses amis et pour ses bienfaiteurs, si on se laisse la liberté de parler souvent de leurs défauts.

320
Louer les princes des vertus qu'ils n'ont pas, c'est leur dire impunément des injures.

321
Nous sommes plus près d'aimer ceux qui nous haïssent que ceux qui nous aiment plus que nous ne voulons.

322
Il n'y a que ceux qui sont méprisables qui craignent d'être méprisés.

323
Notre sagesse n'est pas moins à la merci de la fortune que nos biens.

324
Il y a dans la jalousie plus d'amour-propre que d'amour.

325
Nous nous consolons souvent par faiblesse des maux dont la raison n'a pas la force de nous consoler.

326

Le ridicule déshonore plus que le déshonneur.

327

Nous n'avouons de petits défauts que pour persuader que nous n'en avons pas de grands.

328

L'envie est plus irréconciliable que la haine.

329

On croit quelquefois haïr la flatterie, mais on ne hait que la manière de flatter.

330

On pardonne tant que l'on aime.

331

Il est plus difficile d'être fidèle à sa maîtresse quand on est heureux que quand on en est maltraité.

332

Les femmes ne connaissent pas toute leur coquetterie.

333

Les femmes n'ont point de sévérité complète sans aversion.

334

Les femmes peuvent moins surmonter leur coquetterie que leur passion.

335

Dans l'amour la tromperie va presque toujours plus loin que la méfiance.

336

Il y a une certaine sorte d'amour dont l'excès empêche la jalousie.

337

Il est de certaines bonnes qualités comme des sens : ceux qui en sont entièrement privés ne les peuvent apercevoir ni les comprendre.

338

Lorsque notre haine est trop vive, elle nous met au-dessous de ceux que nous haïssons.

339

Nous ne ressentons nos biens et nos maux qu'à proportion de notre amour-propre.

340

L'esprit de la plupart des femmes sert plus à fortifier leur folie que leur raison.

341

Les passions de la jeunesse ne sont guère plus opposées au salut que la tiédeur des vieilles gens.

342

L'accent du pays où l'on est né demeure dans l'esprit et dans le cœur, comme dans le langage.

343

Pour être un grand homme, il faut savoir profiter de toute sa fortune.

344

La plupart des hommes ont comme les plantes des propriétés cachées, que le hasard fait découvrir.

345

Les occasions nous font connaître aux autres, et encore plus à nous-mêmes.

346

Il ne peut y avoir de règle dans l'esprit ni dans le cœur des femmes, si le tempérament n'en est d'accord.

347

Nous ne trouvons guère de gens de bon sens, que ceux qui sont de notre avis.

348

Quand on aime, on doute souvent de ce qu'on croit le plus.

349

Le plus grand miracle de l'amour, c'est de guérir de la coquetterie.

350

Ce qui nous donne tant d'aigreur contre ceux qui nous font des finesses, c'est qu'ils croient être plus habiles que nous.

351

On a bien de la peine à rompre, quand on ne s'aime plus.

352

On s'ennuie presque toujours avec les gens avec qui il n'est pas permis de s'ennuyer.

353

Un honnête homme peut être amoureux comme un fou, mais non pas comme un sot.

354

Il y a de certains défauts qui, bien mis en œuvre, brillent plus que la vertu même.

355

On perd quelquefois des personnes qu'on regrette plus qu'on n'en est affligé ; et d'autres dont on est affligé, et qu'on ne regrette guère.

356

Nous ne louons d'ordinaire de bon cœur que ceux qui nous admirent.

357

Les petits esprits sont trop blessés des petites choses ; les grands esprits les voient toutes, et n'en sont point blessés.

358

L'humilité est la véritable preuve des vertus chrétiennes : sans elle nous conservons tous nos défauts, et ils sont seulement couverts par l'orgueil qui les cache aux autres, et souvent à nous-mêmes.

359

Les infidélités devraient éteindre l'amour, et il ne faudrait point être jaloux quand on a sujet de l'être. Il n'y a que les personnes qui évitent de donner de la jalousie qui soient dignes qu'on en ait pour elles.

360

On se décrie beaucoup plus auprès de nous par les moindres infidélités qu'on nous fait, que par les plus grandes qu'on fait aux autres.

361

La jalousie naît toujours avec l'amour, mais elle ne meurt pas toujours avec lui.

362

La plupart des femmes ne pleurent pas tant la mort de leurs amants pour les avoir aimés, que pour paraître plus dignes d'être aimées.

363

Les violences qu'on nous fait nous font souvent moins de peine que celles que nous nous faisons à nous-mêmes.

364

On sait assez qu'il ne faut guère parler de sa femme ; mais on ne sait pas assez qu'on devrait encore moins parler de soi.

365

Il y a de bonnes qualités qui dégénèrent en défauts quand elles sont naturelles, et d'autres qui ne sont jamais parfaites quand elles sont acquises. Il faut, par exemple, que la raison nous fasse ménagers de notre bien et de notre confiance ; et il faut, au contraire, que la nature nous donne la bonté et la valeur.

366

Quelque défiance que nous ayons de la sincérité de ceux qui nous parlent, nous croyons toujours qu'ils nous disent plus vrai qu'aux autres.

367

Il y a peu d'honnêtes femmes qui ne soient lasses de leur métier.

368

La plupart des honnêtes femmes sont des trésors cachés, qui ne sont en sûreté que parce qu'on ne les cherche pas.

369

Les violences qu'on se fait pour s'empêcher d'aimer sont souvent plus cruelles que les rigueurs de ce qu'on aime.

370

Il n'y a guère de poltrons qui connaissent toujours toute leur peur.

371

C'est presque toujours la faute de celui qui aime de ne pas connaître quand on cesse de l'aimer.

372

La plupart des jeunes gens croient être naturels, lorsqu'ils ne sont que mal polis et grossiers.

373

Il y a de certaines larmes qui nous trompent souvent nous-mêmes après avoir trompé les autres.

374

Si on croit aimer sa maîtresse pour l'amour d'elle, on est bien trompé.

375

Les esprits médiocres condamnent d'ordinaire tout ce qui passe leur portée.

376

L'envie est détruite par la véritable amitié, et la coquetterie par le véritable amour.

377

Le plus grand défaut de la pénétration n'est pas de n'aller point jusqu'au but, c'est de le passer.

378

On donne des conseils mais on n'inspire point de conduite.

379

Quand notre mérite baisse, notre goût baisse aussi.

380

La fortune fait paraître nos vertus et nos vices, comme la lumière fait paraître les objets.

381

La violence qu'on se fait pour demeurer fidèle à ce qu'on aime ne vaut guère mieux qu'une infidélité.

382

Nos actions sont comme les bouts-rimés, que chacun fait rapporter à ce qu'il lui plaît.

383

L'envie de parler de nous, et de faire voir nos défauts du côté que nous voulons bien les montrer, fait une grande partie de notre sincérité.

384

On ne devrait s'étonner que de pouvoir encore s'étonner.

385

On est presque également difficile à contenter quand on a beaucoup d'amour et quand on n'en a plus guère.

386

Il n'y a point de gens qui aient plus souvent tort que ceux qui ne peuvent souffrir d'en avoir.

387

Un sot n'a pas assez d'étoffe pour être bon.

388

Si la vanité ne renverse pas entièrement les vertus, du moins elle les ébranle toutes.

389

Ce qui nous rend la vanité des autres insupportable, c'est qu'elle blesse la nôtre.

390

On renonce plus aisément à son intérêt qu'à son goût.

391

La fortune ne paraît jamais si aveugle qu'à ceux à qui elle ne fait pas de bien.

392

Il faut gouverner la fortune comme la santé : en jouir quand elle est bonne, prendre patience quand elle est mauvaise, et ne faire jamais de grands remèdes sans un extrême besoin.

393

L'air bourgeois se perd quelquefois à l'armée ; mais il ne se perd jamais à la cour.

394

On peut être plus fin qu'un autre, mais non pas plus fin que tous les autres.

395

On est quelquefois moins malheureux d'être trompé de ce qu'on aime, que d'en être détrompé.

396

On garde longtemps son premier amant, quand on n'en prend point de second.

397

Nous n'avons pas le courage de dire en général que nous n'avons point de défauts, et que nos ennemis n'ont point de bonnes qualités ; mais en détail nous ne sommes pas trop éloignés de le croire.

398

De tous nos défauts, celui dont nous demeurons le plus aisément d'accord, c'est de la paresse ; nous nous persuadons qu'elle tient à toutes les vertus paisibles et que, sans détruire entièrement les autres, elle en suspend seulement les fonctions.

399

Il y a une élévation qui ne dépend point de la fortune : c'est un certain air qui nous distingue et qui semble nous destiner aux grandes choses ; c'est un prix que nous nous donnons imperceptiblement à nous-mêmes ; c'est par cette qualité que nous usurpons les déférences des autres hommes, et c'est elle d'ordinaire qui nous met plus au-dessus d'eux que la naissance, les dignités, et le mérite même.

400

Il y a du mérite sans élévation, mais il n'y a point d'élévation sans quelque mérite.

401

L'élévation est au mérite ce que la parure est aux belles personnes.

402

Ce qui se trouve le moins dans la galanterie, c'est de l'amour.

403

La fortune se sert quelquefois de nos défauts pour nous élever, et il y a des gens incommodes dont le mérite serait mal récompensé si on ne voulait acheter leur absence.

404

Il semble que la nature ait caché dans le fond de notre esprit des talents et une habileté que nous ne connaissons pas ; les passions seules ont le droit de les mettre au jour, et de nous donner quelquefois des vues plus certaines et plus achevées que l'art ne saurait faire.

405

Nous arrivons tout nouveaux aux divers âges de la vie, et nous y manquons souvent d'expérience malgré le nombre des années.

406

Les coquettes se font honneur d'être jalouses de leurs amants, pour cacher qu'elles sont envieuses des autres femmes.

407

Il s'en faut bien que ceux qui s'attrapent à nos finesses ne nous paraissent aussi ridicules que nous nous le paraissons à nous-mêmes quand les finesses des autres nous ont attrapés.

408

Le plus dangereux ridicule des vieilles personnes qui ont été aimables, c'est d'oublier qu'elles ne le sont plus.

409

Nous aurions souvent honte de nos plus belles actions si le monde voyait tous les motifs qui les produisent.

410

Le plus grand effort de l'amitié n'est pas de montrer nos défauts à un ami ; c'est de lui faire voir les siens.

411

On n'a guère de défauts qui ne soient plus pardonnables que les moyens dont on se sert pour les cacher.

412

Quelque honte que nous avons méritée, il est presque toujours en notre pouvoir de rétablir notre réputation.

413

On ne plaît pas longtemps quand on n'a qu'une sorte d'esprit.

414

Les fous et les sottes gens ne voient que par leur humeur.

415
L'esprit nous sert quelquefois hardiment à faire des sottises.

416
La vivacité qui augmente en vieillissant ne va pas loin de la folie.

417
En amour celui qui est guéri le premier est toujours le mieux guéri.

418
Les jeunes femmes qui ne veulent point paraître coquettes, et les hommes d'un âge avancé qui ne veulent pas être ridicules, ne doivent jamais parler de l'amour comme d'une chose où ils puissent avoir part.

419
Nous pouvons paraître grands dans un emploi au-dessous de notre mérite, mais nous paraissons souvent petits dans un emploi plus grand que nous.

420
Nous croyons souvent avoir de la constance dans les malheurs, lorsque nous n'avons que de l'abattement, et nous les souffrons sans oser les regarder comme les poltrons se laissent tuer de peur de se défendre.

421
La confiance fournit plus à la conversation que l'esprit.

422
Toutes les passions nous font faire des fautes, mais l'amour nous en fait faire de plus ridicules.

423
Peu de gens savent être vieux.

424
Nous nous faisons honneur des défauts opposés à ceux que nous avons : quand nous sommes faibles, nous nous vantons d'être opiniâtres.

425
La pénétration a un air de deviner qui flatte plus notre vanité que toutes les autres qualités de l'esprit.

426
La grâce de la nouveauté et la longue habitude, quelque opposées qu'elles soient, nous empêchent également de sentir les défauts de nos amis.

427
La plupart des amis dégoûtent de l'amitié, et la plupart des dévots dégoûtent de la dévotion.

428

Nous pardonnons aisément à nos amis les défauts qui ne nous regardent pas.

429

Les femmes qui aiment pardonnent plus aisément les grandes indiscrétions que les petites infidélités.

430

Dans la vieillesse de l'amour comme dans celle de l'âge on vit encore pour les maux, mais on ne vit plus pour les plaisirs.

431

Rien n'empêche tant d'être naturel que l'envie de le paraître.

432

C'est en quelque sorte se donner part aux belles actions, que de les louer de bon cœur.

433

La plus véritable marque d'être né avec de grandes qualités, c'est d'être né sans envie.

434

Quand nos amis nous ont trompés, on ne doit que de l'indifférence aux marques de leur amitié, mais on doit toujours de la sensibilité à leurs malheurs.

435

La fortune et l'humeur gouvernent le monde.

436

Il est plus aisé de connaître l'homme en général que de connaître un homme en particulier.

437

On ne doit pas juger du mérite d'un homme par ses grandes qualités, mais par l'usage qu'il en sait faire.

438

Il y a une certaine reconnaissance vive qui ne nous acquitte pas seulement des bienfaits que nous avons reçus, mais qui fait même que nos amis nous doivent en leur payant ce que nous leur devons.

439

Nous ne désirerions guère de choses avec ardeur, si nous connaissions parfaitement ce que nous désirons.

440

Ce qui fait que la plupart des femmes sont peu touchées de l'amitié, c'est qu'elle est fade quand on a senti de l'amour.

441

Dans l'amitié comme dans l'amour on est souvent plus heureux par les choses qu'on ignore que par celles que l'on sait.

442

Nous essayons de nous faire honneur des défauts que nous ne voulons pas corriger.

443

Les passions les plus violentes nous laissent quelquefois du relâche, mais la vanité nous agite toujours.

444

Les vieux fous sont plus fous que les jeunes.

445

La faiblesse est plus opposée à la vertu que le vice.

446

Ce qui rend les douleurs de la honte et de la jalousie si aiguës, c'est que la vanité ne peut servir à les supporter.

447

La bienséance est la moindre de toutes les lois, et la plus suivie.

448

Un esprit droit a moins de peine de se soumettre aux esprits de travers que de les conduire.

449

Lorsque la fortune nous surprend en nous donnant une grande place sans nous y avoir conduits par degrés, ou sans que nous nous y soyons élevés par nos espérances, il est presque impossible de s'y bien soutenir, et de paraître digne de l'occuper.

450

Notre orgueil s'augmente souvent de ce que nous retranchons de nos autres défauts.

451

Il n'y a point de sots si incommodes que ceux qui ont de l'esprit.

452

Il n'y a point d'homme qui se croie en chacune de ses qualités au-dessous de l'homme du monde qu'il estime le plus.

453

Dans les grandes affaires on doit moins s'appliquer et faire naître des occasions qu'à profiter de celles qui se présentent.

454

Il n'y a guère d'occasion où l'on fît un méchant marché de renoncer au bien qu'on dit de nous, à condition de n'en dire point de mal.

455

Quelque disposition qu'ait le monde à mal juger, il fait encore plus souvent grâce au faux mérite qu'il ne fait injustice au véritable.

456

On est quelquefois un sot avec de l'esprit, mais on ne l'est jamais avec du jugement.

457

Nous gagnerions plus de nous laisser voir tels que nous sommes, que d'essayer de paraître ce que nous ne sommes pas.

458

Nos ennemis approchent plus de la vérité dans les jugements qu'ils font de nous que nous n'en approchons nous-mêmes.

459

Il y a plusieurs remèdes qui guérissent de l'amour, mais il n'y en a point d'infaillibles.

460

Il s'en faut bien que nous connaissions tout ce que nos passions nous font faire.

461

La vieillesse est un tyran qui défend sur peine de la vie tous les plaisirs de la jeunesse.

462

Le même orgueil qui nous fait blâmer les défauts dont nous nous croyons exempts, nous porte à mépriser les bonnes qualités que nous n'avons pas.

463

Il y a souvent plus d'orgueil que de bonté à plaindre les malheurs de nos ennemis ; c'est pour leur faire sentir que nous sommes au-dessus d'eux que nous leur donnons des marques de compassion.

464

Il y a un excès de biens et de maux qui passe notre sensibilité.

465

Il s'en faut bien que l'innocence ne trouve autant de protection que le crime.

466

De toutes les passions violentes, celle qui sied le moins mal aux femmes, c'est l'amour.

467

La vanité nous fait faire plus de choses contre notre goût que la raison.

468

Il y a de méchantes qualités qui font de grands talents.

469

On ne souhaite jamais ardemment ce qu'on ne souhaite que par raison.

470

Toutes nos qualités sont incertaines et douteuses en bien comme en mal, et elles sont presque toutes à la merci des occasions.

471

Dans les premières passions les femmes aiment l'amant, et dans les autres elles aiment l'amour.

472

L'orgueil a ses bizarreries, comme les autres passions ; on a honte d'avouer que l'on ait de la jalousie, et on se fait honneur d'en avoir eu, et d'être capable d'en avoir.

473

Quelque rare que soit le véritable amour, il l'est encore moins que la véritable amitié.

474

Il y a peu de femmes dont le mérite dure plus que la beauté.

475

L'envie d'être plaint, ou d'être admiré, fait souvent la plus grande partie de notre confiance.

476

Notre envie dure toujours plus longtemps que le bonheur de ceux que nous envions.

477

La même fermeté qui sert à résister à l'amour sert aussi à le rendre violent et durable, et les personnes faibles qui sont toujours agitées des passions n'en sont presque jamais véritablement remplies.

478

L'imagination ne saurait inventer tant de diverses contrariétés qu'il y en a naturellement dans le cœur de chaque personne.

479

Il n'y a que les personnes qui ont de la fermeté qui puissent avoir une véritable douceur ; celles qui paraissent douces n'ont d'ordinaire que de la faiblesse, qui se convertit aisément en aigreur.

480

La timidité est un défaut dont il est dangereux de reprendre les personnes qu'on en veut corriger.

481

Rien n'est plus rare que la véritable bonté ; ceux mêmes qui croient en avoir n'ont d'ordinaire que de la complaisance ou de la faiblesse.

482

L'esprit s'attache par paresse et par constance à ce qui lui est facile ou agréable ; cette habitude met toujours des bornes à nos connaissances, et jamais personne ne s'est donné la peine d'étendre et de conduire son esprit aussi loin qu'il pourrait aller.

483

On est d'ordinaire plus médisant par vanité que par malice.

484

Quand on a le cœur encore agité par les restes d'une passion, on est plus près d'en prendre une nouvelle que quand on est entièrement guéri.

485

Ceux qui ont eu de grandes passions se trouvent toute leur vie heureux, et malheureux, d'en être guéris.

486

Il y a encore plus de gens sans intérêt que sans envie.

487

Nous avons plus de paresse dans l'esprit que dans le corps.

488

Le calme ou l'agitation de notre humeur ne dépend pas tant de ce qui nous arrive de plus considérable dans la vie, que d'un arrangement commode ou désagréable de petites choses qui arrivent tous les jours.

489

Quelque méchants que soient les hommes, ils n'oseraient paraître ennemis de la vertu, et lorsqu'ils la veulent persécuter, ils feignent de croire qu'elle est fausse ou ils lui supposent des crimes.

490

On passe souvent de l'amour à l'ambition, mais on ne revient guère de l'ambition à l'amour.

491

L'extrême avarice se méprend presque toujours ; il n'y a point de passion qui s'éloigne plus souvent de son but, ni sur qui le présent ait tant de pouvoir au préjudice de l'avenir.

492

L'avarice produit souvent des effets contraires ; il y a un nombre infini de gens qui sacrifient tout leur bien à des espérances douteuses et éloignées, d'autres méprisent de grands avantages à venir pour de petits intérêts présents.

493

Il semble que les hommes ne se trouvent pas assez de défauts ; ils en augmentent encore le nombre par de certaines qualités singulières dont ils affectent de se parer, et ils les cultivent avec tant de soin qu'elles deviennent à la fin des défauts naturels, qu'il ne dépend plus d'eux de corriger.

494

Ce qui fait voir que les hommes connaissent mieux leurs fautes qu'on ne pense, c'est qu'ils n'ont jamais tort quand on les entend parler de leur conduite : le même amour-propre qui les aveugle d'ordinaire les éclaire alors, et leur donne des vues si justes qu'il leur fait supprimer ou déguiser les moindres choses qui peuvent être condamnées.

495

Il faut que les jeunes gens qui entrent dans le monde soient honteux ou étourdis : un air capable et composé se tourne d'ordinaire en impertinence.

496

Les querelles ne dureraient pas longtemps, si le tort n'était que d'un côté.

497

Il ne sert de rien d'être jeune sans être belle, ni d'être belle sans être jeune.

498

Il y a des personnes si légères et si frivoles qu'elles sont aussi éloignées d'avoir de véritables défauts que des qualités solides.

499

On ne compte d'ordinaire la première galanterie des femmes que lorsqu'elles en ont une seconde.

500

Il y a des gens si remplis d'eux-mêmes que, lorsqu'ils sont amoureux, ils trouvent moyen d'être occupés de leur passion sans l'être de la personne qu'ils aiment.

501

L'amour, tout agréable qu'il est, plaît encore plus par les manières dont il se montre que par lui-même.

502

Peu d'esprit avec de la droiture ennuie moins, à la longue, que beaucoup d'esprit avec du travers.

503

La jalousie est le plus grand de tous les maux, et celui qui fait le moins de pitié aux personnes qui le causent.

504

Après avoir parlé de la fausseté de tant de vertus apparentes, il est raisonnable de dire quelque chose de la fausseté du mépris de la mort. J'entends parler de ce mépris de la mort dont les païens se vantent de tirer de leurs propres forces, sans l'espérance d'une meilleure vie. Il y a différence entre souffrir la mort constamment, et la mépriser. Le premier est assez ordinaire ; mais je crois que l'autre n'est jamais sincère. On a écrit néanmoins tout ce qui peut le plus persuader que la mort n'est point un mal ; et les hommes les plus faibles aussi bien que les héros ont donné mille exemples célèbres pour établir cette opinion. Cependant je doute que personne de bon sens l'ait jamais cru ; et la peine que l'on prend pour le persuader aux autres et à soi-même fait assez voir que cette entreprise n'est pas aisée. On peut avoir divers sujets de dégoût dans la vie, mais on n'a jamais raison de mépriser la mort ; ceux mêmes qui se la donnent volontairement ne la comptent pas pour si peu de chose, et ils s'en étonnent et la rejettent comme les autres, lorsqu'elle vient à eux par une autre voie que celle qu'ils ont choisie. L'inégalité que l'on remarque dans le courage d'un nombre infini de vaillants hommes vient de ce que la mort se découvre différemment à leur imagination, et y paraît plus présente en un temps qu'en un autre. Ainsi il arrive qu'après avoir méprisé ce qu'ils ne connaissent pas, ils craignent enfin ce qu'ils connaissent. Il faut éviter de l'envisager avec toutes ses circonstances, si on ne veut pas croire qu'elle soit le plus grand de tous les maux. Les plus habiles et les plus braves sont ceux qui prennent de plus honnêtes prétextes pour s'empêcher de la considérer. Mais tout homme qui la sait voir telle qu'elle est, trouve que c'est une chose épouvantable. La nécessité de mourir faisait toute la constance des philosophes. Ils croyaient qu'il fallait aller de bonne grâce où l'on ne saurait s'empêcher d'aller ; et, ne pouvant éterniser leur vie, il n'y avait rien qu'ils ne fissent pour éterniser leur réputation, et sauver du naufrage ce qui n'en peut être garanti. Contentons-nous pour faire bonne mine de ne nous pas dire à nous-mêmes tout ce que nous en pensons, et espérons plus de notre tempérament que de ces faibles raisonnements qui nous font croire que nous pouvons approcher de la mort avec indifférence. La gloire de mourir avec fermeté, l'espérance d'être regretté, le désir de laisser une belle réputation, l'assurance d'être affranchi des misères de la vie, et de ne dépendre plus des caprices de la fortune, sont des remèdes qu'on ne doit pas rejeter. Mais on ne doit pas croire aussi qu'ils soient infaillibles. Ils font pour nous assurer ce qu'une simple haie fait souvent à la guerre pour assurer ceux qui doivent approcher d'un lieu d'où l'on tire. Quand on en est éloigné, on s'imagine qu'elle peut mettre à couvert ; mais quand on en est proche, on trouve que c'est un faible secours. C'est nous flatter, de croire que la mort nous paraisse de près ce que nous en avons jugé de loin, et que nos sentiments, qui ne sont que faiblesse, soient d'une trempe assez forte pour ne point souffrir d'atteinte par la plus rude de toutes les épreuves. C'est aussi mal connaître les effets de l'amour-propre, que de penser qu'il puisse nous aider à compter pour rien ce qui le doit nécessairement détruire, et la raison, dans laquelle on croit trouver tant de ressources, est trop faible en cette rencontre pour nous persuader ce que nous voulons. C'est elle au contraire qui nous trahit le plus souvent, et qui, au lieu de nous inspirer le mépris de la mort, sert à nous découvrir ce qu'elle a d'affreux et de terrible. Tout ce qu'elle peut faire pour nous est de nous conseiller d'en détourner les yeux pour les arrêter sur d'autres objets. Caton et Brutus en choisirent d'illustres. Un laquais se contenta il y a quelque temps de danser sur l'échafaud où il allait être roué. Ainsi, bien que les motifs soient différents, ils produisent les mêmes effets. De sorte qu'il est vrai que, quelque disproportion qu'il y ait entre les grands hommes et les gens du commun, on a vu mille fois les uns et les autres recevoir la mort d'un même visage ; mais ç'a toujours été avec cette différence que, dans le mépris que les grands hommes font paraître pour la mort, c'est l'amour de la gloire qui leur en ôte la vue, et dans les gens du commun ce n'est qu'un effet de leur peu de lumière qui les empêche de connaître la grandeur de leur mal et leur laisse la liberté de penser à autre chose.

MAXIMES SUPPRIMÉES

1

L'amour-propre est l'amour de soi-même, et de toutes choses pour soi ; il rend les hommes idolâtres d'eux-mêmes, et les rendrait les tyrans des autres si la fortune leur en donnait les moyens ; il ne se repose jamais hors de soi, et ne s'arrête dans les sujets étrangers que comme les abeilles sur les fleurs, pour en tirer ce qui lui est propre. Rien n'est si impétueux que ses désirs, rien de si caché que ses desseins, rien de si habile que ses conduites ; ses souplesses ne se peuvent représenter, ses transformations passent celles des métamorphoses, et ses raffinements ceux de la chimie. On ne peut sonder la profondeur, ni percer les ténèbres de ses abîmes. Là il est à couvert des yeux les plus pénétrants ; il y fait mille insensibles tours et retours. Là il est souvent invisible à lui-même, il y conçoit, il y nourrit, et il y élève, sans le savoir, un grand nombre d'affections et de haines ; il en forme de si monstrueuses que, lorsqu'il les a mises au jour, il les méconnaît, ou il ne peut se résoudre à les avouer. De cette nuit qui le couvre naissent les ridicules persuasions qu'il a de lui-même ; de là viennent ses erreurs, ses ignorances, ses grossièretés et ses niaiseries sur son sujet ; de là vient qu'il croit que ses sentiments sont morts lorsqu'ils ne sont qu'endormis, qu'il s'imagine n'avoir plus envie de courir dès qu'il se repose, et qu'il pense avoir perdu tous les goûts qu'il a rassasiés. Mais cette obscurité épaisse, qui le cache à lui-même, n'empêche pas qu'il ne voie parfaitement ce qui est hors de lui, en quoi il est semblable à nos yeux, qui découvrent tout, et sont aveugles seulement pour eux-mêmes. En effet dans ses plus grands intérêts, et dans ses plus importantes affaires, où la violence de ses souhaits appelle toute son attention, il voit, il sent, il entend, il imagine, il soupçonne, il pénètre, il devine tout ; de sorte qu'on est tenté de croire que chacune de ses passions a une espèce de magie qui lui est propre. Rien n'est si intime et si fort que ses attachements, qu'il essaye de rompre inutilement à la vue des malheurs extrêmes qui le menacent. Cependant il fait quelquefois en peu de temps, et sans aucun effort, ce qu'il n'a pu faire avec tous ceux dont il est capable dans le cours de plusieurs années ; d'où l'on pourrait conclure assez vraisemblablement que c'est par lui-même que ses désirs sont allumés, plutôt que par la beauté et par le mérite de ses objets ; que son goût est le prix qui les relève, et le fard qui les embellit ; que c'est après lui-même qu'il court, et qu'il suit son gré, lorsqu'il suit les choses qui sont à son gré. Il est tous les contraires : il est impérieux et obéissant, sincère et dissimulé, miséricordieux et cruel, timide et audacieux. Il a de différentes inclinations selon la diversité des tempéraments qui le tournent, et le dévouent tantôt à la gloire, tantôt aux richesses, et tantôt aux plaisirs ; il en change selon le changement de nos âges, de nos fortunes et de nos expériences ; mais il lui est indifférent d'en avoir plusieurs ou de n'en avoir qu'une, parce qu'il se partage en plusieurs et se ramasse en une quand il le faut, et comme il lui plaît. Il est inconstant, et outre les changements qui viennent des causes étrangères, il y en a une infinité qui naissent de lui, et de son propre fonds ; il est inconstant d'inconstance, de légèreté, d'amour, de nouveauté, de lassitude et de dégoût ; il est capricieux, et on le voit quelquefois travailler avec le dernier empressement, et avec des travaux incroyables, à obtenir des choses qui ne lui sont point avantageuses, et qui même lui sont nuisibles, mais qu'il poursuit parce qu'il les veut. Il est bizarre, et met souvent toute son application dans les emplois les plus frivoles ; il trouve tout son plaisir dans les plus fades, et conserve toute sa fierté dans les plus misérables. Il est dans tous les états de la vie, et dans toutes les conditions ; il vit partout, et il vit de tout, il vit de rien ; il s'accommode des choses, et de leur privation ; il passe même dans le parti des gens qui lui font la guerre, il entre dans leurs desseins ; et ce qui est admirable, il se hait lui-même avec eux, il conjure sa perte, il travaille même à sa ruine. Enfin il ne se soucie que d'être, et pourvu qu'il soit, il veut bien être son ennemi. Il ne faut donc pas s'étonner s'il se joint quelquefois à la plus rude austérité, et s'il entre si hardiment en société avec elle pour se détruire, parce que, dans le même temps qu'il se ruine en un endroit, il se rétablit en un autre ; quand on pense qu'il quitte son plaisir, il ne fait que le suspendre, ou le changer, et lors même qu'il est vaincu et qu'on croit en être défait, on le retrouve qui triomphe dans sa propre défaite. Voilà la peinture de l'amour-propre, dont toute la vie n'est qu'une grande et longue agitation ; la mer en est une image sensible, et l'amour-propre trouve dans le flux et le reflux de ses vagues continuelles une fidèle expression de la succession turbulente de ses pensées, et de ses éternels mouvements.

2

Toutes les passions ne sont autre chose que les divers degrés de la chaleur, et de la froideur, du sang.

3

La modération dans la bonne fortune n'est que l'appréhension de la honte qui suit l'emportement, ou la peur de perdre ce que l'on a.

4

La modération est comme la sobriété : on voudrait bien manger davantage, mais on craint de se faire mal.

5

Tout le monde trouve à redire en autrui ce qu'on trouve à redire en lui.

6

L'orgueil, comme lassé de ses artifices et de ses différentes métamorphoses, après avoir joué tout seul tous les personnages de la comédie humaine, se montre avec un visage naturel, et se découvre par la fierté ; de sorte qu'à proprement parler la fierté est l'éclat et la déclaration de l'orgueil.

7

La complexion qui fait le talent pour les petites choses est contraire à celle qu'il faut pour le talent des grandes.

8

C'est une espèce de bonheur, de connaître jusques à quel point on doit être malheureux.

9

On n'est jamais si malheureux qu'on croit, ni si heureux qu'on avait espéré.

10

On se console souvent d'être malheureux par un certain plaisir qu'on trouve à le paraître.

11

Il faudrait pouvoir répondre de sa fortune, pour pouvoir répondre de ce que l'on fera.

12

Comment peut-on répondre de ce qu'on voudra à l'avenir, puisque l'on ne sait pas précisément ce que l'on veut dans le temps présent ?

13

L'amour est à l'âme de celui qui aime ce que l'âme est au corps qu'elle anime.

14

La justice n'est qu'une vive appréhension qu'on ne nous ôte ce qui nous appartient ; de là vient cette considération et ce respect pour tous les intérêts du prochain, et cette scrupuleuse application à ne lui faire aucun préjudice ; cette crainte retient l'homme dans les bornes des biens que la naissance, ou la fortune, lui ont donnés, et sans cette crainte il ferait des courses continuelles sur les autres.

15

La justice, dans les juges qui sont modérés, n'est que l'amour de leur élévation.

16

On blâme l'injustice, non pas par l'aversion que l'on a pour elle, mais pour le préjudice que l'on en reçoit.

17

Le premier mouvement de joie que nous avons du bonheur de nos amis ne vient ni de la bonté de notre naturel, ni de l'amitié que nous avons pour eux ; c'est un effet de l'amour-propre qui nous flatte de l'espérance d'être heureux à notre tour, ou de retirer quelque utilité de leur bonne fortune.

18

Dans l'adversité de nos meilleurs amis, nous trouvons toujours quelque chose qui ne nous déplaît pas.

19

L'aveuglement des hommes est le plus dangereux effet de leur orgueil : il sert à le nourrir et à l'augmenter, et nous ôte la connaissance des remèdes qui pourraient soulager nos misères et nous guérir de nos défauts.

20

On n'a plus de raison, quand on n'espère plus d'en trouver aux autres.

21

Les philosophes, et Sénèque surtout, n'ont point ôté les crimes par leurs préceptes : ils n'ont fait que les employer au bâtiment de l'orgueil.

22

Les plus sages le sont dans les choses indifférentes, mais ils ne le sont presque jamais dans leurs plus sérieuses affaires.

23

La plus subtile folie se fait de la plus subtile sagesse.

24

La sobriété est l'amour de la santé, ou l'impuissance de manger beaucoup.

25

Chaque talent dans les hommes, de même que chaque arbre, a ses propriétés et ses effets qui lui sont tous particuliers.

26

On n'oublie jamais mieux les choses que quand on s'est lassé d'en parler.

27

La modestie, qui semble refuser les louanges, n'est en effet qu'un désir d'en avoir de plus délicates.

28

On ne blâme le vice et on ne loue la vertu que par intérêt.

29

L'amour-propre empêche bien que celui qui nous flatte ne soit jamais celui qui nous flatte le plus.

30

On ne fait point de distinction dans les espèces de colères, bien qu'il y en ait une légère et quasi innocente, qui vient de l'ardeur de la complexion, et une autre très criminelle, qui est à proprement parler la fureur de l'orgueil.

31

Les grandes âmes ne sont pas celles qui ont moins de passions et plus de vertu que les âmes communes, mais celles seulement qui ont de plus grands desseins.

32

La férocité naturelle fait moins de cruels que l'amour-propre.

33

On peut dire de toutes nos vertus ce qu'un poète italien a dit de l'honnêteté des femmes, que ce n'est souvent autre chose qu'un art de paraître honnête.

34

Ce que le monde nomme vertu n'est d'ordinaire qu'un fantôme formé par nos passions, à qui on donne un nom honnête, pour faire impunément ce qu'on veut.

35

Nous n'avouons jamais nos défauts que par vanité.

36

On ne trouve point dans l'homme le bien ni le mal dans l'excès.

37

Ceux qui sont incapables de commettre de grands crimes n'en soupçonnent pas facilement les autres.

38

La pompe des enterrements regarde plus la vanité des vivants que l'honneur des morts.

39

Quelque incertitude et quelque variété qui paraisse dans le monde, on y remarque néanmoins un certain enchaînement secret, et un ordre réglé de tout temps par la Providence, qui fait que chaque chose marche en son rang, et suit le cours de sa destinée.

40

L'intrépidité doit soutenir le cœur dans les conjurations, au lieu que la seule valeur lui fournit toute la fermeté qui lui est nécessaire dans les périls de la guerre.

41

Ceux qui voudraient définir la victoire par sa naissance seraient tentés comme les poètes de l'appeler la fille du Ciel, puisqu'on ne trouve point son origine sur la terre. En effet elle est produite par une infinité d'actions qui, au lieu de l'avoir pour but, regardent seulement les intérêts particuliers de ceux qui les font, puisque tous ceux qui composent une armée, allant à leur propre gloire et à leur élévation, procurent un bien si grand et si général.

42

On ne peut répondre de son courage quand on n'a jamais été dans le péril.

43

L'imitation est toujours malheureuse, et tout ce qui est contrefait déplaît avec les mêmes choses qui charment lorsqu'elles sont naturelles.

44

Il est bien malaisé de distinguer la bonté générale, et répandue sur tout le monde, de la grande habileté.

45

Pour pouvoir être toujours bon, il faut que les autres croient qu'ils ne peuvent jamais nous être impunément méchants.

46

La confiance de plaire est souvent un moyen de déplaire infailliblement.

47

La confiance que l'on a en soi fait naître la plus grande partie de celle que l'on a aux autres.

48

Il y a une révolution générale qui change le goût des esprits, aussi bien que les fortunes du monde.

49

La vérité est le fondement et la raison de la perfection, et de la beauté ; une chose, de quelque nature qu'elle soit, ne saurait être belle, et parfaite, si elle n'est véritablement tout ce qu'elle doit être, et si elle n'a tout ce qu'elle doit avoir.

50

Il y a de belles choses qui ont plus d'éclat quand elles demeurent imparfaites que quand elles sont trop achevées.

51

La magnanimité est un noble effort de l'orgueil par lequel il rend l'homme maître de lui-même pour le rendre maître de toutes choses.

52

Le luxe et la trop grande politesse dans les États sont le présage assuré de leur décadence parce que, tous les particuliers s'attachant à leurs intérêts propres, ils se détournent du bien public.

53

De toutes les passions celle qui est la plus inconnue à nous-mêmes, c'est la paresse ; elle est la plus ardente et la plus maligne de toutes, quoique sa violence soit insensible, et que les dommages qu'elle cause soient très cachés ; si nous considérons attentivement son pouvoir, nous verrons qu'elle se rend en toutes rencontres maîtresse de nos sentiments, de nos intérêts et de nos plaisirs ; c'est la rémore qui a la force d'arrêter les plus grands vaisseaux, c'est une bonace plus dangereuse aux plus importantes affaires que les écueils, et que les plus grandes tempêtes ; le repos de la paresse est un charme secret de l'âme qui suspend soudainement les plus ardentes poursuites et les plus opiniâtres résolutions ; pour donner enfin la véritable idée de cette passion, il faut dire que la paresse est comme une béatitude de l'âme, qui la console de toutes ses pertes, et qui lui tient lieu de tous les biens.

54

Il est plus facile de prendre de l'amour quand on n'en a pas, que de s'en défaire quand on en a.

55

La plupart des femmes se rendent plutôt par faiblesse que par passion ; de là vient que pour l'ordinaire les hommes entreprenants réussissent mieux que les autres, quoiqu'ils ne soient pas plus aimables.

56

N'aimer guère en amour est un moyen assuré pour être aimé.

57

La sincérité que se demandent les amants et les maîtresses, pour savoir l'un et l'autre quand ils cesseront de s'aimer, est bien moins pour vouloir être avertis quand on ne les aimera plus que pour être mieux assurés qu'on les aime lorsque l'on ne dit point le contraire.

58

La plus juste comparaison qu'on puisse faire de l'amour, c'est celle de la fièvre ; nous n'avons non plus de pouvoir sur l'un que sur l'autre, soit pour sa violence ou pour sa durée.

59

La plus grande habileté des moins habiles est de se savoir soumettre à la bonne conduite d'autrui.

60

Quand on ne trouve pas son repos en soi-même, il est inutile de le chercher ailleurs.

61

Comme on n'est jamais en liberté d'aimer, ou de cesser d'aimer, l'amant ne peut se plaindre avec justice de l'inconstance de sa maîtresse, ni elle de la légèreté de son amant.

62

Quand nous sommes las d'aimer, nous sommes bien aises qu'on nous devienne infidèle, pour nous dégager de notre fidélité.

63

Comment prétendons-nous qu'un autre garde notre secret si nous ne pouvons le garder nous-mêmes ?

64

Il n'y en a point qui pressent tant les autres que les paresseux lorsqu'ils ont satisfait à leur paresse, afin de paraître diligents.

65

C'est une preuve de peu d'amitié de ne s'apercevoir pas du refroidissement de celle de nos amis.

66

Les rois font des hommes comme des pièces de monnaie ; ils les font valoir ce qu'ils veulent, et l'on est forcé de les recevoir selon leur cours, et non pas selon leur véritable prix.

67

Nous sommes si préoccupés en notre faveur que souvent ce que nous prenons pour des vertus n'est que des vices qui leur ressemblent, et que l'amour-propre nous déguise.

68

Il y a des crimes qui deviennent innocents et même glorieux par leur éclat, leur nombre et leur excès. De là vient que les voleries publiques sont des habiletés, et que prendre des provinces injustement s'appelle faire des conquêtes.

69

On donne plus aisément des bornes à sa reconnaissance qu'à ses espérances et qu'à ses désirs.

70

Nous ne regrettons pas toujours la perte de nos amis par la considération de leur mérite, mais par celle de nos besoins et de la bonne opinion qu'ils avaient de nous.

71

On aime à deviner les autres ; mais l'on n'aime pas à être deviné.

72

C'est une ennuyeuse maladie que de conserver sa santé par un trop grand régime.

73

On craint toujours de voir ce qu'on aime, quand on vient de faire des coquetteries ailleurs.

74

On doit se consoler de ses fautes, quand on a la force de les avouer.

MAXIMES NON PUBLIÉES PAR LA ROCHEFOUCAULD

1

Comme la plus heureuse personne du monde est celle à qui peu de choses suffit, les grands et les ambitieux sont en ce point les plus misérables qu'il leur faut l'assemblage d'une infinité de biens pour les rendre heureux.

2

La finesse n'est qu'une pauvre habileté.

3

Les philosophes ne condamnent les richesses que par le mauvais usage que nous en faisons ; il dépend de nous de les acquérir et de nous en servir sans crime et, au lieu qu'elles nourrissent et accroissent les vices, comme le bois entretient et augmente le feu, nous pouvons les consacrer à toutes les vertus et les rendre même par là plus agréables et plus éclatantes.

4

La ruine du prochain plaît aux amis et aux ennemis.

5

On ne saurait compter toutes les espèces de vanité.

6

Ce qui nous empêche souvent de bien juger des sentences qui prouvent la fausseté des vertus, c'est que nous croyons trop aisément qu'elles sont véritables en nous.

7

Nous craignons toutes choses comme mortels, et nous désirons toutes choses comme si nous étions immortels.

8

Une preuve convaincante que l'homme n'a pas été créé comme il est, c'est que plus il devient raisonnable et plus il rougit en soi-même de l'extravagance, de la bassesse et de la corruption de ses sentiments et de ses inclinations.

9

Il ne faut pas s'offenser que les autres nous cachent la vérité puisque nous nous la cachons si souvent nous-mêmes.

10

Il semble que c'est le diable qui a tout exprès placé la paresse sur la frontière de plusieurs vertus.

11

La fin du bien est un mal ; la fin du mal est un bien.

12

On blâme aisément les défauts des autres, mais on s'en sert rarement à corriger les siens.

13

Les biens et les maux qui nous arrivent ne nous touchent pas selon leur grandeur, mais selon notre sensibilité.

14

Ceux qui prisent trop leur noblesse ne prisent d'ordinaire pas assez ce qui en est l'origine.

15

Le remède de la jalousie est la certitude de ce qu'on craint, parce qu'elle cause la fin de la vie ou la fin de l'amour ; c'est un cruel remède, mais il est plus doux que les doutes et les soupçons.

16

Il est difficile de comprendre combien est grande la ressemblance et la différence qu'il y a entre tous les hommes.

17

Ce qui fait tant disputer contre les maximes qui découvrent le cœur de l'homme, c'est que l'on craint d'y être découvert.

18

On peut toujours ce qu'on veut, pourvu qu'on le veuille bien.

19

L'homme est si misérable que, tournant toutes ses conduites à satisfaire ses passions, il gémit incessamment sous leur tyrannie ; il ne peut supporter ni leur violence ni celle qu'il faut qu'il se fasse pour s'affranchir de leur joug ; il trouve du dégoût non seulement dans ses vices, mais encore dans leurs remèdes, et ne peut s'accommoder ni des chagrins de ses maladies ni du travail de sa guérison.

20

Dieu a permis, pour punir l'homme du péché originel, qu'il se fît un dieu de son amour-propre pour en être tourmenté dans toutes les actions de sa vie.

21

L'espérance et la crainte sont inséparables, et il n'y a point de crainte sans espérance ni d'espérance sans crainte.

22

Le pouvoir que les personnes que nous aimons ont sur nous est presque toujours plus grand que celui que nous y avons nous-mêmes.

23

Ce qui nous fait croire si facilement que les autres ont des défauts, c'est la facilité que l'on a de croire ce qu'on souhaite.

24

L'intérêt est l'âme de l'amour-propre, de sorte que, comme le corps, privé de son âme, est sans vue, sans ouïe, sans connaissance, sans sentiment et sans mouvement, de même l'amour-propre séparé, s'il le faut dire ainsi, de son intérêt, ne voit, n'entend, ne sent et ne se remue plus ; de là vient qu'un même homme qui court la terre et les mers pour son intérêt devient soudainement paralytique pour l'intérêt des autres ; de là vient le soudain assoupissement et cette mort que nous causons à tous ceux à qui nous contons nos affaires ; de là vient leur prompte résurrection lorsque dans notre narration nous y mêlons quelque chose qui les regarde ; de sorte que nous voyons dans nos conversations et dans nos traités que dans un même moment un homme perd connaissance et revient à soi, selon que son propre intérêt s'approche de lui ou qu'il s'en retire.

25

Si on avait ôté de ce que l'on appelle force le désir de conserver, et la crainte de perdre, il ne lui resterait pas grand-chose.

26

La familiarité est un relâchement presque de toutes les règles de la vie civile, que le libertinage a introduit dans la société pour nous faire parvenir à celle qu'on appelle commode. C'est un effet de l'amour-propre qui, voulant tout accommoder à notre faiblesse, nous soustrait à l'honnête sujétion que nous imposent les bonnes mœurs et, pour chercher trop les moyens de nous les rendre commodes, le[s] fait dégénérer en vices. Les femmes, ayant naturellement plus de mollesse que les hommes, tombent plutôt dans ce relâchement, et y perdent davantage : l'autorité du sexe ne se maintient pas, le respect qu'on lui doit diminue, et l'on peut dire que l'honnête y perd la plus grande partie de ses droits.

27

La raillerie est une gaieté agréable de l'esprit, qui enjoue la conversation, et qui lie la société si elle est obligeante, ou qui la trouble si elle ne l'est pas. Elle est plus pour celui qui la fait que pour celui qui la souffre. C'est toujours un combat de bel esprit, que produit la vanité ; d'où vient que ceux qui en manquent pour la soutenir, et ceux qu'un défaut reproché fait rougir, s'en offensent également, comme d'une défaite injurieuse qu'ils ne sauraient pardonner. C'est un poison qui tout pur éteint l'amitié et excite la haine, mais qui corrigé par l'agrément de l'esprit, et la flatterie de la louange, l'acquiert ou la conserve ; et il en faut user sobrement avec ses amis et avec les faibles.

28

Les passions ne sont que les divers goûts de l'amour-propre.

29

L'extrême ennui sert à nous désennuyer.

30

On loue et on blâme la plupart des choses parce que c'est la mode de les louer ou de les blâmer.

31

Nos actions paraissent moins par ce qu'elles sont que par le jour qu'il plaît à la fortune de leur donner.

32

On se venge quelquefois mieux de ses ennemis en leur faisant du bien qu'en leur faisant du mal.

33

Il n'est jamais plus difficile de bien parler que lorsqu'on ne parle que de peur de se taire.

34

Force gens veulent être dévots, mais personne ne veut être humble.

35

Le travail du corps délivre des peines de l'esprit, et c'est ce qui rend les pauvres heureux.

36

Les véritables mortifications sont celles qui ne sont point connues ; la vanité rend les autres faciles.

37

L'humilité est l'autel sur lequel Dieu veut qu'on lui offre des sacrifices.

38

Il faut peu de choses pour rendre le sage heureux ; rien ne peut rendre un fol content ; c'est pourquoi presque tous les hommes sont misérables.

39

Nous nous tourmentons moins pour devenir heureux que pour faire croire que nous le sommes.

40

Il est bien plus aisé d'éteindre un premier désir que de satisfaire tous ceux qui le suivent.

41

La sagesse est à l'âme ce que la santé est pour le corps.

42

Les grands de la terre ne pouvant donner la santé du corps ni le repos d'esprit, on achète toujours trop cher tous les biens qu'ils peuvent faire.

43

Avant que de désirer fortement une chose, il faut examiner quel est le bonheur de celui qui la possède.

44

Un véritable ami est le plus grand de tous les biens et celui de tous qu'on songe le moins à acquérir.

45

Les amants ne voient les défauts de leurs maîtresses que lorsque leur enchantement est fini.

46

La prudence et l'amour ne sont pas faits l'un pour l'autre : à mesure que l'amour croît, la prudence diminue.

47

Il est quelquefois agréable à un mari d'avoir une femme jalouse : il entend toujours parler de ce qu'il aime.

48

Qu'une femme est à plaindre, quand elle a tout ensemble de l'amour et de la vertu !

49

Le sage trouve mieux son compte à ne point s'engager qu'à vaincre.

50

Il est plus nécessaire d'étudier les hommes que les livres.

51

Le bonheur ou le malheur vont d'ordinaire à ceux qui ont le plus de l'un ou de l'autre.

52

On ne se blâme que pour être loué.

53

Il n'est rien de plus naturel ni de plus trompeur que de croire qu'on est aimé.

54

Nous aimons mieux voir ceux à qui nous faisons du bien que ceux qui nous en font.

55

Il est plus difficile de dissimuler les sentiments que l'on a que de feindre ceux que l'on n'a pas.

56

Les amitiés renouées demandent plus de soins que celles qui n'ont jamais été rompues.

57

Un homme à qui personne ne plaît est bien plus malheureux que celui qui ne plaît à personne.

54

Nous aimons mieux voir ceux à qui nous faisons du bien que ceux qui nous en font.

55

Il est plus difficile de dissimuler les sentiments que l'on a que de feindre ceux que l'on n'a pas.

56

Les amitiés renouées demandent plus de soins que celles qui n'ont jamais été rompues.

57

Un homme à qui personne ne plaît est bien plus malheureux que celui qui ne plaît à personne.

Réflexions diverses

INTRODUCTION
par André-Alain Morello

Ces réflexions n'ont pas été publiées par La Rochefoucauld ; il s'agit d'une œuvre posthume, publiée partiellement au XVIIIe siècle, qui regroupe dix-neuf réflexions et quatre portraits. Dans ces *Réflexions diverses,* J. Truchet distingue quatre catégories de textes :
 1. des textes dont l'inspiration est très proche de celle des *Maximes,*
 2. des développements concernant l'élaboration d'un art de vivre,
 3. des morceaux de bravoure (comme, par exemple, « De l'amour et de la mer »),
 4. des considérations historiques (comme « Des événements de ce siècle »).

Au reste, la composition de ces textes est, selon J. Truchet, contemporaine de celle des *Maximes,* et s'étalerait ainsi sur une vingtaine d'années (voir J. Truchet, Introduction aux *Maximes,* Garnier, 1967, p. XXVIII-XXXII). J. Lafond, de son côté, est plutôt partisan d'une datation tardive des *Réflexions,* qui expliquerait « pourquoi nous ne retrouvons aucune allusion à ce texte dans la correspondance de l'auteur [...] et pourquoi *La Fausseté des vertus humaines* de J. Esprit ne semble faire aucun emprunt aux *Réflexions,* alors qu'on y retrouve un grand nombre des sentences mises au point avant 1665 : les rapports entre La Rochefoucauld et J. Esprit se sont forts distendus après la première édition » (J. Lafond, *La Rochefoucauld. Augustinisme et littérature,* Klincksieck, 1977, p. 256). Les *Réflexions diverses* ne sauraient donc être une sorte d' « avant-texte » des *Maximes ;* il s'agit plutôt d'une œuvre indépendante. Si nous nous intéressons à la structure du texte, on pourra noter, avec Roland Barthes, que « les réflexions sont des fragments de discours, des textes dépourvus de structure et de spectacle ; à travers elles, c'est de nouveau un langage fluide, continu, c'est-à-dire tout le contraire de cet ordre verbal, fort archaïque, qui règle le dessin de la maxime » (R. Barthes, Préface aux *Maximes,* Club français du livre, 1961). Si les *Réflexions* sont en effet différentes des *Maximes* par leur structure, le sont-elles aussi par leur signification ? Et J. Lafond de rappeler qu'« on a vu dans les *Maximes* le versant critique et négatif de l'œuvre et dans les *Réflexions diverses* son versant positif. Versants qui, à lire certains critiques, apparaissent si opposés qu'on est en droit de se demander comment ils pourraient s'accorder. Comme en effet, sans contradiction, passer d'un "nihilisme" des valeurs à une théorie de l'honnêteté ? En fait, sur le fond d'une vue pessimiste de l'homme, qu'on retrouve dans les deux textes, s'organise une pensée très structurée qui commande pour l'essentiel aussi bien la psychologie que l'esthétique » (J. Lafond, *op. cit.*, p. 57).

RÉFLEXIONS DIVERSES

I. Du vrai

Le vrai, dans quelque sujet qu'il se trouve, ne peut être effacé par aucune comparaison d'un autre vrai, et quelque différence qui puisse être entre deux sujets, ce qui est vrai dans l'un n'efface point ce qui est vrai dans l'autre : ils peuvent avoir plus ou moins d'étendue et être plus ou moins éclatants, mais ils sont toujours égaux par leur vérité, qui n'est pas plus vérité dans le plus grand que dans le plus petit. L'art de la guerre est plus étendu, plus noble et plus brillant que celui de la poésie ; mais le poète et le conquérant sont comparables l'un à l'autre ; comme aussi, en tant qu'ils sont véritablement ce qu'ils sont, le législateur et le peintre, etc.

Deux sujets de même nature peuvent être différents, et même opposés, comme le sont Scipion et Annibal [1], Fabius Maximus et Marcellus [2] ; cependant, parce que leurs qualités sont vraies, elles subsistent en présence l'une de l'autre, et ne s'effacent point par la comparaison. Alexandre et César [3] donnent des royaumes ; la veuve donne une pite [4] : quelque différents que soient ces présents, la libéralité est vraie et égale en chacun d'eux, et chacun donne à proportion de ce qu'il est.

Un sujet peut avoir plusieurs vérités, et un autre sujet peut n'en avoir qu'une : le sujet qui a plusieurs vérités est d'un plus grand prix, et peut briller par des endroits où l'autre ne brille pas ; mais dans l'endroit où l'un et l'autre est vrai, ils brillent également. Épaminondas [5] était grand capitaine, bon citoyen, grand philosophe ; il était plus estimable que Virgile, parce qu'il avait plus de vérités que lui ; mais comme grand capitaine, Épaminondas n'était pas plus excellent que Virgile comme grand poète, parce que, par cet endroit, il n'était pas plus vrai que lui. La cruauté de cet enfant qu'un consul fit mourir pour avoir crevé les yeux d'une corneille [6] était moins importante que celle de Philippe second, qui fit mourir son fils [7], et elle était peut-être mêlée avec moins d'autres vices : mais le degré de cruauté exercée sur un simple animal ne laisse pas de tenir son rang sur la cruauté des princes les plus cruels, parce que leurs différents degrés de cruauté ont une vérité égale.

Quelque disproportion qu'il y ait entre deux maisons qui ont les beautés qui leur conviennent, elles ne s'effacent point l'une l'autre : ce qui fait que Chantilly n'efface point Liancourt [8], bien qu'il y ait infiniment plus de diverses beautés, et que Liancourt n'efface pas aussi Chantilly, c'est que Chantilly a les beautés qui conviennent à la grandeur de Monsieur le Prince, et que Liancourt a les beautés qui conviennent à un particulier, et qu'ils ont chacun de vraies beautés. On voit néanmoins des femmes d'une beauté éclatante, mais irrégulière, qui en effacent souvent de plus véritablement belles ; mais comme le goût, qui se prévient aisément, est le juge de la beauté, et que la beauté des plus belles personnes n'est pas toujours égale, s'il arrive que les moins belles effacent les autres, ce sera seulement durant quelques moments ; ce sera que la différence de la lumière et du jour fera plus ou moins discerner la vérité qui est dans les traits ou dans les couleurs, qu'elle fera paraître ce que la moins belle aura de beau, et empêchera de paraître ce qui est de vrai et de beau dans l'autre.

II. De la société

Mon dessein n'est pas de parler de l'amitié en parlant de la société ; bien qu'elles aient quelque rapport, elles sont néanmoins très différentes : la première a plus d'élévation et de dignité, et le plus grand mérite de l'autre, c'est de lui ressembler. Je ne parlerai donc présentement que du commerce particulier que les honnêtes gens doivent avoir ensemble.

Il serait inutile de dire combien la société est nécessaire aux hommes : tous la désirent et tous la cherchent, mais peu se servent des moyens de la rendre agréable et de la faire durer. Chacun veut trouver son plaisir et ses avantages aux dépens des autres ; on se préfère toujours à ceux avec qui on se propose de vivre, et on leur fait presque toujours sentir cette préférence ; c'est ce qui trouble et qui détruit la société. Il faudrait du moins savoir cacher ce désir de préférence, puisqu'il est trop naturel en nous pour nous en pouvoir défaire ; il faudrait faire son plaisir et celui des autres, ménager leur amour-propre, et ne le blesser jamais [1].

L'esprit a beaucoup de part à un si grand ouvrage, mais il ne suffit pas seul pour nous conduire dans les divers chemins qu'il faut tenir. Le rapport qui se rencontre entre les esprits ne maintiendrait pas longtemps la société, si elle n'était réglée et soutenue par le bon sens, par l'humeur, et par des égards qui doivent être entre les personnes qui veulent vivre ensemble. S'il arrive quelquefois que des gens opposés d'humeur et d'esprit paraissent unis, ils tiennent sans doute par des liaisons étrangères, qui ne durent pas longtemps. On peut être aussi en société avec des personnes sur qui nous avons de la supériorité par la naissance ou par des qualités personnelles ; mais ceux qui ont cet avantage n'en doivent pas abuser ; ils doivent rarement le faire sentir, et ne s'en servir que pour instruire les autres ; ils doivent les faire apercevoir qu'ils ont besoin d'être conduits, et les mener par raison, en s'accommodant autant qu'il est possible à leurs sentiments et à leurs intérêts.

Pour rendre la société commode, il faut que chacun conserve sa liberté : il faut se voir, ou ne se voir point, sans sujétion, se divertir ensemble, et même s'ennuyer ensemble ; il faut se pouvoir séparer, sans que cette séparation apporte de changement ; il faut se pouvoir passer les uns des autres, si on ne veut pas s'exposer à embarrasser quelquefois, et on doit se souvenir qu'on incommode souvent, quand on croit ne pouvoir jamais incommoder [2]. Il faut contribuer, autant qu'on le peut, au divertissement des personnes avec qui on veut vivre ; mais il ne faut pas être toujours chargé du soin d'y contribuer. La complaisance est nécessaire dans la société, mais elle doit avoir des bornes : elle devient une servitude quand elle est excessive ; il faut du moins qu'elle paraisse libre, et qu'en suivant le sentiment de nos amis, ils soient persuadés que c'est le nôtre aussi que nous suivons.

Il faut être facile à excuser nos amis, quand leurs défauts sont nés avec eux, et qu'ils sont moindres que leurs bonnes qualités ; il faut souvent éviter de leur faire voir qu'on les ait remarqués et qu'on en soit choqué, et on doit essayer de faire en sorte qu'ils puissent s'en apercevoir eux-mêmes, pour leur laisser le mérite de s'en corriger.

Il y a une sorte de politesse qui est nécessaire dans le commerce des honnêtes gens ; elle leur fait entendre raillerie, et elle les empêche d'être choqués et de choquer les autres par de certaines façons de parler trop sèches et trop dures, qui échappent souvent sans y penser, quand on soutient son opinion avec chaleur.

Le commerce des honnêtes gens ne peut subsister sans une certaine sorte de confiance ; elle doit être commune entre eux ; il faut que chacun ait un air de sûreté et de discrétion qui ne donne jamais lieu de craindre qu'on puisse rien dire par imprudence.

Il faut de la variété dans l'esprit : ceux qui n'ont que d'une sorte d'esprit ne peuvent plaire longtemps. On peut prendre des routes diverses, n'avoir pas les mêmes vues ni les mêmes talents, pourvu qu'on aide au plaisir de la société, et qu'on y observe la même justesse que les différentes voix et les divers instruments doivent observer dans la musique.

Comme il est malaisé que plusieurs personnes puissent avoir les mêmes intérêts, il est nécessaire au moins, pour la douceur de la société, qu'ils n'en aient pas de contraires. On doit aller au-devant de ce qui peut plaire à ses amis, chercher les moyens de leur être utile, leur épargner des chagrins, leur faire voir qu'on les partage avec eux quand on ne peut les détourner, les effacer insensiblement sans prétendre de les arracher tout d'un coup, et mettre en la place des objets agréables, ou du moins qui les occupent. On peut leur parler des choses qui les regardent, mais ce n'est qu'autant qu'ils le permettent, et on y doit garder beaucoup de mesure ; il y a de la politesse, et quelquefois même de l'humanité, à ne pas entrer trop avant dans les replis de leur cœur ; ils ont souvent de la peine à laisser voir tout ce qu'ils en connaissent, et ils en ont encore davantage quand on pénètre ce qu'ils ne connaissent pas. Bien que le commerce que les honnêtes gens ont ensemble leur donne de la familiarité, et leur fournisse un nombre infini de sujets de se parler sincèrement, personne presque n'a assez de docilité et de bon sens pour bien recevoir plusieurs avis qui sont nécessaires pour maintenir la société : on veut être averti jusqu'à un certain point, mais on ne veut pas l'être en toutes choses, et on craint de savoir toutes sortes de vérités.

Comme on doit garder des distances pour voir les objets, il en faut garder aussi pour la société : chacun a son point de vue, d'où il veut être regardé [3] ; on a raison, le plus souvent, de ne vouloir pas être éclairé de trop près, et il n'y a presque point d'homme qui veuille, en toutes choses, se laisser voir tel qu'il est.

III. De l'air et des manières

Il y a un air qui convient à la figure et aux talents de chaque personne ; on perd toujours quand on le quitte pour en prendre un autre. Il faut essayer de connaître celui qui nous est naturel, n'en point sortir, et le perfectionner autant qu'il nous est possible.

Ce qui fait que la plupart des petits enfants plaisent, c'est qu'ils sont encore renfermés dans cet air et dans ces manières que la nature leur a donnés, et qu'ils n'en connaissent point d'autres. Ils les changent et les corrompent quand ils sortent de l'enfance : ils croient qu'il faut imiter ce qu'ils voient faire aux autres, et ils ne le peuvent parfaitement imiter ; il y a toujours quelque chose de faux et d'incertain dans cette imitation [1]. Ils n'ont rien de fixe dans leurs manières ni dans leurs sentiments ; au lieu d'être en effet ce qu'ils veulent paraître, ils cherchent à paraître ce qu'ils ne sont pas. Chacun veut être un autre, et n'être plus ce qu'il est : ils cherchent une contenance hors d'eux-mêmes, et un autre esprit que le leur ; ils prennent des tons et des manières au hasard ; ils en font l'expérience sur eux, sans considérer que ce qui convient à quelques-uns ne convient pas à tout le monde, qu'il n'y a point de règle générale pour les tons et pour les manières, et qu'il n'y a point de bonnes copies. Deux hommes néanmoins peuvent avoir du rapport en plusieurs choses sans être copie l'un de l'autre, si chacun suit son naturel ; mais personne presque ne le suit entièrement. On aime à imiter ; on imite souvent, même sans s'en apercevoir [2], et on néglige ses propres biens pour des biens étrangers, qui d'ordinaire ne nous conviennent pas.

Je ne prétends pas, par ce que je dis, nous renfermer tellement en nous-mêmes que nous n'ayons pas la liberté de suivre des exemples, et de joindre à nous des qualités utiles ou nécessaires que la nature ne nous a pas données : les arts et les sciences conviennent à la plupart de ceux qui s'en rendent capables, la bonne grâce et la politesse conviennent à tout le monde ; mais ces qualités acquises doivent avoir un certain rapport et une certaine union avec nos propres qualités, qui les étendent et les augmentent imperceptiblement.

Nous sommes quelquefois élevés à un rang et à des dignités au-dessus de nous, nous sommes souvent engagés dans une profession nouvelle où la nature ne nous avait pas destinés ; tous ces états ont chacun un air qui leur convient, mais qui ne convient pas toujours avec notre air naturel ; ce changement de notre fortune change souvent notre air et nos manières, et y ajoute l'air de la dignité, qui est toujours faux quand il est trop marqué [3] et qu'il n'est pas joint et confondu avec l'air que la nature nous a donné : il faut les unir et les mêler ensemble et qu'ils ne paraissent jamais séparés.

On ne parle pas de toutes choses sur un même ton et avec les mêmes manières ; on ne marche pas à la tête d'un régiment comme on marche en se promenant. Mais il faut qu'un même air nous fasse dire naturellement des choses différentes, et qu'il nous fasse marcher différemment, mais toujours naturellement, et comme il convient de marcher à la tête d'un régiment et à une promenade.

Il y en a qui ne se contentent pas de renoncer à leur air propre et naturel, pour suivre celui du rang et des dignités où ils sont parvenus ; il y en a même qui prennent par avance l'air des dignités et du rang où ils aspirent. Combien de lieutenants généraux apprennent à paraître maréchaux de France ! Combien de gens de robe répètent inutilement l'air de chancelier, et combien de bourgeoises se donnent l'air de duchesses !

Ce qui fait qu'on déplaît souvent, c'est que personne ne sait accorder son air et ses manières avec sa figure, ni ses tons et ses paroles avec ses pensées et ses sentiments ; on trouble leur harmonie par quelque chose de faux et d'étranger ; on s'oublie soi-même, et on s'en éloigne insensiblement. Tout le monde presque tombe, par quelque endroit, dans ce défaut ; personne n'a l'oreille assez juste pour entendre parfaitement cette sorte de cadence. Mille gens déplaisent avec des qualités aimables, mille gens plaisent avec de moindres talents [4] : c'est que les uns veulent paraître ce qu'ils ne sont pas, les autres sont ce qu'ils paraissent ; et enfin, quelques avantages ou quelques désavantages que nous ayons reçus de la nature, on plaît à proportion de ce qu'on suit l'air, les tons, les manières et les sentiments qui conviennent à notre état et à notre figure, et on déplaît à proportion de ce qu'on s'en éloigne [5].

IV. De la conversation

Ce qui fait que si peu de personnes sont agréables dans la conversation, c'est que chacun songe plus à ce qu'il veut dire qu'à ce que les autres disent. Il faut écouter ceux qui parlent, si on en veut être écouté ; il faut leur laisser la liberté de se faire entendre, et même de dire des choses inutiles. Au lieu de les contredire [1] ou de les interrompre, comme on fait souvent, on doit, au contraire, entrer dans leur esprit et dans leur goût, montrer qu'on les entend, leur parler de ce qui les touche, louer ce qu'ils disent autant qu'il mérite d'être loué, et faire voir que c'est plus par choix qu'on le loue que par complaisance. Il faut éviter de contester sur des choses indifférentes, faire rarement des questions inutiles, ne laisser jamais croire qu'on prétend avoir plus de raison que les autres, et céder aisément l'avantage de décider [2].

On doit dire des choses naturelles, faciles et plus ou moins sérieuses, selon l'humeur et l'inclinaison des personnes que l'on entretient, ne les presser pas d'approuver ce qu'on dit, ni même d'y répondre. Quand on a satisfait de cette sorte aux devoirs de la politesse, on peut dire ses sentiments, sans prévention et sans opiniâtreté, en faisant paraître qu'on cherche à les appuyer de l'avis de ceux qui écoutent.

Il faut éviter de parler longtemps de soi-même, et de se donner souvent pour exemple. On ne saurait avoir trop d'application à connaître la pente et la portée de ceux à qui on parle, pour se joindre à l'esprit de celui qui en a le plus, et pour ajouter ses pensées aux siennes, en lui faisant croire, autant qu'il est possible, que c'est de lui qu'on les prend. Il y a de l'habileté à n'épuiser pas les sujets qu'on traite, et à laisser toujours aux autres quelque chose à penser et à dire.

On ne doit jamais parler avec des airs d'autorité, ni se servir de paroles et de termes plus grands que les choses. On peut conserver ses opinions, si elles sont raisonnables ; mais en les conservant, il ne faut jamais blesser les sentiments des autres, ni paraître choqué de ce qu'ils ont dit. Il est dangereux de vouloir être toujours le maître de la conversation, et de parler trop souvent d'une même chose ; on doit entrer indifféremment sur tous les sujets agréables qui se présentent, et ne faire jamais voir qu'on veut entraîner la conversation sur ce qu'on a envie de dire.

Il est nécessaire d'observer que toute sorte de conversation, quelque honnête et quelque spirituelle qu'elle soit, n'est pas également propre à toute sorte d'honnêtes gens : il faut choisir ce qui convient à chacun, et choisir même le temps de le dire ; mais s'il y a beaucoup d'art à parler, il n'y en a pas moins à se taire. Il y a un silence éloquent : il sert quelquefois à approuver et à condamner ; il y a un silence moqueur ; il y a un silence respectueux ; il y a des airs, des tours et des manières qui font souvent ce qu'il y a d'agréable ou de désagréable, de délicat ou de choquant dans la conversation. Le secret de s'en bien servir est donné à peu de personnes ; ceux mêmes qui en font des règles s'y méprennent quelquefois ; la plus sûre, à mon avis, c'est de n'en point avoir qu'on ne puisse changer, de laisser plutôt voir des négligences dans ce qu'on dit que de l'affectation, d'écouter, de ne parler guère, et de ne se forcer jamais à parler [3].

V. De la confiance

Bien que la sincérité et la confiance aient du rapport, elles sont néanmoins différentes en plusieurs choses : la sincérité est une ouverture de cœur [1], qui nous montre tels que nous sommes ; c'est un amour de la vérité, une répugnance à se déguiser, un désir de se dédommager de ses défauts, et de les diminuer même par le mérite de les avouer. La confiance ne nous laisse pas tant de liberté, ses règles sont plus étroites, elle demande plus de prudence et de retenue, et nous ne sommes pas toujours libres d'en disposer : il ne s'agit pas de nous uniquement, et nos intérêts sont mêlés d'ordinaire avec les intérêts des autres. Elle a besoin d'une grande justesse pour ne livrer pas nos amis en nous livrant nous-mêmes, et pour ne faire pas des présents de leur bien dans la vue d'augmenter le prix de ce que nous donnons.

La confiance plaît toujours à celui qui la reçoit : c'est un tribut que nous payons à son mérite ; c'est un dépôt que l'on commet à sa foi ; ce sont des gages qui lui donnent un droit sur nous, et une sorte de dépendance où nous nous assujettissons volontairement. Je ne prétends pas détruire par ce que je dis la confiance, si nécessaire entre les hommes puisqu'elle est le lien de la société et de l'amitié ; je prétends seulement y mettre des bornes, et la rendre honnête et fidèle. Je veux qu'elle soit toujours vraie et toujours prudente, et qu'elle n'ait ni faiblesse ni intérêt ; je sais bien qu'il est malaisé de donner de justes limites à la manière de recevoir toute sorte de confiance de nos amis, et de leur faire part de la nôtre.

On se confie le plus souvent par vanité, par envie de parler, par le désir de s'attirer la confiance des autres, et pour faire un échange de secrets. Il y a des personnes qui peuvent avoir raison de se fier en nous, vers qui nous n'aurions pas raison d'avoir la même conduite, et on s'acquitte envers ceux-ci en leur gardant le secret, et en les payant de légères confidences. Il y en a d'autres dont la fidélité nous est connue, qui ne ménagent rien avec nous, et à qui on peut se confier par choix et par estime. On doit ne leur rien cacher de ce qui ne regarde que nous, se montrer à eux toujours vrais dans nos bonnes qualités et dans nos défauts même, sans exagérer les unes et sans diminuer les autres, se faire une loi de ne leur faire jamais de demi-confidences ; elles embarrassent toujours ceux qui les font, et ne contentent presque jamais ceux qui les reçoivent : on leur donne des lumières confuses de ce qu'on veut cacher, on augmente leur curiosité, on les met en droit d'en vouloir savoir davantage, et ils se croient en liberté de disposer de ce qu'ils ont pénétré. Il est plus sûr et plus honnête de ne leur rien dire que de se taire quand on a commencé de parler.

Il y a d'autres règles à suivre pour les choses qui nous ont été confiées. Plus elles sont importantes, et plus la prudence et la fidélité y sont nécessaires. Tout le monde convient que le secret doit être inviolable, mais on ne convient pas toujours de la nature et de l'importance du secret ; nous ne consultons le plus souvent que nous-mêmes sur ce que nous devons dire et sur ce que nous devons taire ; il y a peu de secrets de tous les temps, et le scrupule de les révéler ne dure pas toujours.

On a des liaisons étroites avec des amis dont on connaît la fidélité ; ils nous ont toujours parlé sans réserve, et nous avons toujours gardé les mêmes mesures avec eux ; ils savent nos habitudes et nos commerces, et ils nous voient de trop près pour ne s'apercevoir pas du moindre changement ; ils peuvent savoir par ailleurs ce que nous sommes engagés de ne dire jamais à personne ; il n'a pas été en notre pouvoir de les faire entrer dans ce qu'on nous a confié ; ils ont peut-être même quelque intérêt de le savoir ; on est assuré d'eux comme de soi, et on se voit réduit à la cruelle nécessité de perdre leur amitié, qui nous est précieuse, ou de manquer à la foi du secret. Cet état est sans doute la plus rude épreuve de la fidélité ; mais il ne doit pas ébranler un honnête homme : c'est alors qu'il lui est permis de se préférer aux autres ; son premier devoir est de conserver indispensablement ce dépôt en son entier, sans en peser les suites ; il doit non seulement ménager ses paroles et ses tons, il doit encore ménager ses conjectures, et ne laisser jamais rien voir, dans ses discours ni dans son air, qui puisse tourner l'esprit des autres vers ce qu'il ne veut pas dire.

On a souvent besoin de force et de prudence pour opposer à la tyrannie de la plupart de nos amis, qui se font un droit sur notre confiance, et qui veulent tout savoir de nous. On ne doit jamais leur laisser établir ce droit sans exception : il y a des rencontres et des circonstances qui ne sont pas de leur juridiction ; s'ils s'en plaignent, on doit souffrir leurs plaintes, et s'en justifier avec douceur ; mais s'ils demeurent injustes, on doit sacrifier leur amitié à son devoir, et choisir entre deux maux inévitables, dont l'un se peut réparer, et l'autre est sans remède.

VI. De l'amour et de la mer

Ceux qui ont voulu nous représenter l'amour et ses caprices l'ont comparé en tant de sortes à la mer [1] qu'il est malaisé de rien ajouter à ce qu'ils en ont dit. Ils nous ont fait voir que l'un et l'autre ont une inconstance et une infidélité égales, que leur biens et leurs maux sont sans nombre, que les navigations les plus heureuses sont exposées à mille dangers, que les tempêtes et les écueils sont toujours à craindre, et que souvent même on fait naufrage dans le port. Mais en nous exprimant tant d'espérances et tant de craintes, ils ne nous ont pas assez montré, ce me semble, le rapport qu'il y a d'un amour usé, languissant et sur sa fin, à ces longues bonaces [2], à ces calmes ennuyeux, que l'on rencontre sous la ligne : on est fatigué d'un grand voyage, on souhaite de l'achever ; on voit la terre, mais on manque de vent pour y arriver ; on se voit exposé aux injures des saisons ; les maladies et les langueurs empêchent d'agir ; l'eau et les vivres manquent ou changent de goût ; on a recours inutilement aux secours étrangers ; on essaye de pêcher, et on prend quelques poissons, sans en tirer de soulagement ni de nourriture ; on est las de tout ce qu'on voit, on est toujours avec ses mêmes pensées, et on est toujours ennuyé ; on vit encore, et on a regret à vivre ; on attend des désirs pour sortir d'un état pénible et languissant, mais on n'en forme que de faibles et d'inutiles.

VII. Des exemples

Quelque différence qu'il y ait entre les bons et les mauvais exemples, on trouvera que les uns et les autres ont presque également produit de méchants effets [1]. Je ne sais même si les crimes de Tibère et de Néron ne nous éloignent pas plus du vice que les exemples estimables des plus grands hommes ne nous approchent de la vertu. Combien la valeur d'Alexandre a-t-elle fait de fanfarons ! Combien la gloire de César a-t-elle autorisé d'entreprises contre la patrie ! Combien Rome et Sparte ont-elles loué de vertus farouches ! Combien Diogène [2] a-t-il fait de philosophes importuns, Cicéron de babillards, Pomponius Atticus [3] de gens neutres et paresseux, Marius et Sylla de vindicatifs, Lucullus [4] de voluptueux, Alcibiade et Antoine de débauchés, Caton d'opiniâtres ! Tous ces grands originaux ont produit un nombre infini de mauvaises copies. Les vertus sont frontières des vices [5] ; les exemples sont des guides qui nous égarent souvent, et nous sommes si remplis de fausseté que nous ne nous en servons pas moins pour nous éloigner du chemin de la vertu que pour le suivre.

VIII. De l'incertitude de la jalousie

Plus on parle de sa jalousie, et plus les endroits qui ont déplu paraissent de différents côtés ; les moindres circonstances les changent, et font toujours découvrir quelque chose de nouveau. Ces nouveautés font revoir sous d'autres apparences ce qu'on croyait avoir assez vu et assez pesé ; on cherche à s'attacher à une opinion, et on ne s'attache à rien ; tout ce qui est de plus opposé et de plus effacé se présente en même temps ; on veut haïr et on veut aimer, mais on aime encore quand on hait, et on hait encore quand on aime ; on croit tout, et on doute de tout ; on a de la honte et du dépit d'avoir cru et d'avoir douté ; on se travaille incessamment pour arrêter son opinion, et on ne la conduit jamais à un lieu fixe.

Les poètes devraient comparer cette opinion à la peine de Sisyphe [1], puisqu'on roule aussi inutilement que lui un rocher, par un chemin pénible et périlleux : on voit le sommet de la montagne et on s'efforce d'y arriver, on l'espère quelquefois, mais on n'y arrive jamais. On n'est pas assez heureux pour oser croire ce qu'on souhaite, ni même assez heureux aussi pour être assuré de ce qu'on craint le plus [2]. On est assujetti à une incertitude éternelle, qui nous présente successivement des biens et des maux qui nous échappent toujours.

IX. De l'amour et de la vie

L'amour est une image de notre vie : l'un et l'autre sont sujets aux mêmes révolutions et aux mêmes changements [1]. Leur jeunesse est pleine de joie et d'espérance : on se trouve heureux d'être jeune, comme on se trouve heureux d'aimer. Cet état si agréable nous conduit à désirer d'autres biens, et on en veut de plus solides ; on ne se contente pas de subsister, on veut faire des progrès, on est occupé des moyens de s'avancer et d'assurer sa fortune ; on cherche la protection des ministres, on se rend utile à leurs intérêts ; on ne peut souffrir que quelqu'un prétende ce que nous prétendons. Cette émulation est traversée de mille soins et de mille peines, qui s'effacent par le plaisir de se voir établi : toutes les passions sont alors satisfaites, et on ne prévoit pas qu'on puisse cesser d'être heureux.

Cette félicité néanmoins est rarement de longue durée, et elle ne peut conserver longtemps la grâce de la nouveauté [2]. Pour avoir ce que nous avons souhaité, nous ne laissons pas de souhaiter encore. Nous nous accoutumons à tout ce qui est à nous ; les mêmes biens ne conservent pas leur même prix, et ils ne touchent pas toujours également notre goût ; nous changeons imperceptiblement, sans remarquer notre changement ; ce que nous avons obtenu devient une partie de nous-mêmes : nous serions cruellement touchés de le perdre, mais nous ne sommes plus sensibles au plaisir de le conserver ; la joie n'est plus vive, on en cherche ailleurs que dans ce qu'on a tant désiré. Cette inconstance involontaire est un effet du temps, qui prend malgré nous sur l'amour comme sur notre vie ; il en efface insensiblement chaque jour un certain air de jeunesse et de gaieté, et en détruit les plus véritables charmes ; on prend des manières plus sérieuses, on joint des affaires à la passion ; l'amour ne subsiste plus par lui-même, et il emprunte des secours étrangers. Cet état de l'amour représente le penchant de l'âge, où on commence à voir par où on doit finir ; mais on n'a pas la force de finir volontairement, et dans le déclin de l'amour comme dans le déclin de la vie personne ne se peut résoudre de prévenir les dégoûts qui restent à éprouver ; on vit encore pour les maux, mais on ne vit plus pour les plaisirs [3]. La jalousie, la méfiance, la crainte de lasser, la crainte d'être quitté, sont des peines attachées à la vieillesse de l'amour, comme les maladies sont attachées à la trop longue durée de la vie : on ne sent plus qu'on est vivant que parce qu'on sent qu'on est malade, et on ne sent aussi qu'on est amoureux que par sentir toutes les peines de l'amour. On ne sort de l'assoupissement des trop longs attachements que par le dépit et le chagrin de se voir toujours attaché ; enfin, de toutes les décrépitudes, celle de l'amour est la plus insupportable.

X. Des goûts

Il y a des personnes qui ont plus d'esprit que de goût, et d'autres qui ont plus de goût que d'esprit ; il y a plus de variété et de caprice dans le goût que dans l'esprit.

Ce terme de *goût* a diverses significations, et il est aisé de s'y méprendre. Il y a différence entre le goût qui nous porte vers les choses, et le goût qui nous en fait connaître et discerner les qualités, en s'attachant aux règles : on peut aimer la comédie sans avoir le goût assez fin et assez délicat pour en bien juger, et on peut avoir le goût assez bon pour bien juger de la comédie sans l'aimer. Il y a des goûts qui nous approchent imperceptiblement de ce qui se montre à nous ; d'autres nous entraînent par leur force ou par leur durée [1].

Il y a des gens qui ont le goût faux en tout ; d'autres ne l'ont faux qu'en de certaines choses, et ils l'ont droit et juste dans ce qui est de leur portée. D'autres ont des goûts particuliers, qu'ils connaissent mauvais, et ne laissent pas de les suivre. Il y en a qui ont le goût incertain ; le hasard en décide ; ils changent par légèreté, et sont touchés de plaisir ou d'ennui sur la parole de leurs amis. D'autres sont toujours prévenus ; ils sont esclaves de tous leurs goûts, et les respectent en toutes choses. Il y en a qui sont sensibles à ce qui est bon, et choqués de ce qui ne l'est pas ; leurs vues sont nettes et justes, et ils trouvent la raison de leur goût dans leur esprit et dans leur discernement.

Il y en a qui, par une sorte d'instinct dont ils ignorent la cause, décident de ce qui se présente à eux, et prennent toujours le bon parti. Ceux-ci font paraître plus de goût que d'esprit, parce que leur amour-propre et leur humeur ne prévalent point sur leurs lumières naturelles ; tout agit de concert en eux, tout y est sur un même ton. Cet accord les fait juger sainement des objets, et leur en forme une idée véritable ; mais, à parler généralement, il y a peu de gens qui aient le goût fixe et indépendant de celui des autres ; ils suivent l'exemple et la coutume, et ils en empruntent presque tout ce qu'ils ont de goût.

Dans toutes ces différences de goûts que l'on vient de marquer, il est très rare, et presque impossible, de rencontrer cette sorte de bon goût qui sait donner le prix à chaque chose, qui en connaît toute la valeur, et qui se porte généralement sur tout : nos connaissances sont trop bornées, et cette juste disposition des qualités qui font bien juger ne se maintient d'ordinaire que sur ce qui ne nous regarde pas directement. Quand il s'agit de nous, notre goût n'a plus cette justesse si nécessaire, la préoccupation le trouble, tout ce qui a du rapport à nous nous paraît sous une autre figure. Personne ne voit des mêmes yeux ce qui le touche et ce qui ne le touche pas ; notre goût est conduit alors par la pente de l'amour-propre et de l'humeur, qui nous fournissent des vues nouvelles, et nous assujettissent à un nombre infini de changements et d'incertitudes ; notre goût n'est plus à nous, nous n'en disposons plus, il change sans notre consentement, et les mêmes objets nous paraissent par tant de côtés différents que nous méconnaissons enfin ce que nous avons vu et ce que nous avons senti.

XI. Du rapport des hommes avec les animaux

Il y a autant de diverses espèces d'hommes qu'il y a de diverses espèces d'animaux, et les hommes sont, à l'égard des autres hommes, ce que les différentes espèces d'animaux sont entre elles et à l'égard les unes des autres [1]. Combien y a-t-il d'hommes qui vivent du sang et de la vie des innocents, les uns comme des tigres, toujours farouches et toujours cruels, d'autres comme des lions, en gardant quelque apparence de générosité, d'autres comme des ours, grossiers et avides, d'autres comme des loups, ravissants et impitoyables, d'autres comme des renards, qui vivent d'industrie, et dont le métier est de tromper !

Combien y a-t-il d'hommes qui ont du rapport aux chiens ! Ils détruisent leur espèce ; ils chassent pour le plaisir de celui qui les nourrit ; les uns suivent toujours leur maître, les autres gardent sa maison. Il y a des lévriers d'attache [2], qui vivent de leur valeur, qui se destinent à la guerre, et qui ont de la noblesse dans leur courage ; il y a des dogues acharnés, qui n'ont de qualités que la fureur ; il y a des chiens, plus ou moins inutiles, qui aboient souvent, et qui mordent quelquefois, et il y a même des chiens de jardinier [3]. Il y a des singes et des guenons qui plaisent par leurs manières, qui ont de l'esprit, et qui font toujours du mal. Il y a des paons qui n'ont que de la beauté, qui déplaisent par leur chant, et qui détruisent les lieux qu'ils habitent.

Il y a des oiseaux qui ne sont recommandables que par leur ramage ou par leurs couleurs. Combien de perroquets, qui parlent sans cesse, et qui n'entendent jamais ce qu'ils disent ; combien de pies et de corneilles, qui ne s'apprivoisent que pour dérober ; combien d'oiseaux de proie, qui ne vivent que de rapine ; combien d'espèces d'animaux paisibles et tranquilles, qui ne servent qu'à nourrir d'autres animaux !

Il y a des chats, toujours au guet, malicieux et infidèles, et qui font patte de velours ; il y a des vipères dont la langue est venimeuse, et dont le reste est utile [4] ; il y a des araignées, des mouches, des punaises et des puces, qui sont toujours incommodes et insupportables ; il y a des crapauds, qui font horreur, et qui n'ont que du venin ; il y a des hiboux, qui craignent la lumière. Combien d'animaux qui vivent sous terre pour se conserver ! Combien de chevaux, qu'on emploie à tant d'usages, et qu'on abandonne quand ils ne servent plus ; combien de bœufs, qui travaillent toute leur vie pour enrichir celui qui leur impose le joug ; de cigales, qui passent leur vie à chanter ; de lièvres, qui ont peur de tout ; de lapins, qui s'épouvantent et rassurent en un moment [5] ; de pourceaux, qui vivent dans la crapule et dans l'ordure ; de canards privés, qui trahissent leurs semblables, et les attirent dans les filets [6], de corbeaux et de vautours, qui ne vivent que de pourriture et de corps morts ! Combien d'oiseaux passagers, qui vont si souvent d'un bout du monde à l'autre, et qui s'exposent à tant de périls, pour chercher à vivre ! Combien d'hirondelles, qui suivent toujours le beau temps ; de hannetons, inconsidérés et sans dessein ; de papillons, qui cherchent le feu qui les brûle ! Combien d'abeilles, qui respectent leur chef, et qui se maintiennent avec tant de règle et d'industrie ! Combien de frelons, vagabonds et fainéants, qui cherchent à s'établir aux dépens des abeilles ! Combien de fourmis, dont la prévoyance et l'économie soulagent tous leurs besoins ! Combien de crocodiles, qui feignent de se plaindre pour dévorer ceux qui sont touchés de leur plainte [7] ! Et combien d'animaux qui sont assujettis parce qu'ils ignorent leur force !

Toutes ces qualités se trouvent dans l'homme, et il exerce, à l'égard des autres hommes, tout ce que les animaux dont on vient de parler exercent entre eux.

XII. De l'origine des maladies

Si on examine la nature des maladies, on trouvera qu'elles tirent leur origine des passions et des peines de l'esprit. L'âge d'or, qui en était exempt, était exempt de maladies [1]. L'âge d'argent, qui le suivit, conserva encore sa pureté. L'âge d'airain donna la naissance aux passions et aux peines de l'esprit ; elles commencèrent à se former, et elles avaient encore la faiblesse de l'enfance et sa légèreté. Mais elles parurent avec toute leur force et toute leur malignité dans l'âge de fer, et répandirent dans le monde, par la suite de leur corruption, les diverses maladies qui ont affligé les hommes depuis tant de siècles. L'ambition a produit les fièvres aiguës et frénétiques ; l'envie a produit la jaunisse et l'insomnie ; c'est de la paresse que viennent les léthargies, les paralysies et les langueurs ; la colère a fait les étouffements, les ébullitions de sang, et les inflammations de poitrine ; la peur a fait les battements de cœur et les syncopes ; la vanité a fait les folies ; l'avarice, la teigne [2] et la gale ; la tristesse a fait le scorbut ; la cruauté, la pierre ; la calomnie et les faux rapports ont répandu la rougeole, la petite vérole, et le pourpre [3], et on doit à la jalousie la gangrène, la peste, et la rage. Les disgrâces imprévues ont fait l'apoplexie ; les procès ont fait la migraine et le transport au cerveau ; les dettes ont fait les fièvres étiques [4] ; l'ennui du mariage a produit la fièvre quarte, et la lassitude des amants qui n'osent se quitter a causé les vapeurs. L'amour, lui seul, a fait plus de maux que tout le reste ensemble, et personne ne doit entreprendre de les exprimer ; mais comme il fait aussi les plus grands biens de la vie, au lieu de médire de lui, on doit se taire ; on doit le craindre et le respecter toujours.

XIII. Du faux

On est faux en différentes manières. Il y a des hommes faux qui veulent toujours paraître ce qu'ils ne sont pas. Il y en a d'autres, de meilleure foi, qui sont nés faux, qui se trompent eux-mêmes, et qui ne voient jamais les choses comme elles sont. Il y en a dont l'esprit est droit, et le goût faux. D'autres ont l'esprit faux, et ont quelque droiture dans le goût. Et il y en a qui n'ont rien de faux dans le goût, ni dans l'esprit. Ceux-ci sont très rares, puisque, à parler généralement, il n'y a presque personne qui n'ait de la fausseté dans quelque endroit de l'esprit ou du goût.

Ce qui fait cette fausseté si universelle, c'est que nos qualités sont incertaines et confuses, et que nos vues le sont aussi ; on ne voit point les choses précisément comme elles sont, on les estime plus ou moins qu'elles ne valent, et on ne les fait point rapporter à nous en la manière qui leur convient, et qui convient à notre état et à nos qualités. Ce mécompte met un nombre infini de faussetés dans le goût et dans l'esprit : notre amour-propre est flatté de tout ce qui se présente à nous sous les apparences du bien ; mais comme il y a plusieurs sortes de biens qui touchent notre vanité ou notre tempérament, on les suit souvent par coutume, ou par commodité ; on les suit parce que les autres les suivent, sans considérer qu'un même sentiment ne doit pas être également embrassé par toute sorte de personnes, et qu'on s'y doit attacher plus ou moins fortement selon qu'il convient plus ou moins à ceux qui le suivent.

On craint encore plus de se montrer faux par le goût que par l'esprit. Les honnêtes gens doivent approuver sans prévention ce qui mérite d'être approuvé, suivre ce qui mérite d'être suivi, et ne se piquer de rien [1]. Mais il y faut une grande proportion et une grande justesse ; il faut savoir discerner ce qui est bon en général, et ce qui nous est propre, et suivre alors avec raison la pente naturelle qui nous porte vers les choses qui nous plaisent. Si les hommes ne voulaient exceller que par leurs propres talents et en suivant leurs devoirs, il n'y aurait rien de faux dans leur goût et dans leur conduite ; ils se montreraient tels qu'ils sont ; ils jugeraient des choses par leurs lumières, et s'y attacheraient par raison ; il y aurait de la proportion dans leurs vues et dans leurs sentiments ; leur goût serait vrai, il viendrait d'eux et non pas des autres, et ils le suivraient par choix, et non pas par coutume ou par hasard.

Si on est faux en approuvant ce qui ne doit pas être approuvé, on ne l'est pas moins, le plus souvent, par l'envie de se faire valoir par des qualités qui sont bonnes de soi, mais qui ne nous conviennent pas : un magistrat est faux quand il se pique d'être brave, bien qu'il puisse être hardi dans de certaines rencontres ; il doit paraître ferme et assuré dans une sédition qu'il a droit d'apaiser, sans craindre d'être faux, et il serait faux et ridicule de se battre en duel. Une femme peut aimer les sciences [2], mais toutes les sciences ne lui conviennent pas toujours, et l'entêtement de certaines sciences ne lui convient jamais, et est toujours faux.

Il faut que la raison et le bon sens mettent le prix aux choses [3], et qu'elles déterminent notre goût à leur donner le rang qu'elles méritent et qu'il nous convient de leur donner ; mais presque tous les hommes se trompent dans ce prix et dans ce rang, et il y a toujours de la fausseté dans ce mécompte.

Les plus grands rois sont ceux qui s'y méprennent le plus souvent [4] : ils veulent surpasser les autres hommes en valeur, en savoir, en galanterie, et dans mille autres qualités où tout le monde a droit de prétendre ; mais ce goût d'y surpasser les autres peut être faux en eux, quand il va trop loin. Leur émulation doit avoir un autre objet : ils doivent imiter Alexandre, qui ne voulut disputer du prix de la course que contre des rois [5], et se souvenir que ce n'est que des qualités particulières à la royauté qu'ils doivent disputer. Quelque vaillant que puisse être un roi, quelque savant et agréable qu'il puisse être, il trouvera un nombre infini de gens qui auront ces mêmes qualités aussi avantageusement que lui, et le désir de les surpasser paraîtra toujours faux, et souvent même il lui sera impossible d'y réussir ; mais s'il s'attache à ses devoirs véritables, s'il est magnanime, s'il est grand capitaine et grand politique, s'il est juste, clément et libéral, s'il soulage ses sujets, s'il aime la gloire et le repos de son État, il ne trouvera que des rois à vaincre dans une si noble carrière ; il n'y aura rien que de vrai et de grand dans un si juste dessein, le désir d'y surpasser les autres n'aura rien de faux. Cette émulation est digne d'un roi, et c'est la véritable gloire où il doit prétendre.

XIV. Des modèles de la nature et de la fortune

Il semble que la fortune, toute changeante et capricieuse qu'elle est, renonce à ses changements et à ses caprices pour agir de concert avec la nature, et que l'une et l'autre concourent de temps en temps à faire des hommes extraordinaires [1] et singuliers, pour servir de modèles à la postérité. Le soin de la nature est de fournir les qualités ; celui de la fortune est de les mettre en œuvre [2], et de les faire voir dans le jour et avec les proportions qui conviennent à leur dessein ; on dirait alors qu'elles imitent les règles des grands peintres, pour nous donner des tableaux parfaits de ce qu'elles veulent représenter. Elles choisissent un sujet, et s'attachent au plan qu'elles se sont proposé ; elles disposent de la naissance, de l'éducation, des qualités naturelles et acquises, des temps, des conjonctures, des amis, des ennemis ; elles font remarquer des vertus et des vices, des actions heureuses et malheureuses ; elles joignent même de petites circonstances aux plus grandes, et les savent placer avec tant d'art que les actions des hommes et leurs motifs nous paraissent toujours sous la figure et avec les couleurs qu'il plaît à la nature et à la fortune d'y donner.

Quel concours de qualités éclatantes n'ont-elles pas assemblé dans la personne d'Alexandre, pour le montrer au monde comme un modèle d'élévation d'âme et de grandeur de courage ! Si on examine sa naissance illustre, son éducation, sa jeunesse, sa beauté, sa complexion heureuse, l'étendue et la capacité de son esprit pour la guerre et pour les sciences, ses vertus, ses défauts même, le petit nombre de ses troupes, la puissance formidable de ses ennemis, la courte durée d'une si belle vie, sa mort et ses successeurs, ne verra-t-on pas l'industrie et l'application de la fortune et de la nature à renfermer dans un même sujet ce nombre infini de diverses circonstances ? Ne verra-t-on pas le soin particulier qu'elles ont pris d'arranger tant d'événements extraordinaires, et de les mettre chacun dans son jour, pour composer un modèle d'un jeune conquérant, plus grand encore par ses qualités personnelles que par l'étendue de ses conquêtes ?

Si on considère de quelle sorte la nature et la fortune nous montrent César, ne verra-t-on pas qu'elles ont suivi un autre plan, qu'elles n'ont renfermé dans sa personne tant de valeur, de clémence, de libéralité, tant de qualités militaires, tant de pénétration, tant de facilité d'esprit et de mœurs, tant d'éloquence, tant de grâces du corps, tant de supériorité de génie pour la paix et pour la guerre, ne verra-t-on pas, dis-je, qu'elles ne se sont assujetties si longtemps à arranger et à mettre en œuvre tant de talents extraordinaires, et qu'elles n'ont contraint César de s'en servir contre sa patrie, que pour nous laisser un modèle du plus grand homme du monde, et du plus célèbre usurpateur ? Elle le fait naître particulier dans une république maîtresse de l'univers, affermie et soutenue par les plus grands hommes qu'elle eût jamais produits ; la fortune choisit parmi eux ce qu'il y avait de plus illustre, de plus puissant et de plus redoutable pour les rendre ses ennemis ; elle le réconcilie pour un temps avec les plus considérables pour les faire servir à son élévation ; elle les éblouit et les aveugle ensuite, pour lui faire une guerre qui le conduit à la souveraine puissance. Combien d'obstacles ne lui a-t-elle pas fait surmonter ! De combien de périls sur terre et sur mer ne l'a-t-elle pas garanti, sans jamais avoir été blessé ! Avec quelle persévérance la fortune n'a-t-elle pas soutenu les desseins de César et détruit ceux de Pompée ! Par quelle industrie n'a-t-elle pas disposé ce peuple romain, si puissant, si fier et si jaloux de sa liberté à la soumettre à la puissance d'un seul homme ! Ne s'est-elle pas même servie des circonstances de la mort de César pour la rendre convenable à sa vie ? Tant d'avertissements des devins, tant de prodiges, tant d'avis de sa femme et de ses amis ne peuvent le garantir, et la fortune choisit le propre jour qu'il doit être couronné dans le Sénat pour le faire assassiner par ceux mêmes qu'il a sauvés, et par un homme qui lui doit la naissance [3].

Cet accord de la nature et de la fortune n'a jamais été plus marqué que dans la personne de Caton, et il semble qu'elles se soient efforcées l'une et l'autre de renfermer dans un seul homme non seulement les vertus de l'ancienne Rome, mais encore de l'opposer directement aux vertus de César, pour montrer qu'avec une pareille étendue d'esprit et de courage, le désir de gloire conduit l'un à être usurpateur et l'autre à servir de modèle d'un parfait citoyen ? Mon dessein n'est pas de faire ici le parallèle de ces deux grands hommes, après tout ce qui en est écrit ; je dirai seulement que, quelques grands et illustres qu'ils nous paraissent, la nature et la fortune n'auraient pu mettre toutes leurs qualités dans le jour qui convenait pour les faire éclater, si elles n'eussent opposé Caton à César. Il fallait les faire naître en même temps dans une même république, différents par leurs mœurs et par leurs talents, ennemis par les intérêts de la patrie et par des intérêts domestiques, l'un vaste dans ses desseins et sans bornes dans son ambition, l'autre austère, renfermé dans les lois de Rome et idolâtre de la liberté, tous deux célèbres par des vertus qui les montraient par de si différents côtés, et plus célèbres encore, si on l'ose dire, par l'opposition que la fortune et la nature ont pris soin de mettre entre eux. Quel arrangement, quelle suite, quelle économie de circonstances dans la vie de Caton, et dans sa mort ! La destinée même de la république a servi au tableau que la fortune nous a voulu donner de ce grand homme, et elle finit sa vie avec la liberté de son pays.

Si nous laissons les exemples des siècles passés pour venir aux exemples du siècle présent, on trouvera que la nature et la fortune ont conservé cette même union dont j'ai parlé, pour nous montrer de différents modèles en deux hommes consommés en l'art de commander. Nous verrons Monsieur le Prince [4] et M. de Turenne disputer de la gloire des armes, et mériter par un nombre infini d'actions éclatantes la réputation qu'ils ont acquise. Ils paraîtront avec une valeur et une expérience égales ; infatigables de corps et d'esprit, on les verra agir ensemble, agir séparément, et quelquefois opposés l'un à l'autre ; nous les verrons, heureux et malheureux dans diverses occasions de la guerre, devoir les bons succès à leur conduite et à leur courage, et se montrer même toujours plus grands par leurs disgrâces ; tous deux sauver l'État ; tous deux contribuer à le détruire, et se servir des mêmes talents par des voies différentes, M. de Turenne suivant ses desseins avec plus de règle et moins de vivacité, d'une valeur plus retenue et toujours proportionnée au besoin de la faire paraître, Monsieur le Prince inimitable en la manière de voir et d'exécuter les plus grandes choses, entraîné par la supériorité de son génie qui semble lui soumettre les événements et les faire servir à sa gloire. La faiblesse des armées qu'ils ont commandées dans les dernières campagnes, et la puissance des ennemis qui leur étaient opposés, ont donné de nouveaux sujets à l'un et à l'autre de montrer toute leur vertu et de réparer par leur mérite tout ce qui leur manquait pour soutenir la guerre. La mort même de M. de Turenne [5], si convenable à une si belle vie, accompagnée de tant de circonstances singulières et arrivée dans un moment si important, ne nous paraît-elle pas comme un effet de la crainte et de l'incertitude de la fortune, qui n'a osé décider de la destinée de la France et de l'Empire ? Cette même fortune, qui retire Monsieur le Prince du commandement des armées sous le prétexte de sa santé et dans un temps où il devait achever de si grandes choses, ne se joint-elle pas à la nature pour nous montrer présentement ce grand homme dans une vie privée, exerçant des vertus paisibles soutenu de sa propre gloire ? Et brille-t-il moins dans sa retraite qu'au milieu de ses victoires [6] ?

XV. Des coquettes et des vieillards

S'il est malaisé de rendre raison des goûts en général, il le doit être encore davantage de rendre raison du goût des femmes coquettes. On peut dire néanmoins que l'envie de plaire se répand généralement sur tout ce qui peut flatter leur vanité, et qu'elles ne trouvent rien d'indigne de leurs conquêtes. Mais le plus incompréhensible de tous leurs goûts est, à mon sens, celui qu'elles ont pour les vieillards qui ont été galants. Ce goût paraît trop bizarre, et il y en a trop d'exemples, pour ne chercher pas la cause d'un sentiment tout à la fois si commun et si contraire à l'opinion que l'on a des femmes. Je laisse aux philosophes à décider si c'est un soin charitable de la nature, qui veut consoler les vieillards dans leur misère, et qui leur fournit le secours des coquettes par la même prévoyance qui lui fait donner des ailes aux chenilles, dans le déclin de leur vie, pour les rendre papillons ; mais, sans pénétrer dans les secrets de la physique, on peut, ce me semble, chercher des causes plus sensibles de ce goût dépravé des coquettes envers les vieilles gens. Ce qui est plus apparent, c'est qu'elles aiment les prodiges, et qu'il n'y en a point qui doive plus toucher leur vanité que de ressusciter un mort. Elles ont plaisir de l'attacher à leur char, et d'en parer leur triomphe, sans que leur réputation en soit blessée ; au contraire, un vieillard est un ornement à la suite d'une coquette, et il est aussi nécessaire dans son train que les nains l'étaient autrefois dans *Amadis* [1]. Elles n'ont point d'esclaves si commodes et si utiles. Elles paraissent bonnes et solides en conservant un ami sans conséquence. Il publie leurs louanges, il gagne croyance vers les maris [2] et leur répond de la conduite de leurs femmes. S'il a du crédit, elles en retirent mille secours ; il entre dans tous les intérêts et dans tous les besoins de la maison. S'il sait les bruits qui courent des véritables galanteries, il n'a garde de les croire ; il les étouffe, et assure que le monde est médisant ; il juge par sa propre expérience des difficultés qu'il y a de toucher le cœur d'une si bonne femme ; plus on lui fait acheter des grâces et des faveurs et plus il est discret et fidèle ; son propre intérêt l'engage assez au silence ; il craint toujours d'être quitté, et il se trouve trop heureux d'être souffert. Il se persuade aisément qu'il est aimé, puisqu'on le choisit contre tant d'apparences ; il croit que c'est un privilège de son vieux mérite, et remercie l'amour de se souvenir de lui dans tous les temps.

Elle, de son côté, ne voudrait pas manquer à ce qu'elle lui a promis ; elle lui fait remarquer qu'il a toujours touché son inclination, et qu'elle n'aurait jamais aimé si elle ne l'avait jamais connu ; elle le prie surtout de n'être pas jaloux et de se fier en elle ; elle lui avoue qu'elle aime un peu le monde et le commerce des honnêtes gens, qu'elle a même intérêt d'en ménager plusieurs à la fois, pour ne laisser pas voir qu'elle le traite différemment des autres ; que si elle fait quelques railleries de lui avec ceux dont on s'est avisé de parler, c'est seulement pour avoir le plaisir de le nommer souvent, ou pour mieux cacher ses sentiments ; qu'après tout il est le maître de sa conduite, et que, pourvu qu'il en soit content et qu'il l'aime toujours, elle se met aisément en repos du reste. Quel vieillard ne se rassure pas par des raisons si convaincantes, qui l'ont souvent trompé quand il était jeune et aimable ? Mais, pour son malheur, il oublie trop aisément qu'il n'est plus ni l'un ni l'autre, et cette faiblesse est, de toutes, la plus ordinaire aux vieilles gens qui ont été aimés [3]. Je ne sais même si cette tromperie ne leur vaut pas mieux encore que de connaître la vérité : on les souffre du moins, on les amuse, ils sont détournés de la vue de leurs propres misères, et le ridicule où ils tombent est souvent un moindre mal pour eux que les ennuis et l'anéantissement d'une vie pénible et languissante.

XVI. De la différence des esprits

Bien que toutes les qualités de l'esprit se puissent rencontrer dans un grand esprit, il y en a néanmoins qui lui sont propres et particulières : ses lumières n'ont point de bornes, il agit toujours également et avec la même activité, il discerne les objets éloignés comme s'ils étaient présents, il comprend, il imagine les plus grandes choses, il voit et connaît les plus petites ; ses pensées sont relevées, étendues, justes et intelligibles ; rien n'échappe à sa pénétration, et elle lui fait toujours découvrir la vérité au travers des obscurités qui la cachent aux autres. Mais toutes ces grandes qualités ne peuvent souvent empêcher que l'esprit ne paraisse petit et faible, quand l'humeur s'en est rendue la maîtresse.

Un bel esprit pense toujours noblement ; il produit avec facilité des choses claires, agréables et naturelles ; il les fait voir dans leur plus beau jour, et il les pare de tous les ornements qui leur conviennent ; il entre dans le goût des autres, et retranche de ses pensées ce qui est inutile ou ce qui peut déplaire. Un esprit adroit, facile, insinuant, sait éviter et surmonter les difficultés ; il se plie aisément à ce qu'il veut ; il sait connaître et suivre l'esprit et l'humeur de ceux avec qui il traite ; et en ménageant leurs intérêts il avance et établit les siens. Un bon esprit voit toutes choses comme elles doivent être vues ; il leur donne le prix qu'elles méritent, il les sait tourner du côté qui lui est le plus avantageux, et il s'attache avec fermeté à ses pensées parce qu'il en connaît toute la force et toute la raison.

Il y a de la différence entre un esprit utile et un esprit d'affaires : on peut entendre les affaires sans s'appliquer à son intérêt particulier ; il y a des gens habiles dans tout ce qui ne les regarde pas et très malhabiles dans ce qui les regarde, et il y en a d'autres, au contraire, qui ont une habileté bornée à ce qui les touche et qui savent trouver leur avantage en toutes choses.

On peut avoir tout ensemble un air sérieux dans l'esprit et dire souvent des choses agréables et enjouées ; cette sorte d'esprit convient à toutes personnes, et à tous les âges de la vie. Les jeunes gens ont d'ordinaire l'esprit enjoué et moqueur, sans l'avoir sérieux, et c'est ce qui les rend souvent incommodes. Rien n'est plus malaisé à soutenir que le dessein d'être toujours plaisant, et les applaudissements qu'on reçoit quelquefois en divertissant les autres ne valent pas que l'on s'expose à la honte de les ennuyer souvent, quand ils sont de méchante humeur. La moquerie est une des plus agréables et des plus dangereuses qualités de l'esprit [1] : elle plaît toujours, quand elle est délicate ; mais on craint toujours aussi ceux qui s'en servent trop souvent. La moquerie peut néanmoins être permise, quand elle n'est mêlée d'aucune malignité et quand on y fait entrer les personnes mêmes dont on parle.

Il est malaisé d'avoir un esprit de raillerie sans affecter d'être plaisant, ou sans aimer à se moquer ; il faut une grande justesse pour railler longtemps sans tomber dans l'une ou l'autre de ces extrémités. La raillerie est un air de gaieté qui remplit l'imagination, et qui lui fait voir en ridicule les objets qui se présentent ; l'humeur y mêle plus ou moins de douceur ou d'âpreté ; il y a une manière de railler délicate et flatteuse qui touche seulement les défauts que les personnes dont on parle veulent bien avouer, qui sait déguiser les louanges qu'on leur donne sous des apparences de blâme, et qui découvre ce qu'elles ont d'aimable en feignant de le vouloir cacher.

Un esprit fin et un esprit de finesse sont très différents [2]. Le premier plaît toujours ; il est délié, il pense des choses délicates et voit les plus imperceptibles. Un esprit de finesse ne va jamais droit, il cherche des biais et des détours pour faire réussir ses desseins ; cette conduite est bientôt découverte, elle se fait toujours craindre et ne mène presque jamais aux grandes choses.

Il y a quelque différence entre un esprit de feu et un esprit brillant. Un esprit de feu va plus loin et avec plus de rapidité ; un esprit brillant a de la vivacité, de l'agrément et de la justesse.

La douceur de l'esprit, c'est un air facile et accommodant, qui plaît toujours quand il n'est point fade.

Un esprit de détail s'applique avec de l'ordre et de la règle à toutes les particularités des sujets qu'on lui présente. Cette application le renferme d'ordinaire à de petites choses ; elle n'est pas néanmoins toujours incompatible avec de grandes vues, et quand ces deux qualités se trouvent ensemble dans un même esprit, elles l'élèvent infiniment au-dessus des autres.

On a abusé du terme de bel esprit, et bien que tout ce qu'on vient de dire des différentes qualités de l'esprit puisse convenir à un bel esprit, néanmoins, comme ce titre a été donné à un nombre infini de mauvais poètes et d'auteurs ennuyeux, on s'en sert plus souvent pour tourner les gens en ridicule que pour les louer.

Bien qu'il y ait plusieurs épithètes pour l'esprit qui paraissent une même chose, le ton et la manière de les prononcer y mettent de la différence ; mais comme les tons et les manières ne se peuvent écrire, je n'entrerai point dans un détail qu'il serait impossible de bien expliquer. L'usage ordinaire le fait assez entendre, et en disant qu'un homme a de l'esprit, qu'il a bien de l'esprit, qu'il a beaucoup d'esprit, et qu'il a bon esprit, il n'y a que les tons et les manières qui puissent mettre de la différence entre ces expressions qui paraissent semblables sur le papier, et qui expriment néanmoins de très différentes sortes d'esprit.

On dit encore qu'un homme n'a que d'une sorte d'esprit, qu'il a de plusieurs sortes d'esprit, et qu'il a de toutes sortes d'esprit. On peut être sot avec beaucoup d'esprit, et on peut n'être pas sot avec peu d'esprit.

Avoir beaucoup d'esprit est un terme équivoque : il peut comprendre toutes les sortes d'esprit dont on vient de parler, mais il peut aussi n'en marquer aucune distinctement. On peut quelquefois faire paraître de l'esprit dans ce qu'on dit sans en avoir dans sa conduite, on peut avoir de l'esprit et l'avoir borné ; un esprit peut être propre à de certaines choses et ne l'être pas à d'autres ; on peut avoir beaucoup d'esprit et n'être propre à rien, et avec beaucoup d'esprit on est souvent fort incommode [3]. Il semble néanmoins que le plus grand mérite de cette sorte d'esprit est de plaire quelquefois dans la conversation.

Bien que les productions d'esprit soient infinies, on peut, ce me semble, les distinguer de cette sorte : il y a des choses si belles que tout le monde est capable d'en voir et d'en sentir la beauté, il y en a qui ont de la beauté et qui ennuient, il y en a qui sont belles, que tout le monde sent et admire bien que tous n'en sachent pas la raison, il y en a qui sont si fines et si délicates que peu de gens sont capables d'en remarquer toutes les beautés, il y en a d'autres qui ne sont pas parfaites, mais qui sont dites avec tant d'art et qui sont soutenues et conduites avec tant de raison et tant de grâce qu'elles méritent d'être admirées.

XVII. De l'inconstance

Je ne prétends pas justifier ici l'inconstance en général, et moins encore celle qui vient de la seule légèreté ; mais il n'est pas juste aussi de lui imputer tous les autres changements de l'amour. Il y a une première fleur d'agrément et de vivacité dans l'amour qui passe insensiblement, comme celle des fruits ; ce n'est la faute de personne, c'est seulement la faute du temps. Dans les commencements, la figure est aimable, les sentiments ont du rapport, on cherche de la douceur et du plaisir, on veut plaire parce qu'on nous plaît, et on cherche à faire voir qu'on sait donner un prix infini à ce qu'on aime ; mais dans la suite on ne sent plus ce qu'on croyait sentir toujours, le feu n'y est plus, le mérite de la nouveauté s'efface, la beauté, qui a tant de part à l'amour, ou diminue ou ne fait plus la même impression ; le nom d'amour se conserve, mais on ne se retrouve plus les mêmes personnes, ni les mêmes sentiments ; on suit encore ses engagements par honneur, par accoutumance [1] et pour n'être pas assez assuré de son propre changement.

Quelles personnes auraient commencé de s'aimer, si elles s'étaient vues d'abord comme on se voit dans la suite des années [2] ? Mais quelles personnes aussi se pourraient séparer, si elles se revoyaient comme on s'est vu la première fois ? L'orgueil, qui est presque toujours le maître de nos goûts, et qui ne se rassasie jamais, serait flatté sans cesse par quelque nouveau plaisir ; la constance perdrait son mérite : elle n'aurait plus de part à une si agréable liaison, les faveurs présentes auraient la même grâce que les premières faveurs et le souvenir n'y mettrait point de différence ; l'inconstance serait même inconnue, et on s'aimerait toujours avec le même plaisir parce qu'on aurait toujours les mêmes sujets de s'aimer. Les changements qui arrivent dans l'amitié ont à peu près des causes pareilles à ceux qui arrivent dans l'amour : leurs règles ont beaucoup de rapport. Si l'un a plus d'enjouement et de plaisir, l'autre doit être plus égale et plus sévère, elle ne pardonne rien ; mais le temps, qui change l'humeur et les intérêts, les détruit presque également tous deux. Les hommes sont trop faibles et trop changeants pour soutenir longtemps le poids de l'amitié. L'antiquité en a fourni des exemples ; mais dans le temps où nous vivons, on peut dire qu'il est encore moins impossible de trouver un véritable amour qu'une véritable amitié [3].

XVIII. De la retraite

Je m'engagerais à un trop long discours si je rapportais ici en particulier toutes les raisons naturelles qui portent les vieilles gens à se retirer du commerce du monde : le changement de leur humeur, de leur figure et l'affaiblissement des organes les conduisent insensiblement, comme la plupart des autres animaux, à s'éloigner de la fréquentation de leurs semblables. L'orgueil, qui est inséparable de l'amour-propre, leur tient alors lieu de raison : il ne peut plus être flatté de plusieurs choses qui flattent les autres, l'expérience leur a fait connaître le prix de ce que tous les hommes désirent dans la jeunesse et l'impossibilité d'en jouir plus longtemps ; les diverses voies qui paraissent ouvertes aux jeunes gens pour parvenir aux grandeurs, aux plaisirs, à la réputation et à tout ce qui élève les hommes leur sont fermées, ou par la fortune, ou par leur conduite, ou par l'envie et l'injustice des autres ; le chemin pour y rentrer est trop long et trop pénible quand on s'est une fois égaré ; les difficultés leur en paraissent insurmontables, et l'âge ne leur permet plus d'y prétendre. Ils deviennent insensibles à l'amitié, non seulement parce qu'ils n'en ont peut-être jamais trouvé de véritable, mais parce qu'ils ont vu mourir un grand nombre de leurs amis qui n'avaient pas encore eu le temps ni les occasions de manquer à l'amitié et ils se persuadent aisément qu'ils auraient été plus fidèles que ceux qui leur restent. Ils n'ont plus de part aux premiers biens qui ont d'abord rempli leur imagination ; ils n'ont même presque plus de part à la gloire : celle qu'ils ont acquise est déjà flétrie par le temps, et souvent les hommes en perdent plus en vieillissant qu'ils n'en acquièrent. Chaque jour leur ôte une portion d'eux-mêmes [1] ; ils n'ont plus assez de vie pour jouir de ce qu'ils ont, et bien moins encore pour arriver à ce qu'ils désirent ; ils ne voient plus devant eux que des chagrins, des maladies et de l'abaissement ; tout est vu [2], et rien ne peut avoir pour eux la grâce de la nouveauté [3]; le temps les éloigne imperceptiblement du point de vue d'où il leur convient de voir les objets, et d'où ils doivent être vus. Les plus heureux sont encore soufferts, les autres sont méprisés ; le seul bon parti qu'il leur reste, c'est de cacher au monde ce qu'ils ne lui ont peut-être que trop montré. Leur goût, détrompé des désirs inutiles, se tourne alors vers des objets muets et insensibles ; les bâtiments, l'agriculture, l'économie [4], l'étude, toutes ces choses sont soumises à leurs volontés ; ils s'en approchent ou s'en éloignent comme il leur plaît ; ils sont maîtres de leurs desseins et de leurs occupations ; tout ce qu'ils désirent est en leur pouvoir et, s'étant affranchis de la dépendance du monde, ils font tout dépendre d'eux. Les plus sages savent employer à leur salut le temps qu'il leur reste et, n'ayant qu'une si petite part à cette vie, ils se rendent dignes d'une meilleure. Les autres n'ont au moins qu'eux-mêmes pour témoins de leur misère ; leurs propres infirmités les amusent ; le moindre relâche leur tient lieu de bonheur ; la nature, défaillante et plus sage qu'eux, leur ôte souvent la peine de désirer ; enfin ils oublient le monde, qui est si disposé à les oublier ; leur vanité même est consolée par leur retraite, et avec beaucoup d'ennuis, d'incertitudes et de faiblesses, tantôt par piété, tantôt par raison, et le plus souvent par accoutumance [5], ils soutiennent le poids d'une vie insipide et languissante.

XIX. Des événements de ce siècle

L'histoire, qui nous apprend ce qui arrive dans le monde, nous montre également les grands événements et les médiocres ; cette confusion d'objets nous empêche souvent de discerner avec assez d'attention les choses extraordinaires qui sont renfermées dans le cours de chaque siècle. Celui où nous vivons en a produit, à mon sens, de plus singuliers que les précédents. J'ai voulu en écrire quelques-uns, pour les rendre plus remarquables aux personnes qui voudront y faire réflexion [1].

Marie de Médicis, reine de France, femme de Henri le Grand, fut mère du roi Louis XIII, de Gaston, fils de France, de la reine d'Espagne, de la duchesse de Savoie, et de la reine d'Angleterre ; elle fut régente en France, et gouverna le roi son fils, et son royaume, plusieurs années.

Elle éleva Armand de Richelieu à la dignité de cardinal ; elle le fit premier ministre, maître de l'État et de l'esprit du Roi. Elle avait peu de vertus et peu de défauts qui la dussent faire craindre, et néanmoins, après tant d'éclat et de grandeurs, cette princesse, veuve de Henri IV et mère de tant de rois, a été arrêtée prisonnière par le Roi son fils, et par la haine du cardinal de Richelieu qui lui devait sa fortune. Elle a été délaissée des autres rois ses enfants, qui n'ont osé même la recevoir dans leurs États, et elle est morte de misère, et presque de faim, à Cologne, après une persécution de dix années.

Ange de Joyeuse [2], duc et pair, maréchal de France et amiral, jeune, riche, galant et heureux, abandonna tant d'avantages pour se faire capucin. Après quelques années les besoins de l'État le rappelèrent au monde ; le Pape le dispensa de ses vœux, et lui ordonna d'accepter le commandement des armées du Roi contre les huguenots ; il demeura quatre ans dans cet emploi, et se laissa entraîner pendant ce temps aux mêmes passions qui l'avaient agité pendant sa jeunesse. La guerre étant finie, il renonça une seconde fois au monde, et reprit l'habit de capucin. Il vécut longtemps dans une vie sainte et religieuse ; mais la vanité, dont il avait triomphé dans le milieu des grandeurs, triompha de lui dans le cloître ; il fut élu gardien du couvent de Paris, et son élection étant contestée par quelques religieux, il s'exposa non seulement à aller à Rome dans un âge avancé, à pied et malgré les autres incommodités d'un si pénible voyage, mais la même opposition des religieux s'étant renouvelée à son retour, il partit une seconde fois pour retourner à Rome soutenir un intérêt si peu digne de lui, et il mourut en chemin de fatigue, de chagrin, et de vieillesse.

Trois hommes de qualité, Portugais, suivis de dix-sept de leurs amis, entreprirent la révolte de Portugal et des Indes [3] qui en dépendent, sans concert avec les peuples ni avec les étrangers, et sans intelligence dans les places. Ce petit nombre de conjurés se rendit maître du palais de Lisbonne, en chassa la douairière de Mantoue, régente pour le roi d'Espagne [4], et fit soulever tout le royaume ; il ne périt dans ce désordre que Vasconcellos, ministre d'Espagne, et deux de ses domestiques. Un si grand changement se fit en faveur du duc de Bragance, et sans sa participation : il fut déclaré roi contre sa propre volonté, et se trouva le seul homme de Portugal qui résistât à son élection ; il a possédé ensuite cette couronne pendant quatorze années [5], n'ayant ni élévation, ni mérite ; il est mort dans son lit, et a laissé son royaume paisible à ses enfants.

Le cardinal de Richelieu a été maître absolu du royaume de France pendant le règne d'un roi qui lui laissait le gouvernement de son État, lorsqu'il n'osait lui confier sa propre personne ; le Cardinal avait aussi les mêmes défiances du Roi, et il évitait d'aller chez lui, craignant d'exposer sa vie ou sa liberté ; le Roi néanmoins sacrifie Cinq-Mars, son favori, à la vengeance du Cardinal, et consent qu'il périsse sur un échafaud. Ensuite le Cardinal meurt dans son lit ; il dispose par son testament des charges et des dignités de l'État, et oblige le Roi, dans le plus fort de ses soupçons et de sa haine [6], à suivre aussi aveuglément ses volontés après sa mort qu'il avait fait pendant sa vie.

On doit sans doute trouver extraordinaire que Anne-Marie-Louise d'Orléans [7], petite-fille de France, la plus riche sujette de l'Europe, destinée pour les plus grands rois, avare, rude et orgueilleuse, ait pu former le dessein, à quarante-cinq ans, d'épouser Puyguilhem, cadet de la maison de Lauzun [8], assez mal fait de sa personne, d'un esprit médiocre, et qui n'a, pour toute bonne qualité, que d'être hardi et insinuant. Mais on doit être encore plus surpris que Mademoiselle ait pris cette chimérique résolution par un esprit de servitude et parce que Puyguilhem était bien auprès du Roi ; l'envie d'être femme d'un favori lui tint lieu de passion, elle oublia son âge et sa naissance, et, sans avoir d'amour, elle fit des avances à Puyguilhem qu'un amour véritable ferait à peine excuser dans une jeune personne et d'une moindre condition. Elle lui dit un jour qu'il n'y avait qu'un seul homme qu'elle pût choisir pour épouser. Il la pressa de lui apprendre son choix ; mais n'ayant pas la force de prononcer son nom, elle voulut l'écrire avec un diamant sur les vitres d'une fenêtre ; Puyguilhem jugea sans doute ce qu'elle allait faire, et espérant peut-être qu'elle lui donnerait cette déclaration par écrit, dont il pourrait faire quelque usage, il feignit une délicatesse de passion qui pût plaire à Mademoiselle, et il lui fit un scrupule d'écrire sur du verre un sentiment qui devait durer éternellement. Son dessein réussit comme il désirait, et Mademoiselle écrivit le soir dans du papier : « C'est vous. » Elle le cacheta elle-même ; mais, comme cette aventure se passait un jeudi et que minuit sonna avant que Mademoiselle pût donner son billet à Puyguilhem, elle ne voulut pas paraître moins scrupuleuse que lui, et craignant que le vendredi ne fût un jour malheureux, elle lui fit promettre d'attendre au samedi à ouvrir le billet qui lui devait apprendre cette grande nouvelle. L'excessive fortune que cette déclaration faisait envisager à Puyguilhem ne lui parut point au-dessus de son ambition. Il songea à profiter du caprice de Mademoiselle, et il eut la hardiesse d'en rendre compte au Roi. Personne n'ignore qu'avec de si grandes et éclatantes qualités nul prince au monde n'a jamais eu plus de hauteur, ni plus de fierté. Cependant, au lieu de perdre Puyguilhem d'avoir osé lui découvrir ses espérances, il lui permit non seulement de les conserver, mais il consentit que quatre officiers de la Couronne lui vinssent demander son approbation pour un mariage si surprenant, et sans que Monsieur ni Monsieur le Prince [9] en eussent entendu parler. Cette nouvelle se répandit dans le monde, et le remplit d'étonnement et d'indignation. Le Roi ne sentit pas alors ce qu'il venait de faire contre sa gloire et contre sa dignité. Il trouva seulement qu'il était de sa grandeur d'élever en un jour Puyguilhem au-dessus des plus grands du royaume et, malgré tant de disproportion, il le jugea digne d'être son cousin germain, le premier pair de France et maître de cinq cent mille livres de rente ; mais ce qui le flatta le plus encore, dans un si extraordinaire dessein, ce fut le plaisir secret de surprendre le monde, et de faire pour un homme qu'il aimait ce que personne n'avait encore imaginé. Il fut au pouvoir de Puyguilhem de profiter durant trois jours de tant de prodiges que la fortune avait faits en sa faveur, et d'épouser Mademoiselle ; mais, par un prodige plus grand encore, sa vanité ne put être satisfaite s'il ne l'épousait avec les mêmes cérémonies que s'il eût été de sa qualité : il voulut que le Roi et la Reine fussent témoins de ses noces, et qu'elles eussent tout l'éclat que leur présence y pouvait donner. Cette présomption sans exemple lui fit employer à de vains préparatifs, et à passer son contrat, tout le temps qui pouvait assurer son bonheur. Mme de Montespan, qui le haïssait, avait suivi néanmoins le penchant du Roi et ne s'était point opposé à ce mariage. Mais le bruit du monde la réveilla ; elle fit voir au Roi ce que lui seul ne voyait pas encore ; elle lui fit écouter la voix publique ; il connut l'étonnement des ambassadeurs, il reçut les plaintes et les remontrances respectueuses de Madame douairière [10] et de toute la maison royale. Tant de raisons firent longtemps balancer le Roi, et ce fut avec un[e] extrême peine qu'il déclara à Puyguilhem qu'il ne pouvait consentir ouvertement à son mariage. Il l'assura néanmoins que ce changement en apparence ne changerait rien en effet ; qu'il était forcé, malgré lui, de céder à l'opinion générale, et de lui défendre d'épouser Mademoiselle, mais qu'il ne prétendait pas que cette défense empêchât son bonheur. Il le pressa de se marier en secret, et il lui promit que la disgrâce qui devait suivre une telle faute ne durerait que huit jours. Quelque sentiment que ce discours pût donner à Puyguilhem, il dit au Roi qu'il renonçait avec joie à tout ce qui lui avait permis d'espérer, puisque sa gloire en pouvait être blessée, et qu'il n'y avait point de fortune qui le pût consoler d'être huit jours séparé de lui. Le Roi fut véritablement touché de cette soumission ; il n'oublia rien pour obliger Puyguilhem à profiter de la faiblesse de Mademoiselle, et Puyguilhem n'oublia rien aussi, de son côté, pour faire voir au Roi qu'il lui sacrifiait toutes choses. Le désintéressement seul ne fit pas prendre néanmoins cette conduite à Puyguilhem : il crut qu'elle l'assurait pour toujours de l'esprit du Roi, et que rien ne pourrait à l'avenir diminuer sa faveur. Son caprice et sa vanité le portèrent même si loin que ce mariage si grand et si disproportionné lui parut insupportable parce qu'il ne lui était plus permis de le faire avec tout le faste et tout l'éclat qu'il s'était proposé. Mais ce qui le détermina le plus puissamment à le rompre, ce fut l'aversion insurmontable qu'il avait pour la personne de Mademoiselle, et le dégoût d'être son mari. Il espéra même de tirer des avantages solides de l'emportement de Mademoiselle, et que, sans l'épouser, elle lui donnerait la souveraineté de Dombes et le duché de Montpensier. Ce fut dans cette vue qu'il refusa d'abord toutes grâces dont le Roi voulut le combler ; mais l'humeur avare et inégale de Mademoiselle, et les difficultés qui se rencontrèrent à assurer de si grands biens à Puyguilhem, rendirent ce dessein inutile, et l'obligèrent à recevoir les bienfaits du Roi. Il lui donna le gouvernement de Berry et cinq cent mille livres. Des avantages si considérables ne répondirent pas toutefois aux espérances que Puyguilhem avait formées. Son chagrin fournit bientôt à ses ennemis, et particulièrement à Mme de Montespan, tous les prétextes qu'ils souhaitaient pour le ruiner. Il connut son état et sa décadence et, au lieu de se ménager auprès du Roi avec de la douceur, de la patience et de l'habileté, rien ne fut plus capable de retenir son esprit âpre et fier. Il fit enfin des reproches au Roi ; il lui dit même des choses rudes et piquantes, jusqu'à casser son épée en sa présence en disant qu'il ne la tirerait plus pour son service ; il lui parla avec mépris de Mme de Montespan, et s'emporta contre elle avec tant de violence qu'elle douta de sa sûreté et n'en trouva plus qu'à le perdre. Il fut arrêté bientôt après, et on le mena à Pignerol, où il éprouva par une longue et dure prison la douleur d'avoir perdu les bonnes grâces du Roi, et d'avoir laissé échapper par une fausse vanité tant de grandeurs et tant d'avantages que la condescendance de son maître et la bassesse de Mademoiselle lui avaient présentés.

Alphonse, roi du Portugal [11], fils du duc de Bragance dont je viens de parler, s'est marié en France à la fille du duc de Nemours, jeune, sans biens et sans protection. Peu de temps après, cette princesse a formé le dessein de quitter le Roi son mari ; elle l'a fait arrêter dans Lisbonne, et les mêmes troupes, qui un jour auparavant le gardaient comme leur roi, l'ont gardé le lendemain comme prisonnier ; il a été confiné dans une île de ses propres États, et on lui a laissé la vie et le titre de roi. Le prince de Portugal, son frère, a épousé la Reine ; elle conserve sa dignité, et elle a revêtu le prince son mari de toute l'autorité du gouvernement, sans lui donner le nom de roi ; elle jouit tranquillement du succès d'une entreprise si extraordinaire, en paix avec les Espagnols, et sans guerre civile dans le royaume.

Un vendeur d'herbes, nommé Masaniel [12], fit soulever le menu peuple de Naples, et malgré la puissance des Espagnols il usurpa l'autorité royale ; il disposa souverainement de la vie, de la liberté et des biens de tout ce qui lui fut suspect ; il se rendit maître des douanes ; il dépouilla les partisans de tout leur argent et de leurs meubles, et fit brûler publiquement toutes ces richesses immenses dans le milieu de la ville, sans qu'un seul de cette foule confuse de révoltés voulût profiter d'un bien qu'on croyait mal acquis. Ce prodige ne dura que quinze jours, et finit par un autre prodige : ce même Masaniel, qui achevait de si grandes choses avec tant de bonheur, de gloire, et de conduite, perdit subitement l'esprit, et mourut frénétique en vingt-quatre heures.

La reine de Suède [13], en paix dans ses États et avec ses voisins, aimée de ses sujets, respectée des étrangers, jeune et sans dévotion, a quitté volontairement son royaume, et s'est réduite à une vie privée. Le roi de Pologne [14], de la même maison que la reine de Suède, s'est démis aussi de la royauté, par la seule lassitude d'être roi.

Un lieutenant d'infanterie sans nom et sans crédit [15] a commencé, à l'âge de quarante-cinq ans, de se faire connaître dans les désordres d'Angleterre. Il a dépossédé son roi légitime, bon, juste, doux, vaillant et libéral ; il lui a fait trancher la tête, par un arrêt de son Parlement ; il a changé la royauté en république ; il a été dix ans maître de l'Angleterre, plus craint de ses voisins et plus absolu dans son pays que tous les rois qui y ont régné. Il est mort paisible, et en pleine possession de toute la puissance du royaume.

Les Hollandais ont secoué le joug de la domination d'Espagne ; ils ont formé une puissante république, et ils ont soutenu cent ans la guerre contre leurs rois légitimes pour conserver leur liberté. Ils doivent tant de grandes choses à la conduite et à la valeur des princes d'Orange, dont ils ont néanmoins toujours redouté l'ambition et limité le pouvoir. Présentement cette république, si jalouse de sa puissance, accorde au prince d'Orange d'aujourd'hui, malgré son peu d'expérience et ses malheureux succès dans la guerre, ce qu'elle a refusé à ses pères : elle ne se contente pas de relever sa fortune abattue, elle le met en état de se faire souverain de Hollande, et elle a souffert qu'il ait fait déchirer par le peuple un homme qui maintenait seul la liberté publique [16].

Cette puissance d'Espagne, si étendue et si formidable à tous les rois du monde, trouve aujourd'hui son principal appui dans ses sujets rebelles, et se soutient par la protection des Hollandais.

Un empereur [17], jeune, faible, simple, gouverné par des ministres incapables, et pendant le plus grand abaissement de la maison d'Autriche, se trouve en un moment chef de tous les princes d'Allemagne, qui craignent son autorité et méprisent sa personne, et il est plus absolu que n'a jamais été Charles Quint.

Le roi d'Angleterre [18], faible, paresseux, et plongé dans les plaisirs, oubliant les intérêts de son royaume et ses exemples domestiques, s'est exposé avec fermeté depuis six ans à la fureur de ses peuples et à la haine de son Parlement pour conserver une liaison étroite avec le roi de France ; au lieu d'arrêter les conquêtes de ce prince dans les Pays-Bas, il y a même contribué en lui fournissant des troupes. Cet attachement l'a empêché d'être maître absolu d'Angleterre et d'en étendre les frontières en Flandre et en Hollande par des places et par des ports, qu'il a toujours refusés ; mais dans le temps qu'il reçoit des sommes considérables du Roi, et qu'il a le plus de besoin d'en être soutenu contre ses propres sujets, il renonce, sans prétexte, à tant d'engagements, et il se déclare contre la France, précisément quand il lui est utile et honnête d'y être attaché ; par une mauvaise politique précipitée, il perd, en un moment, le seul avantage qu'il pouvait retirer d'une mauvaise politique de six années, et ayant pu donner la paix comme médiateur, il est réduit à la demander comme suppliant, quand le Roi l'accorde à l'Espagne, à l'Allemagne et à la Hollande [19].

Les propositions qui avaient été faites au roi d'Angleterre de marier sa nièce, la princesse d'York, au prince d'Orange, ne lui étaient pas agréables ; le duc d'York en paraissait aussi éloigné que le Roi son frère, et le prince d'Orange même, rebuté par les difficultés de ce dessein, ne pensait plus à le faire réussir. Le roi d'Angleterre, étroitement lié au roi de France, consentait à ses conquêtes, lorsque les intérêts du grand trésorier d'Angleterre et la crainte d'être attaqué par le Parlement lui ont fait chercher sa sûreté particulière, en disposant le Roi son maître à s'unir avec le prince d'Orange par le mariage de la princesse d'York, et à faire déclarer l'Angleterre contre la France pour la protection des Pays-Bas. Ce changement du roi d'Angleterre a été si prompt et si secret que le duc d'York l'ignorait encore deux jours devant le mariage de sa fille, et personne ne se pouvait persuader que le roi d'Angleterre, qui avait hasardé dix ans sa vie et sa couronne pour demeurer attaché à la France, pût renoncer en un moment à tout ce qu'il en espérait pour suivre le sentiment de son ministre. Le prince d'Orange, de son côté, qui avait tant d'intérêt de se faire un chemin pour être un jour roi d'Angleterre, négligeait ce mariage qui le rendait héritier présomptif du royaume ; il bornait ses desseins à affermir son autorité en Hollande, malgré les mauvais succès de ses dernières campagnes, et il s'appliquait à se rendre aussi absolu dans les autres provinces de cet État qu'il le croyait être dans la Zélande ; mais il s'aperçut bientôt qu'il devait prendre d'autres mesures, et une aventure ridicule lui fit mieux connaître l'état où il était dans son pays qu'il ne le voyait par ses propres lumières. Un crieur public vendait des meubles à un encan où beaucoup de monde s'assembla ; il mit en vente un atlas, et voyant que personne ne l'enchérissait, il dit au peuple que ce livre était néanmoins plus rare qu'on ne pensait, et que les cartes en étaient si exactes que la rivière dont M. le prince d'Orange n'avait eu aucune connaissance lorsqu'il perdit la bataille de Cassel [20] y était fidèlement marquée. Cette raillerie, qui fut reçue avec un applaudissement universel, a été un des plus puissants motifs qui ont obligé le prince d'Orange à rechercher de nouveau l'alliance d'Angleterre, pour contenir la Hollande, et pour joindre tant de puissances contre nous. Il semble néanmoins que ceux qui ont désiré ce mariage, et ceux qui y ont été contraires, n'ont pas connu leurs intérêts : le grand trésorier d'Angleterre a voulu adoucir le Parlement et se garantir d'en être attaqué, en portant le Roi son maître à donner sa nièce au prince d'Orange, et à se déclarer contre la France ; le roi d'Angleterre a cru affermir son autorité dans son royaume par l'appui du prince d'Orange, et il a prétendu engager ses peuples à lui fournir de l'argent pour ses plaisirs, sous prétexte de faire la guerre au roi de France et de le contraindre à recevoir la paix ; le prince d'Orange a eu dessein de soumettre la Hollande par la protection d'Angleterre ; la France a appréhendé qu'un mariage si opposé à ses intérêts n'emportât la balance en joignant l'Angleterre à tous nos ennemis. L'événement a fait voir, en six semaines, la fausseté de tant de raisonnements : ce mariage met une défiance éternelle entre l'Angleterre et la Hollande, et toutes deux le regardent comme un dessein d'opprimer leur liberté ; le Parlement d'Angleterre attaque les ministres du Roi, pour attaquer ensuite sa propre personne ; les États de Hollande, lassés de la guerre et jaloux de leur liberté, se repentent d'avoir mis leur autorité entre les mains d'un jeune homme ambitieux, et héritier présomptif de la couronne d'Angleterre ; le roi de France, qui a d'abord regardé ce mariage comme une nouvelle ligue qui se formait contre lui, a su s'en servir pour diviser ses ennemis, et pour se mettre en état de prendre la Flandre, s'il n'avait préféré la gloire de faire la paix à la gloire de faire de nouvelles conquêtes [21].

Si le siècle présent n'a pas moins produit d'événements extraordinaires que les siècles passés, on conviendra sans doute qu'il a le malheureux avantage de les surpasser dans l'excès des crimes. La France même, qui les a toujours détestés, qui y est opposée par l'humeur de la nation, par la religion, et qui est soutenue par les exemples du prince qui règne, se trouve néanmoins aujourd'hui le théâtre où l'on voit paraître tout ce que l'histoire et la fable nous ont dit des crimes de l'antiquité. Les vices sont de tous les temps, les hommes sont nés avec de l'intérêt, de la cruauté et de la débauche ; mais si des personnes que tout le monde connaît avaient paru dans les premiers siècles, parlerait-on présentement des prostitutions d'Héliogabale, de la foi des Grecs [22] et des poisons et des parricides de Médée [23] ?

APPENDICE [1]

1. Portrait de Mme de Montespan [2]

Diane [3] de Rochechouart est fille du duc de Mortemart et femme du marquis de Montespan. Sa beauté est surprenante ; son esprit et sa conversation ont plus de charme que sa beauté. Elle fit dessein de plaire au Roi et de l'ôter à La Vallière dont il était amoureux. Il négligea longtemps cette conquête, et il en fit même des railleries. Deux ou trois années se passèrent sans qu'elle fît d'autres progrès que d'être dame du palais attachée particulièrement à la Reine, et dans une étroite familiarité avec le Roi et La Vallière. Elle ne se rebuta pas néanmoins, et se confiant à sa beauté, à son esprit, et aux offices de Mme de Montausier [4], dame d'honneur de la Reine, elle suivit son projet sans douter de l'événement. Elle ne s'y est pas trompée : ses charmes et le temps détachèrent le Roi de La Vallière, et elle se vit maîtresse déclarée. Le marquis de Montespan sentit son malheur avec toute la violence d'un homme jaloux. Il s'emporta contre sa femme ; il reprocha publiquement à Mme de Montausier qu'elle l'avait entraînée dans la honte où il était plongée. Sa douleur et son désespoir firent tant d'éclat qu'il fut contraint de sortir du royaume pour conserver sa liberté. Mme de Montespan eut alors toute la facilité qu'elle désirait, et son crédit n'eut plus de bornes. Elle eut un logement particulier dans toutes les maisons du Roi ; les conseils secrets se tenaient chez elle. La Reine céda à sa faveur comme tout le reste de la cour, et non seulement il ne lui fut plus permis d'ignorer un amour si public, mais elle fut obligée d'en voir toutes les suites sans oser se plaindre, et elle dut à Mme de Montespan les marques d'amitié et de douceur qu'elle recevait du roi. Mme de Montespan voulut encore que La Vallière fût témoin de son triomphe, qu'elle fût présente et auprès d'elle à tous les divertissements publics et particuliers ; elle la fit entrer dans le secret de la naissance de ses enfants dans les temps où elle cachait son état à ses propres domestiques. Elle se lassa enfin de la présence de La Vallière malgré ses soumissions et ses souffrances, et cette fille simple et crédule fut réduite à prendre l'habit de carmélite, moins par dévotion que par faiblesse, et on peut dire qu'elle ne quitta le monde que pour faire sa cour.

2. Portrait du cardinal de Retz [1]

Paul de Gondi, cardinal de Retz, a beaucoup d'élévation, d'étendue d'esprit, et plus d'ostentation que de vraie grandeur de courage. Il a une mémoire extraordinaire, plus de force que de politesse dans ses paroles, l'humeur facile, de la docilité et de la faiblesse à souffrir les plaintes et les reproches de ses amis, peu de piété, quelques apparences de religion. Il paraît ambitieux sans l'être ; la vanité, et ceux qui l'ont conduit, lui ont fait entreprendre de grandes choses presque toutes opposées à sa profession ; il a suscité les plus grands désordres de l'État sans avoir un dessein formé de s'en prévaloir, et bien loin de se déclarer ennemi du cardinal Mazarin pour occuper sa place, il n'a pensé qu'à lui paraître redoutable, et à se flatter de la fausse vanité de lui être opposé. Il a su profiter néanmoins avec habileté des malheurs publics pour se faire cardinal ; il a souffert la prison avec fermeté, et n'a dû sa liberté qu'à sa hardiesse [2]. La paresse l'a soutenu avec gloire, durant plusieurs années, dans l'obscurité d'une vie errante et cachée. Il a conservé l'archevêché de Paris contre la puissance du cardinal Mazarin ; mais après la mort de ce ministre il s'en est démis sans connaître ce qu'il faisait, et sans prendre cette conjoncture pour ménager les intérêts de ses amis et les siens propres. Il est entré dans divers conclaves [3], et sa conduite a toujours augmenté sa réputation. Sa pente naturelle est l'oisiveté ; il travaille néanmoins avec activité dans les affaires qui le pressent, et il se repose avec nonchalance quand elles sont finies. Il a une présence d'esprit, et il sait tellement tourner à son avantage les occasions que la fortune lui offre qu'il semble qu'il les ait prévues et désirées. Il aime à raconter ; il veut éblouir indifféremment tous ceux qui l'écoutent par des aventures extraordinaires, et souvent son imagination lui fournit plus que sa mémoire. Il est faux dans la plupart de ses qualités, et ce qui a le plus contribué à sa réputation, c'est de savoir donner un beau jour à ses défauts. Il est insensible à la haine et à l'amitié, quelque soin qu'il ait pris de paraître occupé de l'une ou de l'autre ; il est incapable d'envie ni d'avarice, soit par vertu ou par inapplication. Il a plus emprunté de ses amis qu'un particulier ne devait espérer de leur pouvoir rendre ; il a senti de la vanité à trouver tant de crédit, et à entreprendre de s'acquitter. Il n'a point de goût ni de délicatesse ; il s'amuse à tout et ne se plaît à rien ; il évite avec adresse de laisser pénétrer qu'il n'a qu'une légère connaissance de toutes choses. La retraite qu'il vient de faire [4] est la plus éclatante et la plus fausse action de sa vie ; c'est un sacrifice qu'il fait à son orgueil, sous prétexte de dévotion : il quitte la cour, où il ne peut s'attacher, et il s'éloigne du monde, qui s'éloigne de lui.

3. Remarques sur les commencements de la vie du cardinal de Richelieu [1]

Monsieur de Luçon [2], qui depuis a été cardinal de Richelieu, s'étant attaché entièrement aux intérêts du maréchal d'Ancre [3], lui conseilla de faire la guerre ; mais après lui avoir donné cette pensée et que la proposition en fut faite au Conseil, Monsieur de Luçon témoigna de la désapprouver et s'y opposa pour ce que M. de Nevers, qui croyait que la paix fût avantageuse pour ses desseins, lui avait fait offrir le prieuré de la Charité par le P. Joseph [4], pourvu qu'il la fît résoudre au Conseil. Ce changement d'opinion de Monsieur de Luçon surprit le maréchal d'Ancre, et l'obligea de lui dire avec quelque aigreur qu'il s'étonnait de le voir passer si promptement d'un sentiment à un autre tout contraire ; à quoi Monsieur de Luçon répondit ces propres paroles, que les nouvelles rencontres demandent de nouveaux conseils. Mais jugeant bien par là qu'il avait déplu au maréchal, il résolut de chercher les moyens de le perdre ; et un jour que Déageant l'était allé trouver pour lui faire signer quelques expéditions, il lui dit qu'il avait une affaire importante à communiquer à M. de Luynes [5], et qu'il souhaitait de l'entretenir. Le lendemain, M. de Luynes et lui se virent, où Monsieur de Luçon lui dit que le maréchal d'Ancre était résolu de le perdre, et que le seul moyen de se garantir d'être opprimé par un si puissant ennemi était de le prévenir. Ce discours surprit beaucoup M. de Luynes, qui avait déjà pris cette résolution, ne sachant si ce conseil, qui lui était donné par une créature du maréchal, n'était point un piège pour le surprendre et pour lui faire découvrir ses sentiments. Néanmoins Monsieur de Luçon lui fit paraître tant de zèle pour le service du Roi et un si grand attachement à la ruine du maréchal, qu'il disait être le plus grand ennemi de l'État, que M. de Luynes, persuadé de sa sincérité, fut sur le point de lui découvrir son dessein, et de lui communiquer le projet qu'il avait fait de tuer le maréchal ; mais s'étant retenu alors de lui en parler, il dit à Déageant la conversation qu'ils avaient eue ensemble et l'envie qu'il avait de lui faire part de son secret ; ce que Déageant désapprouva entièrement, et lui fit voir que ce serait donner un moyen infaillible à Monsieur de Luçon de se réconcilier à ses dépens avec le maréchal, et de se joindre plus étroitement que jamais avec lui, en lui découvrant une affaire de cette conséquence : de sorte que la chose s'exécuta, et le maréchal d'Ancre fut tué sans que Monsieur de Luçon en eût connaissance. Mais les conseils qu'il avait donnés à M. de Luynes, et l'animosité qu'il lui avait témoigné d'avoir contre le maréchal le conservèrent, et firent que le Roi lui commanda de continuer d'assister au Conseil, et d'exercer sa charge de secrétaire d'État comme il avait accoutumé : si bien qu'il demeura encore quelque temps à la cour, sans que la chute du maréchal qui l'avait avancé nuisît à sa fortune. Mais, comme il n'avait pas pris les mêmes précautions envers les vieux ministres qu'il avait fait auprès de M. de Luynes, M. de Villeroy et M. le président Jeannin, qui virent par quel biais il entrait dans les affaires, firent connaître à M. de Luynes qu'il ne devait pas attendre plus de fidélité de lui qu'il en avait témoigné pour le maréchal d'Ancre, et qu'il était nécessaire de l'éloigner comme une personne dangereuse et qui voulait s'établir par quelques voies que ce pût être : ce qui fit résoudre M. de Luynes à lui commander de se retirer à Avignon [6]. Cependant la Reine mère du Roi alla à Blois, et Monsieur de Luçon, qui ne pouvait souffrir de se voir privé de toutes ses espérances, essaya de renouer avec M. de Luynes et lui fit offrir que, s'il lui permettait de retourner auprès de la Reine, qu'il (*sic*) se servirait du pouvoir qu'il avait sur son esprit pour lui faire chasser tous ceux qui lui étaient désagréables et pour lui faire faire toutes les choses que M. de Luynes lui prescrirait. Cette proposition fut reçue, et Monsieur de Luçon, retournant, produisit l'affaire du Pont-de-Cé [7], en suite de quoi il fut fait cardinal, et commença d'établir les fondements de la grandeur où il est parvenu.

4. [Le comte d'Harcourt [1]]

Le soin que la fortune a pris d'élever et d'abattre le mérite des hommes est connu dans tous les temps, et il y a mille exemples du droit qu'elle s'est donné de mettre le prix à leurs qualités, comme les souverains mettent le prix à la monnaie, pour faire voir que sa marque leur donne le cours qu'il lui plaît. Si elle s'est servie des talents extraordinaires de Monsieur le Prince et de M. de Turenne pour les faire admirer — il paraît qu'elle a respecté leur vertu et que, tout injuste qu'elle est, elle n'a pu se dispenser de leur faire justice. Mais on peut dire qu'elle veut montrer toute l'étendue de son pouvoir lorsqu'elle choisit des sujets médiocres pour les égaler aux plus grands hommes. Ceux qui ont connu le comte d'Harcourt conviendront de ce que je dis, et ils le regarderont comme un chef-d'œuvre de la fortune, qui a voulu que la postérité le jugeât digne d'être comparé dans la gloire des armes aux plus célèbres capitaines. Ils lui verront exécuter heureusement les plus difficiles et les plus glorieuses entreprises. Les succès des îles Sainte-Marguerite [2], de Casal, le combat de la Route, le siège de Turin, les batailles gagnées en Catalogne, une si longue suite de victoires étonneront les siècles à venir. La gloire du comte d'Harcourt sera en balance avec celle de Monsieur le Prince et de M. de Turenne, malgré les distances que la nature a mises entre eux ; elle aura un même rang dans l'histoire, et on n'osera refuser à son mérite ce que l'on sait présentement qui n'est dû qu'à sa seule fortune.

PORTRAIT DE M. R. D. FAIT PAR LUI-MÊME [1]

Je suis d'une taille médiocre, libre et bien proportionnée. J'ai le teint brun mais assez uni, le front élevé et d'une raisonnable grandeur, les yeux noirs, petits et enfoncés, et les sourcils noirs et épais, mais bien tournés. Je serais fort empêché à dire de quelle sorte j'ai le nez fait, car il n'est ni camus ni aquilin, ni gros ni pointu, au moins à ce que je crois. Tout ce que je sais, c'est qu'il est plutôt grand que petit, et qu'il descend un peu trop en bas. J'ai la bouche grande, et les lèvres assez rouges d'ordinaire, et ni bien ni mal taillées. J'ai les dents blanches, et passablement bien rangées. On m'a dit autrefois que j'avais un peu trop de menton : je viens de me tâter et de me regarder dans le miroir pour savoir ce qui en est, et je ne sais pas trop bien qu'en juger. Pour le tour du visage, je l'ai ou carré ou en ovale ; lequel des deux, il me serait fort difficile de le dire. J'ai les cheveux noirs, naturellement frisés, et avec cela assez épais et assez longs pour pouvoir prétendre en belle tête. J'ai quelque chose de chagrin et de fier dans la mine ; cela fait croire à la plupart des gens que je suis méprisant, quoique je ne le sois point du tout. J'ai l'action fort aisée, et même un peu trop, et jusques à faire beaucoup de gestes en parlant. Voilà naïvement comme je pense que je suis fait au-dehors, et l'on trouvera, je crois, que ce que je pense de moi là-dessus n'est pas fort éloigné de ce qui en est. J'en userai avec la même fidélité dans ce qui me reste à faire de mon portrait ; car je me suis assez étudié pour me bien connaître, et je ne manque ni d'assurance pour dire librement ce que je puis avoir de bonnes qualités, ni de sincérité pour avouer franchement ce que j'ai de défauts. Premièrement, pour parler de mon humeur, je suis mélancolique, et je le suis à un point que depuis trois ou quatre ans à peine m'a-t-on vu rire trois ou quatre fois. J'aurais pourtant, ce me semble, une mélancolie assez supportable et assez douce, si je n'en avais point d'autre que celle qui me vient de mon tempérament ; mais il m'en vient tant d'ailleurs, et ce qui m'en vient me remplit de telle sorte l'imagination, et m'occupe si fort l'esprit, que la plupart du temps ou je rêve sans dire mot ou je n'ai presque point d'attache à ce que je dis. Je suis fort resserré avec ceux que je ne connais pas, et je ne suis pas même extrêmement ouvert avec la plupart de ceux que je connais. C'est un défaut, je le sais bien, et je ne négligerai rien pour m'en corriger ; mais comme un certain air sombre que j'ai dans le visage contribue à me faire paraître encore plus réservé que je ne le suis, et qu'il n'est pas en notre pouvoir de nous défaire d'un méchant air qui nous vient de la disposition naturelle des traits, je pense qu'après m'être corrigé au-dedans, il ne laissera pas de me demeurer toujours de mauvaises marques au-dehors. J'ai de l'esprit et je ne fais point difficulté de le dire ; car à quoi bon façonner là-dessus ? Tant biaiser et tant apporter d'adoucissement pour dire les avantages que l'on a, c'est, ce me semble, cacher un peu de vanité sous une modestie apparente et se servir d'une manière bien adroite pour faire croire de soi beaucoup plus de bien que l'on n'en dit. Pour moi, je suis content qu'on ne me croie ni plus beau que je me fais, ni de meilleure humeur que je me dépeins, ni plus spirituel et plus raisonnable que je dirai que je le suis. J'ai donc de l'esprit, encore une fois, mais un esprit que la mélancolie gâte ; car, encore que je possède assez bien ma langue, que j'aie la mémoire heureuse, et que je ne pense pas les choses fort confusément, j'ai pourtant une si forte application à mon chagrin que souvent j'exprime assez mal ce que je veux dire. La conversation des honnêtes gens est un des plaisirs qui me touchent le plus. J'aime qu'elle soit sérieuse et que la morale en fasse la plus grande partie. Cependant je sais la goûter aussi quand elle est enjouée, et si je n'y dis pas beaucoup de petites choses pour rire, ce n'est pas du moins que je ne connaisse bien ce que valent les bagatelles bien dites, et que je ne trouve fort divertissante cette manière de badiner où il y a certains esprits prompts et aisés qui réussissent si bien. J'écris bien en prose, je fais bien en vers, et si j'étais sensible à la gloire qui vient de ce côté-là, je pense qu'avec peu de travail je pourrais m'acquérir assez de réputation. J'aime la lecture en général ; celle où il se trouve quelque chose qui peut façonner l'esprit et fortifier l'âme est celle que j'aime le plus. Surtout, j'ai une extrême satisfaction à lire avec une personne d'esprit ; car de cette sorte on réfléchit à tous moments sur ce qu'on lit, et des réflexions que l'on fait il se forme une conversation la plus agréable du monde, et la plus utile. Je juge assez bien des ouvrages de vers et de prose que l'on me montre ; mais j'en dis peut-être mon sentiment avec un peu trop de liberté. Ce qu'il y a encore de mal en moi, c'est que j'ai quelquefois une délicatesse trop scrupuleuse, et une critique trop sévère. Je ne hais pas à entendre disputer, et souvent aussi je me mêle assez volontiers dans la dispute : mais je soutiens d'ordinaire mon opinion avec trop de chaleur et lorsqu'on défend un parti injuste contre moi, quelquefois, à force de me passionner pour celui de la raison, je deviens moi-même fort peu raisonnable. J'ai les sentiments vertueux, les inclinations belles, et une si forte envie d'être tout à fait honnête homme que mes amis ne me sauraient faire un plus grand plaisir que de m'avertir sincèrement de mes défauts. Ceux qui me connaissent un peu particulièrement et qui ont eu la bonté de me donner quelquefois des avis là-dessus savent que je les ai toujours reçus avec toute la joie imaginable, et toute la soumission d'esprit que l'on saurait désirer. J'ai toutes les passions assez douces et assez réglées : on ne m'a presque jamais vu en colère et je n'ai jamais eu de haine pour personne. Je ne suis pas pourtant incapable de me venger, si l'on m'avait offensé, et qu'il y allât de mon honneur à me ressentir de l'injure qu'on m'aurait faite. Au contraire je suis assuré que le devoir ferait si bien en moi l'office de la haine que je poursuivrais ma vengeance avec encore plus de vigueur qu'un autre. L'ambition ne me travaille point. Je ne crains guère de choses, et ne crains aucunement la mort. Je suis peu sensible à la pitié, et je voudrais ne l'y être point du tout. Cependant il n'est rien que je ne fisse pour le soulagement d'une personne affligée, et je crois effectivement que l'on doit tout faire, jusques à lui témoigner même beaucoup de compassion de son mal, car les misérables sont si sots que cela leur fait le plus grand bien du monde ; mais je tiens aussi qu'il faut se contenter d'en témoigner, et se garder soigneusement d'en avoir. C'est une passion qui n'est bonne à rien au-dedans d'une âme bien faite, qui ne sert qu'à affaiblir le cœur et qu'on doit laisser au peuple qui, n'exécutant jamais rien par raison, a besoin de passions pour le porter à faire les choses [2]. J'aime mes amis, et je les aime d'une façon que je ne balancerais pas un moment à sacrifier mes intérêts aux leurs ; j'ai de la condescendance pour eux, je souffre patiemment leurs mauvaises humeurs et j'en excuse facilement toutes choses ; seulement je ne leur fais pas beaucoup de caresses, et je n'ai pas non plus de grandes inquiétudes en leur absence. J'ai naturellement fort peu de curiosité pour la plus grande partie de tout ce qui en donne aux autres gens. Je suis fort secret, et j'ai moins de difficulté que personne à taire ce qu'on m'a dit en confidence. Je suis extrêmement régulier à ma parole ; je n'y manque jamais, de quelque conséquence que puisse être ce que j'ai promis et je m'en suis fait toute ma vie une loi indispensable. J'ai une civilité fort exacte parmi les femmes, et je ne crois pas avoir jamais rien dit devant elles qui leur ait pu faire de la peine. Quand elles ont l'esprit bien fait, j'aime mieux leur conversation que celle des hommes : on y trouve une certaine douceur qui ne se rencontre point parmi nous, et il me semble outre cela qu'elles s'expliquent avec plus de netteté et qu'elles donnent un tour plus agréable aux choses qu'elles disent. Pour galant, je l'ai été un peu autrefois ; présentement je ne le suis plus, quelque jeune que je sois. J'ai renoncé aux fleurettes et je m'étonne seulement de ce qu'il y a encore tant d'honnêtes gens qui s'occupent à en débiter. J'approuve extrêmement les belles passions : elles marquent la grandeur de l'âme, et quoique dans les inquiétudes qu'elles donnent il y ait quelque chose de contraire à la sévère sagesse, elles s'accommodent si bien d'ailleurs avec la plus austère vertu que je crois qu'on ne les saurait condamner avec justice. Moi qui connais tout ce qu'il y a de délicat et de fort dans les grands sentiments de l'amour, si jamais je viens à aimer, ce sera assurément de cette sorte ; mais, de la façon dont je suis, je ne crois pas que cette connaissance que j'ai me passe jamais de l'esprit au cœur.

DOCUMENTS AYANT FIGURÉ DANS LA PREMIÈRE ÉDITION

AVIS AU LECTEUR

Voici un portrait du cœur de l'homme que je donne au public, sous le nom de *Réflexions ou Maximes morales*. Il court fortune de ne plaire pas à tout le monde, parce qu'on trouvera peut-être qu'il ressemble trop, et qu'il ne flatte pas assez. Il y a apparence que l'intention du peintre n'a jamais été de faire paraître cet ouvrage, et qu'il serait encore renfermé dans son cabinet si une méchante copie qui en a couru, et qui a passé même depuis quelque temps en Hollande, n'avait obligé un de ses amis de m'en donner une autre, qu'il dit être tout à fait conforme à l'original ; mais toute correcte qu'elle est, possible n'évitera-t-elle pas la censure de certaines personnes qui ne peuvent souffrir que l'on se mêle de pénétrer dans le fond de leur cœur, et qui croient être en droit d'empêcher que les autres les connaissent, parce qu'elles ne veulent pas se connaître elles-mêmes. Il est vrai que, comme ces *Maximes* sont remplies de ces sortes de vérités dont l'orgueil humain ne se peut accommoder, il est presque impossible qu'il ne se soulève contre elles, et qu'elles ne s'attirent des censeurs. Aussi est-ce pour eux que je mets ici une *Lettre* que l'on m'a donnée, qui a été faite depuis que le manuscrit a paru, et dans le temps que chacun se mêlait d'en dire son avis. Elle m'a semblé assez propre pour répondre aux principales difficultés que l'on peut opposer aux *Réflexions,* et pour expliquer les sentiments de leur auteur. Elle suffit pour faire voir que ce qu'elles contiennent n'est autre chose que l'abrégé d'une morale conforme aux pensées de plusieurs Pères de l'Église, et que celui qui les a écrites a eu beaucoup de raison de croire qu'il ne pouvait s'égarer en suivant de si bons guides, et qu'il lui était permis de parler de l'*homme* comme les Pères en ont parlé. Mais si le respect qui leur est dû n'est pas capable de retenir le chagrin des critiques, s'ils ne font point de scrupule de condamner l'opinion de ces grands hommes en condamnant ce livre, je prie le lecteur de ne les pas imiter, de ne laisser point entraîner son esprit au premier mouvement de son cœur, et de donner ordre, s'il est possible, que l'*amour-propre* ne se mêle point dans le jugement qu'il en fera ; car s'il le consulte, il ne faut pas s'attendre qu'il puisse être favorable à ces *Maximes* :

comme elles traitent l'*amour-propre* de corrupteur de la raison, il ne manquera pas de prévenir l'esprit contre elles. Il faut donc prendre garde que cette prévention ne les justifie, et se persuader qu'il n'y a rien de plus propre à établir la vérité de ces *Réflexions* que la chaleur et la subtilité que l'on témoignera pour les combattre. En effet il sera difficile de faire croire à tout homme de bon sens que l'on les condamne par d'autre motif que par celui de l'intérêt caché, de l'orgueil et de l'amour-propre. En un mot, le meilleur parti que le lecteur ait à prendre est de se mettre d'abord dans l'esprit qu'il n'y a aucune de ces maximes qui le regarde en particulier, et qu'il en est seul excepté, bien qu'elles paraissent générales ; après cela, je lui réponds qu'il sera le premier à y souscrire, et qu'il croira qu'elles font encore grâce au cœur humain. Voilà ce que j'avais à dire sur cet écrit en général. Pour ce qui est de la méthode que l'on y eût pu observer, je crois qu'il eût été à désirer que chaque *maxime* eût eu un titre du sujet qu'elle traite, et qu'elles eussent été mises dans un plus grand ordre ; mais je ne l'ai pu faire sans renverser entièrement celui de la copie qu'on m'a donnée ; et comme il y a plusieurs *maximes* sur une même matière, ceux à qui j'en ai demandé avis ont jugé qu'il était plus expédient de faire une table à laquelle on aura recours pour trouver celles qui traitent d'une même chose.

DISCOURS
SUR LES RÉFLEXIONS OU SENTENCES
ET MAXIMES MORALES [1]

Monsieur,
Je ne saurais vous dire au vrai si les Réflexions morales sont de M.***, quoiqu'elles soient écrites d'une manière qui semble approcher de la sienne ; mais en ces occasions-là je me défie presque toujours de l'opinion publique, et c'est assez qu'elle lui en ait fait un présent pour me donner une juste raison de n'en rien croire. Voilà de bonne foi tout ce que je vous puis répondre sur la première chose que vous me demandez. Et pour l'autre, si vous n'aviez bien du pouvoir sur moi, vous n'en auriez guère plus de contentement ; car un homme prévenu, au point que je le suis, d'estime pour cet ouvrage n'a pas toute la liberté qu'il faut pour en bien juger. Néanmoins, puisque vous me l'ordonnez, je vous en dirai mon avis, sans vouloir m'ériger autrement en faiseur de dissertations, et sans y mêler en aucune façon l'intérêt de celui que l'on croit avoir fait cet écrit. Il est aisé de voir d'abord qu'il n'était pas destiné pour paraître au jour, mais seulement pour la satisfaction d'une personne qui, à mon avis, n'aspire pas à la gloire d'être auteur ; et si par hasard c'était M.***, je puis vous dire que sa réputation est établie dans le monde par tant de meilleurs titres qu'il n'aurait pas moins de chagrin de savoir que ces *Réflexions* sont devenues publiques qu'il en eut lorsque les *Mémoires* qu'on lui attribue furent imprimés. Mais vous savez, Monsieur, l'empressement qu'il y a dans le siècle pour publier toutes les nouveautés,

et s'il y a moyen de l'empêcher quand on le voudrait, surtout celles qui courent sous des noms qui les rendent recommandables. Il n'y a rien de plus vrai, Monsieur : les noms font valoir les choses auprès de ceux qui n'en sauraient connaître le véritable prix ; celui des *Réflexions* est connu de peu de gens, quoique plusieurs se soient mêlés d'en dire leur avis. Pour moi, je ne me pique pas d'être assez délicat et assez habile pour en bien juger ; je dis habile et délicat, parce que je tiens qu'il faut être pour cela l'un et l'autre ; et quand je me pourrais flatter de l'être, je m'imagine que j'y trouverais peu de choses à changer. J'y rencontre partout de la force et de la pénétration, des pensées élevées et hardies, le tour de l'expression noble, et accompagné d'un certain air de qualité qui n'appartient pas à tous ceux qui se mêlent d'écrire. Je demeure d'accord qu'on n'y trouvera pas tout l'ordre ni tout l'art que l'on y pourrait souhaiter, et qu'un savant qui aurait un plus grand loisir y aurait pu mettre plus d'arrangement ; mais un homme qui n'écrit que pour soi, et pour délasser son esprit, qui écrit les choses à mesure qu'elles lui viennent dans la pensée, n'affecte pas tant de suivre les règles que celui qui écrit de profession, qui s'en fait une affaire, et qui songe à s'en faire honneur. Ce désordre néanmoins a ses grâces, et des gâces que l'art ne peut imiter. Je ne sais pas si vous êtes de mon goût, mais quand les savants m'en devraient vouloir du mal, je ne puis m'empêcher de dire que je préférerai toute ma vie la manière d'écrire négligée d'un courtisan qui a de l'esprit à la régularité gênée d'un docteur qui n'a jamais rien vu que ses livres. *Plus ce qu'il dit et ce qu'il écrit paraît aisé, et dans un certain air d'un homme qui se néglige, plus cette négligence, qui cache l'art sous une expression simple et naturelle, lui donne d'agrément.* C'est de Tacite que je tiens ceci [2], je vous mets à la marge le passage latin, que vous lirez si vous en avez envie ; et j'en userai de même de tous ceux dont je me souviendrai, n'étant pas assuré si vous aimez cette langue qui n'entre guère dans le commerce du grand monde, quoique je sache que vous l'entendez parfaitement. N'est-il pas vrai, Monsieur, que cette justesse recherchée avec trop d'étude a toujours un je ne sais quoi de contraint qui donne du dégoût, et qu'on ne trouve jamais dans les ouvrages de ces gens esclaves des règles ces beautés où l'art se déguise sous les apparences du naturel, ce don d'écrire facilement et noblement, enfin ce que le Tasse a dit du palais d'Armide :

> *Stimi (si misto il culto è col negletto),*
> *Sol naturali gli ornamenti e i siti.*
> *Di natura arte par, che per diletto*
> *L'imitatrice sua scherzando imiti* [3]

Voilà comme un poète français l'a pensé après lui :

> L'artifice n'a point de part
> Dans cette admirable structure ;
> La nature, en formant tous les traits au hasard,
> Sait si bien imiter la justesse de l'art
> Que l'œil, trompé d'une douce imposture,
> Croit que c'est l'art qui suit l'ordre de la nature.

Voilà ce que je pense de l'ouvrage en général ; mais je vois bien que ce n'est pas assez pour vous satisfaire, et que vous voulez que je réponde plus précisément aux difficultés que vous me dites que l'on vous a faites. Il me semble que la première est celle-ci : *que les Réflexions détruisent toutes les vertus.* On peut dire à cela que l'intention de celui qui les a écrites paraît fort éloignée de les vouloir détruire ; il prétend seulement faire voir qu'il n'y en a presque point de pures dans le monde, et que dans la plupart de nos actions il y a un mélange d'erreur et de vérité, de perfection et d'imperfection, de vice et de vertu ; il regarde le cœur de l'homme corrompu, attaqué de l'orgueil et de l'amour-propre, et environné de mauvais exemples comme le commandant d'une ville assiégée à qui l'argent a manqué : il fait de la monnaie de cuir, et de carton ; cette monnaie a la figure de la bonne, on la débite pour le même prix, mais ce n'est que la misère et le besoin qui lui donnent cours parmi les assiégés. De même la plupart des actions des hommes que le monde prend pour des vertus n'en ont bien souvent que l'image et la ressemblance. Elles ne laissent pas néanmoins d'avoir leur mérite et d'être dignes en quelque sorte de notre estime, étant très difficile d'en avoir humainement de meilleures. Mais quand il serait vrai qu'il croirait qu'il n'y en aurait aucune de véritable dans l'homme, en le considérant dans un état purement naturel, il ne serait pas le premier qui aurait eu cette opinion. Si je ne craignais pas de m'ériger trop en docteur, je vous citerais bien des auteurs, et même des Pères de l'Église, et de grands saints, qui ont pensé que l'amour-propre et l'orgueil étaient l'âme des plus belles actions des païens. Je vous ferais voir que quelques-uns d'entre eux n'ont pas même pardonné à la chasteté de Lucrèce, que tout le monde avait crue vertueuse jusqu'à ce qu'ils eussent découvert la fausseté de cette vertu, qui avait produit la liberté de Rome, et qui s'était attiré l'admiration de tant de siècles [4]. Pensez-vous, Monsieur, que Sénèque, qui faisait aller son sage de pair avec les dieux, fût véritablement sage lui-même, et qu'il fût bien persuadé de ce qu'il voulait persuader aux autres ? Son orgueil n'a pu l'empêcher de dire quelquefois qu'*on n'avait point vu dans le monde d'exemple de l'idée qu'il proposait, qu'il était impossible de trouver une vertu si achevée parmi les hommes, et que le plus parfait d'entre eux était celui qui avait le moins de défauts* [5]. Il demeure d'accord que *l'on peut reprocher à Socrate d'avoir eu quelques amitiés suspectes ; à Platon et Aristote, d'avoir été avares ; à Épicure, prodigue et voluptueux ;* mais il s'écrie en même temps que *nous serions trop heureux d'être parvenus à savoir imiter leurs vices* [6]. Ce philosophe aurait eu raison d'en dire autant des siens, car on ne serait pas trop malheureux de pouvoir jouir comme il a fait de toute sorte de biens, d'honneurs et de plaisirs, en affectant de les mépriser ; de se voir le maître de l'empire, et de l'empereur, et l'amant de l'impératrice en même temps ; d'avoir de superbes palais, des jardins délicieux, et de prêcher, aussi à son aise qu'il faisait, la modération, et la pauvreté, au milieu de l'abondance, et des richesses [7]. Pensez-vous, Monsieur, que ce stoïcien qui contrefaisait si bien le maître de ses passions eût d'autres vertus que celle de bien cacher ses vices, et qu'en se faisant couper les veines il ne se repentît pas plus d'une fois d'avoir laissé à son disciple le pouvoir de le faire mourir ? Regardez un peu de près ce faux brave : vous verrez qu'en faisant de beaux raisonnements sur l'immortalité de l'âme, il cherche à s'étourdir sur la crainte de la mort ; il ramasse toutes ses forces pour faire bonne mine ; il se mord la langue de peur de dire que la douleur est un mal ; il prétend que la raison peut rendre l'homme impassible, et au lieu d'abaisser son orgueil il le relève au-dessus de la divinité. Il nous aurait bien plus obligés de nous avouer franchement les faiblesses et la corruption du cœur humain, que de prendre tant de peine à nous tromper. L'auteur des *Réflexions* n'en fait pas de même : il expose au jour toutes les misères de l'homme. Mais c'est de l'homme abandonné à sa conduite qu'il parle, et non pas du chrétien. Il fait voir que, malgré tous les efforts de sa raison, l'orgueil et l'amour-propre ne laissent pas de se cacher dans les replis de son cœur, d'y vivre et d'y conserver assez de forces pour répandre leur venin sans qu'il s'en aperçoive dans la plupart de ses mouvements.

La seconde difficulté que l'on vous a faite, et qui a beaucoup de rapport à la première, est que *les* Réflexions *passent dans le monde pour des subtilités d'un censeur qui prend en mauvaise part les actions les plus indifférentes, plutôt que pour des vérités solides.* Vous me dites que quelques-uns de vos amis vous ont assuré de bonne foi qu'ils savaient, par leur propre expérience, que l'on fait quelquefois le bien sans avoir d'autre vue que celle du bien, et souvent même sans en avoir aucune, ni pour le bien, ni pour le mal, mais par une droiture naturelle du cœur, qui le porte sans y penser vers ce qui est bon. Je voudrais qu'il me fût permis de croire ces gens-là sur leur parole, et qu'il fût vrai que la nature humaine n'eût que des mouvements raisonnables, et que toutes nos actions fussent naturellement vertueuses ; mais, Monsieur, comment accorderons-nous le témoignage de vos amis avec les sentiments des mêmes Pères de l'Église, qui ont assuré *que toutes nos vertus, sans le secours de la foi, n'étaient que des imperfections ; que notre volonté était née aveugle ; que ses désirs étaient aveugles, sa conduite encore plus aveugle, et qu'il ne fallait pas s'étonner si, parmi tant d'aveuglement, l'homme était dans un égarement continuel ?* Ils en ont parlé encore plus fortement, car ils ont dit qu'en cet état *la prudence de l'homme ne pénétrait dans l'avenir et n'ordonnait rien que par rapport à l'orgueil ; que sa tempérance ne modérait aucun excès que celui que l'orgueil avait condamné ; que sa constance ne se soutenait dans les malheurs qu'autant qu'elle était soutenue par l'orgueil ; et enfin que toutes ses vertus, avec cet éclat extérieur de mérite qui les faisait admirer, n'avaient pour but que cette admiration, l'amour d'une vaine gloire, et l'intérêt de l'orgueil* [8]. On trouverait un nombre presque infini d'autorités sur cette opinion ; mais si je m'engageais à vous les citer régulièrement, j'en aurais un peu plus de peine, et vous n'en auriez pas plus de plaisir. Je pense donc que le meilleur, pour vous et pour moi, sera de vous en faire voir l'abrégé dans six vers d'un excellent poète de notre temps :

> Si le jour de la foi n'éclaire la raison,
> Notre goût dépravé tourne tout en poison ;
> Toujours de notre orgueil la subtile imposture
> Au bien qu'il semble aimer fait changer de nature ;
> Et dans le propre amour dont l'homme est revêtu,
> Il se rend criminel même par sa vertu [9].

S'il faut néanmoins demeurer d'accord que vos amis ont le don de cette foi vive qui redresse toutes les mauvaises inclinations de l'amour-propre, si Dieu leur fait des grâces extraordinaires, s'il les sanctifie dès ce monde, je souscris de bon cœur à leur canonisation, et je leur déclare que les *Réflexions morales* ne les regardent point. Il n'y a pas d'apparence que celui qui les a écrites en veuille à la vertu des saints ; il ne s'adresse, comme je vous ai dit, qu'à l'homme corrompu : il soutient qu'il fait presque toujours du mal quand son amour-propre le flatte qu'il fait le bien, et qu'il se trompe souvent lorsqu'il veut juger de lui-même, parce que la nature ne se déclare pas en lui sincèrement des motifs qui le font agir. Dans cet état malheureux où l'orgueil est l'âme de tous ses mouvements, les saints mêmes sont les premiers à lui déclarer la guerre, et le traitent plus mal sans comparaison que ne fait l'auteur des Réflexions. S'il vous prend quelque jour envie de voir les passages que j'ai trouvés dans leurs écrits sur ce sujet, vous serez aussi persuadé que je le suis de cette vérité ; mais je vous supplie de vous contenter à présent de ces vers, qui vous expliqueront une partie de ce qu'ils ont pensé :

> Le désir des honneurs, des biens, et des délices,
> Produit seul ses vertus, comme il produit ses vices,
> Et l'aveugle intérêt qui règne dans son cœur,
> Va d'objet en objet, et d'erreur en erreur ;
> Le nombre de ses maux s'accroît par leur remède ;
> Au mal qui se guérit un autre mal succède ;
> Au gré de ce tyran dont l'empire est caché,
> Un péché se détruit par un autre péché [10].

Montaigne, que j'ai quelque scrupule de vous citer après des Pères de l'Église, dit assez heureusement sur ce même sujet que son âme a deux visages différents, qu'elle a beau se replier sur elle-même, elle n'aperçoit jamais que celui que l'amour-propre a déguisé, pendant que l'autre se découvre par ceux qui n'ont point de part à ce déguisement [11]. Si j'osais enchérir sur une métaphore si hardie, je dirais que l'homme corrompu est fait comme ces médailles qui représentent la figure d'un saint et celle d'un démon dans une seule face et par les mêmes traits. Il n'y a que la diverse situation de ceux qui la regardent qui change l'objet ; l'un voit le saint, et l'autre voit le démon. Ces comparaisons nous font assez comprendre que, quand l'amour-propre a séduit le cœur, l'orgueil aveugle tellement la raison, et répand tant d'obscurité dans toutes ses connaissances, qu'elle ne peut juger du moindre de nos mouvements, ni former d'elle-même aucun discours assuré pour notre conduite. *Les hommes,* dit Horace, *sont sur la terre comme une troupe de voyageurs, que la nuit a surpris en passant dans une forêt : ils marchent sur la foi d'un guide qui les égare aussitôt, ou par malice, ou par ignorance ; chacun d'eux se met en peine de retrouver le chemin ; ils prennent tous diverses routes, et chacun croit suivre la bonne ; plus il le croit, et plus il s'en écarte. Mais quoique leurs égarements soient différents, ils n'ont pourtant qu'une même cause : c'est le guide qui les a trompés, et l'obscurité de la nuit qui les empêche de se redresser* [12]. Peut-on mieux dépeindre l'aveuglement et les inquiétudes de l'homme abandonné à sa propre conduite, qui n'écoute que les conseils de son orgueil, qui croit aller naturellement droit au bien, et qui s'imagine toujours que le dernier qu'il recherche est le meilleur ? N'est-il pas vrai que, dans le temps qu'il se flatte de faire des actions vertueuses, c'est alors que l'égarement de son cœur est plus dangereux ? Il y a un si grand nombre de roues qui composent le mouvement de cet horloge, et le principe en est si caché, qu'encore que nous voyions ce que marque la montre, nous ne savons pas quel est le ressort qui conduit l'aiguille sur toutes les heures du cadran.

La troisième difficulté que j'ai à résoudre est que *beaucoup de personnes trouvent de l'obscurité dans le sens et dans l'expression de ces réflexions.* L'obscurité, comme vous savez, Monsieur, ne vient pas toujours de la faute de celui qui écrit. Les *Réflexions*, ou si vous voulez les *Maximes* et les *Sentences,* comme le monde a nommé celles-ci, doivent être écrites dans un style serré, qui ne permet pas de donner aux choses toute la clarté qui serait à désirer. Ce sont les premiers traits du tableau : les yeux habiles y remarquent bien toute la finesse de l'art et la beauté de la pensée du peintre ; mais cette beauté n'est pas faite pour tout le monde, et quoique ces traits ne soient point remplis de couleurs, ils n'en sont pas moins des coups de maître. Il faut donc se donner le loisir de pénétrer le sens et la force des paroles, il faut que l'esprit parcoure toute l'étendue de leur signification avant que de se reposer pour en former le jugement.

La quatrième difficulté est, ce me semble, que *les Maximes sont presque partout trop générales.* On vous a dit qu'*il est injuste d'étendre sur tout le genre humain des défauts qui ne se trouvent qu'en quelques hommes.* Je sais, outre ce que vous me mandez des différents sentiments que vous en avez entendus, ce que l'on oppose d'ordinaire à ceux qui découvrent et qui condamnent les vices : on appelle leur censure le portrait du peintre ; on dit qu'ils sont comme les malades de la jaunisse, qu'ils voient tout jaune parce qu'ils le sont eux-mêmes. Mais s'il était vrai que, pour censurer la corruption du cœur en général, il fallût la ressentir en particulier plus qu'un autre, il faudrait aussi demeurer d'accord que ces philosophes, dont Diogène de Laërce nous rapporte les sentences, étaient les hommes les plus corrompus de leur siècle ; il faudrait faire le procès à la mémoire de Caton, et croire que c'était le plus méchant homme de la république, parce qu'il censurait les vices de Rome. Si cela est, Monsieur, je ne pense pas que l'auteur des Réflexions, quel qu'il puisse être, trouve rien à redire au chagrin de ceux qui le condamneront, quand, à la religion près, on ne le croira pas plus homme de bien, ni plus sage que Caton. Je dirai encore, pour ce qui regarde les termes que l'on trouve trop généraux, qu'il est difficile de les restreindre dans les sentences sans leur ôter tout le sel et toute la force ; il me semble, outre cela, que l'usage nous fait voir que sous des expressions générales l'esprit ne laisse pas de sous-entendre de lui-même des restrictions. Par exemple, quand on dit : *Tout Paris fut au-devant du Roi, toute la Cour est dans la joie,* ces façons de parler ne signifient néanmoins que la plus grande partie. Si vous croyez que ces raisons ne suffisent pas pour fermer la bouche aux critiques, ajoutons-y que quand on se scandalise si aisément des termes d'une censure générale, c'est à cause qu'elle nous pique trop vivement dans l'endroit le plus sensible du cœur.

Néanmoins il est certain que nous connaissons, vous et moi, bien des gens qui ne se scandalisent pas de celle des *Réflexions,* j'entends de ceux qui ont l'hypocrisie en aversion, et qui avouent de bonne foi ce qu'ils sentent en eux-mêmes et ce qu'ils remarquent dans les autres. Mais peu de gens sont capables d'y penser, ou s'en veulent donner la peine, et si par hasard ils y pensent, ce n'est jamais sans se flatter. Souvenez-vous, s'il vous plaît, de la manière dont notre ami Guarini traite ces gens-là :

> *Huomo sono, e mi preggio d'esser humano :*
> *E teco, che sei huomo*
> *E ch'altro esser non puoi,*
> *Come huomo parlo di cosa humana.*
> *E se di cotal nome forse ti sdegni,*
> *Guarda, garzon superbo,*
> *Che, nel dishumanarti,*
> *Non divenghi una fiera, anzi ch'un dio* [13].

Voilà, Monsieur, comme il faut parler de l'orgueil de la nature humaine ; et au lieu de se fâcher contre le miroir qui nous fait voir nos défauts, au lieu de savoir mauvais gré à ceux qui nous les découvrent, ne vaudrait-il pas mieux nous servir des lumières qu'ils nous donnent pour connaître l'amour-propre et l'orgueil, pour nous garantir des surprises continuelles qu'ils font à notre raison ? Peut-on jamais donner assez d'aversion pour ces deux vices, qui furent les causes funestes de la révolte de notre premier père, ni trop décrier ces sources malheureuses de toutes nos misères ?

Que les autres prennent donc comme ils voudront les *Réflexions morales.* Pour moi je les considère comme peinture ingénieuse de toutes les singeries du faux sage ; il me semble que, dans chaque trait, *l'amour de la vérité lui ôte le masque, et le montre tel qu'il est.* Je les regarde comme des leçons d'un maître qui entend parfaitement l'art de connaître les hommes, qui démêle admirablement bien tous les rôles qu'ils jouent dans le monde, et qui non seulement nous fait prendre garde aux différents caractères des personnages du théâtre, mais encore qui nous fait voir, en levant un coin du rideau, que cet amant et ce roi de la comédie sont les mêmes acteurs qui font le docteur et le bouffon dans la farce. Je vous avoue que je n'ai rien lu de notre temps qui m'ait donné plus de mépris pour l'homme, et plus de honte à ma propre vanité. Je pense toujours trouver à l'ouverture du livre quelque ressemblance aux mouvements secrets de mon cœur ; je me tâte moi-même pour examiner s'il dit vrai, et je trouve qu'il le dit presque toujours, et de moi et des autres, plus qu'on ne voudrait. D'abord j'en ai quelque dépit, je rougis quelquefois de voir qu'il ait deviné, mais je sens bien, à force de le lire, que si je n'apprends à devenir plus sage, j'apprends au moins à connaître que je ne le suis pas ; j'apprends enfin, par l'opinion qu'il me donne de moi-même, à ne me répandre pas sottement dans l'admiration de toutes ces vertus dont l'éclat nous saute aux yeux. Les hypocrites passent mal leur temps à la lecture d'un livre comme celui-là. Défiez-vous donc, Monsieur, de ceux qui vous en diront du mal, et soyez assuré qu'ils n'en disent que parce qu'ils sont au désespoir de voir révéler des mystères qu'ils voudraient pouvoir cacher toute leur vie aux autres et à eux-mêmes.

En ne voulant vous faire qu'une lettre, je me suis engagé insensiblement à vous écrire un grand discours ; appelez-le comme vous voudrez, ou discours ou lettre, il ne m'importe, pourvu que vous en soyez content, et que vous me fassiez l'honneur de me croire,

Monsieur,

Votre, etc.

MADAME DE SABLÉ

MAXIMES

Texte établi, présenté et annoté par André-Alain Morello

Maximes

INTRODUCTION
par André-Alain Morello

Si l'on en croit Tallemant des Réaux, Madeleine de Souvré, marquise de Sablé (1599-1678), eut une vie sentimentale assez agitée, autrement dit un certain nombre de « galants », selon l'idéal de la préciosité. Elle fréquenta l'hôtel de Rambouillet et conspira contre Richelieu. Veuve en 1640, elle se « convertit » au jansénisme. Pendant la Fronde, elle réussit à rester fidèle au roi tout en gardant l'estime du parti des princes. A la fin de la Fronde, en 1656, elle laissa son salon de la Place Royale, où elle habitait avec son amie, la comtesse de Maure, pour s'installer à Port-Royal de Paris, plus exactement dans une maison communiquant avec le couvent. « De façon très symbolique, le logis [était] ouvert à la fois sur le monde, par la rue de la Bourbe, et sur le Port-Royal [a]. » Dans sa maison de Port-Royal, elle recevra Nicole et Arnauld, La Rochefoucauld, Bossuet, Pascal. Comme l'écrit Grandsaignes d'Hauterive, « la précieuse d'antan s'est muée en une dévote raffinée [b] ». Elle eut un enterrement de pauvre, « comme une personne du peuple, sans pompe et sans cérémonie [c] ». Précieuse puis dévote, mondaine puis pénitente ? En fait, même pendant la seconde période de sa vie, la période « janséniste », Mme de Sablé continua à manifester un attachement pour le « monde » et la « société civile ». L'abbé d'Ailly le souligne dans la préface qu'il donne aux *Maximes* : « Elle avait si bien trouvé cette parfaite union de toutes les vertus de la société civile avec les vertus chrétiennes, qu'elle était également respectée des solitaires et des gens du monde [d]. » Être partagé entre le monde et la retraite, elle voulut toujours jouer un rôle de conciliatrice :

---

a. Jean Lafond, « Madame de Sablé et son salon », in *Images de La Rochefoucauld*, Actes du tricentenaire, P.U.F., 1984, p. 205
b. R. Grandsaignes d'Hauterive, *Le Pessimisme de La Rochefoucauld*, Armand Colin, 1914, p. 129. Voir en particulier le chapitre : « Le pessimisme au salon de Madame de Sablé ».
c. Introduction de l'abbé d'Ailly à l'édition originale des *Maximes* de Mme de Sablé, reproduite dans le livre de G. Toso-Rodinis, *Madame de Sablé. Les Maximes*, Liviana éd., Padova, 1971.
d. *Ibid.*, p. 225.

pendant la Fronde, puis pendant les persécutions de Port-Royal. En elle-même enfin, elle chercha à concilier Dieu et la « Cité terrestre ».

On a pu dire des *Maximes* de Mme de Sablé qu'elles manquaient « d'accent [a] », et Mme de La Fayette elle-même les trouvait « honnêtes et raisonnables », par rapport à celles de La Rochefoucauld. Sans doute la marquise de Sablé n'a-t-elle pas le sens de la formule, le génie de la pointe que possède La Rochefoucauld. Mais l'objectif de Mme de Sablé n'est pas celui de La Rochefoucauld. Elle ne cherche pas tant à provoquer le lecteur, à lui lancer un défi, en particulier en mettant en cause les fondements moraux de la vie en société, comme le fait La Rochefoucauld, qu'à l'instruire, le guider sur la route de l'honnêteté. Ce qui fait dire à Jean Lafond qu'« il y a en elle une institutrice qui s'ignore », et que « ce souci pédagogique gâte trop souvent son style. Dans les maximes qu'elle a en commun avec La Rochefoucauld, on voit qu'elle tient à justifier, à expliquer, cependant que La Rochefoucauld dit et passe [b]. »

Très influencée par Montaigne, Senault et Gracián, dont elle connaissait l'œuvre avant même qu'elle n'ait été traduite par Amelot de la Houssaye, Mme de Sablé se distingue aussi de La Rochefoucauld par sa modération et la confiance qu'elle manifeste pour les valeurs du « bon sens », du « savoir », de la « sagesse ». Enfin, par sa critique des Grands, elle affiche une position augustinienne et antiaristocratique (voir la maxime 72) beaucoup plus marquée que La Rochefoucauld, qui garde, pour sa part, beaucoup de l'idéologie aristocratique. Pour Mme de Sablé, les pauvres sont les images du Christ, et en ce sens, ses *Maximes* témoignent d'une sensibilité pour les inférieurs qui annonce nettement l'œuvre de La Bruyère.

BIBLIOGRAPHIE

Les *Maximes* de Mme de Sablé ont été publiées par l'abbé d'Ailly chez l'éditeur S. Mabre-Cramoisy, à Paris, en 1678. Elles furent rééditées séparément au XIXᵉ siècle par Jouaust, dans le Cabinet du Bibliophile, en 1870. Jean Lafond les donne, à la suite des *Maximes* de La Rochefoucauld, dans son édition Gallimard, Folio, de 1976.

NICOLAS IVANOFF, *La Marquise de Sablé et son salon*, Paris, Les Presses Modernes, 1927. Livre bien documenté.

JEAN LAFOND, « Madame de Sablé et son salon », in *Images de La Rochefoucauld*, Actes du tricentenaire, P.U.F., 1984.

GIULIANA TOSO-RODINIS, *Madame de Sablé. Les Maximes*, Liviana Editrice, Padova, 1971. Donne en « Appendice » les *Maximes* de Mme de Sablé, p. 223-239, de l'édition S. Mabre-Cramoisy. Ne les traduit pas en italien.

a. Jacques Truchet, Introduction aux *Maximes* de La Rochefoucauld, Garnier, 1967, p. XXXIII.
b. Jean Lafond, *op. cit.*, p. 214.

LOUIS VAN DELFT, « Madame de Sablé et Gracián », in *Saggi e ricerche di letteratura francese,* 22, 1983, p. 267-285.

HARALD WENTZLAFF-EGGEBERT, Mme de Sablé, *Maximes, Maximen,* Bamberger Editionen, Band 3, 1989, introduction de Elke-Alika Homm-Vogel. Donne le texte français sur la page gauche, la traduction allemande sur la page droite.

— « Montaigne, Gracián, La Rochefoucauld, La Bruyère et les *Maximes* de Madame de Sablé », in *Le langage littéraire au XVIIe siècle,* p.p. C. Wentzlaff-Eggebert, Tübingen, Gunter Narr, 1991.

MAXIMES

1

Comme rien n'est plus faible et moins raisonnable que de soumettre son jugement à celui d'autrui, sans nulle application du sien, rien n'est plus grand et plus sensé que de le soumettre aveuglément à Dieu, en croyant sur sa parole tout ce qu'il dit.

2

Le vrai mérite ne dépend point du temps, ni de la mode. Ceux qui n'ont point d'autre avantage que l'air de la Cour le perdent quand ils s'en éloignent ; mais le bon sens, le savoir et la sagesse rendent habile et aimable en tout temps et en tous lieux.

3

Au lieu d'être attentifs à connaître les autres, nous ne pensons qu'à nous faire connaître nous-mêmes. Il vaudrait mieux écouter pour acquérir de nouvelles lumières que de parler trop pour montrer celles que l'on a acquises.

4

Il est quelquefois bien utile de feindre que l'on est trompé. Car lorsque l'on fait voir à un homme artificieux qu'on reconnaît ses artifices, on lui donne sujet de les augmenter.

5

On juge si superficiellement des choses que l'agrément des actions et des paroles communes, dites et faites d'un bon air, avec quelque connaissance des choses qui se passent dans le monde, réussit souvent mieux que la plus grande habileté.

6

Être trop mécontent de soi est une faiblesse. Être trop content de soi est une sottise.

7

Les esprits médiocres, mais mal faits, surtout les demi-savants, sont les plus sujets à l'opiniâtreté. Il n'y a que les âmes fortes qui sachent se dédire et abandonner un mauvais parti.

8

La plus grande sagesse de l'homme consiste à connaître ses folies.

9

L'honnêteté et la sincérité dans les actions égarent les méchants et leur font perdre la voie par laquelle ils pensent arriver à leurs fins, parce que les méchants croient d'ordinaire qu'on ne fait rien sans artifice.

10

C'est une occupation bien pénible aux fourbes d'avoir toujours à couvrir le défaut de leur sincérité et à réparer le manquement de leur parole.

11

Ceux qui usent toujours d'artifice devraient au moins se servir de leur jugement pour connaître qu'on ne peut guère cacher longtemps une conduite artificieuse parmi des hommes habiles, et toujours appliqués à la découvrir, quoiqu'ils feignent d'être trompés pour dissimuler la connaissance qu'ils en ont.

12

Souvent les bienfaits nous font des ennemis et l'ingrat ne l'est presque jamais à demi. Car il ne se contente pas de n'avoir point la reconnaissance qu'il doit, il voudrait même n'avoir pas son bienfaiteur pour témoin de son ingratitude.

13

Rien ne nous peut tant instruire du dérèglement général de l'homme que la parfaite connaissance de nos dérèglements particuliers. Si nous voulons faire réflexion sur nos sentiments, nous reconnaîtrons dans notre âme le principe de tous les vices que nous reprochons aux autres ; si ce n'est par nos actions, ce sera au moins par nos mouvements. Car il n'y a point de malice que l'amour-propre ne présente à l'esprit pour s'en servir aux occasions, et il y a peu de gens assez vertueux pour n'être pas tentés.

14

Les richesses n'apprennent pas à ne se point passionner pour les richesses. La possession de beaucoup de biens ne donne pas le repos qu'il y a de n'en point désirer.

15

Il n'y a que les petits esprits qui ne peuvent souffrir qu'on leur reproche leur ignorance parce que, comme ils sont ordinairement fort aveugles en toutes choses, fort sots, et fort ignorants, ils ne doutent jamais de rien et sont persuadés qu'ils voient clairement ce qu'ils ne voient qu'au travers de l'obscurité de leur esprit.

16

Il n'y a pas plus de raison de trop s'accuser de ses défauts que de s'en trop excuser. Ceux qui s'accusent par excès le font souvent pour ne pouvoir souffrir qu'on les accuse ou par vanité de faire croire qu'ils savent confesser leurs défauts.

17

C'est une force d'esprit d'avouer sincèrement nos défauts et nos perfections, et c'est une faiblesse de ne pas demeurer d'accord du bien et du mal qui est en nous.

18

On aime tellement toutes les choses nouvelles et les choses extraordinaires qu'on a même quelque plaisir secret par la vue des plus tristes et des plus terribles événements, à cause de leur nouveauté et de la malignité naturelle qui est en nous.

19

On peut bien se connaître soi-même mais on ne s'examine point assez pour cela, et l'on se soucie davantage de paraître tel qu'on doit être que d'être en effet ce qu'on doit.

20

Si l'on avait autant de soin d'être ce qu'on doit être que de tromper les autres en déguisant ce que l'on est, on pourrait se montrer tel qu'on est, sans avoir la peine de se déguiser.

21

Il n'y a personne qui ne puisse recevoir de grands secours et de grands avantages des sciences, mais il y a aussi peu de personnes qui ne reçoivent un grand préjudice des lumières et des connaissances qu'ils ont acquises par les sciences, s'ils ne s'en servent comme si elles leur étaient propres et naturelles.

22

Il y a une certaine médiocrité difficile à trouver avec ceux qui sont au-dessus de nous, pour prendre la liberté qui sert à leurs plaisirs et à leurs divertissements, sans blesser l'honneur et le respect qu'on leur doit.

23

On a souvent plus d'envie de passer pour officieux que de réussir dans les offices, et souvent on aime mieux pouvoir dire à ses amis qu'on a bien fait pour eux que de bien faire en effet.

24

Les bons succès dépendent quelquefois du défaut de jugement parce que le jugement empêche souvent d'entreprendre plusieurs choses que l'inconsidération fait réussir.

25

On loue quelquefois les choses passées pour blâmer les présentes, et pour mépriser ce qui est, on estime ce qui n'est plus.

26

Il y a un certain empire dans la manière de parler et dans les actions, qui se fait faire place partout et qui gagne par avance la considération et le respect. Il sert en toutes choses et même pour obtenir ce qu'on demande.

27

Cet empire qui sert en toutes choses n'est qu'une autorité bienséante qui vient de la supériorité de l'esprit.

28

L'amour-propre se trompe même par l'amour-propre, en faisant voir dans ses intérêts une si grande indifférence pour ceux d'autrui qu'il perd l'avantage qui se trouve dans le commerce de la rétribution.

29

Tout le monde est si occupé de ses passions et de ses intérêts que l'on en veut toujours parler sans jamais entrer dans la passion et dans l'intérêt de ceux à qui on en parle, encore qu'ils aient le même besoin qu'on les écoute et qu'on les assiste.

30

Les liens de la vertu doivent être plus étroits que ceux du sang, l'homme de bien étant plus proche de l'homme de bien par la ressemblance des mœurs que le fils ne l'est de son père par la ressemblance du visage.

31

Une des choses qui fait que l'on trouve si peu de gens agréables et qui paraissent raisonnables dans la conversation, c'est qu'il n'y en a quasi point qui ne pensent plutôt à ce qu'ils veulent dire qu'à répondre précisément à ce qu'on leur dit. Les plus complaisants se contentent de montrer une mine attentive, au même temps qu'on voit dans leurs yeux et dans leur esprit un égarement et une précipitation de retourner à ce qu'ils veulent dire, au lieu qu'on devrait juger que c'est un mauvais moyen de plaire que de chercher à se satisfaire si fort, et que bien écouter et bien répondre est une plus grande perfection que de parler bien et beaucoup, sans écouter et sans répondre aux choses qu'on nous dit.

32

La bonne fortune fait quasi toujours quelque changement dans le procédé, dans l'air et dans la manière de converser et d'agir. C'est une grande faiblesse de vouloir se parer de ce qui n'est point à soi. Si l'on estimait la vertu plus que tout autre chose, aucune faveur ni aucun emploi ne changerait jamais le cœur ni le visage des hommes.

33

Il faut s'accoutumer aux folies d'autrui et ne se point choquer des niaiseries qui se disent en notre présence.

34

La grandeur de l'entendement embrasse tout. Il y a autant d'esprit à souffrir les défauts des autres qu'à connaître leurs bonnes qualités.

35

Savoir bien découvrir l'intérieur d'autrui et cacher le sien est une grande marque de supériorité d'esprit.

36

Le trop parler est un si grand défaut qu'en matière d'affaires et de conversation, si ce qui est bon est court, il est doublement bon, et l'on gagne par la brièveté ce qu'on perd souvent par l'excès des paroles.

37

On se rend quasi toujours maître de ceux que l'on connaît bien, parce que celui qui est parfaitement connu est en quelque façon soumis à celui qui le connaît.

38

L'étude et la recherche de la vérité ne sert souvent qu'à nous faire voir par expérience l'ignorance qui nous est naturelle.

39

On fait plus de cas des hommes quand on ne connaît point jusqu'où peut aller leur suffisance, car l'on présume toujours davantage des choses que l'on ne voit qu'à demi.

40

Souvent le désir de paraître capable empêche de le devenir, parce que l'on a plus d'envie de faire voir ce que l'on sait que l'on n'a de désir d'apprendre ce que l'on ne sait pas.

41

La petitesse de l'esprit, l'ignorance et la présomption font l'opiniâtreté, parce que les opiniâtres ne veulent croire que ce qu'ils conçoivent et qu'ils ne conçoivent que fort peu de choses.

42

C'est augmenter ses défauts que de les désavouer quand on nous les reproche.

43

Il ne faut pas regarder quel bien nous fait un ami mais seulement le désir qu'il a de nous en faire.

44

Encore que nous ne devions pas aimer nos amis pour le bien qu'ils nous font, c'est une marque qu'ils ne nous aiment guère s'ils ne nous en font point quand ils en ont le pouvoir.

45

Ce n'est ni une grande louange, ni un grand blâme quand on dit qu'un esprit est ou n'est plus à la mode. S'il est une fois tel qu'il doit être, il est toujours comme il doit être.

46

L'amour qu'on a pour soi-même est quasi toujours la règle de toutes nos amitiés. Il nous fait passer par-dessus tous les devoirs dans les rencontres où il y va de quelque intérêt, et même oublier les plus grands sujets de ressentiment contre nos ennemis quand ils deviennent assez puissants pour servir à notre fortune ou à notre gloire.

47

C'est une chose bien vaine et bien inutile de faire l'examen de tout ce qui se passe dans le monde si cela ne sert à se redresser soi-même.

48

Les dehors et les circonstances donnent souvent plus d'estime que le fond et la réalité. Une méchante manière gâte tout, même la justice et la raison. Le *comment* fait la meilleure partie des choses, et l'air qu'on leur donne dore, accommode et adoucit les plus fâcheuses. Cela vient de la faiblesse et de la prévention de l'esprit humain.

49

Les sottises d'autrui nous doivent être plutôt une instruction qu'un sujet de nous moquer de ceux qui les font.

50

La conversation des gens qui aiment à régenter est bien fâcheuse. Il faut toujours être prêt de se rendre à la vérité et à la recevoir de quelque part qu'elle nous vienne.

51

On s'instruit aussi bien par le défaut des autres que par leur instruction. L'exemple de l'imperfection sert quasi autant à se rendre parfait que celui de l'habileté et de la perfection.

52

On aime beaucoup mieux ceux qui tendent à nous imiter que ceux qui tâchent à nous égaler. Car l'imitation est une marque d'estime et le désir d'être égal aux autres est une marque d'envie.

53

C'est une louable adresse de faire recevoir doucement un refus par des paroles civiles, qui réparent le défaut du bien qu'on ne peut accorder.

54

Il y a beaucoup de gens qui sont tellement nés à dire *non* que le *non* va toujours au-devant de tout ce qu'on leur dit. Il les rend si désagréables, encore bien qu'ils accordent enfin ce qu'on leur demande ou qu'ils consentent à ce qu'on leur dit, qu'ils perdent toujours l'agrément qu'ils pourraient recevoir s'ils n'avaient point si mal commencé.

55

On ne doit pas toujours accorder toutes choses, ni à tous. Il est aussi louable de refuser avec raison que de donner à propos. C'est en ceci que le *non* de quelques-uns plaît davantage que le *oui* des autres. Le refus accompagné de douceur et de civilité satisfait davantage un bon cœur qu'une grâce qu'on accorde sèchement.

56

Il y a de l'esprit à savoir choisir un bon conseil, aussi bien qu'à agir de soi-même. Les plus judicieux ont moins de peine à consulter les sentiments des autres, et c'est une sorte d'habileté de savoir se mettre sous la bonne conduite d'autrui.

57

Les maximes de la vie chrétienne, qui se doivent seulement puiser dans les vérités de l'Évangile, nous sont toujours quasi enseignées selon l'esprit et l'humeur naturelle de ceux qui nous les enseignent. Les uns par la douceur de leur naturel, les autres par l'âpreté de leur tempérament tournent et emploient selon leur sens la justice et la miséricorde de Dieu.

58

Dans la connaissance des choses humaines, notre esprit ne doit jamais se rendre esclave, en s'assujettissant aux fantaisies d'autrui. Il faut étendre la liberté de son jugement et ne rien mettre dans sa tête par aucune autorité purement humaine. Quand on nous propose la diversité des opinions, il faut choisir, s'il y a lieu ; sinon, il faut demeurer dans le doute.

59

La contradiction doit éveiller l'attention, et non pas la colère. Il faut écouter, et non fuir celui qui contredit. Notre cause doit toujours être celle de la vérité, de quelque façon qu'elle nous soit montrée.

60

On est bien plus choqué de l'ostentation que l'on fait de la dignité que de celle de la personne. C'est une marque qu'on ne mérite pas les emplois, quand on se fait de fête ; si l'on se fait valoir, ce ne doit être que par l'éminence de la vertu. Les Grands sont plus en vénération par les qualités de leur âme que par celles de leur fortune.

61

Il n'y a rien qui n'ait quelque perfection. C'est le bonheur du bon goût de la trouver en chaque chose. Mais la malignité naturelle fait souvent découvrir un vice entre plusieurs vertus pour le révéler et le publier, ce qui est plutôt une marque du mauvais naturel qu'un avantage du discernement, et c'est bien mal passer sa vie que de se nourrir toujours des imperfections d'autrui.

62

Il y a une certaine manière de s'écouter en parlant qui rend toujours désagréable. Car c'est une aussi grande folie de s'écouter soi-même quand on s'entretient avec les autres que de parler tout seul.

63

Il y a peu d'avantage de se plaire à soi-même quand on ne plaît à personne. Car souvent le trop grand amour que l'on a pour soi est châtié par le mépris d'autrui.

64

Il se cache toujours assez d'amour-propre sous la plus grande dévotion pour mettre des bornes à la charité.

65

Il y a des gens tellement aveuglés, et qui se flattent tellement en toutes choses, qu'ils croient toujours comme ils désirent et pensent aussi faire croire aux autres tout ce qu'ils veulent ; quelque méchante raison qu'ils emploient pour persuader, ils en sont si préoccupés, qu'il leur semble qu'ils n'ont qu'à le dire d'un ton fort haut et affirmatif pour en convaincre tout le monde.

66

L'ignorance donne de la faiblesse et de la crainte ; les connaissances donnent de la hardiesse et de la confiance ; rien n'étonne une âme qui connaît toutes choses avec distinction.

67

C'est un défaut bien commun de n'être jamais content de sa fortune, ni mécontent de son esprit.

68

Il y a de la bassesse à tirer avantage de sa qualité et de sa grandeur pour se moquer de ceux qui nous sont soumis.

69

Quand un opiniâtre a commencé à contester quelque chose, son esprit se ferme à tout ce qui le peut éclaircir. La contestation l'irrite, quelque juste qu'elle soit, et il semble qu'il ait peur de trouver la vérité.

70

La honte qu'on a de se voir louer sans fondement donne souvent sujet de faire des choses qu'on n'aurait jamais faites sans cela.

71

Il vaut presque mieux que les Grands recherchent la gloire, et même la vanité dans les bonnes actions, que s'ils n'en étaient point du tout touchés. Car encore que ce ne soit pas les faire par les principes de la vertu, l'on en tire au moins cet avantage que la vanité leur fait faire ce qu'ils ne feraient point sans elle.

72

Ceux qui sont assez sots pour s'estimer seulement par leur noblesse méprisent en quelque façon ce qui les a rendus nobles, puisque ce n'est que la vertu de leurs ancêtres qui a fait la noblesse de leur sang.

73

L'amour-propre fait que nous nous trompons presque en toutes choses, que nous entendons blâmer et que nous blâmons les mêmes défauts dont nous ne nous corrigeons point, ou parce que nous ne connaissons pas le mal qui est en nous, ou parce que nous l'envisageons toujours sous l'apparence de quelque bien.

74

La vertu n'est pas toujours où l'on voit des actions qui paraissent vertueuses. On ne reconnaît quelquefois un bienfait que pour établir sa réputation et pour être si hardiment ingrat aux bienfaits qu'on ne veut pas reconnaître.

75

Quand les Grands espèrent de faire croire qu'ils ont quelque bonne qualité qu'ils n'ont pas, il est dangereux de montrer qu'on en doute. Car en leur ôtant l'espérance de pouvoir tromper les yeux du monde, on leur ôte aussi le désir de faire les bonnes actions qui sont conformes à ce qu'ils affectent.

76

La meilleure nature, étant sans instruction, est toujours incertaine et aveugle. Il faut chercher soigneusement à s'instruire, pour n'être ni trop timide ni trop hardi par ignorance.

77

La société, et même l'amitié de la plupart des hommes, n'est qu'un commerce qui ne dure qu'autant que le besoin.

78

Quoique la plupart des amitiés qui se trouvent dans le monde ne méritent point le nom d'amitié, on peut pourtant en user selon les besoins comme d'un commerce qui n'a point de fonds certain, et sur lequel on est ordinairement trompé.

79

L'amour, partout où il est, est toujours le maître. Il forme l'âme, le cœur et l'esprit, selon ce qu'il est. Il n'est ni petit ni grand selon le cœur et l'esprit qu'il occupe, mais selon ce qu'il est en lui-même. Et il semble véritablement que l'amour est à l'âme de celui qui aime ce que l'âme est au corps de celui qu'elle anime.

80

L'amour a un caractère si particulier qu'on ne peut le cacher où il est, ni le feindre où il n'est pas.

81

Tous les grands divertissements sont dangereux pour la vie chrétienne mais, entre tous ceux que le monde a inventés, il n'y en a point qui soit plus à craindre que la comédie. C'est une peinture si naturelle et si délicate des passions qu'elle les anime et les fait naître dans notre cœur, et surtout celle de l'amour, principalement lorsqu'on se représente qu'il est chaste et fort honnête. Car plus il paraît innocent aux âmes innocentes, et plus elles sont capables d'en être touchées. On se fait en même temps une conscience fondée sur l'honnêteté de ces sentiments, et on s'imagine que ce n'est pas blesser la pureté que d'aimer d'un amour si sage. Ainsi on sort de la comédie le cœur si rempli de toutes les douceurs de l'amour, et l'esprit si persuadé de son innocence qu'on est tout préparé à recevoir ses premières impressions, ou plutôt à chercher l'occasion de les faire naître dans le cœur de quelqu'un pour recevoir les mêmes plaisirs et les mêmes sacrifices que l'on a vus si bien représentés sur le théâtre.

78

Quoiqu'un piquant des amours qui se trouvent dans le monde, ne tournant point le nom d'amitié on peut pourtant user selon les besoins comme d'un commerce qui n'a point de fonds certain, et sur lequel on est ordinairement trompé.

79

L'amour, partout où il est, est toujours le maître. Il forme l'âme, le cœur et l'esprit, selon ce qu'il est. Il n'est ni petit ni grand selon le cœur et l'esprit qu'il occupe, mais selon ce qu'il est en lui-même. Il y paraît entièrement que l'amour en a l'âme de celui qui aime ce qu'elle est au corps de celui qu'elle anime.

80

L'amour a un caractère si particulier qu'on ne peut le cacher où il est, ni le feindre où il n'est pas.

81

Tous les grands divertissements sont dangereux pour la vie chrétienne ; mais entre tous ceux que le monde a inventés, il n'y en a point qui soit plus à craindre que la comédie. C'est une peinture si naturelle et si délicate des passions qu'elle les émeut et les fait naître dans notre cœur, et surtout celle de l'amour ; principalement lorsqu'on le représente fort chaste et fort honnête. Car plus il paraît innocent aux âmes innocentes, et plus elles sont capables d'en être touchées. On se fait en même temps une conscience fondée sur l'honnêteté de ces sentiments et on s'imagine que ce n'est pas blesser la pureté que d'aimer d'un amour si sage. Ainsi on sort de la comédie le cœur si rempli de toutes les douceurs de l'amour, et l'esprit si persuadé de son innocence qu'on est tout préparé à recevoir ses premières impressions, ou plutôt à chercher l'occasion de les faire naître dans le cœur de quelqu'un pour recevoir les mêmes plaisirs et les mêmes sacrifices, que l'on a vus si bien représentés sur le théâtre.

… ABBÉ D'AILLY

PENSÉES DIVERSES

Texte établi, présenté et annoté par Jean Lafond

Pensées diverses

INTRODUCTION
par Jean Lafond

Nicolas d'Ailly (ou d'Hailly) fut très vraisemblablement l'élève des jésuites, et peut-être celui du P. Bouhours, alors en poste au collège de Rouen. Lorsque M. de Longueville, qui était très attaché aux jésuites, donna des précepteurs à ses deux fils, il choisit le P. Bouhours et le jeune abbé d'Ailly [a]. A la mort du duc, en 1663, Mme de Longueville se plaint que l'abbé mène « une vie fort oisive » et qu'il ne songe qu'à lire à ses élèves des petits vers (il en commet lui-même) et les lettres de Voiture. La duchesse, convertie depuis 1654, soutient avec passion la cause janséniste et elle adresse l'abbé à Mme de Sablé, qui peut « plus que personne le redresser » dans ses jugements sur Port-Royal. Jusqu'ici en effet, il « ne connaît de science que celle des jésuites et ne sait que ce qu'ils disent là-dessus ». C'est ainsi qu'il entre dans le cercle des habitués de Mme de Sablé, à qui il gardera assez de reconnaissance pour publier ses *Maximes*, après sa mort en 1678. Il est vrai qu'il n'oublie pas d'y associer les siennes, sous le titre de *Pensées diverses*. Et près de vingt ans après, il les reprendra, en les remaniant et les augmentant, pour en donner une version en vers groupés en quatrains : ces *Sentiments et maximes sur ce qui se passe dans la vie civile* de 1697 sont dédiés à Mme de Maintenon, « la femme forte qui se trouve si rarement ». On ne sait à quelle date il devint chanoine de Lisieux et abbé d'Olivet-sur-Cher, on ne sait pas davantage la date exacte de sa mort, antérieure à mars 1712, où le roi lui donne un successeur à l'abbaye d'Olivet.

Le rigoureux et solide Singlin, qui dirigeait Mme de Longueville, avait pour lui, sans le connaître, une grande aversion, « car, écrit la duchesse, il haïssait sur toutes choses ces abbés mondains qui vivent en laïques et qui ne satisfont à aucun de leurs devoirs [b] ». L'abbé est en effet d'abord

---
a. Voir, dans la bibliographie, l'ouvrage de V. Cousin sur Mme de Sablé, dans l'édition de 1854, qu'on corrigera au besoin par la thèse de G. Doncieux, *Un jésuite homme de lettres au dix-septième siècle, le Père Bouhours*, Paris, 1886.
b. Toutes nos citations de Mme de Longueville sont tirées des lettres manuscrites qu'a données Cousin.

un bel esprit, qui ne dédaigne pas la réussite mondaine, d'autant qu'il garde de sa formation première une grande confiance dans les valeurs humaines et l'idéal de l'honnête homme. L'amour-propre n'est plus chez lui systématiquement mauvais : « bien entendu », « bien réglé », il fonde une honnêteté qui n'a rien de suspect (max. 1 à 3). Son passage dans le milieu janséniste le porte cependant à soumettre les vertus morales aux vertus chrétiennes, ce en quoi il est proche des positions d'un Jacques Esprit dans *La Fausseté des vertus humaines* (1678 [a]). Il reprend de même la critique de la sagesse antique et du héros (max. 54, 58) et ne craint pas des audaces qui, tout en rappelant le *Discours de la condition des grands* de Pascal, vont parfois au-delà (max. 82, 85 [b]). Il n'éprouve de même aucun scrupule à dire qu'en amour l'esprit est souvent la dupe du corps (max. 37). Il se montre par ailleurs cartésien sur le problème de l'âme des bêtes, malgré les difficultés que présente la thèse de l'animal-machine (max. 67). Mais il se veut avant tout moraliste chrétien (l'adjectif est récurrent dans les *Pensées diverses*) et Bouhours le félicitera de préciser, dans la maxime 48, que la fortune « n'est autre chose que la Providence de Dieu [c] ».

L'œuvre de l'abbé d'Ailly est en définitive un bon témoignage du rapport privilégié que la forme brève entretient avec le style de pensée de l'augustinisme. Mais, signe des temps, la cohérence janséniste a fait place à des compromis avec un thomisme rémanent qui préfigurent le rationalisme et l'utilitarisme des Lumières.

BIBLIOGRAPHIE

Maximes de Mme la marquise de Sablé et Pensées diverses de M.L.D., Paris, Sébastien Mabre-Cramoisy, 1678.

Les *Pensées diverses* seront republiées à Lyon et à Paris en 1690, dans une édition qui comprend aussi les *Maximes* de La Rochefoucauld et celles de Mme de Sablé.

Sentiments et Maximes sur ce qui se passe dans la société civile, Paris, Louis Josse, 1697.

V. COUSIN, *Madame de Sablé,* Paris, 1854, p. 85-86, 442-455. La deuxième édition, de 1859, est totalement remaniée et ne donne pas les lettres de Mme de Longueville.

N. IVANOFF, *La Marquise de Sablé et son salon,* Paris, 1927, p. 192-195.

Dictionnaire de biographie française, t. I, p.p. Balteau, Barroux, Prévost, Paris, 1933, col. 945-946.

---

a. Mme de Sablé et Mme de Longueville ont aidé à la publication de la *Fausseté* et il est à peu près certain que l'abbé d'Ailly a connu en manuscrit le texte d'Esprit.

b. Paul Bénichou, dans les *Morales du Grand Siècle*, cite ces deux maximes lorsqu'il évoque le jansénisme dans sa « lutte philosophique contre les prétentions de l'homme », qui le conduit à « lutter contre la prétention aristocratique » (*Morales du Grand Siècle*, Gallimard, 1948, p. 194 et n. 2, sur les « hardiesses singulières » du pessimisme chrétien).

c. *La Manière de bien penser dans les ouvrages d'esprit,* Paris, 1687, p. 84.

PENSÉES DIVERSES

Les pensées qui suivent ne sont pas de la même personne qui a composé les maximes qu'on vient de lire [1] mais, comme elles sont d'un de ses amis particuliers et que c'est elle en quelque façon qui les a fait naître, il a semblé qu'il était à propos de les mettre ici. A la vérité, l'auteur n'a jamais cru que des pensées sans ordre, sans liaison, dont il s'entretenait dans la solitude, et qu'il communiquait à son incomparable amie, ou de vive voix, ou par lettres, dussent être imprimées un jour, ni qu'elles méritassent de l'être. Mais, comme c'est la destinée presque inévitable de ces sortes d'écrits d'être enfin mis sous la presse dès qu'il en court des copies à la main, il a souffert sans violence qu'on en augmentât le recueil des Maximes, d'autant plus que les Pensées et les Maximes sont jointes déjà ensemble en diverses copies manuscrites, et que tôt ou tard elles échapperaient malgré lui [2]. Il ne prétend pas s'attirer par là la réputation de bel esprit, ni la gloire de bien écrire : il ne se pique de rien moins que de la qualité d'auteur, et, pourvu qu'on juge qu'il pense raisonnablement, il sera très satisfait. Il ne sera pas même malcontent quand on jugera le contraire. Il déclare au reste que, par les vertus auxquelles il donne pour fondement et pour règle l'amour-propre raisonnable, il n'entend parler que des actions humaines honnêtes d'une honnêteté morale, mais très éloignées du caractère et de la pureté des vertus chrétiennes, qui, à parler proprement, méritent seules le nom de vertu [3].

1

L'amour-propre fait tous les vices et toutes les vertus morales [4], selon qu'il est bien ou mal entendu.

2

La prudence qui sert à la conduite des actions humaines est, à le bien prendre, l'amour-propre circonspect et fort éclairé. Ce qui lui est opposé n'est qu'inconsidération et qu'aveuglement.

3

Quoique par ce principe il soit vrai de dire que les hommes n'agissent jamais sans intérêt, on ne doit pas croire pour cela que tout soit corrompu, qu'il n'y ait ni justice ni probité dans le monde. Il y a des gens qui se conduisent par des intérêts honnêtes et louables. C'est ce juste discernement de l'amour-propre bien réglé, quoique rapportant toutes choses à soi-même, mais dans toute l'étendue des lois de la société civile, qui fait ce qu'on appelle honnêtes gens dans le monde [5].

4

L'amour du prochain est de tous les sentiments le plus sage et le plus habile. Il est aussi nécessaire dans la société civile pour le bonheur de notre vie que dans le christianisme pour la félicité éternelle.

5

La gloire et l'infamie sont vaines et imaginaires si on ne les rapporte aux biens et aux maux réels qui les accompagnent.

6

Ceux qui se donnent mille peines, et essuient mille périls pour étendre leur réputation après leur mort aux siècles à venir, sont, ce me semble, bien chimériques. Toute cette gloire à laquelle ils ne donnent point de bornes se termine toutefois à leur imagination, qui leur représente comme présents des honneurs futurs dont ils ne jouiront jamais.

7

Cette maxime, que les choses les plus cachées sont enfin découvertes, est du moins fort incertaine, parce que l'on ne peut juger que par celles que l'on sait, et non point par celles que l'on ne sait pas.

8

Rien ne sert tant au bonheur de la vie que de connaître les choses comme elles sont. Cette connaissance s'acquiert par de fréquentes réflexions sur tout ce qui se passe dans le monde, et fort peu par les livres.

9

Presque tous les malheurs de la vie viennent des fausses idées que l'on se forme sur tout ce qui se passe [6].

10

La véritable éloquence est celle du bon sens, simple et naturelle. Celle qui a besoin de figures et d'ornements n'est fondée que sur ce que la plupart des hommes ont des lumières fort courtes, et ne font qu'entrevoir les choses.

11

Les maximes servent à l'esprit ce que le bâton sert au corps quand il a trop de faiblesse pour se soutenir de soi-même. Ceux qui ont l'esprit grand, qui voient toutes choses dans leur étendue, n'ont point besoin de maximes [7].

12

Les grandes réputations d'être honnête homme sont souvent plus fondées sur les manières et sur un grand art de paraître honnête que sur un mérite véritable et solide.

13

Ceux qui ont les qualités essentielles qui font l'honnête homme, croyant n'avoir pas besoin d'art, négligent les manières, sont plus naturels, et par cette raison plus obscurs, parce que ceux qui en jugent ont d'autres affaires qu'à les examiner, et ne les estiment que par le dehors et par l'apparence [8].

14

On n'est parfaitement honnête homme que parce qu'on a un fort grand sens [9] et une droite raison, qui fait toujours prendre le parti le plus juste et le plus honnête dans toutes les actions de la vie, et c'est fort mal à propos qu'on loue pour leur grand esprit de méchantes et de malhonnêtes gens dans le monde. Ces personnes-là ont seulement quelque portion de ce bon sens qui les fait bien réussir en quelques choses, mais qui les rend imparfaits par mille autres.

15

La vaillance est donnée aux hommes, et la chasteté aux femmes, pour leurs vertus principales, comme les plus difficiles à pratiquer [10]. Quand ces vertus n'ont pas le tempérament ou la grâce qui les soutient, elles deviennent bien faibles, et on les sacrifie bientôt à l'amour de la vie et du plaisir.

16

Presque tous les maîtres disent que tous les valets sont fripons, et des ennemis domestiques : si les valets devenaient les maîtres, ils diraient la même chose. C'est que bien souvent c'est la fortune, et non pas les sentiments, qui les distingue [11].

17

On ne se soucie pas tant d'avoir raison que l'on se soucie de faire croire qu'on a raison : c'est ce qui fait que l'on soutient son opinion avec opiniâtreté, après même qu'on a reconnu qu'elle est fausse.

18

Les erreurs ont quelquefois un aussi long cours dans le monde que les opinions les plus véritables, parce qu'en prenant ces erreurs pour des vérités, on embrasse aveuglément tout ce qui les entretient, et l'on rejette, ou l'on néglige, tout ce qui pourrait les détruire.

19

L'artifice et le mensonge sont de grandes marques de la faiblesse et de la petitesse de l'esprit humain, comme la fausse monnaie l'est de la pauvreté.

20

Les dévots de profession [12] qui, sans une grande nécessité, ont commerce dans le monde [13] doivent être fort suspects.

21

Toute dévotion est fausse, qui n'est point fondée sur l'humilité chrétienne [14] et la charité envers le prochain : ce n'est souvent qu'un orgueil de philosophe chagrin [15] qui croit, en méprisant le monde, se venger des mépris et des mécontentements qu'il a reçus.

22

La dévotion des femmes qui commencent à vieillir n'est souvent qu'un état de bienséance pour sauver la honte et le ridicule du débris de leur beauté, et se rendre toujours recommandables par quelque chose [16]

23

Comme la dévotion est un sentiment purement spirituel, et qui vient de Dieu, il est très délicat, et il faut l'observer de bien près, et avec de grandes précautions, pour ne s'y pas tromper.

24

Le dernier degré de la perfection de l'esprit humain est de bien connaître sa faiblesse, sa vanité, et sa misère : moins on a d'esprit, et plus on s'éloigne de cette connaissance.

25

Il y a une ignorance vide de choses [17] beaucoup moins méprisable que cette ignorance remplie d'erreurs et d'impertinences que l'on appelle fort souvent science dans le monde.

26

La trop grande soumission aux livres et aux opinions des anciens comme à des vérités éternelles révélées de Dieu gâte bien des têtes, et fait bien des pédants.

27

Hors des choses qui regardent la religion, on doit toujours soumettre ses études et ses livres à sa raison, et non pas sa raison à ses livres.

28

On cherche plus dans ses études à remplir sa tête, pour discourir et pour paraître dans le monde, qu'à éclairer et cultiver son esprit pour bien juger des choses.

29

Ces mots de sympathie, de je ne sais quoi, de qualités occultes, et mille autres de cette nature, ne signifient rien [18] : on se trompe, quand on pense en être mieux instruit ; on les a inventés pour dire quelque chose quand on manque de raisons, et qu'on ne sait plus que dire.

30

On fait plus d'honneur à la raison qu'elle ne mérite : elle usurpe souvent ce qui est dû au tempérament [19] ; elle aurait peu d'avantages si elle n'en avait que de légitimes.

31

Il est très rare que la raison guérisse les passions : une passion se guérit par une autre. La raison se met souvent du côté du plus fort : il n'y a point de violente passion qui n'ait la raison pour s'autoriser.

32

La juste et droite raison est une lumière de l'âme, qui lui fait voir les choses comme elles sont. Mais en ce monde, il y a mille nuages qui l'environnent, et qui l'obscurcissent.

33

On ne ferait pas tant de cas de la réputation si on faisait réflexion sur l'injustice des hommes à l'établir ou à la détruire. On doit tâcher de s'en rendre digne par ses bonnes actions, et ne se pas mettre en peine du succès.

34

Une trop grande sensibilité à la médisance entretient la malignité du monde, qui ne cherche que cela.

35

Une grande insensibilité qui ne garde nulle mesure fait le même effet ; c'est une espèce de mépris dont le monde se venge.

36

Il y a un milieu et un tempérament entre ces deux extrémités, qui fait que le monde a de l'indulgence pour certaines actions de quelques personnes, qu'il condamne en d'autres. C'est ce qui fait l'inégalité des dames [20] également galantes, dont les unes sont si fort décriées qu'il est honteux d'avoir commerce avec elles, pendant que les autres sont au rang des Vestales, sans que personne s'en scandalise.

37

Cet amour purement dans l'esprit que quelques personnes s'imaginent est une illusion et une chimère ; le corps y a beaucoup plus de part que l'esprit.

38

On ne doit pas s'étonner si quelques nations qui n'étaient pas éclairées de la foi ont fait une divinité de l'amour ; ses effets et ses sentiments sont étranges, extraordinaires, et paraissent surnaturels.

39

La conversation des belles femmes est plus dangereuse pour le salut que les comédies les plus tendres et les plus passionnées : les unes sont l'original dont les autres ne sont que la peinture et la copie ; les unes font naître les passions, et les autres ne font que les réveiller et les entretenir [21].

40

On n'aimerait guère la comédie, ni la musique, si on n'avait jamais eu d'amour, ni d'autres passions.

41

On croit souvent aimer de bonne foi, et d'une amitié désintéressée, une personne élevée dans la fortune [22] ; mais on ne peut en être assuré que lorsqu'elle est dépouillée de sa puissance. On démêle alors à quoi tenait cette amitié : si l'intérêt en était le fondement, l'honneur la soutient quelque temps, et se lasse enfin de la soutenir.

42

La reconnaissance est la vertu des gens sages et habiles.

43

L'ingratitude est le vice des têtes mal faites et imprudentes.

44

Il y a telle personne, qui n'aura point vu de livres, qui avec son bon sens naturel est plus savant [23] pour les choses du pur raisonnement que certains docteurs consommés dans l'étude des livres.

45

Le bon sens doit être l'arbitre des règles tant anciennes que modernes : tout ce qui ne lui est pas conforme est faux.

46

La nature est donnée aux philosophes comme une grande énigme, où chacun donne son sens, dont il fait son principe. Celui qui par ce principe rend raison plus clairement de plus de choses peut au moins se vanter d'avoir l'opinion la plus vraisemblable.

47

La douleur du corps est le seul mal de la vie que la raison ne peut guérir, ni affaiblir.

48

La fortune distribue aveuglément, et selon son caprice, les rôles qu'un chacun joue sur le grand théâtre du monde. Ce qui est cause qu'il y a de si méchants acteurs, parce qu'il est très rare que les hommes y fassent les personnages qui leur conviennent. Ou, pour parler plus chrétiennement, cette fortune n'est autre chose que la Providence de Dieu, qui souffre ce dérèglement, pour des raisons qui nous sont inconnues [24].

49

La raison et l'expérience doivent être inséparables pour la découverte des choses naturelles.

50

Si la fréquente pensée de la mort ne nous rend pas plus gens de bien, au moins elle nous doit rendre plus modérés, moins avares, et moins ambitieux.

51

Tout est fortuit dans la vie, même la naissance. Il n'y a que la mort qui soit certaine, et cependant nous agissons comme si c'était la seule chose incertaine.

52

La vie est bonne en soi, et le plus grand bien du monde, mais le plus mal ménagé. C'est de nos dérèglements, et non pas d'elle, que nous devons nous plaindre.

53

Il n'y a rien de si difficile à persuader que le mépris des richesses, si l'on ne tire ses raisons du fond de la religion chrétienne.

54

Les sages de l'antiquité étaient bien fous, qui, sans être éclairés des lumières de la foi et sans espérance de quelque chose de meilleur, méprisaient les plaisirs et les richesses. Ils cherchaient à se distinguer par des sentiments extraordinaires et si peu naturels, et à s'élever au-dessus du reste des hommes par une supériorité imaginaire. Les habiles gens d'entre eux se contentaient d'en discourir en public, et agissaient autrement en secret.

55

Il y a une folie grave, concertée et contente d'elle-même, qui a un certain air de sagesse plus impertinent mille fois que cette folie étourdie et plaisante qui ne fait nulles réflexions.

56

Le mépris d'une mort assurée, sans le christianisme, ne mérite ni l'admiration ni la gloire qu'on lui donne ; et en vérité, à y regarder de près, c'est plutôt extravagance que grandeur et fermeté d'âme.

57

Le secret de plaire dans les conversations est de ne pas trop expliquer les choses, les dire à demi, et les laisser un peu deviner ; c'est une marque de la bonne opinion qu'on a des autres, et rien ne flatte tant leur amour-propre.

58

La cause presque de tous les faux raisonnements est que l'on n'envisage qu'une partie de la question. Pour raisonner juste, il faut la concevoir dans toute son étendue.

59

Il y a tant de bonnes et de belles choses dans la nature que ce n'est pas l'abondance qui en fait la superfluité, c'est le mauvais choix et le mauvais usage.

60

L'état des gens qui ont soin des finances et des affaires du Prince est plus assuré que celui des personnes qui ont soin de ses plaisirs : on ne veut pas toujours se réjouir, mais on veut à toute heure et en tout temps avoir de la considération et des richesses.

61

Le dernier point de la sagesse est de connaître qu'on n'en a point.

62

Il n'y a point de véritable sagesse en ce monde que celle qu'enseigne la morale chrétienne. Quand même elle ne serait point soutenue par la foi et par la religion, c'est la plus pure et la plus parfaite loi du monde.

63

Le peuple loue et estime les actions et les autres choses, non pas seulement parce qu'elles sont belles, mais plus souvent parce qu'elles sont extraordinaires. De là viennent toutes les fausses voies que les hommes prennent pour mériter l'approbation du monde.

64

La Cour est l'empire de l'ambition. Toutes les autres passions, l'amour même et les lois, lui sont soumises. Il n'y a point d'unions qu'elle ne fasse, et qu'elle ne rompe.

65

Les ambitieux se trompent quand ils se proposent des fins de leur ambition : ces fins deviennent des moyens quand ils y sont arrivés.

66

Une réputation générale, et de longue durée, est rarement fausse.

67

L'opinion de ces philosophes, que les bêtes sont des automates, c'est-à-dire des machines qui se meuvent elles-mêmes, est bien difficile à croire. Mais celle de ces autres philosophes qui leur donnent une âme corporelle, et qui n'est point corps, est incompréhensible [25].

68

Une grande réputation est une grande charge, difficile à soutenir ; une vie obscure est plus naturelle et plus commode.

69

Diogène [26], qui avait choisi pour sa maison un tonneau, était un fou d'autant plus achevé qu'il s'estimait et voulait qu'on le crût un des plus sages hommes du monde.

70

Les grands emplois et les grandes dignités sont bien nommés de grandes charges ; leur servitude est d'autant plus grande qu'elle regarde le service du public, très difficile à contenter.

71

Les prêcheurs de vertu dans les conversations sont ordinairement de grands fanfarons et de grands fourbes. Le grand soin qu'ont les gens du monde de louer la vertu est quelquefois une grande marque de leur négligence à la pratiquer.

72

La vérité ne se montre aux enfants des Princes que pendant leur jeunesse et leur minorité. Elle disparaît lorsqu'ils sont revêtus de leur puissance et qu'ils ont la couronne sur la tête. Si l'on n'emploie bien ce jeune âge à leur instruction, il n'y a plus de remède dans le reste du cours de leur vie ; tout se passe dans l'illusion et le déguisement.

73

La parfaite connaissance qu'un homme a de sa misère et de ses imperfections est une grande matière [27] de s'humilier devant Dieu. Mais c'est aussi un grand sujet de mépris envers les autres hommes, qui ne sont pas si éclairés.

74

La raillerie est plus difficile à supporter que les injures, parce qu'il est dans l'ordre de se fâcher des injures, et que c'est une espèce de ridicule de se fâcher de la raillerie.

75

La raillerie est une injure déguisée, pleine de malignité, que l'on souffre avec d'autant plus d'impatience que c'est une marque de la supériorité qu'on veut avoir.

76

Les princes et les personnes élevées en dignité y doivent être extrêmement retenus. Le ressentiment [28] qu'on a de leur raillerie est d'autant plus dangereux qu'il est caché et que l'on cherche à s'en venger par des voies secrètes.

77

La raillerie est souvent une marque de la stérilité de l'esprit. Elle vient au secours quand on manque de bonnes raisons.

78

Il y a bien des personnes qui aiment les livres comme des meubles, plus pour parer et embellir leurs maisons que pour orner et enrichir leur esprit.

79

L'illusion des avares est de prendre l'or et l'argent pour des biens, au lieu que ce ne sont que des moyens pour en avoir.

80

Il y a des personnes qui, pour vouloir trop subtiliser et approfondir les choses, vont au-delà de la vérité ; ils s'en éloignent autant que le peuple, qui est au-dessous par son ignorance grossière.

81

La vérité est simple et naturelle : le grand secret est de la trouver.

82

L'illusion de la plupart des nobles est de croire que leur noblesse est en eux un caractère naturel [29].

83

La noblesse véritable et naturelle est celle qui vient des avantages du corps et de l'esprit.

84

Plus la noblesse que l'on tire de ses aïeux seulement est ancienne, moins elle est bonne, plus elle est suspecte et incertaine [30]. Le fils d'un maréchal de France qui a obtenu cette charge par son grand mérite doit être plus noble que ses descendants. Cette source de noblesse est encore toute vive dans les veines du fils, et soutenue par l'exemple du père ; elle s'affaiblit et s'altère en s'éloignant.

85

On s'étonne tous les jours de voir des personnes de la lie du peuple s'élever et s'ennoblir [31], et l'on en parle avec mépris, comme si les plus grandes familles du monde n'avaient pas eu un commencement semblable, à les rechercher jusque dans le fond de leur origine [32].

86

La plus grande partie des plaintes que l'on fait contre son prochain, viennent du peu de réflexion que l'on fait sur soi-même.

87

L'amour-propre fait que l'on regarde les biens et les plaisirs qui arrivent dans la vie comme une chose qui est à nous, et qui nous appartient ; et les maux, comme étrangers, et comme une injustice de la nature. De là viennent les plaintes que l'on fait contre la vie humaine.

88

La plupart des héros sont comme de certains tableaux : pour les estimer, il ne faut pas les regarder de trop près [33].

89

Le mérite des bonnes qualités de l'âme est le mérite essentiel ; mais l'art de faire valoir et mettre en œuvre les bonnes qualités est un second mérite bien plus nécessaire que le premier, dans le commerce du monde, pour la réputation et pour la fortune [34].

90

Il y a bien des choses dans le monde que l'on n'estime que par leur rareté, ou par la difficulté de les faire, quoiqu'elles ne soient ni belles ni utiles en elles-mêmes.

91

Chacun se fait un tribunal où il juge souverainement de son prochain avec autant d'autorité et de confiance que s'il en avait un privilège particulier d'en user ainsi. Il me semble qu'on serait plus retenu à prononcer ces jugements décisifs si l'on pensait qu'on se sert ailleurs de la même liberté et de la même rigueur contre nous.

86

La plus grande partie des plaintes que l'on fait contre son prochain, viennent de peu de réflexion que l'on fait sur soi-même.

87

L'anthropomorphe fait que l'on regarde les bleus et les plaies qui arrivent dans la vie comme une chose qui est à nous, et qui nous apparaient ; et les maux, comme étrangers, excomme une injustice de la nature. De là viennent les plaintes que l'on fait contre la vie humaine.

88

La plupart des héros sont comme de certains tableaux : pour les estimer, il ne faut pas les regarder de trop près.

89

Le mérite des bonnes qualités de l'âme est le mérite essentiel ; celui d'avoir vigueur et finesse en outre les bonnes qualités est une seconde mérite, bien nécessaire que le premier, dans le commerce du monde, pour la réputation et pour la fortune.

90

Il y a bien des choses dans le monde dont l'on n'estime que par leur raretés ou par la difficulté de les faire, quoiqu'elles ne soient au-delà et inutiles en elles-mêmes.

91

Chacun se fait un tribunal où il se juge souverainement de son prochain avec autant d'autorité et de confiance que s'il en avait un privilège particulier d'en user ainsi. Il me semble qu'on serait plus retenu à prononcer ces jugements décisifs, si l'on pensait qu'en se sert ailleurs de la même liberté et de la même rigueur contre nous.

ÉTIENNE-FRANÇOIS DE VERNAGE

NOUVELLES RÉFLEXIONS OU SENTENCES ET MAXIMES MORALES ET POLITIQUES

Texte établi, présenté et annoté par Jean Lafond

Nouvelles Réflexions ou Sentences et maximes morales et politiques

INTRODUCTION
par Jean Lafond

Publiées à Lyon en 1690, puis à Paris en 1691, par le même éditeur, Thomas Amaulry, les *Nouvelles Réflexions ou Sentences et maximes morales et politiques* s'inscrivent expressément, comme l'indique déjà leur titre, dans la mouvance des *Maximes* de La Rochefoucauld. L'ouvrage a connu quelque succès : une troisième édition, augmentée d'une centaine de maximes, est publiée en 1694. Le nom de l'auteur apparaît cette fois au titre, avec sa qualité de docteur en théologie et « chanoine de l'église royale de Saint-Quentin ». Cet ecclésiastique, qui produira deux traités de spiritualité en 1698 et 1711, des *Pensées chrétiennes [...] pour tous les jours du mois* en 1714, couvre ses *Nouvelles Réflexions* de l'approbation d'un docteur de Sorbonne en 1690 et 1691, et d'un théologal de Paris en 1694.

L'ouvrage est dédié à Mme de Maintenon, dont l'épître liminaire fait un éloge dithyrambique. La préface renvoie explicitement au *Discours* qui précédait les *Maximes* de 1665 : Vernage adhère totalement aux vues de La Rochefoucauld et il répète, après La Chapelle-Bessé, qu'il a fait là, comme son grand prédécesseur et modèle, « un portrait du cœur de l'homme tellement corrompu par l'orgueil et l'amour-propre qu'il se trouve dans presque toutes ses actions un mélange de perfection et d'imperfection, d'erreur et de vérité ; c'est ce qui fait qu'il a besoin de grands secours et de grandes lumières pour démêler des choses si opposées et pour bien discerner ce qu'il y a dans lui de vain et de faible de ce qu'il peut avoir de bon et de louable ». Dans leur critique de la vertu, La Rochefoucauld et Mme de Sablé n'ont jamais eu l'intention « de détruire les vertus ; mais seulement de faire voir qu'il y en a peu qui soient pures dans le monde et que, dans la plupart de nos actions, on prend pour des vertus ce qui n'en est bien souvent que l'image et la ressemblance ». Le projet est du reste ouvertement inspiré par les *Maximes* du duc et de la marquise : « La lecture de ces deux excellents ouvrages, si utiles et si nécessaires pour se bien conduire dans le commerce du monde, ayant fait naître l'envie de les imiter dans ce genre d'écrire, on s'est appliqué à choisir dans les ouvrages de plusieurs auteurs d'une grande réputation les pensées qui ont paru les plus belles et les plus solides, dont on a composé la plupart de ces maximes. » Aux réécritures de La Rochefoucauld, de Mme de Sablé et de l'abbé d'Ailly, il faut ajouter en effet la reprise ou l'amplification de formules et d'idées empruntées à Pascal, à Malebranche et à bien d'autres sans doute. La grande majorité de ces auteurs est, on le voit, d'inspiration augustinienne.

L'imitation pratiquée par Vernage, outre qu'elle est avouée, n'est pas le plagiat. Il s'agit bien plutôt de vulgariser des œuvres maîtresses en les mettant à la portée d'un vaste public sous une forme plus facile d'accès. Quand Pascal écrit : « Diseur de bons mots, mauvais caractère » (fr. 549), Vernage, qui n'a pas le talent de La Bruyère (voir *Les Caractères*, VIII, 80), se contente d'expliciter le sens : « C'est un très mauvais caractère que d'affecter de dire toujours de bons mots. On croit souvent passer pour spirituel, lorsque l'on passe pour un fou, rien n'étant plus capable d'ennuyer et de dégoûter qu'une plaisanterie continuelle » (max. 251).

Les *Nouvelles Réflexions* représentent ainsi la vulgate d'un type de pensée morale et politique qui semble avoir été celui de couches assez larges de l'opinion dans cette fin du XVIIe siècle. Le bon sens de Vernage nous paraît à présent bien court, mais l'absence même d'originalité a pu favoriser la réception, fût-elle banalisée, d'œuvres plus difficiles ou plus elliptiques. Les *Nouvelles Réflexions* ouvrent ainsi sur le travail de réécriture en quoi consiste alors une bonne part de la littérature morale : après bien d'autres, Vernage tire de ses lectures un répertoire de lieux qu'il aménage en fonction d'une pensée plus représentative de l'univers mental de son public que d'une vision neuve, ou renouvelée, des problèmes moraux.

BIBLIOGRAPHIE

Nouvelles Réflexions ou Sentences et maximes morales et politiques [...] Seconde édition, revue et corrigée, Paris, Thomas Amaulry, 1691, in-12. Le recueil compte 321 maximes. Le titre reprend mot pour mot le titre des *Maximes* de La Rochefoucauld ; il est précisé seulement que certaines de ces maximes « nouvelles » sont « politiques ».

J. PLANTIÉ, « Les continuateurs de La Rochefoucauld à la fin du XVIIe siècle », in *Images de La Rochefoucauld*, p. p. J. Lafond et J. Mesnard, Paris, P.U.F., 1984, p. 17-29.

M.T. BIASON, « L'espropriazione del discorso nelle *Nouvelles Réflexions* di Vernage », in *Studi francesi*, 98, 1989, p. 275-282.

NOUVELLES RÉFLEXIONS

1

Les réflexions et les fréquents retours sur nous-mêmes nous découvrent les défauts et les imperfections de notre esprit, comme le miroir ceux du corps [1].

2

La lecture et les réflexions sont à l'esprit ce que les aliments sont au corps.

3

Les réflexions ne sont utiles que lorsqu'on les fait à propos et dans le temps d'en pouvoir profiter. Elles deviennent un sujet de chagrin lorsqu'on les fait trop tard et qu'il n'est plus temps de remédier aux choses.

4

La plupart des hommes ne se conduisent en toutes choses, même les plus saintes, que selon leur humeur et leur tempérament [2].

5

Il n'y a point de véritable dévotion où l'humilité chrétienne et la charité envers le prochain ne se trouvent pas.

6

Si l'on examine bien la dévotion de la plupart des hommes, on verra qu'elle ne consiste le plus souvent qu'en des pratiques extérieures auxquelles le cœur n'a point de part.

7

La dévotion n'est souvent qu'un état de bienséance fort utile à ceux qui, n'étant plus dans le pouvoir de faire une grosse dépense, ne sauraient subsister honnêtement ni se rendre recommandables dans le monde d'une autre manière.

8

Il n'y a rien qui soit plus capable de décrier la véritable piété qu'une dévotion mal réglée, bizarre et incommode. La vertu la plus pure n'est pas incompatible avec l'honnêteté, la civilité et les bienséances.

9

La diversité de religion est la cause la plus ordinaire des troubles, de la rébellion et des révolutions étranges qui arrivent dans les empires. Il n'y a point de rebelle ni de séditieux qui ne justifie sa rébellion et ses crimes par le prétexte spécieux de religion [3].

10

La prévention, l'orgueil et le libertinage sont les causes les plus ordinaires des schismes et des différentes sectes qui se trouvent dans la religion.

11

Quand une fois on a violé ce qu'il y a de plus saint et de plus sacré dans la religion, il n'y a point de crime que l'on ne soit capable de commettre : ainsi il n'y a pas d'apparence que celui-là soit fidèle à son prince qui ne l'a pas été à Dieu.

12

Le repos de l'homme dépend du calme de ses passions et du retranchement des inquiétudes et des soins superflus. C'est en vain qu'il le cherche ailleurs [4].

13

Le bonheur de l'homme en cette vie ne consiste pas à être sans passions, il consiste à en devenir le maître.

15

On doit toujours se défier de ses passions, quelque raisonnables qu'elles paraissent. On a beau les couvrir des prétextes spécieux d'honneur et de piété, elles en deviennent pour lors plus injustes et plus dangereuses, et rien n'est capable d'en arrêter la violence [5].

17

La passion qui exerce la plus grande tyrannie sur l'homme et qui le fait tomber dans les fautes les plus énormes est celle de l'amour [6].

18

Les grands hommes ne sont pas toujours ceux qui ont moins de passions et plus de vertu que les autres. Ce sont souvent ceux qui ont plus d'ambition et qui sont plus téméraires, ou qui savent l'art de mieux dissimuler leurs défauts que les autres [7].

19

La coutume, l'intérêt et la passion conduisent la plupart des hommes, et non pas la raison.

27

Le cœur est rarement d'accord avec l'esprit. C'est ce qui fait que la plupart des hommes pensent bien et vivent mal.

82

Chaque état a ses manières et ses bienséances, et même certaines vertus qui lui sont particulières : on doit les connaître et s'appliquer à les garder et à les pratiquer. Sans cela on se rend ridicule.

94

Les héros sont faits comme les autres hommes, ils ont les mêmes faiblesses. L'ambition, l'amour de la gloire, le désir de s'élever et de conserver une grande réputation sont les causes les plus ordinaires de la fermeté et de l'intrépidité qu'ils font paraître dans les plus grands périls [8].

95

La timidité avec laquelle les gens du commun regardent les grands seigneurs fait qu'ils en jugent d'une manière bien fausse. Ils s'imaginent que ce sont des hommes extraordinaires et d'une nature bien différente de la leur. Ils en jugeraient bien autrement s'ils faisaient cette réflexion que les dignités, à la vérité, donnent de l'éclat et un mérite apparent, mais que les qualités personnelles y répondent rarement et que personne ne sort des bornes étroites de la nature humaine.

140

La connaissance de soi-même est le fondement de toutes les vertus, comme l'ignorance de soi-même est la source de tous les vices.

144

Rien ne devrait tant humilier l'homme, ni en même temps lui faire mieux comprendre le dérèglement de sa nature, que cette aversion malheureuse qu'il a pour la lumière, la vérité et la justice.

230

Les différentes manières d'écrire ne nous plaisent ordinairement qu'à cause de la corruption secrète de notre cœur [9].

253

C'est l'intérêt qui fait jouer la plupart des hommes et non pas le plaisir. De là vient cet attachement à des jeux si lassants et si fatigants qu'on a besoin ensuite de divertissement.

293

Il y a aujourd'hui si peu de reconnaissance et de bonne foi dans le monde que c'est souvent faire un crime que d'obliger certaines gens. Les bons offices ne servent qu'à entretenir leur ingratitude et à les rendre encore pires qu'ils n'étaient.

317

Si nous faisions une sérieuse réflexion sur les différents motifs de nos actions les plus réglées en apparence, nous y trouverions beaucoup de corruption, d'orgueil et d'amour déréglé de nous-mêmes [10].

321

Si nous pensions que nous avons toujours des témoins de nos actions, nous éviterions beaucoup de sujets de confusion et de chagrin que les mauvais causent. On ne peut pas cacher le mal, il paraît tôt ou tard. Ainsi on devrait se comporter en toutes choses comme si on était exposé à la vue de tous les hommes [11].

Troisième partie

PASCAL

PENSÉES

Édition établie d'après la copie de référence de Gilberte Pascal

Texte établi, présenté et annoté par Philippe Sellier

Pensées

INTRODUCTION
par Philippe Sellier

Les *Pensées* brillent au centre de l'ouvrage souvent cité de Prévost-Paradol, *Études sur les moralistes français* (1865). Pascal y figure en effet après Montaigne et La Boétie, avant La Rochefoucauld, La Bruyère et Vauvenargues. Dans sa dédicace à l'académicien Miguet, l'auteur écrit : « La consolation élevée que vous avez cherchée dans la poursuite de vos sévères études, je l'ai rencontrée dans la lecture assidue de ce petit nombre de grands écrivains qui sont appelés, d'un consentement universel, les *moralistes français* et qui représentent en effet, avec autant de variété que d'éclat, le génie de notre pays appliqué à l'observation et à la peinture du cœur humain. »

La mise en lumière de l'importance de l'analyse morale dans les *Pensées* a été assurée essentiellement par la longue diffusion de trois éditions capitales de l'œuvre. Après un règne d'un siècle, l'édition de Port-Royal (1670), où la théologie demeurait partout perceptible, fut supplantée par celle de l'abbé Bossut, dans le deuxième volume des *Œuvres* de Pascal (1779). Bossut avait réparti les fragments en deux ensembles : les « Pensées qui se rapportent à la philosophie, à la morale et aux belles-lettres », puis les « Pensées immédiatement relatives à la religion ». C'est sous cette organisation que l'apologie pascalienne du christianisme fut lue et méditée pendant plus d'un siècle. En effet, même si à partir de 1844 on disposa enfin d'un texte pleinement conforme aux originaux (grâce aux travaux de Prosper Faugère), la seconde grande édition qui fit autorité, celle d'Ernest Havet (1852), conserva l'organisation de Bossut. Enfin Léon Brunschvicg vint, qui publia en 1897 un volume d'*Opuscules et Pensées*, appelé à devenir célèbre jusqu'au lendemain de la Seconde Guerre mondiale. Ce fameux petit livre vert, désespérant de jamais retrouver un ordre authentiquement pascalien, répartissait les fragments « logiquement », en quatorze sections, dont les sept premières maintenaient, à une section près, une bipartition d'un esprit semblable à celui de Bossut et d'Havet : « Pensées sur l'esprit et sur le style » (I), « Misère de l'homme sans Dieu » (II), « De la nécessité du pari » (III), « Des moyens de croire » (IV), « La justice et la raison des effets » (V), « Les philosophes » (VI), « La morale et la doctrine » (VII). Ensuite seulement se manifestait la réalité foncièrement théologique des *Pensées* avec la section VIII : « Les fondements de la religion chrétienne ».

Ainsi, pendant près de deux siècles, fut rendue possible une relative laïcisation des *Pensées*, grâce à laquelle l'accent fut mis sur l'acuité de la réflexion sur l'homme. Il est probable que ce précaire effacement de la théologie constitue l'une des conditions de surgissement du « moraliste français ». Pascal se trouvait alors rejoindre La Rochefoucauld, augustinien comme lui, mais qui avait pris soin lui-même d'atténuer les affleurements du christianisme dans les *Maximes*.

La découverte — il y a un demi-siècle — de l'organisation prévue par Pascal, permet une lecture plus riche. Le fait que la première partie prévue pour l'apologie consiste largement en une réflexion anthropologique maintient en pleine lumière la densité de la réflexion « morale ». Mais l'ouverture platonicienne du livre par les thèmes du chapitre intitulé « Commencement », dont une « Lettre pour porter à rechercher Dieu » (fr. 681), assure à l'ensemble un éclairage religieux, qui d'ailleurs se manifeste partout.

La naissance des « Pensées »

Au lecteur d'aujourd'hui, les *Pensées* apparaissent comme un ensemble d'environ huit cents fragments (on hésite encore sur quelques découpages), dont les uns n'ont consigné qu'une notation-éclair (fr. 76), tandis que d'autres occupent plusieurs pages (fr. 230). Certains constituent de simples notes de lecture (fr. 446), d'autres se présentent sous une forme achevée (fr. 339). Il a fallu longtemps pour parvenir aux éditions rigoureuses qui prédominent depuis quelques décennies.

Le 26 janvier 1648, Pascal écrit à sa sœur Gilberte qu'il vient de s'entretenir avec l'un des théologiens de Port-Royal, M. de Rebours : « Je lui dis ensuite que je pensais que l'on pouvait, suivant les principes mêmes du sens commun, démontrer beaucoup de choses que les adversaires disent lui être contraires, et que le raisonnement bien conduit portait à les croire, quoiqu'il les faille croire sans l'aide du raisonnement. » Sans doute faut-il voir là, chez ce jeune savant de vingt-cinq ans, déjà doté d'une ample culture théologique, la préhistoire du projet d'apologie qui s'épanouira moins de dix ans plus tard.

Tout proche du monastère de Port-Royal, où sa sœur cadette, Jacqueline, est devenue religieuse en 1652, Pascal s'est rangé dès 1647-1648 du côté des théologiens qui gravitent autour de l'abbaye et dont le chef de file est Antoine Arnaud (le grand Arnaud). Ceux-ci se signalent comme les défenseurs intransigeants de la théologie de la grâce élaborée par saint Augustin (356-430), qui insiste sur la faiblesse de l'homme et sur la toute-puissance de l'action divine. Ils se heurtent à la Compagnie de Jésus, soucieuse d'insister sur le libre arbitre humain. Dès le début de 1656, Pascal entre dans la bataille avec la première des *Lettres provinciales*. La campagne de ces *Petites Lettres* s'achèvera en mai 1657.

Le 24 mars 1656 se produit le second événement d'où vont surgir les *Pensées*. Une enfant de dix ans, pensionnaire à Port-Royal de Paris, se trouve immédiatement guérie par l'attouchement d'une relique, une épine qui proviendrait de la couronne d'épines du Christ en sa passion et qui se trouvait exposée dans la chapelle du monastère. Or cette enfant, Marguerite Périer, n'est autre qu'une des nièces de Pascal. Bouleversé par ce signe de Dieu, survenu dans la communauté où sa sœur a pris le voile, et dans sa propre famille, Pascal entreprend de se documenter et de réfléchir sur les phénomènes miraculeux dans le judéo-christianisme. Sans doute songeait-il, au début, à un ouvrage sur les miracles.

Mais, dès l'automne 1656, tout en poursuivant la rédaction des *Provinciales* et en pensant à un *Traité des miracles*, l'écrivain — qui entre dans une période d'effervescence créatrice d'un peu plus de deux ans — élargit ses perspectives. On assiste à la germination du projet d'apologie. Vers mars 1657 existe déjà un ensemble de « Pensées » qui prendront place dans quatorze des chapitres projetés pour l'œuvre future. Le travail atteint son maximum d'intensité au printemps de 1658. Vers juin, Pascal découpe ses feuillets couverts de notes et organise les fragments ainsi obtenus en vingt-six rubriques (les dossiers III à XXVIII de la présente édition). Il met à part sept autres dossiers (XXIX à XXXV), jugés périphériques par rapport au projet d'apologie ; parmi eux figurent en particulier les notes sur les miracles, qui apparaissent alors comme trop ponctuels et trop éphémères pour entrer dans le cheminement de l'intelligence vers la foi. Tout cela une fois accompli, le jeune théologien domine mieux l'ensemble de ses réflexions. Il en perçoit les lacunes et envisage certains infléchissements. Il ouvre alors un dossier « Ordre » (dossier II) et établit la liste des dossiers destinés à l'apologie (fr. 1). Au même moment il constitue un dossier où les thèmes principaux de l'ouvrage sont indiqués par au moins un fragment (dossier I).

Aussitôt après cette mise en ordre, l'écrivain entame la seconde étape de son travail. Il étend sa réflexion sur le plan à donner à son œuvre (fr. 644), s'attaque au programme du fr. 42 sur « L'état des juifs » (fr. 646, 691, 692, 696), et établit des fiches documentaires (fr. 719).

Malheureusement, Pascal — qui avait déjà connu à diverses reprises de sérieux ennuis de santé — subit à nouveau les atteintes de la maladie. L'aggravation est telle qu'en février 1659 et les mois suivants il devient incapable même de répondre aux lettres. Une accalmie lui permet de voyager, en 1660, et de participer à diverses activités, jusqu'au début de 1662. Au cours de cette période ont été rédigées de nouvelles « Pensées », comme l'attestent les fr. 616, 622, 649 et 650. Mais le 29 juin 1662, atteint de nouveau par le mal, l'écrivain doit se faire transporter chez sa sœur Gilberte, où il meurt le 19 août, à une heure du matin.

Comment le public connut-il l'ouvrage ainsi inachevé ? D'une façon lente et assez chaotique. En 1670, l'édition préparée par un groupe d'amis et de parents, l'édition dite de Port-Royal, n'avait livré qu'une partie des papiers laissés par Pascal, et on avait cru devoir retoucher nombre de textes, jugés peu publiables à une époque qui n'appréciait guère l'abrupt et le fulgurant. Une quarantaine de fragments nouveaux furent ajoutés en 1678. On vit ensuite paraître diverses « Pensées sur les miracles » (1727), le long fragment sur l'amour-propre (fr. 743) et quelques autres (1728), le « Mémorial » autographe (1740). Il fallut attendre Faugère (1844) pour disposer d'un texte plus complet et enfin conforme aux originaux. Quatorze « Pensées » inédites ont encore été découvertes et publiées par M. Jean Mesnard (1962). Si l'on disposait d'une bonne transcription des manuscrits à la fin du XIXe siècle, tout le monde était alors convaincu qu'on avait trouvé les papiers de Pascal dans le plus grand désordre et qu'il était vain de procéder à des reconstitutions. C'est dans ce « désespoir » philologique que fut établie l'édition Brunschvicg, qui apparut pendant quelques décennies comme la moins mauvaise présentation de ces fragments épars.

La découverte du projet pascalien

De quels manuscrits disposaient les éditeurs des *Pensées* ? Il en existe trois qui l'emportent de beaucoup en importance. Le plus prestigieux, le *Recueil Original* (R.O.) des *Pensées*, rassemble les papiers autographes de Pascal, que son neveu, Louis Périer, avait collés sur un grand album et déposés en 1711 à la bibliothèque de Saint-Germain-des-Prés (d'où ils passèrent à la Bibliothèque nationale). Les fragments ne reproduisent aucun ordre originel ; on a simplement travaillé à en réunir le plus possible sur chaque page, en fonction de leurs dimensions. Les éditeurs se référaient aussi à deux « Copies », œuvres du même calligraphe, qui aidaient à déchiffrer les originaux, souvent difficiles à lire. Mais ils considéraient ces deux manuscrits comme tardifs et sans utilité pour reconstituer une éventuelle organisation pascalienne.

Tout commença à changer à partir des années 1930. On s'avisa alors de prendre au sérieux les indications fournies par un autre neveu de Pascal, Étienne Périer, dans la préface publiée en tête de l'édition de Port-Royal :

« Comme l'on savait le dessein qu'avait M. Pascal de travailler sur la religion, l'on eut un très grand soin, après sa mort, de recueillir tous les écrits qu'il avait faits sur cette matière. On les trouva tous ensemble enfilés en diverses liasses, mais sans aucun ordre et sans aucune suite [...]. Et tout cela était si imparfait et si mal écrit qu'on a eu toutes les peines du monde à les déchiffrer.

« La première chose que l'on fit fut de les faire copier tels qu'ils étaient, et dans la même confusion qu'on les avait trouvés. »

On avait jusque-là négligé la mention de « liasses ». Mais leur réalité fut établie par Tourneur (1938) et par Couchoud (1948), qui ont relevé plus de deux cents trous d'enfilure, beaucoup d'autres ayant disparu lorsque l'artisan du *Recueil Original* a retranché au ciseau les marges de nombreux fragments. Selon un usage courant au XVIe et au XVIIe siècles, Pascal classait ses notes en les enfilant sur un gros fil au moyen d'une aiguille. Une fois le classement arrêté, il enfilait une languette portant le titre de la liasse et nouait le fil.

Beaucoup des papiers ainsi classés sont de faibles dimensions. Est-ce à dire que l'apologiste écrivait sur toutes sortes de papillons ? En fait, il rédigeait habituellement sur de grandes feuilles pliées en deux ou sur des feuillets (moitiés de feuille), en séparant le plus souvent ses notes d'un trait de plume. Ainsi, lorsqu'il voulut opérer un classement, il lui fut aisé de découper les fragments dont il avait besoin.

Le travail de déchiffrement auquel Étienne Périer fait allusion fut conduit avec une rigueur exceptionnelle. Gilberte Périer considérait les écrits de son frère comme presque sacrés. Si les premières étapes de la transcription ont disparu, il nous reste les deux « Copies » qu'on croyait tardives. Un article magistral de M. Jean Mesnard, publié en 1971 dans le recueil *Les Pensées de Pascal ont trois cents ans*, démontra que toutes deux dataient de 1662-1663, c'est-à-dire des premiers mois qui suivirent la mort de Pascal. Dans ces deux documents, devenus d'un intérêt exceptionnel, la teneur du texte est à peu près identique, à quelques réserves près : la Seconde Copie (C 2) comporte 61 dossiers, alors que la Première (C 1) n'en contient que 60 ; d'autre part, le texte de C 1 a été abîmé par les corrections de plusieurs réviseurs (Arnauld, Nicole, Étienne Périer), à tel point qu'on a parfois confondu ces ajouts avec le texte original. Au contraire, C 2 est intact, et les corrections — d'une seule main, celle d'Étienne Périer — ne visent qu'à effacer les inadvertances du copiste, à rendre la copie plus fidèle.

Mais le plus important réside dans le fait que, dans les deux Copies, l'ordre de succession des dossiers se révèle en partie différent. D'où viennent ces disparités ? C'est que, dans C 1, chaque dossier pascalien a été transcrit sur un seul cahier. Ces cahiers ont eu longtemps une existence autonome : ils ont circulé entre les réviseurs et ont servi de base à l'édition de 1670, ce qui explique les retouches effectuées. En revanche, dans C 2, les dossiers pascaliens chevauchent les cahiers. Le copiste a transcrit ces dossiers du premier au dernier, sans laisser de pages blanches. C'est dire que l'ordre de C 2 a été d'emblée intangible, alors que les cahiers de C 1 n'ont été reliés dans l'ordre où nous les trouvons que bien des années plus tard. Dès lors on est un peu surpris du crédit que Louis Lafuma a accordé à l'ordre de la Première Copie — base de sa grande édition de 1951 et de celle de 1963 — alors que lui-même reconnaissait dans la Seconde « le manuscrit qui a conservé l'ordre qui existait à l'origine » (*Recherches pascaliennes*, 1949). En fait, la Seconde Copie représente visiblement la copie de référence, la copie-étalon que Gilberte Périer, sœur et collaboratrice de Pascal, a fait établir à son usage, que son fils Étienne Périer a constamment améliorée, et souvent en se reportant à l'original. C'est sur celle-ci seule qu'un autre fils de Gilberte, Louis Périer, travaille encore entre 1680 et 1710, lorsqu'il constitue son célèbre « manuscrit », dont il sera question plus loin. Dès lors, C 2 ne reproduit-elle pas le meilleur ordre possible, celui que Gilberte, plus au courant que quiconque des intentions de son frère et de l'état de ses papiers, a voulu conserver *ne varietur* ?

La supériorité de la Copie de Gilberte Pascal permet de corriger certaines erreurs de Lafuma. Ce dernier opposait aux vingt-sept liasses à titres mentionnées par une Table de dossiers (fr. 1) un vaste ensemble de fragments qu'il déclarait « non classés » et qu'il appelait des « séries ». Au sein de ces trente-quatre « séries », seuls se détachaient tout à la fin les trois dossiers sur les miracles (séries XXXII à XXXIV). Dans ce désordre, la Seconde Copie permet de découvrir à la fois un ordre et une chronologie.

Le fr. 1 et la « liasse-table » ouvrent C 2. Celle-ci s'organise en quatre ensembles clairs : les deux premiers correspondent au classement de juin 1658, et les deux derniers à l'étape ultime du travail. Dans chaque cas, l'écrivain regroupe les dossiers qu'il destine avec certitude à l'apologie (sections A et D de la Table du présent volume) et met à part ceux qui lui apparaissent comme périphériques. Ce qui ne veut pas dire qu'il n'aurait pas repris certains de ces fragments mis à part : le fait qu'il en ait fait transcrire plusieurs en vue de cette mise à part suggère qu'il tenait à les garder à sa disposition. Enfin, il se manifeste que Pascal a laissé en ordre l'ensemble des fragments liés à la genèse du projet d'apologie.

La découverte de l'importance primordiale des Copies a permis aux éditions des *Pensées* d'effectuer un spectaculaire bond en avant. Un fait demeure désormais avéré : au moment de la mort de Pascal, les fragments rédigés dans la perspective de l'apologie se trouvaient classés en 61 dossiers. Il est donc impossible de toucher à aucun de ces dossiers, d'en disperser les « Pensées ».

Est-ce à dire que nous possédons l'ordre dans lequel devaient se succéder ces 61 regroupements ? Rien n'est moins sûr, y compris pour les liasses à titres constituées vers juin 1658. Assurément de nombreux critiques ont lu le fr. 1 comme une Table des matières ; et dans ce cas, après une première section, « anthropologique » (III à XI), la liasse A.P.R. constituerait un tournant et la liasse « Commencement » marquerait le début de la seconde partie, de plus en plus religieuse. Pourtant, diverses difficultés compromettent ces vues séduisantes. Le dossier « Ordre » aurait-il pris place dans l'apologie ? Des programmes de travail comme les fr. 42, 45... autorisent à en douter. Ce seul constat oriente vers l'interprétation du fr. 1 comme une Table de dossiers. Le doute s'accentue quand on voit Pascal lui-même au travail, en juin 1658 : le fr. 1 mentionne « Divertissement » avant « Philosophes », mais le fr. 27 précise l'ordre. D'autre part, on peut être tenté de faire commencer l'ouvrage par... « Commencement », dont la « Lettre pour porter à rechercher Dieu » (fr. 681 à 687) et le « Discours de la machine » (fr. 680) se présentent comme des dilatations internes. Or le dossier « Ordre » indique sans ambiguïté qu'après ces deux ouvertures (fr. 45 et 41) on en viendra aux « philosophes » (fr. 38). Ajoutons que le dossier

« Transition de la connaissance de l'homme à Dieu » est fort bizarrement placé. On l'attendrait après l'ensemble anthropologique et non après deux dossiers de réflexions sur le bon usage de la raison dans la recherche de l'infini (XIV) et sur l'inefficacité des preuves métaphysiques (XV).

Bref, l'une des tâches les plus importantes des recherches pour les prochaines années consistera à retrouver l'organisation exacte des dossiers pascaliens. On entrevoit déjà certaines réponses : après une ouverture destinée à tirer l'incroyant de sa torpeur (« Lettre pour porter à rechercher Dieu », puis « Discours de la machine »), l'écrivain eût invité son interlocuteur à réfléchir sur les pouvoirs de la raison dans la connaissance religieuse. Ensuite fût venue la longue enquête anthropologique. Après la « Transition » de l'homme à Dieu eût commencé la « deuxième partie... par l'Écriture » (fr. 40). Ainsi se dessine la possibilité d'une édition qui, sans toucher le moins du monde aux dossiers de Pascal, nous restituera enfin « l'ordre » même prévu par leur auteur. Mais dès maintenant les éditions conformes aux Copies permettent à tout lecteur de progresser lui-même sur cette voie.

Les autres manuscrits

La Première Copie fut utilisée pour l'édition des *Pensées* de 1670, et pour celle de 1678. Elle rejoignit ensuite les autographes et la Seconde Copie chez les Périer, au château de Bienassis, près de Clermont. Peu après l'édition augmentée de 1678, on envisagea d'imprimer d'autres fragments pascaliens. Si en effet les Copies avaient enregistré près de quatre-vingts « Pensées » dont les originaux furent bientôt dispersés et perdus, en revanche elles avaient laissé de côté divers fragments considérés comme sans aucun rapport avec l'*Apologie* : essentiellement des textes liés à la campagne des *Provinciales* et des pages mystiques.

L'abbé Louis Périer, à une date imprécise, mais peut-être toute proche de 1680, constitua un recueil connu sous le nom de « Manuscrit Périer ». La seconde moitié de ce précieux recueil contenait le texte sur l'amour-propre (fr. 743) et un important ensemble de « Pensées détachées », dont les premières étaient toutes absentes des Copies et inédites (fr. 744-770). L'abbé Périer avait choisi parmi les fragments laissés de côté par les copistes de magnifiques textes intimes ou des notations-éclairs qui lui semblaient pouvoir intéresser. Mais son projet d'impression ne fut réalisé partiellement qu'en 1728. Le manuscrit Périer a disparu. Il en subsiste une copie exécutée vers 1740 (collection de Léon Parcé, dont l'obligeance m'a permis de travailler sur ce document capital).

Vers 1684, deux autres manuscrits existent : l'un, que M. Mesnard a découvert parmi les papiers de la collection Joly de Fleury (manuscrit 2466 de la Bibliothèque nationale), fait connaître quatorze fragments (fr. 772-785) absents des Copies et du manuscrit Périer. L'autre a été constitué par Vallant, médecin de la marquise de Sablé : il a recopié un texte proche de l'édition de Port-Royal, sensiblement différent des originaux pascaliens ; l'une des rubriques sous lesquelles il réunit les fragments est « Des cahiers de M. Pascal ». Vallant n'a conservé qu'un seul fragment (fr. 786) qui soit absent des manuscrits de cette période.

Quelques autres fragments nous ont été conservés grâce aux manuscrits du père Pierre Guerrier, oratorien de Clermont, très lié à Marguerite Périer, qui fit don de la Seconde Copie à l'Oratoire de cette ville en 1723. Ce document inestimable passa du père Guerrier à son héritier Guerrier de Bezance, qui le déposa à la Bibliothèque du Roi le 14 avril 1779. Il se trouve aujourd'hui à la Bibliothèque nationale (manuscrit 12.449 du fonds français), en compagnie du *Recueil Original* et de la Première Copie (manuscrit 9203).

L'univers moral des *Pensées*

La mentalité collective, à la fin du XVI° siècle et pendant la première moitié du XVII° siècle, est tourmentée par l'incertitude, par l'inquiétude. La découverte de civilisations inconnues, l'irruption des sagesses païennes, l'éparpillement des réformes chrétiennes, les guerres de religion, la ruine de la physique aristotélicienne, tous ces facteurs ont rendu l'homme de ce temps obsédé par l'inconstance et l'inconsistance de toutes choses. Les *Essais* de Montaigne constituent, en France, l'incomparable célébration littéraire de cette vision du monde. Dans une telle atmosphère intellectuelle, la hantise des penseurs les plus aigus est de trouver, au milieu des tourbillons du scepticisme, un point solide, un fondement pour quelques affirmations. La stratégie d'un Descartes (1596-1650) consiste à prendre comme point de départ un doute universel pour faire émerger de ce doute même des certitudes qui lui paraissent irréfragables : l'auteur du *Cogito* passe rapidement d'un pyrrhonisme provisoire à ce que les *Pensées* condamnent sous le nom de « dogmatisme ». Pascal lui-même s'est trouvé affronté à la même alternative : scepticisme ou dogmatisme ? Montaigne, qui est à ses yeux le plus grand pyrrhonien du monde, ou Descartes, l'un des plus puissants dogmatiques du monde ? Pour posséder une vue d'ensemble de la position de l'apologiste dans ce débat, il importe de considérer sa théorie de la connaissance, sa métaphysique, tout autant que sa théorie morale. Examinons donc les thèses fondamentales de l'épistémologie et de la métaphysique pascaliennes avant de développer comment, dans les *Pensées*, les êtres humains se situent par rapport aux divers modes d'agir qui se présentent à eux dans le monde. Des êtres humains dont l'écrivain a maintes fois souligné le caractère bizarre et changeant, mais qu'il a aussi rassemblés en trois groupes principaux : « Il n'y a que trois sortes de personnes : les uns qui servent Dieu l'ayant trouvé, les autres qui s'emploient à le chercher ne l'ayant pas trouvé, les autres qui vivent sans le chercher ni l'avoir trouvé. Les premiers sont raisonnables et heureux, les derniers sont fous et malheureux. Ceux du milieu sont malheureux et raisonnables » (fr. 192).

Il existe donc trois grands types d'expérience morale : celle de l'incroyant tranquille, couché sur le mol oreiller du doute ; celle d'hommes éveillés, attentifs à l'existence, inquiets (au sens augustinien, « sans repos »), à l'écoute, insatisfaits de leurs limites et de leurs ténèbres ; celle enfin des « vrais chrétiens ». Soucieux d'ébranler les incroyants les plus paisibles, Pascal a longuement présenté, dans les *Pensées,* les constats sur lesquels ceux-ci font reposer leur agnosticisme.

Le clair-obscur du monde

Sans les lumières de la révélation judéo-chrétienne, le décor et les figurants-fantoches de ce monde ne peuvent que glacer d'effroi l'incroyant lucide. Tout s'écoule autour de nous et en nous : « [...] incapables de savoir certainement et d'ignorer absolument. Nous voguons sur un milieu vaste, toujours incertains et flottants, poussés d'un bout vers l'autre [...]. Rien ne s'arrête pour nous. C'est l'état qui nous est naturel et toutefois le plus contraire à notre inclination. Nous brûlons du désir de trouver une assiette ferme et une dernière base constante pour y édifier une tour qui s'élève à l'infini, mais tout notre fondement craque et la terre s'ouvre jusqu'aux abîmes.

« Ne cherchons donc point d'assurance et de fermeté. Notre raison est toujours déçue par l'inconstance des apparences : rien ne peut fixer le fini entre les deux infinis qui l'enferment et le fuient » (fr. 230).

Que peut connaître l'homme ? Assurément la connaissance des premiers principes (être, temps, mouvement, tout plus grand que la partie...) lui est si immédiate qu'il n'en peut douter sérieusement. Mais dès qu'on passe à d'autres intuitions de cette faculté de la spontanéité et de l'infini que Pascal appelle le *cœur,* il est souvent malaisé de vérifier que celles-ci diffèrent des productions suspectes de l'imagination. La raison, elle, est « ployable à tous sens » (fr. 455) : le seul domaine où elle fonctionne de façon à peu près satisfaisante est celui des sciences. Mais que disent les sciences sur ce qui est essentiel à l'homme : sa destinée, la façon de conduire sa vie, de vivre ses amitiés ou ses amours ? Chaque homme est habité d'un sentiment confus de Dieu, ce qui le trouble, mais sa raison est impuissante à prouver Dieu, ce qui le lasse. L'homme ne connaît même pas son propre être : comment expliquer qu'une part de lui-même paraisse dominer le temps, résister aux passions... et soit mêlée à un corps périssable ?

Égaré dans un univers crépusculaire, menacé de chutes sans fin dans les crevasses d'un sol qui se dérobe, attendu au terme de ce mauvais songe par la hache implacable de la mort, la pelletée de terre et la pourriture, que fera l'homme ?

« *Tant de différentes et extravagantes mœurs* » (fr. 497)

Le spectacle qui s'offre à lui est désespérant. Si seulement se manifestait clairement l'existence d'une morale naturelle, si on la voyait « plantée par tous les États du monde et dans tous les temps », l'humanité ne connaîtrait pas l'incertitude qui l'habite. « L'éclat de la véritable équité aurait assujetti tous les peuples » (fr. 94). Au lieu de cette loi, on découvre que « l'homme n'est qu'un sujet plein d'erreur naturelle » (fr. 78). Plus relativiste encore que les ethnologues contemporains, aux yeux desquels l'unique règle morale qui semble universelle est le tabou de l'inceste, Pascal constate que « le larcin, l'inceste [même], le meurtre des enfants et des pères, tout a eu sa place entre les actions vertueuses. » Et ce sont les sarcasmes célèbres : « On ne voit rien de juste ou d'injuste qui ne change de qualité en changeant de climat. Trois degrés d'élévation du pôle renversent toute la jurisprudence. Un méridien décide de la vérité [...]. Le droit a ses époques [...]. Plaisante justice qu'une rivière borne ! Vérité au-deçà des Pyrénées, erreur au-delà ! » Par suite d'une si totale confusion s'est établie la maxime générale : « que chacun suive les mœurs de son pays » (fr. 94). Ainsi chacun, ignorant et flottant, suit le train de ses pères, les préjugés de son éducation. « Qu'est-ce que nos principes naturels, sinon nos principes accoutumés? » (fr. 158). Et si des ruptures s'opèrent, elles sont le fait de la force, qui établit bientôt de nouvelles routines pour se maintenir au pouvoir, « et ainsi on appelle juste ce qu'il est force d'observer » (fr. 119).

La rigueur de ce scepticisme moral a suscité les protestations du grand Arnauld, qui a accusé Pascal d'être sur ce point sectateur de Montaigne plutôt que de saint Augustin. Le texte critiqué par Arnauld est une sorte de confession, où l'apologiste expose son propre itinéraire. Il y joue de deux acceptions du mot *justice* : la justice éternelle de la Loi divine *(justitia)*, et les conventions juridiques des ethnies humaines *(jura)*. C'est à peu près l'opposition dont se réclame l'Antigone de Sophocle. Mais précisément, aux yeux de Pascal, hors la foi, les hommes n'ont pas d'accès durable à la connaissance de la Loi non écrite, de la Loi divine. Aux édits de Créon, qui a la force, Antigone n'oppose que la coutume. Elle meurt pour une illusion de transcendance. Dans peu de temps, la force de Créon aura sacralisé d'autres coutumes, et si ces coutumes sont menacées par un autre tyran, d'autres Antigones surgiront, émouvantes et dérisoires : « *J'ai passé longtemps de ma vie en croyant qu'il y avait une justice, et en cela je ne me trompais pas, car il y en a, selon que Dieu nous l'a voulu révéler. Mais je ne le prenais pas ainsi, et c'est en quoi je me trompais, car je croyais que notre justice était essentiellement juste et que j'avais de quoi la connaître et en juger. Mais je me suis trouvé tant de fois en faute de jugement droit, qu'enfin je suis entré en défiance de moi, et puis des autres. J'ai vu tous les pays et hommes changeants. Et ainsi après bien des changements de jugement touchant la véritable justice, j'ai connu que notre nature n'était qu'un continuel changement, et je n'ai plus changé depuis. Et si je changeais je confirmerais mon opinion* » (fr. 453, rayé).

Dans ce fragment d'autobiographie, Pascal, contrairement à l'avis d'Arnauld, ne fait que greffer le relativisme de Montaigne sur une thèse fondamentale de *La Cité de Dieu* : seule la foi est accès à la connaissance de la vraie justice *(justitia)*; privés de cette connaissance, les groupes humains ne possèdent que « des sortes de droits ». Ces « sortes de droits », Pascal les appelle « folies » (fr. 48) ou « injustice » (fr. 43). Il en donne des exemples dont il comptait durement se moquer : les guerres entre princes, simples assassinats magnifiés par la coutume (fr. 84 et 93) ; les systèmes d'héritage, en particulier « la plaisanterie des aînés qui ont tout » (fr. 43) ; les ridicules fondements de la propriété privée (fr. 98) ; la sottise de la royauté, où n'importe quel imbécile risque d'être couronné (fr. 64). La morale des groupes est aussi fantaisiste que celle des individus : les bizarreries humaines suscitent chez l'apologiste une réaction dont l'ampleur ne saurait être trop soulignée : le rire. Le rire pascalien, avec toutes ses nuances, est presque omniprésent dans les *Pensées*, avec des termes comme « plaisant », « plaisanterie », « rire », « ridicule ». L'être humain y tend souvent vers le fantoche ou la marionnette, comme le philosophe sur sa planche ou les magistrats emmaillotés du fragment « Imagination » (fr. 78).

Jésuites et philosophes

Fantoche, marionnette : on reconnaît l'allure du bon père jésuite des premières *Provinciales,* lui aussi victime du rire pascalien, mais d'un rire qui est ici plus haut et, peu à peu, plus violent. Une telle parenté n'est pas de hasard. Le jésuite semble ignorer que, moralement, l'homme est une girouette. Il méconnaît l'une des certitudes les plus fermes de l'augustinisme pascalien : *la raison humaine, livrée à elle-même, est incapable d'élaborer une morale.* Il importe de ne pas atténuer le radicalisme d'une telle position, qui frappe de plein fouet les idéaux de l'humanisme des XVIe-XIXe siècles. Les casuistes corrompus des *Provinciales* sont, en matière de morale, des théologiens qui croient pouvoir se confier à la raison pour infléchir la Loi divine révélée par l'Écriture. Pascal se moque à juste titre de leurs « fantasques décisions » : « Les casuistes soumettent la décision à la raison corrompue et le choix des décisions à la volonté corrompue, afin que tout ce qu'il y a de corrompu dans la nature de l'homme eût part à sa conduite. » (fr. 498).

Les casuistes relâchés ont été contaminés par l'humanisme de la Renaissance, par une époque qu'exaltait la découverte de l'héritage gréco-latin, considéré comme un trésor de sagesse morale. On ne sera donc pas surpris de voir Pascal fustiger non seulement le rationalisme jésuite, mais l'ensemble des philosophies morales de l'Antiquité. Pascal est un anti-Renaissant. À ses yeux, il n'existe pas de sagesse antique (fr. 111). Toute la liasse « Philosophes » condamne les prétentions du stoïcisme. La « justice » d'Épictète lui-même n'est qu'« une niaiserie » (fr. 133). Pour l'homme, être qui fait face à la mort, « les discours de Sénèque et Socrate n'ont rien de persuasif [...]. Ils ont été sous l'erreur qui a aveuglé tous les hommes dans le premier : ils ont tous pris la mort comme naturelle à l'homme ; et tous les discours qu'ils ont fondés sur ce faux principe sont si futiles qu'ils ne servent qu'à montrer par leur inutilité combien l'homme en général est faible, puisque les plus hautes productions des plus grands d'entre les hommes sont si basses et si puériles » (*Lettre sur la mort*, du 17 octobre 1651). Futilité, niaiserie : on s'explique pourquoi Pascal a jugé inutile de se donner une culture antique. Hormis le cas d'Épictète et celui des épigrammatistes latins édités par Port-Royal en 1659, l'apologiste semble n'être presque jamais allé directement aux textes : la synthèse exceptionnelle des pensées grecque et romaine opérée par les *Essais* lui a paru suffisante pour le peu qu'il demandait aux penseurs païens : attester par leurs contradictions, par leurs insuffisances ou par leurs fugitives intuitions, la vérité de l'Évangile catholique. Chez Pascal, comme chez La Rochefoucauld, les termes « philosophie » et « philosophe » sont toujours péjoratifs. La philosophie propose le sottisier de la raison humaine.

Le relativisme pascalien est autrement radical que celui des Lumières. Ce n'est pas un relativisme provisoire dont on s'évade rapidement pour affirmer que, si les hommes ont erré en des âges barbares, *désormais* la raison va guider l'humanité vers des lendemains moraux qui chantent. Le relativisme moral de Pascal est lié à la fragilité constitutive de l'homme déchu. Aucune puissance humaine ne peut remédier à ce vagabondage affolé des pratiques et des théories au gré des époques, des cultures, des modes, des climats, peut-être même des étoiles. « Comme la mode fait l'agrément, aussi fait-elle la justice » (fr. 95).

Ce relativisme est en même temps un pessimisme. Les fantaisies morales des groupes et des individus sont souvent cruelles, car « les hommes se haïssent naturellement l'un l'autre » (fr. 243). Le constat de Pascal est exactement celui de Freud, au terrible cinquième chapitre de *Malaise dans la civilisation* (1929). C'est pourquoi le rire pascalien est si souvent mêlé d'indignation ou de détresse. Mais la théorie morale des *Pensées* diffère de celle de Freud sur un point essentiel : au lieu d'attribuer une importance fondamentale à la sexualité comme origine des conduites, Pascal et les augustiniens posent : au commencement était la violence, la *libido dominandi*. Chacun des *moi* qui composent les groupes veut dominer tous les autres (fr. 668), se faire « centre de tout » (fr. 494). L'écrivain annonce ici la thèse de René Girard dans *La Violence et le Sacré* (1972) et dans *Des choses cachées depuis la fondation du monde* (1978).

L'ordre de la concupiscence

Tout groupe est par nature un ensemble de fauves, même si ces fauves sont assez souvent assoupis. C'est pourquoi, dans sa théorie politique, Pascal s'oppose farouchement à ce qu'on mette en mouvement les masses, à ce qu'on ouvre la porte « aux soulèvements auxquels les peuples sont si naturellement portés » (« Quatorzième Provinciale »).

Mais alors comment expliquer que l'affrontement violent ou sournois de ces millions de *moi* totalitaires ne conduise pas à une guerre sans fin et sans merci ? Le risque existe, et la violence menace à toute heure. Aussi Pascal juge-t-il que « le plus grand des maux est les guerres civiles » (fr. 128). Toutefois, le plus souvent, un fragile équilibre s'instaure ; et les groupes goûtent une sorte de paix. Ce n'est pas que ces groupes soient vertueux. Car ce que les hommes appellent vertus ne sont que des vertus apparentes ou décevantes. *Apparentes*, parce que l'équilibre des intérêts produit des conduites qui ressemblent à celles du désintéressement. On se croirait en présence d'un ordre inspiré par l'amour mutuel, mais ce n'en est qu'une mauvaise copie : « Tous les hommes se haïssent naturellement l'un l'autre. On s'est servi comme on a pu de la concupiscence pour la faire servir au bien public. Mais ce n'est que feindre et une fausse image de la charité, car au fond ce n'est que haine » (fr. 243). Quelquefois, pourtant, les hommes vivent des élans vers le bien, mais ces élans ne sont pas durables, ces enthousiasmes finalement *déçoivent*. De sorte qu'on peut affirmer cette autre thèse majeure de l'analyse morale chez Pascal : *la « vertu des païens », objet d'un débat capital autour de 1640, est un leurre, que ces païens soient ceux de l'Antiquité, ceux de la Chine contemporaine ou ceux des milieux de la libre pensée française.* Dans ses *Maximes* (1665), La Rochefoucauld ne fera le plus souvent qu'orchestrer cette thèse augustinienne : « Les vertus se perdent dans l'intérêt, comme les fleuves se perdent dans la mer » (max. 171). Il faut néanmoins préciser que vertus apparentes et vertus décevantes se prêtent un mutuel appui : les élans « provisoires » vers le bien contribuent à soutenir la paix, l'équilibre des intérêts ; et c'est grâce à l'existence de ces élans que les discours vertueux des individus et des groupes procèdent d'une très relative bonne foi.

En politique, le véritable homme d'État est celui qui réussit à instaurer cet équilibre des intérêts, à susciter ce qu'on peut appeler l'« ordre de la concupiscence ». Plutôt que de recourir simplement à la force, les grands politiques apprivoisent les convoitises par toutes sortes de moyens : prébendes, pots-de-vin, décorations, participation au pouvoir... L'homme d'État accompli, extraordinaire alchimiste, va tirer de l'affrontement des *moi* totalitaires le plus grand des biens : la paix. Le clavier sur lequel il joue est presque entièrement mauvais, et il en tire une sorte de musique : « On a fondé et tiré de la concupiscence des règles admirables de police, de morale et de justice. »

« Mais dans le fond, ce vilain fond de l'homme, ce *figmentum malum* n'est que couvert. Il n'est pas ôté » (fr. 244). Il est si peu ôté qu'il suffira d'un chef moins habile pour que resurgissent guerres, terreurs, tortures, camps de la mort, exploitations plus brutales que de coutume, etc. Pascal ne considère pas ce fonctionnement politique comme un idéal. Il constate que, dans la cité sans Dieu, telle est la logique infernale de la corruption. On y pratique couramment Machiavel, pas l'Évangile. L'incroyant n'a pas de quoi se vanter !

Si l'on passe des États aux petits groupes, là aussi l'« ordre de la concupiscence » se manifeste. Il est possible à des élites d'élaborer un art de vivre qui dissimule les pulsions de domination et de haine. Au xviie siècle cet art, que Pascal admire dans une certaine mesure, s'appelle

« l'honnêteté », l'idéal de l'honnête homme. Cas particulier des vertus apparentes, l'honnêteté consiste en une organisation épicurienne des pulsions. Recherchant en tout l'*agrément* — être agréable, se rendre aimable — elle a expérimenté qu'à contraindre un peu ses désirs de domination, l'homme se procure une certaine quantité de plaisir. L'apologiste, qui, dans de nombreuses « Pensées », vante cette réussite mondaine, n'est dupe ni de sa fragilité, ni de son caractère superficiel. Dans un fragment intitulé « Injustice », il se moque des insuffisances d'une telle morale : « Ils n'ont pas trouvé d'autre moyen de satisfaire leur concupiscence sans faire tort aux autres » (fr. 108). La métaphore du couvercle, déjà rencontrée à propos de l'ordre politique, reparaît naturellement à propos de l'honnêteté. S'adressant à un de ses amis, adepte de l'art d'agréer, Pascal lui rappelle : « Le moi est haïssable : vous, Miton, le couvrez, vous ne l'ôtez pas pour cela [...]. Vous ne le rendez pas aimable à ceux qui en haïssent l'injustice. Vous ne le rendez aimable qu'aux injustes, qui n'y trouvent plus leur ennemi. Et ainsi vous demeurez injuste, et ne pouvez plaire qu'aux injustes » (fr. 494). L'idéal mondain, que Jean Starobinski a appelé une « transmutation esthétique du désespoir », échoue à procurer un bonheur plénier et durable. Soulignant dans l'autographe les adjectifs-clés, *aimable* et *heureux*, Pascal écrit : « Il n'y a que la religion chrétienne qui rende l'homme *aimable* et *heureux* tout ensemble. Dans l'honnêteté on ne peut être aimable et heureux ensemble » (fr. 680).

Pourtant, alors que les machiavéliens, à cause de la bassesse de leurs moyens (le mensonge politique, etc.), n'ont jamais été érigés en modèles par Pascal, la théorie de l'honnêteté, malgré ses insuffisances, est fréquemment proposée à l'incroyant, et même au chrétien, comme un guide pour toute une part de l'existence. Comment expliquer ce statut paradoxal de l'« honnêteté » ? La réponse viendra d'elle-même, dans un moment.

« Un instinct secret qui nous élève »

Jusqu'à présent, nous avons considéré l'incroyant qui se repose dans son ignorance : la profusion et la bizarrerie des morales humaines, la précarité et la mauvaise qualité des « sortes d'ordre » qui existent dans les États, dans les groupes ou dans la personnalité divisée et flottante de chaque individu, tout cela — une masse énorme d'observations — paraît justifier amplement un désespoir paisible, ou tragique.

Or, phénomène étonnant, en dépit de ce déplorable chatoiement des mœurs, la plupart des hommes sont déchirés, ou au moins effleurés par l'interrogation et le trouble. « Malgré la vue de toutes nos misères, qui nous touchent, qui nous tiennent à la gorge, nous avons un instinct que nous ne pouvons réprimer qui nous élève » (fr. 526). Il s'agit d'un « instinct secret qui reste de la grandeur de notre première nature » (fr. 168). Évidemment, chez le théologien qu'est Pascal, la théorie morale repose sur toute une théologie, sur la théologie augustinienne de la chute et de la grâce. L'homme a été créé « saint, innocent, parfait [...] rempli de lumière et d'intelligence [...]. Il n'était pas alors dans les ténèbres qui l'aveuglent, ni dans la mortalité et les misères qui l'affligent.

« Mais il n'a pu soutenir tant de gloire sans tomber dans la présomption. Il a voulu se rendre centre de lui-même », révèle la Sagesse divine, « et je l'ai abandonné à lui [...] en sorte qu'aujourd'hui l'homme est devenu semblable aux bêtes et dans un tel éloignement de moi qu'à peine lui reste-t-il une lumière confuse de son auteur, tant toutes ses connaissances ont été éteintes ou troublées.

« Voilà l'état où les hommes sont aujourd'hui. Il leur reste quelque instinct impuissant du bonheur de leur première nature, et ils sont plongés dans les misères de leur aveuglement et de leur concupiscence, qui est devenue leur seconde nature.

« De ce principe que je vous ouvre vous pouvez reconnaître la cause de tant de contrariétés qui ont étonné tous les hommes et qui les ont partagés en de si divers sentiments » (fr. 182).

Le scepticisme moral de Pascal apparaît ainsi sous son vrai jour. La fragilité issue de la chute explique les bizarreries humaines, et ces bizarreries permettent d'humilier la raison, incapable de s'y reconnaître et de fonder une morale. Toute la panoplie des coutumes humaines qu'a déployée peu à peu l'ethnologie n'apparaîtrait à l'apologiste que comme la vérification de la Révélation biblique sur la chute. Pourtant, et c'est un complément capital, l'homme n'est pas assez corrompu pour être incapable de percevoir où est la vraie morale quand on la lui montre. Un « instinct secret » subsiste au fond des cœurs. Le cœur a le pouvoir de tressaillir en présence de la « si divine morale » de l'Évangile (fr. 646). C'est pourquoi Pascal a plusieurs fois placé la fascination de la morale évangélique parmi les arguments qui militent en faveur du christianisme (fr. 717, 356, 413).

Lassitude et désespoir ne suffisent donc pas à caractériser les réactions de l'homme égaré au milieu des diverses coutumes des époques et des groupes. Lassitude et désespoir sont intérieurement combattus par deux autres mouvements : l'inquiétude et, à l'approche de Dieu, le tressaillement.

La morale et la « machine »

La stratégie de l'*Apologie* consiste à faire réfléchir le lecteur sur ces expériences contradictoires, sur cette « obscurité douteuse dont nos doutes ne peuvent ôter toute la clarté, ni nos lumières naturelles en chasser toutes les ténèbres » (fr. 141). Il est facile de montrer à l'incroyant que ses coutumes morales sont aussi contingentes que celles des autres peuples. Il est possible de lui faire prendre conscience de son insatisfaction, de l'absolu caché dans ses espoirs, de sa nostalgie, et de l'intéresser à l'hypothèse Dieu. Mais cet incroyant s'éprouve paralysé, incapable de progresser.

C'est pour tenter de remédier à cette paralysie que Pascal adresse à son interlocuteur son célèbre « Discours de la machine », longtemps désigné par un seul de ses aspects : le pari. L'apologiste part de deux axes de la pensée augustinienne : l'importance de l'incertain dans l'existence humaine, et le poids des routines de vie, des habitudes (passions invétérées, laisser-aller...). Pour briser la violence hypocrite des habitudes mauvaises, saint Augustin admettait le recours à la violence physique (*Lettre à Vincent*). Pascal s'y refuse : il veut révéler à l'incroyant toute une « pièce » de son être, qu'il désigne d'un terme cartésien, « la machine » (fr. 661). La « machine » fonctionne en lui sourdement et risque de broyer les semences chrétiennes qui auraient pu germer. La démolition des routines païennes s'accomplira à l'initiative de l'incroyant lui-même, rendu conscient des naïvetés du rationalisme (se croire malgré tout un esprit libre, souverain) et désireux de se donner des chances d'accéder à l'univers évangélique. Puisque par son corps et par une part de son psychisme, l'homme est mécanisme, « machine », objet de dressage — qu'il le veuille ou non — il doit, lorsqu'il a entrevu quelque vérité (qui peut-être bientôt s'obscurcira), avoir l'intelligence de se donner des habitudes qui correspondent à ses intuitions et qui pourront ensuite les soutenir.

L'appel à la « machine » intervient à propos de la vie intellectuelle (fr. 38 et 41), des pratiques liturgiques (fr. 680), mais essentiellement à propos de la vie morale : « Quel mal vous arrivera-t-il en prenant ce parti ? Vous serez fidèle, honnête, humble, reconnaissant, bienfaisant, ami sincère, véritable... A la vérité vous ne serez point dans les plaisirs empestés, dans la gloire, dans les délices, mais n'en aurez-vous point d'autres ? »

C'est ici que s'éclairent les éloges décernés par Pascal à l'idéal de l'honnêteté. Les « honnêtes gens » se donnent une conduite qui, extérieurement, ressemble assez souvent à celle qu'inspire l'amour évangélique. Un ami de Pascal, Méré, n'affirme-t-il pas que « la dévotion et l'honnêteté vont presque les mêmes voies » (*De la vraie honnêteté, Œuvres posthumes*, 1700) ! Vivre en « honnête homme » habitue la « machine » à l'univers chrétien, rend l'être réceptif aux intuitions chrétiennes.

L'élégance de cet art de vivre est de beaucoup supérieure à la vulgarité, à la brutalité des vies ordinaires. De là le cri de Pascal : « Qu'ils soient au moins honnêtes gens s'ils ne peuvent être chrétiens ! » (fr. 681).

De même, c'est la théorie de la « machine » qui explique le rôle dévolu au platonisme par une brève note : « Platon, pour disposer au christianisme » (fr. 505). Pascal a appris de saint Augustin et de Jansénius que les platoniciens sont de tous les philosophes les seuls qui, fugitivement, ont entrevu une vaste part de la réalité métaphysique et morale. Faire lire Platon, c'est habituer l'incroyant à une exigence morale, à une noble ambition.

Ainsi, ceux qui « s'emploient à chercher » Dieu (fr. 192), loin de s'arrêter au tableau décevant des extravagances morales du monde, vivent à l'écoute de cet instinct secret qui les élève, subissent la fascination de la morale évangélique et s'efforcent de se conformer à l'agir chrétien, dans l'attente d'une foi que Dieu seul dispense, quand il lui plaît et à qui il lui plaît.

« Une si divine morale »

La conversion découvre à l'homme de tout autres paysages. Ceux qui croient « sentent qu'un Dieu les a faits. Ils ne veulent haïr qu'eux-mêmes. Ils sentent qu'ils n'en ont pas la force d'eux-mêmes, qu'ils sont incapables d'aller à Dieu et que si Dieu ne vient à eux ils sont incapables d'aucune communication avec lui » (fr. 413). La morale chrétienne est un agir inspiré, une vie prophétique. Loin d'être un simple code ou quelque « impératif catégorique », elle est, dans l'existence humaine, l'épanouissement d'une mystique. L'éloquente péroraison de la dixième *Provinciale* sur le « grand commandement » de l'amour « qui comprend la Loi et les prophètes » (Matthieu, XXII, 36 et 40) rejoint la « Pensée » qui clôt (ou ouvre) la liasse « Morale chrétienne » : « Deux lois », il s'agit de l'amour de Dieu et de l'amour du prochain, « suffisent pour régler toute la République chrétienne, mieux que toutes les lois politiques » (fr. 408).

Cette primauté de l'amour, de la spontanéité inspirée, du prophétisme chrétien (que Pascal a apprise de sa propre expérience, en même temps que de la Bible, des Pères et de Saint-Cyran), cette souveraineté du Saint-Esprit devaient, dans le projet de juin 1658, constituer le thème dominant de la « Conclusion » de l'*Apologie*. Juste après la liasse « Morale chrétienne », qui montre la folie du culte de soi, caractéristique de l'humanité corrompue, et célèbre le renoncement, l'anéantissement du *moi* orgueilleux (fr. 394 et 405).

« Aime et fais ce que tu veux » : Pascal souscrit à la célèbre formule de saint Augustin. Encore faut-il s'assurer que cet amour est véritablement de Dieu ! Deux perversions menacent la vie chrétienne, ce qui rend nécessaire de lutter pour la morale évangélique, et ce qui explique la campagne des *Provinciales*. Sans entrer dans le détail des *Petites Lettres*, je me bornerai à rappeler les axes essentiels du débat.

Contre les illuminismes, les élucubrations de toutes sortes, le chrétien dispose de diverses possibilités de *vérification* de son expérience et de son action : tout d'abord, les grandes règles morales que la tradition catholique a conservées parmi les six cent treize préceptes de la loi juive, par exemple la condamnation de l'homicide, ne sauraient être transgressées. Elles sont un minimum, qui n'est même pas vital, car elles ne suffisent pas à faire véritablement et éternellement vivre ; elles servent de balises, au-delà desquelles toute spontanéité se révèle illusion, caprice de l'imagination et de l'affectivité corrompues (fr. 739). En second lieu, les décisions que les papes et les conciles ont prises pour mettre fin à certaines hésitations ou pour favoriser la vie chrétienne, constituent, elles aussi, de précieuses indications. Enfin, plus subtilement, la vie de Jésus-Christ, prince des saints, et au-dessous de lui, les exemples et la longue méditation des saints, fournissent mille indices du chemin à suivre.

Dans un des fragments où il s'abandonne à la contemplation de Jésus, Pascal s'entend dire par son Maître : « Laisse-toi conduire à mes règles. Vois comme j'ai bien conduit la Vierge et les saints, qui m'ont laissé agir en eux » (fr. 751).

L'importance de la spontanéité inspirée, aux yeux de l'écrivain, explique sa méfiance à l'égard des *traités* de casuistique. Il s'en méfie non seulement parce que les casuistes de son temps flottent aux souffles variables de leur prétendue raison, mais aussi parce que ces « cas » étudiés en chambre ne correspondent à aucune écoute réelle de ce qui se passe dans le cœur des chrétiens. Il existe une casuistique pascalienne — qui pourrait échapper à toute casuistique ? — mais elle est perpétuellement improvisée, dans la prière et la conversation vivante avec un « vrai chrétien » : c'est la direction spirituelle. Le lien entre inspiration et direction se manifeste dans un fragment autobiographique où, en l'absence de son directeur, M. Singlin, Pascal s'entend dire par le Christ :

« Je te parle et te conseille souvent parce que ton conducteur ne te peut parler, car je ne veux pas que tu manques de conducteur.

« Et peut-être que je le fais à ses prières, et ainsi il te conduit sans que tu le voies » (fr. 756).

Aussi grave que l'illuminisme, un autre risque menace la vie morale des chrétiens. Ce risque, c'est l'oubli de « l'esprit qui donne la vie » (« Dixième Provinciale »), l'idée qu'on peut être chrétien sans aimer Dieu, sans cet amour perpétuellement inventif et exigeant dont tous les saints ont donné l'exemple. Ce que Pascal juge horrible dans les casuistes décadents, c'est qu'ils s'ingénient à étudier jusqu'à quel point on peut ne pas aimer Dieu, sans pour autant risquer son salut : « Les saints subtilisent pour se trouver criminels et accuser leurs meilleures actions, et ceux-ci subtilisent pour excuser les plus méchantes » (fr. 794). Ainsi du duel, dont cette casuistique essaie de multiplier les cas où il ne serait pas tout à fait un assassinat. Alors que l'esprit chrétien a horreur non seulement de tout duel, mais des moindres violences qui conduisent au duel. Les casuistes corrompus sont comme les Juifs charnels (fr. 318) : ils connaissent Dieu, sans l'aimer. Mais « qu'il y a loin de la connaissance de Dieu à l'aimer ! » (fr. 409). Les mauvais chrétiens sont les Juifs de la loi nouvelle : ils pratiquent un ensemble de règles, ils s'enorgueillissent de cette pratique, ils croient être justifiés par un code moral. Mieux vaudrait qu'ils soient moins exacts et en soient humiliés, que d'être ainsi complaisants (fr. 756) !

Car « le Dieu des chrétiens est un Dieu d'amour et de consolation ; c'est un Dieu qui remplit l'âme et le cœur de ceux qu'il possède ; c'est un Dieu qui leur fait sentir intérieurement leur misère et sa miséricorde infinie ; qui s'unit au fond de leur âme ; qui la remplit d'humilité, de joie, de confiance, d'amour ; qui les rend incapables d'autre fin que de lui-même » (fr. 690). On perçoit aisément, dans un tel texte, combien morale et mystique ne sont que deux aspects d'une même vie. « Nul n'est heureux comme un vrai chrétien, ni raisonnable, ni vertueux, ni aimable » (fr. 389). Ce mysticisme conduit l'apologiste, si faussement imaginé par les romantiques comme un « Hamlet du catholicisme », à une célébration exaltée de la joie. « Comme dit Tertullien, il ne faut pas croire que la vie des chrétiens soit une vie de tristesse. On ne quitte les plaisirs que pour d'autres plus grands [...]. La véritable piété, qui ne se trouve parfaite que dans le ciel, est si pleine de satisfactions qu'elle en remplit et l'entrée et le progrès et le couronnement. C'est une lumière si éclatante, qu'elle rejaillit sur tout ce qui lui appartient ; et s'il y a quelque tristesse mêlée, et surtout à l'entrée, c'est de nous qu'elle vient et non pas de la vertu ; car ce n'est pas l'effet de la piété qui commence d'être en nous, mais de l'impiété qui y est encore. Otons l'impiété et la joie sera sans mélange (lettre 7 à Ch. de Roannez).

Ainsi, à l'univers moral de l'incroyant, qui suscite les métaphores de la mer agitée, s'oppose celui du chrétien avec les images du roc, du port ou de la nouvelle arche de Noé : « Il y a plaisir d'être dans un vaisseau battu de l'orage, lorsqu'on est assuré qu'il ne périra point » (fr. 617). Aux teintes crépusculaires succède la lumière.

Ce qui frappe le plus, à considérer l'ensemble de cette réflexion morale, c'est l'hostilité de Pascal à ce qu'on appelle « l'humanisme chrétien », à l'idée que, *sans la foi*, l'homme est capable de construire le parvis par lequel il entrera dans l'Église : preuves de l'existence de Dieu et de l'immortalité de l'âme, élaboration et pratique d'une morale élevée, que la révélation évangélique ne ferait que parfaire. La conception cornélienne d'un christianisme qui viendrait naturellement couronner un magnifique édifice moral construit par l'homme (« Elle a trop de vertus pour n'être pas chrétienne »), cette conception, célébrée par Péguy et devenue une sorte de lieu commun du catholicisme moderne, paraît à Pascal dérisoire et contraire à l'Évangile. Dérisoire, parce que la flexibilité des groupes humains est un fait et que les « grands Romains », les « sages Chinois » et les « bons Sauvages » témoignent seulement de notre besoin d'imaginer des paradis. Et contraire à un Évangile qui répète que « nul n'est bon », que Dieu se penche pour voir s'il est un juste et n'en trouve pas, et que sans Dieu l'homme ne peut rien faire (Marc, X, 17 ; Jean, XV, 5, etc.).

Il est étrange de voir l'Église catholique, qui s'est laissée gagner peu à peu par l'optimisme issu de la Renaissance, faire face aujourd'hui à des sciences humaines qui souvent mettent en pièces les représentations humanistes d'une autonomie, d'une liberté de la « personne ». Par un retournement qui fut lent à venir, la synthèse pascalienne, fer de lance du christianisme augustinien, se trouve maintenant plus apte à dialoguer avec la pensée contemporaine que bien des théologies plus récentes. Pascal établit que nous sommes des êtres malléables et flottants, jouets de nos pulsions, jouets des climats et des lieux, jouets de presque tout ce qui est en nous ou hors de nous. Aucune chance pour l'homme d'échapper à ce protéisme angoissant, *hors la foi*, ou le pressentiment de la foi. « Il est bon d'être lassé et fatigué par l'inutile recherche du vrai bien, afin de tendre les bras au Libérateur » (fr. 524). *Inutile, tendre les bras...*

Le radicalisme pascalien anéantit presque complètement l'idée d'une consistance du sujet humain. Pourtant, se démarquant des penseurs qui ne font plus de l'homme que le lieu de transit du langage ou de certains états psychologiques, Pascal affirme une « capacité » d'accueil de la Transcendance. Peut-être annonce-t-il l'époque où — contre le nihilisme des sciences humaines — c'est la foi chrétienne seule qui maintiendra qu'en dépit de sa fragilité l'homme vit un véritable destin, et qui rappellera la certitude de Pascal dans sa nuit de feu : « Grandeur de l'âme humaine » (fr. 742).

BIBLIOGRAPHIE SÉLECTIVE

I. ŒUVRES DE PASCAL

Œuvres complètes, éd. Jean Mesnard, Paris, Desclée de Brouwer, 1964-1992 (quatres vol. parus). Le tome V comprendra les textes de la campagne des *Provinciales*, et le tome VI les *Pensées*. En attendant le tome V, consulter *Les Provinciales*, éd. Cognet, Paris, Garnier, 1991.

Pensées, éd. Philippe Sellier, Paris, Bordas, « Classiques Garnier », 1991. Introduction, notes et annexes sont complémentaires de celles de la présente édition.

II. INSTRUMENTS DE TRAVAIL

1. Reproductions photographiques

Le *Recueil original des Pensées* a fait l'objet d'une excellente reproduction photographique publiée par Brunschvicg en 1905, Paris, Hachette. Celle-ci a été rééditée par Slatkine Reprints, Genève.

L. Lafuma a publié *Le Manuscrit des Pensées de Pascal,* en classant les fragments selon l'ordre de sa propre édition de 1951, Paris, Les Libraires associés, 1962. Cette publication, commode, n'atteint pas à la qualité de la reproduction due à Brunschvicg.

2. Concordance

H.M. DAVIDSON et P.H. DUBÉ, *A Concordance to Pascal's Pensées,* Cornell University Press, 1975. Il s'agit d'un index qui fournit la totalité des occurrences d'un mot quelconque des *Pensées*.

3. Bibliographies

ALBERT MAIRE, *Bibliographie générale des Œuvres de Blaise Pascal*, Paris, Giraud-Badin, 5 vol., 1925.

ALEXANDRE CIORANESCU, « Pascal » dans la *Bibliographie de la littérature française du XVIIe siècle*, Paris, C.N.R.S., tome III, 1969 (recense les ouvrages et articles parus jusqu'en 1959).

LANE HELLER et THÉRÈSE GOYET, *Bibliographie Blaise Pascal (1960-1969)*, Clermont-Ferrand, Adosa, 1989.

A Critical Bibliography of French Literature. The Seventeenth Century, Syracuse University Press, 2 vol., 1961 et 1983 (Bibliographie sélective et critique, qui conduit jusqu'en 1979).

Bibliographies de R. Rancœur (chaque année dans la *Revue d'Histoire littéraire de la France* : un fascicule) et d'O. Klapp (un volume par année). Ces deux bibliographies permettent d'arriver jusqu'à l'année en cours.

4. États présents

Les deux plus récents — années 1979 à 1988 — sont dus à Ph. Sellier pour l'Occident et H. Nishikawa pour l'Extrême-Orient, tous deux publiés dans les Actes du colloque de Tokyo (1988) : *Pascal, Port-Royal, Orient, Occident*, Paris, Klincksieck, 1991.

III. ÉTUDES GÉNÉRALES ET RECUEILS MARQUANTS

1837-1859 SAINTE-BEUVE, *Port-Royal*, réédité à Paris, Gallimard, Bibliothèque de la Pléiade, 1953, 3 vol. Le chef-d'œuvre du grand critique.

1900 ÉMILE BOUTROUX, *Pascal*, Paris, Hachette.

1916-1936 HENRI BREMOND, *Histoire littéraire du sentiment religieux en France depuis la fin des guerres de religion*, rééditée à Paris, Armand Colin, 1967, 12 vol. Le tome IV traite de Port-Royal et de Pascal : les vues pénétrantes s'allient à de graves erreurs dues soit à la polémique anti-janséniste, soit à l'ignorance de certains textes de Pascal (*Écrits sur la Grâce*, etc.).

1923 *Revue de Métaphysique et de Morale*, Paris, Colin (numéro spécial du tricentenaire).

1933 HENRI BUSSON, *La Pensée religieuse de Charron à Pascal*, Paris, Vrin.

1951 JEAN LAPORTE, *La Doctrine de Port-Royal*, Paris, Vrin, 4 vol. (dont deux parus dès 1923).

1956 *Blaise Pascal, l'homme et l'œuvre*, Cahiers de Royaumont, Paris, Minuit.

1962 ALBERT BÉGUIN, *Pascal par lui-même*, Paris, Seuil, coll. « Écrivains de toujours ».

1962 *Pascal présent*, Clermont-Ferrand, G. de Bussac.

1963 *Pascal. Textes du tricentenaire*, Paris, Fayard.

1971 *Les Pensées de Pascal ont trois cents ans*, Clermont-Ferrand, G. de Bussac.

1972 *Chroniques de Port-Royal* (numéro du tricentenaire des *Pensées*).

1976 JEAN MESNARD, *Les « Pensées » de Pascal*, Paris, S.E.D.E.S. (la meilleure synthèse actuelle).

1979 *Méthodes chez Pascal*, Paris, P.U.F. (quarante-deux études).

1988 *C.A.I.E.F* (sept études).

1990 *Équinoxe* (numéro spécial d'une remarquable revue japonaise d'études françaises), Tokyo-Genève, Slatkine.

1990 ANTONY MC KENNA, *De Pascal à Voltaire. Le rôle des « Pensées » de Pascal dans l'histoire des idées entre 1670 et 1734*, Oxford, The Voltaire Foundation.

1991 JEAN MESNARD, *La Culture du XVIIe siècle*, Paris, P.U.F. (quatorze articles du maître des études pascaliennes).

IV. LA PENSÉE DE PASCAL

1949 JEANNE RUSSIER, *La Foi selon Pascal*, Paris, P.U.F., 2 vol.

1955 LUCIEN GOLDMANN, *Le « Dieu caché ». Étude sur la vision tragique dans les « Pensées » de Pascal et dans le théâtre de Racine*, Paris, Gallimard, 1955 (réédité dans la collection TEL). Un remarquable bilan du « Dieu caché » a été publié en 1986 par G. Ferreyrolles dans la revue *Commentaires*, n° 34.

1958 ROGER E. LACOMBE, *L'Apologétique de Pascal*, Paris, P.U.F.

1965 JEAN MESNARD, *Pascal*, Paris, Desclée de Brouwer, coll. « Les Écrivains devant Dieu ».

1966 HENRI GOUHIER, *Blaise Pascal. Commentaires*, Paris, Vrin (rééd.).

1968 MICHEL SERRES, *Le Système de Leibniz et ses modèles mathématiques*, Paris, P.U.F., 2 vol.

1970 JAN MIEL, *Pascal and Theology*, Baltimore et Londres, The Johns Hopkins Press.

1970 PHILIPPE SELLIER, *Pascal et saint Augustin*, Paris, Armand Colin.

1972 MICHEL ET M.-R. LE GUERN, *Les « Pensées » de Pascal*, Paris, Larousse.

1975 LOUIS MARIN, *La Critique du discours. Sur la « Logique de Port-Royal » et les « Pensées » de Pascal*, Paris, Minuit.

1975 PIERRE MAGNARD, *Nature et Histoire dans l'apologétique de Pascal*, Paris, Les Belles Lettres ; éd. augmentée en 1991, La Clé du Chiffre, Éd. universitaires.

1975 A.W.S. BAIRD, *Studies in Pascal's Ethics*, La Haye, Nijhoff.

1976 JEAN MESNARD, *Les « Pensées » de Pascal*, Paris, S.E.D.E.S.

1991 VINCENT CARRAUD, *Pascal et la philosophie*, Paris, P.U.F.

V. THÈMES PARTICULIERS

1950 JEAN LAPORTE, *Le Cœur et la Raison selon Pascal*, Paris, Elzevir.

1956 GEORGES BRUNET, *Le Pari de Pascal*, Paris, Desclée de Brouwer.

1967 LOUIS MARIN, « Réflexions sur la notion de modèle chez Pascal », dans la *Revue de Métaphysique et de Morale*, p. 89-108.

1969 PHILIPPE SELLIER, « La Rochefoucauld, Pascal, saint Augustin », dans la *Revue d'Histoire Littéraire de la France*, n° 3-4.

1977 TETSUYA SHIOKAWA, *Pascal et les miracles*, Paris, Nizet.

1979 HUGH DAVIDSON, *The Origins of Certainty : Means and Meaning in Pascal's Pensées*, Chicago Univ. Press.

1981 DAVID WETSEL, *L'Écriture et le Reste. The Pensées of Pascal in the Exegetical Tradition of Port-Royal*, Columbus, Ohio Univ. Press.

1982 LAURENT THIROUIN, « Raison des effets, essai d'explication d'un concept pascalien » dans la revue *XVIIe siècle*, n° 134.

1984 GÉRARD FERREYROLLES, *Pascal et la raison du politique*, Paris, P.U.F.

1986 SARA MELZER, *Discourses of the Fall*, Los Angeles, Univ. of California Press.

1986 HENRI GOUHIER, *Blaise Pascal. Conversion et apologétique*, Paris, Vrin.

1987 HENRI GOUHIER, *L'Antihumanisme au XVIIe siècle*, Paris, Vrin.

1988 *Thématique des « Pensées »*, Paris, Vrin.

1989 PHILIPPE SELLIER, « La Bible de Pascal », dans *La Bible au Grand Siècle*, Paris, Beauchesne.

1989 PIERRE FORCE, *Le Problème herméneutique chez Pascal*, Paris, Vrin.

1991 LAURENT THIROUIN, *Le Hasard et les règles. Le modèle du jeu dans la pensée de Pascal*, Paris, Vrin.

VI. L'ÉCRITURE PASCALIENNE

1936 HUGO FRIEDRICH, « Pascals Paradox. Das Sprachbild einer Denkform », dans la revue *Zeitschrift für romanische Philologie*, p. 322-370.

1950 M. J. MAGGIONI, *The Pensées of Pascal. A Study in Baroque Style*, Washington, Catholic Univ. Press.

1950 MICHEL JUNGO, *Le Vocabulaire de Pascal étudié dans les fragments pour une apologie*, Paris, D'Artrey.

1953 JEAN-JACQUES DEMOREST, *Dans Pascal. Essai en partant de son style*, Paris, Minuit.

1966 PATRICIA TOPLISS, *The Rhetoric of Pascal*, Leicester Univ. Press.

1969 MICHEL LE GUERN, *L'Image dans l'œuvre de Pascal*, Paris, Armand Colin.

1979 *Méthodes chez Pascal*, Paris, P.U.F.

1984 LOUIS MARIN, « Die Fragmente Pascals », dans *Fragment und Totalität*, Suhrkamp, p. 160-181.

1984 DOMNA STANTON, « Pascal's Fragmentary Thoughts » dans *Semiotica*, p. 211-235.

1988 BUFORD NORMAN, *Portraits of Thoughts. Knowledge, Methods and Styles in Pascal*, Columbus, Ohio Univ. Press.

Ph. S.

TABLE DE CONCORDANCE

Entre l'édition Sellier (S), 1976 et 1991, l'édition Lafuma (L), 1951, et l'édition Brunschvicg (B), 1897, 1904.

S	L	B	S	L	B
1			43	9	291
2	383	197	44	10	167
3	384	630	45	11	246
4	385	707	46	12	187
5	386	203	47	13	133
6	387	241	48	14	338
7	388	740	49	15	410
8	389	794	50	16	161
9	390	617	51	17	113
10	391	749	52	18	955
11	392	644	53	19	318
12	393	442	54	20	292
13	394	288	55	21	381
14	395	478	56	22	367
15	396	471	57	23	67
16	397	426	58	24	127
17	398	525	59	25	308
18	399	438	60	26	330
19	400	427	61	27	354
20	401	437	62	28	436
21	402	290	63	29	156
22	403	174	64	30	320
23	404	424	65	31	149
24	405	421	66	32	317 bis
25	406	395	67	33	374
26	407	465	68	34	376
27	408	74	69	35	117
28	409	220	70	36	164
29	410	413	71	37	158
30	411	400	72	38	71
31	412	414	73	39	141
32	413	162	74	40	134
33	414	171	75	41	69
34	415	130	76	42	207
35	416	546	77	43	136
36	417	548	78	44	82
37	1	596	«	45	83
38	2	227	79	46	163
«	3	227, 244	80	47	172
«	4	184	81	48	366
39	5	247	82	49	132
40	6	60	83	50	305
41	7	248	84	51	293
42	8	602	85	52	388

S	L	B	S	L	B
86	53	429	134	101	324
87	54	112	135	103	298
88	55	111	136	104	322
89	56	181	137	105	342
90	57	379	138	106	403
91	58	332	139	107	343
92	«	332	140	108	339 bis
93	59	296	141	109	392
94	60	294	142	110	282
95	61	309	143	111	339
96	62	177	144	112	344
97	63	151	145	113	348
98	64	295	146	114	397
99	65	115	147	115	349
100	66	326	148	116	398
101	67	879	149	117	409
102	68	205	150	118	402
103	69	174 bis	151	119	423
104	70	165 bis	152	120	148
105	71	405	153	121	418
106	72	66	154	121	418
107	73	110	155	122	416
108	74	454	156	123	157
109			157	124	125
110	75	389	158	125	92
111	76	73	159	126	93
112	77	152	160	127	415
113	78	126	161	128	396
114	79	128	162	129	116
115	80	317	163	130	420
116	81	299	164	131	434
«	82	271	165	132	170
117	83	327	166	133-134	168-169
118	84	79	167	135	469
119	85	878	168	136	139
120	86	297	169	137	142
121	87	307	170	138	166
122	88	302	171	139	143
123	89	315	172	140	466
124	90	337	173	140	466
125	91	336	174	141	509
126	92	335	175	142	463
127	93	328	176	143	464
128	94	313	177	144	360
129	95	316	178	145	461
130	96	329	179	146	350
131	97	334	180	147	361
132	98	80	181	148	425
«	99	80, 536	182	149	430
133	100	467	183	150	226

S	L	B	S	L	B
184	151	211	231	200	347
185	152	213	232	200	347
186	153	238	233	201	206
187	154	237	234	202	517
«	155	281	235	203	595
188	156	190	236	204	592
189	157	225	237	205	489
190	158	236	238	206	235
191	159	204	239	207	597
192	160	257	240	208	435
193	161	222	241-242	209	599
194	162	189	243	210	451
195	163	200	244	211	453
196	164	218	245	212	528
197	165	210	246	213	551
198	166	183	247	214	491
199	168	224	248	215	433
200	169	812	249	216	493
201	170	268	250	217	650
202	171	696	251	218	598
203	172	185	252	219	251
204	173	273	253	220	468
205	174	270	254	221	774
206	175	563	255	222	747
207	176	261	256	223	570
208	177	384	257	224	816
209	178	747 bis	258	225	789
210	179	256	«	226	523
211	180	838	259	227	223
212	181	255	260	228	751
213	182	272	261	229	444
214	183	253	262	230	430 bis
215	184	811	263	231	511
216	184	811	264	232	566
217	185	265	265	233	796
218	186	947	266	234	581
219	187	254	267	235	771
220	188	267	268	236	578
221	189	547	269	237	795
222	190	543	270	238	645
223	190	543	271	239	510
224	191	549	272	240	705
225	192	527	273	241	765
226	193	98	274	149	430
227	194	208	275	242	585
228	195	37	276	243	601
«	196	86	277	244	228
«	197	163 bis	278	246	657
229	198	693	279	247	674
230	199	72	280	248	653

S	L	B	S	L	B
281	249	681	330	299	742
282	250	667	331	300	786
283	251	900	332	301	772
284	252	648	333	302	809
285	253	679	334	303	799
286	254	649	335	304	743
287	255	758	336	305	638
288	256	662	337	306	763
289	257	684	338	307	764
290	258	728	339	308	793
«	259	685	340	309	797
291	260	678	341	310	801
292	261	757	342	311	640
293	262	762	343	312	697
294	263	686	344	313	569
295	264	746	345	314	639
296	265	677	346	315	752
297	266	719	347	316	800
298	267	680	348	317	701
299	268	683	349	318	755
300	269	692	350	319	699
301	270	670	351	320	178
302	271	545	352	321	600
303	272	687	353	322	802
304	273	745	354	323	773
305	274	642	355	324	730
306	275	643	356	325	733
307	276	691	357	324	730
308	277	635	358	326	694
309	278	446	359	327	770
310		446 bis	360	328	732
311	279	690	361	329	734
312	280	614	362	330	725
313	281	613	363	331	748
314	282	616	364	332	710
315	283	655	365	333	708
316	284	605	366	334	716
317	285	867	367	336	709
318	286	609	368	335	706
319	287	607	369	337	753
320	288	689	370	338	724
321	289	608	371	339	738
322	290	626	372	340	720
323	291	587	373	341	723
324	292	624	374	342	637
325	294	703	375	343	695
326	295	629	376	344	756
327	296	625	377	345	727 bis
328	297	702	378	346	729
329	298	283	379	347	735

S	L	B	S	L	B
380	348	718	425	840	843
381	349	652	426	841	829
382	350	623	427	842	588
383	351	537	«	843	836
384	352	526	«	844	837
385	353	529	«	845	861
386	354	524	428	840	843
387	355	767	429	846	808
388	356	539	430	847	893
389	357	541	«	848	806
390	358	538	«	849	665
391	359	481	431	850	821
392	360	482	432	851	842
393	361	209	433	852	835
394	362	472	434	854	839
395	363	914	435	855	834
396	364	249	436	856	828
397	365	496	437	857	819
398	366	747 *ter*	«	858	840
399	366	747 *ter*	438	859	852
400	367	672	439	860	807
401	368	474	«	861	805
«	369	611	«	862	883
402	370	480	«	863	814
403	371	473	«	864	884
404	372	483	«	865	832
405	373	476	440	866	
406	374	475	«	867	875
407	375	503	«	868	890
408	376	484	«	869	508
409	377	280	«	870	845
410	378	470	«	871	844 *bis*
411	379	825	«	872	813
412	380	284	«	873	824
413	381	286	«	874	881
414	382	287	«	875	820
415	949	633	«	876	300
416	968	634	441	877	849
417	953	632	442	878	846
418	953	632	«	879	138
419	830	*app.* XIII	443	881	850
420	831	810	444	882	222
421	832	803	«	893	946
«	833	487	«	884	860
422	834	826	445	885	936
423	835	564	«	886	51
«	836	855	«	887	78
424	837	823	«	888	52
«	838	671	«	889	165
«	839	827	«	890	436 *bis*

S	L	B	S	L	B
«	891	804	«	542	370
446	892	822	460	544	778
447	893	573	«	545	458
448	894	844	«	546	515
«	895	285	«	547	784
«	896	390	«	548	779
«	897	533	«	549	780
«	899	844	461	550	744
«	900	887	«	551	84
«	898	933	«	552	107
449	901	841	462	553	76
«	902	842	463	554	303
450	904	927	464	555	47
«	905	385	465	557	45
«	903	851	«	558	114
451	906	916	466	559	27
«	907	55	467	560	552
«	903	262	468	561	173
«	909	924	469	562	534
«	912	781	470	563	886
«	909	924	471	564	485
«	910	781	«	565	591
«	911	781	472	566	571
452	515	48	473	567	874
«	516	880	«	568	815
«	517	869	«	569	872
«	518	378	474	570	768
453	519	70	«	571	775
«	520	375	475	572	54
«	521	387	476	573	646
«	522	140	477	574	263
«	523	145	478	575	651
«	524	853	479	576	567
454	525	325	480	577	234
«	526	408	481	578	26
«	527	40	482	579	53
«	528	57	«	580	28
«	529	105	483	581	12
455	530	274	484	582	669
456	531	85	485	583	56
457	532	373	«	584	15
«	533	331	486	585	32
«	534	5	«	586	33
«	535	102	«	587	34
458	536	579	487	588	279
«	537	407	488	589	704
«	538	531	489	590	656
«	539	99	490	591	186
«	540	380	491	594	576
459	541	120	«	595	450

S	L	B	S	L	B
492	592	750	«	643	159
493	593	760	«	644	910
«	596	202	530	645	312
494	597	455	531	646	95
495	598	868	532	647	35
496	599	908	533	648	833
497	600	440	534	649	65
498	601	907	535	650	333
499			536	651	369
500	602	885	«	652	14
«	603	502	537	653	913
501	604	871	538	654	939
502	605	36	539	655	377
«	606	155	540	656	372
503	610	30	541	657	452
«	611	30	542	658	391
504	607	766	543	659	911
«	608	766	544	660	91
«	609	736	«	661	81
505	612	219	«	662	521
506	613	443	«	663	121
507	614	664	545	664	94 bis
508	615	663	546	665	311
509	616	660	547	666	931
510	617	492	«	667	25
511	618	479	«	668	457
512	619	394	548	669	188
513	620	146	549	670	46
514	621	412	550	671	44
515	622	131	551	672	124
516	623	495	552	673	123
517	624	731	553	674	359
518	625	214	554	675	29
519	626	462	555	676	937
520	627	150	556	677	873
521	628	153	557	678	358
522	629	417	558	679	894
523	630	94	559	680	63
524	631	422	560	681	353
525	632	198	561	682	232
526	633	411	562	683	20
527	634	97	563	684	21
528	635	13	564	685	401
«	636	42	565	686	368
529	637	59	566	687	144
«	638	109	567	688	323
«	639	109	568	689	64
529 bis	640	182	569	690	506
«	641	129	570	691	432
«	642	448	571	692	915

S	L	B	S	L	B
572	693	906	«	739	864
573	694	61	«	740	583
574	695	445	«	741	340
575	696	22	«	742	108
576	697	383	«	743	859
577	698	119	618	744	18
578	700	934	«	745	18 bis
579	701	9	619	746	787
580	702	507	620	747	589
581	703	516	621	748	239
582	704	954	622	749	456
583	705	180	«	750	176
584	706	870	«	751	3
585	707	898	«	752	866
586	708	877	623	753	179
587	709	175	624	754	501
588	710	24	625	755	258
589	711	301	626	756	365
590	712	530	«	757	212
591	713	923	627	758	857
592	714	944	628	759	346
593	715	118	629	760	568
594	716	215	«	761	568 bis
595	717	17	«	762	«
596	718	830	«	763	568
597	719	788	630	764	11
598	720	912	631	765	39
«	721	917	«	766	8
599			632	767	306
600	722	922	633	768	345
601	723	69	634	769	903, 903 bis
602	722	922	635	770	103
603	722	922	636	771	355
604	722	922	«	772	58
605	724	352	637	773	135
606	725	884 bis	638	774	497
607	726	876	639	775	899
608	727	904	640	«	«
609	728	31	641	776	858
610	«	«	642	777	847
611	729	931	643	778	68
612	730	754	«	779	88
613	731	196	644	780	62
«	732	38	«	781	242
614	733	862	645	782	266
615	734	817	«	783	357
616	735	818	«	784	23
617	736	96	«	785	776
«	737	10	«	786	865
«	738	341	«	787	843

S	L	B	S	L	B
«	788	486	«	505	«
«	789	50	673	506	90
«	790	627	674	«	90, 87
«	785	776	675	507	363
«	791	777	676	508	364
646	792	101	677	«	«
«	793	737	678	«	«
647	794	393	679	«	«
648	795	160	680	418	233
649	796	314	«	422	535
650	797	310	«	419	89
«	798	41	«	420	231
651	799	612	«	421	477
652	800	532	«	421	606
653	801	666	«	426	542
«	802	122	«	424	278
«	803	386	«	423	277
«	804	447	«	425	604
«	805	106	681	427	194
«	806	147	682	428	195
654	807	519	«	429	229
655	808	245	683	430	431
656	809	230	«	431	560
657	810	193	684	432	194 *bis, ter*
658	811	741	685	433	783
«	812	798	686	434	199
«	813	895	687	435	621
«	814	6	688	436	628
659	815	259	689	437	399
«	816	240	690	438	848
«	817	615	«	439	565
660	818	782	«	440	559 *bis*
«	819	712	«	441	201
«	820	561	«	442	560 *bis*
661	821	252	«	443	863
662	432	194 *bis, ter*	«	444	557
663	822	593	«	445	558
664	823	217	«	446	586
665	824	522	«	447	769
666	825	901	«	448	559
667	826	673	«	449	556
«	827	«	«	450	494
668	828-829	304, 351	691	451	620
669	509	49	692	452	631
«	510	7	693	453	610
«	511	2	694	454	619
670	512	1	695	455	717
671	513	4	696	456	618
«	514	356	«	457	572
672	504	260	697	458	588 *bis*

S	L	B	S	L	B
«	459	713 *bis*	745	915	902 *bis*
698	973	919	746	916	920
699	460	544	«	917	540
700	461	584	747	979	945
701	462	739	748	918	459
702	463	243	749	919	553
703	464	419	750	920	957
«	465	321	751	919	553
«	466	428	«	919	791
704	467	449	«	936	698
705	468	562	752	921	518
706	469	577	753	924	498
707	470	404	«	922	856
708	471	441	«	923	905
709	472	574	754	925	520
710	473	500	755	926	582
711	474	622	756	927	505
«	475	676	«	928	499
«	476	688	«	929	555
712	477	406	757	930	513
713	478	137	758	932	191
714	479	74 *bis*	759	931	550
715	480	590	760	980	918 *bis*
716	481	594	761	933	460
717	482	289	762	934	580
718	483	726	«	935	490
719	484	711	763	938	658
720	485	722	«	937	104
721-733	486	682	764	939	897
734	487	727	765	940	790
«	488	761	766	941	264
735	489	713	«	942	941
736	491	439	767	943	554
«	490	721	«	944	250
«	494	714	«	945	661
«	495	641	768	946	785
«	496	714	«	947	504
«	492	630	769	948	668
«	493	714	770	981	918
«	498	715	«	982	918 *ter*
«	499	792	771	974	949
737	501	659	772		
«	500	700	773		
738	502-503	571, 675	774		
739	975	275	775		
740	976	19	776		
741	292 note	—	777		
742	913		778		
743	978	100	779		
744	914	882	780		

S	L	B	S	L	B
781	984	216	798	964	902
782	992	946 *bis*	799	965	940
783			«	966	953
784			800	967	889
785			801	969	926
786	977	320			
787	950	930	802	971	654
788	951-952	950-951	803	972	514
789	954	956	804	983	276
790	955	958	805	985	942
791	956	925	806	986	891
792	957	929	807	987	892
793	958	928	808	988	488
794	959	512	809	989	935
795	960	75	810	990	948
«	961	636	811	991	952
796	962	921, 362	812	993	909
797	963	888	813		

TABLE DE CONCORDANCE

Entre l'édition Lafuma (L), 1951, et l'édition Sellier (S), 1976 et 1991.

Les deux Copies ont en commun non seulement le contenu de chaque dossier, mais le groupement de certains dossiers en ensembles. On passera donc aisément de l'édition Lafuma à l'édition Sellier, en utilisant la table ci-dessous et la colonne Lafuma de la table précédente.

L	S	L	S
1 à 382	37 à 414	953	417
383 à 417	2 à 36	954 à 967	789 à 800
418 à 503	680 à 738	968	416
504 à 508	672 à 679	969 à 972	801 à 803
509 à 514	669 à 671	973	698
515 à 829	452 à 668	974	771
830 à 912	419 à 451	975 à 976	739 à 740
913	742	977	786
914 à 917	744 à 746	978	743
918 à 920	748 à 751	979	747
921 à 931	752 à 759	980	760
932	758	981 à 982	770
933 à 935	761 à 762	983	804
936	751	984	781
937 à 948	763 à 769	985 à 991	805 à 811
949	415	992	782
950 à 952	787 à 788	993	812

PRINCIPES D'ÉDITION

La présente édition des *Pensées* reproduit l'ordre de la Seconde Copie. Les fragments que celle-ci n'a pas enregistrés sont publiés, malgré les incertitudes qui subsistent dans certains cas, selon la date de constitution des recueils manuscrits où ces fragments apparaissent pour la première fois.

1678	Nouvelle édition de Port-Royal (fr. 739-740).
	Fragment autographe joint à C1 (fr. 741).
1680	Manuscrit Périer (fr. 742-770).
	Premiers cahiers du Recueil joint à la Seconde Copie vers 1735-1740 (fr. 771).
1684	Manuscrit Joly de Fleury (fr. 772-785).
	Portefeuilles Vallant (fr. 786).
1711	Recueil original (fr. 787-803).
1731-1736	Manuscrits Guerrier (fr. 804-812).

Le fr. 813 est une annotation de Pascal sur la feuille d'un livre : elle a été découverte en 1952 par Mlle Jansen.

Si le classement reproduit par la Seconde Copie est du plus haut intérêt, il est évident que l'établissement du texte a été opéré sur les autographes, chaque fois que ceux-ci existent.

Pour éviter tout arbitraire, a été considéré comme un fragment et par conséquent affecté d'un numéro :

a) tout texte suivi, même s'il couvre plusieurs pages ;
b) tout texte figurant sur un morceau de feuille découpée ;
c) le recto ou le verso rayé de certains morceaux de feuille : ainsi le fr. 228, tout entier rédigé au recto d'un morceau de feuille, dont le verso porte le fr. 227. De même, le fr. 695 est constitué par un texte marginal tout entier rayé.

Ainsi, dans la plupart des cas, la délimitation des fragments a pour unique principe le découpage opéré par Pascal ou par Louis Périer. Pascal a souvent conservé des feuillets ou parties de feuillets sur lesquels figurent plusieurs notes, séparées d'un trait de plume. Certains éditeurs ont dispersé ces notes (Brunschvicg) ou les ont affectées chacune d'un numéro (Lafuma) : ils ont ainsi masqué l'unité de notes *apparemment* disparates (voir fr. 645).

La délimitation des fragments est moins facile lorsque les autographes font défaut. Les deux Copies usent en effet souvent des mêmes blancs pour marquer le changement de paragraphe, le trait de plume pascalien, un simple blanc ou le passage d'un fragment à un autre. C'est cette incertitude qui a conduit Brunschvicg et Lafuma à atomiser l'ample « Préface de la seconde partie » que seules les Copies nous ont conservée (fr. 690).

Les titres des fragments sont, pour la première fois, imprimés à la place qu'ils occupent dans les autographes, et de façon qu'on ne puisse se méprendre sur leur caractère de titre, même s'ils figuraient en marge (fr. 222) ou si leur longueur pouvait tromper (fr. 615).

Les traits de plume et les blancs de l'autographe sont indiqués. Les textes rayés par Pascal et reproduits rayés par la Copie sont imprimés en italiques et mis entre parenthèses.

Les citations sont données en italiques, et les rares passages soulignés par Pascal en petites capitales. Les abréviations pascaliennes, hormis les cas où leur sens demeure douteux, sont remplacées par le mot entier, de façon que le texte ne soit pas un rébus.

La ponctuation a été modernisée : Pascal ponctue peu. Déjà le copiste le complétait souvent. L'orthographe, elle aussi, a été modernisée.

L'ANNOTATION

Les notes ont été conçues pour aider à saisir le sens et la cohérence interne de la pensée pascalienne, et pour mettre en évidence le travail opéré par l'écrivain sur les œuvres dont il nourrit son texte. J'ai renoncé à une autre conception de l'annotation, plus philosophique, qui consisterait à situer la pensée pascalienne par rapport à d'autres synthèses, anciennes ou modernes, ou à prendre une distance critique. Il aurait été intéressant, aussi, de donner la parole à l'immense cortège de ceux qui ont multiplié sur les *Pensées* les vues éclairantes.

Pascal a beaucoup lu. Mais seules quelques œuvres se sont trouvées constamment sous sa main. Tout d'abord la Bible : il utilise généralement la traduction de saint Jérôme (la Vulgate), mais il possède la traduction française des théologiens de Louvain (1578) et recourt quelquefois à des traductions latines plus fidèles à l'hébreu : *Bible* de Robert Estienne (1545), ou *Bible polyglotte* (1586), toutes deux assorties d'observations de l'hébraïsant Vatable. Dans les notes, j'ai donné soit la traduction de Pascal lui-même, quand elle existe, soit celle de Lemaître de Sacy : cette dernière a paru après la mort de Pascal, mais l'univers biblique de l'apologiste et celui de Sacy sont proches. Pascal a d'ailleurs participé à certaines réunions de réflexion sur la traduction du Nouveau Testament. Donner la version de Louvain, comme l'a fait Tourneur, n'est qu'apparemment rigoureux : presque toujours Pascal travaille sur la Vulgate, ou réfléchit sur les célébrations bibliques de la liturgie, ou se souvient des termes cités par les Pères. La traduction des lovanistes est d'un français si archaïque qu'on ne peut la proposer au lecteur moderne. Elle ne sera mentionnée que dans les rares cas où c'est effectivement elle qui inspire le texte pascalien.

Pascal est un théologien augustinien, imprégné des *Œuvres complètes* du plus grand des Pères, qu'il étudie dans l'édition de Louvain (1577), remplacée à la fin du XVIIᵉ siècle par l'édition des bénédictins de Saint-Maur : les références seront données selon le classement opéré par cette dernière, en ce qui concerne les *Lettres* et les *Sermons*. La synthèse de la théologie augustinienne de la Grâce élaborée par l'évêque d'Ypres, Corneille Jansen (le fameux Jansénius), dans son *Augustinus* (1640), est bien connue de Pascal, qui la considère comme un pur reflet de saint Augustin.

Pour Montaigne, l'apologiste l'a lu et relu dans l'édition des *Essais* de 1652, dont il mentionne à plusieurs reprises la pagination. Les notes renverront à l'excellente édition moderne de Villey-Saulnier (Paris, Presses universitaires de France, 1965).

Je ne saurais conclure cette introduction sans rappeler la dette que, comme tout éditeur des *Pensées*, j'ai contractée à l'égard de quelques-uns de mes prédécesseurs : les pionniers de 1662-1663, Havet, Brunschvicg, Tourneur, Lafuma et surtout MM. Jean Mesnard et Pol Ernst. Le travail rigoureux de M. Bernard Croquette dans son *Pascal et Montaigne* (Genève, Droz, 1974) m'a presque constamment guidé pour les emprunts de l'apologiste aux *Essais*. Mes propres travaux : *Pascal et la liturgie* (P.U.F., 1966), puis *Pascal et saint Augustin* (Colin, 1970), m'ont permis d'éclairer nombre de fragments. Grâce à ces multiples apports, ce sont aussi les découvertes pascaliennes des quarante dernières années que je me suis efforcé de glisser sous le texte de Pascal.

Ph. S.

PENSÉES

A

LE PROJET DE JUIN 1658

1 [1]

Ordre	A.P.R.
	Commencement.
Vanité	Soumission et usage de la raison.
	Excellence.
Misère	Transition.
	La nature est corrompue [2].
Ennui	Fausseté des autres religions.
	Religion aimable.
(Opinions du peuple saines.)	Fondement.
	Loi figurative.
Raisons des effets	Rabbinage.
Grandeur	Perpétuité.
	Preuves de Moïse.
Contrariétés	Preuves de Jésus-Christ.
	Prophéties.
Divertissement	Figures.
	Morale chrétienne.
Philosophes	Conclusion.
Le souverain bien.	

[I. LA LIASSE-TABLE DE JUIN 1658 [1]]

2

D'être insensible à mépriser les choses intéressantes et devenir insensible au point qui nous intéresse le plus [2].

3

Macchabées depuis qu'ils n'ont plus de prophètes.
Massor depuis Jésus-Christ [3].

4

Mais ce n'était pas assez que les prophéties fussent, il fallait qu'elles fussent distribuées par tous les lieux et conservées dans tous les temps.
Et afin qu'on ne prît point l'avènement pour les effets du hasard, il fallait que cela fût prédit.
Il est bien plus glorieux au Messie qu'ils soient les spectateurs et même les instruments de sa gloire, outre que Dieu les ait réservés.

5

Fascinatio nugacitatis [4].
Afin que la passion ne nuise point, faisons comme s'il n'y avait que huit jours de vie.

6

Ordre.

J'aurais bien plus de peur de me tromper et de trouver que la religion chrétienne soit vraie que non pas de me tromper en la croyant vraie.

7

Jésus-Christ que les deux Testaments regardent, l'Ancien comme son attente, le Nouveau comme son modèle, tous deux comme leur centre.

8

Pourquoi Jésus-Christ n'est-il pas venu d'une manière visible au lieu de tirer sa preuve des prophéties précédentes ?

Pourquoi s'est-il fait prédire en figures ?

9

Perpétuité.

Qu'on considère que depuis le commencement du monde l'attente ou l'adoration du Messie subsiste sans interruption, qu'il s'est trouvé des hommes qui ont dit que Dieu leur avait révélé qu'il devait naître un Rédempteur qui sauverait son peuple. Qu'Abraham est venu ensuite dire qu'il avait eu révélation qu'il naîtrait de lui par un fils qu'il aurait, que Jacob a déclaré que de ses douze enfants il naîtrait de Juda, que Moïse et les prophètes sont venus ensuite déclarer le temps et la manière de sa venue, qu'ils ont dit que la loi qu'ils avaient n'était qu'en attendant celle du Messie, que jusque-là elle serait perpétuelle, mais que l'autre durerait éternellement. Qu'ainsi leur loi ou celle du Messie dont elle était la promesse serait toujours sur la terre, qu'en effet elle a toujours duré, qu'enfin est venu Jésus-Christ dans toutes les circonstances prédites. Cela est admirable.

10

Si cela est si clairement prédit aux Juifs, comment ne l'ont-ils pas cru, ou comment n'ont-ils point été exterminés de résister à une chose si claire ?

Je réponds. Premièrement, cela a été prédit, et qu'ils ne croiraient point une chose si claire et qu'ils ne seraient point exterminés. Et rien n'est plus glorieux au Messie, car il ne suffisait pas qu'il y eût des prophètes, il fallait qu'ils fussent conservés sans soupçon. Or, etc.

11

Figures.

Dieu voulant se former un peuple saint qu'il séparerait de toutes les autres nations, qu'il délivrerait de ses ennemis, qu'il mettrait dans un lieu de repos, a promis de le faire et a prédit par ses prophètes le temps et la manière de sa venue. Et cependant pour affirmer l'espérance de ses élus dans tous les temps, il leur en a fait voir l'image, sans les laisser jamais sans des assurances de sa puissance et de sa volonté pour leur salut. Car dans la création de l'homme Adam en était le témoin et le dépositaire de la promesse du Sauveur qui devait naître de la femme, lorsque les hommes étaient encore si proches de la Création qu'ils ne pouvaient avoir oublié leur création et leur chute. Lorsque ceux qui avaient vu Adam n'ont plus été au monde, Dieu a envoyé Noé et l'a sauvé et noyé toute la terre par un miracle qui marquait assez et le pouvoir qu'il avait de sauver le monde et la volonté qu'il avait de le faire et de faire naître de la semence de la femme celui qu'il avait promis.

Ce miracle suffisait pour affirmer l'espérance des [hommes].

La mémoire du déluge étant encore si fraîche parmi les hommes, lorsque Noé vivait encore, Dieu fit ses promesses à Abraham. Et lorsque Sem vivait encore, Dieu envoya Moïse, etc.

12

La vraie nature de l'homme, son vrai bien, la vraie vertu et la vraie religion sont choses dont la connaissance est inséparable.

13

Au lieu de vous plaindre de ce que Dieu s'est caché, vous lui rendrez grâces de ce qu'il s'est tant découvert. Et vous lui rendrez grâces encore de ce qu'il ne s'est pas découvert aux sages superbes indignes de connaître un Dieu si saint.

Deux sortes de personnes connaissent : ceux qui ont le cœur humilié et qui aiment la bassesse, quelque degré d'esprit qu'ils aient, haut ou bas, ou ceux qui ont assez d'esprit pour voir la vérité, quelques oppositions qu'ils y aient.

14

Quand nous voulons penser à Dieu, n'y a-t-il rien qui nous détourne, nous tente de penser ailleurs, tout cela est mauvais et né avec nous.

15

Il est injuste qu'on s'attache à moi, quoiqu'on le fasse avec plaisir et volontairement. Je tromperais ceux à qui j'en ferais naître le désir, car je ne suis la fin de personne et n'ai pas de quoi les satisfaire. Ne suis-je pas prêt à [5] mourir et ainsi l'objet de leur attachement mourra. Donc comme je serais coupable de faire croire une fausseté, quoique je la persuadasse doucement et qu'on la crût avec plaisir et qu'en cela on me fît plaisir, de même je suis coupable si je me fais aimer et si j'attire les gens à s'attacher à moi. Je dois avertir ceux qui seraient prêts à consentir au mensonge qu'ils ne le doivent pas croire, quelque avantage qui m'en revînt, et de même qu'ils ne doivent pas s'attacher à moi, car il faut qu'ils passent leur vie et leurs soins à plaire à Dieu ou à le chercher.

16

La vraie nature étant perdue tout devient sa nature.
Comme le véritable bien étant perdu tout devient son véritable bien.

17

Les philosophes ne prescrivaient point des sentiments proportionnés aux deux états.
Ils inspiraient des mouvements de grandeur pure et ce n'est pas l'état de l'homme.
Ils inspiraient des mouvements de bassesse pure et ce n'est pas l'état de l'homme.
Il faut des mouvements de bassesse, non de nature mais de pénitence, non pour y demeurer mais pour aller à la grandeur. Il faut des mouvements de grandeur, non de mérite mais de grâce et après avoir passé par la bassesse.

18

Si l'homme n'est fait pour Dieu pourquoi n'est-il heureux qu'en Dieu ?
Si l'homme est fait pour Dieu pourquoi est-il si contraire à Dieu ?

19

L'homme ne sait à quel rang se mettre. Il est visiblement égaré et tombé de son vrai lieu sans le pouvoir retrouver. Il le cherche partout avec inquiétude et sans succès dans des ténèbres impénétrables.

20

Nous souhaitons la vérité et ne trouvons en nous qu'incertitude.
Nous recherchons le bonheur et ne trouvons que misère et mort.
Nous sommes incapables de ne pas souhaiter la vérité et le bonheur et sommes incapables ni de certitude ni de bonheur.
Ce désir nous est laissé tant pour nous punir que pour nous faire sentir d'où nous sommes tombés.

21

Preuves de la religion.
Morale./ Doctrine./ Miracles./ Prophéties./ Figures.

22

Misère.
Salomon et Job [6] ont le mieux connu et le mieux parlé de la misère de l'homme, l'un le plus heureux et l'autre le plus malheureux, l'un connaissant la vanité des plaisirs par expérience, l'autre la réalité des maux.

23

Toutes ces contrariétés qui semblaient le plus m'éloigner de la connaissance d'une religion est ce qui m'a le plus tôt conduit à la véritable.

24

Je blâme également et ceux qui prennent parti de louer l'homme et ceux qui le prennent de le blâmer et ceux qui le prennent de se divertir et je ne puis approuver que ceux qui cherchent en gémissant.

25

Instinct, raison.
Nous avons une impuissance de prouver invincible à tout le dogmatisme.
Nous avons une idée de la vérité invincible à tout le pyrrhonisme.

26

Les stoïques disent : « Rentrez au-dedans de vous-même. C'est là où vous trouverez votre repos. » — Et cela n'est pas vrai.

Les autres disent : « Sortez dehors et cherchez le bonheur en un divertissement. » Et cela n'est pas vrai. Les maladies viennent.

Le bonheur n'est ni hors de nous ni dans nous. Il est en Dieu, et hors et dans nous.

27

Une *Lettre* de la folie de la science humaine et de la philosophie. Cette *Lettre* avant *Le divertissement* [7].

Felix qui potuit [8].

Felix nihil admirari.

Deux cent quatre-vingts sortes de souverain bien dans Montaigne [9].

28

Fausseté des philosophes qui ne discutaient pas l'immortalité de l'âme.

Fausseté de leur dilemme dans Montaigne [10].

29

Cette guerre intérieure de la raison contre les passions a fait que ceux qui ont voulu avoir la paix se sont partagés en deux sectes. Les uns ont voulu renoncer aux passions et devenir dieux, les autres ont voulu renoncer à la raison et devenir bêtes brutes. Des Barreaux [11]. Mais ils ne l'ont pu ni les uns ni les autres, et la raison demeure toujours qui accuse la bassesse et l'injustice des passions et qui trouble le repos de ceux qui s'y abandonnent et les passions sont toujours vivantes dans ceux qui y veulent renoncer.

30

Grandeur de l'homme.

Nous avons une si grande idée de l'âme de l'homme que nous ne pouvons souffrir d'en être méprisés et de n'être pas dans l'estime d'une âme. Et toute la félicité des hommes consiste dans cette estime.

31

Les hommes sont si nécessairement fous que ce serait être fou par un autre tour de folie de n'être pas fou.

32

Qui voudrait connaître à plein la vanité de l'homme n'a qu'à considérer les causes et les effets de l'amour. La cause en est un *Je ne sais quoi*. Corneille [12]. Et les effets en sont effroyables. Ce *Je ne sais quoi*, si peu de chose qu'on ne peut le reconnaître, remue toute la terre, les princes, les armées, le monde entier.

Le nez de Cléopâtre s'il eût été plus court toute la face de la terre aurait changé.

33

Misère.

La seule chose qui nous console de nos misères est le divertissement, et cependant c'est la plus grande de nos misères. Car c'est cela qui nous empêche principalement de songer à nous, et qui nous fait perdre insensiblement. Sans cela nous serions dans l'ennui, et cet ennui nous pousserait à chercher un moyen plus solide d'en sortir, mais le divertissement nous amuse et nous fait arriver insensiblement à la mort.

34

Agitation.

Quand un soldat se plaint de la peine qu'il a ou un laboureur, etc. qu'on les mette sans rien faire.

35

La nature est corrompue.

Sans Jésus-Christ il faut que l'homme soit dans le vice et dans la misère.

Avec Jésus-Christ l'homme est exempt de vice et de misère.

En lui est toute notre vertu et toute notre félicité.

Hors de lui il n'y a que vice, misère, erreur, ténèbres, mort, désespoir.

36

Non seulement nous ne connaissons Dieu que par Jésus-Christ mais nous ne nous connaissons nous-mêmes que par Jésus-Christ. Nous ne connaissons la vie, la mort que par Jésus-Christ. Hors de Jésus-Christ nous ne savons ce que c'est ni que notre vie, ni que notre mort, ni que Dieu, ni que nous-mêmes.

Ainsi sans l'Écriture, qui n'a que Jésus-Christ pour objet, nous ne connaissons rien et ne voyons qu'obscurité et confusion dans la nature de Dieu et dans la propre nature.

[II] ORDRE[1]

37

Les psaumes chantés par toute la terre [2].
Qui rend témoignage de Mahomet ? Lui-même.
Jésus-Christ veut que son témoignage ne soit rien.
La qualité de témoins fait qu'il faut qu'ils soient toujours et partout et misérables. Il est seul.

38

Ordre
par dialogues.

« Que dois-je faire ? Je ne vois partout qu'obscurités. Croirai-je que je ne suis rien ? Croirai-je que je suis dieu ? »

———

« Toutes choses changent et se succèdent. »
« Vous vous trompez, il y a... »

« Et quoi ne dites-vous pas vous-même que le ciel et les oiseaux prouvent Dieu ? » Non. « Et votre religion ne le dit-elle pas ? » Non. Car encore que cela est vrai en un sens pour quelques âmes à qui Dieu donna [3] cette lumière, néanmoins cela est faux à l'égard de la plupart.

Lettre pour porter à rechercher Dieu.
Et puis le faire chercher chez les philosophes, pyrrhoniens et dogmatistes, qui travailleront celui qui les recherche.

39

Ordre.

Une lettre d'exhortation à un ami pour le porter à chercher. Et il répondra : « Mais à quoi me servira de chercher ? Rien ne paraît. » Et lui répondre : « Ne désespérez pas. » Et il répondrait qu'il serait heureux de trouver quelque lumière, mais que selon cette religion même, quand il croirait ainsi, cela ne lui servirait de rien et qu'ainsi il aime autant ne point chercher. Et à cela lui répondre : « La machine. »

40

Première partie : Misère de l'homme sans Dieu.
Deuxième partie : Félicité de l'homme avec Dieu.

———

autrement

Première partie : Que la nature est corrompue, par la nature même.
Deuxième partie : Qu'il y a un Réparateur, par l'Écriture.

41

Lettre qui marque l'utilité des preuves. Par la machine.

La foi est différente de la preuve. L'une est humaine, l'autre est un don de Dieu. *Justus ex fide vivit* [4]. C'est de cette foi que Dieu lui-même met dans le cœur dont la preuve est souvent l'instrument. *Fides ex auditu* [5]. Mais cette foi est dans le cœur et fait dire non *Scio* mais *Credo*.

42

Ordre.

Voir ce qu'il y a de clair dans tout l'état des Juifs et d'incontestable.

43

Dans la lettre de l'injustice peut venir,
La plaisanterie des aînés qui ont tout. « Mon ami vous êtes né de ce côté de la montagne. Il est donc juste que votre aîné ait tout . »
Pourquoi me tuez-vous ?

44

Les misères de la vie humaine ont frondé [6] tout cela. Comme ils ont vu cela ils ont pris le divertissement.

45

Ordre.

Après la lettre qu'on doit chercher Dieu, faire la lettre d'ôter les obstacles, qui est le discours de la machine [7], de préparer la machine de chercher par raison.

46

Ordre.

Les hommes ont mépris pour la religion, ils en ont haine et peur qu'elle soit vraie. Pour guérir cela il faut commencer par montrer que la religion n'est point contraire à la raison. Vénérable, en donner respect. La rendre ensuite aimable, faire souhaiter aux bons qu'elle fût vraie, et puis montrer qu'elle est vraie.
Vénérable parce qu'elle a bien connu l'homme.
Aimable parce qu'elle promet le vrai bien.

[III] VANITÉ

47

Deux visages semblables, dont aucun ne fait rire en particulier, font rire ensemble par leur ressemblance.

48

Les vrais chrétiens obéissent aux folies néanmoins, non pas qu'ils respectent les folies, mais l'ordre de Dieu qui pour la punition des hommes les a asservis à ces folies. *Omnis creatura subjecta est vanitati. Liberabitur* [1]. Ainsi saint Thomas explique le lieu de saint Jacques [2] pour la préférence des riches, que s'ils ne le font dans la vue de Dieu ils sortent de l'ordre de la religion.

49

Persée roi de Macédonie, Paul Émile.
On reprochait à Persée de ce qu'il ne se tuait pas [3].

50

Vanité.

Qu'une chose aussi visible qu'est la vanité du monde soit si peu connue, que ce soit une chose étrange et surprenante de dire que c'est une sottise de chercher les grandeurs, cela est admirable.

51

Inconstance et bizarrerie.

Ne vivre que de son travail, et régner sur le plus puissant État du monde sont choses très opposées. Elles sont unies dans la personne du Grand Seigneur des Turcs [4].

52

751. Un bout de capuchon arme 25 000 moines [5].

53

Il y a quatre laquais.

54

Il demeure au-delà de l'eau.

55

Si on est trop jeune on ne juge pas bien, trop vieux de même.
Si on n'y songe pas assez, si on songe trop on s'entête et on s'en coiffe.

Si on considère son ouvrage incontinent après l'avoir fait, on en est encore tout prévenu, si trop longtemps après, on n'y entre plus.

Ainsi les tableaux vus de trop loin et de trop près. Et il n'y a qu'un point indivisible qui soit le véritable lieu. Les autres sont trop près, trop loin, trop haut ou trop bas. La perspective l'assigne dans l'art de la peinture. Mais dans la vérité et dans la morale, qui l'assignera ?

56

La puissance des mouches : elles gagnent des batailles, empêchent notre âme d'agir, mangent notre corps.

57

Vanité des sciences.

La science des choses extérieures ne me consolera pas de l'ignorance de la morale au temps d'affliction, mais la science des mœurs me consolera toujours de l'ignorance des sciences extérieures.

58

Condition de l'homme.

Inconstance, ennui, inquiétude.

59

La coutume de voir les rois accompagnés de gardes, de tambours, d'officiers et de toutes les choses qui ploient la machine vers le respect et la terreur font que leur visage, quand il est quelquefois seul et sans ces accompagnements, imprime dans leurs sujets le respect et la terreur parce qu'on ne sépare point dans la pensée leur personne d'avec leur suite qu'on y voit d'ordinaire jointe. Et le monde qui ne sait pas que cet effet vient de cette coutume croit qu'il vient d'une force naturelle. Et de là viennent ces mots : *Le caractère de la divinité est empreint sur son visage*, etc.

60

La puissance des rois est fondée sur la raison et sur la folie du peuple, et bien plus sur la folie. La plus grande et importante chose du monde a pour fondement la faiblesse. Et ce fondement-là est admirablement sûr, car il n'y a rien de plus sûr que cela que le peuple sera faible. Ce qui est fondé sur la seule raison est bien mal fondé, comme l'estime de la sagesse.

61

La nature de l'homme n'est pas d'aller toujours. Elle a ses allées et venues.

La fièvre a ses frissons et ses ardeurs. Et le froid montre aussi bien la grandeur de l'ardeur de la fièvre que le chaud même.

Les inventions des hommes de siècle en siècle vont de même. La bonté et la malice du monde en général en est de même.

Plerumque gratae principibus vices [6].

62

Faiblesse.

Toutes les occupations des hommes sont à avoir du bien, et ils ne sauraient avoir de titre pour montrer qu'ils le possèdent par justice, car ils n'ont que la fantaisie des hommes. Ni force pour le posséder sûrement.

Il en est de même de la science, car la maladie l'ôte.

Nous sommes incapables et de vrai et de bien.

63

Ferox gens nullam esse vitam sine armis rati [7].

Ils aiment mieux la mort que la paix, les autres aiment mieux la mort que la guerre.

Toute opinion peut être préférable à la vie, dont l'amour paraît si fort et si naturel.

64

On ne choisit pas pour gouverner un vaisseau celui des voyageurs qui est de la meilleure maison.

65

Les villes par où on passe, on ne se soucie pas d'y être estimé. Mais quand on doit y demeurer un peu de temps, on s'en soucie. Combien de temps faut-il ? Un temps proportionné à notre durée vaine et chétive.

66

Vanité.

Les respects signifient : Incommodez-vous [8].

67

Ce qui m'étonne le plus est de voir que tout le monde n'est pas étonné de sa faiblesse. On agit sérieusement et chacun suit sa condition, non pas parce qu'il est bon en effet de la suivre puisque la mode en est, mais comme si chacun savait certainement où est la raison et la justice. On se trouve déçu à toute heure, et par une plaisante humilité on croit que c'est sa faute et non pas celle de l'art qu'on se vante toujours d'avoir. Mais il est bon qu'il y ait tant de ces gens-là au monde qui ne soient pas pyrrhoniens, pour la gloire du pyrrhonisme, afin de montrer que l'homme est bien capable des plus extravagantes opinions, puisqu'il est capable de croire qu'il n'est pas dans cette faiblesse naturelle et inévitable et de croire qu'il est au contraire dans la sagesse naturelle.

Rien ne fortifie plus le pyrrhonisme que ce qu'il y en a qui ne sont point pyrrhoniens. Si tous l'étaient, ils auraient tort.

68

Cette secte se fortifie par ses ennemis plus que par ses amis, car la faiblesse de l'homme paraît bien davantage en ceux qui ne la connaissent pas qu'en ceux qui la connaissent.

69
Talon de soulier.

Ô que cela est bien tourné ! Que voilà un habile ouvrier ! Que ce soldat est hardi ! Voilà la source de nos inclinations et du choix des conditions. Que celui-là boit bien ! Que celui-là boit peu ! Voilà ce qui fait les gens sobres et ivrognes, soldats, poltrons, etc.

70

Qui ne voit pas la vanité du monde est bien vain lui-même.

Aussi qui ne la voit, excepté de jeunes gens qui sont tous dans le bruit, dans le divertissement et dans la pensée de l'avenir ?

Mais ôtez leur divertissement, vous les verrez se sécher d'ennui.

Ils sentent alors leur néant sans le connaître, car c'est bien être malheureux que d'être dans une tristesse insupportable aussitôt qu'on est réduit à se considérer et à n'en être point diverti.

71
Métiers.

La douceur de la gloire est si grande qu'à quelque objet qu'on l'attache, même à la mort, on l'aime.

72

Trop et trop peu de vin. Ne lui en donnez pas, il ne peut trouver la vérité. Donnez-lui en trop, de même.

73

Les hommes s'occupent à suivre une balle et un lièvre. C'est le plaisir même des rois.

74

Quelle vanité que la peinture, qui attire l'admiration par la ressemblance des choses dont on n'admire pas les originaux !

75

Quand on lit trop vite ou trop doucement on n'entend rien.

76

Combien de royaumes nous ignorent !

77

Peu de chose nous console parce que peu de chose nous afflige.

78
Imagination.

C'est cette partie dominante dans l'homme, cette maîtresse d'erreur et de fausseté, et d'autant plus fourbe qu'elle ne l'est pas toujours, car elle serait règle infaillible de vérité si elle l'était infaillible du mensonge. Mais étant le plus souvent fausse, elle ne donne aucune marque de sa qualité, marquant du même caractère le vrai et le faux. Je ne parle pas des fous, je parle des plus sages et c'est parmi eux que l'imagination a le grand droit de persuader les hommes. La raison a beau crier, elle ne peut mettre le prix aux choses.

Cette superbe puissance ennemie de la raison, qui se plaît à la contrôler et à la dominer, pour montrer combien elle peut en toutes choses, a établi dans l'homme une seconde nature. Elle a ses heureux, ses malheureux, ses sains, ses malades, ses riches, ses pauvres. Elle fait croire, douter, nier la raison. Elle suspend les sens, elle les fait sentir. Elle a ses fous et ses sages, et rien ne nous dépite davantage que de voir qu'elle remplit ses hôtes d'une satisfaction bien autrement pleine et entière que la raison. Les habiles par imagination se plaisent tout autrement à eux-mêmes que les prudents ne se peuvent raisonnablement plaire. Ils regardent les gens avec empire, ils disputent avec hardiesse et confiance, les autres avec crainte et défiance. Et cette gaieté de visage leur donne souvent l'avantage dans l'opinion des écoutants, tant les sages imaginaires ont de faveur auprès de leurs juges de même nature.

Elle ne peut rendre sages les fous, mais elle les rend heureux, à l'envi de la raison, qui ne peut rendre ses amis que misérables, l'une les couvrant de gloire, l'autre de honte.

Qui dispense la réputation, qui donne le respect et la vénération aux personnes, aux ouvrages, aux lois, aux grands, sinon cette faculté imaginante ? Combien toutes les richesses de la terre insuffisantes sans son consentement.

Ne diriez-vous pas que ce magistrat dont la vieillesse vénérable impose le respect à tout un peuple se gouverne par une raison pure et sublime et qu'il juge des choses par leur nature sans s'arrêter à ces vaines circonstances qui ne blessent que l'imagination des faibles ? Voyez-le entrer dans un sermon où il apporte un zèle tout dévot, renforçant la solidité de sa raison par l'ardeur de sa charité. Le voilà prêt à l'ouïr avec un respect exemplaire. Que le prédicateur vienne à paraître, si la nature lui a donné une voix enrouée et un tour de visage bizarre, que son barbier l'ait mal rasé, si le hasard l'a encore barbouillé de surcroît, quelques grandes vérités qu'il annonce, je parie la perte de la gravité de notre sénateur.

Le plus grand philosophe du monde sur une planche plus large qu'il ne faut, s'il y a au-dessous un précipice, quoique sa raison le convainque de sa sûreté, son imagination prévaudra. Plusieurs n'en sauraient soutenir la pensée sans pâlir et suer.

Je ne veux pas rapporter tous ses effets. Qui ne sait que la vue des chats, des rats, l'écrasement d'un charbon, etc. emportent la raison hors des gonds. Le ton de voix impose aux plus sages et change un discours et un poème de force. L'affection ou la haine changent la justice de face. Et combien un avocat bien payé par avance trouve-t-il plus juste la cause qu'il plaide ! Combien son geste hardi la fait-il paraître meilleure aux juges dupés par cette apparence ! Plaisante raison qu'un vent manie et à tout sens ! Je rapporterais presque toutes les actions des hommes, qui ne branlent presque que par ses secousses. Car la raison a été obligée de céder, et le plus sage prend pour ses principes ceux que l'imagination des hommes a témérairement introduits en chaque lieu. *(Il faut, puisqu'il y a plu, travailler tout le jour pour des biens reconnus pour imaginaires. Et quand le sommeil nous a délassés des fatigues de notre raison, il faut incontinent se lever en sursaut pour aller courir après les fumées et essuyer les impressions de cette maîtresse du monde.)*

Nos magistrats ont bien connu ce mystère. Leurs robes rouges, leurs hermines dont ils s'emmaillotent en chats fourrés, les palais où ils jugent, les fleurs de lys, tout cet appareil auguste était fort nécessaire. Et si les médecins n'avaient des soutanes et des mules et que les docteurs n'eussent des bonnets carrés et des robes trop amples de quatre parties, jamais ils n'auraient dupé le monde, qui ne peut résister à cette montre si authentique. S'ils avaient la véritable justice et si les médecins avaient le vrai art de guérir, ils n'auraient que faire de bonnets carrés. La majesté de ces sciences serait assez vénérable d'elle-même. Mais n'ayant que des sciences imaginaires il faut qu'ils prennent ces vains instruments, qui frappent l'imagination, à laquelle ils ont affaire. Et par là en effet ils attirent le respect.

Les seuls gens de guerre ne sont pas déguisés de la sorte, parce qu'en effet leur part est plus essentielle. Ils s'établissent par la force, les autres par grimace.

C'est ainsi que nos rois n'ont pas recherché ces déguisements. Ils ne se sont pas masqués d'habits extraordinaires pour paraître tels, mais ils se sont accompagnés de gardes, de hallebardes. Ces troupes armées qui n'ont de mains et de force que pour eux, les trompettes et les tambours qui marchent au-devant et ces légions qui les environnent font trembler les plus fermes. Ils n'ont pas l'habit seulement, ils ont la force. Il faudrait avoir une raison bien épurée pour regarder comme un autre homme le Grand Seigneur environné, dans son superbe Sérail, de quarante mille janissaires.

Nous ne pouvons pas seulement voir un avocat en soutane et le bonnet en tête sans une opinion avantageuse de sa suffisance.

L'imagination dispose de tout. Elle fait la beauté, la justice et le bonheur qui est le tout du monde.

Je voudrais de bon cœur voir le livre italien dont je ne connais que le titre, qui vaut lui seul bien des livres, *Dell'opinione regina del mondo* [9]. J'y souscris sans le connaître, sauf le mal, s'il y en a.

Voilà à peu près les effets de cette faculté trompeuse, qui semble nous être donnée exprès pour nous induire à une erreur nécessaire. Nous en avons bien d'autres principes.

Les impressions anciennes ne sont pas seules capables de nous abuser, les charmes de la nouveauté ont le même pouvoir. De là viennent toutes les disputes des hommes, qui se reprochent ou de suivre leurs fausses impressions de l'enfance, ou de courir témérairement après les nouvelles.

Qui tient le juste milieu ? Qu'il paraisse et qu'il le prouve. Il n'y a principe, quelque naturel qu'il puisse être même depuis l'enfance, [qu'on ne] fasse passer pour une fausse impression soit de l'instruction soit des sens.

« Parce, dit-on, que vous avez cru dès l'enfance qu'un coffre était vide lorsque vous n'y voyiez rien, vous avez cru le vide possible. C'est une illusion de vos sens, fortifiée par la coutume, qu'il faut que la science corrige. » — Et les autres disent : « Parce qu'on vous a dit dans l'École qu'il n'y a point de vide, on a corrompu votre sens commun, qui le comprenait si nettement avant cette mauvaise impression, qu'il faut corriger en recourant à votre première nature. » — Qui a donc trompé : les sens ou l'instruction ?

Nous avons un autre principe d'erreur, les maladies. Elles nous gâtent le jugement et le sens. Et si les grandes l'altèrent sensiblement, je ne doute pas que les petites n'y fassent impression à leur proportion.

Notre propre intérêt est encore un merveilleux instrument pour nous crever les yeux agréablement. Il n'est pas permis au plus équitable homme du monde d'être juge en sa cause. J'en sais qui pour ne pas tomber dans cet amour-propre, ont été les plus injustes du monde à contre-biais. Le moyen sûr de perdre une affaire toute juste était de la leur faire recommander par leurs proches parents. La justice et la vérité sont deux pointes si subtiles que nos instruments sont trop mousses pour y toucher exactement. S'ils y arrivent, ils en écachent [10] la pointe et appuient tout autour plus sur le faux que sur le vrai.

(L'homme est donc si heureusement fabriqué qu'il n'a aucun principe juste du vrai, et plusieurs excellents du faux. Voyons maintenant combien.

Mais la plus plaisante cause de ses erreurs est la guerre qui est entre les sens et la raison.)

L'homme n'est qu'un sujet plein d'erreur naturelle et ineffaçable sans la grâce. [Rien ne] lui montre la vérité. Tout l'abuse. — Il faut commencer par là le chapitre des puissances trompeuses [11]. — Ces deux principes de vérités, la raison et les sens, outre qu'ils manquent chacun de sincérité, s'abusent réciproquement l'un l'autre. Les sens abusent la raison par de fausses apparences, et cette même piperie qu'ils apportent à l'âme ils la reçoivent d'elle à leur tour. Elle s'en revanche. Les passions de l'âme troublent les sens et leur font des impressions fausses. Ils mentent et se trompent à l'envi.

Mais outre cette erreur qui vient par accident et par le manque d'intelligence entre ces facultés hétérogènes...

79

Vanité.

La cause et les effets de l'amour.
Cléopâtre [12].

80

Nous ne nous tenons jamais au temps présent. Nous anticipons l'avenir comme trop lent à venir, comme pour hâter son cours, ou nous rappelons le passé pour l'arrêter comme trop prompt, si imprudents que nous errons dans les temps qui ne sont point nôtres et ne pensons point au seul qui nous appartient, et si vains que nous songeons à ceux qui ne sont rien, et échappons [13] sans réflexion le seul qui subsiste. C'est que le présent d'ordinaire nous blesse. Nous le cachons à notre vue parce qu'il nous afflige, et s'il nous est agréable nous regrettons de le voir échapper. Nous tâchons de le soutenir [14] par l'avenir et pensons à disposer les choses qui ne sont pas en notre puissance pour un temps où nous n'avons aucune assurance d'arriver.

Que chacun examine ses pensées, il les trouvera toutes occupées au passé ou à l'avenir. Nous ne pensons presque point au présent, et si nous y pensons, ce n'est que pour en prendre la lumière pour disposer de l'avenir. Le présent n'est jamais notre fin. Le passé et le présent sont nos moyens, le seul avenir est notre fin. Ainsi nous ne vivons jamais, mais nous espérons de vivre, et nous disposant toujours à être heureux, il est inévitable que nous ne le soyons jamais.

81

L'esprit de ce souverain juge du monde n'est pas si indépendant qu'il ne soit sujet à être troublé par le premier tintamarre qui se fait autour de lui. Il ne faut pas le bruit d'un canon pour empêcher ses pensées. Il ne faut que le bruit d'une girouette ou d'une poulie. Ne vous étonnez point, s'il ne raisonne pas bien à présent, une mouche bourdonne à ses oreilles. C'en est assez pour le rendre incapable de bon conseil [15]. Si vous voulez qu'il puisse trouver la vérité, chassez cet animal qui tient sa raison en échec et trouble cette puissante intelligence qui gouverne les villes et les royaumes.

Le plaisant dieu que voilà ! *O ridicolosissimo heroe* [16] !

82

César était trop vieil, ce me semble, pour aller s'amuser à conquérir le monde. Cet amusement était bon à Auguste ou à Alexandre. C'étaient des jeunes gens, qu'il est difficile d'arrêter. Mais César devait [17] être plus mûr.

83

Les Suisses s'offensent d'être dits gentilshommes et prouvent leur roture de race pour être jugés dignes des grands emplois [18].

84

« Pourquoi me tuez-vous ? » — « Et quoi, ne demeurez-vous pas de l'autre côté de l'eau ? Mon ami, si vous demeuriez de ce côté, je serais un assassin et cela serait injuste de vous tuer de la sorte. Mais puisque vous demeurez de l'autre côté, je suis un brave et cela est juste. »

85

Le bon sens.

Ils sont contraints de dire : « Vous n'agissez pas de bonne foi, nous ne dormons pas », etc. Que j'aime à voir cette superbe raison humiliée et suppliante ! Car ce n'est pas là le langage d'un homme à qui on dispute son droit et qui le défend les armes et la force à la main. Il ne s'amuse pas à dire qu'on n'agit pas de bonne foi, mais il punit cette mauvaise foi par la force.

[IV] MISÈRE

86

Bassesse de l'homme jusqu'à se soumettre aux bêtes, jusques à les adorer.

87

Inconstance.

Les choses ont diverses qualités et l'âme diverses inclinations, car rien n'est simple de ce qui s'offre à l'âme, et l'âme ne s'offre jamais simple à aucun sujet. De là vient qu'on pleure et qu'on rit d'une même chose.

88

Inconstance.

On croit toucher des orgues ordinaires en touchant l'homme. Ce sont des orgues à la vérité, mais bizarres, changeantes, variables *(dont les tuyaux ne se suivent pas par degrés conjoints. Ceux qui ne savent toucher que les ordinaires)* ne feraient pas d'accords sur celles-là. Il faut savoir où sont les [touches].

89

Nous sommes si malheureux que nous ne pouvons prendre plaisir à une chose qu'à condition de nous fâcher si elle réussit mal. Ce que mille choses peuvent faire et font à toute heure. [Qui] aurait trouvé le secret de se réjouir du bien sans se fâcher du mal contraire aurait trouvé le point. C'est le mouvement perpétuel.

90

Il n'est pas bon d'être trop libre.

Il n'est pas bon d'avoir toutes les nécessités.

91

Tyrannie.

La tyrannie est de vouloir avoir par une voie ce qu'on ne peut avoir que par une autre. On rend différents devoirs aux différents mérites : devoir d'amour à l'agrément, devoir de crainte à la force, devoir de créance à la science.

On doit rendre ces devoirs-là, on est injuste de les refuser, et injuste d'en demander d'autres.

Ainsi ces discours sont faux et tyranniques : « Je suis beau, donc on doit me craindre. Je suis fort, donc on doit m'aimer. Je suis... » Et c'est de même être faux et tyrannique de dire : « Il n'est pas fort, donc je ne l'estimerai pas. Il n'est pas habile, donc je ne le craindrai pas. »

92

La tyrannie consiste
au désir de domination
universel et hors de
son ordre.

Diverses chambres, de forts, de beaux, de bons esprits, de pieux, dont chacun règne chez soi, non ailleurs, et quelquefois ils se rencontrent. Et le fort et le beau se battent sottement à qui sera le maître l'un de l'autre, car leur maîtrise est de divers genre. Ils ne s'entendent pas. Et leur faute est de vouloir régner partout. Rien ne le peut, non pas même la force. Elle ne fait rien au royaume des savants. Elle n'est maîtresse que des actions extérieures.

93

Quand il est question de juger si on doit faire la guerre et tuer tant d'hommes, condamner tant d'Espagnols à la mort, c'est un homme seul qui en juge, et encore intéressé. Ce devrait être un tiers indifférent.

94

Sur quoi la fondera-t-il, l'économie du monde qu'il veut gouverner ? Sera-ce sur le caprice de chaque particulier, quelle confusion ! Sera-ce sur la justice, il l'ignore. Certainement, s'il la connaissait, il n'aurait pas établi cette maxime, la plus générale de toutes celles qui sont parmi les hommes : que chacun suive les mœurs de son pays. L'éclat de la véritable équité aurait assujetti tous les peuples. Et les législateurs n'auraient pas pris pour modèle, au lieu de cette justice constante, les fantaisies et les caprices des Perses et Allemands. On la verrait plantée par tous les États du monde et dans tous les temps, au lieu qu'on ne voit rien de juste ou d'injuste qui ne change de qualité en changeant de climat. Trois degrés d'élévation du pôle renversent toute la jurisprudence. Un méridien décide de la vérité. En peu d'années de possession les lois fondamentales changent. Le droit a ses époques, l'entrée de Saturne au Lion nous marque l'origine d'un tel crime. Plaisante justice qu'une rivière borne ! Vérité au-deçà des Pyrénées, erreur au-delà.

Ils confessent que la justice n'est pas dans ces coutumes, mais qu'elle réside dans les lois naturelles communes en tout pays. Certainement ils le soutiendraient opiniâtrement si la témérité du hasard, qui a semé les lois humaines, en avait rencontré au moins une qui fût universelle. Mais la plaisanterie est telle que le caprice des hommes s'est si bien diversifié qu'il n'y en a point (*de générale*).

Le larcin, l'inceste, le meurtre des enfants et des pères, tout a eu sa place entre les actions vertueuses. Se peut-il rien de plus plaisant qu'un homme ait droit de me tuer parce qu'il demeure au-delà de l'eau et que son prince a querelle contre le mien, quoique je n'en aie aucune avec lui ?

Il y a sans doute des lois naturelles, mais cette belle raison corrompue a tout corrompu. *Nihil amplius nostrum est, quod nostrum dicimus artis est* [1]. *Ex senatusconsultis et plebiscitis crimina exercentur* [2]. *Ut olim vitiis sic nunc legibus laboramus* [3].

De cette confusion arrive que l'un dit que l'essence de la justice est l'autorité du législateur, l'autre la commodité du souverain, l'autre la coutume présente. Et c'est le plus sûr. Rien, suivant la seule raison, n'est juste de soi, tout branle avec le temps. La coutume fait toute l'équité, par cette seule raison qu'elle est reçue. C'est le fondement mystique de son autorité. Qui la ramènera à son principe l'anéantit. Rien n'est si fautif que ces lois qui redressent les fautes. Qui leur obéit parce qu'elles sont justes, obéit à la justice qu'il imagine, mais non pas à l'essence de la loi. Elle est toute ramassée en soi, elle est loi et rien davantage. Qui voudra en examiner le motif le trouvera si faible et si léger que s'il n'est accoutumé à contempler les prodiges de l'imagination humaine, il admirera qu'un siècle lui ait tant acquis de pompe et de révérence. L'art de fronder, bouleverser les États est d'ébranler les coutumes établies en sondant jusque dans leur source pour marquer leur défaut d'autorité et de justice. Il faut, dit-on recourir aux lois fondamentales et primitives de l'État, qu'une coutume injuste a abolies. C'est un jeu sûr pour tout perdre, rien ne sera juste à cette balance. Cependant le peuple prête aisément l'oreille à ces discours. Ils secouent le joug dès qu'ils le reconnaissent, et les Grands en profitent à sa ruine et à celle de ces curieux examinateurs des coutumes reçues. C'est pourquoi le plus sage des législateurs disait que pour le bien des hommes il faut souvent les piper [4]. Et un autre bon politique : *Cum veritatem qua liberetur ignoret, expedit quod fallatur* [5]. Il ne faut pas qu'il sente la vérité de l'usurpation. Elle a été introduite autrefois sans raison, elle est devenue raisonnable. Il faut la faire regarder comme authentique, éternelle et en cacher le commencement si on ne veut qu'elle ne prenne bientôt fin.

95
Justice.

Comme la mode fait l'agrément aussi fait-elle la justice.

96

Qui aurait eu l'amitié du roi d'Angleterre, du roi de Pologne et de la reine de Suède, aurait-il cru manquer de retraite et d'asile au monde [6] ?

97

La gloire.

L'admiration gâte tout dès l'enfance. Ô que cela est bien dit, ô qu'il a bien fait, qu'il est sage, etc. Les enfants de Port-Royal auxquels on ne donne point cet aiguillon d'envie et de gloire tombent dans la nonchalance.

98

Mien, tien.

« Ce chien est à moi », disaient ces pauvres enfants. « C'est là ma place au soleil. » Voilà le commencement et l'image de l'usurpation de toute la terre [7].

99

Diversité.

La théologie est une science, mais en même temps combien est-ce de sciences. Un homme est un suppôt [8], mais si on l'anatomise, sera-ce la tête, le cœur, l'estomac, les veines, chaque veine, chaque portion de veine, le sang, chaque humeur du sang ?

Une ville, une campagne, de loin c'est une ville et une campagne, mais à mesure qu'on s'approche, ce sont des maisons, des arbres, des tuiles, des feuilles, des herbes, des fourmis, des jambes de fourmis, à l'infini. Tout cela s'enveloppe sous le nom de campagne.

100

Injustice.

Il est dangereux de dire au peuple que les lois ne sont pas justes, car il n'y obéit qu'à cause qu'il les croit justes. C'est pourquoi il lui faut dire en même temps qu'il y faut obéir parce qu'elles sont lois comme il faut obéir aux supérieurs non pas parce qu'ils sont justes, mais parce qu'ils sont supérieurs. Par là voilà toute sédition prévenue si on peut faire entendre cela et que proprement [c'est] la définition de la justice [9].

101

Injustice.

La juridiction ne se donne pas pour [le] juridiciant mais pour le juridicié. Il est dangereux de le dire au peuple. Mais le peuple a trop de croyance en vous, cela ne lui nuira pas et peut vous servir. Il faut donc le publier. *Pasce oves meas, non tuas* [10]. Vous me devez pâture.

102

Quand je considère la petite durée de ma vie absorbée dans l'éternité précédente et suivante, *memoria hospitis unius diei praetereuntis* [11], le petit espace que je remplis et même que je vois, abîmé dans l'infinie immensité des espaces que j'ignore et qui m'ignorent, je m'effraie et m'étonne de me voir ici plutôt que là, car il n'y a point de raison pour quoi ici plutôt que là, pour quoi à présent plutôt que lors. Qui m'y a mis ? Par l'ordre et la conduite de qui ce lieu et ce temps a-t-il été destiné à moi ?

103

Misère.

Job et Salomon [12].

104

Si notre condition était véritablement heureuse, il ne faudrait pas nous divertir d'y penser.

105

Contradiction.

Orgueil, contrepesant toutes les misères. Ou il cache ses misères, ou s'il les découvre il se glorifie de les connaître.

106

Il faut se connaître soi-même. Quand cela ne servirait pas à trouver le vrai, cela au moins sert à régler sa vie. Et il n'y a rien de plus juste.

107

Le sentiment de la fausseté des plaisirs présents et l'ignorance de la vanité des plaisirs absents cause l'inconstance.

108

Injustice.

Ils [13] n'ont point trouvé d'autre moyen de satisfaire leur concupiscence sans faire tort aux autres.

109

Job et Salomon.

110

L'Écclésiaste montre que l'homme sans Dieu est dans l'ignorance de tout et dans un malheur inévitable. Car c'est être malheureux que de vouloir et ne pouvoir. Or il veut être heureux et assuré de quelque vérité, et cependant il ne peut ni savoir ni ne désirer point de savoir. Il ne peut même douter.

*

111 [14]

13 — (Est-ce donc que l'âme est encore un sujet trop noble pour ses faibles lumières ? Abaissons-la donc à la matière. Voyons si elle sait de quoi est fait le propre corps qu'elle anime, et les autres qu'elle contemple et qu'elle remue à son gré.

Qu'en ont-ils connu, ces grands dogmatistes qui n'ignorent rien ?

393
Harum sententiarum [15].

Cela suffirait sans doute si la raison était raisonnable. Elle l'est bien assez pour avouer qu'elle n'a pu encore trouver rien de ferme, mais elle ne désespère pas encore d'y arriver. Au contraire elle est aussi ardente que jamais dans cette recherche et s'assure d'avoir en soi les forces nécessaires pour cette conquête.

Il faut donc l'achever, et après avoir examiné ses puissances dans leurs effets, reconnaissons-les en elles-mêmes. Voyons si elle a quelques forces et quelques prises capables de saisir la vérité.

13 — Mais peut-être que ce sujet passe la portée de la raison. Examinons donc ses inventions sur les choses de sa force. S'il y a quelque chose où son intérêt propre ait dû la faire appliquer de son plus sérieux, c'est à la recherche de son souverain bien. Voyons donc où ces âmes fortes et clairvoyantes l'ont placé et si elles en sont d'accord.

L'un dit que le souverain bien est en la vertu, l'autre le met en la volupté, l'autre à suivre la nature, l'autre en la vérité, Felix qui potuit rerum cognoscere causas, *l'autre à l'ignorance tranquille, l'autre en l'indolence, d'autres à résister aux apparences, l'autre à n'admirer rien,* Nihil mirari prope res una quae possit facere et servare beatum, *et les braves pyrrhoniens en leur ataraxie, doute et suspension perpétuelle, et d'autres plus sages, qu'on ne le peut trouver, non pas même par souhait. Nous voilà bien payés !*

Transposer après les lois. Article suivant

Si faut-il voir si cette belle philosophie n'a rien acquis de certain par un travail si long et si tendu [16]. *Peut-être qu'au moins l'âme se connaîtra soi-même. Écoutons les régents du monde sur ce sujet. Qu'ont-ils pensé de sa substance ?*
395
Ont-ils été plus heureux à la loger ?
395
Qu'ont-ils trouvé de son origine, de sa durée et de son départ ?
399)

[V] ENNUI ET QUALITÉS ESSENTIELLES A L'HOMME [1]

112

Orgueil.

Curiosité n'est que vanité le plus souvent. On ne veut savoir que pour en parler. Autrement on ne voyagerait pas sur la mer pour ne jamais en rien dire et pour le seul plaisir de voir, sans espérance d'en jamais communiquer.

113

Description de l'homme.

Dépendance, désir d'indépendance, besoins.

114

L'ennui qu'on a de quitter les occupations où l'on s'est attaché. Un homme vit avec plaisir en son ménage. Qu'il voie une femme qui lui plaise, qu'il joue cinq ou six jours avec plaisir, le voilà misérable s'il retourne à sa première occupation. Rien n'est plus ordinaire que cela.

[VI] RAISON DES EFFETS [1]

115

Le respect est : Incommodez-vous.

Cela est vain en apparence, mais très juste, car c'est dire : Je m'incommoderais bien si vous en aviez besoin, puisque je le fais bien sans que cela vous serve. Outre que le respect est pour distinguer les grands. Or si le respect était d'être en fauteuil, on respecterait tout le monde et ainsi on ne distinguerait pas. Mais étant incommodé, on distingue fort bien.

116

Les seules règles universelles sont les lois du pays aux choses ordinaires, et la pluralité aux autres. D'où vient cela ? De la force qui y est.

Et de là vient que les rois, qui ont la force d'ailleurs, ne suivent pas la pluralité de leurs ministres.

Sans doute l'égalité des biens est juste, mais ne pouvant faire qu'il soit force d'obéir à la justice, on a fait qu'il soit juste d'obéir à la force. Ne pouvant fortifier la justice, on a justifié la force, afin que la justice et la force fussent ensemble et que la paix fût, qui est le souverain bien.

La Sagesse nous renvoie à l'enfance. *Nisi efficiamini sicut parvuli* [2].

117

Le monde juge bien des choses, car il est dans l'ignorance naturelle, qui est le vrai siège de l'homme. Les sciences ont deux extrémités qui se touchent. La première est la pure ignorance naturelle où se trouvent tous les hommes en naissant. L'autre extrémité est celle où arrivent les grandes âmes qui, ayant parcouru tout ce que les hommes peuvent savoir, trouvent qu'ils ne savent rien et se rencontrent en cette même ignorance d'où ils étaient partis. Mais c'est une ignorance savante, qui se connaît. Ceux d'entre-deux, qui sont sortis de l'ignorance naturelle et n'ont pu arriver à l'autre, ont quelque teinture de cette science suffisante et font les entendus. Ceux-là troublent le monde et jugent mal de tout. Le peuple et les habiles composent le train du monde, ceux-là méprisent et sont méprisés. Ils jugent mal de toutes choses, et le monde en juge bien.

118

(Descartes.

Il faut dire en gros : « Cela se fait par figure et mouvement », car cela est vrai. Mais de dire quelles et composer la machine, cela est ridicule, car cela est inutile et incertain et pénible[3]*. Et quand cela serait vrai, nous n'estimons pas que toute la philosophie vaille une heure de peine.)*

119

Summum jus, summa injuria[4].

La pluralité est la meilleure voie, parce qu'elle est visible et qu'elle a la force pour se faire obéir. Cependant c'est l'avis des moins habiles.

Si l'on avait pu, l'on aurait mis la force entre les mains de la justice, mais comme la force ne se laisse pas manier comme on veut, parce que c'est une qualité palpable au lieu que la justice est une qualité spirituelle dont on dispose comme on veut, on l'a mise entre les mains de la force et ainsi on appelle juste ce qu'il est force d'observer.

[De là] vient le droit de l'épée, car l'épée donne un véritable droit.

Autrement on verrait la violence d'un côté et la justice de l'autre. Fin de la 12ᵉ Provinciale.

De là vient l'injustice de la Fronde, qui élève sa prétendue justice contre la force.

Il n'en est pas de même dans l'Église, car il y a une justice véritable et nulle violence.

120

Veri juris [5]. Nous n'en avons plus. Si nous en avions, nous ne prendrions pas pour règle de justice de suivre les mœurs de son pays.

C'est là que ne pouvant trouver le juste, on a trouvé le fort, etc.

121

Le chancelier est grave et revêtu d'ornements, car son poste est faux. Et non le roi : il a la force. Il n'a que faire de l'imagination. Les juges, médecins, etc. n'ont que l'imagination.

122

C'est l'effet de la force, non de la coutume, car ceux qui sont capables d'inventer sont rares. Les plus forts en nombre ne veulent que suivre et refusent la gloire à ces inventeurs qui la cherchent par leurs inventions. Et s'ils s'obstinent à la vouloir obtenir et à mépriser ceux qui n'inventent pas, les autres leur donneront des noms ridicules, leur donneraient des coups de bâton. Qu'on ne se pique donc pas de cette subtilité ou qu'on se contente en soi-même.

123

Raison des effets.

Cela est admirable : on ne veut pas que j'honore un homme vêtu de brocatelle, et suivi de sept ou huit laquais. Et quoi, il me fera donner les étrivières, si je ne le salue. Cet habit, c'est une force. C'est bien de même qu'un cheval bien enharnaché à l'égard d'un autre [6]. Montaigne est plaisant de ne pas voir quelle différence il y a, et d'admirer qu'on y en trouve, et d'en demander la raison. DE VRAI, dit-il, D'OÙ VIENT, etc.

124

Raison des effets.

Gradation. Le peuple honore les personnes de grande naissance. Les demi-habiles les méprisent, disant que la naissance n'est pas un avantage de la personne, mais du hasard. Les habiles les honorent, non par la pensée du peuple, mais par la pensée de derrière. Les dévots, qui ont plus de zèle que de science, les méprisent, malgré cette considération qui les fait honorer par les habiles, parce qu'ils en jugent par une nouvelle lumière que la piété leur donne. Mais les chrétiens parfaits les honorent par une autre lumière supérieure.

Ainsi se vont les opinions succédant du pour au contre, selon qu'on a de lumière.

125

Raison des effets.

Il faut avoir une pensée de derrière, et juger de tout par là, en parlant cependant comme le peuple.

126

Raison des effets.

Il est donc vrai de dire que tout le monde est dans l'illusion, car encore que les opinions du peuple soient saines, elles ne le sont pas dans sa tête. Car il pense que la vérité est où elle n'est pas. La vérité est bien dans leurs opinions, mais non pas au point où ils se figurent. Il est vrai qu'il faut honorer les gentilshommes, mais non parce que la naissance est un avantage effectif, etc.

127

Raison des effets.

Renversement continuel du pour au contre.

Nous avons donc montré que l'homme est vain par l'estime qu'il fait des choses qui ne sont point essentielles. Et toutes ces opinions sont détruites.

Nous avons montré ensuite que toutes ces opinions sont très saines et qu'ainsi toutes ces vanités étant très bien fondées, le peuple n'est pas si vain qu'on dit. Et ainsi nous avons détruit l'opinion qui détruisait celle du peuple.

Mais il faut détruire maintenant cette dernière proposition et montrer qu'il demeure toujours vrai que le peuple est vain, quoique ses opinions soient saines, parce qu'il n'en sent pas la vérité où elle est et que, la mettant où elle n'est pas, ses opinions sont toujours très fausses et très mal saines.

128

Opinions du peuple saines.

Le plus grand des maux est les guerres civiles.

Elles sont sûres, si on veut récompenser les mérites, car tous diront qu'ils méritent. Le mal à craindre d'un sot qui succède par droit de naissance n'est ni si grand, ni si sûr.

129

Opinions du peuple saines.

Être brave [7] n'est pas trop vain, car c'est montrer qu'un grand nombre de gens travaillent pour soi. C'est montrer par ses cheveux qu'on a un valet de chambre, un parfumeur, etc. Par son rabat, le fil, le passement, etc. Or ce n'est pas une simple superficie ni un simple harnais d'avoir plusieurs bras.

Plus on a de bras, plus on est fort. Être brave, c'est montrer sa force.

130

Raison des effets.

La faiblesse de l'homme est la cause de tant de beautés qu'on établit, comme de savoir bien jouer du luth. [Ne point jouer du luth] n'est un mal qu'à cause de notre faiblesse.

131

Raison des effets.

La concupiscence et la force sont les sources de toutes nos actions. La concupiscence fait les volontaires, la force les involontaires [8].

132

D'où vient qu'un boiteux ne nous irrite pas et un esprit boiteux nous irrite ? A cause qu'un boiteux reconnaît que nous allons droit et qu'un esprit boiteux dit que c'est nous qui boitons. Sans cela nous en aurions pitié, et non colère [9].

Épictète demande bien plus fortement : Pourquoi ne nous fâchons-nous pas si on dit que nous avons mal à la tête, et que nous nous fâchons de ce qu'on dit que nous raisonnons mal ou que nous choisissons mal ?

Ce qui cause cela est que nous sommes bien certains que nous n'avons pas mal à la tête, et que nous ne sommes pas boiteux, mais nous ne sommes pas si assurés que nous choisissons le vrai. De sorte que, n'en ayant d'assurance qu'à cause que nous le voyons de toute notre vue, quand un autre voit de toute sa vue le contraire, cela nous met en suspens et nous étonne, et encore plus quand mille autres se moquent de notre choix, car il faut préférer nos lumières à celles de tant d'autres. Et cela est hardi et difficile, il n'y a jamais cette contradiction dans les sens touchant un boiteux.

L'homme est ainsi fait qu'à force de lui dire qu'il est un sot, il le croit. Et à force de se le dire à soi-même, on se le fait croire. Car l'homme fait lui seul une conversation intérieure, qu'il importe de bien régler. *Corrumpunt bonos mores colloquia prava* [10]. Il faut se tenir en silence autant qu'on peut, et ne s'entretenir que de Dieu, qu'on sait être la vérité. Et ainsi on se le persuade à soi-même

133

Raison des effets.

Épictète, ceux qui disent : Vous avez mal à la tête. Ce n'est pas de même. On est assuré de la santé, et non pas de la justice. Et en effet la sienne était une niaiserie.

Et cependant il la croyait démontrer en disant : Ou en notre puissance, ou non.

Mais il ne s'apercevait pas qu'il n'est pas en notre pouvoir de régler le cœur, et il avait tort de le conclure de ce qu'il y avait des chrétiens.

134

Le peuple a les opinions très saines. Par exemple :
1. D'avoir choisi le divertissement, et la chasse plutôt que la prise. Les demi-savants s'en moquent et triomphent à montrer là-dessus la folie du monde. Mais par une raison qu'ils ne pénètrent pas on a raison.

2. D'avoir distingué les hommes par le dehors, comme par la noblesse ou le bien. Le monde triomphe encore à montrer combien cela est déraisonnable. Mais cela est très raisonnable. Cannibales, se rient d'un enfant roi [11].

3. De s'offenser pour avoir reçu un soufflet, ou de tant désirer la gloire.

Mais cela est très souhaitable à cause des autres biens essentiels qui y sont joints. Et un homme qui a reçu un soufflet sans s'en ressentir, est accablé d'injures et de nécessités.

4. Travailler pour l'incertain, aller sur la mer, passer sur une planche.

135

Justice force.

Il est juste que ce qui est juste soit suivi. Il est nécessaire que ce qui est le plus fort soit suivi.

La justice sans la force est impuissante. La force sans la justice est tyrannique.

La justice sans force est contredite parce qu'il y a toujours des méchants. La force sans la justice est accusée. Il faut donc mettre ensemble la justice et la force, et pour cela faire que ce qui est juste soit fort ou que ce qui est fort soit juste.

La justice est sujette à dispute. La force est très reconnaissable et sans dispute. Ainsi on n'a pu donner la force à la justice, parce que la force a contredit la justice, et a dit qu'elle était injuste, et a dit que c'était elle qui était juste.

Et ainsi ne pouvant faire que ce qui est juste fût fort, on a fait que ce qui est fort fût juste.

136

Que la noblesse est un grand avantage, qui dès dix-huit ans met un homme en passe, connu et respecté comme un autre pourrait avoir mérité à cinquante ans ! C'est trente ans gagnés sans peine.

[VII] GRANDEUR

137

Si un animal faisait par esprit ce qu'il fait par instinct, et s'il parlait par esprit ce qu'il parle par instinct pour la chasse et pour avertir ses camarades que la proie est trouvée ou perdue, il parlerait bien aussi pour des choses où il a plus d'affection, comme pour dire : « Rongez cette corde qui me blesse et où je ne puis atteindre. »

138

Grandeur.

La raison des effets marque la grandeur de l'homme, d'avoir tiré de la concupiscence un si bel ordre [1].

139

Le bec du perroquet, qu'il essuie quoiqu'il soit net.

140

Qu'est-ce qui sent du plaisir en nous ? Est-ce la main, est-ce le bras, est-ce la chair, est-ce le sang ? On verra qu'il faut que ce soit quelque chose d'immatériel.

141

Contre le pyrrhonisme.

(C'est donc une chose étrange qu'on ne peut définir ces choses sans les obscurcir [2]*.)* Nous supposons que tous les [hommes] conçoivent de même sorte. Mais nous le supposons bien gratuitement, car nous n'en avons aucune preuve. Je vois bien qu'on applique ces mots dans les mêmes occasions, et que toutes les fois que deux hommes voient un corps changer de place, ils expriment tous deux la vue de ce même objet par les mêmes mots, en disant l'un et l'autre qu'il s'est mû. Et de cette conformité d'application, on tire une puissante conjecture d'une conformité d'idée. Mais cela n'est pas absolument convaincant de la dernière conviction, quoiqu'il y ait bien à parier pour l'affirmative, puisqu'on sait qu'on tire souvent les mêmes conséquences des suppositions différentes.

Cela suffit pour embrouiller au moins la matière. Non que cela éteigne absolument la clarté naturelle qui nous assure de ces choses. Les académiciens auraient gagé, mais cela la ternit et trouble les dogmatistes, à la gloire de la cabale pyrrhonienne, qui consiste à cette ambiguïté ambiguë, et dans une certaine obscurité douteuse dont nos doutes ne peuvent ôter toute la clarté ni nos lumières naturelles en chasser toutes les ténèbres.

142

Nous connaissons la vérité non seulement par la raison, mais encore par le cœur. C'est de cette dernière sorte que nous connaissons les premiers principes, et c'est en vain que le raisonnement, qui n'y a point de part, essaie de les combattre. Les pyrrhoniens, qui n'ont que cela pour objet, y travaillent inutilement. Nous savons que nous ne rêvons point, quelque impuissance où nous soyons de le prouver par raison. Cette impuissance ne conclut autre chose que la faiblesse de notre raison, mais non pas l'incertitude de toutes nos connaissances, comme ils le prétendent.

Car la connaissance des premiers principes comme qu'il y a espace, temps, mouvement, nombres, [est] aussi ferme qu'aucune de celles que nos raisonnements nous donnent. Et c'est sur ces connaissances du cœur et de l'instinct qu'il faut que la raison s'appuie et qu'elle y fonde tout son discours. Le cœur sent qu'il y a trois dimensions dans l'espace et que les nombres sont infinis, et la raison démontre ensuite qu'il n'y a point deux nombres carrés dont l'un soit double de l'autre. Les principes se sentent, les propositions se concluent, et le tout avec certitude, quoique par différentes voies, et il est aussi inutile que ridicule que la raison demande au cœur des preuves de ses premiers principes pour vouloir y consentir qu'il serait ridicule que le cœur demandât à la raison un sentiment de toutes les propositions qu'elle démontre pour vouloir les recevoir.

Cette impuissance ne doit donc servir qu'à humilier la raison, qui voudrait juger de tout, mais non pas à combattre notre certitude. Comme s'il n'y avait que la raison capable de nous instruire. Plût à Dieu que nous n'en eussions au contraire jamais besoin et que nous connussions toutes choses par instinct et par sentiment ! Mais la nature nous a refusé ce bien, elle ne nous a au contraire donné que très peu de connaissances de cette sorte. Toutes les autres ne peuvent être acquises que par raisonnement.

Et c'est pourquoi ceux à qui Dieu a donné la religion par sentiment du cœur sont bien heureux et bien légitimement persuadés. Mais [à] ceux qui ne l'ont pas nous ne pouvons la donner que par raisonnement, en attendant que Dieu la leur donne par sentiment du cœur. Sans quoi la foi n'est qu'humaine et inutile pour le salut.

143

Je puis bien concevoir un homme sans mains, pieds, tête, car ce n'est que l'expérience qui nous apprend que la tête est plus nécessaire que les pieds. Mais je ne puis concevoir l'homme sans pensée. Ce serait une pierre ou une brute.

144

Instinct et raison, marques de deux natures.

145

Roseau pensant.

Ce n'est point de l'espace que je dois chercher ma dignité, mais c'est du règlement de ma pensée. Je n'aurai point d'avantage en possédant des terres. Par l'espace l'univers me comprend et m'engloutit comme un point, par la pensée je le comprends.

146

La grandeur de l'homme est grande en ce qu'il se connaît misérable. Un arbre ne se connaît pas misérable.

C'est donc être misérable que de [se] connaître misérable, mais c'est être grand que de connaître qu'on est misérable.

147

Immatérialité de l'âme.

Les philosophes qui ont dompté leurs passions, quelle matière l'a pu faire?

148

Toutes ces misères-là mêmes prouvent sa grandeur. Ce sont misères de grand seigneur, misères d'un roi dépossédé.

149

La grandeur de l'homme.

La grandeur de l'homme est si visible qu'elle se tire même de sa misère. Car ce qui est nature aux animaux, nous l'appelons misère en l'homme [3]. Par où nous reconnaissons que, sa nature étant aujourd'hui pareille à celle des animaux, il est déchu d'une meilleure nature qui lui était propre autrefois.

Car qui se trouve malheureux de n'être pas roi, sinon un roi dépossédé? Trouvait-on Paul-Émile malheureux de n'être pas consul? Au contraire, tout le monde trouvait qu'il était heureux de l'avoir été, parce que sa condition n'était pas de l'être toujours. Mais on trouvait Persée si malheureux de n'être plus roi, parce que sa condition était de l'être toujours, qu'on trouvait étrange de ce qu'il supportait la vie [4]. Qui se trouve malheureux de n'avoir qu'une bouche? Et qui ne se trouverait malheureux de n'avoir qu'un œil? On ne s'est peut-être jamais avisé de s'affliger de n'avoir pas trois yeux, mais on est inconsolable de n'en point avoir.

150

Grandeur de l'homme dans sa concupiscence même, d'en avoir su tirer un règlement admirable et en avoir fait un tableau de la charité.

[VIII] CONTRARIÉTÉS

151

Après avoir montré la bassesse et la grandeur de l'homme.

Que l'homme maintenant s'estime son prix. Qu'il s'aime, car il y a en lui une nature capable de bien, mais qu'il n'aime pas pour cela les bassesses qui y sont. Qu'il se méprise, parce que cette capacité est vide, mais qu'il ne méprise pas pour cela cette capacité naturelle. Qu'il se haïsse, qu'il s'aime. Il a en lui la capacité de connaître la vérité et d'être heureux, mais il n'a point de vérité ou constante ou satisfaisante.

Je voudrais donc porter l'homme à désirer d'en trouver et à être prêt et dégagé de passions pour la suivre où il la trouvera, sachant combien sa connaissance s'est obscurcie par les passions. Je voudrais bien qu'il haït en soi la concupiscence, qui se détermine d'elle-même, afin qu'elle ne l'aveuglât point pour faire son choix et qu'elle ne l'arrêtât point quand il aura choisi.

152

Nous sommes si présomptueux que nous voudrions être connus de toute la terre, et même des gens qui viendront quand nous ne serons plus. Et nous sommes si vains que l'estime de cinq ou six personnes qui nous environnent nous amuse et nous contente.

153

Il est dangereux de trop faire voir à l'homme combien il est égal aux bêtes, sans lui montrer sa grandeur. Et il est encore dangereux de lui trop faire voir sa grandeur sans sa bassesse. Il est encore plus dangereux de lui laisser ignorer l'un et l'autre, mais il est très avantageux de lui représenter l'un et l'autre.

154

Il ne faut pas que l'homme croie qu'il est égal aux bêtes ni aux anges, ni qu'il ignore l'un et l'autre, mais qu'il sache l'un et l'autre.

155

A.P.R [1] Grandeur et misère.

La misère se concluant de la grandeur et la grandeur de la misère, les uns ont conclu la misère d'autant plus qu'ils en ont pris pour preuve la grandeur et les autres concluant la grandeur avec d'autant plus de force qu'ils l'ont conclue de la misère même, tout ce que les uns ont pu dire pour montrer la grandeur n'a servi que d'un argument aux autres pour conclure la misère, puisque c'est être d'autant plus misérable qu'on est tombé de plus haut. Et les autres au contraire. Ils se sont portés les uns sur les autres, par un cercle sans fin, étant certain qu'à mesure que les hommes ont de lumière ils trouvent et grandeur et misère en l'homme. En un mot l'homme connaît qu'il est misérable. Il est donc misérable, puisqu'il l'est. Mais il est bien grand, puisqu'il le connaît.

156

Contradiction, mépris de notre être, mourir pour rien, haine de notre être [2].

157

Contrariétés.

L'homme est naturellement crédule, incrédule, timide [3], téméraire.

158

Qu'est-ce que nos principes naturels, sinon nos principes accoutumés? Et dans les enfants, ceux qu'ils ont reçus de la coutume de leurs pères, comme la chasse dans les animaux?

Une différente coutume en donnera d'autres principes naturels. Cela se voit par expérience. Et s'il y en a d'ineffaçables à la coutume, il y en a aussi de la coutume contre la nature ineffaçables à la nature et à une seconde coutume. Cela dépend de la disposition.

159

Les pères craignent que l'amour naturel des enfants ne s'efface. Quelle est donc cette nature sujette à être effacée?

La coutume est une seconde nature, qui détruit la première.

Mais qu'est-ce que nature? Pourquoi la coutume n'est-elle pas naturelle?

J'ai grand peur que cette nature ne soit elle-même qu'une première coutume, comme la coutume est une seconde nature.

160

La nature de l'homme se considère en deux manières. L'une selon sa fin, et alors il est grand et incomparable. L'autre selon la multitude, comme on juge de la nature du cheval et du chien par la multitude, d'y voir la course ET ANIMUM ARCENDI [4] ; et alors l'homme est abject et vil. Et voilà les deux voies qui en font juger diversement et qui font tant disputer les philosophes.

Car l'un nie la supposition de l'autre. L'un dit : « Il n'est point né à cette fin, car toutes ses actions y répugnent. » L'autre dit : « Il s'éloigne de la fin, quand il fait ces basses actions. »

161

Deux choses instruisent l'homme de toute sa nature : l'instinct et l'expérience.

162

Métier.
Pensées.

Tout est un, tout est divers. Que de natures en celle de l'homme! Que de vacations [5], et par quel hasard! Chacun prend d'ordinaire ce qu'il a ouï estimer. Talon bien tourné.

163

S'il se vante, je l'abaisse
S'il s'abaisse, je le vante
Et le contredis toujours
Jusqu'à ce qu'il comprenne
Qu'il est un monstre incompréhensible.

164

Les principales forces des pyrrhoniens, je laisse les moindres, sont ce que nous n'avons aucune certitude de la vérité de ces principes — hors la foi et la révélation — sinon [en] ce que nous les sentons naturellement en nous. Or ce sentiment naturel n'est pas une preuve convaincante de leur vérité, puisque, n'y ayant point de certitude hors la foi si l'homme est créé par un Dieu bon, par un démon méchant [6] ou à l'aventure, il est en doute si ces principes nous sont donnés ou véritables, ou faux, ou incertains, selon notre origine.

De plus, que personne n'a d'assurance — hors la foi — s'il veille ou s'il dort, vu que durant le sommeil on croit veiller aussi fermement que nous faisons. On croit voir les espaces, les figures, les mouvements. On sent couler le temps, on le mesure, et enfin on agit de même qu'éveillé. De sorte que la moitié de la vie se passant en sommeil, par notre propre aveu ou quoi qu'il nous en paraisse, nous n'avons aucune idée du vrai, tous nos sentiments étant alors des illusions. Qui sait si cette autre moitié de la vie où nous pensons veiller n'est pas un autre sommeil un peu différent du premier [7] dont nous nous éveillons quand nous pensons dormir ? *(Comme on rêve souvent qu'on rêve, entassant un songe sur l'autre, il se peut aussi bien faire que cette moitié de la vie où nous pensons veiller n'est elle-même qu'un songe, sur lequel les autres sont entés, dont nous nous éveillons à la mort, pendant laquelle nous avons aussi peu les principes du vrai et du bien que pendant le sommeil naturel, tout cet écoulement du temps de la vie et ces divers corps que nous sentons, ces différentes pensées qui nous y agitent n'étant peut-être que des illusions pareilles à l'écoulement du temps et aux vains fantômes de nos songes.)*

Voilà les principales forces de part et d'autre [8]. Je laisse les moindres, comme les discours qu'ont fait les pyrrhoniens contre les impressions de la coutume, de l'éducation, des mœurs des pays, et les autres choses semblables qui, quoiqu'elles entraînent la plus grande partie des hommes communs, qui ne dogmatisent que sur ces vains fondements, sont renversées par le moindre souffle des pyrrhoniens. On n'a qu'à voir leurs livres si l'on n'en est pas assez persuadé, on le deviendra bien vite, et peut-être trop.

Je m'arrête à l'unique fort des dogmatistes, qui est qu'en parlant de bonne foi et sincèrement on ne peut douter des principes naturels.

Contre quoi les pyrrhoniens opposent, en un mot, l'incertitude de notre origine, qui enferme celle de notre nature. À quoi les dogmatistes sont encore à répondre depuis que le monde dure.

Voilà la guerre ouverte entre les hommes, où il faut que chacun prenne parti, et se range nécessairement ou au dogmatisme ou au pyrrhonisme, car qui pensera demeurer neutre sera pyrrhonien par excellence. Cette neutralité est l'essence de la cabale. Qui n'est pas contre eux est excellemment pour eux. Ils ne sont pas pour eux-mêmes, ils sont neutres, indifférents, suspendus à tout sans s'excepter.

Que fera donc l'homme en cet état ? Doutera-t-il de tout ? Doutera-t-il s'il veille, si on le pince, si on le brûle ? Doutera-t-il s'il doute ? Doutera-t-il s'il est ? On n'en peut venir là, et je mets en fait qu'il n'y a jamais eu de pyrrhonien effectif parfait. La nature soutient la raison impuissante et l'empêche d'extravaguer jusqu'à ce point.

Dira-t-il donc au contraire qu'il possède certainement la vérité, lui qui, si peu qu'on le pousse, ne peut en montrer aucun titre et est forcé de lâcher prise ?

Quelle chimère est-ce donc que l'homme, quelle nouveauté, quel monstre, quel chaos, quel sujet de contradiction, quel prodige, juge de toutes choses, imbécile ver de terre, dépositaire du vrai, cloaque d'incertitude et d'erreur, gloire et rebut de l'univers.

Qui démêlera cet embrouillement ? *(Certainement cela passe le dogmatisme et le pyrrhonisme et toute la philosophie humaine. L'homme passe l'homme. Qu'on accorde donc aux pyrrhoniens ce qu'ils ont tant crié, que la vérité n'est pas de notre portée ni de notre gibier, qu'elle ne demeure pas en terre, qu'elle est domestique [9] du ciel, qu'elle loge dans le sein de Dieu et que l'on ne la peut connaître qu'à mesure qu'il lui plaît de la révéler. Apprenons donc de la vérité incréée et incarnée notre véritable nature.*

On ne peut être pyrrhonien sans étouffer la nature, on ne peut être dogmatiste sans renoncer à la raison.) La nature confond les pyrrhoniens et la raison confond les dogmatiques. Que deviendrez-vous donc, ô homme qui cherchez quelle est votre véritable condition par votre raison naturelle ? Vous ne pouvez fuir une de ces sectes [10] ni subsister dans aucune.

Connaissez donc, superbe, quel paradoxe vous êtes à vous-même ! Humiliez-vous, raison impuissante ! Taisez-vous, nature imbécile ! Apprenez que l'homme passe infiniment l'homme et entendez de votre Maître votre condition véritable que vous ignorez.

Écoutez Dieu.

(N'est-il pas clair comme le jour que la condition de l'homme est double ? Certainement.) Car enfin, si l'homme n'avait jamais été corrompu, il jouirait dans son innocence et de la vérité et de la félicité avec assurance. Et si l'homme n'avait jamais été que corrompu, il n'aurait aucune idée ni de la vérité, ni de la béatitude. Mais, malheureux que nous sommes, et plus que s'il n'y avait point de grandeur dans notre condition, nous avons une idée du bonheur et ne pouvons y arriver, nous sentons une image de la vérité et ne possédons que le mensonge, incapables d'ignorer absolument et de savoir certainement, tant il est manifeste que nous avons été dans un degré de perfection dont nous sommes malheureusement déchus.

Chose étonnante cependant que le mystère le plus éloigné de notre connaissance, qui est celui de la transmission du péché, soit une chose sans laquelle nous ne pouvons avoir aucune connaissance de nous-même !

Car il est sans doute qu'il n'y a rien qui choque plus notre raison que de dire que le péché du premier homme ait rendu coupables ceux qui, étant si éloignés de cette source, semblent incapables d'y participer. Cet écoulement ne nous paraît pas seulement impossible, il nous semble même très injuste. Car qu'y a-t-il de plus contraire aux règles de notre misérable justice que de damner éternellement un enfant incapable de volonté pour un péché où il paraît avoir si peu de part qu'il est commis six mille ans [11] avant qu'il fût en être. Certainement rien ne nous heurte plus rudement que cette doctrine. Et cependant, sans ce mystère le plus incompréhensible de tous nous sommes incompréhensibles à nous-mêmes. Le nœud de notre condition prend ses replis et ses tours dans cet abîme. De sorte que l'homme est plus inconcevable sans ce mystère, que ce mystère n'est inconcevable à l'homme.

(D'où il paraît que Dieu, pour se réserver à soi seul le droit de nous instruire de nous-même, voulant nous rendre la difficulté de notre être inintelligible à nous-même, en a caché le nœud si haut ou pour mieux dire si bas, que nous étions bien incapables d'y arriver. De sorte que ce n'est pas par les superbes agitations de notre raison, mais par la simple soumission de la raison, que nous pouvons véritablement nous connaître.

Ces fondements solidement établis sur l'autorité inviolable de la religion nous font connaître qu'il y a deux vérités de foi également constantes : l'une que l'homme dans l'état de la création ou dans celui de la grâce est élevé au-dessus de toute la nature, rendu comme semblable à Dieu et participant de la divinité. L'autre, qu'en l'état de la corruption et du péché il est déchu de cet état et rendu semblable aux bêtes. Ces deux propositions sont également fermes et certaines [12].

L'Écriture nous les déclare manifestement lorsqu'elle dit en quelques lieux : Deliciae meae esse cum filiis hominum. Effundam spiritum meum super omnem carnem. Dii estis [13]. *Etc. Et qu'elle dit en d'autres :* Omnis caro foenum. Homo assimilatus est jumentis insipientibus et similis factus est illis. Dixi in corde meo de filiis hominum. — Eccl., 3 [14].

Par où il paraît clairement que l'homme par la grâce est rendu comme semblable à Dieu et participant de sa divinité, et que sans la grâce il est censé semblable aux bêtes brutes.)

[IX] DIVERTISSEMENT [1]

165

« Si l'homme était heureux, il le serait d'autant plus qu'il serait moins diverti, comme les saints et Dieu. » — « Oui. Mais n'est-ce pas être heureux que de pouvoir être réjoui par le divertissement ? » — « Non. Car il vient d'ailleurs et de dehors et ainsi il est dépendant et partant sujet à être troublé par mille accidents qui font les afflictions inévitables. »

166

Nonobstant ces misères, il veut être heureux, et ne veut être qu'heureux, et ne peut ne vouloir pas l'être. Mais comment s'y prendra-t-il ? Il faudrait, pour bien faire, qu'il se rendît immortel. Mais ne le pouvant, il s'est avisé de s'empêcher d'y penser.

Les hommes n'ayant pu guérir la mort, la misère, l'ignorance, ils se sont avisés, pour se rendre heureux, de n'y point penser.

167

Je sens que je puis n'avoir point été, car le moi consiste dans ma pensée. Donc moi qui pense n'aurais point été, si ma mère eût été tuée avant que j'eusse été animé. Donc je ne suis pas un être nécessaire. Je ne suis pas aussi éternel ni infini. Mais je vois bien qu'il y a dans la nature un être nécessaire, éternel et infini [2].

168
Divertissement.

Quand je m'y suis mis quelquefois à considérer les diverses agitations des hommes et les périls et les peines où ils s'exposent dans la cour, dans la guerre, d'où naissent tant de querelles, de passions, d'entreprises hardies et souvent mauvaises, etc., j'ai dit souvent que tout le malheur des hommes vient d'une seule chose, qui est de ne savoir pas demeurer en repos dans une chambre. Un homme qui a assez de bien pour vivre, s'il savait demeurer chez soi avec plaisir, n'en sortirait pas pour aller sur la mer ou au siège d'une place. On n'achète une charge à l'armée, si chère, que parce qu'on trouverait insupportable de ne bouger de la ville. Et on ne recherche les conversations et les divertissements des jeux que parce qu'on ne peut demeurer chez soi avec plaisir. Etc.

Mais quand j'ai pensé de plus près et qu'après avoir trouvé la cause de tous nos malheurs j'ai voulu en découvrir la raison, j'ai trouvé qu'il y en a une bien effective et qui consiste dans le malheur naturel de notre condition faible et mortelle, et si misérable que rien ne peut nous consoler lorsque nous y pensons de près.

Quelque condition qu'on se figure, où l'on assemble tous les biens qui peuvent nous appartenir, la royauté est le plus beau poste du monde. Et cependant, qu'on s'en imagine [un] accompagné de toutes les satisfactions qui peuvent le toucher. S'il est sans divertissement et qu'on le laisse considérer et faire réflexion sur ce qu'il est, cette félicité languissante ne le soutiendra point. Il tombera par nécessité dans les vues qui le menacent des révoltes qui peuvent arriver et enfin de la mort et des maladies, qui sont inévitables. De sorte que s'il est sans ce qu'on appelle divertissement, le voilà malheureux, et plus malheureux que le moindre de ses sujets qui joue et qui se divertit.

De là vient que le jeu et la conversation des femmes, la guerre, les grands emplois sont si recherchés. Ce n'est pas qu'il y ait en effet du bonheur, ni qu'on s'imagine que la vraie béatitude soit d'avoir l'argent qu'on peut gagner au jeu ou dans le lièvre qu'on court, on n'en voudrait pas s'il était offert. Ce n'est pas cet usage mol et paisible et qui nous laisse penser à notre malheureuse condition qu'on recherche ni les dangers de la guerre ni la peine des emplois, mais c'est le tracas qui nous détourne d'y penser et nous divertit. — Raison pourquoi on aime mieux la chasse que la prise.

De là vient que les hommes aiment tant le bruit et le remuement. De là vient que la prison est un supplice si horrible. De là vient que le plaisir de la solitude est une chose incompréhensible. Et c'est enfin le plus grand sujet de félicité de la condition des rois de ce qu'on essaie sans cesse à les divertir et à leur procurer toutes sortes de plaisir. — Le roi est environné de gens qui ne pensent qu'à divertir le roi et à l'empêcher de penser à lui. Car il est malheureux, tout roi qu'il est, s'il y pense.

Voilà tout ce que les hommes ont pu inventer pour se rendre heureux. Et ceux qui font sur cela les philosophes et qui croient que le monde est bien peu raisonnable de passer tout le jour après un lièvre qu'ils ne voudraient pas avoir acheté, ne connaissent guère notre nature. Ce lièvre ne nous garantirait pas de la vue de la mort et des misères qui nous en détournent, mais la chasse nous en garantit.

A. Et ainsi, quand on leur reproche que ce qu'ils recherchent avec tant d'ardeur ne saurait les satisfaire, s'ils répondaient comme ils devraient le faire s'ils y pensaient bien, qu'ils ne recherchent en cela qu'une occupation violente et impétueuse qui les détourne de penser à soi et que c'est pour cela qu'ils se proposent un objet attirant qui les charme et les attire avec ardeur, ils laisseraient leurs adversaires sans répartie... Mais ils ne répondent pas cela, parce qu'ils ne se connaissent pas eux-mêmes. Ils ne savent pas que ce n'est que la chasse et non pas la prise qu'ils recherchent. Ils s'imaginent que s'ils avaient obtenu cette charge ils se reposeraient ensuite avec plaisir et ne sentent pas la nature insatiable de la cupidité [3]. Ils croient chercher sincèrement le repos, et ne cherchent en effet que l'agitation. Ils ont un instinct secret qui les porte à chercher le divertissement et l'occupation au-dehors, qui vient du ressentiment [4] de leurs misères continuelles. Et ils ont un autre instinct secret qui reste de la grandeur de notre première nature, qui leur fait connaître que le bonheur n'est en effet que dans le repos et non pas dans le tumulte. Et de ces deux instincts contraires il se forme en eux un projet confus qui se cache à leur vue dans le fond de leur âme, qui les porte à tendre au repos par l'agitation et à se figurer toujours que la satisfaction qu'ils n'ont point leur arrivera si, en surmontant quelques difficultés qu'ils envisagent, ils peuvent s'ouvrir par là la porte au repos.

Ainsi s'écoule toute la vie, on cherche le repos en combattant quelques obstacles. Et si on les a surmontés, le repos devient insupportable par l'ennui qu'il engendre. Il en faut sortir et mendier le tumulte. Car ou l'on pense aux misères qu'on a ou à celles qui nous menacent. Et quand on se verrait même assez à l'abri de toutes parts, l'ennui, de son autorité privée, ne laisserait pas de sortir du fond du cœur, où il a des racines naturelles, et de remplir l'esprit de son venin.

Le conseil qu'on donnait à Pyrrhus de prendre le repos qu'il allait chercher par tant de fatigues, recevait bien des difficultés [5].

La danse : il faut bien penser où l'on mettra les pieds.

Le gentilhomme croit sincèrement que la chasse est un plaisir grand et un plaisir royal. Mais son piqueur n'est pas de ce sentiment là.

B. Ainsi l'homme est si malheureux qu'il s'ennuierait même sans aucune cause d'ennui par l'état propre de sa complexion. Et il est si vain qu'étant plein de mille causes essentielles d'ennui, la moindre chose comme un billard et une balle qu'il pousse suffisent pour le divertir.

C. Mais, direz-vous, quel objet a-t-il en tout cela ? Celui de se vanter demain entre ses amis de ce qu'il a mieux joué qu'un autre. Ainsi les autres suent dans leur cabinet pour montrer aux savants qu'ils ont résolu une question d'algèbre qu'on n'aurait pu trouver jusqu'ici. Et tant d'autres s'exposent aux derniers périls pour se vanter ensuite d'une place qu'ils auront prise, aussi sottement à mon gré. Et enfin les autres se tuent pour remarquer toutes ces choses, non pas pour en devenir plus sages, mais seulement pour montrer qu'ils les savent, et ceux-là sont les plus sots de la bande, puisqu'ils le sont avec connaissance, au lieu qu'on peut penser des autres qu'ils ne le seraient plus s'ils avaient cette connaissance.

Tel homme passe sa vie sans ennui en jouant tous les jours peu de chose. Donnez-lui tous les matins l'argent qu'il peut gagner chaque jour, à la charge qu'il ne joue point, vous le rendez malheureux. On dira peut-être que c'est qu'il recherche l'amusement du jeu et non pas le gain. Faites-le donc jouer pour rien, il ne s'y échauffera pas et s'y ennuiera. Ce n'est donc pas l'amusement seul qu'il recherche, un amusement languissant et sans passion l'ennuiera, il faut qu'il s'y échauffe et qu'il se pipe lui-même en s'imaginant qu'il serait heureux de gagner ce qu'il ne voudrait pas qu'on lui donnât à condition de ne point jouer, afin qu'il se forme un sujet de passion et qu'il excite sur cela son désir, sa colère, sa crainte pour l'objet qu'il s'est formé, comme les enfants qui s'effraient du visage qu'ils ont barbouillé.

D'où vient que cet homme, qui a perdu depuis peu de mois son fils unique et qui accablé de procès et de querelles était ce matin si troublé, n'y pense plus maintenant? Ne vous en étonnez pas, il est tout occupé à voir par où passera ce sanglier que les chiens poursuivent avec tant d'ardeur depuis six heures. Il n'en faut pas davantage. L'homme, quelque plein de tristesse qu'il soit, si on peut gagner sur lui de le faire entrer en quelque divertissement, le voilà heureux pendant ce temps-là. Et l'homme, quelque heureux qu'il soit, s'il n'est diverti et occupé par quelque passion ou quelque amusement qui empêche l'ennui de se répandre, sera bientôt chagrin et malheureux. Sans divertissement il n'y a point de joie. Avec le divertissement il n'y a point de tristesse. Et c'est aussi ce qui forme le bonheur des personnes de grande condition qu'ils ont un nombre de personnes qui les divertissent, et qu'ils ont le pouvoir de se maintenir en cet état.

D. Prenez-y garde, qu'est-ce autre chose d'être surintendant, chancelier, premier président, sinon d'être en une condition où l'on a le matin un grand nombre de gens qui viennent de tous côtés chez [eux] pour ne leur laisser pas une heure en la journée où ils puissent penser à eux-mêmes. Et quand ils sont dans la disgrâce et qu'on les renvoie à leurs maisons des champs, où ils ne manquent ni de biens, ni de domestiques pour les assister dans leur besoin, ils ne laissent pas d'être misérables et abandonnés, parce que personne ne les empêche de songer à eux.

169
Divertissement.

La dignité royale n'est-elle pas assez grande d'elle-même, pour celui qui la possède, pour le rendre heureux par la seule vue de ce qu'il est ? Faudra-t-il le divertir de cette pensée comme les gens du commun ? Je vois bien que c'est rendre un homme heureux de le divertir de la vue de ses misères domestiques pour remplir toute sa pensée du soin de bien danser, mais en sera-t-il de même d'un roi, et sera-t-il plus heureux en s'attachant à ses vains amusements qu'à la vue de sa grandeur, et quel objet plus satisfaisant pourrait-on donner à son esprit ? Ne serait-ce donc pas faire tort à sa joie d'occuper son âme à penser à ajuster ses pas à la cadence d'un air ou à placer adroitement une barre, au lieu de le laisser jouir en repos de la contemplation de la gloire majestueuse qui l'environne. Qu'on en fasse l'épreuve. Qu'on laisse un roi tout seul sans aucune satisfaction des sens, sans aucun soin dans l'esprit, sans compagnie, penser à lui tout à loisir, et l'on verra qu'un roi sans divertissement est un homme plein de misères. Aussi on évite cela soigneusement et il ne manque jamais d'y avoir auprès des personnes des rois un grand nombre de gens qui veillent à faire succéder le divertissement à leurs affaires, et qui observent tout le temps de leur loisir pour leur fournir des plaisirs et des jeux, en sorte qu'il n'y ait point de vide. C'est-à-dire qu'ils sont environnés de personnes qui ont un soin merveilleux de prendre garde que le roi ne soit seul et en état de penser à soi, sachant bien qu'il sera misérable, tout roi qu'il est, s'il y pense.

Je ne parle point en tout cela des rois chrétiens comme chrétiens, mais seulement comme rois.

170
Divertissement.

La mort est plus aisée à supporter sans y penser que la pensée de la mort sans péril.

171
Divertissement.

On charge les hommes, dès l'enfance, du soin de leur honneur, de leur bien, de leurs amis, et encore du bien et de l'honneur de leurs amis. On les accable d'affaires, de l'apprentissage des langues et d'exercices. Et on leur fait entendre qu'ils ne sauraient être heureux sans que leur santé, leur honneur, leur fortune et celles de leurs amis soient en bon état, et qu'une seule chose qui manque les rendra malheureux. Ainsi on leur donne des charges et des affaires qui les font tracasser dès la pointe du jour. Voilà, direz-vous, une étrange manière de les rendre heureux. Que pourrait-on faire de mieux pour les rendre malheureux ? Comment, ce qu'on pourrait faire ? Il ne faudrait que leur ôter tous ces soins, car alors ils se verraient, ils penseraient à ce qu'ils sont, d'où ils viennent, où ils vont. Et ainsi on ne peut trop les occuper et les détourner, et c'est pourquoi, après leur avoir tant préparé d'affaires, s'ils ont quelque temps de relâche, on leur conseille de l'employer à se divertir et jouer et s'occuper toujours tout entiers.

Que le cœur de l'homme est creux et plein d'ordure.

[X] PHILOSOPHES [1]

172

Quand Épictète aurait vu parfaitement bien le chemin, il dit aux hommes : « Vous en suivez un faux. » Il montre que c'en est un autre, mais il n'y mène pas. C'est celui de vouloir ce que Dieu veut. Jésus-Christ seul y mène. *Via, Veritas* [2].

173

Les vices de Zénon même.

174

Philosophes.

La belle chose de crier à un homme qui ne se connaît pas, qu'il aille de lui-même à Dieu ! Et la belle chose de le dire à un homme qui se connaît !

175

Philosophes.

Ils croient que Dieu est seul digne d'être aimé et d'être admiré, et ont désiré d'être aimés et admirés des hommes. Et ils ne connaissent pas leur corruption. S'ils se sentent pleins de sentiments pour l'aimer et l'adorer, et qu'ils y trouvent leur joie principale, qu'ils s'estiment bons, à la bonne heure. Mais s'ils s'y trouvent répugnants [3], s'[ils] n'[ont] aucune pente qu'à se vouloir établir dans l'estime des hommes et que pour toute perfection ils fassent seulement que, sans forcer les hommes, ils leur fassent trouver leur bonheur à les aimer, je dirai que cette perfection est horrible. Quoi, ils ont connu Dieu, et n'ont pas désiré uniquement que les hommes l'aimassent, que les hommes s'arrêtassent à eux ! Ils ont voulu être l'objet du bonheur volontaire des hommes.

176

Philosophes.

Nous sommes pleins de choses qui nous jettent au-dehors.

Notre instinct nous fait sentir qu'il faut chercher notre bonheur hors de nous. Nos passions nous poussent au-dehors, quand même les objets ne s'offriraient pas pour les exciter. Les objets du dehors nous tentent d'eux-mêmes et nous appellent, quand même nous n'y pensons pas. Et ainsi les philosophes ont beau dire : « Rentrez-vous en vous-mêmes, vous y trouverez votre bien », on ne les croit pas. Et ceux qui les croient sont les plus vides et les plus sots.

177

Ce que les stoïques proposent est si difficile et si vain.

Les stoïques posent : Tous ceux qui ne sont point au haut degré de sagesse sont également fous et vicieux, comme ceux qui sont à deux doigts dans l'eau.

178

Les trois concupiscences ont fait trois sectes, et les philosophes n'ont fait autre chose que suivre une des trois concupiscences [4].

179

Stoïques.

Ils concluent qu'on peut toujours ce qu'on peut quelquefois et que, puisque le désir de la gloire fait bien faire à ceux qu'il possède quelque chose, les autres le pourront bien aussi.

Ce sont des mouvements fiévreux que la santé ne peut imiter.

Épictète conclut de ce qu'il y a des chrétiens constants que chacun le peut bien être [5].

[XI] LE SOUVERAIN BIEN

180

Dispute du souverain bien.
Ut sis contentus temetipso
et ex te nascentibus bonis.

Il y a contradiction, car ils conseillent enfin de se tuer.
Ô quelle vie heureuse dont on se délivre comme de la peste [1] !

181

Seconde partie.
Que l'homme sans la foi ne peut connaître
le vrai bien, ni la justice

Tous les hommes recherchent d'être heureux. Cela est sans exception, quelques différents moyens qu'ils y emploient. Ils tendent tous à ce but. Ce qui fait que les uns vont à la guerre et que les autres n'y vont pas est ce même désir qui est dans tous les deux, accompagné de différentes vues. La volonté [ne] fait jamais la moindre démarche que vers cet objet. C'est le motif de toutes les actions de tous les hommes. Jusqu'à ceux qui vont se pendre.

Et cependant depuis un si grand nombre d'années jamais personne, sans la foi, n'est arrivé à ce point où tous visent continuellement. Tous se plaignent, princes, sujets, nobles, roturiers, vieux, jeunes, forts, faibles, savants, ignorants, sains, malades, de tous pays, de tous les temps, de tous âges et de toutes conditions.

Une épreuve si longue, si continuelle et si uniforme devrait bien nous convaincre de notre impuissance d'arriver au bien par nos efforts. Mais l'exemple nous instruit peu. Il n'est jamais si parfaitement semblable qu'il n'y ait quelque délicate différence, et c'est de là que nous attendons que notre attente ne sera pas déçue en cette occasion comme en l'autre. Et ainsi, le présent ne nous satisfaisant jamais, l'expérience nous pipe, et de malheur en malheur nous conduit jusqu'à la mort qui en est un comble éternel.

Qu'est-ce donc que nous crie cette avidité et cette impuissance, sinon qu'il y a eu autrefois dans l'homme un véritable bonheur, dont il ne lui reste maintenant que la marque et la trace toute vide, et qu'il essaie inutilement de remplir de tout ce qui l'environne, recherchant des choses absentes le secours qu'il n'obtient pas des présentes, mais qui en sont toutes incapables, parce que ce gouffre infini ne peut être rempli que par un objet infini et immuable, c'est-à-dire que par Dieu même [2].

Lui seul est son véritable bien. Et depuis qu'il l'a quitté, c'est une chose étrange qu'il n'y a rien dans la nature qui n'ait été capable de lui en tenir la place : astres, ciel, terre, éléments, plantes, choux, poireaux, animaux, insectes, veaux, serpents, fièvre, peste, guerre, famine, vices, adultère, inceste. Et depuis qu'il a perdu le vrai bien, tout également peut lui paraître tel, jusqu'à sa destruction propre, quoique si contraire à Dieu, à la raison et à la nature tout ensemble.

Les uns le cherchent dans l'autorité, les autres dans les curiosités et dans les sciences, les autres dans les voluptés.

D'autres, qui en ont en effet plus approché, ont considéré qu'il est nécessaire que ce bien universel que tous les hommes désirent ne soit dans aucune des choses particulières qui ne peuvent être possédées que par un seul et qui, étant partagées, affligent plus leur possesseur par le manque de la partie qu'ils n'ont pas qu'elles ne le contentent par la jouissance de celle [qui] lui appartient. Ils ont compris que le vrai bien devait être tel que tous pussent le posséder à la fois sans diminution et sans envie, et que personne ne le pût perdre contre son gré [3]. Et leur raison est que ce désir étant naturel à l'homme puisqu'il est nécessairement dans tous et qu'il ne peut pas ne le pas avoir, ils en concluent...

[XII] A.P.R [1]

182

A.P.R Commencement.

Après avoir expliqué l'incompréhensibilité [2].

Les grandeurs et les misères de l'homme sont tellement visibles qu'il faut nécessairement que la véritable religion nous enseigne et qu'il y a quelque grand principe de grandeur en l'homme et qu'il y a un grand principe de misère.

Il faut encore qu'elle nous rende raison de ces étonnantes contrariétés.

Il faut que pour rendre l'homme heureux elle lui montre qu'il y a un Dieu, qu'on est obligé de l'aimer, que notre vraie félicité est d'être en lui et notre unique mal d'être séparé de lui, qu'elle reconnaisse que nous sommes pleins de ténèbres qui nous empêchent de le connaître et de l'aimer, et qu'ainsi nos devoirs nous obligeant d'aimer Dieu et nos concupiscences nous en détournant, nous sommes plein d'injustice. Il faut qu'elle nous rende raison de ces oppositions que nous avons à Dieu et à notre propre bien. Il faut qu'elle nous enseigne les remèdes à ces impuissances et les moyens d'obtenir ces remèdes. Qu'on examine sur cela toutes les religions du monde, et qu'on voie s'il y en a une autre que la chrétienne qui y satisfasse !

Sera-ce les philosophes, qui nous proposent pour tout bien les biens qui sont en nous ? Est-ce là le vrai bien ? Ont-ils trouvé le remède à nos maux ? Est-ce avoir guéri la présomption de l'homme que de l'avoir mis à l'égal de Dieu ? Ceux qui nous ont égalés aux bêtes et les mahométans, qui nous ont donné les plaisirs de la terre pour tout bien même dans l'éternité [3], ont-ils apporté le remède à nos concupiscences ?

Quelle religion nous enseignera donc à guérir l'orgueil et la concupiscence ? Quelle religion enfin nous enseignera notre bien, nos devoirs, les faiblesses qui nous en détournent, la cause de ces faiblesses, les remèdes qui les peuvent guérir, et le moyen d'obtenir ces remèdes ? Toutes les autres religions ne l'ont pu. Voyons ce que fera la sagesse de Dieu.

« N'attendez point, dit-elle, ô hommes, ni vérité ni consolation des hommes. Je suis celle qui vous ai formés et qui peux seule vous apprendre qui vous êtes.

« Mais vous n'êtes plus maintenant en l'état où je vous ai formés. J'ai créé l'homme saint, innocent, parfait. Je l'ai rempli de lumière et d'intelligence. Je lui ai communiqué ma gloire et mes merveilles. L'œil de l'homme voyait alors la majesté de Dieu. Il n'était pas alors dans les ténèbres qui l'aveuglent, ni dans la mortalité et dans les misères qui l'affligent. Mais il n'a pu soutenir tant de gloire sans tomber dans la présomption, il a voulu se rendre centre de lui-même et indépendant de mon secours. Il s'est soustrait de ma domination et, s'égalant à moi par le désir de trouver sa félicité en lui-même, je l'ai abandonné à lui, et révoltant les créatures qui lui étaient soumises je les lui ai rendues ennemies, en sorte qu'aujourd'hui l'homme est devenu semblable aux bêtes et dans un tel éloignement de moi qu'à peine lui reste-t-il une lumière confuse de son auteur, tant toutes ses connaissances ont été éteintes ou troublées. Les sens indépendants de la raison et souvent maîtres de la raison l'ont emporté à la recherche des plaisirs. Toutes les créatures ou l'affligent ou le tentent, et dominent sur lui ou en le soumettant par leur force ou en le charmant par leur douceur, ce qui est une domination plus terrible et plus injurieuse.

« Voilà l'état où les hommes sont aujourd'hui. Il leur reste quelque instinct impuissant du bonheur de leur première nature, et ils sont plongés dans les misères de leur aveuglement et de leur concupiscence qui est devenue leur seconde nature.

« De ce principe que je vous ouvre vous pouvez reconnaître la cause de tant de contrariétés qui ont étonné tous les hommes et qui les ont partagés en de si divers sentiments. Observez maintenant tous les mouvements de grandeur et de gloire que l'épreuve de tant de misères ne peut étouffer, et voyez s'il ne faut pas que la cause en soit en une autre nature. »

A.P.R Pour demain
Prosopopée [4]

« C'est en vain, ô hommes, que vous cherchez dans vous-mêmes le remède à vos misères. Toutes vos lumières ne peuvent arriver qu'à connaître que ce n'est point dans vous-mêmes que vous trouverez ni la vérité ni le bien.

Les philosophes vous l'ont promis et ils n'ont pu le faire.

Ils ne savent ni quel est votre véritable bien, ni quel est votre véritable état. (*Je suis la seule qui puis vous apprendre et quel est votre véritable bien et [quel est votre véritable état]. Je les enseigne à ceux qui m'écoutent, et les Livres que j'ai mis entre les mains des hommes les découvrent bien nettement. Mais je n'ai pas voulu que cette connaissance fût si ouverte. J'apprends aux hommes ce qui les peut rendre heureux : pourquoi refusez-vous de m'ouïr ?*

Ne cherchez point de satisfaction dans la terre, n'espérez rien des hommes. Votre bien n'est qu'en Dieu, et la souveraine félicité consiste à connaître Dieu, à s'unir à lui pour jamais dans l'éternité. Votre devoir est à l'aimer de tout votre cœur. Il vous a créé.) Comment auraient-ils donné des remèdes à vos maux qu'ils n'ont pas seulement connus ? Vos maladies principales sont l'orgueil, qui vous soustrait de Dieu, [et] la concupiscence, qui vous attache à la terre, et ils n'ont fait autre chose qu'entretenir au moins l'une de ces maladies. S'ils vous ont donné Dieu pour objet, ce n'a été que pour exercer votre superbe. Ils vous ont fait penser que vous lui étiez semblables et conformes par votre nature. Et ceux qui ont vu la vanité de cette prétention vous ont jeté[s] dans l'autre précipice, en vous faisant entendre que votre nature était pareille à celle des bêtes et vous ont porté[s] à chercher votre bien dans les concupiscences qui sont le partage des animaux.

Ce n'est pas là le moyen de vous guérir de vos injustices, que ces sages n'ont point connues. Je puis seule vous faire entendre qui vous êtes. » Etc.
(« *Je ne demande pas de vous une créance aveugle.* »)

Adam. Jésus-Christ [5].

Si on vous unit à Dieu, c'est par grâce, non par nature.

Si on vous abaisse, c'est par pénitence, non par nature.

Ainsi cette double capacité :

Vous n'êtes pas dans l'état de votre création.

Ces deux états étant ouverts, il est impossible que vous ne les reconnaissiez pas.

Suivez vos mouvements, observez-vous vous-même, et voyez si vous n'y trouverez pas les caractères vivants de ces deux natures.

Tant de contradictions se trouveraient-elles dans un sujet simple ?

Incompréhensible.

Tout ce qui est incompréhensible ne laisse pas d'être. Le nombre infini, un espace infini égal au fini.

Incroyable que Dieu s'unisse à nous.

Cette considération n'est tirée que de la vue de notre bassesse, mais si vous l'avez bien sincère, suivez-la aussi loin que moi et reconnaissez que nous sommes en effet si bas que nous sommes par nous-mêmes incapables de connaître si sa miséricorde ne peut pas nous rendre capables de lui. Car je voudrais savoir d'où cet animal qui se reconnaît si faible a le droit de mesurer la miséricorde de Dieu et d'y mettre les bornes que sa fantaisie lui suggère. Il sait si peu ce que c'est que Dieu qu'il ne sait pas ce qu'il est lui-même. Et tout troublé de la vue de son propre état, il ose dire que Dieu ne le peut pas rendre capable de sa communication. Mais je voudrais lui demander si Dieu demande autre chose de lui sinon qu'il l'aime et le connaisse, et pourquoi il croit que Dieu ne peut se rendre connaissable et aimable à lui, puisqu'il est naturellement capable d'amour et de connaissance. Il est sans doute qu'il connaît au moins qu'il est et qu'il aime quelque chose. Donc s'il voit quelque chose dans les ténèbres où il est et s'il trouve quelque sujet d'amour parmi les choses de la terre, pourquoi, si Dieu lui découvre quelques rayons de son essence, ne sera-t-il pas capable de le connaître et de l'aimer en la manière qu'il lui plaira se communiquer à nous ? Il y a donc sans doute une présomption insupportable dans ces sortes de raisonnements, quoiqu'ils paraissent fondés sur une humilité apparente, qui n'est ni sincère, ni raisonnable si elle ne nous fait confesser que, ne sachant de nous-mêmes qui nous sommes, nous ne pouvons l'apprendre que de Dieu.

« Je n'entends pas que vous soumettiez votre créance à moi sans raison, et ne prétends point vous assujettir avec tyrannie. Je ne prétends point aussi vous rendre raison de toutes choses. Et pour accorder ces contrariétés, j'entends vous faire voir clairement par des preuves convaincantes des marques divines en moi qui vous convainquent de ce que je suis, et m'attirer autorité par des merveilles et des preuves que vous ne puissiez refuser, et qu'ensuite vous croyiez les choses que je vous enseigne, quand vous n'y trouverez autre sujet de les refuser sinon que vous ne pouvez par vous-même connaître si elles sont ou non.

Dieu a voulu racheter les hommes et ouvrir le salut à ceux qui le chercheraient. Mais les hommes s'en rendent si indignes qu'il est juste que Dieu refuse à quelques-uns à cause de leur endurcissement ce qu'il accorde aux autres par une miséricorde qui ne leur est pas due.

S'il eût voulu surmonter l'obstination des plus endurcis, il l'eût pu en se découvrant si manifestement à eux qu'ils n'eussent pu douter de la vérité de son essence, comme il paraîtra au dernier jour avec un tel éclat de foudres et un tel renversement de la nature que les morts ressuscités et les plus aveugles le verront.

Ce n'est pas en cette sorte qu'il a voulu paraître dans son avènement de douceur, parce que tant d'hommes se rendant indignes de sa clémence il a voulu les laisser dans la privation du bien qu'ils ne veulent pas. Il n'était donc pas juste qu'il parût d'une manière manifestement divine et absolument capable de convaincre tous les hommes. Mais il n'était pas juste aussi qu'il vînt d'une manière si cachée qu'il ne pût être reconnu de ceux qui le chercheraient sincèrement. Il a voulu se rendre parfaitement connaissable à ceux-là. Et ainsi voulant paraître à découvert à ceux qui le cherchent de tout leur cœur, et caché à ceux qui le fuient de tout leur cœur, il a tempéré [6].

[A.P.R pour Demain 2
tempéré sa connaissance en sorte qu'il a donné des marques de soi visibles à ceux qui le cherchent et non à ceux qui ne le cherchent pas.

Il y a assez de lumière pour ceux qui ne désirent que de voir et assez d'obscurité pour ceux qui ont une disposition contraire.]

[XIII] COMMENCEMENT [1]

183

Les impies qui font profession de suivre la raison doivent être étrangement forts en raison.

Que disent-ils donc ?

« Ne voyons-nous pas, disent-ils, mourir et vivre les bêtes comme les hommes [2], et les Turcs comme les chrétiens ? Ils ont leurs cérémonies, leurs prophètes, leurs docteurs, leurs saints, leurs religieux, comme nous », etc.

Cela est-il contraire à l'Écriture, ne dit-elle pas tout cela ?

Si vous ne vous souciez guère de savoir la vérité, en voilà assez pour [v]ous laisser en repos. Mais si vous désirez de tout votre cœur de la connaître, ce n'est pas assez regardé au détail. C'en serait assez pour une question de philosophie, mais ici où il va de tout...

Et cependant après une réflexion légère de cette sorte on s'amusera, etc. Qu'on s'informe de cette religion, même si elle ne rend pas raison de cette obscurité, peut-être qu'elle nous l'apprendra.

184

Nous sommes plaisants de nous reposer dans la société de nos semblables, misérables comme nous, impuissants comme nous. Ils ne nous aideront pas. On mourra seul.

Il faut donc faire comme si on était seul. Et alors bâtirait-on des maisons superbes, etc. On chercherait la vérité sans hésiter. Et si on le refuse, on témoigne estimer plus l'estime des hommes, que la recherche de la vérité.

185

Entre nous et l'enfer ou le ciel il n'y a que la vie entre-deux, qui est la chose du monde la plus fragile.

186

Que me promettez-vous enfin — car dix ans est le parti — sinon dix ans d'amour-propre, à bien essayer de plaire sans y réussir, outre les peines certaines ?

187

Partis [3].

Il faut vivre autrement dans le monde selon ces diverses suppositions :
Si on pouvait y être toujours.
S'il est sûr qu'on n'y sera pas longtemps et incertain si on y sera une heure.
Cette dernière supposition est la nôtre.

Cœur.
Instinct.
Principes.

188

Plaindre les athées qui cherchent. Car ne sont-ils pas assez malheureux ? Invectiver contre ceux qui en font vanité.

189

Athéisme marque de force d'esprit
mais jusqu'à un certain degré seulement.

190

Par les partis vous devrez vous mettre en peine de rechercher la vérité, car si vous mourez sans adorer le vrai principe vous êtes perdu. — « Mais, dites-vous, s'il avait voulu que je l'adorasse il m'aurait laissé des signes de sa volonté. » — Aussi a-t-il fait, mais vous les négligez. Cherchez-les donc, cela le vaut bien.

191

Si on doit donner huit jours de la vie, on doit donner cent ans.

192

Il n'y [a que] trois sortes de personnes : les uns qui servent Dieu l'ayant trouvé, les autres qui s'emploient à le chercher ne l'ayant pas trouvé, les autres qui vivent sans le chercher ni l'avoir trouvé. Les premiers sont raisonnables et heureux, les derniers sont fous et malheureux, ceux du milieu sont malheureux et raisonnables.

193

Les athées doivent dire des choses parfaitement claires. Or il n'est point parfaitement clair que l'âme soit matérielle.

194

Commencer par plaindre les incrédules. Ils sont assez malheureux par leur condition.

Il ne les faudrait injurier qu'au cas que cela servît. Mais cela leur nuit.

195

Un homme dans un cachot, ne sachant si son arrêt est donné, n'ayant plus qu'une heure pour l'apprendre, cette heure suffisant, s'il sait qu'il est donné, pour le faire révoquer, il est contre nature qu'il emploie cette heure-là non à s'informer si l'arrêt est donné, mais à jouer au piquet.

Ainsi il est surnaturel que l'homme, etc. C'est un appesantissement de la main de Dieu.

Ainsi non seulement le zèle de ceux qui le cherchent prouve Dieu, mais l'aveuglement de ceux qui ne le cherchent pas [4].

196

Commencement.
Cachot.

Je trouve bon qu'on n'approfondisse pas l'opinion de Copernic, mais ceci

---

Il importe à toute la vie de savoir si l'âme est mortelle ou immortelle.

197

Le dernier acte est sanglant, quelque belle que soit la comédie en tout le reste. On jette enfin de la terre sur la tête, et en voilà pour jamais.

198

Nous courons sans souci dans le précipice après que nous avons mis quelque chose devant nous pour nous empêcher de le voir.

[XIV] SOUMISSION ET USAGE DE LA RAISON
EN QUOI CONSISTE LE VRAI CHRISTIANISME

199

Que je hais ces sottises, de ne pas croire l'Eucharistie, etc.

Si l'Évangile est vrai, si Jésus-Christ est Dieu, quelle difficulté y a-t-il là ?

200

Je ne serais pas chrétien sans les miracles, dit saint Augustin [1].

201

Soumission.

Il faut *(avoir ces trois qualités : pyrrhonien, géomètre, chrétien. Soumis. Doute. Et elles s'accordent* [2]*)* savoir douter où il faut, assurer où il faut, en se soumettant où il faut. Qui ne fait ainsi n'entend pas la force de la raison. Il y en a qui faillent contre ces trois principes, ou en assurant tout comme démonstratif, manque de se connaître en démonstration, ou en doutant de tout, manque de savoir où il faut se soumettre, ou en soumettant en tout, manque de savoir où il faut juger.

202

Susceperunt verbum cum omni aviditate, scrutantes Scripturas si ita se haberent [3].

203

La conduite de Dieu, qui dispose toutes choses avec douceur, est de mettre la religion dans l'esprit par les raisons et dans le cœur par la grâce. Mais de la vouloir mettre dans l'esprit et dans le cœur par la force et par les menaces, ce n'est pas y mettre la religion mais la terreur, *terrorem potius quam religionem* [4].

204

Si on soumet tout à la raison, notre religion n'aura rien de mystérieux et de surnaturel.

Si on choque les principes de la raison, notre religion sera absurde et ridicule.

205

Saint Augustin. La raison ne se soumettrait jamais si elle ne jugeait qu'il y a des occasions où elle se doit soumettre [5].

Il est donc juste qu'elle se soumette quand elle juge qu'elle se doit soumettre.

206

Ce sera une des confusions des damnés de voir qu'ils seront condamnés par leur propre raison par laquelle ils ont prétendu condamner la religion chrétienne.

207

Ceux qui n'aiment pas la vérité prennent le prétexte de la contestation et de la multitude de ceux qui la nient, et ainsi leur erreur ne vient que de ce qu'ils n'aiment pas la vérité ou la charité. Et ainsi ils ne s'en sont pas excusés.

208

Contradiction est une mauvaise marque de vérité.
Plusieurs choses certaines sont contredites.
Plusieurs fausses passent sans contradiction.
Ni la contradiction n'est marque de fausseté ni l'incontradiction n'est marque de vérité.

209

Voyez les deux sortes d'hommes dans le titre « Perpétuité » [6].

210

Il y a peu de vrais chrétiens. Je dis même pour la foi. Il y en a bien qui croient, mais par superstition. Il y en a bien qui ne croient pas, mais par libertinage. Peu sont entre-deux.

Je ne comprends pas en cela ceux qui sont dans la véritable piété de mœurs, et tous ceux qui croient par un sentiment du cœur.

211

Jésus-Christ a fait des miracles et les apôtres ensuite et les premiers saints en grand nombre, parce que les prophéties n'étant pas encore accomplies, et s'accomplissant par eux, rien ne témoignait que les miracles. Il était prédit que le Messie convertirait les nations : comment cette prophétie se fût-elle accomplie, sans la conversion des nations ? Et comment les nations se fussent-elles converties au Messie, ne voyant pas ce dernier effet des prophéties qui le prouvent ? Avant donc qu'il ait été mort, ressuscité et converti les nations, tout n'était pas accompli, et ainsi il a fallu des miracles pendant tout ce temps. Maintenant il n'en faut plus contre les Juifs et les impies [7], car les prophéties accomplies sont un miracle subsistant.

212

La piété est différente de la superstition.

―

Soutenir la piété jusqu'à la superstition, c'est la détruire.

―

Les hérétiques nous reprochent cette soumission superstitieuse. C'est faire ce qu'ils nous reprochent.

―

Impiété de ne pas croire l'Eucharistie sur ce qu'on ne la voit pas.

Superstition de croire des propositions [8], etc.

Foi, etc.

213

Il n'y a rien de si conforme à la raison que ce désaveu de la raison.

214

Deux excès.

Exclure la raison, n'admettre que la raison.

215

On n'aurait point péché en ne croyant pas Jésus-Christ sans les miracles [9].

216

Videte an mentiar [10].

217

La foi dit bien ce que les sens ne disent pas, mais non pas le contraire de ce qu'ils voient. Elle est au-dessus, et non pas contre [11].

218

Vous [12] abusez de la créance que le peuple a en l'Église et leur faites accroire.

219

Ce n'est pas une chose rare qu'il faille reprendre le monde de trop de docilité. C'est un vice naturel, comme l'incrédulité, et aussi pernicieux. Superstition.

220

La dernière démarche de la raison est de reconnaître qu'il y a une infinité de choses qui la surpassent. Elle n'est que faible si elle ne va jusqu'à connaître cela.

―

Que si les choses naturelles la surpassent, que dira-t-on des surnaturelles ?

[XV] EXCELLENCE DE CETTE MANIÈRE DE PROUVER DIEU

221

Dieu par Jésus-Christ.

Nous ne connaissons Dieu que par Jésus-Christ. Sans ce médiateur est ôtée toute communication avec Dieu, par Jésus-Christ nous connaissons Dieu. Tous ceux qui ont prétendu connaître Dieu et le prouver sans Jésus-Christ n'avaient que des preuves impuissantes. Mais pour prouver Jésus-Christ nous avons les prophéties, qui sont des preuves solides et palpables. Et ces prophéties étant accomplies et prouvées véritables par l'événement marquent la certitude de ces vérités et partant la preuve de la divinité de Jésus-Christ. En lui et par lui nous connaissons donc Dieu. Hors de là et sans l'Écriture, sans le péché originel, sans médiateur nécessaire, promis et arrivé, on ne peut prouver absolument Dieu ni enseigner ni bonne doctrine ni bonne morale. Mais par Jésus-Christ et en Jésus-Christ on prouve Dieu et on enseigne la morale et la doctrine. Jésus-Christ est donc le véritable Dieu des hommes.

Mais nous connaissons en même temps notre misère, car ce Dieu-là n'est autre chose que le réparateur de notre misère. Ainsi nous ne pouvons bien connaître Dieu qu'en connaissant nos iniquités. Aussi ceux qui ont connu Dieu sans connaître leur misère ne l'ont pas glorifié, mais s'en sont glorifiés. *Quia non cognovit per sapientiam, placuit Deo per stultitiam prædicationis salvos facere* [1].

222

Préface. Les preuves de Dieu métaphysiques sont si éloignées du raisonnement des hommes et si impliquées, qu'elles frappent peu. Et quand cela servirait à quelques-uns, cela ne servirait que pendant l'instant qu'ils voient cette démonstration. Mais une heure après, ils craignent de s'être trompés [2].

Quod curiositate cognoverunt, superbia amiserunt [3].

223

C'est [4] ce que produit la connaissance de Dieu qui se tire sans Jésus-Christ, qui est de communiquer sans médiateur avec le Dieu qu'on a connu sans médiateur.

Au lieu que ceux qui ont connu Dieu par médiateur connaissent leur misère.

224

Il est non seulement impossible mais inutile de connaître Dieu sans Jésus-Christ. Ils ne s'en sont pas éloignés mais approchés. Ils ne se sont pas abaissés mais *quo quisque optimus eo pessimus si hoc ipsum quod sit optimus ascribat sibi* [5].

225

La connaissance de Dieu sans celle de sa misère fait l'orgueil.
La connaissance de sa misère sans celle de Dieu fait le désespoir.
La connaissance de Jésus-Christ fait le milieu parce que nous y trouvons, et Dieu, et notre misère.

[XVI] TRANSITION DE LA CONNAISSANCE DE L'HOMME A DIEU

226

La prévention induisant en erreur.

C'est une chose déplorable de voir tous les hommes ne délibérer que des moyens et point de la fin. Chacun songe comment il s'acquittera de sa condition, mais pour le choix de la condition, et de la patrie, le sort nous le donne.

C'est une chose pitoyable de voir tant de Turcs, d'hérétiques, d'infidèles, suivre le train de leurs pères, par cette seule raison qu'ils ont été prévenus chacun que c'est le meilleur. Et c'est ce qui détermine chacun à chaque condition, de serrurier, soldat, etc.

C'est par là que les sauvages n'ont que faire de la Provence [1].

227

Pourquoi ma connaissance est-elle bornée, ma taille, ma durée à cent ans plutôt qu'à mille ? Quelle raison a eu la nature de me la donner telle et de choisir ce milieu plutôt qu'un autre dans l'infinité, desquels il n'y a pas plus de raison de choisir l'un que l'autre, rien ne tentant plus que l'autre ?

228

(Puisqu'on ne peut être universel en sachant tout ce qui se peut savoir sur tout, il faut savoir peu de tout. Car il est bien plus beau de savoir quelque chose de tout que de savoir tout d'une chose. Cette universalité est la plus belle. Si on pouvait avoir les deux, encore mieux. Mais s'il faut choisir, il faut choisir celle-là. Et le monde le sent et le fait, car le monde est un bon juge souvent [2].

Ma fantaisie me fait haïr un coasseur et un qui souffle en mangeant [3].

La fantaisie a grand poids. Que profiterons-nous de là que [4] *nous suivrons ce poids à cause qu'il est naturel ? Non, mais que nous y résisterons.*

Rien ne montre mieux la vanité des hommes que de considérer quelle cause et quels effets de l'amour, car tout l'univers en est changé. Le nez de Cléopâtre.)

229
H. 5 [5].

En voyant l'aveuglement et la misère de l'homme, en regardant tout l'univers muet et l'homme sans lumière abandonné à lui-même et comme égaré dans ce recoin de l'univers sans savoir qui l'y a mis, ce qu'il y est venu faire, ce qu'il deviendra en mourant, incapable de toute connaissance, j'entre en effroi comme un homme qu'on aurait porté endormi dans une île déserte et effroyable et qui s'éveillerait sans connaître et sans moyen d'en sortir. Et sur cela j'admire comment on n'entre point en désespoir d'un si misérable état. Je vois d'autres personnes auprès de moi d'une semblable nature, je leur demande s'ils sont mieux instruits que moi. Ils me disent que non. Et sur cela ces misérables égarés, ayant regardé autour d'eux et ayant vu quelques objets plaisants, s'y sont donnés et s'y sont attachés. Pour moi je n'ai pu y prendre d'attache, et considérant combien il y a plus d'apparence qu'il y a autre chose que ce que je vois, j'ai recherché si ce Dieu n'aurait point laissé quelque marque de soi.

Je vois plusieurs religions contraires, et partant toutes fausses excepté une. Chacune veut être crue par sa propre autorité et menace les incrédules. Je ne les crois donc pas là-dessus. Chacun peut dire cela. Chacun peut se dire prophète. Mais je vois la chrétienne où je trouve des prophéties, et c'est ce que chacun ne peut pas faire.

230
H Disproportion de l'homme.

9 — (*Voilà où nous mènent les connaissances naturelles. Si celles-là ne sont véritables, il n'y a point de vérité dans l'homme, et si elles le sont, il y trouve un grand sujet d'humiliation, forcé à s'abaisser d'une ou d'autre manière.*

Et puisqu'il ne peut subsister sans les croire, je souhaite avant que d'entrer dans de plus grandes recherches de la nature, qu'il la considère une fois sérieusement et à loisir, qu'il se regarde aussi soi-même et juge s'il a quelque proportion avec elle, par la comparaison qu'il fera de ces deux objets.)

Que l'homme contemple donc la nature entière dans sa haute et pleine majesté, qu'il éloigne sa vue des objets bas qui l'environnent, qu'il regarde cette éclatante lumière mise comme une lampe éternelle pour éclairer l'univers, que la terre lui paraisse comme un point au prix du vaste tour que cet astre décrit, et qu'il s'étonne de ce que ce vaste tour lui-même n'est qu'une pointe très délicate à l'égard de celui que ces astres qui roulent dans le firmament embrassent. Mais si notre vue s'arrête là, que l'imagination passe outre. Elle se lassera plus tôt de concevoir que la nature de fournir. Tout ce monde visible n'est qu'un trait imperceptible dans l'ample sein de la nature, nulle idée n'en approche. Nous avons beau enfler nos conceptions au-delà des espaces imaginables, nous n'enfantons que des atomes au prix de la réalité des choses. C'est une sphère infinie dont le centre est partout, la circonférence nulle part [6]. Enfin c'est le plus grand [des] caractères sensibles de la toute-puissance de Dieu que notre imagination se perde dans cette pensée.

Que l'homme étant revenu à soi considère ce qu'il est au prix de ce qui est, qu'il se regarde comme égaré dans ce canton détourné de la nature, et que de ce petit cachot où il se trouve logé, j'entends l'univers, il apprenne à estimer la terre, les royaumes, les villes et soi-même, son juste prix.

Qu'est-ce qu'un homme, dans l'infini ?

Mais pour lui présenter un autre prodige aussi étonnant, qu'il recherche dans ce qu'il connaît les choses les plus délicates, qu'un ciron [7] lui offre dans la petitesse de son corps des parties incomparablement plus petites, des jambes avec des jointures, des veines dans ses jambes, du sang dans ses veines, des humeurs dans ce sang, des gouttes dans ses humeurs, des vapeurs dans ces gouttes, que divisant encore ces dernières choses il épuise ses forces en ces conceptions, et que le dernier objet où il peut arriver soit maintenant celui de notre discours. Il pensera peut-être que c'est là l'extrême petitesse de la nature.

Je veux lui faire voir là-dedans un abîme nouveau, je lui veux peindre non seulement l'univers visible, mais l'immensité qu'on peut concevoir de la nature dans l'enceinte de ce raccourci d'atome. Qu'il y voie une infinité d'univers, dont chacun a son firmament, ses planètes, sa terre, en la même proportion que le monde visible, dans cette terre des animaux, et enfin des cirons, dans lesquels il retrouvera ce que les premiers ont donné, et trouvant encore dans les autres la même chose sans fin et sans repos, qu'il se perde dans ces merveilles aussi étonnantes dans leur petitesse, que les autres par leur étendue ! Car qui n'admirera que notre corps, qui tantôt n'était pas perceptible dans l'univers imperceptible lui-même dans le sein du tout, soit à présent un colosse, un monde ou plutôt un tout à l'égard du néant où l'on ne peut arriver ?

Qui se considérera de la sorte s'effraiera de soi-même et se considérant soutenu dans la masse que la nature lui a donnée entre ces deux abîmes de l'infini et du néant, il tremblera dans la vue de ses merveilles, et je crois que sa curiosité se changeant en admiration, il sera plus disposé à les contempler en silence qu'à les rechercher avec présomption. Car enfin qu'est-ce que l'homme dans la nature ? Un néant à l'égard de l'infini, un tout à l'égard du néant, un milieu entre rien et tout, infiniment éloigné de comprendre les extrêmes, la fin des choses et leur principe sont pour lui invinciblement cachés dans un secret impénétrable *(que pourra-t-il donc concevoir ? il est)*, également incapable de voir le néant d'où il est tiré et l'infini, où il est englouti.

Que fera-t-il donc sinon d'apercevoir [quelque] apparence du milieu des choses, dans un désespoir éternel de connaître ni leur principe ni leur fin ? Toutes choses sont sorties du néant et portées jusqu'à l'infini. Qui suivra ces étonnantes démarches ? L'auteur de ces merveilles les comprend. Tout autre ne le peut faire.

Manque d'avoir contemplé ces infinis, les hommes se sont portés témérairement à la recherche de la nature, comme s'ils avaient quelque proportion avec elle.

C'est une chose étrange qu'ils ont voulu comprendre les principes des choses, et de là arriver jusqu'à connaître tout, par une présomption aussi infinie que leur objet. Car il est sans doute qu'on ne peut former ce dessein sans une présomption ou sans une capacité infinie, comme la nature.

Quand on est instruit, on comprend que la nature ayant gravé son image et celle de son auteur dans toutes choses, elles tiennent presque toutes de sa double infinité : c'est ainsi que nous voyons que toutes les sciences sont infinies en l'étendue de leurs recherches. Car qui doute que la géométrie, par exemple, a une infinité d'infinités de propositions à exposer ? Elles sont aussi infinies dans la multitude et la délicatesse de leurs principes. Car qui ne voit que ceux qu'on propose pour les derniers ne se soutiennent pas d'eux-mêmes et qu'ils sont appuyés sur d'autres qui, en ayant d'autres pour appui, ne souffrent jamais le dernier ?

Mais nous faisons des derniers qui paraissent à la raison comme on fait dans les choses matérielles, où nous appelons un point indivisible celui au-delà duquel nos sens n'aperçoivent plus rien, quoique divisible infiniment et par sa nature.

De ces deux infinis de sciences celui de grandeur est bien plus sensible, et c'est pourquoi il est arrivé à peu de personnes de prétendre connaître toutes choses. « Je vais parler de tout », disait Démocrite [8]. *(Mais outre que c'est peu d'en parler simplement, sans prouver et connaître, il est néanmoins impossible de le faire, la multitude infinie des choses nous étant si cachée que tout ce que nous pouvons exprimer par paroles ou par pensées n'en est qu'un trait invisible. D'où il paraît combien est sot, vain et ignorant ce titre de quelques livres,* De omni scibili [9].*)*

(On voit d'une première vue que l'arithmétique seule fournit des propriétés sans nombre, et chaque science de même.)

Mais l'infinité en petitesse est bien moins visible. Les philosophes ont bien plutôt prétendu d'y arriver, et c'est là où tous ont achoppé. C'est ce qui a donné lieu à ces titres si ordinaires : *Des principes des choses, Des principes de la philosophie* [10], et aux semblables, aussi fastueux en effet quoique moins en apparence que cet autre qui crève les yeux : *De omni scibili.*

On se croit naturellement bien plus capable d'arriver au centre des choses que d'embrasser leur circonférence, et l'étendue visible du monde nous surpasse visiblement. Mais comme c'est nous qui surpassons les petites choses, nous nous croyons plus capables de les posséder, et cependant il ne faut pas moins de capacité pour aller jusqu'au néant que jusqu'au tout. Il la faut infinie pour l'un et l'autre. Et il me semble que qui aurait compris les derniers principes des choses pourrait aussi arriver jusqu'à connaître l'infini. L'un dépend de l'autre, et l'un conduit à l'autre. Ces extrémités se touchent et se réunissent à force de s'être éloignées, et se retrouvent en Dieu, et en Dieu seulement.

Connaissons donc notre portée : nous sommes quelque chose et ne sommes pas tout. Ce que nous avons d'être nous dérobe la connaissance des premiers principes, qui naissent du néant. Et le peu que nous avons d'être, nous cache la vue de l'infini.

Notre intelligence tient dans l'ordre des choses intelligibles le même rang que notre corps dans l'étendue de la nature.

Bornés en tout genre, cet état qui tient le milieu entre deux extrêmes se trouve en toutes nos puissances. Nos sens n'aperçoivent rien d'extrême. Trop de bruit nous assourdit, trop de lumière éblouit, trop de distance et trop de proximité empêche la vue. Trop de longueur et trop de brièveté de discours l'obscurcit, trop de vérité nous étonne. J'en sais qui ne peuvent comprendre que qui de zéro ôte quatre reste zéro. Les premiers principes ont trop d'évidence pour nous. Trop de plaisir incommode, trop de consonances déplaisent dans la musique et trop de bienfaits irritent. Nous voulons avoir de quoi surpayer la dette. *Beneficia eo usque laeta sunt dum videntur exsolvi posse, ubi multum antevenere pro gratia odium redditur.* Nous ne sentons ni l'extrême chaud, ni l'extrême froid, les qualités excessives nous sont ennemies et non pas sensibles, nous ne les sentons plus, nous les souffrons. Trop de jeunesse et trop de vieillesse empêche l'esprit, trop et trop peu d'instruction. Enfin les choses extrêmes sont pour nous comme si elles n'étaient point, et nous ne sommes point à leur égard, elles nous échappent ou nous à elles [11].

Voilà notre état véritable. C'est ce qui nous rend incapables de savoir certainement et d'ignorer absolument. Nous voguons sur un milieu vaste, toujours incertains et flottants, poussés d'un bout vers l'autre. Quelque terme où nous pensions nous attacher et nous affermir, il branle et nous quitte. Et si nous le suivons, il échappe à nos prises, il glisse et fuit d'une fuite éternelle. Rien ne s'arrête pour nous, c'est l'état qui nous est naturel et toutefois le plus contraire à notre inclination. Nous brûlons de désir de trouver une assiette ferme, et une dernière base constante pour y édifier une tour qui s'élève à l'infini, mais tout notre fondement craque et la terre s'ouvre jusqu'aux abîmes.

Ne cherchons donc point d'assurance et de fermeté. Notre raison est toujours déçue par l'inconstance des apparences, rien ne peut fixer le fini entre les deux infinis qui l'enferment et le fuient.

Cela étant bien compris, je crois qu'on se tiendra en repos, chacun dans l'état où la nature l'a placé.

Ce milieu qui nous est échu en partage étant toujours distant des extrêmes, qu'importe qu'un autre ait un peu plus d'intelligence des choses ? S'il en a et s'il les prend un peu de plus haut, n'est-il pas toujours infiniment éloigné du bout ? Et la durée de notre vie n'est-elle pas également infime de l'éternité, pour durer dix ans davantage ?

Dans la vue de ces infinis tous les finis sont égaux, et je ne vois pas pourquoi asseoir son imagination plutôt sur un que sur l'autre. La seule comparaison que nous faisons de nous au fini nous fait peine.

Si l'homme s'étudiait le premier, il verrait combien il est incapable de passer outre. Comment se pourrait-il qu'une partie connût le tout ? Mais il aspirera peut-être à connaître au moins les parties avec lesquelles il a de la proportion. Mais les parties du monde ont toutes un tel rapport et un tel enchaînement l'une avec l'autre que je crois impossible de connaître l'une sans l'autre et sans le tout.

L'homme, par exemple, a rapport à tout ce qu'il connaît : il a besoin de lieu pour le contenir, de temps pour durer, de mouvement pour vivre, d'éléments pour le composer, de chaleur et d'aliments pour se nourrir, d'air pour respirer. Il voit la lumière, il sent les corps, enfin tout tombe sous son alliance. Il faut donc, pour connaître l'homme, savoir d'où vient qu'il a besoin d'air pour subsister, et pour connaître l'air, savoir par où il a ce rapport à la vie de l'homme, etc.

La flamme ne subsiste point sans l'air. Donc pour connaître l'un il faut connaître l'autre.

Donc toutes choses étant causées et causantes, aidées et aidantes, médiatement et immédiatement, et toutes s'entretenant par un lien naturel et insensible qui lie les plus éloignées et les plus différentes, je tiens impossible de connaître les parties sans connaître le tout, non plus que de connaître le tout sans connaître particulièrement les parties.

(L'éternité des choses en elles-mêmes ou en Dieu doit encore étonner notre petite durée.

L'immobilité fixe et constante de la nature, comparaison au changement continuel qui se passe en nous, doit faire le même effet.)

En ce qui achève notre impuissance à connaître les choses est qu'elles sont simples en elles-mêmes et que nous sommes composés de deux natures opposées et de divers genres, d'âme et de corps. Car il est impossible que la partie qui raisonne en nous soit autre que spirituelle. Et quand on prétendrait que nous serions simplement corporels, cela nous exclurait bien davantage de la connaissance des choses, n'y ayant rien de si inconcevable que de dire que la matière se connaît soi-même. Il ne nous est pas possible de connaître comment elle se connaîtrait.

Et ainsi si nous [sommes] simples, matériels, nous ne pouvons rien du tout connaître. Et si nous sommes composés d'esprit et de matière, nous ne pouvons connaître parfaitement les choses simples *(puisque notre suppôt qui agit en cette connaissance est en partie spirituel. Et comment connaîtrions-nous nettement les substances spirituelles, ayant un corps qui nous aggrave et nous baisse vers la terre* [12] *?)*, spirituelles ou corporelles.

De là vient que presque tous les philosophes confondent les idées des choses et parlent des choses corporelles spirituellement et des spirituelles corporellement. Car ils disent hardiment que les corps tendent en bas, qu'ils aspirent à leur centre, qu'ils fuient leur destruction, qu'ils craignent le vide, qu'ils ont des inclinaisons, des sympathies, des antipathies, qui sont toutes choses qui n'appartiennent qu'aux esprits. Et en parlant des esprits, ils les considèrent comme en un lieu, et leur attribuent le mouvement d'une place à une autre, qui sont choses qui n'appartiennent qu'aux corps.

Au lieu de recevoir les idées de ces choses pures, nous les teignons de nos qualités, et empreignons [de] notre être composé toutes les choses simples que nous contemplons.

Qui ne croirait, à nous voir composer toutes choses d'esprit et de corps, que ce mélange-là nous serait bien compréhensible? C'est néanmoins la chose qu'on comprend le moins. L'homme est à lui-même le plus prodigieux objet de la nature, car il ne peut concevoir ce que c'est que corps, et encore moins ce que c'est qu'esprit, et moins qu'aucune chose comment un corps peut être uni avec un esprit. C'est là le comble de ses difficultés, et cependant c'est son propre être. *Modus quo corporibus adhaerent spiritus comprehendi ab homine non potest, et hoc tamen homo est* [13].

(*Voilà une partie des causes qui rendent l'homme si imbécile* [14] *à connaître la nature. Elle est infinie en deux manières, il est fini et limité. Elle dure et se maintient perpétuellement en son être, il passe et est mortel. Les choses en particulier se corrompent et se changent à chaque instant, il ne les voit qu'en passant. Elles ont leur principe et leur fin, il ne conçoit ni l'un ni l'autre. Elles sont simples, et il est composé de deux natures différentes.*)

Enfin, pour consommer la preuve de notre faiblesse, je finirai par ces deux considérations.

231
H. 3.

L'homme n'est qu'un roseau, le plus faible de la nature, mais c'est un roseau pensant. Il ne faut pas que l'univers entier s'arme pour l'écraser, une vapeur, une goutte d'eau suffit pour le tuer. Mais quand l'univers l'écraserait, l'homme serait encore plus noble que ce qui le tue, puisqu'il sait qu'il meurt et l'avantage que l'univers a sur lui. L'univers n'en sait rien.

232

Toute notre dignité consiste donc en la pensée. C'est de là qu'il faut nous relever, et non de l'espace et de la durée, que nous ne saurions remplir.

Travaillons donc à bien penser. Voilà le principe de la morale.

233

Le silence éternel de ces espaces infinis m'effraie [15].

234

Consolez-vous, ce n'est point de vous que vous devez l'attendre, mais au contraire en n'attendant rien de vous que vous devez l'attendre.

[XVII] LA NATURE EST CORROMPUE[1]
et FAUSSETÉ DES AUTRES RELIGIONS

235

Fausseté des autres religions.

Mahomet sans autorité.

Il faudrait donc que ses raisons fussent bien puissantes, n'ayant que leur propre force.

Que dit-il donc ? Qu'il faut le croire.

236

Fausseté des autres religions.

Ils n'ont point de témoins. Ceux-ci en ont.

Dieu défie les autres religions de produire de telles marques. Isaïe, 43,9-44,8[2].

237

S'il y a un seul principe de tout. Une seule fin de tout. Tout par lui, tout pour lui. Il faut donc que la vraie religion nous enseigne à n'adorer que lui et à n'aimer que lui. Mais comme nous nous trouvons dans l'impuissance d'adorer ce que nous ne connaissons pas, et d'aimer autre chose que nous, il faut que la religion qui instruit de ces devoirs nous instruise aussi de ces impuissances. Et qu'elle nous apprenne aussi les remèdes. Elle nous apprend que par un homme tout a été perdu et la liaison rompue entre Dieu et nous, et que par un homme la liaison est réparée.

Nous naissons si contraires à cet amour de Dieu et il est si nécessaire qu'il faut que nous naissions coupables, ou Dieu serait injuste[3].

238

Rem viderunt, causam non viderunt[4].

239

Contre Mahomet.

L'*Alcoran* n'est pas plus de Mahomet que l'Évangile de saint Matthieu, car il est cité de plusieurs auteurs, de siècle en siècle. Les ennemis même, Celse et Porphyre, ne l'ont jamais désavoué[5].

L'*Alcoran* dit que saint Matthieu était homme de bien. Donc il était faux prophète, ou en appelant gens de bien des méchants, ou en ne demeurant pas d'accord de ce qu'ils ont dit de Jésus-Christ.

240

Sans ces divines connaissances qu'ont pu faire les hommes sinon ou s'élever dans le sentiment intérieur qui leur reste de leur grandeur passée, ou s'abattre dans la vue de leur faiblesse présente ? Car ne voyant pas la vérité entière ils n'ont pu arriver à une parfaite vertu, les uns considérant la nature comme incorrompue, les autres comme irréparable, ils n'ont pu fuir ou l'orgueil ou la paresse, qui sont les deux sources de tous les vices, puisqu'ils ne peuvent sinon ou s'y abandonner par lâcheté, ou en sortir par l'orgueil. Car s'ils connaissaient l'excellence de l'homme, ils en ignorent la corruption [6], de sorte qu'ils évitaient bien la paresse, mais ils se perdaient dans la superbe, et s'ils reconnaissent l'infirmité de la nature ils en ignorent la dignité, de sorte qu'ils pouvaient bien éviter la vanité, mais c'était en se précipitant dans le désespoir.

De là viennent les diverses sectes des stoïques et des épicuriens, des dogmatistes et des académiciens, etc.

La seule religion chrétienne a pu guérir ces deux vices, non pas en chassant l'un par l'autre par la sagesse de la terre, mais en chassant l'un et l'autre par la simplicité de l'Évangile. Car elle apprend aux justes qu'elle élève jusqu'à la participation de la divinité même qu'en ce sublime état ils portent encore la source de toute la corruption qui les rend durant toute la vie sujets à l'erreur, à la misère, à la mort, au péché, et elle crie aux plus impies qu'ils sont capables de la grâce de leur Rédempteur. Ainsi donnant à trembler à ceux qu'elle justifie et consolant ceux qu'elle condamne, elle tempère avec tant de justesse la crainte avec l'espérance, par cette double capacité qui est commune à tous et de la grâce et du péché, qu'elle abaisse infiniment plus que la seule raison ne peut faire, mais sans désespérer, et qu'elle élève infiniment plus que l'orgueil de la nature, mais sans enfler, faisant bien voir par là qu'étant seule exempte d'erreur et de vice, il n'appartient qu'à elle et d'instruire et de corriger les hommes.

Qui peut donc refuser à ces célestes lumières de les croire et de les adorer ? Car n'est-il pas plus clair que le jour que nous sentons en nous-même des caractères ineffaçables d'excellence et n'est-il pas aussi véritable que nous éprouvons à toute heure les effets de notre déplorable condition ?

Que nous crient donc ce chaos et cette confusion monstrueuse, sinon la vérité de ces deux états avec une voix si puissante qu'il est impossible de résister ?

241

Différence entre Jésus-Christ et Mahomet.

Mahomet non prédit. Jésus-Christ prédit.
Mahomet en tuant. Jésus-Christ en faisant tuer les siens.
Mahomet en défendant de lire, les apôtres en ordonnant de lire [7].

242

Enfin cela est si contraire que si Mahomet a pris la voie de réussir humainement, Jésus-Christ a pris celle de périr humainement, et qu'au lieu de conclure que puisque Mahomet a réussi Jésus-Christ a bien pu réussir, il faut conclure que puisque Mahomet a réussi Jésus-Christ devait [8] périr.

243

Tous les hommes se haïssent naturellement l'un l'autre. On s'est servi comme on a pu de la concupiscence pour la faire servir au bien public. Mais ce n'est que feindre et une fausse image de la charité. Car au fond ce n'est que haine.

244

On a fondé et tiré de la concupiscence des règles admirables de police, de morale et de justice.

Mais dans le fond, ce vilain fond de l'homme, ce FIGMENTUM MALUM [9] n'est que couvert, il n'est pas ôté.

245

Jésus-Christ est un Dieu dont on s'approche sans orgueil, et sous lequel on s'abaisse sans désespoir.

246

Dignior plagis quam osculis
non timeo quia amo [10].

247

La vraie religion doit avoir pour marque d'obliger à aimer son Dieu. Cela est bien juste, et cependant aucune ne l'a ordonné. La nôtre l'a fait.

Elle doit encore avoir connu la concupiscence et l'impuissance. La nôtre l'a fait.

Elle doit y avoir apporté les remèdes. L'un est la prière. Nulle religion n'a demandé à Dieu de l'aimer et de le suivre.

248

Après avoir entendu toute la nature de l'homme, il faut [11], pour faire qu'une religion soit vraie, qu'elle ait connu notre nature. Elle doit avoir connu la grandeur et la petitesse, et la raison de l'une et de l'autre. Qui l'a connue, que la chrétienne ?

249

La vraie religion enseigne nos devoirs, nos impuissances, orgueil et concupiscence, et les remèdes, humilité, mortification.

250

Il y a des figures claires et démonstratives, mais il y en a d'autres qui semblent un peu tirées par les cheveux, et qui ne prouvent qu'à ceux qui sont persuadés d'ailleurs. Celles-là sont semblables aux apocalyptiques [12]. Mais la différence qu'il y a, c'est qu'ils n'en ont point d'indubitables, tellement qu'il n'y a rien de si injuste que quand ils montrent que les leurs sont aussi bien fondées que quelques-unes des nôtres. Car ils n'en ont pas de démonstratives comme quelques-unes des nôtres. La partie n'est donc pas égale. Il ne faut pas égaler et confondre ces choses parce qu'elles semblent être semblables par un bout, étant si différentes par l'autre. Ce sont les clartés qui méritent, quand elles sont divines, qu'on révère les obscurités.

251

Ce n'est pas par ce qu'il y a d'obscur dans Mahomet et qu'on peut faire passer pour un sens mystérieux que je veux qu'on en juge, mais par ce qu'il y a de clair : par son paradis [13], et par le reste. C'est en cela qu'il est ridicule. Et c'est pourquoi il n'est pas juste de prendre ses obscurités pour des mystères, vu que ses clartés sont ridicules. Il n'en est pas de même de l'Écriture. Je veux bien qu'il y ait des obscurités qui soient aussi bizarres que celles de Mahomet, mais il y a des clartés admirables et des prophéties manifestes et accomplies. La partie n'est donc pas égale. Il ne faut pas confondre et égaler les choses qui ne se ressemblent que par l'obscurité, et non par la clarté, qui mérite qu'on révère les obscurités.

252

Les autres religions, comme les païennes, sont plus populaires, car elles sont en extérieur, mais elles ne sont pas pour les gens habiles. Une religion purement intellectuelle serait plus proportionnée aux habiles, mais elle ne servirait pas au peuple. La seule religion chrétienne est proportionnée à tous, étant mêlée d'extérieur et d'intérieur. Elle élève le peuple à l'intérieur, et abaisse les superbes à l'extérieur, et n'est pas parfaite sans les deux, car il faut que le peuple entende l'esprit de la lettre et que les habiles soumettent leur esprit à la lettre.

253

Nulle autre religion n'a proposé de se haïr. Nulle autre religion ne peut donc plaire à ceux qui se haïssent, et qui cherchent un être véritablement aimable. Et ceux-là, s'ils n'avaient jamais ouï parler de la religion d'un Dieu humilié, l'embrasseraient incontinent.

[XVIII] RENDRE LA RELIGION AIMABLE

254

Jésus-Christ pour tous.
Moïse pour un peuple.
Les Juifs bénis en Abraham. *Je bénirai ceux qui te béniront,* mais toutes nations bénies en sa semence [1].
Parum est ut, etc. Isaïe [2].
Lumen ad revelationem gentium [3].
Non fecit taliter omni nationi [4], disait David, en parlant de la Loi. Mais en parlant de Jésus-Christ il faut dire *Fecit taliter omni nationi, Parum est ut,* etc. Isaïe.
Aussi c'est à Jésus-Christ d'être universel. L'Église même n'offre le sacrifice que pour les fidèles [5]. Jésus-Christ a offert celui de la croix pour tous.

255

Les Juifs charnels et les païens ont des misères et les chrétiens aussi. Il n'y a point de rédempteur pour les païens, car ils n'en espèrent pas seulement. Il n'y a point de rédempteur pour les Juifs, ils l'espèrent en vain. Il n'y a de rédempteur que pour les chrétiens.
Voyez « Perpétuité ».

[XIX] FONDEMENTS DE LA RELIGION ET RÉPONSE AUX OBJECTIONS

256

Il faut mettre au chapitre des « Fondements » ce qui est en celui des « Figuratifs » touchant la cause des figures. Pourquoi Jésus-Christ prophétisé en son premier avènement, pourquoi prophétisé obscurément en la manière [1].

257

Incrédules les plus crédules. Ils croient les miracles de Vespasien [2] pour ne pas croire ceux de Moïse.

258

Comme Jésus-Christ est demeuré inconnu parmi les hommes, ainsi sa vérité demeure parmi les opinions communes, sans différence à l'extérieur. Ainsi l'Eucharistie parmi le pain commun.

Toute la foi consiste en Jésus-Christ et en Adam, et toute la morale en la concupiscence et en la grâce [3].

259

Qu'ont-ils à dire contre la résurrection, et contre l'enfantement d'une vierge ? Qu'est-il plus difficile, de produire un homme ou un animal, que de le reproduire ? Et s'ils n'avaient jamais vu une espèce d'animaux, pourraient-ils deviner s'ils se produisent sans la compagnie les uns des autres [4] ?

260

Que disent les prophètes de Jésus-Christ ? Qu'il sera évidemment Dieu ? Non. Mais qu'il est *un Dieu véritablement caché*, qu'il sera méconnu, qu'on ne pensera point que ce soit lui, qu'il sera une pierre d'achoppement, à laquelle plusieurs heurteront, etc. [5]

Qu'on ne nous reproche donc plus le manque de clarté, puisque nous en faisons profession. Mais, dit-on, il y a des obscurités, et sans cela on ne serait pas aheurté à Jésus-Christ. Et c'est un des desseins formels des prophètes. *Excaeca* [6].

261

Ce que les hommes par leurs plus grandes lumières avaient pu connaître, cette religion l'enseignait à ses enfants [7].

262

Tout ce qui est incompréhensible ne laisse pas d'être [8].

263

(Si on veut dire que l'homme est trop peu pour mériter la communication avec Dieu, il faut être bien grand pour en juger.)

264

On n'entend rien aux ouvrages de Dieu si on ne prend pour principe qu'il a voulu aveugler les uns et éclaircir les autres.

265

Jésus-Christ ne dit pas qu'il n'est pas de Nazareth, pour laisser les méchants dans l'aveuglement, ni qu'il n'est pas fils de Joseph [9].

266

Dieu veut plus disposer la volonté que l'esprit. La clarté parfaite servirait à l'esprit et nuirait à la volonté.

Abaisser la superbe.

267

Jésus-Christ est venu aveugler ceux qui voient clair et donner la vue aux aveugles, guérir les malades, et laisser mourir les saints, appeler à pénitence et justifier les pécheurs, et laisser les justes dans leurs péchés, remplir les indigents et *laisser les riches vides* [10].

268

Aveugler, éclaircir.

Saint Augustin, Montaigne, Sebonde [11].

Il y a assez de clarté pour éclairer les élus et assez d'obscurité pour les humilier. Il y a assez d'obscurité pour aveugler les réprouvés et assez de clarté pour les condamner et les rendre inexcusables.

―――

La généalogie de Jésus-Christ dans l'Ancien Testament est mêlée parmi tant d'autres inutiles, qu'elle ne peut être discernée. Si Moïse n'eût tenu registre que des ancêtres de Jésus-Christ, cela eût été trop visible. S'il n'eût pas marqué celle de Jésus-Christ, cela n'eût pas été assez visible. Mais après tout, qui y regarde de près voit celle de Jésus-Christ bien discernée par Thamar, Ruth [12], etc.

―――

Ceux qui ordonnaient ces sacrifices en savaient l'inutilité et ceux qui en ont déclaré l'inutilité n'ont pas laissé de les pratiquer.

―――

Si Dieu n'eût permis qu'une seule religion, elle eût été trop reconnaissable. Mais qu'on y regarde de près, on discerne bien la vraie dans cette confusion.

―――

Principe : Moïse était habile homme. Si donc il se gouvernait par son esprit, il ne devait rien mettre qui fût directement contre l'esprit.

Ainsi toutes les faiblesses très apparentes sont des forces. Par exemple, les deux généalogies de saint Matthieu et saint Luc. Qu'y a-t-il de plus clair que cela n'a pas été fait de concert ?

269

Si Jésus-Christ n'était venu que pour sanctifier, toute l'Écriture et toutes choses y tendraient, et il serait bien aisé de convaincre les infidèles. Si Jésus-Christ n'était venu que pour aveugler, toute sa conduite serait confuse et nous n'aurions aucun moyen de convaincre les infidèles. Mais comme il est venu *in sanctificationem et in scandalum*, comme dit Isaïe [13], nous ne pouvons convaincre les infidèles et ils ne peuvent nous convaincre, mais par là même nous les convainquons, puisque nous disons qu'il n'y a point de conviction dans toute sa conduite de part ni d'autre.

270

Figures.

Dieu voulant priver les siens des biens périssables, pour montrer que ce n'était pas par impuissance il a fait le peuple juif.

271

L'homme n'est pas digne de Dieu, mais il n'est pas incapable d'en être rendu digne.

Il est indigne de Dieu de se joindre à l'homme misérable, mais il n'est pas indigne de Dieu de le tirer de sa misère.

272

Preuve.

Prophétie avec l'accomplissement.
Ce qui a précédé et ce qui a suivi Jésus-Christ.

273 [14]

Source des contrariétés.

Un Dieu humilié, et jusqu'à la mort de la croix. Deux natures en Jésus-Christ. Deux avènements. Deux états de la nature de l'homme. Un Messie triomphant de la mort par sa mort.

274

A.P.R pour Demain [15].

[Voulant paraître à découvert à ceux qui le cherchent de tout leur cœur, et caché à ceux qui le fuient de tout leur cœur, Dieu a] tempéré sa connaissance en sorte qu'il a donné des marques de soi visibles à ceux qui le cherchent et non à ceux qui ne le cherchent pas.

Il y a assez de lumière pour ceux qui ne désirent que de voir, et assez d'obscurité pour ceux qui ont une disposition contraire.

275

Que Dieu s'est voulu cacher.
S'il n'y avait qu'une religion, Dieu y serait bien manifeste.
S'il n'y avait des martyrs qu'en notre religion, de même.

Dieu étant ainsi caché, toute religion qui ne dit pas que Dieu est caché n'est pas véritable. Et toute religion qui n'en rend pas la raison n'est pas instruisante. La nôtre fait tout cela. VERE TU ES DEUS ABSCONDITUS [16].

276 [17]

La religion païenne est sans fondement *(aujourd'hui. On dit qu'autrefois elle [en] a eu par les oracles qui ont parlé. Mais quels sont les livres qui nous en assurent? Sont-ils si dignes de foi par la vertu de leurs auteurs? Sont-ils conservés avec tant de soin [qu']on puisse s'assurer qu'ils ne sont point corrompus?)*

La religion mahométane a pour fondement l'*Alcoran* et Mahomet. Mais ce prophète qui devait être la dernière attente du monde a-t-il été prédit? Et quelle marque a-t-il que n'ait aussi tout homme qui se voudra dire prophète? Quels miracles dit-il lui-même avoir faits? Quel mystère a-t-il enseigné, selon sa tradition même? Quelle morale et quelle félicité?

La religion juive doit être regardée différemment dans la tradition de leurs saints et dans la tradition du peuple. La morale et la félicité en est ridicule dans la tradition du peuple, mais elle est admirable dans celle de leurs saints. Le fondement en est admirable. C'est le plus ancien livre du monde et le plus authentique, et au lieu que Mahomet pour faire subsister le sien a défendu de le lire, Moïse pour faire subsister le sien a ordonné à tout le monde de le lire. Et toute religion est de même, car la chrétienne est bien différente dans les Livres saints et dans les casuistes.

Notre religion est si divine qu'une autre religion divine n'en a que le fondement.

277

Objection des athées.

« Mais nous n'avons nulle lumière. »

[XX] QUE LA LOI ÉTAIT FIGURATIVE

278

Figure.

Les peuples juif et égyptien visiblement prédits par ces deux particuliers que Moïse rencontra, l'Égyptien battant le Juif, Moïse le vengeant et tuant l'Égyptien, et le Juif en étant ingrat [1].

279

Figuratives.

Fais toutes choses selon le patron qui t'a été montré en la montagne [2]. Sur quoi saint Paul dit que les Juifs ont peint les choses célestes.

280

Figure.

Les prophètes prophétisaient par figures, de ceinture, de barbe et cheveux brûlés [3], etc.

281

Figuratives.
Clé du chiffre.

Veri adoratores. Ecce agnus Dei qui tollit peccata mundi [4].

282

Figuratives.

Ces termes d'épée, d'écu, *potentissime* [5].

283

Qui veut donner le sens de l'Écriture et ne le prend point de l'Écriture est ennemi de l'Écriture. Augustin, *De doctrina christiana* [6].

284

Deux erreurs : 1. Prendre tout littéralement. 2. Prendre tout spirituellement.

285

Figures.

Jésus-Christ leur ouvrit l'esprit pour entendre les Écritures [7].

Deux grandes ouvertures sont celles-là : 1. *Toutes choses leur arrivaient en figures. Vere Israelita, Vere liberi, Vrai pain du ciel* [8].

2. Un Dieu humilié jusqu'à la croix. Il a fallu que le Christ ait souffert pour entrer en sa gloire. Qu'il vaincrait la mort par sa mort. Deux avènements [9].

286

Parler contre les trop grands figuratifs.

287

Dieu, pour rendre le Messie connaissable aux bons et méconnaissable aux méchants, l'a fait prédire en cette sorte. Si la manière du Messie eût été prédite clairement, il n'y eût point eu d'obscurité, même pour les méchants. Si le temps eût été prédit obscurément, il y eût eu obscurité même pour les bons (*car la bonté de leur cœur*) ne leur eût pas fait entendre que par exemple ד signifie 600 ans. Mais le temps a été prédit clairement et la manière en figures.

Par ce moyen les méchants, prenant les biens promis pour matériels, s'égarent malgré le temps prédit clairement, et les bons ne s'égarent pas.

Car l'intelligence des biens promis dépend du cœur, qui appelle bien ce qu'il aime, mais l'intelligence du temps promis ne dépend point du cœur. Et ainsi la prédiction claire du temps et obscure des biens ne déçoit [10] que les seuls méchants.

288

Les Juifs charnels n'entendaient ni la grandeur ni l'abaissement du Messie prédit dans leurs prophéties. Ils l'ont méconnu dans sa grandeur prédite, comme quand il dit que le Messie sera seigneur de David, quoique son fils, et qu'il est devant qu'Abraham [fût] et qu'il l'a vu [11]. Ils ne le croyaient pas si grand qu'il fût éternel, et ils l'ont méconnu de même dans son abaissement et dans sa mort. Le Messie, disaient-ils, demeure éternellement, et celui-ci dit qu'il mourra [12]. Ils ne le croyaient donc ni mortel ni éternel, ils ne cherchaient en lui qu'une grandeur charnelle.

289
Contradiction.

On ne peut faire une bonne physionomie qu'en accordant toutes nos contrariétés, et il ne suffit pas de suivre une suite de qualités accordantes sans accorder les contraires. Pour entendre le sens d'un auteur, il faut accorder tous les passages contraires.

Ainsi pour entendre l'Écriture, il faut avoir un sens dans lequel tous les passages contraires s'accordent. Il ne suffit pas d'en voir un qui convienne à plusieurs passages accordants, mais d'en avoir un qui accorde les passages même contraires.

Tout auteur a un sens auquel tous les passages contraires s'accordent ou il n'a point de sens du tout. On ne peut pas dire cela de l'Écriture et des prophètes, ils avaient assurément trop bon sens. Il faut donc en chercher un qui accorde toutes les contrariétés.

Le véritable sens n'est donc pas celui des Juifs, mais en Jésus-Christ toutes les contradictions sont accordées.

Les Juifs ne sauraient accorder la cessation de la royauté et principauté prédite par Osée avec la prophétie de Jacob [13].

Si on prend la Loi, les sacrifices et le royaume pour réalités, on ne peut accorder tous les passages. Il faut donc par nécessité qu'ils ne soient que figures. On ne saurait pas même accorder les passages d'un même auteur ni d'un même livre ni quelquefois d'un même chapitre, ce qui marque trop quel était le sens de l'auteur. Comme quand Ézéchiel, chapitre 20, dit qu'on vivra dans les commandements de Dieu et qu'on n'y vivra pas.

290

Il n'était point permis de sacrifier hors de Jérusalem, qui était le lieu que le Seigneur avait choisi, ni même de manger ailleurs les décimes. Deutéronome 12, 5, etc. Deutéronome 14, 23, etc. ; 15, 20 ; 16, 2-7-11-15.

Osée a prédit qu'il serait sans roi, sans prince, sans sacrifice, etc., sans idoles. Ce qui est accompli aujourd'hui, ne pouvant faire sacrifice légitime hors de Jérusalem.

Figure.

Si la Loi et les sacrifices sont la vérité, il faut qu'elle plaise à Dieu et qu'elle ne lui déplaise point. S'ils sont figures, il faut qu'ils plaisent et déplaisent.

Or dans toute l'Écriture ils plaisent et déplaisent. Il est dit que la Loi sera changée, que le sacrifice sera changé, qu'ils seront sans roi, sans princes et sans sacrifices, qu'il sera fait une nouvelle alliance, que la Loi sera renouvelée, que les préceptes qu'ils ont reçus ne sont pas bons, que leurs sacrifices sont abominables, que Dieu n'en a point demandé.

Il est dit au contraire que la Loi durera éternellement, que cette alliance sera éternelle, que le sacrifice sera éternel, que le sceptre ne sortira jamais d'avec eux, puisqu'il n'en doit point sortir que le roi éternel n'arrive.

Tous ces passages [14] marquent-ils que ce soit réalité ? Non. Marquent-ils aussi que ce soit figure ? Non, mais que c'est réalité ou figure. Mais les premiers excluant la réalité marquent que ce n'est que figure.

Tous ces passages ensemble ne peuvent être dits de la réalité. Tous peuvent être dits de la figure. Donc ils ne sont pas dits de la réalité, mais de la figure.

Agnus occisus est ab origine mundi. Juge sacrificium [15].

291

Un portrait porte absence et présence, plaisir et déplaisir. La réalité exclut absence et déplaisir.

———

Figures.

Pour savoir si la Loi et les sacrifices sont réalité ou figure, il faut voir si les prophètes, en parlant de ces choses, y arrêtaient leur vue et leur pensée en sorte qu'ils n'y vissent que cette ancienne alliance. Ou s'ils y voient quelque autre chose dont elles fussent la peinture. Car dans un portrait on voit la chose figurée. Il ne faut pour cela qu'examiner ce qu'ils en disent.

Quand ils disent qu'elle sera éternelle, entendent-ils parler de l'alliance de laquelle ils disent qu'elle sera changée ? Et de même des sacrifices, etc.

———

Le chiffre a deux sens. Quand on surprend une lettre importante où l'on trouve un sens clair, et où il est dit néanmoins que le sens en est voilé et obscurci, qu'il est caché en sorte qu'on verra cette lettre sans la voir et qu'on l'entendra sans l'entendre, que doit-on penser sinon que c'est un chiffre à double sens ? Et d'autant plus qu'on y trouve des contrariétés manifestes dans le sens littéral. Les prophètes ont dit clairement qu'Israël serait toujours aimé de Dieu et que la Loi serait éternelle. Et ils ont dit que l'on n'entendrait point leur sens et qu'il était voilé.

Combien doit-on donc estimer ceux qui nous découvrent le chiffre et nous apprennent à connaître le sens caché, et principalement quand les principes qu'ils en prennent sont tout à fait naturels et clairs. C'est ce qu'a fait Jésus-Christ et les apôtres. Ils ont levé le sceau. Il a rompu le voile et a découvert l'esprit. Ils nous ont appris pour cela que les ennemis de l'homme sont ses passions, que le rédempteur serait spirituel et son règne spirituel, qu'il y aurait deux avènements, l'un de misère pour abaisser l'homme superbe, l'autre de gloire pour élever l'homme humilié, que Jésus-Christ serait Dieu et homme.

292

Le temps du premier avènement [est] prédit, le temps du second ne [l'est] point, parce que le premier devait être caché, le second devait être éclatant, et tellement manifeste que ses ennemis mêmes le devaient reconnaître. Mais comme il ne devait venir qu'obscurément et que pour être connu de ceux qui sonderaient les Écritures...

293

Que pouvaient faire les Juifs, ses ennemis ?
S'ils le reçoivent, ils le prouvent par leur réception, car les dépositaires de l'attente du Messie le reçoivent, et s'ils le renoncent ils le prouvent par leur renonciation.

294

Contrariétés.
Le sceptre jusqu'au Messie. *Sans roi ni prince* [16].
Loi éternelle, changée [17].
Alliance éternelle, alliance nouvelle [18].
Loi bonne, *préceptes mauvais* [19]. Ézéchiel, 20.

295

Les Juifs étaient accoutumés aux grands et éclatants miracles. Et ainsi, ayant eu les grands coups de la mer Rouge et la terre de Canaan comme un abrégé des grandes choses de leur Messie, ils en attendaient donc de plus éclatants, dont ceux de Moïse n'étaient que l'échantillon.

296

Figure porte absence et présence, plaisir et déplaisir.

Chiffre a double sens. Un clair et où il est dit que le sens est caché.

297

On pourrait peut-être penser que quand les prophètes ont prédit que le sceptre ne sortirait point de Juda jusqu'au roi éternel, ils auraient parlé pour flatter le peuple et que leur prophétie se serait trouvée fausse à Hérode. Mais pour montrer que ce n'est pas leur sens, et qu'ils savaient bien au contraire que ce royaume temporel devait cesser, ils disent qu'ils seront sans roi et sans prince, et longtemps durant. Osée [20].

298

Figures.

Dès qu'une fois on a ouvert ce secret, il est impossible de ne pas voir. Qu'on lise le Vieil Testament en cette vue et qu'on voie si les sacrifices étaient vrais, si la parenté d'Abraham était la vraie cause de l'amitié de Dieu, si la terre promise était le véritable lieu de repos ? Non. Donc c'étaient des figures.

Qu'on voie de même toutes les cérémonies ordonnées et tous les commandements qui ne sont point pour la charité, on verra que c'en sont les figures [21].

Tous ces sacrifices et cérémonies étaient donc figures ou sottises. Or il y a des choses claires trop hautes pour les estimer des sottises.

Savoir si les prophètes arrêtaient leur vue dans l'Ancien Testament ou s'ils y voyaient d'autres choses.

299
Figures.

La lettre tue [22].
Tout arrivait en figures.
Il fallait que le Christ souffrît.
Un Dieu humilié. Voilà le chiffre que saint Paul nous donne.

Circoncision du cœur, vrai jeûne, vrai sacrifice, vrai temple. Les prophètes ont indiqué qu'il fallait que tout cela fût spirituel [23].
Non la viande qui périt, mais celle qui ne périt point [24].

Vous seriez *vraiment libres* [25]. Donc l'autre liberté n'est qu'une figure de liberté.

Je suis le vrai pain du ciel [26].

300

Quand David prédit que le Messie délivrera son peuple de ses ennemis, on peut croire charnellement que ce sera des Égyptiens, et alors je ne saurais montrer que la prophétie soit accomplie. Mais on peut bien croire aussi que ce sera des iniquités, car dans la vérité les Égyptiens ne sont point ennemis, mais les iniquités le sont.

Ce mot d'ennemis est donc équivoque. Mais, s'il dit ailleurs, comme il fait, qu'il délivrera son peuple de ses péchés [27], aussi bien qu'Isaïe et les autres, l'équivoque est ôtée, et le sens double des ennemis réduit au sens simple d'iniquités. Car s'il avait dans l'esprit les péchés, il les pouvait bien dénoter par ennemis, mais s'il pensait aux ennemis, il ne les pouvait pas désigner par iniquités.

Or Moïse et David et Isaïe usaient de mêmes termes. Qui dira donc qu'ils n'avaient pas même sens et que le sens de David, qui est manifestement d'iniquités lorsqu'il parlait d'ennemis, ne fût pas le même que Moïse en parlant d'ennemis ?

Daniel IX prie pour la délivrance du peuple de la captivité de leurs ennemis. Mais il pensait aux péchés, et pour le montrer, il dit que Gabriel lui vint dire qu'il était exaucé et qu'il n'y avait plus que soixante-dix semaines à attendre. Après quoi le peuple serait délivré d'iniquité, le péché prendrait fin et le libérateur, le saint des saints, amènerait la justice ÉTERNELLE, non la légale mais l'éternelle.

Il y en a qui voient bien qu'il n'y a pas d'autre ennemi de l'homme que la concupiscence qui les détourne de Dieu, et non pas des [armées], ni d'autre bien que Dieu, et non pas une terre grasse. Ceux qui croient que le bien de l'homme est en sa chair et le mal en ce qui le détourne des plaisirs des sens, qu'il[s] s'en soûle[nt] et qu'il[s] y meure[nt]. Mais ceux qui cherchent Dieu de tout leur cœur, qui n'ont de déplaisir que d'être privés de sa vue, qui n'ont de désir que pour le posséder et d'ennemis que ceux qui les en détournent, qui s'affligent de se voir environnés et dominés de tels ennemis, qu'ils se consolent. Je leur annonce une heureuse nouvelle : il y a un libérateur pour eux. Je le leur ferai voir, je leur montrerai qu'il y a un Dieu pour eux. Je ne le ferai pas voir aux autres. Je ferai voir qu'un Messie a été promis pour délivrer des ennemis, et qu'il en est venu un pour délivrer des iniquités, mais non des ennemis.

301
Figures.

Les Juifs avaient vieilli dans ces pensées terrestres : que Dieu aimait leur père Abraham, sa chair et ce qui en sortait, que pour cela il les avait multipliés et distingués de tous les autres peuples sans souffrir qu'ils s'y mêlassent, que quand ils languissaient dans l'Égypte il les en retira avec tous ses grands signes en leur faveur, qu'il les nourrit de la manne dans le désert, qu'il les mena dans une terre bien grasse, qu'il leur donna des rois et un temple bien bâti pour y offrir des bêtes, et par le moyen de l'effusion de leur sang qu'ils seraient purifiés, et qu'il leur devait enfin envoyer le Messie pour les rendre maîtres de tout le monde. Et il a prédit le temps de sa venue.

Le monde ayant vieilli dans ces erreurs charnelles, Jésus-Christ est venu dans le temps prédit, mais non pas dans l'éclat attendu. Et ainsi ils n'ont pas pensé que ce fût lui [28]. Après sa mort, saint Paul est venu apprendre aux hommes que toutes ces choses étaient arrivées en figure, que le royaume de Dieu ne consistait pas en la chair, mais en l'esprit, que les ennemis des hommes n'étaient pas les Babyloniens, mais leurs passions, que Dieu ne se plaisait pas aux temples faits de main, mais en un cœur pur et humilié, que la circoncision du corps était inutile, mais qu'il fallait celle du cœur, que Moïse ne leur avait pas donné le pain du ciel [29], etc.

Mais Dieu n'ayant pas voulu découvrir ces choses à ce peuple qui en était indigne et ayant voulu néanmoins les produire afin qu'elles fussent crues, il en a prédit le temps clairement et les a quelquefois exprimées clairement, mais abondamment en figures, afin que ceux qui aimaient les choses figurantes s'y arrêtassent (je ne dis pas bien) et que ceux qui aimaient les figurées les y vissent.

Tout ce qui ne va point à la charité est figure.

L'unique objet de l'Écriture est la charité.

Tout ce qui ne va point à l'unique bien en est la figure. Car puisqu'il n'y a qu'un but, tout ce qui n'y va point en mots propres est figure.

Dieu diversifie ainsi cet unique précepte de charité pour satisfaire notre curiosité, qui recherche la diversité, par cette diversité qui nous mène toujours à notre unique nécessaire. Car *une seule chose est nécessaire* [30], et nous aimons la diversité. Et Dieu satisfait à l'un et à l'autre par ces diversités qui mènent à ce seul nécessaire.

Les Juifs ont tant aimé les choses figurantes et les ont si bien attendues qu'ils ont méconnu la réalité quand elle est venue dans le temps et en la manière prédite.

Les rabbins prennent pour figure les mamelles de l'Épouse [31] et tout ce qui n'exprime pas l'unique but qu'ils ont des biens temporels.

Et les chrétiens prennent même l'Eucharistie pour figure de la gloire où ils tendent.

302

Jésus-Christ n'a fait autre chose qu'apprendre aux hommes qu'ils s'aimaient eux-mêmes, qu'ils étaient esclaves, aveugles, malades, malheureux et pécheurs, qu'il fallait qu'il les délivrât, éclairât, béatifiât et guérît, que cela se ferait en se haïssant soi-même et en le suivant par la misère et la mort de la croix.

303

Figures.

Quand la parole de Dieu, qui est véritable, est fausse littéralement, elle est vraie spirituellement. *Sede a dextris meis* [32] : cela est faux littéralement, donc cela est vrai spirituellement.

En ces expressions il est parlé de Dieu à la manière des hommes. Et cela ne signifie autre chose sinon que l'intention que les hommes ont en faisant asseoir à leur droite, Dieu l'aura aussi. C'est donc une marque de l'intention de Dieu, non de sa manière de l'exécuter.

Ainsi quand il est dit : *Dieu a reçu l'odeur de vos parfums et vous donnera en récompense une terre grasse* [33], c'est-à-dire la même intention qu'aurait un homme qui, agréant vos parfums, vous donnerait en récompense une terre grasse. Dieu aura la même intention pour vous parce que vous avez eu pour [lui] la même intention qu'un homme a pour celui à qui il donne des parfums.

Ainsi *iratus est, Dieu jaloux*, etc. Car les choses de Dieu étant inexprimables, elles ne peuvent être dites autrement. Et l'Église aujourd'hui en use encore. *Quia confortavit seras*, etc. [34].

———

Il n'est pas permis d'attribuer à l'Écriture les sens qu'elle ne nous a pas révélé qu'elle a. Ainsi de dire que le ם d'Isaïe signifie 600, cela n'est pas révélé. Il n'est pas dit que les ץ et les ה *deficientes* signifieraient des mystères [35]. Il n'est donc pas permis de le dire. Et encore moins de dire que c'est la manière de la pierre philosophale. Mais nous disons que le sens littéral n'est pas le vrai parce que les prophètes l'ont dit eux-mêmes.

304

Ceux qui ont peine à croire en cherchent un sujet en ce que les Juifs ne croient pas : « Si cela était si clair, dit-on, pourquoi ne croiraient-ils pas ? » et voudraient quasi qu'ils crussent, afin de n'être point arrêtés par l'exemple de leur refus. Mais c'est leur refus même qui est le fondement de notre créance. Nous y serions bien moins disposés s'ils étaient des nôtres, nous aurions alors un bien plus ample prétexte.

Cela est admirable d'avoir rendu les Juifs grands amateurs des choses prédites et grands ennemis de l'accomplissement.

305

Preuve des deux Testaments à la fois.

Pour prouver tout d'un coup les deux il ne faut que voir si les prophéties de l'un sont accomplies en l'autre.

Pour examiner les prophéties il faut les entendre.

Car si on croit qu'elles n'ont qu'un sens, il est sûr que le Messie ne sera point venu. Mais si elles ont deux sens, il est sûr qu'il sera venu en Jésus-Christ.

Toute la question est donc de savoir si elles ont deux sens.

Que l'Écriture a deux sens,
que Jésus-Christ et les apôtres ont donnés
dont voici les preuves.

1. Preuve par l'Écriture même.
2. Preuves par les rabbins. Moïse Maïmon [36] dit qu'elle a deux faces, prou[vées]. Et que les prophètes n'ont prophétisé que de Jésus-Christ.
3. Preuves par la Kabbale [37].

4. Preuves par l'interprétation mystique que les rabbins mêmes donnent à l'Écriture.

5. Preuves par les principes des rabbins qu'il y a deux sens.

Qu'il y a deux avènements du Messie glorieux ou abject selon leur mérite.

Que les prophètes n'ont prophétisé que du Messie.

[Que] la Loi n'est pas éternelle mais doit changer au Messie.

Qu'alors on ne se souviendra plus de la mer Rouge.

Que les Juifs et les gentils seront mêlés.

306
A Figures.

Isaïe 51, la mer Rouge image de la Rédemption.

Ut sciatis quod Filius hominis habet potestatem remittendi peccata, tibi dico : Surge [38].

Dieu, voulant faire paraître qu'il pouvait former un peuple saint d'une sainteté invisible et le remplir d'une gloire éternelle, a fait des choses visibles. Comme la nature est une image de la grâce, il a fait dans les biens de la nature ce qu'il devait faire dans ceux de la grâce, afin qu'on jugeât qu'il pouvait faire l'invisible, puisqu'il faisait bien le visible.

Il a donc sauvé le peuple du Déluge, il l'a fait naître d'Abraham, il l'a racheté d'entre ses ennemis et l'a mis dans le repos.

L'objet de Dieu n'était pas de sauver du Déluge et de faire naître tout un peuple d'Abraham pour n'introduire que dans une terre grasse.

Et même la grâce n'est qu'une figure de la gloire, car elle n'est pas la dernière fin. Elle a été figurée par la Loi et figure elle-même la [gloire], mais elle en est la figure et le principe ou la cause.

La vie ordinaire des hommes est semblable à celle des saints. Ils recherchent tous leur satisfaction et ne diffèrent qu'en l'objet où ils la placent. Ils appellent leurs ennemis ceux qui les en empêchent, etc. Dieu a donc montré le pouvoir qu'il a de donner les biens invisibles par celui qu'il a montré qu'il avait sur les visibles.

307

De deux personnes qui disent de sots contes, l'un qui voit double sens entendu dans la Kabbale, l'autre qui n'a que ce sens, si quelqu'un n'étant pas du secret entend discourir les deux en cette sorte, il en fera même jugement. Mais si ensuite dans le reste du discours l'un dit des choses angéliques et l'autre toujours des choses plates et communes, il jugera que l'un parlait avec mystère et non pas l'autre, l'un ayant assez montré qu'il est incapable de telles sottises et capable d'être mystérieux, l'autre qu'il est incapable de mystère et capable de sottise.

Le Vieux Testament est un chiffre.

[XXI] RABBINAGE

308

Chronologie du rabbinisme.
Les citations des pages sont du livre *Pugio*.

---

p. 27.   R. Hakadosch.
auteur du *Mischna* ou loi vocale,
ou seconde loi, an 200.

Commentaires du *Mischna*.
{ l'un *Siphra* (qui est un commentaire du *Mischna*)
Barajetot.
Talmud hierosol.
Tosiphtot } an 340

Bereschit Rabah par R. Osaia Rabah, commentaire du *Mischna*,
Bereschit Rabah, Bar Mechoni
sont des discours subtils, agréables, historiques et théologiques. Ce même auteur a fait des livres appelés *Rabot*.

Cent ans après le *Talmud hieros.* fut fait le *Talmud babylonique* par R. Ase par le consentement universel de tous les Juifs qui sont nécessairement obligés d'observer tout ce qui y est contenu : 440.

L'addition de R. Ase s'appelle *Gemara*, c'est-à-dire le commentaire du *Mischna*.

Et le *Talmud* comprend ensemble le *Mischna* et le *Gemara* [1].

309
Du péché originel.

Tradition ample du péché originel selon les Juifs.

Sur le mot de la Genèse 8, *la composition du cœur de l'homme est mauvaise dès son enfance*.

R. Moïse Haddarschan : ce mauvais levain est mis dans l'homme dès l'heure où il est formé.

Massechet Succa : ce mauvais levain a sept noms dans l'Écriture. Il est appelé mal, prépuce, immonde, ennemi, scandale, cœur de pierre, aquilon : tout cela signifie la malignité qui est cachée et empreinte dans le cœur de l'homme. *Midrasch Tillim* dit la même chose, et que Dieu délivrera la bonne nature de l'homme de la mauvaise.

Cette malignité se renouvelle tous les jours contre l'homme, comme il est écrit Psaume 137 : *L'impie observe le juste et cherche à le faire mourir, mais Dieu ne l'abandonnera point.*

Cette malignité tente le cœur de l'homme en cette vie et l'accusera en l'autre.

Tout cela se trouve dans le *Talmud*.

Midrasch Tillim sur le Psaume 4 : *Frémissez et vous ne pécherez point.* Frémissez et épouvantez votre concupiscence et elle ne vous induira point à pécher. Et sur le Psaume 36 : *L'impie a dit en son cœur : que la crainte de Dieu ne soit point devant moi.* C'est-à-dire que la malignité naturelle à l'homme a dit cela à l'impie.

Midrasch Kohelet : *Meilleur est l'enfant pauvre et sage que le roi vieux et fol qui ne sait pas prévoir l'avenir.* L'enfant est la vertu, et le roi est la malignité de l'homme. Elle est appelée roi parce que tous les membres lui obéissent, et vieux parce qu'il est dans le cœur de l'homme depuis l'enfance jusqu'à la vieillesse, et fol parce qu'il conduit l'homme dans la voie de [per]dition qu'il ne prévoit point.

La même chose est dans *Midrasch Tillim*.

Bereschit Rabba sur le Psaume 35 : *Seigneur, tous mes os te béniront, parce que tu délivres le pauvre du tyran.* Et y a-t-il un plus grand tyran que le mauvais levain ?

Et sur les Proverbes, 25 : *Si ton ennemi a faim, donne-lui à manger.* C'est-à-dire, si le mauvais levain a faim, donnez-lui du pain de la sagesse dont il est parlé Proverbes, 9. Et s'il a soif, donnez-lui de l'eau dont il est parlé Isaïe, 55.

Midrasch Tillim dit la même chose, et que l'Écriture en cet endroit, en parlant de notre ennemi, entend le mauvais levain, et qu'en lui [donnant] ce pain et cette eau on lui assemblera des charbons sur la tête.

Midrasch Kohelet sur l'Ecclésiaste, 9 : *Un grand roi a assiégé une petite ville.* Ce grand roi est le mauvais levain, les grandes machines dont il l'environne sont les tentations. Et il a été trouvé un homme sage et pauvre qui l'a délivrée : c'est-à-dire la vertu.

Et sur le Psaume 41 : *Bienheureux qui a égard aux pauvres.*

Et sur le Psaume 78 : *L'esprit s'en va et ne revient plus.* D'où quelques-uns ont pris sujet d'errer contre l'immortalité de l'âme, mais le sens est que cet esprit est le mauvais levain qui s'en va avec l'homme jusqu'à la mort et ne reviendra point en la résurrection.

Et sur le Psaume 103. La même chose.

Et sur le Psaume 16 [2].

310

Principes des rabbins. Deux Messies.

[XXII] PERPÉTUITÉ

311

Un mot de David ou de Moïse comme que Dieu circoncira leur cœur [1], fait juger de leur esprit. Que tous leurs autres discours soient équivoques et douteux d'être philosophes ou chrétiens, enfin un mot de cette nature déterminent tous les autres, comme un mot d'Épictète détermine tout le reste au contraire. Jusque-là l'ambiguïté dure, et non pas après.

312

Les États périraient si on ne faisait ployer souvent les lois à la nécessité, mais jamais la religion n'a souffert cela et n'en a usé. Aussi il faut ces accommodements ou des miracles.

Il n'est pas étrange qu'on se conserve en ployant, et ce n'est pas proprement se maintenir. Et encore périssent-ils enfin entièrement. Il n'y en a point qui ait duré mille ans. Mais que cette religion se soit toujours maintenue, et inflexible... cela est divin.

313

Perpétuité.

Cette religion qui consiste à croire que l'homme est déchu d'un état de gloire et de communication avec Dieu en un état de tristesse, de pénitence et d'éloignement de Dieu, mais qu'après cette vie on serait rétabli par un Messie qui devait venir, a toujours été sur la terre. Toutes choses ont passé, et celle-là a subsisté pour laquelle sont toutes choses.

Les hommes dans le premier âge du monde ont été emportés dans toutes sortes de désordres, et il y avait cependant des saints comme Énoch, Lamech et d'autres qui attendaient en patience le Christ promis dès le commencement du monde. Noé a vu la malice des hommes au plus haut degré et il a mérité de sauver le monde en sa personne par l'espérance du Messie, dont il a été la figure. Abraham était environné d'idolâtres quand Dieu lui a fait connaître le mystère du Messie qu'il a salué de loin. Au temps d'Isaac et de Jacob, l'abomination était répandue sur toute la terre, mais ces saints vivaient en leur foi, et Jacob mourant et bénissant ses enfants s'écrie par un transport qui lui fait interrompre son discours : *J'attends, ô mon Dieu, le sauveur que vous avez promis, Salutare tuum exspectabo Domine* [2].

Les Égyptiens étaient infectés et d'idolâtrie et de magie, le peuple de Dieu même était entraîné par leur exemple, mais cependant Moïse et d'autres voyaient celui qu'ils ne voyaient pas, et l'adoraient en regardant aux dons éternels qu'il leur préparait.

Les Grecs et les Latins ensuite ont fait régner les fausses déités, les poètes ont fait cent diverses théologies, les philosophes se sont séparés en mille sectes différentes. Et cependant, il y avait toujours au cœur de la Judée des hommes choisis qui prédisaient la venue de ce Messie qui n'était connu que d'eux [3]. Il est venu enfin en la consommation des temps, et depuis on a vu naître tant de schismes et d'hérésies, tant renverser d'États, tant de changements en toutes choses, et cette Église qui adore celui qui a toujours été adoré a subsisté sans interruption. Et ce qui est admirable, incomparable et tout à fait divin, c'est que cette religion qui a toujours duré a toujours été combattue. Mille fois elle a été à la veille d'une destruction universelle, et toutes les fois qu'elle a été en cet état Dieu l'a relevée par des coups extraordinaires de sa puissance. Car ce qui est étonnant est qu'elle s'est maintenue sans fléchir et plier sous la volonté des tyrans, car il n'est pas étrange qu'un État subsiste lorsque l'on fait quelquefois céder ses lois à la nécessité. Mais que Voyez le rond dans Montaigne [4].

314

Perpétuité.

Le Messie a toujours été cru. La tradition d'Adam était encore nouvelle en Noé et en Moïse. Les prophètes l'ont prédit depuis en prédisant toujours d'autres choses dont les événements qui arrivaient de temps en temps à la vue des hommes marquaient la vérité de leur mission, et par conséquent celle de leurs promesses touchant le Messie. Jésus-Christ a fait des miracles et les apôtres aussi, qui ont converti tous les païens, et par là toutes les prophéties étant accomplies le Messie est prouvé pour jamais.

315

Les six âges, les six pères des six âges, les six merveilles à l'entrée des six âges, les six orients à l'entrée des six âges [5].

316

La seule religion contre la nature, contre le sens commun, contre nos plaisirs, est la seule qui ait toujours été.

317

Si l'ancienne Église était dans l'erreur, l'Église est tombée. Quand elle y serait aujourd'hui, ce n'est pas de même, car elle a toujours la maxime supérieure de la tradition de la créance de l'ancienne Église. Et ainsi cette soumission et cette conformité à l'ancienne Église prévaut et corrige tout. Mais l'ancienne Église ne supposait pas l'Église future et ne la regardait pas, comme nous supposons et regardons l'ancienne.

318

2 sortes d'hommes en chaque religion.

Parmi les païens, des adorateurs de bêtes, et les autres adorateurs d'un seul dieu dans la religion naturelle.

Parmi les Juifs, les charnels et les spirituels, qui étaient les chrétiens de la Loi ancienne.

Parmi les chrétiens, les grossiers, qui sont les Juifs de la Loi nouvelle.

Les Juifs charnels attendaient un Messie charnel et les chrétiens grossiers croient que le Messie les a dispensés d'aimer Dieu. Les vrais Juifs et les vrais chrétiens adorent un Messie qui leur fait aimer Dieu.

319

Qui jugera de la religion des Juifs par les grossiers la connaîtra mal. Elle est visible dans les saints Livres et dans la tradition des prophètes, qui ont assez fait entendre qu'ils n'entendaient pas la Loi à la lettre.

Ainsi notre religion est divine dans l'Évangile, les apôtres et la tradition, mais elle est ridicule dans ceux qui la traitent mal.

Le Messie, selon les Juifs charnels, doit être un grand prince temporel. Jésus-Christ, selon les chrétiens charnels, est venu nous dispenser d'aimer Dieu, et nous donner des sacrements qui opèrent tout sans nous [6]. Ni l'un ni l'autre n'est la religion chrétienne, ni juive.

Les vrais Juifs et les vrais chrétiens ont toujours attendu un Messie qui les ferait aimer Dieu et par cet amour triompher de leurs ennemis.

320

Moïse, Deutéronome, 30, promet que Dieu circoncira leur cœur pour les rendre capables de l'aimer.

321

Les Juifs charnels tiennent le milieu entre les chrétiens et les païens. Les païens ne connaissent point Dieu et n'aiment que la terre, les Juifs connaissent le vrai Dieu et n'aiment que la terre, les chrétiens connaissent le vrai Dieu et n'aiment point la terre. Les Juifs et les païens aiment les mêmes biens, les Juifs et les chrétiens connaissent le même Dieu.

Les Juifs étaient de deux sortes : les uns n'avaient que les affections païennes, les autres avaient les affections chrétiennes.

[XXIII] PREUVES DE MOÏSE [1]

322

Autre rond [2].

La longueur de la vie des patriarches, au lieu de faire que les histoires des choses passées se perdissent, servait au contraire à les conserver. Car ce qui fait que l'on n'est pas quelquefois assez instruit dans l'histoire de ses ancêtres, c'est que l'on n'a jamais guère vécu avec eux, et qu'ils sont morts souvent devant que l'on eût atteint l'âge de raison. Or, lorsque les hommes vivaient si longtemps, les enfants vivaient longtemps avec leurs pères. Ils les entretenaient longtemps. Or de quoi les eussent-ils entretenus sinon de l'histoire de leurs ancêtres, puisque toute l'histoire était réduite à celle-là, qu'ils n'avaient point d'études, ni de sciences, ni d'arts, qui occupent une grande partie des discours de la vie ? Aussi l'on voit qu'en ce temps les peuples avaient un soin particulier de conserver leurs généalogies.

323

Cette religion si grande en miracles ; saints, purs, irréprochables, savants et grands témoins ; martyrs ; rois – David – établis, Isaïe prince du sang ; si grande en science ; après avoir étalé tous ses miracles et toute sa sagesse, elle réprouve tout cela et dit qu'elle n'a ni sagesse ni signe, mais la croix et la folie [3].

Car ceux qui par ces signes et cette sagesse ont mérité votre créance et qui vous ont prouvé leur caractère vous déclarent que rien de tout cela ne peut nous changer et nous rendre capable de connaître et aimer Dieu que la vertu de la folie de la croix, sans sagesse ni signe, et point non les signes sans cette vertu. Ainsi notre religion est folle en regardant à la cause efficace, et sage en regardant à la sagesse qui y prépare.

324

Preuves de Moïse.

Pourquoi Moïse va-t-il faire la vie des hommes si longue et si peu de générations ?

Car ce n'est pas la longueur des années, mais la multitude des générations qui rendent les choses obscures.

Car la vérité ne s'altère que par le changement des hommes.

Et cependant il met deux choses les plus mémorables qui se soient jamais imaginées, savoir la Création et le Déluge, si proches qu'on y touche.

———

Si on doit donner huit jours, on doit donner toute la vie.

Preuves de Moïse.

325

Tandis que les prophètes ont été pour maintenir la Loi le peuple a été négligent. Mais depuis qu'il n'y a plus eu de prophètes le zèle a succédé.

326

Josèphe cache la honte de sa nation.
Moïse ne cache pas sa honte propre ni [4]...
Qui mihi det ut omnes prophetent [5] ?
Il était las du peuple [6].

327

Sem, qui a vu Lamech, qui a vu Adam, a vu aussi Jacob, qui a vu ceux qui ont vu Moïse [7]. Donc le Déluge et la Création sont vrais. Cela conclut entre de certaines gens qui l'entendent bien.

328

Zèle du peuple juif pour sa Loi, et principalement depuis qu'il n'y a plus eu de prophètes.

[XXIV] PREUVES DE JÉSUS-CHRIST

329

L'ordre – Contre l'objection que l'Écriture n'a pas d'ordre.

Le cœur a son ordre, l'esprit a le sien, qui est par principe et démonstration. Le cœur en a un autre. On ne prouve pas qu'on doit être aimé en exposant d'ordre les causes de l'amour, cela serait ridicule.

Jésus-Christ, saint Paul ont l'ordre de la charité, non de l'esprit, car ils voulaient échauffer, non instruire.

Saint Augustin de même. Cet ordre consiste principalement à la digression sur chaque point qui a rapport à la fin, pour la montrer toujours.

330

L'Évangile ne parle de la virginité de la Vierge que jusques à la naissance de Jésus-Christ. Tout par rapport à Jésus-Christ.

331

Jésus-Christ dans une obscurité (selon ce que le monde appelle obscurité) telle que les historiens n'écrivant que les importantes choses des États l'ont à peine aperçu.

332

Sainteté.

Effundam spiritum meum [1]. Tous les peuples étaient dans l'infidélité et dans la concupiscence, toute la terre fut ardente de charité. Les princes quittent leurs grandeurs, les filles souffrent le martyre. D'où vient cette force ? C'est que le Messie est arrivé. Voilà l'effet et les marques de sa venue.

333

Les combinaisons des miracles.

334

Un artisan qui parle des richesses, un procureur qui parle de la guerre, de la royauté, etc. Mais le riche parle bien des richesses, le roi parle froidement d'un grand don qu'il vient de faire, et Dieu parle bien de Dieu.

335

Preuves de Jésus-Christ.

Pourquoi le Livre de Ruth conservé.

Pourquoi l'histoire de Thamar [2].

336
Preuves de Jésus-Christ.

Ce n'est pas avoir été captif que de l'avoir été avec assurance d'être délivré, dans soixante-dix ans. Mais maintenant ils le sont sans aucun espoir.

Dieu leur a promis qu'encore qu'il les dispersât aux bouts du monde, néanmoins s'ils étaient fidèles à sa Loi il les rassemblerait. Ils y sont très fidèles, et demeurent opprimés [3].

337

Les Juifs, en éprouvant s'il était Dieu, ont montré qu'il était homme.

338

L'Église a eu autant de peine à montrer que Jésus-Christ était homme, contre ceux qui le niaient, qu'à montrer qu'il était Dieu. Et les apparences étaient aussi grandes.

339

La distance infinie des corps aux esprits, figure la distance infiniment plus infinie des esprits à la charité, car elle est surnaturelle.

Tout l'éclat des grandeurs n'a point de lustre pour les gens qui sont dans les recherches de l'esprit.

La grandeur des gens d'esprit est invisible aux rois, aux riches, aux capitaines, à tous ces grands de chair.

La grandeur de la sagesse, qui n'est nulle sinon de Dieu, est invisible aux charnels et aux gens d'esprit. Ce sont trois ordres différents. De genre.

Les grands génies ont leur empire, leur éclat, leur grandeur, leur victoire et leur lustre, et n'ont nul besoin des grandeurs charnelles, où elles n'ont pas de rapport. Ils sont vus non des yeux mais des esprits, c'est assez.

Les saints ont leur empire, leur éclat, leur victoire, leur lustre, et n'ont nul besoin des grandeurs charnelles ou spirituelles, où elles n'ont nul rapport car elles n'y ajoutent ni ôtent. Ils sont vus de Dieu et des anges, et non des corps ni des esprits curieux, Dieu leur suffit.

Archimède sans éclat serait en même vénération. Il n'a pas donné des batailles, pour les yeux, mais il a fourni à tous les esprits ses inventions. Ô qu'il a éclaté aux esprits !

Jésus-Christ sans biens, et sans aucune production au-dehors de science, est dans son ordre de sainteté. Il n'a point donné d'inventions, il n'a point régné, mais il a été humble, patient, saint, saint, saint [4] à Dieu, terrible aux démons, sans aucun péché. Ô qu'il est venu en grande pompe et en une prodigieuse magnificence aux yeux du cœur et qui voient la sagesse !

———

Il eût été inutile à Archimède de faire le prince dans ses livres de géométrie, quoiqu'il le fût [5].

———

Il eût été inutile à Notre Seigneur Jésus-Christ, pour éclater dans son règne de sainteté, de venir en roi. Mais il y est bien venu avec l'éclat de son ordre.

———

Il est bien ridicule de se scandaliser de la bassesse de Jésus-Christ, comme si cette bassesse était du même ordre duquel est la grandeur qu'il venait faire paraître.

Qu'on considère cette grandeur-là dans sa vie, dans sa passion, dans son obscurité, dans sa mort, dans l'élection des siens, dans leur abandonnement, dans sa secrète [6] résurrection et dans le reste. On la verra si grande qu'on n'aura pas sujet de se scandaliser d'une bassesse qui n'y est pas.

———

Mais il y en a qui ne peuvent admirer que les grandeurs charnelles, comme s'il n'y en avait pas de spirituelles. Et d'autres qui n'admirent que les spirituelles, comme s'il n'y en avait pas d'infiniment plus hautes dans la sagesse.

———

Tous les corps, le firmament, les étoiles, la terre, et ses royaumes, ne valent pas le moindre des esprits. Car il connaît tout cela, et soi, et les corps rien.

———

Tous les corps ensemble et tous les esprits ensemble et toutes leurs productions ne valent pas le moindre mouvement de charité. Cela est d'un ordre infiniment plus élevé.

———

De tous les corps ensemble on ne saurait en faire réussir une petite pensée, cela est impossible et d'un autre ordre. De tous les corps et esprits on n'en saurait tirer un mouvement de vraie charité, cela est impossible et d'un autre ordre, surnaturel.

340

Preuves de Jésus-Christ.

Jésus-Christ a dit les choses grandes si simplement qu'il semble qu'il ne les a pas pensées, et si nettement néanmoins qu'on voit bien ce qu'il en pensait. Cette clarté jointe à cette naïveté [7] est admirable.

341

Preuves de Jésus-Christ.

L'hypothèse des apôtres fourbes est bien absurde. Qu'on la suive tout au long, qu'on s'imagine ces douze hommes assemblés après la mort de Jésus-Christ faisant le complot de dire qu'il est ressuscité ! Ils attaquent par là toutes les puissances. Le cœur des hommes est étrangement penchant à la légèreté, au changement, aux promesses, aux biens. Si peu que l'un de ceux-là se fût démenti par tous ces attraits et qui plus est par les prisons, par les tortures et par la mort, ils étaient perdus.

Qu'on suive cela !

342

C'est une chose étonnante et digne d'une étrange attention de voir ce peuple juif subsister depuis tant d'années et de le voir toujours misérable, étant nécessaire pour la preuve de Jésus-Christ et qu'il subsiste pour le prouver, et qu'il soit misérable puisqu'ils l'ont crucifié. Et quoiqu'il soit contraire d'être misérable et de subsister, il subsiste néanmoins toujours malgré sa misère.

343

Prodita lege.
Impleta cerne.
Implenda collige [8].

344

Canonique.

Les hérétiques, au commencement de l'Église, servent à prouver les canoniques [9].

345

Quand Nabuchodonosor emmena le peuple, de peur qu'on ne crût que le sceptre fût ôté de Juda il leur fut dit auparavant qu'ils y seraient peu, et qu'ils y seraient, et qu'ils seraient rétablis [10].

Ils furent toujours consolés par les prophètes, leurs rois continuèrent.

Mais la seconde destruction est sans promesse de rétablissement, sans prophètes, sans roi, sans consolation, sans espérance, parce que le sceptre est ôté pour jamais.

346

Moïse d'abord [11] enseigne la Trinité, le péché originel, le Messie.

David grand témoin.

Roi bon, pardonnant, belle âme, bon esprit, puissant, il prophétise, et son miracle arrive. Cela est infini.

———

Il n'avait qu'à dire qu'il était le Messie, s'il eût eu de la vanité, car les prophéties sont plus claires de lui que de Jésus-Christ.

———

Et saint Jean [12] de même.

347

Qui a appris aux évangélistes les qualités d'une âme parfaitement héroïque pour la peindre si parfaitement en Jésus-Christ ? Pourquoi le font-ils faible dans son agonie ? Ne savent-ils pas peindre une mort constante ? Oui. Car le même saint Luc peint celle de saint Étienne [13] plus forte que celle de Jésus-Christ.
Ils le font donc capable de crainte, avant que la nécessité de mourir soit arrivée, et ensuite tout fort.
Mais quand ils le font si troublé, c'est quand il se trouble lui-même. Et quand les hommes le troublent, il est tout fort.

348

Le zèle des Juifs pour leur loi et leur temple. Josèphe et Philon Juif, *Ad Caium* [14].

———

Quel autre peuple a un tel zèle ? Il fallait qu'ils l'eussent.

———

(Figures)

Jésus-Christ prédit quant au temps et à l'état du monde. Le duc ôté de la cuisse [15], et la quatrième monarchie.

———

Qu'on est heureux d'avoir cette lumière dans cette obscurité !

———

Qu'il est beau de voir par les yeux de la foi Darius et Cyrus, Alexandre, les Romains, Pompée et Hérode agir sans le savoir pour la gloire de l'Évangile !

349

La discordance apparente des évangiles [16].

350

La Synagogue a précédé l'Église ; les Juifs, les chrétiens. Les prophètes ont prédit les chrétiens ; saint Jean, Jésus-Christ.

351

Macrobe. Des innocents tués par Hérode [17].

352

Tout homme peut faire ce qu'a fait Mahomet, car il n'a point fait de miracles, il n'a point été prédit. Nul homme ne peut faire ce qu'a fait Jésus-Christ.

353

Les apôtres ont été trompés ou trompeurs. L'un et l'autre est difficile, car il n'est pas possible de prendre un homme pour être ressuscité.

———

Tandis que Jésus-Christ était avec eux, il les pouvait soutenir. Mais après cela, s'il ne leur est apparu, qui les a fait agir ?

[XXV] PROPHÉTIES

354

Ruine des Juifs et des païens par Jésus-Christ.

Omnes Gentes venient et adorabunt eum.
Parum est ut, etc., Isaïe.
Postula a me.
Adorabunt eum omnes reges.
Testes iniqui.
Dabit maxillam percutienti.
Dederunt fel in escam [1].

355

Qu'alors l'idolâtrie serait renversée, que ce Messie abattrait toutes les idoles et ferait entrer les hommes dans le culte du vrai Dieu [2].

Que les temples des idoles seraient abattus et que parmi toutes les nations et en tous les lieux du monde lui serait offerte une hostie pure, non point des animaux [3].

356

Qu'il enseignerait aux hommes la voie parfaite [4].

Et jamais il n'est venu, ni devant ni après, aucun homme qui ait enseigné rien de divin approchant de cela.

357

Qu'il serait roi des Juifs et des gentils [5]. Et voilà ce roi des Juifs et des gentils, opprimé par les uns et les autres qui conspirent à sa mort, dominant des uns et des autres et détruisant et le culte de Moïse dans Jérusalem, qui en était le centre, dont il fait sa première église, et le culte des idoles dans Rome, qui en était le centre et dont il fait sa principale église.

358

Et ce qui couronne tout cela est la prédiction, afin qu'on ne dît point que c'est le hasard qui l'a fait.

Quiconque n'ayant plus que huit jours à vivre ne trouvera pas que le parti est de croire que tout cela n'est pas un coup du hasard.

Or si les passions ne nous tenaient point, huit jours et cent ans sont une même chose [6].

359

Après que bien des gens sont venus devant, il est venu enfin Jésus-Christ dire : Me voici, et voici le temps. Ce que les prophètes ont dit devoir advenir dans la suite des temps, je vous dis que mes apôtres le vont faire. Les Juifs vont être rebutés, Jérusalem sera bientôt détruite et les païens vont entrer dans la connaissance de Dieu (Celsus s'en moquait). Mes apôtres le vont faire après que vous aurez tué l'héritier de la vigne [7].

Et puis les apôtres ont dit aux Juifs : Vous allez être maudits. Et aux païens : Vous allez entrer dans la connaissance de Dieu. Et cela est arrivé alors.

360

Qu'alors *on n'enseignera plus son prochain, disant : « Voici le Seigneur »*, CAR DIEU SE FERA SENTIR A TOUS. VOS FILS PROPHÉTISERONT. Je mettrai mon esprit et ma crainte EN VOTRE CŒUR [8].

Tout cela est la même chose.

Prophétiser, c'est parler de Dieu non par preuves du dehors mais par sentiment intérieur et IMMÉDIAT.

361

Que Jésus-Christ serait petit en son commencement, et croîtrait ensuite. La petite pierre de Daniel [9].

Si je n'avais ouï parler en aucune sorte du Messie, néanmoins après les prédictions si admirables de l'ordre du monde que je vois accomplies, je vois que cela est divin. Et si je savais que ces mêmes Livres prédisent un Messie, je m'assurerais qu'il serait venu, et voyant qu'ils mettent son temps avant la destruction du second temple je dirais qu'il serait venu.

362

Prophéties.

La conversion des Égyptiens.
Isaïe 19,19 :
Un autel en Égypte au vrai Dieu.

363

Au temps du Messie, ce peuple se partage.
Les spirituels ont embrassé le Messie, les grossiers sont demeurés pour lui servir de témoins.

364

Prophéties.

Quand un seul homme aurait fait un livre des prédictions de Jésus-Christ pour le temps et pour la manière et que Jésus-Christ serait venu conformément à ces prophéties, ce serait une force infinie.

Mais il y a bien plus ici. C'est une suite d'hommes durant quatre mille ans qui constamment et sans variations viennent l'un ensuite de l'autre prédire ce même avènement. C'est un peuple tout entier qui l'annonce et qui subsiste depuis quatre mille années pour rendre en corps témoignage des assurances qu'ils en ont et dont ils ne peuvent être divertis par quelques menaces et persécutions qu'on leur fasse. Ceci est tout autrement considérable.

365

Prophéties.

Le temps prédit par l'état du peuple juif, par l'état du peuple païen, par l'état du temple, par le nombre des années.

366

Osée 3.

Isaïe 42,48 : *Je l'ai prédit depuis longtemps* afin qu'on sût que c'est moi, 54, 60, 61, dernier [10].

Jaddus à Alexandre [11].

367

Il faut être hardi pour prédire une même chose en tant de manières. Il fallait que les quatre monarchies idolâtres ou païennes, la fin du règne de Juda et les soixante-dix semaines arrivassent en même temps. Et le tout avant que le second temple fût détruit [12].

368

La plus grande des preuves de Jésus-Christ sont les prophéties. C'est aussi à quoi Dieu a le plus pourvu, car l'événement qui les a remplies est un miracle subsistant depuis la naissance de l'Église jusques à la fin. Aussi Dieu a suscité des prophètes durant mille six cents ans, et pendant quatre cents après il a dispersé toutes ces prophéties avec tous les Juifs qui les portaient dans tous les lieux du monde. Voilà quelle a été la préparation à la naissance de Jésus-Christ, dont l'Évangile devant être cru de tout le monde il a fallu non seulement qu'il y ait eu des prophéties pour le faire croire, mais que ces prophéties fussent par tout le monde pour le faire embrasser par tout le monde.

369

Hérode cru le Messie. Il avait ôté le spectre de Juda, mais il n'était pas de Juda. Cela fit une secte considérable [13].

Et Barcosba, et un autre reçu par les Juifs. Et le bruit qui était partout en ce temps-là. Suétone, Tacite, Josèphe [14].

Comment fallait-il que fût le Messie, puisque par lui le sceptre devait être éternellement en Juda et qu'à son arrivée le sceptre devait être ôté de Juda ?

Pour faire qu'en voyant ils ne voient point, et qu'en entendant ils n'entendent point [15], rien ne pouvait être mieux fait.

Malédiction des Juifs contre ceux qui comptent les périodes des temps.

370

Prédictions.

Qu'en la quatrième monarchie, avant la destruction du second temple, avant que la domination des Juifs fût ôtée, en la soixante-dixième semaine de Daniel, pendant la durée du second temple, les païens seraient instruits et amenés à la connaissance du Dieu adoré par les Juifs ; que ceux qui l'aiment seraient délivrés de leurs ennemis, remplis de sa crainte et de son amour.

Et il est arrivé qu'en la quatrième monarchie, avant la destruction du second temple, etc., les païens en foule adorent Dieu et mènent une vie angélique [16].

Les filles consacrent à Dieu leur virginité et leur vie, les hommes renoncent à tous plaisirs. Ce que Platon n'a pu persuader à quelque peu d'hommes choisis et si instruits, une force secrète le persuade à cent milliers d'hommes ignorants, par la vertu de peu de paroles.

Les riches quittent leurs biens, les enfants quittent la maison délicate de leurs pères pour aller dans l'austérité d'un désert, etc. Voyez PHILON JUIF [17].

Qu'est-ce que tout cela ? C'est ce qui a été prédit si longtemps auparavant. Depuis deux mille années aucun païen n'avait adoré le Dieu des Juifs et dans le temps prédit la foule des païens adore cet unique Dieu, les temples sont détruits, les rois mêmes se soumettent à la croix. Qu'est-ce que tout cela ? C'est l'esprit de Dieu qui est répandu sur la terre.

Nul païen depuis Moïse jusqu'à Jésus-Christ selon les rabbins mêmes, la foule des païens après Jésus-Christ croit les livres de Moïse et en observe l'essence et l'esprit et n'en rejette que l'inutile.

371

Les prophètes ayant donné diverses marques qui devaient toutes arriver à l'avènement du Messie, il fallait que toutes ces marques arrivassent en même temps. Ainsi il fallait que la quatrième monarchie fût venue lorsque les septante semaines de Daniel seraient accomplies et que le sceptre fût alors ôté de Juda. Et tout cela est arrivé sans aucune difficulté. Et qu'alors il arrivât le Messie. Et Jésus-Christ est arrivé alors, qui s'est dit le Messie. Et tout cela est encore sans difficulté. Et cela marque bien la vérité des prophéties.

372

Non habemus regem nisi Caesarem [18]. Donc Jésus-Christ était le Messie, puisqu'ils n'avaient plus de roi qu'un étranger et qu'ils n'en voulaient point d'autre.

373

Prophéties.

Les soixante-dix semaines de Daniel sont équivoques pour le terme du commencement à cause des termes de la prophétie et pour le terme de la fin à cause des diversités des chronologistes. Mais toute cette différence ne va qu'à deux cents ans [19].

374

Prophéties.

Le sceptre ne fut point interrompu par la captivité de Babylone, à cause que leur retour était prompt et prédit [20].

375

Prophéties.

Le grand Pan est mort [21].

376

Que peut-on avoir sinon de la vénération d'un homme qui prédit clairement des choses qui arrivent et qui déclare son dessein et d'aveugler et d'éclaircir et qui mêle des obscurités parmi des choses claires qui arrivent ?

377

Parum est ut. Isaïe [22]. Vocation des gentils.

378

Prédictions.

Il est prédit qu'au temps du Messie il viendrait établir une nouvelle alliance qui ferait oublier la sortie d'Égypte — Jérémie 23,5, Isaïe 43,16 — qui mettrait sa loi non dans l'extérieur mais dans le cœur ; qu'il mettrait sa crainte, qui n'avait été qu'au-dehors, dans le milieu du cœur. Qui ne voit la loi chrétienne en tout cela ?

379

Prophéties.

Que les Juifs réprouveraient Jésus-Christ et qu'ils seraient réprouvés de Dieu par cette raison. Que la vigne élue ne donnerait que du verjus. Que le peuple choisi serait infidèle, ingrat et incrédule : *populum non credentem et contradicentem* [23].

28,28 : Que Dieu les frappera d'aveuglement et qu'ils tâtonneraient en plein midi comme les aveugles [24].

Qu'un précurseur viendrait avant lui [25].

380

Le règne éternel de la race de David : 2 Chroniques [26].

Par toutes les prophéties, et avec serment. Et n'est point accompli temporellement. Jérémie 33,20.

[XXVI] FIGURES PARTICULIÈRES [1]

381

Figures particulières.

Double loi, doubles Tables de la Loi, double temple, double captivité.

382

(Japhet commence la généalogie [2].)

Joseph croise ses bras et préfère le jeune [3].

[XXVII] MORALE CHRÉTIENNE

383

Le christianisme est étrange : il ordonne à l'homme de reconnaître qu'il est vil et même abominable, et lui ordonne de vouloir être semblable à Dieu. Sans un tel contrepoids cette élévation le rendrait horriblement vain, ou cet abaissement le rendrait horriblement abject.

384

La misère persuade le désespoir.

L'orgueil persuade la présomption.

L'Incarnation montre à l'homme la grandeur de sa misère par la grandeur du remède qu'il a fallu.

385

Non pas un abaissement qui nous rende incapables du bien, ni une sainteté exempte de mal.

386

Il n'y a point de doctrine plus propre à l'homme que celle-là qui l'instruit de sa double capacité de recevoir et de perdre la grâce à cause du double péril où il est toujours exposé de désespoir ou d'orgueil.

387

De tout ce qui est sur la terre il ne prend part qu'aux déplaisirs, non aux plaisirs. Il aime ses proches, mais sa charité ne se renferme pas dans ces bornes et se répand sur ses ennemis, et puis sur ceux de Dieu.

388

Quelle différence entre un soldat et un chartreux quant à l'obéissance ? Car ils sont également obéissants et dépendants, et dans des exercices également pénibles. Mais le soldat espère toujours devenir maître et ne le devient jamais, car les capitaines et princes mêmes sont toujours esclaves et dépendants, mais il l'espère toujours, et travaille toujours à y venir, au lieu que le chartreux fait vœu de n'être jamais que dépendant. Ainsi ils ne diffèrent pas dans la servitude perpétuelle, que tous deux ont toujours, mais dans l'espérance que l'un a toujours et l'autre jamais.

389

Nul n'est heureux comme un vrai chrétien, ni raisonnable, ni vertueux, ni aimable.

390

Avec combien peu d'orgueil un chrétien se croit-il uni à Dieu ! Avec combien peu d'abjection s'égale-t-il aux vers de la terre ! La belle manière de recevoir la vie et la mort, les biens et les maux !

391

Les exemples des morts généreuses des Lacédémoniens et autres, ne nous touchent guère. Car qu'est-ce que cela nous apporte ?

Mais l'exemple de la mort des martyrs nous touche, car ce sont nos membres. Nous avons un lien commun avec eux. Leur résolution peut former la nôtre non seulement par l'exemple, mais parce qu'elle a peut-être mérité la nôtre.

Il n'est rien de cela aux exemples des païens. Nous n'avons point de liaison à eux. Comme on ne devient pas riche pour voir un étranger qui l'est, mais bien pour voir son père ou son mari qui le soient.

392

Morale.

Dieu ayant fait le ciel et la terre, qui ne sentent point le bonheur de leur être, il a voulu faire des êtres qui le connussent et qui composassent un corps de membres pensants. Car nos membres ne sentent point le bonheur de leur union, de leur admirable intelligence, du soin que la nature a d'y influer les esprits et de les faire croître et durer. Qu'ils seraient heureux s'ils le sentaient, s'ils le voyaient ! Mais il faudrait pour cela qu'ils eussent intelligence pour le connaître, et bonne volonté pour consentir à celle de l'âme universelle. Que si, ayant reçu l'intelligence, ils s'en servaient à retenir en eux-mêmes la nourriture sans la laisser passer aux autres membres, ils seraient non seulement injustes mais encore misérables, et se haïraient plutôt que de s'aimer, leur béatitude aussi bien que leur devoir consistant à consentir à la conduite de l'âme entière à qui ils appartiennent, qui les aime mieux qu'ils ne s'aiment eux-mêmes.

393

Es-tu moins esclave pour être aimé et flatté de ton maître [1] ? Tu as bien du bien, esclave, ton maître te flatte. Il te battra tantôt.

394

La volonté propre ne se satisfera jamais, quand elle aurait pouvoir de tout ce qu'elle veut. Mais on est satisfait dès l'instant qu'on y renonce. Sans elle on ne peut être mal content, par elle on ne peut être content.

395

Ils [2] laissent agir la concupiscence et retiennent le scrupule, au lieu qu'il faudrait faire au contraire.

396

C'est être superstitieux de mettre son espérance dans les formalités, mais c'est être superbe de ne vouloir s'y soumettre.

397

L'expérience nous fait voir une différence énorme entre la dévotion et la bonté.

398

Deux sortes d'hommes en chaque religion.
Voyez « Perpétuité » [3].

399

Superstition, concupiscence [4].

400

Point formalistes.

Quand saint Pierre et les apôtres délibèrent d'abolir la circoncision, où il s'agissait d'agir contre la loi de Dieu, ils ne consultent point les prophètes, mais simplement la réception du Saint-Esprit en la personne des incirconcis.

Ils jugent plus sûr que Dieu approuve ceux qu'il remplit de son Esprit que non pas qu'il faille observer la Loi.

Ils savaient que la fin de la Loi n'était que le Saint-Esprit et qu'ainsi, puisqu'on l'avait bien sans circoncision, elle n'était pas NÉCESSAIRE [5].

401

Membres.
Commencer par là.

Pour régler l'amour qu'on se doit à soi-même, il faut s'imaginer un corps plein de membres pensants, car nous sommes membres du tout, et voir comment chaque membre devrait s'aimer, etc.

République

La république chrétienne et même judaïque n'a eu que Dieu pour maître, comme remarque Philon Juif, DE LA MONARCHIE.

Quand ils combattaient ce n'était que pour Dieu, et [ils] n'espéraient principalement que de Dieu, ils ne considéraient leurs villes que comme étant à Dieu et les conservaient pour Dieu. I Paralipomènes, 19,13.

402

Pour faire que les membres soient heureux, il faut qu'ils aient une volonté et qu'ils la conforment au corps.

403

Qu'on s'imagine un corps plein de membres pensants !

404

Être membre est n'avoir de vie, d'être et de mouvement que par l'esprit du corps et pour le corps. Le membre séparé ne voyant plus le corps auquel il appartient n'a plus qu'un être périssant et mourant. Cependant il croit être un tout et, ne se voyant point de corps dont il dépende, il croit ne dépendre que de soi et veut se faire centre et corps lui-même. Mais n'ayant point en soi de principe de vie, il ne fait que s'égarer et s'étonne dans l'incertitude de son être, sentant bien qu'il n'est pas corps, et cependant ne voyant point qu'il soit membre d'un corps. Enfin, quand il vient à se connaître, il est comme revenu chez soi et ne s'aime plus que pour le corps. Il plaint ses égarements passés.

Il ne pourrait pas par sa nature aimer une autre chose sinon pour soi-même et pour se l'asservir, parce que chaque chose s'aime plus que tout. Mais en aimant le corps il s'aime soi-même, parce qu'il n'a d'être qu'en lui, par lui et pour lui. *Qui adhaeret Deo unus spiritus est* [6].

Le corps aime la main, et la main, si elle avait une volonté, devrait s'aimer de la même sorte que l'âme l'aime. Tout amour qui va au-delà est injuste.

Adhaerens Deo unus spiritus est. On s'aime parce qu'on est membre de Jésus-Christ. On aime Jésus-Christ parce qu'il est le corps dont on est membre. Tout est un. L'un est en l'autre. Comme les trois Personnes [7].

405

Il faut n'aimer que Dieu et ne haïr que soi [8].

Si le pied avait toujours ignoré qu'il appartînt au corps et qu'il y eût un corps dont il dépendît, s'il n'avait eu que la connaissance et l'amour de soi et qu'il vînt à connaître qu'il appartient à un corps duquel il dépend, quel regret, quelle confusion de sa vie passée, d'avoir été inutile au corps qui lui a influé la vie, qui l'eût anéanti s'il l'eût rejeté et séparé de soi comme il se séparait de lui ! Quelles prières d'y être conservé ! Et avec quelle soumission se laisserait-il gouverner à la volonté qui régit le corps, jusqu'à consentir à être retranché s'il le faut ! Ou il perdrait sa qualité de membre. Car il faut que tout membre veuille bien périr pour le corps, qui est le seul pour qui tout est.

406

Si les pieds et les mains avaient une volonté particulière, jamais ils ne seraient dans leur ordre qu'en soumettant cette volonté particulière à la volonté première qui gouverne le corps entier. Hors de là, ils sont dans le désordre et dans le malheur. Mais en ne voulant que le bien du corps ils font leur propre bien.

407

Les philosophes ont consacré les vices en les mettant en Dieu même. Les chrétiens ont consacré les vertus.

408

Deux lois suffisent pour régler toute la république chrétienne mieux que toutes les lois politiques [9].

[XXVIII] CONCLUSION

409

Qu'il y a loin de la connaissance de Dieu à l'aimer.

410

« Si j'avais vu un miracle, disent-ils, je me convertirais. » Comment assurent-ils qu'ils feraient ce qu'ils ignorent ? Ils s'imaginent que cette conversion consiste en une adoration qui se fait de Dieu comme un commerce et une conversation telle qu'ils se la figurent. La conversion véritable consiste à s'anéantir devant cet être universel qu'on a irrité tant de fois et qui peut vous perdre légitimement à toute heure, à reconnaître qu'on ne peut rien sans lui et qu'on n'a rien mérité de lui que sa disgrâce. Elle consiste à connaître qu'il y a une opposition invincible entre Dieu et nous et que sans un médiateur il ne peut y avoir de commerce.

411

Les miracles ne servent pas à convertir mais à condamner. 1 p. q. 113, a. 10, ad 2 [1].

412

Ne vous étonnez pas de voir des personnes simples croire sans raisonnement : Dieu leur donne l'amour de soi et la haine d'eux-mêmes, il incline leur cœur à croire. On ne croira jamais, d'une créance utile et de foi, si Dieu n'incline le cœur. Et on croira dès qu'il l'inclinera.
Et c'est ce que David connaissait bien. *Inclina cor meum, Deus, in* [2], etc.

413

Ceux qui croient sans avoir lu les Testaments, c'est parce qu'ils ont une disposition intérieure toute sainte et que ce qu'ils entendent dire de notre religion y est conforme. Ils sentent qu'un Dieu les a faits. Ils ne veulent aimer que Dieu, ils ne veulent haïr qu'eux-mêmes. Ils sentent qu'ils n'en ont pas la force d'eux-mêmes, qu'ils sont incapables d'aller à Dieu et que si Dieu ne vient à eux ils sont incapables d'aucune communication avec lui, et ils entendent dire dans notre religion qu'il ne faut aimer que Dieu et ne haïr que soi-même, mais qu'étant tous corrompus et incapables de Dieu, Dieu s'est fait homme pour s'unir à nous. Il n'en faut pas davantage pour persuader des hommes qui ont cette disposition dans le cœur et qui ont cette connaissance de leur devoir et de leur incapacité.

414
Connaissance de Dieu.

Ceux que nous voyons chrétiens sans la connaissance des prophéties et des preuves ne laissent pas d'en juger aussi bien que ceux qui ont cette connaissance. Ils en jugent par le cœur comme les autres en jugent par l'esprit. C'est Dieu lui-même qui les incline à croire, et ainsi ils sont très efficacement persuadés.

(On répondra que les infidèles diront la même chose. Mais je réponds à cela que nous avons des preuves que Dieu incline véritablement ceux qu'il aime à croire la religion chrétienne et que les infidèles n'ont aucune preuve de ce qu'ils disent. Et ainsi nos propositions étant semblables dans les termes, elles diffèrent en ce que l'une est sans aucune preuve et l'autre très solidement prouvée.)

J'avoue bien qu'un de ces chrétiens qui croient sans preuve n'aura peut-être pas de quoi convaincre un infidèle qui en dira autant de soi. Mais ceux qui savent les preuves de la religion prouveront sans difficulté que ce fidèle est véritablement inspiré de Dieu, quoiqu'il ne peut le prouver lui-même.

Car Dieu ayant dit dans ses prophètes (qui sont indubitablement prophètes) que dans le règne de Jésus-Christ il répandrait son esprit sur les nations et que les fils, les filles et les enfants de l'Église prophétiseraient [3], il est sans doute que l'esprit de Dieu est sur ceux-là et qu'il n'est point sur les autres.

B
LES DOSSIERS MIS A PART EN JUIN 1658

[XXIX] CONTRE LA FABLE D'ESDRAS [1]

415
Contre la fable d'Esdras.
2 Macchabées, 2.

Josèphe, *Antiquités*, 2,1. Cyrus prit sujet de la prophétie d'Isaïe de relâcher le peuple.
Les Juifs avaient des possessions paisibles sous Cyrus en Babylone. Donc ils pouvaient bien avoir la Loi.

Josèphe en toute l'histoire d'Esdras ne dit pas un mot de ce rétablissement.
4 Rois, 17, 27.

416
Si la fable d'Esdras est croyable, donc il faut croire que l'Écriture est Écriture sainte, car cette fable n'est fondée que sur l'autorité de ceux qui disent celle des Septante [2], qui montre que l'Écriture est sainte.
Donc si ce conte est vrai, nous avons notre compte par là. Sinon, nous l'avons d'ailleurs. Et ainsi ceux qui voudraient ruiner la vérité de notre religion, fondée sur Moïse, l'établissent par la même autorité par où ils l'attaquent. Ainsi par cette providence elle subsiste toujours.

417
Sur Esdras.

Fable : les Livres ont été brûlés avec le temple. Faux par les *Macchabées* : JÉRÉMIE LEUR DONNA LA LOI.
Fable : qu'il récita tout par cœur.
Josèphe et Esdras marquent QU'IL LUT LE LIVRE [3].
Baronius, *Ann. 180 ; Nullus penitus Haebraerum antiquorum reperitur qui tradiderit Libros periisse et per Esdram esse restitutos nisi in 4 ESDRAS* [4].
Fable : qu'il changea les lettres.

Philo, *in* Vita Moysi : *Illa lingua ac caracter quo antiquitus scripta est Lex permansit usque ad* Septuaginta [5]. Josèphe dit que la Loi était en hébreu quand elle fut traduite par les Septante.

Sous Antiochus et Vespasien, où l'on a voulu abolir les Livres et où il n'y avait point de prophète, on ne l'a pu faire. Et sous les Babyloniens, où nulle persécution n'a été faite et où il y avait tant de prophètes, l'auraient-ils laissé brûler ?

Josèphe se moque des Grecs qui ne souffriraient...

418

Tertullien : *Perinde potuit abolefactam eam violentia cataclysmi, in spiritu rursus reformare : quemadmodum et hierosolymis babylonia expugnatione deletis, est omne instrumentum judaicae litteraturae per Esdram constat restauratum.* Tert. livre I, *De cultu feminarum*, c. 3.

Il dit que Noë a pu aussi bien rétablir en esprit le livre d'Énoch perdu par le Déluge, qu'Esdras a pu rétablir les Écritures perdues durant la captivité.

Θεὸς ἐν τῇ ἐπὶ Ναβουκοδόνοσορ αἰχμαλωσίᾳ τοῦ λαοῦ, διαφθαρεισῶν τῶν γραφῶν, ἐνέπνευσε Ἔσδρᾷ τῷ ἱερεῖ ἐκ τῆς φυλῆς Λευὶ τοὺς τῶν προγεγονότων προφητῶν πάντας ἀνατάξασθαι λόγους, καὶ ἀποκατα-στῆσαι τῷ λαῷ την διὰ Μωσέως νομοθεσίαν [6].

Il allègue cela pour prouver qu'il n'est pas incroyable que les Septante aient expliqué les Écritures saintes avec cette uniformité que l'on admire en eux. Eusèb. livre 5. *Hist*. c. 8. Et il a pris cela de saint Irénée, livre 3, ch. 25.

Saint Hilaire dans la préface sur les psaumes dit qu'Esdras a mis les psaumes en ordre.

L'origine de cette tradition vient du 14ᵉ chapitre du 4ᵉ livre d'Esdras.

Deus glorificatus est, et Scripturae verae divinae creditae sunt, omnibus eamdem, et eisdem verbis et eisdem nominibus recitantibus ab initio usque ad finem uti et praesentes gentes cognoscerent quoniam per aspirationem Dei interpretatae sunt Scripturae, et non esset mirabile Deum hoc in eis operatum quando in ea captivitate populi quæ facta est a Nabuchodonosor corruptis Scripturis et post 70 annos Judaeis descendentibus in regionem suam, et post deinde temporibus Artaxerxis Persarum regis inspiravit Esdrae sacerdoti tribus Levi praeteritorum prophetarum omnes remorare sermones et restituere populo eam legem quae data est per Moysen.

[XXX] MIRACLES [I]

419

Les points que j'ai à demander à M. l'abbé de Saint-Cyran sont principalement ceux-ci. Mais, comme je n'en ai point de copie, il faudrait qu'il prît la peine de renvoyer ce papier avec la réponse qu'il aura la bonté d'y faire.

1. S'il faut, pour faire qu'un effet soit miraculeux qu'il soit au-dessus de la force des hommes, des démons, des anges et de toute la nature créée.

Les théologiens disent que les miracles sont surnaturels ou dans leur substance, quoad substantiam, *comme la pénétration de deux corps, ou la situation d'un même corps en deux lieux en même temps; ou qu'ils sont surnaturels dans la manière de les produire,* quoad modum : *comme quand ils sont produits par des moyens qui n'ont nulle vertu naturelle de les produire : comme quand Jésus-Christ guérit les yeux de l'aveugle avec la boue et la belle-mère de saint Pierre en se penchant sur elle, et la femme malade du flux de sang, en touchant le bord de sa robe. Et la plupart des miracles qu'il a faits dans l'Évangile sont de ce second genre. Telle est aussi la guérison d'une fièvre, ou autre maladie faite en un moment, ou plus parfaitement que la nature ne porte, par l'attouchement d'une relique ou par l'invocation du nom de Dieu, de sorte que la pensée de celui qui propose ces difficultés est vraie et conforme à tous les théologiens, même de ce temps.*

2. S'il ne suffit pas qu'il soit au-dessus de la force naturelle des moyens qu'on y emploie ; ma pensée étant que tout effet est miraculeux lequel surpasse la force naturelle des moyens qu'on y emploie. Ainsi j'appelle miraculeux la guérison d'une maladie faite par l'attouchement d'une sainte relique, la guérison d'un démoniaque faite par l'invocation du nom de Jésus, etc., parce que ces effets surpassent la force naturelle des paroles par lesquelles on invoque Dieu et la force naturelle d'une relique [qui] ne peut guérir les malades et chasser les démons. Mais je n'appelle pas [miracle] chasser les démons par l'art du diable ; car, quand on emploie la puissance du diable pour chasser le diable, l'effet ne surpasse pas la force naturelle des moyens qu'on y emploie ; et ainsi il m'a paru que la vraie définition des miracles est celle que je viens de dire.

Ce que le diable peut faire n'est pas miracle, non plus que ce que peut faire une bête, quoique l'homme ne le puisse faire lui-même.

3. Si saint Thomas n'est pas contraire à cette définition, et s'il n'est pas d'avis qu'un effet, pour être miraculeux, doit surpasser la force de toute la nature créée.

Saint Thomas est de même opinion que les autres, quoiqu'il divise en deux la seconde espèce de miracles, savoir en miracles quoad subjectum, *et miracles* quoad ordinem naturae. *Il dit que les premiers sont ceux que la nature peut produire absolument, mais non dans un tel sujet, comme elle peut produire la vie, mais non dans un corps mort ; et que les seconds sont ceux qu'elle peut produire dans un sujet, mais non par tels moyens, avec tant de promptitude, etc., comme guérir en un moment et par un seul attouchement une fièvre ou une autre maladie, quoique non incurable.*

4. Si les hérétiques déclarés et connus peuvent faire de vrais miracles pour confirmer une erreur.

5. Si les hérétiques déclarés et connus peuvent faire des miracles comme la guérison des maladies qui ne sont pas incurables ; par exemple, s'ils peuvent guérir une fièvre pour confirmer une proposition erronée comme le P. Lingendes prêche que oui.

Il ne se peut jamais faire de vrais miracles par qui que ce soit, catholique ou hérétique, saint ou méchant, pour confirmer une erreur, parce que Dieu confirmerait et approuverait par son sceau l'erreur comme faux témoin, ou plutôt comme faux juge. Cela est assuré et constant.

6. Si les hérétiques déclarés et connus peuvent faire des miracles qui soient au-dessus de toute la nature créée par l'invocation du nom de Dieu ou par une sainte relique.

Ils le peuvent pour confirmer une vérité et il y en a des exemples dans l'histoire.

7. Si les hérétiques couverts, et qui ne se séparant pas de l'Église, sont néanmoins dans l'erreur, et qui ne se déclarent pas contre l'Église, afin de pouvoir plus facilement séduire les fidèles et fortifier leur parti, peuvent faire par l'invocation du nom de Jésus, ou par une sainte relique, des miracles qui soient au-dessus de la nature entière, ou même s'ils en peuvent faire qui ne soient qu'au-dessus de l'homme, comme de guérir sur-le-champ des maux qui ne sont pas incurables.

Les hérétiques couverts n'ont pas plus de pouvoir sur les miracles que les hérétiques déclarés, rien n'étant couvert à Dieu, qui est le seul auteur et opérateur des miracles, quels qu'ils soient, pourvu qu'ils soient vrais miracles.

8. Si les miracles faits par le nom de Dieu, et par l'interposition des choses divines, ne sont pas les marques de la vraie Église, et si tous les catholiques n'ont pas tenu l'affirmative contre tous les hérétiques.

Tous les catholiques en demeurent d'accord et surtout les auteurs jésuites. Il ne faut que lire Bellarmin. Lors même que les hérétiques ont fait des miracles, ce qui est arrivé quelquefois, quoique rarement, ces miracles étaient marques de l'Église, parce qu'ils n'étaient faits que pour confirmer la vérité que l'Église enseigne, et non l'erreur des hérétiques.

9. S'il n'est jamais arrivé que les hérétiques aient fait des miracles, et de quelle nature sont ceux qu'ils ont faits.

Il y en a fort peu d'assurés ; mais ceux dont on parle sont miraculeux seulement quoad modum, *c'est-à-dire des effets naturels produits miraculeusement et en une manière qui surpasse l'ordre de la nature.*

10. Si cet homme de l'Évangile [2] qui chassait les démons au nom de Jésus-Christ et dont Jésus-Christ dit : *Qui n'est point contre vous est pour vous*, était ami ou ennemi de Jésus-Christ, et ce qu'en disent les interprètes de l'Évangile. Je demande cela parce que le P. Lingendes prêcha que cet homme-là était contraire à Jésus-Christ.

L'Évangile témoigne assez qu'il n'était pas contraire à Jésus-Christ et les Pères le tiennent, et presque tous les auteurs jésuites.

11. Si l'Antéchrist fera ses signes au nom de Jésus-Christ ou en son propre nom.

Comme il ne viendra au nom de Jésus-Christ, mais au sien propre, selon l'Évangile, ainsi il ne fera point des miracles au nom de Jésus-Christ, mais au sien et contre Jésus-Christ, pour détruire la foi et son Église : à cause de cela ce ne seront point vrais miracles.

12. Si les oracles ont été miraculeux.

Les miracles des païens et des idoles n'ont été non plus miraculeux que les autres opérations des démons et des magiciens.

*

420

Le second miracle peut supposer le premier, le premier ne peut supposer le second [3].

[XXXI] MIRACLES [2]

421

5. Miracles.
                Commencement.

Les miracles discernent la doctrine, et la doctrine discerne les miracles.

Il y [en] a de faux et de vrais. Il faut une marque pour les connaître, autrement ils seraient inutiles.

Or ils ne sont pas inutiles, et sont au contraire fondement.

Or il faut que la règle qu'il nous donne soit telle qu'elle ne détruise la preuve que les vrais miracles donnent de la vérité, qui est la fin principale des miracles.

Moïse en a donné deux : que la prédiction n'arrive pas, Deutéronome, 18. Et qu'ils ne mènent point à l'idolâtrie, Deutéronome, 13. Et Jésus-Christ une [1].

Si la doctrine règle les miracles, les miracles sont inutiles pour la doctrine.

Si les miracles règlent...

Objection à la règle.

Le discernement des temps, autre règle durant Moïse, autre règle à présent.

Toute religion est fausse qui, dans sa foi, n'adore pas un Dieu comme principe de toutes choses et qui, dans sa morale, n'aime pas un seul Dieu comme objet de toutes choses.

422

Raison pourquoi on ne croit point.

Job. 12, 37 :

Cum autem tanta signa fecisset, non credebant in eum. Ut sermo Isaiae impleretur : Excaecavit, etc.

Haec dixit Isaias quando vidit gloriam ejus et locutus est de eo [2].

Judaei signa petunt, et Graeci sapientiam quaerunt.
Nos autem Jesum crucifixum [3].
Sed plenum signis, sed plenum sapientia.
Vos autem Christum, non crucifixum, et religionem sine miraculis et sine sapientia [4].

Ce qui fait qu'on ne croit pas les vrais miracles est le manque de charité. Joh : *Sed vos non creditis quia non estis ex ovibus* [5].

Ce qui fait croire les faux est le manque de charité. 2 Thessaloniciens, 2 [6].

Fondement de la religion.

C'est les miracles. Quoi donc ! Dieu parle-t-il contre les miracles, contre les fondements de la foi qu'on a en lui ?

S'il y a un Dieu, il fallait que la foi de Dieu fût sur la terre. Or les miracles de Jésus-Christ ne sont pas prédits par l'Antéchrist, mais les miracles de l'Antéchrist sont prédits par Jésus-Christ. Et ainsi si Jésus-Christ n'était pas le Messie, il aurait bien induit en erreur. Mais l'Antéchrist ne peut bien induire en erreur.

Quand Jésus-Christ a prédit les miracles de l'Antéchrist, a-t-il cru détruire la foi de ses propres miracles ?

Il n'y a nulle raison de croire en l'Antéchrist qui ne soit à croire en Jésus-Christ. Mais il y en a en Jésus-Christ qui ne sont pas en l'autre.

Moïse a prédit Jésus-Christ et ordonné de le suivre. Jésus-Christ a prédit l'Antéchrist et défendu de le suivre [7].

Il était impossible qu'au temps de Moïse on réservât sa créance à l'Antéchrist, qui leur était inconnu. Mais il est bien aisé, au temps de l'Antéchrist, de croire en Jésus-Christ déjà connu.

423

Les prophéties, les miracles mêmes et les preuves de notre religion ne sont pas de telle nature qu'on puisse dire qu'ils sont absolument convaincants, mais ils le sont aussi de telle sorte qu'on ne peut dire que ce soit être sans raison que de les croire. Ainsi il y a de l'évidence et de l'obscurité, pour éclairer les uns et obscurcir les autres. Mais l'évidence est telle qu'elle surpasse ou égale pour le moins l'évidence du contraire, de sorte que ce n'est pas la raison qui puisse déterminer à ne la pas suivre. Et ainsi ce ne peut être que la concupiscence et la malice du cœur. Et par ce moyen il y a assez d'évidence pour condamner, et non assez pour convaincre, afin qu'il paraisse qu'en ceux qui la suivent c'est la grâce et non la raison qui fait suivre, et qu'en ceux qui la fuient c'est la concupiscence et non la raison qui fait fuir.

Vere *discipuli*, Vere *Israelita*, *Vere liberi*, Vere cibus [8].

Je suppose qu'on croit les miracles.

Vous corrompez la religion, ou en faveur de vos amis, ou contre vos ennemis. Vous en disposez à votre gré.

424

S'il n'y avait point de faux miracles, il y aurait certitude.
S'il n'y avait point de règle pour les discerner, les miracles seraient inutiles et il n'y aurait point de raison de croire.
Or il n'y a pas humainement de certitude humaine, mais raison.

Les Juifs, qui ont été appelés à dompter les nations et les rois, ont été esclaves du péché. Et les chrétiens, dont la vocation a été à servir et à être sujet, sont les enfants libres.

Juges, 13, 23 : *Si le Seigneur nous eût voulu faire mourir, il ne nous eût pas montré toutes ces choses.*

Ézéchias, Sennachérib [9].

Jérémie : Hananias, faux prophète, meurt le septième mois [10].

---

2 Macchabées, 3. Le temple, prêt à piller, secouru miraculeusement.
2 Macchabées, 15.

3 Rois, 17. La veuve à Élie, qui avait ressuscité l'enfant : *Par là je connais que tes paroles sont vraies* [11].

3 Rois, 18. Élie, avec les prophètes de Baal [12].

Jamais, en la contention du vrai Dieu, de la vérité de la religion, il n'est arrivé de miracle du côté de l'erreur et non de la vérité.

425

Ce n'est point ici le pays de la vérité. Elle erre inconnue parmi les hommes. Dieu l'a couverte d'un voile qui la laisse méconnaître à ceux qui n'entendent pas sa voix. Le lieu est ouvert au blasphème, et même sur des vérités au moins bien apparentes. Si l'on publie les vérités de l'Évangile, on en publie de contraires, et on obscurcit les questions en sorte que le peuple ne peut discerner. Et on demande : « Qu'avez-vous pour vous faire plutôt croire que les autres ? Quel signe faites-vous ? Vous n'avez que des paroles, et nous aussi. Si vous aviez des miracles, bien. » — Cela est une vérité que la doctrine doit être soutenue par les miracles dont on abuse pour blasphémer la doctrine. Et si les miracles arrivent, on dit que les miracles ne suffisent pas sans la doctrine. Et c'est une autre vérité pour blasphémer les miracles.

Jésus-Christ guérit l'aveugle-né et fit quantité de miracles au jour du sabbat, par où il aveuglait les pharisiens, qui disaient qu'il fallait juger des miracles par la doctrine.
Nous avons Moïse, mais celui-là nous ne savons d'où il est.
C'est ce qui est admirable, que vous ne savez d'où il est, et cependant il fait de tels miracles [13].

Jésus-Christ ne parlait ni contre Dieu, ni contre Moïse.
L'Antéchrist et les faux prophètes prédits par l'un et l'autre Testament parleront ouvertement contre Dieu et contre Jésus-Christ.
Qui n'est point contre, qui serait ennemi couvert, Dieu ne permettrait pas qu'il fît des miracles ouvertement.

Jamais en une dispute publique où les deux partis se disent à Dieu, à Jésus-Christ, à l'Église, les miracles ne sont du côté des faux chrétiens, et l'autre côté sans miracle.

Il a le diable. Jean, 10, 21 : *Et les autres disaient : le diable peut-il ouvrir les yeux des aveugles ?*

Les preuves que Jésus-Christ et les apôtres tirent de l'Écriture ne sont pas démonstratives. Car ils disent seulement que Moïse a dit qu'un prophète viendrait, mais ils ne prouvent pas par là que ce soit celui-là : et c'était toute la question. Ces passages ne servent donc qu'à montrer qu'on n'est pas contraire à l'Écriture et qu'il n'y paraît point de répugnance, mais non pas qu'il y ait accord. Or cela suffit : exclusion de répugnance avec miracles.

426

Jésus-Christ dit que les Écritures témoignent de lui [14]. Mais il ne montre point en quoi.

Même les prophéties ne pouvaient pas prouver Jésus-Christ pendant sa vie. Et ainsi on n'eût point été coupable de ne point croire en lui avant sa mort, si les miracles n'eussent pas suffi sans la doctrine. Or ceux qui ne croient pas en lui encore vivant étaient pécheurs, comme il le dit lui-même [15], et sans excuse. Donc il fallait qu'ils eussent une démonstration à laquelle ils résistassent. Or ils n'avaient pas l'Écriture, mais seulement les miracles. Donc ils suffisent, quand la doctrine n'est pas contraire. Et on doit y croire.

Jean, 7, 40. Contestation entre les Juifs comme entre les chrétiens aujourd'hui.
Les uns croient en Jésus-Christ, les autres ne le croient pas à cause des prophéties qui disaient qu'il devait naître de Bethléem. Ils devaient mieux prendre garde s'il n'en était pas, car ses miracles étant convaincants, ils devaient bien s'assurer de ces prétendues contradictions de sa doctrine à l'Écriture. Et cette obscurité ne les excusait pas, mais les aveuglait. Ainsi ceux qui refusent de croire les miracles d'aujourd'hui pour une prétendue contradiction chimérique ne sont pas excusés.

Le peuple qui croyait en lui sur ses miracles, les pharisiens leur disent : *Ce peuple est maudit qui ne sait pas la Loi. Mais y a-t-il un prince ou un pharisien qui ait cru en lui* ? Car nous savons que *nul prophète ne sort de Galilée. Nicodème répondit : Notre Loi juge-t-elle un homme devant que de l'avoir ouï* ?

427

Notre religion est sage et folle. Sage, parce que c'est la plus savante et la plus fondée en miracles, prophéties, etc. Folle, parce que ce n'est point tout cela qui fait qu'on en est. Cela fait bien condamner ceux qui n'en sont pas, mais non pas croire ceux qui en sont. Ce qui les fait croire, c'est la croix. *Ne evecuata sit crux* [16].

Et ainsi saint Paul, qui est venu en sagesse et signes, dit qu'il n'est venu ni en sagesse ni en signes : car il venait pour convertir. Mais ceux qui ne viennent que pour convaincre peuvent dire qu'ils viennent en sagesse et signes.

Il y a bien de la différence entre n'être pas pour Jésus-Christ et le dire, ou n'être point pour Jésus-Christ et feindre d'en être. Les uns peuvent faire des miracles, non les autres. Car il est clair des uns qu'ils sont contre la vérité, non des autres. Et ainsi les miracles sont plus clairs.

C'est une chose si visible qu'il faut aimer un seul Dieu qu'il ne faut pas de miracles pour le prouver.

Bel état de l'Église quand elle n'est plus soutenue que de Dieu.

428

Il y a un devoir réciproque entre Dieu et les hommes. Il faut pardonner ce mot. *Quod debui* [17]. *Accusez-moi*, dit Dieu dans Isaïe [18].
Dieu doit accomplir ses promesses, etc.
Les hommes doivent à Dieu de recevoir la religion qu'il leur envoie.
Dieu doit aux hommes de ne les point induire en erreur.
Or ils seraient induits en erreur, si les faiseurs [de] miracles annonçaient une doctrine qui ne paraît pas visiblement fausse aux lumières du sens commun, et si un plus grand faiseur de miracles n'avait déjà averti de ne les pas croire.
Ainsi, s'il y avait division dans l'Église et que les ariens, par exemple, qui se disaient fondés en l'Écriture comme les catholiques, eussent fait des miracles, et non les catholiques, on eût été induit en erreur.

Car, comme un homme qui nous annonce les secrets de Dieu n'est pas digne d'être cru sur son autorité privée et que c'est pour cela que les impies en doutent, aussi un homme qui pour marque de la communication qu'il a avec Dieu ressuscite les morts, prédit l'avenir, transporte les mers, guérit les maladies, il n'y a point d'impie qui ne s'y rende. Et l'incrédulité de Pharaon et des pharisiens est l'effet d'un endurcissement surnaturel.

Quand donc on voit les miracles et la doctrine non suspecte tout ensemble d'un côté, il n'y a pas de difficulté. Mais quand on voit les miracles et [une] doctrine suspecte d'un même côté, alors il faut voir quel est le plus clair. Jésus-Christ était suspect.

Barjésu aveuglé [19]. La force de Dieu surmonte celle de ses ennemis.

Les exorcistes juifs battus par les diables disant : *Je connais Jésus et Paul, mais vous, qui êtes-vous* [20] ?

Les miracles sont pour la doctrine, et non pas la doctrine pour les miracles.

Si les miracles sont vrais, pourra-t-on persuader toute doctrine ? Non. Car cela n'arrivera pas.
Si angelus [21].

Règle.

Il faut juger de la doctrine par les miracles. Il faut juger des miracles par la doctrine. Tout cela est vrai, mais cela ne se contredit pas.

Car il faut distinguer les temps.

Que vous êtes aise de savoir les règles générales, pensant par là jeter le trouble et rendre tout inutile. On vous en empêchera, mon Père [22]. La vérité est une et ferme.

Il est impossible, par le devoir de Dieu, qu'un homme cachant sa mauvaise doctrine et n'en faisant paraître qu'une bonne, et se disant conforme à Dieu et à l'Église, fasse des miracles pour couler insensiblement une doctrine fausse et subtile. Cela ne se peut.

Et encore moins que Dieu, qui connaît les cœurs, fasse des miracles en faveur d'un tel [23].

429

Jésus-Christ a vérifié qu'il était le Messie, jamais en vérifiant sa doctrine sur l'Écriture ou les prophéties, et toujours par ses miracles.

Il prouve qu'il remet les péchés par un miracle [24].
Ne vous éjouissez point de vos miracles, dit Jésus-Christ, *mais de ce que vos noms sont écrits aux cieux* [25].

S'ils ne croient point Moïse, ils ne croiront pas un ressuscité [26].

Nicodème reconnaît par ses miracles que sa doctrine est de Dieu : *Scimus quia venisti a Deo magister, nemo enim potest facere quae tu facis nisi Deus fuerit cum illo* [27]. Il ne juge pas des miracles par la doctrine, mais de la doctrine par les miracles.

Les Juifs avaient une doctrine de Dieu comme nous en avons une de Jésus-Christ, et confirmée par miracles, et défense de croire à tous faiseurs de miracles, et de plus ordre de recourir aux grands prêtres et de s'en tenir à eux. Et ainsi toutes les raisons que nous avons pour refuser de croire les faiseurs de miracles, ils les avaient à l'égard de leurs prophètes. Et cependant ils étaient très coupables de refuser les prophètes à cause de leurs miracles et Jésus-Christ, et n'eussent point été coupables s'ils n'eussent point vu les miracles. *Nisi fecissem, peccatum non haberent* [28].

Donc toute la créance est sur les miracles.

La prophétie n'est point appelée miracle. Comme saint Jehan parle du premier miracle en Cana, et puis de ce que Jésus-Christ dit à la Samaritaine qui découvre toute sa vie cachée, et puis guérit le fils d'un seigneur. Et saint Jehan appelle cela *le second signe* [29].

430

En montrant la vérité, on la fait croire. Mais en montrant l'injustice des ministres, on ne la corrige pas. On assure la conscience en montrant la fausseté, on n'assure pas la bourse en montrant l'injustice.

Les miracles et la vérité sont nécessaires, à cause qu'il faut convaincre l'homme entier, en corps et en âme.

La charité n'est pas un précepte figuratif. Dire que Jésus-Christ, qui est venu ôter les figures pour mettre la vérité, ne soit venu que mettre la figure de la charité pour ôter la réalité qui était auparavant, cela est horrible.

Si la lumière est ténèbres, que seront les ténèbres [30] ?

431

Il y a bien de la différence entre tenter et induire en erreur. Dieu tente, mais il n'induit pas en erreur. Tenter est procurer les occasions que, n'imposant point de nécessité, si on n'aime pas Dieu, on fera une certaine chose. Induire en erreur est mettre l'homme dans la nécessité de conclure et suivre une fausseté.

432

Si tu es Christus, dic nobis.
Opera quae ego facio IN NOMINE PATRIS MEI,
Haec testimonium perhibent de me.
Sed vos non creditis, quia non estis ex ovibus meis.
Oves meae vocem meam audiunt [31].

Jean, 6, 30 : *Quod ergo tu facis signum, ut videamus et credamus tibi.* Non dicunt : quam doctrinam praedicas* [32] ?

Nemo potest facere signa quae tu facis, nisi Deus fuerit cum illo [33].
2 Macchabées, 14, 15 :
Deus qui signis evidentibus suam portionem protegit [34].

Volumus signum videre, DE CAELO TENTANTES *eum.* LUC, 11,16 [35].
Generatio prava signum quaerit, et non dabitur [36].
Et ingemiscens ait : quid generatio ista signum quaerit ? Marc, 8,12 [37].
Elle demandait signe à mauvaise intention.
Et non poterat facere [38]. Et néanmoins il leur promet le signe de Jonas, de sa résurrection, le grand et l'incomparable.

Nisi videritis signa, non creditis [39]. Il ne les blâme pas de ce qu'ils ne croient pas sans qu'il y ait de miracles, mais sans qu'ils en soient eux-mêmes les spectateurs.

L'Antéchrist : *in signis mendacibus*, dit saint Paul, 2 Thessaloniciens, 2. *Secundum operationem Satanae. In seductione iis qui pereunt eo quod charitatem veritatis non receperunt ut salvi fierent. Ideo mittet illis Deus operationes erroris ut credant mendacio* [40]. Comme au passage de Moïse : *Tentat enim vos Deus utrum diligatis eum* [41].

Ecce praedixi vobis. Vos ergo videte [42].

433

Dans le Vieux Testament : Quand on vous détournera de Dieu. Dans le Nouveau : Quand on vous détournera de Jésus-Christ.

Voilà les occasions d'exclusion à la foi des miracles marquées. Il ne faut pas y donner d'autres exclusions.

S'ensuit-il de là qu'ils avaient droit d'exclure tous les prophètes qui leur sont venus ? Non. Ils eussent péché en n'excluant pas ceux qui niaient Dieu, et eussent péché d'exclure ceux qui ne niaient pas Dieu.

D'abord donc qu'on voit un miracle, il faut ou se soumettre ou avoir d'étranges marques du contraire. Il faut voir s'ils nient un Dieu, ou Jésus-Christ, ou l'Église.

Reprocher à Miton de ne point se remuer.
Quand Dieu te reprochera.

434

Si vous ne croyez en moi, croyez au moins aux miracles [43] : il les renvoie comme au plus fort.

Il avait été dit aux Juifs aussi bien qu'aux chrétiens qu'ils ne crussent pas toujours les prophètes. Mais néanmoins les pharisiens et les scribes font grand état de ses miracles, et essaient de montrer qu'ils sont faux ou faits par le diable, étant nécessités d'être convaincus s'ils reconnaissent qu'ils sont de Dieu.

Nous ne sommes point aujourd'hui dans la peine de faire ce discernement. Il est pourtant bien facile à faire. Ceux qui ne nient ni Dieu ni Jésus-Christ ne font point de miracles qui ne soient sûrs.

Nemo facit virtutem in nomine meo et cito possit de me male loqui [44].

Mais nous n'avons point à faire ce discernement. Voici une relique sacrée, voici une épine de la couronne du Sauveur du monde, en qui le prince de ce monde n'a point puissance, qui fait des miracles par la propre puissance de ce sang répandu pour nous. Voici que Dieu choisit lui-même cette maison pour y faire éclater sa puissance.

Ce ne sont point des hommes qui font ces miracles par une vertu inconnue et douteuse qui nous oblige à un difficile discernement, c'est Dieu même, c'est l'instrument de la passion de son fils unique qui, étant en plusieurs lieux, choisit celui-ci et fait venir de tous côtés les hommes pour y recevoir ces soulagements miraculeux dans leurs langueurs.

435

Jeh., 6, 26 : *Non quia vidistis signum, sed quia saturati estis* [45].

Ceux qui suivent Jésus-Christ à cause de ses miracles honorent sa puissance dans tous les miracles qu'elle produit. Mais ceux qui, en faisant profession de le suivre pour ses miracles, ne le suivent en effet que parce qu'il les console et les rassasie des biens du monde, ils déshonorent ses miracles quand ils sont contraires à leurs commodités.

Jeh., 9 : *Non est hic homo a Deo quia sabbatum non custodit. Alii : Quomodo potest homo peccator haec signa facere* [46] ? Lequel est le plus clair ?

Cette maison est de Dieu, car il y fait d'étranges miracles. Les autres : Cette maison n'est point de Dieu, car on n'y croit pas que les cinq propositions soient dans Jansénius. Lequel est le plus clair ?

Tu quid dicis ? Dico quia propheta est. Nisi esset hic a Deo non poterat facere quidquam [47].

436

Contestations.

Abel, Caïn.
Moïse, magiciens.
Élie, faux prophètes.
Jérémie, Ananias.
Michée, faux prophètes.
Jésus-Christ, pharisiens.
Saint Paul, Barjésu.
Apôtres, exorcistes.
Les chrétiens et les infidèles.
Les catholiques et les hérétiques.
Élie, Énoch, Antéchrist.
Toujours le vrai prévaut en miracles. Les deux croix [48].

437

Jérémie, 23, 32 : les *miracles* des faux prophètes. En l'hébreu et Vatable il y a les *légèretés*.

Miracle ne signifie pas toujours miracles. 1 Rois, 14, 15 : *miracle* signifie *crainte*, et est ainsi en l'hébreu.

De même en Job manifestement, 33, 7.

Et encore Isaïe, 21, 4. Jérémie, 44, 22.

Portentum signifie *simulacrum* : Jérémie, 50, 38. Et est ainsi en l'hébreu et en Vatable.

Isaïe, VIII, 18. Jésus-Christ dit que lui et les siens seront en miracle [49].

L'Église a trois sortes d'ennemis : les Juifs, qui n'ont jamais été de son corps ; les hérétiques, qui s'en sont retirés ; et les mauvais chrétiens, qui la déchirent au-dedans. Ces trois sortes de différents adversaires la combattent d'ordinaire diversement. Mais ici ils la combattent d'une même sorte. Comme ils sont tous sans miracles et que l'Église a toujours eu contre eux des miracles, ils ont tous eu le même intérêt à les éluder, et se sont tous servis de cette défaite qu'il ne faut pas juger de la doctrine par les miracles, mais des miracles par la doctrine. Il y avait deux partis entre ceux qui écoutaient Jésus-Christ, les uns qui suivaient sa doctrine pour ses miracles, les autres qui disaient... Il y avait deux partis au temps de Calvin [50]. Il y a maintenant les jésuites, etc.

[XXXII] MIRACLES [3]

438

Injustes persécuteurs de ceux que Dieu protège visiblement.

S'ils vous reprochent vos excès, ils parlent comme les hérétiques.

S'ils disent que la grâce de Jésus-Christ nous discerne [1], ils sont hérétiques.

S'il se fait des miracles, c'est la marque de leur hérésie [2].

Il est dit : Croyez à l'Église [3], mais il n'est pas dit : Croyez aux miracles, à cause que le dernier est naturel, et non pas le premier. L'un avait besoin de précepte, non pas l'autre.

Ézéchiel.
On dit : Voilà le peuple de Dieu qui parle ainsi [4].

Ézéchias.
La Synagogue était la figure, et ainsi ne périssait point, et n'était que la figure, et ainsi est périe. C'était une figure qui contenait la vérité, et ainsi elle a subsisté jusqu'à ce qu'elle n'a plus eu la vérité.
Mon Révérend Père, *tout cela se passait en figure* [5]. Les autres religions périssent, celle-là ne périt point.
Les miracles sont plus importants que vous ne pensez. Ils ont servi à la fondation et serviront à la continuation de l'Église jusqu'à l'Antéchrist, jusqu'à la fin. Les deux témoins.

En l'Ancien Testament et au Nouveau les miracles sont faits, par l'attachement de figures, salut ou chose inutile sinon pour montrer qu'il faut se soumettre aux créatures.
Figure des sacrements.

439

Toujours ou les hommes ont parlé du vrai Dieu, ou le vrai Dieu a parlé aux hommes.

Les deux fondements : l'un intérieur, l'autre extérieur, la grâce, les miracles, tous deux surnaturels.

Les malheureux qui nous ont obligés de parler du fond de la religion.

Montaigne contre les miracles.

Montaigne pour les miracles [6].

Des pécheurs purifiés sans pénitence, des justes sanctifiés sans charité, tous les chrétiens sans la grâce de Jésus-Christ, Dieu sans pouvoir sur la volonté des hommes, une prédestination sans mystère. Un rédempteur sans certitude.

Les miracles ne sont plus nécessaires à cause qu'on en a déjà. Mais quand on n'écoute plus la tradition, quand on ne propose plus que le pape, quand on l'a surpris, et qu'ainsi ayant exclu la vraie source de la vérité qui est la tradition, et ayant prévenu le pape qui en est le dépositaire, la vérité n'a plus de liberté de paraître, alors les hommes ne parlent plus de la vérité, la vérité doit parler elle-même aux hommes. C'est ce qui arriva au temps d'Arius [7].

Miracles, sous Dioclétien.
Et sous Arius.

440

Perpétuité.
Votre caractère est-il fondé sur Escobar ?

Peut-être avez-vous des raisons pour ne les pas condamner.
Il suffit que vous approuviez ce que je vous en adresse.

Le pape serait-il déshonoré pour tenir de Dieu et de la tradition ses lumières ? Et n'est-ce pas le déshonorer de le séparer de cette sainte union, etc.

Tertullien : *Nunquam Ecclesia reformabitur* [8].

Pour faire d'un homme un saint, il faut bien que ce soit la grâce. Et qui en doute ne sait ce que c'est que saint, et qu'homme.

Les hérétiques ont toujours combattu ces trois marques qu'ils n'ont point.

Perpétuité.
Molina.
Nouveauté.

Miracles.

Que je hais ceux qui font les douteux de miracles.

Montaigne en parle comme il faut dans les deux endroits [9]. On voit en l'un combien il est prudent. Et néanmoins il croit en l'autre et se moque des incrédules.

Quoi qu'il en soit, l'Église est sans preuve, s'ils ont raison.

Ou Dieu a confondu les faux miracles, ou il les a prédits. Et par l'un et l'autre il s'est élevé au-dessus de ce qui est « surnaturel à notre égard » et nous y a élevés nous-mêmes.

L'Église enseigne et Dieu inspire, l'un et l'autre infailliblement. L'opération de l'Église ne sert qu'à préparer à la grâce, ou à la condamnation. Ce qu'elle fait suffit pour condamner, non pour inspirer.

Omne regnum divisum. Car Jésus-Christ agissait contre le diable et détruisait son empire sur les cœurs, dont l'exorcisme est la figuration, pour établir le royaume de Dieu. Et ainsi il ajoute : *Si in digito Dei, regnum Dei ad vos* [10].

Si le diable favorisait la doctrine qui le détruit, il serait divisé, comme disait Jésus-Christ. Si Dieu favorisait la doctrine qui détruit l'Église, il serait divisé : *Quand le fort armé possède son bien, ce qu'il possède est en paix.*

Est et non est [11] sera-t-il reçu dans la foi même aussi bien que dans la morale, s'il est si inséparable dans les actions ?

(Saint Hilaire : Misérables, qui nous obligez à parler des miracles !)

Quand saint Xavier fait des miracles.

Juges injustes, ne faites pas de ces lois sur l'heure. Jugez par celles qui sont établies, et établies par vous-mêmes. *Vae qui conditis leges iniquas* [12].

Pour affaiblir vos adversaires, vous désarmez toute l'Église.

Miracles continuels faux.

S'ils disent qu'ils sont soumis au pape, c'est une hypocrisie.

S'ils sont prêts à souscrire toutes ses constitutions, cela ne suffit pas.

S'ils disent que notre salut dépend de Dieu, ce sont des hérétiques.

S'ils disent qu'il ne faut pas tuer pour une pomme, ils combattent la morale des catholiques.

S'il se fait des miracles parmi eux, ce n'est point une marque de sainteté, et c'est au contraire un soupçon d'hérésie.

La manière dont l'Église a subsisté est que la vérité a été sans contestation. Ou si elle a été contestée, il y a eu le pape. Et sinon, il y a eu l'Église.

442

Première objection : *Ange du ciel* [13].

Il ne faut pas juger de la vérité par les miracles, mais du miracle par la vérité.

Donc les miracles sont inutiles.

Or ils servent, et il ne faut point être contre la vérité.

Donc ce qu'a dit le Père Lingendes [14], que Dieu ne permettra point qu'un miracle puisse induire à erreur...

Lorsqu'il y aura contestation dans la même Église, le miracle décide.

Deuxième objection :
Mais l'Antéchrist fera des signes [15].

Les magiciens de Pharaon n'induisaient point à erreur.

Ainsi on ne pourra point dire à Jésus-Christ sur l'Antéchrist : Vous m'avez induit à erreur. Car l'Antéchrist les fera contre Jésus-Christ, et ainsi ils ne peuvent induire à erreur.

Ou Dieu ne permettra point de faux miracles, ou il en procurera de plus grands.

(Depuis le commencement du monde, Jésus-Christ subsiste. Cela est plus fort que tous les miracles de l'Antéchrist.)

———

Si dans la même Église il arrivait miracle du côté des errants, on serait induit à erreur.

———

Le schisme est visible, le miracle est visible. Mais le schisme est plus marque d'erreur que le miracle n'est marque de vérité. Donc le miracle ne peut induire à erreur.

———

Mais hors le schisme, l'erreur n'est pas si visible que le miracle est visible. Donc le miracle induirait à erreur.

———

Ubi est deus tuus [16] ? Les miracles le montrent et sont un éclair.

———

(Hommes naturellement couvreurs et de toutes vacations, hormis en chambre [17].*)*

443

Les cinq propositions condamnées, point de miracle. Car la vérité n'était point attaquée. Mais la Sorbonne, mais la bulle [18]...

———

Il est impossible que ceux qui aiment Dieu de tout leur cœur méconnaissent l'Église, tant elle est évidente.

Il est impossible que ceux qui n'aiment pas Dieu soient convaincus de l'Église.

———

Les miracles ont une telle force qu'il a fallu que Dieu ait averti qu'on n'y pense point contre lui. Tout clair qu'il soit qu'il y a un Dieu. Sans quoi ils eussent été capables de troubler.

Et ainsi tant s'en faut que ces passages, Deutéronome, 13, *fassent contre l'autorité des miracles, que rien n'en marque davantage la force. Et de même pour l'Antéchrist : Jusqu'à séduire les élus, s'il était possible* [19].

444
Athées.

Quelle raison ont-ils de dire qu'on ne peut ressusciter ? Quel est plus difficile : de naître ou de ressusciter ? Que ce qui n'a jamais été soit, ou que ce qui a été soit encore ? Est-il plus difficile de venir en être que d'y revenir ? La coutume nous rend l'un facile, le manque de coutume rend l'autre impossible. Populaire façon de juger !

———

Pourquoi une vierge ne peut-elle enfanter ? Une poule ne fait-elle pas des œufs sans coq ? Quoi les distingue par dehors d'avec les autres, et qui nous a dit que la poule n'y peut former ce germe aussi bien que le coq ?

———

Il y a tant de disproportion entre le mérite qu'il croit avoir et la bêtise, qu'on ne saurait croire qu'il se mécompte si fort.

———

Après tant de marques de piété, ils ont encore la persécution, qui est la meilleure des marques de la piété.

445

Il est bon qu'ils fassent des injustices, de peur qu'il ne paraisse que les molinistes ont agi avec justice. Et ainsi il ne les faut pas épargner, ils sont dignes d'en commettre.

———

Pyrrhonien pour opiniâtre.

———

Descartes inutile et incertain [20].

———

Nul ne dit courtisan que ceux qui ne le sont pas, pédant qu'un pédant, provincial qu'un provincial. Et je gagerais que c'est l'imprimeur qui l'a mis au titre des *Lettres au provincial* [21].

Pensées.

In omnibus requiem quaesivi [22].

Si notre condition était véritablement heureuse, il ne nous faudrait pas divertir d'y penser pour nous rendre heureux.

Toutes les occupations des hommes sont à avoir du bien. Et ils n'ont ni titre pour le posséder justement, ni force pour le posséder sûrement. De même la science, les plaisirs. Nous n'avons ni le vrai, ni le bien.

Miracle.

C'est un effet qui excède la force naturelle des moyens qu'on y emploie. Et non-miracle est un effet qui n'excède pas la force naturelle des moyens qu'on y emploie. Ainsi ceux qui guérissent par l'invocation du diable ne font pas un miracle, car cela n'excède pas la force naturelle du diable. Mais [23]...

446

Abraham, Gédéon : signes au-dessus de la Révélation.
Les Juifs s'aveuglaient en jugeant des miracles par l'Écriture.
Dieu n'a jamais laissé ses *vrais adorateurs*.
J'aime mieux suivre Jésus-Christ qu'aucun autre, parce qu'il a le miracle, prophétie, doctrine, perpétuité, etc.
Donatistes : point de miracle qui oblige à dire que c'est le diable.
Plus on particularise Dieu, Jésus-Christ, l'Église [24]...

447

Aveuglement de l'Écriture.

L'Écriture, disaient les Juifs, dit qu'on ne sait d'où le Christ viendrait : Jean, 7, 27. Et 12, 34 : *L'Écriture dit que le Christ demeure éternellement, et celui-ci dit qu'il mourra*. Ainsi, dit saint Jean, *ils ne croyaient point, quoiqu'il eût tant fait de miracles, afin que la parole d'Isaïe fût accomplie* : IL LES A AVEUGLÉS, etc.

448

Les trois marques de la religion : la perpétuité, la bonne vie, les miracles. Ils [25] détruisent la perpétuité par la probabilité, la bonne vie par leur morale, les miracles en détruisant ou leur vérité, ou leur conséquence. Si on les croit, l'Église n'aura que faire de perpétuité, sainteté et miracles.

Les hérétiques les nient, ou en nient la conséquence. Eux, de même. Mais il faudrait n'avoir point de sincérité pour les nier, ou avoir perdu le sens pour nier la conséquence.

La religion est proportionnée à toutes sortes d'esprits. Les premiers s'arrêtent au seul établissement, et cette religion est telle que son seul établissement est suffisant pour en prouver la vérité. Les autres vont jusqu'aux apôtres. Les plus instruits vont jusqu'au commencement du monde. Les anges la voient encore mieux et de plus loin.

Mon Dieu, que ce sont de sots discours : Dieu aurait-il fait le monde pour le damner ? Demanderait-il tant de gens si faibles ? etc. Pyrrhonisme est le remède à ce mal et rabattra cette vanité.

COMMINUENTES COR [26], saint Paul : voilà le caractère chrétien. ALBE VOUS A NOMMÉ, JE NE VOUS CONNAIS PLUS, Corneille : voilà le caractère inhumain. Le caractère humain est le contraire.

Jamais on ne s'est fait martyriser pour les miracles qu'on dit avoir vus, car [pour] ceux que les Turcs croient par tradition la folie des hommes va peut-être jusqu'au martyre, mais non pour ceux qu'on a vus.

Les jansénistes ressemblent aux hérétiques par la réformation des mœurs, mais vous leur ressemblez en mal.
Ceux qui ont écrit cela en latin parlent en français.

Le mal ayant été fait de les mettre en français, il fallait faire le bien de les condamner.

Il y a une seule hérésie qu'on explique différemment dans l'École et dans le monde.

449

Les miracles discernent aux choses douteuses : entre les peuples juif et païen, juif et chrétien, catholique hérétique, calomniés calomniateurs, entre les deux croix.
Mais aux hérétiques les miracles seraient inutiles, car l'Église, autorisée par les miracles qui ont préoccupé la créance, nous dit qu'ils n'ont pas la vraie foi. Il n'y a pas de doute qu'ils n'y sont pas, puisque les premiers miracles de l'Église excluent la foi des leurs. Il y a ainsi miracle contre miracle. Et premiers et plus grands du côté de l'Église.

Ces filles étonnées de ce qu'on dit qu'elles sont dans la voie de perdition, que leurs confesseurs les mènent à Genève, qu'ils leur inspirent que Jésus-Christ n'est point en l'Eucharistie ni en la droite du Père, elles savent que tout cela est faux. Elles s'offrent donc à Dieu en cet état : *Vide si via iniquitatis in me est* [27]. Qu'arrive-t-il là-dessus ? Ce lieu qu'on dit être le temple du diable, Dieu en fait son temple. On dit qu'il en faut ôter les enfants, Dieu les y guérit. On dit que c'est l'arsenal de l'enfer,

Dieu en fait le sanctuaire de ses grâces. Enfin on les menace de toutes les fureurs et de toutes les vengeances du ciel, et Dieu les comble de ses faveurs. Il faudrait avoir perdu le sens pour en conclure qu'elles sont donc en la voie de perdition.

On a sans doute les mêmes marques que saint Athanase [28].

450

La folle idée que vous avez de l'importance de votre Compagnie vous a fait établir ces horribles voies. Il est bien visible que c'est ce qui vous a fait suivre celle de la calomnie, puisque vous blâmez en moi comme horribles les moindres impostures que vous excusez en vous, parce que vous me regardez comme un particulier et vous comme IMAGO.

Il paraît bien que vos louanges sont des folies par les folles [visions] comme le privilège de non-damné [29].

Est-ce donner courage à vos enfants, de les condamner quand ils servent l'Église ?

C'est un artifice du diable de divertir ailleurs les armes dont ces gens-là [30] combattraient les hérésies.

Vous êtes mauvais politiques.

Pyrrhonisme.

Chaque chose est ici vraie en partie, fausse en partie. La vérité essentielle n'est point ainsi, elle est toute pure et toute vraie. Ce mélange la déshonore et l'anéantit. Rien n'est purement vrai, et ainsi rien n'est vrai en l'entendant du pur vrai. On dira qu'il est vrai que l'homicide est mauvais. Oui, car nous connaissons bien le mal et le faux. Mais que dira-t-on qui soit bon ? La chasteté ? Je dis que non, car le monde finirait. Le mariage ? non, la continence vaut mieux. De ne point tuer ? non, car les désordres seraient horribles et les méchants tueraient tous les bons. De tuer ? non, car cela détruit la nature. Nous n'avons ni vrai ni bien qu'en partie, et mêlé de mal et de faux.

L'histoire de l'aveugle-né [31].

Que dit saint Paul ? Dit-il le rapport des prophéties à toute heure ? Non, mais son miracle [32].

Que dit Jésus-Christ ? Dit-il le rapport des prophéties ? Non. Sa mort ne les avait pas accomplies. Mais il dit : *Si non fecissem. Croyez aux œuvres* [33].

Deux fondements surnaturels de notre religion toute surnaturelle : l'un visible, l'autre invisible.
Miracles avec la grâce, miracles sans grâce.

La synagogue, qui a été traitée avec amour comme figure de l'Église et avec haine parce qu'elle n'en était que la figure, a été relevée étant prête à succomber, quand elle était bien avec Dieu, et ainsi figure.

Les miracles prouvent le pouvoir que Dieu a sur les cœurs par celui qu'il exerce sur les corps.

Jamais l'Église n'a approuvé un miracle parmi les hérétiques.

Les miracles, appui de [la] religion. Ils ont discerné les Juifs. Ils ont discerné les chrétiens, les saints, les innocents, les vrais croyants.

Un miracle parmi les schismatiques n'est pas tant à craindre. Car le schisme, qui est plus visible que le miracle, marque visiblement leur erreur. Mais quand il n'y a point de schisme et que l'erreur est en dispute, le miracle discerne.

Si non fecissem quae alter non fecit [34].

Ces malheureux qui nous ont obligés de parler des miracles.

Abraham, Gédéon [35].
Confirmer la foi par miracles.

Judith : enfin Dieu parle dans les dernières oppressions.

Si le refroidissement de la charité laisse l'Église presque sans *vrais adorateurs* [36], les miracles en exciteront. Ce sont les derniers efforts de la grâce.

S'il se faisait un miracle aux jésuites.

Quand le miracle trompe l'attente de ceux en présence desquels il arrive et qu'il y a disproportion entre l'état de leur foi et l'instrument du miracle, alors il doit les porter à changer, mais, etc. Autrement il y aurait autant de raison à dire que si l'Eucharistie ressuscitait un mort il faudrait se rendre calviniste que demeurer catholique. Mais quand il couronne l'attente, et que ceux qui ont espéré que Dieu bénirait les remèdes se voient guéris sans remèdes...

Jamais signe n'est arrivé de la part du diable
Impies. sans un signe plus fort de la part de Dieu.
Au moins sans qu'il eût été prédit que cela
arriverait.

451

Probabilité. Ils ont quelques principes vrais, mais ils en abusent. Or l'abus des vérités doit être autant puni que l'introduction du mensonge.

Comme s'il y avait deux enfers, l'un pour les péchés contre la charité, l'autre contre la justice.

Vertu apéritive d'une clé, attractive d'un croc.

Superstition et concupiscence.

Scrupules, désirs mauvais, crainte mauvaise.

Crainte, non celle qui vient de ce qu'on croit Dieu, mais celle de ce qu'on doute s'il est ou non. La bonne crainte vient de la foi, la fausse crainte vient du doute, la bonne crainte jointe à l'espérance parce qu'elle naît de la foi et qu'on espère au Dieu que l'on croit, la mauvaise jointe au désespoir parce qu'on craint le Dieu auquel on n'a point eu foi. Les uns craignent de le perdre, les autres craignent de le trouver.

(Gens sans parole, sans foi, sans honneur, sans vérité, doubles de cœur, doubles de langue et semblables, comme il vous fut reproché autrefois, à cet animal amphibie de la fable qui se tenait dans un état ambigu entre les poissons et les oiseaux.)

Quand on dit que Jésus-Christ n'est pas mort pour tous, vous abusez d'un vice des hommes, qui s'appliquent incontinent cette exception, ce qui est favoriser le désespoir au lieu de les en détourner pour favoriser l'espérance.

Car on s'accoutume ainsi aux vertus intérieures par ces habitudes extérieures.

Il importe aux rois et princes d'être en estime de piété. Et pour cela il faut qu'ils se confessent à vous.

Le Port-Royal vaut bien Voltigerod [37].

Autant que votre procédé est juste selon ce biais, autant il est injuste si on regarde la piété chrétienne.

Les figures de la totalité de la Rédemption, comme que le soleil éclaire à tous, ne marquent qu'une totalité, mais les figurantes des exclusions, comme des Juifs élus à l'exclusion des gentils, marquent l'exclusion.

Jésus-Christ rédempteur de tous [38]. Oui, car il a offert comme un homme qui a racheté tous ceux qui voudront venir à lui. Ceux qui mourront en chemin, c'est leur malheur. Mais quant à lui, il leur offrait rédemption. Cela est bon en cet exemple où celui qui rachète et celui qui empêche de mourir sont deux, mais non pas en Jésus-Christ, qui fait l'un et l'autre. Non, car Jésus-Christ, en qualité de rédempteur, n'est pas peut-être maître de tous, et ainsi, en tant qu'il est en lui, il est rédempteur de tous.

[XXXIII] MISCELLANEA [1]

452

Quand dans un discours se trouvent des mots répétés et qu'essayant de les corriger on les trouve si propres qu'on gâterait le discours, il les faut laisser, c'en est la marque. Et c'est là la part de l'envie, qui est aveugle et qui ne sait pas que cette répétition n'est pas faute en cet endroit. Car il n'y a point de règle générale.

On aime la sûreté, on aime que le pape soit infaillible en la foi, et que les docteurs graves le soient dans les mœurs, afin d'avoir son assurance.

Si saint Augustin venait aujourd'hui et qu'il fût aussi peu autorisé que ses défenseurs, il ne ferait rien. Dieu conduit bien son Église de l'avoir envoyé devant avec autorité.

Pyrrhonisme.

L'extrême esprit est accusé de folie, comme l'extrême défaut. Rien que la médiocrité n'est bon : c'est la pluralité qui a établi cela, et qui mord quiconque s'en échappe par quelque bout que ce soit. Je ne m'y obstinerai pas, je consens bien qu'on m'y mette, et me refuse d'être au bas bout, non pas parce qu'il est bas, mais parce qu'il est bout, car je refuserais de même qu'on me mît au haut. C'est sortir de l'humanité que de sortir du milieu.

La grandeur de l'âme humaine consiste à savoir s'y tenir. Tant s'en faut que la grandeur soit à en sortir qu'elle est à n'en point sortir.

453 [2]

(Nature ne p...

La nature nous a si bien mis au milieu que si nous changeons un côté de la balance, nous changeons aussi l'autre : JE FAISONS, ZOA TREKEI [3].

Cela me fait croire qu'il y a des ressorts dans notre tête, qui sont tellement disposés que qui touche l'un touche aussi le contraire.

J'ai passé longtemps de ma vie en croyant qu'il y avait une justice, et en cela je ne me trompais pas, car il y en a, selon que Dieu nous l'a voulu révéler. Mais je ne le prenais pas ainsi, et c'est en quoi je me trompais, car je croyais que notre justice était essentiellement juste et que j'avais de quoi la connaître et en juger [4]. *Mais je me suis trouvé tant de fois en faute de jugement droit, qu'enfin je suis entré en défiance de moi, et puis des autres. J'ai vu tous les pays et hommes changeants. Et ainsi, après bien des changements de jugement touchant la véritable justice, j'ai connu que notre nature n'était qu'un continuel changement, et je n'ai plus changé depuis. Et si je changeais, je confirmerais mon opinion. Le pyrrhonien Arcésilas, qui redevient dogmatique* [5].

Il se peut faire qu'il y ait de vraies démonstrations, mais cela n'est pas certain. Ainsi cela ne montre autre chose sinon qu'il n'est pas certain que tout soit incertain. A la gloire du pyrrhonisme.

Cet homme si affligé de la mort de sa femme et de son fils unique, qui a cette grande querelle qui le tourmente, d'où vient qu'à ce moment il n'est point triste et qu'on le voit si exempt de toutes ces pensées pénibles et inquiétantes. Il ne faut pas s'en étonner, on vient de lui servir une balle et il faut qu'il la rejette à son compagnon, il est occupé à la prendre à la chute du toit pour gagner une chasse [6]. *Comment voulez-vous qu'il pense à ses affaires, ayant cette autre affaire à manier ? Voilà un soin digne d'occuper cette grande âme et de lui ôter toute autre pensée de l'esprit. Cet homme né pour connaître l'univers, pour juger de toutes choses, pour régler tout un État, le voilà occupé et tout rempli du soin de prendre un lièvre. Et s'il ne s'abaisse à cela et veuille toujours être tendu, il n'en sera que plus sot, parce qu'il voudra s'élever au-dessus de l'humanité, et il n'est qu'un homme, au bout du compte, c'est-à-dire capable de peu et de beaucoup, de tout et de rien. Il n'est ni ange ni bête, mais homme.*

Une seule pensée nous occupe. Nous ne pouvons penser à deux choses à la fois. Dont bien nous prend, selon le monde, non selon Dieu.

Il faut sobrement juger des ordonnances divines, mon Père. Saint Paul en l'île de Malte [7].)

454 [8]

Montaigne a tort : la coutume ne doit être suivie que parce qu'elle est coutume, et non parce qu'elle soit raisonnable ou juste. Mais le peuple la suit par cette seule raison qu'il la croit juste. Sinon il ne la suivrait plus, quoiqu'elle fût coutume. Car on ne veut être assujetti qu'à la raison ou à la justice. La coutume sans cela passerait pour tyrannie, mais l'empire de la raison et de la justice n'est non plus tyrannique que celui de la délectation. Ce sont les principes naturels à l'homme.

Il serait donc bon qu'on obéît aux lois et coutumes parce qu'elles sont lois, qu'[on] sût qu'il n'y en a aucune vraie et juste à introduire, que nous n'y connaissons rien et qu'ainsi il faut seulement suivre les reçues : par ce moyen on ne les quitterait jamais. Mais le peuple n'est pas susceptible de cette doctrine. Et ainsi, comme il croit que la vérité se peut trouver et qu'elle est dans les lois et coutumes, il les croit et prend leur antiquité comme une preuve de leur vérité (et non de leur seule autorité, sans vérité). Ainsi il y obéit, mais il est sujet à se révolter dès qu'on lui montre qu'elles ne valent rien, ce qui se peut faire voir de toutes en les regardant d'un certain côté.

Le mal est aisé, il y en a une infinité, le bien presque unique. Mais un certain genre de mal est aussi difficile à trouver que ce qu'on appelle bien, et souvent on fait passer pour bien à cette marque ce mal particulier. Il faut même une grandeur extraordinaire d'âme pour y arriver, aussi bien qu'au bien.

Les exemples qu'on prend pour prouver d'autres choses, si on voulait prouver les exemples, on prendrait les autres choses pour en être les exemples.

Car, comme on croit toujours que la difficulté est à ce qu'on veut prouver, on trouve les exemples plus clairs et aidants à le montrer. Ainsi quand on veut montrer une chose générale, il faut en donner la règle particulière d'un cas. Mais si on veut montrer un cas particulier, il faudra commencer par la règle particulière. Car on trouve toujours obscure la chose qu'on veut prouver et claire celle qu'on emploie à la preuve. Car quand on propose une chose à prouver, d'abord on se remplit de cette imagination qu'elle est donc obscure, et au contraire que celle qui la doit prouver est claire, et ainsi on l'entend aisément.

Je me suis mal trouvé de ces compliments : « Je vous ai bien donné de la peine. Je crains de vous ennuyer. Je crains que cela soit trop long. » – Ou on entraîne, ou on irrite.

Qu'il est difficile de proposer une chose au jugement d'un autre sans corrompre son jugement par la manière de la lui proposer. Si on dit : « Je le trouve beau, je le trouve obscur », ou autre chose semblable, on entraîne l'imagination à ce jugement ou on l'irrite au contraire. Il vaut mieux ne rien dire, et alors il juge selon ce qu'il est, c'est-à-dire selon ce qu'il est alors et selon que les autres circonstances dont on n'est pas auteur y auront mis. Mais au moins on n'y aura rien mis. Si ce n'est que ce silence n'y fasse aussi son effet, selon le tour et l'interprétation qu'il sera en humeur de lui donner, ou selon qu'il le conjecturera des mouvements et air du visage, ou du ton de voix, selon qu'il sera physionomiste. Tant il est difficile de ne point démonter un jugement de son assiette naturelle, ou plutôt tant il en a peu de ferme et stable.

455

Tout notre raisonnement se réduit à céder au sentiment.

Mais la fantaisie est semblable et contraire au sentiment, de sorte qu'on ne peut distinguer entre ces contraires. L'un dit que mon sentiment est fantaisie, l'autre que sa fantaisie est sentiment. Il faudrait avoir une règle. La raison s'offre, mais elle est ployable à tous sens.

Et ainsi il n'y en a point.

456

Ces choses qui nous tiennent le plus, comme de cacher son peu de bien, ce n'est souvent presque rien. C'est un néant que notre imagination grossit en montagne : un autre tour d'imagination nous le fait découvrir sans peine.

457

Pyrrhonisme.

J'écrirai ici mes pensées sans ordre, et non pas peut-être dans une confusion sans dessein. C'est le véritable ordre, et qui marquera toujours mon objet par le désordre même.

Je ferais trop d'honneur à mon sujet, si je le traitais avec ordre, puisque je veux montrer qu'il en est incapable.

On ne s'imagine Platon et Aristote qu'avec de grandes robes de pédants. C'étaient des gens honnêtes et comme les autres, riants avec leurs amis. Et quand ils se sont divertis à faire leurs *Lois* et leurs *Politiques*, ils l'ont fait en se jouant. C'était la partie la moins philosophe et la moins sérieuse de leur vie, la plus philosophe était de vivre simplement et tranquillement. S'ils ont écrit de politique, c'était comme pour régler un hôpital de fous. Et s'ils ont fait semblant d'en parler comme d'une grande chose, c'est qu'ils savaient que les fous à qui ils parlaient pensent être rois et empereurs. Ils entrent dans leurs principes pour modérer leur folie au moins mal qu'il se peut.

Ceux qui jugent d'un ouvrage sans règle sont à l'égard des autres comme ceux qui ont une montre à l'égard des autres. L'un dit : « Il y a deux heures. » – L'autre dit : « Il n'y a que trois quarts d'heure. » – Je regarde ma montre, et je dis à l'un : « Vous vous ennuyez », et à l'autre : « Le temps ne vous dure guère, car il y a une heure et demie. » – Et je me moque de ceux qui disent que le temps me dure à moi et que j'en juge par fantaisie.

Ils ne savent pas que j'en juge par ma montre.

Il y a des vices qui ne tiennent à nous que par d'autres, et qui en ôtant le tronc s'emportent comme des branches.

458

Dieu et les apôtres, prévoyant que les semences d'orgueil feraient naître les hérésies et ne voulant pas leur donner occasion de naître par des termes propres, a mis dans l'Écriture et les prières de l'Église des mots et des semences contraires pour produire leurs fruits dans le temps.

De même qu'il donne dans la morale la charité, qui produit des fruits contre la concupiscence.

———

Quand la malignité a la raison de son côté, elle devient fière et étale la raison en tout son lustre.

———

Quand l'austérité ou le choix sévère n'a pas réussi au vrai bien et qu'il faut revenir à suivre la nature, elle devient fière par ce retour.

———

Celui qui sait la volonté de son maître sera battu de plus de coups, à cause du pouvoir qu'il a par la connaissance [9] *Qui justus est justificetur adhuc* [10], à cause du pouvoir qu'il a par la justice.

A celui qui a le plus reçu sera le plus grand compte demandé, à cause du pouvoir qu'il a par le secours.

Il y a une différence universelle et essentielle entre les actions de la volonté et toutes les autres.

———

La volonté est un des principaux organes de la créance, non qu'elle forme la créance, mais parce que les choses sont vraies ou fausses selon la face par où on les regarde. La volonté qui se plaît à l'une plus qu'à l'autre détourne l'esprit de considérer les qualités de celle qu'elle n'aime pas à voir. Et ainsi l'esprit, marchant d'une pièce avec la volonté, s'arrête à regarder la face qu'elle aime, et ainsi il en juge par ce qu'il y voit.

———

Toutes les bonnes maximes sont dans le monde : on ne manque qu'à les appliquer.

Par exemple, on ne doute pas qu'il ne faille exposer sa vie pour défendre le bien public, et plusieurs le font, mais pour la religion point.

———

Il est nécessaire qu'il y ait de l'inégalité parmi les hommes. Cela est vrai, mais cela étant accordé, voilà la porte ouverte non seulement à la plus haute domination, mais à la plus haute tyrannie.

Il est nécessaire de relâcher un peu l'esprit, mais cela ouvre la porte aux plus grands débordements.

Qu'on en marque les limites. Il n'y a point de bornes dans les choses : les lois y en veulent mettre, et l'esprit ne peut le souffrir.

459

(Nature diversifie et imite. Artifice imite et diversifie.
Hasard donne les pensées, et hasard les ôte : point d'art pour conserver ni pour acquérir.

———

Pensée échappée, je la voulais écrire : j'écris au lieu qu'elle m'est échappée.)

460

Omnis judaea regio, et Jerosolymitae universi, et baptisabantur [11]. A cause de toutes les conditions d'hommes qui y venaient.

Des pierres PEUVENT être enfants d'Abraham [12].

Tout ce qui est au monde est concupiscence de la chair ou concupiscence des yeux ou orgueil de la vie [13]. *Libido sentiendi, libido sciendi, libido dominandi* [14]. Malheureuse la terre de malédiction que ces trois fleuves de feu embrasent plutôt qu'ils n'arrosent ! Heureux ceux qui, étant sur ces fleuves, non pas plongés, non pas entraînés, mais immobilement affermis sur ces fleuves, non pas debout, mais assis, dans une assiette basse et sûre, dont ils ne se relèvent pas avant la lumière, mais après s'y être reposés en paix, tendent la main à celui qui les doit élever pour les faire tenir debout et fermes dans les porches de la sainte Jérusalem, où l'orgueil ne pourra plus les combattre et les abattre ! Et qui cependant pleurent, non pas de voir écouler toutes les choses périssables que ces torrents entraînent, mais dans le souvenir de leur chère patrie, de la Jérusalem céleste, dont ils se souviennent sans cesse dans la longueur de leur exil.

———

Les élus ignoreront leurs vertus, et les réprouvés la grandeur de leurs crimes : *Seigneur, quand t'avons-nous vu avoir faim, soif* [15], etc.

———

Jésus-Christ n'a point voulu du témoignage des démons ni de ceux qui n'avaient pas vocation, mais de Dieu et Jean-Baptiste.

———

Si on se convertissait Dieu guérirait et pardonnerait : *ne convertantur et sanem eos*, Isaïe [16]. *Et dimittantur eis peccata*, Marc, 3 [17].

———

Jésus-Christ n'a jamais condamné sans ouïr.
A Judas : *Amice, ad quid venisti* [18] ? A celui qui n'avait pas la robe nuptiale, de même [19].

461

Priez, de peur d'entrer en tentation [20]. Il est dangereux d'être tenté. Et ceux qui le sont, c'est parce qu'ils ne prient pas.

Et tu conversus confirma fratres tuos. Mais auparavant, *conversus Jesus respexit Petrum* [21].

Saint Pierre demande permission de frapper Malchus, et frappe devant que d'ouïr la réponse. Et Jésus-Christ répond après [22].

Le mot de GALILÉE que la foule des Juifs prononça comme par hasard en accusant Jésus-Christ devant Pilate donna sujet à Pilate d'envoyer Jésus-Christ à Hérode. En quoi fut accompli le mystère qu'il devait être jugé par les Juifs et les gentils. Le hasard en apparence fut la cause de l'accomplissement du mystère [23].

L'imagination grossit les petits objets jusqu'à en remplir notre âme par une estimation fantastique, et par une insolence téméraire elle amoindrit les grandes jusqu'à sa mesure, comme en parlant de Dieu.

Lustravit lampade terras [24]. Le temps et mon humeur ont peu de liaison : j'ai mes brouillards et mon beau temps au-dedans de moi. Le bien et le mal de mes affaires mêmes y fait peu. Je m'efforce quelquefois de moi-même contre la fortune : la gloire de la dompter me la fait dompter gaiement, au lieu que je fais quelquefois le dégoûté dans la bonne fortune.

462

Écrire contre ceux qui approfondissent trop les sciences. Descartes.

463

La force est la reine du monde, et non pas l'opinion [25]. Mais l'opinion est celle qui use de la force.
C'est la force qui fait l'opinion. La mollesse est belle, selon notre opinion. Pourquoi ? Parce que qui voudra danser sur la corde sera seul [26]. Et je ferai une cabale plus forte de gens qui diront que cela n'est pas beau.

464

Il y en a qui parlent bien et qui n'écrivent pas bien. C'est que le lieu, l'assistance les échauffe et tire de leur esprit plus qu'ils n'y trouvent sans cette chaleur.

465

Les langues sont des chiffres, où non les lettres sont changées en lettres, mais les mots en mots. De sorte qu'une langue inconnue est déchiffrable.

La diversité est si ample que tous les tons de voix, tous les marchers, toussers, mouchers, éternuers [sont différents]. On distingue des fruits les raisins, et entre ceux-là les muscats, et puis Condrieux, et puis Desargues [27], et puis cette ente. Est-ce tout ? En a-t-elle jamais produit deux grappes pareilles ? Et une grappe a-t-elle deux grains pareils ? etc.

Je n'ai jamais jugé d'une même chose exactement de même. Je ne puis juger d'un ouvrage en le faisant : il faut que je fasse comme les peintres et que je m'en éloigne, mais non pas trop. De combien donc ? Devinez.

466

Miscellanea.
Langage.

Ceux qui font les antithèses en forçant les mots sont comme ceux qui font de fausses fenêtres pour la symétrie.

Leur règle n'est pas de parler juste, mais de faire des figures justes.

467

Sépulcre de Jésus-Christ.

Jésus-Christ était mort, mais vu, sur la croix. Il est mort et caché dans le sépulcre.

Jésus-Christ n'a été enseveli que par des saints.

Jésus-Christ n'a fait aucun miracle au sépulcre.

Il n'y a que des saints qui y entrent.

C'est là où Jésus-Christ prend une vie nouvelle, non sur la croix.

C'est le dernier mystère de la Passion et de la Rédemption.

(Jésus-Christ enseigne vivant, mort, enseveli, ressuscité.)

Jésus-Christ n'a point eu où se reposer sur la terre qu'au sépulcre.

Ses ennemis n'ont cessé de le travailler qu'au sépulcre.

468

Ils disent que les éclipses présagent malheur parce que les malheurs sont ordinaires. De sorte qu'il arrive si souvent du mal qu'ils devinent souvent, au lieu que s'ils disaient qu'elles présagent bonheur ils mentiraient souvent. Ils ne donnent le bonheur qu'à des rencontres du ciel rares. Ainsi ils manquent peu souvent à deviner.

469

Il n'y a que deux sortes d'hommes : les uns justes, qui se croient pécheurs ; les autres pécheurs, qui se croient justes.

470

Hérétiques.

Ézéchiel.

Tous les païens disaient du mal d'Israël, et le prophète aussi. Et tant s'en faut que les Israélites eussent droit de lui dire : « Vous parlez comme les païens », qu'il fait sa plus grande force sur ce que les païens parlent comme lui [28].

471

La vraie et unique vertu est donc de se haïr, car on est haïssable par sa concupiscence, et de chercher un être véritablement aimable pour l'aimer. Mais comme nous ne pouvons aimer ce qui est hors de nous, il faut aimer un être qui soit en nous, et qui ne soit pas nous. Et cela est vrai d'un chacun de tous les hommes. Or il n'y a que l'être universel qui soit tel. Le royaume de Dieu est en nous. Le bien universel est en nous, est nous-même et n'est pas nous.

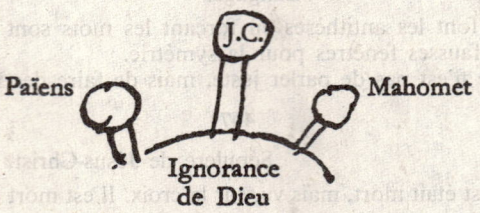

472

Tout tourne en bien pour les élus [29].

Jusqu'aux obscurités de l'Écriture, car ils les honorent à cause des clartés divines. Et tout tourne en mal pour les autres, jusqu'aux clartés, car ils les blasphèment, à cause des obscurités qu'ils n'entendent pas.

473

Il ne faut pas juger de ce qu'est le pape par quelques paroles des Pères (comme disaient les Grecs dans un Concile, *Règles importantes*), mais par les actions de l'Église et des Pères et par les canons.

L'unité et la multitude : *Duo aut tres/in unum* [30]. Erreur à exclure l'un des deux, comme font les papistes, qui excluent la multitude, ou les huguenots, qui excluent l'unité.

Il n'est pas possible de croire raisonnablement contre les miracles.

Le pape est premier. Quel autre est connu de tous ? Quel autre est reconnu de tous, ayant pouvoir d'insinuer dans tout le corps parce qu'il tient la maîtresse branche qui s'insinue partout ?

Qu'il était aisé de faire dégénérer cela en tyrannie ! C'est pourquoi Jésus-Christ leur a posé ce précepte : *Vos autem non sic* [31].

474

Jésus-Christ figuré par Joseph [32].

Bien-aimé de son père, envoyé du père pour voir ses frères, est innocent, vendu par ses frères vingt deniers, et par là devenu leur seigneur, leur sauveur et le sauveur des étrangers et le sauveur du monde. Ce qui n'eût point été sans le dessein de le perdre, la vente et la réprobation qu'ils en firent.

Dans la prison, Joseph innocent entre deux criminels ; Jésus-Christ en la croix entre deux larrons. Il prédit le salut à l'un et la mort à l'autre sur les mêmes apparences ; Jésus-Christ sauve les élus et damne les réprouvés sur les mêmes crimes. Joseph ne fait que prédire, Jésus-Christ fait. Joseph demande à celui qui sera sauvé qu'il se souvienne de lui quand il sera venu en sa gloire ; et celui que Jésus-Christ sauve lui demande qu'il se souvienne de lui quand il sera en son royaume.

Il y a hérésie à expliquer toujours *omnes* de tous, et hérésie à ne le pas expliquer quelquefois de tous. *Bibite ex hoc omnes* [33] : les huguenots, hérétiques en l'expliquant de tous. *In quo omnes peccaverunt* [34] : les huguenots, hérétiques en exceptant les enfants des fidèles. Il faut donc suivre les Pères et la tradition pour savoir quand, puisqu'il y a hérésie à craindre de part et d'autre.

475

Miscellanea.
Façon de parler.
Je m'étais voulu appliquer à cela.

476

La Synagogue ne périssait point, parce qu'elle était la figure. Mais parce qu'elle n'était que la figure, elle est tombée dans la servitude. La figure a subsisté jusqu'à la vérité, afin que l'Église fût toujours visible, ou dans la peinture qui la promettait ou dans l'effet.

477

Un miracle, dit-on, affermirait ma créance. On le dit quand on ne le voit pas. Les raisons qui, étant vues de loin, paraissent borner notre vue, mais quand on y est arrivé, on commence à voir encore au-delà : rien n'arrête la volubilité de notre esprit. Il n'y a point, dit-on, de règle qui n'ait quelque exception, ni de vérité si générale qui n'ait quelque face par où elle manque. Il suffit qu'elle ne soit pas absolument universelle pour nous donner sujet d'appliquer l'exception au sujet présent et de dire : cela n'est pas toujours vrai, donc il y a des cas où cela n'est pas. Il ne reste plus qu'à montrer que celui-ci en est. Et c'est à quoi on est bien maladroit ou bien malheureux si on ne trouve quelque joint.

478

Extravagances des apocalyptiques et préadamites, millénaires [35], etc.

Qui voudra fonder des opinions extravagantes sur l'Écriture en fondera, par exemple, sur cela :

Il est dit que CETTE GÉNÉRATION NE PASSERA POINT, JUSQU'À CE QUE TOUT CELA SE FASSE [36]. Sur cela je dirai qu'après cette génération, il viendra une autre génération, et toujours successivement.

Il est parlé dans le 2 Paralipomènes [37] de Salomon et de roi comme si c'étaient deux personnes diverses : je dirai que c'en étaient deux.

479

Les deux raisons contraires [38]. Il faut commencer par là : sans cela on n'entend rien, et tout est hérétique. Et même, à la fin de chaque vérité, il faut ajouter qu'on se souvient de la vérité opposée.

480

S'il ne fallait rien faire que pour le certain, on ne devrait rien faire pour la religion, car elle n'est pas certaine. Mais combien de choses fait-on pour l'incertain : les voyages sur mer, les batailles ! Je dis donc qu'il ne faudrait rien faire du tout, car rien n'est certain, et qu'il y a plus de certitude à la religion que non pas que nous voyions le jour de demain.

Car il n'est pas certain que nous voyions demain, mais il est certainement possible que nous ne le voyions pas. On n'en peut pas dire autant de la religion. Il n'est pas certain qu'elle soit, mais qui osera dire qu'il est certainement possible qu'elle ne soit pas ? Or quand on travaille pour demain et pour l'incertain, on agit avec raison.

Car on doit travailler pour l'incertain, par la règle des partis [39], qui est démontrée.

Saint Augustin a vu qu'on travaille pour l'incertain : sur mer, en bataille [40], etc., mais il n'a pas vu la règle des partis, qui démontre qu'on le doit. Montaigne a vu qu'on s'offense d'un esprit boiteux et que la coutume peut tout [41], mais il n'a pas vu la raison de cet effet.

Toutes ces personnes ont vu les effets, mais ils n'ont pas vu les causes. Ils sont à l'égard de ceux qui ont découvert les causes comme ceux qui n'ont que les yeux à l'égard de ceux qui ont l'esprit : car les effets sont comme sensibles, et les causes sont visibles seulement à l'esprit. Et quoique ces effets-là se voient par l'esprit, cet esprit est à l'égard de l'esprit qui voit les causes comme les sens corporels à l'égard de l'esprit.

481

L'éloquence est une peinture de la pensée. Et ainsi ceux qui, après avoir peint, ajoutent encore, font un tableau au lieu d'un portrait.

482

Carrosse versé ou renversé, selon l'intention.

Répandre, ou verser, selon l'intention.

Plaidoyer de M. Le Maître sur le cordelier par force [42].

Symétrie,
en ce qu'on voit d'une vue,
fondée sur ce qu'il n'y a pas de raison de faire autrement.
Et fondée aussi sur la figure de l'homme.
D'où il arrive qu'on ne veut la symétrie qu'en largeur, non en hauteur, ni profondeur.

483

Scaramouche [43], qui ne pense qu'à une chose.
Le docteur [44] qui parle un quart d'heure après avoir tout dit. Tant il est plein du désir de dire.

484

Changer de figure, à cause de notre faiblesse.

485

Deviner / La part que je prends à votre déplaisir [45].
M. le Cardinal ne voulait point être deviné.

J'ai l'esprit plein d'inquiétude. Je suis plein d'inquiétude vaut mieux.

Éloquence qui persuade par douceur, non par empire, en tyran, non en roi.

486

Il y a un certain modèle d'agrément et de beauté qui consiste en un certain rapport entre notre nature, faible ou forte, telle qu'elle est, et la chose qui nous plaît.

Tout ce qui est formé sur ce modèle nous agrée : soit maison, chanson, discours, vers, prose, femme, oiseaux, rivières, arbres, chambres, habits, etc.

Tout ce qui n'est point fait sur ce modèle déplaît à ceux qui ont le goût bon.

Et, comme il y a un rapport parfait entre une chanson et une maison qui sont faites sur ce bon modèle, parce qu'elles ressemblent à ce modèle unique quoique chacune selon son genre, il y a de même un rapport parfait entre les choses faites sur le mauvais modèle. Ce n'est pas que le mauvais modèle soit unique, car il y en a une infinité. Mais chaque mauvais sonnet, par exemple, sur quelque faux modèle qu'il soit fait, ressemble parfaitement à une femme vêtue sur ce modèle.

Rien ne fait mieux entendre combien un faux sonnet est ridicule que d'en considérer la nature et le modèle, et de s'imaginer ensuite une femme ou une maison faite sur ce modèle-là.

Beauté poétique.

Comme on dit beauté poétique, on devrait aussi dire beauté géométrique et beauté médicinale. Mais on ne le dit pas, et la raison en est qu'on sait bien quel est l'objet de la géométrie et qu'il consiste en preuves, et quel est l'objet de la médecine, et qu'il consiste en la guérison. Mais on ne sait pas en quoi consiste l'agrément, qui est l'objet de la poésie. On ne sait ce que c'est que ce modèle naturel qu'il faut imiter, et à faute de cette connaissance on a inventé de certains termes bizarres : « siècle d'or », « merveille de nos jours », « fatal », etc. Et on appelle ce jargon beauté poétique.

Mais qui s'imaginera une femme sur ce modèle-là, qui consiste à dire de petites choses avec de grands mots, verra une jolie damoiselle toute pleine de miroirs et de chaînes, dont il rira, parce qu'on sait mieux en quoi consiste l'agrément d'une femme que l'agrément des vers. Mais ceux qui ne s'y connaîtraient pas l'admireraient en cet équipage, et il y a bien des villages où on la prendrait pour la reine. Et c'est pourquoi nous appelons les sonnets faits sur ce modèle-là les reines de villages.

On ne passe point dans le monde pour se connaître en vers si l'on n'a mis l'enseigne de poète, de mathématicien, etc. Mais les gens universels ne veulent point d'enseigne, et ne mettent guère de différence entre le métier de poète et celui de brodeur.

Les gens universels ne sont appelés ni poètes, ni géomètres, etc. Mais ils sont tout cela, et jugent de tous ceux-là. On ne les devine point. Ils parleront de ce qu'on parlait quand ils sont entrés. On ne s'aperçoit point en eux d'une qualité plutôt que d'une autre, hors de la nécessité de la mettre en usage. Mais alors on s'en souvient. Car il est également de ce caractère qu'on ne dise point d'eux qu'ils parlent bien, quand il n'est point question du langage, et qu'on dise d'eux qu'ils parlent bien, quand il en est question.

C'est donc une fausse louange qu'on donne à un homme quand on dit de lui, lorsqu'il entre, qu'il est fort habile en poésie. Et c'est une mauvaise marque quand on n'a pas recours à un homme quand il s'agit de juger de quelques vers.

487

La foi est un don de Dieu, ne croyez pas que nous disions que c'est un don de raisonnement. Les autres religions ne disent pas cela de leur foi, elles ne donnaient que le raisonner pour y arriver, qui n'y mène pas néanmoins.

488

Le diable a troublé le zèle des Juifs avant Jésus-Christ parce qu'il leur eût été salutaire, mais non pas après.

Le peuple juif, moqué des gentils ; le peuple chrétien, persécuté.

489

Adam forma futuri [46]. Les six jours pour former [l']un, les six âges pour former l'autre. Les six jours que Moïse représente pour la formation d'Adam ne sont que la peinture des six âges pour former Jésus-Christ et l'Église. Si Adam n'eût point péché et que Jésus-Christ ne fût point venu, il n'y eût eu qu'une seule alliance, qu'un seul âge des hommes, et la Création eût été représentée comme faite en un seul temps.

490

Ne si terrerentur et non docerentur improba quasi dominatio videretur. Augustin, *Épistula 48* ou *49* [47].

Quatrième tome : *Contra mendacium,* ad Consentium [48].

[XXXIV. PENSÉES MÊLÉES 2]

491

Conduite générale du monde envers l'Église.
Dieu voulant aveugler et éclairer.

L'événement ayant prouvé la divinité de ces prophéties, le reste doit en être cru. Et par là nous voyons l'ordre du monde en cette sorte.

Les miracles de la Création et du Déluge s'oubliant, Dieu envoya la loi et les miracles de Moïse. Les prophètes qui prophétisent des choses particulières [1] : et pour préparer un miracle subsistant il prépare des prophéties et l'accomplissement. Mais, les prophéties pouvant être suspectes, il veut les rendre non suspectes, etc.

Si l'on ne se connaît plein de superbe, d'ambition, de concupiscence, de faiblesse, de misère et d'injustice, on est bien aveugle. Et si, en le connaissant, on ne désire d'en être délivré, que peut-on dire d'un homme... ?

Que peut-on donc avoir que de l'estime pour une religion qui connaît si bien les défauts de l'homme, et que du désir pour la vérité d'une religion qui y promet des remèdes si souhaitables ?

492

Si les Juifs eussent été tous convertis par Jésus-Christ, nous n'aurions plus que des témoins suspects. Et s'ils avaient été exterminés, nous n'en aurions point du tout.

493

Les Juifs le refusent, mais non pas tous : les saints le reçoivent, et non les charnels. Et tant s'en faut que cela soit contre sa gloire que c'est le dernier trait qui l'achève. Comme la raison qu'ils en ont, et la seule qui se trouve dans tous leurs écrits, dans le Talmud et dans les rabbins, n'est que parce que Jésus-Christ n'a pas dompté les nations en main armée, *Gladium tuum potentissime* [2], n'ont-ils que cela à dire ? Jésus-Christ a été tué, disent-ils, il a succombé, il n'a pas dompté les païens par sa force, il ne nous a pas donné leurs dépouilles, il ne donne point de richesses : n'ont-ils que cela à dire ? C'est en cela qu'il m'est aimable. Je ne voudrais pas celui qu'ils se figurent. Il est visible que ce n'est que le vice qui leur a empêché de le recevoir. Et par ce refus ils sont des témoins sans reproche, et qui plus est par là ils accomplissent les prophéties.

(*Par le moyen de ce que ce peuple ne l'a pas reçu est arrivée cette merveille que voici :*

Les prophéties sont les seuls miracles subsistants qu'on peut faire, mais elles sont sujettes à être contredites.)

(*Par ceux qui sont dans le déplaisir de se voir sans foi on voit que Dieu ne les éclaire pas. Mais les autres, on voit qu'il y a un Dieu qui les aveugle.*)

494

Le moi [3] est haïssable. Vous, Miton, le couvrez, vous ne l'ôtez point pour cela : vous êtes donc toujours haïssable.

« Point. Car en agissant, comme nous faisons, obligeamment pour tout le monde, on n'a plus sujet de nous haïr. » — Cela est vrai, si on ne haïssait dans le moi que le déplaisir qui nous en revient.

Mais si je le hais parce qu'il est injuste, qu'il se fait centre de tout, je le haïrai toujours.

En un mot le moi a deux qualités : il est injuste en soi, en ce qu'il se fait centre de tout ; il est incommode aux autres, en ce qu'il les veut asservir, car chaque moi est l'ennemi et voudrait être le tyran de tous les autres. Vous en ôtez l'incommodité, mais non pas l'injustice.

Et ainsi vous ne le rendez pas aimable à ceux qui en haïssent l'injustice. Vous ne le rendez aimable qu'aux injustes, qui n'y trouvent plus leur ennemi. Et ainsi vous demeurez injuste, et ne pouvez plaire qu'aux injustes.

495

Ce qui nous gâte pour comparer ce qui s'est passé autrefois dans l'Église à ce qui s'y voit maintenant est qu'ordinairement on regarde saint Athanase, sainte Thérèse et les autres comme couronnés de gloire et [...] jugés avant nous comme des dieux. A présent que le temps a éclairci les choses, cela paraît ainsi. Mais au temps où on le persécutait, ce grand saint était un homme, qui s'appelait Athanase, et sainte Thérèse une folle[4]. *Élie était un homme comme nous* et sujet aux mêmes passions que nous, dit saint Pierre[5] pour désabuser les chrétiens de cette fausse idée, qui nous fait rejeter l'exemple des saints comme disproportionné à notre état : c'étaient des saints, disons-nous, ce n'est pas comme nous. Que se passait-il donc alors ? Saint Athanase était un homme appelé Athanase, accusé de plusieurs crimes, condamné en tel et tel concile pour tel et tel crime : tous les évêques y consentent, et le pape enfin. Que dit-on à ceux qui y résistent ? Qu'ils troublent la paix, qu'ils font schisme, etc.

Zèle, lumière. Quatre sortes de personnes : zèle sans science, science sans zèle, ni science ni zèle, et zèle et science.

Les trois premiers le condamnent, les derniers l'absolvent et sont excommuniés de l'Église, et sauvent néanmoins l'Église.

496

Mais est-il probable que la probabilité assure ?

Différence entre repos et sûreté de conscience. Rien ne donne l'assurance, que la vérité. Rien ne donne le repos, que la recherche sincère de la vérité.

497

La corruption de la raison paraît par tant de différentes et extravagantes mœurs. Il a fallu que la vérité soit venue afin que l'homme ne vécût plus pour soi-même.

498

Les casuistes soumettent la décision à la raison corrompue et le choix des décisions à la volonté corrompue, afin que tout ce qu'il y a de corrompu dans la nature de l'homme eût part à sa conduite.

499

Vous voulez que l'Église ne juge ni de l'intérieur parce que cela n'appartient qu'à Dieu, ni de l'extérieur, parce que Dieu ne s'arrête qu'à l'intérieur. Et ainsi, lui ôtant tout choix des hommes, vous retenez dans l'Église les plus débordés et ceux qui la déshonorent si fort que les synagogues des Juifs et les sectes des philosophes les auraient exilés comme indignes et les auraient abhorrés comme impies.

500

Est fait prêtre qui veut l'être, comme sous Jéroboam [6].

C'est une chose horrible qu'on nous propose la discipline de l'Église d'aujourd'hui pour tellement bonne, qu'on fait un crime de la vouloir changer. Autrefois elle était bonne infailliblement, et on trouve qu'on a pu la changer sans péché. Et maintenant, telle qu'elle est, on ne la pourra souhaiter changée?

Il a bien été permis de changer la coutume de ne faire des prêtres qu'avec tant de circonspection qu'il n'y en avait presque point qui en fussent dignes. Et il ne sera pas permis de se plaindre de la coutume qui en fait tant d'indignes?

Abraham ne prit rien pour lui, mais seulement pour ses serviteurs [7]. Ainsi le juste ne prend rien pour soi du monde ni des applaudissements du monde, mais seulement pour ses passions, desquelles il se sert comme maître, en disant à l'une : *Va et Viens* [8]. *Sub te erit appetitus tuus* [9]. Ses passions ainsi dominées sont vertus : l'avarice, la jalousie, la colère, Dieu même se les attribue [10] ; et ce sont aussi bien vertus que la clémence, la pitié, la constance, qui sont aussi des passions. Il faut s'en servir comme d'esclaves et, leur laissant leur aliment, empêcher que l'âme n'y en prenne. Car quand les passions sont les maîtresses, elles sont vices et, alors elles donnent à l'âme de leur aliment, et l'âme s'en nourrit et s'en empoisonne.

501

Église, pape.
Unité/multitude.

En considérant l'Église comme unité, le pape, qui en est le chef, est comme tout. En la considérant comme multitude, le pape n'en est qu'une partie. Les Pères l'ont considérée tantôt en une manière, tantôt en l'autre, et ainsi ont parlé diversement du pape.

Saint Cyprien, SACERDOS DEI [11].

Mais en établissant une de ces deux vérités, ils n'ont pas exclu l'autre.

La multitude qui ne se réduit point à l'unité est confusion [12]. L'unité qui ne dépend pas de la multitude est tyrannie.

Il n'y a presque plus que la France où il soit permis de dire que le concile est au-dessus du pape.

502

L'homme est plein de besoins. Il n'aime que ceux qui peuvent les remplir tous. C'est un bon mathématicien, dira-t-on, mais je n'ai que faire de mathématique : il me prendrait pour une proposition. C'est un bon guerrier : il me prendrait pour une place assiégée. Il faut donc un honnête homme, qui puisse s'accommoder à tous mes besoins généralement.

Un vrai ami est une chose si avantageuse, même pour les plus grands seigneurs, afin qu'il dise du bien d'eux et qu'il les soutienne en leur absence même, qu'ils doivent tout faire pour en avoir. Mais qu'ils choisissent bien ! Car s'ils font tous leurs efforts pour des sots, cela leur sera inutile, quelque bien qu'ils disent d'eux ; et même, ils n'en diront pas de bien s'ils se trouvent les plus faibles, car ils n'ont pas d'autorité, et ainsi ils en médiront par compagnie.

503

(Qu'on voie les discours de la 2e, 4e et 5e du janséniste : cela est haut et sérieux.)

(Je hais également le bouffon et l'enflé.) On ne ferait son ami de l'un ni l'autre.

On ne consulte que l'oreille parce qu'on manque de cœur.

La règle est l'honnêteté.

Poète, et non honnête homme [13].

Beautés d'omission, de jugement.

504

Figures.

Sauveur, père, sacrificateur, hostie, nourriture, roi, sage, législateur, affligé, pauvre, devant produire un peuple, qu'il devait conduire et nourrir, et introduire dans sa terre.

Jésus-Christ. Offices.

Il devait lui seul produire un grand peuple élu, saint et choisi, le conduire, le nourrir, l'introduire dans le lieu de repos et de sainteté, le rendre saint à Dieu, en former le temple de Dieu, le réconcilier à Dieu, le sauver de la colère de Dieu, le délivrer de la servitude du péché qui règne visiblement dans l'homme, donner des lois à ce peuple, graver ces lois dans leur cœur, s'offrir à Dieu pour eux, se sacrifier pour eux, être une hostie sans tache, et lui-même sacrificateur, devant offrir

lui-même son corps et son sang, et néanmoins offrir pain et vin à Dieu.
Ingrediens mundum [14].

Pierre sur pierre [15].

Ce qui a précédé, ce qui a suivi. Tous les Juifs subsistants et vagabonds.

Transfixerunt : Zacharie [16], 12, 10.

Prophéties.

Qu'il devait venir un Libérateur qui écraserait la tête au démon, qui devait délivrer son peuple de ses péchés, *ex omnibus iniquitatibus* [17]. Qu'il devait y avoir un nouveau Testament qui serait éternel, qu'il devait y avoir une autre prêtrise *selon l'ordre de Melchisédech* [18], que celle-là serait éternelle, que le Christ devait être glorieux, puissant, fort, et néanmoins si misérable qu'il ne serait point reconnu, qu'on ne le prendrait point pour ce qu'il est, qu'on le rebuterait, qu'on le tuerait, que son peuple qui l'aurait renié ne serait plus son peuple, que les idolâtres le recevraient et auraient recours à lui, qu'il quitterait Sion pour régner au centre de l'idolâtrie, que néanmoins les Juifs subsisteraient toujours, qu'il devait être de Juda, et quand il n'y aurait plus de roi.

505

Il est indubitable que, que l'âme soit mortelle ou immortelle, cela doit mettre une différence entière dans la morale. Et cependant les philosophes ont conduit leur morale indépendamment de cela !

Ils délibèrent de passer une heure.

Platon, pour disposer au christianisme [19].

506

Grandeur, misère.

A mesure qu'on a de la lumière, on découvre plus de grandeur et plus de bassesse dans l'homme.

Le commun des hommes.

Ceux qui sont plus élevés.

Les philosophes.

Ils étonnent le commun des hommes.

Les chrétiens. Ils étonnent les philosophes.

Qui s'étonnera donc de voir que la religion ne fait que connaître à fond ce qu'on reconnaît d'autant plus qu'on a plus de lumière ?

507

Figuratif.

Dieu s'est servi de la concupiscence des Juifs pour les faire servir à Jésus-Christ *(qui portait le remède à la concupiscence).*

508

Figuratif.

Rien n'est si semblable à la charité que la cupidité, et rien n'y est si contraire. Ainsi les Juifs, pleins des biens qui flattaient leur cupidité, étaient très conformes aux chrétiens, et très contraires. Et par ce moyen ils avaient les deux qualités qu'il fallait qu'ils eussent, d'être très conformes au Messie, pour le figurer, et très contraires, pour n'être point témoins suspects.

509

La concupiscence nous est devenue naturelle et a fait notre seconde nature. Ainsi il y a deux natures en nous : l'une bonne, l'autre mauvaise. Où est Dieu ? Où vous n'êtes pas. Et *Le royaume de Dieu est dans vous* [20]. Rabbins.

510

Qui ne hait en soi son amour-propre et cet instinct qui le porte à se faire Dieu, est bien aveuglé. Qui ne voit que rien n'est si opposé à la justice et à la vérité ? Car il est faux que nous méritions cela, et il est injuste et impossible d'y arriver, puisque tous demandent la même chose. C'est donc une manifeste injustice où nous sommes nés, dont nous ne pouvons nous défaire et dont il faut nous défaire.

Cependant aucune religion n'a remarqué que ce fût un péché, ni que nous y fussions nés, ni que nous fussions obligés d'y résister, ni n'a pensé à nous en donner les remèdes.

511

S'il y a un Dieu, il ne faut aimer que lui, et non les créatures passagères. Le raisonnement des impies dans la Sagesse [21] n'est fondé que sur ce qu'il n'y a point de Dieu. « Cela posé, dit-il, *jouissons donc des créatures.* » — C'est le pis-aller. Mais s'il y avait un Dieu à aimer, il n'aurait pas conclu cela, mais bien le contraire. Et c'est la conclusion des sages : « Il y a un Dieu, ne jouissons donc pas des créatures. »

Donc tout ce qui nous incite à nous attacher aux créatures est mauvais, puisque cela nous empêche ou de servir Dieu, si nous le connaissons, ou de le chercher, si nous l'ignorons. Or nous sommes pleins de concupiscence, donc nous sommes pleins de mal, donc nous devons nous haïr nous-mêmes et tout ce qui nous excite à autre attache qu'à Dieu seul.

512

Tous leurs principes sont vrais, des pyrrhoniens, des stoïques, des athées, etc. Mais leurs conclusions sont fausses, parce que les principes opposés sont vrais aussi.

513

L'homme est visiblement fait pour penser. C'est toute sa dignité et tout son mérite, et tout son devoir est de penser comme il faut. Or l'ordre de la pensée est de commencer par soi et par son auteur et sa fin.

Or à quoi pense le monde ? Jamais à cela ! Mais à danser, à jouer du luth, à chanter, à faire des vers, à courir la bague [22], etc., à se battre, à se faire roi, sans penser à ce que c'est qu'être roi, et qu'être homme.

514

Guerre intestine de l'homme entre la raison et les passions.
S'il n'avait que la raison sans passions.
S'il n'avait que les passions sans raison.
Mais ayant l'un et l'autre il ne peut être sans guerre, ne pouvant avoir paix avec l'un qu'ayant guerre avec l'autre.
Aussi il est toujours divisé et contraire à lui-même.

515

Ennui.

Rien n'est si insupportable à l'homme que d'être dans un plein repos, sans passions, sans affaires, sans divertissement, sans application. Il sent alors son néant, son abandon, son insuffisance, sa dépendance, son impuissance, son vide. Incontinent il sortira du fond de son âme l'ennui, la noirceur, la tristesse, le chagrin, le dépit, le désespoir.

516

Si c'est un aveuglement surnaturel de vivre sans chercher ce qu'on est, c'en est un terrible de vivre mal en croyant Dieu.

517

Prophéties.

Que Jésus-Christ sera à la droite pendant que Dieu lui assujettira ses ennemis [23].
Donc il ne les assujettira pas lui-même.

518

L'injustice.

Que la présomption soit jointe à la misère, c'est une extrême injustice.

519

Recherche du vrai bien.

Le commun des hommes met le bien dans la fortune et dans les biens du dehors, ou au moins dans le divertissement.

Les philosophes ont montré la vanité de tout cela, et l'ont mis où ils ont pu.

520

La vanité est si ancrée dans le cœur de l'homme qu'un soldat, un goujat [24], un cuisinier, un crocheteur se vante et veut avoir ses admirateurs, et les philosophes mêmes en veulent, et ceux qui écrivent contre veulent avoir la gloire d'avoir bien écrit, et ceux qui les lisent veulent avoir la gloire de [les] avoir lus, et moi qui écris ceci ai peut-être cette envie, et peut-être que ceux qui le liront...

521

Du désir d'être estimé de ceux avec qui on est.

L'orgueil nous tient d'une possession si naturelle au milieu de nos misères, erreur, etc., que nous perdons encore la vie avec joie, pourvu qu'on en parle.

Vanité : jeu, chasse, visite, comédie, fausse perpétuité de nom.

522

Cette duplicité de l'homme est si visible qu'il y en a qui ont pensé que nous avions deux âmes.

Un sujet simple leur paraissant incapable de telles et si soudaines variétés : d'une présomption démesurée à un horrible attachement de cœur [25].

523

La nature de l'homme est : Tout nature. *Omne animal* [26].

Il n'y a rien qu'on ne rende naturel. Il n'y a naturel qu'on ne fasse perdre.

524

Il est bon d'être lassé et fatigué par l'inutile recherche du vrai bien, afin de tendre les bras au Libérateur.

525

La sensibilité de l'homme aux petites choses et l'insensibilité aux plus grandes choses : marque d'un étrange renversement.

526

Malgré la vue de toutes nos misères, qui nous touchent, qui nous tiennent à la gorge, nous avons un instinct que nous ne pouvons réprimer qui nous élève.

527

La chose la plus importante à toute la vie est le choix du métier : le hasard en dispose. La coutume fait les maçons, soldats, couvreurs. C'est un excellent couvreur, dit-on. Et en parlant des soldats : Ils sont bien fous, dit-on. Et les autres au contraire : Il n'y a rien de grand que la guerre, le reste des hommes sont des coquins. A force d'ouïr louer en l'enfance ces métiers et mépriser tous les autres, on choisit. Car naturellement on aime la vertu et on hait la folie. Ces mots mêmes émeuvent, on ne pèche qu'en l'application. Tant est grande la force de la coutume que, de ceux que la nature n'a fait qu'hommes, on fait toutes les conditions des hommes.

Car des pays sont tout de maçons, d'autres tout de soldats, etc. Sans doute que la nature n'est pas si uniforme. C'est la coutume qui fait donc cela, car elle contraint la nature. Et quelquefois la nature la surmonte et retient l'homme dans son instinct, malgré toute coutume, bonne ou mauvaise.

[XXXV. PENSÉES MÊLÉES 3]

528

On aime à voir l'erreur, la passion de Cléobuline, parce qu'elle ne la connaît pas. Elle déplairait si elle n'était trompée [1].

Prince à un roi plaît pour ce qu'il diminue sa qualité.

529

Éteindre le flambeau de la sédition : trop luxuriant.

L'inquiétude de son génie : trop de deux mots hardis.

Quand on se porte bien, on admire comment on pourrait faire si on était malade. Quand on l'est, on prend médecine gaiement : le mal y résout ; on n'a plus les passions et les désirs de divertissements et de promenades que la santé donnait, et qui sont incompatibles avec les nécessités de la maladie. La nature donne alors des passions et des désirs conformes à l'état présent. Il n'y a que les craintes, que nous nous donnons nous-mêmes et non pas la nature, qui nous troublent, parce qu'elles joignent à l'état où nous sommes les passions de l'état où nous ne sommes pas.

La nature nous rendant toujours malheureux en tous états, nos désirs nous figurent un état heureux, parce qu'ils joignent à l'état où nous sommes les plaisirs de l'état où nous ne sommes pas. Et quand nous arriverions à ces plaisirs, nous ne serions pas heureux pour cela, parce que nous aurions d'autres désirs conformes à ce nouvel état.

Il faut particulariser cette proposition générale.

529 bis

Ceux qui, dans de fâcheuses affaires, ont toujours bonne espérance et se réjouissent des aventures heureuses, s'ils ne s'affligent également des mauvaises, sont suspects d'être bien aises de la perte de l'affaire ; et sont ravis de trouver ces prétextes d'espérance pour montrer qu'ils s'y intéressent, et couvrir par la joie qu'ils feignent d'en concevoir celle qu'ils ont de voir l'affaire perdue.

Notre nature est dans le mouvement, le repos entier est la mort.

Miton voit bien que la nature est corrompue et que les hommes sont contraires à l'honnêteté. Mais il ne sait pas pourquoi ils ne peuvent voler plus haut.

Les belles actions cachées sont les plus estimables. Quand j'en vois quelques-unes dans l'histoire, comme page 184 [2], elles me plaisent fort ; mais enfin elles n'ont pas été tout à fait cachées, puisqu'elles ont été sues. Et, quoiqu'on ait fait ce qu'on ait pu pour les cacher, ce peu par où elles ont paru gâte tout. Car c'est là le plus beau, de les avoir voulu cacher.

Peut-ce être autre chose que la complaisance du monde qui vous fasse trouver les choses probables ? Nous ferez-vous accroire que ce soit la vérité, et que, si la mode du duel n'était point, vous trouveriez probable qu'on se peut battre, en regardant la chose en elle-même ?

530

La justice est ce qui est établi. Et ainsi toutes nos lois établies seront nécessairement tenues pour justes sans être examinées, puisqu'elles sont établies.

531

Sentiment.

La mémoire, la joie sont des sentiments. Et même les propositions géométriques deviennent sentiments, car la raison rend les sentiments naturels et les sentiments naturels s'effacent par la raison.

532

Honnête homme.

Il faut qu'on n'en puisse [dire] ni : il est mathématicien, ni prédicateur, ni éloquent, mais il est honnête homme. Cette qualité universelle me plaît seule. Quand en voyant un homme on se souvient de son livre, c'est mauvais signe. Je voudrais qu'on ne s'aperçût d'aucune qualité que par la rencontre et l'occasion d'en user, NE QUID NIMIS [3], de peur qu'une qualité ne l'emporte, et ne fasse baptiser. Qu'on ne songe point qu'il parle bien, sinon quand il s'agit de bien parler. Mais qu'on y songe alors.

533

Miracles.

Le peuple conclut cela de soi-même, mais s'il vous en faut donner la raison...

Il est fâcheux d'être dans l'exception de la règle. Il faut même être sévère, et contraire à l'exception. Mais néanmoins, comme il est certain qu'il y a des exceptions de la règle, il en faut juger sévèrement, mais justement [4].

534

Montaigne.

Ce que Montaigne a de bon ne peut être acquis que difficilement. Ce qu'il a de mauvais, j'entends hors les mœurs, put [5] être corrigé en un moment, si on l'eût averti qu'il faisait trop d'histoires et qu'il parlait trop de soi.

535

N'avez-vous jamais vu des gens qui, pour se plaindre du peu d'état que vous faites d'eux, vous étalent l'exemple de gens de condition qui les estiment ? Je leur répondrais à cela : « Montrez-moi le mérite par où vous avez charmé ces personnes, et je vous estimerai de même. »

536

La mémoire est nécessaire pour toutes les opérations de la raison.

Quand un discours naturel peint une passion ou un effet, on trouve dans soi-même la vérité de ce qu'on entend, laquelle on ne savait pas qu'elle y fût, de sorte qu'on est porté à aimer celui qui nous la fait sentir, car il ne nous a point fait montre de son bien, mais du nôtre. Et ainsi ce bien fait nous le rend aimable, outre que cette communauté d'intelligence que nous avons avec lui incline nécessairement le cœur à l'aimer.

537

Probabilité.

Chacun peut mettre, nul ne peut ôter [6].

538

Vous ne m'accusez jamais de fausseté sur Escobar, parce qu'il est commun [7].

539

Les discours d'humilité sont matière d'orgueil aux gens glorieux et d'humilité aux humbles. Ainsi ceux du pyrrhonisme sont matière d'affirmation aux affirmatifs. Peu parlent de l'humilité humblement, peu de la chasteté chastement, peu du pyrrhonisme en doutant. Nous ne sommes que mensonge, duplicité, contrariété, et nous cachons et nous déguisons à nous-mêmes.

540

En écrivant ma pensée, elle m'échappe quelquefois, mais cela me fait souvenir de ma faiblesse, que j'oublie à toute heure. Ce qui m'instruit autant que ma pensée oubliée, car je ne tiens qu'à connaître mon néant.

541

Plaindre les malheureux n'est pas contre la concupiscence. Au contraire, on est bien aise d'avoir à rendre ce témoignage d'amitié et à s'attirer la réputation de tendresse sans rien donner.

542

Conversation.

Grands mots à la religion : « Je la nie. »

Conversation.

Le pyrrhonisme sert à la religion.

543

Faut-il tuer pour empêcher qu'il n'y ait des méchants ?

C'est en faire deux au lieu d'un. VINCE IN BONO MALUM [8], saint Augustin.

544

Spongia solis [9].

Quand nous voyons un effet arriver toujours de même, nous en concluons une nécessité naturelle, comme qu'il sera demain jour, etc. Mais souvent la nature nous dément et ne s'assujettit pas à ses propres règles.

L'esprit croit naturellement, et la volonté aime naturellement. De sorte qu'à faute des vrais objets, il faut qu'ils s'attachent aux faux.

La grâce sera toujours dans le monde, et aussi la nature, de sorte qu'elle est en quelque sorte naturelle. Et ainsi toujours il y aura des pélagiens, et toujours des catholiques, et toujours combat.

Parce que la première naissance fait les uns, et la grâce de la seconde naissance fait les autres.

La nature recommence toujours les mêmes choses : les ans, les jours, les heures ; les espaces, de même ; et les nombres sont bout à bout, à la suite l'un de l'autre. Ainsi se fait une espèce d'infini et d'éternel. Ce n'est pas qu'il y ait rien de tout cela qui soit infini et éternel, mais ces êtres terminés se multiplient infiniment. Ainsi il n'y a, ce me semble, que le nombre, qui les multiplie, qui soit infini.

545

L'homme est proprement *omne animal* [10].

546

L'empire fondé sur l'opinion et l'imagination règne quelque temps, et cet empire est doux et volontaire. Celui de la force règne toujours. Ainsi l'opinion est comme la reine du monde, mais la force en est le tyran.

547

Sera bien condamné qui le sera par Escobar !

Éloquence.

Il faut de l'agréable et du réel, mais il faut que cet agréable soit lui-même pris du vrai [11].

Chacun est un tout à soi-même, car, lui mort, le tout est mort pour soi. Et de là vient que chacun croît être tout à tous. Il ne faut pas juger de la nature selon nous, mais selon elle.

548

Il faut, en tout dialogue et discours, qu'on puisse dire [à] ceux qui s'en offensent : « De quoi vous plaignez-vous ? »

549

Diseur de bons mots, mauvais caractère.

550

Voulez-vous qu'on croie du bien de vous ? n'en dites pas.

551

Non seulement nous regardons les choses par d'autres côtés, mais avec d'autres yeux. Nous n'avons garde de les trouver pareilles.

552

Il n'aime plus cette personne qu'il aimait il y a dix ans. Je crois bien : elle n'est plus la même, ni lui non plus. Il était jeune et elle aussi : elle est tout autre. Il l'aimerait peut-être encore telle qu'elle était alors.

553

Nous ne nous soutenons pas dans la vertu par notre propre force, mais par le contrepoids de deux vices opposés, comme nous demeurons debout entre deux vents contraires. Otez un de ces vices, nous tombons dans l'autre.

554

Style.

Quand on voit le style naturel, on est tout étonné et ravi, car on s'attendait de voir un auteur, et on trouve un homme. Au lieu que ceux qui ont le goût bon et qui en voyant un livre croient trouver un homme, sont tout surpris de trouver un auteur : PLUS POETICE QUAM HUMANE LOCUTUS ES [12]. Ceux-là honorent bien la nature, qui lui apprennent qu'elle peut parler de tout, et même de théologie.

555

Il faut que le monde soit bien aveuglé, s'il vous croit.

556

Le pape hait et craint les savants qui ne lui sont pas soumis par vœu.

557

L'homme n'est ni ange ni bête, et le malheur veut que qui veut faire l'ange fait la bête [13].

558

Prou [14].

Ceux qui aiment l'Église se plaignent de voir corrompre les mœurs ; mais au moins les lois subsistent. Mais ceux-ci corrompent les lois. Le modèle est gâté.

559

Montaigne.

Les défauts de Montaigne sont grands. Mots lascifs : cela ne vaut rien, malgré mademoiselle de Gournay [15]. Crédule : GENS SANS YEUX [16]. Ignorant : QUADRATURE DU CERCLE, MONDE PLUS GRAND [17]. Ses sentiments sur l'homicide volontaire, sur la mort [18]. Il inspire une nonchalance du salut, SANS CRAINTE ET SANS REPENTIR [19]. Son livre n'étant pas fait pour porter à la piété, il n'y était pas obligé ; mais on est toujours obligé de n'en point détourner. On peut excuser ses sentiments un peu libres et voluptueux en quelques rencontres de la vie — 730, 331 [20] — mais on ne peut excuser ses sentiments tout païens sur la mort. Car il faut renoncer à toute piété si on ne veut au moins mourir chrétiennement. Or il ne songe qu'à mourir lâchement et mollement par tout son livre.

560

Je n'admire point l'excès d'une vertu, comme de la valeur, si je ne vois en même temps l'excès de la vertu opposée, comme en Épaminondas [21], qui avait l'extrême valeur et l'extrême bénignité. Car autrement ce n'est pas monter, c'est tomber. On ne montre pas sa grandeur pour être à une extrémité, mais bien en touchant les deux à la fois et remplissant tout l'entre-deux.

Mais peut-être que ce n'est qu'un soudain mouvement de l'âme de l'un à l'autre de ces extrêmes et qu'elle n'est jamais en effet qu'en un point, comme le tison de feu. Soit, mais au moins cela marque l'agilité de l'âme, si cela n'en marque l'étendue.

561

Mouvement infini.

Le mouvement infini, le point qui remplit tout, le mouvement en repos, infini sans quantité, indivisible et infini.

562

Ordre.

Pourquoi prendrai-je plutôt à diviser ma morale en quatre qu'en six ? Pourquoi établirai-je plutôt la vertu en quatre, en deux, en un ? Pourquoi en ABSTINE ET SUSTINE [22] plutôt qu'en SUIVRE NATURE [23] ou FAIRE SES AFFAIRES PARTICULIÈRES SANS INJUSTICE [24], comme Platon, ou autre chose ?

Mais voilà, direz-vous, tout renfermé en un mot. Oui, mais cela est inutile, si on ne l'explique. Et quand on vient à l'expliquer, dès qu'on ouvre ce précepte qui contient tous les autres, ils en sortent en la première confusion que vous vouliez éviter. Ainsi, quand ils sont tous renfermés en un, ils y sont cachés et inutiles, comme en un coffre, et ne paraissent jamais qu'en leur confusion naturelle. La nature les a tous établis, sans renfermer l'un en l'autre.

563

Ordre.

La nature a mis toutes ses vérités chacune en soi-même. Notre art les renferme les unes dans les autres, mais cela n'est pas naturel. Chacune tient sa place.

564

Gloire.

Les bêtes ne s'admirent point. Un cheval n'admire point son compagnon. Ce n'est pas qu'il n'y ait entre eux de l'émulation à la course, mais c'est sans conséquence, car étant à l'étable le plus pesant et plus mal taillé n'en cède pas son avoine à l'autre, comme les hommes veulent qu'on leur fasse. Leur vertu se satisfait d'elle-même.

565

Quand on [25] dit que le chaud n'est que le mouvement de quelques globules et la lumière le CONATUS RECEDENDI que nous sentons, cela nous étonne. Quoi ! que le plaisir ne soit autre chose que le ballet des esprits ? Nous en avons conçu une si différente idée ! Et ces sentiments-là nous semblent si éloignés de ces autres que nous disons être les mêmes que ceux que nous leur comparons ! Le sentiment du feu, cette chaleur qui nous affecte d'une manière tout autre que l'attouchement, la réception du son et de la lumière, tout cela nous semble mystérieux, et cependant cela est grossier comme un coup de pierre. Il est vrai que la petitesse des esprits qui entrent dans les pores touche d'autres nerfs, mais ce sont toujours des nerfs touchés.

566

J'avais passé longtemps dans l'étude des sciences abstraites, et le peu de communication qu'on en peut avoir m'en avait dégoûté. Quand j'ai commencé l'étude de l'homme, j'ai vu que ces sciences abstraites ne sont pas propres à l'homme, et que je m'égarais plus de ma condition en y pénétrant que les autres en l'ignorant. J'ai pardonné aux autres d'y peu savoir. Mais j'ai cru trouver au moins bien des compagnons en l'étude de l'homme, et que c'est le vrai étude qui lui est propre. J'ai été trompé : il y en a encore moins qui l'étudient que la géométrie. Ce n'est que manque de savoir étudier cela qu'on cherche le reste. Mais n'est-ce pas que ce n'est pas encore là la science que l'homme doit avoir, et qu'il lui est meilleur de s'ignorer pour être heureux ?

567

Qu'est-ce que le moi ?

Un homme qui se met à la fenêtre pour voir les passants, si je passe par là, puis-je dire qu'il s'est mis là pour me voir ? Non, car il ne pense pas à moi en particulier. Mais celui qui aime quelqu'un à cause de sa beauté, l'aime-t-il ? Non, car la petite vérole, qui tuera la beauté sans tuer la personne, fera qu'il ne l'aimera plus.

Et si on m'aime pour mon jugement, pour ma mémoire, m'aime-t-on moi ? Non, car je puis perdre ces qualités sans me perdre moi. Où est donc ce moi, s'il n'est ni dans le corps, ni dans l'âme ? Et comment aimer le corps ou l'âme sinon pour ses qualités, qui ne sont point ce qui fait le moi, puisqu'elles sont périssables ? Car aimerait-on la substance de l'âme d'une personne abstraitement, et quelques qualités qui y fussent ? Cela ne se peut et serait injuste. On n'aime donc jamais personne, mais seulement des qualités.

Qu'on ne se moque donc plus de ceux qui se font honorer pour des charges et des offices ! Car on n'aime personne que pour des qualités empruntées.

568

Ce n'est pas dans Montaigne, mais dans moi que je trouve tout ce que j'y vois.

569

Que Dieu ne nous impute pas nos péchés [26] : c'est-à-dire toutes les conséquences et suites de nos péchés, qui sont effroyables des moindres fautes, si on veut les suivre sans miséricorde.

570

Pyrrhonisme.

Le pyrrhonisme est le vrai. Car après tout les hommes, avant Jésus-Christ, ne savaient où ils en étaient, ni s'ils étaient grands ou petits. Et ceux qui ont dit l'un ou l'autre n'en savaient rien et devinaient sans raison et par hasard, et même ils erraient toujours en excluant l'un ou l'autre.

Quod ergo ignorantes quaeritis, religio annuntiat vobis [27].

571

Montalte [28].

Les opinions relâchées plaisent tant aux hommes qu'il est étrange que les leurs déplaisent. C'est qu'ils ont excédé toute borne. Et de plus il y a bien des gens qui voient le vrai et qui n'y peuvent atteindre, mais il y en a peu qui ne sachent que la pureté de la religion est contraire à nos corruptions. Ridicule de dire qu'une récompense éternelle est offerte à des mœurs escobartines.

572

Les conditions les plus aisées à vivre selon le monde sont les plus difficiles à vivre selon Dieu. Et au contraire rien n'est si difficile selon le monde que la vie religieuse, rien n'est plus facile que de la passer selon Dieu. Rien n'est plus aisé que d'être dans une grande charge et dans de grands biens, selon le monde. Rien n'est plus difficile que d'y vivre selon Dieu et sans y prendre de part et de goût.

573

Ordre.

J'aurais bien pris ce discours d'ordre comme celui-ci, pour montrer la vanité de toutes sortes de conditions : montrer la vanité des vies communes, et puis la vanité des vies philosophiques, pyrrhoniennes, stoïques. Mais l'ordre n'y serait pas gardé. Je sais un peu ce que c'est, et combien peu de gens l'entendent. Nulle science humaine ne le peut garder. Saint Thomas ne l'a pas gardé. La mathématique le garde, mais elle est inutile en sa profondeur.

574

Le péché originel est folie devant les hommes, mais on le donne pour tel. Vous ne me devez donc pas reprocher le défaut de raison en cette doctrine, puisque je la donne pour être sans raison. Mais cette folie est plus sage que toute la sagesse des hommes, *sapientius est hominibus* [29]. Car sans cela que dira-t-on qu'est l'homme ? Tout son état dépend de ce point imperceptible. Et comment s'en fût-il aperçu par sa raison, puisque c'est une chose contre sa raison et que sa raison, bien loin de l'inventer par ses voies, s'en éloigne quand on le lui présente.

575

Qu'on ne dise pas que je n'ai rien dit de nouveau : la disposition des matières est nouvelle. Quand on joue à la paume, c'est une même balle dont joue l'un et l'autre, mais l'un la place mieux.

J'aimerais autant qu'on me dît que je me suis servi des mots anciens. Et comme si les mêmes pensées ne formaient pas un autre corps de discours par une disposition différente, aussi bien que les mêmes mots forment d'autres pensées par leur différente disposition.

576

Ceux qui sont dans le dérèglement disent à ceux qui sont dans l'ordre que ce sont eux qui s'éloignent de la nature, et ils la croient suivre : comme ceux qui sont dans un vaisseau croient que ceux qui sont au bord fuient. Le langage est pareil de tous côtés. Il faut avoir un point fixe, pour en juger. Le port juge ceux qui sont dans un vaisseau. Mais où prendrons-nous un port dans la morale ?

577

Nature s'imite.

La nature s'imite : une graine, jetée en bonne terre, produit ; un principe, jeté dans un bon esprit, produit.

Les nombres imitent l'espace, qui sont de nature si différente.

Tout est fait et conduit par un même maître : la racine, les branches, les fruits, les principes, les conséquences.

Quand tout se remue également, rien ne se remue en apparence, comme en un vaisseau. Quand tous vont vers le débordement, nul n'y semble aller : celui qui s'arrête fait remarquer l'emportement des autres, comme un point fixe.

578

Généraux.

Il ne leur suffit pas d'introduire dans nos [30] temples de telles mœurs, TEMPLIS INDUCERE MORES. Non seulement ils veulent être soufferts dans l'Église, mais comme s'ils étaient devenus les plus forts, ils en veulent chasser ceux qui n'en sont pas...

MOHATRA [31], CE N'EST PAS ÊTRE THÉOLOGIEN DE S'EN ÉTONNER.

Qui eût dit à vos généraux [32] qu'un temps était si proche qu'ils donneraient ces mœurs à l'Église universelle et appelleraient guerre le refus de ces désordres, TOT ET TANTA MALA PACEM [33].

579

Quand on veut reprendre avec utilité et montrer à un autre qu'il se trompe, il faut observer par quel côté il envisage la chose, car elle est vraie ordinairement de ce côté-là, et lui avouer cette vérité, mais lui découvrir le côté par où elle est fausse. Il se contente de cela, car il voit qu'il ne se trompait pas et qu'il manquait seulement à voir tous les côtés. Or on ne se fâche pas de ne pas tout voir, mais on ne veut pas être trompé. Et peut-être que cela vient de ce que naturellement l'homme ne peut tout voir, et de ce que naturellement il ne se peut tromper dans le côté qu'il envisage, comme les appréhensions des sens sont toujours vraies.

580

Les mouvements de grâce, la dureté de cœur, les circonstances extérieures.

581

Grâce.

Romains, 3, 27 : gloire exclue. *Par quelle loi ? Des œuvres ? Non, mais par la foi.* Donc la foi n'est pas en notre puissance comme les œuvres de la Loi, et elle nous est donnée d'une autre manière.

582

Venise [34].

Quel avantage en tirerez-vous, si du besoin qu'en ont les princes et de l'horreur qu'en ont les peuples... ? S'ils vous avaient demandés, et que pour l'obtenir ils eussent imploré l'assistance des princes chrétiens, vous pourriez faire valoir cette recherche. Mais que durant cinquante ans tous les princes s'y soient employés inutilement et qu'il ait fallu un aussi pressant besoin pour l'obtenir... !

583

Les grands et les petits ont mêmes accidents, et mêmes fâcheries, et mêmes passions. Mais l'un est au haut de la roue, et l'autre près du centre, et ainsi moins agité par les mêmes mouvements.

584

Lier et délier [35].

Dieu n'a pas voulu absoudre sans l'Église : comme elle a part à l'offense, il veut qu'elle ait part au pardon. Il l'associe à ce pouvoir comme les rois les parlements. Mais si elle absout ou si elle lie sans

Dieu, ce n'est plus l'Église. Comme au parlement : car encore que le roi ait donné grâce à un homme, si faut-il qu'elle soit entérinée ; mais si le parlement entérine sans le roi ou s'il refuse d'entériner sur l'ordre du roi, ce n'est plus le parlement du roi, mais un corps révolté.

585

Ils ne peuvent avoir la perpétuité, et ils cherchent l'universalité. Et pour cela ils font toute l'Église corrompue, afin qu'ils soient saints.

586

Papes.

Les rois disposent de leur empire, mais les papes ne peuvent disposer du leur.

587

Nous nous connaissons si peu que plusieurs pensent aller mourir quand ils se portent bien, et plusieurs pensent se porter bien quand ils sont proches de mourir, ne sentant pas la fièvre prochaine ou l'abcès prêt à se former.

588

Langage.

Il ne faut point détourner l'esprit ailleurs, sinon pour le délasser, mais dans le temps où cela est à propos : le délasser quand il le faut, et non autrement. Car qui délasse hors de propos, il lasse ; et qui lasse hors de propos délasse, car on quitte tout là. Tant la malice de la concupiscence se plaît à faire tout le contraire de ce qu'on veut obtenir de nous sans nous donner du plaisir, qui est la monnaie pour laquelle nous donnons tout ce qu'on veut.

589

Force.

Pourquoi suit-on la pluralité ? Est-ce à cause qu'ils ont plus de raison ? Non, mais plus de force.

Pourquoi suit-on les anciennes lois et anciennes opinions ? Est-ce qu'elles sont les plus saines ? Non, mais elles sont uniques, et nous ôtent la racine de la diversité.

590

Une personne me disait un jour qu'il avait une grande joie et confiance en sortant de confession. L'autre me disait qu'il restait en crainte. Je pensai sur cela que de ces deux on en ferait un bon, et que chacun manquait en ce qu'il n'avait pas le sentiment de l'autre. Cela arrive de même souvent en d'autres choses.

591

Ce n'est pas l'absolution seule qui remet les péchés, au sacrement de pénitence, mais la contrition, qui n'est point véritable si elle ne recherche le sacrement.

Ainsi ce n'est pas la bénédiction nuptiale qui empêche le péché dans la génération, mais le désir d'engendrer des enfants à Dieu, qui n'est point véritable que dans le mariage.

Et comme un contrit sans sacrement est plus disposé à l'absolution qu'un impénitent avec le sacrement, ainsi les filles de Loth, par exemple, qui n'avaient que le désir des enfants, étaient plus pures sans mariage que les mariés sans désir d'enfant [36].

592

P. P. pape.

Il y a contradiction, car d'un côté ils [37] disent qu'il faut suivre la tradition et n'oseraient désavouer cela, et de l'autre ils diront ce qu'il leur plaira. On croira toujours ce premier, puisque aussi bien ce serait leur être contraire que de ne le pas croire.

593

Talent principal qui règle tous les autres.

594

Craindre la mort hors du péril, et non dans le péril, car il faut être homme.

595

Les rivières sont des chemins qui marchent, et qui portent où l'on veut aller.

596

Les cinq propositions étaient équivoques, elles ne le sont plus.

597

Je m'en suis réservé sept mille [38]. J'aime ces adorateurs inconnus au monde et aux prophètes mêmes.

598

Universel.

Morale / et langage / sont des sciences particulières, mais universelles.

Probabilité.

L'ardeur des saints à chercher le vrai était inutile, si le probable est sûr.

La peur des saints qui avaient toujours suivi le plus sûr.

Sainte Thérèse ayant toujours suivi son confesseur.

599

C'est en vain que l'Église a établi ces mots d'anathème, hérésies, etc. : on s'en sert contre elle [39].

600

Probable.

Qu'on voie si on recherche sincèrement Dieu par la comparaison des choses qu'on affectionne !
Il est probable que cette viande ne m'empoisonnera pas.
Il est probable que je ne perdrai pas mon procès en ne sollicitant pas.

601

Deux infinis. Milieu.

Quand on lit trop vite ou trop doucement, on n'entend rien.

602

Oserez-vous ainsi, vous, vous jouer des édits du roi ? Ainsi, en disant que ce n'est pas se battre en duel que d'aller dans un champ en attendant un homme [40].

603

Probable.

Quand il serait vrai que les auteurs graves et les raisons suffiraient, je dis qu'ils ne sont ni graves ni raisonnables. Quoi ! un mari peut profiter de sa femme selon Molina ! La raison qu'il en donne est-elle raisonnable ? Et la contraire de Lessius l'est-elle encore [41] ?

604

Que l'Église a bien défendu le duel, mais non pas de se promener.
Et aussi l'usure, mais non...
Et la simonie, mais non...
Et la vengeance, mais non...
Et les sodomites, mais non...
Et le *quam primum* [42], mais non...,

605

Ce que peut la vertu d'un homme ne se doit pas mesurer par ses efforts, mais par son ordinaire.

606

Des pécheurs sans pénitence.
Des justes sans charité.
Un Dieu sans pouvoir sur les volontés des hommes, une prédestination sans mystère.

607

P. P. pape.

Dieu ne fait point de miracles dans la conduite ordinaire de son Église. C'en serait un étrange si l'infaillibilité était dans un. Mais d'être dans la multitude, cela paraît si naturel, que la conduite de Dieu est cachée sous la nature, comme en tous ses autres ouvrages.

608

Ils font de l'exception la règle. Les anciens ont donné l'absolution avant la pénitence ? Faites-le en esprit d'exception. Mais de l'exception vous faites une règle sans exception, en sorte que vous ne voulez plus même que la règle soit en exception.

609

Miracles.

Saint Thomas, t. 3, 1. 8, c. 20 [43].

610

Toutes les fausses beautés que nous blâmons en Cicéron ont des admirateurs, et en grand nombre [44].

611

Casuistes.

Une aumône considérable, une pénitence raisonnable : encore qu'on ne puisse assigner le juste, on voit bien ce qui ne l'est pas. Les casuistes sont plaisants de croire pouvoir interpréter cela comme ils font.

Gens qui s'accoutument à mal parler et à mal penser.

Leur grand nombre, loin de marquer leur perfection, marque le contraire.

L'humilité d'un seul fait l'orgueil de plusieurs.

C

LES DERNIERS DOSSIERS DE « PENSÉES MÊLÉES »
(JUILLET 1658 - JUILLET 1662)

[XXXVI. PENSÉES MÊLÉES 4]

612

CC.   *Homo existens te Deum facis.*

CC.   *Scriptum est : Dii estis... et non potest solvi Scriptura*[1].

CC.   *Haec infirmitas non est ad mortem*[2].
Et est ad mortem.

Lazarus dormit. Et deinde manifeste dixit : Lazarus mortuus est[3].

613

Ces gens manquent de cœur.

On n'en ferait pas son ami.

Poète, et non honnête homme.

614

L'Église a toujours été combattue par des erreurs contraires. Mais peut-être jamais en même temps comme à présent. Et si elle en souffre plus à cause de la multiplicité d'erreurs, elle en reçoit cet avantage qu'ils se détruisent.

Elle se plaint des deux, mais bien plus des calvinistes, à cause du schisme[4].

Il est certain que plusieurs des deux contraires sont trompés. Il faut les désabuser.

La foi embrasse plusieurs vérités qui semblent se contredire : *Temps de rire, de pleurer* [5], etc. *Responde, ne respondeas* [6], etc.

La source en est l'union des deux natures en Jésus-Christ.

Et aussi les deux mondes, la création d'un nouveau ciel, et nouvelle terre, nouvelle vie, nouvelle mort. Toutes choses doublées, et les mêmes noms demeurant.

Et enfin les deux hommes qui sont dans les justes, car ils sont les deux mondes, et un membre et image de Jésus-Christ. Et ainsi tous les noms leur conviennent de justes pécheurs, mort vivant, vivant mort, élu réprouvé, etc.

Il y a donc un grand nombre de vérités, et de foi et de morale, qui semblent répugnantes [7] et qui subsistent toutes dans un ordre admirable.

La source de toutes les hérésies est l'exclusion de quelques-unes de ces vérités.

Et la source de toutes les objections que nous font les hérétiques est l'ignorance de quelques-unes de nos vérités.

Et d'ordinaire il arrive que, ne pouvant concevoir le rapport de deux vérités opposées et croyant que l'aveu de l'une enferme l'exclusion de l'autre, ils s'attachent à l'une, ils excluent l'autre, et pensent que nous au contraire. Or l'exclusion est la cause de leur hérésie, et l'ignorance que nous tenons l'autre cause leurs objections.

Premier exemple : Jésus-Christ est Dieu et homme. Les ariens, ne pouvant allier ces choses qu'ils croient incompatibles, disent qu'il est homme : en cela ils sont catholiques. Mais ils nient qu'il soit Dieu : en cela ils sont hérétiques. Ils prétendent que nous nions son humanité : en cela ils sont ignorants.

Deuxième exemple : sur le sujet du Saint-Sacrement. Nous croyons que la substance du pain étant changée et transsubstantiée en celle du corps de Notre Seigneur, Jésus-Christ y est présent réellement : voilà une des vérités. Une autre est que ce sacrement est aussi une figure de celui de la croix, et de la gloire, et une commémoration des deux. Voilà la foi catholique, qui comprend ces deux vérités qui semblent opposées.

L'hérésie d'aujourd'hui, ne concevant pas que ce sacrement contient tout ensemble et la présence de Jésus-Christ et sa figure, et qu'il soit sacrifice, et commémoration de sacrifice, croit qu'on ne peut admettre l'une de ces vérités sans exclure l'autre pour cette raison.

Ils s'attachent à ce point seul que ce sacrement est figuratif : et en cela ils ne sont pas hérétiques. Ils pensent que nous excluons cette vérité : et de là vient qu'ils nous font tant d'objections sur les passages des Pères qui le disent. Enfin ils nient la présence : et en cela ils sont hérétiques.

Troisième exemple : les indulgences.

C'est pourquoi le plus court moyen pour empêcher les hérésies est d'instruire de toutes les vérités. Et le plus sûr moyen de les réfuter est de les déclarer toutes.

Car que diront les hérétiques ?

Pour savoir si un sentiment est d'un Père...

615

D'où vient qu'on croit tant de menteurs qui disent qu'ils ont vu des miracles et qu'on ne croit aucun de ceux qui disent qu'ils ont des secrets pour rendre l'homme immortel ou pour rajeunir.

Ayant considéré d'où vient qu'on ajoute tant de foi à tant d'imposteurs qui disent qu'ils ont des remèdes, jusques à mettre souvent sa vie entre leurs mains, il m'a paru que la véritable cause est qu'il y en a de vrais. Car il ne serait pas possible qu'il y en eût tant de faux et qu'on y donnât tant de créance, s'il n'y en avait de véritables. Si jamais il n'y eût eu remède à aucun mal et que tous les maux eussent été incurables, il est impossible que les hommes se fussent imaginé qu'ils en pourraient donner ; et encore plus que tant d'autres eussent donné créance à ceux qui se fussent vantés d'en avoir : de même que, si un homme se vantait d'empêcher de mourir, personne ne le croirait, parce qu'il n'y a aucun exemple de cela. Mais comme il y [a] eu quantité de remèdes qui se sont trouvés véritables, par la connaissance même des plus grands hommes, la créance des hommes s'est pliée par là. Et cela s'étant connu possible, on a conclu de là que cela était. Car le peuple raisonne ordinairement ainsi : une chose est possible, donc elle est ; parce que la chose ne pouvant être niée en général, puisqu'il y a des effets particuliers qui sont véritables, le peuple, qui ne peut pas discerner quels d'entre ces effets particuliers sont les véritables, les croit tous. De même, ce qui fait qu'on croit tant de faux effets de la lune, c'est qu'il y en a de vrais, comme le flux de la mer.

Il en est de même des prophéties, des miracles, des divinations par les songes, des sortilèges, etc. Car, si de tout cela il n'y avait jamais eu rien de véritable, on n'en aurait jamais rien cru : et ainsi, au lieu de conclure qu'il n'y a point de vrais miracles parce qu'il y en a tant de faux, il faut dire au contraire qu'il y a certainement de vrais miracles puisqu'il y en a tant de faux, et qu'il n'y en a de faux que par cette raison qu'il y en a de vrais. Il faut raisonner de la même sorte pour la religion, car il ne serait pas possible que les hommes se fussent imaginé tant de fausses religions, s'il n'y en avait une de véritable. L'objection à cela, c'est que les sauvages ont une religion. Mais on répond à cela que c'est qu'ils en ont ouï parler, comme il paraît par le déluge, la circoncision, la croix de saint André [8], etc.

616 [9]

Ayant considéré d'où vient qu'il y a tant de faux miracles, de fausses révélations, sortilèges, etc., il m'a paru que la véritable cause est qu'il y en a de vrais. Car il ne serait pas possible qu'il y eût tant de faux miracles s'il n'y en avait de vrais, ni tant de fausses révélations s'il n'y en avait de vraies, ni tant de fausses religions s'il n'y en avait une véritable. Car s'il n'y avait jamais eu de tout cela, il est comme impossible que les hommes se le fussent imaginé, et encore plus impossible que tant d'autres l'eussent cru. Mais comme il y a eu de très grandes choses véritables, et qu'ainsi elles ont été crues par de grands hommes, cette impression a été cause que presque tout le monde s'est rendu capable de croire aussi les fausses. Et ainsi, au lieu de conclure qu'il n'y a point de vrais miracles, puisqu'il y en a tant de faux, il faut dire au contraire qu'il y a de vrais miracles puisqu'il y en a tant de faux, et qu'il n'y en a de faux que par cette raison qu'il y en a de vrais, et qu'il n'y a de même de fausses religions que parce qu'il y en a une vraie.

L'objection à cela : que les sauvages ont une religion. Mais c'est qu'ils ont ouï parler de la véritable, comme il paraît par la croix de saint André, le déluge, la circoncision, etc.

Cela vient de ce que l'esprit de l'homme, se trouvant plié de ce côté-là par la vérité, devient susceptible par là de toutes les faussetés de cette...

617

Lorsqu'on est accoutumé à se servir de mauvaises raisons pour prouver des effets de la nature, on ne veut plus recevoir les bonnes, lorsqu'elles sont découvertes. L'exemple qu'on en donna fut sur la circulation du sang, pour rendre raison pourquoi la veine enfle au-dessous de la ligature [10].

On se persuade mieux, pour l'ordinaire, par les raisons qu'on a soi-même trouvées, que par celles qui sont venues dans l'esprit des autres.

L'histoire du brochet et de la grenouille de Liancourt : ils le font toujours, et jamais autrement, ni autre chose d'esprit [11].

La vérité est si obscurcie en ce temps, et le mensonge si établi, qu'à moins que d'aimer la vérité, on ne saurait la connaître [12].

Les malingres sont gens qui connaissent la vérité, mais qui ne la soutiennent qu'autant que leur intérêt s'y rencontre. Mais, hors de là, ils l'abandonnent.

La machine d'arithmétique fait des effets qui approchent plus de la pensée que tout ce que font les animaux. Mais elle ne fait rien qui puisse faire dire qu'elle a de la volonté, comme les animaux.

Quoique les personnes n'aient point d'intérêt à ce qu'elles disent, il ne faut pas conclure de là absolument qu'ils ne mentent point. Car il y a des gens qui mentent simplement pour mentir.

Il y a plaisir d'être dans un vaisseau battu de l'orage, lorsqu'on est assuré qu'il ne périra point : les persécutions qui travaillent l'Église sont de cette nature.

618

Lorsqu'on ne sait pas la vérité d'une chose, il est bon qu'il y ait une erreur commune qui fixe l'esprit des hommes, comme par exemple la lune, à qui on attribue le changement des saisons, le progrès des maladies, etc. Car la maladie principale de l'homme est la curiosité inquiète des choses qu'il ne peut savoir [13]. Et il ne lui est pas si mauvais d'être dans l'erreur, que dans cette curiosité inutile.

La manière d'écrire d'Épictète, de Montaigne et de Salomon de Tultie [14], est la plus d'usage, qui s'insinue le mieux, qui demeure plus dans la mémoire et qui se fait le plus citer, parce qu'elle est toute composée de pensées nées sur les entretiens ordinaires de la vie ; comme, quand on parlera de la commune erreur qui est parmi le monde que la lune est cause de tout, on ne manquera jamais de dire que Salomon de Tultie dit que, lorsqu'on ne sait pas la vérité d'une chose, il est bon qu'il y ait une erreur commune, etc., qui est la pensée de l'autre côté.

619

Sur ce que Josèphe ni Tacite et
les autres historiens
n'ont point parlé de Jésus-Christ.

Tant s'en faut pour que cela fasse contre, qu'au contraire cela fait pour. Car il est certain que Jésus-Christ a été et que sa religion a fait

620
Sur ce que la religion
chrétienne n'est pas unique.

Tant s'en faut pour que ce soit une raison qui fasse croire qu'elle n'est pas la véritable, qu'au contraire c'est ce qui fait voir qu'elle l'est.

621

Objection : Ceux qui espèrent leur salut sont heureux en cela, mais ils ont pour contrepoids la crainte de l'enfer. — Réponse : Qui a plus de sujet de craindre l'enfer, ou celui qui est dans l'ignorance s'il y a un enfer, et dans la certitude de la damnation, s'il y en a ; ou celui qui est dans une certaine persuasion qu'il y a un enfer, et dans l'espérance d'être sauvé, s'il est ?

622

Quel dérèglement de jugement par lequel il n'y a personne qui ne se mette au-dessus de tout le reste du monde, et qui n'aime mieux son propre bien et la durée de son bonheur et de sa vie que celle de tout le reste du monde !

———

Cromwell allait ravager toute la chrétienté, la famille royale était perdue, et la sienne à jamais puissante, sans un petit grain de sable qui se mit dans son uretère. Rome même allait trembler sous lui. Mais ce petit gravier s'étant mis là, il est mort, sa famille abaissée, tout en paix, et le roi rétabli [15].

———

Ceux qui sont accoutumés à juger par le sentiment ne comprennent rien aux choses de raisonnement. Car ils veulent d'abord pénétrer d'une vue et ne sont point accoutumés à chercher les principes. Et les autres, au contraire, qui sont accoutumés à raisonner par principes, ne comprennent rien aux choses de sentiment, y cherchant des principes et ne pouvant voir d'une vue.

———

Deux sortes de gens égalent les choses, comme les fêtes aux jours ouvriers, les chrétiens aux prêtres, tous les péchés entre eux, etc. Et de là les uns concluent que ce qui est donc mal aux prêtres l'est aussi aux chrétiens, et les autres que ce qui n'est pas mal aux chrétiens est permis aux prêtres.

623

Quand Auguste eut appris qu'entre les enfants qu'Hérode avait fait mourir au-dessous de l'âge de deux ans était son propre fils, il dit qu'il était meilleur d'être le pourceau d'Hérode que son fils. Macrobe, livre 2, *Saturnales*, c. 4.

624

Premier degré : être blâmé en faisant mal et loué en faisant bien.
Deuxième degré : n'être ni loué ni blâmé.

625

Unusquisque sibi deum fingit [16].

Le dégoût.

626

Pensée.

Toute la dignité de l'homme est en la pensée. Mais qu'est-ce que cette pensée ? Qu'elle est sotte !
La pensée est donc une chose admirable et incomparable par sa nature. Il fallait qu'elle eût d'étranges défauts pour être méprisable. Mais elle en a de tels que rien n'est plus ridicule. Qu'elle est grande par sa nature, qu'elle est basse par ses défauts.

L'écoulement.

C'est une chose horrible de sentir s'écouler tout ce qu'on possède.

627

Clarté,
obscurité.

Il y aurait trop d'obscurité, si la vérité n'avait pas des marques visibles. C'en est une admirable d'être toujours dans une Église et assemblée visible. Il y aurait trop de clarté, s'il n'y avait qu'un sentiment dans cette Église. Celui qui y a toujours été est le vrai. Car le vrai y a toujours été, et aucun faux n'y a toujours été.

628

Pensée fait la grandeur de l'homme.

629

Objection : Visiblement l'Écriture pleine de choses non dictées du Saint-Esprit.
Réponse : Elles ne nuisent donc point à la foi.
Objection : Mais l'Église a décidé que tout est du Saint-Esprit.
Réponse : Je réponds deux choses, que l'Église n'a jamais décidé cela ; l'autre, que quand elle l'aurait décidé, cela se pourrait soutenir.

Il [y] a beaucoup d'esprits faux.

Denys [17] a la charité, il était en place.

Les prophéties citées dans l'Évangile, vous croyez qu'elles sont rapportées pour vous faire croire ? Non, c'est pour vous éloigner de croire.

630 [18]

Tous les grands divertissements sont dangereux pour la vie chrétienne. Mais entre tous ceux que le monde a inventés, il n'y en a point qui soit plus à craindre que la comédie. C'est une représentation si naturelle et si délicate des passions qu'elle les émeut et les fait naître dans notre cœur, et surtout celle de l'amour, principalement lorsqu'on le représente fort chaste et fort honnête, car plus il paraît innocent aux âmes innocentes, plus elles sont capables d'en être touchées. Sa violence plaît à notre amour-propre, qui forme aussitôt un désir de causer les mêmes effets que l'on voit si bien représentés. Et l'on se fait au même temps une conscience fondée sur l'honnêteté des sentiments qu'on y voit, qui ôtent la crainte des âmes pures, qui s'imaginent que ce n'est pas blesser la pureté d'aimer d'un amour qui leur semble si sage.

Ainsi l'on s'en va de la comédie le cœur si rempli de toutes les beautés et de toutes les douceurs de l'amour, et l'âme et l'esprit si persuadés de son innocence qu'on est tout préparé à recevoir ses premières impressions, ou plutôt à chercher l'occasion de les faire naître dans le cœur de quelqu'un pour recevoir les mêmes plaisirs et les mêmes sacrifices que l'on a vus si bien dépeints dans la comédie.

631

Si la foudre tombait sur les lieux bas [19], etc.

Les poètes et ceux qui ne savent raisonner que sur les choses de cette nature manqueraient de preuves.

Il y a beaucoup de personnes qui entendent le sermon de la même manière qu'ils entendent vêpres.

632

Comme les duchés et royautés et magistratures sont réelles et nécessaires (à cause de ce que la force règle tout), il y en a partout et toujours. Mais parce que ce n'est que fantaisie qui fait qu'un tel ou telle le soit, cela n'est pas constant, cela est sujet à varier, etc.

633

La raison nous commande bien plus impérieusement qu'un maître, car en désobéissant à l'un on est malheureux et en désobéissant à l'autre on est un sot.

634

(State super vias et interrogate de semitis antiquis et ambulate in eis. Et dixerunt : Non ambulabimus, sed post cogitationem nostram ibimus [20]. *Ils ont dit aux peuples : Venez avec nous. Suivons les opinions des nouveaux auteurs. La raison naturelle sera notre guide. Nous serons comme les autres peuples, qui suivent chacun sa lumière naturelle. Les philosophes ont...)*

Toutes les religions et les sectes du monde ont eu la raison naturelle pour guide. Les seuls chrétiens ont été astreints à prendre leurs règles hors d'eux-mêmes, et à s'informer de celles que Jésus-Christ a laissées aux anciens pour être transmises aux fidèles. Cette contrainte lasse ces bons Pères, ils veulent avoir comme les autres peuples la liberté de suivre leurs imaginations. C'est en vain que nous leur crions, comme les prophètes disaient autrefois aux Juifs : *Allez au milieu* de l'Église. *Informez-vous des voies que les anciens lui ont laissées et suivez ces sentiers.* Ils ont répondu comme les Juifs : *Nous n'y marcherons point, mais nous suivrons les pensées de notre cœur* [21]. *Et ils ont dit : Nous serons comme les autres peuples* [22].

[XXXVII. PENSÉES MÊLÉES 5]

635

L'exemple de la chasteté d'Alexandre n'a pas tant fait de continents que celui de son ivrognerie a fait d'intempérants. Il n'est pas honteux de n'être pas aussi vertueux que lui, et il semble excusable de n'être pas plus vicieux que lui. On croit n'être pas tout à fait dans les vices du commun des hommes, quand on se voit dans les vices de ces grands hommes. Et cependant on ne prend pas garde qu'ils sont en cela du commun des hommes : on tient à eux par le bout par où ils tiennent au peuple, car quelque élevés qu'ils soient, si sont-ils unis aux moindres des hommes par quelque endroit [1]. Ils ne sont pas suspendus en l'air tout abstraits de notre société. Non, non : s'ils sont plus grands que nous, c'est qu'ils ont la tête plus élevée, mais ils ont les pieds aussi bas que les nôtres ; ils sont tous à même niveau et s'appuient sur la même terre, et par cette extrémité ils sont aussi abaissés que nous, que les plus petits, que les enfants, que les bêtes.

636

L'éloquence continue ennuie.

Les princes et rois jouent quelquefois, ils ne sont pas toujours sur leurs trônes : ils s'y ennuieraient. La grandeur a besoin d'être quittée pour être sentie. La continuité dégoûte en tout. Le froid est agréable pour se chauffer.

La nature agit par progrès, *itus et reditus*. Elle passe et revient, puis va plus loin, puis deux fois moins, puis plus que jamais, etc.

Le flux de la mer se fait ainsi, le soleil semble marcher ainsi :

———

Vous avez mauvaise grâce : « Excusez-moi, s'il vous plaît. » Sans cette excuse je n'eusse pas aperçu qu'il y eût d'injure.

« Révérence parler » : il n'y a rien de mauvais que leur excuse.

637

Rien ne nous plaît que le combat, mais non pas la victoire.

On aime à voir les combats des animaux, non le vainqueur acharné sur le vaincu. Que voulait-on voir, sinon la fin de la victoire ? Et dès qu'elle arrive, on en est saoul. Ainsi dans le jeu, ainsi dans la recherche de la vérité : on aime à voir dans les disputes le combat des opinions, mais de contempler la vérité trouvée, point du tout. Pour la faire remarquer avec plaisir, il faut la faire voir naître de la dispute. De même dans les passions il y a du plaisir à voir deux contraires se heurter, mais quand l'une est maîtresse, ce n'est plus que brutalité. Nous ne cherchons jamais les choses, mais la recherche des choses. Ainsi, dans les comédies, les scènes contentes sans crainte ne valent rien, ni les extrêmes misères sans espérance, ni les amours brutaux, ni les sévérités âpres.

638

Contre ceux qui sur la confiance
de la miséricorde de Dieu demeurent
dans la nonchalance sans faire
de bonnes œuvres.

Comme les deux sources de nos péchés sont l'orgueil et la paresse, Dieu nous a découvert deux qualités en lui pour les guérir : sa miséricorde et sa justice. Le propre de la justice est d'abattre l'orgueil, quelques saintes que soient les œuvres : ET NON INTRES IN JUDICIUM [2], etc., et le propre de la miséricorde est de combattre la paresse en invitant aux bonnes œuvres, selon ce passage : LA MISÉRICORDE DE DIEU INVITE A PÉNITENCE [3], et cet autre des Ninivites : FAISONS PÉNITENCE POUR VOIR SI PAR AVENTURE IL AURA PITIÉ DE NOUS [4]. Et ainsi tant s'en faut que la miséricorde autorise le relâchement que c'est au contraire la qualité qui le combat formellement. De sorte qu'au lieu de dire : S'il n'y avait point en Dieu de miséricorde, il faudrait faire toutes sortes d'efforts pour la vertu, il faut dire au contraire que c'est parce qu'il y a en Dieu de la miséricorde qu'il faut faire toutes sortes d'efforts.

639

Contre ceux qui abusent des passages de l'Écriture et qui se prévalent de ce qu'ils en trouvent quelqu'un qui semble favoriser leur erreur.

Le chapitre de vêpres, le dimanche de la Passion, l'*Oraison pour le roi*[5].

640

Explication de ces paroles : *Qui n'est point pour moi est contre moi* et de ces autres : *Qui n'est point contre vous est pour vous*[6].

Une personne qui dit : « Je ne suis ni pour, ni contre. » On doit lui répondre...

641

L'histoire de l'Église doit proprement être appelée l'histoire de la vérité.

642

Une des antiennes des vêpres de Noël : *Exortum est in tenebris lumen rectis corde*[7].

643

On n'apprend point aux hommes à être honnêtes hommes, et on leur apprend tout le reste. Et ils ne se piquent jamais tant de savoir rien du reste comme d'être honnêtes hommes. Ils ne se piquent de savoir que la seule chose qu'ils n'apprennent point.

Les enfants qui s'effraient du visage qu'ils ont barbouillé, ce sont des enfants[8]. Mais le moyen que ce qui est si faible étant enfant soit bien fort étant plus âgé ? On ne fait que changer de fantaisie. Tout ce qui se perfectionne par progrès périt aussi par progrès. Tout ce qui a été faible ne peut jamais être absolument fort. On a beau dire : Il est crû, il est changé ; il est aussi le même.

644

Préface de la première partie.

Parler de ceux qui ont traité de la connaissance de soi-même ; des divisions de Charron, qui attristent et ennuient ; de la confusion de Montaigne : qu'il avait bien senti le défaut d'une droite méthode, qu'il l'évitait en sautant de sujet en sujet, qu'il cherchait le bon air.

Le sot projet qu'il a de se peindre ! Et cela non pas en passant et contre ses maximes, comme il arrive à tout le monde de faillir, mais par ses propres maximes et par un dessein premier et principal. Car de dire des sottises par hasard et par faiblesse, c'est un mal ordinaire. Mais d'en dire par dessein, c'est ce qui n'est pas supportable [9]. Et d'en dire de telles que celles-ci...

Préface de la seconde partie.

Parler de ceux qui ont traité de cette matière.

J'admire avec quelle hardiesse ces personnes entreprennent de parler de Dieu. En adressant leurs discours aux impies, leur premier chapitre est de prouver la divinité par les ouvrages de la nature. Je ne m'étonnerais pas de leur entreprise s'ils adressaient leurs discours aux fidèles, car il est certain [que ceux] qui ont la foi vive dedans le cœur voient incontinent que tout ce qui est n'est autre chose que l'ouvrage du Dieu qu'ils adorent. Mais pour ceux en qui cette lumière est éteinte et dans lesquels on a dessein de la faire revivre, ces personnes destituées de foi et de grâce, qui, recherchant de toute leur lumière tout ce qu'ils voient dans la nature qui les peut mener à cette connaissance, ne trouvent qu'obscurité et ténèbres ; dire à ceux-là qu'ils n'ont qu'à voir la moindre des choses qui les environnent et qu'ils y verront Dieu à découvert, et leur donner pour toute preuve de ce grand et important sujet le cours de la lune et des planètes, et prétendre avoir achevé sa preuve avec un tel discours, c'est leur donner sujet de croire que les preuves de notre religion sont bien faibles. Et je vois par raison et par expérience que rien n'est plus propre à leur en faire naître le mépris. Ce n'est pas de cette sorte que l'Écriture, qui connaît mieux les choses qui sont de Dieu, en parle. Elle dit au contraire que Dieu est un Dieu caché ; et que, depuis la corruption de la nature, il les a laissés dans un aveuglement dont ils ne peuvent sortir que par Jésus-Christ, hors duquel toute communication avec Dieu est ôtée : *Nemo novit Patrem, nisi Filius, et cui Filius voluerit revelare* [10].

C'est ce que l'Écriture nous marque, quand elle dit en tant d'endroits que ceux qui cherchent Dieu le trouvent. Ce n'est point de cette lumière qu'on parle, comme le jour en plein midi. On ne dit point que ceux qui cherchent le jour en plein midi ou de l'eau dans la mer en trouveront. Et ainsi il faut bien que l'évidence de Dieu ne soit pas telle dans la nature. Aussi elle nous dit ailleurs : *Vere tu es Deus absconditus* [11].

645

Combien les lunettes nous ont-elles découvert d'êtres qui n'étaient point pour nos philosophes d'auparavant. On entreprenait franchement l'Écriture sainte sur le grand nombre des étoiles, en disant : Il n'y en a que 1022 [12], nous le savons.

Il y a des herbes sur la terre, nous les voyons ; de la lune on ne les verrait pas. Et sur ces herbes des poils, et dans ces poils de petits animaux ; mais après cela plus rien ? Ô présomptueux !

Les mixtes sont composés d'éléments ; et les éléments non ? Ô présomptueux ! Voici un trait délicat. Il ne faut pas dire qu'il y a ce qu'on ne voit pas. Il faut donc dire comme les autres, mais ne pas penser comme eux.

Quand on veut poursuivre les vertus jusques aux extrêmes, de part et d'autre il se présente des vices qui s'y insinuent insensiblement [13], dans leurs routes insensibles du côté du petit infini. Et il s'en présente, des vices, en foule du côté du grand infini. De sorte qu'on se perd dans les vices et on ne voit plus les vertus.

On se prend à la perfection même.

Les mots diversement rangés font un divers sens. Et les sens diversement rangés font différents effets.

Ne timeas, pusillus grex [14]. *Timore et tremore* [15].
Quid ergo, *ne timeas*, modo timeas.
Ne craignez point, pourvu que vous craigniez. Mais si vous ne craignez pas, craignez.

Qui me recipit, non me recipit, sed eum qui me misit [16].

Nemo scit neque Filius [17].

S'il y a jamais un temps auquel on doive faire profession des deux contraires, c'est quand on reproche qu'on en omet un. Donc les jésuites et les jansénistes ont tort en les celant, mais les jansénistes plus, car les jésuites en ont mieux fait profession des deux [18].

M. de Condren : Il n'y a point, dit-il, de comparaison de l'union des saints à [celle] de la Sainte Trinité.
Jésus-Christ dit le contraire [19].

La dignité de l'homme consistait, dans son innocence, à user et dominer sur les créatures ; mais aujourd'hui à s'en séparer, et s'y assujettir.

Les sens.
Un même sens change selon les paroles qui l'expriment. Les sens reçoivent des paroles leur dignité au lieu de la leur donner. Il en faut chercher des exemples.

Je crois que Josué [20] a, le premier du peuple de Dieu, ce nom, comme Jésus-Christ le dernier du peuple de Dieu.

Nubes lucida OBUMBRAVIT [21].

Saint Jehan devait convertir les cœurs des pères aux enfants, et Jésus-Christ mettre la division [22].
Sans contradiction.

Les effets *in communi* et *in particulari*. Les semi-pélagiens errent en disant de *in communi* ce qui n'est vrai que *in particulari*, et les calvinistes en disant *in particulari* ce qui est vrai *in communi* (ce me semble) [23].

[XXXVIII. PENSÉES MÊLÉES 6]

646

Je mets en fait que si tous les hommes savaient ce qu'ils disent les uns des autres, il n'y aurait pas quatre amis dans le monde. Cela paraît par les querelles que causent les rapports indiscrets qu'on en fait quelquefois.

Dès là je refuse toutes les autres religions.

Par là je trouve réponse à toutes les objections.

Il est juste qu'un Dieu si pur ne se découvre qu'à ceux dont le cœur est purifié [1].

Dès là cette religion m'est aimable, et je la trouve déjà assez autorisée par une si divine morale. Mais j'y trouve de plus : je trouve d'effectif que depuis que la mémoire des hommes dure, voici un peuple qui subsiste plus ancien que tout autre peuple. Il est annoncé constamment aux hommes qu'ils sont dans une corruption universelle, mais qu'il viendra un Réparateur. Que ce n'est pas un homme qui le dit, mais une infinité d'hommes et un peuple entier, prophétisant et fait exprès, durant quatre mille ans. Leurs Livres dispersés durant quatre cents ans. Enfin eux sans idoles ni roi.

Un peuple entier le prédit avant sa venue. Un peuple entier l'adore après sa venue.

Plus je les examine, plus j'y trouve de vérité : et ce qui a précédé et ce qui a suivi, et cette synagogue qui l'a précédé, et cette synagogue (*ce nombre de Juifs*) misérables et sans prophètes qui le suivent et qui, étant tous ennemis, sont d'admirables témoins pour nous de la vérité de ces prophéties où leur misère et leur aveuglement est prédit.

Les ténèbres des Juifs, effroyables et prédites : *Eris palpans in meridie* [2].
— *Dabitur liber scienti litteras, et dicet : Non possum legere* [3].

Le sceptre étant encore entre les mains du premier usurpateur étranger.

Le bruit de la venue de Jésus-Christ.

Je trouve cet enchaînement, cette religion toute divine dans son autorité, dans sa durée, dans sa perpétuité, dans sa morale, dans sa conduite, dans sa doctrine, dans ses effets. Et ainsi je tends les bras à mon Libérateur qui, ayant été prédit durant quatre mille ans, est venu souffrir et mourir pour moi sur la terre, dans les temps et dans toutes les circonstances qui en ont été prédites. Et par sa grâce j'attends la mort en paix, dans l'espérance de lui être éternellement uni, et je vis cependant avec joie, soit dans les biens qu'il lui plaît de me donner, soit dans les maux qu'il m'envoie pour mon bien et qu'il m'a appris à souffrir par son exemple.

647

C'est une plaisante chose à considérer, de ce qu'il y a des gens dans le monde qui, ayant renoncé à toutes les lois de Dieu et de la nature, s'en sont fait eux-mêmes auxquelles ils obéissent exactement, comme par exemple les soldats de Mahomet, les voleurs, les hérétiques, etc. Et ainsi les logiciens.

Il semble que leur licence doive être sans aucunes bornes ni barrières, voyant qu'ils en ont franchi tant de si justes et de si saintes.

648

L'éternuement absorbe toutes les fonctions de l'âme, aussi bien que la besogne [4]. Mais on n'en tire pas les mêmes conséquences contre la grandeur de l'homme, parce que c'est contre son gré. Et quoiqu'on se le procure, néanmoins c'est contre son gré qu'on se le procure : ce n'est pas en vue de la chose même, c'est pour une autre fin. Et ainsi ce n'est pas une marque de la faiblesse de l'homme et de sa servitude sous cette action.

Il n'est pas honteux à l'homme de succomber sous la douleur, et il lui est honteux de succomber sous le plaisir. Ce qui ne vient pas de ce que la douleur nous vient d'ailleurs, et que nous recherchons le plaisir ; car on peut rechercher la douleur, et y succomber à dessein, sans ce genre de bassesse. D'où vient donc qu'il est glorieux à la raison de succomber sous l'effort de la douleur, et qu'il lui est honteux de succomber sous l'effort du plaisir ? C'est que ce n'est pas la douleur qui nous tente et nous attire. C'est nous-mêmes qui volontairement la choisissons et voulons la faire dominer sur nous, de sorte que nous sommes maîtres de la chose ; et en cela c'est l'homme qui succombe à soi-même. Mais dans le plaisir, c'est l'homme qui succombe au plaisir. Or il n'y a que la maîtrise et l'empire qui fasse la gloire, et que la servitude qui fasse honte.

649 [5]

Dieu
a créé tout pour soi,
a donné puissance de peines et de biens pour soi.

Vous pouvez l'appliquer à Dieu ou à vous.

Si à Dieu, l'Évangile est la règle.

Si à vous, vous tiendrez la place de Dieu.

Comme Dieu est environné de gens pleins de charité, qui lui demandent les biens de la charité, qui sont en sa puissance, ainsi...

Connaissez-vous donc, et sachez que vous n'êtes qu'un roi de concupiscence, et prenez les voies de la concupiscence.

650

Roi, et tyran.

J'aurai aussi mes pensées de derrière la tête.

Je prendrai garde à chaque voyage.

Grandeur d'établissement, respect d'établissement.

Le plaisir des Grands est de pouvoir faire des heureux.

Le propre de la richesse est d'être donnée libéralement.

Le propre de chaque chose doit être cherché. Le propre de la puissance est de protéger.

Quand la force attaque la grimace, quand un simple soldat prend le bonnet carré d'un premier président et le fait voler par la fenêtre.

Épigrammes de Martial.

L'homme aime la malignité, mais ce n'est pas contre les borgnes ou les malheureux, mais contre les heureux superbes. On se trompe autrement. Car la concupiscence est la source de tous nos mouvements, et l'humanité...

Il faut plaire à ceux qui ont les sentiments humains et tendres.

Celle des deux borgnes ne vaut rien, car elle ne les console pas et ne fait que donner une pointe à la gloire de l'auteur [6].
Tout ce qui n'est que pour l'auteur ne vaut rien.
Ambitiosa recidet ornamenta [7].

[XXXIX. PENSÉES MÊLÉES 7]

651

Genèse, 17 : *Statuam pactum meum inter me et te fœdere sempiterno, ut sim Deus tuus.*
Et tu ergo custodies pactum meum [1].

652

L'Écriture a pourvu de passages pour consoler toutes les conditions, et pour intimider toutes les conditions.
La nature semble avoir fait la même chose par ces deux infinis, naturels et moraux : car nous aurons toujours du dessus et du dessous, de plus habiles et de moins habiles, de plus élevés et de plus misérables, pour abaisser notre orgueil, et relever notre abjection.

653

Fascinatio [2].
Somnum suum [3].
Figura hujus mundi [4].

L'Eucharistie.
Comedes panem TUUM / *panem* NOSTRUM [5].

Inimici Dei terram lingent [6] : les pécheurs lèchent la terre, c'est-à-dire aiment les plaisirs terrestres.
L'Ancien Testament contenait les figures de la joie future et le Nouveau contient les moyens d'y arriver.
Les figures étaient de joie, les moyens de pénitence ; et néanmoins l'agneau pascal était mangé *avec des laitues sauvages* [7], *cum amaritudinibus*.

Singularis sum ego donec transeam [8]. Jésus-Christ avant sa mort était presque seul de martyr.

Le temps guérit les douleurs et les querelles, parce qu'on change : on n'est plus la même personne ; ni l'offensant, ni l'offensé ne sont plus eux-mêmes. C'est comme un peuple qu'on a irrité et qu'on reverrait après deux générations : ce sont encore les Français, mais non les mêmes.

Si nous rêvions toutes les nuits la même chose, elle nous affecterait autant que les objets que nous voyons tous les jours. Et si un artisan était sûr de rêver toutes les nuits, douze heures durant, qu'on est roi, je crois qu'il serait presque aussi heureux qu'un roi qui rêverait toutes les nuits, douze heures durant, qu'il serait artisan.

Si nous rêvions toutes les nuits que nous sommes poursuivis par des ennemis et agités par ces fantômes pénibles, et qu'on passât tous les jours en diverses occupations, comme quand on fait voyage, on souffrirait presque autant que si cela était véritable, et on appréhenderait le dormir comme on appréhende le réveil quand on craint d'entrer dans de tels malheurs en effet. Et en effet il ferait à peu près les mêmes maux que la réalité.

Mais parce que les songes sont tous différents, et que l'un même se diversifie, ce qu'on y voit affecte bien moins que ce qu'on voit en veillant, à cause de la continuité, qui n'est pourtant pas si continue et égale qu'elle ne change aussi, mais moins brusquement, si ce n'est rarement, comme quand on voyage, et alors on dit : Il me semble que je rêve. Car la vie est un songe, un peu moins inconstant [9].

Dira-t-on que, pour avoir dit que la justice est partie de la terre, les hommes aient connu le péché originel ? *Nemo ante obitum beatus* [10] : est-ce à dire qu'ils aient connu qu'à la mort la béatitude éternelle et essentielle commence ?

En sachant la passion dominante de chacun, on est sûr de lui plaire. Et néanmoins chacun a ses fantaisies contraires à son propre bien dans l'idée même qu'il a du bien. Et c'est une bizarrerie qui met hors de gamme [11].

Nous ne nous contentons pas de la vie que nous avons en nous et en notre propre être : nous voulons vivre dans l'idée des autres d'une vie imaginaire, et nous nous efforçons pour cela de paraître. Nous travaillons incessamment à embellir et conserver notre être imaginaire, et négligeons le véritable. Et si nous avons ou la tranquillité, ou la générosité, ou la fidélité, nous nous empressons de le faire savoir, afin d'attacher ces vertus-là à notre autre être, et les détacherions plutôt de nous pour les joindre à l'autre. Nous serions de bon cœur poltrons pour en acquérir la réputation d'être vaillants [12].

Grande marque du néant de notre propre être, de n'être pas satisfait de l'un sans l'autre, et d'échanger souvent l'un pour l'autre ! Car qui ne mourrait pour conserver son honneur, celui-là serait infâme.

654
Jean, 8.

MULTI CREDIDERUNT IN EUM. — *Dicebat ergo Jesus : Si manseritis...* VERE *mei discipuli eritis...* ET VERITAS LIBERABIT VOS.
Responderunt : Semen Abrahae sumus, et nemini servivimus unquam [13].

Il y a bien de la différence entre les disciples et les VRAIS disciples. On les reconnaît en leur disant que la vérité les rendra libres. Car s'ils répondent qu'ils sont libres et qu'il est en eux de sortir de l'esclavage du diable, ils sont bien disciples, mais non pas vrais disciples.

655

Il y a trois moyens de croire : la raison, la coutume, l'inspiration. La religion chrétienne, qui seule a la raison, n'admet point pour ses vrais enfants ceux qui croient sans inspiration. Ce n'est pas qu'elle exclue la raison et la coutume, au contraire, mais il faut ouvrir son esprit aux preuves, s'y confirmer par la coutume, mais s'offrir par les humiliations aux inspirations, qui seules peuvent faire le vrai et salutaire effet : *Ne evacuetur crux Christi* [14].

656

Incompréhensible que Dieu soit, et incompréhensible qu'il ne soit pas ; que l'âme soit avec le corps, que nous n'ayons point d'âme ; que le monde soit créé, qu'il ne le soit pas ; etc. ; que le péché originel soit, et qu'il ne soit pas.

657

Quid fiet hominibus qui minima contemnunt, majora non credunt [15] ?

658

Les deux plus anciens livres du monde sont *Moïse* et *Job,* l'un juif, l'autre païen, qui tous deux regardent Jésus-Christ comme leur centre commun et leur objet : *Moïse* en rapportant les promesses de Dieu à Abraham, Jacob, etc., et ses prophéties ; et *Job* : *Quis mihi det ut* [16], etc. — *Scio enim quod Redemptor meus vivit* [17], etc.

Le style de l'Évangile est admirable en tant de manières, et entre autres en ne mettant jamais aucune invective contre les bourreaux et ennemis de Jésus-Christ. Car il n'y en a aucune des historiens contre Judas, Pilate, ni aucun des Juifs.

Si cette modestie des historiens évangéliques avait été affectée, aussi bien que tant d'autres traits d'un si beau caractère, et qu'ils ne l'eussent affecté que pour le faire remarquer, s'ils n'avaient osé le remarquer eux-mêmes, ils n'auraient pas manqué de se procurer des amis qui eussent fait ces remarques à leur avantage. Mais comme ils ont agi de la sorte sans affectation et par un mouvement tout désintéressé, ils ne l'ont fait remarquer à personne, et je crois que plusieurs de ces choses n'ont point été remarquées jusqu'ici. Et c'est ce qui témoigne la froideur avec laquelle la chose a été faite.

Jamais on ne fait le mal si pleinement et si gaiement que quand on le fait par conscience.

Comme on se gâte l'esprit, on se gâte aussi le sentiment.

On se forme l'esprit et le sentiment par les conversations, on se gâte l'esprit et le sentiment par les conversations. Ainsi les bonnes ou les mauvaises le forment ou le gâtent. Il importe donc de tout de bien savoir choisir, pour se le former et ne le point gâter. Et on ne peut faire ce choix, si on ne l'a déjà formé et point gâté. Ainsi cela fait un cercle d'où sont bienheureux ceux qui sortent.

659

Le monde ordinaire a le pouvoir de ne pas songer à ce qu'il ne veut pas songer : « Ne pensez point aux passages du Messie », disait le Juif à son fils. Ainsi font les nôtres souvent. Ainsi se conservent les fausses religions, et la vraie même, à l'égard de beaucoup de gens.

Mais il y en a qui n'ont pas le pouvoir de s'empêcher ainsi de songer, et qui songent d'autant plus qu'on leur défend. Ceux-là se défont des fausses religions, et de la vraie même, s'ils ne trouvent des discours solides.

J'aurais bientôt quitté les plaisirs, disent-ils, si j'avais la foi. Et moi je vous dis : Vous auriez bientôt la foi, si vous aviez quitté les plaisirs. Or c'est à vous à commencer. Si je pouvais, je vous donnerais la foi ; je ne puis le faire, ni partant éprouver la vérité de ce que vous dites. Mais vous pouvez bien quitter les plaisirs et éprouver si ce que je dis est vrai.

On a beau dire, il faut avouer que la religion chrétienne a quelque chose d'étonnant. C'est parce que vous y êtes né, dira-t-on. Tant s'en faut : je me roidis contre, par cette raison-là même, de peur que cette prévention ne me suborne. Mais quoique j'y sois né, je ne laisse pas de le trouver ainsi.

660

La victoire sur la mort [18].
Que sert à l'homme de gagner tout le monde, s'il perd son âme ?
Qui veut garder son âme la perdra [19].
Je ne suis pas venu détruire la Loi, mais l'accomplir [20].
Les agneaux n'ôtaient point les péchés du monde, mais je suis *l'agneau qui ôte les péchés* [21].
Moïse ne vous a point donné le pain du ciel.
Moïse ne vous a point tirés de captivité et ne vous a pas rendus véritablement libres [22].

Les prophéties, mêlées des choses particulières et de celles du Messie, afin que les prophéties du Messie ne fussent pas sans preuve et que les prophéties particulières ne fussent pas sans fruit.

Il y a deux manières de persuader les vérités de notre religion : l'une par la force de la raison, l'autre par l'autorité de celui qui parle.

On ne se sert point de la dernière, mais de la première. On ne dit point : Il faut croire cela, car l'Écriture, qui le dit, est divine. Mais on dit qu'il le faut croire par telle et telle raison, qui sont de faibles arguments, la raison étant flexible à tout.

[XL. PENSÉES MÊLÉES 8]

661

Car il ne faut pas se méconnaître : nous sommes automate autant qu'esprit. Et de là vient que l'instrument par lequel la persuasion se fait n'est pas la seule démonstration. Combien y a-t-il peu de choses démontrées ! Les preuves ne convainquent que l'esprit ; la coutume fait nos preuves les plus fortes et les plus crues : elle incline l'automate, qui entraîne l'esprit sans qu'il y pense. Qui a démontré qu'il sera demain jour, et que nous mourrons ? Et qu'y a-t-il de plus cru ? C'est donc la coutume qui nous en persuade, c'est elle qui fait tant de chrétiens, c'est elle qui fait les Turcs, les païens, les métiers, les soldats, etc. (Il y a la foi reçue dans le baptême de plus aux chrétiens qu'aux païens.) Enfin il faut avoir recours à elle, quand une fois l'esprit a vu où est la vérité, afin de nous abreuver et nous teindre de cette créance, qui nous échappe à toute heure. Car d'en avoir toujours les preuves présentes, c'est trop d'affaire. Il faut acquérir une créance plus facile, qui est celle de l'habitude, qui sans violence, sans art, sans argument, nous fait croire les choses et incline toutes nos puissances à cette croyance, en sorte que notre âme y tombe naturellement. Quand on ne croit que par la force de la conviction, et que l'automate est incliné à croire le contraire, ce n'est pas assez. Il faut donc faire croire nos deux pièces : l'esprit,

par les raisons, qu'il suffit d'avoir vues une fois en sa vie ; et l'automate, par la coutume, et en ne lui permettant pas de s'incliner au contraire.
Inclina cor meum, Deus [1]...

La raison agit avec lenteur, et avec tant de vues, sur tant de principes, lesquels il faut qu'ils soient toujours présents, qu'à toute heure elle s'assoupit ou s'égare, manque d'avoir tous ses principes présents. Le sentiment n'agit pas ainsi : il agit en un instant, et toujours est prêt à agir. Il faut donc mettre notre foi dans le sentiment, autrement elle sera toujours vacillante.

662 [2]

(On doit avoir pitié des uns et des autres. Mais on doit avoir pour les uns une pitié qui naît de tendresse, et pour les autres une pitié qui naît de mépris.

Il faut bien être dans la religion qu'ils méprisent, pour ne les pas mépriser.

Cela n'est point du bon air.

Cela montre qu'il n'y a rien à leur dire : non par mépris, mais parce qu'ils n'ont pas le sens commun. Il faut que Dieu les touche.

Les gens de cette sorte sont académistes, écoliers [3], *et c'est le plus méchant caractère d'hommes que je connaisse.*

Vous me convertirez.

Je ne prends point cela par bigoterie, mais par la manière dont le cœur de l'homme est fait, non par un zèle de dévotion et de détachement, mais par un principe purement humain et par un mouvement d'intérêt et d'amour-propre.

Il est sans doute qu'il n'y a point de bien sans la connaissance de Dieu, qu'à mesure qu'on en approche on est heureux, et que le dernier bonheur est de le connaître avec certitude, qu'à mesure qu'on s'en éloigne on est malheureux, et que le dernier malheur serait la certitude du contraire.

C'est donc un malheur que de douter, mais c'est un devoir indispensable de chercher dans le doute. Et ainsi celui qui doute et qui ne cherche pas est tout ensemble malheureux et injuste. Que s'il est avec cela gai et présomptueux, je n'ai point de terme pour qualifier une si extravagante créature.)

Cependant il est certain que l'homme est si dénaturé, qu'il y a dans son cœur une semence de joie en cela.

(Est-ce une chose à dire avec joie ? C'est une chose qu'on doit donc dire tristement.

Le beau sujet de se réjouir et de se vanter, la tête levée, en cette sorte... . « Donc réjouissons-nous, vivons sans crainte et sans inquiétude, et attendons la mort, puisque cela est incertain, et nous verrons alors ce qu'il arrivera de nous. » — Je n'en vois pas la conséquence.)

N'est-ce pas assez qu'il se fasse des miracles en un lieu et que la Providence paraisse sur un peuple ?

Le bon air va à n'avoir point de complaisance, et la bonne piété à avoir complaisance pour les autres.

(Est-ce courage à un homme mourant d'aller, dans la faiblesse et dans l'agonie, affronter un Dieu tout-puissant et éternel ?)

Que je serais heureux, si j'étais en cet état, qu'on eût pitié de ma sottise et qu'on eût la bonté de m'en tirer malgré moi !

(N'en être pas fâché et ne pas aimer, cela accuse tant de faiblesse d'esprit et tant de malice dans la volonté.

Quel sujet de joie de ne plus attendre que des misères sans ressources ! Quelle consolation, dans le désespoir de tout consolateur !)

Mais ceux-là mêmes qui semblent les plus opposés à la gloire de la religion, nous en ferons le premier argument qu'il y a quelque chose de surnaturel. [Ils] n'y seront pas inutiles pour les autres. Car un aveuglement de cette sorte n'est pas une chose naturelle. Et si leur folie les rend si contraires à leur propre bien, elle servira à en garantir les autres par l'horreur d'un exemple si déplorable et d'une folie si digne de compassion. Est-ce qu'ils sont si fermes qu'ils soient insensibles à tout ce qui les touche ? Éprouvons-les dans la perte des biens ou de l'honneur : quoi ! c'est un enchantement...

663

Histoire de la Chine [4].

Je ne crois que les histoires dont les témoins se feraient égorger. *(Lequel est le plus croyable des deux : Moïse ou la Chine ?)*

Il n'est pas question de voir cela en gros : je vous dis qu'il y a de quoi aveugler et de quoi éclairer.

Par ce mot seul je ruine tous vos raisonnements. — « Mais la Chine obscurcit, dites-vous. » Et je réponds : « La Chine obscurcit, mais il y a clarté à trouver. Cherchez-la.

Ainsi tout ce que vous dites fait à un des desseins, et rien contre l'autre. Ainsi cela sert et ne nuit pas.

Il faut donc voir cela en détail, il faut mettre papiers sur table [5]. »

664

C'est un héritier qui trouve les titres de sa maison. Dira-t-il : « Peut-être qu'ils sont faux ? » et négligera-t-il de les examiner ?

665

La Loi obligeait à ce qu'elle ne donnait pas, la grâce donne ce à quoi elle oblige.

666

Semble réfuter.

Humilibus dat gratiam [6]. An ideo non dedit humilitatem ?

Sui eum non receperunt [7]. Quotquot autem non receperunt, an non erant sui ?

[XLI. PENSÉES MÊLÉES 9]

667

Fac secundum exemplar quod tibi ostensum est in monte [1].

La religion des Juifs a donc été formée sur la ressemblance de la vérité du Messie. Et la vérité du Messie a été reconnue par la religion des Juifs, qui en était la figure.

Dans les Juifs la vérité n'était que figurée. Dans le ciel elle est découverte. Dans l'Église elle est couverte, et reconnue par le rapport à la figure.

La figure a été faite sur la vérité, et la vérité a été reconnue sur la figure.

Saint Paul dit lui-même que des gens défendront les mariages, et lui-même en parle aux Corinthiens [2] d'une manière qui est une ratière. Car si un prophète avait dit l'un et que saint Paul eût dit ensuite l'autre, on l'eût accusé.

668

Les cordes qui attachent le respect des uns envers les autres, en général, sont cordes de nécessité. Car il faut qu'il y ait différents degrés, tous les hommes voulant dominer, et tous ne le pouvant pas, mais quelques-uns le pouvant.

Figurons-nous donc que nous les voyons commencer à se former. Il est sans doute qu'ils se battront jusqu'à ce que la plus forte partie opprime la plus faible et qu'enfin il y ait un parti dominant. Mais quand cela est une fois déterminé, alors les maîtres, qui ne veulent pas que la guerre continue, ordonnent que la force qui est entre leurs mains succédera comme il leur plaît : les uns le remettent à l'élection des peuples, les autres à la succession de naissance, etc.

Et c'est là où l'imagination commence à jouer son rôle. Jusque-là la pure force l'a fait. Ici c'est la force qui se tient par l'imagination en un certain parti : en France, des gentilshommes ; en Suisse, des roturiers [3] ; etc.

Or ces cordes qui attachent donc le respect à tel et à tel en particulier, sont des cordes d'imagination.

Ces grands efforts d'esprit où l'âme touche quelquefois, sont choses où elle ne se tient pas. Elle y saute seulement, non comme sur le trône pour toujours, mais pour un instant seulement.

[XLII] GÉOMÉTRIE / FINESSE [1]

669

Masquer la nature et la déguiser : plus de roi, de pape, d'évêque, mais « auguste monarque », etc. Point de Paris, « capitale du royaume ».

Il y a des lieux où il faut appeler Paris, Paris, et d'autres où il la faut appeler capitale du royaume.

A mesure qu'on a plus d'esprit, on trouve qu'il y a plus d'hommes originaux. Les gens du commun ne trouvent point de différence entre les hommes.

Diverses sortes de sens droit : les uns dans un certain ordre de choses, et non dans les autres ordres, où ils extravaguent.

Les uns tirent bien les conséquences de peu de principes, et c'est une droiture de sens.

Les autres tirent bien les conséquences des choses où il y a beaucoup de principes.

Par exemple, les uns comprennent bien les effets de l'eau, en quoi il y a peu de principes ; mais les conséquences en sont si fines qu'il n'y a qu'une extrême droiture d'esprit qui y puisse aller. Et ceux-là ne seraient peut-être pas pour cela grands géomètres, parce que la géométrie comprend un grand nombre de principes, et qu'une nature d'esprit peut être telle qu'elle puisse bien pénétrer peu de principes jusqu'au fond, et qu'elle ne puisse pénétrer le moins du monde les choses où il y a beaucoup de principes.

Il y a donc deux sortes d'esprits : l'une, de pénétrer vivement et profondément les conséquences des principes, et c'est là l'esprit de justesse ; l'autre, de comprendre un grand nombre de principes sans les confondre, et c'est là l'esprit de géométrie. L'un est force et droiture d'esprit, l'autre est amplitude d'esprit. Or l'un peut bien être sans l'autre, l'esprit pouvant être fort et étroit, et pouvant être aussi ample et faible.

[XLIII] GÉOMÉTRIE / FINESSE [2]

670

Différence
entre l'esprit de géométrie
et l'esprit de finesse.

En l'un les principes sont palpables, mais éloignés de l'usage commun, de sorte qu'on a peine à tourner la tête de ce côté-là, manque d'habitude. Mais pour peu qu'on l'y tourne, on voit les principes à plein, et il faudrait avoir tout à fait l'esprit faux pour mal raisonner sur des principes si gros qu'il est presque impossible qu'ils échappent.

Mais dans l'esprit de finesse les principes sont dans l'usage commun et devant les yeux de tout le monde. On n'a que faire de tourner la tête, ni de se faire violence ; il n'est question que d'avoir bonne vue. Mais il faut l'avoir bonne, car les principes sont si déliés et en si grand nombre qu'il est presque impossible qu'il n'en échappe. Or l'omission d'un principe mène à l'erreur. Ainsi il faut avoir la vue bien nette pour voir tous les principes, et ensuite l'esprit juste pour ne pas raisonner faussement sur des principes connus.

Tous les géomètres seraient donc fins, s'ils avaient la vue bonne, car ils ne raisonnent pas faux sur les principes qu'ils connaissent. Et les esprits fins seraient géomètres, s'ils pouvaient plier leur vue vers les principes inaccoutumés de géométrie.

Ce qui fait donc que de certains esprits fins ne sont pas géomètres, c'est qu'ils ne peuvent du tout se tourner vers les principes de géométrie. Mais ce qui fait que des géomètres ne sont pas fins, c'est qu'ils ne voient pas ce qui est devant eux et qu'étant accoutumés aux principes nets et grossiers de géométrie, et à ne raisonner qu'après avoir bien vu et manié leurs principes, ils se perdent dans les choses de finesse, où les principes ne se laissent pas ainsi manier. On les voit à peine, on les sent plutôt qu'on ne les voit ; on a des peines infinies à les faire sentir à ceux qui ne les sentent pas d'eux-mêmes. Ce sont choses tellement délicates, et si nombreuses, qu'il faut un sens bien délicat et bien net pour les sentir, et juger droit et juste selon ce sentiment, sans pouvoir le plus souvent le démontrer par ordre comme en géométrie, parce qu'on n'en possède pas ainsi les principes, et que ce serait une chose infinie de l'entreprendre. Il faut tout d'un coup voir la chose d'un seul regard, et non pas par progrès de raisonnement, au moins jusqu'à un certain degré. Et ainsi il est rare que les géomètres soient fins, et que les fins soient géomètres, à cause que les géomètres veulent traiter géométriquement ces choses fines, et se rendent ridicules, voulant commencer par les définitions, et ensuite par les principes : ce qui n'est pas la manière d'agir en cette sorte de raisonnement. Ce n'est pas que l'esprit ne le fasse, mais il le fait tacitement, naturellement et sans art, car l'expression en passe tous les hommes, et le sentiment n'en appartient qu'à peu d'hommes.

Et les esprits fins, au contraire, ayant ainsi accoutumé à juger d'une seule vue, sont si étonnés, quand on leur présente des propositions où ils ne comprennent rien, et où pour entrer il faut passer par des définitions et des principes si stériles, qu'ils n'ont point accoutumé de voir ainsi en détail, qu'ils s'en rebutent et s'en dégoûtent.

Mais les esprits faux ne sont jamais ni fins ni géomètres.

Les géomètres qui ne sont que géomètres ont donc l'esprit droit, mais pourvu qu'on leur explique bien toutes choses par définitions et principes ; autrement ils sont faux et insupportables, car ils ne sont droits que sur les principes bien éclaircis.

Et les fins qui ne sont que fins ne peuvent avoir la patience de descendre jusque dans les premiers principes des choses spéculatives et d'imagination, qu'ils n'ont jamais vues dans le monde, et tout à fait hors d'usage.

671

Géométrie / finesse.

La vraie éloquence se moque de l'éloquence. La vraie morale se moque de la morale, c'est-à-dire que la morale du jugement se moque de la morale de l'esprit, qui est sans règles.

Car le jugement est celui à qui appartient le sentiment, comme les sciences appartiennent à l'esprit. La finesse est la part du jugement, la géométrie est celle de l'esprit.

Se moquer de la philosophie, c'est vraiment philosopher [1].

La nourriture du corps est peu à peu.
Plénitude de nourriture, et peu de substance.

[XLIV] L'AUTORITÉ

672

L'autorité.

Ils se cachent dans la presse et appellent le nombre à leur secours [1]. Tumulte.

Tant s'en faut que d'avoir ouï dire une chose soit la règle de votre créance, que vous ne devez rien croire sans vous mettre en l'état comme si jamais vous ne l'aviez ouï.

C'est le consentement de vous à vous-même et la voix constante de votre raison, et non des autres, qui vous doit faire croire.

Le croire est si important.
Cent contradictions seraient vraies.

Si l'antiquité était la règle de la créance, les anciens étaient donc sans règle.

Si le consentement général, si les hommes étaient péris ?

Fausse humilité, orgueil.
Punition de ceux qui pèchent : erreur.

Levez le rideau.

Vous avez beau faire : si faut-il ou croire, ou nier, ou douter.
N'aurons-nous donc pas de règle ?

Nous jugeons des animaux qu'ils font bien ce qu'ils font. N'y aura-t-il point une règle pour juger des hommes ?

Nier, croire et douter bien, sont à l'homme ce que le courir est au cheval.

673

Quod crebro videt non miratur, etiam si cur fiat nescit. Quod ante non viderit, id si evenerit, ostentum esse censet (Cicéron) [2].

674

583. — *Nae iste magno conatu magnas nugas dixerit* (Térence) [3].
Quasi quicquam infaelicius sit homine cui sua figmenta dominantur (Pline) [4].

675

588. — *Ex senatusconsultis et plebiscitis scelera exercentur* (Sénèque) [5].
Nihil tam absurde dici potest quod non dicatur ab aliquo philosophorum (*De divinatione*) [6].
Quibusdam destinatis sententiis consecrati, quae non probant coguntur defendere (Cicéron) [7].

Ut omnium rerum sic litterarum quoque intemperantia laboramus (Sénèque) [8].

588. — *Id maxime quemque decet, quod est cujusque suum maxime* [9].
Hos natura modos primum dedit (Géorgiques) [10].
Paucis opus est litteris ad bonam mentem [11].

Si quando turpe non sit, tamen non est non turpe quum id a multitudine laudetur [12].

Mihi sic usus est. Tibi, ut opus est facto, fac (Térence) [13].

676

Rarum est enim ut satis se quisque vereatur [14].

677

Tot circa unum caput tumultuantes deos [15].

678

Nihil turpius quam cognitioni assertionem praecurrere (Cicéron) [16].

679

Nec me pudet ut istos fateri nescire quod nesciam [17].
Melius non incipient [18].

D
LES DÉVELOPPEMENTS DE JUILLET 1658 A JUILLET 1662
(PREUVES DE LA RELIGION PAR LE PEUPLE JUIF, LES PROPHÉTIES ET QUELQUES DISCOURS [1])

[XLV] LE DISCOURS DE LA MACHINE [2]

Infini rien.

Notre âme est jetée dans le corps, où elle trouve nombre, temps, dimensions. Elle raisonne là-dessus et appelle cela nature, nécessité, et ne peut croire autre chose.

L'unité jointe à l'infini ne l'augmente de rien, non plus qu'un pied à une mesure infinie. Le fini s'anéantit en présence de l'infini et devient un pur néant. Ainsi notre esprit devant Dieu, ainsi notre justice devant la justice divine. Il n'y a pas si grande disproportion entre notre justice et celle de Dieu qu'entre l'unité et l'infini.

Il faut que la justice de Dieu soit énorme comme sa miséricorde. Or la justice envers les réprouvés est moins énorme et doit moins choquer que la miséricorde envers les élus.

Nous connaissons qu'il y a un infini, et ignorons sa nature ; comme nous savons qu'il est faux que les nombres soient finis, donc il est vrai qu'il y a un infini en nombre, mais nous ne savons ce qu'il est : il est faux qu'il soit pair, il est faux qu'il soit impair, car en ajoutant l'unité il ne change point de nature ; cependant c'est un nombre, et tout nombre est pair ou impair (il est vrai que cela s'entend de tout nombre fini).

Ainsi on peut bien connaître qu'il y a un Dieu sans savoir ce qu'il est.

N'y a-t-il point une vérité substantielle, voyant tant de choses vraies qui ne sont point la vérité même ?

Nous connaissons donc l'existence et la nature du fini, parce que nous sommes finis et étendus comme lui.

Nous connaissons l'existence de l'infini, et ignorons sa nature, parce qu'il a étendue comme nous, mais non pas des bornes comme nous. Mais nous ne connaissons ni l'existence ni la nature de Dieu, parce qu'il n'a ni étendue, ni bornes.

Mais par la foi nous connaissons son existence. Par la gloire nous connaîtrons sa nature.
Or j'ai déjà montré qu'on peut bien connaître l'existence d'une chose sans connaître sa nature.

Parlons maintenant selon les lumières naturelles.
S'il y a un Dieu, il est infiniment incompréhensible, puisque, n'ayant ni parties ni bornes, il n'a nul rapport à nous. Nous sommes donc incapables de connaître ni ce qu'il est, ni s'il est. Cela étant, qui osera entreprendre de résoudre cette question ? Ce n'est pas nous, qui n'avons aucun rapport à lui.

Qui blâmera donc les chrétiens de ne pouvoir rendre raison de leur créance, eux qui professent une religion dont ils ne peuvent rendre raison ? Ils déclarent en l'exposant au monde que c'est une sottise, *stultitiam* [3] : et puis, vous vous plaignez de ce qu'ils ne la prouvent pas ! S'ils la prouvaient, ils ne tiendraient pas parole. C'est en manquant de preuve qu'ils ne manquent pas de sens. — « Oui, mais encore que cela excuse ceux qui l'offrent telle, et que cela les ôte du blâme de la produire sans raison, cela n'excuse pas ceux qui la reçoivent. »

Examinons donc ce point et disons : Dieu est, ou il n'est pas. Mais de quel côté pencherons-nous ? La raison n'y peut rien déterminer. Il y a un chaos infini qui nous sépare. Il se joue un jeu, à l'extrémité de cette distance infinie, où il arrivera croix ou pile [4] : que gagerez-vous ? Par raison vous ne pouvez faire ni l'un ni l'autre, par raison vous ne pouvez défendre nul des deux.

Ne blâmez donc pas de fausseté ceux qui ont pris un choix, car vous n'en savez rien ! — « Non, mais je les blâmerai d'avoir fait, non ce choix, mais un choix. Car encore que celui qui prend croix et l'autre soient en pareille faute, ils sont tous deux en faute. Le juste est de ne point parier. »

Oui, mais il faut parier. Cela n'est pas volontaire, vous êtes embarqué. Lequel prendrez-vous donc ? Voyons. Puisqu'il faut choisir, voyons ce qui vous intéresse le moins. Vous avez deux choses à perdre : le vrai et le bien, et deux choses à engager : votre raison et votre volonté, votre connaissance et votre béatitude ; et votre nature a deux choses à fuir : l'erreur et la misère. Votre raison n'est pas plus blessée, puisqu'il faut nécessairement choisir, en choisissant l'un que l'autre. Voilà un point vidé. Mais votre béatitude ? Pesons le gain et la perte, en prenant croix que Dieu est. Estimons ces deux cas : si vous gagnez, vous gagnez tout ; si vous perdez, vous ne perdez rien. Gagez donc qu'il est, sans hésiter !
— « Cela est admirable. Oui, il faut gager. Mais je gage peut-être trop. » —

Voyons. Puisqu'il y a pareil hasard de gain et de perte, si vous n'aviez qu'à gagner deux vies pour une, vous pourriez encore gager. Mais s'il y en avait trois à gagner, il faudrait jouer (puisque vous êtes dans la nécessité de jouer), et vous seriez imprudent, lorsque vous êtes forcé à jouer, de ne pas hasarder votre vie pour en gagner trois à un jeu où il y a pareil hasard de perte et de gain. Mais il y a une éternité de vie et de bonheur. Et cela étant, quand il y aurait une infinité de hasards dont un seul serait pour vous, vous auriez encore raison de gager un pour avoir deux, et vous agiriez de mauvais sens, étant obligé à jouer, de refuser de jouer une vie contre trois à un jeu où d'une infinité de hasards il y en a un pour vous, s'il y avait une infinité de vie infiniment heureuse à gagner : mais il y a ici une infinité de vie infiniment heureuse à gagner, un hasard de gain contre un nombre fini de hasards de perte, et ce que vous jouez est fini. Cela ôte tout parti : partout où est l'infini et où il n'y a pas infinité de hasards de perte contre celui de gain, il n'y a point à balancer, il faut tout donner. Et ainsi, quand on est forcé à jouer, il faut renoncer à la raison pour garder la vie plutôt que de la hasarder pour le gain infini aussi prêt à arriver que la perte du néant.

Car il ne sert de rien de dire qu'il est incertain si on gagnera, et qu'il est certain qu'on hasarde, et que l'infinie distance qui est entre la CERTITUDE de ce qu'on s'expose et L'INCERTITUDE de ce qu'on [5] gagnera égale le bien fini qu'on expose certainement à l'infini qui est incertain. Cela n'est pas ainsi. Tout joueur hasarde avec certitude pour gagner avec incertitude ; et néanmoins il hasarde certainement le fini pour gagner incertainement le fini, sans pécher contre la raison. Il n'y a pas infinité de distance entre cette certitude de ce qu'on s'expose et l'incertitude du gain : cela est faux. Il y a, à la vérité, infinité entre la certitude de gagner et la certitude de perdre. Mais l'incertitude de gagner est proportionnée à la certitude de ce qu'on hasarde [6], selon la proportion des hasards de gain et de perte. Et de là vient que, s'il y a autant de hasards d'un côté que de l'autre, le parti est à jouer égal contre égal ; et alors la certitude de ce qu'on s'expose est égale à l'incertitude du gain : tant s'en faut qu'elle en soit infiniment distante. Et ainsi notre proposition est dans une force infinie, quand il y a le fini à hasarder, à un jeu où il y a pareils hasards de gain que de perte, et l'infini à gagner.

Cela est démonstratif, et si les hommes sont capables de quelque vérité, celle-là l'est.

« Je le confesse, je l'avoue, mais encore... N'y a-t-il point moyen de voir le dessous du jeu ? » — Oui, l'Écriture, et le reste, etc. — « Oui, mais j'ai les mains liées et la bouche muette. On me force à parier, et je ne suis pas en liberté, on ne me relâche pas. Et je suis fait d'une telle sorte que je ne puis croire. Que voulez-vous donc que je fasse ? » — Il est vrai. Mais apprenez au moins que votre impuissance à croire, puisque la raison vous y porte et que néanmoins vous ne le pouvez, (vient) de vos passions. Travaillez donc, non pas à vous convaincre par l'augmentation des preuves de Dieu, mais par la diminution de vos passions. Vous voulez aller à la foi, et vous n'en savez pas le chemin ?

Vous voulez vous guérir de l'infidélité, et vous en demandez les remèdes ? Apprenez de ceux qui ont été liés comme vous et qui parient maintenant tout leur bien : ce sont gens qui savent ce chemin que vous voudriez suivre et guéris d'un mal dont vous voulez guérir. Suivez la manière par où ils ont commencé : c'est en faisant tout comme s'ils croyaient, en prenant de l'eau bénite, en faisant dire des messes, etc. Naturellement même cela vous fera croire et vous abêtira [7]. — « Mais c'est ce que je crains. » — Et pourquoi ? Qu'avez-vous à perdre ? Mais pour vous montrer que cela y mène, c'est que cela diminue les passions, qui sont vos grands obstacles, etc.

« Ô ce discours me transporte, me ravit », etc. — Si ce discours vous plaît et vous semble fort, sachez qu'il est fait par un homme qui s'est mis à genoux auparavant et après, pour prier cet Être infini et sans parties, auquel il soumet tout le sien, de se soumettre aussi le vôtre, pour votre propre bien et pour sa gloire, et qu'ainsi la force s'accorde avec cette bassesse.

Fin de ce discours.

Or quel mal vous arrivera-t-il en prenant ce parti ? Vous serez fidèle, honnête, humble, reconnaissant, bienfaisant, ami sincère, véritable [8]. A la vérité, vous ne serez point dans les plaisirs empestés, dans la gloire, dans les délices. Mais n'en aurez-vous point d'autres ?

Je vous dis que vous y gagnerez en cette vie, et qu'à chaque pas que vous ferez dans ce chemin, vous verrez tant de certitude de gain, et tant de néant de ce que vous hasardez, que vous connaîtrez à la fin que vous avez parié pour une chose certaine, infinie, pour laquelle vous n'avez rien donné.

On a bien de l'obligation à ceux qui avertissent des défauts, car ils mortifient ; ils apprennent qu'on a été méprisé, ils n'empêchent pas qu'on ne le soit à l'avenir, car on a bien d'autres défauts pour l'être. Ils préparent l'exercice de la correction, et l'exemption d'un défaut.

La coutume est notre nature. Qui s'accoutume à la foi la croit, et ne peut plus ne pas craindre l'enfer, et ne croit autre chose. Qui s'accoutume à croire que le roi est terrible, etc. Qui doute donc que notre âme, étant accoutumée à voir nombre, espace, mouvement, croie cela et rien que cela ?

Croyez-vous qu'il soit impossible que Dieu soit infini, sans parties ? — « Oui. » — Je vous veux donc faire voir *(une image de Dieu en son immensité)* une chose infinie et indivisible : c'est un point se mouvant partout d'une vitesse infinie.

Car il est un en tous lieux, et est tout entier en chaque endroit.

Que cet effet de nature, qui vous semblait impossible auparavant, vous fasse connaître qu'il peut y en avoir d'autres que vous ne connaissez pas encore. Ne tirez pas cette conséquence de votre apprentissage qu'il ne vous reste rien à savoir, mais qu'il vous reste infiniment à savoir.

Il est faux que nous soyons dignes que les autres nous aiment. Il est injuste que nous le voulions. Si nous naissions raisonnables, et indifférents, et connaissant nous et les autres, nous ne donnerions point cette inclination à notre volonté. Nous naissons pourtant avec elle. Nous naissons donc injustes. Car tout tend à soi : cela est contre tout ordre. Il faut tendre au général, et la pente vers soi est le commencement de tout désordre : en guerre, en police, en économie, dans le corps particulier de l'homme.

La volonté est donc dépravée. Si les membres des communautés naturelles et civiles tendent au bien du corps, les communautés elles-mêmes doivent tendre à un autre corps plus général dont elles sont membres. L'on doit donc tendre au général. Nous naissons donc injustes et dépravés.

Nulle religion que la nôtre n'a enseigné que l'homme naît en péché. Nulle secte de philosophes ne l'a dit. Nulle n'a donc dit vrai.

Nulle secte ni religion n'a toujours été sur la terre, que la religion chrétienne.

Il n'y a que la religion chrétienne qui rende l'homme AIMABLE et HEUREUX tout ensemble. Dans l'honnêteté on ne peut être aimable et heureux ensemble.

C'est le cœur qui sent Dieu, et non la raison : voilà ce que c'est que la foi. Dieu sensible au cœur, non à la raison.

Le cœur a ses raisons, que la raison ne connaît point : on le sait en mille choses.

Je dis que le cœur aime l'être universel naturellement, et soi-même naturellement, selon qu'il s'y adonne. Et il se durcit contre l'un ou l'autre, à son choix. Vous avez rejeté l'un et conservé l'autre : est-ce par raison que vous vous aimez ?

La seule science qui est contre le sens commun et la nature des hommes, est la seule qui ait toujours subsisté parmi les hommes.

[XLVI] LETTRE POUR PORTER A RECHERCHER DIEU [1]

681

...Qu'ils apprennent au moins quelle est la religion qu'ils combattent, avant que de la combattre. Si cette religion se vantait d'avoir une vue claire de Dieu, et de la posséder à découvert et sans voile, ce serait la combattre que de dire qu'on ne voit rien dans le monde qui la montre avec cette évidence. Mais puisqu'elle dit au contraire que les hommes sont dans les ténèbres et dans l'éloignement de Dieu, qu'il s'est caché à leur connaissance, que c'est même le nom qu'il se donne dans les

Écritures : DEUS ABSCONDITUS [2] ; et enfin, si elle travaille également à établir ces deux choses : que Dieu a établi des marques sensibles dans l'Église pour se faire reconnaître à ceux qui le chercheraient sincèrement ; et qu'il les a couvertes néanmoins de telle sorte qu'il ne sera aperçu que de ceux qui le cherchent de tout leur cœur, quel avantage peuvent-ils tirer, lorsque dans la négligence où ils font profession d'être de chercher la vérité, ils crient que rien ne la leur montre, puisque cette obscurité où ils sont, et qu'ils objectent à l'Église, ne fait qu'établir une des choses qu'elle soutient, sans toucher à l'autre, et établit sa doctrine, bien loin de la ruiner ?

Il faudrait, pour la combattre, qu'ils criassent qu'ils ont fait tous leurs efforts pour chercher partout, et même dans ce que l'Église propose pour s'en instruire, mais sans aucune satisfaction. S'ils parlaient de la sorte, ils combattraient à la vérité une de ces prétentions. Mais j'espère montrer ici qu'il n'y a personne raisonnable qui puisse parler de la sorte, et j'ose même dire que jamais personne ne l'a fait. On sait assez de quelle manière agissent ceux qui sont dans cet esprit. Ils croient avoir fait de grands efforts pour s'instruire, lorsqu'ils ont employé quelques heures à la lecture de quelque livre de l'Écriture, et qu'ils ont interrogé quelque ecclésiastique sur les vérités de la foi. Après cela, ils se vantent d'avoir cherché sans succès dans les livres et parmi les hommes. Mais en vérité je leur dirais ce que j'ai dit souvent, que cette négligence n'est pas supportable. Il ne s'agit pas ici de l'intérêt léger de quelques personnes étrangères, pour en user de cette façon. Il s'agit de nous-même, et de notre tout.

L'immortalité de l'âme est une chose qui nous importe si fort, qui nous touche si profondément, qu'il faut avoir perdu tout sentiment pour être dans l'indifférence de savoir ce qui en est. Toutes nos actions et nos pensées doivent prendre des routes si différentes, selon qu'il y aura des biens éternels à espérer ou non, qu'il est impossible de faire une démarche avec sens et jugement, qu'en la réglant par la vue de ce point, qui doit être notre dernier objet.

Ainsi notre premier intérêt et notre premier devoir est de nous éclaircir sur ce sujet, d'où dépend toute notre conduite. Et c'est pourquoi, entre ceux qui n'en sont pas persuadés, je fais une extrême différence de ceux qui travaillent de toutes leurs forces à s'en instruire, à ceux qui vivent sans s'en mettre en peine et sans y penser.

Je ne puis avoir que de la compassion pour ceux qui gémissent sincèrement dans ce doute, qui le regardent comme le dernier des malheurs, et qui n'épargnant rien pour en sortir font de cette recherche leurs principales et leurs plus sérieuses occupations.

Mais pour ceux qui passent leur vie sans penser à cette dernière fin de la vie et qui, par cette seule raison qu'ils ne trouvent pas en eux-mêmes les lumières qui les en persuadent, négligent de les chercher ailleurs et d'examiner à fond si cette opinion est de celles que le peuple reçoit une simplicité crédule, ou de celles qui, quoique obscures d'elles-mê ont néanmoins un fondement très solide et inébranlable, je les considère d'une manière toute différente.

Cette négligence en une affaire où il s'agit d'eux-mêmes, de leur éternité, de leur tout, m'irrite plus qu'elle ne m'attendrit. Elle m'étonne et m'épouvante : c'est un monstre pour moi. Je ne dis pas ceci par le zèle pieux d'une dévotion spirituelle. J'entends au contraire qu'on doit avoir ce sentiment par un principe d'intérêt humain et par un intérêt d'amour-propre. Il ne faut pour cela que voir ce que voient les personnes les moins éclairées.

Il ne faut pas avoir l'âme fort élevée pour comprendre qu'il n'y a point ici de satisfaction véritable et solide, que tous nos plaisirs ne sont que vanité, que nos maux sont infinis, et qu'enfin la mort, qui nous menace à chaque instant, doit infailliblement nous mettre dans peu d'années dans l'horrible nécessité d'être éternellement ou anéantis, ou malheureux.

Il n'y a rien de plus réel que cela, ni de plus terrible. Faisons tant que nous voudrons les braves : voilà la fin qui attend la plus belle vie du monde. Qu'on fasse réflexion là-dessus, et qu'on dise ensuite s'il n'est pas indubitable qu'il n'y a de bien en cette vie qu'en l'espérance d'une autre vie, qu'on n'est heureux qu'à mesure qu'on s'en approche, et que, comme il n'y aura plus de malheur pour ceux qui avaient une entière assurance de l'éternité, il n'y a point aussi de bonheur pour ceux qui n'en n'ont aucune lumière !

C'est donc assurément un grand mal que d'être dans ce doute. Mais c'est au moins un devoir indispensable de chercher, quand on est dans ce doute. Et ainsi celui qui doute et qui ne cherche pas est tout ensemble et bien malheureux et bien injuste. Que s'il est avec cela tranquille et satisfait, qu'il en fasse profession, et enfin qu'il en fasse vanité, et que ce soit de cet état même qu'il fasse le sujet de sa joie et de sa vanité, je n'ai point de termes pour qualifier une si extravagante créature.

Où peut-on prendre ces sentiments ? Quel sujet de joie trouve-t-on à n'attendre plus que des misères sans ressource ? Quel sujet de vanité de se voir dans des obscurités impénétrables, et comment se peut-il faire que ce raisonnement-ci passe dans un homme raisonnable ?

« Je ne sais qui m'a mis au monde, ni ce que c'est que le monde, ni que moi-même. Je suis dans une ignorance terrible de toutes choses. Je ne sais ce que c'est que mon corps, que mes sens, que mon âme et cette partie même de moi qui pense ce que je dis, qui fait réflexion sur tout et sur elle-même, et ne se connaît non plus que le reste. Je vois ces effroyables espaces de l'univers qui m'enferment, et je me trouve attaché à un coin de cette vaste étendue, sans que je sache pourquoi je suis plutôt placé en ce lieu qu'en un autre, ni pourquoi ce peu de temps qui m'est donné à vivre m'est assigné à ce point plutôt qu'en un autre de toute l'éternité qui m'a précédé et de toute celle qui me suit.

Je ne vois que des infinités de toutes parts, qui m'enferment comme un atome et comme une ombre qui ne dure qu'un instant sans retour.

Tout ce que je connais est que je dois bientôt mourir, mais ce que j'ignore le plus est cette mort même que je ne saurais éviter.

Comme je ne sais d'où je viens, aussi je ne sais où je vais, et je sais seulement qu'en sortant de ce monde je tombe pour jamais ou dans le néant, ou dans les mains d'un Dieu irrité, sans savoir à laquelle de ces deux conditions je dois être éternellement en partage. Voilà mon état, plein de faiblesse et d'incertitude. Et de tout cela je conclus que je dois donc passer tous les jours de ma vie sans songer à chercher ce qui doit m'arriver. Peut-être que je pourrais trouver quelque éclaircissement dans mes doutes, mais je n'en veux pas prendre la peine, ni faire un pas pour le chercher. Et après, en traitant avec mépris ceux qui se travailleront dans ce soin, je veux aller sans prévoyance et sans crainte tenter un si grand événement, et me laisser mollement conduire à la mort, dans l'incertitude de l'éternité de ma condition future. »

Qui souhaiterait d'avoir pour ami un homme qui discourt de cette manière ? Qui le choisirait entre les autres pour lui communiquer ses affaires ? Qui aurait recours à lui dans ses afflictions ?

Et enfin, à quel usage de la vie le pourrait-on destiner ?

En vérité, il est glorieux à la religion d'avoir pour ennemis des hommes si déraisonnables (quelque certitude qu'ils eussent, c'est un sujet de désespoir plutôt que de vanité). Et leur opposition lui est si peu dangereuse, qu'elle sert au contraire à l'établissement de ses vérités. Car la foi chrétienne ne va presque qu'à établir ces deux choses : la corruption de la nature, et la Rédemption de Jésus-Christ. Or, je soutiens que s'ils ne servent pas à montrer la vérité de la Rédemption par la sainteté de leurs mœurs, ils servent au moins admirablement à montrer la corruption de la nature par des sentiments si dénaturés.

Rien n'est si important à l'homme que son état. Rien ne lui est si redoutable que l'éternité. Et ainsi, qu'il se trouve des hommes indifférents à la perte de leur être et au péril d'une éternité de misères, cela n'est point naturel. Ils sont tout autres à l'égard de toutes les autres choses : ils craignent jusqu'aux plus légères, ils les prévoient, ils les sentent, et ce même homme qui passe tant de jours et de nuits dans la rage et dans le désespoir pour la perte d'une charge ou pour quelque offense imaginaire à son honneur, c'est celui-là même qui sait qu'il va tout perdre par la mort, sans inquiétude et sans émotion. C'est une chose monstrueuse de voir dans un même cœur et en même temps cette sensibilité pour les moindres choses et cette étrange insensibilité pour les plus grandes.

C'est un enchantement incompréhensible, et un assoupissement surnaturel, qui marque une force toute-puissante qui le cause.

Il faut qu'il y ait un étrange renversement dans la nature de l'homme pour faire gloire d'être dans cet état, dans lequel il semble incroyable qu'une seule personne puisse être. Cependant l'expérience m'en fait voir en si grand nombre que cela serait surprenant, si nous ne savions que la plupart de ceux qui s'en mêlent se contrefont et ne sont pas tels en effet. Ce sont des gens qui ont ouï dire que les belles manières du monde consistent à faire ainsi l'emporté. C'est ce qu'ils appellent avoir secoué le joug, et qu'ils essaient d'imiter. Mais il ne serait pas difficile de leur faire entendre combien ils s'abusent en cherchant par là de l'estime. Ce n'est pas le moyen d'en acquérir, je dis même parmi les personnes du monde qui jugent sainement des choses et qui savent que la seule voie d'y réussir est de se faire paraître honnête, fidèle, judicieux et capable de servir utilement son ami, parce que les hommes n'aiment naturellement que ce qui peut leur être utile. Or quel avantage y a-t-il pour nous à ouïr dire à un homme qu'il a donc secoué le joug, qu'il ne croit pas qu'il y ait un Dieu qui veille sur ses actions, qu'il se considère comme seul maître de sa conduite et qu'il ne pense en rendre compte qu'à soi-même ? Pense-t-il nous avoir porté par là à avoir désormais bien de la confiance en lui et en attendre des consolations, des conseils et des secours dans tous les besoins de la vie ? Prétendent-ils nous avoir bien réjoui, de nous dire qu'ils tiennent que notre âme n'est qu'un peu de vent et de fumée, et encore de nous le dire d'un ton de voix fier et content ? Est-ce donc une chose à dire gaiement ? Et n'est-ce pas une chose à dire tristement, au contraire, comme la chose du monde la plus triste ?

S'ils y pensaient sérieusement, ils verraient que cela est si mal pris, si contraire au bon sens, si opposé à l'honnêteté et si éloigné en toutes manières de ce bon air qu'ils cherchent, qu'ils seraient plutôt capables de redresser que de corrompre ceux qui auraient quelque inclination à les suivre. Et en effet faites-leur rendre compte de leurs sentiments et des raisons qu'ils ont de douter de la religion : ils vous diront des choses si faibles et si basses, qu'ils vous persuaderont du contraire. C'était ce que leur disait un jour fort à propos une personne : « Si vous continuez à discourir de la sorte, leur disait-il, en vérité vous me convertirez. » Et il avait raison, car qui n'aurait horreur de se voir dans des sentiments où l'on a pour compagnons des personnes si méprisables !

Ainsi ceux qui ne font que feindre ces sentiments seraient bien malheureux de contraindre leur naturel pour se rendre les plus impertinents des hommes. S'ils sont fâchés, dans le fond de leur cœur, de n'avoir pas plus de lumière, qu'ils ne le dissimulent pas ! Cette déclaration ne sera point honteuse. Il n'y a de honte qu'à n'en point avoir. Rien n'accuse davantage une extrême faiblesse d'esprit que ne pas connaître quel est le malheur d'un homme sans Dieu. Rien ne marque davantage une mauvaise disposition du cœur que de ne pas souhaiter la vérité des promesses éternelles. Rien n'est plus lâche que de faire le brave contre Dieu. Qu'ils laissent donc ces impiétés à ceux qui sont assez mal nés pour en être véritablement capables : qu'ils soient au moins honnêtes gens, s'ils ne peuvent être chrétiens ! Et qu'ils reconnaissent enfin qu'il n'y a que deux sortes de personnes qu'on puisse appeler raisonnables : ou ceux qui servent Dieu de tout leur cœur parce qu'ils le connaissent, ou ceux qui le cherchent de tout leur cœur parce qu'ils ne le connaissent pas.

Mais pour ceux qui vivent sans le connaître et sans le chercher, ils se jugent eux-mêmes si peu dignes de leur soin, qu'ils ne sont pas dignes du soin des autres et qu'il faut avoir toute la charité de la religion qu'ils méprisent pour ne pas les mépriser jusqu'à les abandonner dans leur folie. Mais, parce que cette religion nous oblige de les regarder toujours, tant qu'ils seront en cette vie, comme capables de la grâce qui peut les éclairer, et de croire qu'ils peuvent être dans peu de temps plus remplis de foi que nous sommes, et que nous pouvons au contraire tomber dans l'aveuglement où ils sont, il faut faire pour eux ce que nous voudrions qu'on fît pour nous si nous étions à leur place, et les appeler à avoir pitié d'eux-mêmes et à faire au moins quelques pas pour tenter s'ils ne trouveront pas de lumières. Qu'ils donnent à cette lecture quelques-unes de ces heures qu'ils emploient si inutilement ailleurs : quelque aversion qu'ils y apportent, peut-être rencontreront-ils quelque chose, et pour le moins ils n'y perdront pas beaucoup. Mais pour ceux qui y apportent une sincérité parfaite et un véritable désir de rencontrer la vérité, j'espère qu'ils auront satisfaction, et qu'ils seront convaincus des preuves d'une religion si divine, que j'ai ramassées ici, et dans lesquelles j'ai suivi à peu près cet ordre...

682

Avant que d'entrer dans les preuves de la religion chrétienne, je trouve nécessaire de représenter l'injustice des hommes qui vivent dans l'indifférence de chercher la vérité d'une chose qui leur est si importante et qui les touche de si près.

De tous leurs égarements, c'est sans doute celui qui les convainc le plus de folie et d'aveuglement, et dans lequel il est le plus facile de les confondre par les premières vues du sens commun et par les sentiments de la nature. Car il est indubitable que le temps de cette vie n'est qu'un instant, que l'état de la mort est éternel, de quelque nature qu'il puisse être, et qu'ainsi toutes nos actions et nos pensées doivent prendre des routes si différentes selon l'état de cette éternité, qu'il est impossible de faire une démarche avec sens et jugement qu'en la réglant par la vue de ce point qui doit être notre dernier objet.

Il n'y a rien de plus visible que cela et qu'ainsi, selon les principes de la raison, la conduite des hommes est tout à fait déraisonnable s'ils ne prennent une autre voie. Que l'on juge donc là-dessus de ceux qui vivent sans songer à cette dernière fin de la vie, qui, se laissant conduire à leurs inclinations et à leurs plaisirs sans réflexion et sans inquiétude et comme s'ils pouvaient anéantir l'éternité en en détournant leur pensée, ne pensent à se rendre heureux que dans cet instant seulement.

Cependant cette éternité subsiste, et la mort, qui la doit ouvrir et qui les menace à toute heure, les doit mettre infailliblement dans peu de temps dans l'horrible nécessité d'être éternellement ou anéantis ou malheureux, sans qu'ils sachent laquelle de ces éternités leur est à jamais préparée.

Voilà un doute d'une terrible conséquence. Ils sont dans le péril de l'éternité de misères ; et sur cela, comme si la chose n'en valait pas la peine, ils négligent d'examiner si c'est de ces opinions que le peuple reçoit avec une facilité trop crédule, ou de celles qui, étant obscures d'elles-mêmes, ont un fondement très solide, quoique caché. Ainsi ils ne savent s'il y a vérité ou fausseté dans la chose, ni s'il y a force ou faiblesse dans les preuves. Ils les ont devant les yeux : ils refusent d'y regarder, et dans cette ignorance ils prennent le parti de faire tout ce qu'il faut pour tomber dans ce malheur au cas qu'il soit, d'attendre à en faire l'épreuve à la mort, d'être cependant fort satisfaits en cet état, d'en faire profession, et enfin d'en faire vanité. Peut-on penser sérieusement à l'importance de cette affaire sans avoir horreur d'une conduite si extravagante ?

Ce repos dans cette ignorance est une chose monstrueuse, et dont il faut faire sentir l'extravagance et la stupidité à ceux qui y passent leur vie, en la leur représentant à eux-mêmes, pour les confondre par la vue de leur folie. Car voici comment raisonnent les hommes, quand ils choisissent de vivre dans cette ignorance de ce qu'ils sont et sans en rechercher d'éclaircissement : « Je ne sais, disent-ils... »

« Voilà ce que je vois et ce qui me trouble. Je regarde de toutes parts, et je ne vois partout qu'obscurité. La nature ne m'offre rien qui ne soit matière de doute et d'inquiétude. Si je n'y voyais rien qui marquât une divinité, je me déterminerais à la négative ; si je voyais partout les marques d'un créateur, je reposerais en paix dans la foi. Mais, voyant trop pour nier et trop peu pour m'assurer, je suis en un état à plaindre, et où j'ai souhaité cent fois que, si un Dieu la soutient, elle le marquât sans équivoque ; et que, si les marques qu'elle en donne sont trompeuses, qu'elle les supprimât tout à fait ; qu'elle dît tout ou rien, afin que je visse quel parti je dois suivre. Au lieu qu'en l'état où je suis, ignorant ce que je suis et ce que je dois faire, je ne connais ni ma condition, ni mon devoir. Mon cœur tend tout entier à connaître où est le vrai bien, pour le suivre. Rien ne me serait trop cher pour l'éternité.

Je porte envie à ceux que je vois dans la foi vivre avec tant de négligence, et qui usent si mal d'un don duquel il me semble que je ferais un usage si différent. »

683

Nul autre n'a connu que l'homme est la plus excellente créature. Les uns, qui ont bien connu la réalité de son excellence, ont pris pour lâcheté et pour ingratitude les sentiments bas que les hommes ont naturellement d'eux-mêmes ; et les autres, qui ont bien connu combien cette bassesse est effective, ont traité d'une superbe ridicule ces sentiments de grandeur qui sont aussi naturels à l'homme.

« Levez vos yeux vers Dieu, disent les uns. Voyez celui auquel vous ressemblez et qui vous a faits pour l'adorer. Vous pouvez vous rendre semblables à lui. La sagesse vous y égalera, si vous voulez le suivre. » — « Haussez la tête, hommes libres », dit Epictète [3]. — Et les autres lui disent : « Baissez les yeux vers la terre, chétif ver que vous êtes, et regardez les bêtes dont vous êtes le compagnon. » Que deviendra donc l'homme : sera-t-il égal à Dieu ou aux bêtes ? Quelle effroyable distance ! Que serons-nous donc ? Qui ne voit par tout cela que l'homme est égaré, qu'il est tombé de sa place, qu'il la cherche avec inquiétude, qu'il ne la peut plus retrouver ? Et qui l'y adressera donc ? Les plus grands hommes ne l'ont pu [4].

Nous ne concevons ni l'état glorieux d'Adam, ni la nature de son péché, ni la transmission qui s'en est faite en nous. Ce sont choses qui se sont passées dans l'état d'une nature toute différente de la nôtre et qui passent l'état de notre capacité présente.

Tout cela nous serait inutile à savoir pour en sortir. Et tout ce qu'il nous importe de connaître est que nous sommes misérables, corrompus, séparés de Dieu, mais rachetés par Jésus-Christ. Et c'est de quoi nous avons des preuves admirables sur la terre.

Ainsi les deux preuves de la corruption et de la Rédemption se tirent des impies, qui vivent dans l'indifférence de la religion, et des Juifs, qui en sont les ennemis irréconciliables.

684 [5]

(Amour-propre, et parce que c'est une chose qui nous intéresse assez pour nous en émouvoir, d'être assurés qu'après tous les maux de la vie une mort inévitable, qui nous menace à chaque instant, doit infailliblement dans peu d'années... dans l'horrible nécessité...)

Les trois conditions.
Il ne faut pas dire de cela que c'est une marque de raison.

C'est tout ce que pourrait faire un homme qui serait assuré de la fausseté de cette nouvelle. Encore ne devrait-il pas en être dans la joie, mais dans l'abattement.

Rien n'est important que cela, et on ne néglige que cela !

Notre imagination nous grossit si fort le temps présent, à force d'y faire des réflexions continuelles, et amoindrit tellement l'éternité, manque d'y faire réflexion, que nous faisons de l'éternité un néant et du néant une éternité. Et tout cela a ses racines si vives en nous, que toute notre raison ne nous en peut défendre et que...

Je leur demanderais s'il n'est pas vrai qu'ils vérifient par eux-mêmes ce fondement de la foi qu'ils combattent, qui est que la nature des hommes est dans la corruption.

685

Alors Jésus-Christ vient dire aux hommes qu'ils n'ont point d'autres ennemis qu'eux-mêmes, que ce sont leurs passions qui les séparent de Dieu, qu'il vient pour les détruire et pour leur donner sa grâce, afin de faire d'eux tous une Église sainte.

Qu'il vient ramener dans cette Église les païens et les Juifs, qu'il vient détruire les idoles des uns et la superstition des autres. A cela s'opposent tous les hommes, non seulement par l'opposition naturelle de la concupiscence, mais par-dessus tout, les rois de la terre s'unissent pour abolir cette religion naissante, comme cela avait été prédit (prophétie : *Quare fremerunt gentes... reges terrae... adversus Christum* [6]).

Tout ce qu'il y a de grand sur la terre s'unit : les savants, les sages, les rois. Les uns écrivent, les autres condamnent, les autres tuent. Et nonobstant toutes ces oppositions, ces gens simples et sans force résistent à toutes ces puissances et se soumettent même ces rois, ces savants, ces sages, et ôtent l'idolâtrie de toute la terre. Et tout cela se fait par la force qui l'avait prédit.

686

Qu'on s'imagine un nombre d'hommes dans les chaînes, et tous condamnés à la mort, dont les uns étant chaque jour égorgés à la vue des autres, ceux qui restent voient leur propre condition dans celle de leurs semblables, et, se regardant l'un l'autre avec douleur et sans espérance, attendent à leur tour !

687

La Création et le Déluge étant passés, et Dieu ne devant plus détruire le monde, non plus que le recréer, ni donner de ces grandes marques de lui, il commença d'établir un peuple sur la terre, formé exprès, qui devait durer jusqu'au peuple que le Messie formerait par son esprit.

[XLVII] PRÉFACE DE LA SECONDE PARTIE [1]

688

Antiquité des Juifs.

Qu'il y a de différence d'un livre à un autre ! Je ne m'étonne pas de ce que les Grecs ont fait l'*Iliade*, ni les Égyptiens et les Chinois leurs histoires.

Il ne faut que voir comment cela est né. Ces historiens fabuleux ne sont pas contemporains des choses dont ils écrivent. Homère fait un roman, qu'il donne pour tel et qui est reçu pour tel : car personne ne doutait que Troie et Agamemnon n'avaient non plus été que la pomme d'or. Il ne pensait pas aussi à en faire une histoire, mais seulement un divertissement. Il est le seul qui écrit de son temps, la beauté de l'ouvrage fait durer la chose, tout le monde l'apprend et en parle ; il la faut savoir, chacun la sait par cœur. Quatre cents ans après, les témoins des choses ne sont plus vivants ; personne ne sait plus par sa connaissance si c'est une fable ou une histoire : on l'a seulement appris de ses ancêtres, cela peut passer pour vrai.

Toute histoire qui n'est pas contemporaine est suspecte. Ainsi les livres des sibylles [2] et de Trismégiste [3], et tant d'autres qui ont eu crédit au monde, sont faux et se trouvent faux à la suite des temps. Il n'en est pas ainsi des auteurs contemporains.

Il y a bien de la différence entre un livre que fait un particulier, et qu'il jette dans le peuple, et un livre qui [4] fait lui-même un peuple. On ne peut douter que le livre ne soit aussi ancien que le peuple.

689

On n'est pas misérable sans sentiment : une maison ruinée ne l'est pas. Il n'y a que l'homme de misérable. *Ego vir videns* [5].

690

Que si la miséricorde de Dieu est si grande qu'il nous instruit salutairement, même lorsqu'il se cache, quelle lumière n'en devons-nous pas attendre lorsqu'il se découvre ?

Reconnaissez donc la vérité de la religion dans l'obscurité même de la religion, dans le peu de lumière que nous en avons, dans l'indifférence que nous avons de la connaître.

L'Être éternel est toujours, s'il est une fois.

Toutes les objections des uns et des autres ne vont que contre eux-mêmes, et point contre la religion. Tout ce que disent les impies.

Ainsi tout l'univers apprend à l'homme ou qu'il est corrompu, ou qu'il est racheté. Tout lui apprend sa grandeur ou sa misère. L'abandon de Dieu paraît dans les païens, la protection de Dieu paraît dans les Juifs.

Tous errent d'autant plus dangereusement qu'ils suivent chacun une vérité : leur faute n'est pas de suivre une fausseté, mais de ne pas suivre une autre vérité.

Il est donc vrai que tout instruit l'homme de sa condition, mais il le faut bien entendre : car il n'est pas vrai que tout découvre Dieu, et il n'est pas vrai que tout cache Dieu, mais il est vrai tout ensemble qu'il se cache à ceux qui le tentent et qu'il se découvre à ceux qui le cherchent, parce que les hommes sont tout ensemble indignes de Dieu et capables de Dieu, indignes par leur corruption, capables par leur première nature.

Que conclurons-nous donc de toutes nos obscurités, sinon notre indignité ?

S'il n'y avait point d'obscurité, l'homme ne sentirait pas sa corruption. S'il n'y avait point de lumière, l'homme n'espérerait point de remède. Ainsi il est non seulement juste, mais utile pour nous, que Dieu soit caché en partie, et découvert en partie, puisqu'il est également dangereux à l'homme de connaître Dieu sans connaître sa misère et de connaître sa misère sans connaître Dieu.

La conversion des païens n'était réservée qu'à la grâce du Messie. Les Juifs ont été si longtemps à les combattre sans succès ! Tout ce qu'en ont dit Salomon et les prophètes a été inutile. Les sages, comme Platon et Socrate, n'ont pu le persuader.

S'il n'avait jamais rien paru de Dieu, cette privation éternelle serait équivoque et pourrait aussi bien se rapporter à l'absence de toute divinité ou à l'indignité où seraient les hommes de la connaître. Mais, de ce qu'il paraît quelquefois et non pas toujours, cela ôte l'équivoque : s'il paraît une fois, il est toujours. Et ainsi on n'en peut conclure sinon qu'il y a un Dieu, et que les hommes en sont indignes.

Ils blasphèment ce qu'ils ignorent. La religion chrétienne consiste en deux points. Il importe également aux hommes de les connaître, et il est dangereux de les ignorer.

Et il est également de la miséricorde de Dieu d'avoir donné des marques des deux.

Et cependant ils prennent sujet de conclure qu'un de ces points n'est pas de ce qui leur devrait faire conclure l'autre.

Les sages qui ont dit qu'il n'y a qu'un Dieu ont été persécutés, les Juifs haïs, les chrétiens encore plus.

Ils ont vu par lumière naturelle que s'il y a une véritable religion sur la terre, la conduite de toutes choses doit y tendre comme à son centre [6].

(Toute la conduite des choses doit avoir pour objet l'établissement et la grandeur de la religion. Les hommes doivent avoir en eux-mêmes des sentiments conformes à ce qu'elle nous enseigne. Et enfin elle doit être tellement l'objet et le centre où toutes choses tendent, que qui en saura les principes puisse rendre raison et de toute la nature de l'homme en particulier, et de toute la conduite du monde en général.)

Et sur ce fondement ils prennent lieu de blasphémer la religion chrétienne, parce qu'ils la connaissent mal. Ils s'imaginent qu'elle consiste simplement en l'adoration d'un Dieu considéré comme grand, puissant et éternel : ce qui est proprement le déisme, presque aussi éloigné de la religion chrétienne que l'athéisme, qui y est tout à fait contraire.

Et de là ils concluent que cette religion n'est pas véritable, parce qu'ils ne voient pas que toutes choses concourent à l'établissement de ce point, que Dieu ne se manifeste pas aux hommes avec toute l'évidence qu'il pourrait faire.

Mais qu'ils en concluent ce qu'ils voudront contre le déisme, ils n'en concluront rien contre la religion chrétienne, qui consiste proprement au mystère du Rédempteur, qui unissant en lui les deux natures, humaine et divine, a retiré les hommes de la corruption et du péché pour les réconcilier à Dieu en sa personne divine.

Elle enseigne donc ensemble aux hommes ces deux vérités : et qu'il y a un Dieu dont les hommes sont capables, et qu'il y a une corruption dans la nature [7] qui les en rend indignes. Il importe également aux hommes de connaître l'un et l'autre de ces points, et il est également dangereux à l'homme de connaître Dieu sans connaître sa misère et de connaître sa misère sans connaître le Rédempteur qui l'en peut guérir. Une seule de ces connaissances fait, ou la superbe des philosophes, qui ont connu Dieu et non leur misère, ou le désespoir des athées, qui connaissent leur misère, sans Rédempteur.

Et ainsi, comme il est également de la nécessité de l'homme de connaître ces deux points, il est aussi également de la miséricorde de Dieu de nous les avoir fait connaître. La religion chrétienne le fait, c'est en cela qu'elle consiste.

Qu'on examine l'ordre du monde sur cela, et qu'on voie si toutes choses ne tendent pas à l'établissement des deux chefs de notre religion [8] !

(Jésus-Christ est l'objet de tout et le centre où tout tend. Qui le connaît connaît la raison de toutes choses [9].)

Ceux qui s'égarent ne s'égarent que manque de voir une de ces deux choses : on peut donc bien connaître Dieu sans sa misère, et sa misère sans Dieu. Mais on ne peut connaître Jésus-Christ sans connaître tout ensemble et Dieu et sa misère.

Et c'est pourquoi je n'entreprendrai pas ici de prouver par des raisons naturelles, ou l'existence de Dieu, ou la Trinité, ou l'immortalité de l'âme, ni aucune des choses de cette nature ; non seulement parce que je ne me sentirais pas assez fort pour trouver dans la nature de quoi convaincre des athées endurcis, mais encore parce que cette connaissance sans Jésus-Christ est inutile et stérile. Quand un homme serait persuadé que les proportions des nombres sont des vérités immatérielles, éternelles et dépendantes d'une première vérité en qui elles subsistent et qu'on appelle Dieu, je ne le trouverais pas beaucoup avancé pour son salut [10].

Le Dieu des chrétiens ne consiste pas en un Dieu simplement auteur des vérités géométriques et de l'ordre des éléments : c'est la part des païens et des épicuriens. Il ne consiste pas seulement en un Dieu qui exerce sa Providence sur la vie et sur les biens des hommes pour donner une heureuse suite d'années à ceux qui l'adorent : c'est la portion des Juifs. Mais le Dieu d'Abraham, le Dieu d'Isaac, le Dieu de Jacob, le Dieu des chrétiens est un Dieu d'amour et de consolation ; c'est un Dieu qui remplit l'âme et le cœur de ceux qu'il possède ; c'est un Dieu qui leur fait sentir intérieurement leur misère et sa miséricorde infinie, qui s'unit au fond de leur âme, qui la remplit d'humilité, de joie, de confiance, d'amour ; qui les rend incapables d'autre fin que de lui-même.

Tous ceux qui cherchent Dieu hors de Jésus-Christ et qui s'arrêtent dans la nature, ou ils ne trouvent aucune lumière qui les satisfasse, ou ils arrivent à se former un moyen de connaître Dieu et de le servir sans médiateur. Et par là, ils tombent ou dans l'athéisme ou dans le déisme, qui sont deux choses que la religion chrétienne abhorre presque également.

Sans Jésus-Christ, le monde ne subsisterait pas, car il faudrait, ou qu'il fût détruit, ou qu'il fût comme un enfer [11].

Si le monde subsistait pour instruire l'homme de Dieu, sa divinité y reluirait de toutes parts d'une manière incontestable. Mais comme il ne subsiste que par Jésus-Christ et pour Jésus-Christ, et pour instruire les hommes et de leur corruption et de leur rédemption, tout y éclate des preuves de ces deux vérités.

Ce qui y paraît ne marque ni une exclusion totale, ni une présence manifeste de divinité, mais la présence d'un Dieu qui se cache. Tout porte ce caractère.

Le seul qui connaît la nature ne la connaîtra-t-il que pour être misérable ?

Le seul qui la connaît sera-t-il le seul malheureux ?

Il ne faut pas qu'il ne voie rien du tout ; il ne faut pas aussi qu'il en voie assez pour croire qu'il le possède, mais qu'il en voie assez pour connaître qu'il l'a perdu. Car pour connaître qu'on a perdu, il faut voir et ne voir pas : et c'est précisément l'état où est la nature.

Quelque parti qu'il prenne, je ne l'y laisserai point en repos.

Il faudrait que la véritable religion enseignât la grandeur, la misère, portât à l'estime et au mépris de soi, à l'amour et à la haine [12].

[XLVIII] L'ÉTAT DES JUIFS [1]

691

Avantages du peuple juif.

Dans cette recherche, le peuple juif attire d'abord [1] mon attention par quantité de choses admirables et singulières qui y paraissent.

Je vois d'abord que c'est un peuple tout composé de frères. Et, au lieu que tous les autres sont formés de l'assemblage d'une infinité de familles, celui-ci, quoique si étrangement abondant, est tout sorti d'un seul homme, et étant ainsi tous une même chair et membres les uns des autres, composent un puissant État d'une seule famille. Cela est unique.

Cette famille ou ce peuple est le plus ancien qui soit en la connaissance des hommes, ce qui me semble lui attirer une vénération particulière, et principalement dans la recherche que nous faisons, puisque, si Dieu s'est de tout temps communiqué aux hommes, c'est à ceux-ci qu'il faut recourir pour en savoir la tradition.

Ce peuple n'est pas seulement considérable par son antiquité, mais il est encore singulier en sa durée, qui a toujours continué depuis son origine jusqu'à maintenant. Car au lieu que les peuples de Grèce et d'Italie, de Lacédémone, d'Athènes, de Rome, et les autres qui sont venus si longtemps après, soient péris il y a si longtemps, ceux-ci subsistent toujours, et malgré les entreprises de tant de puissants rois qui ont cent fois essayé de les faire périr, comme leurs historiens le témoignent, et comme il est aisé de le juger par l'ordre naturel des choses pendant un si long espace d'années, ils ont toujours été conservés néanmoins (et cette conservation a été prédite) ; et, s'étendant depuis les premiers temps jusques aux derniers, leur histoire enferme dans sa durée celle de toutes nos histoires.

La loi par laquelle ce peuple est gouverné est tout ensemble la plus ancienne loi du monde, la plus parfaite, et la seule qui ait toujours été gardée sans interruption dans un État. C'est ce que Josèphe montre admirablement contre Appion, et Philon Juif, en divers lieux [2] où ils font voir qu'elle est si ancienne que le nom même de loi n'a été connu des plus anciens que plus de mille ans après ; en sorte qu'Homère, qui a écrit l'histoire de tant d'États, ne s'en est jamais servi. Et il est aisé de juger de sa perfection par la simple lecture, où l'on voit qu'on a pourvu à toutes choses avec tant de sagesse, tant d'équité et tant de jugement, que les plus anciens législateurs grecs et romains, en ayant eu quelque lumière, en ont emprunté leurs principales lois ; ce qui paraît par celle qu'ils appellent des Douze Tables et par les autres preuves que Josèphe en donne.

Mais cette loi est en même temps la plus sévère et la plus rigoureuse de toutes, en ce qui regarde le culte de leur religion, obligeant ce peuple, pour le retenir dans son devoir, à mille observations particulières et pénibles, sur peine de la vie, de sorte que c'est une chose bien étonnante qu'elle se soit toujours conservée constamment durant tant de siècles par un peuple rebelle et impatient comme celui-ci, pendant que tous les autres États ont changé de temps en temps leurs lois, quoique tout autrement faciles.

Le Livre qui contient cette loi, la première de toutes, est lui-même le plus ancien livre du monde. Ceux d'Homère, d'Hésiode et les autres, n'étant que six ou sept cents ans depuis.

[XLIX] L'ÉTAT DES JUIFS [2]

692
Sincérité des Juifs.

Ils portent avec amour et fidélité ce livre où Moïse déclare qu'ils ont été ingrats envers Dieu toute leur vie, qu'il sait qu'ils le seront encore plus après sa mort, mais qu'il appelle le ciel et la terre à témoin contre eux, qu'il le leur a assez...

Il déclare qu'enfin Dieu, s'irritant contre eux, les dispersera parmi tous les peuples de la terre ; que, comme ils l'ont irrité en adorant les dieux qui n'étaient point leurs dieux, de même il les provoquera en appelant un peuple qui n'est point son peuple ; et veut que toutes ses paroles soient conservées éternellement, et que son livre soit mis dans l'arche de l'alliance pour servir à jamais de témoin contre eux [1].

Isaïe : Isaïe dit la même chose, 30, 8.

[L] L'ÉTAT DES JUIFS [3]

693
Pour montrer que les vrais Juifs et les vrais chrétiens n'ont qu'une même religion.

La religion des Juifs semblait consister essentiellement en la paternité d'Abraham, en la circoncision, aux sacrifices, aux cérémonies, en l'arche, au temple, en Jérusalem, et enfin en la loi et en l'alliance de Moïse.

Je dis qu'elle ne consistait en aucune de ces choses, mais seulement en l'amour de Dieu, et que Dieu réprouvait toutes les autres choses.

Que Dieu n'acceptait point la postérité d'Abraham.

Que les Juifs seront punis de Dieu comme les étrangers, s'ils l'offensent.

Deutéronome, 9, 19 : *Si vous oubliez Dieu et que vous suiviez des dieux étrangers, je vous prédis que vous périrez en la même manière que les nations que Dieu a exterminées devant vous* [1].

Que les étrangers seront reçus de Dieu comme les Juifs, s'ils l'aiment.

Isaïe, 56, 3 : *Que l'étranger ne dise point : « Le Seigneur ne me recevra pas. » Les étrangers qui s'attachent à Dieu seront pour le servir et l'aimer. Je les mènerai en ma sainte montagne et recevrai d'eux des sacrifices. Car ma maison est la maison d'oraison.*

Que les vrais Juifs ne considéraient leur mérite que de Dieu, et non d'Abraham.

Isaïe, 63, 16 : *Vous êtes véritablement notre Père, et Abraham ne nous a pas connus. Et Israël n'a point eu de connaissance de nous, mais c'est vous qui êtes notre Père et notre Rédempteur.*

Moïse même leur a dit que Dieu n'acceptera point les personnes.
Deutéronome, 10, 17 : *Dieu dit : « Je n'accepte point les personnes ni les sacrifices. »*
Le sabbat n'était qu'un signe, Exode, 31, 13 ; et en mémoire de la sortie d'Égypte, Deutéronome, 15, 19. Donc, il n'est plus nécessaire, puisqu'il faut oublier l'Égypte.
La circoncision n'était qu'un signe, Genèse, 17, 11.
Et de là vient qu'étant dans le désert ils ne furent point circoncis, parce qu'ils ne pouvaient se confondre avec les autres peuples ; et qu'après que Jésus-Christ est venu elle n'est plus nécessaire.

Que la circoncision du cœur est ordonnée.
Deutéronome, 10, 17 ; Jérémie, 4, 3 : *Soyez circoncis de cœur.* Retranchez les superfluités de votre cœur et ne vous endurcissez plus. *Car votre Dieu est un Dieu grand, puissant et terrible, qui n'accepte point les personnes.*
Que Dieu dit qu'il le ferait un jour.
Deutéronome, 30, 6 : *Dieu te circoncira le cœur et à tes enfants, afin que tu l'aimes de tout ton cœur.*
Que les incirconcis de cœur seront jugés.
Jérémie, 9, 26 : Car Dieu jugera les peuples incirconcis et tout le peuple d'Israël, *parce qu'il est incirconcis de cœur.*
Que l'extérieur ne sert à rien sans l'intérieur.
Joël, 2, 13 : *Scindite corda vestra* [2], etc., Isaïe, 58, 3-4, etc.
L'amour de Dieu est recommandé en tout le Deutéronome.
Deutéronome, 30, 19 : *Je prends à témoins le ciel et la terre que j'ai mis devant vous la mort et la vie, afin que vous choisissiez la vie, et que vous aimiez Dieu, et que vous lui obéissiez. Car c'est Dieu qui est votre vie.*
Que les Juifs, manque de cet amour, seraient réprouvés pour leurs crimes et les païens élus en leur place :
Osée, 1, 10.
Deutéronome, 32, 20 : *Je me cacherai d'eux dans la vue de leurs derniers crimes. Car c'est une nation méchante et infidèle. Ils m'ont provoqué à courroux par les choses qui ne sont point des dieux, et je les provoquerai à jalousie par un peuple qui n'est point mon peuple, et par une nation sans science et sans intelligence.*
Isaïe, 65 [3].
Que les biens temporels sont faux, et que le vrai bien est d'être uni à Dieu :
Psaumes 143, 15.
Que leurs fêtes déplaisent à Dieu :
Amos, 5, 21.
Que les sacrifices des Juifs déplaisent à Dieu :
Isaïe, 66 [4].
1, 11.
Jérémie, 6, 20.

David, *Miserere* [5].
    Expectans [6].
Même de la part des bons :
Psaumes 49, 8-9-10-11-12-13 et 14.
Qu'il ne les a établis que pour leur dureté :
Michée admirablement, 6.
1 Rois, 15, 22.
Osée, 6, 6.
Que les sacrifices des païens seront reçus de Dieu, et que Dieu retirera sa volonté des sacrifices des Juifs :
Malachie, 1, II.
Que Dieu fera une nouvelle alliance par le Messie, et que l'ancienne sera rejetée :
Jérémie, 31, 31.

Mandata non bona : Ezéchiel [7].

Que les anciennes choses seront oubliées :
Isaïe, 43, 18-19.
65, 17-18.
Qu'on ne se souviendra plus de l'arche :
Jérémie, 3, 15-16.
Que le temple serait rejeté :
Jérémie, 7, 12-13-14.
Que les sacrifices seraient rejetés, et d'autres sacrifices purs établis :
Malachie, I, II.
Que l'ordre de la sacrificature d'Aaron serait réprouvée, et celle de Melchisédech introduite par le Messie : *Dixit Dominus* [8].
Que cette sacrificature serait éternelle :
Ibid.
Que Jérusalem serait réprouvée et Rome admise :
Dixit Dominus.
Que le nom des Juifs serait réprouvé et un nouveau nom donné :
Isaïe, 65, 15.
Que ce dernier nom serait meilleur que celui de Juifs, et éternel :
Isaïe, 56, 5.
Que les Juifs devaient être sans prophètes :
Amos.
Sans roi, sans prince, sans sacrifice, sans idole [9].
Que les Juifs subsisteraient toujours néanmoins en peuple.
Jérémie, 31, 36.

[LI] L'ÉTAT DES JUIFS [4]

694

Je vois la religion chrétienne, fondée sur une religion précédente, où voici ce que je trouve d'effectif.

Je ne parle point ici des miracles de Moïse, de Jésus-Christ et des apôtres, parce qu'ils ne paraissent pas d'abord convaincants et que je ne veux que mettre ici en évidence tous les fondements de cette religion chrétienne qui sont indubitables, et qui ne peuvent être mis en doute par quelque personne que ce soit.

Il est certain que nous voyons en plusieurs endroits du monde un peuple particulier, séparé de tous les autres peuples du monde, qui s'appelle le peuple juif.

Je vois donc des faiseurs de religions en plusieurs endroits du monde et dans tous les temps. Mais ils n'ont ni la morale qui peut me plaire, ni les preuves qui peuvent m'arrêter. Et qu'ainsi j'aurais refusé également et la religion de Mahomet, et celle de la Chine [1], et celle des anciens Romains, et celle des Égyptiens, par cette seule raison que l'une n'ayant point plus marques de vérité que l'autre, ni rien qui me déterminât nécessairement, la raison ne peut pencher plutôt vers l'une que vers l'autre.

Mais, en considérant ainsi cette inconstante et bizarre variété de mœurs et de créances dans les divers temps, je trouve en un coin du monde un peuple particulier, séparé de tous les autres peuples de la terre, le plus ancien de tous, et dont les histoires précèdent de plusieurs siècles les plus anciennes que nous ayons.

Je trouve donc ce peuple grand et nombreux, sorti d'un seul homme, qui adore un seul Dieu, et qui se conduit par une Loi qu'ils disent tenir de sa main. Ils soutiennent qu'ils sont les seuls du monde auxquels Dieu a révélé ses mystères, que tous les hommes sont corrompus et dans la disgrâce de Dieu, qu'ils sont tous abandonnés à leur sens et à leur propre esprit, et que de là viennent les étranges égarements et les changements continuels qui arrivent entre eux, et de religions, et de coutumes, au lieu qu'ils demeurent inébranlables dans leur conduite, mais que Dieu ne laissera point éternellement les autres peuples dans ces ténèbres, qu'il viendra un Libérateur pour tous, qu'ils sont au monde pour l'annoncer aux hommes, qu'ils sont formés exprès pour être les avant-coureurs et les hérauts de ce grand avènement, et pour appeler tous les peuples à s'unir à eux dans l'attente de ce Libérateur.

La rencontre de ce peuple m'étonne et me semble digne de l'attention.

Je considère cette loi qu'ils se vantent de tenir de Dieu, et je la trouve admirable. C'est la première loi de toutes, et de telle sorte qu'avant même que le mot de loi fût en usage parmi les Grecs, il y avait près de mille ans qu'ils l'avaient reçue et observée sans interruption. Ainsi je trouve étrange que la première loi du monde se rencontre aussi la plus parfaite, en sorte que les plus grands législateurs en ont emprunté les leurs, comme il paraît que la loi des Douze Tables d'Athènes, qui fut ensuite prise par les Romains, et comme il serait aisé de le montrer, si Josèphe et d'autres n'avaient assez traité cette matière.

695

(*Prophéties.*
Serment que David aura toujours des successeurs.
Jérémie [2]).

[LII] L'ÉTAT DES JUIFS [5]

696

Ceci est effectif :
Pendant que tous les philosophes se séparent en différentes sectes, il se trouve en un coin du monde des gens qui sont les plus anciens du monde, déclarant que tout le monde est dans l'erreur, que Dieu leur a révélé la vérité, qu'elle sera toujours sur la terre. En effet, toutes les autres sectes cessent, celle-là dure toujours. Et depuis quatre mille ans ils déclarent qu'ils tiennent de leurs ancêtres que l'homme est déchu de la communication avec Dieu, dans un entier éloignement de Dieu, mais qu'il a promis de les racheter, que cette doctrine serait toujours sur la terre, que leur Loi a double sens.

Que durant seize cents ans ils ont eu des gens qu'ils ont crus prophètes, qui ont prédit le temps et la manière.

Que quatre cents ans après ils ont été épars partout, parce que Jésus-Christ devait être annoncé partout.

Que Jésus-Christ est venu en la manière et au temps prédits.

Que, depuis, les Juifs sont épars partout en malédiction et subsistant néanmoins.

Hypothèse des apôtres fourbes.
Le temps clairement, la manière obscurément.

Cinq preuves de figuratifs [1].

$$2\,000 \begin{cases} 1\,600 - \text{prophètes.} \\ 400 - \text{épars.} \end{cases}$$

[LIII. AUTOUR DE LA CORRUPTION]

697[1]

Contrariétés.

Sagesse infinie et folie de la religion.

Sophonie, 3, 9 : *Je donnerai mes paroles aux gentils, afin que tous me servent d'une seule épaule.*
Ézéchiel, 37, 25 : *David, mon serviteur, sera éternellement prince sur eux.*
Exode, 4, 22 : *Israël est mon fils premier-né.*
Jérémie, 7, 4 : *N'ayez point de confiance aux paroles de mensonge de ceux qui vous disent :* « *Le temple du Seigneur, le temple du Seigneur, le temple du Seigneur sont*[2]. »

698[3]

Ce sont les effets des péchés des peuples et des jésuites. Les grands ont souhaité d'être flattés, les jésuites ont souhaité d'être aimés des grands.

Ils ont tous été dignes d'être abandonnés à l'esprit du mensonge, les uns pour tromper, les autres pour être trompés. Ils ont été avares, ambitieux, voluptueux, *Coacervabunt sibi magistros*[4].

Dignes disciples de tels maîtres. *Digni sunt*[5].

Ils ont cherché des flatteurs et en ont trouvé.

699

Le Dieu des chrétiens est un Dieu qui fait sentir à l'âme qu'il est son unique bien, que tout son repos est en lui, qu'elle n'aura de joie qu'à l'aimer, et qui lui fait en même temps abhorrer les obstacles qui la retiennent et l'empêchent d'aimer Dieu de toutes ses forces. L'amour-propre et la concupiscence, qui l'arrêtent, lui sont insupportables. Ce Dieu lui fait sentir qu'elle a ce fond d'amour-propre qui la perd, et que lui seul la peut guérir.

700

Le monde subsiste pour exercer miséricorde et jugement, non pas comme si les hommes y étaient sortant des mains de Dieu, mais comme des ennemis de Dieu, auxquels il donne par grâce assez de lumière pour revenir, s'ils le veulent chercher et le suivre, mais pour les punir, s'ils refusent de le chercher ou de le suivre.

701

Les prophètes ont prédit, et n'ont pas été prédits. Les saints ensuite, prédits, non prédisant. Jésus-Christ, prédit et prédisant.

702

C'est une chose admirable que jamais auteur canonique ne s'est servi de la nature pour prouver Dieu. Tous tendent à le faire croire : David, Salomon, et jamais n'ont dit : « Il n'y a point de vide, donc il y a un Dieu. » Il fallait qu'ils fussent plus habiles que les plus habiles gens qui sont venus depuis, qui s'en sont tous servis.

Cela est très considérable.

703

Je ne souffrirai point qu'il repose en l'un ni en l'autre, afin qu'étant sans assiette et sans repos...

Ces enfants étonnés voient leurs camarades respectés.

Si c'est une marque de faiblesse de prouver Dieu par la nature, n'en méprisez point l'Écriture. Si c'est une marque de force d'avoir connu ces contrariétés, estimez-en l'Écriture.

704

Ordre.

Après la corruption [6], dire : il est juste que tous ceux qui sont en cet état le connaissent, et ceux qui s'y plaisent, et ceux qui s'y déplaisent. Mais il n'est pas juste que tous voient la Rédemption.

705

Il n'y a rien sur la terre qui ne montre, ou la misère de l'homme, ou la miséricorde de Dieu, ou l'impuissance de l'homme sans Dieu, ou la puissance de l'homme avec Dieu.

706

Dieu a fait servir l'aveuglement de ce peuple au bien des élus.

707

La plus grande bassesse de l'homme est la recherche de la Gloire. Mais c'est cela même qui est la plus grande marque de son excellence ; car, quelque possession qu'il ait sur la terre, quelque santé et commodité essentielle qu'il ait, il n'est pas satisfait s'il n'est dans l'estime des hommes. Il estime si grande la raison de l'homme que, quelque avantage qu'il ait sur la terre, s'il n'est placé avantageusement aussi dans la raison de l'homme, il n'est pas content. C'est la plus belle place du monde, rien ne le peut détourner de ce désir, et c'est la qualité la plus ineffaçable du cœur de l'homme.

Et ceux qui méprisent le plus les hommes et les égalent aux bêtes, encore veulent-ils en être admirés et crus, et se contredisent à eux-mêmes par leur propre sentiment, leur nature, qui est plus forte que tout, les convaincant de la grandeur de l'homme plus fortement que la raison ne les convainc de leur bassesse [7].

708

Pour moi, j'avoue qu'aussitôt que la religion chrétienne découvre ce principe : que la nature des hommes est corrompue et déchue de Dieu, cela ouvre les yeux à voir partout le caractère de cette vérité. Car la nature est telle, qu'elle marque partout un Dieu perdu, et dans l'homme et hors de l'homme.

Et une nature corrompue.

709

Grandeur.

La religion est une chose si grande, qu'il est juste que ceux qui ne voudraient pas prendre la peine de la chercher, si elle est obscure, en soient privés. De quoi se plaint-on donc, si elle est telle qu'on la puisse trouver en la cherchant ?

710

L'intelligence des mots de bien et de mal [8].

711

La création du monde commençant à s'éloigner, Dieu a pourvu d'un historien unique contemporain [9], et a commis tout un peuple pour la garde de ce livre, afin que cette histoire fût la plus authentique du monde, et que tous les hommes pussent apprendre par là une chose si nécessaire à savoir, et qu'on ne pût la savoir que par là.

Le voile qui est sur ces livres pour les Juifs y est aussi pour les mauvais chrétiens et pour tous ceux qui ne se haïssent pas eux-mêmes.

Mais qu'on est bien disposé à les entendre et à connaître Jésus-Christ, quand on se hait véritablement soi-même !

Je ne dis pas que le *mem* est mystérieux [10].

712

L'orgueil contrepèse et emporte toutes les misères. Voilà un étrange monstre, et un égarement bien visible ! Le voilà tombé de sa place, il la cherche avec inquiétude : c'est ce que tous les hommes font. Voyons qui l'aura trouvée.

713

Sans examiner toutes les occupations particulières, il suffit de les comprendre sous le divertissement.

714

Pour les philosophes, deux cent quatre-vingts souverains biens [11].

715

Pour les religions il faut être sincère : vrais païens, vrais juifs, vrais chrétiens.

716

Contre l'histoire de la Chine.

Les histoires de Mexico, des cinq soleils, dont le dernier est il n'y a que huit cents ans [12].

Différence d'un livre reçu d'un peuple ou qui forme un peuple.

717

Preuves

1. La religion chrétienne, par son établissement : par elle-même établie si fortement, si doucement, étant si contraire à la nature.
2. La sainteté, la hauteur et l'humilité d'une âme chrétienne.
3. Les merveilles de l'Écriture sainte.
4. Jésus-Christ en particulier.
5. Les apôtres en particulier.
6. Moïse et les prophètes en particulier.
7. Le peuple juif.
8. Les prophéties.
9. La perpétuité. Nulle religion n'a la perpétuité.
10. La doctrine, qui rend raison de tout.
11. La sainteté de cette loi.
12. Par la conduite du monde.

Il est indubitable qu'après cela on ne doit pas refuser, en considérant ce que c'est que la vie et que cette religion, de suivre l'inclination de la suivre, si elle nous vient dans le cœur. Et il est certain qu'il n'y a nul lieu de se moquer de ceux qui la suivent.

[LIV] PROPHÉTIES [1]

718 [1]

215. En Égypte.

Talmud (Pugio, 659) :
C'est une tradition entre nous que, quand le Messie arrivera, la maison de Dieu destinée à la dispensation de sa parole sera pleine d'ordure et d'impureté, et que la sagesse des scribes sera corrompue et pourrie. Ceux qui craindront de pécher seront réprouvés du peuple et traités de fous et d'insensés.

Isaïe, 49 :

Écoutez, peuples éloignés et vous habitants des îles de la mer : le Seigneur m'a appelé par mon nom dès le ventre de ma mère. Il me protège sous l'ombre de sa main, il a mis mes paroles comme un glaive aigu et m'a dit : « Tu es mon serviteur. C'est par toi que je ferai paraître ma gloire. » — *Et j'ai dit : « Seigneur, ai-je travaillé en vain ? Est-ce inutilement que j'ai consommé toute ma force ? Faites-en le jugement, Seigneur, mon travail est devant vous. »* — *Lors le Seigneur, qui m'a formé lui-même dès le ventre de ma mère pour être tout à lui afin de ramener Jacob et Israël, m'a dit : « Tu seras glorieux en ma présence, et je serai moi-même ta force. C'est peu de chose que tu convertisses les tribus de Jacob, je t'ai suscité pour être la lumière des gentils et pour être mon salut jusqu'aux extrémités de la terre. »* — *Ce sont les choses que le Seigneur a dites à celui qui a humilié son âme, qui a été en mépris et en abomination aux gentils et qui s'est soumis aux puissants de la terre : « Les princes et les rois t'adoreront, parce que le Seigneur, qui t'a élu, est fidèle. »*

Le Seigneur m'a dit encore : « Je t'ai exaucé dans les jours de salut et de miséricorde, et je t'ai établi pour être l'alliance du peuple et te mettre en possession des nations les plus abandonnées ; afin que tu dises à ceux qui sont dans les chaînes : « Sortez en liberté », et à ceux qui sont dans les ténèbres : « Venez à la lumière et possédez des terres abondantes et fertiles. » — *Ils ne seront plus travaillés ni de la faim, ni de la soif, ni de l'ardeur du soleil, parce que celui qui a eu compassion d'eux sera leur conducteur : il les mènera aux sources vivantes des eaux, et aplanira les montagnes devant eux. Voici, les peuples aborderont de toutes parts, d'orient, d'occident, d'aquilon et de midi. Que le ciel en rende gloire à Dieu ! Que la terre s'en réjouisse, parce qu'il a plu au Seigneur de consoler son peuple, et qu'il aura enfin pitié des pauvres qui espèrent en lui !*

Et cependant Sion a osé dire : « Le Seigneur m'a abandonnée et n'a plus mémoire de moi. » — *Une mère peut-elle mettre en oubli son enfant, et peut-elle perdre la tendresse pour celui qu'elle a porté dans son sein ? Mais, quand elle en serait capable, je ne t'oublierai pourtant jamais, Sion. Je te porte toujours entre mes mains, et tes murs sont toujours devant mes yeux. Ceux qui doivent te rétablir accourent, et tes destructeurs seront éloignés. Lève les yeux de toutes parts, et considère toute cette multitude qui est assemblée pour venir à toi. Je jure que tous ces peuples te seront donnés comme l'ornement duquel tu seras à jamais revêtue. Tes déserts et tes solitudes et toutes tes terres qui sont maintenant désolées seront trop étroites pour le grand nombre de tes habitants, et les enfants qui te naîtront dans les années de ta stérilité te diront : « La place est trop petite, écarte les frontières et fais-nous place pour habiter. »* — *Alors tu diras en toi-même : « Qui est-ce qui m'a donné cette abondance d'enfants, moi qui n'enfantais plus, qui étais stérile, transportée et captive ? Et qui est-ce qui me les a nourris, moi qui étais délaissée, sans secours ? D'où sont donc venus tous ceux-ci ? »* — *Et le Seigneur te dira : « Voici, j'ai fait paraître ma puissance sur les gentils, et j'ai élevé mon étendard sur les peuples, et ils t'apporteront des enfants dans leurs bras et dans leurs seins. Les* rois et les reines seront tes nourriciers, ils t'adoreront le visage contre terre et baiseront la poussière de tes pieds. Et tu connaîtras que je suis le Seigneur, et que ceux qui espèrent en moi ne seront jamais confondus : Car qui peut ôter la proie à celui qui est fort et puissant ? Mais encore même qu'on la lui pût ôter, rien ne pourra empêcher que je ne sauve tes enfants et que je ne perde tes ennemis. Et tout le monde reconnaîtra que je suis le Seigneur, ton Sauveur et le puissant Rédempteur de Jacob. »

Isaïe, 50

Le Seigneur dit ces choses : « *Quel est ce libellé de divorce, par lequel j'ai répudié la Synagogue ? Et pourquoi l'ai-je livrée entre les mains de vos ennemis ? N'est-ce pas pour ses impiétés et pour ses crimes que je l'ai répudiée ?*

Car je suis venu, et personne ne m'a reçu. J'ai appelé, et personne n'a écouté. Est-ce que mon bras est raccourci, et que je n'ai pas la puissance de sauver ?

C'est pour cela que je ferai paraître les marques de ma colère : je couvrirai les cieux de ténèbres et les cacherai sous des voiles. »

Le Seigneur m'a donné une langue bien instruite, afin que je sache consoler par ma parole celui qui est dans la tristesse. Il m'a rendu attentif à ses discours, et je l'ai écouté comme un maître.

Le Seigneur m'a révélé ses volontés et je n'ai point été rebelle.

J'ai livré mon corps aux coups et mes joues aux outrages. J'ai abandonné mon visage aux ignominies et aux crachats. Mais le Seigneur m'a soutenu, et c'est pourquoi je n'ai point été confondu.

Celui qui me justifie est avec moi : qui osera m'accuser de péché, Dieu étant lui-même mon protecteur ?

Tous les hommes passeront et seront consommés par le temps. Que ceux qui craignent Dieu écoutent donc les paroles de son serviteur ! Que celui qui languit dans les ténèbres mette sa confiance au Seigneur ! Mais pour vous, vous ne faites qu'embraser la colère de Dieu sur vous, vous marchez sur les brasiers et entre les flammes que vous-mêmes vous avez allumées. C'est ma main qui a fait venir ces maux sur vous : vous périrez dans vos douleurs.

[Isaïe, 51]

Écoutez-moi, vous qui suivez la justice et qui cherchez le Seigneur. Regardez à la pierre d'où vous êtes taillés, et à la citerne d'où vous êtes tirés. Regardez à Abraham votre père, et à Sara qui vous a enfantés. Voyez qu'il était seul et sans enfants quand je l'ai appelé, et que je lui ai donné une postérité si abondante. Voyez combien de bénédictions j'ai répandues sur Sion et de combien de grâces et de consolations je l'ai comblée.

Considérez toutes ces choses, mon peuple, et rendez-vous attentifs à mes paroles, car une loi sortira de moi et un jugement qui sera la lumière des gentils.

Amos, 8.

Le prophète, ayant fait un dénombrement des péchés d'Israël, dit que Dieu a juré d'en faire vengeance.

Dit ainsi :

En ce jour-là, dit le Seigneur, je ferai coucher le soleil à midi, et je couvrirai la terre de ténèbres dans le jour de lumière. Je changerai vos fêtes solennelles en pleurs, et tous vos cantiques en plaintes.

Vous serez tous dans la tristesse et dans les souffrances, et je mettrai cette nation en une désolation pareille à celle de la mort d'un fils unique, et ces derniers temps seront des temps d'amertume. Car voici, les jours viennent, dit le Seigneur, que j'enverrai sur cette terre la famine, la faim, non pas la faim et la soif de pain et d'eau, mais la faim et la soif d'ouïr des paroles de la part du Seigneur. Ils iront errants d'une mer jusqu'à l'autre, et se porteront d'aquilon en orient ; ils tourneront de toutes parts en cherchant qui leur annonce la parole du Seigneur, et ils n'en trouveront point.

Et leurs vierges et leurs jeunes hommes périront en cette soif, eux qui ont suivi les idoles de Samarie, qui ont juré par le dieu adoré en Dan, et qui ont suivi le culte de Bersabée : ils tomberont et ne se relèveront jamais de leur chute.

Amos, 3, 3.

De toutes les nations de la terre, je n'ai reconnu que vous pour être mon peuple.

Daniel, 12,7.

Daniel, ayant décrit toute l'étendue du règne du Messie, dit :
Toutes ces choses s'accompliront lorsque la dispersion du peuple d'Israël sera accomplie.

Aggée, 2, 4.

Vous qui, comparant cette seconde maison à la gloire de la première, la méprisez, prenez courage, dit le Seigneur, à vous Zorobabel, et à vous Jésus grand-prêtre, et à vous tout le peuple de la terre, et ne cessez point d'y travailler. Car je suis avec vous, dit le Seigneur des armées : la promesse subsiste que j'ai faite quand je vous ai retirés d'Égypte ; mon esprit est au milieu de vous. Ne perdez point espérance, car le Seigneur des armées dit ainsi : « *Encore un peu de temps, et j'ébranlerai le ciel et la terre, et la mer et la terre ferme* (façon de parler pour marquer un changement grand et extraordinaire), *et j'ébranlerai toutes les nations. Et alors, viendra celui qui est désiré par tous les gentils, et je remplirai cette maison de gloire, dit le Seigneur.*

L'argent et l'or sont à moi, dit le Seigneur (c'est-à-dire que ce n'est pas de cela que je veux être honoré ; comme il est dit ailleurs : *Toutes les bêtes des champs sont à moi : à quoi sert de me les offrir en sacrifice ?*) ; *la gloire de ce nouveau temple sera bien plus grande que la gloire du premier, dit le Seigneur des armées. Et j'établirai ma maison en ce lieu-ci, dit le Seigneur.* »

[Deutéronome, 18,16]

En Horeb, au jour que vous y étiez assemblés, et que vous dîtes : « *Que le Seigneur ne parle plus lui-même à nous, et que nous ne voyions plus ce feu, de peur que nous ne mourrions. » Et le Seigneur me dit : « Leur prière est juste. Je leur susciterai un prophète tel que vous du milieu de leurs frères, dans la bouche duquel je mettrai mes paroles, et il leur dira toutes les choses que je lui aurai ordonnées. Et il arrivera que quiconque n'obéira point aux paroles qu'il leur portera en mon nom, j'en ferai moi-même le jugement. »*

Genèse, 49.

Vous, Juda, vous serez loué de vos frères et vainqueur de vos ennemis. Les enfants de votre père vous adoreront. Juda, faon de lion, vous êtes monté à la proie, ô mon fils, et vous êtes couché comme un lion, et comme une lionnesse qui s'éveillera.

Le sceptre ne sera point ôté de Juda, ni le législateur d'entre ses pieds, jusqu'à ce que Scilo vienne, et les nations s'assembleront à lui pour lui obéir.

[LV] PROPHÉTIES [2]

719

Prédictions des choses particulières [1].

Ils étaient étrangers en Égypte, sans aucune possession en propre, ni en ce pays-là, ni ailleurs *(il n'y avait pas la moindre apparence ni de la royauté, qui y a été si longtemps après, ni de ce Conseil souverain des soixante-dix juges, qu'ils appelaient le* SYNÉDRIN [2], *qui, ayant été institué par Moïse, a duré jusqu'au temps de Jésus-Christ. Toutes ces choses étaient aussi éloignées de leur état présent qu'elles le pouvaient être)*, lorsque Jacob mourant et bénissant ses douze enfants leur déclare qu'ils seront possesseurs d'une grande terre, et prédit particulièrement à la famille de Juda que les rois qui les gouverneraient un jour seraient de sa race et que tous ses frères seraient ses sujets *(et que même le Messie qui devait être l'attente des nations naîtrait de lui, et que la royauté ne serait point ôtée de Juda, ni le gouverneur et le législateur de ses descendants, jusqu'à ce que ce Messie attendu arrivât dans sa famille)*.

Ce même Jacob, disposant de cette terre future comme s'il en eût été maître, en donne une portion à Joseph plus qu'aux autres : « JE VOUS DONNE, DIT-IL, UNE PART PLUS QU'A VOS FRÈRES. » Et bénissant ses deux enfants, Éphraïm et Manassé, que Joseph lui avait présentés, l'aîné Manassé à sa droite et le jeune Éphraïm à sa gauche, il met ses bras en croix et, posant la main droite sur la tête d'Éphraïm et la gauche sur Manassé, il les bénit en [cette] sorte. Et sur ce que Joseph lui représente qu'il préfère le jeune, il lui répond avec une fermeté admirable : « Je le sais bien, mon fils, je le sais bien. Mais Éphraïm croîtra tout autrement que Manassé. » — Ce qui a été en effet si véritable dans la suite, qu'étant seul presque aussi abondant que dix lignées entières qui composaient tout un royaume, elles ont été ordinairement appelées du seul nom d'Éphraïm [3].

Ce même Joseph, en mourant, recommande à ses enfants d'emporter ses os avec eux quand ils iront en cette terre, où ils ne furent que deux cents ans après.

Moïse, qui a écrit toutes ces choses si longtemps avant qu'elles fussent arrivées, a fait lui-même à chaque famille les partages de cette terre avant que d'y entrer, comme s'il en eût été maître (*et leur prédit exactement tout ce qui leur devait arriver dans la terre où ils allaient entrer après sa mort, les victoires que Dieu leur donnera, leur ingratitude envers Dieu, les punitions qu'ils en recevront, et le reste de leur aventure*).

Il leur donne les arbitres pour en faire le partage. Il leur prescrit toute la forme du gouvernement politique qu'ils y observeront, les villes de refuge qu'ils y bâtiront, etc.

[LVI] PROPHÉTIES [3]

720
Daniel, 2 [1].

Tous vos devins et vos sages ne peuvent vous découvrir le mystère que vous demandez (il fallait que ce songe lui tînt bien au cœur).

Mais il y a un Dieu au ciel qui le peut, et vous a révélé dans votre songe les choses qui doivent arriver dans les derniers temps. Et ce n'est pas par ma propre science que j'ai eu la connaissance de ce secret, mais par la révélation de ce même Dieu, qui me l'a découvert pour la rendre manifeste en votre présence.

Votre songe était donc de telle sorte : Vous avez vu une statue grande, haute et terrible, qui se tenait debout devant vous. La tête en était d'or, la poitrine et les bras étaient d'argent, le ventre et les cuisses étaient d'airain, et les jambes étaient de fer, mais les pieds mêlés de fer et de terre (argile). *Vous la contempliez toujours en cette sorte, jusqu'à ce que la pierre taillée sans mains a frappé la statue par les pieds mêlés de fer et de terre et les a écrasés.*

Et alors s'en sont allés en poussière et le fer, et la terre, et l'airain, et l'argent, et l'or, et se sont dissipés en l'air. Mais cette pierre qui a frappé la statue est crue en une grande montagne, et elle a rempli toute la terre. Voilà quel a été votre songe, et maintenant je vous en donnerai l'interprétation.

Vous qui êtes le plus grand des rois et à qui Dieu a donné une puissance si étendue que vous êtes redoutable à tous les peuples, vous êtes représenté par la tête d'or de la statue que vous avez vue.

Mais un autre empire succèdera au vôtre, qui ne sera pas si puissant. Et ensuite il en viendra un autre, d'airain, qui s'étendra par tout le monde.

Mais le quatrième sera fort comme le fer ; et, de même que le fer brise et perce toutes choses, ainsi cet empire brisera et écrasera tout.

Et ce que vous avez vu, que les pieds et les extrémités des pieds étaient composés en partie de terre et en partie de fer, cela marque que cet empire sera divisé, et qu'il tiendra en partie de la fermeté du fer et en partie de la fragilité de la terre.

Mais, comme le fer ne peut s'allier solidement avec la terre, de même ceux qui sont représentés par le fer et par la terre ne pourront faire d'alliance durable, quoiqu'ils s'unissent par des mariages.

Or ce sera dans le temps de ces monarques que Dieu suscitera un royaume qui ne sera jamais détruit, ni jamais transporté à un autre peuple. Il dissipera et finira tous ces autres empires, mais, pour lui, il subsistera éternellement, selon ce qui vous a été révélé de cette pierre qui, n'étant point taillée de main, est tombée de la montagne et a brisé le fer, la terre et l'argent et l'or.

Voilà ce que Dieu vous a découvert des choses qui doivent arriver dans la suite des temps. Ce songe est véritable, et l'interprétation en est fidèle.

Lors Nabuchodonosor tomba le visage contre terre, etc.

Daniel, 8 [2].

Daniel ayant vu le combat du bélier et du bouc, qui le vainquit et qui domina sur la terre, duquel la principale corne étant tombée, quatre autres en étaient sorties vers les quatre vents du ciel, de l'une desquelles étant sortie une petite corne qui s'agrandit vers le midi, vers l'Orient et vers la terre d'Israël, et s'éleva contre l'armée du ciel, en renversa des étoiles et les foula aux pieds, et enfin abattit le prince, et fit cesser le sacrifice perpétuel, et mit en désolation le sanctuaire.

Voilà ce que vit Daniel. Il en demandait l'explication, et *une voix cria en cette sorte :* « *Gabriel, faites-lui entendre la vision qu'il a eue.* » — Et Gabriel lui dit :

« *Le bélier que vous avez vu est le roi des Mèdes et des Perses, et le bouc est le roi des Grecs, et la grande corne qu'il avait entre ses yeux est le premier roi de cette monarchie. Et ce que cette corne étant rompue quatre autres sont venues en la place, c'est que quatre rois de cette nation lui succéderont, mais non pas en la même puissance.*

Or, sur le déclin de ces royaumes, les iniquités étant accrues, il s'élèvera un roi insolent et fort, mais d'une puissance empruntée, auquel toutes choses succéderont à son gré. Et il mettra en désolation le peuple saint et, réussissant dans ses entreprises avec un esprit double et trompeur, il en tuera plusieurs, et s'élèvera enfin contre le prince des princes. Mais il périra malheureusement, et non pas néanmoins par une main violente. »

Daniel, 9, 20 [3].

Comme je priais Dieu de tout mon cœur et qu'en confessant mon péché et celui de tout mon peuple j'étais prosterné devant mon Dieu, voici : Gabriel, lequel j'avais vu en vision dès le commencement, vint à moi et me toucha au temps du sacrifice du vêpre, et me donnant l'intelligence me dit : « *Daniel, je suis venu à vous pour vous ouvrir la connaissance des choses. Dès le commencement de vos prières, je suis venu pour vous découvrir ce que vous désirez, parce que vous êtes l'homme de désirs. Entendez donc la parole, et entrez dans l'intelligence de la vision. Soixante-dix semaines sont prescrites et déterminées sur votre peuple et sur votre sainte cité, pour expier les crimes, pour mettre fin aux péchés et abolir l'iniquité et pour introduire la justice éternelle, pour accomplir les visions et les prophéties, et pour oindre le saint des saints.*

(Après quoi, ce peuple ne sera plus votre peuple, ni cette cité la sainte cité.

Le temps de colère sera passé, les ans de grâce viendront pour jamais.)

Sachez donc et entendez. Depuis que la parole sortira pour rétablir et réédifier Jérusalem, jusqu'au prince Messie, il y aura sept semaines et soixante-deux semaines (Les Hébreux ont accoutumé de diviser les nombres et de mettre le petit le premier. Ces 7 et 62 font donc 69 de ces 70. Il en restera donc la soixante-dixième, c'est-à-dire les sept dernières années dont il parlera ensuite). *Après que la place et les murs seront édifiés, dans un temps de trouble et d'affliction, et après ces 62 semaines* (qui auront suivi les sept premières), *le Christ sera tué* (le Christ sera donc tué après les 69 semaines, c'est-à-dire en la dernière semaine), *et un peuple viendra avec son prince, qui détruira la ville et le sanctuaire, et inondera tout. Et la fin de cette guerre consommera la désolation.*

Or une semaine (qui est la soixante-dixième qui reste) *établira l'alliance avec plusieurs, et même la moitié de la semaine* (c'est-à-dire les derniers trois ans et demi) *abolira le sacrifice et l'hostie, et rendra étonnante l'étendue de l'abomination,* qui se répandra et durera sur ceux-mêmes qui s'en étonneront, *et jusqu'à la consommation.*

Daniel, 11.

L'ange dit à Daniel :

Il y aura (après Cyrus, sous lequel ceci est écrit) *encore trois rois de Perse* (Cambyse, Smerdis, Darius). *Et le quatrième* (Xerxès) *qui viendra ensuite sera plus puissant en richesses et en forces, et élèvera tous ses peuples contre les Grecs.*

Mais il s'élèvera un puissant roi (Alexandre), *dont l'empire aura une étendue extrême et qui réussira en toutes ses entreprises selon son désir. Mais, quand sa monarchie sera établie, elle périra et sera divisée en quatre parties vers les quatre vents du ciel* (comme il avait dit auparavant : 7, 6 ; 8, 8), *mais non pas à des personnes de sa race. Et ses successeurs n'égaleront point sa puissance, car même son royaume sera dispersé à d'autres outre ceux-ci* (ces quatre principaux successeurs).

Et celui de ces successeurs qui régnera vers le midi (Égypte : Ptolomeus, fils de Lagus) *deviendra puissant. Mais un autre* (Seleucus, roi de Syrie) *le surmontera et son État sera un grand État* (Appianus dit que c'est le plus puissant des successeurs d'Alexandre).

Et dans la suite des années ils s'allieront, et la fille du roi du midi (Bérénice, fille de Ptolomeus Philadelphos, fils de l'autre Ptolomeus) *viendra au roi d'aquilon* (à Antiochus Deus, roi de Syrie et d'Asie, neveu de Seleucus Lagidas) *pour établir la paix entre ces princes.*

Mais ni elle ni ses descendants n'auront pas une longue autorité. Car elle et ceux qui l'avaient envoyée et ses enfants et ses amis seront livrés à la mort (Bérénice et son fils furent tués par Seleucus Callinicus).

Mais il s'élèvera un rejeton de ses racines (Ptolomeus Evergetes naîtra du même père que Bérénice), *qui viendra avec une puissante armée dans les terres du roi d'aquilon, où il mettra tout sous sa sujétion et emmènera en Égypte leurs dieux, leurs princes, leur or, leur argent et toutes leurs plus précieuses dépouilles, et sera quelques années sans que le roi d'aquilon puisse rien contre lui* (s'il n'eût point été rappelé en Égypte par des raisons domestiques, il aurait entièrement dépouillé Seleucus, dit Justin).

Et ainsi il reviendra en son royaume, mais les enfants de l'autre (Seleucus Ceraunus, Antiochus Magnus), *irrités, assembleront de grandes forces.*

Et leur armée viendra et ravagera tout ; dont le roi du midi (Ptolomeus Philopator) *étant irrité formera aussi un grand corps d'armée et livrera bataille* (contre Antiochus Magnus) *et vaincra* (à Rapham). *Et ses troupes en deviendront insolentes, et son cœur s'en enflera* (ce Ptolomeus profana le Temple : Josèphe). *Il vaincra dix milliers d'hommes, mais sa victoire ne sera pas ferme.*

Car le roi d'aquilon (Antiochus Magnus) *viendra avec encore plus de forces que la première fois, et alors un grand nombre d'ennemis s'élèvera contre le roi du midi* (le jeune Ptolomée Épiphanes régnant), *et même des hommes apostats* (ceux qui avaient quitté leur religion pour plaire à Evergetes quand il envoya ses troupes à Scopas), *violents, de ton peuple s'élèveront afin que les visions soient accomplies, et ils périront* (car Antiochus reprendra Scopas et les vaincra).

Et le roi d'Aquilon détruira les remparts et les villes les mieux fortifiées, et toute la force du midi ne pourra lui résister.

Et tout cédera à sa volonté. Il s'arrêtera dans la terre d'Israël, et elle lui cédera.

Et ainsi il pensera à se rendre maître de tout l'empire d'Égypte (méprisant la jeunesse d'Épiphanes, dit Justin).

Et pour cela il fera alliance avec lui et lui donnera sa fille (Cléopâtre, afin qu'elle trahît son mari. Sur quoi Appianus dit que, se défiant de pouvoir se rendre maître d'Égypte par force à cause de la protection des Romains, il voulut l'attenter par finesse). *Il la voudra corrompre, mais elle ne suivra pas son intention. Ainsi il se jettera à d'autres desseins et pensera à se rendre maître de quelques îles* (c'est-à-dire lieux maritimes), *et il en prendra plusieurs* (comme dit Appianus).

Mais un grand chef s'opposera à ses conquêtes, et arrêtera la honte qui lui en reviendrait (Scipion l'Africain, qui arrêta les progrès d'Antiochus Magnus à cause qu'il offensait les Romains en la personne de leurs alliés). *Il retournera donc dans son royaume et y périra et ne sera plus* (il fut tué par les siens).

Et celui qui lui succédera (Seleucus Philopator ou Soter, fils d'Antiochus Magnus) *sera un tyran qui affligera d'impôts la gloire du royaume* (qui est le peuple). *Mais en peu de temps il mourra, et non par sédition ni par guerre.*

Et il succédera à sa place un homme méprisable et indigne des honneurs de la royauté, qui s'y introduira adroitement et par caresses.
Toutes les armées fléchiront devant lui, il les vaincra, et même le prince AVEC QUI IL AVAIT FAIT *alliance. Car, ayant renouvelé l'alliance avec lui, il le trompera et, venant avec peu de troupes dans ses provinces calmes et sans crainte, il prendra les meilleures places et fera plus que ses pères n'avaient jamais fait. Et, ravageant de toutes parts, il formera de grands desseins pendant son temps.*
25 [4].

[LVII] PROPHÉTIES [4]

721 [1]

Isaïe, 1, 21 : Changement de bien en mal et vengeance de Dieu [2].

Isaïe, 10, 1 : *Vae qui condunt leges iniquas* [3].

Isaïe, 26, 20 : *Vade, populus meus, intra in cubicula tua, claude ostia tua super te. Abscondere modicum ad momentum, donec pertranseat indignatio* [4].

Isaïe, 28, 1 : *Vae coronae superbiae* [5].

Miracles. *Luxit et elanguit terra, confusus est Libanus et obsorduit*, etc. : Isaïe, 23, 9.
Nunc consurgam, dicit Dominus, nunc exaltabor, nunc sublevabor [6].

Omnes gentes, quasi non sint : Isaïe, 40, 17 [7].

722

Quis annuntiavit ab exordio ut sciamus, et a principio ut dicamus : « *Justus es* » ? Isaïe, 41, 26 [8].

Operabor, et quis avertet illud ? Isaïe, 43, 13 [9].

723

Non prophetabis in nomine Domini et non morieris in manibus nostris. Propterea haec dicit Dominus... : Jérémie, 11, 21 [10].
Quod si dixerint ad te : « *Quo egrediemur ?* » *dices ad eos :* « *Haec dicit Dominus :* « *Qui ad mortem, ad mortem ; et qui ad gladium, ad gladium ; et qui ad famem, ad famem ; et qui ad captivitatem, ad captivitatem.* » Jérémie, 15, 2 [11].

Pravum est cor omnium et inscrutabile : quis cognoscet illud ? (c'est-à-dire : qui en connaîtra toute la malice ? Car il est déjà connu qu'il est méchant).

Ego Dominus scrutans cor et probans renes. — Jérémie, 17, 9 [12].

Et dixerunt : « Venite et cogitemus contra Jeremiam cogitationes. Non enim peribit lex a sacerdote neque sermo a propheta [13].

Non sis tu mihi formidini, tu spes mea in die afflictionum : Jérémie, 17, 17 [14].

724

Fiance aux sacrements extérieurs. Jérémie, 7, 14.
Faciam domui huic in qua invocatum est nomen meum et in qua vos habetis fiduciam et loco quem dedi vobis et patribus vestris sicut feci Silo.

Tu ergo noli orare pro populo hoc [15].

725

L'essentiel n'est pas le sacrifice extérieur. — Jérémie, 7, 22.
Quia non sum locutus cum patribus vestris et non praecepi eis, in die qua eduxi eos de terra Egypti, de verbo holocautomatum et victimarum. Sed hoc verbum praecepi eis, dicens : « Audite vocem meam, et ero vobis Deus, et vos eritis mihi populus, et ambulate in omni via quam mandavi vobis, ut bene sit vobis. » — Et non audierunt [16].

Multitude de doctrines. Jérémie, 11, 13.
Secundum numerum enim civitatum tuarum erant dei tui, Juda, et secundum numerum viarum Jerusalem posuisti aram confusionis.
Tu ergo noli orare pro populo hoc [17].

726

Neque dicet : « Forte mendacium est in dextera mea ? » Isaïe, 44, 20.

Memento horum, Jacob, et Israël, quoniam servus meus es tu. Formavi te, servus meus es tu, Israël, ne obliviscaris mei.
Delevi ut nubem iniquitates tuas, et quasi nebulam peccata tua. Revertere ad me, quoniam redemi te. — 44, 21, etc.

Laudate, caeli, quoniam misericordiam fecit Dominus... quoniam redemit Dominus Jacob, et Israël gloriabitur. Haec dicit Dominus, redemptor tuus et formator tuus ex utero : « Ego sum Dominus, faciens omnia, extendens caelos solus, stabiliens terram, et nullus mecum. » — 44, 23-24 [18].

727

In momento indignationis abscondi faciem meam parumper a te, et in misericordia sempiterna misertus sum tui, dixit redemptor tuus Dominus. — Isaïe, 54, 8 [19].

728

Qui eduxit ad dexteram Moysen bracchio majestatis suae, qui scidit aquas ante eos ut faceret sibi nomen sempiternum. — Isaïe, 63, 12.

Sic adduxisti populum tuum ut faceres tibi nomen gloriae. 14 [20].

Tu enim Pater noster, et Abraham nescivit nos, et Israël ignoravit nos. — Isaïe, 63, 16 [21].

Quare indurasti cor nostrum ne timeremus te? — Isaïe, 63, 17 [22].

Qui sanctificabantur et mundos se putabant... simul consumentur », dicit Dominus. — Isaïe, 66, 17 [23].

Et dixisti : « Absque peccato et innocens ego sum. Et propterea avertatur furor tuus a me. »
Ecce ego judicio contendam tecum, eo quod dixeris : « Non peccavi. » — Jérémie, 2, 35 [24].

Sapientes sunt ut faciant mala, bene autem facere nescierunt. — Jérémie, 4, 22 [25].
Aspexi terram, et ecce vacua erat et nihili, et caelos, et non erat lux in eis.
Vidi montes, et ecce movebantur, et omnes colles conturbati sunt. Intuitus sum, et non erat homo, et omne volatile caeli recessit. Aspexi, et ecce Carmelus desertus et omnes urbes ejus destructae sunt a facie Domini et a facie irae furoris ejus. — Jérémie, 4, 23 etc. [26].

730

Haec enim dicit Dominus : « Deserta erit omnis terra, sed tamen consummationem non faciam [27]. *»*

Jérémie, 5, 4 : *Ego autem dixi : « Forsitan pauperes sunt et stulti ignorantes viam Domini, judicium Dei sui.*
Ibo ad optimates et loquar eis. Ipsi enim cognoverunt viam Domini. Et ecce magis hi simul confregerunt jugum, ruperunt vincula.
Idcirco percussit eos leo de silva, pardus vigilans super civitates eorum [28]. *»*

731

Numquid super his non visitabo, dicit Dominus, aut super gentem hujuscemodi non ulciscetur anima mea? — Jérémie, 5, 29.

732

Stupor et mirabilia facta sunt in Terra :
Prophetae prophetabant mendacium, et sacerdotes applaudebant manibus, et populus meus dilexit talia. Quid igitur fiet in novissimo ejus ? — Jérémie, 5, 30 [29].

Haec dicit Dominus : « *State super vias, et videte, et interrogate de semitis antiquis quae sit via bona, et ambulate in ea, et invenietis refrigerium animabus vestris.* » *Et dixerunt :* « *Non ambulabimus.* »
« *Et constitui speculatores : audite vocem tubae.* » — *Et dixerunt :* « *Non audiemus.* »
« *Audite, gentes, quanta ego faciam eis. Audi, terra : ecce ego adducam mala* », etc. — Jérémie, 6, 16 [30].

733

A prophetis enim Jerusalem egressa est pollutio super omnem terram. — Jérémie, 23, 15 [31].

Dicunt his qui blasphemant me : « *Locutus est Dominus, pax erit vobis* », *et omni qui ambulat in pravitate cordis sui dixerunt :* « *Non veniet super vos malum.* » — Jérémie, 23, 17 [32].

[LVIII] PROPHÉTIES [5]

734

Pendant la durée du Messie.

Aenigmatiza : Ézéchiel, 17 [1].
Son précurseur : Malachie, 2.
Il naîtra enfant : Isaïe, 9.
Il naîtra de la ville de Bethléem : Michée, 5 [2]. Il paraîtra principalement en Jérusalem, et naîtra de la famille de Juda et de David.
Il doit aveugler les sages et les savants : Isaïe, 6 ; Isaïe, 8 ; Isaïe, 29 [3] ; et annoncer l'Évangile aux pauvres et aux petits, ouvrir les yeux des aveugles : Isaïe, 29 ; Isaïe, 61 ; et rendre la santé aux infirmes et mener à la lumière ceux qui languissent dans les ténèbres : Isaïe, 61 [4].
Il doit enseigner la voie parfaite et être le précepteur des gentils : Isaïe, 55 ; 42, 1-7.
Les prophètes doivent être inintelligibles aux impies : Daniel, 12 ; mais intelligibles à ceux qui sont bien instruits : Osée, ult. 10.
Les prophéties qui le représentent pauvre le représentent maître des nations : Isaïe, 52, 16, etc. ; 53 ; Zacharie, 9, 9.
Les prophéties qui prédisent le temps ne le prédisent que maître des gentils et souffrant, et non dans les nuées, ni juge. Et celles qui le représentent ainsi jugeant et glorieux ne marquent point le temps.
Qu'il doit être la victime pour les péchés du monde : Isaïe, 39 ; 53, etc.

Il doit être la pierre fondamentale et précieuse : Isaïe, 28, 16.
Il doit être la pierre d'achoppement, de scandale : Isaïe, 8 [5].
Jérusalem doit heurter contre cette pierre.
Les édifiants doivent réprouver cette pierre : Psaume 117, 22.
Dieu doit faire de cette pierre le chef du coin.
Et cette pierre doit croître en une immense montagne et doit remplir toute la terre : Daniel, 2 [6].
Qu'ainsi il doit être rejeté, méconnu, trahi : 108, 8 ; vendu : Zacharie, 11, 12 ; craché, souffleté, moqué, affligé en une infinité de manières ; abreuvé de fiel : Psaume 68, 22 ; transpercé : Zacharie, 12, 10 ; les pieds et les mains percés, tué, et ses habits jetés au sort : Psaume [22] [7].
Qu'il ressusciterait : Psaume 15 [8] ; le troisième jour : Osée, 6, 3.
Qu'il monterait au ciel pour s'asseoir à la droite : Psaume 110.
Que les rois s'armeraient contre lui : Psaume 2.
Qu'étant à la droite du Père il serait victorieux de ses ennemis.
Que les rois de la terre et tous les peuples l'adoreraient : Isaïe, 60 [9].
Que les Juifs subsisteront en nation : Jérémie [10].
Qu'ils seront errants, sans rois, etc. : Osée, 3 [11].
Sans prophètes, Amos [12].
Attendant le salut et ne le trouvant point : Isaïe [13].

Les Juifs, en le tuant pour ne le point recevoir pour Messie, lui ont donné la dernière marque du Messie.
Et en continuant à le méconnaître, ils se sont rendus témoins irréprochables.
Et en le tuant et continuant à le renier, ils ont accompli les prophéties.
Vocation des gentils par Jésus-Christ : Isaïe, 52, 15 ; Isaïe, 55 ; Isaïe, 60.
Psaume 71 [14].
Osée, 1, 9 : *Vous ne serez plus mon peuple et je ne serai plus votre Dieu. Après que vous serez multipliés de la dispersion, les lieux où l'on appelle « Point-mon-peuple », je l'appellerai « Mon-peuple ».*

[LIX] PROPHÉTIES [6]

735

Captivité des Juifs sans retour.

Jérémie, 11, 11 : *Je ferai venir sur Juda des maux desquels ils ne pourront être délivrés.*

Figures.

Le Seigneur a eu une vigne dont il a attendu des raisins, et elle n'a produit que du verjus. « Je la dissiperai donc et la détruirai. La terre n'en produira que des épines, et je défendrai au ciel d'y [pleuvoir] [1]. »

Isaïe, 5, 7 : *La vigne du seigneur est la maison d'Israël. Et les hommes de Juda en sont le germe délectable. J'ai attendu qu'ils fissent des actions de justice, et ils ne produisent qu'iniquité.*

Isaïe, 8 [2] :
Sanctifiez le seigneur avec crainte et tremblement, ne redoutez que lui, et il vous sera en sanctification. Mais il sera en pierre de scandale et en pierre d'achoppement aux deux maisons d'Israël. Il sera en piège et en ruine aux peuples de Jérusalem. Et un grand nombre d'entre eux heurteront cette pierre, y tomberont, y seront brisés, et seront pris à ce piège et y périront.
Voilez mes paroles, et couvrez ma Loi pour mes disciples.
J'attendrai donc en patience le Seigneur, qui se voile et se cache à la maison de Jacob.

Isaïe, 29 [3] : *Soyez confus et surpris, peuple d'Israël, chancelez, trébuchez, et soyez ivres, mais non pas d'une ivresse de vin ; trébuchez, mais non pas d'ivresse, car Dieu vous a préparé l'esprit d'assoupissement. Il vous voilera les yeux, il obscurcira vos princes et vos prophètes qui ont les visions.*
— Daniel, 12 : *Les méchants ne l'entendront point, mais ceux qui seront bien instruits l'entendront.*

— Osée, dernier chapitre, dernier verset, après bien des bénédictions temporelles, dit : *Où est le sage, et il entendra ces choses ?* etc.
Et les visions de tous les prophètes seront à votre égard comme un livre scellé, lequel si on donne à un homme savant et qui le puisse lire, il répondra : « Je ne puis le lire, car il est scellé. » Et quand on le donnera à ceux qui ne savent pas lire, ils diront : « Je ne connais pas les lettres. »
Et le Seigneur m'a dit : « Parce que ce peuple m'honore des lèvres, mais que son cœur est bien loin de moi, et qu'ils ne m'ont servi que par des voies humaines » (en voilà la raison et la cause, car s'ils adoraient Dieu de cœur, ils entendraient les prophéties).
C'est pour cette raison que j'ajouterai à tout le reste d'amener sur ce peuple une merveille étonnante et un prodige grand et terrible : c'est que la sagesse de ses sages périra et leur intelligence sera [obscurcie].

Prophéties preuves de divinité.

Isaïe, 41 [4] :
Si vous êtes des dieux, approchez. Annoncez-nous les choses futures, nous inclinerons notre cœur à vos paroles. Apprenez-nous les choses qui ont été au commencement, et prophétisez-nous celles qui doivent arriver.
Par là nous saurons que vous êtes des dieux. Faites le bien ou le mal, si vous le pouvez. Voyons donc, et raisonnons ensemble.
Mais vous n'êtes rien, vous n'êtes qu'abomination, etc.
Qui d'entre vous nous instruit (par des auteurs contemporains) *des choses faites dès le commencement et l'origine, afin que nous lui disions : « Vous êtes le Juste » ? Il n'y en a aucun qui nous apprenne ni qui prédise l'avenir.*

Isaïe, 42 [5] : *Moi qui suis le Seigneur, je ne communique point ma gloire à d'autres. C'est moi qui ai fait prédire les choses qui sont arrivées, et qui prédis encore celles qui sont à venir. Chantez-en un cantique nouveau à Dieu par toute la terre.*

[*Isaïe, 43* [6]] *Amène ici ce peuple qui a des yeux et qui ne voit point, qui a des oreilles et qui est sourd. Que les nations s'assemblent toutes : qui d'entre elles et leurs dieux nous instruira des choses passées et futures ? Qu'elles produisent leurs témoins pour leur justification ! Ou qu'elles m'écoutent et confessent que la vérité est ici !*

Vous êtes mes témoins, dit le Seigneur, vous et mon Serviteur que j'ai élu, afin que vous me connaissiez et que vous croyiez que c'est moi qui suis.

J'ai prédit, j'ai sauvé, j'ai fait moi seul ces merveilles à vos yeux. Vous êtes mes témoins de ma divinité, dit le Seigneur.

C'est moi qui pour l'amour de vous ai brisé les forces des Babyloniens. C'est moi qui vous ai sanctifiés et qui vous ai créés.

C'est moi qui vous ai fait passer au milieu des eaux et de la mer et des torrents, et qui ai submergé et détruit pour jamais les puissants ennemis qui vous ont résisté.

Mais perdez la mémoire de ces anciens bienfaits, et ne jetez plus les yeux vers les choses passées.

Voici, je prépare de nouvelles choses, qui vont bientôt paraître. Vous les connaîtrez. Je rendrai les déserts habitables et délicieux.

Je me suis formé ce peuple. Je l'ai établi pour annoncer mes louanges, etc.

Mais c'est pour moi-même que j'effacerai vos péchés et que j'oublierai vos crimes. Car pour vous, repassez en votre mémoire vos ingratitudes, pour voir si vous aurez de quoi vous justifier. Votre premier père a péché, et vos docteurs ont tous été des prévaricateurs.

Isaïe, 44 [7] : *Je suis le Premier et le Dernier, dit le Seigneur. Qui s'égalera à moi ? Qu'il raconte l'ordre des choses, depuis que j'ai formé les premiers peuples, et qu'il annonce les choses qui doivent arriver !*

Ne craignez rien. Ne vous ai-je pas fait entendre toutes ces choses ? Vous êtes mes témoins.

Prédiction de Cyrus.

A cause de Jacob, que j'ai élu, je t'ai appelé par ton nom [8].

Isaïe, 45, 21 : *Venez et disputons ensemble : Qui a fait entendre les choses depuis le commencement ? Qui a prédit les choses dès lors ? N'est-ce pas moi, qui suis le Seigneur ?*

Isaïe, 46 [9] : *Ressouvenez-vous des premiers siècles, et connaissez qu'il n'y a rien de semblable à moi, qui annonce dès le commencement les choses qui doivent arriver à la fin, et déjà dès l'origine du monde. Mes décrets subsisteront, et toutes mes volontés seront accomplies.*

Isaïe, 42, 9 : *Les premières choses sont arrivées comme elles avaient été prédites. Et voici, maintenant j'en prédis de nouvelles et vous les annonce avant qu'elles soient arrivées.*

Isaïe, 48, 3 [10] : *J'ai fait prédire les premières et les ai accomplies ensuite, et elles sont arrivées en la manière que j'avais dit, parce que je sais que vous êtes dur, que votre esprit est rebelle et votre front impudent. Et c'est pourquoi je les ai voulu annoncer avant l'événement, afin que vous ne pussiez pas dire que ce fût l'ouvrage de vos dieux et l'effet de leur ordre.*

Vous voyez arrivé ce qui a été prédit : ne le raconterez-vous pas ? Maintenant je vous annonce des choses nouvelles, que je conserve en ma puissance, et que vous n'avez point encore sues. Ce n'est que maintenant que je les prépare, et non pas depuis longtemps. Je vous les ai tenues cachées, de peur que vous ne vous vantassiez de les avoir prévues par vous-mêmes.

Car vous n'en avez aucune connaissance, et personne ne vous en a parlé, et vos oreilles n'en ont rien ouï. Car je vous connais et je sais que vous êtes plein de prévarication, et je vous ai donné le nom de prévaricateur dès les premiers temps de votre origine.

Réprobation des Juifs et conversion des gentils.

Isaïe, 65 [11] :

Ceux-là m'ont cherché, qui ne me consultaient point. Ceux-là m'ont trouvé qui ne me cherchaient point. J'ai dit : « Me voici, me voici », au peuple qui n'invoquait point mon nom.

J'ai étendu mes mains tout le jour au peuple incrédule qui suit ses désirs et qui marche dans une voie mauvaise, à ce peuple qui me provoque sans cesse par les crimes qu'il commet en ma présence, qui s'est emporté à sacrifier aux idoles, etc.

Ceux-là seront dissipés en fumée au jour de ma fureur, etc.

J'assemblerai les iniquités de vous et de vos pères, et vous rendrai à tous selon vos œuvres.

Le Seigneur dit ainsi : « Pour l'amour de mes serviteurs, je ne perdrai tout Israël, mais j'en réserverai quelques-uns, de même qu'on réserve un grain resté dans une grappe, duquel on dit : « Ne l'arrachez pas, parce que c'est bénédiction. »

Ainsi j'en prendrai de Jacob et de Juda pour posséder mes montagnes, que mes élus et mes serviteurs auront en héritage, et mes campagnes fertiles et admirablement abondantes.

Mais j'exterminerai tous les autres, parce que vous avez oublié votre Dieu pour servir des dieux étrangers. Je vous ai appelés, et vous n'avez point répondu. J'ai parlé, et vous n'avez point ouï, et vous avez choisi choses que j'avais défendues.

C'est pour cela que le Seigneur dit ces choses : « Voici, mes serviteurs seront rassasiés, et vous languirez de faim. Mes serviteurs seront dans la joie, et vous dans la confusion. Mes serviteurs chanteront des cantiques, de l'abondance de la joie de leur cœur, et vous pousserez des cris et des hurlements, de l'affliction de votre esprit.

Et vous laisserez votre nom en abomination à mes élus. Le Seigneur vous exterminera et nommera ses serviteurs d'un autre nom, dans lequel celui qui sera béni sur la terre sera béni en Dieu, etc.

Parce que les premières douleurs sont mises en oubli.
Car voici, je crée de nouveaux cieux et une nouvelle terre.
Et les choses passées ne seront plus en mémoire, et ne reviendront plus en la pensée.
Mais vous vous réjouirez à jamais dans les choses nouvelles que je crée. Car je crée Jérusalem pour n'être autre chose que joie, et son peuple réjouissance. Et je me plairai en Jérusalem et en mon peuple, et on n'y entendra plus de cris et de pleurs.
Je l'exaucerai avant qu'il demande. Je les ouïrai quand ils ne feront que commencer à parler. Le loup et l'agneau paîtront ensemble, le lion et le bœuf mangeront la même paille, le serpent ne mangera que la poussière, et on ne commettra plus d'homicide ni de violence en toute ma sainte montagne. »

Isaïe, 56 [12] :
(*Le Seigneur dit ces choses :* « *Soyez justes et droits, car mon salut est proche, et ma justice va être révélée.*
Bienheureux est celui qui fait ces choses, qui observe mon sabbat et garde ses mains de commettre aucun mal.)
Et que les étrangers qui s'attachent à moi ne disent point : « *Dieu me séparera d'avec son peuple.* »
Car le Seigneur dit ces choses : « *Quiconque gardera mon sabbat, et choisira de faire mes volontés, et gardera mon alliance, je leur donnerai place dans ma maison et je leur donnerai un nom meilleur que celui que j'ai donné à mes enfants : ce sera un nom éternel, qui ne périra jamais.* »

[Isaïe, 59, 9-11]
C'est pour nos crimes que la justice s'est éloignée de nous. Nous avons attendu la lumière, et nous ne trouvons que les ténèbres. Nous avons espéré la clarté, et nous marchons dans l'obscurité.
Nous avons tâté contre la muraille comme des aveugles, nous avons heurté en plein midi, comme au milieu d'une nuit, et comme des morts en des lieux ténébreux.
Nous rugirons tous comme des ours, nous gémirons comme des colombes. Nous avons attendu la justice, et elle ne vient point. Nous avons espéré le salut, et il s'éloigne de nous.

Isaïe, 66, 18 :
Mais je visiterai leurs œuvres et leurs pensées, quand je viendrai pour les assembler avec toutes les nations et les peuples. Et ils verront ma gloire.
Et je leur imposerai un signe, et de ceux qui seront sauvés j'en enverrai aux nations : en Afrique, en Lydie, en Italie, en Grèce, et aux peuples qui n'ont point ouï parler de moi et qui n'ont point vu ma gloire. Et ils amèneront vos frères.

Jérémie, 7 [13] : Réprobation du temple.

Allez en Silo, où j'avais établi mon nom au commencement, et voyez ce que j'y ai fait à cause des péchés de mon peuple (car je l'ai rejeté et je me suis fait un temple ailleurs).

Et maintenant, dit le Seigneur, parce que vous avez fait les mêmes crimes, je ferai de ce temple, où mon nom est invoqué et sur lequel vous vous confiez et que j'ai moi-même donné à vos ancêtres, la même chose que j'ai faite de Silo.

Et je vous rejetterai loin de moi, de la même manière que j'ai rejeté vos frères, les enfants d'Éphraïm (rejetés sans retour).

Ne priez donc point pour ce peuple.

Jérémie, 7, 22 : *A quoi vous sert-il d'ajouter sacrifice sur sacrifice ? Quand je retirai vos pères hors d'Égypte, je ne leur parlai point des sacrifices et des holocaustes, je ne leur en donnai aucun ordre. Et le précepte que je leur ai donné a été en cette sorte : « Soyez obéissants et fidèles à mon commandement, et je serai votre Dieu, et vous serez mon peuple* (ce ne fut qu'après qu'ils eurent sacrifié au veau d'or que je m'ordonnai des sacrifices, pour tourner en bien une mauvaise coutume). »

Jérémie, 7 [14] : *N'ayez point confiance aux paroles de mensonge de ceux qui vous disent : « Le temple du Seigneur, le temple du Seigneur, le temple du Seigneur sont. »*

[LX. PROPHÉTIES, JUIFS, CORRUPTION]

736

Nature corrompue.

L'homme n'agit point par la raison, qui fait son être.

Nous n'avons point de roi que César [1].

Juifs témoins de Dieu : Isaïe, 43, 9 ; 44, 8.

C'est visiblement un peuple fait exprès pour servir de témoin au Messie : Isaïe, 43, 9 ; 44, 8. Il porte les Livres, et les aime et ne les entend point.

Et tout cela est prédit, que les jugements de Dieu leur sont confiés, mais comme un livre scellé [2].

Endurcis leur cœur [3]. Et comment ? En flattant leur concupiscence et leur faisant espérer de l'accomplir.

La sincérité des Juifs.

Depuis qu'ils n'ont plus de prophètes : Macchabées.

Depuis Jésus-Christ, Massorètes.

Ce livre vous sera en témoignage [4].

Les lettres défectueuses et finales.

Sincères contre leur honneur, et mourant pour cela, cela n'a point d'exemple dans le monde ni sa racine dans la nature.

Prophétie.

Votre nom sera en exécration à mes élus, et je leur donnerai un autre nom [5].

Prophéties accomplies.

3 Rois, 13, 2.
4 Rois, 23, 16.

Josué, 6, 26.
3 Rois, 16, 34.

Deutéronome, 33.

Malachie, 1, 11 : Le sacrifice des Juifs réprouvé, et le sacrifice des païens (même hors de Jérusalem), et en tous les lieux.

Moïse prédit la vocation des gentils avant que de mourir : 32, 21, et la réprobation des Juifs [6].

Moïse prédit ce qui doit arriver à chaque tribu.

Prophétie.

Amos et Zacharie [7] : Ils ont vendu le juste, et pour cela ne seront jamais rappelés.
Jésus-Christ trahi.
On n'aura plus mémoire d'Égypte : voyez Isaïe, 43, 16-17-18-19 ; Jérémie, 23, 6-7.

Prophétie.

Les Juifs seront répandus partout : Isaïe, 27, 6.
Loi nouvelle : Jérémie, 31, 32.
Le second temple glorieux, Jésus-Christ y viendra : Aggée, 2, 7-8-9-10 ; Malachie [8]. — Grotius.
Vocation des gentils : Joël, 2, 28 ; Osée, 2, 24 ; Deutéronome, 32, 21 ; Malachie, 1, 11.

Quel homme eut jamais plus d'éclat ?
Le peuple juif tout entier le prédit avant sa venue.
Le peuple gentil l'adore après sa venue.
Ces deux peuples, gentil et juif, le regardent comme leur centre.
Et cependant, quel homme jouit jamais moins de cet éclat ? De trente-trois ans il en vit trente sans paraître. Dans trois ans, il passe

pour un imposteur, les prêtres et les principaux le rejettent, ses amis et ses plus proches le méprisent, enfin il meurt trahi par un des siens, renié par l'autre et abandonné par tous.

Quelle part a-t-il donc à cet éclat ? Jamais homme n'a eu tant d'éclat, jamais homme n'a eu plus d'ignominie. Tout cet éclat n'a servi qu'à nous, pour nous le rendre reconnaissable, et il n'en a rien eu pour lui.

[LXI] LOI FIGURATIVE

737

Figures.

Pour montrer que l'Ancien Testament est — n'est que — figuratif et que les prophètes entendaient par les biens temporels d'autres biens, c'est : 1. que cela serait indigne de Dieu. — 2. que leurs discours expriment très clairement la promesse des biens temporels et qu'ils disent néanmoins que leurs discours sont obscurs et que leur sens ne sera point entendu : d'où il paraît que ce sens secret n'était point celui qu'ils exprimaient à découvert, et que par conséquent ils entendaient parler d'autres sacrifices, d'un autre Libérateur, etc. Ils disent qu'on ne l'entendra qu'à la fin des temps : Jérémie, 33, ult. [1].

La deuxième preuve [2] est que leurs discours sont contraires et se détruisent. De sorte que si on pose qu'ils n'aient entendu par les mots de loi et de sacrifice autre chose que celle de Moïse, il y a contradiction manifeste et grossière. Donc ils entendaient autre chose, se contredisant quelquefois dans un même chapitre.

Or pour entendre le sens d'un auteur [3]...

Beau de voir des yeux de la foi l'histoire d'Hérode, de César.

738

Raison pourquoi figures.

R. *(Ils avaient à entretenir un peuple charnel et à le rendre dépositaire du testament spirituel.)*

Il fallait que pour donner foi au Messie il y eût eu des prophéties précédentes, et qu'elles fussent portées par des gens non suspects et d'une diligence et fidélité et d'un zèle extraordinaire et connu de toute la terre.

Pour faire réussir tout cela, Dieu a choisi ce peuple charnel, auquel il a mis en dépôt les prophéties qui prédisent le Messie comme libérateur et dispensateur des biens charnels que ce peuple aimait.

Et ainsi il a eu une ardeur extraordinaire pour ses prophètes et a porté à la vue de tout le monde ces livres qui prédisent leur Messie, assurant toutes les nations qu'il devait venir, et en la manière prédite dans les livres qu'ils tenaient ouverts à tout le monde. Et ainsi ce peuple, déçu par l'avènement ignominieux et pauvre du Messie, ont été ses plus cruels ennemis. De sorte que voilà le peuple du monde le moins suspect de nous favoriser, et le plus exact et zélé qui se puisse dire pour sa loi et pour ses prophètes, qui les porte incorrompus.

De sorte que ceux qui ont rejeté et crucifié Jésus-Christ, qui leur a été en scandale, sont ceux qui portent les livres qui témoignent de lui et qui disent qu'il sera rejeté et en scandale. De sorte qu'ils ont marqué que c'était lui en le refusant, et qu'il a été également prouvé, et par les justes Juifs qui l'ont reçu, et par les injustes qui l'ont rejeté, l'un et l'autre ayant été prédits.

C'est pour cela que les prophéties ont un sens caché, le spirituel, dont ce peuple était ennemi, sous le charnel, dont il était ami. Si le sens spirituel eût été découvert, ils n'étaient pas capables de l'aimer ; et, ne pouvant le porter, ils n'eussent point eu le zèle pour la conservation de leurs livres et de leurs cérémonies. Et, s'ils avaient aimé ces promesses spirituelles et qu'ils les eussent conservées incorrompues jusqu'au Messie, leur témoignage n'eût point eu de force, puisqu'ils en eussent été amis.

Voilà pourquoi il était bon que le sens spirituel fût couvert. Mais, d'un autre côté, si ce sens eût été tellement caché qu'il n'eût point du tout paru, il n'eût pu servir de preuve au Messie. Qu'a-t-il donc été fait ? Il a été couvert sous le temporel en la foule des passages, et a été découvert si clairement en quelques-uns ; outre que le temps et l'état du monde ont été prédits si clairement qu'il est plus clair que le soleil ; et ce sens spirituel est si clairement expliqué en quelques endroits, qu'il fallait un aveuglement pareil à celui que la chair jette dans l'esprit quand il lui est assujetti, pour ne le pas reconnaître.

Voilà donc quelle a été la conduite de Dieu : ce sens est couvert d'un autre en une infinité d'endroits, et découvert en quelques-uns rarement, mais en telle sorte néanmoins que les lieux où il est caché sont équivoques et peuvent convenir aux deux, au lieu que les lieux où il est découvert sont univoques, et ne peuvent convenir qu'au sens spirituel.

De sorte que cela ne pouvait induire en erreur, et qu'il n'y avait qu'un peuple aussi charnel qui s'y pût méprendre.

Car quand les biens sont promis en abondance, qui les empêchait d'entendre les véritables biens, sinon leur cupidité, qui déterminait ce sens aux biens de la terre ? Mais ceux qui n'avaient de bien qu'en Dieu les rapportaient uniquement à Dieu.

Car il y a deux principes qui partagent les volontés des hommes : la cupidité et la charité. Ce n'est pas que la cupidité ne puisse être avec la foi en Dieu, et que la charité ne soit avec les biens de la terre. Mais la cupidité use de Dieu et jouit du monde, et la charité au contraire.

Or la dernière fin est ce qui donne le nom aux choses. Tout ce qui nous empêche d'y arriver est appelé ennemi. Ainsi les créatures, quoique bonnes, seront ennemies des justes, quand elles les détournent de Dieu. Et Dieu même est l'ennemi de ceux dont il trouble la convoitise.

Ainsi le mot d'ennemi dépendant de la dernière fin, les justes entendaient par là leurs passions, et les charnels entendaient les Babyloniens. Et ainsi ces termes n'étaient obscurs que pour les injustes. Et c'est ce que dit Isaïe : *Signa legem in electis meis* [4]. Et que Jésus-Christ sera *pierre de scandale*, mais *Bienheureux ceux qui ne seront point scandalisés* en lui [5].

Osée, ult. le dit parfaitement : « *Où est le sage ? et il entendra ce que je dis. Les justes l'entendront, car les voies de Dieu sont droites ; mais les méchants y trébucheront* [6]. »

Et cependant ce testament, fait pour aveugler les uns et éclairer les autres, marquait, en ceux-mêmes qu'il aveuglait, la vérité qui devait être connue des autres. Car les biens visibles qu'ils recevaient de Dieu étaient si grands et si divins, qu'il paraissait bien qu'il était puissant de leur donner les invisibles et un Messie.

Car la nature est une image de la grâce, et les miracles visibles sont image des invisibles : *Ut sciatis, tibi dico : « Surge »* [7].

Isaïe, 51 dit que la Rédemption sera comme le passage de la mer Rouge.

Dieu a donc montré en la sortie d'Égypte, de la mer, en la défaite des rois, en la manne, en toute la généalogie d'Abraham, qu'il était capable de sauver, de faire descendre le pain du ciel, etc., de sorte que ce peuple ennemi est la figure et représentation du même Messie qu'ils ignorent.

Il nous a donc appris enfin que toutes ces choses n'étaient que figures, et ce que c'est que *Vraiment libre, Vrai Israélite, Vraie circoncision, Vrai pain du ciel* [8], etc.

Dans ces promesses-là, chacun trouve ce qu'il a dans le fond de son cœur : les biens temporels ou les biens spirituels, Dieu ou les créatures ; mais avec cette différence que ceux qui y cherchent les créatures les y trouvent, mais avec plusieurs contradictions, avec la défense de les aimer, avec l'ordre de n'adorer que Dieu et de n'aimer que lui, ce qui n'est qu'une même chose, et qu'enfin il n'est point venu Messie pour eux. Au lieu que ceux qui y cherchent Dieu le trouvent, et sans aucune contradiction, avec commandement de n'aimer que lui, et qu'il est venu un Messie dans le temps prédit pour leur donner les biens qu'ils demandent.

Ainsi les Juifs avaient des miracles, des prophéties qu'ils voyaient accomplir. Et la doctrine de leur loi était de n'adorer et de n'aimer qu'un Dieu ; elle était aussi perpétuelle. Ainsi elle avait toutes les marques de la vraie religion : aussi elle l'était. Mais il faut distinguer la doctrine des Juifs d'avec la doctrine de la loi des Juifs. Or la doctrine des Juifs n'était pas vraie, quoiqu'elle eût les miracles, les prophéties et la perpétuité, parce qu'elle n'avait pas cet autre point de n'adorer et n'aimer que Dieu.

Kirkerus — Usserius [9].

E

LES FRAGMENTS NON ENREGISTRÉS PAR LA SECONDE COPIE

ÉDITION DE 1678 (fr. 739-740)

FRAGMENT AUTOGRAPHE
JOINT À LA PREMIÈRE COPIE (fr. 741)

MANUSCRIT PÉRIER (fr. 742-770)

RECUEIL JOINT
A LA SECONDE COPIE (fr. 771)

MANUSCRIT JOLY DE FLEURY (fr. 772-785)

PORTEFEUILLES VALLANT (fr. 786)

RECUEIL ORIGINAL (fr. 787-803)

MANUSCRITS GUERRIER (fr. 804-812)

ANNOTATION DÉCOUVERTE
EN 1952 (fr. 813)

739

Les hommes prennent souvent leur imagination pour leur cœur : et ils croient être convertis dès qu'ils pensent à se convertir.

740

La dernière chose qu'on trouve en faisant un ouvrage est de savoir celle qu'il faut mettre la première.

741 [1]

Car, quoiqu'il y eût environ deux mille ans qu'elles avaient été faites, le peu de générations qui s'étaient passées faisait qu'elles étaient aussi nouvelles aux hommes qui étaient en ce temps-là que nous le sont à présent celles qui sont arrivées il y a environ trois cents ans. Cela vient de la longueur de la vie des premiers hommes. En sorte que Sem, qui a vu Lamech, etc.

Cette preuve suffit pour convaincre les personnes raisonnables de la vérité du Déluge et de la Création. Et cela fait voir la Providence de Dieu, lequel, voyant que la Création commençait à s'éloigner, a pourvu d'un historien qu'on peut appeler contemporain et a commis tout un peuple pour la garde de son Livre.

Et ce qui est encore admirable, c'est que ce Livre a été embrassé unanimement et sans aucune contradiction, non seulement par tout le peuple juif, mais aussi par tous les rois et tous les peuples de la terre, qui l'ont reçu avec un respect et une vénération toute particulière.

742

[LE MÉMORIAL] [2]

L'an de grâce 1654

Lundi 23 novembre, jour de saint Clément, pape et martyr, et autres au Martyrologe.

Veille de saint Chrysogone, martyr, et autres [3].

Depuis environ dix heures et demie du soir jusques environ minuit et demi.

Feu.

Dieu d'Abraham, Dieu d'Isaac, Dieu de Jacob [4].
  non des philosophes et des savants.
Certitude, certitude, sentiment, joie, paix [5].
Dieu de Jésus-Christ.
Deum meum et Deum vestrum [6].
Ton Dieu sera mon Dieu [7].
Oubli du monde et de tout, hormis Dieu.
Il ne se trouve que par les voies enseignées dans l'Évangile.

Grandeur de l'âme humaine.

Père juste, le monde ne t'a point connu, mais je t'ai connu [8].
  Joie, joie, joie, pleurs de joie [9].
Je m'en suis séparé. _____
Dereliquerunt me fontem aquae vivae [10].
Mon Dieu, me quitterez-vous ? _____
Que je n'en sois pas séparé éternellement.

_____

Cette est la vie éternelle, qu'ils te connaissent seul vrai Dieu et celui que tu as envoyé, Jésus-Christ [11].
  Jésus-Christ. _____

      Jésus-Christ. _____
Je m'en suis séparé. Je l'ai fui, renoncé, crucifié. _____
Que je n'en sois jamais séparé [12].
Il ne se conserve que par les voies enseignées dans l'Évangile.
  Renonciation totale et douce [13].
       etc.

743

La nature de l'amour-propre et de ce moi humain est de n'aimer que soi et de ne considérer que soi. Mais que fera-t-il ? Il ne saurait empêcher que cet objet qu'il aime ne soit plein de défauts et de misère ; il veut être grand, et il se voit petit ; il veut être heureux, et il se voit misérable ; il veut être parfait, et il se voit plein d'imperfections ; il veut être l'objet de l'amour et de l'estime des hommes, et il voit que ses défauts ne méritent que leur aversion et leur mépris. Cet embarras où il se trouve produit en lui la plus injuste et la plus criminelle passion qu'il soit possible de s'imaginer ; car il conçoit une haine mortelle contre cette vérité qui le reprend, et qui le convainc de ses défauts. Il désirerait de l'anéantir, et, ne pouvant la détruire en elle-même il la détruit, autant qu'il peut, dans sa connaissance et dans celle des autres ; c'est-à-dire qu'il met tout son soin à couvrir ses défauts et aux autres et à soi-même, et qu'il ne peut souffrir qu'on les lui fasse voir ni qu'on les voie.

C'est sans doute un mal que d'être plein de défauts ; mais c'est encore un plus grand mal que d'en être plein et de ne les vouloir pas reconnaître, puisque c'est y ajouter encore celui d'une illusion volontaire. Nous ne voulons pas que les autres nous trompent ; et nous ne trouvons pas juste qu'ils veuillent être estimés de nous plus qu'ils ne méritent : il n'est donc pas juste aussi que nous les trompions et que nous voulions qu'ils nous estiment plus que nous ne méritons.

Ainsi, lorsqu'ils ne nous découvrent que des imperfections et des vices que nous avons en effet, il est visible qu'ils ne nous font point de tort, puisque ce ne sont pas eux qui en sont cause, et qu'ils nous font un bien, puisqu'ils nous aident à nous délivrer d'un mal, qui est l'ignorance de ces imperfections. Nous ne devons point être fâchés qu'ils les connaissent et qu'ils nous méprisent, étant juste et qu'ils nous connaissent pour ce que nous sommes, et qu'ils nous méprisent, si nous sommes méprisables.

Voilà les sentiments qui naîtraient d'un cœur qui serait plein d'équité et de justice. Que devons-nous donc dire du nôtre, en y voyant une disposition toute contraire ? Car n'est-il pas vrai que nous haïssions et la vérité et ceux qui nous la disent, et que nous aimions qu'ils se trompent à notre avantage, et que nous voulions être estimés d'eux autres que nous ne sommes en effet ?

En voici une preuve qui me fait horreur. La religion catholique n'oblige pas à découvrir ses péchés indifféremment à tout le monde. Elle souffre qu'on demeure caché à tous les autres hommes ; mais elle en excepte un seul, à qui elle commande de découvrir le fond de son cœur, et de se faire voir tel que l'on est. Il n'y a que ce seul homme au monde qu'elle nous ordonne de désabuser, et elle l'oblige à un secret inviolable, qui fait que cette connaissance est dans lui comme si elle n'y était pas. Peut-on s'imaginer rien de plus charitable et de plus doux ? Et néanmoins la corruption de l'homme est telle qu'il trouve encore de la dureté dans cette loi ; et c'est une des principales raisons qui a fait révolter contre l'Église une grande partie de l'Europe.

Que le cœur de l'homme est injuste et déraisonnable, pour trouver mauvais qu'on oblige de faire à l'égard d'un homme ce qu'il serait juste, en quelque sorte, qu'il fît à l'égard de tous les hommes ! Car est-il juste que nous les trompions ?

Il y a différents degrés dans cette aversion pour la vérité ; mais on peut dire qu'elle est dans tous en quelque degré, parce qu'elle est inséparable de l'amour-propre. C'est cette mauvaise délicatesse qui oblige ceux qui sont dans la nécessité de reprendre les autres de choisir tant de détours et de tempéraments pour éviter de les choquer. Il faut qu'ils diminuent nos défauts, qu'ils fassent semblant de les excuser, qu'ils y mêlent des louanges et des témoignages d'affection et d'estime. Avec tout cela, cette médecine ne laisse pas d'être amère à l'amour-propre. Il en prend le moins qu'il peut, et toujours avec dégoût, et souvent même avec un secret dépit contre ceux qui la lui présentent.

Il arrive de là que, si l'on a quelque intérêt d'être aimé de nous, on s'éloigne de nous rendre un office qu'on sait nous être désagréable. On nous traite comme nous voulons être traités : nous haïssons la vérité, on nous la cache ; nous voulons être flattés, on nous flatte ; nous aimons à être trompés, on nous trompe.

C'est ce qui fait que chaque degré de bonne fortune qui nous élève dans le monde nous éloigne davantage de la vérité, parce qu'on appréhende plus de blesser ceux dont l'affection est plus utile et l'aversion plus dangereuse. Un prince sera la fable de toute l'Europe, et lui seul n'en saura rien. Je ne m'en étonne pas : dire la vérité est utile à celui à qui on la dit, mais désavantageux à ceux qui la disent, parce qu'ils se font haïr. Or ceux qui vivent avec les princes aiment mieux leurs intérêts que celui du prince qu'ils servent ; et ainsi ils n'ont garde de lui procurer un avantage en se nuisant à eux-mêmes.

Ce malheur est sans doute plus grand et plus ordinaire dans les plus grandes fortunes ; mais les moindres n'en sont pas exemptes, parce qu'il y a toujours quelque intérêt à se faire aimer des hommes. Ainsi la vie humaine n'est qu'une illusion perpétuelle ; on ne fait que s'entre-tromper et s'entre-flatter. Personne ne parle de nous en notre présence comme il en parle en notre absence. L'union qui est entre les hommes n'est fondée que sur cette mutuelle tromperie ; et peu d'amitiés subsisteraient, si chacun savait ce que son ami dit de lui lorsqu'il n'y est pas, quoiqu'il en parle alors sincèrement et sans passion.

L'homme n'est donc que déguisement, que mensonge et hypocrisie, et en soi-même et à l'égard des autres. Il ne veut donc pas qu'on lui dise la vérité. Il évite de la dire aux autres. Et toutes ces dispositions, si éloignées de la justice et de la raison, ont une racine naturelle dans son cœur.

744 [14]

Toutes les fois que les jésuites surprendront le pape, on rendra toute la chrétienté parjure.

Le pape est très aisé à être surpris à cause de ses affaires et de la créance qu'il a aux jésuites. Et les jésuites sont très capables de surprendre à cause de la calomnie.

745

Sur le bruit des feuillants, je le fus voir, dit mon ancien ami. En parlant de dévotion, il crut que j'en avais quelque sentiment et que je pourrais bien être feuillant.

Et que je pourrais faire fruit en écrivant, surtout en ce temps-ci, contre les novateurs.

Nous avons fait depuis peu contre notre chapitre général, qui est qu'on signerait la bulle [15].

Qu'il souhaiterait que Dieu m'inspirât.

Mon Père, faudrait-il signer ?

746
3.

S'ils ne renoncent à la probabilité, leurs bonnes maximes sont aussi peu saintes que les méchantes, car elles sont fondées sur l'autorité humaine. Et ainsi, si elles sont plus justes, elles seront plus raisonnables, mais non pas plus saintes : elles tiennent de la tige sauvage sur quoi elles sont entées.

Si ce que je dis ne sert à vous éclaircir, il servira au peuple.

Si ceux-là se taisent, les pierres parleront.

Le silence est la plus grande persécution. Jamais les saints ne se sont tus. Il est vrai qu'il faut vocation, mais ce n'est pas des arrêts du Conseil qu'il faut apprendre si on est appelé, c'est de la nécessité de parler. Or après que Rome a parlé et qu'on pense qu'il a condamné la vérité, et qu'ils l'ont écrit, et que les livres qui ont dit le contraire sont censurés, il faut crier d'autant plus haut qu'on est censuré plus injustement et qu'on veut étouffer la parole plus violemment, jusqu'à ce qu'il vienne un pape qui écoute les deux parties et qui consulte l'antiquité pour faire justice.

Aussi les bons papes trouveront encore l'Église en clameurs.

L'espérance que les chrétiens ont de posséder un bien infini est mêlée de jouissance effective aussi bien que de crainte. Car ce n'est pas comme ceux qui espéreraient un royaume dont ils n'auraient rien, étant sujets, mais ils espèrent la sainteté, l'exemption d'injustice ; et ils en ont quelque chose.

L'Inquisition et la Société : les deux fléaux de la vérité.

Que ne les accusez-vous d'arianisme ? Car s'ils ont dit que Jésus-Christ est Dieu, peut-être ils l'entendent non par nature, mais comme il est dit : *Dii estis* [16].

Si mes *Lettres* sont condamnées à Rome [17], ce que j'y condamne est condamné dans le ciel.

Ad tuum, Domine Jesu, tribunal appello [18].

Vous-mêmes êtes corruptibles.

J'ai craint que je n'eusse mal écrit, me voyant condamné, mais l'exemple de tant de pieux écrits me fait croire au contraire. Il n'est plus permis de bien écrire.

Tant l'Inquisition est corrompue ou ignorante.

Il est meilleur d'obéir à Dieu qu'aux hommes [19].

Je ne crains rien, je n'espère rien. Les évêques ne sont pas ainsi. Le Port-Royal craint, et c'est une mauvaise politique de les séparer, car ils ne craindront plus et se feront plus craindre [20].

Je ne crains pas même vos censures, pailles si elles ne sont fondées sur celles de la tradition.

Censurez-vous tout ? Quoi ! même mon respect ? Non. Donc, dites quoi, ou vous ne ferez rien, si vous ne désignez le mal, et pourquoi il est mal. Et c'est ce qu'ils auront bien peine à faire.

Probabilité.

Ils ont plaisamment expliqué la sûreté. Car après avoir établi que toutes leurs voies sont sûres, ils n'ont plus appelé sûr ce qui mène au ciel, sans danger de n'y pas arriver par là, mais ce qui y mène sans danger de sortir de cette voie.

747 [21]

Mon Révérend Père.

Si je vous ai donné quelque déplaisir par mes autres *Lettres* en manifestant l'innocence de ceux qu'il vous importait de noircir, je vous donnerai de la joie par celle-ci, en vous y faisant paraître la douleur dont vous les avez remplis. Consolez-vous, mon Père, ceux que vous haïssez sont affligés. Et si MM. les évêques exécutent dans leurs diocèses les conseils que vous leur donnez de contraindre à jurer et à signer qu'on croit une chose de fait qu'il n'est pas véritable qu'on croie et qu'on n'est pas obligé de croire, vous réduirez vos adversaires dans la dernière tristesse de voir l'Église en cet état. Je les ai vus, mon Père, et je vous avoue que j'en ai eu une satisfaction extrême. Je les ai vus non pas dans une générosité philosophique ou dans cette fermeté irrespectueuse qui fait suivre impérieusement ce qu'on croit être de son devoir ; non aussi dans cette lâcheté molle et timide qui empêche, ou de voir la vérité, ou de la suivre, mais dans une piété douce et solide, pleins de défiance d'eux-mêmes, de respect pour les puissances de l'Église, d'amour pour la paix, de tendresse et de zèle pour la vérité, de désir de la connaître et de la défendre, de crainte pour leur infirmité, de regret d'être mis dans ces épreuves, et d'espérance néanmoins que Dieu daignera les y soutenir par sa lumière et par sa force, et que la grâce de Jésus-Christ qu'ils soutiennent et pour laquelle ils souffrent, sera elle-même leur lumière et leur force. Et j'ai vu enfin en eux le caractère de la piété chrétienne qui fait paraître une force...

Je les ai trouvés environnés des personnes de leur connaissance qui étaient aussi venues sur ce sujet pour les porter à ce qu'ils croyaient le meilleur dans l'état présent des choses. J'ai ouï les conseils qu'on leur a donnés ; j'ai remarqué la manière dont ils les ont reçus et les réponses qu'ils y ont faites. En vérité, mon Père, si vous aviez été présent, je crois que vous avoueriez vous-même qu'il n'y a rien en tout leur procédé qui ne soit infiniment éloigné de l'air de révolte et d'hérésie, comme tout le monde pourra connaître par les tempéraments qu'ils ont apportés, et que vous allez voir ici, pour conserver tout ensemble ces deux choses qui leur sont infiniment chères, la paix et la vérité.

Car après qu'on leur a présenté en général les peines qu'ils se vont attirer par leur refus, si on leur présente cette nouvelle Constitution à signer, et le scandale qui en pourra naître dans l'Église, ils ont fait remarquer...

Si les jésuites étaient corrompus et qu'il fût vrai que nous fussions seuls, à plus forte raison devrions-nous demeurer.

Le jour du Jugement.

Quod bellum firmavit, pax ficta non auferat [22].

Neque benedictione, neque maledictione movetur, sicut angelus Domini [23].

On attaque la plus grande des vertus chrétiennes, qui est l'amour de la vérité.

Si la signature signifie cela, qu'on souffre que nous l'expliquions, afin qu'il n'y ait point d'équivoque : car il faut demeurer d'accord que plusieurs croient que signer marque consentement.

C'est donc là, mon Père, ce que vous appelez le sens de Jansénius ! C'est donc là ce que vous faites entendre et au pape et aux évêques !

Si le rapporteur ne signait pas, l'arrêt serait invalide. Si la bulle n'était pas signée, elle serait valable. Ce n'est donc pas...

On n'est pas coupable de ne pas croire et on serait coupable de jurer sans croire...
De belles questions. Il...

« Mais vous pouvez vous être trompé ? » Je jure que je crois que je puis m'être trompé. Mais je ne jure pas que je crois que je me suis trompé.

Je suis fâché de vous dire tout ; je ne fais qu'un récit.

Cela, avec Escobar, les met au haut bout. Mais ils ne le prennent pas ainsi, et témoignant le déplaisir de se voir entre Dieu et le pape...

748 [24]

Les fleuves de Babylone coulent, et tombent, et entraînent.

Ô sainte Sion, où tout est stable, et où rien ne tombe.

Il faut s'asseoir sur ces fleuves, non sous ou dedans, mais dessus, et non debout, mais assis, pour être humble étant assis, et en sûreté étant dessus. Mais nous serons debout dans les porches de Jérusalem.

Qu'on voie si ce plaisir est stable ou coulant ! S'il passe, c'est un fleuve de Babylone.

749
Le Mystère de Jésus [25].

Jésus souffre dans sa Passion les tourments que lui font les hommes. Mais dans l'agonie il souffre les tourments qu'il se donne à lui-même. *Turbare semetipsum* [26]. C'est un supplice d'une main non humaine, mais toute-puissante. Et il faut être tout-puissant pour le soutenir.

Jésus cherche quelque consolation au moins dans ses trois plus chers amis, et ils dorment. Il les prie de soutenir un peu avec lui [27], et ils le laissent avec une négligence entière, ayant si peu de compassion qu'elle ne pouvait seulement les empêcher de dormir un moment. Et ainsi Jésus était délaissé seul à la colère de Dieu.

Jésus est seul dans la terre non seulement qui ressente et partage sa peine, mais qui la sache. Le ciel et lui sont seuls dans cette connaissance.

Jésus est dans un jardin, non de délices, comme le premier Adam [28], où il se perdit et tout le genre humain, mais dans un de supplices, où il s'est sauvé et tout le genre humain.

Il souffre cette peine et cet abandon dans l'horreur de la nuit.

Je crois que Jésus ne s'est jamais plaint que cette seule fois. Mais alors il se plaint comme s'il n'eût plus pu contenir sa douleur excessive : *Mon âme est triste jusqu'à la mort* [29].

Jésus cherche alors de la compagnie et du soulagement de la part des hommes. Cela est unique en toute sa vie, ce me semble. Mais il n'en reçoit point, car ses disciples dorment.

Jésus sera en agonie jusqu'à la fin du monde. Il ne faut pas dormir pendant ce temps-là.

Jésus au milieu de ce délaissement universel et de ses amis choisis pour veiller avec lui, les trouvant dormant, s'en fâche à cause du péril où ils exposent non lui, mais eux-mêmes, et les avertit de leur propre salut et de leur bien avec une tendresse cordiale pour eux pendant leur ingratitude et les avertit que *l'esprit est prompt et la chair infirme* [30].

Jésus, les trouvant encore dormant, sans que ni sa considération ni la leur les en eût retenus, il a la bonté de ne pas les éveiller, et les laisse dans leur repos [31].

Jésus prie dans l'incertitude de la volonté du Père, et craint la mort. Mais l'ayant connue, il va au-devant s'offrir à elle : *Eamus* [32]. *Processit (Joannes* [33]).

Jésus a prié les hommes, et n'en a pas été exaucé.

Jésus, pendant que ses disciples dormaient, a opéré leur salut.

Il l'a fait à chacun des justes pendant qu'ils dormaient et dans le néant avant leur naissance, et dans les péchés depuis leur naissance.

Il ne prie qu'une fois que le calice passe, et encore avec soumission, et deux fois qu'il vienne, s'il le faut [34].

Jésus dans l'ennui [35].

Jésus, voyant tous ses amis endormis, et tous ses ennemis vigilants, se remet tout entier à son Père.

Jésus ne regarde pas dans Judas son inimitié, mais l'ordre de Dieu qu'il aime, et la voit si peu qu'il l'appelle ami [36].

Jésus s'arrache d'avec ses disciples pour entrer dans l'agonie. Il faut s'arracher de ses plus proches et des plus intimes, pour l'imiter.

Jésus étant dans l'agonie et dans les plus grandes peines, prions plus longtemps [37].

750

Nous-mêmes [38] n'avons pu avoir de maximes générales. Si vous voyez nos *Constitutions,* à peine nous connaîtrez-vous : elles nous font mendiants et exclus des cours, et cependant, etc. Mais ce n'est pas les enfreindre, car la gloire de Dieu est partout.

Il y a diverses voies pour y arriver. Saint Ignace a pris les unes, et maintenant d'autres. Il était meilleur pour le commencement de proposer la pauvreté et la retraite. Il a été meilleur ensuite de prendre le reste. Car cela eût effrayé de commencer par le haut. Cela est contre nature.

Ce n'est pas que la règle générale ne soit qu'il faut s'en tenir aux *Institutions,* car on en abuserait. On en trouverait peu comme nous qui sachions nous élever sans vanité.

Unam sanctam [39].

Les jansénistes en porteront la peine.

Le Père Saint-Jure. — Escobar [40].

Tanto viro [41].

Aquaviva, 14 décembre 1621. — Tanner. q. 2, dub. 5, n. 86 [42].

Clément et Paul V [43]. Dieu nous protège visiblement.

Contre les jugements téméraires et les scrupules.

Sainte Thérèse 474.

Roman, Rose.

Falso crimine [44].

Subtilité pour être.

Toute la vérité d'un côté. Nous l'étendons aux deux.

Deux obstacles : l'Évangile ; lois de l'État. *A majori ad minus. Junior.* Pour parler des vices personnels.

Belle lettre d'Aquaviva, 18 juin 1611, contre les opinions probables.
Saint Augustin 282.
Et pour saint Thomas aux lieux où il a traité exprès les matières.
Clemens Placentinus, 277 [45].
Et nouveautés.
Et ce n'est pas une excuse aux supérieurs de ne l'avoir pas su, car ils le devaient savoir : 194, 197, 279.

Pour la morale : 283, 288.
La Société importe à l'Église : 236 ; en bien et en mal : 156.

Aquaviva : à confesser les femmes : 360 [46].

751

Nous implorons la miséricorde de Dieu, non afin qu'il nous laisse en paix dans nos vices, mais afin qu'il nous en délivre.

Si Dieu nous donnait des maîtres de sa main, ô qu'il leur faudrait obéir de bon cœur. La nécessité et les événements en sont infailliblement.

Console-toi, tu ne me chercherais pas si tu ne m'avais trouvé [47].

Je pensais à toi dans mon agonie, j'ai versé telles gouttes de sang pour toi.

C'est me tenter plus que t'éprouver, que de penser si tu ferais bien telle et telle chose absente. Je la ferai en toi si elle arrive.

Laisse-toi conduire à mes règles. Vois comme j'ai bien conduit la Vierge et les saints, qui m'ont laissé agir en eux.

Le Père aime tout ce que je fais.

Veux-tu qu'il me coûte toujours du sang de mon humanité sans que tu donnes des larmes ?

———

C'est mon affaire que ta conversion. Ne crains point, et prie avec confiance comme pour moi.

———

Je te suis présent par ma parole dans l'Écriture, par mon esprit dans l'Église et par les inspirations, par ma puissance dans les prêtres, par ma prière dans les fidèles.

———

Les médecins ne te guériront pas, car tu mourras à la fin, mais c'est moi qui guéris et rends le corps immortel.

———

Souffre les chaînes et la servitude corporelle, je ne te délivre que de la spirituelle à présent.

———

Je te suis plus ami que tel et tel, car j'ai fait pour toi plus qu'eux, et ils ne souffriraient pas ce que j'ai souffert de toi et ne mourraient pas pour toi dans le temps de tes infidélités et cruautés, comme j'ai fait et comme je suis prêt à faire et fais dans mes élus et au Saint-Sacrement.

———

Si tu connaissais tes péchés, tu perdrais cœur. — Je le perdrai donc, Seigneur, car je crois leur malice sur votre assurance. — Non, car moi par qui tu l'apprends t'en peux guérir, et ce que je te le dis est un signe que je te veux guérir. A mesure que tu les expieras, tu les connaîtras et il te sera dit : « Vois les péchés qui te sont remis. »
Fais donc pénitence pour tes péchés cachés et pour la malice occulte de ceux que tu connais [48].

———

Seigneur, je vous donne tout.

———

Je t'aime plus ardemment que tu n'as aimé tes souillures. *Ut immundus pro luto* [49].

———

Qu'à moi en soit la gloire et non à toi, ver et terre.

———

Témoigne à ton directeur que mes propres paroles te sont occasion de mal et de vanité ou curiosité.

———

Je vois mon abîme d'orgueil, de curiosité, de concupiscence. Il n'y a nul rapport de moi à Dieu ni à Jésus-Christ juste. Mais il a été fait péché pour moi : tous vos fléaux sont tombés sur lui [50]. Il est plus abominable que moi. Et loin de m'abhorrer, il se tient honoré que j'aille à lui et le secoure. Mais il s'est guéri lui-même et me guérira à plus forte raison.

Il faut ajouter mes plaies aux siennes et me joindre à lui, et il me sauvera en se sauvant.

Mas il n'en faut pas ajouter à l'avenir.

Eritis sicut dii scientes bonum et malum [51]. Tout le monde fait le dieu en jugeant « Cela est bon ou mauvais » et s'affligeant ou se réjouissant trop des événements.

Faire les petites choses comme grandes à cause de la majesté de Jésus-Christ qui les fait en nous et qui vit notre vie, et les grandes comme petites et aisées à cause de sa toute-puissance.

La fausse justice de Pilate ne sert qu'à faire souffrir Jésus-Christ, car il le fait fouetter pour sa fausse justice, et puis le tue. Il vaudrait mieux l'avoir tué d'abord. Ainsi les faux justes. Ils font de bonnes œuvres, et de méchantes pour plaire au monde et montrer qu'ils ne sont pas tout à fait à Jésus-Christ, car ils en ont honte ; et enfin, dans les grandes tentations et occasions, ils le tuent.

On n'entend les prophéties que quand on voit les choses arrivées. Ainsi les preuves de la retraite et de la direction, du silence, etc. ne se prouvent qu'à ceux qui les savent et les croient.

Saint Joseph si intérieur dans une Loi tout extérieure.

Les pénitences extérieures disposent à l'intérieure, comme les humiliations à l'humilité. Ainsi les...

752

Toutes conditions et même les martyrs ont à craindre : par l'Écriture.

La peine du purgatoire la plus grande est l'incertitude du Jugement. *Deus absconditus* [52].

753

Il est vrai qu'il y a de la peine en entrant dans la piété. Mais cette peine ne vient pas de la piété qui commence d'être en nous, mais de l'impiété qui y est encore. Si nos sens ne s'opposaient pas à la pénitence, et que notre corruption ne s'opposât pas à la pureté de Dieu, il n'y aurait en cela rien de pénible pour nous. Nous ne souffrons qu'à proportion que le vice, qui nous est naturel, résiste à la grâce surnaturelle : notre cœur se sent déchirer entre ces efforts contraires. Mais il serait bien injuste d'imputer cette violence à Dieu, qui nous attire, au lieu de l'attribuer au monde, qui nous retient. C'est comme un enfant que sa mère arrache d'entre les bras des voleurs : [il] doit aimer, dans la peine qu'il souffre, la violence amoureuse et légitime de celle qui procure sa liberté, et ne détester que la violence impérieuse et tyrannique de ceux qui le retiennent injustement. La plus cruelle guerre que Dieu puisse faire aux hommes en cette vie est de les laisser sans cette guerre qu'il est venu apporter. *Je suis venu apporter la guerre*, dit-il ; et pour instruire de cette guerre : *Je suis venu apporter le fer et le feu* [53]. Avant lui le monde vivait dans cette fausse paix.

Sur le miracle.

Comme Dieu n'a point rendu de famille plus heureuse, qu'il fasse aussi qu'il n'en trouve point de plus reconnaissante.

Sur les confessions et absolutions sans marques de regret.

Dieu ne regarde que l'intérieur, l'Église ne juge que par l'extérieur. Dieu absout aussitôt qu'il voit la pénitence dans le cœur, l'Église quand elle la voit dans les œuvres. Dieu fera une Église pure au-dedans, qui confonde par sa sainteté intérieure et toute spirituelle l'impiété intérieure des sages superbes et des pharisiens. Et l'Église fera une assemblée d'hommes dont les mœurs extérieures soient si pures qu'elles confondent les mœurs des païens. S'il y en a d'hypocrites, mais si bien déguisés qu'elle n'en reconnaisse pas le venin, elle les souffre. Car, encore qu'ils ne soient pas reçus de Dieu, qu'ils ne peuvent tromper, ils le sont des hommes, qu'ils trompent. Et ainsi elle n'est pas déshonorée par leur conduite, qui paraît sainte... [54].

754

La Loi n'a pas détruit la nature, mais elle l'a instruite. La grâce n'a pas détruit la Loi, mais elle la fait exercer.

La foi reçue au baptême est la source de toute la vie du chrétien, et des convertis.

755

On se fait une idole de la vérité même, car la vérité hors de la charité n'est pas Dieu et est son image et une idole qu'il ne faut point aimer ni adorer. Et encore moins faut-il aimer ou adorer son contraire, qui est le mensonge.

Je puis bien aimer l'obscurité totale ; mais si Dieu m'engage dans un état à demi obscur, ce peu d'obscurité qui y est me déplaît, et parce que je n'y vois pas le mérite d'une entière obscurité, il ne me plaît pas. C'est un défaut, et une marque que je me fais une idole de l'obscurité, séparée de l'ordre de Dieu. Or il ne faut adorer qu'en son ordre.

756

Que me servirait ?
Abominable.
Singlin [55].

Que me servirait de m'en souvenir, si cela peut également me nuire et me servir, et que tout dépend de la bénédiction de Dieu, qu'il ne donne qu'aux choses faites pour lui et selon les règles et dans ses voies, la manière étant ainsi aussi importante que la chose, et peut-être plus, puisque Dieu peut du mal tirer du bien, et que sans Dieu on tire le mal du bien ?

———

Ne te compare point aux autres, mais à moi. Si tu ne m'y trouves pas, dans ceux où tu te compares, tu te compares à un abominable.
Si tu m'y trouves, compare-t-y.
Mais qu'y compareras-tu ? Sera-ce toi, ou moi dans toi ? Si c'est toi, c'est un abominable. Si c'est moi, tu compares moi à moi.
Or je suis Dieu en tout.

Je te parle et te conseille souvent, parce que ton conducteur ne te peut parler. Car je ne veux pas que tu manques de conducteur.

Et peut-être je le fais à ses prières, et ainsi il te conduit sans que tu le voies.

———

Tu ne me chercherais pas, si tu ne me possédais.
Ne t'inquiète donc pas.

———

Tout nous peut être mortel, même les choses faites pour nous servir, comme dans la nature les murailles peuvent nous tuer, et les degrés nous tuer, si nous n'allons avec justesse.

———

Le moindre mouvement importe à toute la nature : la mer entière change pour une pierre. Ainsi dans la grâce la moindre action importe pour ses suites à tout, donc tout est important.

———

En chaque action il faut regarder, outre l'action, à notre état présent, passé, futur, et des autres, à quoi elle importe, et voir les liaisons de toutes ces choses. Et lors on sera bien retenu.

Œuvres extérieures.

Il n'y a rien de si périlleux que ce qui plaît à Dieu et aux hommes, car les états qui plaisent à Dieu et aux hommes ont une chose qui plaît à Dieu et une autre qui plaît aux hommes, comme la grandeur de sainte Thérèse : ce qui plaît à Dieu est sa profonde humilité dans ses révélations, ce qui plaît aux hommes sont ses lumières. Et ainsi on se tue d'imiter ses discours, pensant imiter son état, et partant d'aimer ce que Dieu aime, et de se mettre en l'état que Dieu aime.

Il vaut mieux ne pas jeûner et en être humilié, que jeûner et en être complaisant.
Pharisien, publicain [56].

757

Pourquoi Dieu a établi la prière ?
1. Pour communiquer à ses créatures la dignité de la causalité. Mais pour se conserver la prééminence, il donne la prière à qui il lui plaît.
2. Pour nous apprendre de qui nous tenons la vertu.
3. Pour nous faire mériter les autres vertus par travail.
Objection : mais on croira qu'on tient la prière de soi.
Cela est absurde. Car, puisque, ayant la foi, on ne peut pas avoir les vertus, comment aurait-on la foi ? Y a-t-il pas plus de distance de l'infidélité à la foi que de la foi à la vertu ?

MÉRITÉ : ce mot est ambigu.

Meruit habere Redemptorem [57].

Meruit tam sacra membra tangere.

Digna tam sacra membra tangere [58].

Non sum dignus. Qui manducat indignus [59].

Dignus est accipere [60].

Dignare me [61].

Dieu ne donne que suivant ses promesses.
Il a promis d'accorder la justice aux prières.
Jamais il n'a promis les prières qu'aux enfants de la promesse.

Saint Augustin a dit formellement que les forces seront ôtées au juste.
Mais c'est par hasard qu'il l'a dit. Car il pouvait arriver que l'occasion de le dire ne s'offrît pas. Mais ses principes font voir que, l'occasion

s'en présentant, il était impossible qu'il ne le dît pas ou qu'il dît rien de contraire. C'est donc plus d'être forcé à le dire, l'occasion s'en offrant, que de l'avoir dit, l'occasion s'en étant offerte. L'un étant de nécessité, l'autre de hasard. Mais les deux sont tout ce qu'on peut demander [62].

758

Et celui-là se moquera de l'autre ?
Qui se doit moquer ? Et cependant celui-ci ne se moque pas de l'autre, mais en a pitié.

759 [63]

J'aime la pauvreté, parce qu'il l'a aimée. J'aime les biens, parce qu'ils donnent le moyen d'en assister les misérables. Je garde fidélité à tout le monde. Je [ne] rends point le mal à ceux qui m'en font, mais je leur souhaite une condition pareille à la mienne, où l'on ne reçoit pas de mal ni de bien de la part des hommes. J'essaie d'être juste, véritable, sincère, et fidèle à tous les hommes. Et j'ai une tendresse de cœur pour ceux à qui Dieu m'a uni plus étroitement. Et soit que je sois seul, ou à la vue des hommes, j'ai en toutes mes actions la vue de Dieu, qui les doit juger et à qui je les ai toutes consacrées.

Voilà quels sont mes sentiments.

Et je bénis tous les jours de ma vie mon Rédempteur, qui les a mis en moi et qui d'un homme plein de faiblesse, de misère, de concupiscence, d'orgueil et d'ambition a fait un homme exempt de tous ces maux par la force de sa grâce, à laquelle toute la gloire en est due, n'ayant de moi que la misère et l'erreur.

760

Ils disent que l'Église dit ce qu'elle ne dit pas, et qu'elle ne dit pas ce qu'elle dit.

761

Concupiscence de la chair, concupiscence des yeux, orgueil [64], etc.
Il y a trois ordres de choses : la chair, l'esprit, la volonté.
Les charnels sont les riches, les rois : ils ont pour objet le corps.
Les curieux et savants : ils ont pour objet l'esprit.
Les sages : ils ont pour objet la justice.
Dieu doit régner sur tout et tout se rapporter à lui.
Dans les choses de la chair règne proprement la concupiscence.
Dans les spirituels, la curiosité proprement.
Dans la sagesse, l'orgueil proprement.
Ce n'est pas qu'on ne puisse être glorieux pour le bien ou pour les connaissances, mais ce n'est pas le lieu de l'orgueil. Car en accordant à un homme qu'il est savant, on ne laissera pas de le convaincre qu'il a tort d'être superbe.

Le lieu propre à la superbe est la sagesse. Car on ne peut accorder à un homme qu'il s'est rendu sage et qu'il a tort d'être glorieux. Car cela est de justice.

Aussi Dieu seul donne la sagesse. Et c'est pourquoi *qui gloriatur, in Domino glorietur* [65].

762

La nature a des perfections, pour montrer qu'elle est l'image de Dieu, et des défauts, pour montrer qu'elle n'en est que l'image.

Les hommes, n'ayant pas accoutumé de former le mérite, mais seulement de le récompenser où ils le trouvent formé, jugent de Dieu par eux-mêmes.

763

20 V. Les figures de l'Évangile pour l'état de l'âme malade sont des corps malades. Mais parce qu'un corps ne peut être assez malade pour le bien exprimer, il en a fallu plusieurs. Ainsi il y a le sourd, le muet, l'aveugle, le paralytique, le Lazare mort, le possédé : tout cela ensemble est dans l'âme malade.

Quand notre passion nous porte à faire quelque chose, nous oublions notre devoir : comme on aime un livre, on le lit, lorsqu'on devrait faire autre chose. Mais pour s'en souvenir, il faut se proposer de faire quelque chose qu'on hait, et lors on s'excuse sur ce qu'on a autre chose à faire, et on se souvient de son devoir par ce moyen.

764

Le serviteur ne sait ce que le maître fait [66], car le maître lui dit seulement l'action, et non la fin. Et c'est pourquoi il s'y assujettit servilement et pèche souvent contre la fin. Mais Jésus-Christ nous a dit la fin.

Et vous détruisez cette fin.

765

Jésus-Christ n'a pas voulu être tué sans les formes de la justice, car il est bien plus ignominieux de mourir par justice que par une sédition injuste.

766

On ne s'ennuie point de manger et dormir tous les jours, car la faim renaît et le sommeil. Sans cela on s'en ennuierait.

Ainsi sans la faim des choses spirituelles, on s'en ennuie : *faim de la justice* (Béatitude huitième) [67].

Fin.
Est-on en sûreté ? Ce principe est-il sûr ? Examinons.
Témoignage de soi nul. Saint Thomas [68].

767

Il me semble que Jésus-Christ ne laissa toucher que ses plaies après sa résurrection.
Noli me tangere [69].
Il ne faut nous unir qu'à ses souffrances.

Il s'est donné à communier comme mortel en la Cène, comme ressuscité aux disciples d'Emmaüs, comme monté au ciel à toute l'Église.

Il faut que l'extérieur soit joint à l'intérieur pour obtenir de Dieu, c'est-à-dire que l'on se mette à genoux, prie des lèvres, etc., afin que l'homme orgueilleux qui n'a voulu se soumettre à Dieu soit maintenant soumis à la créature. Attendre de cet extérieur le secours est être superstitieux. Ne vouloir pas le joindre à l'intérieur est être superbe.

La pénitence seule de tous les mystères a été déclarée manifestement aux Juifs, et par saint Jehan précurseur [70] ; et puis les autres mystères, pour marquer qu'en chaque homme comme au monde entier cet ordre doit être observé.

768

25 Bb. — 2. Considérer Jésus-Christ en toutes les personnes, et en nous-mêmes : Jésus-Christ comme père en son Père, Jésus-Christ comme frère en ses frères. Jésus-Christ comme pauvre en les pauvres, Jésus-Christ comme riche en les riches. Jésus-Christ comme docteur et prêtre en les prêtres. Jésus-Christ comme souverain en les princes, etc. Car il est par sa gloire tout ce qu'il y a de grand, étant Dieu, et est par sa vie mortelle tout ce qu'il y a de chétif et d'abject. Pour cela il a pris cette malheureuse condition, pour pouvoir être en toutes les personnes, et modèle de toutes conditions.

Le juste agit par foi [71] dans les moindres choses : quand il reprend ses serviteurs, il souhaite leur correction par l'esprit de Dieu et prie Dieu de les corriger, et attend autant de Dieu que de ses répréhensions, et prie Dieu de bénir ses corrections. Et ainsi aux autres actions.

769

On ne s'éloigne qu'en s'éloignant de la charité.

Nos prières et nos vertus sont abominables devant Dieu, si elles ne sont les prières et les vertus de Jésus-Christ. Et nos péchés ne seront jamais l'objet de la miséricorde, mais de la justice de Dieu, s'ils ne sont les péchés de Jésus-Christ.

Il a adopté nos péchés et nous a [admis à son] alliance. Car les vertus lui sont propres, et les péchés étrangers. Et les vertus nous sont étrangères, et nos péchés nous sont propres [72].

Changeons la règle que nous avons prise jusqu'ici pour juger de ce qui est bon. Nous en avions pour règle notre volonté, prenons maintenant la volonté de Dieu : tout ce qu'il veut nous est bon et juste ; tout ce qu'il ne veut pas, mauvais et injuste.

Tout ce que Dieu ne veut pas est défendu. Les péchés sont défendus par la déclaration générale que Dieu a faite qu'il ne les voulait pas. Les autres choses qu'il a laissées sans défense générale et qu'on appelle par cette raison permises, ne sont pas néanmoins toujours permises ; car, quand Dieu en éloigne quelqu'une de nous et que par l'événement, qui est une manifestation de la volonté de Dieu, il paraît que Dieu ne veut pas que nous ayons une chose, cela nous est défendu alors comme le péché, puisque la volonté de Dieu est que nous n'ayons non plus l'un que l'autre. Il y a cette différence seule entre ces deux choses, qu'il est sûr que Dieu ne voudra jamais le péché, au lieu qu'il ne l'est pas qu'il ne voudra jamais l'autre. Mais tandis que Dieu ne la veut pas, nous la devons regarder comme péché ; tandis que l'absence de la volonté de Dieu, qui est seule toute la bonté et toute la justice, la rend injuste et mauvaise.

770

Que serait-ce que les jésuites sans la probabilité, et que la probabilité sans les jésuites ?

Ôtez la probabilité, on ne peut plus plaire au monde. Mettez la probabilité, on ne peut plus lui déplaire. Autrefois il était difficile d'éviter les péchés, et difficile de les expier. Maintenant il est facile de les éviter par mille tours, et facile de les expier.

Nous avons fait l'uniformité de la diversité, car nous sommes tous uniformes, en ce que nous sommes tous devenus uniformes.

771

Comme la paix dans les États n'a pour objet que de conserver les biens des peuples en assurance, de même la paix dans l'Église n'a pour objet que de conserver en assurance la vérité qui est son bien, et le trésor où est son cœur. Et comme ce serait aller contre la fin de la paix que de laisser entrer les étrangers dans un État pour le piller, sans s'y opposer, de crainte d'en troubler le repos (parce que la paix n'étant juste et utile que pour la sûreté du bien elle devient injuste et pernicieuse, quand elle le laisse perdre, et la guerre qui le peut défendre devient et juste et nécessaire) ; de même, dans l'Église, quand la vérité est offensée par les ennemis de la foi, quand on veut l'arracher du cœur des fidèles pour y faire régner l'erreur, de demeurer en paix alors, serait-ce servir l'Église, ou la trahir ? Serait-ce la défendre ou la ruiner ? Et n'est-il pas visible que, comme c'est un crime de troubler la paix où la vérité règne, c'est aussi un crime de demeurer en paix quand on détruit la vérité ? Il y a donc un temps où la paix est juste et un autre où elle est injuste. Et il est écrit qu'*il y a temps de paix et temps de guerre* [73], et c'est l'intérêt de la vérité qui les discerne. Mais il n'y a pas temps de vérité, et temps d'erreur, et il est écrit, au contraire, que *la vérité de Dieu demeure éternellement* [74] ; et c'est pourquoi Jésus-Christ, qui dit qu'il est venu apporter la paix, dit aussi qu'il est venu apporter la guerre [75] ; mais il ne dit pas qu'il est venu apporter et la vérité et le mensonge.

La vérité est donc la première règle et la dernière fin des choses.

772 [76]

Il est bon de porter les personnes renouvelées intérieurement par la grâce à faire des œuvres de piété et de pénitence proportionnées à leur portée, parce que l'un et l'autre sont conservés par la proportion qu'il y a entre la bonté des œuvres et l'esprit par lequel elles sont faites. Quand on contraint à des œuvres extraordinaires de piété et de pénitence celui qui n'est pas encore renouvelé intérieurement, on gâte l'un et l'autre, l'homme par sa malice corrompant les œuvres, et les œuvres accablant la débilité de l'homme, qui n'est pas capable de les porter. C'est un mauvais signe de voir une personne produire au-dehors dès l'instant de sa conversion. L'ordre de la charité est de s'enraciner dans le cœur avant que de produire de bonnes œuvres au-dehors.

773

Je me sens une malignité qui m'empêche de convenir de ce que dit Montaigne, que la vivacité et la fermeté s'affaiblissent en nous avec l'âge. Je ne voudrais pas que cela fût. Je me porte envie à moi-même. Ce moi de vingt ans n'est plus moi [77].

774

Le sommeil est l'image de la mort, dites-vous ; et moi je dis qu'il est plutôt l'image de la vie.

775

Aristote, qui a fait un traité *De l'âme*, ne parle, selon Montaigne [78], que des effets de l'âme, ce qui n'est ignoré de personne ; et ne dit rien de son essence, ni de son origine, ni de sa nature, et c'est ce qu'on en veut savoir.

776

On se retire et cache huit mois à la campagne, pour en vivre quatre avec éclat à la cour.

777

Nul plaisir n'a saveur pour moi, dit Montaigne [79], *sans communication* : marque de l'estime que l'homme fait de l'homme.

778

L'Écriture renvoie l'homme aux fourmis [80] : grande marque de la corruption de sa nature. Qu'il est beau de voir le maître du monde renvoyé aux bêtes comme aux maîtres de la sagesse !

779

Qui s'aperçoit d'avoir dit ou fait une sottise croit toujours que ce sera la dernière. Loin d'en conclure qu'il en fera bien d'autres, il conclut que celle-là l'empêchera d'en faire.

780

Les philosophes de l'École parlent de la vertu et les rhéteurs de l'éloquence sans les connaître. Présentez aux uns un homme véritablement vertueux, mais sans éclat, et aux autres un discours plein de beautés, mais sans pointes : ils n'y entendront rien.

781

Mort soudaine seule à craindre, et c'est pourquoi les confesseurs demeurent chez les Grands.

782

Il fait le disciple sans ignorance, et le maître sans présomption. Annat.

783

Je ne trouve rien de si aisé que de traiter de roman tout cela. Mais je ne trouve rien de plus difficile que d'y répondre.

784

Pourquoi Dieu ne se montre-t-il pas ? En êtes-vous dignes ? — Oui. — Vous êtes bien présomptueux, et indigne par là. — Non. — Vous en êtes donc indigne.

785

Dieu est caché. Mais il se laisse trouver à ceux qui le cherchent.
Il y a toujours eu des marques visibles de lui dans tous les temps. Les nôtres sont les prophéties. Les autres temps en ont eu d'autres.
Toutes ces preuves s'entretiennent toutes. Si l'une est vraie, l'autre l'est. Ainsi chaque temps, ayant eu celles qui lui étaient propres, a connu par celles-là les autres.
Ceux qui ont vu le Déluge ont cru la Création, et ont cru le Messie à venir. Ceux qui ont vu Moïse ont cru le Déluge et l'accomplissement des prophéties. Et nous qui voyons l'accomplissement des prophéties devons croire le Déluge et la Création.

786

Les choses du monde les plus déraisonnables deviennent les plus raisonnables à cause du dérèglement des hommes. Qu'y a-t-il de moins raisonnable que de choisir, pour gouverner un État, le premier fils d'une reine ? L'on ne choisit pas pour gouverner un bateau celui des voyageurs qui est de meilleure maison. Cette loi serait ridicule et injuste ; mais parce qu'ils le sont et le seront toujours, elle devient raisonnable et juste, car qui choisira-t-on ? Le plus vertueux et le plus habile ? Nous voilà incontinent aux mains, chacun prétend être ce plus vertueux et ce plus habile. Attachons donc cette qualité à quelque chose d'incontestable. C'est le fils aîné du roi : cela est net, il n'y a point de dispute. La raison ne peut mieux faire, car la guerre civile est le plus grand des maux.

787

Qu'on les a traités aussi humainement qu'il était possible de le faire pour se tenir dans le milieu entre l'amour de la vérité et le devoir de la charité.

Que la piété ne consiste pas à ne s'élever jamais contre ses frères. Il serait bien facile, etc.

C'est une fausse piété de conserver la paix au préjudice de la vérité. C'est aussi un faux zèle de conserver la vérité en blessant la charité [81].

Aussi ils ne s'en sont pas plaints.

Leurs maximes ont leur temps et leur lieu.

Leur vanité va à s'élever de leurs erreurs.
Conformes aux pires par leurs fautes,
Et aux martyrs par leur supplice [82].

Encore n'en désavouent-ils aucune.

Ils n'avaient qu'à prendre l'*Extrait* et le désavouer [83].

Sanctificant proelium [84].

M. Bourzeis [85] : pour le moins ne peuvent-ils pas désavouer qu'il s'opposait à la condamnation.

788

En sa bulle *Cum ex apostolatus officio* par Paul IV, publiée en 1558 : *Nous ordonnons, statuons, décrétons, définissons que tous et chacun de ceux qui se trouveront être fourvoyés ou être tombés en hérésie ou schisme, et de quelque qualité et condition qu'ils soient, laïques, ecclésiastiques, prêtres, évêques, archevêques, patriarches, primats, cardinaux, comtes, marquis, ducs, rois et empereurs, outre les sentences et peines susdites, soient pour cela même sans aucun ministère de droit ou de fait, privés en tout et pour tout perpétuellement de leurs ordres, évêchés, bénéfices, offices, royaume, empire, et incapables d'y rentrer jamais. Délaissons iceux à la discrétion de la puissance séculière pour être punis, n'accordant autre grâce à ceux qui par une véritable pénitence reviendraient de leur égarement, sinon que par la bénignité et clémence du Saint-Siège ils soient estimés mériter d'être reclus en un monastère, pour y faire perpétuelle pénitence au pain et à l'eau. Mais qu'ils demeurent toujours privés de toute dignité, ordre, prélature, comté, duché, royaume. Et que ceux qui les recèleront et défendront seront pour cela même jugés excommuniés et infâmes, privés de tout royaume, duché, bien et possession, qui appartiendront de droit et de propriété à ceux qui s'en saisiront les premiers* [86].

Si hominem excommunicatum interfecerunt, non eos homicidas reputamus, quod adversus excommunicatos zelo catholicae matris ardentes aliquem eorum trucidasse contigerit.
23 q. 5. d'Urbain II.

121. Le pape défend au roi de marier ses enfants sans sa permission. 1294.

Scire te volumus [87]. 124. 1302.
La puérile.

789

Avez-vous l'idée qu'il faut de notre Société ?

L'Église a subsisté si longtemps sans ces questions.

Les autres en font, mais ce n'est pas de même.

Quelle comparaison croyez-vous qu'il y ait entre vingt mille séparés et deux cents millions joints, qui périront l'un pour l'autre ? Un corps immortel.

Nous nous soutenons jusqu'à périr. Lamy [88].

Nous poussons nos ennemis. M. Puys [89].

Tout dépend de la probabilité.

Le monde veut naturellement une religion, mais douce.

Il me prend envie de vous le montrer par une étrange supposition. Je dirai donc : « Quand Dieu ne nous soutiendrait pas par une

Providence particulière, pour le bien de l'Église, je veux vous montrer qu'en parlant même humainement nous ne pouvons périr. »

Accordez-moi ce principe, et je vous prouverai tout. C'est que la Société et l'Église courent même fortune.

Sans ces principes on ne prouve rien.

On ne vit pas longtemps dans l'impiété ouverte, ni naturellement dans les grandes austérités.

Une religion accommodée est propre à durer.

On les cherche par libertinage.

Des particuliers qui ne veulent pas dominer par les armes, je ne sais s'ils pouvaient mieux faire.

Rois, pape.
Troisième Requête; 246 [90].

---

6. Droit et de bonne foi à la dévotion.
6, 452. Rois nourriciers [91].
4. Haïs à cause de leur mérite [92].
Apologie de l'Université, 159. Décret de Sorbonne [93].
(*Tuer*) les rois. 241, 228.
Jésuites pendus [94]. 112.
La religion. Et la Société.

Jesuita omnis homo [95].

Collèges, parents, amis, enfants à choisir [96].

Constitutions [97].

253. Pauvreté, ambition.
257. Principalement les princes, les grands seigneurs, qui peuvent nuire et servir.
12. Inutiles, rejetés.
Bonne mine.
Richesse, noblesse, etc. Eh quoi ! Aviez-vous peur qu'on manquât à les recevoir plus tôt ?
27.
47. Donner son bien à la Société pour la gloire de Dieu. DÉCLARATIONS.
51, 52. Union de sentiments. DÉCLARATIONS. Soumettre à la Société, et ainsi garder l'uniformité. Or aujourd'hui cette uniformité est en la diversité, car la Société le veut.
117. CONSTITUTIONS : l'Évangile et saint Thomas. DÉCLARATIONS : Quelque théologie accommodante.

65. Rares savants pieux. Nos anciens ont changé d'avis.
23, 74. Mendier.
19. Ne point donner aux parents, et s'en reposer sur les conseillers donnés par le supérieur.
1. Ne pas pratiquer l'examen. DÉCLARATIONS.
2. Pauvreté entière. Pour dire messes, ni pour sermon, ni par aumône compensatrice.
4. *Déclarations*, de même autorité que les *Constitutions*.
Fin, lire les *Constitutions* chaque mois.
149. Les *Déclarations* gâtent tout.
154. Ni inciter à donner des aumônes perpétuelles, ni les demander en justice, ni tronc.
Déclarations : Non tanquam eleemosyna (sed tanquam compensatio) [98].
200, 4. Nous avertir de tout.
190. CONSTITUTIONS : ne veut pas troupe. DÉCLARATIONS : troupe, interprété.

Un corps universel et immortel.

Affection pour la communauté grande et sans scrupule : DANGEREUSE.

Par la religion nous serions tous riches, sans nos *Constitutions*. Aussi nous sommes pauvres.

Et par la vraie religion et sans elle, nous sommes forts.

Clemens Placentinus [99].

Nos généraux craignaient le déchet à cause des occupations extérieures : 208, 152, 150 ; à cause de la cour : 209, 203, 216, 218 ; à cause qu'on ne suivait pas les opinions les plus sûres et les plus autorisées, saint Thomas, etc. : 215, 218.

Stipendium contra *Constitutiones*. 218.
Femmes : 225, 228.
Princes et politique : 227, 168, 177. — Politique : 181.
Probabilité, nouveauté : 279, 156. — Nouveauté, vérité.
Pour passer le temps et se divertir plus que pour aider les âmes : 158.
Opinions relâchées : 160. Péché mortel en véniel.
Contrition : 162.
Politique : 162.
Aulicismus [100] (*164*) ou 162.

Les commodités de la vie croissent aux jésuites : 166.

Le Père Le Moine, dix mille écus, hors de sa province.

Biens apparents et faux qui les trompent : 192 ad.

Voyez combien la prévoyance des hommes est faible ! Toutes les choses d'où nos premiers généraux craignaient la perte de notre Société, c'est par là qu'elle s'est accrue : par les Grands, par la contrariété à nos *Constitutions*, par la multitude des religieux, la diversité et nouveauté d'opinions, etc. : 182, 157.

Le premier esprit de la Société, éteint : 170, 171 ad 174, 184 ad 187. *Non e piu quella* [101]. Vittelescus. 183.

Plaintes des généraux. Point de saint Ignace, point de Laynez, quelques-unes de Borgia et d'Aquaviva, infinies de Mutius, etc.

790 [102]

Ep. 16 Aquavivae. *De formandis concionatoribus.*
p. 373. *Longe falluntur qui ad — irrigaturae.*

Lire les Pères pour les conformer à son imagination, au lieu de former sa pensée sur celle des Pères.

Ep. 1 Mutii Vitellesci.
p. 389. *Quamvis enim probe norim — et absolutum.*
p. 390. *Dolet ac queritur — esse modestiam.*
p. 392. *Lex ne dimidiata – reprehendit.*
408. *Ita feram illam — etiam irrumpat.*
409. *Ad extremum pervelim — circumferatur.*

modestie.

La messe. Je ne sais ce qu'il dit.
Politique.
Par un malheur ou plutôt un bonheur singulier de la Société, ce qu'un fait est attribué à tous.

410. *Querimoniae — deprehendetis.*
p. 412.

Obéir aux évêques exactement ; qu'il ne paraisse pas que nous prétendions nous mesurer à eux, à l'exemple de saint Xavier.

412. *Ad haec si a litibus — aviditatis.*
413. *Patris Borgiae — videbitur illam futuram.*
415. *Ita res domesticas — Nunc dimittis*, etc.

Testaments. Procès.
Ils augmentent, ils inventent même de fausses histoires.

Ep. 2 Mutii Vitellesci.
432. *Quarto nonnullorum — quam ardentissime possum urgere.*
433. *Quoniam vero de loquendi licentia — aut raro plectatur.*

Probabilité : *Tueri pius potest, probabilis est Autore non caret.*

Manque de punir les médisants.

Ep. 3 Mutii Vittelesci.
p. 437. *Nec sane dubium — nihil jam detrimenti acceperit.*

Que la Société ne se gâte.

p. 440. *Ardentissime Deum exoremus — operari non est gravatus et tu fili hois*, etc.
Ezechiel, 37. p. 441. *Secundum caput — tanti facinus.*
p. 442. *Haec profecto una si deficiet — qui haec molitur*, etc.
p. 443. *Ex hoc namque vitio — importunum praebeas.*

Manque d'obéissance pour chercher leur réputation.
Manque d'obéissance, chercher l'appui des Grands.
Ils font des choses indécentes et hors l'état de la Société, et disent que les grands seigneurs les importunent pour cela. Mais ce sont eux qui les importunent. De sorte qu'il faut ou les avoir pour ennemis, si on les refuse, ou perdre la Société, en l'accordant.

p. 443. *Spectabit tertium caput — mutatus est color optimus.* 445. *De paupertate — non adversentur veritati.*
445. *Nobilis quidam Roma — collocabit.*

Chasteté.

Pauvreté, relâchement d'opinions contraires à la vérité.

p. 446. *Faxit Deus — atque praetermitterentur.*

Vignes, etc.

791

Examiner le motif de la censure par les phénomènes. Faire une hypothèse qui convienne à tous.

———

L'habit fait la doctrine [103].

———

Je me défie de cette doctrine, car elle m'est trop douce, vu la malignité qu'on dit qui est en moi.

———

En l'an 1647, la grâce à tous ; en 1650, elle fut plus rare, etc.

———

Si peu qu'elle incommode, ils en font d'autres (grâces), car ils en disposent comme de leur ouvrage.

———

Enfin M. Chamillard [104] en est si proche que, s'il y a des degrés pour descendre dans le néant, (cette grâce suffisante) est maintenant au plus proche.

———

Il n'y a personne qui n'y fût surpris, car on ne l'a jamais vue dans l'Écriture ni dans les Pères, etc.

Combien y a-t-il, mon Père, que c'est un article de foi ? Ce n'est tout au plus que depuis les mots de pouvoir prochain. Et je crois qu'en naissant il a fait cette hérésie et qu'il n'est né que pour ce seul dessein.

Je me défie de leur union, vu leurs contradictions particulières. J'attendrai qu'ils s'accordent [105], avant que de prendre parti : pour un ami, j'aurais trop d'ennemis. Je ne suis pas assez savant pour leur répondre.

S'il n'y avait point eu dans l'Église des occasions pareilles, mais j'en crois mon curé.

Luther : tout hors le vrai.

Un seul dit vrai.

Membre hérétique.

Unam sanctam [106].

Les *Enluminures* [107] nous ont fait tort.

Une proposition est bonne dans un auteur, et méchante dans un autre. Oui, mais il y a donc d'autres mauvaises propositions.

Il y a des gens qui défèrent à la censure, d'autres aux raisons, et tous aux raisons. Je m'étonne que vous n'ayez donc pris la voie générale, au lieu de la particulière, ou du moins que vous ne l'y avez jointe.

Pluralité de grâces.
Traducteurs jansénistes.

(*Saint Augustin en a le plus, à cause des divisions de ses ennemis.*) Outre une chose qu'on peut considérer qui est une tradition sans interruption de douze [cents ans] : papes, conciles, etc.

Il faut donc que M. Arnauld ait bien des mauvais sentiments, pour infecter ceux qu'il embrasse !

La censure leur fait ce bien que, quand on les censurera, ils la combattront en disant qu'ils imitent les jansénistes.

Que je suis soulagé ! Nul Français bon catholique.

Les litanies [108]. Clément VIII. Paul V. Censure. Dieu nous protège visiblement.

L'homme est bien insensé.
Il ne peut faire un ciron [109].

Au lieu de dieux, la grâce pour y aller.

792

9.

Tout le monde déclare qu'elles [110] le sont. M. Arnauld, et ses amis, proteste qu'il les condamne en elles-mêmes, et en quelque lieu où elles se trouvent ; que, si elles sont dans Jansénius, il les y condamne ; qu'encore même qu'elles n'y soient pas, si le sens hérétique de ces propositions que le pape a condamné se trouve dans Jansénius, qu'il condamne Jansénius.

Mais vous n'êtes pas satisfaits de ces protestations. Vous voulez qu'il assure que ces propositions sont mot à mot dans Jansénius. Il a répondu qu'il ne peut l'assurer, ne sachant pas si cela est ; qu'il les y a cherchées, et une infinité d'autres, sans jamais les y trouver. Ils vous ont priés, vous et tous les vôtres, de citer en quelles pages elles sont. Jamais personne ne l'a fait. Et vous voulez néanmoins le retrancher de l'Église sur ce refus, quoiqu'il condamne tout ce qu'elle condamne, pour cette seule raison qu'il n'assure pas que des paroles ou un sens est dans un livre où il ne l'a jamais trouvé, et où personne ne le lui veut montrer. En vérité, mon Père, ce prétexte est si vain, qu'il n'y eut peut-être jamais dans l'Église de procédé si étrange, si injuste et si tyrannique.

Il ne faut pas être théologien pour voir que leur hérésie ne consiste qu'en l'opposition qu'ils vous font. Je l'éprouve en moi-même, et on en voit l'épreuve générale en tous ceux qui vous ont attaqués.

Les curés de Rouen, jansénistes.
Vœu de Caen.
Vous croyez vos desseins si honnêtes que vous en faites matière de vœu.
Il y a deux ans que leur hérésie était la bulle. L'année passée, c'était intérieur. Il y a six mois que c'était *totidem* [111]. A présent, c'est le sens.

Ne vois-je pas bien que vous ne voulez que les rendre hérétiques ? Saint-Sacrement [112].

Je vous ai querellés en parlant pour les autres.

———

Vous êtes bien ridicules de tant faire de bruit pour les propositions. Ce n'est rien, il faut qu'on l'entende.

———

(*Les docteurs en Sorbonne*) Sans nom d'auteurs. Mais comme on savait votre dessein, soixante-dix s'opposèrent. — Dater l'arrêt.

———

Afin que celui que vous n'aviez pu rendre hérétique sur ses propres paroles, etc.

———

Car tout se sait.

———

Ou il sait que oui ou que non, ou il doute, ou pécheur, ou hérétique.

———

Préface.
Villeloin [113].
Jansénius, Aurelius [114], Arnauld, *Provinciales*.
Quelle raison en avez-vous ? Vous dites que je suis janséniste, que le Port-Royal soutient les cinq propositions, et qu'ainsi je les soutiens : trois mensonges.

En ne considérant que les païens.

Cette même lumière qui découvre les vérités surnaturelles les découvre sans erreur, au lieu que la lumière qui, etc.

Comment le sens de Jansénius serait-il dans des propositions qui ne sont pas de lui ?

Et je vous prie de ne venir pas me dire que ce n'est pas vous qui faites agir tout cela. Épargnez-moi la réponse.

———

Ou cela est dans Jansénius, ou non. Si cela y est, le voilà condamné en cela. Sinon, pourquoi le voulez-vous faire condamner ?

Que l'on condamne seulement une de vos propositions du Père Escobar, j'irai porter d'une main Escobar, de l'autre la censure, et j'en ferai un argument en forme.

Le pape n'a pas condamné deux choses. Il n'a condamné que le sens des propositions.

Direz-vous qu'il ne l'a pas condamné ? Mais le sens de Jansénius y est enfermé, dit le pape ? Je vois bien que le pape l'a pensé, à cause de vos *totidem*, mais il ne l'a pas dit sur peine d'excommunication.

Comment ne l'eût-il pas cru et les évêques de France aussi ? Vous leur disiez : *totidem*, et ils ne savaient pas que vous êtes en pouvoir de le dire, encore que cela ne fût pas ? Imposteurs ! On n'avait pas vu ma quinzième *Lettre*.

793
Diana [115]   11.

C'est à quoi fait Diana.

11. Il est permis de ne point donner les bénéfices qui n'ont pas charge d'âmes aux plus dignes. Le concile de Trente semble dire le contraire, mais voici comme il le prouve : Car si cela était, tous les prélats seraient en état de damnation, car ils en usent tous de la sorte.

11. Le roi et le pape ne sont point obligés de choisir les plus dignes. Si cela était, le pape et les rois auraient une terrible charge.

21. Et ailleurs : Si cette opinion n'était pas vraie, les pénitents et les confesseurs auraient bien des affaires. Et c'est pourquoi j'estime qu'il faut la suivre dans la pratique.

22. Et en un autre endroit, où il met les conditions nécessaires pour faire qu'un péché soit mortel, il y met tant de circonstances qu'à peine pèche-t-on mortellement ; et, après l'avoir établi, il s'écrie : Ô que le joug du seigneur est doux et léger [116] !

11. Et ailleurs : L'on n'est pas obligé de donner l'aumône de son superflu dans les communes nécessités des pauvres. Si le contraire était vrai, il faudrait condamner la plupart des riches et de leurs confesseurs.

Ces raisons-là m'impatientaient, lorsque je dis au Père : « Mais qui empêche de dire qu'ils le sont ? » — « C'est ce qu'il a prévu aussi en ce lieu, me répondit-il, où après avoir dit : 22. Si cela était vrai, les plus riches seraient damnés, il ajoute : A cela Arragonius répond qu'ils le sont aussi, et Baunez, jésuite, ajoute de plus que leurs confesseurs le sont de même. Mais je réponds avec Valentina, autre jésuite, et d'autres auteurs qu'il y a plusieurs raisons pour excuser ces riches et leurs confesseurs. »

J'étais ravi de ce raisonnement, quand il me finit par celui-ci : « Si cette opinion était vraie pour la restitution, ô qu'il y aurait de restitutions a faire ! »

« Ô mon Père, lui dis-je, la bonne raison ! » — « Ô, me dit le Père, que voilà un homme commode ! » — « Ô mon Père, répondis-je, sans vos casuistes, qu'il y aurait de monde damné ! Ô mon Père, que vous rendez large la voie qui mène au ciel, ô qu'il y a de gens qui la trouvent [117] ! Voilà un... »

794

Elle est toute le corps de Jésus-Christ, en son [118] patois, mais il ne peut dire qu'elle est tout le corps de Jésus-Christ.

L'union de deux choses sans changement ne fait point qu'on puisse dire que l'une devient l'autre.
Ainsi l'âme étant unie au corps,
le feu au bois sans changement [119].
Mais il faut changement qui fasse que la forme de l'une devienne la forme de l'autre.
Ainsi l'union du Verbe à l'humanité.

―――

Parce que mon corps sans mon âme ne ferait pas le corps d'un homme, donc mon âme unie à quelque matière que ce soit fera mon corps.
Il ne distingue la condition nécessaire d'avec la condition suffisante.
L'union est nécessaire, mais non suffisante.
Le bras gauche n'est pas le droit [120].

―――

L'impénétrabilité est une propriété des corps.

―――

Identité *de numero* au regard du même temps exige l'identité de la matière.

―――

Ainsi, si Dieu unissait mon âme à un corps à la Chine, le même corps *idem numero* serait à la Chine.

―――

La même rivière qui coule là est *idem numero* que celle qui court en même temps à la Chine [121].

795

Part. I. L. 2. C. 1. S. 4 [122].
Qui y a-t-il de plus absurde que de dire que des corps inanimés ont des passions, des craintes, des horreurs ? Que des corps insensibles, sans vie, et même incapables de vie, aient des passions, qui présupposent une âme au moins sensitive pour les recevoir ? De plus, que l'objet de cette horreur fût le vide ? Qu'y a-t-il dans le vide qui leur puisse faire peur ? qu'y a-t-il de plus bas et de plus ridicule ?
Ce n'est pas tout. [On prétend] qu'ils aient en eux-mêmes un principe de mouvement pour éviter le vide. Ont-ils des bras, des jambes, des muscles, des nerfs ?

Si ne marque pas l'indifférence [123].
Malachie.
Isaïe.
Isaïe : Si volueritis, etc.
In quacumque die.

796

Vous me menacez.

Je ne suis point hérétique, je n'ai point soutenu les cinq propositions. Vous le dites, et ne le prouvez pas. Je dis que vous avez dit cela, et je le prouve.

―――

Je vous dis que vous êtes des imposteurs, je vous le prouve ; et que vous ne le cachez pas, insolemment : d'Alby, Brisacier, Meynier [124] ; et que vous l'autorisez : ELIDERE.

Puisque vous n'avez touché que cela, c'est approuver tout le reste.

Ex senatusconsultis et plebiscitis [125] : demander des passages pareils.

Quand vous croyiez M. Puys ennemi de la Société, il était indigne pasteur de son église, ignorant, hérétique, de mauvaise foi et mœurs. Depuis, il est digne pasteur, de bonne foi et mœurs.

―――

Calomnier, *haec est magna caecitas cordis*. N'en pas voir le mal, *haec est major caecitas cordis*. Le défendre au lieu de s'en confesser comme d'un péché, *tunc homines concludit profunditas iniquitatis* [126], etc. 230, Prosper.

Elidere. Caramuel.

―――

Les grands seigneurs se divisent dans les guerres civiles.
Et ainsi vous dans la guerre civile des hommes.

―――

Je suis bien aise que vous publiez la même chose que moi.
Ex contentione [127]. Saint Paul.

Me causam fecit [128].

―――

Les saints subtilisent pour se trouver criminels et accuser leurs meilleures actions, et ceux-ci subtilisent pour excuser les plus méchantes.

―――

Ne prétendez pas que ceci se passe en dispute.
On fera imprimer vos ouvrages entiers, et en français : on en fera tout le monde juge.

―――

Un bâtiment également beau par dehors, mais sur un mauvais fondement, les païens sages le bâtissaient. Et le diable trompe les hommes par cette ressemblance apparente, fondée sur le fondement le plus différent.

Jamais homme n'a eu si bonne cause que moi, et jamais d'autres n'ont donné si belle prise que vous.

―――

Les gens du monde ne croient pas être dans les bonnes voies.

―――

Plus ils marquent de faiblesse en ma personne, plus ils autorisent ma cause.

―――

Vous dites que je suis hérétique. Cela est-il permis ? Et si vous ne craignez pas que les hommes ne rendent point de justice, ne craignez-vous pas que Dieu me la rende ?

―――

Vous sentirez la force de la vérité, et vous lui céderez.

―――

Je prie qu'on me fasse la justice de ne plus les croire sur leur parole.

―――

Il faudrait obliger le monde à vous croire sur peine de péché mortel. — *Elidere*.

―――

C'est péché de croire témérairement les médisances.

―――

Non credebat temere calumniatori [129]. Saint Augustin.

―――

Fecitque cadendo undique me cadere [130] par la maxime de la médisance.

―――

Il y a quelque chose de surnaturel en un tel aveuglement. *Digna necessitas* [131].

Je suis seul contre trente mille ? Point. Gardez, vous la cour, vous l'imposture, moi la vérité. C'est toute ma force. Si je la perds, je suis perdu. Je ne manquerai pas d'accusateurs et de punisseurs. Mais j'ai la vérité, et nous verrons qui l'emportera.

Je ne mérite pas de défendre la religion, mais vous ne méritez pas de défendre l'erreur. Et j'espère que Dieu par sa miséricorde, n'ayant pas égard au mal qui est en moi et ayant égard au bien qui est en vous, nous fera à tous la grâce que la vérité ne succombera pas entre mes mains et que le mensonge ne...

―――

Mentiris impudentissime [132].

230. — Extrême péché, c'est de le défendre. *Elidere*.

340, 23. L'heur des méchants.

Doctrina sua noscetur vir [133].

---

66. *Labor mendacii* [134].

80. Aumône.
Fausse piété, double péché.

797

B. Vous ignorez les prophéties, si vous ne savez que tout cela doit arriver : princes, prophètes, pape, et même les prêtres ; et néanmoins l'Église doit subsister.

Par la grâce de Dieu, nous n'en sommes pas là. Malheur à ces prêtres ! Mais nous espérons que Dieu nous fera la miséricorde que nous n'en serons point.

1 Saint Pierre, c. 2 : faux prophètes passés, images des futurs [135].

798

Il faut bien, dit le feuillant, que cela ne soit pas si certain, car la contestation marque l'incertitude.

Saint Athanase, saint Chrysostome.
La morale. Les infidèles.

Les jésuites n'ont pas rendu la vérité incertaine, mais ils ont rendu leur impiété certaine.

La contradiction a toujours été laissée pour aveugler les méchants. Car tout ce qui choque la vérité ou la charité est mauvais. Voilà le vrai principe.

799

Il est indifférent au cœur de l'homme de croire trois ou quatre personnes en la Trinité, mais non pas, etc. Et de là vient qu'ils s'échauffent pour soutenir l'un, et non pas l'autre.

Il est bon de faire l'un, mais il ne faut pas laisser l'autre. Le même Dieu qui nous a dit, etc.

Et ainsi, qui ne croit que l'un, et non pas l'autre, ne le croit pas parce que Dieu l'a dit, mais parce que sa convoitise ne le dénie point et qu'il est bien aise d'y consentir et d'avoir ainsi sans peine un témoignage de sa conscience qui lui...

Mais c'est un témoignage faux.

Lettre des établissements violents des jésuites partout.

Aveuglement surnaturel.

Cette morale qui a en tête un Dieu crucifié.

Voilà ceux [qui] ont fait vœu d'obéir *tamquam Christo* [136] !

La décadence des jésuites.

Notre religion, qui est toute divine.

Un casuiste, miroir ! [137].
Si vous le trouvez bon, c'est bon signe.

C'est une chose étrange, qu'il n'y a pas moyen de leur donner l'idée de la religion.

Un Dieu crucifié.

En détachant cette affaire punissable du schisme, ils seront punis.

Mais quel renversement ! Les enfants, en l'embrassant, aiment les corrupteurs. Les ennemis les abhorrent.

Nous sommes les témoins.

Pour la foule des casuistes, tant s'en faut que ce soit un sujet d'accusation contre l'Église que c'est au contraire un sujet de gémissement de l'Église.

Et afin que nous ne soyons point suspects.
Comme les Juifs qui portent les Livres, qui ne sont point suspects aux gentils, ils nous portent leurs *Constitutions*.

800

De sorte que s'il est vrai, d'une part, que quelques religieux relâchés et quelques casuistes corrompus, qui ne sont point membres de la hiérarchie, ont trempé dans ces corruptions, il est constant, de l'autre, que les véritables pasteurs de l'Église, qui sont les véritables dépositaires de la Parole divine, l'ont conservée immuable contre les efforts de ceux qui ont entrepris de la ruiner.

Et ainsi les fidèles n'ont aucun prétexte de suivre ces relâchements, qui ne leur sont offerts que par les mains étrangères de ces casuistes, au lieu de la saine doctrine, qui leur est présentée par les mains paternelles de leurs propres pasteurs. Et les impies et les hérétiques n'ont aucun sujet de donner ces abus pour des marques du défaut de la providence de Dieu sur son Église, puisque l'Église étant proprement dans le corps de la hiérarchie, tant s'en faut qu'on puisse conclure de l'état présent des choses que Dieu l'ait abandonnée à la corruption, qu'il n'a jamais mieux paru qu'aujourd'hui que Dieu la défend visiblement de la corruption.

Car si quelques-uns de ces hommes qui par une vocation extraordinaire ont fait profession de sortir du monde et de prendre l'habit de religieux, pour vivre dans un état plus parfait que le commun des chrétiens, sont tombés dans des égarements qui font horreur au commun des chrétiens et sont devenus entre nous ce que les faux prophètes étaient entre les Juifs, c'est un malheur particulier et personnel, qu'il faut à la vérité déplorer, mais dont on ne peut rien conclure contre le soin que Dieu prend de son Église, puisque toutes ces choses sont si clairement prédites et qu'il a été annoncé depuis si longtemps que ces tentations s'élèveraient de la part de ces sortes de personnes, que quand on est bien instruit on voit plutôt en cela des marques de la conduite de Dieu que de son oubli à notre égard.

801

Il faut ouïr les deux parties ; c'est de quoi j'ai eu soin.

Quand on n'a ouï qu'une partie, on est toujours de ce côté-là. Mais l'adverse fait changer. Au lieu qu'ici le jésuite confirme.

Non ce qu'ils font, mais ce qu'ils disent [138].

Ce n'est que contre moi que l'on crie. Je le veux bien. Je sais à qui en rendre compte.

Jésus-Christ a été pierre de scandale [139].

Condamnable, condamné.

Politique.

Nous avons trouvé deux obstacles au dessein de soulager les hommes : l'un des lois intérieures de l'Évangile, l'autre des lois extérieures de l'État et de la religion.

Les unes, nous en sommes maîtres ; les autres, voici comment nous avons fait : *amplianda, restringenda, a majori ad minus.*

Junior [140].

Probable.

Ils raisonnent comme ceux qui montrent qu'il est nuit à midi.
Si d'aussi méchantes raisons que celles-ci sont probables, tout le sera :
Première raison : *Dominus actuum conjugalium.* Molina.
Deuxième raison : *Non potest compensari.* Lessius [141].

Opposer non des maximes saintes, mais des abominables.

Bauny brûleur de granges [142].

Mascarenhas, concile de Trente, pour les prêtres en péché mortel, *quam primum* [143].

802

Différence entre le dîner et le souper.

———

En Dieu la parole ne diffère point de l'intention, car il est véritable ; ni la parole de l'effet, car il est puissant ; ni les moyens de l'effet, car il est sage. Bernard, *Ultimus sermo in « Missus »* [144].

———

Augustin, V, *De Civitate Dei*, 10 [145] : Cette règle est générale : Dieu peut tout, hormis les choses lesquelles s'il ne les pouvait il ne serait pas tout-puissant, comme mourir, ÊTRE TROMPÉ, ETC., MENTIR, etc.

———

Plusieurs évangélistes pour la confirmation de la vérité. Leur dissemblance utile.

———

Eucharistie après la Cène : vérité après figure.

———

Ruine de Jérusalem, figure de la ruine du monde.
Quarante ans après la mort de Jésus.

———

Jésus ne sait pas comme homme ou comme légat : Matthieu, 24, 36 [146].

———

Jésus condamné par les Juifs et gentils.

———

Les Juifs et gentils, figurés par les deux fils [147].

———

Augustin, XX *De Civitate Dei*, 29 [148].

803

Opérez votre salut avec crainte [149].

———

Pauvres de la grâce.
Petenti dabitur [150]. Donc il est en notre pouvoir de demander ? Au contraire, donc il n'y est pas : parce que l'obtention y est, le prier n'y

est pas. Car puisque le salut n'y est pas et que l'obtention y est, la prière n'y est pas.

Le juste ne devrait donc plus espérer en Dieu, car il ne doit pas espérer, mais s'efforcer d'obtenir ce qu'il demande.

Concluons donc que puisque l'homme est incapable maintenant d'user de ce pouvoir prochain et que Dieu ne veut pas que ce soit par là qu'il ne s'éloigne pas de lui, ce n'est que par un pouvoir efficace qu'il ne s'éloigne pas.

Donc ceux qui s'éloignent n'ont pas ce pouvoir sans lequel on ne s'éloigne pas de Dieu. Et ceux qui ne s'éloignent pas ont ce pouvoir efficace.

Donc ceux qui, ayant persévéré quelque temps dans la prière par ce pouvoir efficace, cessent de prier, manquent de ce pouvoir efficace. Et partant, Dieu quitte le premier, en ce sens.

804

M. de Roannez disait : « Les raisons me viennent après, mais d'abord la chose m'agrée, ou me choque, sans en savoir la raison, et cependant cela me choque par cette raison que je ne découvre qu'ensuite. » — Mais je crois, non pas que cela choquait par ces raisons qu'on trouve après, mais qu'on ne trouve ces raisons que parce que cela choque.

805

Or la probabilité est nécessaire pour les autres maximes, comme pour celle de Lamy et [du] calomniateur.

A fructibus eorum [151]. Jugez de leur foi par leur morale.

La probabilité est peu sans les moyens corrompus, et les moyens ne sont rien sans la probabilité.

Il y a du plaisir d'avoir assurance de pouvoir bien faire et de savoir bien faire. La grâce : « *Scire et posse* ». La probabilité le donne, car on peut rendre compte à Dieu en assurance sur leurs auteurs.

806

Il faut faire connaître aux hérétiques qui se prévalent de la doctrine des jésuites que [ce n'est pas] celle de l'Église, [que ce n'est pas la] doctrine de l'Église, et que nos divisions ne nous séparent pas d'autel [152].

807

Si en différant nous condamnions, vous auriez raison. L'uniformité sans diversité, inutile aux autres ; la diversité sans uniformité, ruineuse pour vous. L'une nuisible au-dehors, l'autre au-dedans.

808

... Mais il est impossible que Dieu soit jamais la fin, s'il n'est le principe. On dirige sa vue en haut, mais on s'appuie sur le sable. Et la terre fondra, et on tombera en regardant le ciel.

809

Les jésuites ont voulu joindre Dieu au monde, et n'ont gagné que le mépris de Dieu et du monde. Car, du côté de la conscience, cela est évident ; et du côté du monde, ils ne sont pas de bons cabalistes. Ils ont du pouvoir, comme je l'ai dit souvent, mais c'est-à-dire à l'égard des autres religieux. Ils auront le crédit de faire bâtir une chapelle et d'avoir une station du jubilé, non de pouvoir faire avoir des évêchés, des gouvernements de place. C'est un sot poste dans le monde que celui de moines, qu'ils tiennent par leur aveu même (P. Brisacier, bénédictins). Cependant vous ployez sous les plus puissants que vous et vous opprimez de tout votre petit crédit ceux qui ont moins d'intrigue que vous dans le monde.

810

Les jésuites.

En corrompant les évêques et la Sorbonne, ils n'ont pas eu l'avantage de rendre leur jugement juste, ils ont eu celui de rendre leurs juges injustes. Et ainsi, quand ils en seront condamnés à l'avenir, ils diront *ad hominem* qu'ils sont injustes, et ainsi réfuteront leur jugement. Mais cela ne sert à rien. Car, comme ils ne peuvent pas conclure que les jansénistes sont bien condamnés par cette seule raison qu'ils sont condamnés, de même ils ne pourront conclure alors qu'ils seront mal condamnés eux-mêmes, parce qu'ils le seront par des juges corruptibles. Car leur condamnation sera juste, non parce qu'elle sera donnée par des juges toujours justes, mais par des juges justes en cela ; ce qui se montrera par les autres preuves.

811

Comme les deux principaux intérêts de l'Église sont la conservation de la piété des fidèles et la conversion des hérétiques, nous [153] sommes comblés de douleur de voir les factions qui se font aujourd'hui pour introduire les erreurs les plus capables de fermer pour jamais aux hérétiques l'entrée de notre communion et de corrompre mortellement ce qui nous reste de personnes pieuses et catholiques. Cette entreprise que l'on fait aujourd'hui si ouvertement contre les vérités de la religion, et les plus importantes pour le salut, ne nous remplit pas seulement de déplaisir, mais aussi de frayeur et de crainte, parce que, outre le sentiment que tout chrétien doit avoir de ces désordres, nous avons de plus l'obligation d'y remédier et d'employer l'autorité que Dieu nous a donnée pour faire que les peuples qu'il nous a commis, etc.

812

Toute la société entière de leurs casuistes ne peut assurer la conscience dans l'erreur, et c'est pourquoi il est important de choisir de bons guides.

Ainsi ils seront doublement coupables, et pour avoir suivi des voies qu'ils ne devaient pas suivre, et pour avoir ouï des docteurs qu'ils ne devaient pas ouïr.

813

Ainsi les jésuites ou font embrasser les erreurs ou font jurer qu'on les a embrassées, et font tomber ou dans l'erreur ou dans le parjure, et pourrissent ou l'esprit ou le cœur [154].

JEAN DOMAT

PENSÉES

Texte établi, présenté et annoté par Jean Lafond

Pensées

INTRODUCTION
par Jean Lafond

Sainte-Beuve, si favorable habituellement aux écrits jansénistes, porte sur les pensées de Domat un jugement qui manque de chaleur. « Elles sont, écrit-il, assez singulières, rarement belles, plutôt hardies ou bizarres [a]. » Une note livre peut-être l'une des raisons de cette animosité. C'est en effet son vieil adversaire, Victor Cousin, qui avait cru bon de les éditer dans leur intégralité et, pour l'auteur du *Port-Royal*, il y a là une faute de goût : « On imprime tout indistinctement ; on a pour système de ne plus apporter à ces choses du passé aucun choix. » En l'occurrence, Cousin avait raison. Nous avons affaire ici à un ensemble relativement homogène et d'autant plus intéressant qu'il n'était manifestement pas destiné à la publication. Et ce qui nous frappe à présent dans ce texte, ce sont moins les bizarreries [b] que la forte personnalité de Domat, si proche de celles de Saint-Cyran et de Pascal.

Né dans une famille bourgeoise de Clermont-Ferrand, Jean Domat (1625-1696) fut avocat, puis assuma la charge d'avocat du roi. Il est appelé à Paris en 1680 par Louis XIV, qui le pensionne pour qu'il ne se consacre plus qu'aux traités de jurisprudence qu'il avait entrepris d'écrire. L'importance de ces travaux fut reconnue dès leur publication et Domat est encore à présent considéré comme le plus grand jurisconsulte du XVIIe siècle. Il entretint avec Pascal d'étroites relations d'amitié qui l'amenèrent à collaborer à ses recherches mathématiques et à ses expériences de physique. Il entra par son intermédiaire en relation avec Port-Royal où il fut à plusieurs reprises consulté.

Domat manifesta toute sa vie une grande exigence dans l'accomplissement de son devoir d'État. Sa forte personnalité et cette même exigence dans la vie sociale lui faisaient dire, comme on le voit dans la pensée [21], que s'il se laissait aller à sa pente naturelle, il ne choisirait, au specta-

---

a. Sainte-Beuve, *Port-Royal*, VI, 7, Pléiade, t. III, p. 466.
b. Sainte-Beuve parle en note, *ibid.*, des « bizarreries » et n'en donne qu'un exemple, notre pensée [45], curieuse en effet. L'emploi du pluriel est pourtant abusif et le jugement de Sainte-Beuve manifeste pour le moins une certaine étroitesse de vue.

cle du monde, ni de rire comme Démocrite, ni de pleurer comme Héraclite, il serait bien plutôt « tous les jours en colère contre tout le monde [a] ». Boutade, mais révélatrice, et à laquelle on doit opposer le sentiment de maîtrise confiante qu'exprime la très remarquable pensée [41].

On ne sait à quelle époque furent composées ces pensées, marquées au coin du pessimisme augustinien sur une humanité qui est jugée plus incompréhensible encore que misérable. Les audaces morales de l'augustinisme n'y font pas défaut : la passion des richesses et des honneurs est jugée incompatible avec la vie chrétienne et, ici comme chez Saint-Cyran, les grands de ce monde et les riches sont traités sans aucune indulgence. L'opposition de l'esprit et du cœur donne lieu, dans la pensée [26], à une remarquable analyse, fondée, comme le faisaient de leur côté La Rochefoucauld et Pascal, sur la dominance du cœur, amour et intériorité, sur l'esprit et la raison. La notion d'inconscient s'y trouve implicitement présente, comme elle l'est dans les pensées [20] et [47].

Les retours sur soi et sur le vécu le plus quotidien sont également à mettre à l'actif de Domat, dont la qualité de jurisconsulte ne laissait pas attendre des aperçus aussi prégnants et personnels. A l'actif également de la forme brève, qui permet de rendre compte de ces incursions rapides mais pénétrantes dans les « imperceptibles » de la psyché [b].

BIBLIOGRAPHIE

Recueil de Mademoiselle Perrier, B.N., ms. fonds français, 12.988, « Pensées de M. Domat », f. 273-277 (f. 268-272 : « Mémoire pour servir à l'histoire de la vie de M. Domat »).

V. COUSIN, *Jacqueline Pascal* [...], Paris, 3e éd., 1856, p. 425 *sq.* : Appendice 3, « Documents inédits sur Domat », où Cousin donne, p. 461 *sq.*, les pensées en les regroupant par thèmes.

J. DOMAT, *Œuvres complètes*, p.p. Joseph Remy, Paris, 4 vol., 1828-1830.

Pour Sainte-Beuve et G. Chinard, voir les références données dans les notes a, page précédente et b ci-dessous.

B. BAUDELOT, *Un grand jurisconsulte du XVIIe siècle, J. Domat*, Paris, 1938, (thèse).

---

a. Sur Héraclite et Démocrite, qui sont devenus les figures emblématiques des attitudes opposées qu'on peut prendre devant les malheurs de la condition humaine, voir Montaigne, *Essais*, I, 50, éd. Villey-Saulnier, P.U.F., p. 303. Domat parlant de cette colère permanente contre tout le monde fait penser par avance à Chamfort, qui se dira « en état d'épigramme contre son prochain ».
b. Sur la psychologie des « imperceptibles » chez Nicole et sur la pensée politique de Nicole et de Domat, on se reportera aux analyses, très neuves à leur date et très éclairantes, de Gilbert Chinard dans *En lisant Pascal*, Lille-Genève, Giard-Droz, 1948, p. 93-130.

PENSÉES

[1]. L'éloquence de l'avocat consiste à faire connaître la justice par la vérité [1].

[2]. Fins différentes de l'éloquence, plaire, instruire, persuader, exhorter, louer, toutes doivent avoir pour règle la vérité.

[3]. Les avocats ont pour objet la vérité même.

[4]. Nous faisons dans le Palais, qui est le temple de la justice, ce que faisaient les marchands dans le Temple.

[5]. Les passions sont des lois que les juges suivent.

[6]. Quelle satisfaction peut-on avoir de ne voir que des misères sans ressource ? Quel sujet de vanité de se trouver dans des obscurités impénétrables ?

[7]. L'esprit sans piété ne sert qu'à rendre misérables ceux qui en ont, ce qui arrive en bien des manières, et, entre autres, par la peine qu'il y a à souffrir les sots.

[8]. Il y a deux manières de venir à la connaissance de la vérité, l'une par démonstration, et l'autre par des vraisemblances qui peuvent venir à un tel point que la preuve en soit aussi forte que la démonstration, et même plus touchante, plus persuasive, et plus convaincante ; par exemple on est plus persuadé qu'on mourra, quoiqu'il n'y en ait point de démonstration, que de toutes les démonstrations d'Euclide.

[9]. Comme le corps s'appesantit et s'affaiblit par l'âge et la durée de la vie, le cœur s'appesantit et s'affaiblit par la durée des mauvaises habitudes.

[10]. Il n'y a point de charité qui s'étende à compatir vivement à tous les déplaisirs, même les plus grands et les plus proches.

[11]. Le superflu des riches devrait servir pour le nécessaire des pauvres, mais tout au contraire, le nécessaire des pauvres sert pour le superflu des riches.

[12]. Les événements sont hors de nous, notre volonté seule est à nous. Ne pouvant régler aucun événement, nous devons nous mettre en état que nul événement ne nous trouble et ne nous empêche d'être heureux.

[13]. La poésie a d'ordinaire plus d'éclat et plus d'agrément que la prose, mais ce n'est que comme les grotesques dans la peinture, ce qui y plaît est plus surprenant, mais assurément moins solide et moins beau que le naturel.

[14]. Il y a une différence extrême entre la manière dont nous sentons les injustices qui nous regardent, et celle dont nous jugeons de celles qui ne regardent que notre prochain.

[15]. N'y a-t-il pas quelque compagnie où l'on examine sur le bon sens comme sur la loi ?

[16]. Il y a une infinité de lois qui ne subsistent que parce qu'on n'a pas le temps de les réformer.

[17]. Les gens d'épée appellent les officiers [2] gens d'écritoire. Il faut appeler les officiers gens de tête, et eux gens de main.

[18]. On se rend nécessaires mille choses superflues, en quoi il y a bien des misères, perte de temps, vie plus difficile, plus ennuyeuse.

[19]. Trois choses pour être heureux : le corps sain, l'esprit libre, et le cœur pur.

[20]. Toutes les sottises et les injustices que je ne fais pas m'émeuvent la bile.

[21]. Je ne serais ni de l'humeur de Démocrite, ni de celle d'Héraclite ; je prendrais un tiers parti pour mon naturel, d'être tous les jours en colère contre tout le monde.

[22]. Le geste est un effort de l'âme pour se communiquer à travers le corps et faire passer dans l'âme de celui qui entend ce qu'elle sent et ce qu'elle voit.

[23]. Pourquoi souffrons-nous les douleurs sans nous mettre en colère, et que nous ne souffrons pas les injustices et les maux que nous causent les hommes sans mouvement de colère ? Les maladies viennent de nous, c'est notre nature.

[24]. Il est impossible d'avoir des démonstrations des vérités de notre religion. Car il arriverait deux choses, l'une que tout le monde l'embrasserait, l'autre qu'il n'y aurait pas de foi, qui est la voie par laquelle Dieu a voulu nous unir à lui [3].

[25]. On doit plus craindre d'avoir trop à l'heure de la mort que trop peu dans la vie [4].

[26]. Nous n'agissons pas par raison, mais par amour, parce que ce n'est pas l'esprit qui agit, mais le cœur qui gouverne, et toute la déférence qu'a le cœur pour l'esprit est que, s'il n'agit pas par raison, il fait au moins croire qu'il agit par raison [5].

[27]. Les louanges, quoique fausses, quoique ridicules, quoique non crues, ni par celui qui loue, ni par celui qui est loué, ne laissent pas de plaire et, si elle ne plaît par autre motif, elle plaît au moins par la dépendance, et par l'assujettissement de celui qui loue [6].

[28]. Un peu de beau temps, un bon mot, une louange, une caresse, me tirent d'une profonde tristesse dont je n'ai pu me tirer par aucun effort de méditation ! Quelle machine que mon âme, quel abîme de misère et de faiblesse !

[29]. Nous voulons tellement plaire que nous ne voulons déplaire aux autres lorsque nous nous déplaisons à nous-mêmes, et que nous voulons plaire à ceux qui nous déplaisent.

[30]. Il est bien à craindre que les dévotions extérieures de ce temps, scapulaire, etc., ne soient dans la nouvelle Loi ce qu'étaient dans l'ancienne les traditions superstitieuses des pharisiens, par lesquelles et sous prétexte desquelles ils quittaient l'essentiel de la Loi, s'imaginant qu'ils étaient purifiés par ces cérémonies [7].

[31]. On se sert du prétexte de ce que l'on mendie [8] pour ne pas donner à l'hôpital, et de l'hôpital pour ne pas donner aux mendiants.

[32]. D'où vient qu'on n'a pas la même idée et la même horreur des pensées d'avarice et d'ambition que de celles de luxure, et que l'on croit pouvoir consentir au désir du bien et de l'honneur [9], plutôt qu'à celui de la volupté ?

[33]. Est-ce qu'il est permis de posséder des richesses et des honneurs, mais il est permis d'avoir une femme [10].

[34]. On ne peut tirer du vin du tonneau plein sans y faire entrer de l'air par une ouverture ; de même pour tirer l'aumône du riche, il est quelquefois nécessaire de le flatter, et de l'y porter par un mouvement de vanité.

[35]. Les maximes de morale des païens sont des règles particulières pour de certaines actions, et en certaines rencontres pour certaines conditions ; celles de l'Évangile sont universelles, car elles changent le fond du cœur, et s'étendent à toute la conduite, en tous lieux, et en toutes rencontres.

[36]. Le courage de saint Pierre, lorsqu'il promit d'exposer sa vie pour Jésus-Christ son maître, n'était pas un courage inspiré par la grâce, ce

n'était qu'un courage humain, il ne produisit ainsi qu'un effet tout humain quand il coupa cette oreille [11].

[37]. Quand on est dans la vérité, il ne faut pas craindre de creuser, on trouve toujours un bon fond, on ne saurait manquer d'être soutenu, mais, dans les choses vaines et incertaines, il est périlleux de creuser.

[38]. Cinq ou six pendards partagent la meilleure partie du monde et la plus riche. C'en est assez pour nous faire juger quel bien c'est devant Dieu que les richesses.

[39]. Ce n'est pas une petite consolation pour quitter ce monde que de sortir de la foule du grand nombre des sots et des méchants dont on y est environné.

[40]. Les hommes ne jugent de la malice des actions et du cœur de l'homme que par rapport à ce qui les touche, une incivilité à leur égard leur paraît plus criminelle que de grands péchés devant Dieu qui ne choquent pas les hommes ; une infinité d'exemples de cela.

[41]. Mon sort est différent du vôtre, vous changez souvent d'état, et moi je suis toujours à la même place, nous sommes pourtant tous deux également tourmentés, vous roulez dans les flots, et je les sens rouler sur moi.

[42]. Tout homme qui a la moindre expérience dans le monde juge facilement que tous les autres, sans exception des plus raisonnables, raisonnent mal quelquefois, et raisonnent mal pour l'ordinaire dans leurs intérêts. Ainsi il faut être fou de présomption pour s'imaginer qu'on soit l'unique au monde raisonnable dans son intérêt, et ne pas se défier toujours de son jugement quand il s'en agit, d'où j'admire l'extravagance de la plupart des gens, surtout des plaideurs, qui s'imaginent toujours tous avoir le meilleur droit du monde.

[43]. Il y a apparence que du temps de Joseph, on n'avait pas l'usage de l'écriture, Joseph aurait écrit à son père [12].

[44]. On hait si fort les redites, que, quand elles sont inévitables, on veut au moins à chaque fois être averti que c'est une redite : dans le Palais, ledit, ladite, c'est l'excuse de celui qui redit. Les relatifs son, sien, sont la même chose, mais d'où vient cette haine des redites ? La nouveauté et l'ennui des mêmes choses, l'orgueil y a sa part, car il y a apparence qu'on veut inculquer par redites et qu'on n'aime pas paraître dur à comprendre.

[45]. Les belles toussent, éternuent, etc., mais il n'y en a point qui crachent, et elles ne font qu'écumer ou baver, pourquoi ne pas cracher comme font les hommes ? C'est que cracher est une action de penser, de vider la bouche de ce corps étranger quand elle se remplit, ce qui ne se fait point par cause nécessaire qui agisse sans réflexion, et sans penser comme tousser.

[46]. Les plus gens de bien, et les plus grands saints, en un temps où il n'y avait ni livres ni écriture [13].

[47]. J'ai une expérience réglée d'un certain tour que fait mon esprit du trouble au repos, du repos au trouble, sans que jamais la cause ni de l'un ni de l'autre cesse, mais seulement parce que, la roue tournant, il se trouve tantôt dessus, tantôt dessous.

[48]. On juge aussi témérairement en bien qu'en mal. Il y a du péril en l'un et en l'autre. Si on juge mal en mal, on blesse la charité. Si on juge mal en bien, on blesse la vérité, c'est-à-dire que, jugeant mal d'une bonne action, on fait tort à son prochain, et qu'en jugeant bien d'une mauvaise action, on fait tort à la vérité.

[49]. Aujourd'hui la dévotion et la vertu sont choses fort différentes. Il n'y a que deux voies pour se rendre heureux et content. L'une, de remplir tous nos désirs, l'autre, de les borner à ce que nous pouvons posséder. La première est impossible en cette vie, ainsi c'est une folie que d'entreprendre de se contenter en ce monde par cette voie.

DISCOURS SUR LES PASSIONS DE L'AMOUR

Texte établi, présenté et annoté par Jean Lafond

Discours sur les passions de l'amour

INTRODUCTION
par Jean Lafond

Ce *Discours* — première particularité — n'est pas un discours continu, mais un recueil de réflexions présentées en alinéas successifs, sans liaison discursive [a]. L'histoire du texte — seconde particularité — est à bien des égards insolite. Totalement ignoré aux XVIIe et XVIIIe siècles, où personne n'en fait mention, il est connu tardivement par deux copies d'un manuscrit original perdu. La première est découverte en 1843 par le philosophe Victor Cousin, la seconde en 1907 par un spécialiste du jansénisme, Augustin Gazier. Ces copies datent vraisemblablement de la fin du XVIIe siècle. Une indication portée au titre de la première — « on l'attribue à Monsieur Pascal » — a conduit V. Cousin à publier le texte comme étant de Pascal, qui l'aurait composé dans sa période mondaine (1652-1653). Il n'en fallait pas davantage pour qu'on y voie un écrit composé par un Pascal amoureux de Mlle de Roannez. Cette hypothèse romanesque et totalement gratuite est aujourd'hui abandonnée.

L'auteur du *Discours*

La critique s'est plus utilement exercée sur le problème de l'attribution du *Discours*. Pour Cousin, Havet, Taine, Faguet, Brunschvicg, Lanson, Michaut, l'auteur ne peut être que Pascal. Pour l'abbé Flottes, Gazier, Brunetière, Neri, Boudhors, Busnelli, Mesnard, A. McKenna, on a les plus fortes raisons d'en douter. Les travaux de Lafuma et de Brunet rassemblent assez de preuves pour qu'on soit autorisé à conclure à l'impossibilité d'attribuer la paternité du *Discours* à l'auteur des *Pensées*.

Sans entrer dans la complexité du problème, rappelons quelques-uns des arguments de Lafuma et de Brunet. La mention portée sur le

---

a. On pourrait concevoir que le mot *Discours* fût à interpréter comme un pluriel, s'il est exact, comme nous l'indiquons plus loin, que nous ayons affaire à un procès-verbal de diverses opinions. Le copiste du manuscrit f. fr. 19.303 de la B.N. a du reste hésité : il avait d'abord écrit « on *les* attribue à Monsieur Pascal », qu'il surcharge ensuite d'un *l'*. Cette mention semble également avoir été ajoutée après coup : elle est de la même main que le titre, mais d'une écriture plus petite.

manuscrit Cousin n'est pas un argument décisif : à qui fait allusion ce *on*, auquel se réfère l'un des copistes lorsqu'il écrit : « on l'attribue à... » ? Pourquoi par ailleurs un tel silence sur ce texte, s'il était vraiment de Pascal ? La longue réflexion [13] n'a rien à voir avec une pensée de Pascal, mais avec un ajout de ses éditeurs de 1670, que Pascal, mort en 1662, ne pouvait connaître. L'auteur du *Discours* a donc pratiqué les *Pensées* dans cette édition de 1670. Des emprunts assez nombreux, nous y reviendrons, ont été également faits à la *Recherche de la vérité* de Malebranche, publiée en 1674-1675. Un trait de style enfin, l'emploi surabondant de *l'on* pour *on,* laisse supposer une rédaction contemporaine des *Caractères* de La Bruyère, époque où cet emploi se généralise.

On est porté ainsi à conclure que l'œuvre a toutes chances d'avoir été composée entre 1680 et 1700, par un auteur qui reste à découvrir. S'agit-il même d'un auteur unique ? J. Pommier, G. Brunet, L. Lafuma ont souligné le rapport de certains passages avec la littérature des questions d'amour [a]. Les réflexions [8] et [59] portent en effet la trace d'interventions, donc d'intervenants, dont le *Discours* note le propos. Nous serions ainsi en présence d'une sorte de procès-verbal de réponses à des questions posées ou débattues sur le thème favori des salons mondains, l'amour. G. Brunet est allé très loin dans cette voie, en s'efforçant d'attribuer à cinq auteurs, quatre hommes et une femme, les différents discours qui auraient été les leurs. L'entreprise reste hasardeuse, mais il reste possible, nous le verrons dans les notes, que le *Discours* fasse entendre plusieurs voix. On ne peut s'empêcher néanmoins de reconnaître une certaine unité de ton à l'ensemble.

La philosophie d'un mondain

Dans la critique moderne, la recherche du ou des auteurs du *Discours* perd une bonne part de son intérêt. Le texte se suffit à lui-même, et, s'il n'a pas paru indigne d'être attribué à Pascal, c'est qu'il retient l'attention par la qualité de ses meilleures analyses comme par le sens de l'image et de la formule heureuse. L'auteur — nous supposerons par simple commodité qu'il est unique — n'est pas dévot, remarquait Lanson, c'est un bel esprit laïque et un mondain. Au sens strict du terme, il n'est pas davantage philosophe, mais il a le goût des idées et il est manifestement rationaliste et cartésien. En témoignent, à l'ouverture, la définition par la pensée de ce qui fait l'essence de l'homme, la définition des passions ([6 [b]])et, dans la réflexion [60], l'application à l'amour de ce que le *Discours de la méthode* disait du « bon sens » dans un passage devenu très tôt célèbre. Mais ce cartésianisme semble devoir plus encore à Malebranche qu'à Descartes lui-même. Non sans quelque simplification, la notion, si courante dans la *Recherche de la vérité*, de « capacité de l'esprit » est ici prise à la lettre. Malebranche écrit bien que « l'âme

---

[a]. Sur les questions d'amour, voir *supra,* p. 33 *sq.*
[b]. Les nombres donnés entre parenthèses renvoient aux numéros des réflexions dans cette édition.

de l'homme est pour ainsi dire une quantité déterminée ou une portion de pensée, qui a des bornes qu'elle ne peut passer [a] », au moins signale-t-il l'emploi métaphorique de l'image par « pour ainsi dire ». L'auteur du *Discours,* moins prudent, conçoit l'âme, ou le cœur, comme un contenant qui se remplit et se vide, et dont les passions doivent se partager un espace, toujours limité. L'être humain sort de soi, pour « remplir plusieurs places au dehors » ([23]), mais il y a aussi en lui « une place d'attente », une place que vient remplir l'être aimé ([6], [13], [14], [17], [26], [31], [49]). Ce jeu du vide et du plein, qui n'est pas toujours si facile à suivre ([31]) est parfois traversé de réminiscences pascaliennes. Lorsque, dans la lettre sur la mort de son père, Pascal parle des conséquences du péché, il explique que l'âme « capable d'un amour infini » n'a plus connu que l'amour-propre, qui s'est étendu « dans le vide que l'amour de Dieu a quitté ». Ici, c'est l'homme, « la plus belle créature que Dieu ait jamais formée, qui cherche de quoi remplir le grand vide qu'il a fait en sortant de lui-même » et qui a « le cœur trop vaste » pour se satisfaire aisément ([13]) : la transposition du thème augustinien suggère ainsi une genèse originale du désir amoureux et de sa fixation sur l'objet aimé.

Le rationalisme affiché pourrait être jugé particulièrement étroit si l'on s'en tenait à certaines réflexions : la raison n'apparaîtrait qu'à vingt ans ([4]), et tout serait raison, y compris le plaisir ([18]) et l'amour ([52]). En réalité, l'amour n'est pas objet de délibération, il se sent et il est désir inné de la beauté ([8] et [12]). Et il en est de même du plaisir, qui lui est associé ([18], [19]). Pour l'esprit, l'opposition établie par Pascal entre l'esprit de finesse et l'esprit de géométrie est reprise selon un double registre : la réflexion [11] est à l'éloge de leur association, mais l'analyse précédente ([10]) donne un net avantage à l'esprit de finesse, comme si un mondain s'exprimait dans l'analyse et un « philosophe » dans l'essai de synthèse. L'expérience du monde, de l'irrationalité de la vie et des êtres, assouplit en effet le rationalisme dans les réflexions où le langage ([20]), la coutume ([14], [50]), l'habitude ([56]), le paraître ([61]) pèsent sur le comportement humain. Le moi n'est pas non plus si clair à soi-même : en bon lecteur de La Rochefoucauld et de Pascal, l'auteur sait que l'amour-propre est à l'origine de l'image que nous avons de nous-même ([23]) et que l'insuffisance qui est au cœur de l'être pousse l'homme à trouver « un second pour être heureux » ([24]) dans l'attrait que procure « ce qui nous paraît beau » ([12]). Car, tout en affirmant, selon un platonisme alors vulgarisé par le roman, que nous portons en nous une « idée générale de la beauté » ([15]), il est précisé que cette idée se particularise en chacun de nous ([16]). Là encore, le sens de l'individuel et de la subjectivité vient corriger un rationalisme qui tendrait à s'abstraire du réel.

---

a. Malebranche, *De la Recherche de la vérité,* VI, I, 5, p.p. G. Rodis-Lewis, Pléiade, t.I, p. 621.

Les passions de l'amour

L'amour se trouve situé, dès les premières réflexions ([2], [3], [5]), dans son rapport aux passions. Malgré la ressemblance des titres, on ne trouvera cependant pas ici un prolongement à ce traité des « passions de l'âme » qui fut la dernière œuvre publiée par Descartes en 1649. Il n'est question que de deux passions, toujours données par les moralistes pour être de « violentes passions », l'amour et l'ambition (La Rochefoucauld, max. 266). Le *Discours* ne s'intéresse en effet qu'aux grands esprits, seuls capables de « passions de feu » ([6]). L'amour se situe ainsi dans un univers qui est celui du roman héroïque, de l'*Astrée* d'Honoré d'Urfé à la *Clélie* de Mlle de Scudéry, où la passion ne peut « être belle sans excès » ([49]). Par les qualités d'esprit qu'il met en œuvre ([22]) et les vertus qu'il est tenu de montrer, l'amant « devient toute grandeur ». Et cet « amour violent » ([58]) ne s'accorde qu'avec une vie d'action ([53]) intensément vécue et tumultueuse ([5], [6]). Par là se justifient les succès de l'homme de cour, dont « la vie de tempête surprend, frappe et pénètre » ([53]), alors que l'existence désespérément uniforme de l'homme de ville respire l'ennui. On reconnaît là un stéréotype dont s'inspirera encore Flaubert dans les rêves passionnés dont il dotera son héroïne, Madame Bovary.

L'analyse des états et des voies de la passion est souvent beaucoup plus originale. Ainsi en est-il des réflexions sur la communication entre les amants, où sont distingués les degrés successifs de la parole ([23]), du langage des yeux et de l'éloquence d'action ([33], [37]), enfin de « l'éloquence de silence, qui pénètre plus que la langue ne saurait faire » ([46]). Le but à atteindre ne saurait être que « la plénitude » ([36], [48]) où s'effacent soucis et inquiétudes. Mais la faiblesse de la nature humaine veut parfois que l'amour ne soit plus aussi présent qu'il l'était, et que l'on subisse ce que Proust appellera les intermittences du cœur ([32]). La voie est longue pour parvenir à la plénitude, et seuls les « délicats » sont en mesure d'en apprécier le charme. La « délicatesse » de l'esprit est du reste une des qualités requises pour que l'amour soit parfait ([28], [29]). Les femmes y sont particulièrement sensibles et elles sont directement évoquées dans plusieurs passages, pour l'influence qu'elles exercent sur le modèle idéal du beau ([15]), pour les avantages qu'elles peuvent attendre de leur propre beauté ([17]) et des effets de leur présence ou de leur absence ([65], [66]). Comme celle de l'amour, leur idéalisation est conforme au code courtois et néoplatonicien qui régit la poésie et le roman sentimental. Mais cette référence favorise, plus qu'elle ne fausse, l'analyse des sentiments, comme le montre la finesse des notations dans l'étude du « plaisir d'aimer sans l'oser dire », qui fait l'objet des réflexions [33] à [36].

A cet égard le *Discours sur les passions de l'amour* constitue l'un des plus remarquables produits de la culture mondaine du XVIIe siècle. On s'y montre ouvert à la philosophie la plus actuelle, même si on la soumet à un traitement trop souvent réducteur, comme il advient du rationalisme ou de Malebranche. On y adopte la formule des réflexions détachées qui a fait le succès des *Maximes* et des *Pensées*. Une expérience de la vie et de la littérature s'y communique dans un style — pensée et forme — qui parvient encore à nous surprendre. Et l'auteur de la réflexion [27] se montre assez averti pour attacher la preuve de la justesse de son œuvre à cette maïeutique qui impose au lecteur de faire retour sur soi-même et de reconnaître en son for intérieur la vérité du propos.

Le texte

Aucun des deux manuscrits du *Discours* ne donne un texte entièrement satisfaisant. Le meilleur, et sans doute le plus proche de l'original, est le manuscrit Cousin (f. fr. 19.303, B.N.), que nous suivons ici (sigle : ms. C). Mais, comme tous les éditeurs, nous recourons au manuscrit Gazier (n. acq. fr. 4015, B.N.) là où le ms. C est fautif ou moins satisfaisant que le ms. G. Ainsi : [16] C : la *constance* se mêle ; G : la *coutume* se mêle. [26] C : le cœur de l'homme, *et* les petites... ; C : le cœur de l'homme *est grand,* les petites... [32] C : un blanc, là ou G donne : *la durée.* [49] C : être sans excès ; G : être *belle* sans excès. [56] C : il ne faut *rien* de lenteur ; G : il ne faut *point* de lenteur. [61] C : le moyen de bien parler ; G : le moyen *d'en* bien parler. [61] C : *ce qui* est plus aisé de ; G : *ce qu'il* est plus aisé de. [66] C : *se* succèdent ; G : succèdent. [66] C : et sur ce qui touche ; G : et *c'est* sur ce qui touche. Nous adoptons la correction de Brunschvicg pour [56] : une idée de *l'agréable* (C : une idée *désagréable*).

Nous avons corrigé, comme l'avait fait Lafuma, les quelques erreurs de lecture de l'édition Brunschvicg.

La constitution du texte en alinéas est différente selon les deux manuscrits. Brunschvicg réunit à deux reprises des alinéas qui sont distincts dans les manuscrits (nos numéros [10] et [11], [15] et [16]). Son édition ne comporte donc que 64 réflexions, contre 66 ici. Lafuma multiplie au contraire les alinéas, parfois abusivement, nous semble-t-il, d'où 73 réflexions.

Dans les manuscrits, les alinéas ne sont ni séparés par un blanc, ni numérotés : ils le sont ici afin de faciliter les références.

BIBLIOGRAPHIE

Des nombreuses éditions du *Discours* on peut retenir : .
BLAISE PASCAL, *Pensées et Opuscules,* p.p. Léon Brunschvicg, Hachette, 1897 (nombreuses rééditions), p. 123-135.

Discours sur les Passions de l'Amour, p.p. Louis Lafuma, Delmas, 1950.

PASCAL, *Œuvres complètes,* p.p. L. Lafuma, Éd. du Seuil, 1963, p. 285-289.

Pour la bibliographie critique, on se reportera à Georges Brunet, 1959, cité *infra*.

En faveur de l'attribution à Pascal, on peut lire le commentaire, typiquement impressionniste et trop souvent sans intérêt, d'E. Faguet à son édition du *Discours,* Paris, Grasset, 1911 et G. LANSON, « Le *Discours sur les passions de l'amour* est-il de Pascal ?» *The French Quarterly,* janv.-mars 1920. Repris dans *Études d'histoire littéraire,* Paris, 1927, p. 97-112.

Et contre cette attribution : LOUIS LAFUMA, « Le *Discours sur les passions de l'amour* n'est pas de Pascal », *R.H.L.F.,* 1949, p. 113-129.

LOUIS LAFUMA, *L'auteur présumé du « Discours sur les passions de l'amour », Charles d'Escoubleau, marquis d'Alluye et de Sourdis,* Paris, 1950. Attribution récusée par J. MESNARD, *R.H.L.F.,* 1965, p. 365.

GEORGES BRUNET, *Un prétendu traité de Pascal* [...], Éd. de Minuit, 1959. Donne le texte des manuscrits dans leur présentation et leur graphie ainsi qu'une large enquête sur les sources.

ANTONY MCKENNA, *De Pascal à Voltaire* [...], The Voltaire Fondation, Oxford, 1990, t. I, p. 388-389.

DISCOURS SUR LES PASSIONS DE L'AMOUR

[1]. L'homme est né pour penser. Aussi n'est-il pas un moment sans le faire, mais les pensées pures, qui le rendraient heureux s'il pouvait toujours les soutenir, le fatiguent et l'abattent [1]. C'est une vie unie, à laquelle il ne peut s'accommoder, il lui faut du remuement et de l'action, c'est-à-dire qu'il est nécessaire qu'il soit quelquefois agité des passions, dont il sent dans son cœur des sources si vives et si profondes.

[2]. Les passions qui sont les plus convenables à l'homme, et qui en renferment beaucoup d'autres, sont l'amour et l'ambition [2]. Elles n'ont guère de liaison ensemble, cependant on les allie assez souvent, mais elles s'affaiblissent l'une l'autre réciproquement, pour ne pas dire qu'elles se ruinent.

[3]. Quelque étendue d'esprit que l'on ait, l'on n'est capable que d'une grande passion. C'est pourquoi, quand l'amour et l'ambition se rencontrent ensemble, elles ne sont grandes que de la moitié de ce qu'elles seraient s'il n'y avait que l'une ou l'autre [3]. L'âge ne détermine point ni le commencement ni la fin de ces deux passions. Elles naissent dès les premières années et elles subsistent bien souvent jusques au tombeau. Néanmoins, comme elles demandent beaucoup de feu, les jeunes gens y sont plus propres et il semble qu'elles se ralentissent avec les années ; cela est pourtant fort rare.

[4]. La vie de l'homme est misérablement courte. On la compte depuis la première entrée dans le monde. Pour moi, je ne voudrais la compter que depuis la naissance de la raison et depuis qu'on commence à être ébranlé par la raison, ce qui n'arrive pas ordinairement avant vingt ans [4]. Devant ce terme l'on est enfant, et un enfant n'est pas un homme.

[5]. Qu'une vie est heureuse quand elle commence par l'amour et qu'elle finit par l'ambition ! Si j'avais à en choisir une, je prendrais celle-là. Tant que l'on a du feu, l'on est aimable, mais ce feu s'éteint, il se perd. Alors, que la place est belle et grande pour l'ambition ! La

vie tumultueuse est agréable aux grands esprits, mais ceux qui sont médiocres n'y ont aucun plaisir, ils sont machines partout [5]. C'est pourquoi, l'amour et l'ambition commençant et finissant la vie, on est dans l'état le plus heureux dont la nature humaine est capable.

[6]. A mesure que l'on a plus d'esprit, les passions sont plus grandes, parce que, les passions n'étant que des sentiments et des pensées qui appartiennent purement à l'esprit, quoiqu'elles soient occasionnées par le corps, il est visible qu'elles ne sont plus que l'esprit même et qu'ainsi elles remplissent toute sa capacité [6]. Je ne parle que des passions de feu, car, pour les autres, elles se mêlent souvent ensemble et causent une confusion très incommode, mais ce n'est jamais dans ceux qui ont de l'esprit.

[7]. Dans une grande âme tout est grand [7].

[8]. L'on demande s'il faut aimer. Cela ne se doit pas demander, on le doit sentir. L'on ne délibère point là-dessus, l'on y est porté et l'on a le plaisir de se tromper quand on consulte [8].

[9]. La netteté d'esprit cause aussi la netteté de la passion. C'est pourquoi un esprit grand et net aime avec ardeur et il voit distinctement ce qu'il aime.

[10]. Il y a de deux sortes d'esprits, l'un géométrique et l'autre que l'on peut appeler de finesse [9]. Le premier a des vues lentes, dures et inflexibles, mais le dernier a une souplesse de pensée qui l'applique en même temps aux diverses parties aimables de ce qu'il aime. Des yeux il va jusques au cœur, et par le mouvement du dehors il connaît ce qui se passe au-dedans.

[11]. Quand on a l'un et l'autre esprit tout ensemble, que l'amour donne de plaisir ! Car on possède à la fois la force et la flexibilité de l'esprit, qui est très nécessaire pour l'éloquence de deux personnes [10].

[12]. Nous naissons avec un caractère d'amour [11] dans nos cœurs qui se développe à mesure que l'esprit se perfectionne et qui nous porte à aimer ce qui nous paraît beau, sans que l'on nous ait jamais dit ce que c'est. Qui doute après cela si nous sommes au monde pour autre chose que pour aimer ? En effet, on a beau se cacher à soi-même [12], l'on aime toujours. Dans les choses mêmes où il semble que l'on ait séparé l'amour, il s'y trouve secrètement et en cachette, et il n'est pas possible que l'homme puisse vivre un moment sans cela.

[13]. L'homme n'aime pas demeurer avec soi [13]. Cependant il aime. Il faut donc qu'il cherche ailleurs de quoi aimer. Il ne le peut trouver que dans la beauté, mais, comme il est lui-même la plus belle créature que Dieu ait jamais formée, il faut qu'il trouve dans soi-même le modèle de cette beauté qu'il cherche au-dehors. Chacun peut en remarquer en soi-même les premiers rayons et, selon que l'on s'aperçoit que ce qui est au-dehors y convient ou s'en éloigne, on se forme les idées de beau

ou de laid sur toutes choses. Cependant, quoique l'homme cherche de quoi remplir le grand vide qu'il a fait en sortant de soi-même, néanmoins il ne peut pas se satisfaire par toutes sortes d'objets. Il a le cœur trop vaste, il faut au moins que ce soit quelque chose qui lui ressemble et qui en approche le plus près. C'est pourquoi la beauté qui peut contenter l'homme consiste non seulement dans la convenance mais aussi dans la ressemblance. Elle la restreint et elle l'enferme dans la différence du sexe.

[14]. La nature a si bien imprimé cette vérité dans nos âmes que nous trouvons cela tout disposé. Il ne faut point d'art ni d'étude. Il semble même que nous ayons une place à remplir dans nos cœurs et qui se remplit effectivement. Mais on le sent mieux qu'on ne le peut dire. Il n'y a que ceux qui savent brouiller et mépriser leurs idées qui ne le voient pas.

[15]. Quoique cette idée générale de la beauté soit gravée dans le fond de nos âmes avec des caractères ineffaçables, elle ne laisse pas que de recevoir de très grandes différences dans l'application particulière, mais c'est seulement pour la manière d'envisager ce qui plaît. Car l'on ne souhaite pas nûment une beauté, mais l'on y désire mille circonstances qui dépendent de la disposition où l'on se trouve, et c'est en ce sens que l'on peut dire que chacun a l'original de sa beauté dont il cherche la copie dans le grand monde [14]. Néanmoins les femmes déterminent souvent cet original. Comme elles ont un empire absolu sur l'esprit des hommes, elles y dépeignent, ou les parties des beautés qu'elles ont, ou celles qu'elles estiment, et elles ajoutent par ce moyen ce qui leur plaît à cette beauté radicale. C'est pourquoi il y a un siècle pour les blondes, un autre pour les brunes, et le partage qu'il y a entre les femmes sur l'estime des unes ou des autres fait aussi le partage entre les hommes dans un même temps sur les unes et les autres.

[16]. La mode même et les pays règlent souvent ce que l'on appelle beauté. C'est une chose étrange que la coutume se mêle si fort de nos passions. Cela n'empêche pas que chacun n'ait son idée de beauté sur laquelle il juge des autres et à laquelle il les rapporte. C'est sur ce principe qu'un amant trouve sa maîtresse plus belle et qu'il la propose comme exemple.

[17]. La beauté est partagée en mille différentes manières. Le sujet le plus propre pour la soutenir, c'est une femme. Quand elle a de l'esprit, elle l'anime et la relève merveilleusement. Si une femme veut plaire et qu'elle possède les avantages de la beauté, ou du moins une partie, elle y réussira, et, même si les hommes y prenaient tant soit peu garde, quoiqu'elle n'y tâchât point, elle s'en ferait aimer. Il y a une place d'attente dans leur cœur, elle s'y logerait.

[18]. L'homme est né pour le plaisir, il le sent, il n'en faut point d'autre preuve [15]. Il suit donc sa raison en se donnant au plaisir. Mais bien souvent il sent la passion dans son cœur sans savoir par où elle a commencé.

[19]. Un plaisir vrai ou faux peut remplir également l'esprit. Car qu'importe que ce plaisir soit faux pourvu que l'on soit persuadé qu'il est vrai ?

[20]. A force de parler d'amour on devient amoureux [16]. Il n'y a rien si aisé. C'est la passion la plus naturelle à l'homme.

[21]. L'amour n'a point d'âge, il est toujours naissant. Les poètes nous l'ont dit, c'est pour cela qu'ils nous le représentent comme un enfant. Mais sans leur rien demander nous le sentons.

[22]. L'amour donne de l'esprit, et il se soutient par l'esprit. Il faut de l'adresse pour aimer. L'on épuise tous les jours les manières de plaire, cependant il faut plaire, et l'on plaît.

[23]. Nous avons une source d'amour-propre qui nous représente à nous-mêmes comme pouvant remplir plusieurs places au-dehors. C'est ce qui est cause que nous sommes bien aises d'être aimés. Comme on le souhaite avec ardeur, on le remarque bien vite et on le reconnaît dans les yeux de la personne qui aime. Car les yeux sont les interprètes du cœur, mais il n'y a que celui qui y a intérêt qui entend leur langage [17].

[24]. L'homme seul est quelque chose d'imparfait. Il faut qu'il trouve un second pour être heureux [18]. Il le cherche le plus souvent dans l'égalité de la condition, à cause que la liberté et que l'occasion de se manifester s'y rencontrent plus aisément. Néanmoins l'on va quelquefois bien au-dessus, et l'on sent le feu s'agrandir, quoiqu'on n'ose pas le dire à celle qui l'a causé.

[25]. Quand on aime une dame sans égalité de condition [19], l'ambition peut accompagner le commencement de l'amour, mais en peu de temps il devient le maître. C'est un tyran qui ne souffre point de compagnon, il veut être seul, il faut que toutes les passions ploient et lui obéissent.

[26]. Une haute amitié remplit bien mieux qu'une commune et égale. Le cœur de l'homme est grand, les petites choses flottent dans sa capacité, il n'y a que les grandes qui s'y arrêtent et qui y demeurent.

[27]. L'on écrit souvent des choses que l'on ne prouve qu'en obligeant tout le monde à faire réflexion sur soi-même et à trouver la vérité dont on parle. C'est en cela que consiste la force des preuves de ce que je dis.

[28]. Quand un homme est délicat en quelque endroit de son esprit, il l'est en amour [20]. Car, comme il doit être ébranlé par quelque objet qui est hors de lui, s'il y a quelque chose qui répugne à ses idées, il s'en aperçoit et il le fuit. La règle de cette délicatesse dépend d'une raison pure, noble et sublime. Ainsi l'on se peut croire délicat sans qu'on le soit effectivement, et les autres ont le droit de nous condamner, au lieu que, pour la beauté, chacun a sa règle souveraine et indépendante de celle des autres. Néanmoins, entre être délicat et ne l'être point du tout,

il faut demeurer d'accord que, quand on souhaite d'être délicat, l'on n'est pas loin de l'être absolument. Les femmes aiment à apercevoir une délicatesse dans les hommes et c'est, ce me semble, l'endroit le plus tendre pour les gagner. L'on est aise de voir que mille autres sont méprisables et qu'il n'y a que nous d'estimables.

[29]. Les qualités d'esprit ne s'acquièrent point par l'habitude, on les perfectionne seulement. De là il est aisé de voir que la délicatesse est un don de nature, et non pas une acquisition de l'art.

[30]. A mesure que l'on a plus d'esprit, l'on trouve plus de beautés originales [21], mais il ne faut pas être amoureux, car, quand l'on aime, l'on n'en trouve qu'une.

[31]. Ne semble-t-il pas qu'autant de fois qu'une femme sort d'elle-même pour se caractériser [22] dans le cœur des autres, elle fait une place vide pour les autres dans le sien ? Cependant j'en connais qui disent que cela n'est pas vrai. Oserait-on appeler cela injustice ? Il est naturel de rendre autant que l'on a pris.

[32]. L'attachement à une même pensée fatigue et ruine l'esprit de l'homme [23]. C'est pourquoi, pour la solidité et la durée du plaisir de l'amour, il faut quelquefois ne pas savoir que l'on aime et ce n'est pas commettre une infidélité, car l'on n'en aime pas d'autre, c'est reprendre des forces pour mieux aimer. Cela se fait sans que l'on y pense, l'esprit s'y porte de soi-même, la nature le veut, elle le commande. Il faut pourtant avouer que c'est une misérable suite de la nature humaine et que l'on serait plus heureux si l'on n'était point obligé de changer de pensée, mais il n'y a point de remède [24].

[33]. Le plaisir d'aimer sans l'oser dire a ses peines, mais aussi il a ses douceurs. Dans quel transport n'est-on point de former toutes ses actions dans la vue de plaire à une personne que l'on estime infiniment ? L'on s'étudie tous les jours pour trouver les moyens de se découvrir et l'on y emploie autant de temps que si l'on devait entretenir celle que l'on aime. Les yeux s'allument et s'éteignent dans un même moment, et, quoique l'on ne voie pas manifestement que celle qui cause tout ce désordre y prenne garde, l'on a néanmoins la satisfaction de sentir tous ces remuements pour une personne qui le mérite si bien. L'on voudrait avoir cent langues pour le faire connaître. Car, comme l'on ne peut pas se servir de la parole, l'on est obligé de se réduire à l'éloquence d'action [25].

[34]. Jusque-là on a toujours de la joie et l'on est dans une assez grande occupation. Ainsi l'on est heureux, car le secret d'entretenir toujours une passion, c'est de ne pas laisser naître aucun vide dans l'esprit, en l'obligeant de s'appliquer sans cesse à ce qui le touche si agréablement. Mais, quand il est dans l'état que je viens de décrire, il n'y peut pas durer longtemps, à cause qu'étant seul acteur dans une passion où il en faut nécessairement deux, il est difficile qu'il n'épuise bientôt tous les mouvements dont il est agité.

[35]. Quoique ce soit une même passion, il faut de la nouveauté, l'esprit s'y plaît, et qui sait la procurer sait se faire aimer.

[36]. Après avoir fait ce chemin, cette plénitude quelquefois diminue et, ne recevant point de secours du côté de la source, l'on décline misérablement et les passions ennemies se saisissent d'un cœur qu'elles déchirent en mille morceaux [26]. Néanmoins un rayon d'espérance, si bas que l'on soit, relève aussi haut qu'on était auparavant. C'est quelquefois un jeu auquel les dames se plaisent, mais quelquefois, en faisant semblant d'avoir compassion, elles l'ont tout de bon. Que l'on est heureux quand cela arrive !

[37]. Un amour ferme et solide commence toujours par l'éloquence d'action. Les yeux y ont la meilleure part. Néanmoins [27] il faut deviner, mais bien deviner.

[38]. Quand deux personnes sont de même sentiment, ils [28] ne devinent point, ou du moins il y en a une qui devine ce que veut dire l'autre, sans que cet autre l'entende ou qu'il ose l'entendre.

[39]. Quand nous aimons, nous paraissons à nous-mêmes tout autres que nous n'étions auparavant. Ainsi nous nous imaginons que tout le monde s'en aperçoit. Cependant il n'y a rien de si faux, mais, parce que la raison a sa vue bornée par la passion, l'on ne peut s'assurer et l'on est toujours dans la défiance.

[40]. Quand l'on aime, on se persuade que l'on découvrirait la passion d'un autre, ainsi l'on a peur.

[41]. Tant plus le chemin est long dans l'amour, tant plus un esprit délicat sent de plaisir.

[42]. Il y a certains esprits à qui il faut donner longtemps des espérances, et ce sont les délicats. Il y en a d'autres qui ne peuvent pas résister longtemps aux difficultés, et ce sont les plus grossiers. Les premiers aiment plus longtemps et avec plus d'agrément. Les autres aiment plus vite, avec plus de liberté, et finissent bientôt.

[43]. Le premier effet de l'amour, c'est d'inspirer un grand respect : l'on a de la vénération pour ce que l'on aime. Il est bien juste [29], on ne reconnaît rien au monde de grand comme cela.

[44]. Les auteurs ne nous peuvent pas bien dire les mouvements de l'amour de leurs héros. Il faudrait qu'ils fussent héros eux-mêmes.

[45]. L'égarement à aimer en divers endroits est aussi monstrueux que l'injustice dans l'esprit.

[46]. En amour un silence vaut mieux qu'un langage. Il est bon d'être interdit. Il y a une éloquence de silence qui pénètre plus que la langue ne saurait faire [30]. Qu'un amant persuade bien sa maîtresse, quand il est interdit et que d'ailleurs il a de l'esprit ! Quelque vivacité que l'on

[47]. L'on adore souvent ce qui [31] ne croit pas être adoré, et l'on ne laisse pas de lui garder une fidélité inviolable, quoiqu'il n'en sache rien. Mais il faut que l'amour soit bien fin et bien pur.

[48]. Nous connaissons l'esprit des hommes, et par conséquent leurs passions, par la comparaison que nous faisons de nous-mêmes avec les autres.

[49]. Je suis de l'avis de celui qui disait que dans l'amour on oubliait sa fortune, ses parents et ses amis [32]. Les grandes amitiés vont jusque-là. Ce qui fait que l'on va si loin dans l'amour, c'est que l'on ne songe pas que l'on aura besoin d'autre chose que de ce que l'on aime. L'esprit est plein, il n'y a plus de place pour le soin ni pour l'inquiétude. La passion ne peut pas être belle sans excès. De là vient qu'on ne se soucie plus de ce que dit le monde, que l'on sait déjà ne devoir pas condamner notre conduite, puisqu'elle vient de la raison. Il y a une plénitude de passion, il ne peut pas y avoir un commencement de réflexion.

[50]. Ce n'est point un effet de la coutume, c'est une obligation de la nature que les hommes fassent les avances pour gagner l'amitié des dames.

[51]. Cet oubli que cause l'amour et cet attachement à ce que l'on aime fait naître des qualités que l'on n'avait pas auparavant [33]. L'on devient magnifique sans l'avoir jamais été. Un avaricieux même qui aime devient libéral et il ne se souvient pas d'avoir jamais eu une habitude opposée. L'on en voit la raison en considérant qu'il y a des passions qui resserrent l'âme et qui la rendent immobile, et qu'il y en a qui l'agrandissent et la font répandre au-dehors.

[52]. L'on a ôté mal à propos le nom de raison à l'amour et on les a opposés sans un bon fondement, car l'amour et la raison n'est qu'une même chose [34]. C'est une précipitation de pensées qui se porte d'un côté sans bien examiner tout, mais c'est toujours une raison, et l'on ne doit, et on ne peut pas souhaiter que ce soit autrement, car nous serions des machines très désagréables. N'excluons donc point la raison de l'amour, puisqu'elle en est inséparable. Les poètes n'ont donc pas eu raison de nous dépeindre l'amour comme un aveugle. Il faut lui ôter son bandeau et lui rendre désormais la jouissance de ses yeux.

[53]. Les âmes propres à l'amour demandent une vie d'action qui éclate en événements nouveaux. Comme le dedans est mouvement, il faut aussi que le dehors le soit, et cette manière de vivre est un merveilleux acheminement à la passion. C'est de là que ceux de la cour sont mieux reçus dans l'amour que ceux de la ville, parce que les uns sont tout de feu et que les autres mènent une vie dont l'uniformité n'a rien qui frappe. La vie de tempête surprend, frappe et pénètre.

[54]. Il semble que l'on ait toute une autre âme quand on aime que quand on n'aime pas. On s'élève par cette passion et on devient toute grandeur. Il faut donc que le reste ait proportion, autrement cela ne convient pas et, partant, cela est désagréable.

[55]. L'agréable et le beau n'est que la même chose, tout le monde en a l'idée. C'est d'une beauté morale que j'entends parler, qui consiste dans les paroles et dans les actions de dehors. L'on a bien une règle pour devenir agréable, cependant la disposition du corps y est nécessaire, mais elle ne se peut acquérir.

[56]. Les hommes ont pris plaisir à se former une idée de l'agréable si élevée que personne n'y peut atteindre. Jugeons-en mieux et disons que ce n'est que le naturel, avec une facilité et une vivacité d'esprit qui surprennent [35]. Dans l'amour ces deux qualités sont nécessaires. Il ne faut rien de forcé et cependant il ne faut point de lenteur. L'habitude donne le reste.

[57]. Le respect et l'amour doivent être si bien proportionnés qu'ils se soutiennent sans que ce respect étouffe l'amour.

[58]. Les grandes âmes ne sont pas celles qui aiment le plus souvent. C'est d'un amour violent que je parle. Il faut une inondation de passion pour les ébranler et pour les remplir, mais quand elles commencent à aimer, elles aiment beaucoup mieux.

[59]. L'on dit qu'il y a des nations plus amoureuses les unes que les autres. Ce n'est pas bien parler, ou du moins cela n'est pas vrai en tout sens. L'amour ne consistant que dans un attachement de pensée, il est certain qu'il doit être le même par toute la terre. Il est vrai que, se déterminant autre part que dans la pensée, le climat peut ajouter quelque chose, mais ce n'est que dans le corps.

[60]. Il est de l'amour comme du bon sens. Comme l'on croit avoir autant d'esprit qu'un autre, on croit aussi aimer de même [36]. Néanmoins, quand on a plus de vue, l'on aime jusques aux moindres choses, ce qui n'est pas possible aux autres. Il faut être bien fin pour remarquer cette différence [37].

[61]. L'on ne peut presque faire semblant d'aimer que l'on ne soit bien près d'être amant, ou du moins que l'on n'aime en quelque endroit. Car il faut avoir l'esprit et les pensées de l'amour pour ce semblant, et le moyen d'en parler sans cela ? La vérité des passions ne se déguise pas si aisément que les vérités sérieuses. Il faut du feu, de l'activité et un jeu d'esprit naturel et prompt pour la première. Les autres se cachent avec la lenteur et la souplesse, ce qu'il est plus aisé de faire.

[62]. Quand on est loin de ce que l'on aime, l'on prend la résolution de faire et de dire beaucoup de choses [38]. Mais quand on est près, on est irrésolu. D'où vient cela ? C'est que, quand on est loin, la raison n'est pas si ébranlée, mais elle l'est étrangement en la présence de l'objet.

Or, pour la résolution, il faut de la fermeté, qui est ruinée par l'ébranlement.

[63]. Dans l'amour on n'ose hasarder parce que l'on craint de tout perdre. Il faut pourtant avancer, mais qui peut dire jusques où ? L'on tremble toujours jusques à ce que l'on ait trouvé ce point. La prudence ne fait rien pour s'y maintenir quand on l'a trouvé.

[64]. Il n'y a rien de si embarrassant que d'être amant et de voir quelque chose en sa faveur sans l'oser croire : l'on est également combattu de l'espérance et de la crainte. Mais enfin la dernière devient victorieuse de l'autre.

[65]. Quand on aime fortement, c'est toujours une nouveauté de voir la personne aimée après un moment d'absence. On la trouve de manque dans son cœur, quelle joie de la retrouver ! L'on sent aussitôt une cessation d'inquiétudes. Il faut pourtant que cet amour soit déjà bien avancé, car, quand il est naissant et que l'on n'a fait aucun progrès, l'on sent bien une cessation d'inquiétudes, mais il en survient d'autres.

[66]. Quoique les maux se succèdent ainsi les uns aux autres, on ne laisse pas de souhaiter la présence de sa maîtresse par l'espérance de moins souffrir. Cependant, quand on la voit, on croit souffrir plus qu'auparavant. Les maux passés ne frappent plus, les présents touchent, et c'est sur ce qui touche que l'on juge. Un amant dans cet état n'est-il pas digne de compassion ?

Or, pour la résolution, il faut de la fermeté, qui est ruinée par l'ébranlement.

[94]. Dans l'amour on n'ose hasarder parce que l'on craint de tout perdre. Il faut pourtant avancer, mais qui peut dire jusques où ? L'on tremble toujours jusques à ce que l'on ait trouvé ce point. La prudence ne fait rien pour s'y maintenir quand on l'a trouvé.

[95]. Il n'y a rien de si embarrassant que d'être amant et de voir quelque chose en sa faveur sans l'oser croire. L'on est également combattu de l'espérance et de la crainte. Mais enfin la dernière devient victorieuse de l'autre.

[96]. Quand on aime fortement, c'est toujours une nouveauté de voir la personne aimée après un moment d'absence. On la trouve de manque dans son cœur. Quelle joie de la retrouver ! L'on sent aussitôt une cessation d'inquiétudes. Il n'a pourtant que l'amour soit bien extrême, car quand il est naissant et que l'on n'a fait aucun progrès, l'on sent bien une cessation d'inquiétudes, mais il en survient d'autres.

[97]. Quoique les maux se succèdent ainsi les uns aux autres, on ne laisse pas de souhaiter la présence de sa maîtresse par l'espérance de moins souffrir. Cependant, quand on la voit, l'on s'en voit souvent plus qu'auparavant. Les maux passés ne frappent plus les présents touchent, et c'est sur ce qui touche que l'on juge. Un amant dans cet état n'est-il pas digne de compassion ?

Quatrième partie

Quarta parte

LA BRUYÈRE

LES CARACTÈRES
OU LES MŒURS DE CE SIÈCLE

PRÉCÉDÉS DE

LES CARACTÈRES
DE THÉOPHRASTE TRADUITS DU GREC

Texte établi, présenté et annoté par Patrice Soler

Les Caractères

LA BRUYÈRE DANS TOUS SES ÉCLATS
par Patrice Soler

« Maximilien », « l'homme qui fait des bouts de texte, des maximes », ce fut le surnom que lui donnaient Racine et Boileau, comme le rappelle le romancier Pascal Quignard dans une incisive plaquette sur La Bruyère fragmentiste [a].

On voudrait ici se laisser atteindre par tous les éclats d'un texte qui n'en finit pas d'étonner. Maître ironiste, comme La Fontaine, et classique en cela, La Bruyère ne cesse de se cacher, de feindre et de feinter. Des fragments éclatants de verve, mais un auteur dissimulé. Volontiers loufoque, accumulant les traits les plus incongrus, inventant des créatures que ne renierait pas le théâtre d'Ionesco, La Bruyère est irrémédiablement tourné vers un Age d'or, horizon de sa critique sociale, politique, religieuse et littéraire [b].

Quelle est la part du jeu ? Éclats qui blessent le sens de la cohérence [c] ? Question disputée : « Il ne veut pas laisser douter de l'unité d'une pensée pourtant traduite en fragments ; c'est que le fragment ne contredit en rien cette unité », écrit J. Dagen, répondant à une tendance de la critique exprimée par G. Michaud : « La fragmentation à l'œuvre dans les *Caractères* empêche en effet le lecteur de dégager une vérité, une direction, un sens. » A peine a-t-on avancé dans cet extraordinaire foisonnement de formes que l'on s'interroge sur le sens de pareille disparate.

---

a. *Une gêne technique à l'égard des fragments*, Fata Morgana, 1986, p.18. Pour les références bibliographiques complètes des ouvrages cités en note, le lecteur pourra se reporter à la bibliographie, p. 653 et suiv.

b. Citant la thèse récente de F.-X. Cuche, J. Dagen rapproche La Bruyère du « courant de pensée que, dès les années 70, Bossuet et Fleury représentent, dont Boileau relève pour l'essentiel, auquel adhère Fénelon. » Pour eux, « les valeurs spirituelles et morales essentielles n'ont jamais été mieux connues et illustrées que dans les commencements de l'humanité. » Tel est l'étalon qui mesurera les formes modernes de la société. « Ce qui s'appelle penser pour La Bruyère », *Littératures*, P.U. du Mirail-Toulouse, 23, automne 1990, p. 56-57.

c. J. Dagen, « Le clair-obscur de La Bruyère », Supplément à *Littératures classiques*, 13, janvier 1991, p. 38 ; G. Michaud, « Maxime, fragment, caractère : remarque et démarque du genre chez La Bruyère », *Le Tricentenaire des « Caractères »*, Biblio 17, 1989, p. 56.

La Bruyère a tout fait pour ne ressembler ni à Pascal ni à La Rochefoucauld, comme il le proclame à la fin du « Discours sur Théophraste ». Simple préfacier à la traduction, qu'il établit lui-même, des caractères de son prédécesseur [a], lequel, élève d'Aristote, collectionnait, en naturaliste, quelques espèces morales, il déroule tout un paradigme du modèle, du livre des *Proverbes* à ses deux illustres devanciers. L'aveu d'humilité, comme chez Montaigne, et avec ironie ici aussi, est un acte d'indépendance, et un défi : l'original est là pour exciter l'émulation, c'est sa fonction, mais il paralyse, La Bruyère doit trouver sa voix (voie) propre. La Bruyère a relevé un défi ; Molière, on le verra, en était un, aussi, et Juvénal, et Boileau, et Sénèque, et Montaigne. Les notes de cette édition les rapprocheront, mais pour les écarter de La Bruyère.

La Rochefoucauld lui offre-t-il en miroir sa propre pratique : « Cette unique pensée, comme multipliée en mille manières différentes, a toujours, par le choix des mots et par la variété de l'expression, la grâce de la nouveauté » ? Double variation, par rapport aux modèles et par rapport à soi-même. Or, si La Bruyère condense, il développe aussi. L'œuvre vit dans une perpétuelle tension entre silence et prolifération. La fin même de la Préface, récapitulant les formes utilisées, les entasse en une longue phrase. Impatient de la rigueur imposée à la maxime, il donnera des fragments très étendus. C'est l'édition de 1691, la sixième, qui en apporte beaucoup, et les plus longs morceaux sont servis à cette date : Ménalque ; le discours de Démocrite ; la collection de « curieux » est de cette année, comme le portrait d'Onuphre ou telle apostrophe éloquente aux politiques, et le diptyque Démophile, Basilide ou Giton-Phédon [b]. La Bruyère apportera encore de longs textes dans les deux éditions suivantes, pour combattre, par exemple, les « esprits forts » (XVI,43, en 1692), ou accabler le lecteur du sentiment de la relativité des usages, et dénoncer les formes d'appauvrissement de la langue (XIV,73).

Tension entre la brièveté et l'expansion, à trois niveaux : la phrase, la remarque, le chapitre. Tension entre le rythme *ostinato* des portraits et le sens de l'énigme : le portrait de Glycère accumule presque paradoxalement les formes du secret (III,73). Tension entre un goût attique et les grands écarts d'une imagination... dont il se défie : « Il ne faut pas qu'il y ait trop d'imagination dans nos conversations ni dans nos écrits » (V,17).

---

a. « A l'image de son modèle, le livre des *Caractères* est problématique, mais on pourrait dire qu'il l'est volontairement... Il instaure un genre littéraire tout nouveau, doté d'une extraordinaire souplesse » (E. Bury, « La Bruyère et la tradition du caractère », Supplément à *Littératures classiques*, 13, janvier 1991, p. 19 ; l'auteur réinsère le moraliste dans une tradition humaniste et docte).

b. Voir successivement XI, 7 ; XII, 119 ; XIII, 2 ; XIII, 24 ; X, 21 ; X, 11 ; VI, 83. La Bruyère, de même, « ne tarit point sur les Pamphiles » (IX, 50), et le portrait se développe de 1689 à 1691 et 1692 ; et puisque le monde est « semé » d'une pépinière intarissable de directeurs (III, 42), La Bruyère ne tarit pas sur eux...

« Caractère » ?

Intarissable, séduit par la longueur (et les longueurs), La Bruyère ne fait peut-être que tirer les conséquences de sa vision de l'homme, qui n'a pas de caractère, donc pas de contours délimités. La Bruyère « dépasse », comme on fait en coloriant des figures... Et il peut nous excéder ; mais, dans le chapitre « De l'homme » (XI), l'homme excède, ou manque plutôt, la notion de nature humaine : « L'Homme, il est humain à peu près autant que la poule vole », traduit Céline.

J. Lafond a montré, dans ce volume, « la naturalisation en France du "caractère" ». Avec les *Caractères* une tradition ne va-t-elle pas se tarissant ? Cette œuvre témoigne de mille façons de la gêne où la met la notion même de caractère, avec son sens d'origine, jamais perdu à l'époque. Aux tenants de la « dissolution » du caractère, L. van Delft a pu reprocher le « contresens, qui méconnaît les données de base de ce socle de l'anthropologie européenne que constituent encore, au XVIIe siècle, les visions de Théophraste et d'Aristote. Il y a quelque ouverture anthropologique chez La Bruyère, mais l'essentiel relève d'un ordre ancien [a]. »

Ménalque, cette machine folle, est « moins un caractère particulier qu'un recueil de faits de distractions » (XI,7). Mais la critique, aujourd'hui, ne saurait substituer à un discours univoque un autre discours univoque, qui nierait cette fois tout essentialisme chez La Bruyère. Lire les *Caractères* dans la tension ; lire les *Caractères* comme une crise, au sens propre du terme, de la notion fondatrice de caractère et comme un témoignage de ce que Paul Hazard appela *La Crise de la conscience européenne*.

Le style coupé (et coupant) en expansion, c'est aussi un automatisme, un entraînement même du discours. Non sans dessein : éveiller le lecteur, le harceler, le conduire de fractures en crevasses. Contrairement à Pascal, La Rochefoucauld, hommes d'une thèse, La Bruyère se refuse à exposer : « Surprise, attente, inquiétude, ce sont les sentiments qu'engendre le texte des *Caractères,* que souvent le dernier mot ne résorbe pas, soit que la réponse espérée demeure en suspens, soit que, dans le cours, pourtant bref, du fragment, la pensée dévie vers une réponse imprévisible [b]. » « On ne doit parler, on ne doit écrire que pour l'instruction », rappelle-t-il dans la Préface. Instruire ? En quel sens ?

---

[a]. L. van Delft, « Du monde clos à l'œuvre ouverte », Supplément à *Littératures classiques*, p. 85. Le critique rappelle que La Bruyère, comme ses contemporains, gardait à l'esprit le sens étymologique et métaphorique de *caractère*. C'est la marque distinctive, tracée au burin, au ciseau, à la plume, et qui rappelle la marque du poinçon sur la cire, chez les Anciens, ou la marque au fer rouge sur un esclave ou une bête. (« Littérature et anthropologie ; le *caractère* à l'âge classique », in *Le Statut de la littérature,* Mélanges P. Bénichou, p.p. Marc Fumaroli, Genève, Droz, 1982, p. 97-115). La littérature sera donc une mise en œuvre des signes qui leur conserve ou restitue le maximum de relief. D'où la pratique de l'hyperbole et les écarts de l'imagination chez La Bruyère. Le *caractère*, en outre, garde sa valeur de marque qui porte jugement.

[b]. J. Dagen, « Le clair-obscur de La Bruyère » (p. 31). « L'activité que le texte provoque par sa forme même [...] imite le mouvement d'une dialectique que l'on ne peut manquer de dire platonicienne » (p. 32).

Éclat d'une parole brillante, condensée dans la pointe, une véritable forme-sens ; son fonctionnement n'est pas toujours identique à ce qu'il est dans les *Maximes* de La Rochefoucauld : La Bruyère ne dédaigne pas la longueur, et en joue, pour l'explosion finale. Condensation : l'éclat du mot juste (I,17) tient, autant qu'à son exacte adéquation, à son pouvoir de condenser. R. Barthes s'était interrogé sur la découpe du monde social par La Bruyère [a]. Là encore, le moraliste « déborde », et le plus passionnant dans son classement assez simpliste est le jeu de renvois perpétuel : les *Caractères* s'allument de feux réciproques, se reflètent les uns dans les autres. Scintillements et réfractions. Pourquoi cet ordre toujours débordé ? « La Bruyère aborde loin de tout système tous les problèmes, mis en perspectives diverses et quasi illimitées [...] : déchiffrage continu de l'être scruté dans ses postures, sa nature profonde partout masquée et partout trahie, à tous les niveaux de ses relations [b]. »

« Un amas de pièces détachées »

Julien Benda enregistra le « penser pulsatile » de La Bruyère, le rapprochant de l'annotation stendhalienne, et pour le lui reprocher. Faut-il céder à la tentation de l'esprit, sécréter du continu ? On a pu voir deux mouvements successifs et ressemblants dans l'œuvre : une montée vers le chapitre X, « Du souverain ou de la république », qui domine la série des conditions (VII-IX), à partir des quatre sources où s'alimente toute la vie sociale (I-VI), esprit, ambition, amour, argent ; une autre montée conduirait vers la foi à partir d'un tableau général de l'homme (XI-XVI). Dans cet « organisme de type original », « les éléments d'ordre esthétique, moral, social, pittoresque, métaphysique sont dosés différemment dans chaque membre [c] ». Mais s'agit-il bien d'un « organisme » ? Mais quel ordre dans chacun des deux mouvements ? Tardivement, il est vrai, La Bruyère a revendiqué une économie pour son livre : une longue propédeutique (I-XV) tendrait à « ruiner tous les obstacles qui affaiblissent d'abord et qui éteignent ensuite dans tous les hommes la connaissance de Dieu », dit-il en 1694 dans la Préface du *Discours à l'Académie*. Est-ce aussi simple [d] ? Le

---

a. « La Bruyère a esquissé en somme une sorte de *cosmogonie* de la société classique, décrivant ce monde par ses *côtés*, ses limites et ses interférences [...] ; les chapitres des *Caractères* sont autant de coups d'arrêt imposés naturellement à la vision de l'homme ; aujourd'hui, on ne peut plus arrêter l'homme nulle part », « La Bruyère » in *Essais critiques*, Le Seuil, 1964, p. 224-225. Mais les renvois perpétuels d'une remarque à l'autre dans les *Caractères* « arrêtent »-ils l'homme ? Ainsi le dernier alinéa de IX, 50 renvoie-t-il à II, VI, VIII, XII ; XI, 4 fait rétrospectivement briller IV, 34, 35, 37 et XI, 8 se dissémine à son tour dans les chapitres II, V, VI, XII.
b. A. Stegmann, *Les « Caractères » de La Bruyère, bible de l'honnête homme*, Larousse, 1972, p. 216. On pourrait – le système en moins – rapprocher de Balzac, il condense une société en seize chapitres, dans l'éventail de toutes les relations entre les hommes.
c. T. Goyet, « La composition d'ensemble du livre de La Bruyère », *L'Information littéraire*, janv.-fév., 1955, 1, p. 6.
d. Pour définir ses fragments par rapport à la maxime, au portrait, La Bruyère parle de « remarques », non sans provocation. L'étude de G. Michaud signalée p. 637 note c en tire les conséquences anthropologiques, la ruine de la notion de caractères, consommée dans les portraits tardifs : « Il n'y a plus ni essence, ni permanence, ni fixité, ni unité possible du sujet ; [...] le fond même de son ouvrage s'ouvre sur un abîme. » (p. 56).

« Discours sur Théophraste », lui, en 1688, revendiquait avec désinvolture l'absence d'ordre... Masque ? La critique est partagée : allergique, au fond, à l'ouvrage non composé, comme beaucoup du temps même de La Bruyère, ou, à rebours, célébrant la déconstruction « moderne » du livre. Dans le premier cas, le chapitre V, « De la société et de la conversation » par exemple, serait une transition, « car dans la conversation s'est faite la rencontre des mensonges du cœur (IV) et des mascarades de la société [a] (VI-IX) ». La critique récente s'est attachée, elle, à penser le fragment chez La Bruyère : « La fragmentation est accordée, profondément, à la transition que vit l'époque, à un nouvel ordre du cosmos. Cette rhétorique est solidaire de l'évolution de la cosmographie. La structure des *Caractères* renvoie déjà à la relativité [...]. D'un côté, une anthropologie millénaire [...], ptoléméenne. De l'autre côté, une écriture, une structure d'ensemble disloquées, une sorte de désintégration. » J. Dagen a lié le choix du fragment à la notion capitale ici de *sublime*, qui opère sur le destinataire « par coups de force suscitant éclairs d'intelligibilité [b]. »

Écart

J. Brody a relancé la réflexion de R. Barthes, entravée par des *a priori* idéologiques, en montrant qu'en définitive La Bruyère pensait dans un écart, une fracture qui signifiait. « Tout le génie de La Bruyère — penseur, écrivain, moraliste — se ramène à cette façon si neuve de voir et faire voir la problématique si ancienne de la relation entre les mœurs effectives des hommes et la morale qu'ils professent [...]. C'est comme si son système de portraiture avait été conçu pour rendre compte des raisons et des conséquences du dédoublement sémantique grâce auquel un même mot latin, *mos*, a engendré deux dérivés, *mœurs* et *morales,* et deux sens différents : le relatif et l'arbitraire d'une part, et le permanent et l'absolu de l'autre [c]. » Ces « peintures morales », comme on disait alors, sont modelées par une parole chrétienne : « Beaucoup de caractères de La Bruyère sont des paraboles en style mondain », ce sont les pièces d'une « défense et illustration de la sagesse païenne, et surtout biblique », en paraboles, tel le portrait de Lise (III, 8) ou du « fleuriste » (XIII, 2), le premier, « version profane de l'Ecclésiaste », l'autre « parabole modulant, une nouvelle fois, les thèmes de la frivolité des biens de ce monde, du connais-toi toi-même et du *Memento mori* [d]. »

Éclats des noms

Belle invention poétique ! *Carro Carri*, la jonglerie verbale brille comme une enseigne, pour le charlatan italien, sa méthode est tout entière dans

---
a. T. Goyet, art. cité, p. 7.
b. L. van Delft, art. cité, p. 79-80. J. Dagen, « Le clair-obscur de La Bruyère », p. 38. Pour la notion de sublime, voir *infra* la présentation de la section I.
c. « Le style d'un moraliste », *C.A.I.E.F.,* 1978. Étude remarquable, qui montre comment le sens naît dans la phrase de façon indirecte, dans la minutie des agencements. Elle fait le troisième chapitre de *Du style à la pensée*.
d. L. van Delft, art. cité, p. 76 et 74.

son nom (XIV, 68) ; Diphile a la légèreté des oiseaux en lesquels il se mue, en rêve (XIII, 2), et chez Zélie le zèle religieux affecté a tué le rire (XIII, 25) ; Gnathon est une « mâchoire », en effet (XI, 121), et Bathylle, le baladin, batifole d'une admiratrice à l'autre (III, 33). Hermagoras est engoncé dans sa lourde érudition et Iphis fait bien « la petite bouche » (XIII,14). On croirait lire un glossaire onomastique composé par Michel Leiris : Onuphre (XIII, 24), Acis (V, 7), Arrias, le hâbleur (V, 9), Typhon, fournisseur de meute à un grand et terreur de la province (XIV, 62), les Sannions, qui répandent partout leurs armes récentes, et leur sanie de parvenus (VII, 10). L'onomastique baptise aussi le personnage dans un bain d'irréalité.

L'horloge de La Bruyère

La Bruyère devait être fasciné par les horloges. Ainsi « le *sot* est automate, il est machine, il est ressort ; le poids l'emporte, le fait mouvoir, le fait tourner, et toujours, et dans le même sens, et avec la même égalité. » Que de *sots* dans les *Caractères* ! Et qu'est-ce qu'un courtisan, sinon une montre (VIII,65) ? Et Narcisse (VII,12) ? Vanité de l'homme : « Il ne faut quelquefois [...] qu'une pendule, pour adoucir une grande douleur et pour faire moins sentir une grande perte » (XI, 31). On a pu voir avec raison en La Bruyère un « fabricateur de personnages dont la vie n'est plus qu'un vain mécanisme [a] ». L'auteur est à l'image de ses créatures. Son écriture a un aspect très fabriqué et mécanique ; il n'a cessé de mettre au point en parfait artisan, année après année, ses petits mécanismes de mots, sans se faire illusion, quoi qu'il puisse dire ici ou là. Aussi bien s'est-il présenté en horloger (I, 3)... Le même critique observe que « les personnages de La Bruyère perdent leur identité d'êtres humains, dans la mesure où ils s'accommodent du milieu irréel dans lequel les plonge le texte [b] ». Le moraliste ajuste ses tours, les ressorts de ses remarques, et n'aura fait qu'accumuler ses inventions « qui n'ont point de nom » : portraits, maximes, récits, sketches, parallèles, pamphlets, pastiche.

Mais des travaux récents ont montré que l'excès de la « peinture », chez La Bruyère, était solidaire de la recherche du vrai et du naturel [c].

---

a. F. Gray, *La Bruyère, amateur de caractères*, Nizet, 1986, p. 75.
b. *Ibid.*, p. 153.
c. Ainsi M. Riffaterre note-t-il que les *Caractères* n'ont pas le souci de la vraisemblance, à cause du souci satirique, et surtout parce que « le genre demande que le portrait moral soit aussi une leçon, un exemple plus proche de l'abstraction que de l'illustration par un cas concret ». Le critique restitue les « mots matriciels » qui permettent « l'effet de vrai » : le texte n'en est que l'expansion sous forme « en apparence objective » ; dès lors, l'absurde n'est plus « annulation du vrai, mais code paradoxal du vrai pour redire ce vrai une fois de plus » (« L'effet de vrai : La Bruyère à l'eau-forte », *Tricentenaire des « Caractères »*, Biblio 17, 44, p. 10, 11, 25). Voir par ailleurs J. Dagen : « La lumière frisante accuse les traits et creuse les contrastes. Mais c'est au prix de jeux complexes, régis par l'imagination et destinés à agir sur l'imagination, que doit devenir irrésistible [...] le désir d'une clarté plus grande. » (« Le clair-obscur de La Bruyère », p. 37).

G. Lanson notait qu'« il tient à dire les choses comme personne ne les dit, singulièrement [a]. » D'où sa technique : « Il ne s'agit pas de *faire voir* la personne, il s'agit de fixer l'attention des lecteurs sur diverses particularités de la personne, de faire naître de ces particularités des idées ingénieuses, de les assembler en rapports piquants, de mêler si intimement l'exercice de l'esprit du peintre à la description des caractères du modèle, que l'on ne sache pas ce qui intéresse ou amuse le plus, le modèle étudié, ou le tour donné à cette étude [b]. »

Tours et pointes

Le tour, terme d'artisan [c]. La Bruyère aime ce mot, qui désigne une manière heureuse de présenter les termes, qu'il prise tant chez les épistoliers (I, 37), et qui peut aussi s'appliquer à une façon contournée de présenter la pensée (V, 15, 69).

Si l'auteur tient du lapicide, l'art du diamantaire ne lui est pas inconnu : « Après l'esprit de discernement, ce qu'il y a au monde de plus rare, ce sont les diamants et les perles » (XII, 57). La pointe : goût du joyau, rareté du tour, souci de la pureté. Tout concourt à lancer le trait final. La Bruyère distille, avec ses pointes, des plaisirs exquis : telle remarque (VIII, 10) se présente comme une comparaison énigme, et se résout en la motivant et filant la métaphore ; ailleurs (IV, 61), le trait est lancé par un tour qui réintroduit paradoxalement un mot ; la pointe est aussi opposition entre deux registres, ainsi le roi et le confiseur en VIII, 12, en VIII, 75 le courtisan et la félicité des saints. La Bruyère a le goût du concettisme intellectuel, de la trouvaille qui laisse muet. Les pointes continuent longtemps à vibrer, une fois fichées dans l'imagination [d]. C'est la coquette qui « meurt parée et en rubans de couleur » (III, 6). C'est Iphis (XIII, 14), Théobalde (V, 66). Ce sont des juges (XIV, 43) ou l'orateur sacré (XV, 21), c'est chacun de nous. « Les haines sont si longues et si opiniâtrées, que le plus grand signe de mort dans un homme malade, c'est la réconciliation » (XI, 108).

Art de la pointe, vision pointilliste souvent. Hermippe et les afféteries de La Bruyère font de lui une manière d'Iphis de la littérature morale.

Attaques

Un art des attaques ravit particulièrement dans les *Caractères* [e]. La fragmentation impose de reprendre la parole, chaque fois. D'où les

---

a. *L'Art de la prose*, p. 123.
b. *Ibid.*, p. 128.
c. Le tour projette la pensée, et ouvre ainsi une percée dans l'esprit du lecteur. A. Stegmann a bien analysé cet « art des distorsions du vocabulaire commun dans ses relations internes avec les mots voisins ». Distorsion : c'est encore, étymologiquement, une façon de brandir. *Les « Caractères » de La Bruyère, bible de l'honnête homme*, Larousse, 1972, p. 190.
d. P. Quignard a excellemment fait le « caractère » de La Bruyère, parlant de « cette manie harcelante du soin qu'il porte à ce qu'il laisse se détacher de lui par petits morceaux, cette attention au déchet, cette polissure du lambeau ou de la miniature », *op. cit.*, p. 11.
e. « C'est par la disparité des attaques qu'il assure une discontinuité entre les fragments. Cette absolue variété [...] aboutit à une sorte d'hétérogénéité radicale du texte lui-même », P. Quignard, *op. cit.*, p. 53.

débuts, attaques si efficaces, éclats d'un dialogue déjà engagé ailleurs, dialogue de sourds, comme le célèbre début de II, 27 : « L'or éclate, dites-vous, sur les habits de Philémon » ; apostrophes : « Votre fils est bègue : ne le faites pas monter sur la tribune » (II, 18) ; cela peut aller jusqu'à la mécanisation : « Que dites-vous ? Comment ? Je n'y suis pas ; vous plairait-il de recommencer ? J'y suis encore moins » (V, 7). Cet homme interloqué prend pour nous le visage et la diction de Raymond Devos. Il y aurait beaucoup à dire sur ce rapprochement peu orthodoxe ; La Bruyère joue volontiers l'ahuri, amplifie son effarement : « Je ne sors pas d'admiration et d'étonnement à la vue de certains personnages que je ne nomme point ; j'ouvre de fort grands yeux sur eux » (III, 42, contre la bête noire, les « directeurs » de conscience). Cela va jusqu'à l'extravagance totale : « Fuyez, retirez-vous : vous n'êtes pas assez loin — je suis, dites-vous, sous l'autre tropique. Passez sous le pôle et dans l'autre hémisphère, montez aux étoiles, si vous le pouvez » (VI, 35). La Bruyère est bien loin ici de l'atticisme recommandé en ouverture. Mimétisme des outrances du satirique latin Juvénal ? Ainsi la cour de Louis XIV serait-elle la Rome de Domitien ?... Démesure à la mesure du cynisme et de l'imposture contemporains ? Le « caractère » est de l'ordre du *masque*, dont le creux porte la marque, vigoureusement stylisée, d'une passion, et le relief est capable de s'imprimer fortement sur la cire de l'imagination. Masque du satirique ? Il ne cache personne, il révèle et il réveille. Attaque d'indignation : « J'ai différé à le dire et j'en ai souffert ; mais enfin il m'échappe [...] » (III, 42). On connaît la pièce d'anthologie : « L'on voit certains animaux farouches [...] » (XI, 128).

Éclats du discours social : une méthode

Éclats d'une parole qui se refuse souvent à la transparence des liens de causalité et des enchaînements : à nous de les rétablir, de les imaginer, à partir d'insinuations. La critique âpre de la cour (VIII) est-elle une mise en cause du souverain lui-même, qui l'a inventée comme une redoutable machine de gouvernement ? Il faut aller chercher deux sections plus loin (X) des indices, et peu évidents.

Une des obsessions de La Bruyère est cette prolifération de coteries, cercles, « directeurs » de conscience (une « pépinière ») avec leur langage érigé en idiolecte ; et ce n'est pas le moindre des aspects permanents et *actuels* de cette œuvre. La critique, d'Émile Faguet à Roland Barthes, n'a vu qu'un aspect, le brillant du bibelot, ou « le sens moderne » que R. Barthes coupe de toute permanence humaniste, dédaignant d'y chercher et chasser « la maxime qui rendra compte sous une forme parfaite, de *cette* blessure que nous venons de recevoir des hommes [a] ». Mais il y a une proximité naïve, *aussi*, de La Bruyère, enquêteur dans sa société, à nous-mêmes. Cette façon de briser la parole sociale en mille petits, tout petits éclats, de les recueillir pour y déceler des périls, est à elle seule une raison de relire les *Caractères*.

---

a. R. Barthes, *op. cit.*, p. 223.

Zombaye

Nom exotique de l'ineptie. Le moraliste parle depuis l'étranger, relativise le gallocentrisme ; à propos de l'habitude du jeu, qui est « un renversement de toutes les bienséances », il rapproche les conditions, La Bruyère évoque la bizarre (pour nous) pratique du *zombaye* au royaume de Siam (VI, 71). Ineptie : manque de convenance. Les « caractères » sont autant d'inepties, l'ouvrage de ce nom les décline avec tous leurs cas. Ainsi la cour est-elle « comme un nouveau monde », où bien et mal sont également utiles (VIII, 9) et Théodote un des plus beaux spécimens d'ineptie (VIII, 61). Et Télèphe, cet homme « qui ne se mesure point, qui ne se connaît point ; son caractère est de ne pas savoir se renfermer dans celui qui lui est propre et qui est le sien » (XI, 141). Regard du voyageur exotique. Les *Caractères* sont « quelque relation de la Mingrélie » (VII, 19). La Bruyère découvre l'ineptie de ces « petites républiques » en lesquelles Paris se divise (VII, 4), de cette contrée qu'on appelle la cour (VIII, 74), ou de ces coteries littéraires qui excitent tant sa verve (V, 65).

Ineptie de l'homme : quelle disproportion abyssale entre la capacité en lui (au sens où un vase a une capacité) de connaître et d'aimer le Créateur et... la tulipomanie, assujettissement à une mode, « chose folle et qui découvre bien notre petitesse » (XIII, 2). La Bruyère confond sa voix avec celle de Pascal pour nous confondre : « L'homme, qui est esprit, se mène par les yeux et les oreilles » (XI, 154).

Les mots fuient, les jugements flottent

Peindre pour que les hommes s'amendent ? La Bruyère n'y croit guère, ses déclarations et ses remarques ne coïncident pas toujours, il s'en faut. « Il faut chercher seulement à penser et à parler juste » (I, 2). Dans le « commerce » des hommes, beaucoup de fausse monnaie circule. Le moraliste est un contrôleur des poids et mesures. Les mots fuient, la discrétion des signes n'est plus assurée ; ils sont confondus. On voit même les politiques, les hommes d'État confondre lettré et irresponsable ; trafiquant les mots, ils réputent impropres aux affaires ceux-là mêmes qui apprennent à ne pas être payés de mots, les littéraires (XII, 19)...

Les concepts moraux examinés ont parfois perdu de leur pertinence, mais le chapitre XII est exemplaire : une belle leçon de vigilance linguistique, préalable à l'exercice du jugement. Le fragment favorise le prélèvement de mots, de tout petits mots, il est méthode, il les fait tinter pour les mettre à l'épreuve (20, 82, 95). Le moraliste tente de chasser la mauvaise monnaie, dans le « commerce du monde », où tant de gens trafiquent les mots, d'abord. Le monde des *Caractères* est en état généralisé d'imposture, et, plus que les autres moralistes, La Bruyère a noté les constantes impropriétés, qui brouillent la communication sociale et charrient toutes les confusions : confusion des parvenus et des gentilshommes, des conditions qui se mêlent, confusion du service divin à la Chapelle de Versailles et du culte royal, confusion quand tant de gens profitent de leur notoriété pour se donner comme écrivains... Chaque fois l'enjeu, moral, politique, social, n'est pas mince [a]. La Bruyère commence son livre en examinant les « ouvrages de l'esprit » : ce sont eux qui développent une compétence linguistique, formant l'oreille, entraînant à détecter les confusions, ambiguïtés, dissonances. Ils arment pour affronter les discours du monde. On y apprend à lire ces livres que sont la « Cour », les « Grands », la « Mode ». La Bruyère s'applique à distinguer, avec la conviction qu'« entre toutes les différentes expressions qui peuvent rendre une seule de nos pensées, il n'y en a qu'une qui soit la bonne » (I, 17). C'est dans les glissements et dérives de termes que travaille le moraliste. C'est l'âge des dictionnaires : celui de Furetière en 1690, de l'Académie en 1694. « Qu'est-ce qu'une femme que l'on dirige ? [...] je vous entends, c'est une femme qui a un directeur » (III, 43). La Bruyère aime décliner : la remarque III, 24 offre à propos des femmes, une jolie série de distinctions.

Échelles et fugue

Déclinaisons, d'alinéa en alinéa ou dans le même fragment, gradations et dégradés ; La Bruyère entraîne allègrement le long des échelles qu'il a plusieurs fois disposées. Le chapitre II, « Du mérite personnel », s'achève sur les degrés de perfection de la bonté d'âme : au terme se dresse une figure christique. Le fragment VIII, 31 est une traversée de la cour, de palier en palier, jusqu'à l'absence finale : où est donc l'homme « qui soit bon, qui ne soit rien davantage, et qui soit recherché » ? Beau mouvement de fugue d'un alinéa à l'autre dans les remarques réunies en XII, 56 : il nous mène jusqu'à « l'homme de bien », mais en route s'est comme perdu « l'honnête homme ». Fugue et tentations de fuite : le mouvement, à la fois mimétique et méthodique, irrésistible et lancinant, pousse le moraliste hors du monde, tel Alceste, qui veut « rompre en visière à tout le genre humain ». Le texte est scandé de (faux) départs, en fin de chapitre, précisément...

Un des charmes des *Caractères* est la variété des formes descriptives et narratives. Une gamme étendue mène jusqu'à un véritable et délicieux conte, Émire (III, 81). Dénouement pathétique et balzacien, le fragment VI, 79 est une sorte d'épilogue à une scène de la vie de province. « Le "caractère" est un *faux récit*, c'est une métaphore qui prend l'allure du récit sans le rejoindre vraiment [b]. » Est-ce à dire que La Bruyère ait du « mépris pour le *conter* » (ibid) ? R. Barthes avait mal lu la remarque XII, 52 : « L'une des marques de la médiocrité d'esprit est de toujours conter. » Très défiant envers les romans baroques, il a le goût de la narration, le goût très particulier de raconter... un scénario, comme Valéry s'était amusé à des *Histoires brisées* [c]. Le moraliste se méfie des

---

a. Voir VIII, 59 ; IX, 37, 53 fin ; X, 27 ; XI, 9 ; XIII, 25.
b. R. Barthes, *op. cit.*, p. 233.
c. J. Renard note, lui, dans son *Journal* : « Si le roman avait eu de son temps la vogue qu'il a de nos jours, La Bruyère aurait mis ses caractères en roman » (21 mars 1890).

saillies de l'imagination (V, 17) : elle n'enfante que des caprices, titre donné par Goya à certaines de ses eaux-fortes. Aventurière, elle égare les précieux et leurs lecteurs dans un monde faux (I, 53, est un crayon des Emma Bovary). En face, la veine burlesque et réaliste dans le roman semble épuisée. La Bruyère ne donne que des canevas, des éléments pour scènes de romans balzaciens dans le chapitre « Des biens de fortune » : le « cercle » du jeu (72) et ses gouffres (74), la chute de la maison Zénobie (78), grandeur et décadence des familles élues par « les caprices du hasard ou les jeux de la fortune » (80) ou des « P.T.S. » (14) et ma belle histoire abrégée (6). Mais c'est l'optique théâtrale qui fixe la vision littéraire de La Bruyère[a]. Avant de quitter les scénarii narratifs, on lira l'abrégé d'un extraordinaire roman historique, la vie de *Straton,* alias Antoine Nompar de Caumont, duc de Lauzun (VIII, 96), et le portrait de Glycère, que l'on voit « à la porte de Canidie, qui a de si beaux secrets, qui promet aux jeunes femmes de secondes noces » (III, 73)...

Le petit escalier de Glycère

La fin de ce chef-d'œuvre ouvre sur « une porte secrète », et nous laisse dans « le petit escalier ». On a vu le goût de La Bruyère pour les degrés, les gradations. L'escalier est un lieu privilégié. C'est ici que tout se risque. On peut le juger frivole pour une étude critique. Mais il y a bien une frivolité de La Bruyère, qui s'attache à des riens : « Il n'y a rien de si délié, de si simple et de si imperceptible, où il n'entre des manières qui nous décèlent » (II, 37). L'escalier matérialise les immenses hiérarchies de cour, il amplifie les degrés du système curial, il figure ascensions et chutes, et presque les degrés d'être dans cette société du paraître. Figure du passage et de l'agitation du monde ? A la cour, « l'on s'accoutume difficilement à une vie qui se passe dans une antichambre, dans des cours, ou sur l'escalier » (VIII, 7 : on aura remarqué le singulier). L'escalier mène aux fantasmes ; est-il réel, est-il rêvé celui que montent et descendent les « gens enivrés, ensorcelés de la faveur » à Versailles (VIII, 61) ? L'escalier de Glycère ouvre sur de profonds secrets, un gouffre d'érotisme (chez Horace, c'est une hétaïre, comme l'a rappelé J. Brody). « Ménalque descend son escalier », ainsi s'ouvre la célèbre série de gags du distrait (X, 17) ; de degré en degré La Bruyère se laissera entraîner par son personnage, incapable de s'arrêter dans sa course folle ; c'est « au bas du grand degré » du Palais de justice que le récit rebondit encore, et dans « l'escalier du Louvre » : Ménalque, chaque fois, descend [b].

---

[a]. E. Auerbach, *Mimesis,* Gallimard, 1968, p. 365 sq, à propos de *Tartuffe* R. Garapon voit, avec raison, un enjeu au-delà, les périls courus par la religion dans les années 1690, qui imposent une autre peinture.

[b]. C'est le principe même du burlesque, dont R. Garapon a montré la forte emprise sur l'imagination du moraliste : voir la présentation des *Caractères* dans l'édition Garnier, p. XXV-XXX.

Muet

En parlant de *L'Étranger* de Camus, Sartre écrit : « Entre les personnages dont il parle et le lecteur, il va intercaler une cloison vitrée. Qu'y a-t-il de plus inepte en effet que des hommes derrière une vitre ? [a] » Sartre définit du même coup le procédé de La Bruyère (auquel il était loin de songer), comme l'a remarqué J. Brody. On parle peu dans les *Caractères* ; et, si l'on parle, on n'est guère entendu : le moraliste est *interloqué,* et le discours des personnages s'efface derrière leurs gesticulations et postures. La Bruyère est pantois, sa parole celle d'un homme interdit, même et surtout quand il témoigne. Les *Caractères* sont du cinéma muet. Ménalque dévide un paradigme une bobine de la distraction. Tout un art du muet : c'est Max Linder et Jacques Tati, c'est Buster Keaton et c'est Charlot, c'est Cimon et Clitandre, « qu'on n'a jamais vus assis, jamais fixes et arrêtés ; qui même les a vus marcher ? On les voit courir, parler en courant [...]. Ils ne viennent d'aucun endroit, ils ne vont nulle part : ils passent et ils repassent » (VIII, 19). Au chapitre « Des Grands » : « Il y a des hommes nés inaccessibles[...]. Ils ne sont jamais que sur un pied ; mobiles comme le mercure, ils pirouettent, ils gesticulent, ils crient, ils s'agitent » (IX, 32). J. Brody avait noté la singularité de l'auteur : « Là où nous autres lecteurs cherchons à comprendre et à approfondir un comportement, La Bruyère [...] ne nous laisse voir qu'un emportement ; là où nos habitudes nous poussent à chercher un mobile, La Bruyère ne nous offre plus que la mobilité [b]. »

Parallèles ou La Bruyère absent

Où est La Bruyère ? Méthode, le fragment favorise les parallèles, et le chapitre XII, « Des jugements », en offre un long et remarquable : Héraclite parle (118), puis Démocrite (119). La Bruyère a-t-il voulu être *à la fois* l'un et l'autre ? Moraliste complet, si l'on ose dire ? Il n'a pas hésité à prendre ici et là un autre masque ou type de masque, celui de Socrate. Le chapitre X met en regard Démophile, à la droite du moraliste, d'après son nom, républicain (de cœur), qui en cas de guerre se réfugiera en Suisse ou à Venise (11), et Basilide, à gauche, farouche monarchiste, qui amplifie les revers des ennemis, compose les inscriptions triomphales et « fait déplier sa robe et la mettre à l'air » pour le *Te Deum.* Le second portrait est plus développé et plus mordant : faut-il y voir l'indice que La Bruyère pencherait plutôt sur sa droite ? Indice futile, l'hyperbole offrant avec Basilide davantage de ressources et d'effets ? Où est La Bruyère, si les réflexions et portraits concernant le roi, et

---

a. « Explication de l'Étranger », *Situations,* I, p. 139.
b. « Phrases » in *Du style à la pensée,* p. 18. Une porte s'ouvre, un caractère se découvre : c'est Alcippe (XI, 74), Clitiphon le financier, l'homme d'affaires dont la porte se ferme, tandis que le « philosophe » vit toutes portes ouvertes (VI, 12), c'est le portrait de Ménalque qui s'ouvre par une porte (XI, 7), et celui de Glycère qui se ferme avec une porte ouvrant sur de secrètes turpitudes (III, 73). Le portrait des gens « ensorcelés de la faveur » se clôt devant une porte (VIII, 61), et Hermippe cherche le secret « d'entrer et de sortir plus commodément que par la porte » (XIV, 64).

souvent indirectement, de biais, brouillent par ailleurs les pistes ? Les critiques qui sortent volontiers leurs clefs ne demandent pas *où* est le moraliste. Sous couvert d'éloge du prince il insinue, et beaucoup : le long portrait final (35) est au présent de l'indicatif, mais descriptif ou prescriptif ? Dans la grille des vertus du roi, est-il sûr que Louis XIV remplisse toutes les cases ?...

Racine, Corneille (I, 54), le trop célèbre (jadis) parallèle ferait oublier tous les autres : Molière et Térence (38), Marot et Rabelais (43), *Le Cid* et la critique du *Cid* par l'Académie (30), et déjà Pascal et La Rochefoucauld (« Discours sur Théophraste »). Le parallèle oppose moins qu'il ne (re)compose idéalement une totalité : Térence *et* Molière ; Marot a manqué à Ronsard pour faire « un plus grand poète que Ronsard et que Marot ». La Bruyère est comme Aristophane du *Banquet* : il recompose les plénitudes mutilées, nous n'en avons que des moitiés irrémédiablement séparées, des fragments parallèles. « *Le Cid* est l'un des plus beaux poèmes que l'on puisse faire et l'une des meilleures critiques qui aient été faites sur aucun sujet est celle du *Cid* »...

On a reproché, de son temps, à la Bruyère de ne pas savoir composer ; le fragment est chez lui organe de la réflexion, comme les stances complexes de Corneille l'organe de l'ascèse et l'instrument de la parturition de Rodrigue. Réconcilier Racine *et* Corneille en une Thalie *bifrons,* la ligne droite de Malherbe *et* l'arabesque de Théophile de Viau ? La clôture du fragment n'est pas celle d'une arène où le critique composerait une paire de gladiateurs : image, plutôt, approchante et brouillée, déchirée, de l'œuvre qui, en chaque genre, n'est pas. Grandeur et misère de la littérature. Serait-elle comme l'opéra : « L'on voit bien que l'Opéra est l'ébauche d'un grand spectacle ; il en donne l'idée » (I, 47) ?

Personnages reparaissant

Dans sa « Comédie Humaine », La Bruyère n'a pas ignoré le retour des personnages. C'est l'homme pressé (V, 26 ; VI, 12 ; VIII, 19), antithèse du « philosophe », reparaissant sous le nom de « sage » (VI, 12 fait écho à II, 12). L'un et l'autre illustrent un petit traité sur le bon usage du temps, disséminé dans tout l'ouvrage ; La Bruyère réécrit le *De brevitate vitae* de Sénèque, à la lumière du *Sermon sur la Mort* de Bossuet. Le sage hait le mouvement, s'effare de voir gaspillé le temps. Les *Caractères* appellent plutôt à la vie d'étude, à la distance contemplative, au commerce des meilleurs esprits des siècles passés. Le motif du temps est lié à celui de l'automate, de l'homme-horloge... Le sage seul n'est pas du tout automate ; il échappe à la répétitivité.

Antithèse du moraliste, le « directeur », bête noire de La Bruyère : il est la vedette du chapitre « Des femmes » (III, 36-42), reparaît quand on ne l'attendait plus (XI, 61), revient au chapitre « De quelques usages » (XIV, 27-28), il est débusqué au terme de l'alinéa, comme le *deus ex machina* caché des familles (28) ; il est l'alpha et l'oméga (III, 36).

Homme également voué à la parole, le « nouvelliste » ne lasse pas le satirique. Que de traits sur ce colporteur de nouvelles, qui partage l'appellation avec les rédacteurs de gazettes ! La première apparition du nouvelliste précède le premier portrait du « philosophe » (I, 33-34) [a]... A chacun son sublime : « Le sublime du nouvelliste est le raisonnement creux sur la politique. » A l'affût de l'éphémère, le gazetier s'y aliène, et avec lui ses lecteurs ; disons qu'il est esclave de la « logique » que nous appellerions « médiatique » ; le « philosophe », lui, « porte plus haut ses projets ». La Bruyère venge les hommes de culture du bruit et de la vanité (le vide) de tant de journalistes (V, 5 ; VII, 13 ; X, 10).

« Et Tartuffe ? » L'optique théâtrale

Goût et dégoût de la scène comique. Les rapports de La Bruyère au théâtre comique sont complexes. On trouve chez lui des mots, des actes, des situations qui seront mis sur scène par Regnard (*Le Distrait*, 1698, *Le Joueur*, 1697), Le Sage (*Turcaret*, 1709) ou Destouches (*L'Irrésolu*, 1713). On revoit la « scène des portraits » du *Misanthrope* (II, 4). Mais il est trop facile de rapprocher, comme on le fait parfois, La Bruyère d'un homme de théâtre [b]. Il s'est employé au contraire à montrer que l'optique théâtrale met le sujet trop à distance de la vie, il pourrait dire avec Rousseau : « Tout ce qu'on met en représentation au théâtre, on ne l'approche pas de nous, on l'en éloigne » (Lettre à M. d'Alembert sur les spectacles).

Onuphre (XII, 24) est le procès du faux dévot. On imagine Théodote avec son « visage comique et d'un homme qui entre sur la scène ; sa voix, sa démarche, son geste, son attitude accompagnent son visage. » (VIII, 61). Mais on ne l'entend pas. Entrées, sorties, postures, mais, on l'a vu, La Bruyère interpose la cloison vitrée, qui n'est pas le quatrième mur.

Propylées littéraires et final religieux

R. Barthes avait noté la place de choix des remarques sur les « ouvrages de l'esprit », « comme si toute réflexion sur l'homme devait d'abord fonder en principe la parole qui la porte ». Mais c'est peut-être à la lumière des deux derniers chapitres qu'il conviendrait de relire l'ensemble. La Bruyère mesure l'urgence d'une prédication réelle, sans théâtralité, au moment où il pressent un danger croissant, particulièrement du côté des « esprits forts ». Son apologétique est fébrile et de seconde main ; la critique l'a dit, mais sans toujours y voir les symptômes d'une lucidité sans complaisance devant l'enjeu intellectuel et spirituel, en cette fin de siècle.

« Je rends au public ce qu'il m'a prêté », dit-il au début de la Préface : entre le prêté et le rendu, que d'ironie !

---

a. Pour La Bruyère nouveau Socrate, voir J. Dagen, « Le clair-obscur de La Bruyère », p. 36-37.

b. J. Dagen a suggéré, plutôt, l'optique du peintre Caravage : « La Bruyère peint de manière à vaincre les habitudes du regard et à préparer ainsi à l'éclat de vérités absolues » (*ibid.* p. 40).

NOTICE BIOGRAPHIQUE

« Les *Caractères* sont, en quelque sorte, des mémoires où, tantôt sous la forme d'une remarque générale, tantôt sous celle d'un portrait, La Bruyère note le souvenir d'une lecture, d'une rencontre, d'une conversation, d'une bonne ou mauvaise fortune, de l'événement, grand ou petit, qui a retenu son attention. Il n'est pas de livre moins impersonnel. » C'est ainsi que G. Servois introduit la copieuse notice biographique qui ouvre sa monumentale édition de l'œuvre [a]. Elle était pour le critique de 1865 un « commentaire continu » des *Caractères* [b].

Jean de La Bruyère est baptisé à Paris, dans le quartier de l'Hôtel-Dieu, le 17 août 1645. Son père, qualifié de « noble homme » dans les actes notariés, est donc un roturier, bourgeois, contrôleur général des rentes de l'Hôtel de Ville ; à sa mort, c'est l'oncle du futur écrivain, Jean, qui devient chef de famille, secrétaire du roi, il devait faire, selon G. Servois, « beaucoup de ces contrats dont La Bruyère parle à diverses reprises » (V, 13 ; VI, 37, 58) : il prêtait souvent de l'argent sous forme de constitution de rente. La succession de la charge paternelle est assurée par un frère de l'auteur ; celui-ci aurait pu faire sa fortune d'avocat grâce aux procureurs que comptait sa famille. Apparemment, administration et procédure ne le tentaient pas. Plaida-t-il ? Licencié en droit, il abandonna le barreau en 1673 pour acheter une charge de trésorier général des Finances dans la généralité de Caen (voir la note à la remarque XIV, 1). Il n'alla en Normandie que pour prêter serment, et abandonna son office en 1686. Le portrait du « philosophe » (VI, 12) serait-il un autoportrait de La Bruyère ? On s'est plu à voir l'écrivain retiré dans un appartement modeste « sous les toits » : « Nous devinons qu'il vit dans la gêne, si ce n'est pas dans la pauvreté. Il n'a plus qu'un laquais pour assurer son ménage [...]. Il passe ses journées sur les bancs du Luxembourg et des Tuileries [c]. » Le petit-fils du grand Condé, le duc Louis de Bourbon, ayant achevé ses études au Collège de Clermont, en 1684, La Bruyère, sur la recommandation de Bossuet, devient sous-précepteur, chargé de l'histoire, de la géographie, des institutions de la France [d]. De l'élève, Saint-Simon a laissé un portrait sévère : « C'était une meule toujours en l'air, qui faisait fuir devant elle et dont ses amis n'étaient jamais en sûreté [...]. Ce naturel farouche le précipita dans un abus continuel de tout et dans l'applaudissement de cet abus qui le rendait intraitable [e]. » Voilà donc La Bruyère placé au milieu des

---

a. T.1, p. XI.
b. *Ibid.*, p. XII.
c. A. Adam, « La Bruyère » in *Histoire de la littérature française au XVIIe siècle*, Domat, 1956, t.V., p. 181. Il reprend le témoignage de Bonaventure d'Argonne, que l'on retrouvera dans l'éd. Servois, t.1, p. LIV.
d. A côté de La Bruyère étaient un professeur de mathématiques, chargé aussi des études militaires, et deux jésuites pour les sciences religieuses. La Bruyère avait souhaité être l'unique précepteur.
e. *Mémoires*, Pléiade, 1984, t. III, p. 754-755.

Grands, dont il parlera en termes implacables au chapitre IX, et espérant peut-être devenir pour le duc de Bourbon ce que Bossuet était pour le Grand Dauphin. « Tout était difficulté pour lui dans cet intérieur princier, où, nouveau venu et bourgeois dépaysé, ayant le légitime orgueil de son mérite et le vif sentiment de sa dignité, il devait se faire place au milieu de commensaux dédaigneux et ironiques, obéir à cette Altesse fantasque et terrible qui s'appelait Monsieur le Duc [a]. » Le chapitre II, « Du mérite personnel », n'est sans doute pas étranger à cette expérience, comme les remarques, ici et là, sur la considération dont ne bénéficient pas les lettrés. La connaissance du cartésianisme par La Bruyère, dont on trouve les indices dans les *Caractères*, est-elle due, outre à la fréquentation de Bossuet, aux leçons qu'il donna ? Après le mariage, en juillet 1685, de son élève (16 ans) avec Mlle de Nantes (11 ans), fille légitimée de Louis XIV et de Mme de Montespan, La Bruyère continua son préceptorat, étendu désormais à la duchesse. A la mort du Grand Condé (décembre 1686), La Bruyère interrompit sa charge et resta dans la maison comme « gentilhomme ordinaire », et pensionné, du duc de Bourbon : était-il bibliothécaire ? secrétaire ? Il n'est pas arbitraire de penser avec G. Servois qu'« il s'est vengé dans certaines pages des *Caractères* [b] ».

Ceux-ci paraissent en 1688 [c], derrière un paravent : la traduction des *Caractères* de Théophraste. Quelle fut la genèse de son propre recueil de « caractères » ? Fut-il rédigé avant, pendant, après la traduction de l'ouvrage de Théophraste ? « Il est probable [...] que La Bruyère avait entrepris son œuvre avant de traduire le philosophe grec, et qu'il pensa d'abord à composer non pas des "caractères", c'est-à-dire des études de types, mais [...] un recueil de "remarques" [d]. » Voltaire rapporte le mot d'un contemporain à qui La Bruyère avait montré le manuscrit : « Voilà de quoi vous attirer beaucoup de lecteurs et beaucoup d'ennemis [e]. » Ce qui eut lieu. Un jeu occupa les lecteurs : mettre des noms pour illustrer les « remarques ». Ce furent les fameuses clefs, jeu de clefs qui se répandirent et figurent en marge d'exemplaires de l'époque. Dès l'édition de 1689, la quatrième, il protesta dans une addition de sa Préface « contre toute maligne interprétation, toute fausse application et toute censure, contre les froids plaisants et les lecteurs mal intentionnés ». Que sera-ce avec la multiplication ultérieure des portraits !... « Que de gens il atteindra en effet dans les éditions qui se succèderont de 1689 à 1693 ! [...] Quantité de listes, enregistrant les applications vraies ou fausses, inondent Paris en 1693 [f]. » Les *Caractères*,

---

a. G. Servois, éd. cit., t.1, p. LXIX.

b. *Ibid.*, p. LXXXVII.

c. Voir la notice de J. Lafond sur « La naturalisation en France du caractère », *supra*, p. 23. — Pour les éditions successives données par La Bruyère de son propre texte, cf. *infra*, p. 656.

d. A. Adam, *op.cit.*, p. 186. L'auteur se fonde sur la part croissante des portraits, au début en petit nombre. — On se reportera au « Discours sur Théophraste ».

e. *Le Siècle de Louis XIV*, chap. 32 (cité par G. Servois, éd. cit., p. XCVII, n. 2).

f. G. Servois, éd. cit., t.1, p. XCIX.

à cet égard, jouent de l'énigme, de la transposition, transparente ou plus voilée, de l'allusion. La Bruyère n'est pas si innocent qu'il le dit [a]... Rompant avec certaine tradition critique, la présente édition ne proposera pas des trousseaux de clefs aux lecteurs... [b] Les *Caractères* firent l'objet de trois éditions, sans ajout de l'une à l'autre, la même année 1688 ; une, très augmentée parut en 1689, une autre en 1690, la sixième en 1691, une autre en 1692. La Bruyère visait l'Académie française, où il échoua en 1691 contre Fontenelle soutenu par Bensserade (brocardés plus tard en V, 75 et V, 66, respectivement : le contexte est celui de la Querelle des Anciens et des Modernes). Il lui fallut attendre 1693, et le Parnasse parisien fut agité des polémiques nées du discours agressif prononcé par La Bruyère pour sa réception : nous n'avons plus idée de la violence des attaques et cabales qui dressaient les écrivains et lettrés les uns contre les autres... Il avait perfidement rabaissé Corneille au profit de Racine : « Vengeurs de la gloire de Corneille, ses adversaires voulaient s'opposer à l'impression du discours et l'écarter du recueil des harangues académiques [c]. » Fontenelle était le neveu de Corneille, et de son côté on trouvait le *Mercure Galant*, « immédiatement au-dessous de rien », selon La Bruyère (I, 46) ; La Bruyère avait le soutien de Racine, Bossuet, Boileau, La Fontaine. Il continua à augmenter les *Caractères*, jusqu'en 1696, la neuvième édition paraissant juste après sa mort. Il n'est pas seulement l'auteur des *Caractères* : en 1698 parurent les *Dialogues sur le quiétisme*, dont sept de La Bruyère même ; Bossuet avait attaqué les ouvrages de Fénelon et Mme Guyon sur la prière dans les années 1694-1695 ; La Bruyère, très attaché à Bossuet, seconda et relaya son effort : le quiétisme est pour lui une autre manifestation de cet esprit de chapelle (si l'on ose dire) et de singularité, que les *Caractères* ne cessent de pourchasser (voir en particulier XVI, 25).

La Bruyère mourut le 11 mai 1696, d'apoplexie.

BIBLIOGRAPHIE

I. ÉDITIONS

LA BRUYÈRE, *Œuvres*, p.p. G. Servois, G.E.F., Hachette, 1865-1878, trois tomes (notes nombreuses, documentation copieuse pour qui cherchera les « clefs »). Nouvelle édition augmentée, G.E.F., Hachette, 1920-1923, 6 vol. et un album.

---

a. « Je nomme nettement les personnes que je veux nommer, toujours dans la vue de louer leur vertu ou leur mérite [...]. Si j'avais voulu mettre des noms véritables aux peintures moins obligeantes, je me serais épargné le travail d'emprunter les noms de l'ancienne histoire, d'employer des lettres initiales, qui n'ont qu'une signification vaine et incertaine, de trouver enfin mille tours et mille faux-fuyants pour dépayser ceux qui me lisent, et les dégoûter des applications » (Préface du *Discours à l'Académie*, 1694, parue avec la 8e édition des *Caractères*).

b. L'édition magistrale de G. Servois en propose un nombre impressionnant à la fin des tomes 1 et 2. Voir quelques exemples de révision par La Bruyère d'allusions imprudentes, p. C-CII.

c. G. Servois, éd. citée, p. CXXIII. On trouvera quelques épigrammes sur la réception de La Bruyère à l'Académie p. CLXXVI sq.

LA BRUYÈRE, *Œuvres complètes*, p.p. Julien Benda, Pléiade, Gallimard, 1934.
LA BRUYÈRE, *Les « Caractères »* p.p. Robert Garapon, Classiques Garnier, 1962.
LA BRUYÈRE, *Les Caractères*, p.p. Gaston Cayrou, Didier, 1923.

II. ÉTUDES CRITIQUES

ERICH AUERBACH, *Mimesis, La Représentation de la réalité dans la littérature occidentale*, Gallimard, 1968 pour la traduction française (le vrai *faux dévot*, Onuphre, par rapport à Tartuffe ; les limites de la peinture des mœurs chez La Bruyère, comparé à Molière et Boileau).

ROLAND BARTHES, « La Bruyère », in *Essais critiques*, « Tel Quel », Le Seuil, 1964, p. 221-237. Préface de l'édition des *Caractères*, coll. « 10-18 », 1963.

MAURICE BLANCHOT, *L'Entretien infini*, Gallimard, 1969, paru dans la collection « Blanche » (IIIe partie, « L'absence de livre », pour penser le fragmentaire, à partir de la poésie de Rimbaud et R. Char, des réflexions de l'« Athenaeum »).

JULES BRODY, « La Bruyère, le style d'un moraliste », in *C.A.I.E.F.*, 1978 (La Bruyère dit moins qu'il n'insinue, et donne à penser par son minutieux travail stylistique, longtemps considéré comme masque d'un vide de pensée ; sort R. Barthes des limites où l'enfermait son option méthodologique).

Du style à la pensée. Trois Études sur les « Caractères » de La Bruyère, Lexington Kentucky, French Forum Publishers, 1980 (reprend l'étude précédente, suivie de deux autres sur les enjeux anthropologiques du style, la vision du monde social en fin de siècle, qui informe une écriture du fragment spécifique).

LOUIS VAN DELFT, *La Bruyère moraliste. Quatre Études sur les « Caractères »*, Droz, 1971 (les rencontres avec les moralistes de la mondanité, Castiglione et Gracián ; une étude minutieuse de l'œuvre en progrès).

Le Moraliste classique. Essai de définition et de typologie, Droz, 1982 (un parcours des lieux par où passe le moraliste nécessairement ; une carte des lieux, aussi, d'où regarde le moraliste).

« Littérature et anthropologie : le caractère à l'âge classique », in *Le Statut de la littérature*. Mélanges offerts à Paul Bénichou, Droz, 1982 (restitue le sens d'origine et imagé du caractère, avec ses conséquences sur l'anthropologie littéraire de La Bruyère).

« La poétique du caractère chez La Bruyère », in *Poétique*, 82, avril 1990, p. 238-247 (Lise - « Des femmes », 8 - Au miroir : les lieux de la méditation morale réfléchis par La Bruyère).

SERGE DOUBROVSKY, « Lecture de La Bruyère », in *Poétique*, 2, mai 1970, p. 195-201 (étude dense du diptyque Giton-Phédon).

A.-M. GARAGNON, « De la ville, VII, 4 », in *L'Information grammaticale*, 49, mars 1991, p. 16-22.

ROBERT GARAPON, *Les « Caractères » de La Bruyère, La Bruyère au travail*, C.D.U.-S.E.D.E.S., 1978.

THÉRÈSE GOYET, « La composition d'ensemble du livre de La Bruyère », in *L'Information littéraire*, 1, 1955, p. 1-9.

FLOYD GRAY, *La Bruyère amateur de caractères*, Nizet, 1986 (une présence de l'homme dans l'œuvre, la tension entre le « poète et le pédagogue », l'oscillation entre maxime et portrait et leur dialogue ; le choix de la fragmentation ; le caractère et le vide d'humanité).

RENÉ JASINSKI, *Deux Accès à La Bruyère*, Minard, 1971 (une mine de rapprochements, pour les sections I-IV, avec les diverses formes de la réflexion morale contemporaine de l'auteur ou plus anciennes : cette étude savante permet ensuite de voir qu'il n'y a pas de lieu commun pour les grands moralistes).

DORIS KIRSCH, *La Bruyère ou le style cruel*, P.U. de Montréal, 1977.

MAURICE LANGE, *La Bruyère critique des conditions et des institutions sociales*, Hachette, 1909.

PATRICK LAUDE, « Ordre du logos et désordre du monde dans les *Caractères* », in *XVIIe siècle*, 163, avril-juin 1989, p. 227-234.

J. MOUTON, « La Bruyère : le recours à l'objet », in *Les Intermittences du regard chez l'écrivain*, D.D.B., 1973, p. 35-54.

ALAIN NIDERST, « Du mérite personnel. Remarques sur la composition d'un chapitre des *Caractères* de La Bruyère », in *Approche des Lumières. Mélanges offerts à J. Fabre*, Klincksieck, 1974, p. 333-334.

PASCAL QUIGNARD, *Une gêne technique à l'égard des fragments*, Fata Morgana, 1986 (un essai dense, élégant, pour penser le fragment poli par La Bruyère à partir de notre époque, si attachée à la parole éclatée).

ANDRÉ STEGMANN, *Les « Caractères » de La Bruyère, bible de l'honnête homme*, Larousse, 1972.

JACQUES TRUCHET, « Place et signification du chapitre "De la chaire" », in *L'Information littéraire*, 17, 1965, p. 93-101.

Le tricentenaire des *Caractères* a donné lieu à un colloque dont les Actes ont été édités par Louis van Delft, in *P.F.S.C.L.*, p.p. W. Leiner, Biblio 17, 44, Tübingen, 1989. Voir :

NORMAND DOIRON, « La Bruyère naturaliste : Pamphile ou l'ordre des grandeurs », p. 33-41 (naturaliste des espèces sociales, La Bruyère écrit aussi dans la nostalgie d'un âge d'or, d'où son indifférence à l'histoire et à l'évolution ; moraliste, donc linguiste, il remet chacun à sa place dans une société marquée par la confusion des conditions et des signes).

GINETTE MICHAUD, « Maxime, fragment, caractère : remarque et démarque du genre chez La Bruyère », p. 45-65 (pourquoi La Bruyère refuse-t-il l'autorité de la maxime au profit de la remarque ?).

MICHAËL RIFFATERRE, « L'effet de vrai : La Bruyère à l'eau-forte », p. 9-31 (les ruses du moraliste pour imposer une impression de vrai).

A l'occasion de l'inscription des *Caractères* au programme des agrégations littéraires en 1991, la revue *Littératures classiques* a publié un supplément au n° 13 de janvier 1991, Klincksieck. Voir en particulier :

EMMANUEL BURY, « La Bruyère et la tradition des *Caractères* », p. 7-19 (La Bruyère, humaniste, se greffe sur la rhétorique pour inventer une écriture visant un public mondain ; le « caractère comme genre libre, entre rhétorique et éthique »).

JEAN DAGEN, « Le clair-obscur de La Bruyère », p. 25-40 (étude particulièrement dense. Le fragment porteur de l'énergie critique et de la véhémence propres à La Bruyère ; la maïeutique du moraliste).

LOUIS VAN DELFT, « Les *Caractères* : du monde clos à l'œuvre ouverte », p. 63-80 (la solidarité de la rhétorique et de la cosmographie, la coexistence d'une anthropologie millénaire et d'une écriture disloquée dans le microcosme de l'œuvre).

Dans la revue *Littératures*, 23, automne 1990, P.U. de Mirail-Toulouse, une étude de J. Dagen, « Ce qui s'appelle penser pour La Bruyère », p. 55-67 (la « vision régressive » de l'histoire ; une analyse du chapitre XVI, où s'exerce une réflexion « profondément ironique », qui éclaire l'ensemble du livre).

LES ÉDITIONS DES *CARACTÈRES*

Lecture archéologique, lecture linéaire des *Caractères* [a] ? Une lecture érudite, attentive constamment à la date des diverses couches du texte serait source d'un grand plaisir : légers gonflements, audacieuses progressions, inflexions subtiles, part des portraits, des maximes, des « remarques » développées d'une édition à l'autre, sans compter les déplacements, assez peu nombreux, d'un chapitre à l'autre, et, indépendamment des additions, les variantes elles-mêmes [b].

1688 : les trois premières éditions offrent 420 « remarques » (La Bruyère tenait à ce mot). Les paragraphes amples sont peu nombreux, la tendance est à la concision et à la sécheresse, et, malgré qu'il en ait, La Bruyère donne un ton péremptoire de maxime à nombre de ses « remarques ». L. Van Delft a fait remarquer que les portraits y tiennent peu de place (3 %, contre 13 % de réflexions et 84 % de maximes [c]).

La satire garde un caractère général, l'auteur est prudent, et les allusions claires ne visent que des personnes disparues (I, 66 ; XI, 64) ; les attaques sont voilées, le pessimisme et l'indignation contenus.

1689 : l'édition (4[e]) est augmentée de 344 « caractères » (le mot est substitué dans la dernière réflexion à « remarques »), et La Bruyère développe des fragments antérieurs, qui reçoivent un ou des alinéas (c'est le cas douze fois). La Préface elle-même met davantage en relief le projet d'aider les lecteurs à se corriger, ce que confirme l'épigraphe d'Érasme placée en tête de l'ensemble. C'est que les portraits sont nombreux à être ajoutés, et « la satire est beaucoup plus ouverte, incisive, directe », selon le jugement de L. van Delft. L'enquête est plus large, comme les peintures les plus minutieuses (on comparera III, 32 [1688] et III, 81 [1689]), et la présence du « philosophe » plus affirmée.

1690 : l'édition, la 5e, apporte 159 nouveaux « caractères », tandis que 9 reçoivent des additions. La Bruyère avoue, pour la première fois, qu'il a balancé dès 1689 à accroître le livre ; il veut contenter les lecteurs qui ne souhaiteraient pas relire les fragments déjà publiés, en distinguant typographiquement les additions, et même celles de 1689 (voir son insertion d'un exposé détaillé dans la Préface).

---

a. On peut entendre par lecture archéologique à la fois une lecture guidée par la chronologie des publications, et une lecture qui se souviendrait que « la date de composition de chaque remarque ne coïncide pas avec la date de publication » (R. Garapon, « La chronologie de la composition des *Caractères* et l'évolution de la pensée de La Bruyère », *Littératures classiques*, supplément au n° 13, janvier 1991, p. 43). Le critique rappelle les indices qui lui permettent de dater « au moins approximativement plus de 500 remarques » (p. 44). Mais, pour l'instant, le bilan ne dépasse guère celui qu'apporte l'étude de la chronologie des éditions elles-mêmes, et les indices restent timides.

b. L'édition monumentale de G. Servois donne un tableau de concordance, avec chaque fois, et chapitre par chapitre, le numéro de la « remarque » dans la 1re édition, l'incipit, le numéro dans l'édition qu'il a lui-même établie, et, à partir de la 4e édition, le numéro occupé par l'édition nouvelle et dans les éditions antérieures ; on trouve, aussi, distinguées, les additions et les transpositions. Un tableau récapitulatif donne à connaître le nombre des « caractères » dans les éditions 1-9.

c. L. van Delft, *La Bruyère moraliste. Quatre Études sur les « Caractères »*, Genève, Droz, 1971.

1691 : avec la 6e édition, 74 nouveaux « caractères » entrent dans le livre ; 12 anciens reçoivent des additions. Ici encore la Préface s'accroît ; en même temps, pour la première fois, la traduction de Théophraste est imprimée en plus petits caractères que l'œuvre propre de La Bruyère... La proportion des portraits est, cette fois, de 1 pour 9 (1 pour 11 en 1690 ; 1 pour 19 en 1689) et on en trouve de très développés (Ménalque, Onuphre).

1692 : dans cette 7e édition, le nombre des « caractères » atteint maintenant 1073, compte tenu des disparitions qui ont eu lieu, très rares, dans cette édition ou les précédentes. La Bruyère a développé 9 remarques antérieures et ajouté 76 nouvelles, plutôt, cette fois, des réflexions que des portraits, contrairement à la tendance constante jusqu'alors (le chapitre « De la chaire » en a particulièrement bénéficié, comme le dernier, qui gagne en vigueur, en diversité, dans un contexte de controverses exégétiques) ; la proportion des portraits est de 1 pour 8.

1694 : avec la 8e édition, les additions sont de 47, et 3 fragments déjà parus reçoivent des accroissements. Au total, ce sont 1120 « remarques ». La Bruyère donne aussi, et surtout, son *Discours à l'Académie*, avec une Préface : on a vu la guerre qui sévissait encore dans le Parnasse avec son élection.

1696 : la 9e édition parut trois semaines après la mort de l'auteur, qui l'avait revue et corrigée, sans apporter de remarques nouvelles.

P. S.

PRINCIPES D'ÉDITION

La présente édition a été établie par la consultation de la neuvième édition des *Caractères* (1696), que La Bruyère eut le temps de corriger, pour la presque totalité, semble-t-il, avant sa mort, le 11 mai 1696, alors que l'on achevait l'impression. Elle n'offrait aucune remarque supplémentaire, mais des variantes, corrections de l'auteur lui-même. La ponctuation d'origine a été partiellement conservée, contrairement aux éditions modernes : là où le texte de 1696 porte deux points ou un point et virgule, elles placent souvent un point ; là où le texte de 1696 porte une virgule, elles substituent souvent une ponctuation plus forte. L'usage, étendu, à l'époque, des deux points, qui souvent séparent trois phrases successives, n'a pas été conservé cependant, pas plus que celui des virgules répondant à un usage aujourd'hui caduc.

La « fidélité » à la ponctuation d'origine permet de redonner au texte de La Bruyère trois sortes d'effets : rapidité, accélération, chute plus brutale. Notre lecture s'en trouve, rythmiquement, affectée. L'orthographe a été modernisée ; mais des majuscules données à des noms communs ont été rétablies par rapport aux éditions modernes, quand elles sont en usage comme au temps de La Bruyère ou qu'elles permettent de préciser le sens du mot : Cour, Ville, Roi, République, Vestales, Grands, Anciens.

La numérotation des remarques n'est pas d'origine : à l'époque, elles étaient joliment signalées par un « pied de mouche », et rien d'autre. Les différentes couches de texte ont été indiquées pour chaque remarque, et à l'intérieur d'une remarque même, ou des alinéas qui la composent, quand elle est le produit de différentes éditions (le numéro de l'édition est un chiffre romain entre crochets). Des variantes n'ont été retenues que celles qui pouvaient offrir réellement (mais l'appréciation est subjective) matière à réflexion, stylistique ou autre.

Quant aux notes, leur abondance est due au caractère très circonstancié ou très concret des remarques de La Bruyère : c'est toute la vie en cette fin du

XVIIe siècle, et même avant, qui défile de chapitre en chapitre. Elle est due aussi à la volonté de ne pas se limiter à une fonction d'information : les *realia* offrent souvent des enjeux importants, et c'est la *méthode* de La Bruyère de donner à penser au travers de réflexions apparemment anecdotiques ou circonstanciées. L'écriture discontinue permet enfin toute une succession de renvois d'une remarque à une autre ; la lecture s'en trouve constamment relancée, et cette édition s'est efforcée de faire droit à ce rythme. Quant aux rapprochements nombreux avec les devanciers de La Bruyère, contemporains ou non, ils n'ont pour but que de *marquer la différence* de contexte, d'optique, ou d'implications.

P. S.

LES CARACTÈRES DE THÉOPHRASTE

Traduits du grec

DISCOURS SUR THÉOPHRASTE

Je n'estime pas que l'homme soit capable de former dans son esprit un projet plus vain et plus chimérique, que de prétendre, en écrivant de quelque art ou de quelque science que ce soit, échapper à toute sorte de critique, et enlever les suffrages de tous ses lecteurs.

Car, sans m'étendre sur la différence des esprits des hommes, aussi prodigieuse en eux que celle de leurs visages, qui fait goûter aux uns les choses de spéculation et aux autres celles de pratique, qui fait que quelques-uns cherchent dans les livres à exercer leur imagination, quelques autres à former leur jugement, qu'entre ceux qui lisent, ceux-ci aiment à être forcés par la démonstration, et ceux-là veulent entendre délicatement, ou former des raisonnements et des conjectures, je me renferme seulement dans cette science qui décrit les mœurs, qui examine les hommes, et qui développe leurs caractères, et j'ose dire que sur les ouvrages qui traitent des choses qui les touchent de si près, et où il ne s'agit que d'eux-mêmes, ils sont encore extrêmement difficiles à contenter.

Quelques savants ne goûtent que les apophtegmes des anciens et les exemples tirés des Romains, des Grecs, des Perses, des Égyptiens, l'histoire du monde présent leur est insipide, ils ne sont point touchés des hommes qui les environnent et avec qui ils vivent, et ne font nulle attention à leurs mœurs [1]. Les femmes, au contraire, les gens de la Cour, et tous ceux qui n'ont que beaucoup d'esprit sans érudition, indifférents pour toutes les choses qui les ont précédés, sont avides de celles qui se passent à leurs yeux et qui sont comme sous leur main : ils les examinent, ils les discernent, ils ne perdent pas de vue les personnes qui les entourent, si charmés des descriptions et des peintures que l'on fait de leurs contemporains, de leurs concitoyens, de ceux enfin qui leur ressemblent et à qui ils ne croient pas ressembler, que jusque dans la chaire l'on se croit obligé souvent de suspendre l'Évangile pour les prendre par leur faible, et les ramener à leurs devoirs par des choses qui soient de leur goût et de leur portée [2].

La Cour ou ne connaît pas la Ville, ou, par le mépris qu'elle a pour elle, néglige d'en relever le ridicule, et n'est point frappée des images qu'il peut fournir, et si au contraire l'on peint la cour, comme c'est toujours avec les ménagements qui lui sont dus, la ville ne tire pas de cette ébauche de quoi remplir sa curiosité, et se faire une juste idée d'un pays où il faut même avoir vécu pour le connaître.

D'autre part, il est naturel aux hommes de ne point convenir de la beauté ou de la délicatesse d'un trait de morale qui les peint, qui les désigne, et où ils se reconnaissent eux-mêmes : ils se tirent d'embarras en le condamnant, et tels n'approuvent la satire, que lorsque, commençant à lâcher prise et à s'éloigner de leurs personnes, elle va mordre quelque autre.

Enfin quelle apparence de pouvoir remplir tous les goûts si différents des hommes par un seul ouvrage de morale ? Les uns cherchent des définitions, des divisions, des tables, et de la méthode : ils veulent qu'on leur explique ce que c'est que la vertu en général, et cette vertu en particulier ; quelle différence se trouve entre la valeur, la force et la magnanimité ; les vices extrêmes par le défaut ou par l'excès entre lesquels chaque vertu se trouve placée, et duquel de ces deux extrêmes elle emprunte davantage ; toute autre doctrine ne leur plaît pas. Les autres, contents que l'on réduise les mœurs aux passions et que l'on explique celles-ci par le mouvement du sang, par celui des fibres et des artères [3], quittent un auteur de tout le reste.

Il s'en trouve d'un troisième ordre qui, persuadés que toute doctrine des mœurs doit tendre à les réformer, à discerner les bonnes d'avec les mauvaises, et à démêler dans les hommes ce qu'il y a de vain, de faible et de ridicule, d'avec ce qu'ils peuvent avoir de bon, de sain et de louable, se plaisent infiniment dans la lecture des livres qui, supposant les principes physiques et moraux rebattus par les anciens et les modernes, se jettent d'abord dans leur application aux mœurs du temps, corrigent les hommes les uns par les autres, par ces images de choses qui leur sont si familières, et dont néanmoins ils ne s'avisaient pas de tirer leur instruction.

Tel est le traité des *Caractères des mœurs* que nous a laissé Théophraste. Il l'a puisé dans les *Éthiques* et dans les *grandes Morales* d'Aristote, dont il fut le disciple. Les excellentes définitions que l'on lit au commencement de chaque chapitre sont établies sur les idées et sur les principes de ce grand philosophe, et le fond des caractères qui y sont décrits est pris de la même source. Il est vrai qu'il se les rend propres par l'étendue qu'il leur donne, et par la satire ingénieuse qu'il en tire contre les vices des Grecs, et surtout des Athéniens.

Ce livre ne peut guère passer que pour le commencement d'un plus long ouvrage que Théophraste avait entrepris. Le projet de ce philosophe, comme vous le remarquerez dans sa préface, était de traiter de toutes les vertus et de tous les vices ; et comme il assure lui-même dans cet endroit qu'il commence un si grand dessein à l'âge de quatre-vingt-dix-neuf ans, il y a apparence qu'une prompte mort l'empêcha de le conduire à sa perfection. J'avoue que l'opinion commune a toujours été qu'il avait poussé sa vie au-delà de cent ans, et saint Jérôme, dans une lettre qu'il écrit à Népotien, assure qu'il est mort à cent sept ans accomplis : de sorte que je ne doute point qu'il n'y ait eu une ancienne erreur, ou dans les chiffres grecs qui ont servi de règle à Diogène Laërce, qui ne le fait vivre que quatre-vingt-quinze années, ou dans les premiers manuscrits qui ont été faits de cet historien, s'il est vrai d'ailleurs que les quatre-vingt-dix-neuf ans que cet auteur se donne dans cette préface se lisent également dans quatre manuscrits de la bibliothèque Palatine, où l'on a aussi trouvé les cinq derniers chapitres des *Caractères* de Théophraste qui manquaient aux anciennes impressions, et où l'on a vu deux titres, l'un : *du Goût qu'on a pour les vicieux,* et l'autre : *du Gain sordide,* qui sont seuls et dénués de leurs chapitres.

Ainsi cet ouvrage n'est peut-être même qu'un simple fragment, mais cependant un reste précieux de l'antiquité, et un monument de la vivacité de l'esprit et du jugement ferme et solide de ce philosophe dans un âge si avancé. En effet, il a toujours été lu comme un chef-d'œuvre dans son genre : il ne se voit rien où le goût attique se fasse mieux remarquer et où l'élégance grecque éclate davantage ; on l'a appelé un livre d'or. Les savants, faisant attention à la diversité des mœurs qui y sont traitées et à la manière naïve dont tous les caractères y sont exprimés, et la comparant d'ailleurs avec celle du poète Ménandre, disciple de Théophraste, et qui servit ensuite de modèle à Térence, qu'on a dans nos jours si heureusement imité, ne peuvent s'empêcher de reconnaître dans ce petit ouvrage la première source de tout le comique : je dis de celui qui est épuré des pointes, des obscénités, des équivoques, qui est pris dans la nature, qui fait rire les sages et les vertueux [4].

Mais peut-être que pour relever le mérite de ce traité des *Caractères* et en inspirer la lecture, il ne sera pas inutile de dire quelque chose de celui de leur auteur. Il était d'Érèse, ville de Lesbos, fils d'un foulon ; il eut pour premier maître dans son pays un certain Leucippe [a], qui était de la même ville que lui ; de là il passa à l'école de Platon, et s'arrêta ensuite à celle d'Aristote, où il se distingua entre tous ses disciples. Ce nouveau maître, charmé de la facilité de son esprit et de la douceur de son élocution, lui changea son nom, qui était Tyrtame, en celui d'Euphraste, qui signifie celui qui parle bien ; et ce nom ne répondant point assez à la haute estime qu'il avait de la beauté de son génie et de ses expressions, il l'appela Théophraste, c'est-à-dire un homme dont le langage est divin. Et il semble que Cicéron ait entré dans les sentiments de ce philosophe, lorsque dans le livre qu'il intitule *Brutus* ou *des Orateurs illustres,* il parle ainsi : « Qui est plus fécond et plus abondant que Platon ? plus solide et plus ferme qu'Aristote ? plus agréable et plus doux que Théophraste ? » Et dans quelques-unes de ses épîtres à Atticus, on voit que, parlant du même Théophraste, il l'appelle son ami, que la lecture de ses livres lui était familière, et qu'il en faisait ses délices [5].

---

a. Un autre que Leucippe, philosophe célèbre et disciple de Zénon. (Note de La Bruyère.)

Aristote disait de lui et de Callisthène, un autre de ses disciples, ce que Platon avait dit la première fois d'Aristote même et de Xénocrate : que Callisthène était lent à concevoir et avait l'esprit tardif et que Théophraste au contraire l'avait si vif, si perçant, si pénétrant, qu'il comprenait d'abord d'une chose tout ce qui en pouvait être connu ; que l'un avait besoin d'éperon pour être excité, et qu'il fallait à l'autre un frein pour le retenir.

Il estimait en celui-ci sur toutes choses un caractère de douceur qui régnait également dans ses mœurs et dans son style. L'on raconte que les disciples d'Aristote, voyant leur maître avancé en âge et d'une santé fort affaiblie, le prièrent de leur nommer son successeur ; que comme il avait deux hommes dans son école sur qui seuls ce choix pouvait tomber, Ménédème [a] le Rhodien, et Théophraste d'Érèse, par un esprit de ménagement pour celui qu'il voulait exclure, il se déclara de cette manière : il feignit, peu de temps après que ses disciples lui eurent fait cette prière et en leur présence, que le vin dont il faisait un usage ordinaire lui était nuisible ; il se fit apporter des vins de Rhodes et de Lesbos ; il goûta de tous les deux, dit qu'ils ne démentaient point leur terroir, et que chacun dans son genre était excellent ; que le premier avait la force, mais que celui de Lesbos avait plus de douceur et qu'il lui donnait la préférence. Quoi qu'il en soit de ce fait, qu'on lit dans Aulu-Gelle [6], il est certain que lorsque Aristote, accusé par Eurymédon, prêtre de Cérès, d'avoir mal parlé des Dieux, craignant le destin de Socrate, voulut sortir d'Athènes et se retirer à Chalcis, ville d'Eubée, il abandonna son école au Lesbien, lui confia ses écrits à condition de les tenir secrets ; et c'est par Théophraste que sont venus jusques à nous les ouvrages de ce grand homme.

Son nom devint si célèbre par toute la Grèce que, successeur d'Aristote, il put compter bientôt dans l'école qu'il lui avait laissée jusques à deux mille disciples. Il excita l'envie de Sophocle [b], fils d'Amphiclide, et qui pour lors était préteur : celui-ci, en effet son ennemi mais sous prétexte d'une exacte police et d'empêcher les assemblées, fit une loi qui défendait, sur peine de la vie, à aucun philosophe d'enseigner dans les écoles. Ils obéirent ; mais l'année suivante, Philon ayant succédé à Sophocle, qui était sorti de charge, le peuple d'Athènes abrogea cette loi odieuse que ce dernier avait faite, le condamna à une amende de cinq talents, rétablit Théophraste et le reste des philosophes.

Plus heureux qu'Aristote, qui avait été contraint de céder à Eurymédon, il fut sur le point de voir un certain Agnonide puni comme impie par les Athéniens, seulement à cause qu'il avait osé l'accuser d'impiété : tant était grande l'affection que ce peuple avait pour lui, et qu'il méritait par sa vertu.

En effet, on lui rend ce témoignage qu'il avait une singulière prudence, qu'il était zélé pour le bien public, laborieux, officieux, affable,

---

a. Il y en a eu deux autres de même nom, l'un philosophe cynique, l'autre disciple de Platon. (Note de La Bruyère.)

b. Un autre que le poète tragique. (Note de La Bruyère.)

bienfaisant. Ainsi, au rapport de Plutarque, lorsque Érèse fut accablée de tyrans qui avaient usurpé la domination de leur pays, il se joignit à Phidias [a], son compatriote, contribua avec lui de ses biens pour armer les bannis, qui rentrèrent dans leur ville, en chassèrent les traîtres, et rendirent à toute l'île de Lesbos sa liberté.

Tant de rares qualités ne lui acquirent pas seulement la bienveillance du peuple, mais encore l'estime et la familiarité des rois. Il fut ami de Cassandre, qui avait succédé à Aridée, frère d'Alexandre le Grand, au royaume de Macédoine ; et Ptolomée, fils de Lagus et premier roi d'Égypte, entretint toujours un commerce étroit avec ce philosophe. Il mourut enfin accablé d'années et de fatigues, et il cessa tout à la fois de travailler et de vivre. Toute la Grèce le pleura, et tout le peuple athénien assista à ses funérailles.

L'on raconte de lui que dans son extrême vieillesse, ne pouvant plus marcher à pied, il se faisait porter en litière par la ville, où il était vu du peuple, à qui il était si cher. L'on dit aussi que ses disciples, qui entouraient son lit lorsqu'il mourut, lui ayant demandé s'il n'avait rien à leur recommander, il leur tint ce discours : « La vie nous séduit, elle nous promet de grands plaisirs dans la possession de la gloire ; mais à peine commence-t-on à vivre qu'il faut mourir. Il n'y a souvent rien de plus stérile que l'amour de la réputation. Cependant, mes disciples, contentez-vous : si vous négligez l'estime des hommes, vous vous épargnez à vous-mêmes de grands travaux ; s'ils ne rebutent point votre courage, il peut arriver que la gloire sera votre récompense. Souvenez-vous seulement qu'il y a dans la vie beaucoup de choses inutiles, et qu'il y en a peu qui mènent à une fin solide. Ce n'est point à moi à délibérer sur le parti que je dois prendre, il n'est plus temps : pour vous, qui avez à me survivre, vous ne sauriez peser trop sûrement ce que vous devez faire. » Et ce furent là ses dernières paroles.

Cicéron, dans le troisième livre des *Tusculanes* [7], dit que Théophraste mourant se plaignit de la nature, de ce qu'elle avait accordé aux cerfs et aux corneilles une vie si longue et qui leur est si inutile, lorsqu'elle n'avait donné aux hommes qu'une vie très courte, bien qu'il leur importe si fort de vivre longtemps ; que si l'âge des hommes eût pu s'étendre à un plus grand nombre d'années, il serait arrivé que leur vie aurait été cultivée par une doctrine universelle, et qu'il n'y aurait eu dans le monde ni art ni science qui n'eût atteint sa perfection. Et saint Jérôme, dans l'endroit déjà cité, assure que Théophraste, à l'âge de cent sept ans, frappé de la maladie dont il mourut, regretta de sortir de la vie dans un temps où il ne faisait que commencer à être sage.

Il avait coutume de dire qu'il ne faut pas aimer ses amis pour les éprouver, mais les éprouver pour les aimer ; que les amis doivent être communs entre les frères, comme tout est commun entre les amis ; que l'on devait plutôt se fier à un cheval sans frein qu'à celui qui parle sans jugement ; que la plus forte dépense que l'on puisse faire est celle du

---

a. Un autre que le fameux sculpteur. (Note de La Bruyère.)

temps. Il dit un jour à un homme qui se taisait à table dans un festin : « Si tu es un habile homme, tu as tort de ne pas parler ; mais s'il n'est pas ainsi, tu en sais beaucoup. » Voilà quelques-unes de ses maximes.

Mais si nous parlons de ses ouvrages, ils sont infinis, et nous n'apprenons pas que nul ancien ait plus écrit que Théophraste. Diogène Laërce fait l'énumération de plus de deux cents traités différents et sur toutes sortes de sujets qu'il a composés. La plus grande partie s'est perdue par le malheur des temps, et l'autre se réduit à vingt traités, qui sont recueillis dans le volume de ses œuvres. L'on y voit neuf livres de l'histoire des plantes, six livres de leurs causes. Il a écrit des vents, du feu, des pierres, du miel, des signes du beau temps, des signes de la pluie, des signes de la tempête, des odeurs, de la sueur, du vertige, de la lassitude, du relâchement des nerfs, de la défaillance, des poissons qui vivent hors de l'eau, des animaux qui changent de couleur, des animaux qui naissent subitement, des animaux sujets à l'envie, des caractères des mœurs. Voilà ce qui nous reste de ses écrits, entre lesquels ce dernier seul, dont on donne la traduction, peut répondre non seulement de la beauté de ceux que l'on vient de déduire, mais encore du mérite d'un nombre infini d'autres qui ne sont point venus jusqu'à nous.

Que si quelques-uns se refroidissaient pour cet ouvrage moral par les choses qu'ils y voient, qui sont du temps auquel il a été écrit, et qui ne sont point selon leurs mœurs, que peuvent-ils faire de plus utile et de plus agréable pour eux que de se défaire de cette prévention pour leurs coutumes et leurs manières, qui, sans autre discussion, non seulement les leur fait trouver les meilleures de toutes, mais leur fait presque décider que tout ce qui n'y est pas conforme est méprisable, et qui les prive, dans la lecture des livres des anciens, du plaisir et de l'instruction qu'ils doivent attendre ?

Nous, qui sommes si modernes, seront anciens dans quelques siècles. Alors l'histoire du nôtre fera goûter à la postérité la vénalité des charges, c'est-à-dire le pouvoir de protéger l'innocence, de punir le crime, et de faire justice à tout le monde, acheté à des deniers comptants comme une métairie ; la splendeur des partisans, gens si méprisés chez les Hébreux et chez les Grecs. L'on entendra parler d'une capitale d'un grand royaume où il n'y avait ni places publiques, ni bains, ni fontaines, ni amphithéâtres, ni galeries, ni portiques, ni promenoirs, qui était pourtant une ville merveilleuse. L'on dira que tout le cours de la vie s'y passait presque à sortir de sa maison pour aller se renfermer dans celle d'un autre ; que d'honnêtes femmes, qui n'étaient ni marchandes ni hôtelières, avaient leurs maisons ouvertes à ceux qui payaient pour y entrer ; que l'on avait à choisir des dés, des cartes et de tous les jeux ; que l'on mangeait dans ces maisons, et qu'elles étaient commodes à tout commerce. L'on saura que le peuple ne paraissait dans la ville que pour y passer avec précipitation : nul entretien, nulle familiarité ; que tout y était farouche et comme alarmé par le bruit des chars qu'il fallait éviter, et qui s'abandonnaient au milieu des rues, comme on fait dans une lice pour remporter le prix de la course. L'on apprendra sans étonnement qu'en pleine paix et dans une tranquillité publique, des citoyens entraient dans les temples, allaient voir des femmes, ou visitaient leurs amis avec des armes offensives, et qu'il n'y avait presque personne qui n'eût à son côté de quoi pouvoir d'un seul coup en tuer un autre. Ou si ceux qui viendront après nous, rebutés par des mœurs si étranges et si différentes des leurs, se dégoûtent par là de nos mémoires, de nos poésies, de notre comique et de nos satires, pouvons-nous ne les pas plaindre par avance de se priver eux-mêmes, par cette fausse délicatesse, de la lecture de si beaux ouvrages, si travaillés, si réguliers, et de la connaissance du plus beau règne dont jamais l'histoire ait été embellie ?

Ayons donc pour les livres des anciens cette même indulgence que nous espérons nous-mêmes de la postérité, persuadés que les hommes n'ont point d'usages ni de coutumes qui soient de tous les siècles, qu'elles changent avec les temps, que nous sommes trop éloignés de celles qui ont passé, et trop proches de celles qui règnent encore, pour être dans la distance qu'il faut pour faire des unes et des autres un juste discernement. Alors, ni ce que nous appelons la politesse de nos mœurs, ni la bienséance de nos coutumes, ni notre faste, ni notre magnificence ne nous préviendront pas davantage contre la vie simple des Athéniens que contre celle des premiers hommes, grands par eux-mêmes, et indépendamment de mille choses extérieures qui ont été depuis inventées pour suppléer peut-être à cette véritable grandeur qui n'est plus.

La nature se montrait en eux dans toute sa pureté et sa dignité, et n'était point encore souillée par la vanité, par le luxe, et par la sotte ambition. Un homme n'était honoré sur la terre qu'à cause de sa force ou de sa vertu ; il n'était point riche par des charges ou des pensions, mais par son champ, par ses troupeaux, par ses enfants et ses serviteurs ; sa nourriture était saine et naturelle, les fruits de la terre, le lait de ses animaux et de ses brebis ; ses vêtements simples et uniformes, leurs laines, leurs toisons ; ses plaisirs innocents, une grande récolte, le mariage de ses enfants, l'union avec ses voisins, la paix dans sa famille. Rien n'est plus opposé à nos mœurs que toutes ces choses ; mais l'éloignement des temps nous les fait goûter, ainsi que la distance des lieux nous fait recevoir tout ce que les diverses relations ou les livres de voyages nous apprennent des pays lointains et des nations étrangères.

Ils racontent une religion, une police, une manière de se nourrir, de s'habiller, de bâtir et de faire la guerre, qu'on ne savait point, des mœurs que l'on ignorait. Celles qui approchent des nôtres nous touchent, celles qui s'en éloignent nous étonnent ; mais toutes nous amusent. Moins rebutés par la barbarie des manières et des coutumes de peuples si éloignés, qu'instruits et même réjouis par leur nouveauté, il nous suffit que ceux dont il s'agit soient Siamois, Chinois, Nègres ou Abyssins.

Or ceux dont Théophraste nous peint les mœurs dans ses *Caractères* étaient Athéniens, et nous sommes Français ; et si nous joignons à la diversité des lieux et du climat le long intervalle des temps, et que nous considérions que ce livre a pu être écrit la dernière année de la

CXV[e] olympiade, trois cent quatorze ans avant l'ère chrétienne, et qu'ainsi il y a deux mille ans accomplis que vivait ce peuple d'Athènes dont il fait la peinture, nous admirerons de nous y reconnaître nous-mêmes, nos amis, nos ennemis, ceux avec qui nous vivons, et que cette ressemblance avec des hommes séparés par tant de siècles soit si entière. En effet, les hommes n'ont point changé selon le cœur et selon les passions ; ils sont encore tels qu'ils étaient alors et qu'ils sont marqués dans Théophraste : vains, dissimulés, flatteurs, intéressés, effrontés, importuns, défiants, médisants, querelleux, superstitieux.

Il est vrai, Athènes était libre ; c'était le centre d'une république ; ses citoyens étaient égaux ; ils ne rougissaient point l'un de l'autre ; ils marchaient presque seuls et à pied dans une ville propre, paisible et spacieuse, entraient dans les boutiques et dans les marchés, achetaient eux-mêmes les choses nécessaires ; l'émulation d'une cour ne les faisait point sortir d'une vie commune ; ils réservaient leurs esclaves pour les bains, pour les repas, pour le service intérieur des maisons, pour les voyages ; ils passaient une partie de leur vie dans les places, dans les temples, aux amphithéâtres, sur un port, sous des portiques, et au milieu d'une ville dont ils étaient également les maîtres. Là le peuple s'assemblait pour délibérer des affaires publiques ; ici il s'entretenait avec les étrangers ; ailleurs les philosophes tantôt enseignaient leur doctrine, tantôt conféraient avec leurs disciples. Ces lieux étaient tout à la fois la scène des plaisirs et des affaires. Il y avait dans ces mœurs quelque chose de simple et de populaire, et qui ressemble peu aux nôtres, je l'avoue ; mais cependant quels hommes en général que les Athéniens, et quelle ville qu'Athènes ! quelles lois ! quelle police ! quelle valeur ! quelle discipline ! quelle perfection dans toutes les sciences et dans tous les arts ! mais quelle politesse dans le commerce ordinaire et dans le langage ! Théophraste, le même Théophraste dont l'on vient de dire de si grandes choses, ce parleur agréable, cet homme qui s'exprimait divinement, fut reconnu étranger et appelé de ce nom par une simple femme de qui il achetait des herbes au marché, et qui reconnut, par je ne sais quoi d'attique qui lui manquait et que les Romains ont depuis appelé urbanité, qu'il n'était pas Athénien ; et Cicéron rapporte [8] que ce grand personnage demeura étonné de voir qu'ayant vieilli dans Athènes, possédant si parfaitement le langage attique et en ayant acquis l'accent par une habitude de tant d'années, il ne s'était pu donner ce que le simple peuple avait naturellement et sans nulle peine. Que si l'on ne laisse pas de lire quelquefois, dans ce traité des *Caractères*, de certaines mœurs qu'on ne peut excuser et qui nous paraissent ridicules, il faut se souvenir qu'elles ont paru telles à Théophraste, qu'il les a regardées comme des vices dont il a fait une peinture naïve, qui fit honte aux Athéniens et qui servit à les corriger.

Enfin, dans l'esprit de contenter ceux qui reçoivent froidement tout ce qui appartient aux étrangers et aux anciens, et qui n'estiment que leurs mœurs, on les ajoute à cet ouvrage. L'on a cru pouvoir se dispenser de suivre le projet de ce philosophe, soit parce qu'il est toujours pernicieux de poursuivre le travail d'autrui, surtout si c'est d'un ancien ou d'un auteur d'une grande réputation ; soit encore parce que cette unique figure qu'on appelle description ou énumération, employée avec tant de succès dans ces vingt-huit chapitres des *Caractères*, pourrait en avoir un beaucoup moindre, si elle était traitée par un génie fort inférieur à celui de Théophraste.

Au contraire, se ressouvenant que, parmi le grand nombre des traités de ce philosophe rapportés par Diogène Laërce, il s'en trouve un sous le titre de *Proverbes*, c'est-à-dire de pièces détachées, comme des réflexions ou des remarques, que le premier et le plus grand livre de morale qui ait été fait porte ce même nom dans les divines Écritures, on s'est trouvé excité par de si grands modèles à suivre selon ses forces une semblable manière [a] d'écrire les mœurs ; et l'on a point été détourné de son entreprise par deux ouvrages de morale qui sont dans les mains de tout le monde, et d'où, faute d'attention ou par un esprit de critique, quelques-uns pourraient penser que ces remarques sont imitées.

L'un [9], par l'engagement de son auteur, fait servir la métaphysique à la religion, fait connaître l'âme, ses passions, ses vices, traite les grands et sérieux motifs pour conduire à la vertu, et veut rendre l'homme chrétien. L'autre [10], qui est la production d'un esprit instruit par le commerce du monde et dont la délicatesse était égale à la pénétration, observant que l'amour-propre est dans l'homme la cause de tous ses faibles, l'attaque sans relâche, quelque part où il le trouve ; et cette unique pensée, comme multipliée en mille manières différentes, a toujours, par le choix des mots et par la variété de l'expression, la grâce de la nouveauté.

L'on ne suit aucune de ces routes dans l'ouvrage qui est joint à la traduction des *Caractères* ; il est tout différent des deux autres que je viens de toucher : moins sublime que le premier et moins délicat que le second, il ne tend qu'à rendre l'homme raisonnable, mais par des voies simples et communes, et en l'examinant indifféremment, sans beaucoup de méthode et selon que les divers chapitres y conduisent, par les âges, les sexes et les conditions, et par les vices, les faibles et le ridicule qui y sont attachés.

L'on s'est plus appliqué aux vices de l'esprit, aux replis du cœur et à tout l'intérieur de l'homme que n'a fait Théophraste ; et l'on peut dire que, comme ses *Caractères*, par mille choses extérieures qu'ils font remarquer dans l'homme, par ses actions, ses paroles et ses démarches, apprennent quel est son fond, et font remonter jusques à la source de son dérèglement, tout au contraire, les nouveaux *Caractères*, déployant d'abord les pensées, les sentiments et les mouvements des hommes, découvrent le principe de leur malice et de leurs faiblesses, font que l'on prévoit aisément tout ce qu'ils sont capables de dire ou de faire, et qu'on ne s'étonne plus de mille actions vicieuses ou frivoles dont leur vie est toute remplie.

---

a. L'on entend cette manière coupée dont Salomon a écrit ses *Proverbes*, et nullement les choses, qui sont divines et hors de toute comparaison. (Note de La Bruyère.)

Il faut avouer que sur les titres de ces deux ouvrages l'embarras s'est trouvé presque égal. Pour ceux qui partagent le dernier, s'ils ne plaisent point assez, l'on permet d'en suppléer d'autres ; mais à l'égard des titres des *Caractères* de Théophraste, la même liberté n'est pas accordée, parce qu'on n'est point maître du bien d'autrui. Il a fallu suivre l'esprit de l'auteur, et les traduire selon le sens le plus proche de la diction grecque, et en même temps selon la plus exacte conformité avec leurs chapitres ; ce qui n'est pas une chose facile, parce que souvent la signification d'un terme grec, traduit en français mot pour mot, n'est plus la même dans notre langue : par exemple, ironie est chez nous une raillerie dans la conversation, ou une figure de rhétorique, et chez Théophraste c'est quelque chose entre la fourberie et la dissimulation, qui n'est pourtant ni l'un ni l'autre, mais précisément ce qui est décrit dans le premier chapitre.

Et d'ailleurs les Grecs ont quelquefois deux ou trois termes assez différents pour exprimer des choses qui le sont aussi et que nous ne saurions guère rendre que par un seul mot : cette pauvreté embarrasse. En effet, l'on remarque dans cet ouvrage grec trois espèces d'avarice, deux sortes d'importuns, des flatteurs de deux manières, et autant de grands parleurs : de sorte que les caractères de ces personnes semblent rentrer les uns dans les autres, au désavantage du titre ; ils ne sont pas aussi toujours suivis et parfaitement conformes, parce que Théophraste, emporté quelquefois par le dessein qu'il a de faire des portraits, se trouve déterminé à ces changements par le caractère et les mœurs du personnage qu'il peint ou dont il fait la satire.

Les définitions qui sont au commencement de chaque chapitre ont eu leurs difficultés. Elles sont courtes et concises dans Théophraste, selon la forme du grec et le style d'Aristote, qui lui en a fourni les premières idées : on les a étendues dans la traduction pour les rendre intelligibles. Il se lit aussi dans ce traité des phrases qui ne sont pas achevées et qui forment un sens imparfait, auquel il a été facile de suppléer le véritable ; il s'y trouve de différentes leçons, quelques endroits tout à fait interrompus, et qui pouvaient recevoir diverses explications ; et pour ne point s'égarer dans ces doutes, on a suivi les meilleurs interprètes.

Enfin, comme cet ouvrage n'est qu'une simple instruction sur les mœurs des hommes, et qu'il vise moins à les rendre savants qu'à les rendre sages, l'on s'est trouvé exempt de le charger de longues et curieuses observations, ou de doctes commentaires qui rendissent un compte exact de l'Antiquité. L'on s'est contenté de mettre de petites notes à côté de certains endroits que l'on a cru le mériter, afin que nuls de ceux qui ont de la justesse, de la vivacité, et à qui il ne manque que d'avoir lu beaucoup, ne se reprochent pas même ce petit défaut, ne puissent être arrêtés dans la lecture des *Caractères* et douter un moment du sens de Théophraste [11].

LES CARACTÈRES DE THÉOPHRASTE

Traduits du grec

J'ai admiré souvent et j'avoue que je ne puis encore comprendre, quelque sérieuse réflexion que je fasse, pourquoi toute la Grèce étant placée sous un même ciel, et les Grecs nourris et élevés de la même manière [a], il se trouve néanmoins si peu de ressemblance dans leurs mœurs. Puis donc, mon cher Polyclès, qu'à l'âge de quatre-vingt-dix-neuf ans où je me trouve, j'ai assez vécu pour connaître les hommes ; que j'ai vu d'ailleurs, pendant le cours de ma vie, toutes sortes de personnes et de divers tempéraments, et que je me suis toujours attaché à étudier les hommes vertueux, comme ceux qui n'étaient connus que par leurs vices, il semble que j'ai dû marquer les caractères des uns et des autres [b], et ne me contenter de peindre les Grecs en général, mais même de toucher ce qui est personnel, et ce que plusieurs d'entre eux paraissent avoir de plus familier. J'espère, mon cher Polyclès, que cet ouvrage sera utile à ceux qui viendront après nous : il leur tracera des modèles qu'ils pourront suivre ; il leur apprendra à faire le discernement de ceux avec qui ils doivent lier quelque commerce, et dont l'émulation les portera à imiter leur sagesse et leurs vertus. Ainsi je vais entrer en matière : c'est à vous de pénétrer dans mon sens, et d'examiner avec attention si la vérité se trouve dans mes paroles ; et sans faire une plus longue préface, je parlerai d'abord de la dissimulation, je définirai ce vice, je dirai ce que c'est qu'un homme dissimulé, je décrirai ses mœurs, et je traiterai ensuite des autres passions, suivant le projet que j'en ai fait.

De la dissimulation

La dissimulation [c] n'est pas aisée à bien définir : si l'on se contente d'en faire une simple description, l'on peut dire que c'est un certain art de composer ses paroles et ses actions pour une mauvaise fin. Un

---

a. Par rapport aux Barbares, dont les mœurs étaient très différentes de celles des Grecs. (Note de La Bruyère.)
b. Théophraste avait dessein de traiter de toutes les vertus et de tous les vices. (Note de La Bruyère.)
c. L'auteur parle de celle qui ne vient pas de la prudence, et que les Grecs appelaient *ironie*. (Note de La Bruyère.)

homme dissimulé se comporte de cette manière : il aborde ses ennemis, leur parle, et leur fait croire par cette démarche qu'il ne les hait point ; il loue ouvertement et en leur présence ceux à qui il dresse de secrètes embûches, et il s'afflige avec eux s'il leur est arrivé quelque disgrâce ; il semble pardonner les discours offensants que l'on lui tient ; il récite froidement les plus horribles choses que l'on lui aura dites contre sa réputation, et il emploie les paroles les plus flatteuses pour adoucir ceux qui se plaignent de lui, et qui sont aigris par les injures qu'ils en ont reçues. S'il arrive que quelqu'un l'aborde avec empressement, il feint des affaires, et lui dit de revenir une autre fois. Il cache soigneusement tout ce qu'il fait ; et à l'entendre parler, on croirait toujours qu'il délibère. Il ne parle point indifféremment ; il a ses raisons pour dire tantôt qu'il ne fait que revenir de la campagne, tantôt qu'il est arrivé à la ville fort tard, et quelquefois qu'il est languissant, ou qu'il a une mauvaise santé. Il dit à celui qui lui emprunte de l'argent à intérêt, ou qui le prie de contribuer [a] de sa part à une somme que ses amis consentent de lui prêter, qu'il ne vend rien, qu'il ne s'est jamais vu si dénué d'argent ; pendant qu'il dit aux autres que le commerce va le mieux du monde, quoique en effet il ne vende rien. Souvent, après avoir écouté ce que l'on lui a dit, il veut faire croire qu'il n'y a pas eu la moindre attention ; il feint de n'avoir pas aperçu les choses où il vient de jeter les yeux, ou s'il est convenu d'un fait, de ne s'en plus souvenir. Il n'a pour ceux qui lui parlent d'affaire que cette seule réponse : « J'y penserai. » Il sait de certaines choses, il en ignore d'autres, il est saisi d'admiration, d'autres fois il aura pensé comme vous sur cet événement, et cela selon ses différents intérêts. Son langage le plus ordinaire est celui-ci : « Je n'en crois rien, je ne comprends pas que cela puisse être, je ne sais où j'en suis » ; ou bien : « Il me semble que je ne suis pas moi-même » ; et ensuite : « Ce n'est pas ainsi qu'il me l'a fait entendre ; voilà une chose merveilleuse et qui passe toute créance ; contez cela à d'autres ; dois-je vous croire ? ou me persuaderai-je qu'il m'ait dit la vérité ? », paroles doubles et artificieuses, dont il faut se défier comme de ce qu'il y a au monde de plus pernicieux. Ces manières d'agir ne partent point d'une âme simple et droite, mais d'une mauvaise volonté, ou d'un homme qui veut nuire ; le venin des aspics est moins à craindre.

De la flatterie

La flatterie est un commerce honteux qui n'est utile qu'au flatteur. Si un flatteur se promène avec quelqu'un dans la place : « Remarquez-vous, lui dit-il, comme tout le monde a les yeux sur vous ? cela n'arrive qu'à vous seul. Hier il fut bien parlé de vous, et l'on ne tarissait point sur vos louanges : nous nous trouvâmes plus de trente personnes dans un endroit du Portique [b] ; et comme par la suite du discours l'on vint

---

    a. Cette sorte de contribution était fréquente à Athènes, et autorisée par les lois. (Note de La Bruyère.)
    b. Édifice public qui servit depuis à Zénon et à ses disciples de rendez-vous pour leurs disputes : ils en furent appelés stoïciens, car *stoa*, mot grec, signifie « portique ». (Note de La Bruyère.)

à tomber sur celui que l'on devait estimer le plus homme de bien de la ville, tous d'une commune voix vous nommèrent, et il n'y en eut pas un seul qui vous refusât ses suffrages. » Il lui dit mille choses de cette nature. Il affecte d'apercevoir le moindre duvet qui se sera attaché à votre habit, de le prendre et de le souffler à terre. Si par hasard le vent a fait voler quelques petites pailles sur votre barbe ou sur vos cheveux, il prend soin de vous les ôter ; et vous souriant : « Il est merveilleux, dit-il, combien vous êtes blanchi [a] depuis deux jours que je ne vous ai pas vu » ; et il ajoute : « Voilà encore, pour un homme de votre âge [b], assez de cheveux noirs. » Si celui qu'il veut flatter prend la parole, il impose silence à tous ceux qui se trouvent présents, et il les force d'approuver aveuglément tout ce qu'il avance, et dès qu'il a cessé de parler, il se récrie : « Cela est dit le mieux du monde, rien n'est plus heureusement rencontré. » D'autres fois, s'il lui arrive de faire à quelqu'un une raillerie froide, il ne manque pas de lui applaudir, d'entrer dans cette mauvaise plaisanterie ; et quoiqu'il n'ait nulle envie de rire, il porte à sa bouche l'un des bouts de son manteau, comme s'il ne pouvait se contenir et qu'il voulût s'empêcher d'éclater ; et s'il l'accompagne lorsqu'il marche par la ville, il dit à ceux qu'il rencontre dans son chemin de s'arrêter jusqu'à ce qu'il soit passé. Il achète des fruits, et les porte chez ce citoyen ; il les donne à ses enfants en sa présence ; il les baise, il les caresse : « Voilà, dit-il, de jolis enfants et dignes d'un tel père. » S'il sort de sa maison, il le suit ; s'il entre dans une boutique pour essayer des souliers, il lui dit : « Votre pied est mieux fait que cela. » Il l'accompagne ensuite chez ses amis, ou plutôt il entre le premier dans leur maison, et leur dit : « Un tel me suit et vient vous rendre visite » ; et retournant sur ses pas : « Je vous ai annoncé, dit-il, et l'on se fait un grand honneur de vous recevoir. » Le flatteur se met à tout sans hésiter, se mêle des choses les plus viles et qui ne conviennent qu'à des femmes. S'il est invité à souper, il est le premier des conviés à louer le vin ; assis à table le plus proche de celui qui fait le repas, il lui répète souvent : « En vérité, vous faites une chère délicate » ; et montrant aux autres l'un des mets qu'il soulève du plat : « Cela s'appelle, dit-il, un morceau friand. » Il a soin de lui demander s'il a froid, s'il ne voudrait point une autre robe ; et il s'empresse de le mieux couvrir. Il lui parle sans cesse à l'oreille ; et si quelqu'un de la compagnie l'interroge, il lui répond négligemment et sans le regarder, n'ayant des yeux que pour un seul. Il ne faut pas croire qu'au théâtre il oublie d'arracher des carreaux des mains du valet qui les distribue, pour les porter à sa place, et l'y faire asseoir plus mollement. J'ai dû dire aussi qu'avant qu'il sorte de sa maison, il en loue l'architecture, se récrie sur toutes choses, dit que les jardins sont bien plantés ; et s'il aperçoit quelque part le portrait du maître, où il soit extrêmement flatté, il est touché de voir combien il lui ressemble, et il l'admire comme un chef-d'œuvre. En un mot, le

---

a. Allusion à la nuance que de petites pailles font dans les cheveux. (Note de La Bruyère.)
b. Il parle à un jeune homme. (Note de La Bruyère.)

flatteur ne dit « rien et ne fait rien au hasard ; mais il rapporte toutes ses paroles et toutes ses actions au dessein qu'il a de plaire à quelqu'un et d'acquérir ses bonnes grâces.

De l'impertinent ou du diseur de rien

La sotte envie de discourir vient d'une habitude qu'on a contractée de parler beaucoup et sans réflexion. Un homme qui veut parler, se trouvant assis proche d'une personne qu'il n'a jamais vue et qu'il ne connaît point, entre d'abord en matière, l'entretient de sa femme et lui fait son éloge, lui conte son songe, lui fait un long détail d'un repas où il s'est trouvé, sans oublier le moindre mets ni un seul service. Il s'échauffe ensuite dans la conversation, déclame contre le temps présent, et soutient que les hommes qui vivent présentement ne valent point leurs pères. De là il se jette sur ce qui se débite au marché, sur la cherté du blé, sur le grand nombre d'étrangers qui sont dans la ville ; il dit qu'au printemps, où commencent les Bacchanales [a], la mer devient navigable ; qu'un peu de pluie serait utile aux biens de la terre, et ferait espérer une bonne récolte ; qu'il cultivera son champ l'année prochaine, et qu'il le mettra en valeur ; que le siècle est dur, et qu'on a bien de la peine à vivre. Il apprend à cet inconnu que c'est Damippe qui a fait brûler la plus belle torche devant l'autel de Cérès à la fête des Mystères [b], il lui demande combien de colonnes soutiennent le théâtre de la musique, quel est le quantième du mois ; il lui dit qu'il a eu la veille une indigestion ; et si cet homme à qui il parle a la patience de l'écouter, il ne partira pas d'auprès de lui : il lui annoncera comme une chose nouvelle que les Mystères [c] se célèbrent dans le mois d'août, les *Apaturies* [d] au mois d'octobre ; et à la campagne, dans le mois de décembre, les Bacchanales [e]. Il n'y a avec de si grands causeurs qu'un parti à prendre, qui est de fuir, si l'on veut du moins éviter la fièvre ; car quel moyen de pouvoir tenir contre des gens qui ne savent pas discerner ni votre loisir ni le temps de vos affaires ?

De la rusticité

Il semble que la rusticité n'est autre chose qu'une ignorance grossière des bienséances. L'on voit en effet des gens rustiques et sans réflexion sortir un jour de médecine [f], et se trouver en cet état dans un lieu public parmi le monde ; ne pas faire la différence de l'odeur forte du thym ou de la marjolaine d'avec les parfums les plus délicieux ; être chaussés large et grossièrement ; parler haut et ne pouvoir se réduire à un ton de voix modéré ; ne se pas fier à leurs amis sur les moindres affaires,

---

a. Premières Bacchanales, qui se célébraient dans la ville. (Note de La Bruyère.)
b. Les mystères de Cérès se célébraient la nuit, et il y avait une émulation entre les Athéniens à qui y apporterait une plus grande torche. (Note de La Bruyère.)
c. Fête de Cérès. Voyez ci-dessus. (Note de La Bruyère.)
d. En français, « la Fête des tromperies ». Elle se faisait en l'honneur de Bacchus. Son origine ne fait rien aux mœurs de ce chapitre. (Note de La Bruyère.)
e. Secondes Bacchanales, qui se célébraient en hiver à la campagne. (Note de La Bruyère.)
f. Le texte grec nomme une certaine drogue qui rendait l'haleine fort mauvaise le jour qu'on l'avait prise. (Note de La Bruyère.)

pendant qu'ils s'en entretiennent avec leurs domestiques, jusques à rendre compte à leurs moindres valets de ce qui aura été dit dans une assemblée publique. On les voit assis, leur robe relevée jusqu'aux genoux et d'une manière indécente. Il ne leur arrive pas en toute leur vie de rien admirer, ni de paraître surpris des choses les plus extraordinaires que l'on rencontre sur les chemins ; mais si c'est un bœuf, un âne, ou un vieux bouc, alors ils s'arrêtent et ne se lassent point de les contempler. Si quelquefois ils entrent dans leur cuisine, ils mangent avidement tout ce qu'ils y trouvent, boivent tout d'une haleine une grande tasse de vin pur ; ils se cachent pour cela de leur servante, avec qui d'ailleurs ils vont au moulin, et entrent dans les plus petits détails du domestique. Ils interrompent leur souper, et se lèvent pour donner une poignée d'herbes aux bêtes de charrue [a] qu'ils ont dans leurs étables. Heurte-t-on à leur porte pendant qu'ils dînent, ils sont attentifs et curieux. Vous remarquez toujours proche de leur table un gros chien de cour, qu'ils appellent à eux, qu'ils empoignent par la gueule, en disant : « Voilà celui qui garde la place, qui prend soin de la maison et de ceux qui sont dedans. » Ces gens, épineux dans les payements qu'on leur fait, rebutent un grand nombre de pièces qu'ils croient légères, ou qui ne brillent pas assez à leurs yeux, et qu'on est obligé de leur changer. Ils sont occupés pendant la nuit d'une charrue, d'un sac, d'une faux, d'une corbeille, et ils rêvent à qui ils ont prêté ces ustensiles ; et lorsqu'ils marchent par la ville : « Combien vaut, demandent-ils aux premiers qu'ils rencontrent, le poisson salé ? Les fourrures se vendent-elles bien ? N'est-ce pas aujourd'hui que les jeux nous ramènent une nouvelle lune [b] ? » D'autres fois, ne sachant que dire, ils vous apprennent qu'ils vont se faire raser, et qu'ils ne sortent que pour cela. Ce sont ces mêmes personnes que l'on entend chanter dans le bain, qui mettent des clous à leurs souliers, et qui, se trouvant tous portés devant la boutique d'Archias [c], achètent eux-mêmes des viandes salées, et les apportent à la main en pleine rue.

Du complaisant [d]

Pour faire une définition un peu exacte de cette affectation que quelques-uns ont de plaire à tout le monde, il faut dire que c'est une manière de vivre où l'on cherche beaucoup moins ce qui est vertueux et honnête que ce qui est agréable. Celui qui a cette passion, d'aussi loin qu'il aperçoit un homme dans la place, le salue en s'écriant : « Voilà ce qu'on appelle un homme de bien ! », l'aborde, l'admire sur les moindres choses, le retient avec ses deux mains, de peur qu'il ne lui échappe ; et après avoir fait quelques pas avec lui, il lui demande avec

---

a. Des bœufs. (Note de La Bruyère.)
b. Cela est dit rustiquement : un autre dirait que la nouvelle lune ramène les jeux ; et d'ailleurs c'est comme si le jour de Pâques quelqu'un disait : « N'est-ce pas aujourd'hui Pâques ? » (Note de La Bruyère.)
c. Fameux marchand de chairs salées, nourriture ordinaire du peuple. (Note de La Bruyère.)
d. Ou de l'Envie de plaire. (Note de La Bruyère.)

empressement quel jour on pourra le voir, et enfin, ne s'en sépare qu'en lui donnant mille éloges. Si quelqu'un le choisit pour arbitre dans un procès, il ne doit pas attendre de lui qu'il lui soit plus favorable qu'à son adversaire : comme il veut plaire à tous deux, il les ménagera également. C'est dans cette vue que, pour se concilier tous les étrangers qui sont dans la ville, il leur dit quelquefois qu'il leur trouve plus de raison et d'équité que dans ses concitoyens. S'il est prié d'un repas, il demande en entrant à celui qui l'a convié où sont ses enfants ; et dès qu'ils paraissent, il se récrie sur la ressemblance qu'ils ont avec leur père, et que deux figues ne se ressemblent pas mieux ; il les fait approcher de lui, il les baise, et, les ayant fait asseoir à ses deux côtés, il badine avec eux : « A qui est, dit-il, la petite bouteille ? A qui est la jolie cognée [a] ? » Il les prend ensuite sur lui, et les laisse dormir sur son estomac, quoiqu'il en soit incommodé. Celui enfin qui veut plaire se fait raser souvent, a un fort grand soin de ses dents, change tous les jours d'habits, et les quitte presque tout neufs ; il ne sort point en public qu'il ne soit parfumé ; on ne le voit guère dans les salles publiques qu'auprès des comptoirs des banquiers [b] ; et dans les écoles, qu'aux endroits seulement où s'exercent les jeunes gens [c] ; et au théâtre, les jours de spectacle, que dans les meilleures places et tout proche des préteurs. Ces gens encore n'achètent jamais rien pour eux ; mais ils envoient à Byzance toute sorte de bijoux précieux, des chiens de Sparte à Cyzique, et à Rhodes l'excellent miel du mont Hymette ; et ils prennent soin que toute la ville soit informée qu'ils font ces emplettes. Leur maison est toujours remplie de mille choses curieuses qui font plaisir à voir, ou que l'on peut donner, comme des singes et des satyres [d], qu'ils savent nourrir, des pigeons de Sicile, des dés qu'ils font faire d'os de chèvre, des fioles pour des parfums, des cannes torses que l'on fait à Sparte, et des tapis de Perse à personnages. Ils ont chez eux jusques à un jeu de paume, et une arène propre à s'exercer à la lutte ; et s'ils se promènent par la ville et qu'ils rencontrent en leur chemin des philosophes, des sophistes [e], des escrimeurs ou des musiciens, ils leur offrent leur maison pour s'y exercer chacun dans son art indifféremment : ils se trouvent présents à ces exercices ; et se mêlant avec ceux qui viennent là pour regarder : « A qui croyez-vous qu'appartienne une si belle maison et cette arène si commode ? Vous voyez, ajoutent-ils en leur montrant quelque homme puissant de la ville, celui qui en est le maître et qui en peut disposer. »

De l'image d'un coquin

Un coquin est celui à qui les choses les plus honteuses ne coûtent rien à dire ou à faire, qui jure volontiers et fait des serments en justice

---

a. Petits jouets que les Grecs pendaient au cou de leurs enfants. (Note de La Bruyère.)
b. C'était l'endroit où s'assemblaient les plus honnêtes gens de la ville. (Note de La Bruyère.)
c. Pour être connu d'eux et en être regardé, ainsi que de tous ceux qui s'y trouvaient. (Note de La Bruyère.)
d. Une espèce de singes. (Note de La Bruyère.)
e. Une sorte de philosophes vains et intéressés. (Note de La Bruyère.)

autant que l'on lui en demande, qui est perdu de réputation, que l'on outrage impunément, qui est un chicaneur de profession, un effronté, et qui se mêle de toutes sortes d'affaires. Un homme de ce caractère entre sans masque dans une danse comique [a]; et même sans être ivre, et de sang-froid, il se distingue dans la danse la plus obscène [b] par les postures les plus indécentes. C'est lui qui, dans ces lieux où l'on voit des prestiges [c], s'ingère de recueillir l'argent de chacun des spectateurs, et qui fait querelle à ceux qui, étant entrés par billets, croient ne devoir rien payer. Il est d'ailleurs de tous métiers; tantôt il tient une taverne, tantôt il est suppôt de quelque lieu infâme, une autre fois partisan : il n'y a point de sale commerce où il ne soit capable d'entrer; vous le verrez aujourd'hui crieur public, demain cuisinier ou brelandier : tout lui est propre. S'il a une mère, il la laisse mourir de faim. Il est sujet au larcin, et à se voir traîner par la ville dans une prison, sa demeure ordinaire, et où il passe une partie de sa vie. Ce sont ces sortes de gens que l'on voit se faire entourer du peuple, appeler ceux qui passent et se plaindre à eux avec une voix forte et enrouée, insulter ceux qui les contredisent : les uns fendent la presse pour les voir, pendant que les autres, contents de les avoir vus, se dégagent et poursuivent leur chemin sans vouloir les écouter; mais ces effrontés continuent de parler : ils disent à celui-ci le commencement d'un fait, quelque mot à cet autre; à peine peut-on tirer d'eux la moindre partie de ce dont il s'agit; et vous remarquerez qu'ils choisissent pour cela des jours d'assemblée publique, où il y a un grand concours de monde, qui se trouve le témoin de leur insolence. Toujours accablés de procès, que l'on intente contre eux ou qu'ils ont intentés à d'autres, de ceux dont ils se délivrent par de faux serments comme de ceux qui les obligent de comparaître, ils n'oublient jamais de porter leur boîte [d] dans leur sein, et une liasse de papiers entre leurs mains. Vous les voyez dominer parmi de vils praticiens, à qui ils prêtent à usure, retirant chaque jour une obole et demie de chaque drachme [e]; fréquenter les tavernes, parcourir les lieux où l'on débite le poisson frais ou salé, et consumer ainsi en bonne chère tout le profit qu'ils tirent de cette espèce de trafic. En un mot, ils sont querelleux et difficiles, ont sans cesse la bouche ouverte à la calomnie, ont une voix étourdissante, et qu'ils font retentir dans les marchés et dans les boutiques.

Du grand parleur [f]

Ce que quelques-uns appellent *babil* est proprement une intempérance de langue qui ne permet pas à un homme de se taire. « Vous ne contez

---

a. Sur le théâtre avec des farceurs. (Note de La Bruyère.)
b. Cette danse, la plus déréglée de toutes, s'appelle en grec *cordax*, parce que l'on s'y servait d'une corde pour faire des postures. (Note de La Bruyère.)
c. Choses fort extraordinaires, telles qu'on en voit dans nos foires. (Note de La Bruyère.)
d. Une petite boîte de cuivre fort légère, où les plaideurs mettaient leurs titres et les pièces de leur procès. (Note de La Bruyère.)
e. Une obole était la sixième partie d'une drachme. (Note de La Bruyère.)
f. Ou du Babil. (Note de La Bruyère.)

pas la chose comme elle est, dira quelqu'un de ces grands parleurs à quiconque veut l'entretenir de quelque affaire que ce soit : j'ai tout su, et si vous vous donnez la patience de m'écouter, je vous apprendrai tout » ; et si cet autre continue de parler : « Vous avez déjà dit cela ; songez, poursuit-il, à ne rien oublier. Fort bien ; cela est ainsi, car vous m'avez heureusement remis dans le fait : voyez ce que c'est que de s'entendre les uns les autres » ; et ensuite : « Mais que veux-je dire ? Ah ! j'oubliais une chose ! oui, c'est cela même, et je voulais voir si vous tomberiez juste dans tout ce que j'en ai appris. » C'est par de telles ou semblables interruptions qu'il ne donne pas de loisir à celui qui lui parle de respirer ; et lorsqu'il a comme assassiné de son *babil* chacun de ceux qui ont voulu lier avec lui quelque entretien, il va se jeter dans un cercle de personnes graves qui traitent ensemble de choses sérieuses, et les met en fuite. De là il entre dans les écoles publiques et dans les lieux des exercices [a], où il amuse les maîtres par de vains discours, et empêche la jeunesse de profiter de leurs leçons. S'il échappe à quelqu'un de dire : « Je m'en vais », celui-ci se met à le suivre, et il ne l'abandonne point qu'il ne l'ait remis jusque dans sa maison. Si par hasard il a appris ce qui aura été dit dans une assemblée de ville, il court dans le même temps le divulguer. Il s'étend merveilleusement sur la fameuse bataille qui s'est donnée sous le gouvernement de l'orateur Aristophon [b], comme sur le combat célèbre [c] que ceux de Lacédémone ont livré aux Athéniens sous la conduite de Lysandre. Il raconte une autre fois quels applaudissements a eus un discours qu'il a fait dans le public, en répète une grande partie, mêle dans ce récit ennuyeux des invectives contre le peuple, pendant que de ceux qui l'écoutent les uns s'endorment, les autres le quittent, et que nul ne se ressouvient d'un seul mot qu'il aura dit. Un grand causeur, en un mot, s'il est sur les tribunaux, ne laisse pas la liberté de juger ; il ne permet pas que l'on mange à table ; et s'il se trouve au théâtre, il empêche non seulement d'entendre, mais même de voir les acteurs. On lui fait avouer ingénument qu'il ne lui est pas possible de se taire, qu'il faut que sa langue se remue dans son palais comme le poisson dans l'eau, et que quand on l'accuserait d'être plus *babillard* qu'une hirondelle, il faut qu'il parle : aussi écoute-t-il froidement toutes les railleries que l'on fait de lui sur ce sujet ; et jusques à ses propres enfants, s'ils commencent à s'abandonner au sommeil : « Faites-nous, lui disent-ils, un conte qui achève de nous endormir. »

Du débit des nouvelles

Un nouvelliste ou un conteur de fables est un homme qui arrange, selon son caprice, des discours et des faits remplis de fausseté ; qui,

---

a. C'était un crime puni de mort à Athènes par une loi de Solon, à laquelle on avait un peu dérogé au temps de Théophraste. (Note de La Bruyère.)
b. C'est-à-dire sur la bataille d'Arbelles et la victoire d'Alexandre, suivies de la mort de Darius, dont les nouvelles vinrent à Athènes lorsque Aristophon, célèbre orateur, était premier magistrat. (Note de La Bruyère.)
c. Il était plus ancien que la bataille d'Arbelles, mais trivial et su de tout le peuple. (Note de La Bruyère.)

lorsqu'il rencontre l'un de ses amis, compose son visage, et lui souriant : « D'où venez-vous ainsi ? lui dit-il ; que nous direz-vous de bon ? n'y a-t-il rien de nouveau ? » Et continuant de l'interroger : « Quoi donc ? n'y a-t-il aucune nouvelle ? cependant il y a des choses étonnantes à raconter. » Et sans lui donner le loisir de lui répondre : « Que dites-vous donc ? poursuit-il ; n'avez-vous rien entendu par la ville ? Je vois bien que vous ne savez rien, et que je vais vous régaler de grandes nouveautés. » Alors, ou c'est un soldat, ou le fils d'Astée le joueur de flûte [a], ou Lycon l'ingénieur, tous gens qui arrivent fraîchement de l'armée, de qui il sait toutes choses : car il allègue pour témoins de ce qu'il avance des hommes obscurs qu'on ne peut trouver pour les convaincre de fausseté. Il assure donc que ces personnes lui ont dit que le Roi [b] et Polysperchon [c] ont gagné la bataille, et que Cassandre, leur ennemi, est tombé vif entre leurs mains [d]. Et lorsque quelqu'un lui dit : « Mais en vérité, cela est-il croyable ? », il lui réplique que cette nouvelle se crie et se répand par toute la ville, que tous s'accordent à dire la même chose, que c'est tout ce qui se raconte du combat, et qu'il y a eu un grand carnage. Il ajoute qu'il a lu cet événement sur le visage de ceux qui gouvernent, qu'il y a un homme caché chez l'un de ces magistrats depuis cinq jours entiers, qui revient de la Macédoine, qui a tout vu et qui lui a tout dit. Ensuite, interrompant le fil de sa narration : « Que pensez-vous de ce succès ? » demande-t-il à ceux qui l'écoutent. « Pauvre Cassandre ! malheureux prince ! s'écrie-t-il d'une manière touchante. Voyez ce que c'est que la fortune ; car enfin Cassandre était puissant, et il avait avec lui de grandes forces. Ce que je vous dis, poursuit-il, est un secret qu'il faut garder pour vous seul », pendant qu'il court par toute la ville le débiter à qui le veut entendre. Je vous avoue que ces diseurs de nouvelles me donnent de l'admiration, et que je ne conçois pas quelle est la fin qu'ils se proposent ; car pour ne rien dire de la bassesse qu'il y a à toujours mentir, je ne vois pas qu'ils puissent recueillir le moindre fruit de cette pratique. Au contraire, il est arrivé à quelques-uns de se laisser voler leurs habits dans un bain public, pendant qu'ils ne songeaient qu'à rassembler autour d'eux une foule de peuple, et à lui conter des nouvelles. Quelques autres, après avoir vaincu sur mer et sur terre dans le Portique [e], ont payé l'amende pour n'avoir pas comparu à une cause appelée. Enfin il s'en est trouvé qui, le jour même qu'ils ont pris une ville, du moins par leurs beaux discours, ont manqué de dîner. Je ne crois pas qu'il y ait rien de si misérable que la condition de ces personnes ; car quelle est la boutique, quel est le portique, quel est l'endroit d'un marché public où ils ne passent tout le jour à rendre sourds ceux qui les écoutent, ou à les fatiguer par leurs mensonges ?

---

a. L'usage de la flûte, très ancien dans les troupes. (Note de La Bruyère.)
b. Arrhidée, frère d'Alexandre le Grand. (Note de La Bruyère.)
c. Capitaine du même Alexandre. (Note de La Bruyère.)
d. C'était un faux bruit ; et Cassandre, fils d'Antipater, disputant à Arrhidée et à Polysperchon la tutelle des enfants d'Alexandre, avait eu l'avantage sur eux. (Note de La Bruyère.)
e. Voyez le chapitre « De la flatterie ». (Note de la Bruyère.)

De l'effronterie causée par l'avarice

Pour faire connaître ce vice, il faut dire que c'est un mépris de l'honneur dans la vue d'un vil intérêt. Un homme que l'avarice rend effronté ose emprunter une somme d'argent à celui à qui il en doit déjà, et qu'il lui retient avec injustice. Le jour même qu'il aura sacrifié aux Dieux, au lieu de manger religieusement chez soi une partie des viandes consacrées [a], il les fait saler pour lui servir dans plusieurs repas, et va souper chez l'un de ses amis ; et là, à table, à la vue de tout le monde, il appelle son valet, qu'il veut encore nourrir aux dépens de son hôte, et lui coupant un morceau de viande qu'il met sur un quartier de pain : « Tenez, mon ami, lui dit-il, faites bonne chère. » Il va lui-même au marché acheter des viandes cuites [b] ; et avant que de convenir du prix, pour avoir une meilleure composition du marchand, il lui fait ressouvenir qu'il lui a autrefois rendu service. Il fait ensuite peser ces viandes et il en entasse le plus qu'il peut ; s'il en est empêché par celui qui les lui vend, il jette du moins quelque os dans la balance : si elle peut contenir tout, il est satisfait ; sinon, il ramasse sur la table des morceaux de rebut, comme pour se dédommager, sourit, et s'en va. Une autre fois, sur l'argent qu'il aura reçu de quelques étrangers pour leur louer des places de théâtre, il trouve le secret d'avoir sa place franche au spectacle, et d'y envoyer le lendemain ses enfants et leur précepteur. Tout lui fait envie : il veut profiter des bons marchés, et demande hardiment au premier venu une chose qu'il ne vient que d'acheter. Se trouve-t-il dans une maison étrangère, il emprunte jusqu'à l'orge et la paille ; encore faut-il que celui qui les lui prête fasse les frais de les faire porter chez lui. Cet effronté, en un mot, entre sans payer dans un bain public, et là, en présence du baigneur, qui crie inutilement contre lui, prenant le premier vase qu'il rencontre, il le plonge dans une cure d'airain qui est remplie d'eau, se la répand sur tout le corps [c] : « Me voilà lavé, ajoute-t-il, autant que j'en ai besoin, et sans avoir obligation à personne », remet sa robe et disparaît.

De l'épargne sordide

Cette espèce d'avarice est dans les hommes une passion de vouloir ménager les plus petites choses sans aucune fin honnête. C'est dans cet esprit que quelques-uns, recevant tous les mois le loyer de leur maison, ne négligent pas d'aller eux-mêmes demander la moitié d'une obole qui manquait au dernier payement qu'on leur a fait ; que d'autres, faisant l'effort de donner à manger chez eux, ne sont occupés pendant le repas qu'à compter le nombre de fois que chacun des conviés demande à boire. Ce sont eux encore dont la portion des prémices des viandes que l'on envoie sur l'autel de Diane [d] est toujours la plus petite. Ils apprécient les choses au-dessous de ce qu'elles valent ; et de quelque bon marché

---

a. C'était la coutume des Grecs. Voyez le chapitre « Du contre-temps ». (Note de La Bruyère.)
b. Comme le menu peuple, qui achetait son souper chez les charcutiers. (Note de La Bruyère.)
c. Les plus pauvres se lavaient ainsi pour payer moins. (Note de La Bruyère.)
d. Les Grecs commençaient par ces offrandes leurs repas publics. (Note de La Bruyère.)

qu'un autre, en leur rendant compte, veuille se prévaloir, ils lui soutiennent toujours qu'il a acheté trop cher. Implacables à l'égard d'un valet qui aura laissé tomber un pot de terre, ou cassé par malheur quelque vase d'argile, ils lui déduisent cette perte sur sa nourriture ; mais si leurs femmes ont perdu seulement un denier, il faut alors renverser toute une maison, déranger les lits, transporter des coffres, et chercher dans les recoins les plus cachés. Lorsqu'ils vendent, ils n'ont que cette unique chose en vue, qu'il n'y ait qu'à perdre pour celui qui achète. Il n'est permis à personne de cueillir une figue dans leur jardin, de passer au travers de leur champ, de ramasser une petite branche de palmier, ou quelques olives qui seront tombées de l'arbre. Ils vont tous les jours se promener sur leurs terres, en remarquent les bornes, voient si l'on n'y a rien changé et si elles sont toujours les mêmes. Ils tirent intérêt de l'intérêt, et ce n'est qu'à cette condition qu'ils donnent du temps à leurs créanciers. S'ils ont invité à dîner quelques-uns de leurs amis, et qui ne sont que des personnes du peuple, ils ne feignent point de leur faire servir un simple hachis ; et on les a vus souvent aller eux-mêmes au marché pour ces repas, y trouver tout trop cher, et en revenir sans rien acheter. « Ne prenez pas l'habitude, disent-ils à leurs femmes, de prêter votre sel, votre orge, votre farine, ni même du cumin [a], de la marjolaine [b], des gâteaux pour l'autel [c], du coton, de la laine ; car ces petits détails ne laissent pas de monter, à la fin d'une année, à une grosse somme. » Ces avares, en un mot, ont des trousseaux de clefs rouillées, dont ils ne se servent point, des cassettes où leur argent est en dépôt, qu'ils n'ouvrent jamais, et qu'ils laissent moisir dans un coin de leur cabinet ; ils portent des habits qui leur sont trop courts et trop étroits ; les plus petites fioles contiennent plus d'huile qu'il n'en faut pour les oindre ; ils ont la tête rasée jusqu'au cuir, se déchaussent vers le milieu du jour [d] pour épargner leurs souliers, vont trouver les foulons pour obtenir d'eux de ne pas épargner la craie dans la laine qu'ils leur ont donnée à préparer, afin, disent-ils, que leur étoffe se tache moins [e].

De l'impudent ou de celui qui ne rougit de rien

L'impudence est facile à définir : il suffit de dire que c'est une profession ouverte d'une plaisanterie outrée, comme de ce qu'il y a de plus honteux et de plus contraire à la bienséance. Celui-là, par exemple, est impudent, qui voyant venir vers lui une femme de condition, feint dans ce moment quelque besoin pour avoir occasion de se montrer à elle d'une manière déshonnête ; qui se plaît à battre des mains au théâtre lorsque tout le monde se tait, ou y siffler les acteurs que les autres voient

---

a. Une sorte d'herbe. (Note de La Bruyère.)
b. Elle empêche les viandes de se corrompre, ainsi que le thym et le laurier. (Note de La Bruyère.)
c. Faits de farine et de miel, et qui servaient aux sacrifices. (Note de La Bruyère.)
d. Parce que dans cette partie du jour le froid, en toute saison, était supportable. (Note de La Bruyère.)
e. C'était aussi parce que cet apprêt avec de la craie, comme le pire de tous, et qui rendait les étoffes dures et grossières, était celui qui coûtait le moins. (Note de La Bruyère.)

et écoutent avec plaisir ; qui, couché sur le dos, pendant que toute l'assemblée garde un profond silence, fait entendre de sales hoquets qui obligent les spectateurs de tourner la tête et d'interrompre leur attention. Un homme de ce caractère achète en plein marché des noix, des pommes, toute sorte de fruits, les mange, cause debout avec la fruitière, appelle par leurs noms ceux qui passent sans presque les connaître, en arrête d'autres qui courent par la place et qui ont leurs affaires ; et s'il voit venir quelque plaideur, il l'aborde, le raille et le félicite sur une cause importante qu'il vient de perdre. Il va lui-même choisir de la viande, et louer pour un souper des femmes qui jouent de la flûte ; et montrant à ceux qu'il rencontre ce qu'il vient d'acheter, il les convie en riant d'en venir manger. On le voit s'arrêter devant la boutique d'un barbier ou d'un parfumeur [a], et là annoncer qu'il va faire un grand repas et s'enivrer. Si quelquefois il vend du vin, il le fait mêler, pour ses amis comme pour les autres sans distinction. Il ne permet pas à ses enfants d'aller à l'amphithéâtre avant que les jeux soient commencés et lorsque l'on paye pour être placé, mais seulement sur la fin du spectacle et quand l'architecte [b] néglige les places et les donne pour rien. Étant envoyé avec quelques autres citoyens en ambassade, il laisse chez soi la somme que le public lui a donnée pour faire les frais de son voyage, et emprunte de l'argent de ses collègues ; sa coutume alors est de charger son valet de fardeaux au-delà de ce qu'il en peut porter, et de lui retrancher cependant de son ordinaire ; et comme il arrive souvent que l'on fait dans les villes des présents aux ambassadeurs, il demande sa part pour les vendre. « Vous m'achetez toujours, dit-il au jeune esclave qui le sert dans le bain, une mauvaise huile, et qu'on ne peut supporter » : il se sert ensuite de l'huile d'un autre et épargne la sienne. Il envie à ses propres valets qui le suivent la plus petite pièce de monnaie qu'ils auront ramassée dans les rues, et il ne manque point d'en retenir sa part avec ce mot : *Mercure est commun* [c]. Il fait pis : il distribue à ses domestiques leurs provisions dans une certaine mesure dont le fond, creux par-dessous, s'enfonce en dedans et s'élève comme en pyramide ; et quand elle est pleine, il la rase lui-même avec le rouleau le plus près qu'il peut [d]... De même, s'il paye à quelqu'un trente mines [e] qu'il lui doit, il fait si bien qu'il y manque quatre drachmes [f], dont il profite. Mais dans ces grands repas où il faut traiter toute une tribu [g], il fait recueillir par ceux de ses domestiques qui ont soin de la table le reste des viandes qui ont été servies, pour lui en rendre compte : il serait fâché de leur laisser une rave à demi mangée.

---

a. Il y avait des gens fainéants et désoccupés qui s'assemblaient dans leurs boutiques. (Note de La Bruyère.)

b. L'architecte qui avait bâti l'amphithéâtre, et à qui la République donnait le louage des places en payement. (Note de La Bruyère.)

c. Proverbe grec, qui revient à notre *je retiens part*. (Note de La Bruyère.)

d. Quelque chose manque ici dans le texte. (Note de La Bruyère.)

e. Mine se doit prendre ici pour une pièce de monnaie. (Note de La Bruyère.)

f. *Drachmes*, petites pièces de monnaie dont il fallait cent à Athènes pour faire une mine. (Note de La Bruyère.)

g. Athènes était partagée en plusieurs tribus. Voyez le chapitre « De la médisance ». (Note de La Bruyère.)

Du contre-temps

Cette ignorance du temps et de l'occasion est une manière d'aborder les gens ou d'agir avec eux toujours incommode et embarrassante. Un importun est celui qui choisit le moment que son ami est accablé de ses propres affaires, pour lui parler des siennes ; qui va souper chez sa maîtresse le soir même qu'elle a la fièvre ; qui voyant que quelqu'un vient d'être condamné en justice de payer pour un autre pour qui il s'est obligé, le prie néanmoins de répondre pour lui ; qui comparaît pour servir de témoin dans un procès que l'on vient de juger ; qui prend le temps des noces où il est invité pour se déchaîner contre les femmes ; qui entraîne à la promenade des gens à peine arrivés d'un long voyage et qui n'aspirent qu'à se reposer ; fort capable d'amener des marchands pour offrir d'une chose plus qu'elle ne vaut, après qu'elle est vendue ; de se lever au milieu d'une assemblée pour reprendre un fait dès ses commencements, et en instruire à fond ceux qui en ont les oreilles rebattues et qui le savent mieux que lui ; souvent empressé pour engager dans une affaire des personnes qui, ne l'affectionnant point, n'osent pourtant refuser d'y entrer. S'il arrive que quelqu'un dans la ville doive faire un festin après avoir sacrifié [a], il va lui demander une portion des viandes qu'il a préparées. Une autre fois, s'il voit qu'un maître châtie devant lui son esclave : « J'ai perdu, dit-il, un des miens dans une pareille occasion : je le fis fouetter, il se désespéra et s'alla pendre. » Enfin, il n'est propre qu'à commettre de nouveau deux personnes qui veulent s'accommoder, s'ils l'ont fait arbitre de leur différend. C'est encore une action qui lui convient fort que d'aller prendre au milieu du repas, pour danser [b], un homme qui est de sang-froid et qui n'a bu que modérément.

De l'air empressé

Il semble que le trop grand empressement est une recherche importune, ou une vaine affectation de marquer aux autres de la bienveillance par ses paroles et par toute sa conduite. Les manières d'un homme empressé sont de prendre sur soi l'événement d'une affaire qui est au-dessus de ses forces, et dont il ne saurait sortir avec honneur ; et dans une chose que toute une assemblée juge raisonnable, et où il ne se trouve pas la moindre difficulté, d'insister longtemps sur une légère circonstance, pour être ensuite de l'avis des autres ; de faire beaucoup plus apporter de vin dans un repas qu'on n'en peut boire ; d'entrer dans une querelle où il se trouve présent, d'une manière à l'échauffer davantage. Rien n'est aussi plus ordinaire que de le voir s'offrir à servir de guide dans un chemin détourné qu'il ne connaît pas, et dont il ne peut ensuite trouver l'issue ; venir vers son général, et lui demander quand il doit ranger son armée en bataille, quel jour il faudra combattre,

---

a. Les Grecs, le jour même qu'ils avaient sacrifié, ou soupaient avec leurs amis, ou leur envoyaient à chacun une portion de la victime. C'était donc un contre-temps de demander sa part prématurément, et lorsque le festin était résolu, auquel on pouvait même être invité. (Note de La Bruyère.)

b. Cela ne se faisait chez les Grecs qu'après le repas, et lorsque les tables étaient enlevées. (Note de La Bruyère.)

et s'il n'a point d'ordres à lui donner pour le lendemain ; une autre fois s'approcher de son père : « Ma mère, lui dit-il mystérieusement, vient de se coucher et ne commence qu'à s'endormir » ; s'il entre enfin dans la chambre d'un malade à qui son médecin a défendu le vin, dire qu'on peut essayer s'il ne lui fera point de mal, et le soutenir doucement pour lui en faire prendre. S'il apprend qu'une femme soit morte dans la ville, il s'ingère de faire son épitaphe ; il y fait graver son nom, celui de son mari, de son père, de sa mère, son pays, son origine, avec cet éloge : *ils avaient tous de la vertu* [a]. S'il est quelquefois obligé de jurer devant des juges qui exigent son serment : « Ce n'est pas, dit-il en perçant la foule pour paraître à l'audience, la première fois que cela m'est arrivé. »

De la stupidité

La stupidité est en nous une pesanteur d'esprit qui accompagne nos actions et nos discours. Un homme stupide, ayant lui-même calculé avec des jetons une certaine somme, demande à ceux qui le regardent faire à quoi elle se monte. S'il est obligé de paraître dans un jour prescrit devant ses juges pour se défendre dans un procès que l'on lui fait, il l'oublie entièrement et part pour la campagne. Il s'endort à un spectacle, et il ne se réveille que longtemps après qu'il est fini et que le peuple s'est retiré. Après s'être rempli de viandes le soir, il se lève la nuit pour une indigestion, va dans la rue se soulager, où il est mordu d'un chien du voisinage. Il cherche ce qu'on vient de lui donner, et qu'il a mis lui-même dans quelque endroit, où souvent il ne peut le retrouver. Lorsqu'on l'avertit de la mort de l'un de ses amis afin qu'il assiste à ses funérailles, il s'attriste, il pleure, il se désespère, et prenant une façon de parler pour une autre : « A la bonne heure », ajoute-t-il ; ou une pareille sottise. Cette précaution qu'ont les personnes sages de ne pas donner sans témoin [b] de l'argent à leurs créanciers, il l'a pour en recevoir de ses débiteurs. On le voit quereller son valet, dans le plus grand froid de l'hiver, pour ne lui avoir pas acheté des concombres. S'il s'avise un jour de faire exercer ses enfants à la lutte ou à la course, il ne leur permet pas de se retirer qu'ils ne soient tout en sueur et hors d'haleine. Il va cueillir lui-même des lentilles, les fait cuire, et oubliant qu'il y a mis du sel, il les sale une seconde fois, de sorte que personne n'en peut goûter. Dans le temps d'une pluie incommode, et dont tout le monde se plaint, il lui échappera de dire que l'eau du ciel est une chose délicieuse ; et si on lui demande par hasard combien il a vu emporter de morts par la porte Sacrée [c] : « Autant, répond-il, pensant peut-être à de l'argent ou à des grains, que je voudrais que vous et moi en pussions avoir. »

De la brutalité

La brutalité est une certaine dureté, et j'ose dire une férocité qui se rencontre dans nos manières d'agir, et qui passe même jusqu'à nos

---

a. Formule d'épitaphe. (Note de La Bruyère.)
b. Les témoins étaient fort en usage chez les Grecs dans les payements et dans les actes. (Note de La Bruyère).
c. Pour être enterrés hors de la ville, suivant la loi de Solon. (Note de La Bruyère.)

paroles. Si vous demandez à un homme brutal : « Qu'est devenu un tel ? » il vous répond durement : « Ne me rompez point la tête. » Si vous le saluez, il ne vous fait pas l'honneur de vous rendre le salut. Si quelquefois il met en vente une chose qui lui appartient, il est inutile de lui en demander le prix, il ne vous écoute pas ; mais il dit fièrement à celui qui la marchande : « Qu'y trouvez-vous à dire ? » Il se moque de la piété de ceux qui envoient leurs offrandes dans les temples aux jours d'une grande célébrité : « Si leurs prières, dit-il, vont jusques aux Dieux, et s'ils en obtiennent les biens qu'ils souhaitent, l'on peut dire qu'ils les ont bien payés, et que ce n'est pas un présent du ciel. » Il est inexorable à celui qui sans dessein l'aura poussé légèrement, ou lui aura marché sur le pied : c'est une faute qu'il ne pardonne pas. La première chose qu'il dit à un ami qui lui emprunte quelque argent, c'est qu'il ne lui en prêtera point : il va le trouver ensuite, et le lui donne de mauvaise grâce, ajoutant qu'il le compte perdu. Il ne lui arrive jamais de se heurter à une pierre qu'il rencontre en son chemin, sans lui donner de grandes malédictions. Il ne daigne pas attendre personne ; et si l'on diffère un moment à se rendre au lieu dont l'on est convenu avec lui, il se retire. Il se distingue toujours par une grande singularité : il ne veut ni chanter à son tour, ni réciter dans un repas, ni même danser avec les autres [a]. En un mot, on ne le voit guère dans les temples importuner les Dieux, et leur faire des vœux ou des sacrifices.

De la superstition

La superstition semble n'être autre chose qu'une crainte mal réglée de la Divinité. Un homme superstitieux, après avoir lavé ses mains et s'être purifié avec de l'eau lustrale [b], sort du temple, et se promène une grande partie du jour avec une feuille de laurier dans sa bouche. S'il voit une belette, il s'arrête tout court, et il ne continue pas de marcher que quelqu'un n'ait passé avant lui par le même endroit que cet animal a traversé, ou qu'il n'ait jeté lui-même trois petites pierres dans le chemin, comme pour éloigner de lui ce mauvais présage. En quelque endroit de sa maison qu'il ait aperçu un serpent, il ne diffère pas d'y élever un autel ; et dès qu'il remarque dans les carrefours de ces pierres que la dévotion du peuple y a consacrées, il s'en approche, verse dessus toute l'huile de sa fiole, plie les genoux devant elles, et les adore. Si un rat lui a rongé un sac de farine, il court au devin, qui ne manque pas de lui enjoindre d'y faire mettre une pièce ; mais bien loin d'être satisfait de sa réponse, effrayé d'une aventure si extraordinaire, il n'ose plus se servir de son sac et s'en défait. Son faible encore est de purifier sans fin la maison qu'il habite, d'éviter de s'asseoir sur un tombeau, comme d'assister à des funérailles, ou d'entrer dans la chambre d'une femme qui est en couche ; et lorsqu'il lui arrive d'avoir pendant son sommeil

---

a. Les Grecs récitaient à table quelques beaux endroits de leurs poètes, et dansaient ensemble après le repas. Voyez le chapitre « Du contre-temps ». (Note de La Bruyère.)
b. Une eau où l'on avait éteint un tison ardent pris sur l'autel où l'on brûlait la victime ; elle était dans une chaudière à la porte du temple ; l'on s'en lavait soi-même, ou l'on s'en faisait laver par les prêtres. (Note de La Bruyère.)

quelque vision, il va trouver les interprètes des songes, les devins et les augures, pour savoir d'eux à quel dieu ou à quelle déesse il doit sacrifier. Il est fort exact à visiter, sur la fin de chaque mois, les prêtres d'Orphée, pour se faire initier dans ses mystères [a] ; il y mène sa femme ; ou si elle s'en excuse par d'autres soins, il y fait conduire ses enfants par une nourrice. Lorsqu'il marche par la ville, il ne manque guère de se laver toute la tête avec l'eau des fontaines qui sont dans les places ; quelquefois il a recours à des prêtresses, qui le purifient d'une autre manière, en liant et étendant autour de son corps un petit chien ou de la squille [b]. Enfin, s'il voit un homme frappé d'épilepsie, saisi d'horreur, il crache dans son propre sein, comme pour rejeter le malheur de cette rencontre.

De l'esprit chagrin

L'esprit chagrin fait que l'on n'est jamais content de personne, et que l'on fait aux autres mille plaintes sans fondement. Si quelqu'un fait un festin, et qu'il se souvienne d'envoyer un plat [c] à un homme de cette humeur, il ne reçoit de lui pour tout remerciement que le reproche d'avoir été oublié : « Je n'étais pas digne, dit cet esprit querelleux, de boire de son vin, ni de manger à sa table. » Tout lui est suspect, jusques aux caresses que lui fait sa maîtresse : « Je doute fort, lui dit-il, que vous soyez sincère, et que toutes ces démonstrations d'amitié partent du cœur. » Après une grande sécheresse venant à pleuvoir, comme il ne peut se plaindre de la pluie, il s'en prend au ciel de ce qu'elle n'a pas commencé plus tôt. Si le hasard lui fait voir une bourse dans son chemin, il s'incline : « Il y a des gens, ajoute-t-il, qui ont du bonheur ; pour moi, je n'ai jamais eu celui de trouver un trésor. » Une autre fois, ayant envie d'un esclave, il prie instamment celui à qui il appartient d'y mettre le prix ; et dès que celui-ci, vaincu par ses importunités, le lui a vendu, il se repent de l'avoir acheté : « Ne suis-je pas trompé ? demande-t-il, et exigerait-on si peu d'une chose qui serait sans défauts ? » A ceux qui lui font les compliments ordinaires sur la naissance d'un fils et sur l'augmentation de sa famille : « Ajoutez, leur dit-il, pour ne rien oublier, sur ce que mon bien est diminué de la moitié. » Un homme chagrin, après avoir eu de ses juges ce qu'il demandait, et l'avoir emporté tout d'une voix sur son adversaire, se plaint encore de celui qui a écrit ou parlé pour lui, de ce qu'il n'a pas touché les meilleurs moyens de sa cause ; ou lorsque ses amis ont fait ensemble une certaine somme pour le secourir dans un besoin pressant, si quelqu'un l'en félicite et le convie à mieux espérer de la fortune : « Comment, lui répond-il, puis-je être sensible à la moindre joie, quand je pense que je dois rendre cet argent à chacun de ceux qui me l'ont prêté, et n'être pas encore quitte envers eux de la reconnaissance de leur bienfait ? »

---

a. Instruire de ses mystères. (Note de La Bruyère.)
b. Espèce d'oignon marin. (Note de La Bruyère.)
c. Ç'a été la coutume des Juifs et d'autres peuples orientaux, des Grecs et des Romains. (Note de La Bruyère.)

De la défiance

L'esprit de défiance nous fait croire que tout le monde est capable de nous tromper. Un homme défiant, par exemple, s'il envoie au marché l'un de ses domestiques pour y acheter des provisions, il le fait suivre par un autre qui doit lui rapporter fidèlement combien elles ont coûté. Si quelquefois il porte de l'argent sur soi dans un voyage, il le calcule à chaque stade [a] qu'il fait, pour voir s'il a son compte. Une autre fois, étant couché avec sa femme, il lui demande si elle a remarqué que son coffre-fort fût bien fermé, si sa cassette était toujours scellée, et si on a eu soin de bien fermer la porte du vestibule ; et, bien qu'elle assure que tout est en bon état, l'inquiétude le prend, il se lève du lit, va en chemise et les pieds nus, avec la lampe qui brûle dans sa chambre, visiter lui-même tous les endroits de sa maison, et ce n'est qu'avec beaucoup de peine qu'il s'endort après cette recherche. Il mène avec lui des témoins quand il va demander ses arrérages, afin qu'il ne prenne pas un jour envie à ses débiteurs de lui dénier sa dette. Ce n'est point chez le foulon qui passe pour le meilleur ouvrier qu'il envoie teindre sa robe, mais chez celui qui consent le moins à la recevoir sans donner caution. Si quelqu'un se hasarde de lui emprunter quelques vases [b], il les lui refuse souvent ; ou s'il les accorde, * il ne les laisse pas enlever qu'ils ne soient pesés, il fait suivre celui qui les emporte, et envoie dès le lendemain prier qu'on les lui renvoie * [c]. A-t-il un esclave qu'il affectionne et qui l'accompagne dans la ville, il le fait marcher devant lui, de peur que s'il le perdait de vue, il ne lui échappât et ne prît la fuite. A un homme qui, emportant de chez lui quelque chose que ce soit, lui dirait : « Estimez cela, et mettez-le sur mon compte », il répondrait qu'il faut le laisser où on l'a pris, et qu'il a d'autres affaires que celle de courir après son argent.

D'un vilain homme

Ce caractère suppose toujours dans un homme une extrême malpropreté, et une négligence pour sa personne qui passe dans l'excès et qui blesse ceux qui s'en aperçoivent. Vous le verrez quelquefois tout couvert de lèpre, avec les ongles longs et malpropres, ne pas laisser de se mêler parmi le monde, et croire en être quitte pour dire que c'est une maladie de famille, et que son père et son aïeul y étaient sujets. Il a aux jambes des ulcères. On lui voit aux mains des poireaux et d'autres saletés, qu'il néglige de faire guérir ; ou s'il pense à y remédier, c'est lorsque le mal, aigri par le temps, est devenu incurable. Il est hérissé de poil sous les aisselles et par tout le corps, comme une bête fauve ; il a les dents noires, rongées, et telles que son abord ne se peut souffrir. Ce n'est pas tout : il crache et il se mouche en mangeant ; il parle la bouche pleine ; fait en buvant des choses contre la bienséance ; il ne se sert jamais au bain que d'une huile qui sent mauvais, et ne paraît

---

a. Six cents pas. (Note de La Bruyère.)
b. D'or ou d'argent. (Note de La Bruyère.)
c. Ce qui se lit entre les deux étoiles n'est pas dans le grec, où le sens est interrompu, mais il est suppléé par quelques interprètes. (Note de La Bruyère.)

guère dans une assemblée publique qu'avec une vieille robe et toute tachée. S'il est obligé d'accompagner sa mère chez les devins, il n'ouvre la bouche que pour dire des choses de mauvais augure [a]. Une autre fois, dans le temple et en faisant des libations [b], il lui échappera des mains une coupe ou quelque autre vase ; et il rira ensuite de cette aventure, comme s'il avait fait quelque chose de merveilleux. Un homme si extraordinaire ne sait point écouter un concert ou d'excellents joueurs de flûte ; il bat des mains avec violence comme pour leur applaudir, ou bien il suit d'une voix désagréable le même air qu'ils jouent ; il s'ennuie de la symphonie, et demande si elle ne doit pas bientôt finir. Enfin, si étant assis à table il veut cracher, c'est justement sur celui qui est derrière lui pour lui donner à boire.

D'un homme incommode

Ce qu'on appelle un fâcheux est celui qui, sans faire à quelqu'un un fort grand tort, ne laisse pas de l'embarrasser beaucoup ; qui, entrant dans la chambre de son ami qui commence à s'endormir, le réveille pour l'entretenir de vains discours ; qui, se trouvant sur le bord de la mer, sur le point qu'un homme est prêt de partir et de monter dans son vaisseau, l'arrête sans nul besoin, l'engage insensiblement à se promener avec lui sur le rivage ; qui, arrachant un petit enfant du sein de sa nourrice pendant qu'il tette, lui fait avaler quelque chose qu'il a mâché, bat des mains devant lui, le caresse, et lui parle d'une voix contrefaite ; qui choisit le temps du repas, et que le potage est sur la table, pour dire qu'ayant pris médecine depuis deux jours, il est allé par haut et par bas, et qu'une bile noire et recuite était mêlée dans ses déjections ; qui, devant toute une assemblée, s'avise de demander à sa mère quel jour elle a accouché de lui ; qui ne sachant que dire, apprend que l'eau de sa citerne est fraîche, qu'il croît dans son jardin de bonnes légumes, ou que sa maison est ouverte à tout le monde, comme une hôtellerie ; qui s'empresse de faire connaître à ses hôtes un parasite [c] qu'il a chez lui ; qui l'invite à table à se mettre en bonne humeur, et à réjouir la compagnie.

De la sotte vanité

La sotte vanité semble être une passion inquiète de se faire valoir par les plus petites choses, ou de chercher dans les sujets les plus frivoles du nom et de la distinction. Ainsi un homme vain, s'il se trouve à un repas, affecte toujours de s'asseoir proche de celui qui l'a convié. Il consacre à Apollon la chevelure d'un fils qui lui vient de naître ; et dès qu'il est parvenu à l'âge de puberté, il le conduit lui-même à Delphes, lui coupe les cheveux, et les dépose dans le temple comme un monument

---

a. Les anciens avaient un grand égard pour les paroles qui étaient proférées, même par hasard, par ceux qui venaient consulter les devins et les augures, prier ou sacrifier dans les temples. (Note de La Bruyère.)

b. Cérémonies où l'on répandait du vin ou du lait dans les sacrifices. (Note de La Bruyère.)

c. Mot grec qui signifie celui qui ne mange que chez autrui. (Note de La Bruyère.)

d'un vœu solennel qu'il a accompli [a]. Il aime à se faire suivre par un More. S'il fait un payement, il affecte que ce soit dans une monnaie toute neuve, et qui ne vienne que d'être frappée. Après qu'il a immolé un bœuf devant quelque autel, il se fait réserver la peau du front de cet animal, il l'orne de rubans et de fleurs, et l'attache à l'endroit de sa maison le plus exposé à la vue de ceux qui passent, afin que personne du peuple n'ignore qu'il a sacrifié un bœuf. Une autre fois, au retour d'une cavalcade qu'il aura faite avec d'autres citoyens, il renvoie chez soi par un valet tout son équipage, et ne garde qu'une riche robe dont il est habillé, et qu'il traîne le reste du jour dans la place publique. S'il lui meurt un petit chien, il l'enterre, lui dresse une épitaphe avec ces mots : *Il était de race de Malte* [b]. Il consacre un anneau à Esculape, qu'il use à force d'y pendre des couronnes de fleurs. Il se parfume tous les jours. Il remplit avec un grand faste tout le temps de sa magistrature ; et sortant de charge, il rend compte au peuple avec ostentation des sacrifices qu'il a faits, comme du nombre et de la qualité des victimes qu'il a immolées. Alors, revêtu d'une robe blanche, et couronné de fleurs, il paraît dans l'assemblée du peuple : « Nous pouvons, dit-il, vous assurer, ô Athéniens, que pendant le temps de notre gouvernement nous avons sacrifié à Cybèle, et que nous lui avons rendu des honneurs tels que les mérite de nous la mère des Dieux : espérez donc toutes choses heureuses de cette déesse. » Après avoir parlé ainsi, il se retire dans sa maison, où il fait un long récit à sa femme de la manière dont tout lui a réussi au-delà même de ses souhaits.

De l'avarice

Ce vice est dans l'homme un oubli de l'honneur et de la gloire, quand il s'agit d'éviter la moindre dépense. Si un avare a remporté le prix de la tragédie [c], il consacre à Bacchus des guirlandes ou des bandelettes faites d'écorce de bois, et il fait graver son nom sur un présent si magnifique. Quelquefois, dans les temps difficiles, le peuple est obligé de s'assembler pour régler une contribution capable de subvenir aux besoins de la République ; alors il se lève et garde le silence [d], ou le plus souvent il fend la presse et se retire. Lorsqu'il marie sa fille, et qu'il sacrifie selon la coutume, il n'abandonne de la victime que les parties seules qui doivent être brûlées sur l'autel [e] : il réserve les autres pour les vendre ; et comme il manque de domestiques pour servir à table et être chargés du soin des noces, il loue des gens pour tout le temps de la fête, qui se nourrissent à leurs dépens, et à qui il donne une certaine somme. S'il est capitaine de galère, voulant ménager son lit, il se contente

---

a. Le peuple d'Athènes, ou les personnes plus modestes, se contentaient d'assembler leurs parents, de couper en leur présence les cheveux de leur fils parvenu à l'âge de puberté, et de les consacrer ensuite à Hercule ou à quelque autre divinité qui avait un temple dans la ville. (Note de La Bruyère.)
b. Cette île portait de petits chiens fort estimés. (Note de La Bruyère.)
c. Qu'il a faite ou récitée. (Note de La Bruyère.)
d. Ceux qui voulaient donner se levaient et offraient une somme ; ceux qui ne voulaient rien donner se levaient et se taisaient. (Note de La Bruyère.)
e. C'étaient les cuisses et les intestins. (Note de La Bruyère.)

de coucher indifféremment avec les autres sur de la natte qu'il emprunte de son pilote. Vous verrez une autre fois cet homme sordide acheter en plein marché des viandes cuites, toutes sortes d'herbes, et les porter hardiment dans son sein et sous sa robe ; s'il l'a un jour envoyée chez le teinturier pour la détacher, comme il n'en a pas une seconde pour sortir, il est obligé de garder la chambre. Il sait éviter dans la place la rencontre d'un ami pauvre qui pourrait lui demander, comme aux autres, quelque secours [a] ; il se détourne de lui, et reprend le chemin de sa maison. Il ne donne point de servantes à sa femme, content de lui en louer quelques-unes pour l'accompagner à la ville toutes les fois qu'elle sort. Enfin ne pensez pas que ce soit un autre que lui qui balie le matin sa chambre, qui fasse son lit et le nettoie. Il faut ajouter qu'il porte un manteau usé, sale et tout couvert de taches ; qu'en ayant honte de lui-même, il le retourne quand il est obligé d'aller tenir sa place dans quelque assemblée.

De l'ostentation

Je n'estime pas que l'on puisse donner une idée plus juste de l'ostentation, qu'en disant que c'est dans l'homme une passion de faire montre d'un bien ou des avantages qu'il n'a pas. Celui en qui elle domine s'arrête dans l'endroit du Pirée [b] où les marchands étalent, et où se trouve un plus grand nombre d'étrangers ; il entre en matière avec eux, il leur dit qu'il a beaucoup d'argent sur la mer ; il discourt avec eux des avantages de ce commerce, des gains immenses qu'il y a à espérer pour ceux qui y entrent, et de ceux surtout que lui qui leur parle y a faits. Il aborde dans un voyage le premier qu'il trouve sur son chemin, lui fait compagnie, et lui dit bientôt qu'il a servi sous Alexandre, quels beaux vases et tout enrichis de pierreries il a rapportés de l'Asie, quels excellents ouvriers s'y rencontrent, et combien ceux de l'Europe leur sont inférieurs [c]. Il se vante, dans une autre occasion, d'une lettre qu'il a reçue d'Antipater [d], qui apprend que lui troisième est entré dans la Macédoine. Il dit une autre fois que bien que les magistrats lui aient permis tels transports de bois [e] qu'il lui plairait sans payer de tribut, pour éviter néanmoins l'envie du peuple, il n'a point voulu user de ce privilège. Il ajoute que pendant une grande cherté de vivres, il a distribué aux pauvres citoyens d'Athènes jusqu'à la somme de cinq talents [f] ; et s'il parle à des gens qu'il ne connaît point, et dont il n'est pas mieux connu, il leur fait prendre

---

a. Par forme de contribution. Voyez les chapitres « De la dissimulation » et « De l'esprit chagrin ». (Note de La Bruyère.)
b. Port à Athènes fort célèbre. (Note de La Bruyère.)
c. C'était contre l'opinion commune de toute la Grèce. (Note de La Bruyère.)
d. L'un des capitaines d'Alexandre le Grand, et dont la famille régna quelque temps dans la Macédoine. (Note de La Bruyère.)
e. Parce que les pins, les sapins, les cyprès et tout autre bois propre à construire des vaisseaux étaient rares dans le pays attique, l'on n'en permettait le transport en d'autres pays qu'en payant un fort gros tribut. (Note de La Bruyère.)
f. Un talent attique, dont il s'agit, valait soixante mines attiques ; une mine, cent drachmes ; une drachme, six oboles. Le talent attique valait quelque six cents écus de notre monnaie. (Note de La Bruyère.)

des jetons, compter le nombre de ceux à qui il a fait ces largesses ; et quoiqu'il monte à plus de six cents personnes, il leur donne à tous des noms convenables ; et après avoir supputé les sommes particulières qu'il a données à chacun d'eux, il se trouve qu'il en résulte le double de ce qu'il pensait, et que dix talents y sont employés, « sans compter, poursuit-il, les galères que j'ai armées à mes dépens, et les charges publiques que j'ai exercées à mes frais et sans récompense ». Cet homme fastueux va chez un fameux marchand de chevaux, fait sortir de l'écurie les plus beaux et les meilleurs, fait ses offres, comme s'il voulait les acheter. De même il visite les foires les plus célèbres, entre sous les tentes des marchands, se fait déployer une riche robe, et qui vaut jusqu'à deux talents ; il sort en querellant son valet de ce qu'il ose le suivre sans porter de l'or sur lui[a] pour les besoins où l'on se trouve. Enfin, s'il habite une maison dont il paye le loyer, il dit hardiment à quelqu'un qui l'ignore que c'est une maison de famille et qu'il a héritée de son père ; mais qu'il veut s'en défaire, seulement parce qu'elle est trop petite pour le grand nombre d'étrangers qu'il retire chez lui[b].

De l'orgueil

Il faut définir l'orgueil une passion qui fait que de tout ce qui est au monde l'on n'estime que soi. Un homme fier et superbe n'écoute pas celui qui l'aborde dans la place pour lui parler de quelque affaire ; mais sans s'arrêter, et se faisant suivre quelque temps, il lui dit enfin qu'on peut le voir après son souper. Si l'on a reçu de lui le moindre bienfait, il ne veut pas qu'on en perde jamais le souvenir : il le reprochera en pleine rue, à la vue de tout le monde. N'attendez pas de lui qu'en quelque endroit qu'il vous rencontre, il s'approche de vous et qu'il vous parle le premier ; de même, au lieu d'expédier sur-le-champ des marchands ou des ouvriers, il ne feint point de les renvoyer au lendemain matin et à l'heure de son lever. Vous le voyez marcher dans les rues de la ville la tête baissée, sans daigner parler à personne de ceux qui vont et qui viennent. S'il se familiarise quelquefois jusques à inviter ses amis à un repas, il prétexte des raisons pour ne pas se mettre à table et manger avec eux, et il charge ses principaux domestiques du soin de les régaler. Il ne lui arrive point de rendre visite à personne sans prendre la précaution d'envoyer quelqu'un des siens pour avertir qu'il va venir[c]. On ne le voit point chez lui lorsqu'il mange ou qu'il se parfume[d]. Il ne se donne pas la peine de régler lui-même des parties ; mais il dit négligemment à un valet de les calculer, de les arrêter et les passer à compte. Il ne sait point écrire dans une lettre : « Je vous prie de me faire ce plaisir ou de me rendre ce service », mais : « J'entends que cela soit ainsi ; j'envoie un homme vers vous pour recevoir une telle chose ; je ne veux pas que l'affaire se passe autrement ; faites ce que je vous dis promptement et sans différer. » Voilà son style.

---

a. Coutume des anciens. (Note de La Bruyère.)
b. Par droit d'hospitalité. (Note de La Bruyère.)
c. Voyez le chapitre « De la flatterie ». (Note de La Bruyère.)
d. Avec des huiles de senteur. (Note de La Bruyère.)

De la peur, ou du défaut de courage

Cette crainte est un mouvement de l'âme qui s'ébranle, ou qui cède en vue d'un péril vrai ou imaginaire, et l'homme timide est celui dont je vais faire la peinture. S'il lui arrive d'être sur la mer et s'il aperçoit de loin des dunes ou des promontoires, la peur lui fait croire que c'est le débris de quelques vaisseaux qui ont fait naufrage sur cette côte ; aussi tremble-t-il au moindre flot qui s'élève, et il s'informe avec soin si tous ceux qui naviguent avec lui sont initiés [a]. S'il vient à remarquer que le pilote fait une nouvelle manœuvre, ou semble se détourner comme pour éviter un écueil, il l'interroge, il lui demande avec inquiétude s'il ne croit pas s'être écarté de sa route, s'il tient toujours la haute mer, et si les Dieux sont propices [b]. Après cela il se met à raconter une vision qu'il a eue pendant la nuit, dont il est encore tout épouvanté, et qu'il prend pour un mauvais présage. Ensuite, ses frayeurs venant à croître, il se déshabille et ôte jusques à sa chemise pour pouvoir mieux se sauver à la nage, et après cette précaution il ne laisse pas de prier les nautoniers de le mettre à terre. Que si cet homme faible, dans une expédition militaire où il s'est engagé, entend dire que les ennemis sont proches, il appelle ses compagnons de guerre, observe leur contenance sur ce bruit qui court, leur dit qu'il est sans fondement, et que les coureurs n'ont pu discerner si ce qu'ils ont découvert à la campagne sont amis ou ennemis ; mais si l'on n'en peut plus douter par les clameurs que l'on entend, et s'il a vu lui-même de loin le commencement du combat, et que quelques hommes aient paru tomber à ses yeux, alors feignant que la précipitation et le tumulte lui ont fait oublier ses armes, il court les quérir dans sa tente, où il cache son épée sous le chevet de son lit, et emploie beaucoup de temps à la chercher, pendant que d'un autre côté son valet va par ses ordres savoir des nouvelles des ennemis, observer quelle route ils ont prise et où en sont les affaires ; et dès qu'il voit apporter au camp quelqu'un tout sanglant d'une blessure qu'il a reçue, il accourt vers lui, le console et l'encourage, étanche le sang qui coule de sa plaie, chasse les mouches qui l'importunent, ne lui refuse aucun secours, et se mêle de tout, excepté de combattre. Si pendant le temps qu'il est dans la chambre du malade, qu'il ne perd pas de vue, il entend la trompette qui sonne la charge : « Ah ! dit-il avec imprécation, puisses-tu être pendu, maudit sonneur qui cornes incessamment, et fais un bruit enragé qui empêche ce pauvre homme de dormir ! » Il arrive même que tout plein d'un sang qui n'est pas le sien, mais qui a rejailli sur lui de la plaie du blessé, il fait accroire à ceux qui reviennent du combat qu'il a couru un grand risque de sa vie pour sauver celle de son ami ; il conduit vers lui ceux qui y prennent intérêt, ou comme ses

---

a. Les anciens naviguaient rarement avec ceux qui passaient pour impies, et ils se faisaient initier avant de partir, c'est-à-dire instruire des mystères de quelque divinité, pour se la rendre propice dans leurs voyages. Voyez le chapitre « De la superstition ». (Note de La Bruyère.)

b. Ils consultaient les Dieux par les sacrifices ou par les augures, c'est-à-dire par le vol, le chant et le manger des oiseaux et encore par les entrailles des bêtes. (Note de La Bruyère.)

parents, ou parce qu'ils sont d'un même pays, et là il ne rougit pas de leur raconter quand et de quelle manière il a tiré cet homme des ennemis et l'a apporté dans sa tente.

Des grands d'une république

La plus grande passion de ceux qui ont les premières places dans un État populaire n'est pas le désir du gain ou de l'accroissement de leurs revenus, mais une impatience de s'agrandir et de se fonder, s'il se pouvait, une souveraine puissance sur celle du peuple. S'il s'est assemblé pour délibérer à qui des citoyens il donnera la commission d'aider de ses soins le premier magistrat dans la conduite d'une fête ou d'un spectacle, cet homme ambitieux, et tel que je viens de le définir, se lève, demande cet emploi, et proteste que nul autre ne peut si bien s'en acquitter. Il n'approuve point la domination de plusieurs, et de tous les vers d'Homère il n'a retenu que celui-ci :

Les peuples sont heureux quand un seul les gouverne.

Son langage le plus ordinaire est tel : « Retirons-nous de cette multitude qui nous environne ; tenons ensemble un conseil particulier où le peuple ne soit point admis ; essayons même de lui fermer le chemin à la magistrature. » Et s'il se laisse prévenir contre une personne d'une condition privée, de qui il croit avoir reçu quelque injure : « Cela, dit-il, ne se peut souffrir, et il faut que lui ou moi abandonnions la ville. » Vous le voyez se promener dans la place, sur le milieu du jour, avec les ongles propres, la barbe et les cheveux en bon ordre, repousser fièrement ceux qui se trouvent sur ses pas, dire avec chagrin aux premiers qu'il rencontre que la ville est un lieu où il n'y a plus moyen de vivre, qu'il ne peut plus tenir contre l'horrible foule des plaideurs, ni supporter plus longtemps les longueurs, les crieries et les mensonges des avocats, qu'il commence à avoir honte de se trouver assis, dans une assemblée publique ou sur les tribunaux, auprès d'un homme mal habillé, sale, et qui dégoûte, et qu'il n'y a pas un seul de ces orateurs dévoués au peuple qui ne lui soit insupportable. Il ajoute que c'est Thésée[a] qu'on peut appeler le premier auteur de tous ces maux ; et il fait de pareils discours aux étrangers qui arrivent dans la ville, comme à ceux avec qui il sympathise de mœurs et de sentiments.

D'une tardive instruction

Il s'agit de décrire quelques inconvénients où tombent ceux qui, ayant méprisé dans leur jeunesse les sciences et les exercices, veulent réparer cette négligence dans un âge avancé par un travail souvent inutile. Ainsi un vieillard de soixante ans s'avise d'apprendre des vers par cœur, et de les réciter à table dans un festin[b], où, la mémoire venant à lui manquer, il a la confusion de demeurer court. Une autre fois il apprend

---

a. Thésée avait jeté les fondements de la république d'Athènes en établissant l'égalité entre les citoyens. (Note de La Bruyère.)
b. Voyez le chapitre « De la brutalité ». (Note de La Bruyère.)

de son propre fils les évolutions qu'il faut faire dans les rangs à droite ou à gauche, le maniement des armes, et quel est l'usage à la guerre de la lance et du bouclier. S'il monte un cheval que l'on lui a prêté, il le presse de l'éperon, veut le manier, et lui faisant faire des voltes ou des caracoles, il tombe lourdement et se casse la tête. On le voit tantôt, pour s'exercer au javelot, le lancer tout un jour contre l'homme de bois [a], tantôt tirer de l'arc et disputer avec son valet lequel des deux donnera mieux un blanc avec des flèches, vouloir d'abord apprendre de lui, se mettre ensuite à l'instruire et à le corriger comme s'il était le plus habile. Enfin se voyant tout nu au sortir d'un bain, il imite les postures d'un lutteur, et par le défaut d'habitude, il les fait de mauvaise grâce, et il s'agite d'une manière ridicule.

De la médisance

Je définis ainsi la médisance : une pente secrète de l'âme à penser mal de tous les hommes, laquelle se manifeste par les paroles ; et pour ce qui concerne le médisant, voici ses mœurs. Si on l'interroge sur quelque autre, et que l'on lui demande quel est cet homme, il fait d'abord sa généalogie : « Son père, dit-il, s'appelait Sosie [b], que l'on a connu dans le service et parmi les troupes sous le nom de Sosistrate ; il a été affranchi depuis ce temps, et reçu dans l'une des tribus de la ville [c] ; pour sa mère, c'était une noble Thracienne [d], car les femmes de Thrace, ajoute-t-il, se piquent la plupart d'une ancienne noblesse : celui-ci, né de si honnêtes gens, est un scélérat et qui ne mérite que le gibet. » Et retournant à la mère de cet homme qu'il peint avec de si belles couleurs : « Elle est, poursuit-il, de ces femmes qui épient sur les grands chemins les jeunes gens au passage [e], et qui pour ainsi dire les enlèvent et les ravissent. » Dans une compagnie où il se trouve quelqu'un qui parle mal d'une personne absente, il relève la conversation : « Je suis, lui dit-il, de votre sentiment : cet homme m'est odieux, et je ne le puis souffrir. Qu'il est insupportable par sa physionomie ! Y a-t-il un plus grand fripon et des manières plus extravagantes ? Savez-vous combien il donne à sa femme pour la dépense de chaque repas ? Trois oboles [f], et rien davantage ; et croiriez-vous que dans les rigueurs de l'hiver et au mois de décembre il l'oblige de se laver avec de l'eau froide ? » Si alors quelqu'un de ceux qui l'écoutent se lève et se retire, il parle de lui presque dans les mêmes termes. Nul de ses plus familiers amis n'est épargné ; les morts mêmes dans le tombeau ne trouvent pas un asile contre sa mauvaise langue [g].

---

a. Une grande statue de bois qui était dans le lieu des exercices pour apprendre à darder. (Note de La Bruyère.)

b. C'était chez les Grecs un nom de valet ou d'esclave. (Note de La Bruyère.)

c. Le peuple d'Athènes était partagé en diverses tribus. (Note de La Bruyère.)

d. Cela est dit par dérision des Thraciennes, qui venaient dans la Grèce pour être servantes, et quelque chose de pis. (Note de La Bruyère.)

e. Elles tenaient hôtellerie sur les chemins publics, où elles se mêlaient d'infâmes commerces. (Note de La Bruyère.)

f. Il y avait au-dessous de cette monnaie d'autres encore de moindre prix. (Note de La Bruyère.)

g. Il était défendu chez les Athéniens de parler mal des morts, par une loi de Solon, leur législateur. (Note de La Bruyère.)

LES CARACTÈRES
OU
LES MŒURS DE CE SIÈCLE

> *Admonere voluimus, non mordere; prodesse, non laedere;*
> *consulere moribus hominum, non officere.*
>
> ÉRASME [1]

PRÉFACE

[I] Je rends au public ce qu'il m'a prêté ; j'ai emprunté de lui la matière de cet ouvrage : il est juste que, l'ayant achevé avec toute l'attention pour la vérité dont je suis capable, et qu'il mérite de moi, je lui en fasse la restitution. Il peut regarder avec loisir ce portrait que j'ai fait de lui d'après nature, et s'il se connaît quelques-uns des défauts que je touche, s'en corriger. [IV] C'est l'unique fin que l'on doit se proposer en écrivant, et le succès aussi que l'on doit moins se promettre ; mais comme les hommes ne se dégoûtent point du vice, il ne faut pas aussi se lasser de leur reprocher : ils seraient peut-être pires, s'ils venaient à manquer de censeurs ou de critiques ; c'est ce qui fait que l'on prêche et que l'on écrit. L'orateur et l'écrivain ne sauraient vaincre la joie qu'ils ont d'être applaudis ; mais ils devraient rougir d'eux-mêmes s'ils n'avaient cherché par leurs discours ou par leurs écrits que des éloges ; outre que l'approbation la plus sûre et la moins équivoque est le changement de mœurs et la réformation de ceux qui les lisent ou qui les écoutent : on ne doit parler, on ne doit écrire que pour l'instruction ; et s'il arrive que l'on plaise, il ne faut pas néanmoins s'en repentir, si cela sert à insinuer et à faire recevoir les vérités qui doivent instruire. Quand donc il s'est glissé dans un livre quelques pensées ou quelques réflexions qui n'ont ni le feu, ni le tour, ni la vivacité des autres, bien qu'elles semblent y être admises pour la variété, pour délasser l'esprit, pour le rendre plus présent et plus attentif à ce qui va suivre, à moins que d'ailleurs elles ne soient sensibles, familières, instructives, accommodées au simple peuple, qu'il n'est pas permis de négliger, le lecteur peut les condamner, et l'auteur les doit proscrire : voilà la règle. Il y en a une autre, et que j'ai intérêt que l'on veuille suivre, qui est de ne pas perdre mon titre de vue, et de penser toujours, et dans toute la lecture de cet ouvrage, que ce sont les caractères ou les mœurs de ce siècle que je décris ; [VIII] car bien que je les tire souvent de la Cour de France et des hommes de ma nation, on ne peut pas néanmoins les restreindre à une seule cour, ni les renfermer en un seul pays, sans que mon livre ne perde beaucoup de son étendue et de son utilité, ne s'écarte du plan que je me suis fait d'y peindre les hommes en général, comme des raisons qui entrent dans l'ordre des chapitres et dans une certaine suite insensible des réflexions qui les composent. [IV] Après cette précaution si nécessaire, et dont on pénètre assez les conséquences, je crois pouvoir protester contre tout chagrin, toute plainte, toute maligne interprétation, toute fausse application et toute censure, contre les froids plaisants et les lecteurs mal intentionnés : [V] il faut savoir lire, et ensuite se taire, ou pouvoir rapporter ce qu'on a lu, et ni plus ni moins que ce qu'on a lu ; et si on le peut quelquefois, ce n'est pas assez, il faut encore le vouloir faire : sans ces conditions, qu'un auteur exact et scrupuleux est en droit d'exiger de certains esprits pour l'unique récompense de son travail, je doute qu'il doive continuer d'écrire, s'il préfère du moins sa propre satisfaction à l'utilité de plusieurs et au zèle de la vérité. J'avoue d'ailleurs que j'ai balancé dès l'année M.DC.LXXXX, et avant la cinquième édition, entre l'impatience de donner à mon livre plus de rondeur et une meilleure forme par de nouveaux caractères, et la crainte de faire dire à quelques-uns : « Ne finiront-ils point, ces *Caractères,* et ne verrons-nous jamais autre chose de cet écrivain ? » Des gens sages me disaient d'une part : « La matière est solide, utile, agréable, inépuisable ; vivez longtemps, et traitez-la sans interruption pendant que vous vivrez : que pourriez-vous faire de mieux ? il n'y a point d'année que les folies des hommes ne puissent vous fournir un volume. » D'autres, avec beaucoup de raison, me faisaient redouter les caprices de la multitude et la légèreté du public, de qui j'ai néanmoins de si grands sujets d'être content, et ne manquaient pas de me suggérer que personne presque depuis trente années ne lisant plus que pour lire, il fallait aux hommes, pour les amuser, de nouveaux chapitres et un nouveau titre ; que cette indolence avait rempli les boutiques et peuplé le monde, depuis tout ce temps, de livres froids et ennuyeux, d'un mauvais style et de nulle ressource, sans règles et sans la moindre justesse, contraires aux mœurs et aux bienséances, écrits avec précipitation, et lus de même, seulement par leur nouveauté ; et que si je ne savais qu'augmenter un livre raisonnable, le mieux que je pouvais faire était de me reposer : je pris alors quelque chose de ces deux avis si opposés, et je gardai un tempérament qui les rapprochait : je ne feignis point d'ajouter quelques nouvelles remarques à celles qui avaient déjà grossi du double la première édition de mon ouvrage ; mais afin que le public ne fût point obligé de parcourir ce qui était ancien pour passer à ce qu'il y avait de nouveau, et qu'il trouvât sous ses yeux ce qu'il avait seulement envie de lire, je pris soin de lui désigner cette seconde augmentation par une marque particulière [a] ; je crus aussi qu'il ne serait pas inutile de lui distinguer la première augmentation par une autre plus simple, qui servît à lui

---

a. VAR. « mais afin que le public ne soit point obligé de parcourir ce qui est ancien pour passer à ce qu'il y a de nouveau, et qu'il trouve sous ses yeux ce qu'il a seulement envie de lire, j'ai pris soin de lui désigner cette seconde augmentation par une marque particulière et telle qu'elle se voit par apostille » [V].

montrer le progrès de mes *Caractères,* et à aider son choix dans la lecture qu'il en voudrait faire ; et comme il pouvait craindre que ce progrès n'allât à l'infini, j'ajoutais à toutes ces exactitudes une promesse sincère de ne plus rien hasarder en ce genre. [VI] Que si quelqu'un m'accuse d'avoir manqué à ma parole, en insérant dans les trois éditions qui ont suivi un assez grand nombre de nouvelles remarques [a], il verra du moins qu'en les confondant avec les anciennes par la suppression entière de ces différences qui se voient par apostille, j'ai moins pensé à lui faire lire rien de nouveau qu'à laisser peut-être un ouvrage de mœurs plus complet, plus fini, et plus régulier, à la postérité. [I] Ce ne sont point au reste [b] des maximes que j'aie voulu écrire : elles sont comme des lois dans la morale, et j'avoue que je n'ai ni assez d'autorité ni assez de génie pour faire le législateur : je sais même que j'aurais péché contre l'usage des maximes, qui veut qu'à la manière des oracles elles soient courtes et concises ; quelques-unes de ces remarques le sont, quelques autres sont plus étendues : on pense les choses d'une manière différente, et on les explique par un tour aussi tout différent, par une sentence [c], par un raisonnement, par une métaphore ou quelque autre figure, par un parallèle, par une simple comparaison, par un fait tout entier [d], par un seul trait [e], par une description, par une peinture : de là procède la longueur ou la brièveté de mes réflexions [f]. Ceux enfin qui font des maximes veulent être crus : je consens, au contraire, que l'on dise de moi que je n'ai pas quelquefois bien remarqué, pourvu que l'on remarque mieux.

a. Var. « en insérant dans cette sixième édition un très petit nombre de nouvelles remarques, que j'avoue ingénument n'avoir pas eu la force de supprimer [VI] ; en insérant dans une sixième édition un petit nombre de nouvelles remarques, que j'avoue ingénument n'avoir pas eu la force de supprimer » [VII].
b. « Au reste » : addition de IV.
c. Var. « par une définition, par une sentence » [I-III].
d. « Par un fait tout entier » : addition de V.
e. Var. « par un trait » [I-IV].
f. Var. « de mes remarques » [I-V].

LES CARACTÈRES

I. DES OUVRAGES DE L'ESPRIT

1 [I]

Tout est dit, et l'on vient trop tard depuis plus de sept mille ans qu'il y a des hommes et qui pensent. Sur ce qui concerne les mœurs, le plus beau et le meilleur est enlevé ; l'on ne fait que glaner après les anciens et les habiles d'entre les modernes.

2 [I]

Il faut chercher seulement à penser et à parler juste, sans vouloir amener les autres à notre goût et à nos sentiments ; c'est une trop grande entreprise.

3 [I]

C'est un métier que de faire un livre, comme de faire une pendule : il faut plus que de l'esprit pour être auteur. Un magistrat allait par son mérite à la première dignité, il était homme délié et pratique dans les affaires : il a fait imprimer un ouvrage moral, qui est rare par le ridicule.

4 [I]

Il n'est pas si aisé de se faire un nom par un ouvrage parfait, que d'en faire valoir un médiocre par le nom qu'on s'est déjà acquis.

5 [I]

Un ouvrage satirique ou qui contient des faits, qui est donné en feuilles sous le manteau aux conditions d'être rendu de même, s'il est médiocre, passe pour merveilleux ; l'impression est l'écueil.

6 [I]

Si l'on ôte de beaucoup d'ouvrages de morale l'avertissement au lecteur, l'épître dédicatoire, la préface, la table, les approbations, il reste à peine assez de pages pour mériter le nom de livre.

7 [I]

Il y a de certaines choses dont la médiocrité est insupportable : la poésie, la musique, la peinture, le discours public.

Quel supplice que celui d'entendre déclamer pompeusement un froid discours, ou prononcer de médiocres vers avec toute l'emphase d'un mauvais poète !

8 [V]

Certains poètes sont sujets, dans le dramatique, à de longues suites de vers pompeux, qui semblent forts, élevés, et remplis de grands sentiments. Le peuple écoute avidement, les yeux élevés et la bouche ouverte, croit que cela lui plaît, et à mesure qu'il y comprend moins, l'admire davantage ; il n'a pas le temps de respirer, il a à peine celui de se récrier et d'applaudir. J'ai cru autrefois, et dans ma première jeunesse, que ces endroits étaient clairs et intelligibles pour les acteurs, pour le parterre et l'amphithéâtre, que leurs auteurs s'entendaient eux-mêmes, et qu'avec toute l'attention que je donnais à leur récit, j'avais tort de n'y rien entendre : je suis détrompé.

9 [I]

L'on n'a guère vu jusques à présent un chef-d'œuvre d'esprit qui soit l'ouvrage de plusieurs : Homère a fait l'*Iliade,* Virgile l'*Énéide,* Tite-Live ses *Décades,* et l'Orateur romain ses *Oraisons.*

10 [I]

Il y a dans l'art un point de perfection, comme de bonté ou de maturité dans la nature. Celui qui le sent et qui l'aime a le goût parfait ; celui qui ne le sent pas, et qui aime en deçà ou au-delà, a le goût défectueux. Il y a donc un bon et un mauvais goût, et l'on dispute des goûts avec fondement.

11 [I]

Il y a beaucoup plus de vivacité que de goût parmi les hommes ; ou pour mieux dire, il y a peu d'hommes dont l'esprit soit accompagné d'un goût sûr et d'une critique judicieuse.

12 [I]

La vie des héros a enrichi l'Histoire, et l'Histoire a embelli les actions des héros : ainsi je ne sais qui sont plus redevables, ou ceux qui ont écrit l'histoire à ceux qui leur en ont fourni une si noble matière, ou ces grands hommes à leurs historiens.

13 [I]

Amas d'épithètes, mauvaises louanges : ce sont les faits qui louent, et la manière de les raconter.

14 [I]

Tout l'esprit d'un auteur consiste à bien définir et à bien peindre. MOISE [a], HOMÈRE, PLATON, VIRGILE, HORACE ne sont au-dessus des autres écrivains que par leurs expressions et par leurs images : il faut exprimer le vrai pour écrire naturellement, fortement, délicatement.

15

[V] On a dû faire du style ce qu'on a fait de l'architecture. On a entièrement abandonné l'ordre gothique, que la barbarie avait introduit pour les palais et pour les temples ; on a rappelé le dorique, l'ionique et le corinthien : ce qu'on ne voyait plus que dans les ruines de l'ancienne Rome et de la vieille Grèce, devenu moderne, éclate dans nos portiques et dans nos péristyles. De même, on ne saurait en écrivant rencontrer le parfait, et s'il se peut, surpasser les anciens que par leur imitation.

[I] Combien de siècles se sont écoulés avant que les hommes, dans les sciences et dans les arts, aient pu revenir au goût des anciens et reprendre enfin le simple et le naturel !

[IV] On se nourrit des Anciens et des habiles modernes, on les presse, on en tire le plus que l'on peut, on en renfle ses ouvrages ; et quand enfin l'on est auteur, et que l'on croit marcher tout seul, on s'élève contre eux, on les maltraite, semblable à ces enfants drus et forts d'un bon lait qu'ils ont sucé, qui battent leur nourrice.

[IV] Un auteur moderne prouve ordinairement que les Anciens nous sont inférieurs en deux manières, par raison et par exemple : il tire la raison de son goût particulier, et l'exemple de ses ouvrages.

[IV] Il avoue que les Anciens, quelque inégaux et peu corrects qu'ils soient, ont de beaux traits ; il les cite, et ils sont si beaux qu'ils font lire sa critique.

[IV] Quelques habiles prononcent en faveur des anciens contre les Modernes ; mais ils sont suspects et semblent juger en leur propre cause, tant leurs ouvrages sont faits sur le goût de l'antiquité : on les récuse.

16

[I] L'on devrait aimer à lire ses ouvrages à ceux qui en savent assez pour les corriger et les estimer.

[IV] Ne vouloir être ni conseillé ni corrigé sur son ouvrage est un pédantisme.

[IV] Il faut qu'un auteur reçoive avec une égale modestie les éloges et la critique que l'on fait de ses ouvrages.

17 [I]

Entre toutes les différentes expressions qui peuvent rendre une seule de nos pensées, il n'y en a qu'une qui soit la bonne ; on ne la rencontre pas toujours en parlant ou en écrivant : il est vrai néanmoins qu'elle

---

a. Quand même on ne le considère que comme un homme qui a écrit. (Note de La Bruyère.)

existe, que tout ce qui ne l'est point est faible, et ne satisfait point un homme d'esprit qui veut se faire entendre.

Un bon auteur, et qui écrit avec soin, éprouve souvent que l'expression qu'il cherchait depuis longtemps sans la connaître, et qu'il a enfin trouvée, est celle qui était la plus simple, la plus naturelle, qui semblait devoir se présenter d'abord et sans effort.

Ceux qui écrivent par humeur sont sujets à retoucher à leurs ouvrages ; comme elle n'est pas toujours fixe, et qu'elle varie en eux selon les occasions, ils se refroidissent bientôt pour les expressions et les termes qu'ils ont le plus aimés.

18 [I]

La même justesse d'esprit qui nous fait écrire de bonnes choses nous fait appréhender qu'elles ne le soient pas assez pour mériter d'être lues. Un esprit médiocre croit écrire divinement ; un bon esprit croit écrire raisonnablement.

19 [I]

« L'on m'a engagé, dit *Ariste*, à lire mes ouvrages à *Zoïle*[a] : je l'ai fait. Ils l'ont saisi d'abord et avant qu'il ait eu le loisir de les trouver mauvais ; il les a loués modestement en ma présence, et il ne les a pas loués depuis devant personne. Je l'excuse, et je n'en demande pas davantage à un auteur ; je le plains même d'avoir écouté de belles choses qu'il n'a point faites. »

Ceux qui par leur condition se trouvent exempts de la jalousie d'auteur, ont ou des passions ou des besoins qui les distraient et les rendent froids sur les conceptions d'autrui : personne presque, par la disposition de son esprit, de son cœur et de sa fortune, n'est en état de se livrer au plaisir que donne la perfection d'un ouvrage.

20 [I]

Le plaisir de la critique nous ôte celui d'être vivement touchés de très belles choses.

21

[I] Bien des gens vont jusques à sentir le mérite d'un manuscrit qu'on leur lit, qui ne peuvent se déclarer en sa faveur, jusques à ce qu'ils aient vu le cours qu'il aura dans le monde par l'impression, ou quel sera son sort parmi les habiles : ils ne hasardent point leurs suffrages, et ils veulent être portés par la foule et entraînés par la multitude ; ils disent alors qu'ils ont les premiers approuvé cet ouvrage, et que le public est de leur avis.

[VI] Ces gens laissent échapper les plus belles occasions de nous convaincre qu'ils ont de la capacité et des lumières, qu'ils savent juger, trouver bon ce qui est bon, et meilleur ce qui est meilleur. Un bel ouvrage

---

a. Var. « à *Zélotes* » [I-IV].

tombe entre leurs mains, c'est un premier ouvrage, l'auteur ne s'est pas encore fait un grand nom, il n'a rien qui prévienne en sa faveur, il ne s'agit point de faire sa cour ou de flatter les grands en applaudissant à ses écrits ; on ne vous demande pas, *Zélotes,* de vous récrier : *C'est un chef-d'œuvre de l'esprit ; l'humanité ne va pas plus loin ; c'est jusqu'où la parole humaine peut s'élever*[a] *; on ne jugera à l'avenir du goût de quelqu'un qu'à proportion qu'il en aura pour cette pièce ;* phrases outrées, dégoûtantes, qui sentent la pension ou l'abbaye, nuisibles à cela même qui est louable et qu'on veut louer. Que ne disiez-vous seulement : « Voilà un bon livre » ? Vous le dites, il est vrai, avec toute la France, avec les étrangers comme avec vos compatriotes, quand il est imprimé par toute l'Europe et qu'il est traduit en plusieurs langues : il n'est plus temps.

22 [IV]

Quelques-uns de ceux qui ont lu un ouvrage en rapportent certains traits dont ils n'ont pas compris le sens, et qu'ils altèrent encore par tout ce qu'ils y mettent du leur ; et ces traits ainsi corrompus et défigurés, qui ne sont autre chose que leurs propres pensées et leurs expressions, ils les exposent à la censure, soutiennent qu'ils sont mauvais, et tout le monde convient qu'ils sont mauvais : mais l'endroit de l'ouvrage que ces critiques croient citer, et qu'en effet ils ne citent point, n'en est pas pire.

23 [IV]

« Que dites-vous du livre d'*Hermodore* ? — Qu'il est mauvais, répond *Anthime*. — Qu'il est mauvais ? — Qu'il est tel, continue-t-il, que ce n'est pas un livre, ou qui mérite du moins que le monde en parle. — Mais l'avez-vous lu ? — Non », dit Anthime. Que n'ajoute-t-il que *Fulvie* et *Mélanie* l'ont condamné sans l'avoir lu, et qu'il est ami de Fulvie et de Mélanie ?

24 [IV]

Arsène du plus haut de son esprit contemple les hommes, et dans l'éloignement d'où il les voit, il est comme effrayé de leur petitesse ; loué, exalté, et porté jusqu'aux cieux par de certaines gens qui se sont promis de s'admirer réciproquement, il croit, avec quelque mérite qu'il a, posséder tout celui qu'on peut avoir, et qu'il n'aura jamais ; occupé et rempli de ses sublimes idées, il se donne à peine le loisir de prononcer quelques oracles : élevé par son caractère au-dessus des jugements humains, il abandonne aux âmes communes le mérite d'une vie suivie et uniforme, et il n'est responsable de ses inconstances qu'à ce cercle d'amis qui les idolâtrent ; eux seuls savent juger, savent penser, savent écrire, doivent écrire ; il n'y a point d'autre ouvrage d'esprit si bien reçu dans le monde, et si universellement goûté des honnêtes gens, je ne dis pas qu'il veuille approuver, mais qu'il daigne lire, incapable d'être corrigé par cette peinture, qu'il ne lira point.

---

a. « C'est jusqu'où la parole humaine peut s'élever » : addition de VIII.

25 [VI]

Théocrine sait des choses assez inutiles ; il a des sentiments toujours singuliers ; il est moins profond que méthodique ; il n'exerce que sa mémoire ; il est abstrait, dédaigneux, et il semble toujours rire en lui-même de ceux qu'il croit ne le valoir pas. Le hasard fait que je lui lis mon ouvrage, il l'écoute. Est-il lu, il me parle du sien. « Et du vôtre, me direz-vous, qu'en pense-t-il ? » — Je vous l'ai déjà dit, il me parle du sien.

26 [IV]

Il n'y a point d'ouvrage si accompli qui ne fondît tout entier au milieu de la critique, si son auteur voulait en croire tous les censeurs qui ôtent chacun l'endroit qui leur plaît le moins.

27 [IV]

C'est une expérience faite que, s'il se trouve dix personnes qui effacent d'un livre une expression ou un sentiment, l'on en fournit aisément un pareil nombre qui les réclame : ceux-ci s'écrient : « Pourquoi supprimer cette pensée ? elle est neuve, elle est belle, et le tour en est admirable » ; et ceux-là affirment, au contraire, ou qu'ils auraient négligé cette pensée, ou qu'ils lui auraient donné un autre tour. « Il y a un terme, disent les uns, dans votre ouvrage, qui est rencontré et qui peint la chose au naturel ; il y a un mot, disent les autres, qui est hasardé, et qui d'ailleurs ne signifie pas assez ce que vous voulez peut-être faire entendre » ; et c'est du même trait et du même mot que tous ces gens s'expliquent ainsi, et tous sont connaisseurs et passent pour tels. Quel autre parti pour un auteur, que d'oser pour lors être de l'avis de ceux qui l'approuvent ?

28 [IV]

Un auteur sérieux n'est pas obligé de remplir son esprit de toutes les extravagances, de toutes les saletés, de tous les mauvais mots que l'on peut dire, et de toutes les ineptes applications que l'on peut faire au sujet de quelques endroits de son ouvrage, et encore moins de les supprimer [a]. Il est convaincu que quelque scrupuleuse exactitude que l'on ait dans sa manière d'écrire, la raillerie froide des mauvais plaisants est un mal inévitable, et que les meilleures choses ne leur servent souvent qu'à leur faire rencontrer une sottise.

29 [VIII]

Si certains esprits vifs et décisifs étaient crus, ce serait encore trop que les termes pour exprimer les sentiments : il faudrait leur parler par signes, ou sans parler se faire entendre. Quelque soin qu'on apporte à être serré et concis, et quelque réputation qu'on ait d'être tel, ils vous trouvent diffus. Il faut leur laisser tout à suppléer, et n'écrire que pour

---

a. VAR. « au sujet de quelque endroit de son ouvrage, et encore moins de le supprimer » [IV et V].

eux seuls. Ils conçoivent une période par le mot qui la commence, et par une période tout un chapitre : leur avez-vous lu un seul endroit de l'ouvrage, c'est assez, ils sont dans le fait et entendent l'ouvrage : un tissu d'énigmes leur serait une lecture divertissante ; et c'est une perte pour eux que ce style estropié qui les enlève soit rare, et que peu d'écrivains s'en accommodent. Les comparaisons tirées d'un fleuve dont le cours, quoique rapide, est égal et uniforme, ou d'un embrasement qui, poussé par les vents, s'épand au loin dans une forêt où il consume les chênes et les pins, ne leur fournissent aucune idée de l'éloquence : montrez-leur un feu grégeois qui les surprenne, ou un éclair qui les éblouisse, ils vous quittent du bon et du beau.

30 [IV]

Quelle prodigieuse distance entre un bel ouvrage et un ouvrage parfait ou régulier ! Je ne sais s'il s'en est encore trouvé de ce dernier genre. Il est peut-être moins difficile aux rares génies de rencontrer le grand et le sublime, que d'éviter toute sorte de fautes. *Le Cid* n'a eu qu'une voix pour lui à sa naissance, qui a été celle de l'admiration ; il s'est vu plus fort que l'autorité et la politique, qui ont tenté vainement de le détruire ; il a réuni en sa faveur des esprits toujours partagés d'opinions et de sentiments, les grands et le peuple : ils s'accordent tous à le savoir de mémoire, et à prévenir au théâtre les acteurs qui le récitent. *Le Cid* enfin est l'un des plus beaux poèmes que l'on puisse faire ; et l'une des meilleures critiques qui aient été faites sur aucun sujet est celle du *Cid*.

31 [VIII]

Quand une lecture vous élève l'esprit, et qu'elle vous inspire des sentiments nobles et courageux, ne cherchez pas une autre règle pour juger l'ouvrage ; il est bon, et fait de main d'ouvrier.

32 [IV]

Capys, qui s'érige en juge du beau style et qui croit écrire comme BOUHOURS et RABUTIN [a], résiste à la voix du peuple, et dit tout seul que *Damis* n'est pas un bon auteur. Damis cède à la multitude, et dit ingénument avec le public que Capys est froid écrivain.

33 [IV]

Le devoir du nouvelliste est de dire : « Il y a un tel livre qui court, et qui est imprimé chez Cramoisy en tel caractère, il est bien relié et en beau papier, il se vend tant » ; il doit savoir jusques à l'enseigne du libraire qui le débite : sa folie est d'en vouloir faire la critique.

Le sublime du nouvelliste est le raisonnement creux sur la politique.

Le nouvelliste se couche le soir tranquillement sur une nouvelle qui se corrompt la nuit, et qu'il est obligé d'abandonner le matin à son réveil.

---

a. VAR. « Et qui croit écrire comme *Bussi* » [IV].

34 [IV]

Le philosophe consume sa vie à observer les hommes, et il use ses esprits à en démêler les vices et le ridicule ; s'il donne quelque tour à ses pensées, c'est moins par une vanité d'auteur, que pour mettre une vérité qu'il a trouvée dans tout le jour nécessaire pour faire l'impression qui doit servir à son dessein. Quelques lecteurs croient néanmoins le payer avec usure, s'ils disent magistralement qu'ils ont lu son livre, et qu'il y a de l'esprit ; mais il leur renvoie tous leurs éloges, qu'il n'a pas cherchés par son travail et par ses veilles : il porte plus haut ses projets et agit pour une fin plus relevée : il demande des hommes un plus grand et un plus rare succès que les louanges, et même que les récompenses, qui est de les rendre meilleurs.

35 [IV]

Les sots lisent un livre, et ne l'entendent point ; les esprits médiocres croient l'entendre parfaitement ; les grands esprits ne l'entendent quelquefois pas tout entier : ils trouvent obscur ce qui est obscur, comme ils trouvent clair ce qui est clair ; les beaux esprits veulent trouver obscur ce qui ne l'est point, et ne pas entendre ce qui est fort intelligible.

36 [IV]

Un auteur cherche vainement à se faire admirer par son ouvrage. Les sots admirent quelquefois, mais ce sont des sots. Les personnes d'esprit ont en eux les semences de toutes les vérités et de tous les sentiments, rien ne leur est nouveau ; ils admirent peu, ils approuvent.

37 [IV]

Je ne sais si l'on pourra jamais mettre dans des lettres plus d'esprit, plus de tour, plus d'agrément et plus de style que l'on en voit dans celles de BALZAC et de VOITURE ; elles sont vides de sentiments qui n'ont régné que depuis leur temps, et qui doivent aux femmes leur naissance. Ce sexe va plus loin que le nôtre dans ce genre d'écrire ; elles trouvent sous leur plume des tours et des expressions qui souvent en nous ne sont l'effet que d'un long travail et d'une pénible recherche ; elles sont heureuses dans le choix des termes, qu'elles placent si juste, que tout connus qu'ils sont, ils ont le charme de la nouveauté, semblent être faits seulement pour l'usage où elles les mettent ; il n'appartient qu'à elles de faire lire dans un seul mot tout un sentiment, et de rendre délicatement une pensée qui est délicate ; elles ont un enchaînement[a] de discours inimitable, qui se suit naturellement, et qui n'est lié que par le sens. Si les femmes étaient toujours correctes, j'oserais dire que les lettres de quelques-unes d'entre elles seraient peut-être ce que nous avons dans notre langue de mieux écrit.

---

a. VAR. « elles ont surtout un enchaînement » [IV-VII].

38 [IV]

Il n'a manqué à TÉRENCE que d'être moins froid : quelle pureté, quelle exactitude, quelle politesse, quelle élégance, quels caractères ! Il n'a manqué à MOLIÈRE que d'éviter le jargon et le barbarisme [a], et d'écrire purement : quel feu, quelle naïveté, quelle source de la bonne plaisanterie, quelle imitation des mœurs, quelles images, et quel fléau du ridicule ! Mais quel homme on aurait pu faire de ces deux comiques !

39 [V]

J'ai lu MALHERBE et THÉOPHILE ; ils ont tous deux connu la nature, avec cette différence que le premier, d'un style plein et uniforme, montre tout à la fois ce qu'elle a de plus beau et de plus noble, de plus naïf et de plus simple ; il en fait la peinture ou l'histoire. L'autre, sans choix, sans exactitude, d'une plume libre et inégale, tantôt charge ses descriptions, s'appesantit sur les détails : il fait une anatomie ; tantôt il feint, il exagère, il passe le vrai dans la nature ; il en fait le roman.

40 [V]

RONSARD et BALZAC ont eu, chacun dans leur genre, assez de bon et de mauvais pour former après eux de très grands hommes en vers et en prose.

41 [V]

MAROT par son tour et par son style semble avoir écrit depuis RONSARD : il n'y a guère, entre ce premier et nous, que la différence de quelques mots.

42 [V]

RONSARD et les auteurs ses contemporains ont plus nui au style qu'ils ne lui ont servi : ils l'ont retardé dans le chemin de la perfection ; ils l'ont exposé à la manquer pour toujours et à n'y plus revenir. Il est étonnant que les ouvrages de Marot, si naturels et si faciles, n'aient su faire de Ronsard, d'ailleurs plein de verve et d'enthousiasme, un plus grand poète que Ronsard et que Marot : et, au contraire, que Belleau, Jodelle, et du Bartas [b] aient été sitôt suivis d'un RACAN et d'un MALHERBE, et que notre langue à peine corrompue se soit vue réparée.

43 [V]

MAROT et RABELAIS sont inexcusables d'avoir semé l'ordure dans leurs écrits : tous deux avaient assez de génie et de naturel pour pouvoir s'en passer, même à l'égard de ceux qui cherchent moins à admirer qu'à rire dans un auteur. Rabelais surtout est incompréhensible : son livre est une énigme, quoi qu'on veuille dire, inexplicable ; c'est une chimère, c'est le visage d'une belle femme avec des pieds et une queue de serpent,

---

a. VAR. « que d'éviter le jargon et d'écrire » [IV-VIII].
b. VAR. « que Belleau, Jodelle et Saint-Gelais » [V-VIII].

ou de quelque autre bête plus difforme ; c'est un monstrueux assemblage d'une morale fine et ingénieuse, et d'une sale corruption : où il est mauvais, il passe bien loin au-delà du pire, c'est le charme de la canaille ; où il est bon, il va jusques à l'exquis et à l'excellent, il peut être le mets des plus délicats.

44 [V]

Deux écrivains dans leurs ouvrages ont blâmé MONTAGNE, que je ne crois pas, aussi bien qu'eux, exempt de toute sorte de blâme : il paraît que tous deux ne l'ont estimé en nulle manière. L'un ne pensait pas assez pour goûter un auteur qui pense beaucoup ; l'autre pense trop subtilement pour s'accommoder de pensées qui sont naturelles.

45 [V]

Un style grave, sérieux, scrupuleux, va fort loin : on lit AMYOT et COEFFETEAU ; lequel lit-on de leurs contemporains ? BALZAC pour les termes et pour l'expression est moins vieux que VOITURE, mais si ce dernier, pour le tour, pour l'esprit et pour le naturel, n'est pas moderne, et ne ressemble en rien à nos écrivains, c'est qu'il leur a été plus facile de le négliger que de l'imiter, et que le petit nombre de ceux qui courent après lui ne peut l'atteindre.

46 [I]

Le H** G** [a] est immédiatement au-dessous de rien [b] ; il y a bien d'autres ouvrages qui lui ressemblent. Il y a autant d'invention à s'enrichir par un sot livre qu'il y a de sottise à l'acheter : c'est ignorer le goût du peuple que de ne pas hasarder quelquefois de grandes fadaises.

47

[I] L'on voit bien que l'*Opéra* est l'ébauche d'un grand spectacle ; il en donne l'idée.

[I] Je ne sais pas comment l'*Opéra*, avec une musique si parfaite et une dépense toute royale, a pu réussir à m'ennuyer.

[I] Il y a des endroits dans l'*Opéra* qui laissent en désirer d'autres ; il échappe quelquefois de souhaiter la fin de tout le spectacle : c'est faute de théâtre, d'action, et de choses qui intéressent.

[IV] L'*Opéra* jusques à ce jour n'est pas un poème, ce sont des vers ; ni un spectacle, depuis que les machines ont disparu par le bon ménage d'*Amphion* et de sa race : c'est un concert, ou ce sont des voix soutenues par des instruments ; c'est prendre le change, et cultiver un mauvais goût, que de dire, comme l'on fait, que la machine n'est qu'un amusement d'enfants, et qui ne convient qu'aux Marionnettes ; elle augmente et embellit la fiction, soutient dans les spectateurs cette douce illusion qui est tout le plaisir du théâtre, où elle jette encore le merveilleux. Il ne

---

a. VAR. « Le M** G** » [VI et VII].
b. VAR. « au-dessous du rien » [I-VIII].

faut point de vols, ni de chars, ni de changements, aux *Bérénices* et à *Pénélope* : il en faut aux *Opéras*, et le propre de ce spectacle est de tenir les esprits, les yeux et les oreilles dans un égal enchantement.

48 [IV]

Ils ont fait le théâtre, ces empressés, les machines, les ballets, les vers, la musique, tout le spectacle, jusqu'à la salle où s'est donné le spectacle, j'entends le toit et les quatre murs dès leurs fondements : qui doute que la chasse sur l'eau, l'enchantement de la Table [a], la merveille du Labyrinthe [b] ne soient encore de leur invention ? J'en juge par le mouvement qu'ils se donnent, et par l'air content dont ils s'applaudissent sur tout le succès : si je me trompe, et qu'ils n'aient contribué en rien à cette fête si superbe, si galante, si longtemps soutenue, et où un seul a suffi pour le projet et pour la dépense, j'admire deux choses : la tranquillité et le flegme de celui qui a tout remué, comme l'embarras et l'action de ceux qui n'ont rien fait.

49 [IV]

Les connaisseurs, ou ceux qui se croyant tels, se donnent voix délibérative et décisive sur les spectacles, se cantonnent aussi, et se divisent en des partis contraires, dont chacun, poussé par un tout autre intérêt que par celui du public ou de l'équité, admire un certain poème ou une certaine musique, et siffle tout autre. Ils nuisent également, par cette chaleur à défendre leurs préventions, et à la faction opposée et à leur propre cabale : ils découragent par mille contradictions les poètes et les musiciens, retardent les progrès des sciences et des arts, en leur ôtant le fruit qu'ils pourraient tirer de l'émulation et de la liberté qu'auraient plusieurs excellents maîtres de faire, chacun dans leur genre et selon leur génie, de très bons ouvrages.

50 [IV]

D'où vient que l'on rit si librement au théâtre, et que l'on a honte d'y pleurer ? Est-il moins dans la nature de s'attendrir sur le pitoyable que d'éclater sur le ridicule ? Est-ce l'altération des traits qui nous retient ? Elle est plus grande dans un ris immodéré que dans la plus amère douleur, et l'on détourne son visage pour rire comme pour pleurer en la présence des Grands et de tous ceux que l'on respecte. Est-ce une peine que l'on sent à laisser voir que l'on est tendre, et à marquer quelque faiblesse, surtout en un sujet faux, et dont il semble que l'on soit la dupe ? Mais sans citer les personnes graves ou les esprits forts qui trouvent du faible dans un ris excessif comme dans les pleurs, et qui se les défendent également, qu'attend-on d'une scène tragique ? qu'elle fasse rire ? Et d'ailleurs la vérité n'y règne-t-elle pas aussi vivement par ses images que dans le comique ? l'âme ne va-t-elle pas jusqu'au vrai dans

---

a. Rendez-vous de chasse dans la forêt de Chantilly. (Note de La Bruyère.)
b. Collation très ingénieuse, donnée dans le Labyrinthe de Chantilly. (Note de La Bruyère.)

l'un et l'autre genre avant que de s'émouvoir ? est-elle même si aisée à contenter ? ne lui faut-il pas encore le vraisemblable ? Comme donc ce n'est point une chose bizarre d'entendre s'élever de tout un amphithéâtre un ris universel sur quelque endroit d'une comédie, et que cela suppose au contraire qu'il est plaisant et très naïvement exécuté, aussi l'extrême violence que chacun se fait à contraindre ses larmes, et le mauvais ris dont on veut les couvrir prouvent clairement que l'effet naturel du grand tragique serait de pleurer tous franchement et de concert à la vue l'un de l'autre, et sans autre embarras que d'essuyer ses larmes : outre qu'après être convenu de s'y abandonner, on éprouverait encore qu'il y a souvent moins lieu de craindre de pleurer au théâtre que de s'y morfondre.

51 [VI]

Le poème tragique vous serre le cœur dès son commencement, vous laisse à peine dans tout son progrès la liberté de respirer et le temps de vous remettre, ou s'il vous donne quelque relâche, c'est pour vous replonger dans de nouveaux abîmes et dans de nouvelles alarmes : il vous conduit à la terreur par la pitié, ou réciproquement à la pitié par le terrible, vous mène par les larmes, par les sanglots, par l'incertitude, par l'espérance, par la crainte, par les surprises et par l'horreur jusqu'à la catastrophe ; ce n'est donc pas un tissu de jolis sentiments, de déclarations tendres, d'entretiens galants, de portraits agréables, de mots *doucereux,* ou quelquefois assez plaisants pour faire rire, suivi à la vérité d'une dernière scène où les mutins n'entendent aucune raison [a], et où, pour la bienséance, il y a enfin du sang répandu, et quelque malheureux à qui il en coûte la vie.

52 [V]

Ce n'est point assez que les mœurs du théâtre ne soient point mauvaises, il faut encore qu'elles soient décentes et instructives : il peut y avoir un ridicule si bas et si grossier, ou même si fade et si indifférent, qu'il n'est ni permis au poète d'y faire attention, ni possible aux spectateurs de s'en divertir. Le paysan ou l'ivrogne fournit quelques scènes à un farceur ; il n'entre qu'à peine dans le vrai comique : comment pourrait-il faire le fond ou l'action principale de la comédie ? « Ces caractères, dit-on, sont naturels. » Ainsi, par cette règle, on occupera bientôt tout l'amphithéâtre d'un laquais qui siffle, d'un malade dans sa garde-robe, d'un homme ivre qui dort ou qui vomit : y a-t-il rien de plus naturel ? C'est le propre d'un efféminé de se lever tard, de passer une partie du jour à sa toilette, de se voir au miroir, de se parfumer, de se mettre des mouches, de recevoir des billets et d'y faire réponse. Mettez ce rôle sur la scène, plus longtemps vous le ferez durer, un acte, deux actes, plus il sera naturel et conforme à son original ; mais plus aussi il sera froid et insipide.

---

a. Sédition, dénouement vulgaire des tragédies. (Note de La Bruyère.)

53 [I]

Il semble que le roman et la comédie pourraient être aussi utiles qu'ils sont nuisibles ; l'on y voit de si grands exemples de constance, de vertu, de tendresse et de désintéressement, de si beaux et de si parfaits caractères, que quand une jeune personne jette de là sa vue sur tout ce qui l'entoure, ne trouvant que des sujets indignes et fort au-dessous de ce qu'elle vient d'admirer, je m'étonne qu'elle soit capable pour eux de la moindre faiblesse.

54 [I]

CORNEILLE ne peut être égalé dans les endroits où il excelle : il a pour lors un caractère original et inimitable ; mais il est inégal. Ses premières comédies sont sèches, languissantes, et ne laissaient pas espérer qu'il dût ensuite aller si loin ; comme ses dernières font qu'on s'étonne qu'il ait pu tomber de si haut. Dans quelques-unes de ses meilleures pièces, il y a des fautes inexcusables contre les mœurs, un style de déclamateur qui arrête l'action et la fait languir, des négligences dans les vers et dans l'expression qu'on ne peut comprendre en un si grand homme. Ce qu'il y a eu en lui de plus éminent, c'est l'esprit, qu'il avait sublime, auquel il a été redevable de certains vers, les plus heureux qu'on ait jamais lus ailleurs, de la conduite de son théâtre, qu'il a quelquefois hasardée contre les règles des Anciens, et enfin de ses dénouements ; car il ne s'est pas toujours assujetti au goût des Grecs et à leur grande simplicité : il a aimé au contraire à charger la scène d'événements dont il est presque toujours sorti avec succès ; admirable surtout par l'extrême variété et le peu de rapport qui se trouve pour le dessein entre un si grand nombre de poèmes qu'il a composés. Il semble qu'il y ait plus de ressemblance dans ceux de RACINE, et qui tendent un peu plus à une même chose : mais il est égal, soutenu, toujours le même partout, soit pour le dessein et la conduite de ses pièces, qui sont justes, régulières, prises dans le bon sens et dans la nature, soit pour la versification[a], qui est correcte, riche dans ses rimes, élégante, nombreuse, harmonieuse : exact imitateur des anciens, dont il a suivi scrupuleusement la netteté et la simplicité de l'action ; à qui le grand et le merveilleux n'ont pas même manqué, ainsi qu'à CORNEILLE, ni le touchant ni le pathétique. Quelle plus grande tendresse que celle qui est répandue dans tout *Le Cid,* dans *Polyeucte* et dans *Les Horaces ?* Quelle grandeur ne se remarque point en Mithridate, en Porus et en Burrhus ? Ces passions encore favorites des anciens, que les tragiques aimaient à exciter sur les théâtres, et qu'on nomme la terreur et la pitié, ont été connues de ces deux poètes. Oreste, dans l'*Andromaque* de Racine, et Phèdre du même auteur, comme l'*Œdipe* et *Les Horaces* de Corneille, en sont la preuve. Si cependant il est permis de faire entre eux quelque comparaison, et les marquer l'un et l'autre par ce qu'ils ont eu de plus propre et par ce qui éclate le plus ordinairement dans leurs ouvrages, peut-être qu'on pourrait parler

---

a. VAR. « soit pour sa versification » [I-III].

ainsi : « Corneille nous assujettit à ses caractères et à ses idées. Racine se conforme aux nôtres [a] ; celui-là peint les hommes comme ils devraient être, celui-ci les peint tels qu'ils sont. Il y a plus dans le premier de ce que l'on admire, et de ce que l'on doit même imiter ; il y a plus dans le second de ce que l'on reconnaît dans les autres, ou de ce que l'on éprouve dans soi-même. L'un élève, étonne, maîtrise, instruit ; l'autre plaît, remue, touche, pénètre ; ce qu'il y a de plus beau, de plus noble et de plus impérieux dans la raison, est manié par le premier ; et par l'autre, ce qu'il y a de plus flatteur et de plus délicat dans la passion ; ce sont dans celui-là des maximes, des règles, des préceptes ; et dans celui-ci, du goût et des sentiments. L'on est plus occupé aux pièces de Corneille ; l'on est plus ébranlé et plus attendri à celles de Racine. Corneille est plus moral, Racine plus naturel : il semble que l'un imite SOPHOCLE, et que l'autre doit plus à EURIPIDE ».

55

[I] Le peuple appelle éloquence la facilité que quelques-uns ont de parler seuls et longtemps, jointe à l'emportement du geste, à l'éclat de la voix, et à la force des poumons. Les pédants ne l'admettent aussi que dans le discours oratoire, et ne la distinguent pas de l'entassement des figures, de l'usage des grands mots, et de la rondeur des périodes.

[I] Il semble que la logique est l'art de convaincre de quelque vérité ; et l'éloquence un don de l'âme, lequel nous rend maîtres du cœur et de l'esprit des autres ; qui fait que nous leur inspirons ou que nous leur persuadons tout ce qu'il nous plaît.

[I] L'éloquence peut se trouver dans les entretiens et dans tout genre d'écrire. Elle est rarement où on la cherche, et elle est quelquefois où on ne la cherche point.

[IV] L'éloquence est au sublime ce que le tout est à sa partie.

[IV] Qu'est-ce que le sublime ? Il ne paraît pas qu'on l'ait défini. Est-ce une figure ? Naît-il des figures, ou du moins de quelques figures ? Tout genre d'écrire reçoit-il le sublime, ou s'il n'y a que les grands sujets qui en soient capables ? Peut-il briller autre chose dans l'églogue qu'un beau naturel, et dans les lettres familières comme dans les conversations qu'une grande délicatesse ? ou plutôt le naturel et le délicat [b] ne sont-ils pas le sublime des ouvrages dont ils font la perfection ? Qu'est-ce que le sublime ? Où entre le sublime ?

[IV] Les synonymes sont plusieurs dictions ou plusieurs phrases différentes qui signifient une même chose. L'antithèse est une opposition de deux vérités qui se donnent du jour l'une à l'autre. La métaphore ou la comparaison emprunte d'une chose étrangère une image sensible et naturelle d'une vérité. L'hyperbole exprime au-delà de la vérité pour ramener l'esprit à la mieux connaître. Le sublime ne peint que la vérité, mais en un sujet noble ; il la peint tout entière, dans sa cause et dans

---

a. VAR. « Racine descend jusques aux nôtres » [I-III].
b. VAR. « ou plutôt le naïf et le délicat » [IV-VI].

son effet ; il est l'expression ou l'image la plus digne de cette vérité. Les esprits médiocres ne trouvent point l'unique expression, et usent de synonymes. Les jeunes gens sont éblouis de l'éclat de l'antithèse, et s'en servent. Les esprits justes, et qui aiment à faire des images qui soient précises, donnent naturellement dans la comparaison et la métaphore. Les esprits vifs, pleins de feu, et qu'une vaste imagination emporte hors des règles et de la justesse, ne peuvent s'assouvir de l'hyperbole. Pour le sublime, il n'y a, même entre les grands génies [a], que les plus élevés qui en soient capables.

56 [VII]

Tout écrivain, pour écrire nettement, doit se mettre à la place de ses lecteurs, examiner son propre ouvrage comme quelque chose qui lui est nouveau, qu'il lit pour la première fois, où il n'a nulle part, et que l'auteur aurait soumis à sa critique ; et se persuader ensuite qu'on n'est pas entendu seulement à cause que l'on s'entend soi-même, mais parce qu'on est en effet intelligible.

57 [IV]

L'on n'écrit que pour être entendu ; mais il faut du moins en écrivant faire entendre de belles choses. L'on doit avoir une diction pure, et user de termes qui soient propres, il est vrai ; mais il faut que ces termes si propres expriment des pensées nobles, vives, solides, et qui renferment un très beau sens. C'est faire de la pureté et de la clarté du discours un mauvais usage que de les faire servir à une matière aride, infructueuse, qui est sans sel, sans utilité, sans nouveauté. Que sert aux lecteurs de comprendre aisément et sans peine des choses frivoles et puériles, quelquefois fades et communes, et d'être moins incertains de la pensée d'un auteur qu'ennuyés de son ouvrage ?

Si l'on jette quelque profondeur dans certains écrits, si l'on affecte une finesse de tour, et quelquefois une trop grande délicatesse, ce n'est que par la bonne opinion qu'on a de ses lecteurs.

58 [IV]

L'on a cette incommodité à essuyer dans la lecture des livres faits par des gens de parti et de cabale, que l'on n'y voit pas toujours la vérité. Les faits y sont déguisés, les raisons réciproques n'y sont point rapportées dans toute leur force, ni avec une entière exactitude ; et ce qui use la longue patience, il faut lire un grand nombre de termes durs et injurieux que se disent les hommes graves, qui d'un point de doctrine ou d'un fait contesté se font une querelle personnelle. Ces ouvrages ont cela de particulier qu'ils ne méritent ni le cours prodigieux qu'ils ont pendant un certain temps, ni le profond oubli où ils tombent lorsque, le feu et la division venant à s'éteindre, ils deviennent des almanachs de l'autre année.

---

a. VAR. « même entre les plus grands génies » [VI].

59 [VII]

La gloire ou le mérite de certains hommes est de bien écrire ; et de quelques autres, c'est de n'écrire point.

60 [IV]

L'on écrit régulièrement depuis vingt années ; l'on est esclave de la construction ; l'on a enrichi la langue de nouveaux mots, secoué le joug du latinisme, et réduit le style à la phrase purement française ; l'on a presque retrouvé le nombre que MALHERBE et BALZAC avaient les premiers rencontré, et que tant d'auteurs depuis eux ont laissé perdre ; l'on a mis enfin dans le discours tout l'ordre et toute la netteté dont il est capable : cela conduit insensiblement à y mettre de l'esprit.

61 [IV]

Il y a des artisans ou des habiles dont l'esprit est aussi vaste que l'art et la science qu'ils professent ; ils lui rendent avec avantage, par le génie et par l'invention, ce qu'ils tiennent d'elle et de ses principes ; ils sortent de l'art pour l'ennoblir, s'écartent des règles si elles ne les conduisent pas au grand et au sublime ; ils marchent seuls et sans compagnie, mais ils vont fort haut et pénètrent fort loin, toujours sûrs et confirmés par le succès des avantages que l'on tire quelquefois de l'irrégularité. Les esprits justes, doux, modérés, non seulement ne les atteignent pas, ne les admirent pas, mais ils ne les comprennent point et voudraient encore moins les imiter ; ils demeurent tranquilles dans l'étendue de leur sphère, vont jusques à un certain point qui fait les bornes de leur capacité et de leurs lumières ; ils ne vont pas plus loin, parce qu'ils ne voient rien au-delà ; ils ne peuvent au plus qu'être les premiers d'une seconde classe, et exceller dans le médiocre.

62 [V]

Il y a des esprits, si je l'ose dire, inférieurs et subalternes, qui ne semblent faits que pour être le recueil, le registre, ou le magasin de toutes les productions des autres génies : ils sont plagiaires, traducteurs, compilateurs ; ils ne pensent point, ils disent ce que les auteurs ont pensé [a] ; et comme le choix des pensées est invention, ils l'ont mauvais, peu juste, et qui les détermine plutôt à rapporter beaucoup de choses, que d'excellentes choses ; ils n'ont rien d'original et qui soit à eux ; ils ne savent que ce qu'ils ont appris, et ils n'apprennent que ce que tout le monde veut bien ignorer, une science aride, dénuée d'agrément et d'utilité, qui ne tombe point dans la conversation, qui est hors de commerce, semblable à une monnaie qui n'a point de cours : on est tout à la fois étonné de leur lecture et ennuyé de leur entretien ou de leurs ouvrages. Ce sont ceux [b] que les Grands et le vulgaire confondent avec les savants, et que les sages renvoient au pédantisme.

---

a. « Ils ne pensent point, ils disent ce que les auteurs ont pensé » : addition de VII.
b. VAR. « ce sont eux » [V-VII].

63 [VII]

La critique souvent n'est pas une science, c'est un métier, où il faut plus de santé que d'esprit, plus de travail que de capacité, plus d'habitude que de génie. Si elle vient d'un homme qui ait moins de discernement que de lecture, et qu'elle s'exerce sur de certains chapitres, elle corrompt et les lecteurs et l'écrivain.

64 [VI]

Je conseille à un auteur né copiste, et qui a l'extrême modestie de travailler d'après quelqu'un, de ne se choisir pour exemplaires que ces sortes d'ouvrages où il entre de l'esprit, de l'imagination, ou même de l'érudition : s'il n'atteint pas ses originaux, du moins il en approche, et il se fait lire. Il doit au contraire éviter comme un écueil de vouloir imiter ceux qui écrivent par humeur, que le cœur fait parler, à qui il inspire les termes et les figures, et qui tirent, pour ainsi dire, de leurs entrailles tout ce qu'ils expriment sur le papier : dangereux modèles et tout propres à faire tomber dans le froid, dans le bas et dans le ridicule ceux qui s'ingèrent de les suivre : en effet, je rirais d'un homme qui voudrait sérieusement parler mon ton de voix, ou me ressembler de visage.

65 [I]

Un homme né chrétien et Français se trouve contraint dans la satire [a] ; les grands sujets lui sont défendus, il les entame quelquefois, et se détourne ensuite sur de petites choses, qu'il relève par la beauté de son génie et de son style.

66 [I]

Il faut éviter le style vain et puéril, de peur de ressembler à *Dorilas* et *Handburg* : l'on peut au contraire en une sorte d'écrits hasarder de certaines expressions, user de termes transposés et qui peignent vivement, et plaindre ceux qui ne se sentent pas le plaisir qu'il y a à s'en servir ou à les entendre.

67 [I]

Celui qui n'a égard en écrivant qu'au goût de son siècle songe plus à sa personne qu'à ses écrits : il faut toujours tendre à la perfection, et alors cette justice qui nous est quelquefois refusée par nos contemporains, la postérité sait nous la rendre.

68 [I]

Il ne faut point mettre un ridicule où il n'y en a point : c'est se gâter le goût, c'est corrompre son jugement et celui des autres ; mais le ridicule qui est quelque part, il faut l'y voir, l'en tirer avec grâce, et d'une manière qui plaise et qui instruise.

---

a. Var. « est embarrassé dans la satire » [I-IV].

69 [I]

HORACE OU DESPRÉAUX l'a dit avant vous. — Je le crois sur votre parole ; mais je l'ai dit comme mien. Ne puis-je pas penser après eux une chose vraie, et que d'autres encore penseront après moi ?

II. DU MÉRITE PERSONNEL

1 [I]

Qui peut avec les plus rares talents et le plus excellent mérite n'être pas convaincu de son inutilité, quand il considère qu'il laisse en mourant un monde qui ne se sent pas de sa perte, et où tant de gens se trouvent pour le remplacer ?

2 [I]

De bien des gens il n'y a que le nom qui vale quelque chose, quand vous les voyez de fort près, c'est moins que rien ; de loin ils imposent.

3

[VI] Tout persuadé que je suis [a] que ceux que l'on choisit pour de différents emplois, chacun selon son génie et sa profession, font bien, je me hasarde de dire qu'il se peut faire qu'il y ait au monde plusieurs personnes, connues ou inconnues, que l'on n'emploie pas, qui feraient très bien ; et je suis induit à ce sentiment par le merveilleux succès de certaines gens que le hasard seul a placés, et de qui jusques alors on n'avait pas attendu de fort grandes choses.

[I] Combien d'hommes admirables, et qui avaient de très beaux génies, sont morts sans qu'on en ait parlé ! Combien vivent encore dont on ne parle point, et dont on ne parlera jamais !

4 [I]

Quelle horrible peine a un homme qui est sans prôneurs et sans cabale, qui n'est engagé dans aucun corps, mais qui est seul, et qui n'a que beaucoup de mérite pour toute recommandation, de se faire jour à travers l'obscurité où il se trouve, et de venir au niveau d'un fat qui est en crédit !

5 [I]

Personne presque ne s'avise de lui-même du mérite d'un autre.

Les hommes sont trop occupés d'eux-mêmes pour avoir le loisir de pénétrer ou de discerner les autres : de là vient qu'avec un grand mérite et une plus grande modestie l'on peut être longtemps ignoré.

---

a. VAR. « Tout persuadé que je sois » [VI et VII].

6 [I]

Le génie et les grands talents manquent souvent, quelquefois aussi les seules occasions : tels peuvent être loués de ce qu'ils ont fait, et tels de ce qu'ils auraient fait.

7 [IV]

Il est moins rare de trouver de l'esprit que des gens qui se servent du leur, ou qui fassent valoir celui des autres, et le mettent à quelque usage.

8 [VI]

Il y a plus d'outils que d'ouvriers, et de ces derniers plus de mauvais que d'excellents : que pensez-vous de celui qui veut scier avec un rabot, et qui prend sa scie pour raboter ?

9 [I]

Il n'y a point au monde un si pénible métier que celui de se faire un grand nom ; la vie s'achève que l'on a à peine ébauché son ouvrage.

10 [V]

Que faire d'*Égésippe* qui demande un emploi ? Le mettra-t-on dans les finances, ou dans les troupes ? Cela est indifférent, et il faut que ce soit l'intérêt seul qui en décide ; car il est aussi capable de manier de l'argent, ou de dresser des comptes, que de porter les armes. « Il est propre à tout », disent ses amis, ce qui signifie toujours qu'il n'a pas plus de talent pour une chose que pour une autre, ou en d'autres termes, qu'il n'est propre à rien. Ainsi la plupart des hommes occupés d'eux seuls dans leur jeunesse, corrompus par la paresse ou par le plaisir, croient faussement dans un âge plus avancé qu'il leur suffit d'être inutiles ou dans l'indigence, afin que la République soit engagée à les placer ou à les secourir ; et ils profitent rarement de cette leçon si importante, que les hommes devraient employer les premières années de leur vie à devenir tels par leurs études et par leur travail que la République elle-même eût besoin de leur industrie et de leurs lumières, qu'ils fussent comme une pièce nécessaire à tout son édifice, et qu'elle se trouvât portée par ses propres avantages à faire leur fortune ou à l'embellir.

Nous devons travailler à nous rendre très dignes de quelque emploi ; le reste ne nous regarde point, c'est l'affaire des autres.

11 [VII]

Se faire valoir par des choses qui ne dépendent point des autres, mais de soi seul, ou renoncer à se faire valoir : maxime inestimable et d'une ressource infinie dans la pratique, utile aux faibles, aux vertueux, à ceux qui ont de l'esprit, qu'elle rend maîtres de leur fortune ou de leur repos : pernicieuse pour les Grands, qui diminuerait leur cour, ou plutôt le nombre de leurs esclaves, qui ferait tomber leur morgue avec une partie de leur autorité, et les réduirait presque à leurs entremets et à leurs équipages ; qui les priverait du plaisir qu'ils sentent à se faire prier, presser, solliciter, à faire attendre ou à refuser, à promettre et à ne pas donner ; qui les traverserait dans le goût qu'ils ont quelquefois à mettre les sots en vue et à anéantir le mérite quand il leur arrive de le discerner ; qui bannirait des cours les brigues, les cabales, les mauvais offices, la bassesse, la flatterie, la fourberie ; qui ferait d'une cour orageuse, pleine de mouvements et d'intrigues, comme une pièce comique ou même tragique, dont les sages ne seraient que les spectateurs ; qui remettrait de la dignité dans les différentes conditions des hommes, de la sérénité sur leurs visages ; qui étendrait leur liberté ; qui réveillerait en eux, avec les talents naturels, l'habitude du travail et de l'exercice ; qui les exciterait à l'émulation, au désir de la gloire, à l'amour de la vertu ; qui, au lieu de courtisans vils, inquiets, inutiles, souvent onéreux à la République, en ferait ou de sages économes, ou d'excellents pères de famille, ou des juges intègres, ou de bons officiers, ou de grands capitaines, ou des orateurs, ou des philosophes ; et qui ne leur attirerait à tous nul autre inconvénient, que celui peut-être de laisser à leurs héritiers moins de trésors que de bons exemples.

12 [I]

Il faut en France beaucoup de fermeté et une grande étendue d'esprit pour se passer des charges et des emplois, et consentir aussi à demeurer chez soi, et à ne rien faire ; personne presque n'a assez de mérite pour jouer ce rôle avec dignité, ni assez de fonds pour remplir le vide du temps, sans ce que le vulgaire appelle des affaires. Il ne manque cependant à l'oisiveté du sage qu'un meilleur nom, et que méditer, parler, lire, et être tranquille s'appelât travailler.

13 [I]

Un homme de mérite, et qui est en place, n'est jamais incommode par sa vanité ; il s'étourdit moins du poste qu'il occupe qu'il n'est humilié par un plus grand qu'il ne remplit pas et dont il se croit digne : plus capable d'inquiétude que de fierté ou de mépris pour les autres, il ne pèse qu'à soi-même.

14 [IV]

Il coûte à un homme de mérite de faire assidûment sa cour, mais par une raison bien opposée à celle que l'on pourrait croire : il n'est point tel sans une grande modestie, qui l'éloigne de penser qu'il fasse le moindre plaisir aux princes s'il se trouve sur leur passage, se poste devant leurs yeux, et leur montre son visage : il est plus proche de se persuader qu'il les importune, et il a besoin de toutes les raisons tirées de l'usage et de son devoir pour se résoudre à se montrer. Celui au contraire qui a bonne opinion de soi, et que le vulgaire appelle un glorieux, a du goût à se faire voir, et il fait sa cour avec d'autant plus de confiance qu'il est incapable de s'imaginer que les Grands dont il est vu pensent autrement de sa personne qu'il fait lui-même.

15 [I]

Un honnête homme se paye par ses mains de l'application qu'il a à son devoir par le plaisir qu'il sent à le faire, et se désintéresse sur les éloges, l'estime et la reconnaissance qui lui manquent quelquefois.

16 [I]

Si j'osais faire une comparaison entre deux conditions tout à fait inégales, je dirais qu'un homme de cœur pense à remplir ses devoirs à peu près comme le couvreur songe à couvrir : ni l'un ni l'autre ne cherchent à exposer leur vie, ni ne sont détournés par le péril ; la mort pour eux est un inconvénient dans le métier, et jamais un obstacle ; le premier aussi n'est guère plus vain d'avoir paru à la tranchée, emporté un ouvrage ou forcé un retranchement, que celui-ci d'avoir monté sur de hauts combles ou sur la pointe d'un clocher : ils ne sont tous deux appliqués qu'à bien faire, pendant que le fanfaron travaille à ce que l'on dise de lui qu'il a bien fait.

17 [VIII]

La modestie est au mérite ce que les ombres sont aux figures dans un tableau : elle lui donne de la force et du relief.

Un extérieur simple est l'habit des hommes vulgaires, il est taillé pour eux et sur leur mesure ; mais c'est une parure pour ceux qui ont rempli leur vie de grandes actions : je les compare à une beauté négligée, mais plus piquante.

Certains hommes, contents d'eux-mêmes, de quelque action ou de quelque ouvrage qui ne leur a pas mal réussi, et ayant ouï dire que la modestie sied bien aux grands hommes, osent être modestes, contrefont les simples et les naturels ; semblables à ces gens d'une taille médiocre qui se baissent aux portes, de peur de se heurter.

18 [VI]

Votre fils est bègue : ne le faites pas monter sur la tribune. Votre fille est née pour le monde : ne l'enfermez pas parmi les vestales. *Xanthus*, votre affranchi, est faible et timide : ne différez pas, retirez-le des légions et de la milice. « Je veux l'avancer », dites-vous. Comblez-le de biens, surchargez-le de terres, de titres[a] et de possessions, servez-vous du temps, nous vivons dans un siècle où elles lui feront plus d'honneur que la vertu. « Il m'en coûterait trop », ajoutez-vous. Parlez-vous sérieusement, *Crassus ?* Songez-vous que c'est une goutte d'eau que vous puisez du Tibre pour enrichir Xanthus que vous aimez, et pour prévenir les honteuses suites d'un engagement où il n'est pas propre ?

19 [IV]

Il ne faut regarder dans ses amis que la seule vertu qui nous attache à eux, sans aucun examen de leur bonne ou de leur mauvaise fortune ;

---

a. « De titres » : addition de VII.

et quand on se sent capable de les suivre dans leur disgrâce, il faut les cultiver hardiment et avec confiance jusque dans leur plus grande prospérité.

20 [IV]

S'il est ordinaire d'être vivement touché des choses rares, pourquoi le sommes-nous si peu de la vertu ?

21 [IV]

S'il est heureux d'avoir de la naissance, il ne l'est pas moins d'être tel qu'on ne s'informe plus si vous en avez.

22 [V]

Il apparaît de temps en temps sur la surface[a] de la terre des hommes rares, exquis, qui brillent par leur vertu, et dont les qualités éminentes jettent un éclat prodigieux. Semblables à ces étoiles extraordinaires dont on ignore les causes, et dont on sait encore moins ce qu'elles deviennent après avoir disparu, ils n'ont ni aïeuls, ni descendants : ils composent seuls toute leur race.

23 [IV]

Le bon esprit nous découvre notre devoir, notre engagement à le faire, et s'il y a du péril, avec péril ; il inspire le courage, ou il y supplée.

24 [I]

Quand on excelle dans son art, et qu'on lui donne toute la perfection dont il est capable, l'on en sort en quelque manière, et l'on s'égale à ce qu'il y a de plus noble et de plus relevé. V** est un peintre, C** un musicien, et l'auteur de *Pyrame* est un poète ; mais MIGNARD est MIGNARD, LULLI est LULLI, et CORNEILLE est CORNEILLE.

25 [I]

Un homme libre, et qui n'a point de femme, s'il a quelque esprit, peut s'élever au-dessus de sa fortune, se mêler dans le monde, et aller de pair avec les plus honnêtes gens. Cela est moins facile à celui qui est engagé : il semble que le mariage met tout le monde dans son ordre.

26 [IV]

Après le mérite personnel, il faut l'avouer, ce sont les éminentes dignités et les grands titres dont les hommes tirent plus de distinction et plus d'éclat ; et qui ne sait être un ÉRASME doit penser à être évêque. Quelques-uns, pour étendre leur renommée, entassent sur leurs personnes des pairies, des colliers d'ordre, des primaties, la pourpre, et ils auraient besoin d'une tiare ; mais quel besoin a *Trophime* d'être cardinal ?

---

a. VAR. « sur la face » [V-VIII].

27

[V] L'or éclate, dites-vous, sur les habits de *Philémon*. — Il éclate de même chez les marchands. — Il est habillé des plus belles étoffes. — Le sont-elles moins toutes déployées dans les boutiques et à la pièce ? — Mais la broderie et les ornements y ajoutent encore la magnificence. — Je loue donc le travail de l'ouvrier. — Si on lui demande quelle heure il est, il tire une montre qui est un chef-d'œuvre ; la garde de son épée est un onyx[a] ; il a au doigt un gros diamant qu'il fait briller aux yeux, et qui est parfait ; il ne lui manque aucune de ces curieuses bagatelles que l'on porte sur soi autant pour la vanité que pour l'usage, et il ne se plaint non plus toute sorte de parure qu'un jeune homme qui a épousé une riche vieille. — Vous m'inspirez enfin de la curiosité ; il faut voir du moins des choses si précieuses[b] : envoyez-moi cet habit et ces bijoux de Philémon, je vous quitte de la personne.

[I] Tu te trompes, Philémon, si avec ce carrosse brillant, ce grand nombre de coquins qui te suivent, et ces six bêtes qui te traînent, tu penses que l'on t'en estime davantage : l'on écarte tout cet attirail qui t'est étranger, pour pénétrer jusques à toi, qui n'es qu'un fat.

[I] Ce n'est pas qu'il faut quelquefois pardonner à celui qui, avec un grand cortège, un habit riche et un magnifique équipage, s'en croit plus de naissance et plus d'esprit[c] : il lit cela dans la contenance et dans les yeux de ceux qui lui parlent.

28 [I]

Un homme à la Cour, et souvent à la Ville, qui a un long manteau de soie ou de drap de Hollande, une ceinture large et placée haut sur l'estomac, le soulier de maroquin, la calotte de même, d'un beau grain, un collet bien fait et bien empesé, les cheveux arrangés et le teint vermeil, qui avec cela se souvient de quelques distinctions métaphysiques, explique ce que c'est que la lumière de gloire, et sait précisément comment l'on voit Dieu, cela s'appelle un docteur. Une personne humble, qui est ensevelie dans le cabinet, qui a médité, cherché, consulté, confronté, lu ou écrit pendant toute sa vie, est un homme docte.

29 [I]

Chez nous le soldat est brave, et l'homme de robe est savant ; nous n'allons pas plus loin. Chez les Romains l'homme de robe était brave, et le soldat était savant : un Romain était tout ensemble et le soldat et l'homme de robe.

30 [I]

Il semble que le héros est d'un seul métier, qui est celui de la guerre, et que le grand homme est de tous les métiers, ou de la robe, ou de

---

a. Agate. (Note de La Bruyère.)
b. VAR. « des choses si rares et si précieuses » [V].
c. VAR. « plus d'esprit et plus de naissance » [I-III].

l'épée, ou du cabinet, ou de la cour : l'un et l'autre mis ensemble ne pèsent pas un homme de bien.

31 [I]

Dans la guerre, la distinction entre le héros et le grand homme est délicate : toutes les vertus militaires font l'un et l'autre. Il semble néanmoins que le premier soit jeune, entreprenant, d'une haute valeur, ferme dans les périls ; intrépide ; que l'autre excelle par un grand sens, par une vaste prévoyance, par une haute capacité, et par une longue expérience [a]. Peut-être qu'ALEXANDRE n'était qu'un héros, et que CÉSAR était un grand homme.

32 [VII]

Æmile était né ce que les plus grands hommes ne deviennent qu'à force de règles, de méditation et d'exercice. Il n'a eu dans ses premières années qu'à remplir des talents qui étaient naturels, et qu'à se livrer à son génie. Il a fait, il a agi, avant que de savoir, ou plutôt il a su ce qu'il n'avait jamais appris. Dirai-je que les jeux de son enfance ont été plusieurs victoires ? Une vie accompagnée d'un extrême bonheur joint à une longue expérience serait illustre par les seules actions qu'il avait achevées dès sa jeunesse : toutes les occasions de vaincre qui se sont depuis offertes, il les a embrassées ; et celles qui n'étaient pas, sa vertu et son étoile les ont fait naître : admirable même et par les choses qu'il a faites, et par celles qu'il aurait pu faire. On l'a regardé comme un homme incapable de céder à l'ennemi, de plier sous le nombre ou sous les obstacles ; comme une âme du premier ordre, pleine de ressources et de lumières, et qui voyait encore où personne ne voyait plus ; comme celui qui, à la tête des légions, était pour elles un présage de la victoire, et qui valait seul plusieurs légions ; qui était grand dans la prospérité, plus grand quand la fortune lui a été contraire (la levée d'un siège, une retraite, l'ont plus ennobli que ses triomphes ; l'on ne met qu'après les batailles gagnées et les villes prises) ; qui était rempli de gloire et de modestie ; on lui a entendu dire : *Je fuyais,* avec la même grâce qu'il disait : *Nous les battîmes ;* un homme dévoué à l'État, à sa famille, au chef de sa famille ; sincère pour Dieu et pour les hommes, autant admirateur du mérite que s'il lui eût été moins propre et moins familier ; un homme vrai, simple, magnanime, à qui il n'a manqué que les moindres vertus.

33 [I]

Les enfants des Dieux [b], pour ainsi dire, se tirent des règles de la nature, et en sont comme l'exception. Ils n'attendent presque rien du temps et des années. Le mérite chez eux devance l'âge. Ils naissent instruits, et ils sont plus tôt des hommes parfaits que le commun des hommes ne sort de l'enfance.

---

a. VAR. « par un grand sens, une vaste prévoyance, une haute capacité et une longue expérience » [I-V].
b. Fils, petit-fils, issus de roi. (Note de La Bruyère.)

34 [V]

Les vues courtes, je veux dire les esprits bornés et resserrés dans leur petite sphère, ne peuvent comprendre cette universalité de talents que l'on remarque quelquefois dans un même sujet : où ils voient l'agréable, ils en excluent le solide ; où ils croient découvrir les grâces du corps, l'agilité, la souplesse, la dextérité, ils ne veulent plus y admettre les dons de l'âme, la profondeur, la réflexion, la sagesse : ils ôtent de l'histoire de Socrate qu'il ait dansé.

35 [V]

Il n'y a guère d'homme si accompli et si nécessaire aux siens, qu'il n'ait de quoi se faire moins regretter.

36 [I]

Un homme d'esprit et d'un caractère simple et droit peut tomber dans quelque piège ; il ne pense pas que personne veuille lui en dresser, et le choisir pour être sa dupe : cette confiance le rend moins précautionné, et les mauvais plaisants l'entament par cet endroit. Il n'y a qu'à perdre pour ceux qui en viendraient à une seconde charge : il n'est trompé qu'une fois.

J'éviterai avec soin d'offenser personne, si je suis équitable ; mais sur toutes choses un homme d'esprit, si j'aime le moins du monde mes intérêts.

37 [I]

Il n'y a rien de si délié, de si simple et de si imperceptible, où il n'entre des manières qui nous décèlent. Un sot ni n'entre, ni ne sort, ni ne s'assied, ni ne se lève, ni ne se tait, ni n'est sur ses jambes comme un homme d'esprit.

38 [V]

Je connais *Mopse* d'une visite qu'il m'a rendue sans me connaître ; il prie des gens qu'il ne connaît point de le mener chez d'autres dont il n'est pas connu ; il écrit à des femmes qu'il connaît de vue : il s'insinue dans un cercle de personnes respectables, et qui ne savent quel il est, et là, sans attendre qu'on l'interroge, ni sans sentir qu'il interrompt, il parle, et souvent, et ridiculement. Il entre une autre fois dans une assemblée, se place où il se trouve, sans nulle attention aux autres, ni à soi-même ; on l'ôte d'une place destinée à un ministre, il s'assied à celle du duc et pair ; il est là précisément celui dont la multitude rit, et qui seul est grave et ne rit point. Chassez un chien du fauteuil du Roi, il grimpe à la chaire du prédicateur ; il regarde le monde indifféremment, sans embarras, sans pudeur ; il n'a pas, non plus que le sot, de quoi rougir.

39 [VII]

Celse est d'un rang médiocre, mais des Grands le souffrent ; il n'est pas savant, il a relation avec des savants ; il a peu de mérite, mais il connaît des gens qui en ont beaucoup ; il n'est pas habile, mais il a une langue qui peut servir de truchement, et des pieds qui peuvent le porter d'un lieu à un autre : c'est un homme né pour les allées et venues, pour écouter les propositions et les rapporter, pour en faire d'office, pour aller plus loin que sa commission et en être désavoué, pour réconcilier des gens qui se querellent à leur première entrevue ; pour réussir dans une affaire et en manquer mille, pour se donner toute la gloire de la réussite, et pour détourner sur les autres la haine d'un mauvais succès : il sait les bruits communs, les historiettes de la ville ; il ne fait rien, il dit ou il écoute ce que les autres font, il est nouvelliste ; il sait même le secret des familles : il entre dans de plus hauts mystères : il vous dit pourquoi celui-ci est exilé, et pourquoi on rappelle cet autre ; il connaît le fond et les causes de la brouillerie des deux frères, et de la rupture des deux ministres. N'a-t-il pas prédit aux premiers les tristes suites de leur mésintelligence ? N'a-t-il pas dit de ceux-ci que leur union ne serait pas longue ? N'était-il pas présent à de certaines paroles qui furent dites ? N'entra-t-il pas dans une espèce de négociation ? Le voulut-on croire ? fut-il écouté ? A qui parlez-vous de ces choses ? Qui a eu plus de part que Celse à toutes ces intrigues de Cour ? Et si cela n'était ainsi, s'il ne l'avait du moins ou rêvé ou imaginé, songerait-il à vous le faire croire ? aurait-il l'air important et mystérieux d'un homme revenu d'une ambassade ?

40 [VII]

Ménippe est l'oiseau paré de divers plumages qui ne sont pas à lui ; il ne parle pas, il ne sent pas, il répète des sentiments et des discours, se sert même si naturellement de l'esprit des autres qu'il y est le premier trompé, et qu'il croit souvent dire son goût ou expliquer sa pensée, lorsqu'il n'est que l'écho de quelqu'un qu'il vient de quitter : c'est un homme qui est de mise un quart d'heure de suite, qui le moment d'après baisse, dégénère, perd le peu de lustre qu'un peu de mémoire lui donnait, et montre la corde ; lui seul ignore combien il est au-dessous du sublime et de l'héroïque ; et, incapable de savoir jusqu'où l'on peut avoir de l'esprit, il croit naïvement que ce qu'il en a est tout ce que les hommes en sauraient avoir : aussi a-t-il l'air et le maintien de celui qui n'a rien à désirer sur ce chapitre, et qui ne porte envie à personne : il se parle souvent à soi-même, et il ne s'en cache pas, ceux qui passent le voient, et qu'il semble toujours prendre un parti, ou décider qu'une telle chose est sans réplique : si vous le saluez quelquefois, c'est le jeter dans l'embarras de savoir s'il doit rendre le salut ou non ; et pendant qu'il délibère, vous êtes déjà hors de portée. Sa vanité l'a fait honnête homme, l'a mis au-dessus de lui-même, l'a fait devenir ce qu'il n'était pas : l'on juge, en le voyant, qu'il n'est occupé que de sa personne ; qu'il sait que tout lui sied bien, et que sa parure est assortie ; qu'il croit que tous les yeux sont ouverts sur lui, et que les hommes se relayent pour le contempler.

41 [IV]

Celui qui logé chez soi dans un palais avec deux appartements pour les deux saisons, vient coucher au Louvre dans un entre-sol n'en use pas ainsi par modestie ; cet autre qui, pour conserver une taille fine, s'abstient du vin et ne fait qu'un seul repas n'est ni sobre ni tempérant ; et d'un troisième qui, importuné d'un ami pauvre, lui donne enfin quelque secours, l'on dit qu'il achète son repos, et nullement qu'il est libéral. Le motif seul fait le mérite des actions des hommes, et le désintéressement y met la perfection.

42 [IV]

La fausse grandeur est farouche et inaccessible ; comme elle sent son faible, elle se cache, ou du moins ne se montre pas de front, et ne se fait voir qu'autant qu'il faut pour imposer et ne paraître point ce qu'elle est, je veux dire une vraie petitesse. La véritable grandeur est libre, douce, familière, populaire ; elle se laisse toucher et manier, elle ne perd rien à être vue de près ; plus on la connaît, plus on l'admire ; elle se courbe par bonté vers ses inférieurs, et revient sans effort dans son naturel ; elle s'abandonne quelquefois, se néglige, se relâche de ses avantages, toujours en pouvoir de les reprendre et de les faire valoir ; elle rit, joue et badine, mais avec dignité ; on l'approche tout ensemble avec liberté et avec retenue : son caractère est noble et facile, inspire le respect et la confiance, et fait que les princes nous paraissent grands et très grands, sans nous faire sentir que nous sommes petits.

43 [IV]

Le sage guérit de l'ambition par l'ambition même ; il tend à de si grandes choses, qu'il ne peut se borner à ce qu'on appelle des trésors, des postes, la fortune et la faveur : il ne voit rien dans de si faibles avantages qui soit assez bon et assez solide pour remplir son cœur, et pour mériter ses soins et ses désirs ; il a même besoin d'efforts pour ne les pas trop dédaigner ; le seul bien capable de le tenter est cette sorte de gloire qui devrait naître de la vertu toute pure et toute simple ; mais les hommes ne l'accordent guère, et il s'en passe.

44 [IV]

Celui-là est bon qui fait du bien aux autres ; s'il souffre pour le bien qu'il fait, il est très bon ; s'il souffre de ceux à qui il a fait ce bien, il a une si grande bonté qu'elle ne peut être augmentée que dans le cas où ses souffrances viendraient à croître ; et s'il en meurt, sa vertu ne saurait aller plus loin : elle est héroïque, elle est parfaite.

III. DES FEMMES

1 [I]

Les hommes et les femmes conviennent rarement sur le mérite d'une femme : leurs intérêts sont trop différents. Les femmes ne se plaisent point les unes aux autres par les mêmes agréments qu'elles plaisent aux hommes : mille manières qui allument dans ceux-ci les grandes passions, forment entre elles l'aversion et l'antipathie.

2 [I]

Il y a dans quelques femmes une grandeur artificielle, attachée au mouvement des yeux, à un air de tête, aux façons de marcher, et qui ne va pas plus loin ; un esprit éblouissant qui impose, et que l'on n'estime que parce qu'il n'est pas approfondi. Il y a dans quelques autres une grandeur simple, naturelle, indépendante du geste et de la démarche, qui a sa source dans le cœur, et qui est comme une suite de leur haute naissance ; un mérite paisible, mais solide, accompagné de mille vertus qu'elles ne peuvent couvrir de toute leur modestie, qui échappent, et qui se montrent à ceux qui ont des yeux.

3 [I]

J'ai vu souhaiter d'être fille et une belle fille depuis treize ans jusques à vingt-deux, et après cet âge de devenir un homme.

4 [IV]

Quelques jeunes personnes ne connaissent point assez les avantages d'une heureuse nature, et combien il leur serait utile de s'y abandonner ; elles affaiblissent ces dons du ciel, si rares et si fragiles, par des manières affectées et par une mauvaise imitation : leur son de voix et leur démarche sont empruntés ; elles se composent, elles se recherchent, regardent dans un miroir si elles s'éloignent assez de leur naturel ; ce n'est pas sans peine qu'elles plaisent moins.

5 [VII]

Chez les femmes, se parer et se farder n'est pas, je l'avoue, parler contre sa pensée ; c'est plus aussi que le travestissement et la mascarade [a], où l'on ne se donne point pour ce que l'on paraît être, mais où l'on pense seulement à se cacher et à se faire ignorer : c'est chercher à imposer aux yeux, et vouloir paraître selon l'extérieur contre la vérité ; c'est une espèce de menterie.

Il faut juger des femmes depuis la chaussure jusqu'à la coiffure exclusivement, à peu près comme on mesure le poisson entre queue et tête.

---

a. VAR. « Se mettre du rouge ou se farder est, je l'avoue, un moindre crime que parler contre sa pensée ; c'est quelque chose aussi de moins innocent que le travestissement et la mascarade » [VIII].

6

[V] Si les femmes veulent seulement être belles à leurs propres yeux et se plaire à elles-mêmes, elles peuvent sans doute, dans la manière de s'embellir, dans le choix des ajustements et de la parure, suivre leur goût et leur caprice ; mais si c'est aux hommes qu'elles désirent de plaire, si c'est pour eux qu'elles se fardent ou qu'elles s'enluminent, j'ai recueilli les voix, et je leur prononce, de la part de tous les hommes ou de la plus grande partie, que le blanc et le rouge les rend affreuses et dégoûtantes ; que le rouge seul les vieillit et les déguise ; qu'ils haïssent autant à les voir avec de la céruse sur le visage, qu'avec de fausses dents en la bouche, et des boules de cire dans les mâchoires ; qu'ils protestent sérieusement contre tout l'artifice dont elles usent pour se rendre laides ; et que, bien loin d'en répondre devant Dieu [a], il semble au contraire qu'il leur ait réservé ce dernier et infaillible moyen de guérir des femmes.

[IV] Si les femmes étaient telles naturellement qu'elles le deviennent par un artifice, qu'elles perdissent en un moment toute la fraîcheur de leur teint, qu'elles eussent le visage aussi allumé et aussi plombé [b] qu'elles se le font par le rouge et par la peinture dont elles se fardent, elles seraient inconsolables.

7 [VII]

Une femme coquette ne se rend point sur la passion de plaire, et sur l'opinion qu'elle a de sa beauté : elle regarde le temps et les années comme quelque chose seulement qui ride et qui enlaidit les autres femmes ; elle oublie du moins que l'âge est écrit sur le visage ; la même parure qui a autrefois embelli sa jeunesse, défigure enfin sa personne, éclaire les défauts de sa vieillesse : la mignardise et l'affectation l'accompagnent dans la douleur et dans la fièvre : elle meurt parée et en rubans de couleur.

8 [VII]

Lise entend dire d'une autre coquette qu'elle se moque de se piquer de jeunesse, et de vouloir user d'ajustements qui ne conviennent plus à une femme de quarante ans. Lise les a accomplis ; mais les années pour elle ont moins de douze mois, et ne la vieillissent point : elle le croit ainsi, et pendant qu'elle se regarde au miroir, qu'elle met du rouge sur son visage et qu'elle place des mouches, elle convient qu'il n'est pas permis à un certain âge de faire la jeune, et que *Clarice*, en effet, avec ses mouches et son rouge est ridicule.

9 [IV]

Les femmes se préparent pour leurs amants, si elles les attendent ; mais si elles en sont surprises, elles oublient à leur arrivée l'état où elles

---

a. VAR. « et que, bien loin d'en devoir répondre devant Dieu » [V et VI].
b. « Et aussi plombé » : addition de VI.

se trouvent ; elles ne se voient plus : elles ont plus de loisir avec les indifférents ; elles sentent le désordre où elles sont, s'ajustent en leur présence, ou disparaissent un moment, et reviennent parées.

10 [I]

Un beau visage est le plus beau de tous les spectacles ; et l'harmonie la plus douce est le son de voix de celle que l'on aime.

11 [IV]

L'agrément est arbitraire : la beauté est quelque chose de plus réel et de plus indépendant du goût et de l'opinion.

12 [I]

L'on peut être touché de certaines beautés si parfaites et d'un mérite si éclatant, que l'on se borne à les voir et à leur parler.

13 [I]

Une belle femme qui a les qualités d'un honnête homme est ce qu'il y a au monde d'un commerce plus délicieux : l'on trouve en elle tout le mérite des deux sexes.

14 [I]

Il échappe à une jeune personne de petites choses qui persuadent beaucoup, et qui flattent sensiblement celui pour qui elles sont faites : il n'échappe presque rien aux hommes ; leurs caresses sont volontaires ; ils parlent, ils agissent, ils sont empressés, et persuadent moins.

15 [IV]

Le caprice est dans les femmes tout proche de la beauté, pour être son contre-poison, et afin qu'elle nuise moins aux hommes, qui n'en guériraient pas sans remède.

16 [I]

Les femmes s'attachent aux hommes par les faveurs qu'elles leur accordent : les hommes guérissent par ces mêmes faveurs.

17 [I]

Une femme oublie d'un homme qu'elle n'aime plus jusques aux faveurs qu'il a reçues d'elle.

18 [I]

Une femme qui n'a qu'un galant croit n'être point coquette ; celle qui a plusieurs galants croit n'être que coquette.

Telle femme évite d'être coquette par un ferme attachement à un seul, qui passe pour folle par son mauvais choix.

19 [IV]

Un ancien galant tient à si peu de chose, qu'il cède à un nouveau mari ; et celui-ci dure si peu, qu'un nouveau galant qui survient lui rend le change.

Un ancien galant craint ou méprise un nouveau rival, selon le caractère de la personne qu'il sert.

Il ne manque souvent à un ancien galant, auprès d'une femme qui l'attache, que le nom de mari ; c'est beaucoup, et il serait mille fois perdu sans cette circonstance.

20 [IV]

Il semble que la galanterie dans une femme ajoute à la coquetterie : un homme coquet au contraire est quelque chose de pire qu'un homme galant ; l'homme coquet et la femme galante vont assez de pair.

21 [I]

Il y a peu de galanteries secrètes : bien des femmes ne sont pas mieux désignées par le nom de leurs maris que par celui de leurs amants.

22 [V]

Une femme galante veut qu'on l'aime ; il suffit à une coquette d'être trouvée aimable et de passer pour belle, celle-là cherche à engager ; celle-ci se contente de plaire. La première passe successivement d'un engagement à un autre, la seconde a plusieurs amusements tout à la fois. Ce qui domine dans l'une, c'est la passion et le plaisir ; et dans l'autre, c'est la vanité et la légèreté. La galanterie est un faible du cœur, ou peut-être un vice de la complexion ; la coquetterie est un dérèglement de l'esprit : la femme galante se fait craindre et la coquette se fait haïr. L'on peut tirer de ces deux caractères de quoi en faire un troisième, le pire de tous.

23 [V]

Une femme faible est celle à qui l'on reproche une faute, qui se la reproche à elle-même ; dont le cœur combat la raison ; qui veut guérir, qui ne guérira point, ou bien tard.

24 [V]

Une femme inconstante est celle qui n'aime plus ; une légère, celle qui déjà en aime un autre, une volage, celle qui ne sait si elle aime et ce qu'elle aime ; une indifférente, celle qui n'aime rien.

25 [V]

La perfidie, si je l'ose dire, est un mensonge[a] de toute la personne ; c'est dans une femme l'art de placer un mot ou une action qui donne

---

a. Var. « une menterie » [V-VIII].

le change, et quelquefois de mettre en œuvre des serments et des promesses qui ne lui coûtent pas plus à faire qu'à violer.

Une femme infidèle, si elle est connue pour telle de la personne intéressée, n'est qu'infidèle : s'il la croit fidèle, elle est perfide.

On tire ce bien de la perfidie des femmes, qu'elle guérit de la jalousie.

26 [I]

Quelques femmes ont dans le cours de leur vie un double engagement à soutenir, également difficile à rompre et à dissimuler ; il ne manque à l'un que le contrat, et à l'autre que le cœur.

27 [I]

A juger de cette femme par sa beauté, sa jeunesse, sa fierté et ses dédains, il n'y a personne qui doute que ce ne soit un héros qui doive un jour la charmer. Son choix est fait : c'est un petit monstre qui manque d'esprit.

28 [I]

Il y a des femmes déjà flétries, qui par leur complexion ou par leur mauvais caractère sont naturellement la ressource des jeunes gens qui n'ont pas assez de bien. Je ne sais qui est plus à plaindre, ou d'une femme avancée en âge qui a besoin d'un cavalier, ou d'un cavalier qui a besoin d'une vieille.

29 [IV]

Le rebut de la Cour est reçu à la Ville dans une ruelle, où il défait le magistrat, même en cravate et en habit gris, ainsi que le bourgeois en baudrier, les écarte et devient maître de la place : il est écouté, il est aimé ; on ne tient guère plus d'un moment contre une écharpe d'or et une plume blanche, contre un homme qui *parle au Roi et voit les ministres*. Il fait des jaloux et des jalouses : on l'admire, il fait envie ; à quatre lieues de là, il fait pitié.

30 [I]

Un homme de la Ville est pour une femme de province ce qu'est pour une femme de Ville un homme de la Cour.

31 [I]

A un homme vain, indiscret, qui est grand parleur et mauvais plaisant, qui parle de soi avec confiance et des autres avec mépris, impétueux, altier, entreprenant, sans mœurs ni probité, de nul jugement et d'une imagination très libre [a], il ne lui manque plus pour être adoré de bien des femmes que de beaux traits et la taille belle.

---

a. VAR. « sans mœurs ni probité, d'un esprit borné, de nul jugement et d'une imagination très libre » [I-III].

32 [I]

Est-ce en vue du secret, ou par un goût hypocondre, que cette femme aime un valet, cette autre un moine, et *Dorinne* son médecin ?

33 [VII]

Roscius entre sur la scène de bonne grâce, oui, *Lélie* ; et j'ajoute encore qu'il a les jambes bien tournées, qu'il joue bien, et de longs rôles, et que pour déclamer parfaitement il ne lui manque, comme on le dit, que de parler avec la bouche ; mais est-il le seul qui ait de l'agrément dans ce qu'il fait ? et ce qu'il fait, est-ce la chose la plus noble et la plus honnête que l'on puisse faire ? Roscius d'ailleurs ne peut être à vous, il est à une autre ; et quand cela ne serait pas ainsi, il est retenu ; *Claudie* attend, pour l'avoir, qu'il se soit dégoûté de *Messaline* : prenez *Bathylle,* Lélie : où trouverez-vous, je ne dis pas dans l'ordre des chevaliers, que vous dédaignez [a], mais même parmi les farceurs un jeune homme qui s'élève si haut en dansant, et qui passe mieux la capriole ? Voudriez-vous le sauteur *Cobus*, qui, jetant ses pieds en avant [b], tourne une fois en l'air avant que de tomber à terre ? Ignorez-vous qu'il n'est plus jeune ? Pour Bathylle, dites-vous, la presse y est trop grande, et il refuse plus de femmes qu'il n'en agrée ; mais vous avez *Dracon,* le joueur de flûte : nul autre de son métier n'enfle plus décemment ses joues en soufflant dans le hautbois ou le flageolet, car c'est une chose infinie que le nombre des instruments qu'il fait parler ; plaisant d'ailleurs, il fait rire jusqu'aux enfants et aux femmelettes : qui mange et qui boit mieux que Dracon en un seul repas ? Il enivre toute une compagnie, et il se rend le dernier ; vous soupirez, Lélie : est-ce que Dracon aurait fait un choix, ou que malheureusement on vous aurait prévenue ? Se serait-il enfin engagé à *Césonie,* qui l'a tant couru, qui lui a sacrifié une si grande foule d'amants, je dirai même toute la fleur des Romains ? à Césonie, qui est d'une famille patricienne, qui est si jeune, si belle et si sérieuse ? Je vous plains, Lélie, si vous avez pris par contagion ce nouveau goût qu'ont tant de femmes romaines pour ce qu'on appelle des hommes publics, et exposés par leur condition à la vue des autres. Que ferez-vous, lorsque le meilleur en ce genre vous est enlevé ? Il reste encore *Bronte,* le questionnaire : le peuple ne parle que de sa force et de son adresse ; c'est un jeune homme qui a les épaules larges et la taille ramassée, un nègre d'ailleurs, un homme noir.

34 [I]

Pour les femmes du monde, un jardinier est un jardinier, et un maçon est un maçon ; pour quelques autres plus retirées, un maçon est un homme, un jardinier est un homme. Tout est tentation à qui la craint.

---

a. « Que vous dédaignez » : addition de VIII.
b. « Jetant ses pieds en avant » : addition de VIII.

35 [I]

Quelques femmes donnent aux couvents et à leurs amants : galantes et bienfactrices, elles ont jusque dans l'enceinte de l'autel des tribunes et des oratoires où elles lisent des billets tendres, et où personne ne voit qu'elles ne prient point Dieu.

36 [VII]

Qu'est-ce qu'une femme que l'on dirige ? Est-ce une femme plus complaisante pour son mari, plus douce pour ses domestiques, plus appliquée à sa famille et à ses affaires, plus ardente et plus sincère pour ses amis ; qui soit moins esclave de son humeur, moins attachée à ses intérêts ; qui aime moins les commodités de la vie ; je ne dis pas qui fasse des largesses à ses enfants qui sont déjà riches, mais qui, opulente elle-même et accablée du superflu, leur fournisse le nécessaire, et leur rende au moins la justice qu'elle leur doit ; qui soit plus exempte d'amour de soi-même et d'éloignement pour les autres ; qui soit plus libre de tous attachements humains ? « Non, dites-vous, ce n'est rien de toutes ces choses » ; j'insiste, et je vous demande : « Qu'est-ce donc qu'une femme que l'on dirige ? » Je vous entends, c'est une femme qui a un directeur.

37 [I]

Si le confesseur et le directeur ne conviennent point sur une règle de conduite, qui sera le tiers qu'une femme prendra pour sur-arbitre ?

38 [I]

Le capital pour une femme n'est pas d'avoir un directeur, mais de vivre si uniment qu'elle s'en puisse passer.

39 [I]

Si une femme pouvait dire à son confesseur, avec ses autres faiblesses, celles qu'elle a pour son directeur, et le temps qu'elle perd dans son entretien, peut-être lui serait-il donné pour pénitence d'y renoncer.

40 [V]

Je voudrais qu'il me fût permis de crier de toute ma force à ces hommes saints qui ont été autrefois blessés des femmes : « Fuyez les femmes, ne les dirigez point, laissez à d'autres le soin de leur salut. »

41 [I]

C'est trop contre un mari d'être coquette et dévote ; une femme devrait opter.

42 [VI]

J'ai différé à le dire, et j'en ai souffert ; mais enfin il m'échappe, et j'espère même que ma franchise sera utile à celles qui n'ayant pas assez d'un confesseur pour leur conduite, n'usent d'aucun discernement dans le choix de leurs directeurs. Je ne sors pas d'admiration et d'étonnement à la vue de certains personnages que je ne nomme point ; j'ouvre de fort grands yeux sur eux ; je les contemple : ils parlent, je prête l'oreille, je m'informe, on me dit des faits, je les recueille ; et je ne comprends pas comment des gens en qui je crois voir toutes choses diamétralement opposées au bon esprit, au sens droit, à l'expérience des affaires du monde, à la connaissance de l'homme, à la science de la religion et des mœurs, présument que Dieu doive renouveler en nos jours la merveille de l'apostolat, et faire un miracle en leurs personnes, en les rendant capables, tout simples et petits esprits qu'ils sont, du ministère des âmes, celui de tous le plus délicat et le plus sublime ; et si au contraire ils se croient nés pour un emploi si relevé, si difficile, et accordé à si peu de personnes, et qu'ils se persuadent de ne faire en cela qu'exercer leurs talents naturels et suivre une vocation ordinaire, je le comprends encore moins.

Je vois bien que le goût qu'il y a à devenir le dépositaire du secret des familles, à se rendre nécessaire pour les réconciliations, à procurer des commissions ou à placer des domestiques, à trouver toutes les portes ouvertes dans les maisons des Grands, à manger souvent à de bonnes tables, à se promener en carrosse dans une grande ville, et à faire de délicieuses retraites à la campagne, à voir plusieurs personnes de nom et de distinction s'intéresser à sa vie et à sa santé, et à ménager pour les autres et pour soi-même tous les intérêts humains, je vois bien, encore une fois, que cela seul a fait imaginer le spécieux et irrépréhensible prétexte du soin des âmes, et semé dans le monde cette pépinière intarissable de directeurs.

43 [VI]

La dévotion [a] vient à quelques-uns, et surtout aux femmes, comme une passion, ou comme le faible d'un certain âge, ou comme une mode qu'il faut suivre. Elles comptaient autrefois une semaine par les jours de jeu, de spectacle, de concert, de mascarade, ou d'un joli sermon [b] : elles allaient le lundi perdre leur argent chez *Ismène*, le mardi leur temps chez *Climène*, et le mercredi leur réputation chez *Célimène* ; elles savaient dès la veille toute la joie qu'elles devaient avoir le jour d'après et le lendemain ; elles jouissaient tout à la fois du plaisir présent et de celui qui ne leur pouvait manquer ; elles auraient souhaité de les pouvoir rassembler tous en un seul jour : c'était alors leur unique inquiétude et tout le sujet de leurs distractions ; et si elles se trouvaient quelquefois à l'*Opéra*, elles y regrettaient la comédie. Autre temps, autres mœurs : elles outrent l'austérité et la retraite ; elles n'ouvrent plus les yeux qui leur sont donnés pour voir ; elles ne mettent plus leurs sens à aucun usage, et chose incroyable ! elles parlent peu ; elles pensent encore, et assez bien d'elles-mêmes, comme assez mal des autres ; il y a chez elles une émulation de vertu et de réforme qui tient quelque chose de la

---

a. « Fausse dévotion » [VI, en note].
b. VAR. « par les jours de jeu, de spectacle, de repas, de promenade, de concert, de mascarade et d'un joli sermon » [VI].

jalousie ; elles ne haïssent pas de primer dans ce nouveau genre de vie, comme elles faisaient dans celui qu'elles viennent de quitter par politique ou par dégoût ; elles se perdaient gaiement par la galanterie, par la bonne chère et par l'oisiveté ; et elles se perdent tristement par la présomption et par l'envie.

44 [VII]

Si j'épouse, *Hermas*, une femme avare, elle ne me ruinera point ; si une joueuse, elle pourra s'enrichir ; si une savante, elle saura m'instruire ; si une prude, elle ne sera point emportée ; si une emportée, elle exercera ma patience ; si une coquette, elle voudra me plaire ; si une galante, elle le sera peut-être jusqu'à m'aimer ; si une dévote [a], répondez, Hermas, que dois-je attendre de celle qui veut tromper Dieu, et qui se trompe elle-même ?

45 [IV]

Une femme aisée à gouverner, pourvu que ce soit un homme qui s'en donne la peine : un seul même en gouverne plusieurs ; il cultive leur esprit et leur mémoire, fixe et détermine leur religion ; il entreprend même de régler leur cœur. Elles n'approuvent et ne désapprouvent, ne louent et ne condamnent, qu'après avoir consulté ses yeux et son visage ; il est le dépositaire de leurs joies et de leurs chagrins, de leurs désirs, de leurs jalousies, de leurs haines et de leurs amours ; il les fait rompre avec leurs galants ; il les brouille et les réconcilie avec leurs maris, et il profite des interrègnes. Il prend soin de leurs affaires, sollicite leurs procès, et voit leurs juges : il leur donne son médecin, son marchand, ses ouvriers ; il s'ingère de les loger, de les meubler, et il ordonne de leur équipage. On le voit avec elles dans leurs carrosses, dans les rues d'une ville et aux promenades, ainsi que dans leur banc à un sermon, et dans leur loge à la comédie ; il fait, avec elles les mêmes visites ; il les accompagne au bain, aux eaux, dans les voyages ; il a le plus commode appartement chez elles à la campagne. Il vieillit sans déchoir de son autorité : un peu d'esprit et beaucoup de temps à perdre lui suffit pour la conserver ; les enfants, les héritiers, la bru, la nièce, les domestiques, tout en dépend. Il a commencé par se faire estimer ; il finit par se faire craindre. Cet ami si ancien, si nécessaire, meurt sans qu'on le pleure ; et dix femmes dont il était le tyran héritent par sa mort de la liberté.

46 [V]

Quelques femmes ont voulu cacher leur conduite sous les dehors de la modestie ; et tout ce que chacune a pu gagner par une continuelle affectation, et qui ne s'est jamais démentie, a été de faire dire de soi : *On l'aurait prise pour une Vestale.*

---

a. Fausse dévote. (Note de La Bruyère.)

47 [IV]

C'est dans les femmes une violente preuve d'une réputation bien nette et bien établie, qu'elle ne soit pas même effleurée par la familiarité de quelques-unes qui ne leur ressemblent point ; et qu'avec toute la pente qu'on a aux malignes explications, on ait recours à une tout autre raison de ce commerce qu'à celle de la convenance des mœurs.

48 [VII]

Un comique outre sur la scène ses personnages ; un poète charge ses descriptions ; un peintre qui fait d'après nature force et exagère une passion, un contraste, des attitudes ; et celui qui copie, s'il ne mesure au compas les grandeurs et les proportions, grossit ses figures, donne à toutes les pièces qui entrent dans l'ordonnance de son tableau plus de volume que n'en ont celles de l'original : de même la pruderie est une imitation de la sagesse.

Il y a une fausse modestie qui est vanité, une fausse gloire qui est légèreté, une fausse grandeur qui est petitesse, une fausse vertu qui est hypocrisie, une fausse sagesse qui est pruderie.

Une femme prude paye de maintien et de parole ; une femme sage paye de conduite. Celle-là suit son humeur et sa complexion, celle-ci sa raison et son cœur. L'une est sérieuse et austère ; l'autre est dans les diverses rencontres précisément ce qu'il faut qu'elle soit : la première cache des faibles sous de plausibles dehors ; la seconde couvre un riche fonds sous un air libre et naturel ; la pruderie contraint l'esprit, ne cache ni l'âge, ni la laideur ; souvent elle les suppose : la sagesse au contraire pallie les défauts du corps, ennoblit l'esprit, ne rend la jeunesse que plus piquante et la beauté que plus périlleuse.

49 [VII]

Pourquoi s'en prendre aux hommes de ce que les femmes ne sont pas savantes ? Par quelles lois, par quels édits, par quels rescrits leur a-t-on défendu d'ouvrir les yeux et de lire, de retenir ce qu'elles ont lu, et d'en rendre compte ou dans leur conversation ou par leurs ouvrages ? Ne se sont-elles pas au contraire établies elles-mêmes dans cet usage de ne rien savoir, ou par la faiblesse de leur complexion, ou par la paresse de leur esprit ou par le soin de leur beauté, ou par une certaine légèreté qui les empêche de suivre une longue étude, ou par le talent et le génie qu'elles ont seulement pour les ouvrages de la main, ou par les distractions que donnent les détails d'un domestique, ou par un éloignement naturel des choses pénibles et sérieuses, ou par une curiosité toute différente de celle qui contente l'esprit, ou par un tout autre goût que celui d'exercer leur mémoire ? Mais à quelque cause que les hommes puissent devoir cette ignorance des femmes, ils sont heureux que les femmes, qui les dominent d'ailleurs par tant d'endroits, aient sur eux cet avantage de moins.

On regarde une femme savante comme on fait une belle arme, elle est ciselée artistement, d'une polissure admirable et d'un travail fort recherché ; c'est une pièce de cabinet, que l'on montre aux curieux, qui n'est pas d'usage, qui ne sert ni à la guerre ni à la chasse, non plus qu'un cheval de manège, quoique le mieux instruit du monde.

Si la science et la sagesse se trouvent unies en un même sujet, je ne m'informe plus du sexe, j'admire ; et si vous me dites qu'une femme sage ne songe guère à être savante, ou qu'une femme savante n'est guère sage, vous avez déjà oublié ce que vous venez de lire, que les femmes ne sont détournées des sciences que par de certains défauts : concluez donc vous-même que moins elles auraient de ces défauts, plus elles seraient sages, et qu'ainsi une femme sage n'en serait que plus propre à devenir savante, ou qu'une femme savante, n'étant telle que parce qu'elle aurait pu vaincre beaucoup de défauts, n'en est que plus sage.

50 [I]

La neutralité entre des femmes qui nous sont également amies, quoiqu'elles aient rompu pour des intérêts où nous n'avons nulle part, est un point difficile : il faut choisir souvent entre elles, ou les perdre toutes deux.

51 [I]

Il y a telle femme qui aime mieux son argent que ses amis, et ses amants que son argent.

52 [I]

Il est étonnant de voir dans le cœur de certaines femmes quelque chose de plus vif et de plus fort que l'amour pour les hommes, je veux dire l'ambition et le jeu : de telles femmes rendent les hommes chastes ; elles n'ont de leur sexe que les habits.

53 [I]

Les femmes sont extrêmes : elles sont meilleures ou pires que les hommes.

54 [I]

La plupart des femmes n'ont guère de principes ; elles se conduisent par le cœur, et dépendent pour leurs mœurs de ceux qu'elles aiment.

55 [IV]

Les femmes vont plus loin en amour que la plupart des hommes ; mais les hommes l'emportent sur elles en amitié.
Les hommes sont cause que les femmes ne s'aiment point.

56 [V]

Il y a du péril à contrefaire. *Lise*, déjà vieille, veut rendre une jeune femme ridicule, et elle-même devient difforme ; elle me fait peur. Elle use pour l'imiter de grimaces et de contorsions : la voilà aussi laide qu'il faut pour embellir celle dont elle se moque.

57 [VII]

On veut à la ville que bien des idiots et des idiotes aient de l'esprit ; on veut à la cour que bien des gens manquent d'esprit qui en ont beaucoup ; et entre les personnes de ce dernier genre une belle femme ne se sauve qu'à peine avec d'autres femmes.

58 [I]

Un homme est plus fidèle au secret d'autrui qu'au sien propre ; une femme au contraire garde mieux son secret que celui d'autrui.

59 [I]

Il n'y a point dans le cœur d'une jeune personne un si violent amour auquel l'intérêt ou l'ambition n'ajoute quelque chose.

60 [I]

Il y a un temps où les filles les plus riches doivent prendre parti ; elles n'en laissent guère échapper les premières occasions sans se préparer un long repentir : il semble que la réputation des biens diminue en elles avec celle de leur beauté : tout favorise au contraire une jeune personne, jusques à l'opinion des hommes, qui aiment à lui accorder tous les avantages qui peuvent la rendre plus souhaitable.

61 [I]

Combien de filles à qui une grande beauté n'a jamais servi qu'à leur faire espérer une grande fortune !

62 [VII]

Les belles filles sont sujettes à venger ceux de leurs amants qu'elles ont maltraités, ou par de laids, ou par de vieux, ou par d'indignes maris.

63 [IV]

La plupart des femmes jugent du mérite et de la bonne mine d'un homme par l'impression qu'ils font sur elles, et n'accordent presque ni l'un ni l'autre à celui pour qui elles ne sentent rien.

64 [IV]

Un homme qui serait en peine de connaître s'il change, s'il commence à vieillir, peut consulter les yeux d'une jeune femme qu'il aborde, et le ton dont elle lui parle ; il apprendra ce qu'il craint de savoir. Rude école.

65 [IV]

Une femme qui n'a jamais les yeux que sur une même personne, ou qui les en détourne toujours, fait penser d'elle la même chose.

66 [IV]

Il coûte peu aux femmes de dire ce qu'elles ne sentent point : il coûte encore moins aux hommes de dire ce qu'ils sentent.

67 [I]

Il arrive quelquefois qu'une femme cache à un homme toute la passion qu'elle sent pour lui, pendant que de son côté il feint pour elle toute celle qu'il ne sent pas.

68 [I]

L'on suppose un homme indifférent, mais qui voudrait persuader à une femme une passion qu'il ne sent pas ; et l'on demande s'il ne lui serait pas plus aisé d'imposer à celle dont il est aimé qu'à celle qui ne l'aime point.

69 [I]

Un homme peut tromper une femme par un feint attachement, pourvu qu'il n'en ait pas ailleurs un véritable.

70 [I]

Un homme éclate contre une femme qui ne l'aime plus, et se console ; une femme fait moins de bruit quand elle est quittée, et demeure longtemps inconsolable.

71

[I] Les femmes guérissent de leur paresse par la vanité ou par l'amour.
[IV] La paresse au contraire dans les femmes vives est le présage de l'amour.

72 [IV]

Il est fort sûr qu'une femme qui écrit avec emportement est emportée ; il est moins clair qu'elle soit touchée. Il semble qu'une passion vive et tendre est morne et silencieuse ; et que le plus pressant intérêt d'une femme qui n'est plus libre, celui qui l'agite davantage, est moins de persuader qu'elle aime, que de s'assurer si elle est aimée.

73 [VII]

Glycère n'aime pas les femmes ; elle hait leur commerce et leurs visites, se fait celer pour elles, et souvent pour ses amis, dont le nombre est petit, à qui elle est sévère, qu'elle resserre dans leur ordre, sans leur permettre rien de ce qui passe l'amitié [a] ; elle est distraite avec eux, leur répond par des monosyllabes, et semble chercher à s'en défaire ; elle est solitaire et farouche dans sa maison ; sa porte est mieux gardée et sa chambre plus inaccessible que celles de *Monthoron* et d'*Hémery* ; une

---

a. VAR. « et souvent pour ses amis, dont le nombre est petit ; elle leur est sévère, les resserre dans leur ordre, et ne leur permet rien de ce qui passe l'amitié » [VII].

seule, *Corinne*, y est attendue, y est reçue, et à toutes les heures ; on l'embrasse à plusieurs reprises ; on croit l'aimer ; on lui parle à l'oreille dans un cabinet où elles sont seules ; on a soi-même plus de deux oreilles pour l'écouter ; on se plaint à elle de tout autre que d'elle ; on lui dit toutes choses, et on ne lui apprend rien : elle a la confiance de tous les deux. L'on voit Glycère en partie carrée au bal, au théâtre dans les jardins publics, sur le chemin de *Venouze*, où l'on mange les premiers fruits ; quelquefois seule en litière sur la route du grand faubourg, où elle a un verger délicieux, ou à la porte de *Canidie*, qui a de si beaux secrets, qui promet aux jeunes femmes de secondes noces, qui en dit le temps et les circonstances ; elle paraît ordinairement avec une coiffure plate et négligée, en simple déshabillé, sans corps et avec des mules : elle est belle en cet équipage, et il ne lui manque que de la fraîcheur ; on remarque néanmoins sur elle une riche attache qu'elle dérobe avec soin aux yeux de son mari. Elle le flatte, elle le caresse ; elle invente tous les jours pour lui de nouveaux noms ; elle n'a pas d'autre lit que celui de ce cher époux, et elle ne veut pas découcher. Le matin, elle se partage entre sa toilette et quelques billets qu'il faut écrire. Un affranchi vient lui parler en secret, c'est *Parménon*, qui est favori, qu'elle soutient contre l'antipathie du maître et la jalousie des domestiques ; qui à la vérité fait mieux connaître des intentions, et rapporte mieux une réponse que Parménon ? qui parle moins de ce qu'il faut taire ? qui sait ouvrir une porte secrète avec moins de bruit ? qui conduit plus adroitement par le petit escalier ? qui fait mieux sortir par où l'on est entré ?

74 [I]

Je ne comprends pas comment un mari qui s'abandonne à son humeur et à sa complexion, qui ne cache aucun de ses défauts, et se montre au contraire par ses mauvais endroits, qui est avare, qui est trop négligé dans son ajustement, brusque dans ses réponses, incivil, froid et taciturne, peut espérer de défendre le cœur d'une jeune femme contre les entreprises de son galant, qui emploie la parure et la magnificence, la complaisance, les soins, l'empressement, les dons, la flatterie.

75 [VII]

Un mari n'a guère un rival qui ne soit de sa main, et comme un présent qu'il a autrefois fait à sa femme ; il le loue devant elle de ses belles dents et de sa belle tête ; il agrée ses soins, il reçoit ses visites ; et après ce qui lui vient de son cru, rien ne lui paraît de meilleur goût que le gibier et les truffes que cet ami lui envoie ; il donne à souper, et il dit aux conviés : « Goûtez bien cela ; il est de *Léandre*, et il ne me coûte qu'un *grand merci*. »

76 [VI]

Il y a telle femme qui anéantit ou qui enterre son mari au point qu'il n'en est fait dans le monde aucune mention : vit-il encore ? ne vit-il plus ? on en doute ; il ne sert dans sa famille qu'à montrer l'exemple d'un silence timide et d'une parfaite soumission ; il ne lui est dû ni douaire ni conventions ; mais à cela près, et qu'il n'accouche pas, il est la femme, et elle le mari. Ils passent les mois entiers dans une même maison sans le moindre danger de se rencontrer ; il est vrai seulement qu'ils sont voisins [a]. Monsieur paye le rôtisseur et le cuisinier, et c'est toujours chez Madame qu'on a soupé, ils n'ont souvent rien de commun, ni le lit, ni la table, pas même le nom : ils vivent à la romaine ou à la grecque ; chacun a le sien, et ce n'est qu'avec le temps, et après qu'on est initié au jargon d'une ville, qu'on sait enfin que M. B... est publiquement depuis vingt années le mari de Mme L...

77 [VII]

Telle autre femme, à qui le désordre manque pour mortifier son mari, y revient par sa noblesse et ses alliances, par la riche dot qu'elle a apportée, par les charmes de sa beauté, par son mérite, par ce que quelques-uns appellent vertu.

78 [VII]

Il y a peu de femmes si parfaites, qu'elles empêchent un mari de se repentir du moins une fois le jour d'avoir une femme, ou de trouver heureux celui qui n'en a point.

79 [IV]

Les douleurs muettes et stupides sont hors d'usage : on pleure, on récite, on répète, on est si touchée de la mort de son mari, qu'on n'en oublie pas la moindre circonstance.

80 [I]

Ne pourrait-on point découvrir l'art de se faire aimer de sa femme ?

81 [IV]

Une femme insensible est celle qui n'a pas encore vu celui qu'elle doit aimer.

Il y avait à *Smyrne* une très belle fille qu'on appelait *Émire*, et qui était moins connue dans toute la ville par sa beauté que par la sévérité de ses mœurs, et surtout par l'indifférence qu'elle conservait pour tous les hommes, qu'elle voyait, disait-elle, sans aucun péril, et sans d'autres dispositions que celles où elle se trouvait pour ses amies ou pour ses frères. Elle ne croyait pas la moindre partie de toutes les folies qu'on disait que l'amour avait fait faire dans tous les temps ; et celles qu'elle avait vues elle-même, elle ne les pouvait comprendre : elle ne connaissait que l'amitié. Une jeune et charmante personne, à qui elle devait cette expérience, la lui avait rendue si douce qu'elle ne pensait qu'à la faire durer, et n'imaginait pas par quel autre sentiment elle pourrait jamais se refroidir sur celui de l'estime et de la confiance, dont elle était si contente. Elle ne parlait que d'*Euphrosyne* : c'était le nom de cette fidèle

---

a. « Il est vrai seulement qu'ils sont voisins » : addition de VII.

amie, et tout Smyrne ne parlait que d'elle et d'Euphrosyne : leur amitié passait en proverbe. Émire avait deux frères qui étaient jeunes, d'une excellente beauté, et dont toutes les femmes de la ville étaient éprises ; et il est vrai qu'elle les aima toujours comme une sœur aime ses frères. Il y eut un prêtre de *Jupiter*, qui avait accès dans la maison de son père, à qui elle plut, qui osa le lui déclarer, et ne s'attira que du mépris. Un vieillard, qui, se confiant en sa naissance et en ses grands biens, avait eu la même audace, eut aussi la même aventure. Elle triomphait cependant ; et c'était jusqu'alors au milieu de ses frères, d'un prêtre et d'un vieillard, qu'elle se disait insensible. Il sembla que le ciel voulut l'exposer à de plus fortes épreuves, qui ne servirent néanmoins qu'à la rendre plus vaine, et qu'à l'affermir dans la réputation d'une fille [a] que l'amour ne pouvait toucher. De trois amants que ses charmes lui acquirent successivement, et dont elle ne craignait pas de voir toute la passion, le premier [b], dans un transport amoureux, se perça le sein à ses pieds ; le second, plein de désespoir de n'être pas écouté, alla se faire tuer à la guerre de *Crète* ; et le troisième mourut de langueur et d'insomnie. Celui qui les devait venger n'avait pas encore paru. Ce vieillard qui avait été si malheureux dans ses amours s'en était guéri par des réflexions sur son âge et sur le caractère de la personne à qui il voulait plaire : il désira de continuer de la voir, et elle le souffrit ; il lui amena un jour son fils, qui était jeune, d'une physionomie agréable, et qui avait une taille fort noble. Elle le vit avec intérêt ; et comme il se tut beaucoup en la présence de son père, elle trouva qu'il n'avait pas assez d'esprit, et désira qu'il en eût eu davantage. Il la vit seul, parla assez, et avec esprit ; mais comme il la regarda peu, et qu'il parla encore moins d'elle et de sa beauté, elle fut surprise et comme indignée qu'un homme si bien fait et si spirituel ne fût pas galant. Elle s'entretint de lui avec son amie, qui voulut le voir. Il n'eut des yeux que pour Euphrosyne, il lui dit qu'elle était belle ; et Émire si indifférente, devenue jalouse, comprit que *Ctésiphon* était persuadé de ce qu'il disait, et que non seulement il était galant, mais même qu'il était tendre. Elle se trouva depuis ce temps moins libre avec son amie [c] ; elle désira de les voir ensemble une seconde fois pour être plus éclaircie ; et une seconde entrevue lui fit voir encore plus qu'elle ne craignait de voir, et changea ses soupçons en certitude. Elle s'éloigne d'Euphrosyne, ne lui connaît plus le mérite qui l'avait charmée, perd le goût de sa conversation ; elle ne l'aime plus ; et ce changement lui fait sentir que l'amour dans son cœur a pris la place de l'amitié. Ctésiphon et Euphrosyne se voient tous les jours, s'aiment, songent à s'épouser, s'épousent. La nouvelle s'en répand par toute la ville ; et l'on publie que deux personnes enfin ont eu cette joie si rare de se marier à ce qu'ils aimaient. Émire l'apprend, et s'en désespère. Elle ressent tout son amour : elle recherche

---

a. VAR. « et qu'à affermir la réputation où elle s'était établie d'une fille » [IV].
b. VAR. « De trois amants que ses charmes lui acquirent malgré toutes ses rigueurs et qui se succédèrent l'un à l'autre, le premier » [IV].
c. VAR. « avec son amie et avec ce nouvel amant de son amie » [IV].

Euphrosyne pour le seul plaisir de revoir Ctésiphon ; mais ce jeune mari est encore l'amant de sa femme, et trouve une maîtresse dans une nouvelle épouse ; il ne voit dans Émire que l'amie d'une personne qui lui est chère. Cette fille infortunée perd le sommeil, et ne veut plus manger : elle s'affaiblit ; son esprit s'égare ; elle prend son frère pour Ctésiphon, et elle lui parle comme à un amant ; elle se détrompe, rougit de son égarement ; elle retombe bientôt dans de plus grands, et n'en rougit plus ; elle ne les connaît plus ; alors elle craint les hommes, mais trop tard, c'est sa folie : elle a des intervalles[a] où sa raison lui revient, et où elle gémit de la retrouver. La jeunesse de Smyrne, qui l'a vue si fière et si insensible, trouve que les Dieux l'ont trop punie.

IV. DU CŒUR

1 [I]

Il y a un goût dans la pure amitié où ne peuvent atteindre ceux qui sont nés médiocres.

2 [I]

L'amitié peut subsister entre des gens de différents sexes, exempte même de toute grossièreté ; une femme cependant regarde toujours un homme comme un homme ; et réciproquement un homme regarde une femme comme une femme : cette liaison n'est ni passion ni amitié pure : elle fait une classe à part.

3 [I]

L'amour naît brusquement, sans autre réflexion, par tempérament ou par faiblesse : un trait de beauté nous fixe, nous détermine. L'amitié au contraire se forme peu à peu, avec le temps, par la pratique, par un long commerce. Combien d'esprit, de bonté de cœur, d'attachement, de services et de complaisance dans les amis, pour faire en plusieurs années bien moins que ne fait quelquefois en un moment un beau visage ou une belle main !

4 [IV]

Le temps qui fortifie les amitiés affaiblit l'amour.

5 [IV]

Tant que l'amour dure, il subsiste de soi-même, et quelquefois par les choses qui semblent le devoir éteindre, par les caprices, par les rigueurs, par l'éloignement, par la jalousie ; l'amitié au contraire a besoin de secours : elle périt faute de soins, de confiance et de complaisance.

---

a. VAR. « elle retombe bientôt dans de plus grands et n'en rougit point ; elle ne les connaît point, et tout le monde alors s'en aperçoit ; on la resserre, elle ne paraît plus. Elle a des intervalles » [IV].

6 [IV]

Il est plus ordinaire de voir un amour extrême qu'une parfaite amitié.

7 [IV]

L'amour et l'amitié s'excluent l'un l'autre.

8 [IV]

Celui qui a eu l'expérience d'un grand amour néglige l'amitié ; et celui qui est épuisé sur l'amitié n'a encore rien fait pour l'amour.

9 [IV]

L'amour commence par l'amour ; et l'on ne saurait passer de la plus forte amitié qu'à un amour faible.

10 [IV]

Rien ne ressemble mieux à une vive amitié, que ces liaisons que l'intérêt de notre amour nous fait cultiver.

11 [IV]

L'on n'aime bien qu'une seule fois ; c'est la première : les amours qui suivent sont moins involontaires.

12 [IV]

L'amour qui naît subitement est le plus long à guérir.

13 [IV]

L'amour qui croît peu à peu et par degrés ressemble trop à l'amitié pour être une passion violente.

14 [IV]

Celui qui aime assez pour vouloir aimer un million de fois plus qu'il ne fait, ne cède en amour qu'à celui qui aime plus qu'il ne voudrait.

15 [IV]

Si j'accorde que dans la violence d'une grande passion on peut aimer quelqu'un plus que soi-même, à qui ferai-je plus de plaisir, ou à ceux qui aiment, ou à ceux qui sont aimés ?

16 [I]

Les hommes souvent veulent aimer, et ne sauraient y réussir ; ils cherchent leur défaite sans pouvoir la rencontrer, et si j'ose ainsi parler, ils sont contraints de demeurer libres.

17 [IV]

Ceux qui s'aiment d'abord avec la plus violente passion contribuent bientôt chacun de leur part à s'aimer moins, et ensuite à ne s'aimer plus : qui, d'un homme ou d'une femme, met davantage du sien dans cette rupture, il n'est pas aisé de le décider. Les femmes accusent les hommes d'être volages, et les hommes disent qu'elles sont légères.

18 [IV]

Quelque délicat que l'on soit en amour, on pardonne plus de fautes que dans l'amitié.

19 [IV]

C'est une vengeance douce à celui qui aime beaucoup de faire, par tout son procédé, d'une personne ingrate une très ingrate.

20 [IV]

Il est triste d'aimer sans une grande fortune, et qui nous donne les moyens de combler ce que l'on aime, et le rendre si heureux qu'il n'ait plus de souhaits à faire.

21 [IV]

S'il se trouve une femme pour qui l'on ait eu une grande passion et qui ait été indifférente, quelques importants services qu'elle nous rende dans la suite de notre vie, l'on court un grand risque d'être ingrat.

22 [IV]

Une grande reconnaissance emporte avec soi beaucoup de goût et d'amitié pour la personne qui nous oblige.

23 [IV]

Être avec des gens qu'on aime [a], cela suffit ; rêver, leur parler, ne leur parler point, penser à eux, penser à des choses plus indifférentes, mais auprès d'eux, tout est égal.

24 [IV]

Il n'y a pas si loin de la haine à l'amitié que de l'antipathie.

25 [IV]

Il semble qu'il est moins rare de passer de l'antipathie à l'amour qu'à l'amitié.

26 [IV]

L'on confie son secret dans l'amitié ; mais il échappe dans l'amour.
L'on peut avoir la confiance de quelqu'un sans en avoir le cœur. Celui qui a le cœur n'a pas besoin de révélation ou de confiance ; tout lui est ouvert.

---

a. VAR. « Être avec les gens qu'on aime » [IV-VII].

27 [IV]

L'on ne voit dans l'amitié que les défauts qui peuvent nuire à nos amis. L'on ne voit en amour de défauts dans ce qu'on aime que ceux dont on souffre soi-même.

28 [I]

Il n'y a qu'un premier dépit en amour, comme la première faute dans l'amitié, dont on puisse faire un bon usage.

29 [IV]

Il semble que, s'il y a un soupçon injuste, bizarre et sans fondement, qu'on ait une fois appelé jalousie, cette autre jalousie qui est un sentiment juste, naturel, fondé en raison et sur l'expérience, mériterait un autre nom.

Le tempérament a beaucoup de part à la jalousie, et elle ne suppose pas toujours une grande passion ; c'est cependant un paradoxe qu'un violent amour sans délicatesse.

Il arrive souvent que l'on souffre tout seul de la délicatesse. L'on souffre de la jalousie, et l'on fait souffrir les autres.

Celles qui ne nous ménagent sur rien, et ne nous épargnent nulles occasions de jalousie, ne mériteraient de nous aucune jalousie, si l'on se réglait plus par leurs sentiments et leur conduite que par son cœur.

30 [IV]

Les froideurs et les relâchements dans l'amitié ont leurs causes ; en amour, il n'y a guère d'autre raison de ne s'aimer plus que de s'être trop aimés.

31 [IV]

L'on n'est pas plus maître de toujours aimer qu'on l'a été de ne pas aimer.

32 [IV]

Les amours meurent par le dégoût, et l'oubli les enterre.

33 [IV]

Le commencement et le déclin de l'amour se font sentir par l'embarras où l'on est de se trouver seuls.

34 [IV]

Cesser d'aimer, preuve sensible que l'homme est borné, et que le cœur a ses limites.

C'est faiblesse que d'aimer ; c'est souvent une autre faiblesse que de guérir.

On guérit comme on se console : on n'a pas dans le cœur de quoi toujours pleurer et toujours aimer.

35 [I]

Il devrait y avoir dans le cœur des sources inépuisables[a] de douleur pour de certaines pertes. Ce n'est guère par vertu ou par force d'esprit que l'on sort d'une grande affliction : l'on pleure amèrement, et l'on est sensiblement touché ; mais l'on est ensuite si faible ou si léger que l'on se console.

36 [IV]

Si une laide se fait aimer, ce ne peut être qu'éperdument ; car il faut que ce soit ou par une étrange faiblesse de son amant, ou par de plus secrets et de plus invincibles charmes que ceux de la beauté.

37 [IV]

L'on est encore longtemps à se voir par habitude, et à se dire de bouche que l'on s'aime, après que les manières disent qu'on ne s'aime plus.

38 [I]

Vouloir oublier quelqu'un, c'est y penser. L'amour a cela de commun avec les scrupules, qu'il s'aigrit par les réflexions et les retours que l'on fait pour s'en délivrer. Il faut, s'il se peut, ne point songer à sa passion pour l'affaiblir.

39 [IV]

L'on veut faire tout le bonheur, ou si cela ne se peut ainsi, tout le malheur de ce qu'on aime.

40 [I]

Regretter ce que l'on aime est un bien, en comparaison de vivre avec ce que l'on hait.

41 [IV]

Quelque désintéressement qu'on ait à l'égard de ceux qu'on aime, il faut quelquefois se contraindre pour eux, et avoir la générosité de recevoir.

Celui-là peut prendre, qui goûte un plaisir aussi délicat à recevoir que son ami en sent à lui donner.

42 [V]

Donner, c'est agir : ce n'est pas souffrir de ses bienfaits, ni céder à l'importunité ou à la nécessité de ceux qui nous demandent.

43 [IV]

Si l'on a donné à ceux que l'on aimait, quelque chose qu'il arrive, il n'y a plus d'occasions où l'on doive songer à ses bienfaits.

---

a. VAR. « des fonds inépuisables » [I-III].

44 [V]

On a dit en latin qu'il coûte moins cher de haïr que d'aimer, ou si l'on veut, que l'amitié est plus à charge que la haine : il est vrai qu'on est dispensé de donner à ses ennemis ; mais ne coûte-t-il rien de s'en venger ? Ou s'il est doux et naturel de faire du mal à ce que l'on hait, l'est-il moins de faire du bien à ce qu'on aime ? Ne serait-il pas dur et pénible de ne lui en point faire ?

45 [I]

Il y a du plaisir à rencontrer les yeux de celui à qui l'on vient de donner.

46 [V]

Je ne sais si un bienfait qui tombe sur un ingrat, et ainsi sur un indigne, ne change pas de nom, et s'il méritait plus de reconnaissance.

47 [VII]

La libéralité consiste moins à donner beaucoup qu'à donner à propos.

48 [V]

S'il est vrai que la pitié ou la compassion soit un retour vers nous-mêmes qui nous met en la place des malheureux, pourquoi tirent-ils de nous si peu de soulagement dans leurs misères ?

Il vaut mieux s'exposer à l'ingratitude que de manquer aux misérables.

49 [V]

L'expérience confirme que la mollesse ou l'indulgence pour soi et la dureté pour les autres n'est qu'un seul et même vice.

50 [V]

Un homme dur au travail et à la peine, inexorable à soi-même, n'est indulgent aux autres que par un excès de raison.

51 [V]

Quelque désagrément qu'on ait à se trouver chargé d'un indigent, l'on goûte à peine les nouveaux avantages qui le tirent enfin de notre sujétion : de même, la joie que l'on reçoit de l'élévation de son ami est un peu balancée par la petite peine qu'on a de le voir au-dessus de nous ou s'égaler à nous ; ainsi l'on s'accorde mal avec soi-même ; car l'on veut des dépendants, et qu'il n'en coûte rien ; l'on veut aussi le bien de ses amis, et, s'il arrive, ce n'est pas toujours par s'en réjouir que l'on commence.

52 [VII]

On convie, on invite, on offre sa maison, sa table, son bien et ses services ; rien ne coûte qu'à tenir parole.

53 [IV]

C'est assez pour soi d'un fidèle ami ; c'est même beaucoup de l'avoir rencontré : on ne peut en avoir trop pour le service des autres.

54 [IV]

Quand on a assez fait auprès de certaines personnes pour avoir dû se les acquérir, si cela ne réussit point, il y a encore une ressource, qui est de ne plus rien faire.

55 [V]

Vivre avec ses ennemis comme s'ils devaient un jour être nos amis, et vivre avec nos amis comme s'ils pouvaient devenir nos ennemis, n'est ni selon la nature de la haine, ni selon les règles de l'amitié : ce n'est point une maxime morale, mais politique.

56 [V]

On ne doit pas se faire d'ennemis de ceux qui, mieux connus, pourraient avoir rang entre nos amis : on doit faire choix d'amis si sûrs et d'une si exacte probité, que venant à cesser de l'être, ils ne veuillent pas abuser de notre confiance, ni se faire craindre comme ennemis.

57 [IV]

Il est doux de voir ses amis par goût et par estime ; il est pénible de les cultiver par intérêt ; c'est *solliciter*.

58 [VII]

Il faut briguer la faveur de ceux à qui l'on veut du bien, plutôt que de ceux de qui l'on espère du bien.

59 [IV]

On ne vole point des mêmes ailes pour sa fortune que l'on fait pour des choses frivoles et de fantaisie ; il y a un sentiment de liberté à suivre ses caprices, et tout au contraire de servitude à courir pour son établissement : il est naturel de le souhaiter beaucoup et d'y travailler peu, de se croire digne de le trouver sans l'avoir cherché.

60 [V]

Celui qui sait attendre le bien qu'il souhaite, ne prend pas le chemin de se désespérer s'il ne lui arrive pas ; et celui au contraire qui désire une chose avec une grande impatience, y met trop du sien pour en être assez récompensé par le succès.

61 [VII]

Il y a de certaines gens qui veulent si ardemment et si déterminément une certaine chose, que de peur de la manquer, ils n'oublient rien de ce qu'il faut faire pour la manquer.

62 [IV]

Les choses les plus souhaitées n'arrivent point ; ou si elles arrivent, ce n'est ni dans le temps ni dans les circonstances où elles auraient fait un extrême plaisir.

63 [IV]

Il faut rire avant que d'être heureux, de peur de mourir sans avoir ri.

64 [I]

La vie est courte, si elle ne mérite ce nom que lorsqu'elle est agréable, puisque si l'on cousait ensemble toutes les heures que l'on passe avec ce qui plaît, l'on ferait à peine d'un grand nombre d'années une vie de quelques mois.

65 [I]

Qu'il est difficile d'être content de quelqu'un !

66 [V]

On ne pourrait se défendre de quelque joie à voir périr un méchant homme ; l'on jouirait alors du fruit de sa haine, et l'on tirerait de lui tout ce qu'on en peut espérer, qui est le plaisir de sa perte : sa mort enfin arrive, mais dans une conjoncture où nos intérêts ne nous permettent pas de nous en réjouir ; il meurt trop tôt ou trop tard.

67 [IV]

Il est pénible à un homme fier de pardonner à celui qui le surprend en faute, et qui se plaint de lui avec raison : sa fierté ne s'adoucit que lorsqu'il reprend ses avantages, et qu'il met l'autre dans son tort.

68 [I]

Comme nous nous affectionnons de plus en plus aux personnes à qui nous faisons du bien, de même nous haïssons violemment ceux que nous avons beaucoup offensés.

69 [I]

Il est également difficile d'étouffer dans les commencements le sentiment des injures et de le conserver après un certain nombre d'années.

70 [VII]

C'est par faiblesse que l'on hait un ennemi, et que l'on songe à s'en venger ; et c'est par paresse que l'on s'apaise, et qu'on ne se venge point.

71

[V] Il y a bien autant de paresse que de faiblesse à se laisser gouverner.

[VII] Il ne faut pas penser à gouverner un homme tout d'un coup, et sans autre préparation, dans une affaire importante et qui serait capitale à lui ou aux siens ; il sentirait d'abord l'empire et l'ascendant qu'on veut prendre sur son esprit, et il secouerait le joug par honte ou par caprice : il faut tenter auprès de lui les petites choses, et de là le progrès jusqu'aux plus grandes est immanquable ; tel ne pouvait au plus dans les commencements qu'entreprendre de le faire partir pour la campagne ou retourner à la ville, qui finit par lui dicter un testament où il réduit son fils à la légitime.

[VII] Pour gouverner quelqu'un longtemps et absolument, il faut avoir la main légère, et ne lui faire sentir que le moins qu'il se peut sa dépendance.

[VII] Tels se laissent gouverner jusqu'à un certain point, qui au-delà sont intraitables et ne se gouvernent plus ; on perd tout à coup la route de leur cœur et de leur esprit ; ni hauteur ni souplesse, ni force ni industrie ne les peuvent dompter ; avec cette différence que quelques-uns sont ainsi faits par raison et avec fondement, et quelques autres par tempérament et par humeur.

[VII] Il se trouve des hommes qui n'écoutent ni la raison ni les bons conseils, et qui s'égarent volontairement par la crainte qu'ils ont d'être gouvernés.

[VII] D'autres consentent d'être gouvernés par leurs amis en des choses presque indifférentes, et s'en font un droit de les gouverner à leur tour en des choses graves et de conséquence.

[VII] *Drance* veut passer pour gouverner son maître, qui n'en croit rien, non plus que le public : parler sans cesse à un grand que l'on sert, en des lieux et en des temps où il convient le moins, lui parler à l'oreille ou en des termes mystérieux, rire jusqu'à éclater en sa présence, lui couper la parole, se mettre entre lui et ceux qui lui parlent, dédaigner ceux qui viennent faire leur cour ou attendre impatiemment qu'ils se retirent, se mettre proche de lui en une posture trop libre, figurer avec lui le dos appuyé à une cheminée, le tirer par son habit, lui marcher sur les talons, faire le familier, prendre des libertés, marquent mieux un fat qu'un favori.

[VI] Un homme sage ni ne se laisse gouverner, ni ne cherche à gouverner les autres : il veut que la raison gouverne seule, et toujours.

[VII] Je ne haïrais pas d'être livré par la confiance à une personne raisonnable, et d'en être gouverné en toutes choses, et absolument, et toujours : je serais sûr de bien faire, sans avoir le soin de délibérer ; je jouirais de la tranquillité de celui qui est gouverné par la raison.

72 [V]

Toutes les passions sont menteuses : elles se déguisent autant qu'elles le peuvent aux yeux des autres ; elle se cachent à elles-mêmes : il n'y a point de vice qui n'ait une fausse ressemblance avec quelque vertu, et qui ne s'en aide.

73 [IV]

On ouvre un livre de dévotion, et il touche ; on en ouvre un autre qui est galant, et il fait son impression. Oserai-je dire que le cœur seul concilie les choses contraires, et admet les incompatibles ?

74 [V]

Les hommes rougissent moins de leurs crimes que de leurs faiblesses et de leur vanité : tel est ouvertement injuste, violent, perfide, calomniateur, qui cache son amour ou son ambition, sans autre vue que de la cacher.

75 [V]

Le cas n'arrive guère où l'on puisse dire : « J'étais ambitieux » ; ou on ne l'est point, ou on l'est toujours ; mais le temps vient où l'on avoue que l'on a aimé.

76 [V]

Les hommes commencent par l'amour, finissent par l'ambition, et ne se trouvent souvent dans une assiette plus tranquille que lorsqu'ils meurent.

77 [IV]

Rien ne coûte moins à la passion que de se mettre au-dessus de la raison : son grand triomphe est de l'emporter sur l'intérêt.

78 [I]

L'on est plus sociable et d'un meilleur commerce par le cœur que par l'esprit.

79 [I]

Il y a de certains grands sentiments, de certaines actions nobles et élevées, que nous devons moins à la force de notre esprit qu'à la bonté de notre naturel.

80 [I]

Il n'y a guère au monde un plus bel excès que celui de la reconnaissance.

81 [IV]

Il faut être bien dénué d'esprit, si l'amour, la malignité, la nécessité n'en font pas trouver.

82 [I]

Il y a des lieux que l'on admire : il y en a d'autres qui touchent, et où l'on aimerait à vivre.

Il me semble que l'on dépend des lieux pour l'esprit, l'humeur, la passion, le goût et les sentiments.

83 [IV]

Ceux qui font bien mériteraient seuls d'être enviés, s'il n'y avait encore un meilleur parti à prendre, qui est de faire mieux : c'est une douce vengeance contre ceux qui nous donnent cette jalousie.

84 [I]

Quelques-uns se défendent d'aimer et de faire des vers, comme de deux faibles qu'ils n'osent avouer, l'un du cœur, l'autre de l'esprit.

85 [I]

Il y a quelquefois dans le cours de la vie de si chers plaisirs et de si tendres engagements que l'on nous défend, qu'il est naturel de désirer du moins qu'ils fussent permis : de si grands charmes ne peuvent être surpassés que par celui de savoir y renoncer par vertu.

V. DE LA SOCIÉTÉ ET DE LA CONVERSATION

1 [I]

Un caractère bien fade est celui de n'en avoir aucun.

2 [I]

C'est le rôle d'un sot d'être importun : un homme habile sent s'il convient ou s'il ennuie ; il sait disparaître le moment qui précède celui où il serait de trop quelque part.

3 [I]

L'on marche sur les mauvais plaisants, et il pleut par tout pays de cette sorte d'insectes. Un bon plaisant est une pièce rare ; à un homme qui est né tel, il est encore fort délicat d'en soutenir longtemps le personnage ; il n'est pas ordinaire que celui qui fait rire se fasse estimer.

4 [I]

Il y a beaucoup d'esprits obscènes, encore plus de médisants ou de satiriques, peu de délicats ; pour badiner avec grâce, et rencontrer heureusement sur les plus petits sujets, il faut trop de manières, trop de politesse, et même trop de fécondité : c'est créer que de railler ainsi, et faire quelque chose de rien.

5 [IV]

Si l'on faisait une sérieuse attention à tout ce qui se dit de froid, de vain et de puéril dans les entretiens ordinaires, l'on aurait honte de parler ou d'écouter, et l'on se condamnerait peut-être à un silence perpétuel, qui serait une chose pire dans le commerce que les discours inutiles. Il faut donc s'accommoder à tous les esprits, permettre comme un mal nécessaire le récit des fausses nouvelles, les vagues réflexions sur le gouvernement présent, ou sur l'intérêt des princes, le débit des beaux sentiments, et qui reviennent toujours les mêmes ; il faut laisser *Aronce* parler proverbe, et *Mélinde* parler de soi, de ses vapeurs, de ses migraines et de ses insomnies.

6 [IV]

L'on voit des gens qui, dans les conversations ou dans le peu de commerce que l'on a avec eux, vous dégoûtent par leurs ridicules expressions, par la nouveauté, et j'ose dire par l'impropriété des termes dont ils se servent, comme par l'alliance de certains mots qui ne se rencontrent ensemble que dans leur bouche, et à qui ils font signifier des choses que leurs premiers inventeurs n'ont jamais eu intention de leur faire dire. Ils ne suivent en parlant ni la raison ni l'usage, mais leur bizarre génie, que l'envie de toujours plaisanter, et peut-être de briller, tourne insensiblement à un jargon qui leur est propre, et qui devient enfin leur idiome naturel ; ils accompagnent un langage si extravagant d'un geste affecté et d'une prononciation qui est contrefaite. Tous sont contents d'eux-mêmes et de l'agrément de leur esprit, et l'on ne peut pas dire qu'ils en soient entièrement dénués ; mais on les plaint de ce peu qu'ils en ont ; et, ce qui est pire, on en souffre.

7 [V]

Que dites-vous ? Comment ? Je n'y suis pas ; vous plairait-il de recommencer ? J'y suis encore moins ; je devine enfin : vous voulez, *Acis*, me dire qu'il fait froid ; que ne disiez-vous : « Il fait froid » ? Vous voulez m'apprendre qu'il pleut ou qu'il neige ; dites : « Il pleut, il neige. » ; vous me trouvez bon visage, et vous désirez de m'en féliciter ; dites : « Je vous trouve bon visage. » — Mais, répondez-vous, cela est bien uni et bien clair ; et d'ailleurs qui ne pourrait pas en dire autant ? — Qu'importe, Acis ? Est-ce un si grand mal d'être entendu quand on parle, et de parler comme tout le monde ? Une chose vous manque, Acis, à vous et à vos semblables les diseurs de *phœbus ;* vous ne vous en défiez point, et je vais vous jeter dans l'étonnement : une chose vous manque, c'est l'esprit ; ce n'est pas tout : il y a en vous une chose de trop, qui est l'opinion d'en avoir plus que les autres ; voilà la source de votre pompeux galimatias, de vos phrases embrouillées, et de vos grands mots qui ne signifient rien. Vous abordez cet homme, ou vous entrez dans cette chambre ; je vous tire par votre habit, et vous dis à l'oreille : « Ne songez point à avoir de l'esprit, n'en ayez point, c'est votre rôle ; ayez, si vous pouvez, un langage simple, et tel que l'ont ceux en qui vous ne trouvez aucun esprit : peut-être alors croira-t-on que vous en avez. »

8 [IV]

Qui peut se promettre d'éviter dans la société des hommes la rencontre de certains esprits vains, légers, familiers, délibérés, qui sont toujours dans une compagnie ceux qui parlent, et qu'il faut que les autres écoutent ? On les entend de l'antichambre ; on entre impunément et sans crainte de les interrompre : ils continuent leur récit sans la moindre attention pour ceux qui entrent ou qui sortent, comme pour le rang ou le mérite des personnes qui composent le cercle ; ils font taire celui qui commence à conter une nouvelle, pour la dire de leur façon, qui est la meilleure : ils la tiennent de *Zamet*, de *Ruccelay*, ou de *Conchini*[a], qu'ils ne connaissent point, à qui ils n'ont jamais parlé, et qu'ils traiteraient de *Monseigneur* s'ils leur parlaient ; ils s'approchent quelquefois de l'oreille du plus qualifié de l'assemblée, pour le gratifier d'une circonstance que personne ne sait, et dont ils ne veulent pas que les autres soient instruits ; ils suppriment quelques noms pour déguiser l'histoire qu'ils racontent, et pour détourner les applications ; vous les priez, vous les pressez inutilement : il y a des choses qu'ils ne diront pas, il y a des gens qu'ils ne sauraient nommer, leur parole y est engagée, c'est le dernier secret, c'est un mystère, outre que vous leur demandez l'impossible, car sur ce que vous voulez apprendre d'eux, ils ignorent le fait et les personnes.

9 [VIII]

Arrias a tout lu, a tout vu, il veut le persuader ainsi ; c'est un homme universel, et il se donne pour tel : il aime mieux mentir que de se taire ou de paraître ignorer quelque chose. On parle à la table d'un Grand d'une cour du Nord : il prend la parole, et l'ôte à ceux qui allaient dire ce qu'ils en savent ; il s'oriente dans cette région lointaine comme s'il en était originaire ; il discourt des mœurs de cette cour, des femmes du pays, de ses lois et de ses coutumes ; il récite des historiettes qui y sont arrivées, il les trouve plaisantes, et il en rit le premier jusqu'à éclater. Quelqu'un se hasarde de le contredire, et lui prouve nettement qu'il dit des choses qui ne sont pas vraies ; Arrias ne se trouble point, prend feu au contraire contre l'interrupteur : « Je n'avance, lui dit-il, je ne raconte rien que je ne sache d'original : je l'ai appris de *Sethon*, ambassadeur de France dans cette cour, revenu à Paris depuis quelques jours, que je connais familièrement, que j'ai fort interrogé, et qui ne m'a caché aucune circonstance. » ; il reprenait le fil de sa narration avec plus de confiance qu'il ne l'avait commencée, lorsque l'un des conviés lui dit : « C'est Sethon à qui vous parlez, lui-même, et qui arrive de son ambassade [b]. »

10 [IV]

Il y a un parti à prendre, dans les entretiens, entre une certaine paresse qu'on a de parler, ou quelquefois un esprit abstrait, qui, nous jetant

---

a. Sans dire *Monsieur*. (Note de La Bruyère.)
b. VAR. « et qui arrive fraîchement de son ambassade » [VIII].

loin du sujet de la conversation, nous fait faire ou de mauvaises demandes ou de sottes réponses, et une attention importune qu'on a au moindre mot qui échappe, pour le relever, badiner autour, y trouver un mystère que les autres n'y voient pas, y chercher de la finesse et de la subtilité, seulement pour avoir occasion d'y placer la sienne.

11 [IV]

Être infatué de soi, et s'être fortement persuadé qu'on a beaucoup d'esprit, est un accident qui n'arrive guère qu'à celui qui n'en a point, ou qui en a peu. Malheur pour lors à qui est exposé à l'entretien d'un tel personnage ! combien de jolies phrases lui faudra-t-il essuyer ! combien de ces mots aventuriers qui paraissent subitement, durent un temps, et que bientôt on ne revoit plus ! S'il conte une nouvelle, c'est moins pour l'apprendre à ceux qui l'écoutent, que pour avoir le mérite de la dire, et de la dire bien : elle devient un roman entre ses mains ; il fait penser les gens à sa manière, leur met en la bouche ses petites façons de parler, et les fait toujours parler longtemps ; il tombe ensuite en des parenthèses, qui peuvent passer pour épisodes, mais qui font oublier le gros de l'histoire, et à lui qui vous parle, et à vous qui le supportez. Que serait-ce de vous et de lui, si quelqu'un ne survenait heureusement pour déranger le cercle, et faire oublier la narration ?

12 [V]

J'entends *Théodecte* de l'antichambre ; il grossit sa voix à mesure qu'il s'approche ; le voilà entré : il rit, il crie, il éclate ; on bouche ses oreilles, c'est un tonnerre ; il n'est pas moins redoutable par les choses qu'il dit que par le ton dont il parle ; il ne s'apaise, et il ne revient de ce grand fracas que pour bredouiller des vanités et des sottises : il a si peu d'égard au temps, aux personnes, aux bienséances, que chacun a son fait sans qu'il ait eu intention de le lui donner ; il n'est pas encore assis qu'il a, à son insu, désobligé toute l'assemblée. A-t-on servi, il se met le premier à table et dans la première place ; les femmes sont à sa droite et à sa gauche ; il mange, il boit, il conte, il plaisante, il interrompt tout à la fois : il n'a nul discernement des personnes, ni du maître, ni des conviés ; il abuse de la folle déférence qu'on a pour lui ; est-ce lui, est-ce *Euthydème* qui donne le repas ? Il rappelle à soi toute l'autorité de la table ; et il y a un moindre inconvénient à la lui laisser entière qu'à la lui disputer. Le vin et les viandes n'ajoutent rien à son caractère. Si l'on joue, il gagne au jeu ; il veut railler celui qui perd, et il l'offense ; les rieurs sont pour lui : il n'y a sorte de fatuités qu'on ne lui passe. Je cède enfin et je disparais, incapable de souffrir plus longtemps Théodecte, et ceux qui le souffrent.

13 [VII]

Troïle est utile à ceux qui ont trop de bien : il leur ôte l'embarras du superflu ; il leur sauve la peine d'amasser de l'argent, de faire des contrats, de fermer des coffres, de porter des clefs sur soi et de craindre un vol domestique. Il les aide dans leurs plaisirs, et il devient capable ensuite de les servir dans leurs passions ; bientôt il les règle et les maîtrise dans leur conduite. Il est l'oracle d'une maison, celui dont on attend, que dis-je ? dont on prévient, dont on devine les décisions. Il dit de cet esclave : « Il faut le punir », et on le fouette ; et de cet autre : « Il faut l'affranchir », et on l'affranchit ; l'on voit qu'un parasite ne le fait pas rire ; il peut lui déplaire : il est congédié ; le maître est heureux, si Troïle lui laisse sa femme et ses enfants ; si celui-ci est à table, et qu'il prononce d'un mets qu'il est friand, le maître et les conviés, qui en mangeaient sans réflexion, le trouvent friand, et ne s'en peuvent rassasier ; s'il dit au contraire d'un autre mets qu'il est insipide, ceux qui commençaient à le goûter, n'osant avaler le morceau qu'ils ont dans la bouche, ils le jettent à terre : tous ont les yeux sur lui, observent son maintien et son visage avant de prononcer sur le vin ou sur les viandes qui sont servies ; ne le cherchez pas ailleurs que dans la maison de ce riche qu'il gouverne : c'est là qu'il mange, qu'il dort et qu'il fait digestion, qu'il querelle son valet, qu'il reçoit ses ouvriers, et qu'il remet ses créanciers. Il régente, il domine dans une salle ; il y reçoit la cour et les hommages de ceux qui, plus fins que les autres, ne veulent aller au maître que par Troïle : si l'on entre par malheur sans avoir une physionomie qui lui agrée, il ride son front et il détourne sa vue ; si on l'aborde, il ne se lève pas ; si l'on s'assied auprès de lui, il s'éloigne ; si on lui parle, il ne répond point ; si l'on continue de parler, il passe dans une autre chambre ; si on le suit, il gagne l'escalier ; il franchirait tous les étages, ou il se lancerait par une fenêtre, plutôt que de se laisser joindre par quelqu'un qui a un visage ou un ton de voix[a] qu'il désapprouve. L'un et l'autre sont agréables en Troïle, et il s'en est servi heureusement pour s'insinuer ou pour conquérir ; tout devient, avec le temps, au-dessous de ses soins, comme il est au-dessus de vouloir se soutenir ou continuer de plaire par le moindre des talents qui ont commencé à le faire valoir ; c'est beaucoup qu'il sorte quelquefois de ses méditations et de sa taciturnité pour contredire, et que même pour critiquer il daigne une fois le jour avoir de l'esprit. Bien loin d'attendre de lui qu'il défère à vos sentiments, qu'il soit complaisant, qu'il vous loue, vous n'êtes pas sûr qu'il aime toujours votre approbation, ou qu'il souffre votre complaisance.

14 [IV]

Il faut laisser parler cet inconnu que le hasard a placé auprès de vous dans une voiture publique, à une fête ou à un spectacle ; et il ne vous coûtera bientôt pour le connaître que de l'avoir écouté : vous saurez son nom, sa demeure, son pays, l'état de son bien, son emploi, celui de son père, la famille dont est sa mère, sa parenté, ses alliances, les armes de sa maison ; vous comprendrez qu'il est noble, qu'il a un château, de beaux meubles, des valets, et un carrosse.

---

a. VAR. « un son de voix » [VII et VIII].

15 [I]

Il y a des gens qui parlent un moment avant que d'avoir pensé. Il y en a d'autres qui ont une fade attention à ce qu'ils disent, et avec qui l'on souffre dans la conversation de tout le travail de leur esprit ; ils sont comme pétris de phrases et de petits tours d'expression, concertés dans leur geste et dans tout leur maintien ; ils sont *puristes*[a], et ne hasardent pas le moindre mot, quand il devrait faire le plus bel effet du monde ; rien d'heureux ne leur échappe, rien ne coule de source et avec liberté : ils parlent proprement et ennuyeusement.

16 [I]

L'esprit de la conversation consiste bien moins à en montrer beaucoup qu'à en faire trouver aux autres : celui qui sort de votre entretien content de soi et de son esprit, l'est de vous parfaitement. Les hommes n'aiment point à vous admirer, ils veulent plaire ; ils cherchent moins à être instruits, et même réjouis, qu'à être goûtés et applaudis ; et le plaisir le plus délicat est de faire celui d'autrui.

17 [I]

Il ne faut pas qu'il y ait trop d'imagination dans nos conversations ni dans nos écrits ; elle ne produit souvent que des idées vaines et puériles, qui ne servent point à perfectionner le goût et à nous rendre meilleurs : nos pensées doivent être prises dans le bon sens et la droite raison, et doivent être un effet de notre jugement.

18 [I]

C'est une grande misère que de n'avoir pas assez d'esprit pour bien parler, ni assez de jugement pour se taire. Voilà le principe de toute impertinence.

19 [IV]

Dire d'une chose modestement ou qu'elle est bonne ou qu'elle est mauvaise, et les raisons pourquoi elle est telle, demande du bon sens et de l'expression : c'est une affaire. Il est plus court de prononcer d'un ton décisif, et qui emporte la preuve de ce qu'on avance, ou qu'elle est exécrable, ou qu'elle est miraculeuse.

20 [I]

Rien n'est moins selon Dieu et selon le monde que d'appuyer tout ce que l'on dit dans la conversation, jusques aux choses les plus indifférentes, par de longs et de fastidieux serments. Un honnête homme qui dit oui et non mérite d'être cru : son caractère jure pour lui, donne créance à ses paroles, et lui attire toute sorte de confiance.

---

a. Gens qui affectent une grande pureté de langage. (Note de La Bruyère.)

21 [I]

Celui qui dit incessamment qu'il a de l'honneur et de la probité, qu'il ne nuit à personne, qu'il consent que le mal qu'il fait aux autres lui arrive, et qui jure pour le faire croire, ne sait pas même contrefaire l'homme de bien.

Un homme de bien ne saurait empêcher par toute sa modestie qu'on ne dise de lui ce qu'un malhonnête homme sait dire de soi.

22 [V]

Cléon parle peu obligeamment ou peu juste, c'est l'un ou l'autre ; mais il ajoute qu'il est fait ainsi, et qu'il dit ce qu'il pense.

23 [V]

Il y a parler bien, parler aisément, parler juste, parler à propos : c'est pécher contre ce dernier genre que de s'étendre sur un repas magnifique que l'on vient de faire, devant des gens qui sont réduits à épargner leur pain ; de dire merveilles de sa santé devant des infirmes ; d'entretenir de ses richesses, de ses revenus et de ses ameublements un homme qui n'a ni rentes ni domicile ; en un mot, de parler de son bonheur devant des misérables : cette conversation est trop forte pour eux, et la comparaison qu'ils font alors de leur état au vôtre est odieuse.

24 [VII]

« Pour vous, dit *Euthyphron,* vous êtes riche, ou vous devez l'être : dix mille livres de rente, et en fonds de terre, cela est beau, cela est doux, et l'on est heureux à moins », pendant que lui qui parle ainsi a cinquante mille livres de revenu, et qu'il croit n'avoir que la moitié de ce qu'il mérite ; il vous taxe, il vous apprécie, il fixe votre dépense et s'il vous jugeait digne d'une meilleure fortune, et de celle même où il aspire, il ne manquerait pas de vous la souhaiter ; il n'est pas le seul qui fasse de si mauvaises estimations ou des comparaisons si désobligeantes : le monde est plein d'Euthyphrons.

25 [V]

Quelqu'un, suivant la pente de la coutume qui veut qu'on loue, et par l'habitude qu'il a à la flatterie et à l'exagération, congratule *Théodème* sur un discours qu'il n'a point entendu, et dont personne n'a pu encore lui rendre compte : il ne laisse pas de lui parler de son génie, de son geste, et surtout de la fidélité de sa mémoire ; et il est vrai que Théodème est demeuré court.

26 [IV]

L'on voit des gens brusques, inquiets, *suffisants,* qui bien qu'oisifs et sans aucune affaire qui les appelle ailleurs, vous expédient, pour ainsi dire, en peu de paroles, et ne songent qu'à se dégager de vous ; on leur parle encore, qu'ils sont partis et ont disparu : ils ne sont pas moins impertinents que ceux qui vous arrêtent seulement pour vous ennuyer : ils sont peut-être moins incommodes.

27 [V]

Parler et offenser, pour de certaines gens, est précisément la même chose ; ils sont piquants et amers ; leur style est mêlé de fiel et d'absinthe : la raillerie, l'injure, l'insulte leur découlent des lèvres comme leur salive ; il leur serait utile d'être nés muets ou stupides, ce qu'ils ont de vivacité et d'esprit leur nuit davantage que ne fait à quelques autres leur sottise : ils ne se contentent pas toujours de répliquer avec aigreur, ils attaquent souvent avec insolence ; ils frappent sur tout ce qui se trouve sous leur langue, sur les présents, sur les absents ; ils heurtent de front et de côté, comme des béliers : demande-t-on à des béliers qu'ils n'aient pas de cornes ? De même n'espère-t-on pas de réformer par cette peinture des naturels si durs, si farouches, si indociles ; ce que l'on peut faire de mieux, d'aussi loin qu'on les découvre, est de les fuir de toute sa force et sans regarder derrière soi.

28 [V]

Il y a des gens d'une certaine étoffe ou d'un certain caractère avec qui il ne faut jamais se commettre, de qui l'on ne doit se plaindre que le moins qu'il est possible, contre qui il n'est pas même permis d'avoir raison.

29 [V]

Entre deux personnes qui ont eu ensemble une violente querelle, dont l'un a raison et l'autre ne l'a pas, ce que la plupart de ceux qui y ont assisté ne manquent jamais de faire, ou pour se dispenser de juger, ou par un tempérament qui m'a toujours paru hors de sa place, c'est de condamner tous les deux : leçon importante, motif pressant et indispensable de fuir à l'orient quand le fat est à l'occident, pour éviter de partager avec lui le même tort.

30 [V]

Je n'aime pas un homme que je ne puis aborder le premier, ni saluer avant qu'il me salue, sans m'avilir à ses yeux, et sans tremper dans la bonne opinion qu'il a de lui-même. MONTAGNE dirait[a] : « *Je veux avoir mes coudées franches, et estre courtois et affable à mon point, sans remords ne consequence. Je ne puis du tout estriver contre mon penchant, et aller au rebours de mon naturel, qui m'emmeine vers celuy que je trouve à ma rencontre. Quand il m'est égal, et qu'il ne m'est point ennemy, j'anticipe sur son accueil, je le questionne sur sa disposition et santé, je luy fais offre de mes offices sans tant marchander sur le plus ou sur le moins, ne estre, comme disent aucuns, sur le qui vive. Celuy-là me deplaist, qui par la connoissance que j'ay de ses coutumes et façons d'agir, me tire de cette liberté et franchise. Comment me ressouvenir tout à propos, et d'aussi loin que je vois cet homme, d'emprunter une contenance grave et importante, et qui l'avertisse que je crois le valoir bien et au delà ?*

---

a. Imité de Montagne. (Note de La Bruyère.)

pour cela de me ramentevoir de mes bonnes qualitez et conditions, et des siennes mauvaises, puis en faire la comparaison. C'est trop de travail pour moy, et ne suis du tout capable de si roide et si subite attention ; et quand bien elle m'auroit succedé une première fois, je ne laisserois de flechir et me dementir à une seconde tâche : je ne puis me forcer et contraindre pour quelconque à estre fier. »

31 [IV]

Avec de la vertu, de la capacité, et une bonne conduite, l'on peut être insupportable ; les manières, que l'on néglige comme de petites choses, sont souvent ce qui fait que les hommes décident de vous en bien ou en mal : une légère attention à les avoir douces et polies prévient leurs mauvais jugements ; il ne faut presque rien pour être cru fier, incivil, méprisant, désobligeant, il faut encore moins pour être estimé tout le contraire.

32

[IV] La politesse n'inspire pas toujours la bonté, l'équité, la complaisance, la gratitude ; elle en donne du moins les apparences, et fait paraître l'homme au dehors comme il devrait être intérieurement.

[I] L'on peut définir l'esprit de politesse, l'on ne peut en fixer la pratique : elle suit l'usage et les coutumes reçues ; elle est attachée aux temps, aux lieux, aux personnes, et n'est point la même dans les deux sexes, ni dans les différentes conditions ; l'esprit tout seul ne la fait pas deviner : il fait qu'on la suit par imitation, et que l'on s'y perfectionne ; il y a des tempéraments qui ne sont susceptibles que de la politesse ; et il y en a d'autres qui ne servent qu'aux grands talents, ou à une vertu solide. Il est vrai que les manières polies donnent cours au mérite, et le rendent agréable ; et qu'il faut avoir de bien éminentes qualités pour se soutenir sans la politesse.

[I] Il me semble que l'esprit de politesse est une certaine attention à faire que par nos paroles et par nos manières les autres soient contents de nous et d'eux-mêmes.

33 [I]

C'est une faute contre la politesse que de louer immodérément, en présence de ceux que vous faites chanter ou toucher un instrument, quelque autre personne qui a ces mêmes talents ; comme devant ceux qui vous lisent leurs vers, un autre poète.

34 [IV]

Dans les repas ou les fêtes que l'on donne aux autres, dans les présents qu'on leur fait, et dans tous les plaisirs qu'on leur procure, il y a faire bien, et faire selon leur goût ; le dernier est préférable.

35 [I]

Il y aurait une espèce de férocité à rejeter indifféremment toute sorte de louanges : l'on doit être sensible à celles qui nous viennent des gens de bien, qui louent en nous sincèrement des choses louables.

36 [IV]

Un homme d'esprit, et qui est né fier, ne perd rien de sa fierté et de sa raideur pour se trouver pauvre ; si quelque chose au contraire doit amollir son humeur, le rendre plus doux et plus sociable, c'est un peu de prospérité.

37 [IV]

Ne pouvoir supporter tous les mauvais caractères dont le monde est plein n'est pas un fort bon caractère : il faut dans le commerce des pièces d'or et de la monnaie.

38 [IV]

Vivre avec des gens qui sont brouillés, et dont il faut écouter de part et d'autre les plaintes réciproques, c'est, pour ainsi dire, ne pas sortir de l'audience, et entendre du matin au soir plaider et parler procès.

39 [V]

L'on sait des gens qui avaient coulé leurs jours dans une union étroite : leurs biens étaient en commun, ils n'avaient qu'une même demeure, ils ne se perdaient pas de vue. Ils se sont aperçus à plus de quatre-vingts ans qu'ils devaient se quitter l'un l'autre et finir leur société ; ils n'avaient plus qu'un jour à vivre, et ils n'ont osé entreprendre de le passer ensemble ; ils se sont dépêchés de rompre avant que de mourir ; ils n'avaient de fonds pour la complaisance que jusque-là. Ils ont trop vécu pour le bon exemple : un moment plus tôt ils mouraient sociables, et laissaient après eux un rare modèle de la persévérance dans l'amitié.

40 [I]

L'intérieur des familles est souvent troublé par les défiances, par les jalousies et par l'antipathie, pendant que des dehors contents, paisibles et enjoués nous trompent, et nous y font supposer une paix qui n'y est point : il y en a peu qui gagnent à être approfondies. Cette visite que vous rendez vient de suspendre une querelle domestique qui n'attend que votre retraite pour recommencer.

41 [I]

Dans la société c'est la raison qui plie la première : les plus sages sont souvent menés par le plus fou et le plus bizarre ; l'on étudie son faible, son humeur, ses caprices, l'on s'y accommode ; l'on évite de le heurter, tout le monde lui cède ; la moindre sérénité qui paraît sur son visage lui attire des éloges : on lui tient compte de n'être pas toujours insupportable. Il est craint, ménagé, obéi, quelquefois aimé.

42 [IV]

Il n'y a que ceux qui ont eu de vieux collatéraux, ou qui en ont encore, et dont il s'agit d'hériter, qui puissent dire ce qu'il en coûte.

43 [I]

Cléante est un très honnête homme ; il s'est choisi une femme qui est la meilleure personne du monde et la plus raisonnable : chacun, de sa part, fait tout le plaisir et tout l'agrément des sociétés où il se trouve ; l'on ne peut voir ailleurs plus de probité, plus de politesse : ils se quittent demain, et l'acte de leur séparation est tout dressé chez le notaire. Il y a, sans mentir, de certains mérites qui ne sont point faits pour être ensemble, de certaines vertus incompatibles.

44 [I]

L'on peut compter sûrement sur la dot, le douaire et les conventions, mais faiblement sur les *nourritures ;* elles dépendent d'une union fragile de la belle-mère et de la bru, et qui périt[a] souvent dans l'année du mariage.

45 [V]

Un beau-père aime son gendre, aime sa bru. Une belle-mère aime son gendre, n'aime point sa bru. Tout est réciproque.

46 [V]

Ce qu'une marâtre aime le moins de tout ce qui est au monde, ce sont les enfants de son mari : plus elle est folle de son mari, plus elle est marâtre.

Les marâtres font déserter les villes et les bourgades, et ne peuplent pas moins la terre de mendiants, de vagabonds, de domestiques et d'esclaves, que la pauvreté.

47 [I]

G... et H... sont voisins de campagne, et leurs terres sont contiguës ; ils habitent une contrée déserte et solitaire. Éloignés des villes et de tout commerce, il semblait que la fuite d'une entière solitude ou l'amour de la société eût dû les assujettir à une liaison réciproque ; il est cependant difficile d'exprimer la bagatelle qui les a fait rompre, qui les rend implacables l'un pour l'autre, et qui perpétuera leurs haines dans leurs descendants. Jamais des parents, et même des frères, ne se sont brouillés pour une moindre chose.

Je suppose qu'il n'y ait que deux hommes sur la terre, qui la possèdent seuls, et qui la partagent toute entre eux deux : je suis persuadé qu'il leur naîtra bientôt quelque sujet de rupture, quand ce ne serait que pour les limites.

48 [VII]

Il est souvent plus court et plus utile de cadrer aux autres que de faire que les autres s'ajustent à nous.

---

a. VAR. « elles dépendent d'une union fragile, qui périt » [I-III].

49 [V]

J'approche d'une petite ville, et je suis déjà sur une hauteur d'où je la découvre ; elle est située à mi-côte, une rivière baigne ses murs, et coule ensuite dans une belle prairie ; elle a une forêt épaisse qui la couvre des vents froids et de l'aquilon : je la vois dans un jour si favorable, que je compte ses tours et ses clochers ; elle me paraît peinte sur le penchant de la colline. Je me récrie, et je dis : « Quel plaisir de vivre sous un si beau ciel et dans ce séjour si délicieux ! » Je descends dans la ville, où je n'ai pas couché deux nuits, que je ressemble à ceux qui l'habitent, j'en veux sortir.

50 [IV]

Il y a une chose que l'on n'a point vue sous le ciel et que selon toutes les apparences on ne verra jamais : c'est une petite ville qui n'est divisée en aucuns partis, où les familles sont unies, et où les cousins se voient avec confiance ; où un mariage n'engendre point une guerre civile ; où la querelle des rangs ne se réveille pas à tous moments par l'offrande, l'encens et le pain bénit, par les processions et par les obsèques ; d'où l'on a banni les *caquets,* le mensonge et la médisance ; où l'on voit parler ensemble le bailli et le président, les élus et les assesseurs ; où le doyen vit bien avec ses chanoines ; où les chanoines ne dédaignent pas les chapelains, et où ceux-ci souffrent les chantres.

51 [IV]

Les provinciaux et les sots sont toujours prêts à se fâcher, et à croire qu'on se moque d'eux ou qu'on les méprise : il ne faut jamais hasarder la plaisanterie, même la plus douce et la plus permise, qu'avec des gens polis, ou qui ont de l'esprit.

52 [V]

On ne prime point avec les Grands, ils se défendent par leur grandeur ; ni avec les petits, ils vous repoussent par le *qui vive.*

53 [V]

Tout ce qui est mérite se sent, se discerne, se devine réciproquement : si l'on voulait être estimé, il faudrait vivre avec des personnes estimables.

54 [I]

Celui qui est d'une éminence au-dessus des autres qui le met à couvert de la repartie, ne doit jamais faire une raillerie piquante.

55 [I]

Il y a de petits défauts que l'on abandonne volontiers à la censure, et dont nous ne haïssons pas à être raillés : ce sont de pareils défauts que nous devons choisir pour railler les autres.

56 [IV]

Rire des gens d'esprit, c'est le privilège des sots : ils sont dans le monde ce que les fous sont à la Cour, je veux dire sans conséquence.

57 [I]

La moquerie est souvent indigence d'esprit.

58 [I]

Vous le croyez votre dupe : s'il feint de l'être, qui est plus dupe de lui ou de vous ?

59 [IV]

Si vous observez avec soin qui sont les gens qui ne peuvent louer, qui blâment toujours, qui ne sont contents de personne, vous reconnaîtrez que ce sont ceux mêmes dont personne n'est content.

60 [I]

Le dédain et le rengorgement dans la société attire précisément le contraire de ce que l'on cherche, si c'est à se faire estimer.

61 [I]

Le plaisir de la société entre les amis se cultive par une ressemblance de goût sur ce qui regarde les mœurs, et par quelques différences d'opinions sur les sciences : par là ou l'on s'affermit dans ses sentiments [a], ou l'on s'exerce et l'on s'instruit par la dispute.

62 [I]

L'on ne peut aller loin dans l'amitié, si l'on n'est pas disposé à se pardonner les uns aux autres les petits défauts.

63 [I]

Combien de belles et inutiles raisons à étaler à celui qui est dans une grande adversité, pour essayer de le rendre tranquille ! Les choses de dehors qu'on appelle les événements sont quelquefois plus fortes que la raison et que la nature. « Mangez, dormez, ne vous laissez point mourir de chagrin, songez à vivre » : harangues froides, et qui réduisent à l'impossible. « Êtes-vous raisonnable de vous tant inquiéter ? » n'est-ce pas dire : « Êtes-vous fou d'être malheureux ? »

64 [I]

Le conseil, si nécessaire pour les affaires, est quelquefois dans la société nuisible à qui le donne, et inutile à celui à qui il est donné. Sur les mœurs, vous faites remarquer des défauts ou que l'on n'avoue pas, ou que l'on estime des vertus ; sur les ouvrages, vous rayez les endroits qui paraissent admirables à leur auteur, où il se complaît davantage, où il croit s'être

---

a. Var. « par là ou l'on s'affermit et l'on se complaît dans ses sentiments » [I-VII] surpassé lui-même. Vous perdez ainsi la confiance de vos amis, sans les avoir rendus ni meilleurs ni plus habiles.

65 [I]

L'on a vu, il n'y a pas longtemps, un cercle de personnes des deux sexes, liées ensemble par la conversation et par un commerce d'esprit. Ils laissent au vulgaire l'art de parler d'une manière intelligible ; une chose dite entre eux peu clairement en entraînait une autre encore plus obscure, sur laquelle on enchérissait par de vraies énigmes, toujours suivies de longs applaudissements : par tout ce qu'ils appelaient délicatesse, sentiments, tour et finesse d'expression, ils étaient enfin parvenus à n'être plus entendus et à ne s'entendre pas eux-mêmes. Il ne fallait, pour fournir à ces entretiens, ni bon sens, ni jugement, ni mémoire, ni la moindre capacité : il fallait de l'esprit, non pas du meilleur, mais de celui qui est faux, et où l'imagination a trop de part.

66 [VI]

Je le sais, *Théobalde*, vous êtes vieilli, mais voudriez-vous que je crusse que vous êtes baissé, que vous n'êtes plus poète ni bel esprit, que vous êtes présentement aussi mauvais juge de tout genre d'ouvrage que méchant auteur, que vous n'avez plus rien de naïf et de délicat dans la conversation ? Votre air libre et présomptueux me rassure, et me persuade tout le contraire ; vous êtes donc aujourd'hui tout ce que vous fûtes jamais, et peut-être meilleur ; car si à votre âge vous êtes si vif et si impétueux, quel nom, Théobalde, fallait-il vous donner dans votre jeunesse, et lorsque vous étiez la *coqueluche* ou l'entêtement de certaines femmes qui ne juraient que par vous et sur votre parole, qui disaient : *Cela est délicieux ; qu'a-t-il dit ?*

67 [I]

L'on parle impétueusement dans les entretiens, souvent par vanité ou par humeur, rarement avec assez d'attention : tout occupé du désir de répondre à ce qu'on n'écoute point, l'on suit ses idées, et on les explique sans le moindre égard pour les raisonnements d'autrui ; l'on est bien éloigné de trouver ensemble la vérité, l'on n'est pas encore convenu de celle que l'on cherche. Qui pourrait écouter ces sortes de conversations et les écrire, ferait voir quelquefois de bonnes choses qui n'ont nulle suite.

68 [I]

Il a régné pendant quelque temps une sorte de conversation fade et puérile, qui roulait toute sur des questions frivoles qui avaient relation au cœur et à ce qu'on appelle passion ou tendresse. La lecture de quelques romans les avait introduites parmi les plus honnêtes gens de la Ville et de la Cour ; ils s'en sont défaits, et la bourgeoisie les a reçues avec les pointes et les équivoques.

69 [IV]

Quelques femmes de la Ville ont la délicatesse de ne pas savoir ou de n'oser dire le nom des rues, des places, et de quelques endroits publics, qu'elles ne croient pas assez nobles pour être connus : elles disent : *le Louvre, la place Royale,* mais elles usent de tours et de phrases plutôt que de prononcer de certains noms ; et s'ils leur échappent, c'est du moins avec quelque altération du mot, et après quelques façons qui les rassurent : en cela moins naturelles que les femmes de la Cour, qui ayant besoin dans le discours des *Halles,* du *Châtelet,* ou de choses semblables, disent : *les Halles, le Châtelet.*

70 [IV]

Si l'on feint quelquefois de ne se pas souvenir de certains noms que l'on croit obscurs, et si l'on affecte de les corrompre en les prononçant, c'est par la bonne opinion qu'on a du sien [a].

71 [I]

L'on dit par belle humeur, et dans la liberté de la conversation, de ces choses froides, qu'à la vérité l'on donne pour telles, et que l'on ne trouve bonnes que parce qu'elles sont extrêmement mauvaises. Cette manière basse de plaisanter a passé du peuple, à qui elle appartient, jusque dans une grande partie de la jeunesse de la Cour, qu'elle a déjà infectée. Il est vrai qu'il y entre trop de fadeur et de grossièreté pour devoir craindre qu'elle s'étende plus loin, et qu'elle fasse de plus grands progrès dans un pays qui est le centre du bon goût et de la politesse : l'on doit cependant en inspirer le dégoût à ceux qui la pratiquent ; car bien que ce ne soit jamais sérieusement, elle ne laisse pas de tenir la place, dans leur esprit et dans le commerce ordinaire, de quelque chose de meilleur.

72 [V]

Entre dire de mauvaises choses, ou en dire de bonnes que tout le monde sait et les donner pour nouvelles, je n'ai pas à choisir.

73 [I]

« *Lucain a dit une jolie chose... Il y a un beau mot de Claudien... Il y a cet endroit de Sénèque* » : et là-dessus une longue suite de latin, que l'on cite souvent devant des gens qui ne l'entendent pas, et qui feignent de l'entendre. Le secret serait d'avoir un grand sens et bien de l'esprit ; car ou l'on se passerait des anciens, ou après les avoir lus avec soin, l'on saurait encore choisir les meilleurs, et les citer à propos.

---

a. VAR. « On feint de ne se pas souvenir de quelques noms que l'on croit obscurs, et on affecte de les corrompre en les prononçant, par la bonne opinion que l'on a du sien. » [IV].

74 [V]

Hermagoras ne sait pas qui est roi de Hongrie ; il s'étonne de n'entendre faire aucune mention du roi de Bohême ; ne lui parlez pas des guerres de Flandre et de Hollande, dispensez-le du moins de vous répondre : il confond les temps, il ignore quand elles ont commencé, quand elles ont fini, combats, sièges, tout lui est nouveau ; mais il est instruit de la guerre des géants, il en raconte le progrès et les moindres détails, rien ne lui est échappé ; il débrouille de même l'horrible chaos des deux empires, le Babylonien et l'Assyrien ; il connaît à fond les Égyptiens et leurs dynasties. Il n'a jamais vu Versailles [a], il ne le verra point : il a presque vu la tour de Babel, il en compte les degrés, il sait combien d'architectes ont présidé à cet ouvrage, il sait le nom des architectes. Dirai-je qu'il croit Henri IV [b] fils de Henri III ? Il néglige du moins de rien connaître aux maisons de France, d'Autriche et de Bavière : « Quelles minuties ! » dit-il, pendant qu'il récite de mémoire toute une liste des rois des Mèdes ou de Babylone, et que les noms d'Apronal, d'Hérigebal, de Noesnemordach, de Mardokempad, lui sont aussi familiers qu'à nous ceux de Valois et de Bourbon. Il demande si l'Empereur a jamais été marié ; mais personne ne lui apprendra que Ninus a eu deux femmes. On lui dit que le Roi jouit d'une santé parfaite ; et il se souvient que Thetmosis, un roi d'Égypte, était valétudinaire, et qu'il tenait cette complexion de son aïeul Alipharmutosis. Que ne sait-il point ? Quelle chose lui est cachée de la vénérable antiquité ? Il vous dira que Sémiramis, ou, selon quelques-uns, Sérimaris, parlait comme son fils Ninyas, qu'on ne les distinguait pas à la parole ; si c'était parce que la mère avait une voix mâle comme son fils, ou le fils une voix efféminée comme sa mère, qu'il n'ose pas le décider ; il vous révélera que Nembrot était gaucher, et Sésostris ambidextre ; que c'est une erreur de s'imaginer qu'un Artaxerxe ait été appelé Longuemain parce que les bras lui tombaient jusqu'aux genoux, et non à cause qu'il avait une main plus longue que l'autre ; et il ajoute qu'il y a des auteurs graves qui affirment que c'était la droite, qu'il croit néanmoins être bien fondé à soutenir que c'est la gauche.

75 [VIII]

Ascagne est statuaire, *Hégion* fondeur, *Æschine* foulon, et *Cydias* bel esprit, c'est sa profession ; il a une enseigne, un atelier, des ouvrages de commande, et des compagnons qui travaillent sous lui : il ne vous saurait rendre de plus d'un mois les stances qu'il vous a promises, s'il ne manque de parole à *Dosithée*, qui l'a engagé à faire une élégie ; une idylle est sur le métier, c'est pour *Crantor*, qui le presse, et qui lui laisse espérer un riche salaire. Prose, vers, que voulez-vous ? Il réussit également en l'un et en l'autre ; demandez-lui des lettres de consolation, ou sur une absence, il les entreprendra ; prenez-les toutes faites et entrez

---

a. Var. « Il n'a jamais vu *Versailles*, oui *Versailles* » [V et VI].
b. Henri le Grand. (Note de La Bruyère.)

dans son magasin, il y a à choisir. Il a un ami qui n'a point d'autre fonction sur la terre que de le promettre longtemps à un certain monde, et de le présenter enfin dans les maisons comme homme rare et d'une exquise conversation ; et là, ainsi que le musicien chante et que le joueur de luth touche son luth devant les personnes à qui il a été promis, Cydias, après avoir toussé, relevé sa manchette, étendu la main et ouvert les doigts, débite gravement ses pensées quintessenciées et ses raisonnements sophistiqués. Différent de ceux qui convenant de principes, et connaissant la raison ou la vérité qui est une, s'arrachent la parole l'un à l'autre pour s'accorder sur leurs sentiments, il n'ouvre la bouche que pour contredire : « *Il me semble*, dit-il gracieusement, *que c'est tout le contraire de ce que vous dites* » ; ou : « *Je ne saurais être de votre opinion* » ; ou bien : « *Ç'a été autrefois mon entêtement, comme il est le vôtre, mais... Il y a trois choses*, ajoute-t-il, *à considérer...* », et il en ajoute une quatrième : fade discoureur, qui n'a pas mis plus tôt le pied dans une assemblée, qu'il cherche quelques femmes auprès de qui il puisse s'insinuer, se parer de son bel esprit ou de sa philosophie, et mettre en œuvre ses rares conceptions ; car soit qu'il parle ou qu'il écrive, il ne doit pas être soupçonné d'avoir en vue ni le vrai ni le faux, ni le raisonnable ni le ridicule : il évite uniquement de donner dans le sens des autres, et d'être de l'avis de quelqu'un ; aussi attend-il dans un cercle que chacun se soit expliqué sur le sujet qui s'est offert, ou souvent qu'il a amené lui-même, pour dire dogmatiquement des choses toutes nouvelles, mais à son gré décisives et sans réplique. Cydias s'égale à Lucien et à Sénèque [a], se met au-dessus de Platon, de Virgile et de Théocrite ; et son flatteur a soin de le confirmer tous les matins dans cette opinion : uni de goût et d'intérêt avec les contempteurs d'Homère, il attend paisiblement que les hommes détrompés lui préfèrent les poètes modernes : il se met en ce cas à la tête de ces derniers, et il sait à qui il adjuge la seconde place ; c'est en un mot un composé du pédant et du précieux, fait pour être admiré de la bourgeoisie et de la province, en qui néanmoins on n'aperçoit rien de grand que l'opinion qu'il a de lui-même.

76 [I]

C'est la profonde ignorance qui inspire le ton dogmatique ; celui qui ne sait rien croit enseigner aux autres ce qu'il vient d'apprendre lui-même ; celui qui sait beaucoup pense à peine que ce qu'il dit puisse être ignoré, et parle plus indifféremment.

77 [I]

Les plus grandes choses n'ont besoin que d'être dites simplement : elles se gâtent par l'emphase : il faut dire noblement les plus petites : elles ne se soutiennent que par l'expression, le ton et la manière.

---

a. Philosophe et poète tragique. (Note de La Bruyère.)

78 [I]

Il me semble que l'on dit les choses encore plus finement qu'on ne peut les écrire.

79 [I]

Il n'y a guère qu'une naissance honnête, ou qu'une bonne éducation, qui rendent les hommes capables de secret.

80 [IV]

Toute confiance est dangereuse si elle n'est entière : il y a peu de conjonctures où il ne faille tout dire ou tout cacher. On a déjà trop dit de son secret à celui à qui l'on croit devoir en dérober une circonstance.

81

[V] Des gens vous promettent le secret, et ils le révèlent eux-mêmes, et à leur insu ; ils ne remuent pas les lèvres, on les entend ; on lit sur leur front et dans leurs yeux, on voit au travers de leur poitrine, ils sont transparents. D'autres ne disent pas précisément une chose qui leur a été confiée ; mais ils parlent et agissent de manière qu'on la découvre de soi-même. Enfin quelques-uns méprisent votre secret, de quelque conséquence qu'il puisse être : *C'est un mystère, un tel m'en a fait part, et m'a défendu de le dire ;* et ils le disent.

[VIII] Toute révélation d'un secret est la faute de celui qui l'a confié.

82 [V]

Nicandre s'entretient avec *Élise* de la manière douce et complaisante dont il a vécu avec sa femme, depuis le jour qu'il en fit le choix jusques à sa mort ; il a déjà dit qu'il regrette qu'elle ne lui ait pas laissé des enfants, et il le répète ; il parle des maisons qu'il a à la ville, et bientôt d'une terre qu'il a à la campagne : il calcule le revenu qu'elle lui rapporte, il fait le plan des bâtiments, en décrit la situation, exagère la commodité des appartements, ainsi que la richesse et la propreté des meubles ; il assure qu'il aime la bonne chère, les équipages ; il se plaint que sa femme n'aimait point assez le jeu et la société. « Vous êtes si riche, lui disait l'un de ses amis, que n'achetez-vous cette charge ? pourquoi ne pas faire cette acquisition qui étendrait votre domaine ? On me croit, ajoute-t-il, plus de bien que je n'en possède. » Il n'oublie pas son extraction et ses alliances : *Monsieur le Surintendant, qui est mon cousin ; Madame la Chancelière, qui est ma parente ;* voilà son style. Il raconte un fait qui prouve le mécontentement qu'il doit avoir de ses plus proches, et de ceux même qui sont ses héritiers : « Ai-je tort ? dit-il à Élise ; ai-je grand sujet de leur vouloir du bien ? » et il l'en fait juge. Il insinue ensuite qu'il a une santé faible et languissante, et il parle de la cave où il doit être enterré. Il est insinuant, flatteur, officieux à l'égard de tous ceux qu'il trouve auprès de la personne à qui il aspire. Mais Élise n'a pas le courage d'être riche en l'épousant ; on annonce, au moment qu'il parle, un cavalier qui de sa seule présence démonte la batterie de l'homme de ville : il se lève déconcerté et chagrin, et va dire ailleurs qu'il veut se remarier.

83 [I]

Le sage quelquefois évite le monde, de peur d'être ennuyé.

VI. DES BIENS DE FORTUNE

1 [I]

Un homme fort riche peut manger des entremets, faire peindre ses lambris et ses alcôves, jouir d'un palais à la campagne et d'un autre à la ville, avoir un grand équipage, mettre un duc dans sa famille, et faire de son fils un grand seigneur : cela est juste de son ressort ; mais il appartient peut-être à d'autres de vivre contents.

2 [I]

Une grande naissance ou une grande fortune annonce le mérite, et le fait plus tôt remarquer.

3 [IV]

Ce qui disculpe le fat ambitieux de son ambition est le soin que l'on prend, s'il a fait une grande fortune, de lui trouver un mérite qu'il n'a jamais eu, et aussi grand qu'il croit l'avoir.

4 [I]

A mesure que la faveur et les grands biens se retirent d'un homme, ils laissent voir en lui le ridicule qu'ils couvraient, et qui y était sans que personne s'en aperçût.

5 [I]

Si l'on ne le voyait de ses yeux, pourrait-on jamais s'imaginer l'étrange disproportion que le plus ou le moins de pièces de monnaie met entre les hommes ?

Ce plus ou ce moins détermine à l'épée, à la robe où à l'Église : il n'y a presque point d'autre vocation.

6 [VI]

Deux marchands étaient voisins et faisaient le même commerce, qui ont eu dans la suite une fortune toute différente. Ils avaient chacun une fille unique ; elles ont été nourries ensemble, et ont vécu dans cette familiarité que donnent un même âge et une même condition : l'une des deux, pour se tirer d'une extrême misère, cherche à se placer ; elle entre au service d'une fort grande dame et l'une des premières de la Cour, chez sa compagne.

7 [VII]

Si le financier manque son coup, les courtisans disent de lui : « C'est un bourgeois, un homme de rien, un malotru » ; s'il réussit, ils lui demandent sa fille.

8 [VI]

Quelques-uns ont fait dans leur jeunesse l'apprentissage d'un certain métier, pour en exercer un autre, et fort différent, le reste de leur vie.

9 [I]

Un homme est laid, de petite taille, et a peu d'esprit. L'on me dit à l'oreille : « Il a cinquante mille livres de rente. » Cela le concerne tout seul, et il ne m'en fera jamais ni pis ni mieux ; si je commence à le regarder avec d'autres yeux, et si je ne suis pas maître de faire autrement, quelle sottise !

10 [IV]

Un projet assez vain serait de vouloir tourner un homme fort sot et fort riche en ridicule ; les rieurs sont de son côté.

11 [II]

N**, avec un portier rustre, farouche, tirant sur le Suisse, avec un vestibule et une antichambre, pour peu qu'il y fasse languir quelqu'un et se morfondre, qu'il paraisse enfin avec une mine grave et une démarche mesurée, qu'il écoute un peu et ne reconduise point : quelque subalterne qu'il soit d'ailleurs, il fera sentir de lui-même quelque chose qui approche de la considération.

12 [VIII]

Je vais, *Clitiphon*, à votre porte ; le besoin que j'ai de vous me chasse de mon lit et de ma chambre : plût aux Dieux que je ne fusse ni votre client ni votre fâcheux ! Vos esclaves me disent que vous êtes enfermé, et vous ne pouvez m'écouter que d'une heure entière. Je reviens avant le temps qu'ils m'ont marqué, et ils me disent que vous êtes sorti. Que faites-vous, Clitiphon, dans cet endroit le plus reculé de votre appartement, de si laborieux, qui vous empêche de m'entendre ? Vous enfilez quelques mémoires, vous collationnez un registre, vous signez, vous parafez ; je n'avais qu'une chose à vous demander, et vous n'aviez qu'un mot à me répondre, oui, ou non. Voulez-vous être rare ? Rendez service à ceux qui dépendent de vous : vous le serez davantage par cette conduite que par ne vous pas laisser voir : ô homme important et chargé d'affaires, qui à votre tour avez besoin de mes offices, venez dans la solitude de mon cabinet, le philosophe est accessible ; je ne vous remettrai point à un autre jour ; vous me trouverez sur les livres de Platon qui traitent de la spiritualité de l'âme et de sa distinction d'avec le corps, ou la plume à la main pour calculer les distances de Saturne et de Jupiter, j'admire Dieu dans ses ouvrages, et je cherche, par la connaissance de la vérité, à régler mon esprit et devenir meilleur ; entrez, toutes les portes vous sont ouvertes ; mon antichambre n'est pas faite pour s'y ennuyer en m'attendant ; passez jusqu'à moi sans me faire avertir ; vous m'apportez quelque chose de plus précieux que l'argent et l'or, si c'est une occasion de vous obliger ; parlez, que voulez-vous que je fasse pour vous ? Faut-il quitter mes livres, mes études, mon ouvrage, cette ligne qui est commencée ? Quelle interruption heureuse pour moi que celle qui vous est utile ! Le manieur d'argent, l'homme d'affaires est un ours qu'on ne saurait apprivoiser ; on ne le voit dans sa loge qu'avec peine : que dis-je ? on ne le voit point ; car d'abord on ne le voit pas encore, et bientôt on ne le voit plus : l'homme de lettres au contraire est trivial comme une borne au coin des places ; il est vu de tous, et à toute heure, et en tous états, à table, au lit, nu, habillé, sain ou malade ; il ne peut être important, et il ne le veut point être.

13 [I]

N'envions point à une sorte de gens leurs grandes richesses ; ils les ont à titre onéreux, et qui ne nous accommoderait point : ils ont mis leur repos, leur santé, leur honneur et leur conscience pour les avoir ; cela est trop cher, et il n'y a rien à gagner à un tel marché.

14 [I]

Les P.T.S. nous font sentir toutes les passions l'une après l'autre : l'on commence par le mépris, à cause de leur obscurité ; on les envie ensuite, on les hait, on les craint, on les estime quelquefois, et on les respecte ; l'on vit assez pour finir à leur égard par la compassion.

15 [I]

Sosie de la livrée a passé par une petite recette à une sous-ferme ; et par les concussions, la violence, et l'abus qu'il a fait de ses *pouvoirs,* il s'est enfin, sur les ruines de plusieurs familles, élevé à quelque grade ; devenu noble par une charge, il ne lui manquait que d'être homme de bien : une place de marguillier a fait ce prodige.

16 [I]

Arfure cheminait seule et à pied vers le grand portique de Saint**, entendait de loin le sermon d'un carme ou d'un docteur qu'elle ne voyait qu'obliquement, et dont elle perdait bien des paroles ; sa vertu était obscure, et sa dévotion connue comme sa personne : son mari est entré dans le *huitième denier* : quelle monstrueuse fortune en moins de six années ! Elle n'arrive à l'église que dans un char ; on lui porte une lourde queue ; l'orateur s'interrompt pendant qu'elle se place ; elle le voit de front, n'en perd pas une seule parole ni le moindre geste ; il y a une brigue entre les prêtres pour la confesser ; tous veulent l'absoudre, et le curé l'emporte.

17 [I]

L'on porte *Crésus* au cimetière : de toutes ses immenses richesses, que le vol et la concussion lui avaient acquises, et qu'il a épuisées par le luxe et par la bonne chère, il ne lui est pas demeuré de quoi se faire enterrer ; il est mort insolvable, sans biens, et ainsi privé de tous les secours ; l'on n'a vu chez lui ni julep, ni cordiaux, ni médecins, ni le moindre docteur qui l'ait assuré de son salut.

18 [I]

Champagne, au sortir d'un long dîner qui lui enfle l'estomac, et dans les douces fumées d'un vin d'Avenay ou de Sillery, signe un ordre qu'on lui présente, qui ôterait le pain à toute une province si l'on n'y remédiait ; il est excusable : quel moyen de comprendre, dans la première heure de la digestion, qu'on puisse quelque part mourir de faim ?

19 [IV]

Sylvain de ses deniers a acquis de la naissance et un autre nom : il est seigneur de la paroisse où ses aïeuls payaient la taille ; il n'aurait pu autrefois entrer page chez *Cléobule*, et il est son gendre.

20 [IV]

Dorus passe en litière par la voie *Appienne*, précédé de ses affranchis et de ses esclaves, qui détournent le peuple et font faire place ; il ne lui manque que des licteurs ; il entre à *Rome* avec ce cortège, où il semble triompher de la bassesse et de la pauvreté de son père *Sanga*.

21 [V]

On ne peut mieux user de sa fortune que fait *Périandre* : elle lui donne du rang, du crédit, de l'autorité ; déjà on ne le prie plus d'accorder son amitié, on implore sa protection : il a commencé par dire de soi-même : *un homme de ma sorte* ; il passe à dire : *un homme de ma qualité ;* il se donne pour tel, et il n'y a personne de ceux à qui il prête de l'argent, ou qu'il reçoit à sa table, qui est délicate, qui veuille s'y opposer : sa demeure est superbe : un dorique règne dans tous ses dehors ; ce n'est pas une porte, c'est un portique : est-ce la maison d'un particulier ? est-ce un temple ? le peuple s'y trompe. Il est le seigneur dominant de tout le quartier ; c'est lui que l'on envie, et dont on voudrait voir la chute ; c'est lui dont la femme, par son collier de perles, s'est fait des ennemies de toutes les dames du voisinage. Tout se soutient dans cet homme ; rien encore ne se dément dans cette grandeur qu'il a acquise, dont il ne doit rien, qu'il a payée. Que son père, si vieux et si caduc, n'est-il mort il y a vingt ans et avant qu'il se fît dans le monde aucune mention de Périandre ! Comment pourra-t-il soutenir ces odieuses pancartes[a] qui déchiffrent les conditions et qui souvent font rougir la veuve et les héritiers ? Les supprimera-t-il aux yeux de toute une ville jalouse, maligne,

---

a. Billets d'enterrement. (Note de La Bruyère.)

clairvoyante, et aux dépens de mille gens qui veulent absolument aller tenir leur rang à des obsèques ? Veut-on d'ailleurs qu'il fasse de son père un *Noble homme,* et peut-être un *Honorable homme,* lui qui est *Messire* ?

22 [I]

Combien d'hommes ressemblent à ces arbres déjà forts et avancés que l'on transplante dans les jardins, où ils surprennent les yeux de ceux qui les voient placés dans de beaux endroits où ils ne les ont point vus croître, et qui ne connaissent ni leurs commencements ni leurs progrès !

23 [I]

Si certains morts revenaient au monde, et s'ils voyaient leurs grands noms portés, et leurs terres les mieux titrées avec leurs châteaux et leurs maisons antiques, possédées par des gens dont les pères étaient peut-être leurs métayers, quelle opinion pourraient-ils avoir de notre siècle ?

24 [I]

Rien ne fait mieux comprendre le peu de chose que Dieu croit donner aux hommes, en leur abandonnant les richesses, l'argent, les grands établissements et les autres biens, que la dispensation qu'il en fait, et le genre d'hommes qui en sont le mieux pourvus.

25 [V]

Si vous entrez dans les cuisines, où l'on voit réduit en art et en méthode le secret de flatter votre goût et de vous faire manger au-delà du nécessaire ; si vous examinez en détail tous les apprêts des viandes qui doivent composer le festin que l'on vous prépare ; si vous regardez par quelles mains elles passent, et toutes les formes différentes qu'elles prennent avant de devenir un mets exquis, et d'arriver à cette propreté et à cette élégance qui charment vos yeux, vous font hésiter sur le choix, et prendre le parti d'essayer de tout ; si vous voyez tout le repas ailleurs que sur une table bien servie, quelles saletés ! quel dégoût ! Si vous allez derrière un théâtre, et si vous nombrez les poids, les roues, les cordages, qui font les vols et les machines ; si vous considérez combien de gens entrent dans l'exécution de ces mouvements, quelle force de bras, et quelle extension de nerfs ils y emploient, vous direz : « Sont-ce là les principes et les ressorts de ce spectacle si beau, si naturel, qui paraît animé et agir de soi-même ? » Vous vous récrierez : « Quels efforts ! quelle violence ! » De même n'approfondissez pas la fortune des partisans.

26 [I]

Ce garçon si frais, si fleuri et d'une si belle santé est seigneur d'une abbaye et de dix autres bénéfices : tous ensemble lui rapportent six vingt mille livres de revenu, dont il n'est payé qu'en médailles d'or [a].

---

a. « Louis d'or » [I, II : note de La Bruyère].

Il y a ailleurs six vingt familles indigentes qui ne se chauffent point pendant l'hiver, qui n'ont point d'habits pour se couvrir, et qui souvent manquent de pain ; leur pauvreté est extrême et honteuse. Quel partage ! Et cela ne prouve-t-il pas clairement un avenir ?

27 [V]

Chrysippe, homme nouveau, et le premier noble de sa race, aspirait, il y a trente années, à se voir un jour deux mille livres de rente pour tout bien : c'était là le comble de ses souhaits et sa plus haute ambition ; il l'a dit ainsi, et on s'en souvient. Il arrive, je ne sais par quels chemins, jusques à donner en revenu à l'une de ses filles, pour sa dot, ce qu'il désirait lui-même d'avoir en fonds pour toute fortune pendant sa vie. Une pareille somme est comptée dans ses coffres pour chacun de ses autres enfants qu'il doit pourvoir, et il a un grand nombre d'enfants ; ce n'est qu'en avancement d'hoirie : il y a d'autres biens à espérer après sa mort. Il vit encore, quoique assez avancé en âge, et il use le reste de ses jours à travailler pour s'enrichir.

28 [IV]

Laissez faire *Ergaste,* et il exigera un droit de tous ceux qui boivent de l'eau de la rivière, ou qui marchent sur la terre ferme : il sait convertir en or jusques aux roseaux, aux joncs et à l'ortie ; il écoute tous les avis, et propose tous ceux qu'il a écoutés. Le prince ne donne aux autres qu'aux dépens d'Ergaste, et ne leur fait de grâces que celles qui lui étaient dues ; c'est une faim insatiable d'avoir et de posséder : il trafiquerait des arts et des sciences, et mettrait en parti jusques à l'harmonie : il faudrait, s'il en était cru, que le peuple, pour avoir le plaisir de le voir riche, de lui voir une meute et une écurie, pût perdre le souvenir de la musique d'*Orphée,* et se contenter de la sienne.

29 [V]

Ne traitez pas avec *Criton,* il n'est touché que de ses seuls avantages. Le piège est tout dressé à ceux à qui sa charge, sa terre, ou ce qu'il possède feront envie : il vous imposera des conditions extravagantes. Il n'y a nul ménagement et nulle composition à attendre d'un homme si plein de ses intérêts et si ennemi des vôtres : il lui faut une dupe.

30 [IV]

Brontin, dit le peuple, fait des retraites, et s'enferme huit jours avec des saints ; ils ont leurs méditations, et il a les siennes.

31 [I]

Le peuple souvent a le plaisir de la tragédie ; il voit périr sur le théâtre du monde les personnages les plus odieux, qui ont fait le plus de mal dans diverses scènes, et qu'il a le plus haïs.

32 [IV]

Si l'on partage la vie des P.T.S. en deux portions égales, la première, vive et agissante, est toute occupée à vouloir affliger le peuple, et la seconde, voisine de la mort, à se déceler et à se ruiner les uns les autres.

33 [IV]

Cet homme qui a fait la fortune de plusieurs, qui a fait la vôtre, n'a pu soutenir la sienne, ni assurer avant sa mort celle de sa femme et de ses enfants : ils vivent cachés et malheureux. Quelque bien instruit que vous soyez de la misère de leur condition, vous ne pensez pas à l'adoucir ; vous ne le pouvez pas en effet, vous tenez table, vous bâtissez ; mais vous conservez par reconnaissance le portrait de votre bienfaiteur, qui a passé à la vérité du cabinet à l'antichambre : quels égards ! il pouvait aller au garde-meuble.

34 [IV]

Il y a une dureté de complexion ; il y en a une autre de condition et d'état. L'on tire de celle-ci, comme de la première, de quoi s'endurcir sur la misère des autres, dirai-je même de quoi ne pas plaindre les malheurs de sa famille ? Un bon financier[a] ne pleure ni ses amis, ni sa femme, ni ses enfants.

35 [V]

Fuyez, retirez-vous : vous n'êtes pas assez loin. — Je suis, dites-vous, sous l'autre tropique. — Passez sous le pôle et dans l'autre hémisphère, montez aux étoiles, si vous le pouvez. — M'y voilà. — Fort bien, vous êtes en sûreté. Je découvre sur la terre un homme avide, insatiable, inexorable, qui veut, aux dépens de tout ce qui se trouvera sur son chemin et à sa rencontre, et quoi qu'il en puisse coûter aux autres, pourvoir à lui seul, grossir sa fortune, et regorger de bien.

36 [IV]

Faire fortune est une si belle phrase, et qui dit une si bonne chose, qu'elle est d'un usage universel : on la reconnaît dans toutes les langues, elle plaît aux étrangers et aux barbares, elle règne à la Cour et à la Ville, elle a percé les cloîtres et franchi les murs des abbayes de l'un et de l'autre sexe : il n'y a point de lieux sacrés où elle n'ait pénétré, point de désert ni de solitude où elle soit inconnue.

37 [VII]

A force de faire de nouveaux contrats, ou de sentir son argent grossir dans ses coffres, on se croit enfin une bonne tête, et presque capable de gouverner.

---

a. Var. « un bon partisan » [IV-VI].

38

[I] Il faut une sorte d'esprit pour faire fortune, et surtout une grande fortune : ce n'est ni le bon ni le bel esprit, ni le grand ni le sublime, ni le fort ni le délicat ; je ne sais précisément lequel c'est, et j'attends que quelqu'un veuille m'en instruire.

[V] Il faut moins d'esprit que d'habitude ou d'expérience pour faire sa fortune ; l'on y songe trop tard, et quand enfin l'on s'en avise, l'on commence par des fautes que l'on n'a pas toujours le loisir de réparer : de là vient peut-être que les fortunes sont si rares.

[V] Un homme d'un petit génie peut vouloir s'avancer : il néglige tout, il ne pense du matin au soir, il ne rêve la nuit qu'à une seule chose, qui est de s'avancer. Il a commencé de bonne heure, et dès son adolescence, à se mettre dans les voies de la fortune ; s'il trouve une barrière de front qui ferme son passage, il biaise naturellement, et va à droit ou à gauche, selon qu'il y voit de jour et d'apparence, et si de nouveaux obstacles l'arrêtent, il rentre dans le sentier qu'il avait quitté ; il est déterminé, par la nature des difficultés, tantôt à les surmonter, tantôt à les éviter, ou à prendre d'autres mesures : son intérêt, l'usage, les conjonctures le dirigent. Faut-il de si grands talents et une si bonne tête à un voyageur pour suivre d'abord le grand chemin, et s'il est plein et embarrassé, prendre la terre, et aller à travers champs, puis regagner sa première route, la continuer, arriver à son terme ? Faut-il tant d'esprit pour aller à ses fins ? Est-ce donc un prodige qu'un sot riche et accrédité ?

[V] Il y a même des stupides, et j'ose dire des imbéciles, qui se placent en de beaux postes, et qui savent mourir dans l'opulence, sans qu'on les doive soupçonner en nulle manière d'y avoir contribué de leur travail ou de la moindre industrie : quelqu'un les a conduits à la source d'un fleuve, ou bien le hasard seul les y a fait rencontrer ; on leur a dit : « Voulez-vous de l'eau ? puisez » ; et ils ont puisé.

39 [V]

Quand on est jeune, souvent on est pauvre : ou l'on n'a pas encore fait d'acquisitions, ou les successions ne sont pas échues. L'on devient riche et vieux en même temps : tant il est rare que les hommes puissent réunir tous leurs avantages ! et si cela arrive à quelques-uns, il n'y a pas de quoi leur porter envie : ils ont assez à perdre par la mort pour mériter d'être plaints.

40 [I]

Il faut avoir trente ans pour songer à sa fortune ; elle n'est pas faite à cinquante ; l'on bâtit dans la vieillesse, et l'on meurt quand on en est aux peintres et aux vitriers.

41 [V]

Quel est le fruit d'une grande fortune, si ce n'est de jouir de la vanité, de l'industrie, du travail et de la dépense de ceux qui sont venus avant nous, et de travailler nous-mêmes, de planter, de bâtir, d'acquérir pour la postérité ?

42 [I]

L'on ouvre et l'on étale tous les matins pour tromper son monde ; et l'on ferme le soir après avoir trompé tout le jour.

43 [VIII]

Le marchand fait des montres pour donner de sa marchandise ce qu'il y a de pire ; il a le cati et les faux jours afin d'en cacher les défauts, et qu'elle paraisse bonne ; il la surfait pour la vendre plus cher qu'elle ne vaut ; il a des marques fausses et mystérieuses, afin qu'on croie n'en donner que son prix, un mauvais aunage pour en livrer le moins qu'il se peut ; et il a un trébuchet, afin que celui à qui il l'a livrée la lui paye en or qui soit de poids.

44 [I]

Dans toutes les conditions, le pauvre est bien proche de l'homme de bien, et l'opulent n'est guère éloigné de la friponnerie ; le savoir-faire et l'habileté ne mènent pas jusques aux énormes richesses.

L'on peut s'enrichir, dans quelque art ou dans quelque commerce que ce soit, par l'ostentation d'une certaine probité.

45 [V]

De tous les moyens de faire sa fortune, le plus court et le meilleur est de mettre les gens à voir clairement leurs intérêts à vous faire du bien.

46 [I]

Les hommes, pressés par les besoins de la vie, et quelquefois par le désir du gain ou de la gloire, cultivent des talents profanes, ou s'engagent dans des professions équivoques, et dont ils se cachent longtemps à eux-mêmes le péril et les conséquences ; ils les quittent ensuite par une dévotion discrète, qui ne leur vient jamais qu'après qu'ils ont fait leur récolte, et qu'ils jouissent d'une fortune bien établie.

47 [V]

Il y a des misères sur la terre qui saisissent le cœur ; il manque à quelques-uns jusqu'aux aliments ; ils redoutent l'hiver, ils appréhendent de vivre. L'on mange ailleurs des fruits précoces ; l'on force la terre et les saisons pour fournir à sa délicatesse ; de simples bourgeois, seulement à cause qu'ils étaient riches, ont eu l'audace d'avaler en un seul morceau la nourriture de cent familles. Tienne qui voudra contre de si grandes extrémités ; je ne veux être, si je le puis, ni malheureux ni heureux : je me jette et me réfugie dans la médiocrité.

48 [V]

On sait que les pauvres sont chagrins de ce que tout leur manque, et que personne ne les soulage ; mais s'il est vrai que les riches soient colères, c'est de ce que la moindre chose puisse leur manquer, ou que quelqu'un veuille leur résister.

49 [VII]

Celui-là est riche, qui reçoit plus qu'il ne consume ; celui-là est pauvre, dont la dépense excède la recette.

Tel, avec deux millions de rente, peut être pauvre chaque année de cinq cent mille livres.

Il n'y a rien qui se soutienne plus longtemps qu'une médiocre fortune ; il n'y a rien dont on voie mieux la fin que d'une grande fortune.

L'occasion prochaine de la pauvreté, c'est de grandes richesses.

S'il est vrai que l'on soit riche de tout ce dont on n'a pas besoin, un homme fort riche, c'est un homme qui est sage.

S'il est vrai que l'on soit pauvre par toutes les choses que l'on désire, l'ambitieux et l'avare languissent dans une extrême pauvreté.

50 [IV]

Les passions tyrannisent l'homme ; et l'ambition suspend en lui les autres passions, et lui donne pour un temps les apparences de toutes les vertus ; ce *Tryphon* qui a tous les vices, je l'ai cru sobre, chaste, libéral, humble et même dévot : je le croirais encore, s'il n'eût enfin fait sa fortune.

51 [IV]

L'on ne se rend point sur le désir de posséder et de s'agrandir : la bile gagne, et la mort approche, qu'avec un visage flétri, et des jambes déjà faibles, l'on dit : *ma fortune, mon établissement.*

52 [IV]

Il n'y a au monde que deux manières de s'élever, ou par sa propre industrie, ou par l'imbécillité des autres.

53 [I]

Les traits découvrent la complexion et les mœurs ; mais la mine désigne les biens de fortune : le plus ou le moins de mille livres de rente se trouve écrit sur les visages.

54 [IV]

Chrysante, homme opulent et impertinent, ne veut pas être vu avec *Eugène,* qui est homme de mérite, mais pauvre : il croirait en être déshonoré. Eugène est pour Chrysante dans les mêmes dispositions : ils ne courent pas risque de se heurter.

55 [VIII]

Quand je vois de certaines gens, qui me prévenaient autrefois par leurs civilités, attendre au contraire que je les salue, et en être avec moi sur le plus ou sur le moins, je dis en moi-même : « Fort bien, j'en suis ravi, tant mieux pour eux : vous verrez que cet homme-ci est mieux logé, mieux meublé et mieux nourri qu'à l'ordinaire ; qu'il sera entré depuis quelques mois dans quelque affaire, où il aura déjà fait un gain raisonnable. Dieu veuille qu'il en vienne dans peu de temps jusqu'à me mépriser ! »

56 [V]

Si les pensées, les livres et leurs auteurs dépendaient des riches et de ceux qui ont fait une belle fortune, quelle proscription ! Il n'y aurait plus de rappel : quel ton, quel ascendant ne prennent-ils pas sur les savants ! Quelle majesté n'observent-ils pas à l'égard de ces hommes *chétifs,* que leur mérite n'a ni placés ni enrichis, et qui en sont encore à penser et à écrire judicieusement ! Il faut l'avouer, le présent est pour les riches, et l'avenir pour les vertueux et les habiles. HOMÈRE est encore et sera toujours : les receveurs de droits, les publicains ne sont plus ; ont-ils été ? leur patrie, leurs noms sont-ils connus ? y a-t-il eu dans la Grèce des partisans ? Que sont devenus ces importants personnages qui méprisaient Homère, qui ne songeaient dans la place qu'à l'éviter, qui ne lui rendaient pas le salut, ou qui le saluaient par son nom, qui ne daignaient pas l'associer à leur table, qui le regardaient comme un homme qui n'était pas riche et qui faisait un livre ? Que deviendront les *Fauconnets* ? iront-ils aussi loin dans la postérité que DESCARTES né Français et *mort en Suède* ?

57 [I]

Du même fonds d'orgueil dont l'on s'élève fièrement au-dessus de ses inférieurs, l'on rampe vilement devant ceux qui sont au-dessus de soi. C'est le propre de ce vice, qui n'est fondé ni sur le mérite personnel ni sur la vertu, mais sur les richesses, les postes, le crédit, et sur de vaines sciences, de nous porter également à mépriser ceux qui ont moins que nous de cette espèce de biens, et à estimer trop ceux qui en ont une mesure qui excède la nôtre.

58 [I]

Il y a des âmes sales, pétries de boue et d'ordure, éprises du gain et de l'intérêt, comme les belles âmes le sont de la gloire et de la vertu ; capables d'une seule volupté, qui est celle d'acquérir ou de ne point perdre ; curieuses et avides du denier dix ; uniquement occupées de leurs débiteurs ; toujours inquiètes sur le rabais ou sur le décri des monnaies ; enfoncées et comme abîmées dans les contrats, les titres et les parchemins. De telles gens ne sont ni parents, ni amis, ni citoyens, ni chrétiens, ni peut-être des hommes : ils ont de l'argent.

59 [VI]

Commençons par excepter ces âmes nobles et courageuses, s'il en reste encore sur la terre, secourables, ingénieuses à faire du bien, que nuls besoins, nulle disproportion, nuls artifices ne peuvent séparer de ceux qu'ils se sont une fois choisis pour amis ; et après cette précaution, disons hardiment une chose triste et douloureuse à imaginer : il n'y a personne au monde si bien liée avec nous de société et de bienveillance, qui nous aime, qui nous goûte, qui nous fait mille offres de services et qui nous sert quelquefois, qui n'ait en soi, par l'attachement à son intérêt, des dispositions très proches à rompre avec nous, et à devenir notre ennemi.

60 [I]

Pendant qu'*Oronte* augmente, avec ses années, son fonds et ses revenus, une fille naît dans quelque famille, s'élève, croît, s'embellit, et entre dans sa seizième année ; il se fait prier à cinquante ans pour l'épouser, jeune, belle, spirituelle : cet homme sans naissance, sans esprit et sans le moindre mérite, est préféré à tous ses rivaux.

61

[I] Le mariage, qui devrait être à l'homme une source de tous les biens, lui est souvent, par la disposition de sa fortune, un lourd fardeau sous lequel il succombe : c'est alors qu'une femme et des enfants sont une violente tentation à la fraude, au mensonge et aux gains illicites ; il se trouve entre la friponnerie et l'indigence : étrange situation !

[IV] Épouser une veuve, en bon français, signifie faire sa fortune ; il n'opère pas toujours ce qu'il signifie.

62 [IV]

Celui qui n'a de partage avec ses frères que pour vivre à l'aise bon praticien, veut être officier ; le simple officier se fait magistrat, et le magistrat veut présider ; et ainsi de toutes les conditions, où les hommes languissent serrés et indigents, après avoir tenté au-delà de leur fortune, et forcé, pour ainsi dire, leur destinée : incapables tout à la fois de ne pas vouloir être riches et de demeurer riches.

63 [V]

Dîne bien, *Cléarque,* soupe le soir, mets du bois au feu, achète un manteau, tapisse ta chambre : tu n'aimes point ton héritier, tu ne le connais point, tu n'en as point.

64 [V]

Jeune, on conserve pour sa vieillesse ; vieux, on épargne pour la mort. L'héritier prodigue paye de superbes funérailles, et dévore le reste.

65 [V]

L'avare dépense plus mort en un seul jour, qu'il ne faisait vivant en dix années ; et son héritier plus en dix mois, qu'il n'a su faire lui-même en toute sa vie.

66 [V]

Ce que l'on prodigue, on l'ôte à son héritier ; ce que l'on épargne sordidement, on se l'ôte à soi-même. Le milieu est justice pour soi et pour les autres.

67 [V]

Les enfants peut-être seraient plus chers à leurs pères, et réciproquement les pères à leurs enfants, sans le titre d'héritiers.

68 [V]

Triste condition de l'homme, et qui dégoûte de la vie ! il faut suer, veiller, fléchir, dépendre, pour avoir un peu de fortune, ou la devoir à l'agonie de nos proches. Celui qui s'empêche de souhaiter que son père y passe bientôt est homme de bien.

69 [V]

Le caractère de celui qui veut hériter de quelqu'un rentre dans celui du complaisant : nous ne sommes point mieux flattés, mieux obéis, plus suivis, plus entourés, plus cultivés, plus ménagés, plus caressés de personne pendant notre vie, que de celui qui croit gagner à notre mort, et qui désire qu'elle arrive.

70 [VII]

Tous les hommes, par les postes différents, par les titres et par les successions, se regardent comme héritiers les uns des autres, et cultivent par cet intérêt, pendant tout le cours de leur vie, un désir secret et enveloppé de la mort d'autrui : le plus heureux dans chaque condition est celui qui a plus de choses à perdre par sa mort, et à laisser à son successeur.

71 [VI]

L'on dit du jeu qu'il égale les conditions ; mais elles se trouvent quelquefois si étrangement disproportionnées, et il y a entre telle et telle condition un abîme d'intervalle si immense et si profond, que les yeux souffrent de voir de telles extrémités se rapprocher : c'est comme une musique qui détonne ; ce sont comme des couleurs mal assorties, comme des paroles qui jurent et qui offensent l'oreille, comme de ces bruits ou de ces sons qui font frémir ; c'est en un mot un renversement de toutes les bienséances. Si l'on m'oppose que c'est la pratique de tout l'Occident, je réponds que c'est peut-être aussi l'une de ces choses qui nous rendent barbares à l'autre partie du monde, et que les Orientaux qui viennent jusqu'à nous remportent sur leurs tablettes : je ne doute pas même que cet excès de familiarité ne les rebute davantage que nous ne sommes blessés de leur *zombaye* [a] et de leurs autres prosternations.

72 [VI]

Une tenue d'états, ou les chambres assemblées pour une affaire très capitale, n'offrent point aux yeux rien de si grave et de si sérieux qu'une table de gens qui jouent un grand jeu : une triste sévérité règne sur leurs visages ; implacables l'un pour l'autre, et irréconciliables ennemis pendant que la séance dure, ils ne reconnaissent plus ni liaisons, ni alliance, ni naissance, ni distinctions : le hasard seul, aveugle et farouche divinité, préside au cercle, et il y décide souverainement ; ils l'honorent tous par un silence profond, et par une attention dont ils sont partout ailleurs fort incapables ; toutes les passions, comme suspendues, cèdent à une seule ; le courtisan alors n'est ni doux, ni flatteur, ni complaisant, ni même dévot.

73 [I]

L'on ne reconnaît plus en ceux que le jeu et le gain ont illustrés la moindre trace de leur première condition : ils perdent de vue leurs égaux, et atteignent les plus grands seigneurs. Il est vrai que la fortune du dé ou du lansquenet les remet souvent où elle les a pris.

74 [V]

Je ne m'étonne pas qu'il y ait des brelans publics, comme autant de pièges tendus à l'avarice des hommes, comme des gouffres où l'argent des particuliers tombe et se précipite sans retour, comme d'affreux écueils où les joueurs viennent se briser et se perdre ; qu'il parte de ces lieux des émissaires pour savoir à l'heure marquée qui a descendu à terre avec un argent frais d'une nouvelle prise, qui a gagné un procès d'où on lui a compté une grosse somme, qui a reçu un don, qui a fait au jeu un gain considérable, quel fils de famille vient de recueillir une riche succession, ou quel commis imprudent veut hasarder sur une carte les deniers de sa caisse : c'est un sale et indigne métier, il est vrai, que de tromper ; mais c'est un métier qui est ancien, connu, pratiqué de tout temps par ce genre d'hommes que j'appelle des brelandiers ; l'enseigne est à leur porte, on y lirait presque : *Ici l'on trompe de bonne foi ;* car se voudraient-ils donner pour irréprochables ? Qui ne sait pas qu'entrer et perdre dans ces maisons est une même chose ? Qu'ils trouvent donc sous leur main autant de dupes qu'il en faut pour leur subsistance, c'est ce qui me passe.

75 [V]

Mille gens se ruinent au jeu, et vous disent froidement qu'ils ne sauraient se passer de jouer : quelle excuse ! Y a-t-il une passion, quelque violente ou honteuse qu'elle soit, qui ne pût tenir ce même langage ?

---

a. Voyez les relations du royaume de Siam. (Note de La Bruyère.)

Serait-on reçu à dire qu'on ne peut se passer de voler, d'assassiner, de se précipiter ? Un jeu effroyable, continuel, sans retenue, sans bornes, où l'on n'a en vue que la ruine totale de son adversaire, où l'on est transporté du désir du gain, désespéré sur la perte, consumé par l'avarice, où l'on expose sur une carte ou à la fortune du dé la sienne propre, celle de sa femme et de ses enfants, est-ce une chose qui soit permise ou dont l'on doive se passer ? Ne faut-il pas quelquefois se faire une plus grande violence, lorsque, poussé par le jeu jusques à une déroute universelle, il faut même que l'on se passe d'habits et de nourriture, et de les fournir à sa famille ?

Je ne permets à personne d'être fripon ; mais je permets à un fripon de jouer un grand jeu : je le défends à un honnête homme ; c'est une trop grande puérilité que de s'exposer à une grande perte.

76 [I]

Il n'y a qu'une affliction qui dure, qui est celle qui vient de la perte de biens : le temps, qui adoucit toutes les autres, aigrit celle-ci ; nous sentons à tous moments, pendant le cours de notre vie, où le bien que nous avons perdu nous manque.

77 [IV]

Il fait bon avec celui qui ne se sert pas de son bien à marier ses filles, à payer ses dettes, ou à faire des contrats, pourvu que l'on ne soit ni ses enfants ni sa femme.

78 [VIII]

Ni les troubles, *Zénobie,* qui agitent votre empire, ni la guerre que vous soutenez virilement contre une nation puissante depuis la mort du roi votre époux, ne diminuent rien de votre magnificence ; vous avez préféré à toute autre contrée les rives de l'Euphrate pour y élever un superbe édifice : l'air y est sain et tempéré, la situation en est riante ; un bois sacré l'ombrage du côté du couchant ; les dieux de Syrie, qui habitent quelquefois la terre, n'y auraient pu choisir une plus belle demeure. La campagne autour est couverte d'hommes qui taillent et qui coupent, qui vont et qui viennent, qui roulent ou qui charrient le bois du Liban, l'airain et le porphyre ; les grues et les machines gémissent dans l'air, et font espérer à ceux qui voyagent vers l'Arabie de revoir à leur retour en leurs foyers ce palais achevé, et dans cette splendeur où vous désirez de le porter avant de l'habiter, vous et les princes vos enfants. N'y épargnez rien, grande Reine ; employez-y l'or et tout l'art des plus excellents ouvriers ; que les Phidias et les Zeuxis de votre siècle déploient toute leur science sur vos plafonds et sur vos lambris ; tracez-y de vastes et de délicieux jardins, dont l'enchantement soit tel qu'ils ne paraissent pas faits de la main des hommes ; épuisez vos trésors et votre industrie sur cet ouvrage incomparable ; et après que vous y aurez mis, Zénobie, la dernière main, quelqu'un de ces pâtres qui habitent les sables voisins de Palmyre, devenu riche par les péages de vos rivières, achètera un jour à deniers comptants cette royale maison pour l'embellir, et la rendre plus digne de lui, et de sa fortune.

79 [IV]

Ce palais, ces meubles, ces jardins, ces belles eaux vous enchantent et vous font récrier d'une première vue sur une maison si délicieuse, et sur l'extrême bonheur du maître qui la possède. Il n'est plus ; il n'en a pas joui si agréablement ni si tranquillement que vous : il n'y a jamais eu un jour serein, ni une nuit tranquille ; il s'est noyé de dettes pour la porter à ce degré de beauté où elle vous ravit. Ses créanciers l'en ont chassé : il a tourné la tête, et il l'a regardée de loin une dernière fois ; et il est mort de saisissement.

80 [V]

L'on ne saurait s'empêcher de voir dans certaines familles ce qu'on appelle les caprices du hasard ou les jeux de la fortune : il y a cent ans qu'on ne parlait point de ces familles, qu'elles n'étaient point : le ciel tout d'un coup s'ouvre en leur faveur ; les biens, les honneurs, les dignités fondent sur elles à plusieurs reprises ; elles nagent dans la prospérité. *Eumolpe,* l'un de ces hommes qui n'ont point de grands-pères, a eu un père du moins qui s'était élevé si haut, que tout ce qu'il a pu souhaiter pendant le cours d'une longue vie, ç'a été de l'atteindre ; et il l'a atteint ; était-ce dans ces deux personnages éminence d'esprit, profonde capacité ? était-ce les conjonctures ? La fortune enfin ne leur rit plus ; elle se joue ailleurs, et traite leur postérité comme leurs ancêtres.

81 [IV]

La cause la plus immédiate de la ruine et de la déroute des personnes des deux conditions, de la robe et de l'épée, est que l'état seul, et non le bien, règle la dépense.

82 [IV]

Si vous n'avez rien oublié pour votre fortune, quel travail ! Si vous avez négligé la moindre chose, quel repentir !

83 [VI]

Giton a le teint frais, le visage plein et les joues pendantes, l'œil fixe et assuré, les épaules larges, l'estomac haut, la démarche ferme et délibérée ; il parle avec confiance ; il fait répéter celui qui l'entretient, et il ne goûte que médiocrement tout ce qu'il lui dit : il déploie un ample mouchoir, et se mouche avec grand bruit ; il crache fort loin, et il éternue fort haut ; il dort le jour, il dort la nuit, et profondément ; il ronfle en compagnie. Il occupe à table et à la promenade plus de place qu'un autre ; il tient le milieu en se promenant avec ses égaux ; il s'arrête, et l'on s'arrête ; il continue de marcher, et l'on marche : tous se règlent sur lui. Il interrompt, il redresse ceux qui ont la parole : on ne l'interrompt pas, on l'écoute aussi longtemps qu'il veut parler, on est de son avis, on croit les nouvelles qu'il débite. S'il s'assied, vous le voyez s'enfoncer dans un fauteuil, croiser les jambes l'une sur l'autre, froncer le sourcil, abaisser son chapeau sur ses yeux pour ne voir personne, ou le relever ensuite, et découvrir son front par fierté et par audace. Il est enjoué, grand rieur, impatient, présomptueux, colère, libertin, politique, mystérieux sur les affaires du temps ; il se croit des talents et de l'esprit : il est riche.

Phédon a les yeux creux, le teint échauffé, le corps sec et le visage maigre ; il dort peu, et d'un sommeil fort léger ; il est abstrait, rêveur, et il a avec de l'esprit l'air d'un stupide ; il oublie de dire ce qu'il sait, ou de parler d'événements qui lui sont connus ; et s'il le fait quelquefois, il s'en tire mal, il croit peser à ceux à qui il parle, il conte brièvement, mais froidement ; il ne se fait pas écouter, il ne fait point rire, il applaudit, il sourit à ce que les autres lui disent, il est de leur avis ; il court, il vole pour leur rendre de petits services ; il est complaisant, flatteur, empressé ; il est mystérieux sur ses affaires, quelquefois menteur ; il est superstitieux, scrupuleux, timide. Il marche doucement et légèrement, il semble craindre de fouler la terre ; il marche les yeux baissés, et il n'ose les lever sur ceux qui passent : il n'est jamais du nombre de ceux qui forment un cercle pour discourir ; il se met derrière celui qui parle, recueille furtivement ce qui se dit, et il se retire si on le regarde : il n'occupe point de lieu, il ne tient point de place ; il va les épaules serrées, le chapeau abaissé sur les yeux pour n'être point vu ; il se replie et se renferme dans son manteau, il n'y a point de rues ni de galeries si embarrassées et si remplies de monde, où il ne trouve moyen de passer sans effort, et de se couler sans être aperçu. Si on le prie de s'asseoir, il se met à peine sur le bord d'un siège, il parle bas dans la conversation, et il articule mal ; libre néanmoins avec ses amis [a] sur les affaires publiques, chagrin contre le siècle, médiocrement prévenu des ministres et du ministère. Il n'ouvre la bouche que pour répondre ; il tousse, il se mouche sous son chapeau, il crache presque sur soi, et il attend qu'il soit seul pour éternuer, ou si cela lui arrive, c'est à l'insu de la compagnie, il n'en coûte à personne ni salut ni compliment : il est pauvre.

VII. DE LA VILLE

1

[I] L'on se donne à Paris, sans se parler, comme un rendez-vous public, mais fort exact, tous les soirs au Cours ou aux Tuileries, pour se regarder au visage et se désapprouver les uns les autres.

---

a. VAR. « avec ses amis », ne figure que dans la 6ᵉ édition.

[I] L'on ne peut se passer de ce même monde que l'on n'aime point, et dont l'on se moque.

[VII] L'on s'attend au passage réciproquement dans une promenade publique ; l'on y passe en revue l'un devant l'autre : carrosse, chevaux, livrées, armoiries, rien n'échappe aux yeux, tout est curieusement ou malignement observé ; et selon le plus ou le moins de l'équipage, ou l'on respecte les personnes, ou on les dédaigne.

2 [V]

Tout le monde connaît cette longue levée qui borne et qui resserre le lit de la Seine, du côté où elle entre à Paris avec la Marne, qu'elle vient de recevoir : les hommes s'y baignent au pied pendant les chaleurs de la canicule ; on les voit de fort près se jeter dans l'eau ; on les en voit sortir : c'est un amusement : quand cette saison n'est pas venue, les femmes de la ville ne s'y promènent pas encore ; et quand elle est passée, elles ne s'y promènent plus.

3 [V]

Dans ces lieux d'un concours général, où les femmes se rassemblent pour montrer une belle étoffe, et pour recueillir le fruit de leur toilette, on ne se promène pas avec une compagne par la nécessité de la conversation ; on se joint ensemble pour se rassurer sur le théâtre, s'appriviser avec le public, et se raffermir contre la critique : c'est là précisément qu'on se parle sans se rien dire, ou plutôt qu'on parle pour les passants, pour ceux même en faveur de qui l'on hausse sa voix, l'on gesticule et l'on badine, l'on penche négligemment la tête, l'on passe et l'on repasse.

4 [I]

La ville est partagée en diverses sociétés, qui sont comme autant de petites républiques, qui ont leurs lois, leurs usages, leur jargon, et leurs mots pour rire : tant que cet assemblage est dans sa force, et que l'entêtement subsiste, l'on ne trouve rien de bien dit ou de bien fait que ce qui part des siens, et l'on est incapable de goûter ce qui vient d'ailleurs : cela va jusques au mépris pour les gens qui ne sont pas initiés dans leurs mystères. L'homme du monde d'un meilleur esprit, que le hasard a porté au milieu d'eux, leur est étranger : il se trouve là comme dans un pays lointain, dont il ne connaît ni les routes, ni la langue, ni les mœurs, ni la coutume ; il voit un peuple qui cause, bourdonne, parle à l'oreille, éclate de rire, et qui retombe ensuite dans un morne silence ; il y perd son maintien, ne trouve pas où placer un seul mot, et n'a pas même de quoi écouter. Il ne manque jamais là un mauvais plaisant qui domine, et qui est comme le héros de la société : celui-ci s'est chargé de la joie des autres, et fait toujours rire avant que d'avoir parlé. Si quelquefois une femme survient qui n'est point de leurs plaisirs, la bande joyeuse ne peut comprendre qu'elle ne sache point rire des choses qu'elle n'entend point, et paraisse insensible à des fadaises qu'ils n'entendent eux-mêmes que parce qu'ils les ont faites ; ils ne lui pardonnent ni son ton de voix, ni son silence, ni sa taille, ni son visage, ni son habillement, ni son entrée, ni la manière dont elle est sortie. Deux années cependant ne passent point sur une même *coterie :* il y a toujours, dès la première année, des semences de division pour rompre dans celle qui doit suivre ; l'intérêt de la beauté, les incidents du jeu, l'extravagance des repas, qui, modestes au commencement, dégénèrent bientôt en pyramides de viandes et en banquets somptueux, dérangent la république, et lui portent enfin le coup mortel : il n'est en fort peu de temps non plus parlé de cette nation que des mouches de l'année passée.

5 [IV]

Il y a dans la ville la grande et la petite robe ; et la première se venge sur l'autre des dédains de la cour, et des petites humiliations qu'elle y essuie ; de savoir quelles sont leurs limites, où la grande finit, et où la petite commence, ce n'est pas une chose facile : il se trouve même un corps considérable qui refuse d'être du second ordre, et à qui l'on conteste le premier : il ne se rend pas néanmoins, il cherche au contraire, par la gravité et par la dépense, à s'égaler à la magistrature, ou ne lui cède qu'avec peine : on l'entend dire que la noblesse de son emploi, l'indépendance de sa profession, le talent de la parole et le mérite personnel balancent au moins les sacs de mille francs que le fils du partisan ou du banquier a su payer pour son office.

6 [V]

Vous moquez-vous de rêver en carrosse, ou peut-être de vous y reposer ? *Vite,* prenez votre livre ou vos papiers, lisez, ne saluez qu'à peine ces gens qui passent dans leur équipage, ils vous en croiront plus occupé ; ils diront : « Cet homme est laborieux, infatigable ; il lit, il travaille jusque dans les rues ou sur la route. » Apprenez du moindre avocat qu'il faut paraître accablé d'affaires, froncer le sourcil, et rêver à rien très profondément ; savoir à propos perdre le boire et le manger, ne faire qu'apparoir dans sa maison, s'évanouir et se perdre comme un fantôme dans le sombre de son cabinet ; se cacher au public, éviter le théâtre, le laisser à ceux qui ne courent aucun risque à s'y montrer, qui en ont à peine le loisir, aux GOMONS, aux DUHAMELS.

7 [IV]

Il y a un certain nombre de jeunes magistrats que les grands biens et les plaisirs ont associés à quelques-uns de ceux qu'on nomme à la cour de *petits-maîtres :* ils les imitent, ils se tiennent fort au-dessus de la gravité de la robe, et se croient dispensés par leur âge et par leur fortune d'être sages et modérés ; ils prennent de la cour ce qu'elle a de pire : ils s'approprient la vanité, la mollesse, l'intempérance, le libertinage, comme si tous ces vices leur étaient dus, et, affectant ainsi un caractère éloigné de celui qu'ils ont à soutenir, ils deviennent enfin, selon leurs souhaits, des copies fidèles de très méchants originaux.

8 [IV]

Un homme de robe à la Ville, et le même à la Cour, ce sont deux hommes. Revenu chez soi, il reprend ses mœurs, sa taille et son visage, qu'il y avait laissés : il n'est plus ni si embarrassé, ni si honnête.

9 [IV]

Les *Crispins* se cotisent et rassemblent dans leur famille jusques à six chevaux pour allonger un équipage, qui, avec un essaim de gens de livrées, où ils ont fourni chacun leur part, les fait triompher au Cours ou à Vincennes, et aller de pair avec les nouvelles mariées, avec *Jason,* qui se ruine, et avec *Thrason,* qui veut se marier, et qui a consigné [a].

10

[V] J'entends dire des *Sannions* : « Même nom, mêmes armes ; la branche aînée, la branche cadette, les cadets de la seconde branche ; ceux-là, portent les armes pleines, ceux-ci brisent d'un lambel, et les autres d'une bordure dentelée. » Ils ont avec les BOURBONS sur une même couleur, un même métal, ils portent comme eux deux et une : ce ne sont pas des fleurs de lis, mais ils s'en consolent, peut-être dans leur cœur trouvent-ils leurs pièces aussi honorables, et ils les ont communes avec de grands seigneurs qui en sont contents ; on les voit sur les litres et sur les vitrages, sur la porte de leur château, sur le pilier de leur haute-justice, où ils viennent de faire pendre un homme qui méritait le bannissement ; elles s'offrent aux yeux de toutes parts, elles sont sur les meubles et sur les serrures, elles sont semées sur les carrosses ; leurs livrées ne déshonorent point leurs armoiries ; je dirais volontiers aux Sannions : « Votre folie est prématurée ; attendez du moins que le siècle s'achève sur votre race ; ceux qui ont vu votre grand-père, qui lui ont parlé, sont vieux, et ne sauraient plus vivre longtemps ; qui pourra dire comme eux : « Là il étalait, et vendait très cher » ?

[VII] Les Sannions et les Crispins veulent encore davantage que l'on dise d'eux qu'ils font une grande dépense, qu'ils n'aiment à la faire. Ils font un récit long et ennuyeux d'une fête ou d'un repas qu'ils ont donné ; ils disent l'argent qu'ils ont perdu au jeu, et ils plaignent fort haut celui qu'ils n'ont pas songé à perdre : ils parlent jargon et mystère sur de certaines femmes ; *ils ont* réciproquement *cent choses plaisantes à se conter ; ils ont fait depuis peu des découvertes ;* ils se passent les uns aux autres qu'ils sont gens à belles aventures. L'un d'eux, qui s'est couché tard à la campagne, et qui voudrait dormir, se lève matin, chausse des guêtres, endosse un habit de toile, passe un cordon où pend le fourniment, renoue ses cheveux, prend un fusil : le voilà chasseur s'il tirait bien ; il revient de nuit, mouillé et recru, sans avoir tué ; il retourne à la chasse le lendemain, et il passe tout le jour à manquer des grives ou des perdrix.

---

a. Déposé son argent au trésor public pour une grande charge. (Note de La Bruyère.)

[VII] Un autre, avec quelques mauvais chiens, aurait envie de dire : *Ma meute,* il sait un rendez-vous de chasse, il s'y trouve ; il est au laisser-courre ; il entre dans le fort, se mêle avec les piqueurs ; il a un cor ; il ne dit pas, comme *Ménalippe : Ai-je du plaisir ?* Il croit en avoir. Il oublie lois et procédure : c'est un Hippolyte. *Ménandre,* qui le vit hier sur un procès qui est en ses mains, ne reconnaîtrait pas aujourd'hui son rapporteur : le voyez-vous le lendemain à sa chambre, où l'on va juger une cause grave et capitale ; il se fait entourer de ses confrères, il leur raconte comme il n'a point perdu le cerf de meute, comme il s'est étouffé de crier après les chiens qui étaient en défaut, ou après ceux des chasseurs qui prenaient le change, qu'il a vu donner les six chiens ; l'heure presse, il achève de leur parler des abois et de la curée, et il court s'asseoir avec les autres pour juger.

11 [V]

Quel est l'égarement de certains particuliers, qui riches, du négoce de leurs pères, dont ils viennent de recueillir la succession, se moulent sur les princes pour leur garde-robe et pour leur équipage, excitent, par une dépense excessive et par un faste ridicule, les traits et la raillerie de toute une ville qu'ils croient éblouir, et se ruinent ainsi à se faire moquer de soi !

Quelques-uns n'ont pas même le triste avantage de répandre leurs folies plus loin que le quartier où ils habitent : c'est le seul théâtre de leur vanité ; l'on ne sait point dans l'Ile qu'*André* [a] brille au Marais, et qu'il y dissipe son patrimoine : du moins, s'il était connu dans toute la ville et dans ses faubourgs, il serait difficile qu'entre un si grand nombre de citoyens qui ne savent pas tous juger sainement de toutes choses, il ne s'en trouvât quelqu'un qui dirait de lui : *Il est magnifique,* et qui lui tiendrait compte des régals qu'il fait à *Xanthe* et à *Ariston,* et des fêtes qu'il donne à *Elamire ;* mais il se ruine obscurément : ce n'est qu'en faveur de deux ou trois personnes [b] qui ne l'estiment point, qu'il court à l'indigence, et qu'aujourd'hui en carrosse, il n'aura pas dans six mois le moyen d'aller à pied.

12 [I]

Narcisse se lève le matin pour se coucher le soir ; il a ses heures de toilette comme une femme ; il va tous les jours fort régulièrement à la belle messe aux Feuillants ou aux Minimes ; il est homme d'un bon commerce, et l'on compte sur lui au quartier de** pour un tiers ou pour un cinquième à l'hombre ou au reversi ; là il tient le fauteuil quatre heures de suite chez *Aricie,* où il risque chaque soir cinq pistoles d'or. Il lit exactement la *Gazette de Hollande* et le *Mercure galant ;* il a lu Bergerac [c], des Marets [d], Lesclache, les Historiettes de Barbin, et quelques recueils

---

a. VAR. « qu'*Onuphre* » [V].
b. VAR. « de cinq ou six personnes » [V].
c. Cyrano. (Note de La Bruyère.)
d. S. Sorlin. (Note de La Bruyère.)

de poésies. Il se promène avec des femmes à la Plaine ou au Cours, et il est d'une ponctualité religieuse sur les visites. Il fera demain ce qu'il fait aujourd'hui et ce qu'il fit hier ; et il meurt ainsi après avoir vécu.

13 [V]

Voilà un homme, dites-vous, que j'ai vu quelque part : de savoir où, il est difficile ; mais son visage m'est familier. — Il l'est à bien d'autres ; et je vais, s'il se peut, aider votre mémoire : est-ce au boulevard sur un strapontin, ou aux Tuileries dans la grande allée, ou dans le balcon à la comédie ? Est-ce au sermon, au bal, à Rambouillet ? Où pourriez-vous ne l'avoir point vu ? où n'est-il point ? S'il y a dans la place une fameuse exécution, ou un feu de joie, il paraît à une fenêtre de l'Hôtel de ville ; si l'on attend une magnifique entrée, il a sa place sur un échafaud ; s'il se fait un carrousel, le voilà entré, et placé sur l'amphithéâtre ; si le Roi reçoit des ambassadeurs, il voit leur marche, il assiste à leur audience, il est en haie quand ils reviennent de leur audience ; sa présence est aussi essentielle aux serments des ligues suisses que celle du chancelier et des ligues mêmes ; c'est son visage que l'on voit aux almanachs représenter le peuple ou l'assistance : il y a une chasse publique, une *Saint-Hubert,* le voilà à cheval ; on parle d'un camp et d'une revue, il est à Ouilles, il est à Achères : il aime les troupes, la milice, la guerre ; il la voit de près, et jusques au fort de Bernardi. CHANLEY sait les marches, JACQUIER les vivres, DU METZ l'artillerie [a] : celui-ci voit, il a vieilli sous le harnois en voyant, il est spectateur de profession ; il ne fait rien de ce qu'un homme doit faire, il ne sait rien de ce qu'il doit savoir ; mais il a vu, dit-il, tout ce qu'on peut voir, et il n'aura point regret de mourir : quelle perte alors pour toute la ville ! Qui dira après lui : « Le Cours est fermé, on ne s'y promène point ; le bourbier de Vincennes est desséché et relevé, on n'y versera plus » ? Qui annoncera un concert, un beau salut, un prestige de la Foire ? Qui vous avertira que Beaumavielle mourut hier ; que Rochois est enrhumée, et ne chantera de huit jours ? Qui connaîtra comme lui un bourgeois à ses armes et à ses livrées ? Qui dira : « *Scapin* porte des fleurs de lis », et qui en sera plus édifié ? Qui prononcera avec plus de vanité et d'emphase le nom d'une simple bourgeoise ? Qui sera mieux fourni de vaudevilles ? Qui prêtera aux femmes les *Annales galantes* et le *Journal amoureux* ? Qui saura comme lui chanter à table tout un dialogue de l'*Opéra,* et les fureurs de Roland dans une ruelle ? Enfin, puisqu'il y a à la ville comme ailleurs de fort sottes gens, des gens fades, oisifs, désoccupés, qui pourra aussi parfaitement leur convenir ?

14 [V]

Théramène était riche et avait du mérite ; il a hérité, il est donc très riche et d'un très grand mérite ; voilà toutes les femmes en campagne

---

[a] VAR. « CHANLEY sait les marches, VAUBAN les sièges » [V].

pour l'avoir pour galant, et toutes les filles pour *épouseur*; il va de maisons en maisons faire espérer aux mères qu'il épousera ; est-il assis, elles se retirent, pour laisser à leurs filles toute la liberté d'être aimables, et à Théramène de faire ses déclarations : il tient ici contre le mortier ; là il efface le cavalier ou le gentilhomme. Un jeune homme fleuri, vif, enjoué, spirituel n'est pas souhaité plus ardemment ni mieux reçu ; on se l'arrache des mains, on a à peine le loisir de sourire à qui se trouve avec lui dans une même visite : combien de galants va-t-il mettre en déroute ! quels bons partis ne fera-t-il point manquer ? Pourra-t-il suffire à tant d'héritières qui le recherchent ? Ce n'est pas seulement la terreur des maris, c'est l'épouvantail de tous ceux qui ont envie de l'être, et qui attendent d'un mariage à remplir le vide de leur consignation. On devrait proscrire de tels personnages si heureux, si pécunieux, d'une ville bien policée, ou condamner le sexe, sous peine de folie ou d'indignité à ne les traiter pas mieux que s'ils n'avaient que du mérite.

15 [VIII]

Paris pour l'ordinaire le singe de la Cour ne sait pas toujours la contrefaire ; il ne l'imite en aucune manière dans ces dehors agréables et caressants que quelques courtisans, et surtout les femmes, y ont naturellement pour un homme de mérite, et qui n'a même que du mérite : elles ne s'informent ni de ses contrats ni de ses ancêtres ; elles le trouvent à la Cour, cela leur suffit ; elles le souffrent, elles l'estiment ; elles ne demandent pas s'il est venu en chaise ou à pied, s'il a une charge, une terre ou un équipage : comme elles regorgent de train, de splendeur et de dignités, elles se délassent volontiers avec la philosophie ou la vertu. Une femme de Ville entend-elle le bruissement d'un carrosse qui s'arrête à sa porte, elle pétille de goût et de complaisance pour quiconque est dedans, sans le connaître ; mais si elle a vu de sa fenêtre un bel attelage, beaucoup de livrées, et que plusieurs rangs de clous parfaitement dorés l'aient éblouie, quelle impatience n'a-t-elle pas de voir déjà dans sa chambre le cavalier ou le magistrat ! quelle charmante réception ne lui fera-t-elle point ! ôtera-t-elle les yeux de dessus lui ? Il ne perd rien auprès d'elle : on lui tient compte des doubles soupentes et des ressorts qui le font rouler plus mollement, elle l'en estime davantage, elle l'en aime mieux.

16 [IV]

Cette fatuité de quelques femmes de la Ville, qui cause en elles une mauvaise imitation de celles de la Cour, est quelque chose de pire que la grossièreté des femmes du peuple, et que la rusticité des villageoises : elle a sur toutes deux l'affectation de plus.

17 [IV]

La subtile invention, de faire de magnifiques présents de noces qui ne coûtent rien, et qui doivent être rendus en espèce !

18 [IV]

L'utile et la louable pratique, de perdre en frais de noces le tiers de la dot qu'une femme apporte ! de commencer par s'appauvrir de concert par l'amas et l'entassement de choses superflues, et de prendre déjà sur son fonds de quoi payer Gaultier, les meubles et la toilette !

19 [IV]

Le bel et le judicieux usage que celui qui, préférant une sorte d'effronterie aux bienséances et à la pudeur, expose une femme d'une seule nuit sur un lit comme sur un théâtre, pour y faire pendant quelques jours un ridicule personnage, et la livre en cet état à la curiosité des gens de l'un et de l'autre sexe, qui, connus ou inconnus, accourent de toute une ville à ce spectacle pendant qu'il dure ! Que manque-t-il à une telle coutume, pour être entièrement bizarre et incompréhensible, que d'être lue dans quelque relation de la Mingrélie ?

20 [I]

Pénible coutume, asservissement incommode ! se chercher incessamment les unes les autres avec l'impatience de ne se point rencontrer ; ne se rencontrer que pour se dire des riens, que pour s'apprendre réciproquement des choses dont on est également instruite, et dont il importe peu que l'on soit instruite ; n'entrer dans une chambre précisément que pour en sortir ; ne sortir de chez soi l'après-dînée que pour y rentrer le soir, fort satisfaite d'avoir vu en cinq petites heures trois Suisses, une femme que l'on connaît à peine, et une autre que l'on n'aime guère ! Qui considérerait bien le prix du temps, et combien sa perte est irréparable, pleurerait amèrement sur de si grandes misères.

21 [VII]

On s'élève à la ville dans une indifférence grossière des choses rurales et champêtres ; on distingue à peine la plante qui porte le chanvre d'avec celle qui produit le lin, et le blé froment d'avec les seigles, et l'un ou l'autre d'avec le méteil : on se contente de se nourrir et de s'habiller ; ne parlez à un grand nombre de bourgeois ni de guérets, ni de baliveaux, ni de provins, ni de regains, si vous voulez être entendu : ces termes pour eux ne sont pas français ; parlez aux uns d'aunage, de tarif, ou de sol pour livre, et aux autres de voie d'appel, de requête civile, d'appointement, d'évocation. Ils connaissent le monde, et encore par ce qu'il a de moins beau et de moins spécieux ; ils ignorent la nature, ses commencements, ses progrès, ses dons et ses largesses : leur ignorance souvent est volontaire, et fondée sur l'estime qu'ils ont pour leur profession et pour leurs talents ; il n'y a si vil praticien, qui, au fond de son étude sombre et enfumée, et l'esprit occupé d'une plus noire chicane, ne se préfère au laboureur, qui jouit du ciel, qui cultive la terre, qui sème à propos, et qui fait de riches moissons ; et s'il entend quelquefois parler des premiers hommes ou des patriarches, de leur vie champêtre et de leur économie, il s'étonne qu'on ait pu vivre en de tels temps, où il n'y avait encore ni offices, ni commissions, ni présidents, ni procureurs ; il ne comprend pas qu'on ait jamais pu se passer du greffe, du parquet et de la buvette.

22 [V]

Les empereurs n'ont jamais triomphé à Rome si mollement, si commodément, ni si sûrement même, contre le vent, la pluie, la poudre et le soleil, que le bourgeois sait à Paris se faire mener par toute la ville : quelle distance de cet usage à la mule de leurs ancêtres ! Ils ne savaient point encore se priver du nécessaire pour avoir le superflu, ni préférer le faste aux choses utiles ; on ne les voyait point s'éclairer avec des bougies, et se chauffer à un petit feu : la cire était pour l'autel et pour le Louvre. Ils ne sortaient point d'un mauvais dîner pour monter dans leur carrosse ; ils se persuadaient que l'homme avait des jambes pour marcher, et ils marchaient ; ils se conservaient propres quand il faisait sec ; et dans un temps humide ils gâtaient leur chaussure, aussi peu embarrassés de franchir les rues et les carrefours, que le chasseur de traverser un guéret, ou le soldat de se mouiller dans une tranchée ; on n'avait pas encore imaginé d'atteler deux hommes à une litière ; il y avait même plusieurs magistrats qui allaient à pied à la chambre ou aux enquêtes, d'aussi bonne grâce qu'Auguste autrefois allait de son pied au Capitole. L'étain dans ce temps brillait sur les tables et sur les buffets, comme le fer et le cuivre dans les foyers ; l'argent et l'or étaient dans les coffres. Les femmes se faisaient servir par des femmes ; on mettait celles-ci jusqu'à la cuisine. Les beaux noms de gouverneurs et de gouvernantes n'étaient pas inconnus à nos pères : ils savaient à qui l'on confiait les enfants des rois et des plus grands princes ; mais ils partageaient le service de leurs domestiques avec leurs enfants, contents de veiller eux-mêmes immédiatement à leur éducation. Ils comptaient en toutes choses avec eux-mêmes : leur dépense était proportionnée à leur recette ; leurs livrées, leurs équipages, leurs meubles, leur table, leurs maisons de la ville et de la campagne, tout était mesuré sur leurs rentes et sur leur condition : il y avait entre eux des distinctions extérieures qui empêchaient qu'on ne prît la femme du praticien pour celle du magistrat, et le roturier ou le simple valet pour le gentilhomme : moins appliqués à dissiper ou à grossir leur patrimoine qu'à le maintenir, ils le laissaient entier à leurs héritiers, et passaient ainsi d'une vie modérée à une mort tranquille. Ils ne disaient point : *Le siècle est dur, la misère est grande, l'argent est rare ;* ils en avaient moins que nous, et en avaient assez, plus riches par leur économie et par leur modestie que de leurs revenus et de leurs domaines ; enfin l'on était alors pénétré de cette maxime, que ce qui est dans les Grands splendeur, somptuosité, magnificence, est dissipation, folie, ineptie dans le particulier.

VIII. DE LA COUR

1 [I]

Le reproche en un sens le plus honorable que l'on puisse faire à un homme, c'est de lui dire qu'il ne sait pas la Cour : il n'y a sorte de vertus qu'on ne rassemble[a] en lui par ce seul mot.

2 [I]

Un homme qui sait la Cour est maître de son geste, de ses yeux et de son visage ; il est profond, impénétrable ; il dissimule les mauvais offices, sourit à ses ennemis, contraint son humeur, déguise ses passions, dément son cœur, parle, agit contre ses sentiments : tout ce grand raffinement n'est qu'un vice, que l'on appelle fausseté, quelquefois aussi inutile au courtisan pour sa fortune, que la franchise, la sincérité, et la vertu.

3 [IV]

Qui peut nommer de certaines couleurs changeantes, et qui sont diverses selon les divers jours dont on les regarde ? de même, qui peut définir la Cour ?

4 [IV]

Se dérober à la Cour un seul moment, c'est y renoncer : le courtisan qui l'a vue le matin la voit le soir pour la reconnaître le lendemain, ou afin que lui-même y soit connu.

5 [IV]

L'on est petit à la Cour, et quelque vanité que l'on ait, on s'y trouve tel ; mais le mal est commun, et les grands mêmes y sont petits.

6 [I]

La province est l'endroit d'où la Cour, comme dans son point de vue, paraît une chose admirable ; si l'on s'en approche, ses agréments diminuent, comme ceux d'une perspective que l'on voit de trop près.

7 [I]

L'on s'accoutume difficilement à une vie qui se passe dans une antichambre, dans des cours, ou sur l'escalier.

8 [VII]

La Cour ne rend pas content, elle empêche qu'on ne le soit ailleurs.

---

a. VAR. « que l'on ne rassemble » [I-VII]

9 [I]

Il faut qu'un honnête homme ait tâté de la Cour : il découvre en y entrant comme un nouveau monde qui lui était inconnu, où il voit régner également le vice et la politesse, et où tout lui est utile, le bon et le mauvais.

10 [VI]

La Cour est comme un édifice bâti de marbre, je veux dire qu'elle est composée d'hommes fort durs, mais fort polis.

11 [I]

L'on va quelquefois à la Cour pour en revenir, et se faire par là respecter du noble de sa province, ou de son diocésain [a].

12 [I]

Le brodeur et le confiseur seraient superflus, et ne feraient qu'une montre inutile, si l'on était modeste et sobre : les cours seraient désertes, et les rois presque seuls, si l'on était guéri de la vanité et de l'intérêt. Les hommes veulent être esclaves quelque part, et puiser là de quoi dominer ailleurs. Il semble qu'on livre en gros aux premiers de la Cour l'air de hauteur, de fierté et de commandement, afin qu'ils le distribuent en détail dans les provinces : ils font précisément comme on leur fait, vrais singes de la royauté.

13 [I]

Il n'y a rien qui enlaidisse certains courtisans comme la présence du prince ; à peine les puis-je reconnaître à leurs visages : leurs traits sont altérés, et leur contenance est avilie ; les gens fiers et superbes sont les plus défaits, car ils perdent plus du leur ; celui qui est honnête et modeste s'y soutient mieux, il n'a rien à réformer.

14 [I]

L'air de Cour est contagieux : il se prend à V**, comme l'accent normand à Rouen ou à Falaise ; on l'entrevoit en des fourriers, en de petits contrôleurs, et en des chefs de fruiterie : l'on peut avec une portée d'esprit fort médiocre y faire de grands progrès. Un homme d'un génie élevé et d'un mérite solide ne fait pas assez de cas de cette espèce de talent pour faire son capital de l'étudier et se le rendre propre ; il l'acquiert sans réflexion, et il ne pense point à s'en défaire.

15 [IV]

N** arrive avec grand bruit, il écarte le monde, se fait faire place, il gratte, il heurte presque, il se nomme : on respire, et il n'entre qu'avec la foule.

---

a. « Ou de son diocésain » : addition de IV.

16 [I]

Il y a dans les cours des apparitions de gens aventuriers et hardis, d'un caractère libre et familier, qui se produisent eux-mêmes, protestent qu'ils ont dans leur art toute l'habileté qui manque aux autres, et qui sont crus sur leur parole. Ils profitent cependant de l'erreur publique, ou de l'amour qu'ont les hommes pour la nouveauté : ils percent la foule, et parviennent jusqu'à l'oreille du prince, à qui le courtisan les voit parler, pendant qu'il se trouve heureux d'en être vu ; ils ont cela de commode pour les grands qu'ils en sont soufferts sans conséquence, et congédiés de même : alors ils disparaissent tout à la fois riches et décrédités, et le monde qu'ils viennent de tromper est encore prêt d'être trompé par d'autres.

17 [IV]

Vous voyez des gens qui entrent sans saluer que légèrement, qui marchent des épaules, et qui se rengorgent comme une femme : ils vous interrogent sans vous regarder ; ils parlent d'un ton élevé, et qui marque qu'ils se sentent au-dessus de ceux qui se trouvent présents ; ils s'arrêtent, et on les entoure ; ils ont la parole, président au cercle, et persistent dans cette hauteur ridicule et contrefaite, jusqu'à ce qu'il survienne un Grand, qui, la faisant tomber tout d'un coup par sa présence, les réduise à leur naturel qui est moins mauvais.

18 [IV]

Les cours ne sauraient se passer d'une certaine espèce de courtisans, hommes flatteurs, complaisants, insinuants, dévoués aux femmes, dont ils ménagent les plaisirs, étudient les faibles et flattent toutes les passions : ils leur soufflent à l'oreille des grossièretés, leur parlent de leurs maris et de leurs amants dans les termes convenables, devinent leurs chagrins, leurs maladies, et fixent leurs couches [a] ; ils font les modes, raffinent sur le luxe et sur la dépense, et apprennent à ce sexe de prompts moyens de consumer de grandes sommes en habits, en meubles et en équipages ; ils ont eux-mêmes des habits où brillent l'invention et la richesse, et ils n'habitent d'anciens palais qu'après les avoir renouvelés et embellis ; ils mangent délicatement et avec réflexion ; il n'y a sorte de volupté qu'ils n'essayent, et dont ils ne puissent rendre compte : ils doivent à eux-mêmes leur fortune, et ils la soutiennent avec la même adresse qu'ils l'ont élevée ; dédaigneux et fiers, ils n'abordent plus leurs pareils, ils ne les saluent plus ; ils parlent où tous les autres se taisent, entrent, pénètrent en des endroits et à des heures où les Grands n'osent se faire voir ; ceux-ci, avec de longs services, bien des plaies sur le corps, de beaux emplois ou de grandes dignités, ne montrent pas un visage si assuré, ni une contenance si libre. Ces gens ont l'oreille des plus grands princes, sont de tous leurs plaisirs et de toutes leurs fêtes, ne sortent pas du Louvre ou du Château, où ils marchent et agissent comme chez eux et dans

---

a. « Ils leur soufflent à l'oreille... et fixent leurs couches » : addition de VIII.

leur domestique, semblent se multiplier en mille endroits, et sont toujours les premiers visages qui frappent les nouveaux venus à une cour ; ils embrassent, ils sont embrassés ; ils rient, ils éclatent, ils sont plaisants, ils font des contes ; personnes commodes, agréables, riches, qui prêtent, et qui sont sans conséquence.

19 [V]

Ne croirait-on pas de *Cimon* et de *Clitandre* qu'ils sont seuls chargés des détails de tout l'État, et que seuls aussi ils en doivent répondre ? L'un a du moins les affaires de terre, et l'autre les maritimes ; qui pourrait les représenter exprimerait l'empressement, l'inquiétude, la curiosité, l'activité, saurait peindre le mouvement. On ne les a jamais vus assis, jamais fixes et arrêtés ; qui même les a vus marcher ? on les voit courir, parler en courant, et vous interroger sans attendre de réponse ; ils ne viennent d'aucun endroit, ils ne vont nulle part : ils passent et ils repassent ; ne les retardez pas dans leur course précipitée, vous démonteriez leur machine ; ne leur faites pas de questions, ou donnez-leur du moins le temps de respirer et de se ressouvenir qu'ils n'ont nulle affaire, qu'ils peuvent demeurer avec vous et longtemps, vous suivre même où il vous plaira de les emmener. Ils ne sont pas les *Satellites de Jupiter,* je veux dire ceux qui pressent et qui entourent le prince, mais ils l'annoncent et le précèdent ; ils se lancent impétueusement dans la foule des courtisans, tout ce qui se trouve sur leur passage est en péril. Leur profession est d'être vus et revus, et ils ne se couchent jamais sans s'être acquittés d'un emploi si sérieux, et si utile à la République ; ils sont au reste instruits à fond de toutes les nouvelles indifférentes, et ils savent à la cour tout ce que l'on peut y ignorer ; il ne leur manque aucun des talents nécessaires pour s'avancer médiocrement. Gens néanmoins éveillés et alertes sur tout ce qu'ils croient leur convenir, un peu entreprenants, légers et précipités ; le dirai-je ? ils portent au vent, attelés tous deux au char de la fortune, et tous deux fort éloignés de s'y voir assis.

20 [IV]

Un homme de la Cour qui n'a pas un assez beau nom, doit l'ensevelir sous un meilleur ; mais s'il l'a tel qu'il ose le porter, il doit alors insinuer qu'il est de tous les noms le plus illustre, comme sa maison de toutes les maisons la plus ancienne : il doit tenir aux PRINCES LORRAINS, aux ROHANS, aux CHASTILLONS, aux MONTMORENCIS, et, s'il se peut, aux PRINCES DU SANG ; ne parler que de ducs, de cardinaux et de ministres ; faire entrer dans toutes les conversations ses aïeuls paternels et maternels, et y trouver place pour l'oriflamme et pour les croisades ; avoir des salles parées d'arbres généalogiques, d'écussons chargés de seize quartiers, et de tableaux de ses ancêtres et des alliés de ses ancêtres ; se piquer d'avoir un ancien château à tourelles, à créneaux et à mâchecoulis ; dire en toute rencontre : *ma race, ma branche, mon nom* et *mes armes ;* dire de celui-ci qu'il n'est pas homme de qualité ; de celle-là, qu'elle n'est pas demoiselle ;

ou si on lui dit qu'*Hyacinthe* a eu le gros lot, demander s'il est gentilhomme : quelques-uns riront de ces contre-temps, mais il les laissera rire ; d'autres en feront des contes, et il leur permettra de conter : il dira toujours qu'il marche après la maison régnante ; et à force de le dire, il sera cru.

21 [IV]

C'est une grande simplicité que d'apporter à la Cour la moindre roture, et de n'y être pas gentilhomme.

22 [VI]

L'on se couche à la cour et l'on se lève sur l'intérêt ; c'est ce que l'on digère le matin et le soir, le jour et la nuit ; c'est ce qui fait que l'on pense, que l'on parle, que l'on se tait, que l'on agit ; c'est dans cet esprit qu'on aborde les uns et qu'on néglige les autres, que l'on monte et que l'on descend ; c'est sur cette règle que l'on mesure ses soins, ses complaisances, son estime, son indifférence, son mépris : quelques pas que quelques-uns fassent par vertu vers la modération et la sagesse, un premier mobile d'ambition les emmène avec les plus avares, les plus violents dans leurs désirs et les plus ambitieux : quel moyen de demeurer immobile où tout marche, où tout se remue, et de ne pas courir où les autres courent ? On croit même être responsable à soi-même de son élévation et de sa fortune : celui qui ne l'a point faite à la cour est censé ne l'avoir pas dû faire, on n'en appelle pas ; cependant s'en éloignera-t-on avant d'en avoir tiré le moindre fruit, ou persistera-t-on à y demeurer sans grâces et sans récompenses ? question si épineuse, si embarrassée, et d'une si pénible décision, qu'un nombre infini de courtisans vieillissent sur le oui et sur le non, et meurent dans le doute.

23 [VI]

Il n'y a rien à la Cour de si méprisable et de si indigne qu'un homme qui ne peut contribuer en rien à notre fortune ; je m'étonne qu'il ose se montrer.

24 [IV]

Celui qui voit loin derrière soi un homme de son temps et de sa condition, avec qui il est venu à la Cour la première fois, s'il croit avoir une raison solide d'être prévenu de son propre mérite et de s'estimer davantage que cet autre qui est demeuré en chemin, ne se souvient plus de ce qu'avant sa faveur il pensait de soi-même, et de ceux qui l'avaient devancé.

25 [I]

C'est beaucoup tirer de notre ami si ayant monté à une grande faveur, il est encore un homme de notre connaissance.

26 [IV]

Si celui qui est en faveur ose s'en prévaloir avant qu'elle lui échappe, s'il se sert d'un bon vent qui souffle pour faire son chemin, s'il a les yeux ouverts sur tout ce qui vaque, poste, abbaye, pour les demander et les obtenir, et qu'il soit muni de pensions, de brevets et de survivances, vous lui reprochez son avidité et son ambition, vous dites que tout le tente, que tout lui est propre, aux siens, à ses créatures, et que par le nombre et la diversité des grâces dont il se trouve comblé, lui seul a fait plusieurs fortunes, cependant qu'a-t-il dû faire ? Si j'en juge moins par vos discours que par le parti que vous auriez pris vous-même en pareille situation, c'est ce qu'il a fait.

L'on blâme les gens qui font une grande fortune pendant qu'ils en ont les occasions, parce que l'on désespère, par la médiocrité de la sienne, d'être jamais en état de faire comme eux, et de s'attirer ce reproche ; si l'on était à portée de leur succéder, l'on commencerait à sentir qu'ils ont moins de tort, et l'on serait plus retenu, de peur de prononcer d'avance sa condamnation.

27 [IV]

Il ne faut rien exagérer, ni dire des cours le mal qui n'y est point : l'on n'y attente rien de pis contre le vrai mérite que de le laisser quelquefois sans récompense ; on ne l'y méprise pas toujours, quand on a pu une fois le discerner ; on l'oublie, et c'est là où l'on sait parfaitement ne faire rien, ou faire très peu de chose, pour ceux que l'on estime beaucoup.

28 [V]

Il est difficile à la Cour que de toutes les pièces que l'on emploie à l'édifice de sa fortune, il n'y en ait quelqu'une qui porte à faux : l'un de mes amis qui a promis de parler ne parle point ; l'autre parle mollement ; il échappe à un troisième de parler contre mes intérêts et contre ses intentions ; à celui-là manque la bonne volonté, à celui-ci l'habileté et la prudence ; tous n'ont pas assez de plaisir à me voir heureux pour contribuer de tout leur pouvoir à me rendre tel. Chacun se souvient assez de tout ce que son établissement lui a coûté à faire, ainsi que des secours qui lui en ont frayé le chemin : on serait même assez porté à justifier les services qu'on a reçus des uns par ceux qu'en de pareils besoins on rendrait aux autres, si le premier et l'unique soin qu'on a après sa fortune faite, n'était pas de songer à soi.

29

[VII] Les courtisans n'emploient pas ce qu'ils ont d'esprit, d'adresse et de finesse pour trouver les expédients d'obliger ceux de leurs amis qui implorent leur secours, mais seulement pour leur trouver des raisons apparentes, de spécieux prétextes, ou ce qu'ils appellent une impossibilité de le pouvoir faire, et ils se persuadent d'être quittes par là en leur endroit de tous les devoirs de l'amitié ou de la reconnaissance.

[VI] Personne à la Cour ne veut entamer, on s'offre d'appuyer, parce que, jugeant des autres par soi-même, on espère que nul n'entamera, et qu'on sera ainsi dispensé d'appuyer : c'est une manière douce et polie de refuser son crédit, ses offices et sa médiation à qui en a besoin.

30 [I]

Combien de gens vous étouffent de caresses dans le particulier, vous aiment et vous estiment, qui sont embarrassés de vous dans le public, et qui, au lever ou à la messe, évitent vos yeux et votre rencontre ! Il n'y a qu'un petit nombre de courtisans qui, par grandeur, ou par une confiance qu'ils ont d'eux-mêmes, osent honorer devant le monde le mérite qui est seul et dénué de grands établissements.

31 [IV]

Je vois un homme entouré et suivi ; mais il est en place ; j'en vois un autre que tout le monde aborde ; mais il est en faveur ; celui-ci est embrassé et caressé, même des Grands ; mais il est riche. Celui-là est regardé de tous avec curiosité, on le montre du doigt ; mais il est savant et éloquent : j'en découvre un que personne n'oublie de saluer ; mais il est méchant ; je veux un homme qui soit bon, qui ne soit rien davantage, et qui soit recherché.

32 [V]

Vient-on de placer quelqu'un dans un nouveau poste, c'est un débordement de louanges en sa faveur, qui inonde les cours et la chapelle, qui gagne l'escalier, les salles, la galerie, tout l'appartement : on en a au-dessus des yeux, on n'y tient pas. Il n'y a pas deux voix différentes sur ce personnage ; l'envie, la jalousie parlent comme l'adulation ; tous se laissent entraîner au torrent qui les emporte, qui les force de dire d'un homme ce qu'ils en pensent ou ce qu'ils n'en pensent pas, comme de louer souvent celui qu'ils ne connaissent point. L'homme d'esprit, de mérite ou de valeur devient en un instant un génie du premier ordre, un héros, un demi-dieu ; il est si prodigieusement flatté dans toutes les peintures que l'on fait de lui, qu'il paraît difforme près de ses portraits ; il lui est impossible d'arriver jamais jusqu'où la bassesse et la complaisance viennent de le porter : il rougit de sa propre réputation. Commence-t-il à chanceler dans ce poste où on passe facilement à un autre avis ; en est-il entièrement déchu, les machines qui l'avaient guindé si haut par l'applaudissement et les éloges sont encore toutes dressées pour le faire tomber dans le dernier mépris : je veux dire qu'il n'y en a point qui le dédaignent mieux, qui le blâment plus aigrement, et qui en disent plus de mal, que ceux qui s'étaient comme dévoués à la fureur d'en dire du bien.

33 [VII]

Je crois pouvoir dire d'un poste éminent et délicat qu'on y monte plus aisément qu'on ne s'y conserve.

34 [VII]

L'on voit des hommes tomber d'une haute fortune par les mêmes défauts qui les y avaient fait monter.

35 [VIII]

Il y a dans les Cours deux manières de ce que l'on appelle congédier son monde ou se défaire des gens : se fâcher contre eux, ou faire si bien qu'ils se fâchent contre vous et s'en dégoûtent.

36 [IV]

L'on dit à la Cour du bien de quelqu'un pour deux raisons, la première, afin qu'il apprenne que nous disons du bien de lui ; la seconde, afin qu'il en dise de nous.

37 [I]

Il est aussi dangereux à la cour de faire les avances, qu'il est embarrassant de ne les point faire.

38 [I]

Il y a des gens à qui ne connaître point le nom et le visage d'un homme est un titre pour en rire et le mépriser. Ils demandent qui est cet homme ; ce n'est ni *Rousseau,* ni un *Fabry*[a], ni *la Couture :* ils ne pourraient le méconnaître.

39 [I]

L'on me dit tant de mal de cet homme, et j'y en vois si peu, que je commence à soupçonner qu'il n'ait un mérite importun, qui éteigne celui des autres.

40 [I]

Vous êtes homme de bien, vous ne songez ni à plaire ni à déplaire aux favoris, uniquement attaché à votre maître et à votre devoir ; vous êtes perdu.

41 [IV]

On n'est point effronté par choix, mais par complexion ; c'est un vice de l'être, mais naturel ; celui qui n'est pas né tel est modeste, et ne passe pas aisément de cette extrémité à l'autre ; c'est une leçon assez inutile que de lui dire : « Soyez effronté, et vous réussirez » ; une mauvaise imitation ne lui profiterait pas, et le ferait échouer. Il ne faut rien de moins dans les cours qu'une vraie et naïve impudence pour réussir.

42 [IV]

On cherche, on s'empresse, on brigue, on se tourmente, on demande, on est refusé, on demande et on obtient ; « mais, dit-on, sans l'avoir

---

a. Brûlé il y a vingt ans. (Note de La Bruyère.)

demandé, et dans le temps que l'on n'y pensait pas, et que l'on songeait même à toute autre chose » : vieux style, menterie innocente, et qui ne trompe personne.

43 [V]

On fait sa brigue pour parvenir à un grand poste, on prépare toutes ses machines, toutes les mesures sont bien prises, et l'on doit être servi selon ses souhaits ; les uns doivent entamer, les autres appuyer ; l'amorce est déjà conduite, et la mine prête à jouer : alors on s'éloigne de la Cour. Qui oserait soupçonner d'*Artémon* qu'il ait pensé à se mettre dans une si belle place, lorsqu'on le tire de sa terre ou de son gouvernement pour l'y faire asseoir ? Artifice grossier, finesses usées, et dont le courtisan s'est servi tant de fois, que, si je voulais donner le change à tout le public et lui dérober mon ambition, je me trouverais sous l'œil et sous la main du Prince, pour recevoir de lui la grâce que j'aurais recherchée avec le plus d'emportement.

44 [V]

Les hommes ne veulent pas que l'on découvre les vues qu'ils ont sur leur fortune, ni que l'on pénètre qu'ils pensent à une telle dignité, parce que, s'ils ne l'obtiennent point, il y a de la honte, se persuadent-ils, à être refusés ; et s'ils y parviennent, il y a plus de gloire pour eux d'en être crus dignes par celui qui la leur accorde, que de s'en juger dignes eux-mêmes par leurs brigues et par leurs cabales : ils se trouvent parés tout à la fois de leur dignité et de leur modestie.

Quelle plus grande honte y a-t-il d'être refusé d'un poste que l'on mérite, ou d'y être placé sans le mériter ?

Quelques grandes difficultés qu'il y ait à se placer à la Cour, il est encore plus âpre et plus difficile de se rendre digne d'être placé.

Il coûte moins à faire dire de soi : « Pourquoi a-t-il obtenu ce poste ? » qu'à faire demander : « Pourquoi ne l'a-t-il pas obtenu ? »

L'on se présente encore pour les charges de ville, l'on postule une place dans l'Académie française, l'on demandait le consulat : quelle moindre raison y aurait-il de travailler les premières années de sa vie à se rendre capable d'un grand emploi, et de demander ensuite, sans nul mystère et sans nulle intrigue, mais ouvertement et avec confiance, d'y servir sa patrie, son Prince, la République ?

45 [IV]

Je ne vois aucun courtisan à qui le Prince vienne d'accorder un bon gouvernement, une place éminente ou une forte pension, qui n'assure par vanité, ou pour marquer son désintéressement, qu'il est bien moins content du don que de la manière dont il lui a été fait : ce qu'il y a en cela de sûr et d'indubitable, c'est qu'il le dit ainsi.

C'est rusticité que de donner de mauvaise grâce ; le plus fort et le plus pénible est de donner ; que coûte-t-il d'y ajouter un sourire ?

Il faut avouer néanmoins qu'il s'est trouvé des hommes qui refusaient plus honnêtement que d'autres ne savaient donner ; qu'on a dit de quelques-uns qu'ils se faisaient si longtemps prier, qu'ils donnaient si sèchement, et chargeaient une grâce qu'on leur arrachait de conditions si désagréables, qu'une plus grande grâce était d'obtenir d'eux d'être dispensés de rien recevoir.

46 [IV]

L'on remarque dans les cours des hommes avides qui se revêtent de toutes les conditions pour en avoir les avantages : gouvernement, charge, bénéfice, tout leur convient ; ils se sont si bien ajustés, que par leur état ils deviennent capables de toutes les grâces ; ils sont *amphibies,* ils vivent de l'Église et de l'épée, et auront le secret d'y joindre la robe. Si vous demandez : « Que font ces gens à la cour ? » ils reçoivent, et envient tous ceux à qui l'on donne.

47 [VIII]

Mille gens à la Cour y traînent leur vie à embrasser, serrer et congratuler ceux qui reçoivent, jusqu'à ce qu'ils y meurent sans rien avoir.

48 [VI]

Ménophile[a] emprunte ses mœurs d'une profession, et d'une autre son habit ; il masque toute l'année, quoique à visage découvert : il paraît à la cour, à la ville, ailleurs, toujours sous un certain nom et sous le même déguisement. On le reconnaît ; et on sait quel il est à son visage.

49 [VI]

Il y a pour arriver aux dignités ce qu'on appelle ou la grande voie ou le chemin battu ; il y a le chemin détourné ou de traverse, qui est le plus court.

50 [V]

L'on court les malheureux pour les envisager ; l'on se range en haie, ou l'on se place aux fenêtres pour observer les traits et la contenance d'un homme qui est condamné, et qui sait qu'il va mourir, vaine, maligne, inhumaine curiosité ; si les hommes étaient sages, la place publique serait abandonnée, et il serait établi qu'il y aurait de l'ignominie seulement à voir de tels spectacles. Si vous êtes si touchés de curiosité, exercez-la du moins en un sujet noble : voyez un heureux, contemplez-le dans le jour même où il a été nommé à un nouveau poste, et qu'il en reçoit les compliments ; lisez dans ses yeux, et au travers d'un calme étudié et d'une feinte modestie, combien il est content et pénétré de soi-même ; voyez quelle sérénité cet accomplissement de ses désirs répand dans son cœur et sur son visage, comme il ne songe plus qu'à vivre et à avoir

---

a. VAR. « N ** » [VI].

de la santé, comme ensuite sa joie lui échappe et ne peut plus se dissimuler, comme il plie sous le poids de son bonheur, quel air froid et sérieux il conserve pour ceux qui ne sont plus ses égaux : il ne leur répond pas, il ne les voit pas ; les embrassements et les caresses des grands, qu'il ne voit plus de si loin, achèvent de lui nuire ; il se déconcerte, il s'étourdit : c'est une courte aliénation. Vous voulez être heureux, vous désirez des grâces ; que de choses pour vous à éviter !

51 [VI]

Un homme qui vient d'être placé ne se sert plus de sa raison et de son esprit pour régler sa conduite et ses dehors à l'égard des autres ; il emprunte sa règle de son poste et de son état ; de là l'oubli, la fierté, l'arrogance, la dureté, l'ingratitude.

52 [VIII]

Théonas, abbé depuis trente ans, se lassait de l'être ; on a moins d'ardeur et d'impatience de se voir habillé de pourpre, qu'il en avait de porter une croix d'or sur sa poitrine, et parce que les grandes fêtes se passaient toujours sans rien changer à sa fortune, il murmurait contre le temps présent, trouvait l'État mal gouverné, et n'en prédisait rien que de sinistre. Convenant en son cœur que le mérite est dangereux dans les cours à qui veut s'avancer, il avait enfin pris son parti, et renoncé à la prélature, lorsque quelqu'un accourt lui dire qu'il est nommé à un évêché. Rempli de joie et de confiance sur une nouvelle si peu attendue : « Vous verrez, dit-il, que je n'en demeurerai pas là, et qu'ils me feront archevêque. »

53 [I]

Il faut des fripons à la cour auprès des Grands et des ministres, même les mieux intentionnés ; mais l'usage en est délicat, et il faut savoir les mettre en œuvre. Il y a des temps et des occasions où ils ne peuvent être suppléés par d'autres. Honneur, vertu, conscience, qualités toujours respectables, souvent inutiles : que voulez-vous quelquefois que l'on fasse d'un homme de bien ?

54 [IV]

Un vieil auteur, et dont j'ose rapporter ici les propres termes, de peur d'en affaiblir le sens par ma traduction, dit que *s'élongner des petits, voire de ses pareils, et iceulx vilainer et dépriser ; s'accointer de grands et puissans en tous biens et chevances, et en cette leur cointise et privauté estre de tous ébats, gabs, mommeries, et vilaines besoignes ; estre eshonté, saffranier et sans point de vergogne ; endurer brocards et gausseries de tous chacuns, sans pour ce feindre de cheminer en avant, et à tout son entregent, engendre heur et fortune.*

55 [IV]

Jeunesse du Prince, source des belles fortunes.

56 [IV]

Timante toujours le même, et sans rien perdre de ce mérite qui lui a attiré la première fois de la réputation et des récompenses, ne laissait pas de dégénérer dans l'esprit des courtisans ; ils étaient las de l'estimer ; ils le saluaient froidement, ils ne lui souriaient plus, ils commençaient à ne le plus joindre, ils ne l'embrassaient plus, ils ne le tiraient plus à l'écart pour lui parler mystérieusement d'une chose indifférente, ils n'avaient plus rien à lui dire : il lui fallait cette pension ou ce nouveau poste dont il vient d'être honoré pour faire revivre ses vertus à demi effacées de leur mémoire, et en rafraîchir l'idée : ils lui font comme dans les commencements, et encore mieux.

57 [V]

Que d'amis, que de parents naissent en une nuit au nouveau ministre ! Les uns font valoir leurs anciennes liaisons, leur société d'études, les droits du voisinage ; les autres feuillettent leur généalogie, remontent jusqu'à un trisaïeul, rappellent le côté paternel et le maternel ; l'on veut tenir à cet homme par quelque endroit, et l'on dit plusieurs fois le jour que l'on y tient ; on l'imprimerait volontiers : *C'est mon ami, et je suis fort aise de son élévation ; j'y dois prendre part, il m'est assez proche.* Hommes vains et dévoués à la fortune, fades courtisans, parliez-vous ainsi il y a huit jours ? Est-il devenu, depuis ce temps, plus homme de bien, plus digne du choix que le prince en vient de faire ? Attendiez-vous cette circonstance pour le mieux connaître ?

58 [V]

Ce qui me soutient et me rassure contre les petits dédains que j'essuie quelquefois des Grands et de mes égaux, c'est que je me dis à moi-même : « Ces gens n'en veulent peut-être qu'à ma fortune, et ils ont raison : elle est bien petite. Ils m'adoreraient sans doute si j'étais ministre. »

Dois-je bientôt être en place ? le sait-il ? est-ce en lui un pressentiment ? il me prévient, il me salue.

59 [VII]

Celui qui dit : *Je dînai hier à Tibur,* ou : *J'y soupe ce soir,* qui le répète, qui fait entrer dix fois le nom de Plancus dans les moindres conversations, qui dit : *Plancus me demandait... Je disais à Plancus...,* celui-là même apprend dans ce moment que son héros vient d'être enlevé par une mort extraordinaire ; il part de la main, il rassemble le peuple dans les places ou sous les portiques, accuse le mort, décrie sa conduite, dénigre son consulat, lui ôte jusqu'à la science des détails que la voix publique lui accorde, ne lui passe point une mémoire heureuse, lui refuse l'éloge d'un homme sévère et laborieux, ne lui fait pas l'honneur de lui croire, parmi les ennemis de l'Empire, un ennemi.

60 [VI]

Un homme de mérite se donne, je crois, un joli spectacle, lorsque la même place à une assemblée, ou à un spectacle, dont il est refusé, il la voit accorder à un homme qui n'a point d'yeux pour voir, ni d'oreilles pour entendre, ni d'esprit pour connaître et pour juger, qui n'est recommandable que par de certaines livrées, que même il ne porte plus.

61 [VII]

Théodote avec un habit austère a un visage comique, et d'un homme qui entre sur la scène ; sa voix, sa démarche, son geste, son attitude accompagnent son visage. Il est fin, *cauteleux,* doucereux, mystérieux ; il s'approche de vous, et il vous dit à l'oreille : *Voilà un beau temps ; voilà un grand dégel* ; s'il n'a pas les grandes manières, il a du moins toutes les petites, et celles même qui ne conviennent guère qu'à une jeune précieuse ; imaginez-vous l'application d'un enfant à élever un château de cartes ou à se saisir d'un papillon : c'est celle de Théodote pour une affaire de rien, et qui ne mérite pas qu'on s'en remue ; il la traite sérieusement, et comme quelque chose qui est capital ; il agit, il s'empresse, il la fait réussir : le voilà qui respire et qui se repose, et il a raison ; elle lui a coûté beaucoup de peine. L'on voit des gens enivrés, ensorcelés de la faveur ; ils y pensent le jour, ils y rêvent la nuit ; ils montent l'escalier d'un ministre, et ils en descendent ; ils sortent de son antichambre, et ils y rentrent ; ils n'ont rien à lui dire, et ils lui parlent ; ils lui parlent une seconde fois : les voilà contents, ils lui ont parlé ; pressez-les, tordez-les, ils dégouttent l'orgueil, l'arrogance, la présomption ; vous leur adressez la parole, ils ne vous répondent point, ils ne vous connaissent point, ils ont les yeux égarés et l'esprit aliéné : c'est à leurs parents à en prendre soin et à les renfermer, de peur que leur folie ne devienne fureur, et que le monde n'en souffre. Théodote a une plus douce manie ; il aime la faveur éperdument, mais sa passion a moins d'éclat, il lui fait des vœux en secret, il la cultive, il la sert mystérieusement ; il est au guet et à la découverte sur tout ce qui paraît de nouveau avec les livrées de la faveur, ont-ils une prétention, il s'offre à eux, il s'intrigue pour eux, il leur sacrifie sourdement mérite, alliance, amitié, engagement, reconnaissance. Si la place d'un Cassini devenait vacante, et que le Suisse ou le postillon du favori s'avisât de la demander, il appuierait sa demande, il le jugerait digne de cette place, il le trouverait capable d'observer et de calculer, de parler de parélies et de parallaxes. Si vous demandiez de Théodote s'il est auteur ou plagiaire, original ou copiste, je vous donnerais ses ouvrages, et je vous dirais : « Lisez et jugez. » Mais s'il est dévot ou courtisan, qui pourrait le décider sur le portrait que j'en viens de faire ? Je prononcerais plus hardiment sur son étoile ; oui, Théodote, j'ai observé le point de votre naissance ; vous serez placé, et bientôt ; ne veillez plus, n'imprimez plus : le public vous demande quartier.

62 [VIII]

N'espérez plus de candeur, de franchise, d'équité, de bons offices, de services, de bienveillance, de générosité, de fermeté dans un homme qui s'est depuis quelque temps livré à la Cour, et qui secrètement veut sa fortune, le reconnaissez-vous à son visage, à ses entretiens ? Il ne nomme plus chaque chose par son nom ; il n'y a plus pour lui de fripons, de fourbes, de sots et d'impertinents : celui dont il lui échapperait de dire ce qu'il en pense, est celui-là même qui, venant à le savoir, l'empêcherait de *cheminer* ; pensant mal de tout le monde, il n'en dit de personne ; ne voulant du bien qu'à lui seul, il veut persuader qu'il en veut à tous, afin que tous lui en fassent, ou que nul du moins lui soit contraire. Non content de n'être pas sincère, il ne souffre pas que personne le soit ; la vérité blesse son oreille : il est froid et indifférent sur les observations que l'on fait sur la Cour et sur le courtisan ; et parce qu'il les a entendues, il s'en croit complice et responsable. Tyran de la société et martyr de son ambition, il a une triste circonspection dans sa conduite et dans ses discours, une raillerie innocente, mais froide et contrainte, un ris forcé, des caresses contrefaites, une conversation interrompue et des distractions fréquentes : il a une profusion, le dirai-je ? des torrents de louanges pour ce qu'a fait ou ce qu'a dit un homme placé et qui est en faveur, et pour tout autre une sécheresse de pulmonique ; il a des formules de compliments différents pour l'entrée et pour la sortie à l'égard de ceux qu'il visite ou dont il est visité ; et il n'y a personne de ceux qui se payent de mines et de façons de parler qui ne sorte d'avec lui fort satisfait : il vise également à se faire des patrons et des créatures ; il est médiateur, confident, entremetteur : il veut gouverner : il a une ferveur de novice pour toutes les petites pratiques de cour ; il sait où il faut se placer pour être vu ; il sait vous embrasser, prendre part à votre joie, vous faire coup sur coup des questions empressées sur votre santé, sur vos affaires ; et pendant que vous lui répondez, il perd le fil de sa curiosité, vous interrompt, entame un autre sujet ; ou s'il survient quelqu'un à qui il doive un discours tout différent, il sait, en achevant de vous congratuler, lui faire un compliment de condoléance : il pleure d'un œil, et il rit de l'autre. Se formant quelquefois sur les ministres ou sur le favori, il parle en public de choses frivoles, du vent, de la gelée ; il se tait au contraire, et fait le mystérieux sur ce qu'il sait de plus important, et plus volontiers encore sur ce qu'il ne sait point.

63 [I]

Il y a un pays où les joies sont visibles, mais fausses, et les chagrins cachés, mais réels. Qui croirait que l'empressement pour les spectacles, que les éclats et les applaudissements aux théâtres de Molière et d'Arlequin, les repas, la chasse, les ballets, les carrousels couvrissent tant d'inquiétudes, de soins et de divers intérêts, tant de craintes et d'espérances, des passions si vives et des affaires si sérieuses ?

64 [IV]

La vie de la Cour est un jeu sérieux, mélancolique, qui applique ; il faut arranger ses pièces et ses batteries, avoir un dessein, le suivre, parer celui de son adversaire, hasarder quelquefois, et jouer de caprice ; et après toutes ses rêveries et toutes ses mesures, on est échec, quelquefois mat ; souvent, avec des pions qu'on ménage bien, on va à dame, et l'on gagne la partie ; le plus habile [a] l'emporte, ou le plus heureux.

65 [V]

Les roues, les ressorts, les mouvements sont cachés ; rien ne paraît d'une montre que son aiguille, qui insensiblement s'avance et achève son tour : image du courtisan, d'autant plus parfaite qu'après avoir fait assez de chemin, il revient souvent au même point d'où il est parti.

66 [I]

« Les deux tiers de ma vie sont écoulés ; pourquoi tant m'inquiéter sur ce qui m'en reste ? La plus brillante fortune ne mérite point ni le tourment que je me donne, ni les petitesses où je me surprends, ni les humiliations, ni les hontes que j'essuie ; trente années détruiront ces colosses de puissance qu'on ne voyait bien qu'à force de lever la tête ; nous disparaîtrons, moi qui suis si peu de chose, et ceux que je contemplais si avidement, et de qui j'espérais toute ma grandeur ; le meilleur de tous les biens, s'il y a des biens, c'est le repos, la retraite et un endroit qui soit son domaine. » N** a pensé cela dans sa disgrâce, et l'a oublié dans la prospérité.

67 [I]

Un noble, s'il vit chez lui dans sa province, il vit libre, mais sans appui ; s'il vit à la Cour, il est protégé, mais il est esclave : cela se compense.

68 [IV]

Xantippe au fond de sa province, sous un vieux toit, et dans un mauvais lit, a rêvé pendant la nuit qu'il voyait le Prince, qu'il lui parlait, et qu'il ressentait une extrême joie ; il a été triste à son réveil ; il a conté son songe, et il a dit : « Quelles chimères ne tombent point dans l'esprit des hommes pendant qu'ils dorment ! » Xantippe a continué de vivre ; il est venu à la cour, il a vu le Prince, il lui a parlé ; et il a été plus loin que son songe, il est favori.

69 [I]

Qui est plus esclave qu'un courtisan assidu, si ce n'est un courtisan plus assidu ?

---

a. VAR. « le plus fou » [IV-VI].

70 [I]

L'esclave n'a qu'un maître : l'ambitieux en a autant qu'il y a de gens utiles à sa fortune.

71 [I]

Mille gens à peine connus font la foule au lever pour être vus du prince, qui n'en saurait voir mille à la fois ; et s'il ne voit aujourd'hui que ceux qu'il vit hier et qu'il verra demain, combien de malheureux !

72 [I]

De tous ceux qui s'empressent auprès des Grands et qui leur font la cour, un petit nombre les honore dans le cœur, un grand nombre les recherche par des vues d'ambition et d'intérêt, un plus grand nombre par une ridicule vanité, ou par une sotte impatience de se faire voir.

73 [VII]

Il y a de certaines familles qui, par les lois du monde ou ce qu'on appelle de la bienséance, doivent être irréconciliables. Les voilà réunies ; et où la religion a échoué quand elle a voulu l'entreprendre, l'intérêt s'en joue, et le fait sans peine.

74 [I]

L'on parle d'une région où les vieillards sont galants, polis et civils ; les jeunes gens au contraire, durs, féroces, sans mœurs ni politesse : ils se trouvent affranchis de la passion des femmes dans un âge où l'on commence ailleurs à la sentir ; ils leur préfèrent des repas, des viandes, et des amours ridicules ; celui-là chez eux est sobre et modéré, qui ne s'enivre que de vin : l'usage trop fréquent qu'ils en ont fait le leur a rendu insipide ; ils cherchent à réveiller leur goût déjà éteint par des eaux-de-vie, et par toutes les liqueurs les plus violentes ; il ne manque à leur débauche que de boire de l'eau-forte. Les femmes du pays précipitent le déclin de leur beauté par des artifices qu'elles croient servir à les rendre belles : leur coutume est de peindre leurs lèvres, leurs joues, leurs sourcils et leurs épaules, qu'elles étalent avec leur gorge, leurs bras et leurs oreilles, comme si elles craignaient de cacher l'endroit par où elles pourraient plaire, ou de ne pas se montrer assez. Ceux qui habitent cette contrée ont une physionomie qui n'est pas nette, mais confuse, embarrassée dans une épaisseur de cheveux étrangers, qu'ils préfèrent aux naturels et dont ils font un long tissu pour couvrir leur tête : il descend à la moitié du corps, change les traits, et empêche qu'on ne connaisse les hommes à leur visage. Ces peuples d'ailleurs ont leur Dieu et leur Roi : les Grands de la nation s'assemblent tous les jours, à une certaine heure, dans un temple qu'ils nomment église ; il y a au fond de ce temple un autel consacré à leur Dieu, où un prêtre célèbre des mystères qu'ils appellent saints, sacrés et redoutables ; les grands forment un vaste cercle au pied de cet autel, et paraissent debout, le dos tourné directement au prêtre et aux saints mystères, et les faces élevées vers leur roi, que l'on voit à genoux sur une tribune, et à qui ils semblent avoir tout l'esprit et tout le cœur appliqués. On ne laisse pas de voir dans cet usage une espèce de subordination ; car ce peuple paraît adorer le Prince, et le Prince adorer Dieu. Les gens du pays le nomment*** ; il est à quelque quarante-huit degrés d'élévation du pôle, et à plus d'onze cents lieues de mer des Iroquois et des Hurons.

75 [I]

Qui considérera que le visage du Prince fait toute la félicité du courtisan, qu'il s'occupe et se remplit pendant toute sa vie de le voir et d'en être vu, comprendra un peu comment voir Dieu peut faire toute la gloire et tout le bonheur des saints.

76 [IV]

Les grands seigneurs sont pleins d'égards pour les princes : c'est leur affaire, ils ont des inférieurs. Les petits courtisans se relâchent sur ces devoirs, font les familiers, et vivent comme gens qui n'ont d'exemples à donner à personne.

77 [IV]

Que manque-t-il de nos jours à la jeunesse ? Elle peut et elle sait ; ou du moins quand elle saurait autant qu'elle peut, elle ne serait pas plus décisive.

78 [IV]

Faibles hommes ! Un grand dit de *Timagène*, votre ami, qu'il est un sot, et il se trompe ; je ne demande pas que vous répliquiez qu'il est homme d'esprit : osez seulement penser qu'il n'est pas un sot.

De même il prononce d'*Iphicrate* qu'il manque de cœur ; vous lui avez vu faire une belle action : rassurez-vous, je vous dispense de la raconter, pourvu qu'après ce que vous venez d'entendre, vous vous souveniez encore de la lui avoir vu faire.

79 [V]

Qui sait parler aux rois, c'est peut-être où se termine toute la prudence et toute la souplesse du courtisan ; une parole échappe, et elle tombe de l'oreille du Prince bien avant dans sa mémoire, et quelquefois jusque dans son cœur : il est impossible de la ravoir ; tous les soins que l'on prend et toute l'adresse dont on use pour l'expliquer ou pour l'affaiblir servent à la graver plus profondément et à l'enfoncer davantage : si ce n'est que contre nous-mêmes que nous ayons parlé, outre que ce malheur n'est pas ordinaire, il y a encore un prompt remède, qui est de nous instruire par notre faute, et de souffrir la peine de notre légèreté ; mais si c'est contre quelque autre, quel abattement ! quel repentir ! Y a-t-il une règle plus utile contre un si dangereux inconvénient, que de parler des autres au souverain, de leurs personnes, de leurs ouvrages, de leurs actions, de leurs mœurs ou de leur conduite, du moins avec l'attention, les précautions et les mesures dont on parle de soi ?

80 [IV]

« Diseur de bons mots, mauvais caractère » : je le dirais, s'il n'avait été dit. Ceux qui nuisent à la réputation ou à la fortune des autres plutôt que de perdre un bon mot, méritent une peine infamante ; cela n'a pas été dit, et je l'ose dire.

81 [I]

Il y a un certain nombre de phrases toutes faites, que l'on prend comme dans un magasin, et dont l'on se sert pour se féliciter les uns les autres sur les événements. Bien qu'elles se disent souvent sans affection, et qu'elles soient reçues sans reconnaissance, il n'est pas permis avec cela de les omettre, parce que du moins elles sont l'image de ce qu'il y a au monde de meilleur, qui est l'amitié, et que les hommes, ne pouvant guère compter les uns sur les autres pour la réalité, semblent être convenus entre eux de se contenter des apparences.

82 [I]

Avec cinq ou six termes de l'art, et rien de plus, l'on se donne pour connaisseur en musique, en tableaux, en bâtiments, et en bonne chère ; l'on croit avoir plus de plaisir qu'un autre à entendre, à voir et à manger ; l'on impose à ses semblables, et l'on se trompe soi-même.

83 [VI]

La cour n'est jamais dénuée d'un certain nombre de gens en qui l'usage du monde, la politesse ou la fortune tiennent lieu d'esprit, et suppléent au mérite ; ils savent entrer et sortir ; ils se tirent de la conversation en ne s'y mêlant point ; ils plaisent à force de se taire, et se rendent importants par un silence longtemps soutenu, ou tout au plus par quelques monosyllabes : ils payent de mines, d'une inflexion de voix, d'un geste ou d'un sourire, ils n'ont pas, si je l'ose dire, deux pouces de profondeur ; si vous les enfoncez, vous rencontrez le tuf.

84 [VI]

Il y a des gens à qui la faveur arrive comme un accident : ils en sont les premiers surpris et consternés ; ils se reconnaissent enfin, et se trouvent dignes de leur étoile ; et comme si la stupidité et la fortune étaient deux choses incompatibles, ou qu'il fût impossible d'être heureux et sot tout à la fois, ils se croient de l'esprit ; ils hasardent, que dis-je ? ils ont la confiance de parler en toute rencontre, et sur quelque matière qui puisse s'offrir, et sans nul discernement des personnes qui les écoutent ; ajouterai-je qu'ils épouvantent ou qu'ils donnent le dernier dégoût par leur fatuité et par leurs fadaises ? Il est vrai du moins qu'ils déshonorent sans ressources ceux qui ont quelque part au hasard de leur élévation.

85

[IV] Comment nommerai-je cette sorte de gens qui ne sont fins que pour les sots ? Je sais du moins que les habiles les confondent avec ceux qu'ils savent tromper.

[I] C'est avoir fait un grand pas dans la finesse, que de faire penser de soi que l'on n'est que médiocrement fin.

[IV] La finesse n'est ni une trop bonne ni une trop mauvaise qualité : elle flotte entre le vice et la vertu ; il n'y a point de rencontre où elle ne puisse, et peut-être où elle ne doive être suppléée par la prudence.

[IV] La finesse est l'occasion prochaine de la fourberie ; de l'un à l'autre le pas est glissant ; le mensonge seul en fait la différence : si on l'ajoute à la finesse, c'est fourberie.

[IV] Avec les gens qui par finesse écoutent tout et parlent peu, parlez encore moins ; ou si vous parlez beaucoup, dites peu de chose.

86 [V]

Vous dépendez, dans une affaire qui est juste et importante, du consentement de deux personnes ; l'un vous dit : « J'y donne les mains pourvu qu'un tel y condescende » ; et ce tel y condescend, et ne désire plus que d'être assuré des intentions de l'autre ; cependant rien n'avance ; les mois, les années s'écoulent inutilement : « Je m'y perds, dites-vous, et je n'y comprends rien ; il ne s'agit que de faire qu'ils s'abouchent, et qu'ils se parlent. » Je vous dis, moi, que j'y vois clair, et que j'y comprends tout : ils se sont parlé.

87 [VII]

Il me semble que qui sollicite pour les autres a la confiance d'un homme qui demande justice ; et qu'en parlant ou en agissant pour soi-même, on a l'embarras et la pudeur de celui qui demande grâce.

88 [I]

Si l'on ne se précautionne à la cour contre les pièges que l'on y tend sans cesse pour faire tomber dans le ridicule, l'on est étonné, avec tout son esprit, de se trouver la dupe de plus sots que soi.

89 [I]

Il y a quelques rencontres dans la vie où la vérité et la simplicité sont le meilleur manège du monde.

90 [VI]

Êtes-vous en faveur, tout manège est bon, vous ne faites point de fautes, tous les chemins vous mènent au terme : autrement, tout est faute, rien n'est utile, il n'y a point de sentier qui ne vous égare.

91 [I]

Un homme qui a vécu dans l'intrigue un certain temps ne peut plus s'en passer ; toute autre vie pour lui est languissante.

92 [I]

Il faut avoir de l'esprit pour être homme de cabale ; l'on peut cependant en avoir à un certain point, que l'on est au-dessus de l'intrigue et de la cabale, et que l'on ne saurait s'y assujettir ; l'on va alors à une grande fortune ou à une haute réputation par d'autres chemins.

93 [IV]

Avec un esprit sublime, une doctrine universelle, une probité à toutes épreuves et un mérite très accompli, n'appréhendez pas, ô *Aristide*, de tomber à la Cour ou de perdre la faveur des Grands, pendant tout le temps qu'ils auront besoin de vous.

94 [I]

Qu'un favori s'observe de fort près ; car s'il me fait moins attendre dans son antichambre qu'à l'ordinaire, s'il a le visage plus ouvert, s'il fronce moins le sourcil, s'il m'écoute plus volontiers, et s'il me reconduit un peu plus loin, je penserai qu'il commence à tomber, et je penserai vrai.

L'homme a bien peu de ressources dans soi-même, puisqu'il lui faut une disgrâce ou une mortification, pour le rendre plus humain, plus traitable, moins féroce, plus honnête homme.

95 [V]

L'on contemple dans les cours de certaines gens, et l'on voit bien à leurs discours et à toute leur conduite qu'ils ne songent ni à leurs grands-pères ni à leurs petits-fils : le présent est pour eux ; ils n'en jouissent pas, ils en abusent.

96 [VI]

Straton est né sous deux étoiles : malheureux, heureux dans le même degré : sa vie est un roman ; non, il lui manque le vraisemblable : il n'a point eu d'aventures ; il a eu de beaux songes, il en a eu de mauvais : que dis-je ? on ne rêve point comme il a vécu : personne n'a tiré d'une destinée plus qu'il a fait ; l'extrême et le médiocre lui sont connus ; il a brillé, il a souffert, il a mené une vie commune : rien ne lui est échappé. Il s'est fait valoir par des vertus qu'il assurait fort sérieusement qui étaient en lui ; il a dit de soi : *J'ai de l'esprit, j'ai du courage ;* et tous ont dit après lui : *Il a de l'esprit, il a du courage.* Il a exercé dans l'une et l'autre fortune le génie du courtisan, qui a dit de lui plus de bien peut-être et plus de mal qu'il n'y en avait. Le joli, l'aimable, le rare, le merveilleux, l'héroïque ont été employés à son éloge ; et tout le contraire a servi depuis pour le ravaler : caractère équivoque, mêlé, enveloppé ; une énigme, une question presque indécise.

97 [V]

La faveur met l'homme au-dessus de ses égaux ; et sa chute, au-dessous.

98 [I]

Celui qui un beau jour sait renoncer fermement ou à un grand nom, ou à une grande autorité, ou à une grande fortune, se délivre en un moment de bien des peines, de bien des veilles, et quelquefois de bien des crimes.

99 [V]

Dans cent ans le monde subsistera encore en son entier : ce sera le même théâtre et les mêmes décorations, ce ne seront plus les mêmes acteurs. Tout ce qui se réjouit sur une grâce reçue, ou ce qui s'attriste et se désespère sur un refus, tous auront disparu de dessus la scène ; il s'avance déjà sur le théâtre d'autres hommes qui vont jouer dans une même pièce les mêmes rôles ; ils s'évanouiront à leur tour ; et ceux qui ne sont pas encore, un jour ne seront plus ; de nouveaux acteurs ont pris leur place. Quel fond à faire sur un personnage de comédie !

100 [VII]

Qui a vu la Cour a vu du monde ce qui est le plus beau, le plus spécieux et le plus orné ; qui méprise la cour, après l'avoir vue, méprise le monde.

101

[VI] La Ville dégoûte de la province ; la Cour détrompe de la Ville, et guérit de la Cour.

[I] Un esprit sain puise à la Cour le goût de la solitude et de la retraite.

IX. DES GRANDS

1 [I]

La prévention du peuple en faveur des Grands est si aveugle, et l'entêtement pour leur geste, leur visage, leur ton de voix et leurs manières si général, que, s'ils s'avisaient d'être bons, cela irait à l'idolâtrie.

2 [VI]

Si vous êtes né vicieux, ô *Théagène*, je vous plains ; si vous le devenez par faiblesse pour ceux qui ont intérêt que vous le soyez, qui ont juré entre eux de vous corrompre, et qui se vantent déjà de pouvoir y réussir, souffrez que je vous méprise. Mais si vous êtes sage, tempérant, modeste, civil, généreux, reconnaissant, laborieux, d'un rang d'ailleurs et d'une naissance à donner des exemples plutôt qu'à les prendre d'autrui, et à faire les règles plutôt qu'à les recevoir, convenez avec cette sorte de gens de suivre par complaisance leurs dérèglements, leurs vices et leur folie, quand ils auront, par la déférence qu'ils vous doivent, exercé toutes les vertus que vous chérissez : ironie forte, mais utile, très propre à mettre vos mœurs en sûreté, à renverser tous leurs projets, et à les jeter dans le parti de continuer d'être ce qu'ils sont, et de vous laisser tel que vous êtes.

3 [I]

L'avantage des Grands sur les autres hommes est immense par un endroit : je leur cède leur bonne chère, leurs riches ameublements, leurs chiens, leurs chevaux, leurs singes, leurs nains, leurs fous et leurs flatteurs ; mais je leur envie le bonheur d'avoir à leur service des gens qui les égalent par le cœur et par l'esprit, et qui les passent quelquefois.

4 [I]

Les Grands se piquent d'ouvrir une allée dans une forêt, de soutenir des terres par de longues murailles, de dorer des plafonds, de faire venir dix pouces d'eau, de meubler une orangerie ; mais de rendre un cœur content, de combler une âme de joie, de prévenir d'extrêmes besoins ou d'y remédier, leur curiosité ne s'étend point jusque-là.

5 [IV]

On demande si en comparant ensemble les différentes conditions des hommes, leurs peines, leurs avantages, on n'y remarquerait pas un mélange ou une espèce de compensation de bien et de mal, qui établirait entre elles l'égalité, ou qui ferait du moins que l'un ne serait guère plus désirable que l'autre ; celui qui est puissant, riche, et à qui il ne manque rien, peut former cette question ; mais il faut que ce soit un pauvre homme qui la décide.

Il ne laisse pas d'y avoir comme un charme attaché à chacune des différentes conditions, et qui y demeure jusques à ce que la misère l'en ait ôté. Ainsi les Grands se plaisent dans l'excès, et les petits aiment la modération ; ceux-là ont le goût de dominer et de commander, et ceux-ci sentent du plaisir et même de la vanité à les servir et à leur obéir ; les grands sont entourés, salués, respectés ; les petits entourent, saluent, se prosternent ; et tous sont contents.

6 [IV]

Il coûte si peu aux Grands à ne donner que des paroles, et leur condition les dispense si fort de tenir les belles promesses qu'ils vous ont faites, que c'est modestie à eux de ne promettre pas encore plus largement.

7 [IV]

« Il est vieux et usé, dit un Grand ; il s'est crevé à me suivre : qu'en faire ? » Un autre, plus jeune, enlève ses espérances, et obtient le poste qu'on ne refuse à ce malheureux que parce qu'il l'a trop mérité.

8 [IV]

« Je ne sais, dites-vous avec un air froid et dédaigneux, *Philanthe* a du mérite, de l'esprit, de l'agrément, de l'exactitude sur son devoir, de la fidélité et de l'attachement pour son maître, et il en est médiocrement considéré ; il ne plaît pas, il n'est pas goûté. » — Expliquez-vous : est-ce Philanthe, ou le Grand qu'il sert, que vous condamnez ?

9 [VI]

Il est souvent plus utile de quitter les Grands que de s'en plaindre.

10 [I]

Qui peut dire pourquoi quelques-uns ont le gros lot, ou quelques autres la faveur des Grands ?

11 [IV]

Les Grands sont si heureux, qu'ils n'essuient pas même, dans toute leur vie, l'inconvénient de regretter la perte de leurs meilleurs serviteurs, ou des personnes illustres dans leur genre, et dont ils ont tiré le plus de plaisir et le plus d'utilité. La première chose que la flatterie sait faire, après la mort de ces hommes uniques, et qui ne se réparent point, est de leur supposer des endroits faibles, dont elle prétend que ceux qui leur succèdent sont très exempts ; elle assure que l'un, avec toute la capacité et toutes les lumières de l'autre, dont il prend la place, n'en a point les défauts ; et ce style sert aux princes à se consoler du grand et de l'excellent par le médiocre.

12 [I]

Les Grands dédaignent les gens d'esprit qui n'ont que de l'esprit ; les gens d'esprit méprisent les grands qui n'ont que de la grandeur. Les gens de bien plaignent les uns et les autres, qui ont ou de la grandeur ou de l'esprit, sans nulle vertu.

13 [IV]

Quand je vois d'une part auprès des Grands, à leur table, et quelquefois dans leur familiarité, de ces hommes alertes, empressés, intrigants, aventuriers, esprits dangereux et nuisibles, et que je considère d'autre part quelle peine ont les personnes de mérite à en approcher, je ne suis pas toujours disposé à croire que les méchants soient soufferts par intérêt, ou que les gens de bien soient regardés comme inutiles ; je trouve plus mon compte à me confirmer dans cette pensée, que grandeur et discernement sont deux choses différentes, et l'amour pour la vertu et pour les vertueux, une troisième chose.

14 [I]

Lucile aime mieux user sa vie à se faire supporter de quelques Grands, que d'être réduit à vivre familièrement avec ses égaux.

La règle de voir de plus Grands que soi doit avoir ses restrictions. Il faut quelquefois d'étranges talents pour la réduire en pratique.

15 [VI]

Quelle est l'incurable maladie de *Théophile* ? Elle lui dure depuis plus de trente années, il ne guérit point : il a voulu, il veut, et il voudra gouverner les Grands ; la mort seule lui ôtera avec la vie cette soif d'empire et d'ascendant sur les esprits. Est-ce en lui zèle du prochain ? est-ce habitude ? est-ce une excessive opinion de soi-même ? Il n'y a point de palais où il ne s'insinue ; ce n'est pas au milieu d'une chambre qu'il s'arrête, il passe à une embrasure ou au cabinet, on attend qu'il ait parlé, et longtemps et avec action, pour avoir audience, pour être vu. Il entre dans le secret des familles ; il est de quelque chose dans tout ce qui leur arrive de triste ou d'avantageux ; il prévient, il s'offre, il se fait de fête, il faut l'admettre. Ce n'est pas assez pour remplir son temps ou son ambition, que le soin de dix mille âmes dont il répond à Dieu comme de la sienne propre ; il y en a d'un plus haut rang et d'une plus grande distinction dont il ne doit aucun compte, et dont il se charge plus volontiers : il écoute, il veille sur tout ce qui peut servir de pâture à son esprit d'intrigue, de médiation et de manège ; à peine un Grand est-il débarqué, qu'il l'empoigne et s'en saisit ; on entend plus tôt dire à Théophile qu'il le gouverne, qu'on n'a pu soupçonner qu'il pensait à le gouverner.

16 [I]

Une froideur ou une incivilité qui vient de ceux qui sont au-dessus de nous nous les fait haïr ; mais un salut ou un sourire nous les réconcilie.

17 [VI]

Il y a des hommes superbes, que l'élévation de leurs rivaux humilie et apprivoise ; ils en viennent, par cette disgrâce, jusqu'à rendre le salut : mais le temps, qui adoucit toutes choses, les remet enfin dans leur naturel.

18 [IV]

Le mépris que les Grands ont pour le peuple les rend indifférents sur les flatteries ou sur les louanges qu'ils en reçoivent, et tempère leur vanité. De même les princes, loués sans fin et sans relâche des Grands ou des courtisans, en seraient plus vains, s'ils estimaient davantage ceux qui les louent.

19 [I]

Les Grands croient être seuls parfaits, n'admettent qu'à peine dans les autres hommes la droiture d'esprit, l'habileté, la délicatesse, et s'emparent de ces riches talents comme de choses dues à leur naissance. C'est cependant en eux une erreur grossière de se nourrir de si fausses préventions : ce qu'il y a jamais eu de mieux pensé, de mieux dit, de mieux écrit, et peut-être d'une conduite plus délicate, ne nous est pas toujours venu de leur fonds ; ils ont de grands domaines et une longue suite d'ancêtres : cela ne leur peut être contesté.

20 [VI]

Avez-vous de l'esprit, de la grandeur, de l'habileté, du goût, du discernement ? en croirai-je la prévention et la flatterie, qui publient hardiment votre mérite ? Elles me sont suspectes, et je les récuse : me laisserai-je éblouir par un air de capacité ou de hauteur qui vous met au-dessus de tout ce qui se fait, de ce qui se dit et de ce qui s'écrit ; qui vous rend sec sur les louanges, et empêche qu'on ne puisse arracher de vous la moindre approbation ? Je conclus de là plus naturellement que vous avez de la faveur, du crédit et de grandes richesses : quel moyen de vous définir, *Téléphon* [a] ? On n'approche de vous que comme du feu, et dans une certaine distance, et il faudrait vous développer, vous manier, vous confronter avec vos pareils, pour porter de vous un jugement sain et raisonnable : votre homme de confiance, qui est dans votre familiarité, dont vous prenez conseil, pour qui vous quittez *Socrate* et *Aristide* [b], avec qui vous riez, et qui rit plus haut que vous, *Dave* enfin, m'est très connu : serait-ce assez pour vous bien connaître ?

21 [V]

Il y en a de tels, que s'ils pouvaient connaître leurs subalternes et se connaître eux-mêmes, ils auraient honte de primer.

22 [V]

S'il y a peu d'excellents orateurs, y a-t-il bien des gens qui puissent les entendre ? S'il n'y a pas assez de bons écrivains, où sont ceux qui savent lire ? De même on s'est toujours plaint du petit nombre de personnes capables de conseiller les rois, et de les aider dans l'administration de leurs affaires ; mais s'ils naissent enfin ces hommes habiles et intelligents, s'ils agissent selon leurs vues et leurs lumières sont-ils aimés, sont-ils estimés autant qu'ils le méritent ? Sont-ils loués de ce qu'ils pensent et de ce qu'ils font pour la patrie ? Ils vivent, il suffit : on les censure s'ils échouent, et on les envie s'ils réussissent ; blâmons le peuple où il serait ridicule de vouloir l'excuser. Son chagrin et sa jalousie, regardés des Grands ou des puissants comme inévitables, les ont conduits insensiblement à le compter pour rien, et à négliger ses suffrages dans toutes leurs entreprises, à s'en faire même une règle de politique.

Les petits se haïssent les uns les autres lorsqu'ils se nuisent réciproquement. Les Grands sont odieux aux petits par le mal qu'ils leur font, et par tout le bien qu'ils ne leur font pas : ils leur sont responsables de leur obscurité, de leur pauvreté et de leur infortune, ou du moins ils leur paraissent tels.

---

a. VAR. « *Antiphon* » [VI et VII].
b. « Dont vous prenez conseil, pour qui vous quittez *Socrate* et *Aristide* » : addition de VIII.

23 [V]

C'est déjà trop d'avoir avec le peuple une même religion et un même Dieu : quel moyen encore de s'appeler *Pierre, Jean, Jacques*, comme le marchand ou le laboureur ? Évitons d'avoir rien de commun avec la multitude ; affectons au contraire toutes les distinctions qui nous en séparent. Qu'elle s'approprie les douze apôtres, leurs disciples, les premiers martyrs (telles gens, tels patrons) ; qu'elle voie avec plaisir revenir, toutes les années, ce jour particulier que chacun célèbre comme sa fête. Pour nous autres Grands, ayons recours aux noms profanes ; faisons-nous baptiser sous ceux d'*Annibal*, de *César* et de *Pompée* : c'étaient de grands hommes ; sous celui de *Lucrèce* : c'était une illustre Romaine ; sous ceux de *Renaud*, de *Roger*, d'*Olivier* et de *Tancrède* : c'étaient des paladins, et le roman n'a point de héros plus merveilleux ; sous ceux d'*Hector*, d'*Achille*, d'*Hercule*, tous demi-dieux ; sous ceux même de *Phébus* et de *Diane ;* et qui nous empêchera de nous faire nommer *Jupiter* ou *Mercure*, ou *Vénus*, ou *Adonis ?*

24 [VII]

Pendant que les Grands négligent de rien connaître, je ne dis pas seulement aux intérêts des princes et aux affaires publiques, mais à leurs propres affaires ; qu'ils ignorent l'économie et la science d'un père de famille, et qu'ils se louent eux-mêmes de cette ignorance ; qu'ils se laissent appauvrir et maîtriser par des intendants ; qu'ils se contentent d'être gourmets ou *coteaux*, d'aller chez *Thaïs* ou chez *Phryné*, de parler de la meute et de la vieille meute, de dire combien il y a de postes de Paris à Besançon, ou à Philisbourg, des citoyens s'instruisent du dedans et du dehors d'un royaume, étudient le gouvernement, deviennent fins et politiques, savent le fort et le faible de tout un État, songent à se mieux placer, se placent, s'élèvent, deviennent puissants, soulagent le prince d'une partie des soins publics ; les Grands, qui les dédaignaient, les révèrent, heureux s'ils deviennent leurs gendres.

25 [V]

Si je compare ensemble les deux conditions des hommes les plus opposées, je veux dire les Grands avec le peuple, ce dernier me paraît content du nécessaire, et les autres sont inquiets et pauvres avec le superflu. Un homme du peuple ne saurait faire aucun mal ; un Grand ne veut faire aucun bien, et est capable de grands maux. L'un ne se forme et ne s'exerce que dans les choses qui sont utiles ; l'autre y joint les pernicieuses. Là se montrent ingénument la grossièreté et la franchise ; ici se cache une sève maligne et corrompue sous l'écorce de la politesse. Le peuple n'a guère d'esprit, et les Grands n'ont point d'âme : celui-là a un bon fond, et n'a point de dehors ; ceux-ci n'ont que des dehors et qu'une simple superficie. Faut-il opter ? Je ne balance pas, je veux être peuple.

26 [I]

Quelque profonds que soient les Grands de la Cour, et quelque art qu'ils aient pour paraître ce qu'ils ne sont pas et pour ne point paraître ce qu'ils sont, ils ne peuvent cacher leur malignité, leur extrême pente à rire aux dépens d'autrui, et à jeter un ridicule souvent où il n'y en peut avoir : ces beaux talents se découvrent en eux du premier coup d'œil, admirables sans doute pour envelopper une dupe et rendre sot celui qui l'est déjà, mais encore plus propres à leur ôter tout le plaisir qu'ils pourraient tirer d'un homme d'esprit, qui saurait se tourner et se plier en mille manières agréables et réjouissantes, si le dangereux caractère du courtisan ne l'engageait pas à une fort grande retenue : il lui oppose un caractère sérieux, dans lequel il se retranche ; et il fait si bien que les railleurs, avec des intentions si mauvaises, manquent d'occasions de se jouer de lui.

27 [I]

Les aises de la vie, l'abondance, le calme d'une grande prospérité font que les princes ont de la joie de reste pour rire d'un nain, d'un singe, d'un imbécile et d'un mauvais conte. Les gens moins heureux ne rient qu'à propos.

28 [VIII]

Un Grand aime la Champagne, abhorre la Brie ; il s'enivre de meilleur vin que l'homme du peuple : seule différence que la crapule laisse entre les conditions les plus disproportionnées, entre le seigneur et l'estafier.

29 [I]

Il semble d'abord qu'il entre dans les plaisirs des princes un peu de celui d'incommoder les autres. Mais non, les princes ressemblent aux hommes ; ils songent à eux-mêmes, suivent leur goût, leurs passions, leur commodité : cela est naturel.

30 [I]

Il semble que la première règle des compagnies, des gens en place ou des puissants, est de donner à ceux qui dépendent d'eux pour le besoin de leurs affaires toutes les traverses qu'ils en peuvent craindre.

31 [IV]

Si un Grand a quelque degré de bonheur sur les autres hommes, je ne devine pas lequel, si ce n'est peut-être de se trouver souvent dans le pouvoir et dans l'occasion de faire plaisir ; et si elle naît, cette conjoncture, il semble qu'il doive s'en servir ; si c'est en faveur d'un homme de bien, il doit appréhender qu'elle ne lui échappe ; mais comme c'est en une chose juste, il doit prévenir la sollicitation, et n'être vu que pour être remercié ; et si elle est facile, il ne doit pas même la lui faire valoir ; s'il la lui refuse, je les plains tous deux.

32 [VI]

Il y a des hommes nés inaccessibles, et ce sont précisément ceux de qui les autres ont besoin, de qui ils dépendent. Ils ne sont jamais que sur un pied ; mobiles comme le mercure, ils pirouettent, ils gesticulent, ils crient, ils s'agitent ; semblables à ces figures de carton qui servent de montre à une fête publique, ils jettent feu et flamme, tonnent et foudroient : on n'en approche pas, jusqu'à ce que, venant à s'éteindre, ils tombent, et par leur chute deviennent traitables, mais inutiles.

33 [IV]

Le Suisse, le valet de chambre, l'homme de livrée, s'ils n'ont plus d'esprit que ne porte leur condition, ne jugent plus d'eux-mêmes par leur première bassesse, mais par l'élévation et la fortune des gens qu'ils servent, et mettent tous ceux qui entrent par leur porte, et montent leur escalier, indifféremment au-dessous d'eux et de leurs maîtres : tant il est vrai qu'on est destiné à souffrir des grands et de ce qui leur appartient.

34 [IV]

Un homme en place doit aimer son prince, sa femme, ses enfants, et après eux les gens d'esprit ; il les doit adopter, il dit s'en fournir et n'en jamais manquer ; il ne saurait payer, je ne dis pas de trop de pensions et de bienfaits, mais de trop de familiarité et de caresses, les secours et les services qu'il en tire, même sans le savoir : quels petits bruits ne dissipent-ils pas ? quelles histoires ne réduisent-ils pas à la fable et à la fiction ? Ne savent-ils pas justifier les mauvais succès par les bonnes intentions, prouver la bonté d'un dessein et la justesse des mesures par le bonheur des événements, s'élever contre la malignité et l'envie pour accorder à de bonnes entreprises de meilleurs motifs, donner des explications favorables à des apparences qui étaient mauvaises, détourner les petits défauts, ne montrer que les vertus, et les mettre dans leur jour, semer en mille occasions des faits et des détails qui soient avantageux, et tourner le ris et la moquerie contre ceux qui oseraient en douter ou avancer des faits contraires ? Je sais que les Grands ont pour maxime de laisser parler et de continuer d'agir ; mais je sais aussi qu'il leur arrive en plusieurs rencontres que laisser dire les empêche de faire.

35 [IV]

Sentir le mérite, et quand il est une fois connu, le bien traiter, deux grandes démarches à faire tout de suite, et dont la plupart des Grands sont fort incapables.

36 [IV]

Tu es Grand, tu es puissant : ce n'est pas assez ; fais que je t'estime, afin que je sois triste d'être déchu de tes bonnes grâces, ou de n'avoir pu les acquérir.

37

[IV] Vous dites d'un Grand ou d'un homme en place qu'il est prévenant, officieux, qu'il aime à faire plaisir ; et vous le confirmez par un long détail de ce qu'il a fait en une affaire où il a su que vous preniez intérêt ; je vous entends : on va pour vous au-devant de la sollicitation, vous avez du crédit, vous êtes connu du ministre, vous êtes bien avec les puissances ; désiriez-vous que je susse autre chose ?

[VII] Quelqu'un vous dit : *Je me plains d'un tel, il est fier depuis son élévation, il me dédaigne, il ne me connaît plus.* — *Je n'ai pas, pour moi,* lui répondez-vous, *sujet à m'en plaindre ; au contraire, je m'en loue fort, et il me semble même qu'il est assez civil.* Je crois encore vous entendre : vous voulez qu'on sache qu'un homme en place a de l'attention pour vous, et qu'il vous démêle dans l'antichambre entre mille honnêtes gens de qui il détourne ses yeux, de peur de tomber dans l'inconvénient de leur rendre le salut ou de leur sourire.

[IV] « Se louer de quelqu'un, se louer d'un Grand », phrase délicate dans son origine, et qui signifie sans doute se louer soi-même, en disant d'un Grand tout le bien qu'il nous a fait, ou qu'il n'a pas songé à nous faire.

[IV] On loue les Grands pour marquer qu'on les voit de près, rarement par estime ou par gratitude. On ne connaît pas souvent ceux que l'on loue ; la vanité ou la légèreté l'emportent quelquefois sur le ressentiment ; on est mal content d'eux, et on les loue.

38 [IV]

S'il est périlleux de tremper dans une affaire suspecte, il l'est encore davantage de s'y trouver complice d'un Grand, il s'en tire, et vous laisse payer doublement, pour lui et pour vous.

39 [V]

Le Prince n'a point assez de toute sa fortune pour payer une basse complaisance, si l'on en juge par tout ce que celui qu'il veut récompenser y a mis du sien ; et il n'a pas trop de toute sa puissance pour le punir, s'il mesure sa vengeance au tort qu'il en a reçu.

40 [IV]

La noblesse expose sa vie pour le salut de l'État et pour la gloire du souverain. Le magistrat décharge le prince d'une partie du soin de juger les peuples : voilà de part et d'autre des fonctions bien sublimes et d'une merveilleuse utilité ; les hommes ne sont guère capables de plus grandes choses, et je ne sais d'où la robe et l'épée ont puisé de quoi se mépriser réciproquement.

41

[IV] S'il est vrai qu'un Grand donne plus à la fortune lorsqu'il hasarde une vie destinée à couler dans les ris, le plaisir et l'abondance, qu'un particulier qui ne risque que des jours qui sont misérables, il faut avouer aussi qu'il a un tout autre dédommagement, qui est la gloire et la haute réputation : le soldat ne sent pas qu'il soit connu, il meurt obscur et dans la foule, il vivait de même, à la vérité, mais il vivait ; et c'est l'une des sources du défaut de courage dans les conditions basses et serviles. Ceux au contraire que la naissance démêle d'avec le peuple et expose aux yeux des hommes, à leur censure et à leurs éloges, sont même capables de sortir par effort de leur tempérament, s'il ne les portait pas à la vertu ; et cette disposition de cœur et d'esprit, qui passe des aïeuls par les pères dans leurs descendants, est cette bravoure si familière aux personnes nobles, et peut-être la noblesse même.

[V] Jetez-moi dans les troupes comme un simple soldat, je suis Thersite : mettez-moi à la tête d'une armée dont j'aie à répondre à toute l'Europe, je suis ACHILLE.

42 [I]

Les princes, sans autre science ni autre règle, ont un goût de comparaison ; ils sont nés et élevés au milieu et comme dans le centre des meilleures choses, à quoi ils rapportent ce qu'ils lisent, ce qu'ils voient et ce qu'ils entendent. Tout ce qui s'éloigne trop de LULLI, de RACINE et de LE BRUN est condamné.

43 [I]

Ne parler aux jeunes princes que du soin de leur rang, est un excès de précaution, lorsque toute une Cour met son devoir et une partie de sa politesse à les respecter, et qu'ils sont bien moins sujets à ignorer aucun des égards dus à leur naissance, qu'à confondre les personnes, et les traiter indifféremment et sans distinction des conditions et des titres : ils ont une fierté naturelle, qu'ils retrouvent dans les occasions ; il ne leur faut des leçons que pour la régler, que pour leur inspirer la bonté, l'honnêteté et l'esprit de discernement.

44 [I]

C'est une pure hypocrisie à un homme d'une certaine élévation de ne pas prendre d'abord le rang qui lui est dû, et que tout le monde lui cède ; il ne lui coûte rien d'être modeste, de se mêler dans la multitude qui va s'ouvrir pour lui, de prendre dans une assemblée une dernière place, afin que tous l'y voient et s'empressent de l'en ôter. La modestie est d'une pratique plus amère aux hommes d'une condition ordinaire ; s'ils se jettent dans la foule, on les écrase ; s'ils choisissent un poste incommode, il leur demeure.

45 [V]

Aristarque se transporte dans la place avec un héraut et un trompette ; celui-ci commence : toute la multitude accourt et se rassemble. « Écoutez, peuple, dit le héraut ; soyez attentifs ; silence, silence ! *Aristarque, que vous voyez présent, doit faire demain une bonne action* » ; je dirai plus simplement et sans figure : « Quelqu'un fait bien, veut-il faire mieux ? que je ne sache pas qu'il fait bien, ou que je ne le soupçonne pas du moins de me l'avoir appris. »

46 [VI]

Les meilleures actions s'altèrent et s'affaiblissent par la manière dont on les fait, et laissent même douter des intentions ; celui qui protège ou qui loue la vertu pour la vertu, qui corrige ou qui blâme le vice à cause du vice, agit simplement, naturellement, sans aucun tour, sans nulle singularité, sans faste, sans affectation ; il n'use point de réponses graves et sentencieuses, encore moins de traits piquants et satiriques : ce n'est jamais une scène qu'il joue pour le public, c'est un bon exemple qu'il donne, et un devoir dont il s'acquitte ; il ne fournit rien aux visites des femmes, ni au cabinet [a], ni aux nouvellistes ; il ne donne point à un homme agréable la matière d'un joli conte. Le bien qu'il vient de faire est un peu moins su, à la vérité ; mais il a fait ce bien : que voudrait-il davantage ?

47 [I]

Les grands ne doivent point aimer les premiers temps : ils ne leur sont point favorables ; il est triste pour eux d'y voir que nous sortions tous du frère et de la sœur. Les hommes composent ensemble une même famille ; il n'y a que le plus ou le moins dans le degré de parenté.

48 [VI]

Théognis est recherché dans son ajustement, et il sort paré comme une femme ; il n'est pas hors de sa maison, qu'il a déjà ajusté ses yeux et son visage, afin que ce soit une chose faite quand il sera dans le public, qu'il y paraisse tout concerté, que ceux qui passent le trouvent déjà gracieux et leur souriant, et que nul ne lui échappe. Marche-t-il dans les salles, il se tourne à droit, où il y a un grand monde, et à gauche, où il n'y a personne ; il salue ceux qui y sont et ceux qui n'y sont pas. Il embrasse un homme qu'il trouve sous sa main, il lui presse la tête contre sa poitrine : il demande ensuite qui est celui qu'il a embrassé. Quelqu'un a besoin de lui dans une affaire qui est facile ; il va le trouver, lui fait sa prière : Théognis l'écoute favorablement, il est ravi de lui être bon à quelque chose, il le conjure de faire naître des occasions de lui rendre service ; et comme celui-ci insiste sur son affaire, il lui dit qu'il ne la fera point ; il le prie de se mettre en sa place, il l'en fait juge : le client sort, reconduit, caressé, confus, presque content d'être refusé.

49 [I]

C'est avoir une très mauvaise opinion des hommes, et néanmoins les bien connaître, que de croire dans un grand poste leur imposer par des caresses étudiées, par de longs et stériles embrassements.

---

a. Rendez-vous à Paris de quelques honnêtes gens pour la conversation. (Note de La Bruyère.)

50

[IV] *Pamphile* ne s'entretient pas avec les gens qu'il rencontre dans les salles ou dans les cours : si l'on en croit sa gravité et l'élévation de sa voix, il les reçoit, leur donne audience, les congédie ; il a des termes tout à la fois civils et hautains, une honnêteté impérieuse et qu'il emploie sans discernement ; il a une fausse grandeur qui l'abaisse, et qui embarrasse fort ceux qui sont ses amis, et qui ne veulent pas le mépriser.

[VI] Un Pamphile est plein de lui-même, ne se perd pas de vue, ne sort point de l'idée de sa grandeur, de ses alliances, de sa charge, de sa dignité : il ramasse, pour ainsi dire, toutes ses pièces, s'en enveloppe pour se faire valoir ; il dit : *Mon ordre, mon cordon bleu;* il l'étale ou il le cache par ostentation ; un Pamphile en un mot veut être grand, il croit l'être, il ne l'est pas, il est d'après un Grand. Si quelquefois il sourit à un homme du dernier ordre, à un homme d'esprit, il choisit son temps si juste, qu'il n'est jamais pris sur le fait : aussi la rougeur lui monterait-elle au visage s'il était malheureusement surpris dans la moindre familiarité avec quelqu'un qui n'est ni opulent, ni puissant, ni ami d'un ministre, ni son allié, ni son domestique ; il est sévère et inexorable à qui n'a point encore fait sa fortune : il vous aperçoit un jour dans une galerie, et il vous fuit ; et le lendemain, s'il vous trouve en un endroit moins public, ou s'il est public, en la compagnie d'un Grand, il prend courage, il vient à vous, et il vous dit : *Vous ne faisiez pas hier semblant de nous voir*[a]. Tantôt il vous quitte brusquement pour joindre un seigneur ou un premier commis ; et tantôt s'il les trouve avec vous en conversation, il vous coupe et vous les enlève : vous l'abordez une autre fois, et il ne s'arrête pas ; il se fait suivre, vous parle si haut que c'est une scène pour ceux qui passent. Aussi les Pamphiles sont-ils toujours comme sur un théâtre : gens nourris dans le faux, et qui ne haïssent rien tant que d'être naturels ; vrais personnages de comédie, des *Floridors,* des *Mondoris.*

[VII] On ne tarit point sur les Pamphiles : ils sont bas et timides devant les princes et les ministres ; pleins de hauteur et de confiance avec ceux qui n'ont que de la vertu ; muets et embarrassés avec les savants ; vifs, hardis et décisifs avec ceux qui ne savent rien ; ils parlent de guerre à un homme de robe, et de politique à un financier ; ils savent l'histoire avec les femmes ; ils sont poètes avec un docteur, et géomètres avec un poète : de maximes, ils ne s'en chargent pas ; de principes, encore moins : ils vivent à l'aventure, poussés et entraînés par le vent de la faveur et par l'attrait des richesses ; ils n'ont point d'opinion qui soit à eux, qui leur soit propre ; ils en empruntent à mesure qu'ils en ont besoin ; et celui à qui ils ont recours n'est guère un homme sage, ou habile, ou vertueux, c'est un homme à la mode.

---

a. « Il vous aperçoit un jour... de nous voir » : addition de VII.

51 [VI]

Nous avons pour les Grands et pour les gens en place une jalousie stérile ou une haine impuissante, qui ne nous venge point de leur splendeur et de leur élévation, et qui ne fait qu'ajouter à notre propre misère le poids insupportable du bonheur d'autrui : que faire contre une maladie de l'âme si invétérée et si contagieuse ? Contentons-nous de peu, et de moins encore s'il est possible ; sachons perdre dans l'occasion : la recette est infaillible, et je consens à l'éprouver. J'évite par là d'apprivoiser un suisse ou de fléchir un commis ; d'être repoussé à une porte par la foule innombrable de clients ou de courtisans dont la maison d'un ministre se dégorge plusieurs fois le jour ; de languir dans sa salle d'audience ; de lui demander en tremblant et en balbutiant une chose juste ; d'essuyer sa gravité, son ris amer [a] et son *laconisme*. Alors je ne le hais plus, je ne lui porte plus d'envie ; il ne me fait aucune prière, je ne lui en fais pas ; nous sommes égaux, si ce n'est peut-être qu'il n'est pas tranquille, et que je le suis.

52 [I]

Si les grands ont les occasions de nous faire du bien, ils en ont rarement la volonté ; et s'ils désirent de nous faire du mal, ils n'en trouvent pas toujours les occasions : ainsi l'on peut être trompé dans l'espèce de culte qu'on leur rend, s'il n'est fondé que sur l'espérance ou sur la crainte ; et une longue vie se termine quelquefois sans qu'il arrive de dépendre d'eux pour le moindre intérêt, ou qu'on leur doive sa bonne ou sa mauvaise fortune. Nous devons les honorer, parce qu'ils sont grands et que nous sommes petits, et qu'il y en a d'autres plus petits que nous qui nous honorent.

53

[VI] A la Cour, à la Ville, mêmes passions, mêmes faiblesses, mêmes petitesses, mêmes travers d'esprit, mêmes brouilleries dans les familles et entre les proches, mêmes envies, mêmes antipathies ; partout des brus et des belles-mères, des maris et des femmes, des divorces, des ruptures, et de mauvais raccommodements ; partout des humeurs, des colères, des partialités, des rapports, et ce qu'on appelle de mauvais discours. Avec de bons yeux on voit sans peine la petite ville, la rue Saint-Denis, comme transportées à V** ou à F**. Ici l'on croit se haïr avec plus de fierté et de hauteur, et peut-être avec plus de dignité : on se nuit réciproquement avec plus d'habileté et de finesse ; les colères sont plus éloquentes, et l'on se dit des injures plus poliment et en meilleurs termes ; l'on n'y blesse point la pureté de la langue ; l'on n'y offense que les hommes ou que leur réputation : tous les dehors du vice y sont spécieux ; mais le fond, encore une fois, y est le même que dans les conditions les plus ravalées ; tout le bas, tout le faible et tout l'indigne s'y trouvent.

---

a. « Son ris amer » : addition de VIII.

Ces hommes si grands ou par leur naissance, ou par leur faveur, ou par leurs dignités, ces têtes si fortes et si habiles, ces femmes si polies et si spirituelles, tous méprisent le peuple, et ils sont peuple.

[IV] Qui dit le peuple dit plus d'une chose ; c'est une vaste expression, et l'on s'étonnerait de voir ce qu'elle embrasse, et jusques où elle s'étend ; il y a le peuple qui est opposé aux grands : c'est la populace et la multitude ; il y a le peuple qui est opposé aux sages, aux habiles et aux vertueux : ce sont les Grands comme les petits.

54 [VI]

Les Grands se gouvernent par sentiment, âmes oisives sur lesquelles tout fait d'abord une vive impression. Une chose arrive, ils en parlent trop ; bientôt ils en parlent peu ; ensuite ils n'en parlent plus, et ils n'en parleront plus : action, conduite, ouvrage, événement, tout est oublié ; ne leur demandez ni correction, ni prévoyance, ni réflexion, ni reconnaissance, ni récompense.

55 [I]

L'on se porte aux extrémités opposées à l'égard de certains personnages ; la satire après leur mort court parmi le peuple, pendant que les voûtes des temples retentissent de leurs éloges ; ils ne méritent quelquefois ni libelles ni discours funèbres, quelquefois aussi ils sont dignes de tous les deux.

56 [I]

L'on doit se taire sur les puissants : il y a presque toujours de la flatterie à en dire du bien ; il y a du péril à en dire du mal pendant qu'ils vivent, et de la lâcheté quand ils sont morts.

X. DU SOUVERAIN OU DE LA RÉPUBLIQUE[a]

1 [I]

Quand l'on parcourt, sans la prévention de son pays, toutes les formes de gouvernement, l'on ne sait à laquelle se tenir ; il y a dans toutes le moins bon et le moins mauvais. Ce qu'il y a de plus raisonnable et de plus sûr, c'est d'estimer celle où l'on est né la meilleure de toutes, et de s'y soumettre.

2 [I]

Il ne faut ni art ni science pour exercer la tyrannie, et la politique qui ne consiste qu'à répandre le sang est fort bornée et de nul raffinement ; elle inspire de tuer ceux dont la vie est un obstacle à notre ambition : un homme né cruel fait cela sans peine. C'est la manière la plus horrible et la plus grossière de se maintenir ou de s'agrandir.

---

a. VAR. « DU SOUVERAIN » [I-III] ; « DU SOUVERAIN ET DE LA RÉPUBLIQUE » [IV].

3 [IV]

C'est une politique sûre et ancienne dans les Républiques que d'y laisser le peuple s'endormir dans les fêtes, dans les spectacles, dans le luxe, dans le faste, dans les plaisirs, dans la vanité et la mollesse; le laisser se remplir du vide et savourer la bagatelle : quelles grandes démarches ne fait-on pas au despotique par cette indulgence !

4 [VII]

Il n'y a point de patrie dans le despotique; d'autres choses y suppléent, l'intérêt, la gloire, le service du prince.

5 [IV]

Quand on veut changer et innover dans une République, c'est moins les choses que le temps que l'on considère. Il y a des conjonctures où l'on sent bien qu'on ne saurait trop attenter contre le peuple; et il y en a d'autres où il est clair qu'on ne peut trop le ménager. Vous pouvez aujourd'hui ôter à cette ville ses franchises, ses droits, ses privilèges; mais demain ne songez pas même à réformer ses enseignes.

6 [IV]

Quand le peuple est en mouvement, on ne comprend pas par où le calme peut y rentrer; et quand il est paisible, on ne voit pas par où le calme peut en sortir.

7 [IV]

Il y a de certains maux dans la République qui y sont soufferts, parce qu'ils préviennent ou empêchent de plus grands maux. Il y a d'autres maux qui sont tels seulement par leur établissement, et qui, étant dans leur origine un abus ou un mauvais usage, sont moins pernicieux dans leurs suites et dans la pratique qu'une loi plus juste ou une coutume plus raisonnable. L'on voit une espèce de maux que l'on peut corriger par le changement ou la nouveauté, qui est un mal, et fort dangereux. Il y en a d'autres cachés et enfoncés comme des ordures dans un cloaque, je veux dire ensevelis sous la honte, sous le secret et dans l'obscurité : on ne peut les fouiller et les remuer qu'ils n'exhalent le poison et l'infamie; les plus sages doutent quelquefois s'il est mieux de connaître ces maux que de les ignorer. L'on tolère quelquefois dans un État un assez grand mal, mais qui détourne un million de petits maux ou d'inconvénients, qui seraient inévitables et irrémédiables. Il se trouve des maux dont chaque particulier gémit, et qui deviennent néanmoins un bien public, quoique le public ne soit autre chose que tous les particuliers. Il y a des maux personnels qui concourent au bien et à l'avantage de chaque famille. Il y en a qui affligent, ruinent ou déshonorent les familles, mais qui tendent au bien et à la conservation de la machine de l'État et du gouvernement. D'autres maux renversent des États, et sur leurs ruines en élèvent de nouveaux. On en a vu enfin qui ont sapé par les fondements de grands empires, et qui les ont fait évanouir de dessus la terre, pour varier et renouveler la face de l'univers.

8 [VIII]

Qu'importe à l'État qu'*Ergaste* soit riche, qu'il ait des chiens qui arrêtent bien, qu'il crée les modes sur les équipages et sur les habits, qu'il abonde en superfluités ? Où il s'agit de l'intérêt et des commodités de tout le public, le particulier est-il compté ? La consolation des peuples dans les choses qui lui pèsent un peu est de savoir qu'ils soulagent le prince, ou qu'ils n'enrichissent que lui : ils ne se croient point redevables à Ergaste de l'embellissement de sa fortune.

9 [IV]

La guerre a pour elle l'antiquité, elle a été dans tous les siècles : on l'a toujours vue remplir le monde de veuves et d'orphelins, épuiser les familles d'héritiers, et faire périr les frères à une même bataille. Jeune SOYECOUR ! je regrette ta vertu, ta pudeur, ton esprit déjà mûr, pénétrant, élevé, sociable ; je plains cette mort prématurée qui te joint à ton intrépide frère, et t'enlève à une Cour où tu n'as fait que te montrer : malheur déplorable, mais ordinaire [a] ! De tout temps les hommes, pour quelque morceau de terre de plus ou de moins, sont convenus entre eux de se dépouiller, se brûler, se tuer, s'égorger les uns les autres ; et pour le faire plus ingénieusement et avec plus de sûreté, ils ont inventé de belles règles qu'on appelle l'art militaire ; ils ont attaché à la pratique de ces règles la gloire ou la plus solide réputation ; et ils ont depuis renchéri de siècle en siècle sur la manière de se détruire réciproquement. De l'injustice des premiers hommes, comme de son unique source, est venue la guerre, ainsi que la nécessité où ils se sont trouvés de se donner des maîtres qui fixassent leurs droits et leurs prétentions : si, content du sien, on eût pu s'abstenir du bien de ses voisins, on avait pour toujours la paix et la liberté.

10 [IV]

Le peuple paisible dans ses foyers, au milieu des siens, et dans le sein d'une grande ville où il n'a rien à craindre ni pour ses biens ni pour sa vie, respire le feu et le sang, s'occupe de guerres, de ruines, d'embrasements et de massacres, souffre impatiemment que des armées qui tiennent la campagne ne viennent point à se rencontrer, ou si elles sont une fois en présence, qu'elles ne combattent point, ou si elles se mêlent, que le combat ne soit pas sanglant et qu'il y ait moins de dix mille hommes sur la place : il va même souvent jusques à oublier ses intérêts les plus chers, le repos et la sûreté, par l'amour qu'il a pour le changement, et par le goût de la nouveauté ou des choses extraordinaires : quelques-uns consentiraient à voir une autre fois les

---

a. « On l'a toujours vue remplir le monde... malheur déplorable, mais ordinaire » : addition de VI.

ennemis aux portes de Dijon ou de Corbie, à voir tendre des chaînes et faire des barricades, pour le seul plaisir d'en dire ou d'en apprendre la nouvelle.

11 [VI]

Démophile, à ma droite, se lamente, et s'écrie : « Tout est perdu, c'est fait de l'État ; il est du moins sur le penchant de sa ruine. Comment résister à une si forte et si générale conjuration ? Quel moyen, je ne dis pas d'être supérieur, mais de suffire seul à tant et de si puissants ennemis ? Cela est sans exemple dans la monarchie. Un héros, un ACHILLE y succomberait. On a fait, ajoute-t-il, de lourdes fautes : je sais bien ce que je dis, je suis du métier, j'ai vu la guerre, et l'histoire m'en a beaucoup appris. » Il parle là-dessus avec admiration d'Olivier le Daim et de Jacques Cœur : « C'étaient là des hommes, dit-il, c'étaient des ministres. » Il débite ses nouvelles, qui sont toutes les plus tristes et les plus désavantageuses que l'on pourrait feindre : tantôt un parti des nôtres a été attiré dans une embuscade et taillé en pièces ; tantôt quelques troupes renfermées dans un château se sont rendues aux ennemis à discrétion, et ont passé par le fil de l'épée ; et si vous lui dites que ce bruit est faux et qu'il ne se confirme point, il ne vous écoute pas, il ajoute qu'un tel général a été tué ; et bien qu'il soit vrai qu'il n'a reçu qu'une légère blessure, et que vous l'en assuriez, il déplore sa mort, il plaint sa veuve, ses enfants, l'État ; il se plaint lui-même : *il a perdu un bon ami et une grande protection*. Il dit que la cavalerie allemande est invincible ; il pâlit au seul nom des cuirassiers de l'Empereur. « Si l'on attaque cette place, continue-t-il, on lèvera le siège. Ou l'on demeurera sur la défensive sans livrer de combat ; ou si on le livre, on le doit perdre ; et si on le perd, voilà l'ennemi sur la frontière. » Et comme Démophile le fait voler, le voilà dans le cœur du royaume : il entend déjà sonner le beffroi des villes, et crier à l'alarme ; il songe à son bien et à ses terres : où conduira-t-il son argent, ses meubles, sa famille ? Où se réfugiera-t-il ? en Suisse ou à Venise ?

Mais, à ma gauche, *Basilide* met tout d'un coup sur pied une armée de trois cent mille hommes ; il n'en rabattrait pas une seule brigade : il a la liste des escadrons et des bataillons, des généraux et des officiers ; il n'oublie pas l'artillerie ni le bagage. Il dispose absolument de toutes ces troupes : il en envoie tant en Allemagne et tant en Flandre ; il réserve un certain nombre pour les Alpes, un peu moins pour les Pyrénées, et il fait passer la mer à ce qui lui reste : il connaît les marches de ces armées, il sait ce qu'elles feront et ce qu'elles ne feront pas ; vous diriez qu'il ait l'oreille du prince ou le secret du ministre. Si les ennemis viennent de perdre une bataille où il soit demeuré sur la place quelque neuf à dix mille hommes des leurs, il en compte jusqu'à trente mille, ni plus ni moins ; car ses nombres sont toujours fixes et certains, comme de celui qui est bien informé. S'il apprend le matin que nous avons perdu une bicoque, non seulement il envoie s'excuser à ses amis qu'il a la veille conviés à dîner, mais même ce jour-là il ne dîne point, et s'il soupe, c'est sans appétit. Si les nôtres assiègent une place très forte, très régulière, pourvue de vivres et de munitions, qui a une bonne garnison, commandée par un homme d'un grand courage, il dit que la ville a des endroits faibles et mal fortifiés, qu'elle manque de poudre, que son gouverneur manque d'expérience, et qu'elle capitulera après huit jours de tranchée ouverte. Une autre fois il accourt tout hors d'haleine, et après avoir respiré un peu : « Voilà, s'écrie-t-il, une grande nouvelle ; ils sont défaits, et à plate couture ; le général, les chefs, du moins une bonne partie, tout est tué, tout a péri. Voilà, continue-t-il, un grand massacre, et il faut convenir que nous jouons d'un grand bonheur. » Il s'assit, il souffle, après avoir débité sa nouvelle, à laquelle il ne manque qu'une circonstance, qui est qu'il est certain qu'il n'y a point eu de bataille. Il assure d'ailleurs qu'un tel prince renonce à la ligue et quitte ses confédérés, qu'un autre se dispose à prendre le même parti ; il croit fermement avec la populace qu'un troisième est mort : il nomme le lieu où il est enterré ; et quand on est détrompé aux halles et aux faubourgs, il parie encore pour l'affirmative. Il sait, par une voie indubitable, que T.K.L. fait de grands progrès contre l'Empereur ; que le Grand Seigneur arme *puissamment*, ne veut point de paix, et que son vizir va se montrer une autre fois aux portes de Vienne. Il frappe des mains, et il tressaille sur cet événement, dont il ne doute plus. La triple alliance chez lui est un Cerbère, et les ennemis autant de monstres à assommer : il ne parle que de lauriers, que de palmes, que de triomphes et que de trophées. Il dit dans le discours familier : *Notre auguste Héros, notre grand Potentat, notre invincible Monarque*. Réduisez-le, si vous pouvez, à dire simplement : *Le Roi a beaucoup d'ennemis, ils sont puissants, ils sont unis, ils sont aigris : il les a vaincus, j'espère toujours qu'il les pourra vaincre*. Ce style, trop ferme et trop décisif pour Démophile, n'est pour Basilide ni assez pompeux ni assez exagéré ; il a bien d'autres expressions en tête : il travaille aux inscriptions des arcs et des pyramides qui doivent orner la ville capitale un jour d'entrée ; et dès qu'il entend dire que les armées sont en présence, ou qu'une place est investie, il fait déplier sa robe et la mettre à l'air, afin qu'elle soit toute prête pour la cérémonie de la cathédrale.

12 [IV]

Il faut que le capital d'une affaire qui assemble dans une ville les plénipotentiaires ou les agents des couronnes et des Républiques, soit d'une longue et extraordinaire discussion, si elle leur coûte plus de temps, je ne dis pas que les seuls préliminaires, mais que le simple règlement des rangs, des préséances et des autres cérémonies.

Le ministre ou le plénipotentiaire est un caméléon, est un Protée : semblable quelquefois à un joueur habile, il ne montre ni humeur ni complexion, soit pour ne point donner lieu aux conjectures ou se laisser pénétrer, soit pour ne rien laisser échapper de son secret par passion ou par faiblesse. Quelquefois aussi il sait feindre le caractère le plus conforme aux vues qu'il a et aux besoins où il se trouve, et paraître tel qu'il a intérêt que les autres croient qu'il est en effet. Ainsi dans une grande puissance, ou dans une grande faiblesse qu'il veut dissimuler, il est ferme et inflexible, pour ôter l'envie de beaucoup obtenir ; ou il est facile, pour fournir aux autres les occasions de lui demander, et se donner la même licence. Une autre fois, ou il est profond et dissimulé, pour cacher une vérité en l'annonçant, parce qu'il lui importe qu'il l'ait dite, et qu'elle ne soit pas crue ; ou il est franc et ouvert, afin que lorsqu'il dissimule ce qui ne doit être su, l'on croie néanmoins qu'on n'ignore rien de ce que l'on veut savoir, et que l'on se persuade qu'il a tout dit. De même, ou il est vif et grand parleur, pour faire parler les autres, pour empêcher qu'on ne lui parle de ce qu'il ne veut pas ou de ce qu'il ne doit pas savoir, pour dire plusieurs choses différentes qui se modifient ou qui se détruisent les unes les autres, qui confondent dans les esprits la crainte et la confiance, pour se défendre d'une ouverture qui lui est échappée par une autre qu'il aura faite ; ou il est froid et taciturne, pour jeter les autres dans l'engagement de parler, pour écouter longtemps, pour être écouté quand il parle, pour parler avec ascendant et avec poids, pour faire des promesses ou des menaces qui portent un grand coup et qui ébranlent. Il s'ouvre et parle le premier pour, en découvrant les oppositions, les contradictions, les brigues et les cabales des ministres étrangers sur les propositions qu'il aura avancées, prendre ses mesures et avoir la réplique ; et dans une autre rencontre, il parle le dernier, pour ne point parler en vain, pour être précis, pour connaître parfaitement les choses sur quoi il est permis de faire fond pour lui ou pour ses alliés, pour savoir ce qu'il doit demander et ce qu'il peut obtenir. Il sait parler en termes clairs et formels ; il sait encore mieux parler ambigument, d'une manière enveloppée, user de tours ou de mots équivoques, qu'il peut faire valoir ou diminuer dans les occasions, et selon ses intérêts. Il demande peu quand il ne veut pas donner beaucoup ; il demande beaucoup pour avoir peu, et l'avoir plus sûrement. Il exige d'abord de petites choses, qu'il prétend ensuite lui devoir être comptées pour rien, et qui ne l'excluent pas d'en demander une plus grande ; et il évite au contraire de commencer par obtenir un point important, s'il l'empêche d'en gagner plusieurs autres de moindre conséquence, mais qui tous ensemble l'emportent sur le premier. Il demande trop, pour être refusé, mais dans le dessein de se faire un droit ou une bienséance de refuser lui-même ce qu'il sait bien qu'il lui sera demandé, et qu'il ne veut pas octroyer : aussi soigneux alors d'exagérer l'énormité de la demande, et de faire convenir, s'il se peut, des raisons qu'il a de n'y pas entendre, que d'affaiblir celles qu'on prétend avoir de ne lui pas accorder ce qu'il sollicite avec instance ; également appliqué à faire sonner haut et à grossir dans l'idée des autres le peu qu'il offre, et à mépriser ouvertement le peu que l'on consent de lui donner. Il fait de fausses offres, mais extraordinaires, qui donnent de la défiance, et obligent de rejeter ce que l'on accepterait inutilement ; qui lui sont cependant une occasion de faire des demandes exorbitantes, et mettent dans leur tort ceux qui les lui refusent. Il accorde plus qu'on ne lui demande, pour avoir encore plus qu'il ne doit donner. Il se fait longtemps prier, presser, importuner sur une chose médiocre, pour éteindre les espérances et ôter la pensée d'exiger de lui rien de plus fort ; ou s'il se laisse fléchir jusques à l'abandonner, c'est toujours avec des conditions qui lui font partager le gain et les avantages avec ceux qui reçoivent. Il prend directement ou indirectement l'intérêt d'un allié, s'il y trouve son utilité et l'avancement de ses prétentions. Il ne parle que de paix, que d'alliances, que de tranquillité publique, que d'intérêt public ; et en effet il ne songe qu'aux siens, c'est-à-dire à ceux de son maître ou de sa République. Tantôt il réunit quelques-uns qui étaient contraires les uns aux autres, et tantôt il divise quelques autres qui étaient unis. Il intimide les forts et les puissants, il encourage les faibles. Il unit d'abord d'intérêt plusieurs faibles contre un plus puissant, pour rendre la balance égale ; il se joint ensuite aux premiers pour la faire pencher, et il leur vend cher sa protection et son alliance. Il sait intéresser ceux avec qui il traite ; et par un adroit manège, par de fins et de subtils détours, il leur fait sentir leurs avantages particuliers, les biens et les honneurs qu'ils peuvent espérer par une certaine facilité, qui ne choque point leur commission ni les intentions de leurs maîtres. Il ne veut pas aussi être cru imprenable par cet endroit ; il laisse voir en lui quelque peu de sensibilité pour sa fortune : il s'attire par là des propositions qui lui découvrent les vues des autres les plus secrètes, leurs desseins les plus profonds et leur dernière ressource ; et il en profite. Si quelquefois il est lésé dans quelques chefs qui ont enfin été réglés, il crie haut ; si c'est le contraire, il crie plus haut, et jette ceux qui perdent sur la justification et la défensive. Il a son fait digéré par la cour, toutes ses démarches sont mesurées, les moindres avances qu'il fait lui sont prescrites ; et il agit néanmoins, dans les points difficiles et dans les articles contestés, comme s'il se relâchait de lui-même sur-le-champ, et comme par un esprit d'accommodement ; il ose même promettre à l'assemblée qu'il fera goûter la proposition, et qu'il n'en sera pas désavoué. Il fait courir un bruit faux des choses seulement dont il est chargé, muni d'ailleurs de pouvoirs particuliers, qu'il ne découvre jamais qu'à l'extrémité, et dans les moments où il lui serait pernicieux de ne les pas mettre en usage. Il tend surtout par ses intrigues au solide et à l'essentiel, toujours prêt de leur sacrifier les minuties et les points d'honneur imaginaires. Il a du flegme, il s'arme de courage et de patience, il ne se lasse point, il fatigue les autres, et les pousse jusqu'au découragement. Il se précautionne et s'endurcit contre les lenteurs et les remises, contre les reproches, les soupçons, les défiances, contre les difficultés et les obstacles, persuadé que le temps seul et les conjonctures amènent les choses et conduisent les esprits au point où on les souhaite. Il va jusques à feindre un intérêt secret à la rupture de la négociation, lorsqu'il désire le plus ardemment qu'elle soit continuée ; et si au contraire il a des ordres précis de faire les derniers efforts pour la rompre, il croit devoir, pour y réussir, en presser la continuation et la fin. S'il survient un grand événement, il se raidit ou il se relâche selon qu'il lui est utile ou préjudiciable ; et si par une grande prudence il sait le prévoir, il presse et il temporise selon que l'État pour qui il travaille en doit craindre ou espérer ; et il règle sur ses besoins ses conditions. Il prend conseil du temps, du lieu, des occasions, de sa puissance ou de sa faiblesse, du génie des nations avec qui il traite, du tempérament et du caractère des personnes avec qui il négocie : toutes ses vues, toutes ses maximes, tous les raffinements de sa politique tendent à une seule fin, qui est de n'être point trompé, et de tromper les autres.

13 [I]

Le caractère des Français demande du sérieux dans le souverain.

14 [I]

L'un des malheurs du Prince est d'être souvent trop plein de son secret, par le péril qu'il y a à le répandre : son bonheur est de rencontrer une personne sûre qui l'en décharge.

15 [I]

Il ne manque rien à un roi que les douceurs d'une vie privée ; il ne peut être consolé d'une si grande perte que par le charme de l'amitié, et par la fidélité de ses amis.

16 [I]

Le plaisir d'un roi qui mérite de l'être est de l'être moins quelquefois, de sortir du théâtre, de quitter le bas de saye et les brodequins, et de jouer avec une personne de confiance un rôle plus familier.

17 [I]

Rien ne fait plus d'honneur au prince que la modestie de son favori.

18 [I]

Le favori n'a point de suite : il est sans engagement et sans liaisons ; il peut être entouré de parents et de créatures, mais il n'y tient pas ; il est détaché de tout, et comme isolé [a].

---

a. « [I] Une belle ressource pour celui qui est tombé dans la disgrâce du prince (une grande parure pour le favori disgracié [I-III]), c'est la retraite. Il lui est avantageux de disparaître plutôt que de traîner dans le monde (dans la ville [I-III]) le débris d'une faveur qu'il a perdue, et d'y faire (et de faire, [I-III]) un nouveau personnage si différent du premier qu'il a soutenu. Il conserve au contraire le merveilleux de sa vie dans la solitude ; et, mourant pour ainsi dire avant la caducité, il ne laisse de soi qu'une brillante idée (qu'une belle idée, [I-III]) et une mémoire agréable. »

« [IV] Une plus belle ressource pour le favori disgracié que de se perdre dans la solitude et ne faire plus parler de soi, c'est d'en faire parler magnifiquement et de se jeter, s'il se peut, dans quelque haute et généreuse entreprise, qui relève ou confirme du moins son caractère et rende raison de son ancienne faveur ; qu'il fasse qu'on le plaigne dans sa chute, et qu'on en rejette une partie sur son étoile. »

Ce texte fut supprimé à la 6e édition pour des raisons de prudence, semble-t-il. La numérotation passe à 20.

20 [VI]

Je ne doute point qu'un favori, s'il a quelque force et quelque élévation, ne se trouve souvent confus et déconcerté des bassesses, des petitesses, de la flatterie, des soins superflus et des attentions frivoles de ceux qui le courent, qui le suivent, et qui s'attachent à lui comme ses viles créatures ; et qu'il ne se dédommage dans le particulier d'une si grande servitude par le ris et la moquerie.

21 [VI]

Hommes en place, ministres, favoris, me permettrez-vous de le dire ? ne vous reposez point sur vos descendants pour le soin de votre mémoire et pour la durée de votre nom : les titres passent, la faveur s'évanouit, les dignités se perdent, les richesses se dissipent, et le mérite dégénère. Vous avez des enfants, il est vrai, dignes de vous, j'ajoute même capables de soutenir toute votre fortune ; mais qui peut vous en promettre autant de vos petits-fils ? Ne m'en croyez pas, regardez cette unique fois de certains hommes que vous ne regardez jamais, que vous dédaignez : ils ont des aïeuls, à qui, tout grands que vous êtes, vous ne faites que succéder. Ayez de la vertu et de l'humanité ; et si vous me dites : « Qu'aurons-nous de plus ? » je vous répondrai : « De l'humanité et de la vertu » : maîtres alors de l'avenir, et indépendants d'une postérité, vous êtes sûrs de durer autant que la monarchie ; et dans le temps que l'on montrera les ruines de vos châteaux, et peut-être la seule place où ils étaient construits, l'idée de vos louables actions sera encore fraîche dans l'esprit des peuples ; ils considèreront avidement vos portraits et vos médailles, ils diront : « Cet homme dont vous regardez la peinture a parlé à son maître avec force et avec liberté, et a plus craint de lui nuire que de lui déplaire ; il lui a permis d'être bon et bienfaisant, de dire de ses villes : *Ma bonne ville,* et de son peuple : *Mon peuple.* Cet autre dont vous voyez l'image, et en qui l'on remarque une physionomie forte, jointe à un air grave, austère et majestueux, augmente d'année à autre de réputation ; les plus grands politiques souffrent de lui être comparés. Son grand dessein a été d'affermir l'autorité du Prince et la sûreté des peuples par l'abaissement des grands : ni les partis, ni les conjurations, ni les trahisons, ni le péril de la mort, ni ses infirmités n'ont pu l'en détourner. Il a eu du temps de reste pour entamer un ouvrage, continué ensuite et achevé par l'un de nos plus grands et de nos meilleurs princes, l'extinction de l'hérésie. »

22 [VIII]

Le panneau le plus délié et le plus spécieux qui dans tous les temps ait été tendu aux grands par leurs gens d'affaires, et aux rois par leurs ministres, est la leçon qu'ils leur font de s'acquitter et de s'enrichir. Excellent conseil ! maxime utile, fructueuse, une mine d'or, un Pérou, du moins pour ceux qui ont su jusqu'à présent l'inspirer à leurs maîtres.

23 [IV]

C'est un extrême bonheur pour les peuples quand le Prince admet dans sa confiance et choisit pour le ministère ceux qu'ils auraient voulu lui donner, s'ils en avaient été les maîtres.

24 [IV]

La science des détails, ou une diligente attention aux moindres besoins de la République, est une partie essentielle au bon gouvernement, trop négligée à la vérité dans les derniers temps par les rois ou par les ministres, mais qu'on ne peut trop souhaiter dans le souverain qui l'ignore, ni assez estimer dans celui qui la possède. Que sert en effet au bien des peuples et à la douceur de leurs jours, que le prince place les bornes de son empire au-delà des terres de ses ennemis, qu'il fasse de leurs souverainetés des provinces de son royaume ; qu'il leur soit également supérieur par les sièges et par les batailles, et qu'ils ne soient devant lui en sûreté ni dans les plaines ni dans les plus forts bastions ; que les nations s'appellent les unes les autres, se liguent ensemble pour se défendre et pour l'arrêter ; qu'elles se liguent en vain, qu'il marche toujours et qu'il triomphe toujours ; que leurs dernières espérances soient tombées par le raffermissement d'une santé qui donnera au monarque le plaisir de voir les princes ses petits-fils soutenir ou accroître ses destinées, se mettre en campagne, s'emparer de redoutables forteresses, et conquérir de nouveaux États ; commander de vieux et expérimentés capitaines, moins par leur rang et leur naissance que par leur génie et leur sagesse ; suivre les traces augustes de leur victorieux père ; imiter sa bonté, sa docilité, son équité, sa vigilance, son intrépidité ? Que me servirait en un mot, comme à tout le peuple, que le prince fût heureux et comblé de gloire par lui-même et par les siens, que ma patrie fût puissante et formidable, si, triste et inquiet, j'y vivais dans l'oppression ou dans l'indigence ; si, à couvert des courses de l'ennemi, je me trouvais exposé dans les places ou dans les rues d'une ville au fer d'un assassin, et que je craignisse moins dans l'horreur de la nuit d'être pillé ou massacré dans d'épaisses forêts que dans ses carrefours ; si la sûreté, l'ordre et la propreté ne rendaient pas le séjour des villes si délicieux, et n'y avaient pas amené, avec l'abondance, la douceur de la société ; si, faible et seul de mon parti, j'avais à souffrir dans ma métairie du voisinage d'un Grand, et si l'on avait moins pourvu à me faire justice de ses entreprises ; si je n'avais pas sous ma main autant de maîtres, et d'excellents maîtres, pour élever mes enfants dans les sciences ou dans les arts qui feront un jour leur établissement ; si, par la facilité du commerce, il m'était moins ordinaire de m'habiller de bonnes étoffes, et de me nourrir de viandes saines, et de les acheter peu ; si enfin, par les soins du prince, je n'étais pas aussi content de ma fortune, qu'il doit lui-même par ses vertus l'être de la sienne ?

25 [VII]

Les huit ou les dix mille hommes sont au souverain comme une monnaie dont il achète une place ou une victoire : s'il fait qu'il lui en coûte moins, s'il épargne les hommes, il ressemble à celui qui marchande et qui connaît mieux qu'un autre le prix de l'argent.

26 [VII]

Tout prospère dans une monarchie où l'on confond les intérêts de l'État avec ceux du prince.

27 [VII]

Nommer un roi PÈRE DU PEUPLE est moins faire son éloge que l'appeler par son nom, ou faire sa définition.

28 [VII]

Il y a un commerce ou un retour de devoirs du souverain à ses sujets, et de ceux-ci au souverain ; quels sont les plus assujettissants et les plus pénibles, je ne le déciderai pas : il s'agit de juger, d'un côté, entre les étroits engagements du respect, des secours, des services, de l'obéissance, de la dépendance ; et d'un autre, les obligations indispensables de bonté, de justice, de soins, de défense, de protection. Dire qu'un prince est arbitre de la vie des hommes, c'est dire seulement que les hommes par leurs crimes deviennent naturellement soumis aux lois et à la justice, dont le Prince est le dépositaire : ajouter qu'il est maître absolu de tous les biens de ses sujets, sans égards, sans compte ni discussion, c'est le langage de la flatterie, c'est l'opinion d'un favori qui se dédira à l'agonie.

29 [VII]

Quand vous voyez quelquefois un nombreux troupeau, qui répandu sur une colline vers le déclin d'un beau jour, paît tranquillement le thym et le serpolet, ou qui broute dans une prairie une herbe menue et tendre qui a échappé à la faux du moissonneur, le berger, soigneux et attentif, est debout auprès de ses brebis ; il ne les perd pas de vue, il les suit, il les conduit, il les change de pâturage ; si elles se dispersent, il les rassemble ; si un loup avide paraît, il lâche son chien, qui le met en fuite ; il les nourrit, il les défend ; l'aurore le trouve déjà en pleine campagne, d'où il ne se retire qu'avec le soleil : quels soins ! quelle vigilance ! quelle servitude ! Quelle condition vous paraît la plus délicieuse et la plus libre, ou du berger ou des brebis ? le troupeau est-il fait pour le berger, ou le berger pour le troupeau ? Image naïve des peuples et du Prince qui les gouverne, s'il est bon Prince.

Le faste et le luxe dans un souverain, c'est le berger habillé d'or et de pierreries, la houlette d'or en ses mains ; son chien a un collier d'or, il est attaché avec une laisse d'or et de soie, que sert tant d'or à son troupeau ou contre les loups ?

30 [VII]

Quelle heureuse place que celle qui fournit dans tous les instants l'occasion à un homme de faire du bien à tant de milliers d'hommes ! Quel dangereux poste que celui qui expose à tous moments un homme à nuire à un million d'hommes !

31 [VII]

Si les hommes ne sont point capables sur la terre d'une joie plus naturelle, plus flatteuse et plus sensible, que de connaître qu'ils sont aimés, et si les rois sont hommes, peuvent-ils jamais trop acheter le cœur de leurs peuples ?

32 [I]

Il y a peu de règles générales et de mesures certaines pour bien gouverner ; l'on suit le temps et les conjonctures, et cela roule sur la prudence et sur les vues de ceux qui règnent ; aussi le chef-d'œuvre de l'esprit, c'est le parfait gouvernement ; et ce ne serait peut-être pas une chose possible, si les peuples, par l'habitude où ils sont de la dépendance et de la soumission, ne faisaient la moitié de l'ouvrage.

33 [I]

Sous un très grand roi, ceux qui tiennent les premières places n'ont que des devoirs faciles, et que l'on remplit sans nulle peine : tout coule de source ; l'autorité et le génie du prince leur aplanissent les chemins, leur épargnent les difficultés, et font tout prospérer au-delà de leur attente : ils ont le mérite de subalternes.

34 [V]

Si c'est trop de se trouver chargé d'une seule famille, si c'est assez d'avoir à répondre de soi seul, quel poids, quel accablement, que celui de tout un royaume ! Un souverain est-il payé de ses peines par le plaisir que semble donner une puissance absolue, par toutes les prosternations des courtisans ? Je songe aux pénibles, douteux et dangereux chemins qu'il est quelquefois obligé de suivre pour arriver à la tranquillité publique ; je repasse les moyens extrêmes, mais nécessaires, dont il use souvent pour une bonne fin ; je sais qu'il doit répondre à Dieu même de la félicité de ses peuples, que le bien et le mal est en ses mains, et que toute ignorance ne l'excuse pas ; et je me dis à moi-même : « Voudrais-je régner ? » Un homme un peu heureux dans une condition privée devrait-il y renoncer pour une monarchie ? N'est-ce pas beaucoup, pour celui qui se trouve en place par un droit héréditaire, de supporter d'être né roi ?

35 [I]

Que de dons du ciel ne faut-il pas pour bien régner ! Une naissance auguste, un air d'empire et d'autorité, un visage qui remplisse la curiosité des peuples empressés de voir le Prince, et qui conserve le respect dans le courtisan. Une parfaite égalité d'humeur ; un grand éloignement pour la raillerie piquante, ou assez de raison pour ne se la permettre point ; ne faire jamais ni menaces ni reproches ; ne point céder à la colère, et être toujours obéi. L'esprit facile, insinuant ; le cœur ouvert, sincère, et dont on croit voir le fond, et ainsi très propre à se faire des amis, des créatures et des alliés ; être secret toutefois, profond et impénétrable dans ses motifs et dans ses projets. Du sérieux et de la gravité dans le public : de la brièveté, jointe à beaucoup de justesse et de dignité, soit dans les réponses aux ambassadeurs des princes, soit dans les conseils ; une manière de faire des grâces qui est comme un second bienfait ; le choix des personnes que l'on gratifie ; le discernement des esprits, des talents, et des complexions pour la distribution des postes et des emplois ; le choix des généraux et des ministres. Un jugement ferme, solide, décisif dans les affaires, qui fait que l'on connaît le meilleur parti et le plus juste ; un esprit de droiture et d'équité qui fait qu'on le suit jusques à prononcer quelquefois contre soi-même en faveur du peuple, des alliés, des ennemis ; une mémoire heureuse et très présente, qui rappelle les besoins des sujets, leurs visages, leurs noms, leurs requêtes ; une vaste capacité, qui s'étende non seulement aux affaires de dehors, au commerce, aux maximes d'État, aux vues de la politique, au reculement des frontières par la conquête de nouvelles provinces, et à leur sûreté par un grand nombre de forteresses inaccessibles ; mais qui sache aussi se renfermer au dedans, et comme dans les détails de tout un royaume ; qui en bannisse un culte faux, suspect et ennemi de la souveraineté, s'il s'y rencontre ; qui abolisse des usages cruels et impies, s'ils y règnent ; qui réforme les lois et les coutumes, si elles étaient remplies d'abus ; qui donne aux villes plus de sûreté et plus de commodités par le renouvellement d'une exacte police, plus d'éclat et plus de majesté par des édifices somptueux ; punir sévèrement les vices scandaleux ; donner par son autorité et par son exemple du crédit à la piété et à la vertu ; protéger l'Église, ses ministres, ses droits, ses libertés, ménager ses peuples comme ses enfants ; être toujours occupé de la pensée de les soulager, de rendre les subsides légers, et tels qu'ils se lèvent sur les provinces sans les appauvrir. De grands talents pour la guerre ; être vigilant, appliqué, laborieux ; avoir des armées nombreuses, les commander en personne ; être froid dans le péril, ne ménager sa vie que pour le bien de son État ; aimer le bien de son État et sa gloire plus que sa vie. Une puissance très absolue, qui ne laisse point d'occasion aux brigues, à l'intrigue et à la cabale ; qui ôte cette distance infinie qui est quelquefois entre les grands et les petits, qui les rapproche, et sous laquelle tous plient également ; une étendue de connaissance qui fait que le Prince voit tout par ses yeux, qu'il agit immédiatement et par lui-même, que ses généraux ne sont, quoique éloignés de lui, que ses lieutenants, et les ministres que ses ministres ; une profonde sagesse, qui sait déclarer la guerre, qui sait vaincre et user de la victoire ; qui sait faire la paix, qui sait la rompre ; qui sait quelquefois, et selon les divers intérêts, contraindre les ennemis à la recevoir ; qui donne des règles à une vaste ambition, et sait jusques où l'on doit conquérir ; au milieu d'ennemis couverts ou déclarés, se procurer le loisir des jeux, des fêtes, des spectacles ; cultiver les arts et les sciences ; former et exécuter des projets d'édifices surprenants ; un génie enfin supérieur et puissant, qui se fait aimer et révérer des siens, craindre des étrangers ; qui fait d'une Cour, et même de tout un royaume, comme une seule famille, unie parfaitement sous un même chef, dont l'union et la bonne intelligence est redoutable au reste du monde. Ces admirables vertus me semblent renfermées dans l'idée du souverain ; il est vrai qu'il est rare de les voir réunies dans un même sujet ; il faut que trop de choses concourent à la fois, l'esprit, le cœur, les dehors, le tempérament ; et il me paraît qu'un monarque[a] qui les rassemble toutes en sa personne est bien digne du nom de Grand[b].

XI. DE L'HOMME

1 [I]

Ne nous emportons point contre les hommes en voyant leur dureté, leur ingratitude, leur injustice, leur fierté, l'amour d'eux-mêmes, et l'oubli des autres ; ils sont ainsi faits, c'est leur nature, c'est ne pouvoir supporter que la pierre tombe ou que le feu s'élève.

2 [I]

Les hommes en un sens ne sont point légers, ou ne le sont que dans les petites choses : ils changent leurs habits, leur langage, les dehors, les bienséances ; ils changent de goût quelquefois ; ils gardent leurs mœurs toujours mauvaises, fermes et constants dans le mal, ou dans l'indifférence pour la vertu.

3 [IV]

Le stoïcisme est un jeu d'esprit et une idée semblable à la République de Platon. Les stoïques ont feint qu'on pouvait rire dans la pauvreté ; être insensible aux injures, à l'ingratitude, aux pertes de biens, comme à celles des parents et des amis ; regarder froidement la mort, et comme une chose indifférente qui ne devait ni réjouir ni rendre triste ; n'être vaincu ni par le plaisir ni par la douleur ; sentir le fer ou le feu dans quelque partie de son corps sans pousser le moindre soupir, ni jeter une seule larme ; et ce fantôme de vertu et de constance ainsi imaginé, il leur a plu de l'appeler un sage. Ils ont laissé à l'homme tous les défauts qu'ils lui ont trouvés, et n'ont presque relevé aucun de ses faibles : au lieu de faire de ses vices des peintures affreuses ou ridicules qui servissent à l'en corriger, ils lui ont tracé l'idée d'une perfection et d'un héroïsme dont il n'est point capable, et l'on exhorte à l'impossible. Ainsi le sage, qui n'est pas, ou qui n'est qu'imaginaire, se trouve naturellement et par

---

a. VAR. « de là vient que le monarque » [I-III].
b. VAR. « ne mérite rien de moins que le nom de Grand » [I-III].

lui-même au-dessus de tous les événements et de tous les maux : ni la goutte la plus douloureuse, ni la colique la plus aiguë ne sauraient lui arracher une plainte ; le ciel et la terre peuvent être renversés sans l'entraîner dans leur chute, et il demeurerait ferme sur les ruines de l'univers ; pendant que l'homme qui est en effet sort de son sens, crie, se désespère, étincelle des yeux, et perd la respiration pour un chien perdu, ou pour une porcelaine qui est en pièces.

4 [IV]

Inquiétude d'esprit, inégalité d'humeur, inconstance de cœur, incertitude de conduite : tous vices de l'âme, mais différents, et qui avec tout le rapport qui paraît entre eux, ne se supposent pas toujours l'un l'autre dans un même sujet.

5 [VI]

Il est difficile de décider si l'irrésolution rend l'homme plus malheureux que méprisable ; de même s'il y a toujours plus d'inconvénient à prendre un mauvais parti, qu'à n'en prendre aucun.

6 [VI]

Un homme inégal n'est pas un seul homme, ce sont plusieurs : il se multiplie autant de fois qu'il a de nouveaux goûts et de manières différentes ; il est à chaque moment ce qu'il n'était point, et il va être bientôt ce qu'il n'a jamais été : il se succède à lui-même. Ne demandez pas de quelle complexion il est, mais quelles sont ses complexions ; ni de quelle humeur, mais combien il a de sortes d'humeurs. Ne vous trompez-vous point ? est-ce *Euthycrate* que vous abordez ? aujourd'hui quelle glace pour vous ! hier il vous recherchait, il vous caressait, vous donniez de la jalousie à ses amis : vous reconnaît-il bien ? dites-lui votre nom.

7 [VI]

Ménalque[a] descend son escalier, ouvre sa porte pour sortir, il la referme : il s'aperçoit qu'il est en bonnet de nuit ; et venant à mieux s'examiner, il se trouve rasé à moitié, il voit que son épée est mise du côté droit, que ses bas sont rabattus sur ses talons, et que sa chemise est par-dessus ses chausses. S'il marche dans les places, il se sent tout d'un coup rudement frapper à l'estomac ou au visage ; il ne soupçonne point ce que ce peut être, jusqu'à ce qu'ouvrant les yeux et se réveillant, il se trouve ou devant un limon de charrette, ou derrière un long ais de menuiserie que porte un ouvrier sur ses épaules. On l'a vu une fois heurter du front contre celui d'un aveugle, s'embarrasser dans ses jambes, et tomber avec lui chacun de son côté à la renverse. Il lui est arrivé plusieurs fois de se trouver tête pour tête à la rencontre d'un prince et sur son passage, se reconnaître à peine, et n'avoir que le loisir de

---

a. Ceci est moins un caractère particulier qu'un recueil de faits de distractions. Ils ne sauraient être en trop grand nombre s'ils sont agréables ; car, les goûts étant différents, on a à choisir. (Note de La Bruyère.)

se coller à un mur pour lui faire place. Il cherche, il brouille, il crie, il s'échauffe, il appelle ses valets l'un après l'autre : *on lui perd tout, on lui égare tout*; il demande ses gants, qu'il a dans ses mains, semblable à cette femme qui prenait le temps de demander son masque lorsqu'elle l'avait sur son visage. Il entre à l'appartement, et passe sous un lustre où sa perruque s'accroche et demeure suspendue : tous les courtisans regardent et rient ; Ménalque regarde aussi et rit plus haut que les autres, il cherche des yeux dans toute l'assemblée où est celui qui montre ses oreilles, et à qui il manque une perruque. S'il va par la ville, après avoir fait quelque chemin, il se croit égaré, il s'émeut, et il demande où il est à des passants qui lui disent précisément le nom de sa rue ; il entre ensuite dans sa maison, d'où il sort précipitamment, croyant qu'il s'est trompé. Il descend du Palais, et trouvant au bas du grand degré un carrosse qu'il prend pour le sien, il se met dedans : le cocher touche et croit ramener son maître dans sa maison ; Ménalque se jette hors de la portière, traverse la cour, monte l'escalier, parcourt l'antichambre, la chambre, le cabinet ; tout lui est familier, rien ne lui est nouveau ; il s'assit, il se repose, il est chez soi ; le maître arrive : celui-ci se lève pour le recevoir ; il le traite fort civilement, le prie de s'asseoir, et croit faire les honneurs de sa chambre ; il parle, il rêve, il reprend la parole : le maître de la maison s'ennuie, et demeure étonné ; Ménalque ne l'est pas moins, et ne dit pas ce qu'il en pense : il a affaire à un fâcheux, à un homme oisif, qui se retirera à la fin, il l'espère, et il prend patience : la nuit arrive qu'il est à peine détrompé. Une autre fois il rend visite à une femme, et, se persuadant bientôt que c'est lui qui la reçoit, il s'établit dans son fauteuil, et ne songe nullement à l'abandonner ; il trouve ensuite que cette dame fait ses visites longues, il attend à tous moments qu'elle se lève et le laisse en liberté ; mais comme cela tire en longueur, qu'il a faim, et que la nuit est déjà avancée, il la prie à souper : elle rit, et si haut, qu'elle le réveille. Lui-même se marie le matin, l'oublie le soir, et découche la nuit de ses noces ; et quelques années après il perd sa femme, elle meurt entre ses bras, il assiste à ses obsèques, et le lendemain, quand on lui vient dire qu'on a servi, il demande si sa femme est prête et si elle est avertie. C'est lui encore qui entre dans une église, et prenant l'aveugle qui est collé à la porte pour un pilier, et sa tasse pour le bénitier, y plonge la main, la porte à son front, lorsqu'il entend tout d'un coup le pilier qui parle, et qui lui offre des oraisons : il s'avance dans la nef, il croit voir un prie-Dieu, il se jette lourdement dessus ; la machine plie, s'enfonce, et fait des efforts pour crier ; Ménalque est surpris de se voir à genoux sur les jambes d'un fort petit homme, appuyé sur son dos, les deux bras passés sur ses épaules, et ses deux mains jointes et étendues qui lui prennent le nez et lui ferment la bouche ; il se retire confus, et va s'agenouiller ailleurs : il tire un livre pour faire sa prière, et c'est sa pantoufle qu'il a prise pour ses Heures, et qu'il a mise dans sa poche avant que de sortir. Il n'est pas hors de l'église qu'un homme de livrée court après lui, le joint, lui demande en riant s'il n'a point la pantoufle de Monseigneur ; Ménalque lui montre la sienne, et lui dit : « Voilà toutes les pantoufles que j'ai sur moi » ; il se fouille néanmoins, et tire celle de l'évêque de **, qu'il vient de quitter, qu'il a trouvé malade auprès de son feu, et dont, avant de prendre congé de lui, il a ramassé la pantoufle, comme l'un de ses gants qui était à terre : ainsi Ménalque s'en retourne chez soi avec une pantoufle de moins. Il a une fois perdu au jeu tout l'argent qui est dans sa bourse, et, voulant continuer de jouer, il entre dans son cabinet, ouvre une armoire, y prend sa cassette, en tire ce qu'il lui plaît, croit la remettre où il l'a prise ; il entend aboyer dans son armoire qu'il vient de fermer, étonné de ce prodige, il l'ouvre une seconde fois, et il éclate de rire d'y voir son chien, qu'il a serré pour sa cassette [a]. Il joue au trictrac, il demande à boire, on lui en apporte ; c'est à lui à jouer, il tient le cornet d'une main et un verre de l'autre, et comme il a une grande soif, il avale les dés et presque le cornet, jette le verre d'eau dans le trictrac, et inonde celui contre qui il joue. Et dans une chambre où il est familier, il crache sur le lit et jette son chapeau à terre, en croyant faire tout le contraire [b]. Il se promène sur l'eau, et il demande quelle heure il est ; on lui présente une montre ; à peine l'a-t-il reçue, que ne songeant plus ni à l'heure ni à la montre, il la jette dans la rivière, comme une chose qui l'embarrasse. Lui-même écrit une longue lettre, met de la poudre dessus à plusieurs reprises, et jette toujours la poudre dans l'encrier ; ce n'est pas tout : il écrit une seconde lettre, et après les avoir cachetées toutes deux, il se trompe à l'adresse ; un duc et pair reçoit l'une de ces deux lettres, et en l'ouvrant y lit ces mots : *Maître Olivier, ne manquez, sitôt la présente reçue, de m'envoyer ma provision de foin...* Son fermier reçoit l'autre, il l'ouvre, et se la fait lire ; on y trouve : *Monseigneur, j'ai reçu avec une soumission aveugle les ordres qu'il a plu à Votre Grandeur...* Lui-même encore écrit une lettre pendant la nuit, et après l'avoir cachetée, il éteint sa bougie : il ne laisse pas d'être surpris de ne voir *goutte*, et il sait à peine comment cela est arrivé. Ménalque descend l'escalier du Louvre ; un autre le monte, à qui il dit : *C'est vous que je cherche* ; il le prend par la main, le fait descendre avec lui, traverse plusieurs cours, entre dans les salles, en sort ; il va, il revient sur ses pas ; il regarde enfin celui qu'il traîne après soi depuis un quart d'heure, il est étonné que ce soit lui, il n'a rien à lui dire, il lui quitte la main, et tourne d'un autre côté. Souvent il vous interroge, et il est déjà bien loin de vous quand vous songez à lui répondre ; ou bien il vous demande en courant comment se porte votre père, et comme vous lui dites qu'il est fort mal, il vous crie qu'il en est bien aise [c]. Il vous trouve quelque autre fois sur son chemin, *Il est ravi de vous rencontrer, il sort de chez vous pour vous entretenir d'une certaine chose,* il contemple votre main : « Vous avez là, dit-il, un beau rubis ; est-il balais ? », il vous quitte et continue sa route : voilà l'affaire importante dont il avait à vous parler.

---

a. « Il a une fois perdu au jeu... qu'il a serré pour sa cassette » : addition de VIII.
b. « Et dans une chambre où il est familier... en croyant faire tout le contraire » : addition de VIII.
c. « Ou bien il vous demande en courant... qu'il en est bien aise » : addition de VIII.

Se trouve-t-il en campagne, il dit à quelqu'un qu'il le trouve heureux d'avoir pu se dérober à la cour pendant l'automne, et d'avoir passé dans ses terres tout le temps de Fontainebleau, il tient à d'autres d'autres discours ; puis revenant à celui-ci : « Vous avez eu, lui dit-il, de beaux jours à Fontainebleau, vous y avez sans doute beaucoup chassé [a]. » Il commence ensuite un conte qu'il oublie d'achever, il rit en lui-même, il éclate d'une chose qui lui passe par l'esprit, il répond à sa pensée, il chante entre ses dents, il siffle, il se renverse dans une chaise, il pousse un cri plaintif, il bâille, il se croit seul. S'il se trouve à un repas, on voit le pain se multiplier insensiblement sur son assiette ; il est vrai que ses voisins en manquent, aussi bien que de couteaux et de fourchettes, dont il ne les laisse pas jouir longtemps. On a inventé aux tables une grande cuillère pour la commodité du service : il la prend, la plonge dans le plat, l'emplit, la porte à sa bouche, et il ne sort pas d'étonnement de voir répandu sur son linge et sur ses habits le potage qu'il vient d'avaler. Il oublie de boire pendant tout le dîner ; ou s'il s'en souvient, et qu'il trouve que l'on lui donne trop de vin, il en *flaque* plus de la moitié au visage de celui qui est à sa droite ; il boit le reste tranquillement, et ne comprend pas pourquoi tout le monde éclate de rire de ce qu'il a jeté à terre ce qu'on lui a versé de trop. Il est un jour retenu au lit pour quelque incommodité, on lui rend visite ; il y a un cercle d'hommes et de femmes dans la ruelle qui l'entretiennent, et en leur présence il soulève sa couverture et crache dans ses draps [b]. On le mène aux Chartreux ; on lui fait voir un cloître orné d'ouvrages, tous de la main d'un excellent peintre ; le religieux qui les lui explique parle de saint BRUNO, du chanoine et de son aventure, en fait une longue histoire, et la montre dans l'un de ses tableaux : Ménalque, qui pendant la narration est hors du cloître, et bien loin au delà, y revient enfin, et demande au père si c'est le chanoine ou saint Bruno qui est damné. Il se trouve par hasard avec une jeune veuve, il lui parle de son défunt mari, lui demande comment il est mort ; cette femme, à qui ce discours renouvelle ses douleurs, pleure, sanglote, et ne laisse pas de reprendre tous les détails de la maladie de son époux, qu'elle conduit depuis la veille de sa fièvre, qu'il se portait bien, jusqu'à l'agonie. *Madame*, lui demande Ménalque, qui l'avait apparemment écoutée avec attention, *n'aviez-vous que celui-là ?* Il s'avise un matin de faire tout hâter dans sa cuisine, il se lève avant le fruit, et prend congé de la compagnie : on le voit ce jour-là en tous les endroits de la ville, hormis en celui où il a donné un rendez-vous précis pour cette affaire qui l'a empêché de dîner, et l'a fait sortir à pied, de peur que son carrosse ne le fît attendre. L'entendez-vous crier, gronder, s'emporter contre l'un de ses domestiques ? il est étonné de ne le point voir : « Où peut-il être ? dit-il ; que fait-il ? qu'est-il devenu ? qu'il ne se présente plus devant moi, je le chasse dès à cette heure. » Le valet arrive, à qui il demande fièrement d'où

---

a. « Se trouve-t-il en campagne... sans doute beaucoup chassé » : addition de VIII.
b. « Il est un jour retenu au lit... et crache dans ses draps » : addition de VII.

il vient ; il lui répond qu'il vient de l'endroit où il l'a envoyé, et il lui rend un fidèle compte de sa commission. Vous le prendriez souvent pour tout ce qu'il n'est pas : pour un stupide, car il n'écoute point, et il parle encore moins ; pour un fou, car outre qu'il parle tout seul, il est sujet à de certaines grimaces et à des mouvements de tête involontaires ; pour un homme fier et incivil, car vous le saluez, et il passe sans vous regarder, ou il vous regarde sans vous rendre le salut ; pour un inconsidéré, car il parle de banqueroute au milieu d'une famille où il y a cette tache, d'exécution et d'échafaud devant un homme dont le père y a monté, de roture devant les roturiers qui sont riches et qui se donnent pour nobles. De même il a dessein d'élever auprès de soi un fils naturel sous le nom et le personnage d'un valet ; et quoiqu'il veuille le dérober à la connaissance de sa femme et de ses enfants, il lui échappe de l'appeler son fils dix fois le jour. Il a pris aussi la résolution de marier son fils à la fille d'un homme d'affaires, et il ne laisse pas de dire de temps en temps, en parlant de sa maison et de ses ancêtres, que les Ménalques ne se sont jamais mésalliés. Enfin il n'est ni présent ni attentif dans une compagnie à ce qui fait le sujet de la conversation. Il pense et il parle tout à la fois, mais la chose dont il parle est rarement celle à laquelle il pense ; aussi ne parle-t-il guère conséquemment et avec suite : où il dit *non*, souvent il faut dire *oui*, et où il dit *oui*, croyez qu'il veut dire *non* ; il a, en vous répondant si juste, les yeux fort ouverts, mais il ne s'en sert point : il ne regarde ni vous ni personne, ni rien qui soit au monde. Tout ce que vous pouvez tirer de lui, et encore dans le temps qu'il est le plus appliqué et d'un meilleur commerce, ce sont ces mots : *Oui vraiment ; C'est vrai ; Bon ! Tout de bon ? Oui-da ! Je pense qu'oui ; Assurément ; Ah ! ciel !* et quelques autres monosyllabes qui ne sont pas même placés à propos. Jamais aussi il n'est avec ceux avec qui il paraît être : il appelle sérieusement son laquais *Monsieur* ; et son ami, il l'appelle *la Verdure* ; il dit *Votre Révérence* à un prince du sang, et *Votre Altesse* à un jésuite. Il entend la messe : le prêtre vient à éternuer ; il lui dit : *Dieu vous assiste !* Il se trouve avec un magistrat : cet homme, grave par son caractère, vénérable par son âge et par sa dignité, l'interroge sur un événement et lui demande si cela est ainsi ; Ménalque lui répond : *Oui, Mademoiselle*[a]. Il revient une fois de la campagne : ses laquais en livrées entreprennent de le voler et y réussissent ; ils descendent de son carrosse, lui portent un bout de flambeau sous la gorge, lui demandent la bourse, et il la rend ; arrivé chez soi, il raconte son aventure à ses amis, qui ne manquent pas de l'interroger sur les circonstances, et il leur dit : *Demandez à mes gens, ils y étaient.*

8 [IV]

L'incivilité n'est pas un vice de l'âme, elle est l'effet de plusieurs vices : de la sotte vanité, de l'ignorance de ses devoirs, de la paresse, de la

---

a. Le texte s'arrêtait ici dans la 6ᵉ édition. Le reste fut ajouté dans l'édition suivante, et le membre de phrase « lui portent un flambeau sous la gorge », dans la 8ᵉ.

stupidité, de la distraction, du mépris des autres, de la jalousie : pour ne se répandre que sur les dehors, elle n'en est que plus haïssable, parce que c'est toujours un défaut visible et manifeste ; il est vrai cependant qu'il offense plus ou moins, selon la cause qui le produit.

9 [IV]

Dire d'un homme colère, inégal, querelleux, chagrin, pointilleux, capricieux, « c'est son humeur », n'est pas l'excuser, comme on le croit, mais avouer sans y penser que de si grands défauts sont irrémédiables.

Ce qu'on appelle humeur est une chose trop négligée parmi les hommes : ils devraient comprendre qu'il ne leur suffit pas d'être bons, mais qu'ils doivent encore paraître tels, du moins s'ils tendent à être sociables, capables d'union et de commerce, c'est-à-dire à être des hommes : l'on n'exige pas des âmes malignes qu'elles aient de la douceur et de la souplesse ; elle ne leur manque jamais, et elle leur sert de piège pour surprendre les simples, et pour faire valoir leurs artifices : l'on désirerait de ceux qui ont un bon cœur qu'ils fussent toujours pliants, faciles, complaisants ; et qu'il fût moins vrai quelquefois que ce sont les méchants qui nuisent, et les bons qui font souffrir.

10 [IV]

Le commun des hommes va de la colère à l'injure : quelques-uns en usent autrement, ils offensent, et puis ils se fâchent ; la surprise où l'on est toujours de ce procédé ne laisse pas de place au ressentiment.

11 [I]

Les hommes ne s'attachent pas assez à ne point manquer les occasions de faire plaisir : il semble que l'on n'entre dans un emploi que pour pouvoir obliger et n'en rien faire ; la chose la plus prompte et qui se présente d'abord, c'est le refus, et l'on n'accorde que par réflexion.

12 [VIII]

Sachez précisément ce que vous pouvez attendre des hommes en général, et de chacun d'eux en particulier, et jetez-vous ensuite dans le commerce du monde.

13 [IV]

Si la pauvreté est la mère des crimes, le défaut d'esprit en est le père.

14 [I]

Il est difficile qu'un fort malhonnête homme ait assez d'esprit : un génie qui est droit et perçant conduit enfin à la règle, à la probité, à la vertu. Il manque du sens et de la pénétration à celui qui s'opiniâtre dans le mauvais comme dans le faux : l'on cherche en vain à le corriger par des traits de satire qui le désignent aux autres, et où il ne se reconnaît pas lui-même ; ce sont des injures dites à un sourd. Il serait désirable pour le plaisir des honnêtes gens et pour la vengeance publique, qu'un coquin ne le fût pas au point d'être privé de tout sentiment.

15 [I]

Il y a des vices que nous ne devons à personne, que nous apportons en naissant, et que nous fortifions par l'habitude ; il y en a d'autres que l'on contracte, et qui nous sont étrangers : l'on est né quelquefois avec des mœurs faciles, de la complaisance, et tout le désir de plaire ; mais par les traitements que l'on reçoit de ceux avec qui l'on vit ou de qui l'on dépend, l'on est bientôt jeté hors de ses mesures, et même de son naturel : l'on a des chagrins et une bile que l'on ne se connaissait point, l'on se voit une autre complexion, l'on est enfin étonné de se trouver dur et épineux.

16 [II]

L'on demande pourquoi tous les hommes ensemble ne composent pas comme une seule nation, et n'ont point voulu parler une même langue, vivre sous les mêmes lois, convenir entre eux des mêmes usages et d'un même culte ; et moi, pensant à la contrariété des esprits, des goûts et des sentiments, je suis étonné de voir jusques à sept ou huit personnes se rassembler sous un même toit, dans une même enceinte, et composer une seule famille [a].

17 [I]

Il y a d'étranges pères, et dont toute la vie ne semble occupée qu'à préparer à leurs enfants des raisons de se consoler de leur mort.

18 [I]

Tout est étranger dans l'humeur, les mœurs et les manières de la plupart des hommes : tel a vécu pendant toute sa vie chagrin, emporté, avare, rampant, soumis, laborieux, intéressé, qui était né gai, paisible, paresseux, magnifique, d'un courage fier et éloigné de toute bassesse ; les besoins de la vie, la situation où l'on se trouve, la loi de la nécessité forcent la nature et y causent ces grands changements. Ainsi tel homme au fond et en lui-même ne se peut définir ; trop de choses qui sont hors de lui l'altèrent, le changent, le bouleversent ; il n'est point précisément ce qu'il est ou ce qu'il paraît être.

19 [I]

La vie est courte et ennuyeuse : elle se passe toute à désirer. L'on remet à l'avenir son repos et ses joies, à cet âge souvent où les meilleurs biens ont déjà disparu, la santé et la jeunesse. Ce temps arrive, qui nous surprend encore dans les désirs ; on en est là, quand la fièvre nous saisit

---

[a]. La remarque avait paru sous la forme suivante dans la 1re édition : « Pénétrant à fond la contrariété des esprits, des goûts et des sentiments, je suis bien plus émerveillé de voir que les milliers d'hommes qui composent une nation se trouvent rassemblés en un même pays pour parler une même langue, vivre sous les mêmes lois, convenir entre eux d'une même coutume, des mêmes usages et d'un même culte, que de voir diverses nations se cantonner sous les différents climats qui leur sont distribués, et se partager sur toutes ces choses. »

et nous éteint : si l'on eût guéri, ce n'était que pour désirer plus longtemps.

20 [VIII]

Lorsqu'on désire, on se rend à discrétion à celui de qui l'on espère : est-on sûr d'avoir, on temporise, on parlemente, on capitule.

21 [I]

Il est si ordinaire à l'homme de n'être pas heureux, et si essentiel à tout ce qui est un bien d'être acheté par mille peines, qu'une affaire qui se rend facile devient suspecte. L'on comprend à peine, ou que ce qui coûte si peu puisse nous être fort avantageux, ou qu'avec des mesures justes l'on doive si aisément parvenir à la fin que l'on se propose. L'on croit mériter les bons succès, mais n'y devoir compter que fort rarement.

22 [IV]

L'homme qui dit qu'il n'est pas né heureux pourrait du moins le devenir par le bonheur de ses amis ou de ses proches. L'envie lui ôte cette dernière ressource.

23 [VI]

Quoi que j'aie pu dire ailleurs, peut-être que les affligés ont tort. Les hommes semblent être nés pour l'infortune, la douleur et la pauvreté ; peu en échappent ; et comme toute disgrâce peut leur arriver, ils devraient être préparés à toute disgrâce[a].

24 [I]

Les hommes ont tant de peine à s'approcher sur les affaires, sont si épineux sur les moindres intérêts, si hérissés de difficultés, veulent si fort tromper et si peu être trompés, mettent si haut ce qui leur appartient, et si bas ce qui appartient aux autres, que j'avoue que je ne sais par où et comment se peuvent conclure les mariages, les contrats, les acquisitions, la paix, la trêve, les traités, les alliances.

25

[V] A quelques-uns l'arrogance tient lieu de grandeur, l'inhumanité de fermeté, et la fourberie d'esprit.

[I] Les fourbes croient aisément que les autres le sont ; ils ne peuvent guère être trompés, et ils ne trompent pas longtemps.

[V] Je me rachèterai toujours fort volontiers d'être fourbe par être stupide et passer pour tel.

[V] On ne trompe point en bien ; la fourberie ajoute la malice au mensonge.

---

a. Ce fragment n'a été séparé du précédent qu'à partir de la 7ᵉ édition.

26 [VIII]

S'il y avait moins de dupes, il y aurait moins de ce qu'on appelle des hommes fins ou entendus, et de ceux qui tirent autant de vanité que de distinction d'avoir su, pendant tout le cours de leur vie, tromper les autres : comment voulez-vous qu'*Érophile*, à qui le manque de parole, les mauvais offices, la fourberie, bien loin de nuire, ont mérité des grâces et des bienfaits de ceux mêmes qu'il a ou manqué de servir ou désobligés, ne présume pas infiniment de soi et de son industrie ?

27

[IV] L'on n'entend dans les places et dans les rues des grandes villes, et de la bouche de ceux qui passent, que les mots d'*exploit*, de *saisie*, d'*interrogatoire*, de *promesse*, et de *plaider contre sa promesse* ; est-ce qu'il n'y aurait pas dans le monde la plus petite équité ? Serait-il au contraire rempli de gens qui demandent froidement ce qui ne leur est pas dû, ou qui refusent nettement de rendre ce qu'ils doivent ?

[VIII] Parchemins inventés pour faire souvenir ou pour convaincre les hommes de leur parole : honte de l'humanité !

[IV] Otez les passions, l'intérêt, l'injustice, quel calme dans les plus grandes villes ! Les besoins et la subsistance n'y font pas le tiers de l'embarras.

28 [I]

Rien n'engage tant un esprit raisonnable à supporter tranquillement des parents et des amis les torts qu'ils ont à son égard, que la réflexion qu'il fait sur les vices de l'humanité ; et combien il est pénible aux hommes d'être constants, généreux, fidèles, d'être touchés d'une amitié plus forte que leur intérêt : comme il connaît leur portée, il n'exige point d'eux qu'ils pénètrent les corps, qu'ils volent dans l'air, qu'ils aient de l'équité ; il peut haïr les hommes en général, où il y a si peu de vertu ; mais il excuse les particuliers, il les aime même par des motifs plus relevés, et il s'étudie à mériter le moins qu'il se peut une pareille indulgence.

29 [I]

Il y a de certains biens que l'on désire avec emportement, et dont l'idée seule nous enlève et nous transporte : s'il nous arrive de les obtenir, on les sent plus tranquillement qu'on ne l'eût pensé, on en jouit moins que l'on n'aspire encore à de plus grands.

30 [I]

Il y a des maux effroyables et d'horribles malheurs où l'on n'ose penser, et dont la seule vue fait frémir : s'il arrive que l'on y tombe, l'on se trouve des ressources que l'on ne se connaissait point, l'on se raidit contre son infortune, et l'on fait mieux qu'on ne l'espérait.

31 [IV]

Il ne faut quelquefois qu'une jolie maison dont on hérite, qu'un beau cheval ou un joli chien dont on se trouve le maître, qu'une tapisserie, qu'une pendule, pour adoucir une grande douleur, et pour faire moins sentir une grande perte.

32 [V]

Je suppose que les hommes soient éternels sur la terre, et je médite ensuite sur ce qui pourrait me faire connaître qu'ils se feraient alors une plus grande affaire de leur établissement qu'ils ne s'en font dans l'état où sont les choses.

33 [I]

Si la vie est misérable, elle est pénible à supporter ; si elle est heureuse, il est horrible de la perdre. L'un revient à l'autre.

34 [I]

Il n'y a rien que les hommes aiment mieux à conserver et qu'ils ménagent moins que leur propre vie.

35 [VIII]

Irène se transporte à grands frais en Épidaure, voit Esculape dans son temple, et le consulte sur tous ses maux. D'abord elle se plaint qu'elle est lasse et recrue de fatigue ; et le dieu prononce que cela lui arrive par la longueur du chemin qu'elle vient de faire ; elle dit qu'elle est le soir sans appétit ; l'oracle lui ordonne de dîner peu ; elle ajoute qu'elle est sujette à des insomnies ; et il lui prescrit de n'être au lit que pendant la nuit ; elle lui demande pourquoi elle devient pesante, et quel remède ; l'oracle répond qu'elle doit se lever avant midi, et quelquefois se servir de ses jambes pour marcher ; elle lui déclare que le vin lui est nuisible ; l'oracle lui dit de boire de l'eau ; qu'elle a des indigestions, et il ajoute qu'elle fasse diète. « Ma vue s'affaiblit, dit Irène. — Prenez des lunettes, dit Esculape. — Je m'affaiblis moi-même, contine-t-elle, et je ne suis ni si forte ni si saine que j'ai été. — C'est, dit le dieu, que vous vieillissez. — Mais quel moyen de guérir de cette langueur ? — Le plus court, Irène, c'est de mourir, comme ont fait votre mère et votre aïeule. — Fils d'Apollon, s'écrie Irène, quel conseil me donnez-vous ? Est-ce là toute cette science que les hommes publient, et qui vous fait révérer de toute la terre ? Que m'apprenez-vous de rare et de mystérieux ? et ne savais-je pas tous ces remèdes que vous m'enseignez ? — Que n'en usiez-vous donc, répond le dieu, sans venir me chercher de si loin, et abréger vos jours par un long voyage ? »

36 [I]

La mort n'arrive qu'une fois, et se fait sentir à tous les moments de la vie : il est plus dur de l'appréhender que de la souffrir.

37 [V]

L'inquiétude, la crainte, l'abattement n'éloignent pas la mort, au contraire : je doute seulement que le ris excessif convienne aux hommes, qui sont mortels.

38 [V]

Ce qu'il y a de certain dans la mort est un peu adouci par ce qui est incertain ; c'est un indéfini dans le temps qui tient quelque chose de l'infini et de ce qu'on appelle éternité.

39 [I]

Pensons que, comme nous soupirons présentement pour la florissante jeunesse qui n'est plus et ne reviendra point, la caducité suivra, qui nous fera regretter l'âge viril où nous sommes encore, et que nous n'estimons pas assez.

40 [I]

L'on craint la vieillesse, que l'on n'est pas sûr de pouvoir atteindre.

41 [V]

L'on espère de vieillir, et l'on craint la vieillesse ; c'est-à-dire l'on aime la vie, et l'on fuit la mort.

42 [VI]

C'est plus tôt fait de céder à la nature et de craindre la mort, que de faire de continuels efforts, s'armer de raisons et de réflexions, et être continuellement aux prises avec soi-même pour ne la pas craindre.

43 [V]

Si de tous les hommes les uns mouraient, les autres non, ce serait une désolante affliction que de mourir.

44 [V]

Une longue maladie semble être placée entre la vie et la mort, afin que la mort même devienne un soulagement et à ceux qui meurent et à ceux qui restent.

45 [V]

A parler humainement, la mort a un bel endroit, qui est de mettre fin à la vieillesse.

La mort qui prévient la caducité arrive plus à propos que celle qui la termine.

46 [I]

Le regret qu'ont les hommes du mauvais emploi du temps qu'ils ont déjà vécu, ne les conduit pas toujours à faire de celui qui leur reste à vivre un meilleur usage.

47 [V]

La vie est un sommeil, les vieillards sont ceux dont le sommeil a été plus long ; ils ne commencent à se réveiller que quand il faut mourir : s'ils repassent alors sur tout le cours de leurs années, ils ne trouvent souvent ni vertus ni actions louables qui les distinguent les unes des autres ; ils confondent leurs différents âges, ils n'y voient rien qui marque assez pour mesurer le temps qu'ils ont vécu : ils ont eu un songe confus, informe, et sans aucune suite ; ils sentent néanmoins, comme ceux qui s'éveillent, qu'ils ont dormi longtemps.

48 [IV]

Il n'y a pour l'homme que trois événements : naître, vivre et mourir : il ne se sent pas naître, il souffre à mourir, et il oublie de vivre.

49 [IV]

Il y a un temps où la raison n'est pas encore, où l'on ne vit que par instinct, à la manière des animaux, et dont il ne reste dans la mémoire aucun vestige. Il y a un second temps où la raison se développe, où elle est formée, et où elle pourrait agir, si elle n'était pas obscurcie et comme éteinte par les vices de la complexion, et par un enchaînement de passions qui se succèdent les unes aux autres, et conduisent jusques au troisième et dernier âge : la raison, alors dans sa force, devrait produire ; mais elle est refroidie et ralentie par les années, par la maladie et la douleur, déconcertée ensuite par le désordre de la machine, qui est dans son déclin : et ces temps néanmoins sont la vie de l'homme.

50 [IV]

Les enfants sont hautains, dédaigneux, colères, envieux, curieux, intéressés, paresseux, volages, timides, intempérants, menteurs, dissimulés ; ils rient et pleurent facilement ; ils ont des joies immodérées et des afflictions amères sur de très petits sujets ; ils ne veulent point souffrir de mal, et aiment à en faire : ils sont déjà des hommes.

51 [IV]

Les enfants n'ont ni passé ni avenir, et, ce qui ne nous arrive guère, ils jouissent du présent.

52 [IV]

Le caractère de l'enfant paraît unique ; les mœurs, dans cet âge, sont assez les mêmes, et ce n'est qu'avec une curieuse attention qu'on en pénètre la différence : elle augmente avec la raison, parce qu'avec celle-ci croissent les passions et les vices, qui seuls rendent les hommes si dissemblables entre eux, et si contraires à eux-mêmes.

53 [IV]

Les enfants ont déjà de leur âme l'imagination et la mémoire, c'est-à-dire ce que les vieillards n'ont plus, et ils en tirent un merveilleux usage pour leurs petits jeux et pour tous leurs amusements : c'est par elles qu'ils répètent ce qu'ils ont entendu dire, qu'ils contrefont ce qu'ils ont vu faire, qu'ils sont de tous métiers, soit qu'ils s'occupent en *effet à mille petits ouvrages, soit qu'ils imitent les divers artisans par le mouvement et par le geste ; qu'ils se trouvent à un grand festin, et y font bonne chère ; qu'ils se transportent dans des palais et dans des lieux enchantés ; que bien que seuls, ils se voient un riche équipage et un grand cortège ; qu'ils conduisent des armées, livrent bataille, et jouissent du plaisir de la victoire ; qu'ils parlent aux rois et aux plus grands princes ; qu'ils sont rois eux-mêmes, ont des sujets, possèdent des trésors, qu'ils peuvent faire de feuilles d'arbres ou de grains de sable ; et, ce qu'ils ignorent dans la suite de leur vie, savent à cet âge être les arbitres de leur fortune, et les maîtres de leur propre félicité.

54 [IV]

Il n'y a nuls vices extérieurs et nuls défauts du corps qui ne soient aperçus par les enfants ; ils les saisissent d'une première vue, et ils savent les exprimer par des mots convenables : on ne nomme point plus heureusement. Devenus hommes, ils sont chargés à leur tour de toutes les imperfections dont ils se sont moqués.

L'unique soin des enfants est de trouver l'endroit faible de leurs maîtres, comme de tous ceux à qui ils sont soumis : dès qu'ils ont pu les entamer, ils gagnent le dessus, et prennent sur eux un ascendant qu'ils ne perdent plus. Ce qui nous fait déchoir une première fois de cette supériorité à leur égard est toujours ce qui nous empêche de la recouvrer.

55 [IV]

La paresse, l'indolence et l'oisiveté, vices si naturels aux enfants, disparaissent dans leurs jeux, où ils sont vifs, appliqués, exacts, amoureux des règles et de la symétrie, où ils ne se pardonnent nulle faute les uns aux autres, et recommencent eux-mêmes plusieurs fois une seule chose qu'ils ont manquée : présages certains qu'ils pourront un jour négliger leurs devoirs, mais qu'ils n'oublieront rien pour leurs plaisirs.

56 [IV]

Aux enfants tout paraît grand, les cours, les jardins, les édifices, les meubles, les hommes, les animaux ; aux hommes les choses du monde paraissent ainsi, et j'ose dire par la même raison, parce qu'ils sont petits.

57 [IV]

Les enfants commencent entre eux par l'état populaire, chacun y est le maître ; et ce qui est bien naturel, ils ne s'en accommodent pas longtemps, et passent au monarchique. Quelqu'un se distingue, ou par une plus grande vivacité, ou par une meilleure disposition du corps, ou par une connaissance plus exacte des jeux différents et des petites lois qui les composent ; les autres lui défèrent, et il se forme alors un gouvernement absolu qui ne roule que sur le plaisir.

58 [IV]

Qui doute que les enfants ne conçoivent, qu'ils ne jugent, qu'ils ne raisonnent conséquemment ? Si c'est seulement sur de petites choses, c'est qu'ils sont enfants, et sans une longue expérience ; et si c'est en mauvais termes, c'est moins leur faute que celle de leurs parents ou de leurs maîtres.

59 [IV]

C'est perdre toute confiance dans l'esprit des enfants et leur devenir inutile, que de les punir des fautes qu'ils n'ont point faites, ou même sévèrement de celles qui sont légères ; ils savent précisément et mieux que personne ce qu'ils méritent, et ils ne méritent guère que ce qu'ils craignent ; ils connaissent si c'est à tort ou avec raison qu'on les châtie, et ne se gâtent pas moins par des peines mal ordonnées que par l'impunité.

60 [I]

On ne vit point assez pour profiter de ses fautes ; on en commet pendant tout le cours de sa vie ; et tout ce que l'on peut faire à force de faillir, c'est de mourir corrigé.

Il n'y a rien qui rafraîchisse le sang comme d'avoir su éviter de faire une sottise [a].

61 [I]

Le récit de ses fautes est pénible ; on veut les couvrir et en charger quelque autre [b] : c'est ce qui donne le pas au directeur sur le confesseur.

62 [VI]

Les fautes des sots sont quelquefois si lourdes et si difficiles à prévoir, qu'elles mettent les sages en défaut, et ne sont utiles qu'à ceux qui les font.

63 [I]

L'esprit de parti abaisse les plus grands hommes jusques aux petitesses du peuple.

64 [I]

Nous faisons par vanité ou par bienséance les mêmes choses, et avec les mêmes dehors, que nous les ferions par inclination ou par devoir. Tel vient de mourir à Paris de la fièvre qu'il a gagnée à veiller sa femme, qu'il n'aimait point.

---

a. Alinéa indépendant jusqu'à la 7ᵉ édition.
b. Var. « on aime au contraire à les couvrir et en charger quelque autre [I] ; on aime au contraire à les couvrir et à en charger quelque autre [III] ; on s'efforce au contraire de les couvrir et d'en charger quelque autre » [IV].

65 [IV]

Les hommes, dans le cœur, veulent être estimés, et ils cachent avec soin l'envie qu'ils ont d'être estimés ; parce que les hommes veulent passer pour vertueux, et que vouloir tirer de la vertu tout autre avantage que la même vertu, je veux dire l'estime et les louanges, ce ne serait plus être vertueux, mais aimer l'estime et les louanges, ou être vain : les hommes sont très vains, et ils ne haïssent rien tant que de passer pour tels.

66 [IV]

Un homme vain trouve son compte à dire du bien ou du mal de soi : un homme modeste ne parle point de soi.

On ne voit point mieux le ridicule de la vanité, et combien elle est un vice honteux, qu'en ce qu'elle n'ose se montrer, et qu'elle se cache souvent sous les apparences de son contraire.

La fausse modestie est le dernier raffinement de la vanité ; elle fait que l'homme vain ne paraît point tel, et se fait valoir au contraire par la vertu opposée au vice qui fait son caractère : c'est un mensonge. La fausse gloire est l'écueil de la vanité ; elle nous conduit à vouloir être estimés par des choses qui à la vérité se trouvent en nous, mais qui sont frivoles et indignes qu'on les relève : c'est une erreur.

67 [IV]

Les hommes parlent de manière, sur ce qui les regarde, qu'ils n'avouent d'eux-mêmes que de petits défauts, et encore ceux qui supposent en leurs personnes de beaux talents ou de grandes qualités. Ainsi l'on se plaint de son peu de mémoire, content d'ailleurs de son grand sens et de son bon jugement ; l'on reçoit le reproche de la distraction et de la rêverie, comme s'il nous accordait le bel esprit ; l'on dit de soi qu'on est maladroit, et qu'on ne peut rien faire de ses mains, fort consolé de la perte de ces petits talents par ceux de l'esprit, ou par les dons de l'âme que tout le monde nous connaît ; l'on fait l'aveu de sa paresse en des termes qui signifient toujours son désintéressement, et que l'on est guéri de l'ambition ; l'on ne rougit point de sa malpropreté, qui n'est qu'une négligence pour les petites choses, et qui semble supposer qu'on n'a d'application que pour les solides et essentielles. Un homme de guerre aime à dire que c'était par trop d'empressement ou par curiosité qu'il se trouva un certain jour à la tranchée, ou en quelque autre poste très périlleux, sans être de garde ni commandé ; et il ajoute qu'il en fut repris de son général. De même une bonne tête ou un ferme génie qui se trouve né avec cette prudence que les autres hommes cherchent vainement à acquérir ; qui a fortifié la trempe de son esprit par une grande expérience ; que le nombre, le poids, la diversité, la difficulté et l'importance des affaires occupent seulement, et n'accablent point ; qui par l'étendue de ses vues et de sa pénétration se rend maître de tous les événements ; qui bien loin de consulter toutes les réflexions qui sont écrites sur le gouvernement et la politique, est peut-être de ces âmes sublimes nées pour régir les autres, et sur qui ces premières règles ont été faites ; qui est détourné, par les grandes choses qu'il fait, des belles ou des agréables qu'il pourrait lire, et qui au contraire ne perd rien à retracer et à feuilleter, pour ainsi dire, sa vie et ses actions : un homme ainsi fait peut dire aisément, et sans se commettre, qu'il ne connaît aucun livre, et qu'il ne lit jamais.

68 [V]

On veut quelquefois cacher ses faibles, ou en diminuer l'opinion par l'aveu libre que l'on en fait. Tel dit : « Je suis ignorant », qui ne sait rien ; un homme dit : « Je suis vieux », il passe soixante ans ; un autre encore : « Je ne suis pas riche », et il est pauvre.

69 [IV]

La modestie n'est point, ou est confondue avec une chose toute différente de soi, si on la prend pour un sentiment intérieur qui avilit l'homme à ses propres yeux, et qui est une vertu surnaturelle qu'on appelle humilité. L'homme, de sa nature, pense hautement et superbement de lui-même, et ne pense ainsi que de lui-même : la modestie ne tend qu'à faire que personne n'en souffre ; elle est une vertu du dehors, qui règle ses yeux, sa démarche, ses paroles, son ton de voix, et qui le fait agir extérieurement avec les autres comme s'il n'était pas vrai qu'il les compte pour rien.

70 [I]

Le monde est plein de gens qui faisant intérieurement et par habitude la comparaison d'eux-mêmes avec les autres, décident toujours en faveur de leur propre mérite, et agissent conséquemment.

71 [IV]

Vous dites qu'il faut être modeste, les gens bien nés ne demandent pas mieux : faites seulement que les hommes n'empiètent pas sur ceux qui cèdent par modestie, et ne brisent pas ceux qui plient.

De même l'on dit : « Il faut avoir des habits modestes. » Les personnes de mérite ne désirent rien davantage ; mais le monde veut de la parure, on lui en donne ; il est avide de la superfluité, on lui en montre : quelques-uns l'estiment les autres que par de beau linge ou par une riche étoffe ; l'on ne refuse pas toujours d'être estimé à ce prix ; il y a des endroits où il faut se faire voir : un galon d'or plus large ou plus étroit vous fait entrer ou refuser.

72 [I]

Notre vanité et la trop grande estime que nous avons de nous-mêmes nous fait soupçonner dans les autres une fierté à notre égard qui y est quelquefois, et qui souvent n'y est pas : une personne modeste n'a point cette délicatesse.

73 [IV]

Comme il faut se défendre de cette vanité qui nous fait penser que les autres nous regardent avec curiosité et avec estime, et ne parlent ensemble que pour s'entretenir de notre mérite et faire notre éloge, aussi devons-nous avoir une certaine confiance qui nous empêche de croire qu'on ne se parle à l'oreille que pour dire du mal de nous, ou que l'on ne rit que pour s'en moquer.

74 [IV]

D'où vient qu'*Alcippe* me salue aujourd'hui, me sourit et se jette hors d'une portière de peur de me manquer ? Je ne suis pas riche, et je suis à pied, il doit, dans les règles ne me pas voir ; n'est-ce point pour être vu lui-même dans un même fond avec un Grand ?

75 [IV]

L'on est si rempli de soi-même, que tout s'y rapporte ; l'on aime à être vu, à être montré, à être salué, même des inconnus ; ils sont fiers s'ils l'oublient ; l'on veut qu'ils nous devinent.

76 [I]

Nous cherchons notre bonheur hors de nous-mêmes, et dans l'opinion des hommes, que nous connaissons flatteurs, peu sincères, sans équité, pleins d'envie, de caprices et de préventions. Quelle bizarrerie !

77 [I]

Il semble que l'on ne puisse rire que des choses ridicules : l'on voit néanmoins de certaines gens qui rient également des choses ridicules et de celles qui ne le sont pas. Si vous êtes sot et inconsidéré, et qu'il vous échappe devant eux quelque impertinence, ils rient de vous ; si vous êtes sage, et que vous ne disiez que des choses raisonnables, et du ton qu'il faut les dire, ils rient de même.

78 [I]

Ceux qui nous ravissent les biens par la violence ou par l'injustice, et qui nous ôtent l'honneur par la calomnie, nous marquent assez leur haine pour nous ; mais ils ne nous prouvent pas également qu'ils aient perdu à notre égard toute sorte d'estime : aussi ne sommes-nous pas incapables de quelque retour pour eux, et de leur rendre un jour notre amitié. La moquerie au contraire est de toutes les injures celle qui se pardonne le moins ; elle est le langage du mépris, et l'une des manières dont il se fait le mieux entendre ; elle attaque l'homme dans son dernier retranchement, qui est l'opinion qu'il a de soi-même ; elle veut le rendre ridicule à ses propres yeux ; et ainsi elle le convainc de la plus mauvaise disposition où l'on puisse être pour lui, et le rend irréconciliable.

C'est une chose monstrueuse que le goût et la facilité qui est en nous de railler, d'improuver et de mépriser les autres ; et tout ensemble la colère que nous ressentons contre ceux qui nous raillent, nous improuvent et nous méprisent [a].

79 [VIII]

La santé et les richesses, ôtant aux hommes l'expérience du mal, leur inspirent la dureté pour leurs semblables ; et les gens déjà chargés de leur propre misère sont ceux qui entrent davantage par la compassion dans celle d'autrui.

80 [VII]

Ils semblent qu'aux âmes bien nées les fêtes, les spectacles, la symphonie rapprochent et font mieux sentir l'infortune de nos proches ou de nos amis.

81 [I]

Une grande âme est au-dessus de l'injure, de l'injustice, de la douleur, de la moquerie ; et elle serait invulnérable si elle ne souffrait par la compassion.

82 [IV]

Il y a une espèce de honte d'être heureux à la vue de certaines misères [b].

83 [IV]

On est prompt à connaître ses plus petits avantages, et lent à pénétrer ses défauts. On n'ignore point qu'on a de beaux sourcils, les ongles bien faits ; on sait à peine que l'on est borgne ; on ne sait point du tout que l'on manque d'esprit.

Argyre tire son gant pour montrer une belle main, et elle ne néglige pas de découvrir un petit soulier qui suppose qu'elle a le pied petit ; elle rit des choses plaisantes ou sérieuses pour faire voir de belles dents ; si elle montre son oreille, c'est qu'elle l'a bien faite ; et si elle ne danse jamais, c'est qu'elle est peu contente de sa taille, qu'elle a épaisse. Elle entend tous ses intérêts, à l'exception d'un seul ; elle parle toujours, et n'a point d'esprit.

84 [IV]

Les hommes comptent presque pour rien toutes les vertus du cœur, et idolâtrent les talents du corps et de l'esprit. Celui qui dit froidement de soi, et sans croire blesser la modestie, qu'il est bon, qu'il est constant, fidèle, sincère, équitable, reconnaissant, n'ose dire qu'il est vif, qu'il a de belles dents et la peau douce : cela est trop fort.

Il est vrai qu'il y a deux vertus que les hommes admirent, la bravoure et la libéralité, parce qu'ils y a deux choses qu'ils estiment beaucoup,

---

a. Cet alinéa formait une réflexion à part dans les éditions I-III.
b. Cet alinéa n'était pas séparé du précédent dans les éditions IV-VI.

et que ces vertus font négliger, la vie et l'argent : aussi personne n'avance de soi qu'il est brave ou libéral.

Personne ne dit de soi, et surtout sans fondement, qu'il est beau, qu'il est généreux, qu'il est sublime : on a mis ces qualités à un trop haut prix ; on se contente de le penser.

85 [V]

Quelque rapport qu'il paraisse de la jalousie à l'émulation, il y a entre elles le même éloignement que celui qui se trouve entre le vice et la vertu.

La jalousie et l'émulation s'exercent sur le même objet, qui est le bien ou le mérite des autres : avec cette différence, que celle-ci est un sentiment volontaire, courageux, sincère, qui rend l'âme féconde, qui la fait profiter des grands exemples, et la porte souvent au-dessus de ce qu'elle admire ; et que celle-là au contraire est un mouvement violent et comme un aveu contraint du mérite qui est hors d'elle ; qu'elle va même jusques à nier la vertu dans les sujets où elle existe, ou qui, forcée de la reconnaître, lui refuse les éloges ou lui envie les récompenses ; une passion stérile qui laisse l'homme dans l'état où elle le trouve, qui le remplit de lui-même, de l'idée de sa réputation, qui le rend froid et sec sur les actions ou sur les ouvrages d'autrui, qui fait qu'il s'étonne de voir dans le monde d'autres talents que les siens, ou d'autres hommes avec les mêmes talents dont il se pique : vice honteux, et qui par son excès rentre toujours dans la vanité et dans la présomption, et ne persuade pas tant à celui qui en est blessé qu'il a plus d'esprit et de mérite que les autres, qu'il lui fait croire qu'il a lui seul de l'esprit et du mérite.

L'émulation et la jalousie ne se rencontrent guère que dans les personnes de même art, de mêmes talents et de même condition. Les plus vils artisans sont les plus sujets à la jalousie ; ceux qui font profession des arts libéraux ou des belles-lettres, les peintres, les musiciens, les orateurs, les poètes, tous ceux qui se mêlent d'écrire, ne devraient être capables que d'émulation.

Toute jalousie n'est point exempte de quelque sorte d'envie, et souvent même ces deux passions se confondent. L'envie au contraire est quelquefois séparée de la jalousie : comme est celle qu'excitent dans notre âme les conditions fort élevées au-dessus de la nôtre, les grandes fortunes, la faveur, le ministère.

L'envie et la haine s'unissent toujours et se fortifient l'une l'autre dans un même sujet ; et elles ne sont reconnaissables entre elles qu'en ce que l'une s'attache à la personne, l'autre à l'état et à la condition.

Un homme d'esprit n'est point jaloux d'un ouvrier qui a travaillé une bonne épée, ou d'un statuaire qui vient d'achever une belle figure ; il sait qu'il y a dans ces arts des règles et une méthode qu'on ne devine point, qu'il y a des outils à manier dont il ne connaît ni l'usage, ni le nom, ni la figure ; et il lui suffit de penser qu'il n'a point fait l'apprentissage d'un certain métier, pour se consoler de n'y être point maître ; il peut au contraire être susceptible d'envie et même de jalousie contre un ministre et contre ceux qui gouvernent, comme si la raison et le bon sens, qui lui sont communs avec eux, étaient les seuls instruments qui servent à régir un État et à présider aux affaires publiques, et qu'ils dussent suppléer aux règles, aux préceptes, à l'expérience.

86 [I]

L'on voit peu d'esprits entièrement lourds et stupides ; l'on en voit encore moins qui soient sublimes et transcendants ; le commun des hommes nage entre ces deux extrémités. L'intervalle est rempli par un grand nombre de talents ordinaires, mais qui sont d'un grand usage, servent à la république, et renferment en soi l'utile et l'agréable ; comme le commerce, les finances, le détail des armées, la navigation, les arts, les métiers, l'heureuse mémoire, l'esprit du jeu, celui de la société et de la conservation.

87 [IV]

Tout l'esprit qui est au monde est inutile à celui qui n'en a point ; il n'a nulles vues, et il est incapable de profiter de celles d'autrui.

88 [V]

Le premier degré dans l'homme après la raison, ce serait de sentir qu'il l'a perdue ; la folie même est incompatible avec cette connaissance ; de même, ce qu'il y aurait en nous de meilleur après l'esprit, ce serait de connaître qu'il nous manque ; par là on ferait l'impossible, on saurait sans esprit n'être pas un sot, ni un fat, ni un impertinent.

89 [IV]

Un homme qui n'a de l'esprit que dans une certaine médiocrité est sérieux et tout d'une pièce ; il ne rit point, il ne badine jamais, il ne tire aucun fruit de la bagatelle ; aussi incapable de s'élever aux grandes choses que de s'accommoder, même par relâchement, des plus petites, il sait à peine jouer avec ses enfants.

90 [I]

Tout le monde dit d'un fat qu'il est un fat ; personne n'ose le lui dire à lui-même : il meurt sans le savoir, et sans que personne se soit vengé.

91 [IV]

Quelle mésintelligence entre l'esprit et le cœur ! Le philosophe vit mal avec tous ses préceptes, et le politique rempli de vues et de réflexions ne sait pas se gouverner.

92 [I]

L'esprit s'use comme toutes choses ; les sciences sont ses aliments, elles le nourrissent et le consument.

93 [I]

Les petits sont quelquefois chargés de mille vertus inutiles ; ils n'ont pas de quoi les mettre en œuvre.

94 [I]

Il se trouve des hommes qui soutiennent facilement le poids de la faveur et de l'autorité, qui se familiarisent avec leur propre grandeur, et à qui la tête ne tourne point dans les postes les plus élevés. Ceux au contraire que la fortune aveugle, sans choix et sans discernement, a comme accablés de ses bienfaits, en jouissent avec orgueil et sans modération : leurs yeux, leur démarche, leur ton de voix et leur accès marquent longtemps en eux l'admiration où ils sont d'eux-mêmes, et de se voir si éminents ; et ils deviennent si farouches que leur chute seule peut les apprivoiser.

95 [IV]

Un homme haut et robuste, qui a une poitrine large et de larges épaules, porte légèrement et de bonne grâce un lourd fardeau ; il lui reste encore un bras de libre : un nain serait écrasé de la moitié de sa charge ; ainsi les postes éminents rendent les grands hommes encore plus grands, et les petits beaucoup plus petits.

96 [VII]

Il y a des gens qui gagnent à être extraordinaires ; ils voguent, ils cinglent dans une mer où les autres échouent et se brisent ; ils parviennent, en blessant toutes les règles de parvenir ; ils tirent de leur irrégularité et de leur folie tous les fruits d'une sagesse la plus consommée ; hommes dévoués à d'autres hommes, aux grands à qui ils ont sacrifié, en qui ils ont placé leurs dernières espérances, ils ne les servent point, mais ils les amusent. Les personnes de mérite et de service sont utiles aux grands, ceux-ci leur sont nécessaires ; ils blanchissent auprès d'eux dans la pratique des bons mots, qui leur tiennent lieu d'exploits dont ils attendent la récompense ; ils s'attirent, à force d'être plaisants, des emplois graves, et s'élèvent par un continuel enjouement jusqu'au sérieux des dignités ; ils finissent enfin, et rencontrent inopinément un avenir qu'ils n'ont ni craint ni espéré. Ce qui reste d'eux sur la terre, c'est l'exemple de leur fortune, fatal à ceux qui voudraient le suivre.

97 [I]

L'on exigerait de certains personnages qui ont une fois été capables d'une action noble, héroïque, et qui a été sue de toute la terre, que sans paraître comme épuisés par un si grand effort, ils eussent du moins dans le reste de leur vie cette conduite sage et judicieuse qui se remarque même dans les hommes ordinaires ; qu'ils ne tombassent point dans des petitesses indignes de la haute réputation qu'ils avaient acquise ; que

98 [I]

Il coûte moins à certains hommes de s'enrichir de mille vertus, que de se corriger d'un seul défaut. Ils sont même si malheureux, que ce vice est souvent celui qui convenait le moins à leur état, et qui pouvait leur donner dans le monde plus de ridicule ; il affaiblit l'éclat de leurs grandes qualités, empêche qu'ils ne soient des hommes parfaits et que leur réputation ne soit entière. On ne leur demande point qu'ils soient plus éclairés et plus incorruptibles, qu'ils soient plus amis de l'ordre et de la discipline, plus fidèles à leurs devoirs, plus zélés pour le bien public, plus graves : on veut seulement qu'ils ne soient point amoureux.

99 [I]

Quelques hommes dans le cours de leur vie sont si différents d'eux-mêmes par le cœur et par l'esprit qu'on est sûr de se méprendre, si l'on en juge seulement par ce qui a paru d'eux dans leur première jeunesse. Tels étaient pieux, sages, savants, qui par cette mollesse inséparable d'une trop riante fortune, ne le sont plus. L'on en sait d'autres qui ont commencé leur vie par les plaisirs, et qui ont mis ce qu'ils avaient d'esprit à les connaître, que les disgrâces ensuite ont rendus religieux, sages, tempérants : ces derniers sont pour l'ordinaire de grands sujets, et sur qui l'on peut faire beaucoup de fond ; ils ont une probité éprouvée par la patience et par l'adversité ; ils entent sur cette extrême politesse que le commerce des femmes leur a donnée, et dont ils ne se défont jamais, un esprit de règle, de réflexion, et quelquefois une haute capacité, qu'ils doivent à la chambre et au loisir d'une mauvaise fortune.

Tout notre mal vient de ne pouvoir être seuls ; de là le jeu, le luxe, la dissipation, le vin, les femmes, l'ignorance, la médisance, l'envie, l'oubli de soi-même et de Dieu.

100 [I]

L'homme semble quelquefois ne se suffire pas à soi-même ; les ténèbres, la solitude le troublent, le jettent dans des craintes frivoles et dans de vaines terreurs ; le moindre mal alors qui puisse lui arriver est de s'ennuyer.

101 [V]

L'ennui est entré dans le monde par la paresse ; elle a beaucoup de part dans la recherche que font les hommes des plaisirs, du jeu, de la société ; celui qui aime le travail a assez de soi-même.

102 [I]

La plupart des hommes emploient la meilleure [a] partie de leur vie à rendre l'autre misérable.

---

a. Var. « La première » [I-VIII].

103 [V]

Il y a des ouvrages qui commencent par A et finissent par Z ; le bon, le mauvais, le pire, tout y entre ; rien en un certain genre n'est oublié : quelle recherche, quelle affectation dans ces ouvrages ! On les appelle des jeux d'esprit. De même il y a un jeu dans la conduite : on a commencé, il faut finir ; on veut fournir toute la carrière. Il serait mieux ou de changer ou de suspendre ; mais il est plus rare et plus difficile de poursuivre : on poursuit, on s'anime par les contradictions ; la vanité soutient, supplée à la raison, qui cède et qui se désiste. On porte ce raffinement jusque dans les actions les plus vertueuses, dans celles mêmes où il entre de la religion.

104 [IV]

Il n'y a que nos devoirs qui nous coûtent, parce que, leur pratique ne regardant que les choses que nous sommes étroitement obligés de faire, elle n'est pas suivie de grands éloges, qui est tout ce qui nous excite aux actions louables, et qui nous soutient dans nos entreprises. N** aime une piété fastueuse qui lui attire l'intendance des besoins des pauvres, le rend dépositaire de leur patrimoine, et fait de sa maison un dépôt public où se font les distributions ; les gens à petits collets et les *sœurs grises* y ont une libre entrée ; toute une ville voit ses aumônes et les publie : qui pourrait douter qu'il soit homme de bien, si ce n'est peut-être ses créanciers ?

105 [IV]

Géronte meurt de caducité, et sans avoir fait ce testament qu'il projetait depuis trente années : dix têtes viennent *ab intestat* partager sa succession ; il ne vivait depuis longtemps que par les soins d'*Astérie*, sa femme, qui jeune encore s'était dévouée à sa personne, ne le perdait pas de vue, secourait sa vieillesse, et lui a enfin fermé les yeux. Il ne lui laisse pas assez de bien pour pouvoir se passer pour vivre d'un autre vieillard.

106 [IV]

Laisser perdre charges et bénéfices plutôt que de vendre ou de résigner même dans son extrême vieillesse, c'est se persuader qu'on n'est pas du nombre de ceux qui meurent ; ou si l'on croit que l'on peut mourir, c'est s'aimer soi-même, et n'aimer que soi.

107 [IV]

Fauste est un dissolu, un prodigue, un libertin, un ingrat, un emporté, qu'*Aurèle*, son oncle, n'a pu haïr ni déshériter.

Frontin, neveu d'Aurèle, après vingt années d'une probité connue, et d'une complaisance aveugle pour ce vieillard, ne l'a pu fléchir en sa faveur, et ne tire de sa dépouille qu'une légère pension que Fauste, unique légataire, lui doit payer.

108 [I]

Les haines sont si longues et si opiniâtrées, que le plus grand signe de mort dans un homme malade, c'est la réconciliation.

109 [I]

L'on s'insinue auprès de tous les hommes, ou en les flattant dans les passions qui occupent leur âme, ou en compatissant aux infirmités qui affligent leur corps ; en cela seul consistent les soins que l'on peut leur rendre : de là vient que celui qui se porte bien, et qui désire peu de choses, est moins facile à gouverner.

110 [IV]

La mollesse et la volupté naissent avec l'homme, et ne finissent qu'avec lui ; ni les heureux ni les tristes événements ne l'en peuvent séparer ; c'est pour lui ou le fruit de la bonne fortune, ou un dédommagement de la mauvaise.

111 [I]

C'est une grande difformité dans la nature qu'un vieillard amoureux.

112 [I]

Peu de gens se souviennent d'avoir été jeunes, et combien il leur était difficile d'être chastes et tempérants. La première chose qui arrive aux hommes après avoir renoncé aux plaisirs, ou par bienséance, ou par lassitude, ou par régime, c'est de les condamner dans les autres. Il entre dans cette conduite une sorte d'attachement pour les choses mêmes que l'on vient de quitter ; l'on aimerait qu'un bien qui n'est plus pour nous ne fût plus aussi pour le reste du monde : c'est un sentiment de jalousie.

113 [I]

Ce n'est pas le besoin d'argent où les vieillards peuvent appréhender de tomber un jour qui les rend avares, car il y en a de tels qui ont de si grands fonds qu'ils ne peuvent guère avoir cette inquiétude ; et d'ailleurs comment pourraient-ils craindre de manquer dans leur caducité des commodités de la vie, puisqu'ils s'en privent eux-mêmes volontairement pour satisfaire à leur avarice ? Ce n'est point aussi l'envie de laisser de plus grandes richesses à leurs enfants, car il n'est pas naturel d'aimer quelque autre chose plus que soi-même, outre qu'il se trouve des avares qui n'ont point d'héritiers. Ce vice est plutôt l'effet de l'âge et de la complexion des vieillards, qui s'y abandonnent aussi naturellement qu'ils suivaient leurs plaisirs dans leur jeunesse, ou leur ambition dans l'âge viril ; il ne faut ni vigueur, ni jeunesse, ni santé, pour être avare ; l'on n'a aussi nul besoin de s'empresser ou de se donner le moindre mouvement pour épargner ses revenus : il faut laisser seulement son bien dans ses coffres, et se priver de tout ; cela est commode aux vieillards, à qui il faut une passion, parce qu'ils sont hommes.

114 [I]

Il y a des gens qui sont mal logés, mal couchés, mal habillés et plus mal nourris ; qui essuient les rigueurs des saisons ; qui se privent eux-mêmes de la société des hommes, et passent leurs jours dans la solitude ; qui souffrent du présent, du passé et de l'avenir ; dont la vie est comme une pénitence continuelle, et qui ont ainsi trouvé le secret d'aller à leur perte par le chemin le plus pénible : ce sont les avares.

115 [I]

Le souvenir de la jeunesse est tendre dans les vieillards : ils aiment les lieux où ils l'ont passée ; les personnes qu'ils ont commencé de connaître dans ce temps leur sont chères ; ils affectent quelques mots du premier langage qu'ils ont parlé ; ils tiennent pour l'ancienne manière de chanter, et pour la vieille danse ; ils vantent les modes qui régnaient alors dans les habits, les meubles et les équipages. Ils ne peuvent encore désapprouver des choses qui servaient à leurs passions, qui étaient si utiles à leurs plaisirs, et qui en rappellent la mémoire. Comment pourraient-ils leur préférer de nouveaux usages, et des modes toutes récentes où ils n'ont nulle part, dont ils n'espèrent rien, que les jeunes gens ont faites, et dont ils tirent à leur tour de si grands avantages contre la vieillesse ?

115 [I]

Une trop grande négligence comme une excessive parure dans les vieillards multiplient leurs rides, et font mieux voir leur caducité.

117 [I]

Un vieillard est fier, dédaigneux, et d'un commerce difficile, s'il n'a pas beaucoup d'esprit.

118 [I]

Un vieillard qui a vécu à la Cour, qui a un grand sens, et une mémoire fidèle, est un trésor inestimable ; il est plein de faits et de maximes ; l'on y trouve l'histoire du siècle revêtue de circonstances très curieuses, et qui ne se lisent nulle part ; l'on y apprend des règles pour la conduite et pour les mœurs qui sont toujours sûres, parce qu'elles sont fondées sur l'expérience.

119 [I]

Les jeunes gens, à cause des passions qui les amusent, s'accommodent mieux de la solitude que les vieillards.

120 [IV]

Phidippe déjà vieux raffine sur la propreté et sur la mollesse ; il passe aux petites délicatesses ; il s'est fait un art du boire, du manger, du repos et de l'exercice ; les petites règles qu'il s'est prescrites, et qui tendent toutes aux aises de sa personne, il les observe avec scrupule, et ne les romprait pas pour une maîtresse, si le régime lui avait permis d'en retenir ; il s'est accablé de superfluités, que l'habitude enfin lui rend nécessaires : il double ainsi et renforce les liens qui l'attachent à la vie, et il veut employer ce qui lui en reste à en rendre la perte plus douloureuse ; n'appréhendait-il pas assez de mourir [a] ?

121 [IV]

Gnathon ne vit que pour soi, et tous les hommes ensemble sont à son égard comme s'ils n'étaient point. Non content de remplir à une table la première place, il occupe lui seul celle de deux autres ; il oublie que le repas est pour lui et pour toute la compagnie ; il se rend maître du plat, et fait son propre de chaque service : il ne s'attache à aucun des mets, qu'il n'ait achevé d'essayer de tous, il voudrait pouvoir les savourer tous tout à la fois ; il ne se sert à table que de ses mains [b], il manie les viandes, les remanie, démembre, déchire, et en use de manière qu'il faut que les conviés, s'ils veulent manger, mangent ses restes ; il ne leur épargne aucune de ces malpropretés dégoûtantes, capables d'ôter l'appétit aux plus affamés ; le jus et les sauces lui dégouttent du menton et de la barbe ; s'il enlève un ragoût de dessus un plat, il le répand en chemin dans un autre plat et sur la nappe, on le suit à la trace ; il mange haut et avec grand bruit, il roule les yeux en mangeant ; la table est pour lui un râtelier ; il écure ses dents, et il continue à manger [c]. Il se fait, quelque part où il se trouve, une manière d'établissement, et ne souffre pas d'être plus pressé au sermon ou au théâtre que dans sa chambre : il n'y a dans un carrosse que les places du fond qui lui conviennent, dans toute autre, si on veut l'en croire, il pâlit et tombe en faiblesse ; s'il fait un voyage avec plusieurs, il les prévient dans les hôtelleries, et il sait toujours se conserver dans la meilleure chambre le meilleur lit : il tourne tout à son usage, ses valets, ceux d'autrui, courent dans le même temps pour son service. Tout ce qu'il trouve sous sa main lui est propre, hardes, équipages : il embarrasse tout le monde, ne se contraint pour personne, ne plaint personne, ne connaît de maux que les siens, que sa réplétion et sa bile, ne pleure point la mort des autres, n'appréhende que la sienne, qu'il rachèterait volontiers de l'extinction du genre humain.

122 [V]

Cliton n'a jamais eu en toute sa vie que deux affaires, qui est de dîner le matin et de souper le soir, il ne semble né que pour la digestion. Il n'a de même qu'un entretien : il dit les entrées qui ont été servies au dernier repas où il s'est trouvé ; il dit combien il y a eu de potages, et quels potages ; il place ensuite le rôt et les entremets ; il se souvient exactement de quels plats on a relevé le premier service ; il n'oublie pas

---

a. Dans la 4e édition, ce portrait n'est pas séparé de l'alinéa précédent.
b. « Il voudrait pouvoir les savourer... que de ses mains » : addition de V.
c. « Il ne leur épargne... et il continue à manger » : addition de V.

les *hors-d'œuvre,* le fruit et les assiettes, il nomme tous les vins et toutes les liqueurs dont il a bu, il possède le langage des cuisines autant qu'il peut s'étendre, et il me fait envie de manger à une bonne table où il ne soit point ; il a surtout un palais sûr, qui ne prend point le change, et il ne s'est jamais vu exposé à l'horrible inconvénient de manger un mauvais ragoût ou de boire d'un vin médiocre : c'est un personnage illustre dans son genre, et qui a porté le talent de se bien nourrir jusques où il pouvait aller, on ne reverra plus un homme qui mange tant et qui mange si bien ; aussi est-il l'arbitre des bons morceaux, et il n'est guère permis d'avoir du goût pour ce qu'il désapprouve. Mais il n'est plus, il s'est fait du moins porter à table jusqu'au dernier soupir ; il donnait à manger le jour qu'il est mort, quelque part où il soit, il mange, et s'il revient au monde, c'est pour manger.

123 [IV]

Ruffin commence à grisonner ; mais il est sain, il a un visage frais et un œil vif qui lui promettent encore vingt années de vie ; il est gai, *jovial,* familier, indifférent ; il rit de tout son cœur, et il rit tout seul et sans sujet ; il est content de soi, des siens, de sa petite fortune ; il dit qu'il est heureux ; il perd son fils unique, jeune homme de grande espérance, et qui pouvait un jour être l'honneur de sa famille ; il remet sur d'autres le soin de le pleurer ; il dit : « Mon fils est mort, cela fera mourir sa mère » ; et il est consolé [a]. Il n'a point de passions, il n'a ni amis ni ennemis, personne ne l'embarrasse, tout le monde lui convient, tout lui est propre ; il parle à celui qu'il voit une première fois avec la même liberté et la même confiance qu'à ceux qu'il appelle de vieux amis, et il lui fait part bientôt de ses *quolibets* [b] et de ses historiettes ; on l'aborde, on le quitte sans qu'il y fasse attention, et le même conte qu'il a commencé de faire à quelqu'un, il l'achève à celui qui prend sa place.

124 [I]

N** est moins affaibli par l'âge que par la maladie, car il ne passe point soixante-huit ans ; mais il a la goutte, et il est sujet à une colique néphrétique ; il a le visage décharné, le teint verdâtre, et qui menace ruine : il fait marner sa terre, et il compte que de quinze ans entiers il ne sera obligé de la fumer ; il plante un jeune bois, et il espère qu'en moins de vingt années il lui donnera un beau couvert [c], il fait bâtir dans la rue** une maison de pierre de taille, raffermie dans les encoignures par des mains de fer, et dont il assure, en toussant et avec une voix frêle et débile [d], qu'on ne verra jamais la fin ; il se promène tous les jours dans ses ateliers sur le bras d'un valet qui le soulage ; il montre

---

a. « Il perd son fils... et il est consolé » : addition de VII.
b. « *Quolibets* » n'est en italique qu'à partir de la 6ᵉ édition.
c. « Il fait marner sa terre... un beau couvert » : addition de VII.
d. « En toussant et avec une voix frêle et débile » : addition de VI.

à ses amis ce qu'il a fait, et il leur dit ce qu'il a dessein de faire [a]. Ce n'est pas pour ses enfants qu'il bâtit car il n'en a point, ni pour ses héritiers, personnes viles et qui se sont brouillées avec lui : c'est pour lui seul, et il mourra demain.

125 [VIII]

Antagoras a un visage trivial et populaire : un suisse de paroisse ou le saint de pierre qui orne le grand autel n'est pas mieux connu que lui de toute la multitude. Il parcourt le matin toutes les chambres et tous les greffes d'un parlement, et le soir les rues et les carrefours d'une ville ; il plaide depuis quarante ans, plus proche de sortir de la vie que de sortir d'affaires. Il n'y a point eu au Palais depuis tout ce temps de causes célèbres ou de procédures longues et embrouillées où il n'ait du moins intervenu : aussi a-t-il un nom fait pour remplir la bouche de l'avocat, et qui s'accorde avec le demandeur ou le défendeur comme le substantif et l'adjectif. Parent de tous et haï de tous, il n'y a guère de familles dont il ne se plaigne, et qui ne se plaignent de lui : appliqué successivement à saisir une terre, à s'opposer au sceau, à se servir d'un *committimus,* ou à mettre un arrêt à exécution, outre qu'il assiste chaque jour à quelques assemblées de créanciers ; partout syndic de directions, et perdant à toutes les banqueroutes, il a des heures de reste pour ses visites : vieil meuble de ruelle où il parle procès et dit des nouvelles : vous l'avez laissé dans une maison au Marais, vous le retrouvez au grand Faubourg, où il vous a prévenu, et où déjà il redit ses nouvelles et son procès ; si vous plaidez vous-même, et que vous alliez le lendemain à la pointe du jour chez l'un de vos juges pour le solliciter, le juge attend pour vous donner audience qu'Antagoras soit expédié.

126 [I]

Tels hommes passent une longue vie à se défendre des uns et à nuire aux autres, et ils meurent consumés de vieillesse, après avoir causé autant de maux qu'ils en ont souffert.

127 [I]

Il faut des saisies de terre et des enlèvements de meubles, des prisons et des supplices, je l'avoue ; mais justice, lois et besoins à part, ce m'est une chose toujours nouvelle de contempler avec quelle férocité les hommes traitent d'autres hommes.

128 [IV]

L'on voit certains animaux farouches, des mâles et des femelles, répandus par la campagne, noirs, livides et tout brûlés du soleil, attachés à la terre qu'ils fouillent et qu'ils remuent avec une opiniâtreté invincible ; ils ont comme une voix articulée, et quand ils se lèvent sur leurs pieds, ils montrent une face humaine, et en effet ils sont des hommes ; ils se

---

a. « Il montre à ses amis... ce qu'il a dessein de faire » : addition de VI.

retirent la nuit dans des tanières, où ils vivent de pain noir, d'eau et de racines ; ils épargnent aux autres hommes la peine de semer, de labourer et de recueillir pour vivre, et méritent ainsi de ne pas manquer de ce pain qu'ils ont semé.

129 [IV]

Don Fernand, dans sa province, est oisif, ignorant, médisant, querelleux, fourbe, intempérant, impertinent ; mais il tire l'épée contre ses voisins, et pour un rien il expose sa vie ; il a tué des hommes, il sera tué.

130 [IV]

Le noble de province, inutile à sa patrie, à sa famille et à lui-même, souvent sans toit, sans habits et sans aucun mérite, répète dix fois le jour qu'il est gentilhomme, traite les fourrures et les mortiers de bourgeoisie, occupé toute sa vie de ses parchemins et de ses titres, qu'il ne changerait pas contre les masses d'un chancelier.

131 [IV]

Il se fait généralement dans tous les hommes des combinaisons infinies de la puissance, de la faveur, du génie, des richesses, des dignités, de la noblesse, de la force, de l'industrie, de la capacité, de la vertu, du vice, de la faiblesse, de la stupidité, de la pauvreté, de l'impuissance, de la roture et de la bassesse : ces choses, mêlées ensemble en mille manière différentes, et compensées l'une par l'autre en divers sujets, forment aussi les divers états et les différentes conditions. Les hommes d'ailleurs, qui tous savent le fort et le faible les uns des autres, agissent aussi réciproquement comme ils croient le devoir faire, connaissent ceux qui leur sont égaux, sentent la supériorité que quelques-uns ont sur eux, et celle qu'ils ont sur quelques autres ; et de là naissent entre eux ou la familiarité, ou le respect et la déférence, ou la fierté et le mépris : de cette source vient que dans les endroits publics et où le monde se rassemble, on se trouve à tous moments entre celui que l'on cherche à aborder ou à saluer, et cet autre que l'on feint de ne pas connaître, et dont l'on veut encore moins se laisser joindre ; que l'on se fait honneur de l'un, et qu'on a honte de l'autre ; qu'il arrive même que celui dont vous vous faites honneur, et que vous voulez retenir, est celui aussi qui est embarrassé de vous, et qui vous quitte ; et que le même est souvent celui qui rougit d'autrui, et dont on rougit, qui dédaigne ici, et qui là est dédaigné ; il est encore assez ordinaire de mépriser qui nous méprise ; quelle misère ! et puisqu'il est vrai que dans un si étrange commerce, ce que l'on pense gagner d'un côté on le perd de l'autre, ne reviendrait-il pas au même de renoncer à toute hauteur et à toute fierté, qui convient si peu aux faibles hommes, et de composer ensemble, de se traiter tous avec une mutuelle bonté, qui, avec l'avantage de n'être jamais mortifiés, nous procurerait un aussi grand bien que celui de ne mortifier personne ?

132 [I]

Bien loin de s'effrayer ou de rougir même du nom de philosophe, il n'y a personne au monde qui ne dût avoir une forte teinture de philosophie [a]. Elle convient à tout le monde ; la pratique en est utile à tous les âges, à tous les sexes et à toutes les conditions ; elle nous console du bonheur d'autrui, des indignes préférences, des mauvais succès, du déclin de nos forces ou de notre beauté ; elle nous arme contre la pauvreté, la vieillesse, la maladie et la mort, contre les sots et les mauvais railleurs ; elle nous fait vivre sans une femme, ou nous fait supporter celle avec qui nous vivons.

133 [I]

Les hommes en un même jour ouvrent leur âme à de petites joies, et se laissent dominer par de petits chagrins ; rien n'est plus inégal et moins suivi que ce qui se passe en si peu de temps dans leur cœur et dans leur esprit. Le remède à ce mal est de n'estimer les choses du monde précisément que ce qu'elles valent.

134 [I]

Il est aussi difficile de trouver un homme vain qui se croie assez heureux, qu'un homme modeste qui se croie trop malheureux.

135 [I]

Le destin du vigneron, du soldat et du tailleur de pierre m'empêche de m'estimer malheureux par la fortune des princes ou des ministres qui me manque.

136 [I]

Il n'y a pour l'homme qu'un vrai malheur, qui est de se trouver en faute, et d'avoir quelque chose à se reprocher.

137 [I]

La plupart des hommes, pour arriver à leurs fins, sont plus capables d'un grand effort que d'une longue persévérance : leur paresse ou leur inconstance leur fait perdre le fruit des meilleurs commencements ; ils se laissent souvent devancer par d'autres qui sont partis après eux, et qui marchent lentement, mais constamment.

138 [VII]

J'ose presque assurer que les hommes savent encore mieux prendre des mesures que les suivre, résoudre ce qu'il faut faire et ce qu'il faut dire que de faire ou de dire ce qu'il faut. On se propose fermement, dans une affaire qu'on négocie, de taire une certaine chose, et ensuite ou par passion, ou par une intempérance de langue, ou dans la chaleur de l'entretien, c'est la première qui échappe.

---

a. L'on ne peut plus entendre que celle qui est dépendante de la religion chrétienne. (Note de La Bruyère.)

139 [I]

Les hommes agissent mollement dans les choses qui sont de leur devoir, pendant qu'ils se font un mérite, ou plutôt une vanité, de s'empresser pour celles qui leur sont étrangères, et qui ne conviennent ni à leur état ni à leur caractère.

140 [IV]

La différence d'un homme qui se revêt d'un caractère étranger à lui-même, quand il rentre dans le sien, est celle d'un masque à un visage.

141

Télèphe a de l'esprit, mais dix fois moins, de compte fait, qu'il ne présume d'en avoir : il est donc, dans ce qu'il dit, dans ce qu'il fait, dans ce qu'il médite et ce qu'il projette, dix fois au delà de ce qu'il a d'esprit ; il n'est donc jamais dans ce qu'il a de force et d'étendue : ce raisonnement est juste : il a comme une barrière qui le ferme, et qui devrait l'avertir de s'arrêter en deçà ; mais il passe outre, il se jette hors de sa sphère ; il trouve lui-même son endroit faible, et se montre par cet endroit ; il parle de ce qu'il ne sait point, et de ce qu'il sait mal ; il entreprend au dessus de son pouvoir, il désire au-delà de sa portée ; il s'égale à ce qu'il y a de meilleur en tout genre. Il a du bon et du louable, qu'il offusque par l'affectation du grand ou du merveilleux ; on voit clairement ce qu'il n'est pas, et il faut deviner ce qu'il est en effet. C'est un homme qui ne se mesure point, qui ne se connaît point ; son caractère est de ne savoir pas se renfermer dans celui qui lui est propre et qui est le sien.

142 [V]

L'homme du meilleur esprit est inégal ; il souffre des accroissements et des diminutions, il entre en verve, mais il en sort : alors, s'il est sage, il parle peu, il n'écrit point, il ne cherche point à imaginer ni à plaire. Chante-t-on avec un rhume ? ne faut-il pas attendre que la voix revienne ?

Le sot est *automate*, il est machine, il est ressort, le poids l'emporte, le fait mouvoir, le fait tourner, et toujours, et dans le même sens, et avec la même égalité ; il est uniforme, il ne se dément point, qui l'a vu une fois, l'a vu dans tous les instants et dans toutes les périodes de sa vie ; c'est tout au plus le bœuf qui meugle, ou le merle qui siffle, il est fixé et déterminé par sa nature, et j'ose dire par son espèce : ce qui paraît le moins en lui, c'est son âme ; elle n'agit point, elle ne s'exerce point, elle se repose.

143 [VI]

Le sot ne meurt point ; ou si cela lui arrive selon notre manière de parler, il est vrai de dire qu'il gagne à mourir, et que dans ce moment où les autres meurent, il commence à vivre : son âme alors pense, raisonne, infère, conclut, juge, prévoit, fait précisément tout ce qu'elle ne faisait point ; elle se trouve dégagée d'une masse de chair où elle était comme ensevelie sans fonction, sans mouvement, sans aucun du moins qui fût digne d'elle : je dirais presque qu'elle rougit de son propre corps et des organes bruts et imparfaits auxquels elle s'est vue attachée si longtemps, et dont elle n'a pu faire qu'un sot ou qu'un stupide ; elle va d'égal avec les grandes âmes, avec celles qui font les bonnes têtes ou les homme d'esprit. L'âme d'*Alain* ne se démêle plus d'avec celles du grand CONDÉ, de RICHELIEU, de PASCAL, et de LINGENDES [a].

144 [IV]

La fausse délicatesse dans les actions libres, dans les mœurs ou dans la conduite, n'est pas ainsi nommée parce qu'elle est feinte, mais parce qu'en effet elle s'exerce sur des choses et en des occasions qui n'en méritent point. La fausse délicatesse de goût et de complexion n'est telle, au contraire, que parce qu'elle est feinte ou affectée : c'est *Émilie* qui crie de toute sa force sur un petit péril qui ne lui fait pas de peur ; c'est une autre qui par mignardise pâlit à la vue d'une souris, ou qui veut aimer les violettes et s'évanouir aux tubéreuses.

145 [IV]

Qui oserait se promettre de contenter les hommes ? Un prince, quelque bon et quelque puissant qu'il fût, voudrait-il l'entreprendre ? qu'il l'essaye. Qu'il se fasse lui-même une affaire de leurs plaisirs ; qu'il ouvre son palais à ses courtisans ; qu'il les admette jusque dans son domestique ; que dans des lieux dont la vue seule est un spectacle, il leur fasse voir d'autres spectacles ; qu'il leur donne le choix des jeux, des concerts et de tous les rafraîchissements ; qu'il y ajoute une chère splendide et une entière liberté ; qu'il entre avec eux en société des mêmes amusements ; que le grand homme devienne aimable, et que le héros soit humain et familier : il n'aura pas assez fait. Les hommes s'ennuient enfin des mêmes choses qui les ont charmés dans leurs commencements : ils déserteraient la *table des Dieux*, et le *nectar* avec le temps leur devient insipide : ils n'hésitent pas de critiquer des choses qui sont parfaites ; il y entre de la vanité et une mauvaise délicatesse : leur goût, si on en croit, est encore au delà de toute l'affectation qu'on aurait à les satisfaire, et d'une dépense toute royale que l'on ferait pour y réussir ; il s'y mêle de la malignité, qui va jusques à vouloir affaiblir dans les autres la joie qu'ils auraient de les rendre contents. Ces mêmes gens, pour l'ordinaire si flatteurs et si complaisants, peuvent se démentir : quelquefois on ne les reconnaîtrait plus, et l'on voit l'homme jusque dans le courtisan.

146 [I]

L'affectation dans le geste, dans le parler et dans les manières est souvent une suite de l'oisiveté ou de l'indifférence ; et il semble qu'un grand attachement ou de sérieuses affaires jettent l'homme dans son naturel.

---

a. Cet alinéa n'a formé une remarque distincte qu'à la 8e édition.

147 [IV]

les hommes n'ont point de caractères, ou s'ils en ont, c'est celui de n'en avoir aucun qui soit suivi, qui ne se démente point, et où ils soient reconnaissables. Ils souffrent beaucoup à être toujours les mêmes, à persévérer dans la règle ou dans le désordre, et s'ils se délassent quelquefois d'une vertu par une autre vertu, ils se dégoûtent plus souvent d'un vice par un autre vice, ils ont des passions contraires et des faibles qui se contredisent : il leur coûte moins de joindre les extrémités que d'avoir une conduite dont une partie naisse de l'autre ; ennemis de la modération, ils outrent toutes choses, les bonnes et les mauvaises, dont ne pouvant ensuite supporter l'excès, ils l'adoucissent par le changement. *Adraste* était si corrompu et si libertin, qu'il lui a été moins difficile de suivre la mode et se faire dévot : il lui eût coûté davantage d'être homme de bien.

148 [IV]

D'où vient que les mêmes hommes qui ont un flegme tout prêt pour recevoir indifféremment les plus grands désastres, s'échappent, et ont une bile intarissable sur les plus petits inconvénients ? Ce n'est pas sagesse en eux qu'une telle conduite, car la vertu est égale et ne se dément point ; c'est donc un vice, et quel autre que la vanité, qui ne se réveille et ne se recherche que dans les événements où il y a de quoi faire parler le monde, et beaucoup à gagner pour elle, mais qui se néglige sur tout le reste ?

149 [IV]

L'on se repent rarement de parler peu, très souvent de trop parler : maxime usée et triviale que tout le monde sait, et que tout le monde ne pratique pas.

150 [I]

C'est se venger contre soi-même, et donner un trop grand avantage à ses ennemis, que de leur imputer des choses qui ne sont pas vraies, et de mentir pour les décrier.

151 [IV]

Si l'homme savait rougir de soi, quels crimes, non seulement cachés, mais publics et connus, ne s'épargnerait-il pas !

152 [I]

Si certains hommes ne vont pas dans le bien jusques où ils pourraient aller, c'est par le vice de leur première instruction.

153 [I]

Il y a dans quelques hommes une certaine médiocrité d'esprit qui contribue à les rendre sages.

154 [I]

Il faut aux enfants les verges et la férule ; il faut aux hommes faits une couronne, un sceptre, un mortier, des fourrures, des faisceaux, des timbales, des hoquetons. La raison et la justice dénuées de tous leurs ornements ni ne persuadent ni m'intimident : l'homme qui est esprit, se mène par les yeux et les oreilles.

155 [V]

Timon, ou le misanthrope, peut avoir l'âme austère et farouche ; mais extérieurement il est civil et *cérémonieux* : il ne s'échappe pas, il ne s'apprivoise pas avec les hommes, au contraire il les traite honnêtement et sérieusement, il emploie à leur égard tout ce qui peut éloigner leur familiarité, il ne veut pas les mieux connaître ni s'en faire des amis, semblable en ce sens à une femme qui est en visite chez une autre femme.

156 [VII]

La raison tient de la vérité, elle est une ; l'on n'y arrive que par un chemin, et l'on s'en écarte par mille. L'étude de la sagesse a moins d'étendue que celle que l'on ferait des sots et des impertinents. Celui qui n'a vu que des hommes polis et raisonnables, ou ne connaît pas l'homme, ou ne le connaît qu'à demi : quelque diversité qui se trouve dans les complexions ou dans les mœurs, le commerce du monde et la politesse donnent les mêmes apparences, font qu'on se ressemble les uns aux autres par des dehors qui plaisent réciproquement, qui semblent communs à tous, et qui font croire qu'il n'y a rien ailleurs qui ne s'y rapporte. Celui au contraire qui se jette dans le peuple ou dans la province y fait bientôt, s'il a des yeux, d'étranges découvertes, y voit des choses qui lui sont nouvelles, dont il ne se doutait pas, dont il ne pouvait avoir le moindre soupçon : il avance par des expériences continuelles dans la connaissance de l'humanité ; il calcule presque en combien de manières différentes l'homme peut être insupportable.

157 [IV]

Après avoir mûrement approfondi les hommes et connu le faux de leurs pensées, de leurs sentiments, de leurs goûts et de leurs affections, l'on est réduit à dire qu'il y a moins à perdre pour eux par l'inconstance que par l'opiniâtreté.

158 [IV]

Combien d'âmes faibles, molles et indifférentes, sans de grands défauts, et qui puissent fournir à la satire ! Combien de sortes de ridicules répandus parmi les hommes, mais qui par leur singularité ne tirent point à conséquence, et ne sont d'aucune ressource pour l'instruction et pour la morale ! Ce sont des vices uniques qui ne sont pas contagieux, et qui sont moins de l'humanité que de la personne.

XII. DES JUGEMENTS

1 [I]

Rien ne ressemble plus à la vive persuasion que le mauvais entêtement : de là les partis, les cabales, les hérésies.

2 [I]

L'on ne pense pas toujours constamment d'un même sujet : l'entêtement et le dégoût se suivent de près.

3 [I]

Les grandes choses étonnent, et les petites rebutent ; nous nous apprivoisons avec les unes et les autres par l'habitude.

4 [IV]

Deux choses toutes contraires nous préviennent également, l'habitude et la nouveauté.

5 [I]

Il n'y a rien de plus bas, et qui convienne mieux au peuple, que de parler en des termes magnifiques de ceux mêmes dont l'on pensait très *modestement avant leur élévation.

6 [I]

La faveur des princes n'exclut pas le mérite, et ne le suppose pas aussi.

7 [I]

Il est étonnant qu'avec tout l'orgueil dont nous sommes gonflés, et la haute opinion que nous avons de nous-mêmes et de la bonté de notre jugement, nous négligions de nous en servir pour prononcer sur le mérite des autres. La vogue, la faveur populaire, celle du Prince, nous entraînent comme un torrent : nous louons ce qui est loué, bien plus que ce qui est louable.

8 [V]

Je ne sais s'il y a rien au monde qui coûte davantage à approuver et à louer que ce qui est plus digne d'approbation et de louange, et si la vertu, le mérite, la beauté, les bonnes actions, les beaux ouvrages, ont un effet plus naturel et plus sûr que l'envie, la jalousie, et l'antipathie. Ce n'est pas d'un saint dont un dévot [a] sait dire du bien, mais d'un autre dévot. Si une belle femme approuve la beauté d'une autre femme, on peut conclure qu'elle a mieux que ce qu'elle approuve. Si un poète loue les vers d'un autre poète, il y a à parier qu'ils sont mauvais et sans conséquence.

---

a. Faux dévot. (Note de La Bruyère.)

9 [VII]

Les hommes ne se goûtent qu'à peine les uns les autres, n'ont qu'une faible pente à s'approuver réciproquement : action, conduite, pensée, expression, rien ne plaît, rien ne contente ; ils substituent à la place de ce qu'on leur récite, de ce qu'on leur dit ou de ce qu'on leur lit, ce qu'ils auraient fait eux-mêmes en pareille conjoncture, ce qu'ils penseraient ou ce qu'ils écriraient sur un tel sujet, et ils sont si pleins de leurs idées, qu'il n'y a plus de place pour celles d'autrui.

10 [I]

Le commun des hommes est si enclin au dérèglement et à la bagatelle, et le monde est si plein d'exemples ou pernicieux ou ridicules, que je croirais assez que l'esprit de singularité, s'il pouvait avoir ses bornes et ne pas aller trop loin, approcherait fort de la droite raison et d'une conduite régulière.

« Il faut faire comme les autres » : maxime suspecte, qui signifie presque toujours : « il faut mal faire » dès qu'on l'étend au delà de ces choses purement extérieures, qui n'ont point de suite, qui dépendent de l'usage, de la mode ou des bienséances.

11 [V]

Si les hommes sont hommes plutôt qu'ours et panthères, s'ils sont équitables, s'ils se font justice à eux-mêmes, et qu'ils la rendent aux autres, que deviennent les lois, leur texte et le prodigieux accablement de leurs commentaires ? que devient le *pétitoire* et le *possessoire*, et tout ce qu'on appelle jurisprudence ? Où se réduisent même ceux qui doivent tout leur relief et toute leur enflure à l'autorité où ils sont établis de faire valoir ces mêmes lois ? Si ces mêmes hommes ont de la droiture et de la sincérité, s'ils sont guéris de la prévention, où sont évanouies les disputes de l'école, la scolastique et les controverses ? S'ils sont tempérants, chastes et modérés, que leur sert le mystérieux jargon de la médecine, et qui est une mine d'or pour ceux qui s'avisent de le parler ? Légistes, docteurs, médecins, quelle chute pour vous, si nous pouvions tous nous donner le mot de devenir sages !

De combien de grands hommes dans les différents exercices de la paix et de la guerre aurait-on dû se passer ! A quel point de perfection et de raffinement n'a-t-on pas porté de certains arts et de certaines sciences qui ne devaient point être nécessaires, et qui sont dans le monde comme des remèdes à tous les maux dont notre malice est l'unique source !

Que de choses depuis VARRON, que Varron a ignorées ! Ne nous suffirait-il pas même de n'être savant que comme PLATON ou comme SOCRATE ?

12 [I]

Tel à un sermon, à une musique, ou dans une galerie de peintures, a entendu à sa droite et à sa gauche, sur une chose précisément la même, des sentiments précisément opposés. Cela me ferait dire volontiers que l'on peut hasarder, dans tout genre d'ouvrages, d'y mettre le bon et le mauvais : le bon plaît aux uns, et le mauvais aux autres. L'on ne risque guère davantage d'y mettre le pire : il a ses partisans.

13 [IV]

Le phœnix de la poésie *chantante* renaît de ses cendres ; il a vu mourir et revivre sa réputation en un même jour ; ce juge même si infaillible et si ferme dans ses jugements, le public, a varié sur son sujet : ou il se trompe, ou il s'est trompé ; celui qui prononcerait aujourd'hui que Q** en un certain genre est mauvais poète, parlerait presque aussi mal que s'il eût dit il y a quelque temps : *Il est bon poète*.

14 [IV]

C.P. était fort riche, et C.N. ne l'était pas [a] : *la Pucelle et Rodogune* méritaient chacune une autre aventure. Ainsi l'on a toujours demandé pourquoi, dans telle ou telle profession, celui-ci avait fait sa fortune, et cet autre l'avait manquée ; et en cela les hommes cherchent la raison de leurs propres caprices, qui dans les conjonctures pressantes de leurs affaires, de leurs plaisirs, de leur santé et de leur vie, leur font souvent laisser les meilleurs et prendre les pires.

15 [IV]

La condition des comédiens était infâme chez les Romains et honorable chez les Grecs : qu'est-elle chez nous ? On pense d'eux comme les Romains, on vit avec eux comme les Grecs.

16 [IV]

Il suffisait à *Bathylle* d'être pantomime pour être couru des dames romaines ; à *Rhoé* de danser au théâtre ; à *Roscie* et à *Nérine* de représenter dans les chœurs, pour s'attirer une foule d'amants. La vanité et l'audace, suites d'une trop grande puissance, avaient ôté aux Romains le goût du secret et du mystère ; ils se plaisaient à faire du théâtre public celui de leurs amours ; ils n'étaient point jaloux de l'amphithéâtre, et partageaient avec la multitude les charmes de leurs maîtresses ; leur goût n'allait qu'à laisser voir qu'ils aimaient, non pas une belle personne ou une excellente comédienne, mais une comédienne.

17 [I]

Rien ne découvre mieux dans quelle disposition sont les hommes à l'égard des sciences et des belles-lettres, et de quelle utilité il les croient dans la République, que le prix qu'ils y ont mis, et l'idée qu'ils se forment de ceux qui ont pris le parti de les cultiver. il n'y a point d'art si mécanique ni de si vile condition où les avantages ne soient plus sûrs, plus prompts et plus solides. Le comédien, couché dans son carrosse,

---

a. VAR. « Chapelain était riche, et Corneille ne l'était pas » [IV et V].

jette de la boue au visage de CORNEILLE, qui est à pied. Chez plusieurs, savant et pédant sont synonymes.

Souvent où le riche parle, et parle de doctrine, c'est aux doctes à se taire, à écouter, à applaudir, s'ils veulent du moins ne passer que pour doctes.

18 [I]

Il y a une sorte de hardiesse à soutenir devant certains esprits la honte de l'érudition : l'on trouve chez eux une prévention tout établie contre les savants, à qui ils ôtent les manière du monde, le savoir-vivre, l'esprit de société, et qu'ils renvoient ainsi dépouillés à leur cabinet et à leurs livres. Comme l'ignorance est un état paisible et qui ne coûte aucune peine, l'on s'y range en foule, et elle forme à la cour et à la ville un nombreux parti, qui l'emporte sur celui des savants. S'ils allèguent en leur faveur les noms d'ESTRÉES [a], de HARLAY, BOSSUET, SEGUIER, MONTAUSIER, WARDES, CHEVREUSE, NOVION, LAMOIGNON, SCUDÉRY [b], PÉLISSON [c], et de tant d'autres personnages également doctes et polis ; s'ils osent même citer les grands noms de CHARTRES, de CONDÉ, de CONTI, de BOURBON, du MAINE, de VENDOME, comme de princes qui ont su joindre aux plus belles et aux plus hautes connaissances et l'atticisme des Grecs et l'urbanité des Romains, l'on ne feint point de leur dire que ce sont des exemples singuliers ; et s'ils ont recours à de solides raisons, elles sont faibles contre la voix de la multitude. Il semble néanmoins que l'on devrait décider sur cela avec plus de précaution, et se donner seulement la peine de douter si ce même esprit qui fait faire de si grands progrès dans les sciences, qui fait bien penser, bien juger, bien parler et bien écrire, ne pourrait point encore servir à être poli.

Il faut très peu de fonds pour la politesse dans les manières ; il en faut beaucoup pour celle de l'esprit.

19 [V]

« Il est savant, dit un politique, il est donc incapable d'affaires ; je ne lui confierais l'état de ma garde-robe » ; et il a raison. OSSAT, XIMÉNÈS, RICHELIEU étaient savants : étaient-ils habiles ? ont-ils passé pour de bons ministres ? « Il sait le grec, continue l'homme d'État, c'est un grimaud, c'est un philosophe. » Et en effet, une fruitière à Athènes, selon les apparences, parlait grec, et par cette raison était philosophe. Les BIGNONS, les LAMOIGNONS étaient de purs grimauds : qui en peut douter ? ils savaient le grec. Quelle vision, quel délire au grand, au sage, au judicieux ANTONIN, de dire qu'*alors les peuples seraient heureux, si l'empereur philosophait, ou si le philosophe ou le grimaud venait à l'empire !*

---

a. « D'Estrées » : addition de VI.
b. « Mlle de Scudéry ». (Note de La Bruyère.)
c. « Montausier, Wardes, Chevreuse, Novion, Lamoignon, Scudéry, Pélisson » : addition de IV.

Les langues sont la clef ou l'entrée des sciences, et rien davantage ; le mépris des unes tombe sur les autres. Il ne s'agit point si les langues sont anciennes ou nouvelles, mortes ou vivantes, mais si elles sont grossières ou polies, si les livres qu'elles ont formés sont d'un bon ou d'un mauvais goût. Supposons que notre langue pût un jour avoir le sort de la grecque et de la latine, serait-on pédant, quelques siècles après qu'on ne la parlerait plus, pour lire MOLIÈRE ou LA FONTAINE ?

20 [VI]

Je nomme *Eurypyle,* et vous dites : « C'est un bel esprit » ; vous dites aussi de celui qui travaille une poutre, « il est charpentier » ; et de celui qui refait un mur : « Il est maçon. » Je vous demande quel est l'atelier où travaille cet homme de métier, ce bel esprit ? quelle est son enseigne ? à quel habit le reconnaît-on ? quels sont ses outils ? est-ce le coin ? sont-ce le marteau ou l'enclume ? où fend-il, où cogne-t-il son ouvrage ? où l'expose-t-il en vente ? Un ouvrier se pique d'être ouvrier. Eurypyle se pique-t-il d'être bel esprit ? S'il est tel, vous me peignez un fat, qui met l'esprit en roture, une âme vile et mécanique, à qui ni ce qui est beau ni ce qui est esprit ne sauraient s'appliquer sérieusement ; et s'il est vrai qu'il ne se pique de rien, je vous entends, c'est un homme sage et qui a de l'esprit[a]. Ne dites-vous pas encore du savantasse : « Il est bel esprit », et ainsi du mauvais poète ? Mais vous-même, vous croyez-vous sans aucun esprit ? et si vous en savez, c'est sans doute de celui qui est beau et convenable : vous voilà donc un bel esprit ; ou s'il s'en faut peu que vous ne preniez ce nom pour une injure, continuez, j'y consens, de le donner à Eurypyle, et d'employer cette ironie comme les sots, sans le moindre discernement, ou comme les ignorants, qu'elle console d'une certaine culture qui leur manque, et qu'ils ne voient que dans les autres.

21 [V]

Qu'on ne me parle jamais d'encre, de papier, de plume, de style, d'imprimeur, d'imprimerie, qu'on ne se hasarde plus de me dire : « Vous écrivez si bien, *Antisthène* ! continuez d'écrire ; ne verrons-nous point de vous un *in-folio* ? traitez de toutes les vertus et de tous les vices dans un ouvrage suivi, méthodique, qui n'ait point de fin » ; ils devraient ajouter : « et nul cours ». Je renonce à tout ce qui a été, qui est et qui sera livre. *Bérylle* tombe en syncope à la vue d'un chat, et moi à la vue d'un livre. Suis-je mieux nourri et plus lourdement vêtu, suis-je dans ma chambre à l'abri du nord, ai-je un lit de plumes, après vingt ans entiers qu'on me débite dans la place ? J'ai un grand nom, dites-vous, et beaucoup de gloire : dites que j'ai beaucoup de vent qui ne sert à rien. Ai-je un grain de ce métal qui procure toutes choses ? Le vil praticien grossit son mémoire, se fait rembourser des frais qu'il n'avance pas, et il a pour gendre un comte ou un magistrat. Un homme *rouge*

---

a. VAR. « je vous entends, c'est un homme sage et qui a de l'esprit, autrement un homme de mérite, que vous appelez un bel esprit » [VI].

ou *feuille-morte*[a] devient commis, et bientôt plus riche que son maître ; il le laisse dans la roture, et avec de l'argent il devient noble. B** s'enrichit à montrer dans un cercle des marionnettes ; BB** à vendre en bouteille l'eau de la rivière. Un autre charlatan arrive ici de delà les monts avec une malle ; il n'est pas déchargé que les pensions courent, et il est prêt de retourner d'où il arrive avec des mulets et des fourgons. *Mercure* est *Mercure*, et rien davantage, et l'or ne peut payer ses médiations et ses intrigues : on y ajoute la faveur et les distinctions. Et sans parler que des gains licites, on paye au tuilier sa tuile, et à l'ouvrier son temps et son ouvrage ; paye-t-on à un auteur ce qu'il pense et ce qu'il écrit ? et s'il pense très bien, le paye-t-on très largement ? Se meuble-t-il, s'anoblit-il à force de penser et d'écrire juste ? Il faut que les hommes soient habillés, qu'ils soient rasés ; il faut que retirés dans leurs maisons, ils aient une porte qui ferme bien : est-il nécessaire qu'ils soient instruits ? Folie, simplicité, imbécillité, continue Antisthène, de mettre l'enseigne d'auteur ou de philosophe ! Avoir, s'il se peut, un *office lucratif*, qui rende la vie aimable, qui fasse prêter à ses amis, et donner à ceux qui ne peuvent rendre ; écrire alors par jeu, par oisiveté, et comme *Tityre* siffle ou joue de la flûte ; cela ou rien ; j'écris à ces conditions, et je cède ainsi à la violence de ceux qui me prennent à la gorge, et me disent : « Vous écrirez. » Ils liront pour titre de mon nouveau livre : DU BEAU, DU BON, DU VRAI, DES IDÉES, DU PREMIER PRINCIPE, *par Antisthène*[b] *vendeur de marée*.

22 [I]

Si les ambassadeurs des princes étrangers étaient des singes instruits à marcher sur leurs pieds de derrière, et à se faire entendre par interprète, nous ne pourrions pas marquer un plus grand étonnement que celui que nous donne la justesse de leurs réponses, et le bon sens qui paraît quelquefois dans leurs discours. La prévention du pays, jointe à l'orgueil de la nation, nous fait oublier que la raison est de tous les climats, et que l'on pense juste partout où il y a des hommes. Nous n'aimerions pas à être traités ainsi de ceux que nos appelons barbares ; et s'il y a en nous quelque barbarie, elle consiste à être épouvantés de voir d'autres peuples raisonner comme nous.

Tous les étrangers ne sont pas barbares, et tous nos compatriotes ne sont pas civilisés : de même toute campagne n'est pas agreste[c] et toute ville n'est pas polie. Il y a dans l'Europe un endroit d'une province maritime d'un grand royaume où le villageois est doux et insinuant, le bourgeois au contraire et le magistrat grossiers, et dont la rusticité est héréditaire.

23 [I]

Avec un langage si pur, une si grande recherche dans nos habits, des mœurs si cultivées, de si belles lois et un visage blanc, nous sommes barbares pour quelques peuples.

---

a. VAR. « Un homme *jaune* ou *feuille-morte* » [V].
b. VAR. « Démocrite » [V].
c. Ce terme s'entend ici métaphoriquement. (Note de La Bruyère.)

24 [I]

Si nous entendions dire des Orientaux qu'ils boivent ordinairement d'une liqueur qui leur monte à la tête, leur fait perdre la raison et les fait vomir, nous dirions : « Cela est bien barbare. »

25 [I]

Ce prélat se montre peu à la cour, il n'est de nul commerce, on ne le voit point avec des femmes ; il ne joue ni à grande ni à petite prime, il n'assiste ni aux fêtes ni aux spectacles, il n'est point homme de cabale, et il n'a point l'esprit d'intrigue ; toujours dans son évêché, où il fait une résidence continuelle, il ne songe qu'à instruire son peuple par la parole et à l'édifier par son exemple ; il consume son bien en des aumônes, et son corps par la pénitence ; il n'a que l'esprit de régularité, et il est imitateur du zèle et de la piété des Apôtres. Les temps sont changés, et il est menacé sous ce règne d'un titre plus éminent.

26 [IV]

Ne pourrait-on point faire comprendre aux personnes d'un certain caractère et d'une profession sérieuse, pour ne rien dire de plus, qu'ils ne sont point obligés à faire dire d'eux qu'ils jouent, qu'ils chantent, et qu'ils badinent comme les autres hommes ; et qu'à les voir si plaisants et si agréables, on ne croirait point qu'ils fussent d'ailleurs si réguliers et si sévères ? Oserait-on même leur insinuer qu'ils s'éloignent par de telles manières de la politesse dont ils se piquent ; qu'elle assortit, au contraire, et conforme les dehors aux conditions, qu'elle évite le contraste, et de montrer le même homme sous des figures différentes et qui font de lui un composé bizarre ou un grotesque ?

27 [IV]

Il ne faut pas juger des hommes comme d'un tableau ou d'une figure, sur une seule et première vue : il y a un intérieur et un cœur qu'il faut approfondir. Le voile de la modestie couvre le mérite, et le masque de l'hypocrisie cache la malignité. Il n'y a qu'un très petit nombre de connaisseurs qui discerne, et qui soit en droit de prononcer ; ce n'est que peu à peu, et forcés même par le temps et les occasions, que la vertu parfaite et le vice consommé viennent enfin à se déclarer.

28 [VIII]

Fragment

... Il disait que l'esprit dans cette belle personne était un diamant bien mis en œuvre, et continuant de parler d'elle : « C'est, ajoutait-il, comme une nuance de raison et d'agrément qui occupe les yeux et le cœur de ceux qui lui parlent ; on ne sait si on l'aime ou si on l'admire ; il y a en elle de quoi faire une parfaite amie, il y a aussi de quoi vous mener plus loin que l'amitié : trop jeune et trop fleurie pour ne pas plaire, mais trop modeste pour songer à plaire, elle ne tient compte aux hommes que de leur mérite, et ne croit avoir que des amis ; pleine de vivacités et capable de sentiments, elle surprend et elle intéresse ; et sans rien ignorer de ce qui peut entrer de plus délicat et de plus fin dans les conversations, elle a encore ces saillies heureuses qui entre autres plaisirs qu'elles font, dispensent toujours de la réplique : elle vous parle comme celle qui n'est pas savante, qui doute et qui cherche à s'éclaircir ; et elle vous écoute comme celle qui sait beaucoup, qui connaît le prix de ce que vous lui dites, et auprès de qui vous ne perdez rien de ce qui vous échappe. Loin de s'appliquer à vous contredire avec esprit, et d'imiter *Elvire*, qui aime mieux passer pour une femme vive que marquer du bon sens et de la justesse, elle s'approprie vos sentiments, elle les croit siens, elle les étend, elle les embellit : vous êtes content de vous d'avoir pensé si bien, et d'avoir mieux dit encore que vous n'aviez cru. Elle est toujours au-dessus de la vanité, soit qu'elle parle, soit qu'elle écrive : elle oublie les traits où il faut des raisons ; elle a déjà compris que la simplicité est éloquente ; s'il s'agit de servir quelqu'un et de vous jeter dans les mêmes intérêts, laissant à Elvire les jolis discours et les belles-lettres, qu'elle met à tous usages, *Arthénice* n'emploie auprès de vous que la sincérité, l'ardeur, l'empressement et la persuasion. Ce qui domine en elle, c'est le plaisir de la lecture, avec le goût des personnes de nom et de réputation, moins pour en être connue que pour les connaître. On peut la louer d'avance de toute la sagesse qu'elle aura un jour, et de tout le mérite qu'elle se prépare par les années, puisque avec une bonne conduite elle a de meilleures intentions, des principes sûrs, utiles à celles qui sont comme elle exposées aux soins et à la flatterie ; et qu'étant assez particulière sans pourtant être farouche, ayant même un peu de penchant pour la retraite, il ne lui saurait peut-être manquer que les occasions, ou ce qu'on appelle un grand théâtre, pour y faire briller toutes ses vertus. »

29

[V] Une belle femme est aimable dans son naturel ; elle ne perd rien à être négligée, et sans autre parure que celle qu'elle tire de sa beauté et de sa jeunesse. Une grâce naïve éclate sur son visage, anime ses moindres actions : il y aurait moins de péril à la voir avec tout l'attirail de l'ajustement et de la mode. De même un homme de bien est respectable par lui-même, et indépendamment de tous les dehors dont il voudrait s'aider pour rendre sa personne plus grave et sa vertu plus spécieuse. Un air réformé, une modestie outrée, la singularité de l'habit, une ample calotte n'ajoutent rien à la probité, ne relèvent pas le mérite ; ils le fardent, et font peut-être qu'il est moins pur et moins ingénu.

[VI] Une gravité trop étudiée devient comique ; ce sont comme des extrémités qui se touchent et dont le milieu est dignité ; cela ne s'appelle pas être grave, mais en jouer le personnage ; celui qui songe à le devenir ne le sera jamais : ou la gravité n'est point, ou elle est naturelle ; et il est moins difficile d'en descendre que d'y monter.

30 [VI]

Un homme de talent et de réputation, s'il est chagrin et austère, il effarouche les jeunes gens, les fait penser mal de la vertu, et la leur rend suspecte d'une trop grande réforme et d'une pratique trop ennuyeuse. S'il est au contraire d'un bon commerce, il leur est une leçon utile ; il leur apprend qu'on peut vivre gaiement et laborieusement, avoir des vues sérieuses sans renoncer aux plaisirs honnêtes ; il leur devient un exemple qu'on peut suivre.

31 [IV]

La physionomie n'est pas une règle qui nous soit donnée pour juger des hommes : elle nous peut servir de conjecture.

32 [IV]

L'air spirituel est dans les hommes ce que la régularité des traits est dans les femmes : c'est le genre de beauté où les plus vains puissent aspirer.

33 [IV]

Un homme qui a beaucoup de mérite et d'esprit, et qui est connu pour tel, n'est pas laid, même avec des traits qui sont difformes ; ou s'il a de la laideur, elle ne fait pas son impression.

34 [VII]

Combien d'art pour rentrer dans la nature ! combien de temps, de règles, d'attention et de travail pour danser avec la même liberté et la même grâce que l'on sait marcher ; pour chanter comme on parle ; parler et s'exprimer comme l'on pense ; jeter autant de force, de vivacité, de passion et de persuasion dans un discours étudié et que l'on prononce dans le public, qu'on en a quelquefois naturellement et sans préparation dans les entretiens les plus familiers !

35 [I]

Ceux qui, sans nous connaître assez, pensent mal de nous, ne nous font pas de tort : ce n'est pas nous qu'ils attaquent, c'est le fantôme de leur imagination.

36 [I]

Il y a de petites règles, des devoirs, des bienséances attachés aux lieux, aux temps, aux personnes, qui ne se devinent point à force d'esprit, et que l'usage apprend sans nulle peine : juger des hommes par les fautes qui leur échappent en ce genre avant qu'ils soient assez instruits, c'est en juger par leurs ongles ou par la pointe de leurs cheveux ; c'est vouloir un jour être détrompé.

37 [VI]

Je ne sais s'il est permis de juger des hommes par une faute qui est unique, et si un besoin extrême, ou une violente passion, ou un premier mouvement tirent à conséquence.

38 [IV]

Le contraire des bruits qui courent des affaires ou des personnes est souvent la vérité.

39 [IV]

Sans une grande raideur et une continuelle attention à toutes ses paroles, on est exposé à dire en moins d'une heure le oui ou le non sur une même chose ou sur une même personne, déterminé seulement par un esprit de société et de commerce qui entraîne naturellement à ne pas contredire celui-ci et celui-là qui en parlent différemment.

40 [VIII]

Un homme partial est exposé à de petites mortifications ; car comme il est également impossible que ceux qu'il favorise soient toujours heureux ou sages, et que ceux contre qui il se déclare soient toujours en faute ou malheureux, il naît de là qu'il lui arrive souvent de perdre contenance dans le public, ou par le mauvais succès de ses amis, ou par une nouvelle gloire qu'acquièrent ceux qu'il n'aime point.

41 [IV]

Un homme sujet à se laisser prévenir, s'il ose remplir une dignité ou séculière ou ecclésiastique, est un aveugle qui veut peindre, un muet qui s'est chargé d'une harangue, un sourd qui juge d'une symphonie ; faibles images, et qui n'expriment qu'imparfaitement la misère de la prévention : il faut ajouter qu'elle est un mal désespéré, incurable, qui infecte tous ceux qui s'approchent du malade, qui fait déserter les égaux, les inférieurs, les parents, les amis, jusqu'aux médecins : ils sont bien éloignés de le guérir, s'ils ne peuvent le faire convenir de sa maladie, ni des remèdes, qui seraient d'écouter, de douter, de s'informer et de s'éclaircir : les flatteurs, les fourbes, les calomniateurs, ceux qui ne délient leur langue que pour le mensonge et l'intérêt, sont les charlatans en qui il se confie, et qui lui font avaler tout ce qui leur plaît ; ce sont eux aussi qui l'empoisonnent et qui le tuent.

42 [I]

La règle de DESCARTES, qui ne veut pas qu'on décide sur les moindres vérités avant qu'elles soient connues clairement et distinctement, est assez belle et assez juste pour devoir s'étendre au jugement que l'on fait des personnes.

43 [I]

Rien ne nous venge mieux des mauvais jugements que les hommes font de notre esprit, de nos mœurs et de nos manières, que l'indignité et le mauvais caractère de ceux qu'ils approuvent.

Du même fonds dont on néglige un homme de mérite, l'on sait encore admirer un sot.

44 [I]

Un sot est celui qui n'a pas même ce qu'il faut d'esprit pour être fat.

45 [I]

Un fat est celui que les sots croient un homme de mérite.

46 [IV]

L'impertinent est un fat outré. Le fat lasse, ennuie, dégoûte, rebute ; l'impertinent rebute, aigrit, irrite, offense : il commence où l'autre finit.

Le fat est entre l'impertinent et le sot : il est composé de l'un et de l'autre.

47

[VII] Les vices partent d'une dépravation du cœur ; les défauts, d'un vice de tempérament ; le ridicule, d'un défaut d'esprit.

[IV] L'homme ridicule est celui qui, tant qu'il demeure tel, a les apparences du sot.

[IV] Le sot ne se tire jamais du ridicule, c'est son caractère ; l'on y entre quelquefois avec de l'esprit, mais l'on en sort.

[VII] Une erreur de fait jette un homme sage dans le ridicule.

[IV] La sottise est dans le sot, la fatuité dans le fat, et l'impertinence dans l'impertinent : il semble que le ridicule réside tantôt dans celui qui en effet est ridicule ; et tantôt dans l'imagination de ceux qui croient voir le ridicule où il n'est point et ne peut être.

48 [IV]

La grossièreté, la rusticité, la brutalité peuvent être les vices d'un homme d'esprit.

49 [IV]

Le stupide est un sot qui ne parle point, en cela plus supportable que le sot qui parle.

50 [VIII]

La même chose souvent est, dans la bouche d'un homme d'esprit, une naïveté ou un bon mot, et dans celle d'un sot, une sottise.

51 [IV]

Si le fat pouvait craindre de mal parler, il sortirait de son caractère.

52 [IV]

L'une des marques de la médiocrité de l'esprit est de toujours conter.

53 [IV]

Le sot est embarrassé de sa personne ; le fat a l'air libre et assuré ; l'impertinent passe à l'effronterie : le mérite a de la pudeur.

54 [VIII]

Le suffisant est celui en qui la pratique de certains détails que l'on honore du nom d'affaires se trouve jointe à une très grande médiocrité d'esprit.

Un grain d'esprit et une once d'affaires plus qu'il n'en entre dans la composition du suffisant, font l'important.

Pendant qu'on ne fait que rire de l'important, il n'a pas un autre nom ; dès qu'on s'en plaint, c'est l'arrogant.

55 [VII]

L'honnête homme tient le milieu entre l'habile homme et l'homme de bien, quoique dans une distance inégale de ces deux extrêmes.

La distance qu'il y a de l'honnête homme à l'habile homme s'affaiblit de jour à autre, et est sur le point de disparaître.

L'habile homme est celui qui cache ses passions, qui entend ses intérêts, qui y sacrifie beaucoup de choses, qui a su acquérir du bien, ou en conserver.

L'honnête homme est celui qui ne vole pas sur les grands chemins, et qui ne tue personne, dont les vices enfin ne sont pas scandaleux.

On connaît assez qu'un homme de bien est honnête homme ; mais il est plaisant d'imaginer que tout honnête homme n'est pas homme de bien.

L'homme de bien est celui qui n'est ni un saint ni un dévot [a], et qui s'est borné à n'avoir que de la vertu.

56

[IV] Talent, goût, esprit, bon sens, choses différentes, non incompatibles.

[IV] Entre le bon sens et le bon goût il y a la différence de la cause à son effet [b].

[VI] Entre esprit et talent il y a la proportion du tout à sa partie.

[VI] Appellerai-je homme d'esprit celui qui, borné et renfermé dans quelque art, ou même dans une certaine science qu'il exerce dans une grande perfection, ne montre hors de là ni jugement, ni mémoire, ni vivacité, ni mœurs, ni conduite ; qui ne m'entend pas, qui ne pense point, qui s'énonce mal ; un musicien par exemple, qui après m'avoir comme enchanté par ses accords, semble s'être remis avec son luth dans un même étui, ou n'être plus sans cet instrument qu'une machine démontée, à qui il manque quelque chose, et dont il n'est pas permis de rien attendre ?

---

a. Faux dévot. (Note de La Bruyère.)
b. L'alinéa formait une remarque isolée dans les éditions IV et V.

[VI] Que dirai-je encore de l'esprit du jeu ? pourrait-on me le définir ? Ne faut-il ni prévoyance, ni finesse, ni habileté pour jouer l'hombre ou les échecs ? et s'il en faut, pourquoi voit-on des imbéciles qui y excellent, et de très beaux génies qui n'ont pu même atteindre la médiocrité, à qui une pièce ou une carte dans les mains trouble la vue, et fait perdre contenance ?

[VI] Il y a dans le monde quelque chose, s'il se peut, de plus incompréhensible. Un homme paraît grossier, lourd, stupide ; il ne sait pas parler, ni raconter ce qu'il vient de voir : s'il se met à écrire, c'est le modèle des bons contes ; il fait parler les animaux, les arbres, les pierres, tout ce qui ne parle point : ce n'est que légèreté, qu'élégance, que beau naturel, et que délicatesse dans ses ouvrages.

[VI] Un autre est simple, timide, d'une ennuyeuse conversation ; il prend un mot pour un autre, et il ne juge de la bonté de sa pièce que par l'argent qui lui en revient ; il ne sait pas la réciter, ni lire son écriture : laissez-le s'élever par la composition : il n'est pas au-dessous d'AUGUSTE, de POMPÉE, de NICOMÈDE, d'HÉRACLIUS ; il est roi, et un grand roi ; il est politique, il est philosophe ; il entreprend de faire parler des héros, de les faire agir ; il peint les Romains ; ils sont plus grands et plus Romains dans ses vers que dans leur histoire.

[VI] Voulez-vous quelque autre prodige ? Concevez un homme facile, doux, complaisant, traitable, et tout d'un coup violent, colère, fougueux, capricieux. Imaginez-vous un homme simple, ingénu, crédule, badin, volage, un enfant en cheveux gris ; mais permettez-lui de se recueillir, ou plutôt de se livrer à un génie qui agit en lui, j'ose dire, sans qu'il y prenne part et comme à son insu : quelle verve ! quelle élévation ! quelles images ! quelle latinité ! — Parlez-vous d'une même personne ? me direz-vous. — Oui, du même, de *Théodas,* et de lui seul. Il crie, il s'agite, il se roule à terre, il se relève, il tonne, il éclate ; et du milieu de cette tempête il sort une lumière qui brille et qui réjouit. Disons-le sans figure : il parle comme un fou, et pense comme un homme sage ; il dit ridiculement des choses vraies, et follement des choses sensées et raisonnables ; on est surpris de voir naître et éclore le bon sens du sein de la bouffonnerie, parmi les grimaces et les contorsions : qu'ajouterai-je davantage ? Il dit et il fait mieux qu'il ne sait ; ce sont en lui comme deux âmes qui ne se connaissent point, qui ne dépendent point l'une de l'autre, qui ont chacune leur tour, ou leurs fonctions toutes séparées. Il manquerait un trait à cette peinture si surprenante, si j'oubliais de dire qu'il est tout à la fois avide et insatiable de louanges, prêt de se jeter aux jeux de ses critiques, et dans le fond assez docile pour profiter de leur censure. Je commence à me persuader moi-même que j'ai fait le portrait de deux personnages tout différents : il ne serait pas même impossible d'en trouver un troisième dans Théodas ; car il est bon homme, il est plaisant homme, et il est excellent homme.

57 [I]

Après l'esprit de discernement, ce qu'il y a au monde de plus rare, ce sont les diamants et les perles.

58 [I]

Tel, connu dans le monde par de grands talents, honoré et chéri partout où il se trouve, est petit dans son domestique et aux yeux de ses proches, qu'il n'a pu réduire à l'estimer ; tel autre, au contraire, prophète dans son pays, jouit d'une vogue qu'il a parmi les siens et qui est resserrée dans l'enceinte de sa maison, s'applaudit d'un mérite rare et singulier, qui lui est accordé par sa famille dont il est l'idole, mais qu'il laisse chez soi toutes les fois qu'il sort, et qu'il ne porte nulle part.

59 [I]

Tout le monde s'élève contre un homme qui entre en réputation : à peine ceux qu'il croit ses amis lui pardonnent-ils un mérite naissant et une première vogue qui semble l'associer à la gloire dont ils sont déjà en possession ; l'on ne se rend qu'à l'extrémité, et après que le Prince s'est déclaré par les récompenses : tous alors se rapprochent de lui, et de ce jour-là seulement il prend son rang d'homme de mérite.

60 [VIII]

Nous affectons souvent de louer avec exagération des hommes assez médiocres, et de les élever, s'il se pouvait, jusqu'à la hauteur de ceux qui excellent, ou parce que nous sommes las d'admirer toujours les mêmes personnes, ou parce que leur gloire, ainsi partagée, offense moins notre vue, et nous devient plus douce et plus supportable.

61 [VII]

L'on voit des hommes que le vent de la faveur pousse d'abord à pleines voiles ; ils perdent en un moment la terre de vue, et font leur route : tout leur rit, tout leur succède ; action, ouvrage, tout est comblé d'éloges et de récompenses ; ils ne se montrent que pour être embrassés et félicités. Il y a un rocher immobile qui s'élève sur une côte ; les flots se brisent au pied ; la puissance, les richesses, la violence, la flatterie, l'autorité, la faveur, tous les vents ne l'ébranlent pas : c'est le public, où ces gens échouent.

62 [I]

Il est ordinaire et comme naturel de juger du travail d'autrui seulement par rapport à celui qui nous occupe. Ainsi le poète, rempli de grandes et sublimes idées, estime peu le discours de l'orateur, qui ne s'exerce souvent que sur de simples faits ; et celui qui écrit l'histoire de son pays ne peut comprendre qu'un esprit raisonnable emploie sa vie à imaginer des fictions et à trouver une rime ; de même le bachelier plongé dans les quatre premiers siècles, traite toute autre doctrine de science triste, vaine et inutile, pendant qu'il est peut-être méprisé du géomètre.

63 [IV]

Tel a assez d'esprit pour exceller dans une certaine matière et en faire des leçons, qui en manque pour voir qu'il doit se taire sur quelque autre dont il n'a qu'une faible connaissance : il sort hardiment des limites de son génie, mais il s'égare, et fait que l'homme illustre parle comme un sot.

64 [V]

Hérille, soit qu'il parle, qu'il harangue ou qu'il écrive, veut citer : il fait au Prince des philosophes que le vin enivre, et à l'Orateur romain que l'eau le tempère. S'il se jette dans la morale, ce n'est pas lui, c'est le divin Platon qui assure que la vertu est aimable, le vice odieux, ou que l'un et l'autre se tournent en habitude. Les choses les plus communes, les plus triviales, et qu'il est même capable de penser, il veut les devoir aux anciens, aux Latins, aux Grecs ; ce n'est ni pour donner plus d'autorité à ce qu'il dit, ni peut-être pour se faire honneur de ce qu'il sait. Il veut citer.

65 [V]

C'est souvent hasarder un bon mot et vouloir le perdre que de le donner pour sien : il n'est pas relevé, il tombe avec des gens d'esprit ou qui se croient tels, qui ne l'ont pas dit, et qui devaient le dire. C'est au contraire le faire valoir que de le rapporter comme d'un autre : ce n'est qu'un fait, et qu'on ne se croit pas obligé de savoir ; il est dit avec plus d'insinuation et reçu avec moins de jalousie ; personne n'en souffre : on rit s'il faut rire, et s'il faut admirer, on admire.

66 [IV]

On a dit de SOCRATE qu'il était en délire, et que c'était un fou tout plein d'esprit ; mais ceux des Grecs qui parlaient ainsi d'un homme si sage passaient pour fous. Ils disaient : « Quels bizarres portraits nous fait ce philosophe ! quelles mœurs étranges et particulières ne décrit-il point ! où a-t-il rêvé, creusé, rassemblé des idées si extraordinaires ? quelles couleurs ! quel pinceau ! ce sont des chimères. » Ils se trompaient : c'étaient des monstres, c'étaient des vices, mais peints au naturel ; on croyait les voir, ils faisaient peur. Socrate s'éloignait du cynique ; il épargnait les personnes, et blâmait les mœurs qui étaient mauvaises.

67

[IV] Celui qui est riche par son savoir-faire connaît un philosophe, ses préceptes, sa morale et sa conduite, et n'imaginant pas dans tous les hommes une autre fin de toutes leurs actions que celle qu'il s'est proposée lui-même toute sa vie, dit en son cœur : « Je le plains, je le tiens échoué, ce rigide censeur ; il s'égare, et il est hors de route ; ce n'est pas ainsi qu'on prend le vent et que l'on arrive aux délicieux port de la fortune » ; et selon ses principes il raisonne juste.

[IV] « Je pardonne, dit *Antisthius,* à ceux que j'ai loués dans mon ouvrage s'ils m'oublient : qu'ai-je fait pour eux ? ils étaient louables. Je le pardonnerais moins à tous ceux dont j'ai attaqué les vices sans toucher à leurs personnes, s'ils me devaient un aussi grand bien que celui d'être corrigés ; mais comme c'est un événement qu'on ne voit point, il suit de là que ni les uns ni les autres ne sont tenus de me faire du bien.

[V] « L'on peut, ajoute ce philosophe, envier ou refuser à mes écrits leur récompense : on ne saurait en diminuer la réputation ; et si on le fait, qui m'empêchera de le mépriser ? »

68 [V]

Il est bon d'être philosophe, il n'est guère utile de passer pour tel. Il n'est pas permis de traiter quelqu'un de philosophe : ce sera toujours lui dire une injure, jusqu'à ce qu'il ait plu aux hommes d'en ordonner autrement, et, en restituant à un si beau nom son idée propre et convenable, de lui concilier toute l'estime qui lui est due.

69 [VI]

Il y a une philosophie qui nous élève au-dessus de l'ambition et de la fortune, qui nous égale, que dis-je ? qui nous place plus haut que les riches, que les grands et que les puissants ; qui nous fait négliger les postes et ceux qui les procurent ; qui nous exempte de désirer, de demander, de prier, de solliciter, d'importuner, et qui nous sauve même l'émotion et l'excessive joie d'être exaucés. Il y a une autre philosophie qui nous soumet et nous assujettit à toutes ces choses en faveur de nos proches ou de nos amis : c'est la meilleure.

70 [IV]

C'est abréger et s'épargner mille discussions, que de penser de certaines gens qu'ils sont incapables de parler juste, et de condamner ce qu'ils disent, ce qu'ils ont dit, et ce qu'ils diront.

71 [I]

Nous n'approuvons les autres que par les rapports que nous sentons qu'ils ont avec nous-mêmes ; et il semble qu'estimer quelqu'un, c'est l'égaler à soi.

72 [IV]

Les mêmes défauts qui dans les autres sont lourds et insupportables sont chez nous comme dans leur centre ; ils ne pèsent plus, on ne les sent pas : tel parle d'un autre et en fait un portrait affreux, qui ne voit pas qu'il se peint lui-même.

Rien ne nous corrigerait plus promptement de nos défauts que si nous étions capables de les avouer et de les reconnaître dans les autres : c'est dans cette juste distance que, nous paraissant tels qu'ils sont, ils se feraient haïr autant qu'ils le méritent.

73 [IV]

La sage conduite roule sur deux pivots, le passé et l'avenir : celui qui a la mémoire fidèle et une grande prévoyance est hors du péril de censurer dans les autres ce qu'il a peut-être fait lui-même, ou de comdamner une action dans un pareil cas, et dans toutes les circonstances où elle lui sera un jour inévitable.

74 [VI]

Le guerrier et le politique, non plus que le joueur habile, ne font pas le hasard, mais ils le préparent, ils l'attirent, et semblent presque le déterminer : non seulement ils savent ce que le sot et le poltron ignorent, je veux dire se servir du hasard quand il arrive ; ils savent même profiter, par leurs précautions et leurs mesures, d'un tel ou d'un tel hasard, ou de plusieurs tout à la fois : si ce point arrive, ils gagnent ; si c'est cet autre, ils gagnent encore ; un même point souvent les fait gagner de plusieurs manières : ces hommes sages peuvent être loués de leur bonne fortune comme de leur bonne conduite, et le hasard doit être récompensé en eux comme la vertu.

75 [VIII]

Je ne mets au-dessus d'un grand politique que celui qui néglige de le devenir, et qui se persuade de plus en plus que le monde ne mérite point qu'on s'en occupe.

76 [V]

Il y a dans les meilleurs conseils de quoi déplaire. Ils viennent d'ailleurs que de notre esprit : c'est assez pour être rejetés d'abord par présomption et par humeur, et suivis seulement par nécessité ou par réflexion.

77 [I]

Quel bonheur surprenant a accompagné ce favori pendant tout le cours de sa vie, quelle autre fortune mieux soutenue, sans interruption, sans la moindre disgrâce ? Les premiers postes, l'oreille du Prince, d'immenses trésors, une santé parfaite, et une mort douce. Mais quel étrange compte à rendre d'une vie passée dans la faveur, des conseils que l'on a donnés, de ceux qu'on a négligé de donner ou de suivre, des biens que l'on n'a point faits, des maux au contraire que l'on a faits ou par soi-même ou par les autres ; en un mot, de toute sa prospérité !

78 [IV]

L'on gagne à mourir d'être loué de ceux qui nous survivent, souvent sans autre mérite que celui de n'être plus : le même éloge sert alors pour *Caton* et pour *Pison*.

« Le bruit court que Pison est mort : c'est une grande perte ; c'était un homme de bien, et qui méritait une plus longue vie ; il avait de l'esprit et de l'agrément, de la fermeté et du courage ; il était sûr, généreux, fidèle. » Ajoutez : « pourvu qu'il soit mort. »

79 [IV]

La manière dont on se récrie sur quelques-uns qui se distinguent par la bonne foi, le désintéressement et la probité, n'est pas tant leur éloge que le décréditement du genre humain.

80 [VII]

Tel soulage les misérables, qui néglige sa famille et laisse son fils dans l'indigence ; un autre élève un nouvel édifice, qui n'a pas encore payé les plombs d'une maison qui est achevée depuis dix années ; un troisième fait des présents et des largesses, et ruine ses créanciers. Je demande : la pitié, la libéralité, la magnificence, sont-ce les vertus d'un homme injuste ? ou plutôt si la bizarrerie et la vanité ne sont pas les causes de l'injustice.

81 [VIII]

Une circonstance essentielle à la justice que l'on doit aux autres, c'est de la faire promptement et sans différer : la faire attendre, c'est injustice.

Ceux-là font bien, ou font ce qu'ils doivent, qui font ce qu'ils doivent. Celui qui dans toute sa conduite laisse longtemps dire de soi qu'il fera bien, fait très mal.

82 [VII]

L'on dit d'un Grand qui tient table deux fois le jour, et qui passe sa vie à faire digestion, qu'il meurt de faim, pour exprimer qu'il n'est pas riche, ou que ses affaires sont fort mauvaises : c'est une figure ; on le dirait plus à la lettre de ses créanciers.

83 [IV]

L'honnêteté, les égards et la politesse des personnes avancées en âge de l'un et l'autre sexe me donnent bonne opinion de ce qu'on appelle le vieux temps.

84 [I]

C'est un excès de confiance dans les parents d'espérer tout de la bonne éducation de leurs enfants, et une grande erreur de n'en attendre rien et de la négliger.

85 [IV]

Quand il serait vrai, ce que plusieurs disent, que l'éducation ne donne point à l'homme un autre cœur ni une autre complexion, qu'elle ne change rien dans son fond et ne touche qu'aux superficies, je ne laisserais pas de dire qu'elle ne lui est pas inutile.

86 [IV]

Il n'y a que de l'avantage pour celui qui parle peu : la présomption est qu'il a de l'esprit ; et s'il est vrai qu'il n'en manque pas, la présomption est qu'il l'a excellent.

87 [V]

Ne songer qu'à soi et au présent, source d'erreur dans la politique.

88 [IV]

Le plus grand malheur, après celui d'être convaincu d'un crime, est souvent d'avoir eu à s'en justifier. Tels arrêts nous déchargent et nous renvoient absous, qui sont infirmés par la voix du peuple.

89 [I]

Un homme est fidèle à de certaines pratiques de religion, on le voit s'en acquitter avec exactitude, personne ne le loue ni ne le désapprouve ; on n'y pense pas ; tel autre y revient après les avoir négligées dix années entières : on se récrie, on l'exalte ; cela est libre : moi, je le blâme d'un si long oubli de ses devoirs, et je le trouve heureux d'y être rentré.

90 [IV]

Le flatteur n'a pas assez bonne opinion de soi, ni des autres.

91 [IV]

Tels sont oubliés dans la distribution des grâces, et font dire d'eux : *Pourquoi les oublier ?* qui, si l'on s'en était souvenu, auraient fait dire : *Pourquoi s'en souvenir ?* D'où vient cette contrariété ? Est-ce du caractère de ces personnes, ou de l'incertitude de nos jugements ; ou même de tous les deux ?

92 [VI]

L'on dit communément : « Après un tel, qui sera chancelier ? qui sera primat des Gaules ? qui sera pape ? » On va plus loin ; chacun, selon ses souhaits ou son caprice, fait sa promotion, qui est souvent de gens plus vieux et plus caducs que celui qui est en place ; et comme il n'y a pas de raison qu'une dignité tue celui qui s'en trouve revêtu, qu'elle sert au contraire à le rajeunir, et à donner au corps et à l'esprit de nouvelles ressources, ce n'est pas un événement fort rare à un titulaire d'enterrer son successeur.

93 [V]

La disgrâce éteint les haines et les jalousies. Celui-là peut bien faire, qui ne nous aigrit plus par une grande faveur : il n'y a aucun mérite, il n'y a sorte de vertus qu'on ne lui pardonne ; il serait un héros impunément.

Rien n'est bien d'un homme disgracié, vertus, mérite, tout est dédaigné, ou mal expliqué, ou imputé à vice ; qu'il ait un grand cœur, qu'il ne craigne ni le fer ni le feu, qu'il aille d'aussi bonne grâce à l'ennemi que BAYARD et MONTREVEL [a], c'est un bravache, on en plaisante ; il n'a plus de quoi être un héros.

---

a. Marq. de Montrevel, Comm. gén. D. L. C. Lieut. gén. (Note de La Bruyère.)

Je me contredis, il est vrai : accusez-en les hommes, dont je ne fais que rapporter les jugements ; je ne dis pas de différents hommes, je dis les mêmes, qui jugent si différemment.

94 [VI]

Il ne faut pas vingt années accomplies pour voir changer les hommes d'opinion sur les choses les plus sérieuses, comme sur celles qui leur ont paru les plus sûres et les plus vraies. Je ne hasarderai pas d'avancer que le feu en soi, et indépendamment de nos sensations, n'a aucune chaleur, c'est-à-dire rien de semblable à ce que nous éprouvons en nous-mêmes à son approche, de peur que quelque jour il ne devienne aussi chaud qu'il a jamais été. J'assurerai aussi peu qu'une ligne droite tombant sur une autre ligne droite fait deux angles droits, ou égaux à deux droits, de peur que les hommes venant à y découvrir quelque chose de plus ou de moins, je ne sois raillé de ma proposition. Aussi dans un autre genre, je dirai à peine avec toute la France : « VAUBAN est infaillible, on n'en appelle point » : qui me garantirait que dans peu de temps on n'insinuera pas que même sur le siège, qui est son fort et où il décide souverainement, il erre quelquefois, sujet aux fautes comme *Antiphile* ?

95 [IV]

Si vous en croyez des personnes aigries l'une contre l'autre et que la passion domine, l'homme docte est un *savantasse*, le magistrat un bourgeois ou un praticien, le financier un *maltôtier*, et le gentilhomme un *gentillâtre* ; mais il est étrange que de si mauvais noms, que la colère et la haine ont su inventer, deviennent familiers, et que le dédain, tout froid et tout paisible qu'il est, ose s'en servir.

96 [IV]

Vous vous agitez, vous vous donnez un grand mouvement, surtout lorsque les ennemis commencent à fuir et que la victoire n'est plus douteuse, ou devant une ville après qu'elle a capitulé ; vous aimez, dans un combat ou pendant un siège, à paraître en cent endroits pour n'être nulle part, à prévenir les ordres du général de peur de les suivre, et à chercher les occasions plutôt que de les attendre et de les recevoir : votre valeur serait-elle fausse ?

97 [IV]

Faites garder aux hommes quelque poste où ils puissent être tués, et où néanmoins ils ne soient pas tués : ils aiment l'honneur et la vie.

98 [VII]

A voir comme les hommes aiment la vie, pouvait-on soupçonner qu'ils aimassent quelque autre chose plus que la vie ? et que la gloire, qu'ils préfèrent à la vie, ne fût souvent qu'une certaine opinion d'eux-mêmes établie dans l'esprit de mille gens ou qu'ils ne connaissent point ou qu'ils n'estiment point ?

99 [VII]

Ceux qui, ni guerriers ni courtisans, vont à la guerre et suivent la cour, qui ne font pas un siège, mais qui y assistent, ont bientôt épuisé leur curiosité sur une place de guerre, quelque surprenante qu'elle soit, sur la tranchée, sur l'effet des bombes et du canon, sur les coups de main, comme sur l'ordre et le succès d'une attaque qu'ils entrevoient. La résistance continue, les pluies surviennent, les fatigues croissent, on plonge dans la fange, on a à combattre les saisons et l'ennemi, on peut être forcé dans ses lignes et enfermé entre une ville et une armée ; quelles extrémités ! On perd courage, on murmure. « Est-ce un si grand inconvénient que de lever un siège ? Le salut de l'État dépend-il d'une citadelle de plus ou de moins ? Ne faut-il pas, ajoutent-ils, fléchir sous les ordres du Ciel, qui semble se déclarer contre nous, et remettre la partie à un autre temps ? » Alors ils ne comprennent plus la fermeté, et s'ils osaient dire, l'opiniâtreté du général, qui se raidit contre les obstacles, qui s'anime par la difficulté de l'entreprise, qui veille la nuit et s'expose le jour pour la conduire à sa fin. A-t-on capitulé, ces hommes si découragés relèvent l'importance de cette conquête, en prédisent les suites, exagèrent la nécessité qu'il y avait de la faire, le péril et la honte qui suivaient de s'en désister, prouvent que l'armée qui nous couvrait des ennemis était invincible. Ils reviennent avec la cour, passent par les villes et les bourgades ; fiers d'être regardés de la bourgeoisie qui est aux fenêtres, comme ceux mêmes qui ont pris la place, ils en triomphent par les chemins, ils se croient braves. Revenus chez eux, ils vous étourdissent de flancs, de redans, de ravelins, de fausse-braie, de courtines et de chemin couvert ; ils rendent compte des endroits où l'*envie de voir* les a portés, et où *il ne laissait pas d'y avoir du péril,* des hasards qu'ils ont courus à leur retour d'être pris ou tués par l'ennemi : ils taisent seulement qu'ils ont eu peur.

100 [IV]

C'est le plus petit inconvénient du monde que de demeurer court dans un sermon ou dans une harangue : il laisse à l'orateur ce qu'il a d'esprit, de bon sens, d'imagination, de mœurs et de doctrine ; il ne lui ôte rien ; mais on ne laisse pas de s'étonner que les hommes, ayant voulu une fois y attacher une espèce de honte et de ridicule, s'exposent, par de longs et souvent d'inutiles discours, à en courir tout le risque.

101 [IV]

Ceux qui emploient mal leur temps sont les premiers à se plaindre de sa brièveté : comme ils le consument à s'habiller, à manger, à dormir, à de sots discours, à se résoudre sur ce qu'ils doivent faire, et souvent à ne rien faire, ils en manquent pour leurs affaires ou pour leurs plaisirs ; ceux au contraire qui en font un meilleur usage en ont de reste.

Il n'y a point de ministre si occupé qui ne sache perdre chaque jour deux heures de temps : cela va loin à la fin d'une longue vie ; et si le mal est encore plus grand dans les autres conditions des hommes, quelle perte infinie ne se fait pas dans le monde d'une chose si précieuse, et dont l'on se plaint qu'on n'a point assez !

102 [IV]

Il y a des créatures de Dieu qu'on appelle des hommes, qui ont une âme qui est esprit, dont toute la vie est occupée et toute l'attention est réunie à scier du marbre : cela est bien simple, c'est bien peu de chose. Il y en a d'autres qui s'en étonnent, mais qui sont entièrement inutiles, et qui passent les jours à ne rien faire ; c'est encore moins que de scier du marbre.

103 [V]

La plupart des hommes oublient si fort qu'ils ont une âme, et se répandent en tant d'actions et d'exercices où il semble qu'elle est inutile, que l'on croit parler avantageusement de quelqu'un en disant qu'il pense ; cet éloge même est devenu vulgaire, qui pourtant ne met cet homme qu'au-dessus du chien, ou du cheval.

104

[IV] « A quoi vous divertissez-vous ? à quoi passez-vous le temps ? » vous demandent les sots et les gens d'esprit. Si je réplique que c'est à ouvrir les yeux et à voir, à prêter l'oreille et à entendre, à avoir la santé, le repos, la liberté, ce n'est rien dire. Les solides biens, les grands biens, les seuls biens ne sont pas comptés, ne se font pas sentir. Jouez-vous ? masquez-vous ? il faut répondre.

[VII] Est-ce un bien pour l'homme que la liberté, si elle peut être trop grande et trop étendue, telle enfin qu'elle ne serve qu'à lui faire désirer quelque chose, qui est d'avoir moins de liberté ?

[VII] La liberté n'est pas oisiveté ; c'est un usage libre du temps, c'est le choix du travail et de l'exercice. Être libre en un mot n'est pas ne rien faire, c'est être le seul arbitre de ce qu'on fait ou de ce qu'on ne fait point. Quel bien en ce sens que la liberté !

105 [I]

César n'était point trop vieux pour penser à la conquête de l'univers [a] ; il n'avait point d'autre béatitude à se faire que le cours d'une belle vie, et un grand nom après sa mort ; né fier, ambitieux, et se portant bien comme il faisait, il ne pouvait mieux employer son temps qu'à conquérir le monde. Alexandre était bien jeune pour un dessein si sérieux : il est étonnant que dans ce premier âge les femmes ou le vin n'aient plus tôt rompu son entreprise.

---

a. Voyez les *Pensées* de M. Pascal, chapitre 31 [fr. 82 de la présente édition], où il dit le contraire. (Note de La Bruyère.)

106 [I]

Un jeune Prince, d'une race auguste. L'amour et l'espérance des peuples. Donné du ciel pour prolonger la félicité de la terre. Plus grand que ses Aïeux. Fils d'un Héros qui est son modèle, a déjà montré a l'Univers par ses divines qualités, et par une vertu anticipée, que les enfants des Héros sont plus proches de l'être que les autres hommes [a].

107 [IV]

Si le monde dure seulement cent millions d'années, il est encore dans toute sa fraîcheur, et ne fait presque que commencer ; nous-mêmes nous touchons aux premiers hommes et aux patriarches, et qui pourra ne nous pas confondre avec eux dans des siècles si reculés ? Mais si l'on juge par le passé de l'avenir, quelles choses nouvelles nous sont inconnues dans les arts, dans les sciences, dans la nature, et j'ose dire dans l'histoire ! quelles découvertes ne fera-t-on point ! quelles différentes révolutions ne doivent pas arriver sur toute la face de la terre, dans les États et dans les empires ! quelle ignorance est la nôtre ! et quelle légère expérience que celle de six ou sept mille ans !

108 [IV]

Il n'y a point de chemin trop long à qui marche lentement et sans se presser : il n'y a point d'avantages trop éloignés à qui s'y prépare par la patience.

109 [IV]

Ne faire sa cour à personne, ni attendre de quelqu'un qu'il vous fasse la sienne, douce situation, âge d'or, état de l'homme le plus naturel !

110 [VII]

Le monde est pour ceux qui suivent les cours ou qui peuplent les villes ; la nature n'est que pour ceux qui habitent la campagne : eux seuls vivent, eux seuls du moins connaissent qu'ils vivent.

111 [IV]

Pourquoi me faire froid, et vous plaindre de ce qui m'est échappé sur quelques jeunes gens qui peuplent les cours ? Êtes-vous vicieux, ô *Thrasylle* ? Je ne le savais pas, et vous me l'apprenez : ce que je sais est que vous n'êtes plus jeune.

Et vous qui voulez être offensé personnellement de ce que j'ai dit de quelques Grands, ne criez-vous point de la blessure d'un autre ? Êtes-vous dédaigneux, malfaisant, mauvais plaisant, flatteur, hypocrite ? Je l'ignorais, et ne pensais pas à vous : j'ai parlé des Grands.

---

a. Contre la maxime latine et triviale. (Note de La Bruyère.) — Cet alinéa ne fut imprimé en capitales qu'à la 4ᵉ édition.

112 [IV]

L'esprit de modération et une certaine sagesse dans la conduite laissent les hommes dans l'obscurité : il leur faut de grandes vertus pour être connus et admirés, ou peut-être de grands vices.

113 [IV]

Les hommes, sur la conduite des grands et des petits indifféremment, sont prévenus, charmés, enlevés par la réussite : il s'en faut peu que le crime heureux ne soit loué comme la vertu même, et que le bonheur ne tienne lieu [a] de toutes les vertus. C'est un noir attentat, c'est une sale et odieuse entreprise, que celle que le succès ne saurait justifier.

114 [IV]

Les hommes, séduits par de belles apparences et de spécieux prétextes, goûtent aisément un projet d'ambition que quelques grands ont médité ; ils en parlent avec intérêt ; il leur plaît même par la hardiesse ou par la nouveauté que l'on lui impute ; ils y sont déjà accoutumés, et n'en attendent que le succès, lorsque, venant au contraire à avorter, ils décident avec confiance, et sans nulle crainte de se tromper, qu'il était téméraire et ne pouvait réussir.

115 [IV]

Il y a de tels projets, d'un si grand éclat et d'une conséquence si vaste, qui font parler les hommes si longtemps, qui font tant espérer ou tant craindre, selon les divers intérêts des peuples, que toute la gloire et toute la fortune d'un homme y sont commises. Il ne peut pas avoir paru sur la scène avec un si bel appareil pour se retirer sans rien dire ; quelques affreux périls qu'il commence à prévoir dans la suite de son entreprise, il faut qu'il l'entame : le moindre mal pour lui est de la manquer.

116 [VIII]

Dans un méchant homme il n'y a pas de quoi faire un grand homme. Louez ses vues et ses projets, admirez sa conduite, exagérez son habileté à se servir des moyens les plus propres et les plus courts pour parvenir à ses fins : si ses fins sont mauvaises, la prudence n'y a aucune part ; et où manque la prudence, trouvez la grandeur, si vous le pouvez.

117 [VI]

Un ennemi est mort, qui était à la tête d'une armée formidable, destinée à passer le Rhin ; il savait la guerre, et son expérience pouvait être secondée de la fortune : quels feux de joie a-t-on vus ? quelle fête publique ? Il y a des hommes au contraire naturellement odieux, et dont l'aversion devient populaire : ce n'est point précisément par les progrès qu'ils font, ni par la crainte de ceux qu'ils peuvent faire, que la voix

---

a. VAR. « que le crime heureux ne soit loué comme la vertu, et même que le bonheur ne tienne lieu » [IV-VI].

du peuple éclate à leur mort, et que tout tressaille, jusqu'aux enfants, dès que l'on murmure dans les places que la terre enfin en est délivrée.

118 [V]

« O temps ! ô mœurs ! s'écrie *Héraclite,* ô malheureux siècle ! siècle rempli de mauvais exemples, où la vertu souffre, où le crime domine, où il triomphe ! Je veux être un *Lycaon,* un *Ægiste* ; l'occasion ne peut être meilleure, ni les conjonctures plus favorables, si je désire du moins de fleurir et de prospérer. Un homme dit : « Je passerai la mer, je dépouillerai mon père de son patrimoine, je le chasserai, lui, sa femme, son héritier, de ses terres et de ses États », et comme il l'a dit il l'a fait. Ce qu'il devait appréhender, c'était le ressentiment de plusieurs rois qu'il outrage en la personne d'un seul roi ; mais ils tiennent pour lui ; ils lui ont presque dit : « Passez la mer, dépouillez votre père, montrez à tout l'univers qu'on peut chasser un roi de son royaume, ainsi qu'un petit seigneur de son château, ou un fermier de sa métairie ; qu'il n'y ait plus de différence entre de simples particuliers et nous ; nous sommes las de ces distinctions : apprenez au monde que ces peuples que Dieu a mis sous nos pieds peuvent nous abandonner, nous trahir, nous livrer, se livrer eux-mêmes à un étranger, et qu'ils ont moins à craindre de nous que nous d'eux et de leur puissance. » Qui pourrait voir des choses si tristes avec des yeux secs et une âme tranquille ? Il n'y a point de charges qui n'aient leurs privilèges ; il n'y a aucun titulaire qui ne parle, qui ne plaide, qui ne s'agite pour les défendre : la dignité royale seule n'a plus de privilèges ; les rois eux-mêmes y ont renoncé. Un seul, toujours bon et magnanime, ouvre ses bras à une famille malheureuse ; tous les autres se liguent comme pour se venger de lui, et de l'appui qu'il donne à une cause qui leur est commune. L'esprit de pique et de jalousie prévaut chez eux à l'intérêt de l'honneur, de la religion et de leur État ; est-ce assez ? à leur intérêt personnel et domestique : il y va, je ne dis pas de leur élection, mais de leur succession, de leurs droits comme héréditaires ; enfin dans tous l'homme l'emporte sur le souverain. Un prince délivrait l'Europe, se délivrait lui-même d'un fatal ennemi, allait jouir de la gloire d'avoir détruit un grand empire : il la néglige pour une guerre douteuse. Ceux qui sont nés arbitres et médiateurs temporisent ; et lorsqu'ils pourraient avoir déjà employé utilement leur médiation, ils la promettent. « O pâtres ! continue Héraclite, ô rustres qui habitez sous le chaume et dans les cabanes ! si les événements ne vont point jusqu'à vous, si vous n'avez point le cœur serré par la malice des hommes, si on ne parle plus d'hommes dans vos contrées, mais seulement de renards et de loups-cerviers, recevez-moi parmi vous à manger votre pain noir et à boire l'eau de vos citernes. »

119 [VI]

« Petits hommes, hauts de six pieds, tout au plus de sept, qui vous enfermez aux foires comme géants et comme des pièces rares dont il faut acheter la vue, dès que vous allez jusques à huit pieds ; qui vous donnez sans pudeur de la *hautesse* et de l'*éminence,* qui est tout ce que l'on pourrait accorder à ces montagnes voisines du ciel et qui voient les nuages se former au-dessous d'elles ; espèce d'animaux glorieux et superbes, qui méprisez toute autre espèce, qui ne faites pas même comparaison avec l'éléphant et la baleine ; approchez, hommes, répondez un peu à *Démocrite.* Ne dites-vous pas en commun proverbe : *des loups ravissants, des lions furieux, malicieux comme un singe* ? Et vous autres, qui êtes-vous ? J'entends corner sans cesse à mes oreilles : *L'homme est un animal raisonnable* ; qui vous a passé cette définition ? sont-ce les loups, les singes et les lions, ou si vous vous l'êtes accordée à vous-mêmes ? C'est déjà une chose plaisante que vous donniez aux animaux, vos confrères, ce qu'il y a de pire, pour prendre pour vous ce qu'il y a de meilleur, laissez-les un peu se définir eux-mêmes, et vous verrez comme ils s'oublieront et comme vous serez traités. Je ne parle point, ô hommes, de vos légèretés, de vos folies et de vos caprices, qui vous mettent au-dessous de la taupe et de la tortue, qui vont sagement leur petit train, et qui suivent sans varier l'instinct de leur nature ; mais écoutez-moi un moment. Vous dites d'un tiercelet de faucon qui est fort léger, et qui fait une belle descente sur la perdrix : « Voilà un bon oiseau » ; et d'un lévrier qui prend un lièvre corps à corps : « C'est un bon lévrier » ; je consens aussi que vous disiez d'un homme qui court le sanglier, qui le met aux abois, qui l'atteint et qui le perce : « Voilà un brave homme », mais si vous voyez deux chiens qui s'aboient, qui s'affrontent, qui se mordent et se déchirent, vous dites : « Voilà de sots animaux » ; et vous prenez un bâton pour les séparer. Que si l'on vous disait que tous les chats d'un grand pays se sont assemblés par milliers dans une plaine, et qu'après avoir miaulé tout leur soûl, ils se sont jetés avec fureur les uns sur les autres, et ont joué ensemble de la dent et de la griffe ; que de cette mêlée il est demeuré de part et d'autre neuf à dix mille chats sur la place, qui ont infecté l'air à dix lieues de là par leur puanteur, ne diriez-vous pas : « Voilà le plus abominable *sabbat* dont on ait jamais ouï parler ? » Et si les loups en faisaient de même : « Quels hurlements ! quelle boucherie ! » Et si les uns ou les autres vous disaient qu'ils aiment la gloire, concluriez-vous de ce discours qu'ils la mettent à se trouver à ce beau rendez-vous, à détruire ainsi et à anéantir leur propre espèce ? ou après l'avoir conclu, ne ririez-vous pas de tout votre cœur de l'ingénuité de ces pauvres bêtes ? Vous avez déjà, en animaux raisonnables, et pour vous distinguer de ceux qui ne se servent que de leurs dents et de leurs ongles, imaginé les lances, les piques, les dards, les sabres et les cimeterres, et à mon gré fort judicieusement ; car avec vos seules mains que pouviez-vous vous faire les uns aux autres, que vous arracher les cheveux, vous égratigner au visage ou tout au plus vous arracher les yeux de la tête ? au lieu que vous voilà munis d'instruments commodes, qui vous servent à vous faire réciproquement de larges plaies d'où peut couler votre sang jusqu'à la dernière goutte, sans que vous puissiez craindre d'en échapper. Mais comme vous devenez d'année à autre plus raisonnables, vous avez bien enchéri sur cette vieille manière de vous exterminer : vous avez de petits globes qui vous tuent tout d'un coup, s'ils peuvent seulement vous atteindre à la tête ou à la poitrine ; vous en avez d'autres, plus pesants et plus massifs, qui vous coupent en deux parts ou qui vous éventrent, sans compter ceux qui tombant sur vos toits, enfoncent les planchers, vont du grenier à la cave, en enlèvent les voûtes, et font sauter en l'air, avec vos maisons, vos femmes qui sont en couche, l'enfant et la nourrice : et c'est là encore où *gît* la gloire ; elle aime le *remue-ménage*, et elle est personne d'un grand fracas. Vous avez d'ailleurs des armes défensives, et dans les bonnes règles vous devez en guerre être habillés de fer, ce qui est sans mentir une jolie parure, et qui me fait souvenir de ces quatre puces célèbres que montrait autrefois un charlatan, subtil ouvrier, dans une fiole où il avait trouvé le secret de les faire vivre : il leur avait mis à chacune une salade en tête, leur avait passé un corps de cuirasse, mis des brassards, des genouillères, la lance sur la cuisse ; rien ne leur manquait, et en cet équipage elles allaient par sauts et par bonds dans leur bouteille : feignez un homme de la taille du mont *Athos,* pourquoi non ? une âme serait-elle embarrassée d'animer un tel corps ? elle en serait plus au large : si cet homme avait la vue assez subtile pour vous découvrir quelque part sur la terre avec vos armes offensives et défensives, que croyez-vous qu'il penserait de petits marmousets ainsi équipés, et de ce que vous appelez guerre, cavalerie, infanterie, un mémorable siège, une fameuse journée ? N'entendrai-je donc plus bourdonner d'autre chose parmi vous ? le monde ne se divise-t-il plus qu'en régiments et en compagnies ? tout est-il devenu bataillon ou escadron ? *Il a pris une ville, il en a pris une seconde, puis une troisième ; il a gagné une bataille, deux batailles ; il chasse l'ennemi, il vainc sur mer, il vainc sur terre* : est-ce de quelqu'un de vous autres, est-ce d'un géant, d'un *Athos,* que vous parlez ? Vous avez surtout un homme pâle et livide qui n'a pas sur soi dix onces de chair, et que l'on croirait jeter à terre du moindre souffle. Il fait néanmoins plus de bruit que quatre autres, et met tout en combustion : il vient de pêcher en eau trouble une île tout entière ; ailleurs à la vérité, il est battu et poursuivi, mais il se sauve par *les marais,* et ne veut écouter ni paix ni trêve. Il a montré de bonne heure ce qu'il savait faire : il a mordu le sein de sa nourrice ; elle en est morte, la pauvre femme : je m'entends, il suffit. En un mot il était né sujet, et il ne l'est plus ; au contraire il est le maître, et ceux qu'il a domptés et mis sous le joug vont à la charrue et labourent de bon courage : il semblent même appréhender, les bonnes gens, de pouvoir se délier un jour et de devenir libres, car ils ont étendu la courroie et allongé le fouet de celui qui les fait marcher ; ils n'oublient rien pour accroître leur servitude ; ils lui font passer l'eau pour se faire d'autres vassaux et s'acquérir de nouveaux domaines : il s'agit, il est vrai, de prendre son père et sa mère par les épaules et de les jeter hors de leur maison ; et ils l'aident dans une si honnête entreprise : les gens de delà l'eau et ceux d'en deçà se cotisent et mettent chacun du leur pour se le rendre à eux tous de jour en jour plus redoutable : les *Pictes* et les

Saxons imposent le silence aux *Bataves,* et ceux-ci aux *Pictes* et aux *Saxons* ; tous se peuvent vanter d'être ses humbles esclaves, et autant qu'ils le souhaitent. Mais qu'entends-je de certains personnages qui ont des couronnes, je ne dis pas des comtes ou des marquis, dont la terre fourmille, mais des princes et des souverains ? ils viennent trouver cet homme dès qu'il a sifflé, ils se découvrent dès son antichambre, et ils ne parlent que quand on les interroge. Sont-ce là ces mêmes princes si pointilleux, si formalistes sur leurs rangs et sur leurs préséances, et qui consument pour les régler les mois entiers dans une diète ? Que fera ce nouvel *archonte* pour payer une si aveugle soumission, et pour répondre à une si haute idée qu'on a de lui ? S'il se livre une bataille, il doit la gagner, et en personne ; si l'ennemi fait un siège, il doit le lui faire lever, et avec honte, à moins que tout l'océan ne soit entre lui et l'ennemi : il ne saurait moins faire en faveur de ses courtisans. *César* lui-même ne doit-il pas venir en grossir le nombre ? il en attend du moins d'importants services ; car ou l'archonte échouera avec ses alliés, ce qui est plus difficile qu'impossible à concevoir, ou s'il réussit et que rien ne lui résiste, le voilà tout porté, avec ses alliés jaloux de la religion et de la puissance de César, pour fondre sur lui, pour lui enlever l'*aigle,* et le réduire, lui et son héritier, à la *fasce d'argent* et aux pays héréditaires. Enfin c'en est fait, ils se sont tous livrés à lui volontairement, à celui peut-être de qui ils devaient se défier davantage. *Ésope* ne leur dirait-il pas : *La gent volatile d'une certaine contrée prend l'alarme et s'effraye du voisinage du lion, dont le seul rugissement lui fait peur : elle se réfugie auprès de la bête qui lui fait parler d'accommodement et la prend sous sa protection, qui se termine enfin à les croquer tous l'un après l'autre.*

XIII. DE LA MODE

1 [I]

Une chose folle et qui découvre bien notre petitesse, c'est l'assujettissement aux modes quand ont l'étend à ce qui concerne le goût, le vivre, la santé et la conscience. La viande noire est hors de mode, et par cette raison insipide ; ce serait pécher contre la mode que de guérir de la fièvre par la saignée ; de même l'on ne mourait plus depuis longtemps par *Théotime* ; ses tendres exhortations ne sauvaient plus que le peuple, et Théotime a vu son successeur.

2 [VI]

La curiosité n'est pas un goût pour ce qui est bon ou ce qui est beau, mais pour ce qui est rare, unique, pour ce qu'on a et ce que les autres n'ont point. Ce n'est pas un attachement à ce qui est parfait, mais à ce qui est couru, à ce qui est à mode. Ce n'est pas un amusement, mais une passion, et souvent si violente, qu'elle ne cède à l'amour et à l'ambition que par la petitesse de son objet. Ce n'est pas une passion qu'on a généralement pour les choses rares et qui ont cours, mais qu'on a seulement pour une certaine chose, qui est rare, et pourtant à la mode.

Le fleuriste a un jardin dans un faubourg : il y court au lever du soleil, et il en revient à son coucher ; vous le voyez planté, et qui a pris racine au milieu de ses tulipes et devant la *Solitaire* : il ouvre de grands yeux, il frotte ses mains, il se baisse, il la voit de plus près, il ne l'a jamais vue si belle, il a le cœur épanoui de joie ; il la quitte pour l'*Orientale*, de là il va à la *Veuve*, il passe au *Drap d'or,* de celle-ci à l'*Agathe,* d'où il revient enfin à la *Solitaire,* où il se fixe, où il se lasse, où il s'assit, où il oublie de dîner ; aussi est-elle nuancée, bordée, huilée, à pièces emportées ; elle a un beau vase ou un beau calice : il la contemple, il l'admire. Dieu et la nature sont en tout cela ce qu'il n'admire point, il ne va pas plus loin que l'oignon de sa tulipe, qu'il ne livrerait pas pour mille écus, et qu'il donnera pour rien quand les tulipes seront négligées et que les œillets auront prévalu. Cet homme raisonnable, qui a une âme, qui a un culte et une religion, revient chez soi fatigué, affamé, mais fort content de sa journée ; il a vu des tulipes.

Parlez à cet autre de la richesse des moissons, d'une ample récolte, d'une bonne vendange : il est curieux de fruits ; vous n'articulez pas, vous ne vous faites pas entendre ; parlez-lui de figues et de melons, dites que les poiriers rompent de fruit cette année, que les pêchers ont donné avec abondance ; c'est pour lui un idiome inconnu : il s'attache aux seuls pruniers, il ne vous répond pas ; ne l'entretenez pas même de vos pruniers : il n'a de l'amour que pour une certaine espèce, toute autre que vous lui nommez le fait sourire et se moquer ; il vous mène à l'arbre, cueille artistement cette prune exquise ; il l'ouvre, vous en donne une moitié, et prend l'autre : « Quelle chair ! dit-il ; goûtez-vous cela ? cela est-il divin ? voilà ce que vous ne trouverez pas ailleurs » ; et là-dessus ses narines s'enflent ; il cache avec peine sa joie et sa vanité par quelques dehors de modestie. O l'homme divin en effet ! homme qu'on ne peut jamais assez louer et admirer ! homme dont il sera parlé dans plusieurs siècles ! que je voie sa taille et son visage pendant qu'il vit ; que j'observe les traits et la contenance d'un homme qui seul entre les mortels possède une telle prune !

Un troisième que vous allez voir vous parle des curieux ses confrères, et surtout de *Diognète*. « Je l'admire, dit-il, et je le comprends moins que jamais. Pensez-vous qu'il cherche à s'instruire par des médailles, et qu'il les regarde comme des preuves parlantes de certains faits, et des monuments fixes et indubitables de l'ancienne histoire ? rien moins ; vous croyez peut-être que toute la peine qu'il se donne pour recouvrer une *tête* vient du plaisir qu'il se fait de ne voir pas une suite d'empereurs interrompue ? c'est encore moins. Diognète sait d'une médaille le *fruste,* le *flou,* et la *fleur de coin* ; il a une tablette dont toutes les places sont garnies à l'exception d'une seule : ce vide lui blesse la vue, et c'est précisément et à la lettre pour le remplir qu'il emploie son bien et sa vie.

« Vous voulez, ajoute *Démocède*, voir mes estampes ? », et bientôt il les étale et vous les montre ; vous en rencontrez une qui n'est ni noire, ni nette, ni dessinée, et d'ailleurs moins propre à être gardée dans un cabinet qu'à tapisser, un jour de fête, le Petit-Pont ou la rue Neuve : il convient qu'elle est mal gravée, plus mal dessinée ; mais il assure qu'elle est d'un Italien qui a travaillé peu, qu'elle n'a presque pas été tirée, que c'est la seule qui soit en France de ce dessin, qu'il l'a achetée très cher, et qu'il ne la changerait pas pour ce qu'il a de meilleur. « J'ai, continue-t-il, une sensible affliction, et qui m'obligera de renoncer aux estampes pour le reste de mes jours : j'ai tout *Callot*, hormis une seule, qui n'est pas, à la vérité, de ses bons ouvrages, au contraire c'est un des moindres, mais qui m'achèverait Callot : je travaille depuis vingt ans à recouvrer cette estampe, et je désespère enfin d'y réussir : cela est bien rude ! »

Tel autre fait la satire de ces gens qui s'engagent par inquiétude ou par curiosité dans de longs voyages, qui ne font ni mémoires ni relations, qui ne portent point de tablettes, qui vont pour voir, et qui ne voient pas, ou qui oublient ce qu'ils ont vu, qui désirent seulement de connaître de nouvelles tours ou de nouveaux clochers, et de passer des rivières qu'on n'appelle ni la Seine ni la Loire ; qui sortent de leur patrie pour y retourner, qui aiment à être absents, qui veulent un jour être revenus de loin : et ce satirique parle juste, et se fait écouter.

Mais quand il ajoute que les livres en apprennent plus que les voyages, et qu'il m'a fait comprendre par ses discours qu'il a une bibliothèque, je souhaite de la voir : je vais trouver cet homme, qui me reçoit dans une maison où dès l'escalier je tombe en faiblesse d'une odeur de maroquin noir dont ses livres sont tous couverts. Il a beau me crier aux oreilles, pour me ranimer, qu'ils sont dorés sur tranche, ornés de filets d'or, et de la bonne édition, me nommer les meilleurs l'un après l'autre, dire que sa galerie est remplie à quelques endroits près, qui sont peints de manière qu'on les prend pour de vrais livres arrangés sur des tablettes, et que l'œil s'y trompe, ajouter qu'il ne lit jamais, qu'il ne met pas le pied dans cette galerie, qu'il y viendra pour me faire plaisir ; je le remercie de sa complaisance, et ne veux non plus que lui voir sa tannerie, qu'il appelle bibliothèque.

Quelques-uns par une intempérance de savoir, et par ne pouvoir se résoudre à renoncer à aucune sorte de connaissance, les embrassent toutes et n'en possèdent aucune : ils aiment mieux savoir beaucoup que de savoir bien, et être faibles et superficiels dans diverses sciences que d'être sûrs et profonds dans une seule. Ils trouvent en toutes rencontres celui qui est leur maître et qui les redresse ; ils sont les dupes de leur curiosité, et ne peuvent au plus, par de longs et pénibles efforts, que se tirer d'une ignorance crasse.

D'autres ont la clef des sciences, où ils n'entrent jamais : ils passent leur vie à déchiffrer les langues orientales et les langues du nord, celles des deux Indes, celles des deux pôles, et celle qui se parle dans la lune. Les idiomes les plus inutiles, avec les caractères les plus bizarres et les plus magiques, sont précisément ce qui réveille leur passion et qui excite leur travail ; ils plaignent ceux qui se bornent ingénument à savoir leur langue, ou tout au plus la grecque et la latine : ces gens lisent toutes les histoires et ignorent l'histoire ; ils parcourent tous les livres, et ne profitent d'aucun ; c'est en eux une stérilité de faits et de principes qui ne peut être plus grande, mais à la vérité la meilleure récolte et la richesse la plus abondante de mots et de paroles qui puisse s'imaginer : ils plient sous le faix ; leur mémoire en est accablée, pendant que leur esprit demeure vide.

Un bourgeois aime les bâtiments ; il se fait bâtir un hôtel si beau, si riche et si orné, qu'il est inhabitable. Le maître, honteux de s'y loger, ne pouvant peut-être se résoudre à le louer à un prince ou à un homme d'affaires, se retire au galetas, où il achève sa vie, pendant que l'enfilade et les planchers de rapport sont en proie aux Anglais et aux Allemands qui voyagent, et qui viennent là du Palais-Royal, du palais L... G... et du Luxembourg ; on heurte sans fin à cette belle porte ; tous demandent à voir la maison, et personne à voir Monsieur.

On en sait d'autres qui ont des filles devant leurs yeux, à qui ils ne peuvent pas donner une dot, que dis-je ? elles ne sont pas vêtues, à peine nourries ; qui se refusent un tour de lit et du linge blanc ; qui sont pauvres ; et la source de leur misère n'est pas fort loin : c'est un garde-meuble chargé et embarrassé de bustes rares, déjà poudreux et couverts d'ordures, dont la vente les mettrait au large, mais qu'ils ne peuvent se résoudre à mettre en vente.

Diphile commence par un oiseau et finit par mille : sa maison n'en est pas égayée, mais empestée. La cour, la salle, l'escalier, le vestibule, les chambres, le cabinet, tout est volière ; ce n'est plus un ramage, c'est un vacarme : les vents d'automne et les eaux dans leurs plus grandes crues ne font pas un bruit si perçant et si aigu ; on ne s'entend non plus parler les uns les autres que dans ces chambres où il faut attendre, pour faire le compliment d'entrée, que les petits chiens aient aboyé : ce n'est plus pour Diphile un agréable amusement, c'est une affaire laborieuse, et à laquelle à peine il peut suffire ; il passe les jours, ces jours qui échappent et qui ne reviennent plus, à verser du grain et à nettoyer des ordures ; il donne pension à un homme qui n'a point d'autre ministère que de siffler des serins au flageolet et de faire couver des canaris ; il est vrai que ce qu'il dépense d'un côté, il l'épargne de l'autre, car ses enfants sont sans maîtres et sans éducation ; il se renferme le soir, fatigué de son propre plaisir, sans pouvoir jouir du moindre repos que ses oiseaux ne reposent, et que ce petit peuple, qu'il n'aime que parce qu'il chante, ne cesse de chanter ; il retrouve ses oiseaux dans son sommeil : lui-même il est oiseau, il est huppé, il gazouille, il perche ; il rêve la nuit qu'il mue, ou qu'il couve.

Qui pourrait épuiser tous les différents genres de curieux ? Devineriez-vous, à entendre parler celui-ci de son *léopard*, de sa *plume*, de sa *musique*[a], les vanter comme ce qu'il y a sur la terre de plus singulier

---

a. Noms de coquillages. (Note de La Bruyère.)

et de plus merveilleux, qu'il veut vendre ses coquilles ? Pourquoi non, s'il les achète au poids de l'or ?

Cet autre aime les insectes ; il en fait tous les jours de nouvelles emplettes : c'est surtout le premier homme de l'Europe pour les papillons ; il en a de toutes les tailles et de toutes les couleurs. Quel temps prenez-vous pour lui rendre visite ? il est plongé dans une amère douleur ; il a l'humeur noire, chagrine, et dont toute la famille souffre : aussi a-t-il fait une perte irréparable ; approchez, regardez ce qu'il vous montre sur son doigt, qui n'a plus de vie et qui vient d'expirer : c'est une chenille, et quelle chenille !

3 [I]

Le duel est le triomphe de la mode, et l'endroit où elle a exercé sa tyrannie avec plus d'éclat. Cet usage n'a pas laissé au poltron la liberté de vivre ; il l'a mené se faire tuer par un plus brave que soi, et l'a confondu avec un homme de cœur ; il a attaché de l'honneur et de la gloire à une action folle et extravagante ; il a été approuvé par la présence des rois ; il y a eu quelquefois une espèce de religion à le pratiquer ; il a décidé de l'innocence des hommes, des accusations fausses ou véritables sur des crimes capitaux, il s'était enfin si profondément enraciné dans l'opinion des peuples, et s'était si fort saisi de leur cœur et de leur esprit, qu'un des plus beaux endroits de la vie d'un très grand roi a été de les guérir de cette folie.

4 [I]

Tel a été à la mode, ou pour le commandement des armées et la négociation ou pour l'éloquence de la chaire, ou pour les vers, qui n'y est plus. Y a-t-il des hommes qui dégénèrent de ce qu'ils furent autrefois ? Est-ce leur mérite qui est usé, ou le goût que l'on avait pour eux ?

5

[IV] Un homme à la mode dure peu, car les modes passent : s'il est par hasard homme de mérite, il n'est pas anéanti, et il subsiste encore par quelque endroit : également estimable, il est seulement moins estimé.

[VI] La vertu a cela d'heureux, qu'elle se suffit à elle-même, et qu'elle sait se passer d'admirateurs, de partisans et de protecteurs ; le manque d'appui et d'approbation non seulement ne lui nuit pas, mais il la conserve, l'épure et la rend parfaite ; qu'elle soit à la mode, qu'elle n'y soit plus, elle demeure vertu.

6 [VI]

Si vous dites aux hommes, et surtout aux grands, qu'un tel a de la vertu, ils vous disent : « Qu'il la garde » ; qu'il a bien de l'esprit, de celui surtout qui plaît et qui amuse, ils vous répondent : « Tant mieux pour lui » ; qu'il a l'esprit fort cultivé, qu'il sait beaucoup, ils vous demandent quelle heure il est ou quel temps il fait. Mais si vous leur apprenez qu'il y a un *Tigillin* qui *souffle* ou qui *jette en sable* un verre d'eau-de-vie, et, chose merveilleuse ! qui y revient à plusieurs fois en un repas, alors ils disent : « Où est-il ? amenez-le-moi demain, ce soir ; me l'amènerez-vous ? » On le leur amène ; et cet homme, propre à parer les avenues d'une foire et à être montré en chambre pour de l'argent, ils l'admettent dans leur familiarité.

7 [VI]

Il n'y a rien qui mette plus subitement un homme à la mode et qui le soulève davantage que le grand jeu : cela va du pair avec la crapule. Je voudrais bien voir un homme poli, enjoué, spirituel, fût-il un CATULLE ou son disciple, faire quelque comparaison avec celui qui vient de perdre huit cents pistoles en une séance.

8 [VI]

Une personne à la mode ressemble à une *fleur bleue* qui croît de soi-même dans les sillons, où elle étouffe les épis, diminue la moisson, et tient la place de quelque chose de meilleur ; qui n'a de prix et de beauté que ce qu'elle emprunte d'un caprice léger qui naît et qui tombe presque dans le même instant : aujourd'hui elle est courue, les femmes s'en parent ; demain elle est négligée, et rendue au peuple.

Une personne de mérite, au contraire, est une fleur qu'on ne désigne pas par sa couleur, mais que l'on nomme par son nom, que l'on cultive pour sa beauté ou pour son odeur ; l'une des grâces de la nature, l'une de ces choses qui embellissent le monde ; qui est de tous les temps et d'une vogue ancienne et populaire ; que nos pères ont estimée, et que nous estimons après nos pères ; à qui le dégoût ou l'antipathie de quelques-uns ne sauraient nuire : un lis, une rose.

9 [VI]

L'on voit *Eustrate* assis dans sa nacelle, où il jouit d'un air pur et d'un ciel serein : il avance d'un bon vent et qui a toutes les apparences de devoir durer ; mais il tombe tout d'un coup, le ciel se couvre, l'orage se déclare, un tourbillon enveloppe la nacelle, elle est submergée : on voit Eustrate revenir sur l'eau et faire quelques efforts ; on espère qu'il pourra du moins se sauver et venir à bord ; mais une vague l'enfonce, on le tient perdu ; il paraît une seconde fois, et les espérances se réveillent, lorsqu'un flot survient et l'abîme : on ne le revoit plus, il est noyé.

10 [IV]

VOITURE et SARRAZIN étaient nés pour leur siècle, et ils ont paru dans un temps où il semble qu'ils étaient attendus. S'ils s'étaient moins pressés de venir, ils arrivaient trop tard ; et j'ose douter qu'ils fussent tels aujourd'hui qu'ils ont été alors. Les conversations légères, les cercles, la fine plaisanterie, les lettres enjouées et familières, les petites parties où l'on était admis seulement avec de l'esprit, tout a disparu. Et qu'on ne dise point qu'ils les feraient revivre : ce que je puis faire en faveur de leur esprit est de convenir que peut-être ils excelleraient dans un autre genre ; mais les femmes sont de nos jours ou dévotes, ou coquettes, ou joueuses, ou ambitieuses, quelques-unes même tout cela à la fois ; le goût de la faveur, le jeu, les galants, les directeurs ont pris la place, et la défendent contre les gens d'esprit [a].

11 [I]

Un homme fat et ridicule porte un long chapeau, un pourpoint à ailerons, des chausses à aiguillettes et des bottines ; il rêve la veille par où et comment il pourra se faire remarquer le jour qui suit. Un philosophe se laisse habiller par son tailleur : il y a autant de faiblesse à fuir la mode qu'à l'affecter.

12 [IV]

L'on blâme une mode qui divisant la taille des hommes en deux parties égales, en prend une tout entière pour le buste, et laisse l'autre pour le reste du corps ; l'on condamne celle qui fait de la tête des femmes la base d'un édifice à plusieurs étages dont l'ordre et la structure change selon leurs caprices, qui éloigne les cheveux du visage, bien qu'ils ne croissent que pour l'accompagner, qui les relève et les hérisse à la manière des bacchantes, et semble avoir pourvu à ce que les femmes changent leur physionomie douce et modeste en une autre qui soit fière et audacieuse ; on se récrie enfin contre une telle ou une telle mode, qui cependant, toute bizarre qu'elle est, pare et embellit pendant qu'elle dure, et dont l'on tire tout l'avantage qu'on en peut espérer, qui est de plaire. Il me paraît qu'on devrait seulement admirer l'inconstance et la légèreté des hommes, qui attachent successivement les agréments et la bienséance à des choses tout opposées, qui emploient pour le comique et pour la mascarade ce qui leur a servi de parure grave et d'ornements les plus sérieux ; et que si peu de temps en fasse la différence.

13 [VI]

N... est riche, elle mange bien, elle dort bien ; mais les coiffures changent, et lorsqu'elle y pense le moins, et qu'elle se croit heureuse, la sienne est hors de mode.

14 [VI]

Iphis voit à l'église un soulier d'une nouvelle mode, il regarde le sien et en rougit ; il ne se croit plus habillé. Il était venu à la messe pour s'y montrer, et il se cache ; le voilà retenu par le pied dans sa chambre tout le reste du jour ; il a la main douce, et il l'entretient avec une pâte de senteur ; il a soin de rire pour montrer ses dents ; il fait la petite bouche, et il n'y a guère de moments où il ne veuille sourire ; il regarde ses jambes, et se voit au miroir : l'on ne peut être plus content de personne qu'il l'est de lui-même ; il s'est acquis une voix claire et délicate,

---

a. VAR. « mais les femmes sont de nos jours ou dévotes ou coquettes ; les galants ou les directeurs ont pris la place, et la défendent contre les beaux esprits » [IV et V].

et heureusement il parle gras ; il a un mouvement de tête, et je ne sais quel adoucissement dans les yeux, dont il n'oublie pas de s'embellir ; il a une démarche molle et le plus joli maintien qu'il est capable de se procurer, il met du rouge, mais rarement, il n'en fait pas habitude. Il est vrai aussi qu'il porte des chausses et un chapeau, et qu'il n'a ni boucles d'oreilles ni collier de perles ; aussi ne l'ai-je pas mis dans le chapitre des femmes.

15 [VI]

Ces mêmes modes que les hommes suivent si volontiers pour leurs personnes, ils affectent de les négliger dans leurs portraits, comme s'ils sentaient ou qu'ils prévissent l'indécence et le ridicule où elles peuvent tomber dès qu'elles auront perdu ce qu'on appelle la fleur ou l'agrément de la nouveauté ; ils leurs préfèrent une parure arbitraire, une draperie indifférente, fantaisies du peintre qui ne sont prises ni sur l'air ni sur le visage, qui ne rappellent ni les mœurs ni la personne. Ils aiment des attitudes forcées ou immodestes, une manière dure, sauvage, étrangère, qui font un capitan d'un jeune abbé, et un matamore d'un homme de robe ; une Diane d'une femme de ville ; comme d'une femme simple et timide une amazone ou une Pallas ; une Laïs d'une honnête fille ; un Scythe, un Attila, d'un prince qui est bon et magnanime.

Une mode a à peine détruit une autre mode, qu'elle est abolie par une plus nouvelle, qui cède elle-même à celle qui la suit, et qui ne sera pas la dernière : telle est notre légèreté. Pendant ces révolutions, un siècle s'est écoulé, qui a mis toutes ces parures au rang des choses passées et qui ne sont plus. La mode alors la plus curieuse et qui fait plus de plaisir à voir, c'est la plus ancienne : aidée du temps et des années, elle a le même agrément dans les portraits qu'a la saye ou l'habit romain sur les théâtres, qu'ont la mante, le voile et la tiare [a] dans nos tapisseries et dans nos peintures.

Nos pères nous ont transmis, avec la connaissance de leurs personnes, celle de leurs habits, de leurs coiffures, de leurs armes [b], et des autres ornements qu'ils ont aimés pendant leur vie. Nous ne saurions bien reconnaître cette sorte de bienfait qu'en traitant de même nos descendants.

16 [I]

Le courtisan autrefois avait ses cheveux, était en chausses et en pourpoint, portait de larges canons, et il était libertin. Cela ne sied plus : il porte une perruque, l'habit serré, le bas uni, et il est dévot : tout se règle par la mode.

17 [I]

Celui qui depuis quelque temps à la Cour était dévot, et par là, contre toute raison, peu éloigné du ridicule, pouvait-il espérer de devenir à la mode ?

---

a. Habits des Orientaux. (Note de La Bruyère.)
b. Offensives et défensives. (Note de La Bruyère.)

18 [I]

De quoi n'est point capable un courtisan dans la vue de sa fortune, si pour ne la pas manquer il devient dévot ?

19 [IV]

Les couleurs sont préparées, et la toile est toute prête ; mais comment le fixer, cet homme inquiet, léger, inconstant, qui change de mille et mille figures ? Je le peins dévot, et je crois l'avoir attrapé ; mais il m'échappe, et déjà il est libertin. Qu'il demeure du moins dans cette mauvaise situation, et je saurai le prendre dans un point de dérèglement de cœur et d'esprit où il sera reconnaissable ; mais la mode presse, il est dévot.

20 [VI]

Celui qui a pénétré la cour connaît ce que c'est que vertu et ce que c'est que dévotion[a] : il ne peut plus s'y tromper.

21

[VIII] Négliger vêpres comme une chose antique et hors de mode, garder sa place soi-même pour le salut, savoir les êtres de la chapelle, connaître le flanc, savoir où l'on est vu et où l'on n'est pas vu ; rêver dans l'église à Dieu et à ses affaires, y recevoir des visites, y donner des ordres et des commissions, y attendre les réponses ; avoir un directeur mieux écouté que l'Évangile ; tirer toute sa sainteté et tout son relief de la réputation de son directeur, dédaigner ceux dont le directeur a moins de vogue, et convenir à peine de leur salut ; n'aimer de la parole de Dieu que ce qui s'en prêche chez soi ou par son directeur, préférer sa messe aux autres messes, et les sacrements donnés de sa main à ceux qui ont moins de cette circonstance ; ne se repaître que de livres de spiritualité, comme s'il n'y avait ni Évangile, ni Épîtres des Apôtres, ni morale des Pères ; lire ou parler un jargon inconnu aux premiers siècles ; circonstancier à confesse les défauts d'autrui, y pallier les siens ; s'accuser de ses souffrances, de sa patience ; dire comme un péché son peu de progrès dans l'héroïsme ; être en liaison secrète avec de certaines gens contre certains autres ; n'estimer que soi et sa cabale, avoir pour suspecte la vertu même ; goûter, savourer la prospérité et la faveur, n'en vouloir que pour soi, ne point aider au mérite, faire servir la piété à son ambition, aller à son salut par le chemin de la fortune et des dignités : c'est du moins jusqu'à ce jour le plus bel effort de la dévotion du temps.

[VII] Un dévot[b] est celui qui sous un roi athée serait athée.

22 [VII]

Les dévots[c] ne connaissent de crimes que l'incontinence, parlons plus précisément, que le bruit ou les dehors de l'incontinence ; si *Phérécide*

---

a. Fausse dévotion. (Note de La Bruyère.)
b. Faux dévot. (Note de La Bruyère.)
c. Faux dévots. (Note de La Bruyère.)

passe pour être guéri des femmes, ou *Phérénice* pour être fidèle à son mari, ce leur est assez : laissez-les jouer un jeu ruineux, faire perdre leurs créanciers, se réjouir du malheur d'autrui et en profiter, idolâtrer les grands, mépriser les petits, s'enivrer de leur propre mérite, sécher d'envie, mentir, médire, cabaler, nuire, c'est leur état. Voulez-vous qu'ils empiètent sur celui des gens de bien, qui avec les vices cachés fuient encore l'orgueil et l'injustice ?

23 [I]

Quand un courtisan sera humble, guéri du faste et de l'ambition ; qu'il n'établira point sa fortune sur la ruine de ses concurrents ; qu'il sera équitable, soulagera ses vassaux, payera ses créanciers ; qu'il ne sera ni fourbe ni médisant ; qu'il renoncera aux grands repas et aux amours illégitimes ; qu'il priera autrement que des lèvres, et même hors de la présence du Prince [a] ; quand d'ailleurs il ne sera point d'un abord farouche et difficile ; qu'il n'aura point le visage austère et la mine triste ; qu'il ne sera point paresseux et contemplatif ; qu'il saura rendre par une scrupuleuse attention divers emplois très comparables ; qu'il pourra et qu'il voudra même tourner son esprit et ses soins aux grandes et laborieuses affaires, à celles surtout d'une suite la plus étendue pour les peuples et pour tout l'État ; quand son caractère me fera craindre de le nommer en cet endroit, et que sa modestie l'empêchera, si je ne le nomme pas, de s'y reconnaître : alors je dirai de ce personnage : « Il est dévot » ; ou plutôt : « C'est un homme donné à son siècle pour le modèle d'une vertu sincère et pour le discernement de l'hypocrite [b]. »

24 [VI]

Onuphre n'a pour tout lit qu'une housse de serge grise, mais il couche sur le coton et sur le duvet ; de même il est habillé simplement, mais commodément, je veux dire d'une étoffe fort légère en été, et d'une autre fort moelleuse pendant l'hiver ; il porte des chemises très déliées, qu'il a un très grand soin de bien cacher. Il ne dit point : *Ma haire et ma discipline,* au contraire ; il passerait pour ce qu'il est, pour un hypocrite, et il veut passer pour ce qu'il n'est pas, pour un homme dévot ; il est vrai qu'il fait en sorte que l'on croit, sans qu'il le dise, qu'il porte une haire et qu'il se donne la discipline. Il y a quelques livres répandus dans sa chambre indifféremment, ouvrez-les : c'est *Le Combat spirituel, Le Chrétien intérieur,* et *L'Année sainte ;* d'autres livres sont sous la clef. S'il marche par la ville, et qu'il découvre de loin un homme devant qui

---

a. Dans les éditions I à IV, la remarque se termine ici sur : « Alors il me persuada qu'il est dévot. » La suite est une addition de V.

b. Les éditions IV à VI comportent, à la suite de cette réflexion, le caractère du vrai dévot : « [IV] Un homme dévot entre dans un lieu saint, perce modestement la foule, choisit un coin pour se recueillir et où personne ne voit qu'il s'humilie ; s'il entend des courtisans qui parlent, qui rient et qui sont à la chapelle avec moins de silence que dans l'antichambre, quelque comparaison qu'il fasse de ces personnes avec lui-même, il ne les méprise pas, il ne s'en plaint pas : il prie pour eux. » La Bruyère intégrera ce passage dans le portrait d'Onuphre [VII].

il est nécessaire qu'il soit dévot, les yeux baissés, la démarche lente et modeste, l'air recueilli lui sont familiers : il joue son rôle. S'il entre dans une église, il observe d'abord de qui il peut être vu ; et selon la découverte qu'il vient de faire, il se met à genoux et prie, ou il ne songe ni à se mettre à genoux ni à prier ; arrive-t-il vers lui un homme de bien et d'autorité qui le verra et qui peut l'entendre, non seulement il prie, mais il médite, il pousse des élans et des soupirs ; si l'homme de bien se retire, celui-ci, qui le voit partir, s'apaise et ne souffle pas. Il entre une autre fois dans un lieu saint, perce la foule, choisit un endroit pour se recueillir, et où tout le monde voit qu'il s'humilie : s'il entend des courtisans qui parlent, qui rient, et qui sont à la chapelle avec moins de silence que dans l'antichambre, il fait plus de bruit qu'eux pour les faire taire ; il reprend sa méditation, qui est toujours la comparaison qu'il fait de ces personnes avec lui-même, et où il trouve son compte. Il évite une église déserte et solitaire, où il pourrait entendre deux messes de suite, le sermon, vêpres et complies, tout cela entre Dieu et lui, et sans que personne lui en sût gré : il aime la paroisse, il fréquente les temps où se fait un grand concours ; on n'y manque point son coup, on y est vu. Il choisit deux ou trois jours dans toute l'année, où à propos de rien il jeûne ou fait abstinence ; mais à la fin de l'hiver il tousse, il a une mauvaise poitrine, il a des vapeurs, il a eu la fièvre : il se fait prier, presser, quereller pour rompre le carême dès son commencement, et il en vient là par complaisance. Si Onuphre est nommé arbitre dans une querelle de parents ou dans un procès de famille, il est pour les plus forts, je veux dire pour les plus riches, et il ne se persuade point que celui ou celle qui a beaucoup de bien puisse avoir tort [a]. S'il se trouve bien d'un homme opulent, à qui il a su imposer, dont il est le parasite, et dont il peut tirer de grands secours, il ne cajole point sa femme, il ne lui fait du moins ni avance ni déclaration ; il s'enfuira, il lui laissera son manteau, s'il n'est aussi sûr d'elle que de lui-même. Il est encore plus éloigné d'employer pour la flatter et pour la séduire le jargon de la dévotion [b] ; ce n'est point par habitude qu'il le parle, mais avec dessein, et selon qu'il lui est utile, et jamais quand il ne servirait qu'à le rendre très ridicule. Il sait où se trouvent des femmes plus sociables et plus dociles que celle de son ami ; il ne les abandonne pas pour longtemps, quand ce ne serait que pour faire dire de soi dans le public qu'il fait des retraites : qui en effet pourrait en douter, quand on le revoit paraître avec un visage exténué et d'un homme qui ne se ménage point ? Les femmes d'ailleurs qui fleurissent et qui prospèrent à l'ombre de la dévotion [c] lui conviennent, seulement avec cette petite différence qu'il néglige celles qui ont vieilli, et qu'il cultive les jeunes, et entre celles-ci les plus belles et les mieux faites, c'est son attrait : elles vont, et il va ; elles reviennent, et il revient ; elles demeurent, et il demeure ; c'est en tous lieux et à toutes les heures qu'il a la consolation de les voir : qui

---

a. « Si Onuphre est nommé arbitre... puisse avoir tort » : addition de VII.
b. Fausse dévotion. (Note de La Bruyère.)
c. Fausse dévotion. (Note de La Bruyère.)

pourrait n'en être pas édifié ? elles sont dévotes et il est dévot [a]. Il n'oublie pas de tirer avantage de l'aveuglement de son ami, et de la prévention où il l'a jeté en sa faveur ; tantôt il lui emprunte de l'argent, tantôt il fait si bien que cet ami lui en offre : il se fait reprocher de n'avoir pas recours à ses amis dans ses besoins ; quelquefois il ne veut pas recevoir une obole sans donner un billet, qu'il est bien sûr de ne jamais retirer ; il dit une autre fois, et d'une certaine manière, que rien ne lui manque, et c'est lorsqu'il ne lui faut qu'une petite somme ; il vante quelque autre fois publiquement la générosité de cet homme, pour le piquer d'honneur et le conduire à lui faire une grande largesse. Il ne pense point à profiter de toute sa succession, ni à s'attirer une donation générale de tous ses biens, s'il s'agit surtout de les enlever à un fils, le légitime héritier : un homme dévot n'est ni avare, ni violent, ni injuste, ni même intéressé ; Onuphre n'est pas dévot, mais il veut être cru tel, et par une parfaite, quoique fausse imitation de la piété, ménager sourdement ses intérêts : aussi ne se joue-t-il pas à la ligne directe, et il ne s'insinue jamais dans une famille où se trouvent tout à la fois une fille à pourvoir et un fils à établir ; il y a là des droits trop forts et trop inviolables : on ne les traverse point sans faire de l'éclat (et il l'appréhende), sans qu'une pareille entreprise vienne aux oreilles du Prince, à qui il dérobe sa marche, par la crainte qu'il a d'être découvert et de paraître ce qu'il est. Il en veut à la ligne collatérale : on l'attaque plus impunément ; il est la terreur des cousins et des cousines, du neveu et de la nièce, le flatteur et l'ami déclaré de tous les oncles qui ont fait fortune ; il se donne pour l'héritier légitime de tout vieillard qui meurt riche et sans enfants, et il faut que celui-ci le déshérite, s'il veut que ses parents recueillent sa succession ; si Onuphre ne trouve pas jour à les en frustrer à fond, il leur en ôte du moins une bonne partie [b] : une petite calomnie, moins que cela, une légère médisance lui suffit pour ce pieux dessein, et c'est le talent qu'il possède à un plus haut degré de perfection ; il se fait même souvent un point de conduite de ne le pas laisser inutile : il y a des gens, selon lui, qu'on est obligé en conscience de décrier, et ces gens sont ceux qu'il n'aime point, à qui il veut nuire, et dont il désire la dépouille. Il vient à ses fins sans se donner même la peine d'ouvrir la bouche : on lui parle d'*Eudoxe,* il sourit ou il soupire ; on l'interroge, on insiste, il ne répond rien ; et il a raison : il en a assez dit.

25 [VII]

Riez, *Zélie,* soyez badine et folâtre à votre ordinaire ; qu'est devenue votre joie ? « Je suis riche, dites-vous, me voilà au large, et je commence à respirer. » Riez plus haut, Zélie, éclatez : que sert une meilleur fortune, si elle amène avec soi le sérieux et la tristesse ? Imitez les Grands qui

---

a. « Il sait où se trouvent des femmes plus sociables... et il est dévot » : addition de VII.
b. Var. « Il en veut à la ligne collatérale : on l'attaque plus impunément, et s'il ne peut la frustrer à fond de l'hérédité où elle aspire, il lui en ôte du moins une bonne partie » [VI].

sont nés dans le sein de l'opulence : ils rient quelquefois, ils cèdent à leur tempérament, suivez le vôtre ; ne faites pas dire de vous qu'une nouvelle place ou que quelques mille livres de rente de plus ou de moins vous font passer d'une extrémité à l'autre. « Je tiens, dites-vous, à la faveur par un endroit. » Je m'en doutais, Zélie ; mais croyez-moi, ne laissez pas de rire, et même de me sourire en passant, comme autrefois : ne craignez rien, je n'en serai ni plus libre ni plus familier avec vous ; je n'aurai pas une moindre opinion de vous et de votre poste ; je croirai également que vous êtes riche et en faveur. « Je suis dévote », ajoutez-vous. C'est assez, Zélie, et je dois me souvenir que ce n'est plus la sérénité et la joie que le sentiment d'une bonne conscience étale sur le visage ; les passions tristes et austères ont pris le dessus et se répandent sur les dehors : elles mènent plus loin et l'on ne s'étonne plus de voir, que la dévotion [a] sache encore mieux que la beauté et la jeunesse rendre une femme fière et dédaigneuse.

26 [IV]

L'on a été loin depuis un siècle dans les arts, et dans les sciences, qui toutes ont été poussées à un grand point de raffinement, jusques à celle du salut, que l'on a réduite en règle et en méthode, et augmentée de tout ce que l'esprit des hommes pouvait inventer de plus beau et de plus sublime : la dévotion [b] et la géométrie ont leurs façons de parler, ou ce qu'on appelle les termes de l'art ; celui qui ne les sait pas n'est ni dévot ni géomètre ; les premiers dévots, ceux mêmes qui ont été dirigés par les Apôtres, ignoraient ces termes, simples gens qui n'avaient que la foi et les œuvres, et qui se réduisaient à croire et à bien vivre.

27 [I]

C'est une chose délicate à un prince religieux de réformer la Cour et de la rendre pieuse : instruit jusques où le courtisan veut lui plaire, et aux dépens de quoi il ferait sa fortune, il le ménage avec prudence, il tolère, il dissimule, de peur de le jeter dans l'hypocrisie ou le sacrilège ; il attend plus de Dieu et du temps que de son zèle et de son industrie.

28 [VIII]

C'est une pratique ancienne dans les cours de donner des pensions et de distribuer des grâces à un musicien, à un maître de danse, à un farceur, à un joueur de flûte, à un flatteur, à un complaisant : ils ont un mérite fixe et des talents sûrs et connus qui amusent les Grands et qui les délassent de leur grandeur ; on sait que Favier est beau danseur, et que Lorenzani fait de beaux motets. Qui sait au contraire si l'homme dévot a de la vertu ? Il n'y a rien pour lui sur la cassette ni à l'épargne, et avec raison : c'est un métier aisé à contrefaire, qui, s'il était récompensé, exposerait le Prince à mettre en honneur la dissimulation et la fourberie, et à payer pension à l'hypocrite.

---

a. Fausse dévotion. (Note de La Bruyère.)
b. Fausse dévotion. (Note de La Bruyère.)

29 [I]

L'on espère que la dévotion de la Cour ne laissera pas d'inspirer la résidence.

30 [IV]

Je ne doute point que la vraie dévotion ne soit la source du repos ; elle fait supporter la vie et rend la mort douce ; on n'en tire pas tant de l'hypocrisie.

31 [V]

Chaque heure en soi comme à notre égard est unique : est-elle écoulée une fois, elle a péri entièrement, les millions de siècles ne la ramèneront pas : les jours, les mois, les années s'enfoncent et se perdent sans retour dans l'abîme des temps ; le temps même sera détruit ; ce n'est qu'un point dans les espaces immenses de l'éternité, et il sera effacé : il y a de légères et frivoles circonstances du temps qui ne sont point stables, qui passent, et que j'appelle des modes, la grandeur, la faveur, les richesses, la puissance, l'autorité, l'indépendance, le plaisir, les joies, la superfluité. Que deviendront ces modes quand le temps même aura disparu ? La vertu seule, si peu à la mode, va au delà des temps.

XIV. DE QUELQUES USAGES

1 [I]

Il y a des gens qui n'ont pas le moyen d'être nobles [a]. Il y en a de tels que, s'ils eussent obtenu six mois de délai de leurs créanciers, ils étaient nobles.

Quelques autres se couchent roturiers, et se lèvent nobles [b].

Combien de nobles dont le père et les aînés sont roturiers !

2 [IV]

Tel abandonne son père, qui est connu et dont l'on cite le greffe ou la boutique, pour se retrancher sur son aïeul, qui, mort depuis longtemps, est inconnu et hors de prise ; il montre ensuite un gros revenu, une grande charge, de belles alliances, et pour être noble, il ne lui manque que des titres.

3 [VI]

Réhabilitations, mot en usage dans les tribunaux, qui a fait vieillir et rendu gothique celui de *lettres de noblesse* autrefois si français et si usité ; se faire réhabiliter suppose qu'un homme devenu riche originairement

---

a. Secrétaires du Roi. [I-IV : note de La Bruyère.]
b. Vétérans. (Note de La Bruyère.)

est noble, qu'il est d'une nécessité plus que morale qu'il le soit ; qu'à la vérité son père a pu déroger ou par la charrue ou par la houe, ou par la malle, ou par les livrées ; mais qu'il ne s'agit pour lui que de rentrer dans les premiers droits de ses ancêtres, et de continuer les armes de sa maison, les mêmes pourtant qu'il a fabriquées, et tout autres que celles de sa vaisselle d'étain ; qu'en un mot les lettres de noblesse ne lui conviennent plus ; qu'elles n'honorent que le roturier, c'est-à-dire celui qui cherche encore le secret de devenir riche.

4 [IV]

Un homme du peuple, à force d'assurer qu'il a vu un prodige, se persuade faussement qu'il a vu un prodige. Celui qui continue de cacher son âge pense enfin lui-même être aussi jeune qu'il veut le faire croire aux autres. De même le roturier qui dit par habitude qu'il tire son origine de quelque ancien baron ou de quelque châtelain [a], dont il est vrai qu'il ne descend pas, a le plaisir de croire qu'il en descend.

5 [IV]

Quelle est la roture un peu heureuse et établie à qui il manque des armes, et dans ces armes une pièce honorable, des suppôts, un cimier, une devise, et peut-être le cri de guerre ? Qu'est devenue la distinction des casques et des *heaumes* ? Le nom et l'usage en sont abolis ; il ne s'agit plus de les porter de front ou de côté, ouverts ou fermés, et ceux-ci de tant ou de tant de grilles : on n'aime pas les minuties, on passe droit aux couronnes, cela est plus simple ; on s'en croit digne, on se les adjuge. Il reste encore aux meilleurs bourgeois une certaine pudeur qui les empêche de se parer d'une couronne de marquis, trop satisfaits de la comtale ; quelques-uns même ne vont pas la chercher fort loin, et la font passer de leur enseigne à leur carrosse.

6 [I]

Il suffit de n'être point né dans une ville, mais sous une chaumière répandue dans la campagne, ou sous une ruine qui trempe dans un marécage et qu'on appelle château, pour être cru noble sur sa parole.

7 [IV]

Un bon gentilhomme veut passer pour un petit seigneur, et il y parvient. Un grand seigneur affecte la principauté, et il use de tant de précautions, qu'à force de beaux noms, de disputes sur le rang et les préséances, de nouvelles armes, et d'une généalogie que D'HOZIER ne lui a pas faite, il devient enfin un petit prince.

8 [VIII]

Les grands en toutes choses se forment et se moulent sur de plus grands, qui de leur part, pour n'avoir rien de commun avec leurs

---

a. Mot en italique [IV-VI].

inférieurs, renoncent volontiers à toutes les rubriques d'honneurs et de distinctions dont leur condition se trouve chargée, et préfèrent à cette servitude une vie plus libre et plus commode. Ceux qui suivent leur piste observent déjà par émulation cette simplicité et cette modestie : tous ainsi se réduiront par hauteur à vivre naturellement et comme le peuple. Horrible inconvénient !

9 [IV]

Certaines gens portent trois noms, de peur d'en manquer : ils en ont pour la campagne et pour la ville, pour les lieux de leur service ou de leur emploi. D'autres ont un seul nom dissyllabe, qu'ils anoblissent par des particules dès que leur fortune devient meilleure. Celui-ci par la suppression d'une syllabe fait de son nom obscur un nom illustre [a] ; celui-là par le changement d'une lettre en une autre se travestit, et de *Syrus* devient *Cyrus*. Plusieurs suppriment leurs noms, qu'ils pourraient conserver sans honte, pour en adopter de plus beaux, où ils n'ont qu'à perdre par la comparaison que l'on fait toujours d'eux qui les portent, avec les grands hommes qui les ont portés. Il s'en trouve enfin qui, nés à l'ombre des clochers de Paris, veulent être Flamands ou Italiens, comme si la roture n'était pas de tout pays, allongent leurs noms français d'une terminaison étrangère, et croient que venir de bon lieu c'est venir de loin.

10 [I]

Le besoin d'argent a réconcilié la noblesse avec la roture, et a fait évanouir la preuve des quatre quartiers.

11 [IV]

A combien d'enfants serait utile la loi qui déciderait que c'est le ventre qui anoblit ! mais à combien d'autres serait-elle contraire !

12 [V]

Il y a peu de familles dans le monde qui ne touchent aux plus grands princes par une extrémité et par l'autre au simple peuple.

13 [V]

Il n'y a rien à perdre à être noble : franchises, immunités, exemptions, privilèges, que manque-t-il à ceux qui ont un titre ? Croyez-vous que ce soit pour la noblesse que des solitaires [b] se sont faits nobles ? ils ne sont pas si vains : c'est pour le profit qu'ils en reçoivent. Cela ne leur sied-il pas mieux que d'entrer dans les gabelles [c] ? je ne dis pas à chacun en particulier, leurs vœux s'y opposent, je dis même à la communauté.

---

a. Var. « Celui-ci par la supposition d'une syllabe fait de son nom obscur un nom illustre » [V et VI].
b. Maison religieuse, secrétaire du Roi. (Note de La Bruyère.)
c. Mot en italique [V, VI].

14 [V]

Je le déclare nettement, afin que l'on s'y prépare et que personne un jour n'en soit surpris : s'il arrive jamais que quelque grand me trouve digne de ses soins, si je fais enfin une belle fortune, il y a un Geoffroy de la Bruyère, que toutes les chroniques rangent au nombre des plus grands seigneurs de France qui suivirent GODEFROY DE BOUILLON à la conquête de la Terre-Sainte : voilà alors de qui je descends en ligne directe.

15 [I]

Si la noblesse est vertu, elle se perd par tout ce qui n'est pas vertueux ; et si elle n'est pas vertu, c'est peu de chose.

16 [IV]

Il y a des choses qui, ramenées à leurs principes et à leur première institution, sont étonnantes et incompréhensibles. Qui peut concevoir en effet que certains abbés, à qui il ne manque rien de l'ajustement, de la mollesse et de la vanité des sexes et des conditions, qui entrent auprès des femmes en concurrence avec le marquis et le financier, et qui l'emportent sur tous les deux, qu'eux-mêmes soient originairement et dans l'étymologie de leur nom les pères, et les chefs de saints moines et d'humbles solitaires, et qu'ils en devraient être l'exemple ? Quelle force, quel empire, quelle tyrannie de l'usage ! Et sans parler de plus grands désordres, ne doit-on pas craindre de voir un jour un jeune abbé en velours gris et à ramages comme une éminence, ou avec des mouches et du rouge comme une femme ?

17 [I]

Que les saletés des Dieux, la Vénus, le Ganymède et les autres nudités du Carrache aient été faites pour des princes de l'Église, et qui se disent successeurs des Apôtres [a], le palais Farnèse en est la preuve.

18 [I]

Les belles choses le sont moins hors de leur place ; les bienséances mettent la perfection, et la raison met les bienséances. Ainsi l'on n'entend point une gigue à la chapelle, ni dans un sermon des tons de théâtre ; l'on ne voit point d'images profanes [b] dans les temples, un CHRIST par exemple et le Jugement de Pâris dans le même sanctuaire [c], ni à des personnes consacrées à l'Église le train et l'équipage d'un cavalier.

19 [VIII]

Déclarerai-je donc ce que je pense de ce qu'on appelle dans le monde un beau salut, la décoration souvent profane, les places retenues et

---

a. VAR. « pour les princes de l'Église et les successeurs des Apôtres [I] ; pour des princes de l'Église » [II-IV].
b. Tapisseries. (Note de La Bruyère.)
c. « Un CHRIST par exemple et le Jugement de Pâris dans le même sanctuaire » : addition de V. « Jugement de Pâris » en italique [V, VI].

payées, des livres distribués comme au théâtre [a], les entrevues et les rendez-vous fréquents, le murmure et les causeries étourdissantes, quelqu'un monté sur une tribune qui y parle familièrement, sèchement, et sans autre zèle que de rassembler le peuple, l'amuser, jusqu'à ce qu'un orchestre, le dirai-je ? et des voix qui concertent depuis longtemps se fassent entendre ? Est-ce à moi à m'écrier que le zèle de la maison du Seigneur me consume, et à tirer le voile léger qui couvre les mystères, témoins d'une telle indécence ? Quoi ? parce qu'on ne danse pas encore aux TT..., me forcera-t-on d'appeler tout ce spectacle office d'Église ?

20 [I]

L'on ne voit point faire de vœux ni de pèlerinages pour obtenir d'un saint d'avoir l'esprit plus doux, l'âme plus reconnaissante, d'être plus équitable et moins malfaisant, d'être guéri de la vanité, de l'inquiétude et de la mauvaise raillerie.

21 [I]

Quelle idée plus bizarre que de se représenter une foule de chrétiens de l'un et de l'autre sexe, qui se rassemblent à certains jours dans une salle pour y applaudir à une troupe d'excommuniés, qui ne le sont que par le plaisir qu'ils leur donnent, et qui est déjà payé d'avance ? Il me semble qu'il faudrait ou fermer les théâtres, ou prononcer moins sévèrement sur l'état des comédiens.

22 [I]

Dans ces jours qu'on appelle saints le moine confesse, pendant que le curé tonne en chaire contre le moine et ses adhérents ; telle femme pieuse sort de l'autel, qui entend au prône qu'elle vient de faire un sacrilège. N'y a-t-il point dans l'Église une puissance à qui il appartienne ou de faire taire le pasteur, ou de suspendre pour un temps le pouvoir du *barnabite* ?

23 [I]

Il y a plus de rétribution dans les paroisses pour un mariage que pour un baptême, et plus pour un baptême que pour la confession : l'on dirait que ce soit un taux sur les sacrements, qui semblent par là être appréciés. Ce n'est rien au fond que cet usage ; et ceux qui reçoivent pour les choses saintes ne croient point les vendre, comme ceux qui donnent ne pensent point à les acheter : ce sont peut-être des apparences qu'on pourrait épargner aux simples et aux indévots [b].

24 [VI]

Un pasteur frais et en parfaite santé, en linge fin et en point de Venise, a sa place dans l'œuvre auprès les pourpres et les fourrures ; il y achève

---

a. Le motet traduit en vers français par L. L**. (Note de La Bruyère.)
b. Var. « ce sont peut-être de mauvaises apparences, et qui choquent quelques esprits » [I-III].

sa digestion, pendant que le Feuillant ou le Récollet quitte sa cellule et son désert, où il est lié par ses vœux et par la bienséance, pour venir le prêcher, lui et ses ouailles, et en recevoir le salaire, comme d'une pièce d'étoffe. Vous m'interrompez, et vous dites : « Quelle censure ! et combien elle est nouvelle et peu attendue ! Ne voudriez-vous point interdire à ce pasteur et à son troupeau la parole divine et le pain de l'Évangile ? » — Au contraire, je voudrais qu'il le distribuât lui-même le matin, le soir, dans le temples, dans les maisons, dans les places, sur les toits, et que nul ne prétendît à un emploi si grand, si laborieux, qu'avec des intentions, des talents et des poumons capables de lui mériter les belles offrandes et les riches rétributions qui y sont attachées. Je suis forcé, il est vrai, d'excuser un curé sur cette conduite par un usage reçu, qu'il trouve établi, et qu'il laissera à son successeur ; mais c'est cet usage bizarre et dénué de fondement et d'apparence que je ne puis approuver, et que je goûte encore moins que celui de se faire payer quatre fois des mêmes obsèques, pour soi, pour ses droits, pour sa présence, pour son assistance.

25 [IV[

Tite, par vingt années de service dans une seconde place, n'est pas encore digne de la première, qui est vacante : ni ses talents, ni sa doctrine, ni une vie exemplaire, ni les vœux des paroissiens ne sauraient l'y faire asseoir. Il naît de dessous terre un autre clerc[a] pour la remplir. Tite est reculé ou congédié, il ne se plaint pas ; c'est l'usage.

26 [V]

« Moi, dit le cheffecier, je suis maître du chœur ; qui me forcera d'aller à matines ? mon prédécesseur n'y allait point : suis-je de pire condition ? dois-je laisser avilir ma dignité entre mes mains, ou la laisser telle que je l'ai reçue ? » — « Ce n'est point, dit l'écolâtre, mon intérêt qui me mène, mais celui de la prébende : il serait bien dur qu'un grand chanoine fût sujet au chœur, pendant que le trésorier, l'archidiacre, le pénitencier et le grand vicaire s'en croient exempts. » — « Je suis bien fondé, dit le prévôt, à demander la rétribution sans me trouver à l'office : il y a vingt années entières que je suis en possession de dormir les nuits ; je veux finir comme j'ai commencé, et l'on ne me verra point déroger à mon titre : que me servirait d'être à la tête d'un chapitre ? mon exemple ne tire point à conséquence. » Enfin c'est entre eux tous à qui ne louera point Dieu, à qui fera voir par un long usage qu'il n'est point obligé de le faire : l'émulation de ne se point rendre aux offices divins ne saurait être plus vive ni plus ardente. Les cloches sonnent dans une nuit tranquille ; et leur mélodie, qui réveille les chantres et les enfants de chœur, endort les chanoines, les plonge dans un sommeil doux et facile, et qui ne leur procure que de beaux songes ; ils se lèvent tard, et vont à l'église se faire payer d'avoir dormi.

---

a. Ecclésiastique. (Note de La Bruyère.)

27 [IV]

Qui pourrait s'imaginer, si l'expérience ne nous le mettait devant les yeux, quelle peine ont les hommes à se résoudre d'eux-mêmes à leur propre félicité, et qu'on ait besoin de gens d'un certain habit, qui par un discours préparé, tendre et pathétique, par de certaines inflexions de voix, par des larmes, par des mouvements qui les mettent en sueur et qui les jettent dans l'épuisement, fassent enfin consentir un homme chrétien et raisonnable, dont la maladie est sans ressource, à ne se point perdre et à faire son salut ?

28 [IV]

La fille d'*Aristippe* est malade et en péril ; elle envoie vers son père, veut se réconcilier avec lui et mourir dans ses bonnes grâces ; cet homme si sage, le conseil de toute une ville, fera-t-il de lui-même cette démarche si raisonnable ? y entraînera-t-il sa femme ? ne faudra-t-il point pour les remuer tous deux la machine du directeur ?

29 [V]

Une mère, je ne dis pas qui cède et qui se rend à la vocation de sa fille, mais qui la fait religieuse, se charge d'une âme avec la sienne, en répond à Dieu même, en est la caution ; afin qu'une telle mère ne se perde pas, il faut que sa fille se sauve.

30 [VI]

Un homme joue et se ruine : il marie néanmoins l'aînée de ses deux filles de ce qu'il a pu sauver des mains d'un *Ambreville* ; la cadette est sur le point de faire ses vœux, qui n'a point d'autre vocation que le jeu de son père.

31 [IV]

Il s'est trouvé des filles qui avaient de la vertu, de la santé, de la ferveur et une bonne vocation, mais qui n'étaient pas assez riches pour faire dans une riche abbaye vœu de pauvreté.

32 [IV]

Celle qui délibère sur le choix d'une abbaye ou d'un simple monastère pour s'y enfermer agite l'ancienne question de l'état populaire et du despotique.

33 [IV]

Faire une folie et se marier *par amourette*, c'est épouser *Mélite*, qui est jeune, belle, sage, économe, qui plaît, qui vous aime, qui a moins de bien qu'*Ægine* qu'on vous propose, et qui avec une riche dot apporte de riches dispositions à la consumer, et tout votre fonds avec sa dot.

34 [I]

Il était délicat autrefois de se marier ; c'était un long établissement, une affaire sérieuse, et qui méritait qu'on y pensât ; l'on était pendant toute sa vie le mari de sa femme, bonne ou mauvaise : même table, même demeure, même lit ; l'on n'en était point quitte pour une pension ; avec des enfants et un ménage complet, l'on n'avait pas les apparences et les délices du célibat.

35 [V]

Qu'on évite d'être vu seul avec une femme qui n'est point la sienne, voilà une pudeur qui est bien placée : qu'on sente quelque peine à se trouver dans le monde avec des personnes dont la réputation est attaquée, cela n'est pas incompréhensible. Mais quelle mauvaise honte fait rougir un homme de sa propre femme, et l'empêche de paraître dans le public avec celle qu'il s'est choisie pour sa compagne inséparable, qui doit faire sa joie, ses délices et toute sa société ; avec celle qu'il aime et qu'il estime, qui est son ornement, dont l'esprit, le mérite, la vertu, l'alliance lui font honneur ? Que ne commence-t-il par rougir de son mariage ?

Je connais la force de la coutume, et jusqu'où elle maîtrise les esprits et contraint les mœurs, dans les choses même les plus dénuées de raison et de fondement ; je sens néanmoins que j'aurais l'impudence de me promener au Cours, et d'y passer en revue avec une personne qui serait ma femme.

36 [V]

Ce n'est pas une honte ni une faute à un jeune homme que d'épouser une femme avancée en âge ; c'est quelquefois prudence, c'est précaution. L'infamie est de se jouer de sa bienfactrice par des traitements indignes, et qui lui découvrent qu'elle est la dupe d'un hypocrite et d'un ingrat. Si la fiction est excusable, c'est où il faut feindre de l'amitié ; s'il est permis de tromper, c'est dans une occasion où il y aurait de la dureté à être sincère. — Mais elle vit longtemps. — Aviez-vous stipulé qu'elle mourût après avoir signé votre fortune et l'acquit de toutes vos dettes ? N'a-t-elle plus après ce grand ouvrage qu'à retenir son haleine, qu'à prendre de l'opium ou de la ciguë ? A-t-elle tort de vivre ? Si même vous mourez avant celle dont vous aviez déjà réglé les funérailles, à qui vous destiniez la grosse sonnerie et les beaux ornements, en est-elle responsable ?

37 [I]

Il y a depuis longtemps dans le monde une manière de faire valoir son bien [a], qui continue toujours d'être pratiquée par d'honnêtes gens, et d'être condamnée par d'habiles docteurs.

---

a. Billets et obligations. (Note de La Bruyère.)

38 [IV]

On a toujours vu dans la République de certaines charges qui semblent n'avoir été imaginées la première fois que pour enrichir un seul aux dépens de plusieurs ; les fonds ou l'argent des particuliers y coule sans fin et sans interruption[a]. Dirai-je qu'il n'en revient plus, ou qu'il n'en revient que tard ? C'est un gouffre, c'est une mer qui reçoit les eaux des fleuves, et qui ne les rend pas ; ou si elle les rend, c'est par des conduits secrets et souterrains, sans qu'il y paraisse, ou qu'elle en soit moins grosse et moins enflée ; ce n'est qu'après en avoir joui longtemps, et qu'elle ne peut plus les retenir.

39 [VI]

Le fonds perdu, autrefois si sûr, si religieux et si inviolable, est devenu avec le temps, et par les soins de ceux qui en étaient chargés, un bien perdu. Quel autre secret de doubler mes revenus et de thésauriser ? Entrerai-je dans le huitième denier, ou dans les aides ? serai-je avare, partisan, ou administrateur ?

40 [VII]

Vous avez une pièce d'argent, ou même une pièce d'or ; ce n'est pas assez, c'est le nombre qui opère : faites-en, si vous pouvez, un amas considérable et qui s'élève en pyramide, et je me charge du reste ; vous n'avez ni naissance, ni esprit, ni talents, ni expérience, qu'importe ? ne diminuez rien de votre monceau, et je vous placerai si haut que vous vous couvrirez devant votre maître, si vous en avez ; il sera même fort éminent, si avec votre métal, qui de jour à autre se multiplie, je ne fais en sorte qu'il se découvre devant vous.

41 [IV]

Orante plaide depuis dix ans entiers en règlement de juges pour une affaire juste, capitale, et où il y va de toute sa fortune ; elle saura peut-être dans cinq années quels seront ses juges, et dans quel tribunal elle doit plaider le reste de sa vie.

42 [IV]

L'on applaudit à la coutume qui s'est introduite dans les tribunaux d'interrompre les avocats au milieu de leur action, de les empêcher d'être éloquents et d'avoir de l'esprit, de les ramener au fait et aux preuves toutes sèches qui établissent leurs causes et le droit de leurs parties ; et cette pratique si sévère, qui laisse aux orateurs le regret de n'avoir pas prononcé les plus beaux traits de leurs discours, qui bannit l'éloquence du seul endroit où elle est en sa place, et va faire du Parlement une muette juridiction, on l'autorise par une raison solide et sans réplique, qui est celle de l'expédition : il est seulement à désirer qu'elle

---

[a]. Greffe, consignation. (Note de La Bruyère.)

fût moins oubliée en toute autre rencontre, qu'elle réglât au contraire les bureaux commes les audiences, et qu'on cherchât une fin aux écritures [a], comme on a fait aux plaidoyers.

43 [I]

Le devoir des juges est de rendre la justice ; leur métier, de la différer. Quelques-uns savent leur devoir, et font leur métier.

44 [I]

Celui qui sollicite son juge ne lui fait pas honneur ; car ou il se défie de ses lumières et même de sa probité, ou il cherche à le prévenir, ou il lui demande une injustice.

45 [IV]

Il se trouve des juges auprès de qui la faveur, l'autorité, les droits de l'amitié et de l'alliance nuisent à une bonne cause, et qu'une trop grande affectation de passer pour incorruptibles expose à être injustes.

46 [IV]

Le magistrat coquet ou galant est pire dans les conséquences que le dissolu : celui-ci cache son commerce et ses liaisons, et l'on ne sait souvent par où aller jusqu'à lui ; celui-là est ouvert par mille faibles qui sont connus, et l'on y arrive par toutes les femmes à qui il veut plaire.

47 [IV]

Il s'en faut peu que la religion et la justice n'aillent de pair dans la République, et que la magistrature ne consacre les hommes comme la prêtrise. L'homme de robe ne saurait guère danser au bal, paraître aux théâtres, renoncer aux habits simples et modestes, sans consentir à son propre avilissement ; et il est étrange qu'il ait fallu une loi pour régler son extérieur, et le contraindre ainsi à être grave et plus respecté.

48 [IV]

Il n'y a aucun métier qui n'ait son apprentissage, et en montant des moindres conditions jusques aux plus grandes, on remarque dans toutes un temps de pratique et d'exercice qui prépare aux emplois, où les fautes sont sans conséquence, et mènent au contraire à la perfection. La guerre même, qui ne semble naître et durer que par la confusion et le désordre, a ses préceptes ; on ne se massacre pas par pelotons et par troupes en rase campagne sans l'avoir appris, et l'on s'y tue méthodiquement. Il y a l'école de la guerre : où est l'école du magistrat ? Il y a un usage, des lois, des coutumes : où est le temps, et le temps assez long que l'on emploie à les digérer et à s'en instruire ? L'essai et l'apprentissage d'un jeune adolescent qui passe de la férule à la pourpre, et dont la consignation a fait un juge, est de décider souverainement des vies et des fortunes des hommes.

---

a. Procès par écrit. (Note de La Bruyère.)

49 [IV]

La principale partie de l'orateur, c'est la probité : sans elle il dégénère en déclamateur, il déguise ou il exagère les faits, il cite faux, il calomnie, il épouse la passion et les haines de ceux pour qui il parle ; et il est de la classe de ces avocats dont le proverbe dit qu'ils sont payés pour dire des injures.

50

[V] « Il est vrai, dit-on, cette somme lui est due, et ce droit lui est acquis. Mais je l'attends à cette petite formalité ; s'il l'oublie, il n'y revient plus, et *conséquemment* il perd sa somme, ou il est *incontestablement* déchu de son droit ; or il oubliera cette formalité. » Voilà ce que j'appelle une conscience de praticien.

[I] Une belle maxime pour le palais, utile au public, remplie de raison, de sagesse et d'équité, ce serait précisément la contradictoire de celle qui dit que la forme emporte le fond.

51 [IV]

La question est une invention merveilleuse et tout à fait sûre pour perdre un innocent qui a la complexion faible, et sauver un coupable qui est né robuste.

52 [VI]

Un coupable puni est un exemple pour la canaille ; un innocent condamné est l'affaire de tous les honnêtes gens.

Je dirai presque de moi : « Je ne serai pas voleur ou meurtrier. » — « Je ne serai pas un jour puni comme tel », c'est parler bien hardiment.

Une condition lamentable est celle d'un homme innocent à qui la précipitation et la procédure ont trouvé un crime ; celle même de son juge peut-elle l'être davantage ?

53 [VI]

Si l'on me racontait qu'il s'est trouvé autrefois un prévôt, ou l'un de ces magistrats créés pour poursuivre les voleurs et les exterminer, qui les connaissait tous depuis longtemps de nom et de visage, savait leurs vols, j'entends l'espèce, le nombre et la quantité, pénétrait si avant dans toutes ces profondeurs, et était si initié dans tous ces affreux mystères qu'il sut rendre à un homme de crédit un bijou qu'on lui avait pris dans la foule au sortir d'une assemblée, et dont il était sur le point de faire de l'éclat, que le Parlement intervint dans cette affaire, et fit le procès à cet officier : je regarderais cet événement comme l'une de ces choses dont l'histoire se charge, et à qui le temps ôte la croyance : comment donc pourrais-je croire qu'on doive présumer par des faits récents, connus, et circonstanciés, qu'une connivence si pernicieuse dure encore, qu'elle ait même tourné en jeu et passé en coutume ?

54 [IV]

Combien d'hommes qui sont forts contre les faibles, fermes et inflexibles aux sollicitations du simple peuple, sans nuls égards pour les petits, rigides et sévères dans les minuties, qui refusent les petits présents, qui n'écoutent ni leurs parents ni leurs-amis, et que les femmes seules peuvent corrompre!

55 [I]

Il n'est pas absolument impossible qu'une personne qui se trouve dans une grande faveur perde un procès.

56 [V]

Les mourants qui parlent dans leurs testaments peuvent s'attendre à être écoutés comme des oracles ; chacun les tire de son côté et les interprète à sa manière, je veux dire selon ses désirs ou ses intérêts.

57 [V]

Il est vrai qu'il y a des hommes dont on peut dire que la mort fixe moins la dernière volonté qu'elle ne leur ôte avec la vie l'irrésolution et l'inquiétude. Un dépit, pendant qu'ils vivent, les fait tester ; ils s'apaisent et déchirent leur minute, la voilà en cendre. Ils n'ont pas moins de testaments dans leur cassette que d'almanachs sur leur table ; ils les comptent par les années. Un second se trouve détruit par un troisième, qui est anéanti lui-même par un autre mieux digéré, et celui-ci encore par un cinquième *olographe*. Mais si le moment, ou la malice, ou l'autorité manque à celui qui a intérêt de le supprimer, il faut qu'il en essuie les clauses et les conditions ; car *appert*-il mieux des dispositions des hommes les plus inconstants que par un dernier acte, signé de leur main, et après lequel ils n'ont pas du moins eu le loisir de vouloir tout le contraire ?

58 [V]

S'il n'y avait point de testaments pour régler le droit des héritiers, je ne sais si l'on aurait besoin des tribunaux pour régler les différends des hommes : les juges seraient presque réduits à la triste fonction d'envoyer au gibet les voleurs et les incendiaires. Qui voit-on dans les lanternes [a] des chambres, au parquet, à la porte ou dans la salle du magistrat ? des héritiers *ab intestat* ? Non, les lois ont pourvu à leurs partages. On y voit les testamentaires qui plaident en explication d'une clause ou d'un article, les personnes exhérédées, ceux qui se plaignent d'un testament fait avec loisir, avec maturité, par un homme grave, habile, consciencieux, et qui a été aidé d'un bon conseil : d'un acte où le praticien n'a rien *obmis* de son jargon et de ses finesses ordinaires ; il est signé du testateur et des témoins publics, il est parafé : et c'est en cet état qu'il est cassé et déclaré nul.

---

a. « Lanternes » et « parquet » en italique [V, VI].

59 [V]

Titius assiste à la lecture d'un testament avec des yeux rouges et humides, et le cœur serré de la perte de celui dont il espère recueillir la succession. Un article lui donne la charge, un autre les rentes de la ville, un troisième le rend maître d'une terre à la campagne ; il y a une clause qui, bien entendue, lui accorde une maison située au milieu de Paris, comme elle se trouve, et avec les meubles : son affliction augmente, les larmes lui coulent des yeux. Le moyen de les contenir ? Il se voit officier, logé aux champs et à la ville, meublé de même ; il se voit une bonne table et un carrosse : *Y avait-il au monde un plus honnête homme que le défunt, un meilleur homme ?* Il y a un codicille, il faut le lire : il fait *Mævius* légataire universel, et il renvoie Titius dans son faubourg, sans rentes, sans titres, et le met à pied. Il essuie ses larmes ; c'est à Mævius à s'affliger.

60 [V]

La loi qui défend de tuer un homme n'embrasse-t-elle pas dans cette défense le fer, le poison, le feu, l'eau, les embûches, la force ouverte, tous les moyens enfin qui peuvent servir à l'homicide ? La loi qui ôte aux maris et aux femmes le pouvoir de se donner réciproquement, n'a-t-elle connu que les voies directes et immédiates de donner ? a-t-elle manqué de prévoir les indirectes ? a-t-elle introduit les fidéicommis, ou si même elle les tolère ? Avec une femme qui nous est chère et qui nous survit, lègue-t-on son bien à un ami fidèle par un sentiment de reconnaissance pour lui, ou plutôt par une extrême confiance, et par la certitude qu'on a du bon usage qu'il saura faire de ce qu'on lui lègue ? Donne-t-on à celui que l'on peut soupçonner de ne devoir pas rendre à la personne à qui en effet l'on veut donner ? Faut-il se parler, faut-il s'écrire, est-il besoin de pacte ou de serments pour former cette collusion ? Les hommes ne sentent-ils pas en ce rencontre ce qu'ils peuvent espérer les uns des autres ? Et si au contraire la propriété d'un tel bien est dévolue au fidéicommissaire, pourquoi perd-il sa réputation à le retenir ? Sur quoi fonde-t-on la satire et les vaudevilles ? Voudrait-on le comparer au dépositaire qui trahit le dépôt, à un domestique qui vole l'argent que son maître lui envoie porter ? On aurait tort : y a-t-il de l'infamie à ne pas faire une libéralité, et à conserver pour soi ce qui est à soi ? Étrange embarras, horrible poids que le fidéicommis ! Si par la révérence des lois on se l'approprie, il ne faut plus passer pour homme de bien ; si par le respect d'un ami mort l'on suit ses intentions en le rendant à sa veuve, on est confidentiaire, on blesse la loi. — Elle cadre donc bien mal avec l'opinion des hommes ? — Cela peut être ; et il ne me convient pas de dire ici : « La loi pèche », ni : « Les hommes se trompent. »

61 [VIII]

J'entends dire de quelques particuliers ou de quelques compagnies : « Tel et tel corps se contestent l'un à l'autre la préséance ; le mortier et la pairie se disputent le pas. » Il me paraît que celui des deux qui évite de se rencontrer aux assemblées est celui qui cède, et qui sentant son faible, juge lui-même en faveur de son concurrent.

62 [IV]

Typhon fournit un grand de chiens et de chevaux ; que ne lui fournit-il point ? Sa protection le rend audacieux ; il est impunément dans sa province tout ce qui lui plaît d'être, assassin, parjure ; il brûle ses voisins, et il n'a pas besoin d'asile. Il faut enfin que le Prince se mêle lui-même de sa punition.

63 [VI]

Ragoûts, liqueurs, entrées, entremets [a], tous mots qui devraient être barbares et inintelligibles en notre langue ; et s'il est vrai qu'ils ne devraient pas être d'usage en pleine paix, où ils ne servent qu'à entretenir le luxe et la gourmandise, comment peuvent-ils être entendus dans le temps de la guerre et d'une misère publique, à la vue de l'ennemi, à la veille d'un combat, pendant un siège ? Où est-il parlé de la table de *Scipion* ou de celle de *Marius* ? Ai-je lu quelque part que *Miltiade*, qu'*Épaminondas*, qu'*Agésilas* aient fait une chère délicate ? Je voudrais qu'on ne fît mention de la délicatesse, de la propreté et de la somptuosité des généraux, qu'après n'avoir plus rien à dire sur leur sujet, et s'être épuisé sur les circonstances d'une bataille gagnée et d'une ville prise ; j'aimerais même qu'ils voulussent se priver de cet éloge.

64 [VI]

Hermippe est l'esclave de ce qu'il appelle ses petites commodités [b] ; il leur sacrifie l'usage reçu, la coutume, les modes, la bienséance ; il les cherche en toutes choses, il quitte une moindre pour une plus grande, il ne néglige aucune de celles qui sont praticables, il s'en fait une étude, et il ne se passe aucun jour qu'il ne fasse en ce genre une découverte ; il laisse aux autres hommes le dîner et le souper, à peine en admet-il les termes, il mange quand il a faim, et les mets seulement où son appétit le porte ; il voit faire son lit : quelle main assez adroite ou assez heureuse pourrait le faire dormir comme il veut dormir ? Il sort rarement de chez soi, il aime la chambre, où il n'est ni oisif ni laborieux, où il n'agit point, où il *tracasse,* et dans l'équipage d'un homme qui a pris médecine. On dépend servilement d'un serrurier et d'un menuisier, selon ses besoins ; pour lui, s'il faut limer, il a une lime, une scie, s'il faut scier, et des tenailles, s'il faut arracher ; imaginez, s'il est possible, quelques outils qu'il n'ait pas, et meilleurs et plus commodes à son gré que ceux mêmes dont les ouvriers se servent ; il en a de nouveaux et d'inconnus, qui n'ont point de nom, productions de son esprit, et dont il a presque oublié l'usage ; nul ne se peut comparer à lui pour faire en peu de temps

---

a. Mots en italique [VI].
b. « ses petites commodités » en italique [VI].

et sans peine un travail fort inutile. Il faisait dix pas pour aller de son lit dans sa garde-robe, il n'en fait plus que neuf par la manière dont il a su tourner sa chambre : combien de pas épargnés dans le cours d'une vie ! Ailleurs l'on tourne la clef, l'on pousse contre, ou l'on tire à soi, et une porte s'ouvre, quelle fatigue ! Voilà un mouvement de trop, qu'il sait s'épargner, et comment ? c'est un mystère qu'il ne révèle point ; il est, à la vérité, un grand maître pour le ressort et pour la mécanique, pour celle du moins dont tout le monde se passe. Hermippe tire le jour de son appartement d'ailleurs que de la fenêtre, il a trouvé le secret de monter et de descendre autrement que par l'escalier, et il cherche celui d'entrer et de sortir plus commodément que par la porte.

65 [I]

Il y a déjà longtemps que l'on improuve les médecins, et que l'on s'en sert ; le théâtre et la satire ne touchent point à leurs pensions ; ils dotent leurs filles, placent leurs fils aux parlements et dans la prélature, et les railleurs eux-mêmes fournissent l'argent. Ceux qui se portent bien deviennent malades ; il leur faut des gens dont le métier soit de les assurer qu'ils ne mourront point. Tant que les hommes pourront mourir, et qu'ils aimeront à vivre, le médecin sera raillé, et bien payé.

66 [IV]

Un bon médecin est celui qui a des remèdes spécifiques, ou s'il en manque, qui permet à ceux qui les ont de guérir son malade.

67 [IV]

La témérité des charlatans, et leurs tristes succès, qui en sont les suites, font valoir la médecine et les médecins : si ceux-ci laissent mourir, les autres tuent.

68 [VIII]

Carro Carri débarque avec une recette qu'il appelle un prompt remède, et qui quelquefois est un poison lent ; c'est un bien de famille, mais amélioré entre ses mains : de spécifique qu'il était contre la colique, il guérit de la fièvre quarte, de la pleurésie, de l'hydropisie, de l'apoplexie, de l'épilepsie ; forcez un peu votre mémoire, nommez une maladie, la première qui vous viendra en l'esprit : l'hémorragie, dites-vous ? il la guérit. Il ne ressuscite personne, il est vrai ; il ne rend pas la vie aux hommes ; mais il les conduit nécessairement jusqu'à la décrépitude, et ce n'est que par hasard que son père et son aïeul, qui avaient ce secret, sont morts fort jeunes. Les médecins reçoivent pour leurs visites ce qu'on leur donne ; quelques-uns se contentent d'un remerciement : Carro Carri est si sûr de son remède, et de l'effet qui en doit suivre, qu'il n'hésite pas de s'en faire payer d'avance, et de recevoir avant que de donner. Si le mal est incurable, tant mieux, il n'en est que plus digne de son application et de son remède. Commencez par lui livrer quelques sacs de mille francs, passez-lui un contrat de constitution, donnez-lui une de vos terres, la plus petite, et ne soyez pas ensuite plus inquiet que lui de votre guérison. L'émulation de cet homme a peuplé le monde de noms en O et en I, noms vénérables, qui imposent aux malades et aux maladies. Vos médecins, Fagon, et de toutes les facultés, avouez-le, ne guérissent pas toujours, ni sûrement ; ceux au contraire qui ont hérité de leurs pères la médecine pratique, et à qui l'expérience est échue par succession, promettent toujours, et avec serments, qu'on guérira : qu'il est doux aux hommes de tout espérer d'une maladie mortelle, et de se porter encore passablement bien à l'agonie ! La mort surprend agréablement et sans s'être fait craindre ; on la sent plus tôt qu'on n'a songé à s'y préparer et à s'y résoudre. O Fagon Esculape ! faites régner sur toute la terre le quinquina et l'émétique ; conduisez à sa perfection la science des simples, qui sont donnés aux hommes pour prolonger leur vie ; observez dans les cures, avec plus de précision et de sagesse que personne n'a encore fait, le climat, les temps, les symptômes et les complexions ; guérissez de la manière seule qu'il convient à chacun d'être guéri ; chassez des corps, où rien ne vous est caché de leur économie, les maladies les plus obscures et les plus invétérées ; n'attentez pas sur celles de l'esprit, elles sont incurables ; laissez à *Corinne*, à *Lesbie*, à *Canidie*, à *Trimalcion* et à *Carpus* la passion ou la fureur des charlatans.

69 [IV]

L'on souffre dans la République les chiromanciens et les devins, ceux qui font l'horoscope et qui tirent la figure, ceux qui connaissent le passé par le mouvement du *sas,* ceux qui font voir dans un miroir ou dans un vase d'eau la claire vérité ; et ces gens sont en effet de quelque usage : ils prédisent aux hommes qu'ils feront fortune, aux filles qu'elles épouseront leurs amants, consolent les enfants dont les pères ne meurent point, et charment l'inquiétude des jeunes femmes qui ont de vieux maris : ils trompent enfin à très vil prix ceux qui cherchent à être trompés.

70 [IV]

Que penser de la magie et du sortilège ? La théorie en est obscure, les principes vagues, incertains, et qui approchent du visionnaire ; mais il y a des faits embarrassants, affirmés par des hommes graves qui les ont vus, ou qui les ont appris de personnes qui leur ressemblent : les admettre tous ou les nier tous paraît un égal inconvénient ; et j'ose dire qu'en cela, comme dans toutes les choses extraordinaires et qui sortent des communes règles, il y a un parti à trouver entre les âmes crédules et les esprits forts.

71 [I]

L'on ne peut guère charger l'enfance de la connaissance de trop de langues, et il me semble que l'on devrait mettre toute son application à l'en instruire ; elles sont utiles à toutes les conditions des hommes, et elles leur ouvrent également l'entrée ou à une profonde ou à une facile et agréable érudition. Si l'on remet cette étude si pénible à un âge un peu plus avancé, et qu'on appelle la jeunesse, ou l'on n'a pas la force de l'embrasser par choix, ou l'on n'a pas celle d'y persévérer ; et si l'on y persévère, c'est consumer à la recherche des langues le même temps qui est consacré à l'usage que l'on en doit faire ; c'est borner à la science des mots un âge qui veut déjà aller plus loin, et qui demande des choses ; c'est au moins avoir perdu les premières et les plus belles années de sa vie. Un si grand fonds ne se peut bien faire que lorsque tout s'imprime dans l'âme naturellement et profondément ; que la mémoire est neuve, prompte et fidèle ; que l'esprit et le cœur sont encore vides de passions, de soins et de désirs, et que l'on est déterminé à de longs travaux par ceux de qui l'on dépend. Je suis persuadé que le petit nombre d'habiles, ou le grand nombre de gens superficiels, vient de l'oubli de cette pratique.

72 [VI]

L'étude des textes ne peut jamais être assez recommandée ; c'est le chemin le plus court, le plus sûr et le plus agréable pour tout genre d'érudition. Ayez les choses de la première main ; puisez à la source ; maniez, remaniez le texte ; apprenez-le de mémoire ; citez-le dans les occasions ; songez surtout à en pénétrer le sens dans toute son étendue et dans ses circonstances ; conciliez un auteur original, ajustez ses principes, tirez vous-même les conclusions. Les premiers commentateurs se sont trouvés dans le cas où je désire que vous soyez : n'empruntez leurs lumières et ne suivez leurs vues qu'où les vôtres seraient trop courtes ; leurs explications ne sont pas à vous, et peuvent aisément vous échapper ; vos observations au contraire naissent de votre esprit et y demeurent : vous les retrouvez plus ordinairement dans la conversation, dans la consultation et dans la dispute. Ayez le plaisir de voir que vous n'êtes arrêté dans la lecture que par les difficultés qui sont invincibles, où les commentateurs et les scoliastes eux-mêmes demeurent court, si fertiles d'ailleurs, si abondants et si chargés d'une vaine et fastueuse érudition dans les endroits clairs, et qui ne font de peine ni à eux ni aux autres : achevez ainsi de vous convaincre par cette méthode d'étudier, que c'est la paresse des hommes qui a encouragé le pédantisme à grossir plutôt qu'à enrichir les bibliothèques, à faire périr le texte sous le poids des commentateurs ; et qu'elle a en cela agi contre soi-même et contre ses plus chers intérêts, en multipliant les lectures, les recherches et le travail, qu'elle cherchait à éviter.

73 [VII]

Qui règle les hommes dans leur manière de vivre et d'user des aliments ? La santé et le régime ? Cela est douteux. Une nation entière mange les viandes après les fruits, une autre fait tout le contraire ; quelques-uns commencent leurs repas par de certains fruits, et les finissent par d'autre : est-ce raison ? est-ce usage ? Est-ce par un soin de leur santé que les hommes s'habillent jusqu'au menton, portent des fraises et des collets, eux qui ont eu si longtemps la poitrine découverte ? Est-ce par bienséance, surtout dans un temps où ils avaient trouvé le secret de paraître nus tout habillés ? Et d'ailleurs les femmes, qui montrent leur gorge et leurs épaules, sont-elles d'une complexion moins délicate que les hommes, ou moins sujettes qu'eux aux bienséances ? Quelle est la pudeur qui engage celles-ci à couvrir leurs jambes et presque leurs pieds, et qui leur permet d'avoir les bras nus au-dessus du coude ? Qui avait mis autrefois dans l'esprit des hommes qu'on était à la guerre ou pour se défendre ou pour attaquer, et qui leur avait insinué l'usage des armes offensives et des défensives ? Qui les oblige aujourd'hui de renoncer à celles-ci, et pendant qu'ils se bottent pour aller au bal, de soutenir sans armes et en pourpoint des travailleurs exposés à tout le feu d'une contrescarpe ? Nos pères, qui ne jugeaient pas une telle conduite utile au Prince et à la patrie, étaient-ils sages ou insensés ? Et nous-mêmes, quels héros célébrons-nous dans notre histoire ? Un Guesclin, un Clisson, un Foix, un Boucicaut, qui tous ont porté l'armet et endossé une cuirasse.

Qui pourrait rendre raison de la fortune de certains mots et de la proscription de quelques autres ? *Ains* a péri : la voyelle qui le commence, et si propre pour l'élision, n'a pu le sauver ; il a cédé à un autre monosyllabe [a], et qui n'est au plus que son anagramme. *Certes* est beau dans la vieillesse, et a encore de la force sur son déclin : la poésie le réclame, et notre langue doit beaucoup aux écrivains qui le disent en prose, et qui se commettent pour lui dans leurs ouvrages. *Maint* est un mot qu'on ne devait jamais abandonner, et par la facilité qu'il y avait à le couler dans le style, et par son origine, qui est française. *Moult*, quoique latin, était dans son temps d'un même mérite, et je ne vois par par où *beaucoup* l'emporte sur lui. Quelle persécution le *car* n'a-t-il pas essuyée ! et s'il n'eût trouvé de la protection parmi les gens polis, n'était-il pas banni honteusement d'une langue à qui il a rendu de si longs services, sans qu'on sût quel mot lui substituer ? *Cil* a été dans ses beaux jours le plus joli mot de la langue française ; il est douloureux pour les poètes qu'il ait vieilli. *Douloureux* ne vient pas plus naturellement de *douleur*, que de *chaleur* vient *chaleureux* ou *chaloureux* : celui-ci se passe, bien que ce fût une richesse pour la langue, et qu'il se dise fort juste où *chaud* ne s'emploie qu'improprement. *Valeur* devait aussi nous conserver *valeureux* ; *haine, haineux* ; *peine, peineux* ; *fruit, fructueux* ; *pitié, piteux* ; *joie, jovial* ; *foi, féal* ; *cour, courtois* ; *gîte, gisant* ; *haleine, halené* ; *vanterie, vantard* ; *mensonge, mensonger* ; *coutume, coutumier* : comme *part* maintient *partial* ; *point, pointu* et *pointilleux* ; *ton, tonnant* ; *son, sonore* ; *frein, effréné* ; *front, effronté* ; *ris, ridicule* ; *loi, loyal* ; *cœur, cordial* ; *bien, benin* ; *mal, malicieux*. *Heur* se plaçait où *bonheur* ne saurait entrer ; il a fait *heureux*, qui est si français, et il a cessé de l'être : si quelques poètes s'en sont servis, c'est moins par choix que par la contrainte de la mesure. *Issue* prospère, et vient d'*issir*, qui est aboli. *Fin* subsiste sans conséquence pour *finer*, qui vient de lui, pendant que *cesse* et *cesser* règnent également. *Verd* ne fait plus *verdoyer*, ni *fête*, *fétoyer*, ni *larme*,

---

a. Mais. (Note de La Bruyère.)

larmoyer, ni *deuil*, *se douloir*, *se condouloir*, ni *joie*, *s'éjouir*, bien qu'il fasse toujours *se réjouir*, *se conjouir*, ainsi qu'*orgueil*, *s'enorgueillir*. On a dit *gent*, le corps *gent* : ce mot si facile non seulement est tombé, l'on voit même qu'il a entraîné *gentil* dans sa chute. On dit *diffamé*, qui dérive de *fame*, qui ne s'entend plus. On dit *curieux*, dérivé de *cure*, qui est hors d'usage. Il y avait à gagner de dire *si que* pour *de sorte que* ou *de manière que*, *de moi* au lieu de *pour moi* ou de *quant à moi*, de dire *je sais que c'est qu'un mal*, plutôt que *je sais ce que c'est qu'un mal*, soit par l'analogie latine, soit par l'avantage qu'il y a souvent à avoir un mot de moins à placer dans l'oraison. L'usage a préféré *par conséquent* à *par conséquence*, et *en conséquence* à *en conséquent*, *façons de faire* à *manières de faire*, et *manières d'agir* à *façons d'agir*... ; dans les verbes, *travailler* à *ouvrer*, *être accoutumé* à *souloir*, *convenir* à *duire*, *faire du bruit* à *bruire*, *injurier* à *vilainer*, *piquer* à *poindre*, *faire ressouvenir* à *ramentevoir*... ; et dans les noms, *pensées* à *pensers*, un si beau mot, et dont le vers se trouvait si bien, *grandes actions* à *prouesses*, *louanges* à *loz*, *méchanceté* à *mauvaistié*, *porte* à *huis*, *navire* à *nef*, *armée* à *ost*, *monastère* à *monstier*, *prairies* à *prées*..., tous mots qui pouvaient durer ensemble d'une égale beauté, et rendre une langue plus abondante. L'usage a par l'addition, la supression, le changement ou le dérangement de quelques lettres, fait *frelater* de *fralater*, *prouver* de *preuver*, *profit* de *proufit*, *froment* de *froument*[a], *profil* de *pourfil*, *provision* de *pourveoir*, *promener* de *pourmener*, et *promenade* de *pourmenade*. Le même usage fait, selon l'occasion, d'*habile*, d'*utile*, de *facile*, de *docile*[b], de *mobile* et de *fertile*, sans rien y changer, des genres différents : au contraire de *vil*, *vile*, *subtil*, *subtile*, selon leur terminaison masculins ou féminins. Il a altéré les terminaisons anciennes : de *scel* il a fait *sceau* ; de *mantel*, *manteau* ; de *capel*, *chapeau* ; de *coutel*, *couteau* ; de *hamel*, *hameau* ; de *damoisel*, *damoiseau* ; de *jouvencel*, *jouvenceau* ; et cela sans que l'on voie guère ce que la langue française gagne à ces différences et à ces changements. Est-ce donc faire pour le progrès d'une langue, que de déférer à l'usage ? Serait-il mieux de secouer le joug de son empire si despotique ? Faudrait-il, dans une langue vivante, écouter la seule raison qui prévient les équivoques, suit la racine des mots et le rapport qu'ils ont avec les langues originaires dont ils sont sortis, si la raison d'ailleurs veut qu'on suive l'usage ?

Si nos ancêtres ont mieux écrit que nous, ou si nous l'emportons sur eux par le choix des mots, par le tour et l'expression, par la clarté et la brièveté du discours, c'est une question souvent agitée, toujours indécise. On ne la terminera point en comparant, comme l'on fait quelquefois, un froid écrivain de l'autre siècle aux plus célèbres de celui-ci, ou les vers de Laurent, payé pour ne plus écrire, à ceux de MAROT et de DESPORTES. Il faudrait, pour prononcer juste sur cette matière, opposer siècle à siècle, et excellent ouvrage à excellent ouvrage, par

---

a. VAR. « *froment* de *fourment* » [VII, VIII].
b. « de *docile* » : addition de VIII.

exemple les meilleurs rondeaux de BENSERADE ou de VOITURE à ces deux-ci, qu'une tradition nous a conservés, sans nous en marquer le temps ni l'auteur :

> Bien à propos s'en vint Ogier en France
> Pour le païs de mescreans monder :
> Ja n'est besoin de conter sa vaillance,
> Puisqu'ennemis n'osoient le regarder.
>
> Or quand il eut tout mis en assurance,
> De voyager il voulut s'enharder,
> En Paradis trouva l'eau de jouvance,
> Dont il se sceut de vieillesse engarder
>   Bien à propos.
>
> Puis par cette eau son corps tout decrepite
> Transmué fut par manière subite
> En jeune gars, frais, gracieux et droit.
>
> Grand dommage est que cecy soit sornettes :
> Filles connoy qui ne sont pas jeunettes,
> A qui cette eau de jouvance viendroit
>   Bien à propos.

———

> De cettuy preux [a] maints grands clercs ont écrit
> Qu'oncques dangier n'étonna son courage :
> Abusé fut par le malin esprit,
> Qu'il épousa sous feminin visage.
>
> Si piteux cas à la fin découvrit
> Sans un seul brin de peur ny de dommage,
> Dont grand renom par tout le monde acquit,
> Si qu'on tenoit tres honneste langage
>   De cettuy preux [b].
>
> Bien-tost après fille de Roy s'éprit
> De son amour, qui voulentiers s'offrit
> Au bon Richard en second mariage.
>
> Donc s'il vaut mieux de diable ou femme avoir,
> Et qui des deux bruït plus en ménage,
> Ceulx qui voudront, si le pourront sçavoir
>   De cettuy preux.

———

a. VAR. « D'iceluy preux » [VII].
b. VAR. « D'iceluy preux » [VII].

XV. DE LA CHAIRE

1 [I]

Le discours chrétien est devenu un spectacle. Cette tristesse évangélique qui en est l'âme ne s'y remarque plus : elle est suppléée par les avantages de la mine, par les inflexions de la voix, par la régularité du geste, par le choix des mots, et par les longues énumérations. On n'écoute plus sérieusement la parole sainte : c'est une sorte d'amusement entre mille autres ; c'est un jeu où il y a de l'émulation et des pariers.

2

[IV] L'éloquence profane est transposée pour ainsi dire du barreau, où LE MAITRE, PUCELLE et FOURCROY l'ont fait régner, et où elle n'est plus d'usage, à la chaire, où elle ne doit pas être.

[I] L'on fait assaut d'éloquence jusqu'au pied de l'autel et en la présence des mystères[a]. Celui qui écoute s'établit juge de celui qui prêche, pour condamner ou pour applaudir, et n'est pas plus converti par le discours qu'il favorise que par celui auquel il est contraire. L'orateur plaît aux uns, déplaît aux autres, et convient avec tous en une chose, que, comme il ne cherche point à les rendre meilleurs, ils ne pensent pas aussi à le devenir.

[IV] Un apprentif est docile, il écoute son maître, il profite de ses leçons, et il devient maître. L'homme indocile critique le discours du prédicateur, comme le livre du philosophe, et il ne devient ni chrétien ni raisonnable.

3 [I]

Jusqu'à ce qu'il revienne un homme qui, avec un style nourri des saintes Écritures, explique au peuple la parole divine uniment et familièrement, les orateurs et les déclamateurs seront suivis.

4 [I]

Les citations profanes, les froides allusions, le mauvais pathétique, les antithèses, les figures outrées ont fini : les portraits finiront, et feront place à une simple explication de l'Évangile, jointe aux mouvements qui inspirent la conversion.

5 [VIII]

Cet homme que je souhaitais impatiemment, et que je ne daignais pas espérer de notre siècle, est enfin venu. Les courtisans, à force de goût et de connaître les bienséances, lui ont applaudi ; ils ont, chose incroyable ! abandonné la chapelle du Roi, pour venir entendre avec

---

a. VAR. « jusques au pied de l'autel et dans la chaire de la vérité » [I-III].

le peuple la parole de Dieu annoncée par cet homme apostolique[a]. La ville n'a pas été de l'avis de la cour : où il a prêché, les paroissiens ont déserté, jusqu'aux marguilliers ont disparu ; les pasteurs ont tenu ferme, mais les ouailles se sont dispersées, et les orateurs voisins en ont grossi leur auditoire. Je devais le prévoir, et ne pas dire qu'un tel homme n'avait qu'à se montrer pour être suivi, et qu'à parler pour être écouté : ne savais-je pas quelle est dans les hommes, et en toutes choses, la force indomptable de l'habitude ? Depuis trente années on prête l'oreille aux rhéteurs, aux déclamateurs, aux *énumérateurs* ; on court ceux qui peignent en grand ou en miniature. Il n'y a pas longtemps qu'ils avaient des chutes ou des transitions ingénieuses, quelquefois même si vives et si aiguës qu'elles pouvaient passer pour épigrammes ; ils les ont adoucies, je l'avoue, et ce ne sont plus que des madrigaux : ils ont toujours, d'une nécessité indispensable et géométrique, trois sujets admirables de vos attentions : ils prouveront une telle chose dans la première partie de leur discours, cette autre dans la seconde partie, et cette autre encore dans la troisième. Ainsi vous serez convaincu d'abord d'une certaine vérité, et c'est leur premier point ; d'une autre vérité, et c'est leur second point ; et puis d'une troisième vérité, et c'est leur troisième point : de sorte que la première réflexion vous instruira d'un principe des plus fondamentaux de votre religion ; la seconde, d'un autre principe qui ne l'est pas moins ; et la dernière réflexion, d'un troisième et dernier principe, le plus important de tous, qui est remis pourtant, faute de loisir, à une autre fois. Enfin, pour reprendre et abréger cette division et former un plan... — Encore, dites-vous, et quelles préparations pour un discours de trois quarts d'heure qui leur reste à faire ! Plus ils cherchent à le digérer et à l'éclaircir, plus ils m'embrouillent. — Je vous crois sans peine, et c'est l'effet le plus naturel de tout cet amas d'idées qui reviennent à la même, dont ils chargent sans pitié la mémoire de leurs auditeurs. Il semble, à les voir s'opiniâtrer à cet usage, que la grâce de la conversion soit attachée à ces énormes partitions. Comment néanmoins serait-on converti par de tels apôtres, si l'on ne peut qu'à peine les entendre articuler, les suivre et ne les pas perdre de vue ? Je leur demanderais volontiers qu'au milieu de leur course impétueuse, ils voulussent plusieurs fois reprendre haleine, souffler un peu, et laisser souffler leurs auditeurs. Vains discours, paroles perdues ! Le temps des homélies n'est plus ; les Basiles, les Chrysostomes ne le ramèneraient pas ; on passerait en d'autres diocèses pour être hors de la portée de leur voix et de leurs familières instructions. Le commun des hommes aime les phrases et les périodes, admire ce qu'il n'entend pas, se suppose instruit, content de décider entre un premier et un second point, ou entre le dernier sermon et le pénultième.

6 [V]

Il y a moins d'un siècle qu'un livre français était un certain nombre de pages latines, où l'on découvrait quelques lignes ou quelques mots

---

[a]. Le P. Seraph. cap. (Note de La Bruyère.)

en notre langue. Les passages, les traits et les citations n'en étaient pas demeurés là : Ovide et Catulle achevaient de décider des mariages et des testaments, et venaient avec les *Pandectes* au secours de la veuve et des pupilles. Le sacré et le profane ne se quittaient point ; ils s'étaient glissés ensemble jusque dans la chaire : saint Cyrille, Horace, saint Cyprien, Lucrèce, parlaient alternativement ; les poètes étaient de l'avis de saint Augustin et de tous les Pères ; on parlait latin, et longtemps, devant des femmes et des marguilliers ; on a parlé grec. Il fallait savoir prodigieusement pour prêcher si mal. Autre temps, autre usage : le texte est encore latin, tout le discours est français, et d'un français français ; l'Évangile même n'est pas cité. Il faut savoir aujourd'hui très peu de chose pour bien prêcher.

7 [IV]

L'on a enfin banni la scolastique de toutes les chaires des grandes villes, et on l'a reléguée dans les bourgs et dans les villages pour l'instruction et pour le salut du laboureur ou du vigneron.

8 [I]

C'est avoir de l'esprit que de plaire au peuple dans un sermon par un style fleuri, une morale enjouée, des figures réitérées, des traits brillants et de vives descriptions ; mais ce n'est point en avoir assez. Un meilleur esprit néglige ces ornements étrangers [a], indignes de servir à l'Évangile : il prêche simplement, fortement, chrétiennement.

9 [I]

L'orateur fait de si belles images de certains désordres, y fait entrer des circonstances si délicates, met tant d'esprit, de tour et de raffinement dans celui qui pèche, que si je n'ai pas de pente à vouloir ressembler à ses portraits, j'ai besoin du moins que quelque apôtre, avec un style plus chrétien, me dégoûte des vices dont l'on m'avait fait une peinture si agréable.

10 [IV]

Un beau sermon est un discours oratoire qui est dans toutes ses règles, purgé de tous ses défauts, conforme aux préceptes de l'éloquence humaine, et paré de tous les ornements de la rhétorique. Ceux qui entendent finement n'en perdent pas le moindre trait ni une seule pensée ; ils suivent sans peine l'orateur dans toutes les énumérations où il se promène, comme dans toutes les élévations où il se jette : ce n'est une énigme que pour le peuple.

11 [IV]

Le solide et l'admirable discours que celui qu'on vient d'entendre ! Les points de religion les plus essentiels, comme les plus pressants motifs

---

a. VAR. « Un meilleur esprit condamne dans les autres et néglige pour soi ces ornements étrangers » [I-III].

de conversion, y ont été traités : quel grand effet n'a-t-il pas dû faire sur l'esprit et dans l'âme de tous les auditeurs ! Les voilà rendus : ils en sont émus et touchés au point de résoudre dans leur cœur, sur ce sermon de *Théodore,* qu'il est encore plus beau que le dernier qu'il a prêché.

12 [I]

La morale douce et relâchée tombe avec celui qui la prêche ; elle n'a rien qui réveille et qui pique la curiosité d'un homme du monde, qui craint moins qu'on ne pense une doctrine sévère, et qui l'aime même dans celui qui fait son devoir en l'annonçant. Il semble donc qu'il y ait dans l'Église comme deux états qui doivent la partager : celui de dire la vérité dans toute son étendue, sans égards, sans déguisement ; celui de l'écouter avidement, avec goût, avec admiration, avec éloges, et de n'en faire cependant ni pis ni mieux.

13 [IV]

L'on peut faire ce reproche à l'héroïque vertu des grands hommes, qu'elle a corrompu l'éloquence, ou du moins amolli le style de la plupart des prédicateurs. Au lieu de s'unir seulement avec les peuples pour bénir le Ciel de si rares présents qui en sont venus, ils ont entré en société avec les auteurs et les poètes ; et devenus comme eux panégyristes, ils ont enchéri sur les épîtres dédicatoires, sur les stances et sur les prologues ; ils ont changé la parole sainte en un tissu de louanges, justes à la vérité, mais mal placées, intéressées, que personne n'exige d'eux, et qui ne conviennent point à leur caractère. On est heureux si à l'occasion du héros qu'ils célèbrent jusque dans le sanctuaire, ils disent un mot de Dieu et du mystère qu'ils devaient prêcher. Il s'en est trouvé quelques-uns qui ayant assujetti le saint Évangile, qui doit être commun à tous, à la présence d'un seul auditeur, se sont vus déconcertés par des hasards qui le retenaient ailleurs, n'ont pu prononcer devant des chrétiens un discours chrétien qui n'était pas fait pour eux, et ont été suppléés par d'autres orateurs, qui n'ont eu le temps que de louer Dieu dans un sermon précipité.

14 [I]

Théodule a moins réussi que quelques-uns de ses auditeurs ne l'appréhendaient : ils sont contents de lui et de son discours ; il a mieux fait à leur gré que de charmer l'esprit et les oreilles, qui est de flatter leur jalousie [a].

15 [I]

Le métier de la parole ressemble en une chose à celui de la guerre : il y a plus de risque qu'ailleurs, mais la fortune y est plus rapide.

---

a. Dans la 4ᵉ édition, cet alinéa n'est pas séparé du précédent.

16 [I]

Si vous êtes d'une certaine qualité, et que vous ne vous sentiez point d'autre talent que celui de faire de froids discours, prêchez, faites de froids discours [a] : il n'y a rien de pire pour sa fortune que d'être entièrement ignoré. *Théodat* [b] a été payé de ses mauvaises phrases et de son ennuyeuse monotonie.

17 [I]

L'on a eu de grands évêchés par un mérite de chaire qui présentement ne vaudrait pas à son homme une simple prébende.

18 [I]

Le nom de ce panégyriste semble gémir sous le poids des titres dont il est accablé ; leur grand nombre remplit de vastes affiches qui sont distribuées dans les maisons, ou que l'on lit par les rues en caractères monstrueux, et qu'on ne peut non plus ignorer que la place publique. Quand sur une si belle montre, l'on a seulement essayé du personnage, et qu'on l'a un peu écouté, l'on reconnaît qu'il manque au dénombrement de ses qualités celle de mauvais prédicateur.

19 [VII]

L'oisiveté des femmes, et l'habitude qu'ont les hommes de les courir partout où elles s'assemblent, donnent du nom à de froids orateurs, et soutiennent quelque temps ceux qui ont décliné.

20 [VI]

Devrait-il suffire d'avoir été grand et puissant dans le monde pour être louable ou non, et, devant le saint autel et dans la chaire de la vérité, loué et célébré à ses funérailles ? N'y a-t-il point d'autre grandeur que celle qui vient de l'autorité et de la naissance ? Pourquoi n'est-il pas établi de faire publiquement le panégyrique d'un homme qui a excellé pendant sa vie dans la bonté, dans l'équité, dans la douceur, dans la fidélité, dans la piété ? Ce qu'on appelle une oraison funèbre n'est aujourd'hui bien reçue du plus grand nombre des auditeurs, qu'à mesure qu'elle s'éloigne davantage du discours chrétien, ou si vous l'aimez mieux ainsi, qu'elle approche de plus près d'un éloge profane.

21 [I]

L'orateur cherche par ses discours un évêché ; l'apôtre fait des conversions : il mérite de trouver ce que l'autre cherche.

22 [I]

L'on voit des clercs [c] revenir de quelques provinces où ils n'ont pas fait un long séjour, vains des conversions qu'ils ont trouvées toutes faites,

---

a. « Faites de froids discours » : addition de VII.
b. VAR. « *Théodore* » [I].
c. Ecclésiastiques. (Note de La Bruyère, supprimée dès la 4ᵉ édition.)

comme de celles qu'ils n'ont pu faire, se comparer déjà aux Vincents et aux Xaviers, et se croire des hommes apostoliques : de si grands travaux et de si heureuses missions se seraient pas à leur gré payés d'une abbaye.

23 [VII]

Tel tout d'un coup, et sans y avoir pensé la veille, prend du papier, une plume, dit en soi-même : « Je vais faire un livre », sans autre talent pour écrire que le besoin qu'il a de cinquante pistoles. Je lui crie inutilement : « Prenez une scie, *Dioscore,* sciez, ou bien tournez, ou faites une jante de roue ; vous aurez votre salaire. » Il n'a point fait l'apprentissage de tous ces métiers. « Copiez donc, transcrivez, soyez au plus correcteur d'imprimerie, n'écrivez point. » Il veut écrire et faire imprimer ; et parce qu'on n'envoie pas à l'imprimeur un cahier blanc, il le barbouille de ce qui lui plaît : il écrirait volontiers que la Seine coule à Paris, qu'il y a sept jours dans la semaine, ou que le temps est à la pluie ; et comme ce discours n'est ni contre la religion ni contre l'État, et qu'il ne fera point d'autre désordre dans le public que de lui gâter le goût et l'accoutumer aux choses fades et insipides, il passe à l'examen, il est imprimé, et à la honte du siècle, comme pour l'humiliation des bons auteurs, réimprimé. De même un homme dit en son cœur : « Je prêcherai », et il prêche ; le voilà en chaire, sans autre talent ni vocation que le besoin d'un bénéfice.

24 [I]

Un clerc mondain ou irréligieux, s'il monte en chaire, est déclamateur.

Il y a au contraire des hommes saints, et dont le seul caractère est efficace pour la persuasion : ils paraissent, et tout un peuple qui doit les écouter est déjà ému et comme persuadé par leur présence ; le discours qu'ils vont prononcer fera le reste.

25 [IV]

L'. de Meaux et le P. Bourdaloue me rappellent Démosthène et Cicéron. Tous deux, maîtres dans l'éloquence de la chaire, ont eu le destin des grands modèles : l'un a fait de mauvais censeurs, l'autre de mauvais copistes.

26 [V]

L'éloquence de la chaire, en ce qui y entre d'humain et du talent de l'orateur, est cachée, connue de peu de personnes et d'une difficile exécution : quel art en ce genre pour plaire en persuadant ! Il faut marcher par des chemins battus, dire ce qui a été dit, et ce que l'on prévoit que vous allez dire. Les matières sont grandes, mais usées et triviales ; les principes sûrs, mais dont les auditeurs pénètrent les conclusions d'une seule vue. Il y entre des sujets qui sont sublimes ; mais qui peut traiter le sublime ? Il y a des mystères que l'on doit expliquer, et qui s'expliquent mieux par une leçon de l'école que par un discours oratoire. La morale même de la chaire, qui comprend une matière aussi vaste et aussi diversifiée que le sont les mœurs des hommes, roule sur les mêmes pivots, retrace les mêmes images, et se prescrit des bornes bien plus étroites que la satire : après l'invective commune contre les honneurs, les richesses et le plaisir, il ne reste plus à l'orateur qu'à courir à la fin de son discours et à congédier l'assemblée. Si quelquefois on pleure, si on est ému, après avoir fait attention au génie et au caractère de ceux qui font pleurer, peut-être conviendra-t-on que c'est la matière qui se prêche elle-même, et notre intérêt le plus capital qui se fait sentir ; que c'est moins une véritable éloquence que la ferme poitrine du missionnaire qui nous ébranle et qui cause en nous ces mouvements. Enfin le prédicateur n'est point soutenu, comme l'avocat, par des faits toujours nouveaux, par de différents événements, par des aventures inouïes ; il ne s'exerce point sur les questions douteuses, il ne fait point valoir les violentes conjectures et les présomptions, toutes choses néanmoins qui élèvent le génie, lui donnent de la force et de l'étendue, et qui contraignent bien moins l'éloquence qu'elles ne la fixent et ne la dirigent. Il doit au contraire tirer son discours d'une source commune, et où tout le monde puise ; et s'il s'écarte de ces lieux communs, il n'est plus populaire, il est abstrait ou déclamateur, il ne prêche plus l'Évangile. Il n'a besoin que d'une noble simplicité, mais il faut l'atteindre, talent rare, et qui passe les forces du commun des hommes : ce qu'ils ont de génie, d'imagination, d'érudition et de mémoire, ne leur sert souvent qu'à s'en éloigner.

La fonction de l'avocat est pénible, laborieuse, et suppose, dans celui qui l'exerce, un riche fonds et de grandes ressources. Il n'est pas seulement chargé, comme le prédicateur, d'un certain nombre d'oraisons composées avec loisir, récitées de mémoire, avec autorité, sans contradicteurs, et qui, avec de médiocres changements, lui font honneur plus d'une fois ; il prononce de graves plaidoyers devant des juges qui peuvent lui imposer silence, et contre des adversaires qui l'interrompent ; il doit être prêt sur la réplique ; il parle en un même jour, dans divers tribunaux, de différentes affaires. Sa maison n'est pas pour lui un lieu de repos et de retraite, ni un asile contre les plaideurs ; elle est ouverte à tous ceux qui viennent l'accabler de leurs questions et de leurs doutes. Il ne se met pas au lit, on ne l'essuie point, on ne lui prépare point des rafraîchissements ; il ne se fait point dans sa chambre un concours de monde de tous les états et de tous les sexes, pour le féciliter sur l'agrément et sur la politesse de son langage, lui remettre l'esprit sur un endroit où il a couru risque de demeurer court, ou sur un scrupule qu'il a sur le chevet d'avoir plaidé moins vivement qu'à l'ordinaire. Il se délasse d'un long discours par de plus longs écrits, il ne fait que changer de travaux et de fatigues : j'ose dire qu'il est dans son genre ce qu'étaient dans le leur les premiers hommes apostoliques.

Quand on a ainsi distingué l'éloquence du barreau de la fonction de l'avocat, et l'éloquence de la chaire du ministère du prédicateur, on croit voir qu'il est plus aisé de prêcher que de plaider, et plus difficile de bien prêcher que de bien plaider.

27 [VII]

Quel avantage n'a pas un discours prononcé sur un ouvrage qui est écrit ! Les hommes sont les dupes de l'action et de la parole, comme de tout l'appareil de l'auditoire. Pour peu de prévention qu'ils aient en faveur de celui qui parle, ils l'admirent, et cherchent ensuite à le comprendre : avant qu'il ait commencé, ils s'écrient qu'il va bien faire ; ils s'endorment bientôt, et le discours fini, ils se réveillent pour dire qu'il a bien fait. On se passionne moins pour un auteur : son ouvrage est lu dans le loisir de la campagne, ou dans le silence du cabinet ; il n'y a point de rendez-vous publics pour lui applaudir, encore moins de cabale pour lui sacrifier tous ses rivaux, et pour l'élever à la prélature. On lit son livre, quelque excellent qu'il soit, dans l'esprit de le trouver médiocre ; on le feuillette, on le discute, on le confronte ; ce ne sont pas des sons qui se perdent en l'air et qui s'oublient ; ce qui est imprimé demeure imprimé ; on l'attend quelquefois plusieurs jours avant l'impression pour le décrier, et le plaisir le plus délicat que l'on en tire vient de la critique qu'on en fait ; on est piqué d'y trouver à chaque page des traits qui doivent plaire, on va même souvent jusqu'à appréhender d'en être diverti, et on ne quitte ce livre que parce qu'il est bon. Tout le monde ne se donne pas pour orateur : les phrases, les figures, le don de la mémoire, la robe ou l'engagement de celui qui prêche, ne sont pas des choses qu'on ose ou qu'on veuille toujours s'approprier. Chacun au contraire croit penser bien, et écrire encore mieux ce qu'il a pensé ; il en est moins favorable à celui qui pense et qui écrit aussi bien que lui. En un mot le *sermonneur* est plus tôt évêque que le plus solide écrivain n'est revêtu d'un prieuré simple ; et dans la distribution des grâces, de nouvelles sont accordées à celui-là, pendant que l'auteur grave se tient heureux d'avoir ses restes.

28 [VIII]

S'il arrive que les méchants vous haïssent et vous persécutent, les gens de bien vous conseillent de vous humilier devant Dieu, pour vous mettre en garde contre la vanité qui pourrait vous venir de déplaire à des gens de ce caractère ; de même si certains hommes, sujets à se récrier sur le médiocre, désapprouvent un ouvrage que vous aurez écrit, ou un discours que vous venez de prononcer en public, soit au barreau, soit dans la chaire, ou ailleurs, humiliez-vous : on ne peut guère être exposé à une tentation d'orgueil plus délicate et plus prochaine.

29 [IV]

Il me semble qu'un prédicateur devrait faire choix dans chaque discours d'une vérité unique, mais capitale, terrible ou instructive, la manier à fond et l'épuiser ; abandonner toutes ces divisions si recherchées, si retournées, si remaniées [a] et si différenciées ; ne point supposer ce qui est faux, je veux dire que le grand ou le beau monde

---

a. « Si remaniées » : ajout de VIII.

sait sa religion et ses devoirs ; et ne pas appréhender de faire, ou à ces bonnes têtes ou à ces esprits si raffinés, des catéchismes ; ce temps si long que l'on use à composer un long ouvrage, l'employer à se rendre si maître de sa matière, que le tour et les expressions naissent dans l'action, et coulent de source ; se livrer, après une certaine préparation, à son génie et au mouvement qu'un grand sujet peut inspirer : qu'il pourrait enfin s'épargner ces prodigieux efforts de mémoire qui ressemblent mieux à une gageure qu'à une affaire sérieuse, qui corrompent le geste et défigurent le visage ; jeter au contraire, par un bel enthousiasme, la persuasion dans les esprits et l'alarme dans le cœur, et toucher ses auditeurs d'une tout autre crainte que de celle de le voir demeurer court.

30 [IV]

Que celui qui n'est pas encore assez parfait pour s'oublier soi-même dans le ministère de la parole sainte ne se décourage point par les règles austères qu'on lui prescrit, comme si elles lui ôtaient les moyens de faire montre de son esprit, et de monter aux dignités où il aspire : quel plus beau talent que celui de prêcher apostoliquement ? et quel autre mérite mieux un évêché ? FÉNELON en était-il indigne ? aurait-il pu échapper au choix du Prince que par un autre choix ?

XVI. DES ESPRITS FORTS

1 [I]

Les esprits forts savent-ils qu'on les appelle ainsi par ironie ? Quelle plus grande faiblesse que d'être incertains quel est le principe de son être, de sa vie, de ses sens, de ses connaissances, et quelle en doit être la fin ? Quel découragement plus grand que de douter si son âme n'est point matière comme la pierre et le reptile, et si elle n'est point corruptible comme ces viles créatures ? N'y a-t-il pas plus de force et de grandeur à recevoir dans notre esprit l'idée d'un être supérieur à tous les êtres, qui les a tous faits, et à qui tous se doivent rapporter ; d'un être souverainement parfait, qui est pur, qui n'a point commencé et qui ne peut finir, dont notre âme est l'image, et si j'ose dire, une portion [a], comme esprit et comme immortelle ?

2 [VI]

Le docile et le faible sont susceptibles d'impressions : l'un en reçoit de bonnes, l'autre de mauvaises ; c'est-à-dire que le premier est persuadé et fidèle, et que le second est entêté et corrompu ; ainsi l'esprit docile admet la vraie religion ; et l'esprit faible, ou n'en admet aucune, ou en admet une fausse ; or l'esprit fort ou n'a point de religion, ou se fait une religion, donc l'esprit fort, c'est l'esprit faible.

---

a. VAR. « dont notre âme est l'image, et même une portion » [I-III].

3 [V]

J'appelle mondains, terrestres ou grossiers ceux dont l'esprit et le cœur sont attachés à une petite portion de ce monde qu'ils habitent, qui est la terre ; qui n'estiment rien, qui n'aiment rien au delà : gens aussi limités que ce qu'ils appellent leurs possessions ou leur domaine, que l'on mesure, dont on compte les arpents, et dont on montre les bornes. Je ne m'étonne pas que des hommes qui s'appuient sur un atome chancellent dans les moindres efforts qu'ils font pour sonder la vérité, si avec des vues si courtes ils ne percent point à travers le ciel et les astres, jusques à Dieu même ; si, ne s'apercevant point ou de l'excellence de ce qui est esprit, ou de la dignité de l'âme, ils ressentent encore moins combien elle est difficile à assouvir, combien la terre entière est au-dessous d'elle, de quelle nécessité lui devient un être souverainement parfait, qui est DIEU, et quel besoin indispensable elle a d'une religion qui le lui indique, et qui lui en est une caution sûre. Je comprends au contraire fort aisément qu'il est naturel à de tels esprits de tomber dans l'incrédulité ou l'indifférence, et de faire servir Dieu et la religion à la politique, c'est-à-dire à l'ordre et à la décoration de ce monde, la seule chose selon eux qui mérite qu'on y pense.

4 [V]

Quelques-uns achèvent de se corrompre par de longs voyages, et perdent le peu de religion qui leur restait. Ils voient de jour à autre un nouveau culte, diverses mœurs, diverses cérémonies ; ils ressemblent à ceux qui entrent dans les magasins, indéterminés sur le choix des étoffes qu'ils veulent acheter : le grand nombre de celles qu'on leur montre les rend plus indifférents ; elles ont chacune leur agrément et leur bienséance : ils ne se fixent point, ils sortent sans emplette.

5 [V]

Il y a des hommes qui attendent à être dévots et religieux que tout le monde se déclare impie et libertin : ce sera alors le parti du vulgaire, ils sauront s'en dégager. La singularité leur plaît dans une matière si sérieuse et si profonde ; ils ne suivent la mode et le train commun que dans les choses de rien et de nulle suite. Qui sait même s'ils n'ont pas déjà mis une sorte de bravoure et d'intrépidité à courir tout le risque de l'avenir ? Il ne faut pas d'ailleurs que dans une certaine condition, avec une certaine étendue d'esprit et de certaines vues, l'on songe à croire comme les savants et le peuple.

6 [I]

L'on doute de Dieu dans une pleine santé, comme l'on doute que ce soit pécher que d'avoir un commerce avec une personne libre [a]. Quand l'on devient malade, et que l'hydropisie est formée, l'on quitte sa concubine, et l'on croit en Dieu.

---

a. Une fille. (Note de La Bruyère.)

7 [I]

Il faudrait s'éprouver et s'examiner très sérieusement, avant que de se déclarer esprit fort ou libertin, afin au moins, et selon ses principes, de finir comme l'on a vécu ; ou si l'on ne se sent pas la force d'aller si loin, se résoudre de vivre comme l'on veut mourir.

8

[I] Toute plaisanterie dans un homme mourant est hors de sa place : si elle roule sur de certains chapitres, elle est funeste. C'est une extrême misère que de donner à ses dépens à ceux que l'on laisse le plaisir d'un bon mot.

[VI] Dans quelque prévention où l'on puisse être sur ce qui doit suivre la mort, c'est une chose bien sérieuse que de mourir : ce n'est point alors le badinage qui sied bien, mais la constance.

9 [I]

Il y a eu de tout temps de ces gens d'un bel esprit et d'une agréable littérature, esclave des Grands, dont ils ont épousé le libertinage et porté le joug toute leur vie, contre leurs propres lumières et contre leur conscience. Ces hommes n'ont jamais vécu que pour d'autres hommes, et ils semblent les avoir regardés comme leur dernière fin [a]. Ils ont eu honte de se sauver à leurs yeux, de paraître tels qu'ils étaient peut-être dans le cœur, et ils se sont perdus par déférence ou par faiblesse. Y a-t-il donc sur la terre des grands assez grands, et des puissants assez puissants, pour mériter de nous que nous croyions et que nous vivions à leur gré, selon leur goût et leurs caprices, et que nous poussions la complaisance plus loin, en mourant non de la manière qui est la plus sûre pour nous, mais de celle qui leur plaît davantage ?

10 [I]

J'exigerais de ceux qui vont contre le train commun et les grandes règles qu'ils sussent plus que les autres, qu'ils eussent des raisons claires, et de ces arguments qui emportent conviction.

11 [I]

Je voudrais voir un homme sobre, modéré, chaste, équitable, prononcer qu'il n'y a point de Dieu : il parlerait du moins sans intérêt ; mais cet homme ne se trouve point.

12 [I]

J'aurais une extrême curiosité de voir celui qui serait persuadé que Dieu n'est point : il me dirait du moins la raison invincible qui a su le convaincre.

---

a. VAR. « comme leur Dieu et leur dernière fin » [I-IV].

13 [I]

L'impossibilité où je suis de prouver que Dieu n'est pas me découvre son existence.

14 [IV]

Dieu condamne et punit ceux qui l'offensent, seul juge en sa propre cause : ce qui répugne, s'il n'est lui-même la justice et la vérité, c'est-à-dire s'il n'est Dieu.

15 [I]

Je sens qu'il y a un Dieu, et je ne sens pas qu'il n'y en ait point ; cela me suffit, tout le raisonnement du monde m'est inutile : je conclus que Dieu existe. Cette conclusion est dans ma nature ; j'en ai reçu les principes trop aisément dans mon enfance, et je les ai conservés depuis trop naturellement dans un âge plus avancé, pour les soupçonner de fausseté. — Mais il y a des esprits qui se défont de ces principes. — C'est une grande question s'il s'en trouve de tels ; et quand il serait ainsi, cela prouve seulement qu'il y a des monstres.

16 [I]

L'athéisme n'est point. Les Grands, qui en sont le plus soupçonnés, sont trop paresseux pour décider en leur esprit que Dieu n'est pas ; leur indolence va jusqu'à les rendre froids et indifférents sur cet article si capital, comme sur la nature de leur âme, et sur les conséquences d'une vraie religion ; ils ne nient ces choses ni ne les accordent : ils n'y pensent point.

17 [VIII]

Nous n'avons pas trop de toute notre santé, de toutes nos forces et de tout notre esprit pour penser aux hommes ou au plus petit intérêt : il semble au contraire que la bienséance et la coutume exigent de nous que nous ne pensions à Dieu que dans un état où il ne reste en nous qu'autant de raison qu'il faut pour ne pas dire qu'il n'y en a plus.

18 [VII]

Un Grand croit s'évanouir, et il meurt ; un autre grand périt insensiblement, et perd chaque jour quelque chose de soi-même avant qu'il soit éteint : formidables leçons, mais inutiles ! Des circonstances si marquées et si sensiblement opposées ne se relèvent point et ne touchent personne : les hommes n'y ont pas plus d'attention qu'à une fleur qui se fane ou à une feuille qui tombe ; ils envient les places qui demeurent vacantes, ou ils s'informent si elles sont remplies, et par qui.

19 [I]

Les hommes sont-ils assez bons, assez fidèles, assez équitables, pour mériter toute notre confiance, et ne nous pas faire désirer du moins que Dieu existât, à qui nous pussions appeler de leurs jugements et avoir recours quand nous en sommes persécutés ou trahis ?

20 [IV]

Si c'est le grand et le sublime de la religion qui éblouit ou qui confond les esprits forts, ils ne sont plus des esprits forts, mais de faibles génies et de petits esprits ; et si c'est au contraire ce qu'il y a d'humble et de simple qui les rebute, ils sont à la vérité des esprits forts, et plus forts que tant de grands hommes si éclairés, si élevés, et néanmoins si fidèles, que les Léons, les Basiles, les Jéromes, les Augustins.

21 [IV]

« Un Père de l'Église, un docteur de l'Église, quels noms ! quelle tristesse dans leurs écrits ! quelle sécheresse, quelle froide dévotion, et peut-être quelle scolastique ! » disent ceux qui ne les ont jamais lus. Mais plutôt quel étonnement pour tous ceux qui se sont fait une idée des Pères si éloignée de la vérité, s'ils voyaient dans leurs ouvrages plus de tour et de délicatesse, plus de politesse et d'esprit, plus de richesse d'expression et plus de force de raisonnement, des traits plus vifs et des grâces plus naturelles que l'on n'en remarque dans la plupart des livres de ce temps qui sont lus avec goût, qui donnent du nom et de la vanité à leurs auteurs ! Quel plaisir d'aimer la religion, et de la voir crue, soutenue, expliquée par de si beaux génies, et par de si solides esprits ! surtout lorsque l'on vient à connaître que pour l'étendue de connaissance, pour la profondeur et la pénétration, pour les principes de la pure philosophie, pour leur application et leur développement, pour la justesse des conclusions, pour la dignité du discours, pour la beauté de la morale et des sentiments, il n'y a rien par exemple que l'on puisse comparer à S. Augustin, que Platon et que Cicéron.

22 [VII]

L'homme est né menteur : la vérité est simple et ingénue, et il veut du spécieux et de l'ornement. Elle n'est pas à lui, elle vient du ciel toute faite, pour ainsi dire, et dans toute sa perfection ; et l'homme n'aime que son propre ouvrage, la fiction et la fable. Voyez le peuple : il controuve, il augmente, il charge par grossièreté et par sottise ; demandez même au plus honnête homme s'il est toujours vrai dans ses discours, s'il ne se surprend pas quelquefois dans des déguisements où engagent nécessairement la vanité et la légèreté, si pour faire un meilleur conte, il ne lui échappe pas souvent d'ajouter à un fait qu'il récite une circonstance qui y manque. Une chose arrive aujourd'hui, et presque sous nos yeux : cent personnes qui l'ont vue la racontent en cent façons différentes ; celui-ci, s'il est écouté, la dira encore d'une manière qui n'a pas été dite. Quelle créance donc pourrais-je donner à des faits qui sont anciens et éloignés de nous par plusieurs siècles ? quel fondement dois-je faire sur les plus graves historiens ? que devient l'histoire ? César a-t-il été massacré au milieu du sénat ? y a-t-il eu un César ? « Quelle conséquence ! me dites-vous ; quels doutes ! quelle demande ! » Vous riez, vous ne me jugez pas digne d'aucune réponse ; et je crois même que vous avez raison. Je suppose néanmoins que le livre qui fait mention de César ne soit pas un livre profane, écrit de la main des hommes, qui sont menteurs, trouvé par hasard dans les bibliothèques parmi d'autres manuscrits qui contiennent des histoires vraies ou apocryphes ; qu'au contraire il soit inspiré, saint, divin ; qu'il porte en soi ces caractères ; qu'il se trouve depuis près de deux mille ans dans une société nombreuse qui n'a pas permis qu'on y ait fait pendant tout ce temps la moindre altération, et qui s'est fait une religion de le conserver dans toute son intégrité ; qu'il y ait même un engagement religieux et indispensable d'avoir de la foi pour tous les faits contenus dans ce volume où il est parlé de César et de sa dictature : avouez-le, *Lucile*, vous douterez alors qu'il y ait eu César.

23 [IV]

Toute musique n'est pas propre à louer Dieu et à être entendue dans le sanctuaire ; toute philosophie ne parle pas dignement de Dieu, de sa puissance, des principes de ses opérations et de ses mystères : plus cette philosophie est subtile et idéale, plus elle est vaine et inutile pour expliquer des choses qui ne demandent des hommes qu'un sens droit pour être connues jusques à un certain point, et qui au delà sont inexplicables. Vouloir rendre raison de Dieu, de ses perfections, et si j'ose ainsi parler, de ses actions, c'est aller plus loin que les anciens philosophes, que les Apôtres, que les premiers docteurs, mais ce n'est pas rencontrer si juste ; c'est creuser longtemps et profondément, sans trouver les sources de la vérité. Dès qu'on a abandonné les termes de bonté, de miséricorde, de justice et de toute-puissance, qui donnent de Dieu de si hautes et de si aimables idées, quelque grand effort d'imagination qu'on puisse faire, il faut recevoir les expressions sèches, stériles, vides de sens ; admettre les pensées creuses, écartées des notions communes, ou tout au plus les subtiles et les ingénieuses ; et à mesure que l'on acquiert d'ouverture dans une nouvelle métaphysique, perdre un peu de sa religion.

24 [IV]

Jusques où les hommes ne se portent-ils point par l'intérêt de la religion, dont ils sont si peu persuadés, et qu'ils pratiquent si mal !

25 [IV]

Cette même religion que les hommes défendent avec chaleur et avec zèle contre ceux qui en ont une toute contraire, ils l'altèrent eux-mêmes dans leur esprit par des sentiments particuliers : ils y ajoutent et ils en retranchent mille choses souvent essentielles, selon ce qui leur convient, et ils demeurent fermes et inébranlables dans cette forme qu'ils lui ont donnée. Ainsi, à parler populairement, on peut dire d'une seule nation qu'elle vit sous un même culte, et qu'elle n'a qu'une seule religion ; mais, à parler exactement, il est vrai qu'elle en a plusieurs, et que chacun presque y a la sienne.

26 [VIII]

Deux sortes de gens fleurissent dans les cours, et y dominent dans divers temps, les libertins et les hypocrites : ceux-là gaiement, ouvertement, sans art et sans dissimulation ; ceux-ci finement, par des artifices, par la cabale. Cent fois plus épris de la fortune que les premiers, ils en sont jaloux jusqu'à l'excès ; ils veulent la gouverner, la posséder seuls, la partager entre eux et en exclure tout autre ; dignités, charges, postes, bénéfices, pensions, honneurs, tout leur convient et ne convient qu'à eux ; le reste des hommes en est indigne ; ils ne comprennent point que sans leur attache on ait l'impudence de les espérer. Une troupe de masques entre dans un bal : ont-ils la main, ils dansent, ils se font danser les uns les autres, ils dansent encore, ils dansent toujours, ils ne rendent la main à personne de l'assemblée, quelque digne qu'elle soit de leur attention : on languit, on sèche de les voir danser et de ne danser point : quelques-uns murmurent, les plus sages prennent leur parti et s'en vont.

27 [VIII]

Il y a deux espèces de libertins : les libertins, ceux du moins qui croient l'être, et les hypocrites ou faux dévots, c'est-à-dire ceux qui ne veulent pas être crus libertins : les derniers dans ce genre-là sont les meilleurs.

Le faux dévot ou ne croit pas en Dieu, ou se moque de Dieu ; parlons de lui obligeamment : il ne croit pas en Dieu.

28 [IV]

Si toute religion est une crainte respectueuse de la Divinité, que penser de ceux qui osent la blesser dans sa plus vive image, qui est le Prince ?

29 [I]

Si l'on nous assurait que le motif secret de l'ambassade des Siamois a été d'exciter le Roi Très-Chrétien à renoncer au christianisme, à permettre l'entrée de son royaume aux *Talapoins,* qui eussent pénétré dans nos maisons pour persuader leur religion à nos femmes, à nos enfants et à nous-mêmes par leurs livres et par leurs entretiens, qui eussent élevé des *pagodes* au milieu des villes, où ils eussent placé des figures de métal pour être adorées, avec quelles risées et quel étrange mépris n'entendrions-nous pas des choses si extravagantes ! Nous faisons cependant six mille lieues de mer pour la conversion des Indes, des royaumes de Siam, de la Chine et du Japon, c'est-à-dire pour faire très sérieusement à tous ces peuples des propositions qui doivent leur paraître très folles et très ridicules. Ils supportent néanmoins nos religieux et nos prêtres ; ils les écoutent quelquefois, leur laissent bâtir leurs églises et faire leurs missions. Qui fait cela en eux et en nous ? ne serait-ce point la force de la vérité ?

30 [V]

Il ne convient pas à toute sorte de personnes de lever l'étendard d'aumônier, et d'avoir tous les pauvres d'une ville assemblés à sa porte, qui y reçoivent leurs portions. Qui ne sait pas au contraire des misères plus secrètes qu'il peut entreprendre de soulager, ou immédiatement et par ses secours, ou du moins par sa médiation ! De même il n'est pas donné à tous de monter en chaire et d'y distribuer, en missionnaire ou en catéchiste, la parole sainte ; mais qui n'a pas quelquefois sous sa main un libertin à réduire, et à ramener par de douces et insinuantes conversations à la docilité ? Quand on ne serait pendant sa vie que l'apôtre d'un seul homme, ce ne serait pas être en vain sur la terre, ni lui être un fardeau inutile.

31 [I]

Il y a deux mondes : l'un où l'on séjourne peu, et dont l'on doit sortir pour n'y plus rentrer ; l'autre où l'on doit bientôt entrer pour n'en jamais sortir. La faveur, l'autorité, les amis, la haute réputation, les grands biens servent pour le premier monde ; le mépris de toutes ces choses sert pour le second. Il s'agit de choisir.

32 [I]

Qui a vécu un seul jour a vécu un siècle : même soleil, même terre, même monde, mêmes sensations ; rien ne ressemble mieux à aujourd'hui que demain. Il y aurait quelque curiosité à mourir, c'est-à-dire à n'être plus un corps, mais à être seulement esprit. L'homme cependant, impatient de la nouveauté, n'est point curieux sur ce seul article ; né inquiet et qui s'ennuie de tout, il ne s'ennuie point de vivre ; il consentirait peut-être à vivre toujours : ce qu'il voit de la mort le frappe plus violemment que ce qu'il en sait : la maladie, la douleur, le cadavre le dégoûtent de la connaissance d'un autre monde. Il faut tout le sérieux de la religion pour le réduire.

33 [I]

Si Dieu avait donné le choix ou de mourir ou de toujours vivre, après avoir médité profondément ce que c'est que de ne voir nulle fin à la pauvreté, à la dépendance, à l'ennui, à la maladie, ou de n'essayer des richesses, de la grandeur, des plaisirs et de la santé, que pour les voir changer inviolablement et par la révolution des temps en leurs contraires et être ainsi le jouet des biens et des maux, l'on ne saurait guère à quoi se résoudre. La nature nous fixe et nous ôte l'embarras de choisir ; et la mort qu'elle nous rend nécessaire est encore adoucie par la religion.

34 [V]

Si ma religion était fausse, je l'avoue, voilà le piège le mieux dressé qu'il soit possible d'imaginer : il était inévitable de ne pas donner tout au travers, et de n'y être pas pris. Quelle majesté, quel éclat des mystères ! quelle suite et quel enchaînement de toute la doctrine ! quelle raison éminente ! quelle candeur, quelle innocence de vertus ! quelle force invincible et accablante des témoignages rendus successivement et pendant trois siècles entiers par des millions de personnes les plus sages, les plus modérées qui fussent alors sur la terre, et que le sentiment d'une même vérité soutient dans l'exil, dans les fers, contre la vue de la mort et du dernier supplice ! Prenez l'histoire, ouvrez, remontez jusques au commencement du monde, jusques à la veille de sa naissance : y a-t-il eu rien de semblable dans tous les temps ? Dieu même pouvait-il jamais mieux rencontrer pour me séduire ? Par où échapper ? où aller, où me jeter, je ne dis pas pour trouver rien de meilleur, mais quelque chose qui en approche ? S'il faut périr, c'est par là que je veux périr : il m'est plus doux de nier Dieu que de l'accorder avec une tromperie si spécieuse et si entière. Mais je l'ai approfondi, je ne puis être athée ; je suis donc ramené et entraîné dans ma religion ; c'en est fait.

35 [I]

La religion est vraie, ou elle est fausse : si elle n'est qu'une vaine fiction, voilà, si l'on veut, soixante années perdues pour l'homme de bien, pour le chartreux ou le solitaire ; ils ne courent pas un autre risque. Mais si elle est fondée sur la vérité même, c'est alors un épouvantable malheur pour l'homme vicieux : l'idée seule des maux qu'il se prépare me trouble l'imagination ; la pensée est trop faible pour les concevoir, et les paroles trop vaines pour les exprimer. Certes, en supposant même dans le monde moins de certitude qu'il ne s'en trouve en effet sur la vérité de la religion, il n'y a point pour l'homme un meilleur parti que la vertu.

36 [I]

Je ne sais si ceux qui osent nier Dieu méritent qu'on s'efforce de le leur prouver, et qu'on les traite plus sérieusement que l'on n'a fait dans ce chapitre : l'ignorance, qui est leur caractère, les rend incapables des principes les plus clairs et des raisonnements les mieux suivis. Je consens néanmoins qu'ils lisent celui que je vais faire, pourvu qu'ils ne se persuadent pas que c'est tout ce que l'on pouvait dire sur une vérité si éclatante.

Il y a quarante ans que je n'étais point, et qu'il n'était pas en moi de pouvoir jamais être, comme il ne dépend pas de moi, qui suis une fois, de n'être plus ; j'ai donc commencé, et je continue d'être par quelque chose qui est hors de moi, qui durera après moi, qui est meilleur et plus puissant que moi : si ce quelque chose n'est pas Dieu, qu'on me dise ce que c'est.

Peut-être que moi qui existe n'existe ainsi que par la force d'une nature universelle, qui a toujours été telle que nous la voyons, en remontant jusques à l'infinité des temps [a]. Mais cette nature, ou elle est seulement esprit, et c'est Dieu ; ou elle est matière, et ne peut par conséquent avoir créé mon esprit ; ou elle est un composé de matière et d'esprit, et alors ce qui est esprit dans la nature, je l'appelle Dieu.

---

a. Objection ou système des libertins. (Note de La Bruyère.)

Peut-être aussi que ce que j'appelle mon esprit n'est qu'une portion de matière qui existe par la force d'une nature universelle qui est aussi matière, qui a toujours été, et qui sera toujours telle que nous la voyons, et qui n'est point Dieu [a]. Mais du moins faut-il m'accorder que ce que j'appelle mon esprit, quelque chose que ce puisse être, est une chose qui pense, et que s'il est matière, il est nécessairement une matière qui pense ; car l'on ne me persuadera point qu'il n'y ait pas en moi quelque chose qui pense pendant que je fais ce raisonnement. Or ce quelque chose qui est en moi et qui pense, s'il doit son être et sa conservation à une nature universelle qui a toujours été et qui sera toujours, laquelle il reconnaisse comme sa cause, il faut indispensablement que ce soit à une nature universelle ou qui pense, ou qui soit plus noble et plus parfaite que ce qui pense ; et si cette nature ainsi faite est matière, l'on doit encore conclure que c'est une matière universelle qui pense, ou qui est plus noble et plus parfaite que ce qui pense.

Je continue et je dis : Cette matière telle qu'elle vient d'être supposée, si elle n'est pas un être chimérique, mais réel, n'est pas aussi imperceptible à tous les sens ; et si elle ne se découvre pas par elle-même, on la connaît du moins dans le divers arrangement de ses parties qui constitue les corps, et qui en fait la différence : elle est donc elle-même tous ces différents corps ; et comme elle est une matière qui pense selon la supposition, ou qui vaut mieux que ce qui pense, il s'ensuit qu'elle est telle du moins selon quelques-uns de ces corps, et par suite nécessaire, selon tous ces corps, c'est-à-dire qu'elle pense dans les pierres, dans les métaux, dans les mers, dans la terre, dans moi-même, qui ne suis qu'un corps, comme dans toutes les autres parties qui la composent : c'est donc à l'assemblage de ces parties si terrestres, si grossières, si corporelles, qui toutes ensemble sont la matière universelle ou ce monde visible, que je dois ce quelque chose qui est en moi, qui pense, et que j'appelle mon esprit : ce qui est absurde.

Si au contraire cette nature universelle, quelque chose que ce puisse être, ne peut pas être tous ces corps, ni aucun de ces corps, il suit de là qu'elle n'est point matière, ni perceptible par aucun des sens ; si cependant elle pense, ou si elle est plus parfaite que ce qui pense, je conclus encore qu'elle est esprit, ou un être meilleur et plus accompli que ce qui est esprit ; si d'ailleurs il ne reste plus à ce qui pense en moi, et que j'appelle mon esprit, que cette nature universelle à laquelle il puisse remonter pour rencontrer sa première cause et son unique origine, parce qu'il ne trouve point son principe en soi, et qu'il le trouve encore moins dans la matière, ainsi qu'il a été démontré, alors je ne dispute point des noms ; mais cette source originaire de tout esprit, qui est esprit elle-même, et qui est plus excellente que tout esprit, je l'appelle Dieu.

En un mot, je pense, donc Dieu existe ; car ce qui pense en moi, je ne le dois point à moi-même, parce qu'il n'a pas plus dépendu de

---

a. Instance des libertins. (Note de La Bruyère.)

moi de me le donner une première fois, qu'il dépend encore de moi de me le conserver un seul instant : je ne le dois point à un être qui soit au-dessus de moi, et qui soit matière, puisqu'il est impossible que la matière soit au-dessus de ce qui pense : je le dois donc à un être qui est au-dessus de moi et qui n'est point matière ; et c'est Dieu.

37 [I]

De ce qu'une nature universelle qui pense exclut de soi généralement tout ce qui est matière, il suit nécessairement qu'un être particulier qui pense ne peut pas aussi admettre en soi la moindre matière ; car bien qu'un être universel qui pense renferme dans son idée infiniment plus de grandeur, de puissance, d'indépendance et de capacité, qu'un être particulier qui pense, il ne renferme pas néanmoins une plus grande exclusion de matière, puisque cette exclusion dans l'un et l'autre de ces deux êtres est aussi grande qu'elle peut être et comme infinie, et qu'il est autant impossible que ce qui pense en moi soit matière, qu'il est inconcevable que Dieu soit matière : ainsi, comme Dieu est esprit, mon âme aussi est esprit.

38 [I]

Je ne sais point si le chien choisit, s'il se ressouvient, s'il affectionne, s'il craint, s'il imagine, s'il pense : quand donc l'on me dit que toutes ces choses ne sont en lui ni passions, ni sentiment, mais l'effet naturel et nécessaire de la disposition de sa machine préparée par le divers arrangement des parties de la matière, je puis au moins aquiescer à cette doctrine : mais je pense, et je suis certain que je pense : or quelle proportion y a-t-il de tel ou de tel arrangement des parties de la matière, c'est-à-dire d'une étendue selon toutes ses dimensions, qui est longue, large et profonde, et qui est divisible dans tous ces sens, avec ce qui pense ?

39 [I]

Si tout est matière, et si la pensée en moi, comme dans tous les autres hommes, n'est qu'un effet de l'arrangement des parties de la matière, qui a mis dans le monde toute autre idée que celle des choses matérielles ? La matière a-t-elle dans son fond une idée aussi pure, aussi simple, aussi immatérielle qu'est celle de l'esprit ? Comment peut-elle être le principe de ce qui la nie et l'exclut de son propre être ? Comment est-elle dans l'homme ce qui pense, c'est-à-dire ce qui est à l'homme même une conviction qu'il n'est point matière ?

40 [I]

Il y a des êtres qui durent peu, parce qu'ils sont composés de choses très différentes et qui se nuisent réciproquement. Il y en a d'autres qui durent davantage, parce qu'ils sont plus simples ; mais ils périssent parce qu'ils ne laissent pas d'avoir des parties selon lesquelles ils peuvent être divisés. Ce qui pense en moi doit durer beaucoup, parce que c'est un être pur, exempt de tout mélange et de toute composition ; et il n'y a pas de raison qu'il doive périr, car qui peut corrompre ou séparer un être simple et qui n'a point de parties ?

41 [I]

L'âme voit la couleur par l'organe de l'œil, et entend les sons par l'organe de l'oreille ; mais elle peut cesser de voir ou d'entendre, quand ces sens ou ces objets lui manquent, sans que pour cela elle cesse d'être, parce que l'âme n'est point précisément ce qui voit la couleur, ou ce qui entend les sons : elle n'est que ce qui pense. Or comment peut-elle cesser d'être telle ? Ce n'est point par le défaut d'organe, puisqu'il est prouvé qu'elle n'est point matière ; ni par le défaut d'objet, tant qu'il y aura un Dieu et d'éternelles vérités ; elle est donc incorruptible.

42 [I]

Je ne conçois point qu'une âme que Dieu a voulu remplir de l'idée de son être infini, et souverainement parfait, doive être anéantie.

43 [VII]

Voyez, *Lucile,* ce morceau de terre, plus propre et plus orné que les autres terres qui lui son contiguës : ici ce sont des compartiments mêlés d'eaux plates et d'eaux jaillissantes ; là des allées en palissade qui n'ont pas de fin, et qui vous couvrent des vents du nord ; d'un côté c'est un bois épais qui défend de tous les soleils, et d'un autre un beau point de vue. Plus bas, une Yvette ou un Lignon, qui coulait obscurément entre les saules et les peupliers, est devenu un canal qui est revêtu ; ailleurs de longues et fraîches avenues se perdent dans la campagne, et annoncent la maison, qui est entourée d'eau. Vous récrierez-vous : « Quel jeu du hasard ! combien de belles choses se sont rencontrées ensemble inopinément ! » Non sans doute ; vous direz au contraire : « Cela est bien imaginé et bien ordonné ; il règne ici un bon goût et beaucoup d'intelligence. » Je parlerai comme vous, et j'ajouterai que ce doit être la demeure de quelqu'un de ces gens chez qui un NAUTRE va tracer et prendre des alignements dès le jour même qu'ils sont en place. Qu'est-ce pourtant que cette pièce de terre ainsi disposée, et où tout l'art d'un ouvrier habile a été employé pour l'embellir, si même toute la terre n'est qu'un atome suspendu en l'air, et si vous écoutez ce que je vais dire ?

Vous êtes placé, ô Lucile, quelque part sur cet atome : il faut donc que vous soyez bien petit, car vous n'y occupez pas une grande place ; cependant vous avez des yeux, qui sont deux point imperceptibles ; ne laissez pas de les ouvrir vers le ciel : qu'y apercevez-vous quelquefois ? La lune dans son plein ? Elle est belle alors et fort lumineuse, quoique sa lumière ne soit que la réflexion de celle du soleil ; elle paraît grande comme le soleil, plus grande que les autres planètes, et qu'aucune des étoiles ; mais ne vous laissez pas tromper par les dehors. Il n'y a rien au ciel de si petit que la lune : sa superficie est treize fois plus petite que celle de la terre, sa solidité quarante-huit fois, et son diamètre, de sept cent cinquante lieues, n'est que le quart de celui de la terre : aussi est-il vrai qu'il n'y a que son voisinage qui lui donne une si grande apparence, puisqu'elle n'est guère plus éloignée de nous que de trente fois le diamètre de la terre, ou que sa distance n'est que de cent mille lieues. Elle n'a presque pas même de chemin à faire en comparaison du vaste tour que le soleil fait dans les espaces du ciel ; car il est certain qu'elle n'achève par jour que cinq cent quarante mille lieues : ce n'est par heure que vingt-deux mille cinq cents lieues, et trois cent soixante et quinze lieues dans une minute. Il faut néanmoins, pour accomplir cette course, qu'elle aille cinq mille six cents fois plus vite qu'un cheval de poste qui ferait quatre lieues par heure, qu'elle vole quatre-vingts fois plus légèrement que le son, que le bruit par exemple du canon et du tonnerre, qui parcourt en une heure deux cent soixante et dix-sept lieues.

Mais quelle comparaison de la lune au soleil pour la grandeur, pour l'éloignement, pour la course ? Vous verrez qu'il n'y en a aucune. Souvenez-vous seulement du diamètre de la terre, il est de trois mille lieues ; celui du soleil est cent fois plus grand, il est donc de trois cent mille lieues. Si c'est là sa grandeur en tout sens, quelle peut être toute sa superficie ! quelle sa solidité ! Comprenez-vous bien cette étendue, et qu'un million de terres comme la nôtre ne seraient toutes ensemble pas plus grosses que le soleil ? « Quel est donc, direz-vous, son éloignement, si l'on en juge par son apparence ? » Vous avez raison, il est prodigieux ; il est démontré qu'il ne peut pas y avoir de la terre au soleil moins de dix mille diamètres de la terre, autrement moins de trente millions de lieues : peut-être y a-t-il quatre fois, six fois, dix fois plus loin ; on n'a aucune méthode pour déterminer cette distance.

Pour aider seulement votre imagination à se la représenter, supposons une meule de moulin qui tombe du soleil sur la terre ; donnons-lui la plus grande vitesse qu'elle soit capable d'avoir, celle même que n'ont pas les corps tombant de fort haut ; supposons encore qu'elle conserve toujours cette même vitesse, sans en acquérir et sans en perdre ; qu'elle parcoure quinze toises par chaque seconde de temps, c'est-à-dire la moitié de l'élévation des plus hautes tours, et ainsi neuf cents toises en une minute [a] ; passons-lui mille toises en une minute, pour une plus grande facilité ; mille toises font une demi-lieue commune ; ainsi en deux minutes la meule fera une lieue, et en une heure elle en fera trente, et en un jour elle fera sept cent vingt lieues : or elle a trente millions à traverser avant que d'arriver à terre ; il faudra donc quarante-un mille six cent soixante-six jours [b], qui sont plus de cent quatorze années [c], pour faire ce voyage. Ne vous effrayez pas, Lucile, écoutez-moi : la distance de la terre à Saturne est au moins décuple de celle de la terre au soleil ; c'est vous dire qu'elle ne peut être moindre que de trois cents millions

---

a. VAR. « mille toises par minute » [VII].
b. VAR. « quatre mille cent soixante et six jours » [VII et VIII].
c. VAR. « plus d'onze années » [VII et VIII].

de lieues, et que cette pierre emploierait plus d'onze cent quarante ans [a] pour tomber de Saturne en terre.

Par cette élévation de Saturne, élevez vous-même, si vous le pouvez, votre imagination à concevoir quelle doit être l'immensité du chemin qu'il parcourt chaque jour au-dessus de nos têtes : le cercle que Saturne décrit a plus de six cents millions de lieues de diamètre, et par conséquent plus de dix-huit cents millions de lieues de circonférence ; un cheval anglais qui ferait dix lieues par heure n'aurait à courir que vingt mille cinq cent quarant-huit ans pour faire ce tour.

Je n'ai pas tout dit, ô Lucile, sur le miracle de ce monde visible, ou, comme vous parlez quelquefois, sur les merveilles du hasard, que vous admettez seul pour la cause première de toutes choses. Il est encore un ouvrier plus admirable que vous ne pensez : connaissez le hasard, laissez-vous instruire de toute la puissance de votre Dieu. Savez-vous que cette distance de trente millions de lieues qu'il y a de la terre au soleil, et celle de trois cents millions de lieues de la terre à Saturne, sont si peu de chose, comparées à l'éloignement qu'il y a de la terre aux étoiles, que ce n'est pas même s'énoncer assez juste que de se servir, sur le sujet de ces distances, du terme de comparaison ? Quelle proportion, à la vérité, de ce qui se mesure, quelque grand qu'il puisse être, avec ce qui ne se mesure pas ? On ne connaît point la hauteur d'une étoile ; elle est, si j'ose ainsi parler, *immensurable* ; il n'y a plus ni angles, ni sinus, ni parallaxes dont on puisse s'aider. Si un homme observait à Paris une étoile fixe, et qu'un autre la regardât du Japon, les deux lignes qui partiraient de leurs yeux pour aboutir jusqu'à cet astre ne feraient pas un angle, et se confondraient en une seule et même ligne, tant la terre entière n'est pas espace par rapport à cet éloignement. Mais les étoiles ont cela de commun avec Saturne et avec le soleil : il faut dire quelque chose de plus. Si deux observateurs, l'un sur la terre et l'autre dans le soleil, observaient en même temps une étoile, les deux rayons visuels de ces deux observateurs ne formeraient point d'angle sensible. Pour concevoir la chose autrement, si un homme était situé dans une étoile, notre soleil, notre terre, et les trente millions de lieues qui les séparent, lui paraîtraient un même point : cela est démontré.

On ne sait pas aussi la distance d'une étoile d'avec une autre étoile, quelque voisines qu'elles nous paraissent. Les Pléiades se touchent presque, à en juger par nos yeux : une étoile paraît assise sur l'une de celles qui forment la queue de la grande Ourse ; à peine la vue peut-elle atteindre à discerner la partie du ciel qui les sépare, c'est comme une étoile qui paraît double. Si cependant tout l'art des astronomes est inutile pour en marquer la distance, que doit-on penser de l'éloignement de deux étoiles qui en effet paraissent éloignées l'une de l'autre, et à plus forte raison des deux polaires ? Quelle est donc l'immensité de la ligne qui passe d'une polaire à l'autre ? et que sera-ce que le cercle dont cette ligne est le diamètre ? Mais n'est-ce pas quelque chose de plus que de

---

a. VAR. « plus de cent dix ans » [VII et VIII].

sonder les abîmes, que de vouloir imaginer la solidité du globe, dont ce cercle n'est qu'une section ? Serons-nous encore surpris que ces mêmes étoiles, si démesurées dans leur grandeur, ne nous paraissent néanmoins que comme des étincelles ? N'admirerons-nous pas plutôt que d'une hauteur si prodigieuse elles puissent conserver une certaine apparence, et qu'on ne les perde pas toutes de vue ? Il n'est pas aussi imaginable combien il nous en échappe. On fixe le nombre des étoiles : oui, de celles qui sont apparentes ; le moyen de compter celles qu'on n'aperçoit point, celles par exemple qui composent la voie de lait, cette trace lumineuse qu'on remarque au ciel dans une nuit sereine, du nord au midi, et qui par leur extraordinaire élévation, ne pouvant percer jusqu'à nos yeux pour être vues chacune en particulier, ne font au plus que blanchir cette route des cieux où elles sont placées ?

Me voilà donc sur la terre comme sur un grain de sable qui ne tient à rien, et qui est suspendu au milieu des airs : un nombre presque infini de globes de feu, d'une grandeur inexprimable et qui confond l'imagination, d'une hauteur qui surpasse nos conceptions, tournent, roulent autour de ce grain de sable, et traversent chaque jour, depuis plus de six mille ans, les vastes et immenses espaces des cieux. Voulez-vous un autre système, et qui ne diminue rien du merveilleux ? La terre elle-même est emportée avec une rapidité inconcevable autour du soleil, le centre de l'univers. Je me les représente tous ces globes, ces corps effroyables qui sont en marche ; ils ne s'embarrassent point l'un l'autre, ils ne se choquent point, ils ne se dérangent point : si le plus petit d'eux tous venait à se démentir et à rencontrer la terre, que deviendrait la terre ? Tous au contraire sont en leur place, demeurent dans l'ordre qui leur est prescrit, suivent la route qui leur est marquée, et si paisiblement à notre égard que personne n'a l'oreille assez fine pour les entendre marcher, et que le vulgaire ne sait pas s'ils sont au monde. O économie merveilleuse du hasard ! l'intelligence même pourrait-elle mieux réussir ? Une seule chose, Lucile, me fait de la peine : ces grands corps sont si précis et si constants dans leur marche, dans leurs révolutions et dans tous leurs rapports, qu'un petit animal relégué en un coin de cet espace immense qu'on appelle le monde, après les avoir observés, s'est fait une méthode infaillible de prédire à quel point de leur course tous ces astres se trouveront d'aujourd'hui en deux, en quatre, en vingt mille ans. Voilà mon scrupule, Lucile ; si c'est par hasard qu'ils observent des règles si invariables, qu'est-ce que l'ordre ? qu'est-ce que la règle ?

Je vous demanderai même ce que c'est que le hasard : est-il corps ? est-il esprit ? est-ce un être distingué des autres êtres, qui ait son existence particulière, qui soit quelque part ? ou plutôt n'est-ce pas un mode, ou une façon d'être ? Quand une boule rencontre une pierre, l'on dit : « c'est un hasard » ; mais est-ce autre chose que ces deux corps qui se choquent fortuitement ? Si par ce hasard ou cette rencontre la boule ne va plus droit, mais obliquement ; si son mouvement n'est plus direct, mais réfléchi ; si elle ne roule plus sur son axe, mais qu'elle tournoie et qu'elle pirouette, conclurai-je que c'est par ce même hasard qu'en général la boule est en mouvement ? ne soupçonnerai-je pas plus volontiers qu'elle se meut ou de soi-même, ou par l'impulsion du bras qui l'a jetée ? Et parce que les roues d'une pendule sont déterminées l'une par l'autre à un mouvement circulaire d'une telle ou telle vitesse, examiné-je moins curieusement quelle peut être la cause de tous ces mouvements, s'ils se font d'eux-mêmes ou par la force mouvante d'un poids qui les emporte ? Mais ni ces roues, ni cette boule n'ont pu se donner le mouvement d'eux-mêmes, ou ne l'ont point par leur nature, s'ils peuvent le perdre sans changer de nature : il y a donc apparence qu'ils sont mus d'ailleurs, et par une puissance qui leur est étrangère. Et les corps célestes, s'ils venaient à perdre leur mouvement, changeraient-ils de nature ? seraient-ils moins des corps ? Je ne me l'imagine pas ainsi ; ils se meuvent cependant, et ce n'est point d'eux-mêmes et par leur nature. Il faudrait donc chercher, ô Lucile, s'il n'y a point hors d'eux un principe qui les fait mouvoir ; qui que vous trouviez, je l'appelle Dieu.

Si nous supposions ces grands corps sans mouvement, on ne demanderait plus, à la vérité, qui les met en mouvement, mais on serait toujours reçu à demander qui a fait ces corps, comme on peut s'informer qui a fait ces roues ou cette boule ; et quand chacun de ces grands corps serait supposé un amas fortuit d'atomes qui se sont liés et enchaînés ensemble par la figure et la conformation de leurs parties, je prendrais un de ces atomes et je dirais : Qui a créé cet atome ? Est-il matière ? Est-il intelligence ? A-t-il eu quelque idée de soi-même, avant que de se faire soi-même ? Il était donc un moment avant que d'être ; il était et il n'était pas tout à la fois ; et s'il est auteur de son être et de sa manière d'être, pourquoi s'est-il fait corps plutôt qu'esprit ? Bien plus, cet atome n'a-t-il point commencé ? est-il éternel ? est-il infini ? Ferez-vous un Dieu de cet atome ?

44 [VII]

Le ciron a des yeux, il se détourne à la rencontre des objets qui lui pourraient nuire ; quand on le met sur de l'ébène pour le mieux remarquer, si, dans le temps qu'il marche vers un côté, on lui présente le moindre fétu, il change de route : est-ce un jeu du hasard que son cristallin, sa rétine et son nerf optique ?

L'on voit dans une goutte d'eau que le poivre qu'on y a mis tremper a altérée, un nombre presque innombrable de petits animaux, dont le microscope nous fait apercevoir la figure, et qui se meuvent avec une rapidité incroyable comme autant de monstres dans une vaste mer ; chacun de ces animaux est plus petit mille fois qu'un ciron, et néanmoins c'est un corps qui vit, qui se nourrit, qui croît, qui doit avoir des muscles, des vaisseaux équivalents aux veines, aux nerfs, aux artères, et un cerveau pour distribuer les esprits animaux.

Une tache de moisissure de la grandeur d'un grain de sable paraît dans le microscope comme un amas de plusieurs plantes très distinctes, dont les unes ont des fleurs, les autres des fruits ; il y en a qui n'ont que des boutons à demi ouverts ; il y en a quelques-unes qui sont fanées : de quelle étrange petitesse doivent être les racines et les filtres qui séparent les aliments de ces petites plantes ! Et si l'on vient à considérer que ces plantes ont leurs graines, ainsi que les chênes et les pins, et que ces petits animaux dont je viens de parler se multiplient par voie de génération, comme les éléphants et les baleines, où cela ne mène-t-il point ? Qui a su travailler à des ouvrages si délicats, si fins, qui échappent à la vue des hommes, et qui tiennent de l'infini comme les cieux, bien que dans l'autre extrémité ? Ne serait-ce point celui qui a fait les cieux, les astres, ces masses énormes, épouvantables par leur grandeur, par leur élévation, par la rapidité et l'étendue de leur course, et qui se joue de les faire mouvoir ?

45 [VII]

Il est de fait que l'homme jouit du soleil, des astres, des cieux et de leurs influences, comme il jouit de l'air qu'il respire, et de la terre sur laquelle il marche et qui le soutient ; et s'il fallait ajouter à la certitude d'un fait la convenance ou la vraisemblance, elle y est tout entière, puisque les cieux et tout ce qu'ils contiennent ne peuvent pas entrer en comparaison, pour la noblesse et la dignité, avec le moindre des hommes qui sont sur la terre, et que la proportion qui se trouve entre eux et lui est celle de la matière incapable de sentiment, qui est seulement une étendue selon trois dimensions, à ce qui est esprit, raison, ou intelligence. Si l'on dit que l'homme aurait pu se passer à moins pour sa conservation, je réponds que Dieu ne pouvait moins faire pour étaler son pouvoir, sa bonté et sa magnificence, puisque, quelque chose que nous voyions qu'il ait fait, il pouvait faire infiniment davantage.

Le monde entier, s'il est fait pour l'homme, est littéralement la moindre chose que Dieu ait fait pour l'homme : la preuve s'en tire du fond de la religion. Ce n'est donc ni vanité ni présomption à l'homme de se rendre sur ses avantages à la force de la vérité ; ce serait en lui stupidité et aveuglement de ne pas se laisser convaincre par l'enchaînement des preuves dont la religion se sert pour lui faire connaître ses privilèges, ses ressources, ses espérances, pour lui apprendre ce qu'il est et ce qu'il peut devenir. — Mais la lune est habitée ; il n'est pas du moins impossible qu'elle le soit. — Que parlez-vous, Lucile, de la lune, et à quel propos ? En supposant Dieu, quelle est en effet la chose impossible ? Vous demandez peut-être si nous sommes les seuls dans l'univers que Dieu ait si bien traités ; s'il n'y a point dans la lune ou d'autres hommes, ou d'autres créatures que Dieu ait aussi favorisées ? Vaine curiosité ! frivole demande ! La terre, Lucile, est habitée ; nous l'habitons, et nous savons que nous l'habitons ; nous avons nos preuves, notre évidence, nos convictions sur tout ce que nous devons penser de Dieu et de nous-mêmes : que ceux qui peuplent les globes célestes, quels qu'ils puissent être, s'inquiètent pour eux-mêmes ; ils ont leur soins, et nous les nôtres. Vous avez, Lucile, observé la lune ; vous avez reconnu ses taches, ses abîmes, ses inégalités, sa hauteur, son étendue, son cours, ses éclipses : tous les astronomes n'ont pas été plus loin. Imaginez de nouveaux instruments, observez-la avec plus d'exactitude : voyez-vous qu'elle soit peuplée, et de quels animaux ? ressemblent-ils aux hommes ? sont-ce des hommes ? Laissez-moi voir après vous ; et si nous sommes convaincus l'un et l'autre que des hommes habitent la lune, examinons alors s'ils sont chrétiens, et si Dieu a partagé ses faveurs entre eux et nous.

46 [VIII]

Tout est grand et admirable dans la nature ; il ne s'y voit rien qui ne soit marqué au coin de l'ouvrier ; ce qui s'y voit quelquefois d'irrégulier et d'imparfait suppose règle et perfection. Homme vain et présomptueux ! faites un vermisseau que vous foulez aux pieds, que vous méprisez ; vous avez horreur du crapaud, faites un crapaud, s'il est possible. Quel excellent maître que celui qui fait des ouvrages, je ne dis pas que les hommes admirent, mais qu'ils craignent ! Je ne vous demande pas de vous mettre à votre atelier pour faire un homme d'esprit, un homme bien fait, une belle femme : l'entreprise est forte et au-dessus de vous ; essayez seulement de faire un bossu, un fou, un monstre, je suis content.

Rois, Monarques, Potentats, sacrées Majestés ! vous ai-je nommés par tous vos superbes noms ? Grands de la terre, très hauts, très puissants, et peut-être bientôt *tout-puissants Seigneurs !* nous autres hommes nous avons besoin pour nos moissons d'un peu d'eau de pluie, de quelque chose de moins, d'un peu de rosée : faites de la rosée, envoyez sur la terre une goutte d'eau.

L'ordre, la décoration, les effets de la nature sont populaires ; les causes, les principes ne le sont point. Demandez à une femme comment un bel œil n'a qu'à s'ouvrir pour voir, demandez-le à un homme docte.

47 [VII]

Plusieurs millions d'années, plusieurs centaines de millions d'années, en un mot tous les temps ne sont qu'un instant, comparés à la durée de Dieu, qui est éternelle : tous les espaces du monde entier ne sont qu'un point, qu'un léger atome, comparés à son immensité. S'il est ainsi, comme je l'avance, car quelle proportion du fini à l'infini ? je demande : Qu'est-ce que le cours de la vie d'un homme ? qu'est-ce qu'un grain de poussière qu'on appelle la terre ? qu'est-ce qu'une petite portion de cette terre que l'homme possède et qu'il habite ? — Les méchants prospèrent pendant qu'ils vivent. — Quelques méchants, je l'avoue. — La vertu est opprimée, et le crime impuni sur la terre ; — Quelquefois, j'en conviens. — C'est une injustice. — Point du tout : il faudrait, pour tirer cette conclusion, avoir prouvé qu'absolument les méchants sont heureux, que la vertu ne l'est pas, et que le crime demeure impuni ; il faudrait du moins que ce peu de temps où les bons souffrent et où les méchants prospèrent eût une durée, et que ce que nous appelons prospérité et fortune ne fût pas une apparence fausse et et une ombre vaine qui s'évanouit ; que cette terre, cet atome, où il paraît que la vertu et le crime rencontrent si rarement ce qui est leur est dû, fût le seul endroit de la scène où se doivent passer la punition et les récompenses.

De ce que je pense, je n'infère pas plus clairement que je suis esprit, que je conclus de ce que je fais, ou ne fais point selon qu'il me plaît, que je suis libre : or liberté, c'est choix, autrement une détermination volontaire au bien ou au mal, et ainsi une action bonne ou mauvaise, et ce qu'on appelle vertu ou crime. Que le crime absolument soit impuni, il est vrai, c'est injustice ; qu'il le soit sur la terre, c'est un mystère. Supposons pourtant avec l'athée que c'est injustice : toute injustice est une négation ou une privation de justice ; donc toute injustice suppose justice. Toute justice est une conformité à une souveraine raison : je demande en effet, quand il n'a pas été raisonnable que le crime soit puni, à moins qu'on ne dise que c'est quand le triangle avait moins de trois angles ; or toute conformité à la raison est une vérité ; cette conformité, comme il vient d'être dit, a toujours été ; elle est donc de celles que l'on appelle des éternelles vérités. Cette vérité, d'ailleurs, ou n'est point et ne peut être, ou elle est l'objet d'une connaissance ; elle est donc éternelle, cette connaissance, et c'est Dieu.

Les dénouements qui découvrent les crimes les plus cachés, et où la précaution des coupables pour les dérober aux yeux des hommes a été plus grande, paraissent si simples et si faciles qu'il semble qu'il n'y ait que Dieu seul qui puisse en être l'auteur ; et les faits d'ailleurs que l'on en rapporte sont en si grand nombre, que s'il plaît à quelques-uns de les attribuer à de purs hasards, il faut donc qu'ils soutiennent que le hasard, de tout temps, a passé en coutume.

48 [VII]

Si vous faites cette supposition, que tous les hommes qui peuplent la terre sans exception soient chacun dans l'abondance, et que rien ne leur manque, j'infère de là que nul homme qui est sur la terre n'est dans l'abondance, et que tout lui manque. Il n'y a que deux sortes de richesses, et auxquelles les autres se réduisent, l'argent et les terres : si tous sont riches, qui cultivera les terres, et qui fouillera les mines ? Ceux qui sont éloignés des mines ne les fouilleront pas, ni ceux qui habitent des terres incultes et minérales ne pourront pas en tirer des fruits. On aura recours au commerce, et on le suppose ; mais si les hommes abondent de biens, et que nul ne soit dans le cas de vivre par son travail, qui transportera d'une région à une autre les lingots ou les choses échangées ? qui mettra des vaisseaux en mer ? qui se chargera de les conduire ? qui entreprendra des caravanes ? On manquera alors du nécessaire et des choses utiles ; s'il n'y a plus de besoins, il n'y a plus d'arts, plus de sciences, plus d'inventions, plus de mécanique. D'ailleurs cette égalité de possessions et de richesses en établit une autre dans les conditions, bannit toute subordination, réduit les hommes à se servir eux-mêmes, et à ne pouvoir être secourus les uns des autres, rend les lois frivoles et inutiles, entraîne une anarchie universelle, attire la violence, les injures, les massacres, l'impunité.

Si vous supposez au contraire que tous les hommes sont pauvres, en vain le soleil se lève pour eux sur l'horizon, en vain il échauffe la terre et la rend féconde, en vain le ciel verse sur elle ses influences, les fleuves en vain l'arrosent et répandent dans les diverses contrées la fertilité et l'abondance ; inutilement aussi la mer laisse sonder ses abîmes profonds, les rochers et les montagnes s'ouvrent pour laisser fouiller dans leur sein et en tirer tous les trésors qu'ils y renferment. Mais si vous établissez que de tous les hommes répandus dans le monde, les uns soient riches et les autres pauvres et indigents, vous faites alors que le besoin rapproche mutuellement les hommes, les lie, les réconcilie : ceux-ci servent, obéissent, inventent, travaillent, cultivent, perfectionnent ; ceux-là jouissent, nourrissent, secourent, protègent, gouvernent ; tout ordre est rétabli, et Dieu se découvre.

49 [VII]

Mettez l'autorité, les plaisirs et l'oisiveté d'un côté, la dépendance, les soins et la misère de l'autre, ou ces choses sont déplacées par la malice des hommes, ou Dieu n'est pas Dieu.

Une certaine inégalité dans les conditions, qui entretient l'ordre et la subordination, est l'ouvrage de Dieu, ou suppose une loi divine : une trop grande disproportion, et telle qu'elle se remarque parmi les hommes, est leur ouvrage, ou la loi des plus forts.

Les extrémités sont vicieuses, et partent de l'homme : toute compensation est juste, et vient de Dieu.

50 [I]

Si on ne goûte point ces *Caractères*[a], je m'en étonne ; et si on les goûte, je m'en étonne de même.

Fin des *Caractères*

---

a. VAR. « Si l'on ne goûte point ces remarques que j'ai écrites » [I-III].

DISCOURS DE RÉCEPTION A L'ACADÉMIE FRANÇAISE

PRÉFACE

Ceux qui, interrogés sur le discours que je fis à l'Académie française, le jour que j'eus l'honneur d'y être reçu, ont dit sèchement que j'avais fait des caractères, croyant le blâmer, en ont donné l'idée la plus avantageuse que je pouvais moi-même désirer ; car le public ayant approuvé ce genre d'écrire où je me suis appliqué depuis quelques années, c'était le prévenir en ma faveur que de faire une telle réponse. Il ne restait plus que de savoir si je n'aurais pas dû renoncer aux caractères dans le discours dont il s'agissait ; et cette question s'évanouit dès qu'on sait que l'usage a prévalu qu'un nouvel académicien compose celui qu'il doit prononcer, le jour de sa réception, de l'éloge du Roi, de ceux du cardinal de Richelieu, du chancelier Seguier, de la personne à qui il succède, et de l'Académie française. De ces cinq éloges, il y en a quatre de personnels ; or je demande à mes censeurs qu'ils me posent si bien la différence qu'il y a des éloges personnels aux caractères qui louent, que je la puisse sentir, et avouer ma faute. Si, chargé de faire quelque autre harangue, je retombe encore dans des peintures, c'est alors qu'on pourra écouter leur critique, et peut-être me condamner ; je dis peut-être, puisque les caractères, ou du moins les images des choses et des personnes, sont inévitables dans l'oraison, que tout écrivain est peintre, et tout excellent écrivain excellent peintre.

J'avoue que j'ai ajouté à ces tableaux, qui étaient de commande, les louanges de chacun des hommes illustres qui composent l'Académie française ; et ils ont dû me le pardonner, s'ils ont fait attention qu'autant pour ménager leur pudeur que pour éviter les caractères, je me suis abstenu de toucher à leurs personnes, pour ne parler que de leurs ouvrages, dont j'ai fait des éloges publics plus ou moins étendus, selon que les sujets qu'ils y ont traités pouvaient l'exiger. — J'ai loué des académiciens encore vivants, disent quelques uns. — Il est vrai ; mais je les ai loués tous : qui d'entre eux aurait une raison de se plaindre ? — C'est une coutume toute nouvelle, ajoutent-ils, et qui n'avait point encore eu d'exemple. — Je veux en convenir, et que j'ai pris soin de m'écarter des lieux communs et des phrases proverbiales usées depuis si longtemps, pour voir servi à un nombre infini de pareils discours depuis la naissance de l'Académie française. M'était-il donc si difficile de faire entrer Rome et Athènes, le Lycée et le Portique, dans l'éloge de cette savante compagnie ? *Être au comble de ses vœux de se voir académicien ; protester que ce jour où l'on jouit pour la première fois d'un si rare bonheur est le jour le plus beau de sa vie ; douter si cet honneur qu'on vient de recevoir est une chose vraie ou qu'on ait songée ; espérer de puiser désormais à la source les plus pures eaux de l'éloquence française ; n'avoir accepté, n'avoir désiré une telle place que pour profiter des lumières de tant de personnes si éclairées ; promettre que tout indigne de leur choix qu'on se reconnaît, on s'efforcera de s'en rendre digne* : cent autres formules de pareils compliments sont-elles si rares et si peu connues que je n'eusse pu les trouver, les placer, et en mériter des applaudissements ?

Parce donc que j'ai cru que, quoi que l'envie et l'injustice publient de l'Académie française, quoi qu'elles veuillent dire de son âge d'or et de sa décadence, elle n'a jamais, depuis son établissement, rassemblé un si grand nombre de personnages illustres pour toutes sortes de talents et en tout genre d'érudition, qu'il est facile aujourd'hui d'y en remarquer ; et que dans cette prévention où je suis, je n'ai pas espéré que cette Compagnie pût être une autre fois plus belle à peindre, ni prise dans un jour plus favorable, et que je me suis servi de l'occasion, ai-je rien fait qui doive m'attirer les moindres reproches ? Cicéron a pu louer impunément Brutus, César, Pompée, Marcellus, qui étaient vivants, qui étaient présents : il les a loués plusieurs fois ; il les a loués seuls dans le sénat, souvent en présence de leurs ennemis, toujours devant une compagnie jalouse de leur mérite, et qui avait bien d'autres délicatesses de politique sur la vertu des grands hommes que n'en saurait avoir l'Académie française. J'ai loué les académiciens, je les ai loués tous, et ce n'a pas été impunément : que me serait-il arrivé si je les avais blâmés tous ?

Je viens d'entendre, a dit Théobalde, *une grande vilaine harangue qui m'a fait bâiller vingt fois, et qui m'a ennuyé à la mort*. Voilà ce qu'il a dit, et voilà ensuite ce qu'il a fait, lui et peu d'autres qui ont cru devoir entrer dans les mêmes intérêts. Ils partirent pour la cour le lendemain de la prononciation de ma harangue, ils allèrent de maisons en maisons ; ils dirent aux personnes auprès de qui ils ont accès que je leur avais balbutié la veille un discours où il n'y avait ni style ni sens commun, qui était rempli d'extravagances, et une vraie satire. Revenus à Paris, ils se cantonnèrent en divers quartiers, où ils répandirent tant de venin contre moi, s'acharnèrent si fort à diffamer cette harangue, soit dans leurs conversations, soit dans les lettres qu'ils écrivirent à leurs amis dans les provinces, en dirent tant de mal, et le persuadèrent si fortement à qui ne l'avait pas entendue, qu'ils crurent pouvoir insinuer au public, ou que les *Caractères* faits de la même main étaient mauvais, ou que s'ils étaient bons, je n'en étais pas l'auteur, mais qu'une femme de mes amies m'avait fourni ce qu'il y avait de plus supportable. Ils prononcèrent aussi que je n'étais pas capable de faire rien de suivi, pas même la moindre préface : tant ils estimaient impraticable à un homme même qui est dans l'habitude de penser, et d'écrire ce qu'il pense, l'art de lier ses pensées et de faire des transitions.

Ils firent plus : violant les lois de l'Académie française, qui défend aux académiciens d'écrire ou de faire écrire contre leurs confrères, ils lâchèrent sur moi deux auteurs associés à une même gazette [a] ; ils les animèrent, non pas à publier contre moi une satire fine et ingénieuse, ouvrage trop au-dessous des uns et des autres, *facile à manier, et dont les moindres esprits se trouvent capables,* mais à me dire de ces injures grossières et personnelles, si difficiles à rencontrer, si pénibles à prononcer ou à écrire, surtout à des gens à qui je veux croire qu'il reste encore quelque pudeur et quelque soin de leur réputation.

Et en vérité je ne doute point que le public ne soit enfin étourdi et fatigué d'entendre, depuis quelques années, de vieux corbeaux croasser autour de ceux qui, d'un vol libre et d'une plume légère, se sont élevés à quelque gloire par leurs écrits. Ces oiseaux lugubres semblent, par leurs cris continuels, leur vouloir imputer le décri universel où tombe nécessairement tout ce qu'ils exposent au grand jour de l'impression : comme si on était cause qu'ils manquent de force et d'haleine, ou qu'on dût être responsable de cette médiocrité répandue sur leurs ouvrages. S'il s'imprime un livre de mœurs assez mal digéré pour tomber de soi-même et ne pas exciter leur jalousie, ils le louent volontiers, et plus volontiers encore ils n'en parlent point ; mais s'il est tel que le monde en parle, ils l'attaquent avec furie. Prose, vers, tout est sujet à leur censure, tout est en proie à une haine implacable, qu'ils ont conçue contre ce qui ose paraître dans quelque perfection, et avec les signes d'une approbation publique. On ne sait plus quelle morale leur fournir qui leur agrée : il faudra leur rendre celle de la Serre ou de des Marets, et s'ils en sont crus, revenir au *Pédagogue chrétien* et à *la Cour sainte*. Il paraît une nouvelle satire écrite contre les vices en général, qui, d'un vers fort et d'un style d'airain, enfonce ses traits contre l'avarice, l'excès du jeu, la chicane, la mollesse, l'ordure et l'hypocrisie, où personne n'est nommé ni désigné, où nulle femme vertueuse ne peut ni ne doit se reconnaître ; un BOURDALOUE en chaire ne fait point de peintures du crime ni plus vives ni plus innocentes : il n'importe, *c'est médisance, c'est calomnie*. Voilà depuis quelque temps leur unique ton, celui qu'ils emploient contre les ouvrages de mœurs qui réussissent : ils y prennent tout littéralement, ils les lisent comme une histoire, il n'y entendent ni la poésie ni la figure ; ainsi ils les condamnent ; ils y trouvent des endroits faibles : il y en a dans Homère, dans Pindare, dans Virgile et dans Horace ; où n'y en a-t-il point ? si ce n'est peut-être dans leurs écrits. BERNIN n'a pas manié le marbre ni traité toutes ses figures d'une égale force ; mais on ne laisse pas de voir, dans ce qu'il a moins heureusement

---

a. Merc. gal. (Note de La Bruyère.) — C'est-à-dire *Mercure galant*.

rencontré, de certains traits si achevés, tout proche de quelques autres qui le sont moins, qu'ils découvrent aisément l'excellence de l'ouvrier : si c'est un cheval, les crins sont tournés d'une main hardie, ils voltigent et semblent être le jouet du vent ; l'œil est ardent, les naseaux soufflent le feu et la vie ; un ciseau de maître s'y retrouve en mille endroits ; il n'est pas donné à ses copistes ni à ses envieux d'arriver à de telles fautes par leurs chefs-d'œuvre : l'on voit bien que c'est quelque chose de manqué par un habile homme, et une faute de PRAXITÈLE.

Mais qui sont ceux qui, si tendres et si scrupuleux, ne peuvent même supporter que, sans blesser et sans nommer les vicieux, on se déclare contre le vice ? sont-ce des chartreux et des solitaires ? sont-ce les jésuites, hommes pieux et éclairés ? sont-ce ces hommes religieux qui habitent en France les cloîtres et les abbayes ? Tous au contraire lisent ces sortes d'ouvrages, et en particulier, et en public, à leurs récréations ; ils en inspirent la lecture à leurs pensionnaires, à leurs élèves ; ils en dépeuplent les boutiques, ils les conservent dans leurs bibliothèques. N'ont-ils pas les premiers reconnu le plan et l'économie du livre des *Caractères* ? N'ont-ils pas observé que de seize chapitres qui le composent, il y en a quinze qui, s'attachant à découvrir le faux et le ridicule qui se rencontrent dans les objets des passions et des attachements humains, ne tendent qu'à ruiner tous les obstacles qui affaiblissent d'abord, et qui éteignent ensuite dans tous les hommes la connaissance de Dieu ; qu'ainsi ils ne sont que des préparations au seizième et dernier chapitre, où l'athéisme est attaqué, et peut-être confondu ; où les preuves de Dieu, une partie du moins de celles que les faibles hommes sont capables de recevoir dans leur esprit, sont apportées ; où la providence de Dieu est défendue contre l'insulte et les plaintes des libertins ? Qui sont donc ceux qui osent répéter contre un ouvrage si sérieux et si utile ce continuel refrain : *C'est médisance, c'est calomnie* ? Il faut les nommer : ce sont des poètes ; mais quels poètes ? Des auteurs d'hymnes sacrés ou des traducteurs de psaumes, des Godeaux ou des Corneilles ? Non, mais des faiseurs de stances et d'élégies amoureuses, de ces beaux esprits qui tournent un sonnet sur une absence ou sur un retour, qui font une épigramme sur une belle gorge, et un madrigal sur une jouissance. Voilà ceux qui, par délicatesse de conscience, ne souffrent qu'impatiemment qu'en ménageant les particuliers avec toutes les précautions que la prudence peut suggérer, j'essaye, dans mon livre des *Mœurs,* de décrier, s'il est possible, tous les vices du cœur et de l'esprit, de rendre l'homme raisonnable et plus proche de devenir chrétien. Tels ont été les Théobaldes, ou ceux du moins qui travaillent sous eux et dans leur atelier.

Ils sont encore allés plus loin ; car palliant d'une politique zélée le chagrin de ne se sentir pas à leur gré si bien loués et si longtemps que chacun des autres académiciens, ils ont osé faire des applications délicates et dangereuses de l'endroit de ma harangue où, m'exposant seul à prendre le parti de toute la littérature contre leurs plus irréconciliables ennemis, gens pécunieux, que l'excès d'argent ou qu'une fortune faite par de certaines voies, jointe à la faveur des Grands, qu'elle leur attire nécessairement, mène jusqu'à une froide insolence, je leur fais à la vérité à tous une vive apostrophe, mais qu'il n'est pas permis de détourner de dessus eux pour la rejeter sur un seul, et sur tout autre.

Ainsi en usent à mon égard, excités peut-être par les Théobaldes, ceux qui, se persuadant qu'un auteur écrit seulement pour les amuser par la satire, et point du tout pour les instruire par une saine morale, au lieu de prendre pour eux et de faire servir à la correction de leurs mœurs les divers traits qui sont semés dans un ouvrage, s'appliquent à découvrir, s'ils le peuvent, quels de leurs amis ou de leurs ennemis ces traits peuvent regarder, négligent dans un livre tout ce qui n'est que remarques solides ou sérieuses réflexions, quoique en si grand nombre qu'elles le composent presque tout entier, pour ne s'arrêter qu'aux peintures ou aux caractères ; et après les avoir expliqués à leur manière et en avoir cru trouver les originaux, donnent au public de longues listes, ou, comme ils les appellent, des clefs : fausses clefs, et qui leur sont aussi inutiles qu'elles sont injurieuses aux personnes dont les noms s'y voient déchiffrés, et à l'écrivain qui en est la cause, quoique innocente.

J'avais pris la précaution de protester dans une préface contre toutes ces interprétations, que quelque connaissance que j'ai des hommes m'avait fait prévoir, jusqu'à hésiter quelque temps si je devais rendre mon livre public, et à balancer entre le désir d'être utile à ma patrie par mes écrits, et la crainte de fournir à quelques-uns de quoi exercer leur malignité. Mais puisque j'ai eu la faiblesse de publier ces *Caractères,* quelle digue élèverai-je contre ce déluge d'explications qui inonde la ville, et qui bientôt va gagner la cour ? Dirai-je sérieusement, et protesterai-je avec d'horribles serments, que je ne suis ni auteur ni complice de ces clefs qui courent ; que je n'en ai donné aucune ; que mes plus familiers amis savent que je les leur ai toutes refusées ; que les personnes les plus accréditées de la cour ont désespéré d'avoir mon secret ? N'est-ce pas la même chose que si je me tourmentais beaucoup à soutenir que je ne suis pas un malhonnête homme, un homme sans pudeur, sans mœurs, sans conscience, tel enfin que les gazetiers dont je viens de parler ont voulu me représenter dans leur libelle diffamatoire ?

Mais d'ailleurs comment aurais-je donné ces sortes de clefs, si je n'ai pu moi-même les forger telles qu'elles sont et que je les ai vues ? Étant presque toutes différentes entre elles, quel moyen de les faire servir à une même entrée, je veux dire à l'intelligence de mes *Remarques* ? Nommant des personnes de la cour et de la ville à qui je n'ai jamais parlé, que je ne connais point, peuvent-elles partir de moi et être distribuées de ma main ? Aurais-je donné celles qui se fabriquent à Romorentin, à Mortaigne et à Belesme, dont les différentes applications sont à la baillive, à la femme de l'assesseur, au président de l'Élection, au prévôt de la maréchaussée et au prévôt de la collégiate ? Les noms y sont fort bien marqués ; mais ils ne m'aident pas davantage à connaître les personnes. Qu'on me permette ici une vanité sur mon ouvrage : je suis presque disposé à croire qu'il faut que mes peintures expriment bien l'homme en général, puisqu'elles ressemblent à tant de particuliers, et que chacun y croit voir ceux de sa ville ou de sa province. J'ai peint à la vérité d'après nature, mais je n'ai pas toujours songé à peindre celui-ci ou celle-là dans mon livre des *Mœurs*. Je ne me suis point loué au public pour faire des portraits qui ne fussent que vrais et ressemblants, de peur que quelquefois ils ne fussent pas croyables, et ne parussent feints ou imaginés. Me rendant plus difficile, je suis allé plus loin : j'ai pris un trait d'un côté et un trait d'un autre ; et de ces divers traits qui pouvaient convenir à une même personne, j'en ai fait des peintures vraisemblables, cherchant moins à réjouir les lecteurs par le caractère, ou comme le disent les mécontents, par la satire de quelqu'un, qu'à leur proposer des défauts à éviter et des modèles à suivre.

Il me semble donc que je dois être moins blâmé que plaint de ceux qui par hasard verraient leurs noms écrits dans ces insolentes listes, que je désavoue et que je condamne autant qu'elles le méritent. J'ose même attendre d'eux cette justice, que sans s'arrêter à un auteur moral qui n'a eu nulle intention de les offenser par son ouvrage, ils passeront jusqu'aux interprètes, dont la noirceur est inexcusable. Je dis en effet ce que je dis, et nullement ce qu'on assure que j'ai voulu dire ; et je réponds encore moins de ce qu'on me fait dire, et que je ne dis point. Je nomme nettement les personnes que je veux nommer, toujours dans la vue de louer leur vertu ou leur mérite ; j'écris leurs noms en lettres capitales, afin qu'on les voie de loin, et que le lecteur ne coure pas risque de les manquer. Si j'avais voulu mettre des noms véritables aux peintures moins obligeantes, je me serais épargné le travail d'emprunter les noms de l'ancienne histoire, d'employer des lettres initiales, qui n'ont qu'une signification vaine et incertaine, de trouver enfin mille tours et mille faux-fuyants pour dépayser ceux qui me lisent, et les dégoûter des applications. Voilà la conduite que j'ai tenue dans la composition des *Caractères*.

Sur ce qui concerne la harangue, qui a paru longue et ennuyeuse au chef des mécontents, je ne sais en effet pourquoi j'ai tenté de faire de ce remerciement à l'Académie française un discours oratoire qui eût quelque force et quelque étendue. De zélés académiciens m'avaient déjà frayé ce chemin ; mais ils se sont trouvés en petit nombre, et leur zèle pour l'honneur et pour la réputation de l'Académie n'a eu que peu d'imitateurs. Je pouvais suivre l'exemple de ceux qui, postulant une place dans cette compagnie sans avoir jamais rien écrit, quoiqu'ils sachent écrire, annoncent dédaigneusement, la veille de leur réception, qu'ils n'ont que deux mots à dire et qu'un moment à parler, quoique capables de parler longtemps et de parler bien.

J'ai pensé au contraire qu'ainsi que nul artisan n'est agrégé à aucune société, ni n'a ses lettres de maîtrise sans faire son chef-d'œuvre, de même et avec encore plus de bienséance, un homme associé à un corps qui ne s'est soutenu et ne peut jamais se soutenir que par l'éloquence, se trouvait engagé à faire, en y entrant, un effort en ce genre, qui le fît aux yeux de tous paraître digne du choix dont il venait de l'honorer. Il me semblait encore que puisque l'éloquence profane ne paraissait plus régner au barreau, d'où elle a été bannie par la nécessité de l'expédition, et qu'elle ne devait plus être admise dans la chaire, où elle n'a été que trop soufferte, le seul asile qui pouvait lui rester était l'Académie française ; et qu'il n'y avait rien de plus naturel, ni qui pût rendre cette Compagnie plus célèbre, que si, au sujet des réceptions de nouveaux académiciens, elle savait quelquefois attirer la cour et la ville à ses assemblées, par la curiosité d'y entendre des pièces d'éloquence d'une juste étendue, faites de main de maîtres, et dont la profession est d'exceller dans la science de la parole.

Si je n'ai pas atteint mon but, qui était de prononcer un discours éloquent, il me paraît du moins que je me suis disculpé de l'avoir fait trop long de quelques minutes ; car si d'ailleurs Paris, à qui on l'avait promis mauvais, satirique et insensé, s'est plaint qu'on lui avait manqué de parole ; si Marly, où la curiosité de l'entendre s'était répandue, n'a point retenti d'applaudissements que la cour ait donnés à la critique qu'on en avait faite ; s'il a su franchir Chantilly, écueil des mauvais ouvrages ; si l'Académie française, à qui j'avais appelé comme au juge souverain de ces sortes de pièces, étant assemblée extraordinairement, a adopté celle-ci, l'a fait imprimer par son libraire, l'a mise dans ses archives ; si elle n'était pas en effet composée *d'un style affecté, dur et interrompu,* ni chargée de louanges fades et outrées, telles qu'on les lit dans les *prologues d'opéras,* et dans tant d'*épîtres dédicatoires,* il ne faut plus s'étonner qu'elle ait ennuyé Théobalde. Je vois les temps, le public me permettra de le dire, où ce ne sera pas assez de l'approbation qu'il aura donnée à un ouvrage pour en faire la réputation, et que pour y mettre le dernier sceau, il sera nécessaire que de certaines gens le désapprouvent, qu'ils y aient bâillé.

Car voudraient-ils, présentement qu'ils ont reconnu que cette harangue a moins mal réussi dans le public qu'ils ne l'avaient espéré, qu'ils savent que deux libraires ont plaidé[a] à qui l'imprimerait, voudraient-ils désavouer leur goût et le jugement qu'ils en ont porté dans les premiers jours qu'elle fut prononcée ? Me permettraient-ils de publier, ou seulement de soupçonner, une tout autre raison de l'âpre censure qu'ils en firent, que la persuasion où ils étaient qu'elle la méritait ? On sait que cet homme, d'un nom et d'un mérite si distingué, avec qui j'eus l'honneur d'être reçu à l'Académie française, prié, sollicité, persécuté de consentir à l'impression de sa harangue, par ceux mêmes qui voulaient supprimer la mienne et en éteindre la mémoire, leur résista toujours avec fermeté. Il leur dit *qu'il pouvait ni ne devait approuver une distinction si odieuse qu'ils voulaient faire entre lui et moi ; que la préférence qu'ils donnaient à son discours avec cette affectation et cet empressement qu'ils lui marquaient, bien loin de l'obliger, comme ils pouvaient le croire, lui faisait au contraire une véritable peine ; que deux discours également innocents, prononcés dans le même jour, devaient être imprimés dans le même temps.* Il s'expliqua ensuite obligeamment, en public et en

---

a. L'instance était aux Requêtes de l'Hôtel. (Note de La Bruyère.)

particulier, sur le violent chagrin qu'il ressentait de ce que les deux auteurs de la gazette que j'ai cités avaient fait servir les louanges qu'il leur avait plu de lui donner à un dessein formé de médire de moi, de mon discours et de mes *Caractères* ; et il me fit, sur cette satire injurieuse, des explications et des excuses qu'il ne me devait point. Si donc on voulait inférer de cette conduite des Théobaldes, qu'ils ont cru faussement avoir besoin de comparaisons et d'une harangue folle et décriée pour relever celle de mon collègue, ils doivent répondre, pour se laver de ce soupçon qui les déshonore, qu'ils ne sont ni courtisans, ni dévoués à la faveur, ni intéressés, ni adulateurs ; qu'au contraire ils sont sincères, et qu'ils ont dit naïvement ce qu'ils pensaient du plan, du style et des expressions de mon remerciement à l'Académie française. Mais on ne manquera pas d'insister et de leur dire que le jugement de la cour et de la ville, des grands et du peuple, lui a été favorable. Qu'importe ? Ils répliqueront avec confiance que le public a son goût, et qu'ils ont le leur : réponse qui ferme la bouche et qui termine tout différend. Il est vrai qu'elle m'éloigne de plus en plus de vouloir leur plaire par aucun de mes écrits ; car si j'ai un peu de santé avec quelques années de vie, je n'aurai plus d'autre ambition que celle de rendre, par des soins assidus et par de bons conseils, mes ouvrages tels qu'ils puissent toujours partager les Théobaldes et le public.

DISCOURS
PRONONCÉ DANS
L'ACADÉMIE FRANÇAISE
LE LUNDI QUINZIÈME JUIN 1693

Messieurs,

Il serait difficile d'avoir l'honneur de se trouver au milieu de vous, d'avoir devant ses yeux l'Académie française, d'avoir lu l'histoire de son établissement, sans penser d'abord à celui à qui elle en est redevable, et sans se persuader qu'il n'y a rien de plus naturel, et qui doive moins vous déplaire, que d'entamer ce tissu de louanges qu'exigent le devoir et la coutume, par quelques traits où ce grand cardinal soit reconnaissable, et qui en renouvellent la mémoire.

Ce n'est point un personnage qu'il soit facile de rendre ni d'exprimer par de belles paroles ou par de riches figures, par ces discours moins faits pour relever le mérite de celui que l'on veut peindre, que pour montrer tout le feu et toute la vivacité de l'orateur. Suivez le règne de Louis le Juste : c'est la vie du cardinal de Richelieu, c'est son éloge et celui du prince qui l'a mis en œuvre. Que pourrais-je ajouter à des faits encore récents et si mémorables ? Ouvrez son *Testament politique,* digérez cet ouvrage : c'est la peinture de son esprit ; son âme tout entière s'y développe ; l'on y découvre le secret de sa conduite et de ses actions ; l'on y trouve la source et la vraisemblance de tant et de si grands événements qui ont paru sous son administration : l'on y voit sans peine qu'un homme qui pense si virilement et si juste a pu agir sûrement et avec succès, et que celui qui a achevé de si grandes choses, ou n'a jamais écrit, ou a dû écrire comme il a fait.

Génie fort et supérieur, il a su tout le fond et tout le mystère du gouvernement ; il a connu le beau et le sublime du ministère ; il a respecté l'étranger, ménagé les couronnes, connu le poids de leur alliance ; il a opposé des alliés à des ennemis ; il a veillé aux intérêts du dehors, à ceux du dedans. Il n'a oublié que les siens : une vie laborieuse et languissante, souvent exposée, a été le prix d'une si haute vertu ; dépositaire des trésors de son maître, comblé de ses bienfaits, ordonnateur, dispensateur de ses finances, on ne saurait dire qu'il est mort riche.

Le croirait-on, Messieurs ? cette âme sérieuse et austère, formidable aux ennemis de l'État, inexorable aux factieux, plongée dans la négociation, occupée tantôt à affaiblir le parti de l'hérésie, tantôt à déconcerter une ligue, et tantôt à méditer une conquête, a trouvé le loisir d'être savante, a goûté les belles-lettres et ceux qui en faisaient profession. Comparez-vous, si vous l'osez, au grand Richelieu, hommes dévoués à la fortune, qui, par le succès de vos affaires particulières, vous jugez dignes que l'on vous confie les affaires publiques ; qui vous donnez pour des génies heureux et pour de bonnes têtes ; qui dites que vous ne savez rien, que vous n'avez jamais lu, que vous ne lirez point, ou pour marquer l'inutilité des sciences, ou pour paraître ne devoir rien aux autres, mais puiser tout de votre fonds. Apprenez que le cardinal de Richelieu a su, qu'il a lu : je ne dis pas qu'il n'a point eu d'éloignement pour les gens de lettres, mais qu'il les a aimés, caressés, favorisés, qu'il leur a ménagé des privilèges, qu'il leur destinait des pensions, qu'il les a réunis en une Compagnie célèbre, qu'il en a fait l'Académie française. Oui, hommes riches et ambitieux, contempteurs de la vertu, et de toute association qui ne roule pas sur les établissements et sur l'intérêt, celle-ci est une des pensées de ce grand ministre, né homme d'État, dévoué à l'État, esprit solide, éminent, capable dans ce qu'il faisait des motifs les plus relevés et qui tendaient au bien public comme à la gloire de la monarchie ; incapable de concevoir jamais rien qui ne fût digne de lui, du prince qu'il servait, de la France, à qui il avait consacré ses méditations et ses veilles.

Il savait quelle est la force et l'utilité de l'éloquence, la puissance de la parole qui aide la raison et la fait valoir, qui insinue aux hommes la justice et la probité, qui porte dans le cœur du soldat l'intrépidité et l'audace, qui calme les émotions populaires, qui excite à leurs devoirs les compagnies entières ou la multitude. Il n'ignorait pas quels sont les fruits de l'histoire et de la poésie, quelle est la nécessité de la grammaire, la base et le fondement des autres sciences ; et que pour conduire ces choses à un degré de perfection qui les rendît avantageuses à la République, il fallait dresser le plan d'une compagnie où la vertu seule fût admise, le mérite placé, l'esprit et le savoir rassemblés par des suffrages. N'allons pas plus loin : voilà, Messieurs, vos principes et votre règle, dont je ne suis qu'une exception.

Rappelez en votre mémoire, la comparaison ne vous sera pas injurieuse, rappelez ce grand et premier concile où les Pères qui le composaient étaient remarquables chacun par quelques membres mutilés, ou par les cicatrices qui leur étaient restées des fureur de la persécution ; ils semblaient tenir de leurs plaies le droit de s'asseoir dans cette assemblée générale de toute l'Église : il n'y avait aucun de vos illustres prédécesseurs qu'on ne s'empressât de voir, qu'on ne montrât dans les places, qu'on ne désignât par quelque ouvrage fameux qui lui avait fait un grand nom, et qui lui donnait rang dans cette Académie naissante qu'ils avaient comme fondée. Tels étaient ces grands artisans de la parole, ces premiers maîtres de l'éloquence française ; tels vous êtes, Messieurs, qui ne cédez ni en savoir ni en mérite à nul de ceux qui vous ont précédés.

L'un, aussi correct dans sa langue que s'il l'avait apprise par règles et par principes, aussi élégant dans les langues étrangères que si elles lui étaient naturelles, en quelque idiome qu'il compose, semble toujours parler celui de son pays : il a entrepris, il a fini une pénible traduction, que le plus bel esprit pourrait avouer, et que le plus pieux personnage devrait désirer d'avoir faite.

L'autre fait revivre Virgile parmi nous, transmet dans notre langue les grâces et les richesses de la latine, fait des romans qui ont une fin, en bannit le prolixe et l'incroyable, pour y substituer le vraisemblable et le naturel.

Un autre, plus égal que Marot et plus poète que Voiture, a le jeu, le tour, et la naïveté de tous les deux ; il instruit en badinant, persuade aux hommes la vertu par l'organe des bêtes, élève les petits sujets jusqu'au sublime : homme unique dans son genre d'écrire ; toujours original, soit qu'il invente, soit qu'il traduise ; qui a été au delà de ses modèles, modèle lui-même difficile à imiter.

Celui-ci passe Juvénal, atteint Horace, semble créer les pensées d'autrui et se rendre propre tout ce qu'il manie ; il a dans ce qu'il emprunte des autres toutes les grâces de la nouveauté et tout le mérite de l'invention. Ses vers, forts et harmonieux, faits de génie, quoique travaillés avec art, pleins de traits et de poésie, seront lus encore quand la langue aura vieilli, en seront les derniers débris : on y remarque une critique sûre, judicieuse et innocente, s'il est permis du moins de dire de ce qui est mauvais qu'il est mauvais.

Cet autre vient après un homme loué, applaudi, admiré, dont les vers volent en tous lieux et passent en proverbe, qui prime, qui règne sur la scène, qui s'est emparé de tout le théâtre. Il ne l'en dépossède pas, il est vrai ; mais il s'y établit avec lui : le monde s'accoutume à en voir faire la comparaison. Quelques-uns ne souffrent pas que Corneille, le grand Corneille, lui soit préféré ; quelques autres, qu'il lui soit égalé : ils en appellent à l'autre siècle ; ils attendent la fin de quelques vieillards qui, touchés indifféremment de tout ce qui rappelle leurs premières années, n'aiment peut-être dans *Œdipe* que le souvenir de leur jeunesse.

Que dirai-je de ce personnage qui a fait parler si longtemps une envieuse critique et qui l'a fait taire ; qu'on admire malgré soi, qui accable par le grand nombre et par l'éminence de ses talents ? Orateur, historien, théologien, philosophe, d'une rare érudition, d'une plus rare éloquence, soit dans ses entretiens, soit dans ses écrits, soit dans la chaire ; un défenseur de la religion, une lumière de l'Église, parlons d'avance le langage de la postérité, un Père de l'Église. Que n'est-il point ? Nommez, Messieurs, une vertu qui ne soit pas la sienne.

Toucherai-je aussi votre dernier choix, si digne de vous ? Quelles choses vous furent dites dans la place où je me trouve ! Je m'en souviens ; et après ce que vous avez entendu, comment osé-je parler ? comment daignez-vous m'entendre ? Avouons-le, on sent la force et l'ascendant de ce rare esprit, soit qu'il prêche de génie et sans préparation, soit qu'il prononce un discours étudié et oratoire, soit qu'il explique ses pensées dans la conversation : toujours maître de l'oreille et du cœur de ceux qui l'écoutent, il ne leur permet pas d'envier ni tant d'élévation, ni tant de facilité, de délicatesse, de politesse. On est assez heureux de l'entendre, de sentir ce qu'il dit, et comme il le dit ; on doit être content de soi, si l'on emporte ses réflexions et si l'on en profite. Quelle grande acquisition avez-vous faite en cet homme illustre ! A qui m'associez-vous !

Je voudrais, Messieurs, moins pressé par le temps et par les bienséances qui mettent des bornes à ce discours, pouvoir louer chacun de ceux qui composent cette Académie par des endroits encore plus marqués et par de plus vives expressions. Toutes les sortes de talents que l'on voit répandus parmi les hommes se trouvent partagés entre vous. Veut-on de diserts orateurs, qui aient semé dans la chaire toutes les fleurs de l'éloquence, qui, avec une saine morale, aient employé tous les tours et toutes les finesses de la langue, qui plaisent par un beau choix de paroles, qui fassent aimer les solennités, les temples, qui y fassent courir ? qu'on ne les cherche pas ailleurs, ils sont parmi vous. Admire-t-on une vaste et profonde littérature qui aille fouiller dans les archives de l'antiquité pour en retirer des choses ensevelies dans l'oubli, échappées aux esprits les plus curieux, ignorées des autres hommes ; une mémoire, une méthode, une précision à ne pouvoir dans ces recherches s'égarer d'une seule année, quelquefois d'un seul jour sur tant de siècles ? cette doctrine admirable, vous la possédez ; elle est du moins en quelques-uns de ceux qui forment cette savante assemblée. Si l'on est curieux du don des langues, joint au double talent de savoir avec exactitude les choses anciennes, et de narrer celles qui sont nouvelles avec autant de simplicité que de vérité, des qualités si rares ne vous manquent pas et sont réunies en un même sujet. Si l'on cherche des hommes habiles, pleins d'esprit et d'expérience, qui, par le privilège de leurs emplois, fassent parler le Prince avec dignité et avec justesse ; d'autres qui placent heureusement et avec succès, dans les négociations les plus délicates, les talents qu'ils ont de bien parler et de bien écrire ; d'autres encore qui prêtent leurs soins et leur vigilance aux affaires publiques, après les avoir employés aux judiciaires, toujours avec une égale réputation : tous se trouvent au milieu de vous, et je souffre à ne pas les nommer.

Si vous aimez le savoir joint à l'éloquence, vous n'attendrez pas longtemps : réservez seulement toute votre attention pour celui qui parlera après moi. Que vous manque-t-il enfin ? vous avez des écrivains habiles en l'une et en l'autre oraison ; des poètes en tout genre de poésies, soit morales, soit chrétiennes, soit héroïques, soit galantes et enjouées ; des imitateurs des anciens ; des critiques austères ; des esprits fins, délicats, subtils, ingénieux, propres à briller dans les conversations et dans les cercles. Encore une fois, à quels hommes, à quels grands sujets m'associez-vous !

Mais avec qui daignez-vous aujourd'hui me recevoir ? Après qui vous fais-je ce public remerciement ? Il ne doit pas néanmoins, cet homme si louable et si modeste, appréhender que je le loue : si proche de moi, il aurait autant de facilité que de disposition à m'interrompre. Je vous demanderai plus volontiers : A qui me faites-vous succéder ! A un homme QUI AVAIT DE LA VERTU.

Quelquefois, Messieurs, il arrive que ceux qui vous doivent les louanges des illustres morts dont ils remplissent la place, hésitent, partagés entre plusieurs choses qui méritent également qu'on les relève. Vous aviez choisi en M. l'abbé de la Chambre un homme si pieux, si tendre, si charitable, si louable par le cœur, qui avait des mœurs si sages et si chrétiennes, qui était si touché de religion, si attaché à ses devoirs, qu'une de ses moindres qualités était de bien écrire. De solides vertus, qu'on voudrait célébrer, font passer légèrement sur son érudition ou sur son éloquence ; on estime encore plus sa vie et sa conduite que ses ouvrages. Je préférerais en effet de prononcer le discours funèbre de celui à qui je succède, plutôt que de me borner à un simple éloge de son esprit. Le mérite en lui n'était pas une chose acquise, mais un patrimoine, un bien héréditaire, si du moins il en faut juger par le choix de celui qui avait livré son cœur, sa confiance, toute sa personne, à cette famille, qui l'avait rendue comme votre alliée, puisqu'on peut dire qu'il l'avait adoptée, et qu'il l'avait mise avec l'Académie française sous sa protection.

Je parle du chancelier Seguier. On s'en souvient comme de l'un des plus grands magistrats que la France ait nourris depuis ses commencements. Il a laissé à douter en quoi il excellait davantage, ou dans les belles-lettres, ou dans les affaires ; il est vrai du moins, et on en convient, qu'il surpassait en l'un et en l'autre tous ceux de son temps. Homme grave et familier, profond dans les délibérations, quoique doux et facile dans le commerce, il a eu naturellement ce que tant d'autres veulent avoir et ne se donnent pas, ce qu'on n'a point par l'étude et par l'affectation, par les mots graves ou sentencieux, ce qui est plus rare que la science, et peut-être que la probité, je veux dire de la dignité. Il ne la devait point à l'éminence de son poste ; au contraire, il l'a anobli : il a été grand et accrédité sans ministère, et on ne voit pas que ceux qui ont su tout réunir en leurs personnes l'aient effacé.

Vous le perdîtes il y a quelques années, ce grand protecteur. Vous jetâtes la vue autour de vous, vous promenâtes vos yeux sur tous ceux qui s'offraient et qui se trouvaient honorés de vous recevoir ; mais le sentiment de votre perte fut tel, que dans les efforts que vous fîtes pour la réparer, vous osâtes penser à celui qui seul pouvait vous la faire oublier et la tourner à votre gloire. Avec quelle bonté, avec quelle humanité ce magnanime prince vous a-t-il reçu ! N'en soyons pas surpris, c'est son caractère : le même, Messieurs, que l'on voit éclater dans toutes les actions de sa belle vie, mais que les surprenantes révolutions arrivées dans un royaume voisin et allié de la France ont mis dans le plus beau jour qu'il pouvait jamais recevoir.

Quelle facilité est la nôtre pour perdre tout d'un coup le sentiment et la mémoire des choses dont nous nous sommes vus le plus fortement imprimés ! Souvenons-nous de ces jours tristes que nous avons passés dans l'agitation et dans le trouble, curieux, incertains quelle fortune auraient courue un grand roi, une grande reine, le prince leur fils, famille auguste, mais malheureuse, que la piété et la religion avaient poussée jusqu'aux dernières épreuves de l'adversité. Hélas ! avaient-ils péri sur la mer ou par les mains de leurs ennemis ? Nous ne le savions pas : on s'interrogeait, on se promettait réciproquement les premières nouvelles qui viendraient sur un événement si lamentable. Ce n'était plus une affaire publique, mais domestique ; on n'en dormait plus, on s'éveillait les uns les autres pour s'annoncer ce qu'on en avait appris. Et quand ces personnes royales, à qui l'on prenait tant d'intérêt, eussent pu échapper à la mer ou à leur patrie, était-ce assez ? ne fallait-il pas une terre étrangère où ils pussent aborder, un roi également bon et puissant qui pût et qui voulût les recevoir ? Je l'ai vue, cette réception, spectacle tendre s'il en fut jamais ! On y versait des larmes d'admiration et de joie. Ce prince n'a pas plus de grâce, lorsqu'à la tête de ses camps et de ses armées, il foudroie une ville qui lui résiste, ou qu'il dissipe les troupes ennemies du seul bruit de son approche.

S'il soutient cette longue guerre, n'en doutons pas, c'est pour nous donner une paix heureuse, c'est pour l'avoir à des conditions qui soient justes et qui fassent honneur à la nation, qui ôtent pour toujours à l'ennemi l'espérance de nous troubler par de nouvelles hostilités. Que d'autres publient, exaltent ce que ce grand roi a exécuté, ou par lui-même, ou par ses capitaines, durant le cours des mouvements dont toute l'Europe est ébranlée : ils ont un sujet vaste et qui les exercera longtemps. Que d'autres augurent, s'ils le peuvent, ce qu'il veut achever dans cette campagne. Je ne parle que de son cœur, que de la pureté et de la droiture de ses intentions : elles sont connues, elles lui échappent. On le félicite sur des titres d'honneur dont il vient de gratifier quelques grands de son État : que dit-il ? qu'il ne peut être content quand tous ne le sont pas, et qu'il lui est impossible que tous le soient comme il le voudrait. Il sait, Messieurs, que la fortune d'un roi est de prendre des villes, de gagner des batailles, de reculer ses frontières, d'être craint de ses ennemis ; mais que la gloire du souverain consiste à être aimé de ses peuples, en avoir le cœur, et par le cœur tout ce qu'ils possèdent. Provinces éloignées, provinces voisines, ce prince humain et bienfaisant, que les peintres et les statuaires nous défigurent, vous tend les bras, vous regarde avec des yeux tendres et pleins de douceur ; c'est là son attitude : il veut voir vos habitants, vos bergers danser au son d'une flûte champêtre sous les saules et les peupliers, y mêler leurs voix rustiques, et chanter les louanges de celui qui, avec la paix et les fruits de la paix, leur aura rendu la joie et la sérénité.

C'est pour arriver à ce comble de ses souhaits, la félicité commune, qu'il se livre aux travaux et aux fatigues d'une guerre pénible, qu'il essuie l'inclémence du ciel et des saisons, qu'il expose sa personne, qu'il risque une vie heureuse : voilà son secret et les vues qui le font agir ; on les pénètre, on les discerne par les seules qualités de ceux qui sont en place, et qui l'aident de leurs conseils. Je ménage leur modestie : qu'ils me permettent seulement de remarquer qu'on ne devine point les projets de ce sage prince ; qu'on devine au contraire, qu'on nomme les personnes qu'il va placer, et qu'il ne fait que confirmer la voix du peuple dans le choix qu'il fait de ses ministres. Il ne se décharge pas entièrement sur eux du poids de ses affaires ; lui-même, si je l'ose dire, il est son principal ministre. Toujours appliqué à nos besoins, il n'y a pour lui ni temps de relâche ni heures privilégiées : déjà la nuit s'avance, les gardes sont relevées aux avenues de son palais, les astres brillent au ciel et font leur course ; toute la nature repose, privée du jour, ensevelie dans les ombres ; nous reposons aussi, tandis que ce roi, retiré dans son balustre, veille seul sur nous et sur tout l'État. Tel est, Messieurs, le protecteur que vous vous êtes procuré, celui de ses peuples.

Vous m'avez admis dans une Compagnie illustrée par une si haute protection. Je ne le dissimule pas, j'ai assez estimé cette distinction pour désirer de l'avoir dans toute sa fleur et dans toute son intégrité, je veux dire de la devoir à votre seul choix ; et j'ai mis votre choix à tel prix, que je n'ai pas osé en blesser, pas même en effleurer la liberté, par une importune sollicitation. J'avais d'ailleurs une juste défiance de moi-même, je sentais de la répugnance à demander d'être préféré à d'autres qui pouvaient être choisis. J'avais cru entrevoir, Messieurs, une chose que je ne devais avoir aucune peine à croire, que vos inclinations se tournaient ailleurs, sur un sujet digne, sur un homme rempli de vertus, d'esprit et de connaissances, qui était tel avant le poste de confiance qu'il occupe, et qui serait tel encore s'il ne l'occupait plus. Je me sens touché, non de sa déférence, je sais celle que je lui dois, mais de l'amitié qu'il m'a témoignée, jusques à s'oublier en ma faveur. Un père mène son fils à un spectacle : la foule y est grande, la porte est assiégée ; il est haut et robuste, il fend la presse ; et comme il est près d'entrer, il pousse son fils devant lui, qui sans cette précaution, ou n'entrerait point, ou entrerait tard. Cette démarche d'avoir supplié quelques-uns de vous, comme il a fait, de détourner vers moi leurs suffrages, qui pouvaient si justement aller à lui, elle est rare, puisque dans ces circonstances elle est unique, et elle ne diminue rien de ma reconnaissance envers vous, puisque vos voix seules, toujours libres et arbitraires, donnent une place dans l'Académie française.

Vous me l'avez accordée, Messieurs, et de si bonne grâce, avec un consentement si unanime, que je la dois et la veux tenir de votre seule magnificence. Il n'y a ni poste, ni crédit, ni richesses, ni titres, ni autorité, ni faveur qui aient pu vous plier à faire ce choix : je n'ai rien de toutes ces choses, tout me manque. Un ouvrage qui a eu quelque succès par sa singularité, et dont les fausses, je dis les fausses et malignes applications pouvaient me nuire auprès des personnes moins équitables et moins éclairées que vous, a été toute la médiation que j'ai employée, et que vous avez reçue. Quel moyen de me repentir jamais d'avoir écrit ?

DUFRESNY

AMUSEMENTS SÉRIEUX ET COMIQUES

Texte établi, présenté et annoté par Jacques Chupeau

INTRODUCTION
par Jacques Chupeau

Fin de siècle

C'est la première fois, à notre connaissance, que les *Amusements sérieux et comiques* de Dufresny sont publiés dans un recueil consacré aux moralistes français du XVIIe siècle : épreuve redoutable pour un ouvrage séduisant mais mineur, dont les qualités risquent de paraître un peu minces au regard des *Pensées*, des *Maximes* ou des *Caractères*. Aussi se gardera-t-on des comparaisons écrasantes, sauf à reconnaître que l'auteur des *Amusements* n'a pas la profondeur de Pascal, ni la pénétration de La Rochefoucauld, ni même la curiosité tendue de La Bruyère. Les mérites de Dufresny sont d'un autre ordre. Entre l'âge classique et la Régence, il appartient à l'une de ces époques à l'identité incertaine que l'on appelle, faute de mieux, périodes de transition. Génération des successeurs ? Âge des précurseurs ? Mieux vaudrait sans doute ne point trop s'obstiner à détailler ce que cette fin de siècle n'est plus, ou ce qu'elle annonce, pour s'attacher à préciser ce qu'elle fut. L'exemple de Dufresny, sur ce plan, est des plus révélateurs, et ce n'est pas le moindre paradoxe de cet auteur singulier que d'avoir su produire, sans jamais renoncer à être lui-même, une œuvre subtilement accordée à l'esprit et à l'air du temps.

L'auteur des *Amusements*

Issu d'une famille de bourgeoisie moyenne attachée au service du roi, Charles Rivière-Dufresny est né à Paris en 1657[a]. Son grand-père, fils d'une domestique du château d'Anet surnommée « la belle Jardinière », était-il bien, comme le prétendait la tradition familiale, bâtard d'Henri IV ? L'idée de cette ascendance illustre n'était pas pour déplaire à un être riche de talents divers, épris d'indépendance, et enclin à la dissipation et au plaisir. Bien qu'il faille se défier de ce masque

---

a. Pour tout ce qui touche à la biographie et à la carrière de Dufresny, on se reportera à l'étude documentée de François Moureau, *Un singulier moderne...* (voir bibliographie, p. 993).

d'insouciance dont Dufresny a couvert une existence qui, sous des dehors bohèmes, fut loin d'être inactive, il est clair que l'application n'a jamais été sa vertu maîtresse. Aussi n'est-on pas surpris d'apprendre qu'il n'a pas apporté à ses premières études un zèle excessif [a]. Plus qu'au contact des livres, Dufresny s'est formé à l'école du monde, et il s'est souvenu, dans ses *Amusements,* de cet apprentissage précoce de la vie : « Si le monde est un livre qu'il faut lire en original, on peut dire aussi que c'est un pays qu'on ne peut connaître, ni faire connaître aux autres, sans y avoir voyagé soi-même. J'ai commencé ce voyage bien jeune [b]... »

C'est à l'âge de vingt ans en effet qu'il succède à son père, qui vient de mourir, dans la charge de « garçon de la chambre du roi » qu'avaient occupée successivement son grand-père et son père. Rien ne prouve que ses débuts à la cour aient été aussi brillants que le prétend, cinquante ans plus tard, Charles d'Alençon [c] en tête de son édition des *Œuvres* de Dufresny (1731) : a-t-il gagné les bonnes grâces du roi par l'agrément et la vivacité de son esprit ? S'est-il trouvé comblé de bienfaits au point de connaître l'opulence ? La lecture du deuxième chapitre des *Amusements* donnerait plutôt à penser que Dufresny, dans un office subalterne, a trouvé à la cour une « médiocrité d'état » qui aurait pu lui assurer des jours tranquilles s'il avait eu quelque attirance pour le repos. Mais la vie parisienne avait pour lui d'autres attraits : en septembre 1681, au moment où la cour s'apprête à s'installer définitivement à Versailles, Dufresny se défait de sa charge de garçon de la chambre et, quelques mois plus tard, épouse une orpheline assez richement dotée, Catherine Perdreau, fille d'un greffier criminel du Parlement ; trois enfants — deux fils et une fille — naîtront de ce mariage, qui fut rompu par la mort de la jeune femme, en 1688.

Dès cette époque, Dufresny connaît des embarras d'argent, qui l'accompagneront toute sa vie. En dépit de ses activités multiples, ni son travail d'écrivain, ni sa participation à un privilège pour une manufacture des grandes glaces, ni le titre de « dessinateur des jardins du roi » obtenu en 1700 ne réussiront à l'enrichir ; trop prodigue pour échapper au besoin, Dufresny mourut, le 6 octobre 1724, dans un état voisin de la pauvreté. Le goût des plaisirs et la passion du jeu expliquent cette impécuniosité chronique, et l'image de l'épicurien aimable et du joueur imprudent qu'ont retenue de lui ses contemporains n'était sans doute pas fausse. En revanche, il n'est pas assuré que Dufresny ait renoncé au veuvage en épousant, sur le tard, sa blanchisseuse, à qui il devait de l'argent. L'anecdote a couru après sa mort, et Le Sage en a enrichi, en 1726, le chapitre X de son *Diable boiteux* : à défaut d'être d'une authenticité certaine, l'aventure est plaisante, et d'une facture comique si juste qu'elle mériterait d'être vraie.

---

a. « On ne peut pas le louer beaucoup sur les sciences acquises par l'étude et l'application » affirme l'article nécrologique du *Mercure de France,* en octobre 1724 (cité par F. Moureau, *op. cit.,* p. 23).
b. « Amusement premier », p. 999.
c. Huissier au Parlement et à l'occasion auteur, Charles d'Alençon a rassemblé et publié les *Œuvres* de Dufresny en six volumes, en 1731.

La carrière de l'écrivain

Peut-être n'a-t-il manqué à Dufresny, pour s'imposer durablement, que d'être l'homme d'un seul don. Mais cet artiste-né a des allures de touche-à-tout. Doué d'un esprit mobile, inventif, avide de nouveauté, on le sent tenté par les multiples formes de la beauté et curieux d'expérimenter des modes d'expression divers : rompant avec l'ordonnance géométrique des décors de verdure, il aimait à mettre de la fantaisie et de la variété dans l'arrangement des jardins et sut faire apprécier de quelques particuliers, et du roi lui-même, ses inventions de paysagiste ; son talent de peintre ne passa pas inaperçu, ni surtout l'originalité de ses compositions réalisées à partir d'éléments découpés dans des estampes, « collages » avant la lettre, dont il lança la mode ; sans être véritablement musicien, il s'adonna aussi, par le biais de la chanson, à la mélodie et au chant ; dans le domaine de l'écriture enfin, son goût du théâtre ne l'empêcha pas d'affirmer à travers d'autres genres — poésie légère, chanson, nouvelle, satire et réflexion morale, essai de critique littéraire, relation journalistique — la vivacité de son esprit et l'aisance de sa plume.

Cette vocation littéraire se déclara du reste assez tardivement, puisque Dufresny était dans sa trente-cinquième année quand il fit ses débuts d'auteur sur la scène du Théâtre-Français, le 27 février 1692, avec une comédie en trois actes et un prologue, *Le Négligent*.

Déçu par l'accueil du public de la Comédie-Française, il se tourna vers la troupe des comédiens italiens : entre 1692 et 1697, date de leur expulsion, il composa pour eux, soit seul, soit en collaboration avec Regnard ou un mystérieux « B** », une douzaine de comédies enlevées, riches de fantaisie et de gaieté. Certaines connurent un beau succès, comme *La Foire Saint-Germain* (décembre 1695), dont Dufresny partagea la réussite avec son ami Regnard ; il n'eut en revanche aucune part aux applaudissements qui saluèrent la création d'*Attendez-moi sous l'orme* au Théâtre-Français, en mai 1694, puisque la comédie fut jouée sous le nom de Regnard à qui Dufresny, pressé par la nécessité, avait vendu sa pièce ; et la collaboration finit par tourner à la rivalité déclarée quand, deux ans plus tard, Regnard et Dufresny firent jouer deux comédies sur le même thème : bien que *Le Joueur* en vers de Regnard, créé avec succès par les comédiens français à la fin de 1696, ne ressemble guère au *Chevalier joueur* en prose de Dufresny, qui échoua sur la même scène deux mois plus tard, celui-ci ne pardonna pas à Regnard de l'avoir concurrencé et pris de vitesse, et il se brouilla définitivement avec lui.

L'expulsion des comédiens italiens en 1697 éloigna Dufresny quelque temps du théâtre et le conduisit à se tourner vers d'autres genres. On hésite à lui attribuer la paternité d'une nouvelle allégorique, *Le Puits de la vérité, histoire gauloise,* parue chez Barbin en 1698. Dufresny, dans le *Mercure galant* de juillet 1711, a rendu ce récit que la rumeur lui attribuait à son véritable auteur, M. de Frontignères, ce qui n'interdit pas de penser qu'il a pu y prêter la main ; en effet, autant que la vivacité du style et la finesse de la plaisanterie, le traitement du thème central de la « franchise » gauloise décèle la présence d'un auteur ennemi du masque et des artifices, et qui aspire, sans trop d'illusions, à la vérité du langage, à l'authenticité des conduites et à la sincérité des sentiments ; dans ce rêve d'une impossible transparence, qui accuse le règne du mensonge établi par la corruption des cœurs, on croit percevoir, sous l'ironie légère du propos, une lucidité désabusée qui ne va pas sans quelque secrète nostalgie, et cette tonalité ambivalente n'est pas étrangère à Dufresny.

A la fin de 1698 (l'achevé d'imprimer est du 6 décembre) paraissaient chez le même éditeur, sous la date de 1699, les *Amusements sérieux et comiques*. Publié sous l'anonymat, l'ouvrage fut bien accueilli par le public comme par la critique. Sa réussite incita des éditeurs peu scrupuleux à multiplier les éditions contrefaites (François Moureau en a recensé onze entre 1699 et 1713, dont certaines attribuaient l'ouvrage à Fontenelle), et ce succès encouragea Dufresny à donner, en 1707, une édition revue et augmentée, dans laquelle il annonçait, pour paraître l'année suivante, un nouveau volume d'*Amusements*[a]. Comme quelques autres projets, ce livre ne vit pas le jour ; mais, selon Charles d'Alençon, parmi les papiers de l'auteur qui furent brûlés avant sa mort, figurait cette seconde partie des *Amusements sérieux et comiques,* dont on s'étonne qu'elle n'ait pas été publiée : a-t-elle jamais été écrite ?

Si, de l'aveu même de Dufresny, cette incursion réussie dans le domaine de la littérature morale n'a été qu'un « amusement », le théâtre en revanche était et restera sa véritable vocation. De 1699 à sa mort, il connaîtra sur la scène du Théâtre-Français des fortunes diverses. En 1699, une petite pièce, *La Noce interrompue,* qui marquait son retour à la comédie, fut mieux accueillie que *La Malade sans maladie,* comédie en cinq actes, dont la première représentation fut un fiasco et qui ne fut jamais reprise. L'année suivante en revanche, *L'Esprit de contradiction* rencontra le succès, et la pièce devait rester longtemps au répertoire. En mars 1702, les trois actes du *Double Veuvage* connurent aussi la réussite, alors que *Le Faux Honnête Homme,* en trois actes également, n'eut que cinq représentations de février à mars 1703. Après quatre années de silence, Dufresny fit applaudir en août 1707, la comédie du *Faux Instinct,* mais *Le Jaloux honteux de l'être* tomba dès la première représentation, en mars 1708 ; et ni *L'Amant masqué,* en août 1709, ni surtout *La Joueuse,* en septembre de la même année, n'eurent beaucoup de succès.

Ces déboires, liés aux embarras pécuniaires, engagèrent Dufresny à délaisser quelque temps le théâtre pour tenter fortune dans le journalisme. Succédant à la tête du *Mercure galant* à Donneau de Visé, mort en juillet 1710, il donna à ce périodique à succès un tour nouveau, plus vif et plus enjoué, qui fut bien reçu du public. Faisant mentir sa réputation de paresse, le nouveau rédacteur du *Mercure* déploya une activité importante et multiforme, révélatrice de sa facilité ; mais il finit

---

[a]. Voir « Amusement premier », p. 994.

par se lasser de cette lourde tâche et, cédant ses droits contre une pension au sieur Le Fèvre de Fontenay, il quitta la direction du périodique en mai 1714.

Il revint au théâtre et connut le succès avec *La Coquette de village ou le Lot supposé* (mai 1715), *La Réconciliation normande* (mars 1719), *Le Dédit* (mai 1719), *Le Mariage fait et rompu* (février 1721) ; la princesse Palatine aima cette comédie « fort drôle et toute nouvelle », dernière pièce représentée du vivant de l'auteur. *Le Faux Sincère,* grande comédie en cinq actes et en vers, ne fut créé qu'en 1731, et c'est en 1917 seulement que Jean Vic découvrit le texte des *Dominos,* que l'on croyait perdu. D'après Charles d'Alençon, parmi les papiers que Dufresny consentit à faire brûler, sur les pieuses instances de ses enfants, à l'approche de la mort, figuraient, outre une seconde partie des *Amusements* dont nous avons déjà parlé, une comédie achevée, *Les Vapeurs* (sans doute dérivée de *La Malade sans maladie*) et plusieurs pièces presque finies *(La Joueuse* en vers, *Le Superstitieux, Le Valet maître* et *l'Épreuve) :* c'est la preuve que le théâtre, qui ne lui a pas toujours réussi, n'a cessé d'aiguillonner ses ambitions d'écrivain.

Un Siamois de fantaisie

Si l'œuvre dramatique de Dufresny est aujourd'hui largement oubliée, les *Amusements sérieux et comiques* ont conquis une modeste place dans l'histoire littéraire à l'ombre des *Lettres persanes.* Mais à trop insister sur cette filiation, on s'expose à créditer le Siamois de Dufresny d'une importance excessive, et l'on court le risque de méconnaître l'originalité et les mérites propres de ses *Amusements.*

En imaginant de placer sur la scène parisienne un voyageur siamois, Dufresny exploite une idée qui était dans l'air du temps. Depuis longtemps, la lecture des récits de voyages avait conduit le public à prendre conscience de la relativité des coutumes et des jugements et à reconnaître, comme l'écrivait Montaigne, que « chacun appelle barbarie ce qui n'est pas de son usage [a] ». L'intérêt pour les mœurs des pays éloignés était vif. Dans les années 80, une importante activité diplomatique et missionnaire en direction du Siam avait mis ce royaume à la mode, suscitant de nombreuses publications où chacun pouvait trouver les informations les plus précises sur le pays et ses habitants [b] ;

---

[a]. *Essais,* Livre I, chap. XXXI, « Des cannibales ».
[b]. Voici les principaux : *Relation historique du royaume de Siam, par le sieur de l'Isle, géographe,* Paris, Guillaume de Luyne, 1684 ; *Relation du voyage et des missions du royaume de Siam ès années 1681 et 1683, par monsieur Noguette, missionnaire apostolique,* Chartres, Estienne Massot, 1685 ; *Relation de l'ambassade de Mr le chevalier de Chaumont à la cour du roy de Siam...,* Paris, Arnoult Seneuse et Daniel Hortemels, 1686 ; G. Tachard, *Voyage de Siam des pères jésuites, envoyez par le roy aux Indes et à la Chine,* Paris, Arnould Seneuse et Daniel Hortemels, 1686 ; *Journal du voyage de Siam, fait en MDCLXXXV et MDCLXXXVI, par M.L.D.C.* [l'abbé de Choisy], Paris, Sébastien Mabre-Cramoisy, 1687 ; N. Gervaise, *Histoire naturelle et politique du royaume de Siam,* Paris, Claude Barbin, 1688 ; G. Tachard, *Second Voyage du père Tachard et des jésuites, envoyez par le roy au royaume de Siam...,* Paris, D. Hortemels, 1689 ; Simon de La Loubère, *Du royaume de Siam,* Paris, J.-B. Coignard, 1691, 2 vol.

sans même avoir à recourir à ces longs ouvrages, les lecteurs du *Mercure galant,* à l'occasion de la visite en France des envoyés du roi de Siam, en 1684, avaient pu satisfaire leur curiosité grâce à un dossier nourri offrant une *Description du royaume et de la cour de Siam, avec les mœurs des habitants de ce grand État* [a] : Dufresny apparemment en a tiré profit. On observe aussi que la présence en France d'ambassadeurs venus de régions lointaines permettait de redécouvrir la réalité française sous un jour original par le biais d'un regard étranger. Très caractéristique à cet égard, la relation donnée par le *Mercure galant,* en janvier 1682, de la visite de l'ambassadeur de Maroc ne manque pas de mentionner « tout ce qu'il a dit de plus remarquable touchant tout ce qu'il a vu en France » : l'accent est mis, comme il se doit, sur l'étonnement admiratif ; puissance de la flotte, beauté des villes, charme des Françaises, majesté du monarque, magnificence des spectacles, autant d'occasions de louer la grandeur du règne et du roi ; dans quelques remarques, l'expression de la surprise prend un tour plaisant, telle cette réflexion sur Paris vu du haut de Notre-Dame, qui donne au visiteur l'impression de contempler trois villes superposées, « à cause de la hauteur des maisons [b] » ; parfois même s'esquisse un sourire ironique quand, devant la foule qui se presse au Palais de Justice, l'ambassadeur déclare qu'il commence à connaître ce qu'est Paris ; mais l'éloge domine, et l'on ne manque pas en retour de louer l'émissaire marocain d'avoir « si bien su connaître ce qui rend le roi le plus grand prince du monde », témoignage d'autant plus précieux qu'il échappe à l'esprit courtisan : « les louanges qui sortent de la bouche d'un étranger ne peuvent être suspectes, et quand il parle si avantageusement d'un autre que de son maître, il faut qu'il y soit contraint par la vérité [c]. »

Le voyageur siamois de Dufresny n'est donc pas sans rapport avec la réalité : à l'exemple des visiteurs étrangers découvrant le royaume de France, il lui revient de conclure les *Amusements* par un bel éloge du roi ; mais il a aussi la liberté, dans le cadre de la fiction, d'apporter à l'examen des mœurs françaises une distance ironique qui aiguise le jugement critique. Comme le précise le troisième chapitre des *Amusements,* observer « avec des yeux de voyageur » les particularités de la vie parisienne, c'est porter sur la réalité familière un regard neuf, libéré des « préjugés de l'usage et de l'habitude ». Or Dufresny n'était pas le premier à exploiter cette forme d'exotisme à rebours qui enseigne, par l'intermédiaire de l'étranger, à conquérir une lucidité nouvelle. En raison de sa publication tardive dans le *Saint-Evremoniana,* en 1700, on hésite à considérer comme un précédent la *Lettre écrite par un Sicilien à un de ses amis contenant une critique agréable de Paris,* encore que ce texte, attribué à Charles Cotolendi, soit daté du 20 août 1692. Mais dès 1684, Marana, dans *L'Espion du Grand Seigneur,* avait introduit à

---

a. *Mercure galant,* octobre 1684. Voir aussi les livraisons de décembre 1684, janvier 1685 et mars 1685.
b. *Mercure galant,* janvier 1682, p. 322.
c. *Mercure galant,* février 1682, p. 296.

Paris un observateur turc, dont la correspondance abondante rapportait les remarques et les réflexions. Peu après, l'auteur des *Caractères* avait à plusieurs reprises souligné la singularité de nos usages en invitant à les considérer comme des mœurs étrangères : la remarque 19 du chapitre « De la ville » évoquait la coutume « bizarre et incompréhensible » d'exposer les femmes nouvellement mariées à la curiosité des visiteurs ; le chapitre « De la cour » décrivait, dans la remarque 74, une région étrange, située « à quelque quarante-huit degrés d'élévation du pôle, et à plus d'onze cents lieues de mer des Iroquois et des Hurons » ; dans le chapitre « Des jugements », la surprise suscitée par le bon sens des ambassadeurs du Siam dévoilait nos préventions : « Tous les étrangers ne sont pas barbares, et tous nos compatriotes ne sont pas civilisés [a] » ; dans le chapitre « Des biens de fortune » enfin, la pratique du jeu apparaissait comme « l'une de ces choses qui nous rendent barbares à l'autre partie du monde », et peut-être Dufresny n'aurait-il pas conçu sa *Lettre siamoise* si La Bruyère n'avait indiqué que les singularités du jeu sont de celles que « les Orientaux qui viennent jusqu'à nous remportent sur leurs tablettes [b] ».

L'introduction d'un voyageur siamois aux côtés du narrateur des *Amusements* est donc d'une originalité très relative, et l'on peut penser que la réputation de l'ouvrage serait assez mal fondée si elle devait continuer de reposer sur une invention à laquelle Dufresny, du reste, n'a pas accordé une importance primordiale. Pour mettre en accusation les mœurs françaises, il aurait pu tirer un meilleur parti de l'image de simplicité, de douceur et de tolérance que les relations de voyages donnaient des Siamois. Mais, à la différence de Marana et de Montesquieu, Dufresny s'attache peu à la couleur exotique et n'use qu'en passant de ses vertus satiriques. Né de l'imagination et présenté comme tel au début de l'« Amusement troisième », son Siamois « abstrait » est moins un personnage qu'un jeu de l'esprit, un « caprice », dont la fonction avouée est d'introduire dans le développement des réflexions l'animation du dialogue et la bizarrerie piquante d'un regard, d'une pensée et d'un langage autres. Aussi Dufresny ne cherche-t-il pas à nous faire croire à l'existence de ce voyageur fictif : bien loin de lui donner la moindre consistance, il se plaît au contraire à le produire ou à l'escamoter, telle une marionnette comique, au gré de sa fantaisie, feignant de le perdre pour mieux le retrouver, tantôt lui donnant la parole et tantôt le réduisant si longtemps au silence qu'on finit par l'oublier, s'amusant enfin de la surprise du lecteur quand, sans crier gare, le Siamois resurgit au milieu du cercle bourgeois après qu'on l'eut un long moment perdu de vue. Cette désinvolture affichée révèle la véritable originalité de Dufresny : c'est celle d'un auteur qui a choisi de jouer avec sa propre fiction pour mieux mêler le sérieux au comique sous le signe de l'*amusement*.

---

a. « Des jugements », remarque 22 ; voir aussi les remarques 23 et 24.
b. « Des biens de fortune », remarque 71.

Philosophie de l'amusement

Un titre paradoxal et piquant résume avec bonheur l'esprit du recueil et ses lignes maîtresses. En tête de l'ouvrage, le mot *amusements* nargue la tradition de gravité qui s'attache à la littérature morale, et résonne comme un manifeste de liberté. Mais si l'auteur a choisi, pour lui-même comme pour ses lecteurs, le parti du jeu et du rire, l'alliance du sérieux et du comique invite aussi à reconnaître, sous l'apparence du divertissement frivole, une philosophie de la vie : cette association déconcertante, en effet, ne traduit pas seulement la diversité vivante d'un monde « bigarré », où légèreté et gravité se côtoient ; elle suggère aussi, plus profondément, l'ambiguïté fondamentale de toute réalité ; comique et sérieux en ce sens sont moins deux catégories opposées que les deux faces complémentaires d'une nature ambivalente. A cette ambiguïté universelle, la notion d'*amusement* apporte la réponse d'un moraliste sceptique, qui ne se fait guère d'illusions sur la valeur des entreprises humaines : si « tout est amusement dans la vie », il reste à entrer lucidement dans la ronde des amusements, à répondre au jeu par le jeu ; bref, à convertir en sagesse la conscience de l'absurdité de l'existence. Pour qui aime, comme Dufresny, rendre aux mots leur sens plein, l'amusement n'a rien de futile, si l'on veut bien considérer son rapport secret à la vie et au temps. S'amuser, c'est chercher le moyen le plus agréable de meubler le vide d'une existence désertée par les illusions ; et puisque « la vie même n'est qu'un amusement en attendant la mort », s'amuser en amusant ses lecteurs est peut-être la moins mauvaise façon de tromper le temps, en substituant au désir décevant de la durée l'agrément du jeu et le plaisir multiplié des instants.

Dans un ouvrage où l'auteur a choisi de se mettre en scène et de parler en son nom propre, cette philosophie sous-jacente, à défaut d'être pleinement originale, apporte au propos un accent d'authenticité et laisse entrevoir, sous le chatoiement de la plaisanterie, ce que l'on aimerait pouvoir nommer la profondeur de la légèreté. Elle éclaire aussi les choix de l'écrivain et fonde la cohérence esthétique d'une œuvre dont la réussite, on va le voir, est le fruit d'un art réfléchi.

Une esthétique de la vivacité

Au pays des *Amusements,* le plaisir est roi. Plaisir de l'écrivain tout d'abord, qui a trouvé dans la forme fragmentaire mise à la mode par La Rochefoucauld, Pascal, La Bruyère et quelques autres un mode d'expression conforme à son goût de la liberté, du trait rapide, de la variété et du mouvement. Mieux qu'au théâtre, où les contraintes de la conduite de l'action ne se laissent jamais éluder, Dufresny, dans ses *Amusements,* a pu donner libre cours aux caprices de la fantaisie, de l'humeur et de la pensée.

Affirmée d'entrée de jeu, revendiquée avec force en plusieurs endroits du livre, cette indépendance de l'écrivain n'est pas seulement affaire de tempérament ; elle traduit aussi la volonté de s'affranchir des règles et des pesanteurs de la tradition pour libérer l'invention. Par cette soif de nouveauté, Dufresny est profondément moderne. Si, comme La Bruyère, il appartient à une génération littéraire qui a le sentiment de venir « trop tard », alors que « tout est dit », il n'a pas la timidité des auteurs copistes, et le plagiat n'est pas son fait. Son ambition est de porter sur un monde dont les apparences changent un regard neuf : lire « en original » le livre du monde, telle est la voie qu'il s'est tracée. La métaphore dynamique du voyage qui sert de fil conducteur à ses réflexions est mieux qu'un procédé commode : se substituant à l'image classique du portrait ou du miroir, elle donne à l'activité du moraliste un élan nouveau et reflète l'ambition avouée d'un livre qui entend suivre le cheminement imprévisible d'un esprit ondoyant et noter les saillies de la pensée dans la surprise de leur surgissement. Au contraire de La Bruyère, qui apporte à l'écriture de ses *Caractères* des soins de ciseleur, Dufresny se plaît aux vagabondages de la pensée et du style ; comme Montaigne, à qui l'unissent bien des affinités, il a le goût du libre développement et de la réflexion en mouvement, il aime « l'allure poétique, à sauts et à gambades », et préfère aux discours apprêtés la saveur d'une parole nerveuse et hardie : ses *Amusements*, ce sont ses *Essais*. Même si, sous son apparente spontanéité, le texte n'est pas fait de réflexions venues « au bout de [la] plume », sa vivacité fait oublier le calcul littéraire et porte au premier plan l'expression d'une vérité intime et singulière. Le « voyage du monde » que nous propose l'auteur des *Amusements* au terme de son premier chapitre est d'abord une aventure personnelle, ouverte à tous les hasards de la réflexion et de l'écriture.

Cette prédilection pour le mouvement et la surprise éloigne Dufresny de l'idéal classique de l'œuvre achevée. En accord avec le goût d'une époque qui s'est détachée des beautés trop régulières, il se défie « de ces ouvrages d'esprit si unis et si égaux qu'un trait n'y passe pas l'autre [a] » et préfère que ses *Amusements* soient irréguliers plutôt qu'ennuyeux [b]. Trop conscient par ailleurs des limites humaines pour aspirer à une impossible perfection, il aime retrouver dans l'ébauche la vérité de la vie. Aussi ses *Amusements* ont-il, en bien des endroits, la rapidité de l'esquisse : non seulement Dufresny ne se sent pas tenu de *tout dire*, mais il se fait aussi un devoir de laisser à son lecteur la faculté de prolonger un propos où les pensées finies refusent de se transformer en idées arrêtées [c]. Fidèle à ses principes, l'auteur des *Amusements* ne s'est pas attaché à donner à son ouvrage une forme définitive : les additions qu'il apporte dans l'édition de 1707 apparaissent, pour l'essentiel, dans les deux premiers chapitres, et il a si peu le goût des corrections qu'il cesse de retoucher son texte au-delà du cinquième amusement. Mieux encore : alors même qu'il constate, dans une remarque ajoutée, le succès de son livre, il s'abstient de retrancher l'article de la première édition dans lequel il s'interrogeait sur la réussite

---

a. Voir « Amusement premier », p. 996.
b. Voir « Amusement onzième », p. 1035.
c. Voir « Amusement premier », p. 997.

de l'ouvrage : le maintien délibéré des deux états du texte tend à préserver le caractère vivant de l'œuvre en devenir et, illusion pour illusion, affirme la primauté du mouvement créateur sur la netteté figée de l'œuvre *ne varietur*.

A cette liberté d'une écriture qui s'exempte des contraintes et des artifices de la régularité répond la liberté reconnue au lecteur de réagir au texte selon l'humeur du moment. On se tromperait sur la portée de cette attitude si l'on se bornait à y voir la boutade désinvolte d'un auteur qui n'a pas toujours eu à se louer du public ; en réalité, l'attention que Dufresny porte à ses lecteurs est empreinte de respect et de modestie : bien éloigné des prêcheurs de vérités et des donneurs de leçons, le moraliste enjoué ne prétend pas dominer son lecteur, mais gagner sa complicité amusée pour mieux l'associer à sa réflexion, « contenter sa curiosité sans éteindre ses désirs », conscient du reste des ruses d'un art de plaire qu'il aime à comparer au talent des coquettes pour jouer avec l'illusion et entretenir le plaisir [a].

Stratégie de la séduction

L'agrément du voyage, dont l'auteur des *Amusements* a fait le principe directeur de son livre, symbolise aussi le plaisir d'une lecture tournée vers la découverte et la surprise. Ce serait faire un mauvais procès à Dufresny que de lui reprocher d'avoir introduit du désordre à l'intérieur de ses chapitres et dans leur enchaînement, quand il apparaît clairement que l'écrivain pratique la réflexion buissonnière, exploitant de propos délibéré la discontinuité de la forme fragmentaire pour tracer, en marge des sentiers trop sagement balisés, un itinéraire riche de diversité et d'imprévu. Aussi s'amuse-t-il de l'arbitraire de ses enchaînements, allant même jusqu'à attirer l'attention, dans la table finale, sur la transition particulièrement acrobatique et inattendue qui conduit, à la fin de l'« Amusement neuvième », « du pays de la médecine à celui du jeu » : en pardonnant « à ceux qui sont à l'extrémité de leur vie de s'abandonner aux médecins, et à ceux qui sont à l'extrémité de leur bien de s'abandonner au jeu », Dufresny ne doute pas que son lecteur amusé saura lui pardonner de s'abandonner, à l'occasion, au charme douteux du calembour. Pour mettre en évidence la double séduction qui procède du foisonnement des thèmes et des caprices de leur mise en œuvre, l'auteur a conçu une table des matières adaptée : avec ses cent quarante-cinq articles, cette table analytique détaillée révèle la singulière richesse d'un volume aux dimensions pourtant modestes ; mais elle s'abstient de présenter les sujets dans l'ordre alphabétique, comme le voudrait l'usage, et, refusant un classement méthodique qui serait contraire à l'esprit du livre, elle déroule, page après page, le fil ondoyant d'un ouvrage qui a choisi de plaire par l'irrégularité et la variété.

Si les *Amusements* sont promesse de plaisir, c'est aussi que l'auteur a choisi résolument le parti de la gaieté. De manière plus constante que

---

a. Voir « Amusement premier », p. 997.

La Bruyère, dont *Les Caractères* rencontraient par endroits la fantaisie du burlesque, Dufresny a fait sien le registre enjoué. Ce faisant, cet admirateur de Rabelais s'inscrit dans la lignée des écrivains indépendants pour qui l'esprit, la plaisanterie et le jeu sont affirmation de liberté. Prolongeant la réhabilitation du comique engagée par Molière dans *La Critique de l'École des Femmes,* Dufresny en vient à défendre l'éminente dignité du rire. Si le comique a son sublime, s'il dispute même au sérieux sa prééminence littéraire et morale, c'est que la gaieté apparaît comme l'accompagnement nécessaire de la raison : pour l'auteur des *Amusements,* comme pour le Scarron du *Roman comique* ou le Fontenelle des *Lettres galantes,* il n'est pas d'intelligence vraie sans humour, et la raison qui ne sait pas sourire court le risque de se prendre au piège de la suffisance.

Cette gaieté des *Amusements* prend appui sur un jeu littéraire multiforme. Qu'il s'agisse du « voyage du monde » ou du voyageur siamois, l'auteur, on l'a vu, s'amuse à jouer avec une fiction qu'il se laisse la liberté de suivre ou d'abandonner au gré de sa fantaisie. Jeu encore que ce long préambule qui se moque des préfaces et des préfaciers, et qui achève de transgresser les usages littéraires en intégrant la préface au recueil pour en faire le premier des *Amusements.* L'auteur se plaît aussi à jouer avec les rythmes : ainsi, après la soudaine accélération de la fin du chapitre dix, où défilent tous les *pays* que le voyageur pressé renonce à explorer, le onzième amusement choisit de s'arrêter en un lieu défini, le cercle bourgeois ; mais cette halte n'est qu'une manière nouvelle de mettre en lumière, comme sur un théâtre, une suite de figures caractéristiques, et de substituer au plaisir du voyage celui du spectacle comique ; belle occasion pour notre dramaturge de se faire le metteur en scène d'une comédie sociale qu'il révèle et commente avec entrain. Enfin, par des effets qui rappellent souvent la manière de Scarron, Dufresny joue avec le langage, les figures et les mots. Rédigé au présent, le texte donne l'impression de s'écrire sous nos yeux, et si le lecteur n'est pas obligé d'être dupe des artifices de la spontanéité, du moins est-il gagné par la vivacité et l'allégresse d'une écriture qui pétille d'esprit et donne au langage un air de fête. Dufresny a l'art de surprendre par des rapprochements imprévus, et nul ne s'était avisé avant lui de comparer les auteurs aux coquettes, les médisants aux voleurs et les médecins aux intendants[a] ; il aime aussi les tournures neuves et les trouvailles expressives, ainsi que les énigmes et les traits d'ironie ; enfin, à défaut de « pouvoir à chaque période changer de figure, de sujet et de style », sa passion de la variété le conduit à mêler librement à ses réflexions le dialogue, le portrait, la narration, et au besoin la comédie. Ce talent d'amuseur trouve son expression la plus curieuse quand l'écrivain, affichant sa virtuosité, pousse le jeu sur les mots jusqu'à la jonglerie. Une forme d'ivresse verbale s'empare alors du texte,

---

a. Voir successivement l'« Amusement premier », l'« Amusement sixième » et l'« Amusement neuvième ».

notamment dans les passages où l'auteur cède — ou feint de céder — au plaisir du développement fondé sur un procédé purement formel, métaphore filée, équivoque prolongée ou antithèses en série. L'énumération hasardeuse des différentes « nations » observées chez les Françaises, dans l'« Amusement sixième », ou mieux encore la glissade incertaine qui conduit, à la fin de l'« Amusement huitième », de l'Université à la Faculté, sont deux exemples révélateurs, parmi d'autres [a], de ces jeux de langage où la chaîne des mots semble se dégager des contraintes du sens pour s'abandonner aux caprices de la libre association. Le parfum de surréalisme qui enveloppe ces exercices de voltige verbale révèle une sensibilité nouvelle, ouverte aux vertus poétiques de la fantaisie et du jeu. C'est peut-être la marque la plus personnelle d'un écrivain singulier, dont l'attachement affirmé au bon sens exclut le convenu et l'incuriosité ; mais c'est aussi l'affirmation d'un esprit nouveau, qui s'est éloigné de l'ordre classique pour engager la création littéraire sur les voies incertaines mais neuves de la modernité.

Le voyage du monde

La métaphore ironique du « voyage du monde » ne couvre en réalité qu'une promenade rapide dans l'espace restreint de la capitale. Est-ce parce qu'il sait, comme Asmodée, le « diable boiteux » de Le Sage, qu'on ne peut sans danger s'approcher des grands et du souverain ? Dufresny passe très vite sur le chapitre de la cour. Habile, sans doute sincère, sans flagornerie en tout cas, son éloge du roi est fait d'une main légère, tout comme la satire des courtisans. Tout se passe comme si l'auteur des *Amusements* avait choisi de transformer en survol ce détour obligé par la cour ; mais cette rapidité cavalière n'est peut-être pas moins significative que l'attention aiguë et soutenue de La Bruyère pour le même sujet. Des *Caractères* aux *Amusements*, la cour a perdu du terrain ; même s'il entre quelque prudence dans la discrétion de Dufresny, il reste que, dans un ouvrage qui a choisi de répondre au goût et aux curiosités du public contemporain, l'intérêt se porte moins sur Versailles et ses courtisans que sur Paris, centre vivant des affaires et des plaisirs ; le chapitre le plus long du livre, l'« Amusement onzième », confirme que la cour a cessé de jouer le rôle de révélateur des conduites humaines que lui reconnaissait une longue tradition littéraire et morale : c'est désormais à la ville, dans le cercle bourgeois, que le moraliste se plaît à découvrir un abrégé du monde.

Sur bien des aspects de la vie parisienne, Dufresny ne peut que renouveler par l'originalité piquante de l'expression des observations devenues banales. Les embarras de Paris, les faiblesses de la justice, les désordres de l'Opéra, les promenades mondaines, les extravagances de la mode, l'évolution de la galanterie, l'hypocrisie des larmes, la fureur

---

a. Voir par exemple, dans l'« Amusement dixième », la digression sur les différentes sortes d'académies établies à Paris : c'est encore l'occasion de jouer avec les mots et les enchaînements inattendus.

du jeu, le cynisme des petits-maîtres, l'arrogance des parvenus, tous ces sujets et d'autres encore n'ont plus, dès 1699, le mérite de la nouveauté et font souvent de l'*amusement* une variation brillante sur un thème à la mode. Mais il arrive aussi que la curiosité de l'écrivain se porte sur des réalités plus neuves : le décor étincelant des cafés, le pittoresque des Halles et l'animation de leurs commerces, une allusion discrète aux « pays perdus » de la prostitution, sont autant d'ouvertures littéraires qui soulignent la fécondité d'un réalisme tourné résolument vers l'exploration des mœurs contemporaines.

Feuilletant le « livre du monde », Dufresny n'a pas la prétention d'en épuiser les richesses : il lui suffit de révéler l'intérêt d'une observation attentive du monde moderne, pour qui sait en percevoir les singularités. Il serait aisé de montrer les limites de cette observation : sur le scandale du faux mérite, sur l'absurdité meurtrière de la guerre, le faste scandaleux des partisans, la misère paysanne, l'hypocrisie religieuse, La Bruyère parle juste et fort, et montre qu'un écrivain résolu, fût-il « contraint dans la satire », peut porter loin l'exercice de la critique ; Dufresny, pour sa part, donne à son ironie des bornes plus étroites et pratique volontiers l'ellipse devant les sujets périlleux[a]. C'est le cas notamment de la religion : a-t-il senti que la satire des faux dévots ou des abbés mondains était un *amusement* scabreux ? Seule l'évocation de la prude renvoie de manière allusive à l'univers de la dévotion, mais d'une manière si discrète qu'on est conduit à penser que le thème religieux n'était peut-être pas une des préoccupations essentielles de notre auteur.

Ce qui est sûr, c'est qu'il n'apporte pas à l'activité de moraliste une excessive sévérité, fidèle en cela à l'esprit d'une génération qui croit plus aux vertus du rire qu'à l'efficacité des sermons. L'abbé de Villiers, dans son *Traité de la satire* (1695), avait observé que les auteurs de comédies, renonçant à corriger les hommes, se souciaient seulement de les divertir[b]. Confirmant cette évolution, l'auteur des *Amusements* a choisi de porter sur le monde comme il va un regard lucide, détaché et moqueur. Avec humour, il laisse à son Siamois candide le rôle du spectateur outré par les scandales du Palais (« O le maudit pays ! »), par la fureur du jeu ou par le culte des richesses : manière habile de prendre quelque distance vis-à-vis de cette indignation « siamoise », tout en donnant à entendre qu'elle n'est pas injustifiée. Pour sa part, Dufresny observe avec plus de sang-froid la pantomime humaine. Du kaléidoscope de ses remarques se dégage l'image d'un monde agité, voué aux passions, aux illusions et au mensonge. A défaut de pouvoir réformer cet univers emporté par la folie, la sagesse souriante des *Amusements* invite à traverser la comédie des apparences dans la bonne humeur, en évitant d'être dupe d'autrui et de soi.

Dans sa valeur la plus profonde, le « voyage du monde » est donc une initiation à la vie. Mais Dufresny est trop averti des incertitudes

---

a. Ainsi, dans l'« Amusement onzième », l'auteur coupe court à l'indignation trop sincère du Siamois devant le culte de l'or.
b. *Traité de la satire,* Paris, Jean Anisson, 1695, p. 96.

du jugement et de la relativité de la morale pour s'aventurer sur les chemins du dogmatisme : à chacun d'inventer sa voie et d'apprendre à se garder des pièges de l'illusion par la lucidité et l'humour. Toutefois, cette prudence sceptique n'implique pas l'indifférence à toute valeur : à l'ambiguïté des apparences et des sentiments, l'auteur des *Amusements* oppose une volonté tenace d'y voir clair, au point qu'il s'inquiète, dans l'« Amusement onzième », d'expliquer les choses « un peu plus qu'il ne faut » et de trop démasquer les personnages de son cercle bourgeois ; sa critique d'un *savoir vivre* réduit aux formes extérieures de la civilité dévoile son goût de la probité ; enfin, lorsque ce voyageur pressé s'attarde à parler des femmes, ce n'est pas seulement pour jouer avec les plaisanteries de la tradition misogyne, c'est aussi pour dire son attachement à la sincérité et à la délicatesse en amour, et sa croyance au bonheur fondé sur le respect, la liberté du choix et la réciprocité des sentiments : sous la gaieté des *Amusements* se découvrent les linéaments d'un chapitre « Du cœur ».

*
* *

Telles sont quelques-unes des richesses de ce livre singulier, paradoxal et séduisant. Dufresny y a mis le meilleur de son talent, et il en fallait beaucoup pour produire après Molière, La Rochefoucauld et La Bruyère un ouvrage de mœurs d'une facture aussi personnelle. L'auteur des *Amusements,* qui se défiait des réactions immédiates du public, pensait avec quelque amertume aux jugements équitables que le recul du temps permettrait de prononcer : « Si nous vivions deux ou trois siècles, écrivait-il dans son dernier chapitre, chacun jouirait à la fin de la réputation qu'il mérite. » Trois siècles après la publication des *Amusements sérieux et comiques,* il serait temps, en bonne justice, de redécouvrir Dufresny.

BIBLIOGRAPHIE

ÉDITIONS ANCIENNES

Deux éditions anciennes retiennent particulièrement l'attention :

Amusements sérieux et comiques, Paris, Claude Barbin, 1699 (privilège du 11 juillet 1698 ; achevé d'imprimer le 6 décembre 1698). Édition originale, sans nom d'auteur.

Seconde édition, revue, corrigée et augmentée, Paris, Vve Barbin, 1707. C'est le texte que nous reproduisons dans la présente édition.

Les *Œuvres* de Dufresny ont été publiées en 1731 (Paris, Briasson, 6 vol.), avec une importante notice de Charles d'Alençon ; elles ont été rééditées en 4 vol. en 1747 et 1779.

ÉDITIONS MODERNES

Entretiens ou Amusements sérieux et comiques, publiés par D. Jouaust, Paris, D. Jouaust, Cabinet du bibliophile, 1869. Reproduction soignée de l'édition de 1705 (Amsterdam, Estienne Roger), laquelle suit le texte de 1699 en intégrant les corrections de l'*errata*.

Amusements sérieux et comiques, texte nouveau publié avec une introduction et des notes de Jean Vic, Paris, Bossard, coll. des Chefs-d'œuvre méconnus, 1921. Première réédition de la version augmentée publiée par Dufresny en 1707.

Amusements sérieux et comiques, texte présenté et annoté par John Dunkley, Exeter, University of Exeter, Textes littéraires, 1976.

OUVRAGES CRITIQUES

François Moureau, *Un singulier moderne : Dufresny, auteur dramatique et essayiste (1657-1724)*, Lille, université de Lille III (atelier de reproduction des thèses) ; Paris, Champion, 1979, 2 vol.

Dans le prolongement de cette thèse importante, François Moureau a consacré à l'auteur dramatique et au journaliste deux volumes :
Dufresny auteur dramatique, Bibliothèque de l'université de Haute-Alsace, Paris, Klincksieck, 1979.
Le Mercure galant de Dufresny (1710-1714) ou le journalisme à la mode, Oxford, The Voltaire Foundation at the Taylor Institution, 1982.

PRINCIPES D'ÉDITION

Nous donnons dans son intégralité le texte de l'édition de 1707, qui offre des *Amusements* une version sinon définitive (« Tous les ouvrages des hommes ne sont que des ébauches » dit la préface), du moins revue et complétée.

Le texte a été modernisé dans son orthographe et sa ponctuation, en veillant toutefois à préserver la vivacité du mouvement et la fluidité des enchaînements. Ainsi la présentation des passages dialogués a-t-elle été clarifiée par l'introduction du tiret à l'exclusion des guillemets, lesquels auraient eu pour effet de fixer des limites arbitraires à l'utilisation du style direct dans un texte qui aime à glisser souplement du dialogue fictif à l'entretien avec le lecteur.

La présentation des remarques respecte la disposition typographique des éditions anciennes, dont les nombreux alinéas ont une valeur rythmique et témoignent du souci de l'auteur de souligner, par la discontinuité du texte, la diversité du propos.

Jean Vic, dans son édition de 1921, avait distingué les additions de 1707 par un astérisque : nous avons fait de même, renvoyant dans les notes de bas de page l'indication des variantes de la première édition.

J.C.

AMUSEMENTS
SÉRIEUX ET COMIQUES

PREMIER AMUSEMENT

Préface

Le titre que j'ai choisi me met en droit de faire une préface aussi longue qu'il me plaira ; car une longue préface est un véritable amusement [1].

J'en ai pourtant vu de très nécessaires pour l'intelligence du livre ; mais la plupart, au lieu de mettre l'ouvrage en jour [2], n'y mettent que la vanité de l'ouvrier [3].

Un bon général d'armée est moins embarrassé à la tête de ses troupes qu'un mauvais auteur à la tête de ses écrits. Celui-ci ne sait quelle contenance tenir : s'il fait le fier, on se plaît à rabattre sa fierté ; s'il affecte de l'humilité, on le méprise ; s'il dit que son sujet est merveilleux, on n'en croit rien ; s'il dit que c'est peu de chose, on le croit sur sa parole. Ne parlera-t-il point du tout de son ouvrage ? La dure nécessité pour un auteur !

*Tel parle tant de lui et si peu de son livre, qu'on croirait qu'il a fait ce livre pour avoir occasion de se louer dans la préface : ces sortes de panégyriques peuvent avoir les grâces de la nouveauté ; car le mérite de tels auteurs est un sujet que peut-être personne n'a traité avant eux.

Je ne sais si mes Amusements réussiront ; mais si on s'amuse à les critiquer, mon dessein aura réussi [a].

*Je pourrais retrancher cet article dans ma seconde édition, la réussite de la première n'étant plus douteuse à mon égard [4]. On m'a dit du reste que mes Amusements avaient réussi ; mais les auteurs et les maris sont souvent les derniers à savoir le mal qu'on dit de leurs livres et de leurs femmes.

J'ai donné aux idées qui me sont venues le nom d'Amusements [5] : ils seront sérieux ou comiques, selon l'humeur où je me suis trouvé en

---

a. VAR. « Je ne sais si mon livre réussira, mais si on s'amuse à le critiquer, on se sera amusé à le lire, et mon dessein aura réussi. »

les écrivant ; et selon l'humeur où vous serez en les lisant, ils pourront vous divertir, vous instruire, ou vous ennuyer.

* Si je suis destiné à ennuyer, j'aime encore mieux que ce soit par les traits sérieux que par les comiques ; quand le comique ennuie, c'est souvent la faute de l'auteur ; quand le sérieux ennuie, c'est quelquefois la faute du lecteur.

* Je pardonne aux ouvrages sérieux qui me font rire ; mais comment tirer parti de ces comiques qui vous attristent ?

L'autre jour, un de ces esprits forts [6] qui croient que c'est une faiblesse de rire trouva sous sa main un de mes premiers exemplaires [a] ; j'étais présent, et il ignorait que j'en fusse l'auteur. A l'ouverture du livre, il fronça le sourcil : Quel titre [b] ! s'écria-t-il d'un ton chagrin ; n'est-ce pas profaner le sérieux que de le mêler avec du comique ? quelle bigarrure !

— Cette bigarrure, lui répondis-je, me paraît assez naturelle : si l'on examine bien les actions et les discours des hommes, on trouvera que le sérieux et le comique y sont fort proches voisins ; on voit sortir de la bouche d'un bon comique [7] les maximes les plus sérieuses ; et tel qui affecte d'être toujours sérieux est plus comique qu'il ne pense.

* — Non, s'écria d'un ton colère [8] mon critique, qui, sans m'écouter, avait continué de lire, je ne puis supporter cet assemblage monstrueux. Vouloir unir les extrêmes, le comique au sérieux, le bas au sublime [9] !

* — Doucement, Monsieur, doucement, ne confondez point le bas avec le comique ; la bonne plaisanterie a son sublime [10], et peut-être faut-il plus d'étendue d'esprit pour le comique sublime que pour le sérieux. En voici une preuve qui vous paraîtra comique, parce que vous prenez les choses trop sérieusement.

* Un auteur qui s'acharne à vouloir traiter sérieusement la moindre badinerie paraît sentir qu'il a besoin de toute son application et de toutes ses forces pour s'élever jusqu'à son sujet ; un comique au contraire semble être si supérieur à son sujet qu'il se fait un jeu de le dompter.

* Si vous aperceviez d'un côté un joueur d'échecs se creuser sérieusement la cervelle pour régler la marche de trente-deux pirouettes de bois [11], et de l'autre un maréchal de France régler en se jouant les mouvements d'une grosse armée, donneriez-vous la supériorité de génie au joueur d'échecs ?

* Je suis persuadé que le bon comique s'accorde parfaitement avec le sérieux ; j'avance même que le comique est si naturel aux hommes les plus graves, que ceux à qui la nature a refusé les grâces de la plaisanterie ne sauraient s'empêcher d'être mauvais plaisants. J'avancerai même que l'éloquence sublime est presque inséparable de la plaisanterie.

---

a. VAR. « trouva un de mes exemplaires sous sa main. A l'ouverture du livre... »
b. VAR. « Que je suis indigné de ce titre, s'écria-t-il... »

* Ces propositions paraîtront un peu hardies à certains auteurs sérieux qui se croient distingués des comiques, comme les nobles le sont des bourgeois [12]. Cependant la plupart des orateurs sont pleins de figures et d'expressions figurées qui tirent leur origine de la raillerie, de l'ironie et d'autres sources de plaisanterie. Comme ceci trouvera des critiques, je m'engage par avance à le soutenir dans un parallèle des auteurs sérieux et des comiques, que je donnerai l'année prochaine, dans un second volume d'Amusements [13].

* — Comment donc ! me dit mon critique. Quoi ! vous êtes l'auteur du livre que je condamne ?

* — Oui, Monsieur, lui répondis-je, c'est moi qui me réjouis comiquement de votre condamnation sérieuse ; et si vous me méprisez, croyant votre caractère supérieur au mien, j'en appelle à la définition de l'homme.

* En définissant l'homme, on l'appelle par excellence, et pour le distinguer des bêtes, un animal risible [14] plutôt qu'un animal sérieux ; cela prouve comiquement que le sérieux convient mieux à une bête que la plaisanterie.

* — Voilà du franc comique, me dit mon sérieux avec un ris [15] forcé ; cependant il faut convenir qu'il ne laisse pas d'y avoir parmi tout ceci quelques traits assez brillants.

* — C'est justement là que je vous attendais, lui dis-je, et certains beaux esprits usent finement de cette espèce de louange pour décrier ce qui n'est point d'eux. Au lieu d'attaquer un livre par ses défauts, comme les critiques vulgaires, ils louent avec une malignité cordiale quelques endroits brillants, et se flattent que leur silence sur tout le reste prouve invinciblement qu'il est mauvais [16] ; on peut impunément blâmer ainsi tous les livres ; car il est impossible que dans les plus parfaits il n'y ait quelque beauté qui se distingue du reste. Dieu nous préserve de ces ouvrages d'esprit si unis et si égaux qu'un trait n'y passe pas l'autre !

* Un auteur qui tombe souvent au-dessous de sa sphère se peut appeler inégal ; mais accuserons-nous d'inégalité celui qui s'élève quelquefois au-dessus de lui-même ? Si cette inégalité est blâmable, plût au Ciel que j'en fusse blâmé !

* — Ne plaisantons point là-dessus, reprit mon auteur égal : je suis ennemi des saillies et, dans mes compositions, je les évite comme des écueils.

* — Dites plutôt comme des hauteurs inaccessibles, lui répliquai-je. » Il ne s'appliqua point l'inaccessible ; car les auteurs égaux n'entendent point les inégalités ; mais continuant son examen méthodique, et comparant la quantité des matières à la petitesse du volume, il conclut que mes Amusements n'étaient qu'ébauchés. J'en convins avec lui. En effet, ma première édition n'était qu'une ébauche ; ce que j'y ajoute augmentera l'ébauche sans la finir, et si j'en fais plusieurs volumes, ce sera encore des ébauches. Je le promets au public. Je lui tiendrai parole, et tous ceux qui lui promettront des ouvrages finis le tromperont : tous les ouvrages des hommes ne sont que des ébauches ; l'homme lui-même n'est qu'un ouvrage ébauché, où le Créateur n'a pas voulu mettre ici-bas la dernière main [17].

* Quand on se propose de parler de tout, la perfection ne consiste pas à dire sur chaque sujet tout ce qui s'en peut dire, mais à dire bien tout ce qu'on en veut dire : il suffit que chaque pensée y soit finie en elle-même ; encore faut-il qu'elle ne soit pas tellement finie qu'elle ne laisse rien à penser [18].

* Si l'on pouvait faire un livre qui ne laissât rien à souhaiter, j'en aimerais encore mieux un qui me fît souhaiter la suite. Pour plaire à l'homme, il faut contenter sa curiosité sans éteindre ses désirs.

* Faire sentir en même temps la jouissance et le désir, c'est l'art le plus raffiné des coquettes [19] ; et pourquoi non [20] des auteurs ? C'est quasi la même espèce. Espèce vaine et babillarde, qui vend quelquefois trop cher le verbiage et la flatterie, et perd souvent gratis son étalage [21] et sa réputation.

* On peut dire également d'un auteur et d'une coquette : tel ou telle se pare d'ornements étrangers et se charge de faux brillants pour déguiser, *farder* et *rajeunir* un vieux sujet.

* Feu tel auteur ou telle coquette, en son vivant, eut *bec et ongles,* c'est-à-dire sut mordre et piller à toutes mains. Le pauvre défunt, ou la pauvre défunte, loin d'avoir eu dans sa vieillesse les grâces et l'enjouement des jeunes coquettes, n'eut dans son jeune âge que la singerie et la malignité des vieilles.

* Rendons justice aux bons auteurs, en les comparant à d'honnêtes femmes. Ceux-ci ne se livrent jamais aux dépens de leur gloire : plus jaloux de leur réputation qu'envieux de celle des autres, ils savent mêler prudemment la retenue à la vivacité, la modestie à l'élévation, et mettre sans affectation les beautés dans leur plus beau jour.

* — Vous me donnez de la confusion, me dit mon homme, en m'embrassant gravement, et le portrait que vous faites-là de moi est trop avantageux pour...

* — Ce portrait, lui dis-je, en l'interrompant, n'est qu'un portrait général que je...

* — Épargnez ma modestie, reprit-il, en m'interrompant à son tour, je sens toute l'étendue de vos louanges, et par reconnaissance, je veux vous donner un bon conseil [22]. En vérité, Monsieur, avec le goût que vous vous trouvez pour les bons auteurs, vous devriez vous appliquer à quelque bonne traduction, plutôt qu'à des Amusements. Ne savez-vous pas que l'homme est fait pour s'occuper, et non pour s'amuser ? A ceci, voici ma réponse.

Tout est amusement dans la vie. La vertu seule mérite d'être appelée occupation. S'il n'y a que ceux qui la pratiquent qui se puissent dire véritablement occupés, qu'il y a de gens oisifs dans le monde !

Les uns s'amusent par l'ambition, les autres par l'intérêt, les autres par l'amour ; les hommes du commun par les plaisirs, les grands hommes par la gloire, et moi je m'amuse à considérer que tout cela n'est qu'amusement.

Encore une fois tout est amusement dans la vie ; la vie même n'est qu'un amusement, en attendant la mort.

Voilà [23] du sérieux, j'en ai promis ; mais passons vite au comique.

Je voudrais écrire et je voudrais être original. Voilà une idée vraiment comique, me dira ce savant traducteur, et je trouve fort plaisant que vous vous avisiez de vouloir être original en ce temps-ci : il fallait vous y prendre dès le temps des Grecs ; les Latins mêmes n'ont été que des copistes.

Ce discours me décourage. Est-il donc vrai qu'on ne puisse plus rien inventer de nouveau ? Je l'entends dire à tous les auteurs copistes [a] ; si Monsieur de La Rochefoucauld et Monsieur Pascal l'eussent dit, je le croirais. Les pensées de ces deux auteurs originaux sont autant de brillants d'esprit [24] mis en œuvre par le bon goût et par la raison : à force de les retailler pour les déguiser, les petits ouvriers les ternissent ; mais tout ternes qu'ils sont, on ne laisse pas de les reconnaître, et ils effacent encore tous les faux brillants qui les environnent[b].

Celui qui peut imaginer vivement avec goût et justesse [c] est original dans les choses mêmes qu'un autre a pensées avant lui ; par le tour naturel qu'il y donne, et par l'application nouvelle qu'il en fait, on juge qu'il les eût pensées avant les autres, si les autres ne fussent venus qu'après lui.

---

a. VAR. « plusieurs auteurs me le disent ». Bien que La Bruyère ne soit pas nommé, la réflexion de Dufresny fait écho à la phrase d'ouverture des *Caractères* (« Tout est dit, et l'on vient trop tard... »), et le propos sur les « auteurs copistes » vise implicitement un ouvrage dont l'originalité est contestée.

b. VAR. Ce développement sur Pascal et La Rochefoucauld formait, à l'origine, un paragraphe séparé, placé après le paragraphe qui suit (« Celui qui peut imaginer... ») ; il était introduit de la manière suivante : « Les pensées de Monsieur de La Rochefoucauld et de Monsieur Pascal sont autant de brillants d'esprit... » La correction est heureuse et forme un développement plus cohérent.

c. VAR. « Celui qui peut imaginer vivement, et qui pense juste, est original... » La remarque est proche de la conclusion du premier chapitre des *Caractères*, « Des ouvrages de l'esprit » ; mais c'est aussi un lieu commun présent chez Montaigne (*Essais*, I, 25 : « Nous prenons en garde les opinions et le savoir d'autrui, et puis c'est tout. Il les faut faire nôtres »), chez Pascal (*Pensées*, 575 : « Qu'on ne dise pas que je n'ai rien dit de nouveau : la disposition des matières est nouvelle »), chez Boileau (*Art poétique*, I, vers 41-42 : « Ils croiraient s'abaisser, dans leurs vers monstrueux, / S'ils pensaient ce qu'un autre a pu penser comme eux »).

Ceux qui dérobent chez les modernes s'étudient à cacher leurs larcins ; ceux qui dérobent chez les anciens en font gloire [25]. Mais pourquoi ces derniers méprisent-ils tant les autres ? Il faut encore plus d'esprit pour déguiser [a] une pensée de Pascal que pour bien traduire un passage d'Horace[26].

Après cela je conviens que quelque génie qu'on ait, il est impossible de bien écrire pour son siècle, qu'après s'être formé l'esprit sur les anciens, et le goût sur les modernes [27].

Cela ne suffit pas, s'écrie mon savant ; il faut être tout plein de l'antiquité ; il faut composer à force d'érudition [b] ; il faut puiser dans les sources. — Je vous entends, il faut piller, vous ne l'osez dire : eh bien, je le dis pour vous, il faut piller. Mais je ne pillerai ni dans les livres anciens, ni dans les livres modernes ; je ne veux piller que dans le livre du monde.

Le monde est un livre [28] ancien et nouveau : de tout temps l'homme et ses passions en ont fait le sujet. Ces passions y sont toujours les mêmes ; mais elles y sont écrites différemment, selon la différence des siècles [29] ; et dans un même siècle chacun les lit différemment, selon le caractère de son esprit et l'étendue de son génie.

Ceux qui ont assez de talent pour bien lire dans le livre du monde peuvent être utiles au public en lui communiquant le fruit de leur lecture ; mais ceux qui ne savent le monde que par les livres ne le savent point assez pour en faire des leçons aux autres.

Quelle différence entre ce que les livres disent des hommes et ce que les hommes font !

Si le monde est un livre qu'il faut lire en original, on peut dire aussi que c'est un pays qu'on ne peut ni connaître, ni faire connaître aux autres, sans y avoir voyagé soi-même. J'ai commencé ce voyage bien jeune [30] ; j'ai toujours aimé à faire des réflexions sur ce que j'y ai vu : celles de ces réflexions qui viendront au bout de ma plume vont composer mon second Amusement [c].

AMUSEMENT SECOND

Le voyage du monde

Il n'y a guère d'amusement plus agréable ni plus utile que le voyage : le plus grand fruit qu'on en puisse tirer, c'est de connaître les mœurs et les caractères différents des hommes [1] ; voyons si, chez nos Français

---

a. VAR. « pour bien déguiser ».
b. VAR. « il faut travailler à force d'érudition ».
c. VAR. Dans sa première version, le chapitre s'achevait ainsi : « J'ai toujours aimé à faire des réflexions sur tout ce que j'y ai vu : je me suis amusé à faire ces réflexions, je m'amuse à les écrire ; je souhaite que vous vous amusiez à les lire. »

seuls, nous ne trouverions point une aussi grande variété de mœurs et de caractères que dans toutes les autres nations ensemble. Si quelqu'un veut voyager avec moi par le monde français, c'est-à-dire parcourir peu à peu tous les états de la vie, qu'il me suive [a], je vais en faire une relation en style de voyage : cette figure m'est venue naturellement, je la suivrai.

Par où commencer ce grand voyage ? Que de pays se présentent à mon imagination ! Celui de tous qui peut donner les plus fines leçons de la science du monde, c'est la cour : arrêtons-nous-y un moment.

La cour

La cour est un pays [2] très amusant. On y respire le bon air [3] ; les avenues en sont riantes, d'un abord agréable. Elles tendent toutes à un seul point. Et ce point, c'est la fortune [b].

* Ce point paraît immense, et son immensité paraît charmante à ceux qui le voient de loin. Approchez-vous-en, ce n'est qu'un point aussi imperceptible, mais bien moins solide que le point mathématique [4].

La fortune de cour paraît nous attendre au bout d'un grand chemin ouvert à tout le monde ; il semble qu'on n'ait qu'à y mettre le pied pour parvenir : cependant on n'arrive à ses fins que par des chemins couverts et de traverse, disposés de manière que la voie la plus droite n'est pas toujours la plus courte [5].

Je ne sais si le terrain de la cour est bien solide [6] ; j'ai vu des nouveaux débarqués y marcher avec confiance, et de vieux routiers n'y marcher qu'en tremblant.

C'est un terrain haut et bas, où tout le monde cherche l'élévation : mais pour y arriver, il n'y a qu'un seul sentier, et ce sentier est si étroit qu'un ambitieux ne saurait y faire son chemin sans renverser l'autre.

Le malheur est que ceux qui sont sur leurs pieds ne relèvent guère ceux qui sont tombés ; car le génie [7] des courtisans, c'est de ne rien donner à ceux qui ont besoin de tout, et de donner tout à ceux qui n'ont besoin de rien.

* Pour faire fortune à la cour, il faut être tout à fait sage, ou tout à fait fol, très modeste ou très effronté ; les premiers méritent tout en ne hasardant rien ; les autres attrapent quelque chose en hasardant tout [8].

* Les demi-sages et les demi-modestes ont trop peu de vivacité pour prévenir, et trop peu de mérite pour qu'on les prévienne [9]. Les grâces

---

a. VAR. « Il n'y a guère d'amusement plus agréable ni plus utile que le voyage. Si quelqu'un veut voyager avec moi par le monde, c'est-à-dire parcourir à peu près tous les états de la vie... »

b. VAR. « les avenues en sont riantes, d'un abord agréable, et aboutissent toutes à un seul point. » La dernière phrase, ajout de la deuxième édition, a été imposée par l'insertion d'un nouveau paragraphe. Dans la première version, la chute en forme d'énigme du premier paragraphe était éclairée par le début du paragraphe qui suivait immédiatement : « La fortune de cour, etc. »

distribuées par réflexion ne vont point jusqu'à eux, et ils n'attrapent pas celles qu'on donne aux importuns.

Malgré les difficultés qui se rencontrent à la cour [a], on y va loin quand on est conduit par le vrai mérite ; la difficulté, c'est de le faire distinguer. Il y en a tant de faux ! Celui même qui s'y connaît le mieux s'y trouve quelquefois bien embarrassé : tel, pour échapper à son discernement, se couvre d'une recommandation étrangère et ne paraît qu'à l'abri d'un patron [10] ; en sorte qu'un homme est toujours caché derrière un autre homme.

On annonce un nouveau venu, on le prône, on dispose tout pour lui, et sans lui : il n'agit ni ne parle. C'est un homme sage, dit-on. En effet, il y a de la sagesse dans sa modestie et dans son silence ; car pour peu qu'il eût agi ou parlé, on eût connu qu'il n'est qu'un sot [11].

C'est ainsi que l'habileté des uns fait la fortune des autres : et si quelqu'un brille par son propre mérite, aussitôt, pour en offusquer l'éclat, la médisance élève ses plus épais nuages et l'envie ses plus noires vapeurs ; en sorte que la vertu ne paraît plus vertu, le vice ne paraît plus vice ; tout est confondu. Dans cette affreuse obscurité, le soleil paraît, pénètre tout, voit et fait voir les objets tels qu'ils sont [12] : c'est alors que l'on rend justice ; c'est alors qu'on peut dire que l'honnête homme est heureux quand on se ressouvient, et le scélérat quand on oublie [b].

En voyageant dans le pays de la cour, j'ai remarqué que l'oisiveté règne parmi ses habitants ; je ne parle que du peuple [13] ; car les grands et ceux qui travaillent à le devenir ont des affaires de reste ; le manège de courtisan est un travail plus pénible qu'il ne paraît.

A l'égard des subalternes, ramper et demander, c'est tout leur manège, et leurs longs services font tout leur mérite.

J'excepte quelques officiers qui, sans bassesse et sans manège, bornent leur ambition à bien servir le maître et vivent tranquilles dans cette médiocrité d'état [14] où l'on trouve ordinairement le vrai mérite.

Dans cet état médiocre que je mets entre le peuple et les grands seigneurs, on peut être poli sans fourberie et franc sans grossièreté : on peut n'avoir ni la bassesse du peuple ni la hauteur des grands ; en un mot, on peut être ce qu'on appelle un galant homme [15].

En faisant le portrait d'un galant homme de condition médiocre, je ferais insensiblement celui d'un grand seigneur aimable ; tant il est vrai que malgré la différence du rang, un honnête homme ressemble toujours à un honnête homme.

---

a. VAR. « qui se rencontrent en ce pays ».
b. VAR. « l'honnête homme est heureux quand on se ressouvient de lui, et le scélérat quand on l'oublie. »

Les courtisans de la première classe sacrifient tous également leur vie et leur repos ; les uns, par principe d'honneur et de vertu, se sacrifient parce qu'ils sont utiles à la cour ; les autres, parce que la cour leur est utile.

Ces derniers sont les plus acharnés à la fortune : j'en ai connu un qui, à soixante et quinze ans, commençait à prendre des mesures pour se retirer. J'ai beaucoup travaillé, disait-il, et je n'ai travaillé que pour avoir le moyen de vivre en repos ; j'espère bien me reposer dans quelques années. Je dirais volontiers que ceux de ce caractère travaillent jusqu'à la mort, pour se reposer le reste de leur vie [16].

* De tous les peuples du monde, les courtisans sont ceux qui s'ennuient le plus hors de leur pays natal, les vieux surtout : car les jeunes, à qui la vanité vient avant l'ambition, aiment mieux dominer à la ville que de s'élever à la cour ; c'est peut-être ce caractère de petitesse et de domination qui leur a attiré de nos jours le nom de *petit maître* [17].

* Le nom de *petit maître* court risque de n'être pas écrit au temple de Mémoire. De peur que mon livre ne s'oublie comme eux, ne le chargeons point d'une longue description de leur caractère.

Quoique le courtisan et le *petit maître* soient d'un même pays, ils ont néanmoins des mœurs toutes différentes.

Le courtisan s'étudie à cacher son dérèglement sous des dehors réglés. Le *petit maître* fait vanité de paraître encore plus déréglé qu'il n'est [18].

L'un pense beaucoup avant que de parler ; et l'autre parle beaucoup et ne pense guère.

L'un court après la fortune ; l'autre croit que la fortune doit courir après lui.

Les courtisans, en caressant [19] également tout le monde, confondent leurs amis avec leurs ennemis ; les *petits maîtres* sont plus sincères, ils ne cachent ni leur amitié, ni leur haine, si ce n'est en se saluant ; car leurs jeux de mains sont équivoques ; on ne sait quelquefois s'ils se jouent, ou s'ils se querellent ; leurs compliments sont mêlés d'injures, et leurs embrassades sont moitié caresses, moitié coups de poing [a].

Le langage courtisan est uniforme, toujours poli, flatteur et insinuant [20] : le langage *petit maître* est haut et bas, mêlé de sublime et de trivial, de politesse et de grossièreté.

* Si la cour a ses *petits maîtres*, la ville a aussi les siens : les *petits maîtres* de ville [21] copient les autres et leur ressemblent à certain air

---

a. VAR. « Les courtisans caressent ceux qu'ils méprisent, leurs embrassades servent à cacher leur mépris : quelle dissimulation ! Les *petits maîtres* sont plus sincères, ils ne cachent ni leur amitié ni leur mépris ; la manière dont ils vous abordent tient de l'un et de l'autre, et leurs embrassades sont ordinairement moitié caresses et moitié coups de poing. » Les petits maîtres, on le voit, ont hérité des politesses intempestives et ridicules des marquis de Molière.

près, air de cour qui donne des grâces aux défauts mêmes ; puisqu'ils n'en peuvent imiter les grâces, je ne leur conseille pas d'en imiter les défauts. Mais ce n'est pas ici le lieu d'exposer le caractère des *petits maîtres* de Paris. En voyageant par cette grande ville, si je les trouve en mon chemin, j'en parlerai peut-être. Si je n'en parle point, ils ne m'auront servi que de transition pour passer de la cour à Paris. Entrons dans cette ville immense.

Nous y trouverons de quoi nous amuser longtemps [a] ; la vie d'un homme ne suffit pas pour en achever le voyage.

AMUSEMENT TROISIÈME

Paris

Paris est un monde entier [1] ; on y découvre chaque jour plus de pays nouveaux et de singularités surprenantes que dans tout le reste de la terre : on distingue dans les Parisiens seuls tant de nations, de mœurs, et de coutumes différentes, que les habitants mêmes en ignorent la moitié.

* Chaque quartier de cette ville est une province, et ces provinces sont si distinguées les unes des autres par les airs et les manières qu'une Parisienne du Marais pourrait passer pour une provinciale au faubourg Saint-Germain [2].

Pour être frappés plus vivement d'une variété que les préjugés de l'usage et de l'habitude nous font paraître presque uniforme, imaginons-nous qu'un Siamois [3] entre dans Paris. Quel amusement [b] ne serait-ce point pour lui d'examiner avec des yeux de voyageur toutes les particularités de cette grande ville ? Il me prend envie de faire voyager ce Siamois avec moi ; ses idées bizarres et figurées me fourniront sans doute de la nouveauté [c], et peut-être de l'agrément.

Je vais donc prendre le génie [4] d'un voyageur siamois qui n'aurait jamais rien vu de semblable à ce qui se passe dans Paris : nous verrons un peu de quelle manière il sera frappé de certaines choses que les préjugés de l'habitude nous font paraître raisonnables et naturelles [5].

Pour diversifier le style de ma relation, tantôt je ferai parler mon voyageur, tantôt je parlerai moi-même : j'entrerai dans les idées abstraites d'un Siamois [6] ; je le ferai entrer dans les nôtres ; enfin, supposant que

---

a. VAR. « En sortant de la cour, entrons dans Paris, nous y retrouverons de quoi nous y amuser longtemps ».
b. VAR. On retrouve ici le texte de l'édition originale, qui prolongeait le premier paragraphe ainsi : « ... en ignorent la moitié. Imaginez-vous combien un Siamois y trouverait de nouveautés surprenantes ; quel amusement », etc.
c. VAR. « de la variété ».

nous nous entendons tous deux à demi-mot, je donnerai l'essor à mon imagination et à la sienne. Ceux qui ne voudront pas prendre la peine de nous suivre peuvent s'épargner celle de lire le reste de ce livre, mais ceux qui cherchent à s'amuser doivent un peu se prêter au caprice de l'auteur.

Je supose donc que mon Siamois tombe des nues et qu'il se trouve dans le milieu de cette cité vaste et tumultueuse, où le repos et le silence ont peine à régner pendant la nuit même [7] ; d'abord le chaos bruyant de la rue Saint-Honoré [8] l'étourdit et l'épouvante, la tête lui tourne.

Il voit une infinité de machines différentes que des hommes font mouvoir ; les uns sont dessus, les autres dedans, les autres derrière ; ceux-ci portent, ceux-là sont portés ; l'un tire, l'autre pousse ; l'un frappe, l'autre crie ; celui-ci s'enfuit, l'autre court après. Je demande à mon Siamois ce qu'il pense de ce spectacle : J'admire et je tremble, me répond-il ; j'admire que dans un espace si étroit tant de machines et tant d'animaux, dont les mouvements sont opposés ou différents, soient ainsi agités sans se confondre ; se démêler d'un tel embarras, c'est un chef-d'œuvre de l'adresse des Français. Mais leur témérité me fait trembler, quand je vois qu'à travers tant de roues, de bêtes brutes et d'étourdis, ils courent sur des pierres glissantes et inégales, où le moindre faux pas les met en péril de mort [9].

En voyant votre Paris, continue ce voyageur abstrait [10], je m'imagine voir un grand animal ; les rues sont autant de veines où le peuple circule ; quelle vivacité que celle de la circulation de Paris ! — Vous voyez, lui dis-je, cette circulation qui se fait dans le cœur de Paris : il s'en fait une encore plus pétillante dans le sang des Parisiens ; ils sont toujours agités et toujours actifs ; leurs actions se succèdent avec tant de rapidité qu'ils commencent mille choses avant que d'en finir une, et en finissent mille autres avant que de les avoir commencées [11].

Ils sont également incapables et d'attention et de patience ; rien n'est plus prompt que l'effet de l'ouïe et de la vue, et cependant ils ne se donnent le temps ni d'entendre ni de voir.

Les Parisiens sont aussi laborieux que voluptueux. Ils se fatigueront vingt-quatre heures pour assaisonner un plaisir d'un moment [12].

Leurs passions sont vives, et cependant ils aiment la commodité de l'indolence ; ils l'ont déjà introduite dans l'amour, en retranchant les soins, les inquiétudes, les craintes, les rigueurs, en un mot, toutes les fatigues de la tendresse galante. Ils ont rendu l'amour moins vif, mais plus commode qu'il n'a jamais été [13].

Moi qui suis Parisien, et qui aime à travailler commodément [14], je diviserai l'amusement de Paris en plusieurs amusements fort courts. Ainsi je pourrai me reposer dès que je serai las de penser, et le lecteur pourra sans s'incommoder m'épargner l'affront de jeter mon livre avant la fin du chapitre [a].

AMUSEMENT QUATRIÈME

Le Palais [1]

Dans le milieu de Paris s'élève un superbe édifice ouvert à tout le monde, et presque fermé par l'affluence des gens qui s'empressent d'y entrer et d'en sortir.

On monte par plusieurs degrés dans une grande salle où se traitent les affaires les plus sérieuses. Dans cette salle même on étale toutes les bigarrures comiques qui composent l'habillement des femmes [2]. Un Parisien voit cela sans étonnement ; mais mon voyageur siamois est étonné de voir dans un même lieu [b] les hommes amusés d'un côté par des *babioles,* et de l'autre occupés par la crainte des jugements d'où dépendent toutes les destinées.

Dans cette boutique on vend un ruban ; dans l'autre boutique on vend une terre par décret : vous entendez à droite la voix argentine [3] d'une jolie marchande qui vous invite d'aller à elle ; et à gauche la voix rauque d'un huissier qui fait ses criées [4] ; quel contraste [5] !

Pendant que le voyageur fait ses réflexions sur cette bizarrerie, il est épouvanté par la lugubre apparition d'une multitude de têtes noires et cornues, qui forment en se réunissant un monstre épouvantable, qu'on appelle la chicane [c] ; et ce monstre mugit un langage si pernicieux qu'un seul mot suffit pour désoler des familles entières.

A certaines heures réglées, il paraît un homme grave et intrépide, dont l'aspect seul fait trembler et dompte ce monstre [6]. Il n'y a point de jour qu'il n'arrache de sa gueule béante quelque succession à demi dévorée.

La chicane est plus à craindre que l'injustice même. L'injustice ouverte, en nous ruinant, nous laisse au moins la consolation d'avoir droit de

---

a. VAR. Les trois derniers paragraphes de ce chapitre se réduisaient, dans la première version, aux deux paragraphes suivants :

« Les Parisiens n'ont de véritable attention que sur le plaisir et sur la commodité ; ils y raffinent tous les jours. Quel raffinement de commodité n'a-t-on point inventé depuis peu ? Les logements, les meubles, les voitures, la société, tout y est commode, jusques à l'amour.

« Mais commençons à entrer dans le détail de Paris ; vous y verrez plus distinctement que dans le général la singularité de cette ville, de ses habitants et de leurs mœurs. »

b. VAR. « On monte par plusieurs degrés dans une grande salle, où mon Siamois est étonné de voir dans un même lieu les hommes amusés, etc. » Les *degrés* désignent le grand escalier par lequel on accède au Palais.

c. VAR. « qu'on appelle Chicane ». Les *têtes noires et cornues* font allusion au bonnet carré ou bonnet à cornes porté par les gens de justice, y compris les procureurs (voir la note 9) et les huissiers, lesquels, selon Furetière, « ont [...] usurpé cette marque d'honneur ».

nous plaindre ; mais la chicane, par ses formalités [7], nous donne le tort en nous ôtant notre bien.

La justice est, pour ainsi dire, une belle vierge, déguisée et produite [8] par le plaideur, poursuivie par le procureur [9], cajolée par l'avocat et défendue par le juge.

Nous voilà déjà dans les digressions, me dira le critique. Le critique a tort; car les digressions sont précisément de mon sujet, puisqu'elles sont des amusements. Cela est si vrai que je vais continuer.

Par forme de digression, je vous avertis que dans tous les endroits de mon voyage où le Siamois m'embarrassera, je le quitterai, comme je viens de faire, pour m'amuser dans mes réflexions, sauf à le reprendre quand je m'ennuierai de voyager seul. Je prétends quitter aussi l'idée de voyage toutes les fois qu'il m'en prendra fantaisie : car bien loin de m'assujettir à suivre toujours une même figure, je voudrais pouvoir à chaque période changer de figure, de sujet et de style, pour ennuyer moins les lecteurs du temps ; car je sais que la variété est le goût dominant.

Quoiqu'il n'y ait rien de durable dans le monde, on remarque néanmoins au Palais une chose éternelle, c'est le procès ; certains ministres de la chicane [10] s'appliquent à le perpétuer et se font entre eux une religion d'entretenir l'ardeur des plaideurs, comme les Vestales s'en faisaient une entre elles d'entretenir le feu sacré.

Une chose étonnante, c'est que, malgré le bruit épouvantable qui se fait autour des tribunaux, on ne laisse pas d'y dormir : plût au Ciel, lorsqu'on y décide un procès, que les anciens juges fussent bien éveillés, et les jeunes bien endormis [11] !

Il y en a pourtant de très équitables [a]. L'embarras, c'est de pouvoir les bien instruire d'une affaire : comment s'y prendre ? La partie leur est suspecte, le factum [12] les endort, le procureur les embrouille, l'avocat les étourdit, le solliciteur les importune, et la solliciteuse les distrait [13] ; à toutes risques [14], j'aimerais mieux la solliciteuse.

Un de mes amis se vantait que la plus charmante femme du monde ne pourrait jamais lui faire oublier qu'il était juge. Je vous crois, lui répondis-je ; mais tout magistrat est homme avant que d'être juge. Le premier mouvement est pour la solliciteuse ; le second pour la justice.

Une comtesse assez belle pour prévenir en faveur d'un mauvais procès le juge le plus austère fut solliciter pour un colonel contre un marchand.

Ce marchand était alors dans le cabinet de son juge, qui trouvait son affaire si claire et si juste, qu'il ne put s'empêcher de lui promettre gain de cause.

---

a. VAR. « Ils sont cependant tous assez équitables. »

A l'instant même la charmante comtesse parut dans l'antichambre ; le juge courut au-devant d'elle ; son abord, son air, ses yeux, le son de sa voix, tant de charmes enfin le sollicitèrent, qu'en ce premier moment il fut plus homme que juge, et il promit à la belle comtesse que le colonel gagnerait sa cause. Voilà le juge engagé des deux côtés. En rentrant dans son cabinet, il trouva le marchand désolé : Je l'ai vue, s'écria le pauvre homme hors de lui-même, je l'ai vue, celle qui sollicite contre moi ; qu'elle est belle ! Ah, Monsieur, mon procès est perdu ! — Mettez-vous à ma place, répond le juge encore tout interdit, ai-je pu lui refuser ce qu'elle me demandait ? En disant cela, il tira d'une bourse cent pistoles [15] ; c'était à quoi pouvaient monter toutes les prétentions du marchand. Il lui donna les cent pistoles. La comtesse sut la chose, et comme elle était vertueuse jusqu'au scrupule, elle craignit d'avoir trop d'obligation à un juge si généreux, et lui envoya sur l'heure les cent pistoles. Le colonel, aussi galant que la comtesse était scrupuleuse, lui rendit les cent pistoles ; et ainsi chacun fit ce qu'il devait faire. Le juge craignit d'être injuste, la comtesse craignit d'être reconnaissante, le colonel paya, et le marchand fut payé.

Voulez-vous savoir mon véritable sentiment sur le procédé de ce juge ? Son premier mouvement a été pour la solliciteuse : c'est ce que je n'ose lui pardonner ; son second mouvement a été pour la justice : c'est ce que j'admire [16].

Pendant que je me suis amusé, mon voyageur s'est perdu dans le Palais : allons le chercher. Je l'aperçois dans la grande salle, je l'appelle, il veut venir à moi, mais l'haleine lui manque, la foule l'étouffe, le courant l'emporte ; il nage des coudes pour se sauver. Il m'aborde enfin ; et pour toute relation de ce qu'il vient de voir, il s'écrie : O le maudit pays ! sortons-en vite, pour n'y jamais rentrer.

* — Avant que d'en sortir, lui dis-je, examinez bien ce grand homme sec et renfrogné ; quoiqu'il porte une longue épée, il ne fait la guerre que par procureur. C'est un chicaneau d'épée [17]. Il parle à quelqu'un. Écoutons-le. Il est normand ; la scène ne sera pas si brillante que s'il était gascon ; mais elle vous instruira peut-être des maximes les plus solides de la chicane frauduleuse. Je connais la personne à qui il parle. C'est une plaideuse [18].

* — Une plaideuse ! s'écria mon Siamois. Est-ce que les femmes savent plaider ?

* — Mieux que les hommes quand elles s'en mêlent, lui répartis-je. Comme elles suivent plus loin que nous et la haine et l'amour, elles réussissent également en procès et en galanterie. Celle-ci, en se ruinant, s'est acquis l'esprit de chicane, qui, joint à l'esprit de femme, l'emporte encore sur l'esprit normand ; en un mot, à force de perdre son bien, elle a appris à usurper celui des autres.

*Notre Siamois, curieux d'entendre le dialogue de la plaideuse et du Normand, me tira derrière un pilier, d'où nous pouvions les entendre sans être vus. Nous jugeâmes par les discours de la plaideuse qu'elle avait fait au Normand force supercheries dont elle craignait les suites.

* Ah, Monsieur, lui disait-elle d'une voix tremblante, si ma procédure n'a pas été loyale, je désavoue mon procureur. Je sais que vous avez des preuves apparentes contre ma bonne foi, et que vous pouvez me perdre de réputation, quoique je sois innocente. Ne me poussez pas à bout, je vous en conjure. A cela il ne répondait rien, fronçait le sourcil, et se mordait les lèvres comme un homme outré qui va éclater en invectives.

* Nous attendions que l'orage fondît, quand tout à coup notre Normand prenant un air gracieux et flatteur : Ne craignez rien, ma chère Demoiselle, lui dit-il, ne craignez rien ; votre procédé est estimable ; vous avez mérité mon estime et ma vénération, et j'irai chez vous dès demain pour vous rendre hommage.

* — Ah, je suis perdue, s'écria-t-elle ! et vous ne dissimulez votre ressentiment que pour me perdre, pour m'abîmer [19].

* — Au contraire, Madame, reprit notre flatteur en lui serrant la main, je vous applaudis, je vous félicite ; rien n'est plus aimable, rien n'est plus charmant que le tour que vous m'avez joué, et vous m'avez trompé d'une manière tout adorable. J'avoue que j'en ai pensé être la dupe.

* — Je vous jure, reprit-elle d'un air contrit, que je n'ai point eu dessein de vous tromper.

* — Ha ! ne dites point cela pour votre honneur, répliqua-t-il ; c'est la tromperie, c'est votre habileté à tromper qui me charme, qui me ravit. Oui, charmante personne, la manière adroite dont vous m'avez ballotté, trigaudé [20], leurré, tourné, viré, m'enlève, m'enchante ; vous me voyez passionné pour vous, et cela sans faiblesse ; car ce n'est point votre beauté, ce ne sont ni vos yeux, ni votre bouche, ni votre teint : je ne suis point sensible à ces fadaises ; ce qui me touche dans une femme, c'est un esprit subtil et façonné [21], un cœur solide et politique [22]. Ne se passionner qu'avec réflexion, ruser ingénument, faire la naïve et la franche pour parvenir à ses fins : c'est par là que vous m'avez gagné le cœur.

* — Ces louanges ne me conviennent point, reprit-elle toute déconcertée ; mais enfin, où voulez-vous venir ?

* — Je ne puis encore en venir à rien, continua-t-il d'un air tendre ; je suis si passionné, si transporté d'admiration pour votre patelinage [23] ! Une affabilité, un langage, des paroles dorées : vous m'amusiez par de belles propositions d'accommodement, pour avoir le temps de me faire souffler un exploit [24], et de me faire condamner par défaut. Cela était joliment imaginé et très agréablement conduit ; et ce titre que vous avez fait contrefaire par un... Je sais bien que la signature n'est pas tout à fait fausse ; aussi n'est-elle pas tout à fait vraie : c'est une signature vraisemblable. Quoi qu'il en soit, vos prétentions sans titre étaient injustes, et en fabriquant un titre, vous corrigez l'injustice. Cela est bon.

* — En vérité, Monsieur, reprit la plaideuse, je ne sais plus comment je doit prendre vos discours.

* — Du bon côté, répliqua le Normand, en l'embrassant ; tout votre manège est si fort de mon goût, et je trouve tant de conformité entre vous et moi, qu'il m'est venu en pensée que nous étions nés l'un pour l'autre. Oui, Mademoiselle, je crois que pour donner un bon tour à cinq ou six procès où nous sommes faufilés [25] vous et moi, il nous serait avantageux à l'un et à l'autre de réunir nos droits par un contrat de mariage ; en un mot, si vous entendez bien vos intérêts, vous serez ma femme dès aujourd'hui, et voici pourquoi : deux vertueux [26] réunis se fortifient, et séparés nous nous détruirions l'un l'autre.

* — Ha ! Monsieur, répliqua la plaideuse, à qui ce mariage n'était pas si avantageux qu'au Normand, quand je refuserais de me marier, vous êtes trop honnête homme pour me détruire [27].

* — Pardonnez-moi, pardonnez-moi, reprit brusquement le Normand, et je veux ce mariage, parce que je ne suis pas dupe ; je puis vous ruiner, vous pouvez m'enrichir. Il faut s'entr'aider les uns les autres charitablement. Ainsi touchez là [28], nous mourrons ennemis ou mariés ensemble.

* La plaideuse laissa prendre sa main d'un air si interdit qu'on eût pris sa crainte pour de la pudeur, et notre épouseur continua ainsi : J'ai déjà dressé un projet de contrat de mariage. C'est un chef-d'œuvre de composition. Je crois que cet ouvrage d'esprit sera de votre goût. Il est conçu dans des termes savamment équivoqués : par exemple, en parlant de cette grosse terre que vous m'apportez en mariage avec le procès y adjoint, pour mettre en valeur la terre et le procès, j'y comprends tous les environs qui seront à notre bienséance. Elle est belle, notre terre : gros revenus, beaux droits seigneuriaux ; mais ce que j'estime plus que tout cela, ce sont certaines vieilles prétentions soutenues de certains vieux titres dont je suis nanti. C'est une recherche curieuse qui m'a coûté bien du travail ; mais il fallait cela pour augmenter vos terres sur celles des voisins. Ces voisins sont des sots. Ainsi, je pourrai les déposséder, les ruiner, les abîmer avec justice ; je dis avec justice, car enfin, selon la Coutume du Mans, rien n'est plus juste que d'arrondir sa terre.

En finissant ce dialogue, nos épouseurs politiques [29] s'éloignèrent de nous, et moi, pour ôter brusquement à mon voyageur siamois l'idée ennuyeuse du Palais, je le menai droit au pays de l'Opéra [a].

---

a. Var. La version primitive, qui ne rapporte pas la comédie de la plaideuse, se borne à faire suivre l'exclamation indignée du Siamois d'un bref paragraphe de liaison : « Allons, lui dis-je, allons nous reposer ; et pour nous faire perdre l'idée du Palais, nous irons ce soir au pays de l'Opéra. »

AMUSEMENT CINQUIÈME

L'Opéra

Quatre heures sonnent, allons à l'Opéra [1] ; il nous faut au moins une heure pour traverser la foule qui en assiège la porte.

Vous parlez mal, me dit mon Siamois : on ne doit point dire la porte de l'Opéra ; et selon l'idée magnifique que je me suis faite de l'Opéra, on n'y doit entrer que par un portique superbe.

— En voici l'entrée, lui répondis-je, en lui montrant du doigt un guichet fort sombre. — Et où donc, s'écria-t-il ? Je ne vois là qu'un petit trou dans un mur, par où on distribue quelque chose. Avançons, que veut dire ceci ? quelle folie : donner un louis d'or pour un morceau de carton ! Mais je ne m'étonne plus qu'on l'achète si cher : j'aperçois sur ce carton des caractères qui ont apparemment quelque vertu magique.

— Vous ne vous trompez pas tout à fait, lui dis-je ; c'est un passeport pour entrer dans le pays des enchantements : entrons-y donc vite, et plaçons-nous sur le théâtre. — Sur le théâtre ! repartit mon Siamois : vous vous moquez ; ce n'est pas nous qui devons nous donner en spectacle, nous venons pour le voir. — N'importe, lui dis-je, allons nous y étaler : on n'y voit rien, on y entend mal ; mais c'est la place la plus chère, et par conséquent la plus honorable [2]. Cependant, comme vous n'avez point encore d'habitude à l'Opéra, vous n'auriez pas sur le théâtre cette sorte de plaisir qui dédommage de la perte du spectacle. Suivez-moi dans une loge : en attendant qu'on lève cette toile, je vais vous dire un mot des pays qu'elle nous cache.

L'Opéra est, comme je vous l'ai dit, un séjour enchanté ; c'est le pays des métamorphoses : on y en voit des plus subites. Là, en un clin d'œil, les hommes s'érigent en demi-dieux, et les déesses s'humanisent ; là le voyageur n'a point la peine de courir le pays, ce sont les pays qui voyagent à ses yeux ; là, sans sortir d'une place, on passe d'un bout du monde à l'autre, et des Enfers aux Champs-Élysées. Vous ennuyez-vous dans un affreux désert ? un coup de sifflet vous fait retrouver dans le pays des dieux ; autre coup de sifflet, vous voilà dans le pays des fées.

Les fées de l'Opéra [3] enchantent comme les autres ; mais leurs enchantements sont plus naturels, au vermillon près.

Quoiqu'on ait fait depuis quelques années quantité de contes sur les fées du temps passé, on en fait encore davantage sur les fées de l'Opéra [4] ; ils ne sont peut-être pas plus vrais, mais ils sont plus vraisemblables.

Celles-ci sont naturellement bienfaisantes [5] ; cependant elles n'accordent point à ceux qu'elles aiment le don des richesses : elles le gardent pour elles.

Disons un mot des habitants naturels du pays de l'Opéra ; ce sont des peuples un peu bizarres : ils ne parlent qu'en chantant, ne marchent qu'en dansant, et font souvent l'un et l'autre lorsqu'ils en ont le moins d'envie.

Ils relèvent tous du souverain de l'orchestre, prince si absolu, qu'en haussant et baissant un sceptre en forme de rouleau qu'il tient à la main, il règle tous les mouvements de ce peuple capricieux.

Le raisonnement est rare parmi ces peuples ; comme ils ont la tête pleine de musique, ils ne pensent que des chants et n'expriment que des sons ; cependant, ils ont poussé si loin la science des notes que si le raisonnement se pouvait noter, ils raisonneraient tous à livre ouvert.

* Ce pays de l'Opéra fournit tant de singularités que j'ai résolu d'en faire un traité particulier, aussi bien que de la Comédie [6].

AMUSEMENT SIXIÈME

Les promenades

Nous avons à Paris deux sortes de promenades : dans les unes, on va pour voir et pour être vu [1] ; dans les autres, pour ne voir ni n'être vu de personne.

Les dames qui ont l'inclination solitaire cherchent volontiers les routes écartées du Bois de Boulogne, où elles se servent mutuellement de guides pour s'égarer [2].

Les détours de ce Bois sont si trompeurs, que les mères les plus expérimentées s'y perdent quelquefois en voulant retrouver leurs filles.

Du Bois de Boulogne on vient dans le Cours : c'est une forêt en galerie, où il est permis aux chevaux de se promener, et non pas aux hommes [3].

Dans un climat voisin, qu'on nomme les Tuileries [4], on va respirer l'air au milieu d'un nuage de poussière étouffante, qui fait qu'on n'y voit point ceux qui n'y vont que pour s'y montrer.

L'incommodité de ces promenades, c'est qu'on y est tourmenté de plusieurs insectes ; des mouches en été, des cousins en automne, et en tout temps des nouvellistes [5].

En arrivant au bout de la grande allée des Tuileries, mon compagnon de voyage fut enchanté du plus agréable spectacle qui se puisse présenter à la vue ; il n'y avait que des femmes ce jour-là, et l'allée en était toute couverte.

Je n'ai vu de ma vie, me dit-il en souriant, une volée si nombreuse ! la charmante espèce d'oiseaux !

— Ce sont, lui dis-je sur le même ton, ce sont des oiseaux amusants, qui changent de plumage deux ou trois fois par jour.

Ils sont volages d'inclination, faibles de tempérament, et forts en ramage.

Ils ne voient le jour qu'au soleil couchant, marchent toujours élevés à un pied de terre et touchent les nues de leurs superbes huppes [6] ; en un mot, la plupart des femmes sont des paons dans les promenades, quelques-unes sont des pies-grièches dans leur domestique, et des colombes dans le tête-à-tête [7].

— Voilà une description bien hardie, me dit mon Siamois. En bonne foi, me dit-il, ce portrait est-il d'après nature ? Est-ce bien là la femme ?
— Oui, sans doute, lui répondis-je ; mais je connais des femmes qui s'élèvent au-dessus de la femme, et peut-être même au-dessus de l'homme : à l'égard de celles-là, je n'ai que faire de les distinguer des autres, elles se distingueront bien d'elles-mêmes.

Rien n'est plus difficile à définir que les femmes : et de toutes les femmes, les Parisiennes sont les plus indéfinissables.

Les femmes espagnoles sont tout espagnoles, les Italiennes tout italiennes, les Allemandes tout allemandes [8] ; mais dans les Parisiennes, on trouve des Espagnoles, des Italiennes et des Allemandes [9].

Parmi nos Françaises, combien de nations différentes ?

La nation policée [10] des femmes du monde.

La nation sauvage des provinciales.

La nation libre des coquettes.

La nation indomptable des épouses fidèles.

La nation docile des femmes qui trompent leur mari.

La nation aguerrie des femmes d'intrigue.

La nation timide [11]... mais il n'y en a plus guère, de celles-là.

La nation barbare des belles-mères.

La nation fière des bourgeoises qualifiées [12].

La nation errante des visiteuses régulières [13].

Et tant d'autres, sans compter la nation superstitieuse des coureuses d'horoscope ; on devrait renfermer celles-là, et détruire la nation des devineresses [14] qui les abusent, et qui, sous prétexte de deviner ce que font les personnes, leur font faire des choses qu'elles n'auraient jamais faites.

Je me laisse un peu trop emporter à mon sujet : c'est une chose étrange qu'on ne puisse parler des femmes avec une juste modération ; on en dit toujours trop ou trop peu ; on ne parle pas assez des femmes vertueuses, et l'on parle trop de celles qui ne le sont pas.

Les hommes leur rendraient justice à toutes, s'ils pouvaient en parler sans passion ; mais ils ne parlent guère de celles qui leur sont indifférentes ; ils sont prévenus pour celles qu'ils aiment, et contre celles dont ils n'ont pu se faire aimer.

Ils font passer ces dernières pour déréglées, parce qu'elles sont sages, et plus sages qu'ils ne voudraient. Ce déchaînement des hommes devrait faire la justification des femmes ; mais, par malheur, la moitié du monde prend plaisir à médire, et l'autre moitié à croire les médisances.

La médisance est de tout temps et de tous pays ; elle est presque aussi ancienne dans le monde que la vertu.

On devrait punir plus rigoureusement la médisance que le larcin ; elle fait plus de tort à la société civile : et il est plus difficile de se garder d'un médisant que d'un voleur.

On convient que l'un et l'autre sont fort méprisables ; cependant on les estime quand ils excellent. Un railleur fin et délicat fait les délices de la conversation [15] ; et tel qui s'approprie habilement le bien d'autrui s'attire la vénération de ceux mêmes à qui il coupe la bourse.

Et voyant le triomphe de ceux-ci, on dirait que ce n'est ni la médisance ni le vol qu'on blâme dans les autres, mais seulement leur malhabileté : on les punit de n'avoir su atteindre à la perfection de leur art.

Vous vous éloignez de votre sujet, me dit mon Siamois, vous parlez de la médisance en général, et il ne s'agissait que de celle que les hommes font ordinairement du beau sexe ; je vous y ramène, à propos de certaines lois qui furent autrefois proposées par un législateur de Siam [16]. Une de ces lois permettait aux femmes de médire des femmes ; premièrement, parce qu'il est impossible de l'empêcher [17] ; et de plus, parce qu'en fait de galanterie, telle qui accuse sa voisine en peut être aussi accusée, selon la loi du talion. Mais comment voulez-vous qu'une femme se venge d'un homme qui aura publié qu'elle est galante ? Publiera-t-elle qu'il est galant ?

Je voudrais bien savoir pourquoi il est plus honteux à un sexe qu'à l'autre de succomber à l'amour. Mais traiter sérieusement cette question, ce serait trop occuper l'esprit ; amusons-le seulement par une pensée comique.

Les hommes ont mis leur gloire à conquérir les femmes, et les femmes ont mis la leur à se bien défendre : celui qui se fait aimer chante victoire ; celle qui aime se confesse vaincue.

S'il était vrai que les dames fussent plus faibles que nous, leurs chutes devraient être plus pardonnables ; et voici ce que le Siamois conclut en leur faveur :

Il faut bien, dit-il aux hommes, que vous vous sentiez plus faibles que vos femmes, puisque vous voulez qu'elles vous pardonnent tout, lorsque vous ne leur pardonnez rien.

Il semble, continue-t-il, qu'aussitôt que vous avez acquis une femme par contrat, il lui doive suffire d'être tout à vous, sans qu'elle ose vouloir que vous soyez tout à elle : quelle tyrannie aux hommes d'avoir ainsi usurpé le droit d'être infidèles impunément !

— Ils n'ont pas tant gagné à cela qu'ils pensent, dis-je à mon voyageur ; les maris n'ont-ils pas la meilleure part de la honte qu'ils ont attachée à l'infidélité de leurs femmes ? Et pour en revenir à la médisance, peut-on médire d'une femme sans faire tort à son mari ?

Puisque la médisance contre les femmes a des suites si dangereuses, et qu'on ne peut l'empêcher, je voudrais au moins qu'on fût obligé de prouver clairement les fautes dont on les accuse. Comme les preuves en pareil cas sont difficiles, cela calmerait les fureurs de langue de nos jeunes calomniateurs.

Ils pourraient se déchaîner contre celles qui sont fardées ; car on voit clairement ce qu'elles ont de trop sur leur visage, mais on ne voit pas ce qui manque à leur honneur.

C'est cette difficulté de prouver qui fait qu'on médit si hardiment des plus sages ; car dans les choses où il est impossible de démontrer la vérité, on prétend [18] que la vraisemblance suffise.

Attaquer de la langue une vertu entre deux fers [19], c'est médisance. Publier qu'une personne sage ne l'est pas, c'est calomnie. Dire qu'une laide n'est pas belle, ce n'est ni médisance ni calomnie ; mais c'est un crime atroce, que les dames ne pardonnent jamais.

La plupart sont encore plus jalouses de leur réputation sur la beauté que sur l'honneur ; et telle qui a besoin de toute la matinée pour perfectionner ses charmes serait plus fâchée d'être surprise à sa toilette que d'être surprise avec un galant.

Cela ne m'étonne pas : la première vertu, selon les femmes, c'est de plaire ; et pour plaire aux hommes, la beauté est un moyen plus sûr que la sagesse.

Les uns aiment dans une femme la douceur et la modestie ; les autres n'ont du goût que pour la vivacité et l'enjouement ; mais l'agrément et la beauté sont de tous les goûts.

Une jeune personne qui n'a d'autre patrimoine que l'espérance de plaire est bien embarrassée quel parti prendre [20] pour réussir dans le monde : est-elle simple ? on s'en dégoûte ; prude, on la fuit ; coquette, on l'abandonne. Pour bien faire, il faudrait qu'elle fût prude, simple et coquette tout ensemble : la simplicité attire, la coquetterie amuse, et la pruderie [21] retient.

S'il est difficile aux femmes de se maintenir [22] avec les hommes, il leur est bien plus difficile encore de se maintenir avec les femmes mêmes : celle qui se pique de vertu s'attire l'envie ; celle qui se pique de galanterie s'attire le mépris ; mais celle qui ne se pique de rien échappe au mépris et à l'envie, et se sauve entre deux réputations.

Ce ménagement [23] passe la capacité d'une jeune fille : celles qui sont jeunes et belles sont exposées à de grands périls ; pour s'en garantir, elles auraient besoin de raison, et par malheur la raison ne vient qu'après que la jeunesse, la beauté et le péril sont passés. Pourquoi faut-il que la raison ne vienne pas aussi tôt que la beauté, puisque l'une est faite pour défendre l'autre ?

Il ne dépend pas d'une fille d'être belle ; le seul trait de beauté qu'elles pourraient toutes avoir et qu'elles n'ont pas toujours, c'est la pudeur ; et de tous les traits de beauté, c'est le plus facile à perdre.

Celle qui n'a point encore aimé est si honteuse de sa première faiblesse qu'elle voudrait se la cacher à elle-même ; pour la seconde, elle se contente de la cacher aux autres ; mais la troisième, elle ne se soucie plus de la cacher à personne.

Quand la pudeur est une fois perdue, elle ne revient pas plus que la jeunesse.

Celles qui ont perdu la pudeur s'en font une affectée, qui s'effarouche bien plus aisément que la naturelle : j'en connais qui s'alarment au moindre mot équivoque, et qui marquent trop de crainte des choses qu'elles ne devraient point savoir.

Une fille de ce caractère était dans une assemblée avec sa cadette qui sortait d'un couvent. Quelqu'un conta une aventure galante ; mais il la conta en termes si obscurs qu'une fille sans expérience n'y pouvait rien comprendre ; plus le récit était obscur, et plus cette cadette était attentive, et elle marquait naïvement sa curiosité. L'aînée, voulant témoigner qu'elle avait plus de pudeur que sa cadette, s'écria : Hé, fi, ma sœur, pouvez-vous entendre sans rougir ce que ces messieurs disent ?

— Hélas ! répondit naïvement la cadette, je ne sais pas encore quand il faut rougir.

Cette heureuse ignorance est toute opposée à l'habileté de ces héroïnes de politique [24], qui conservent une espèce d'ordre dans le désordre même.

Tout est réglé chez une femme qui sait son monde : celui qui perd son argent par complaisance [25] cède la place à celui qui prête son carrosse pour la promenade ; le jeune héritier commence où la dupe ruinée a fini ; tel qui paie la collation est relevé par un autre qui la mange : et quand l'officier entre par la porte, il faut que le marchand sorte par la fenêtre.

Cette régularité [26] des coquettes n'empêche pas que les femmes de bien ne les méprisent, et ce mépris n'empêche pas qu'elles ne les imitent : n'apprennent-elles pas d'elles le bon air, le savoir-vivre et les manières galantes ? Elles parlent, s'habillent et s'ajustent comme elles ; il faut bien suivre le torrent : ce sont les coquettes qui inventent les modes et les mots nouveaux ; tout se fait par elles et pour elles. Cependant, avec tous ces avantages, il y a une grande différence entre les unes et les autres : la réputation des femmes de bien est plus solide, celle des coquettes est plus étendue.

Je m'aperçois que je m'arrête trop dans cet endroit de mon voyage : on s'amuse toujours plus qu'on ne veut avec les femmes ; puisque nous y sommes, faisons voir à notre Siamois le pays de la galanterie [27], dont elles font tout l'ornement.

La galanterie

Entrons dans ce charmant pays, et voyons d'abord... mais qu'y peut-on voir ? La galanterie autrefois si cultivée, si florissante, fréquentée par tant d'honnêtes gens, est maintenant en friche, abandonnée : quel désert ! hélas ! je n'y reconnais plus rien [28].

Suivons donc l'usage nouveau ; et sans nous amuser à la galanterie, passons tout d'un coup au mariage.

AMUSEMENT SEPTIÈME

Le mariage

Il est bien difficile de parler du mariage d'une manière qui plaise à tout le monde. Ceux qui n'y prennent nul intérêt seront ravis que j'en fasse une description comique. Maudit soit le plaisant, dira ce mari sérieux ; s'il était à ma place, il n'aurait pas envie de rire. Si je moralise tristement sur les inconvénients du mariage, ceux qui ont envie de se marier se plaindront que je veux les dégoûter d'un état si charmant. Sur quel ton le prendrai-je donc ? J'y suis fort embarrassé.

Un certain peintre faisait un tableau de l'Hymen pour un jeune amant. Je veux qu'il soit accompagné de toutes les grâces, lui disait cet amant passionné. Souvenez-vous surtout que l'Hymen doit être plus beau qu'Adonis : il faut lui mettre en main un flambeau plus brillant encore que celui de l'Amour. Enfin, faites un effort d'imagination ; je vous paierai votre tableau à proportion que le sujet en sera gracieux. Le peintre, qui connaissait sa libéralité, n'oublia rien pour le satisfaire et lui apporta le tableau la veille de ses noces. Notre jeune amant n'en fut point satisfait : Il manque, dit-il, à cette figure certain air gai, certains agréments, certains charmes ; enfin, ce n'est point là l'idée que j'ai de l'Hymen : vous l'avez fait d'une beauté médiocre, vous ne serez que médiocrement récompensé.

Le peintre, qui avait autant de présence d'esprit que de génie pour la peinture, prit son parti dans le moment.

Vous avez raison, lui dit-il, de n'être pas content de la beauté de mon tableau, il n'est pas encore sec ; ce visage est embu [1] ; et pour vous parler franchement, j'emploie mes couleurs de manière que ma peinture ne paraît rien dans les premiers jours. Je vous rapporterai ce tableau dans quelques mois, et pour lors vous me le paierez selon sa beauté : je suis sûr qu'il vous paraîtra tout autre. Adieu, Monsieur, je ne suis pas pressé d'argent.

Ce peintre remporta son ouvrage : notre jeune amant se maria le lendemain ; et quelques mois s'écoulèrent sans que le peintre parût. Enfin il reporta le tableau. Notre jeune mari fut surpris en le voyant : Vous me l'aviez bien promis, lui dit-il, que le temps embellirait votre peinture ; quelle différence ! Je ne la reconnais plus ! J'admire l'effet du temps sur les couleurs, et j'admire encore plus votre habileté. Cependant je ne puis m'empêcher de vous dire que ce visage est un peu trop gai, ces yeux un peu trop vifs : car enfin les feux de l'Hymen doivent paraître moins brillants que ceux de l'Amour ; ce sont des feux solides que les feux de l'Hymen [2]. D'ailleurs, l'attitude de votre figure est un peu trop enjouée, un peu trop libre, et vous lui avez donné un certain air de badinage qui ne caractérise pas tout à fait... Ce n'est pas là l'Hymen enfin. — Fort bien, Monsieur, lui dit le peintre, ce que j'avais prévu est arrivé ; l'Hymen est à présent moins beau dans votre idée que dans mon tableau : c'était tout le contraire il y a trois mois. Ce n'est point ma peinture qui a changé, c'est votre idée : vous étiez amant pour lors, vous êtes mari maintenant.

— Je vous entends, interrompit le mari ; brisons là-dessus. Votre tableau est agréable au-delà de mon imagination, il est juste que le paiement soit au-delà de la vôtre : voilà une bourse qui contient le double de ce que vous pouvez espérer. Tenez, Monsieur, laissez-moi le tableau. — Non, Monsieur, répliqua le peintre, non, je ne vous le laisserai point ; je vous en veux donner un autre qui plaise aux amants et aux maris, et ce sera le chef-d'œuvre de la peinture. En effet, le peintre fit un autre tableau, où il se servit avec tant d'art de certaines règles d'optique et de perspective que le portrait de l'Hymen paraissait charmant à ceux qui le regardaient de loin ; mais, de près, ce n'était plus cela. Il le fit placer au bout d'une agréable galerie, sur une espèce d'estrade, et pour monter sur cette estrade, il fallait passer un pas fort glissant ; en deçà, c'était le charmant point de vue, mais sitôt qu'on avait passé le pas, adieu les charmes.

Si vous comprenez la difficulté qu'il y a de peindre le mariage au goût de tout le monde, suspendez ici votre critique ; je vais vous présenter mon tableau, choisissez le point de vue qui vous convient.

Pour rentrer dans notre style de voyage, je vous dirai d'abord que le mariage est un pays qui peuple les autres ; la bourgeoisie y est plus fertile que la noblesse ; c'est peut-être que les grands seigneurs se plaisent moins chez eux que chez leurs voisins [3]. Le mariage a la propriété de faire changer d'humeur ceux qui s'y établissent : il fait souvent d'un homme enjoué un stupide, et d'un galant un bourru ; quelquefois aussi, d'un stupide et d'un bourru, une femme d'esprit fait presque un galant homme.

On se marie par différents motifs : les uns par passion, les autres par raison ; celui-ci sans savoir ce qu'il fait, et celui-là ne sachant plus que faire.

Il y a des hommes si accablés de quiétude et d'indolence qu'ils se marient seulement pour se désennuyer : d'abord le choix d'une femme les occupe ; ensuite les visites, les entrevues, les festins, les cérémonies ; mais après la dernière cérémonie, l'ennui les reprend plus que jamais.

Combien voyons-nous de maris et de femmes qui, dès la seconde année de leur communauté, n'ont plus rien de commun que le nom, la qualité, la mauvaise humeur et la misère [4] ?

Je ne m'étonne pas qu'il y ait tant de mauvais ménages, puisqu'on se marie tout à sa tête, ou tout à celle des autres.

Tel qui se marie à sa tête, ne voyant pas dans une femme ce que tout le monde y voit, est en danger d'y voir dans la suite beaucoup plus que les autres n'y ont vu.

Tel autre, qui n'a pas la force de se déterminer par lui-même, s'en rapporte à la marieuse de son quartier, qui sait à point nommé le taux des établissements, et le prix courant des filles à marier [5]. Ces connaisseuses ont le talent d'assortir les conditions, les biens, les familles, tout enfin, hors les humeurs et les inclinations, dont elles ne se mettent point en peine.

Avec l'entremise de ces femmes d'affaires, on fait un mariage comme une emplette : on marchande, on surfait, on mésoffre [6], enfin on est pris au mot.

D'autres, qui n'ont pas le loisir de marchander, vont lever une riche veuve chez un notaire, comme on lève une charge aux Parties casuelles [7].

Ce n'est pas tout à fait la faute de l'entremetteuse si l'on est trompé en femme : elles vous donnent un mémoire. On n'examine que les articles de la famille et du bien ; on laisse à côté la femme, qu'on ne retrouve que trop dans la suite.

Après tout ce que je viens de dire, je ne crains point d'avancer que ceux qui se marient peuvent être heureux.

Mais ce n'est point se marier, c'est négocier, que de prendre une femme pour son bien.

Ce n'est point se marier, c'est se contenter [8], que de prendre une femme pour sa beauté.

Ce n'est point se marier, c'est radoter, à certain âge, que de prendre une jeune femme pour avoir de la société.

Qu'est-ce donc que se marier ? C'est choisir avec discernement, à loisir, par inclination et sans intérêt, une femme qui vous choisisse de même.

Le pays du mariage a cela de particulier que les étrangers ont envie de l'habiter, et les habitants naturels voudraient en être exilés.

On peut être exilé du mariage par les séparations ; mais il n'y a de véritable sortie que celle du veuvage [9].

Quoique le veuvage suppose la mort de l'un des deux époux, il me paraît moins à craindre que la séparation.

Les séparés sont des animaux sauvages, incapables des plus beaux nœuds de la société.

Dans les causes ordinaires de séparation, on donne le tort à la femme ; mais souvent le mari est cause que la femme a tort, et il a lui-même le tort d'avoir appris au public que sa femme avait tort.

On doit s'attendre que je vais parler ici [10] du veuvage : c'est un grand sujet et très fertile ; mais il est trop difficile à traiter.

Comment parler des veuves ? Si je ne les dépeins qu'à demi fâchées de la mort d'un mari, je blesserai la bienséance : si j'exagère leur affliction, je blesserai la vérité [11].

Quoi qu'en puissent dire les mauvais plaisants, il n'y a point de veuvage sans tristesse. N'est-ce pas toujours un état fort triste d'être obligé de feindre une tristesse continuelle ? Le triste rôle à jouer que celui d'une veuve qui ne veut point faire parler d'elle !

Il y a des veuves à qui les sanglots et les larmes ne coûtent rien ; j'en ai connu une au contraire qui faisait de bonne foi tout son possible pour s'affliger : mais la nature lui avait refusé le don des larmes. Cependant elle voulait faire pitié aux parents de son mari : ses affaires dépendaient d'eux.

Un jour, son beau-frère, qui était fort affligé, lui reprochait qu'elle n'avait pas versé une larme : Hélas ! lui répondit la veuve, mon pauvre esprit a été si accablé de ce coup imprévu que j'en suis devenue comme insensible ; les grandes douleurs ne se font point sentir d'abord [12], mais dans la suite je suis sûre que j'en mourrai.

— Je sais, lui répliqua le beau-frère, que les douleurs trop grandes ne se font point sentir d'abord ; je sais encore que les douleurs violentes ne durent guère : ainsi, Madame, vous serez tout étonnée que la douleur de votre veuvage sera passée avant que vous l'ayez sentie.

Une autre veuve se désespérait, et ce n'était pas sans sujet : elle avait perdu en même jour [13] le meilleur mari et la plus jolie petite chienne de Paris.

Ce double veuvage l'avait réduite en un état qui faisait craindre pour sa vie. On n'osait lui parler de boire ni de manger ; on n'osait pas même la consoler. Il est dangereux d'obstiner [14] la douleur d'une femme, il vaut mieux laisser agir le temps et l'inconstance. Cependant, pour accoutumer petit à petit la veuve à supporter l'idée de ses pertes, une bonne amie lui parla d'abord de sa petite chienne. Au seul nom de Babichonne, ce fut des hurlements, des transports ; elle s'évanouit enfin : Que j'ai bien fait, s'écria la prudente amie, de ne point parler du mari : elle serait morte tout à fait !

Le lendemain, le nom de Babichonne fit couler des larmes avec tant d'abondance qu'on espéra que la source en tarirait bientôt, et l'amie zélée crut qu'elle pouvait hasarder le nom du mari.

Hélas ! lui dit-elle, si le seul nom de Babichonne vous afflige tant, que serait-ce donc si on vous parlait de votre mari ? mais je n'ai garde : la pauvre Babichonne ! Vous n'en trouverez jamais une semblable ; cependant elle est bien heureuse d'être morte, car vous ne l'auriez plus aimée : peut-on aimer quelque chose après avoir perdu un mari ?

C'est ainsi que cette amie habile mêlait adroitement l'idée du mari avec celle de Babichonne : sachant bien que quelquefois deux fortes douleurs se détruisent l'une l'autre en faisant diversion. Elle remarqua qu'au nom de Babichonne les pleurs redoublaient, et qu'ils [15] s'arrêtaient tout court au nom du mari ; c'était, sans doute, le saisissement : on sait que les pleurs ne sont que pour les douleurs médiocres. Quoi qu'il en soit, la pauvre affligée passa plusieurs jours et plusieurs nuits dans cette alternative de pleurs et de saisissements.

Enfin, la bonne amie fit chercher une petite chienne, et en trouva une plus jolie que la défunte : elle la présenta ; mais la veuve ne l'accepta qu'en pleurant. Heureusement, la nouvelle chienne se fit tant aimer en huit jours qu'on ne pleura plus Babichonne ; et voici la conséquence que l'amie en tira.

Si une chienne nouvelle a fait cesser les pleurs, peut-être qu'un mari nouveau fera cesser les saisissements. Mais hélas ! l'un ne fut pas si facile que l'autre : la nouvelle chienne s'était fait aimer en huit jours, et il fallut plus de trois mois pour faire consentir la veuve à se remarier.

Quoique je me sois donné plein pouvoir de quitter mon voyageur siamois tant qu'il me plairait, je ne veux pas le perdre de vue : j'ai besoin qu'il autorise certaines idées creuses qui me sont venues à propos de la Faculté [16] et de l'Université. Ce sont deux pays où les idées simples et naturelles ne sont pas les mieux reçues ; il faut qu'un voyageur parle, s'il se peut, la langue des pays par où il passe : je vais donc guinder mon style et figurer mes expressions [17], pour être plus intelligible aux docteurs.

AMUSEMENT HUITIÈME

L'Université

Dans le pays latin [1] tout est obscur : les habitations, les vêtements, le langage, et les raisonnements même [2].

La noblesse ni la bravoure ne servent de rien pour parvenir aux dignités de la République des Lettres : ce sont les plus savants, et souvent les plus opiniâtres, qui usurpent la domination. Là, chaque maison est un royaume, ou plutôt un empire, où chaque souverain a son sceptre, sa justice, ses lois et ses armes [3] : et tel d'entre eux est si puissant qu'il gouverne quatre nations dans un seul collège [4].

Il y a longtemps qu'on travaille à défricher le pays de la science ; cependant il n'y paraît guère [5] : la seule chose qu'on y explique nettement, c'est qu'un et un font deux ; et ce qui fait que cela est si clair, c'est qu'on le savait avant que d'en avoir fait une science.

Quoi qu'il en soit, la géométrie est d'un grand usage ; elle sert entre autres choses à éprouver l'esprit, comme le creuset sert à éprouver l'or [6] : les bons esprits s'y raffinent, les esprits faux s'y évaporent.

Les géomètres travaillent sur un terrain si solide qu'après avoir bien posé la première pierre, ils élèvent sans crainte leurs bâtiments jusqu'aux cieux.

Sur un terrain bien différent, les philosophes bâtissent des édifices superbes qu'on appelle systèmes [7] : ils commencent par les fonder en l'air ; et quand ils croient être parvenus au solide, le bâtiment s'évanouit, et l'architecte tombe des nues.

Le pays des systèmes est fort amusant [8] : entre autres singularités on y voit une populace d'aiguilles s'assembler autour d'une pierre noire, de grands hommes courir après les petits corps ; on y pèse l'air, on y mesure la chaleur, le froid, la sécheresse et l'humidité : grandes découvertes pour l'utilité de l'homme ! Sans étudier, il n'a qu'à jeter les yeux sur un petit tuyau de verre pour connaître s'il a froid, s'il a chaud, s'il pleut, ou s'il fait beau temps.

Attiré par ces belles connaissances, on cherche des guides pour avancer dans la philosophie : on aperçoit un ancien Grec [9], qui depuis deux mille ans est maître d'un chemin creux et obscur ; d'autre part, on voit un jeune téméraire qui a osé frayer un chemin tout opposé. Celui-ci est si artistement aplani qu'on y marche plus à son aise, et qu'on croit même y voir plus clair que dans l'autre. Ces deux guides se tuent de crier : C'est ici, c'est ici l'unique route qu'il faut tenir pour découvrir tous les secrets de la nature. Si l'on me demande lequel des deux a raison, je dirai que l'un a pour lui la raison de l'ancienneté, et l'autre la raison de la nouveauté ; et en cas d'opinion [10], ces deux raisons entraînent plus de savants que la raison même.

Celui qui entreprend le voyage de la philosophie voudrait bien suivre ces deux guides tout à la fois ; mais il n'ose s'engager dans des chemins où l'on ne parle que d'accidents et de privation. Il se sent tout à coup saisi du froid, du chaud, du sec et de l'humide, pénétré par la matière subtile, environné de tourbillons, et si épouvanté par l'horreur du vide qu'il recule au lieu d'avancer [11].

On se doit consoler de ne point avancer dans ce pays ; car ceux qui n'y ont jamais été en savent presque autant que ceux qui en reviennent.

Avant que de faire passer mon voyageur de l'Université à la Faculté [12], il est bon de lui faire remarquer que,

Dans le pays de la science, on s'égare.

Dans le Palais, on se perd [13].

Dans les promenades, on se retrouve.

Et on ne se cherche plus dans le mariage.

On avance peu à la cour.

On va loin avec les femmes.

Et on ne revient guère du royaume de la Faculté.

AMUSEMENT NEUVIÈME
La Faculté

Le pays de la Faculté est situé sur le passage de ce monde à l'autre.

C'est un pays climatérique [1] où l'on nous fait respirer un air rafraîchissant [2], très ennemi de la chaleur naturelle [3].

Ceux qui voyagent dans cette contrée dépensent beaucoup, et meurent de faim.

La langue y est fort savante, et ceux qui la parlent sont très ignorants.

On apprend ordinairement les langues pour pouvoir exprimer nettement ce qu'on sait ; mais il semble que les médecins n'apprennent leur jargon que pour embrouiller ce qu'ils ne savent point.

Que je plains un malade de bon sens ! Il faut qu'il ait à combattre tout à la fois les arguments du médecin, la maladie, les remèdes et l'inanition. Un de mes amis, à qui tout cela ensemble avait causé un transport au cerveau, eut une vision fiévreuse qui lui sauva la vie : il crut voir la fièvre sous la figure d'un monstre ardent, qui poursuivait à pas continus et redoublés un malade, qu'un conducteur vint prendre par le poignet pour le faire sauver à travers un fleuve de sang : ce pauvre malade n'eut pas la force de le traverser, et se noya. Le conducteur se fit payer et courut à un autre malade entraîné par un torrent d'eau de poulet et d'émulsion. Mon ami profita de cette vision, congédia son médecin, et cela lui fit du bien, car rien de l'empêcha plus de guérir tout seul [4].

L'absence des médecins est un souverain remède pour celui qui n'a point recours au charlatan.

Ce n'est pas qu'il n'y ait des charlatans de bonne foi : cet étranger, par exemple, est fort sincère. Il débite de l'eau de fontaine [5] à trente sols la bouteille : il dit qu'il y a dans son eau une vertu occulte qui guérit des plus grands maux ; il en jure, et jure vrai, puisque cette eau le guérit lui-même de la pauvreté, qui renferme les plus grands maux [6].

A Paris, il en est des médecins comme des almanachs : les plus nouveaux sont les plus consultés : mais aussi leur règne, comme celui des almanachs, finit avec l'année courante.

Quand un malade laisse tout faire à la nature, il hasarde beaucoup ; quand il laisse tout faire aux médecins, il hasarde beaucoup aussi : mais, hasard pour hasard, j'aimerais mieux me confier à la nature, car au moins on est sûr qu'elle agit de bonne foi, comme elle peut, et qu'elle ne trouve pas son compte à faire durer les maladies [7].

Il y a quelque rapport entre les médecins et les intendants. Les intendants ruinent les maisons les mieux établies, et les médecins ruinent les corps les mieux constitués ; les maisons ruinées enrichissent les intendants, et les corps ruinés enrichissent les médecins.

On devrait obliger tous les médecins à se marier : n'est-ce pas une justice qu'ils rendent à l'État quelques hommes pour ceux qu'ils lui enlèvent à toute heure [8] ?

Je pardonne à ceux qui sont à l'extrémité de leur vie de s'abandonner aux médecins, et à ceux qui sont à l'extrémité de leur bien de s'abandonner au jeu.

AMUSEMENT DIXIÈME
Le jeu

Le jeu [1] est une espèce de succession ouverte à tout le monde ; j'y vis l'autre jour deux Gascons hériter d'un Parisien, qui ne se serait jamais avisé de les mettre sur son testament.

Le lansquenet [2] est une espèce de république mal policée [3], où tout le monde devient égal ; plus de subordination : le dernier de tous les hommes, l'argent à la main, vient prendre au-dessus d'un duc et pair le rang que sa carte lui donne [4].

On bannit de ces lieux privilégiés non seulement la subordination et le respect, mais encore toutes sortes d'égards, de compassion et d'humanité ; les cœurs y sont tellement durs et impitoyables que ce qui fait la douleur de l'un y fait la joie de l'autre.

Les Grecs s'assemblaient pour voir combattre des athlètes, c'est-à-dire pour voir des hommes s'entre-tuer : ils appelaient cela des jeux ; quelle barbarie [5] ! Mais sommes-nous moins barbares, nous qui appelons un jeu l'assemblée du lansquenet, où, pour user de l'expression des joueurs mêmes, on ne va que pour s'égorger [6] l'un l'autre ?

Un jour mon voyageur entra inopinément dans un lansquenet ; il fut bizarrement frappé de ce spectacle. Mettez-vous à la place d'un Siamois superstitieux, et qui n'a aucune connaissance de nos manières de jouer, vous conviendrez que son idée, toute abstraite [7] et toute visionnaire qu'elle paraisse, a pourtant quelque rapport à la vérité : voici les propres termes d'une lettre qu'il en écrivit à son pays.

FRAGMENT D'UNE LETTRE SIAMOISE [8]

Les Français disent qu'ils n'adorent qu'un seul Dieu : je n'en crois rien ; car, outre les divinités vivantes auxquelles on les voit offrir des vœux, ils en ont encore plusieurs autres inanimées auxquelles ils sacrifient, comme je l'ai remarqué dans une de leurs assemblées où je suis entré par hasard.

On y voit un grand autel en rond, orné d'un tapis vert, éclairé dans le milieu, et entouré de plusieurs personnes assises comme nous le sommes dans nos sacrifices domestiques [9].

Dans le moment que j'y entrai, l'un d'eux, qui apparemment était le sacrificateur [10], étendit sur l'autel les feuillets détachés d'un petit livre qu'il tenait à la main : sur ces feuillets étaient représentées quelques figures ; ces figures étaient fort mal peintes [11]. Cependant ce devait être les images de quelques divinités, car, à mesure qu'on les distribuait à la ronde, chacun des assistants y mettait une offrande [12], chacun selon sa dévotion. J'observai que ces offrandes étaient bien plus considérables que celles qu'ils font dans leurs temples particuliers.

Après la cérémonie dont je vous ai parlé, le sacrificateur porte sa main en tremblant sur le reste de ce livre et demeure quelque temps saisi de crainte et sans action ; tous les autres, attentifs à ce qu'il va faire, sont en suspens et immobiles comme lui [13]. *Ensuite, à chaque feuillet qu'il retourne, ces assistants immobiles sont tour à tour agités différemment, selon l'esprit qui s'empare d'eux : l'un loue le Ciel en joignant les mains, l'autre regarde fixement son image en grinçant les dents, l'autre mord ses doigts et frappe des pieds contre terre ; tous enfin font des postures et des contorsions si extraordinaires qu'ils ne semblent plus être des hommes. Mais à peine le sacrificateur a-t-il retourné certain feuillet qu'il entre lui-même en fureur, déchire le livre et le dévore de rage, renverse l'autel et maudit le sacrifice : on n'entend plus que plaintes, que gémissements, cris et imprécations* [14]. *A les voir si transportés et si furieux, je jugeai que le Dieu qu'ils adorent est un Dieu jaloux, qui, pour les punir de ce qu'ils sacrifient à d'autres, leur envoie à chacun un mauvais démon pour les posséder.*

Voilà le jugement que peut faire un Siamois sur les emportements des joueurs : que n'aurait-il point pensé s'il se fût rencontré là des joueuses [15] ?

Non, jamais l'amour n'a causé tant de désordre parmi les femmes que la fureur du jeu. Comment peuvent-elles s'abandonner à une passion qui altère leur esprit, leur santé, leur beauté, qui altère... que sais-je, moi [16] ? Mais ce tableau ne leur est point avantageux : tirons le rideau dessus [17].

Je ne sais pourquoi les lieux publics où l'on joue ont usurpé le beau nom d'académie [18], si ce n'est qu'on y apprend quelquefois, aux dépens de tout son bien, à gagner subtilement celui des autres.

On trouve dans Paris quantité d'académies, qui ont toutes des vues différentes dans leur établissement [19] :

Académie de musique, pour exciter les passions.

Académie de philosophes, pour les calmer.

Académie pour observer le cours des astres.

Académie pour régler le cours des mots.

Académie d'éloquence et de peinture, qui apprend à immortaliser les hommes.

Académie d'armes, qui enseigne à les tuer.

Il y a outre cela quantité d'académies bachiques, où les bons gourmets et les fins coteaux [20] enseignent l'art de boire et de manger, art qui s'est beaucoup perfectionné depuis peu. Ce sont de riches particuliers qui tiennent ces académies pour leur plaisir, car on ne va plus guère dans celles qui sont publiques [21], parce qu'on a remarqué que plusieurs jeunes gens, pour y avoir vécu délicieusement quelques années, se sont mis en état de mourir de faim le reste de leur vie.

Si le pays des traiteurs est désert, celui des cafés en récompense est fort peuplé [22].

Chaque café est un palais illuminé, à l'entrée duquel paraît une Armide ou deux qui vous charment d'abord, pour vous attirer dans des enfoncements à perte de vue [23].

Là, plusieurs chevaliers errants viennent se placer à une même table sans se connaître ; à peine se regardent-ils, lorsqu'on leur apporte une certaine liqueur noire, qui a la vertu de les faire parler ensemble [24] ; et c'est alors qu'ils se racontent leurs aventures. Aux charmes du café, on joint la fenouillette [25], qui achève d'enchanter les chevaliers : par la force de cet enchantement, l'un est forcé de s'abandonner au sommeil, l'autre s'attendrit pour Armide, et l'autre, comme un Roland furieux, va signaler sa valeur en courant les rues [26].

Disons un mot du riche pays des Bourdonnais [27] ; c'est là que le luxe vous conduit dans des Pérous en magasin, où les lingots d'or et d'argent se mesurent à l'aune [28] ; et telle femme, après y avoir voyagé avec quelque étranger libéral, porte sur elle plus que son mari ne gagne, et traîne à sa queue tout le bien d'un créancier [29].

D'un côté tout opposé, le bon marché vous mène dans une contrée où le hasard vous habille : là, quantité d'importuns officieux appellent le passant, l'arrêtent, le tiraillent, et lui déchirent un habit neuf pour l'accommoder d'un vieux [30].

Dans un pays voisin, on voit un grand jardin pavé, ouvert indifféremment à tout le monde ; on y voit, en hiver comme en été, des fleurs et des fruits en même temps ; tous les jours on les cueille, et toutes les nuits il en revient de nouveaux [31].

Autour de ce jardin s'arrangent quantité de nymphes, qui habitent chacune dans leur tonneau [32] ; non seulement elles ont cela de commun avec Diogène, mais ainsi que ce philosophe, elles disent librement au premier venu tout ce qui leur vient en pensée.

Je n'aurais jamais fait si j'entreprenais de parcourir tous les pays qui sont renfermés dans Paris ; la robe, l'épée, la finance, chaque état enfin y fait comme un pays à part, qui a ses mœurs et son jargon particulier.

Vous y voyez le pays fertile du négoce.

Le pays ingrat de la pierre philosophale [33].

Le pays froid des nouvellistes [34].

Le pays chaud des disputeurs.

Le pays plat des mauvais poètes.

Le pays désert des femmes de bien.

Le pays battu des coquettes, et une infinité d'autres, sans compter les pays perdus habités par plusieurs personnes égarées, qui ne cherchent qu'à égarer les autres : elles sont d'un facile accès et d'un dangereux commerce ; quelques-unes ont le secret de plaire sans ménagement [35], et d'aimer même sans amour.

AMUSEMENT ONZIÈME

Le cercle bourgeois

C'est promener trop longtemps mon voyageur de pays en pays ; épargnons-lui la fatigue de courir le reste du monde.

Pour en connaître tous les différents caractères, il lui suffira de fréquenter certaines assemblées nombreuses où l'on voit tout Paris en raccourci. Ces assemblées sont des espèces de cercles bourgeois, qui se forment à l'imitation du cercle de la cour [1]. Disons un mot de celui-ci, avant que de parler de l'autre.

Le cercle est une assemblée grave et mal assise sur de petits tabourets arrangés en rond ; là toutes les femmes parlent, et pas une n'écoute ; là on raisonne sur rien, on décide de tout, et les conversations les plus diversifiées sont des rondeaux [2], dont la chute est toujours ou fine médisance ou flatterie grossière.

Le cercle bourgeois est une assemblée familière, un conseil libre, où les affaires du prochain se jugent souverainement sans entendre les parties [3].

Ces tribunaux connaissent également des matières sublimes et des populaires : tout est de leur ressort. Là le caprice préside, et c'est là proprement qu'on trouve autant d'opinions différentes qu'il y a de têtes : le même juge y est tantôt sévère et tantôt indulgent, tantôt grave, tantôt badin ; et on en use là comme j'ai fait dans mes Amusements : l'on y passe en un instant du sérieux au comique, du grand au petit ; et quelquefois une réflexion subite sur la coiffure d'une femme empêche la décision d'un point de morale qui était sur le tapis.

On y prononce vingt arrêts tout à la fois ; les hommes y opinent [4] quand ils peuvent, et les femmes tant qu'elles veulent : elles y ont deux voix pour une.

La liberté qui règne dans le cercle bourgeois donne lieu à toutes sortes de personnes de s'y faire connaître et d'y connaître les autres ; là chacun parle selon ses vues, ses inclinations et son génie [5].

Les jeunes gens disent ce qu'ils font, les vieillards ce qu'ils ont fait, et les sots ce qu'ils ont envie de faire.

L'ambitieux parle contre la paresse, le paresseux contre l'ambition.

Le négociant déteste [6] la guerre, et le guerrier maudit la paix.

Le savant méprise le riche, en souhaitant des richesses ; le riche méprise tout net la science et les savants [7].

Les gens raisonnables blâment l'amour, et les amants se révoltent contre la raison.

Ceux qui ne sont point mariés condamnent les maris jaloux, et ceux qui le sont les justifient.

Un jeune étourdi plein de vigueur et de santé témoignait par ses discours qu'il se croyait immortel, et qu'il craignait que son père ne le fût aussi. Un vieillard, choqué de cette idée, entreprit le jeune homme : Apprenez, lui dit-il d'un ton sévère, que tout âge est égal pour la durée de la vie : un homme de quatre-vingts ans est encore assez jeune pour vivre, et un enfant de quatre jours est déjà assez vieux pour mourir [8].

— Je comprends, répliqua l'étourdi, que vous êtes assez jeune pour vivre aujourd'hui, et assez vieux pour mourir demain.

Ceux que vous venez d'entendre n'ont eu qu'à parler pour faire paraître ce qu'ils étaient : d'autres, dans leurs discours et dans leurs manières, paraissent tout le contraire de ce qu'ils sont.

Vous admirez la vivacité d'un Provençal qui brille par ses saillies d'esprit : ne vous y laissez pas tromper, ce sont des saillies de mémoire ; l'imagination n'y a guère de part.

Un tel se pique à bon droit de bel esprit ; c'est un aigle dans les sciences : en affaires, c'est un étourneau ; et ce bœuf qui rumine dans la conversation est un furet dans les finances.

Apercevez-vous cette figure inanimée, cet indolent qui s'étale dans un fauteuil ? Il ne prend aucune part à tout ce qui se dit en sa présence. Vous concluez de là que de plus grandes affaires l'occupent, que sa tête en est pleine : rien n'est plus vide ; cet homme est également incapable de s'appliquer et de se réjouir. Il s'endort au jeu, il bâille aux comédies les plus divertissantes ; il a une charge considérable, il a une belle femme, et n'est pas plus occupé de l'une que de l'autre.

Bélise entre dans l'assemblée : vous en jugez mal parce qu'elle est trop enjouée, trop libre en paroles ; cependant, c'est une Lucrèce dans sa conduite ; et sa compagne, qui parle en Lucrèce, est peut-être une Laïs par ses actions.

Cette jeune personne sans expérience n'entend qu'avec horreur prononcer le mot d'amour ; sa mère lui en a fait des portraits si horribles qu'elle croit le haïr : vous imaginez-vous qu'elle le haïra toujours ? Cela n'est pas sûr : une fille qui hait l'amour avant que de le connaître est en danger de ne le pas haïr longtemps.

Ce nouveau riche qui répand l'argent comme de l'eau, quand il s'agit de paraître, vous éblouit par sa magnificence ; il donne même, et cache de bonne grâce la peine qu'il a à donner. Ah ! la belle âme ! s'écrie-t-on. Hélas ! ce n'est qu'à force de bassesses d'âme qu'il a gagné de quoi paraître si généreux.

J'explique peut-être les choses un peu plus qu'il ne faut, et je démasque trop les personnages de mon cercle [9]. Mais quand je voudrais les épargner, et qu'ils auraient eux-mêmes assez d'habileté pour cacher leurs défauts, je vois venir une femme pénétrante qui les déchiffrera bien plus impitoyablement que moi.

Cette femme s'avance ; que son air est modeste ! Elle ne lève les yeux que pour voir si les autres femmes sont aussi modestes qu'elle.

Elle a tant de vertu, dit-on, qu'elle ne peut souffrir celles qui en ont moins qu'elle ; celles qui en ont davantage lui déplaisent aussi : c'est pourquoi elle n'en épargne pas une.

Je demandais un jour à une femme de ce caractère pourquoi ses exhortations étaient toujours moitié morale, moitié médisance. Parlez mieux, s'écria-t-elle, la médisance me fait horreur. A la vérité je suis quelquefois obligée, pour m'accommoder au goût du monde, d'assaisonner mes remontrances d'un peu de sel critique ; car on veut de l'agrément partout, même dans la correction. Il faut bien faire passer la morale à la faveur de quelques traits de satire. — Parlez plus sincèrement, lui repartis-je, et dites que vous voulez à la faveur d'un peu de morale faire passer force médisances.

Revenons à cette faiseuse de portraits qui prend séance dans notre cercle : elle sait si bien son métier, qu'en un seul trait d'histoire elle vous peindra deux ou trois caractères différents, sans compter le sien propre, que vous connaîtrez par sa manière de raconter [10].

Connaissez-vous, dit-elle, ce négociant ? Il est très honnête homme ; son industrie [11] a commencé sa fortune, et sa probité l'a achevée : il est comblé de biens. Mais tout riche qu'il est, hélas, que je le plains ! Sa fille a échoué avant que d'arriver au port du mariage, et sa femme a fait naufrage dans le port même.

Ensuite elle vous fera admirer la politique d'une sage indigente, qui reçoit tout d'un financier sans lui rien accorder : Cela s'appelle, dira-t-elle, une vertu à l'épreuve. Mais par malheur pour cette vertueuse personne, le monde juge mal des choses ; on croit que chez les financiers, en amour comme en affaires, les articles de la recette suivent de près ceux de la dépense, et que ces messieurs-là sont accoutumés à recueillir aussitôt qu'ils ont semé [12].

A mon égard, continue cette charitable personne, je serais bien caution que l'homme d'affaires dont j'ai parlé n'a d'autres vues que de retirer des occasions du vice celle à qui il fait du bien ; je le connais à fond, je faisais l'autre jour son éloge en bon lieu : je disais que personne n'est plus généreux, et qu'il n'a rien à lui.

— J'en conviens, dit un mauvais plaisant qui m'interrompit ; on peut dire que l'homme que vous louez n'a rien à lui, car il n'est riche que du bien d'autrui.

C'est trop écouter cette médisante ; il est temps que quelqu'un l'interrompe, pour sauver la réputation de tous ceux qu'elle connaît, et de ceux même qu'elle ne connaît pas.

Celle qui va l'interrompre, c'est une femme savante, qui vient se plaindre à un poète de sa clique qu'une de ses compagnes va se marier : Quelle perte pour nous, s'écrie-t-elle ! Plus de commerce d'esprit, plus de conversations savantes, plus de prose, plus de vers : le mariage absorbe tout. La pauvre fille ! Elle écrivait avec tant de délicatesse ! Son style était enjoué, ses pensées fines, ses applications justes : adieu la délicatesse, adieu la justesse ! Car enfin, pour une femme qui compose, un mari est une distraction continuelle [13].

— Oui, certes, répond le poète, le mariage enchaîne l'esprit aussi bien que le cœur, et par malheur encore, le cœur se dégage, et l'esprit demeure dans les fers. Un mien ami, tant qu'il fut garçon, produisait chaque semaine un volume de poésies gaillardes. Depuis trois ans qu'il est marié, je n'ai pu tirer de lui qu'une élégie plaintive et quelque épître chagrine.

— Savez-vous bien, reprit la savante désolée, ce que notre amie m'allègue pour excuse ? L'amour, Monsieur, l'amour : la belle raison pour se marier ! L'amour a-t-il jamais inspiré le mariage aux poètes ? que ne garde-t-elle sa tendresse pour rendre ses poésies plus touchantes et plus animées ? L'amour réveille l'imagination, mais le mariage l'endort.

Cette fille m'a bien trompée, continue-t-elle ; à l'entendre parler, on eût dit qu'elle aurait eu plus de délicatesse que de passion, et plus d'imagination que de sentiment : je croyais qu'elle me ressemblait, et que son cœur était tout esprit. Mais hélas ! et son cœur et son esprit sont tout corps [14] ! Quand je lui en fais des reproches, elle répond que l'amour fut toujours ami des poètes, et que j'ai tort de vouloir les mettre mal ensemble. Je vous en fais juge, Monsieur, n'est-ce pas elle qui cherche *noise* [15] ? Quand on a intérêt de ménager l'amour, il ne faut pas en venir aux extrémités avec lui ; c'est le pousser à bout que de se marier.

— S'il n'y avait que l'amour à perdre en se mariant, reprend le poète, ce serait peu ; mais qui ne sait que l'Hymen effarouche les Grâces et les Muses ? J'ai lu dans une fable inconnue aux anciens qu'Apollon s'étant marié un jour, l'Hippocrène tarit le lendemain [16].

Un génie marié est un génie stérile. En effet, les productions de l'homme sont bornées : il faut opter, de laisser à la postérité ou des ouvrages d'esprit ou des enfants [17].

Mais j'aperçois un objet des plus tristes, qui vient interrompre la conversation comique du vieux poète garçon et de la femme de lettres.

C'est un homme en grand deuil ; il a outré l'appareil [18] : la queue de son manteau couvre toute l'antichambre, et le bout de son crêpe est encore sur l'escalier. C'est un spectre de drap noir ; que vient-il faire dans une assemblée de plaisir ? Il sort de l'enterrement : que ne va-t-il achever de pleurer chez lui ? Cependant il est homme de condition ; il a perdu son père, on lui doit des compliments de condoléance. Mais pourquoi vouloir partager sa douleur ? Il ne vient ici que pour vous faire part de sa joie ; la succession est si grosse, qu'il ne sait à qui le dire : il cherche partout qui le félicite. Il faut pourtant s'affliger d'abord avec lui par bienséance : Que je suis fâchée ! lui dit une dame... — Je suis bien aise, dit notre orphelin, en prévenant le triste compliment, je suis bien aise de vous trouver si à propos : on m'a dit, Madame, que vous avez un bel ameublement dont vous voulez vous défaire ; je m'en accommoderai.

— Je ne puis vous exprimer, lui dit un cousin, combien je suis sensible à votre affliction, et j'irai au premier jour chez vous pour vous témoigner... — Je déloge demain, dit brusquement notre homme, je prends une maison magnifique : vous la connaissez, c'est celle que ce banquier faisait bâtir quant il fit banqueroute ; ses créanciers m'en accommodent.

Un troisième consolateur vient encore à la charge, et la larme à l'œil lui fait en longs compliments l'oraison funèbre du défunt. Ce que j'estime le plus dans mon père, continue l'héritier, c'est qu'il ne m'a laissé aucune dette : si vous saviez l'ordre admirable qu'il a mis à ses affaires, et les grands biens que j'ai trouvés... — Hé ! corbleu [19], Monsieur, s'écrie un misanthrope chagrin, votre père mourut hier, pleurez du moins aujourd'hui ; vous vous réjouirez demain de la succession [20].

— Bon, répond un sournois, qui feint de vouloir l'excuser, son père l'a assez affligé d'avoir vécu jusqu'à soixante et quinze ans ; on ne peut pas s'affliger devant [21] et après la mort d'un homme. D'ailleurs, c'était un parâtre, un dénaturé, qui n'a jamais fait plaisir qu'à lui-même ; il plaignait [22] à ses enfants jusqu'à l'éducation, et je dirais volontiers pour Monsieur son fils : Enfin, mon père est mort, et sa mort est le premier bien qu'il m'ait fait de sa vie.

Notre sot est charmé qu'on lui prouve qu'il a raison de se consoler : le sournois malin l'engage insensiblement dans une conversation indifférente, puis ensuite dans une plus enjouée ; et lui qui ne rit jamais se met à rire par malice, pour obliger le fat [23] à rire aussi. Il pousse enfin la chose jusqu'à lui faire chanter avec lui la contre-partie [24] d'un air à boire. Et quand il est à l'endroit le plus gai, il s'arrête tout court et le tire doucement par le bras : Monsieur, lui dit-il d'un ton affligé, je vous demande pardon si j'ai violenté votre douleur pour vous faire chanter dans le triste équipage [25] où vous voilà. A ces mots, l'homme en deuil baisse les yeux : il est si honteux de se surprendre en chantant qu'il sort sans dire un seul mot, et même sans achever l'air à boire qu'il avait commencé [26].

Il y a longtemps qu'on a remarqué que la tendresse filiale n'est pas comparable à l'amour paternel. Il y a longtemps aussi qu'on en a cherché les raisons : je ne sais si quelqu'un a trouvé avant moi celles que je vais dire ; originales ou non, les voici [27].

Je suppose qu'un fils aime son père selon toute l'étendue des obligations qu'il lui peut avoir, et que le père n'aime son fils que parce qu'il lui appartient : la tendresse paternelle l'emportera encore, car l'amour de propriété est toujours plus fort que l'amour de reconnaissance.

Un père qui perd son fils perd un bien qui lui appartient, et le fils perd un maître à qui il appartenait : vous sentez bien la différence de ces deux pertes.

Il y a peu de pères qui aient obligation à leurs enfants, et nous devons tous au moins la vie à nos pères. Croirait-on que ce fût une raison pour les moins aimer qu'ils ne nous aiment ? Cette raison est bien injuste, elle est pourtant naturelle : nous n'aimons guère ceux à qui nous devons, nous aimons mieux ceux qui nous doivent [28] ; et l'on se console plus aisément de la mort d'un créancier que de celle d'un débiteur.

C'est cette nature injuste qui fait qu'un orphelin se réjouit de la mort d'un père qui se serait affligé de le voir seulement indisposé.

Un père regarde la vie d'un fils comme une continuité [29] de la sienne propre : ce fils cesserait-il de vivre, le père commence à sentir la mort. Combien d'enfants au contraire ne commencent à goûter la vie qu'après la mort de leurs pères [30] ?

La mort d'un jeune homme touche bien autrement un vieillard que celle d'un vieillard ne touche un jeune homme ; l'expérience l'apprend, et mille raisons le prouvent. Une des principales, c'est la différence des réflexions que la mort fait faire aux uns et aux autres.

Mon père meurt à soixante et dix ans, dit en lui-même cet homme qui n'en a que trente ; j'ai donc encore du moins quarante ans à vivre. En calculant ainsi on se flatte, mais on se console. Mon fils vient de mourir, il n'avait que trente ans, j'en ai soixante ; j'ai beau me flatter, je ne vois rien de consolant dans ce calcul.

Selon l'ordre naturel, le père doit finir avant son fils. Si tous les enfants mouraient de douleur à la mort de leur père, le genre humain périrait bientôt. N'est-ce point pour prévenir ce malheur que la nature a pris soin d'endurcir le cœur des enfants ?

Ce qui fait encore qu'un père a plus de naturel [31] que son fils, c'est qu'il est toujours plus vieux que lui ; les liens du sang se fortifient avec l'âge, à mesure que les passions s'affaiblissent et que leur nombre diminue.

La rupture des liens du cœur est d'autant plus sensible qu'ils sont en plus petit nombre ; et l'on peut dire qu'à un certain âge un père ne tient presque plus au monde que par ses enfants.

La nature nous fournit dans les arbres une image de l'ingratitude des enfants. Le tronc d'un arbre communique sa sève, c'est-à-dire, en terme de jardinier, son amitié, aux branches qui sortent de lui, et nous ne voyons point que la sève retourne des branches au tronc [32].

Quelques enfants ingrats vont conclure de là que l'ingratitude est donc fondée sur la nature : qu'ils considèrent, dans ce même arbre, que les branches ressentent bien plus vivement le mal qu'on fait à leur tige, que la tige ne ressent celui qu'on fait à ses branches. Un poète italien [33] ajouterait que l'amour filial des branches les fait expirer de douleur du même coup de cognée qui abat la tige, et que la tige dénaturée reverdit souvent de joie après qu'on lui a coupé ses branches.

La contrariété [34] de ces deux comparaisons dans un même sujet me met en humeur de chercher quelques raisons pour prouver le contraire de ce que je viens d'établir [35]. J'ai dit que les pères sont plus touchés de la mort de leurs enfants que les enfants de celle de leurs pères : voici quelques motifs de consolation pour ceux-ci, et d'affliction pour les autres.

Tu vois dans ton fils celui qui te doit survivre : avertissement fatal, objet importun ; cet objet disparaît, sujet de consolation.

Tu vois dans ton père celui à qui tu dois survivre ; en le voyant, tu raisonnes ainsi : Je suis venu en ce monde trente ans après lui, je n'en dois sortir que trente ans après ; tant qu'il vivra, j'ai mes trente années franches. Par ce raisonnement, la vie du père fait dans l'imagination du fils une espèce de rempart contre la mort ; ce rempart tombe, sujet d'affliction.

Un fils est accoutumé dès sa naissance à avoir un père ; il est attaché à lui par les préjugés de l'enfance. Est-il de plus forts liens et plus difficiles à rompre ?

A l'égard du père, il n'a commencé d'avoir des enfants que vers l'âge de raison ; et cette raison a dû l'empêcher de s'attacher trop à une chose qu'il pouvait perdre.

Un père perd à la mort de son fils une personne qu'il aime ; un fils perd en son père une personne dont il est aimé : c'est perdre beaucoup davantage, puisque la perte est plus irréparable. Il est bien difficile de retrouver qui nous aime ; il ne l'est pas tant de retrouver qui nous puissions aimer.

Ajoutez à cela qu'un père qui perd un fils peut espérer d'en avoir d'autres ; mais, à parler juste, on ne peut avoir qu'un père en sa vie.

Les réflexions commencent à m'ennuyer ; rentrons dans le cercle bourgeois. J'y remarque qu'un faiseur de réflexions continuelles est un ennuyeux personnage ; il ne vous donne pas le temps de respirer.

Ce jeune magistrat a beaucoup d'esprit ; mais il dogmatise pour se rendre plus vénérable. Il dit tout par maximes, jusqu'aux compliments ; il veut être solide dans les conversations les plus enjouées et ne badine que par sentences.

C'est une chose admirable, lui dit une grosse réjouie, que vous sachiez si bien faire le vieillard à trente-cinq ans ; votre voisine, qui en a cinquante, n'a pas si bonne grâce à faire la jeune.

— Une vieille, répond notre jeune doyen, une vieille qui travaille à se rajeunir, et qui veut revoir le pays du bel âge, y va plus loin qu'elle ne croit ; en courant à la jeunesse, elle retombe dans l'enfance.

A qui en veut cette dame qui traverse l'assemblée sans regarder personne ? Son habillement est plus que négligé, sa coiffure n'est qu'ébauchée ; elle a les yeux battus et la voix éteinte : vous devinez bien que c'est une joueuse. Elle tire à part notre homme grave pour lui emprunter vingt louis d'or qu'elle lui demande tout bas. Oui-da, répond-il tout haut, afin qu'on l'entende, ma bourse est à votre service ; mais considérez à quelles extrémités le jeu... — Hé ! donnez vite, interrompt la joueuse, on m'attend. — Faites réflexion, continue-t-il en cherchant sa bourse, que vous étiez il y a six mois la plus charmante personne du monde : la reconnaissez-vous, Mesdames, depuis qu'elle s'est abandonnée au désordre du lansquenet ? Hélas ! si une femme possédée du jeu oublie de se parer et de conserver sa beauté, que n'oublierait-elle point dans l'occasion [36] ?

La joueuse avale cette avanie, dans l'espérance des vingt louis d'or ; le prêcheur indiscret les tire de sa bourse, en continuant de moraliser avec une telle application que la joueuse a pris la bourse, couru au lansquenet et perdu l'argent avant qu'il ait achevé de prouver qu'elle ne devrait point jouer.

Mais il n'est pas temps de s'impatienter, il ne fait encore que commencer son sermon ; la joueuse vient de lui fournir un texte [37], il va diviser en trois points la conversation : que je plains deux ou trois femmes dont il s'est fait un auditoire ! Elles voudraient bien le laisser parler tout seul ; mais elles ont des procès, elles iront bientôt le fatiguer par leurs sollicitations : il est bien juste qu'elles se laissent ennuyer par ses réflexions.

Réjouissez-vous, Mesdames, je vois venir un jeune cavalier de ceux que vous appelez de jolis hommes [38] ; celui-ci est des mieux tournés. Il attire déjà vos regards, je prévois que vous l'écouterez plus volontiers que le sénateur, que son arrivée a interrompu : ses discours seront moins chargés de morale.

A peine l'aimable cavalier a-t-il paru qu'il est entouré de toutes les femmes du cercle ; les unes le connaissent, les autres ont envie de le connaître ; toutes enfin s'empressent de l'approcher. Quelle fureur ! s'écrie mon Siamois...

Ici je m'arrête tout court pour répondre à un critique qui me demande d'où vient présentement ce Siamois et de quoi je m'avise de le faire parler ici. Franchement, je ne me souviens pas bien moi-même où je l'ai laissé ; j'ai dû le placer à quelque coin de mon cercle bourgeois, pour être spectateur de tout ce qui s'y passe. J'ai tort de vous l'avoir fait perdre de vue ; et puisque j'avais commencé de voyager avec lui, il eût été plus régulier de l'avoir toujours à mes côtés. Mais qui sait si cette régularité ne vous eût point ennuyé ? J'aime mieux encore que mes Amusements soient irréguliers qu'ennuyeux [39].

D'ailleurs, en commençant ce livre, j'ai fait mes conventions. Souvenez-vous-en : ne suis-je pas convenu avec moi-même que je ne suivrais exactement ni le voyage ni le Siamois ? Je finirai donc comme j'ai commencé, sans me gêner ni dans le dessein, ni dans les sujets, ni dans le style ; en un mot, je me mets au-dessus de tout, excepté du bon sens.

C'est donc seulement parce qu'il m'en prend envie que je quitte la digression, pour savoir du Siamois pourquoi il s'est tant récrié en voyant un troupeau de femmes s'ameuter autour d'un bel homme (ce sont ses termes). N'ai-je pas raison de m'étonner ? continue-t-il : la plupart de ces femmes me paraissent modestes dans leur maintien, sages dans leurs paroles ; je crois voir en elles une raison solide. Une mouche les pique : les voilà aux champs [40] ; la vue d'un jeune homme les met hors des gonds. Est-ce donc ainsi que l'amour... ? — Doucement, mon cher compagnon, doucement.

Il ne faut pas attribuer à l'amour toutes les fautes que les femmes commettent contre la modestie et contre la bienséance ; je connais en elles une passion presque aussi forte, et d'autant plus dangereuse qu'elles peuvent s'y abandonner sans honte : cette passion, c'est la curiosité.

Ce n'est pas amour, par exemple, c'est curiosité pure que cet empressement pour le cavalier qui vient d'entrer. Premièrement, curiosité de voir de près son habit : c'est un habit d'invention, tout couvert d'une broderie imaginée et méditée à fond. Le dessin leur plaît : il est bizarre, extravagant et raisonné ; pour en étudier l'effet, le cavalier s'est enfermé cinq ou six matinées avec son brodeur. Ce chef-d'œuvre de génie mérite bien toute l'attention des dames [41].

Autre motif de curiosité pour elles : ce joli homme a la vogue depuis peu ; c'est la dernière mode, et il n'est permis qu'aux provinciales de ne le point connaître.

— Fort bien, me dit le Siamois, on m'a déjà fait comprendre combien vos Parisiennes sont scrupuleuses sur les modes ; elles auraient honte de porter un habit de l'an passé : selon la règle des modes, ce joli homme leur paraîtra bien laid l'année qui vient.

Mais je leur pardonne de suivre l'usage du pays ; je suis fâché d'avoir mal interprété leur curiosité : je ne jugerai plus du cœur des femmes par leurs démarches.

A l'égard de votre joli homme, la curiosité me prend aussi de savoir si son esprit répond à sa figure ; mais il n'a point encore parlé : commencera-t-il bientôt ? — Les dames qui l'environnent, dis-je à mon curieux, ont autant d'impatience que vous de l'entendre parler ; écoutons.

Elles lui adressent toutes la parole ; que répond-il ? Tantôt oui, tantôt non, et tantôt rien : il parle à l'une des yeux, à l'autre de la tête, et sourit à celle-là d'un air si mystérieux qu'on croit qu'il y entend finesse. On devine qu'il a tout l'esprit du monde : sa physionomie parle, son air persuade, mais sa représentation fait toute son éloquence [42] ; sitôt qu'il s'est montré, il a tout dit.

C'est dommage que la nature n'ait pas achevé son ouvrage ; pour peu qu'elle eût joint l'esprit à un extérieur si prévenant, on lui eût passé mille baliverness pour un bon mot.

Mais nos dames commencent à se lasser d'entretenir une idole [43] ; chacune prend le parti d'aller à quelqu'un qui lui réponde. Le cavalier va dans la chambre voisine, ne pensant qu'à étaler ses charmes ; mais il est frappé d'abord de ceux d'une jeune femme ; il l'assiège des yeux, il la minaude [44], il l'aborde enfin.

Cette dame est fort réservée ; mais tout charmant que lui paraisse le cavalier, son abord ne l'alarme point, et c'est encore la curiosité qui l'expose avec lui au péril d'un tête-à-tête. Elle se dispose donc à écouter l'aventurier [45]. Voyons comment il se tirera d'affaire avec elle.

Il doit être fort embarrassé auprès de cette femme : elle a beaucoup d'esprit, elle ne se payera pas de mines. Cependant, nous en voyons des plus spirituelles qui ne méprisent pas un bel extérieur : aussi notre joli homme se promet-il bien qu'en persuadant qu'il aime, il persuadera facilement qu'on le doit aimer. Il met en usage les tours d'éloquence les plus fins et les expressions les plus touchantes du langage muet :

c'est sa langue naturelle, il la parle bien ; mais la belle dame l'entend mal : que fera-t-il donc pour s'expliquer clairement ? Il a au doigt un diamant d'un grand prix, il faut trouver une manière galante de l'offrir : il prend un air enjoué et badin, qui lui donne lieu de poser sa main dans toutes les attitudes qui peuvent faire briller son diamant aux yeux de l'indifférente. Il l'éblouit, elle tourne la tête d'un autre côté : ce badinage l'importune. C'est pourtant l'unique ressource du sot ; il est fort étonné de trouver une femme à l'épreuve d'un homme comme lui, et d'un diamant comme le sien : c'est une insensible, c'est une cruelle.

Dans le moment qu'il désespère de son entreprise, cette cruelle, cette insensible lui saisit brusquement la main pour voir de près le diamant dont elle détournait d'abord les yeux : quel changement de fortune pour un amant rebuté ! Il reprend courage ; et pour faire une déclaration en abrégé, il tire la bague de son doigt et la présente. On la prend ; et afin de la mieux considérer, on redouble d'attention : il redouble d'espérance et de hardiesse ; il croit être en droit de baiser une main qui reçoit son diamant. La dame est si attentive à le regarder qu'elle ne pense point à se fâcher ; au contraire, elle sourit et, sans autre cérémonie, met la bague à son doigt.

C'est à présent que la conquête est assurée : l'amant, transporté de joie, propose l'heure et le lieu du rendez-vous. Monsieur, lui dit alors la dame d'un grand sang-froid, je suis charmée de ce diamant ; et ce qui fait que je l'ai accepté sans scrupule, c'est qu'il m'appartient. Oui, Monsieur, le diamant est à moi ; mon mari le prit sur ma toilette il y a trois mois, et me fit croire ensuite qu'il l'avait perdu.

— Cela ne peut être, réplique le fat, c'est une marquise qui me l'a troqué.

— Justement, continue la femme, mon mari connaît cette marquise ; il lui a troqué mon diamant, la marquise vous l'a troqué, et moi je vous le prends pour rien, quoique mon mari méritât bien que je fusse d'humeur à en donner le même prix qu'il en a reçu de la marquise.

A ce coup imprévu, le joli homme demeure interdit et confus : c'est en cette occasion que je lui pardonne d'être muet ; un homme d'esprit le serait à moins [46].

Après le dénouement de cette scène, on entend du bruit dans l'antichambre ; c'est un pauvre valet qui voit entrer un homme tout doré. Hé bonjour, lui dit le valet, bonjour, mon ancien camarade. — Tu en as menti, réplique l'autre, avec un soufflet. Sottise des deux parts : le valet ne pense pas à ce qu'il est, ni l'autre à ce qu'il a été ; la pauvreté ôte le jugement, et les richesses font perdre la mémoire [47].

Cet homme qui s'offense de la familiarité d'un valet familiarise avec un duc et pair : quelle distance de lui au duc ! Mais entre lui et le valet, je ne vois que le temps et l'argent [48].

Vous vous étonnez qu'il se méconnaisse [49] depuis peu : il était, dites-vous, si modeste dans les premiers temps de sa fortune ! D'accord, il eût été le premier à vous dépeindre l'état naturel de sa misère passée et les miracles de sa prospérité subite. Tout cela frappait encore les yeux du monde, et il se faisait un mérite d'en parler, pour fermer la bouche à ceux qui en parlaient avant lui : ont-ils commencé à se taire, il s'est tu. A mesure que les autres oublient la bassesse de notre origine, nous l'oublions aussi ; mais par malheur les autres s'en ressouviennent de temps en temps : et quand nous avons une fois commencé à nous oublier, c'est pour toujours.

Ce grand seigneur fut toujours élevé en grand seigneur ; son âme est aussi noble que son sang : je l'estime sans l'admirer. Mais celui qui, par ses vertus, s'élève au-dessus de son sang et de son éducation, je l'estime et je l'admire [50].

Toi donc de qui les vertus égalent la fortune, pourquoi cacherais-tu un défaut de naissance qui relève l'éclat de ton mérite ?

Et toi qui n'as d'autre mérite que d'avoir fait fortune, fais-nous voir toute la bassesse du passé : nous n'en sentirons que mieux le mérite de ton élévation.

Ceux qui sont tombés du haut de la fortune regardent toujours l'élévation où ils ont été ; mais ceux qui se sont une fois élevés ne peuvent plus regarder en bas.

Cependant il serait salutaire à ceux-ci de bien envisager leur première bassesse, pour tâcher de n'y plus retomber ; et ce serait un bien pour les autres de perdre de vue une élévation qui leur fait mieux sentir la grandeur de leur chûte.

Voilà, dit-on, un homme qui fait si fort le grand seigneur qu'il semble qu'il n'ait jamais été autre chose. Hé ! c'est souvent parce qu'il le fait trop qu'on s'aperçoit qu'il ne l'a pas toujours été.

Pendant que j'ai fait mes réflexions, mon Siamois a fait aussi les siennes : il s'étonne moins de l'homme doré qui se méconnaît [51] que de l'assemblée qui semble le méconnaître aussi.

On lui fait un accueil de prince : ce ne sont pas des civilités, ce sont des adorations. Hé ! n'êtes-vous pas contents [52], s'écrie notre Siamois, n'êtes-vous pas contents d'idolâtrer les richesses qui vous sont utiles ? Faut-il encore idolâtrer un riche qui ne vous sera jamais d'aucun secours ?

J'avoue, continue-t-il, que je ne puis revenir de mon étonnement : je vois entrer dans votre cercle un autre homme de bonne physionomie, on ne fait nulle attention sur son arrivée. Il s'est assis, il a parlé, et parlé même de très bon sens ; cependant personne ne l'a écouté, et j'ai pris garde qu'insensiblement chacun défilait d'un autre côté, en sorte qu'il est resté seul à son bout.

Pourquoi le fuit-on ainsi ? ai-je dit en moi-même ; a-t-il la peste ?

Dans l'instant, j'ai remarqué que tous ces déserteurs se rangeaient auprès de l'homme doré qu'on fête tant ; j'ai compris par là que la contagion de celui-ci, c'est la pauvreté [53].

O dieux ! s'écrie le Siamois, entrant tout à coup dans un enthousiasme semblable à celui où vous l'avez vu dans sa lettre ; o dieux ! transportez-moi vite hors d'un pays où l'on ferme l'oreille aux sentences du pauvre pour écouter les sottises du riche ! Il semble qu'on refuse à ce vertueux mal vêtu sa place entre les hommes, pendant qu'on met ce riche sot au rang des dieux. En voyant cela, j'aurais presque envie de pardonner à ceux qui s'enflent de leur prospérité. Celui-ci fut autrefois moins qu'homme parmi vous, vous en faites à présent une divinité. Ah ! si la tête tourne à ce nouveau dieu, il s'en faut prendre à ceux qui l'encensent.

Il y a parmi nous, continue-t-il, des peuples qui adorent un certain oiseau, à cause de la richesse de son plumage [54]. Pour justifier la folie où leurs yeux les ont engagés, ils se sont persuadé que cet animal superbe a en lui quelque esprit divin qui l'anime. Leur erreur est encore plus tolérable que la vôtre : car enfin, cet animal est muet ; mais s'il pouvait parler, ainsi que votre homme doré, ils reconnaîtraient que ce n'est qu'une bête et cesseraient peut-être de l'adorer.

L'enthousiasme eût mené trop loin notre voyageur sincère ; pour l'obliger à ne plus parler, je lui fis remarquer un personnage du cercle, qui mérite bien qu'on lève le voile dont il se couvre pour attirer la confiance des sots.

Examinez-le bien, ce sérieux extravagant [55]. Sa marotte, c'est la probité : marotte aimable, si son cœur en était attaqué, mais il n'en est frappé qu'à la tête.

On ne s'est point encore aperçu qu'il fût ni voleur, ni faussaire : sur cette confiance, il se met à la tête de tous les gens de bien.

Il exige une foi aveugle pour ce qu'il dit ; écoutez-le comme la vérité même. Affirme-t-il que ce roturier est noble, on n'ose plus lui demander ses titres.

Bien plus, il veut être cru sur les choses d'opinion comme sur les choses de fait.

Hier deux astronomes, bons amis d'ailleurs, mais ennemis mortels dans la dispute [56], en étaient déjà aux injures ; l'homme de probité arriva, et ne doutant point qu'un seul mot de sa bouche ne dût établir la paix entre eux : Fiez-vous à moi, dit-il au plus emporté ; en homme d'honneur, ce n'est point le monde qui tourne, c'est le soleil [57].

S'il fait quelque affaire, il prétend que son mot soit un arrêt dont on ne puisse appeler sans injustice. Il s'offense qu'on songe seulement à prendre avec lui les sûretés ordinaires. On doit savoir que sa promesse verbale vaut mille contrats. Il eût volontiers exigé des parents de sa femme qu'il la lui eussent donnée en mariage sur sa parole.

Il se pique d'être toujours exactement vrai dans ses expressions. Selon lui, l'exagération est un mensonge horrible ; et c'est trahir la vérité que de s'exprimer faiblement dans les choses même qu'on devrait taire. Où trouverons-nous donc un modèle de cette exactitude impraticable ? Vous la trouverez en lui seul. Pesez bien, vous dira-t-il, la force de mes paroles ; vous devez croire simplement ce que je vous dis, rien de moins, ni rien au delà. En une occasion seule, il vous permettrait d'ajouter : c'est quand il fait son propre éloge, et il le fait à tout propos.

Sur quelque sujet que roule la conversation, il s'y jette à bon sens perdu [58], pour faire l'étalage de ses vertus.

Une femme, par exemple, après avoir bien prouvé qu'il n'y a plus dans nos jeunes gens ni galanterie [59] ni sincérité, s'écriera plaisamment : Ah ! j'ai tort, Messieurs, j'ai tort ; il y a encore de la sincérité parmi les hommes : ils disent tout ce qu'ils pensent des femmes !

A propos de cette espèce de sincérité, notre homme croit pouvoir mettre sur le tapis celle dont il se pique : Chacun a ses défauts particuliers, dit-il, mais tout le monde a celui de la dissimulation : mon défaut à moi, c'est d'être trop sincère [60].

On tombe sur une autre matière : Il y a des riches si durs, dira un homme ruiné, qu'il entre de la dureté dans leur compassion même ; s'ils regardent le malheur d'autrui, c'est pour mieux goûter leur bonheur propre [61].

— Quel excès de dureté ! s'écrie l'homme d'honneur ; à mon égard je tombe dans un excès tout opposé, je m'attendris d'un rien : je suis trop bon, c'est encore un défaut dont je ne me corrigerai jamais.

Un autre enfin, qui dans la suite d'un récit prononce par occasion le mot d'avarice, se voit interrompu par le personnage, qui déclare net que la libéralité est son vice.

Ah ! Monsieur, dit froidement l'homme interrompu, vous avez là de grands vices : sincérité, bonté, libéralité ; l'excès de modestie qui vous fait avouer ces vices fait comprendre que vous avez toutes les vertus contraires.

Voilà, ce me semble, rompre en visière à l'homme d'honneur ; c'est tirer sur lui à brûle-pourpoint [62] : il devrait être cruellement blessé. Cependant il n'a pas senti seulement le coup ; il s'est fait un calus de vanité [63] qui le rend invulnérable : il prend tout en bonne part. Dites-lui d'un ton ironique : O le grand héros de probité !, il croit la chose à la lettre. Déclarez-lui tout net que vous le connaissez pour un franc scélérat : c'est une ironie, vous plaisantez, et il entend raillerie.

Les railleurs ont beau jeu, comme vous voyez, avec un esprit si bien tourné : cette humeur commode met toute l'assemblée en goût de raillerie. Quel régal pour les diseurs de bons mots ! Ils peuvent là se rendre intelligibles à tous, hors à celui qu'ils drapent [64]. Cependant leur malignité n'est pas encore contente : le plaisir serait de le piquer au vif pour confondre sa vanité. Ils se hasardent à l'attaquer en face : vous n'y gagnerez rien, sa vanité est un mur d'airain, tous vos traits s'émoussent, et votre venin ne fait que blanchir [65]. C'est pourtant dommage de perdre le fruit d'une raillerie si mordante.

Mais je m'aperçois qu'il n'y aura rien de perdu : voici un esprit de travers, qui prend pour lui tout ce qu'on a dit pour l'autre. Il rougit, il pâlit, il perd contenance, il déserte enfin, et sort en menaçant des yeux toute l'assemblée.

Que juge-t-on de cette levée de bouclier [66] ? Tout le pis qu'on peut ; c'est l'esprit du monde. S'il n'avait que la tête malsaine, dit-on, il n'aurait pas été si sensible ; mais apparemment sa conscience est si ulcérée qu'on ne peut toucher aucune corde qui ne réponde à quelque endroit douloureux : en un mot, tout le blesse, parce qu'il est capable de tout.

Voilà deux caractères qui paraissent fort opposés ; cependant il serait aisé de prouver qu'ils ont tous deux le même fond. Quel est ce fond ? Devinez-le si vous pouvez : un mot ne suffirait pas pour vous l'expliquer nettement, et je n'ai pas le loisir d'en dire davantage [67]. J'entends venir un homme qui m'est connu : il m'interromprait sans miséricorde ; j'aime autant le prévenir [68] et me taire.

Silence, silence, et tenez-vous dans le respect : vous allez voir paraître un de ces grands seigneurs, qui croient que tout leur est dû, et qui doivent à tout le monde [69]. Sa voix bruyante se fait entendre du bas de l'escalier ; on vient l'annoncer, et chacun prend son sérieux lorsqu'il entre avec un air riant et un visage ouvert, qu'il referme tout à coup apercevant son ennemi. Il lui sourit néanmoins par politique, et lui fait mille protestations d'amitié ; mais en offrant ses services, il pâlit comme un Gascon qui offre sa bourse.

A peine est-il assis qu'il s'empare de la conversation, parle en même temps à quatre personnes de quatre affaires différentes ; interroge l'un sans attendre la réponse de l'autre ; propose une question, la traite et la résout tout seul. Il ne se lasse point de parler, on se lasse de l'entendre, chacun s'écoule. Et voilà le cercle fini.

Le Siamois me demande si notre voyage l'est aussi. A peine est-il commencé, lui dis-je, vous n'avez encore fait que la première journée. — J'y renonce donc, reprend-il brusquement ; car avant que j'aie fait toutes mes réflexions sur ce que j'ai vu dans cette première journée, je serai trop vieux pour en faire une seconde.

— Vous avez raison, lui dis-je, la vie de l'homme est trop courte pour bien connaître un seul homme.

Il faudrait vivre au moins un siècle pour connaître un peu le monde, et en revivre encore plusieurs pour savoir profiter de cette connaissance.

Nous sommes trop curieux de savoir ce que le monde fait, et pas assez d'apprendre ce qu'il devrait faire ; c'est pour cela qu'on voit tant de gens qui savent comme on vit, et fort peu qui sachent vivre.

Le mot de *savoir vivre* renferme, ce me semble, toute la sagesse humaine ; cependant l'usage a bien affaibli cette expression. On appelle un homme qui sait vivre celui qui ne manque point de politesse ; on s'informe peu s'il manque de probité [70].

Une autre expression dont on abuse encore, c'est celle de *connaissance du monde*. Tel passe pour connaître le monde, qui n'a la tête pleine que de faits : un tel mourut hier, il avait été ceci, il avait été cela, il laisse douze cent mille livres, on parle de marier son héritière à un seigneur malaisé ; telle et telle chose est arrivée. Enfin, celui qui sait le mieux toutes les minuties d'une histoire du temps s'attire de l'attention et de l'estime : c'est un génie supérieur, une bonne tête, qui connaît le monde. Et si vous vous avisez de faire une réflexion solide sur ces événements, on dirait de vous : C'est un parleur ennuyeux, qui ne connaît pas le monde.

On permet pourtant les réflexions satiriques ; mais on ne reçoit point celles qui instruisent, on n'écoute que celles qui mordent.

De tout ceci le Siamois conclut que la vie des Français se passe à s'examiner et à se moquer les uns des autres : et j'en conclus, moi, par rapport à mon sujet, que le plus grand et le plus ordinaire de tous les amusements, c'est celui que le public donne aux particuliers et que les particuliers donnent au public.

Le public est un grand spectacle toujours nouveau, qui s'offre aux yeux des particuliers et les amuse.

Ces particuliers sont autant de petits spectacles diversifiés qui se présentent à la vue du public, et le divertissent.

J'ai déjà fait voir en raccourci quelques-uns de ces petits spectacles particuliers ; notre voyage exige encore de moi que je lui dise un mot du public.

AMUSEMENT DOUZIÈME
ET DERNIER

Le public

Le public est un souverain, duquel relèvent tous ceux qui travaillent pour la réputation ou pour le gain.

Ces âmes basses qui ne se mettent guère en peine de mériter son approbation craignent au moins sa haine et son mépris.

Le droit qu'il a de juger de tout a bien produit des vertus et bien étouffé des crimes.

Sans la crainte de ses jugements, que de héros auraient été moins héros ! que de guerriers pacifiques ! combien peu de vertueux se seraient fait aimer ! que de scélérats se seraient fait craindre !

Les exhortations des pères, le naturel [1] des enfants, l'amour des maris, la vertu des femmes, tout cela aurait bien peu de force sans le Qu'en dira-t-on du public, qui retient chacun dans son devoir.

Tout le monde fait sa cour au public : les ambitieux briguent sa faveur et les honnêtes gens son approbation ; les coquettes veulent s'attirer ses regards et les femmes de bien son estime ; les grands recherchent son amitié, les petits n'en veulent qu'à son argent.

Le public a l'esprit juste, solide et pénétrant ; cependant comme il n'est composé que d'hommes, il y a souvent de l'homme dans ses jugements [2].

Il se laisse prévenir [3] comme un simple particulier, et nous prévient ensuite par l'ascendant qu'il a pris sur nous depuis tant de siècles.

On a beaucoup de vénération pour ses jugements : car on sait que c'est un juge insensible à l'intérêt et aux sollicitations.

Il y a tel particulier qui vit et meurt dans ses préventions ; mais comme le public ne meurt point, il revient infailliblement des siennes ; quelquefois par malheur il en revient un peu tard. Si nous vivions deux ou trois siècles, chacun jouirait à la fin de la réputation qu'il mérite.

Cela ne serait pourtant pas sûr, car le public est si malin qu'il rend moins volontiers justice aux vivants qu'aux morts, et que souvent il n'élève les morts que pour rabaisser les vivants.

Le public est un vrai misanthrope ; il n'est ni complaisant ni flatteur : aussi ne cherche-t-il point à être flatté. Il court en foule aux assemblées où on lui dit ses vérités : et chacun des particuliers qui composent ce tout aime encore mieux se voir draper [4] que de se priver du plaisir de voir draper les autres.

Le public est le plus sévère et le plus fin critique du monde ; cependant un vaudeville [5] grossier suffit pour l'amuser toute une année.

Il est constant et inconstant. On peut dire que depuis le commencement des siècles l'esprit public n'a point changé ; voilà sa constance. Mais il est amateur de la nouveauté ; il change tous les jours de façons d'agir, de langage et de modes : rien n'est plus inconstant.

Il est si grave qu'il imprime la crainte à ceux qui lui parlent, et si badin qu'une coiffure de travers fera rire tout un auditoire [6].

Le public est servi par les plus grands seigneurs : quelle grandeur ! mais il dépend de ceux qui le servent : qu'il est petit !

Le public est, pour ainsi dire, toujours en âge viril par la solidité de sa raison. C'est un enfant, que le moindre jouet fait courir comme un écervelé. C'est un vieillard qui radote quelquefois en murmurant, sans savoir à qui il en veut, et qu'on ne peut faire taire quand il a une fois commencé à parler.

On ne finirait point à chercher des contrariétés [7] dans le public, puisqu'il a en lui toutes les vertus et tous les vices, toute la force et toute la faiblesse humaine.

Qu'il est heureux ce public ! Les rois lui font bâtir de superbes édifices et lui laissent de beaux monuments, afin qu'il se souvienne d'eux. Tous les historiens travaillent à son histoire : c'est pour lui qu'on laboure, qu'on sème et qu'on recueille ; c'est pour lui chercher des commodités qu'on approfondit les beaux arts. Combien d'honnêtes gens abrègent leurs jours pour lui fournir de beaux exemples et de savantes instructions ! Combien de poètes et de musiciens se creusent le cerveau pour le réjouir ! En un mot, on sacrifie à son utilité la vie et les biens de chaque particulier. Voilà un bonheur sérieusement établi ; mais quelque comique vous dira que le public ne peut être heureux, puisqu'on lui empoisonne son vin, et que toutes ses maîtresses sont infidèles.

Reprenons le sérieux pour considérer la véritable grandeur du public. C'est de lui qu'on voit sortir tout ce qu'il y a de plus considérable dans le monde : des souverains pour gouverner les provinces, des intendants pour les régler, des guerriers pour combattre et des héros pour conquérir.

Après que ces gouverneurs, ces magistrats, ces guerriers et ces héros se sont ainsi glorieusement répandus de toutes parts, ils viennent tous se rassembler à la cour : là l'intrépidité tremble, la fierté s'adoucit, la gravité s'humanise et la puissance disparaît.

Là, ceux qui se distinguaient comme autant de souverains viennent se confondre parmi la foule des courtisans, deviennent courtisans eux-mêmes ; et après s'être attiré les regards de tous, ils se contentent d'être regardés d'un seul.

Comme ces regards relèvent l'éclat des plus belles actions, chacun est jaloux de celui qui se les attire ; mais chacun ne laisse pas de caresser [8] celui dont il est jaloux.

C'est ainsi que le mérite qu'ils se connaissent réciproquement, et qui paraît l'unique lien de leur amitié, est souvent le principe secret de leur haine.

Il est de belles âmes qui s'affranchissent de ces faiblesses vulgaires : et les véritables héros n'ont pas plus de peine à voir la gloire des autres qu'à partager avec eux la lumière du soleil.

Je conviens, dit mon Siamois en me disant adieu, que la France fournit quelques-uns de ces héros parfaits, et leur réputation est venue jusques en mon pays ; mais c'est pour voir encore quelque chose de plus grand que j'ai entrepris ce voyage ; et voici le raisonnement que j'ai fait en traversant les mers. La France est pleine d'hommes illustres, qui ne s'entr'aiment guère ; il y a aussi quelques vrais héros qui s'entr'estiment sincèrement ; mais les uns et les autres s'accordent tous pour en révérer et en admirer un seul : il faut que ce soit un grand homme [9] !

Fin

TABLE DES MATIÈRES
ou
Récapitulation des pensées principales contenues dans cet ouvrage [1].

Cette table ne peut être utile qu'à ceux qui auront déjà lu les Amusements et qui, voulant revoir quelque endroit, n'ont besoin que de quelques mots pour leur en rappeler l'idée.

A l'égard de ceux qui n'auront aucune idée de l'ouvrage, ils auront aussi tôt fait de lire le livre entier que l'extrait le plus abrégé qu'on leur en pourrait faire.

Il faut remarquer que cette table suit l'ordre des pages du livre, qui sont toutes chiffrées de suite.

AMUSEMENT PREMIER

Préface, qui fait corps avec le livre même	994
Vanité des auteurs dans les préfaces	994
Que le jugement d'un livre dépend souvent de l'humeur où l'on est en le lisant	995
Que le sérieux et le comique ne sont pas incompatibles	995
Tout est amusement : vertu seule occupation	998
Les auteurs stériles ont intérêt de soutenir qu'on ne peut rien imaginer de nouveau	998
Ce que c'est qu'être original	998
Piller les anciens ou les modernes	999
Le livre du monde	999
Si le monde est un livre, c'est aussi un pays, etc.	999

AMUSEMENT SECOND
Le voyage du monde

La cour	1000
La fortune de cour	1000
Le terrain de la cour	1000
Le génie des courtisans	1000
Patron de cour : un homme caché derrière un autre homme	1001
Vrai mérite obscurci par l'envie	1001

Obscurité dissipée : mérite récompensé 1001
Courtisans oisifs 1001
Médiocrité d'état, où se trouve le vrai mérite 1001
Courtisans par intérêt et courtisans par devoir 1002
Courtisans intéressés, les plus acharnés à la fortune 1002
Parallèle des courtisans et des petits maîtres 1002

AMUSEMENT TROISIÈME
Paris

Un voyageur siamois qui entre dans Paris 1003
Le Siamois dans l'embarras de Paris 1004
Idées siamoises sur les embarras de Paris 1004
Turbulence des Parisiens 1004
Leur raffinement sur les commodités et sur les plaisirs 1004

AMUSEMENT QUATRIÈME
Le Palais

Entrée du Palais 1005
Les hommes amusés et occupés au Palais 1005
Monstre appelé chicane 1005
Chicane encore plus à craindre que l'injustice même 1005
Définition comique de la justice 1006
Digression 1006
Le procès est éternel 1006
Sommeil des juges 1006
Difficulté de bien instruire les juges d'une affaire 1006
Aventure de la comtesse solliciteuse 1006
Le Siamois perdu au Palais 1007
Le Siamois retrouvé au Palais 1007

AMUSEMENT CINQUIÈME
L'Opéra

Entrée de l'Opéra 1010
Réflexion siamoise sur l'entrée et les billets de l'Opéra 1010
Description du pays de l'Opéra 1010
Les fées de l'Opéra 1010
Musiciens, habitants naturels de l'Opéra 1011

AMUSEMENT SIXIÈME
Le pays des promenades

Qu'il y en a de deux sortes 1011
Le Bois de Boulogne et le Cours 1011
Les Tuileries 1011
Les femmes des Tuileries comparées par le Siamois à des oiseaux 1012
Suite de la comparaison 1012
Femmes difficiles à définir 1012
Diverses nations des femmes 1012

On parle trop ou trop peu des femmes 1013
Médisance 1013
Loi siamoise sur la médisance 1013
Femmes encore plus jalouses de beauté que d'honneur 1014
Embarras d'une jeune personne qui veut plaire 1014
Qu'il est difficile à une femme d'être bien avec les femmes 1015
Que la jeunesse et la beauté s'en vont à mesure que la raison vient 1015
Pudeur naturelle 1015
Exemple de ces deux sortes de pudeur dans les deux sœurs 1015
Règle déréglée d'une femme qui sait son monde 1015
Les femmes de bien méprisent les coquettes et ne laissent pas de les imiter 1016
Le pays de la galanterie 1016

AMUSEMENT SEPTIÈME
Le mariage

Difficulté d'en parler selon le goût de tout le monde 1016
Conte du peintre à qui un jeune amant avait demandé un portrait de l'Hymen 1016
Application du conte du peintre 1018
Le pays du mariage peuple les autres 1018
Motifs de mariage 1018
Pourquoi tant de mauvais ménages 1018
Que ceux qui se marient peuvent être heureux 1019
Ce que c'est que se marier 1019
Séparations 1019
Veuvage 1019
Tristesse du veuvage 1019
La veuve qui n'avait point le don des larmes 1019
Conte d'une autre veuve inconsolable 1020
Digression 1021

AMUSEMENT HUITIÈME
L'université

Obscurité du pays latin 1021
Le pays de la science 1021
Géométrie 1021
Le pays des systèmes 1021
Aristote et Descartes 1022
Remarques sur les pays dont on a déjà parlé 1022

AMUSEMENT NEUVIÈME
La Faculté

Situation du pays de la Faculté 1022
Langue de ce pays 1023
Vision fiévreuse d'un malade 1023
Pensée badine sur les charlatans 1023
S'il vaut mieux s'abandonner aux médecins qu'à la nature 1023

Rapport entre les médecins et les intendants de maisons	1023
Transition du pays de la médecine à celui du jeu	1023

AMUSEMENT DIXIÈME
Le Jeu

Jeu, espèce de succession	1024
Le lansquenet	1024
Idée abstraite du Siamois sur une assemblée de lansquenet	1024
Fragment d'une lettre siamoise	1024
Joueuses	1025
Académies différentes et opposées	1025
Académie bachique	1025
Le pays des traiteurs	1026
Les cafés	1026
Le pays des Bourdonnais	1026
Le pays de la friperie	1026
Le pays des halles	1026
Le pays du négoce	1026
Autres pays	1026
Pays perdus	1027

AMUSEMENT ONZIÈME
Le cercle bourgeois

Le cercle de la cour	1027
Le cercle bourgeois est un conseil libre, etc.	1027
Sentiments opposés des personnages du cercle	1027
Le jeune étourdi et le vieillard	1028
Ceux qui paraissent le contraire de ce qu'ils sont	1028
L'indolent	1028
La Lucrèce et la Laïs	1028
Le nouveau riche	1029
La fausse modestie	1029
Médisance couverte	1029
Récit moitié morale et moitié médisance sur un négociant	1029
Autre récit de la même espèce	1029
La femme savante et le poète	1030
L'héritier en deuil	1031
Que la tendresse filiale n'est pas comparable à l'amour paternel	1032
Raison comique de la dureté de cœur des enfants pour leurs pères	1032
Comparaison de l'arbre	1033
Raisons de consolation pour un père qui voit mourir son fils	1033
Raisons d'affliction pour un fils qui voit mourir son père	1033
Autres raisons sur le même sujet	1033
Le jeune doyen	1034
La joueuse	1034
Le joli homme	1035
Digression	1035
Curiosité des femmes	1035

Aventure du diamant 1036
L'homme doré et le valet 1037
Réflexions sur les gens de fortune 1038
Enthousiasme du Siamois 1039
L'homme de probité 1039
L'esprit de travers 1041
Le grand parleur 1041
Fin du cercle bourgeois 1041
Le savoir-vivre 1042
Ce qu'on appelle connaître le monde 1042
Conclusion siamoise 1042

AMUSEMENT DOUZIÈME
ET DERNIER
Le public

Contrariétés dans le public 1043
Véritable grandeur du public 1044
Raisonnement siamois 1045

Fin de la table

DOCUMENTS

P. 1052-1053 : La Rochefoucauld, *Réflexions ou Sentences et maximes morales,* Paris, C. Barbin, 1665 (Bibliothèque nationale).

P. 1054-1055 : La Bruyère, *Les Caractères ou les Mœurs de ce siècle,* 3ᵉ édition, Paris, chez Estienne Michallet, 1688 (Bibliothèque nationale).

P. 1056 : Manuscrit du *Mémorial* de Blaise Pascal.

se rétablit en vn autre ; quand on pense qu'il quite son plaisir, il ne fait que le suspendre, ou le changer, & lors mesme qu'il est vaincu, & qu'on croit en estre défait, on le retrouue qui triomphe dans sa propre defaite. Voila la peinture de l'amour propre, dont toute la vie n'est qu'vne grande & longue agitation : la mer en est vne image sensible, & l'amour propre trouue dans le flus & le reflus de ses vagues continuelles, vne fidelle expression de la succession turbulante de ses pensées, & de ses eternels mouuemens.

II.

L'amour propre est le plus grand de tous les flatteurs.

MORALES.

III.

Quelque découuerte que l'on ait faite dans le païs de l'amour propre, il reste bien encore des terres inconnuës.

IV.

L'amour propre est plus habile, que le plus habile homme du monde.

V.

La durée de nos passions ne dépend pas plus de nous, que la durée de nostre vie.

VI.

La passion fait souuent du

phase d'un mauvais Poëte?

¶ Il y a de certaines choses dont la mediocrité est insupportable, la Poësie, la Musique, la Peinture, le Discours public.

¶ L'on n'a gueres veu jusques à present un chef-d'œuvre d'esprit qui soit l'ouvrage de plusieurs ; Homere a fait l'Iliade, Virgile l'Eneide, Tite-Live ses Decades, & l'Orateur Romain ses Oraisons.

¶ Il y a dans l'art un point de perfection, comme de bonté ou de maturité dans la nature ; celuy qui le sent, & qui l'aime a le goust parfait ; celuy qui ne le sent pas, & qui aime en deçà ou au delà, a le goust défectueux. Il y a donc un bon & un mauvais goust, & l'on dispute des goûts avec fondement.

¶ Il y a beaucoup plus de vivacité que de goust parmy les hommes; ou pour mieux dire, il y a peu d'hommes dont l'esprit soit accompagné d'un goust seur, & d'une critique judicieuse.

¶ La vie des Heros a enrichi l'histoire, & l'histoire a embelli les actions des Heros : ainsi je ne sçay qui sont plus redevables, ou ceux qui ont écrit l'histoire à ceux qui leur en ont fourni une si noble matiere, ou ces grands Hommes à leurs Historiens.

¶ Amas d'épithetes, mauvaises loüanges ; ce sont les faits qui loüent, & la maniere de les raconter.

¶ Tout l'esprit d'un Auteur consiste à bien définir & à bien peindre. * Moyse, Homere, Platon, Virgile, Horace ne sont au dessus des autres Ecrivains que par leurs expressions & leurs images : Il faut exprimer le vray pour écrire naturellement, fortement, délicatement.

* Quand mesme on ne le considere que comme un homme qui a écrit.

L'an de grâce 1654

Lundi, 23 novembre, jour de saint Clément, pape et martyr, et autres au martyrologe.
Veille de saint Chrysogone, martyr, et autres.
Depuis environ dix heures et demie du soir jusques environ minuit et demi.

FEU.

« Dieu d'Abraham, Dieu d'Isaac, Dieu de Jacob, »
non des philosophes et des savants.
Certitude, certitude, sentiment, joie, paix.
Dieu de Jésus-Christ.
Deum meum et Deum vestrum.
« Ton Dieu sera mon Dieu. »
Oubli du monde et de tout, hormis Dieu.
Il ne se trouve que par les voies enseignées dans l'Évangile.
Grandeur de l'âme humaine.
« Père juste, le monde ne t'a point connu, mais je t'ai connu. »
Joie, joie, joie, pleurs de joie.
Je m'en suis séparé :
Dereliquerunt me fontem aquae vivae.
« Mon Dieu, me quitterez-vous ? »
Que je n'en sois pas séparé éternellement.
« Cette est la vie éternelle, qu'ils te connaissent seul vrai Dieu et celui que tu as envoyé, J.-C. »

Jésus-Christ.
Jésus-Christ.
Je m'en suis séparé ; je l'ai fui, renoncé, crucifié.
Que je n'en sois jamais séparé !
Il ne se conserve que par les voies enseignées dans l'Évangile.
Renonciation totale et douce.
Etc.

NOTES

LE CHAMP LITTÉRAIRE DE LA FORME BRÈVE

LE LEGS DU XVIᵉ SIÈCLE

Les Quatrains du seigneur de Pibrac

1. *Grégeois* : Grec.
2. *Pourpris* : enceinte, enclos.
3. Le thème de la correspondance entre l'homme et l'univers est courant à la Renaissance : l'homme, microcosme, est en lui-même l'image ou le miroir du monde, du macrocosme.
4. L'exigence socratique de la connaissance de soi implique, pour le chrétien, que l'homme ne puisse se voir véritablement qu'au miroir de la Sagesse divine.
5. Ces images baroques font référence à l'idée platonicienne du corps, prison ou tombeau de l'âme.
6. La vertu aristotélicienne se situe entre deux extrêmes, également fautifs. Ce sont les stoïciens qui ont pris le plus nettement parti en faveur de l'autonomie de la vertu, mais Platon la soutenait également (Cicéron, *Les Tusculanes*, V, 12).
7. Comprendre : Ne te soucie pas d'être bon en apparence, mais de l'être en le prouvant effectivement, par des actes.
8. Paradoxes stoïciens bien connus : le sage seul est libre, riche, roi (Cicéron, *Des fins des biens et des maux*, III, 75).
9. Comprendre : Plus d'un aurait pu devenir sage avec le temps s'il n'avait pas cru l'être déjà parfaitement.
10. Comprendre : Ces mots ont ôté leur pouvoir d'abord aux « saints décrets » de la toute-puissance divine, et ensuite à nos lois. Vigneul-Marville (pseudonyme de Bonaventure d'Argonne) écrit : « M. de Pibrac, dans le dernier siècle, eut la hardiesse de dire [ici, l'auteur cite le quatrain 93 et continue :] Ce quatrain [...] empêcha qu'il ne fût chancelier de France, comme il le méritait » (*Mélanges d'histoire et de littérature*, Rouen, 1699, t. I, p. 75-76). Fondée ou non, cette histoire est significative de l'interprétation libérale qu'on pouvait faire de Pibrac à la fin du XVIIᵉ siècle.
11. Lieu commun à la Renaissance et à l'âge classique que cette opposition emblématique de Démocrite et d'Héraclite (voir La Bruyère, XII, 118-119 et Domat, p. 608).
12. Sénèque attribue la formule au stoïcien Hécaton de Rhodes (*Lettres à Lucilius*, 9, 6), qui en faisait le grand secret pour être aimé : « *si uis amari ama* » (si tu veux être aimé, aime).
13. Pibrac reprend la division traditionnelle des régimes politiques en royauté, aristocratie et république. Montaigne cite cette strophe à l'appui de son argumentation dans l'essai *De la vanité* (III, 9, éd. Villey-Saulnier, p. 957). La position pragmatique de Pibrac est celle de Montaigne, et, plus généralement, du parti des « politiques ». — On notera que *le* est élidé : la graphie première était : « aime *l'*aussi ».
14. Ce dernier quatrain fait retour sur les précédents, « fruits » d'une philosophie personnelle, et sur l'auteur lui-même, qui n'a pas à s'enorgueillir de sa science.

Tablettes ou Quatrains de la vie et de la mort
Pierre Matthieu

1. Cette roue est celle de la fortune, bien connue au Moyen Age, qui l'a souvent représentée à la rosace sud des cathédrales.
2. *Fait de son reste* (ou « joue de son reste ») : emploie ses dernières ressources, hasarde tout (terme de jeu).
3. *Faquin* : porte-faix, d'où « homme de néant » (Académie, 1694).
4. Allusion et hommage à Henri IV, « l'unique honneur des rois », assassiné « dedans son carrosse » le 14 mai 1610, de l'« exécrable main » de Ravaillac.

Les Marguerites françaises
François des Rues

1. On a reconnu là une variation sur le mot de Rabelais : « Science sans conscience n'est que ruine de l'âme » (*Pantagruel*, chap. 8), mais l'adage était déjà connu des scolastiques. *Vanité* : chose vaine, néant.
2. *Conseil* : résolution, dessein.
3. *Monument* : tombeau.
4. Adaptation d'un conseil donné par Sénèque, à la fin de l'*Épître* 10 à Lucilius (10, 5) : « Vis avec les hommes comme si la divinité te voyait ; parle à la divinité comme si les hommes t'entendaient. »
5. Le lieu commun du discours, ou du visage, miroir de l'âme se rencontre de Cicéron à Érasme et Montaigne (voir G. Defaux, *Marot, Rabelais, Montaigne*, Paris-Genève, Champion-Slatkine, 1987, p. 37-40).
6. A rapprocher, pour le tour, de deux maximes de La Rochefoucauld (max. 49 et max. supprimée 9).
7. Traduction libre d'une maxime d'Épicure transmise par Sénèque (*Lettres à Lucilius*, 12, 10 : « *Malum est in necessitate vivere : sed in necessitate vivere necessitas nulla est.* » Le sens est donné par la suite du texte : « Remercions Dieu de ce que l'on ne peut retenir personne dans la vie : les nécessités mêmes peuvent être foulées aux pieds. »
8. Voir Molière, *Dom Juan*, acte IV, scène 5 : « La naissance n'est rien où la vertu n'est pas. »
9. Emprunté à Montaigne, *Essais*, II, 5 : « Aucune cachette ne sert aux méchants, disait Épicure, parce qu'ils ne peuvent assurer d'être cachés, la conscience les découvrant à eux-mêmes. » Montaigne fait allusion à la maxime 35 d'Épicure, qu'il plie à son usage dans ce chapitre « De la conscience » (voir Épicure, *Doctrines et maximes*, p.p. M. Solovine, Paris, Hermann, 1965, p. 115).
10. *Comédie* : pièce de théâtre, tragique ou comique. C'est un des *topoi* (ou lieux communs) les plus exploités de la littérature européenne que celui du théâtre du monde, de Platon à nos jours. Voir à ce sujet E.-R. Curtius, *La Littérature européenne et le Moyen Age latin*, Agora, Paris, P.U.F., 1956, t. I, chap. VII, 5, p. 235-244.
11. Traduction d'une maxime d'Épictète : « Si tu veux être bon, persuade-toi d'abord que tu es mauvais. »
12. *Avoir métier de* : avoir besoin de.
13. *Lettres* : toutes les connaissances que donne l'étude des livres (et non les seules « belles-lettres »).
14. *Ains* : mais.
15. *Généreux* garde son sens étymologique de *noble, de bonne race*.
16. *Ès* : en les, dans les ; *république* : État. L'État où les lois procèdent des

citoyens est aristocratique ou démocratique. La conclusion favorable aux monarchies montre que l'image du roi-soleil ne date pas de Louis XIV.

17. *Du tout* : entièrement ; *industrie* : habileté. Relève de l'art ou de ce que nous appelons la culture, par opposition à la nature. C'est là un des lieux communs les plus courants du XVIIe siècle.

18. Pour les stoïciens, les passions sont des maladies de l'âme, mais déjà avec le néo-stoïcisme de la fin du XVIe siècle (Juste Lipse, Du Vair), la condamnation des passions est moins radicale.

19. Dans son autoportrait, La Rochefoucauld estime tout à fait justifiée la vengeance, qui est pour l'offensé un devoir.

20. *Recerche* : graphie qui disparaîtra au XVIIe siècle, de *recherche* (le dictionnaire de Oudin donne encore, en 1642, *cercher,* à côté de *chercher*). Inquisition et recherche ont même sens.

21. Idée qui justifie la densité de la forme brève.

22. Voir La Rochefoucauld, max. 150 et Mme de Sablé, max. 70 et 71.

23. A peu de chose près, c'est là une traduction de Sénèque : « Les vices, sous le nom de vertus, se glissent en nous » (*Épîtres à Lucilius,* 45, 7).

Sentiments chrétiens, politiques et moraux
Garaby de la Luzerne

1. La ville italienne de Salerne, au sud de Naples, fut célèbre au Moyen Age pour son école de médecine, qui fut fondée avant l'an 1000. Les préceptes de l'École de Salerne se répandirent par toute l'Europe et certains passèrent en dictons.

2. *Les Chimiques* : les médecins chimiques ou chimistes, qui utilisèrent les recettes plus ou moins secrètes de l'alchimie, par opposition aux médecins méthodiques, qui suivent la méthode traditionnelle, héritée de Galien, par saignées et purgations.

3. « Le discours prolixe convient à ceux qui apprennent, le discours bref à ceux qui savent. Le premier enseigne, le second fait penser. »

4. Le mot est attribué par le P. Le Moyne à Malherbe, mais pour la devise (autre forme brève), dans *L'Art des devises,* Paris, 1666, p. 35.

LA NATURALISATION EN FRANCE DU « CARACTÈRE »

L'École du sage
Urbain Chevreau

1. *Tenir à gage* : considérer comme on fait d'un gage, qu'on donne et reprend. L'hypocrite traite la tristesse et la gravité comme sentiments qu'on emprunte au besoin, sans y adhérer.

2. Voici la traduction de Tourval de ces deux phrases : « Il a le visage net, l'âme souillée, la contenance de brebis, le cœur de loup, l'habit simple et étroit, la conscience double et large. Sa bouche dément son cœur et sa main, sa bouche. »

3. *Leur* : syllepse grammaticale (l'accord se fait au sens du mot *monde*, qui implique un pluriel).

4. *Qui lui semble être naturelle* : qui semble à son visiteur être naturelle.

5. *La bonté* : le bien. Tourval écrit : « Bref, c'est le saint des étrangers, l'incommodité de son voisin, le dégât de la bonté, un bâton pourri de nuit, un pavot sauvage en un champ de froment, et un gros lumignon qui, en s'éteignant, pue ; un ange dehors, un diable à la maison, et pire quand il est ange que lorsqu'il est diable. »

6. Il s'agit des sommes d'argent engagées dans le commerce, toujours hasardeux, avec les Indes occidentales, c'est-à-dire l'Amérique.

7. La guerre est celle des Hollandais contre la puissance espagnole. La république des Provinces-Unies est proclamée en 1581, mais la guerre dure jusqu'en 1609.

8. L'édition de 1666 donne : *s'il leur découvrait*. Le pluriel des éditions antérieures renvoie aux « cent contes vains et ridicules ».

9. *Défauts* : manques, absences (de courrier ou d'information).

10. Chevreau n'éprouve pas plus que Tourval le besoin d'insérer le passage dans la réalité française.

11. Voir dans la Bible, le chap. xv, 4-6, des Juges.

12. La formule exploite, en le retournant, le lieu commun, hérité de l'Antiquité, qui veut qu'un maître ait autant d'ennemis que de valets.

13. Le caractère précédent était celui du « superstitieux », auquel s'oppose ici « le profane », euphémisme pour « le libertin » ou même « l'athée ».

14. Brachylogie ou ellipse : quelque temps après avoir été impie.

15. *Le sens* : la sensualité, devenue la Loi du libertin, son Écriture sainte.

16. *La fortune* : le sort, le hasard. Le libertin oppose traditionnellement la Fortune, qui serait toute-puissante, à la Providence divine. Il ne faut cependant pas se hâter de faire un libertin de quiconque utilise le mot *fortune*. Le mot a un usage littéraire admis, qui est du reste accordé à la cosmologie aristotélicienne : le monde infra-humain est soumis au hasard et à l'inconstance.

17. Comprendre : il lui fait défaut aussi souvent qu'elle lui donne de rendez-vous.

18. Emploi métaphorique du mot « chef-d'œuvre », ouvrage que fait l'artisan, en fin d'apprentissage, pour obtenir la maîtrise.

19. Le libertin rejette la responsabilité de ses fautes sur Dieu, en arguant de la responsabilité divine en raison de la prédestination et du don gratuit de la grâce.

20. *Viandes* : au sens ancien, nourritures (*vivenda*).

21. *Impatience* : absence de patience à supporter (l'idée de la mort).

QUESTIONS ET MAXIMES D'AMOUR

Morale galante de Térame
Madeleine de Scudéry

1. Ce calcul du plaisir et de la peine relève d'un utilitarisme qu'on voit réapparaître dans la notion de « raison d'intérêt » : la maxime concède à la morale de la parfaite honnêteté le respect de la discrétion, mais, trait caractéristique de l'accord souhaité par les gens du monde entre l'utile et l'honnête, Térame n'est pas mécontent de les voir ici coïncider.

2. Dans le contexte, « savoir bien le monde » ne signifie pas « savoir se comporter dans le monde », mais « savoir les pratiques habituelles du monde », et par conséquent « ne pas se faire d'illusions sur le monde » : pessimisme très courant au XVIIe siècle chez les plus honnêtes gens. La maxime opposée ne récuse du reste pas ce point de vue.

3. *Faire l'amour* : faire la cour.

4. Dans cette maxime finale, qui synthétise les positions de Térame et de son contradicteur, on notera le chiasme, d'ordre à la fois sémantique et phonétique, de « *galant agréable* » et de « *véritable amant* ».

Maximes d'amour
Bussy-Rabutin

1. Ces intertitres ne signifient pas que la première maxime seule concerne les femmes et toutes les autres les hommes (voir la max. 5, adressée à une « Iris »). Ils n'introduisent que la maxime qui les suit.
2. *Couvert* : caché (antonyme : ouvert).
3. *Assez* : « beaucoup, à suffisance » (F.).
4. *Faites vos diligences à* : hâtez-vous de.
5. *Embarrasser* : créer des tracas, des complications.
6. Maxime qui n'a pas été retenue, et on le comprend, dans les *Mémoires*. L'idée de « déshonorer » une femme répond à une pratique fort peu conforme à l'idéal de l'honnêteté. Bel esprit mais vindicatif et jugé dangereux, Bussy souffrira suffisamment de sa mauvaise réputation auprès du roi pour s'assagir entre 1663 et la rédaction de ses *Mémoires*, entreprise dans son exil sur ses terres, de 1666 à 1682.
7. On sait que César exigeait que l'épouse de César ne fût pas même susceptible d'être soupçonnée.
8. Le vers est faux, à moins d'introduire, comme le font les *Mémoires* (éd. Lalanne, II, p. 197), une licence poétique, en écrivant « vous *ête* ».
9. *Par manière d'acquit* : pour s'en débarrasser.
10. *La prévenir* : aller au-devant du plaisir que l'on attend (ici, d'une requête : donc la satisfaire avant même qu'elle se soit exprimée).
11. *Il tire* : dans les *Mémoires*, « ils tirent ». En fait *il* représente, non les amants, mais l'amour.
12. *Vous perdriez* : dans les *Mémoires*, « vous perdrez », qui, pour éviter un vers faux, ne contraint pas à la synérèse un peu forte qui fait de *perdriez* un mot de deux syllabes.
13. *Être sa partie* : au sens juridique du terme, être son adversaire.
14. *Syndérèse* : remords de conscience, dans le vocabulaire scolastique.
15. *Débauche* : outre le sens moderne, le mot peut, au XVIIe siècle, se prendre en bonne part, pour « une petite réjouissance », « un repas », « une promenade », « une partie de divertissement » (F.).
16. *Blanchir* : faire des efforts inutiles, se manifester inutilement.

EXERCICE DE LA MAXIME MORALE ET RELIGIEUSE

L'Esprit de Sénèque
La Serre

La Serre indique généralement en marge à laquelle des Lettres à Lucilius *de Sénèque il est redevable de ses sentences. Ces références sont toutefois incomplètes ou inexactes. Les renvois sont faits ici à une traduction qui s'efforce d'être aussi proche que possible du texte latin, puisque c'est vraisemblablement dans le texte latin que La Serre lisait Sénèque.*

Maxime [1]. Lettre 1, 1 : « La plus grande partie de la vie se passe à mal faire, une grande partie à ne rien faire, toute la vie à faire autre chose que ce qu'on devrait faire. »
Max. [2]. Lettre 1, 3 : « Tout, Lucilius, est hors de nous, il n'y a que le temps qui soit à nous : c'est la seule chose dont la nature nous ait donné la possession... »

Max. [3]. Lettre 2, 6 : « Ce n'est pas celui qui a peu, mais celui qui désire avoir davantage, qui est pauvre. »

Max. [4]. L'image n'est dans aucun passage de la lettre 3, consacrée à l'amitié. Le tour est celui du proverbe ou du dicton plus que de la sentence et l'idée est courante dans d'autres passages des *Lettres à Lucilius* (voir 9, 9 et 19, 11).

Max. [5]. La lettre 3 traite du choix d'un ami. La réflexion de La Serre est implicite chez Sénèque, mais la formulation appartient à La Serre.

Max. [6]. Le thème de la confiance à accorder à un ami est abordé dans la même lettre 3. Sénèque admet qu'il y a des secrets qu'on doit, selon l'usage, garder pour soi, mais c'est pour mieux insister sur la confiance qu'on doit à un ami : « Si tu le crois fidèle, tu le rendras tel. » La Serre s'écarte ici nettement de son modèle.

Max. [7]. Lettre 4, 3 : « La mort vient à toi : elle serait à craindre si elle pouvait subsister avec toi, mais il est inévitable ou qu'elle ne t'atteigne pas ou qu'elle passe. »

Max. [8]. Lettre 4, 4. Sénèque traite du suicide en évoquant l'amant malheureux, le serviteur maltraité, l'esclave en fuite près d'être repris et il conclut seulement sur la légèreté des motifs qui portent un homme à se tuer. La Serre s'en tient au lieu commun des malheurs plus difficiles à supporter que la mort.

Max. [9]. Lettre 4, 8 : « Quiconque méprise sa vie est maître de la tienne. »

Max. [10]. Contre les Cyniques, la lettre 5 conseille au philosophe d'éviter la singularité et de se conformer à la coutume. La « vie exemplaire » dont parle La Serre est donc celle du philosophe que le public prend en exemple.

Max. [11]. Lettre 5, 6. Bien qu'extérieurement semblables, la conduite commune et celle du philosophe impliquent des différences profondes. Ainsi, « que celui qui entre chez nous nous admire plutôt que notre mobilier. »

Max. [12]. Lettre 6, 5 : « Les hommes se fient plus à leurs yeux qu'à leurs oreilles. » D'où, pour Sénèque, l'avantage de la parole directe sur l'écrit.

Max. [13]. Lettre 6, 5 : « Longue est la voie des préceptes, courte et efficace celle des exemples. » L'idée est complémentaire de la précédente. La formulation de La Serre tombe ici dans la banalité du lieu commun.

Max. [14], [15]. Lettre 6, 6 : « Platon, Aristote et la troupe des sages qui allait constituer des sectes opposées ont plus tiré des mœurs de Socrate que de ses propos. Métrodore, Hermaque, Polyénus sont devenus de grands hommes, non à l'école d'Épicure, mais dans sa compagnie. » La vertu de Socrate fut célèbre dès l'Antiquité. Épicure est le fondateur d'une des grandes morales antiques.

Max. [16], [17]. La référence marginale à la lettre 7 est exacte. Sénèque s'en prend à la cruauté des spectacles du cirque et au danger moral qu'ils constituent. Mais, à part l'idée d'une contagion du mal, rien chez La Serre ne rappelle un passage précis de cette lettre.

Max. [18]. Lettre 8, 5 : « Songez que rien n'est admirable que l'âme, et que rien n'est grand à une grande âme. »

Max. [19]. Rien, dans la lettre 8, ne suggère de rapprochement avec la sentence de La Serre, qui correspond à une idée courante de la morale antique.

Max. [20], [21]. Lettre 8, 8. Sénèque conclut cette lettre en citant deux sentences de Lucilius lui-même : « N'est pas tiré ce que la fortune a fait tien » et « Le bien qui a pu être donné peut être retiré ». La Serre ne retient que l'idée, qu'il exprime très différemment, en reprenant le thème du sage qui ne regrette jamais ce qui lui manque, lorsqu'il ne s'agit que des biens de la fortune.

Max. [22]. Lettre 9, 15 : « Le souverain bien ne cherche pas ses moyens hors de soi : il se cultive intérieurement, il procède entièrement de soi car il commence à se soumettre à la fortune quand il cherche à trouver à l'extérieur une partie de soi. »

Max. [23]. Lettre 9, 20. Sénèque cite deux maximes d'Épicure : « Tous ceux qui ne jugent pas leurs biens assez amples sont misérables, fussent-ils maîtres du monde entier » et « Celui-là est misérable qui ne se juge pas parfaitement heureux, fût-il roi de l'univers ». Et il remarque que ces formules rejoignent les vérités du sens commun, en citant le poète comique qui écrit : « N'est pas heureux celui qui ne croit pas l'être. »

Max. [24]. Lettre 10, 2 : « L'espérance est le nom d'un bien incertain. »

Max. [25]. La lettre 10 se termine par une citation d'un certain Athénodore, sans doute Athénodore de Tarse : « Sache que tu seras délivré de tous tes désirs quand tu seras parvenu à ne rien demander à la divinité que ce que tu peux demander en public. » L'expression, assez obscure, de « justifier ses désirs » pourrait donc signifier : les rendre justes, conformes à la morale.

Max. [26]. L'opposition des maladies du corps et de celles de l'esprit ne se retrouve pas dans la lettre 13, à laquelle renvoie La Serre. Tout au plus y rencontre-t-on l'idée qu'il y a « plus de choses qui nous effraient que de choses qui nous font mal, et nous souffrons plus souvent de l'idée que nous en avons que de la chose » (13, 4).

Max. [27]. Lettre 13, 13 : « Pèse donc l'espoir et la crainte et, chaque fois que tout est incertain, penche en ta faveur, crois ce que tu préfères. » Rien chez Sénèque ne porte ici à « jouir des biens que le présent nous donne ».

Max. [28]. Lettre 14, 11 : « La philosophie, qui est tranquille et qui ne s'occupe que de ses affaires, ne saurait être méprisée... »

Max. [29]. La lettre 16 traite de la sagesse, qui rend l'homme heureux. La notion de « repos de l'esprit » n'y apparaît pas.

Max. [30]. Lettre 16, 7. Citation d'Épicure : « Si tu vis selon la nature, tu ne seras jamais pauvre : si tu vis selon l'opinion, tu ne seras jamais riche. »

Max. [31]. Lettre 17, 3 : « Quand la trompette sonne, la pauvreté sait que ce n'est pas pour elle. Si on fait donner l'alarme, elle cherche par où sortir et non ce qu'elle doit emporter. »

Max. [32]. Lettre 17, 5 : « Or la sobriété est une pauvreté volontaire. »

Max. [33]. Lettre 17, 6. Des villes assiégées ont supporté les pires maux pour échapper à l'ennemi. « Combien plus grande est la promesse de la philosophie : une liberté perpétuelle, aucune crainte ni de l'homme ni de la divinité. » *Stoïque* a ici le sens de *stoïcien*.

Max. [34]. Ni dans la lettre 17, ni dans la lettre 18, on ne rencontre l'image, assez heureuse, qu'exploite La Serre à l'occasion d'un lieu commun de la morale.

Max. [35]. Lettre 19, 11 : l'homme riche croit trop souvent « que ses bienfaits ont le pouvoir de lui attirer des amis, alors que certaines personnes haïssent d'autant plus qu'elles sont plus redevables : la dette légère fait un débiteur, la dette lourde un ennemi ».

Max. [36]. Lettre 20, 7 : « La pauvreté ne devrait-elle pas être aimée pour cette seule raison qu'elle révèle de qui tu es aimé ? »

Max. [37]. Rien dans les lettres 20 et 21 ne prépare la sentence de La Serre.

Max. [38]. L'idée du temps qui passe et fait tomber dans l'oubli les puissants de la terre se rencontre dans la lettre 21 (3, 4, 5, 6). Sénèque ne la développe cependant que pour vanter la gloire durable que donnent les écrits d'un Épicure, d'un Cicéron, et de lui-même, Sénèque.

Max. [39]. Lettre 21, 11 : « Le ventre n'écoute pas les conseils : il réclame, il exige. Ce n'est pas cependant un créancier insupportable : il se satisfait de peu, pourvu que tu lui donnes ce que tu dois et non ce que tu peux. »

Max. [40]. Lettre 22, 7 : « C'est une honte de plier sous le faix » (« *Turpe est cedere oneri* »).

Max. [41]. La fin de la lettre 22 concerne la douleur qu'a l'homme lorsqu'à sa mort il constate qu'il a gâché sa vie.

Max. [42]. Lettre 22, 7 : « Personne ne se soucie de savoir s'il vit bien, mais s'il vivra longtemps, alors qu'il peut appartenir à tout le monde de bien vivre, mais à personne de vivre longtemps. »

Max. [43]. La sentence de La Serre reprend le thème de la lettre 22, sans pour autant rappeler aucun passage précis.

Max. [44]. Cette sentence, référée à la lettre 23, qui traite de la joie par opposition aux plaisirs, n'a qu'un rapport assez lointain avec cette lettre. Le texte original donne par erreur : « Il faut *sçaurait* » pour « Il faut *savoir* ».

Max. [45]. Lettre 23, 4 : « Je veux que tu sois en possession de cette joie [la véritable joie, qui est sévère] : elle ne cessera pas quand tu auras trouvé d'où on la tire. » Les paragraphes 5 et 6 explicitent l'idée du bonheur qu'on tire « de son fonds », par opposition aux joies qui nous viennent « du dehors ».

Max. [46], [47]. Les deux sentences sont des variations sur les maximes d'Épicure citées dans la lettre 23, 9 : « Il est fâcheux de commencer toujours sa vie » et « Ils vivent mal, ceux qui commencent toujours à vivre. »

Max. [48]. Lettre 23, 11 : « Certains ont cessé de vivre avant que d'avoir commencé. »

Max. [49]. Lettre 24, 1 : « Il est fou, sans aucun doute, de tirer prétexte des malheurs à venir pour être dès maintenant malheureux. »

Max. [50]. La sentence 51, que nous ne donnons pas ici, fait allusion à Porsenna et à Mucius, dont l'exemple est évoqué par la lettre 24, 5. La sentence 50 devrait donc être suscitée par l'un des paragraphes 2 à 5 de la même lettre : or, rien ne permet de la rattacher à ces paragraphes.

Maximes chrétiennes
Madame de la Sablière

1. Cette maxime porte-t-elle une allusion voilée à la passion malheureuse de Mme de la Sablière pour La Fare ?

2. Variation sur les maximes 341 et 109 de La Rochefoucauld.

3. Variation sur le thème de l'hypocrisie, qui rappelle la maxime 218 de La Rochefoucauld (voir *infra*, la note sur cette maxime). Comme Mme de la Sablière, La Bruyère condamne le faux dévot au nom de la religion (XIII, 27 et XVI, 26 et 27), et Bossuet de même : « Nul ne viole la sainte majesté de Dieu d'une manière plus *sacrilège* que l'hypocrite » (souligné par nous), in *Sermon sur le jugement dernier* de 1665, cité par Georges Couton dans le dossier très intéressant qu'il donne dans son Molière, *Œuvres complètes,* Pléiade, 1971, t. I, p. 848-852. G. Couton signale que, pour la plupart des théologiens du temps, « l'hypocrisie n'est qu'un péché véniel ».

4. Dire que l'amitié entre homme et femme implique certaine « sensualité », c'est ruiner la belle galanterie à l'espagnole qu'Anne d'Autriche et Mme de Sablé avaient, dans leur jeunesse, défendue. Pour platoniques qu'elles fussent, les relations de La Rochefoucauld et de Mme de Lafayette ont pu prêter au même soupçon (voir *Correspondance* de Bussy-Rabutin, éd. Lalanne, t. III, p. 117). Dans une lettre à Falconnet de juillet 1767, Diderot exprime la même idée, nous signale Chupeau, dans ce style qui n'est qu'à lui : « Il y a un peu de testicule au fond de nos sentiments les plus sublimes et de notre tendresse la plus épurée. »

5. Les malheurs de Mme de la Sablière seraient-ils de ceux que Dieu destine à « éclairer » et à « condamner les pécheurs » ?

Maximes de Saint-Cyran

1. Voir Pascal, fr. 457 : Platon et Aristote ont traité de politique, mais « c'était comme pour régler un hôpital de fous ». L'image du monde-hôpital se retrouve, nous signale Robert Kopp, sous la plume de Baudelaire, à l'incipit du poème en prose « Any where out of the world » : « Cette vie est un hôpital où chaque malade est possédé du désir de changer de lit. »

2. Réflexion remarquable sur le motif de l'amour-propre conçu comme « anti-Dieu », dans le couple augustinien *amor sui* (ou amour-propre) et *amor Dei* (ou charité). Quant aux divinités des païens, elles sont ici vues, selon la tradition, comme autant de démons, d'anges révoltés contre Dieu.

3. Sur l'orgueil, et tout particulièrement dans l'attachement de l'homme à l'argent, voir Ph. Sellier, *Pascal et saint Augustin,* A. Colin, 1970, p. 183-184 (citations d'Augustin et de saint Paul).

4. Voir l'Évangile selon saint Matthieu, V, 3, et Luc, VI, 20 : il s'agit là de la première des béatitudes.

5. Voir La Rochefoucauld, *Réflexions diverses,* XII.

6. L'idée annonce l'opposition chez Pascal des morales païennes et du christianisme.

7. La parabole de l'ivraie est exposée et interprétée dans l'Évangile selon saint Matthieu, XIII, 24-30 et 36-43.

8. On pense ici à la position augustinienne du *credo ut intelligam* (je crois pour comprendre).

9. L'amour de soi est licite, et même nécessaire, dans sa relation à l'amour de Dieu et du prochain. Saint-Cyran parle plus loin (max. 875) de cet admirable « triple amour divin », dont toute la vie du chrétien est, pour lui, l'exercice : la charité doit être « bien exercée à passer de Dieu à nous, et de nous au prochain, pour revenir du prochain à nous, et de nous à Dieu ».

10. La « force de la vérité » est invoquée par La Bruyère dans l'une de ses réflexions les plus discutables (XVI, 29). Ici, en-deçà du sens religieux retenu par Saint-Cyran, on ne peut pas ne pas penser à l'effet de vérité que vise à produire la forme de la sentence-maxime : le lecteur « ébloui » ne saurait « répliquer » à ce qui lui est donné pour vérité générale, évidence à admettre. Le P. Le Moyne, parlant des sentences de Sénèque et de Tacite les compare à « des éclairs qui éblouissent, des tonnerres qui étonnent » (*De l'Histoire,* Paris, 1670, p. 214).

Pensées chrétiennes pour tous les jours du mois
Bouhours

1. Les « méditations réglées » sont celles qui sont faites selon les règles, selon les méthodes fixées par Ignace de Loyola, ou François de Sales, dans l'*Introduction à la vie dévote* (1608), 1re partie, chap. IX à XVIII. Quand Bouhours s'adresse aux personnes « engagées dans le monde », il poursuit sur la voie ouverte par F. de Sales d'une dévotion destinée à « ceux qui vivent ès villes, ès ménages, en la cour » (Préface de l'*Introduction à la vie dévote*). — Sur les méthodes de la méditation, on peut consulter l'exposé détaillé du P. Caussin dans *La Cour Sainte ou Institution chrétienne des Grands,* 5e éd., Rennes, 1643, p. 340-350 : les « maximes » y tiennent une bonne place : elles concluent la méditation proprement dite et sont appelées « les lumières ».

2. Cette notion de *goût* est importante pour les théoriciens de la tradition ignatienne. Voir le remarquable article d'André Boland « *Lectio divina* et lecture spirituelle » du *Dictionnaire de spiritualité,* Paris, Beauchesne, 1976, t. IX, col. 470-510. En particulier, sur ce thème, col. 502.

3. Au sens religieux, l'*acte* est le mouvement que l'âme produit intérieurement. Voir « acte de contrition ».

4. *Passage* : citation d'un auteur ou d'une œuvre.

Réflexions saintes pour tous les jours du mois
Fénelon

1. Le manuscrit dont J. Le Brun donne la version (Fénelon, *Œuvres,* Pléiade, 1983, t. I, p. 779-780) indique la source de cette citation : Évangile selon saint Luc, XIII, 24. Voir également Matthieu, IV, 13-14.

2. Matthieu, IX, 12.

3. *Mettre à la gêne* : soumettre à la torture.

4. Le manuscrit donne une meilleure leçon : « marcher sur les traces du petit nombre des saints, dans le sentier... »

5. Le manuscrit donne une leçon plus courte, et moins bonne : « grimper sur les rochers à la sueur de son front ».

6. On lira dans l'édition Le Brun, p. 780, la version bien différente du début de cette réflexion II. La fin de ce texte ne semble pas se rencontrer dans les opuscules spirituels.

7. Dans le manuscrit, la référence est : Luc, XI, 13. Voir l'édition Le Brun, p. 781-782. Les deux réflexions se suivent dans les opuscules comme c'est le cas dans l'édition de 1704.

8. On rapprochera cette analyse du quatrième des *Entretiens d'Ariste et d'Eugène* de Bouhours, intitulé « Le bel esprit », et de la Réflexion diverse XVI de La Rochefoucauld, « De la différence des esprits ». S'en tenant à la notion mondaine de « bel esprit », ni Bouhours ni La Rochefoucauld ne font allusion au « bon esprit ».

9. Cette conception de la foi est typiquement fénelonienne : sur le thème de l'enfance spirituelle, voir J. Le Brun, *op. cit.*, p. 1416.

TROIS « ORIGINAUX »

Pensées sur l'honnêteté
Mitton

1. Pascal écrit de même : « Tous les hommes recherchent d'être heureux » (fr. 181). Ce thème définit l'eudémonisme des morales classiques, qui est déjà le fait des morales antiques, de Sénèque (début du *De vita beata*) à saint Augustin. Cet eudémonisme n'est pas à confondre avec l'hédonisme, épicurien en particulier, qui fait du plaisir le but de tous les êtres animés.

2. Mitton admet avec La Rochefoucauld la prédominance de l'amour-propre. Mais, plus pragmatique que le duc, il voit dans l'honnêteté le moyen le plus sûr d'éviter la rivalité et donc le conflit des amours-propres. Le bonheur individuel exige ainsi, dans notre intérêt, que nous pensions au bonheur d'autrui.

3. L'accord du cœur et de l'esprit est l'un des thèmes les plus constants de la littérature morale après 1660.

4. L'idée que l'honnête homme est un homme de devoir est banale au XVIIe siècle. En revanche il est très neuf, en 1680, qu'on exige de lui indulgence, humanité et sensibilité aux malheurs d'autrui.

5. *Se faire de fête* : s'inviter. D'où, au figuré, « s'entremettre de quelque affaire et vouloir s'y rendre nécessaire sans y avoir été appelé. *Je n'aime pas à me faire de fête* » (Académie, 1694).

6. En 1689 sera publiée toute une « Dissertation sur le mot de vaste », appliqué à l'esprit, de Saint-Évremond (*Œuvres en prose*, p.p. R. Ternois, t. III, p. 367-417).

7. *Se piquer de* : se flatter de. Voir la maxime 402 de La Rochefoucauld.

8. Mitton insiste une fois encore sur la sociabilité en termes d'assistance mutuelle et de sentiment.

9. Mitton annonce clairement le thème, cher à La Bruyère, de l'ignorance où est la société du temps du véritable mérite.

10. *Compagnon* : ouvrier sorti d'apprentissage, mais qui n'a pas été, ou n'est pas encore, reçu « maître ».

11. Là aussi, Mitton est original. On notera qu'il éprouve même le besoin de préciser que l'expression « nés bassement » n'est employée par lui que parce qu'elle est d'usage.

12. Autre marque de sensibilité au malheur de ceux que la naissance a voués à des conditions méprisées, et critique de la cruauté des jugements qu'on porte sur eux.

13. *Gentillâtre* : terme péjoratif « pour dire un petit gentilhomme et dont on fait peu de cas » (Académie, 1694).

14. Les réflexions 18 et 19 témoignent d'un sens assez remarquable de la psychologie

de ce que depuis Dostoïevski nous appelons « l'humilié-offensé ». L'attitude active, à la fois charitable et humaine, de l'honnête homme est nettement affirmée.

15. Cette idée a été l'objet, vers 1660, d'un ajout de La Rochefoucauld aux pages que Mme de Sablé avait consacrées à l'éducation des enfants, comme l'a montré J. Plantié (*RSH*, 1965, fasc. 118, p. 191-205). Le cardinal de Retz approuve l'idée qu'il faut, La Rochefoucauld l'a dit « très sagement », « savoir s'ennuyer » (Retz, *Mémoires*, p.p. S. Bertière, Garnier, 1987, t. II, p. 247, 307, 451).

16. Voir La Rochefoucauld, *Réflexions diverses*, X, « Des goûts ».

17. Dans la *Réflexion diverse* IV, « De la conversation », La Rochefoucauld adopte les mêmes conclusions que Mitton. Sans qu'on puisse en conclure à une quelconque influence, on rencontre aussi dans « De la conversation » l'expression « le maître de la conversation », et l'idée qu'il faut qu'on « laisse avoir de l'esprit aux autres » (voir « laisser toujours aux autres quelque chose à dire et à penser »).

18. *Galant* : de bonne compagnie, agréable et sociable.

19. C'est une idée admise dans la société du XVIIe siècle que les jeunes gens doivent fréquenter les salons féminins pour devenir « polis » et « galants ».

Maximes et réflexions de Monsieur de Moncade

1. La mythologie grecque prêtait au dieu de la raillerie, Mômos, d'avoir critiqué Héphaïstos pour n'avoir pas pratiqué une fenêtre au cœur de l'homme, lorsqu'il l'avait fabriqué, afin qu'on pût lire ses pensées secrètes (Lucien, *L'Assemblée des dieux*). Cureau de la Chambre fait allusion à cette critique de Mômos dans la préface de *L'Art de connaître les hommes* (1659).

2. *Les gens spirituels* (ou *les spirituels*) : ceux qui s'attachent à la spiritualité. La remarque se rencontre déjà dans la maxime supprimée 1 de La Rochefoucauld.

3. Cette maxime rappelle la pensée 74 de Pascal : prisonniers, du fait de la théorie de l'imitation, de l'idée que la copie faite par l'artiste de la Nature est nécessairement inférieure à l'original (idée typiquement platonicienne), certains de nos classiques ont eu souvent beaucoup de mal à concevoir que la représentation par l'art puisse être supérieure à l'objet naturel pris pour modèle.

4. La critique de Montaigne est fréquente après 1660, même de la part de ceux qui, comme Pascal et Nicole, l'ont bien lu et l'ont beaucoup utilisé. Bossuet, Malebranche le critiquent durement. Les mondains en revanche — Mlle de Scudéry, Saint-Évremond, Bussy-Rabutin, Méré, Mme de Sablé — admirent les *Essais* et le disent. Incompris, les *Essais* sont mis par Rome à l'*Index* en 1676.

5. *Caractère* : empreinte, caractère distinctif (ici, de l'esprit). Le thème abordé est traité plus longuement dans la dernière partie du livre (voir notre notice).

6. Variation sur la première des réflexions de La Bruyère (*Les Caractères*, I, 1) : au pessimisme de La Bruyère, corrigé du reste par I, 69, l'auteur oppose la confiance qu'on peut faire aux possibilités infinies du discours.

7. Les *Mémoires* de Commynes sur Louis XI, « son héros », furent publiés en 1524-1528, après la mort de leur auteur. La « candeur » de Commynes est plus apparente que réelle.

8. Martial (vers 40 - vers 104) connut à Rome la célébrité grâce à ses épigrammes, dont nous comptons à présent quinze livres.

9. La mode des portraits et autoportraits littéraires date de 1659 et s'étend sur tout le siècle. La Rochefoucauld dénonce l'amour-propre, mais il a fait également son autoportrait.

10. *Trompettes parlantes* : Littré connaît encore l'expression, mais signale qu'on dit plus communément « porte-voix ».

11. Le thème de la circulation des richesses sera amplement repris au XVIIIe siècle, en particulier dans *Le Neveu de Rameau* de Diderot.

12. *Propre* : bien arrangé, élégant. La *propreté* est alors l'élégance de bon goût.

13. *Médiocre* : garde du latin *mediocris* le sens de « moyen », « ordinaire », « entre le grand et le petit » (Académie, 1694).
14. Dans cette réflexion, l'idéal horatien d'*aurea mediocritas* (bienheureuse « médiocrité ») est moins inattendu que le lieu du bonheur, ce coin du monde au bord de la mer. A l'exception de quelques poètes, dont Saint-Amant et Tristan, les écrivains du XVIIe siècle évoquent rarement la mer : le motif apparaît cependant chez le P. Bouhours, dans le début du premier des *Entretiens d'Ariste et d'Eugène* (1671). Sur ces prémisses et sur le développement du motif vers 1750, voir Alain Corbin, *Le Territoire du vide,* Paris, Aubier, 1988.

LA ROCHEFOUCAULD

Réflexions ou Sentences et maximes morales

Épigraphe. Cette épigraphe n'apparaît que dans l'édition de 1675.
Maxime 1. *Industrie* : « Adresse de bien réussir quelque chose, quelque dessein, quelque travail [...]. Ce pauvre homme n'est capable d'aucun emploi, il n'a point d'*industrie* [...]. On appelle proverbialement *Chevaliers de l'Industrie* des gens qui n'ont point de bien, qui subsistent par leur adresse et leur *industrie,* comme les filoux, flatteurs, écornifleurs... » (Furetière).
Max. 3. L'image des « terres inconnues » est empruntée à la *Carte de Tendre* de Mlle de Scudéry. Corrado Rosso, qui analyse, dans les *Maximes,* l'importance stylistique de la locution « quelque... que », pour exprimer la concession, suggère que « l'hésitation caractéristique de celui qui se trouve devant deux options opposées plus ou moins équivalentes paraît épouser assez naturellement cette construction ondoyante constituée par une concession, introduite par *quelque,* suivie de la proposition principale qui contrebalance et finit par annuler la concession. » Ainsi, dans cette maxime, « si La Rochefoucauld concède beaucoup à ses prédécesseurs, il se promet encore plus de gloire, car il aura trouvé des terres vierges, des sentiers non parcourus là où tant d'autres croyaient avoir tout vu, tout prospecté » (*Procès à La Rochefoucauld et à la maxime,* Pise, Goliardica et Paris, Nizet, 1986, p. 174 et 177).
Max. 7. Octave — qui prit ensuite le nom d'Auguste — et Antoine avaient formé avec Lépide le second triumvirat, et semblaient ainsi les maîtres du monde. Mais Antoine sacrifia son ambition à son amour pour la reine Cléopâtre. Il fut vaincu par Octave à Actium (en 31 avant J.-C.). La « jalousie » évoquée ici n'est pas amoureuse ; La Rochefoucauld veut en fait mettre en garde contre ce qu'il pense être l'essence même de la jalousie, qu'il définit dans la maxime 28 : « Elle ne tend qu'à conserver un bien qui nous appartient, ou que nous croyons nous appartenir. » Cf. Furetière : « Un sujet qui devient trop puissant donne de la *jalousie* à son prince. »
Max. 8. Cette maxime, qui fait des passions « les seuls orateurs qui persuadent toujours », peut être rapprochée de la phrase de Pascal : « La vraie éloquence se moque de l'éloquence. »
Max. 10. Cf. Montaigne (*Essais,* livre III, chap. II) : « Nous ne quittons pas tant les vices, comme nous les changeons, et, à mon opinion, en pis. »
Max. 15. Sans doute La Rochefoucauld fait-il allusion à Auguste, dans le *Cinna* de Corneille. Il s'est aussi souvenu du chapitre 17 du *Prince* de Machiavel, sur la cruauté et la clémence comme techniques de gouvernement.
Max. 16. C'est bien sûr le stoïcisme que critique La Rochefoucauld ; et le « on », dans le tour : « cette clémence dont *on* fait une vertu », vise sans doute Sénèque, auteur du traité *De la clémence.*

Max. 20. Nouvelle critique du stoïcisme : *De la constance du sage* est le titre d'un traité de Sénèque.

Max. 22. Citant cette maxime, C. Rosso rappelle que « l'œuvre de La Rochefoucauld est contemporaine des grands systèmes métaphysiques de Descartes, Spinoza, Leibniz et Malebranche. Un esprit subtil comme La Rochefoucauld ne pouvait être indifférent à cette floraison de systèmes, à cette philosophie, dont il se moque de façon, dirait-on, fort "pascalienne". D'où une sorte d'"antiphilosophie" affichée qui s'inscrit en faux contre les philosophes professionnels et leur lourde écriture sous forme de traités, de scholies, de longues annotations érudites » (*op. cit.*, p. 149).

Max. 24. Paul Bénichou a vu, dans l'œuvre de La Rochefoucauld, une « démolition du héros » : « La table des matières des déguisements de l'amour-propre selon La Rochefoucauld se confond avec la liste des vertus chevaleresques : grandeur éclatante, amour de la gloire, désintéressement, magnanimité ou "modération" dans le succès, loyauté, sincérité, amitié, reconnaissance, fidélité au souvenir, "constance" stoïque, mépris de la mort, vaillance [...]. Le sublime aristocratique, essentiellement personnel, reposait sur les victoires éclatantes du moi » (*Morales du Grand Siècle*, Gallimard, 1948, réédité dans Folio-Essais, en 1988, p. 145). J. Truchet, pour sa part, affirme qu'« on ne peut souscrire entièrement à cette interprétation », et citant à l'appui, en particulier, les maximes 190 et 217, pense au contraire que La Rochefoucauld « n'a pas renié sa classe » (Introduction à l'édition des *Maximes*, Garnier, 1967, p. LXIV). J. Lafond critique également les conclusions de P. Bénichou, car selon lui, si la maxime 24 est bien inspirée par la thèse augustinienne, « l'idéalisation du héros n'en reste pas moins évidente dans une maxime comme la maxime 217 [...] qui est entièrement consacrée à l'éloge de l'héroïsme ». Pour J. Lafond, « le trait porte plus contre les faux héros que contre l'héroïsme, qui est toujours tenu, comme le montre précisément la maxime 217, pour une valeur éminente. Épuré de ses faux-semblants, l'héroïsme sera même plus sûrement magnifié par la critique des *Maximes* qu'il ne l'était par l'idéalisme trop accommodant des morales héroïques » (*La Rochefoucauld. Augustinisme et littérature*, Klincksieck, 1977, p. 203-204). On peut aussi rapprocher cette maxime 24 du célèbre mouvement oratoire de Bossuet : « Loin de nous les héros sans humanité... » *(Oraison funèbre de Condé)* et surtout d'une phrase de Jacques Esprit : « A la vanité près, qui enfle et qui affermit le cœur, ils [les héros] sont faits comme les autres hommes » (*La Fausseté des vertus humaines*, Paris, 1678, t. II, chap. XII).

Max. 25. C. Rosso fait observer que « c'est une pensée assez courante dans la tradition des moralistes : Guichardin, présent dans la bibliothèque de La Rochefoucauld, n'a-t-il pas écrit : *"La buona fortuna degli uomini è spesso il maggiore inimico che abbino"* ? ("La bonne fortune des hommes est souvent leur plus grand ennemi.") La Rochefoucauld exprime une idée analogue lui donnant un bon balancement. La bonne fortune est donc très exigeante. Pour la conserver, il faut lutter, peut-être avec acharnement et dureté » (*op. cit.*, p. 168).

Max. 26. La mort échappe à l'effort de définition de la maxime, d'où la nécessité du recours à une image (le principe de vision) et à une équivalence (le soleil). Or, si le soleil est le principe de la lumière, la maxime est aussi ce qui fait voir, ce qui dévoile. La vérité aveuglerait-elle ? En établissant, par ailleurs, un parallèle entre le soleil et la mort, la maxime crée ici un effet poétique qui annonce de loin le soleil noir des romantiques. Enfin, est-il interdit de déceler également dans cette maxime une visée politique ? Le frondeur disgracié y ferait une allusion au Roi Soleil inaccessible, tel le Dieu caché de la théologie janséniste. En tout cas, cette maxime déplut à André Gide : « Elle est indigne d'une âme forte et même simplement d'un esprit bien fait » (*Journal*, 10 janvier 1925). Pour J. Lafond, cette maxime « emprunte sa beauté à la nostalgie de l'inaccessible, tout comme la maxime 69, vouée à l'espérance de l'amour » (*op. cit.*, p. 194).

Max. 32. Cette maxime semble appeler l'œuvre de Proust : la jalousie de Swann vit de l'incertitude, se nourrit du doute, et cesse dès lors que la vérité est connue, établie, si bien que tout le récit d'*Un amour de Swann* est comme l'étirement de l'indécision.

Max. 34. Cf. La Bruyère, *Les Caractères*, « De l'Homme », 72 : « Notre vanité et la trop grande estime que nous avons de nous-mêmes nous fait soupçonner dans les autres une fierté à notre égard qui y est quelquefois, et qui souvent n'y est pas ; une personne modeste n'a point cette délicatesse. »

Max. 36. Pour Pascal, également, « l'orgueil contrepèse et emporte toutes les misères » (*Pensées*, 712). Dans l'étude intitulée : « L'intention des *Maximes* », P. Bénichou commente cette maxime 36 en ces termes : « Nous voilà aux antipodes du péché d'Adam et de ses suites : l'orgueil est un ingrédient heureux de notre organisation naturelle. La Rochefoucauld est très loin de refuser le bonheur à la condition humaine ; il suffit de lire les *Maximes* pour voir qu'il y songe et le considère sans cesse. Il est vrai qu'à lire ce qui précède, il semble le placer dans l'illusion ; mais il ne l'en juge pas moins acceptable, et il faudrait beaucoup de bonne volonté à un lecteur janséniste pour sous-entendre une intention réprobatrice dans cette espèce d'action de grâces philosophique » (in *L'Écrivain et ses travaux,* José Corti, 1967, p. 30). Bénichou ne semble pas percevoir l'ironie de cette maxime qui, comme l'indique J. Lafond, « semble justifier l'orgueil, pourtant inséparable de l'amour-propre » (*Maximes,* Gallimard, Folio, 1976, p. 288).

Max. 41. On pourrait opposer cette maxime à la phrase de Paul Valéry : « Il n'y a pas de détails dans l'exécution. »

Max. 42. Louis Hippeau voit dans cette maxime une critique de la volonté stoïcienne : « Les stoïciens disent que l'homme doit suivre exclusivement la raison, et repousser les suggestions du sentiment et de la passion. Cette prétention du stoïcisme est insoutenable, selon La Rochefoucauld [...] qui affirme, dans la maxime 42 les limites de notre force de volonté que le stoïcisme voudrait absolue » (*Essai sur la morale de La Rochefoucauld,* Nizet, 1967, p. 77-78). Dans une lettre du 14 juillet 1680, Mme de Sévigné écrit à sa fille : « Vous dites mille fois mieux que M. de La Rochefoucauld [...]. Nous n'avons pas assez de raison pour employer toute notre force. »

Max. 43. Cette maxime est une critique de la raison stoïcienne, réputée infaillible et inflexible, et renvoie à la maxime 102 : « L'esprit est toujours la dupe du cœur. » Comme le remarque L. Hippeau, « le sentiment n'aveugle pas d'abord la raison et la laisse juger en première instance de façon indépendante avant de prendre sa revanche » (*op. cit.,* p. 80).

Max. 44. Après Montaigne, Descartes a affirmé les rapports étroits du physique et du moral, en particulier dans la sixième partie du *Discours de la méthode.* La Rochefoucauld a peut-être aussi été influencé par Cureau de La Chambre, auteur de *L'Art de connaître les hommes* (1659) et des *Caractères des passions* (1640-1662). Ce médecin, protégé du chancelier Séguier, peut être tenu pour un précurseur de la psychophysiologie (voir l'introduction de J. Truchet aux *Maximes, op. cit.,* p. XLII).

Max. 51. La maxime 51 inspire cette réflexion à C. Rosso : « L'atomisme inexorable, le phénoménisme irrémédiable des êtres humains ne sont-ils pas une des leçons les plus sévères des *Maximes* ? » (*op. cit.,* p. 150). La discontinuité du moi, et de ses jugements, sera aussi une des lois de la psychologie proustienne.

Max. 55. La critique des favoris prétend naître d'une vertu morale (intransigeance, rigueur face à la « prostitution » du favori). La Rochefoucauld montre ici que cette prétendue vertu repose sur le désir d'acquérir soi-même la faveur du prince. Jalousie ou envie (maxime 18) n'est pas vertu.

Max. 56. On a pu rapprocher cette maxime d'une phrase des *Mémoires* de La Rochefoucauld : « Le duc de Beaufort, de son côté, se servait utilement de cette distinction et de ses autres avantages, pour établir sa faveur, par l'opinion qu'il affectait de donner qu'elle était déjà tout établie » (Pléiade, 1964, p. 63).

Max. 62. Dans *La Fausseté des vertus humaines,* (t. I, chap. III), Jacques Esprit donne cette définition de la sincérité : « La sincérité est donc une ouverture de cœur qui tend à nous ouvrir celui de nos amis ou une franchise habile... ou une crainte de passer pour fourbe, [...]. Dans les faux sincères, la sincérité est une tromperie fine. »

Max. 64. Cf. Julien Gracq : « La vérité est triste, comme vous le savez. Elle déplaît parce qu'elle restreint. Elle tient dans un poing fermé [...]. Elle est pauvre, elle démeuble et démunit. Mais à l'approche d'une vérité un peu haute, encore seulement pressentie, il se fait dans l'âme dilatée pour la recevoir un épanouissement amoureux, un calibrage de grande ampleur où s'indique la communion avec ce qu'elle désire recevoir en nourriture » (*Un Beau Ténébreux,* José Corti, 1945, p. 138).

Max. 65. Cette maxime sur la prudence n'a cessé d'être remaniée et réduite au fil des éditions ; et La Rochefoucauld en a effacé tout arrière-plan religieux. L. Hippeau interprète ce désir de « silence » par la nécessité pour l'auteur de « dissimuler son opposition au jansénisme » (*op. cit.,* p. 111). Voir aussi la maxime 182 et notre commentaire sur l'apparente apologie de la prudence.

Max. 68. *Sympathie* : « Convenance ou conformité de qualités naturelles, d'humeurs, ou de tempérament, qui font que deux choses s'aiment, se cherchent, et demeurent en repos ensemble. Les gens de même humeur qui ont de la *sympathie,* font bon ménage ensemble. La vigne a de la *sympathie* avec l'ormeau. Des deux pôles d'un aimant coupé, l'un a de la sympathie avec l'autre, et l'attire ; l'autre a de l'antipathie, et le chasse » (Furetière).

Max. 69. C. Rosso revient sur l'interprétation donnée de cette maxime par Émile Faguet pour qui elle « est peut-être la clé de toute la théorie de La Rochefoucauld sur l'âme humaine » : « Avant toute prise de conscience de nos sentiments et de nos actes, il existe des vertus instinctives et de bons sentiments spontanés. Ces mouvements intimes ne sont purs que s'ils sont cachés au fond de nous-mêmes. Dès qu'ils viennent à la lumière, ils se mêlent malgré nous à nos intérêts et à nos passions » (*op. cit.,* p. 97). J. Lafond a aussi commenté cette maxime en ces termes : « Ce n'est pas assez dire que de dire que la réalité la plus profonde nous échappe. C'est, chose plus grave, dans la mesure où elle nous échappe qu'elle est précisément la réalité : le seul amour qui ne joue pas et qui ne se joue pas la comédie de l'amour, "c'est celui qui est caché au fond du cœur et que nous ignorons nous-mêmes". L'inconscient, le cœur profond, devient ainsi le lieu de l'authentique, le conscient, l'esprit, celui de l'inauthentique. » Et J. Lafond de conclure : « Nous ne sommes pas ce que nous savons de nous-mêmes, et nous ne savons pas ce que nous sommes. Ce qui laisse à penser que les sentiments vrais existent, de même qu'il existe des vertus véritables, mais que nous ne pouvons jamais les connaître pour tels. Il ne nous est pas donné à la fois d'être et d'être conscients. Notre propre authenticité nous échappe » (*La Rochefoucauld, augustinisme et littérature,* Klincksieck, 1977, p. 48 et 188).

Max. 70. Les comédies de Marivaux en offriront de nombreux exemples.

Max. 72. Cf. Pascal, *Pensées,* 32 : « Qui voudra connaître à plein la vanité de l'homme n'a qu'à considérer les causes et les effets de l'amour. La cause en est un *Je ne sais quoi.* Corneille. Et les effets en sont effroyables. »

Max. 74. « Le modèle est unique, les copies innombrables mais sans valeur. Nous retrouvons là un schéma que nous connaissons bien et qui est au fond platonicien : l'Un, seul, est valeur, le Multiple en est l'image nombreuse mais dégradée » (J. Lafond, *op. cit.,* p. 194, note 62).

Max. 77. J. Truchet cite l'article « Venise » du *Grand Dictionnaire historique* de Moreri (Lyon, 1674) : « Le duc qu'ils appellent le Doge et qui est le prince du Sénat est changé tous les trois ans ; et il ne peut rien entreprendre ni rien conclure dans les affaires importantes de la république que par l'avis des sénateurs du Grand Conseil. »

Max. 81. J. Lafond note que, dans cette maxime, « sont affirmées en même temps l'impossibilité d'échapper à l'amour-propre, et la nécessité de faire prévaloir l'oubli de son propre intérêt » (*op. cit.,* p. 191). L'amour-propre a beau être omniprésent, on doit le surmonter pour accéder à un sentiment vrai.

Max. 83. L'idée d'une amitié considérée comme un « commerce », un « trafic » se retrouve dans l'ouvrage de Jacques Esprit, *La Fausseté des vertus humaines*, t. I, chap. IV.

Max. 87. Pour J. Lafond, « une constatation de cet ordre n'est pas un conseil, et il serait faux d'en conclure que la société des honnêtes gens ne peut être fondée que sur la duperie ». Si la maxime 87 « constate la duperie universelle, ce n'est pas pour interdire définitivement toute voie d'accès à l'honnêteté, à laquelle on ne parviendrait plus désormais que par le moyen d'une duperie nouvelle, une duperie appariée au mensonge général et gagnant de subtilité le mensonge sur son propre terrain. Il ne nous est aucunement conseillé d'user de la duperie pour mieux réussir dans un monde où elle triomphe. Et pour la morale de La Rochefoucauld comme pour celle de La Fontaine, la victoire trop fréquente du vice sur la vertu ne doit pas être regardée, quoi qu'en ait pu penser Rousseau, comme une invite à nous ranger du côté du Mal » (*op. cit.*, p. 105-106).

Max. 89. Cf. La Bruyère, *Les Caractères*, « De l'Homme », 67.

Max. 90. Évoquant, à propos de cette maxime, « l'agrément du vice bien ménagé », P. Bénichou remarque que La Rochefoucauld « accepte les vices et la folie parmi les ingrédients de sa sagesse » (*L'Écrivain et ses travaux*, « L'intention des *Maximes* », Corti, p. 35-36). En fait, le « plus souvent » montre assez qu'il s'agit là d'un fait constaté et non d'un conseil ou d'une invite à plaire ou séduire par nos défauts.

Max. 92. Montaigne avait déjà fait allusion à cette anecdote (*Essais*, livre II, chap. XII). J. Lafond rappelle que « ce bonheur dans l'illusion est, d'Érasme à Montaigne, l'un des thèmes majeurs de la pensée à la Renaissance, où il prend la forme paradoxale de l'éloge de la folie » (*Studi Francesi*, n° 97, Gennaio-aprile 1989, p. 88). Roland Barthes fait observer, pour sa part, que c'est « le statut même du démystificateur au sein du groupe que tout à la fois il exprime et il attaque » que La Rochefoucauld aborde ici : « La démystification infinie que les *Maximes* mettent en scène ne pourrait laisser à l'écart (à l'abri) le faiseur de maximes lui-même » (Préface aux *Maximes*, Club français du livre, 1961, repris dans *Nouveaux essais critiques*, Le Seuil, coll. Points, p. 86).

Max. 98. Cf. La Bruyère, *Les Caractères*, « De l'Homme », 84.

Max. 102. Cette maxime évoque la célèbre phrase de Pascal : « Le cœur a ses raisons que la raison ne connaît point » (Pascal, *Pensées*, 680). Au reste, P. Bénichou considère cette maxime comme un des fondements de la nouvelle psychologie édifiée par les jansénistes : « L'esprit, ou la raison, au lieu d'accompagner et d'éclairer l'épuration de l'affectivité, ne servent plus qu'à en dissimuler les hontes. L'intellect, de serviteur conscient de la gloire, devient l'instrument aveugle de l'égoïsme. L'éclatante subtilité du bel esprit se change en une prestidigitation mensongère où la raison a abdiqué toute dignité » (*Morales du Grand Siècle*, Gallimard, Folio-Essais, 1988, p. 140-141).

Max. 104. Cf. la seconde des *Réflexions diverses*, « De la société » : « Chacun a son point de vue, d'où il veut être regardé. »

Max. 106. Peut-être dirigées contre la prétention cartésienne de réaliser une science parfaite, les réserves émises par cette maxime suggèrent en tout cas une certaine relativité de la science (voir L. Hippeau, *op. cit.*, p. 66-67).

Max. 110. Comme le fait remarquer J. Lafond, le paradoxe est ici renforcé par la chute qui « brise tout à coup le rythme de la phrase dans sa régularité. Cette chute trochaïque, très comparable pour la prose à ce qu'est le rejet en poésie, tire son efficacité de cette rupture du rythme, où le sérieux du tour se trouve subitement dénoncé et l'attente habilement et heureusement frustrée » (*op. cit.*, p. 135).

Max. 119. Cf. Pascal, *Pensées*, 539 : « Nous ne sommes que mensonge, duplicité, contrariété, et nous cachons et nous déguisons à nous-mêmes. »

Max. 129. La Rochefoucauld pense peut-être au duc de Beaufort, dont il dit dans ses *Mémoires* : « Il allait assez habilement à ses fins par des manières grossières » (Pléiade, 1964, p. 64).

Max. 131. « On dit qu'une femme *fait l'amour* quand elle se laisse aller à quelque galanterie illicite » (Furetière).

Max. 135. On a rapproché cette maxime de la phrase de Montaigne : « Et je trouve autant de différence de nous à nous-mêmes, que de nous à autrui » (*Essais,* livre II, chap. I).

Max. 136. Cette maxime développe la maxime 76 qui compare déjà le « véritable amour » à « l'apparition des esprits » : l'amour est non seulement un fantôme, c'est véritablement un « mythe ».

Max. 139. Cf. La Bruyère, *Les Caractères,* « De la Société et de la Conversation », 67 : « L'on parle impétueusement dans les entretiens, souvent par vanité ou par humeur, rarement avec assez d'attention : tout occupé du désir de répondre à ce qu'on n'écoute point, l'on suit ses idées, et on les explique sans le moindre égard pour les raisonnements d'autrui ; l'on est bien éloigné de trouver ensemble la vérité, l'on n'est pas encore convenu de celle que l'on cherche. »

Max. 141. *Glorieux* a ici le sens de vaniteux.

Max. 142. C. Rosso considère, à juste titre, que La Rochefoucauld fait allusion à la maxime ; la maxime renvoie aux « grands esprits »... (*op. cit.,* p. 133). Cf. aussi le célèbre vers de Boileau : « Un déluge de mots sur un désert d'idées. »

Max. 148. J. Truchet cite (Introduction aux *Maximes,* p. XLI) un rapprochement proposé par Dreyfus-Brisac, dans *La Clef des Maximes de La Rochefoucauld* (Paris, 1904) : ici La Rochefoucauld pourrait se souvenir d'une phrase de Sénèque dans son traité *De la colère (De Ira)* : « *Saepe adulatio, dum blanditur, offendit* » (« Souvent l'adulation, en caressant, blesse »).

Max. 150. Voilà une maxime « positive », comme le souligne C. Rosso : « Après avoir tant démasqué la louange, cette louange empoisonnée qui trompe et qui trahit, voilà que La Rochefoucauld nous offre cette maxime rayonnante qui est tout un programme de vertu, d'avancement dans la vertu et dans la perfection » (*op. cit.,* p. 124).

Max. 155. Comparer avec la maxime 468 : « Il y a de méchantes qualités qui font de grands talents. »

Max. 157. Cette maxime illustre bien l'antimachiavélisme de La Rochefoucauld.

Max. 159. Le mot *économie* signifie ici l'art de mettre en œuvre, l'arrangement.

Max. 160. Cf. La Bruyère, *Les Caractères,* « Du mérite personnel », 41, dernière phrase : « Le motif seul fait le mérite des actions des hommes, et le désintéressement y met la perfection. »

Max. 168. L. Hippeau croit déceler le secret de La Rochefoucauld dans cette maxime sur l'espérance : « Cette espérance qui est à la fois trompeuse et utile n'est-elle pas une fausseté déguisée à laquelle il est bon de se laisser prendre ? Le dernier mot de la sagesse serait donc cette naïveté voulue [...] et le thème des faussetés déguisées dominerait toute la philosophie des *Maximes* » (*op. cit.,* p. 95). L. Hippeau rapproche ainsi cette maxime 168 de la maxime 282 sur les « faussetés déguisées », et fait de cette espérance, « la traduction intellectuelle du vouloir-vivre » (p. 159 et p. 199).

Max. 169. Ph. Sellier, dans son article sur « La Rochefoucauld, Pascal, saint Augustin » (*R.H.L.F.,* mai-août 1969), propose un intéressant rapprochement avec un passage de Montaigne : « Tout licencieux qu'on me tient, j'ai en vérité plus sévèrement observé les lois de mariage que je n'avais ni promis ni espéré. Il n'est plus temps de regimber quand on s'est laissé entraver [...]. Je suis trop mol pour desseins si épineux » (*Essais,* livre III, chap. V).

Max. 170. C. Rosso voit dans cette maxime une affirmation du « pessimisme gnoséologique » de La Rochefoucauld (*op. cit.,* p. 225).

Max. 171. Cette maxime, en suggérant que l'intérêt agit de façon obscure, résume en quelque sorte tout le « système » de La Rochefoucauld.

Max. 175. L'inconstance est un des thèmes essentiels de la poésie baroque (cf. les *Stances à l'inconstance* de Durand, dans l'*Anthologie de la poésie baroque* de J. Rousset), mais le paradoxe énoncé ici par La Rochefoucauld rejoint surtout la pensée de Pascal sur le *moi* : « Qu'est-ce que le *moi* ? [...] celui qui aime quelqu'un à cause de sa beauté, l'aime-t-il ? Non, car la petite vérole, qui tuera la beauté sans tuer la personne, fera qu'il ne l'aimera plus. Et si on m'aime pour mon jugement, pour ma mémoire, m'aime-t-on, *moi* ? Non, car je puis perdre ces qualités sans me perdre moi [...]. On n'aime donc jamais personne, mais seulement des qualités » (*Pensées,* 567). Cette maxime annonce en outre la conception proustienne de l'amour : « Ce que nous croyons notre amour, notre jalousie, n'est pas une même passion continue, indivisible. Ils se composent d'une infinité d'amours successifs, de jalousies différentes et qui sont éphémères, mais par leur multitude ininterrompue donnent l'impression de la continuité, l'illusion de l'unité » (*Du côté de chez Swann*, R. Laffont, coll. « Bouquins », 1987, t. I, p. 308). Cf. J. Lafond, *op. cit.,* p. 132-133. Voir aussi la maxime 51 et notre commentaire.

Max. 182. Pour L. Hippeau, cette maxime définit « la synthèse de la vertu », qui doit être réalisée par la « prudence », vertu suprême des épicuriens. Elle résume ainsi, selon lui, la philosophie morale de La Rochefoucauld : « Il n'est donc pas étonnant que dans l'édition de La Haye, reniée par La Rochefoucauld et qui précéda la première édition avouée par lui (celle de 1665) cette maxime capitale ait été mise en tête du recueil : c'était sa place logique. Mais il n'est pas étonnant non plus que dans l'édition de 1665 elle ait perdu cette place. Plantée comme un fanal à l'entrée de l'ouvrage, elle jetait sur la pensée de l'auteur une lumière trop vive » (*op. cit.*, p. 84-85 et 98). Jean Lafond critique l'interprétation épicurienne de cette maxime, et indique que *La Cité de Dieu* de saint Augustin ou les *Essais* de Montaigne « révèlent les sources de cette image selon laquelle le Mal peut servir au Bien, comme les poisons servent à la préparation des remèdes. Dans la théodicée platonicienne que suit saint Augustin, le Mal n'est rien de positif et Dieu n'a rien fait d'inutile ; pour reprendre l'épigraphe claudélienne du *Soulier de Satin*, même les péchés, « *etiam peccata* », servent les desseins de la Providence » (*op. cit.*, p. 98-99). Montaigne, dans le premier chapitre du livre III des *Essais*, avait aussi repris le thème augustinien : « Notre bâtiment, et public et privé, est plein d'imperfection. Mais il n'y a rien d'inutile en nature ; non pas l'inutilité même ; rien ne s'est ingéré en cet univers qui n'y trouve place opportune. Notre être est cimenté de qualités maladives : l'ambition, la jalousie, l'envie, la vengeance, la superstition, le désespoir logent en nous d'une si naturelle possession que l'image s'en reconnaît aussi aux bêtes [...]. Desquelles qualités, qui ôterait les semences en l'homme, détruirait les fondamentales conditions de notre vie. De même, en toute police, il y a des offices nécessaires, non seulement abjects, mais encore vicieux : les vices y trouvent leur rang et s'emploient à la couture de notre liaison, comme les venins à la conservation de notre santé. »

Max. 185. Cf. J. Esprit : « Ne pourrait-on pas même dire qu'il y a des héros en mal comme il y a des héros en bien, puisqu'on voit des gens avoir dessein de rendre leurs crimes et leurs forfaits illustres » (*La Fausseté des vertus humaines*, t. II, p. 52). Pour C. Rosso, « cette maxime pourrait évoquer cet héroïsme éthique qui est le propre des grandes passions, quand le débat s'élève à un très haut niveau. Ce qui implique qu'il n'existerait pas de purs héros, des êtres parfaits et héroïquement bons, ni de véritables héros dans le mal, la bonté et la méchanceté étant enchaînées l'une à l'autre selon un rapport proportionnel (*op. cit.*, p. 224-225). La Rochefoucauld pense aussi vraisemblablement à certains personnages de Corneille, comme la reine Rodogune.

Max. 189. Cette maxime est, pour C. Rosso, l'expression la plus nette de l'« éthique de la finitude » que constitue à ses yeux la morale de La Rochefoucauld (*op. cit.,* p. 206).

Max. 191. C. Rosso a commenté en ces termes cette maxime : « La vie comme itinéraire, bien sûr ! mais comme on est loin de l'*Itinerarium mentis in Deum* du docteur Séraphique, de saint Bonaventure, ou bien du *Château intérieur* de Thérèse d'Avila, où, à chacune des *moradas* on devient meilleur... Pour le voyageur de La Rochefoucauld il n'existe aucun progrès. Mêmes hôtels, mêmes rencontres obligées. Tout est prévu et tout se reproduira indéfiniment. On pourrait y voir esquissé, mais en des teintes grises et résignées, le thème de "l'éternel retour" qui hantera Nietzsche » (*op. cit.,* p. 205).

Max. 194. Maxime d'un goût psychosomatique, comme le relève C. Rosso (*op. cit.,* p. 180).

Max. 198. Condé (1621-1686) et Turenne (1611-1675) furent les deux plus grands généraux de Louis XIV. La Rochefoucauld les compare dans le texte XIV des *Réflexions diverses :* « Des modèles de la nature et de la fortune ».

Max. 199. Cf. la maxime 40 de Mme de Sablé : « Souvent le désir de paraître capable empêche de le devenir. »

Max. 200. Comme le rappelle P. Bénichou, « la disqualification de la vertu en tant qu'imposture de l'orgueil relève d'une tradition chrétienne fort ancienne, qui refusait tout mérite à la nature sans la grâce, et contestait de ce fait les vertus des païens » (article « La Rochefoucauld » de l'*Encyclopædia Universalis*). J. Lafond renvoie à un passage de Montaigne : « Les actions vertueuses de Socrate et de Caton demeurent vaines et inutiles pour n'avoir eu leur fin et n'avoir regardé l'amour et obéissance du vrai créateur de toutes choses, et pour avoir ignoré Dieu » (*Essais*, livre II, chap. XII). Pour J. Lafond, l'ironie de la maxime 200 est « le signe que, de Montaigne à La Rochefoucauld, l'écart s'est creusé entre la vertu authentique et la vertu courante, qui est une vertu mêlée. Moralité subjective et moralité objective se sont dissociées, et c'est cette dissociation dont se plaît à jouer l'humour » (*op. cit.,* p. 148).

Max. 202. Dans son étude sur « L'intention des *Maximes* », P. Bénichou fait observer que La Rochefoucauld avait d'abord écrit dans l'édition de 1665, « la corruption de leur cœur », au lieu de « leurs défauts », et il en conclut : « L'honnête homme qui connaît la corruption de son cœur est celui auquel Pascal voudrait avoir affaire, et qu'il espère bien mener plus loin ; celui qui ne connaît que ses défauts pourrait être plus difficile à entraîner. Peu de variantes, dans les *Maximes,* sont plus significatives que celle-là, qui exclut silencieusement, avec l'horreur de soi, la nécessité d'un secours extraordinaire » (*L'Écrivain et ses travaux*, p. 29).

Max. 203. *Se piquer de* peut signifier se vanter de. Mais le sens peut être aussi plus subtil. Furetière donne comme exemple : « Il est louable de se piquer d'honneur et de probité. » *Se piquer de* signifierait alors plutôt : « faire profession de ».

Max. 206. C'est bien l'idéal de la transparence qui fonde l'honnêteté.

Max. 207. Cette maxime insiste à la fois sur l'extériorité de la folie (elle « nous suit »), et sur son état endémique, et non pas épidémique : il y a une constance de la folie, et non des crises de folie.

Max. 209. La Rochefoucauld songe-t-il à l'*Éloge de la folie* d'Érasme ? J. Lafond indique que le thème de la « sage folie » est le sujet d'une œuvre de l'Italien Antonio Maria Spelta, *La Saggia Pazzia*, Pavie, 1606, traduite en français en 1628 sous le titre *La Sage Folie, La Délectable Folie* (*op. cit.,* p. 40 ; note 92). Pour L. Hippeau, la folie à laquelle La Rochefoucauld fait allusion ici pourrait être un souvenir des héroïsmes romanesques de la Fronde, et aussi de *L'Astrée* (*op. cit.,* p. 93). Dans trois lettres, datées des 10 février, 1er et 4 mars 1672, Mme de Sévigné cite cette maxime 209, et s'interroge sur le sens donné au mot « folie ». Voir enfin la pensée de Pascal : « Les hommes sont si nécessairement fous que ce serait un autre tour de folie que de n'être pas fou » (*Pensées,* 31).

Max. 211. Le vaudeville désigne une chanson de circonstance. Furetière donne la définition suivante : « Chanson que le peuple chante [...] Les chansons qu'on chante sur le Pont-Neuf, dans les rues, sont de vrais *vaudevilles*. Cette femme est fort décriée, on l'a mise dans les *vaudevilles.* » Cf. aussi le vers de Boileau, dans l'*Art poétique :* « Le Français, né malin, créa le vaudeville. » Ce mot désigna par la suite une comédie légère, avec de multiples péripéties.

Max. 217. Cette maxime, comme la précédente, est incontestablement une maxime positive. L. Hippeau (*op. cit.,* p. 165) voit dans cette célébration de « l'intrépidité », une trace du néo-stoïcisme dont La Rochefoucauld avait subi l'influence. J. Lafond n'hésite pas à considérer cette maxime comme un éloge de l'héroïsme (voir la maxime 24, et notre commentaire). Dans *La Nouvelle Héloïse,* Rousseau parle du « triste livre des *Maximes* » ; cette impression d'ensemble est corrigée par les maximes positives.

Max. 218. Cette maxime est directement empruntée au pasteur Du Moulin : « Toute l'hypocrisie du monde est un hommage que le vice rend à la vertu » (*Traité de la paix de l'âme...*, 1660). L. Hippeau (*op. cit.*, p. 147) propose aussi un rapprochement avec un passage de Montaigne : « La confession de la vertu ne porte pas moins en la bouche de celui qui la hait, d'autant que la vérité la lui arrache par force et que s'il ne la veut recevoir en soi, au moins il s'en couvre pour s'en parer » (*Essais*, livre III, chap. I). Peu sensible à l'ironie de La Rochefoucauld, Rousseau fera la critique de cette maxime 218 dans sa *Réponse au roi de Pologne* : « *L'hypocrisie est un hommage que le vice rend à la vertu* : oui, comme celui des assassins de César, qui se prosternaient à ses pieds pour l'égorger plus sûrement. Cette pensée a beau être brillante ; elle a beau être autorisée du nom célèbre de son auteur : elle n'en est pas plus juste. Dira-t-on jamais d'un filou qui prend la livrée d'une maison pour faire son coup plus commodément qu'il rend hommage au maître de la maison qu'il vole ? Non : couvrir sa méchanceté du dangereux manteau de l'hypocrisie, ce n'est point honorer la vertu, c'est l'outrager en profanant ses enseignes ; c'est ajouter la lâcheté et la fourberie à tous les autres vices ; c'est se fermer pour jamais tout retour vers la probité. »

Max. 220. J. Truchet estime que cette maxime « se situe tout à fait dans la ligne du livre de Cureau de la Chambre » (Introduction aux *Maximes*, Garnier, 1967, p. XLIII, note 2). Voir la maxime 44 et notre commentaire.

Max. 221. Les *gens de chicane* sont les amateurs de procès.

Max. 227. Voir C. Rosso : « Ici le bonheur est associé à une stupidité arrogante que nulle rédemption ne saurait racheter » (*op. cit.*, p. 168).

Max. 229. Voir C. Rosso : « La reconnaissance et la mémoire (la mémoire des bienfaits) sont souvent l'objet de la critique amère du moraliste (voir maximes 223 à 226). Et pourtant La Rochefoucauld semble retrouver pleinement la mémoire du bien reçu, une mémoire si peu labile qu'elle fait pièce, courageusement, à tout projet de vengeance » (*op. cit.*, p. 124-125).

Max. 230. Cf. Pascal : « Quand la malignité a la raison de son côté, elle devient fière, et étale la raison en tout son lustre » (*Pensées*, 458).

Max. 231. J. Truchet (*op. cit.*, p. 59) rattache cette maxime aux vers d'Alceste :
« Tous les hommes me sont à tel point odieux
Que je serais fâché d'être sage à leurs yeux »
(Molière, *Le Misanthrope*, acte I, scène 1). Par ailleurs, Balthasar Gracián a écrit dans son *Oráculo manual* : « Être plutôt fou avec tous que sage tout seul, disent les politiques » (maxime 47).

Max. 237. J. Starobinski croit pouvoir déceler chez La Rochefoucauld une doctrine « pré-nietzschéenne » fondée sur la force et l'énergie (« *La Rochefoucauld et les morales substitutives* », N.R.F., 1966). Cette interprétation placerait la Rochefoucauld dans le sillage de Machiavel et de Hobbes.

Max. 245. Cf. La Bruyère, *Les Caractères*, « De la Cour », 85 : « C'est avoir fait un grand pas dans la finesse que de faire penser de soi que l'on n'est que médiocrement fin. »

Max. 250. J. Lafond parle de la position ambiguë de la maxime, « qui, faute de pouvoir expliciter totalement le sens, le dévoile et le voile à la fois » : « La réflexion brève doit en fait répondre à des exigences opposées. A ne viser que la seule clarté, elle se diluerait dans un développement qui lui ôterait sa pointe et sa force. A préserver à tout prix sa concision, elle risquerait de devenir inintelligible. Et pourtant tel est bien le dilemme : la maxime 250 semble, sous le couvert de fixer les conditions de la "véritable éloquence", définir surtout l'esthétique de la maxime » (*op. cit.*, p. 116).

Max. 252. Cf. dans les *Réflexions diverses*, le texte X, « Des goûts » : « Il y a plus de variété et de caprice dans le goût que dans l'esprit. »

Max. 254. A propos de l'humilité, voir la maxime « positive » 358 : « L'humilité est la véritable preuve des vertus chrétiennes. »

Max. 256. « Vision conforme à la réalité d'un univers social fortement hiérarchisé, où la place considérable accordée aux signes du paraître occulte les rapports véritables et fait du monde un théâtre de masques. Sous les masques, se dissimule la violence des ambitions et des intérêts » (J. Lafond, *op. cit.*, p. 51). Cette maxime a subi sans nul doute la double influence de l'imaginaire baroque et de Montaigne. Cf. dans les *Essais* (livre III, chap. x), « De ménager sa volonté » : « La plupart de nos vacations sont farcesques [...] J'en vois qui se transforment et se transsubstantient en autant de nouvelles figures et de nouveaux êtres qu'ils entreprennent de charges... » (Pléiade, 1962, p. 989). Voir enfin la maxime 87, et notre commentaire.

Max. 264. C. Rosso rappelle que « la méfiance envers la pitié est un *topos* des stoïciens » et qu'une telle maxime a été versée au dossier d'une interprétation nietzschéenne des *Maximes* (*op. cit.*, p. 75). Dans *La Fausseté des vertus humaines* (t. I, chap. xv, p. 373) Jacques Esprit écrit : « C'est une prévoyance habile et on peut l'appeler fort proprement la providence de l'amour-propre. »

Max. 265. Cf. Montaigne : « L'affirmation et l'opiniâtreté sont signes exprès de bêtise » (*Essais*, livre III, chap. XIII).

Max. 267. Le mot *crimes* a ici le sens ancien de grief, de chef d'accusation (du latin *crimen*).

Max. 268. Cf. La Bruyère, *Les Caractères*, « De l'Homme », 76 : « Nous cherchons notre bonheur hors de nous-mêmes, et dans l'opinion des hommes, que nous connaissons flatteurs, peu sincères, sans équité, pleins d'envie, de caprices et de préventions : quelle bizarrerie ! »

Max. 276. Cf. Montaigne : « Cette faim insatiable de la présence corporelle accuse un peu la faiblesse en la jouissance des âmes » (*Essais*, livre III, chap. IX).

Max. 282. Pour L. Hippeau, « par cette théorie des "faussetés déguisées", voilà donc toutes les fausses vertus réhabilitées parce que, pour fausses qu'elles soient, elles ressemblent suffisamment de l'extérieur à ce qu'elles prétendent être pour qu'on puisse en attendre les mêmes services. Si les naïfs s'y laissent tromper par simplicité, les gens avertis s'y laisseront prendre volontairement. Cette naïveté volontaire dont on trouverait la source chez Montaigne, est, à elle seule, toute une philosophie » (*op. cit.*, p. 83). P. Bénichou, citant cette maxime, parle d'« une doctrine de l'utilité humaine du faux et de l'absurde, offerte en méditation aux clairvoyants pour leur propre usage [...] l'inauthentique est accepté comme règle de vie et de jugement » (« L'intention des *Maximes* », *op. cit.*, p. 31). En revanche, J. Lafond voit dans cette maxime la dénonciation du « conformisme de l'opinion commune, pour laquelle c'est "mal juger" que de ne pas prendre l'apparence adroitement présentée pour la vérité. La comédie est si bien jouée, les vertus si bien imitées que ce serait, aux yeux du plus grand nombre, être mauvais public que de ne pas s'y laisser prendre ! Cette interprétation, qui a l'avantage d'être parfaitement cohérente avec la ligne générale des *Maximes*, suppose évidemment que la maxime 282 demande, pour être comprise, qu'on y fasse la part de l'ironie » (*op. cit.*, p. 141).

Max. 294. Lanson considérait cette maxime comme « une *partie carrée* de verbes » (*L'Art de la prose*, p. 137). Sur la vanité et la recherche des « admirateurs », voir la pensée de Pascal : « La vanité est si ancrée dans le cœur de l'homme qu'un soldat, un goujat, un cuisinier, un crocheteur se vante et veut avoir ses admirateurs, et les philosophes mêmes en veulent... » (*Pensées*, 520).

Max. 295. P. Bénichou fait remarquer que la psychologie de La Rochefoucauld implique constamment l'hypothèse d'une vie inconsciente des désirs. Voir aussi la maxime 460 : « Il s'en faut bien que nous connaissions tout ce que nos passions nous font faire. »

Max. 297. Comme l'écrit L. Hippeau, « l'esprit n'est pas seulement la dupe du cœur (maxime 102), il est aussi le jouet du corps : quand notre volonté croit se déterminer suivant la raison, elle obéit parfois à des causes physiologiques qu'elle ne soupçonne pas » (*op. cit.*, p. 80). Les humeurs sont au nombre de quatre et Furetière les définit comme « les quatre substances liquides qui abreuvent tous les corps des animaux et qu'on croit être causes des divers tempéraments, qui sont le flegme ou la pituite, le sang, la bile, la mélancolie. »

Rappelons aussi que Descartes et Cureau de la Chambre disent tous les deux l'influence du corps sur l'esprit (*Les Passions de l'âme*, 1649, et *L'Art de connaître les hommes*, 1659-1666).

Max. 325. Cf. La Bruyère, *Les Caractères*, « Du Cœur », 35.

Max. 336. Maxime « positive » qui prolonge et corrige la maxime 324.

Max. 341. J. Truchet remarque que cette maxime « est une de celles, très rares, où La Rochefoucauld emploie un mot typiquement chrétien » : le mot *salut* (*op. cit.*, p. 82).

Max. 342. On a cru déceler dans cette maxime une allusion à Mazarin, et à son accent italien.

Max. 349. Cette nouvelle maxime « positive » corrige la maxime 334 : il peut y avoir une authenticité de l'amour, susceptible de devenir une thérapeutique du paraître. Mais est-ce à « l'amour pur et exempt du mélange de nos autres passions » (maxime 69) que La Rochefoucauld fait allusion ici ?

Max. 351. Cf. La Bruyère, *Les Caractères*, « Du Cœur », 37 : « L'on est encore longtemps à se voir par habitude et à se dire de bouche que l'on s'aime, après que les manières disent qu'on ne s'aime plus. »

Max. 358. « L'humilité est, aux yeux de l'évêque d'Hippone, la seule vertu proprement chrétienne : les platoniciens avaient perçu qu'il fallait aimer un Dieu unique, mais leur orgueil les a égarés. Cette vertu était particulièrement en honneur à Port-Royal : pour la tradition augustinienne, la source de tous les maux fut et demeure l'orgueil. Ce Protée se dissimule sous les actes apparemment les plus vertueux. C'est pourquoi l'humilité est le seul humus où peut grandir la charité » (Philippe Sellier, « La Rochefoucauld, Pascal, saint Augustin », *R.H.L.F.,* mai-août 1969). Cette maxime a un statut particulier dans le recueil, dès lors qu'elle fait allusion aux « vertus chrétiennes », seules authentiques, et que le reste du livre dresse le procès des vertus humaines.

Max. 359. Cette maxime semble annoncer les *Comédies et Proverbes* de Musset.

Max. 361. Cf. La Bruyère, *Les Caractères*, « Des Femmes », 25 : « On tire ce bien de la perfidie des femmes, qu'elle guérit de la jalousie. »

Max. 372. La Rochefoucauld ajoute que, chez eux, « un air capable et composé se tourne d'ordinaire en impertinence » (maxime 495).

Max. 377. *Le passer* signifie ici « le dépasser ».

Max. 378. Dans une lettre du 14 juin 1679, Mme de Lafayette reconnaît être l'auteur de cette maxime.

Max. 380. « La fortune n'est, dans certaines maximes, que le temps même, conçu comme le champ des possibilités, des "occasions" de se réaliser qu'il offre à nos passions, à nos vertus ou à nos vices [...]. Son rôle est donc passif puisque, pas plus que la lumière ne crée l'objet, elle n'est la source de nos qualités ou de nos défauts, qu'elle se contente de révéler à eux-mêmes » (J. Lafond, *op. cit.*, p. 40-41).

Max. 382. *Les bouts-rimés* : « En terme de poésie, sont des rimes disposées par ordre, qu'on donne à un poète avec un sujet, sur lequel il est obligé de faire des vers en se servant des mêmes mots et dans le même ordre » (Furetière).

Max. 408. Cf. La Bruyère, *Les Caractères*, « Des Femmes », 7 : « Une femme coquette ne se rend point sur la passion de plaire, et sur l'opinion qu'elle a de sa beauté : elle regarde le temps et les années comme quelque chose seulement qui ride et qui enlaidit les autres femmes ; elle oublie du moins que l'âge est écrit sur le visage. »

Max. 409. « La morale de l'intention qui fait l'objet des *Maximes* est essentiellement problématique et implique une transparence éthique qu'il n'est peut-être pas donné aux hommes d'atteindre en ce qui concerne leur propre autoconscience et au regard de la conscience morale des autres » (C. Rosso, *op. cit.*, p. 200).

Max. 413. Le supplément à la quatrième édition des *Maximes* donne un texte légèrement différent, que retiennent pour leurs éditions J. Truchet et J. Lafond : « quand on a *que* d'une sorte d'esprit » (voir la notice sur l'établissement du texte).

Max. 415. Comme pour la maxime 413, le supplément donne un texte différent, également retenu par J. Truchet et J. Lafond : « quelquefois *à faire hardiment* des sottises. »

Max. 435. L'amour-propre ne suffit pas à expliquer à lui seul le comportement des hommes. Une autre causalité est plusieurs fois évoquée par La Rochefoucauld ; elle est double : une causalité intérieure à l'homme, celle des humeurs et du corps (cf. la maxime 297), et une causalité extérieure à lui, celle du hasard.

Max. 441. La Rochefoucauld célèbre une nouvelle fois sur le mode ironique les bienfaits de l'ignorance (cf. la maxime 92 sur le « fou d'Athènes » et notre commentaire).

Max. 445. Sur la notion de faiblesse, voir les réflexions de C. Rosso (*op. cit.*, p. 222), ainsi que la maxime 130.

Max. 453. Le texte de l'édition de 1678, que nous donnons ici, semble fautif ; en effet, dans le supplément publié quelques semaines plus tard, nous trouvons : « on doit moins s'appliquer à faire naître » (voir la notice sur l'établissement du texte).

Max. 461. L'expression *sur peine de la vie* signifie « sous peine de mort ».

Max. 481. Comme le fait observer C. Rosso, « il y a des gens qui se croient bons, en s'abstenant de toute lutte, de tout heurt : ils sont doux et complaisants, mais ils sont loin de la vraie bonté, toujours armée et combattante » (*op. cit.*, p. 222). La Rochefoucauld attaque une nouvelle fois la faiblesse, « qui se convertit aisément en aigreur » (maxime 479).

Max. 482. Cette maxime constitue, pour J. Lafond, « un des actes de foi les plus remarquables dans les pouvoirs, jusqu'ici insuffisamment exploités, de l'intelligence » (*op. cit.*, p. 45).

Max. 490. Tout en reprenant un thème traditionnel des moralistes, cette maxime se rattache aussi à l'imaginaire de la *Carte de Tendre*, déjà évoqué au début du recueil (maxime 3) : l'amour et l'ambition ont beau appartenir tous deux au « pays de l'amour-propre », ils n'en forment pas moins des régions bien différentes. Dans des termes proches de ceux de La Rochefoucauld, La Bruyère écrit : « Les hommes commencent par l'amour, finissent par l'ambition, et ne se trouvent souvent dans une assiette plus tranquille que lorsqu'ils meurent » (*Les Caractères*, « Du Cœur », 76).

Max. 504. Commentant cette dernière réflexion, L. Hippeau écrit : « Toute cette maxime est singulièrement tragique, car si, une fois de plus, la prétention du stoïcisme apparaît comme une présomption vaniteuse, La Rochefoucauld est obligé de se déclarer impuissant à trouver, par sa méthode habituelle, un substitut qui rendrait pratiquement les mêmes services que l'impossible vertu stoïcienne. » Et il ajoute : « Voilà peut-être la brèche par où, à la dernière heure, Bossuet passera pour aller toucher le cœur du vieil épicurien » (*op. cit.*, p. 119).

Caton et Brutus : Caton d'Utique, homme politique romain (93-46 av. J.-C.), fut un défenseur de la République et un philosophe stoïcien. Il prit parti pour Cicéron contre Catilina, puis s'allia à Pompée. Après la défaite de Pharsale et la mort de Pompée, il se replia sur l'Afrique. Quand l'armée pompéienne fut vaincue à Thapsus, il se suicida, pour ne pas survivre à la République. Brutus (85-42 av. J.-C.), neveu de Caton d'Utique et fils adoptif de César, organisa avec Cassius le complot qui amena la mort de César, puis s'enfuit en Macédoine où il fut battu par Antoine et Octave à Philippes. Il se tua après la défaite.

Maximes supprimées par La Rochefoucauld

Max. 1. Jacqueline Plantié, dans son étude intitulée : « L'Amour-propre au Carmel : petite histoire d'une grande maxime de L.R. » (*R.H.L.F.*, 1971, p. 561-573), a montré que ce texte célèbre, placé en tête de la première édition des *Maximes* (1665), avait été envoyé par La Rochefoucauld à Mlle d'Épernon, fille d'honneur de la reine, qui s'était retirée au Carmel de Bourges et qui était aussi l'amie de Mme de Longueville. Ce texte fut supprimé par l'auteur dès la seconde édition de son recueil. Pourquoi ? C. Rosso pense que cette réflexion « était trop longue et trop analytique pour être la sentence inaugurant toutes les autres, telle le parvis d'une cathédrale » (*op. cit.*, p. 83). P. Bénichou estime qu'« il est possible aussi que l'audace de l'expression, le ton quasi lyrique, la personnification fabuleuse de l'Amour-propre-Protée aient paru à La Rochefoucauld mal accordés au ton général de son recueil » (« L'Intention des *Maximes* », *op. cit.*, p. 10). Cette réflexion se présente comme un portrait, un morceau de bravoure encore imprégné du goût baroque. J. Truchet est assez sévère envers ce texte ; il en parle comme d'« une page assez frivole par la préciosité du style et le goût du paradoxe » (Introduction aux *Maximes*, Garnier, 1967, p. XXIII). Comment se manifeste cet amour-propre dont le texte brosse le portrait ? Pour C. Rosso, « l'amour-propre est la faute, la volonté hégémonique, le narcissisme idolâtre, le projet d'exercer la tyrannie la plus outrée sur les autres [...]. Tous les hommes sont habités et dévastés par la même fièvre. De cette affligeante constatation – qui allait évidemment dans le sens de la morale augustinienne – on peut tirer cette conséquence : quand on est habité par l'amour-propre, on cohabite avec tous les vices et avec toutes les passions, dans la mesure où les vices et les passions sont les moyens à travers lesquels l'amour-propre se manifeste, se répand et s'intensifie » (*op. cit.*, p. 195). P. Bénichou relève, pour sa part, une contradiction fondamentale dans la peinture que fait La Rochefoucauld de l'amour-propre : « L'amour-propre est d'abord décrit avec une avidité profonde et subtile, dans sa diabolique aptitude à exploiter le monde extérieur à son profit [...]. Passe encore que ce Machiavel puisse agir à son propre insu, qu'il soit "invisible à lui-même" : il faut que le désir trompe la conscience pour se satisfaire [...]. Là où le tableau change, c'est lorsque La Rochefoucauld, par un progrès naturel, essaie de cerner dans son contenu, et non plus seulement dans son mouvement, cet insatiable amour-propre, et qu'il le trouve, paradoxalement, enclin à changer d'objet, occupé de tout, de n'importe quoi, de rien en particulier [...] : "Il est capricieux, et on le voit quelquefois travailler avec le dernier empressement, et avec des travaux incroyables, à obtenir des choses qui ne lui sont point avantageuses, et qui même lui sont nuisibles, mais qu'il poursuit parce qu'il les veut." Ce caprice-suicide mérite-t-il encore le nom d'amour-propre que La Rochefoucauld continue à lui donner ? N'a-t-il pas cessé d'être amour de soi pour devenir quelque chose d'autre, où les contours mêmes du *moi* s'effacent et se perdent ? » (« L'Intention des *Maximes* », *op. cit.*, p. 9-10). L'interprétation de J. Lafond nous semble aller au-delà de cette contradiction soulignée par P. Bénichou : « car l'amour de soi n'est nullement ici un être de raison ou une abstraction. L'amour-propre est consubstantiel au moi, et il prend racine dans la réalité la plus physiologique. Pour employer le vocabulaire des stoïciens, ou celui de Spinoza parlant du *conatus*, il est tendance constitutive de l'être à persévérer dans l'être. Mais la double définition qui en est donnée par La Rochefoucauld – "amour de soi-même et de toutes choses pour soi" – interdit qu'on le réduise au pur instinct de conservation [...]. Car il tend aussi à rendre les hommes "les tyrans des autres", chaque *moi* ne cherchant, selon notre auteur comme selon Hobbes, qu'à s'affirmer au détriment des *moi* étrangers. En quoi il est par avance ce que Nietzsche appellera "la volonté de puissance". Mais sous ce double visage, c'est une seule et même force vitale, un seul et même dynamisme fondamental, qui, en tant qu'énergie irrationnelle, échappe pour l'essentiel aux prises de la conscience. Il est vouloir-vivre et volonté de puissance dans le même mouvement qui porte chaque individu à s'imposer au monde pour simplement *être* » (*La Rochefoucauld, augustinisme et littérature*, Klincksieck, 1977, p. 28). Cette énergie irrationnelle, le texte de La Rochefoucauld parvient à en faire une sorte de mythe baroque : « L'amour-propre se manifeste sous le signe des deux divinités où Jean Rousset voit les emblèmes par excellence de l'art baroque : nature typiquement démonique, il est doté, dans la double métamorphose qu'il opère sur lui-même et sur les choses, tout à la fois des dons de Protée et des pouvoirs de Circé » (J. Lafond, *op. cit.*, p. 29). On peut rapprocher ce long texte sur l'amour-propre de la phrase de Pascal : « Chaque moi est l'ennemi et voudrait être le tyran de tous les autres » (*Pensées*, 494). Et sur l'image finale de la mer, voir dans les *Réflexions diverses*, le texte VI, « De l'amour et de la mer ».

Max. 4. Sur la modération, voir aussi la maxime 293 : « La modération est la langueur et la paresse de l'âme, comme l'ambition en est l'activité et l'ardeur. »

Max. 7. Maxime à rapprocher de la maxime 41 : « Ceux qui s'appliquent trop aux petites choses deviennent ordinairement incapables des grandes. »

Max. 8. Comme le remarque C. Rosso, « ici douleur et lucidité s'affrontent : l'adaptation à la réalité s'effectue par un appel à la clarté, au "regard", d'autant plus frappant qu'il est lancé par l'auteur de la maxime selon laquelle on ne saurait regarder fixement la mort (cf. maxime 26) » (*op. cit.*, p. 172).

Max. 18. Comme la précédente, cette maxime assène un coup assez rude au sentiment de l'amitié. Elle peut néanmoins être éclairée d'une manière positive, comme l'atteste cette lecture qu'en faisait Kant et que rapporte C. Rosso : « Kant met en relief la possibilité qu'offre l'infortune de nos amis : ces derniers peuvent ainsi faire l'objet de notre aide » (*op. cit.*, p. 56). Voir aussi la quatrième maxime non publiée : « La ruine du prochain plaît aux amis et aux ennemis. » On peut enfin comparer cette maxime avec une réflexion de La Bruyère : « L'homme qui dit qu'il n'est pas né heureux pourrait du moins le devenir par le bonheur de ses amis ou de ses proches. L'envie lui ôte cette dernière ressource » (*Les Caractères*, « De l'Homme », 22).

Max. 21. Cette attaque directe de Sénèque renvoie bien sûr au frontispice de la première édition des *Maximes* qui représente l'Amour de la Vérité arrachant son masque à Sénèque.

Max. 23. Reprise d'une phrase de Montaigne : « De quoi se fait la plus subtile folie, que la plus subtile sagesse ? » (*Essais*, livre II, chap. XII).

Max. 33. Dans le *Pastor Fido* (III, 5), Guarini écrit : « L'honnêteté n'est autre chose qu'un art de paraître honnête. »

Max. 39. Cette allusion à l'« ordre réglé par la Providence » fait de cette maxime, supprimée dès la seconde édition, une réflexion strictement chrétienne, qui pourrait avoir sa place dans le *Discours sur l'Histoire universelle* de Bossuet.

Max. 40. La Rochefoucauld pense sans doute au rôle qu'il a joué dans la Fronde.

Max. 51. On peut voir dans cette maxime une nouvelle allusion au *Cinna* de Corneille (acte V, scène 3) : « Je suis maître de moi comme de l'univers. » Voir aussi la maxime 20 et notre commentaire.

Max. 56. Ce n'est peut-être vrai que jusqu'à un certain âge...

Max. 60. L'idée d'un « repos en soi-même » est une idée stoïcienne ; pour les jansénistes, il n'y aurait de repos qu'en Dieu.

Max. 67. Cette maxime est à rapprocher de l'épigraphe de l'édition de 1678 : « Nos vertus ne sont, le plus souvent, que des vices déguisés. »

Max. 68. La Rochefoucauld se permettrait ici, si l'on en croit C. Rosso, « de donner une leçon à Louix XIV. C'est une maxime courageuse qui, à elle seule, suffirait à gommer ces aspects du culte de l'énergie et du surhomme que l'on a soulignés dans les *Maximes* » (*op. cit.*, p. 125-126). Évoquant « les voleries publiques », La Rochefoucauld s'en prend peut-être aussi à Fouquet ; on retrouve ici l'ancien « féodal », le duc dressé contre le pouvoir royal. J. Lafond rapproche aussi cette maxime d'une phrase de saint Augustin dans *La Cité de Dieu* (IV, 4) : « *Remota justitia, quid sunt regna nisi magna latrocinia* » (« Sans justice, que sont les royaumes sinon de vastes brigandages ? »).

Maximes non publiées par La Rochefoucauld

Max. 7. La Rochefoucauld reprend ici presque mot pour mot une phrase de Sénèque dans *De brevitate vitae* (III, 4) : « *Omnia tamquam mortales timetis, omnia tamquam* *immortales concupiscitis* » (« Vous n'avez que des craintes de mortels, vous n'avez que des désirs d'immortels »). Cet emprunt à Sénèque expliquerait la non publication de la maxime.

Max. 8. Comme le rappelle Ph. Sellier, « pour La Rochefoucauld, comme pour tous les augustiniens, l'état présent de l'homme est si misérable qu'il atteste la réalité de la chute originelle » (« La Rochefoucauld, Pascal, saint Augustin », *R.H.L.F.* mai-août 1969, p. 567). Ph. Sellier rapproche aussi cette maxime non publiée de cette phrase de Pascal : « Car n'est-il pas plus clair que le jour que nous sentons en nous-mêmes des caractères ineffaçables d'excellence ? Et n'est-il pas aussi véritable que nous éprouvons à toute heure les effets de notre déplorable condition ? Que nous crient donc ce chaos et cette confusion monstrueuse, sinon la vérité de ces deux états, avec une voix si puissante, qu'il est impossible de résister ? » (*Pensées*, 240).

Max. 14. Cf. la maxime 72 de Mme de Sablé : « Ceux qui sont assez sots pour s'estimer seulement par leur noblesse méprisent en quelque façon ce qui les a rendus nobles, puisque ce n'est que la vertu de leurs ancêtres qui a fait la noblesse de leur sang. »

Max. 15. Voir la maxime 32 de l'édition de 1678, ainsi que notre commentaire.

Max. 16. Comme l'écrit J. Lafond, « les deux points de vue – unité, multiplicité – s'articulent parfaitement, puisque les hommes, au regard de l'amour-propre, de l'humeur et de la fortune, sont à la fois tous semblables et tous différents » (*op. cit.*, p. 49).

Max. 20. Il faut rappeler que Dieu n'est pas nommé dans les maximes publiées par La Rochefoucauld. Comme le fait aussi remarquer C. Rosso, « cette maxime "chrétienne" confère à l'amour-propre une dignité luciférienne. Le vrai Dieu (mot par lequel débute la maxime) couronne le faux dieu » (*op. cit.*, p. 190).

Max. 26. Cette maxime et la suivante ne figurent que dans l'édition de Hollande, édition reniée par l'auteur ; il n'est donc pas certain qu'elles soient de La Rochefoucauld.

Max. 32. Dans la liste des maximes non publiées par La Rochefoucauld, J. Lafond a rajouté cette maxime et la précédente, par rapport à l'édition de J. Truchet (voir J. Lafond, *op. cit.*, p. 246). J. Lafond justifie l'élimination de cette maxime par son machiavélisme, qui aurait pu scandaliser le public.

Max. 35. Dans une étude intitulée : « Le moraliste grandeur nature » (in *Lignes de départ*, Le Seuil, 1963, p. 71-107), Francis Jeanson attaque les moralistes en tant que représentants d'une « classe sociale ». Dès lors cette maxime lui paraît être l'expression du conservatisme le plus étroit. C. Rosso fait remarquer qu'il s'agit en fait « d'un *topos* assez courant, même et surtout au XVIIe siècle, pourtant si féru de réformes » (*op. cit.*, p. 44). On peut en effet trouver une idée analogue dans l'article « Égalité » du *Dictionnaire philosophique* de Voltaire. J. Lafond, pour sa part, insiste sur le fait que cette maxime a été écartée par La Rochefoucauld : « Indéfendable ou non, cette réflexion n'a jamais été publiée par l'auteur, alors qu'il avait tout loisir de l'incorporer à la quatrième édition. Il serait pour le moins équitable d'en tenir compte » (*Maximes*, Gallimard, Folio, 1976, p. 29).

Max. 36. Une telle maxime, composée entre la troisième et la quatrième édition (entre 1671 et 1675), peut très bien faire allusion au *Tartuffe* de Molière, qui a été représenté pour la première fois en 1664. On se rappelle l'entrée en scène de Tartuffe : « Laurent, serrez ma haire avec ma discipline » (acte III, scène 2).

Max. 45. Cf. la maxime 330 de l'édition de 1678 : « On pardonne tant que l'on aime. »

Max. 46. J. Truchet (*Maximes*, Garnier, 1967, p. 171) rapproche cette maxime de deux vers de La Fontaine, dans *Le Lion amoureux* (*Fables*, IV, 1). :

« Amour ! Amour ! quand tu nous tiens,
On peut bien dire : Adieu, prudence ! »

Max. 48. Le roman de Mme de Lafayette, *La Princesse de Clèves* (1678), sera une application de cette maxime.

Max. 54. Cette maxime sera l'un des ressorts de la pièce de Labiche, *Le Voyage de M. Perrichon.*

Max. 57. Dans son édition des *Maximes,* J. Truchet ajoute, à la suite de cette maxime, trois autres propos de La Rochefoucauld rapportés l'un dans une lettre de Saint-Évremond, les deux autres par Segrais. Selon l'éditeur de Saint-Évremond, Desmaizeaux, le premier – « L'enfer des femmes, c'est la vieillesse » – aurait été tenu par La Rochefoucauld à Ninon de Lenclos (Saint-Évremond, *Lettres,* p.p. R. Ternois, Paris, t. II, p. 257). Les deux suivants sont de même des propos de conversation que Segrais donne dans ses *Mémoires anecdotes :* La Rochefoucauld « disait que les soumissions et les bassesses que les seigneurs de la cour font auprès des ministres qui ne sont pas de leur rang sont des lâchetés de gens de cœur » et que « l'honnêteté n'est d'aucun état en particulier, mais de tous les états en général » (Segrais, *Œuvres diverses,* Amsterdam, 1723, 1ᵉ partie, p. 61-62 et p. 68).

Réflexions diverses

Réflexion I. « Du vrai ». Pirandellien avant la lettre, La Rochefoucauld explique que la vérité est multiple, et qu'une vérité ne peut pas en détruire une autre.

1. Le Carthaginois Hannibal (247-183 av. J.-C.), élevé dans la haine de Rome par son père Hamilcar Barca, déclencha la seconde guerre punique. Il fut vaincu à Zama par Scipion l'Africain (235-183 av. J.-C.).

2. Fabius Maximus était connu pour sa prudence alors que Marcellus l'était pour sa témérité. Ils se battirent tous deux contre Hannibal au cours de la seconde guerre punique.

3. Alexandre le Grand (356-323 av. J.-C.) et Jules César (101-44 av. J.-C.) furent sans doute les deux plus grands conquérants de l'Antiquité.

4. *Pite :* « petite monnaie hors d'usage qui vaut le quart d'un denier [...] Ce mot vient de *picta,* ou *pictavina,* ou *pictaviensis,* parce que son premier usage fut en Poitou, étant la monnaie des comtes de ce pays-là : d'où vient qu'en plusieurs vieux titres on l'appelle poitevine » (Furetière).

La Rochefoucauld fait allusion ici à deux passages de l'*Évangile* (Marc, XII, 42-44 et Luc, XXI, 1-4), où le Christ célèbre la générosité de la veuve qui a donné toute sa fortune, deux petites pièces de monnaie.

5. Épaminondas, général et homme d'État thébain (418-362 av. J.-C.), fut tout à la fois remarquable par ses qualités de stratège (il imagina une tactique nouvelle fondée sur l'attaque en ordre oblique), son goût pour la musique, et son amour de la philosophie.

6. La Rochefoucauld fait allusion à un passage de Quintilien (dans *L'Institution Oratoire,* livre V, chap. IX), où l'on apprend que l'Aréopage condamna à mort un enfant qui arrachait les yeux à des cailles.

7. Le roi Philippe II d'Espagne (1527-1598) fut accusé d'avoir empoisonné son fils Don Carlos, qui mourut en prison dans des conditions suspectes.

8. Le château de Chantilly appartenait au Grand Condé appelé aussi Monsieur le Prince, et le château de Liancourt était, depuis 1659, la propriété des La Rochefoucauld.

Réflexion II. « De la société ». 1. Comme l'écrit Paul Bénichou, « l'aveu implicite de la loi de l'intérêt gouverne la société des honnêtes gens ; l'ordre s'établit sur cette base, pourvu que chacun sache atténuer aux yeux des autres ce que tous savent [...]. Le sage essaye de faire entrer dans la société autant de vérité qu'elle est capable d'en recevoir, pas davantage. Les dehors importent, et l'art d'agréer et de servir qui rend la société possible en tient compte, à bon escient. Le déguisement est une prévenance qui, sans prétendre tromper tout à fait ceux à qui elle s'adresse, les ménage. Ce que La Rochefoucauld propose, ce n'est pas de répudier le mensonge de ce monde pour la vérité d'un autre ; c'est exactement le contraire : d'accepter la comédie humaine, connue comme telle, et réduite de ce fait à des proportions honnêtes, comme la loi de l'existence sociale. Telle est l'intention des *Maximes* » (P. Bénichou, « L'intention des *Maximes* », in *L'Écrivain et ses travaux,* J. Corti, 1967, p. 32).

2. Reprise presque textuelle de la maxime 242 : « On incommode souvent les autres quand on croit ne les pouvoir jamais incommoder. »

3. Voir la maxime 104 : « Les hommes et les affaires ont leur point de perspective. »

Réflexion III. « De l'air et des manières ». 1. Voir maxime 230 : « Rien n'est si contagieux que l'exemple, et nous ne faisons jamais de grands biens ni de grands maux qui n'en produisent de semblables. Nous imitons les bonnes actions par émulation, et les mauvaises par la malignité de notre nature que la honte retenait prisonnière, et que l'exemple met en liberté. »

2. Sur le mimétisme social et le rôle de la suggestion collective, voir les travaux de Tarde, sociologue français de la fin du XIXe siècle, qui vit, dans la répétition des processus psychiques individuels tels que l'imitation, la base des phénomènes sociaux ; Anne Henry a montré que ses travaux inspirèrent profondément Proust.

3. Voir la maxime 60 de Mme de Sablé : « On est bien plus choqué de l'ostentation que l'on fait de la dignité, que de celle de la personne. C'est une marque qu'on ne mérite pas les emplois, quand on se fait de fête. »

4. Voir, sur le même thème, les maximes 155 et 251.

5. Gilbert, dans une note de l'édition des Grands Écrivains de la France, rapproche cette phrase de deux vers de Boileau : « Chacun pris dans son air est agréable en soi ; / Ce n'est que l'air d'autrui qui peut déplaire en moi » (Boileau, *Épîtres,* IX, 90-91).

Réflexion IV. « De la conversation ». 1. Cf. Montaigne : *Essais* (livre III, chap. III) : « Il faut se démettre au train de ceux avec qui vous êtes, et parfois affecter l'ignorance. »

2. On peut rapprocher cette réflexion de ce qu'écrit La Bruyère, dans la section « De la société et de la conversation » (16) des *Caractères* : « L'esprit de la conversation consiste bien moins à en montrer beaucoup qu'à en faire trouver aux autres : celui qui sort de votre entretien content de soi et de son esprit, l'est de vous parfaitement. Les hommes n'aiment point à vous admirer, ils veulent plaire ; ils cherchent moins à être instruits, et même réjouis, qu'à être goûtés et applaudis ; et le plaisir le plus délicat est de faire celui d'autrui. »

3. « Si l'on s'en tient à la lettre de la Réflexion sur la conversation, on en arrive à se demander s'il vaut encore la peine d'ouvrir la bouche, tant il faut prendre de précautions pour ne pas blesser l'amour-propre des autres... » (Corrado Rosso, *Procès à La Rochefoucauld et à la maxime,* Pise, Goliardica et Paris, Nizet, 1986, p. 161).

Réflexion V. « De la confiance ». 1. Voir la maxime 62 : « La sincérité est une ouverture de cœur. On la trouve en fort peu de gens... »

Réflexion VI. « De l'amour et de la mer ». 1. La comparaison avec la mer avait été appliquée aussi à l'amour-propre. Cf. la maxime supprimée 1 : « Voilà la peinture de l'amour-propre, dont toute la vie n'est qu'une grande et longue agitation ; la mer en est une image sensible, et l'amour-propre trouve dans le flux et le reflux de ses vagues continuelles une fidèle expression de la succession turbulente de ses pensées, et de ses éternels mouvements. »

2. *Bonace :* « Calme de la mer, qui se dit quand le vent a cessé. La bonace trompe souvent le pilote, la bonace se tourne souvent en orage. On le dit figurément en morale » (Furetière).

Réflexion VII. « Des exemples ». 1. Voir la maxime 230 : « Rien n'est si contagieux que l'exemple... »

2. Diogène le Cynique, qui affichait un total mépris des honneurs, des richesses et de toutes les convenances sociales. Épictète vit en lui le modèle du sage.

3. Ami de Cicéron, qui lui adressa de nombreuses lettres.

4. Général romain qui se battit contre Mithridate. Après avoir été évincé du pouvoir, il se retira près de Tusculum, où, grâce aux richesses amassées pendant ses campagnes, il mena une vie dont le luxe est resté légendaire.

5. C. Rosso interprète ainsi cette expression : « La vertu est toujours accompagnée du vice, de la passion, du goût virtuel pour le mal : tentations auxquelles elle doit se mesurer pour atteindre à une véritable signification morale, pour avoir du mérite » (*op. cit.*, p. 224). Cette interprétation est malgré tout assez discutable : « frontières » n'implique pas « accompagné de », autre image tout à fait différente.

Réflexion VIII. « **De l'incertitude de la jalousie** ». 1. Fondateur mythique de Corinthe. Aux Enfers, il fut condamné à rouler éternellement un rocher sur une pente ; parvenu au sommet, le rocher retombe et Sisyphe doit recommencer sans fin.

2. Voir la maxime 348 : « Quand on aime, on doute souvent de ce qu'on croit le plus. »

Réflexion IX. « **De l'amour et de la vie** ». 1. Voir la maxime 75 : « L'amour aussi bien que le feu ne peut subsister sans un mouvement continuel... »

2. Voir la maxime 274 : « La grâce de la nouveauté est à l'amour ce que la fleur est sur les fruits ; elle y donne un lustre qui s'efface aisément, et qui ne revient jamais. »

3. Voir la maxime 430 : « Dans la vieillesse de l'amour comme dans celle de l'âge on vit encore pour les maux, mais on ne vit plus pour les plaisirs. ».

Réflexion X. « **Des goûts** ». 1. On peut rapprocher cette phrase de la maxime 109 : « La jeunesse change ses goûts par l'ardeur du sang, et la vieillesse conserve les siens par l'accoutumance. »

Réflexion XI. « **Du rapport des hommes avec les animaux** ». 1. « S'inspirant d'un ouvrage de l'italien Della Porta, dont la physiognomonie annonce celle de Lavater, La Rochefoucauld établit un réseau d'analogies visant à souligner la bestialité des hommes » (C. Rosso, *op. cit.*, p. 163-164). Il était sans doute tentant, pour La Rochefoucauld, de rapprocher l'amour-propre de l'instinct animal, et dès lors, de transformer la société en ménagerie. J. Truchet rappelle que le peintre Le Brun réalisa de nombreux dessins mettant en parallèle des têtes d'hommes et d'animaux.

2. *Lévriers d'attache* : chiens utilisés dans les chasses à courre contre le gros gibier.

3. *Chiens de jardinier* : Gilbert, dans l'édition des Grands Écrivains de la France, indique qu'« on appelle proverbialement chiens de jardinier, les gens qui ne savent ni faire, ni laisser faire, parce que les chiens qui gardent les jardins ne mangent ni légumes ni fruits, et n'en laissent pas prendre. »

4. Dans une lettre à sa fille, datée du 20 octobre 1679, Mme de Sévigné raconte que Mme de La Fayette, l'amie de La Rochefoucauld, prend « des bouillons de vipères, qui lui redonnent une âme, lui donnent des forces à vue d'œil ».

5. La Rochefoucauld aurait fourni à La Fontaine le sujet d'une de ses fables, la fable XIV du livre X (« Discours à M. le duc de La Rochefoucauld »).

6. Allusion à l'utilisation de canards « d'appel », destinés à attirer, par leurs cris, d'autres canards dans les filets des chasseurs.

7. D'où la légende des larmes de crocodile. J. Truchet renvoie, à ce sujet, à un sonnet de Ronsard : « Mais votre œil cauteleux, trop finement subtil,/ Pleure en chantant mes vers, comme le crocodil,/ Pour mieux me dérober par feintise la vie » (Ronsard, *Sonnets pour Hélène*, I, 25).

Réflexion XII. « **De l'origine des maladies** ». 1. Dans une note de l'édition des Grands Écrivains de la France, Gilbert renvoie à un passage d'Hésiode : « Les hommes des premiers temps vivaient sur la terre exempts de tous maux, et du pénible travail, et des cruelles maladies » (*Les Travaux et les Jours*, vers 90-92).

2. *La teigne* : « une gale épaisse qui vient à la tête avec écailles et croûtes, de couleur cendrée, et quelquefois jaune, hideuse à voir, avec une senteur puante et

cadavéreuse [...] Ambroise Paré dit que ce mot vient de tinéa, à cause qu'elle mange la tête, comme les vers mangent les habits » (Furetière).

3. *Le pourpre :* « une espèce de peste ou fièvre maligne qui paraît par des éruptions sur le cuir semblables à des morsures de puces, ou de punaises, ou de gains de mil, ou de petite vérole. Elles sont rouges, citrines, tannées, violettes, azurées, livides ou noires ; et quand elles paraissent en grande quantité, c'est bon signe » (Furetière).

4. *Les fièvres étiques :* fièvres qui se manifestent de façon continue et qui amaigrissent, provoquant un état d'*étisie*.

Réflexion XIII. « Du faux ». 1. Voir la maxime 203 : « Le vrai honnête homme est celui qui ne se pique de rien. »

2. Sans doute La Rochefoucauld songe-t-il à Mme de Sablé.

3. Voir la maxime 244 : « La souveraine habileté consiste à bien connaître le prix des choses. »

4. Pour Gilbert, « l'allusion à Louis XIV ne semble pas douteuse ».

5. Alexandre aurait été invité à participer à une course aux Jeux Olympiques et aurait répondu : « Oui bien, si s'étaient rois qui y courussent » (Plutarque, *Vie d'Alexandre le Grand*, chap. VII, trad. Amyot).

Réflexion XIV. « Des modèles de la nature et de la fortune ». 1. Voir la maxime 53.

2. Voir la maxime 153 : « La nature fait le mérite, et la fortune le met en œuvre. »

3. Brutus passait pour être le fils de César et de Servilia, sœur de Caton.

4. La Rochefoucauld a aussi associé le prince de Condé au maréchal de Turenne dans la maxime 198.

5. Turenne fut tué d'un coup de canon, à Salzbach, le 27 juillet 1675, pendant la guerre de Hollande.

6. C. Rosso souligne, à propos de cette réflexion XIV, que « La Rochefoucauld ne semble voir dans l'histoire que l'œuvre de la nature et de la fortune ». L'une et l'autre contribuent essentiellement à former des « hommes extraordinaires et singuliers ». Dans ces pages, sont brossés des portraits de surhommes, mais ceux-ci ne sont en réalité que des marionnettes mises en action par des forces qui leur sont étrangères et auxquelles ils doivent tout. On voit bien que La Rochefoucauld se représente l'histoire des grands hommes à partir de maximes bien connues telles que celle-ci (maxime 53). « Quelques grands avantages que la nature donne, ce n'est pas elle seule mais la fortune avec elle qui fait les héros » (C. Rosso, *op. cit.*, p. 162). En fait, C. Rosso tire des conclusions excessives : la maxime 53 ne fait pas de l'homme une marionnette mise en action par la fortune ; il faut nature *et* fortune.

Réflexion XV. « Des coquettes et des vieillards ». 1. *Amadis de Gaule*, roman de chevalerie espagnol dont le texte original, perdu, remonte à la fin du XIVᵉ siècle, mais qui fut transformé et publié en 1508 par Montalvo, et traduit par Herberay des Essarts à partir de 1540. Roman d'importance capitale, grâce à H. des Essarts dont la traduction-adaptation, entreprise à la demande de François Iᵉʳ, a connu un succès immédiat et considérable. Cet ouvrage a été réédité dans la collection STFM, (Nizet, 1986, 2 vol.).

2. *Il gagne croyance vers les maris :* il gagne la confiance des maris.

3. Voir la maxime 408 : « Le plus dangereux ridicule des vieilles personnes qui ont été aimables, c'est d'oublier qu'elles ne le sont plus. »

Réflexion XVI. « De la différence des esprits ». 1. Pour Gilbert, La Rochefoucauld viserait ici deux célèbres contemporains : Bussy-Rabutin et Saint-Évremond.

2. *L'esprit de finesse*, pour La Rochefoucauld, est celui qui se plaît à « finasser ». La signification est très différente chez Pascal, qui l'oppose à « l'esprit de géométrie ».

3. Voir la maxime 451 : « Il n'y a point de sots si incommodes que ceux qui ont de l'esprit. »

Réflexion XVII. « De l'inconstance ». 1. Voir la maxime 351 : « On a bien de la peine à rompre quand on ne s'aime plus. »
2. Voir la maxime 71 : « Il n'y a guère de gens qui ne soient honteux de s'être aimés quand ils ne s'aiment plus. »
3. Idée reprise dans la maxime 473.

Réflexion XVIII. « De la retraite ». 1. Cette image, qui suggère la ruine progressive de l'être humain, est digne de Bossuet.
2. Le « tout est vu » de La Rochefoucauld annonce le « tout est dit » de La Bruyère.
3. Voir la maxime 274 : « La grâce de la nouveauté est à l'amour ce que la fleur est sur les fruits ; elle y donne un lustre qui s'efface aisément, et qui ne revient jamais. »
4. Le mot *économie* a ici son sens étymologique : l'administration de la maison.
5. Voir la maxime 109.

Réflexion XIX. « Des événements de ce siècle ». 1. C. Rosso résume ainsi ce long texte : c'est un récit de faits « classés sous la catégorie douteuse des "choses extraordinaires qui sont renfermées dans le cours de chaque siècle" [...]. Dans l'ensemble toutes ces histoires montrent l'absurdité des événements ainsi que la cruauté ou la stupidité des hommes. » (C. Rosso, *op. cit.*, p. 162).
2. Henri de Joyeuse (1567-1608), frère du favori de Henri III. Dans *La Henriade* (chant IV, vers 23-24), Voltaire y fait allusion : « Vicieux, pénitent, courtisan, solitaire. Il prit, quitta, reprit la cuirasse et la haire. »
3. La Rochefoucauld fait allusion à la conjuration de 1640 qui redonna l'indépendance au Portugal (annexé à l'Espagne depuis soixante ans).
4. La « douairière de Mantoue » est Marguerite de Savoie, duchesse de Mantoue, et le roi d'Espagne, Philippe IV.
5. Le duc de Bragance qui devint roi du Portugal sous le nom de Jean IV régna seize années (1640-1656).
6. Richelieu mourut peu de temps après l'exécution de Cinq-Mars.
7. Il s'agit de Mlle de Montpensier, dite la Grande Mademoiselle, fille du frère de Louis XIII, Gaston, duc d'Orléans, et de sa première femme la duchesse de Montpensier.
8. Le marquis de Puyguilhem, duc de Lauzun (1633-1723).
9. Monsieur désigne Philippe d'Orléans, le frère du Roi ; Monsieur le Prince est le prince de Condé.
10. Madame douairière est Marguerite de Lorraine, veuve du duc d'Orléans et belle-mère de Mlle de Montpensier.
11. Alphonse VI (1643-1683), roi du Portugal de 1656 à 1667, fils de Jean IV (voir ci-dessus, note 5). Faible d'esprit, il fut déposé en 1667 et fut enfermé dans l'île de Tercevia, l'une des Açores.
12. Tomaso Aniello (1622-1647) fut l'instigateur de la révolte contre le vice-roi de Naples, le duc d'Arcos, représentant du roi d'Espagne. Il ne mourut pas « frénétique », mais assassiné par les hommes du vice-roi.
13. Christine de Suède (1626-1689) abdiqua en 1645. Elle parcourut ensuite l'Europe, fit assassiner au château de Fontainebleau son amant l'Italien Monaldeschi, puis ayant abjuré le protestantisme, fit pénitence à Rome. Cette femme illustre, grande admiratrice des arts et des sciences, avait fait venir Descartes auprès d'elle. La Rochefoucauld fut de ceux qui participèrent à sa réception en France.
14. Casimir V (1609-1672), roi de Pologne de 1648 à 1668. Après son abdication, il devint abbé de Saint-Germain-des-Prés et mourut à Nevers.
15. Cromwell, auquel La Rochefoucauld fait ici allusion, fit exécuter Charles Ier en 1649.
16. Il s'agit de Jean de Witt, qui mourut à La Haye en 1672 au cours d'une émeute que les partisans de Guillaume d'Orange avaient fomentée.
17. Léopold Ier, empereur d'Allemagne, succéda à son père Ferdinand III, à l'âge de dix-huit ans, en 1658.

18. Charles II d'Angleterre s'était allié avec Louis XIV par le traité de Douvres (1670).

19. C'est le traité de Nimègue (1678) qui mit fin à la guerre de Hollande.

20. Guillaume d'Orange y fut vaincu par l'armée française, commandée par Monsieur, Philippe d'Orléans, frère unique de Louis XIV (le 11 avril 1677).

21. Gilbert, dans une note de l'édition des Grands Écrivains de la France, rappelle que « le mariage de Guillaume d'Orange avec la princesse d'York est de 1678, et la paix de Nimègue, dont il est ici question, a été conclue le 10 août de la même année ; or La Rochefoucauld étant mort le 17 mars 1680 [...], il est permis de croire que cet intéressant morceau est un des derniers qu'il ait écrits. »

22. Allusion au célèbre vers de Virgile : « *Timeo Danaos et dona ferentis* » *(Énéide*, livre II, vers 49) (« Je crains les Grecs même quand ils portent des offrandes »).

23. Allusion vraisemblable aux poisons de la marquise de Brinvilliers, qui fut condamnée en 1676.

Considérant la fin de ce texte, J. Lafond fait aussi observer que « l'Antiquité à nouveau sert d'étalon, et de terme de comparaison pour accabler le présent, position très peu "moderne" et assez différente de celle d'un Guez de Balzac. Dans son *Aristippe*, ce dernier ironise sur les Catons qui déplorent "la corruption des Siècles" et "la caducité de la Nature", et se refuse, quant à lui, à se laisser "éblouir à la réputation de la Sagesse des Grecs" » (*op. cit.*, p. 52).

Appendice. 1. Les quatre textes qui suivent, publiés par J. Truchet et J. Lafond dans leur édition respective, ont été découverts dans un manuscrit de la bibliothèque de La Roche-Guyon qui contenait les *Réflexions diverses*. Ils figurent à la suite de la Réflexion XIX (« Des événements de ce siècle »).

1. Portrait de Mme de Montespan. 2. Ce portrait a paru, pour la première fois, dans le tome I de l'édition des Grands Écrivains de la France (Appendice, p. 92-94).

3. Mme de Montespan se prénommait Françoise-Athénaïs ; c'était sa mère qui s'appelait Diane.

4. Il s'agit de Julie d'Angennes, mariée en 1645 au duc de Montausier, et qui fut nommée dame d'honneur de la reine en 1664.

2. Portrait du cardinal de Retz. 1. Ce portrait a paru, pour la première fois, dans le tome III de l'édition des *Lettres* de Mme de Sévigné, publiée par de Perrin en 1754. Voir l'article d'André Bertière, « A propos du portrait du cardinal de Retz par La Rochefoucauld », *R.H.L.F.,* juillet-septembre 1959.

2. Le cardinal de Retz s'échappa en 1654 du château de Nantes où il était prisonnier.

3. Retz participa aux conclaves de 1655 (élection du pape Alexandre VII), 1667 (élection du pape Clément IX), 1670 (élection du pape Clément X) et 1676 (élection du pape Innocent XI).

4. Retz se retira en 1675.

3. Remarques sur les commencements de la vie du cardinal de Richelieu. 1. Texte qui a paru, pour la première fois, dans le tome I de l'édition des Grands Écrivains de la France (Appendice, p. 94-97).

2. Richelieu (1585-1642) était évêque de Luçon.

3. L'Italien Concini, venu en France à la suite de Marie de Médicis, acheta le marquisat d'Ancre en 1610 et devint maréchal de France. Il fut assassiné en 1617.

4. Le Père Joseph était le confident et le conseiller de Richelieu.

5. Le duc de Luynes (1578-1621) était le favori de Louis XIII.

6. Richelieu fut exilé en Avignon de 1618 à 1619.

7. Ville des environs d'Angers, prise par l'armée royale en 1620.

4. [Le comte d'Harcourt.] 1. Ce texte qui, comme le précédent, a paru pour la première fois dans l'appendice au tome I de l'édition des Grands Écrivains de la France, ne comportait pas de titre dans le manuscrit. Le comte d'Harcourt est

Henri de Lorraine (1601-1666) qui avait combattu le prince de Condé pendant la Fronde.

2. Les îles de Lérins, au large de Cannes.

Portrait de La Rochefoucauld par lui-même. 1. Ce portrait a été publié pour la première fois en 1659 dans le *Recueil des portraits et éloges* dédié à Mlle de Montpensier.

2. Comme le fait remarquer L. Hippeau, « on ferait évidemment un contresens si, à cause de ce passage, on voyait en La Rochefoucauld un précurseur de Nietzsche. Il reprend simplement un des lieux communs du stoïcisme antique. "Les Stoïciens, disait avant lui Montaigne, tiennent la pitié pour passion vicieuse." » (L. Hippeau, *Essai sur la morale de La Rochefoucauld,* Nizet, 1967, p. 71 ; la citation de Montaigne est extraite des *Essais,* livre I, chap. I.)

Documents ayant figuré dans la première édition. 1. D'abord attribué à Segrais, ce discours est de Henri de La Chapelle-Bessé. Il fut supprimé dès la seconde édition des *Maximes.*

2. Tacite, *Annales,* XVI, 18.
3. Le Tasse, *La Jérusalem délivrée,* chant XVI, strophe 10.
4. La Chapelle-Bessé fait sans doute allusion à saint Augustin dans *La Cité de Dieu,* livre I, chap. XIX.
5. Sénèque, *De la tranquillité de l'âme,* VII, 2.
6. Sénèque, *De la vie heureuse,* XXVII, 5.
7. Tacite, *Annales,* XIV, 52-56.
8. Saint Augustin, *La Cité de Dieu,* livre XXI, chap. 16 et livre V, chap. 13 et 20.
9. Adaptation des *Entretiens solitaires* de Brébeuf (1660).
10. Autre adaptation des *Entretiens solitaires* de Brébeuf.
11. Dans les *Essais* (II, 1), Montaigne évoque les deux visages de son âme : « Je donne à mon âme tantôt un visage, tantôt un autre, selon le côté où je la couche. »
12. Adaptation d'Horace, *Satires,* livre II, satire 3, vers 48-51.
13. Adaptation de Guarini, *Pastor fido,* acte I, scène 1.

MADAME DE SABLÉ

MAXIMES

Maxime 1. L'idée d'une soumission du jugement à la volonté de Dieu est très pascalienne. Notons que Dieu est présent dès la première maxime de Mme de Sablé, alors qu'il est absent des *Maximes* de La Rochefoucauld.

Max. 4. Cf. la maxime 117 de La Rochefoucauld.

Max. 5. Dans son édition, Jean Lafond donne la version suivante : « réussissent [*sic*] souvent mieux ».

Max. 6. Cf. l'aphorisme 107 de l'*Oráculo manual* de Gracián, intitulé : « *No monstrar satisfacción de sí* » ; « *Viva, ni descontento, que es poquedad, ni satisfecho, que es necedad.* » (« D'être mécontent de soi-même, c'est faiblesse ; d'en être content, c'est folie », traduction d'Amelot de la Houssaye.)

Max. 7. La notion d'« âme forte » peut provenir de la *virtù* de Machiavel. Pour Mme de Sablé, la supériorité de l'âme forte est de reconnaître ses erreurs.

Max. 9. « En ne parlant que des méchants, Mme de Sablé invite le lecteur à ne pas se considérer comme tel. Elle lui donne au contraire l'illusion d'appartenir avec elle à un groupe moralement supérieur. C'est justement ce sentiment de supériorité que La Rochefoucauld attaque chez lui-même comme chez le lecteur » (Harald Wentzlaff-Eggebert, « Montaigne, Gracián, La Rochefoucauld, La Bruyère et les *Maximes* de Mme de Sablé » in *Le Langage littéraire au XVIIe siècle*, Tübingen, Gunter Narr, 1991).

Max. 14. La richesse est un tonneau des Danaïdes ; et il n'y a pas de pédagogie de la richesse (elle n'« apprend » rien). Cf. *Le Savetier et le Financier* de La Fontaine, et la section « Des biens de fortune » dans *Les Caractères* de La Bruyère.

Max. 16. Cf. la maxime supprimée 35 de La Rochefoucauld.

Max. 20. « Tromper les autres en déguisant ce que l'on est », renvoie à la leçon de Gracián dans l'*Oráculo manual*. Mme de Sablé, pour sa part, entend, comme La Rochefoucauld, dénoncer cette attitude en faveur de l'honnêteté. Cf. aussi la maxime 457 de La Rochefoucauld.

Max. 26. Cf. la maxime 399 de La Rochefoucauld.

Max. 30. Pour La Bruyère également, la « noblesse d'esprit » n'est pas toujours l'apanage de la noblesse héréditaire.

Max. 31. Maxime fort proche de la maxime 139 de La Rochefoucauld.

Max. 35. Cf. la maxime 245 de La Rochefoucauld.

Max. 36. L'éloge de la brièveté, dans l'art de la conversation, se rattache souvent à la critique de la vanité. Cf. La Rochefoucauld : « On parle peu quand la vanité ne fait pas parler. »

Max. 40. Cf. la maxime 199 de La Rochefoucauld. Comme le fait observer Harald Wentzlaff-Eggebert, dans les deux cas, « les propositions principales sont pratiquement identiques. Mais tandis que La Rochefoucauld en finit là, Mme de Sablé ajoute une explication. Tandis que La Rochefoucauld donne à réfléchir au lecteur et l'invite à chercher une explication à la thèse proposée, Mme de Sablé donne elle-même les raisons et cherche à prouver sa thèse. »

Max. 41. Cf. la maxime 265 de La Rochefoucauld. Sur « l'opiniâtreté », voir aussi la maxime 7 de Mme de Sablé.

Max. 46. Cf. la maxime 88 de La Rochefoucauld.

Max. 48. Cf. la maxime 162 de La Rochefoucauld.

Max. 56. Cf. la maxime 283 de La Rochefoucauld.

Max. 58. « En bonne lectrice de Montaigne, Mme de Sablé croit à la nécessité d'éclairer le jugement et de cultiver l'esprit » (J. Lafond, « Mme de Sablé et son salon », *op. cit.*, p. 213). Voir Montaigne, *Essais* (livre III, chap. VIII).

Max. 59. Sur l'utilité de la contradiction, cf. Montaigne : « Je m'avance vers celui qui me contredit, qui m'instruit » (*Essais*, livre I, chap. LVI).

Max. 62. Mme de Sablé fustige ici le narcissisme présent dans toute conversation. Manifestation de l'amour-propre, le narcissisme ruine la conversation, aboutit à la négation du dialogue. « S'écouter en parlant », c'est faire bien peu de cas de l'autre. Sur l'utilité de la contestation, de la contradiction, voir la maxime 59. Voir aussi La Rochefoucauld, « De la conversation », dans les *Réflexions diverses*, et La Bruyère, « De la société et de la conversation », 16 et 67, dans *Les Caractères*.

Max. 68. Cette maxime témoigne d'une sensibilité pour les inférieurs qu'on ne trouve guère chez La Rochefoucauld, et qui annonce La Bruyère.

Max. 72. Cf. La Rochefoucauld, maxime non publiée, 14.

Max. 77. Cf. la maxime 83 de La Rochefoucauld.

Max. 79. La fin de cette maxime reprend la maxime supprimée 13 de La Rochefoucauld.

Max. 80. Cf. la maxime 70 de La Rochefoucauld.

Max. 81. Pascal n'hésita pas à recopier cette réflexion sur le théâtre pour l'insérer dans ses *Pensées* (éd. Brunscvicg, 11 ; éd. Sellier, 630). Rappelons que Bossuet condamna également le théâtre dans ses *Maximes et Réflexions* sur la comédie.

ABBÉ D'AILLY

Pensées diverses

1. Ces maximes sont celles de Mme de Sablé, qu'on lira ici, p. 246 à 255.
2. Elles seraient publiées à son insu : la pratique est courante, comme le montre l'édition subreptice, faite en Hollande en 1664, des maximes de la Rochefoucauld.
3. Le thème correspond à celui que développe Jacques Esprit dans *La Fausseté des vertus humaines* (1677-1678) : les vertus humaines sont fondées sur l'amour-propre et par conséquent ne peuvent servir au salut, que, seules, les vertus chrétiennes peuvent assurer.
4. Les vertus morales, comme le précise la préface, ne sont jamais que des vertus humaines.
5. Pascal et Nicole estiment de même que l'honnêteté mondaine n'est au fond qu'intérêt et amour-propre, mais qu'elle vaut mieux néanmoins que l'abandon à la violence des passions.
6. Position intellectualiste courante au XVIIe siècle : la *Logique* de Port-Royal (1662) entend rectifier les « fausses idées que les préjugés de notre enfance ont laissés dans notre esprit » (Arnauld et Nicole, *La Logique ou l'Art de penser,* Flammarion, 1970, p. 50-51, 102, etc.).
7. *Maxime* est ici pris dans le sens normatif de « règle de conduite ».
8. Cette pensée prolonge la pensée précédente. Ceux qui, dans leur honnêteté foncière, ne croient pas nécessaire de faire usage des « manières » et de l'art de paraître honnêtes n'atteignent pas à la « grande réputation » de ceux qui jouent les honnêtes gens. Les apparences comptant plus qu'un « mérite véritable et solide », ils demeurent par là « plus obscurs » et méconnus.
9. Un fort grand *bon* sens.
10. Cf. La Rochefoucauld, max. 220.
11. Pensée assez étonnante pour l'époque : la différence entre maîtres et valets tiendrait donc « bien souvent » de la « fortune », c'est-à-dire de la condition de maître ou de valet qui est la leur bien plus que de leurs « sentiments » ou de leur être naturel. L'idée d'une nature noble ou naturellement bonne est ici récusée au profit de la prégnance de cette seconde nature qu'est l'être social. Le proverbe « Autant de valets, autant d'ennemis » est cité par Sénèque, qui le critique (*Lettres à Lucilius,* 48), par Erasme (*Adages,* II, III, 31), par Montaigne (*Essais,* II, 8 ; éd. Villey-Saulnier p. 394), qui l'attribue au « vieux Caton ».
12. Ceux qui font « profession » d'être dévots : qui reconnaissent publiquement être dévots.
13. Ont des relations mondaines, une vie mondaine.
14. Voir La Rochefoucauld, max. 358.
15. *Chagrin :* de mauvaise humeur. Cf. Molière, *Le Misanthrope,* vers 67 (où *chagrin* est substantif et *philosophe* adjectif), à propos d'Alceste : « Ce chagrin philosophe est un peu trop sauvage. » L'abbé d'Ailly ferait-il ici allusion à Alceste ?
16. Saint-Évremond a écrit une « Lettre à une dame galante qui voulait devenir dévote », que son premier éditeur datait de 1657 (Saint-Évremond, *Œuvres en prose,* p.p. R. Ternois, S.T.F.M., Didier, t. III, 1969, p. 208-217). Elle est beaucoup plus critique que ne l'est ici la pensée de l'abbé d'Ailly.
17. Vide de connaissances.
18. Propos typiquement rationaliste. C'est la physique scolastique qui admet que, par « sympathie », des choses ou des corps agissent l'un sur l'autre et s'attirent (ainsi de l'aimant et du fer) et possèdent des « qualités occultes » (l'opium fait dormir en

raison de sa « vertu dormitive »). Le « je ne sais quoi » a connu une grande carrière littéraire : le P. Bouhours lui a consacré le cinquième de ses *Entretiens d'Ariste et d'Eugène* (1671). Voir E. Köhler, « Je ne sais quoi. Ein Kapitel aus der Begriffgeschichte des Unbegrifflichen », *Romanistisches Jahrbuch*, VI (1953-1954), p. 21-59.

19. Certaines vertus, depuis Aristote, sont considérées comme des vertus de *tempérament* : certaines sagesses sont moins explicables par une maîtrise acquise par *raison* que par le défaut de passions. Cf. La Rochefoucauld, max. 220.

20. L'inégalité de traitement à l'égard des dames...

21. Dans sa maxime 81, Mme de Sablé condamnait la comédie comme un des divertissements les plus « dangereux pour la vie chrétienne ». L'abbé d'Ailly prolonge et, implicitement, critique cette maxime 81.

22. Une personne de haute condition.

23. Le texte porte « savant ». Au XVIIe siècle l'accord avec le mot *personne* se fait souvent au masculin : ainsi en est-il de « imparfaits » dans la pensée 14. Il est d'autant plus étonnant ici que l'épithète « tel » est mise au féminin.

24. La position de l'auteur est ici celle de tous les moralistes chrétiens. Au VIe siècle, le philosophe Boèce traite, au livre IV de sa *Consolation de la Philosophie* (Paris, Éd. Rivages, 1989, p. 171), de ce rapport de la fortune à la Providence divine. Il condamne la déesse Fortune des païens, qui n'a aucun pouvoir puisque « Dieu gouverne l'univers ». L'emploi du mot *fortune* s'est cependant maintenu dans l'usage courant, en un sens limité au jeu des hasards qui font, du point de vue de l'homme, toute histoire, individuelle ou collective.

25. Écho de la querelle suscitée par la thèse cartésienne de l'animal-machine (*Discours de la méthode*, cinquième partie, 1637, et lettre de Descartes à Plempius du 3 oct. 1637). La thèse de Gassendi (1592-1655), qui reconnaît à l'animal une âme « irraisonnable » mais « corporelle » a été soutenue par La Fontaine dans son *Discours à Mme de la Sablière* (*Fables*, livre IX, vers 197-237). L'abbé d'Ailly est ici plus proche des positions cartésiennes, que soutenaient alors nombre de jansénistes, que de celles des gassendistes, dont La Fontaine.

26. Diogène (413-237 av. J.-C.) est le représentant le plus célèbre de l'école cynique. La légende s'est emparée très tôt de ce sage authentique.

27. Fournit une bonne « matière », de bonnes raisons de s'humilier.

28. *Ressentir* : « sentir fortement » (A. 94). Le « ressentiment » est le souvenir d'un bien ou d'un mal ressenti fortement. Il s'applique de plus en plus vers la fin du siècle au souvenir des injures subies (cf. la pensée 75).

29. L'idée vient de ce *Discours sur la condition des grands* où Pascal, opposant les « grandeurs naturelles » et les « grandeurs d'établissement », fait de la noblesse non pas « un titre de nature », comme le voulait l'idéologie nobiliaire, mais le produit « d'un établissement humain » (Pascal, *Œuvres complètes,* p.p. L. Lafuma, Le Seuil, 1963, p. 366-367).

30. Lieu commun de la littérature depuis, pour le moins, la satire VIII de Juvénal (avant 65-après 128) que ce thème de la transmission par le sang de la noblesse alors que la vraie noblesse est d'ordre moral. Mais le traitement de ce lieu commun ne manque pas ici d'originalité.

31. Le XVIIe siècle emploie couramment « ennoblir » là où l'usage moderne exige « anoblir ».

32. L'affirmation d'un « commencement semblable » pour toutes les familles du monde remet en question le bien-fondé de cette supériorité de droit des grands sur le peuple qui justifiait alors la hiérarchie des classes sociales.

33. Cette pensée est une variation sur la critique des héros et sur l'idée du « point de perspective » d'où il convient de regarder les hommes chez La Rochefoucauld (max. 24 et 104). La Rochefoucauld est plus subtil (particulièrement dans la fin de la Réflexion diverse II), l'abbé d'Ailly plus direct et au total plus pessimiste.

34. Une maxime de La Rochefoucauld (max. 162) est ici encore au départ de l'idée, mais l'abbé d'Ailly la réécrit en déplaçant l'accent des « qualités médiocres » aux « bonnes qualités ».

ÉTIENNE-FRANÇOIS DE VERNAGE

Nouvelles réflexions ou Sentences et maximes morales et politiques

1. Les trois premières maximes servent d'introduction au volume. La première exploite la métaphore du miroir, qui, du Discours de La Chapelle-Bessé en tête des *Maximes* de 1665, avait été reprise par La Fontaine dans la fable « L'homme et son image » dédiée à La Rochefoucauld (*Fables*, I, 11).
2. Les maximes 4 à 8 traitent de la dévotion du point de vue critique qu'implique le style de la maxime. On notera qu'aucune ne fait allusion à la fausse dévotion, qui s'impose à la cour après 1680 sous l'influence précisément de Mme de Maintenon.
3. Lieu commun de la pensée politique du temps, qui permet de condamner et d'exclure toute déviance religieuse, qu'on interprète comme une déviance politique. L'argument justifiait la persécution des jansénistes et des protestants (la révocation de l'Édit de Nantes date de 1685).
4. L'auteur aborde ici le domaine de la morale individuelle. Cf. La Rochefoucauld, max. supprimée 60.
5. Cf. *ibid.*, max. 9 et 12.
6. Cf. *ibid.*, max. 422.
7. Cf. *ibid.*, max. supprimée 31.
8. Cf. *ibid.*, les max. 24, 213 et 217, que Vernage condense. Ici (comme en d'autres passages), on voit la technique de vulgarisation employée par Vernage.
9. Cf. Malebranche, *De la recherche de la vérité*, I, II, III, 5, in *Œuvres*, Pléiade, p. p. G. Rodis-Lewis, t. I, p. 276. L'idée de Malebranche, que Vernage reprend ici mot pour mot, faisait l'objet de la critique du P. Bouhours dans *La Manière de bien penser dans les ouvrages d'esprit*, 2ᵉ éd., 1688, p. 58. Sur cette querelle, voir J. Lafond, « Littérature et morale au XVIIᵉ siècle », in *Critique et création littéraires en France au XVIIᵉ siècle,* C.N.R.S., Paris, 1977, p. 395-406.
10. Cet « amour déréglé de nous-mêmes », c'est l'amour-propre. L'amour « réglé » serait appelé soit « amour de soi », soit « amour-propre bien réglé » (cf. la max. 1 de l'abbé d'Ailly).
11. L'idée d'un témoin qui juge nos actions est courante dans la pensée antique : ainsi chez Sénèque, *Lettres à Lucilius*, 10, 5 et 11, 8 (où Sénèque cite Épicure). Mais Vernage s'en tient à une exigence toute pragmatique de prudence, liée au fait qu'« on ne peut pas cacher le mal ». Pour la sagesse antique comme pour le christianisme, le témoin est un modèle actif et positif, pour Vernage, la moralité se fonde sur la peur d'être découvert.

PASCAL

Pensées

A. Le projet de juin 1658. 1. Cette Table de dossiers n'est pas de la main de Pascal, mais il en est de même de dizaines de Pensées, dont l'authenticité n'est pas contestée. Si elle n'émanait pas de Pascal, sa présence même serait inexplicable, étant donné le soin méticuleux avec lequel le copiste transcrit l'original, allant jusqu'à recopier et rayer les textes rayés par Pascal. Il s'agit ici d'une copie figurée, qui reproduit la disposition même de l'original : dix titres à gauche, dix-huit à droite. Cette table ouvre C2. C1 l'a transcrite deux fois : au début et à la fin des vingt-huit dossiers indiqués. D'ailleurs l'existence de ces rubriques est attestée par de nombreux titres de fragments rédigés par Pascal, ainsi que par divers renvois d'un dossier à un autre. Cette table a été constituée par Pascal vers juin 1658.

Bien que C2 la fasse suivre, peut-être à cause de son caractère unique, de signes de fin de dossier, comme si elle était indépendante du dossier I, cette table (fr. 1) n'était sans doute que le dernier papier enfilé de la liasse I, qui tout entière récapitule le projet de 1658.

2. Le copiste, ne trouvant pas de liasse correspondant à ce titre, a indiqué sa perplexité par un astérisque. Le thème de la corruption règne dans onze fragments de la liasse intitulée « Fausseté des autres religions », où sur dix-neuf pensées (fr. 235-253) six s'attaquent à l'Islam, une au paganisme et une aux Livres sacrés des autres religions. La corruption de la nature est au centre du fr. 240. Toute religion qui n'affirme pas cette réalité d'expérience ne mérite guère l'examen.

Que s'est-il passé ? Pascal a réuni en une seule liasse la fin de la Ire partie (sur les fausses religions) et sa conclusion « que la nature est corrompue » (voir fr. 248 et 40).

[**I. La liasse-table de juin 1658.**] 1. Cette liasse, dépourvue de titre, rassemble tous les thèmes du projet de juin 1658 : elle est une Table plus étoffée. Et l'ensemble des dossiers organisé à cette époque ne constitue lui-même que le synopsis de l'œuvre future.

2. Voir fr. 681. *A* : jusqu'à.

3. Voir fr. 325, 328, 492 et surtout 736 ; La *Massore* est l'œuvre des Massorètes, les docteurs juifs qui ont assuré la défense du texte authentique de l'Ancien Testament. L'hébreu n'ayant qu'une écriture consonantique, ils en ont facilité la lecture en inventant un système de points voyelles, placés au-dessus du texte sacré (VIIIe-Xe siècles, aux abords du lac de Tibériade).

4. Dans ses *Mémoires sur Saint-Cyran,* Lancelot écrit : « Il savait qu'il y a dans l'âme de l'homme une niaiserie qui l'ensorcèle, *fascinatio nugacitatis,* comme dit l'Écriture. » (Sagesse, IV, 12.)

5. *Prêt à* : ici, *prêt de.*

6. Salomon a longtemps passé pour l'auteur de l'Ecclésiaste, qui, avec le Livre de Job déplore la vanité de l'existence humaine.

7. Le succès immense des *Provinciales* avait convaincu Pascal de l'efficacité de la forme courte de la lettre. Il envisageait son *Apologie,* au moins en partie, comme une panoplie de lettres où alterneraient dialogues, haute éloquence, ironie...

8. « Heureux qui peut pénétrer les causes des choses... » (Virgile, *Géorgiques,* II, 490 ; cité par Montaigne, *Essais,* III, 10, p. 1020).

9. Montaigne, *Essais,* II, 12, p. 577-578 : « Il n'est point de combat si violent entre les philosophes, et si âpre, que celui qui se dresse sur la question du souverain bien de l'homme : duquel, par le calcul de Varro, naquirent deux cent quatre-vingts sectes [...]. Les uns disent notre bien être, loger en la vertu, d'autres en la volupté, d'autres au consentir à nature ; qui, en la science ; qui, à n'avoir point de douleur ; qui, à ne se laisser emporter aux apparences (et à cette fantaisie me semble retirer cette autre de l'ancien Pythagoras :

    Nil admirari prope res est una, Numaci,
      Solaque quae possit facere et servare beatum). »

La citation latine est d'Horace : « Ne s'étonner de rien, Numacius, est presque le seul et unique moyen qui donne et conserve le bonheur. » — Voir fr. 111.

10. *Essais,* II, 12, p. 551.

11. Des Barreaux (1602-1673), un débauché notoire qui ne croyait en Dieu que lorsqu'il était malade, avait écrit une chanson où l'on trouve :

    « Et, par ma raison, je butte
    A devenir bête brute. »

12. « Souvent je ne sais quoi, qu'on ne peut exprimer,
   Nous surprend, nous emporte et nous force d'aimer. »
   (*Médée*, II, 6).

[II] **Ordre**. 1. « Ordre » rassemble des notes où Pascal, lors de la constitution des vingt-six dossiers provisoires de l'*Apologie* (III-XXVIII), a indiqué les projets nouveaux qui germaient en lui.

2. Le peuple juif, dispersé dans tout le monde connu, chante, sans en comprendre la portée réelle, les Psaumes où le Messie est annoncé. Hostiles aux chrétiens, les Juifs sont à leur insu les meilleurs témoins de la vérité du christianisme.

3. Platon et ses disciples, auxquels saint Augustin applique souvent les célèbres versets de saint Paul : « Ce qui est connu de Dieu, Dieu lui-même le leur a manifesté quand leur intelligence a perçu à travers ces créatures ses perfections invisibles, son éternelle puissance aussi, et sa divinité » (Romains, I, 19-20). Mais, ajoutent saint Augustin, Jansénius et Pascal, ce beau cheminement philosophique les a conduits à une ridicule suffisance : leur orgueil leur a voilé le Dieu qu'ils avaient entrevu (fr. 221, 222).

4. « Le juste vit de la foi » (saint Paul, Romains, I, 17).

5. « La foi donc vient de ce qu'on a entendu » (*ibid.*, X, 17). Cette foi fait dire non pas *Je sais*, mais *Je crois* (voir saint Thomas, *Somme de théologie*, IIa ae q.1, a. 5).

6. *Frondé* : combattu, mis en cause. Cette acception, née des révoltes de la Fronde, se trouve aussi dans le fr. 94. Le sens est expliqué par le fr. 27, qui, originellement, précédait immédiatement celui-ci (P. Ernst).

7. Pascal mentionne ici deux dilatations internes de la liasse « Commencement » : la « Lettre qu'on doit chercher Dieu » (fr. 681) et le « Discours de la machine » (fr. 680), désigné le plus souvent par un seul de ses aspects : le pari.

[III] **Vanité**. 1. Saint Paul, Romains, VIII, 20-21 : « Les créatures [...] sont assujetties à la vanité [...] avec espérance d'être délivrées. » (Cf. Ecclésiaste, III, 19.)

2. La *Lettre de saint Jacques,* au chapitre 2, met en garde les chrétiens contre la tentation de réserver les meilleures places aux riches dans les assemblées liturgiques.

3. Montaigne, *Essais*, I, 20, p. 87 : « Paulus Aemilius répondit à celui que ce misérable roi de Macédoine, son prisonnier, lui envoyait pour le prier de ne le mener pas en son triomphe : Qu'il en fasse la requête à soi-même ! » Voir fr. 149.

4. Il s'agit d'une des milles fables qui couraient encore sur le Grand Turc, malgré des mises en garde déjà anciennes : « Et n'est pas ainsi que disent quelques-uns, qu'il laboure... » (G. Postel, *De la république des Turcs,* 1560.)

5. En 1656-1662, Pascal étudiait les *Essais* dans l'édition de 1652 : à la page 751, Montaigne développe des considérations générales sur la vanité de la plupart des préoccupations humaines. Pascal ajoute à cette référence une allusion aux longs débats des frères mineurs sur la forme de leur capuchon (voir l'article « Capuchon » de l'*Encyclopédie*). A Port-Royal, on comparait cette querelle à celle des cinq propositions.

6. Ce fragment est une note de lecture des Essais : II, 12, p. 566 et 569 ; III, 6, p. 907. La citation latine provient de I, 42, p. 264 : « La plupart du temps les changements plaisent aux princes... » (Horace, *Odes*, III, 29, 13). Sur quoi Montaigne écrit : « Ce sont délices aux princes, c'est leur fête, de se pouvoir quelquefois travestir et démettre à la façon de vivre basse et populaire. »

7. « Peuple féroce, qui ne croyait point qu'il y eût de vie, hors la guerre. » (Tite-Live, I, 34 : à propos de l'Espagne.) La citation vient des *Essais* (I, 14, p.61).

8. Voir fr. 115.

9. *L'Opinion, reine du monde,* ouvrage inconnu par ailleurs. Pascal aimait méditer sur les titres. Voir fr. 546.

10. *Écacher :* aplanir, écraser. *Mousses :* émoussés, peu aigus.

11. Adjonction marginale, qui indique un changement de titre ou une dilatation interne du dossier « Vanité ».

12. Cette note marque sans doute la place prévue pour le fr. 32, utilisé provisoirement dans la liasse-table.

13. *Échappons* : laissons échapper.
14. *Soutenir* : supporter.
15. *Conseil* : réflexion.
16. Apostrophe tirée d'un éloge héroï-comique du farceur italien Scaramouche (1657).
17. *Devait* : aurait dû (latinisme).
18. Dans les Conseils de certains cantons (Bâle, Zürich), la noblesse était minoritaire et suspecte de collusion avec les Habsbourg. Voir fr. 668.

[IV] Misère. 1. *Essais*, II, 12, p. 580 : « Le meurtre des enfants, meurtre des pères, communication de femmes, trafic de volerie, licence à toutes sortes de voluptés : il n'est rien en somme si extrême, qui ne se trouve reçu par l'usage de quelque nation. Il est croyable qu'il y a des lois naturelles [...], mais en nous elles sont perdues, cette belle raison humaine, s'ingérant partout de maîtriser et commander, brouillant et confondant le visage des choses, selon sa vanité et inconstance. *« Nihil itaque amplius nostrum est : quod nostrum dico artis est. »* La citation est de Cicéron : « Il ne reste rien qui soit véritablement nôtre : ce que j'appelle nôtre n'est que production artificielle » (*De finibus*, V, 21).
2. « Il est des crimes commis à la faveur de sénastus-consultes et de plébiscites » (Sénèque, *Lettre 95*, citée dans *Essais*, III, 1, p. 796). Voir fr. 675 et 796.
3. « Autrefois c'était des crimes que l'on souffrait, aujourd'hui c'est des lois » (Tacite, *Annales*, III, 25 ; dans les *Essais*, III, 13, p. 1066).
4. *Essais*, II, 12, p. 512 : « Platon [...] dit tout détroussement en sa *République* que pour le profit des hommes il est souvent besoin de les piper. »
5. *Essais*, II, 12, p. 535 : Montaigne évoque Varron et le grand prêtre romain Scevola, admirateurs des belles impostures politico-religieuses, stigmatisés par saint Augustin dans *La Cité de Dieu* (IV, 31), d'où provient la citation : *« Cum veritatem qua liberetur inquirat, credatur ei expedire quod fallitur »*, citée de mémoire par Pascal. « [Belle religion que celle où] alors que l'homme cherche la vérité libératrice, on croit que le mensonge lui est utile ! »
6. Charles Ier fut décapité en 1649 ; Jean-Casimir fut dépossédé de sa souveraineté sur la Pologne pendant quelques mois de 1656 ; Christine de Suède avait abdiqué en 1654. La *Gazette* des 2, 12 et 16 septembre 1656 racontait la prise de Varsovie par les Suédois, la fuite de Jean-Casimir et l'arrivée de Christine à Paris (P. Ernst). L'autographe comporte tout en haut à gauche un titre rayé par Pascal : « (*Trois hôtes*) ».
7. Cette pensée est apparentée à maints textes des Pères de l'Église contre la propriété privée : l'ensemble de la terre appartient à la communauté humaine. Les répartitions qui s'opèrent concrètement ne correspondent à aucun « droit de propriété » : ceux qui en bénéficient ne sont que des gérants, des intendants, au service du bien général. On pense aussi à Rousseau, *Discours sur l'origine de l'inégalité*. Mais ici la pensée procède par renversements du contre au pour : les régimes d'appropriation privée sont des folies (fr. 116), mais s'attaquer à ces folies, c'est déchaîner la guerre civile, sans résultat. L'ensemble de l'œuvre pascalienne montre que Pascal est partisan de réformes progressives et hostile aux révolutions.
8. *Suppôt* : terme aristotélicien opposant la substance, insaisissable, aux accidents (quantité, qualité, relation, etc.).
9. Voir fr. 94.
10. Saint Jean, XXI, 17 : après avoir demandé à Pierre : « Simon, fils de Jean, m'aimez-vous », Jésus lui dit : « Paissez mes brebis. »
11. Sagesse, V, 15 : « L'espérance du méchant est [...] comme *la mémoire d'un hôte logé pour un jour, qui passe outre* » (trad. de Louvain).
12. Note marquant l'emplacement du fr. 22, provisoirement placé dans la liasse-table.
13. Les « honnêtes gens », les adeptes de l'idéal de « l'honnêteté ».
14. Le copiste, avec justesse, a placé ce fragment rayé hors de la rubrique « Misère ». Si l'on appelle R1, V1, R2 et V2 le recto et le verso des deux feuillets d'une feuille,

Pascal avait rédigé le fragment « Les Lois » (fr. 94) sur R1, puis R2, puis le haut de V2. Sur ce qui restait libre de V2, il a écrit : « *Est-ce donc que l'âme... saisir la vérité.* » Puis, manquant de place, il a poursuivi : « *Mais peut-être... 399* » sur V1, resté blanc. Au moment de classer, Pascal a dû choisir quel texte sacrifier : il a conservé « Les Lois » et l'a classé dans « Misère » ; il a rayé ses autres notes, et indiqué dans la liasse-table (fr. 27) qu'il les reprendrait dans une « Lettre de la folie de la science humaine et de la philosophie » qui serait placée avant « Le divertissement ».

15. Les indications numériques renvoient à l'édition des *Essais* parue en 1652. Voir le fr. 775, destiné à la même *Lettre*. Ces notes rayées condensent, en prenant ici un mot, là une tournure, les pages 500, 538-557, 562 des *Essais*, dans l'édition Villey-Saulnier.

16. *Essais*, II, 12, p. 500 : « Si me faut-il voir enfin [...] si cette quête qu'il y a employé depuis tant de siècles, l'a enrichi [...]. Tout l'acquêt qu'il a retiré d'une si longue poursuite, c'est d'avoir appris à reconnaître sa faiblesse. » Pour les citations, voir fr. 27.

[V] **Ennui et qualités essentielles à l'homme.** 1. Voir fr. 168.

[VI] **Raison des effets.** 1. Voir fr. 238 et 708 : seule la corruption de la nature rend compte du réel. Les Copies donnent toutefois *Raisons*. Tourneur les imite et lit *raisons* aux fr. 127 et 138 (à tort il me semble).

2. Matthieu, XVIII, 4, où Jésus dit : « Si vous ne vous convertissez, et *si vous ne devenez comme de petits enfants*, vous n'entrerez pas dans le royaume des cieux. »

3. Critique du *Traité des passions* de Descartes, rempli d'extravagances. « Il faut remarquer que la machine du corps est tellement composée, que tous les changements qui arrivent au mouvement des esprits peuvent faire qu'ils ouvrent quelques pores du cerveau plus que les autres... » (I, 16).

4. « L'extrême droit est une extrême injustice » (Térence, *Héautontimorouménos,* IV, 5, 47 ; cité par Charron, *De la sagesse,* I, 37, 5).

5. « *Du véritable droit* et de la justice parfaite nous ne possédons pas de modèle... » (Cicéron, *De officiis,* III, 17 ; d'après les *Essais,* III, 1, p. 796).

6. Bel exemple de jeu de Pascal avec le texte des *Essais :* « Nous louons un cheval de ce qu'il est vigoureux et adroit [...], non de son harnais [...]. Pourquoi de même n'estimons-nous un homme par ce qui est sien ? Il a grand train, un beau palais, tant de crédit, tant de rente ; tout cela est autour de lui, non en lui » (I, 42, p. 259-260).

7. *Brave :* vêtu avec élégance.

8. Thèse fondamentale des augustiniens : la spontanéité et les choix affectifs (« volonté ») de l'homme déchu ne sont guère que « concupiscence ». Les politiques astucieux peuvent flatter cette « volonté », ou recourir à la contrainte.

9. Cf. *Essais*, III, 8, p. 929 : « Pourquoi sans nous émouvoir rencontrons-nous quelqu'un qui ait le corps tordu et mal bâti, et ne pouvons souffrir de la rencontre d'un esprit mal rangé sans nous mettre en colère ? » — Épictète, *Entretiens,* IV, 6.

10. Saint Paul, Corinthiens, XV, 33 : « Les mauvais entretiens gâtent les bonnes mœurs. »

11. Dans « Des cannibales » (*Essais,* I, 30, p. 141-142), Montaigne raconte l'étonnement d'indigènes brésiliens de passage à Rouen, de voir « de grands hommes portant barbes, forts et armés » obéir à un enfant roi.

[VII] **Grandeur.** 1. En jouant sur les concupiscences des hommes (en les décorant, en les flattant, en les payant...), les politiques parviennent à constituer un « ordre » paradoxal et précaire. Voir fr. 150.

2. Pascal, *De l'esprit géométrique :* « La géométrie [...] ne définit aucune de ces choses : espace, temps, mouvement, nombre, égalité, ni les semblables qui sont en grand nombre, parce que ces termes-là désignent si naturellement les choses qu'ils signifient à ceux qui entendent la langue, que l'éclaircissement qu'on en voudrait faire apporterait plus d'obscurité que d'instruction. »

3. *Nous :* les théologiens augustiniens. Après Jansénius, Pascal rappelle le principe : « *Vitium hominis natura est pecoris* » (saint Augustin, *La Grâce et le Péché originel*, 40, n. 46).
4. Voir fr. 49.

[VIII] **Contrariétés.** 1. Voir fr. 182.
2. Note de lecture des *Essais*, II, 3, p. 353-354 : « ... C'est de pareille vanité que nous désirons être autre chose que ce que nous sommes. Le fruit d'un tel désir ne nous touche pas, d'autant qu'il se contredit et s'empêche en soi. Celui qui désire d'être fait d'un homme ange, il ne fait rien pour lui. Il n'en vaudrait de rien mieux ; car, n'étant plus, qui se réjouira et se ressentira de cet amendement pour lui ? », etc.
3. *Timide* : craintif.
4. « *Et la disposition à tenir à l'écart* », par les aboiements.
5. *Vacations* : métiers, professions.
6. Descartes, *Méditations métaphysiques*, I : « Je supposerai donc, non pas que Dieu, qui est très bon et qui est la souveraine source de vérité, mais qu'un certain mauvais génie [...] a employé toute son industrie à me tromper. »
7. Voir *Essais*, II, 12, p. 596. Il s'agit d'ailleurs d'un lieu commun, d'où est sortie toute la pièce de Calderon, *La vie est un songe* (vers 1633). Après cette phrase, Pascal a rayé un passage que C2 n'a pas reproduit : *(Et qui doute que si on rêvait en compagnie et que par hasard les songes s'accordassent, ce qui est assez ordinaire, et qu'on veillât en solitude, on ne crût les choses renversées ?)*
8. En fait ce fragment n'a jusqu'ici présenté que les arguments des pyrrhoniens. Pour le « fort des dogmatistes », voir le fr. 142.
9. *Domestique de* : familière de.
10. Pascal avait écrit « une de ces (*trois*) sectes », en s'appuyant sur les *Essais*, II, 12, p. 502 : « Quiconque cherche quelque chose, il en vient à ce point, ou qu'il dit qu'il l'a trouvée, ou qu'elle ne se peut trouver, ou qu'il en est encore en quête. Toute la philosophie est départie en ces trois genres... » Suit un tableau qui éclaire les *Pensées* :
   1) Les dogmatiques : péripatéticiens, épicuriens, stoïciens.
   2) Ceux qui ont « désespéré de leur quête » : Clitomaque, Carnéade, les académiciens.
   3) Les pensées de l'incertitude : Pyrrhon, mais aussi Zénon, Démocrite, Xénophane (ajoutons le plus grand... Montaigne lui-même).
Pascal réduit le plus souvent ces trois « sectes » à deux : les dogmatiques/les pyrrhoniens (et académiciens). Voir l'*Entretien avec M. de Sacy sur Épictète et Montaigne*. Platon échappe à cette classification (*Essais*, II, 12, p. 509).
11. Jusqu'au milieu du XIXe siècle, on n'attribuait à l'histoire humaine que quelques millénaires. Maintes chronologies dataient la Création de 4004 avant Jésus-Christ.
12. Cette rigueur est celle d'un théologien familier de l'œuvre de saint Augustin et de la synthèse que Jansénius en avait proposée dans son *Augustinus* (1640). *État* appartient au vocabulaire technique de la théologie janséniste : état de la nature innocente/état de la nature déchue, tels sont les titres de parties importantes de l'*Augustinus*.
13. Proverbes, VIII, 31, où la Sagesse divine dit : « Mes délices sont d'être avec les enfants des hommes. » ; Joël, II, 28 : « Je répandrai mon esprit sur toute chair » ; Psaume LXXXI, 6 : « J'ai dit : *Vous êtes des dieux*, et vous êtes tous enfants du Très-Haut. »
14. Isaïe, XL, 6 : « Toute chair n'est que de l'herbe. » ; Psaume XLVIII, 12 : « L'homme [...] a été comparé aux bêtes qui n'ont aucune raison ; et il leur est devenu semblable » ; Ecclésiaste, III, 18 : « *J'ai dit en mon cœur, touchant les enfants des hommes*, que Dieu les éprouve, et qu'il fait voir qu'ils sont semblables aux bêtes. »

[IX] **Divertissement.** 1. Plus que de l'essai « De la diversion » (III, 4), Pascal s'inspire ici de l'opposition augustinienne *aversio/conversio* (*Du libre arbitre*, II, 19,

n. 53). L'homme déchu se détourne (*divertit, avertit*) de Dieu pour se tourner (*convertit*) vers le périssable. L'attention à Dieu ou, à l'opposé, la négligence, le divertissement, l'inconscience humaine... sont des thèmes centraux chez les augustiniens.

2. Pascal, qui juge les preuves de l'existence de Dieu inefficaces et sans valeur religieuse (fr. 222), évoque ici la preuve augustinienne par la contingence du moi pensant, un moi qui perçoit en même temps la transcendance, l'éternité des vérités (mathématiques...). Le moi pensant découvre Dieu comme fondement nécessaire de la vérité des jugements. Conscient de la demi-réussite du cheminement philosophique chez les platoniciens, l'apologiste jette quelques interrogations-éclairs, destinées à troubler l'incroyant (voir le début du fr. 680).

3. « Les choses de la terre n'apaisent pas l'insatiable cupidité » (saint Augustin, *Sur le psaume 105*, n. 13). Créé pour être comblé par Dieu même, l'homme s'affole en vain à la poursuite des choses périssables. Cf. « Douzième Provinciale » : « La cupidité, qui ne souffre point de bornes... »

4. *Ressentiment* : sentiment (Furetière).

5. *Essais*, I, 42, p. 267 : « Quand le roi Pyrrhus entreprenait de passer en Italie, Cynéas son sage conseiller, lui voulant faire sentir la vanité de son ambition : "Eh bien ! sire, lui demanda-t-il, à quelle fin dressez-vous cette grande entreprise ?" — "Pour me faire maître de l'Italie", répondit-il soudain. — "Et puis, suivit Cynéas, cela fait ?" — "Je passerai, dit l'autre, en Gaule et en Espagne [...]. Et enfin, quand j'aurai mis le monde en ma sujétion, je me reposerai et vivrai content et à mon aise." — "Pour Dieu, sire [...], pourquoi ne vous logez-vous dès cette heure, où vous dites aspirer, et ne vous épargnez tant de travail... ?" »

[X] Philosophes. 1. « Philosophe », « philosophie » sont chez Pascal des termes toujours péjoratifs. La raison humaine étant incapable de trouver par elle-même la vérité métaphysique et morale, ceux qui lui font confiance (philosophes ou casuistes) ne font qu'enrichir le musée des élucubrations humaines. La seule issue est d'écouter la Sagesse divine, qui parle dans les Livres saints. Pascal est théologien, non philosophe.

2. Saint Jean, XIV, 6 : « Jésus lui dit : Je suis *la voie, la vérité et la vie.* » Voir fr. 225.

3. *Répugnants* : hostiles, mal disposés.

4. Les épicuriens ont été séduits par les voluptés, les philosophes grecs appelés « physiciens » (Thalès, Anaximène...) par la « curiosité », les stoïciens par l'orgueil. Voir fr. 761. Dans l'*Entretien avec M. de Sacy*, Pascal dénonce la « superbe diabolique » d'Épictète.

5. *Manuel*, IV, 7.

[XI] Le souverain bien. 1. Le titre de la liasse et celui du fragment viennent de l'*Augustinus* de Jansénius, « De l'état de pure nature », chap. 1-9. « *Sapientem suum dixerunt [stoïci] sola virtute contentum, etiam in Phalaridis tauro esse beatissimum* » : le sage stoïcien se prétend heureux dans les pires souffrances... et pourtant, en cas de souffrance, il admet le suicide. Et Jansénius ironise : « O quelle vie heureuse dont on ne jouit qu'en appelant la mort à l'aide ! » Il paraphrase ici la *Lettre 155* de saint Augustin, qui demandait : « l'homme ne sera-t-il heureux qu'en se délivrant de cette vie heureuse comme de quelque peste ? » Pascal condense les deux textes. Sénèque est sans cesse la cible de Jansénius : la citation « Qu'il te suffise de toi-même et du bonheur qui vient de toi » (*Lettre à Lucilius*, XX, 8) se retrouve chez Jansénius dans le traité « De l'hérésie pélagienne », V, 1.

2. Présentant la même analyse dans sa *Lettre sur la mort de son père*, Pascal précisait qu'il l'avait apprise « de deux très grands et très saints personnages ». Il s'agit de saint Augustin et de Jansénius. Après avoir cité l'ouverture des *Confessions* (voir fr. 18, 19), Jansénius enchaîne : « De là donc l'inquiétude perpétuelle de l'homme sans Dieu [...]. Hors de Dieu il ne trouve absolument rien qui puisse remplir la capacité si vaste de son âme [...] une fois Dieu abandonné, il a découvert en lui-même un vide et une indigence immenses qu'il ne parvient pas à comprendre » (*N.L.* II, 25).

3. Saint Augustin, *Les Mœurs de l'Église*, 3, n. 5 : « Le souverain bien doit être tel que personne ne puisse le perdre contre son gré (*invitus*). » Voir l'écrit de Pascal *Sur la conversion du pécheur.*

[XII] **A.P.R.** 1. Le sens de ces sigles est incertain. C'est pourquoi j'ai transcrit les titres des autographes sans adopter la ponctuation moderne. Les copies transcrivent A.P.R., y compris dans le fr. 1, qui fournit les titres de liasses. Pour plusieurs critiques, ils signifient « A Port-Royal » (Pascal a utilisé P.R. pour Port-Royal au fr. 97). Les préfaces de Filleau de la Chaise et d'É. Périer pour l'édition des *Pensées* (1670) faisant état d'une conférence où Pascal aurait présenté son projet d'*Apologie*, on a voulu voir dans les fr. 155, 182 et 274 les vestiges des notes réunies en vue de cet exposé. Mais É. Périer précise que cet exposé eut lieu « sans avoir été prémédité, ni travaillé ». D'autre part, « A.P.R. » serait-il la seule liasse du projet de juin 1658 dont le titre soit sans rapport sémantique avec le contenu ?

2. M. Pol Ernst a montré que toute la partie de ce texte intitulée « APR pour demain » occupe les deux feuillets d'une feuille filigranée aux trois annelets et le haut d'une seconde feuille au même filigrane. On peut être tenté de considérer que la partie qui s'ouvre par « APR Commencement », qui occupe un feuillet au filigrane différent (recto et verso), a été écrite seulement ensuite, « après avoir expliqué l'incompréhensibilité ». Mais les deux Copies, imitées par le Recueil original, fournissent l'ordre que je reproduis ici.

3. Leur paradis sera un jardin plantureux, où les hommes « trouveront des femmes belles et nettes » (Coran, sourate 2 ; trad. Du Ryer, 1647).

4. La forme de la prosopopée est empruntée au Livre des Proverbes, où, à deux reprises, la Sagesse divine s'adresse aux hommes (chap. I et VIII). L'absence de ponctuation reproduit exactement l'autographe.

5. Voir fr. 258.

6. La suite de ce passage intitulé « APR Pour demain/Prosopopée » commence au recto de la deuxième feuille (d'où le 2). Pascal, considérant que cette évocation du Dieu qui se cache se trouverait mieux à sa place dans le chapitre « Fondements », l'y a insérée (fr. 274). Avec son scrupule habituel, le copiste l'y a laissée. Il l'a également transcrite ici, de façon à faire comprendre la pensée, mais en indiquant en marge : « Cette suite s'est trouvée dans le chapitre "Fondements de la religion". »

[XIII] **Commencement.** 1. Ce titre est expliqué par le fr. 194 et se retrouve en tête du fr. 196. Voir le début du fr. 182.

2. Ecclésiaste, III, 18-21.

3. *Règle des partis :* calcul des chances, des probabilités de gain ou de perte. Voir fr. 186, 190, 191, 680...

4. Originellement ce fragment, découpé par Pascal, était suivi immédiatement du fr. 505 (P. Ernst).

[XIV] **Soumission et usage de la raison en quoi consiste le vrai christianisme.**

1. C'est à propos de la Résurrection et de l'Ascension du Christ que saint Augustin écrit dans *La Cité de Dieu* (XXII, 7) : « Ces mystères, l'esprit humain ne pourrait les accepter, sans la force démonstrative des miracles qui les attestent. »

2. Le copiste a mal déchiffré le texte rayé, qu'il a partiellement transcrit en marge, en le rayant : « (*Pyrrhonien, géomètre, chrétien. Doute, assurance soumission*) ». Ne pouvant lire (« *et elles s'accordent* »), il a reconstitué une seconde triade, en supposant que Pascal avait écrit (« *assurance* »).

3. Actes des Apôtres, XVII, 11 : « [Les Juifs de Bérée] reçurent la parole de Dieu avec beaucoup d'affection et d'ardeur, examinant tous les jours les Écritures, pour voir si ce qu'on leur disait était véritable. »

4. Dans la tristement célèbre *Lettre à Vincent* (*Epistula 93*), saint Augustin, devant l'échec des contacts et échanges pour réduire le schisme donatiste, avait fini par justifier le recours à la contrainte : la violence de la *terreur* briserait l'insidieuse violence de l'éducation, du milieu, des routines !

La *Lettre* joue avec les mots *timor, terror*. Il semble que Pascal ait forgé sa clausule à partir de cette *terreur*, pour rejeter toute contrainte (voir fr. 490). La *Lettre à Vincent*, publiée en 1573 pour justifier la Saint-Barthélemy, le fut encore en 1686 après la révocation de l'Édit de Nantes.

5. *Lettre 120*, 1, n. 3 : « *Rationabile est ut ad magna quaedam, quae capi non possunt, fides praecedat rationem, proculdubio quantumcumque ratio quae hoc persuadet, etiam ipsa antecedit fidem.* » La *Logique de Port-Royal* (IV, 12) cite ce même texte. « Si on compare ensemble les deux voies générales qui nous font croire qu'une chose est, la raison et la foi, il est certain que la foi suppose toujours quelque raison, car, comme dit saint Augustin dans sa *Lettre 12*[0], et en beaucoup d'autres lieux : Nous ne pourrions pas nous porter à croire ce qui est au-dessus de notre raison, si la raison même ne nous avait persuadés qu'il y a des choses que nous faisons bien de croire, quoique nous ne soyons pas encore capables de les comprendre. »

6. Fr. 318.

7. Cette affirmation montre que les dossiers sur les miracles (XXX, XXXI, XXXII) n'auraient pas pris place dans l'*Apologie*. Après l'intense choc affectif qui l'avait poussé à préparer une *Lettre sur les miracles*, Pascal s'est rendu compte que la rareté, la limitation dans l'espace, des phénomènes jugés miraculeux ne permettaient pas de fonder une argumentation. Il forge alors la théorie du « miracle subsistant » qui, elle, est fondamentale (fr. 368 et 491).

8. Pascal situe le bon usage de l'intelligence entre la passion de tout discuter des Réformés qui rejettent la foi en l'Eucharistie et la servilité de ceux qui se soumettent au pape, là où celui-ci n'exprime pas solennellement la foi de l'Église universelle. Condamner en 1653 cinq propositions hérétiques sur la grâce, c'est le droit du pape ; mais soutenir qu'elles se trouvent dans l'*Augustinus*, c'est un abus du pape. Si elles s'y trouvent, qu'on les montre ! De même, en astronomie, on n'écoute pas le pape, mais les savants : Galilée (« Dix-huitième Provinciale »).

9. Saint Jean, XV, 24 : voir fr. 429.

10. Job, VI, 28 : « Prêtez l'oreille, et *voyez si je mens.* »

11. Souvenir de l'hymne eucharistique *Pange lingua* : « *Et si sensus deficit / Ad firmandum cor sincerum / Sola fides sufficit* [...] *Praestet fides supplementum / Sensuum defectui* » (« Même si nos sens défaillent, la foi seule suffit à affermir un cœur pur [...] que la foi supplée à la défaillance des sens »). Port-Royal était devenu un monastère du Saint-Sacrement : la liturgie eucharistique a profondément marqué Pascal (Dieu caché...).

12. Rappel d'un passage de la « Dix-septième Provinciale » (23 janvier 1657). A partir de la pratique des jésuites décadents, Pascal se proposait de faire réfléchir sur le thème : intelligence et servitude. Encore tout proches des polémiques sur les miracles, de nombreux fragments de cette liasse sont parmi les plus anciens du projet d'*Apologie*.

[XV] Excellence de cette manière de prouver Dieu. 1. Après une allusion à l'Épître aux Romains, I, 21 : « ...ne l'ont pas glorifié », Pascal cite I Corinthiens, I, 21. « *Dieu voyant que le monde, avec la sagesse humaine, ne l'avait point connu dans les ouvrages de sa sagesse divine, il lui a plu de sauver par la folie de la prédication ceux* qui croiraient en lui. »

2. Comme saint Augustin, Pascal juge ces preuves inefficaces, à cause de l'état de faiblesse dans lequel l'homme gît aujourd'hui. Mais l'influence des *Essais* se surimprime à celle de l'œuvre augustinienne. Pascal a compris la découverte essentielle des *Essais* : la « volubilité », « la vacillation de l'esprit humain autour de toute matière » (II, 12, p. 510).

3. Saint Augustin, *Sermon 141*, 1-2 : « Leur orgueil leur a fait perdre ce que leur curiosité avait trouvé. » Il s'agit des platoniciens, auxquels saint Augustin applique sans cesse les deux versets de Romains, I, 20-21 (voir fr. 38, 221).

4. Le fr. 223 n'a été séparé du fr. 222 qu'en 1711 par un coup de ciseaux, malencontreux, semble-t-il, puisqu'on les a collés l'un immédiatement à la suite de l'autre dans le Recueil original. *C'est* renvoie donc à « *superbia* », l'orgueil.

5. Saint Bernard, *Sermons sur le Cantique*, 84 : « Meilleur on est, pire on devient, si on s'attribue à soi-même ce par quoi on est bon. »

[XVI] Transition de la connaissance de l'homme à Dieu. 1. *Essais*, I, 23, p. 115-116 : « ...C'est par l'entremise de la coutume que chacun est content du lieu où nature l'a planté : les sauvages d'Écosse n'ont que faire de la Touraine. »

2. Le fr. 228 se trouve au recto du fr. 227. Le copiste ne l'a pourtant pas transcrit hors liasse (voir fr. 111), peut-être parce que ces idées lui paraissaient convenir à « Transition... ». Le goût de l'ouverture à tout est l'une des marques de l'« honnêteté ». Voir déjà *Essais*, I, 26, p. 146 : « ... un peu de chaque chose, et rien du tout [à fond], à la française. »

3. Voir fr. 78. A. Paré appelle *coasseur* le malade qui a la gorge ou le nez obstrué (de sorte qu'il respire en produisant un bruit désagréable). *Fantaisie :* imagination.

4. *De là que :* parce que.

5. Vestige d'un texte sur l'Homme, dont certains passages ont été utilisés dans le classement de juin 1658 (voir fr. 230 : H 9 ; fr. 231 : H 3 ; et peut-être fr. 111 : [H] 13).

6. Appliquée à Dieu, cette métaphore pourrait remonter à Empédocle. Elle a connu une grande fortune, et figure dans la préface de Mlle de Gournay aux *Essais* (1635) : « [Hermès] Trismégiste, appelle la Déité cercle dont le centre est partout, la circonférence nulle part. »

7. *Ciron :* arachnide minuscule, qui servait d'exemple pour l'extrême petitesse. Les premiers microscopes étaient apparus en 1618.

8. *Essais*, II, 12, p. 489 : « De même impudence est cette promesse de Démocritus : "Je m'en vais parler de toutes choses." »

9. Fragment du titre donné par Pic de la Mirandole à l'une des neuf cents thèses qu'il se proposait de soutenir à Rome en 1486.

10. Le traité *Du principe des choses* est attribué à Duns Scot (fin du XIIIe siècle) ; le second est de Descartes (1644).

11. Ce paragraphe développe une idée chère aux *Essais :* I, 54, p. 312 ; I, 30, p. 198. La citation de Tacite (*Annales*, 4) provient aussi des *Essais* (III, 8, p. 940) : « Le bienfait est agréable jusques à ces termes, qu'on le puisse reconnaître : quand il les outrepasse de loin, on paie de haine pour gratitude. » Voir fr. 55.

12. Verset biblique cher à saint Augustin : « *Corpus enim quod corrumpitur aggravat animam et deprimit terrena inhabitatio sensum multa cogitantem* » (Sagesse, IX, 15). Toute cette réflexion sur l'usage des métaphores est inspirée de saint Augustin, attentif à la façon figurée dont les hommes parlent de Dieu (*La Vraie Religion*, c. 33, etc), et des polémiques sur « l'horreur du vide » (voir fr. 795).

13. *Essais*, II, 12, p. 538-539 : « Ces gens ici [...] qui savent tout [...] n'ont-ils pas quelquefois sondé, parmi leurs livres, les difficultés qui se présentent à connaître leur être propre [...]. Mais comme une impression spirituelle fasse une telle faussée [irruption] dans un sujet massif et solide, et la nature de la liaison et couture de ces admirables ressorts, jamais homme ne l'a su [...]. Saint Augustin : *Modus, quo corporibus adhaerent spiritus, omnino mirus est, nec comprehendi ab homine potest : et hoc ipse homo est.* » Montaigne avait déjà allégué le texte augustinien (*De civitate Dei*, XXI, 10). Pascal n'a eu qu'à poursuivre : « Le moyen par lequel les esprits sont attachés aux corps [...] ne peut être compris par l'homme ; cela néanmoins est l'homme. »

14. *Imbécile :* faible.

15. Ce fragment célèbre a suscité de longs débats : Valéry, dans sa médiocre *Variation sur une pensée* (1923), s'imaginant que cet effroi ne saurait être chrétien, a accusé Pascal de mise en scène. A. Béguin, dans *Pascal par lui-même* (1952), voit dans cette phrase une réflexion prêtée à l'incroyant. » Mais Pascal fait état des mêmes sentiments dans le fr. 230 et saint Augustin ne cesse de répéter à ses auditeurs, dans son église : « Tu lèves les yeux vers le ciel, et tu es frappé d'effroi... Tu considères

l'ensemble de la terre, et du frissonnes » (*Sur le Psaume 145*, n. 12). Le début du fr. 230 est une élévation de type augustinien à partir des « *merveilles* » du monde sensible : comme Pascal juge cette démarche inaccessible à l'incroyant, son texte serait plutôt « trop chrétien » pour une *Apologie*.

[XVII] **La nature est corrompue** et **Fausseté des autres religions.** 1. Voir fr. 1 et 708.
2. Pascal a pris soin de traduire ces textes (fr. 735).
3. Affirmation fondamentale de l'augustinisme : l'état présent de l'homme est si misérable, qu'il serait blasphématoire de soutenir que Dieu a créé ainsi une si dérisoire créature. Ce monde d'aveuglement, de haine, de souffrance et de mort ne saurait être l'œuvre d'un Dieu bon ! Que la nature humaine est corrompue, « l'évidence de la réalité » (*rerum evidentia*) et l'Écriture s'accordent à le prouver (*Contre Julien*, IV, 16, n. 78 ; *Ouvrage inachevé contre Julien*, III, 89). Les augustiniens n'ont que sarcasmes pour ceux qui trouvent que notre état présent n'est pas si mal (voir Pascal, *Lettre sur la mort de son père*).
4. « Ils ont vu notre état réel, mais n'en ont pas vu la cause. » Pascal généralise une sentence qu'Augustin avait portée à propos de Cicéron. Au livre III de sa *République*, celui-ci présente l'homme comme produit par une nature marâtre, nu, fragile, misérable... et pourtant habité d'une parcelle du feu divin. Il a donc bien vu notre état réel, mais en a ignoré la cause : « *Rem vidit, causam nescivit* » (*Contre Julien*, IV, 12, n. 60). Voir fr. 529 (§7), 704, et toute la liasse « Raison des effets ».
5. *L'Alcoran* : le Coran. Celse et Porphyre n'ont jamais désavoué saint Matthieu (Grotius, *De la vérité de la religion*, II, 5).
6. Ce texte est le plus important des fragments réunis en juin 1658 pour la conclusion de « La nature est corrompue ». Comme dans l'*Entretien avec M. de Sacy*, Pascal développe la dyade orgueil/paresse, au lieu de la triade volupté/curiosité/orgueil.
7. Grotius écrit de Mahomet dans *De la vérité*... : « La lecture de ses livres, prétendus saints, est interdite au peuple » (VI, 2). Toute l'Église primitive s'est nourrie de l'Écriture, et le Nouveau Testament en recommande la lecture assidue (Romains, XV, 4 ; I Pierre, I, 19 ; II Timothée, I, 13 ; IV Timothée, III, 16...).
8. *Devait* : aurait dû (il s'agit du Christ considéré dans son Église).
9. « *La composition* du cœur de l'homme est *mauvaise* dès son enfance » (Genèse, VIII, 21 : traduit au fr. 309). « *Figmentum malum* » est la traduction latine de l'hébreu, telle que Pascal la lisait dans la Bible de Vatable.
10. Saint Bernard, *Sermons sur le Cantique*, 84 : « Plus digne de coups que de baisers, je suis sans crainte parce que j'aime. »
11. Pascal avait écrit d'abord : « ... *il en faut trouver la raison* » (cf. fr. 238).
12. L'édition de Port-Royal désigne sous ce nom « ceux qui fondent des prophéties sur l'Apocalypse, qu'ils expliquent à leur fantaisie ».
13. Voir le début du fr. 182. Tourneur a déchiffré sous ce texte le titre « Fausseté des autres religions » écrit au crayon.

[XVIII] **Rendre la religion aimable.** 1. Genèse, XII, 3 et XXII, 18.
2. Isaïe, XLIX, 6 : « *C'est peu de chose que tu convertissent les tribus de Jacob. Je t'ai suscité pour être la lumière des gentils, et pour être mon salut jusqu'aux extrémités de la terre* » (trad. Pascal, fr. 718).
3. Luc, II, 32 : Le Sauveur sera exposé à la vue de tous les peuples « comme la lumière qui éclairera les nations ». Pascal connaît ce verset par cœur, par le cantique *Nunc dimittis* (Luc, II, 29-32), qui se récite chaque soir à complies.
4. Psaume CXLVII, 20 : « [Dieu] n'a point traité de la sorte toutes les autres nations. » Mais Jésus-Christ, répond Pascal, « a traité de la sorte toutes les autres nations ».
5. Il s'agit du sacrifice eucharistique.

[XIX] **Fondements de la religion et réponse aux objections.** 1. Fr. 287. Malgré ce fragment, le pluriel *Fondements* dans le titre de la liasse n'est pas certain (fr. 1). Un papillon conservé dans le R. O. (43) donne le singulier.

2. Voir *Essais,* III, 8, p. 942-943, où Tacite semble croire à un miracle de Vespasien.

3. Saint Augustin, *La Grâce du Christ et le Péché originel,* 24, n. 18 : « L'affaire des deux hommes, l'un par qui nous avons été vendus et asservis au péché, l'autre par qui nous sommes rachetés des péchés, c'est en cela que consiste proprement la foi chrétienne *(proprie fides christiana consistit).* » Ce « fondement » de la foi catholique est souvent rappelé dans les *Pensées* : fr. 182, 681, 690, 749.

4. Pascal raille la collusion entre raison et routines. Pas plus que saint Augustin, il ne s'habitue aux « miracles » de chaque jour : la naissance d'un enfant devrait étonner beaucoup plus que la promesse de sa renaissance *(La Cité de Dieu,* XXII, 4 et 8).

5. Isaïe, XLV, 15 ; LIII, 3 ; VIII, 14. Voir fr. 734.

6. Isaïe, VI, 10 : « *Endurcis* leur cœur » (trad. Pascal, fr. 736).

7. Voir fr. 370.

8. Voir fr. 182.

9. Saint Jean, VI, 41-42 ; VII, 41-44.

10. Verset du cantique *Magnificat* (saint Luc, I, 46-55). Le verbe « laisser » appartient au vocabulaire de la théologie augustinienne : toute l'humanité est corrompue depuis la chute. Elle a abandonné Dieu, et Dieu l'a abandonnée. Désormais, hormis ceux que Dieu choisit par une miséricorde dont l'homme ne peut rien dire, les autres sont emportés au gré de leurs désirs, vers la perdition : Dieu les « *laisse* » vagabonder vers leur perte. Nul n'est sûr d'être vraiment élu de Dieu. De là, chez Pascal, la hantise de l'abandon (fr. 742...).

11. Dans l'*Apologie de Sebonde* (II, 12, p. 553-554), Montaigne cite saint Augustin, *La Cité de Dieu,* XI, 22 : « Cela même que la vérité nous soit cachée, c'est pour exercer l'humilité ou pour mater la superbe. »

12. L'Ancien Testament abonde en généalogies. Mais il en est une dont les chaînons donnent lieu à d'importants développements : Thamar (Genèse, XXXVIII) ; Ruth, à laquelle est consacrée tout un livre... La généalogie de Jésus figure dans saint Matthieu, I, 1-16 et saint Luc, III, 23-38.

13. Isaïe, VIII, 14 : « [Le Seigneur] deviendra *votre sanctification* ; et il sera *une pierre d'achoppement.* »

14. Voir fr. 285.

15. Voir fr. 182.

16. Dieu s'est caché sous le voile de la nature, sous celui de l'humanité, sous celui de l'Écriture. « Et enfin quand il a voulu accomplir la promesse qu'il fit à ses apôtres de demeurer avec les hommes jusqu'à son dernier avènement, il a choisi d'y demeurer dans le plus étrange et le plus obscur secret de tous, qui sont les espèces [apparences] de l'Eucharistie. [...] Et je crois qu'Isaïe [45, 15] le voyait en cet état, lorsqu'il dit en esprit de prophétie : *Véritablement tu es un Dieu caché.* » (*Lettre 4 à Charlotte de Roannez.*)

17. Le fr. 276 figure sur le même papier que le fr. 275, mais il est d'une tout autre écriture et porte sur un sujet différent.

[XX] Que la loi était figurative. 1. Exode, II, 11-14.

2. Exode, XXV, 40, verset que Pascal cite d'après la Lettre aux Hébreux (VIII, 4-5), longtemps attribuée à saint Paul : « Vois que tu fasses toutes choses... » (trad. de Louvain).

3. Jérémie, XIII, 1-11 ; Daniel, III, 94.

4. « Le temps vient, et il est déjà venu, que les *vrais adorateurs* adoreront le Père en esprit et en vérité » (saint Jean, IV, 23). — « *Voici l'agneau de Dieu, celui qui ôte les péchés du monde* », formule liturgique tirée de saint Jean, I, 29 (la Vulgate traduit : *peccatum*).

5. Psaume XLIV, 3 : « *Accingere gladio tuo super femur tuum, potentissime* » (« Vous qui êtes le Très-Puissant, ceignez votre épée sur votre cuisse »). Voir fr. 493.

6. III, 28, n. 39.

7. Allusion aux pèlerins d'Emmaüs (saint Luc, XXIV, 26 et 32).

8. I Corinthiens, X, 11 ; Jean, I, 47 : « Jésus voyant Nathanaël qui venait le trouver, dit de lui : Voici *un vrai Israélite*.... » Jean, VIII, 36 : « Si donc le Fils vous met en liberté, vous serez *véritablement libres*. » Jean, VI, 32 : « Moïse ne vous a point donné le pain du ciel ; mais c'est mon Père qui vous donne le *véritable pain du ciel.* »

9. Philippiens, II, 8 ; Luc, XXIV, 26. Préface liturgique du temps pascal : « ... *mortem nostram moriendo destruxit* » ; Matthieu, XXIV-XXV, etc.

10. *Déçoit :* trompe, égare.

11. Matthieu, XXII, 45 ; Jean, VIII, 56.

12. Jean, XII, 34.

13. Voir fr. 294 et 737.

14. Voir fr. 294.

15. Apocalypse, XIII, 8 : « L'Agneau a été tué dès les origines du monde » (trad. littérale de la Vulgate). — Daniel, XII, 11, annonce que viendra un temps où sera aboli « *le sacrifice perpétuel* ».

16. « Jacob mourant [...] prédit particulièrement à la famille de Juda [...] (*que même le Messie qui devait être l'attente des Nations naîtrait de lui, et que la royauté ne serait point ôtée de Juda, ni le gouverneur et le législateur de ses descendants, jusqu'à ce que ce Messie attendu arrivât dans sa famille*) » (fr. 719 ; cf. 718). — Et pourtant Osée prédit qu'Israël sera « sans roi, sans prince, sans sacrifice... » (III, 4).

17. Lévitique, VII, 34, parle d' « une Loi qui sera toujours observée ». Et pourtant de nombreux textes annoncent que tous ces préceptes seront changés (voir fr. 693).

18. Dieu a promis à Abraham une alliance éternelle (fr. 651), et pourtant il annonce en Jérémie, XXXI, 31, une alliance nouvelle.

19. L'excellence de la Loi est célébrée dans tout le Deutéronome. Et pourtant Pascal lisait dans Ezéchiel, XX, 25 : « Je leur ai donné des *préceptes imparfaits,* et des ordonnances où ils ne trouveront point la vie. »

20. Voir fr. 294.

21. Voir fr. 693.

22. Saint Paul, II Corinthiens, III, 6. Voir fr. 285 ; mais au lieu de Luc, XXIV, 26, Pascal se réfère aux Actes des Apôtres, XVII, 3, où Paul fait voir aux Juifs de Thessalonique « qu'il avait fallu que le Christ souffrît ».

23. Voir fr. 693.

24. Jean, VI, 27 : après la multiplication des pains, Jésus invite ses disciples à rechercher *non la nourriture* (c'est le sens de *viande*) qui périt... Cet archaïsme vient de la Bible de Louvain, que Pascal utilisait.

25. Jean, VIII, 36.

26. Jean, VI, 32.

27. Psaume CXXIX, 8. Cf. Isaïe, XLIII, 25 ; Daniel, IX, 21-24.

28. Allusion au chant du Serviteur souffrant (Isaïe, LIII, 3-4, dans la Vulgate).

29. I Corinthiens, X, 11 ; Romains, IV et Galates, III ; Romains, VIII, 14-25 ; Hébreux, IX, 24 ; Romains, II, 28-29. L'« ouverture » sur le vrai pain du ciel fut donnée par Jésus lui-même (Jean, VI, 32), mais saint Paul parle longuement de ce pain (I Corinthiens, XI, 17-33).

30. Luc, X, 42.

31. Cantique des cantiques, IV, 5, où l'Époux dit à sa bien-aimée : « Vos deux mamelles sont comme deux petits jumeaux de la femelle d'un chevreuil, qui paissent parmi les lis. »

32. Psaume CIX, 1 : « Le Seigneur a dit à mon Seigneur : *Asseyez-vous à ma droite.* »

33. Genèse, VIII, 21 et XXVII, 27-28.

34. Isaïe, V, 25 : « *La fureur du Seigneur s'est allumée* contre son peuple. » Exode, XX, 5 : « Je suis le Seigneur votre *Dieu*, le Dieu fort et *jaloux*. » Psaume CXLVII, 13 : « [Dieu] a fortifié les serrures de tes portes [Jérusalem]. »

35. Havet a élucidé ces allusions. L'hébreu emploie en fin de mot une forme fermée de la lettre *mem*, tandis qu'au commencement ou dans le corps du mot il recourt

à une forme ouverte. D'autre part, comme en grec, les lettres ont une valeur numérale. Le *mem* ouvert vaut 40, le *mem* fermé 600.

Or, l'une des plus célèbres prophéties messianiques d'Isaïe : « Voici qu'un enfant nous est né... » (IX, 6) comporte dans l'hébreu les mots *lemarbé hamisra* (son règne s'étendra). Le *mem* de *lemarbé* étant fermé, contre la règle, les rabbins ont vu dans cette graphie anormale « des mystères ». Ce *mem* fermé indiquait d'après certains que le Messie naîtrait d'une vierge, et que cette naissance miraculeuse se produirait au bout de six cents ans.

La lettre *hé* est dite *deficiens* lorsqu'en finale cette lettre, qui de toute façon ne se prononce pas, n'est pas écrite. Le *tsadé*, comme le *mem*, présente deux formes, l'une finale, l'autre initiale ou médiane ; et ces formes ont des valeurs numérales différentes.

Pascal réalise ici son programme : « Parler contre les trop grands figuratifs » (fr. 286).

36. Maïmonide (1135-1204), l'un des grands penseurs du judaïsme. C'est dans son ouvrage le plus célèbre, *Le Guide des égarés* (1190), qu'il développe l'opposition entre le sens manifeste et le sens profond de l'Écriture.

37. La Kabbale est la Loi orale que Moïse a reçue (*Kibbel*) au Sinaï en même temps que la Loi écrite (*Tora*). C'est un message spirituel que les mystiques se transmettent de bouche à oreille, mais qui demeure fondé aussi sur la *Tora*. Le mot en est venu à désigner la plupart des écrits du mysticisme juif, du IIe siècle après J.-C. à nos jours.

38. Marc, II, 10 : « *Afin que vous sachiez que le Fils de l'homme* a sur la terre *le pouvoir de remettre les péchés : Levez-vous,* dit [Jésus] au paralytique, *je vous le commande.* »

[XXI] Rabbinage. 1. Il s'agit là de notes prises par Pascal pour son information personnelle, et empruntées essentiellement aux observations de Joseph de Voisin, aumônier du prince de Conti, sur un livre du dominicain Raymond Martin (XIIIe siècle), *Le Poignard de la foi contre les musulmans et les Juifs*. Excellent hébraïsant, J. de Voisin avait édité en 1651 ce *Pugio fidei*, demeuré jusqu'alors en manuscrit.

2. Voir *Pugio fidei*, III, 2,16. Références bibliques : Genèse, VIII, 21 ; Psaumes, XXXVII, 32-33 ; IV, 5 ; XXXVI, 2 ; Ecclésiaste (ou Qobéleth), IV, 13 ; Psaume XXXV, 10 ; Proverbes, XXV, 21 et 9 ; Isaïe, LV, 1 ; Ecclésiaste, IX, 13-18 ; Psaumes, XLI, 1 ; LXXVIII, 39 ; CIII, 15-16 ; XVI, 10. Exceptionnellement, Pascal conserve la numérotation hébraïque des Psaumes (celle de la Vulgate est décalée, pour la plupart, d'une unité).

[XXII] Perpétuité. 1. Deutéronome, XXX, 6.

2. Genèse, XLIX, 18.

3. Psaume LXXV, 1 : « Dieu [ne] s'est fait connaître [que] dans la Judée. » Ce fragment est une mosaïque de réminiscences bibliques : Jean, VIII, 56 ; Hébreux, XI, 13 et 23-27...

4. Havet pensait que ce « rond » était une marque de Pascal dans son exemplaire des *Essais*, signalant le texte utilisé au fr. 312. Voir fr. 322.

5. Saint Augustin, *De la Genèse contre les manichéens*, I, 23 : l'histoire du monde se divise en six périodes, semblables aux six jours de la Création, qui ont eu chacun un soir et un matin (un orient), et furent marqués par une merveille. Adam-Déluge, Noé-Babel, Abraham-Saül, David-déportation de Babylone, Purification par l'exil-Refus du Messie, Jésus humble-Jésus glorieux. Le septième âge sera le repos sans fin de ceux qui ont aimé Dieu. Les « pères » sont Adam, Noé... Cette conception cyclique de l'histoire (fraîcheur du monde, crépuscule, chaos, nouveau matin, etc.), caractéristique d'innombrables religions, est inconciliable avec l'affirmation si fréquente chez saint Irénée et tant d'autres d'une pédagogie divine à l'égard du peuple juif.

6. Voir la « Dixième Provinciale ».

[XXIII] **Preuves de Moïse.** 1. Étant donné l'importance des premiers livres de la Bible dans son argumentation, Pascal a ouvert deux dossiers (XXIII et XXIX) pour établir la valeur historique du Pentateuque, attribué alors intégralement à Moïse. Pascal voit en Moïse un « historien » quasi « contemporain » des faits qu'il rapporte (les origines du monde...), au XVe siècle avant Jésus-Christ.

2. Voir la fin du fr. 313. *Essais* II, 18, p. 664 : « Quel contentement me serait-ce d'ouïr ainsi quelqu'un, qui me récitât les mœurs, le visage, la contenance, les plus communes paroles, et les fortunes de mes ancêtres... » Sur la longévité prêtée aux premiers hommes, voir Genèse, V.

3. Saint Paul, I Corinthiens, I, 18.

4. Le Pentateuque n'a pas été inventé par les Juifs. Sinon, auraient-ils conservé des faits qui les accablent, comme l'adoration du Veau d'or ? Contrairement à Moïse, si véridique, l'historien juif Josèphe a passé ce crime sous silence.

5. Nombres, XI, 29, où Moïse, voyant que deux Israélites seulement prophétisent, s'écrie : « *Plût à Dieu que tout le peuple prophétisât !* » La citation de Pascal vient de la Bible de Vatable.

6. Nombres, XI, 14.

7. Voir fr 741.

[XXIV] **Preuves de Jésus-Christ.** 1. Joël, II, 28 : « *Je répandrai mon esprit* sur toute chair ; vos fils et vos filles prophétiseront. »

2. Voir fr. 268.

3. Deutéronome, XXVIII.

4. Pascal insère dans son texte des formules liturgiques : ici le *Sanctus* de la messe, un peu plus loin « Notre Seigneur Jésus-Christ ».

5. Plutarque fait de lui un parent du roi Hiéron de Syracuse (*Marcellus*, 14). Sur la royauté des esprits, voir la *Lettre* de Pascal à Christine de Suède (1652).

6. Ce poème répond à l'objection implicite du fr. 331. En général, les apologistes se contentaient de grapiller de rares allusions au Christ chez les historiens du Ier siècle. Voir le fr. 761, où la vision est plus ample encore que dans celui-ci, probablement plus récent.

7. *Naïveté :* naturel.

8. « Lis les prophéties. / Vois ce qui est accompli. / Recueille ce qui reste à accomplir. » Ce programme résume de nombreux textes augustiniens (d'où l'usage du latin) : *Lettre 137*, 4, n. 16 ; *La Cité de Dieu*, VII, 32 ; X, 32 ; etc.

9. Pascal pense aux manichéens et aux priscillianistes, qui, en contestant le canon des Écritures, ont conduit l'Église à réaffirmer avec force quels livres elle recevait comme « canoniques », inspirés par Dieu (saint Augustin, *Lettre 237*). Les recherches récentes sur le Recueil original ont mis en évidence que ces notes augustiniennes (les fr. 343 et 344) figurent sur un unique fragment de feuillet.

10. Jérémie, XXV, 8-13.

11. *D'abord :* d'emblée. C'est la théorie augustinienne : les saints d'Israël voyaient de loin, à travers un voile, la totalité de la Révélation à venir.

12. Jean le Baptiste.

13. Actes des apôtres, VII, 58-59.

14. *Ad Caïum*, 14 *sq.*

15. Genèse, XLIX, 10, dans la tradution de Louvain, qui colle au latin de la Vulgate : « *Non auferetur sceptrum de Juda, et dux de femore ejus.* » — Daniel, VII, 23.

16. Cf. fr. 268 (§ 5).

17. Voir fr. 623.

[XXV] **Prophéties.** 1. Psaume XXI, 27 : « Tous les peuples [...] se prosterneront devant lui et l'adoreront. » — Isaïe, XLIX, 6 : voir fr. 254. — Psaume II, 8, où Dieu dit au Messie : « *Demandez-moi*, et je vous donnerai les nations pour votre héritage. » — Psaume LXXI, 11 : « Tous les rois de la terre l'adoreront. » — Psaume XXXIV, 11 : « Des témoins injustes » se sont dressés contre le Juste, mais Dieu les abattra.

— Lamentations, III, 30 : « Il tendra la joue à celui qui le frappera. » — Psaume LXVIII, 22 : « Ils m'ont donné du fiel pour ma nourriture. » Mais Dieu châtie les malfaisants.

2. Ézéchiel, XXX, 13.

3. Malachie, I, 11.

4. Isaïe, II, 3.

5. Psaume II, 8 et LXXI, 11.

6. Voir fr. 4, 5, 191 et 324. Une même pensée, placée différemment, produit différents effets. La vanité des classements « logiques » des *Pensées* se manifeste ici avec éclat.

7. Marc, XII, 6.

8. Jérémie, XXXI, 34 ; Joël, II, 28 ; Jérémie, XXXI, 33.

9. Voir fr. 720 (Daniel, II).

10. Voir fr. 294, 297, 735.

11. Allusion à un passage de Flavius Josèphe, *Antiquités juives*, XI, 8 : le grand prêtre Jaddus s'opposa à Alexandre, et le conquérant adora le Dieu des Juifs.

12. Voir fr. 370.

13. Jésus se heurte à plusieurs reprises aux « hérodiens » (Matthieu, XX, 16 ; Marc, III, 6 ; VIII, 15 ; XII, 13...).

14. Toutes les allusions de ce paragraphe viennent de Grotius, *De la vérité...*, III, 2 et 4 ; V, 14, 17, 19. — Bar Kokhba affronta Rome de 132 à 135, fut proclamé Roi-Messie, mais périt au cours des combats. Grotius cite Suétone, *Vie de Claude*, 25 ; Tacite, *Annales*, XV.

15. Cf. Isaïe, VI, 9-10. Dans le paragraphe suivant, Pascal a écrit par inadvertance « Malédiction des Grecs », ce qui a gêné tous les éditeurs récents. La correction « Juifs » est désormais imposée par une découverte de M. Pol Ernst : Pascal reprend ici un passage du *Pugio fidei* (édité en 1651, p. 213), où le rabbin Jonathan interdit aux Juifs les calculs sur la date de la venue du Messie : « *Expirent ipsi qui supputant terminos* » (« Que meurent ceux qui supputent les termes du temps »). Sur le *Pugio fidei*, voir les fr. 308 et 309.

16. Ce qui frappe d'étonnement, c'est que tant de prophéties si différentes se réalisent en Jésus-Christ : « en la quatrième monarchie » (Daniel, II, traduit au fr. 720) ; avant la destruction « du second temple » (Aggée, II, traduit au fr. 718) ; « avant que la domination des Juifs fût ôtée » (Genèse, XLIX, traduit au fr. 719) : « en la soixante-dizième semaine de *Daniel* » (Daniel, IX, traduit au fr. 720). Voir Zacharie, VIII, 23.

17. Dans son traité *De la vie contemplative*, Philon célèbre la vie ascétique de la secte juive des thérapeutes. Pascal, suivant en cela plusieurs Pères, croit que Philon parle d'ascètes chrétiens. Ces deux paragraphes résument plusieurs pages de saint Augustin, *La Vraie Religion*, 3.

18. Jean, XIX, 15 : « Nous n'avons point de roi que César » (trad. Pascal, fr. 736). L'avènement d'une souveraineté étrangère indiquait l'imminence du Roi éternel (Genèse, XLIX, 8-10).

19. Les soixante-dix semaines sont à calculer « depuis que la Parole sortira pour rétablir et rééditier Jérusalem » (fr. 720). S'agit-il de l'édit de Cyrus (538), ou d'un de ceux d'Artaxerxès (458, 435) ?... De toute façon, quels que soient les computs, le Messie est maintenant venu !

20. Voir fr. 345.

21. Plutarque raconte dans *La Disparition des oracles*, 17, qu'un certain Thamus, au temps de Tibère, aurait entendu une voix lui demander de proclamer : « Le grand Pan est mort », lui, les dieux païens se sont dissipés.

22. Voir fr. 254.

23. Isaïe, V, 1-7 (la vigne) et 65, 3 : « J'ai étendu mes mains tout le jour au peuple incrédule, qui suit ses désirs... » (trad. Pascal. fr. 735).

24. Deutéronome.

25. Malachie, III, 1.
26. Chroniques, VII, 18.

[XXVI] **Figures particulières.** 1. Pour accréditer les prophéties messianiques, qui intéressent toute l'humanité, Dieu a fait annoncer par les prophètes certains événements particuliers (telle victoire juive, tel avènement...). La réalisation de ces « prophéties particulières » invitait le peuple à croire aux prophéties messianiques. La même distinction se rencontre à propos des figures : certaines sont internes à l'histoire locale de l'ethnie juive. La captivité d'Égypte figure celle de Babylone, etc.
2. Selon saint Augustin (*La Cité de Dieu*, XVI, 3), parmi les fils de Noé, Sem figurait les Juifs, Japhet les chrétiens. En commençant la généalogie par Japhet, le plus jeune, Moïse figurait le rejet des Juifs (Genèse, X, 2). Pascal a rayé cette ligne, soit parce qu'il voyait là un « trop grand figuratif », soit parce qu'il s'agissait d'une figure universelle.
3. Genèse, XLVIII, 13-14. Par négligence Pascal a écrit *Joseph*, au lieu de *Jacob*. C'est aussi une note de lecture de *La Cité de Dieu* (XVI, 42). Pascal a traduit le texte biblique au fr. 719. Le jeune Éphraïm a effectivement prospéré parmi les tribus d'Israël.

[XXVII] **Morale chrétienne.** 1. L'amour de soi, non référé à Dieu.
2. Les casuistes corrompus.
3. Encore un fragment susceptible de fournir des développements à plusieurs chapitres (voir fr. 209, 318). On perçoit aussi, dans cette liasse, combien les autres activités de Pascal (campagne contre les casuistes relâchés, *Écrits sur la grâce*...) enrichissent l'*Apologie*.
4. Voir fr. 209, 255, 318. Pascal est coutumier de ces renvois : fr. 53 et 123 ; 54, 84 et 94, etc.
5. Actes des apôtres, XV.
6. Saint Paul, I Corinthiens, VI, 17 : « Celui qui demeure attaché au Seigneur est un même esprit avec lui. » Toutes ces comparaisons au corps sont inspirées surtout de I Corinthiens, XII, où elles sont appliquées à l'Église. Pascal transpose aussi ce que saint Paul dit de Dieu : « C'est en lui que nous avons la vie, le mouvement et l'être » (Actes des apôtres, XVII, 28).
7. Dans le mystère trinitaire.
8. C'est le choix pascalien, dans la célèbre alternative de *La Cité de Dieu* (XIV, 28) : amour de soi jusqu'au mépris de Dieu, ou amour de Dieu jusqu'au mépris de soi ?
9. L'amour de Dieu et l'amour de chaque homme dont on peut s'approcher (Matthieu, XXII, 35...).

[XXVIII] **Conclusion.** 1. Saint Thomas d'Aquin, *Somme de théologie*, Ia IIae, etc. Pascal s'insurge contre un lieu commun de la « piété » : les vrais miracles seraient ceux qui s'opèrent dans les cœurs. Appuyé sur saint Thomas, qui dénie tout caractère miraculeux aux conversions (sauf les « Chemins de Damas »), Pascal conclut que les vrais miracles servent à condamner ceux qui y résistent (voir fr. 429).
2. Répons liturgique tiré du Psaume CXVIII, 36. Pascal avait un culte pour ce psaume, que le *Bréviaire parisien* lui proposait pour la prière de chaque jour.
3. Joël, II, 28.

[XXIX] **Contre la fable d'Esdras.** 1. Un ouvrage apocryphe, le *Quatrième Livre d'Esdras*, raconte que le texte de l'Écriture aurait été brûlé pendant l'Exil et qu'Esdras, sous la dictée de Dieu, l'aurait ensuite entièrement reconstitué (XIV, 22). Une telle fable ébranlait l'autorité de l'Écriture. Pascal a réuni des notes pour en dénoncer la fausseté. Cette liasse a donc le même objectif que « Preuves de Moïse » (voir fr. 416).
2. Vers le milieu du IIIe siècle avant Jésus-Christ les Juifs d'Alexandrie, déjà hellénisés, entreprirent la traduction de la Bible en grec. La légende dit que cette traduction fut l'œuvre de soixante-dix sages (les Septante). La Bible des Septante jouit

chez les chrétiens d'une autorité comparable à celle de la Bible hébraïque, du fait que le Nouveau Testament s'appuie sur elle comme sur une parole divine.

3. Esdras, II, 8 et V, 1-8 ; Josèphe, *Antiquités judaïques*, XI, 5.

4. « Il ne se trouve absolument personne parmi les anciens Hébreux qui ait raconté que les Livres furent détruits et qu'Esdras les a reconstitués, sinon au *Quatrième Livre d'Esdras* » (§ 12).

5. *Vie de Moïse*, II : « La langue et les caractères dans lesquels autrefois la Loi fut écrite demeurèrent jusqu'aux Septante. » Josèphe, *Antiquités*, XII, 2 et plus bas : 14.

6. Ce passage de l'*Histoire ecclésiastique* d'Eusèbe constitue une partie du texte latin de la fin du fragment : « Dieu a été glorifié, et les vraies Écritures divines ont été crues : tous récitaient la même [Révélation] dans les mêmes mots, les mêmes termes, du début à la fin, afin que les nations d'aujourd'hui, elles aussi, se rendissent compte que les Écritures ont été interprétées grâce à l'inspiration de Dieu, et qu'il ne fût pas étonnant que Dieu avait opéré cela en eux. Puisque, *au moment où le peuple était prisonnier de Nabuchodonosor, les Écritures furent détruites ; au bout de soixante-dix ans les Juifs regagnèrent leur pays, et plus tard, au temps du roi perse Artaxerxès, grâce à l'inspiration divine, le prêtre Esdras, de la tribu de Lévi, restitua de mémoire tous les discours des prophètes passés et rendit au peuple la loi donnée autrefois par Moïse.* »

[XXX] **Miracles [1]**. 1. Ce dossier est une consultation de Martin de Barcos, abbé de Saint-Cyran (neveu du célèbre maître de spiritualité). C'était un théologien réputé. Pascal, qui est augustinien, et connaît peu la scolastique, sait que la théologie du miracle est particulièrement rigoureuse chez saint Thomas, *Somme de théologie*, Ia pars qu. 105, art. 6-8 ; qu. 110, art. 4 ; 114, art. 4. Saint Thomas appelle miracle un phénomène qui est au-dessus de l'ordre de toute la nature créée. Or nul ne peut accomplir rien de tel sinon Dieu.

Le questionnaire a été rédigé tout entier avant les réponses. Celles-ci sont données ici en italiques.

Ce document, qui fait allusion au carême prêché par le père Claude de Lingendes à Saint-Merri en février 1657, « Sur les miracles du Christ », ne doit pas être de beaucoup postérieur à ce début d'année.

2. Marc, IX, 38-40.

3. Les deux Copies indiquent que ce fragment n'appartenait pas au premier dossier « Miracles ». Il a dû être placé ici un peu au hasard.

[XXXI] **Miracles [2]**. 1. Deutéronome, XVIII, XXII et XIII, 1-3 ; Marc, IX, 39. Tourneur fait remarquer que ce fragment et le suivant ont été écrits sur les deux pages intérieures d'une grande feuille pliée en deux. Pascal ayant commencé à droite, l'indication « Commencement » vise à donner l'ordre de lecture.

2. Jean, XII, 37-41 ; « Quoiqu'il eût fait tant de miracles devant eux, ils ne croyaient point en lui, afin que cette parole du prophète Isaïe fût accomplie : [...] Il a aveuglé leurs yeux [...]. Isaïe a dit ces choses, lorsqu'il a vu sa gloire, et qu'il a parlé de lui. »

3. Saint Paul, I Corinthiens, I, 22-23 : « Les Juifs demandent des miracles et les Gentils cherchent la sagesse, et pour nous, nous prêchons Jésus-Christ crucifié », *mais qui est riche en miracles, riche en sagesse*, ajoute Pascal en paraphrasant le verset 24.

4. « Tandis que vous [les théologiens corrompus, vous prêchez] un Christ non crucifié, et une religion sans miracles ni sagesse. » Texte vraisemblablement fabriqué par Pascal, opposant les nouveaux théologiens à saint Paul.

5. Jean, X, 26, où Jésus dit aux Juifs : « Mais pour vous, vous ne croyez pas, parce que vous n'êtes pas de mes brebis. »

6. Versets 9-10 : l'Antéchrist viendra avec toutes sortes de prodiges trompeurs, qui ne tromperont que les injustes « parce qu'ils n'ont pas reçu et aimé la vérité pour être sauvés ».

7. Deutéromone, XVIII, 15 ; Matthieu, XXIV, 24 ; Marc, XIII, 22-22.

8. « Vrais disciples » (Jean, VIII, 31 ; voir fr. 654.) Pour les autres « réalités », voir fr. 285, 299.

9. IV Rois, XIX.

10. Jérémie, XXVIII, 14-17.

11. Verset 24.

12. Versets 20 sq. : Élie confond les prophètes de Baal en faisant descendre le feu du ciel sur l'holocauste.

13. Jean, IX, 29-30.

14. Jean, V, 39 : « Vous lisez avec soin les Écritures parce que vous croyez y trouver la vie éternelle, et ce sont elles qui rendent témoignage de moi. »

15. Jean, XV, 22 (voir fr. 429).

16. I Corinthiens, I, 17, où Paul refuse de prêcher selon la sagesse humaine, « pour ne pas anéantir la vertu de la croix ».

17. Isaïe, V, 4 : *« Quid est est quod debui ultra facere vineae meae, et non feci ei ? »* (Vulgate). Dieu compare Israël à une vigne qu'il a entourée de soins : « Qu'ai-je dû faire de plus à ma vigne que je n'aie point fait. » Pascal se justifie d'appliquer à Dieu un mot tel que *devoir*.

18. Isaïe, I, 18.

19. Actes des apôtres, XIII, 11 : saint Paul frappe d'aveuglement un faux prophète.

20. *Ibid,* XIX, 13-16.

21. Texte célèbre de la Lettre aux Galates, constamment allégué contre les illuminismes : « *Quand un ange* du ciel vous annoncerait un Évangile différent de celui que nous vous avons annoncé, qu'il soit anathème » (I, 8).

22. Sans doute le père Annat, auteur présumé du *Rabat-joie des jansénistes* (20 août 1656), où l'on peut lire : « C'est [...] blasphème de dire que Dieu fasse des miracles pour autoriser des erreurs condamnées par son Église et pour justifier ceux qui les soutiennent avec obstination contre l'autorité de la même Église » (p. 6).

23. C'est-à-dire : d'un homme tel que celui dont je viens de parler.

24. Marc, II, 10-11 : cité au fr. 738.

25. Luc, X, 20, d'après la Bible française de Louvain, que Pascal n'a modernisée qu'en partie : « Ne vous éjouissez point de ce que les esprits sont sujets à vous ; mais éjouissez-vous plutôt que vos noms sont écrits ès cieux. »

26. Luc, XVI, 31.

27. Jean, III, 2 : Maître, nous savons que vous êtes venu de la part de Dieu pour nous instruire comme un docteur ; car personne ne saurait faire les miracles que vous faites, si Dieu n'est avec lui.

28. Après avoir fait allusion au Deutéronome, XVII, 9-12 et XVIII, 10-11, Pascal renvoie à saint Jean, XV, 24 : « Si je n'avais pas fait parmi eux des œuvres qu'aucun autre n'a faites, *ils n'auraient point le péché qu'ils ont.* »

29. Jean, II, 11 ; IV, 17-19 ; IV, 54. C'est la Bible de Louvain qui désigne le père de l'enfant guéri comme « un seigneur de cour ». A remarquer aussi la graphie archaïque « Jehan » ; et ailleurs « Le Vieux Testament », etc.

30. Matthieu, VI, 23. L'amour de Dieu est révélé comme unique sens de l'existence dans tout l'Ancien Testament, en particulier dans le Deutéronome, si cher à Pascal. Voir la « Dixième Provinciale » et le fr. 301.

31. Jean, X, 24-27 : « [les Juifs demandèrent :] *Si vous êtes le Christ, dites-le-nous* clairement [... Jésus répondit :] *Les œuvres que je fais au nom de mon Père, rendent témoignage de moi ; mais pour vous, vous ne croyez pas, parce que vous n'êtes pas de mes brebis. Mes brebis entendent ma voix.* »

32. Les Juifs dirent à Jésus : « Quel miracle donc faites-vous, afin qu'en le voyant nous vous croyions. » Pascal commente : « Ils ne disent pas : "Quelle doctrine prêchez-vous ?" »

33. Jean, III, 2 : cité au fr. 429.

34. « [Dieu] qui défend son héritage par miracles évidents » (trad. de Louvain).

35. « Et d'autres, *voulant le tenter, lui demandaient qu'il leur fît voir un prodige dans l'air.* »

36. Matthieu, XII, 39 : A la demande de miracles, Jésus répond : « *Cette race méchante* et adultère *demande un prodige, et on ne lui en donnera point* d'autre que celui du prophète Jonas. »

37. « Mais Jésus, jetant un soupir du fond du cœur, dit : Pourquoi ces gens-là demandent-ils un prodige ? »

38. Marc, VI, 5 : Séjournant à Nazareth et mal accueilli par les siens, Jésus « ne put faire là aucun miracle ». Sur Jonas : Matthieu XII, 40.

39. Jean, IV, 48 : « Jésus dit : Si vous ne voyez des miracles [...] vous ne croyez point. »

40. Versets 9-11. L'Antéchrist viendra « avec toutes sortes [...] de prodiges trompeurs [...] accompagné de la puissance de Satan, avec toutes les illusions qui peuvent porter à l'iniquité ceux qui périssent parce qu'ils n'ont pas reçu et aimé la vérité pour être sauvés. C'est pourquoi Dieu leur enverra des illusions si efficaces qu'ils croiront au mensonge ».

41. Deutéronome, XIII, 3 : « Le Seigneur votre Dieu vous éprouve, afin qu'il paraisse clairement si vous l'aimez. »

42. Matthieu, XXIV, 25 et 42. Parlant de la ruine du temple et de son dernier avènement, Jésus dit : « J'ai voulu vous en avertir auparavant [...]. Veillez donc. » Pascal a transformé *vigilate* en *videte*, pour qu'il s'agisse du discernement des miracles.

43. Jean, X, 38.

44. Marc, IX, 38. Jésus dit « Il n'y a personne qui, ayant fait un miracle en mon nom, puisse aussitôt après parler mal de moi. » Le texte qui suit célèbre le miracle de la Sainte-Épine, survenu à Port-Royal le 24 mars 1656. Marguerite Périer, nièce de Pascal, fut subitement guérie d'une fistule lacrymale, qui suppurait depuis plus de trois ans, par l'attouchement d'une relique qui aurait appartenu à la couronne d'épines du Christ.

45. Jésus dit à la foule : « En vérité, je vous le dis : Vous me cherchez, *non à cause des miracles que vous avez vus, mais parce que* je vous ai donné du pain à manger, et que *vous avez été rassasiés.* »

46. Verset 16 : Après la guérison de l'aveugle-né, les pharisiens dirent : « Cet homme n'est point envoyé de Dieu, puisqu'il ne garde point le sabbat. Mais d'autres disaient : Comment un méchant homme pourrait-il faire de tels prodiges ? »

47. Jean, IX, 17 et 23 : « Ils dirent donc de nouveau à l'aveugle : *Et toi, que dis-tu de cet homme qui t'a ouvert les yeux ? Il répondit : Je dis que c'est un prophète* [...]. *Si cet homme n'était point envoyé de Dieu, il ne pourrait rien faire.* »

48. Genèse, IV ; Exode, VIII ; III Rois, XVIII ; Jérémie, XXVIII ; III Rois, XXII ; Évangile, *passim* ; Actes des apôtres, XIII et XIX ; Apocalypse, XI (voir fr. 438). La fête liturgique de la Découverte de la Croix (*Inventio S. Crucis*) rappelle comment la mère de l'empereur Constantin, ayant fait fouiller l'emplacement du calvaire, mit au jour deux croix. Des miracles manifestèrent laquelle des deux avait porté le Christ.

49. Là où la Vulgate emploie *miraculum*, les traductions latines plus fidèles à l'hébreu recourent à d'autres termes : *levitates, metus, stupor, horror* ; *portentum* (dans Isaïe, VIII, 18), mot qui chez Jérémie, L, 38, est donné pour synonyme de *simulacrum*. Pascal recourt ici à la Bible de Robert Estienne, dont les annotations sont de l'hébraïsant Vatable.

50. Les calvinistes niaient les miracles de saint Charles Borromée, de saint François Xavier (voir fr. 441).

[XXXII] Miracles [3]. 1. Affirmation fondamentale de saint Paul et de saint Augustin : parmi la foule des hommes, qui ont tous abandonné Dieu en Adam, Dieu choisit (*discernit*) ceux que par une miséricorde gratuite il veut sauver.

2. C'était la thèse, assez curieuse, du *Rabat-joie des jansénistes.*

3. Voir Matthieu, XVIII, 17.

4. Voir fr. 470.
5. IV Rois, XVI.
6. Voir fr. 440.

7. Pascal admirait la fermeté du grand adversaire de l'hérésie arienne, saint Athanase (295-373). Les ariens avaient bien failli l'emporter, le pape Libère avait été manœuvré par eux... Le parallèle avec les luttes de 1650-1660 s'imposait à tous les théologiens de Port-Royal. Voir fr. 449

8. « Jamais l'Église ne changera. »

9. *Essais,* III, 11, p. 1027-1030 (souvent des phénomènes ne sont jugés miraculeux que sur de bien frivoles impressions) et I, 27, p. 178-179 : « C'est une sotte présomption d'aller dédaignant et condamnant pour faux ce qui ne nous semble pas vraisemblable. »

10. Luc, XI, 14-21. Ayant guéri un muet, Jésus est accusé de chasser les démons grâce à Béelzebub, prince des démons. C'est alors qu'il répond : « *Tout royaume divisé* contre lui-même sera détruit [...]. Mais *si c'est par le doigt de Dieu* que je chasse les démons, assurément *le royaume de Dieu est venu jusqu'à vous.* » Suit le verset donné en français à la fin du fragment.

11. « C'est et Ce n'est pas... C'est permis et Ce n'est pas permis... » : formules qui résumaient les « décisions fantasques » des casuistes.

12. Isaïe, X, 1 : « Malheur à ceux qui établissent des lois d'iniquité ! »

13. Galates, I, 8 (voir fr. 428).

14. Pendant le carême de 1657 (voir fr. 419).

15. II Thessaloniciens, II, 9 (voir fr. 432).

16. Psaume XLI, 3 : « Mes larmes m'ont servi de pain le jour et la nuit, lorsqu'on me dit tous les jours : *Où est ton Dieu ?* »

17. Cette ligne a été jetée en marge, perpendiculairement au déroulement du texte, puis rayée. Voir fr. 168 ; 527.

18. Tant que le pape a seulement condamné cinq propositions que tout le monde juge hérétiques (bulle d'Innocent X du 9 juin 1653), il n'y avait pas contestation sur la vérité. Mais quand la Sorbonne a censuré Arnauld (29 janvier 1656), quand Alexandre VII a prétendu que les cinq propositions étaient dans Jansénius..., c'est la théologie même de saint Augustin qui fut mise en cause. La réplique de Dieu fut : le miracle.

19. Matthieu, XXIV, 24 : Les miracles des faux prophètes des derniers temps seront troublants, « jusqu'à séduire les élus... ».

20. Au témoignage du médecin Menjot, « Feu M. Pascal appelait la philosophie cartésienne le roman de la nature, semblable à peu près à l'histoire de Don Quichotte ».

21. C'est effectivement ce qui s'était passé.

22. « En toutes choses j'ai cherché le repos » : début de plusieurs textes liturgiques de l'Assomption (d'après Ecclésiastique, XXIV, 11, où parle la Sagesse de Dieu).

23. Voir fr. 419.

24. Ce fragment est une note de lecture de la *Lettre contre les donatistes,* de saint Augustin. Abraham a reçu la promesse d'une descendance innombrable. Gédéon, lui aussi, manifeste l'universalisme de l'Évangile : une nuit, il avait disposé une toison sur une aire sèche, en demandant à Dieu que la toison seule fût humide de rosée ; et Dieu l'avait exaucé. C'était là une figure d'Israël comblé par la rosée de la grâce au milieu de la sécheresse du monde. La nuit suivante, Gédéon émit le souhait inverse, et au matin la toison était sèche, et toute l'aire humide de rosée : ainsi était annoncé le rejet d'Israël et le don de la grâce à toute la terre (Juges, VI, 36-40). — Les Juifs se sont aveuglés, en croyant que la Révélation était pour eux seuls. Même si la secte donatiste (IVe siècle) avait eu des miracles, ceux-ci n'auraient pu égarer, car elle était limitée à un coin de l'Afrique, et ne réalisait donc pas les prophéties de conversion du monde. Sur les *vrais adorateurs,* voir fr. 281 et 450.

25. Les jésuites.

26. *Comminuentes cor meum* : fragment d'un verset des Actes des apôtres, dans la traduction d'Arias Montanus (Anvers, 1572). Ses amis essaient d'empêcher

saint Paul de partir pour Jérusalem, où il sera arrêté, et celui-ci répond : « Que faites-vous de pleurer ainsi, et de *m'attendrir le cœur* ? » (XXI, 13). — Le vers est d'*Horace* (II, 3).

27. Psaume CXXXVIII, 24 : « Voyez si la voie de l'iniquité se trouve en moi. »

28. « Dieu ne montra-t-il pas qu'il était avec les catholiques contre les ariens, lorsque saint Athanase fit venir saint Antoine à Alexandrie pour confirmer la foi dans l'Église par les miracles que Dieu ferait par son entremise ? Et le peuple ne conclut-il pas fort bien que Dieu était dans l'Église catholique, où il faisait des miracles ? » (*Réponse à un écrit public au sujet des miracles... de Port-Royal*, de Pontchâteau). Voir fr. 439.

29. Dans l'*Imago primi saeculi*, la Compagnie de Jésus procédait à un bilan satisfait de ses cent ans d'existence (voir V, 8). Au septième privilège de la *Morale pratique des jésuites*, il est dit que « nul jésuite ne sera damné ».

30. Les théologiens de Port-Royal.

31. Jean, IX.

32. II Corinthiens, XII, 12.

33. Jean, XV, 24 et 10. Voir fr. 429.

34. Jean, XV, 24 : « *Si je n'avais point fait* parmi eux *des œuvres qu'aucun autre n'a faites*, ils n'auraient point le péché qu'ils ont. »

35. Voir fr. 446.

36. Voir fr. 281 et 446.

37. En 1631, les jésuites avaient voulu mettre la main sur l'abbaye de religieuses cisterciennes de Voltigerod (Basse-Saxe), parce qu'elle leur aurait été fort commode pour y installer un noviciat.

38. *Jesu Redemptor omnium*, début de l'hymne célèbre des vêpres de Noël.

[XXXIII] Miscellanea. 1. « Pensées mêlées ».

2. Tout ce fragment, rayé, se trouve sur le recto de la feuille qui porte au verso le fr. 452.

3. « [Les] animaux court » : le grec met au singulier les verbes dont le sujet est un pluriel neutre. De façon semblable, les paysans français utilisent la première personne du pluriel pour le verbe, avec un sujet à la première personne du singulier.

4. Opposition augustinienne entre la vraie justice (*justitia*) et les conventions juridiques des hommes (la justice, au sens du latin *jus*). Comme la vraie justice suppose la foi, les États païens n'ont que « des sortes de droits », fantaisistes, changeants... (*La Cité de Dieu*, XIX, 21). Sur cette opposition se greffent des souvenirs des *Essais*.

5. *Essais*, II, 12, p. 578 : « Et disait Archesilas, les soutènements, et l'état droit et inflexible du jugement, être les biens, mais les consentements et applications être les vices et les maux. Il est vrai qu'en ce qu'il l'établissait par axiome certain, il se départait du pyrrhonisme. » Cf. III, 9, p. 964.

6. Vocabulaire du jeu de paume.

7. Actes des apôtres, XXVIII, 1-10 : Saint Paul venant d'être mordu par un serpent, les Maltais commencent par y voir une punition divine. Mais, aucun mal ne survenant à l'apôtre, ils se mettent à dire qu'il est un dieu.

8. Voir fr. 94.

9. Luc, XII, 47 : « Le serviteur qui aura su la volonté de son maître, et qui néanmoins ne se sera pas tenu prêt [...] sera battu rudement. » Ce paragraphe et le suivant sont une note pour les *Écrits sur la grâce*, où ce thème est repris.

10. Apocalypse, XXII, 11 : « Que celui qui est juste se justifie encore ! »

11. Marc, I, 5 : « *Tout le pays de la Judée, et tous les habitants de Jérusalem* venaient à lui [Jean le Baptiste], et confessant leurs péchés, *ils étaient baptisés* par lui. »

12. Matthieu, III, 9. Jean le Baptiste dit aux Juifs : « Ne pensez pas dire en vous-mêmes : Nous avons Abraham pour père ; car je vous déclare que Dieu peut faire naître de ces pierres mêmes des enfants à Abraham. »

13. I Jean, II, 16.

14. « Désir de sensations, désir de savoir, désir de dominer. » Il s'agit de formules qui résument les commentaires de saint Augustin et de Jansénius sur le texte de saint Jean.
15. Matthieu, XXV, 37.
16. Isaïe, VI, 10, d'après Matthieu, XIII, 15 : « Ils ont fermé leurs yeux [...] *de peur que, s'étant convertis, je ne les guérisse.* »
17. En fait, Marc, IV, 12 : « ... de peur qu'ils ne viennent à se convertir, *et que leurs péchés ne leur soient pardonnés.* »
18. Matthieu, XXVI, 50 : « Mon ami, qu'êtes-vous venu faire ici ? »
19. Matthieu, XXII, 12.
20. Luc, XXII, 40 et 46.
21. Luc, XXII, 32, où Jésus dit à Pierre : « Lors donc que vous serez converti, ayez soin d'affermir vos frères. » — *Ibid,* XXII, 61 : « Alors le Seigneur, se retournant, regarda Pierre. » Jésus s'est tourné vers Pierre, pour que Pierre puisse se tourner vers lui : l'initiative est à Dieu !
22. Luc, XXII, 48-51.
23. Luc, XXIII, 5-7.
24. *Essais,* II, 12, p. 564 : « L'air même, et la sérénité du ciel, nous apporte quelque mutation, comme dit ce vers grec en Cicero :
Tales sunt hominum mentes, quali pater ipse
Juppiter, auctifera lustravit lampade terras. »
Vers de l'*Odyssée,* XVIII, 135 : « Les pensées des hommes changent avec les rayons du soleil, dont Jupiter les inonde. » Pascal retourne l'affirmation de Montaigne, retrouvant ainsi un autre passage des *Essais* (III, 9, p. 974) : « La mutation d'air et de climat ne me touche point [...]. Je ne suis battu que des altérations internes que je produis en moi... »
25. Polémique contre le titre *Dell'opinione regina del mondo* (voir fr. 78).
26. Épictète, *Diss.* III, 12 : « Danser sur la corde est difficile et dangereux. Me faut-il danser sur la corde ? »
27. Le géomètre Desargues avait une propriété à Condrieu, dont les vignes étaient réputées. La diversité est un thème favori des *Essais* : II, 37, p. 786 ; III, 13, p.1065-1067.
28. Chapitre XXII.
29. Romains, VIII, 28.
30. Matthieu, XVIII, 20. Jésus dit : « En quelque lieu que se trouvent *deux ou trois personnes assemblées* en mon nom, je m'y trouve au milieu d'elles. »
31. Luc, XXII, 25-26 : « Les rois des nations les traitent avec empire [...] *qu'il n'en soit pas de même parmi vous !* »
32. Genèse, XXXVII à L. Pascal déchiffre dans l'histoire du patriarche tout le déroulement de l'Incarnation : depuis la vie trinitaire et la mission du Verbe, jusqu'à la Passion.
33. Matthieu, XXVI, 27. A la Cène, prenant la coupe, Jésus dit : « *Buvez-en tous,* car ceci est mon sang. »
34. Romains, V, 12. « Comme le péché est entré dans le monde par un seul homme, et la mort par le péché ; ainsi la mort est passée dans tous les hommes, par ce seul homme, *en qui tous on péché.* »
35. Pour les apocalyptiques, voir fr. 250. Les préadamites s'appuyaient sur la Lettre aux Romains, V, 12-14, pour soutenir que des hommes avaient existé avant Adam (Isaac de La Peyrère, *Les Préadamites,* 1655). Les millénaires faisaient état du chapitre XX de l'Apocalypse pour annoncer que le Christ régnerait mille ans sur la terre avec ses élus, avant le dernier Jugement.
36. Matthieu, XXIV, 34.
37. I, 14 : « Et [Salomon] assembla pour soi des chariots [...] et les mit [...] avec le roi en Jérusalem » (trad. de Louvain).
38. Allusion aux *Essais,* II, 15, p. 612 : « Il n'y a raison qui n'en aie une contraire... »

39. Voir fr. 187.

40. Sermon 170, où saint Augustin évoque les soldats qui s'exposent aux barbaries de la guerre dans l'espérance d'une retraite, pourtant incertaine et languissante ; puis les armateurs, qui se risquent dans les tempêtes pour acquérir des richesses qui ne sont que du vent (*divitias ventosas*). Le « etc. » de Pascal renvoie aux deux autres exemples d'Augustin : les chasseurs ; les écoliers, qui supportent une éducation carcérale, dans l'espoir d'une réussite future. Le sermon expose au prix de quelles souffrances l'apôtre Paul a trouvé la vie éternelle. A voir pourquoi se démènent les hommes, les chrétiens n'accepteront-ils pas de tout perdre pour Dieu ?

41. *Essais*, III, 8, p. 929 et I, 23, p. 115.

42. Dans les *Plaidoyers et Harangues* de l'avocat Antoine Le Maître, le sixième est « Pour un fils mis en religion par force ». Tourneur y cite cette phrase : « Dieu qui répand des aveuglements... », où *répandre* marque un effet plus étendu. — Un *Recueil de choses diverses* indique à propos de ces *Plaidoyers* que « M. Pascal s'en raillait et disait à M. Le Maître qu'il avait pourtant bien écrit pour les gros bonnets du Palais, qui n'y entendent rien ». Ce *Recueil* a été publié par M. Jean Lesaulnier sous le titre *Un Port-Royal familier. Regards d'un témoin (1670-1671)*, Paris, Klincksieck, 1991.

43. Tiberio Fiorelli, vedette des Comédiens italiens, qui joua de 1653 à 1659 au Petit-Bourbon.

44. Le docteur Graziano, personnage de la comédie italienne.

45. Méré voyait dans cette formule une platitude risible (*Discours de la conversation*, 1677).

46. Romains, V, 14 : « ... Adam, qui est la figure de celui qui devait venir... » Voir fr. 315.

47. *Lettre à Vincent* (48 dans l'édition de Louvain, 93 aujourd'hui) : « Si l'on usait de la terreur sans pratiquer l'enseignement, cela se présenterait comme une tyrannie » (voir fr. 203). Pascal, qui rejette tout appel à la terreur, a pu noter ce texte, pour développer sa théorie de la tyrannie (fr. 91, 92, 485).

48. Au quatrième tome des *Œuvres complètes* de saint Augustin (éd. de Louvain) figure le *Contre le mensonge* : l'évêque espagnol Consentius envisageait d'envoyer chez les hérétiques priscillianistes des catholiques qui feraient semblant d'adopter l'hérésie. Augustin rejette violemment ces méthodes d'espionnage et de mensonge : l'éclat de la vérité doit suffire à convertir ! Ainsi Pascal comptait mettre Augustin en contradiction avec lui-même, en ce qui concerne le recours à la contrainte.

[XXXIV. Pensées mêlées 2]. 1. Voir le titre « Figures particulières » (fr. 381-382).

2. Voir fr. 282.

3. L'édition de Port-Royal fait précéder ce fragment de l'explication suivante : « Le mot de MOI dont l'auteur se sert dans la pensée suivante ne signifie que l'amour-propre. C'est un terme dont il avait accoutumé de se servir avec quelques-uns de ses amis. » La *Logique de Port-Royal* (III, 19) indique : « Feu M. Pascal, qui savait autant de véritable rhétorique que personne en ait jamais su, portait cette règle [de ne point parler de soi] jusqu'à prétendre qu'un honnête homme devait éviter de se nommer et même de se servir des mots de *je* et de *moi*, et il avait accoutumé de dire à ce sujet que la piété chrétienne anéantit le moi humain, et que la civilité humaine le cache et le supprime. »

4. Thérèse d'Avila, *Vie*, chap. 32. — Les crochets correspondent à un mot, jusqu'ici non déchiffré.

5. En réalité, saint Jacques, V, 17.

6. III Rois, XII, 31. Le roi Jéroboam, pour détourner ses sujets de se rendre en pèlerinage au temple de Jérusalem, fit élever des veaux d'or et recruta des prêtres qui n'étaient pas de la tribu de Lévi. Imprégné de la lettre de Saint-Cyran *De la vocation* (1648), Pascal a la plus haute idée du ministère sacerdotal.

7. Genèse, XIV, 12-14.

8. Luc, VII, 8, où un centenier dit à Jésus : « Ayant des soldats sous moi, je dis à l'un : Allez là, et il y va ; et à l'autre : Venez ici, et il y vient. »
9. Genèse, IV, 7. Dieu dit à Caïn : « Ton appétit sera sous toi » (trad. de Louvain).
10. Par exemple, Exode, XX, 5.
11. *Lettre 63 :* « *Jésus-Christ* [...] *est en personne le Prêtre de Dieu le Père.* »
12. Lafuma renvoie à Abra de Raconis, *La Primauté et souveraineté particulière de Saint Pierre*, 1645 : « Otez le rapport d'unité d'une multitude, ce n'est plus que confusion... »
13. Après cette remarque, l'autographe comporte un texte rayé que la Copie n'a pas transcrit : « (*Après ma 8ᵉ, je croyais avoir assez répondu.*) »
14. Hébreux, X, 5-7 : « *Le Fils de Dieu, entrant dans le monde* [...] *dit :* Me voici, je viens [...] pour faire, ô Dieu, votre volonté. » (Voir la *Lettre sur la mort*.)
15. Marc, XIII, 2 : Jésus annonce la destruction du temple, dont il ne restera pas « pierre sur pierre ».
16. Cité d'après Jean, XIX, 37 : « Il est dit encore dans un autre endroit de l'Écriture : Ils verront celui qu'*ils ont percé*. »
17. Psaume CXXIX, 8 : « Lui-même [Dieu] rachètera Israël de *toutes ses iniquités*. »
18. Psaume CIX, 4 (se référant à Genèse, XIV, 18). Sur les prophéties qui suivent, voir fr. 294 et 734.
19. A la suite de saint Augustin (*La Vraie Religion*, 1-3) et de Jansénius, Pascal considère les platoniciens comme les penseurs qui ont le plus approché de la vérité (voir la liasse « Excellence »). Originellement, ce fragment suivait immédiatement le fr. 195, sur le même feuillet (P. Ernst). Le lien évident d'un tel texte avec le projet d'apologie invite à demeurer prudent sur la destination des « Pensées mêlées » : leur mise à part pouvait n'être que provisoire.
20. Luc, XVII, 21 : « Le règne de Dieu est dedans vous » (trad. de Louvain).
21. II, 6.
22. Jeu qui consistait, pour un cavalier, à attraper un anneau au galop.
23. Psaume CIX, 1-2.
24. *Goujat :* valet qui suivait les armées.
25. *Essais*, II, 1, p. 335 : « Cette variation et contradiction qui se voit en nous, si souple, a fait qu'aucuns songent que nous ayons deux âmes [...], une si brusque diversité ne se pouvant bien assortir à un sujet simple. » Il s'agit des manichéens, attaqués par saint Augustin dans le traité *Des deux âmes*.
26. Malléable, l'homme peut jouer le rôle de chacun des êtres animés : agneau ou loup... La formule semble calquée sur l'affirmation célèbre : *Jesuita omnis homo*, le jésuite joue tous les personnages (fr. 789).

[XXXV. Pensées mêlées 3]. 1. Dans *Le Grand Cyrus*, roman de Madeleine de Scudéry, Cléobuline, reine de Corinthe, aime un de ses sujets : « Elle l'aimait sans penser à l'aimer, et elle l'a si longtemps dans cette erreur, que cette affection ne fut plus en état d'être surmontée lorsqu'elle s'en aperçut. » (VII, 2.) Cléobuline passait pour être le « portrait » de la reine Christine de Suède, à laquelle Pascal avait offert en 1652 l'une de ses machines arithmétiques. Il a donc pu lire le portrait, sans se plonger dans ce roman-fleuve. Il affirme n'avoir lu aucun « roman » (« Quinzième Provinciale »), mais il pensait au roman sentimental et héroïque de son temps. Son goût du rire lui avait fait admirer des parodies comme *Don Quichotte* et *Le Roman comique* de Scarron.
2. *Essais*, I, 41 (p. 184 dans l'édition de 1652), où Montaigne raconte deux anecdotes sur ce sujet (éd. Villey, p. 255-256). Voir III, 10, p. 1023 : « Ces actions-là ont bien plus de grâce, qui échappent de la main de l'ouvrier, nonchalamment et sans bruit : et que quelque honnête homme choisit après, et relève de l'ombre, pour les pousser en lumière, à cause d'elles-mêmes. »
3. « Rien de trop », maxime que les Latins ont empruntée à la sagesse grecque.

4. Contre les relâchements des casuistes corrompus, qui finissent par autoriser même l'homicide, malgré la loi divine.

5. *Put* : aurait pu (latinisme).

6. Cf. « Treizième Provinciale » (30 sept. 1656) : « Lessius parlera en païen de l'homicide, et peut-être en chrétien de l'aumône ; Vasquez parlera en païen de l'aumône, et en chrétien de l'homicide. Mais par le moyen de la probabilité, que Vasquez et Lessius tiennent et qui rend toutes vos opinions communes, ils se prêteront leurs sentiments les uns aux autres, et seront obligés d'absoudre ceux qui auront agi selon les opinions que chacun d'eux condamne. »

7. On le trouve partout (il avait eu déjà quarante et une éditions). Escobar y Mendoza (1589-1669), auteur d'une *Théologie morale*.

8. Romains, XII, 21 : « Travaillez à vaincre le mal par le bien. » La citation vient du Sermon 302 de saint Augustin : « Pourquoi te déchaînes-tu contre les méchants ? [...] Tu te fais l'un des leurs, en te déchaînant contre eux [...]. *Il y aura dès lors deux méchancetés*, toutes deux à surmonter. Tu n'entends pas le conseil de ton Seigneur, par la voix de l'Apôtre [Paul] : "Ne te laisse pas surmonter par le mal, *mais surmonte le mal par le bien*." » « La Quatorzième Provinciale » (23 octobre 1656) est toute nourrie de ce même Sermon.

9. Nom donné à une pierre phosphoreuse découverte en 1604 : elle devenait lumineuse, quand on l'exposait au jour et, plus encore, aux rayons du soleil. Ainsi s'évanouissait l'opposition commune entre lumière et opacité des corps (R. Jasinski).

10. Voir fr. 523.

11. « Onzième Provinciale » : « ... l'esprit de piété porte toujours à parler avec vérité et sincérité [...] : *Splendentia et vehementia, sed rebus veris,* dit saint Augustin. » Il s'agit de *La Doctrine chrétienne*, IV, 28, n. 61.

12. Pétrone, *Satyricon*, 90 : « Tu as parlé en poète, plus qu'en [honnête] homme. »

13. *Essais*, III, 13, p. 1115 : « Ils veulent se mettre hors d'eux, et échapper à l'homme. C'est folie : au lieu de se transformer en anges, ils se transforment en bêtes : au lieu de se hausser, ils s'abattent. »

14. Dans la Seconde Copie, une main a complété : « Provinciales. »

15. Auteur d'une préface aux *Essais*.

16. II, 12, p. 525 : « Il y a des contrées où les hommes naissent sans tête, portant les yeux et la bouche en la poitrine... »

17. II, 14, p. 611 : « Monde plus grand » n'a pas été identifié.

18. II, 3.

19. III, 2, p. 806 : « Je me repens rarement... » ; p. 816 : « ... Ni je ne plains le passé, ni je ne crains l'avenir. »

20. Ces références à l'édition de 1652 illustrent les « sentiments tout païens sur la mort » : III, 9, p. 981-984 et II, 12, p. 461. — « Lâchement » et « mollement » proviennent de III, 9, p. 949.

21. Réflexion sur l'éloge d'Épaminondas dans les *Essais*, III, 1, p. 801-802.

22. « Abstiens-toi et supporte », maxime stoïcienne.

23. Précepte commun aux épicuriens et aux stoïciens, mais ils ne s'entendaient pas sur ce qu'est cette « nature ». Voir *Essais*, III, 12, p. 1059, etc.

24. *Essais*, III, 9, p. 955 : « ... Platon, qui estime la plus heureuse occupation à chacun, faire ses particulières affaires sans injustice. » B. Croquette signale que Charron donne déjà « faire ses affaires particulières » (Sagesse, III, 13).

25. Descartes, qui a proposé une explication purement mécaniste des sensations. Les « esprits animaux » sont « des parties du sang très subtiles [...] et qui se meuvent très vite » (*Traité des passions*, I, 10). Nos perceptions excitent le mouvement de ces esprits, et ainsi affectent notre cerveau : ainsi de la chaleur (*ibid*., 13). « C'est une telle agitation des petites parties des corps terrestres, qu'on nomme en eux la chaleur [...]. Cette dénomination de chaleur se rapporte au sens de l'attouchement » (*Principes de la philosophie*, IV, 29). Le *conatus recedendi* est l'effort que doivent faire « tous les corps qui se meuvent en rond [...] pour s'éloigner des corps autour desquels ils

se meuvent. [...] C'est en cet effort seul que consiste la nature de la lumière » (*ibid*, III, 54). — Sur les nerfs, *ibid.*, IV, 189, 191-195 (M. Le Guern).

26. Cf. Psaume XXXI, 2.

27. Libre reprise du discours de saint Paul à Athènes : « C'est donc ce Dieu, que vous adorez sans le connaître, que je vous annonce » (Actes des apôtres, XVII, 23). Pascal infléchit le texte, qui devient : « Ce que vous cherchez sans le connaître, la religion vous l'annonce. »

28. Pseudonyme sous lequel Pascal publia les *Provinciales*.

29. I Corinthiens, I, 25.

30. Pascal parle au nom d'un groupe de prêtres. La même idée se retrouve d'ailleurs dans le *Factum pour les curés de Paris* (janvier 1658).

31. « Huitième Provinciale » : « Le contrat Mohatra est celui par lequel on achète des étoffes chèrement et à crédit, pour les revendre au même instant et à la même personne, argent comptant et à bon marché. » Escobar l'autorisait.

32. Pascal se proposait d'opposer l'évangélisme des premiers généraux de la Compagnie de Jésus à l'indignité des jésuites de son temps.

33. Sagesse, XIV, 22 (cité dans le *Second Écrit des curés de Paris*, 1er avril 1658).

34. Les jésuites avaient été chassés de Venise en 1606. Mais la République, en guerre contre les Turcs, venait de céder aux instances du pape et des autres cours catholiques, en admettant le retour de la Compagnie sur son territoire. Pascal venait de l'apprendre par la *Gazette* du 17 février 1657, qu'il suit : « A quoi presque tous les princes [...] avaient inutilement travaillé depuis cinquante ans » (P. Ernst).

35. Titre emprunté au sommaire du chapitre XVI de saint Matthieu, dans la Bible de Louvain. Au verset 19, Jésus dit à l'apôtre Pierre : « Quoi que tu lies [déclares obligatoire] en terre sera lié ès cieux ; et quoi que tu délies en terre sera délié ès cieux. »

36. Genèse, XIX, 30 sq. : d'après le commentaire de saint Augustin (*Contre Fauste*, XXII, 43).

37. Les jésuites. Il est probable que le titre donné par la Copie comporte une redondance : l'abréviation pp., dont les jambages subsistent sur l'autographe, signifiant *pape*.

38. Cf. III Rois, XIX, 18, cité d'après la version italique de saint Augustin, *Epistula contra donatistas*, 13, n. 33.

39. D'après les deux Copies, les fr. 598 et 599 ne formaient en 1662 qu'un texte suivi. Ils n'ont été séparés qu'en 1711 pour être collés dans le Recueil original.

40. Voir la « Septième » et la « Quatorzième Provinciale ».

41. La question était : « Une femme est-elle tenue de restituer à son mari le gain reçu de l'adultère ? » Oui, disait Molina, puisque le mari est maître du corps de sa femme. Non, opposait Lessius, car l'injustice de l'adultère ne se compense pas avec de l'argent : la femme peut donc jouir de ses gains.

42. Le concile de Trente ordonne à un prêtre qui, en état de péché, doit néanmoins célébrer la messe, de se confesser « le plus tôt possible » (*quam primum*).

43. Référence à l'*Augustinus* de Jansénius, où est examinée la pensée thomiste. Elle est utilisée dans la « Dix-huitième Provinciale », publiée le 24 mars 1657.

44. Pascal avait écrit au dos de sa Bible : « Toutes les fausses beautés que nous trouvons dans saint Augustin ont des admirateurs, et en grand nombre » (*Recueil de choses diverses*).

[XXXVI. Pensées mêlées 4]. 1. Jean, X, 33-35. Les Juifs disent à Jésus : Nous voulons vous lapider *parce qu'étant homme, vous vous faites Dieu*. Jésus leur répartit : *N'est-il pas écrit dans votre Loi : J'ai dit que vous êtes des dieux ?* [...] *Et l'Écriture ne [peut] être détruite* ».

2. Jean, XI, 4. Jésus dit de Lazare malade : « *Cette maladie ne va point à la mort.* » Pascal ajoute : « Et [pourtant] elle va à la mort. »

3. Jean, XI, 11 et 14 : « Lazare dort [...] Jésus leur dit donc alors clairement : Lazare est mort. »

4. Ces deux paragraphes sont proches de certains développements du *Cinquième Écrit des curés de Paris* (11 juin 1658).

5. Ecclésiaste, III, 4.

6. Proverbes, XXVI, 4-5 : « *Ne répondez point* au fou selon sa folie de peur que vous ne lui deveniez semblables. *Répondez* au fou selon sa folie, de peur qu'il ne s'imagine qu'il est sage. »

7. *Répugnantes* : en conflit.

8. Les *Essais* (II, 12, p. 573-574) soulignent que chez les Indiens d'Amérique « la circoncision était en crédit [...]. Nos croix étaient en diverses façons en crédit [...], et nommément celle de saint André [...] ; qu'autrefois ils ont été submergés par l'inondation des eaux célestes, qu'il ne s'en sauva que peu de familles... » Mais Montaigne considère ces peuples comme « n'ayant (que nous sachions) jamais ouï nouvelles de nous ».

9. Ce fragment est écrit au dos d'une lettre datée du 19 février 1660 adressée à Pascal.

10. Harvey venait de découvrir la circulation du sang. Ses adversaires expliquaient le renflement de la veine par la douleur, la chaleur ou l'horreur du vide.

11. Pascal et Arnauld, à la suite de Descartes, pensaient que les animaux étaient de pures machines, des horloges. Le duc de Liancourt était de l'avis contraire. Il a dû citer une anecdote, racontée par Isaac Walton dans son célèbre *The Compleat Angler* (1655), selon laquelle, dans leurs combats contre les brochets, les grenouilles ont coutume de crever les yeux de leurs adversaires (A. McKenna).

12. Saint Augustin, *Contre Fauste*, XXXII, 18 : « *Non intratur in veritatem, nisi per caritatem* (on n'entre dans la vérité que par la charité). » Cette sentence, chère à Port-Royal, se retrouve dans un opuscule de Pascal, *L'Esprit géométrique* (deuxième rédaction).

13. Contre la « maladive curiosité » de l'homme, voir les *Essais*, II, 12, p. 511-512.

14. Anagramme de Louis de Montalte, pseudonyme de Pascal.

15. Cromwell mourut le 3 septembre 1658, et le roi (Charles II) fut rétabli le 25 mai 1660.

16. « Chacun se forge son dieu » (d'après Sagesse, XV, 8 et 16).

17. Auteur mystique des ve-vi[e] siècles, qu'on croyait être Denys l'Aréopagite, disciple de saint Paul.

18. Ce fragment, dont on n'a pas l'autographe, est « en encadré » dans la Seconde Copie. Il a paru en 1678 parmi les *Maximes* de la marquise de Sablé, amie de Pascal, et divers témoignages de contemporains confirment que cet « Écrit contre la comédie » (au sens général de *théâtre*) est bien d'elle. Comment, dès lors, expliquer sa présence dans les papiers de Pascal en 1662 ? On peut former l'hypothèse que la marquise en avait communiqué une copie à l'écrivain en sollicitant avis et suggestions. Trouvant ce texte enrichi de corrections autographes de Pascal, le copiste l'a transcrit, tout en indiquant sa perplexité par la mise en encadré. Ainsi s'expliqueraient certaines des différences entre ce fragment et la maxime 81 de Mme de Sablé, publiée par Jean Lafond à la suite des *Maximes et Réflexions diverses* de La Rochefoucauld (Paris, Gallimard, « Folio », 1976). Voir aussi ci-dessus, par A.-A. Morello, p. 255.

19. On hésitait encore entre le masculin et le féminin pour *foudre*.

20. Jérémie, VI, 16 et XVIII, 12.

21. Jérémie, XVIII, 12, traduit par Pascal.

22. I Rois, VIII, 19-20.

[XXXVII. Pensées mêlées 5]. 1. *Essais*, III, 13, p. 1115 : « Si avons-nous beau monter sur des échasses, car sur des échasses encore faut-il marcher de nos jambes. Et au plus élevé trône du monde, si ne sommes-nous assis que sus notre cul. » Pascal a conservé l'archaïsme *si* au sens de *pourtant*.

2. Psaume CXLII, 2 : « *Et n'entrez point en jugement avec votre serviteur*, parce que nul homme vivant ne sera trouvé juste devant vous. »
3. Romains, II, 4.
4. Jonas, III, 9.
5. Plusieurs textes liturgiques du dimanche de la Passion soulignent que c'est dans l'Église qu'on reçoit la véritable parole de Dieu. L'*Oratio ad regem*... est un pamphlet du père du grand Arnauld contre les jésuites (1603), où il est montré que les jésuites déforment les textes bibliques pour essayer de minimiser l'autorité des rois.
6. Matthieu, XII, 30 et Marc, IX, 39.
7. « Une lumière a surgi dans les ténèbres, pour ceux qui ont le cœur droit » (d'après Psaume CXI, 4).
8. Voir fr. 168.
9. *Essais*, II, 17, p. 653 : « Je ne suis pas obligé à ne dire point de sottises, pourvu que je ne me trompe pas à les connaître : Et de faillir à mon escient, cela m'est si ordinaire, que je ne faux guère d'autre façon, je ne faux guère fortuitement. »
10. Matthieu, XI, 27 : « Nul ne connaît le Père que le Fils, et celui à qui le Fils aura voulu le révéler. »
11. Isaïe, XLV, 15 : « Véritablement tu es un Dieu caché » (trad. de Pascal ; *Lettre 4* à Ch. de Roannez).
12. D'après le catalogue de Ptolémée. Les « lunettes » sont les premiers télescopes.
13. Cf. *Essais*, I, 15, p. 68 ; I, 30, p. 197.
14. Luc, XII, 32 : « Ne craignez point, petit troupeau. »
15. Lettre aux Philippiens, II, 12 : « Ayez soin [...] d'opérer votre salut *avec crainte et tremblement* » (version italique).
16. Marc, IX, 36 (version de la Bible de Vatable) : « Quiconque me reçoit ne me reçoit pas seulement, mais il reçoit celui qui m'a envoyé. »
17. Marc, XIII, 22 : le moment du dernier Jugement, « *nul ne le sait*, ni les anges qui sont dans le ciel, *ni le Fils* ».
18. Toute théologie catholique de la grâce doit affirmer à la fois la liberté de l'homme et la toute-puissance de Dieu. Pascal pense que la présentation de la théologie moliniste a été jusqu'à présent plus habile que les exposés des jansénistes. C'est pour renverser cette situation d'infériorité rhétorique qu'il avait entrepris lui-même ses *Écrits sur la grâce*.
19. Jean, XVII, 21-23 : Jésus prie « afin que tous ne soient qu'un, comme vous, mon Père, êtes en moi, et moi en vous ». Condren (1588-1641), supérieur de l'Oratoire, auteur de *Lettres et Discours*.
20. Variante du nom de *Jésus*, qui signifie « sauveur ».
21. Matthieu, XVII, 5 (littéralement) : « une nuée lumineuse les couvrit de son ombre », lors de la Transfiguration de Jésus. *Lucida* semble s'opposer à *obumbravit* : l'ensemble du fragment met en évidence le chatoiement déroutant du réel.
22. Luc, I, 17 (il s'agit de Jean-Baptiste, le précurseur) et Matthieu, X, 34.
23. D'après saint Thomas, on peut considérer soit *l'ensemble de la justification* (*in communi*), et la justification des saints est l'œuvre de Dieu seul ; soit *les différentes étapes de la justification* (*in particulari*), où il est possible de faire place à une causalité humaine. — Les semi-pélagiens errent en donnant l'initiative à l'homme pour l'ensemble de la justification ; et les calvinistes, en réservant à Dieu seul chaque étape du processus de justification (ils ont méconnu, par exemple, le pouvoir de la prière).

[XXXVIII. Pensées mêlées 6]. 1. Rappel de la sixième Béatitude : « Bienheureux ceux qui ont le cœur pur, parce qu'ils verront Dieu » (Matthieu, V, 8).
2. Deutéronome, XXVIII, 29 (d'après la Bible de Vatable) : « Tu tâtonneras en plein midi » (d'après le fr. 379).
3. Isaïe, XXIX, 12 (traduit dans le fr. 735).
4. *La besogne* désigne l'acte sexuel. *Essais*, III, 5, p. 878 : « Le sommeil suffoque et supprime les facultés de notre âme, la besogne les absorbe et dissipe de même.

Certes, c'est une marque non seulement de notre corruption originelle ; mais aussi de notre vanité et déformité. » Voir aussi le chapitre de Charron, « De l'amour charnel » (Sagesse, I, 22). — L'éternuement « qu'on se procure » est celui qui se produit dans l'usage du tabac à priser (M. Le Guern).

5. Les fr. 649 et 650 sont des notes pour la formation du fils du duc de Luynes, le jeune duc de Chevreuse. Nicole s'est efforcé de reconstituer les idées de Pascal : ce sont les trois *Discours sur la condition des grands*, publiés en 1670 dans le *Traité de l'éducation d'un prince*. — Lafuma date ces notes de la fin de 1660, parce que l'*Epigrammatum delectus*, où Pascal aurait lu Martial, n'est sorti des presses que le 20 août 1659 ; et que le papier du fr. 650 porte un filigrane de l'Auvergne, où Pascal passa l'été 1660.

6. Cette épigramme latine (VI, 30), due à Geronimo Amaltei, avait été adaptée par du Bellay :

« Jeanne et André son fils sont beaux comme le jour ;
Mais chacun d'eux d'un œil a perdu la lumière.
André, donne celui qui te reste à ta mère :
Elle sera Vénus et tu seras l'Amour. »

7. « Il retranchera les ornements ambitieux » (Horace, *Lettre aux Pisons*, V, 447-448 ; cité par l'*Epigrammatum delectus* au n° 110).

[XXXIX. Pensées mêlées 7]. 1. Versets 7 et 9 : Dieu dit à Abraham : « J'affermirai mon alliance avec vous [...] par un pacte éternel ; afin que je sois votre Dieu [...]. Vous garderez donc ainsi mon alliance. »

2. Voir fr. 5.

3. Psaume LXXV, 6. Les insensés « *se* sont endormis *du sommeil* de la mort. »

4. I Corinthiens, VII, 31 : « *La figure de ce monde* passe. »

5. Deutéronome, VIII, 9 : la Terre promise « où *vous mangerez votre pain*, sans que vous en manquiez jamais » ; et Luc, XI, 3 : « Donnez-nous aujourd'hui *notre pain* quotidien. »

6. Psaume LXXI, 8 (littéralement) : « Les ennemis de Dieu lécheront la terre. »

7. Exode, XII, 8. *« Cum lactucis agrestibus »* (Vulgate). C'est dans la Bible de Vatable que Pascal a pris une autre traduction : *« Cum amaritudinibus »* (littéralement : « avec des amertumes »).

8. Psaume CXL, 10 : « Pour moi, je suis seul, jusqu'à ce que je passe » (d'après la traduction italique). Il s'agit d'une note de lecture de saint Augustin *Sur le Psaume CXL*, n. 25-26 : « Pourquoi *seul* ? C'est que dans ta Passion tu es seul à souffrir [...]. Et que veut dire *jusqu'à ce que je passe* ? Sinon de ce monde à ton Père [...]. Ainsi le Christ était seul, avant sa mise à mort [...]. Personne en effet, avant le Christ, n'est mort pour le Christ. »

9. Voir fr. 164. le vers blanc qui sert de clausule au paragraphe rappelle la célèbre pièce religieuse de Calderon, *La vie est un songe* (1633).

10. « Nul [ne peut être dit] heureux avant le jour de sa mort » : Ovide, *Métamorphoses*, III, 135, cité dans l'*Essai* « Qu'il ne faut juger de notre heur qu'après la mort » (I, 18).

11. Voir fr. 88.

12. Thème développé à plusieurs reprises dans les *Essais* : II, 16, p. 623-628 ; III, 5, p. 847 ; III, 9, p. 955.

13. Versets 30-33 : « *Plusieurs crurent en lui. Jésus dit* donc aux Juifs qui croyaient en lui : *Si vous demeurez* dans l'observation de ma parole, *vous serez véritablement mes disciples* [...]. Et *la vérité vous rendra libres*. *Et ils répondirent : Nous sommes de la race d'Abraham, et nous n'avons jamais été esclaves de personne*. »

14. I Corinthiens, I, 17 (version italique) : « *Pour ne pas anéantir* la vertu de *la croix*. »

15. Saint Augustin, *Lettre 137*, 4, n. 14 : « Que faut-il faire avec des hommes qui méprisent les choses minimes, et ne croient pas aux plus grandes ? » Ces grandes actions sont la naissance miraculeuse, la Résurrection et l'Ascension du Christ.

16. Le Pentateuque.
17. XIX, 23-25 : « *Qui m'accordera que* mes paroles soient écrites ? [...] *Car je sais que mon Rédempteur est vivant*, et que je ressusciterai de la terre au dernier jour. » Premier répons de matines, à l'office des morts.
18. Voir fr. 285.
19. Luc, IX, 24-25.
20. Matthieu, V, 17.
21. Préface du Temps pascal (d'après Jean, I, 29).
22. Jean, VI, 32-35 et VIII, 31.

[**XL. Pensées mêlées 8**]. 1. Répons liturgique, d'après le Psaume CXVIII, 36 : « *Incline mon cœur, ô Dieu*, vers tes témoignages. »
2. Tout ce fragment est constitué de notes préparatoires à la « Lettre pour porter à rechercher Dieu » (fr. 681), qui en éclaire le sens.
3. Sceptiques de parti pris, répétant dévotement les grands mots de quelques esprits forts.
4. Havet a mis ce fragment en rapport avec la publication de la *Première Décade de l'histoire chinoise* (*Sinicae historiae decas prima*), œuvre du jésuite Martino Martini, publiée en décembre 1658. Mais l'ancienneté du peuple chinois avait déjà été opposée à la chronologie biblique, qui datait le Déluge de l'an 2322 avant Jésus-Christ. Pascal lui-même avait participé en février 1647, pendant son séjour à Rouen, à une controverse avec le théologien Jacques Forton, sieur de Saint-Ange, qui soutenait avec justesse que la Bible n'impose aucune croyance quant à la durée du monde et assurait que « les Chinois avaient des mémoires de 36 000 ans ». Le titre autographe est *hist. de la Chine* ; la majuscule initiale du fr. 663 n'est due qu'au choix de moderniser l'orthographe.
5. « Regarder de près » est un leitmotiv de l'*Apologie*, lié à l'affirmation du « Dieu caché » et du clair-obscur (voir la liasse « Fondements »).
6. I Pierre, V, 5 : « Dieu résiste aux superbes et *donne sa grâce aux humbles* » (cf. Jacques, IV, 6). Pascal, semble-t-il, ajoute en latin : « Est-ce à dire qu'il n'a pas donné l'humilité ? »
7. Jean, I, 11 : « [Jésus] est venu chez soi, *et les siens ne l'ont point reçu.* » Et Pascal ajoute : « Mais tous ceux qui ne l'ont point reçu, est-ce que par hasard ils n'étaient pas des siens ? »

[**XLI. Pensées mêlées 9**]. 1. Voir fr. 279.
2. I Timothée, IV, 1-3 et I Corinthiens, VII, 29-35. Dans le premier texte est dénoncée une secte hostile au mariage. Dans le second, Paul exhorte à éviter le mariage.
3. Voir fr. 83.

[**XLIII**] **Géométrie/Finesse** [2]. 1. Après avoir affirmé qu'Épicure, Platon et Pythagore ne prenaient pas au sérieux leurs propres systèmes, s'amusaient à leurs élucubrations (voir fr. 457), Montaigne rapporte ce mot d'un ancien « que cela, c'était vraiment philosopher » (*Essais*, II, 12, p. 511).

[**XLIV**] **L'autorité**. 1. *Essais*, III, 11, p. 1028 : « Il y a du malheur, d'en être là, que la meilleure touche de la vérité, ce soit la multitude des croyants, en une presse où les fols surpassent de tant les sages, en nombre. »
2. *De la divination*, II, 27, d'après les *Essais*, II, 30, p. 713 : « Ce qu'il voit fréquemment ne l'étonne pas, même s'il en ignore la cause. Mais s'il se produit quelque chose qu'il n'a jamais vu, il le considère comme un prodige. » Tout ce dossier de citations sur le thème de « l'autorité » en matière de connaissance, vient des *Essais*.
3. Les numéros renvoient aux pages des *Essais* de 1652 : III, 1, p. 790 : « Certes cet homme va se donner une grande peine pour me dire de grandes sottises » (*Héautontimorouménos*, III, 8).
4. II, 12, p. 530 : « Comme s'il y avait plus malheureux qu'un homme soumis à ses chimères » (Pline, II, 7).

5. Voir fr. 94 et 796.

6. II, 12, p. 546 : « On ne peut rien dire de si absurde qui ne soit dit par quelque philosophe » (II,58).

7. II, 12, p. 559 : « Liés à des opinions déterminées qu'ils n'approuvent pas, ils sont forcés de les défendre » (*Tusculanes*, II, 2). Pascal a abrégé la citation.

8. III, 12, p. 1038 : « Nous n'avons pas moins à souffrir d'immodération dans l'étude des lettres que dans tout le reste » (*Lettre 106*).

9. III, 1, p. 795 : « Ce qui convient le mieux à chacun, c'est ce qui lui est le plus naturel » (Cicéron, *De officiis*, I, 31).

10. I, 31, p. 207 : « Voilà les premières lois que donna la nature » (Virgile, II, 20).

11. III, 12, p. 1039 : « Il ne faut guère de lettres pour former une âme saine » (Sénèque, *Lettre 106*).

12. II, 16, p. 624 : « Une chose, même s'il lui arrive de n'être pas honteuse, ne laisse pas de l'être quand elle a l'approbation de la masse » (Cicéron, *De finibus*, II, 15).

13. I, 28, p. 192 : « Pour moi, c'est ainsi que j'en use. Toi, fais comme tu l'entendras » (*Héautontimorouménos*, I, 1, 80).

14. I, 39, p. 242 : « Il est rare en effet qu'on se respecte assez soi-même » (Quintilien, *Institution oratoire*, X, 7).

15. II, 13, p. 606 : « Tant de dieux s'agitant autour d'un seul homme » (Sénèque, *Suasoriae*, I, 4).

16. III, 13, p. 1075 : « Rien n'est plus honteux que de précipiter l'affirmation avant la connaissance » (*Académiques*, I, 12).

17. III, 11, p. 1033 : « Je n'ai pas honte comme ces gens-là d'avouer que j'ignore ce que j'ignore » (Cicéron, *Tusculanes*, I, 25).

18. III, 10, p. 1015 : « Ils auront moins de peine à ne pas commencer [qu'à s'arrêter] » (Sénèque, *Lettre 72*). Les cinq citations des fr. 676-679 avaient été découpées en quatre bandes de papier. Sans doute par un repentir, elles ont été collées sur le R.O. de telle sorte que le découpage est à peine perceptible.

D. Les développements de juillet 1658 à juillet 1662. 1. Ce titre, qui manque dans C1, n'est vraisemblablement pas de Pascal. Il couvre les *développements* postérieurs à l'esquisse de juin 1658 : deux ensembles importants (« L'état des Juifs » et les « Prophéties », auxquelles se rattache le dossier LXI, « Loi figurative »), ainsi que trois « discours » : le « Discours de la machine » (XLV), la « Lettre pour porter à rechercher Dieu » (XLVI), la « Préface de la seconde partie » (XLVII). Diverses notes relatives à ces cinq ensembles, ou bien accompagnant les discours, ou bien forment des unités séparées (LIII et LX).

[XLV] Le discours de la machine. 2. Voici la « Lettre d'ôter les obstacles, qui est le discours de la machine » (fr. 45), connu surtout sous le titre « Le pari ». Il s'agit d'une dilatation interne de la liasse « Commencement » (voir fr. 186, 187), liée à la « Lettre pour porter à rechercher Dieu » (fr. 190 ; voir fr. 39 et 45). Pascal part de deux axes de la pensée augustinienne : l'importance de l'incertain dans l'existence humaine (fr. 187, 191, 480) ; le poids des routines de vie, des habitudes mauvaises (nonchalance, passions diverses...). Pour briser la violence hypocrite des habitudes, saint Augustin admettait le recours à la violence physique (*Lettre à Vincent*). Pascal s'y refuse : il veut révéler à l'incroyant toute une « pièce » de son être, « la machine » (fr. 661), qui fonctionne en lui sourdement et risque de broyer les semences chrétiennes qui auraient pu germer. La démolition des routines païennes s'accomplira à l'initiative de l'incroyant lui-même, rendu conscient des naïvetés du rationalisme (se croire un esprit libre, souverain) et désireux de se donner des chances d'accéder à l'univers évangélique. Les développements mathématiques du « pari » supposent, pour être valides, que l'interlocuteur entrevoie le néant du type de vie auquel il lui est proposé de renoncer. En pariant pour Dieu, l'incroyant n'accède évidemment pas à la foi, pur don de Dieu (fr. 41), mais il se décide à « ôter les obstacles ». — Voir H. Gouhier, *Blaise Pascal, Commentaires*, Paris, Vrin, 1971.

3. Saint Paul, I Corinthiens, I, 18.
4. *Croix ou pile* : pile ou face.
5. *De ce qu'on* : si on.
6. *De ce qu'on hasarde* : de hasarder.
7. Ce mot, qui a choqué, ne fait que renvoyer à la théorie de la « machine ». L'homme est, pour une part, mécanisme ; et cette « pièce » de son être est objet de dressage. La supériorité de l'intelligence est de le savoir et d'en tenir compte : elle peut, non échapper aux habitudes, mais choisir ses habitudes.
8. Un comportement extérieur aussi proche que possible de celui que produit la véritable charité ploie la « machine » vers le christianisme. De là, l'estime relative de Pascal pour l'idéal de « l'honnêteté », dont son ami Méré a pu dire : « La dévotion et l'honnêteté vont presque les mêmes voies [...] de sorte que l'honnêteté n'est pas inutile au salut » (*De la vraie honnêteté*, 1668).

[XLVI] **Lettre pour porter à rechercher Dieu.** 1. Il s'agit, comme dans le dossier précédent, d'une dilatation interne de la liasse « Commencement ». Le fr. 45 indique que cette *Lettre* était appelée à précéder « Le discours de la machine ».
2. « Dieu caché » (Isaïe, XLV, 15). Voir fr. 275.
3. *Entretiens*, I, 18, 20.
4. Voir le programme énoncé au fr. 38. La suite qui relie l'indifférence des impies au fondement que constitue « la corruption », montre combien facilement chaque thème attire tous les autres : c'est ce que Pascal appelait « l'ordre du cœur » (fr. 329).
5. A juste titre, C 2 place les fr. 684-687 dans le même dossier que les fr. 681-683. Le copiste a en effet indiqué en marge, dans les deux Copies : « Ceci est dans le cahier commençant par ces mots : Qu'ils apprennent... » Cette indication, d'une encre plus foncée que le reste du texte dans C 1, semble avoir été portée pour corriger l'erreur de cette Copie, qui avait placé les signes de fin de dossier à la fin du fr. 683, tout au bas du verso précédant le recto au haut duquel commence le fr. 684. Celui-ci n'est d'ailleurs qu'un ensemble de notes en vue de la « Lettre pour porter à rechercher Dieu ». Un autre ensemble de notes pour cette même « Lettre » constitue le fr. 662, dans le dossier XL, avant-dernier des « Pensées mêlées ».
6. Psaume II, 1-2 : « Pourquoi les nations se sont-elles *soulevées* avec grand bruit ? [...] *Les rois de la terre* se sont élevés, et les princes ont conspiré ensemble contre le Seigneur et *contre son Christ.* »

[XLVII] **Préface de la seconde partie.** 1. Les originaux de ce dossier sont perdus. Les deux Copies, habituellement avares de telles marques, ont indiqué l'autonomie des fr. 688 et 689. L'absence de signe de séparation dans toute la suite devient dès lors éloquent. — Le contenu du fr. 644 — *la connaissance de Dieu dans un monde corrompu* — manifeste que le fr. 690 constitue la version plus développée d'un projet de Préface pour la seconde partie de l'apologie (voir fr. 40). Ayant rédigé ce texte, Pascal a rejeté le fr. 644 dans les « Pensées mêlées ». Le fr. 644 n'était lui-même qu'un premier développement des notes du dossier XV, « Excellence... », prévues pour préfacer la seconde partie (fr. 222, « Préface »). — Le fr. 688 doit correspondre à un feuillet destiné aux dossiers sur les Juifs et que l'apologiste a glissé ici par erreur, en se trompant d'un dossier.
2. Recueils d'oracles, attribués aux diverses sibylles : la plus ancienne, celle d'Érythrée, était située par les chrétiens au VIIe siècle avant Jésus-Christ. C'est à la sibylle de Cumes qu'on attribuait les *Livres sibyllins*, où se trouvait annoncée la grandeur de Rome.
3. Le dieu Hermès Trismégiste (« trois fois grand ») passait pour l'auteur de quarante-deux livres égyptiens traitant de tous les aspects du monde. Le Moyen Age se le représentait comme un prophète païen contemporain de Moïse (ainsi sur le pavé de la cathédrale de Sienne, 1488).

4. *Qui*, comme dans C 2, et non *que*, première rédaction de C 1 (corrigée ensuite par une autre main) : Moïse, quasi-contemporain de la Création, a écrit un livre inspiré, qui a formé le peuple juif (fr. 711, 716). L'antiquité des Juifs est un leitmotiv du livre I du *Contre Apion* de Flavius Josèphe.

5. « *Je suis un homme qui vois* quelle est ma misère » (Lamentations de Jérémie, III, 1 : texte liturgique de l'Office des Ténèbres).

6. Voir fr. 237.

7. Au rappel de la corruption (Ire partie) se trouvent liés les thèmes du clair-obscur ; du Dieu qui se cache mais qui *par miséricorde* se manifeste à ses élus ; du risque d'orgueil ou de désespoir (voir fr. 240, 248, et dans « Excellence... » fr. 225).

8. Ces deux « chefs » sont : « Il y a un Dieu dont les hommes sont capables/ Il y a une corruption dans la nature. »

9. Ces formules sont entourées d'un cartouche, dans les Copies. Elles devaient l'être aussi dans l'original. Elles se trouvaient à l'écart du texte (en marge ?), dans le déroulement duquel elles n'interviennent pas.

10. La corruption de la nature suscite ici un développement caractéristique de la liasse « Excellence... ». On saisit aisément dans cette Préface la réalité de « l'ordre du cœur » (fr. 329).

11. Voir fr. 35, intitulé « La nature est corrompue ».

12. Voir fr. 248, 249 et 253, tous sous la rubrique « Que la nature est corrompue ».

[XLVIII] **L'État des Juifs [1].** 1. *D'abord* : d'emblée.

2. En particulier dans la *Vie de Moïse*.

[XLIX] **L'État des Juifs [2].** 1. Deutéronome, XXX-XXXII.

[L] **L'État des Juifs [3].** 1. En fait, chapitre VIII.

2. « *Déchirez vos cœurs*, et non vos vêtements. » En latin, parce qu'il s'agit d'un texte célèbre, omniprésent dans la liturgie du carême.

3. Verset 1.

4. Versets 1-3.

5. Psaume L (désigné par son premier mot), verset 16.

6. Psaume XXXIX (désigné par son premier mot), 6-8.

7. XX, 25. Voir fr. 294.

8. Désignation liturgique du Psaume CIX, où Dieu annonce au Messie : « Vous êtes le prêtre éternel selon l'ordre de Melchisédech [...]. Le Seigneur exercera son jugement au milieu des nations, il remplira tout de la ruine de ses ennemis. »

9. Voir fr. 294.

[LI] **L'État des Juifs [4].** 1. Voir fr. 663.

2. XXXIII, 20-23. Cette note, rayée, est jetée loin dans la marge de droite sur le recto du premier feuillet où se trouve le fr. 694. Les Copies la transcrivent hors dossier, à cause de son titre.

[LII] **L'État des Juifs [5].** 1. Voir fr. 305, où une sixième preuve a été rayée : (« 6. *Preuves par la clé que Jésus-Christ et les apôtres nous en donnent.* »)

[LIII] **Autour de la corruption].** 1. L'autographe est perdu. Les Copies donnent deux titres, puis les citations séparées par des blancs. Je vois là un fragment unique, rassemblant les apparentes contradictions de l'Écriture : les promesses sont-elles pour Israël ou pour tout l'univers ?

2. La Vulgate donne *est* : les Juifs se vantent, en répétant du sanctuaire de Jérusalem : « C'est le temple du Seigneur... » (trad. de Louvain). C'est la Bible de Vatable qui donne *sunt*, en considérant que la triple répétition de *temple* renvoie à trois parties distinctes du sanctuaire (Lhermet).

3. Ce fragment est propre à C 2. Le père P. Guerrier l'a transcrit, après 1731, sur le verso vierge qui précède le début de ce dossier, donc à gauche. M. Mesnard y voit, à juste titre, la transcription d'un papier autographe qui servait d'ornement

à C 2 et que P. Guerrier, selon une fâcheuse habitude, a donné à quelque ami. Ce fragment figure parmi ceux que Louis Périer a fait copier dans C 2, entre 1680 et 1711.

4. II Timothée, IV, 3 : « Il viendra un temps où les hommes ne pourront plus souffrir la saine doctrine ; au contraire, ayant une extrême démangeaison d'entendre ce qui les flatte, *ils auront recours à une foule de docteurs* propres à satisfaire leurs désirs. »

5. Romains, I, 32 : « ... ceux qui font de telles choses *sont dignes* de mort : non seulement ceux qui les font, mais aussi ceux qui consentent à ceux qui les font » (Louvain).

6. Ce dossier présente une variété qui l'apparente quelque peu à la liasse-table. Mais il est dominé par la perspective de la corruption. Les recherches récentes sur le Recueil original ont mis en évidence que les fr. 705 et 706 se trouvent sur un même fragment de feuillet.

7. Voir fr. 520.

8. Tourneur renvoie à Genèse, III, 5, où le serpent dit à la femme qu'aussitôt qu'Adam et Ève auront mangé du fruit défendu, ils seront « comme dieux, connaissant le bien et le mal » (trad. de Louvain).

9. Moïse.

10. Voir fr. 303.

11. Voir fr. 27.

12. *Essais*, III, 6, p. 913-914 : les Aztèques divisaient l'histoire du monde en cinq âges, « et en la vie de cinq soleils consécutifs [...]. Le premier périt avec toutes les autres créatures par universelle inondation d'eaux ». Nous vivons sous le cinquième et dernier soleil, apparu il y a environ huit cents ans. Pascal, qui trouvait dans saint Augustin une théorie des six âges (fr. 315), dont le premier finissait aussi avec le Déluge (en 2322 avant Jésus-Christ, d'après la chronologie de la Bible de Louvain), pensait que les Aztèques confirmaient la chronologie biblique, contre les prétentions de la Chine à une extrême antiquité. Voir le fr. 663.

[LIV] **Prophéties** [1]. 1. Ce dossier de textes prophétiques provient du *Talmud* : Pascal les a pris dans le *Pugio fidei*, et traduits. Voir fr. 308.

[LV] **Prophéties** [2]. 1. Voir la liasse « Figures particulières » (fr. 381-382). Pascal présente Genèse, XLVIII-L ; la fin du Deutéronome, XXVIII-XXXII et deux versets des Nombres, XXXIV, 17 et XXXV, 6.

2. Synédrin, pour Sanhédrin, est la graphie de Grotius, dans *La Vérité de la religion chrétienne* (1627), texte bien connu de Pascal.

3. Éphraïm devint le groupe le plus nombreux et le noyau du royaume du Nord, qui est souvent appelé de son nom.

[LVI] **Prophéties** [3]. 1. Versets 27-46.

2. Après avoir résumé les versets 3 à 15, Pascal traduit des versets 20-25.

3. Voir fr. 373. Les parenthèses correspondent à des commentaires marginaux.

4. Pascal vient de traduire les versets 2 à 24. Il indique ici le verset par lequel devait reprendre sa traduction.

[LVII] **Prophéties** [4]. 1. Pascal avait d'abord transcrit les versets d'Isaïe et de Jérémie dans l'ordre des chapitres des deux prophètes. Il a pratiqué ensuite un certain nombre de découpages, selon l'usage qu'il envisageait pour chaque groupe. Les deux Copies ont enregistré les fragments ainsi découpés, et le R.O. a conservé presque intégralement ce même ordre. Je donne cet ordre, d'où peuvent être tirées des conclusions intéressantes. Il sera facile à tout lecteur de reconstituer l'ordre de lecture avant découpage.

2. « Comment la cité fidèle, pleine de droiture et d'équité, est-elle devenue une prostituée ? »

3. « Malheur à ceux qui établissent des lois d'iniquité ! »

4. « Allez, mon peuple, entrez dans le secret de votre chambre ; fermez vos portes sur vous, et tenez-vous un peu caché pour un moment, jusqu'à ce que la colère soit passée. »

5. « Malheur à la couronne d'orgueil ! »

6. En fait, XXXIII, 9-10 : « La terre est dans les pleurs et dans la langueur ; le Liban est dans la confusion et dans un état affreux [...]. *Je me lèverai maintenant, dit le Seigneur, je signalerai ma grandeur, je ferai éclater ma puissance.* »

7. « *Tous les peuples du monde* sont devant lui *comme s'ils n'étaient point.* »

8. « Qui d'entre vous nous instruit des choses faites dès le commencement et l'origine, afin que nous lui disions : Vous êtes le Juste ? » (trad. Pascal, fr. 735).

9. « Quand j'ai résolu d'agir, qui pourra s'y opposer ? »

10. Les habitants d'Anatoth disent à Jérémie : « Ne prophétisez point au nom du Seigneur, de peur que vous ne mouriez de notre main. Voici donc ce que dit le Seigneur... »

11. « S'ils [les fils d'Israël] vous disent : Où irons-nous ? vous leur direz : Voici ce que dit le Seigneur : Qui est destiné à mourir, meure ; qui à périr par l'épée, périsse par l'épée ; qui à périr par la famine, périsse par la famine ; qui à aller en captivité, aille en captivité. »

12. Versets 9-10 : « Le cœur de tous les hommes est corrompu, il est impénétrable ; qui pourra le connaître ? » Et, après le commentaire : « C'est moi qui suis le Seigneur, qui sonde les cœurs et qui éprouve les reins. »

13. XVIII, 18 : « Et ils ont dit : Venez, formons des desseins contre Jérémie ; car nous ne laisserons pas de trouver sans lui des prêtres qui nous instruisent de la Loi [...] et des prophètes qui nous instruisent de la parole du Seigneur. »

14. Seigneur, « ne me devenez point un sujet de crainte, puisque c'est vous qui êtes mon espérance au jour de l'affliction ».

15. Traduit par Pascal au fr. 735.

16. Traduit librement au fr. 735 (versets 22-23). Ici Pascal ajoute le début du verset 24 : « Et après cela ils ne m'ont point écouté. »

17. Versets 13-14 : « Car pour vous, ô Juda, vous avez eu autant de dieux différents que de villes, et pour vous, ô Jérusalem, vous n'avez point eu de rue qui n'eût son autel de confusion. / Vous donc, ô Jérémie, n'entreprenez point d'intercéder pour ce peuple. »

18. Le constructeur d'idoles ne dira-t-il pas : « Certainement cet ouvrage de mes mains n'est qu'un mensonge ? / Souvenez-vous de ceci, Jacob ; souvenez-vous, Israël, que vous êtes mon serviteur, et que c'est moi qui vous ai créé [...]. Ne m'oubliez point. / J'ai effacé vos iniquités comme une nuée qui passe, et vos péchés comme un nuage ; revenez à moi, parce que je vous ai racheté. / Cieux, louez le Seigneur, parce qu'il a fait miséricorde [...] parce que le Seigneur a racheté Jacob et qu'il a rétabli sa gloire dans Israël. / Voici ce que dit le Seigneur qui vous a racheté, et qui vous a formé dans le sein de votre mère : Je suis le Seigneur qui fais toutes choses. C'est moi seul qui ai étendu les cieux, et personne ne m'a aidé quand j'ai affermi la terre. »

19. « J'ai détourné mon visage de vous pour un moment, dans le temps de ma colère ; mais je vous ai regardée ensuite avec une compassion qui ne finira jamais, dit le Seigneur, qui vous a rachetée. »

20. « [Où est] Celui qui a pris Moïse par la main droite, et l'a soutenu par le bras de sa majesté, qui a divisé les flots devant eux pour s'acquérir un nom éternel [... 14]. C'est ainsi, Seigneur, que vous vous êtes rendu le guide de votre peuple, pour signaler à jamais la gloire de votre nom. »

21. Traduit par Pascal au fr. 693.

22. Seigneur, « pourquoi avez-vous endurci notre cœur en nous laissant perdre votre crainte ? ».

23. « Ceux qui croyaient se sanctifier et se rendre purs [...] périront tous ensemble, dit le Seigneur. »

24. « Et cependant vous avez dit : "Je suis sans péché, je suis innocente ; que votre fureur s'éloigne de moi ? Je vais donc entrer en jugement avec vous, puisque vous dites : Je n'ai point péché." »

25. « Ils ne sont sages que pour faire le mal, et ils n'ont point d'intelligence pour faire le bien. »

26. Versets 23-26 : « J'ai regardé la terre, et je n'y ai trouvé qu'un vide et un néant ; j'ai considéré les cieux, et ils étaient sans lumière. / J'ai vu les montagnes, et elles tremblaient ; j'ai vu les collines, et elles étaient toutes ébranlées. / J'ai jeté les yeux de toutes parts, et je n'ai point trouvé d'homme ; et tous les oiseaux même du ciel s'étaient retirés. / J'ai vu les campagnes les plus fertiles changées en un désert, et toutes les villes détruites devant la face du Seigneur, et par le souffle de sa colère. »

27. IV, 27 : « Car voici ce que dit le Seigneur : Toute la terre sera déserte ; et néanmoins je ne la perdrai pas entièrement. »

28. Versets 4-6 : « Pour moi, je disais : Il n'y a peut-être que les pauvres qui sont sans sagesse, parce qu'ils ignorent la voie du Seigneur et les ordonnances de leur Dieu. / J'irai donc trouver les princes du peuple, et je leur parlerai : car ce sont ceux-là qui connaissent la voie du Seigneur [...]. Mais j'ai trouvé que ceux-là ont conspiré tous ensemble, avec encore plus de hardiesse, à briser le joug du Seigneur et à rompre ses liens. / C'est pourquoi le lion de la forêt les dévorera [...] le léopard tiendra toujours les yeux ouverts sur leurs villes. »

29. « Ne punirai-je point ces excès ? dit le Seigneur, et ne me vengerai-je point d'une nation si criminelle ? / Il s'est fait sur la terre des choses étranges, et qu'on ne peut écouter qu'avec le dernier étonnement. / Les prophètes débitaient des mensonges comme des prophéties ; les prêtres leur applaudissaient, et mon peuple y trouvait son plaisir. Quelle sera donc enfin la punition que je lui réserve ? »

30. Versets 16-19. Le verset 16 est traduit librement au fr. 634. Voici 17-19 : « J'ai établi des sentinelles sur vous, et je vous ai dit : Écoutez le bruit de la trompette. Et ils ont répondu : Nous ne l'écouterons point. / C'est pourquoi, écoutez, nations, [...] avec quelle rigueur je veux les punir. / Terre, écoute-moi : Je vais faire fondre sur ce peuple toutes sortes de maux. »

31. « La corruption s'est répandue du cœur de Jérusalem sur toute la terre. »

32. « Ils disent à ceux qui me blasphèment : Le Seigneur l'a dit, vous aurez la paix ; et à tous ceux qui marchent dans la corruption de leur cœur : Il ne vous arrivera point de mal. »

[LVIII] **Prophéties [5]**. 1. Verset 2 : « Parle en énigme... » Suit la parabole des deux aigles.

2. Pour ces trois références, versets 1, 6 et 2.
3. Pour ces références, versets 10, 14-15 et 10.
4. Verset 3.
5. Verset 14.
6. Verset 35.
7. Pour ces deux références, versets 10 et 17.
8. Verset 10.
9. Verset 14.
10. XXXI, 36.
11. Verset 4.
12. IX, 9.
13. LXIX, 9.
14. Pour les trois dernières références, versets 5, 4 et 11-18.

[LIX] **Prophéties [6]**. 1. Résumé des versets 1-6.

2. Versets 13 à 17.
3. Versets 9-14, coupés par deux ajouts marginaux : Daniel, XII, 10 et Osée, XIV, 10.
4. Versets 21-26.

5. Versets 8-10.
6. Traduction libre des versets 8 à 27.
7. Versets 6-8.
8. Isaïe, XLV, 4.
9. Versets 9-10.
10. Versets 3 à 8.
11. Versets 1 à 19 et 24-25.
12. Versets 1 à 5.
13. Versets 12 à 16.
14. Verset 4. Voir fr. 697.

[LX. Prophéties, Juifs, Corruption]. 1. Voir fr. 372.
2. Isaïe, XXIX, 11.
3. Isaïe, VI, 10 et XII, 40.
4. Isaïe, XXX, 8. Sur les lettres défectueuses, voir fr. 303.
5. Isaïe, LXV, 16.
6. A la fin du Deutéronome.
7. Zacharie, XI, 12.
8. III, 1-5, cité par Grotius, *La Vérité de la religion chrétienne*, V, 14, pour interpréter la prophétie d'Aggée.

[LXI] Loi figurative. 1. En fait, dernier verset du chapitre XXX.
2. C'était initialement la deuxième : l'actuelle première a été rajoutée en marge.
3. Renvoi au fr. 289.
4. VIII, 16 : « Couvrez ma loi pour mes disciples. » (fr. 735). Au verset 14, Dieu apparaît comme « pierre de scandale ».
5. Matthieu, XI, 6.
6. XIV, 10.
7. Marc, II, 10-11. Voir fr. 306, où se trouve évoqué aussi Isaïe LI, 10.
8. Voir fr. 285 et 299.
9. Le luthérien Conrad Kircher et l'anglican Jack Usher, auteurs, le premier d'une *Concordance gréco-hébraïque de l'Ancien Testament* (1607), le second d'*Annales de l'Ancien et du Nouveau Testament* (1650).

E. Les fragments non enregistrés par la Seconde Copie. 1. Ce fragment, jeté sur une page découpée dans un livre et écrit de la main même de Pascal, a été inséré entre les pages 154 et 155 de la Première Copie, comme une sorte d'ornement, peut-être peu après l'achèvement de l'édition de 1678, pour laquelle les cahiers de C1 furent encore utilisés. Les pages 154-155 correspondent à la liasse « Preuves de Moïse ». La phrase inachevée « Sem, qui a vu Lamech... » renvoie au fr. 327. — Voir fr. 322, 324.

2. A la mort de Pascal, on trouva dans la doublure de son pourpoint un petit parchemin plié, et dans ce parchemin une feuille de papier. Sur chacun de ces deux supports figurait à peu près le même texte, autographe, trace d'une intense expérience religieuse. Gilberte et ses amis convinrent qu'il s'agissait d'une sorte de « *Mémorial*, qu'il gardait très soigneusement pour conserver le souvenir d'une chose qu'il voulait avoir toujours présente à ses yeux et à son esprit, puisque depuis huit ans il prenait soin de le coudre et découdre à mesure qu'il changeait d'habits » (3ᵉ manuscrit Guerrier).

L'autographe sur parchemin est perdu, mais il en subsiste une copie figurée effectuée vers 1692 par Louis Périer et insérée maintenant en tête du Recueil original. Je donne le texte du papier autographe, avec en notes les variantes du parchemin (P.). Je le place ici, parce qu'une synthèse du texte sur papier et du texte sur parchemin ouvre le manuscrit Périer.

3. P. : « au martyrologe romain » ; « et autres, etc. » P. s'ouvre et s'achève par une croix entourée de rayons.

4. Exode, III, 6 : lors de la théophanie du Buisson ardent, Dieu dit à Moïse : « Je suis le Dieu de ton père, le Dieu d'Abraham, le Dieu d'Isaac, et le Dieu de Jacob. »

5. P. : « non des philosophes et savants. / Certitude, joie, certitude, sentiment, vue, joie. »

6. P. indique la référence : Jeh. XX, 17. Après sa résurrection, Jésus dit à Marie-Madeleine : « Je monte à mon Père et à votre Père, à mon Dieu et à votre Dieu. »

7. P. indique la référence : Ruth. Il s'agit de I, 16.

8. P. indique la référence : Jeh. XVII. Il s'agit du verset 25.

9. P. : « ... joie et pleurs de joie. »

10. P. omet *aquae vivae*. La citation est de Jérémie, II, 13 : « Ils m'ont délaissé, moi qui suis la fontaine d'eau vive. »

11. P. a omis ce « *Jésus-Christ* », qui appartient pourtant à Jean, XVII, 3. « *Cette* », « *Jehan* » : ces archaïsmes viennent de la Bible de Louvain.

12. Souvenir de la messe : *Fac me tuis semper inhaerere mandatis et a te numquam separari permittas.* (« Fais que j'adhère toujours à tes préceptes, et ne permets pas que je sois jamais séparé de toi. »)

13. P. comporte trois versets de plus ; à propos des deux premiers Louis Périer a noté en marge : « On n'a pu voir distinctement que certains mots de ces deux lignes. » Voici cette fin de P. :

« Soumission totale à Jésus-Christ et à mon directeur.
Éternellement en joie pour un jour d'exercice sur la terre.
Non obliviscar sermones tuos. Amen. »

L'ultime citation est du Psaume CXVIII, verset 16 : « Je n'oublierai point tes paroles. »

14. Ici commence un ensemble de pensées inédites constitué sous l'autorité de Louis Périer. Chaque fragment était affecté d'un numéro : 1A, 2B... 24 Aa, jusqu'à 27 Dd, dont divers vestiges subsistent (fr. 746, 763, 768). — Le thème développé dans ce fr. 744 se trouve aussi dans la « Dix-huitième Provinciale » (24 mars 1657).

15. La bulle du 31 mai 1653, qui condamnait cinq propositions présentées comme extraites de l'*Augustinus* de Jansénius.

16. Psaume LXXXI, 6. « J'ai dit : *Vous êtes des dieux*, et vous êtes tous enfants du Très-Haut. »

17. La condamnation des *Provinciales* fut connue à Paris le 18 octobre 1657.

18. « C'est à ton tribunal, Seigneur Jésus, que j'en appelle » (saint Bernard, dans une lettre à son cousin Robert, que le pape avait délié de ses vœux en 1119).

19. Actes des apôtres, V, 29.

20. Thème présent dans la « Dix-septième Provinciale » (23 janvier 1657).

21. Le manuscrit Périer n'a reproduit que les notes marginales afférentes à ce début de *Lettre*. Il est évident qu'on ne saurait les éditer sans ce début lui-même, qui nous a été conservé parmi les pièces reliées à la suite de la Seconde Copie.

22. « Ce que la guerre a confirmé, qu'une fausse paix ne l'enlève point. »

23. II Rois, XIV, 17 : le roi d'Israël est « comme un ange de Dieu qui n'est touché ni des bénédictions ni des malédictions ». Texte utilisé dans le *Second Écrit des curés de Paris* (2 avril 1658).

24. Traduction très libre de passages du *Commentaire du Psaume 136*, de saint Augustin, l'un des textes qui ont fasciné les écrivains « baroques » : « *Flumina Babylonis sunt omnia quae hic amantur et transeunt* [...] *Attende quia [flumen Babylonis] fluit, attende quia labitur* [...] *Cave quia trahit* [... *Cives sanctae Jerusalem] non se mittunt in flumina Babylonis ; sed sedent super flumina Babylonis* [...] *O sancta Sion, ubi totum stat et nihil fluit* [...] *Sede super flumen, noli in flumine, noli sub flumine : sed tamen sede humilis* [...] *Attendat si non fluit illa felicitas* [...] *Si autem* [...] *videt fluere unde gaudet, fluvius Babylonis est* » (n. 3-5). Voir fr. 460.

25. Ce titre n'est pas de la main de Pascal.

26. En voyant pleurer les amis de Lazare mort, Jésus « frémit en son esprit et *se troubla lui-même* » (Jean, XI, 33). La Vulgate porte : « *turbavit seipsum* ». *Soutenir* signifie supporter.

27. Matthieu, XXVI, 38 : « *Sustinete hic...* » (Vulgate), « Demeurez ici... »

28. Sur Jésus nouvel Adam, voir saint Paul, Romains, V, 12-21, et le fr. 489.
29. Matthieu, XXVI, 38 ; Marc, XIV, 34.
30. Matthieu, XXVI, 41 ; Marc, XIV, 38.
31. Détail propre à Matthieu, XXVI, 44.
32. « Allons ! » (Matthieu, XXVI, 46 ; Marc, XIV, 42).
33. Jean, XVIII, 4 : « Mais Jésus, qui savait tout ce qui devait lui arriver, *vint au-devant* [des soldats chargés de l'arrêter]. »
34. Pascal suit ici Matthieu, XXVI, 39-44.
35. *Ennui* : tourment de l'âme, en un sens très fort.
36. Ces deux versets renvoient à Matthieu, XXVI, 42 et XXVI, 50.
37. Luc, XXII, 44. *Agonie* est propre à Luc. Ici prend fin cette contemplation du Christ à Gethsémani, où presque tous les versets s'ouvrent sur le nom même de Jésus. Quelques autres textes recueillis par le manuscrit Périer ont en commun avec le « Mystère » un ardent christocentrisme. Mais on ne saurait considérer le fr. 751 comme partie intégrante du « Mystère de Jésus » : ce dernier s'achevait au haut du verso d'une grande feuille, qui pour le reste est demeurée vierge : il eût été facile de poursuivre immédiatement. C'est bien ce qu'a jugé Louis Périer, qui intercale un autre fragment entre ces pages mystiques.
38. Il s'agit des jésuites. Voir fr. 789.
39. Allusion à la bulle *Unam sanctam* de Boniface VIII, selon laquelle le pape serait maître non seulement du pouvoir spirituel, mais aussi des pouvoirs temporels.
40. J.-B. de Saint-Jure (1588-1657), auteur mystique dont la rigueur évangélique est opposée à la corruption d'A. Escobar (1589-1669), casuiste ; tous deux étaient jésuites.
41. Allusion à une question scandaleuse du jésuite Amico (Lamy) : Si une femme a été la maîtresse d'un religieux, et que fière de ses relations avec un homme aussi important (*tanto viro*), elle en parle partout, celui-ci peut-il la tuer ? (*Sixième Écrit des curés de Paris*).
42. A. Tanner (1578-1632), jésuite, auteur d'une *Universa theologia* (1626-1627) citée dans la « Douzième Provinciale ». — Aquaviva fut général de la Compagnie de Jésus au début du XVIIe siècle : sa lettre contre le probabilisme est de 1613.
43. Les papes Clément VIII et Paul V, au début du siècle, avaient été favorables aux augustiniens.
44. Allusion à une thèse des jésuites de Louvain, en 1645 : « Ce n'est qu'un péché véniel de calomnier et d'imposer de faux crimes (*falso crimine elidere*) pour ruiner de créance ceux qui parlent mal de nous » (voir la « Quinzième Provinciale »). — Sur les deux autres citations latines, voir fr. 801.
45. Clemens Placentinus est le pseudonyme de Giulio Scotti, jésuite qui avait quitté la Compagnie et composé un *De potestate pontificia* (1646), véritable arsenal anti-jésuite (G. Bottereau). Voir fr. 789.
46. Aquaviva stipule qu'on n'autorise personne à confesser les femmes, s'il n'a rempli convenablement certaines charges dans la Compagnie.
47. Souvenir probable du traité *De l'amour de Dieu* de saint Bernard : « Celui-là seul peut te chercher qui t'a déjà trouvé... » (P.L. 182, 887).
48. Souvenir du Psaume XVIII, 13 (littéralement) : « Qui connaît ses péchés ? Purifie-moi de mes péchés cachés (*ab occultis meis*). »
49. Souvenir d'Isaïe, LXIV, 6-8 : « Et sommes tous faits comme un homme souillé (*ut immundus*)... Et maintenant, Seigneur, tu es notre Père, nous sommes l'argile (*lutum*), tu es notre formateur » (trad. de Louvain). Pascal surimprime à ce texte un autre passage d'Isaïe sur le Messie devenu comme un être impur pour sauver tout son peuple (LIII, 4-5), de sorte qu'il s'agit ici de la Rédemption : Jésus est devenu « comme un homme souillé, pour [te sauver, toi qui n'es que] terre ». Cette identification est due au père A. Feuillet, qui a analysé les fr. 749 et 751 dans *L'Agonie de Gethsémani* (Paris, Gabalda, 1977).
50. Isaïe, LIII, 5 : « Il a été percé de plaies pour nos iniquités [...] le châtiment qui devait nous procurer la paix est tombé sur lui, et nous avons été guéris par ses meurtrissures. » Voir II Corinthiens, V, 21.

51. Le serpent promet à Ève : « Vous serez comme des dieux, connaissant le bien et le mal » (Genèse, III, 5).

52. « Véritablement tu es *un Dieu caché* » (Isaïe, XLV, 15 ; trad. de Pascal).

53. Matthieu, X, 34 et Luc, XII, 49, cités librement. Ce fragment est proche de la *Lettre 2 à Ch. de Roannez* (24 septembre 1656).

54. Le manuscrit Périer note après « sainte... » : « Le surplus est déchiré. Ce surplus a été transcrit par les copistes » (voir fr. 499).

55. Titres du fragment, d'après le début du premier paragraphe ou les sujets. Singlin, très lié à Port-Royal, fut un des directeurs spirituels de Pascal.

56. Notes sur la parabole du pharisien et du publicain (Luc, XVIII, 9-14).

57. Passage de l'hymne *Exultet* du samedi saint : « O heureuse faute [d'Adam], qui nous *a valu un* si grand *Rédempteur* ! » Toutes les citations qui suivent tournent autour de l'idée de mérite : ces notes étaient destinées aux *Écrits sur la grâce*.

58. Réminiscence de l'hymne *Vexilla Regis* (Vêpres de la Passion), qui célèbre la croix « dont le bois s'est trouvé digne (*digno*) de toucher des membres si saints ». Entraîné par la citation de l'*Exultet*, Pascal a d'abord écrit : « *Meruit*... ».

59. Textes de la liturgie de l'Eucharistie : le « Mon Dieu, *je ne suis pas digne* de vous recevoir » est une prière avant la communion (d'après Luc, VII, 6) ; « *Celui qui mange indignement* [de ce pain] mange sa propre condamnation » provient de saint Paul, I Corinthiens, XI, 29, texte qui était lu et chanté tous les jeudis à Port-Royal du Saint-Sacrement.

60. « L'agneau qui a été égorgé *est digne de recevoir* puissance, divinité, sagesse, force... » : antienne chantée à Port-Royal en l'honneur du Saint-Sacrement, d'après Apocalypse, V, 12.

61. Antienne à la Vierge Marie : « *Juge-moi digne* de te louer, ô Vierge sainte. »

62. Il s'agit du 2ᵉ sermon *Aux catéchumènes sur le symbole de foi*, 6, n. 15, où « Jésus-Christ nous montre un juste en la personne de saint Pierre, qui nous instruit par sa chute de fuir la présomption » (voir la « Troisième Provinciale »). Depuis la fin du XVIIᵉ siècle, l'attribution de ce sermon à saint Augustin est considérée comme douteuse.

63. En tête de ce fragment se trouve ce texte, rayé : (« *J'aime tous les hommes comme mes frères, parce qu'ils sont tous rachetés.* »)

64. Voir fr. 460.

65. Début de l'Épître du Commun des Vierges (II Corinthiens, X, 17) : « Que celui qui se glorifie ne se glorifie que dans le Seigneur. »

66. Jean, XV, 15 : « Je ne vous dis plus mes serviteurs, car le serviteur ne sait [ce] que son maître fait : mais je vous ai dit mes amis » (trad. de Louvain).

67. Matthieu, V, 6 et 10 : « Bienheureux ceux qui ont faim et soif de justice, car ils seront saoulés... / Bienheureux sont ceux qui sont persécutés pour justice : car le Royaume des Cieux est à eux » (trad. de Louvain).

68. Note pour la « Douzième Provinciale ».

69. Jean, XX, 17 : Jésus ressuscité dit à Marie de Magdala : « Ne me touche point... » (ce verset est cité dans le Mémorial : fr. 742).

70. Matthieu, III, 1-2 ; Marc, I, 4.

71. Romains, I, 17.

72. Ces trois paragraphes développent une affirmation fondamentale de l'augustinisme, appuyé sur saint Paul : « Tout ce qui ne se fait point selon la foi est péché » (Romains, XIV, 23).

73. Ecclésiaste, III, 8.

74. Psaume CXVI, 2.

75. Jean, XIV, 27 ; Matthieu, X, 34. Par son thème, ce fragment est tout proche du *Second Écrit des curés de Paris* (2 avril 1658).

76. Les fragments 772 à 785 ont été découverts par M. Jean Mesnard dans un cahier manuscrit intitulé *Pensées à imprimer*, qui fait partie du manuscrit 2466 de la collection Joly de Fleury, à la Bibliothèque nationale. Ces quatorze Pensées sont situées vers la fin d'un ensemble qui en compte quarante-deux, et qui a été constitué

peu après l'édition de 1678, dans le dessein de conserver et de faire imprimer des fragments que cette édition avait négligés.

77. *Essais*, I, 57, p. 327-328.
78. *Essais*, II, 12, p. 543 : « Aristote [...] ne parle ni de l'essence, ni de l'origine, ni de la nature de l'âme, mais en remarque seulement l'effet. Lactance, Sénèque et la meilleure part entre les dogmatistes ont confessé que c'était chose qu'ils n'entendaient pas. Et après tout ce dénombrement d'opinions, *Harum sententiarum quae vera sit, Deus aliquis viderit*, dit Cicero » (*Tusculanes*, I, 11). « Laquelle de ces opinions est vraie ? à un dieu de le dire ! » Voir fr. 111.
79. Citation textuelle (III, 9, p. 986), d'après l'éd. de 1652.
80. Proverbes, VI, 6-8 : « Allez à la fourmi, paresseux, considérez sa conduite, et apprenez à devenir sage... » *ibid.*, XXX, 24-28.
81. Thème important du *Second Écrit des curés de Paris* (avril 1658).
82. Il s'agit des jésuites.
83. Les jésuites n'avaient qu'à désavouer les maximes honteuses de leurs casuistes, rassemblées en un *Extrait*... publié le 13 septembre 1656.
84. Michée, III, 5 : les faux prophètes, « si quelqu'un ne leur donne pas de quoi manger, *mettent leur piété à lui déclarer la guerre* ».
85. L'abbé de Bourzeis soutint vigoureusement la théologie augustinienne jusqu'en 1653.
86. Pascal a traduit cette bulle du 15 février 1559 pour s'en servir dans la *Lettre d'un avocat au parlement* (1ᵉʳ juin 1657). Le texte latin vient d'une lettre d'Urbain II, qui a été insérée dans le *Corpus de Droit canonique*, cause 23, question 5, chap. 47.
87. « Nous voulons que tu saches. » Pascal a ajouté en marge ces références à d'autres décrets abusifs des papes.
88. Le jésuite Amico (Lamy) prétendait qu'un religieux peut tuer ceux qui risquent de ruiner la réputation de sa communauté. Ses confrères eussent préféré ne pas avoir à défendre une telle lubie ; mais ils pensaient devoir soutenir l'un des leurs !
89. Théologien de Lyon, qui avait eu maille à partir avec le jésuite Alby, et donc avec ses confrères, en 1649. Voir fr. 796.
90. Référence à une page de l'*Historia jesuitica* de R. Hospinianus (Zürich, 1619) : il est permis de tuer les rois ou des princes que le pape ou les jésuites tiennent pour hérétiques. La *Troisième Requête de l'Université de Paris* (contre une apologie des jésuites) est de 1644.
91. Dans l'*Imago primi saeculi Societatis Jesu* (V, 1), la Compagnie s'applique le verset d'Isaïe, XLIX, 23 : « Les rois et les reines seront tes nourriciers » (trad. Pascal, fr. 718).
92. Les jésuites de Venise ont bien mérité la haine qui les a fait expulser (rapport de l'ambassadeur de France à Henri IV, le 24 février 1607).
93. En 1640, une *Apologie de l'Université* (de Paris) avait rejeté les tentatives des jésuites pour se faire agréger à l'Université. — Le 4 juin 1610, la Sorbonne avait condamné les thèses du jésuite Mariana en faveur du régicide.
94. Le jésuite Guignard fut pendu en 1595 pour avoir inspiré le parricide à un de ses disciples (*Morale pratique des jésuites*). Les références renvoient à l'*Historia jesuitica*.
95. « Le jésuite joue tous les personnages », formule du jésuite écossais Haïus, condamné en 1595 à la relégation perpétuelle.
96. On accusait les jésuites d'abuser de leurs collèges pour accroître leur influence et recruter pour leur Compagnie.
97. L'édition dont se sert Pascal, non sans continuer à utiliser l'*Historia jesuitica*, est de 1570. « Outre les *Constitutions*, plus universelles et plus sommaires [...] il nous a paru bon en Notre Seigneur de rédiger des *Déclarations* et des *Avis* qui, ayant la même force que le reste des *Constitutions*, pourront éclairer plus en détail ceux qui ont la charge des autres... », écrit saint Ignace dans la préface aux *Déclarations*

(G. Bottereau). Pascal va opposer la rigueur des *Constitutions* à l'imprécision des *Déclarations*, qui a favorisé la décadence de la Compagnie.

98. « Non en tant qu'aumône (mais en tant que compensation). »
99. Voir fr. 750.
100. « Courtisanerie » : Pascal n'a pas traduit sa source, Scotti (G. Bottereau).
101. « Elle n'est plus la même. » Muzio Vitteleschi succéda à Aquaviva, mort en 1615, comme général de la Compagnie.
102. La colonne de droite, sans doute de la main d'Arnauld, renvoie à certains passages des *Lettres des généraux aux pères et frères de la Compagnie de Jésus* (Anvers, 1635). Les remarques en français sont de la main de Pascal.
103. Par obéissance quarante religieux avaient voté la censure du 26 janvier 1656, contre la *Lettre à un duc et pair*, d'Arnauld. — Cet ensemble de notes est relatif aux trois premières *Provinciales*.
104. Professeur en Sorbonne, qui avait fini par juger Arnauld tout à fait orthodoxe (fin 1655).
105. Les adversaires d'Arnauld.
106. Voir fr. 750.
107. A un *Almanach* anti-janséniste des jésuites, Lemaître de Sacy avait riposté en 1654 par une pièce satirique de mille vers, les *Enluminures du fameux Almanach des Jésuites*. Tourneur pense que Pascal fait ici parler un jésuite.
108. Dans un livre d'*Heures* composé par le jésuite Adam, le nom de saint Augustin avait disparu des litanies des saints. Assigné par les augustins, l'éditeur dut procéder aux corrections nécessaires.
109. *Essais*, II, 12, p. 530 : « L'homme est bien insensé : il ne saurait forger un ciron, et forge des dieux à douzaines. »
110. Il s'agit des cinq propositions, reconnues par Port-Royal même comme hérétiques.
111. Les jésuites, en particulier le P. Annat, dans ses *Chicanes des jansénistes* (fin 1654), prétendaient forcer leurs adversaires à reconnaître que les cinq propositions se trouvaient « mot pour mot » (*totidem verbis*) dans l'*Augustinus* (voir la Dix-septième Provinciale, dont ce fragment est un ensemble de notes préparatoires).
112. Certains jésuites étaient allés jusqu'à accuser Port-Royal de ne pas croire à la présence réelle du Christ dans l'Eucharistie !
113. Allusion à la préface de la traduction du *Nouveau Testament* (1653), due à Michel de Marolles, abbé de Villeloin, favorable à Port-Royal.
114. Pseudonyme de Saint-Cyran, auteur des *Petri Aurelii theologi opera* (1632).
115. Religieux théatin de Palerme (1586-1663), spécialiste de casuistique. En 1634 avaient paru à Lyon des *Résolutions morales*. Il est cloué au pilori dans les « Cinquième » et « Sixième Provinciales ».
116. Matthieu, XI, 30. Venez à moi, dit Jésus, « car mon joug est doux, et mon fardeau léger ».
117. Matthieu, VII, 13-14 : « Entrez par la porte étroite : parce que la porte de la perdition est large, et le chemin qui y mène est spacieux, et il y en a beaucoup qui y entrent. / Que la porte de la vie est petite ! Que la voie qui y mène est étroite : et qu'il y en a peu qui la trouvent ! »
118. Ce fragment discute la théologie cartésienne de l'Eucharistie, exposée dans une lettre au P. Mesland (9 février 1645), dont Pascal a sans doute eu en main une copie, puisqu'elle ne fut imprimée qu'en 1811 et que le fragment se réfère au texte même de Descartes. — Selon celui-ci, la matière du pain unie à l'âme du Christ devient corps du Christ. Chaque hostie est donc *toute* le corps du Christ, mais il ne saurait prétendre qu'elle est ce corps tout entier, puisqu'il existe d'autres hosties consacrées.
119. Dans ces exemples il y a une simple juxtaposition, dont Descartes ne peut sortir, tant qu'il cherche des analogies naturelles pour expliquer la transsubstantiation.
120. Descartes distingue, pour un corps, entre son identité *de numero* (quantité, qualité, configuration), « en sorte qu'on ne saurait [...] changer aucune particule de

cette matière que nous ne pensions peu après que le corps n'est plus totalement le même ou *idem numero* », et une acception plus générale en ce qui concerne l'homme : « corps » désigne alors simplement l'ensemble de la matière « unie avec l'âme de cet homme ». — Pascal objecte que la seconde acception ne dispense pas de la première.

121. Dans les deux dernières remarques, Pascal pousse à l'absurde la thèse cartésienne. Descartes écrivait : « La Loire est la même rivière qui était il y a dix ans, bien que ce ne soit plus la même eau. » Mais il confond les conditions de l'identité à travers le temps avec ces conditions en un même temps.

122. Cette note est relative au *Traité du vide*, auquel Pascal travailla en 1650-1651 et dont plusieurs fragments furent publiés en 1663 par Florin Périer. Ce *Traité* était « divisé en parties, livres, chapitres, sections et articles ».

123. Note destinée aux *Écrits sur la grâce*. — Malachie, II, 12 : « Ce commandement-ci s'adresse à vous, ô prêtres. *Si* vous ne le voulez ouïr, et *si* vous ne le voulez mettre en votre cœur [...], je vous enverrai pauvreté... » — Isaïe, I, 19-20 : « *Si* vous voulez et *si* vous m'écoutez, vous mangerez les biens de la terre. » — Genèse, II, 17 (version italique) : l'arbre de la connaissance du bien et du mal, « *le jour où tu en mangeras, tu mourras* ». (Trad. littérale.)

124. D'Alby : voir fr. 789. Le jésuite Brisacier, auteur du *Jansénisme confondu...* (1651), s'était rendu tristement célèbre par ses calomnies contre les religieuses de Port-Royal. Quant au jésuite Meynier, il avait publié un *Port-Royal et Genève d'intelligence contre le Très-Saint-Sacrement de l'autel* (1656). — Elidere : voir fr. 750. Le casuiste Caramuel est attaqué dans la « Septième Provinciale ».

125. Voir fr. 94.

126. « C'est un grand aveuglement de cœur [...] c'est un aveuglement encore plus grand [...]. Alors l'excès de l'iniquité enveloppe les hommes. » Pascal renvoie à Prosper d'Aquitaine, disciple immédiat de saint Augustin.

127. Romains, II, 8 : la colère de Dieu attend « ceux qui sont *adonnés à contention*, et qui ne s'accordent point à la vérité » (Louvain).

128. « Il m'en a rendu cause. »

129. « Il ne se fiait pas facilement à un calomniateur » (*Commentaire du Psaume 14*, chap. 3, n. 14).

130. « Et en tombant de toutes parts, il m'a fait tomber. »

131. « La digne nécessité » menait les méchants à leur perte. (Sagesse, XIX, 4 ; trad. de Louvain.)

132. « Tu mens avec une extrême impudence » : cette réponse d'un capucin de Bologne à un jésuite qui le calomniait est citée dans la « Quinzième Provinciale ».

133. Proverbes, XII, 8 : « L'homme sera connu par sa doctrine. »

134. Sans doute allusion à saint Augustin, *Sur le Psaume 139*, n. 10 : « *Laborant homines loqui mendacium.* » Saint Augustin part ici de Jérémie, IX, 5 : « Ils ont enseigné leur langue à parler le mensonge, et ont travaillé pour faire injustement. » (Trad. de Louvain.)

135. En fait 2 Pierre. Ce fragment et le fr. 800 sont des notes en vue du *Projet de mandement contre l'« Apologie pour les casuistes »*.

136. « Comme au Christ. »

137. Dans le bilan satisfait de leur premier centenaire, *Imago primi saeculi...*, les jésuites se voyaient comme « le miroir de Dieu ».

138. Matthieu, XXIII, 3, à propos des pharisiens : « Faites tout ce qu'ils vous disent : mais ne faites pas ce qu'ils font ; car ils disent ce qu'il faut faire, et ne le font pas. » Les jésuites, plus corrompus que les pharisiens, ne disent même plus...

139. Isaïe, VIII, 14 (voir fr. 269).

140. « Il faut élargir, restreindre, [glisser] du plus au moins. Plus jeune. »

141. Voir fr. 603.

142. Mis à l'index dès 1640, le père Bauny soutenait dans sa *Somme des péchés* que si quelqu'un a prié un soldat de brûler la grange de son voisin, il n'est pas tenu à réparation, puisqu'il a seulement demandé une faveur et n'a pas lui-même brûlé la grange. (Voir la « Huitième Provinciale. »)

143. Voir fr. 604. Le jésuite portugais Mascarenhas avait soutenu en 1656 une thèse qui contredisait le concile de Trente.
144. Dernier sermon sur l'Évangile de l'Annonciation. « L'ange Gabriel fut *envoyé* (*missus*) dans une ville de Galilée appelée Nazareth » (Luc, I, 26).
145. « *Omnipotens dicitur [Deus], qui tamen mori et falli non potest [...] Quod ei si accideret, nequaquam esset omnipotens.* »
146. « Quant à ce jour [de la fin du monde], personne n'en a connaissance, non pas même les anges du ciel, mais seulement mon Père. » *Légat*, envoyé (du Père).
147. Matthieu, XXI, 28-32.
148. Dans *La Cité de Dieu*, Augustin commente Malachie, IV, 5-6, selon lequel les Juifs à venir auront le même cœur que ceux qui ont cru en Moïse.
149. Saint Paul, Philippiens, II, 12.
150. Matthieu, VII, 7 : « Demandez, et on vous donnera. » Ce fragment est une note pour les *Écrits sur la grâce*, où l'on peut lire : « Les pauvres de la grâce ne manquent jamais du pouvoir d'obtenir, s'ils demandent. »
151. Matthieu, VII, 16 : Les faux prophètes, « vous les connaîtrez *par leurs fruits* ». — Plus bas : « Savoir et pouvoir. »
152. Saint Augustin, *Lettre 162*, n. 24 : « Le schisme est un mal intolérable, parce qu'il oppose autel contre autel... » Cette note est afférente au *Cinquième Écrit des curés de Paris*, publié le 20 juin 1658.
153. Ce fragment est un projet d'*Écrit* destiné à être signé par un groupe de prêtres.
154. Ce fragment a été découvert par Mlle Paule Jansen en 1952. Il s'agit d'une note jetée en marge de la page 25 d'un opuscule provenant de la bibliothèque de Pascal, la *Réponse d'un ecclésiastique de Louvain à l'avis qui lui a été donné sur le sujet de la bulle prétendue du pape Urbain VIII contre le livre de M. Jansénius...*, 3e éd. Louvain, 1650 (Bibl. Mazarine, Imprimés, n. 61 298). Source de la « Dix-huitième Provinciale », cet opuscule a été annoté au début de 1657.

JEAN DOMAT

Pensées

1. L'avocat Domat ouvre la série de ses pensées par trois réflexions sur l'éloquence de l'avocat, qui doit, selon une exigence centrale dans l'augustinisme, être mise au service de la vérité. Il exprime la même idée à l'égard des juges dans une harangue de 1657 (*Œuvres complètes*, p.p. J. Remy, Paris, t. IV, 1830, p. 1-2). Les pensées 4 et 5 critiquent sévèrement les insuffisances de la justice.
2. Les *officiers* sont pourvus d'un *office*, d'une charge de judicature ou de finance en particulier.
3. Le thème se retrouve chez Pascal, qui ne croit pas davantage à la validité des preuves rationnelles de l'existence de Dieu : Dieu s'est voulu un Dieu caché (*Deus absconditus*).
4. Domat voit dans la richesse un empêchement majeur à la vie chrétienne. Cf. les pensées 11 et 38. Saint-Cyran, parlant dans une lettre à M. Singlin du petit nombre des élus, écrit : « Outre cette prédiction réitérée qui regarde le commun des chrétiens, il y en a encore une autre effroyable qui doit faire trembler les riches... » (Sainte-Beuve, *Port-Royal*, Pléiade, t. II, p. 333).
5. Remarquable analyse qui explicite, sans en être aucunement tributaire, la maxime 102 de La Rochefoucauld : « L'esprit est toujours la dupe du cœur. »

6. L'auteur passe sans crier gare des louanges à la louange, d'où : « si *elle* me plaît... ».

7. C'est un trait caractéristique du jansénisme que cette critique des dévotions extérieures, considérées comme superstition et oubli pharisaïque de l'essentiel, qui est de l'ordre de l'intériorité.

8. *On se sert...* : nous nous servons, mais *l'on mendie* : des gens mendient. Les deux *on* n'ont pas même référent.

9. « L'avarice », c'est-à-dire la cupidité, est « désir du bien », des richesses. L'ambition, désir des honneurs. La Rochefoucauld précise de même que l'intérêt, qui est en jeu dans l'amour-propre, est « intérêt de bien », et « intérêt d'honneur » (Avertissement du libraire au lecteur). On notera que la luxure est, au regard de Dieu, moins grave que la cupidité et l'ambition. Saint-Cyran partage le même point de vue dans la maxime [2] que nous donnons : le jansénisme n'est pas aussi puritain qu'on le pense généralement.

10. Dans le prolongement de la pensée précédente, il faut entendre : « alors qu'il est permis d'avoir une femme », ce qui relève de la « volupté », concupiscence de la chair.

11. Ces pensées n'étant pas destinées à la publication, Domat abrège ici *saint* et *Jésus-Christ* en *St.* et *J.C.* De même, dans les pensées [8], [19], [24], [38], il écrit *deux, trois, cinq* et *six* en chiffres. — Sur saint Pierre coupant l'oreille du serviteur du grand prêtre, voir l'Évangile selon saint Jean, XVIII, 10, et Matthieu, XXVI, 51.

12. Allusion à l'histoire de Joseph vendu par ses frères et devenu esclave en Égypte, loin de son père, Jacob (Genèse, XXXVII-L).

13. Le propos laisse entendre que civilisation et valeurs morales ou religieuses ne sont pas nécessairement compatibles. Les premiers *Discours* de Rousseau partiront, on le sait, du même constat.

DISCOURS SUR LES PASSIONS DE L'AMOUR

1. L'âme se définit par la pensée chez Descartes. Pascal écrit : « L'homme est visiblement fait pour penser » (fr. 513) et Malebranche : « Les hommes sont faits pour penser, parce qu'ils sont faits pour la vérité » (*De la recherche de la vérité*, in *Œuvres*, t. I, p.p. G. Rodis-Lewis, Pléiade, p. 551). Dans notre *Discours*, « penser » s'entend comme chez Descartes, au sens large, pour « toutes les opérations de la volonté, de l'entendement, de l'imagination et des sens ». L'idée est également cartésienne, qui veut que l'âme « pense toujours » (Descartes, *Œuvres philosophiques*, p.p. F. Alquié, t. III, p. 855 et Malebranche, *op. cit.*, p. 301). Malebranche traite de la difficulté qu'éprouve l'esprit à s'appliquer aux vérités abstraites, aux « idées pures » (*op. cit.*, p. 315) et parle à plusieurs reprises de la fatigue que cause une attention trop soutenue (*op. cit.*, p. 365, 370, 403, 431).

2. Moralistes et romanciers associent souvent l'amour et l'ambition. Voir La Rochefoucauld, max. 266.

3. L'une des caractéristiques de ces réflexions est l'usage de notions quantitatives pour exprimer la vie de l'esprit. Malebranche emploie ce type de vocabulaire, mais par métaphore : « L'âme de l'homme est pour ainsi dire une quantité déterminée ou une portion de pensée » (*op. cit.*, p. 621).

4. Descartes a toujours considéré l'enfance comme dénuée de raison. L'âge de raison, fixé habituellement à sept ans, est ici celui de la raison adulte.

5. Voir, sur ce passage de l'amour à l'ambition, La Rochefoucauld, max. 490, et La Bruyère, très proche de la formule qu'on rencontre ici (*Caractères*, « Du cœur »,

76). Le corps est machine pour le mécanisme cartésien. Le mot a ici le sens péjoratif d'automate inintelligent.

6. La définition de la passion est celle de Descartes (*Passions de l'âme*, art. 27) et des cartésiens, dont Malebranche. La notion de *capacité de l'esprit* est courante chez Malebranche (*Recherche*, II, 1, 8, p. 197, par exemple). On notera, après Brunschvicg, la modernité de la thèse, qui met en relation la passion et l'esprit du passionné, et non la passion et l'objet aimé.

7. Cf. La Rochefoucauld, max. 190.

8. L'expression « le plaisir de se tromper » surprend, et Faguet propose de lire « déplaisir ». On ne peut la maintenir qu'en y voyant un tour ironique.

9. L'opposition est typiquement pascalienne (fr. 269-271).

10. Il est caractéristique des réflexions sur l'amour au XVIIe siècle que le plaisir d'aimer soit d'abord celui de parler d'amour.

11. *Caractère* : marque, empreinte. Correspond à une idée innée ou à une tendance profonde qui porte à « aimer ce qui nous paraît beau ».

12. « Se cacher à soi-même », sous-entendu « qu'on aime ».

13. Dans un ajout au texte du manuscrit de Pascal, les éditeurs des *Pensées* (1670) écrivent : « Ce lui [à l'âme] est une peine insupportable d'être obligée de vivre avec soi » (éd. Port-Royal, p. 198). Les mêmes éditeurs poursuivent : « L'homme [...] ne hait rien tant que d'*être seul avec soi* [...] il trouve en soi-même [...] *un vide* de biens réels et solides *qu'il est incapable de remplir* » (*op. cit.*, p. 202, souligné par moi). L'idée du beau et de sa convenance à notre nature se rencontre en particulier chez Descartes (*Passions*, art. 85) et Pascal (fr. 486).

14. *L'original* : l'image première. *La copie* : l'image seconde, représentation de l'original.

15. Voir Montaigne, « Le plaisir est notre but » (*Essais* I, 1), Pascal, *Pensées* (fr. 588). Pour Malebranche, l'amour du plaisir est naturel et fait l'une des deux composantes de l'amour-propre (*op. cit.*, p. 416 sq.). Les épicuriens Méré et Saint-Évremond ont évidemment donné une place primordiale au plaisir.

16. Cf. La Rochefoucauld, max. 262.

17. La poésie, le roman et le théâtre ont beaucoup utilisé ce langage des yeux. Pour l'amour et l'amour de soi ou l'amour-propre, cf. La Rochefoucauld, max. 262.

18. Cet homme « imparfait », c'est-à-dire incomplet, qui a besoin d'un « second » pour être heureux rappelle, mais d'assez loin, le mythe de l'androgyne dans le *Banquet* de Platon (189e-193a), où l'homme-femme primitif, une fois scindé en deux par Zeus, ne put que rechercher sa « moitié » pour retrouver sa complétude.

19. Le problème dont traitent les réflexions [24] et [25] de l'égalité des conditions en amour est de ceux qu'on rencontre dans les questions et maximes d'amour. Voir Bussy Rabutin, max. 37.

20. La *délicatesse* est cette finesse de l'esprit qui rend sensible aux nuances d'une pensée ou d'un sentiment. Cf. La Rochefoucauld, max. 128. Dans son rationalisme, l'auteur soumet la délicatesse à la raison, « une raison pure [...] et sublime » comme celle du magistrat dont parle Pascal dans la pensée 78.

21. Ce que Pascal disait des hommes originaux (fr. 669) est appliqué ici aux beautés originales.

22. *Se caractériser* : marquer de son empreinte. Il est naturel et juste de « rendre autant que l'on a pris », c'est-à-dire d'aimer qui nous aime. Autre problème débattu dans les questions d'amour, d'où « j'en connais qui disent que... ».

23. De nouveau, comme dans la réflexion [1], est évoquée la fatigue de l'esprit, thèse malebranchiste.

24. Analyse qui annonce ce que Proust appellera les « intermittences du cœur », attachées ici à la faiblesse de la nature humaine, dont elles ne sont que « la suite », la conséquence.

25. Le langage des yeux s'élargit, dans les réflexions [33] et [37], en une « éloquence d'action ».

26. *Phraséologie galante*. Comprendre : quand l'amant a progressé dans la voie qui mène à l'amour, il arrive que la passion diminue, si l'objet aimé ne répond pas à cet amour. Le cœur est alors envahi par « les passions ennemies » (de l'amour), la douleur, le désespoir, la jalousie, etc.

27. *Néanmoins* : il n'empêche que.

28. Pour Vaugelas et Bouhours, le mot *personne*, bien que féminin, peut être repris par un masculin si « la chose signifiée le demande », c'est-à-dire renvoie à des hommes ou à des hommes et des femmes, ce qui est le cas ici.

29. *Il est bien juste* : cela est tout à fait juste.

30. « L'éloquence de silence » représente la dernière et la plus paradoxale des variations sur le thème de la communication entre les amants : le langage a son éloquence (réfl. [11], [20]), les yeux également ([23]), l'action ([33], [37]), le silence enfin.

31. La langue du XVIIe siècle et celle du XVIIIe rapportent couramment *ce qui* et *ce que* à des personnes, au sens de *celui, celle qui* ou *que*.

32. Idée courante dans le roman, où la passion ne peut être belle sans excès, sans le sacrifice total à l'être qu'on aime.

33. Le thème est également constant dans le roman sentimental, de l'*Astrée* de d'Urfé (1607-1627) à la *Clélie* de Mlle de Scudéry (1654-1661), où les amants font, par amour, les actes d'héroïsmes les plus étonnants. La réflexion [54] reprend ce thème.

34. La raison est très généralement opposée à l'amour, qui serait déraison et folie. Leur accord n'est ici possible que parce que cette raison se confondue avec la pensée, au sens que lui donnait la réflexion [1]. Le Pascal des *Pensées* oppose trop nettement sentiment et raison pour admettre cette identité de l'amour et de la raison.

35. L'agréable est l'objet de discussions dans le milieu mondain : le chevalier de Méré publie tardivement un traité des *Agréments* (1677), mais Pascal s'en fait l'écho dans son art d'*agréer*, c'est-à-dire de plaire. Le XVIIe siècle oppose ou concilie l'agrément et la beauté, grâces et beauté, le naturel étant toujours, comme ici, valorisé.

36. Descartes : « Le bon sens est la chose du monde la mieux partagée : car chacun pense en être si bien pourvu » [que personne n'en désire plus qu'il n'en a], *Discours de la méthode*, I, éd. Alquié, t. I, p. 568. Rappelons que le mot « bon sens » désigne chez Descartes la raison.

37. Remarque qui signale l'intervention d'un auditeur ou d'un lecteur de la réflexion [60].

38. Les réflexions [62], [65] et [66] sont consacrées à un thème souvent débattu dans les questions d'amour. Il s'agit des effets sur l'amour de la présence et de l'absence. Voir Bussy-Rabutin, max. d'amour [36], [50], [51] ; La Rochefoucauld, max. 276 et La Bruyère, *Les Caractères*, « Du cœur », 5.

LA BRUYÈRE

Les Caractères de Théophraste

Discours sur Théophraste. 1. Voir V, 74.

2. Voir XV, 8.

3. Voir Marin Cureau de la Chambre (*Les Caractères des passions*, 1640-1662) et Descartes (*Traité des passions de l'âme*, 1649).

4. Voir I, 38.

5. Voir Cicéron, *Brutus*, chap. XXXI et *Lettres à Atticus*, II, 3, 9 et 16.

6. Aulu-Gelle, *Nuits attiques*, XIII, 5.
7. *Tusculanes*, III, 28.
8. Voir *Brutus*, chap. XLVI.
9. Pascal ; la première édition des *Pensées*, dite de Port-Royal, fut publiée en 1670.
10. La Rochefoucauld ; la première édition des *Maximes* datait de 1665.
11. La Bruyère a utilisé l'édition commentée de Casaubon, avec texte grec et traduction latine, qu'il a consultée (première édition en 1592 et rééditions au début du XVIIe siècle).

Les Caractères

Les références aux Pensées *de Pascal renvoient à la présente édition.*
Épigraphe. 1. « J'ai voulu mettre en garde, et non mordre, être utile, et non blesser, améliorer les mœurs des hommes, et non leur nuire » (*Lettres*, livre XXXI, lettre 42).

Des ouvrages de l'esprit. On s'attendait à voir un moraliste dans le siècle, et l'on trouve d'abord un auteur, un critique et un poéticien. Il n'y a pas une poétique des *caractères* (voir le *Discours sur Théophraste*) mais une série de réflexions sur les ouvrages de l'esprit. Est-ce l'affirmation tacite et provocante de leur préexcellence ? De cette place de choix témoignerait le portrait du « philosophe » opposé à Clitiphon, « homme important et chargé d'affaires » (VI, 12). Quelle virulence, plus loin, pour dénoncer le mépris et la hauteur inculte « des riches et de ceux qui ont fait une belle fortune » à l'égard des lettres ! « Que sont devenus ces importants personnages qui méprisaient Homère [...], qui le regardaient comme un homme qui n'était pas riche et qui faisait un livre ? » (VI, 56.)

A la différence des mages romantiques, des voyants et grands prêtres qui leur succèderont, La Bruyère ne sacralise pas — ni aucun de ses contemporains — l'écriture. Il proclamera, ce sera un des leitmotive des *Caractères*, la prééminence des qualités de cœur : II, 42-44 et VIII, 31 sont bâtis sur une gradation, figure ici spirituelle autant que rhétorique, degrés de perfection, où se dessine une figure christique. Pourquoi ouvrir sur les ministères de la parole littéraire (essentiellement) et finir sur le ministère de la Parole (XV, mais aussi XVI) ?

Le monde où vit La Bruyère est animé par une rhétorique universelle, qui gouverne aussi bien les corps que les mots.

La rhétorique classique, redécouverte en esprit et en vérité ces dernières années, par les travaux de Marc Fumaroli en particulier, « n'est que la nervure centrale d'une culture à la fois encyclopédique et religieuse, qui définit l'homme comme *sujet parlant*, échangeur de signes, placé au centre de l'univers comme l'interprète privilégié de son sens [...]. Elle se révèle l'origine et le miroir réflexif d'une *eloquentia* qui embrasse tout le champ de la culture, avant toute dissociation entre "sciences exactes" et "littérature", entre "vérité vérifiable" et "belles fictions" » (« Rhétorique et littérature française de la Renaissance et de l'époque classique », *Actes du XIe Congrès Budé*, t. I, p. 135).

Sujet parlant, l'homme ne parle pas, ou si peu, dans les *Caractères*... On y reviendra. La rhétorique cicéronienne trouve son accomplissement dans l'éloge de l'orateur qui a la puissance de mouvoir à sa guise la sensibilité de l'auditoire ; mais pour persuader, pour toucher la volonté, et jouer des fibres du cœur des hommes comme des cordes d'une lyre, il faut avoir distingué leurs caractères, leurs marques propres. L'orateur cicéronien n'a cessé d'observer les hommes pour agir sur eux ; il les connaît à fond, comme le dramaturge comique selon Boileau : « Quiconque voit bien l'homme, et d'un esprit profond, / De tant de cœurs cachés a pénétré le fond [...] » (*Art poétique*, III, 361-362).

Dans l'univers classique, éthique et esthétique sont plusieurs fois solidaires. « La rhétorique est la faculté de découvrir par la spéculation ce qui dans chaque cas peut être propre à persuader ; aucun autre art n'a cette fonction [...]. Supposant la connaissance spéculative des caractères, celle des vertus, des passions, de la nature et des modalités de chacune [...], elle est comme une ramification de la science morale, qu'il est juste de dénommer politique » (Aristote, *Rhétorique*, I, 2, 1355b 25-1356 à 27).

Dans l'art dramatique comme dans l'art de communiquer (c'est tout un, en un sens), passions et sentiments sont moins des faits psychiques que des modes du verbe. Comme Platon distinguait, au livre III de la *République*, les résonances morales des modes musicaux, Marc-Antoine Charpentier oppose, par exemple, le *mi* bémol majeur « cruel et dur » au *sol* mineur « sévère et magnifique », le *fa* majeur « furieux et emporté » au *fa* mineur « obscur et plaintif » (*Règles de composition*).

Il existe des maladies du style, symptômes des maladies de l'âme et d'une société tout entière : Montaigne dénonçait la flatulence de la phrase cicéronienne, avant Huysmans dans *A Rebours* ; l'austère beauté d'une esthétique attique est garante de la grandeur d'âme de l'orateur ; notre époque a redécouvert l'anthropologie médicale de la « mélancolie » du Moyen Âge à l'âge classique, et ses prolongements stylistiques. La Bruyère épingle les « amas d'épithètes » (13), la pompe d'« un froid discours » (7) ou l'effet extatique provoqué par les poètes, « sujets, dans le dramatique, à des longues suites de vers pompeux, qui semblent forts, élevés, et remplis de grands sentiments » (8) ; il raille les fanatiques de la concision et du laconisme : « il faudrait leur parler par signes, ou sans parler se faire entendre » (29). Autant de maladies de la prose et du vers ; les ouvrages de l'esprit amplifient les vices de l'esprit et de l'âme, ils les publient ! La Bruyère rappelle aux écrivains les implications morales de leurs choix stylistiques, et le caractère *public* de leur pratique. Telle est la grandeur des ouvrages de l'esprit qu'il faut en dénoncer les contrefaçons, l'enflure et l'emphase, toutes les affectations, tous ces vains ornements et ces voiles qui ne sont que cache-misère : appareils et apparats de mots qui en imposent dans une société *tout entière* de représentation. En aiguisant notre vigilance le premier chapitre ouvre directement sur les autres : chacun fera entendre, en effet, des bribes, fragments de discours, autant de mots épars, qui concentreront un caractère ; ils mettront en scène (sans les faire entendre) des parleurs : des images de la parole ou des « mœurs de ce siècle »...

Un des maîtres mots de la poétique de La Bruyère est le *sublime*, le sublime et le naturel. La tragédie, avant son abâtardissement contemporain, dont Fénelon se plaindra dans la *Lettre à l'Académie* (cette apologie de la sublime simplicité), occupe une place remarquable, à la fois récapitulation du chapitre et lieu privilégié du sublime, en elle s'épanouissent un lexique et des figures de l'ascension : Corneille « élève » (54) et il rencontre le sublime (30) ; le critère de jugement des œuvres est leur capacité à élever l'esprit (31), et c'est une image rythmique de l'ascension qui oriente la gradation obstinément construite pour dire le ravissement méthodiquement opéré par le poème tragique (51), ou le mouvement de la prose française depuis les années 1670, ascèse implacable débouchant en quelque sorte sur une Pentecôte littéraire (60). La remarque 51 dit en un admirable concentré les pouvoirs du dramaturge, merveilleux accomplissement de la rhétorique ancienne : jouant de la sensibilité du spectateur comme des cordes d'une lyre, il fait triompher le pouvoir de la parole littéraire, pouvoir inquiétant qu'aucune parole politique ne saurait égaler, pouvoir de Corneille dont *Le Cid* « s'est vu plus fort que l'autorité et la politique, qui ont tenté vainement de le détruire » (30) et qui « élève, étonne, maîtrise » (54). La tragédie, bientôt devenue classique, irradie son prestige sur l'ensemble des « ouvrages de l'esprit » : prestiges dangereux, du roman et du théâtre, qui, donnant un langage aux passions, « de si beaux et de si parfaits caractères » (53), les entretiennent et les exaltent, font les Bovary et le désir triangulaire. La Bruyère rêve d'une sorte de communauté merveilleuse, que seule la littérature pourrait constituer, mais que les vains artifices mondains s'emploient à ruiner : « L'effet naturel du grand tragique serait de pleurer tous franchement et de concert à la vue l'un de l'autre » (50), utopie d'une stratégie lacrymogène qui reconduirait les hommes sur le site du sublime.

« Qu'est-ce que le sublime ? », demande-t-il par deux fois. « Qu'est-ce que le naturel ? », lui demanderions-nous. Boileau, que nous ne voulons plus lire au nom d'une *doxa* suffisante, publie la même année l'*Art poétique* et la traduction du *Traité du sublime* du pseudo-Longin. Sublime et naturel ont partie liée. Le sublime est ravissement vers la grandeur dans la simplicité de l'expression ; la réflexion classique sur le naturel s'inscrit dans la méditation sur le sublime : sublimes, Virgile, Platon, Homère, qui écrivent « naturellement » (14). Flaubert, grand admirateur de La Bruyère, rappelait que « la perfection a partout le même caractère, qui est la précision, la justesse ». Aux balbutiements des synonymes (55), l'auteur oppose l'éclat de l'unique nécessaire (17). L'interrogation incantatoire sur le sublime débouche sur une réflexion concernant les figures : « Il est l'expression ou l'image la plus digne » de la vérité qu'il peint « tout entière ». « Les plus grandes choses n'ont besoin que d'être dites simplement » (V, 77). La luminosité du sublime éclaire le naturel ; « le philosophe » (l'auteur lui-même) met la vérité qu'il a trouvée « dans tout le jour nécessaire pour faire l'impression qui doit servir à son dessein » (I, 34). Les métaphores sont les mêmes qui tentent de dire l'effet du sublime. Style « naturel », celui dont l'heureux effet est reconnu par tous. La grandeur n'est pas forcément où on l'attend : elle peut être dans la révélation des fractures abyssales de notre nature saisie dans les « mœurs de ce siècle ». Tel est le grand art de La Bruyère. Ainsi en va-t-il des femmes, lorsqu'elles prennent la plume, « heureuses, dans le choix des termes, qu'elles placent si juste, que tout connus qu'ils sont, ils ont le charme de la nouveauté, semblent être faits seulement pour l'usage où elles les mettent » (37).

Oratio : ratio. Tout message est art de la proportion entre des variables (fonctions sociales, grades, rangs, caractères, degrés de culture des auditeurs, lieux et temps, etc.) et le registre adopté. La notion de bienséance régit à la fois la production littéraire et la sociabilité ; elle signifie une extrême souplesse, mais les modernes la confondent paresseusement avec une étroite étiquette ; art de l'adaptation, du discernement, la bienséance (ou convenance) est une notion littéralement cardinale : sur elle pivote le jugement esthétique pour devenir critère de jugement moral. Du premier chapitre, si technique ou aride souvent, au cinquième, « De la société et de la conversation » (ou commerce des hommes), que d'échos ! De l'un à l'autre, c'est le même *homo loquens*, échangeur de signes, ce sont les mêmes postures, chez les mondains, chez les auteurs.

Le chapitre I est une propédeutique : la critique des ouvrages de l'esprit arme quiconque affronte les discours du monde ; ce sont *tous* les autres chapitres que l'on y apprend à *lire* : la « Ville », la « Cour », les « Grands », comme la « Mode » ou les « Biens de Fortune », comme les « Femmes », autant de discours sous-entendus, autant de (rares) mots qui révèlent tout un monde.

Nourris de rhétorique, les textes (qui dépassent notre notion de littérature) donnent à qui sait les lire une suprême compétence : ils forment l'oreille, ils entraînent à discerner les inflexions dans le vocabulaire comme dans la voix, à détecter une dissonance, là, dans cette phase, ou entre ces phases que quelqu'un profère, un changement brutal de registre lexical qui en dit long (VIII, 62). Aucun discours n'échappe au lettré qui porte en lui un critique. Il était juste d'entrer dans les *Caractères* par ces propylées de 69 remarques sur la justesse ou le défaut de justesse des écrivains. Si « c'est un métier que de faire un livre, comme de faire une pendule » (I, 3), le fabricant de caractères est bien un expert qui détecte les défauts d'ajustement, les *inepties*, au sens originel du mot, de tous les discours ; mais encore les inepties dans la démarche ou l'usage des cosmétiques, la disproportion entre « mérite personnel » et charges occupées, entre le caractère auguste du culte et l'étourderie des courtisans. Les écrivains pompeusement obscurs (I, 8) se distinguent-ils des femmes qui cherchent à « imposer aux yeux » à coups de fards, par « une espèce de menterie » (III, 5) ? Se distinguent-ils des « *Pamphiles* », qui sont toujours comme sur un théâtre : gens nourris dans le faux [...], vrais personnages de comédie » (IX, 50) ? La litote est aussi bien un art de vivre, et « la littérature du XVIIe siècle est toujours adaptée à une compagnie. Elle n'est pas de l'homme seul » (Paul Valéry, *Rhumbs*, Pléiade, t. II, p. 634).

La Bruyère, qui nous a armés au préalable, va glaner pour nous les dits des uns et des autres, et nous laisse juges. Voici Cliton, il « possède le langage des cuisines autant qu'il peut s'étendre » (XI, 122). Sa conversation (« il dit », « il nomme ») est exactement coextensive à son ingestion, elle n'est que la mémoire de son palais, le langage ne sert chez lui qu'à la nomination encyclopédique des plaisirs de la table. Le chapitre « De la mode » offre en une suite d'étincelantes variations une petite collection de personnages enfermés dans leur idiolecte ; le tulipomane, cloîtré solitaire dans son jardin, réduit le langage à une double collection de noms de tulipes et de termes techniques : la Veuve, l'Orientale, le Drap d'Or et surtout la Solitaire, la bien nommée puisqu'elle lui renvoie l'image de son solipsime, en un oubli inouï de la grandeur du Créateur à travers ses œuvres ; répondant aux noms poétiques des fleurs, les qualificatifs dont il pare la Solitaire : « aussi est-elle nuancée, bordée, huilée, à pièces emportées » (XII, 2). Cliton le gourmet intégral n'avait plus goût d'humanité, l'amateur de monnaies anciennes pas davantage : « Diognète sait d'une médaille le *frust*, le *feloux* et la *fleur de coin* » (XIII, 2). On pourrait dire de lui le mot fameux de Molière dans *Le Malade imaginaire* : « On voit bien que vous n'avez pas été accoutumé de parler à des visages. »

Le chapitre « De l'homme » — ou de l'inhumain dans l'homme — fait entendre le mot de Ruffin qui « perd son fils unique, jeune homme de grande espérance » et dit : « Mon fils est mort, cela fera mourir sa mère », « et il est consolé » (123). Sans doute va-t-il répétant son dit, comme Géronte des *Fourberies de Scapin* son mot sur la galère. Démophile et Basilide théâtralisent l'information et politique étrangère et les nouvelles de la guerre deviennent une affaire de style : Basilide « dit dans le discours familier : *Notre auguste Héros, notre grand Potentat, notre invincible Monarque.* Réduisez-le, si vous pouvez, à dire simplement : *Le Roi a beaucoup d'ennemis, ils sont puissants, ils sont unis, ils sont aigris : il les a vaincus, j'espère toujours qu'il les pourra vaincre.* Ce style, trop ferme et trop décisif pour Démophile, n'est pour Basilide ni assez pompeux ni assez exagéré » (X, 11). Ailleurs : « Quelques femmes de la ville [...] disent *le Louvre, la place Royale*, mais elles usent de tours et de phrases plutôt que de prononcer de certains noms [...], en cela moins naturelles que les femmes de la cour, qui, ayant besoin dans le discours des Halles, du Châtelet [...] disent *les Halles, le Châtelet* » (V, 69). On note aussi le mot révélateur du politique, jugeant « incapable d'affaires » l'homme qui sait le grec... (XII, 19).

Éclats, bribes de paroles prélevés par La Bruyère, comme autant de masques qui fixent un « caractère ». *Les Caractères* ou les *mots* de ce siècle...

1. *Depuis plus de sept mille ans* : La Bruyère suit la chronologie grecque de Suidas (XIe siècle), qui plaçait la création du monde vers l'an 6000 avant notre ère. L'ellipse vigoureuse qui clôt la première phase (« et qui pensent ») amplifie l'accablement. Premier trait d'une multiforme ironie, c'est déjà un « lieu » du discours d'introduction, *l'excusatio propter infirmitatem*, dont Curtius a montré l'ancienneté (*La Littérature européenne et le Moyen Age latin*, trad. P.U.F., Paris, p. 103 sq.). Là contre Méré : « C'est une erreur de s'imaginer qu'on ne peut rien dire qui n'ait été dit » (*De la conversation*, II) ; et Bossuet, mais dans une perspective toute différente : « Après six mille ans d'observations, l'esprit humain n'est pas épuisé ; il cherche et il trouve encore, afin qu'il connaisse qu'il peut trouver jusqu'à l'infini » (*Connaissance de Dieu et de soi-même*, V, 5). Descartes, là encore dans un projet autre, écrivait à propos du maigre héritage des Anciens touchant la connaissance des « Passions » : « C'est pourquoi je serai obligé d'écrire ici en même façon que si je traitais d'une matière que jamais personne avant moi n'ait touchée » (*Traité des passions*, 1re partie, art. I). En écrivant cette remarque liminaire, La Bruyère songe aussi à la remarque finale du chapitre (voir également V, 72)... A l'accablement feint on opposera le fragment lyrique XII, 107, qui chante toute la « fraîcheur » du monde, qui « ne fait presque que de commencer » (ajout de la 4e éd.). Comment oublier enfin les promesses et la fierté du sous-titre, *les mœurs de ce siècle* ? Au seuil de son texte, La Bruyère a placé, cachée, l'Ironie, comme le poète jadis invoquait ouvertement la Muse.

2. Voir Pascal (*Pensées*, 232). Déclaration dont l'importance ne cessera d'apparaître dans maints chapitres ; la remarque rend compte de distinctions lexicales minutieuses, qui peuvent paraître bien datées et bien fades au lecteur moderne (voir les chapitres V, XI, XII). *Les Caractères* s'annoncent comme une sorte de « Discours de la méthode » et « d'Art poétique », surtout en ce premier chapitre. La Bruyère ne se

fait pas d'illusions sur l'efficacité de son ouvrage, malgré des déclarations d'intention tout à fait opposées, comme on le voit en particulier dans la Préface.

3. La remarque prélude à une série de mises en garde aux auteurs : « prendre » la parole, donner à voir son texte, ou sa pièce de musique ou son tableau (7), est une sorte de violence faite au public ; l'imposture est la loi du commerce entre auteurs et lecteurs : il faut lire en filigrane toute une éthique de la communication artistique et littéraire (V). *Comme de faire une pendule* : La Bruyère prend ostensiblement le contrepied du dédain aristocratique pour le « métier » dans la chose écrite. *A fortiori* récuse-t-il par avance le primat romantique du génie. Voir Boileau, *Art poétique*, I. La remarque s'éclaire aussi par l'ensemble des *Caractères* : l'écriture discontinue oblige à une lecture capable de rassembler des *membra disjecta* sur une grande étendue et sans repères comme subdivisions, table des matières, etc. (voir J. Lafond, « Des formes brèves de la littérature morale aux XVIe et XVIIe siècles », in *Les formes brèves de la prose et le discours discontinu* (XVIe-XVIIe siècles), Paris, Vrin, 1984). La réflexion de La Bruyère ne manque pas de sel si l'on se rappelle les attaques contre son incapacité à « faire rien de suivi », c'est-à-dire à faire un livre, et non une collection de remarques et de portraits (Cf. Préface du *Discours à l'Académie*).

5. Le « coup de fouet final » (Sainte-Beuve) renouvelle la mise en garde de Boileau contre les illusions fondées sur la confusion entre l'approbation d'un cercle et l'épreuve véritable de « l'impression au grand jour » (*Art poétique*, IV, 41-48).

7. Le froid est le critère d'appréciation majeur, dans une esthétique *toute baignée de sensations*, on l'a trop oublié, comme chez Boileau (à un degré encore plus élevé). Froideur/fadeur, et leurs contraires, sont une constante de la critique dans le chapitre V également.

8. Sur la tragédie, en particulier, voir 50, 51, 54. Pour la confusion — une autre — entre éloquence emphatique et véritable éloquence, entre registre rhétorique dit *sublime* et le sublime, voir le chapitre V (ainsi que les remarques 30 et 31 sur la véritable élévation où porte le grand dramaturge). La Bruyère démasque et débusque les impostures de la production littéraire et artistique, et l'art de payer le public de mines et de mots, ici un hermétisme vaniteux et illusionniste.

10. Assertion insupportable et « terroriste », dirait-on, en un temps où le culturel est partout et où tout « phénomène de civilisation » reçoit le label esthétique au nom d'un terrorisme à rebours. Toute la difficulté de la remarque est dans la comparaison entre productions de l'art et fruits de la terre. La Bruyère formule comme une maxime (esthétique), bien qu'il s'en défende par ailleurs, et radicalise par exemple les affirmations d'un théoricien du goût, le chevalier de Méré : « Le bon goût se fonde toujours sur des raisons très solides. » La remarque est à remettre dans un contexte polémique, elle vise Fontenelle (comme les Modernes), attentifs à la succession des goûts et aux causes de cette variabilité (voir aussi Vaugelas, Préface aux *Remarques sur la langue française*, section II, VII, X, en particulier).

11. René Jasinski rapproche de cette remarque ce passage du P. Bouhours : « Le vrai bel esprit est inséparable du bon sens [...]. Le jugement est comme le fonds de la beauté de l'esprit ; ou plutôt le bel esprit est de la nature de ces pierres précieuses qui n'ont pas moins de solidité que d'éclat » (*Deux Accès à La Bruyère*, p. 109, n. 1, qui cite ce passage des *Entretiens d'Ariste et d'Eugène*). Peut-être la critique avait-elle longtemps été plus sensible à l'éclat qu'à la solidité de La Bruyère lui-même...

13. Voir Fénelon, *Dialogues sur l'éloquence*, II : « Les Grecs se servaient peu de tous ces termes généraux qui ne prouvent rien, mais ils disaient beaucoup de faits. Par exemple, Xénophon, dans toute la *Cyropédie*, ne dit pas une fois que Cyrus était admirable, mais il le fait partout admirer » (éd. J. Le Brun, Pléiade, 1983, p. 56).

14. *Définir* : au sens étymologique du terme, circonscrire nettement l'objet du discours et de la représentation. Plusieurs traits de la remarque s'éclairent par la notion de sublime telle que Boileau l'a pensée : la force et la vérité, sans emphase, le caractérisent, et l'on note la position sublime des écrivains nommés ici (au-dessus des autres écrivains). Naturel, le sublime l'est aussi. Fénelon permet de comprendre aussi l'exigence de *bien peindre* : « Peindre, c'est non seulement décrire les choses,

mais en représenter les circonstances d'une manière si vive et si sensible que l'auditeur s'imagine presque les voir [...]. Le poète disparaît » (*Dialogues sur l'éloquence,* II, éd. cit., p. 34 ; Fénelon donne aussitôt après un exemple tiré de l'*Énéide*). La peinture serait l'art par excellence de l'hypotypose. Pour l'alliance du naturel et de la force, Pascal (*Pensées,* 554) ; pour la délicatesse voir le P. Bouhours, à propos du bel esprit : « Sa solidité et sa pénétration ne l'empêchent pas de concevoir finement les choses, et de donner un tour délicat à tout ce qu'il pense » (cité par R. Jasinski, *op.cit.,* p. 111, n. 3). Naturel, force, délicatesse : La Bruyère rejoint-il ces cinq auteurs élus ?

15. Les *Caractères* paraissent pendant la Querelle des Anciens et des Modernes : en 1688 Fontenelle, visé plus d'une fois ici (et en V, 75) publie un *Traité sur la nature de l'églogue* et une *Digression sur les Anciens et les Modernes* ; Charles Perrault commence à donner ses *Parallèles des Anciens et des Modernes,* dont la publication doublera, en quelque sorte, les successives éditions des *Caractères*. Du côté des Anciens, ce sont l'*Épître à Huet* de La Fontaine (1687), le *Discours sur l'Ode* de Boileau (1693) et ses premières *Réflexions sur Longin* (1694).

L'ordre gothique : il est l'objet d'un dédain unanime ; voir Fénelon : « Un édifice grec n'a aucun ornement qui ne serve qu'à orner l'ouvrage [...]. Tout est simple, tout est mesuré, tout est borné à l'usage [...]. Tout est borné à contenter la vraie raison. Au contraire [dans le gothique] tout est plein de fenêtres, de roses et de pointes. La pierre semble découpée comme du carton. » Ce « vain raffinement » trouve son équivalent chez les écrivains asianistes de l'Antiquité et des Temps Modernes (*Lettre à l'Académie,* éd. E. Caldarini, Genève, Droz, 1970, p. 143-145) ; voir aussi *Dialogues sur l'éloquence* II, éd. cit., p. 55 (et n. 3, p. 1251-1252, pour de nombreuses références chez Fénelon et chez ses contemporains). On opposera, bien sûr, les pages de Chateaubriand, *Génie du christianisme,* III, 1, 8, préparées par la vogue du roman noir (ou gothique) au XVIIIe siècle.

La relation aux Anciens est féconde : ils sont un défi toujours lancé aux écrivains, qu'ils obligent, dans cette relation agonistique, à se dépasser s'ils veulent les surpasser. On réentend ici la remarque qui ouvrait le chapitre, on réentendra la présente remarque à la fin (69). Le *Discours sur Théophraste* fonde l'imitation des Anciens, à laquelle La Fontaine venait de consacrer l'*Épître à Huet*. L'auteur moderne serait Fontenelle, auteur de *Pastorales* (1688) et critique des pastorales de Théorite et Virgile dans le *Traité de la nature de l'églogue* (1688) : en attaquant le goût particulier, La Bruyère expose le motif qui reviendra souvent dans le chapitre V, le particularisme et la vanité du cercle lettré, son idiolecte également, le culte de la singularité dans les micro-sociétés mondaines et chez les écrivains repliés sur leurs phantasmes. Les deux derniers alinéas, brillants, mettent à jour la violence de polémiques littéraires dont notre époque n'a aucune idée. Les enjeux peuvent nous en sembler très datés et peu proportionnés à l'agressivité des antagonistes : pour une vue d'ensemble, voir Roger Zuber et Micheline Cuénin, *Le Classicisme,* tome 4 de la *Littérature française,* Arthaud, Paris, 1984, p. 281-284 (également p. 91-93 pour les prodromes de la Querelle des Anciens et des Modernes) ; on peut se reporter aussi à l'étude de Noémi Hepp dans *Précis de Littérature française du XVIIe siècle,* P.U.F., 1990, p. 387 sq.

17. Avec l'éloge de « l'unique nécessaire », pour emprunter au registre spirituel, se profile la notion de *sublime,* pierre d'angle de l'esthétique de La Bruyère lui aussi (55). La remarque 14 a fait un mérite à quelques grands de l'Antiquité d'avoir trouvé ce tour unique et irremplaçable ; la remarque 55 opposera les balbutiements des synonymes. On pense surtout à la remarque 10. Les réflexions sur l'heureuse prédisposition des femmes pour le style épistolaire (37) sont une autre facette de la construction esthétique élaborée ici. C'est toujours le *bonheur d'expression,* au sens le plus sensoriel et psychologique, qui est visé. D'où la nécessité de regarder une autre remarque, solidaire de celle-ci et qui la complète, 57. Souci de la justesse, souci d'un moraliste contemporain des éditions des *Dictionnaires*. On verra La Bruyère pratiquer le métadiscours ; les impropriétés, les périphrases, les tours qu'il relève sont des symptômes de l'état des mœurs et des esprits. La justesse est un idéal moral tout autant que linguistique. L'atticisme fait la première place à la pureté et à la propriété

de la langue (Cicéron, *Orator*, 75 sq.), mais les *Caractères* défendent une sorte d'atticisme de la conduite (chapitre V, notamment).

Permanence des enjeux et des débats rhétoriques : « Quelle que soit la chose qu'on veut dire, il n'y a qu'un mot pour l'exprimer, qu'un verbe pour l'animer et qu'un adjectif pour la qualifier. Il faut donc chercher jusqu'à ce qu'on les ait découverts, ce mot, ce verbe et cet adjectif, et ne jamais se contenter de l'à-peu-près. » C'est Maupassant qui parle, contre les contorsions lexicales de l'écriture artiste (Préface de *Pierre et Jean*)... Le cinéaste Robert Bresson professait qu'il n'y a qu'un seul angle de prise de vue dans un plan de cinéma, comme le grand photographe de presse Brodovitch affirmait que pour un sujet donné une seule photo pouvait être faite. Quant aux écrivains procédant par *humeur*, La Bruyère les peint dans la remarque 64. Parmi les nombreux sujets d'étonnement, le moindre n'est pas de voir l'auteur se complaire dans l'expolition, ou réexposition d'une idée, et autres figures d'accumulation, en contradiction avec l'exigence ici formulée.

21. *Qui sentent la pension ou l'abbaye* : elles « sentent » la fièvre chez leurs auteurs d'être gratifiés pour prix de leur encens, d'une abbaye ou d'une pension. La Bruyère a pu penser, après la première édition, au sort réservé à son propre livre par certains critiques. Ses remarques ont-elles perdu de leur pertinence ? Le jugement est repris en XII, 7 et 59 (publiés dès la 1re éd., à la différence du 2e alinéa de la remarque 21).

24. Arsène est le frère jumeau de Damis, dont Célimène fait le portrait (*Le Misanthrope*, acte II, scène 4, vers 634-648 ; c'est la ressemblance de la peinture qui fera s'écrier Clitandre : « Pour bien peindre les gens vous êtes admirable », 650). — Le scepticisme du moraliste, à la fin du portrait, a aussi une portée générale ; il entre en tension permanente avec l'affirmation que la fonction de l'ouvrage est d'être un miroir destiné à corriger les mœurs.

29. Contre un laconisme affecté, La Bruyère, adepte du style coupé, maintient l'exigence de la communication aisée dans les « ouvrages de l'esprit ». Il sait pratiquer un style périodique (50, 54). R. Zuber a rappelé le contexte de l'actualité rhétorique des années 1630-1640 : « L'actualité récente imposait aux partisans de l'atticisme une certaine vigilance. Il n'y avait pas longtemps que toute une partie du public français était passée par une phase de violent effort sur le langage, par un néo-atticisme tourné vers la subtilité, la recherche de la pointe et la tentation de l'obscur [...]. Ces "ingénieux", dans leur style sombre, distillaient quelque chose d'amer et de morose. » (R. Zuber, « Atticisme et classicisme », in *Critique et création littéraires en France au XVIIe siècle*, p.p. M. Fumaroli, Paris, C.N.R.S., 1977, p. 381-382). Comme les jeunes gens friands d'antithèse (55), ils attendent un éblouissement qui n'est que l'épiphanie du faux. Car le laconisme affecté, hermétique, est une contrefaçon du sublime. Le chapitre V fera entendre le leitmotiv de l'idiolecte orgueilleux et vain. Pour une mise en perspective du débat sur la brièveté oraculaire chez les moralistes, voir J. Lafond, art. cit., p. 102, 108 (avec n. 33-36), et « Mentalité et discours de maîtrise ou le moraliste en question », in *Cahiers d'histoire des littératures romanes*, 3/4, Heidelberg, 1988, p. 319 sq.

30. Le jugement sur *Le Cid* est une pièce du dossier sur le sublime. Il est aussi un bel exemple de la méthode critique de La Bruyère : il est animé d'une tension entre le désir fou de « rencontrer le parfait » (15) et le critère, d'ordre subjectif, des effets (31). La dernière phrase fait allusion aux *Sentiments de l'Académie française sur « Le Cid »* (1638) : voir l'édition de G. Couton, Corneille, *Œuvres complètes*, Pléiade, t. I, Paris, 1980, p. 808 sq. (et « Notice », p. 1531-1532) ; chez Boileau, voir *Art poétique*, IV, 80 et *Satires*, IX, 233-234.

32. Texte à moitié codé : Capys serait l'homme de lettres Boursault (1638-1701), qui avait attaqué Damis - Boileau. Par-delà son aspect daté et polémique (parallélisme et renversement, avec la pointe finale), la remarque s'éclaire par réfraction : voir les réflexions sur le goût singulier dans ce chapitre et dans le chapitre V, et la métaphore reparaissante du froid. Le P. Bouhours (1628-1702), jésuite, fut régent de rhétorique à Tours et à Rouen, puis à Paris, et fut introduit dans les cercles mondains ; il était lié avec Boileau, Bossuet, Racine et La Fontaine. « L'esprit lui sort de tous les côtés »,

disait Mme de Sévigné. Il a joué un rôle important dans les débats esthétiques et la réflexion sur le bon usage (voir *Remarques nouvelles sur la langue française*, 1675 et 1692). Écrivant en dialogues, il a abordé la réflexion sur « la langue française », « le bel esprit », « le je-ne-sais-quoi », les « devises » dans les *Entretiens d'Ariste et d'Eugène* (1671), et, dans la *Manière de bien penser dans les ouvrages d'esprit* (1687), cet arbitre du bon goût précise sa pensée du naturel et de l'urbanité. Comme lui, Bussy-Rabutin (Roger de Rabutin, comte de Bussy, 1618-1693), avait soutenu les *Caractères* ; c'est le P. Bouhours qui se fit l'éditeur de sa correspondance (1697), stimulée par sa situation d'exilé sur ses terres, à partir de 1666, au lendemain de la publication de l'*Histoire amoureuse des Gaules* (1665). Il est l'auteur de *Maximes d'amour* en vers, éditées ici même par J. Lafond (p. 40).

33. Cramoizy : famille célèbre d'imprimeurs. Le nouvelliste est un personnage reparaissant de cette *Comédie Humaine* que sont les *Caractères* : voir V, 5, VII 13, X, 11. La satire fait antithèse avec le portrait du philosophe, qui suit immédiatement ; cultivant l'éphémère, le nouvelliste s'y aliène, et ses lecteurs avec lui. Le portrait est une des facettes du miroir tendu à la vanité du monde, et de tant de paroles.

34 *Ses esprits* : force intellectuelle. La vocation du philosophe est affirmée dans VI, 12, où La Bruyère prend comme repoussoir l'homme chargé d'affaires et qui n'a pas une minute à lui. La remarque, ici, expose deux lectures des *Caractères* : l'une goûte les tours donnés aux pensées, le talent (« il y a de l'esprit ») ; dans l'autre prévaut la métaphore des « caractères », qui marquent (« faire l'impression ») l'imagination, et par cette empreinte forte modifient les comportements. L'ensemble de l'ouvrage est animé d'une tension entre les deux pôles, démonstration de virtuosité et finalité morale. La Bruyère fait-il de la finalité morale de l'œuvre un principe exclusif de tout autre souci et qui se surbordonne tout ? Les rapports entre le but assigné et le sens des effets littéraires — autre que de pure virtuosité — sont-ils aussi univoques qu'il l'affirme ici, à la quatrième édition de son œuvre ? Le nouvelliste, aliéné sans le savoir à la logique que nous appellerions « médiatique », et le philosophe cherchent tous deux à « faire impression », mais dans deux ordres différents.

35. *Beaux esprits* : esprits maniérés et prétentieux. Voir La Rochefoucauld, *Réflexions diverses*, XVI (ci-dessus, p. 214) et Bouhours, *Entretiens d'Ariste et d'Eugène*, 4ᵉ entretien.

37. Vincent Voiture (1597-1648), vedette de l'hôtel de Rambouillet, et exemple du poète mondain brillant, dont l'œuvre est étroitement dépendante du cercle (voir XIII, 10). Épistolier très goûté, sa spontanéité calculée a préparé le naturel classique, comme son urbanité. Ses lettres mondaines et familières, en particulier, furent publiées avec l'ensemble de ses œuvres dès sa disparition : leur succès fut considérable ; une polémique opposa d'ailleurs les tenants du style épistolaire de Voiture, son badinage, sa galanterie et ceux de Guez de Balzac. La critique contemporaine est revenue sur la sévérité de Gustave Lanson : « Il ne pouvait se maintenir dans ce monde, où sa naissance ne l'appelait pas [il était fils d'un riche marchand de vin], qu'en plaisant à toute heure et d'une façon toujours nouvelle. De là le style peu naturel et trop ingénieux de ses lettres [...]. En somme, il a dépensé plus d'esprit à dire des riens, qu'il n'en eût fallu pour exprimer des pensées solides » (*Choix de lettres du* XVIIᵉ *siècle*, Paris, Hachette, 1913, p. 64). Il trouve en La Bruyère un disciple (goût de la pointe, recherche du tour qui surprend, par son obscurité aussi bien) ; Voiture est aussi un objet littéraire sur lequel la réflexion de La Bruyère se met à l'épreuve d'un chapitre à l'autre (voir XIV, 73). Jean-Louis Guez de Balzac (1597-1654) fait l'objet des remarques 40, 45, 60. Il est le maître de la prose d'art, éloquente et suave à l'oreille ; lui-même héritier de la correspondance de Cicéron, il propose à son temps un idéal de prose épistolaire. Ses lettres furent publiées dès 1624 : destinées à des correspondants véritables, elles visaient déjà à être éditées. Les sujets en étaient divers, mondains, politiques, moraux, littéraires. Pour l'apport de Balzac à la formation du goût classique, voir Roger Zuber, *Les « Belles Infidèles » ou la formation du goût classique*, Paris, Armand Colin, 1968.

Les femmes et le genre épistolaire : La Bruyère avait pu connaître des lettres de Mme de Sévigné et de Mme de Lafayette, notamment. Cette génération n'a pas repris les pratiques hyperboliques de la précédente, laquelle prétendait, avec Balzac, que la lettre était capable d'absolument tous les types d'une éloquence « moderne » (R. Zuber, *Le Classicisme,* p. 124). Le même critique fait observer la disparition, entre 1660 et 1680, des grands recueils épistolaires (voir Balzac, Voiture) et le recul, momentané, des « secrétaires » ou recueils de modèles : ces faits éclairent l'évolution notée par La Bruyère, et la confirment. Ces remarques éclairent à leur tour l'éloge et l'exigence du « naturel » dans les chapitres I et V, en replaçant dans la pratique mondaine « les ouvrages de l'esprit ». Le style épistolaire des femmes produit, sans effort cette fois, l'éclat et le ravissement dus à l'emploi de la seule expression adéquate (voir 14, 17). Le bonheur d'expression est dans ce miracle d'un vocable commun mais comme surgi miraculeusement ; on peut comprendre que La Bruyère, non sans audace, affirme : « Le naturel et le délicat ne sont-ils pas le sublime des ouvrages dont ils font la perfection ? » (55). Isabelle Landy-Houillon a donné une analyse à la fois littéraire, sociologique et physiologique de cette primauté dans le genre épistolaire, dans l'Introduction au recueil *« Lettres portugaises », « Lettres d'une Péruvienne » et autres romans d'amour par lettres,* Paris, Flammarion, G.F., 1983, p. 18-20. Ici ce n'est plus un métier que de faire un livre... Mais on pense aussi à la supercherie de Guilleragues avec ses *Lettres portugaises* (1669), qu'il avait fait passer pour la simple traduction d'un original brut, cri de l'amour vrai d'une religieuse séduite.

38. *Exactitude* : précision, justesse. *Jargon* : langage inaccessible, sinon aux initiés. Voir Alceste, dans *Le Misanthrope,* acte IV, scène 3, vers 1388 : « A vous prêter les mains ma tendresse consent », ou encore acte V, scène 4, vers 1789-1790 : « Et souffrez que mon cœur, dans ses troubles divers / Ne se présente point à l'honneur de vos fers » ; voir Valère, ici encore dans un dialogue galant de *L'Avare,* acte I, scène 1 : « Ne m'assassinez point, je vous prie, par les sensibles coups d'un soupçon outrageux ». On peut penser aussi à la surcharge de l'expression, autre forme d'asianisme : voir encore Alceste, dans *Le Misanthrope,* acte I, scène 1, vers 19-20 : « De protestations, d'offres et de serments/Vous chargez la fureur de vos embrassements. », et acte V, scène 1, vers 1497 : « Le poids de sa grimace, où brille l'artifice. » — *Barbarisme* : fautes contre la propriété de l'expression, comme en commettent, pour notre plaisir, les servantes, telles Martine dans *Les Femmes savantes* ; Dorine, du *Tartuffe,* fournit un exemple de barbarisme entendu cette fois comme faute contre la bienséance morale en s'écriant, dans son portrait de Tartuffe : « Et, s'il vient à roter, il lui dit "Dieu vous aide" » (acte I, scène 2, vers 194). — *Images* : peintures. C'est pourtant sur la justesse des peintures morales que La Bruyère reprendra Molière (voir XIII, 24, XI, 155). — Le parallèle avec Térence est un exercice de la critique (voir Boileau, *Art poétique,* III, 393-400). Les Messieurs de Port-Royal avaient édité et traduit Térence, *Comédies de Térence [...] rendues très honnêtes en y changeant fort peu de choses* (1647). Ce parallèle ouvre une galerie ; pour la méthode critique de La Bruyère, voir la présentation du chapitre p. 1142.

39. *Uniforme* : soutenu. — *Naïf* : naturel. On peut s'étonner de voir associés à Malherbe les termes, au superlatif, de « naïfs » et « simples »... La Bruyère serait-il, comme les jeunes gens, tenté par l'éclat de l'antithèse (55) ? Malherbe et Théophile de Viau sont ici considérés pour eux-mêmes, mais aussi comme allégories de deux tendances stylistiques que La Bruyère s'emploie à distinguer radicalement ; les termes *histoire* (description exacte) et *roman* (description de fantaisie) relèvent de cette mise en scène allégorisante, et La Bruyère les a placés à la chute.

Exactitude : voir 38. — *Anatomie* : description excessivement minutieuse. — *Il feint* : il imagine. La Bruyère donne une résonance plus ample à la remarque en V, 17, où s'exprime toute sa phobie des inventions de l'imagination littéraire incontrôlée. La liberté de plume dénoncée ici est revendiquée par Théophile de Viau lui-même : « La règle me déplaît, j'écris confusément ; jamais un bon esprit ne fait rien qu'aisément. » L'autre Théophile des Lettres, Gautier, fera l'apologie des caprices de Théophile et des auteurs de l'époque de Louis XIII dans *Les Grotesques*, 1844, (voir l'éd. C. Rizza, Fasano-Paris, Schena-Nizet, 1985).

41. « Imitons de Marot l'élégant badinage » (Boileau, *Art poétique*, I, 96) ; la faveur de Marot est grande auprès de La Fontaine ; dans la lettre à M. de Saint-Évremond (18 déc. 1687), après un hommage à Voiture il ajoute : « Et Marot par sa lecture / M'a fort aidé, j'en conviens » ; « Maître Clément », comme il l'appelait, lui a donné des *tours* (choix et arrangement des mots), le décasyllabe continu de ses *Contes et Nouvelles en vers*, dont la troisième partie inclut la comédie *Clymène*, où Apollon se fait faire, par la muse Clio, un pastiche de Marot.

42. Un jugement aussi sévère est porté par Boileau, *Art poétique*, I, 123-130, tandis que Fénelon observe : « L'excès choquant de Ronsard nous a un peu jetés dans l'extrémité opposée. On a appauvri, desséché et gâté notre langue. Elle n'ose jamais procéder que suivant la méthode la plus scrupuleuse et la plus uniforme de la grammaire » (*Lettre à l'Académie*, V, éd. Caldarini, Genève, Droz, 1970, p. 71). Les réflexions sur Ronsard trouvent leur prolongement dans la remarque 60, où le point de vue est encore linguistique.

43. Marot a-t-il « semé l'ordure » dans ses écrits comme Rabelais ?... Ses épigrammes ordurières justifient-elles le rapprochement ? Ici encore une remarque en appelle une autre ; les éloges de Marot (41-42) font d'autant plus ressortir ses taches. — Par *naturel*, il faut entendre la facilité. — *Énigme*, c'était déjà le mot de l'épitaphe de Rabelais par Nicolas Boulenger (1587). — La figure de la *chimère* est plutôt celle d'Horace (*Art poétique*, 3) que celle de la légende, et La Bruyère substitue au poison d'Horace le serpent. — On peut être étonné par la lecture qu'il fait d'« une morale fine et ingénieuse », comme si elle se dessinait en un corps ; mais l'appel à l'ingéniosité du lecteur rapproche Rabelais, à cet égard, et La Bruyère.

44. La Bruyère enchaîne en procédant par paires, cette fois Nicole, peut-être, et Malebranche. Dans la *Logique de Port-Royal*, III, 20, 6, Montaigne est désigné comme « un des caractères des plus indignes d'un honnête homme », par la complaisance à exhiber ses *pudenda* et ses vices (Flammarion, « Champs », p. 330) ; et Nicole avec Arnauld ajoute qu'« il est plein d'un si grand nombre d'infamies honteuses, et de maximes épicuriennes et impies qu'il est étrange qu'on l'ait souffert si longtemps dans les mains de tout le monde » (p. 131).

Quant à l'*autre*, Malebranche, il a pris à partie Montaigne dans *La Recherche de la vérité*, II, 3, 5, en faisant apparaître les effets funestes, pour la recherche de la vérité, de « la négligence qu'il affecte » et qui « le rend aimable à la plupart du monde sans le faire mépriser » ; car « ce ne sont nullement ses raisons qui persuadent ; il n'en apporte presque jamais des choses qu'il avance, ou pour le moins il n'en apporte presque jamais qui aient quelque solidité. » (éd. G. Rodis-Lewis, Paris, Vrin, 1962, p. 198). Montaigne avait répondu d'avance à l'excès de subtilité, selon La Bruyère, de Malebranche (XVI, 23) ; les esprits « singuliers et excellents » ne goûteraient pas les *Essais* car « ils y entendraient trop » (*Essais*, I, 54, « Des vaines subtilités »).

45. *Scrupuleux* : très rigoureux pour la propriété des termes et la correction. — Amyot (1513-1593) fut chargé par François Ier de mettre les *Vies parallèles* de Plutarque en français, et il connut avec la traduction de ses *Oeuvres morales* un immense succès. La langue d'Amyot avait charmé les lecteurs. Pour les enjeux de ce succès dans la formation de l'atticisme classique, (justesse, clarté, organisation euphonique de la phrase) voir M. Fumaroli, *L'Age de l'éloquence*, p. 495-497, 700-701 notamment. — Coëffeteau (1574-1623), dominicain, aumônier de Marguerite de Valois, puis d'Henri IV, évêque de Metz et de Marseille, connut un grand succès d'édition avec la traduction qu'il donna de l'*Abrégé de l'histoire romaine* de Florus (des dizaines de rééditions jusqu'à la fin du XVIIe siècle). Il contribua lui aussi, en particulier dans l'éloquence sacrée, à la formation de l'atticisme français par son cicéronianisme alliant sagesse et éloquence.

46. *H**G*** : le *Mercure* (Hermès) *Galant*, revue mensuelle publiée depuis 1672, citadelle des Modernes : Fontenelle, Donneau de Visé, Thomas Corneille. C'était une gazette mondaine et littéraire, ouverte à bien des genres. La remarque de La Bruyère

lui valut, en juin 1693, lors de sa réception à l'Académie française, un article anonyme qui mettait en cause l'écriture discontinue des *Caractères* : « L'ouvrage de M. de La Bruyère ne peut être appelé Livre, que parce qu'il a une couverture, et qu'il est relié comme les autres livres. Ce n'est qu'un amas de pièces détachées, qui ne peut faire connaître si celui qui les a faites aurait assez de génie et de lumières pour bien conduire un ouvrage qui serait suivi. » La Bruyère rapporte ces gentillesses dans la Préface du *Discours à l'Académie*. Le débat ouvert par le *Mercure Galant* est en fait un jalon fondamental dans l'histoire de l'écriture discontinue : voir Ph. Lacoue-Labarthe et J.-L. Nancy, *op. cit.*, p. 57-80 et P. Quignard.

47. L'opéra est déjà une pomme de discorde au temps de La Bruyère (du moins comme genre). C'est un autre enjeu de la Querelle des Anciens et des Modernes : genre inconnu des Anciens, il est, pour Fontenelle et Perrault, une des gloires des Modernes. Perrault, en 1674 déjà, avait ferraillé contre les adversaires de l'opéra dans l'*Examen de la tragédie intitulée « Alceste »*. Le genre, si composite, cherche une synthèse, improbable pour La Bruyère, des diverses formes dont il vient à peine de sortir. La déclinaison ironique du mot (avec majuscule), au signifié problématique, a une double valeur méthodologique et polémique ; la fragmentation est problématique de cette chimérique unité. La Bruyère joue du manque et de l'excès également dont est atteint le spectacle lui-même, déplorant le recul des machines et le peu d'effet de la « dépense toute royale »... L'emploi du terme *théâtre* au sens de mise en scène est ici révélateur. Le marquis de Sourdéac avait obtenu, en juin 1669, le privilège royal d'établir à Paris « une académie pour y représenter et chanter en public des opéras et représentations en musique et vers français pareils et semblables à ceux d'Italie ». A la suite de l'échec relatif du premier spectacle, *Pomone* (mars 1671), et de la ruine de Sourdéac et de son associé Perrin, Lully, l'Amphion de La Bruyère, se fit octroyer le privilège en 1672. Sa collaboration avec Quinault donna d'abord *Cadmus et Hermione* (1673), puis *Alceste* (1674), *Thésée* (1675), *Atys* (1676), qui a fait un triomphe ces dernières années, jusqu'à *Armide* (1686). On peut comparer la satire de Rousseau (*La Nouvelle Héloïse*, II, 23) avec les remarques de La Bruyère ; et celles-ci avec un texte important, l'*Avertissement* de Boileau (publié en 1713) pour un projet de Racine ; après l'échec de l'*Isis* de Quinault (1677), Racine avait été sollicité par Mme de Montespan, rebutée par les fadeurs de Quinault ; Boileau laisse voir ses réticences, et celles de Racine, envers la notion même d'opéra : « On ne peut jamais faire un bon opéra : parce que la Musique ne saurait narrer. Les Passions n'y peuvent être peintes dans toute l'étendue qu'elles demandent » (*Œuvres complètes*, éd. F. Escal, Paris, Pléiade, 1966, p. 277). — *Pénélope*, tragédie de l'Abbé Genest (1684), ami de Bossuet, que cette œuvre aurait presque réconcilié avec le théâtre.

48. La Bruyère désigne les somptueuses fêtes données pour le dauphin par Monsieur le Prince, fils du Grand Condé, à Chantilly, en août 1686. — *Les empressés* sont des faiseurs d'embarras, ici les diverses personnes responsables de la table comme de la musique et des décors. — La fête *galante* est une fête pleine d'élégance ; elle est *soutenue*, c'est-à-dire prolongée sans fléchissement de la qualité. — L'ensemble du passage converge vers l'éloge hyperbolique de Monsieur le Prince, aux dépens des gens pleins d'*embarras* (qui prennent des airs d'importance).

50. Les remarques 47, 49, 50, 51, 52, 53 comparent divers types d'ouvrages de l'esprit selon l'intensité et la continuité du plaisir qu'ils procurent (ou devraient procurer). De l'ivrogne aux épiphanies divines à l'opéra, en passant par les héros de romans de tradition précieuse et baroque, le critique fait varier le point de vue du spectateur qu'il est sur les illusions de la fiction. C'est donc le pouvoir sur les esprits que La Bruyère analyse, ou plutôt les raisons qui limitent ce pouvoir. Le ravissement perpétuel...

Dans la remarque 50 « nature » et « naturel » encadrent la réflexion : déjà La Bruyère introduit un des leitmotive de l'ouvrage, la nostalgie d'un temps où les cœurs s'ouvraient réciproquement, temps révolu de la confiance mutuelle, de la communion sentimentale qui, pour nous, est celui de la fête selon Rousseau, dans l'*Essai sur l'origine des langues*, la *Lettre à d'Alembert* ou *La Nouvelle Héloïse*. La bienséance est ici malséante ; les *esprits forts* (gens qui affectent de paraître singuliers dans leurs opinions et leurs mœurs) sont, eux, du côté du *faible* (faiblesse). La Bruyère laisse affleurer un goût des larmes que la dramaturgie de Diderot s'emploiera à satisfaire ; mais il donne des gages, d'un autre côté : contre Corneille, il tient avec Boileau que « le vrai peut quelquefois n'être pas vraisemblable » (*Art poétique,* III, 48) ; la dramaturgie de l'« étonnement » construite par Corneille n'a cure du vraisemblable. La Fontaine a mis en scène une conversation sur les plaisirs des larmes et du rire dans *Les Amours de Psyché et de Cupidon*, livre premier (éd. F. Charpentier, Paris, Flammarion, 1990, p. 98-108 ; ainsi Ariste : « Je vous veux prouver que la pitié est le mouvement le plus agréable de tous », p. 107). Paul Hazard, *La Crise de la conscience européenne*, Paris, Fayard, 1961, montre qu'arrive, à l'extrême fin du XVIIe siècle, « l'époque où l'on crut que l'on pouvait, sans honte, montrer ses larmes » (IV, 3, p. 351).

51. *Doucereux* est en italique dans le texte car le sens défavorable était récent (voir Boileau, *Art poétique,* III, 98). La critique sera la même avec Fénelon, *Lettre à l'Académie,* chap. II. La Bruyère l'assortit d'un travail rythmique et syntaxique, mimétique du développement irrésistible du poème tragique dans les deux premières phrases, et non moins mimétique de son absence et de l'incongruité dans la contrefaçon contemporaine (tragédies de Quinault ; Boileau, *Satires,* III, 188). R. Jasinski a montré la dette de La Bruyère envers le P. Rapin, *Réflexions sur la poétique,* II, 19 (*op. cit.,* p. 141, n.1) : dans *Œdipe-Roi* de Sophocle, « les esprits des spectateurs sont dans une perpétuelle suspension ».

52. La remarque permet de nuancer l'apologie du naturel dans la remarque 50, et de poser le problème des rapports entre la comédie et le naturel : voir Boileau, à propos de Molière visé peut-être ici (l'*ivrogne*: Sganarelle du *Médecin malgré lui* ? le *malade dans sa garde-robe* : Argan du *Malade imaginaire* ?) *Art poétique,* III, 393-400. L'esquisse finale de l'*efféminé* (voir Iphis, XIII, 14) est riche d'un enjeu esthétique : La Bruyère s'efforce de distinguer la poétique du caractère et la poétique scénique.

53. *Sujets* : personnes. — Appréciation quelque peu ambiguë : que vise ici La Bruyère ? La pointe finale, rétrospectivement, n'est pas sans atteindre les grands exemples de vertu, de tendresse et de désintéressement. — Pour la nocivité du théâtre, voir Nicole, *Traité de la comédie* (éd. G. Couton, Paris, P.U.F., 1961) et M. Fumaroli, « La querelle de la moralité au théâtre avant Nicole et Bossuet » (*R.H.L.F.,* sept.-déc. 1970, p. 1007-1030).

54. *Comédies* : pièces de théâtre. — *Mœurs* : caractères dramatiques. — *Déclamateur* : la déclamation était à Rome une exhibition rhétorique sur des sujets fictifs, choisis pour leurs ressources de pathétique, ou la matière qu'ils offraient à la subtilité de l'argumentation, au mépris de la vraisemblance, et pour le plus grand bonheur de l'asianisme littéraire (voir Ovide, Sénèque, en particulier, qui en portent les marques vives). — *Esprit* : inspiration. — La Bruyère juge sévèrement l'ensemble des « dernières » pièces, que des metteurs en scène ont fait le pari de représenter, et dont le succès fut certain (Jean-Pierre Miquel avec *Othon*). — *Justes* : proportionnées. — *Régulières* : conformes aux règles. — *Simplicité de l'action* : voir la Préface de *Bérénice*, et aussi celle de *Britannicus* en 1670, qui vise de façon lapidaire plusieurs héros ou héroïnes déclamateurs et la surcharge d'incidents dans le théâtre de Corneille (*Héraclius* a donné depuis le XVIIe siècle comme le plus bel exemple d'imbroglio de sa production) ; l'intrigue de *Tite et Bérénice* de Corneille et celle de *Bérénice*. — *Porus* : personnage d'*Alexandre*, la seconde tragédie de Racine (1665), qui se situe aux Indes. — *Idées* : au sens grec de modèle conçu par l'esprit. — *Occupé* : Corneille s'empare d'emblée de l'attention du spectateur avec violence. — *Moral* : (voir le terme *idées*) Corneille vise à la grandeur, sans se soucier des vraisemblances.

C'est l'époque des parallèles : « Ils procèdent d'une intention hagiographique, dans la mesure où, mettant en concurrence deux auteurs, ils s'efforcent de faire valoir l'un par l'autre » (Jean-Jacques Roubine, *Lectures de Racine*, Paris, A. Colin, 1971, p. 34). L'auteur du *Parallèle de M. Corneille et de M. Racine* de Longepierre (1686) le premier dans le cas des deux dramaturges, et le modèle de La Bruyère : « On y trouve rassemblé ce qui va bientôt constituer les articles du dogme racinien. » Avec la fin du siècle, apparaîtront aussi le *Jugement sur quelques auteurs français* de

Saint-Évremond (1692), le *Discours à l'Académie française* de Valincour (1699), et la VIIe *Réflexion sur Longin* de Boileau (1694). Charles Péguy maintient la tradition du parallèle avec *Victor-Marie, comte Hugo*.

55. Ensemble de remarques capital ; avec les remarques 56 et 57, qui en sont étroitement solidaires, c'est une rhétorique abrégée, qui prend ses distances avec la rhétorique. Au centre du dispositif, l'interrogation lancinante sur le sublime ; au départ, la contrefaçon (asianiste) du sublime, à l'arrivée, au terme d'une gradation, dernier degré sur le chemin de perfection, le sublime. Il est l'alpha et l'oméga de l'esthétique de La Bruyère, comme de Boileau. Tout est dit et l'on vient trop tard : apparemment l'auteur des *Caractères* n'a pas voulu entendre le traducteur et critique du pseudo-Longin ; vains les efforts de Boileau, tout est à commencer. Est-il de la nature du sublime de ne pouvoir être circonscrit autrement que par ses effets ? quel métalangage pourrait donc appréhender cet « originel langage des dieux », comme Montaigne nomme la poésie ? Le sublime « rédime le langage de son superflu » (M. Fumaroli, dont la thèse *L'Age de l'éloquence* offre des approches : voir l'Index). Grandeur et simplicité, leur indissoluble union est proclamée de nouveau en V, 77, après l'avoir été dans le présent chapitre (14). La remarque sur les lettres féminines (37) permet de comprendre que La Bruyère puisse avoir l'audace de poser la question : « ou plutôt le naturel et le délicat ne sont-ils pas le sublime des ouvrages dont ils font la perfection ? » Comme d'autres, il dissocie d'emblée le *genus sublime*, dans la tripartition oratoire, registre le plus exaltant pour Cicéron, et pierre de touche du génie et de la force de l'orateur, du sublime lui-même (voir 7 et 8). Malherbe (39) a saisi le sublime de la nature, Ronsard (42) se perd dans le *genus sublime*. Partout, à la cour, au sermon (chapitre XV), La Bruyère poursuit la fausse grandeur. Les *Caractères* ne sont-ils pas *capables* (en état de recevoir) le sublime ?... Définissant l'éloquence (2e alinéa), il a médité Pascal, qui distinguait l'art de convaincre et l'art d'agréer ; mais Pascal se tenait sur ses gardes : des « deux entrées par où les opinions sont reçues dans l'âme, l'entendement et la volonté [...], la plus ordinaire, quoique contre la nature, est celle de la volonté [...]. Cette voie est basse, indigne et étrangère : aussi tout le monde la désavoue. » (*De l'esprit géométrique*, éd. Brunschvicg, p. 185). Fénelon distinguera aussi, au début du *Dialogue II sur l'éloquence*, le philosophe et l'orateur : « Il faut donc, pour faire un orateur, choisir un philosophe, c'est-à-dire un homme qui sache prouver la vérité, et ajouter à l'exactitude de ses raisonnements la beauté et la véhémence d'un discours varié, pour en faire un orateur. » (éd. cit., p. 31). La Bruyère vient après plusieurs rhétoriciens. A. Stegmann rappelle la richesse et la vivacité de la réflexion sur l'éloquence dans les années qui précèdent : P. Rapin, *Réflexions sur l'usage de l'éloquence* (1683), P. Lamy, *L'Art de parler* (1675) ; Boissimon donne en 1688 *Les Beautés de l'ancienne éloquence* (*Les « Caractères », bible de l'honnête homme*, Larousse, Paris, 1972, p. 147, n. 13). On n'oubliera pas la *Logique de Port-Royal*. La Bruyère, adepte d'un genre modeste, mais corrosif, se met à distance de la rhétorique et de l'amplification, qui est sa pente ; dans une société marquée de façon inimaginable pour nous par l'éducation rhétorique, il se défie de ses prestiges et de sa dégénérescence toujours possible en sophistique ; il choisit un mode d'énonciation qui met, à chaque moment, alinéa après alinéa, ses réflexions à distance.

Pour les rapports entre figures et vérité, justesse et figures, voir le P. Bouhours, *La Manière de bien penser dans les ouvrages d'esprit* (1687), III (édition critique par S. Guellouz, S.L.C., Toulouse). Le paragraphe final est construit sur une double gamme, des figures et des formes d'esprit. Faut-il s'étonner de son caractère schématique et de la fragilité des correspondances ? Est-ce un dispositif destiné à confirmer la remarque 34 ? Bon usage des tours et figures par le philosophe ? C'est la même finalité du travail littéraire, donner tout le jour nécessaire à la vérité : ainsi antithèse et hyperbole se trouvent rédimées du soupçon de complaisance, et La Bruyère en fait fort usage ! Il sera à la fois de ces « esprits vifs, pleins de feu » et de ces « esprits justes ». Il n'est pas sûr qu'il n'ait pas sacrifié maintes fois la rigueur à la religion des effets...

56. Retour du motif de la clarté heureuse qui réunit auteur et lecteur, antithèse de l'orgueilleux et solitaire « phœbus » : voir déjà 29, et plus tard V, 7 notamment, 65, 66. Il faut le replacer dans un contexte, rationalisme cartésien (la vérité conçue selon la méthode géométrique, et qui n'a pas besoin de l'art), réflexions de Pascal, *De l'art de persuader*, mais aussi préventions de Nicole, par exemple, contre les prestiges de la rhétorique : voir J. Rousset, « La querelle de la métaphore », *L'Intérieur et l'Extérieur* (Paris, José, Corti, 1976, p. 57-71). Les remarques de La Bruyère, elles, visent plutôt les menaces que fait peser sur la sociabilité tout idiolecte littéraire, cultivant la singularité incivile. Les *Caractères* montrent une société qui s'en irait presque en éclats et la phobie, chez leur auteur, des micro-sociétés, en particulier cultivées, qui tyrannisent l'opinion...

57. Correctif de la remarque précédente, les réflexions rétablissent maintenant les droits de l'ingéniosité. Elles sont construites selon des variations en distiques, la première phrase, variation et développement de la première, la quatrième de la troisième. Le deuxième alinéa est une célébration conjointe de la clarté et de l'ingéniosité, un hommage, et une mise en garde au lecteur (voir l'article d'I. Landy-Houillon, « "Netteté" et "ingéniosité" ou le clair-obscur en syntaxe », *XVIIe siècle* (juil.-sept. 1986, 152, p. 255-267).

60. Voir l'article d'I. Landy-Houillon, p. 255-257. — *Nombre* : le rythme et qui sonne bien. Pour l'apport de Malherbe et de Balzac, voir M. Fumaroli, *op.cit.*, Index. — La séquence finale de la « courte histoire de la prose française » (Sainte-Beuve) rédigée ici tend à faire de la prose de La Bruyère un aboutissement (comme Cicéron écrivant le *Brutus*, histoire de l'éloquence à Rome, montre qu'il en est l'achèvement).

61. *Artisans* : artistes. — *Habiles* : gens de talent. — La première sorte d'esprit littéraire dont La Bruyère fait le portrait est illustrée par Corneille (voir 30, 54). — Où se classerait l'auteur des *Caractères* ?

62. Voir la problématique du « lieu commun » qui prend en étau l'ensemble du chapitre (1 et 69). La remarque est ici encore une apologie de soi : La Bruyère se démarque aussi des images qu'un public abusé se fait du savant et du sage (voir XII, 17, 18).

64. G. Cayrou décrypte une allusion à l'abbé de Villiers, qui avait composé sur le modèle des *Caractères* des *Réflexions sur les défauts d'autrui*, (1690) (éd.cit., p. 116, n. 6). — *Original* : modèle ; la portée du sens donné à ce terme est dégagée par Bernard Beugnot, « Florilèges et *Polyantheae* », *Études françaises* (XIII, 1977, p. 135-136) : « L'adjectif original, d'emploi courant, qualifiait d'ailleurs l'œuvre qui prend rang de modèle et mérite à son tour de susciter des imitations d'autant et plus peut-être que celle qui aurait cherché dans la rupture sa singularité. » — Ici encore La Bruyère joue avec son propre portrait, tout en ironie : le réduira-t-on à être de « ceux qui tirent, pour ainsi dire, de leurs entrailles tout ce qu'ils expriment dans le papier » ?

65. Comme La Fontaine choisissant la fable, genre antique mais mineur, La Bruyère par ironie joue de l'humilité du registre qui lui est laissé (voir 55, l'interrogation sur le sublime, et 69, qui clôt le chapitre) ; les chapitres X, XV, XVI abordent bien les « grands sujets ».

66. Allusions, pour *Dorilas* à l'historien Antoine Varillas, mort en 1696, et pour *Handburg* au P. Louis Mainbourg (*hand* : la main), mort en 1686 ; G. Cayrou rapporte le mot de Mme de Sévigné à son sujet : « Il avait ramassé le délicat des mauvaises ruelles » (éd. cit., p. 117, n. 8). — *Termes transposés* : traduction de *translata verba*, la métaphore.

68. Quant au souci affirmé de l'instruction, on a vu, et on reverra, que La Bruyère est sans illusion. Mais c'est un « lieu » du discours littéraire, et du moraliste d'abord.

69. Voir l'article de B. Beugnot signalé à la note de la remarque 64, en particulier les p. 140-141 sur le discrédit, contemporain des *Caractères*, des *Polyantheae* (l'auteur cite *La Logique de Port-Royal*, Malebranche, *La Recherche de la vérité*). — En affirmant : « comme mien », La Bruyère ne fait que réaffirmer ... un lieu commun des moralistes : voir Montaigne, *Essais*, I, 26 (« La vérité et la raison sont communes à un chacun et ne sont non plus à qui les a dites premièrement qu'à qui les dit après »).

Du mérite personnel. « Du mérite... personnel » : titre redondant ? Expression d'un homme qui publie pour la première fois, assuré de son propre mérite, mais lançant son ouvrage dans un monde peuplé de cabales et de « critiques » (I, 19, 20, 21 ; hantise qui n'a pas disparu, il s'en faut, lors des successives éditions : I, 24, 25, 26) ? On a pu voir dans ce chapitre une délibération de l'auteur avec lui-même : « La Bruyère laisse entendre comment il a vaincu ses timidités pour courir enfin sa chance [...]. Un peu à la façon de Montaigne, sans se mettre aussi ostensiblement en scène mais en donnant à ses réflexions un tour et un accent mainte fois personnels, il incite ses lecteurs à franchir les mêmes étapes » (R. Jasinski, *Deux Accès à La Bruyère*, p. 147). Le travail des différentes éditions mènerait des appréhensions premières jusqu'à l'affirmation que la modestie même peut être reconnue comme la parure du mérite (17). A l'époque, la littérature sur le sujet, par son abondance, témoigne sans doute de la violence des obstacles à franchir pour l'homme armé de son seul mérite : *Réconciliation du Mérite et de la Fortune*, de Saint-Réal (1665), et du même auteur un « Entretien », *De la difficulté de s'avancer dans le monde lors même qu'on a de l'esprit* (1684) ; *Dialogue du Mérite et de la Fortune*, figurant dans un recueil de Pellisson et Mme de La Suze (1684). La Rochefoucauld déplorait déjà que le monde récompense plus souvent les apparences du mérite que le mérite même (max. 166) ; et qu'est-ce que la première scène du *Misanthrope*, sinon un autre entretien sur le mérite (« Je veux qu'on me distingue » ; voir aussi III, 5, v. 1045, 1060-1061, 1065, 1071) ?

Au-delà de la modestie, des scrupules, des souffrances, du sentiment que La Bruyère peut avoir de son talent, l'ensemble des remarques, et celles de ses prédécesseurs, posent un problème précis : attendre de voir reconnu son mérite, dans quelque domaine que ce soit, politique tout particulièrement, n'est-ce pas faiblesse et inconséquence ? N'est-ce pas se faire dépendant d'hommes sans mérite ? Mais l'abstention n'est-elle pas démission, et le talent reçu n'a-t-il pas pour fin le service de la communauté ? Mais la supériorité du talent ou du génie n'impose-t-elle pas cette autre forme (supérieure) de supériorité, s'affranchir par rapport aux jugements et sanctions de tous ceux qui ont pouvoir de faire les carrières ? Il a fallu du temps à La Bruyère pour parvenir à formuler fermement les enjeux ; que l'on compare la remarque 13 (1re éd.) avec 43 (4e éd.) ou 11 (7e éd.) Au passage, cette mise au point incessante, cette rumination de son sujet font des *Caractères* comme des *Essais*, au sens premier du terme ; la remarque 7 (4e éd.) emblématise cet exercice qu'est l'ensemble de l'ouvrage : « Il est moins rare de trouver de l'esprit que des gens qui se servent du leur. » Éminentes dignités et grands titres (26) de tous ordres, complexe hiérarchie des emplois de cour, ou plutôt des différentes cours à l'intérieur de ce qu'il est convenu d'appeler la cour, autant de réalités et de signes qui échappent à notre imagination, plus habituée aux recrutements par concours.

« Dans la société de cour où la réalité sociale résidait dans le rang et la considération de la société — et à sa tête le roi — voulaient bien concéder à un homme, le fait de s'asseoir quand un autre était obligé de se tenir debout ne pouvait être rangé parmi les "bagatelles" » (N. Élias, *La Société de cour*, traduction française, Flammarion, 1985, p. 84 ; voir aussi p. 82-83, 85).

C'est un des motifs persistants de cette section que l'effarement de La Bruyère devant les humiliations qu'il faut s'imposer pour voir son mérite reconnu (4, 11, 14, 36, 42), ou les contorsions de ceux qui cherchent à se placer, ou du moins à faire voir qu'ils existent (9, 16, 38, 39). Bassesse et férocité de l'arrivisme. Que fera l'humaniste ? Fidèle à l'exhortation de l'historien romain Salluste, renonçant à la vie politique, mais pas au devoir de laisser un nom (*Catilina*, I), La Bruyère ne peut se résoudre à ne pas faire parler de lui, et déplore que tant d'hommes admirables « vivent encore dont on ne parle point, et dont on ne parlera jamais ! » (3). A des places symétriques (3 et 43), sont posés les éléments d'une tension : laisser un nom, se laisser recouvrir par l'oubli ? La Bruyère est et n'est pas ce sage dont le beau portrait est ajouté par la quatrième édition (43, 44). Elle accroche en une autre symétrie le portrait de la véritable grandeur des princes (42), que l'éloge de Condé-Æmile illustrera (32, 7ᵉ éd.). Grandeur du très grand prince qui paraît sur la scène du monde, grandeur du simple sage qui est toute bonté, jusqu'à en mourir (44) : deux portraits devant lesquels l'auteur nous laisse en contemplation. Au centre (22) une des remarques les plus belles recueille l'éclat de l'homme d'exception : il échappe à l'ordre vulgaire et biologique de la génération, — comme les « enfants des Dieux » (33) — , dans son énigmatique solitude astrale (le cardinal de Richelieu, selon les clefs du XVIIIᵉ siècle). Autour s'organise la métaphorique théâtrale du chapitre : en places symétriques (2, 42) le verbe *imposer*, avec sa double et précieuse acception, « commander le respect », mais aussi « en imposer », « faire illusion » ; Ménippe (40), l'oiseau paré de divers plumages, s'est comme échappé de quelque fastueux ballet de cour, et il croit que tous les yeux sont ouverts sur lui et que les hommes se relaient pour le contempler. Trophime (26) et Philémon (27) voisinent, couverts d'or ou de colliers d'ordre, de pourpre ou de broderies : les similitudes sonores apparient fat et prélat, également dénués de mérite propre. Comme Ménippe, Philémon se soutient hors du non-être par la permanence du regard de ses admirateurs. Charges, entassement des chaînes d'or émaillées retenant les croix des ordres, collet « bien empesé » qui en impose (28), autant de mots et d'images qui composent un tableau où l'auteur a distribué les figures de l'imposture, comme l'on voit les visages des farceurs contemporains de Molière assemblés sur une toile du XVIIᵉ siècle.

La morale est une esthétique ; l'ultime édition ne comporte qu'un ajout (17) : la comparaison avec la peinture fait pendant aux métaphores théâtrales, dont elle accuse la théâtralité. « L'homme de cœur » et le couvreur, La Bruyère les rapproche audacieusement et au plus près (les deux mots eux-mêmes se recouvrent). Pascal avait précédé La Bruyère (16). Mais celui-ci place la balle autrement : ne laisse-t-il pas penser qu'il y a un mérite personnel du couvreur, dans son ordre, aussi légitime ? Il relativise parallèlement la grandeur du mérite dans deux ordres éminents, la robe et l'épée, désormais séparées, quand Rome ne comptait que l'assemblage en un même homme des deux compétences (29). C'est sans doute aussi l'exemple de la pensée romaine, Cicéron en particulier, qui peut inspirer à La Bruyère des réflexions anticipatrices d'un certain idéal du XVIIIᵉ siècle : l'éloquence du développement central et la conclusion de la remarque 10 sont une critique d'un style de vie aristocratique et d'une conception assistée et parasitaire de l'existence sociale (voir Voltaire, *Lettres philosophiques*, X) ; deux ans après, il amplifie la période, et la vision d'une société de capacités, comme l'on dira plus tard

(11). Mais, surplombant les compétences, militaires, académiques, politiques ou autres, réunies ou non (34), et constituant à la façon de Pascal un ordre indépendant de toute détermination sociologique (30), la réflexion tend, chronologiquement et par sa disposition, à exalter la délicatesse morale la plus accomplie, dans un double éclairage évangélique et stoïcien. Le constat désenchanté qui ouvrait le chapitre, l'abstention quelque peu aigre, sont dépassés. La conclusion d'ensemble a sensiblement changé. La vie théorétique elle-même ou l'*otium litteratum* des Romains (12) sont dépassés eux aussi. Les quatre degrés de la perfection morale, qui composent la dernière remarque, brillent d'une vertu qui est de ne point briller.

1. Écho du « Tout est dit et l'on vient trop tard » (I, 1) ? Plus bas la remarque 5 fait réentendre I, 25.

3. Pour le rôle déterminant ici du hasard, voir La Rochefoucauld, maxime 153 ; et le P. Bouhours : « C'est proprement la Fortune qui fait jouer un grand rôle à un bel esprit sur le théâtre du monde » (*Entretiens d'Ariste et d'Eugène*). — La partie ajoutée en 1691 nuance l'alinéa primitif et lui ôte de son amertume par une touche de délicate ironie.

5. Le renoncement à soi pour faire paraître le mérite d'autrui est une des vertus de l'honnête homme : voir V, 9, 11, 14, et surtout 16.

7. Alinéa paru en 1689, à la fois confirmation, plus subtile, des constats précédents et ouverture sur l'intériorité : les *Caractères* seraient-ils un appel à une conversion, propédeutique pour bien penser ? (voir I, 2). — La lecture de La Rochefoucauld est toujours aussi précise : voir les maximes 159 et 437.

8. Les remarques 7 à 9 travaillent d'une édition à l'autre dans un même ordre d'images, et la métaphore artisanale et plastique est elle-même image du travail de La Bruyère.

10. Voir VIII, 42-44 et XIV, 48. La variété des tons et le sens de la progression détachent particulièrement cette remarque. D'autre part cet ajout de 1690 tempère le désenchantement de 15 (1re éd.).

11. Lieu commun de Sénèque à Rousseau (*Émile*). — *Économes* : administrateurs. — *Officiers* : pourvus d'un office, de finances, de guerre, de justice, etc.

12. La réflexion sur l'*otium* est riche de tout l'héritage de Cicéron et Sénèque en particulier (jusqu'au détail de l'expression « l'oisiveté du sage » ; elle fera son chemin dans les *Caractères* jusqu'à éclater en XII, 104 et 109. — *Charge* : implique en principe une idée de permanence qui n'est pas dans *emploi*. — La *tranquillité* qui achève la peinture de la vie théorétique n'a pas, malgré les apparences, la même fonction que chez Pascal dans le fragment sur le divertissement.

15. *Se payer par ses mains* se dit (A. 94) « lorsqu'un homme qui a entre ses mains de l'argent qui appartient à son débiteur se paye lui-même sur cet argent. »

16. Le rapprochement entre l'homme de guerre et le couvreur permet de comprendre tout ce qui sépare ici La Bruyère de La Rochefoucauld et Pascal : « La valeur est dans les simples soldats un métier périlleux qu'ils ont pris pour gagner leur vie » (max. 214).

17. Pour le goût de la posture chez La Bruyère, voir l'Introduction, p.648.

18. Quelques clefs, pour ouvrir sur des situations réelles et sur l'art de la transposition : le bègue et la vestale seraient Achille de Harlay, fils du Premier Président au Parlement de Paris, non pas bègue mais incapable et indolent, nommé avocat général au Parlement en 1690 (Saint-Simon, *Mémoires*, Pléiade, t. I, p. 360) et sa sœur, faite religieuse en 1686 pour s'être éprise d'un chanteur de l'Opéra. Le craintif Xanthus serait le fils aîné de Louvois, « obscurément débauché […], qui avait peu et mal servi, méprisé et compté pour rien dans sa famille et à la cour où il ne fréquentait personne […], en tout un fort sot homme », dit Saint-Simon.

24. V** désigne le peintre Claude Vignon, ou son père, ou l'un de ses fils ; C**, Pascal Colasse, élève de Lulli ; le poète, Nicolas Pradon, rival de Racine lors de la

cabale de *Phèdre*. — La remarque est à rapprocher des réflexions sur le sublime (I, 55), et de l'image des « étoiles extraordinaires » (22) ou des « enfants des Dieux » (33).

26. Voir l'épigraphe.

27. *A la pièce* : sans être coupées. — *Curieux* : précieux, rare. En 1690, La Bruyère assemble un portrait filtré par un de ses dialogismes impeccables et deux alinéas anciens importés du sixième chapitre ; c'est alors que se glisse dans le premier de ces alinéas le nom du maître fat. — *Ce n'est pas ce qu'il faut* : ce n'est pas ce qu'il ne faille. — *Estomac* : poitrine.

28. L'opposition est un des nombreux lieux communs de la satire auxquels empruntent les *Caractères* : voir Louis Petit, *Dialogues satiriques et moraux* (1687), chapitre « Que le bonnet de docteur ne fait pas le docte ». La Bruyère nous donne ici encore un joli dessin de mode, auquel il mêle, comme un bijou rare, l'expression théologique « la lumière de gloire » (secours donné par Dieu aux âmes des bienheureux pour pouvoir soutenir sa présence immédiate).

29. Voir Saint-Évremond, opposant au Romain tiré du Sénat pour commander les armées, l'état actuel où « un homme de guerre ordinairement a de la honte de savoir quelque chose au-delà de son métier » (*Discours sur les historiens français*).

30. R. Jasinski (*op.cit.*, p. 153, n. 4) a entendu ici un écho de l'*Oraison funèbre de Condé* par Bossuet. Pour le troisième degré de la hiérarchie, on peut voir une extension de la notion pascalienne d'« ordre ».

32. Le Grand Condé, mort en 1686 ; le portrait — l'oraison funèbre — est de 1692, ajouté dans la 7e édition seulement. Les allusions aux victoires de Rocroi (il avait 22 ans en 1643), Fribourg (1644), Nordlingen (1645) et Lens (1648) sont traitées selon le mode hyperbolique et encomiastique (voir plus bas les silences sur son rôle sous la Fronde, sa trahison au profit de l'Espagne). La Bruyère se livre à quelques variations de détail sur l'*Oraison funèbre* par Bossuet, mais dans un espace très resserré. Cet exercice littéraire et rhétorique d'*abbreviatio* permet de remettre la remarque 33 dans un contexte également très codé : voir XII, 106, l'éloge en style d'inscription (dans la version définitive) du Grand Dauphin, et La Fontaine, *Épître à Mgr le Dauphin*.

37. D'un point de vue méthodologique, c'est toute la sémiologie généralisée d'Honoré de Balzac qui est ici posée : voir la *Théorie de la démarche* (1833) et les *Physiologies* (*Physiologie de la toilette*, *Physiologie gastronomique*, 1830). Si tout dépose sur nous, La Bruyère fonde en cette remarque la minutie, que l'on a pu juger maniériste, de ses portraits.

39. Pour le *nouvelliste*, voir I, 33. — *La rupture des deux ministres* serait une allusion au différend qui opposa Louvois et Seignelay sur l'envoi de troupes en Irlande pour soutenir Jacques II.

40. Suivant les clefs, ce serait ici le portrait du maréchal de Villeroy, très proche de Louis XIV, dont Saint-Simon a laissé un portrait qui appellerait une lecture croisée pour les variations du détail. Le moraliste est entre le particulier (*Mémoires*) et le général (*Fables* de La Fontaine, IV, 9, « Le Geai paré des plumes du paon »).

41. En 1689, le roi habite en réalité Versailles, où les grands seigneurs vivent souvent dans l'exiguïté. Faut-il voir une négligence de La Bruyère, ou un usage volontaire et connoté du mot *Louvre*, ayant pour lui la tradition d'habitat royal ?

43. On s'est plu à rappeler que La Bruyère n'avait pas dédaigné d'acheter (1673) une charge de trésorier général de France, de la généralité de Caen et en percevait les revenus sans être allé en Basse-Normandie autrement que pour se faire installer dans ses fonctions (voir XII, 69).

Des femmes. R. Barthes notait que la femme est une catégorie littéraire. S'étonnera-t-on de voir les femmes occuper un chapitre particulier des *Caractères*, dont le découpage n'obéit pas à des critères strictement définis. Pourquoi d'ailleurs ? Le critique relevait l'étrangeté de ce traitement de l'homme, et le plus curieux, le plus stimulant pour notre lecture, ce sont, justement, les « opérations d'intersections » d'une classe à l'autre. « Des femmes », c'est aussi « Du cœur », c'est aussi « De l'homme » et « De quelques usages ». Un chapitre à part, cependant : c'est que les femmes sont un matériau de choix pour le satirique, depuis la satire VI de Juvénal jusqu'à la satire X de Boileau. Quand il ironise sur la femme fardée, il retrouve l'argumentaire des poètes élégiaques latins (Tibulle, Properce), et la tradition gauloise lui offre sa dose de misogynie. Analyses, distinctions, traits de satire peuvent paraître datés : « ancien galant », « nouveau mari », « nouveau galant » (19) relèvent de pratiques littéraires qui ne sont plus les nôtres. La typologie de la femme de mœurs légères (« galante ») et de la coquette ouvre sur la possibilité d'un troisième « caractère » (22). Subtilité gâchée pour nous ? La femme donnera ici un double plaisir littéraire : il faudrait pour cela suivre l'assemblage évolutif des remarques, inflexions très rudes apportées par les éditions de 1689, 1691, 1692 ; plaisir, en quelque sorte, de voir les remarques naître les unes des autres : glissements, amorces, résurgences, amplifications procurent de vives satisfactions au lecteur méticuleux. Des notions, mérite, grandeur, simplicité, appareil qui en « impose », lient le chapitre au précédent. Une copieuse série ensuite (3-15) : un contre-éloge du maquillage. Mais des insertions se glissent dans la ligne initiale et la brisent ou la troublent : ce sont les additions 4 à 9, 11, 15, à la première édition. « Le charme se rompt » (R. Jasinski, *op.cit.,* p. 189). Une boutade, un tour ingénieux (3), est aussitôt suivi d'une satire plus directe (4) en 1689 ; trois ans plus tard, la condamnation des fards se fait et plus grave et plus caricaturale (5). De même, la remarque 6 devient-elle une amplification, en 1690, de l'alinéa posé dans l'édition précédente et de la remarque 4 elle-même. Rouge, blanc, mouches font leur apparition en 1690 et 1692 : entrée dans le *mundus muliebris* de la vieille coquette, qui « meurt parée et en rubans de couleurs » (7). Le fard : La Bruyère concentre en lui plusieurs répulsions, qui en font un objet à haute charge symbolique, déjà dans sa poétique et au chapitre V. Le fard et le fade, le fard et le froid. Ici le fard concentre l'idolâtrie de soi, qui va même jusqu'à fausser la saisie du temps et entretient la coquette dans l'illusion d'une exemption singulière de tout tribu payé au temps (78). Le fard, c'est le change : « Vie factice, tout entière sous le signe de la *vanitas,* que d'innombrables moralistes dénoncent en d'interminables traités, que La Bruyère ramasse en l'unique évocation du fard. Mais ce fard est comme emblématique de la lecture du monde par La Bruyère » (Louis van Delft, « La poétique du caractère chez La Bruyère », *Poétique,* 82, avril 1990). Inflexions de la pensée, rictus de l'écrivain : de place en place un alinéa ajouté, une remarque supplémentaire donnent ce mordant qui fait notre joie. Un des plus jolis morceaux est le dialogisme (dialogue supposé) avec Lélie (33) : Roscius, Bathylle, Cobus et Messaline, c'est la verve de Catulle, de Properce, et de Pétrone, mettant en scène la frénésie des grandes dames pour un gladiateur ou un histrion ; La Bruyère feint d'entrer chaque fois un peu plus dans la confidence et les fantasmes de Lélie, réduite à se rabattre sur Bronte, le bourreau, « un nègre d'ailleurs, un homme noir ».

Deuxième temps, amorcé par les remarques 14-16, les abîmes de la déraison féminine, et les arcanes de la relation entre les sexes (16-34). Une sorte d'éducation sentimentale, qui renouvelle sans cesse la surprise ; il note d'ahurissantes inconséquences, laissant le lecteur poursuivre ses investigations. C'est bien le moraliste interloqué, littéralement « interdit ». Suggérant sans peindre, discernant avec méthode — l'écriture discontinue est chez lui une *méthode* — La Bruyère fait entrevoir tout un peuple de Circés, Calypsos, Macettes, Arsinoés et Sirènes au Grand Siècle. Les *Mémoires* de Saint-Simon mettront des noms sous ces alinéas !

Définitions, distinctions, gradations font éclater un vif bonheur de l'intelligence analytique (18-20, 22-25). Recueillant toute la tradition mondaine (et féminine), les *Caractères* sont un bel exercice intellectuel, qui évoque pour nous l'ivresse des typologies et l'ardeur farouche à pourchasser toute confusion dans le vocabulaire du sentiment, chez Merteuil et Valmont des *Liaisons dangereuses*. Belle transition, 35 introduit au monde des « directeurs », un des personnages reparaissant dans les *Caractères*. Contre tant de dérèglements et tentations, seront-ils un rempart ? Leur influence, leur nombre, une « pépinière intarissable » selon La Bruyère (42), la mode suscitent une littérature spécialisée : « Un directeur est absolument nécessaire. Comment le choisir. Quelles doivent être ses vertus » est un titre de chapitre, signalé par R. Jasinski (*op.cit.*, p. 181, n. 1). Le P. Richard, protégé de Mme de Maintenon, auteur du *Choix d'un bon directeur* (1686) est loin de La Bruyère, qui voit en eux des parasites prospérant sur des âmes malades. Et les directeurs sont-ils si sains (saints) ? « La plupart des femmes n'ont guère de principes : elles se conduisent par le cœur » (54). R. Jasinski note : « Comme l'on se défiait encore à l'extrême de tout ce que ne dominait pas la raison, même les impulsions vers le bien pouvaient être tenues pour dangereuses lorsqu'elles échappaient à son contrôle [...] Mais déjà s'accusait une réaction [...], annonce de l'irrésistible courant qui se développera au siècle suivant » (*op.cit.*, p. 184). En 1691, la satire des fausses dévotes est plus forte. On notera au passage que le terme *dévotion* est traduit par le moraliste lui-même « fausse dévotion » (43). *Tartuffe* est déjà loin, tant le phénomène a pris d'ampleur. On entrevoit ici le singulier mélange, ou poison, d'une galanterie et d'une piété relevant d'un art supérieur du théâtre. Les deux derniers chapitres des *Caractères* éclairent celle-ci.

Avec les femmes qui n'ont de sexe que les habits (52) s'ouvre un parallèle des sexes. La Bruyère, on l'a vu (chapitre I) en fait un usage ingénieux. Ici la méthode tourne au jeu de l'esprit, avec toutes les figures du parallèle, mais sous le signe de la distension maximale : « Les femmes sont extrêmes : elles sont meilleures ou pires que les hommes » (53). Parallèle : hommes et femmes n'y sont jamais en phase, comme nous dirions. Le moraliste décline le paradigme du décalage : hommes et femmes intervertissent leurs places, échangent singuliers et pluriels, articles définis ou indéfinis dans un ballet de formules. Le parallèle les écarte tellement qu'on se demanderait s'il existe encore *une* nature humaine. Deux espèces s'observent, rusent, se mentent. Dissimulation, bruit et fureur, imposture, guerre des sexes, brouillage des signes. Dès lors le monde conjugal (73-80) est celui de la tradition gauloise en plus féroce, c'est Orgon, c'est George Dandin vu par un Roger Planchon. Question posée *in fine* : « Ne pourrait-on découvrir l'art de se faire aimer de sa femme ? » (80). La Bruyère ne répond pas.

Il termine sur un beau conte d'Ionie, construit comme une fable où le narrateur aurait laissé plus d'une amorce romanesque. C'est un régal, par le choix des termes, l'insertion dans le récit des remarques morales, les hyperboles stéréotypées y ont leurs charmes, les tours corrélatifs, élégants et concis, également, comme la brièveté paratactique ou les apparitions sérielles, jusqu'à la moralité suggérée par la « jeunesse de Smyrne », au présent, écho d'un chœur antique déplorant la rigueur des Dieux.

2. Bel exemple de ces ramifications qui imbriquent un chapitre dans un autre ; tout le détail de l'antithèse reconduit le lecteur vers maintes notations du chapitre II : métaphore du faux éclat (2), démarche affectée (17 et 37), « grandeur simple » (42), « mérite » propre ou héréditaire qui modèle l'allure physique (42), « modestie » qui rehausse la grandeur (17).

4. La quatrième édition vient enclaver dans l'éloge même des femmes des additions qui rompent la continuité, autant de kystes, qui se développeront ; c'est l'invasion des fards, qui se poursuivra d'une édition à l'autre, sous forme de caricatures et de charges.

5. Subtile analyse, qui de concession en distinction, conduit la pratique de la parure et du fard dans la zone de l'imposture. Le changement brutal de registre, au second alinéa, est à la mesure de la dénaturation, du changement d'échelle et de stature (ou de statut) de la femme. Curieusement, La Bruyère l'ajoute, en 1692, quand les femmes retranchent à leurs fontanges, selon Mme de Sévigné : « Parlons maintenant de la plus grande affaire qui soit à la cour [...], c'est la défaite des *fontanges* à plate couture : plus de coiffures élevées jusqu'aux nues, plus de *casques*, plus de *rayons*, plus de *bourgognes,* plus de *jardinières* : les princesses ont paru de trois quartiers moins hautes qu'à l'ordinaire » (15 mai 1691).

8. Lise au miroir, métaphore du lecteur face à la page ? Sera-t-il plus clairvoyant que la coquette ? Louis van Delft a suggéré l'analogie dans son étude « La poétique du caractère chez La Bruyère » : « Comme la grande majorité des *caractères* de La Bruyère, celui de Lise présente une face — une surface plutôt — lisse et plaisante, brillante et claire [...]. Le versant clair et ludique, en un sens, est un leurre [...]. Comme si souvent, c'est une méditation, un retour sur soi, une réflexion que le moraliste cherche à induire [...]. Lise a des yeux et ne se voit pas [...]. Lise a des oreilles et n'entend pas. » Lise à la toilette ne sera pas la Madeleine repentante, le regard de tradition judéo-chrétienne (vanité, divertissement, inepte usage du temps à son âge) ne sera pas le sien ; pas davantage le précepte socratique : elle ne se connaît pas elle-même...

10. R. Jasinski rapproche cette remarque du *Portrait de la voix d'Iris* de Perrault, qui accompagnait le *Portrait d'Iris* dans le recueil de *Divers Portraits* rassemblés pour la Grande Mademoiselle (*op.cit.,* p. 176, n. 2).

16. De là vient la crainte du mariage et la valorisation du « repos », dont témoigne telle réflexion de Mlle de Scudéry : « Je ne crois pas que l'amour dure longtemps dans le cœur d'un mari » (*Conversations nouvelles,* 1684) ou encore : « Je ne puis comprendre que vous fondiez votre bonheur sur l'amour, qui est généralement parlant la plus passagère de toutes les passions et qui passe mille fois plus tôt par le mariage que par toutes les autres choses qui ont accoutumé de la ralentir et de la faire cesser entièrement » (*Conversations morales,* 1686, cité par R. Jasinski, *op.cit.,* p. 177, n. 1). On se souvient aussi de la dernière conversation entre Mme de Clèves et M. de Nemours.

18. Les remarques 8 à 25, enrichissements presque tous apportés par les 4e et 5e éditions, témoignent du goût mondain pour les analyses les plus déliées ramassées en parallèles vigoureux. Mlle de Scudéry par exemple, distingue dans ses *Nouvelles Conversations* entre « coquette galante » et « coquette d'amitié », comme elle répertoriait en entomologiste dans les *Conversations morales* les différents genres de l'espèce « coquette », les « enjouées », les « mélancoliques », les « spirituelles »,

les « stupides », les « évaporées », les « prudes qui n'en savent rien et ne laissent pas de l'être. »

24. La Bruyère s'exerce sur des notions inlassablement analysées par les dramaturges, romanciers, épistoliers, et l'on pensera ici au *Misanthrope,* acte IV, scène 1, vers 1180 sq., et à La Rochefoucauld, max. 277.

27. R. Jasinski cite la « question d'amour » à la base de la remarque : « Pourquoi on voit si souvent de jolies femmes aimer de sottes gens, et pourquoi d'honnêtes gens aimer de sottes femmes » (*op.cit.,* p. 180, n. 1).

29. *Ruelle* : espace entre le lit et les murs latéraux d'une chambre, où recevaient les femmes. — *Défaire* : éclipser. — *Habit gris* : substitué à l'habit noir avec collet, il est une élégance de magistrat qui échappe aux prescriptions de 1684. —*Cravate* : selon l'Académie, « une sorte de mouchoir de toile ou taffetas qui entourait le col ». — *En baudrier* : le bourgeois imite les gentilshommes. — *Écharpe d'or* : le port en était réservé aux officiers de la maison du roi et aux courtisans ayant reçu ce privilège par brevet.

32. *Hypocondre* : bizarre, capricieux, extravagant.

37. Pour les fondements psychologiques de la dualité du confesseur et du directeur, voir XI, 61.

42. Bourdaloue, Gerson, Arnauld, comme Louis Petit, *Discours satiriques* (1686), ont stigmatisé les mauvais directeurs. Mais La Bruyère, lui, condamne le principe même de la direction. La remarque XIII, 26 oppose, à cet égard, ce que nous appellerions la sophistication des techniques, y compris de direction spirituelle, à la sainte simplicité des tout premiers temps de l'Église. — L'attaque et la chute, la feinte surprise et le masque de l'ahurissement sont caractéristiques de La Bruyère. Le moraliste, seul « directeur » authentique, si l'on tient vraiment à avoir un directeur ? Plutôt directeur-médiateur, qui instruit à se passer de directeur (voir l'ensemble des chapitres XV et XVI en particulier).

44. *Emportée* : dont les mœurs sont particulièrement déréglées.

49. *Rescrits* : décrets. — *Génie* : aptitudes naturelles. — Quelques jalons dans la réflexion contemporaine sur les rapports des femmes à la culture : Marguerite Buffet, *Nouvelles Observations sur la langue française* [...] *Avec les éloges des illustres savantes,* 1668 ; *Les Femmes Savantes,* 1672 ; F. Poullain de la Barre, *De l'égalité des deux sexes,* 1673 ; Fénelon, *De l'éducation des filles,* 1687. Pour une vue d'ensemble, on consultera la présentation de ce traité par J. Le Brun (Fénelon, *Oeuvres,* Pléiade, I, 1983, p. 1259-1262), et Linda Timmermans, *L'Accès des femmes à la culture au* XVIIe *siècle* (thèse, 1991, à paraître).

51. Nombreux sont les textes qui témoignent sur ce que Mlle de Scudéry appelle « ces joueuses déterminées qui passent les jours et les nuits les cartes à la main » ; voir Morvan de Bellegarde à propos des grandes joueuses : « Quand elles ont perdu tout leur argent, elles jouent de leur reste » (*Suite des réflexions d'Euthyme et de Théagène sur des matières de morale,* 1688).

58. Autre question fort débattue, à partir de la réflexion aristotélicienne : voir le P. Bouhours, *Entretiens...,* troisième entretien sur le *secret* ; Mlle de Scudéry, *Conversations morales,* sur la *discrétion.*

67. Voir La Rochefoucauld, max. 70 et Mme de Sablé, *Maximes,* « L'amour a un caractère si particulier qu'on ne peut le cacher où il est ni le feindre où il n'est pas » (80).

73. Dans une conférence donnée à Paris VII-Jussieu, J. Brody a rendu sensible la forte charge d'érotisme déposée dans le nom de *Glycère,* en rappelant Horace, *Odes,* I, 19. Le texte est disposé de façon à ménager mystérieusement, dès le début, la présence d'un absent, de moins en moins refoulée ou celée, pour reprendre un mot de La Bruyère, cet amant directement et obscurément désigné dans *tous les deux.* Le critique a proposé de comprendre métaphoriquement l'expression *où l'on mange les premiers fruits* ou *verger délicieux.* — Inquiétante Glycère : Canidie, sorcière chez Horace, en fait une empoisonneuse, du genre de la Voisin, suppliciée en 1680. —

Pierre Puget, sieur de Montoron, est le dédicataire de *Cinna,* financier qui faisait l'important ; Hémery : Michel Particelli, sieur d'Esmery, surintendant des Finances avant Fouquet. — L'ensemble du texte est une merveille, qui conduit insensiblement de la misogynie (et misanthropie) du début à la porte vite entrebâillée de la fin. Les batteries de pronoms, indéfini *on,* interrogatif *qui,* personnel *elle,* servent le dispositif de révélation-dissimulation de Glycère, le code particulier de sa double vie.

79. Pour le fait, voir La Fontaine, « La jeune veuve » (*Fables,* VI, 21) ; pour une analyse poussée des mobiles, voir La Rochefoucauld, max. 233.

81. R. Jasinski propose de relire *Phèdre* en cette fin de conte, vers 192, 194, 179-182, 640 sq., 1588 (*op.cit.,* p. 196, n. 1). — Sainte-Beuve, à la lecture de cette belle histoire, notait que La Bruyère aurait pu être, s'il l'avait voulu, un excellent auteur de nouvelles et de romans.

Du cœur. Chapitre singulier, par l'unicité du portrait (Drance, 71, est un ajout de l'édition de 1692) : la matière, pourtant était belle, et Lanson rappelait que l'art du portrait était dans les rapports ingénieux qu'il suggérait au lecteur et dans « l'exercice de l'esprit du peintre ». Singulier pour nous, qui, lisant ici La Bruyère avec Pascal, La Rochefoucauld et les « petits » moralistes, découvrons sur le vif le caractère rebattu de la matière. Rapports de l'amour et de l'amitié, de la haine et de l'antipathie, force et faiblesse, degrés des passions, sollicitations antagonistes du cœur et de la raison, etc. La Bruyère trouve devant lui une ample littérature, sans compter la parole vive des salons. Surabondance de variations !

Goût au sens le plus sensible du terme, est le premier mot. Quel goût peut avoir ce chapitre pour nous ? « Tout est dit » (I, 1), « mais je l'ai dit comme mien » (I, 69). Déguster la façon dont La Bruyère accommode la matière léguée, et l'art, parfois imperceptible, de la variation. Il n'y a pas de « lieu commun » : il y a une disposition des mots, un choix des articles et des articulations, un rythme, il y a une série dans laquelle une pensée s'insère, il y a des chapitres, ailleurs dans les *Caractères,* qui la voient réapparaître d'une certaine façon. Les notes ici rapprochent des autres auteurs, c'est pour les éloigner.

Certains critiques se sont enchantés, comme G. Cayrou, R. Jasinski, d'avoir découvert ici un La Bruyère « sensible », une « âme sensible », et Sainte-Beuve entend déjà Lamartine dans la remarque 82. Dès la première édition, pour l'essentiel, le chapitre se clôt par une série sur le primat du cœur. Mais R. Jasinski note : « Ce chapitre du cœur concerne essentiellement la sensibilité masculine, étant implicite pour La Bruyère qu'il n'y a pas chez l'homme un antagonisme aussi dangereux que chez la femme entre le cœur et la raison » (*op.cit.,* p. 222). Dans la gamme des compromis proposés par philosophes et moralistes, il occupe une position plutôt originale. Faut-il voir pour autant un pressentiment de la *morale sensitive* de Rousseau dans la remarque 82 ? La Bruyère, c'est son charme, semble pressentir richesses et ivresses de tout un monde de la sensibilité (on relit, avec quel plaisir, 84 et 85), sans se défaire des balances et autres instruments de mesure (78 et 79). Dilatation et restriction. Analyser ou vivre ? Vivre pour analyser ? Flux et reflux selon les éditions successives, scintillement des mêmes notions d'un alinéa à l'autre, qui s'éteignent pour en laisser paraître d'autres sur la scène, le ballet qui les oppose, les compose, les rapproche et les éloigne dans une syntaxe souple et rigoureuse, c'est tout un plaisir rythmique que La Bruyère invite à partager dans ces exercices de style.

1. A la suite de toute une tradition grecque et romaine, on pense à Pascal : « Dans une âme médiocre, tout est médiocre, l'amitié comme le reste. » — Le terme *amitié*, comme la *philia* grecque, a un sens fort et s'entend de toute sorte d'affections. « Pure amitié » s'entendra ici de l'amour épuré, dans la tradition de l'idéalisme galant, comme de l'amitié raffinée.

2. Le *Dialogue de l'Amour et de l'Amitié* de Charles Perrault, œuvre à succès depuis sa première édition en 1660, est un des innombrables textes contemporains sur le sujet. R. Jasinski, (*op.cit.*, p. 216, n. 1) signale particulièrement le « Discours pour et contre l'amitié tendre hors le mariage » de Charles Sorel et divers *Entretiens* et *Conversations* de Mlle de Scudéry distinguant « une espèce d'amitié tendre qui tient le milieu entre l'amour et l'amitié ordinaire », « amitié toute pure » et qui « ressemble fort à un amour sans faiblesse ». Voir aussi de La Fontaine, la « comédie » *Clymène*. L'expression « classe à part » rappelle, en III, 22, la dernière phrase, débouchant sur l'invention d'une catégorie mixte, synthèse possible de la coquette et de la femme galante ; pareille chimie du monde moral et une telle application dans la société cultivée depuis des décennies à classer, isoler, combiner devraient nous laisser rêveurs.

3. *L'amour naît brusquement* : voir *Phèdre*, vers 273 ; *Britannicus*, vers 383 ; *Le Misanthrope*, vers 248. Mlle de Scudéry, distinguant « l'amour héroïque », y voyait l'antécédence de l'estime sur l'éblouissement des yeux, ou du moins leur concomitance.

4-5. L'édition de 1689 relance et approfondit la réflexion. Le parallèle se développe avec ingéniosité et élégance (images suggestives, ordre et groupement des termes) dans la remarque 5. Pour le rôle du temps (4), voir Aristote : « L'amitié n'est complète que par le concours du temps » (*Éthique à Nicomaque* ; VIII, 3, 9).

6-9. Les deux séries, déclinaisons des mots *amour* et *amitié*, s'entrelacent et donnent à l'ensemble des alinéas un rythme et une grâce chorégraphiques. On mesurera les écarts et inflexions qui distinguent La Rochefoucauld dans les remarques 6 (max. 473), 8 (max. 440), comme plus haut 5 (max. 75 et 276).

10. C'est un moment du conte d'Emire (III, 81) qui est ici réduit en formule : « elle recherche Euphrosyne pour le seul plaisir de revoir Ctésiphon ».

11. Cette fois c'est une autre forme narrative que le discours du moraliste rejoint, la nouvelle historique de Mme de La Fayette, *Zayde* : « Il n'y a de passion que celles qui nous frappent d'abord et qui nous surprennent ; les autres ne sont que des liaisons où nous portons volontairement notre cœur. » Voir les *Questions d'amour* : « S'il faut se voir longtemps pour s'aimer », l'amour vient de l'aveuglement, l'amitié de la connaissance » (*Recueil de pièces galantes en prose et en vers par Mme de la Suze et Pellisson*, citation donnée par R. Jasinski, *op.cit.*, p. 230, n. 2).

16. *Défaite*, comme *éteindre* (5), ou l'alliance de mots *contraints/libres*, sont des échos du langage de la galanterie précieuse.

17. Voir III, 24 pour la distinction entre *volage* et *légère*.

18. *Délicat* : susceptible, ombrageux. Voir La Rochefoucauld, max. 330 et au rebours Alceste : « A ne rien pardonner le pur amour éclate » (vers 702).

19. Pour le tour opposant deux formes différentes du même mot, voir II, 6 et VIII, 69, et pour l'enjeu stylistique l'article d'I. Landy-Houillon (cité p. 1157) : « La surprise naît d'un faux dérapage du texte qui semble profiter du dépouillement syntaxique pour ne plus avancer, se perdre dans les redondances d'une proposition "frivole" » (p. 260).

23. Plusieurs commentateurs ont vu ici la formule de la « matinée à l'anglaise » de *La Nouvelle Héloïse* (V, 3) et G. Cayrou, s'exclame : « La Bruyère est plein de ces "germes brillants" » (éd.cit., p. 168, n. 3).

24. La mise en espace des relations entre sentiments, et le franchissement paradoxal des distances sont un service ordinaire de la société mondaine et des moralistes. La disposition très calculée des termes dans l'espace de la maxime ou de la réflexion n'est pas étrangère sans doute à cette pratique : R. Jasinski donne un aperçu de ce type d'analyse chez Mlle de Scudéry se demandant si la haine qui succède à l'amour est plus forte que celle qui succède à l'amitié, et renvoit aux distinctions, haines féminines, haines irraisonnées, haines passionnelles, etc. (*op.cit.*, p. 232, n. 2).

26. Légitimité du secret, bornes de la confidence, autre objet de la spéculation et du raffinement d'analyse, depuis l'*Éthique à Nicomaque*, IX, et le *De Amicitia*, jusqu'aux *Essais* I,28. Voir aussi le P. Bouhours, *Entretiens d'Ariste et d'Eugène*, III.

29. Riche matière encore que la jalousie pour l'analyse psychologique et morale. Pour la jalousie qui « mériterait un autre nom », voir La Rochefoucauld, max. 28 et A. de Courtin, *Traité de la jalousie* (1674), qui ménage la légitimité de la « jalousie innocente », qui tend à une fin louable. *Question d'amour* : « S'il faut être jaloux pour bien aimer ». Pour le troisième alinéa, voir Mlle de Scudéry, dialogue « De la jalousie » dans les *Conversations morales* : « Plus l'amour est grande, plus la jalousie l'est aussi [...] ; la bizarrerie la suit toujours » (cité par R. Jasinski, *op.cit.*, p. 234, n. 4). Le dernier alinéa peut renvoyer à La Rochefoucauld, max. 359. Il est aussi la formule des relations d'Alceste et Célimène !

31. Voir La Rochefoucauld, max. 5 et 577, et Corneille, *La Place Royale*, acte I, scène 4, vers 212-220.

32. Voir La Rochefoucauld, max. 181.

35. Voir Sénèque, *Consolation à Marcia*, 19-20, et La Rochefoucauld, max. 325. On se souvient aussi de la présentation par le héros-narrateur du *Voyage au bout de la nuit* de la lettre de consolation de Montaigne à son épouse qui venait de perdre un enfant... R. Garapon (éd.cit., p. 142, n. 2) donne un extrait de l'*Homme Révolté* (N.R.F., p. 323), qui est une variation, pathétique cette fois, sur le texte de La Rochefoucauld. Mais déjà Chateaubriand fait dire au P. Aubry consolant Chactas, dans *Atala* : « Croyez-moi, les douleurs ne sont point éternelles [...] parce que le cœur de l'homme est fini ; c'est une de nos grandes misères : nous ne sommes pas même capables d'être longtemps malheureux. »

37. Voir La Rochefoucauld, max. 351.

39. Il est classique de voir ici une formule de la tragédie racinienne.

41. On se souvient de Montaigne, *Essais*, I, 28 : « Car cherchant l'un et l'autre, plus que toute autre chose, de s'entrebienfaire, celui qui en prête la matière et l'occasion est celui-là qui fait le libéral. »

42. Avec l'édition de 1690, l'analyse des rapports dans la bienfaisance se fait plus serrée. C'est un petit *De beneficiis* que La Bruyère ne cesse de mettre au point ; il a visiblement lu le traité de Sénèque. Il rivalise de concision avec les formules de ses devanciers : voir l'alliance des mots dans l'alinéa précédent, « générosité » vainc « désintéressement » ; ici il ne dédaigne pas l'obscurité et une densité proprement philosophique.

44. Formule de l'auteur de sentences Publilius Syrus, « *Discordia fit carior concordia* » (« La concorde revient plus cher que la discorde »).

45. Autre exemple de la tension maximale vers la formule à la fois concise et concrète, où La Bruyère fait mieux que Sénèque, pourtant rompu à l'art de la *sententia*. On a vu volontiers poindre ici les émotions que les belles âmes éprouveront à la bienfaisance (voir Rousseau, *Rêveries du promeneur solitaire*, sixième et neuvième promenades ; voir Laclos, *Les Liaisons dangereuses*, lettres 21-23). On retrouvera cette pensée en VI, 12 et IX, 31.

46. Souvenir précis de Sénèque (*De ben.*, I, 2). La rigueur du moraliste est ici encore une rigueur de linguiste (voir IV, 29, 1er alinéa).

49-51. Exposent divers cas d'équivalence entre les contraires ; 51 un exemple criant de contradictions avec soi-même et de puissance de « l'amour-propre » : c'est un de ces « lieux » sur lesquels les moralistes se retrouvent, avec un bonheur d'expression plus ou moins grand (voir les citations données par R. Jasinski, *op.cit.*, p. 244, n. 2).

55. Autre « lieu » fréquenté par les Anciens : voir Cicéron (*De Amicitia*, 59) ; Montaigne (I, 28), plus nuancé, distinguait les « amitiés coutumières », qui autorisent cette arrière-pensée. Par rapport à Mlle de Scudéry, qui s'en offusque, ou à Méré, qui l'accepte totalement, La Bruyère, lui, distingue deux ordres.

61. La réflexion, d'une édition à l'autre, a progressé vers la saisie d'un paradoxe. Il entre dans la forme-sens (si fréquente dans les *Caractères*) du retournement final.

62. Voir les citations du P. Bouhours données par R. Jasinski, (*op.cit.*, p. 239, n. 2). Avec une belle série de propositions dans XI : 33, 36, 37, 39, 40, 42, 44, 47, 48, notamment, on constituerait dans les *Caractères* un petit traité du désenchantement. Pour cet aspect méconnu de la sensibilité vers la fin du siècle, voir les textes recueillis par R. Jasinski, *op.cit.* p. 220, n. 1.

63. Voir Figaro dans *Le Mariage de Figaro* : « Je me presse de rire de tout de peur d'être obligé d'en pleurer. »

64. Écho de Bossuet, *Méditation sur la brièveté de la vie*.

70. Voir La Rochefoucauld, max. 14. Comme dans l'alinéa précédent, autant d'aspects de la « Misère de l'homme ». Sur l'inconstance radicale de l'homme, voir XI, 134.

71. Les réflexions sur le « gouvernement » des hommes entrent dans un ensemble : voir les remarques sur les directeurs (III), sur le « philosophe » (VI), sur l'entreprise même des *Caractères* selon la Préface et des remarques comme I, 2.

72. Voir La Rochefoucauld : « Nos vertus ne sont le plus souvent que des vices déguisés », épigraphe des *Maximes*.

76. Autre question rebattue : voir les textes donnés par R. Jasinski, p. 248, n. 3.

82. L'interprétation que Sainte-Beuve donnait de ces remarques vaut d'être mise en perspective avec notre lecture : « Jean-Jacques et Bernardin de Saint-Pierre, avec leur amour des lieux, se chargeront de développer un jour toutes les nuances closes et sommeillantes dans ce propos discret et charmant. Lamartine ne fera que traduire poétiquement le mot de La Bruyère, quand il s'écriera : "Objets inanimés, avez-vous donc une âme qui s'attache à notre âme et la force d'aimer ?" ».

De la société et de la conversation. En un sens, « tout est dit » quand on aborde le chapitre V. Le chapitre « Des ouvrages de l'esprit » en est un commentaire anticipé : maintes remarques sur la « conversation », c'est-à-dire le commerce du monde (et ce que nous appelons du même nom encore) renvoient aux jugements sur les livres : les critères d'appréciation sont ici et là identiques. Aussi bien l'entretien est-il un genre littéraire florissant encore à l'époque : Mlle de Scudéry publie alors des *Conversations morales* (éd. Ph. Wolfe, Ravenne, Longo, 1977). Le chevalier de Méré est mort en 1684 et son discours *De la conversation* publié en 1677.

« Ridicules expressions », « impropriété des termes », « alliance de certains mots », « jargon propre », la remarque 6 offre un lexique déjà rencontré dans le chapitre initial. Fadeur, froideur comme chez Boileau (*Art poétique*, *Préface* de 1701 à ses œuvres, *Réflexions sur Longin*), deux images qui organisent l'ensemble des deux chapitres. Il y a des solécismes de conduite comme de langue.

Réciproquement, le chapitre V est un commentaire du chapitre I : on y voit, en quelque sorte, le milieu vivant où naissent les œuvres ; plusieurs scènes présentent le public qui en a été le milieu nourricier : La Bruyère présente le cercle précieux (65), puis l'écrivain qui en est issu (66), avant de confondre dans la condamnation auditeurs et écrivains (68). Étudiant la contribution de l'épistolier Guez de Balzac à la formation d'une prose classique, Roger Zuber a montré le rôle du modèle romain de sociabilité dans la définition de l'urbanité : « Pensant aux amis de Virgile et d'Horace, Balzac se les imagine "urbains", c'est-à-dire agréables à entretenir, soucieux de paraître, et si parfaitement à l'aise dans leur cercle de lettrés qu'ils n'enfreignent jamais les règles de la discrétion la plus polie [...]. Est-il imaginaire, ce Romain si poli ? En le peignant, ainsi, accessible, et presque fraternel, au lecteur du dix-septième siècle, Balzac a rendu de grands services

[...]. Il se contente de constater qu'aux plus beaux jours de l'urbanité, fleurit une nature proprement classique » (*Les « Belles Infidèles » et la formation du goût classique*, Paris, Armand Colin, 1968, p. 402-403).

L'honnêteté, ce plaisir « très délicat », est surtout défini par son contraire (voir 6, 7, 11, 15, 17, 65, 67, 68, 71, 73 75). A l'éclat demeuré obscur du « phoebus » (7) est opposée la lumière des esprits droits ; à la poussée indiscrète et outrecuidante de l'imagination est opposé l'effacement intelligent et actif de soi, l'effet de sourdine (16). L'exigence impérieuse du mot juste (I, 17) n'est-elle pas une exigence de retranchement, de la même façon ? En antithèse à la galerie de portraits qui ouvre, pour l'essentiel, le chapitre, La Bruyère a placé un groupe de remarques sur « l'esprit de conversation » (16). Elles ne suffiront pas, si l'on peut dire, à endiguer le flot de l'ineptie, et le moraliste prendra le parti de fuir. A la perfection dans le petit (petit détail, petite nouvelle, petit tour de langage, petites afféteries de la parole et du geste), il oppose la grandeur de quiconque pratique cette manière d'héroïsme qu'est l'urbanité : quelle maîtrise de l'amour de soi ne faut-il pas ? Dans ses *Réflexions* sur la conversation, La Rochefoucauld notait : « Ce qui fait que si peu de personnes sont agréables dans la conversation, c'est que chacun songe plus à ce qu'il veut dire qu'à ce que les autres disent. » Mais cette grandeur exige une sensibilité vive à des ... riens (31). Qualités d'esprit, qualités de cœur vont de pair (23) : La Bruyère condense les belles analyses de Méré, de La Rochefoucauld, attentifs à lutter contre le monstre, l'hydre de l'amour gigantesque de soi.

On notera la remarquable contiguïté des réflexions sur l'abnégation héroïque (16) et de la mise en garde contre les poussées de l'imagination (17). Poussée de « l'amour-propre », ou de l'imagination, vanité ici et là. Il faut relire les différents articles du *credo* de l'honnêteté (17) ; ils s'éclairent réciproquement dans le contexte d'ensemble du chapitre : la sociabilité vise au perfectionnement des esprits droits, « perfectionner le goût et nous rendre meilleurs » répond à la remarque 2 des « *Ouvrages de l'esprit* », qui était comme l'exergue et le véritable point de départ, le programme aussi, peut-être, des Caractères : « Il faut chercher seulement à penser et à parler juste. » L'imagination n'enfante que des caprices, au sens où Goya intitule ainsi certaines de ses eaux-fortes ; La Bruyère a joliment appelé les saillies éphémères de l'homme persuadé d'avoir beaucoup d'esprit des « mots aventuriers » (11) ; l'imagination est elle-même une aventurière ; elle se complaît dans une solitude orgueilleuse ou une compagnie d'esprits malades, elle aime la singularité, elle fortifie insensiblement des tendances à la sécession ; on n'est pas étonné de la voir dénoncée, et, comme le mot de la fin dans la satire des précieux, elle est le principe de leurs discours et de leur idiolecte (65). L'imagination, c'est Babel. Au contraire le sublime, comme chez Boileau, réconcilie les hommes dans la grandeur, la vérité lumineuse et la simplicité. C'est un des leitmotive les plus forts de cette œuvre que la hantise, jamais déclarée, mais sourde, de la dispersion linguistique, de la multiplicité indisciplinée des paroles ; c'est aussi le leitmotiv séculaire des périls que la mélancolie fait courir à une société, car elle a partie liée avec l'aventurière imagination (la remarque 17 évoque le souvenir de Don Quichotte).

Ici encore, La Bruyère s'offre ce plaisir de variations qu'il laisse au lecteur le plaisir de découvrir. Prendre la parole et la garder, c'est le fort du sot

(2), des impertinents et des esprits peu délicats (4, 5, 8, 14). Arrias, entré avec la huitième édition (9) a été précédé de ce conteur « infatué » de soi qui lance ses mots « aventuriers » (11, 4ᵉ éd.), et de Théodecte (12, 5ᵉ éd.). Les uns, mauvais romanciers nés, mettent dans la bouche de leurs personnages leurs « petites façons de parler » (11), les autres, tels Hermagoras, se perdent dans d'infimes détails d'érudition (74). Acis (7) renaît dans le cercle précieux (65), Théobalde (66) se prolonge en Cydias (75). Certains portraits sont des croisements : les « esprits vains, légers, délibérés » (8) tiennent d'Arrias (9) et des nouvellistes (5).

Les additions introduisent des symétries : en 1690 (5ᵉ éd.) le portrait d'Acis (7) répond à ceux de Théodecte (12) et Cléon (22) ; ce sont là trois variations sur une remarque de la même année (23), comme le portrait d'Hermagoras (74). En 1694, arrivent ensemble Arrias (9) et Cydias (75), unis par leurs places respectives dans le texte et par la rime triomphale qui sert d'emblème à leur suffisance.

Forme discontinue de la prose, les *Caractères* sont une œuvre ouverte continûment sur elle-même : ainsi éclairera-t-on le portrait des originaux (pas dénués d'esprit, d'ailleurs), enfermés dans leur idiolecte par la satire des jargons jalousement réservés des collectionneurs de « curiosités » à la mode (XIII, 2) : même penchant à se constituer en tribu rare. Le moraliste recueille des éclats d'idiolectes, le corps social est menacé de voler en éclats. C'est le même tribalisme qui définit « les petites républiques, qui ont leurs lois, leurs usages, leur jargon, et leurs mots pour rire » (VII, 4). Ici La Bruyère change d'échelle et survole la « petite ville » (49). La vue (au sens pictural de l'italien *veduta*) en est plaisante ; mais la peinture de paysage, inerte et idyllique, se transforme en scènes de genre dont il nous épargne les turpitudes et la férocité : avant les *Scènes de la vie de province* de Balzac, La Bruyère y voit triompher la discorde (voir l'addition déjà de la 4ᵉ éd., 50). Au terme de son enquête dans la petite ville, le moraliste voulait sortir de ce petit enfer ; au terme du chapitre, le « sage », La Bruyère-Alceste, conseille d'éviter le monde, « quelquefois » (mais le parcours dans les diverses sociétés ferait de « quelquefois » un « toujours ») : cette conclusion, préparée par les remarques 12, 27, anticipe la conclusion de l'enquête à la ville (VII) et à la Cour (VIII), avec son dégradé : « La Ville dégoûte de la province ; la Cour détrompe de la Ville et guérit de la Cour. Un esprit sain puise à la cour le goût de la solitude et de la retraite » (VIII, 101).

On a pu parler du « déclin des théories de l'honnêteté » ; qu'elles se définissent par les vertus et le mérite personnel, ou fasse place plus largement aux qualités purement mondaines, les *Caractères* en annonceraient « la fin prochaine », tandis que des auteurs, ecclésiastiques en particulier, s'efforceraient de la maintenir (voir note à la remarque 32).

Faux sage que l'apologiste de la retraite ? Car La Bruyère-Alceste est devenu, à la 4ᵉ édition, La Bruyère-Philinte : dans l'esprit de la remarque qui ouvrira cette somme qu'est le chapitre XI « De l'homme », le moraliste se résigne : « Il faut dans le commerce des pièces d'or et de la menue monnaie » (37).

1. L'auteur joue de deux sens du mot « caractère ». Il pose aussi la condition de ses *Caractères*, l'excès ; mais *avoir* un caractère, pour ses personnages, c'est n'en avoir plus aucun, tant ils sont irréels. F. Gray, *La Bruyère, amateur de caractères* (Nizet,

Paris, 1986), p. 71 : « En somme, ce qui leur manque, c'est le "caractère", qui serait la marque profonde et éprouvée d'un individu qui aurait une vie intérieure intense. » (voir aussi p. 76, 79 : « un caractère sans caractère ne peut être objet d'écriture ; celle-ci commence au moment d'une déviation hors d'une norme [...]. L'idée de distinction, d'exception est ainsi à la base de son entreprise »). — *Fadeur* : la métaphore retrouve tout son sel, d'être implicitement reprise en 3, 4, 5, 71. Elle tient une place centrale dans le chapitre I, comme dans le système d'images mis en place par Boileau dans son *Art poétique* notamment.

2. La bienséance équivaut au latin *aptum*, sens exact de l'adaptation de tout discours, des manières (autre forme de discours) aux circonstances toujours changeantes : voir XI, 142, « le sot est *automate* »). Voir aussi 23, 25, 26, 39 pour l'impertinence ou l'ineptie, défaut d'*aptum*.

3. *Mauvais plaisants* : auteurs de plaisanteries fades, de railleries venant mal à propos. — La métaphore de la pluie « d'insectes » fait écho à un autre débordement d'ineptie, l'inondation de louanges (VIII, 32).

4. *Rencontrer heureusement* : faire d'heureuses trouvailles. — *Manières* : manifestations de finesse, d'ingéniosité. — *Politesse* : bon goût, élégance (voir 71). — Voir à propos de Térence, I, 38. — Au terme de la gradation en rythme ternaire, l'auteur introduit un éloge qu'on aurait pu lire aussi bien dans le chapitre I, pour les genres poétiques mondains (voir I, 45, éloge de Voiture). *Faire quelque chose de rien*, tel est aussi le pari de Racine avec *Bérénice*...

5. Le nouvelliste est une sorte de personnage reparaissant des *Caractères* : voir I, 33, VII, 13, X, 11 (variation dans un registre plus sérieux). — *Parler proverbe* : n'avoir que proverbes à la bouche. G. Cayrou rapporte le jugement de Charles Sorel, selon lequel « parler proverbe » signifiait « parler en bourgeois et en langage des halles », comme la Martine des *Femmes savantes* (éd. cit., p. 183, n. 11).

6. Ces remarques offrent un double enjeu ; elles témoignent du passage aisé du chapitre I, « Des ouvrages de l'esprit » au commerce du monde, chapitre V : l'*impropriété* signalée ici est, en même temps qu'une faute contre la langue, une faute contre la sociabilité (voir les présentations de ces deux chapitres). D'autre part, apparaît ici le leitmotiv des particularismes linguistiques (voir 7, 11, 65, 66), qui se fera entendre dans le chapitre XIII, « De la mode », 2 : le moraliste feindra de goûter avec les « curieux » les termes d'eux seuls connus, termes techniques, il est vrai, mais relevant de ces idiolectes qui sont comme autant de replis pathologiques sur soi de l'individu ou du petit cercle.

7. Pour la technique de l'attaque et le dialogue impossible, voir II, 27 et l'introduction, p. 643. — *Phoebus* : « on dit proverbialement qu'*un homme parle phébus*, lorsqu'en affectant de parler en termes magnifiques, il tombe dans le galimatias et l'obscurité » (*Dictionnaire* de Furetière). Obscure clarté et éclat obscur hantent l'imagination et le goût de La Bruyère, comme de Boileau. Le *Phoebus* est fausse lumière, éblouissement factice, éphémère. Il a une valeur de symptôme, manifestant la vanité pathologique du locuteur. — L'onomastique fait d'Acis le frère d'Iphis, qui fait lui aussi tant de petites façons et s'étudie tant pour des riens (XIII, 14). — La pointe est comme taillée dans une réplique de Dorante, *La Critique de « L'École des femmes »*, scène 6 : « et songez qu'en ne disant mot, on croira peut-être que vous êtes d'habiles gens ! » Molière avait d'ailleurs proposé un portrait de Damon dans la fameuse scène du *Misanthrope*, acte II, scène 4, vers 579-582, dont celui-ci est une variation développée (voir aussi la leçon d'Alceste à Oronte, acte I, scène 2, vers 376-416 ; pour autant, La Bruyère partage-t-il le goût d'Alceste ?).

8. *Délibérés* : hardis, résolus. — *Impunément* : sans effet à leurs dépens. — Zamet, Ruccelay, Conchini, trois noms de favoris de Marie de Médicis (le financier Zamet, l'abbé Ruccelaï, le ministre Concini). — *Qualifié* renvoie aux degrés dans la qualité (homme de *qualité*), indiqués par le nombre des titres de noblesse (XV, 16). — Le travers signalé par La Bruyère dans la note est déjà chez Géralde, *Le Misanthrope*, acte II, scène 4, vers 594 sq.

9. Voir Corneille, *Le Menteur*, dont le héros « aime mieux mentir que de se taire ». Voir aussi le portrait du « décisionnaire », *Lettres persanes*, LXXII, qui « dans un quart d'heure, décida trois questions de morale, quatre problèmes historiques et cinq points de physique » (la note 2, p. 155 de l'édition de Paul Vernière, Classiques Garnier, Paris, 1960, renvoie aux *Amusements* de Dufresny, XI). Arrias réunit le talent des deux personnages.

11. Ces mots *aventuriers* annoncent les apparitions de *gens aventuriers*, « qui se produisent eux-mêmes » pour disparaître, éphémères (VIII, 16) ; ce sont des mots qui singent, en quelque façon, les « aventuriers », soldats allant à la guerre au dehors des engagements, de la solde et des obligations de garde. Ils font communiquer la satire présente avec celle des vocabulaires spécialisés et aussi éphémères dans « De la mode » (XIII, 2) : même leitmotiv, les contrefaçons de l'échange verbal.

12. Pour le leitmotiv du contre-temps, voir 2, 5, et pour la métaphore du fléau qui s'abat sur les hommes, voir 3. Voir l'article de Gilbert Romeyer Dherbey, « Temps et contre-temps chez La Bruyère », *R.H.L.F*, 1984, p. 355-372. — Théodecte annonce Gnathon (XI, 121). — Dans la phrase finale, à double détente, la pointe relance *in extremis* vers une satire (absente) de l'opinion et de la société du paraître, diffuse dans l'ensemble du livre, un peu plus nette dans le chapitre XI, « De l'homme ».

13. Troïle a la particularité de réunir, sans se réduire à aucun, plusieurs types : le parasite (voir Tartuffe), l'homme de confiance flagorneur (Valère dans *L'Avare*), le confident qui intrigue, le riche inaccessible, tous dynamisés par un esprit de domination et un cruauté assez rares ; il rappelle aussi les « directeurs » habiles à s'insinuer et régenter une maison (III, 42). La notation *Il les aide dans leurs plaisirs* particularise une remarque qui pourrait figurer dans le chapitre IV « Du cœur » ; c'est là que La Bruyère a placé le portrait de Drance, qui, lui, cherche à passer, sans qu'on le croie, pour gouverner une maison (IV, 71). Rare, le portrait l'est aussi par l'introduction, vers la fin, d'une composante temporelle, en un *decrescendo* que La Bruyère ne développe ni ne fait aboutir, il n'est pas romancier.

14. À la clausule, le carrosse remplit ici encore sa fonction d'emblème : voir la présentation du chapitre « De la ville ».

15. Pour le *geste* (les gestes), voir 6, 13 ; voir aussi Iphis, à sa façon (XIII, 14). — Sur la *fadeur* voir la note à la remarque 1.

17. Remarque capitale pour l'esthétique de La Bruyère, et où se croisent plusieurs enjeux, littéraires et sociologiques, moraux et spirituels. Voir l'ensemble de la présentation du chapitre V. On pourrait en faire un des phares qui éclairent d'une lumière concentrée la totalité des *Caractères*.

19. Autre exemple de l'imbrication des chapitres I et V. — *Expression* : talent d'expression. — L'ensemble de la remarque serait illustré par les scènes 5 à 7 de *La Critique de « L'École des femmes »*.

23. L'honnêteté est tout ensemble délicatesse de cœur et de langue. La gradation — figure habituelle dans *Les Caractères* — aboutit à un développement qui rappelle II, 42 et 43, terme du chapitre « Du mérite personnel ».

26. *Suffisants* : orgueilleux. — Ces gens à qui l'on parle encore, « qu'ils sont partis et ont disparu », sont des personnages reparaissant (voir VI, 12, VIII, 19).

27. Sur l'absence d'illusion du moraliste qui n'espère pas réformer par ses peintures, voir l'introduction. — Autre leitmotiv, la fuite : voir 12, et, ultime remarque du chapitre, 83. — La remarque suivante est une autre variation sur l'homme parfaitement incivil (voir 12, 14, 22).

30. Avant Céline, *Voyage au bout de la nuit* (Folio, p. 367), La Bruyère joue avec le texte de Montaigne : jouer, puisque l'efficacité des peintures morales est douteuse (27). Sur Montaigne : voir I, 44, et sur les vieux mots XIV, 73. — *A mon point* : à mon gré. — *Estriver* : résister à. — *Offices* : services. — *Qui vive* est expliqué par Furetière : « On dit dans le monde qu'on est *sur le qui vive*, quand deux personnes de même condition attendent à qui se parlera, à qui se visitera le premier. » — *Franchise* : indépendance. — *Ramentevoir* : rappeler. — *Conditions* redouble ici le terme de qualités. — *Succéder* : réussir. — *Tâche* : essai.

32. « L'esprit de politesse » (alinéa 3) se ramène à « l'esprit de conversation » (16) : le terme *content* unit les deux passages. Il ressortit (alinéa 2) à la notion de bienséance, et exige donc une extrême attention, sans relâche, aux variables qui sans cesse modifient la configuration des échanges. La Bruyère écrit par rapport aux textes signalés dans la présentation du chapitre V, qu'il condense et dont il limite les ambitions ; la diversification continuelle des « temps, lieux, personnes, conditions » défie les prescriptions : on songe à Pascal, renonçant à formuler des règles (« aussi sûres pour plaire que pour démontrer ») de l'art d'agréer, puisque « les principes du plaisir ne sont pas fermes et stables. Ils sont divers en tous les hommes, et variables dans chaque particulier avec une telle diversité [...] » (*De l'esprit géométrique,* éd. Brunschvicg, p. 188). Pascal avait lui-même noté : « Le respect est : "Incommodez-vous" », mais dans un contexte différent.

L'addition du premier alinéa dans la 4e édition colore l'ensemble de ces remarques d'amertume, et contraste avec la foi en les vertus profondes de l'honnêteté chez les devanciers. Voir Alain Couprie, « Le déclin des théories de l'honnêteté », à propos des *Caractères,* dans *De Corneille à La Bruyère : images de la cour,* t. I, p. 617-634 (Paris, « Aux Amateurs de livres », 1984) : l'auteur analyse successivement « la fin de l'honnêteté vertueuse » et « la fin de l'honnêteté mondaine ». Jean Starobinski a élégamment mis en lumière les rapports de « l'homme au dehors » et de l'homme « comme il devrait être intérieurement » dans une étude « Sur la flatterie » recueillie dans *Le Remède dans le mal, Critique et légitimation de l'artifice à l'âge des Lumières,* Paris, Gallimard, 1989.

37. La Bruyère ravive la métaphore du commerce, en lui donnant un nouvel éclat à la chute de la remarque. Mais il fait éclater aussi la contradiction avec le désir de fuir, qui clôt le chapitre dès la première édition.

40. La remarque trouvera une variation, à une autre échelle, avec la « petite ville » (49).

41. La Bruyère, après un suspens, donne ici la raison des effets qu'il avait seulement notés plus haut (12, 14). Il retrouve un tour, une opposition (« la raison qui plie », « les plus sages » et « le plus fou ») d'allure pascalienne, et qui rappellent aussi Montaigne ; mais il développe avec le goût de l'accumulation et de la pointe : l'hyperbate « quelquefois aimé » prolonge le rythme ternaire qui précède tout en créant une rupture. Sur la relation entre sages et fous, et l'inversion qui règle leurs relations, voir l'article de Margot Kruse, « Sagesse et folie dans l'œuvre des moralistes », *C.A.I.E.F.,* 1978, n° 30, p. 121-137.

44. Pour les termes techniques, voir III, 76. Les *nourritures* désignaient les avantages constitués par l'établissement des jeunes époux chez les parents de l'un d'eux, et, bien qu'inscrits au contrat de mariage, relevaient de la bienveillance de la famille.

47. *Déserte* : qu'ils habitent eux seuls. — *Solitaire* : retirée de tout. — *La fuite d'une entière solitude* : l'éloignement pour une entière solitude. Le moraliste joue de la disproportion entre la « bagatelle » et les effets ; son procédé le distingue du philosophe Rousseau dans la deuxième partie du *Discours sur l'origine de l'inégalité,* qui analyse la genèse de la propriété et les altérations qu'elle engendre dans les rapports humains, « la ruse trompeuse, et tous les vices qui en sont le cortège » ; « les riches [...] ne songèrent qu'à subjuguer et asservir leurs voisins. »

52. *Qui vive* a ici le sens de susceptibilité toujours en éveil.

58. La remarque est une variation sur un texte de La Rochefoucauld, max. 117, elle-même pièce d'une séquence sur la tromperie.

61. Cette remarque et la suivante font deux petits suppléments aux remarques du chapitre IV sur l'amitié (voir en particulier 18) ; elles illustrent l'écriture éclatée de La Bruyère (voir l'introduction). — *Sciences* : connaissances, quelles que soient les disciplines abordées.

63. *Réduire à l'impossible* : contraindre à l'impossible. — *Froides* rappelle les métaphores sensorielles, dont on a vu les apparitions nombreuses et éloquentes à propos des « ouvrages de l'esprit » et au début du présent chapitre. La Bruyère vise ici le genre littéraire, étalage d'éloquence, de la consolation, illustré par Sénèque et

Malherbe, *Consolation à M. Du Périer*. C'est aussi une première attaque contre le stoïcisme (voir XI, 3, addition de la 4ᵉ éd.). La fin de la remarque rappelle, par les tours employés, la critique pascalienne des demi-sages ou demi-habiles.

65. *Il n'y a pas si longtemps* : allusion mystérieuse, qui ne saurait du moins viser l'hôtel de Rambouillet (comme on l'a cru parfois) florissant en des temps plus anciens, vers 1630. Est-ce alors la préciosité comme ensemble des « attitudes morales et formes de langage qui furent à la mode dans la société française vers 1654 » (R. Lathuillière, *La Préciosité, étude historique et linguistique*, Genève, Droz, 1968) ? Mais l'on s'accorde à lui reconnaître bien des mérites dans la vie mondaine et littéraire, son influence bénéfique sur la prose française en général, dont elle fera l'instrument d'un art de parler, de vivre et d'écrire en société. Sans doute le « phoebus » (voir 7) et le pédantisme, qui avaient frappé, dans telle ou telle circonstance, les contemporains, ne sont-ils pas des inventions des auteurs qui raillèrent le « cercle de personnes ». A. Adam rapporte la querelle qui, à la fin de 1637, agita les ruelles : devait-on dire *muscadins* ou *muscardins* ? (*op.cit.*, p. 270). Mais il rappelle « à quel point les habitués de l'hôtel de Rambouillet sont éloignés d'un certain pédantisme ».

Pourquoi pareille sévérité chez La Bruyère ? La préciosité, comme l'a montré R. Lathuillère, fait appel à des néologismes, aux hyperboles pour louer et magnifier, tout en manifestant des scrupules dans le choix des mots. La précieuse veut donner à admirer et à surprendre, sans se satisfaire des seules netteté et clarté. La recherche de la vigueur de l'expression, le souci de frapper vivement les auditeurs conduisent à une théâtralisation de la parole. Ces effets voyants sont pour le moraliste solidaires d'une imagination indiscrète et arbitraire (voir 17), et symptômes d'une maladie des esprits : voir I, 2 (« Il faut chercher seulement à penser et à parler juste »). La Bruyère pointe la vaniteuse ostentation de la différence. On a vu, et l'on reverra, sa phobie des idiolectes, sa hantise du « cercle » orgueilleusement refermé sur lui-même (voir VII, 4).

Et pourtant La Bruyère doit beaucoup à l'effort d'analyse psychologique et morale des cercles, à leur pratique du portrait, de la maxime, de la définition, à leur goût pour isoler, classer, différencier les notions. Lui-même ne se prive pas de ciseler des tours épigrammatiques et des pointes qui font scintiller son bel esprit, et de pousser le goût de l'ingénieux et de l'allusion jusqu'à l'énigme. Pour reprendre une distinction de La Bruyère (37), il considère dans les cercles plus la « monnaie » que les « pièces d'or ». On trouvera une vaste enquête sur la réception critique du phénomène précieux au XVIIᵉ siècle dans le livre de Wolfgang Zimmer, *Die literarische Kritik am Preziösentum*, Meisenheim am Glan, Anton Hain, 1978.

66. D'après les clefs, Théobalde serait le poète Isaac de Benserade (1613-1691) ; les deux noms assonnent d'ailleurs. Reçu à l'hôtel de Rambouillet et dans d'autres cercles, cumulant bénéfices et pensions, il se consacra à des tragédies et adapta les *Métamorphoses* d'Ovide en ... rondeaux (1676). Il écrivit aussi des vers pour les arguments des ballets de cour. Son nom reste associé au sonnet *Job* que des « jobelins », ses partisans, opposèrent aux « uranistes », tenants du sonnet de Voiture *Il faut finir mes jours en l'amour d'Uranie*.

La Bruyère distille admirablement le persiflage, il versera du baume plus loin (XIV, 73). C'est ici un autre épisode de la querelle des Anciens et des Modernes, Benserade appartenant à ces derniers. *Être la coqueluche* : l'expression est passée jusqu'à nous ; c'est une métaphore, la *coqueluche* étant un capuchon de moine (voir l'expression *être coiffé de*). — Pour la pointe finale, voir l'introduction p. 643.

68. Comme le portrait de Théobalde, comme la satire des « cercles » (65), la remarque témoigne de l'imbrication des chapitres I et V. Elle est riche d'enjeux littéraires, renvoyant aux « questions galantes » (voir *Les Précieuses ridicules*, scène 4) débattues dans les romans précieux et recueillies en anthologies ou développées en discours : voir Charles Sorel, *Discours pour et contre l'amitié tendre hors le mariage* (cité par R. Jasinski *op. cit.*, p. 216, n. 1) ; voir les *Questions d'amour*, dans le *Recueil de pièces galantes de Mme de la Suze et Pellisson* (cité par R. Jasinski plusieurs fois,

p. 221, 229, 230, 248) ; voir aussi les *Conversations* extraites de ses romans par Mlle de Scudéry. Quant à la fureur des « pointes » et des « équivoques », voir Boileau, *Art poétique*, II, 105-128.

69. Voir la présentation du chapitre I, p. 72.

73. La remarque annonce le portrait d'Hermagoras (74), ajouté dans la 5ᵉ éd. C'est une variation sur une page de Montaigne « Nous savons dire : *Cicéron dit ainsi ; voilà les mœurs de Platon ; ce sont les mots mêmes d'Aristote* ; mais nous, que disons-nous nous-mêmes ? que jugeons-nous ? que faisons-nous ? » (*Essais*, I, 25). De Claudien, poète latin du IVᵉ siècle ap. J.-C., ses admirateurs, contemporains de La Bruyère, pourraient s'écrier comme Des Esseintes, le personnage d'*A Rebours* de Huysmans, passant en revue les écrivains de la « décadence » : « Claudien, une sorte d'avatar de Lucien, qui domine tout le IVᵉ siècle avec le terrible clairon de ses vers ; un poète forgeant un hexamètre éclatant et sonore, frappant, dans des gerbes d'étincelles, l'épithète, d'un coup sec [...] » (chap. III) ; le même goût asianiste réunit le lecteur esthète décadent de 1884 et les pédants de 1688.

74. *Roi de Hongrie* : en 1526, envahie par les Turcs, la moitié occidentale de la Hongrie se donne aux Habsbourg ; en 1687, l'empereur d'Autriche devient roi de Hongrie. Depuis 1647, il portait le titre de roi de Bohême, après qu'en 1526 le frère de Charles-Quint fût devenu roi de Bohême, et qu'en 1620, à l'issue de la guerre de Trente Ans la défaite des insurgés protestants eût marqué la fin de l'autonomie du pays. Par gradation, l'ignorance de l'érudit s'étend aux guerres où la France elle-même est engagée, guerre de Flandre (1667-1668), terminée par la paix d'Aix-la-Chapelle, et guerre de Hollande (1672-1678), terminée par les traités de Nimègue. — Les *géants*, ou titans, avaient soutenu la lutte contre tous, pour défendre la royauté de leur frère Cronos, père de Zeus. — Avec *la tour de Babel*, le « caractère » devient « hénaurme » comme souvent, et le produit d'une imagination en liberté. Même effet, un peu plus loin avec l'onomastique (déjà le nom du personnage avait quelque chose d'étrange et d'étranger) : F. Gray (*op. cit.*, p. 116) perçoit ici « un rappel de la truculence linguistique de Rabelais et l'annonce de celle de Hugo ». — Les *auteurs graves* sont des auteurs de poids. — Dans son édition, G. Cayrou note : « Le portrait semble inachevé : l'énumération des détails reste ouverte. Il n'y avait pas ici de manière plus spirituelle de finir que de ne pas finir. » C'est un « caractère » assez fréquent chez les moralistes, tel de l'*Antiquarius* de l'Anglais Earle ; voir Malebranche, *La Recherche de la vérité* : « Les histoires les plus rares et les plus anciennes sont celles qu'ils font gloire de savoir [...]. A peine savent-ils le nom des vêtements ordinaires dont on se sert de leur temps, et ils s'amusent à la recherche de ceux dont se servaient les Grecs et les Romains » (IV, 7, éd. de G. Rodis-Lewis, Paris, Vrin, 1962, p. 34). Mais Malebranche rapporte les recherches érudites à une cause, la « vanité » des auteurs, qui regardent « seulement ceux qui passent pour savants dans le monde [...]. Toutes les sciences les plus solides et les plus nécessaires étant assez communes, elles ne font point admirer ni respecter ceux qui les possèdent [...]. Il suffit pour être estimé savant de savoir ce que les autres ne savent pas, quand même on ignorerait les vérités les plus nécessaires et les plus belles » (p. 33-35). C'est rejoindre la condamnation chez La Bruyère de la recherche vaniteuse de la singularité et du « rare ».

75. Cydias (du grec *kudiân*, « se vanter ») aurait, selon des clefs, renvoyé à l'homme de lettres Fontenelle son image. Selon certaines éditions, l'animosité de La Bruyère se serait exercée encore contre lui dans diverses allusions de la Préface du *Discours à l'Académie*. Cydias est un polygraphe mondain, *bel esprit*, c'est-à-dire prétentieux et maniéré, qui est un entrepreneur de littérature. La métaphore filée qui ouvre le portrait est une spirituelle variation sur le mot, jamais écrit ici, *commerce* : le commerce des gens du monde est implicitement dégradé en une entreprise d'imposture de grande envergure. A sa place, en fin de chapitre, et ajouté en 1694, le portrait fait le pendant des Acis et des Arrias (Cydias est comme le produit du croisement sonore des deux noms), des Théodecte aussi. Sa longueur est comme l'effet de la polygraphie incessante

et universelle : on a dit que Fontenelle avait écrit une grande partie de *Psyché* de Thomas Corneille, fait une comédie pour Donneau de Visé, l'*Éloge de Perrault* pour Beauval, des discours pour des magistrats, etc. ; La Bruyère débite comme un boniment de foire. Au passage on réentendra le leitmotiv du *fade discoureur* : Fontenelle, dans ses *Entretiens sur la pluralité des mondes* (1686), expose en six *Soirs* le système de Copernic à la marquise de G***, pour laquelle pureté du firmament et splendeur des étoiles lui inspirent aussi des compliments galants. C'est de lui que Sainte-Beuve disait : « Fontenelle offre les vérités, bonbonnière en main, absolument comme on offrirait des dragées ou des pastilles. Ou, si vous voulez, c'est la philosophie en menuet, sur les airs de M. de Benserade » (*Causeries du Lundi*). « Cydias s'égale à Lucien et à Sénèque, se met au-dessus de Platon, de Virgile et de Théocrite » : Fontenelle avait, comme le premier, écrit des *Dialogues des morts*, comme Sénèque des tragédies (*Thétis et Pélée*), des dialogues comme Platon (voir ci-dessous), et des pastorales comme Théocrite ou Virgile (critiqués dans le *Discours sur la nature de l'églogue*). L'allusion à Homère renvoie à la prise de position aux côtés de la Motte, qui avait traduit l'*Iliade* en vers, mais en l'abrégeant pour sauver Homère de « l'affront d'ennuyer » (note de l'éd. de G. Cayrou, p. 214, n. 5). Le portrait s'achève par une pointe (voir l'attaque contre Théobalde, 66) qui clôt la variation sur un thème et leitmotiv du chapitre V, la parole orgueilleuse et vaine cultivée comme une plante de serre dans un cercle aveugle, singe des gens d'esprit et de goût (voir contre Cydias, l'éloge de Platon, Virgile, Homère, I, 14).

83. Laconique, la remarque figure dès la première édition, avec le dernier mot, *ennuyé*, dont le sens à l'époque est fort (exaspéré, en proie à une irritation insupportable). La sortie sur cette remarque appelle la comparaison avec la retraite d'Alceste et les textes autobiographiques ou philosophiques de Rousseau.

Des biens de fortune. « Des biens de fortune » ou le cercle des « passions » : « Les P.T.S. nous font sentir toutes les passions l'une après l'autre » (14). Le sigle désigne les *partisans*, financiers qui prenaient à charge, à *parti*, la levée de l'impôt dont ils avançaient le montant à l'État. *Biens de fortune* : la fortune du mot tourne, il ne s'agit plus tant de la divinité aux yeux bandés que des espèces sonnantes. Mais la richesse est ici appréhendée comme ensemble de « passions », succession de marques (au sens théâtral du terme) qu'elle pose sur ses adorateurs et favoris. Le moraliste n'est ni économiste, ni sociologue ; et la richesse défie même les lois psychologiques (76). La Bruyère est là pour montrer des masques ; et, en retour, pour susciter des « passions » : le chapitre s'achève par le prodigieux diptyque (mais est-ce bien un diptyque ?) de Giton et Phédon. Tantôt farceur, tantôt auteur tragique, il ne néglige pas non plus la comédie de mœurs. Que de prodiges et hyperboles sur le « théâtre du monde » (31) ! Le moraliste s'en enchante, plus qu'il ne s'en indigne, peut-être... Il aime s'attarder dans les coulisses, même nauséabondes (25). Péripéties, merveilles, coups de théâtre, génie de l'intrigue : c'est la « monstrueuse fortune » du mari d'Anfure (16), le « prodige » opéré avec la place de marguillier obtenue par Sosie (15) — et Sosie est un nom d'esclave : les laquais deviennent-ils donc financiers ?

La Bruyère lance un défi (10), que relèvera l'auteur de *Turcaret* (1709) ; sur la scène du monde, Criton attend « une dupe » (29) ; « L'on ouvre et l'on étale tous les matins pour tromper son monde ; et l'on ferme le soir, après avoir trompé tout le jour » (42).

C'est encore Harpagon, destinant sa fille au seigneur Anselme (60), ou le spectacle terrible du cercle des joueurs (72) où préside le « hasard seul, aveugle et farouche divinité ». Immense répertoire pour qui veut frapper les imaginations ! La Bruyère proposera même un numéro d'hyperbole parmi les plus vertigineux du livre (35). Sans oublier métamorphoses (17), hallucinations (23), et comble du pathétique, à la Balzac (79), La Bruyère termine par le double numéro de mime.

« Des biens de fortune », l'enseigne en fait pâlir une autre de même forme, « Des ouvrages de l'esprit » ; le parallèle de l'homme d'affaires et de l'homme livré à l'étude, le « philosophe » (12) sera repris dans le chapitre XII (17, 21). Sur tous les tons, La Bruyère dit l'exclusion de fait des Belles-Lettres, sauf quand elles sont monnayées par des écrivains qui se vendent (V, 75). Exclues, même si reconnues par de grands personnages très lettrés (XII, 18, 19). On ne peut lire une remarque sur l'argent sans penser à la condition de celui-là même qui l'écrit. Tout est solidaire dans ce livre « éclaté ».

Le moraliste déchiffre les conditions, comme le font les « odieuses pancartes », ou billets d'enterrement qui dévoilent une origine basse (21). La première réflexion, dès 1688, tendait à circonscrire un ordre de la richesse, en des termes assez proches de la méthode pascalienne ; lui répond, vers la fin du chapitre, l'admirable structure circulaire de la remarque 79. « Cercle » du jeu (72) ; la ruine figure comme une menace, dès le début du chapitre et dès la première édition (4 fait pendant à 81). Dès le début est inscrit le mot qui condense une vision et une écriture : c'est l'« étrange disproportion », celle « que le plus ou le moins de pièces de monnaie met entre les hommes » (5). Le « caractère » de la richesse est là, et la « disproportion » autorise les grands écarts de l'imagination : « Laissez faire *Ergaste* [...] : il sait convertir en or jusques aux roseaux, aux joncs et à l'ortie » (28). Affinité du moraliste et des hommes d'affaires (si bien nommés) : leur imagination ne tarit pas. Les Ergastes cherchent des matières nouvelles imposables, échafaudent des combinaisons ; La Bruyère agence, pour faire le plus d'effet possible, ses petites combinaisons de mots.

De la remarque 28 à l'alinéa 31, il y a peu : « Le peuple souvent a le plaisir de la tragédie », il voit périr les « méchants », « qui ont fait le plus de mal dans diverses scènes ». L'ironie tragique menace constamment, et emporte souvent les fortunes. Retour de *la* Fortune. Progressivement, La Bruyère travaille, si l'on peut dire, à la ruine des parvenus ou des riches aliénés à leurs biens. Il découvre et dénonce avec plus de mordant, d'une édition à l'autre, la fonction essentielle du regard : c'est lui qui consacre la richesse, attribue à son détenteur un « caractère particulier », c'est lui qui « fait » le riche : 3 (1689) approfondit 4 (1688), et 9 (1688) se développe en 10 et 11 (1689). C'est encore la quatrième édition qui, dans le même sens, construit un beau jeu de regards (79). Et l'étourdissant mime final s'organise autour de la libération et de l'effacement du regard, chez le riche, chez le pauvre, respectivement.

« Les caprices du hasard » (80) inspirent cependant une lecture poétique du chapitre ; ils y opèrent en maîtres. Hasard calculé, qui fait repasser devant l'imagination des figures, comme celle du palais enchanteur (79 et 1, 78 et 21), celle du convoi, triomphal, de Dorus (20), ou misérable de Crésus porté en terre (17) ; c'est le ciel, qui « tout d'un coup s'ouvre » (80), comme « la faveur et les grands biens se retirent » (4).

Chiasme : Brontin, un P.T.S., « s'enferme huit jours » chez des religieux ; « ils ont leurs méditations et il a les siennes » (30) : c'est rappeler l'espace de l'homme d'affaires Clitiphon et l'espace du « philosophe » (12). Giton et Phédon (83) illustreraient avec N*** (11) une « Théorie de la démarche ». Balzac, en effet, lit par-dessus notre épaule : La Bruyère a comme sacrifié une riche matière, mais le chapitre nous rappelle, avec la fraîcheur d'une découverte, l'historicité des formes littéraires.

1. *Entremets* : mets servis en même temps que le rôti, et que l'on mangeait après (œufs, salades, pâtisseries.) — Cette première remarque pourrait illustrer par exemple le portrait du célèbre Samuel Bernard par Hyacinthe Rigaud.

5. L'extraordinaire est le ressort essentiel de la poétique de ce chapitre ; il permettra les grands écarts de l'imagination (35) comme les références au spectacle tragique. « Le plus ou le moins de pièces de monnaie » rappelle la stylisation réductrice de Voltaire : « Quelques fragments arrondis d'un certain métal » (*Traité sur la tolérance*, 23).

6. Pour l'art du dénouement amené par toute une économie (aux deux sens du terme) du récit, voir 74, 80.

7. *Malotru* se dit, selon Furetière, « des gens mal faits, mal bâtis et incommodés soit en leur personne, soit en leur fortune ». — On connaît le mot de Mme de Grignan mariant son fils selon une « mésalliance » : « Il faut bien quelquefois fumer ses terres. » Autres mésalliances du temps : le maréchal de Lorges, le duc de Gesvres, Tourville, épousent des filles de riches financiers. « Il convient de nuancer quelque peu la vision traditionnelle du mariage, où l'on échangerait une belle dot contre un beau nom. Les financiers, en plaçant leurs filles, réalisent de bonnes opérations, aussi bien professionnelles que sociales. Ils s'assurent des appuis politiques influents avec la parentèle des gendres » D. Dessert, *Argent, pouvoir et société au Grand Siècle* (Fayard, 1984, p. 132) ; voir aussi, p. 102, pour l'insertion des financiers, grâce aux femmes (« dans une société encore mal dégagée de sa gangue médiévale »), dans tout un réseau d'influences et d'alliances.

10. *Turcaret*, de Lesage (1709), releva le défi.

11. Pour le rêve du regard, auquel la grimace en impose et qui donne l'être au riche, voir 3, 4, 9.

12. *Client* : le plébéien placé sous le patronage d'un patricien influent, entre dans le paradigne romain : voir 20 et II, 18 ; VII, 22 etc. — *Enfiler* : lier ensemble par un fil des feuillets de papier. — *Collationner* : vérifier par comparaison. — *Trivial* : qu'on rencontre aussi aux carrefours. — *Nu* : par exagération, signifiait en déshabillé. — Sur le « philosophe », selon La Bruyère et selon Voltaire, voir lettre à Damilaville, 1er mars 1765.

14. Taxes, confiscations, Bastille, galères ou pendaison, tel était aussi le lot des P.T.S. : « Les plus durement touchés sont contraints de tout liquider, même les liens les plus sûrs [...], et se trouvent réduits à l'indigence » (D. Dessert, *op. cit.*, p. 131, et le chapitre XI : « Le retour à l'ordre : la chambre de justice », p. 238 sq.).

15. Le *marguillier* administrait les biens d'une paroisse et pouvait en tirer quelque avantage s'il était riche financier. — On cite comme anciens laquais La Bazinière, trésorier de l'Épargne, Gourville, receveur général de Guyenne. Plus bas (18), Champagne est un nom de laquais comme Sosie un nom d'esclave chez les comiques latins.

La Bruyère a beaucoup fait pour « le mythe du laquais financier », selon le titre même d'un chapitre du livre de D. Dessert. « On ne s'improvise pas homme d'argent [...]. Comment un serviteur obscur, un fils de pauvre paysan, baignant depuis toujours dans un environnement intellectuel inexistant ou très médiocre, aurait-il pu acquérir la science et la pratique de la profession ? [...] Dans ce microcosme très fermé, le pauvre laquais esseulé qui partirait sans appui, sans parents, n'aurait dès le départ aucune chance de parvenir » (*op. cit.*, p. 98 et 103). Pourquoi perpétuer avec les Sosie et Champagne pareille contre-vérité ? « Ce personnage artificiel joue le rôle d'une espèce de "paratonnerre social" qui canalise l'ire des populations sur un être fictif, qui se charge de tous les péchés, vrais ou supposés, de la finance [...]. Il est frappant de constater que l'image du financier sorti du bas peuple, avec tout le mépris dont on le charge, est une représentation de l'idéologie des dominants, qui réussit le tour de force d'accréditer la croyance suivant laquelle la « canaille » ne peut être tondue que par la "canaille" » (p. 104).

16. Le mari d'Arfure est entré dans la société fermière du *huitième denier*, chargé d'avancer et de recouvrer le montant de l'impôt de 12,5 %, payé tous les 30 ans par les détenteurs de biens ecclésiastiques. — A propos de la *queue*, le dictionnaire de Richelet précise : « On ne doit porter la queue qu'aux personnes de qualité ; cependant, il y a des femmes de partisans si sots que de se faire porter la queue. »

17. La Bruyère porte souvent une critique à double détente : il commence par Crésus et finit par le *docteur* (pour ce mot, voir II, 28).

19. Le *seigneur*, en ce sens, avait la haute justice dans une paroisse. — La *taille* est la contribution, foncière et mobilère, payée annuellement par les roturiers.

21. Un *dorique* désigne un portique d'ordre dorique. — *Seigneur dominant* s'applique au titulaire d'un « fief dominant » dont relèvent les « fiefs servants ». — *Se démentir* fait image, le mot s'employant pour les bâtiments ou les charpentes qui perdent leur solidité première. — *Noble homme*, dans les contrats, était réservé aux bourgeois de quelque importance ; *honorable homme* aux petits bourgeois, marchands, artisans ; *messire* allait aux « personnes de qualité ».

24. Petit morceau d'éloquence sermonnaire. Voir Bossuet, *Sermon sur la Providence* (1656 et 1662).

26. Le Concile de Trente avait interdit le cumul des bénéfices (charges ecclésiastiques, évêchés, abbayes, cures, dotées d'un revenu) ; mais le haut clergé collectionnait abbayes et prieurés bien souvent. — *Avenir* désigne (XVI, 5) la vie éternelle. Bourdaloue par exemple en appelait, de l'inéquitable distribution des biens et des maux entre les justes et les pécheurs ici-bas, à une autre vie.

27. Autre intrusion des *realia* romains ; *homme nouveau* désigne un « homme qui n'a point de naissance » et « dont on n'avait point entendu parler auparavant », selon Furetière. A Rome, Cicéron, par exemple, est un *homo novus*, il ne compte aucun ancêtre qui ait exercé des magistratures curules.

28. Par Ergaste (« l'entreprenant », nom de valet dans la comédie), certaines clefs comprenaient le baron de Beauvais, capitaine des chasses qui vendait le gibier du roi comme « les ronces qui croissaient sur le chemin de Versailles ». Pour les inventions ingénieuses des créateurs d'impôts, voir Voltaire, *Siècle de Louis XIV*, chapitre 30.

31. Souvenir de Juvénal, *Satires*, X, 55 sq. (chute de Séjan, préfet du prétoire sous Tibère et détenteur réel du pouvoir un moment) ? — D. Dessert cite le cas d'un P.T.S. Claude Coquille : « Tous ses biens vendus, il a dû se réfugier à St-Magloire, où il disparaît en ne laissant que quelques méchants meubles et hardes, et deux portraits de son patron Colbert, rappel dérisoire et émouvant de sa splendeur passée » (*op. cit.*, p. 130). L'historien ajoute : « Les institutions religieuses de la capitale recueillent volontiers ces malchanceux [...]. En entrant dans la finance, on a dit que l'homme d'argent se met un peu hors du monde : en échouant dans sa profession, il est presque inéluctablement condamné à y rester » (*op. cit.*, p. 731, n. 83).

32. *Affliger* : ruiner.

33. La Bruyère songe-t-il à l'épouse et aux enfants de Fouquet, réduits presque à l'indigence ? — *Cabinet* : lieu retiré où l'on travaille, où l'on converse en particulier aussi. — *Garde-meubles* : débarras ou grenier.

36. « Elle a percé les cloîtres » : les dots, présents, dons, pensions faisaient fréquemment la fortune des abbayes.

38. *Bon esprit* s'applique à un esprit doté d'un jugement juste, solide. Le *bel esprit* se distingue par sa culture brillamment mise en œuvre, sa faculté de juger des « ouvrages de l'esprit » ; XII, 20 est une réflexion sur l'évolution sémantique sensible de l'expression (voir aussi V, 75). L'*esprit fort* se met au-dessus des croyances et coutumes religieuses reçues (voir chapitre XVI). — Pour la sorte d'esprit requise particulièrement ici, voir Lesage, *Turcaret*, II, 4.

41. Voir, à l'opposé, La Fontaine, « Le Vieillard et les trois jeunes hommes », *Fables,* XI, 8.

43. *Cati* : sorte d'appât qui donne du corps et du lustre aux étoffes et rend difficile d'apprécier leur finesse.

44. Voir IX, 25.

47. Voir VI, 26, XI, 82 et 128. — Voir Bossuet, IIe *Sermon pour le jour de la Pentecôte* (1661) : « Quand je considère, fidèles, les calamités qui nous environnent, la désolation, le désespoir de tant de familles ruinées [...]. Car, ô riche superbe et impitoyable, si tu entendais cette voix [...] ». — La *médiocrité* désigne la condition moyenne.

49. Variations sur un « lieu » de la morale antique, *Is plurimum habet qui minime desiderat* (« Moins on désire, plus on a »).

53. Cette proposition se relie directement à 2-4 et 9-11.

56. *Rappel* : « pardon qu'on accorde aux disgraciés et aux condamnés », selon Furetière. — *Savant* a un sens très général (voir 12). — *Habile* : connaisseur, compétent. — *Publicain* : à Rome fermier des impôts et tout adjudicataire d'un service public en général. — *Fauconnet,* le bien nommé : homme de paille d'une société qui avait réuni de 1681 à 1697 plusieurs fermes, jusque-là distinctes. — *Descartes* : mort à Stockholm en 1650, il avait été privé d'oraison funèbre sur ordre du roi au retour du corps en France. Quoique interdit à l'Université, le cartésianisme venait d'être illustré (1690) par un grand traité de Pierre Régis, véritable somme.

58. *Le denier dix* est un taux de 10%, taux usuraire (Harpagon se contente du denier douze et même du denier dix-huit dans *L'Avare,* acte I, scène 4 et acte II, scène 1. — Par ordonnance royale, les monnaies étaient parfois réduites de valeur (*rabais*) ou interdites (*décri,* parce que c'est le crieur public qui en défendait l'usage). — Véritable « caractère » d'Harpagon (mais celui-ci est amoureux...), le texte marque de façon générale le scandale métaphysique d'un *être* problématique (voir la série finale des attributs du verbe *sont*), comme vidé par l'avoir (voir 13). Sur ce point, voir l'analyse de J. Brody signalée p. 654.

La Bruyère, tout au long du chapitre, entretient une confusion entre richesse et P.T.S. D. Dessert fait observer : « Les princes capétiens, les gentilshommes surclassent de beaucoup par la richesse la gent financière [...]. Un grand seigneur, dont les possessions consistent essentiellement en terres, reste infiniment plus riche qu'un financier dont l'avoir (de valeur identique) se compose en majorité d'effets royaux, de billets de compagnie, dont le cours véritable ne correspond pas à la valeur nominale » (*op.cit.,* p. 129). Voir aussi « La participation des élites dans les fermes générales », p. 358 sq.

62. *Magistrat* est réservé, selon Furetière, aux « grands officiers », aux prévôts des marchands, présidents des Parlements, lieutenants généraux, etc.

66, 67. Autant de souvenirs du théâtre de Molière : ici *L'Avare* ; plus loin (69), *Le Malade imaginaire.*

71. Pour l'égalisation des conditions par le jeu, Regnard (*Le Joueur,* 1696) fera dire à Valère qu'il se réjouit de voir assis à la même table « le laquais d'un commis avec un duc et pair » (acte III, scène 6, vers 983). Un marquis de Dangeau devait au jeu essentiellement sa place à la cour, et Saint-Simon montre l'ascension de Langlée, « un homme de rien », poussé dans le monde notamment par le « bien immense » acquis au jeu (*Mémoires,* éd. cit., t. I, p. 704). — La notion de *bienséance* retient ici ses deux acceptions, morale et esthétique. — Montesquieu, *Lettres persanes,* 56, donne une image du jeu centrée sur les femmes, surtout, mais le premier paragraphe de la lettre est un condensé de La Bruyère. — *Zombaye* : inclination profonde, à genoux, faite par tout ambassadeur reçu par le roi de Siam, selon le *Voyage de Siam,* relation du P. Tachard (1686). Une gravure montre le *zombaye* de l'envoyé du Siam à la cour de Louis XIV en 1684. Les *autres prosternations* consistaient à s'avancer à genoux et à frapper trois fois la terre du front ; en 1685, un envoyé de Louis XIV avait paru debout, l'épée au côté. L'intérêt pour l'Extrême-Orient devait beaucoup aux *Voyages* de Tavernier (1676-1677) et de Chardin (1686). Voir D. van Der Cruysse, *Louis XIV et le Siam,* Fayard, 1991.

72. Les *états* étaient des « assemblées qui se font en quelques provinces [*pays d'état*] afin d'ordonner elles-mêmes des contributions qu'elles doivent faire » (Furetière). — Les *chambres assemblées* se disait, selon Furetière, de « toute la Grand'Chambre [des audiences] réunie pour des affaires importantes avec tous ses présidents et tous ses conseillers ». — Pour le tableau du cercle de jeu, voir Montesquieu, *Lettres persanes*, 56 ; et Balzac *La Peau de chagrin*, bien plus proche de La Bruyère pour la mise en scène et le registre.

73. Le *lansquenet* était une sorte de jeu de cartes.

74. Le *brelan* était une maison de jeu. Le nombre de ces établissements s'était multiplié à la ville, en même temps que faisait fureur à la cour la passion du jeu. — pour le « sale et indigne métier de tromper », voir Regnard, *Le Joueur*, acte I, scène 10, vers 363 sq., qui s'en tient à des critiques plaisantes.

75. D'autres réflexions sur le jeu figurent en XII, 56, XIII, 7, XIV, 30. — Pour la critique du jeu, voir, entre autres, Bourdaloue, *Sermon sur les divertissements du monde*. Le second alinéa peut être illustré par la méthode et les gains du marquis de Saissac, (Saint-Simon, *Mémoires*, éd. cit., t. I, p. 477), par la pièce de Dancourt, *La Désolation des joueuses* (1687), scène 5, et le chap. 22 de *Candide*.

78. Zénobie, reine de Palmyre, à la mort de son second mari, prit le titre de reine de l'Orient et soutint une longue guerre contre les Romains (267–272) ; elle fut soumise par Aurélien et conduite à Rome pour orner son triomphe. Les ruines de Palmyre avaient été retrouvées en 1691. — L'achat de la maison royale transpose celui du château de Saint-Maur ayant appartenu aux Condé, ceux de Rambouillet ou de Chenonceaux, anciennes résidences royales, par des financiers.

83. Serge Doubrovsky a donné un commentaire du diptyque, « Lecture de La Bruyère », in *Poétique*, n° 2, juillet 1970 ; Floyd Gray a étudié comment La Bruyère a évité le parallélisme absolu, et proposé une lecture métalittéraire du double portrait « Littéralement, La Bruyère est Giton *et* Phédon : d'un côté opulence, de l'autre manque. L'artiste oscille entre ces deux pôles [...] » (*op.cit.*, p. 130).

De la ville. La Bruyère peintre de Paris ? *La Ville*, est-ce Paris comme *Urbs* désignait Rome ? La peinture des mœurs parisiennes est circonscrite dans une topographie très particulière que l'on peut s'amuser à dessiner (1, 2, 3, 9, 12, 13). Lieux à la mode, où il faut voir et être vu : Cours-la-Reine, Tuileries, quai Saint-Bernard (au pied duquel les hommes se baignent), boulevard de la Porte-Saint-Antoine vers la promenade de Vincennes, église des Feuillants, rue Saint-Honoré, ou des Minimes, au Marais. Ville abstraite : elle est vidée de ses habitants, pour n'y laisser que des oisifs, des hommes de lois et de robe, petite ou grande, des bourgeois enrichis triomphant dans leurs carrosses, de jeunes mariées exposées sur leur lit de parade. On est loin du Paris de Furetière, *Le Roman bourgeois*, ou de Boileau, *Satires* (I et VI). Ce Paris-là est un carrefour et une annexe des chapitres II, III, IV, V, VI, XI, XIII, XIV ; petit guide (ironique) du curieux parisien, le chapitre VII est une peinture de la vanité, dans tous les sens du mot. Ville lacunaire parce que, justement, malade de la vanité. Ville inquiétante : d'emblée, elle est un lieu de règlements de comptes (1, 3, 4, 5). Paris est une embuscade policée, « l'on s'attend au passage réciproquement dans une promenade publique » (1). Dans cette série, malignité, agressivité, frivolité (3), vient se glisser ironiquement une jolie estampe, femmes lorgnant des baigneurs (2, éd. de 1690). *La Ville* existe-t-elle ? « La ville est partagée en diverses sociétés » (4) et la remarque 5 la présente déchirée entre deux corps : « Il y a dans la ville la grande et la petite robe ; et la première se venge sur l'autre. » Hors de la robe, point de ville.

La ville n'est qu'un champ de parade pour carrosses. Flaubert fera descendre les Champs-Élysées par un tourbillon de voitures (*L'Éducation sentimentale*) ; La Bruyère peuple la ville de carrosses (1, 6, 9, 10, 11, 15, 22) ; le chapitre s'ouvre, il se ferme sur la parade des équipages. C'est un des aspects les plus réjouissants de cette section. On sait le goût de l'auteur pour les rouages et ressorts de la machine : en 1694, il ajoute des notations (15) qui font des ressorts du carrosse les ressorts même de la sociabilité.

Loge pour observer le spectacle de la ville et « théâtre » où l'on se produit, le carrosse est l'emblème de la ville. Paris est un théâtre, dont le répertoire est à la fois varié et toujours le même. Le souci du paraître y est si violent qu'on y acquiert le statut d'un personnage de comédie : inconstance des colporteurs de nouvelles (13) — ce qu'il faut savoir dans le monde —, vie factice de Narcisse (12), vanité de la femme qui « pétille de goût et de complaisance » pour l'occupant d'un carrosse arrêté à sa porte (15). Les « grandes misères » des femmes en visite (20) font la misère de l'homme. La Bruyère continue la satire de Sénèque contre les citadins qui n'ont jamais assez de temps et le gaspillent.

Dans la grande tradition héritée de Rome (Horace, Juvénal), la ville c'est l'âge de fer, et La Bruyère achève sur une longue et classique apologie de l'âge d'or, qui va jusqu'à décalquer les tours latins, les antithèses entre le *ne pas encore* et l'aujourd'hui : « Ils [les ancêtres] ne savaient point encore se priver du nécessaire pour avoir le superflu, ni préférer le faste aux choses utiles. On ne les voyait point s'éclairer avec des bougies, et se chauffer à un petit feu [...]. On n'avait point encore imaginé d'atteler deux hommes à une litière » (22). La ville est la dénaturation (16, 19, 21). Antre noir de la chicane (21), tandis que le laboureur, lui, « jouit du ciel » (21) : « L'image de la ville telle qu'elle apparaît dans la littérature est avant tout un système symbolique », aurait pensé La Bruyère avant un critique moderne de la ville (J. Roudaut, *Les Villes imaginaires dans la littérature française,* Paris, Hatier, 1990, p. 32).

La ville est enfin une chambre d'échos. La Bruyère a noté, ici encore, la place que les discours, cryptés, futiles ou assassins, y tiennent. Richesse et faste ne trouvent leur accomplissement que dans et par le discours qui les publie. La ville, c'est le porteur de nouvelles. Les Sannions voulaient qu'on parlât de leur opulence : en écrivant son livre, le moraliste se met à leur service...

1. Les principaux motifs du chapitre sont posés ici, « carrosses », « armoiries », scène mondaine aux acteurs-spectateurs impitoyables, aveuglement sur le mérite personnel. — Le Cours-la-Reine, tracé par les soins de Marie de Médicis (1616) comprenait trois allées formées de quatre rangs d'ormes ; il était fermé par deux portes monumentales. — Le second alinéa définit à son insu la position de La Bruyère, acerbe envers tout ce monde dont il « ne peut se passer » comme écrivain...

2. R. Garapon (éd. cit., p. 206, n. 4) signale une comédie représentée en 1696, *Les Bains de la porte Saint-Bernard,* de Boisfran.

3. Le chapitre offre une série de croquis, attitudes, postures qui en font le prix (voir 6, 10, 13, 19). « L'on passe et l'on repasse » : le chapitre entier est animé des rythmes et mouvements de la vanité (voir 2, 6, où le verbe *passer* revient, comme en 4, avec le sens moral cette fois plus accusé).

4. Le motif du « pays lointain » est celui de la Mingrélie (19). Voir aussi VIII, 74. Quant aux « petites républiques », elles évoquent celle des *Femmes savantes* (« Nul n'aura de l'esprit, hors nous et nos amis », acte III, scène 2, vers 924), du *Misanthrope,*

et de la *coterie* Verdurin, dont La Bruyère fait ici, en quelque sorte, la radioscopie en même temps que la peinture abstraite et stylisée. S'autorisant du clivage esquissé par La Bruyère lui-même entre *peintures* et *caractères* d'un côté, *remarques solides* et *sérieuses réflexions* de l'autre, A.-M. Garagnon a étudié « sous le regard d'un narrateur omniscient mais délibérément masqué, deux *outsiders* [qui] font l'expérience d'un rituel d'exclusion » dans une « savante marqueterie » textuelle (*L'Information grammaticale*, n° 49, mars 1991, p. 16-22).

5. La *grande robe* comprenait les juges des Parlements (présidents, conseillers, etc.) ; la *petite robe* les procureurs, notaires et avocats. — Pour « les dédains de la Cour », voir IX, 40, et Saint-Simon, *Mémoires* (pour les conflits de préséance également). — Le *corps considérable*, « digne de considération », est celui des avocats, qui pourraient remplir parfois les fonctions de juges. Un arrêt du Parlement (1693) fit droit à leurs prétentions. — La fin de la remarque est une nouvelle attaque contre la vénalité des charges (voir 9 ; XIV, 48). Sur un autre ton, Mme de Sévigné parle du « premier président de la chambre des comptes de Nantes », jeune homme de vingt-sept ans, qui, « moyennant quarante mille francs » « a acheté toute l'expérience nécessaire pour être à la tête d'une compagnie souveraine » (*Lettre* du 27 mai 1680).

6. Ces quelques lignes concentrent des trouvailles stylistiques : « rêver à rien très profondément », « le sombre de son cabinet » (pour le motif du sombre, voir 21, avec l'antithèse du plein ciel dont jouit le « laboureur »). — Jean de Gomont et Georges du Hamel étaient deux avocats célèbres, décédés en 1690.

7. L'idée de la gravité et du sérieux de la vie personnelle d'un magistrat est une résurgence de l'idéal oratoire romain (l'*orator* est d'abord *vir bonus*). Voir XII, 26, XIV, 47. — Des intendants signalaient dans des notes à Colbert les magistrats galants et plaisants.

9. Crispin est un nom de valet (voir VI, 15, 18, 28).

10. Sannion est également un nom de valet dans la comédie latine. — Dans le lexique du blason, les *armes pleines* sont « d'une pièce sans brisure, divisions ni échanges » ; la *brisure* est l'« altération de la simplicité du blason » par des « figures » ; le *lambel* est une brisure dont les puînés chargent en chef (tête) leurs armes (filet garni de trois denticules) ; la *bordure* est une « brisure faite comme un panement passé de plat au bord de l'eau et qui l'environne tout autour » (Furetière). Le blason compte deux *métaux*, or et argent. Les Sannions portent « deux et une », deux pièces vers le chef et une vers la pointe, comme les trois fleurs de lys des rois de France. La Bruyère montre du goût et une complaisance (ironique) pour le vocabulaire technique : voir XIII, 2 (les tulipes), XIV, 5. — Les *litres* sont les tentures de deuil, revêtues d'écussons, dont on entourait l'église aux obsèques d'un grand personnage. — Le *pilier* est, selon Furetière, « le poteau qu'un haut seigneur justicier fait élever au carrefour pour marque de sa seigneurie ». — Le *laisser-courre* est l'endroit où l'on découple les chiens ; le *fort* désigne l'endroit le plus épais d'un bois. Le *cerf de meute* est celui que les chiens doivent exclusivement poursuivre ; ils sont en *défaut* quand ils ont perdu les voies de la bête et *prennent le change* quand ils poursuivent un autre cerf rencontré. — Le mot de Ménalippe est celui de Jérôme de Nouveau, surintendant des postes, mort en 1665, qui, récemment équipé pour la chasse à courre, fit la question à son veneur. Voir Mme de Sévigné, lettre du 24 mai 1676. — Hippolyte rendait un culte particulier à Artémis, déesse de la chasse. — Dorante, dans *Les Fâcheux* de Molière (acte II, scène 7), raille le chasseur campagnard ; La Bruyère fait une satire sociale du magistrat cynégète. — Les *Sannions* ont fait l'objet d'une étude de Jules Brody, dans l'article « La Bruyère : le style d'un moraliste » (voir bibliographie) : « Dans les deux cas [alinéas 1 et 2], une surface physique et matérielle est savamment construite dans le seul but de mettre en relief la lacune qu'elle recouvre [...]. Il est hautement significatif que le chasseur dont il s'agit [alinéa 3] est, lui aussi, magistrat [...]. Chez ce nouvel Hippolyte, la passion de la chasse tient la même fonction que l'obsession des pièces armoriales du début. Ce sont deux aliénations qui se valent, qui se définissent par rapport à un critère de rationalité et de santé morale symbolisé dans ce texte par la fonction judiciaire » (p. 146, 147).

12. L'*hombre* et le *reversi* étaient des jeux de cartes en vogue. — *La Gazette de Hollande* publiait librement toutes les nouvelles de Paris et de Versailles. Pour le *Mercure galant,* « immédiatement au-dessous de rien », voir I, 46. — Cyrano, que La Bruyère indique en note à propos de Bergerac, est en réalité Savinien de Cyrano (1619-1655), élevé au château de Bergerac (entre Chevreuse et Rambouillet), l'auteur d'une comédie, *Le Pédant joué* ; d'une tragédie, *La Mort d'Agrippine* ; d'une *Histoire comique des États et Empires de la Lune* et d'une *Histoire comique des États et Empires du Soleil.* En cette fin de siècle on ne le lisait plus guère. — Desmarets de Saint-Sorlin (1595-1676) est l'auteur d'une épopée, *Clovis,* d'une comédie, *Les Visionnaires,* et un partisan des Modernes. — A Lesclache (1620-1671) on doit un traité : *Les Véritables Règles de l'orthographe française* et un *Cours de philosophie* ; — Quant à Claude Barbin, passé à la postérité par les vers du *Lutrin,* il tenait librairie au Palais de justice, vendait des « barbinades », surnom donné à les historiettes ; il fut l'éditeur de Molière, Racine, La Rochefoucauld, Perrault, Madame de La Fayette. — La *Plaine* est la Plaine des Sablons, entre Neuilly et les Ternes, et le *Cours,* le Cours-la-Reine.

13. Le *boulevard* de la Porte-Saint-Antoine, au Marais, accueillait les élégants qui assistaient au défilé des carrosses se rendant à Vincennes. — Furetière définit le *strapontin* : « Petit siège qu'on met sur le devant d'un carrosse coupé pour suppléer au défaut d'un second fond. » On en mettait aussi aux portières des grands carrosses. — *Rambouillet* était un jardin du faubourg Saint-Antoine qui tirait son nom du financier qui l'avait créé. — La *place,* de Grève, devant l'Hôtel de Ville, accueillait les fêtes publiques comme les exécutions criminelles. — *Échafaud* : estrade. — Un *carrousel* consistait en courses (de tête, de bague, etc.) auxquelles prenaient part des quadrilles de cavaliers magnifiquement costumés. Louis XIV en avait donné un, en 1662, resté célèbre, sur l'emplacement dénommé depuis « le Carrousel ». — Une gravure de Sébastien Leclerc, contemporain de La Bruyère, représente l'échange *des serments des ligues suisses,* qui se faisait périodiquement entre la France et les cantons suisses dans une grande solennité. — A Ouilles et Achères les soldats prenaient leurs quartiers d'été, et l'on venait les visiter. — Bernardi dirigeait une académie militaire pour les jeunes nobles ; tous les ans, il construisait un fortin à proximité du Luxembourg pour leurs exercices, qui attiraient les curieux. — Chanley, Jacquier, Du Metz étaient des militaires, connus le premier comme étant une « carte vivante », le second comme « unique » en matière de ravitaillement, le dernier avait dirigé plusieurs sièges devant Louis XIV et était mort à Fleurus, en 1690. Un *beau salut* est un spectacle couru par les élégants ; ainsi celui des pères théatins, annoncé par affiche et relaté par le *Mercure galant* (voir XIV, 19 pour le détail). On a vu plus haut Narcisse à « la belle messe » (12). — Un *prestige* de la foire Saint-Germain était une merveille produite par ce qu'on appelait un *prestigiateur.* — Beauvamielle et Mlle Rochois étant chanteurs à l'Opéra. — Scapin porte des fleurs de lis comme les armoiries de nombreuses familles en cette fin de siècle (Scapin est encore un nom de valet). — Les *Annales galantes* (1670) étaient dues à Mme de Villedieu, ainsi que le *Journal amoureux* (1669), archétype, selon La Bruyère, d'une littérature équivalant à notre « presse du cœur ». — *Roland,* opéra de Lulli et Quinault (1685, repris en 1690) ; voir I, 47, 51 et XII, 13 (Quinault est désigné par périphrase comme le « phénix de la poésie *chantante* »).

14. La Bruyère, avec le terme *épouseur,* en italique dans le texte, insère un mot peu usité et du registre comique dans une métaphore filée de la guerre. - Le *mortier* était la toque de velours d'un président du Parlement, et, par métonymie, désignait le magistrat lui-même. — Pour la *consignation,* voir 8.

15. La réaffirmation sur tous les tons des droits du « mérite personnel » à être reconnu, est un des leitmotive des *Caractères.* Il devrait pouvoir anéantir les prodigieuses distances creusées par les fortunes. — Le *bruissement,* selon Richelet, « se dit du bruit de la mer et veut dire une sorte de bruit sourd et confus que font les vagues ». — *Pétiller* : le verbe s'emploie, selon Furetière, pour « l'émotion que

donnent les passions violentes » ; le *goût* est une vive sympathie (voir IV, 22) ; cette femme de la ville pourrait être l'une des *Précieuses ridicules*. — Des *clous dorés* formaient un des principaux ornements des carrosses, dont la suspension était assurée par de grosses et larges courroies cousues ensemble ou *soupentes*.

18. Gaultier était un célèbre marchand d'étoffes de luxe.

19. La Mingrélie désignait l'ancienne Colchide (partie de la Géorgie actuelle baignée par la mer Noire). Pour les *Caractères* comme « Voyage de Mingrélie », voir l'introduction, p. 645.

21. Les *choses rurales et champêtres* sont aussi bien ici un lexique : La Bruyère se montre attentif aux faits linguistiques comme à autant de symptômes. Son attention au vocabulaire technique lui assure une place originale parmi tous les écrivains qui ont manifesté le goût de la nature ou de la retraite dans leur « maison des champs » (Guez de Balzac, La Fontaine, Mme de Sévigné, Racan, entre autres). Mais l'apologie de la nature est aussi un « lieu » de la culture humaniste et de la littérature satirique, depuis les Romains. L'œuvre de Rousseau en particulier, en s'interposant, a pu brouiller la perception du texte de La Bruyère, plus proche de Fénelon (voir 22, et *Télémaque*, X, et XVII, 1). — *Blé* avait un sens très général, s'appliquant à toutes les céréales ; le *méteil* était du seigle et du froment mêlés, semés et récoltés ensemble. — Le *sol pour livre* était un impôt de 5 % sur les marchandises. — La *requête civile* était, selon Littré, « une voie extraordinaire admise dans certains cas déterminés par la loi pour obtenir qu'un jugement ou un arrêt en dernier ressort soit rétracté » ; l'*appointement* désignait l'ordre par lequel un juge commande aux parties de déposer les pièces ou de produire des témoins ; l'*évocation*, la décision, selon Littré, « de la part d'un tribunal supérieur de retenir la connaissance d'une affaire qui n'a pas subi le premier degré de juridiction, ou de s'en saisir d'office ». — *Spécieux* garde ici le sens latin de « doté d'une belle apparence ». — La dernière partie (« Il n'y a si vil praticien [...] ») ramène à la comédie de Racine *Les Plaideurs* ; la résurgence irrépressible du lexique de la chicane devient symptôme pathologique, et *la Ville* s'y vide pour se réduire à deux lieux, le Palais et l'« étude sombre et enfumée ».

22. *Bougies* : les chandelles de cire fabriquées à Bougie, étaient fort chères ; on s'éclairait aux chandelles de suif, communément. — La Bruyère aurait plu à Caton le Censeur, comme le notait Sainte-Beuve, mais le luxe vilipendé ici est celui des bourgeois enrichis, copie grimaçante d'un original, la magnificence des « grands », qui, elle, est plutôt un fait de nature (voir la « singerie », 15). *Les Caractères* travaillent inlassablement à déceler les confusions, dans quelque domaine que ce soit, ici les distinctions extérieures (voir 5 et VI, 71, VIII, 85).

De la cour. « De la cour » s'achève (presque) sur une note shakespearienne : « Il s'avance déjà sur le théâtre d'autres hommes qui vont jouer dans une même pièce les mêmes rôles ; ils s'évanouiront à leur tour [...]. Quel fonds à faire sur un personnage de comédie ! » (99.) Bossuet visité par Shakespeare. La cour, le plus prodigieux des spectacles. Encore faut-il voir : *Les Caractères* se proposent comme exercice de la vision juste, voir la chose « dans son point de vue » (6).

Car elle est traversée de mirages. Un des portraits les plus éblouissants, Straton, le duc de Lauzun ; le moraliste n'a plus de repère : « caractère équivoque, mêlé, enveloppé ; une énigme, une question presque indécise » (96).

Le va-et-vient des « machines » qui portent dans les nues de la faveur et précipitent dans les enfers de la disgrâce (32), La Bruyère ne s'en lasse pas. Spectacle plus fascinant que celui des « vols » à l'Opéra ! On peut alors doute proposer au lecteur-spectateur une sorte de programme, et marquer les temps du chapitre : successivement, air de la cour et consécration totale qu'on lui fait, changement de proportions, perte des repères ordinaires (1-10) ; ravages de la vanité, et avilissement, effronterie extrême et prestiges usurpés (11-21) ; cheminements vers la faveur, complexes, hasardeux, précaires, et remous autour de l'homme en cour (22-62) ; esclavage et vanité de la course à la faveur (63-72) ; bizarrerie de la cour, prodiges et trompe-l'œil (73-84) ; sorte d'esprit nécessaire à la cour (85-94) ; aléas, enfin, de la faveur, incitation à la solitude et à la retraite (95-101).

D'édition en édition, le chapitre s'est gonflé, ce sont 24 additions en 1689, 13 en 1690, 11 en 1691, par exemple. L'analyse fort savante des strates a été faite par A. Couprie, *De Corneille à La Bruyère : images de la cour*, « Aux Amateurs de livres », Paris, 1984, p. 579 sq. : « De nombreux souvenirs livresques » hantent dans la première édition un moraliste « surtout soucieux de ciseler ce qui a été dit avant lui ».

Ainsi la remarque 89 reprend-elle la maxime 170 de La Rochefoucauld (mais *reprendre*, on l'a vu, a un sens fort dans la pratique de La Bruyère...). Satire encore peu mordante : « On le devine saisi par la peur de pécher par excès de sévérité » (p. 585). En 1690 c'est « une satire plus acérée », « une curiosité plus vive » (p. 587), et plus d'attention au détail ; l'année suivante, le trait est tout aussi sévère, sinon plus féroce (19). « Par un surcroît, s'il est possible, de pessimisme » (p. 594), La Bruyère complète l'année 1691, et le chapitre trouve à peu près son aspect définitif.

Mais notre plaisir est aux réapparitions des images du spectacle et des enchantements (3, 6, 13, 16-18, 32, 34, 46, 50. etc.). Lieu de paradoxes (34), défi à la passion des distinctions chez La Bruyère, à sa haine de la confusion (2, 9, 16, 74, 85, 89).

Un spectacle, mais sans pittoresque : « Ni les mœurs, ni les personnages de la cour de Louis XIV ne sont vraiment montrés » (A. Stegmann, *Les « Caractères » de La Bruyère, bible de l'honnête homme*, p. 61). Plutôt une radioscopie de l'homme de cour, un démontage de ses « roues », « ressorts », « mouvements » : La Bruyère s'était présenté en horloger (I, 3). Mais aussi une méditation, qui mène à un constat amer et quelque peu effaré (mais peut-être la conclusion était-elle donnée d'avance) : « La vie de la cour est un jeu sérieux, mélancolique [sombre] » (64). On revoit les images du cercle de jeu fantastique (VI, 72). Terrible échiquier. Le roi serait-il le frère du hasard, « aveugle et farouche divinité », qui présidait au jeu ?...

Insoutenable légèreté de l'être humain : à travers les remarques drôles, pointes (10, 69), exercices de style (19, 74 surtout, le fameux voyage « à plus d'onze cents lieues de mer des Iroquois et des Hurons »), on parvient à ces lignes admirables : « L'homme a bien peu de ressources dans soi-même, puisqu'il lui faut une disgrâce ou une mortification pour le rendre plus humain » (94). Assez tôt (66) se prépare le projet de la retraite (fin du chapitre).

C'est que « la cour est un lieu ambigu, tantôt réduit à Versailles et considéré pour lui-même, tantôt sans limites et représentant le monde tout entier » (A. Couprie, *op.cit.*, p. 590). La Bruyère, on l'a signalé, ne s'intéresse aux faits et gestes (littéralement) de la cour que dans la mesure où ils permettent d'appréhender « l'homme jusque dans le courtisan » (XI, 145).

On est assez loin, on le voit, des travaux d'un Norbert Elias, étudiant « le type spécifique de rationalité qui se crée à l'intérieur de la société de cour », « une planification calculée du comportement de chacun en vue de s'assurer, dans la compétition et sous une pression permanente, des chances de statut et de prestige par un comportement approprié, « forme spécifique de rationalité qui était devenue pour les membres de cette société une sorte de deuxième nature » (*op. cit.*, p. 81 sq.). Mais l'historien a montré aussi tout ce que l'art du portrait et de l'observation morale doivent à l'art curial « de se rendre compte avec précision du caractère, des motivations, des capacités et des limites des autres », et il renvoie à la remarque 2 du chapitre « De la cour » (p. 98). Entre le courtisan voué à scruter — il y va de sa fortune ! — et le moraliste comme La Bruyère, que d'affinités à cet égard : se faire « voyant »... La Bruyère a vu : les travaux de Robert Garapon sur la chronologie de la composition des *Caractères* ont montré qu'il est un moment capital dans sa vie, l'entrée dans la maison de Condé, en octobre 1684 ; le chapitre VIII doit beaucoup à cette expérience. Et, selon le critique, c'est à partir de cet automne 1684 que le sous-précepteur du petit-fils du Grand Condé aurait conçu l'idée d'écrire l'ensemble des chapitres VII à X.

« De la cour » émiette, si l'on peut dire, le discours des prédicateurs : Bourdaloue, *Sermon sur l'ambition, Sermon sur la fausse conscience* ; Bossuet, *Oraison funèbre d'Anne de Gonzague, Sermon sur la mort, Panégyrique de Saint François de Paul* ou *Sermon sur les vaines excuses des pécheurs*. On a trop comparé avec les *Fables* de La Fontaine : l'image du « peuple caméléon » (*Fables*, VIII, 14) a engendré une variation chez La Bruyère (3). C'est un plaisant exercice scolaire et littéraire que de relire les fables VII, 1, 7, 12, VIII, 3, en regard des *Caractères*. De même les a-t-on rapprochés de façon un peu indiscrète de la littérature satirique du XVIIIe siècle. Par la vision, par la visée, surtout, La Bruyère serait plus proche de Saint-Simon : le mémorialiste avait médité, on l'oublie, l'*Ecclésiaste*.

La richesse de ce chapitre est dans la variété des registres : caricatures et images du cinéma muet, portraits visant au général, approches métaphoriques des circuits de l'intrigue, sentiment de la misère de l'homme de cour, qui témoigne pour l'homme tout court. Et le roi ? La Bruyère laisse à penser, au sujet du maître invisible à dessein, et du système mis en place (12, 68, 71, 74, 75, 79, 98). Du Bellay et Tacite, la cour est un « lieu » littéraire depuis les Césars.

2. *Tout ce grand raffinement* caractérise l'honnêteté... Les mêmes distances sont prises, de façon méthodique, en XII, 55. Pour *Les Caractères* comme réflexion critique sur le vocabulaire psychologique et moral (et dès le 1er alinéa du chapitre), voir l'introduction et la présentation du chapitre XII.

6. *Les Caractères* visent à remettre toutes choses, les « ouvrages de l'esprit », les sentiments et les conditions, la direction de conscience et la toilette des femmes, chacune dans *son point de vue*, au sens, donné par le Dictionnaire de l'Académie, d'« endroit précis d'où il faut voir les objets pour les bien voir ». N. Élias a montré par ailleurs combien la lutte pour les préséances modèle l'esprit de discernement chez le courtisan (*op. cit.*, p. 78).

9. Autre aspect de ce que nous avons appelé le « Voyage de Mingrélie », la découverte de la cour « comme un nouveau monde » (voir 74 ; voir VII, 19 pour le monde exotique de la ville).

10. Autres pointes : VI, 12 (« Voulez-vous être rare ? »), 75 (« l'on expose sur une carte ou à la fortune du dé la sienne propre »). — Pour la maîtrise de l'affectivité chez le courtisan, voir N. Élias, *op. cit.*, p. 78.

11. *Diocésain* désigne l'évêque du diocèse.

12. G. Cayrou voit dans « Les hommes veulent être esclaves [...] » un souvenir de Tacite, *Histoires*, I, 36 : « Othon agissait en tout en esclave pour faire le maître » (éd. cit., p. 280, n. 5). Comme souvent, la critique de La Bruyère est à double détente : à travers la copie (les grands), serait-ce l'original (la royauté) qui est visé ?... On opposera l'analyse d'un historien du règne, F. Bluche (voir note à la remarque 22).

13. Pour la lecture des visages, voir VI, 53, XII, 27, 31.

14. V** n'apparaît que dans la 6ᵉ édition, le complément de lieu était totalement anonyme jusque-là. — Les *fourriers* étaient chargés de déterminer les logis du roi et de sa suite quand il voyageait, les *contrôleurs* de régler les dépenses et les *chefs de fruiterie* de veiller particulièrement au dessert.

15. A la porte de la chambre de Louis XIV, il n'était pas permis de frapper, mais seulement de *gratter* (avec les ongles ou le peigne) pour se faire ouvrir.

16. Les clefs désignaient un charlatan italien qui se disait marquis de Caretti, que l'on retrouvera en Carro Carri (XIV 68 et en d'autres aussi, XII, 21).

18. Voir Langlée, déjà visé à propos du jeu, dont Saint-Simon a laissé un portrait en bien des points superposable à celui-ci : « C'était un homme de rien, de vers Mortagne au Perche [...]. Avec très peu ou point d'esprit, mais une grande connaissance du monde, il sut prêter de bonne grâce, attendre de meilleure grâce encore, se faire beaucoup d'amis et de la réputation à force de bons procédés. Il fut des plus grosses parties du roi du temps de ses maîtresses » (Pléiade, t. I, p. 704-706).

19. Le portrait (conjugué) s'achève sur l'image des chevaux *qui portent au vent*, selon le langage du manège : ils lèvent le nez aussi haut que les oreilles. — Le cinéma muet n'est pas loin, avec les gesticulations du couple Cimon-Clitandre. La Bruyère joue, et manifeste l'essentielle vanité (« Ils ne viennent d'aucun endroit, ils ne vont nulle part : ils passent et ils repassent »).

20. L'oriflamme était le petit étendard de soie couleur de feu que les anciens rois de France recevaient de l'abbé de Saint-Denis avant de partir en guerre. — « Il faut *seize quartiers*, dit Furetière, pour prouver sa noblesse de quatre races. » — Hyacinthe est quelque marchand parisien qui avait gagné le gros lot de la loterie royale de 1687 (elle lui donnait une institution qu'en 1700). — Mme de Sévigné a laissé le récit de la visite d'un certain comte de Sobre chez M. de Chauvri, généalogiste du roi (lettre du 7 janvier 1689).

22. *Sur l'intérêt* : en songeant à — *digérer* : méditer. — Ces réflexions, tout en gardant l'aspect paratactique, tendent à se rapprocher du discours des prédicateurs : voir Bourdaloue, *Sur la fausse conscience, Sur la providence* ; Bossuet, *Sur l'ambition, Sur la justice*. F. Bluche a rappelé, au contraire, l'importance de la notion de service (*Louis XIV*, Fayard, 1986, « Louis et ses serviteurs », p. 448 sq.). Le moraliste céderait-il à l'effet littéraire ? La Bruyère met-il en cause *tout* l'édifice, à force de remarques détachées ?

26. *Se prévaloir* : tirer avantage. — Le *brevet* était l'acte royal conférant un titre ou un bénéfice ; la *survivance* était le privilège accordé par le roi d'exercer une charge après la mort de son titulaire. — *Lui seul* : à lui seul.

29. *Expédients* : moyens.

31. La construction en escalier amène au même terme final que II, 44, et concentre en quelques lignes le mouvement d'ensemble du chapitre II ; elle concentre aussi l'ensemble de la revendication des *Caractères*.

32. Voir Montaigne, *Essais*, III, 8 : « Il ne faut que voir un homme élevé en dignité ; quand nous l'aurons connu trois jours devant homme de peu, il coule insensiblement en nos opinions une image de grandeur, de suffisance [...]. » Mais le pronom personnel *nous* donne une coloration particulière au texte de Montaigne.

38. Rousseau était un fameux cabaretier ; Fabry, *brûlé il y a vingt ans*, précise La Bruyère, avait été condamné pour sodomie et impiété ; La Couture était l'ancien tailleur de la Dauphine, devenu fou.

42. *Style* : procédé.

43. Furetière définissait l'*amorce* : « Mèches soufrées avec lesquelles le feu prend aux mines. On dit qu'on *fait jouer* la mine quand on y met le feu. »
44. Voir XIV, 48.
45. Le 2ᵉ alinéa renvoie à V, 31-32.
46. Autre *amphibie*, chez Saint-Simon, Saint-Romain.
50. Mme de Sévigné elle-même vint assister au supplice de la Voisin et de la Brinvilliers.
52. Les nominations des évêques se faisaient à l'occasion des *grandes fêtes* de l'Église.
54. Le *vieil auteur* est sans doute La Bruyère lui-même. Pour le goût du pastiche, voir V, 30. — *Vilainer* : traiter comme un vilain. — *S'accointer de* : se lier avec. — *Chevance* : possession. — *Cointise* : liaison. — *Gabs* : divertissements. — *Momeries* : mascarades. — *Saffranier* : ruiné. — *Feindre de* : hésiter à.
59. *Partir de la main* est une métaphore équestre : partir comme en s'échappant de la main du cavalier (voir VIII, 19).
61. *Cauteleux, doucereux, mystérieux* : pour les connotations dues aux jeux de sonorités (homéotéleutes, liquides, etc.) voir V, 12, XIII, 2 (la tulipe dite la *Solitaire*) ; *mystérieux* fait de Théodote le double de Timante (portrait de l'acte II, scène 4 du *Misanthrope*). — *Carte* : carton. — *Engagement* : liaison amoureuse. — L'astronome italien Cassini avait été attiré en France par Louis XIV, qui le nomma directeur de l'Observatoire de Paris. — *Le point de votre naissance* est le lieu précis où se trouve un astre au-dessus de l'horizon à la naissance, et c'est un de ces termes que le succès de l'astrologie avait rendus communs (voir II, 32, *étoile* ; IV, 71, *ascendant*).
63. *Il y a un pays* : voir Mme de Sévigné (lettre du 26 juin 1680), La Fontaine (*Fables*, VIII, 14), Molière (*Le Misanthrope*, vers 1090). — *Arlequin* symbolise les comédiens italiens, avec lesquels Molière partage la salle du Petit-Bourbon et celle du Palais-Royal. — Pour les *carrousels*, voir VII, 13. — Bossuet, *Oraison funèbre d'Anne de Gonzague*, a-t-il fourni une matière à La Bruyère qui écrirait ici une variation : « Par un mélange étonnant, il n'y a rien de plus sérieux, ni ensemble de plus enjoué. Enfoncez, vous trouvez partout des intérêts cachés, des jalousies délicates qui causent une extrême sensibilité » ?
67. L'*esclave* ou le courtisan : Saint-Simon voyait dans la cour une invention du despotisme, et Chateaubriand, montrant Chactas visitant Versailles, lui fait dire : « Surpris de l'air d'esclavage que je remarquais autour de moi » (*Les Natchez*, 1, VI).
70. Réécriture en style épigrammatique du discours de la prédication : voir Bourdaloue, *Sermon sur l'ambition* : « L'ambitieux a dans une Cour autant de maîtres dont il dépend qu'il a de gens de toute condition dont il espère d'être secondé ou dont il craint d'être asservi. »
74. Pour la *débauche* de la cour, voir la correspondance de la princesse Palatine. — Pour les *artifices* mis en œuvre par les femmes, voir III, 3, et Boileau, *Satires*, X. — Des *cheveux étrangers*, Harpagon se gausse dans *L'Avare*, acte I, scène 4 (et aussi Alceste, *Le Misanthrope*, acte II, scène 1). — On a pu voir, dans ce célèbre texte, une réécriture d'une page du *Mercure galant* (juillet 1686), pourtant honni de La Bruyère : « Le roi de Siam a accoutumé d'aller tous les ans à une pagode afin de se montrer à ses peuples. S'il rend par là le culte qu'il croit devoir à ses dieux, il reçoit en même temps une manière d'adoration de ses sujets, qui, se tenant prosternés contre terre pendant qu'il passe, le traitent de Dieu lui-même et lui donnent lieu d'oublier qu'il est né homme. »
80. Déjà attribué au Latin Publilius Syrus : « Langage perfide, marque d'un esprit perfide. »
81. Lors d'une conférence donnée à Paris VII (novembre 1990), J. Brody a d'abord rappelé le sens de *magasin* chez Furetière : « Lieu où on fait provision des marchandises [...], ce mot vient de l'arabe *machazin*, qui signifie le lieu où l'on met ses richesses. » Cette intrusion d'un mot d'un registre bas, le contexte saturé de termes

désignant l'échange, donneraient un aspect étrangement et ironiquement littéral à l'expression *commerce du monde*... Le monde se paie de mots.

85. *Les Caractères,* exercice perpétuel de la faculté de discerner : voir XII, 47, 55, 56 et IV. — L'alinéa 2 est une variation sur la maxime 245 de La Rochefoucauld.

89. Voir La Rochefoucauld, max. 170.

96. Clés et commentateurs reconnaissent ici Lauzun, distingué et honoré par Louis XIV, qui avait manqué épouser Mlle de Montpensier, la propre cousine du roi (voir la fameuse lettre de Mme de Sévigné, 15 déc. 1670). Disgracié, il fut emprisonné cinq ans à Pignerol, passa en Angleterre où il servit la famille royale au moment de la révolution de 1688, retrouva à la cour une partie de sa faveur perdue (voir Mme de Sévigné, lettres du 24 déc. 1688 et 14 janv. 1689). Il vécut de 1633 à 1723.

La Bruyère développe en quelque sorte un mot de Mme de Sévigné : « L'étoile de ce petit homme est tout extraordinaire. » (28 fév. 1689) ; et Saint-Simon à son tour rêvera sur un mot de La Bruyère : « C'est en beaucoup de raison que La Bruyère a dit de lui dans ses *Caractères* qu'il n'était pas permis de rêver comme il a vécu. A qui l'a vu de près, même dans sa vieillesse, ce mot semble avoir encore plus de justesse » (t. VIII, p. 619). Lauzun était devenu en 1695 le beau-frère de Saint-Simon.

« Sa vie est un roman » : mémoires, relations, histoires, lettres témoignent à l'époque que les milieux aristocratiques et lettrés voient volontiers dans la vie un romanesque plus riche d'effets et d'émotions que toute fiction. Fiction et réalité voient leurs frontières se brouiller par la forte imprégnation épique et romanesque des esprits.

98. Voir entre autres la *Vie de Rancé* de Chateaubriand.

99. Ce discours shakespearien n'est pas sans rappeler de près un passage de Bossuet, *Sermon sur la mort,* dont il file la métaphore théâtrale : « Cette recrue continuelle du genre humain, je veux dire les enfants qui naissent [...], et la pièce n'en aurait pas été moins jouée, quand je serais demeuré derrière le théâtre. »

Des Grands. Dès le chapitre VIII le moraliste nous avait prévenus : « L'on est petit à la Cour, et quelque vanité que l'on ait, on s'y trouve tel ; mais le mal est commun, et les Grands mêmes y sont petits » (5). Dans la première addition (1689) du chapitre IX, il ose la comparaison des « différentes conditions des hommes » (5) : proportions, rapports d'égalité et d'analogie, mesure des distances, relevé si l'on peut dire, de l'incommensurable, telle est souvent la méthode de La Bruyère ; l'audace est ici de renvoyer dos à dos grands et petits, d'ôter aux premiers la position d'idoles que leur avait conférée le regard des seconds. L'année suivante, il récidive et les met à nu : « Le peuple n'a guère d'esprit, et les Grands n'ont point d'âme ; celui-là a un bon fond, et n'a point de dehors ; ceux-ci n'ont que des dehors et qu'une simple superficie » (25). Le choix est fait : « Je ne balance pas : je veux être peuple. »

Le moraliste est la Némésis. Il s'acharne sur les grands, qui se croient au-dessus des mortels, avec « leurs riches ameublements, leurs chiens, leurs chevaux, leurs singes, leurs nains, leurs fous et leurs flatteurs » (3). « Si un Grand a quelque degré de bonheur sur les autres hommes, je ne devine pas lequel si ce n'est peut-être [...] » : la suite de la remarque accumule hypothèses et exigences telles que les grands ne sont pas au rendez-vous fixé par la grandeur (31). Des « intouchables » (A. Stegmann, *op.cit.*, p. 61). la maîtrise parfaite du geste, la dignité de l'*actio*, qui devrait faire d'eux des chefs-d'œuvre vivants, leur sont même ôtées : deux additions de 1691 en font des agités (32 et 54) ; la mise en scène étourdissante, où les images s'emballent les unes après les autres (32), s'assagit (54) ; mais les « figures de carton » sont confirmées, de l'intérieur dans leur vanité (qu'est-ce, toutefois, ici que l'intériorité ? « âmes oisives »...) La beauté des *Caractères* tient à ces scintillements et réfractions d'une image, à cette lumière venue d'une même couche de texte reconnaissable.

La Bruyère ne se lasse pas d'enfermer les Grands dans le parallèle : l'édition de 1691, encore elle, ne fait plus guère de différence entre Versailles ou Fontainebleau, et la rue Saint-Denis ; l'annexion des Grands dans le mot de peuple, amorcée en 1689 dans cette même remarque 53 y est accomplie : « Tous méprisent le peuple et ils sont peuple. » Les grands ne sauraient échapper à la prise linguistique du moraliste. Ils ne sauraient non plus échapper aux conséquences de l'esprit industrieux déployé par ceux que La Bruyère appelle les « citoyens » : en 1692, il n'ajoute qu'un paragraphe, mais décisif (24). Sa place est notable et l'art d'agencer les pièces implacable : la remarque 23 avait daubé sur les Annibal, Tancrède, Hector, tous prénoms dont s'affublent les Grands (et pourquoi pas Mercure ou Adonis ?) ; la réflexion nouvelle développe la logique de l'imaginaire et du plaisir, dans laquelle les Grands s'enferment pour leur opposer l'étude, à laquelle se livrent les « citoyens ». Au primat des mots chez les uns, il oppose l'analyse des réalités, institutionnelles, politiques, économiques, diplomatiques chez les autres. Primat des mots : d'une page à l'autre, La Bruyère fait entendre le murmure des louanges et des flatteurs (3, 11, 13, 37, 41, 55, 56) ; et symétriquement il est aisé aux Grands de « ne donner que des paroles et leur condition les dispense si fort de tenir les belles promesses » (6). Primat des mots encore quand « *Aristarque* se transporte dans la place avec un héraut et un trompette. » (45).

Aux Grands *rien* ne sera laissé ; l'impôt du sang ? Il leur est reconnu (40) ; mais, à la façon de La Rochefoucauld, La Bruyère rappelle aussitôt (41), tout ce qui soutient le mérite personnel dans les hasards des combats ; un parallèle bref ajouté dans le même alinéa l'année suivante apporte une clausule implacable. Dernier terme de la chute : en 1694 le moraliste ne distingue plus le Grand que par la qualité du vin — du champagne — dont il s'enivre (28)... Comment concilier pareille aigreur avec cet esprit de justesse dont le moraliste a fait sa règle ? On a pu y voir le ressentiment personnel de l'homme attaché à la maison du Grand Condé. Il faut voir aussi tous les liens qui ramènent l'esprit du lecteur vers les chapitres déjà parcourus : II, V, VI, VII, VIII. L'écriture discontinue implique une remise en jeu continuelle des remarques prélevées ; elle leur ôte peut-être leur âpreté du moment, mais les met sans cesse en perspective. C'est l'ensemble de l'édifice social qu'il faut revisiter, selon les différentes entrées que sont les chapitres. La violence des attaques se nourrit-elle des exemples évangéliques ? « Pharisien aveugle, purifie d'abord l'intérieur de la coupe, afin que l'extérieur aussi devienne pur » (Matthieu, XXIII, 26). La critique sociale, ici comme au chapitre VI, a pour caution la morale évangélique. Mais c'est, ici aussi, un exercice rhétorique : Gorgias se faisait fort de rendre ce qui est humble grand et inversement ; La Bruyère prend le contre-pied des contemporains, qui ne cessent de louer les grands, pour les abaisser. Il était tentant avec ce seul mot *grand*, consacré par l'usage, de jouer à l'abaissement. Le chapitre s'achève sur une feinte : lorsque tout est dit, le moraliste constate qu'il n'a pas le choix : « L'on doit se taire sur les puissants. »

2. *D'un rang et d'une naissance à donner des exemples* : Bossuet, dans ses *Oraisons funèbres*, rappelle que les grands et les rois sont ici-bas pour être des exemples au reste des mortels.

3. L'art de la pointe dans le chapitre IX a des implications plus fortes que dans les chapitres VI, VII, VIII.

5. Le 1er alinéa est une variation sur La Rochefoucauld, max. 52. Il témoigne aussi du goût et de la méthode de La Bruyère : la réflexion morale recourt à des images spatiales de distance, symétrie, proportion, à des rapports d'égalité de mesure ou de poids. Le 7e alinéa juxtapose deux aspects du moraliste : il décrit, et apparemment ne fait que décrire ; mais le bilan final glisse au jugement de valeur avec le simple *et*. Dès lors, si « tous sont contents », à quoi bon dénoncer, alinéa après alinéa, édition après édition, les folies des hommes ?

6. Le respect de la parole donnée était une vertu aristocratique immémoriale.

7. *Se crever* n'avait pas l'emploi actuel. Il se disait au propre des chevaux qu'on fatigue jusqu'à les tuer.

8. La remarque concentre plusieurs tours qui font la manière propre de La Bruyère (portraits indirects, par la médiation d'un interlocuteur qui n'échappe pas lui-même au peintre, prise de parole directe, énigme feinte amorcée au début, obliquement désamorcée à la fin).

12. Juxtapositions et gradation évoquent directement Pascal (voir la distinction des trois « ordres », *Pensées*, 339) ; voir la fin du chapitre « Du cœur », et le chapitre XII, « Des jugements ».

15. Voir le portrait de G. de Roquette, évêque d'Autun par Saint-Simon (*Mémoires*, année 1707, éd. cit., t. III). — *Se faire de fête* : selon l'Académie, « s'entremettre de quelque affaire et vouloir s'y rendre nécessaire sans y avoir été appelé ». — Le *Grand* à peine *débarqué* serait Jacques II, roi d'Angleterre, arrivé à la cour de France en 1689.

17. *Le temps, qui adoucit toutes choses* : voir 54, et presque textuellement VI, 76. C'est un des leitmotive désenchantés des *Caractères* (voir III et IV notamment).

19. Autre leitmotiv, la précellence des « ouvrages de l'esprit » (voir VI, 12, 56). Mais elle est subordonnée plus d'une fois à un autre ordre, la « bonté » (voir VIII, 31, IX, 12).

20. Téléphon (littéralement, « celui qui parle à distance ») est le double de Damis, un des « caractères » de l'acte II, scène 4 du *Misanthrope*. — *Développer* est pris ici au sens premier de « retirer de l'enveloppe ». — Dave est un nom d'esclave dans la comédie latine, et fait antithèse avec les noms de Socrate et Aristide, les sages.

21. Voir Beaumarchais, *Le Barbier de Séville*, acte I, scène 2 : « Aux vertus qu'on exige dans un domestique, Votre Excellence connaît-elle beaucoup de maîtres qui fussent dignes d'être valets ? »

23. Renaud, Roger, Olivier, Tancrède sont les noms des héros-chevaliers, de l'Arioste (*Roland furieux*) et du Tasse (*Jérusalem délivrée*), notamment, très familiers à l'imaginaire aristocratique et sans cesse mêlés à ses divertissements. Ces réflexions renvoient à toute une culture et à un style de vie. Voir P. Goubert, D. Roche, *Les Français et l'Ancien Régime*, t. 1, « La Société et l'État », A. Colin, 1984, p. 128 sq.

24. *Coteaux* était un sobriquet appliqué à tout gourmet qui se piquait de ne goûter des vins que de certains coteaux, champenois notamment (voir Boileau, *Satires*, III, vers 107). — Les Grecques Thaïs et Phryné sont les antonomases de la courtisane. — Selon Furetière, on appelait *chiens de meute* « les premiers chiens qu'on donne au laisser-courre » et *vieille meute* « les seconds chiens qu'on donne après les premiers ». — Les *citoyens* sont définis par le Dictionnaire de l'Académie comme les « bourgeois, habitants d'une cité », mais le terme garde ici une connotation romaine et valorisante : le citoyen a le sens très aigu de la *res publica* (voir II, 10-11). Mais pour autant peut-on dire que, dans les chapitres II et IX, la vision du monde de La Bruyère coïncide avec celle de la bourgeoisie, qui occupe souvent de hautes responsabilités dans l'administration royale ?

25. Pour le sens du mot *peuple*, voir aussi 53. — II 16 proposait, avec quelque précaution, une « comparaison entre deux conditions tout à fait inégales » : la présente remarque (5ᵉ éd.) ne s'en embarrasse plus. L'exercice du parallèle est-il responsable de ce radicalisme ? Il amplifie ici l'antithèse posée en VII, 16. La Bruyère donne une image du peuple bien proche de celle que Rousseau proposera, et anticipe sur la fameuse réplique de Figaro, « persuadé qu'un grand nous fait assez de bien quand il ne nous fait pas de mal » (*Le Barbier de Séville*, acte I, scène 2).

27. Voir les *Mémoires* de Saint-Simon, qui offrent quelques figures de la folle de cour (très rarement du fou), comme Mme Panache (éd. cit., t. I, p. 365).

28. *Crapule* a le sens du mot latin *crapula*, « ivrognerie ». — L'*estafier*, primitivement un laquais qui tenait l'étrier de son maître, est un valet de pied, avec une nuance de mépris. — Champagne et Brie désignent les vins de ces régions. Pour l'ivrognerie, cf. VIII, 74.

30. *Compagnie* désigne, selon le Dictionnaire de l'Académie principalement un « corps de magistrats ».

32. Les *figures de carton* représentaient des personnages lors des feux d'artifice. — G. Cayrou notait (éd. cit., p. 333, n. 4) « la mobilité un peu incohérente de l'imagination de La Bruyère » dans ces quelques lignes. L'enchaînement des images présente plutôt une discontinuité signifiante, figure du non-être de ces pantins.

34. Voir Pascal, *Pensées*, 502.

36. Voir Pascal, *Second Discours sur la condition des grands*, éd. Br., p. 236. — Toute la différence, elle n'est pas formelle, est dans le tutoiement.

37. C'est une méthode que les prélèvements de mots et de discours par La Bruyère dans le ramage social.

41. Thersite et Achille sont les figures exemplaires, dans *L'Iliade*, de la lâcheté et du courage.

42. Voir II, 33.

44-46. L'intérêt des clefs qui désignent ici Achille de Harlay, premier président, est d'inciter au moins à une lecture parallèle de son portrait dans les *Mémoires* de Saint-Simon (Pléiade, t. I, p. 134). — *Cabinet* : dans son édition, R. Garapon indique qu'il s'agissait d'abord d'une réunion quotidienne de savants et honnêtes gens, qui avait fait des émules par la suite. — Sur les *nouvellistes* La Bruyère s'est déjà exprimé (I, 33 ; II, 39 ; V, 11).

47. En revanche, *Les Caractères* (voir le « Discours sur Théophraste ») sont marqués par un certain primitivisme, nostalgie du temps des patriarches, de l'âge d'or gréco-latin aussi.

48. Saint-Simon a laissé un portrait nécrologique de Harlay, archevêque de Paris, mort en 1695, prélat qui aurait été l'original de Théognis (t. I, p. 256).

50. Le 1ᵉʳ alinéa dans les 4ᵉ et 5ᵉ éditions figurait au chapitre V. Pour la *fausse grandeur*, voir II, 42. — Pamphile est littéralement « l'homme qui [s']aime pleinement ». Ce premier portrait l'apparente à Théognis (48). On a vu dans le 2ᵉ alinéa un portrait-allusion du marquis de Dangeau, dont le *Journal*, longuement annoté par Saint-Simon, donna aux *Mémoires* une matière première. L'expression *il est d'après un grand* a fait la joie de Saint-Simon qui l'a transposée dans le portrait de Dangeau, *Mémoires*, Pléiade, t. VII, p. 709 : « Ses charges, son argent en avaient fait, non pas un seigneur, mais, comme l'a si plaisamment dit La Bruyère, un homme d'après un seigneur. » — Floridor, en réalité Josias de Soulas, fut premier acteur à l'hôtel de Bourgogne de 1646 à 1671 ; Mondory, en réalité Guillaume Gilbert ou Desgilberts, fut la vedette du théâtre du Marais, de 1634 à 1638.

Comme souvent dans les formes brèves, l'image finale commande l'ensemble du texte : les *pièces* (des armoiries), le *cordon bleu* des chevaliers du Saint-Esprit forment l'apparat dont un Pamphile *s'enveloppe pour se faire valoir* comme un roi de théâtre ; il a le sens de l'*actio* et, comme le bon comédien de Diderot, travaille avec rigueur *d'après* le modèle qu'il s'est formé pour jouer. Dans le 3ᵉ alinéa, le passage au pluriel coïncide avec une amplification du portrait, qui rayonne, en outre, vers quantité de chapitres (II, V, VI, VIII, XI, XIII). Pour l'origine du nom Pamphile et la méthode de La Bruyère, disciple de Théophraste, qui était naturaliste, voir Normand Doiron, « La Bruyère naturaliste : *Pamphile* ou l'ordre des grandeurs », in *Le Tricentenaire des « Caractères »*, Biblio 17, n° 44, 1989, p. 33-44. L'article met en relief aussi la valeur révélatrice des quelques mots prêtés au personnage, *impropriété* vivante, qui engendre le désordre dans la langue comme dans la société.

51. Les premières lignes peuvent renvoyer à Montaigne, *Essais*, III, 7, première phase du chapitre. — L'ensemble de la remarque, avec en particulier l'image de la *maladie de l'âme si invétérée*, replace *Les Caractères* dans la tradition, illustrée par la correspondance de Sénèque avec Lucilius, du « philosophe » médecin des âmes. — Un réemploi de Virgile (*Géorgiques*, II, 460-461) dans l'image de la *foule [...] dont la maison d'un ministre se dégorge* soustrait le texte à une signification étroitement politique et datée : c'est un idéal gréco-latin de désencombrement et d'autarcie qui revit ici.

53. Voir Pascal, *Pensées*, 635. — Des *rapports*, Arsinoé (*Le Misanthrope*, acte III, scène 4) donne un excellent exemple, elle qui vient redire à Célimène les médisances recueillies ici et là sur son compte. — F** désigne Fontainebleau, et pour la *petite ville* voir V, 50. — *Tout le bas, tout le faible et tout l'indigne* : voir Pascal, *Pensées*, 635.

54. Pour la discontinuité de l'homme, voir le chapitre XI (présentation).

Du souverain ou de la république. « Image naïve des peuples et du prince qui les gouverne » (29). Loin de Versailles, mais dans un monde pastoral comme on l'aime à Versailles (sur la scène), La Bruyère rêve au « bon prince ». Fuir, là-bas... On a vu déjà le moraliste fuir, vers la fin des chapitres, dans une Antiquité de convention ; il y a élu domicile. Il rêve au prince qui se ferait aimer délicieusement de ses sujets. Les délices rousseauistes de la bienfaisance étendues à tout un peuple (30-31).

Il est troublant de voir La Bruyère, à propos des guerres, raisonner selon la méthode déductive et génétique de Rousseau, et, si l'on peut dire, lui voler ses tours : « Si, content du sien, on eût pu s'abstenir du bien de ses voisins, on avait pour toujours la paix et la liberté » (9). Il n'est pas moins troublant de l'entendre poser la souveraineté comme terme d'un contrat passé entre les hommes (9). La relation du prince avec les sujets est de l'ordre du « commerce », au sens de l'époque (28) : sur quoi est-elle elle-même fondée ? L'image de la réciprocité des services, ou de la bonté, revient (24, 30, 31, 34), la référence à Dieu, origine de la souveraineté, est rare (34). La Bruyère n'est pas le théoricien de la monarchie de droit divin, il ferait plutôt l'économie de la formule juridique, au nom du pragmatisme, un peu comme Montaigne (mais La Bruyère ne se fonde pas sur le scepticisme philosophique). Le chapitre s'ouvre sur une remarque d'un loyalisme indifférent aux théories, et qui prend une autre résonance à l'époque qu'au temps des *Essais*. Le seul fondement doctrinal, si l'on peut dire, est dans l'image du Bon Pasteur, la charité divine (9).

Image « naïve », nativité, qui ramène à l'Origine même. Là se ferait la rencontre avec Bossuet, *Sermon sur l'ambition* (1661), qui rappelle l'entrée du Bon Pasteur à Jérusalem « pour consommer l'œuvre de notre rédemption », et le sens de sa royauté : « Il veut bien accepter un nom de puissance pourvu qu'il ouvre à ses peuples dans le même temps une source infinie de grâces. » L'idylle du prince et de ses peuples doit-elle à la méditation des passages de l'Écriture que Bossuet aimait à exposer au Dauphin dans la *Politique tirée des propres paroles de l'Écriture sainte* (1709, posthume) ?

En lisant La Bruyère, on se prend à regretter l'audace tout évangélique, la majestueuse et implacable mise en scène du pouvoir royal sous l'œil du Dieu de Bossuet.

Le chapitre X est l'un des plus courts, et des moins brillants. Registre et écriture choisis par La Bruyère ont leurs conséquences ; il n'est totalement ni dans l'universel, ni dans le particulier. Les critiques, qui sortent toujours leurs clefs, élucident les allusions, identifient un tel, et un tel, et même Louis XIV, dans le portrait-fleuve final. Mais ils ne demandent pas *où* est La Bruyère. Est-il quelque part ? De cet ensemble de portraits et remarques peut-on constituer une pensée politique ? Était-ce même son ambition ? Veut-on savoir sa position par rapport à Louis XIV ? La Bruyère, sous couvert d'un discours général, insinue. Il insinue beaucoup, comme un autre adepte d'un genre modeste, La Fontaine, dans ses *Fables*. S'il fait le classement — et il aime classer — des maux dans l'État, il ne parvient pas à une théorie de la raison d'État. Le caractère général — ce qui ne signifie pas universel — de ses énoncés peut faire allusion à bien des faits qui nous échappent : jusqu'à quel point, ici ou là, va l'éloge ou le blâme de la politique royale ? Tantôt armé de l'ironie antiphrastique de Voltaire, il stylise et satirise la guerre (9), tantôt il déploie les fastes de la période oratoire pour récapituler les triomphes du roi (24) ; ici, il célèbre l'art souverain de « se procurer le loisir des jeux, des fêtes, des spectacles » (35), là, il dévoile le calcul qui laisse « le peuple s'endormir dans les fêtes, dans les spectacles, dans le luxe, dans le faste, dans les plaisirs, dans la vanité et la mollesse » (3).

Passe en quelques alinéas une masse (5, 6, 10), caractérisée par le primat de l'irrationnel et la légèreté ; le favori, sortant à peine de l'ombre dans une remarque très brève (17), et prenant toujours plus de place dans les remarques suivantes (18-21), avant d'entendre son oraison funèbre. Et puis les « nouvellistes », ces bêtes noires reparaissant (11), appelées par l'incoercible besoin de demander à l'actualité une ration copieuse de sensations, généreusement offertes par le malheur des autres, trop lent à venir (10)... La Bruyère renvoie aux « médias » (et à leur public) leur image « naïve » de parasites, si l'on ose dire.

Passe aussi, mais s'attarde d'une façon incompréhensible, le négociateur « plénipotentiaire » ; son portrait est (à peu près) au centre, et il est plus long que celui du grand monarque (12)... A croire que La Bruyère aurait rêvé d'être l'un de ces êtres étranges, un « caméléon », un « Protée » ; c'est de lui, au moins autant que du roi, qu'il pourrait dire : « Que de dons du ciel ne faut-il pas ! » (35). « Caméléon », l'écrivain, comme tel, ne l'est-il pas ? Et plus encore le moraliste, qui entre dans une infinité de « caractères » ? — Cette superbe peinture, dont *rien* ne motive vraiment la longueur, est une des belles surprises des *Caractères*, un de leurs plus attachants « caprices ». Enfin le roi.

Qu'est-ce qui anime la syntaxe bourgeonnante de ce long portrait ? Qu'est-ce qui fait courir la plume de La Bruyère ? Le goût de l'accumulation exacte et de la prouesse stylistique ? La prouesse est dans l'assemblage de tant de petites pièces, à la fois distinctes et solidaires, dans le dosage des articles, tantôt définis, tantôt indéfinis (la répartition est-elle toujours motivée ?), dans le choix des termes symétriques et composant des équilibres dans la concision de chaque trait ; elle est aussi dans cet art admirable de dire sans nommer, de désigner l'actualité et l'histoire proche par des périphrases et des tours généraux. La plume de La Bruyère court aussi dans une sorte d'ivresse verbale et dans un état, au fond, plutôt singulier : car ce n'est ni de l'éloquence continûment périodique, ni un style véritablement coupé. Une sorte d'alchimie qui étourdit.

Réunissant tant « de choses qui concourent à la fois », le moraliste s'est moulé sur l'archétype même qu'il a construit ; et un écrivain « qui les rassemble toutes en sa personne est bien digne du nom de Grand ». Car le discours inventaire est comme l'effet de son objet. Dans un genre mineur, La Bruyère fabrique son propre texte d'apparat. Et c'est une loi du genre que les longueurs du développement, comme en témoigne l'*Épitre* I « au Roi » (1669) de Boileau, récitée par son auteur à Louis XIV lors de sa présentation à la cour.

Mais est-ce bien *le* portrait de Louis XIV, comme la critique le soutient ? C'est *l'idée du souverain*, le type parfait, qu'il construit ; le présent employé est-il descriptif ou prescriptif ? Louis XIV remplit-il chacune des cases réunies ? La Bruyère nous propose un jeu : répondre chaque fois par oui ou par non, s'il s'agit bien de Louis XIV... Est-il sûr que le roi, à travers l'ensemble de la grille, soit superposable à « l'idée » ?... Car le discours de La Bruyère, on le sait, fuit, et les images du roi sont dispersées ailleurs, dans ce chapitre ou d'autres (XII, et indirectement II, VIII, IX), qui ne reconstituent pas la figure ici présente. Heureusement, Saint-Simon a laissé les dizaines de pages d'une radiographie minutieuse de Louis XIV dans laquelle, pour son bonheur, le lecteur des *Caractères* n'a plus qu'à se jeter (*Mémoires*, année 1715, Pléiade, t. V).

1. *Prévention de* : prévention pour. — La Bruyère pose ici encore ses pas dans ceux de Montaigne (III, 9), de Descartes (*Discours de la méthode*, 3) et de Bossuet (« Il n'y a aucune forme de gouvernement qui n'ait ses inconvénients, de sorte qu'il faut demeurer dans l'état auquel un long temps a accoutumé le peuple », *Politique tirée de l'Écriture sainte*, II, 1). Pour autant, chaque réflexion s'éclaire plus ou moins différemment selon le contexte, à la fois dessein de l'auteur, méthode, et environnement politique de chacune des œuvres. Ainsi Bossuet donne-t-il une série de « propositions » qui établissent la supériorité relative de la monarchie héréditaire.

2. Montesquieu (*De l'esprit des lois*, IV, 3 ; V, 13-14) a été rapproché de La Bruyère ; mais l'optique et les fondements de leur critique du despotisme ne sont pas identiques.

3. Fastueuse succession de termes, aboutissant à la trouvaille « se remplir du vide », qui fait office de chute ; La Bruyère, par une syntaxe mimétique, retarde la conclusion et ménage en réalité la surprise du cheminement opéré par le despotisme. *Bagatelle* : frivolités. — *Démarches au despotisme* : par vers le despotisme. — La pensée avait déjà été exprimée, de façon plus brutale, et dans l'optique du courtisan (VIII, 67). C'est le *panem et circenses* des Romains, mais à la fois étendu par la gamme et le luxe des bagatelles, et restreint à un univers de privilégiés ; La Bruyère ne mentionne pas le jeu, dont la place est considérable et la fonction moins ambiguë : il peut accroître la dépendance financière.

5. En 1669 le lieutenant de police La Reynie voulut obtenir que les *enseignes*, au lieu de s'avancer sur la tête des passants, fussent appliquées contre les murs ; les protestations le firent échouer, alors que la diminution des *privilèges* des métiers, l'affaiblissement des *franchises* des corporations avaient été acceptés. — Pour le traitement littéraire de l'actualité, voir l'introduction.

7. Scrupuleux dans l'examen des dérives linguistiques, comme on le voit dans le chapitre « Des jugements », La Bruyère s'efforce de discerner ce que l'on entend

par *maux* dans un État. Il distingue divers types rangés en deux groupes, selon que l'on ne considère pas ou que l'on prend en compte familles et individus. Dans une première catégorie, qui ne prend en compte les particuliers ainsi définis, le critère de classement est l'équilibre entre la tolérance du mal, ou son ignorance délibérément entretenue, et le bienfait qui en résulte. La Bruyère reste à mi-chemin, insuffisamment rigoureux parfois dans la définition de ce qu'il appelle l'effet « pernicieux », pas assez détaché de la revue empirique des cas.

La première phrase fait-elle allusion par exemple au principe de la transmission héréditaire de la couronne ? La Bruyère se souvient de Pascal, *Pensées* (128) et de Montaigne, *Essais*, III, 11. — *Établissement* : la façon dont ils ont été établis ; le participe *étant* a une valeur concessive. La réflexion était faite par Montaigne, *Essais*, I, 23. — Quant au *mal fort dangereux*, est-ce la vénalité des charges, contre laquelle le moraliste dirige la pointe de la remarque VII, 5 ? — *Ordures dans un cloaque* : le styliste cache, s'il existe, le penseur politique ; aussi énigmatique que ces maux sont ensevelis dans l'obscurité, il se retranche derrière l'avis des « plus sages ». — *Inconvénient* a un sens plus fort qu'aujourd'hui. — Dans l'avant-dernière phrase, La Bruyère pense-t-il à l'actualité de l'Angleterre, avec la fuite de Jacques II, détrôné par son gendre Guillaume III d'Orange ? — La dernière catégorie est là pour donner une chute oratoire à l'ensemble, digne d'une clausule d'oraison funèbre ou d'un discours sur l'histoire universelle. Mais nulle Providence dans le maniement de cette machinerie théâtrale (c'est bien l'art des machines qui modèle l'imagination, comme en VIII, 32).

8. *Arrêtent bien* : le terme technique a une valeur satirique et double ; les chiens qui *arrêtent bien* le gibier sont à l'image du maître, sans doute habile dans sa course à la fortune ; d'autre part tout langage technique, dans *Les Caractères*, connote le repliement individualiste. — Le parallèle est-il une comparaison ? La Bruyère insinue par les moyens détournés du parallèle qu'Ergaste a fait sa fortune sur le dos du peuple.

9. La composition de la remarque est oratoire, faisant alterner constat initial, déploration funèbre, narration stylisée, exposé éloquent de la genèse des guerres. Présente avec le jeune Soyecourt, mort des suites d'une blessure à la bataille de Fleurus (1690), où périt aussi son frère aîné, l'actualité est aussitôt mise à distance et réinscrite dans l'histoire « philosophique » de l'humanité. La remontée vers les sources est d'une belle audace, si l'on regarde l'analyse à la lumière de Rousseau. En quelques lignes La Bruyère condense, en quelque sorte, la force de l'ironie voltairienne (les antiphrases notamment, et les tours réducteurs) et l'éclairage que Rousseau jette sur les origines de la société civile. On mesurera l'indépendance d'esprit de La Bruyère, qui colle à l'actualité de la guerre contre la coalition européenne sans distinguer (comme il le fera en XII, 118) entre Louis XIV et les coalisés autour de Guillaume III d'Orange ; à plus forte raison est-il loin des thuriféraires du roi, nouveau dieu Mars. Il se retrouve quasiment seul avec Pascal (*Pensées*, 84), et Louis Petit (*Discours satyriques et moraux*, IX, 1686). On peut imaginer le dialogue des morts sur le sujet avec Voltaire (*Dictionnaire philosophique*, article « Guerre », *Candide*), Montesquieu, (*De l'esprit des lois*, X, 2-3), Diderot (*Encyclopédie*, article « Paix ») et Fénelon (*Télémaque*, XVII). — *Épuiser* : vider de. — *Vertu* : courage ; *pudeur* : réserve. — G. Cayrou note pour *te montrer* une transposition de Virgile, *Énéide*, VI, 869 (éd. cit., p. 352, n. 5), déploration prophétique de la mort du jeune Marcellus, qui aurait succédé à Auguste. — *Sont convenues* : sans doute le terme le plus percutant de ces réflexions ; il trouve un répondant avec, plus loin, *se donner des maîtres*, qui fait de la souveraineté une institution purement humaine, à la fois contractuelle et marquée par la violence. — L'année même de la publication de ces remarques, Louis XIV saccageait une nouvelle fois le Palatinat (pour le retentissement du fait, voir F. Bluche, *op. cit.*, p. 413-417). — On trouvera dans l'anthologie réunie par J. Truchet les réflexions de Bossuet sur la guerre (*op. cit.*, p. 260 sq.).

10. *Aux portes de Dijon ou de Corbie* : allusion à l'invasion de la Bourgogne et de la Picardie en 1636 ; la prise de Corbie avait durablement marqué les imaginations. — *Tendre des chaînes* : lors des troubles de rue on utilisait les chaînes qui servaient

d'ordinaire à les barrer. — Le dernier mot, *nouvelle*, réintroduit un des personnages reparaissant des *Caractères*, le « nouvelliste ». En voici même deux dans le texte suivant...

11. Autre parallèle, après les portraits littéraires (I) ou le diptyque Giton-Phédon (VI, 83). La *conjuration* est la coalition de la ligue d'Augsbourg, l'année même où est publié ce double portrait (1691). — Olivier le Daim et Jacques Cœur : l'un était barbier et homme de confiance de Louis XI, l'autre trésorier de Charles VII. — *Feindre* : imaginer. — *Un parti* : détachement envoyé pour reconnaître l'ennemi. — *Ont passé* : ont été passées. — Avec le *seul nom des cuirassiers de l'Empereur*, c'est le rapport de Démophile aux mots qui est mis en scène : il *est* débiteur de nouvelles, et à sa façon poète ; l'image *le fait voler* fait voler aussi l'imagination de La Bruyère, complice de cet extravagant amateur d'hyperboles.

Basilide est à Démophile ce que Démocrite est à Héraclite (XII, 118-119) : deux optiques opposées. Deux noms éloquents : Démophile est républicain (de cœur), il peut se réfugier en Suisse ou à Venise... Il ne peut qu'attendre le pire d'une monarchie guerrière ; Basilide, lui, est suppôt de la monarchie ; par son nom, il prête à son prince des pouvoirs surhumains. Amateur d'hyperboles et d'amplifications, Basilide permet à son créateur intarissable de jouer en virtuose, comme avec Ménalque (XI, 7). Avec *trois cent mille hommes*, quand Louis XIV en aligna, au total, et pas *tout d'un coup*, en 1678, deux cent cinquante mille, voilà revenu Matamore : on verra plus loin que « la triple alliance chez lui est un Cerbère, et les ennemis autant de monstres à assommer ». L'inflation du portrait est bien sûr mimétique de celle du discours. Du coup, déséquilibré, le diptyque n'en est plus exactement un. L'abondance des italiques, la focalisation sur les faits de langue insinuent autre chose : avec Basilide, c'est toute une idéologie royale entretenue par le discours des historiographes et des inscriptions (dont nous sous-estimons par ignorance l'importance) qui est visée. Le « nouvelliste » est un fabulateur, il a aussi une fonction officielle (« il travaille aux inscriptions des arcs et des pyramides », à moins de prendre l'expression comme une nouvelle imposture).

Bicoque : « ville de peu de défense », selon l'Académie. — Le texte est en prise sur l'actualité : la *bataille* que *viennent de perdre les ennemis* est sans doute celle de Fleurus (1690), et la *place très forte* assiégée, Mons, prise en 1691 ; la place est *régulière* quand « la fortification fait une figure régulière » et que « tous les bastions sont égaux », selon l'Académie. — *Tranchée ouverte* : l'expression fait référence au commencement des approches. — *Un troisième est mort* : le peuple avait manifesté sa joie à la nouvelle, fausse, de la mort de Guillaume III (qui inspirait une haine tenace en France) en 1690, comme La Bruyère y fait allusion en XII, 117. — *T.K.L.* : initiales du chef hongrois Tékéli, auteur d'un soulèvement contre l'empereur d'Autriche, Léopold Ier : avec l'aide du sultan il avait battu l'armée impériale en 1690 ; Louis XIV lui avait déjà envoyé ses subsides en 1674. — *Le Grand Seigneur* : le sultan de Constantinople. — *Aux portes de Vienne* : Kara Mustapha, le grand vizir, avait assiégé Vienne, que l'Empereur avait abandonnée (juillet 1683). — *La triple alliance* avait été conclue entre l'Angleterre, la Hollande et la Suède pour prévenir toute incursion de Louis XIV sur le territoire espagnol (janvier-mai 1668) ; une autre réunit en 1673 l'Empereur, la Hollande, l'Espagne. — *Pyramides* : selon Furetière, « bâtiment élevé en pointe pour conserver la mémoire de quelque action éclatante, par plusieurs tables et inscriptions qu'on met dessus ». — *La cérémonie de la cathédrale* : le *Te Deum*, que Voltaire n'oublie pas non plus dans *Candide*, chap. 3.

12. Portrait-fleuve du plénipotentiaire. Les méandres de la syntaxe, la présence de Protée, le métamorphisme du diplomate, son génie de la dissimulation évoquent les ruses de l'amour-propre dans le long portrait qu'en donne La Rochefoucauld (MS1). La longueur même est comme un effet de l'art de temporiser, où le diplomate est maître. Mais elle est aussi effet de la méthode d'analyse (séparation, gradation) pratiquée par La Bruyère, et dont l'exercice devient une fin en soi. Étude patiente, microscopique, aussi : le moraliste accumule les observations comme un naturaliste ; comme l'amateur de tulipes (XIII, 2), il reste « planté » devant l'objet, il le détaille

par le menu, ne s'en arrache plus, on se demande comment il a pu mettre un point final.

Les *préliminaires* (1ᵉʳ alinéa) de la paix de Westphalie avaient duré des années, avant la signature effective en 1648. — *Complexion* est ici synonyme d'*humeur* : caractère. — *Besoins* : circonstances critiques. — *Profond* est synonyme ici de *dissimulé*. — *Rencontre* : occasion. — *Faire valoir* : accroître la force du mot. — *Intéresser* : corrompre. On sait que les agents de Louis XIV pratiquaient l'intéressement sous cette forme. Le passage est un régal pour les amateurs de casuistique (*qui ne choque point leur commission*). — *Chefs* : articles d'une négociation. — *Son fait* : sa conduite ; *digéré* : réglé par le menu. — *Fatigue* : poursuit sans relâche. — *Les derniers efforts* : les efforts les plus importants. — Dans *ses besoins*, l'adjectif possessif renvoie à l'État ; dans *ses conditions* au diplomate.

G. Cayrou (éd. cit., p. 362, n. 10) rapproche l'analyse par Corneille de la diplomatie romaine dans *Nicomède* (II, 3 ; III, 2 ; IV, 5 ; V, 9). Le portrait du plénipotentiaire est aussi comme une synthèse et une typologie anticipées des grands intrigants de la cour vus par Saint-Simon (les Dubois, les Le Tellier, Noailles, etc.).

16. *Bas de saye* : sorte de jupe plissée s'arrêtant aux genoux, et pièce du costume de roi de théâtre, comme le *brodequin*. — Le rapprochement avec Montaigne, *Essais*, I, 42, fait ressortir plutôt la différence d'optique dans la présentation du roi quittant le costume de son rôle.

18. Début d'une série, achevée avec la remarque 22, sur les favoris et conseillers. — *Point de suite* se dit, selon l'Académie, de l'homme qui n'a point de famille ni d'enfants ; *sans engagement* a un sens plus général. — Cette remarque a fait d'abord partie du chapitre « De la cour » ; elle figurait à la fin, entre un alinéa devenu le n° 16, à partir de l'édition de 1689 de ce même chapitre, et le n° 19 du chapitre X.

19. Transportée du chapitre VIII, la remarque fut supprimée ensuite (1691). Le second alinéa fut ajouté lors du remaniement signalé ci-dessus. Faut-il mettre en rapport ces migrations et disparitions avec le souvenir des émigrations intérieures et vicissitudes de grands disgraciés ? — C'est Bussy-Rabutin qui serait désigné d'abord ; exilé sur ses terres de Bourgogne de 1660 à 1687 (voir I. Landy-Houillon, « Bussy-Rabutin et Madame de Sévigné provinciaux malgré eux » in *Les Provinciaux sous Louis XIV*, Revue *Marseille* n° 101, 2ᵉ t., 1975, p. 9 sq.).

Le second alinéa viserait Lauzun, rentré en grâce pour avoir servi la famille royale anglaise lors de l'exil de 1688. Sur Lauzun, VIII, 96.

21. L'apostrophe ouvre comme un sermon de La Bruyère ; les tours, le dialogisme, relèvent de l'éloquence de la chaire, comme les exhortations, le ton soutenu. — *Dégénère* est pris ici au sens étymologique : se perd de génération en génération. — *Cet homme* : le cardinal d'Amboise (1460-1510), ministre de Louis XII. — *Cet autre* : Richelieu. Pour le *grand dessein* et l'*extinction de l'hérésie*, voir M. Carmona, *Richelieu* (Fayard, 1983). — La Bruyère applaudit à la récente révocation de l'édit de Nantes (1685) : « Les contemporains du Roi-Soleil ont trop loué l'œuvre du "nouveau Constantin", du "nouveau Théodose". Mais l'historiographie, de Saint-Simon jusqu'à Lavisse, en passant par Jules Michelet, a trop noirci l'édit de Fontainebleau, au point de nous rendre incompréhensibles, par exemple, les applaudissements de nos pères [...]. L'édit de Fontainebleau entraîna peut-être pour la France autant d'avantages que d'inconvénients » (F. Bluche, *op. cit.*, p. 614 ; le chap. XXI est tout entier consacré à cette affaire). La remarque est publiée en 1691, lors de la guerre avec des nations protestantes.

24. « Il voulait régner par lui-même. Sa jalousie là-dessus alla sans cesse jusqu'à la faiblesse. Il régna en effet dans le petit ; dans le grand il ne put y atteindre, et jusque dans le petit il fut souvent gouverné » (Saint-Simon, *Mémoires*, éd. cit., t. V, p. 471). Le mémorialiste ajoute, dans le long portrait du roi : « Louis XIV s'étudiait avec grand soin à être bien informé de ce qui se passait partout, dans les lieux publics, dans les maisons particulières, dans le commerce du monde, dans le secret des familles et des liaisons. Les espions et les rapporteurs étaient infinis » (p. 524).

La *santé* du monarque : en 1686 Louis XIV avait subi avec succès l'opération de la fistule. — L'éloge du roi guerrier dans un grand style périodique, dont La Bruyère a défini la qualité en I, 29, s'accorde-t-il avec les tableaux satiriques de la guerre des remarques 9 et 12 ou XII, 119 ? — *Dans les places ou les rues de la ville* : écho d'un lieu commun des satiriques depuis Juvénal jusqu'à Boileau, *Satires*, VI ; la ville est un coupe-gorge ; depuis 1667 La Reynie, lieutenant de police, avait fermé la « Cour des Miracles », éclairé les rues aux lanternes et sévi contre les malfaiteurs. — *Sciences* : connaissances. — *Établissement* : situation. — Au total, l'éloge du roi guerrier n'est qu'une pièce dans un dispositif antithétique et en gradation pour suggérer où est la véritable grandeur. C'est transposer dans la sphère du souverain la gradation établie lors de l'enquête à la cour (VIII, 31). Fénelon transposera dans une civilisation « antique » le tableau du royaume bien administré, plus pastoral et rural qu'urbain (*Télémaque*, XVII).

27. En trois ans l'écart entre les réalités du gouvernement royal et la *définition* s'est accru (voir 24). C'est, sous un autre angle, faire percevoir, comme l'a montré J. Brody (art. cit.), l'écart entre les deux sens du terme *mores*. La Bruyère, pour rester dans le registre des inscriptions, rédigerait-il encore l'éloge du Grand Dauphin de 1688 (XII, 106) ?

28. A l'écoute de *tous* les discours, le moraliste veille. Il pèse ou repèse les mots, enregistre leur charge frauduleuse. La seconde phrase met en équilibre cinq termes de part et d'autre. Avec la phrase suivante, c'est un équilibre précaire qui est rappelé, avant de dénoncer l'imposture de certains théoriciens politiques de la monarchie absolue, comme Cardin Le Bret, *De la souveraineté du Roi* (1632).

« Nos sensibilités échappent malaisément au pouvoir des mots. Or, depuis 1789, un enseignement simplificateur a noirci le concept de monarchie absolue [...]. La monarchie de Louis XIV devenait rétrospectivement le règne du bon plaisir [...]. Les Français du XVIIe siècle savent aussi que *monarchia absoluta* signifie *monarchie sans liens*, et non pas sans limites », écrit F. Bluche (*op. cit.*, p.185-186), qui rappelle « un grand principe » parmi « les maximes fondamentales » du royaume : « Le *souverain n'est qu'usufruitier*, et non propriétaire de son royaume » (p.187). On trouvera un état de la question, en particulier du rôle joué par Bossuet — qui « a tout pesé sur la sémantique de la monarchie absolue » — dans le chapitre « La monarchie sans liens » de l'ouvrage, où sont considérées les limites de droit et de fait à la souveraineté. Pour une vue précise des *regalia*, ou droits du roi, définis par les juristes (et de l'attitude des rois), et pour la notion de « contrat » tacite entre le « peuple » et le souverain, voir P. Goubert et D. Roche, *Les Français et l'Ancien Régime* (A. Colin, 1984, 1 « La Société et l'État », p. 208-210 ; et p. 221-224 pour les « pouvoirs effectifs du roi ») : « Un certain nombre de juristes et de théoriciens [...] ont évoqué l'idée d'un "contrat" tacite, coutumier, entre le "peuple" et le roi [...]. Un signe sensible de ce dialogue (à vrai dire bien discret) du peuple et du roi résiderait dans un certain nombre de « droits » que l'ensemble des Français conservaient, ou étaient censés conserver [...], respect de la "liberté" des sujets [...], respect des biens et des propriétés, et des contrats qui les règlent, les maintiennent ou les font circuler. » La remarque est publiée dans l'édition de 1692, année où un édit avait déclaré Louis XIV « seigneur de tous ceux qui n'avaient point de seigneurs [...] à moins qu'ils ne paient finances pour obtenir confirmation de leurs privilèges » (*ibid.*, p. 206) ; la dernière phrase du passage montre que l'aspect « féodal » de la royauté et de cette mesure n'était peut-être pas compris par La Bruyère. Celui-ci ne fonde jamais sur une base théologique sa définition du « contrat » et du sens de la souveraineté royale : on a pu le rapprocher plutôt de Montesquieu ou de Voltaire, partisan de la monarchie absolue sous droit divin.

29. Pastorale politique, et « lieu » des théoriciens ou thuriféraires de la bonne monarchie. C'est une transposition politique de la figure du Bon Pasteur de l'Évangile dans une Antiquité homérique qui fournit elle-même le goût de la comparaison exemplaire et développée. Fénelon n'est pas loin, qui, lui aussi, condamne les

raffinements de la civilisation curiale dans *Télémaque*) comme dans la *Lettre à l'Académie*, dernier chapitre, il fait désirer une frugalité digne des chefs de l'épopée antique. — *Naïve*, l'image l'est, fidèle donc à une origine mythique et perdue, native ; sur la place des images dans ce chapitre, voir la présentation, p. 1195.

31. *Trop acheter* : acheter trop cher ; La Bruyère file la métaphore du « commerce » (28, 30), et la remarque étend à l'ordre politique l'idéal de bonté achevée qui terminait le chapitre II.

34. Suite de la métaphore filée du « commerce » (28, 30-31). La Bruyère fait ici référence, ce sera l'unique fois, à Dieu (on peut aussi considérer, en filant la métaphore de 29, que le Bon Pasteur s'est vu confier le troupeau par Dieu). La réflexion se noue aussi avec la remarque 7 sur les maux impliqués par une fin supérieure. Pascal se profile lorsque La Bruyère évoque *le plaisir que semble donner une puissance absolue* : « Et c'est enfin le plus grand sujet de félicité de la condition des rois, de ce qu'on essaie sans cesse à les divertir et à leur procurer toutes sortes de plaisirs. » Les questions posées à la fin par le simple particulier seraient oiseuses, si elles ne disaient pas, en creux, les exigences littéralement terribles de la condition royale, qu'elles remettent dans le face-à-face avec Dieu, insoutenable.

35. Long portrait du bon roi, moins long, on le notera, que le portrait-fleuve du diplomate... Ici, le chapitre X récapitule en une unique figure les vertus disséminées dans les chapitres II, IV, V, VIII, IX, XI, XIII. — *L'esprit facile* : complaisant. — *Insinuant* : engageant. — *Secret* : discret. — *Complexions* : tempéraments. — *Jugement décisif* : prompt à décider. — *Un culte faux, suspect et ennemi de la souveraineté* : la religion protestante, nouvelle manifestation, aux yeux du moraliste, du monstre « particularisme », dont on a vu l'aspect littéraire et mondain (chapitres I et V). — *Des usages cruels et impies* : allusion aux duels, qu'un édit de 1679 s'efforçait d'empêcher, après les mesures d'Henri IV et Richelieu ? La Bruyère félicite le roi d'avoir réagi contre le duel en XII, 3. — *Qui réforme les lois et les coutumes* : s'il s'agit, point par point, d'un portrait-panégyrique de Louis XIV, on se reportera à l'étude de F. Bluche, *op. cit.*, chap. VIII : « Temps des réformes » ; mais, encore une fois, les formulations de La Bruyère ménagent un manque toujours possible du roi par rapport à « l'idée ». — *Commodités* : voir 24, note à « dans ses carrefours ». — *Édifices somptueux* : un peu plus haut (29), le moraliste proposait l'idéal d'un souverain-pâtre, dépouillé du faste et du luxe. — *Comme ses enfants* : l'infinitif qui introduit la comparaison des *peuples* aux *enfants* n'a pas été lu par la critique : y voyant un indicatif de valeur descriptive, elle rappelle que Louis XIV au contraire avait fait sévèrement réprimer les émeutes dues à la misère. Cayrou s'étonne de voir La Bruyère amnésique sur ce point (éd. cit., p. 375, n. 14) ; c'est qu'il suppose, et d'autres avec lui, que l'auteur donne *le portrait de Louis XIV*. — *Il agit immédiatement* : sans intermédiaire (voir 24). — *Ministres* est pris, la seconde fois, au sens latin des serviteurs. — *Jusqu'où l'on doit conquérir* : allusion à la paix d'Aix-la-Chapelle (1668), où Boileau reconnaissait la même vertu à Louis XIV (*Épître* I, 121) ? « Louis XIV impose aux partisans de la guerre [Louvois, Turenne, Condé] le point de vue des pacifiques [Le Tellier, Colbert et Lionne] » (F. Bluche, *op. cit.*, p. 358). — *Grand* : après le traité de Nimègue (février 1679) la Ville de Paris avait décerné au roi ce titre, « désormais inséparable de son nom sur les inscriptions peintes ou gravées, reliefs, monuments, monnaies et médailles » (F. Bluche, *op. cit.*, p. 385).

De l'homme. Le titre est à la fois ambitieux et passablement ironique. D'un côté La Bruyère récapitule, comme au chapitre IV, une longue suite de réflexions, des Anciens à La Rochefoucauld et Pascal, en passant par Montaigne ; il récapitule, au sens propre du terme, *tous* les chapitres qui précèdent, en éclairant sexes et conditions, y compris la condition royale, par une vision anthropologique. Mais le titre, on le verra souvent, tend vers l'antiphrase : qu'y a-t-il d'humain chez le goinfre Gnathon, qui « ne vit que pour soi, et tous les hommes ensemble sont à son égard comme s'ils n'étaient point » (121) ? On sait qu'il n'appréhende qu'une chose, sa mort, « qu'il rachèterait volontiers de l'extinction du genre humain »... Et Ménalque, la vedette du chapitre, le personnage le plus connu des *Caractères* (7) ? L'auteur nous a prévenus de ne pas y voir « un caractère particulier », plutôt « un recueil de faits de distraction » : Ménalque est un automate, et La Bruyère, comme son siècle (déjà Descartes, dans le *Discours de la méthode*, V) s'y intéresse beaucoup. « De l'homme » : les stoïciens, qu'il attaque après Pascal, après Montaigne et Malebranche, sont-ils humains (3) ?...

Et d'abord le moraliste relève une déconcertante discontinuité en l'homme. C'est un leitmotiv du chapitre (15, 18, 142 surtout, 145, 147-148). C'est aussi et surtout *un des fondements, le premier peut-être, de l'écriture discontinue* (voir la Préface de Jean Lafond, ci-dessus, p. I). La réflexion débute ici par le motif de l'inconstance, du caprice, dans une vision qui doit encore beaucoup au baroque. C'est tout le problème de l'adéquation du mot *caractère* à un tel métamorphisme (voir l'étude de J. Lafond « La naturalisation en France du caractère », ci-dessus p. 23). Qu'on relise les stupéfiantes remarques du fragment 147. De même, et au plan individuel, qu'est-ce que le « naturel » de chacun (9, 15, 18) ? On ne s'étonnera donc pas de voir une série de réflexions sur l'enfance et l'éducation (50-59) : non pas un petit abrégé de pédagogie, car l'enfant compte moins que l'enfance, et l'enfance ici dépose, au sens judiciaire, sur l'homme, sur son essentielle misère.

Tout est bon pour nous ramener à ce motif ; dans la remarque 99, La Bruyère raccroche un court alinéa au premier, dans un grand écart qu'autorise sans doute l'écriture choisie : « Tout notre mal vient de ne pouvoir être seuls », dit-il après Pascal, après avoir noté simplement la distance entre une jeunesse dissipée (ou sage) et une vie sage (ou dissipée) chez les mêmes individus. Les éditeurs ont, bien sûr, noté les réminiscences des prédécesseurs dans l'analyse morale. Les notes ici essayeront de montrer tout ce qui les *sépare*, la plupart du temps, de La Bruyère (en étendant la comparaison avec Montesquieu, *Lettres persanes*, 1721). Non pour montrer son « originalité », encore que le « tour » (terme qu'il aime) donné à ses remarques procure un plaisir assez fort. Mais chaque fois le contexte diffère, à la fois la série ou la grappe de remarques à laquelle se rattache telle observation, le voisinage immédiat, les échos directs (ou affaiblis) de la réflexion dans d'autres chapitres, et ils sont incessants dans *Les Caractères*. L'homme ici représenté est déconcertant, mais *Les Caractères* « concertent », en un perpétuel mouvement de rappels. Ajoutons que le contexte peut s'étendre aussi à l'aspect diachronique de la rédaction : il y a des couches de texte, et une lecture sérieuse impliquerait que l'on parcourût chaque chapitre transversalement, si l'on peut dire. R. Jasinski a montré par exemple combien était réduite l'originalité de La Bruyère dans son attaque du stoïcisme, insérée dans la quatrième édition, et comment celui-ci « apparaissait en plein déclin » depuis plusieurs années. « Pour toute nouveauté, il insiste sur notre incurable mesquinerie, justifiant ainsi le genre minutieux des *Caractères* » (*op. cit.*, p. 59-60). Plutôt que de « mesquinerie », on parlerait de légèreté.

Légèreté du moraliste aussi ? On verra les réserves qu'un historien du monde rural émet à l'égard du fameux tableau des « animaux farouches »

(128), « exercice de style », pour P. Goubert. Les remarques 156 et 158, retournement de l'écrivain sur sa matière, semblent répondre à une préoccupation exclusivement littéraire, au terme même du chapitre : La Bruyère semble regretter surtout de n'être pas romancier, si l'on ose dire, tant la carrière offerte au moraliste est bornée... On a noté plus haut, à propos du chapitre III (Émire) ou VI, toutes les ressources romanesques que les lecteurs du XXe siècle détectent dans *Les Caractères*. C'est nous redonner le sentiment vertigineux du caractère transitoire des formes littéraires. Le chapitre s'achève sur un constat double, manque (158) et trop-plein de matière (156, addition de 1692). Moraliste, il doit viser au général, et manque volontairement le singulier, domaine du mémorialiste ou du romancier. Observateur plus dégagé, moins versaillais ou parisien, il trouverait « dans le peuple ou dans la province » des continents nouveaux. Il ne s'y aventure pas. Trois remarques, pourtant, montrent qu'il les a abordés (49-51), mais ce ne sont qu'un programme de scènes et portraits. Ligoté par son métier de moraliste, il réexprime aussi le motif de la fuite, comme à la fin des chapitres V et VIII, cette fois de façon moins vive. Misère de l'homme. Grandeur ? Certainement pas dans le chapitre « De l'homme ». Les rencontres avec Pascal ne se font pas, chez qui grandeur et misère étaient associées. Le chapitre XVI ne les réunit pas, l'apologétique de La Bruyère étant peut-être plus propre à aboutir au Dieu des philosophes qu'au « Dieu d'Abraham, d'Isaac et de Jacob ».

1. Voir *Le Misanthrope*, acte I, scène 1, vers 173-178.
3. La remarque est une variation développée sur le mot de Pascal : « Ce que les stoïques proposent est si difficile et si vain ! » (*Pensées*, 177). Dans le trait final, la manie chez La Bruyère du détail physique et la mise en scène du geste ou de l'objet rencontrent le tour pascalien. Le moraliste vient après que tout a été dit sur l'*idée*, la figure, ici pur fantôme autant que modèle, forgée par les stoïciens : voir Montaigne, *Essais*, I, 37, II, 10-12 ; Descartes, *Discours de la méthode*, I : « Je comparais les écrits des anciens païens, qui traitent des mœurs, à des palais fort superbes et fort magnifiques, qui n'étaient bâtis que sur du sable et sur de la boue » ; juste avant, le philosophe avait récusé les récits exaltants de grandes figures ou rapportant des comportements littéralement édifiants, car « ceux qui règlent leurs mœurs par les exemples qu'ils en tirent, sont sujets à tomber dans les extravagances des paladins de nos romans et à concevoir des desseins qui passent leurs forces ». On rapprochera aussi La Bruyère de Malebranche, *Recherche de la vérité*, II, 3, 4, « L'imagination de Sénèque », dont la théâtralité déréglée est plaisamment exhibée : « Pourvu qu'il fasse de grands pas, des pas figurés, et dans une juste cadence, il s'imagine qu'il avance beaucoup ; mais il ressemble à ceux qui dansent, qui finissent toujours où " ils sont commencé ". » Et plus loin : « On n'est jamais au-dessus de la nature, si ce n'est par la grâce » (éd. cit., p. 189-197). Le sage stoïcien est ici aussi une illusion théâtrale, parée de tous les prestiges des lettres latines et grecques (voir Caton dans le *De constantia sapientis* de Sénèque, ou la *Pharsale* de Lucain) ; il est victime de la « démolition du héros », pour reprendre le titre classique de Paul Bénichou. Au sublime de théâtre qu'est la posture stoïcienne, La Bruyère oppose l'héroïsme du « philosophe » (VI, 12) et le prestige caché de la compassion agissante (II, 43-44 et IX, 12). Plus loin (42), dans une série sur la mort, la pensée se fait peut-être plus proche du stoïcisme. — « L'homme qui est en effet » : est une antithèse au « sage qui n'est pas » (parce qu'utopique).
5. Irrésolue sur l'irrésolution, la remarque renvoie-t-elle à une constante de la réflexion morale chez Descartes ? « Descartes a toujours redouté et condamné l'irrésolution » (Ferdinand Alquié, éd. des *Œuvres philosophiques*, tome I, Paris, Garnier, 1963, p. 591, n. 2) ; voir dans le *Discours de la méthode*, III, pour la « morale

par provision » : « Ma seconde maxime était d'être le plus ferme et le plus résolu en mes actions que je pourrais [...]. Et ceci fut capable dès lors de me délivrer de tous les repentirs et les remords, qui ont coutume d'agiter les consciences de ces esprits faibles et chancelants, qui se laissent aller inconstamment à pratiquer comme bonnes, les choses qu'ils jugent après être mauvaises. » — Ici même, voir VIII, 22, fin.

6. *Inégal* : capricieux. Est-ce *un* « homme inégal », ou l'homme inégal et multiplié du monde baroque ? Les remarques 4-7 et 9 jouent le motif, récurrent dans le chapitre, de l'inconstance.

7. Cette pièce démesurée des *Caractères* a fait l'objet de remarques dans l'introduction des *Caractères*. Son intérêt est d'être aussi une sorte de *Petite Encyclopédie de la vie quotidienne à la ville et à la cour*, succession rapide de photographies de la rue, la scène de visite, l'écritoire, le pauvre au portail de l'église, etc. Encyclopédie, en effet : Ménalque fait mille tours dans la ville, et il fait le tour de tous les types de distraction possibles. La Bruyère, lui, varie indéfiniment les tours pour relancer Ménalque dans le circuit de ses étourderies, en virtuose. Pour éviter de s'y perdre, on a pris le parti de regrouper les éclaircissements selon les saynètes et sketches numérotés l'un après l'autre :

1) « S'il marche dans les places... ». *Se coller à un mur* est une expression que les contemporains sentaient comme « burlesque ». L'ensemble du portrait est un témoignage, comme R. Garapon l'a rappelé, du goût de La Bruyère et de ses contemporains pour le burlesque (éd. cit., p. xxv-xxx).

3) « Il cherche, il brouille, il crie... ». Le *masque* est une sorte de voilette de velours ou de satin noir que les femmes mettaient en ville pour se conserver le teint.

4) « Il entre à *l'appartement*... ». Il s'agit de l'appartement du roi — Pour un autre regard sur les perruques, voir VIII, 74.

5) « S'il va par la ville... ». Le Palais de justice était le rendez-vous aussi des flâneurs, des curieux attirés par les boutiques (voir Corneille, *La Galerie du Palais*). — Le cocher *touche* pour faire partir la voiture. — Ménalque va jusqu'à la *chambre*, où l'on recevait aussi et au *cabinet*, pièce retirée où l'on étudiait et serrait des objets précieux, selon Furetière, où l'on conversait en particulier également.

6) « Une autre fois, il rend visite à une femme... ». Ce « recueil », comme le dit La Bruyère de Ménalque, est fait de parallèles, de reprises, d'inversions et de variations, ainsi des deux visites ; ou, plus loin, de l'antithèse entre perdre-égarer et accaparer-accumuler ; voir aussi le diptyque de saint Bruno et de la jeune veuve, plus bas.

8) « C'est lui encore qui entre dans une église... ». Les *oraisons* sont le remerciement du mendiant. — Cette séquence est le sommet du burlesque, et Ménalque le descendant du Ragotin de Scarron dans *Le Roman comique* ; Ragotin est aussi réincarné dans le *fort petit homme*. La Bruyère annexe l'église au burlesque, qui avait fait sa demeure des cabarets, hôtelleries, lieux de spectacle. — Les *Heures* sont le livre des prières à réciter aux différentes heures du jour. — L'ensemble du texte, au présent de répétition, constitue lui-même comme les Heures de la distraction, dont le paradoxe est d'être réglée et rituelle...

9) « Il a une fois perdu au jeu... ». Pour la passion ruineuse du jeu, voir VI, 74-75. Saint-Simon rapporte la distraction du prince de Conti enfermant une chienne dans l'armoire au lieu de la cassette (*Mémoires*, t. III, p. 369).

10) « Lui-même écrit une longue lettre... ». Il est temps de parler du comte de Brancas, mort en 1681, qui aurait fourni un original à Ménalque, en particulier pour cette distraction : voir Mme de Sévigné, lettre du 2 juin 1672.

11) « Ménalque descend l'escalier du Louvre... ». Pour le motif de l'escalier monté ou descendu dans *Les Caractères*, voir p. 647, et ici même, première séquence. — Le rubis *balais* est un rubis rouge importé de Balaschan au Turkestan.

12) « Se trouve-t-il en campagne... ». Cette séquence met en scène Ménalque *en campagne*, c'est-à-dire en voyage (plutôt qu'à la campagne malgré l'expression « dans ses terres »). Octobre voyait la cour séjourner à Fontainebleau pour de grandes

chasses. — L'anecdote à propos de Fontainebleau s'épanouit en une sorte d'amplification coïncidant avec l'inachèvement du « conte » : le conte se perd, et Ménalque s'oublie ; de la scène précédente il bascule, libre de toutes attaches spatiales, dans un numéro de pitre fou. *Il se croit seul* : au passage réapparaît un leitmotiv des *Caractères,* tantôt « amour-propre » (au sens de l'époque) exacerbé, tantôt solipsisme de l'écrivain, tantôt vanité de l'homme d'affaires, et en général « ineptie » de l'homme, illustrée par Hermippe (XIV, 64), oublieux de son appartenance à l'humanité.

13) « S'il se trouve à un repas... ». *Flaque* : il lance avec force. L'italique indique l'emploi peu usité du terme. — Pour les manières de table, voir Gnathon, XI, 121, avec un éclairage différent porté sur le personnage.

15) « On le mène aux Chartreux... ». Allusion à une suite de tableaux (22) d'Eustache le Sueur (1616-1655), *Vie de saint Bruno,* destinée au cloître des Chartreux, près du Luxembourg, (aujourd'hui au Louvre) qui lui vaudra une gloire immense. — Le *chanoine* est le personnage qui, au milieu de ses funérailles, était sorti de sa bière, en s'écriant qu'il était damné, et avait décidé de la conversion de Bruno (troisième tableau de la suite). — Pour la prolixité de la *jeune veuve,* voir III, 79.

17) « Il s'avise un matin... ». Le *fruit* est, dit Furetière, « ce qu'on sert en dernier lieu au repas, soit de vrais fruits, soit des confitures, des pâtisseries, fromages, etc. » Pour les mœurs alimentaires, voir Ronald W. Tobin, *Tarte à la crème. Comedy and Gastronomy in Molière's Theater,* Colombus, Ohio State U.P., 1990.

18) « Vous le prendriez souvent pour tout ce qu'il n'est pas... ». Pour le *stupide,* voir XII, 49. — La Bruyère n'a rien laissé au hasard dans la distribution des gaffes : la roture pour le roturier enrichi est la pire des flétrissures. Et c'est à la mésalliance avec les milieux d'affaires qu'il réserve le dernier trait de destruction circonstanciée ; moins grave d'être le fils d'un père qui a monté à l'échafaud.

19) Les additions de la huitième édition avaient apporté des trouvailles ingénieuses dans l'énorme. La Bruyère n'a rien ajouté à la dernière séquence, « Il revient une fois de la campagne... », dont l'originalité est certaine parmi toutes les autres, avec l'image du « bout de flambeau à la gorge » du maître volé par ses valets. Pour la portée de ce feu d'artifice dans l'ensemble d'un chapitre dont le titre relève d'un autre registre et d'un horizon d'attente différent, voir la présentation, p. 1202). — On comparera avec « De la stupidité » dans les *Caractères* de Théophraste, et ici même avec Mopse (II, 38) ; mais on ne peut assimiler les deux caractères tracés par La Bruyère, comme le fait F. Gray, *op. cit.,* p. 122 : Mopse n'est pas vraiment distrait, il fait partie d'une triade, avec Celse et Ménippe (II, 39-40), gens qui s'insinuent de manière étonnante dans les endroits et auprès des personnes de qualité. Le même critique fait observer, à propos de Ménalque en particulier, toute la distance qui sépare La Bruyère d'une esthétique dramatique, malgré ce qu'on appelle « l'art de la mise en scène » : « La répétition de trop de traits semblables n'est pas promotrice de mouvement : trop d'actions nuisent à l'action » (p. 127). Pour autant, peut-on soutenir que « chacun des traits rapportés est comique et que l'ensemble du portrait l'est fort peu » ? Cette citation d'Albert Thibaudet rapportée en note (p. 135, n. 26) confond mouvement théâtral et mouvement : Ménalque n'est pas plus « mécanique » que bien d'autres « caractères », le mouvement ne lui manque pas et le tout n'est pas « essentiellement statique » (F. Gray, p. 136). Peut-on dire que « le distrait n'est pas un caractère, mais le contraire d'un caractère » ? Tout est dans la définition du « caractère » : étymologiquement, il est rigidité ; rhétoriquement, il est jaillissement plein de surprises ; voir p. 639.

8. Remarque caractéristique de la tension vers la rigueur : elle est construite selon une suite ordonnée des distinctions, en un rythme ternaire ; elle donne au lecteur tout à la fois des cadres et un élan pour sa propre réflexion. Elle est caractéristique aussi du rayonnement des remarques et portraits les uns vers les autres : les chapitres II, V, VI, VIII, XIII offrent maints exemples d'incivilité.

9. *Humeur* : caractère, naturel dans le premier alinéa. Dans le second, ce serait plutôt la disposition accidentelle, l'état d'âme passager. — pour l'*irrémédiable,* voir

1, 15, 28, 60. Le rapport des deux alinéas n'est pas évident, l'un sur l'être, l'autre sur la manifestation contrariée de l'être ; l'un sur l'incivilité naturelle, l'autre sur la sociabilité surajoutée à la bonté innée. On voit ici combien La Bruyère est loin du discours proclamant le « droit d'être soi-même » et « authentique »...

12. Ce serait ici un conseil au voyageur qui est sur le point de s'embarquer dans le voyage de la vie, comme le négociant s'en allant sur les mers. Sur le motif de l'*homo viator*, voir L. Van Delft, *op. cit.*, p. 176-191. — On aurait une amorce du discours de l'initiateur au « commerce du monde » dans le roman de formation du XIXe siècle (voir les remarques suivantes).

13. Cette « généalogie d'abstractions » est de tradition précieuse (G. Cayrou, éd. cit., p. 391, n. 2). Complaisance coupable pour cet éditeur, la remarque manifeste toute la dette de La Bruyère envers la préciosité (voir le chapitre V).

14. Variation sur une image, et un concept : la rectitude s'entend, depuis les Anciens, et de la pensée et de la sagesse ; *stultus* désigne chez Sénèque le contraire du sage, mais garde aussi le sens de « stupide ». Voir Descartes, *Discours de la méthode*, III, dans le développement de la « troisième maxime » de la morale provisoire : « Tâcher toujours plutôt à me vaincre que la fortune, et à changer mes désirs que l'ordre du monde, et généralement, de m'accoutumer à croire qu'il n'y a rien qui soit entièrement en notre pouvoir, que nos pensées [...]. » Voir aussi Pascal (231) et La Bruyère, *Les Caractères*, VI, 12 (portrait du « philosophe »). R. Garapon (éd. cit., p. 306, n. 1), voit ici une nouvelle opposition à Molière et cite un passage de la Préface du *Tartuffe*.

15. *Mesures* (desseins) garde une valeur d'image dans le contexte, et entre dans une constellation lexicale (distance, proximité, éloignement) qui *figurent* la vie des sentiments et leurs rapports. — La Bruyère ici fait voler en éclats le discours reçu depuis sur le caractère « fixiste » de l'analyse psychologique au XVIIe siècle, et notamment de la tradition des « caractères ». — La remarque sur le *naturel* hors duquel on est *jeté* témoigne de la complexité et des difficultés de la notion. — *Chagrins* : mécontentements, irritations.

16. Dans la 1re édition, La Bruyère avait utilisé les mêmes mots ou groupes de mots pour dire apparemment la même chose, mais avec moins de piquant en tout cas ; en réalité, l'économie de la remarque a changé et avec elle la pensée a reçu un « tour » différent, devenue moins formulée que suggérée : « Pénétrant à fond la contrariété des esprits, des goûts, des sentiments, je suis bien plus émerveillé de voir que les milliers d'hommes qui composent une même nation se trouvent rassemblés en un même pays pour parler une même langue, vivre sous les mêmes lois, convenir entre eux d'une même coutume, des mêmes usages et d'un même culte, que de voir diverses nations se cantonner sous les différents climats qui leur sont distribués et se partager sur toutes ces choses. »

18. Affirmer l'importance de l'*étranger* (acquis) dans l'homme, c'est faire éclater l'étrangeté même de l'entreprise : qu'est-ce donc qu'un « caractère » ?... Voir 147. — Pour la formule finale, et sa double détente, voir 6. — Écriture discontinue : les remarques 16, et surtout 17, viennent séparer les deux volets du diptyque 15-18.

19. Voir Pascal, *Pensées*, 80 et 181, et déjà Montaigne, début de *Essais*, I, 3.

20. La Bruyère aménage une antithèse plus condensée de La Rochefoucauld, max. 38.

23. Voir V, 63 : Contradiction ou éclairages hétérogènes donnés par le contexte général, le chapitre entier, à chacune des deux remarques ?

24. *S'approcher* : s'entendre. — La remarque est à rapprocher de 16, et également de V, 47, de Pascal aussi (*Pensées*, 243, 622).

25. *Malice* : méchanceté.

27. On a vu (présentation du chapitre « De la ville ») que Paris n'était plus que l'antre de la chicane (voir VII, 21).

29. Voir IV, 62 et Montaigne, *Essais*, I, 53.

30. Nouveau « lieu » de la tradition des moralistes : voir La Rochefoucauld, max. 49, Pascal (*Pensées*, 529), Montaigne, *Essais*, I, 19. Mais est-ce un bien « commun » ? Si l'on veut bien lire chaque paragraphe ou remarque dans son contexte propre, c'est son caractère spécifique qui éclate, et qui fait éclater la notion même de « topos » ou le côté factice de rapprochements noyant tout dans la grisaille : il n'est que de se reporter, par exemple, à La Rochefoucauld, max. 45-51 pour mesurer la différence des lumières qui baignent la remarque 49 de La Bruyère et la maxime 49.

35. *Prononcer* a le sens de « déclarer avec autorité » ; justement la première partie de la consultation, au style indirect, repose sur un choix et une distribution signifiants des verbes qui introduisent questions et réponses : leur variation, le décalage constant, selon une progression descendante, des verbes utilisés par l'oracle, annoncent le retournement final, une question du dieu. Le dernier renvoie au début du texte, en une sorte de maïeutique qui doit faire redécouvrir à Irène un savoir perdu, la vie est une marche à la mort (c'est l'objet proprement de la seconde partie, au style direct). L'ensemble du passage est composé, dialogué, achevé à la manière d'une fable. Le discours du moraliste tient de l'oracle lui-même son caractère fuyant, sa pratique de l'ironie et sa façon de *déplacer* la réponse. Mais le moraliste n'est pas Esculape, dieu technicien : il a manqué à Irène un moraliste, non un homme de l'art ; notable, la médicalisation de sa demande et de son discours... C'est une autre forme de l'universelle *ineptie*.

Entre autres détails précieux, on relèvera seulement la forme sonore que prend l'ironie de l'oracle, en réponse à la question : « Mais quel moyen de *guérir* de cette *langueur* ? » ; la plainte est reprise dans les finales en *r* qui scandent la réponse d'Esculape, vibration contrefaite de la voix désolée d'Irène.

L'ensemble relève de la poétique de la fable, par sa composition, la technique du dialogue, la moralité ironique. A la fin, la fable se replie vers son début. — *long voyage* renvoie à *se transporter à grands frais* : le discours de l'oracle est une forme de maïeutique qui doit faire redécouvrir un savoir perdu par Irène, savoir premier, la vie n'est qu'un pèlerinage ; les mots *jours* et *voyage* sont rapprochés par le même son [3]. La maïeutique est dans le jeu de questions et de réponses d'abord au style indirect, puis au style direct, elle est aussi dans les plaisantes variations des verbes introducteurs de la première partie comme dans la dégradation de la consultation, qui tourne au burlesque progressivement, avant l'échange direct.

La fable met en présence une patiente à forte demande médicale et un oracle-technicien ; la démarche de celui-ci, digne des médecins de Molière, est d'une savoureuse ironie : il a manqué à Irène non un médecin spécialiste, mais un « philosophe »...

37. La condamnation du *ris excessif*, quelques pages après les séquences burlesques de Ménalque, est-elle une autre de ces contradictions qui traversent *Les Caractères* ? On peut voir aussi dans cet énoncé le fondement métaphysique d'une urbanité qui bannit les éclats de toute sorte dans la conduite.

38. La Bruyère a-t-il ici les moyens de son ambition philosophique ? L'*infini*, l'*éternité*, sont-ils autre chose que des mots dont il fait jouer l'aura (*ce qu'on appelle éternité*) ? On se rappelle le précepte énoncé en I, 2 : « Il faut chercher seulement à penser et à parler juste. » L'imagination semble prendre le pas : voir l'hypothèse vertigineuse avancée en 43.

46. *Les Caractères* constituent une sorte de *De brevitate vitae* ; le temps perdu vainement en est un des leitmotive.

47. Voir Pascal, (*Pensées*, 653) et Montaigne (*Essais*, II, 12). Mais le motif de la vie qui est un songe a-t-il le même sens chez La Bruyère et chez Pascal ? Chez le premier, le point de vue adopté sur la vie est celui des vieillards, et il est strictement rétrospectif ; Pascal fait sentir par un raisonnement hypothétique la marge étroite qui sépare la vie du songe, et la clausule dose la ressemblance et la différence dans une optique baroque. Montaigne, déclinant dans une ivresse maîtrisée les mots *songe*, *sommeil*, *veiller*, *dormir* et ceux de leurs familles respectives, est plus radical et se

place dans un projet épistémologique. La Bruyère serait plutôt du côté de l'Ecclésiaste, « Vanité des vanités ».

48-49. La Bruyère pense-t-il « juste » ? Ou les jeux du rythme ternaire sont-ils les plus forts ? La pratique de la « remarque » l'amène à des resserrements et concentrations à effets ; la disposition des segments, la gradation, les symétries, en 49, donnent l'impression d'un manque qui serait perpétuellement entretenu, d'un avortement permanent.

50-59. Cet ensemble est un recueil des remarques sur les enfants préparé par 49 ; ce sont autant d'images de l'homme même (voir la pointe de 50), comme offertes par un miroir de concentration. L'enfant compte plus ici que l'enfance, et moins que la vie humaine considérée dans son ensemble et sa misère : la remarque 51 est superposable à la remarque 47 concernant les vieillards, qui n'ont pas de connaissance nette d'un passé (et sont sans avenir) ; la remarque 52 est un écho de 49, et de sa dynamique de l'incomplétude. L'enfant ne se distingue de l'homme que pour accuser davantage la misère de celui-ci : 51 renvoie en une antithèse forte à 48, et 53 (début) à 47.

L'expansion syntaxique de 53, mimétique du « merveilleux usage » que les enfants font de leur imagination et de leur mémoire tourne à la condamnation de l'homme adulte (voir 48) par un retournement à l'égard de l'imagination, d'ordinaire jugée comme « maîtresse d'erreur et de fausseté » par les moralistes. La Bruyère joue donc tantôt l'enfant contre l'adulte, tantôt la continuité entre eux, pour parvenir au même but (voir la remarque 55). L'accumulation des saynètes enfantines pourrait aussi avoir une fonction seconde, mais d'une forte signification : le mimétisme des divertissements et des brillantes apparences, purement imaginaire, n'est-il pas le miroir qui renverrait à leur vanité les modèles réels, ceux-là mêmes dont La Bruyère dénonce l'inanité dans les chapitres II, VI, VII, VIII, IX ? Voir la remarque 56.

Avec les remarques 54, 57, 58, 59, La Bruyère amorce une réflexion plutôt originale pour l'époque, et que nous ne pouvons pas ne pas lire à travers les *Confessions* et l'*Émile* de Rousseau. On n'oubliera pas, cependant, le traité *De l'éducation des filles* de Fénelon, paru en 1687, tandis que Mme de Maintenon fonde Saint-Cyr en 1685, et expose ses vues en matière d'éducation dans plusieurs brochures, dont l'*Instruction aux dames de Saint-Louis sur l'éducation des demoiselles* (1686).

Pour l'ensemble de la série 50-59, on se reportera à J. de Viguerie, *L'Institution des enfants*, « L'éducation en France, 16e-18e siècles », Calmann-Lévy, 1978.

61. La Bruyère revient à la distinction ironiquement commentée en III, 37.

64. Voir La Rochefoucauld, max. 200 ; mais La Bruyère, entre vertu et vanité, ménage une place aux bienséances, qui ne sont pas sans tenir du devoir lui-même. En évitant le radicalisme de La Rochefoucauld, il perd aussi en vigueur et puissance de suggestion.

66. Voir La Rochefoucauld, max. 138, pour le premier alinéa et max. 254 pour le troisième. Saint François de Sales avait détaillé et commenté des exemples de cette *fausse gloire*, c'est-à-dire d'un orgueil qui se contente des apparences et ne s'élève pas aux grandes choses : voir l'*Introduction à la vie dévote*, III, 4, qui parle de « vaine gloire ». Dans un autre éclairage, plus proche de celui du chapitre V des *Caractères*, voir Montesquieu, *Lettres persanes*, 50 (et 144).

La diversité des références invite à reconsidérer la notion de lieu commun : chacun des moralistes occupe un point de vue distinct, au sens le plus topographique du terme.

67. Voir La Rochefoucauld, max. 327, pour l'aveu des *petits défauts*. — R. Garapon (éd. cit., p. 319, n. 3) rapproche cette série de traits de l'autoportrait de Montaigne (*Essais*, II, 17).

69. La distinction ici opérée fait apparaître, c'est assez rare dans *Les Caractères*, l'instance chrétienne à laquelle finalement La Bruyère en appelle. Mais, tout en maintenant l'appartenance à deux ordres distincts, il reconnaît l'ascèse à laquelle la seule modestie contraint l'homme en société.

72. Voir La Rochefoucauld, max. 34, dont on rapproche la remarque de La Bruyère ; mais l'analyse est différente ici, qui porte sur le fantasme de la *fierté à notre égard*. — *Délicatesse* a le sens de susceptibilité.

74. Pour les portières de carrosse dans *Les Caractères*, voir introduction. — *Au fond* du carrosse sont les places d'honneur (voir XI, 121).

76. Voir Pascal (*Pensées*, 152, 653). La *bizarrerie* (l'extravagance) éclate dans *Le Misanthrope*, où Alceste veut être distingué par des hommes qu'il connaît « flatteurs, peu sincères [...] ». La dénonciation d'une vie par procuration (*hors de nous-mêmes*) est un leitmotiv des *Caractères*, mis en œuvre avec des variations d'un chapitre à l'autre.

80. *Symphonie* est défini par le dictionnaire de l'Académie « toutes sortes de concerts de voix et d'instruments ». Les remarques 79-82 sont une réapparition du leitmotiv de la grandeur véritable qui est dans la compassion (voir II, 42-44, VI, 47, VIII, 31).

83. *Les ongles bien faits* : la fatuité de Clitandre, selon Alceste, tenait particulièrement « à l'ongle long qu'il porte au petit doigt » (*Le Misanthrope*, acte II, scène 1). Voir aussi le dialogue d'Acaste et Clitandre (III, 1) sur ce que La Bruyère appelle les « plus petits avantages », et le portrait d'Iphis (XIII, 14) en parallèle avec celui d'Argyre.

85. *Bien*, au début du deuxième alinéa, a le sens de fortune ; les *sujets* désignent les personnes. — Au début du dernier alinéa, *homme d'esprit* désigne l'homme qui est versé dans les choses de l'intelligence abstraite. — Pour la méthode comparative de La Bruyère, voir les parallèles entre auteurs dans le premier chapitre, et les analyses du chapitre « Du cœur » ; c'est une marque de l'éducation rhétorique. C'est aussi une exécution du programme posé en I, 2 : « Il faut chercher seulement à penser et à parler juste. »

86. Y a-t-il contradiction avec le point de vue sur le *jeu* exprimé en VI, 71-75 ? La Bruyère est tantôt observateur comme ici, tantôt censeur comme plus haut.

88. *Les Caractères* ont de quoi étonner par l'alliage, comme ici, de l'analyse qui hiérarchise des notions ou des aspects de la vie de l'esprit, et les échappées de l'imagination en des vues de l'esprit qui font rêver. — Pour les distinctions entre *sot, fat, impertinent*, voir XII, 44-46.

91. La Bruyère revient-il sur l'identité, affirmée plus haut (14) un an avant, entre les qualités de discernement, le jugement droit, et la vie droite ? *Cœur* doit s'entendre des dispositions les plus intérieures.

92. L'œuvre de Balzac, à commencer par *La Peau de chagrin*, pourrait être un commentaire narratif de cette remarque.

96. Le terme *avenir*, à la fin de la remarque, a le même sens qu'en VI, 26 (la vie future).

99. Pour la différence d'avec soi-même, voir 6, 15, 142, et surtout 147. La Bruyère rejoint La Rochefoucauld (max. 135) et Pascal (section II, « De l'art de persuader », dans l'opuscule *De l'esprit géométrique*) : « [...] les principes du plaisir ne sont pas fermes et stables. Ils sont divers en tous les hommes et variables dans chaque particulier avec une telle diversité, qu'il n'y a point d'homme plus différent d'un autre que de soi-même dans les divers temps » (éd. cit., p. 188).

La *patience* a son sens latin de souffrance ; la *chambre* désigne une vie retirée dans l'étude. — Avec le deuxième alinéa, l'écriture discontinue s'autorise un grand écart ; il est d'autant plus déconcertant que c'est une reprise presque littérale d'une réflexion célèbre de Pascal (*Pensées*, 168). Il sert du moins de transition vers le groupement suivant 100-101. — *A la chambre* : à la vie d'étude et de méditation.

100. C'est un motif dominant des *Caractères* que l'appel à l'autarcie : il commande aussi bien la satire de la vie de cour que le tableau des occupations frivoles à la ville, la critique de la vaine gloire et l'éloge de la vie du « philosophe », la mise en scène des « curieux » (XIII, 2) et la nostalgie d'un âge d'or (VII, 21).

103. La Bruyère vise les *abécédaires*, poèmes dont les premiers vers commençaient par A pour se continuer en épuisant l'alphabet jusqu'à Z.

104. Le *collet* est un ornement de linge porté sur une robe, une chemise, un manteau « alentour du cou ». « Les gens d'Église, fait remarquer Furetière dans son Dictionnaire, portent par modestie de petits collets tandis que les gens du monde en portent de grands ornés de points et de dentelles. » — Les *sœurs grises* étaient ainsi appelées à cause de la serge grise de leur robe (sœurs de charité : le dévouement d'une *sœur grise* enflammera, on s'en souvient, madame de Bargeton dans *Illusions perdues*, de Balzac.)

106. *Résigner* : se démettre (d'une charge).

107. Comme la remarque 105, l'histoire d'Aurèle pourrait être, si l'on peut dire, le canevas d'une nouvelle, pour des lecteurs de La Bruyère qui ont lu Balzac. La mise en perspective des formes littéraires ramène au sentiment de leur historicité et replace l'écriture de La Bruyère à sa date, où une nouvelle sur ces sujets eût été inconcevable : en déterminer les raisons, c'est aiguiser l'interrogation sur la forme datée des *Caractères*. — *Emporté* : débauché. — *Dépouille* : succession.

109. *Occuper* : s'emparer de, être maître de. — *Affliger* : ruiner.

110. *Mollesse*, comme les termes ci-dessus, a gardé son sens latin : dérèglement des mœurs.

111. Nouvelle rencontre de La Bruyère et du théâtre : voir Harpagon et le Mithridate de Racine dans des registres très différents. La remarque met en valeur le terme *difformité* : le vieillard amoureux a vocation à être montré au théâtre, désigné comme *monstre* (au sens latin du terme) sur le site lumineux de la scène.

112. Voir le portrait de « la prude Arsinoé », dans *Le Misanthrope*, acte III, scène 3, et la scène suivante. — Les commentateurs rapprochent cette remarque de La Rochefoucauld, max. 93, de façon un peu complaisante et en les réduisant à un « thème commun ». Voir sur ce travers la note à la remarque 30.

113. Nouvelle rencontre avec Harpagon (voir VI, 58, 66, 67). Comme pour Onuphre (XIII, 24) et Timon (XI, 155), exemples bien connus, La Bruyère, en faisant ces remarques, pose sa peinture comme plus juste que celle du dramaturge (voir l'introduction, « L'optique théâtrale », p. 650). C'est ainsi que la fin de la remarque met en évidence une cause générale, que La Rochefoucauld déjà avait formulée (max. 10). — Dans le détail, on peut s'étonner, avec l'exemple d'Harpagon, de voir que l'avarice convient à la vieillesse : « On n'a nul besoin de s'empresser ou de se donner le moindre mouvement pour épargner ses revenus.» La Bruyère a ici tantôt une perspective génétique, tantôt une fidélité à la notion de caractère, dans une tradition qui fait du vieillard un avare, comme on le voit dans le théâtre latin ; la tradition est rhétorique aussi, selon laquelle « chaque âge a ses plaisirs, son esprit et ses mœurs », (Boileau, *Art poétique*, III, 374). C'est ainsi que Boileau fixe pour l'auteur comique le *propre* du vieillard : « La vieillesse chagrine incessamment amasse » (*ibid.*, 383, et la suite du portrait). Horace l'avait déjà fait (*Art poétique*, 169 sq.). — On trouvera un portrait-biographie de l'avare chez Boileau (*Satires*, X, 255-340), dans un contexte spécifique, qui est la satire des femmes, épisode de la querelle des Anciens et des Modernes.

115. Voir Montesquieu, *Lettres persanes*, 59 (début), mais là encore le contexte éclaire différemment le portrait.

121. *A son égard* : à son point de vue. Gnathon à table : elle est son lieu (Gnathon signifie la mâchoire). La Bruyère a tiré parti d'une particularité dans l'ordonnance du repas : un *service* est un ensemble de plats servis et ôtés en même temps (premier service, les potages, entrées, rôti ; second service, les entremets ; le dernier service était le fruit ou dessert). La cinquième édition ajoute des gestes et attitudes d'une veine burlesque, dans la tradition de Régnier et Saint-Amant. Pour les manières de table, les contemporains de La Bruyère disposaient de remarques dans le *Nouveau Traité de la civilité* (1671) d'Antoine Du Courtin, souvent réédité ; à ce sujet, *dégoûtantes* est moins fort qu'aujourd'hui. René Jasinski (*op. cit.*, p. 65-67) voit dans ce portrait « comme la contre-partie de deux chapitres de Courtin, "Ce qu'il faut observer à table" (chap. XI) et "Ce qu'il faut observer en voyage, en carrosse, à

cheval et à la chasse" (chap. XVI) avec quelques rappels intermédiaires de "Ce que l'on doit faire dans l'église" (chap. IX) et de "Ce qui règle la conversation en compagnie" (chap. V) ». Le même commentateur éclaire un détail souvent mal compris, par référence à Du Courtin : Gnathon *mange haut*, qui ne double pas *et avec grand bruit* ; « Il s'agit d'une attitude : Gnathon mange avec arrogance, dressé sur son séant et la tête haute » (p. 67, n. 4). De même renchérit-il dans l'emploi, autorisé, du cure-dents : « Gnathon *s'écure* les dents comme on nettoie grossièrement une casserole » (*ibid*). Pour la frugalité de La Bruyère, voir VI, 18 ; VIII, 12 ; IX, 24 ; XIV, 63.

Gnathon en voyage : *hardes* désigne simplement à l'époque « ce qui sert à l'habillement ou à la parure d'une personne », selon le Dictionnaire de l'Académie.

122. Autre « arbitre des bons morceaux », le Damis évoqué par Dorante dans *Le Bourgeois gentilhomme*, acte IV, scène 1. Pour l'enjeu moral des portraits de Gnathon et Cliton, voir présentation du chapitre. Avec Phidippe (120) et Ruffin (124), ils forment des variations sur l'inhumanité, même joviale, et un commentaire de 1, original par le registre choisi (bas, trivial, voire burlesque) pour manifester l'odieux. En regard de ces quatre figures, on mettra la fiction de l'homme sage selon le stoïcisme (2).

123. *Quolibet* : selon le Dictionnaire de Richelet, « misérable pointe qui ne porte d'ordinaire sur rien et où il y a presque toujours du faux » ; *historiette* : selon Furetière, « petite histoire mêlée de galanterie ».

124. Voir « Le Vieillard et les trois jeunes hommes » de La Fontaine, *Fables*, XI, 8.

125. Le portrait exploite l'étymologie grecque du nom, « celui qui parle contre » et le nom appelle tout un vocabulaire du discours judiciaire. Ainsi *intervenir* ou « se rendre partie in un procès pour y conserver ses intérêts » (Furetière) ; *s'opposer au sceau*, c'est-à-dire à l'envoi des lettres scellées qui ratifiaient les ventes (d'office, de rentes, etc.) ; *les committimus* désigne les lettres royales, accordant le privilège de plaider devant des juridictions spéciales ; le *syndic de directions* était choisi par les créanciers pour régir les biens abandonnés par un débiteur insolvable ; *solliciter* un juge était une pratique courante (voir Philinte à Alceste : « Aucun juge par vous ne sera visité ? », *Le Misanthrope*, acte I, scène 1, vers 188). — « La langue du Palais, fait observer G. Cayrou, n'apparaissait pas encore comme une langue pédante d'un autre âge » (éd. cit., p. 201, n. 3). — Antagoras est discours, et La Bruyère le compare à des catégories grammaticales : tantôt adjectif et tantôt substantif ; il fait le lien, aussi, entre deux quartiers éloignés, le Marais et le faubourg Saint-Germain. Le terme *trivial* « visible à tous les carrefours », employé déjà pour caractériser le « philosophe » (VI, 12), permet d'y voir l'antithèse de celui-ci ; la comparaison avec le suisse ou le saint (*populaire* : connu du peuple) a valeur déceptive. Antagoras est de ces personnages que La Bruyère ne voit qu'en train de courir (courir et discourir), comme on en rencontre dans les chapitres VII, VIII ; machine à parler, peut-il jamais être *expédié* (le terme n'a rien de péjoratif et signifie seulement qu'on met fin à quelque affaire présentée par quelqu'un) ?

128. *Noirs*, vivant de *pain noir*, les *animaux farouches* décrits ici sont l'antithèse du « laboureur », qui vivait, lui, dans la lumière et bons l'or des moissons (VII, 21). La représentation du monde paysan est fonction du contexte, qui rend la dénonciation particulière chaque fois : plus haut la dénaturation des habitants de la ville, oublieux de leur mère, la Terre, ici la dénaturation de ceux qui ne reconnaissent plus dans le paysan leur semblable (voir Gnathon, Ruffin, Antagoras, et les remarques 126-127 ; aussi VI, 18). — Le terme *racines* désigne seulement « certaines plantes dans lesquelles ce qu'il y a de meilleur à manger est ce qui vient en terre, les raves, les betteraves, les navets etc. » (Dictionnaire de l'Académie). Mais il entre dans le paradigme de l'enfouissement et de l'obscurité. On est loin de la représentation méprisante suggérée par exemple par la lettre de Mme de Sévigné à sa fille (24 juillet 1675), dans un contexte de jacquerie il est vrai, ou de la distance du fabuliste envers les plaintes du « pauvre Bûcheron » (La Fontaine, *Fables*, I, 16).

Pierre Goubert, faisant un tableau des « profondeurs du royaume » en 1688, classe la « sanguine » proposée par La Bruyère parmi les « exercices de style » (*Louis XIV et vingt millions de Français,* éd. du L. de Poche, 1977, p. 214). L'historien précise : « De 1685 à 1689, la météorologie redevient favorable : récoltes magnifiques, prix extrêmement bas, 1688 détenant souvent le "record" du bon marché des grains au XVIIe siècle. Incontestablement, les petites gens durent sentir alors un profond soulagement [...]. Dans les provinces, sauf en pays huguenot, régnait une sorte de paix provisoire [...], sans misère accusée — sauf cette sorte de détresse structurale qui est liée en permanence à la situation de manouvrier, urbain ou rural. Et pourtant, depuis 1674, le petit peuple avait réappris à souffrir : soldats, impôts nouveaux, disettes, épidémies étaient réapparus à peu près partout » (p. 218-219). On pourra se reporter aussi à la monographie, de Pierre Goubert *100 000 Provinciaux au XVIIe siècle* (Paris, « Champs-Flammarion », 1968) qui reprend sa thèse sur le Beauvaisis : elle fait apparaître, pour cette région, la faible part de la propriété paysanne (p. 180-183), sa répartition très inégale (« presque partout, les trois quarts des paysans ne possédaient guère que le dixième du terroir », p. 184) et au total « une sorte de pyramide sociale [paysanne], avec une base très large, comme rongée par la misère » (p.184). On notera cependant, pour le lecteur des *Caractères* soucieux de mesurer l'éventuelle part de mise en scène et d'amplification par La Bruyère, en se reportant aux travaux d'historiens : « La détresse rurale se dérobe aux recherches. Seule, son existence est attestée, ainsi que le nombre souvent effrayant de ceux qu'elle frappait » (p. 185, à propos des manouvriers, au plus bas degré de la hiérarchie paysanne, dont « les moins malheureux » font l'objet d'un chapitre, p. 185-191).

129. Voir V, 47. — Le portrait forme une antithèse avec les remarques 127-128.

130. *Les fourrures* désignent par métonymie les docteurs de l'Université ; les *mortiers* sont les toques que portaient les présidents des parlements. On portait la *masse*, « bâton à tête, garni d'argent » (Furetière) devant le chancelier et les recteurs d'université.

131. Retour du motif de la *mutuelle bonté,* au terme de l'analyse comme dans II, 42-44 ; IV, 42, 45, 48 ; VI, 12 ; VIII, 31 ; IX, 25 ; IX, 8-9, 16, 22, 24. L'analyse elle-même est fidèle à la méthode mise en œuvre en particulier dans le chapitre « Du cœur » : le moraliste jette les composantes de toutes sortes, une à une, dans les plateaux de sa balance et formule des rapports d'équivalence. Les rubriques énumérées au début de la remarque sont, curieusement, la plupart des matières abordées dans plusieurs chapitres des *Caractères* eux-mêmes... N'est-ce pas dire sans le formuler que l'ouvrage est adéquat à son objet, l'homme dans la diversité prodigieuse, mais accidentelle (voir 2) ?

La Bruyère manifeste une grande rigueur lexicale : l'appel final à *composer* répond à la constatation initiale des *combinaisons* ; de l'un à l'autre terme il ménage des relais, *composer* et *commerce*. Comment enfin ne pas rapprocher la pensée de La Bruyère (« ces choses mêlées ensemble [...] forment aussi les divers états et les différentes conditions ») des vues de Balzac dans l'Avant-Propos de *La Comédie humaine* ? La métaphore chimique de l'un (*combinaisons*), le modèle zoologique de l'autre, sont les fondements d'une écriture des *conditions* et des études de mœurs, d'une écriture de la genèse de l'homme social dans sa diversité ; l'unité de composition, que Balzac emprunte aux naturalistes, pourrait être chez La Bruyère, à la fin du passage, la formule de l'humanité morale (*composer ensemble*) : « Ce n'était pas une petite tâche que de peindre les deux ou trois mille figures saillantes d'une époque car telle est, en définitif, la somme des types que présente chaque génération » (Balzac, *Œuvres,* Pléiade, 1976 t. I, p. 18). La Bruyère, lui, voit des *combinaisons infinies* ; mais Balzac retrouve le moraliste lorsqu'il ajoute aussitôt après : « Ce nombre de figures, de caractères, cette multitude d'existences, exigeaient des cadres, et, qu'on me pardonne cette expression, des galeries. »

132. La Bruyère a accompagné le terme *philosophie* d'une note. Le mot, en effet, était entouré de connotations défavorables dans une optique chrétienne attentive à

ne pas séparer raison et foi ; *philosophe* s'entendait aussi bien des esprits libérés de toute allégeance à la foi chrétienne. Le succès du cartésianisme chez beaucoup de mondains explique la réaction de La Bruyère. On note pourtant que la philosophie est ici limitée à la morale ; les divers maux contre lesquels elle *arme* sont typiquement ceux que combat Sénèque dans ses différents ouvrages et ses lettres à Lucilius. La pointe finale, tout à fait inattendue, met soudainement à distance l'éloge de la philosophie... L'ensemble de la remarque oppose les sophistications des philosophes vains à une philosophie dont on peut dire que la vérité est simple et ingénue, critique classique des philosophies ornées et subtiles. La Bruyère rend à la vraie philosophie son universalité et sa fonction pratique, comme il retirera à la religion ses dévotions trop singulières (XVI, 25). La philosophie dépendante de la religion, et non l'inverse, est la seule que l'on puisse comprendre (le dernier alinéa de cette note doit aux remarques d'André Pessel).

135. Le moraliste entre le peuple et les grands : voir IX, 51, 53, et particulièrement 25.

137. Voir IV, 60-61. — La fin de la remarque rejoint la moralité de la fable de La Fontaine « Le lièvre et la tortue » (VI, 10).

141. Floyd Gray a commenté ainsi le portrait : « Un pivot fréquent du caractère est fourni par des questions d'*évaluation*, de *dosage*, de *comparaison*, de *limitation*, ou d'*étendue*, jeu de balance comparable à ce qui fait l'essentiel de la démarche de Montaigne dans les *Essais*. Toutes ces références au nombre sont, simultanément à l'acte d'écrire, des métaphores d'écriture toujours soigneusement mesurées et particulièrement de l'écriture du « caractère » qui « limite » le sujet, qui est « barrière » (*op. cit.*, p. 76). — Le critique voit dans le préverbe grec qui commence le nom du personnage (*tele*) le signe qu'il est « toujours de lui-même » (p. 115).

142. Pour le motif de la discontinuité foncière chez les hommes, voir 145, 147-148 et 15, 18. Pour l'*automate*, voir « L'horloge de La Bruyère », dans l'introduction (p. 642) ; La Bruyère se souvient de la théorie de Descartes sur les animaux-machines (*Discours de la méthode*, V). Voir XVI, 38.

143. Claude de Lingendes (1591-1660) fut un illustre prédicateur, avant la gloire de Bossuet et de Bourdaloue.

145. On pense tout particulièrement aux *Plaisirs de l'île enchantée*, fêtes d'une grande magnificence données en mai 1664. « Le Roi, voulant donner aux Reines et à toute sa Cour le plaisir de quelques fêtes peu communes, dans un lieu orné de tous les agréments qui peuvent faire admirer une maison de campagne, choisit Versailles, à quatre lieues de Paris. C'est un château qu'on peut nommer un palais enchanté, tous les ajustements de l'art ont bien secondé les soins que la nature a pris pour le rendre parfait », dit la relation anonyme qui en a été conservée. Voir Philippe Beaussant, *Versailles-opéra* (Gallimard, 1981). La Bruyère redistribue les rôles de la parabole pascalienne du « roi sans divertissement » (*Pensées*, 168 et 169) : c'est le roi qui fournit aux courtisans de quoi passer le temps en ne pensant qu'à leurs plaisirs. Mais l'ennui est ici examiné sous un autre éclairage, et La Bruyère met à jour un mobile inédit de l'insatisfaction des courtisans (« il s'y mêle de la malignité, qui va jusques à [...] »).

148. *S'échapper* : « s'emporter inconsidérément » (Dictionnaire de l'Académie) ; *se rechercher* : se donner beaucoup de mal (voir III, 4).

153. Voir Vauvenargues : « La médiocrité d'esprit et la paresse font plus de philosophes que les réflexions. »

154. Pour les châtiments corporels, voir Montaigne, *Essais*, I, 25 ; voir aussi Malebranche qui, au contraire, les approuve (*De la recherche de la vérité*, II, 2, 8). Mais la remarque de La Bruyère sur les enfants éclaire autre chose, comme dans les réflexions 50-59. Le *hoqueton*, ou casaque d'archer, est une variation sur un texte célèbre de Pascal (*Pensées*, 78).

155. Timon, l'Athénien révolté de l'ingratitude et de la fausseté de ses compatriotes, est entré en littérature avec Lucien, le satirique grec, et Shakespeare, *Timon d'Athènes*.

— L'italique attire l'attention sur le terme *cérémonieux* (*et* a le sens de et même) ; *s'échapper* : voir 148. — Pour La Bruyère face au théâtre de Molière, voir « L'optique théâtrale », dans l'introduction (p. 650). — *Timon,* enfin, se lit aussi à travers le remodelage du misanthrope par Rousseau dans la *Lettre à d'Alembert sur les spectacles.*

156. Ces remarques répondent à la critique du stoïcisme, à une place exactement symétrique (3). — La deuxième partie de la réflexion ouvre un programme, en quelque sorte, à l'invention de nouveaux objets littéraires : ainsi la province balzacienne, ou la servante Germinie Lacerteux des Goncourt.

157. L'écriture discontinue ne dédaigne pas les symétries : cette avant-dernière remarque (ajout de la 4ᵉ éd.) renvoie par son dernier terme, à « fermes et constants » de la remarque 2. Elle est un bilan au terme du voyage en pays d'humanité (souvent pays d'inhumanité), et un ultime point de vue sur l'inconstance, qui est ici réhabilitée comme un moindre mal, en un retournement final.

Des jugements. Le chapitre XI est un défi, le chapitre XII le relève. Après la vision, ou les visions de l'homme qu'a déroulées La Bruyère, quel fonds faire sur le jugement humain ? Les fils de nos inconséquences se dévident. Comment porter un jugement ? Si « les hommes n'ont point de caractères »... Le moraliste repart en enquête, à la cour, à la ville, à la guerre, sur les places où l'on expose les livres, au théâtre ; il rencontre La Fontaine, se souvient de Socrate (et se prend pour Socrate), croise Corneille qui va à pied, regarde passer un carrosse (il y a toujours un carrosse qui passe dans *Les Caractères*), commente l'actualité diplomatique récente, observe la politique qui tente, au sens originel du terme, le hasard, et les ravages de la rumeur. Il recueille, c'est sa méthode, des bribes de propos, il écoute et il s'étonne. Il fait tinter les mots qu'il a prélevés, pour tenter de nous les faire entendre (79, 82, 10, 19, 20, 21, 24, 64, 65, 95).

Beaucoup de fausse monnaie en circulation. Le chapitre XII fait du moraliste une sorte de contrôleur des poids et mesures. Il est partout, il parle sur tous les tons. Nos jugements ? Nous mettons un mot pour l'autre. On notera comment (en cette fin du XVIIᵉ siècle) l'opinion, et particulièrement les politiques, ont vite fait de déclasser, en trafiquant les mots, ceux-là mêmes qui, formés aux lettres, ont vocation à mettre en cause le langage des politiques... La remarque 19 réjouira les « littéraires », dont la compétence (en cette fin du XXᵉ siècle) est déclarée vaine : « Il sait le grec, continue l'homme d'État, c'est un grimaud, c'est un philosophe. » On ne se retiendra pas aussitôt de relire les cinglantes remarques à l'adresse de « ceux qui ont fait une belle fortune » et qui ne regardent pas ceux qui font des livres (VI,56). A peu près au centre du chapitre, un dispositif plastique attire l'attention : de 44 à 56 se succèdent, comme degrés d'une échelle, un ensemble où les pleins et les vides se font plus spectaculaires sur la page, une série d'alinéas sur la sottise, la fatuité, le ridicule, l'esprit, le talent, l'honnête homme, l'habile homme, l'homme de bien. Une sorte de fugue.

Les mots fuient. La Bruyère le constate, la discrétion des signes, comme dirait le linguiste, n'est plus assurée (55). Les mots fuient, les jugements flottent. Les concepts moraux qu'il examine ont perdu de leur urgence ; mais La Bruyère nous donne ici une belle leçon de vigilance linguistique. Sa minutie est aussi un jeu de l'esprit, fruit délicat d'un siècle, ou presque, de débats moraux, de conversations appliquées à cerner des nuances ou à dessiner des cartes mettant chaque notion à sa place ; elle peut exaspérer un lecteur moderne. Mais le danger est le même, la dérive des mots n'est pas moindre, amplifiée et cultivée par les moyens (?) d'information livrés à une concurrence sauvage. Une leçon de discernement (« Après l'esprit de discernement, ce qu'il y a au monde de plus rare, ce sont les diamants et les perles », 57).

On a vu les implications politico-sociales de ces dérives. Tout est ici mêlé. Laissons à une critique esclave des plans et laborieusement attachée à mettre de l'ordre, ses obsessions. L'intérêt du chapitre est précisément dans le foisonnement de remarques, qu'elles soient regroupées ou non. Tout est solidaire. Ainsi dans les remarques 12-21 les « ouvrages de l'esprit » sont-ils considérés ici sous un autre angle que dans le chapitre d'ouverture ; les trois alinéas de la remarque 11 font glisser vers eux, dans une sorte de cadence mineure : les hommes sont plutôt « ours et panthères », de là vient le raffinement du savoir juridique, ce sont des estomacs et des sexes, de là vient la prospérité du discours médical et des médecins. Mais, tout aussi inconsidérés avec les œuvres littéraires, les hommes font prospérer un Chapelain pendant que Corneille n'a tout juste l'aisance. Le portrait du philosophe Antisthène, vendeur de marée, un des plus drôles des *Caractères* (21), n'est que la conclusion du jugement affiché par les hommes d'État niant la compétence des savants et des lettrés de haut vol (19). La Bruyère cherche à briser une image (homme de grande culture : pied-plat) collée à la face des humanistes, et qui a l'avantage de les reléguer dans leurs bibliothèques. Ailleurs il propose en quelques alinéas un petit, un tout petit traité sur l'usage du temps (101,103,104). Comme Sénèque interroge son époque, La Bruyère critique les questions posées par les gens affairés aux loisirs, à l'homme qui maîtrise son temps dans la liberté véritable. Une civilisation du loisir affairé (104)... Dénaturation, leitmotiv des *Caractères* : le regret de l'« âge d'or » a ici des implications politiques (109,75). La Bruyère ne voit que des consciences aliénées (110,104,102), quelles que soient les conditions sociales. Dénaturation, de la femme attirée par l'attirail des cosmétiques (29), de l'homme de bien, qui cherche à se donner un « look » (29) : seule l'apparence est maîtresse des jugements. C'est l'exercice du jugement qui est en cause : ainsi est récapitulé, par exemple, le chapitre II, « Du mérite personnel » (6,7,8,19,27,29). La remarque sur l'usage des eaux-de-vie à la cour (VIII,74) est reprise sous le même angle (22-24).

De même le portrait de Théodote (VIII, 61) est-il doté ici d'une portée plus large (26).

Socrate (11,66), Héraclite (118), Démocrite (119), Ésope (119) : La Bruyère parle sur tous les tons, récapitule non seulement les chapitres de ses *Caractères,* mais les figures du Sage ; les deux derniers textes se détachent par leur longueur et leur virulence, anticipant curieusement la voix de Voltaire. Deux exercices de style, éblouissants et complaisants. Le chapitre « De l'homme » portait un titre plutôt antiphrastique ; c'est dans cet écart entre la définition et les comportements que La Bruyère se place, en jouant des points de vue contrastés, mais convergents, d'Héraclite et Démocrite, selon la méthode du parallèle. L'actualité diplomatique et guerrière vint lui offrir une belle matière et un défi : dire l'actualité et l'événement sans les dire, voir ou faire voir en eux, par l'amplification, jusqu'où va notre dénaturation et notre folie. Les deux derniers tableaux sont comme un embrasement des dizaines de remarques du chapitre.

1. *Entêtement* : enjouement. – La triade finale désigne successivement trois formes de particularismes séditieux, abhorrés, on l'a vu par La Bruyère, dans les chapitres I et V (en littérature, les cabales), VIII-IX, de façon plus discrète (en politique les partis), et, on le verra, dans le chapitre XVI (dans la religion, les hérésies). – Le long développement qui achève le chapitre « Des jugements » répond à la remarque 1 en orchestrant le motif avec toutes les ressources de l'éloquence satirique.

3. Écho d'une remarque du chapitre « Du cœur » (35), et réapparition du motif de la fondamentale inconstance (voir présentation du chapitre XI, p. 1191).

4. *Prévenir* : gagner notre esprit ; voir Pascal, *Pensées,* 78.

5. *Penser très modestement* : avoir une estime modérée. Pour les torrents de louanges provoqués par la faveur, voir VIII, 32 et, au contraire, pour l'élégance rare des esprits indépendants, voir VIII, 30.

6. *Aussi* : non plus. – L'art de la pointe et son « économie » distinguent cette remarque ; elle pousse plus loin que ne faisaient la description en VIII, 84, et le groupe d'alinéas 17-23 du chapitre X, ou la métaphore de 61.

9. *Goûter* : apprécier. – *Action* : au sens rhétorique traditionnel, geste, contenance. – *Réciter* : raconter.

10. *Bagatelle* : frivolité. – La fin du premier alinéa tourne au paradoxe, si vive est chez La Bruyère l'horreur de l'esprit de singularité. Mais il est renvoyé dos à dos avec le conformisme. – Dans le second alinéa, le moraliste se livre à un prélèvement dans le discours du monde, et fait apparaître le poison. – La Bruyère est plus réservé que Sénèque invitant Lucilius à cultiver la différence intérieure : « Qu'on nous reconnaisse dissemblables du commun des hommes, en approfondissant l'examen » (Lettres, I, 5, 6). Il se rapprocherait plutôt de Descartes, appelant à « instruire son jugement, touchant ce qui est véritablement digne de blâme ou de louange, afin de n'être pas honteux de bien faire, et ne tirer point de vanité de ses vices, ainsi qu'il arrive à plusieurs » (*Les Passions de l'âme*, III, 206, éd. citée p. 212 ; voir la note 1 à la page 213). Montaigne, « dégoûté de la nouvelleté, quelque visage qu'elle porte » (*Essais,* I, 23), rejoint La Bruyère à partir d'un point de départ antithétique, l'éloge raisonné de la coutume ; mais la réflexion de Montaigne porte sur le couple nature et coutume et donne une autre résonance à son choix moral.

11. *Se faire justice* : se condamner soi-même quand on a tort (Dictionnaire de l'Académie). – Première apparition de la ménagerie « humaine », les « ours » et les « panthères » deviendront « loups », « singes », « lions », « tiercelet de faucon », chiens et chats furieux, dans le développement final (119). – *Accablement* : amoncellement. La Bruyère avait amoncelé, en un mimétisme ironique de leur séduction sur les esprits, les termes de finalité et de droit, en VII, 21. Ici le goût dépravé pour le langage de la procédure est expliqué par son origine. *Pétitoire* : réclamation devant les tribunaux de la propriété d'une chose ; *possessoire* : réclamation de la jouissance d'une chose. – *Faire valoir* : assurer l'application des lois. – *L'école* : par extension, désigne la faculté, qui comprenait des écoles de théologie, droit canon, etc. – Les *controverses* désignent « les disputes sur les points de la foi entre les catholiques et les hérétiques ». – Le jugement sur la médecine, qui est essentiellement discours, est aussi radical que celui de Molière dans *Le Malade imaginaire ;* La Bruyère assimile, dans la pratique médicale, signes linguistiques et signes monétaires, ceux-ci échangés contre ceux-là... La triade « légistes, docteurs [en théologie], médecins » répond à la triade de la remarque 1 comme une variation sur les effets institutionnels du manque de raison.

Varron (116-27 av. J.-C.), écrivain romain polygraphe, passait pour le plus savant des Romains : il avait écrit des dizaines d'ouvrages, de philosophie morale, d'histoire, de poésie, de grammaire et d'agriculture, et dans chacun de ces genres sa production était diversifiée ; il en reste les trois livres d'*Économie rurale*, et des fragments de *La Langue latine,* notamment. César l'avait mis à la tête de la première bibliothèque de Rome, et ses connaissances encyclopédiques firent de ses œuvres une mine pour les écrivains et compilateurs.

L'interrogation finale porte à son achèvement la réflexion : le savoir technique ou doctrinal est l'effet de notre *malice* (méchanceté) ; l'amoncellement des connaissances de toute sorte, le fruit de ce qui n'est pas nommé ici et qui a nom *péché originel* (mais La Bruyère ne recourt pas explicitement à la théologie dans son enquête sur l'homme). On peut imaginer un *Dialogue des morts* entre La Bruyère, Pascal, même si là encore ils ne disent pas la même chose sur le sujet, et Rousseau (*Discours sur les sciences et les arts*, notamment).

13. Pour Quinault, le *phénix de la poésie chantante*, voir la note à I, 47. — L'antiphrase sur le jugement du public est une des facettes de la satire de l'inconstance foncière en l'homme (voir XI).

14. *C.P.* : Chapelain, comme *C.N.* est Corneille, selon une variante des 4ᵉ et 5ᵉ éditions. Chapelain (1595-1674), « le mieux renté de tous les beaux esprits » (Boileau, *Satires*, IX, 218), était l'auteur de *La Pucelle* (1656), l'épopée longtemps attendue, et cible des satiriques. Il fut associé de très près à l'établissement de la liste des bénéficiaires des gratifications royales (1663), parmi les gens de lettres. Son influence dans la République des Lettres était considérable autant que sa ladrerie. — *Rodogune* était, on le sait, l'objet d'une tendresse particulière de la part de Corneille. Pour Corneille crotté de boue, voir 17.

15. *Infâme* : déshonorante. Pour la condition du comédien à Rome, voir Florence Dupont, *L'Acteur-Roi* (Paris, Les Belles-Lettres, 1985) : « L'acteur est rayé par le censeur des registres de sa tribu, frappé d'incapacité juridique et politique. A la différence de ce qui se passait dans la Grèce classique, un acteur romain est un homme déshonoré aux yeux de la morale et de la loi [...]. Il faut rattacher cette infamie de droit, sinon toujours de fait, à la marginalisation volontaire des spectacles scéniques à Rome [...]. Car il est essentiel que le civique et le scénique ne se mêlent pas » (p. 95-96). Des comédiens contemporains de La Bruyère, G. Mongrédien écrit ; « Le public ne cessait d'être fidèle à ses comédiens favoris et laissait pester contre eux, sans les écouter, théologiens et moralistes [...]. Antoine Arnauld le constatait avec amertume, qui écrivait le 16 mai 1694 : "M. le prince de Conti et M. Nicole ont bien perdu leur peine en écrivant contre la comédie, puisqu'on n'y va pas moins depuis qu'ils ont écrit." » (*La Vie quotidienne des comédiens au temps de Molière*, Paris, Hachette, 1966, p. 42-43). On retiendra aussi cette observation : « Un Montdory, un Bellerose, une Mlle de Beauchâteau, une Mlle de Villiers font chaque jour l'objet des conversations des cercles galants » (p. 30).

16. Peu importantes pour nous, les clefs qui désignent divers articles du spectacle au temps de La Bruyère. Le charme du passage est dans le choix et la grâce des noms propres de convention, aux connotations évocatrices ; à eux seuls ils condensent tout un monde de volupté et de lasciveté (voir III, 33).

17. Début d'une séquence sur le jugement porté sur le monde à l'égard des écrivains et érudits (voir 18-21). — *Le prix qu'ils y ont mis* : le peu de valeur qu'ils lui ont accordée. — Sur la condition matérielle des gens de lettres à l'époque, voir l'article « Gratifications » d'Alain Viala dans *Dictionnaire des littératures de langue française* (Paris, Bordas, 1984, p. 975 ; voir également F. Bluche, *op.cit.*, p. 238-242. Les pensions n'étaient pas un avantage des plus sûrs : guerres et disgrâces des protecteurs en réglaient le cours ; les droits d'auteur étaient faibles. Quant aux comédiens, voir note à la remarque 15. Sur les carrosses, voir ci-dessus, p. 1183.

La remarque finale développe l'équivalence frauduleuse établie par beaucoup entre « savant » et « pédant » : le moraliste est contrôleur des monnaies en cet âge des dictionnaires. Sur la place des écrivains dans la nation, un peu plus tard Voltaire écrira la *Lettre sur les inconvénients du métier d'homme de lettres* (1732) et la XXIIIᵉ des *Lettres philosophiques* (1734) qui revendique « la considération qu'on doit aux gens de lettres » ; Beaumarchais, en 1777, créa la Société des auteurs dramatiques, afin d'obtenir une meilleure rémunération de la part des comédiens.

18. *Érudition* : savoir ; *soutenir la honte* : prendre le parti de l'érudition frappée de honte. — La Bruyère, pour casser le lieu commun du savant rustre, et en finir

avec le discrédit jeté par le type littéraire du pédant, produit des noms de courtisans hommes de grande culture et de bonnes manières. Estrées : le cardinal César d'Estrées (1628-1714) ; Harlay (1625-1695) : l'archevêque de Paris, académicien comme Estrées ; Séguier (1588-1672), chancelier, qui fut aussi le premier protecteur de l'Académie ; Montausier (1610-1690) : gendre de Mme de Rambouillet (voir Boileau, *Épîtres,* VII, 100) ; Wardes : pressenti pour gouverner le duc de Bourgogne, il serait, selon des clefs, visé dans la remarque VIII, 43 ; Chevreuse : gendre de Colbert, il était ami de Racine et de Fénelon ; Novion : Nicolas Potier de Novion était premier président au Parlement de Paris et académicien ; Lamoignon : Guillaume de Lamoignon (1617-1677), premier président au Parlement de Paris, était l'ami de Boileau ; Pellisson : Paul Pellisson (1624-1693), historiographe du roi, avait aussi écrit une histoire de l'Académie française, dont il était membre. On a réédité récemment son *Discours sur les œuvres de Sarasin* (éd. d'Alain Viala, S.C.L.), qui théorise l'esthétique littéraire de la galanterie, et importe à la compréhension du « naturel » classique notamment.

Le palmarès établi s'est enrichi au fil des éditions : Estrées entre à la sixième édition, et le groupe commençant à Montausier et finissant à Pellisson à la quatrième édition.

Chartres : le duc de Chartres (1674-1724), fils de Monsieur, frère du roi, et de la princesse Palatine, futur régent ; Condé : le vainqueur de Rocroi, protecteur des Lettres, dont le petit-fils Bourbon fut l'élève de La Bruyère à partir de 1684 ; Conti : neveu de Condé, il fait l'admiration de Saint-Simon pour son esprit « lumineux, juste, exact, vaste, étendu, d'une lecture infinie » (*Mémoires,* Pléiade, t. III, p. 368) ; son père avait composé des livres de théologie et de morale ; Vendôme : le duc de Vendôme et le grand prieur Philippe de Vendôme vivaient dans la société des beaux esprits du Temple (l'ancien prieuré parisien des Templiers, reconstruit sur les plans de Mansart). — *Atticisme* : concept d'origine rhétorique, mais de portée plus large et synonyme ici de « l'urbanité des Romains ». L'emploi littéraire et l'emploi mondain fusionnent plusieurs fois dans les chapitres I et V (clarté, « naturel », simplicité relevée d'ingéniosité, concision sans laconisme, absence d'affectation, éloge de l'élégant badinage de Marot et effacement intelligent dans les entretiens).

19. *L'état* : l'inventaire ; *grimaud* : écolier des petites classes, avec nuance péjorative, et par suite personnage qui sent le collège, sans savoir-vivre. — *Vision* : chimère. Ossat : le cardinal (1536-1604) avait professé rhétorique et philosophie à l'université de Paris avant de devenir ambassadeur à Rome des rois Henri III et Henri IV ; Ximénès : le cardinal (1436-1517) avait lutté contre l'ignorance du clergé en fondant l'université d'Alcada, où il fit étudier l'hébreu, le grec, la théologie, et commanda l'édition de la Bible polyglotte d'Alcala (latin, grec, hébreu pour l'Ancien Testament, latin et grec — pour la première fois — pour le Nouveau Testament) ; Richelieu : il avait dirigé la composition d'un petit manuel, l'*Instruction du chrétien,* quand il était évêque de Luçon ; avant de revenir à Paris, il avait rédigé des *Instructions et Maximes que je me suis données pour me conduire à la Cour* ; pendant sa disgrâce un texte réfutant les pasteurs protestants du temple de Charenton. « Il en est de la France du XVIIe siècle comme de celle d'aujourd'hui : nous vivons sur un certain système de valeurs qui fait qu'un personnage n'est pas véritablement admis par la classe intellectuelle de son époque aussi longtemps qu'il n'a pas commis un livre » (Michel Carmona, *Richelieu,* Paris, Fayard, 1983, p. 111). — Bignon : dynastie de hauts magistrats humanistes : ainsi Jérôme Bignon (1589-1656) avocat général au Parlement était-il le maître de la Bibliothèque du Roi, comme son fils Jérôme II Bignon. Le père apparaissait comme le « type du grand magistrat érudit et gallican, illustré avant lui par Michel de l'Hospital et Guy Du Faur, Guillaume Du Vair et J-A de Thou. L'élite de l'élite de la Robe parisienne, dans sa double appartenance à la République des Lettres et au Parlement, pouvait espérer voir poindre en Jérôme Bignon le Chancelier de France qui réaliserait l'idéal de l'Hospital et de Du Vair » (M. Fumaroli, *op.cit.,* p. 552, ainsi la « Remontrance d'ouverture » au Parlement,

prononcée par Bignon en avril 1627, est-elle analysée aux pages 558 sq. pour sa philosophie de la parole et de la culture humaniste). — *Antonin* : il s'agit de Marc-Aurèle (86-161) successeur d'Antonin le Pieux à qui La Bruyère prête un mot de Platon (*République,* VII), que l'empereur stoïcien aimait à répéter.

Sur les langues, La Bruyère s'exprime aussi en XIV, 71 (image de la clef). On peut applaudir sa désinvolture à l'égard de la distinction entre langues « mortes » ou « vivantes », et vis-à-vis de la confusion entre « pédantisme » et connaissance solide du grec et du latin. L'ensemble de la remarque 20 anticipe sur la réhabilitation de la formation par les belles-lettres en cette fin du XXe siècle...

20. Ici encore La Bruyère (6e éd., 1691) contrôle la valeur des signes linguistiques : le mot *bel esprit* avait perdu son sens original et valorisant (esprit distingué, judicieux) pour qualifier le professionnel de l'écriture, comme Cydias (V, 75, 8e éd., 1694). — *Cogner* : enfoncer le coin dans un bon ouvrage. La Bruyère joue avec le terme même *ouvrage*. — *Mécanique* : bas ; c'est la distinction latine des *sordidae artes* et des *liberales artes*.

21. Une des attaques les plus théâtrales des *Caractères*. Le moraliste éprouvera une autre défaillance physique à la vue d'un livre (XIII, 2, le bibliophile) ; c'est Juvénal, dans l'art des hyperboles, des brachylogies, et la complaisance (un peu masochiste) à mettre en scène et en loques l'homme de lettres. Le poète crotté hante l'imagination littéraire : on se souvient des soupirs de Du Bellay en ses *Regrets* (« J'étais fait pour la Muse, on me fait ménager »), obligé de s'occuper d'intendance pour subsister lui-même ; Régnier voit « un homme par la rue/Dont le rabat est sale et la chausse rompue,/Ses grègues aux genoux, au coude son pourpoint », « Sans demander son nom, on le peut reconnaître/Car si ce n'est un poète, au moins il le veut être » (*Satires,* II, 43 sq., avec synérèse pour le mot poète). Voir Boileau, *Satires,* I, 1 sq. Et le roi ? Il secourt les écrivains, mais comment arriver jusqu'à lui au milieu d'une telle foule de solliciteurs (*ibid.,* 81 sq.) ? Dans un autre registre la descendance donnera le Chatterton de Vigny. Sur un mode burlesque, le seul qui convienne à la condition de l'écrivain, La Bruyère insinue : s'il est honteux de vivre de sa plume dans une société aristocratique, s'il est malséant, quand on cultive les *artes liberales,* d'avoir des préoccupations bonnes pour les *sordidae artes,* le poète doit-il vivre en parasite des grands, et à la merci de leurs humeurs ? Non subventionnés, nombre d'auteurs contemporains tomberaient. Que chacun puisse vivre de ses livres, et cela assainira la production littéraire. Mais si une société se refuse, hypocritement aussi bien, à payer à leur prix (lequel ?) les ouvrages de l'esprit ?...

Un ouvrage suivi, méthodique : cela même que La Bruyère se refusa à écrire, et quel scandale dans la République des Lettres ! La satire burlesque est ici encore à double détente, elle vise aussi les traités savants, dépourvus d'urbanité ou de l'art d'agréer. C'est à eux qu'est réservé le trait final. Mais La Bruyère joue aussi la solidarité de « classe » car le *BEAU,* le *BON,* le *VRAI* sont l'objet, après tout, de sa médiation (lui aussi y croit), dans une société idolâtre du « grain de ce métal qui procure » tous les objets.

Dans la place : sur la place du marché. — *Praticien* : personne qui connaît la *pratique* (manière) d'instruire et de conduire les procès (avocat). — *Un homme « rouge »* ou *« feuille morte »* : périphrase pour désigner les valets par la couleur de leur livrée. C'est le leitmotiv du valet devenu financier (voir VI, 7, 15, 21, 23). — La Bruyère vise ensuite Benoît (B**) ou Brioché, montreurs de figures de cire ou de marionnettes, Barbereau (BB**) qui vendait de l'eau de la Seine comme eau minérale. — *Un autre charlatan* : personnage reparaissant, Carretti, un Knock venu d'Italie, que l'on a déjà rencontré (VIII, 16) et qui refera surface sous l'éblouissante dénomination de Carro Carri (XIV, 68) ; *déchargé* : de sa corbeille de colporteur ; *prêt à retourner* : sur le point de retourner. — *Mercure* : les clefs donnaient le nom de Bontemps, premier valet de chambre du roi, et précieux commissionnaire pour toute sorte de secrets (voir Saint-Simon, *Mémoires,* Pléiade, t. VIII, p. 626, qui relate un rendez-vous du roi avec Mme de Monaco au grand dam de Lauzun).

22. Allusion à l'ambassade députée par le roi de Siam en 1684 : voir Dufresny, *Amusement sérieux et comiques,* p. 1684, et l'introduction à ce texte ; voir Montesquieu, *Lettres persanes,* qui fera du voyage de l'Oriental une exploitation systématique, alors qu'elle est limitée dans *Les Caractères* ; voir Montaigne, *Essais,* I, 31 et II, 12.

Un endroit d'une province maritime : les éditeurs voient une allusion à Rouen, où La Bruyère aurait eu quelque blessure d'amour-propre quand il était venu se faire agréer comme trésorier de France à Caen ; *insinuant* : engageant.

25. *A grande ni à petite prime* : jeu qui tire son nom de la carte *prime* donnée au joueur qui a tiré, pour ses quatre cartes, une de chaque espèce. — Mme de Sévigné a laissé, entre autres, ce témoignage au sujet de l'évêque d'Aleth : « Monsieur d'Aleth, courtisan, adulateur, qui joue, qui soupe chez les dames, qui va à l'opéra, qui est hors de son diocèse ! Tout cela nous frappait d'abord, mais voilà qui est fait ; on s'accoutume à tout » (lettre du 4 août 1680, éd. cit., t. II, p. 1036 ; voir pour « ce petit freluquet d'Aleth » la lettre du 17 juillet 1680, p. 1017). — *Les temps sont changés* : leitmotiv de l'innocence perdue, l'enfance de l'Église ou de la société romaine ou française (voir VII, 22). Ce prélat serait Louis de Noailles, évêque de Châlons-sur-Marne depuis 1680, transféré au siège de Paris en 1695, après plusieurs refus, et créé cardinal en 1700 : voir Saint-Simon, *Mémoires,* t. I, p. 259. Des critiques ont vu de l'antiphrase dans le verbe *menacé* et de l'hypocrisie chez le saint prélat (voir G. Cayrou, éd. cit., p. 453, n. 4 et 5).

28. Mystification de La Bruyère, le *fragment* se donne comme un portrait laissé par quelque mémorialiste. Sa place peut étonner : incarnation véritable de « l'esprit de la conversation » (V, 16), il n'aurait pas déparé non plus le chapitre « Des femmes » ; il est comme isolé par rapport aux remarques égrenées depuis le début du présent chapitre et ouvre une série sur les signes physiques, leur valeur d'indice pour juger des personnes, sur les gestes et l'« action » (l'éloquence du corps) que nous sommes tentés de traduire selon des codes insuffisamment nuancés. Le portrait est une synthèse heureuse de tout un art de vivre (et de lire), qui se compose des images les plus délicates que La Bruyère ait esquissées : Arthénice — quel beau prénom ! — est une apparition un peu irréelle dans le monde des *Caractères,* fait de bizarres et de grotesques. Arthénice est le nom de Parnasse de Mme de Rambouillet.

Nuance : assortiment de couleurs. D'emblée le style du portraitiste suggère : les rythmes binaires, constants, mais diversifiés, chaque fois, les balancements au service de la nuance et de la découverte progressive composent une harmonie ; le prétendu mémorialiste pratique une discrète mais efficace rotation des points de vue (Arthénice, son interlocuteur), qui concourt à dessiner une image de plénitude, comme les rythmes binaires ne laissent rien à désirer — *Occupe* : conquiert. — *Sentiments* : opinions. — *Étend* : l'image est suggestive d'une compréhension qui donne aux pensées de l'interlocuteur plus de portée qu'il ne croyait. — *Traits* : traits d'esprit. — *Soins* : au sens galant du terme, comme en latin *cura* ; *particulière* : Furetière précise qu'on le dit d'une personne qui « fuit le commerce et la fréquentation » du monde, « soit par un esprit sauvage et bourru, soit par un esprit de retraite ». Gustave Lanson a analysé le portrait comme genre à l'époque en des termes qui conviennent à celui d'*Arthénice, L'Art de la prose,* 1908, chap. IX.

34. Voir les remarques sur le « naturel » dans le chapitre I, et en particulier la remarque 37. La Bruyère ne fait pas pour autant une apologie de l'« art » qui arriverait à rivaliser avec la nature ; c'est plutôt un aspect de la misère de l'homme, à qui rien n'est donné.

36. La remarque jette une lumière vive sur l'esprit encyclopédique de la bienséance à l'époque.

41. *Prévenir* : influencer. — La métaphore filée du malade, du médecin et des charlatans éclaire rétrospectivement, et d'une lumière théâtrale, le monde de la cour, des grands et du souverain (chap. VIII-X).

42. La *règle* de Descartes est formulée dans le *Discours de la méthode,* seconde partie ; c'est le premier des quatre « préceptes » qui doivent se substituer au grand

nombre dont la logique est composée : « Ne comprendre rien de plus en mes jugements, que ce qui se présenterait si clairement et si distinctement à mon esprit, que je n'eusse aucune occasion de le mettre en doute » (éd. cit., p. 586).

46. Le moraliste s'était donné pour tâche de « chercher seulement à penser et à parler juste » (I, 1). Il se fait donc lexicographe dans un chapitre « Des jugements » et ouvre une série de distinctions (44-56) qui doivent donner une assise verbale aux caractérisations que les hommes formulent les uns sur les autres. Il se fait garde-frontière du lexique le plus exposé aux empiétements réciproques des termes. *Fat* était donné par Furetière comme le synonyme de *sot* : « sans esprit ». La Bruyère enregistre une évolution de l'usage : le fat se croit de l'esprit, quand il en est dépourvu (sauf de la quantité minimale pour faire illusion), il est satisfait de l'esprit qu'il croit avoir. — *Impertinent*, celui « qui parle ou qui agit contre la raison, contre la discrétion, contre la bienséance » (Dictionnaire de l'Académie). La Bruyère rapproche déjà le terme de son acception actuelle (46 et 53). Mais l'emploi de l'article défini *le* tend à bien distinguer les différents masques de la comédie humaine : les remarques 47 (alinéa 3) et 51 réactivent ainsi l'image même des *caractères* (voir les verbes *sortir*, *se tirer*). L'hommage à la rigueur et à la subtilité de La Bruyère (héritière ici de la préciosité) une fois rendu, cette cascade d'alinéas nous fascine peut-être comme ces séries d'objets de la vie quotidienne offerts à la vue dans une exposition relative à quelque civilisation disparue.

52. Peut-on voir ici une raison du choix d'écriture de La Bruyère, qui, on l'a noté, ne fait que poser des canevas de contes ou de romans plusieurs fois ?

54. *Du nom d'affaires* : leitmotiv de la vaine agitation, ou de l'activité, politique, administrative, financière ou judiciaire, qui passe pour être *le* travail même (voir II, 12 ; on peut penser à l'antithèse de Clitiphon et du philosophe, VI, 12, d'Homère et des publicains, VI, 56).

55. L'esprit de discernement est menacé par la confusion ambiante. On se souvient que Boileau était en état de guerre permanent contre l'Équivoque (*Satires*, XII). La discontinuité élue par La Bruyère est l'instrument parfaitement adéquat à l'objet étudié, les dissociations. Elles sont doubles, internes au signe linguistique, et externes, affectant les signes entre eux. Ainsi d'alinéa en alinéa, La Bruyère met-il en scène la décadence de la notion d'honnête homme et la séparation de l'apparence verbale d'avec le signifié nouveau qui gangrène le mot. La fréquence des blancs peint en quelque sorte la perte. Les dissociations externes éloignent des termes qui devraient être contigus, (*honnête homme* et *homme de bien*). Le moraliste, procédant par réduction, réticence, laisse du champ au désenchantement. Les définitions ont un caractère déceptif, dans l'échelle des valeurs les barreaux se déplacent, et, à son tour, la discontinuité est menacée. « Le discontinu est le statut fondamental de toute communication : il n'y a jamais de signes que discrets », rappelait Roland Barthes dans une réflexion sur les rapports de la littérature et du discontinu (*Essais critiques*, éd. cit., p. 185). La communication en péril, c'est bien une des obsessions de La Bruyère dans un monde en voie de babélisation. La construction en six alinéas, avec l'apparence de symétrie, est trompeuse : qu'on regarde de plus près, ce sont fausses symétries. Dérive linguistique : les choses en sont au point où La Bruyère dit *dévot* pour *faux dévot* ; mais alors pourquoi ne pas dire tout uniment *faux dévot* ? Quatre ans ont passé depuis la première édition lorsque se glissent les remarques présentes (1692). Pour le déclin des théories de l'honnêteté, voir A. Couprie, *op. cit.*, p. 617-629.

56. L'écriture discontinue est ici encore adéquate à l'objet, elle est *méthode*. La Bruyère sépare et rapproche pour séparer davantage. L'ensemble des remarques est distribué entre des alinéas de présentation et d'allure mathématiques parfois, et des portraits de « merveilles », comme l'on disait à l'époque, selon une gradation, depuis le joueur de luth dans son étui jusqu'à Corneille (« simple, timide, d'une ennuyeuse conversation »), pour aboutir à un portrait virtuose, à la manière de Diderot.

Alinéa 5 : *hombre* : jeu de cartes d'origine espagnole, à la mode ; *génies* : intelligences — Un témoignage est donné par Mme de Sévigné, *Lettres* (29 juillet 1676, éd. cit., t. II, p. 351).

Alinéa 6 : un degré de plus dans l'étonnement, c'est La Fontaine. — *Stupide* : hébété ; *il fait parler les animaux* : voir « Contre ceux qui ont le goût difficile », *Fables*, II, 1.

L'alinéa 7 désigne Corneille, et son théâtre, comme le conseil du roi. Sur les rapports de la parole et de l'héroïsme, voir M. Fumaroli, *Héros et orateurs : rhétorique et dramaturgie cornéliennes* (Genève, Droz, 1989). La fin du paragraphe résume la fameuse déclaration de Guez de Balzac à Corneille à propos de *Cinna* : « Aux endroits où Rome est de brique, vous la rebâtissez de marbre » (lettre du 17 janvier 1643).

Théodas (peu importe qu'il s'agisse d'un certain chanoine ami de La Bruyère) est une figure sortie du *Neveu de Rameau*. Oxymore généralisé, il est la peinture hyperbolique de l'homme même tel que la vision baroque de La Bruyère le considère (voir XI, 147). Les retours du portraitiste sur lui-même et l'écriture au miroir (voir le début du portrait : « Voulez-vous un autre prodige ? ») révèlent aussi la part de jeu, l'excitation du styliste virtuose. Théodas-Janus est aussi bien La Bruyère moraliste *et* styliste, homme de la mesure *et* épris d'hyperboles. La Bruyère écrivain serait l'homme de Montaigne : « Cette variation et contradiction qui se voit en nous si souple a fait qu'aucuns nous songent deux âmes » (*Essais,* II, 1).

57. Sans doute le fragment le plus « La Rochefoucauld » des *Caractères,* pour le tour et l'image en forme de pointes.

59. Les chapitres II, VIII, IX illustreraient cette remarque.

60. Voir La Rochefoucauld, max. 198.

61. *Succède* : réussit. — La faveur est associée à des images aquatiques en VIII, 32 ; voir plus bas 67.

62. Jeu de regards qui éclaire par en dessous, mais efficacement, la hiérarchie des genres littéraires. — Le *bachelier* (en théologie canon, qui étudie *les quatre premiers siècles*) et le géomètre, allégorisent la tendance des esprits au tribalisme (voir les cercles orgueilleusement fermés sur eux-mêmes, V, 65 et 68, VII, 4). — La remarque 63 établit en quelque sorte l'équilibre. Dans l'intervalle figurerait l'honnête homme. Ici encore l'écriture est *méthode*.

64. *Prince des philosophes* : La périphrase emphatique qui désigne Aristote est un écho ironique du discours d'Hérille, comme l'*Orateur romain* (Cicéron). — Hérille est une des multiples incarnations de l'ineptie, il est automate (voir XI, 142). — C'est aussi un « lieu » des discours satirique et philosophique que la critique des citateurs : voir Malebranche, *De la recherche de la vérité* IV, 8 (« Il est, ce me semble évident qu'il n'y a que la fausse érudition et l'esprit de polymathie qui aient pu rendre les citations à la mode comme elles ont été jusqu'ici », éd. cit., p. 40), qui s'en prend, plus que ne fait La Bruyère, à la vanité et au paraître des citateurs ; voir dans *Les Caractères* mêmes, I, 62 (plus proche, cette fois de la perspective de Malebranche) et, en un sens, V, 73.

65. *Insinuation* : capacité de séduire, de prévenir favorablement.

66. La Bruyère au miroir de Socrate, Socrate au miroir de La Bruyère : voir p. 648 et 1195. — Le « lieu » des moralistes, sagesse est folie, folie est sagesse, est ici le support d'une apologie des *Caractères,* qui condense des réflexions de la Préface à l'ouvrage, et de la Préface au *Discours à l'Académie*. — Le terme *particulières* (singulières) donne la place privilégiée au motif repéré dans notre édition : idiolectes, savoirs cloisonnés, cabales, particularismes arbitraires au sein de l'Église catholique, etc. — *Idées* est synonymes de *chimères* : La Bruyère refuse de dissocier ces *idées* du *naturel,* selon la fonction assignée à l'hyperbole (I, 55) ; mais les grands écarts de l'imagination chez lui échappent à la finalité strictement morale — *Le Cynique* : l'habitude de diffamation brutale. La Bruyère a-t-il épargné les personnes ? Il s'est souvent rapproché du *cynique* sous le voile si transparent de la généralité. — La figure de Socrate, *homo duplex,* entraîne avec elle le fameux Prologue de *Gargantua,* qui le compare aux petites boîtes dites *Silènes*, et le terme *chimères* à la figure de Rabelais dans *Les Caractères* (I, 43).

67. *Je le tiens échoué* : pour échoué (voir l'image de la remarque 61). — Leitmotiv parallèle de l'homme qui réussit selon le monde et du « philosophe » (voir VI, 12, XII, 21).

Antisthius est une des *personnes,* un des masques de La Bruyère (voir VI, 12 *personae* et ici même Socrate, ou plus haut, Théodas, 56). Voir F. Gray : « Il y a certes une présence de La Bruyère derrière ses personnages, d'un homme tour à tour morose et enjoué, à la fois profond et léger, fuyant ou insistant » (*op. cit.,* p. 159).

69. Le stoïcien est l'analogue du « demi-habile » de Pascal. L'attaque frontale (XI, 3) se double d'une critique finement agencée ici par le renversement final ; la pointe est méthode. — Cette réflexion de 1691 renvoie à l'apologie de la bienfaisance qui termine le chapitre II (43, éd. de 1689).

71. Voir La Rochefoucauld, max. 452.

72. Variation sur un lieu commun, la paille et la poutre (saint Matthieu, VII, 3-5), les yeux qui « ne voient rien en derrière » (Montaigne, *Essais,* III, 8), la besace (La Fontaine, *Fables,* I, 7). — La *juste distance* réfère au vocabulaire de la proportion, de la mesure, à l'œuvre dans les chapitres IV et XII en particulier ; elle définit le *lieu* du moraliste.

74. Images du jeu dans *Les Caractères* (voir plus haut, 56 et VI, 71-75 ; XIII, 7 ; XIV, 30). — La réflexion est conduite et construite selon une gradation ascendante et irrésistible, comme souvent, à valeur à la fois méthodologique et mimétique. La métaphore du jeu est motivée, s'agissant de grands seigneurs. La Bruyère agence les termes comme des pions, jusqu'à risquer un coup. — Voir La Rochefoucauld, max. 57, qui dissocie « grandes actions », et « grand dessein » pour les associer à « hasard ».

78. Caton : Caton dit le Jeune ou d'Utique (95-46 av J.-C), inflexible lors du procès de Catilina, pompéien jusqu'au bout, il organisa la résistance à César en Afrique et se suicida dans la ville d'Utique, dont il assurait la défense. Figure exemplaire chez Sénèque, Lucain, Montaigne (*Essais,* I, 37) – Pison : beau-père de César, il est ici l'antithèse de Caton ; il fut mis en accusation pour ses exactions, notamment en Macédoine (voir Cicéron, *De provinciis consularibus* et *In Pisonem*).

80. Voir XI 104 et 139. — Plombs : garniture du faîte des maisons, gouttières et tuyaux de descente. — *Ou plutôt si* : ou n'est-ce pas plutôt que ?

82. *Tient table* : qui passe beaucoup de temps à table. On peut penser à Dom Juan et à M. Dimanche ; La Bruyère fait reparaître le riche à sa table insolente (voir VI, 18, en antithèse avec la province affamée).

90. Voir Jean Starobinski, *op. cit.,* p.71 sq.

91. *Contrariété* : contradiction.

93. Piquante variation sur l'inconstance du jugement, elle étonne R. Garapon par le parallèle entre Bayard et Montrevel, « personnalité très discutée » pour ses charges militaires.

94. La Bruyère-Théodas (56) mêle bouffonnerie sur les mathématiques et scepticisme philosophique, en proie à un nouvel accès d'hyperbole. On a déjà rencontré un La Bruyère loufoque dans le choix de ses exemples (VI, 35). — Vauban s'était distingué au siège de Mons l'année même de la sixième édition (1691) ; Vauban avait été décrié, selon des clefs, en 1695, après la prise de Namur par le prince d'Orange. Pour son influence, voir F. Bluche, *op. cit.,* p. 417-421.

95. *Savantasse* : « injure gasconne que dit à un homme de lettres un ignorant qui méprise les savants » (*Dictionnaire* de Furetière), voir plus haut, 21. — *Bourgeois* avait une connotation péjorative, opposé à *homme de cour* ; *praticien* ravalait la fonction de magistrat à celle d'avocat ; *maltôtier* : selon le *Dictionnaire* de Furetière se dit de quiconque « exige des droits qui ne sont pas dus. Le peuple appelle abusivement de ce nom tous ceux qui lèvent les deniers publics ». — La Bruyère observe ici encore l'altération des signes dans le commerce des hommes.

98. Voir Pascal, *Pensées,* 71 et 521 ; voir aussi XI, 76, mais dans un contexte différent (voir XI, 75), qui éclaire d'une lumière spécifique l'une et l'autre remarques.

99. Les éditeurs voient ici des allusions à des gens de finance ou de robe, venus en spectateurs au siège de Namur, l'année même de la septième édition (1692). — *Succès* : résultat. — *Relèvent* : font ressortir. — La fin du portrait collectif aligne une batterie de termes techniques (le siège d'une place) ; *flanc* : partie du bastion entre sa face et la courtine ; *courtine* : partie du mur entre deux bastions ; *redans* : fortification en angle saillant ; *ravelin* : redan placé en avant des portes ; *fausse braie* : seconde enceinte, qui défend le fossé ; *chemin couvert* : corridor protégé par le projet de la contrescarpe. Cette collecte de mots techniques devenus signes de distinction chez des utilisateurs qui ne sont pas des professionnels, c'est, au-delà de la vanité, la poussée des idiolectes dans une société qu'ils bébélisent. F. Bluche a montré, en particulier par les indices relevés dans le *Dictionnaire* de Furetière, qu'« en ces années 80 du XVIIᵉ siècle, tout va à la poliorcétique et à la castramétation » (*op. cit.*, p. 420).

102. Pensée percutante, avec la chute lapidaire, si l'on ose dire, et plus audacieuse que la critique formulée avec éloquence en II, 10.

103. Leitmotiv de la vaine agitation, à la cour, à la ville c'est aussi le retour du motif de la grandeur des « ouvrages de l'esprit », qui renvoie les affaires à leur misère.

104. Complétant la remarque précédente, celle-ci renvoie l'oisiveté selon le monde à son néant, et une civilisation idolâtre du « divertissement » à son aliénation. La Bruyère, par le dialogisme, entretient la manière de Sénèque dans ses *Lettres* (et ce qu'on appelle improprement ses *Traités*) ; voir particulièrement ici l'*Oisiveté du sage* et la *Brièveté de la vie*. — *Masquer* : se masquer.

105. On a vu souvent, dans le chapitre XI en particulier, présent en filigrane, Pascal, qui est ici directement l'allocutaire de La Bruyère. Et Pascal répondait à Montaigne, *Essais*, II, 34.

106. Échantillon du style d'inscription, cet éloge du Grand Dauphin (1661-1711) surprend si l'on se souvient de Saint-Simon : « sifflant dans un coin du salon de Marly et frappant des doigts sur sa tabatière, ouvrant de grands yeux sur les uns et les autres sans presque regarder, sans conversation, sans amusement, je dirais volontiers sans sentiment et sans pensée » (*Mémoires*, Pléiade, t. IV, p. 97).

Un peu plus haut on peut lire : « Monseigneur était sans vice ni vertu, sans lumières ni connaissances quelconques, radicalement incapable d'en acquérir [...], né pour l'ennui, qu'il communiquait aux autres, et pour être une boule roulant au hasard par l'impulsion d'autrui. » La note de La Bruyère aggrave la surprise devant tant de flagornerie ; il vise l'adage *filii heroum noxae* (« C'est un fléau pour les héros que leurs fils »). La Bruyère avait déjà encensé les « enfants des dieux » (II, 33) ; il est vrai qu'en octobre 1688, Monseigneur avait rencontré la gloire à Philipsbourg.

107. La Bruyère *Bifrons* ne tarit pas d'exclamations sur le progrès illimité des connaissances après avoir ouvert son livre par le constat désenchanté (et affecté) que l'on sait. La Bruyère-Théodas (56) chante ici à l'unisson des Modernes ; s'il est réservé sur les belles-lettres (*arts* ici désignant les techniques), va-t-il jusqu'à accorder que la connaissance de l'homme est encore dans l'enfance ?

110. L'opposition du *monde* et de la *nature* déplace l'opposition, chez les prédicateurs, du « monde » ou du « siècle » et de l'esprit évangélique. La remarque est de la même couche de texte que l'antithèse entre l'*antre noir* de la *chicane* (la ville, figure du monde) et la vie sous la voûte céleste aux champs (VII, 21). Le choix des verbes témoigne de l'aliénation du « monde » en des termes qui appellent pour nous des textes de Rousseau ou Fénelon.

113. Personnage reparaissant en cette fin de section, Guillaume d'Orange est visé ici une première fois : entretenant des intelligences en Angleterre contre Jacques II, cousin de Louis XIV, qui, informé, l'avait prévenu en vain, Guillaume d'Orange lance en octobre 1688 une double proclamation à l'adresse de l'Angleterre et de l'Écosse, débarque et provoque la fuite de Jacques II ; arrêté, celui-ci s'enfuit avec la complaisance du nouveau roi, qui n'est autre que son gendre (la fille aînée de

Jacques II, Mary, était l'épouse de Guillaume d'Orange). Voir F. Bluche, *op. cit.*, « La guerre de dix ans », p. 621 sq.

Les remarques 114-116 sont à l'histoire contemporaine ce que le commentaire universalisant du chœur dans la tragédie grecque est à l'événement singulier mis en scène. Ce passage incessant à l'universel à partir de l'événementiel est propre à l'oraison funèbre, à la même époque ; on peut imaginer aussi le travail d'un fabuliste sur la matière offerte par l'actualité diplomatique et militaire.

117. Allusion à Charles V de Lorraine : il faisait partie de la coalition groupant la Hollande, l'Empire, Frédéric de Brandebourg, l'électeur de Bavière, l'Espagne, l'Angleterre, contre la France. Il mourut le 18 avril 1690, au début du conflit. Le duché de Lorraine avait été envahi par Louis XIII en 1633, le duc Charles IV avait abdiqué, repris la guerre, et la Lorraine avait été de nouveau occupée jusqu'en 1661, puis de 1670 à 1677. Son neveu et successeur était entré en guerre pour reprendre à la France son duché ; Turenne l'avait battu en 1674. A la paix de Nimègue (février 1679), Louis XIV avait offert de lui rendre la Lorraine, « à des conditions si humiliantes que cet allié de l'Empereur préféra conserver son présent statut d'exilé » (F. Bluche, *op. cit.*, p. 384).

L'aversion populaire est une allusion aux déchaînements de violence contre l'effigie de Guillaume d'Orange, qui passa pour avoir été tué à la guerre, en juillet 1690.

118. Nouveau masque de La Bruyère, Héraclite (env. 576 — env. 480 av. J.-C.) ou le solitaire ; c'est ce trait et la misanthropie, qui lui était attribuée, qu'il retient ici ; mais aussi sa philosophie du devenir, dans ce chapitre « Des jugements » qui a montré leur inconstance universelle. L'attaque oratoire est reprise de l'exorde de la première *Catilinaire* de Cicéron ; oratoire aussi, l'appel à la mythologie avec l'histoire de Lycaon, roi d'Arcadie métamorphosé en loup pour avoir offert à Zeus, venu en paysan lui demander l'hospitalité, la chair d'un enfant ; oratoires le discours du chœur des rois et le pathétique du commentaire qui le suit. En antithèse à l'usurpateur Guillaume II, Louis XIV, accueillant à Saint-Germain, comme le montrent des gravures de l'époque, son cousin Jacques II en janvier 1689. La Bruyère, avec *l'intérêt de la religion,* fait allusion à l'aspect confessionnel du conflit : « Charles II avait irrité une large part de ses sujets par sa vie privée et son autoritarisme ; mais sa conversion au catholicisme avait été discrète, autant dire secrète. Il n'en allait pas de même de son frère et successeur. L'ancien duc d'York pratiquait un « papisme » militant [...]. Le nouveau roi accumulait en effet les maladresses religieuses et politiques — les deux éléments ne sont pas alors dissociables — au point de faire, au bout de trois ans de règne, une quasi unanimité de l'opinion protestante contre lui » (F. Bluche, *op. cit.*, p. 622-623). — *Un prince* : l'empereur Léopold 1er, butant aux attaques des Turcs, souvent arrivés aux portes de Vienne, était entré dans la ligue d'Augsbourg et dans la coalition contre la France (voir note à la remarque 117). — La double apostrophe finale, en réponse à la double exclamation initiale, ramène le motif de la fuite dans une civilisation pastorale, qui n'a même plus l'aimable frugalité de l'âge d'or ; on a déjà vu La Bruyère en fuite à la fin de plusieurs chapitres.

119. « Je rends au public ce qu'il m'a prêté », disait le moraliste en tête de la Préface aux *Caractères.* Changeant de masque, il se fait Démocrite, sans craindre la contradiction des points de vue adoptés : elle n'est que l'image des jugement des hommes eux-mêmes (voir 93). De Démocrite (env. 460-env. 370 av. J.-C.), La Bruyère ignore ici l'atomisme pour ne retenir que l'*ethos,* le masque du satirique, qui rit de « l'humaine condition » (Montaigne, *Essais,* I, 50). Il fait couple, traditionnellement, avec Héraclite, comme on le voit, par exemple, dans la maxime 21 de Domat. Et c'est bien Montesquieu, Voltaire, qui parlent déjà ici avec l'arsenal des tours et des procédés qui ont fait leur charme et leur force ; ainsi l'apostrophe aux hommes, à l'attaque, paraît comme empruntée à une page de *Micromégas,* et la mise en scène des armées, si la transposition animale la rattache à la fable, n'est pas sans évoquer des pages de *Candide.*

Hautesse : titre d'honneur du sultan, *éminence*, des cardinaux, permettent un jeu verbal auquel les écrivains du XVIIIe siècle nous ont habitués. — La Bruyère a recours lui aussi aux périphrases euphémistiques pour désigner les instruments de mort (« de petits globes qui vous tuent tout d'un coup »), aux tours ironiquement valorisants (« pour vous distinguer de ceux qui ne se servent que de leurs dents et de leurs ongles »), à l'antiphrase (« comme vous devenez d'année à autre plus raisonnables, vous avez bien enchéri sur cette vieille manière de vous exterminer »). On comparera avec la dénonciation en X, 9.

L'apostrophe « approchez, hommes, répondez un peu à *Démocrite* » fait de l'ensemble du discours une diatribe à la façon des cyniques et de Lucien. Le satirique prend appui sur des phrases stéréotypées pour amener un changement de point de vue et un renoncement à l'anthropocentrisme aveugle ; la pédagogie de la diatribe compte sur des exemples familiers, diversifiés, intègre les énoncés prévisibles de l'interlocuteur, le fait entrer dans des hypothèses graduées. La Bruyère se donne les coudées franches dans un exercice de style symétrique de la remarque 118 : « Voulez-vous quelque autre prodige ? » (56).

Par deux fois il projette une image de sa propre pratique ; d'abord un montreur de monstres à la foire, ensuite, à une autre échelle, un « charlatan, subtil ouvrier » qui exhibe « ces quatre puces célèbres »... Le cynique n'était-il pas une manière de bonimenteur sur la place publique ? La Bruyère se donne le spectacle de ses monstres et de ses puces. Déposant enfin le masque de Démocrite, il revêt celui d'Ésope pour le mot de la fin (comme Boileau, *Satires*, VII, sur le même sujet). — *Passé cette définition* : accordé ou concédé. La Bruyère va jouer complaisamment du terme *animal* comme de *raisonnable* (calculateur pour infliger plus sûrement la mort). — *Taupe* et *tortue* se substituent comme modèles de régularité à la fourmi de Boileau (*Satires*, VIII, 25-34) ; celui-ci avait dédié son texte « à M. M.*** docteur de Sorbonne » (1667), dans un contexte de polémique religieuse ; le tableau qui dégrade l'homme devait faire apparaître l'impérieuse nécessité de la grâce. La Bruyère paraît reprendre la diatribe de Boileau, l'inversion systématique de la place de l'homme et de l'animal, dans une tradition carnavalesque chère à Bakhtine ; mais la finalité de l'exercice est ici de faire mieux conduire son jugement, s'il est possible, à l'homme. — *Tiercelet* : mâle de certains oiseaux de proie, d'un tiers environ plus petit que la femelle. *Sur la place* : sur le champ de bataille. — *Gît* : consiste. L'italique note le caractère vieilli du terme, employé ironiquement : à cet égard, le *remue-ménage* fait un contraste de registre, puisque au dire de Furetière le terme est bas, et qu'il désigne d'abord, selon l'Académie, le « transport d'un meuble d'un lieu à un autre ». — *Subtil* : adroit ; *salade* : casque sans crête. — Avec l'*homme de la taille du mont Athos*, La Bruyère s'insère dans la lignée qui va de Rabelais à Swift et Voltaire ; *marmousets* : selon l'Académie, « petites figures grotesques ». — Les remarques du discours d'actualité militaire sont des échantillons comme La Bruyère en prélève dans chacun des domaines de la vie sociale. — *Un homme pâle et livide* : allusion au physique de Guillaume d'Orange, comme *les marais* rappellent la façon dont il s'était protégé en 1672, en rompant les digues de Hollande (voir F. Bluche, *op. cit.,* p. 366). — *Il a mordu le sein de sa nourrice* : « Déjà stathouder dans cinq provinces, Guillaume d'Orange devenait le 8 juillet [1672] stathouder de la république : pressés par la nécessité politique et militaire, les États généraux mettaient ainsi pratiquement fin à l'ère bourgeoise [...]. On revenait à la semi-monarchie des princes d'Orange » (F. Bluche, *op. cit.,* p. 367). — *Son père* : Jacques II, son beau-père. — *Les gens de delà l'eau* : les Anglais ; les gens *d'en deçà* : les Hollandais, ou encore *Bataves*, les Anglais étant les *Pictes* et *Saxons*. — *Dès qu'il a sifflé* : au congrès de La Haye (1691), l'humilité des princes de la ligue d'Augsbourg avait passé toute indécence. — *Archonte* : les neuf archontes constituaient à Athènes la plus haute magistrature civile, l'archonte proprement dit, qui donnait son nom à l'année, avait en particulier certaines attributions religieuses ; La Bruyère, faisant parler le Grec Démocrite, passe sans cesse de l'actualité à une Antiquité de convention. Les guerres contemporaines finissent par prendre le pas sur la mise en scène de la sauvagerie humaine : l'intérêt de la dernière pièce du chapitre XII est dans le traitement littéraire de l'actualité, mise à légère distance par des transpositions et des procédés spécifiques qui l'acheminent sur la voie de l'apologue. — *Si l'ennemi fait un siège* : allusion à la capitulation de Mons obtenue par Louis XIV sans que Guillaume III ait pu lui faire lever le siège. — *César* : l'empereur d'Allemagne ; *aigle* : symbole de l'Empire ; la *fasce* est un terme de blason, « pièce qui traverse le milieu de l'écu d'un côté à l'autre et qui est faite comme une espèce de règle » (Furetière) ; *pays héréditaires* : domaines héréditaires de la maison d'Autriche, alors que l'Empire est électif.

De la mode. « Qui pourrait épuiser tous les différents genres de curieux ? » (2). La Bruyère est à l'image des collectionneurs de choses rares, singulières, recherchées par tous et trouvées par quelques-uns seulement. Singulière analogie du satirique et de ses victimes : il traque et collectionne les manifestations de ces goûts immodérés qui sont la mode. Immodéré, il semble conclure le long défilé des « curieux » qui étire, à partir de la sixième édition, la remarque 2, mais la mode commande et il poursuit l'amateur du *léopard* (un coquillage), et l'homme aux chenilles. Volonté, toujours déçue, de tout épuiser, et qui fait la force singulière des *Caractères* ? Ainsi va-t-il revenir, chaque année, vers cet objet qui le fascine, le faux dévot : il le poursuit, le laisse, le reprend. Le faux dévot est inépuisable : un des sommets de l'ouvrage est *Onuphre,* longue collection qui rappelle, par l'accumulation des séquences, ce recueil qui avait nom *Ménalque* (XI,7). La Bruyère entretient un long commerce avec lui et ses pareils : ils occupent un tiers du chapitre (remarques 16-30). « On a parfois vu dans ce portrait d'Onuphre une critique des outrances dont se serait rendu coupable Molière en peignant Tartuffe. Quelle erreur ! [...]. La Bruyère ne veut rien moins qu'actualiser le portrait de 1664, car en un quart de siècle l'hypocrisie avait passablement changé d'apparences » (R. Garapon, « La chronologie de la composition des *Caractères* et l'évolution de la pensée de La Bruyère », in *Littératures classiques,* supplément au n° 13, janvier 1991, p. 48).

A partir de quel point de vue les observe-t-il ? La remarque 26 nous reporte au temps des « premiers dévots », « dirigés par les Apôtres » : La Bruyère reste ici nostalgique d'un âge d'or du christianisme et de la société, espace intérieur qu'il semble se ménager au sein de la dénaturation générale, même et surtout du surnaturel. La dévotion contrefaite tend vers la géométrie (il nous le dit) : elle est d'abord un jargon pour initiés, un « art » fait de mots ; elle est une pratique verbale, fleur d'une civilisation raffinée. Qu'elle envahisse la cour (21), qu'elle surprenne la bonne foi du roi, qu'elle se confonde en un mélange indiscernable avec la politique, sans doute ; parlant au présent de l'indicatif du « prince religieux » (27), La Bruyère ne fait pas pour autant coïncider ce qui est et ce qui devrait être : l'apparent constat est un conseil déguisé, et l'ensemble des remarques et portraits 16-30 (dès la première édition) interroge le roi ; sa piété sincère n'est pas en doute, mais est-il sauf de toute responsabilité dans la prodigieuse extension de l'hypocrisie ?... Ou plutôt le système crucial, la figure du souverain dans l'idéologie royale ne sont-ils pas en cause ? Avec l'éloignement temporel, le silence, un certain silence, de l'auteur est rendu encore plus troublant. Mais l'essentiel n'est peut-être pas au plan politique. Stupéfiant Onuphre ! La Bruyère reste pantois devant un tel monstre d'intelligence (Tartuffe est un balourd) ; la composition du portrait est éloquente : Onuphre a d'abord parfaitement assimilé les signes dont la société a besoin pour *dire* la dévotion. Sa force, ensuite, n'est que la parfaite mise en œuvre des signes dans un monde qui ne vit que de signes : le nouveau courtisan « porte une perruque, l'habit serré, le bas uni, et il est dévot » (16 ; voir aussi 21 et 22, 23). La vie de cour amplifie, elle ne crée pas la sémiologie de la dévotion. L'histoire est à l'œuvre dans les remarques 16 (« autrefois » — aujourd'hui), 20 (« depuis un siècle » — le temps des Apôtres), et dans la belle méditation finale, nourrie de l'éloquence de la chaire : la technicité s'introduit partout, la société connaît la sophistication, qui gagne irrésistiblement tout acte.

C'est ici qu'œuvre la confusion. On ne sera pas surpris de voir La Bruyère stupéfait devant une double confusion, lui qui s'applique partout à distinguer : vraie et fausse dévotion, assimilation de la piété à une pratique comme une autre, c'est tout un.

« La mode presse » (19). Mais elle n'est pas en cause. Elle est un symptôme de la vanité humaine (« vanité des vanités ») : les remarques 5, 12, 19, 31 renvoient l'image, à travers la mode, de l'inconstance (inconsistance). « La mode presse » : à force de presser, elle fait le vide en l'homme. Et la « curiosité » la plus curieuse est sans doute l'homme. La force de ces quelques remarques et portraits est là aussi : comment est-il possible que le tulipomane, « cet homme raisonnable, qui a une âme, qui a un culte et une religion » reste « planté » « au milieu de ses tulipes » ? Figure maîtresse, l'hyperbole révèle ici des abîmes, nous sommes tous des « curieux ».

Avec un danger pour la société : la remarque 2 associe, dans le phénomène de la mode, un nécessaire mimétisme avec force singularité. D'un chapitre à l'autre, le moraliste craint fort pour la sociabilité : les jargons techniques trahissent ici un repliement de l'individu collectionneur sur sa passion ; dans son jardin le tulipomane se cloître, oubliant la signification spirituelle de l'*hortus conclusus* ; l'amateur de médailles peut-il communiquer, en dehors du *fruste*, du *flou* et de la *fleur de coin* ? Pénètre-t-on chez le bibliophile ? C'est la syncope, l'« odeur de maroquin noir dont ses livres sont tous couverts » ôte la vie au visiteur. Si « la curiosité n'est pas un goût pour ce qui est bon ou ce qui est beau », elle favorise la dissipation, au lieu de rassembler. En écho à la remarque initiale (« misère de l'homme », dirait Pascal), le petit sermon final sur le temps (qui doit aussi à Sénèque, observant que nous manquons de temps par notre propre faute et aveuglement) s'efforce de nous faire voir la dissipation, du temps cette fois : il rend à l'éphémère ce qui est éphémère ; pour nous en détacher, ou plutôt le détacher de nous, comme on ôterait une escarbille d'une chiquenaude.

1. *Une chose folle* : une gravure de J. Lepautre (1617-1682) montre un amateur de beaux livres en costume de fou ; La Bruyère met en scène plus loin le bibliophile dans sa « tannerie » ; *notre petitesse* : la résonance pascalienne s'étend à l'ensemble du chapitre (ainsi la remarque 6, entre autres). — La *viande noire* : le gibier ; la *saignée* consistait à tirer d'une veine, d'un coup de lancette, le sang corrompu censé s'y trouver ; lui avait succédé pour guérir de la fièvre l'antimoine, qui avait guéri le roi en 1658, puis le quinquina, nouvellement importé en France.

2. *La curiosité* : selon Furetière, « passion de voir, d'apprendre, de posséder des choses rares, singulières, nouvelles ». — notable, la construction anaphorique, essai pour définir au plus près cette aberration, mais en une espèce de mouvement de (dé)gradation, qui doit à l'éloquence de la chaire. — *Le fleuriste* : du lever au coucher du soleil, la remarque dessine comme les « heures », au sens monastique, du

tulipomane ; le portrait se lit comme déviation du sens de l'adoration et de la contemplation, et le jardin où il s'enferme est une parodie de cloître ; c'est dans cette optique qu'on peut aussi lire le jeu de mots *qui a pris racine* : le fleuriste s'identifie à un élément du règne végétal ; homme, il est promis à une autre vocation ; *à pièces emportées* : à pétales découpés ; *vase* : terme qui signale le spécialiste (calice).

L'amateur de prunes : la technique du dialogue manqué rappelle V, 7, Acis, avec inversion des rôles entre moraliste et personnage ; dans les deux cas, le moraliste se heurte à un idiolecte. Diognète collectionne les *médailles*, c'est-à-dire les monnaies anciennes et des pièces donnant le portrait de gens illustres ou rappelant la mémoire de quelque événement considérable. Suit un lexique de numismate ; *tête* : médaille à face intacte ; *fruste* : se dit d'une médaille dont la légende est effacée ; *flou*, d'une médaille dont l'empreinte n'est pas nette ; à *fleur de coin*, d'une médaille qui semble sortir du coin. — L'image du « vide » a une portée large (voir la présentation du chapitre) : la fin du portrait anticipe la méditation sur le temps (31). Démocède : l'allusion au Petit-Pont et à la rue Neuve (-Notre-Dame) désigne les images et tentures qui les tapissaient les jours de procession. — *Sensible* : très vive ; Callot (1592-1635) sert ici, si l'on ose dire, à graver un « caractère » : l'horreur du vide et un besoin dévoyé de complétude.

Le bibliomane : le maroquin noir était de la peau de bouc du Maroc teinte à Rouen. La saveur, pour ainsi dire, du portrait tient à la candeur enthousiaste du « curieux », qui fait sa propre satire.

La *clef des sciences* est la grammaire. Le décryptage de la langue est ici une fin en soi ; la réclusion dans l'idiolecte, habituelle aux « curieux », est ici démultipliée. Le principe de l'amalgame porte-t-il le discrédit sur les langues autres que celle de la lune ? La Bruyère est en contradiction avec lui-même, la remarque XIV, 71, (1re éd.) faisant l'apologie de la compétence dans les langues. — On peut voir réapparaître, dans la deuxième moitié de la remarque, Hermagoras (V, 74).

Le *bourgeois* bâtisseur : *les planchers de rapport* sont faits de marqueterie ; les jardins du Palais-Royal et du Luxembourg, ouverts au public, étaient très fréquentés ; le *palais L...G...* désigne l'hôtel Lesdiguières, habité par le parvenu Langlée, qui, selon des clefs, serait portraituré en VIII, 18.

Le collectionneur de *bustes rares* : le *tour de lit,* selon Furetière, désignait « un lit entouré d'une garniture suspendue, mais qui ne se tire point comme les rideaux » (voir 24, le « lit » d'Onuphre) ; *garde-meuble* : débarras ; *poudreux* : poussiéreux ; *ordures* : selon l'Académie, « se dit de la poussière, du duvet, de la paille, de toutes les petites choses malpropres ».

Diphile : la *salle* est une grande pièce de réception, au rez-de-chaussée, pour visites ou affaires ; *ministère* : fonction, au sens latin du terme, mais le mot participe à l'effet d'amplification généralisée ; *siffler* : apprendre à siffler ; *fatigué* a un sens fort. — M. Riffaterre a donné une analyse des moyens d'assurer « la coexistence du vrai et de la caricature », de transformer « le type en caricature sans pour autant détruire le vrai de sa donnée matricielle », de passer à « l'absurde non comme annulation du vrai, mais comme code paradoxal pour redire le vrai une fois de plus » ; à la fin, en particulier, (*il couve*), « si invraisemblable soit-elle [...], cette exagération du fantastique maintient la vérédiction, parce qu'elle se conforme encore à des clichés sociolectiques de la peinture de l'obsession [...]. Mais sur le plan du symbole, cet excès même représente une vérité psychanalytique [...], l'investissement libidinal » (« L'effet de vrai : La Bruyère à l'eau-forte », in *Le Tricentenaire des « Caractères »*, Actes du colloque du 4 mars 1988, p.p. L. Van Delft, Biblio 17, 1989, p. 25 et 29).

Musique : ce coquillage avait, selon Furetière, « des raies qui ressemblent à un papier de musique ». La longue et merveilleuse collection s'achève par la dégradation à rebours du papillon en chenille, qui fait chiasme avec celle de la tulipe en oignon démodé. Mémorialistes et chroniqueurs collectionnent les témoignages des folies de dépense auxquelles pouvait jeter la mode des « curiosités » : le duc de La Feuillade offrait de payer deux chevaux de luxe avec six papillons...

3. *Il a décidé de l'innocence des hommes* : allusion aux duels judiciaires, un des derniers en présence de Henri II et sa cour en 1547. En 1679, le roi avait puni de mort par édit les duellistes (la cour se fixe à Versailles à partir de 1682) ; Henri IV, Richelieu avaient échoué ; Louis XIV est loué déjà en X, 35 pour ses ordonnances contre les duels ; mais Louis XV dut, en 1725, renouveler l'interdiction, et Voltaire se félicite du déclin des duels (*Le Siècle de Louis XIV,* chap. 29).

5. La remarque fait entendre le beau leitmotiv des *Caractères,* la plénitude qui ne laisse rien à désirer et la beauté, au sens le plus esthétique, de la vertu.

6. Tigillin ou Tigellin, préfet des cohortes prétoriennes de Néron, favori et débauché ; *souffler* : dans l'idiolecte de la débauche, « avaler de grandes rasades », selon Furetière, comme *jeter en sable,* « avaler tout d'un coup et sans prendre haleine ».

7. Catulle est ici l'antonomase de l'homme urbain mais quelque peu libertin de mœurs. — *Crapule* : l'ivrognerie, associée à la vie des grands (IX, 28).

8. *Fleur bleue* : fleur des champs croissant parmi le seigle et le blé, à la mode un été (1689).

9. Réapparition de l'image de la *nacelle* (XII, 61, 67), mais dans ce que G. Cayrou appelle un « portrait-drame » (éd. cit., p. 507, n. 9) : *Les Caractères,* dans la narration brève, en offrent toute une gamme.

10. Voiture a déjà paru en I, 37, 45, et reparaîtra en XIV, 73 (fin) ; Jean-François Sarrazin (1614-1654), ou Sarasin, protégé de personnages importants, pamphlétaire au service du prince de Conti, s'illustra dans la poésie galante (ballades, rondeaux). Il est l'auteur d'un *Discours de morale* ; pour sa production poétique, voir A. Génetiot, *Les Genres lyriques mondains* (Droz, 1990). — On réentend ici le motif du *directeur* (voir III), personnage reparaissant des *Caractères,* et plus loin dès la remarque 21.

11. *Ailerons* : petits bords d'étoffe qui couvraient les coutures du haut des manches d'un pourpoint ; *aiguillettes* : « morceaux de tresse ferrés des deux bouts » (Richelet) attachés aux chausses (culottes allant de la ceinture aux genoux), et remplacés par les rubans (Harpagon porte des aiguillettes : *L'Avare,* acte I, scène 4, et acte II, scène 5). Sur le point de la mode le *philosophe* Malebranche s'est exprimé en 1674 (*De la recherche de la vérité,* II, 3, 3), comme Molière en 1661 (*L'École des maris,* acte I, scène 1).

12. *Édifice à plusieurs étages* : Mlle de Fontanges avait mis à la mode cette construction, et, en 1714, une Anglaise la fit descendre, avec une coiffure basse (voir Montesquieu, *Lettres persanes,* 99, et Boileau, *Satires,* X, vers 193-194).

14. *Parle gras* : il grasseye, prononce certaines consonnes, dont r, avec une difficulté affectée. — Iphis est tout entier dans son nom, dans l'effilé (efféminé). Il est le type des petits-maîtres contemporains, comme l'abbé de Choisy, portant boucles d'oreilles et mouches, et celui des gazetiers. La Bruyère s'exerce aussi sur un type littéraire, le fat de Régnier (*Satires,* VIII, vers 44-46) et le Clitandre du *Misanthrope.* Iphis, c'est aussi la dénaturation, motif important des *Caractères,* et le gaspillage inconsidéré du temps ; en cela il est comme l'amateur de tulipes, mais ici la tulipe c'est lui-même.

15. *Laïs* : Grecque du ve siècle avant J.-C., antonomase de la courtisane. — *Saye* : voir X, 16 ; *mante* : grand voile noir, traînant jusqu'à terre, porté par les dames dans les cérémonies, et le deuil particulièrement.

16. *Canons* : ornements de dentelle attachés au-dessous du genou et couvrant la moitié de la jambe (on se souvient du Mascarille des *Précieuses ridicules,* scène 9). — Le charme du passage est dans le « tour », permettant de pivoter de la mode vestimentaire vers la fausse dévotion.

19. On se souvient que « les hommes n'ont point de caractères » (XI, 147) et que *Les Caractères* se proposent comme un « portrait d'après nature »...

21. *Êtres* : la disposition et les recoins d'une maison. Il s'agit de la *chapelle* de Versailles, et le *flanc* est la partie favorable, où l'on peut être vu du roi. La satire rappelle VIII, 74 et mainte remarque du chapitre XV. L'inflation de littérature technique en matière de piété sera relevée plus loin aussi (26), et le mort *jargon* renvoie au motif obsédant de l'idiolecte. — La répétition d'énoncés successifs à l'infinitif est-elle reprise de certains sonnets satiriques des *Regrets* de Du Bellay, ici des « Regrets »

d'un âge primitif de l'Église romaine ? Plus banal, le rapprochement avec *Tartuffe* (acte I, scène 5, vers 369-370) à propos de *aller à son salut par le chemin de la fortune*.

22. La fureur du jeu a été montrée en VI, 71-75.

23. *Faste* : orgueil ; *contemplatif* : rêveur, avec nuance péjorative.

24. Onuphre est une pièce essentielle dans la critique de l'optique théâtrale par La Bruyère (voir l'introduction, p. 650) ; on se reportera à I, 52, en particulier ; l'enjeu est bien la forme littéraire la plus *exactement* adéquate à la dégradation des mœurs et à la puissance des masques en cette fin de siècle, capable à la fois de piquer l'attention et de suggérer infiniment. Dans les éditions de 1689 et 1690, le portrait d'Onuphre était précédé d'un alinéa représentant le vrai dévot ; déplacé un peu plus loin en 1691, il disparut ensuite, ne laissant aucune trace dans le portrait d'Onuphre, comme on le verra plus loin. — Onuphre : nom d'un ermite de la Thébaïde ; *lit* : tour de lit ; *déliées* : fines. — *Haire* : chemise de crin mise à même la peau ; *discipline* : fouet de cordes nouées pour se flageller. Les deux termes sont une allusion à la célèbre entrée de Tartuffe (acte III, scène 2, vers 853). Les manuels de dévotion ici nommés sont authentiques. — *Homme d'autorité* : qui jouit, par sa moralité, d'une grande considération ; *soupirs, élans* sont des rappels de *Tartuffe* (acte I, scène 5, vers 281-288 et 365-368). — *Chapelle* et *antichambre* sont celles du roi à Versailles ; à partir de « Il entre dans un lieu saint », La Bruyère a repris des traits du vrai dévot, disparu en 1692. — *Concours* : affluence. — *Ni avance ni déclaration* : La Bruyère vise Molière dans son *Tartuffe* (acte III, scène 3 et acte IV, scène 5) de même que plus bas pour le *jargon de la dévotion* et *donation générale de tous ses biens* (*Tartuffe,* acte III, scènes 6-7). — *Traverser* : violer ; dernière critique du faux dévot de Molière, son rapport au *Prince*.

28. Favier, danseur de l'Opéra, avait montré la danse au duc de Bourbon, l'élève de La Bruyère ; Lorenzani avait été maître de musique d'Anne d'Autriche ; *motet* : pièce de musique sur des textes religieux, mais ne faisant pas partie de l'office.

29. *Inspirer la résidence* : conseiller aux évêques de résider dans leurs diocèses.

31. Dans le grand naufrage du temps, *in extremis* La Bruyère sauve la *vertu*. Faut-il voir là un condensé de *Sermon sur la mort* et voir dans la vertu la charité, qui « ne passera point », comme le dit saint Paul ? Ou entendre plutôt dans la « Méditation sur la brièveté de la vie » que sont *Les Caractères* une morale sans référence aucune à la religion chrétienne ? Le chapitre s'ouvrait sur « notre petitesse » démontrée par les folies que l'on fait pour les modes ; l'éloge d'une vertu qui subsiste fait réentendre la belle fin du chapitre II.

De quelques usages. Titre anodin, mais les enjeux du chapitre ne le sont pas. La Bruyère fait le tour de *quelques usages* qui sont des abus. La Bruyère fait le tour de la langue : il commence par noter des usages linguistiques qui révèlent des évolutions dangereuses dans les institutions sociales (3) ; il finit par un très long examen de linguiste, déplorant tant d'abandons qui ont appauvri la langue, sous couleur de la purger des provincialismes, archaïsmes et mots du registre burlesque : des mots commodes, de beaux mots sont ainsi tombés (73). Et c'est bien, de façon générale, de décadence qu'il s'agit.

Décadence et dénaturation. La symétrie est remarquable entre début et fin : le trafic des syllabes auxquel se livrent, en parvenus, certains (9), annonce les altérations dans la morphologie des mots, relevées à la fin. Successivement le moraliste observe les comportements des bourgeois gentilshommes, les rapports de l'argent et des titres de noblesse, la contingence des rangs, dépendants de l'état des fortunes, puis (16-32) la dénaturation de nombreux clercs et la dérive des offices liturgiques, la mercantilisation du casuel, la confusion qui amène le clergé régulier voué à la vie du cloître à tenir la place du pasteur, et les disputes au sein du chapitre paresseux pour se dispenser de l'assiduité aux offices divins. Institutions sociales, religieuses : les distinguos légitimes et fondateurs disparaissent, les distinguos captieux prolifèrent. Totale confusion. Les pratiques matrimoniales sont épinglées ensuite (33-36), la transition était aisée avec la coutume de faire sa fille religieuse pour des raisons tout à fait contingentes. Le problème du prêt à intérêt au regard des théologiens fournit aussi un passage vers les remarques touchant certaines pratiques financières (37-40). De là à entrer dans le monde de la justice, il n'y a qu'un pas (41-61). La Bruyère rappelle l'idéal de l'orateur cicéronien : *vir bonus dicendi peritus,* être homme de bien au moins autant qu'éloquent. A chaque étage de l'enquête il enregistre les multiples formes de dissociation entre parole et vérité, langue et authenticité (voir 19, 58, deux lieux, église et salle du Parlement, qui sont lieux de spectacle, aussi). La critique de la justice est particulièrement virulente, la technicité des remarques, loin de nous la voiler, la rend plus forte.

Qu'est-ce qui est en cause ? L'originalité de La Bruyère apparaît peut-être dans les remarques incluant des mots archaïques, jargon du Palais, qui brillent de tout leur italique ; car ils pointent un enjeu, d'ordre encore une fois linguistique : rapprochons les remarques 57 et 58, 56 et 57-58, il s'agit des interprétations divergentes, voire dirimantes, des testaments ; la remarque 60, qu'illustre la consultation de M. de Bonnefoy dans *Le Malade imaginaire* (acte I, scène 7) attire l'attention de façon à la fois technique et éloquente sur la faiblesse de la lettre dans la loi. On rapprochera la série de remarques des réflexions livrées plus loin sur l'inflation des commentaires (73) : La Bruyère exhorte à puiser à la source, à revenir à l'original, manié et remanié de première main, il s'engage avec éloquence dans le retour au texte même, qu'il sent écrasé, et comme perdu, par l'accumulation des gloses ; ce rêve d'une parfaite transparence des mots était présent dans les chapitres I et V. Il commande l'enquête menée ici. Retour vers un âge d'or, primitivisme de La Bruyère en cette fin de siècle : Boileau, dans ses *Épîtres* et *Satires,* Fénelon, dans la *Lettre à l'Académie,* les *Dialogues sur l'éloquence, Télémaque,* encadrent l'auteur des *Caractères.* Et quand il célèbre le médecin et botaniste Fagon, dans la série 65-68 sur la médecine, il chante en lui l'adepte du quinquina ; or, quelques années plus tôt, La Fontaine, dans son *Poème du quinquina* (1682), avait chanté la vie selon les Iroquois, « peuples sans lois, sans arts, et sans sciences » (v. 112) : « Ils ne trafiquent point les dons de la nature » (v. 121). Fagon a « la science des simples » (68) : prenons *simples* dans la complexité de sa polysémie pour en faire la devise de La Bruyère...

La remarque 63 fait passer les figures des politiques et hommes de guerre grecs et latins, modèles de frugalité. Comme dans l'ultime remarque du chapitre VII, le moraliste oppose un âge d'or à la civilisation extraordinairement raffinée de Versailles. Ici encore, l'enquête est au départ linguistique. Voltaire dans *Le Siècle de Louis XIV* (chap. 8), Saint-Simon pour l'année 1708 des *Mémoires,* relèvent le luxe de la table pendant les campagnes militaires (et Saint-Simon le blâme pour ses effets amollissants). En filigrane on aperçoit une mise en cause de l'exercice du pouvoir royal par Louis XIV. Le moraliste se fait prédicateur contre les usages du monde. Mais il est pris dans une contradiction : peut-on dire qu'au commencement était la simplicité ?

Car la remarque 5, sur les *heaumes* et leurs *grilles* dans les armoiries, déplore la perte de codes héraldiques ancestraux très élaborés. L'ironie qui commande le mouvement de la remarque 8 serait-elle le symptôme de cette tension interne chez La Bruyère ?

Les derniers usages examinés sont la magie, la chiromancie, auxquelles introduit l'étourdissant portrait du charlatan Carro Carri (68-70). On notera la circonspection de l'auteur face aux sortilèges (70) ; sorcières, horoscopes, le siècle en est plein (voir les notes aux remarques). Une batterie d'interrogations (73) incline à dissocier raison et coutume, pour finir : la versatilité des hommes (voir XIII, « De la mode », et XII, « Des jugements ») est sans doute en cause, et leur faiblesse, au sens spirituel du terme ; mais c'est encore la notion de nature, et la dénaturation, qui sont problématiques. La Bruyère paraît saisi de vertige devant le tourniquet des manières de se vêtir, à la guerre en particulier, si contradictoires. Auparavant, le portrait loufoque d'Hermippe (64), tout en excès, n'est pas sans pertinence dans l'enquête sur la dénaturation, et lui aussi est vertigineux. Les ultimes remarques, sur les vicissitudes de... *car, moult* et *maint* (entre autres mots) seraient-elles dérisoires ? Curieuse façon de finir ! Et les deux rondeaux, au baisser du rideau ? Nouveau mouvement de fuite au terme de l'enquête, comme ce fut plusieurs fois le cas ? Refuge dans la consultation méticuleuse des dictionnaires ? Au passage notons une fois de plus tout ce qui rapproche La Bruyère des lexicographes ; et aussi tous les mouvements de population (verbale) dans les années 1680-1695, quand se confectionnent les dictionnaires : moment passionnant, où le travail lexicographique est riche d'enjeux sociologiques et culturels, au sens le plus politique des termes. Imaginons un dialogue des morts entre Richelet, Furetière, La Bruyère et les collègues de l'Académie, étendu à Littré et Paul Robert... La compétence philologique de La Bruyère n'est pas au-dessus de tout soupçon. Mais, ici encore, la question reste posée, et peut-être plus aiguë qu'ailleurs : il est volontiers l'homme du rappel aux règlements (voir 19, 47, 63), mais, plus fondamentalement, d'où parle-t-il ?

1. Les offices de *secrétaires du Roi* n'étant pas les seuls à rendre noble qui les achetait, La Bruyère a fait disparaître la note après la quatrième édition. On se souvient que lui-même acheta une charge de trésorier général des Finances dans la généralité de Caen en 1673. C'est l'époque où Colbert avait entrepris de réduire le nombre des trésoriers, accru auparavant pour des raisons d'ordre fiscal (édit de février 1672) : les réformes s'inscrivent dans un ensemble sur lequel on peut consulter F. Bluche (*op. cit.,* p. 209-213). Le titre acheté avait fait de La Bruyère un écuyer. — Les *vétérans* étaient des conseillers de diverses cours souveraines qui, s'étant défaits de leurs charges après vingt ans d'exercice, conservaient les honneurs et privilèges attachés à leurs offices et avaient le droit de transmettre la noblesse à leurs enfants. Les *créanciers,* par l'effet de leurs poursuites, les obligent à se démettre de leur charge avant la fin de leur vingtième année d'exercice, et ils perdent les privilèges de la noblesse. — Les quatre alinéas, relançant les mots de nobles et de roturiers, créent un rythme, par les variations de places en particulier : contingence mise à nu des rangs dans la société, dissociation allègre du mérite et de la noblesse.

3. *Réhabilitations* : Il s'agit du rétablissement dans leur noblesse primitive de nobles qui avaient dérogé. Des roturiers enrichis demandaient néanmoins des lettres de *réhabilitation.* En effet *les lettres de noblesse* anoblissaient le roturier, mais sans faire oublier leur roture ; voir P. Goubert, *Les Français et l'Ancien Régime* (t. 1, « La Société et l'État », A. Colin, 1984, P. 140 sq.). *Gothique* : barbare ; *la malle,* où les merciers

de campagne transportent leur marchandise, fait *déroger* comme l'exploitation d'une ferme ou le service de domestique ; *fabriquer* : inventer ; la *vaisselle* était d'*étain* avant que le parvenu ne devînt riche.

5. *Honorable,* dans les figures héraldiques, signifie une pièce de premier ordre (croix, sautoir, chef, etc.) ; *suppôts* : figures d'anges, d'animaux, etc., peintes à côté de l'écu comme pour le soutenir ; *cimier* : ornement (lion, léopard, fleur de lis) placé au-dessus du casque surmontant l'écu ; seules les maison les plus illustres avaient un *cri de guerre*. — *Heaume* et *casque* sont synonymes, et le premier, archaïque, fut remplacé par le second ; la *distinction* est dans la forme et la place. — *Ouvert* et *de front*, le casque indiquait une grande naissance, de profil et *fermé*, une moins haute naissance ; le nombre des *grilles*, barreaux placés dans la visière et fermant l'ouverture, servait à marquer le degré de noblesse. Les anoblis de fraîche date devaient figurer le casque de profil, visière close et abattue.

6. On se souvient de la diatribe de Chrysalde dans *L'École des femmes* (acte I, scène 1, vers 169-172 et 179-182) contre les prétentions d'Arnolphe – M. de la Souche et autres.

7. *Bon* : vrai ; l'adjectif n'est pas superflu, les faux gentilshommes ne manquant pas. — D'Hozier : célèbre famille de généalogistes — *Petites seigneuries* : les vicomtés, baronnies ; *grandes seigneuries* : les comtés, marquisats, duchés. — On se rappelle La Fontaine, *Fables,* I, 3 (« La grenouille et le bœuf »).

8. *Rubriques* : formules. Selon l'Académie le mot s'appliquait ordinairement à « certaines règles imprimées en rouge, qui sont au commencement du bréviaire pour enseigner la manière dont il faut le dire ».

9. *Trois noms* : nom de famille, nom de seigneurie et surnom ; *service* s'appliquait proprement aux gens de guerre, *emploi*, plus général, aux magistrats, gens de finance, etc. — *Particules* : les Séguier, entre autres, étaient gentilshommes sans le porter, mais pour la vanité bourgeoise on se faisait reconnaître pour noble grâce à la particule. — Syrus : nom d'esclave dans la comédie latine. — *Lieu* : à la fois endroit et famille.

10. Les *quatre quartiers* prouvaient qu'une noblesse remontait à la deuxième génération (voir VIII, 20), les quartiers se comptant en progression géométrique (2, 4, 8, 16, 32, parents, grands-parents, etc.).

13. Les *solitaires* sont les célestins, qui avaient un office de *secrétaire du Roi*, collectivement, qui en touchaient les revenus sans en remplir les fonctions ; ils n'avaient pas acheté le titre, concédé au XIVe siècle par la puissance du prince.

14. Geoffroy de La Bruyère prit part à la troisième croisade et mourut au siège de Saint-Jean-d'Acre en 1191. Anachronisme, il n'avait pu *suivre* Godefroy de Bouillon, chef de la première, un siècle plus tôt. La feinte mystification de La Bruyère clôt la première série de remarques par une surenchère dérisoire, qui rend à leur vanité les « de La Souche » contemporains.

Ajustement : toilette ; *mollesse* : vie efféminée ; *l'étymologie de leur nom* : abbé vient de l'hébreu *abba*, père. — La fin du texte tend à superposer *éminence* et *femme*, et la critique de l'abbé de cour est aussi celle des cardinaux.

17. Hannibal Carrache (1560-1609) travailla à la galerie Farnèse (1597-1604), à Rome, dans le palais construit par le cardinal, futur Paul III. — Les *saletés des dieux* avaient-elles une fonction allégorique ?

19. *Livres* : livrets ; *zèle* est un mot du langage de la dévotion ; *amuser* : faire passer agréablement le temps ; *concerter* : « répéter ensemble une pièce de musique », selon l'Académie. — *Indécence* : inconvenance. — La dernière phrase est une allusion aux saluts des pères théatins en 1685, conforme aux témoignages du temps. La Bruyère serait-il le seul à noter la distribution des *livres*, comme le pense G. Servois (éd. cit. t.2, p. 172, n.1) ? On rapprochera cette remarque de VII, 12.

22. *Barnabite* : « Pourquoi un *barnabite* ? La Bruyère songerait-il au P. Lacombe, confesseur de Mme Guyon, fort à la mode quelque temps à Paris et qui avait eu des ennuis avec les séculiers ? Il fut emprisonné à la fin de 1687 » (G. Cayrou, éd. cit., p. 532, n.4).

24. Piquantes variations sur le mot *pasteur*. Fénelon blâme aussi la coutume du prédicateur invité : « Il ne faudrait communément laisser prêcher que les pasteurs. Ce serait le moyen de rendre à la chaire la simplicité et l'autorité qu'elle doit avoir » (*Dialogues sur l'éloquence*, III, éd. cit., p. 72). — *Dans l'œuvre* : il s'agit du banc d'œuvre, où l'on plaçait les assistants de marque venus au sermon ; *les pourpres et les fourrures* : les cardinaux et conseillers du Parlement, les docteurs de l'Université d'autre part ; *feuillant, récollet* sont des religieux d'ordres qui n'avaient pas du tout vocation à ces prédications ; les prédicateurs invités touchaient ce que l'on pourrait appeler dans le contexte un « cachet » (« A Saint-Sulpice, les prédicateurs recevaient 600 livres pour un Carême [...]. Un Avent à la cour avait valu à Bourdaloue un *salaire* de 1500 livres », G. Cayrou, éd. cit., p. 533, n.4).

26. *Cheffecier* : ses fonctions furent « très diversement définies », selon G. Servois, qui propose de voir ici le chantre, *maître du chœur*, qui donne le ton à ses collègues chanoines, et porte dans ses armoiries le bâton de chœur des fêtes solennelles. — *Écolâtre* : il touchait un revenu correspondant, à l'origine, au salaire d'un chanoine professant la philosophie et les langues anciennes, mais la prébende était désormais dissociée de la fonction ; *prébende* : revenu d'un titre de chanoine ; *trésorier* : chanoine chargé de garder les reliques ; *Archidiacre* : il visitait les paroisses sur délégation de l'évêque ; *pénitencier* : dans certains cas il entendait les confessions et exerçait le pouvoir d'absolution à la place de l'évêque ; *grand vicaire* : bras droit de l'évêque dans l'administration du diocèse. — *Prévôt* : premier du chapitre. — Le monde du chapitre avait été mis en scène en 1674 par Boileau dans *Le Lutrin*. G. Cayrou suggère aussi que « La Bruyère avait pu connaître comme "domestique" du gouverneur de Bourgogne un procès survenu entre l'évêque de Dijon et ses chanoines qui réclamaient contre l'assistance obligatoire aux processions, prières publiques, *Te Deum*, etc. » (éd. cit., p. 534, n.12).

29. On se souvient d'Harpagnon (*L'Avare*, acte V, scène 4), d'Argan (*Le Malade imaginaire*, acte I, scène 5 ; acte II, scène 6) qui veulent *faire religieuse* leur fille, récalcitrante à épouser celui qu'elles n'ont pas choisi. Comme Bourdaloue (*Sermon sur les devoirs des pères, Sermon sur l'ambition*), Massillon (*Sermon sur la vocation*), Bossuet n'était pas resté indifférent au problème abordé ici, dans l'*Oraison funèbre d'Anne de Gonzague* et le *Sermon sur les effets de la Résurrection*.

30. Un *Ambreville* : un fripon comme Ambreville, chef d'une bande d'aventuriers, gracié pour plusieurs crimes, puis brûlé en 1686 à Paris pour avoir proféré des impiétés.

31. Voir VI, 36.

32. Dans les *abbayes*, la nomination de l'abbesse était faite par le roi ; dans les *simples monastères*, la supérieure était élue par les religieuses.

34. *Ménage* : mobilier.

35. Le *Cours* (-la-Reine) apparaît déjà en VII, 1.

37. La note de La Bruyère fait référence à la promesse de restitution du bien prêté par un acte d'écriture privé (*billet*), ou public (*obligation*), et au problème du prêt à intérêt, sur le plan de la théologie morale, condamné par la tradition patristique déjà.

38. La note de La Bruyère apparue dans la neuvième édition seulement, devait selon G. Servois « remettre sur la voie les commentateurs qui avaient fait fausse route », et qui n'avaient pas vu que le moraliste visait « les greffiers chez lesquels l'argent était *consigné* seulement le temps que la justice fût rendue » (éd. cit., t. 2, p. 182, n.2).

39. *Le fonds perdu* est, selon le même éditeur, « une somme d'argent dont on abandonne le capital, moyennant une rente viagère » (p. 183, n. 1). Il rapporte le décryptage des clefs : ce serait une allusion à la banqueroute de l'hôpital des Incurables (1689), qui avait presque ruiné les particuliers qui y avaient placé de l'argent à *fonds perdu*, par la malhonnêteté des *administrateurs*. — Pour *le huitième denier*, voir VI, 16 ; les *aides* sont, selon Furetière, « les deniers levés par le roi sur les marchandises qui se vendent et se transportent dedans et dehors son royaume ».

41. Début des remarques sur la justice, qui avait suscité *Les Plaideurs* de Racine, des traits de satire dans *Les Fourberies de Scapin*, où l'on se souvient de la tirade de Scapin répondant à Argante qui « aime mieux plaider » pour se tirer d'affaire : « Jetez les yeux sur les détours de la justice [...]. C'est être damné dès ce monde que d'avoir à plaider, et la seule pensée d'un procès serait capable de me faire fuir jusqu'aux Indes » (II, 5) ; voir aussi *M. de Pourceaugnac,* acte II, scène 10, où l'angle d'attaque est différent (satire du jargon qui en impose), *Le Misanthrope,* acte I, scène 1 et acte V scène 1, et chez Boileau la *Satire* I, vers 113-128, et l'*Épître* II, vers 41-52, qui fait écho directement à la fable de La Fontaine, « L'huître et les plaideurs » (IX, 9). Bossuet attaque « un juge artificieux », « des corruptions qu'on a honte d'avoir à se reprocher », et surtout « la lâcheté » ou « la licence d'une justice arbitraire qui, sans règle et sans maxime, se tourne au gré d'un ami puissant » (*Oraison funèbre de Michel Le Tellier*). L'essentiel est sans doute la diversité des points de vue où se placent les écrivains dénonçant les abus de la justice contemporaine. — *Règlement de juges* : plusieurs juges pouvaient être saisis d'un même différend.

42. *Action* est pris ici au sens latin de plaidoirie, mais le contexte insinue aussi le sens technique de la rhétorique classique, la théâtralité du discours ; la *coutume* fut introduite en 1677, et elle était justifiée par l'*expédition,* le souci de terminer plus rapidement les affaires.

44. On se rappelle la question de Philinte à Alceste : « Mais qui voulez-vous donc qui pour vous sollicite ? » (*Le Misanthrope,* acte I, scène 1, vers 186).

45. Voir Pascal, *Pensées* (78).

47. La Bruyère a déjà manifesté son humeur contre l'*avilissement* de la magistrature en VII, 7, 10 et XII, 26. Un édit de 1684 faisait obligation aux magistrats de « porter en lieux particuliers des habits noirs, avec manteaux et collets ». Le moraliste rappelle ici encore aux règlements, c'est une différence qui assure l'originalité de La Bruyère.

48. Cette remarque précise la pensée émise en II, 10 et VIII, 44, et fort audacieuse pour son temps. On se souvient de la lettre de Mme de Sévigné sur le « jeune homme de vingt-sept ans », devenu pour 40 000 F président de la chambre des comptes de Nantes (27 mai 1680). — La *férule* désigne par métonymie l'école, et la *pourpre* une charge de conseiller (voir 24) ; *consignation* : voir la note de La Bruyère à la remarque VII, 9. — Voltaire aura des formules plus cinglantes dans l'article « Vénalité » du *Dictionnaire philosophique*.

51. *Question* : torture. — voir Montaigne, *Essais* (II, 5) et à l'autre bout de la chaîne, Montesquieu et Voltaire. En 1780 et 1789 la torture sera abolie. La Bruyère avait sans doute en vue des cas graves d'erreurs judiciaires ayant pour conséquence la mort d'innocents condamnés. G. Servois rappelle qu'avait paru à Amsterdam, en 1682, une « dissertation morale et juridique », *Si la torture est un moyen sûr de vérifier les crimes secrets* (éd. cit., t. 2, p. 400).

53. Le même commentateur rapporte des remarques du *Mercure historique et politique* d'août 1688 sur l'accointance des « principaux officiers de la justice » avec les voleurs (éd. cit., p. 403).

57. *Digéré* : réglé minutieusement ; un testament *olographe* est tout entier écrit de la main propre du testateur.

58. *Lanternes* : loges fermées d'où l'on pouvait assister aux séances sans être vu. — *Ab intestat* : se dit de l'héritier recevant un héritage en l'absence d'un testament. — G. Cayrou, à propos du *praticien,* note que « La Bruyère critique rarement la petite robe dont la cupidité et les rouerics, souvent dénoncées par les poètes comiques et les orateurs de la chaire, provoquaient les protestations des intendants. En revanche, il ne ménage pas la "grande robe" » (éd. cit., p. 546, n.7). — *Obmis* : La Bruyère joue avec le langage du Palais, sa saveur archaïsante, en même temps qu'il s'en défie.

59. Titius, Maevius, autres emprunts à la langue du droit, deux noms apparaissant dans les textes de droit romain. — *Officier* : titulaire d'une charge. — Regnard

met au théâtre les péripéties liées au testament, dans *Le Légataire universel* (1708).

60. *Fidéicommis* : M. de Bonnefoy explique à Argan comment tourner l'interdiction que vient de rappeler La Bruyère (*Le Malade imaginaire,* acte I, scène 7). — *Vaudevilles* : chansons satiriques. — *Confidentiaire* : la confidence était « une convention secrète et illicite » par laquelle on tenait un bien « à la charge de le rendre ou de lui [un tiers] en laisser le revenu » (Dictionnaire de l'Académie).

62. Voir XI, 129-30.

63. *Ragoûts* : « saveur excitante des mets ou assaisonnement propre à réveiller le goût » (G. Cayrou, *Le Français classique*, p. 727) ; *entremets* : voir la note à VI, 1. La Bruyère cherche une caution, pour ses lecteurs humanistes, chez les grands capitaines de l'Antiquité, idéalisés par Plutarque ; c'est le cas pour Scipion, Marius ; d'après Salluste, Jugurtha, était un modèle de frugalité. — Miltiade, vainqueur de Marathon (490 avant J.-C.) ; Épaminondas, homme d'État et général béotien du IVe siècle avant J.-C., bouta les Spartiates hors de Béotie et imposa l'hégémonie thébaine (batailles de Leuctres, Mantinée) ; Agésilas, roi de Sparte (fin du Ve siècle avant J.-C.), vainqueur des Perses en Asie Mineure, puis de la coalition d'Athènes, Thèbes, Corinthe (bataille de Coronée), et battu par Épaminondas à Mantinée. — La présentation du chapitre a dégagé la portée de ces remarques.

64. *Tracasser* : selon l'Académie, « se remuer, se tourmenter pour peu de chose ». Ce verbe résume le « caractère ». Hermippe est un bel échantillon du passage de La Bruyère vers l'onirique ; la dernière phrase est comme une métaphore des extravagances de sa propre imagination. Hermippe, figure de l'écrivain La Bruyère, tout occupé à ciseler ses petits alinéas, à corriger un mot ici ou là, sans illusion sur la réelle efficacité de son ouvrage ? — *L'escalier,* on l'a vu dans l'introduction, est un lieu favori de l'écrivain.

65. *Improuver* : blâmer. — Au-delà des allusions à d'Aquin, par exemple, premier médecin du roi, dont l'un des fils était conseiller au Parlement et l'autre bientôt devait recevoir un évêché, la remarque vaut par une hauteur de vue et une densité que l'on ne trouve pas au même degré dans *Le Malade imaginaire* ; en particulier, le paradoxe *raillé, et bien payé* introduit une inversion, propre au comique, qui déplace vers les patients la satire, et en fait un nouvel objet comique, inattendu.

68. L'entrée fracassante de Carro Carri a été préparée en VIII, 16 et XII, 21. Son nom donne lieu à une espèce de tour de prestidigitation verbale, et le portrait tourne vite au boniment, avec une série de procédés efficaces. — *fièvre quarte* : qui revient tous les quatre jours. — *Constitution* : de rente ou de pension. — *Imposer* : La Bruyère joue du double sens, ici et ailleurs, inspirer le respect, faire illusion. — Fagon était devenu premier médecin du roi, après la disgrâce de d'Aquin en 1693 (voir F. Bluche, *op. cit.,* « Le roi et ses médecins », p. 691 sq). — *Quinquina* : La Fontaine s'en fit le chantre dans le *Poème du quinquina* (1682) ; c'est que les écorces médicinales fébrifuges désignées sous ce nom collectif furent l'objet de polémiques, à leur introduction en France vers 1679. Mme de Sévigné évoque tel cas de fièvre « dont le quinquina a eu toutes les peines du monde à le [le malade] tirer, tout quinquina qu'il est » (lettre du 12 juillet 1691). Voltaire lui fait une place dans le *Dictionnaire philosophique,* article « Cartésianisme », et dans l'*Essai sur les mœurs* ; *émétique* : appelé aussi *antimoine,* il était à la mode comme fébrifuge (voir XIII, 1). L'antimoine était proprement le métal qui servait à le préparer ; la *science des simples* était en effet cultivée par Fagon, qui avait fait d'abord divers voyages pour recueillir des plantes au profit du Jardin royal, où il exerça des fonctions de professeur. — Corinne, Lesbie, Canidie : cette dernière est une sorcière consultée par les amants chez le poète latin Horace, et on l'a déjà rencontrée en III, 73, comme empoisonneuse sans doute ; le rapprochement jette un jour trouble sur les deux autres noms, venus du monde de l'élégie amoureuse grecque et latine ; Trimalcion et Carpus sont sortis du *Satiricon* de Pétrone, à la mode vers 1693. — Saint-Simon a laissé un portrait de Caretti : « Il avait de l'esprit, du langage, de la conduite [...]. Enrichi et en honneur en dépit des

médecins, et avec des amis considérables, il se mit à faire l'homme de qualité » (*Mémoires*, éd. cit., t.I, p. 497). Quel était son nom ? Caret ? Carette, Caretto, Caretti ? Mme de Sévigné en parle dans ses *Lettres* de l'année 1694.

69. *Chiromanciens* : ils examinent les lignes de la main ; *figure* : « représentation du ciel et des planètes », selon Richelet, au moment de la naissance ; *sas* : tamis que les devins faisaient tourner pour déterminer l'auteur d'un vol : le nom de la personne coupable était celui que l'on prononçait au moment où il s'arrêtait. La Fontaine s'est gaussé de l'astrologie dans « L'astrologue qui se laisse tomber dans un puits » (*Fables*, II, 13) ; voir aussi « Les devineresses » (*Fables*, VII, 15), allusion à l'actualité récente (procès de la Brinvilliers, 1676), et prochaine (procès de la Voisin, 1679-1680) : cela vaut pour la remarque suivante.

70. Pour l'affaire « la Voisin », voir F. Bluche (*op.cit.*, p. 402-404) qui montre les règlements de comptes politiques mêlés au procès.

71. *Entrée* : en XII, 19, La Bruyère avait fait des langues « la clef ou l'entrée des sciences ». La remarque nuance l'image d'un La Bruyère attaché au parti des Anciens, s'il est vrai qu'il ne se limite pas ici aux langues anciennes. Le rapport est subtil et original avec la série des alinéas précédents : « clef » du savoir, elles permettraient de « trouver un parti entre les âmes crédules et les esprits forts » (70).

72. *Circonstances* : détails ; *concilier* : accorder un auteur avec lui-même en cas de désaccord interne apparent ; *ajuster* a un sens très voisin. — *Scoliastes* : annotateurs des textes classiques anciens. — G. Cayrou note un exemple de *vaine et fastueuse érudition* : « Telle édition de Virgile à l'usage du Dauphin [...] n'a pas moins de 866 pages *in octavo*. Dans le commentaire de la première églogue, on trouve une note copieuse sur l'origine du mot *fagus* (= hêtre), mais rien n'explique l'expression délicate *musam meditari* (= étudier un air) » (éd. cit., p. 557, n. 9). L'éditeur des *Caractères* n'a qu'à bien se tenir... On peut objecter à La Bruyère, qui prône ici l'exercice critique et libre de l'esprit du lecteur, qu'il est lui-même en train de donner dans un lieu commun, la condamnation en bloc de la glose ; Montaigne, *Essais* (III, 13) partant lui aussi des obscurités pour le commun des mortels du langage juridique, étend ses remarques à la glose des textes juridiques et de là à toute glose : « Il se sent par expérience que tant d'interprétations dissipent la vérité et la rompent. » Mais contre les demi-habiles, dont La Bruyère fait peut-être partie ici, Montaigne y voit une faiblesse essentielle de l'esprit humain : « Les hommes méconnaissent la maladie naturelle de leur esprit : il ne fait que fureter et quêter et va sans cesse tournoyant. » Un signe de grandeur aussi : « Il n'y a point de fin en nos inquisitions ; notre fin est en autre monde. C'est signe de raccourcissement d'esprit quand il se contente, ou de lasseté. »

73. *Fraise* : sorte de col à plusieurs étages, tuyauté, plissé et empesé, porté sous Henri II et jusqu'à l'époque de louis XIII, et ajusté sur le *collet*, partie du pourpoint qui entourait le cou. On peut s'étonner de l'emploi du présent : sans doute vise-t-il le port contemporain de la fraise en Espagne, mais il peut avoir une valeur générale dans ce texte sur la coutume. — *Nus tout habillés* : allusion aux bas de soie portés sous Henri II, « pour favoriser l'industrie française » (G. Cayrou, p. 558, n. 6). — *Travailleurs* : les soldats travaillant aux tranchées ; *contrescarpe* : talus du fossé extérieur, face à la place assiégée et chemin couvert d'où tire l'artillerie des assiégés. — Bertrand du Guesclin, connétable sous Charles V ; Olivier de Clisson sous Charles VI, Gaston de Foix, dit « Phoebus » ; Boucicaut, maréchal de France ; *armet* : armure de tête.

Ains : mais n'en est pas l'anagramme ; employé concurremment avec *mais* au XVIe siècle, il était en discrédit, malgré La Mothe Le Vayer, *Considérations sur l'éloquence française*, Saint-Évremond, *Comédie des Académistes* et d'autres auteurs, (Servois, t 2, p. 205, n. 3). — *Certes* : Richelet note son vieillissement ; en 1680, le P. Bouhours lui reconnaît de l'énergie mais relève qu'il « ne se dit plus dans la conversation que par les Gascons, mais il se dit encore dans les histoires, dans les cours d'éloquence, dans tous les ouvrages dogmatiques » (cité par G. Servois,

p. 206, n. 1) ; *se commettent* : se compromettent. — *Maint* : sur son étymologie on hésite entre le gaulois et le germanique. Vaugelas en réservait l'usage : « Je crois qu'à moins que d'être employé dans un poème héroïque, et encore bien rarement, il ne serait pas bien reçu » (*Remarques sur la langue française*, éd. R. Lagane, « Nouveaux classiques Larousse », 1975, p. 34). Richelet le réserve au registre burlesque. — *Moult* : selon G. Cayrou, « La Bruyère est à peu près le seul à le regretter » (éd. cit., p. 560, n. 8). — *Car* : on connaît la plaidoirie de Voiture en sa faveur dans une lettre à Mlle de Rambouillet de 1637, alors que l'Académie s'était saisie du cas de *car*, qui déplaisait à Malherbe et au romancier Gomberville, appliqué à ne pas l'employer dans les cinq volumes de son *Polexandre* (où on en montra au moins trois occurrences) : « Il se trouve qu'après avoir vécu onze cents ans, plein de force et de crédit, après avoir été employé dans les plus importants traités, et assisté toujours honorablement dans le conseil de nos rois, il tombe tout d'un coup en disgrâce et est menacé d'une fin violente. » Certains proposaient *pour ce que*. Ici encore, l'édition Servois fournit une copieuse bibliographie. — *Cil* : nominatif masculin singulier d'un ancien pronom démonstratif disparu au début du XVIIe siècle, il est rejeté, lui aussi, par Malherbe, et Balzac raille son emploi chez les poètes. — *Valeureux* : était, selon Richelet, « plus de la poésie que de la prose », de même aux yeux de l'Académie — *haineux* : sur ce terme encore les dictionnaires n'ont pas la même position, et son acception ancienne (ennemi) cède à l'acception actuelle — *peineux* : n'était plus admis que dans l'expression *semaine peineuse*, semaine sainte ; *piteux* : sans nuance défavorable (digne de pitié), ne fait pas l'objet de l'unanimité, lui non plus, et Richelet le donne comme du style « comique » — *jovial* : exclu par le seul Richelet, il témoigne du changement intervenu entre 1680 et 1690, puisque Furetière l'admet comme l'Académie en 1694. La Bruyère ne l'avait employé qu'avec l'italique en XI, 123 — *courtois* : une fois de plus est réputé désuet par Richelet, les autres dictionnaires le donnent plus positivement. Bouhours le juge « provincial » et « comme du vieux style » dans les *Remarques nouvelles sur la langue* (1675) — *gisant* est traité comme *courtois* par les lexicographes — *haleiner* : selon Richelet, « pressentir, avoir vent d'une chose », mais pour lui le mot est du registre « comique » ; Furetière y voit un terme de vénerie, « sentir le gibier », tandis que l'Académie le définit selon le sens de « sentir l'haleine de quelqu'un » et, comme Furetière, prend aussi le mot au figuré : « reconnaître le faible » de quelqu'un, conformément à l'origine, la vénerie ; l'Académie le définit aussi comme « corrompre l'esprit » – *vantard* n'est admis par aucun des trois dictionnaires, qui ne reçoivent que *vanteur* ; *coutumier* est donné par Richelet comme « terme de palais » (conforme à la « coutume »), l'Académie le prend au sens actuel, mais le juge « vieux et bas », et Furetière ne fait aucune réserve. — *Finer* n'apparaît pas dans les trois dictionnaires, il est hors d'usage au XVIIe siècle ; il avait eu le sens de « finir » et « financer ». — *Larmoyer* : manque dans Richelet, et les deux autres dictionnaires notent son aspect désuet, tout comme *se douloir* ; *se condouloir* : faire des condoléances ; « hors d'usage » pour Richelet, il est limité à la forme infinitive par l'Académie et Furetière — *s'éjouir* : se livrer à la joie, utilisé par La Fontaine (« Dont maint voisin s'éjouit d'être », *Fables*, IV, 21, vers 36), mais ignoré des dictionnaires ; *se conjouir* : est donné par Richelet comme « hors d'usage », ainsi que Furetière, admis par l'Académie. — *Gent* adjectif est un « mot vieux et burlesque » selon Richelet, et Furetière également y voit un « vieux mot qui signifiait autrefois *gentil* ». L'Académie l'ignore. Quant à *gentil*, Bouhours y voit un « mot élégant », autrefois aimé des auteurs : « Tout est *gentil* parmi eux [...]. Mais maintenant on n'en use point dans les livres : on ne le dit que dans la conversation ; encore ne le dit-on pas trop sérieusement. » — *Fame* : réputation, et Furetière n'en note qu'un emploi stéréotypé et juridique, *rétabli en sa bonne fame et renommée*. Richelet l'exclut, l'Académie suit Furetière. — Exclu par Richelet, *cure*, selon Furetière, n'a plus d'usage qu'en cette phrase proverbiale *on a beau prêcher à qui n'a cure de bien faire* », et l'Académie est d'accord avec lui. — « *De moi* est fort bon et fort élégant », reconnaît Vaugelas, mais il le réserve à la poésie, et préconise *pour moi* en prose ;

quant à moi avait divisé les spécialistes ; *oraison* : style. — *Souloir* : avoir l'habitude ; Richelet le dit hors d'usage et l'Académie « vieux » ; Furetière n'en relève pas son usage au Palais ; *duire* : conduire, ou convenir (seul sens utilisé au XVIIᵉ siècle), est dit « burlesque » par Richelet , « bas » par l'Académie, mais accepté par Furetière, encore une fois plus accueillant ; *vilainer* : souiller, insulter, est absent des trois dictionnaires ; *ramentevoir* : exclu par Richelet, omis par l'Académie, il est donné comme « vieux » par Furetière ; *pensers* : accueilli sans réserve par Furetière, il est réservé pour la poésie dans les deux autres dictionnaires ; *loz* : voué au burlesque par l'Académie et Richelet, il trouve grâce chez La Fontaine, dont on a vu le goût pour les archaïsmes (*Fables*, XII, 1, vers 103. « Tous renonçaient au los des belles actions ») ; *huis* : vieilli aux yeux de l'Académie, Richelet et Furetière le réservent pour le burlesque et le Palais ; burlesque également pour les dictionnaires, le mot *nef* au sens de *navire*, poétique aussi bien ; *ost* est exclu ou déclaré hors d'usage comme *moustier* est déclaré inusité en dehors de quelques expressions proverbiales ; *prées* est ignoré des dictionnaires. — Quant à l'opposition des adjectifs, « il faut remarquer que les adjectifs en *il* que cite La Bruyère viennent des mots latins qui ont un *i* long et portant l'accent ; tandis que les adjectifs en *ile* (pour les deux genres) ont en latin un *i* bref et atone » (G. Servois, éd.cit., t. 2, p. 215, n.1). — Quant aux altérations de terminaisons, la remarque de La Bruyère n'est pas philologiquement rigoureuse, si l'on se réfère à la déclinaison dans la langue du Moyen Age. — *L'usage* : on se souvient que Vaugelas, dans la Préface aux *Remarques sur la langue française* (1647), ne prétendait « passer que pour un simple témoin qui dépose ce qu'il a vu et ouï » ; et il définissait d'autre part l'usage comme « la façon de parler de la plus saine partie de la Cour, conformément à la façon d'écrire de la plus saine partie des auteurs du temps ». Il ajoutait que « notre langue n'est fondée que sur l'usage ou sur l'analogie, qui est l'image ou la copie de l'usage » (éd.cit., p. 20).

Laurent avait publié des opuscules en vers comme *Relation du carrousel Dauphin, et courses de fêtes faites à Versailles le 4 mars 1685* ou *Élégie sur la mort de la reine d'Espagne arrivée* en 1689 ; pour Marot, voir I, 41-43 ; Desportes : Philippe Desportes (1546-1606) publia des poésies amoureuses en 1573, souvent rééditées, dans un registre néo-pétrarquiste, *Les Amours de Diane* et *Les Amours d'Hippolyte*. Il est connu aussi par les notes sévères que Malherbe laissa sur un exemplaire de ces œuvres — Bensérade a déjà été rencontré sous le nom de Théobalde (V, 66), et Voiture a fait l'objet d'une remarque en I, 37 comme en I, 45 et XIII, 10. — Les deux rondeaux font partie d'un ensemble de quatre « Rondeaux antiques », en tête du *Recueil de divers rondeaux*, publié en 1640. La Bruyère donne ici le premier et le dernier. Selon G. Servois, « il est vraisemblable que La Bruyère s'est trompé en les prenant pour anciens » (éd.cit., p. 216, n. 2) ; Ogier le Danois, héros de romans de chevalerie ; *monder* : nettoyer ; *jà* : maintenant. — *Assurance* : sécurité. — *Décrépite* : forme masculine fréquente dans l'ancienne langue. — *Clercs* : savants — *oncques* : jamais — *étonna* : épouvanta — *courage* : cœur — *piteux* : digne de pitié (voir ci-dessus) — *cas* : aventure — *dont* : à la suite de quoi — *son* : pour lui — *bon* : valeureux — *si* : assurément.

De la chaire. Le chapitre est un aboutissement et un point de départ. Aboutissement d'une réflexion déjà très longue : depuis un siècle les débats sur les choix stylistiques dans l'éloquence sacrée avaient été fort vifs et nous aurions beaucoup de peine à imaginer les passions et les réflexions suscitées par les problèmes techniques, donc doctrinaux, de la prédication. Il n'est que de consulter la table des matières et la bibliographie de l'ouvrage de M. Fumaroli, *L'Age de l'éloquence*, déjà cité. Quelle part devait-on faire à l'immense et séduisant héritage de la rhétorique latine, sous toutes ses formes, et dans toutes ses tentations ? Les luttes de Port-Royal et des jésuites sont aussi bien des luttes stylistiques : quel est le meilleur style de la prédication pour le public que l'on veut reconduire vers Dieu ? Et l'esthétique littéraire classique, on l'oublie aujourd'hui, a recueilli les éclats de ces polémiques (que l'on songe à la notion de simplicité, de sublime, entre autres). C'est toute l'histoire, passionnante, vu les enjeux, de la prédication catholique (et protestante) qu'il faudrait exposer, en revenant au concile de Trente (1545-1563), et à la réforme de l'éloquence sacrée, aux travaux des prédicateurs de cour, les jésuites Richeome, Binet, Coton, ou encore aux réflexions du P. Caussin (*Parallèles de l'éloquence sacrée et de l'éloquence humaine,* 1619), du P. de Cressolles filtrant l'apport des Anciens, à la méditation du *De doctrina christiana* de saint Augustin, qui contient un *De Oratore* chrétien, par Saint-Cyran ; Fénelon, dans la *Lettre à l'Académie* (1714) relira lui aussi saint-Augustin. « Il est naturel qu'en un temps où l'exercice littéraire n'est jamais uniquement esthétique, ce soit l'exercice des mots les plus divins qui tienne la primauté [...]. Ils [les prédicateurs] savent que, dans une société entièrement encadrée par l'Église, leur parole est une des seules à atteindre un très large public » (R. Zuber, *op. cit.,* p. 138, qui rappelle comment « la simplicité chrétienne dut composer, dans plusieurs cas, avec la pompe sociale et les artifices de la rhétorique », p. 139). Le nom de Bossuet a éclipsé, dans ce domaine, celui de saint Vincent de Paul, entre autres, ou la tradition de la congrégation de l'Oratoire ; Vincent de Paul (1576-1660) avait sa « petite méthode », et les capucins leur style familier, et même truculent parfois. La Bruyère attaque plusieurs fois le sermon de modèle « scolastique », avec ses divisions et subdivisions dont les *énumérateurs* se grisent, à la fin de leur exorde, aux raisonnements abstraits, mais les différenciations entre orateurs se faisaient d'après la place des images, mesurées ou exubérantes, l'abondance et les fonctions diverses des citations. L'éloquence sacrée, c'est aussi une gamme assez étendue de situations de parole : sermon du dimanche, ou série de sermons dans le temps de l'avent ou du carême, panégyrique du saint, ou oraison funèbre d'un grand, etc. Fénelon a laissé trois *Dialogues sur l'éloquence en général et sur celle de la chaire en particulier,* dont la méditation est sans doute contemporaine des *Caractères.* Ils en éclairent le chapitre XV, faisant entendre un prédicateur cherchant à s'acquitter de sa tâche, questionnant, et recevant les réponses des deux autres interlocuteurs : quelle part accorder à l'agrément, faut-il entrer dans « le détail presque infini des préceptes de la rhétorique », toucher plutôt le cœur que l'esprit, recourir abondamment aux images, comment concilier l'art et la simplicité apostolique (l'adjectif revient souvent sous la plume de La Bruyère) ? Le moraliste trouve une réflexion récente sur l'éloquence sacrée à la mesure de la place occupée dans la cité et à la cour, par la prédication, comme le montrent la correspondance de Mme de Sévigné ou les *Fables* de La Fontaine. Guéret avait donné en 1666 des *Entretiens sur l'éloquence de la chaire et du barreau* ; en 1684 le P. Lamy, l'oratorien, publia dans les *Entretiens sur les sciences* des réflexions sur les principes de la rhétorique sacrée. Mais on ne saurait exclure la méditation de Boileau sur le sublime. On note, encore plus près des *Caractères,* une « recrudescence de l'activité doctrinale relative à l'éloquence sacrée » (J. Truchet, « Place et signification du chapitre "De la chaire" dans *Les Caractères* », *L'Information littéraire,* 1965, n° 3, p. 96) : Jean Eudes, *Le Prédicateur apostolique* (1685), l'*Art de prêcher la parole de Dieu,* du P. de Foix (1687), ou les *Sentiments sur le ministère évangélique* de Laurent Juilliard, dit abbé du Jarry (1689) et, surtout, le *Dernier Discours sur la prédication* de l'abbé Claude Fleury (1688) ; et J. Truchet observe que « le chapitre "De la chaire" s'explique en grande partie par les liens de son auteur » avec lui, avec Bossuet et Fénelon également.

La Bruyère est donc à l'écoute de l'actualité et de l'édition dans ce domaine. C'est ainsi qu'il aura multiplié par quatre au total la longueur du chapitre, ajouté par exemple dans la huitième édition l'éloge du père Séraphin de Paris, remarqué au carême de Versailles en 1692 (voir par ailleurs, concernant Fénelon, la note à la remarque 30).

C'est que le moraliste et le prédicateur se rencontrent. On a signalé dans plusieurs notes pour les chapitres précédents des échos directs de sermons de Bourdaloue ou de Bossuet, mais aussi des mouvements oratoires chez La Bruyère lui-même ; les uns et les autres fustigent « les mœurs de ce siècle », notent la perte du sens chrétien de la vie sociale, l'oubli des fondements chrétiens de la société française, la séparation de la foi et des mœurs. C'est dans cet écart, dans ces oublis que se logent *Les Caractères*. Or la tare de l'Église de France était, en particulier, une prédication soit ignare soit mondaine, soit mondaine et ignare, irresponsable aussi par sa théâtralisation croissante (et source de remarques piquantes dans ce chapitre, et ailleurs). Analyste de la parole littéraire, autre forme d'éloquence publique (théâtre, opéra, sans oublier la pratique orale de la lecture), fasciné par le sublime (I, 55), La Bruyère ne peut que se passionner pour l'éloquence religieuse. En ce sens, le chapitre est un point d'arrivée pour l'ensemble des *Caractères*.

C'est un point de départ. Il faut le lier étroitement, plus et mieux qu'on ne fait d'ordinaire, au chapitre suivant, « Des esprits forts ». Ceux-ci représentent un danger, en cette fin de siècle, et la prédication doit y parer. On verra la fébrilité de La Bruyère dans son apologétique généreuse : faut-il en faire le symptôme de son inquiétude face au danger qui menace la foi chrétienne ? Et c'est alors que la parole sainte (l'Écriture elle-même et la parole s'élevant de la chaire) est reçue comme un spectacle : écart dérisoire et tragique avec l'urgence du moment.

1. *Un spectacle* : La Bruyère étend au sermon ce qu'il a dit du salut (XIV, 19). La prédication est envahie par la partie la plus théâtrale de la rhétorique, l'action oratoire, et par une ostentation, tout aussi théâtrale, du plan et de ses composantes (les longues énumérations) ; voir J. Hennequin, « L'oraison funèbre au milieu du XVIIe siècle » (*Actes du XIe congrès Budé*, t. I, 1985, p. 160-161).

2. Antoine Le Maître, avocat célèbre au Parlement, et neveu d'Antoine Arnauld, s'était retiré à Port-Royal. Les enjeux larges de sa carrière ont été éclairés par M. Fumaroli (*op. cit.*, p. 626-630). Pucelle et Fourcroy étaient, eux aussi, des avocats renommés. La Bruyère a montré et déploré (XIV, 42) la guerre faite à l'éloquence judiciaire : les prédicateurs occupent, en quelque sorte, la place laissée vacante. Fénelon portera le même regard et sur l'éloquence du barreau et sur l'éloquence de la chaire (*Lettre à l'Académie*). Le deuxième alinéa complète le tableau de la confusion, et fait apparaître un nouveau contrat passé entre orateur et auditeurs. — *Apprentif* est l'orthographe du temps.

3. Selon les clefs, cet *homme* disparu serait l'abbé Le Tourneux, ou Le Tourneur, mort en 1686, qui s'imposa (sauf aux jésuites) par sa piété et la clarté de sa doctrine, et Boileau aurait dit au roi : « C'est un prédicateur qui prêche l'Évangile. »

4. La Bruyère pense à l'éloquence religieuse des premières décennies du XVIIe siècle, avant les efforts de l'Oratoire, Port-Royal, Vincent de Paul et Bossuet pour en finir avec la « déclamation », au sens technique du terme, étalage virtuose d'ingéniosité et recherche systématique des effets de surprise, au mépris de toute rigueur de pensée.

— *Portraits* : la mode mondaine s'en était, semble-t-il, répandue dans la prédication, et les zélateurs de Bourdaloue auraient détourné vers des fins de virtuosité et de parade le recours du maître aux portraits ; *mouvements* : c'est le *movere* de la rhétorique latine, art de susciter, voire déchaîner les sentiments. On trouvera des informations sur les tendances de la prédication du point de vue rhétorique grâce à l'Index du *Précis de littérature française du XVIIe siècle* (P.U.F., Paris, 1990). On y trouvera une bibliographie d'ensemble.

5. Entre la première et la huitième édition est revenu l'homme attendu : le P. Séraphin avait joui de l'estime de Bossuet, qui l'avait fait prêcher à Meaux ; en 1695 paraissaient ses premières homélies. — *Bienséances* : les courtisans ne prisaient pas l'éloquence fleurie, d'où le succès de Bourdaloue à la cour (voir J.-P. Landry, « Bourdaloue face à la querelle de l'éloquence sacrée », *Actes du XIe congrès Budé*, t. II, 1985, p. 162-163). L'opposition entre goût de la cour et goût de la ville était observée déjà en V, 68 et 69, à propos des pointes, des périphrases. Le P. Séraphin avait prêché à la paroisse de Versailles en 1692, d'où l'allusion à l'abandon de la chapelle du roi, où il parut avec un très grand succès en 1696 seulement ; *apostolique* : digne des apôtres. — *Énumérateurs* : ce sont, eux aussi, des rhéteurs, assujettis aux préceptes techniques, mais spécialisés dans l'annonce détaillée et complaisante des divisions et subdivisions du discours, à la fin de l'exorde. — *Chutes* : fin de phrases à effet ; *madrigaux* : confusion entre un genre mondain, tendre, élégant et spirituel, et l'éloquence religieuse. — *Partitions* : au sens technique du terme, divisions du discours. — *Digérer* : ordonner clairement. — *Homélies* : au sens étymologique, conversations ; saint Basile le Grand (330-379) au peuple de Césarée, en Cappadoce ; saint Jean Chrysostome (349-407), au peuple d'Antioche, et il puisait lui-même dans l'exemple laissé par saint Paul adressant des lettres (voir les *Homélies sur saint Paul*). — La critique du *commun des hommes* rappelle I, 8.

6. Les remarques prennent ici un tour épigrammatique particulièrement réussi. — *Pandectes* : recueil de décisions d'anciens jurisconsultes romains. — Racine raille l'érudition littéraire des avocats dans *Les Plaideurs* (III, 3), et G. Cayrou rappelle que des avocats discutant sur la parenté du duc et de la duchesse de Rohan « invoquaient Médée, Orphée, Platon, Rachel, Socrate, Prométhée et d'autres encore » (éd. cit., p. 574, n. 2). — Saint Cyrille (375 ?-444), évêque d'Alexandrie ; saint Cyprien (mort en 258), évêque de Carthage. — *Le texte* : passage de l'Écriture qui donne le thème du sermon.

7. *Scolastique* : « partie de la théologie qui discute les questions par le secours de la raison », selon Furetière ; la remarque est à rapprocher de la précédente.

9. *Délicates* : discernées et exprimées avec finesse.

11. *Solide* : substantiel. — *Rendus* : vaincus (métaphore militaire).

13. Bel exemple de la confusion des ordres, et de l'influence de la littérature d'apparat sur l'oraison funèbre. — *Stances* : strophes à l'adresse d'un protecteur, acquis ou espéré ; *prologues* : en présentant la fiction dramatique, ils célébraient le roi (voir les prologues du *Malade imaginaire* ou d'*Amphitryon*). — *Présence d'un seul auditeur* : l'abbé de Roquette (peut-être le Théophile de IX, 15) avait composé un sermon à la louange de Louis XIV, qui, souffrant de la goutte, ne put l'entendre ; le prédicateur ne parla pas, et, contrairement à ce que dit La Bruyère, ne fut pas supplé.

18. Les sermons pouvaient s'annoncer par voie d'*affiches* et de prospectus. — *Montre* : étalage ; c'est le maître mot du chapitre entier. Il rappelle *monstrueux*, quelques lignes avant, et *énorme* (5, *énormes partitions*).

19. *Courir* : pouvait s'employer avec un complément d'objet direct désignant une personne. La remarque rappelle VII, 12, où sont associés lieux religieux et rassemblements mondains.

22. Il s'agit des missions dans les provinces pour travailler à la conversion des protestants. — Saint Vincent de Paul (1576-1660) est ici l'antonomase du prédicateur digne des apôtres, comme saint François Xavier (1506-1552), un des fondateurs de la Compagnie de Jésus, évangélisateur de Malacca et du Japon.

23. Voir I, 3 (« C'est un métier que de faire un livre, comme de faire une pendule »). *Sciez* : voir Boileau, *Art poétique*, IV, 26 (« Soyez plutôt maçon si c'est votre talent »). — *La Seine coule à Paris* : selon les clefs, La Bruyère aurait visé une phrase de Gédéon Pontier, auteur du *Cabinet des Grands* ; examen : la censure.

25. C'est l'expression *mauvais copistes* dont plusieurs remarques du chapitre sont un développement ; les analogies de Bossuet avec Cicéron et Bourdaloue avec Démosthène, pour discutables qu'elles soient, et si elles sentent un peu le rhéteur, ont pour fonction d'introduire cette expression.

26. On se rappelle, à propos de *chemins battus*, la première et la dernière remarques du chapitre I. Mais dans les chapitres IV et XI par exemple La Bruyère avait traité des *matières usées et triviales* (qui courent les rues) ; *sublime* : voir I, 55. — *École* : séminaire. — *La morale même de la chaire* : c'est tout le problème des rapports du moraliste au prédicateur, après que La Bruyère a analysé le comportement et les fonctions des directeurs spirituels ; le moraliste *inclut* dans son enquête même le domaine religieux, et exerce en quelque sorte un droit de regard. Le défi lancé par une matière banale au prédicateur est en tout cas résolu par la *noble simplicité*, pour laquelle a opté le moraliste en V, 77. Dans le portrait de l'avocat, on aura pointé un trait qui l'apparente essentiellement au moraliste : sa maison est *ouverte* (voir VI, 12). Le parallèle entre les deux éloquences est lui-même trivial, depuis Montaigne (*Essais*, I, 10) et du Vair (*De l'éloquence française et des raisons pourquoi elle est demeurée si basse*, 1595). Le parallèle permet de rappeler le prédicateur à l'excellence, en jouant de l'émulation avec les périls de l'éloquence judiciaire ; il permet aussi de le rappeler à l'humilité.

27. *Action* : au sens technique, qui désigne l'utilisation du geste, du regard, de la voix. Quintilien avait légué un riche fonds d'observations à cet égard (*Institution oratoire*, XI, 3) et le P. de Cressolles, par exemple, a laissé des remarques très précises, et plus d'une fois surprenantes, sur cette incarnation de la parole (voir M. Fumaroli, « Le corps éloquent », *XVIIe Siècle*, 132, p. 237 sq.). — *Appareil de l'auditoire* : pompe de la salle où se déploie le discours. Le parallèle entre l'audition et la lecture silencieuse tourne à la satire des lecteurs, et c'est là que La Bruyère, en cette septième édition, n'oublie pas non plus l'aspect financier (voir XII, 21, et déjà 17). — *Sermonneur* : prédicateur ; le sens était rare au XVIIe siècle et selon l'Académie le mot ne désignait plus qu'« un homme qui fait des remontrances hors de propos » ; *prieuré simple* : « prieuré dans lequel il n'y a point de religieux », selon l'Académie ; il n'obligeait qu'à dire son bréviaire et pouvait être donné à un laïc, tandis que le prieuré conventuel obligeait à être prêtre.

28. *Ou ailleurs* : La Bruyère songe sans doute à son discours de réception à l'Académie française ; *délicate* : raffinée ; *prochaine* : au sens théologique, « qui peut porter facilement à ».

29. *Catéchismes* : La Bruyère pose le problème des rapports entre l'exposé dogmatique, trop négligé (et ingrat) et ses conséquences morales, auxquelles la prédication aurait tendance à se réduire. Par là la distance entre moraliste et prédicateur tend à se réduire elle aussi. La Bruyère, tout au long des *Caractères*, ne cesse de dénoncer les confusions et rétablit les distances (y compris entre les mots). La *mémoire* jouait un rôle considérable dans l'art oratoire antique, et c'est ainsi que les prédicateurs récitaient leurs discours, quitte à s'aider, comme Bourdaloue, d'un petit cahier. La contention de l'orateur était dès lors très grande ; on s'éloignait de l'homélie au sens primitif du terme (5). — Pour le mouvement d'ensemble, on se souvient du bel alinéa consacré à l'efficacité du « poème tragique » (I, 51).

30. Les deux dernières phrases datent de l'édition de 1690 ; depuis l'édition précédente, en effet, Fénelon avait été chargé de l'éducation du duc de Bourgogne, fils du Grand Dauphin, et c'est en 1695 qu'il fut nommé archevêque de Cambrai.

Des esprits forts. Il est vrai que La Bruyère est assez aigre avec les esprits forts (36) : il a trouvé un jeu de mots (forts = faibles), et il l'exploite (1, 2, notamment). Le tour, en dépit du sujet abordé, est épigrammatique (4, 11, 12) : autant de coups d'épingle. Autant de coups d'épée dans l'eau ?

Urgence d'une prédication solide sans excès d'abstraction, retour à la source, les incomparables richesses des Pères de l'Église, abandon de la théâtralité ruineuse (pas pour tout le monde, certains prédicateurs en tirent des « bénéfices ») : le chapitre XV est la synthèse d'une abondante réflexion contemporaine sur les buts et les moyens de l'éloquence religieuse, la seule forme d'éloquence publique, à la limite. La Bruyère sent-il monter des périls dans le royaume Très-Chrétien ? Sensible est la fébrilité du moraliste et apologiste dans le chapitre XVI ; et la critique a relevé, avec un brin de dégoût, la faiblesse d'une pensée qui puise partout, chez Pascal, chez Descartes, chez Bossuet, qui s'égarerait, chez La Bruyère, dans la polémique contre les « esprits forts ». Pascal : l'édition de G. Cayrou, par exemple, ne cesse de l'opposer, pour manifester les faiblesses du moraliste, que La Bruyère lui emprunte ou qu'il continue l'apologétique d'un Dieu prouvé par les ouvrages de la nature, et dont Pascal pensait qu'elle ne menait qu'au déisme. Laissons la comparaison avec Pascal.

Qui est La Bruyère ? Un moraliste. Quelle est sa fonction ? Dénoncer les préventions de tout sorte qui entretiennent dans l'illusion et menacent la cohésion sociale. On n'a pas assez vu la hantise des *Caractères* : l'esprit de singularité est pourchassé (I, V, et ici 25) ; non pas l'esprit critique, dont La Bruyère use abondamment et plaisamment, mais l'esprit de secte, où qu'il soit, fruit de l'orgueil (et de la *libido sciendi*). Les « esprits forts » se réclament, par l'œuvre de Gassendi, d'une tradition épicurienne illustrée par Lucrèce ; La Bruyère vise (4) le voyageur Bernier, auteur de l'*Abrégé de la philosophie de Gassendi* (1674). Contre eux, La Bruyère recourt à Descartes, et l'opposition entre gassendistes et cartésiens fut constante, depuis des décennies ; on est encore loin d'une interprétation athée de Descartes, et il apparaît longtemps comme éloigné de l'impiété que Bossuet, en 1687, voyait poindre chez les cartésiens à venir. Une continuité subsiste avec le libertinage érudit de la première moitié du siècle, grâce à La Mothe Le Vayer, mort en 1672, Chapelle (mort en 1686) ; et le salon de Mme de la Sablière (morte en 1679) avait accueilli des gassendistes, avec Bernier.

D'autre part se développe l'exégèse biblique : Bossuet avait fait interdire l'*Histoire critique du Vieux Testament* de l'oratorien Richard Simon (1678) ; en 1689 celui-ci publie l'*Histoire critique du Nouveau Testament* ; en 1690 l'*Histoire critique des versions du Nouveau Testament* ; en 1693 l'*Histoire critique des commentaires du Nouveau Testament* ; et en 1702 le *Nouveau Testament de N.-S. Jésus-Christ, traduit sur l'ancienne édition latine avec des remarques,* version condamnée. Paul Hazard lui a fait une place importante dans son tableau du paysage intellectuel contemporain des *Caractères*. La deuxième partie de *La Crise de la conscience européenne* rappelle à cet égard quels furent les combats de Bossuet, et quels pouvaient être les prolongements à caractère polémique, les extrapolations, qui pouvaient menacer la foi chrétienne à partir de simples observations sur l'innocente comète de 1680. En effet Pierre Bayle se saisit du phénomène dans les *Pensées diverses écrites à un docteur de Sorbonne à l'occasion de la Comète de 1680* (1683) : des digressions développées, sous couleur méthodologique et épistémologique, pouvaient trouver un prolongement dans une mise en cause de la révélation judéo-chrétienne, ou de la comptabilité entre elle et les exigences de la raison ; ici encore les conséquences morales n'étaient pas absentes (voir aussi le *Dictionnaire historique et critique* [1695-1697], avec sa pratique des notes, longues, développées, substantielles). La religion chrétienne pouvait être attaquée, par extrapolations à partir des critiques adressées au paganisme. Rappelons seulement qu'au plafond de la chapelle Sixtine, Michel-Ange a associé les sibylles païennes et les prophètes de l'Ancien Testament ; et les Pères de l'Église avaient souvent admis leurs témoignages. Du scepticisme on pouvait passer à l'athéisme. Les « esprits forts » sont-ils des sceptiques ? des athées ? On ne saurait se dire athée, à l'époque, et ils ne le sont pas. La Bruyère voit en eux des esprits qui ont intérêt à rompre avec l'héritage biblique pour vivre selon une morale qu'il estime dangereuse pour la société. *La Bruyère est d'abord moraliste* : est-il de bonne méthode de considérer ses remarques et développements métaphysiques hors de cette fonction ? On peut relever leurs faiblesses. Mais qu'importe ? Il cherche à réveiller des esprits qu'il voit emplis de préjugés envers la doctrine chrétienne. D'où l'urgence d'une prédication solide et qui sache toucher, *en réveillant le regard d'émerveillement sur le monde*. La Bruyère n'est pas le Sganarelle qui raisonne de métaphysique devant Don Juan. Il dirait avec Rousseau dans la « Profession de foi du vicaire savoyard » : « J'aperçois Dieu partout dans ses œuvres, je le sens en moi », et il n'est pas loin des certitudes du « cœur » pascalien. Il est en garde contre une ivresse de métaphysicien (23). Aux « esprits forts » il oppose, pour donner à réfléchir, l'admirable suite de témoins (martyrs) dans une remarque particulièrement éloquente, et qui n'est pas sans faire penser, par ailleurs, à des pages de *Génie du christianisme* (34). Sceptiques : La Bruyère déplore qu'à la faculté d'émerveillement — elle a partie liée avec le sublime, notion capitale — les « esprits forts » ne fassent pas droit.

1. *Esprit fort* : « Libertin qui affecte de paraître singulier dans ses opinions, dans ses mœurs », selon l'Académie, qui définit le libertin comme quelqu'un de « licencieux dans les choses de la religion, soit en faisant profession de ne pas croire, soit en condamnant les coutumes pieuses ou en n'observant pas les commandements ». La Bruyère prend le terme dans un sens atténué, il critique les sceptiques seulement. — *Pur* : qui échappe à la corruption des corps, et qui est pur esprit.

2. L'esprit fort est, d'après cette remarque, aussi bien l'hérétique. La chute est moins déplacée qu'on ne l'a cru parfois : La Bruyère, on l'a vu souvent, est attentif à la propriété des termes et à leurs décalages.

4. Allusion possible au voyageur Bernier, mort en 1688, qui, selon G. Cayrou, « avait perdu dans ses voyages en Égypte, en Assyrie, dans l'Inde, le peu de religion que lui avaient laissé les leçons de Gassendi et son goût pour Épicure » (éd. cit., p. 590, n. 5). — *Bienséance* : adaptation à ce que l'on cherche.

5. *Courir tout le risque de l'avenir* : souvenir du « pari » de Pascal ?

8. On rapportait le mot de Saint-Évremond (mort à Londres en 1703) à un ecclésiastique lui demandant de se réconcilier (avec Dieu) : « De tout mon cœur ; je voudrais me réconcilier avec l'appétit. »

9. *Littérature* : savoir puisé dans les livres. — *Dernière fin* : fin dernière. — *Déférence* : forme de bienséance que les prédicateurs condamnaient comme une forme de lâcheté.

11. Qui, de toute manière, aurait *prononcé* (déclarer hautement) qu'« il n'y a point de Dieu » ? La Bruyère discrédite les libertins en mettant au jour l'intérêt qu'ils auraient à l'être : leurs instincts de jouisseurs commanderaient leur choix philosophique et religieux. Il pratique l'amalgame, alors que La Mothe Le Vayer, entre autres, menait une vie austère et studieuse.

15. *Je sens qu'il y a un Dieu* : voir Pascal, *Pensées* (680), mais aussi Rousseau (« Profession de foi du vicaire savoyard », *Émile,* IV) et Lamartine (*Méditations poétiques,* « L'immortalité », vers 79-80). — *Monstres* : êtres anormaux, suscitant effroi ou horreur.

16. *Les Grands* : par exemple les ducs de Vendôme, de Bouillon, de Nevers. — Les libertins étaient plutôt sceptiques ou déistes qu'athées déclarés (voir 11) ; les Grands sont ici présentés comme indifférents.

18. *Formidables leçons* : les *Oraisons funèbres* de Bossuet, par exemple, sont des formulations de leçons données par la Providence à l'ensemble des hommes, par l'intermédiaire de la vie des princes. — *Sensiblement* : d'une façon qui frappe les sens ; *se relèvent* : sont remarquées. La Bruyère réintroduit ici un aspect du chapitre VIII, la course aux places à la cour, mais dans un éclairage différent, moins satirique : misère de l'homme sans Dieu.

20. Saint Léon le Grand, pape de 440 à 461 ; saint Basile : voir XV, 5 ; saint Jérôme (347-420), l'auteur de la Vulgate, traduction latine de la Bible, et patron des traducteurs ; saint Augustin (354-430) appartient, lui aussi, à l'âge d'or des Pères de l'Église. Il était habile de la part de La Bruyère de donner à réfléchir aux esprits forts en montrant que l'intelligence humaine avait pu briller et s'épanouir dans l'acceptation totale de la révélation chrétienne.

21. La Bruyère, dans l'ensemble du chapitre, s'attaque à des préjugés, à des préventions. Au chapitre précédent il déplorait l'inculture dans la chaire, après le trop-plein de science de l'âge humaniste (6) ; il dénonce ici les idées toutes faites qui bloquent l'accès aux trésors de l'héritage patristique, et avec une vue tout à fait exacte des richesses, et de l'agrément souvent, des textes. Fénelon passe en revue quelques Pères en faisant la part des scories, bien mince, dans le troisième des *Dialogues sur l'éloquence* (1718), mais ils furent rédigés bien avant. — *Politesse* : finesse, élégance, bon goût ; *goût* : satisfaction. Il semble bien que les Pères n'étaient plus aussi lus ou goûtés en cette fin de siècle (on trouvera dans les notes de l'éd. Le Brun aux *Œuvres* de Fénelon des témoignages de Bossuet, en particulier, sur les Pères qu'il recommandait).

22. La Bruyère avait déjà dénoncé le goût du faux, et s'était montré très réservé, voire hostile, envers les pompeuses inventions des poètes (I, 8). On se souvient aussi des mises en garde contre la propension à se laisser aller aux suggestions de l'imagination littéraire (voir V, 17, 65 et les notes, ainsi que la présentation de ce chapitre). Ici le moraliste revient sur ce trait pour ébranler le confort intellectuel des « esprits forts », et réduire les préventions contre la véracité des Écritures. — *Controuve* : invente des mensonges pour nuire ; *augmente* : la tendance à l'amplification rhétorique est seulement une conséquence du penchant de l'esprit humain à la théâtralisation du discours (*charge, déguisements*) ; Montaigne avait médité sur ce point (*Essais*, II, 18, III, 11) : « Le danger du mensonge et de l'hyperbole est inséparable de l'élan même de la parole, fût-ce chez un homme de bonne foi » (Jean Starobinski, *Montaigne en mouvement,* Gallimard, 1982, p. 123). Le *Dictionnaire historique et critique* de P. Bayle (1695-1697) apportait une masse accablante d'impostures dans l'histoire de la pensée.

23. *Opération* : action, dans l'ordre surnaturel. — *Ouverture* : facilité. — La remarque caractérise l'ensemble du chapitre, tension entre le défi lancé par la raison elle-même aux « esprits forts », et le renoncement, *à un certain point,* à la métaphysique ou à l'explicitation théologique. On a vu ici la suite des critiques adressées par Arnauld, Bossuet, Fénelon à l'ambition de Malebranche, à une conciliation entre l'acceptation des dogmes et le travail de la raison seule confiante en ses pouvoirs de rendre raison : voir aussi la note à XI, 132.

24. La Bruyère pense-t-il aux mesures contre les protestants, en 1679 et la révocation de l'édit de Nantes (1685) ? Voir F. Bluche (*op. cit.,* p. 598-607). Une nouvelle fois, la critique, générale (*les hommes*), vise en particulier Louis XIV.

25. Leitmotiv de la singularité dommageable au corps social, dont on a vu qu'elle est une véritable hantise du moraliste, chapitre après chapitre. D'autre part les

tendances aux particularismes (culte, théologie, discipline) affaiblissent la religion chrétienne face aux « esprits forts », ce que ne voient pas les fidèles, qui tous parlent *populairement* (sans recul critique envers les expressions toutes faites). J. Le Brun a rappelé que l'auteur des *Caractères* est aussi celui des *Dialogues sur le quiétisme,* inachevés, et le quiétisme est visé déjà dans Onuphre (XIII, 24) et dans le *barnabite* (XIV, 22) ; même si la pensée de La Bruyère sur le sujet est faible et simplificatrice, les quiétistes sont condamnés, selon l'historien, parce qu'ils créent un « schisme secret et intérieur » (*Dictionnaire de spiritualité*, t. IX, Paris, Beauchesne, 1975, col. 28).

26. Belle métaphore filée des *masques,* tout à fait motivée pour les *hypocrites.* La Bruyère a plusieurs fois montré l'étendue et la puissance de la fausse dévotion (XIII, notamment), et l'on ne s'étonnera pas non plus de voir le moraliste décidé à fuir. — *Attache* : permission. — *Ont-ils la main* : il était de coutume de recevoir dans un bal une troupe de masques et de donner la conduite de la danse à l'un deux, qui l'accaparait avec ses partenaires. Cette fois encore, le moraliste n'insinue-t-il pas ? Le roi est-il aveugle devant le phénomène de l'hypocrisie ? Est-il complice ? La remarque 27 rendrait l'insinuation d'autant plus aiguë.

29. *Siamois* : l'ambassade avait eu lieu en 1684 ; *talapoins* : nom donné aux prêtres bouddhistes du Siam. On peut comparer avec Voltaire, et avec Montesquieu, *Lettres persanes,* 85. La Bruyère renouvelle de place en place les arguments qui doivent donner à réfléchir aux « esprits forts ».

30. *Lever l'étendard* : prendre l'enseigne ; *aumônier* : qui donne souvent l'aumône. — *Douces et insinuantes* : La Bruyère, à cause du genre pratiqué, ne peut vraiment recourir à ces manières-là dans son ouvrage.

31. Plusieurs fois dans *Les Caractères*, le moraliste a concentré des développements de sermons, présenté des canevas d'homélies. Il y aurait là toute une étude à mener, dans le détail.

32. Voir Montaigne, *Essais,* I, 20 : « Et si vous avez vécu un jour, vous avez tout vu. Un jour est égal à tous les jours. » Et Montaigne avait lu Lucrèce, *De natura rerum,* III.

33. Voir Montaigne, *Essais,* I, 19 : « Chiron refusa l'immortalité, informé des conditions d'icelle par le Dieu même du temps et de la durée, Saturne, son père [...]. Si vous n'aviez la mort, vous me maudiriez sans cesse de vous en avoir privé. »

35. Voir Pascal, *Pensées* (680). Mais la fonction du « pari » dans son apologétique est différente.

36. Avec le recul du temps, l'aigreur de La Bruyère envers les « esprits forts » peut surprendre. On en a vu dans la présentation les motifs d'ordre politique. Il reprend des réflexions de Descartes, *Discours de la méthode,* IV, *Méditations métaphysiques,* III, et Bossuet, *Traité de la connaissance de Dieu et de soi-même.*

37. *Dans son idée* : dans l'idée qu'on s'en fait ; *renferme une plus grande exclusion de matière* : suppose une incompatibilité plus grande avec la matière.

38. Voir Descartes, *Discours de la méthode,* V : « [...] s'il y avait de telles machines qui eussent les organes et la figure d'un singe, ou de quelque autre animal sans raison, nous n'aurions aucun moyen pour reconnaître qu'elles ne seraient pas en tout de même nature que ces animaux » (éd. cit., p. 628) ; Descartes s'opposait à Montaigne (*Essais,* II, 12) et Charron (*De la sagesse,* I, 8) ; La Fontaine répondit dans le « Discours à Mme de la Sablière », inclus dans le livre IX des *Fables*, et dans les fables IX, 7, XI, 9 notamment.

40. C'est l'argumentation de Platon dans *Phédon.*

43. On a vu ici une description du parc de Chantilly-Yvette : la rivière naît aux environs de Rambouillet et passe dans une région où La Bruyère possédait une maison ; Lignon : la plus célèbre des rivières de ce nom, rendue célèbre par l'*Astrée,* se jette dans la Loire. — *Nautre* : André Le Nôtre, le paysagiste. Selon G. Cayrou les références au parc de Chantilly ne seraient pas gratuites : « Les esprits forts en tout cas ne manquaient pas chez les Condé » (éd. cit., p. 609, n.4). — *Solidité* : volume. Les commentateurs ont signalé les inexactitudes des chiffres avancés par La Bruyère

pour le volume, la surface, le diamètre, la distance de la lune à la terre. — *Le vaste tour* : parlant d'après les apparences, La Bruyère, en quelque sorte, n'accepte pas le système de Copernic, même si loin il y adhère, au moins en le prenant comme hypothèse dans son raisonnement. — *Autrement* : en d'autres termes. — Pour l'ensemble du mouvement, voir Pascal, *Pensées* (230). — *Le cercle que Saturne décrit* : du temps de La Bruyère on croyait que Saturne était la grande planète la plus éloignée de notre système planétaire. — *Les merveilles du hasard* : allusion à la physique épicurienne, qui avait les faveurs de certains « esprits forts » (voir plus bas, l'avant-dernier alinéa de l'ensemble 43).

D'une polaire à l'autre : La Bruyère admet l'existence d'une étoile polaire australe, qui n'existe pas. C'est pour ce paragraphe surtout que l'on a opposé la manière de La Bruyère et celle de Pascal : « En dépit des réminiscences de style, des efforts de dialectique, des comparaisons familières et expressives, et même de quelques beaux mouvements d'éloquence, La Bruyère ne laisse pas l'impression d'épouvante, de vertige dont nous secoue l'imagination de Pascal » (G. Cayrou, éd. cit., p. 615, n.7) ; sur ce type de jugement, voir la présentation du chapitre.

Économie merveilleuse du hasard : on a vu plus haut la sympathie des esprits forts pour la physique épicurienne ; l'expression est bien sûr antiphrastique (*économie* : harmonieuse disposition). L'enjeu est la négation d'une Providence, avec ses conséquences sur le plan moral. Gassendi (1592-1655) avait médité l'épicurisme et s'en était fait l'héritier, en le repensant partiellement. Fénelon développera la critique de l'atomisme dans la *Démonstration de l'existence de Dieu, tirée de la nature, et proportionnée à la faible intelligence des plus simples*.

44. *Ciron* : déjà présent dans l'argumentation de Pascal (*Pensées*, 230), il est décrit par Malebranche, (*De la recherche de la vérité*, I, 6). — *Esprits animaux* : ils sont, selon Descartes, « comme un vent très subtil, ou plutôt comme une flamme très pure et très vive qui, montant continuellement en grande abondance du cœur dans le cerveau, se va rendre de là par les nerfs dans les muscles, et donne du mouvement à tous les membres » (*Discours de la méthode*, V, éd. cit., p. 627). — *Une tache de moisissure* : « Une espèce de pré qui pousse des herbes et des fleurs, les unes en boutons, les autres épanouies et les autres passées, chacune ayant sa racine et sa tige rondes, longues et transparentes », telle était la description de Furetière dans son Dictionnaire ; La Bruyère exploite cette donnée récente du microscope. La fin du paragraphe rappelle, par son mouvement, une page lyrique de Bossuet dans le *Sermon sur la Providence*.

45. *Matière incapable de sentiment* : voir Pascal (*Pensées*, 145). — L'alinéa suivant rappelle le rapport originel de l'homme et du reste de la création (*Le monde entier, s'il est fait pour l'homme*. — *Mais la lune est habitée* : Cyrano de Bergerac avait écrit *L'Autre Monde ou les États et empires de la Lune* (1657) et Fontenelle venait de publier les *Entretiens sur la pluralité des mondes* (1686), où il développait l'hypothèse d'une lune et de planètes habitées.

46. *Excellent* : éminent ; *maître* : après *ouvrier*, *ouvrage*, le terme a le sens spécialisé dans les corporations.

47. On a vu l'enjeu de plusieurs exposés « scientifiques » : la négation ou l'affirmation de la Providence, avec ses conséquences morales. La Bruyère réfute maintenant deux objections contre la Providence, le triomphe fréquent des méchants (47), l'inégalité des conditions (48). On peut faire une lecture conjointe du *Sermon sur la mort* et du *Sermon sur la Providence* avec les remarques de La Bruyère. — *Donc toute injustice suppose justice* : voir Descartes, *Discours de la méthode*, IV (« Je m'avisai de chercher d'où j'avais appris à penser à quelque chose de plus parfait que je n'étais ; et je connus évidemment que ce devait être de quelque nature qui fût en effet plus parfaite », (éd. cit., p. 605). L'apologétique du chapitre XVI fait-elle de celle-ci « la clé et le couronnement » des précédentes, comme essaye de le montrer J. Truchet (art. cit., p. 94) ? La Bruyère lui-même avait mis sur la voie dans la Préface du *Discours à l'Académie*. C'est tout le problème d'une lecture des *Caractères*, comme apologétique,

et d'un « plan » de l'ouvrage. Y a-t-il une « clé » ? La Bruyère, on l'a vu, joue par ailleurs beaucoup, et il joue (peut-être) aussi avec les idées.

48. *Mais si les hommes abondent de biens* : G. Servois (t.2, p. 275, n.2) rapproche de Bossuet, *Sermon sur l'éminente dignité des pauvres dans l'Église*, qui lui-même commentait saint Jean Chrysostome, et rappelle aussi Aristophane, *Plutus*, 510-515 ; G. Cayrou (p. 625, n.8) rappelle Virgile, *Géorgiques*, I, 121-146 (en réalité, 118-159).

49. *Une certaine inégalité dans les conditions* : voir IX, 19, 47, 53 ; quant à la *trop grande disproportion*, voir VI, 26, 47, XI, 128.

50. La Bruyère paraphe l'ensemble du livre, qu'il va refermer : dernier tour, dans tous les sens du terme, du moraliste, le parallèle et la pirouette finale exercent leur ironie aux dépens du lecteur ; on peut rappeler, en ce sens, le début de la Préface : « Je rends au public ce qu'il m'a prêté »...

DUFRESNY

Amusements sérieux et comiques

Amusement premier. 1. La critique des préfaces et de tous les morceaux ajoutés qui gonflent inutilement un volume est, au XVIIe siècle, un lieu commun de la satire littéraire (voir La Bruyère, *Les Caractères*, I,6). Une variante plaisante de cette critique est apportée dans la 143e Lettre persane, où Montesquieu, parmi les drogues empruntées à la littérature, mettra au rang des remèdes rares « une préface trop courte ».

2. *Mettre en jour* : nous dirions aujourd'hui *mettre en lumière, éclairer*.

3. Voir Boileau, dans l'avis au lecteur de ses *Œuvres diverses* (1674) : « J'avais médité une assez longue préface, où, suivant la coutume reçue par les écrivains de ce temps, j'espérais rendre un compte fort exact de mes ouvrages, et justifier les libertés que j'y ai prises ; mais, depuis, j'ai fait réflexion que ces sortes d'avant-propos ne servaient ordinairement qu'à mettre en jour la vanité de l'auteur... »

4. Sur la réussite de l'ouvrage, comme sur la portée esthétique du maintien, dans le texte, d'une remarque dépassée, voir notre introduction, p. 987-988.

5. Voir l'analyse de cette désignation dans notre introduction, p. 986.

6. L'*esprit fort* ne désigne pas ici le libertin et l'incrédule, mais celui qui affecte de se tenir au-dessus des faiblesses communes et prétend suivre les voies de la raison.

7. Le contexte invite à donner à l'expression la valeur générale de *personnage plaisant*, et non le sens plus usuel d'*auteur comique* (voir La Bruyère, *Les Caractères*, V, 3 : « Un bon plaisant est une pièce rare... »).

8. *Coléreux* (non enregistré par Littré) a fini par se substituer à l'adjectif *colère*.

9. Le critique chagrin que Dufresny met en scène se réfère aux niveaux de style distingués traditionnellement par la rhétorique : « Il y a le style relevé ou sublime, dont on use dans les actions publiques ; le style médiocre ou familier, dont on se sert en conversation ; et le style bas ou populaire, dont on use dans le comique ou le burlesque » (Furetière).

10. La publication, en 1674, de la traduction par Boileau du *Traité du sublime*, attribué à Longin, avait attiré l'attention sur une notion essentielle à la compréhension de l'esthétique classique. Comme le signalait Boileau dans sa préface, comme il le rappellera plus tard en tête de sa *Réflexion X ou réfutation d'une dissertation de Monsieur Le Clerc contre Longin*, on n'entend pas par *sublime* ce que les orateurs appellent le *style sublime*, « mais cet extraordinaire et ce merveilleux qui frappe dans

le discours, et qui fait qu'un ouvrage enlève, ravit, transporte ». Le sublime, en ce sens, désigne un ordre supérieur de beauté, qui transcende les catégories et les règles. Au regard de La Bruyère, cette notion à la mode n'était pas des mieux définies et soulevait bien des questions (voir *Les Caractères,* I, 55).

11. La *pirouette* était un jouet formé d'un petit disque de bois, de métal ou d'ivoire, percé en son centre et tournant autour d'un pivot de bois. Appliqué aux pièces du jeu d'échec, le mot se charge d'ironie.

12. Ce débat sur la dignité littéraire du comique prolonge, élargit et approfondit la défense de la comédie que Molière avait présentée dans *La Critique de l'École des femmes,* et dont on retrouvera l'écho dans le chapitre XIV du *Diable boiteux* de Le Sage.

13. Comme il a été signalé dans l'introduction, le manuscrit de ce « second volume d'Amusements » faisait partie des papiers qui furent brûlés à la mort de Dufresny par ses héritiers. En revanche, le « parallèle des auteurs sérieux et comiques » annoncé en 1707 verra le jour quatre ans plus tard dans le *Mercure galant,* de mai à septembre 1711, sous le titre : *Parallèle burlesque ou Dissertation ou Discours qu'on nommera comme on voudra sur Homère et Rabelais.* François Moureau (voir note bibliographique) a bien mis en lumière l'importance de ce texte, dans lequel Dufresny a développé et précisé les idées esthétiques présentées en tête de ses *Amusements.*

14. *Risible* : qui peut rire. Dans le langage de l'École, seul l'homme a la « faculté risible ».

15. *Ris* : rire.

16. Quelques années plus tard, dans la préface de sa comédie *La Coquette de village ou le Lot supposé* (1715), Dufresny reviendra sur cette manière perfide de louer l'esprit de l'auteur et « quelque saillie brillante » pour mieux condamner une pièce. Nul doute que l'auteur — le dramaturge surtout — n'ait eu des comptes à régler avec ceux qu'il appelle les *critiqueurs.*

17. Du point de vue religieux, l'affirmation n'est sans doute pas d'une parfaite orthodoxie ; mais elle traduit une conscience des limites humaines que Dufresny transforme en esthétique de l'inachevé.

18. Cette esthétique de la suggestion témoigne tout à la fois d'un refus de la pesanteur et d'une forme de politesse à l'endroit du lecteur. On songe au précepte donné par La Fontaine dans l'épilogue du premier recueil de ses *Fables* : « Loin d'épuiser une matière,/On n'en doit prendre que la fleur. »

19. Cible traditionnelle de la satire des mœurs, la coquette a retenu l'attention du dramaturge Dufresny. Mais l'auteur de *La Coquette de village* n'est pas sans indulgence pour le charme de ces belles qui ont l'art d'entretenir les plaisirs et de donner l'illusion du bonheur. De tels manèges, à ses yeux, valent mieux que les artifices de la pruderie : « Tout bien considéré, franche coquetterie/Est un vice moins grand que fausse pruderie » (Le Mariage fait et rompu, acte III, scène 8).

20. Conformément à l'usage du temps, l'auteur écrit : « *hé pourquoi non...* »

21. *Gratis* s'oppose à *trop cher* ; comprenons que les coquettes, qui *étalent* leurs charmes, sont parfois mal récompensées de leurs efforts.

22. Dufresny, après une longue série d'additions, retrouve à partir de là, grâce à une formule de liaison modifiée, le texte primitif qui se présentait ainsi : « Mon homme poussa plus loin sa remontrance. N'avez-vous point de honte, continua-t-il, de faire imprimer des amusements ? Ne savez-vous pas que l'homme est fait pour s'occuper, et non pas pour s'amuser ? A cela, voici ma réponse. »

23. L'*errata* de l'édition de 1699 invitait à corriger *Voici* en *Voilà.* Retenue par les éditions postérieures, cette correction justifiée n'a pourtant pas été reprise par Dufresny en 1707 : il s'agit apparemment d'une erreur, qu'il convient de rectifier.

24. Les *brillants,* dans un ouvrage, sont des traits d'esprit, des formules heureuses qui s'imposent à l'attention par la qualité de la pensée et de la formulation ; quand cet éclat est spécieux, ces traits ne sont plus que des *faux brillants.*

25. Dans le quatrième chapitre des *Entretiens d'Ariste et d'Eugène* (1671), le P. Bouhours reprochait aux « beaux esprits » du temps de piller continuellement les Grecs et les Latins, les Italiens et les Espagnols : « Et si on voulait se donner la peine de bien examiner leurs ouvrages, on trouverait que le pays des belles Lettres est plein de larrons. »

26. La remarque pourrait viser l'auteur de l'*Art poétique,* Boileau, que ses détracteurs accusaient d'avoir plagié Horace.

27. Dans la querelle qui oppose Anciens et Modernes, Dufresny apporte ici un point de vue équilibré. Mais la remarque qui suit trace un portrait moqueur du savant féru de l'Antiquité, et elle assimile le partisan des anciens au pédant et au plagiaire. Dufresny, comme Montaigne, n'aime guère ceux qu'il appelle les *éruditionnés,* autrement dit les pédants.

28. Définir le monde comme un théâtre, c'est appeler à observer la comédie humaine ; le définir comme un livre, c'est inviter à la réflexion en vue de tirer les leçons du spectacle : c'est l'orientation tracée par Dufresny ; elle prolonge une des leçons des *Essais :* « Ce grand monde [...], c'est le miroir où il nous faut regarder pour nous connaître de bon biais. Somme, je veux que ce soit le livre de mon écolier » (I, 26).

29. Permanence de la nature et des passions, évolution des mœurs : c'est un lieu commun de la littérature morale que Le Sage traduira ainsi : « On dirait que les mêmes hommes renaissent de temps en temps sous de nouveaux traits » (*Le Diable boiteux,* chap. X). L'originalité de Dufresny est de rappeler que la lecture du « livre du monde » est également fonction de la capacité du lecteur et de l'acuité de son regard.

30. Dès l'âge de vingt ans, en effet, Dufresny succéda à son père, qui venait de mourir, dans la charge de « garçon de la chambre du roi ».

Amusement second. 1. Le lieu commun (agrément et utilité du voyage) sert à filer la métaphore jusqu'à l'équivoque (« parcourir peu à peu tous les *états* de la vie »). Dufresny, comme La Fontaine, est de ceux qui, plutôt que de courir les routes, préfèrent les vagabondages de la pensée et les jeux de l'écriture.

2. Il était d'usage sous Louis XIV de désigner la cour comme un pays particulier, distinct du monde plus familier de la ville. L'expression est employée par Alceste dans *Le Misanthrope* (acte III, scène 5, vers 1090), par La Fontaine dans « Les obsèques de la lionne » (VIII, 14 : « Je définis la cour un pays... »). En 1696, dans ses *Portraits sérieux, galants et critiques,* l'avocat Brillon développe cette métaphore géographique pour évoquer la carrière d'un arriviste de cour : « [...] il apprit la carte en peu de temps, connut bientôt le terrain et étudia avec succès le caractère de tous ceux qu'il voyait » (*Portrait d'un important,* p. 253).

3. Équivoque plaisante, puisque le *bon air* désigne aussi l'élégance de l'allure, la bonne grâce.

4. C'est, écrit Littré, « le point considéré abstractivement, comme n'ayant aucune étendue ».

5. Voir La Bruyère, *Les Caractères,* VIII, 49.

6. L'instabilité de la faveur à la cour est un lieu commun de la satire des mœurs au XVIIe siècle. Outre le témoignage de La Bruyère (*Les Caractères,* chap. VIII) et de La Fontaine (*Fables,* X, 9), on retiendra ces affirmations caractéristiques, sinon originales, du poète Louis Petit (*Discours satiriques et moraux,* 1686, Satire III) : « Considère à loisir l'inconstance des vents / Qui font de tous côtés tourner les courtisans ; / Leurs desseins, leurs projets, sont fondés sur le sable / La cour, mon cher Daphnis, n'eut jamais rien de stable. »

7. Au sens étymologique de dispositions innées, de caractère (lat. *ingenium*).

8. Dans sa description satirique de Paris, *Paris ridicule,* Claude Le Petit appelle les courtisans des « attrapeurs de pensions ». Sur la réussite de l'impudence à la cour, voir La Bruyère (*Les Caractères,* VIII, 41). Témoignage concordant du duc de La Feuillade, qui écrit, non sans dépit : « Il me paraît [...] qu'il est fort utile, à la

cour, de se vanter beaucoup, de mentir hardiment, et d'avancer pour une chose incontestable qu'on est absolument nécessaire » (in *Michel Chamillard... Correspondance et papiers inédits*, p.p. l'abbé G. Esnault, Paris, A. Picard, 1885, 2 vol., t. II, p. 99).

9. *Prévenir*, employé absolument, c'est devancer ses concurrents, arriver le premier au but, emporter le prix ; *prévenir quelqu'un*, c'est lui rendre de bons offices. Dufresny joue sur les deux emplois du mot.

10. « *Patron*, se dit aussi à la cour, d'un seigneur sous la protection duquel on se met pour avancer sa fortune » (Furetière).

11. Voir La Bruyère, *Les Caractères*, VIII, 83.

12. Ce soleil qui rétablit la vérité et la justice désigne évidemment le roi. L'éloge du monarque peut être considéré comme la contrepartie nécessaire de la critique de la cour. Mais Dufresny, qui reçut de Louis XIV bien des marques de bienveillance, s'exprime probablement ici avec sincérité : comme Molière dans le dénouement du *Tartuffe*, comme Louis Petit dans sa Satire III, il reconnaît dans le discernement du souverain le plus sûr garant contre l'hypocrisie, la médisance et les faux semblants.

13. L'expression désigne les titulaires d'offices subalternes (voir plus loin : « quelques *officiers* »). Modeste « garçon de la chambre du roi » lors de ses débuts à la cour, l'auteur des *Amusements* parle ici d'expérience.

14. *Médiocrité* : situation moyenne, juste milieu.

15. Tout porte à croire que Dufresny se range dans cette heureuse « médiocrité » qui donne à l'honnête homme (le *galant homme*) la faculté de mettre en lumière son mérite et sa civilité.

16. Voir La Bruyère, *Les Caractères*, VIII, 66.

17. Comme le signale Dufresny, l'expression est alors dans sa nouveauté, et l'*errata* de la première édition rappelle que le nom doit être mis en italique, « comme mot nouveau ». L'origine de l'expression est incertaine : Dufresny suggère qu'elle dérive d'un caractère de petitesse et de domination ; Voltaire, en revanche, dans le chapitre IV du *Siècle de Louis XIV*, indique qu'on appelait la cabale du prince de Condé, au commencement de la régence d'Anne d'Autriche, « *le parti des petits maîtres*, parce qu'ils voulaient être les maîtres de l'État », et il observe que le nom est resté attaché « à la jeunesse avantageuse et mal élevée ». Dans la scène XI de *L'Impromptu de garnison* de Dancourt (1693), Marton, fille de chambre d'Araminte, répond à la curiosité de sa maîtresse par ce portrait des petits maîtres : « Il y en a de plusieurs espèces : mais ordinairement ce sont de jeunes gens entêtés de leur qualité, badins, folâtres, enjoués, qui parlent beaucoup et qui disent peu, soupirants sans tendresse, amoureux par conversation, magnifiques sans biens, généreux en promesses, prodigues d'amitiés, inventeurs de modes, et des airs surtout. [...] L'étourderie d'un écolier, la brusque valeur d'un enfant de Paris, fracas d'équipage, tabatières de quinze différents volumes, gros nœuds d'épée, perpétuel maniement de perruque, distractions continuelles, gestes affectés, éclats de rire sans sujet, mots favoris placés à l'aventure, se piquant d'esprit et de bon goût, et disant quelquefois de bonnes choses par hasard, grands épouseurs surtout : voilà, Madame , ce que c'est que les petits maîtres. »

18. Sur ces dérèglements des jeunes gens de la cour, La Bruyère (*Les Caractères*, VIII, 74) sera un peu plus explicite, moins pourtant que la princesse Palatine, dont la correspondance ne laisse rien ignorer des débauches à la mode.

19. *Caresser* : traiter avec amabilité.

20. La version de 1707 n'a pas retenu (il s'agit peut-être d'un oubli) une menue correction signalée dans l'*errata* de la première édition et observée dans les éditions suivantes : « ... toujours poli, flatteur, insinuant. »

21. En 1696, Regnard, dans *Le Joueur* (acte III, scène 11), parle des « petits maîtres de robe à courte et longue queue » : on aura reconnu les jeunes magistrats et avocats galants, qui singent les manières de la cour. Sur ces « copies fidèles de très méchants originaux », voir La Bruyère, *Les Caractères*, VII, 7.

Amusement troisième. 1. Voir l'avis au lecteur de *L'Espion du Grand-Seigneur* (1684), où Marana souligne combien la curiosité s'attache à « une ville que sa vaste grandeur a fait appeler *un Monde* ».

2. Après avoir été, sous Louis XIII, le quartier à la mode et le haut lieu de l'élégance mondaine, le Marais se trouvait éclipsé par le faubourg Saint-Germain, où résidait la plus haute noblesse, et notamment le prince de Condé.

3. Sur cette invention de Dufresny, voir notre introduction, p. 983.

4. Voir la note 7 de l'« Amusement second ».

5. L'addition introduite par Dufresny au début du troisième paragraphe (voir la variante b) fait que la présente remarque sur « les préjugés de l'habitude » forme répétition.

6. Nées de l'imagination d'un Siamois, ces *idées abstraites* sont des conceptions singulières, des considérations étranges, des visions bizarres. Le « voyageur abstrait » dont parle un peu plus loin Dufresny fait figure de *visionnaire*.

7. Voir Boileau, *Satire* VI.

8. Une des plus longues et des plus belles rues de Paris ; elle se distinguait par plusieurs grandes demeures aristocratiques.

9. Les embarras de Paris sont une réalité mainte fois relevée par les observateurs du temps ; dans la première partie de *L'Espion du Grand-Seigneur*, Marana écrit : « Il ne faut pas s'attendre à trouver ici la grande tranquillité de Constantinople ; la ville est si embarrassée de carrosses, de chevaux et de charrettes, que le bruit qu'on y entend est au-dessus de l'imagination... » (I, lettre 8). Mais cette réalité offrait aussi à la satire des mœurs un thème propice au pittoresque : la variation de Dufresny fait le lien entre la *Satire* VI de Boileau et le 24e *Lettre persane*.

10. Voir ci-dessus, note 6.

11. Dufresny joue sur le mot *circulation* : l'image animée de l'*animal* monstrueux, la transmutation des rues en *veines* (cf. nos modernes *artères*), l'assimilation du centre au *cœur*, soumettent la fantaisie verbale à la logique de la métaphore filée et de l'équivoque.

12. Montesquieu, dans ses *Lettres persanes*, soulignera à son tour cette pente des Parisiens au plaisir : « Paris est peut-être la ville du monde la plus sensuelle, et où l'on raffine le plus sur les plaisirs » (lettre 106).

13. L'évolution des formes de la galanterie dans la deuxième moitié du siècle a frappé tous les contemporains : l'*amour à la mode*, qui rime avec *amour commode*, s'est exempté des contraintes, des délicatesses et des lenteurs de l'idéal romanesque. Dufresny reviendra sur ce thème de manière piquante, à la fin de l'« Amusement sixième », en signalant que le pays de la galanterie est désert.

14. La transition de l'amour au travail s'enveloppe de quelque malice, si l'on veut bien se rappeler que *travailler*, entre autres sens, a gardé la valeur libre que l'ancienne langue donnait à *besogner*.

Amusement quatrième. 1. Il s'agit, bien entendu, du Palais de Justice, dans l'île du Palais.

2. Allusion aux boutiques qui sont installées dans la « grande salle » et dans les galeries attenantes ; on y faisait commerce de dentelles, de rubans, de lingerie, de bijoux, de gants, d'éventails, mais aussi de livres. Outre la célèbre gravure d'Abraham Bosse, on consultera sur ce lieu à la mode *La Galerie du Palais* de Corneille (fin 1632), *La Ville de Paris en vers burlesques* du sieur Berthod (1652) et *La Chronique scandaleuse ou Paris ridicule* de Claude Le Petit (1668).

3. Appliquée à la marchande, l'épithète *argentine* a la saveur de l'équivoque.

4. *Criée* : terme de droit qui désigne la vente judiciaire.

5. Ce *contraste* entre l'aspect riant des boutiques et la gravité des procès retiendra aussi l'attention de Montesquieu, qui s'est probablement souvenu de la remarque de Dufresny (voir *Lettres persanes*, lettre 86).

6. On aura reconnu le juge.

7. Montesquieu écrira, au sujet des ces *formalités* ruineuses de la justice, que leur excès « est la honte de la raison humaine » (*Lettres persanes*, lettre 100).

8. « *Produire*, se dit aussi en pratique des titres et papiers qu'on met entre les mains des juges pour établir un droit, une vérité » (Furetière).

9. *Procureur* : « Officier créé pour se présenter en justice et instruire les procès des parties qui le voudront charger de leur exploit, ou de leur procuration » (Furetière). C'est la fonction qu'exerce aujourd'hui l'*avoué*.

10. L'attaque vise les *huissiers* ou *sergents*, les *procureurs* et les *avocats*, qui tirent profit des longueurs de la procédure.

11. La vénalité des offices ne garantit pas la capacité des juges, surtout lorsqu'ils sont jeunes et dépourvus d'expérience. Louis Petit s'est élevé avec force, dans sa Satire IV, contre cette dégradation de la justice, dont les décisions sont confiées à « Des enfants dont la main sent encore la férule, / Et qui, sans concevoir ni le droit ni le fait, / Sur des cas importants opinent du bonnet ».

12. C'est l'exposé des faits, présenté aux juges sous la forme d'un mémoire imprimé.

13. Pratique courante, autorisée par l'usage mais critiquée par La Bruyère (*Les Caractères*, XIV, 44), la sollicitation est apparue comme une corruption de la justice quand elle fit appel à la puissance sociale ou à la séduction féminine. Dans *La Femme d'intrigues* de Dancourt (1697), l'usage est devenu commerce : tout plaideur peut acheter les services d'une solliciteuse, selon un tarif qui va de une à trente pistoles (acte I, scène 1).

14. Le féminin s'est conservé jusqu'au XVIIIe siècle dans l'expression *à toute(s) risque(s)*. On dirait aujourd'hui : *à tout hasard, somme toute, à tout prendre.*

15. Soit mille livres : la somme n'est pas mince et correspond approximativement à 25 000 de nos francs.

16. Le jugement fait écho à la remarque adressée par l'auteur au juge de ses amis, p. 1006, qui servait d'introduction à cette historiette.

17. Racine avait nommé Chicanneau un des protagonistes des *Plaideurs* : comme Tartuffe, l'hypocrite de Molière, le plaideur de Racine, Chicanneau, est devenu nom commun (voir les *chicanoux* de Rabelais).

18. Comme l'a montré Jean Vic, cet épisode, ajouté en 1707, est dérivé d'une comédie de Dufresny, *La Malade sans maladie*, qui avait échoué lors de sa création en novembre 1699, et qui était restée manuscrite. Il apparaît aussi que les personnages imaginés par Dufresny ne sont pas sans offrir quelques traits de ressemblance avec les plaideurs du *Roman bourgeois* de Furetière (1666), Belastre, Collantine et Charroselles. On observera notamment que Collantine, comme la *chicaneau* de Dufresny, s'attache à faire remplir son contrat de mariage « de termes obscurs et équivoques, même d'y mettre des clauses contradictoires, pour avoir l'occasion, et ensuite le plaisir, de plaider tout son saoul » (*Le Roman bourgeois* in *Romanciers du XVIIe siècle*, éd. A. Adam, Pléiade, p. 1103).

19. *Abîmer* : plonger dans l'abîme, autrement dit ruiner complètement.

20. *Trigauder* : brouiller une affaire pour en empêcher la conclusion. A défaut d'être courant, l'emploi transitif est clair : *trigauder quelqu'un*, c'est l'embrouiller.

21. *Façonné* : formé et poli par l'expérience du monde.

22. *Politique* : capable de se conduire avec adresse, sans se découvrir, donc fin et rusé.

23. *Patelinage* : art de dissimuler pour mieux tromper.

24. *Souffler un exploit* : expression du Palais enregistrée par Furetière, et qui désigne un acte forgé, qui n'a pas été effectivement transmis.

25. *Faufilés* : liés par l'intérêt et comme cousus ensemble.

26. Le mot doit être pris dans sa valeur première et renvoie à l'idée de force, de vigueur ; mais il prend aussi un sens ironique quand on songe à l'acception morale de *vertueux*.

27. *Détruire* : ruiner.

28. *Toucher là* : formule accompagnant le geste de donner la main, en signe d'accord.
29. Voir ci-dessus, note 22.

Amusement cinquième. 1. Installé au Palais-Royal depuis 1673, l'Opéra est un des lieux à la mode. Les séances commençaient vers quatre heures.

2. Cet usage de placer des spectateurs sur les côtés de la scène, s'il était de quelque profit pour les théâtres, n'allait pas sans gêner les comédiens ni troubler le bon ordre des représentations. Dans une lettre du 4 janvier 1720, la Palatine se plaint que les gens soient si sots « qu'ils se mettent ou s'asseyent par bandes entières sur la scène, si bien qu'il ne reste plus de place aux comédiens pour jouer ».

3. Ces *fées* sont les actrices et les danseuses de l'Opéra, dont la réputation est fort décriée. Une chanson du temps en faisait des princesses, « les infantes de l'Opéra » (voir Félix Gaiffe, *L'Envers du grand siècle*, p. 212). Le *vermillon* fait allusion au fard.

4. Équivoque plaisante sur les *contes de fées*, alors en pleine vogue, et les *contes* qui courent sur les actrices, et dont se nourrit la chronique scandaleuse. Les danseurs de l'Opéra étaient aussi fort courus : Dufresny, à la différence de La Bruyère (*Les Caractères*, III, 33), esquive ce point scabreux.

5. Montesquieu écrira plus ouvertement : « Il semble que le lieu inspire de la tendresse. En effet, on dit que les princesses qui y règnent ne sont point cruelles » (*Lettres persanes*, lettre 28). On relève aussi, sous la plume du romancier Eustache Le Noble, cette expression plaisante de l'impossibilité : « C'est prêcher la continence dans les coulisses de l'Opéra » (*L'École du monde nouvelle ou les Promenades de M. Le Noble*, 1705, 7ᵉ promenade).

6. Le projet est resté sans suite. Dans la Préface de *La Coquette de village* (1715), Dufresny exprimera son intention de donner au public un « traité de la comédie » portant sur les règles du « poème comique », et non plus, comme ici, sur les *mœurs* du théâtre : l'ouvrage ne verra pas plus le jour.

Amusement sixième. 1. Voir La Bruyère, *Les Caractères*, VIII, 1 et 3.
Ce bois où l'on « s'égare » servait aux rendez-vous galants. Le jeu sur les mots suggère que l'inconduite des femmes, comme les modes, est affaire d'imitation.

3. Le Cours-la-Reine, à la belle saison, était fréquenté par les carrosses.

4. La comédie et les nouvelles galantes, au XVIIᵉ siècle, ont souvent évoqué cette promenade à la mode : *La Comédie des Tuileries* y reconnaît « le vrai paradis des délices d'amour » ; *Le Menteur* de Corneille la définit comme « le pays du beau monde et des galanteries » ; dans *L'Amour à la mode*, Thomas Corneille précise que les galants se pressent dans « ce lieu fort charmant » pour y « venir débiter leur gazette d'amour » (acte II, scène 3).

5. Les curieux d'informations et les colporteurs de nouvelles se regroupaient dans les lieux et les promenades à la mode, dans la grande salle du Palais, au Luxembourg et aux Tuileries. Dufresny, d'un mot, présente les nouvellistes comme des fâcheux. Avec plus de sévérité, La Bruyère dénonce dans cet appétit de nouvelles une curiosité ridicule et une vaine prétention.

6. Les excès de la mode féminine à la fin du siècle, talons élevés et hautes coiffures, ont suscité bien des moqueries. Peu après La Bruyère (*Les Caractères*, III, 5 et XIII, 12), Donneau de Visé, dans *Les Dames vengées* (1695), observe que les femmes, « déchargées du fardeau de la tête et dégagées de la prison des pieds, se trouvent, en se mettant au lit, raccourcies de plus de trois quartiers » (acte I, scène 7). Voir aussi les railleries de Montesquieu dans ses *Lettres persanes* (lettre 99).

7. Il vaut de noter que la douceur du *tête-à-tête* est extérieure au cadre conjugal, le *domestique*.

8. Conformément à l'usage qui a prévalu, la première édition écrivait *tout* ; mais la version de 1707 écrit *toutes*.

9. Comprenons que les Parisiennes peuvent être fières, ardentes ou froides. L'idée

ancienne selon laquelle le climat détermine le tempérament conduit à affecter à chaque nation des caractères spécifiques.

10. *Policé* s'oppose à *barbare* (voir la *nation sauvage*) et définit un ordre social soigneusement réglé ; mais la métaphore géographique invite aussi à glisser du sens politique au sens moral (*poli, civilisé*).

11. *Timide* : timorée, craintive, manquant d'audace.

12. Une personne *qualifiée* est une personne noble, de qualité. L'alliance des termes « bourgeoises qualifiées » forme un paradoxe plaisant qui rappelle *Le Bourgeois gentilhomme* de Molière ou *Les Bourgeoises de qualité* de Dancourt (1700). Sur la satire des prétentions sociales de la bourgeoisie, voir aussi La Bruyère, *Les Caractères*, VII, 9-10-11-22 et XIV, 5.

13. Sur l'usage des visites, voir La Bruyère, *Les Caractères*, VII, 20.

14. L'affaire des poisons et le procès de la Voisin, exécutée le 22 février 1680, ont alerté l'opinion sur les activités suspectes mais lucratives des astrologues et des *devineresses*. La Fontaine, dans le septième livre des *Fables* (1678), a exploité ce thème à la mode (fable 14), et Thomas Corneille et Donneau de Visé en ont fait le sujet d'une comédie à succès, *La Devineresse ou les Faux Enchantements*, créée en novembre 1679 et publiée l'année suivante.

15. La médisance, si elle est fine raillerie, relève de l'art de plaire en société : Célimène, dans *Le Misanthrope*, y excelle. Dans *Le Joueur* de Regnard (déc. 1696), Valère se félicite de rencontrer dans les salons parisiens des médisants divertissants : « Des femmes qui jamais n'ont pu fermer la bouche, / Et qui sur le prochain vous tirent à cartouche ; / Des oisifs de métier, et qui toujours sur eux / Portent de tout Paris le lardon scandaleux » (acte III, scène 6).

De la raillerie délicate au ragot calomnieux, la pente est donc glissante. La réflexion de Dufresny témoigne d'un intéressant débat sur la médisance, où l'indulgence relative des mondains s'oppose à la sévérité des moralistes : l'abbé de Villiers, par exemple, dans son *Traité de la satire* (1695), condamne sans appel les « médisants de profession » comme « gens ennemis de la religion et de la société civile ». Dufresny est plus nuancé.

16. Observons, à la suite de Jean Vic, que ces lois prétendues siamoises sont de l'invention de l'auteur.

17. Raillerie traditionnelle. Voir Le Sage, dans *Le Diable boiteux* (chap. XVI) : « Les femmes ne s'aiment point [...]. Elles sont trop jalouses les unes des autres pour être capables d'amitié. »

18. *On prétend* : au sens de *on veut* ; d'où l'emploi du subjonctif dans la subordonnée.

19. « On dit qu'une pièce de monnaie est entre deux fers pour dire en équilibre, entre les deux *fers* de la balance » (Furetière) : comprenons qu'elle n'a pas ce léger excédent de poids destiné à prévenir l'usure du métal, et qui rendait les monnaies « trébuchantes ». Transposée au domaine moral, l'expression désigne de manière piquante une vertu fragile, émoussée, incertaine.

20. Bien embarrassée du parti qu'elle doit prendre.

21. La *pruderie* désigne une sagesse, une modestie authentiques ; l'affectation de vertu et d'austérité est le fait de la *fausse prude*.

22. *Se maintenir* : se défendre, soutenir sa réputation, résister aux attaques.

23. *Ménagement* : conduite prudente et mesurée, circonspection.

24. *Héroïnes de politique* : ces femmes passées maîtresses dans l'art de dissimuler.

25. En dépit des règlements, les jeux d'argent sont à la mode, et les dames qui donnent à jouer chez elles y trouvent leur profit.

26. *Régularité* : conduite régulière, conforme aux règles ; le mot est évidemment ironique.

27. Ce *pays de la galanterie*, c'est le royaume de la courtoisie et de la délicatesse, de l'élégance raffinée et des sentiments sincères, de la tendresse alliée au respect.

28. Comme La Bruyère (*Les Caractères*, VIII, 74) et beaucoup de contemporains, Dufresny met l'accent sur la dégradation des formes anciennes de la politesse et de

la courtoisie. La correspondance de la princesse Palatine témoigne avec précision de cette évolution des mœurs.

Amusement septième. 1. *Embu* : participe passé de *emboire* ; se dit d'un tableau devenu terne, mat, parce que la toile a absorbé l'huile.

2. La leçon de 1707 : « ce sont des feux *plus* solides ... » est erronée, et le sens du propos se fonde sur l'opposition des adjectifs : les feux *brillants* de l'amour suggèrent un éclat spécieux ; les feux *solides* de l'hymen impliquent sérieux et sûreté.

3. Mme Thibaut, la « femme d'intrigues » de Dancourt, déclare qu'il n'appartient qu'à un bourgeois de passer ses jours « cousu aux jupes de sa femme ». Entre les séjours à l'armée, les visites à la cour et les sorties en ville, l'homme de qualité ne passe guère plus de six semaines par an en compagnie de sa femme (*La Femme d'intrigues*, 1692, acte II, scène 6). Voir aussi La Bruyère (*Les Caractères*, XIV, 34-35) et *Le Théophraste en vers, ou les Vérités sur les mœurs du siècle* par M. Tessier (1701) : « Le bon air des gens mariés, / C'est de n'être jamais où leurs femmes se trouvent : / Ou, comme des jaloux, ils seront décriés » (strophe 128, p. 88).

4. A peine moins pessimiste, Montesquieu recule d'un an l'échec des mariages : « A peine a-t-on trois ans de mariage, qu'on en néglige l'essentiel : on passe ensemble trente ans de froideur : il se forme des séparations intestines aussi fortes, et peut-être plus pernicieuses que si elles étaient publiques : chacun vit et reste de son côté ; et tout cela au préjudice des races futures » (*Lettres persanes*, lettre 116). Quant au train ordinaire des ménages, écoutons Lisette parler de ses maîtres dans *Les Bourgeoises à la mode* de Dancourt (1692) : ils vivent « comme un mari et une femme. Ils sont toujours fâchés, se querellent souvent, se raccommodent peu, boudent sans cesse, se plaignent fort l'un de l'autre, et peut-être ont tous deux raison » (acte II, scène 8). Une chanson de Dufresny tire plaisamment la leçon de cette guerre conjugale : « Deux époux, dit un grand oracle, / Tout à coup deviendront heureux, / Quand deux époux par un miracle, / Pourront devenir veufs tous deux. »

5. Pour se moquer des considérations intéressées qui règlent les unions, Furetière, dans son *Roman bourgeois* (1666), avait dressé un « tarif ou évaluation des partis sortables pour faire facilement les mariages ». La comédie de mœurs de la fin du XVIIe siècle n'a pas négligé le type de la *marieuse* : à preuve Mme Thibaut dans *La Femme d'intrigues* de Dancourt (1692) et Mme la Ressource dans *Le Joueur* de Regnard (1696), « Habile en tous métiers, intrigante parfaite, / Qui prête, vend, revend, brocante, troque, achète, / Met à perfection un hymen ébauché, / Vend son argent bien cher, marie à bon marché » (acte V, scène 2, vers 1581-1584).

6. Par opposition à *surfaire*, *mésoffrir*, c'est faire une offre inférieure au juste prix d'une chose.

7. *Lever* signifie acquérir. Les *parties casuelles* désignent les droits que perçoit le trésor royal quand certains offices de judicature ou de finance changent de titulaires.

8. *Se contenter* : satisfaire pleinement ses désirs, se rendre content.

9. Rappelons que la loi d'Ancien Régime, sauf dans le cas d'une reconnaissance de la nullité du mariage, ignore le divorce et admet seulement la séparation de corps et de biens.

10. Tour conforme à l'usage du XVIIe siècle.

11. Dans une société où les alliances prennent en considération les intérêts plus que les sentiments, l'affliction des veuves paraît suspecte. Les variations de La Fontaine et de Saint-Évremond sur le conte de Pétrone *La Matrone d'Éphèse*, la comédie de Donneau de Visé, *La Veuve à la mode* (1667), « La Jeune Veuve » de La Fontaine (*Fables*, VI, 21), telle réflexion de La Rochefoucauld sur l'hypocrisie des larmes (max. 233), l'attitude de Béline dans *Le Malade imaginaire*, autant d'expressions d'un thème

que Dufresny a exploité avec brio dans sa comédie *Le Double Veuvage* (1702).

12. *D'abord* : d'emblée, immédiatement.

13. *En même jour* : le même jour, en même temps.

14. *Obstiner* : irriter par la contradiction. L'auteur des *Portraits sérieux, galants et critiques* (1696), l'avocat Brillon, écrit d'une femme emportée : « Elle n'aime pas qu'on l'obstine, s'opiniâtre elle-même davantage [...] » (p. 285).

15. Le texte original et l'édition de 1701 donnent le féminin *qu'elles,* appelé sans doute par une confusion avec *larmes.*

16. La faculté de médecine.

17. *Figurer mes expressions* : recourir aux figures de style, et plus particulièrement à la métaphore, considérée comme « la reine des figures » (Furetière).

Amusement huitième. 1. Le pays où l'on parle latin : c'est une désignation courante de l'Université et des collèges qui la composent (voir le *Quartier latin*).

2. Et *même* les raisonnements (emploi adverbial).

3. Chaque collège a, effectivement, ses armoiries et ses règles propres.

4. Allusion au collège dit des *Quatre nations,* que Mazarain avait fondé par son testament en vue d'accueillir des étudiants des provinces d'Espagne, d'Italie, d'Allemagne et de Flandres réunies à la France. Il avait été inauguré en 1688.

5. Ce scepticisme à l'égard de la science distingue Dufresny des Modernes, lesquels témoignent d'une plus forte confiance dans le progrès des connaissances. L'auteur des *Amusements,* sur ce plan, ne paraît pas si éloigné des esprits qui, comme Boileau ou Louis Petit, ne voient dans la science que leurre, vanité et folie : « Si l'on n'était pas vain jusqu'à l'extravagance, / Oserait-on sonder le fond de la science / Pour n'y comprendre rien après bien des sueurs ? / Aussi que d'ignorants se font passer docteurs ! » (Louis Petit, Satire IV.)

6. *Éprouver* l'or ou l'argent, c'est l'épurer par l'action du feu, l'affiner.

7. Dufresny emploie à dessein un mot perçu comme relevant du jargon philosophique à la mode.

8. Dans cette réflexion sur les « singularités » de la science, il est fait successivement allusion : à l'action de l'aimant (la *pierre noire*) ; à la théorie des atomes, ou *petits corps,* soutenue dans l'Antiquité par Épicure et Lucrèce et à l'époque moderne par Gassendi ; à la faculté nouvelle de mesurer la pesanteur de l'air (baromètre), sa chaleur (thermomètre) et son degré d'humidité (hygromètre).

9. L'*ancien Grec* est Aristote, qui continue de régner sur l'enseignement ; le *jeune téméraire* est Descartes : les deux noms sont donnés dans la table des matières.

10. *En cas d'opinion* : en matière d'opinion. Il est clair que Dufresny est trop sceptique — ou trop peu philosophe — pour s'engager dans le débat qui oppose, en cette fin du XVIIe siècle, les tenants de la tradition et les défenseurs de la philosophie cartésienne. Traditionaliste convaincu, Louis Petit, dans sa Satire XII, réduit le succès de Descartes à un phénomène de mode ; cette vogue inspira aux jésuites de Toulouse, en 1683, une piquante comédie, *Le Philosophe à la mode,* qui jouait les cartésiens et leur jargon (voir un compte rendu favorable de cette pièce dans le *Mercure galant* d'avril 1683, p. 358-361).

11. Le paragraphe transpose des expressions empruntées à la philosophie scolastique, ainsi qu'à Descartes : l'*accident* modifie la substance ; la *privation* signifie absence de la forme future ; en médecine, le *chaud* et le *froid,* le *sec* et l'*humide* sont des qualités fondamentales du corps ; la *matière subtile* et les *tourbillons* viennent de la physique de Descartes ; quant au principe de l'*horreur du vide,* il venait d'être ruiné par les expériences de Torricelli et de Pascal.

12. Comme il a été dit précédemment, il s'agit de la faculté de médecine de Paris.

13. *Perdre* : ruiner.

Amusement neuvième. 1. Selon une tradition ancienne, la courbe de l'existence comporte certaines années critiques, les *années climatériques,* où l'individu est plus particulièrement exposé à la mort. L'expression *pays climatérique* renouvelle un lieu commun sur les dangers de la médecine et fait de la Faculté une institution funeste.

2. La médecine use de remèdes *rafraîchissants* pour combattre l'excès de chaleur interne.

3. Dufresny, une fois encore, joue avec l'équivoque en transposant dans le lexique de la géographie une expression qui désigne, en médecine, le principe vital.

4. A travers les images liquides du *fleuve* et du *torrent,* le cauchemar désigne deux remèdes fondamentaux de la médecine du temps : les saignées copieuses et les potions « rafraîchissantes » (eau de poulet, émulsion), qui affaiblissent dangereusement les malades.

5. *Eau de fontaine* : eau de source.

6. En marge de la Faculté, médecins empiriques, opérateurs et charlatans prétendent détenir le secret de remèdes merveilleux. La Bruyère, dans son portrait de Carro Carri (*Les Caractères,* XIV, 68), a peint l'un de ces imposteurs à la mode. L'exemple rapporté par Dufresny semble aussi tiré de la réalité : vers 1669, un certain Barbereau vendait à prix d'or de l'eau de Seine, et l'on s'en souvenait vingt ans après (voir Jean Bernier, *Essais de médecine...,* 1689, IIIe partie) ; à la fin du siècle, le second volume du *Gage touché* (1698) raconte l'histoire d'un laquais peu scrupuleux : chargé par son maître d'aller acheter, chaque jour, une bouteille d'eau minérale chez un médecin du faubourg Saint-Germain, il dépense l'argent au cabaret et remplit la bouteille à la Seine ; le traitement ne laisse pas d'agir, et le malade, au bout d'un mois, a recouvré la santé. La locution familière qui sert de titre à cette historiette, *Le Médecin d'eau douce,* semble indiquer que la supercherie était bien attestée et suggère que le public accueillait avec quelque suspicion les réclames vantant les vertus de telle ou telle eau miraculeuse, ou prétendue telle.

7. C'est aussi la position soutenue par Molière, par le biais de Béralde, dans *Le Malade imaginaire* : « La nature, d'elle-même, quand nous la laissons faire, se tire doucement du désordre où elle est tombée » (acte III, scène 3).

8. Ce trait plaisant s'ajoute à la longue liste des épigrammes dirigées contre les médecins qui tuent leurs malades. Dans le sillage de Martial, Boileau s'est moqué d'un médecin devenu curé, et qui continue de mettre « les gens en terre » ; chez Sénecé (*Épigrammes,* 1717, livre III), un médecin s'est fait capitaine : « Il a changé d'habit plutôt que de métier » ; le même thème est traité par La Monnoye (*D'un médecin devenu soldat*).

Amusement dixième. 1. Sur un sujet qu'il connaissait bien, Dufresny a donné deux comédies, *Le Chevalier joueur* (1696) et *La Joueuse* (1709).

2. *Lansquenet* : jeu de cartes, où le hasard du tirage est déterminant. Par extension, le mot peut aussi désigner le lieu, l'assemblée où se pratique le jeu. Dans une lettre du 14 mai 1695, la princesse Palatine écrivait : « Chez nous, en France, dès qu'il y a une assemblée, on ne fait que jouer au lansquenet ; c'est le jeu qui est ici le plus en vogue » ; et le 31 juillet 1698 : « Pour être parfait ici, il suffit de jouer au lansquenet ; alors, tout est bien. »

3. *Mal policée* : sans ordre, mal réglementée (voir la note 10 de l'« Amusement sixième ».

4. Cet effacement des distinctions sociales indigne La Bruyère (*Les Caractères,* VI, 71) ; en revanche, c'est avec un enthousiasme comique que Valère, le héros du *Joueur* de Regnard, dépeint ce désordre : « Le jeu rassemble tout : il unit à la fois / Le turbulent marquis, le paisible bourgeois. / La femme du banquier, dorée et triomphante, / Coupe orgueilleusement la duchesse indigente. / Là, sans distinction, on voit aller de pair / Le laquais d'un commis avec un duc et pair [...]. »

Pour la princesse Palatine, le lansquenet est pour beaucoup dans la disparition du respect : « On veut avoir du monde pouvant jouer gros jeu, or les gens de haute lignée ne sont pas les plus riches. On joue donc avec toute sorte de racaille [...] » (lettre du 11 février 1700).

5. Cette *barbarie,* évidemment, doit être rendue aux Romains ; la confusion est d'un auteur qui ne se pique guère d'exactitude dans l'érudition.

6. Allusion au coup le plus désastreux du lansquenet, le coupe-gorge : il entraîne, pour le banquier qui tient les cartes, la perte de l'ensemble de ses mises. C'est ce malheur répété qui explique la mine défaite de Valère, dans la scène 7 du premier acte du *Joueur* de Regnard : « Il a fait trente fois coupe-gorge aujourd'hui. »

7. Voir la note 6 de l'« Amusement troisième ».

8. Ce « Fragment d'une lettre siamoise » utilise une formule exploitée par Marana dans *L'Espion du Grand-Seigneur* (1684) et prélude assez directement aux *Lettres persanes.* Comme on l'a vu dans l'introduction, cette lettre sur le jeu prolonge une suggestion des *Caractères* (voir la remarque 71 du chapitre « Des biens de fortune », où le jeu est présenté comme un des usages barbares « que les Orientaux qui viennent jusqu'à nous remportent sur leurs tablettes »). Elle n'est pas sans rapport non plus avec la description du jeu de bassette donnée par Fontenelle dans la seconde partie de ses *Lettres galantes* (1687) : « [...] un cercle infernal, où une douzaine de Démons, et autant de Furies avec un visage enflammé et des yeux ardents, sont attentifs à une espèce d'opération magique qui s'y passe devant eux » (lettre 35).

9. La comparaison est un peu forcée, puisque les joueurs sont assis sur des sièges et non point sur le sol, à la manière orientale.

10. C'est le banquier, qui distribue les cartes.

11. Les cartes à jouer étaient coloriées à la main de façon rudimentaire.

12. Les mises.

13. Tout dépendra en effet des cartes qui seront successivement découvertes : si le banquier amène une carte équivalente à l'une ou l'autre de celles qu'il a distribuées au départ, il emporte la mise du joueur concerné ; mais s'il amène une carte équivalente à la sienne, il perd le montant des sommes misées.

14. La Bruyère (*Les Caractères,* VI, 72) met l'accent sur la tension, la gravité et le sérieux qui règnent autour d'une table où l'on joue « un grand jeu ». L'agitation que décrit Dufresny trouve sa confirmation sous la plume de la princesse Palatine : « On joue fort gros jeu ici : les gens sont comme fous ; l'un pleure, l'autre frappe du poing sur la table, que toute la chambre en tremble ; un troisième blasphème que les cheveux s'en dressent sur votre tête ; bref, tous ont l'air d'être comme hors d'eux ; on prend peur rien qu'à les regarder [...] » (14 mai 1695) ; les joueuses ne sont pas moins acharnées : « Quelles mines désespérées elles ont ! L'une pleure à chaudes larmes, l'autre est rouge comme le feu et roule des yeux comme si elle allait avoir des convulsions, une troisième est pâle comme la mort et sur le point de s'évanouir. Hommes et femmes ont l'air de possédés [...] » (10 juillet 1699).

15. Montesquieu, dans ses *Lettres persanes,* a consacré aux joueuses l'essentiel de sa lettre 56.

16. Géronte, dans *Le Joueur* de Regnard (acte I, scène 7), dénonce plus brutalement le danger que Dufresny se borne à suggérer ici : « On joue argent, bijoux, maisons, contrats, honneur ; / Et c'est ce qu'une femme, en cette humeur à craindre, / Risque plus volontiers, et perd plus sans se plaindre. »

17. Clôture provisoire, puisque le personnage de la joueuse réapparaîtra dans le chapitre suivant, p. 1034.

18. Furetière avait déjà signalé, dans son *Dictionnaire,* que le nom d'*académie de jeu* donné au *brelan* était un abus de langage. Voltaire fera une remarque analogue dans son *Dictionnaire philosophique* (article « Académie »).

19. L'énumération est un jeu où la fantaisie verbale prime l'exactitude. Si l'on reconnaît aisément l'Opéra (*Académie de musique*), l'Académie des sciences (où l'on observe *le cours des astres*), l'Académie française (où l'on règle *le cours des mots*), on voit mal à quelle institution pourrait correspondre l'*Académie des philosophes* ; on constate en outre que l'Académie française est à nouveau évoquée, en association avec l'Académie de peinture ; on observera enfin que les *académies d'armes,* où les jeunes gentilshommes pratiquent les « exercices » qui conviennent à la noblesse

(équitation, escrime), sont d'une autre nature, de même que les *académies bachiques*, qui ne sont rien d'autre que des assemblées de bons vivants.

20. Boileau, dans sa Satire III, a fait allusion à *l'ordre des coteaux* : le nom fut donné à une coterie de gourmets qui n'estimaient, dans le vignoble de Champagne, que quelques coteaux choisis. Avec les années, la composition de l'ordre changea, mais les *coteaux* restèrent des palais délicats.

21. Voir le paragraphe qui suit, relatif aux *traiteurs*.

22. Si les cabarets et les auberges sont fréquentés au XVIIe siècle par une clientèle commune, c'est un public plus fortuné qui vient se restaurer chez les *traiteurs* : il n'est pas impossible que le goût de l'antithèse ait incité Dufresny à exagérer leur déclin ; ce qui est sûr, c'est que le café, breuvage à la mode, a fait la prospérité des *cafés*, lesquels, dès la fin du siècle, sont des lieux de rencontre fréquentés où s'échangent les nouvelles et les idées. Montesquieu, dans ses *Lettres persanes,* confirmera cette vogue (lettre 36).

23. Par allusion à *La Jérusalem délivrée* du Tasse, le café devient palais enchanté, et les serveuses, telle Armide la magicienne, captivent les « chevaliers errants » qui s'aventurent en ces lieux.

24. Attestée par le *Journal des savants* du 29 janvier 1685 (« Il n'y a rien aujourd'hui de plus à la mode que le café »), la vogue de la *liqueur noire* suscita bien des réflexions du monde savant et des cercles mondains sur ses effets. La princesse Palatine, qui lui trouve « un goût horriblement désagréable » et « une odeur d'haleine corrompue », le juge malsain. Mais on s'accorde généralement à lui reconnaître de multiples vertus ; une dissertation, *Éloge et utilité du café,* parue dans le *Mercure galant* en mai 1696, avançait même l'idée que ce breuvage nouveau venait à point pour combattre une incommodité des temps modernes, les vapeurs causées par l'abus des liqueurs. Dufresny s'amuse ici à ajouter une vertu inédite à la liste déjà longue des propriétés merveilleuses attribuées au café.

25. *Fenouillette* : eau-de-vie distillée avec des grains de fenouil, qui lui donnent une saveur anisée. La vogue des liqueurs fortes à la fin du siècle est solidement attestée. L'auteur de l'*Éloge du café* cité dans la note précédente parle d'« une infinité de liqueurs nouvellement inventées, et que la volupté a mises à la mode ». Voir La Bruyère, *Les Caractères,* VIII, 74.

26. Si, comme on l'a vu précédemment, Armide est la magicienne qui charme Renaud dans *La Jérusalem délivrée* du Tasse, le « Roland furieux » fait allusion à l'*Orlando furioso* de l'Arioste.

27. La rue des Bourdonnais et les rues avoisinantes, dans le quartier Sainte-Opportune, se signalaient par le commerce des dentelles et des riches étoffes, notamment des soieries. *Le Livre commode des adresses de Paris pour 1692* indique que « les étoffes de soie, d'or et d'argent sont commercées par Messieurs Gautier et Regnault, rue des Bourdonnais ». Le premier surtout est en vogue : dans *La Femme d'intrigues* de Dancourt (1692), le marquis petit maître, qui vit à crédit, avoue, bon an mal an, une dette de sept à huit cents pistoles chez Gautier, pour ses dépenses d'habillement (acte III, scène 10).

28. L'*aune* est l'unité de mesure des tissus. Dufresny donne le piquant du paradoxe au fait que le luxe a converti les métaux précieux (or, argent) en étoffes.

29. Satire à double détente, qui touche à la fois l'épouse galante et le débiteur indélicat.

30. La table des matières fournit la clé de l'énigme : *Le pays de la friperie. Le Livre commode des adresses de Paris pour 1692* signale que les « tailleurs fripiers » sont en grand nombre sous les piliers des Halles. Un siècle plus tard, dans *Le Tableau de Paris* (1781-1788), Louis-Sébastien Mercier soulignera à nouveau l'insistance importune des fripiers des Halles.

31. Il s'agit, comme le précise la table, du *pays des Halles.* Le « grand jardin pavé » désigne plus particulièrement la Grande Halle, où se vendent fruits, légumes et fleurs. A rapprocher de l'évocation fournie par L.-S. Mercier dans son *Tableau de Paris* :

« Un coup d'œil unique est celui que présentent au point du jour la halle aux fleurs et la halle aux fruits dans le printemps et l'été : on est surpris, enchanté, c'est une des choses les plus curieuses à voir : Flore et Pomone se donnant la main n'ont jamais eu de plus beau temple. Les richesses printanières revivent dans l'automne, et les trois saisons n'en font plus qu'une. »

32. Comprenons que dans ce marché en plein air qu'est la Grande Halle, chaque marchande s'abrite dans son *tonneau*. L'ironie du mot *nymphes* est peut-être un souvenir du *Roman comique* de Scarron (deuxième partie : chap. VI, « nymphe tavernière » ; chap. X, « petite nymphe replète »).

33. *Ingrat* parce que la transmutation des métaux en or (*la pierre philosophale*) n'est qu'une vaine recherche. Mais l'alchimie est à la mode, et Marana s'y arrête longuement dans son *Espion du Grand-Seigneur* (quatrième partie, lettre 96) ; Montesquieu revient sur le sujet dans ses *Lettres persanes* (lettre 45).

34. De ces *nouvellistes* rencontrés dans l'« Amusement sixième », Montesquieu fera une « nation » (*Lettres persanes,* lettre 130). Dufresny, une fois encore, fonde l'effet plaisant sur l'équivoque (*froid* a le sens de *fade, d'insipide*), et le jeu se poursuit avec *chaud* et *plat*.

35. Comprenons que la séduction féminine s'exempte ici, dans tous les sens du terme, de la retenue que requiert la bienséance. La table, en conservant l'expression « Pays perdus », maintient le voile transparent de l'équivoque sur cette évocation du dévergondage et de la prostitution.

Amusement onzième. 1. Pour Furetière (1690) comme pour le *Dictionnaire de l'Académie* (1694), le cercle est propre aux usages de la cour et désigne « une assemblée qui se fait chez la reine, où les dames se tiennent en rond autour d'elle, où les duchesses ont le privilège d'être assises sur un tabouret » (Furetière) : c'est bien cette réalité qu'évoque Dufresny dans le paragraphe suivant.

2. Comprenons que ces *conversations*, comme les *rondeaux*, ont un refrain ou *chute* qui ramène toujours à la médisance ou à la flatterie.

3. Ici comme dans les paragraphes qui suivent, Dufresny file la métaphore juridique en assimilant le cercle bourgeois à un parlement, ou cour souveraine de justice.

4. *Opiner* : donner son avis dans une assemblée de juges.

5. *Génie* : talent, intelligence, esprit.

6. *Détester* : au sens ancien de : *pester contre, proférer des imprécations, maudire*.

7. Sur le thème du savoir et de la richesse, voir La Fontaine, « L'Avantage de la science » (*Fables*, VIII, 19).

8. La situation et le thème rappellent la fable de La Fontaine, « Le Vieillard et les trois jeunes Hommes » (*Fables*, XI, 8).

9. Dufresny rencontre ici un problème littéraire auquel Molière s'était trouvé confronté dans son *Tartuffe* : comment rendre compte de l'ambiguïté des apparences ?

10. Voir Célimène, dans *Le Misanthrope* de Molière, et plus particulièrement la grande scène des portraits (acte II, scène 4).

11. *Industrie* : le terme associe l'idée d'activité et d'habileté.

12. Ce cynisme n'est pas l'apanage des gens de finance, et Acaste, dans *Le Misanthrope*, estimait que « les gens de son air » n'étaient pas faits « pour aimer à crédit, et faire tous les frais ». A la même époque, la métaphore marchande devint véritable marché quand, dans l'*Histoire amoureuse des Gaules* de Bussy-Rabutin, un intendant des finances achète les faveurs d'une femme du monde, Ardélise (Mme d'Olonne). A la fin du siècle, le thème de la séduction par l'argent est devenu banal.

13. Après la prude médisante, qui formait un composé de Célimène et d'Arsinoé, la savante hostile au mariage fait penser à l'Armande des *Femmes savantes* : l'ombre de Molière, on le voit, plane sur la satire des mœurs.

14. Voir *Les Femmes savantes*, acte I, scène 1 : « A de plus hauts objets élevez vos désirs, / Songez à prendre un goût des plus nobles plaisirs, / Et traitant de mépris les sens et la matière, / A l'esprit comme nous donnez-vous toute entière. »

15. L'édition de 1707 donne le mot en italique, conformément aux indications de l'*errata* de la première édition, qui précise que le mot *noise* est perçu comme proverbial et donné pour tel. Nul ne soupçonnait alors que la locution *chercher noise* échapperait au vieillissement.

16. Les lecteurs de Dufresny savaient reconnaître en Apollon le dieu de la poésie et dans l'Hippocrène, la fontaine de l'inspiration, née du sabot de Pégase et consacrée aux Muses. La fable moderne dont fait état Dufresny semble être de son invention.

17. Dufresny, qui s'était engagé dans son « Amusement premier » à ne piller « ni dans les livres anciens, ni dans les livres modernes », reproduit ici une pensée de l'humaniste Guillaume Budé : il est vrai que c'est un « vieux poète garçon », attaché au célibat, qui s'exprime. Ce poète hostile au mariage pourrait faire allusion à Boileau, dont la Satire X contre les femmes, parue en 1694, avait soulevé les plus vives protestations.

18. *Appareil* : les apprêts solennels, l'apparat.

19. *Corbleu* : juron ancien, forme atténuée de *corps de Dieu*.

20. Dufresny avait déjà tiré parti de cette situation dans le deuxième acte du *Négligent* (1692).

21. *Devant* : avant.

22. *Plaindre* : mesurer chichement, donner à regret.

23. *Fat* : sot, niais. Voir La Bruyère, *Les Caractères*, XII, 46 : « Le fat est entre l'impertinent et le sot : il est composé de l'un et de l'autre. »

24. *Contre-partie* : la deuxième voix. Voir Furetière : « Le dessus et la basse sont deux contreparties. »

25. *Équipage* : situation, état.

26. Situation reprise en 1709 dans *La Joueuse* (acte IV, scène 4), où Triolet, revenant d'enterrer sa femme, oublie son deuil pour faire valoir son talent de maître à chanter.

27. Dufresny sait qu'il aborde un sujet depuis longtemps examiné. On pense surtout à Montaigne, dont le chapitre 8 du livre II des *Essais* traite « De l'affection des pères aux enfants ».

28. Voir La Rochefoucauld : « L'orgueil ne veut pas devoir, et l'amour-propre ne veut pas payer » (max. 228).

29. *Continuation* serait plus juste.

30. Voir l'impatience cynique du Don Juan de Molière (acte IV, scène 5) et, chez La Bruyère, dans *Les Caractères*, les remarques 67 et 68 du chapitre « Des biens de fortune ». Asmodée, le « diable boiteux » de Le Sage, observera de son côté que la plupart des pères qui sont riches, et qui vivent longtemps, ne doivent pas attendre de leurs héritiers de longs témoignages d'affliction (chap. XII).

31. *Naturel* : sentiments affectueux inspirés par la nature, les *liens du sang*.

32. Dufresny, dont on connaît le goût pour les jardins, conteste l'idée nouvellement émise de la double circulation de la sève : il s'en tient à la thèse traditionnelle, qui reconnaissait seulement le mouvement ascendant conduisant la sève des racines à l'extrémité des branches. A dire vrai, les exigences de la comparaison l'emportent sur l'exactitude scientifique.

33. Le Père Bouhours, dans ses *Entretiens d'Ariste et d'Eugène* (1671), avait critiqué le goût excessif des Italiens pour les traits brillants ; et Boileau, dans sa *Satire IX*, opposait durement « le clinquant du Tasse » à « l'or de Virgile ».

34. *Contrariété* : opposition, contradiction.

35. L'enseignement de la rhétorique entraînait les élèves à manier le pour et le contre, à soutenir des points de vue opposés : l'exercice scolaire devient ici jeu d'esprit ; mais cette palinodie n'est pas dépourvue de sens et révèle, chez Dufresny, une conscience aiguë de l'ambiguïté des sentiments.

36. Ce retour imprévu de la joueuse sur la scène des *Amusements* semblerait indiquer que l'auteur a oublié la décision prise au chapitre précédent de « tirer le rideau » sur une conduite scabreuse (voir la note 17 de l'« Amusement dixième ») : mais l'inconséquence apparente affiche la primauté de l'humour, du caprice et de la liberté.

37. Le *texte* est la citation biblique qui fournit le sujet du sermon, lequel sera conduit selon un plan méthodique annoncé par le prédicateur. Transposée à la conversation, cette démarche, chère à Bourdaloue, est évidemment déplacée et ridicule.

38. Le *joli homme*, désigné comme tel dans la table des matières, est un type à la mode à la fin du XVIIe siècle, et l'expression qui le désigne, calquée non sans quelque malice sur *jolie femme*, est nouvellement entrée dans l'usage, aux côtés de *petit maître* et *d'hommes à bonnes fortunes* : d'après *L'Impromptu de garnison* de Dancourt (nov. 1693), un *petit maître* est nécessairement *joli homme* ; dans *La Gazette* du même auteur, créée quelques mois plus tôt, une jeune Parisienne constatait : « La présence d'un joli homme remue terriblement les humeurs » (scène 7) ; la comédie des *Mots à la mode* de Boursault (1694) relève comme une locution récente l'expression « joli à manger », appliquée à un galant (scène 4).

39. Ce goût de l'irrégularité piquante est affirmé d'autant plus librement qu'il rencontre les aspirations de toute une génération lassée des compositions trop strictement ordonnées. La remarque 60 du premier chapitre des *Caractères* confirme, sur le plan du style, cette évolution générale du goût.

40. *Mettre aux champs*, c'est mettre en colère ; *être aux champs* ou *se mettre aux champs*, c'est s'emporter.

41. Mascarille, dans *Les Précieuses ridicules*, se piquait pareillement d'invention en matière d'habillement (scène 9).

42. La *représentation*, c'est l'extérieur, la mine, la prestance. Sur le même thème, Montesquieu, dans la Lettre persane 82, a donné un amusant portrait satirique des blondins « qui savent parler sans rien dire ».

43. On est passé implicitement du sens premier (objet d'admiration) au sens figuré (personne muette, sans esprit, insignifiante).

44. *Minauder* : le sens est clair : il lui fait des mines ; mais cet emploi transitif est inhabituel. Moncade, le héros de *L'Homme à bonnes fortunes* de Baron (1686), s'est donné en spectacle à l'Opéra par de semblables minauderies (acte 4, scène 6) :

Pasquin
Quelles diables de contorsions faisiez-vous, tantôt sur un pied, tantôt sur l'autre ?
Moncade
Je faisais des mines à une femme d'une seconde loge, que je croyais connaître.

45. On serait tenté de traduire aujourd'hui *aventurier* par « dragueur ». Voir Furetière : « Les aventuriers d'amour sont des coquets qui courent de belle en belle pour trouver quelque aventure. »

46. Jean Vic a montré que cet épisode avait été imité de près par Balzac dans *La Paix du ménage* (1830). Il vaut aussi de rappeler que ce motif de l'infidélité révélée par un bijou a été exploité, avant Dufresny, par Baron, dans *L'Homme à bonnes fortunes* (1686 ; acte II, scène 3), ainsi que par Dancourt, dans *Les Bourgeoises à la mode* (1692), où une bague de diamant devient pièce à conviction.

47. L'enrichissement rapide par les « affaires » (affermage des impôts) de personnages de basse extraction est une cible privilégiée de la satire des mœurs au XVIIe siècle, et la fortune des partisans sous Louis XIV transforme le thème du « laquais-financier » en lieu commun. La Satire V de Boileau sur la noblesse et le portrait de Sosie chez La Bruyère (*Les Caractères*, VI, 15) offrent des références célèbres ; on connaît moins la diatribe de Louis Petit dans sa Satire II (1686) : « Parmi ces gens tout d'or dont le désir avide / S'est vu si tôt rempli par un bonheur rapide, / Dont le luxe effroyable et le faste arrogant / Sont toujours soutenus d'un air fier et morgant, / Que de faquins masqués d'une fausse noblesse / Ne se souviennent plus quelle fut leur bassesse ! / Mais en vain ces veaux d'or marchent en orgueilleux, / Ils sont ce qu'ils étaient lorsqu'ils étaient des gueux. »

Dans *Le Joueur* de Regnard (1696), le valet Hector rêve de ces fortunes rapides qui élèvent les laquais d'un financier aux premiers rangs : « Il n'est que ce métier pour brusquer la fortune » (acte I, scène 1) ; et la fin de la pièce confirmera combien l'usurpation de noblesse est devenue courante : « Il est tant de traitants qu'on voit, depuis la guerre, / En modernes seigneurs sortir de dessous terre, / Qu'on ne s'étonne plus qu'un laquais, un pied-plat, / De sa vieille mandille achète un marquisat » (acte V, scène 6).

N'oublions pas enfin la formule piquante de Montesquieu : « Le corps des laquais est plus respectable en France qu'ailleurs : c'est un séminaire de grands seigneurs » (*Lettres persanes*, lettre 98). Sur les rapports de ce thème satirique avec la réalité, on lira la remarquable mise au point apportée par Daniel Dessert dans la revue XVII*e siècle* (janvier/mars 1979, n° 122 sur *La mobilité sociale* : « Le laquais-financier au grand siècle : mythe ou réalité ? », p. 21-36).

48. Voir le *fermier* décrit par Montesquieu dans la lettre 48 des *Lettres persanes*.

49. « On dit qu'un homme se *méconnaît* lorsqu'étant élevé de bas lieu à une haute fortune, il ne se souvient plus de sa naissance, qu'il va de pair avec les grands, et qu'il méprise les petits » (Furetière).

50. La remarque fait écho aux réflexions de La Bruyère sur le *mérite personnel*, dans *Les Caractères*.

51. Voir ci-dessus, la note 49.

52. Ne vous suffit-il pas.

53. Voir La Bruyère, *Les Caractères*, VI, 54 (Chrysante et Eugène).

54. Sous son imprécision apparente (« il y a parmi nous [...] des peuples »), la formulation s'accorde avec la diversité des cultes pratiqués au Siam. Comme l'indique le *Mercure galant* d'octobre 1684, dans un article solidement informé sur les coutumes siamoises, « il n'y a point de pays où l'exercice de toutes sortes de religions soit plus permis qu'à Siam » (p. 263-264). Il n'est pas impossible, comme le suggère Jean Vic, que le texte fasse allusion au paon, vénéré par les hindous.

55. Ce caractère avait retenu l'attention de La Bruyère : c'est Arrias, l'« homme universel » (*Les Caractères* V, 9). Montesquieu est revenu sur ce type du « décisionnaire... universel » dans ses *Lettres persanes* (lettre 72).

56. *Dispute* : débat, discussion ; mais on glisse ici à l'idée de querelle.

57. La thèse de Copernic n'a donc pas entièrement triomphé des vieilles croyances géocentriques. Pour Dufresny, ce traditionalisme est un ridicule ; mais Louis Petit par exemple, en 1686, ne voyait dans le succès du système héliocentrique de Copernic qu'un effet de la mode (Satire XII) ; et l'on sait que La Bruyère (*Les Caractères*, XVI, 43), comme Pascal, continue de penser que le soleil tourne autour de la terre.

58. Cette trouvaille plaisante fait allusion aux expressions « se jeter *à corps perdu* » et « s'engager ou prêter *à fonds perdu* ».

59 *Galanterie* : au sens de courtoisie, prévenance, délicatesse (voir la note 27 de l'« Amusement sixième »).

60. Voir La Rochefoucauld, max. 63.

61. La remarque est dans l'esprit de La Rochefoucauld et pourrait fournir une application à la max. 99 de la première édition des *Maximes* (1665) : « Dans l'adversité de nos meilleurs amis, nous trouvons toujours quelque chose qui ne nous déplaît pas » (maxime supprimée à partir de la 2e édition).

62. Ces locutions guerrières sont devenues métaphores à la mode : *rompre en visière à quelqu'un*, c'est l'attaquer verbalement, lui lancer des railleries blessantes ; *tirer sur quelqu'un à brûle-pourpoint*, c'est l'attaquer de face et lui porter un coup fatal (au sens propre : tirer de si près qu'on ne peut manquer l'adversaire).

63. La métaphore est dans l'usage ; selon Furetière, « *calus* se dit figurément en choses morales, en parlant de la dureté que l'âme a contractée contre toute sorte de tendresse ».

64. *Draper quelqu'un* : l'attaquer par des railleries.

65. *Blanchir* : dans le langage militaire, « se dit des coups de canon qui ne font qu'effleurer une muraille et y laissent une marque blanche » (Furetière). L'usage s'est étendu à toute entreprise qui échoue, à tout ce qui ne réussit pas.

66. Dufresny prolonge la série des métaphores guerrières : la *levée de bouclier* est l'expression de l'hostilité.

67. Dans les premières pages de l'« Amusement onzième », Dufresny avait exprimé la crainte de diminuer le plaisir de ses lecteurs en expliquant les choses « un peu plus qu'il ne faut » et en démasquant trop ses personnages : il laisse ici à chacun le soin de découvrir par lui-même que la vanité de l'*homme de probité* et la susceptibilité de l'*esprit de travers* procèdent d'une même source, l'amour-propre.

68. *Prévenir* : le devancer.

69. cette entrée en scène fait écho à l'arrivée du Théodecte de La Bruyère (*Les Caractères*, V, 12) : les deux personnages, du reste, offrent quelques similitudes, et il n'est pas exclu que Dufresny se soit plu, le temps d'un portrait, à rivaliser avec l'auteur des *Caractères*.

70. Dufresny, après Montaigne, met l'accent sur la primauté de l'être, de la conscience et de la sagesse. Sa critique de la réduction du *savoir vivre* à la politesse s'inscrit dans un débat contemporain et traduit une exigence morale qui met en cause les insuffisances de l'*honnêteté* mondaine : c'était l'une des questions soulevées par Molière dans *Le Misanthrope*.

Amusement douzième. 1. Voir la note 31 de l'« Amusement onzième ».

2. *De l'homme*, c'est-à-dire de la partialité, du caprice, de la prévention. Bien que Dufresny traite ici du public en général et du rôle de l'opinion, il n'est pas interdit de penser que sa réflexion prend appui sur son expérience d'auteur dramatique, particulièrement exposé aux aléas de la réussite. Mais contrairement à Louis Petit, qui, dans sa Satire IX, dénonce l'inconséquence du public (« Il juge par caprice : heureux qui peut lui plaire »), l'auteur des *Amusements*, sans se faire d'illusions sur la valeur des jugements humains, reconnaît le pouvoir de l'opinion.

3. *Prévenir* : au sens de *inspirer des préventions*.

4. Voir la note 64 de l'« Amusement onzième ».

5. *Vaudeville* : chanson satirique. « Les vaudevilles et les chansons, qui ne sont pour l'ordinaire que de piquantes satires, se renouvellent presque à chaque saison » (l'abbé de Villiers, *Traité de la satire*, 1695, p. 2). « C'est par les vaudevilles qu'on apprend en un moment la lâcheté ou l'imprudence d'un général, la galanterie et la mauvaise conduite d'une femme, et tout ce qu'il y a d'humiliant et de honteux dans la naissance ou dans les emplois d'un homme ; et pour faire l'histoire médisante du siècle, il ne faudrait que ramasser les chansons qui ont couru tous les hivers » (*ibid.*, p. 214).

6. On pense au fragment de Pascal sur l'imagination, où un prédicateur enroué ou mal rasé peut faire rire le magistrat le plus grave. Rappelons que les premiers éditeurs des *Pensées*, en 1670, avaient fait de ce prédicateur — bienséance oblige — un avocat.

7. Voir la note 34 de l'« Amusement onzième ».

8. Voir la note 19 de l'« Amusement second ».

9. Nouvel éloge du souverain : placé dans la bouche du voyageur étranger, il prend valeur de témoignage objectif et traduit en même temps le rayonnement d'une monarchie dont l'éclat s'étend aux représentants des pays les plus éloignés.

Table des matières. 1. De la première à la deuxième édition des *Amusements*, la présentation de la table des matières subit quelques retouches mineures. L'objectif de Dufresny est d'offrir à ses lecteurs un relevé précis des thèmes abordés sans recourir, comme le voudrait l'usage, à un classement alphabétique dont l'ordonnance systématique s'accorderait mal avec l'esprit de liberté qui domine l'ouvrage : d'où l'insistance sur le fait que la table « suit l'ordre des pages du livre » pour mieux en refléter la diversité.

BIBLIOGRAPHIE

Établie par Jean Lafond

BIBLIOGRAPHIE DU XVIIᵉ SIÈCLE

Cioranescu A., *Bibliographie de la littérature française du XVIIᵉ siècle,* Éd. du C.N.R.S., 1965-1966, 3 vol. Les relevés d'A. Cioranescu s'arrêtant en 1960, on utilisera pour les années suivantes :
Klapp Otto, *Bibliographie der französischen Literaturwissenschaft,* Frankfurt am Main, Klostermann, 1960 sq. Un volume par an, sur la littérature française du Moyen Age à nos jours.
Rancoeur René, *Bibliographie de la littérature française (XVIᵉ-XXᵉ siècle),* A. Colin. Un volume par an de 1963 à 1985, et, depuis 1986, n° 3 (mai/juin) de la *R.H.L.F.*

LA LANGUE

Les Dictionnaires de Furetière (1690), de Richelet (1680) et de l'Académie (1694) ont été l'objet de reprints, le premier par SNL-Le Robert (1978), les suivants par Slatkine à Genève (1970-1971). On consultera le toujours utile lexique de Gaston Cayrou, *Le Français classique,* Didier, 1923, et le *Dictionnaire de la langue française classique* de J. Dubois, R. Lagane et A. Lerond, commode, mais parfois insuffisant (« Références », Larousse, 1971, 1ʳᵉ éd. Belin, 1960).

Pour la langue, comme pour les rubriques suivantes, on peut se référer aux histoires de la littérature que nous donnons plus bas, et tout spécialement aux tomes 4 et 5 de la *Littérature française/Poche* parus en 1984 et au *Précis* dirigé par Jean Mesnard, où une bibliographie très riche et bien présentée occupe les pages 437-470 (P.U.F., 1990). Nous renvoyons à ces travaux pour une information plus complète.

HISTOIRE ET CIVILISATION

S'ils ne dispensent pas de lire les grandes synthèses qui ont paru sur le XVIIᵉ siècle, de Lavisse à P. Chaunu, P. Goubert, F. Lebrun, R. Mandrou, R. Mousnier, les « Que sais-je ? » de Hubert Méthivier, *Le Siècle de Louis XIII* et *Le Siècle de Louis XIV,* P.U.F., 1964 et 1950, ont le mérite d'être rapides, précis et denses.

Aux ouvrages classiques il est bon d'ajouter, pour les vues inédites qu'elles peuvent donner sur le XVIIe siècle, les études suivantes :

CERTEAU Michel de, *L'Écriture de l'histoire*, Gallimard, 1975. Religion et histoire religieuse au XVIIe siècle.

— *La Fable mystique, XVIe-XVIIe siècle*, Gallimard, 1982. Rééd. « Tel », 1987.

ÉLIAS Norbert, *La Civilisation des mœurs*, Calmann-Lévy, 1973. Rééd. Hachette-Pluriel, 1977.

— *La Société de cour*, Calmann-Lévy, 1974. Rééd. Flammarion, « Champs », 1985.

Pour le rapport de l'homme à son univers culturel, on consultera les ouvrages publiés en collaboration aux éditions du Seuil :

Histoire de la France urbaine (dir. par G. Duby), t. 3, *La Ville classique*, 1980.

Histoire de la vie privée (dir. par Ph. Ariès et G. Duby), t. 2, *De la Renaissance aux Lumières*, 1986.

Histoire de la France religieuse (dir. par J. Le Goff et R. Rémond), t. 2, *Du christianisme flamboyant à l'aube des Lumières*, 1988.

HISTOIRE DE LA LITTÉRATURE

TOURNAND J.-C., *Introduction à la vie littéraire du XVIIe siècle*, Paris-Montréal, Bordas, 1970. Bonne initiation à la littérature du XVIIe siècle. Pour la pensée morale, voir les chapitres 3 et 4, p. 76-143.

ADAM Antoine, *Histoire de la littérature française au XVIIe siècle*, Domat, 1948-1956, 5 vol. Rééd. Del Duca, 1962. Demeure fondamentale par la richesse de l'information et une pensée active et stimulante.

Histoire littéraire de la France (dir. par P. Abraham et R. Desné), t. III (1600-1660) et t. IV (1660-1715), Éd. Sociales, 1975. Intéressant et parfois neuf, mais inégal.

Littérature française (dir. par C. Pichois), coll. Poche, Arthaud. t. 3, *De Montaigne à Corneille* (1572-1660) par J. Morel, 1986 ; t. 4, *Le Classicisme* (1660-1680) par R. Zuber et M. Cuénin, 1984 ; t. 5, *De Fénelon à Voltaire* (1680-1750) par R. Pomeau et J. Ehrard, 1984. De très bonnes mises au point, accompagnées d'excellentes bibliographies.

Précis de littérature française du XVIIe siècle (dir. par J. Mesnard), P.U.F., 1990. Contributions de M. Fumaroli, R. Zuber, B. Tocanne, N. Hepp et J. Mesnard. Ouvrage de référence.

Dictionnaire des Lettres françaises (dir. par Mgr. Grente), *Le XVIIe siècle*, Fayard, 1954. Nouvelle édition en préparation, à paraître.

HISTOIRE DE LA PHILOSOPHIE

BRÉHIER Émile, *Histoire de la philosophie*, t. II-1, *Le Dix-Septième Siècle*, P.U.F., 1947. Rééd. coll. « Quadrige », 1988.

Ueberwegs Grundriss der Geschichte der Philosophie, V, *Die Philosophie des 17. Jahrhunderts*, t. 2 (dir. par J.-P. Schobinger), Bâle, Schwabe, sous presse. Voir en particulier les chap. III, « Humanisten, Weltmänner, Moralisten », par A. Juillard, J. Lafond, R. Zuber, chap. IV, Gassendi, par O. Bloch, chap. V, Descartes, par G. Rodis-Lewis, chap. VI, Pascal, par J. Mesnard, chap. XII, Pierre Bayle par E. Labrousse.

ÉTUDES SUR LES MORALES DU XVIIe SIÈCLE

Pour éviter les doublons, on ne trouvera ici que les études critiques traitant des morales et des formes brèves, et on voudra bien se reporter, pour chacun des moralistes, à la bibliographie particulière qui lui est consacrée.

ADAM Antoine, *Les Libertins au XVIIe siècle*, Buchet-Chastel, 1964. Anthropologie très utile par le choix et la présentation des textes retenus.

Aphorismus (Der). Zur Geschichte, zu den Formen und Möglichkeiten einer literarischen Gattung, p.p. Gerhard Neumann, W.B., Darmstadt, 1976. Introduction de G. Neumann et dix-huit articles de différents auteurs, publiés entre 1933 et 1973. Excellent et précieux ensemble de textes sur l'aphoristique.

ASEMISSEN H.U., « Notizen über den Aphorismus », *Trivium* 7 (1949), p. 144-161. Repris dans *Der Aphorismus,* p. 159-176 (voir APHORISMUS)

Aspects et contours du libertinage, in *XVIIe siècle,* 127, avril-juin 1980. Articles de R. Pintard, R. Zuber, G. Couton, P. Rétat, B. Tocanne.

BADY René, *L'Homme et son « Institution » de Montaigne à Bérulle, 1580-1625,* Les Belles Lettres, 1964. Thèse sur l'éducation humaniste et son devenir.

BALAVOINE Claudie, « Bouquets de fleurs et colliers de perles : sur les recueils de formes brèves au XVIe siècle » in *Les Formes brèves de la prose* (voir FORMES BRÈVES...), p. 51-71.

BARTHES Roland, « Littérature et discontinu », in *Essais critiques,* Éd. du Seuil, 1964, p. 175-187. Aborde, à propos de *Mobile,* de Butor, le problème des discours continu et discontinu.

BÉNICHOU Paul, *Morales du Grand Siècle,* Gallimard, « Bibliothèque des Idées », 1948. Rééd. coll. « Idées », 1967. Ouvrage fondateur pour l'étude des morales classiques.

BENVENISTE Émile, *Problèmes de linguistique générale,* Gallimard, « Bibliothèque des Sciences humaines », 1966, 2 vol. Rééd. dans « Tel », 2 vol. 1976. T. 1, chap. XIII, « La phrase nominale », p. 151-167. Sur l'assertion générale, sentencieuse de la phrase nominale en indo-européen et en grec.

BEUGNOT Bernard, « Dialogue, entretien et citation à l'époque classique », *Revue canadienne de littérature comparée,* hiver 1976, p. 39-50. Le texte classique comme dialogue à plusieurs voix.

— « Florilèges et *Polyantheae*. Diffusion et statut du lieu commun à l'époque classique », in *Études françaises* 13, 1-2, 1977, p. 119-141. Article de première importance sur les recueils de lieux ou de sentences et leur rapport à la littérature (sur Bouhours utilisant les *Marguerites françaises* de Des Rues).

BIASON Maria Teresa, *La Massima o il « saper dire »,* Palerme, Sellerio ed., 1990. Étude dense et suggestive de la maxime comme forme, s'appuyant tout particulièrement sur l'œuvre de La Rochefoucauld.

BREMOND Henri, *Histoire littéraire du sentiment religieux en France,* Bloud et Gay, 1915-1933, 12 vol. et index. Rééd. A. Colin, 1967. Ouvrage fondamental, malgré une vue trop souvent partiale du jansénisme. A rectifier sur ce point par le *Port-Royal* de Sainte-Beuve (voir SAINTE-BEUVE).

BRODY Jules, *Du style à la pensée,* trois études sur les *Caractères* de La Bruyère, French Forum Publ., Lexington, Kentucky, 1980, 88 p. Perspectives neuves sur La Bruyère.

Busson Henri, *La Religion des classiques (1660-1685)*, P.U.F., 1948. Beaucoup d'informations, mais à vérifier soigneusement : le chapitre VIII, « De Sénèque à Pétrone », accumule les erreurs d'interprétation.

Cognet Louis, *De la dévotion moderne à la spiritualité française*, A. Fayard, 1956. Excellente synthèse.

Compagnon Antoine, *La Seconde Main ou le Travail de la citation*, Éd. du Seuil, 1979. Aborde à plusieurs reprises les problèmes de la *gnômè*, de la *sententia* et des formes brèves.

Croll Morris W., *Style, Rhetoric and Rhythm*, Essays, p. J. Max Patrick et Robert O. Evans [...], Princeton U.P., 1966. Regroupe des études très neuves à leur date et encore très remarquables sur l'anticicéronianisme à la fin du XVIe siècle et au début du XVIIe. Fondamental pour l'atticisme de cette période. Les principaux essais ont été réédités en livre de poche sous le titre *« Attic » and Baroque Prose Style*, même adresse, 1969.

Dagens Jean, *Bérulle et les origines de la restauration catholique (1575-1611)*, Bruges-Paris, Desclée de Brouwer, 1952.

Dainville P. François de, *La Naissance de l'humanisme moderne*, Beauchesne, 1940. Thèse sur les jésuites et l'éducation de la société française aux XVIe et XVIIe siècles.

Dedieu Joseph, « Les origines de la morale indépendante », in *Revue pratique d'Apologétique*, 1909, VIII, p. 401-423 et 579-598. Étude toujours utile sur la constitution, par les clercs, d'une morale laïque à la Renaissance.

Febvre Lucien, « Aux origines de l'esprit moderne : libertinisme, naturalisme, mécanisme », in *Au cœur religieux du XVIe siècle*, Bibliothèque de l'École Pratique des Hautes Études, sevpen, 1957.

Fidao-Justiniani J.-E., *L'Esprit classique et la préciosité au XVIIe siècle*, A. Picard, 1914. Donne le « Dialogue de la gloire » de Chapelain, p. 159 sq.

Fink Arthur-Hermann, *Maxime und Fragment. Grenzmöglichkeiten einer Kunstform*, Munich, 1934.

Formes brèves, De la gnômè à la pointe : métamorphoses de la sententia, n° 1979/3 de *La Licorne*, p.p. Faculté des lettres et des langues de l'université de Poitiers, 1980, 215 p. (articles de J.P. Levet, F. Trouillet, F. Desbordes, J. Villemonteix, F. Delarue, M. Alexandre, C. Balavoine, P. Laurens).

Formes brèves (Les) de la prose et le discours discontinu (XVIe-XVIIe siècles), p.p. J. Lafond, Vrin, 1984. Articles d'A. Compagnon et M. Fumaroli sur Montaigne ; de R. Zuber sur Henri IV ; de G. Molinié sur le discours bref, de J.P. Beaujot et P. Lerat sur La Rochefoucauld, de C. Balavoine et J. Lafond (voir Balavoine, Lafond).

Foucault Michel, *Folie et Déraison. Histoire de la folie à l'âge classique*. Plon, 1961. Éd. abrégée en livre de poche, *Histoire de la folie à l'âge classique*, 10/18, 1971.
— *Les Mots et les Choses*, Gallimard, « Bibliothèque des Sciences humaines », 1966. Archéologie des XVIe et XVIIe siècles.

Fuchs Hans-Jürgen, *Entfremdung und Narzissmus*, Stuttgart, J.B. Metzler, 1977, 394 p. Étude méthodique de la notion d'amour-propre dans son histoire, de l'Antiquité au XVIIIe siècle.

Fumaroli Marc, *L'Age de l'éloquence. Rhétorique et* res literaria *de la*

Renaissance au seuil de l'époque classique, Genève, Droz, 1980. Ouvrage de référence indispensable sur les problèmes littéraires de la période envisagée.
GODARD DE DONVILLE Louise, *Le Libertin des origines à 1665 : un produit des apologistes,* Paris-Seattle-Tübingen, « Biblio 17 », 1989.
GOUHIER Henri, *Études sur l'histoire des idées en France depuis le XVIIe siècle,* Vrin, 1980. Les chapitres 2 et 3 sont consacrés aux courants renaissant et cartésien du XVIIe siècle.
— *L'Antihumanisme au XVIIe siècle,* Vrin, 1987. Sur le conflit de l'humanisme et de l'antihumanisme (Augustin, Bérulle).
GRENZMANN Wilhelm, « Probleme des Aphorismus », in *Jahrbuch für Aesthetik [...],* Stuttgart, 1951, p. 122-144. Repris dans *Der Aphorismus,* p. 177-208 (voir APHORISMUS).
HAZARD Paul, *La Crise de la conscience européenne, 1680-1715,* Boivin, 1935, 3 vol. Ouvrage classique sur la transition entre le XVIIe et le XVIIIe siècle.
Héroïsme et création littéraire sous les règnes d'Henri IV et de Louis XIII, p.p. Noémi Hepp et Georges Livet, Klincksieck, 1974. Actes du colloque de Strasbourg de 1972.
JANET Paul, *Les Passions et les caractères dans la littérature du XVIIe siècle,* Calmann-Lévy, 1888. Sur Racine, Molière, La Bruyère et Bossuet.
JOLLES André, *Formes simples,* Éd. du Seuil, 1972 (trad. de l'éd. allemande *Einfache Formen,* Darmstadt, 1958). Voir « La locution », p. 121-135 et « Le trait d'esprit », p.197-207.
KRUSE Margot, *Die Maxime in der französischen Literatur. Studien zum Werk La Rochefoucaulds und seiner Nachfolger,* Hambourg, « Hamburger Romanistische Studien », 1960. Thèse qui situe avec précision la maxime dans son histoire et dans son rapport aux formes qui en sont proches.
— « Sagesse et folie dans l'œuvre des moralistes », *C.A.I.E.F.,* 30, 1978, p. 121-137.
— « Justification et critique du concept de la dissimulation dans l'œuvre des moralistes du XVIIe siècle », in *La Pensée religieuse dans la littérature et la civilisation du XVIIe siècle en France,* p. M. Tietz et V. Kapp, « Biblio 17 », *P.F.S.C.L.,* Paris-Seattle-Tübingen, 1984, p. 147-170.
LAFOND Jean, « Littérature et morale au XVIIe siècle », in *Critique et création littéraires en France au XVIIe siècle,* p.p. Marc Fumaroli, Éd. du C.N.R.S., 1977, p. 395-408. Traité de l'éthique de la littérature classique.
— « La pensée religieuse et la rhétorique de la sentence-maxime dans la littérature française du XVIIe siècle », in *Die religiöse Literatur des 17. Jahrhunderts in der Romania,* p.p. K. H. Körner et H. Mattauch, Kraus International Publication, Munich, 1981, p. 115-128.
— « Avant-propos » et « Des formes brèves de la littérature morale aux XVIe et XVIIe siècles » in *Les Formes brèves de la prose* (voir FORMES BRÈVES...), p. 7-8 et 101-122.
— « Augustinisme et épicurisme au XVIIe siècle », in *Le Siècle de saint Augustin* (voir SIÈCLE), p. 149-168.
— « Mentalité et discours de maîtrise, ou le moraliste en question », in *Romanistische Zeitschrift für Literaturgeschichte,* 1988, 3/4, p. 314-326.
LANSON Gustave, « Les "formes fixes" de la prose. Portraits et maximes » in *L'Art de la prose,* Librairie des Annales politiques et littéraires, 1908, p. 123-139. Rééd., Nizet, 1968.

— « La transformation des idées morales et la naissance des morales rationnelles de 1680 à 1715 », *La Revue du mois,* 5, 1910, p. 5-28 et 409-429.

LAPORTE Jean, *La Doctrine de Port-Royal, La Morale (d'après Arnauld),* Vrin, 1951-1952, 2 vol. Prolonge les thèses de J. Laporte sur *La Doctrine de Port-Royal* (1923). L'ensemble apporte l'éclairage philosophique et la rigueur qu'exige l'étude de la théologie morale du jansénisme.

LENOBLE Robert, « L'Évolution de l'idée de "nature" du XVIe au XVIIIe siècle », in *Revue de métaphysique et de morale,* LVIII, 1953, p. 108-129.

LEVI Anthony, *French Moralists. The Theory of the Passions, 1585 to 1649,* Oxford, Clarendon Press, 1964. Thèse qui s'appuie sur une vaste information et une excellente connaissance du thomisme.

LEVRAULT Léon, *Maximes et portraits (Évolution du genre),* Paul Mellottée, s.d. [1909]. Mise au point qui fut utile en son temps.

MARGOLIUS Hans, « On the Uses of Aphorisms in Ethics », in *The Educational Forum* (28/1963), p. 79-85. Repris, traduit en allemand dans *Der Aphorismus,* p. 293-304. Exemples pris dans les littératures allemande et anglaise, à l'exception de Vauvenargues et Joubert.

MARROU Henri, *Saint Augustin et l'augustinisme,* Éd. du Seuil, 1955. Excellente initiation à l'augustinisme du XVIIe siècle.

MAUTNER Franz H., « Der Aphorismus als literarische Gattung », in *Zeitschrift für Aesthetik [...],* t. 27 (1933), p. 132-175. Repris dans *Der Aphorismus,* p. 19-74. Étude fondatrice sur la poétique de l'aphorisme.
— « Maxim(e)s, Sentences, Fragmente, Aphorismen », in *Actes du IVe Congrès de l'Association Internationale de Littérature comparée,* La Haye-Paris, 1966, p. 812-819. Repris dans *Der Aphorismus,* p. 399-412 (voir APHORISMUS).

« The Maxim », in *L'Esprit créateur,* XXII, n° 3, fall 1982. Articles de François Rigolot « Montaigne's Maxims » ; de M.J. Muratore sur Corneille ; de R.L. Barnett sur Pascal ; de L. van Delft sur Boileau ; de J.J. Humphries sur La Rochefoucauld et Chamfort ; de J. Undank sur Crébillon.

« Maximes et portraits » in *C.A.I.E.F,* n° 18, mars 1966, p. 105-166 et 262-279. Sur les *Maximes,* communications de W.G. Moore, C. Rosso, J. Truchet ; sur le portrait, de J. Lafond, W. Leiner, Y. Coirault.

MELEUC Serge, « Structure de la maxime », in *Langages,* 13, mars 1969, p. 69-99. Étude qui ne tient pas compte du fait que « tout texte littéraire constitue par définition un langage de connotation » (M. Arrivé).

MESCHONNIC Henri, « Les proverbes, actes de discours », in *Rhétorique du proverbe, R.S.H.* 163, 1976-3, p. 419-430. Du proverbe comme énonciation à l'écriture de la maxime et du fragment.

MISSAC Pierre, « Des colloques aux aphorismes », in *Critique,* 468, mai 1986, p. 568-573. Compte rendu de publications françaises sur la forme brève.

« Moralistes et mondains », in *P.F.S.C.L.* 24, 1986.

« Les Moralistes français des XVIIe et XVIIIe siècles » in *C.A.I.E.F.,* 30, mai 1978, p. 105-194 et 268-279. Communications de L. van Delft, M. Kruse, J. Brody, J. Lafond, H. Coulet, S. Menant.

NEMER Monique, « Les Intermittences de la vérité. Maxime, sentence ou aphorisme : notes sur l'évolution d'un genre », in *Studi francesi,* n° 78, septembre-décembre 1982, p. 484-493. Étude intéressante et suggestive sur les problèmes de la forme brève.

ORCIBAL Jean, *Saint-Cyran et le jansénisme*, Éd. du Seuil, 1961. Livre bien informé (des inédits) par un excellent connaisseur de Saint-Cyran.

PAGLIARO H.E., « Paradox in the Aphorism of La Rochefoucauld and Some Representative English Followers », in *P.M.L.A.,* 79 (1964), p. 42-50. Repris, traduit en allemand, dans *Der Aphorismus,* p. 305-330 (voir APHORISMUS).

La Pensée janséniste en dehors de Pascal, textes choisis et présentés par G. Delassault, Buchet/Chastel, 1963. Anthologie de textes jansénistes (théologie, philosophie, pédagogie, critique du théâtre).

PINTARD René, *Le Libertinage érudit dans la première moitié du XVIIe siècle,* Boivin, 1943, 2 vol. Et avec compléments, Genève, Slatkine Reprints, 1983. Thèse fondamentale sur les libertins érudits.

PRÉVOST-PARADOL L. A., *Études sur les moralistes français* [...], Hachette, 1865 (1re éd., nombreuses rééd.). Traite de Montaigne, La Boétie, Pascal, La Rochefoucauld, La Bruyère et Vauvenargues.

RAYMOND Marcel, « Du jansénisme à la morale de l'intérêt », in *Mercure de France,* juin 1957, p. 238-255. Sur le passage du jansénisme à l'utilitarisme du XVIIIe siècle.

ROSSO Corrado, *Virtù e critica della virtù nei moralisti francesi,* Turin, 1964. Seconde éd. augmentée, Pise, Libreria Goliardica, 1971.
— *La « Maxime »*. *Saggi per una tipologia critica,* Naples, E.S.I., 1968. Étude importante et toujours valable sur la maxime comme forme brève.
— « Per una definizione del moralista (Rassegna bibliografica) », in *Studi francesi,* 82, janvier-avril 1984, p. 93-98.

ROTH Oskar, *Die Gesellschaft der « Honnêtes gens »*. *Zur sozialetischen Grundlegung des « honnêteté » - Ideals bei La Rochefoucauld,* Heidelberg, Carl Winter, 1981. Thèse riche d'informations sur l'idéal de l'honnêteté à partir de l'œuvre de La Rochefoucauld.

ROUSSET Jean, *La Littérature de l'âge baroque. Circé et le Paon,* José Corti, 1953. Ouvrage pionnier et maintenant classique.

SAINTE-BEUVE Charles-Augustin, *Port-Royal,* p.p. Maxime Leroy, Gallimard, Pléiade, 1961, 3 vol. Étude fondamentale et d'un intérêt qui ne se dément pas.

SCHALK Fritz, « Das Wesen des französischen Aphorismus », in *Die neueren Sprachen,* 41 (1933), p. 130-140 et 421-436. Repris dans *Der Aphorismus,* p. 74-111. Étude importante.
— « Zur Geschichte des Wortes Aphorismus », in *Romanische Forschungen,* 73, 1961, p. 40-50.

SCHLUMBOHM Christa, « Definition und Veranschaulichung. Zu einem Grundprinzip preziöser Kleinformen, aufgezeigt an L. Rs. *Maximes et Réflexions diverses* », in *Romanistisches Jahrbuch,* XXVI, 1975, p. 54-85.

Le Siècle de saint Augustin, in *XVIIe siècle,* 135, avril-juin 1982. Articles de Ph. Sellier, L. Ceyssens, P. Cahné, A. Michel, J. Lafond, P. Stella, B. Neveu, G. Rodis-Lewis, G. Ferreyrolles.

SPINK. J. S., *La Libre-Pensée française de Gassendi à Voltaire,* Éd. Sociales, 1966 (éd. anglaise, *French Free-Thought...* 1960). Ouvrage qui peut rendre de grands services.

Stackelberg Jürgen von, « Zur Bedeutungsgeschichte des Wortes "Aphorismus" » Zfr. Ph. 75 (1959), p. 322-335. Repris dans *Der Aphorismus*, p. 209-225 (voir *APHORISMUS*).
— *Französische Moralistik im Europäischen Kontext*, W.B., Darmstadt, 1982. Panorama sur les moralistes français.
Strosetzki Christoph, *Rhétorique de la conversation*, P.F.S.C.L., « Biblio 17 », 1984 (trad. de l'éd. allemande, 1978). Thèse bien informée.
Sutcliffe F.E., *Guez de Balzac et son temps. Littérature et politique*, Nizet, 1959. Intéressante et judicieuse analyse des rapports entre morale, politique et littérature dans la première moitié du XVIIe siècle.
Tocanne Bernard, *L'Idée de nature en France dans la seconde moitié du XVIIe siècle*, Klincksieck, 1978. Thèse importante par la masse des informations et leur clair ordonnancement. Une vue parfois un peu conventionnelle du XVIIe siècle.
Urbain Ch. et Levesque E., *L'Église et le Théâtre*, Bossuet, *Maximes et Réflexions sur la Comédie*, Bernard Grasset, 1930. Essentiel pour le débat sur la moralité du théâtre. Réunit les textes du P. Caffaro et de Bossuet sur la question, précédés d'une excellente introduction.
Van Delft Louis, « Qu'est-ce qu'un moraliste ? », *C.A.I.E.F.*, 30, 1978, p. 105-120.
— « La spécificité du moraliste classique », *R.H.L.F.*, juillet-août 1980, p. 540-553.
— *Le Moraliste classique. Essai de définition et de typologie*, Genève, Droz, 1982. Thèse bien informée, conduite avec clarté et méthode. Intéressante analyse de quelques grands thèmes.
— « Lieu d'échanges, lieux communs : l'espace de la réflexion morale », in *Horizons européens de la littérature française au XVIIe siècle*, p.p. Wolgang Leiner, Tübingen, Gunter Narr, 1988.
Zanta Léontine, *La Renaissance du stoïcisme au XVIIe siècle*, A. Champion, 1914. Thèse classique sur le néo-stoïcisme du début du siècle.

LEXIQUE

Établi par Jacques Chupeau

Les astérisques renvoient aux entrées de l'Index

A

ABAISSEMENT : humiliation.

ABÎMER : 1. Jeter dans un abîme. — 2. Ruiner.

ABORD (D') : immédiatement.

ABSTRAIT : 1. Rêveur, absorbé dans ses pensées. — 2. Subtil, éloigné du commun.

ABUS : 1. Mauvais usage de quelque chose. — 2. Désordre, injustice. — 3. Erreur, illusion, tromperie.

ACADÉMIE : 1. École d'équitation destinée aux jeunes gentilshommes. — 2. Maison de jeu. — 3. Société savante, littéraire ou artistique.

ACCIDENT : événement imprévu, soudain, fortuit (heureux ou malheureux). Du lat. *accidens*, ce qui survient ; *per accidens*, par hasard.

ACCRÉDITER : mettre en considération, donner un grand crédit.

ACTION : 1. Mouvement, activité, agitation. — 2. Combat, engagement militaire. — 3. Attitude, contenance, maintien. — 4. Gestes et jeux de physionomie qui animent le discours et soutiennent l'éloquence (lat. *actio*). — 5. Discours public (harangue, plaidoyer, sermon).

ADHÉRENT (*subst.*) : partisan (s'emploie avec un complément de personne ; se prend toujours en mauvaise part selon le *Dictionnaire de l'Académie*, 1694).

ADMIRABLE : surprenant, qui dépasse l'entendement, laisse stupéfait.

ADMIRATION : étonnement, stupeur.

ADMIRER : « Regarder avec étonnement quelque chose de surprenant, ou dont on ignore les causes » (Furetière).

AFFAIRE : 1. Préoccupation, souci, « ce qui donne beaucoup de peine, d'inquiétude » (Furetière). — 2. Différend, procès, duel. — 3. *Avoir affaire* : avoir besoin.

AFFAIRES (HOMME D') : financier, traitant ou partisan intéressé au recouvrement des impôts.

AFFECTATION : 1. Désir vif. — 2. Pose, recherche exagérée, manque de naturel dans le langage ou les manières. — 3. Ostentation hypocrite.

AFFECTER : souhaiter avec empressement, rechercher avec ardeur, avoir un goût marqué pour quelque chose. *Affecter de* : aimer à.

AGRESTE : 1. Champêtre, rustique. — 2. *Fig.* : sauvage, grossier, rustre.

AIDES : taxes sur les marchandises, et plus particulièrement sur les boissons.

AIGRIR : envenimer, aggraver (un mal), aviver (une querelle).

AIGUILLETTE : 1. Lacet aux extrémités ferrées servant à attacher le haut de chausses au pourpoint. — 2. Rubans ou cordons en touffes ornant le bas des chausses ou l'impériale d'un carrosse.

AILERON : « On appelait aussi autrefois *ailerons* de petits bords d'étoffe qu'on mettait aux pourpoints pour couvrir les coutures du haut des manches » (Furetière).

AILLEURS (D') : par ailleurs, d'un autre côté.

AJUSTEMENT : 1. Aménagement, décoration, ornement. — 2. Toilette, parure, soin donné à l'habillement. — 3. Accommodement, réconciliation.

AJUSTER : 1. Aménager, arranger. — 2. Parer, apprêter. — 3. Composer son attitude. — 4. Accorder, concilier.

ALERTE *(adj.)* : sur ses gardes, vigilant.

AMANT : 1. Qui aime et désire être aimé (prétendant, soupirant, amoureux). — 2. Qui aime et qui est agréé (fiancé), qui est aimé en retour sans que cette réciprocité implique une relation charnelle, mais sans que ce lien soit exclu.

AMITIÉ : affection, tendresse, amour.

AMOUR : *faire l'amour* : faire la cour. Mais l'expression prend un sens différent selon qu'elle s'applique à un homme ou à une femme : « On dit qu'un jeune homme fait l'amour à une fille quand il la recherche en mariage. [...] On dit qu'une femme fait l'amour quand elle se laisse aller à quelque galanterie illicite » (Furetière).

AMOUR-PROPRE : notion très importante dans la spiritualité des XVIe et XVIIe siècles, où, en tant que synonyme de « cupidité », il est amour de soi jusqu'au mépris de Dieu. Les moralistes d'obédience augustinienne le condamnent de même à n'être « qu'amour de soi-même et de toutes choses pour soi » (La Rochefoucauld, MS 1). Voir Pascal, fr. 506 et 743 ; voir aussi CUPIDITÉ.

AMUSEMENT : 1. « Occupation qui sert à passer le temps » (Furetière). Sérieux ou frivole, ce passe-temps s'oppose à l'*affaire*, qui implique difficulté et effort : l'affaire absorbe, accapare, « occupe », l'amusement divertit. — 2. Retard, perte de temps. — 3. Diversion, « espèce de tromperie que font ceux qui, pour gagner du temps, font de belles promesses, qui donnent de belles espérances » (Furetière).

AMUSER, S'AMUSER : 1. Faire passer le temps, distraire. — 2. Perdre son temps ; faire perdre du temps, retarder, faire patienter. — 3. Tromper par de fausses apparences, détourner l'attention.

APPAREIL : 1. Apprêts, préparatifs, apparat. — 2. Tenue, équipage, accompagnement pompeux. — 3. Pansement, emplâtre, soins apportés à une plaie.

APPLIQUER : attacher fortement, occuper, absorber.

APPRIVOISER : « Rendre doux et traitable » (Furetière), sociable, accommodant. *S'apprivoiser* : devenir familier ; par extension, prendre des libertés.

ARBITRAIRE *(adj.)* : 1. Qui dépend du libre choix, d'un jugement indépendant. — 2. Qui relève de l'appréciation personnelle, d'un jugement subjectif.

ART : 1. Ensemble des principes, des règles et des procédés qui commandent la réussite d'une activité, méthode, savoir-faire. — 2. « Tout ce qui se fait par l'adresse et par l'industrie* de l'homme ; et en ce sens il est opposé à la nature » (Furetière) : habileté calculée, artifice. — 3. Métier dont l'exercice requiert la maîtrise d'une technique (les *arts libéraux*, où l'esprit tient la plus grande part, sont distingués des *arts mécaniques,* qui impliquent un travail manuel). — 4. *Les arts* (dans l'enseignement des collèges) : les lettres et la philosophie. — 5. *Le grand art* : l'alchimie.

ARTISAN : celui qui pratique un art* (libéral ou mécanique) : artiste, ouvrier.

ARTISTE : celui qui excelle dans un art (libéral ou mécanique).

ASSEZ : dans une large mesure, beaucoup, très.

ASSIETTE : 1. Assise, base, fondation. — 2. Position, équilibre. — 3. Situation, emplacement (d'une ville, d'une place forte, d'un camp). — 4. Disposition d'esprit. — 5. Base d'imposition. — 6. Pièce de vaisselle, son contenu : les *assiettes volantes* (ou simplement les *assiettes*) contiennent les entrées, ainsi que les plats d'accompagnement destinés à exciter l'appétit (ragoûts, entremets).

ASSURER : *assurer quelqu'un* : lui donner de l'assurance. *Être assuré* (face au danger) : avoir de l'assurance, être ferme.

ATTACHE : 1. Ce qui sert à attacher. Spécialement : assemblage de diamants. — 2. Attachement passionné (à une personne, une activité, une chose). — 3. Application, attention à un sujet. — 4. Autorisation, permission (sens dérivé de la *lettre d'attache* — ou simplement *attache* —, lettre qui vérifie et confirme une mission et en permet l'exécution).

AUDITOIRE : 1. « L'assemblée qui écoute quelqu'un qui parle en public » (Furetière). — 2. La salle où est prononcé le discours public. — 3. Spécialement : « Le siège où les juges subalternes donnent audience » (Furetière).

AUMÔNIER *(adj.)* : qui fait souvent l'aumône.

AUSTÈRE : 1. « Se dit d'une saveur âpre qui cause un resserrement dans la bouche » (Furetière). — 2. Dur, rigoureux, sévère, inflexible. — 3. « Se dit aussi de celui qui est sévère à lui-même, qui ne se permet aucun plaisir, qui maltraite son corps » (Furetière).

AUTORISER : 1. Approuver ; par extension, donner prétexte à — 2. *S'autoriser* : acquérir une autorité usurpée.

AVANCER *(v. tr.)* : 1. Faire avancer, hâter, presser (une entreprise). — 2. « Pousser quelqu'un dans les emplois, dans les charges, lui donner moyen de s'enrichir » (Furetière). *S'avancer* : faire carrière.

AVARE : avide, cupide (lat. *avarus*).

AVARICE : avidité, cupidité, convoitise.

AVENTURIER *(subst.)* : 1. Guerrier intrépide, qui recherche la gloire des armes. — 2. Personnage entreprenant, qui cherche la réussite et la fortune. — 3. Galant empressé : « les *aventuriers d'amour* sont des coquets qui courent de belle en belle pour trouver quelque aventure » (Furetière).

AVENTURIER *(adj.)* : 1. Hardi, téméraire. — 2. Aventureux, risqué.

B

BAGAGE : 1. Ensemble des choses nécessaires dans un voyage. — 2. Ensemble du matériel d'une armée en campagne.

BAGATELLE : frivolité, chose futile.

BALANCER : 1. *V. intr.* : hésiter. — 2. *V. tr.* : contrebalancer ; tenir en équilibre ; tenir en suspens ; examiner avec attention, peser avec soin.

BÂTIMENT : 1. Action de construire. — 2. Édifice.

BÉNÉFICE : revenu attaché à une fonction, une dignité ecclésiastique.

BICOQUE : « Place peu fortifiée et sans défense » (Furetière).

BILLET : 1. Reçu. — 2. Bulletin de vote. — 3. Prospectus, tract, faire-part.

BIZARRE : fantasque, extravagant.

BONACE *(subst.)* : 1. « Calme de la mer, qui se dit quand le vent est abattu ou a cessé. » — 2. *Au fig.* : accalmie, tranquillité publique.

BRAVE : 1. « Excellent dans sa profession » (Furetière). — 2. Courageux, déterminé, intrépide. — 3. Vêtu avec élégance, bien mis.

BRELAN : maison de jeu.

BRELANDIER : 1. Tenancier d'une maison de jeu. — 2. « Joueur de profession qui fréquente les berlans [brelans] » (Furetière).

C

CABINET 1. : Pièce retirée et intime : lieu réservé à l'étude, à la correspondance, aux entretiens privés. — 2. Conseil qui se tient dans le cabinet du roi, et par extension, les affaires politiques qui se traitent dans le secret du cabinet. — 3. Pièce renfermant des objets de collection. — 4. « Buffet où il y a plusieurs volets et tiroirs pour y enfermer les choses les plus précieuses, ou pour servir simplement d'ornement dans une chambre, dans une galerie » (Furetière). — 5. Cabinet d'aisances, garde-robe. — 6. « Lieu couvert au bout des allées d'un jardin, où on se repose [...] » (Furetière).

CAMPAGNE (EN) : 1. A la campagne. — 2. En voyage. — 3. En cours, en train, en action, en manœuvre ; — 4. *Mettre en campagne* : lancer dans une entreprise, une recherche. — 5. *Se mettre en campagne* : s'emporter.

CANON : « Ornement de toile rond fort large, et souvent orné de dentelle, qu'on attache au-dessous du genou, qui pend jusqu'à la moitié de la jambe pour la couvrir [...] » (Furetière).

CAPITAL (subst.) : le point principal, l'essentiel. *Faire son capital* : faire son affaire principale.

CARESSER : 1. Traiter avec amitié, faire des démonstrations de bienveillance. — 2. Spécialement : courtiser une femme, flatter, cajoler.

CARESSES : « Démonstration d'amitié ou de bienveillance qu'on fait à quelqu'un par un accueil gracieux [...] » (Furetière).

CAVALIER (subst.) : « Signifie aussi un gentilhomme qui porte l'épée et qui est habillé en homme de guerre » (Furetière), par opposition à l'homme de robe, au bourgeois. Le *cavalier*, en ce sens, se définit avant tout par ses qualités mondaines : prestance, élégance et galanterie.

CAVE (subst.) : caveau dans une église : « On appelle aussi *caves* dans les églises certains lieux voûtés où on enterre les morts » (Furetière).

CÉLÉBRITÉ : solennité, « pompe, magnificence, cérémonie qui rend une action célèbre [...]. Ce mot est vieux » (Furetière).

CELER (SE FAIRE) : condamner sa porte, en feignant de ne pas être chez soi.

CERCLE : 1. « Assemblée qui se fait chez la reine, où les dames se tiennent en rond autour d'elle, où les duchesses ont le privilège d'être assises sur un tabouret » (Furetière). — 2. Réunion mondaine où l'on se divertit par la conversation, le jeu.

CÉRÉMONIEUX : 1. Poli, civil. — 2. Importun à force de civilité.

CHAGRIN (adj.) : 1. De mauvaise humeur, irritable, porté à la censure. — 2. Triste, mélancolique.

CHAGRIN (subst.) : 1. Humeur maussade, irritation, colère. — 2. Tristesse. — 3. *Au plur.* : contrariétés, peines.

CHALEUR : 1. Ardeur, zèle, empressement, fougue. — 2. Emportement, colère. — 3. En médecine : principe vital (*chaleur naturelle*) ou échauffement accidentel des humeurs (*chaleur étrangère*).

CHAMBRE : « C'est ordinairement le lieu où on couche et où on reçoit compagnie » (Furetière).

CHANGE : 1. *Donner le change* : engager sur une fausse piste, faire prendre un parti désavantageux, tromper. *Prendre le change* : se tromper. (Ces deux expressions sont empruntées au langage de la vénerie : une meute *prend le change* quand elle abandonne la poursuite d'un gibier pour suivre une autre piste.) — 2. *Rendre le change* : rendre la pareille.

CHARME : enchantement, sortilège.

CHAUSSES : vêtement couvrant la partie inférieure du corps : le *haut-de-chausses* (ou *chausses*) désigne la culotte ; le *bas-de-chausses* (ou *bas*) enveloppe la jambe.

CHEMINER (fig.) : faire son chemin, progresser sur la voie de la fortune, s'élever.

CHICANE : « Abus des procédures judiciaires, quand on s'en sert pour dilayer [obtenir des remises, retarder un jugement], tromper ou surprendre* les juges et les parties [...]. On appelle *gens de chicane* les sergents, procureurs*, solliciteurs et autres qui inventent ordinairement les fuites [échappatoires] et vaines* subtilités qui sont cause de la *chicane* » (Furetière).

CIRCONSTANCE : particularité, détail.

CLERC : 1. Qui appartient à l'état ecclésiastique. — 2. Savant, lettré. — 3. Habile, expert.

CLIMAT : pays, contrée, région (sans référence aux conditions atmosphériques).

CŒUR : 1. Connaissance immédiate, intelligence intuitive opposée à la raison discursive (Pascal, *Pensées*, fr. 142, 680). — 2. Intériorité, profondeurs de l'âme, par opposition à l'esprit (intelligence, raison) : les moralistes classiques font « l'anatomie du cœur », étudient « les replis du cœur ». — 3. Courage. — 4. Vie affective, sentiments, amour.

COLLET : 1. Col. — 2. Rabat. « En ce sens, on appelle *petit collet* un homme qui s'est mis dans la réforme, dans la dévotion, parce que les gens d'Église portent par modestie de petits collets, tandis que les gens du monde en portent de grands ornés de points et de dentelles » (Furetière).

COMÉDIE : 1. Théâtre en général. — 2. Lieu de la représentation théâtrale. — 3. Pièce de théâtre. — 4. Pièce comique.

COMMERCE : 1. Échange, réciprocité. — 2. Relation, fréquentation, société. — 3. Conversation, correspondance. — 4. *Hors de commerce* : hors de propos, déplacé.

COMMETTRE : 1. Confier aux soins de quelqu'un (un dépôt de valeur, une responsabilité, une mission) ; préposer quelqu'un à une charge, un emploi. — 2. Brouiller, mettre aux prises, mettre mal ensemble. — 3. Exposer (ou s'exposer) à un danger, une vexation, un malheur.

COMMIS *(subst.)* : agent dans un ministère, un bureau des finances, une cour de justice. Le *premier commis* est l'adjoint direct du ministre.

COMMISSION : charge exercée à titre temporaire.

COMMODE *(adj.)* : 1. Facile et agréable (en parlant des choses). — 2. Accommodant, complaisant, d'un caractère facile et d'un commerce agréable (en parlant d'une personne).

COMPAGNON : « Signifie aussi un garçon qui a fait son apprentissage en quelque métier et qui, n'ayant pas moyen de se faire passer maître, va servir et travailler chez les autres » (Furetière), autrement dit un *ouvrier*.

COMPARTIMENT : motif ornemental : « Dessin composé de plusieurs figures diverses et disposées avec symétrie, pour orner un parterre, un plafond, des panneaux de vitre ou de menuiserie, les pavés ou carreaux d'un plancher » (Furetière).

COMPLEXION : tempérament, « disposition naturelle du corps » (Furetière).

COMPOSER : « Signifie encore en morale : régler ses mœurs, ses actions, ses paroles [...]. Quelquefois, il se prend en mauvaise part et signifie : faire l'hypocrite » (Furetière). *Un air composé* : une contenance digne, sérieuse, réservée.

COMPOSITION : accommodement, accord, traité, arrangement. *Avoir quelque chose à bonne composition* : obtenir à bon marché.

CONCERTÉ : qui a composé son attitude et son visage. « On dit figurément qu'une personne est bien *concertée* pour dire qu'elle affecte un certain extérieur modeste et prudent, que toutes ses actions et ses paroles sont étudiées, affectées, et souvent hypocrites » (Furetière).

CONCILIER : accorder. *Concilier un auteur* : réduire les contradictions apparentes de son œuvre, dégager la cohérence de sa pensée.

CONCOURS : 1. Affluence, rencontre, rassemblement de personnes. — 2. Union, collaboration.

CONCUPISCENCE : manifestation de l'amour-propre, considéré dans sa généralité ou dans ses modalités (orgueil et paresse, ou, selon saint Jean, I, 2, 16, plaisirs des sens, curiosité, orgueil).

CONDITION : 1. Rang social déterminé par la naissance. — 2. Noblesse, qualité. Un *homme de condition* appartient à la noblesse ; un *homme de qualité* est — ou se prétend — de noblesse ancienne et illustre.

CONDUIRE : 1. Diriger une entreprise, en assurer l'exécution. — 2. Guider, gouverner (une personne).

CONDUITE : 1. Direction. — 2. Construction d'une œuvre littéraire, organisation maîtrisée de l'action.

CONFIANCE : 1. Créance, assurance, foi. — 2. Excès de confiance en soi, présomption, audace. — 3. Confidence, secret.

CONJOUIR (SE). « Se réjouir avec quelqu'un d'une bonne fortune qui est arrivée, d'une bonne affaire qu'il a faite [...]. Ce mot vieillit, et en sa place on dit *féliciter* » (Furetière).

CONNAÎTRE : 1. Avoir conscience, savoir. *Se connaître* : avoir conscience de ce que l'on est, de ses mérites et de ses défauts. — 2. Prendre conscience, se rendre compte. — 3. Reconnaître, distinguer.

CONSÉQUEMMENT : 1. En conséquence. — 2. *Raisonner conséquemment* :

de manière logique et rigoureuse, avec suite.

CONSIGNATION : « Dépôt d'argent pour l'achat d'une charge » (Littré).

CONSTITUTION : établissement d'une rente, d'une pension ; par extension, la rente elle-même. *Mettre son bien en constitutions* : placer son argent, consentir des prêts, constituer des rentes.

CONSUMER : 1. Consommer, dépenser. — 2. User, épuiser, détruire.

CONTENT : satisfait, serein, sans trouble. « Qui n'est point chagrin*, qui n'a point de besoins, qui ne désire rien » (Furetière).

CONTRAIRE : « Se dit aussi de tout ce qui est ennemi, opposé, d'un autre parti » (Furetière). Hostile.

CONTRARIÉTÉ : 1. Contradiction, opposition. — 2. Obstacle, difficulté.

CONTRE-TEMPS *(subst.)* : 1. Action ou parole inopportune. — 2. Accident qui dérange les mesures prises, empêchement, difficulté, obstacle.

CONVENIR : tomber d'accord ; s'accorder.

CONVENTION : contrat, accord. Spécialement, les *conventions matrimoniales,* ou simplement *conventions,* désignent les articles qui définissent, dans le contrat de mariage, les avantages accordés à la femme.

COQUIN *(subst.)* : « Terme injurieux qu'on dit à toutes sortes de petites gens qui mènent une vie libertine [déréglée], friponne, fainéante, qui n'ont aucun sentiment d'honnêteté » (Furetière). Ce terme de mépris s'applique notamment aux domestiques subalternes, valets et laquais.

CORPS : se dit du vêtement qui couvre le buste, corsage ou corset.

COTEAU : gourmet, connaisseur en vins qui se pique d'une extrême délicatesse (par allusion à une société choisie de gourmets qui s'était rendue célèbre, au début des années soixante, par une attention raffinée aux crus de quelques coteaux de Champagne).

COURAGE : 1. Cœur, ardeur. — 2. Vaillance, hardiesse, fermeté dans le péril.

COURS : « Se dit aussi de ce qui est à la mode et dans l'usage commun » (Furetière). *Avoir un grand cours* : être en vogue, connaître le succès.

COURSE : 1. Voyage. — 2. Incursion. — 3. Expédition de corsaires.

COUVERT *(subst.)* : 1. Abri. — 2. « Ombrage que donne un massif d'arbres » (Littré).

COUVRIR : cacher, dissimuler, déguiser.

CRAPULE : ivrogne.

CRÉANCE : 1. Croyance, foi, conviction. — 2. Confiance, crédit qu'inspire une personne ou une chose.

CRITIQUE : 1. *Subst. f.* : l'art de juger des mérites et des défauts d'un ouvrage ; l'examen critique d'un ouvrage particulier. — 2. *Subst. m.* : « Signifie aussi un homme bourru, un censeur importun qui trouve à redire à tout ce qu'on fait » (Furetière). — 3. *Adj.* : qui aime à censurer, se plaît à redire à tout, ne relève que des fautes.

CUPIDITÉ : chez Pascal et les augustiniens, amour de soi jusqu'au mépris de Dieu. Synonyme d'amour-propre*.

CURIEUX *(adj.)* : 1. En parlant d'une personne : soigneux, attentif ; préoccupé, avide de connaître ou de posséder. — 2. En parlant d'une action : minutieux, scrupuleux. — 3. En parlant d'une chose : rare, précieux, digne d'intérêt ; peu connu, singulier.

CURIEUX *(subst. m.)* : amateur, collectionneur.

CURIOSITÉ : 1. Préoccupation, intérêt. — 2. Désir, envie. Particulièrement, goût des choses rares, nouvelles, singulières : « La curiosité n'est pas un goût pour ce qui est bon ou ce qui est beau, mais pour ce qui est rare, unique [...] » (La Bruyère, *Les Caractères,* XIII, 2).

D

DARDER : lancer le javelot.

DÉCHIFFRER : 1. Décrypter. — 2. « Se dit figurément pour dire : pénétrer dans le fond d'une affaire fort difficile, la débrouiller ; et aussi : expliquer ce qu'il y a de plus obscur ou de plus subtil dans un auteur, dans une science » (Furetière). — 3. Dévoiler.

DÉCONCERTER : 1. Troubler un concert. — 2. Désorganiser une entreprise, troubler un accord, ruiner un projet. — 3. *Être déconcerté* : être décontenancé, troublé, interdit, défait*.

DÉCRÉDITEMENT : discrédit.

DÉCRÉDITER (*v. tr.*) : discréditer, détruire la réputation (voir DÉCRIER).

DÉCRI : 1. Interdiction officielle (d'une monnaie, des ornements d'or ou d'argent). — 2. Dépréciation. — 3. Discrédit.

DÉCRIER : perdre de réputation.

DÉDUIRE : « Raconter quelque fait particulier ou histoire par le menu » (Furetière).

DÉFAIRE : 1. Triompher de, éclipser. — 2. Déconcerter, embarrasser. *Être défait* : être décontenancé, interdit.

DÉFIER (SE) : « Signifie aussi se douter » (Furetière).

DÉGOÛT : 1. Déplaisir, déconvenue, déboire. — 2. Lassitude, éloignement, perte de goût.

DÉGOÛTANT : 1. Qui inspire de l'aversion (par sa laideur). — 2. Qui rebute (par sa fadeur, son caractère insipide).

DEGRÉ : 1. Marche d'un escalier. — 2. L'escalier lui-même.

DÉLIBÉRÉ (*adj.*) : hardi, résolu.

DÉLICAT : 1. Fin, délié, fragile. — 2. D'un goût raffiné, exigeant, difficile. — 3. Susceptible, qui s'offense aisément.

DÉLICATESSE : 1. Goût du luxe, des plaisirs raffinés, d'une vie molle et voluptueuse. — 2. Finesse du goût ; raffinement excessif dans les exigences du goût. — 3. Susceptibilité.

DÉMARCHE : 1. « Les pas qu'on commence à faire quand on veut aller en quelque lieu ou en sortir » (Furetière). Manière de marcher, de conduire ses pas. *Au fig.* : manière d'agir, de conduire ses actions, comportement, conduite.

DÉMÊLER : 1. Distinguer. — 2. Débrouiller, éclaircir.

DÉMENTIR (SE) : changer en mal, se dégrader, s'altérer.

DEMOISELLE : 1. « Femme ou fille d'un gentilhomme qui est de noble extraction » (Furetière). — 2. « Se dit aujourd'hui de toutes les filles qui ne sont point mariées, pourvu qu'elles ne soient pas de la lie du peuple, ou nées d'artisans » (Furetière).

DENIER : 1. Petite monnaie de cuivre valant le douzième du sou. — 2. Argent en général. — 3. Taux de l'intérêt : un prêt au denier vingt rapporte un denier pour vingt deniers prêtés, soit un taux d'intérêt de 5 % correspondant au taux légal, ou *taux du roi*. — 4. Taux du prélèvement fiscal : les biens aliénés de l'Église sont taxés au *huitième denier* (12,5 %). Par extension, le *huitième denier* désigne aussi l'administration chargée de percevoir la taxe.

DÉPOUILLE : succession, héritage.

DÉROUTE : 1. Défaite. — 2. Ruine. — 3. Confusion.

DÉSERT : lieu retiré, retraite solitaire, solitude rustique.

DÉTAIL : 1. Exposé détaillé, récit circonstancié. — 2. Administration. Spécialement, le *détail des armées* : l'administration militaire.

DÉTRUIRE : 1. Abattre, anéantir. — 2. Ruiner. — 3. Discréditer.

DEVANT : avant.

DÉVELOPPER : 1. Dévoiler, mettre à nu. — 2. Débrouiller, expliquer, éclaircir.

DÉVOUER : vouer, consacrer.

DICTION : 1. Mot, expression. — 2. Style, élocution.

DIGÉRER (*au fig.*) : 1. Mettre en ordre, organiser, élaborer soigneusement. 2. Examiner avec attention, mûrir par la réflexion, assimiler.

DÎNER : « Prendre son repas vers le milieu du jour » (Furetière) ; aujourd'hui, déjeuner.

DIOCÉSAIN (*subst.*). 1. Qui fait partie d'un diocèse. — 2. « Se dit aussi de l'évêque » (Furetière).

DISCERNER : 1. Percevoir. — 2. Distinguer, séparer, trier. — 3. Éclairer.

DISCOURS : 1. Discours oratoire. — 2. Exposé écrit, traité, dissertation. — 3. Récit. — 4. Conversation, entretien familier, propos. — 5. Langage, style.

DISCRÉTION (A) : « On dit en termes de guerre qu'une place se rend *à discrétion* pour dire : à la merci du vainqueur, par la confiance qu'on a qu'il usera bien de sa victoire » (Furetière).

DISGRÂCE : malheur, accident, infortune.

DISPOS : « Qui est agile, léger, qui se porte bien » (Furetière). La *disposition*, en ce sens, désigne la belle santé, l'agilité, la souplesse.

DISPUTE : 1. Discussion. — 2. Querelle.

DISPUTER : 1. Débattre, argumenter, discuter. — 2. Soutenir une thèse. — 3. Contester.

DISSIMULER : 1. « Cacher ce qu'on a dans l'âme [...] » (Furetière). — 2. Faire semblant de ne pas remarquer.

DIVERTIR : 1. Détourner. — 2. Réjouir.

DIVERTISSEMENT : 1. Ce qui détourne la pensée d'une préoccupation. — 2. Récréation, détente, distraction.

DOCILE : 1. « Doux, facile, modéré, soumis [...] » (Furetière). — 2. « Qui est propre à recevoir des instructions [...] » (Furetière). Du lat. *docilis*, disposé à s'instruire, qui apprend facilement.

DOCILITÉ : « Disposition naturelle à se laisser instruire, conduire » (Littré).

DOCTEUR : 1. « Qui a passé par l'examen et par tous les degrés d'une Faculté, et qui a pouvoir d'enseigner une science et de la pratiquer » (Furetière). *Les premiers docteurs* : les Pères de l'Église. — 2. Savant, d'une haute capacité dans le domaine qui lui est propre.

DOCTRINE : science, érudition, savoir.

DOGMATIQUE (adj.) : 1. Qui relève de la spéculation, du pur raisonnement. — 2. Qui établit des dogmes, se fonde sur des certitudes, admet des vérités certaines : « *Philosophe dogmatique* est celui qui assure positivement une chose, et qui est opposé au sceptique, qui doute de tout » (Furetière). *Un dogmatique* : un philosophe dogmatique. — (adj.) 3. Qui appartient au langage de la science, au style de l'École, au vocabulaire de la philosophie ou de la théologie. — 4. *Ton dogmatique* : impérieux, tranchant. *Dogmatiquement* : d'une manière péremptoire.

DOGMATISER : « Enseigner quelque chose contre la foi, contester les vérités de la religion [...], enseigner des opinions nouvelles » (Furetière).

DOMESTIQUE (subst.) : 1. Personne noble ou bourgeoise attachée à une grande maison et occupant généralement un emploi important. — 2. Terme collectif désignant l'ensemble des personnes vivant dans une maison, et plus particulièrement les gens de service. — 3. L'intérieur, le ménage, l'intimité. *En son domestique* : en son particulier.

DOMESTIQUE (adj.) : privé.

DOUTE : *sans doute* : sans aucun doute.

DRAPER : critiquer, railler.

E

ÉBLOUIR (fig.) : « Tromper, surprendre l'esprit et les sens par de fausses raisons, de fausses lumières » (Furetière).

ÉCHAFAUD : estrade, « ouvrage de charpenterie élevé en forme d'amphithéâtre pour y placer des spectateurs, afin de voir commodément quelque grande cérémonie » (Furetière). Spécialement : l'estrade dressée sur une place publique pour l'exécution d'un criminel.

ÉCHAPPER (S') : « S'emporter inconsidérément à dire ou à faire quelque chose contre la raison ou la bienséance » (Dict. de l'Académie, 1694).

ÉCLAT : 1. Grand bruit. — 2. Manifestation bruyante d'un sentiment (joie, admiration, colère). — 3. Retentissement, scandale. — 4. Brillance, lustre. Par extension : luxe, magnificence, splendeur.

ÉCLATER : 1. Manifester de façon bruyante un sentiment. — 2. Se découvrir, se dévoiler au grand jour. — 3. Briller, resplendir.

ÉCONOMIE : 1. Conduite maîtrisée, mise en œuvre ordonnée, arrangement délibéré et harmonieux. — 2. Gestion sage et réfléchie.

EFFET (EN) : en réalité.

ÉGALER : égaliser.

ÉGAREMENT : 1. *Au propre* : action de perdre son chemin. — 2. Les emplois figurés dérivent de l'idée d'écart, d'éloignement : éloignement du sujet (dans la conversation), éloignement de la vérité, de la raison, de la morale.

ÉLÉVATION : « Se dit absolument en astronomie de l'élévation du pôle sur l'horizon, et c'est la même chose que *latitude* » (Furetière).

ÉLU *(subst.)* : fonctionnaire chargé de la répartition des aides* et des tailles* dans une circonscription limitée, l'*élection*.

EMPLOI : 1. Occupation. — 2. Mission. — 3. Fonction, place, charge.

EMPORTEMENT : 1. Mouvement passionné, transport. — 2. Excès.

EMPORTER : 1. Avoir l'avantage, gagner. — 2. Avoir pour conséquence, entraîner, impliquer, comporter. — 3. Transporter, exciter, pousser à. *S'emporter* : s'abandonner à la passion (joie, désespoir, etc.). *Une femme emportée, un emporté* : qui cède à la passion amoureuse, verse dans le dérèglement, la débauche.

ENGAGEMENT : 1. Obligation. — 2. Liaison (affaires de cœur). — 3. Situation qui comporte des obligations (sociales, militaires, morales, religieuses).

ENGAGER : 1. Mettre en gage, hypothéquer. — 2. Obliger, contraindre. — 3. Lier, attacher. Particulièrement : inspirer de l'amour. *Être engagé* : être enchaîné par les liens du mariage. — 4 *S'engager* : s'endetter.

ENLEVER : ravir, transporter.

ENNUI : 1. Tristesse, abattement, chagrin, tourment. — 2. Contrariété. — 3. Lassitude, dégoût.

ENNUYER : 1. Causer de la douleur, du tourment. — 2. Dégoûter, lasser. — 3. Impatienter, contrarier.

ENTENDEMENT : esprit, raison.

ENTENDRE : 1. Comprendre. — 2. Être compétent en la matière. — 3. *Entendre à* : « prêter l'oreille, consentir à quelque proposition » (Furetière).

ENTÊTEMENT : grand attachement, engouement.

ENTREPRENDRE : « Absolument signifie : avoir dessein de ruiner quelqu'un, l'assaillir de tous côtés, lui faire tout le mal qu'il est possible » (Furetière).

ENTREPRISE : menées, attentat, attaque, empiètement.

ENVIER : 1. Porter envie à, prétendre à. — 2. Refuser, ne pas accorder.

ENVISAGER : regarder en face.

ÉPARGNE : 1. Économie — 2. *L'Épargne* : le trésor royal.

ÉPÉE : le métier des armes (par opposition à la *robe*, profession des gens de justice).

ÉQUIPAGE : 1. Tout ce qui est nécessaire à une entreprise, une activité. *En bon équipage* : en bon ordre, bien organisé. — 2. « Train, suite de chevaux, de voitures, de valets, etc. » (Littré). Les *équipages de l'armée* : le bagage* des officiers. *Avoir équipage, un équipage* : posséder carrosse et chevaux. — 3. Vêtement, costume, tenue. *Un équipage de campagne* : un habit de voyage. Par extension : situation, état. *Être en mauvais, en triste, en pauvre équipage* : être dans la difficulté, la nécessité.

ESPRIT (BEL) : 1. Esprit distingué et brillant. — 2. Esprit superficiel qui pèche par affectation de subtilité, vaine délicatesse, futilité satisfaite « une folie dite de bonne grâce, un madrigal, un couplet de chanson, est assez souvent le mérite par lequel on s'érige en bel esprit ; et vous m'avouerez que ce n'est guère que de ces diseurs de riens et de ces faiseurs de jolies choses dont on a coutume de dire, il est bel esprit » (Bouhours, *Les Entretiens d'Ariste et d'Eugène*, 1671, quatrième entretien).

ESPRIT FORT : 1. Au sens propre, *avoir l'esprit fort*, c'est faire preuve de vigueur intellectuelle, de pénétration, de fermeté d'esprit. — 2. Par ironie, l'expression désigne le libertin détaché des croyances communes. « *Esprit fort* est une espèce d'injure qu'on dit à ces libertins et incrédules qui se mettent au-dessus des croyances et des opinions populaires » (Furetière).

ESPRIT (HOMME D') : par opposition à l'ouvrier, à l'artisan, l'*homme d'esprit* s'occupe des choses de l'intelligence. Cet intellectuel, homme de savoir et de réflexion, ne se confond pas avec le *bel esprit**, qui se reconnaît à la vivacité spirituelle de ses propos.

ESPRITS : en médecine, les *esprits* désignent « des atomes légers et volatils, qui sont les parties les plus subtiles des corps, qui donnent le mouvement, et qui sont moyens entre le corps et les facultés de l'âme, qui lui servent à faire toutes ses opérations [...]. L'*esprit* est un corps très subtil, toujours mobile, engendré de sang et de vapeurs, porteur des facultés et commandements de l'âme par le moyen des nerfs et des muscles » (Furetière). On distingue deux sortes d'esprits : les *esprits animaux*, engendrés par le cerveau, communiquent le mouvement et les sensations par le biais des nerfs ; les *esprits vitaux*, nés du cœur, commandent dans les artères le mouvement et la chaleur du sang. Par extension, les *esprits* désignent la chaleur vitale, les facultés intellectuelles ou l'énergie morale.

ESTIME : 1. Jugement, opinion. — 2. Réputation (bonne ou mauvaise).

ESTOMAC : poitrine.

ÉTABLIR : 1. Installer solidement. — 2. Fonder solidement, prouver. — 3. *S'établir* : se fixer ; se marier.

ÉTABLISSEMENT : 1. Installation stable, définitive. — 2. Avancement, réussite sociale, accès à un emploi avantageux. — 3. Situation avantageuse, haute fonction. — 4. Mariage.

ÉTAT : situation sociale, rang, condition.

ÉTONNER : frapper d'une émotion violente, stupéfier, terrifier, éblouir. *S'étonner* : s'effrayer, être saisi par la peur.

ÉTOURDI : irréfléchi.

ÉTRANGE : extraordinaire.

ÉVÉNEMENT : résultat, issue, dénouement.

EXACT : 1. Ponctuel, minutieux, scrupuleux. — 2. Parfait, accompli, achevé.

EXACTITUDE : 1. Soin, minutie, exigence de perfection. — 2. Précision, rigueur, justesse.

EXAGÉRER : faire valoir, faire ressortir, exalter (sans idée d'excès).

EXCÈS : grandeur, très haut degré.

EXEMPLAIRE *(subst.)* : modèle.

EXERCER : 1. Entraîner, former. — 2. Pratiquer. — 3. Occuper. — 4. Éprouver, tourmenter, mettre à l'épreuve.

EXPÉDIER : 1. Régler promptement une affaire, l'exécuter avec diligence. — 2. Se débarrasser de quelqu'un. — 3. Faire mourir, exécuter.

EXPÉDITION : 1. « Signifie aussi : diligence à expédier, à terminer les affaires. Ce ministre est un homme d'*expédition* » (Furetière). — 2. Lettre officielle, acte de justice.

F

FABLE : 1. *La Fable* : ensemble des récits mythologiques. — 2. La fiction, le sujet, l'intrigue (d'un roman, d'une œuvre dramatique, d'un poème épique). — 3. Anecdote inventée, allégation mensongère. — 4. *Être la fable de* : être la risée de, un sujet de plaisanterie, un objet de dérision et de mépris.

FACE : 1. Visage. — 2. Façade. — 3. Aspect sous lequel une chose se présente, état, situation, tournure.

FACILE : 1. Conciliant, accommodant, indulgent. En mauvaise part : faible, mou. — 2. Qui fait preuve d'aisance. *Un style facile* : « qui est naturel, doux et coulant, qui n'est aucunement forcé ni contraint » (Furetière).

FAIBLE *(subst. m.)* : faiblesse, imperfection, défaut.

FANTAISIE : outre le sens actuel de caprice, peut avoir les sens de : 1. Imagination. — 2. Esprit, au sens large du terme.

FARCEUR : comédien qui joue la farce.

FAROUCHE : sauvage.

FAT *(subst. et adj.)* : « Sot, sans esprit, qui ne dit que des fadaises. Il n'a d'usage qu'au masculin » (Furetière). Dès la fin du XVIIe siècle, le *fat* désigne un sot satisfait de lui-même, qui croit avoir de l'esprit.

FATIGUER : harceler.

FATUITÉ : sottise, parole niaise ou déplacée.

FEINDRE : 1. Faire semblant. — 2. Inventer. — 3. *Ne pas feindre de* : ne pas craindre de, ne pas hésiter à.

FÉROCE : dur, brutal.

FÉROCITÉ : rudesse, brutalité, dureté.

FÊTE (SE FAIRE DE) : s'introduire dans une fête sans être invité. Par extension : s'insinuer, se mêler d'une chose qui ne vous regarde pas, se rendre nécessaire.

FIER *(adj.)* : 1. Hautain, altier. — 2. Farouche, cruel, féroce. — 3. Emporté, violent.

FIÈREMENT : 1. Avec hauteur. — 2. Avec colère, emportement.

FIERTÉ : 1. Sentiment élevé de la dignité et de l'honneur ; hauteur, orgueil ; rigueur d'une femme dont la vertu sévère rejette les avances galantes. — 2. Férocité, sauvagerie. — 3. Fougue, violence.

FIGURE : 1. Apparence. — 2. Préfiguration. « On appelle en termes de théologie *figure* les prophéties ou mystères qui nous ont été annoncées ou représentées obscurément sous certaines choses ou actions du Vieux Testament » (Furetière).

FIGURER : en parlant d'une personne : 1. Jouer un rôle. — 2. Tenir son rang, paraître avec distinction.

FINESSE : 1. *Au plur.* : les subtilités, les délicatesses (d'un art, d'une langue). — 2. Ruse, adresse, artifice. — 3. Pénétration, compréhension fine et immédiate, faculté de saisir intuitivement la vérité d'une chose.

FLEURETTE : compliment galant.

FLEURISTE : « C'est une personne qui est curieuse en fleurs rares, ou celle qui en fait trafic » (Furetière).

FORMÉ : *un dessein formé*, une intention arrêtée, un dessein délibéré.

FORMER : 1. Concevoir (un dessein, un sentiment, un soupçon). — 2. Formuler, émettre, soulever (une question, une difficulté, une objection).

FORMIDABLE : redoutable.

FORT *(adj.)* : 1. Ferme, puissant, énergique *(un style fort, une physionomie forte, une âme forte)*. — 2. Signifie aussi : rude, pénible, difficile. *Le plus fort d'une affaire* : le plus difficile.

FORT *(subst.)* : « Le *fort* d'un bois, ou les *forts*, sont les endroits où le bois est le plus épais et où se retirent les bêtes fauves » (Furetière).

FORTUNE : 1. Sort, destinée, hasard. — 2. Réussite sociale, élévation, succès. — 3. Prospérité, richesse.

FOURNIMENT : « Flasque, étui à mettre de la poudre, que portent ceux qui ont des armes à feu pour les charger » (Furetière).

FOURRURE : 1. Robe garnie de fourrure marquant la dignité du docteur de l'université. — 2. *Les fourrures* : par métonymie, les docteurs eux-mêmes.

FRANC *(adj.)* : 1. Sincère, véritable, vrai. — 2. Pur, parfait, achevé. — 3. Exempt de charge ; par extension : gratuit. — 4. Libre, indépendant.

FRÉNÉSIE : délire violent causé par une affection du cerveau.

FROID *(adj.)* : 1. Calme, impassible, plein de sang-froid (en parlant d'une personne). — 2. Plat, insipide, sans intérêt (en parlant d'un esprit, d'un ouvrage, d'un propos, d'un style). — 3. *Battre froid, faire froid à quelqu'un* : faire un mauvais accueil, témoigner de la froideur.

FUITE : 1. *Valeur morale* : éloignement, aversion. — 2. *Dans un débat* : faux fuyant, échappatoire.

FUREUR : 1. Folie furieuse, frénésie. — 2. Emportement violent, passion sans mesure. Se dit notamment d'une colère folle ou d'un engouement insensé.

G

GALANT (E) *(adj.)* : 1. Élégant et poli, de bon goût, agréable, à la mode. Un *galant homme* a les qualités de l'honnête homme : civilité, agrément, vivacité, courage. — 2. Porté aux plaisirs amoureux. Un *homme galant* est un séducteur entreprenant, un homme à bonnes fortunes ; une *femme galante* est une femme légère.

GALANT (E) *(subst.)* : 1. Au masculin : soupirant, séducteur, amant ; au féminin : femme légère. — 2. Individu rusé, adroit et trompeur.

GALANTERIE : 1. Élégance raffinée, distinction, agrément. — 2. Cadeau, divertissement, composition légère portant un caractère de distinction aimable et enjouée. — 3. Élégance et courtoisie des rapports entre les sexes. — 4. Goût de la séduction et des plaisirs amoureux : en ce sens, la *galanterie* de l'homme équivaut à la légèreté ; celle de la femme est toujours suspecte de dévergondage.

GÂTER : 1. Détruire, ravager. — 2. Endommager. — 3. Salir.

GÉNÉROSITÉ : noblesse d'âme, magnanimité. Le sens actuel n'apparaît qu'à la fin du XVIIe siècle.

GÉNIE : 1. Nature intellectuelle ou morale d'une personne ou d'une nation, tendance dominante de l'esprit ou du caractère, inclinaison naturelle, bonne ou mauvaise (lat. *ingenium*). — 2. Disposition naturelle, talent inné. — 3. Inspiration. *Faire quelque chose de génie* : naturellement, d'inspiration, sans effort.

GENTILHOMME : noble d'extraction, de race.

GENTILLÂTRE : « Petit gentilhomme de noblesse douteuse, qu'on méprise, et qui n'a ni bien ni mérite » (Furetière).

GLOIRE : 1. Lumière, éclat, majesté manifestant la puissance et la grandeur de Dieu. — 2. Honneur rendu au mérite et à la vertu ; réputation éclatante. — 3. Sentiment élevé de l'honneur, de la dignité. — 4. Orgueil, vanité, ambition.

GLORIEUX : 1. Qui procure de la gloire, qui s'est acquis de la gloire. — 2. Vaniteux, suffisant.

GOTHIQUE : « Qui est fait à la manière des Goths » (Furetière). Par extension : archaïque, barbare.

GOÛT : signifie aussi : 1. Plaisir, jouissance. — 2. Sympathie pour quelqu'un.

GOUVERNER : 1. Conduire, commander, diriger. — 2. Gérer, administrer, avoir soin de.

GRATTER : « Se dit aussi chez les princes de ceux qui font un petit bruit avec les ongles à la porte, afin que l'huissier leur ouvre. Il n'est pas permis de heurter à la porte de la chambre du Roi, on y *gratte* seulement » (Furetière).

GRAVE : 1. Majestueux, sérieux, posé. — 2. « On appelle un *auteur grave* celui qui est de grand poids, de grande autorité dans quelque science* » (Furetière).

GRIMACE : feinte, hypocrisie, mine trompeuse.

GRIMAUD : 1. Jeune écolier des petites classes, et par extension, élève ignorant. — 2. « Pédant encroûté » (Littré).

GROSSIER : fruste, balourd, sans finesse.

GUINDER : 1. Hausser, hisser. — 2. Affecter trop d'élévation. *Un style guindé* : un style enflé, ampoulé, boursouflé.

H

HABILE : 1. Prompt à agir, expéditif. — 2. Savant, capable. *Les habiles* : « les gens de savoir, de talent ou de goût, les savants et les connaisseurs » (Cayrou).

HARDES : vêtements, parures.

HASARD : danger, risque.

HAUT *(adj.)* : 1. Éminent, supérieur. — 2. Profond, caché, insondable.

HAUTEUR : 1. Supériorité. — 2. Fierté, fermeté. — 3. Arrogance brutale. — 4. Profondeur, caractère secret, impénétrable.

HEURTER : « Signifie aussi : frapper à une porte pour se faire ouvrir » (Furetière).

HONNÊTE : 1. Honorable, estimable. — 2. Poli, de bon ton. — 3. Bienséant, courtois, aimable, affable. — 4. D'une qualité moyenne, convenable.

HONNÊTE FEMME : « Se dit particulièrement de celle qui est chaste, prude* et modeste, qui ne donne aucune occasion de parler d'elle, ni même de la soupçonner » (Furetière).

HONNÊTE HOMME : « On le dit [...] de l'homme de bien, du galant homme, qui a pris l'air du monde, qui sait vivre » (Furetière).

HONNÊTEMENT : d'une manière convenable, civile, polie.

HONNÊTETÉ : 1. « Pureté de mœurs [...]. L'*honnêteté* des femmes, c'est la chasteté, la modestie, la pudeur, la retenue » (Furetière). — 2. Civilité, politesse. « L'*honnêteté* des hommes est une manière d'agir juste, sincère, courtoise, obligeante, civile » (Furetière).

HONTEUX : « Se dit aussi de ce qui manque de hardiesse » (Furetière) ; timide.

HOUSSE : tour de lit modeste, formé d'une simple garniture de tissu au lieu de rideaux.

HUMEUR : 1. « En termes de médecine, on appelle les quatre *humeurs* les quatre substances liquides qui abreuvent tous les corps des animaux, et qu'on croit être causes des divers tempéraments, qui sont le flegme ou la pituite, le sang, la bile, la mélancolie » (Furetière). — 2. Complexion, tempérament, caractère, naturel. — 3. Disposition d'esprit. — 4. Caprice. — 5. *Travailler par humeur* : de verve, d'inspiration.

HYPOCONDRE *(adj.)* : extravagant, capricieux, fantasque.

I

IDOLE : 1. Fausse divinité. — 2. Fantôme, image illusoire. — 3. Personne stupide, inerte : « se dit figurément d'une personne qui n'a point d'esprit, qui n'a point de paroles, d'action [...], qui paraît insensible comme une statue » (Furetière).

IMBÉCILE : 1. Faible (d'esprit et de corps), débile, sans vigueur. — 2. Sans esprit, ignorant.

IMMÉDIATEMENT : directement.

IMPERTINENCE : 1. Action ou parole déplacée, extravagance. — 2. Sottise.

IMPERTINENT *(adj.)* : 1. Déplacé, absurde, extravagant. — 2. Sot, stupide.

IMPOSER : 1. Tromper, faire illusion. — 2. Accuser à tort, imputer faussement.

IMPROUVER : désapprouver.

IMPRUDENT *(subst.)* : qui manque de prudence*, agit de manière inconsidérée et maladroite.

INCOMMODE : fâcheux, importun.

INDIFFÉREMMENT : avec indifférence.

INDIGNE : injustifié.

INDISCRET : 1. Irréfléchi, inconsidéré. — 2. Immodéré, intempestif. — 3. Qui ne sait pas garder un secret.

INDOLENCE : 1. Insensibilité. — 2. Nonchalance, paresse.

INDUSTRIE : 1. Activité adroite, ingénieuse, inventive. — 2. Finesse, ruse, tromperie. *Chevalier d'industrie* : escroc, filou, qui vit d'expédients, d'*industrie*.

INÉGAL : changeant, capricieux, inconstant.

INFIDÈLE : 1. Déloyal, inconstant, parjure. — 2. Inexact, mensonger, trompeur.

INGÉNU *(adj.)* : naturel, franc, sincère.

INJURE : injustice, tort, dommage.

INJURIEUX : dommageable, nuisible.

INQUIET : 1. Incapable de repos, instable, inconstant. — 2. Troublé, agité.

INQUIÉTUDE : 1. Agitation, instabilité. — 2. « Chagrin, ennui, trouble et affliction d'esprit » (Furetière).

INTRIGUER (S') : 1. « Aller et venir dans le monde, se fourrer partout pour tâcher à faire ou défaire des affaires, et en tirer du profit » (Furetière). — 2. Se donner beaucoup de peine pour faire réussir une affaire.

INVENTION : subtilité d'esprit, habileté, savoir-faire.

J

JOLI *(adj.)* : épithète laudative à la mode dans la langue des mondains sous Louis XIV. Elle caractérise la vivacité de l'esprit, l'agrément des manières, une conduite distinguée et brillante. A la distinction posée de l'*honnête homme*, qui incarnait l'idéal de politesse de l'âge classique, la société plus frivole de la fin du siècle préfère le piquant du *joli homme*.

JOUER : *se jouer à quelqu'un* : s'attaquer à quelqu'un, se frotter à lui.

JOUR : *voir jour, trouver jour* : trouver le moyen de venir à bout d'une affaire.

JUSTE (PARLER) : 1. Parler avec justice, selon l'exacte vérité. — 2. Parler avec justesse, en employant les mots qui conviennent.

JUSTICE : « En termes de théologie, signifie la première innocence de l'homme avant son péché » (Furetière).

L

LANSQUENET : 1. Jeu de cartes. — 2. Par extension, assemblée où l'on joue au lansquenet, académie de jeu.

LANTERNE : « *Lanterne* est aussi un petit cabinet de menuiserie qu'on élève dans quelques auditoires* pour placer quelques personnes qui veulent écouter sans être vues » (Furetière).

LARGE (AU) : riche, à l'aise.

LESTE : élégant, bien vêtu, de belle apparence.

LIBÉRAL : généreux, « qui donne avec raison et jugement, en sorte qu'il ne soit ni prodigue ni avare » (Furetière).

LIBERTIN (adj.) : 1. Ennemi de la contrainte, indépendant. — 2. Indiscipliné. — 3. Déréglé dans sa conduite.

LIBERTIN (subst.) : impie, incrédule, libre penseur. — Le sens actuel de « qui s'adonne sans retenue aux plaisirs charnels » ne s'impose qu'à la fin du XVIIe siècle. Voir ESPRIT FORT.

LIBERTINAGE : 1. Indiscipline, insubordination. — 2. Incrédulité, impiété. — 3. Débauche, inconduite.

LIGNE : la ligne équinoxiale, l'équateur.

LITIÈRE : « Sorte de voiture ou corps de carrosse suspendu sur des brancards et porté ordinairement par des mulets » (Furetière). Lent mais confortable, ce moyen de transport est utilisé par les malades, ou les délicats.

LITTÉRATURE : érudition, culture, « doctrine*, connaissance profonde des lettres » (Furetière).

LUMIÈRE(S) : 1. Intelligence, ouverture d'esprit — 2. Connaissances, éclaircissements.

M

MACHINES : 1. Intrigues, machinations, adresses, artifices. — 2. Au théâtre : « [...] inventions pour faire changer les décorations, faire des vols en l'air, faire mouvoir des animaux, et autres artifices qui surprennent et divertissent les spectateurs qui n'en savent pas le secret » (Furetière).

MAGNIFIQUE : 1. « Celui qui est splendide, somptueux, qui se plaît à faire dépense en choses honnêtes*. C'est la principale qualité des Princes d'être *magnifiques* » (Furetière). — 2. Éclatant, splendide. — 3. Noble et pompeux (discours, vers, etc.).

MAIN : 1. *Avoir la main* : avoir la direction, conduire. — 2. *Partir de la main* : sortir avec promptitude (pour répondre à un commandement, exécuter un dessein). — 3. *Se payer par ses mains* : trouver en soi sa propre récompense.

MAÎTRE : dans un corps de métier, le *maître* est celui qui, au terme de son apprentissage, a été admis au nombre des membres qualifiés de la corporation. *Passer maître* : accéder à la maîtrise.

MAÎTRESSE : « On le dit particulièrement d'une fille qu'on recherche en mariage » (Furetière).

MALICE : méchanceté.

MALICIEUX : méchant.

MALIN (adj.) : malveillant, qui se plaît à nuire, à faire du mal.

MALLE : « Se dit aussi de certains paniers que des merciers de campagne portent sur leur dos, qui sont pleins de cent sortes de menues marchandises » (Furetière).

MALOTRU : 1. Mal bâti. — 2. Misérable, miteux, minable.

MALTÔTIER : collecteur d'impôts. Cette appellation péjorative sous-entend abus, exactions et malversations.

MARAIS : *se sauver par les marais* : se sauver du péril comme on peut, par des voies difficiles.

MARQUER : indiquer.

MASQUER : se masquer, aller en masque.

MÉCANIQUE *(adj.)* : 1. Désigne une activité manuelle (*arts mécaniques*, ou *arts serviles*). — 2. Par extension, se dit de ce qui est considéré comme bas, vil, intéressé, grossier.

MÉCHANT *(adj.)* : mauvais, sans valeur.

MÉCONNAÎTRE : « Se dit aussi d'un aveuglement volontaire qui vient d'orgueil ou d'ingratitude, et qui empêche qu'on ne veuille reconnaître ceux qui ont été autrefois nos égaux en fortune, ou qui nous ont fait du bien [...]. On dit en ce sens qu'un homme *se méconnaît* lorsqu'étant élevé de bas lieu à une haute fortune, il ne se souvient plus de sa naissance, qu'il va de pair avec les grands, et qu'il méprise les petits » (Furetière).

MÉDIOCRE : de qualité moyenne, ordinaire (sans valeur péjorative).

MÉDIOCRITÉ : situation moyenne, juste milieu, modération.

MÉNAGE : administration, gestion (d'une entreprise, d'une carrière, d'un patrimoine, d'une maison).

MÉNAGEMENT : 1. Administration, soin, gestion. — 2. Comportement mesuré, prudent, respectueux. 3. Conduite habile et sage.

MÉNAGER : 1. Administrer, gérer avec sagesse et mesure, sans profusion. — 2. Préparer habilement, conduire avec adresse, surveiller avec soin. — 3. Procurer, assurer avec habileté un avantage.

MESURES : 1. Dispositions, calculs, plans. *Prendre ses mesures* : soigner les préparatifs d'une action, dresser les plans, prendre ses précautions. *Mettre un homme hors de mesure, le jeter hors de ses mesures* : le déconcerter, déranger ses plans, l'empêcher d'agir. *Rompre les mesures de quelqu'un, lui faire perdre ses mesures* : contrarier ses desseins, contrecarrer ses projets. —2. Égards, ménagements. *Observer, garder des mesures* : agir avec précaution, retenue, ménagement.

MÉTIER : « Se dit quelquefois de ce qui se fait ordinairement et par coutume » (Furetière) ; conduite habituelle, comportement.

METTRE : 1. Mettre en jeu, risquer, exposer, sacrifier. — 2. *Mettre quelqu'un à faire quelque chose* : mettre en situation de, amener à, pousser à.

MEUBLER : garnir.

MINE : 1. *Au sing.* : apparence, contenance, extérieur, allure. — 2. *Au plur.* : façons, simagrées, minauderies ; « [...] diverses manières d'agir qui témoignent des déguisements, des irrésolutions » (Furetière).

MISE (DE) : 1. Qui a cours (en parlant d'une monnaie). — 2. « On dit au figuré qu'un homme est *de mise* pour dire qu'il a de la mine*, de la capacité, qu'il peut trouver aisément de l'emploi, qu'il peut rendre de bons services » (Furetière).

MISÉRABLE : 1. Malheureux, qui est dans la misère ou dans le malheur. — 2. Digne de compassion, pitoyable. — 3. Détestable, digne de haine et de mépris. — 4. Sans valeur, sans mérite, insignifiant, méprisable.

MODESTE : 1. Modéré, retenu. — 2. Pudique, réservé.

MODESTIE : 1. Modération. — 2. Pudeur.

MOL : sans énergie, sans fermeté, indolent, efféminé.

MOLLEMENT : 1. Faiblement.— 2. Doucement, paresseusement, voluptueusement.

MOLLESSE : 1. Faiblesse, défaut d'énergie et de vigueur. — 2. « Vie délicate et voluptueuse » (Furetière).

MONTRE : 1. « Se dit aussi parmi les marchands de l'exposition de leur marchandise, l'une après l'autre, aux acheteurs » (Furetière). — 2. Par extension : étalage, parade. Spécialement : revue militaire. — 3. Apparence. *Faire montre de* : étaler, exhiber ; révéler, manifester.

MORAL *(adj.)* : « Qui concerne les mœurs, la conduite de la vie » (Furetière).

MORTIER : 1. Toque de velours noir portée par les Présidents du Parlement (*Présidents à mortier*) pour marque de leur dignité. — 2. Par métonymie : la dignité de Président.

MUSICIEN : « Celui qui chante ou qui sait bien la musique » (Furetière). On distingue ordinairement entre le *musicien* (ou chanteur) et le *joueur d'instrument* (ou instrumentiste).

N

NAÏF : 1. Naturel, sans fard, sans artifice. — 2. Sincère, fidèle, vrai, ressemblant. — 3. Simple, ingénu.

NAÏVETÉ : 1. Naturel, vérité. — 2. Simplicité plaisante, ingénuité amusante.

NAÏVEMENT : simplement, sans artifice.

NATUREL *(subst.)* : 1. Caractère spécifique et intime d'un individu, d'une nation, d'un animal ou d'une chose. — 2. Disposition innée, talent natif. — 3. Sentiments d'affection qui naissent des liens du sang ou de l'amitié.

NERF : dans l'anatomie ancienne, le mot *nerf* s'applique aussi au tendon, au ligament, au muscle.

NERVEUX : 1. Musclé, fort, vigoureux. — 2. « Se dit aussi figurément [...] d'un discours solide et convaincant » (Furetière).

NOM : *avoir, chercher du nom* : du renom, de la réputation.

NOMBRER : compter, dénombrer.

NOMBREUX : en matière de versification et de style, le *nombre* désigne l'harmonie qui procède de la cadence, de la mesure, du rythme. *Un style nombreux* : bien rythmé, harmonieusement cadencé.

NOURRIR : 1. Élever, produire, alimenter. — 2. Instruire.

NOUVEAU : 1. Inouï, extraordinaire. — 2. Novice, inexpérimenté. — 3. « On appelle aussi un *homme nouveau* un homme qui a fait fortune en peu de temps, dont on n'avait point entendu parler auparavant, qui n'a point de naissance » (Furetière) ; autrement dit un *parvenu*.

NOUVELLISTE *(subst. m.)* : « Curieux* de nouvelles » (Furetière), qui s'emploie à les recueillir et à les répandre.

NUANCE : 1. Assortiment délicat de plusieurs couleurs qui s'harmonisent. — 2. *Fig.* : mélange harmonieux de plusieurs éléments.

O

OBSTINER *(v.tr.)* : 1. Soutenir avec fermeté, s'opiniâtrer. — 2. Buter, rendre opiniâtre, en contredisant mal à propos.

OCCASION : 1. Cause, sujet. — 2. Circonstance favorable, hasard heureux. — 3. Circonstance importante, situation cruciale qui met à l'épreuve la capacité d'une personne. — 4. Rencontre guerrière, combat.

OCCASION PROCHAINE : 1. Dans le langage religieux, les *occasions prochaines* du péché sont « les mauvaises compagnies, les tentations où l'on est excité au péché » (Furetière). — 2. Par extension : ce qui peut précipiter l'homme dans le mal.

ŒUVRE : dans une église, l'*œuvre* désigne « un banc ou une construction de menuiserie dans la nef des paroisses, où se mettent les marguilliers et où s'exposent les reliques » (Furetière).

OFFICE : 1. Service que l'on rend à quelqu'un. — 2. Devoir lié à un état, une fonction. — 3. Charge, emploi. — 4. *D'office* : de sa propre initiative, sans en être prié.

OFFICIER : titulaire d'une charge, ou *office*, dans une maison particulière ou à la cour, dans les finances, la justice ou l'armée.

OFFUSQUER : 1. Voiler, masquer, cacher. — 2. Obscurcir. — 3. Surpasser, éclipser.

OPINION : *cas d'opinion, choses d'opinion* : ce qui relève de l'appréciation personnelle, du sentiment individuel ou collectif, de la croyance, par opposition aux vérités incontestables fondées sur les faits ou la démonstration.

ORAISON : 1. Langage, discours. *Les parties d'oraison* : les parties du discours. — 2. Discours oratoire, pièce d'éloquence. — 3. Prière.

ORDURE : 1. Poussière, saleté. — 2. Excrément, pus. — 3. En morale : péché, turpitude. — 4. Obscénité.

ORIGINAL (D') : de première main, de source directe.

OUVERTURE : 1. Moyen, expédient, occasion. — 2. Premières propositions. — 3. Aveu, confidence. *Faire ouverture* : confier. *Ouverture de cœur* : franchise, sincérité. — 4. Connaissance, clarté. *Ouverture d'esprit* : vivacité intellectuelle, « facilité à comprendre, à inventer, à imaginer » (Littré).

OUVRIER : 1. Travailleur manuel. — 2. Réalisateur, créateur, homme habile dans son art (y compris l'homme de lettres). *De main d'ouvrier* : de main de maître.

P

PAIRIE : haute dignité conférée à quelques grands seigneurs, les *ducs* et *pairs*.

PANCARTE : 1. *Au propre* : affiche apposée à la porte des bureaux des douanes indiquant le montant des taxes prélevées sur les marchandises. — 2. Annonce, réclame. — 3. Dans la langue familière, tout écrit sans valeur, méprisable : paperasse, mauvais ouvrage, torchon.

PARRICIDE : dans la langue du XVIIe siècle, le mot a un emploi plus large qu'aujourd'hui : il s'applique aussi bien au meurtre du père que de la mère, d'un enfant, d'un proche parent ou du roi.

PARTAGE : héritage.

PARTI : 1. « Signifie aussi un traité fait avec le roi, un recouvrement de deniers dont on traite à forfait, ou moyennant certaines remises » (Furetière) ; affermage d'un impôt. — 2. Moyen terme, juste milieu. — 3. A l'armée : un détachement.

PARTIALITÉ : « Faction, division » (Furetière).

PARTICULIER (*adj.*) : 1. Extraordinaire, singulier. — 2. Solitaire, peu communicatif. « On dit aussi qu'un homme est *particulier* lorsqu'il fuit le commerce et la fréquentation des autres hommes, qu'il n'aime pas à visiter et à être visité, soit qu'il le fasse par un esprit sauvage, fantastique et bourru, soit qu'il le fasse par un esprit de retraite et pour vaquer à la contemplation » (Furetière).

PARTIE(S) : « Se dit figurément des talents naturels ou acquis qui rendent une personne considérable » (Furetière). La principale *partie* d'une personne : sa qualité dominante.

PARTIES : facture, « mémoire de plusieurs fournitures faites par des marchands ou ouvriers » (Furetière).

PARTISAN (*subst.*) : « Est aussi un financier, un homme qui fait des traités, des partis* avec le roi, qui prend ses revenus à ferme, le recouvrement des impôts, qui en donne aussi les avis et les mémoires » (Furetière).

PASSER : 1. Dépasser, surpasser. — 2. *Passer une chose* : concéder, accorder. — 3. *Passer à, jusqu'à* : en venir à, aller jusqu'à. — 4. *Se passer à, se passer de* : se contenter de.

PAYS LATIN : « On appelle l'Université et les collèges le *pays latin*, ce qui se prend souvent pour pédanterie » (Furetière).

PÉCUNIEUX : « Qui a de l'argent comptant, celui dont le bien consiste en argent. Les grands seigneurs ont de belles terres et ne sont guère *pécunieux*. Les marchands et les banquiers sont des gens *pécunieux* » (Furetière).

PÉDANT (*subst.*) : 1. Maître, enseignant, « homme de collège » (Furetière). — 2. « Se dit aussi de celui qui fait un mauvais usage des sciences, qui les corrompt et altère, qui les tourne mal, qui fait de méchantes critiques et observations, comme font la plupart des gens du collège. Il y a aussi bien des *pédants* à la cour et dans la ville que dans l'université [...]. Les qualités d'un *pédant*, c'est d'être mal poli, malpropre, fort crotté, critique opiniâtre, et de disputer en galimatias » (Furetière).

PEINE : 1. *A peine* : avec effort et difficulté. — 2. *Faire peine, faire de la peine* : donner du mal.

PENCHANT (*subst.*) : 1. Inclination naturelle, goût. — 2. *Être sur le penchant* : être sur le déclin.

PENTE : inclination, penchant.

PERDRE (SE) : 1. Se tuer. — 2. Se damner. — 3. Se ruiner.

PÉTILLER : « Se dit aussi en parlant de l'émotion que donnent les passions violentes » (Furetière). *Pétiller d'impatience* : brûler d'impatience.

PETIT-MAÎTRE : L'expression s'est d'abord appliquée, au commencement de la régence d'Anne d'Autriche, aux partisans du prince de Condé ; à partir de la fin du XVIIe siècle, elle désigne avec ironie le type moderne du jeune courtisan prétentieux, évaporé et insolent, dont l'impolitesse désinvolte tranche avec la civilité de la vieille génération. Dans cette « âme vaine et grossière », le poète satirique Pierre de Bellocq (*Les Petits-Maîtres*, 1694) reconnaît la descendance dégradée du marquis ridicule, « héritier, mais déchu, des marquis de Molière » (voir F. Fleuret et L. Perceau, *Les Satires françaises du XVIIe siècle*, Garnier, 1923, t. II, p. 211).

PHŒBUS, PHÉBUS : langage affecté et inintelligible. « On dit proverbialement qu'un homme parle *phœbus* lorsqu'en affectant de parler en termes magnifiques, il tombe dans le galimatias et l'obscurité » (Furetière).

PHRASE : expression, locution, tournure.

PIED : 1. *Aller de son pied* : aller à pied. — 2. *Mettre quelqu'un à pied* : lui faire vendre son équipage, le réduire à la pauvreté. — 3. Mesure de longueur correspondant à douze pouces, au sixième de la toise, soit environ un tiers de mètre.

PIPER : tromper avec adresse, notamment au jeu.

PIQUER (SE) : *se piquer de* : se flatter de, avoir des prétentions à, faire profession de. *Ne se piquer de rien* : fuir toute forme de prétention.

PITE : monnaie de cuivre, d'origine poitevine (*Pictava* : Poitiers), valant le quart d'un denier.

PLAINDRE : 1. Déplacer. — 2. Accorder avec répugnance, chichement. *Se plaindre d'une chose* : s'en priver.

PLANCHER : « On le dit tant du sol sur lequel on marche quand il est carrelé, planchéié, ou autrement uni, que de ce qui est sur la tête où on met le plafond » (Furetière).

PLAUSIBLE : louable, « ce qui mérite des applaudissements, de l'approbation » (Furetière).

PLIANT (*adj.*) : souple, accommodant.

POINT (*subst.*) : 1. Le point principal. *Venir au point* : venir à l'essentiel. — 2. Situation, état. *Au point de* : en situation de. — 3. *A son point* : à son gré, à sa fantaisie. — 4. En astrologie, le *point de naissance* définit l'horoscope, ou ascendant, d'où dépendait, croyait-on, la destinée d'un individu.

POLI : civilisé, distingué, de bon goût, civil.

POLICE : législation, organisation politique et sociale, administration.

POLICÉ : réglé par des institutions, administré.

POLITESSE : élégance, distinction, délicatesse, bon goût, civilité.

POLITIQUE (*adj.*) : 1. Qui sait l'art de gouverner, peut juger des questions de gouvernement et des affaires d'État avec compétence. — 2. Fin, adroit, habile, rusé.

POPULAIRE : 1. Qui relève du peuple. *État populaire* : régime démocratique. — 2. Qui est répandu dans le peuple. *Erreurs populaires* : opinions fausses et communes. — 3. Qui est connu du peuple (sans être forcément aimé). — 4. Qui est à la portée du peuple : simple, accessible, facile à entendre. — 5. Qui se tient près du peuple, sait gagner sa sympathie et sa confiance en se montrant simple, accessible, accueillant.

PORTER : 1. Comporter. — 2. *Porter au vent* : se donner de l'importance en guindant son allure, en marchant la tête haute. Au propre, se dit d'un cheval « quand il lève le nez aussi haut que les oreilles. On le dit figurément des personnes qui lèvent trop la tête en marchant » (Furetière).

POTAGE : plat plus ou moins élaboré, servi au début du repas, formé de viande (volaille ou gibier notamment) et de légumes cuits au pot.

POURPOINT : vêtement masculin (gilet ou veste courte) couvrant la partie supérieure du corps ; il était recouvert d'un manteau.

POURPRE *(subst. f.)* : 1. Matière colorante d'un rouge foncé et éclatant. — 2. Par extension : dignité souveraine (pourpre royale) ; dignité des cardinaux (pourpre cardinalice) ; dignité des conseillers du Parlement. *Les pourpres :* par métonymie, les magistrats eux-mêmes.

POURSUITES : efforts pour obtenir quelque chose qui est vivement souhaité (emploi, mariage, gain d'un procès). Spécialement, *poursuites amoureuses :* soins empressés, assiduités.

PRATICIEN : 1. Homme versé dans la *pratique,* c'est-à-dire la procédure. — 2. Par extension, le *praticien* désigne l'avocat, le procureur, voire « un vieux clerc ou solliciteur qui a appris la pratique » (Furetière).

PRÉCIEUSE, PRÉCIEUX *(adj.)* : qui a, ou se donne, du prix, de la valeur. Puis, du fait de la mode de la préciosité : qui est d'un raffinement excessif. *(Subst.)* Précieuse : femme dont le langage et les manières sont distinguées. Apparue en 1654, la mode des « précieuses » confère à *précieux* et *précieuse* un sens péjoratif : homme ou femme faisant preuve d'affectation dans le langage et les manières.

PRÉOCCUPATION : préjugé, prévention, idée préconçue.

PRÉOCCUPER : prévenir l'esprit, orienter le jugement. *Être préoccupé :* avoir l'esprit prévenu, être aveuglé par une prévention, un préjugé.

PRÉVENIR : 1. Influencer le jugement, donner des idées préconçues, inspirer des préventions. — 2. Devancer, précéder.

PRÉVÔT : 1. Officier de gendarmerie chargé de la poursuite des malfaiteurs et de « la sûreté des campagnes contre les vagabonds et les déserteurs » (Furetière). — 2. Juge subalterne. — 3. Chanoine placé à la tête du chapitre.

PRINCE : 1. *Le Prince :* le souverain, le roi. — 2. *Les princes :* premiers seigneurs du royaume, membres de la famille royale *(princes du sang).* « Le premier prince du sang s'appelle absolument *Monsieur le Prince* » (Furetière).

PROCÉDÉ *(subst.)* : manière d'agir, conduite.

PROCUREUR : 1. Représentant, intermédiaire, mandataire (lat. *procurare,* s'occuper d'une chose à la place de quelqu'un). — 2. *Ancien droit :* avoué.

PROFESSION : état, condition.

PROFESSION (FAIRE) : 1. Faire un aveu public, déclarer publiquement et solennellement. — 2. *Fig. :* se piquer de, prétendre posséder une compétence, un talent, un avantage.

PROGRÈS : mouvement en avant, progression, développement.

PROPRE : 1. Particulier, personnel. — 2. Approprié, convenable. — 3. Bien mis, bien arrangé, élégant, soigné.

PROPRETÉ : élégance.

PROPREMENT : 1. Élégamment, avec soin. — 2. Convenablement, avec justesse. — 3. Précisément, exactement. — 4. Essentiellement.

PROVERBE : locution courante. « Se dit communément des façons de parler triviales et communes qui sont en la bouche de toutes sortes de personnes » (Furetière). Le sens actuel s'est restreint au « proverbe sentencieux ».

PRUDE : 1. Sage, vertueux. — 2. D'une vertu affectée et outrée.

PRUDENCE : sagesse, savoir-faire.

PUBLIER : rendre public, proclamer, divulguer.

Q

QUALIFIÉ : 1. Se dit d'un noble, d'une personne de qualité*. — 2. En droit, « on appelle un *crime qualifié* un grand crime et capital » (Furetière).

QUALITÉ : 1. Noblesse de naissance et d'un rang supérieur. — 2. Rang, condition. *En qualité de :* au titre de.

QUARTIER : 1. Le quart d'une chose, spécialement d'une mesure ; un trimestre de rente ; le trimestre de service quand on exerce à la cour une charge par *quartier.* — 2. Campement militaire. *Le quartier d'hiver :* période de repos des troupes entre deux campagnes. — 3. *Donner quartier :* accorder la vie sauve à un prisonnier ; épargner un adversaire. — 4. *Quartiers de noblesse :* écus d'armoiries prouvant l'ancienneté de la noblesse. — 5. Partie d'une ville ; région éloignée, province, pays. — 6. *A quartier* : de côté, à part, à l'écart.

QUELQUEFOIS : 1. Parfois. — 2. Une fois, par hasard.

QUERELLEUX *(adj.)* : querelleur.

QUESTIONNAIRE *(subst. m.)* : celui qui donne la question à un criminel.

QUITTER : en style familier, *quitter quelqu'un de* : tenir quitte de, faire grâce de.

QUI-VIVE : « On dit aussi dans le monde qu'on est sur le qui-vive quand deux personnes de même condition attendent à qui se parlera, à qui se visitera le premier » (Furetière).

QUOLIBET : bon mot trivial, plat jeu de mots.

R

RACINES : « Certaines plantes dans lesquelles ce qu'il y a de bon à manger est ce qui vient en terre » (Littré). Un homme qui ne vit que de *racines* se nourrit de raves, navets, carottes, betteraves...

RAFRAÎCHIR : 1. Ravitailler, soulager, secourir (une place assiégée). — 2. *Se rafraîchir* : prendre du repos, refaire ses forces. — 3. *Rafraîchir le sang* : calmer, apaiser, rasséréner.

RAFRAÎCHISSEMENT : 1. Soulagement. — 2. Repos, remise en état. — 3. Vivres frais. — 4. Collation, « certains petits présents de fruits, de confitures, de liqueurs, pour rafraîchir la bouche [...] » (Furetière).

RAISON (RENDRE) : expliquer, justifier.

RAISONNABLE : 1. Qui est doué de raison. — 2. Convenable, suffisant.

RAISONNABLEMENT : 1. Avec bon sens. — 2. Suffisamment.

RAPPEL : « Se dit aussi du pardon qu'on accorde aux disgraciés et aux condamnés » (Furetière).

RAPPORT : 1. Délation : « se dit aussi des discours de flatteurs qui viennent redire à une personne ce qu'on aura dit d'elle en quelque lieu ou compagnie » (Furetière). — 2. *Ouvrage de rapport* : ouvrage fait « par la convenance de plusieurs petites pièces assemblées qui font ensemble quelque représentation agréable » (Furetière). *Un plancher de rapport* : parquet de plafond de marqueterie.

RECEVOIR : 1. Admettre. — 2. *Être reçu à* : être autorisé à.

RECHERCHER (SE) : se travailler, appliquer tous ses soins, faire effort, se tourmenter.

RÉCITER : 1. Raconter, rapporter. — 2. Citer. — 3. Lire. — 4. Déclamer.

RECONNAÎTRE (SE) : 1. Prendre conscience de ses péchés et se repentir, faire pénitence. — 2. Reprendre ses esprits, ses sens.

RECOUVRER : 1. Retrouver ce qu'on avait perdu (lat. *recuperare*). — 2. Se procurer.

RECUEILLIR : 1. Récolter. — 2. Récapituler.

RÉDUIRE : 1. Ramener, conformer, régler. — 2. Contraindre, soumettre. — 3. *Réduire quelqu'un* : le ramener à la raison, au devoir.

RÉFORME : 1. Rétablissement de la discipline (dans un établissement religieux). — 2. Retranchement d'un abus (la réforme du luxe, notamment, par le biais des édits somptuaires). — 3. Choix d'une vie austère et réglée, d'une dévotion sévère. *Réformé* (comme *dévot* ou *prude*) tend à prendre, dans la seconde moitié du siècle, un sens défavorable et suggère une rigueur affectée.

RÉGAL *(subst. m.)* : divertissement, fête, repas donné en l'honneur de quelqu'un.

RELÂCHE : accalmie, repos.

RELIGIEUX *(adj.)* : « Se dit aussi de celui qui est régulier et ponctuel à faire son devoir, à garder sa parole, à vivre dans les règles de l'honnêteté* » (Furetière).

RELIGION : *se faire une religion d'une chose* : s'en faire une obligation absolue.

REMPLIR : 1. *Remplir un emploi* : l'occuper dignement. — 2. *Remplir une espérance, une ambition* : satisfaire pleinement, assouvir, combler. *Se remplir de :* faire sa félicité de. — 3. *Remplir un nom, un mérite, des talents :* s'en montrer digne, les illustrer.

REMUER : 1. Mettre en mouvement, animer, mettre en branle. — 2. « Solliciter* fortement une affaire* » (Furetière). — 3. Agiter, troubler. — 4. *Se remuer :* se dépenser, se mettre en peine.

RENCONTRE : 1. Occasion, circonstance. — 2. Trait d'esprit, bon mot. — 3. « Se dit aussi du choc de deux petits corps de troupes » (Furetière).

RENCONTRER : 1. Faire une rencontre ; se rencontrer. — 2. Trouver une expression heureuse. — 3. Dire un bon mot, « faire sur le champ une plaisante repartie » (Furetière). — 4. Réussir en ses conjectures.

RENDU *(p.p. et adj.)* : 1. *Un soldat rendu :* un déserteur. — 2. *Être rendu :* être conquis, céder, se soumettre.

RÉPARER : 1. Remettre en état. — 2. Renouveler, reconstituer. *Réparer ses forces :* se refaire. — 3. Remplacer, compenser (une perte), rattraper (le temps perdu). — 4. Racheter (une faute).

RÉPLÉTION : « Abondance d'humeurs*, et surtout de sang » (Furetière), qui procède d'un excès de nourriture.

RÉPUBLIQUE : État (quelle que soit la forme du gouvernement ; lat. *res publica*, la chose publique).

RESSENTIMENT : 1. Sentiment vif. — 2. Déplaisir, douleur. — 3. Reconnaissance (d'un bienfait) ; souvenir amer (d'une offense).

RESSENTIR : « Être touché vivement de quelque chose » (Furetière), sentir fortement. *Se ressentir* se dit surtout des effets d'une maladie, d'une faute, du souvenir amer d'une offense.

RESSERRÉ : réservé, peu communicatif, secret, solitaire.

RETIRER : « Signifie aussi donner retraite* chez soi » (Furetière), donner asile, accueillir.

RETOUR : 1. Réciprocité. — 2. Revirement. — 3. Conversion. — 4. Déclin.

RETRAITE : 1. Action de se retirer, départ. — 2. Vie retirée. — 3. Lieu où l'on mène une vie retirée.

RÉUNIR : 1. Réconcilier. — 2. Rassembler, concentrer.

RÉUSSIR : 1. « Avoir un heureux succès* » (Furetière). — 2. Résulter, advenir.

RÊVER : 1. Méditer, réfléchir profondément. — 2. « Être distrait, entretenir ses pensées » (Furetière). — 3. Délirer.

RÊVERIE : 1. Méditation, réflexion. — 2. Délire, vision.

RÊVEUR *(adj.* et *subst.)* : 1. Méditatif. — 2. Distrait. — 3. Extravagant.

RÉVOLUTION : changement.

RIS : 1. *Au sing. :* rire. — 2. *Au plur. :* désigne en poésie, ou dans le style poétique, les agréments enjoués qui accompagnent une belle personne.

ROBE : par référence au vêtement porté par les gens de justice (procureurs*, avocats, juges, conseillers, présidents), la *robe* désigne l'ensemble de la profession, par opposition à celle des armes (l'épée*).

RUELLE : « Se dit aussi des alcôves et des lieux parés où les dames reçoivent leurs visites, soit dans le lit, soit sur les sièges » (Furetière).

RUSTRE *(subst.)* : paysan.

S

SABLE : *jeter un verre en sable :* avaler d'un trait, sabler.

SAFRANIER : banqueroutier.

SAGE : judicieux, sensé, savant.

SAIN : plein de santé.

SALLE : pièce de réception, salon, qui se situe ordinairement au rez-de-chaussée *(salle basse).*

SAS : tamis. « On dit *faire tourner le sas,* quand on fait une certaine divination pour découvrir l'auteur d'un vol domestique, avec un sas que le charlatan tourne si adroitement qu'il le fait arrêter sur celui qu'il soupçonne, lequel ordinairement se découvre lui-même » (Furetière).

SAUVER : éviter, épargner.

SAVANT *(subst.)* : « Homme d'étude, de cabinet*, en parlant des gens de lettres, des auteurs, comme des érudits en matière littéraire ou scientifique » (Cayrou).

SCIENCES : ensemble des connaissances (sciences humaines ou humanités, sciences exactes, expérimentales, naturelles).

SECRET *(adj.)* : discret, impénétrable.

SÉDUIRE : tromper, abuser.

SÉNATEUR : membre du Parlement. « On appelle quelquefois un conseiller de Cour souveraine un *sénateur* ; mais ce n'est que dans le discours familier » (Furetière).

SENS : 1. « Signifie aussi l'esprit, le jugement, la raison » (Furetière). *Sortir de son sens* : s'égarer, perdre la raison. — 2. « Signifie aussi l'opinion particulière d'une personne » (Furetière), sa manière de voir, son jugement, son sentiment. *Donner dans le sens de quelqu'un* : s'accorder avec lui, partager son point de vue.

SENSIBLE : 1. Qui frappe les sens. — 2. Visible, évident. — 3. Qui est vivement ressenti, vif, intense. — 4. Qui est facilement touché (susceptible, tendre, compatissant, etc.).

SENTIMENT : outre le sens actuel, a les sens de : 1. Sensibilité (La Bruyère, *Les Caractères*, IV, 69). — 2. Connaissance immédiate, qui s'oppose au raisonnement (Pascal, *Pensées*, fr. 455). Voir CŒUR.

SENTIR *(v. tr.)* : 1. Connaître, reconnaître, percevoir. — 2. *Il ne sent pas* : il ne pense pas, n'a pas de jugement propre. — 3. « Quand on dit absolument *il sent*, cela s'entend en mauvaise part » (Furetière), c'est-à-dire dans le sens de *puer*.

SERVIR : 1. *Servir Dieu* : l'adorer. — 2. *Servir le roi, servir* : être engagé dans l'armée. — 3. *Servir un ami* : l'aider, l'assister, l'appuyer, soutenir ses intérêts. — 4. *Servir un maître* : être attaché à son service comme domestique. — 5. *Servir une dame* : la courtiser, lui rendre des soins*. — 6. *Servir* : être en esclavage.

SÉVÉRITÉ : « Se dit aussi d'une certaine vertu farouche et accompagnée de rigidité » (Furetière).

SIGNALER : mettre en évidence, rendre remarquable.

SIMPLICITÉ : 1. Sincérité, franchise, absence de déguisement. — 2. Naïveté teintée de ridicule, résultant de la niaiserie ou de l'inexpérience.

SOCIÉTÉ : 1. Relations mondaines, « commerce* particulier que les honnêtes gens doivent avoir entre eux » (La Rochefoucauld, *Réflexions diverses*, II, « De la société »). — 2. Union étroite entre les personnes, liaison, amitié. — 3. Communauté, association.

SOIN(S) : 1. Attention, égards. Spécialement : assiduités, hommages galants (toujours au pluriel dans ces emplois). — 2. Effort, peine, zèle, précaution. — 3. Préoccupation, souci, inquiétude.

SOL : sou (petite monnaie, le vingtième de la *livre*). « On écrit l'un et l'autre, mais on prononce *sou* » (Richelet, 1680).

SOLIDE *(adj.)* : ferme, assuré, substantiel, sérieux. Le *solide*, dans ces valeurs morales, s'oppose au frivole, au superficiel, à tout ce qui est futile, creux et vain.

SOLIDITÉ : 1. Épaisseur, volume (de la terre, des sphères célestes). — 2. « Se dit de tout ce qu'il y a de substantiel, de réel, de sérieux, dans une personne ou une chose » (Cayrou).

SOLLICITER : intervenir auprès des juges, pour son propre compte ou en faveur d'autrui, en vue de recommander une cause et de gagner la bienveillance des magistrats. Pratique admise, dont on sait qu'elle expose la justice aux pressions sociales, aux tentatives de corruption et à la séduction des belles solliciteuses.

SOUFFLER : 1. Chercher la pierre philosophale (*souffleur* : alchimiste). — 2. *Ne pas souffler* : ne souffler mot. — 3. Avaler de grandes rasades, siffler.

SOULEVER : 1. Donner de la considération, mettre en évidence. — 2. Donner de l'orgueil, enfler.

SOUPER : dîner.

SOUTANE : robe portée non seulement par les ecclésiastiques, mais aussi par les médecins, les magistrats, les avocats et les professeurs.

SOUTENIR : 1. Affirmer, attester, défendre une opinion. — 2. Appuyer, aider. — 3. Supporter, endurer, souffrir ; résister, tenir tête. — 4. Être à la hauteur de, être digne de. — 5. *Se soutenir* : être fidèle à soi, égal à soi-même ; maintenir sa réputation, sa puissance.

SPÉCIEUX : 1. Beau, de belle apparence. — 2. Qui n'a de beauté ou de vérité qu'apparente.

STUPIDE : 1. Sot, dénué d'intelligence et de sentiment. — 2. Frappé de stupeur, interdit, hébété.

SUBSIDES (subst. m.) : impositions.

SUCCÉDER : « Signifie aussi réussir » (Furetière).

SUCCÈS : issue, résultat (bon ou mauvais).

SUITE : *n'avoir point de suite* : 1. N'avoir point de liaison, d'ordre ; 2. N'avoir point de conséquence, d'effet, de résultat (à propos d'une chose) ; 3. N'avoir point de famille, de descendance (à propos d'une personne). — *Sans suite* : 1. Sans conséquence, sans effet ; 2. Sans ordre.

SUPERBE (subst. f.) : orgueil, arrogance. Comme Vaugelas en 1647, Thomas Corneille en 1687 observe que « la *superbe* au substantif n'est [...] guère employée que par les prédicateurs. »

SUPERBE (adj.) : 1. Orgueilleux, altier, hautain, arrogant (lat. *superbus*). — 2. Élevé, d'une hauteur imposante, qui s'élève au-dessus des autres.

SUPERBEMENT : avec hauteur, orgueil, arrogance.

SUPPOSER : 1. Poser un principe qu'on tient pour vrai. — 2. Émettre une hypothèse. — 3. Alléguer ou imputer faussement. — 4. Substituer, « mettre une chose à la place d'une autre par fraude et tromperie » (Furetière).

SUPPÔT : 1. Employé subalterne, agent, partisan. — 2. En philosophie, « terme dogmatique*, qui se dit de ce qui sert de base et de fondement à quelque chose » (Furetière). Le *suppôt* est la *substance*, c'est-à-dire l'être réel, l'essence permanente d'un sujet, qui sert en quelque sorte de support à ses qualités corporelles.

SURPRENDRE : 1. « Signifie aussi tromper quelqu'un [...] » (Furetière). — 2. « Signifie aussi saisir, intercepter » (Furetière). — 3. « Obtenir frauduleusement, par artifice, par des voies indues » (Dict. de l'Académie, 1694*)*.

SYMÉTRIE : disposition harmonieuse, proportion agréable.

T

TAILLE : impôt direct levé sur les personnes, selon leurs ressources estimées *(taille personnelle)*, ou sur les biens, pour l'essentiel la terre, dans les pays de *taille réelle*. Les officiers de la maison du roi, le clergé et la noblesse sont exemptés de la taille, qui frappe uniquement les roturiers.

TÉMÉRAIRE : 1. D'une hardiesse inconsidérée. — 2. Hasardé, imprudent, lancé à la légère.

TÉMÉRAIREMENT : « Signifie quelquefois : au hasard » (Furetière).

TEMPÉRAMENT : 1. Moyen terme, accommodement, arrangement. — 2. Humeur, complexion, naturel.

TEMPÉRER : « Réprimer, modérer l'action violente de quelque chose par une autre » (Furetière). Calmer, adoucir, modérer, par une juste combinaison.

TEMPLE : église (dans le style noble, ou par bienséance dans la littérature mondaine).

TEMPS : 1. *Prendre le temps de* : saisir l'occasion de, choisir le bon moment pour. — 2. *Prendre son temps pour* : saisir le moment favorable.

TENDRE : 1. *Avoir l'âme tendre, être tendre* : être sensible, facilement ému. — 2. *Vers tendre, spectacle tendre* : qui touche, émeut, attendrit ; qui porte un caractère passionné.

TENDRESSE : passion amoureuse. « Quand on dit : *J'ai de la tendresse pour vous*, c'est-à-dire : *J'ai beaucoup d'amour* » (Furetière).

TENUE : assemblée, session. *Tenue des États* : dans les « pays d'États » (Bourgogne, Provence, Languedoc, Bretagne, etc.), réunion annuelle des États provinciaux, qui votaient les impôts supportés par la province.

TERMINER (SE) : se ramener à.

TERRESTRE : « Se dit aussi figurément par opposition à *spirituel* » (Furetière). Attaché au monde, aux choses matérielles.

TÊTE : *une bonne tête, une forte tête* : un esprit solide, un homme de jugement et de grande capacité.

TIMIDE : peureux, lâche, poltron.

TOUR : « Se dit aussi en choses spirituelles et morales de la manière de dire et de faire les choses » (Furetière). 1. Expression heureuse, tournure élégante et aisée, ou, en mauvaise part, formulation contournée. — 2. Bon procédé, conduite élégante, ou en mauvaise part, comportement artificieux.

TRACASSER *(v. intr.)* : 1. Aller et venir, s'agiter, se tourmenter pour peu de choses. — 2. Être hésitant, irrésolu.

TRAITANT : fermier général, partisan*. « C'est un nom qu'on donne maintenant aux gens d'affaires* qui prennent les fermes du Roi, et se chargent du recouvrement des deniers* et impositions : c'est au lieu de celui de *Partisan*, qui est devenu odieux » (Furetière).

TRAVAILLER : tourmenter.

TRIOMPHER : faire une entrée triomphale. *Triompher de* : faire une entrée triomphale accompagné de l'ennemi vaincu.

TRISTESSE : 1. Affliction. — 2. Gravité.

TRIVIAL : connu de tous, visible, accessible (sans valeur péjorative).

U

UNI : simple, sans ornement (habit ou discours).

UNIMENT : simplement, sobrement.

V

VALEUR : vaillance, bravoure, « grandeur de courage, ardeur belliqueuse » (Furetière).

VAIN : 1. Vide, creux, inconsistant, illusoire. — 2. Léger, futile. — 3. Orgueilleux, vaniteux.

VAUDEVILLE : « Chanson de circonstance qui court par la ville, et dont l'air est facile à chanter » (Littré).

VÉRITABLE : sincère.

VERTU *(au sing.)* : force, vigueur, énergie (tant du corps que de l'âme).

VIANDE : aliment.

VILLE : *la Ville* : 1. Paris, par opposition à la cour et à la province ; — 2. La bourgeoisie parisienne.

VIVRE *(subst.)* : 1. *Au sing.* : la nourriture (ne s'emploie plus que dans l'expression *le vivre et le couvert* : la nourriture et le logement). — 2. *Au plur.* : les aliments, le ravitaillement.

VOLERIE : vol, escroquerie, exaction.

VOLONTÉ : outre le sens actuel, peut avoir un sens plus large, incluant l'ensemble des tendances, inclinaisons, désirs, qu'ils soient conscients ou inconscients (Pascal, *Pensées*, fr. 458).

INDEX [1]

A

ABSENCE : V, 15, 21, 26, 46, 52, 170, 231, 393, 394, 528, 566, 620, 631, 641, 646, 764, 1142.

ACCIDENTS : XXVIII, 15, 140, 162.

ACTIONS : I, VII, X, XXII, XXIV, 29, 53, 74, 85, 90, 107, 111, 120, 122, 134, 135, 140, 148, 153, 155, 158, 161, 162, 168, 170, 172, 184, 189, 191, 211, 235, 236, 238, 246, 247, 249, 254, 261, 263, 265, 275, 280, 286, 294, 301, 302, 335, 339, 340, 348, 363, 452, 498, 519, 522, 523, 554, 577, 579, 596, 611, 612, 613, 620, 623, 627, 628, 629, 630, 667, 669, 672, 682, 697, 705, 716, 719, 722, 726, 808, 822, 833, 854, 857, 861, 870, 880, 887, 894, 931, 940, 941, 946, 969, 995, 1004, 1028, 1045, 1072, 1075, 1077, 1086, 1095, 1124, 1141, 1205, 1206, 1217, 1224, 1241, 1245, 1251, 1260.

ADVERSITÉ : 15, 18, 115, 182.

AFFAIRES : 19, 28, 62, 76, 89, 144, 174, 180, 183, 186, 190, 206, 215, 226, 227, 250, 263, 268, 361, 362, 468, 521, 567, 594, 645, 666, 670, 672, 675, 680, 685, 690, 696, 729, 730, 731, 761, 768, 769, 783, 794, 805, 816, 817, 818, 820, 843, 846, 864, 866, 870, 875, 882, 884, 890, 893, 909, 970, 972, 973, 975, 1001, 1005, 1018, 1019, 1030, 1073, 1086, 1143, 1147, 1151, 1182, 1222, 1225, 1237, 1256, 1266.

AFFECTATION, AFFECTER : XIX, 56, 78, 88, 136, 145, 146, 158, 161, 177, 202, 673, 681, 731, 822, 861, 869, 870, 872, 922, 967, 973, 1144, 1259.

AFFLICTION : 15, 155, 331, 357, 521, 547, 556, 743, 781, 849, 850, 902, 924, 1019, 1031, 1033, 1049, 1130.

AGITATION : 50n., 136, 176, 327, 358, 974.

AGRÉMENT : II, 50, 78, 84, 89, 156, 215, 216, 234, 252, 340, 459, 460, 610, 703, 711, 723, 725, 728, 750, 759, 814, 879, 889, 907, 939, 980, 988, 1014, 1029, 1074, 1142, 1214, 1242, 1248.

AMANT, AMANTS : 162, 166, 169, 170, 175, 186, 192, 239, 620, 630, 631, 724, 726, 728, 729, 733, 734, 738, 739, 794, 875, 1016, 1017, 1037, 1062-1064, 1142.

AMBITION, AMBITIEUX : III, 15, 84, 95, 98, 108, 135, 137, 140, 143, 155, 157, 158, 161, 162, 177, 188, 208, 212, 220, 223, 225, 230, 268, 278, 279, 300, 462, 579, 587, 611, 620, 623, 624, 626, 640, 665, 722, 733, 734, 748, 767, 772, 776, 796, 797, 800, 805, 815, 825, 838, 853, 862, 888, 908, 909, 987, 998, 1001, 1002, 1028, 1070, 1076, 1078, 1079, 1081, 1083, 1101, 1140, 1188, 1190, 1195, 1196, 1208, 1236, 1248.

AMIS, AMITIÉ : 15, 18, 85n., 94, 118, 121, 141, 142, 144, 145, 150, 156, 160, 163, 167, 170, 171, 172, 173, 175, 182, 187, 188, 191, 193, 198, 199, 202-204, 206, 213, 217, 218, 219, 225, 226, 231, 232, 235-237, 251, 254, 255, 266, 288, 293, 298, 300, 332, 334, 340, 359, 361, 362, 394, 473, 485, 498, 548, 560, 561, 566, 570, 572, 587, 607, 626, 629, 666, 671, 672, 677, 684, 729, 735, 737-742, 744, 745, 761, 770, 797, 809, 832, 879, 922, 1002, 1033, 1043, 1064, 1066, 1071, 1072, 1073, 1166, 1167, 1175, 1258.

AMOUR-PROPRE : XII-XIV, XIX, XX, XXII, XXIII, XXV, XXVI, 50, 51, 64, 73, 74, 85, 91-93, 97, 111, 116-122, 126, 135, 136, 139, 142, 155-158, 163, 164, 177, 179, 181-184, 187, 189-191, 198, 206, 207, 209, 217, 232, 235-237, 239, 247, 249, 253, 254, 260-262, 268, 271, 275, 291, 336, 369, 467, 492, 506, 520, 525, 537, 565, 566, 619, 626, 667, 1066, 1068, 1069, 1071-1073, 1079, 1081-1084, 1086, 1087, 1093, 1095, 1118, 1140, 1141, 1170, 1199, 1206, 1221, 1265, 1268.

AMUSEMENT : 360, 361, 994, 996, 998, 999, 1004-1006, 1010, 1016, 1027, 1042, 1046, 1047, 1173, 1221, 1225, 1251-1255, 1257, 1259-1261, 1264, 1265, 1267, 1268.

ANCIENS : V, XLVI, 92, 94, 264, 484, 493, 512, 588, 659, 660, 665, 666, 686, 690, 696, 698, 708, 972, 999, 1046, 1147, 1149, 1154, 1168, 1207, 1211, 1239, 1241, 1253.

ANTIQUITÉ : II, 111, 217, 226, 295, 297, 512, 531, 567, 661,

---

1. Les astérisques renvoient aux entrées de l'index.

1306 INDEX

698, 764, 827, 972, 999, 1085, 1090, 1129, 1149, 1227, 1253, 1260.
APPARENCES : 9, 18, 30, 35, 43, 162, 205, 207, 209, 214, 215, 221, 226, 234, 237, 263, 293, 335, 336, 343, 376, 378, 407, 544, 612, 660, 757, 760, 774, 776, 809, 819, 853, 872, 876, 883, 905, 917, 918, 953, 987, 1079, 1093, 1096, 1158, 1160, 1209, 1216, 1222, 1228, 1250, 1264.
ARGENT : XVIII, 235, 270, 358, 360, 546, 548, 640, 670, 675, 678, 679, 680, 682-685, 688, 714, 733, 769, 770, 771, 773, 777, 780, 791, 835, 857, 862, 878, 905, 911, 915, 920, 959, 1015, 1043, 1160, 1178, 1179, 1236, 1258, 1260, 1264.
ARISTOTE : VII, XIX, XXXIV, XXXVI, 5, 23, 235, 451, 583, 639, 660, 661, 662, 668, 1064, 1066, 1094, 1136, 1176.
ART : X, XII, XIII, XVII, 27, 33, 82n., 95, 106, 111, 121, 144, 148, 170, 184, 197, 212, 216, 233, 234, 238, 239, 263, 278, 297, 298, 300, 330, 332, 335, 340, 627, 643, 666, 669, 697, 698, 706, 709, 711, 717, 726, 737, 762, 772, 775, 794, 809, 825, 827, 834, 838, 857, 875, 881, 884, 912, 947, 971, 986, 1013, 1017, 1061, 1069, 1072, 1075, 1080, 1083, 1089, 1092, 1093, 1144-1146, 1148, 1155, 1156, 1163, 1166, 1172, 1174, 1176, 1179, 1188, 1192, 1193, 1196, 1206, 1214, 1217, 1218, 1221, 1228, 1242, 1253, 1258.
ATHÉE, ATHÉISME : XVI, 370.
AUGUSTIN (SAINT) : III, XIV, 57, 64, 69, 73, 75, 286, 294, 300, 371, 372, 388, 391, 406, 448, 458, 473, 573, 578, 591, 597, 601, 935, 945, 1066, 1068, 1075, 1076, 1083, 1084, 1097, 1098, 1101-1106, 1108, 1109, 1114, 1115, 1117-1122, 1124, 1126, 1129, 1133, 1135, 1138, 1139, 1242, 1248.
AVARICE : 28, 98, 135, 149, 177, 209, 226, 464, 611, 668, 678, 687, 700, 862, 863, 963, 1040, 1140, 1211.
AVENIR : XXIV, 61, 177, 182, 236, 333, 337, 401, 554, 575, 772, 833, 845, 863, 889, 895, 942, 1180, 1210, 1247.
AVEUGLEMENT : 77, 183, 238, 261, 299, 366, 370, 376, 387, 416, 443, 496, 498, 507, 523, 538, 597, 911, 1105, 1113, 1118, 1138, 1167, 1229.

B

BALZAC (Guez de) : VI, VIII, XIII, 64, 1090.
BASSESSE : 188, 324, 326, 352, 538, 539, 715, 770, 833, 845, 867, 1001, 1029, 1038, 1159, 1266.
BEAUTÉ : VI, XI, XII, XV, XXVIII, 12, 15, 56, 74, 78, 91, 148, 152, 156, 180, 185, 198, 207, 211, 216, 217, 225, 234, 238, 264, 335, 347, 459, 460, 477, 484, 492, 527, 584, 619, 620, 624-627, 660, 661, 664, 712, 724, 725, 727, 732, 734, 736-739, 743, 782, 785, 807, 868, 873, 905, 912, 931, 945, 981, 996, 1008, 1014-1016, 1019, 1034, 1048, 1071, 1075, 1081, 1141, 1142, 1148, 1156, 1192, 1231, 1252.
BEL ESPRIT, BEAUX ESPRITS : 1063, 1068.
BIEN, BONHEUR : XI, XXV, XXVI, XXXIX, 15, 17, 19, 31, 41, 43, 53, 74, 78, 136, 137, 139, 140, 154, 155, 162, 167, 175, 181, 182, 184, 189, 192, 208, 218, 222, 225, 236, 298, 324, 332, 361, 363, 365, 366, 417, 443, 450, 454, 469, 506, 517, 524, 533, 537, 549, 554, 567, 573, 577, 579, 586, 611, 647, 684, 745, 767, 782, 802, 813, 826, 834, 846, 868, 959, 985, 992, 1064, 1072, 1074, 1076, 1078, 1083, 1094, 1120, 1131, 1135, 1140, 1152.
BIENSÉANCE : 173, 264, 278, 279, 645, 672, 679, 685, 694, 752, 790, 807, 830, 838, 852, 862, 874, 881, 916, 918, 926, 929, 930, 933, 942, 966, 972, 1019, 1031, 1035, 1146, 1154, 1172, 1174, 1181, 1209, 1221, 1222, 1244, 1247.
BOILEAU-DESPRÉAUX : 80, 637, 1075, 1077, 1086, 1152-1154, 1156, 1162, 1170, 1172, 1202, 1222, 1227, 1233, 1236, 1242, 1251, 1253, 1255, 1263, 1265.
BONHEUR : 5, 12, 18, 19, 30, 34, 62, 85, 92, 156, MS 181, 182, 221, 253, 262, 278, 299, 325, 326, 335, 356, 358, 359, 360, 362, 418, 490, 516, 589, 743, 755, 808, 818, 829, 855, 896, 930, 986, 1040, 1044, 1066, 1068, 1070, 1072, 1074, 1078, 1079, 1083, 1096, 1101, 1163, 1164, 1252, 1266.
BONTÉ : 18, 28, 84, 85, 138, 156, 160, 174, 176, MS 182, 185, 230, 331, 391, 418, 425, 507, 582, 583, 646, 697, 722, 739, 748, 757, 819, 821, 834, 835, 873, 946, 957, 973, 1061, 1076, 1081, 1159, 1193, 1195, 1202.
BOUHOURS (le Père) : VI, XI, XIII, XXXVII, XLVII, 55, 56, 75, 77, 1067, 1068, 1070, 1094, 1095, 1156.
BOURGEOIS, BOURGEOISES : 8, 82, 83, 84, 88, 201, 996, 1018, 1027, 1050, 1172, 1182, 1186, 1193, 1224, 1230, 1232, 1258, 1259, 1266.
BRAVE, BRAVOURE : 153, 337, 347, 856, 1082, 1099.
BRILLANT, BRILLANTS (subst.) : XI.

C

CALOMNIE : 964.
CAPRICE : 36, 61, 139, 179, 204, 206, 210, 220, 221, 267, 301, 339, 340, 647, 676, 694, 724, 725, 739, 745, 747, 758, 782, 898, 985, 1027, 1078, 1079, 1082, 1170, 1178, 1203, 1268.
CHANGEMENT : 199, 203, 205, 216, 217, 219, 221, 294, 405, 409, 489, 535, 549, 738, 826, 827, 1099.
CHARITÉ : III, XXV, 27, 28, 74, 227, 264, 277, 297, 334, 352, 372, 384, 395, 397, 406-408, 417, 428, 434, 439, 447, 452, 467, 483, 492, 500, 523, 561, 576, 581, 583, 585, 598, 609, 613, 1066, 1067, 1080, 1122, 1195, 1232.
CHRÉTIEN(S) : XIV, XV, XVI, XLVII, 4, 57, 67, 69, 73, 74, 252, 286, 300-303, 330, 346, 348, 361, 363, 369, 371, 372, 376, 384, 386, 390, 397, 401, 403, 404, 411, 420, 422, 430, 431, 436, 437, 439, 446, 467, 490, 493, 515, 528-530, 532, 537, 539, 540, 567, 576, 600, 603, 666, 667, 712, 777, 917, 919, 933, 935, 958, 964, 1059, 1067, 1097, 1102, 1105, 1111, 1112, 1120, 1127, 1139, 1232, 1243, 1246.
CICÉRON : VI, XIII, XLVI, 14n., 21, 55, 204, 484, 513,

661, 663, 666, 945, 1059, 1060, 1065, 1081, 1087, 1098, 1105, 1126, 1142, 1151, 1156, 1159, 1160, 1168, 1176, 1180, 1226, 1245.
CIVILITÉ : XXIV, 7, 13, 38, 47, 90, 158, 231, 252, 278.
CLÉMENCE : 136, 211, 368, 1070.
COEFFETEAU : II.
CŒUR : III, IV, XIII, XIV, XV, XVII, XVIII, XXIII, 27, 30, 36, 37, 38, 40, 43, 45-48, 50-53, 57, 64, 67, 71-76, 84-86, 89, 93, 95, 117, 120, 123, 127, 135, 136, 138, 140, 141, 143, 144, 150, 163, 165, 176, 184, 189, 199, 202, 213, 230-232, 235-240, 250, 252, 255, 275, 277, 279, 285, 293, 299, 302, 323, 329, 335, 341, 348, 350, 351, 359, 362, 366, 368, 369, 371, 372, 389, 391, 395, 396, 400, 401, 404, 406, 408, 409, 412, 416, 421-423, 429, 433, 442, 447, 465, 469, 480, 485, 492, 493, 496, 498, 506, 507, 518, 519, 521-524, 533, 538, 540, 545, 546, 548, 554, 556, 558, 563, 565, 566, 573, 574, 576, 579, 582, 604, 608, 610-612, 619, 620, 623-626, 627, 628, 631, 641, 667, 684, 699, 707, 709, 712, 716, 722, 723, 726, 727, 731-734, 738, 739, 741-743, 747-749, 762, 775, 801, 802, 808, 813, 821, 836-838, 853, 858, 860, 868, 879, 898, 904, 908, 929, 930, 942, 943, 964, 970, 972-974, 992, 1008, 1030, 1033, 1049, 1061, 1068, 1069, 1071-1074, 1076-1079, 1085, 1086, 1100, 1103, 1106, 1111, 1116, 1123, 1127, 1128, 1130, 1139, 1142-1144, 1152, 1162-1164, 1166-1168, 1170, 1193, 1210, 1213, 1217, 1242, 1247, .250.
COMPASSION : XVIII, 230, 541, 570, 628, 631, 744, 769, 1210.
CONCUPISCENCE(s) : 73, 296-299, 348, 349, 352, 363, 365, 366, 384, 396, 401, 406, 418, 419, 429, 447, 452, 462, 467, 468, 473, 481, 500, 526, 558, 574, 579, 1099, 1140.
CONDITION(s) : II, XIV, XVI, XVII, XXV, 28-30, 65, 84, 87, 88, 333, 342, 352, 356, 358, 360, 375, 383, 501, 525, 527, 585, 594, 626, 645, 715, 716, 773, 778, 779, 813, 819, 831, 836, 875, 878, 894, 915,
916, 923, 924, 942, 959, 960, 1018, 1031, 1068, 1072, 1076, 1084, 1094, 1213, 1250, 1251.
CONFIANCE : XVII, 98, 140, 145, 157, 167, 171, 175, 185, 244, 253, 271, 302, 334, 481, 494, 522, 537, 542, 722, 737, 739, 741, 745, 747, 751, 754, 766, 782, 802, 809, 810, 823, 830, 832, 852, 855, 890, 944, 973, 1000, 1039, 1064, 1086, 1088, 1101.
CONNAISSANCE(s) : II, III, XIV, XXVI, 3, 16, 30, 74, 81n., 144, 150, 176, 183, 190, 207, 224, 231, 237, 246-248, 252, 253, 262, 264, 269, 279, 291-294, 299, 302, 323, 325, 350, 352, 356, 360, 366, 368, 374-376, 379, 380, 383, 389, 412, 414, 420-422, 452, 495, 496, 506, 515, 518, 527, 529, 531, 546, 565, 569, 571, 579, 640, 652, 665, 730, 769, 796, 858, 872, 876, 887, 902, 907, 928, 941, 945, 948, 959, 975, 1022, 1042, 1059, 1069, 1093, 1104, 1126, 1144, 1147, 1167, 1174, 1189, 1201, 1209, 1218, 1225, 1249, 1260.
CONSCIENCE : II, XII, XIII, XV, XX, XXII, XXIX, 9, 16, 18, 22, 26, 30, 96, 115, 492, 504, 598, 603, 604, 639, 644, 802, 900, 923, 943, 964, 986, 1060, 1061, 1063, 1073, 1080, 1082, 1188, 1189, 1246, 1268.
CONSEIL(s) : 16, 18, 31, 93, 144, 145, 225, 745, 833, 1060, 1074, 1098.
CONSOLATION : 31, 302, 542, 1005.
CONSTANCE : 30, 37, 52, 136, 171, 175, 178, 217, 708, 838, 1044, 1071, 1077, 1148.
CONTRARIÉTÉ(s) : XVI, XXXI, 176, 321, 325, 352, 368, 537, 538, 1100, 1265.
CONVERSATION : X, XXVII, 13, 27, 31, 33, 36, 51, 53, 89, 90, 94, 147, 171, 190, 201, 202, 216, 225, 230, 231, 249, 251, 266, 268, 269, 302, 358, 421, 473, 504, 638, 641, 651, 672, 711, 732, 738, 749, 750, 752-754, 762, 763, 765, 784, 795, 823, 843, 880, 885, 905, 962, 972, 1013, 1027, 1028, 1030, 1031, 1034, 1040, 1069, 1075, 1085, 1086, 1092, 1146, 1164, 1165, 1168, 1169, 1170, 1174, 1212, 1215, 1218, 1221, 1225, 1239, 1240, 1251, 1254, 1264, 1266.
CONVERSION : XV, 73, 372, 413, 421, 574, 603, 933, 936, 1102, 1244.
COQUETTES, COQUETTERIE : 40, 41, 144, 156, 164, 165, 167, 170, 171, 188, 643, 724-726, 922, 1012, 1014, 1016, 1027, 1043, 1048, 1080, 1088, 1162, 1164, 1169, 1252.
CORNEILLE (Pierre) : XXII, 50, 1070, 1076.
CORPS : 12, 17, 19, 31, 61, 65, 74, 77, 122, 138, 141, 151, 154, 158, 176, 182, 190-192, 208, 211, 212, 255, 260, 263, 265, 266, 269, 270, 277, 293, 300, 331, 350, 355, 377, 379, 380, 381, 396, 407, 408, 413, 418-420, 425, 426, 434, 437, 466, 477, 479, 481, 503, 511, 514, 518, 520, 542, 548, 574, 579, 586, 588, 594, 595, 609, 610, 612, 624, 678, 684, 685, 713, 732, 768, 785, 794, 807, 838, 847, 851, 856, 862, 870, 948, 950, 955, 956, 966, 967, 1030, 1059, 1065, 1079, 1080, 1081, 1093, 1099, 1120, 1137, 1143, 1247, 1260.
COUR : XVIII, 5, 49, 50, 53, 56, 82n., 83, 89, 105, 169, 225, 226, 239, 246, 268, 358, 583, 597, 620, 630, 644-647, 659, 660, 666, 693, 700, 715, 718, 719, 721, 727, 734, 747, 749, 751, 761-763, 767, 773, 785, 786, 789, 792-802, 805-807, 809-812, 818, 821, 827, 831, 838, 840, 863, 895, 907, 908, 912, 913, 930, 934, 962, 965, 968, 980, 990, 1000-1002, 1022, 1027, 1044, 1046, 1049, 1062, 1067, 1085, 1095, 1146, 1147, 1158, 1160, 1164, 1171, 1184, 1186-1188, 1190, 1191, 1193, 1197, 1200, 1201, 1205, 1210, 1214-1216, 1219, 1221, 1224, 1225, 1228, 1229, 1235, 1236, 1241, 1242, 1244, 1253, 1254, 1259.
COURTISAN : 95, 103, 642, 643, 715, 768, 792-796, 798, 800, 806, 808, 811, 818, 824, 836, 837, 840, 870, 893, 900, 906, 908-910, 912, 933, 968, 990, 1001, 1002, 1044, 1046, 1047, 1146, 1187, 1188, 1190, 1197, 1214, 1229, 1231, 1244, 1253.
COUTUME : 137, 209, 278, 294, 295, 299, 331, 336, 340, 346, 353-355, 442, 449, 458, 464, 470, 503, 506, 517, 558, 619, 625, 629, 665, 678, 680, 689, 751, 790, 807, 826, 837, 845,

920, 921, 923, 926, 930, 959, 961, 969, 983, 985, 1104, 1207, 1217, 1233, 1234, 1236, 1237, 1239.

CRAINTE : 17, 30, 31, 61, 62, 95, 136, 138, 142, 150, 153, 156, 182, 190, 204, 206, 213, 236, 253, 334, 339, 383, 401, 410, 412, 414, 475, 490, 507, 549, 567, 569, 582, 595, 601, 603, 631, 690, 747, 824, 830, 849, 896, 911, 941, 1004, 1005, 1009, 1025, 1043, 1044, 1065, 1073, 1084, 1105, 1123, 1130, 1268.

CRIMES, CRIMINELS : 67, 150, 159, 162, 175, 176, *MS* 183, 184, 187, *MNP* 188, 204, 225, 278, 453, 464, 533, 542, 547, 555, 557, 558, 582, 748, 812, 891, 896, 908, 958, 959, 963, 1014, 1043, 1076, 1079, 1098, 1237.

CROMWELL : 1089.

CURIOSITÉ : 61, 108, 149, 203, 231, 344, 377, 574, 718, 790, 798, 801, 805, 836, 853, 855, 860, 893, 900, 901, 943, 948, 957, 967, 979, 985, 988, 990, 1015, 1035, 1036, 1049, 1171, 1229, 1255, 1257.

D

DÉFAUTS : III, 29, 30, 61, 64, 94, 134, 137, 143, 144, 146-148, 150-152, 157, 158, 160, 161, 163, 164, 166, 167, 169-174, 176, 177, 183, 184, 189, 190, 192, 199, 201-203, 210, 215, 219, 226, 229, 235, 238, 239, 247-254, 277, 278, 340, 462, 475, 479, 491, 517, 565, 566, 576, 580, 600, 660, 684, 690, 692, 693, 724, 732, 733, 736, 742, 760, 761, 775, 799, 819, 821, 838, 844, 851, 853, 856, 860, 872, 883, 888, 908, 935, 952, 966, 996, 1029, 1040, 1062, 1074, 1077, 1080, 1094, 1146, 1209.

DÉGOÛT : 150, 178, 180, 189, 221, 491, 566, 742, 809, 873, 905, 1246.

DÉLICATESSE : XI, 43, 45, 47, 50, 89, 93, 96, 146, 220, 226, 230, 566, 620, 626, 627, 660, 665, 667, 709, 710, 742, 762, 763, 775, 815, 854, 870, 885, 945, 962, 964, 972, 992, 1030, 1072, 1141, 1149, 1160, 1210, 1255, 1258, 1267.

DÉMOCRITE : 10, 1059, 1226, 1227.

DESCARTES : II, X, XII, XXII, 64, 69, 292, 345, 442, 454, 618, 620, 777, 882, 1048, 1071, 1072, 1080, 1089, 1099, 1100, 1104, 1120, 1122, 1137, 1141, 1142, 1147, 1197, 1203, 1204, 1207, 1214, 1217, 1221, 1246, 1249, 1250, 1260.

DÉSIR : XX, XXIII, XXIV, XXIX, XXX, 16, 19, 20, 34, 41, 50, 51, 61, 85, 136, 139, 142, 148, 149, 152, 153, 158, 160, 180, 183, 187, 190, 192, 198, 202-204, 212, 218, 236, 237, 250-252, 254, 279, 293, 298, 324, 325, 339, 344, 360, 363, 364, 379, 396, 447, 462, 469, 470, 482, 492, 538, 547, 613, 619, 642, 715, 722, 731, 762, 775, 779, 781, 796, 801, 924, 965, 988, 1065, 1066, 1072, 1073, 1075, 1077, 1079, 1082, 1084, 1106, 1110, 1140, 1150, 1174, 1259, 1264.

DEVOIR(s) : XXII, 9, 19, 57, 60, 61, 67, 86, 149, 201, 203, 209, 210, 251, 339, 365, 382, 384, 421, 433, 506, 519, 520, 569, 580, 585, 715-717, 797, 799, 821, 822, 835, 843, 851, 860, 861, 869, 881, 909, 922, 941, 969, 970, 973, 1047, 1068, 1113.

DÉVOT, DÉVOTION : XVI, XVIII, 45, 171, 191, 226, 253, 264, 277, 278, 334, 520, 567, 611, 613, 683, 730, 748, 769, 780, 873, 884, 906-913, 942, 945, 947, 1024, 1066, 1067, 1093, 1095, 1127, 1163, 1228, 1231, 1232, 1235.

DIGNITÉ(s) : XXVII, 18, 57, 169, 198, 200, 201, 219, 220, 222, 253, 269, 270, 351, 361, 381, 383, 468, 491, 497, 586, 652, 665, 696, 715, 717, 722, 782, 789, 794, 800, 801, 823-825, 833, 837, 859, 867, 880, 882, 897, 908, 918, 941, 942, 945, 947, 957, 972, 973, 1021, 1074, 1084, 1086, 1158, 1189, 1191.

DISSIMULATION : 140, 668, 669, 688, 912, 1002.

DIVERTISSEMENT : XIX, 31, 33, 88, 199, 225, 248, 255, 279, 321, 326, 327, 329, 333, 357-361, 468, 470, 492, 539, 1094, 1099, 1100, 1101, 1160, 1182, 1190, 1193, 1209, 1214.

DOULEUR : 30, 77, 138, 222, 225, 236, 264, 499, 502, 526, 542, 557, 569, 571, 610, 642, 724, 743, 838, 846, 856, 930, 948, 1020, 1031-1033, 1083, 1096, 1122, 1142. 1168.

DUPE : 105, 120, 142, 144, 260, 298, 761, 772, 1008, 1016, 1072, 1079.

DURETÉ : 480, 534, 744, 838, 856, 1049, 1071.

E

ÉLOQUENCE : VII, XVI, XXVII, 5, 157, 211, 262, 459, 474, 493, 511, 608, 620, 624, 628, 702, 709, 904, 933, 935, 938, 939, 962, 966, 967, 970-973, 995, 1025, 1036, 1070, 1078, 1096, 1139, 1142, 1148, 1149, 1152, 1153, 1156, 1159, 1174, 1197, 1217, 1225, 1229, 1233, 1239, 1241-1245, 1246, 1250.

ENFANT, ENFANCE : IV, V, VI, IX, XLVII, 7n., 12, 79, 93, 200, 219, 225, 269, 287, 294, 336, 340, 341, 344, 352, 354, 356, 360, 361, 400-402, 429, 430, 444, 445, 470, 482, 495, 498, 538, 541, 542, 544, 545, 548, 552, 557, 558, 576, 578, 586, 587, 623, 665, 671, 674, 678, 680, 682, 684, 685, 705, 719, 729, 731, 753, 759, 766, 772, 773, 779, 781, 791, 804, 819, 828, 833, 834, 837, 843, 850-852, 858, 862, 866, 872, 885, 890, 895, 897, 899, 903, 911, 915, 918, 920, 944, 947, 1028, 1031-1034, 1043, 1045, 1068, 1069, 1085, 1093, 1098, 1099, 1100, 1106, 1108, 1113, 1180, 1191, 1200, 1202, 1203, 1209, 1214, 1225, 1226, 1234.

ENJOUEMENT : 38.

ENNUI, ENNUYER : 147, 149, 178, 191, 199, 206, 209, 214-216, 321, 327, 331, 344, 359, 360, 572, 620, 860, 948, 1099, 1225.

ÉPICTÈTE : XXVII, 64, 76, 296, 362, 363, 402, 525, 1060, 1086, 1099, 1101.

ÉPICURE, ÉPICURIENS : 34, 61, 64, 235, 383, 1060, 1064-1066, 1076, 1081, 1095.

ÉRASME : V, VII, XLV, 3, 4, 55, 118, 1060, 1077.

ESPÉRANCE : XVIII, XXIV, 12, 16, 17, 61, 138, 149, 150, 179, 182, 187, 190, 204, 205, 220, 221, 254, 267, 323, 344, 383, 409, 417, 418, 447, 520, 526, 567, 569, 628, 631, 824, 831, 834, 859, 865, 895, 905, 974, 1014, 1065, 1071, 1075, 1118, 1130.

ESPRIT : III, V, VIII, IX, XI, XIII, XVI, XXVII,

INDEX

XXXVIII, XXXIX, XLVII, 13, 14n., 16, 22, 25, 29, 35, 37, 39, 43, 44, 52, 61, 62, 65, 69, 71, 73-76, 78, 80, 81, 83-87, 89, 90, 92, 93, 95-97, 105, 106, 109, 111, 116, 118, 120-122, 136, 138, 141, 143-150, 154, 158, 159, 161, 163, 165-167, 170, 173, 174, 176, 178, 185, 190, 191, 198-202, 206-209, 211, 215, 216, 219, 220, 222, 225, 226, 228-231, 233, 235, 238, 239, 247-255, 260, 261, 263-265, 270, 277, 279, 285, 300, 302, 324, 337, 339, 348, 349, 361, 370, 371, 379-381, 385, 387, 388, 391, 393, 395, 396, 401, 407, 408, 410, 412, 415, 418, 419, 422, 424, 449, 452, 454, 458, 459, 473, 477, 481, 484, 488, 489, 492, 503-505, 509-511, 514, 526, 535, 537, 556, 571, 574, 579, 583, 604, 608, 609, 611, 613, 618-620, 623-630, 640, 643, 645, 646, 649, 650, 659, 661, 662, 666-668, 682, 684, 685, 688, 693, 696-703, 706, 708, 709-712, 714, 715, 717, 718, 720, 721, 723, 726, 727, 730, 731, 732, 734, 738, 739, 747-754, 756, 757, 758, 760-765, 768, 769, 774, 778, 783, 784, 793, 797, 802, 804, 806, 808, 810-815, 821, 823, 827, 830, 831, 833, 836-839, 842, 844, 845, 847, 852, 853, 856, 858, 860, 868, 869, 876, 877, 879, 881-887, 892, 894, 896, 897, 904-906, 908, 909, 912, 917, 920, 921, 926, 928-930, 935, 936, 940-944, 948-951, 955, 959, 963, 964, 969-973, 975, 980, 985, 986, 987, 996, 999, 1007-1009, 1020, 1025, 1030, 1034, 1036, 1041, 1043, 1050, 1063, 1065, 1068, 1071-1075, 1078-1080, 1086, 1088, 1092, 1093, 1095, 1099, 1100, 1102, 1104, 1109, 1120, 1125, 1133, 1139, 1141, 1143, 1145-1148, 1150, 1151, 1153, 1155, 1156, 1158, 1160, 1163, 1166, 1170, 1171, 1173, 1174, 1176, 1177, 1180, 1183, 1190, 1191, 1202, 1207, 1210, 1214, 1216, 1217, 1220, 1222, 1223, 1225, 1238, 1247, 1252, 1260, 1264, 1268.

ESPRITS FORTS : XVIII, 12, 26, 638, 650, 659, 706, 941, 943, 945, 995, 1154, 1239, 1245-1251.

ESTIME : XXV, 50, 51, 73, 78, 87-89, 147-149, 203, 235, 243, 251, 252, 326, 331, 347, 362, 462, 538, 565, 566, 583, 663, 716, 737, 745, 796, 855, 1008, 1072, 1167.

ÉTABLISSEMENT : 528, 529, 540, 598, 745, 776, 797, 798, 826, 834, 848, 864, 920, 969, 1018, 1025, 1094, 1198, 1201.

ÊTRE (l') : XV, XXII, 8, 12.

EXEMPLE(S) : I, IV, VI-VIII, XI, XXV, XXXI, XLVI, 16, 25, 36, 49, 50, 57, 61, 66, 69, 93, 143, 155, 217, 221, 223, 225, 235, 251, 270, 295, 364, 402, 417, 418, 426, 450, 487, 488, 493, 497, 499, 612, 625, 715, 758, 812, 822, 857, 859, 879, 897, 918, 923, 1044, 1048, 1064, 1073, 1086, 1150, 1193, 1209, 1224.

EXTRAVAGANT(CE) : 188.

F

FAIBLES, FAIBLESSE : 53, 122, 135, 138, 145, 146, 150, 163, 171, 173, 175, 176, 178, 179, 186, 190, 191, 208, 213, 214, 218, 221, 226, 236, 246, 250, 251, 253, 263, 264, 279, 286, 331, 332, 347, 350, 365, 381, 383, 459, 462, 496, 507, 521, 538, 579, 597, 611, 620, 667, 708, 729, 732, 739, 742, 743, 746-748, 812, 829, 830, 832, 864, 867, 906, 941, 943, 995, 1008, 1015, 1044, 1045, 1079, 1081, 1091, 1099, 1103, 1141, 1155, 1158, 1166, 1167, 1200, 1233, 1234, 1239, 1246, 1247, 1251.

FANTAISIE : 332, 339, 367, 375, 376, 450, 495, 502, 745, 981, 983, 985, 1006, 1096, 1104, 1105, 1262.

FAT : 877, 883, 906, 1032, 1037, 1210, 1265.

FAUTES : 31, 138, 151, 177, 188, 221, 339, 340, 746, 828, 852, 881, 920, 1014, 1035, 1062.

FAVORI(S) : 103, 139, 219, 220, 747, 811, 832, 835, 1072, 1177, 1196, 1231.

FEMME(S) : XVIII, XLVI, XLVII, 28, 35, 36, 40, 50, 51, 66, 78, 84, 90, 106, 134, 141, 146, 152, 154-156, 159, 164-167, 170-173, 175, 184, 186, 190, 192, 198, 210, 213, 231, 358, 611, 620, 625, 627, 646, 647, 649, 659, 664, 671, 672, 681, 703, 717, 720, 722-724, 726-730, 732-735, 737, 738, 751, 763, 781, 784, 788, 789, 791, 794, 807, 819, 822, 823, 879, 899, 905-908, 910, 916, 925, 992, 994, 1005, 1011-1014, 1016, 1018, 1022, 1025, 1035, 1036, 1043, 1047, 1048, 1049, 1063, 1066, 1074, 1077, 1080, 1084, 1098, 1129, 1134, 1146, 1147, 1152, 1161, 1163-1165, 1172, 1180, 1183, 1188, 1221, 1257-1259, 1264, 1265.

FÉNELON : XLVII, 76, 77, 1067, 1153, 1236, 1242, 1243, 1245, 1248.

FIDÉLITÉ : 34, 50, 74, 157, MS 187, 228, 229, 502, 532, 560, 579, 629, 832, 1071.

FINANCE, FINANCIERS : 268, 1180.

FIN(E), FINESSE : 51, 64, 84, 89, 145, 146, 165, 169, 170, MNP 188, 215, 216, 238, 510, 511, 619, 624, 710, 752, 762, 797, 810, 824, 885, 972, 1078, 1088, 1125, 1141, 1172, 1181, 1248.

FLATTER, FLATTERIE, FLATTEUR(S) : XVIII, XXXII, 93, 135, 143, 145, 147, 148, 164, MS 183, 217, 670, 672, 677, 715, 794, 835, 880, 886, 1192.

FOI : V, XV, XX, 50, 76, 78, 98, 154, 202, 225, 236-238, 266-268, 294, 300, 303, 329, 338, 350, 354, 355, 357, 363, 364, 372, 373, 386, 402, 427, 428, 435, 446-448, 461, 480, 486, 487, 491, 496, 504, 515, 517, 518, 521, 524, 525, 560, 561, 576, 578, 582, 587, 591, 596, 610, 640, 912, 1039, 1068, 1081, 1097, 1103, 1106, 1108, 1214, 1217, 1243, 1246.

FOLIE, FOU : 17, 41, 68, 72, 93, 135, 152, 153, 155, 161, 162, 165, 170, 171, 173, 183, 191, 209, 250, 253, 267, 269, 301, 326, 330, 331, 334, 348, 363, 370, 401, 404, 405, 448, 451, 470, 479, 507, 524, 537, 694, 737, 739, 761, 786, 791, 812, 858, 859, 878, 898, 904, 919, 1010, 1074, 1077, 1078, 1083, 1091, 1098, 1099, 1103, 1120, 1142, 1174, 1193, 1223, 1229, 1230, 1232, 1260.

FORCE : IX, XXI, XXVI, XXXII, 7, 16, 43, 95, 120, 122, 136, 137, 145, 154, 156, 178, 204, 208, 215, 234, 236, 238, 247, 297, 335, 339, 343-349, 366, 371, 377, 425, 432, 443, 444, 454, 470, 475, 481, 500, 519, 526, 537, 538, 541, 547, 548, 569, 578, 579, 597, 624, 660, 662, 665, 677,

1309

709, 710, 716, 728, 747, 748, 784, 833, 868, 881, 941, 944, 947, 970, 1044, 1067, 1072, 1078, 1082, 1087, 1149, 1151, 1156, 1166, 1229.

FORTUNE : XI, XIV, 9, 12, 13, 16, 26, 29, 30, 42, 61, 62, 86, 88-90, 94, 97, 103, 119, 122, 134, 136, 137, 139, 140, 143, 148, 152, 153, 155, 162, 163, 165, 168-170, 172, 173, 179, 179-182, 185, 191, 200, 205, 210-213, 217, 219-221, 223, 226-228, 250, 251, 253, 260, 263, 266, 267, 271, 361, 454, 469, 566, 587, 629, 647, 651, 699, 714, 716, 717, 719, 722, 734, 741, 745, 755, 767, 769-774, 776-782, 792, 794-797, 799, 800, 802, 805-807, 809, 812, 819, 820, 823, 824, 827, 833, 834, 851, 857, 859, 860, 862, 865, 875, 887-889, 896, 908, 909, 912, 915, 916, 920-922, 930, 936, 947, 958, 964, 970, 974, 985, 1000-1002, 1037, 1038, 1046, 1047, 1050, 1060, 1062, 1064, 1071, 1077, 1080, 1084, 1088, 1092-1094, 1104, 1109, 1143, 1146, 1158, 1160, 1177-1180, 1188, 1198, 1210, 1215, 1236, 1254, 1265, 1266.

FOURBERIE : 715, 912, 1078.

G

GALANT, GALANTERIE(S) : 27, 36, 53, 141, 143, 159, 169, 177, 210, 213, 219, 231, 243, 726, 738, 906, 922, 990, 1001, 1007, 1013, 1015, 1016, 1018, 1040, 1048, 1066, 1069, 1074, 1151, 1163, 1167, 1212, 1255, 1257, 1258, 1266, 1267.

GÉNÉROSITÉ : XXIV, 35, 157, 207, 743.

GENS (HONNÊTES GENS) : III, XI, XII, XXI, 15, 45, 46, 53, 68, 87, 93, 1062, 1069, 1070, 1073, 1076, 1089.

GLOIRE : 41, 52, 87, 96, 104, 109, 134, 145, 148, 152-155, 159, 179, 180, 204, 210, 212, 213, 218, 220-222, 225, 226, 228, 230, 236, 251, 254, 261, 262, 267, 279, 299, 300, 322, 333, 334, 338, 341, 346, 349, 355, 361, 363, 365, 366, 391, 393, 397, 399, 402, 410, 454, 462, 463, 469, 486, 499, 501, 507, 515, 522, 538, 541, 543, 548, 555, 557, 574, 579, 581, 587, 653, 663, 687, 711, 715,

718, 719, 721, 722, 732, 775, 777, 808, 820, 821, 826, 827, 834, 853, 882, 886, 892, 896-898, 904, 963, 970, 974, 1013, 1045, 1070, 1071, 1074, 1112, 1130, 1154, 1161, 1206, 1210, 1225.

GOÛT(S) : XXVI, XLVII, 13, 14, 22, 23, 25, 53, 55, 82-84, 90, 96, 122, 136, 139, 142, 144, 150, 157, 158, 168, 180, 191, 198, 201, 205, 206, 209, 210, 213, 214, 217, 218, 226, 234, 237, 253, 460, 474, 478, 638, 643, 646, 647, 650, 659-661, 696-698, 700, 705, 708, 709, 712, 715, 721, 724, 725, 728, 730, 732, 738, 739, 741, 745, 749, 754, 757, 761, 763, 765, 771, 789, 807, 816, 818, 838, 839, 845, 865, 870, 872, 874, 884, 900, 904, 906, 933, 936, 943, 945, 967, 968, 981, 986, 987, 990, 998, 999, 1006, 1009, 1014, 1029, 1048, 1067, 1069, 1077, 1078, 1082, 1085, 1087, 1150, 1151, 1166, 1171, 1174-1177, 1184, 1186, 1190, 1193, 1196, 1205, 1207, 1217, 1223, 1228, 1229, 1241, 1248, 1264, 1266.

GOUVERNEMENT : 219, 221, 222, 603, 825, 826, 834, 836, 851, 853, 969, 1070, 1169, 1201.

GRÂCE(S), BONNE GRÂCE : 27, 53, 55, 73, 78, 97, 123, 124, 134, 141, 154, 159, 200, 205, 211, 214, 216-218, 221, 222, 234, 237, 252, 260, 263, 286, 299, 324, 336, 357, 367, 383, 386, 399, 417, 429, 438, 439, 445, 446, 473, 480, 494, 496, 499, 508, 523, 526, 528, 537, 542, 547, 562, 564, 575-577, 579, 583, 586, 590, 592, 601, 602, 611, 667, 672, 683, 692, 712, 719, 720, 749, 796, 797, 800, 812, 819, 859, 880, 891, 905, 912, 919, 934, 971, 974, 980, 994, 1000, 1016, 1034, 1062, 1072, 1077, 1087, 1089, 1100, 1103, 1106, 1111, 1112, 1115, 1116, 1123, 1125, 1135, 1189, 1204, 1227, 1235, 1252, 1253.

GRANDEUR : XVI, 57, 64, 81, 85, 86, 88, 90, 219, 220, 222, 225, 227, 228, 231, 250, 253, 267, 298, 304, 321, 324, 326, 331, 349, 351-353, 356, 359, 361, 365, 366, 377, 384, 391, 406-408, 417, 448, 450, 453, 466, 476, 491, 493, 498, 500, 527, 528, 530, 538, 539, 564, 577, 620, 629, 630, 647, 649, 665, 722, 723, 732, 760, 770,

798, 816, 823, 841, 846, 859, 896, 941, 948, 951, 953, 957, 1038, 1044, 1050, 1071, 1094, 1099, 1127, 1144-1146, 1156, 1159, 1162, 1164, 1170, 1194, 1201, 1204, 1210, 1225, 1239, 1255.

GRANDS : XVIII, XXIV, 10, 15, 67, 94, 244, 251, 253, 254, 296, 334, 340, 344, 407, 500, 537, 584, 589, 590, 648, 652, 667, 690, 700, 702, 706, 711, 714, 715, 721, 730, 751, 760, 791, 794, 798, 802, 807, 811-820, 822-825, 833, 834, 855, 890, 895, 896, 904, 909, 911, 912, 914, 943, 944, 958, 964, 974, 990, 1001, 1018, 1043, 1067, 1094, 1124, 1146, 1186, 1189, 1191, 1192, 1197, 1214, 1220, 1221, 1231, 1245, 1248.

GRANDS HOMMES : 228, 232, 278, 716, 998.

GUERRE, GUERRIER : XVIII, 12, 29, 44, 83, 87, 89, 90, 142, 170, 181, 184, 197, 207, 211-213, 219, 222-224, 227, 237, 285, 295-297, 326, 335, 336, 339, 347, 358, 363, 406, 468, 470, 480, 509, 518, 548, 576, 583, 585, 596, 648, 690, 692, 718, 719, 733, 760, 764, 781, 788, 823, 827, 828, 837, 874, 893, 896, 897, 899, 922, 926, 930, 936, 974, 991, 1007, 1028, 1062, 1085, 1090, 1097, 1098, 1118, 1136, 1161, 1173, 1176, 1195, 1196, 1198, 1200, 1202, 1215, 1218, 1226, 1227, 1233-1235, 1267.

H

HABILE HOMME, HABILE(S), HABILETÉ : 13, 86, 90, 135, 140, 145, 146, 149, 152, 157, 159, 160, 165, 170, 178, 185-188, 202, 215, 222, 226, 246, 251, 252, 794, 797, 815, 816, 824, 885, 1001, 1008, 1043, 1061, 1073, 1088, 1264.

HAINE : 30, 88, 103, 121, 137, 139, 141, 164, 180, 219, 220, 230, 297, 329, 334, 384, 421, 446, 530, 731, 741, 744-746, 855, 857, 862, 891, 923, 930, 963, 1002, 1007, 1089, 1104, 1105, 1136, 1166.

HÉRACLITE : XXXV, 10, 648, 897, 1059.

HÉROS : 137, 139, 151, 154, 178, 260, 271, 279, 628, 697, 718, 719, 798, 828, 829, 885, 891, 895, 930, 936, 1043-1045,

1071, 1076, 1088, 1094, 1147, 1204, 1241, 1266.

HONNÊTETÉ, HONNÊTE HOMME : XII, XXIV, XLVII, XLVIII, 5, 18, 19, 30, 31, 34, 36, 38, 76, 81 et n.-88, 90, 92, 94, 96, 103, 110, 123-125, 143, 149, 152, 162, 165, 167, 184, 196, 199, 202, 203, 209, 230, 244, 247, 255, 260, 261, 263, 278, 298, 300, 465, 472, 484, 492, 495, 517, 522, 646, 700, 717, 721, 725, 754, 759, 792, 811, 821, 823, 844, 884, 890, 923, 925, 945, 1001, 1016, 1029, 1044, 1062, 1063, 1068, 1069, 1074, 1077, 1083, 1085, 1088, 1092, 1093, 1098, 1104, 1120, 1127, 1153, 1156, 1160, 1165, 1170, 1173, 1174, 1187, 1188, 1222, 1254, 1268.

HONNEUR : XXVIII, 9, 12, 17, 18, 33, 35, 37, 45, 60, 83, 84, 94, 134, 136, 149, 150, 153-155, 159, 160, 184, 217, 230, 234, 235, 240, 262, 266, 278, 361, 503, 507, 521, 549, 559, 608, 611, 678, 681, 687, 716, 755, 831, 840, 855, 865, 892, 904, 911, 920, 922, 939, 962, 967, 1002, 1008, 1014, 1039, 1048, 1060, 1080, 1081, 1086, 1140, 1234.

HUMANITÉ : XV, XXII, 10, 84, 123, 199, 293, 295, 449, 486, 500, 574, 595, 608, 700, 833, 847, 872, 973, 1068, 1071, 1106, 1111, 1198, 1213.

HUMEUR : XVII, 28, 30, 35, 37, 103, 119, 122, 123, 135, 136, 139, 140, 153, 156, 161, 170, 172, 176, 198, 206, 207, 214, 215, 217, 225, 229, 231, 252, 277, 341, 377, 450, 454, 684, 699, 712, 729, 732, 736, 747, 749, 758, 762, 763, 792, 824, 829, 837, 839, 845, 889, 994, 995, 1018, 1041, 1046, 1073, 1075, 1079, 1081, 1084, 1093, 1200, 1206, 1220, 1237, 1262.

HUMILITÉ : 64, 73, 157, 166, 264, 277, 302, 332, 367, 473, 484, 530, 540, 575, 578, 854, 1078, 1080, 1106, 1125, 1157.

HYPOCRISIE, HYPOCRITE : 67, 112, 114, 121, 155, 239, 240, 566, 912, 913, 920, 990, 1061, 1066, 1078, 1249, 1254.

I

IMAGINATION : 61, 89, 160, 176, 178, 215, 218, 226, 229, 262, 293, 301, 334, 335, 340, 346, 377, 450, 451, 454, 474, 509, 525, 563, 589, 638, 642-644, 647, 652, 710, 712, 727, 754, 762, 850, 881, 893, 939, 947, 949, 953-955, 1000, 1004, 1016, 1017, 1028, 1030, 1033, 1104, 1151, 1170, 1172, 1175, 1176, 1178, 1194, 1199, 1208-1210, 1223, 1238, 1248, 1250, 1255, 1268.

IMITATION : 24, 185, 200, 252, 799.

INCLINAISON : 28, 49, 50, 51, 201, 381.

INCONSTANCE : 34, 150, 180, 186, 204, 206, 216, 217, 292, 293, 330, 331, 338, 342, 379, 906.

INDUSTRIE : 19, 93, 208, 211, 714, 747, 774-776, 781, 846, 867, 912, 1029, 1062, 1070, 1100, 1264.

INFINI : 291, 293, 341, 342, 357, 367, 377-379, 474, 476, 483, 497, 501, 514, 515, 958, 1147.

INGRATITUDE : 143, 154, 161, 247, 279, 525, 545, 838, 1033.

INJUSTICE : XXIV, 36, 45, 84, 87, 135, 139, 174, 182, 217, 265, 271, 295, 298, 326, 329, 341, 342, 345, 365, 367, 434, 442, 463, 467, 468, 476, 523, 568, 627, 628, 678, 838, 847, 856, 890, 909, 922, 958, 959, 962, 1005, 1009, 1047, 1099.

INQUIÉTUDE : 98, 231, 238, 278, 292, 299, 325, 331, 459, 470, 507, 521, 524, 525, 629, 631, 639, 685, 690, 715, 805, 839, 862, 917, 924, 928, 1004, 1243.

INTÉRÊT : II, V, XV, XXXIII, 7, 37, 40, 66, 72, 80, 83, 84, 87, 88, 90, 92, 93, 110, 120, 121, 134, 135, 138, 140, 142, 145, 149, 151, 155, 157, 159, 162, 168, 176, 177, 180, 182-186, 190, 198, 199, 203, 205, 212-215, 217, 219, 223-227, 231, 235, 237, 249, 251, 262, 278, 279, 289, 297, 343, 489, 506, 519, 566, 583, 603, 612, 626, 678, 679, 690, 706, 714, 720, 723, 729, 733-735, 738, 740, 745, 746, 748, 750, 765, 772, 774, 775, 777-779, 793, 796, 797, 801, 807, 824, 826, 827, 830, 831, 835, 837, 847, 856, 882, 896, 897, 911, 912, 918, 924, 939, 944, 962, 969, 970, 974, 990, 991, 998, 1062, 1068, 1073, 1075, 1079, 1085, 1093, 1190, 1212, 1216, 1226, 1247, 1256.

J

JALOUSIE, JALOUX(SE) : 36, 38, 42, 47, 50, 90, 105, 107, 121, 126, 135, 137, 159, 163, 164, 166, 170, 173, 175, 178, 189, 192, 205, 206, 209, 213, 225, 464, 533, 699, 727, 731, 739, 742, 758, 798, 824, 839, 844, 857, 873, 891, 897, 936, 1070-1072, 1076, 1080, 1087, 1142, 1168, 1190, 1200.

JEUNESSE, JEUNES GENS, JEUNES FEMMES : XLV, 6, 10, 17, 27, 31, 67, 92, 109, 144, 158, 159, 165, 167, 171, 173, 174, 177, 205, 215, 217, 219, 269, 333, 337, 379, 623, 674, 676, 691, 697, 710, 714, 719, 724, 727, 732, 739, 762, 763, 768, 808, 845, 849, 860, 862, 863, 880, 928, 929, 971, 1002, 1015, 1028, 1034, 1048, 1066, 1087, 1203.

JOIE : 27, 49, 62, 74, 205, 230, 239, 302, 303, 361, 481, 507, 520, 525, 537, 556, 557, 564, 684, 694, 730, 738, 744, 802, 805, 836, 845, 901, 912, 913, 920, 930, 931, 974, 1031, 1033, 1065, 1066, 1133.

JUGEMENT(S), JUGER : XVIII, XLIV, 50, 60, 71, 91, 118, 142-144, 153, 159, 160, 174, 206, 232, 238, 246, 247, 249, 252, 271, 294, 336, 399, 449, 450, 465, 477, 490, 511, 519, 531, 537, 541, 544, 558, 572, 575, 603, 612, 645, 648, 659, 663, 700, 754, 757, 762, 837, 853, 873, 875, 882, 884, 891, 892, 967, 968, 983, 985, 992, 1005, 1025, 1043, 1046, 1068, 1072, 1075, 1079, 1091, 1092, 1101, 1116, 1123, 1128, 1131, 1145, 1146, 1148, 1150, 1169, 1180, 1186, 1193, 1197, 1215-1218, 1222, 1224, 1226, 1234, 1250, 1268.

JUSTESSE : XIV, XVI, 209, 215, 234, 383, 510, 577, 699, 710, 819, 878, 880, 998, 1030, 1145, 1146, 1149, 1152, 1153, 1156, 1191, 1192.

JUSTICE : 84, 86, 87, 182, 186, 228, 231, 251, 252, 262, 279, 286, 294-297, 332, 334-336, 339-341, 344-346, 348, 349, 356, 363, 384, 396, 447-449, 452, 467, 493, 502, 514, 542, 547, 554, 557, 565-567, 575, 578-580, 582, 588, 597, 609, 647, 674, 681, 712, 729, 834, 835, 866, 872, 890, 922, 944, 946, 959, 966, 972, 1001, 1005, 1006, 1009, 1013,

L

LA FONTAINE : IX, XIII, XIV, XLVII, XLVIII, 66, 80, 82, 84, 637, 653, 1074, 1084, 1087, 1092, 1094, 1149, 1153, 1155, 1161, 1166, 1167, 1181, 1190, 1196, 1212, 1214, 1215, 1223, 1224, 1233, 1235, 1238-1240, 1242, 1252, 1253, 1258, 1259, 1264.

LA SERRE (Puget de) : VII, VIII, XLVII, 6, 55, 56, 60, 1063-1065.

LÂCHETÉ : 1078.

LANGAGE : XXX, XXXVII, 11, 56, 84, 91, 93, 113, 165, 304, 338, 461, 479, 481, 482, 619, 620, 628, 644, 666, 670, 691, 750, 754, 780, 835, 855, 863, 865, 878, 939, 982, 985, 990, 1002, 1005, 1021, 1036, 1044, 1092, 1141, 1146, 1167, 1172, 1175, 1189, 1190, 1198, 1235, 1237, 1238, 1252.

LA SABLIÈRE (Mme de) : XLIII, XLVII, XLVIII, 65, 1066, 1094.

LÉGÈRETÉ : 150, 180, 186, 208, 216, 409, 726, 732, 898, 906, 907, 945, 1196, 1203.

LIBÉRALITÉ : 149, 158, 197, 211, 856, 890, 1017, 1040.

LIBERTÉ : III, VI, XXIV, XXIX, XLIV, 12, 18, 19, 34, 57, 81n., 82, 91, 115, 122, 155, 163, 186, 198, 200-203, 211, 212, 219, 223-226, 230, 233, 248, 252, 271, 303, 395, 439, 516, 541, 576, 626, 628, 663, 668, 706, 707, 715, 722, 731, 745, 747, 754, 763, 789, 827, 833, 837, 881, 894, 904, 959, 975, 984, 986, 988, 992, 1027, 1065, 1086, 1107, 1123, 1176, 1195, 1201, 1251, 1268.

LIBERTINAGE, LIBERTIN(S) : XVI, 26, 66, 68, 82, 83, 190, 278, 372, 587, 785, 861, 871, 906, 907, 942, 943, 947, 948, 964, 1062, 1231, 1246-1248, 1251.

LIVRE(S) : III, V, X, XII, XV, XIX, XXVI-XXVIII, XXXI, XXXIII, XLIII, 4, 5, 13, 21, 22, 24, 25, 52, 57, 64, 65, 68, 69, 76, 77, 83, 91, 97, 192, 262, 264, 266, 270, 286, 335, 355, 366, 378, 389, 406, 408, 412, 413, 415, 423, 424, 476, 498, 503, 527, 531, 532, 539, 540, 554, 558, 560, 564, 567, 613, 641, 651, 652, 660, 661, 664, 665, 668, 693, 694, 696, 700, 702, 703, 710, 768, 769, 777, 877, 902, 917, 933, 934, 940, 945-947, 965, 986, 987, 994, 996, 999, 1002, 1005, 1025, 1035, 1046, 1060, 1096, 1101, 1104, 1105, 1106, 1109, 1143, 1152, 1169, 1178, 1215, 1220, 1225, 1229, 1235, 1240, 1247, 1251, 1253, 1255.

LOIS : 9, 12, 17, 19, 34, 43, 46, 52, 53, 57, 67, 71, 93, 113, 173, 203, 212, 262, 268, 294, 295, 301, 302, 321, 334, 339-341, 386, 390, 392-394, 399, 402, 403, 405, 407, 410, 416, 419, 421, 423, 424, 431, 449, 450, 451, 462, 465, 480, 481, 505, 508, 531, 535, 536, 542, 562, 565, 569, 575, 576, 585, 600, 610, 666, 695, 732, 751, 784, 807, 826, 835, 837, 845, 866, 874, 878, 915, 922, 924, 925, 930, 959, 963, 1013, 1021, 1059, 1062, 1072, 1075, 1085, 1086, 1098, 1099, 1107, 1108, 1126, 1132, 1177, 1182, 1186, 1197, 1202, 1218, 1233.

LOUANGE(S), LOUER : XXIV, 20, 140, 143, 147, 148, 150, 152, 156, 159, 160, 163, 166, 170, 183, 191, 192, 213, 216, 251, 254, 445, 461, 555, 611, 670, 680, 703, 757, 798, 805, 815, 816, 853, 873, 931, 968, 973, 974, 984, 996, 1008, 1075, 1140, 1172, 1192, 1217.

LUXE : 185, 770, 835, 860.

M

MACHINE : 299, 300, 328, 329, 345, 514, 639, 642, 705, 795, 850, 951, 1097, 1099, 1127, 1183, 1186.

MAGISTRAT(S) : 295, 335.

MAGNANIMITÉ : 157, 160, 185, 1071.

MAINTENON (Mme de) : XLVII, 79, 80, 1095.

MAÎTRESSE(S) : 35-37, 41-48, 50, 144, 162, 164, 167, 186, 225, 333, 335, 628, 631, 739, 864, 875, 1044, 1134, 1189, 1209, 1229, 1258.

MALADE, MALADIE : 19, 73, 87, 151, 160, 161, 187, 189, 204, 206, 208, 218, 287, 326, 334, 336, 358, 387, 426, 470, 489, 610, 663, 685, 842, 849, 865, 868, 882, 948, 1023, 1061, 1065, 1087, 1144, 1175, 1195, 1239, 1244, 1256.

MALEBRANCHE : II, 276, 618, 621, 1069, 1071, 1095, 1141, 1153, 1157, 1203, 1204, 1214, 1223, 1231, 1248, 1250.

MALHEUR, MALHEUREUX : XXVI, 73, 86, 88, 106, 139, 140, 150, 158, 169, 171, 172, 174, 176, 180-183, 192, 193, 214, 225, 226, 235, 236, 262, 292, 325, 333, 334, 338, 352, 356, 358-361, 364, 369, 370, 439, 446, 447, 458, 473, 475, 492, 500, 502, 506, 519, 520, 522, 524, 530, 566, 589, 598, 684, 738, 743, 752, 761, 775, 801, 813, 868, 949, 1000, 1030, 1064, 1066, 1068, 1115, 1125.

MALIGNITÉ : 208, 215, 248, 253, 265, 269, 400, 401, 452, 500, 583, 590, 818, 819, 879, 965, 1041, 1078, 1086.

MANIÈRES : IX, 89, 90, 200-202, 206, 207, 209, 216, 263, 625, 682, 749, 757, 804, 812, 845, 876, 882, 1086, 1093.

MARIAGE : 144, 220, 221, 223, 445, 482, 508, 546, 665, 717, 758, 778, 848, 917, 920, 935, 1009, 1016, 1018, 1019, 1022, 1029, 1030, 1040, 1048, 1075, 1125, 1164, 1167, 1174, 1175, 1179, 1252, 1259.

MÉCHANCETÉ : 18, 160, 1076, 1078.

MÉCHANT : 61, 72, 87, 185, 204, 247, 267, 302, 349, 387, 391, 473, 533, 550, 554, 562, 591, 596, 598, 612, 940, 958, 1091, 1114, 1120, 1138, 1178, 1180, 1250.

MÉDISANCE : 265, 597, 680, 692, 964, 1001, 1013, 1014, 1029, 1048, 1049, 1254, 1258.

MÉMOIRE : VIII, 142, 162, 226, 229, 472, 477, 541, 555, 557, 559, 651, 691, 701, 702, 731, 762, 764, 788, 808, 832, 833, 850, 853, 863, 884, 903, 927, 929, 934, 939, 940, 967, 969, 970, 972, 973, 1002, 1018, 1028, 1037, 1076, 1078, 1146, 1230.

MENSONGE : XIX, 10, 140, 264, 324, 334, 489, 537, 558, 568, 576, 583, 593, 597, 641, 677, 726, 778, 810, 846, 882, 930, 982, 1040, 1074, 1085, 1098, 1114, 1118, 1130, 1131, 1138, 1248.

MÉPRIS : 7, 26, 75, 84, 88, 136, 139, 178, 179, 222, 239, 253, 264, 265, 267, 269, 270, 329, 353, 496, 506, 521, 541, 603, 646, 660, 678, 715, 727, 738,

769, 784, 796, 798, 815, 844, 855, 860, 867, 877, 948, 1002, 1015, 1016, 1043, 1071, 1111, 1143, 1155, 1264.

MÉRÉ (Chevalier de) : II, XVIII, XIX, XXIV, XLVII, 82-85n., 1069.

MÉRITE : XXV, 33, 38, 43, 81, 86, 87, 95, 139, 142, 143, 147-149, 156, 159-162, 168, 169-172, 174, 175, 187, 189, 199, 202, 213, 214, 216, 217, 219, 228, 235, 236, 246, 263, 264, 270, 271, 279, 324, 339, 347, 442, 468, 532, 576, 580, 646, 652, 661, 687, 696, 699, 700, 711, 713, 715-717, 719, 721, 723, 725, 734, 737, 738, 752, 757, 760, 767, 776, 777, 778, 785, 788, 789, 793, 796, 798, 802, 811, 814, 816, 819, 833, 854, 855, 857, 869, 873, 877, 879-881, 883, 884, 886, 891, 904, 905, 908, 909, 912, 920, 937, 962, 966, 967, 969-971, 973, 991, 994, 1001, 1038, 1045-1047, 1068, 1075, 1077, 1087, 1088, 1093, 1135, 1146, 1158, 1159, 1162, 1171, 1173, 1175, 1183, 1185, 1192, 1216, 1234, 1254, 1267.

MISÈRE(S) : XVI, XIX, 5, 17, 74, 88, 103, 124, 179, 183, 213, 214, 218, 219, 235, 236, 239, 269, 285, 298, 299, 302, 321, 325, 327-329, 338, 342, 352, 353, 357, 359, 361, 365, 366, 374-376, 383, 386, 389, 393, 397, 409, 417, 462, 466, 468-470, 472, 498, 521, 524, 527-530, 539, 565, 579, 609-611, 649, 744, 754, 767, 773, 775, 790, 791, 804, 824, 856, 857, 882, 926, 943, 948, 960, 991, 1038, 1072, 1098, 1099, 1128, 1168, 1169, 1183, 1188, 1202-1204, 1209, 1213, 1225, 1248.

MITON (ou MITTON) : XLVII, 82-84n, 86, 1068.

MODE : IX, XXIII, XXXIII, XLVI, 13, 23, 40, 52, 53, 69, 89, 91, 97, 111, 246, 251, 296, 332, 340, 625, 823, 874, 900, 904, 906-908, 913, 926, 1016, 1036, 1044, 1069, 1146, 1161, 1163, 1182, 1228, 1229, 1231, 1234, 1244, 1254, 1255, 1257-1260, 1263, 1266, 1267.

MODÈLE : VI, 72, 211, 212, 298, 322, 339, 460, 475, 620, 624, 643, 669, 885, 895, 909, 938, 966, 1064, 1073, 1077, 1088, 1099, 1152, 1157, 1242.

MODÉRATION : 161, 162, 181, 235, 244, 796, 859, 876, 896, 1071, 1083.

MODERNES : XXVI, XXXVIII, 660, 696, 999, 1046, 1146, 1150, 1153, 1154, 1145, 1211, 1225, 1253, 1260.

MODESTIE : 183, 229, 503, 589, 698, 713, 715, 716, 719, 722, 723, 731, 755, 791, 800, 821, 832, 853, 854, 856, 879, 975, 1014, 1035, 1049, 1158, 1164.

MONDE : II, XII, XIV, XVII, XXIII-XXVI, XXXIII, XXXVI, XL, 8, 10, 12, 15, 18, 29, 30, 33, 35, 38, 43, 62, 64, 68, 72-79, 84-87, 89, 90, 91, 94-98, 104, 110, 135, 139, 140, 149, 153, 159, 160, 172, 184, 208, 211, 214, 217-221, 223, 226, 230, 234, 235, 239, 243, 246, 251, 255, 262-265, 267-271, 273, 279, 292, 293, 296, 300, 323, 327, 334-337, 339, 341, 343, 345, 349, 355, 358, 365, 377, 379, 389, 390, 396, 402, 410, 412, 414, 436, 444, 452-454, 461, 464, 468, 473, 478, 482, 486, 490, 492, 493, 498, 503, 504, 511, 515, 520, 521, 526, 527, 531, 535-541, 556, 564, 565, 571, 576, 581, 582, 584, 586, 597, 600, 601, 603, 608, 612, 613, 619, 623, 641, 645-647, 659, 663, 664, 673, 685, 694, 700, 717, 720, 730, 733, 748, 750, 761, 765, 767, 770, 771, 778, 779, 784, 790, 798, 807, 809, 810, 812, 832, 838, 844, 847, 854, 857, 858, 862, 874, 876, 885, 886, 889, 895, 899, 915, 916, 920, 937, 940, 942, 944, 948, 949, 951, 954, 957, 960, 987, 990, 991, 999, 1000, 1002, 1005, 1006, 1013, 1015, 1016, 1018, 1034, 1042, 1044, 1046, 1050, 1059, 1061, 1062, 1067, 1070, 1074, 1078, 1079, 1082, 1085, 1094, 1097, 1103, 1107, 1108, 1115, 1124, 1127, 1129, 1130, 1139, 1143, 1146, 1147, 1151, 1153, 1158, 1166, 1169, 1171, 1176, 1177, 1180-1183, 1189, 1191, 1203, 1217, 1221, 1224, 1225, 1229, 1233, 1237, 1247, 1253, 1255.

MONTAIGNE : I-IV, VI-VIII, XII-XIV, XX, XXV, XXVII, XXIX, XXXV, XL, XLV, 5, 21, 55, 64, 79, 84, 96, 109, 110, 237, 285, 292, 294, 326, 346, 388, 403, 439, 440, 449, 458, 472, 475, 478, 489, 495, 583, 638, 705, 756, 983, 987, 1059, 1060, 1069, 1070, 1072, 1074-1079, 1083, 1086,

1091-1093, 1096-1100, 1104, 1117, 1119, 1141, 1144, 1153, 1156-1158, 1168, 1173, 1174, 1176, 1195, 1197, 1198, 1200, 1203, 1204, 1207-1209, 1214, 1217, 1221, 1223-1226, 1237, 1239, 1245, 1248, 1249, 1253, 1265, 1268.

MOQUERIE : 761, 856.

MORALE : I-IV, IX, X, XIV, XVI, XX, XXII-XXV, XXIX, XXXI, XXXVIII, XL, XLVII, 3, 5, 26, 34, 36, 57, 67, 69, 75, 79, 81n., 84, 104, 230, 268, 285, 286, 293, 294, 297-303, 321, 325, 331, 374, 381, 386, 389, 390, 416, 443, 452, 466, 476, 479, 482, 486, 499, 511, 535, 573, 598, 602, 641, 660, 667, 695, 696, 705, 887, 936, 938, 945, 992, 1035, 1062, 1064, 1065, 1067, 1068, 1074, 1076, 1080, 1082, 1091, 1095, 1111, 1159, 1165, 1175, 1214, 1218, 1232, 1245.

MORT : XVI, XXI, XXVIII, XXXVII, XLIII, XLVII, 5-7, 11, 12, 17, 31, 61, 62, 66, 75, 79, 82, 83, 87, 92, 94, 95, 97, 109, 136, 137, 153-155, 166, 179, 184, 190, 211-213, 220, 236, 267, 289, 293, 295, 297, 325, 327, 332, 333, 339, 355, 357-359, 361, 364, 383, 389, 391, 396, 397, 401, 408-410, 412, 417, 418, 431, 445, 446, 449, 474-476, 482, 486, 499, 502, 505, 507, 520, 521, 523-525, 532, 533, 543, 571, 583, 601, 611, 619, 643, 649, 682, 716, 731, 737, 766, 771, 773, 774, 779, 781, 821, 825, 828, 833, 838, 845, 848, 849, 861, 868, 889, 897, 924, 943, 948, 982, 986, 998, 1004, 1032-1034, 1062, 1064, 1065, 1071, 1081, 1083, 1085, 1101, 1105, 1124, 1129, 1182, 1188, 1203, 1208, 1227, 1232, 1234, 1237, 1250.

N

NAISSANCE : 33, 73, 86, 87, 151, 169, 184, 198, 212, 220, 225, 267, 286, 346, 347, 406, 414, 509, 572, 623, 684, 702, 703, 717, 718, 723, 738, 766, 767, 770, 778, 780, 812, 821, 825, 834, 836, 921, 937, 949, 962, 1033, 1038, 1060, 1068, 1106, 1151, 1180, 1190, 1193, 1235, 1239, 1267.

NATURE, NATUREL(S) : XI, 18, 19, 56, 90, 135, 138, 139, 148,

1314 INDEX

151, 155, 159, 166, 167, 172, 177, 181, 182, 184, 192, 200, 201, 210-212, 217, 218, 252, 253, 267, 270, 469, 610, 642, 723, 1093, 1142, 1144, 1145, 1148, 1149, 1152, 1155, 1221.

NOBLESSE : 17, 189, 207, 254, 270, 349, 737, 785, 820, 821, 913, 915, 916, 957, 1018, 1021, 1084, 1092, 1094, 1232, 1234, 1235, 1255, 1262, 1266.

NOUVEAUTÉ : XVII, 180, 205, 217, 218, 355, 440, 589, 628, 631, 665, 667, 677, 694, 703, 710, 750, 794, 826, 873, 907, 948, 971, 981, 987, 991, 994, 1022, 1044, 1089, 1145, 1254.

O

OCCUPATION(S) : 218, 344, 443, 502, 519, 539, 588, 627, 998, 1046, 1120.

OISIVETÉ : 29, 226, 715, 851, 894, 937, 960, 1225.

OPINIÂTRETÉ : 156, 158, 201, 250, 254, 263, 893, 1079.

OPINION(S) : XV, 17, 26, 66, 136, 150, 155, 156, 187, 202, 205, 213, 221, 227, 230, 232, 235, 236, 240, 252, 263, 264, 266, 268, 269, 276, 294, 321, 332, 334, 335, 346-348, 454, 458, 474, 478, 481, 493, 519, 573, 588-590, 594, 661, 688, 710, 715, 724, 725, 734, 761, 763, 765, 822, 823, 835, 854, 890, 892, 904, 912, 925, 1039, 1065, 1070, 1072, 1079, 1080, 1097, 1126, 1136, 1157, 1189, 1215, 1221, 1247, 1258, 1268.

ORGUEIL : 64, 72, 73, 91, 107, 108, 118, 138, 149, 154-157, 159, 160, 166, 173-175, 181,- 183, 185, 217, 226, 232, 233, 235-239, 264, 275, 278, 280, 342, 344, 365, 366, 383, 384, 417, 452, 453, 469, 473, 484, 494, 501, 539, 579, 652, 689, 777, 804, 859, 873, 909, 931, 1066, 1072, 1077, 1080, 1097, 1101, 1103, 1105, 1232, 1246, 1265.

P

PARAÎTRE (le) : XV, XXII, 136, 140, 152, 158, 166, 171-174, 176, 179, 182, 184, 187, 200, 209, 210, 619, 1080.

PARESSE : XIII, 136, 149, 156, 158, 159, 161, 169, 176, 186, 187, 189, 208, 226, 383, 494, 714, 732, 735, 746, 747, 751, 843, 851, 853, 860, 868, 1028, 1083, 1105, 1214.

PAROLE : III, XIII, XXXVII, XXXIX-XLI, XLIX, 28, 29, 50, 65, 71, 74, 75, 82, 111, 140, 147, 157, 201-203, 206, 226, 227, 231, 235, 238, 246, 247, 250, 252, 378, 414, 430, 447, 495, 497, 502, 532, 537, 540, 543, 544, 547, 554, 558, 574, 592, 593, 601, 620, 627, 630, 641, 643, 644, 650, 667, 669, 670, 672, 681, 683, 686, 692, 695, 700, 713, 732, 744, 747, 751, 754, 755, 757, 764, 765, 769, 779, 783, 785, 794, 804, 808, 840, 847, 854, 882, 903, 908, 914, 934, 936, 940, 941, 949, 967, 969, 970, 987, 1008, 1036, 1040, 1064, 1102, 1109, 1123, 1125, 1130, 1133, 1143-1145, 1148, 1151, 1166, 1170, 1175, 1220, 1223, 1233, 1242, 1243, 1245.

PASSIONS : II, XLV, XLVI, 13, 14n., 17, 19, 25, 37, 48, 51-53, 60, 67, 72, 74, 79, 93, 97, 108, 118, 120-122, 126, 135-137, 141, 145, 151, 158, 159, 164, 165, 170, 173-178, 180, 181, 184, 186, 189, 191, 205, 206, 208, 219, 220, 230, 231, 235, 249, 255, 265, 266, 268, 278, 293, 300, 322, 326, 336, 351, 352, 358, 360, 362, 393, 396, 408, 412, 436, 463, 464, 468, 470, 472, 492, 494, 517, 526, 565, 566, 580, 595, 608, 609, 619, 620, 623-626, 628-630, 660, 666, 667, 669, 673, 678, 688, 689, 691, 699, 708, 709, 723, 724, 726, 730, 732, 735, 738-743, 747-749, 753, 762, 769, 776, 792, 794, 807, 818, 824, 829, 847, 850, 857, 862, 863, 868, 871, 881, 884, 892, 900, 903, 912, 923, 928, 929, 964, 980, 999, 1004, 1013, 1018, 1025, 1030, 1033, 1035, 1061, 1066, 1070, 1072, 1073, 1076, 1079, 1080, 1082, 1087, 1091, 1093, 1099, 1103, 1117, 1120, 1126, 1142, 1144, 1147, 1164, 1166, 1167, 1177, 1182, 1186, 1187, 1205, 1217, 1229, 1253.

PATIENCE : 52, 222, 511, 554, 672, 710, 731, 831, 860, 895, 908, 1004, 1210.

PAUVRETÉ : 62, 88, 103, 139, 235, 264, 572, 579, 587, 588, 651, 668, 759, 770, 772, 776, 816, 844, 846, 868, 919, 948, 1037, 1065.

PÉCHÉ(S) : XVI, 30, 67, 71, 72, 73, 77, 78, 134, 189, 237, 356, 357, 374, 383, 395, 396, 400, 408, 410, 433, 463, 465, 467, 478, 479, 482, 490, 494, 502, 503, 505, 518, 525, 529, 537, 542, 546, 552, 555, 558, 565, 574, 575, 581, 582, 588, 594, 597, 598, 601, 612, 619, 908, 1066, 1100, 1106, 1108, 1113, 1116, 1117, 1131, 1134, 1135, 1138.

PERFECTION : 147, 185, 235, 248, 250, 251, 253, 275, 362, 497, 531, 580, 646, 661, 663, 690, 704, 709, 712, 722, 884, 945, 946, 958, 1075, 1145, 1152, 1156.

PERSPECTIVE : 145.

PERSUASION : 180.

PEUPLE(S) : XI, XVIII, 96, 97, 136, 211, 219, 222, 223, 230, 243, 270, 294, 296, 299, 321, 323, 331, 334, 339-341, 345-348, 385, 386, 388, 390, 395, 396, 399, 402, 404, 405, 409, 410, 413, 423, 431, 438, 444, 450, 461, 462, 465, 466, 472, 480, 487, 493, 498, 502, 507, 509, 514, 519, 524, 526, 527, 530-535, 537-543, 546-548, 553-562, 564, 567, 582, 603, 662-666, 675-679, 682, 683, 687, 688, 691-693, 697, 702, 705, 709, 728, 763, 770, 772, 773, 784, 808, 812, 815-818, 820, 821, 825-827, 833-837, 852, 860, 872, 873, 876, 878, 891, 895, 896, 897, 900, 903-905, 914, 915, 917, 933-935, 938, 942, 947, 975, 1001, 1002, 1004, 1011, 1077, 1094, 1097, 1105, 1107-1109, 1112, 1116, 1125, 1130, 1131, 1134, 1178, 1180, 1188, 1190-1192, 1194-1196, 1198, 1201, 1202, 1214, 1224, 1233.

PHILOSOPHES, PHILOSOPHIE : I, II, XVII, XIX, XXI-XXIII, XXVII, XXXI, XXXII, XXXIV, XL, XLVI, 11, 26, 33, 57, 62, 64, 74, 91, 97, 137, 139, 178, 183, 188, 197, 204, 213, 235, 238, 264, 266, 269, 285, 290, 295, 296, 300, 321, 324, 326, 328, 334, 343, 345, 351, 354, 356, 358, 362, 363, 366, 369, 378, 381, 401, 402, 451, 464, 466, 467, 469, 478, 493, 496, 511, 518, 529, 536, 539, 564, 569, 584, 618,

INDEX

619, 649, 650, 651, 652, 660, 661, 662, 663, 666, 667, 674, 703, 715, 765, 768, 789, 858, 868, 876, 878, 887, 888, 906, 933, 945, 946, 971, 986, 1021, 1022, 1025, 1026, 1059, 1064, 1065, 1071, 1072, 1075, 1076, 1081, 1085, 1093, 1094, 1096, 1099-1101, 1115, 1120, 1133, 1136, 1143, 1145, 1151, 1156, 1169, 1174, 1177, 1179, 1185, 1195, 1204, 1208, 1210, 1212-1218, 1222-1224, 1226, 1236-1238, 1260, 1262.

PIÉTÉ : 30, 65, 88, 136, 178, 218, 226, 278, 303, 346, 372, 373, 442, 447, 476, 569, 575, 583, 585, 598, 603, 609, 683, 708, 857, 879, 890, 908, 911, 937, 1111, 1120, 1163, 1228, 1229, 1231, 1243.

PITIÉ : XLVIII, 4, 158, 230, 348, 506, 507, 579, 727, 744, 930, 934, 1079, 1091, 1155, 1240.

PLAISIR : II, XI, XIII, XX, XXIX, XXXIII, 26, 30, 35, 37, 41, 44, 45, 49-51, 53, 55, 74, 77, 82, 84, 86, 90, 94, 95, 106, 137, 141, 145, 150, 158, 159, 163, 172, 174, 180-182, 186, 198, 199, 205, 206, 214, 217, 220, 223, 230, 235, 248, 255, 263, 267, 271, 279, 298, 300, 303, 324, 325, 333, 338, 342, 350, 358, 359, 361, 365, 366, 379, 394, 396, 403, 417, 443, 477, 481, 492, 494, 499, 501, 504, 602, 619, 624-627, 643, 663, 665, 666, 680, 699, 712, 714-716, 726, 730, 738, 740, 743, 744, 746, 749, 753, 754, 757, 759, 761, 784, 785, 794, 797, 813, 818, 820, 826, 832, 834, 836, 838, 844, 851, 860, 862, 863, 870, 875, 880, 881, 893, 901, 913, 939, 940, 943, 948, 960, 980, 986, 988, 990, 998, 1004, 1005, 1010, 1026, 1043, 1047, 1062, 1063, 1065, 1068, 1086, 1087, 1131, 1141, 1146, 1154, 1162, 1170, 1174, 1178, 1192, 1196, 1201, 1202, 1210, 1211, 1214, 1252, 1255, 1268.

PLATON : 5, 235, 300, 451, 466, 476, 528, 661, 662, 698, 765, 768, 838, 874, 887, 945, 1059, 1060, 1064, 1066, 1097, 1098, 1100, 1144, 1145, 1176, 1177, 1220, 1244.

PLUTARQUE : II, VI, VII, XXVI, XXIX, 14n., 1238.

POÉSIE, POÈTE : VIII-X, XXVII, XXXVII, XXXIX, XL, XLV, XLIX, 3-5, 7, 21, 39, 40, 49, 51, 83, 96, 106, 115, 184, 197, 205, 216, 236, 402, 460, 461, 485, 610, 620, 626, 629, 697, 706-708, 762, 765, 823, 857, 873, 875, 877, 886, 930, 935, 964, 970, 971, 972, 1027, 1030, 1033, 1044, 1070, 1074, 1075, 1080, 1141, 1144, 1149, 1151, 1156, 1162, 1176, 1220, 1237, 1240, 1241, 1248, 1253, 1265.

POLITESSE : XXIV, XXXVIII, 90, 143, 185, 199, 200, 201, 226, 749, 757, 763, 793, 807, 809, 821, 872, 876, 879, 890, 939, 945, 972, 1002, 1042, 1174, 1252, 1258, 1268.

POLITIQUE (le, la) : 57, 93, 136, 223, 297, 451, 588, 589, 646, 702, 745, 825, 826, 833, 889, 1066, 1078, 1095, 1099, 1215, 1228, 1256, 1258.

PROBITÉ : 31, 149, 262, 861, 922, 992, 1050, 1077, 1078.

PROVIDENCE : 26, 184, 260, 267, 423, 507, 529, 564, 600, 1062, 1076, 1079, 1083, 1094, 1248, 1250.

PRUDE, PRUDERIE : 732, 1015, 1252, 1258.

PRUDENCE : XXV, 17, 19, 30, 46, 78, 140, 150, 192, 202-204, 236, 261, 631, 669, 797, 808, 810, 832, 836, 853, 896, 912, 920, 1073, 1076, 1084, 1095.

PUDEUR : XXXVIII, 43, 790, 884, 898, 914, 920, 930, 961, 1009, 1015, 1048.

PYRRHONISME, PYRRHONIEN(S) : XVI, 350, 354, 355, 356, 371, 448, 449, 451, 468, 473, 478, 1100, 1102, 1116.

Q R

QUALITÉS : XII, XXVII, 28, 51, 64, 137, 142, 143, 146-148, 150, 157, 164, 166, 169, 171-175, 177, 197-201, 203, 206-212, 214, 216, 220, 221, 226, 229, 250, 253, 254, 263, 265, 271, 294, 328, 334, 338, 339, 344, 345, 371, 379, 381, 392, 410, 448, 452, 461, 463, 467, 470, 472, 477, 478, 494, 585, 620, 629, 630, 663, 717, 725, 757, 770, 795, 802, 810, 853, 857, 895, 937, 972-974, 1073, 1075, 1076, 1080, 1085, 1093, 1094, 1099, 1143, 1170, 1180, 1258, 1260.

QUIÉTUDE : 1018.
QUINTILIEN : XXVIII, XXIX, XXXVI, XLVI.
RACINE : VI, 80, 637, 1154, 1155, 1160, 1237.
RAILLERIE : 36, 38, 214, 269, 1040, 1041, 1069.
RAISON : V, XXXIII, 15, 17, 19, 22, 28, 30, 35, 36, 42, 45, 64, 74, 79, 81, 84, 86-88, 90, 120, 138, 144, 148, 154, 156, 159, 163, 165, 166, 175, 179, 183, 185, 198, 201, 209, 210, 215-218, 230, 232, 236, 237, 239, 251, 263-267, 278, 291, 293, 295, 296, 299, 302, 325, 326, 329, 331, 332, 334-338, 340, 343, 346, 350, 351, 355-358, 366, 368, 371-373, 378, 379, 383, 389, 429, 449, 450, 452, 463, 468, 472, 479, 481, 483, 493, 503, 506, 515, 516, 518, 535, 538, 539, 566, 585, 602, 611, 619, 623, 625, 626, 629, 715, 726, 732, 744, 746-748, 750, 756, 758, 761, 802, 850, 858, 872, 875, 879, 943, 959, 970, 998, 1015, 1018, 1028, 1044, 1062, 1072, 1074, 1078, 1079, 1082, 1094, 1102, 1105, 1141, 1142, 1157, 1166, 1174, 1214, 1234, 1244, 1247, 1251.

RÈGLE(S) : III, XXVI, XXIX, 30, 34, 37, 73, 74, 113, 190, 200, 202, 203, 206, 208, 211, 215, 217, 234, 251, 261, 266, 294, 297, 301, 302, 321, 334, 340, 346, 356, 384, 427-429, 433, 450, 451, 458, 465, 472, 484, 493, 500, 512, 577, 582, 583, 601, 611, 626, 629, 630, 693, 694, 707-711, 719, 729, 745, 802, 808, 812, 815, 818, 821, 827, 836, 838, 844, 851, 853, 855, 857-859, 863, 871, 881, 882, 899, 928, 935, 941, 943, 955, 958, 971, 986, 1017, 1036, 1048, 1067, 1093, 1102, 1108, 1118, 1144, 1152, 1192, 1221, 1235, 1237, 1252, 1257, 1258, 1260.

REMÈDES : 98, 160, 169, 174, 179, 185, 189, 204, 237, 269, 365, 366, 384, 446, 462, 467, 487, 517, 528, 627, 725, 868, 874, 882, 927, 1076, 1251, 1261.

REPOS : 12, 62, 67, 152, 158, 159, 186, 192, 214, 247, 278, 293, 323, 326, 358, 359, 361, 377, 379, 394, 399, 463, 465, 468, 476, 530, 538, 571, 582, 714, 722, 769, 806, 845, 894, 913, 939, 980, 1002, 1004,

1315

1073, 1083, 1108, 1115, 1164.
RESPECT : XXIV, XLIV, 50, 57, 68, 89, 140, 182, 232, 331, 332, 334, 335, 344, 509, 568, 569, 628, 630, 722, 835, 836, 867, 925, 1041, 1062, 1174, 1238, 1258.
RETRAITE : 217, 218, 226, 243, 341, 572, 575, 719, 730, 772, 806, 812, 832, 880, 939, 1171, 1187.
RICHESSES : VI, 18, 86, 87, 103, 139, 180, 188, 222, 235, 247, 267, 268, 334, 406, 462, 500, 547, 587, 608, 611, 612, 755, 766, 769-771, 775-777, 794, 833, 856, 862, 867, 886, 930, 939, 945, 948, 959, 971, 975, 991, 1011, 1028, 1037, 1038, 1069, 1086, 1087, 1092, 1140, 1166, 1177, 1178, 1181, 1183, 1188, 1190, 1246, 1248, 1264.
ROI(S) : 5, 6, 9, 12, 46, 49, 57, 80, 87, 89, 104, 105, 187, 210, 218-225, 227, 239, 243, 331, 333, 335, 341, 344, 346, 352, 358, 361, 392, 396, 401, 404, 406-410, 412, 415, 423, 429, 430, 451, 458, 459, 466, 468, 470, 480, 481, 483, 490, 493, 495, 498, 500, 502, 517, 526, 531, 534, 542, 544-548, 553, 562, 564, 579, 585, 586, 587, 594, 643, 648, 649, 663, 719, 720, 727, 764, 781, 791, 793, 808, 816, 829, 832, 834-836, 851, 885, 897, 904, 913, 915, 933, 958, 960, 974, 975, 980, 984, 986, 1044, 1059, 1060, 1064, 1071, 1078, 1085, 1088, 1089, 1099, 1101, 1107, 1110, 1113, 1117, 1123, 1127, 1147, 1158, 1176, 1180, 1181, 1184, 1188, 1189, 1197, 1201, 1202, 1205, 1214, 1221, 1223, 1226, 1228, 1231, 1235, 1236, 1238, 1240, 1243, 1244, 1253, 1254.
RUINE : XXII, 135, 181, 188, 227, 340, 601, 698, 781, 782, 1060, 1083, 1089, 1114, 1178.

S

SAGE, SAGESSE : V, XLVI, 4, 9, 11, 16, 19, 23, 61, 62, 64, 67, 72, 78, 92, 94, 95, 125, 136, 146, 149, 152, 153, 155, 163, 183, 191, 192, 218, 244, 246, 247, 255, 260, 262, 266-269, 295, 299, 303, 324, 331, 332, 334, 335, 340, 341, 344, 360, 362, 365, 367, 383, 401, 404, 405, 407, 408, 431, 432, 447, 467, 479, 526, 528, 537, 540, 545, 552, 554, 562, 576, 580, 584, 601, 641, 644, 649, 650, 661, 663, 669, 711, 715, 720, 722, 732, 733, 747, 767, 796, 826, 838, 852, 859, 869, 871, 872, 874, 876, 880, 889, 896, 923, 928, 986, 1000, 1001, 1014, 1042, 1059, 1061, 1064, 1071, 1074, 1075, 1078, 1083, 1085, 1086, 1090, 1094, 1095, 1098-1104, 1112, 1113, 1115, 1119, 1121, 1131, 1135, 1157, 1159, 1171, 1174, 1198, 1204, 1207, 1223, 1225, 1258, 1268.
SAINT-ÉVREMOND : II, 83, 85n., 91, 1068, 1069, 1085, 1088, 1093.
SALUT : 67, 70, 165, 266, 351, 368, 490, 529, 541, 553, 557, 571, 601-603, 683, 729, 770, 777, 783, 788, 815, 820, 843, 893, 908, 912, 916, 919, 1080, 1093, 1105, 1123, 1127, 1185, 1243.
SANTÉ : 98, 151, 169, 183, 187, 192, 213, 348, 361, 712, 730, 755, 764, 766, 769, 771, 801, 802, 805, 834, 845, 856, 862, 875, 889, 894, 900, 917, 919, 929, 942, 944, 948, 968, 1076, 1184, 1201.
SAVOIR-VIVRE : 1016, 1042, 1050, 1168.
SCIENCE(S) : XXVI, XXVII, XXXIV, 15, 94, 97, 200, 210, 211, 264, 293, 303, 304, 326, 331, 332, 335, 336, 339, 341, 345, 346, 364, 377, 404, 408, 443, 454, 463, 477, 482, 518, 533, 659, 663, 666, 691, 698, 706, 711, 712, 730, 733, 761, 772, 777, 781, 817, 821, 825, 834, 838, 848, 858, 874-877, 884, 886, 895, 902, 912, 928, 959, 967, 970, 973, 980, 1000, 1021, 1022, 1028, 1048, 1059, 1060, 1074, 1089, 1096, 1099, 1144, 1174, 1176, 1179, 1201, 1218, 1230, 1233, 1238, 1239, 1242, 1248, 1260, 1262, 1264.
SECRET : 19, 35, 37, 38, 41, 42, 74, 81, 95, 161, 187, 202, 203, 213, 220, 221, 225, 227, 267, 268, 270, 394, 432, 545, 565, 638, 647, 677, 678, 721, 728, 730, 734, 736, 741, 751, 763, 766, 771, 804, 815, 826, 828, 829, 832, 875, 899, 914, 921, 930, 965, 969, 974, 1022, 1027, 1059, 1064, 1075.
SENAULT (le Père) : II, XXV, 64.

SÉNÈQUE : II, IV, VI-VIII, XI, XXVI, XXVII, XLVI, XLVII, 4, 14n., 21, 23, 55, 60, 64, 69, 76, 109, 183, 295, 513, 638, 649, 763, 1059-1061, 1063-1065, 1067, 1068, 1070, 1071, 1075, 1083, 1084, 1093, 1095, 1101, 1136, 1160, 1168, 1174, 1177, 1183, 1195, 1204, 1207, 1214, 1216, 1217, 1229.
SENTIMENT(S) : 18, 22, 28, 30, 54, 83, 95, 106, 145, 147, 150, 157, 158, 163, 179, 180, 186, 188, 190, 193, 199, 200, 201, 209, 210, 213, 214, 217, 220, 221, 224, 227, 230-232, 236, 238, 247, 252, 255, 259, 262-264, 266, 267, 293, 299, 324, 331, 342, 351, 354, 355, 359, 362, 366, 383, 412, 450, 475, 477, 487, 490-492, 500, 504, 506, 511, 520-522, 524, 525, 527, 528, 538, 564, 567, 579, 587, 591, 603, 608, 620, 624, 628, 638, 639, 652, 661, 667, 691, 692, 696, 697, 701-703, 707, 709, 713, 721, 737, 742, 745, 749, 750, 753, 761, 762, 765, 792, 825, 844, 845, 854, 857, 862, 872, 874, 880, 912, 925, 945, 946, 957, 973, 982, 992, 1006, 1049, 1061, 1068, 1072, 1073, 1083, 1093, 1101, 1120, 1133, 1141, 1142, 1144, 1150, 1158, 1163, 1167, 1188, 1207, 1211, 1221, 1225, 1242, 1244, 1250, 1258, 1259, 1265.
SILENCE : XL, XLIX, 17, 94, 142, 202, 214, 348, 381, 567, 575, 620, 628, 638, 687, 736, 750, 780, 784, 785, 909, 939, 996, 1001, 1004, 1041, 1073, 1109, 1142, 1228.
SINCÉRITÉ : XIX, XX, 45, 51, 140, 145, 149, 150, 163, 167, 168, 186, 202, 227, 229, 247, 336, 558, 792, 880, 1040, 1071, 1072, 1073, 1086.
SOCIÉTÉ : II, XXIII-XXV, XLV, XLVIII, 4, 33, 83, 92, 106, 108, 111, 112, 114, 120, 142, 181, 190, 198-200, 203, 243, 244, 254, 262, 369, 493, 568, 573, 586, 587, 589, 590, 596, 604, 644, 647, 749, 751, 758, 759, 761, 778, 784, 805, 834, 858, 860, 863, 876, 882, 920, 946, 966, 1005, 1013, 1019, 1068, 1069, 1074, 1075, 1085, 1086, 1087, 1144, 1146, 1157-1159, 1167, 1169, 1170, 1173, 1175, 1179-1182,

INDEX

1187, 1188, 1195, 1198, 1218, 1220, 1221, 1225, 1228, 1229, 1234, 1242, 1243, 1247, 1258, 1259.
SOCRATE : V, 61, 83, 295, 528, 648, 720, 874, 887, 1064, 1077, 1193, 1215, 1216, 1223, 1224, 1244.
SONGE : 10, 12, 355, 502, 545, 546, 672, 684, 806, 850, 1100, 1124.
SOT(S), SOTTISE : 53, 94, 135, 147, 148, 162, 165, 168, 170, 171, 173, 174, 216, 246, 251, 254, 295, 348, 360, 371, 395, 399, 444, 491, 496, 507, 515, 584, 603, 609, 610, 612, 642, 672, 682, 686, 701, 703, 705, 715, 720, 749, 752, 756, 760, 761, 768, 774, 810, 818, 852, 868, 869, 877, 882, 883, 884, 894, 1001, 1009, 1028, 1037, 1039, 1123, 1125, 1165, 1180, 1210, 1215, 1222, 1257, 1265.
STOÏCIENS, STOÏCISME, STOÏQUES : VIII, XVI, 5, 62, 64, 235, 295, 326, 363, 383, 468, 838, 1061, 1065, 1070-1072, 1077, 1079, 1081-1083, 1091, 1100, 1101, 1204, 1212, 1215, 1224.
SUBLIME (le) : XXXIX, 1071.
SUICIDE : 1064, 1083, 1101.
SUPERSTITION, SUPERSTITIEUX : 419, 683, 690, 1076.

T

TACITE : VI, VII, XI, XXVII, XXXI, XLVI, 6, 21, 55-57, 59, 69, 121, 170, 175, 183.
TALENT : 38, 199-201, 209, 211, 212, 689, 713-715, 719, 720, 774, 775, 783, 795, 818, 837, 853, 856-858, 865, 881, 884, 886, 911, 912, 918, 921, 937, 938, 941, 962, 971, 972, 999, 1018, 1075, 1151, 1158, 1215, 1245.
TÉMOIGNAGE, TÉMOIN : 580, 1095.
TEMPÉRAMENT : 50, 154, 165, 179, 180, 209, 229, 252, 263, 265, 277, 566, 669, 694, 722, 739, 742, 747, 756, 757, 832, 883, 912, 986, 1012, 1073, 1079, 1094, 1258.
TEMPS : XVII, XIX, XLV, XLIII, XLVI, 10-12, 23, 27, 28, 30, 35, 40, 42, 48, 60, 62, 75, 76, 79, 84, 85, 92, 104, 116, 155, 182, 202, 208, 213, 214, 217, 218, 221, 225, 236, 238, 239, 246, 293, 323, 337, 339, 340, 355, 364, 372, 391, 394, 397, 412, 413, 425, 428, 451-453, 463, 481, 497, 502, 514, 527, 534, 536, 542, 546, 584, 649, 660, 664, 665, 672, 681, 703, 719, 724, 739, 746, 747, 748, 781, 790, 796, 802, 826, 836, 849, 850, 913, 986, 1059, 1065, 1068, 1080, 1095, 1099, 1107, 1110, 1115, 1167, 1208, 1229, 1237.
TENDRESSE : 37, 43, 44, 47, 48, 50, 53, 1... ... 506, 569, 571, 579 762, 1004, 1032, ... 1155, 1218, 1254, 1257, 1258, 1267.
THÉOPHRASTE : XVII, XLVI, 23, 25, 26, 638, 639, 641, 649, 652, 659-669, 1195, 1206, 1259.
TIMIDITÉ : 176, 279, 1258.
TRAHISON : 145.
TRISTESSE : XXIII, 27, 209, 402, 542, 543, 569, 1019, 1061.
TROMPER, TROMPERIE : 142, 144-146, 157, 160, 164, 167, 169, 172, 214, 566, 1008, 1073.
TYRANNIE : 19, 36, 103, 104, 189, 204, 339, 368, 449, 452, 464, 825, 904, 916, 1014, 1082, 1118.

U V

UNIVERS, UNIVERSEL : XV, XVI, XVII, XXXVII, 8, 12, 103, 123, 292, 293, 300, 303, 351, 355, 376, 377, 381, 449, 520, 527, 620, 827, 838, 894, 897, 1059, 1064, 1076, 1083, 1094, 1128, 1143.
VALEUR : VII, IX, XVIII, XXII, XLV, XLVIII, 62, 84, 86, 87, 134, 148, 153, 154, 165, 184, 207, 210-212, 223, 260, 476, 660, 798, 930, 1073, 1268.
VANITÉ : XXV, 10, 16, 75, 111, 113, 121, 136-138, 146, 148, 152, 154-156, 158, 168, 171, 173, 175, 176, 184, 188, 191, 203, 209, 213, 218, 219, 221, 222, 226, 229, 239, 248, 254, 264, 321, 325, 326, 329, 330, 332, 333, 336, 342, 344, 347, 366, 369, 376, 383, 410, 444, 469, 478, 520, 524, 572, 574, 585, 611, 642, 650, 665, 686, 703, 718, 721, 726, 732, 735, 748, 752, 762, 775, 785, 787, 788, 792, 793, 807, 813, 826, 843, 847, 852-855, 857, 871, 875, 880, 890, 901, 916, 917, 940, 945, 957, 994, 1002, 1040, 1041, 1047, 1059, 1060, 1071-1073, 1075, 1079, 1092, 1096, 1097, 1100, 1101, 1110, 1124, 1149, 1151, 1170, 1176, 1182, 1183, 1187, 1191, 1196, 1206, 1209, 1217, 1225, 1229, 1235, 1251, 1260, 1268.
VENGEANCE : 19, 219, 483, 542, 549, 741, 820, 1076, 1078.
VÉRITÉ : I, III, X, XI, XV, XVI, XVIII-XXII, XXXIV, XXXV, XXXVI, XL, 10, 18, 19, 37, 45, 50, 65, 67, 71, 74, 76, 78, 79, 86, 140, 160, 174, 185, 189, 197, 198, 200, 202, 214, 232, 233, 235-237, 239, 250-252, 254, 263, 264, 269, 270, 275, 279, 294, 296, 300, 325, 330, 333, 334, 336-340, 343, 347, 348, 350, 352, 354-356, 357, 365, 366, 368-370, 372, 374, 376, 379, 383, 392, 395, 405, 415, 423, 426, 427, 430, 432-434, 438, 439, 441, 443-445, 447, 450, 458, 462-464, 467, 472, 476, 480, 486-489, 491, 494, 495, 498, 503, 505, 508, 514, 516, 517, 519, 521-524, 527, 529, 530, 535, 539, 562, 565, 568-570, 573, 582, 583, 585, 590, 593, 597, 598, 600, 601, 603, 609, 610, 612, 613, 618, 621, 625, 626, 630, 637, 670, 693, 694, 703, 707, 709, 710, 723, 736, 763, 765, 769, 773, 810, 821, 822, 830, 834, 872, 882, 899, 914, 933, 934, 936, 937, 940, 942, 943-946, 947, 949, 952, 957, 959, 965, 966, 972, 981, 982, 984, 988, 1014, 1019, 1039, 1040, 1064, 1067, 1071, 1073, 1075, 1078, 1079, 1083-1086, 1095, 1098, 1101, 1105, 1106, 1110, 1112, 1114, 1118, 1119, 1120, 1122, 1129, 1138, 1139, 1143, 1145, 1148, 1153, 1156, 1157, 1170, 1176, 1177, 1204, 1214, 1223, 1230, 1233, 1239, 1250, 1254, 1259.
VERTU(S) : 12, 14, 15, XVII, XXI-XXIII, XXV, XXIX, XL, XLIV, 11, 17, 18, 20, 23, 25, 31, 64, 68, 70, 72-76, 81, 93, 95, 109, 113, 117, 118, 120, 121, 134, 136, 137, 148-152, 154, 157, 158, 162, 163, 168, 169, 173, 176, 178, 183, 184, 187, 189, 192, 204, 205, 211-213, 219, 226, 228, 231, 235-237, 240, 243, 249, 250, 253, 254, 260, 261, 263, 266, 269, 275, 278, 279, 297, 298, 303, 323, 324, 343, 383, 389, 401, 403, 405, 414, 420,

425, 436, 447, 453, 464, 470, 474, 476, 477, 483, 497, 502, 553, 566, 570, 578, 581, 582, 584, 620, 649, 660, 662, 665, 669, 682, 708, 715, 716, 717, 719, 722, 730, 732, 737, 743, 747, 749, 757, 759, 761, 769, 776, 777, 792, 796, 802, 810-812, 814, 819, 821-823, 827, 833, 834, 837, 838, 844, 847, 850, 853, 854, 856, 857, 859, 860, 867, 871, 873, 880, 881, 884, 887, 889-891, 896, 897, 904, 908, 909, 913, 916, 919, 920, 948, 949, 958, 959, 966, 969, 970, 973, 975, 985, 998, 1001, 1002, 1013-1015, 1029, 1038, 1040, 1043, 1044, 1046, 1060, 1070-1081, 1083, 1087, 1093, 1094, 1096, 1113, 1124, 1144, 1155, 1160, 1163, 1171, 1193, 1198, 1202, 1209, 1225, 1232, 1258.

VICE(S) : XXI, XXII, XXV, 9-11, 15, 17, 18, 20, 23, 25, 31, 82, 93, 95, 113, 120, 150, 151, 154, 157, 159, 173, 183, 187-190, 197, 204, 211, 225, 235-239, 247, 253, 261, 266, 279, 327, 362, 364, 383, 420, 447, 451, 475, 493, 565, 573, 575, 660, 666, 667, 669, 678, 687, 693, 703, 726, 747, 776, 777, 783, 792, 799, 810, 812, 822, 824, 837-839, 843, 845, 847, 850, 851, 853, 857, 860, 862, 867, 871, 872, 879, 883, 887, 888, 896, 909, 935, 963, 964, 1001, 1030, 1040, 1044, 1070, 1074, 1076, 1078, 1080, 1082, 1083, 1087, 1116, 1144, 1153, 1217, 1225.

VIE : I, II, VII, XVI, XXIV, XXV, XXVII, XXXIV, XL, XLIX, 6, 7, 9, 11, 12, 20, 31, 35, 43, 47, 51, 60-62, 65, 66, 74, 75, 77, 78, 84, 86, 89, 91-95, 98, 104-107, 111, 120, 135, 143, 145, 149-155, 159, 170, 176, 178, 179-181, 189, 190, 205-209, 211-215, 218-222, 224, 226, 227, 231, 244, 252, 253, 255, 259, 262, 263, 266, 267, 269, 271, 278, 293, 294, 300-303, 322, 324, 327, 329, 332, 342, 352, 355, 359, 360, 369, 370, 380, 383, 399, 401, 402, 404, 405, 408, 414, 417, 420, 426, 431, 443, 448, 451-453, 469, 470, 475, 478, 486, 489, 490, 492, 502, 506, 516, 517, 519-525, 529, 531-533, 540, 564, 566, 571, 575, 576, 579, 581, 588, 595, 609, 610, 611, 619-621, 623, 624, 629, 640, 642, 646, 647, 649, 650, 661, 663-667, 690, 697, 700, 703, 707, 714, 716, 718, 719, 727, 729, 730, 731, 741, 746, 749, 768, 772, 775, 779, 781, 791-793, 800, 806, 808, 810, 811, 814, 815, 818, 820, 824, 827, 832, 835, 837, 845, 848-850, 852, 854, 857, 860, 862-864, 866, 875, 886, 887, 889, 892-894, 901, 902, 904, 913, 915, 918, 921, 922, 924, 927, 928, 941, 943, 962, 964, 968, 973, 986, 990, 991, 998, 1000, 1002, 1020, 1023, 1031, 1032, 1034, 1044, 1060, 1063, 1064-1067, 1076, 1079, 1081, 1086, 1087, 1093, 1094, 1100, 1101, 1107, 1110, 1113, 1117, 1124, 1126, 1137, 1139,
1160, 1175, 1180, 1183, 1187, 1191, 1205, 1207-1210, 1218, 1222, 1225, 1226, 1229, 1231-1233, 1243, 1248, 1253.

VIEILLESSE, VIEILLARDS, VIEILLES FEMMES : 10, 67, 87, 143, 144, 153, 165, 171-174, 206, 213, 214, 217-219, 334, 379, 401, 663, 724, 738, 774, 778, 849, 850, 861, 863, 868, 932, 1002, 1028, 1032, 1049, 1085, 1087, 1088, 1208, 1209, 1211, 1212.

VILLE : 50, 53, 89, 90, 235, 545, 660, 663, 664, 666, 670-674, 677, 680, 682, 684, 685, 687-689, 718, 727, 730, 731, 734, 737, 738, 747, 759, 760, 763, 766, 767, 773, 783-787, 789-791, 800, 801, 812, 824, 826, 827, 829, 832, 833, 835, 840, 842, 847, 861, 866, 899, 909, 915, 919, 925, 934, 935, 947, 965-968, 974, 985, 1002, 1005, 1065, 1067, 1146, 1147, 1171, 1173, 1174, 1182, 1183, 1201, 1205, 1207, 1210, 1212, 1215, 1225, 1244, 1253, 1255, 1259.

VOLONTÉ : XXXII, 18, 122, 137, 156, 161, 218-220, 236, 363, 418-420, 542, 670, 797, 1072, 1079, 1082, 1091, 1116.

VOLUPTÉ : 30, 343, 364, 611, 777, 794, 862, 1096, 1098, 1101, 1105, 1140, 1218.

VRAI : XI, XIV, XX, XXIV, XXXI, XXXII, XXXIV, 11, 18, 31, 78, 197, 198, 342, 346, 348, 355, 443, 491, 591, 627, 642, 698, 765, 878, 1073, 1088, 1230, 1235.

TABLE DES MATIÈRES

Préface, par Jean LAFOND I
Note sur la présente édition, par Jean LAFOND XLIII
Sigles et abréviations LI
Chronologie LIII
Avertissement de l'éditeur LXVI

Première partie

LE CHAMP LITTÉRAIRE DES FORMES BRÈVES
Textes établis, présentés et annotés par Jean Lafond

Le legs du XVIe siècle 3
  La poésie gnomique. Pibrac et Matthieu 3
  Bibliographie 7
  Les Quatrains du seigneur Pibrac 8
  Tablettes ou Quatrains de la vie et de la mort, Pierre Matthieu .. 11

  François des Rues et « Les Marguerites françaises » 13
  Bibliographie 14
  Les Marguerites françaises 15
  La Suite des Marguerites françaises 18

  Garaby de la Luzerne 21
  Bibliographie 22
  Sentiments chrétiens, politiques et moraux. Maximes d'État et de religion .. 22

La naturalisation en France du « caractère » 23
  Du « caractère » anglais (J. Hall) à Urbain Chevreau 23
  Bibliographie 26
  L'École du sage, Urbain Chevreau 27

Questions et maximes d'amour	33
Madeleine de Scudéry	33
Bibliographie	34
Morale galante de Térame	34
Maximes opposées à celles de Térame	37
Bussy-Rabutin	39
Bibliographie	40
Maximes d'amour	40
La mode des questions et maximes d'amour	49
Bibliographie	54
Exercice de la maxime morale et religieuse	55
Sénèque et Tacite, modèles sans lendemain. Cerisiers et La Serre	55
Bibliographie	60
L'Esprit de Sénèque, Jean Puget de La Serre	60
La maxime religieuse	63
Bibliographie	66
Maximes chrétiennes, Madame de la Sablière	67
Bibliographie	72
Maximes extraites du *Manuscrit 31*, Saint-Cyran	73
Maximes extraites de *Maximes saintes et chrétiennes*, Saint-Cyran	73
Avertissement des « Pensées chrétiennes pour tous les jours du mois », Bouhours	75
Réflexions saintes pour tous les jours du mois, Fénelon	77
Trois « Originaux »	79
Bibliographie	81
Maximes du duc du Maine	81
Bibliographie	85
Pensées sur l'honnêteté, Damien Mitton	85
Bibliographie	92
Maximes et Réflexions de Monsieur de Moncade	93

Deuxième partie

LA ROCHEFOUCAULD

RÉFLEXIONS OU SENTENCES ET MAXIMES MORALES
et
RÉFLEXIONS DIVERSES

Textes établis, présentés et annotés par André-Alain Morello

Actualité de La Rochefoucauld	103
Bibliographie	128
Note sur la présente édition	130
Table de concordance des *Maximes* supprimées	132

Table de concordance des *Maximes* non publiées	133
Réflexions ou Sentences et maximes morales	134
Introduction	195
Réflexions diverses	197
Documents ayant figuré dans la première édition	232

MADAME DE SABLÉ

MAXIMES

Texte établi, présenté et annoté par André-Alain Morello

Introduction	243
Bibliographie	244
Maximes	246

ABBÉ D'AILLY

PENSÉES DIVERSES

Texte établi, présenté et annoté par Jean Lafond

Introduction	259
Bibliographie	260
Pensées diverses	261

ÉTIENNE-FRANÇOIS DE VERNAGE

NOUVELLES RÉFLEXIONS OU SENTENCES ET MAXIMES MORALES ET POLITIQUES

Texte établi, présenté et annoté par Jean Lafond

Introduction	275
Bibliographie	276
Nouvelles réflexions	277

Troisième partie

PASCAL

PENSÉES

Texte établi, présenté et annoté par Philippe Sellier

Introduction	285
Bibliographie sélective	304

Table de concordance	308
Principes d'édition	319
Pensées	321

JEAN DOMAT
PENSÉES
Texte établi, présenté et annoté par Jean Lafond

Introduction	607
Bibliographie	608
Pensées	609

DISCOURS SUR LES PASSIONS DE L'AMOUR
Texte établi, présenté et annoté par Jean Lafond

Introduction	617
Bibliographie	621
Discours sur les passions de l'amour	623

Quatrième partie

LA BRUYÈRE
LES CARACTÈRES OU LES MŒURS DE CE SIÈCLE
Texte établi, présenté et annoté par Patrice Soler

La Bruyère dans tous ses éclats	637
Notice biographique	651
Bibliographie	653
Les éditions des *Caractères*	656
Principes d'édition	657
Les Caractères de Théophraste	659
Les Caractères ou les Mœurs de ce siècle	693
Discours de réception à l'Académie française	961

DUFRESNY
AMUSEMENTS SÉRIEUX ET COMIQUES
Texte établi, présenté et annoté par Jacques Chupeau

Introduction	979
Bibliographie	992

Principes d'édition 993
Amusements sérieux et comiques 994

Documents 1051
Notes 1057
Bibliographie, établie par Jean Lafond 1269
Lexique, établi par Jacques Chupeau 1279
Index 1305

DÉPÔT LÉGAL : AVRIL 1992

N° ÉDITEUR : S 1191

ACHEVÉ D'IMPRIMER POUR
LES ÉDITIONS ROBERT LAFFONT
SUR LES PRESSES DE
BPCC HAZELLS LTD
AYLESBURY (GRANDE-BRETAGNE)
Printed in Great Britain

ACHEVÉ D'IMPRIMER POUR
LES ÉDITIONS ROBERT LAFFONT
SUR LES PRESSES DE
BPCC HAZELLS LTD
AYLESBURY (GRANDE-BRETAGNE)

Printed in Great Britain